BOUÇ

COLLECTION

GUY SC

DU MÊME AUTEUR

DANS LA MÊME COLLECTION :
Livrets d'opéra, 2 vol. sous coffret, 1991.

Adaptation française du *Dictionnaire encyclopédique de la musique* établi sous la direction de Denis Arnold, 2 vol., 1988.

Adaptation française du *Dictionnaire biographique des musiciens* de Theodore Baker et Nicolas Slonimsky, 3 vol., 1995.

AUX ÉDITIONS RETZ :
La Musique, sous la direction de Maurice Le Roux, 1979.

ALAIN PÂRIS

DICTIONNAIRE DES INTERPRÈTES

ET DE L'INTERPRÉTATION MUSICALE
AU XXe SIÈCLE

ROBERT LAFFONT

Première édition 1982
Nouvelle édition actualisée 1985
Nouvelle édition actualisée 1989
Nouvelle édition actualisée 1995

ISBN : 2-221-08064-5

Cet ouvrage a été réalisé, sous la direction d'Alain Pâris, par :

Jean-Yves Bras
Pierre Breton
Martine Cadieu
Michel Cresta
Pierre Flinois
Pierre-Paul Lacas
Antoine Livio
Michel Louvet
Alain Pâris
Marie-Stella Pâris
Roger-Claude Travers
Marcel Weiss
Jean Ziegler

Parmi les nombreux informateurs qui ont contribué à la rédaction de ce dictionnaire, l'auteur tient à remercier particulièrement :

Véronique Brindeau (*Centre de documentation de la musique contemporaine K. Fujita,* Tokyo), Petre Codreanu (Bucarest), Viorel Cosma
(Bucarest), Éva Csébfalvi (*Hungarian Music Council,* Budapest),
David Cummings (Londres), Serge Dubois (Paris), Hedvig Gergely
(Budapest), Matthew Greenall (*British Music Information Centre,*
Londres), Dieter Härtwig (Dresde), Leena Hi[illegible]nen (*Esittävän*
Säveltaiteen Edistämiskeskus, Helsinki), Bodil [illegible]gh (*Dansk Musik*
Information Center, Copenhague), Rudolf K[illegible]nig (Paris-Munich),
Dennis K. McIntire (Indianapolis), V[illegible] Mettig (*Deutscher*
Musikrat, Bonn), Oleg Podgorný (P[illegible] Viera Polakovicová
(*Slovenský Hudobný Fond,* Bratis[illegible] Michel Royer (Paris),
Tadeusz-Lech Sobiecki (Varsovie)[illegible]ne Spycket (Paris), Diana
von Volborth (CeBeDEM, Bru[illegible] Nina Všetečková (*Hudební*
Informační Středisko, Prag[illegible]l Music Institute (Tel-Aviv),
Schweizer Interpreten-Ges[illegible] (Zurich).

L'interprétation d'une œuvre est semblable au flux d'une rivière et l'interprète à l'homme qui, dans son bateau, se laisse porter par le courant. Parfois, l'eau se précipite en torrent vers une gorge étroite, parfois elle repose dans la sérénité d'une large rivière en traversant une terre riche et fertile.

Wilhelm FURTWÄNGLER

Préface

Qui aurait pu penser, il y a une centaine d'années, que l'interprète occuperait la place qui est la sienne actuellement ? Relégué à l'époque en caractères minuscules sur les affiches, son nom s'impose peu à peu, il se vend et fait parfois oublier celui du compositeur. On ne va plus au concert écouter la *Symphonie héroïque*, on va applaudir tel grand chef, tel grand soliste.

Pourtant, le rôle fondamental de l'interprète est resté le même. Peut-être occupe-t-il une place plus importante dans la musique contemporaine en participant à l'élaboration de l'œuvre ou en se voyant confier des séquences aléatoires. Mais face au répertoire des siècles précédents, au fond, rien n'est changé.

Dans la forme, tout est différent. L'interprète est devenu une figure sociale de la musique qui était mal définie avant le XXe siècle. À de rares exceptions près (Liszt, Clara Schumann, von Bülow, Paganini...), l'interprète était l'obscur serviteur du compositeur, intermédiaire entre le texte et l'auditeur, cet auditeur étant lui-même interprète (amateur) à ses heures. Les frontières étaient floues, le vedettariat restait quasi inexistant.

Le XXe siècle bouleverse toutes ces données : la pratique amateur tend à disparaître. Un fossé se creuse entre l'interprète et son public : on le connaît moins, il devient mystérieux. Les moyens de reproduction sonore et la facilité des déplacements le font entendre du plus grand nombre. Il n'y a plus qu'à attendre les maîtres du show-business pour le transformer en vedette à part entière. Naturellement, c'est l'apanage d'un petit nombre, et, s'ils comptent parmi les plus talentueux, combien d'interprètes tout aussi estimables (parfois davantage !) restent dans l'ombre car, pour des raisons extra-artistiques, il est impossible d'en faire des vedettes ?

La notoriété de ces vedettes est telle que la pa[illegible]nité des chefs-d'œuvre s'en trouve modifiée : tour à tour, l'*Héroïque* app[illegible]ent à Furtwängler, Böhm ou Karajan, un chef et un metteur en scène s[illegible]tagent *Faust* ou *Carmen* ! Les données sont renversées.

Cette situation, choquante *a priori* [illegible]pourtant plus d'un aspect positif. L'interprète est devenu une « loc[illegible]ve » qui tire derrière lui un public de *fans* qui ne viendrait peut-être[illegible] la musique en d'autres circonstances. Parfois, il est audacieux et o[illegible]oncer à son confort pour entraîner sa cohorte de wagons vers [illegible]ertoires méconnus ou même (audace suprême !) vers la musiq[illegible]on temps. Il sollicite les compositeurs qui trouvent en lui un vecteur inespéré pour garder le contact avec le public de leur temps. Parfois, il tend la main à ses cadets et ne se contente pas de transmettre son savoir par l'enseignement : il associe les jeunes à ses concerts, en duo, en concerto, à l'opéra. Et la musique se renouvelle sans cesse de cette façon.

Naturellement, rares sont ceux qui correspondent à ce profil idéal. Mais ils existent et, grâce à eux, les projecteurs qui inondent de lumière l'interprète ne sauraient être remis en question.

La démarche de l'interprète, quant à elle, reste toujours la même. Son approche de la musique varie selon les époques, mais son rôle recréateur demeure. À ce titre, il n'a droit qu'à une place limitée dans les ouvrages généraux, encyclopédies, dictionnaires ou histoires de la musique. Jusqu'à l'apparition du disque, son apport ne restait pas. Mais les choses ont changé et on possède à présent des documents échelonnés sur une centaine d'années dont les soixante dernières sont vraiment représentatives. Il fallait donc se livrer à une investigation systématique de ce monde encore ignoré, la forme du dictionnaire étant la mieux adaptée en raison des multiples interférences entre les écoles et les époques.

Un dictionnaire des interprètes : il exclut donc les compositeurs dont on parle abondamment par ailleurs. Il exclut les compositeurs-interprètes qui ne se sont consacrés qu'à leur propre musique. Par contre, il fait une large place à de grands compositeurs qui ont eu une activité d'interprète polyvalente (Mahler, R. Strauss, Maderna, Boulez...).

Un dictionnaire du XXe siècle car les bouleversements profonds du monde de l'interprétation correspondent à ce siècle. Cet ouvrage est donc limité dans le temps aux interprètes ayant vécu (fût-ce quelques mois) au XXe siècle. La part réservée aux artistes de notre temps est évidemment plus importante dans la mesure où l'histoire a déjà fait un choix. Mais ce choix n'a pas été entériné systématiquement car il existe des filiations entre les hommes, entre les écoles que l'histoire a négligées. Certaines personnalités oubliées aujourd'hui ont joué un rôle essentiel dans l'évolution de l'interprétation, et il était normal de les remettre à leur juste place.

Un dictionnaire est un ouvrage d'information : les biographies d'artistes ne retiennent donc que les éléments factuels de leur carrière, en dehors de toute subjectivité, autant que faire se peut. Seuls les éléments concrets ou les appréciations unanimement reconnues ont servi de guides, et il ne faut chercher aucune correspondance entre l'importance des biographies et la notoriété des artistes concernés. De très grands interprètes ont eu des vies sans événements majeurs, d'autres, moins notables, ont connu des carrières fertiles en événements.

Quant au choix des quelque 2 300 interprètes recensés dans la deuxième partie, c'est l'aspect le plus subjectif de ce dictionnaire. Il répond à des critères de notoriété et de cohérence, mais en aucun cas à des critères de qualité. Naturellement, il y a des oublis que les éditions ultérieures pourront réparer. Certains noms sembleront inutiles à première lecture, mais cet ouvrage forme un tout dans lequel chaque biographie par sa situation se justifie autant par l'activité de l'artiste concerné que par sa situation dans un contexte donné (écoles, générations, interférences d'activités...). [illegible]rands pédagogues aux carrières éphémères ont ainsi leur place car ils jou[illegible] rôle de trait d'union essentiel.

Les jeunes interprètes ont rencontré les faveurs des auteurs de ce dictionnaire dès lors que leurs premiers pas permettaient d'envisager raisonnablement un avenir prometteur.

L'exactitude des éléments biographiques est la préoccupation majeure des auteurs d'un dictionnaire. Si nous avons rencontré un excellent accueil auprès de la plupart des artistes, bureaux de concerts, attachés de presse ou autres organismes d'information, certains se sont refusés à communiquer les plus élémentaires données. Et lorsqu'il n'existait aucune autre source d'information, ils s'excluaient ainsi de cet ouvrage ou condamnaient au même sort des artistes qu'ils représentent.

Parfois, les biographes se sont transformés en détectives, vérifiant auprès de l'état civil ou à d'autres sources dignes de foi ce que leur instinct mettait en doute : moisson fertile en erreurs séculaires à présent corrigées, coquetterie déjouée (non par indiscrétion mais par souci d'exactitude), oublis réparés (au moins partiellement).

Le résultat est certainement très incomplet et l'avenir permettra sans doute de l'améliorer. Mais peut-être cet ouvrage aidera-t-il à situer à sa véritable place celui sans qui la musique ne revivrait pas, l'interprète.

Alain PÂRIS

SIGLES ET ABRÉVIATIONS

ARD	Arbeitsgemeinschaft der öffentlich-rechtlichen Rundfunkanstalten der Bundesrepublik Deutschland
BBC	British Broadcasting Corporation (radio britannique)
BRT	Radiotélévision belge d'expression flamande
CEE	Communauté économique européenne
CNRS	Centre national de la recherche scientifique
déd.	dédicataire
2e2m	Étude et expression des modes musicaux
INA	Institut national de l'audiovisuel
INR	Institut national belge de radiodiffusion
IRCAM	Institut de recherche et de coordination acoustique-musique
Met	Metropolitan Opera, New York
NBC	National Broadcasting Corporation (radio américaine)
NDR	Norddeutscher Rundfunk (radio de Hambourg et Hanovre)
NHK	Radiotélévision japonaise
ORTF	Office de radiodiffusion télévision française
ORF	Österreichischer Rundfunk (radio autrichienne)
RAI	Radiotélévision italienne
RIAS	Radio berlinoise
RTB	Radiotélévision belge
RTBF	Radiotélévision belge de la Communauté française
RTLN	Réunion des théâtres lyriques nationaux (Opéra et Opéra-Comique, Paris)
RTLMF	Réunion des théâtres lyriques municipaux de France
SACEM	Société des auteurs, compositeurs et éditeurs de musique
SDR	Süddeutscher Rundfunk (radio de Stuttgart)
SIMC	Société internationale de musique contemporaine
SWF	Südwestfunk (radio Baden-Baden)
trad.	traduction
WDR	Westdeutscher Rundfunk (radio de Cologne)

L'interprétation pianistique

par Alain PÂRIS

A l'aube du XXe siècle, le piano compte encore parmi les plus jeunes des instruments de musique. Son père, le pianoforte, n'a guère plus d'une centaine d'années et la facture a accompli des progrès considérables tout au long du XIXe siècle. Le pianiste est aussi un individu de souche récente. Liszt et quelques autres virtuoses romantiques, comme Clementi, Czerny ou Thalberg, ont forgé sa personnalité. Ils ont surtout contribué à l'élaboration d'une technique spécifique au nouvel instrument d'où dériveront toutes les écoles du XXe siècle. Avec eux, le pianiste acquiert ses lettres de noblesse. Le récital de piano voit le jour et se démarque des concerts où alternent diverses prestations de plusieurs interprètes (mélodies ou airs d'opéra intercalés entre les mouvements d'une sonate ou d'un concerto).

Si nous possédons toutes les données pour brosser le portrait-robot du pianiste à la fin du XIXe siècle, nous manquons singulièrement d'informations pour apprécier la technique et les qualités d'interprétation des virtuoses issus du romantisme. Les témoignages et les critiques sont des éléments trop subjectifs qu'il est impossible d'isoler de leur contexte. Seules les œuvres écrites par ces virtuoses peuvent constituer des indices, car ils composaient d'abord à leur propre usage : elles révèlent une technique très habile et parfois nouvelle pour l'époque que devaient donc parfaitement maîtriser tous ces instrumentistes. Les progrès de la facture du piano orientent le jeu dans le sens d'une puissance sonore accrue : le nouvel équilibre du concerto romantique en est le témoignage. Les possibilités mélodiques du piano n'en sont pas oubliées pour autant : Chopin et Liszt, à la fin de sa vie surtout, jouent un rôle déterminant en ce domaine.

L'HÉRITAGE ROMANTIQUE

Aux grands virtuoses romantiques (Herz, Litolff, Stamaty, Liszt, Clara Wieck, Thalberg) succède une génération soucieuse d'un certain retour au classicisme (Saint-Saëns, von Bülow, Planté, Diémer, Pugno, les frères Rubinstein). Au début du XXe siècle, ces deux grandes tendances se retrouvent et se diversifient. L'héritage romantique se scinde en deux écoles, les disciples de Liszt et ceux de Leschetizky. Les premiers semblent avoir conservé la puissance du jeu, une technique de haute envolée et une recherche de l'orchestration du piano (d'Albert, Martin Krause, Siloti, Sauer, Friedheim). L'école de Leschetizky est moins uniforme. Leschetizky n'avait pas de méthode pédagogique *a priori.* Il développait les qualités de chaque élève dans le sens où semblait devoir s'affirmer sa personnalité. Le style était coulant, souple. La recherche de la sonorité était essentielle, tout comme le soin du détail. A ce point de vue, ses disciples ont su tirer du clavier un maximum de nuances et de couleurs. Une telle approche allait révéler des personnalités aussi différentes que Paderewski, Safonov, Friedman, Gabrilovitch, Schnabel, Braïlowski, Ney ou Moïseiwitsch, qui allaient s'affirmer en dehors de tout esprit d'école. Seul peut-être Josef Lhévinne, disciple de Safonov, fut-il dépositaire de cet enseignement qu'il transmit aux jeunes générations de pianistes américains (Van Cliburn, Browning, Gold, Levine). Aujourd'hui, l'école de Leschetizky survit avec des personnalités aussi diverses que Weissenberg, Firkušny ou Perahia.

En marge de ces deux écoles, la figure de Busoni s'impose par le renouveau qu'il a apporté à l'interprétation pianistique. Sans avoir compté parmi les élèves de Liszt, il s'inscrit dans la même ligne de virtuosité transcendante à laquelle s'adaptent à merveille ses transcriptions et paraphrases. Il redonne vie aux classiques, notamment à J.-S. Bach, mais les modernise en adaptant leur musique aux possibilités du piano moderne.

En France et en Russie, l'esthétique pianistique s'oriente différemment. Bien que formés à Berlin, les deux frères Rubinstein, Anton et Nicolas, se démarquent vite de l'influence lisztienne. Ils se rapprochent du texte du compositeur, qui, bien souvent, n'était que prétexte à démonstrations de virtuosité. Joseph Hoffmann est le principal disciple d'Anton : il impose une lecture intègre de la musique qu'il pousse, selon Schoenberg, encore plus loin que celle d'un Schnabel. Et parmi les nombreux disciples de Nicolas, on trouve Siloti et Sauer qui ont aussi reçu les conseils de Liszt, le premier devant former Serge Rachmaninov avant d'émigrer aux États-Unis.

En France, la tendance néoclassique s'accentue : par le choix du répertoire (Risler et Blanche Selva imposent le *Clavier bien tempéré* ou les clavecinistes français du XVIIIe siècle) et par le style, dépouillé, plus rigoureux, parfois même un peu sec. La facture française n'est pas étrangère à une telle évolution : nos pianos, plus clairs, plus précis et plus durs que leurs homologues allemands ou viennois, poussent les instrumentistes dans cette voie. La vision enflammée et subjective des postromantiques est écartée au profit d'une lecture qui se veut objective : réaction d'un moment qui annonce un nouveau répertoire et de nouvelles contraintes techniques. Diémer et surtout Viñes puis Marguerite Long deviennent les champions de la jeune musique française. Franck, d'Indy, Lalo et Saint-Saëns trouvent chez le premier un interprète idéal qui s'adapte à un nouveau langage. Avec Fauré, Debussy et Ravel, les moyens d'expression évoluent. Le piano gagne en finesse et en couleurs ce qu'il perd en puissance et en virtuosité apparente. La recherche sonore devient primordiale : le toucher, mais aussi l'usage des pédales, notamment la pédale *una corda,* rarement employée auparavant. A la même époque, Isidore Philipp transmet néanmoins un enseignement hérité de Saint-Saëns, fait de rigueur et d'austérité, dont J.-M. Darré, A. Van Barentzen et M. de La Bruchollerie seront les dépositaires.

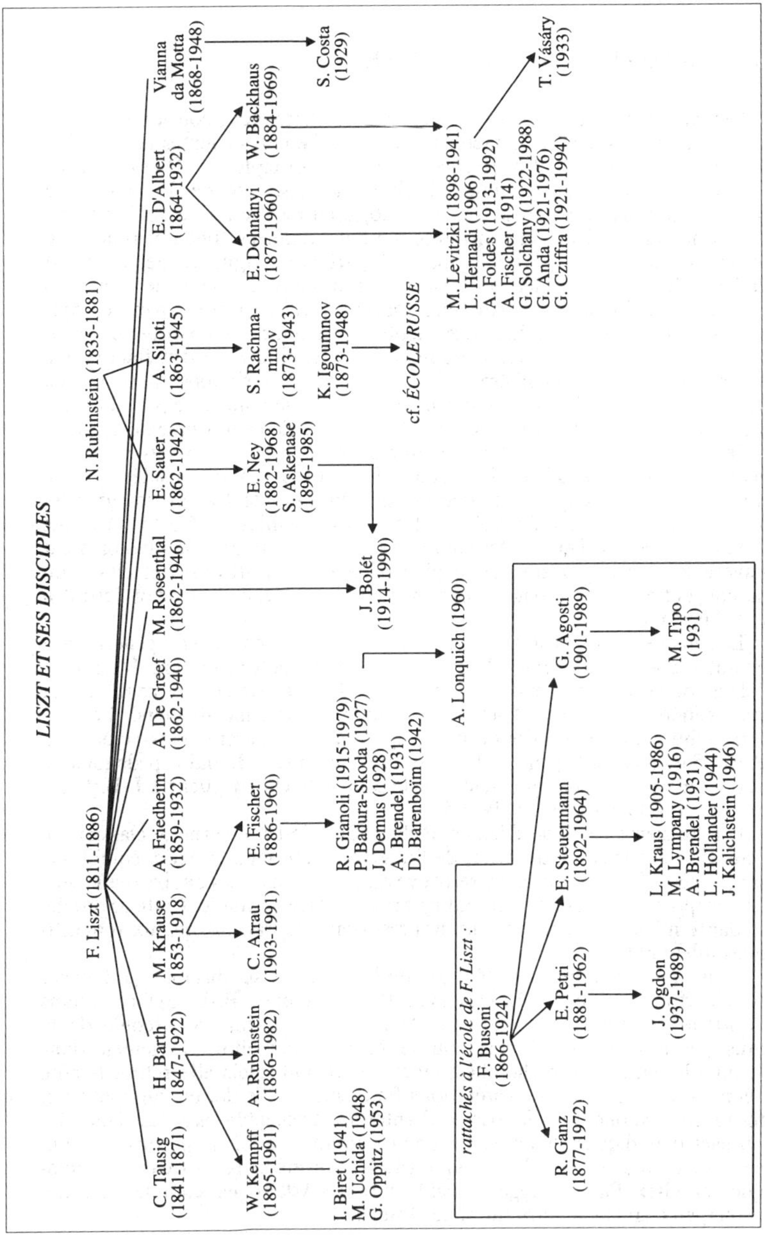
LISZT ET SES DISCIPLES
F. Liszt (1811-1886)
N. Rubinstein (1835-1881)
C. Tausig (1841-1871)
H. Barth (1847-1922)
M. Krause (1853-1918)
A. Friedheim (1859-1932)
A. De Greef (1862-1940)
M. Rosenthal (1862-1946)
E. Sauer (1862-1942)
A. Siloti (1863-1945)
E. D'Albert (1864-1932)
Vianna da Motta (1868-1948)
W. Kempff (1895-1991)
A. Rubinstein (1886-1982)
C. Arrau (1903-1991)
E. Fischer (1886-1960)
E. Ney (1882-1968)
S. Askenase (1896-1985)
S. Rachmaninov (1873-1943)
K. Igoumnov (1873-1948)
E. Dohnányi (1877-1960)
W. Backhaus (1884-1969)
S. Costa (1929)
I. Biret (1941)
M. Uchida (1948)
G. Oppitz (1953)
R. Gianoli (1915-1979)
P. Badura-Skoda (1927)
J. Demus (1928)
A. Brendel (1931)
D. Barenboïm (1942)
J. Bolét (1914-1990)
cf. ÉCOLE RUSSE
A. Lonquich (1960)
M. Levitzki (1898-1941)
L. Hernadi (1906)
A. Foldes (1913-1992)
A. Fischer (1914)
G. Solchany (1922-1988)
G. Anda (1921-1976)
G. Cziffra (1921-1994)
T. Vásáry (1933)
rattachés à l'école de F. Liszt :
F. Busoni (1866-1924)
R. Ganz (1877-1972)
E. Petri (1881-1962)
E. Steuermann (1892-1964)
G. Agosti (1901-1989)
J. Ogdon (1937-1989)
L. Kraus (1905-1986)
M. Lympany (1916)
A. Brendel (1931)
L. Hollander (1944)
J. Kalichstein (1946)
M. Tipo (1931)

OUVERTURE A LA FRANÇAISE

Les caractéristiques de ces diverses écoles s'atténuent considérablement à la génération suivante. Chacun puise aux différentes sources en fonction de son tempérament. En France, Cortot – disciple de Diémer et de Pugno – se présente comme l'héritier de Liszt et de D'Albert. Sa conception musicale repose sur un subjectivisme poussé à la limite où l'émotion, la sincérité, la sensibilité sont les données fondamentales. En revanche, sa lecture des textes manque parfois de rigueur, même s'il est difficile de ne pas céder au charme et à l'envoûtement de son sens poétique : il donne au rubato une souplesse qui se traduit par un léger décalage des deux mains. Bien des adeptes tenteront de reconstituer cet effet, mais aucun pianiste ne retrouvera le véritable équilibre. Cortot élabore une technique nouvelle qui libère le bras et l'épaule et s'oppose ainsi au jeu français traditionnellement crispé, cantonné dans la main et le poignet. Très tôt, il se consacre à l'enseignement et forme – à l'École normale de musique – de nombreux disciples dont la plupart se tournent, eux aussi, vers la pédagogie. En une génération, son influence est donc considérable, au travers de son enseignement comme des éditions de travail des grandes œuvres romantiques qu'il publie. Parmi les disciples de Cortot, Yvonne Lefébure et Vlado Perlemuter sont certainement ceux dont le rayonnement s'avère le plus important sur le plan pédagogique, attirant des élèves du monde entier, qui propagent eux-mêmes la tradition de Cortot jusqu'en Extrême-Orient.

Le sens de la construction s'impose progressivement à cette génération : un autre disciple de Diémer, Yves Nat, lui donne toute sa mesure. Il tempère l'usage de la pédale et endigue, dans un cadre plus strict, une passion tout aussi généreuse. La clarté française atteint le romantisme allemand (Beethoven, Schumann) et lui donne un visage plus transparent, plus rigoureux. Pierre Sancan sera le principal héritier de Nat dans le domaine pédagogique et transmettra cet enseignement fait de souplesse et de rigueur à J.-B. Pommier, J.-Ph. Collard et M. Beroff.

Un troisième élève de Diémer, Robert Casadesus, incarne le classicisme français : il a le souci du beau, de l'interprétation finie, précise, équilibrée, sans excès. Un goût parfait se retrouve dans chacun de ses choix. Il a le sens des proportions et sait donner au rythme sa place véritable. Cette approche s'adapte mieux à Mozart et aux impressionnistes français qu'aux romantiques allemands.

Dans une voie différente, Marguerite Long forme ses disciples (J. Doyen, N. Henriot, S. François, L. Descaves, Ph. Entremont, B.-L. Gelber...) dans l'optique des impératifs du piano français : sa technique découle de la musique de Fauré, de Debussy ou de Ravel qu'elle diffuse largement dans le monde entier. La recherche sonore est un but, mais elle refuse le côté efféminé de certaines interprétations fauréennes. Elle donne, au contraire, toute leur profondeur à des basses chantantes et accentue les notes aiguës des phrases mélodiques en soutenant une rythmique parfois imperturbable. On en trouve un écho chez Dominique Merlet, lui-même remarquable pédagogue, et chez Pascal Rogé, considéré outre-Atlantique comme l'un des principaux ambassadeurs du piano français.

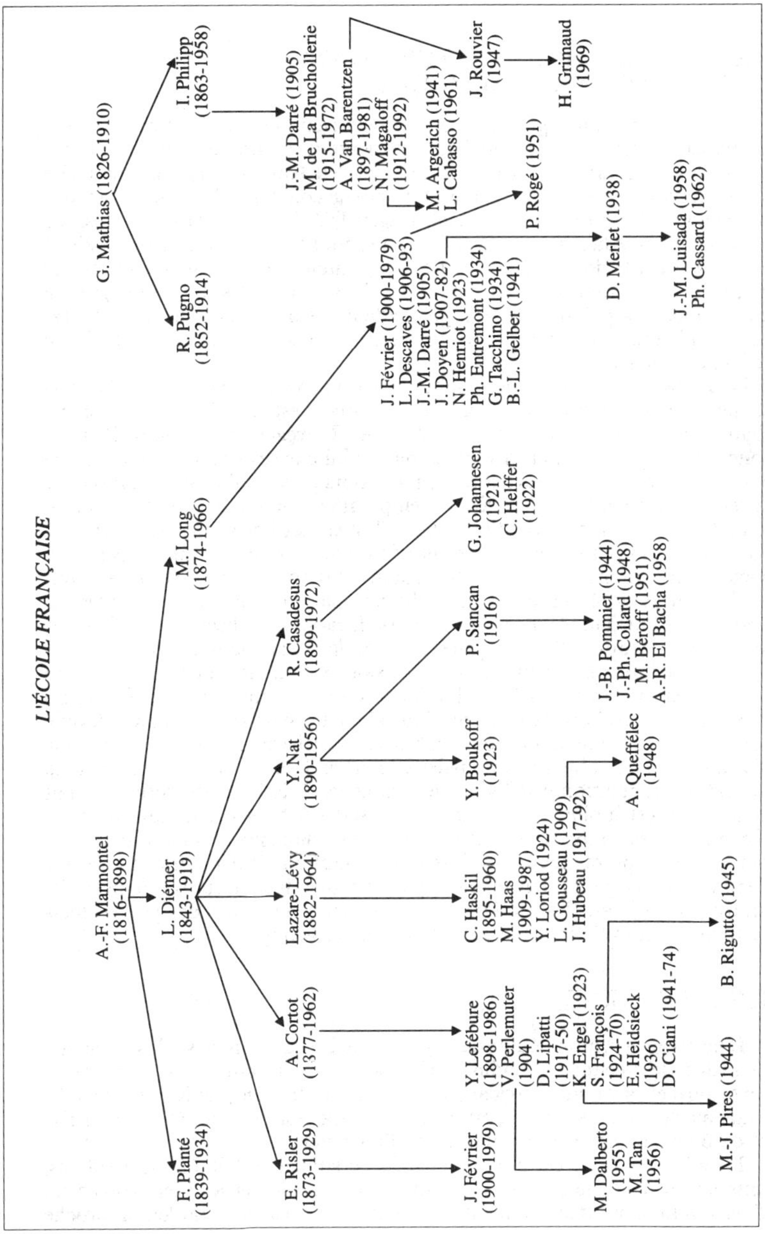
L'ÉCOLE FRANÇAISE
G. Mathias (1826-1910)
R. Pugno (1852-1914)
I. Philipp (1863-1958)
J.-M. Darré (1905)
M. de La Bruchollerie (1915-1972)
A. Van Barentzen (1897-1981)
N. Magaloff (1912-1992)
M. Argerich (1941)
L. Cabasso (1961)
J. Rouvier (1947)
H. Grimaud (1969)
A.-F. Marmontel (1816-1898)
F. Planté (1839-1934)
L. Diémer (1843-1919)
M. Long (1874-1966)
J. Février (1900-1979)
L. Descaves (1906-93)
J.-M. Darré (1905)
J. Doyen (1907-82)
N. Henriot (1923)
Ph. Entremont (1934)
G. Tacchino (1934)
B.-L. Gelber (1941)
P. Rogé (1951)
D. Merlet (1938)
J.-M. Luisada (1958)
Ph. Cassard (1962)
R. Casadesus (1899-1972)
G. Johannesen (1921)
C. Helffer (1922)
Y. Nat (1890-1956)
P. Sancan (1916)
J.-B. Pommier (1944)
J.-Ph. Collard (1948)
M. Béroff (1951)
A.-R. El Bacha (1958)
Y. Boukoff (1923)
Lazare-Lévy (1882-1964)
C. Haskil (1895-1960)
M. Haas (1909-1987)
Y. Loriod (1924)
L. Gousseau (1909)
J. Hubeau (1917-92)
A. Queffélec (1948)
A. Cortot (1377-1962)
Y. Lefébure (1898-1986)
V. Perlemuter (1904)
D. Lipatti (1917-50)
K. Engel (1923)
S. François (1924-70)
E. Heidsieck (1936)
D. Ciani (1941-74)
B. Rigutto (1945)
M.-J. Pires (1944)
E. Risler (1873-1929)
J. Février (1900-1979)
M. Dalberto (1955)
M. Tan (1956)

RIGUEUR ET ARCHITECTURE DANS LA TRADITION GERMANIQUE

Une diversité analogue se retrouve au sein de l'école germanique : Schnabel, disciple de Leschetizky, s'oriente vers un dépouillement qui transcende Mozart, Beethoven et Schubert en leur donnant une nouvelle force dramatique, faite de rigueur et de poésie contrôlée. Backhaus part des conceptions de son maître spirituel, Eugen D'Albert : il adapte la musique à l'instrument. Mais, progressivement, il se tourne vers une restitution de la musique à l'aide de l'instrument. Le compositeur ne sert plus à faire briller le piano. Les données sont inversées. Il accorde dès lors une grande importance à la polyphonie, à la profondeur des basses et à un sens général de l'architecture sonore encore instinctif. Le résultat est empreint d'une certaine noblesse.

Deux disciples de Krause, Fischer et Arrau, placent leur démarche sous le signe de la construction : l'œuvre interprétée est un édifice dont chaque élément n'existe que par rapport à d'autres. La réaction émotionnelle n'est concevable que dans un cadre préétabli qui lui fixe ses limites. La notion de continuité de la tension artistique prend alors sa véritable signification car la retenue qui modère les excès du tempérament aide à les répartir tout au long de l'œuvre, sans perte d'intensité. C'est en fait une spontanéité relative. Kurt Blaukopf parle d'« architecture émotive ». Avec Arrau, le sens de la construction prend une autre dimension : les sonates de Beethoven sont élevées au rang de cathédrales gothiques par la puissance et l'intensité dramatique du jeu. A. Brendel et P. Badura-Skoda, disciples de Fischer, tentent de retrouver l'aspect générateur de la poésie dans cet héritage.

Seul disciple marquant de Paderewski, Arthur Rubinstein se tourne surtout vers Chopin et adapte l'héritage de son maître aux impératifs du XXe siècle. Gieseking fait figure d'autodidacte, pianiste allemand dévoué surtout à la cause de la musique française. Il recherche une variété extrême d'attaques pour obtenir une palette sonore très riche convenant à la littérature impressionniste. Mais le sens général de la construction lui fait défaut et il est moins à l'aise dans les grandes formes classiques. Wilhelm Kempff, au contraire, transcende ce répertoire classique et romantique, qu'il renouvelle en permanence au fil de son inspiration : il dépouille la musique de toute surcharge et lui insuffle une poésie et une rigueur que sert à merveille un toucher délicat. Rudolf Serkin se range aussi aux côtés des poètes, mais sa fougue naturelle le place aux antipodes de Kempff.

L'ÉCOLE RUSSE

L'héritage d'Anton Rubinstein est recueilli par l'un des plus fabuleux pianistes de l'histoire, Vladimir Horowitz : sa technique, son immense répertoire et la rareté de ses apparitions en ont fait un pianiste de légende. Mais au-delà de ces considérations, Horowitz reste un modèle de maîtrise et de connaissance des possibilités de l'instrument.

L'école soviétique est dominée par la personnalité d'Heinrich Neuhaus, immense pédagogue qui a formé, entre autres, Guilels et Richter. Tous deux s'inscrivent dans un mouvement général de renouveau tant par leur approche

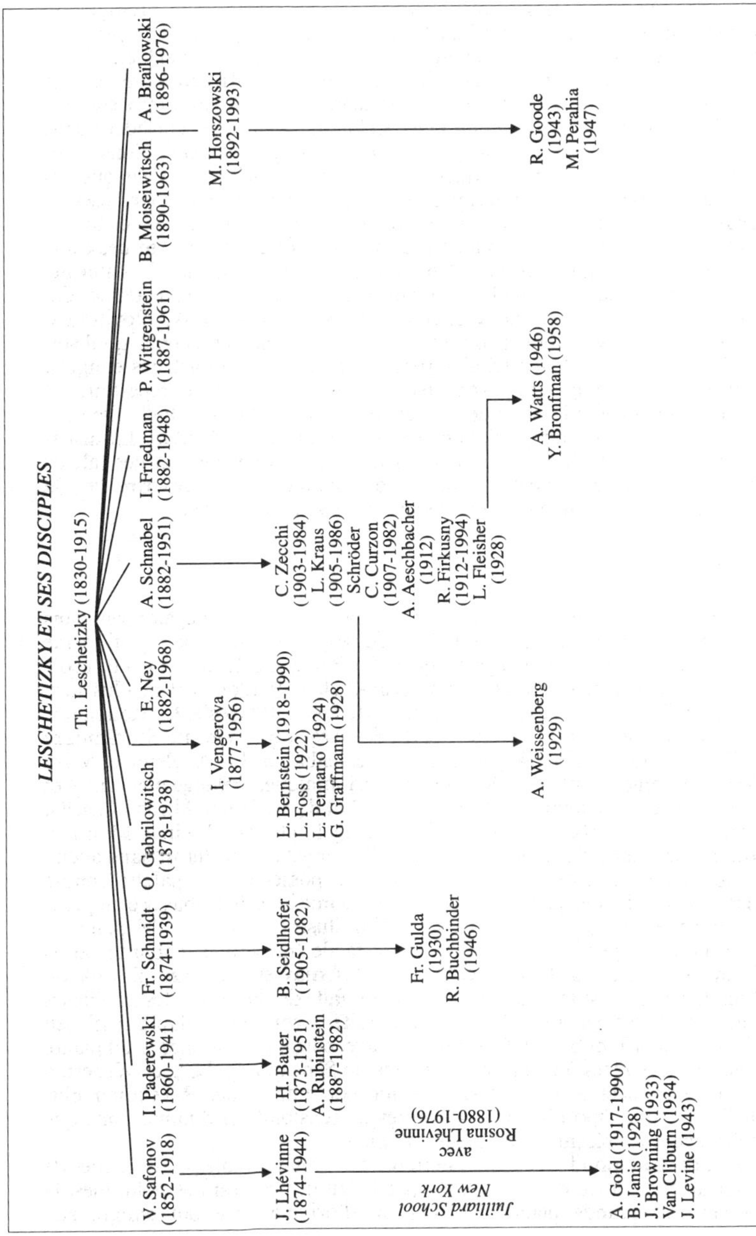
LESCHETIZKY ET SES DISCIPLES
Th. Leschetizky (1830-1915)
V. Safonov (1852-1918)
I. Paderewski (1860-1941)
Fr. Schmidt (1874-1939)
O. Gabrilowitsch (1878-1938)
E. Ney (1882-1968)
A. Schnabel (1882-1951)
I. Friedman (1882-1948)
P. Wittgenstein (1887-1961)
B. Moiseiwitsch (1890-1963)
A. Braïlowski (1896-1976)
M. Horszowski (1892-1993)
R. Goode (1943)
M. Perahia (1947)
J. Lhévinne (1874-1944)
Juilliard School New York
avec Rosina Lhévinne (1880-1976)
A. Gold (1917-1990)
B. Janis (1928)
J. Browning (1933)
Van Cliburn (1934)
J. Levine (1943)
H. Bauer (1873-1951)
A. Rubinstein (1887-1982)
B. Seidlhofer (1905-1982)
Fr. Gulda (1930)
R. Buchbinder (1946)
I. Vengerova (1877-1956)
L. Bernstein (1918-1990)
L. Foss (1922)
L. Pennario (1924)
G. Graffmann (1928)
C. Zecchi (1903-1984)
L. Kraus (1905-1986)
Schröder
C. Curzon (1907-1982)
A. Aeschbacher (1912)
R. Firkusny (1912-1994)
L. Fleisher (1928)
A. Weissenberg (1929)
A. Watts (1946)
Y. Bronfman (1958)

musicale que par l'élargissement du répertoire : technique prodigieuse, dépouillement à la limite de l'austérité, pureté de style chez le premier, sonorités étonnantes chez le second, leurs mains s'adaptant aussi bien à Bach ou Mozart qu'à Prokofiev ou Bartók. Lazar Berman offre un tempérament plus passionné, mais derrière cette spontanéité le fond de ses interprétations semble moins riche. Moins connu en Occident, Malinin est considéré dans son pays comme un poète du piano. Quant aux jeunes générations, elles révèlent d'excellentes mécaniques formées sur le même modèle que les chaînes de montage soviétiques produisent en grande série. Ces virtuoses en herbe sont admirablement formés pour triompher dans les concours internationaux, mais on les oublie presque aussitôt car rares sont ceux que l'on peut réentendre en Occident lorsque leur personnalité s'affirme. Ashkenazy s'expatrie et modifie son approche de la musique au contact des grands maîtres qu'il côtoie à Londres. Eresco, Slobodjanik, Novitskaïa, Alexeiev, Krainev se font trop rarement entendre chez nous pour qu'il soit possible d'apprécier leur véritable personnalité. Parmi les artistes émigrés, Afanassiev et Rudy s'imposent par la diversité de leur répertoire et l'humanisme profond qui se dégage de leurs interprétations. Bella Davidovich incarnerait davantage l'image des pianistes russes d'antan. La disparition prématurée d'Egorov nous a certainement privés de l'un des talents les plus prometteurs de cette fin de siècle. Bounine semble s'inscrire dans la même ligne malgré une carrière encore relativement courte.

AILLEURS

Le reste du monde voit surgir des écoles nationales qui se développent dans le sillage d'un pianiste illustre ou d'un pédagogue, parfois disciple lui-même de l'un des grands maîtres déjà évoqués. La Pologne crée une nouvelle école autour de Jan Ekier et d'Halina Czerny-Stefanska d'où sortira plus tard Krystian Zimerman, l'un des grands de cette fin de XXe siècle. En Roumanie, Florica Muzicescu forme Dinu Lipatti. En Argentine, Vicente Scaramuzza révèle B.-L. Gelber, M. Argerich et S. Kersenbaum. En Angleterre, Myra Hess et Solomon sont les reflets du style britannique, mélange d'élégance et de pudeur. L'école italienne, dominée au début du siècle par Alfredo Casella, s'impose avec Arturo Benedetti-Michelangeli et son disciple Maurizio Pollini. Le premier entoure sa carrière d'un mystère qui ternit sans aucun doute sa personnalité. Personne ne semble posséder une palette sonore analogue à la sienne, qui fait merveille dans la musique de Debussy et apporte un nouvel éclairage au romantisme. Pollini illustre l'ouverture des pianistes de la nouvelle génération : sa virtuosité facile lui permet d'aborder aussi aisément les danses de *Petrouchka* que les œuvres de Liszt, Bartók ou Prokofiev ; sa vision musicale profonde fait de lui l'un des meilleurs traducteurs du dernier Beethoven, la limpidité de son style s'adapte aussi bien à Mozart qu'à Schubert ou Chopin. En outre, parmi les « grands » du piano, il est l'un des rares à intégrer les œuvres de Schoenberg, Berg et Webern à son répertoire et à aborder la musique contemporaine. Révélation plus tardive, Maria Tipo répond aux critères de sensibilité et d'humanisme que recherchent à présent les amateurs de piano.

Le nouveau monde recueille l'héritage des grandes écoles européennes de la fin du XIXe et du début du XXe : par le jeu des contraintes politiques, la plupart des grands pianistes russes ou d'origine juive ont émigré aux

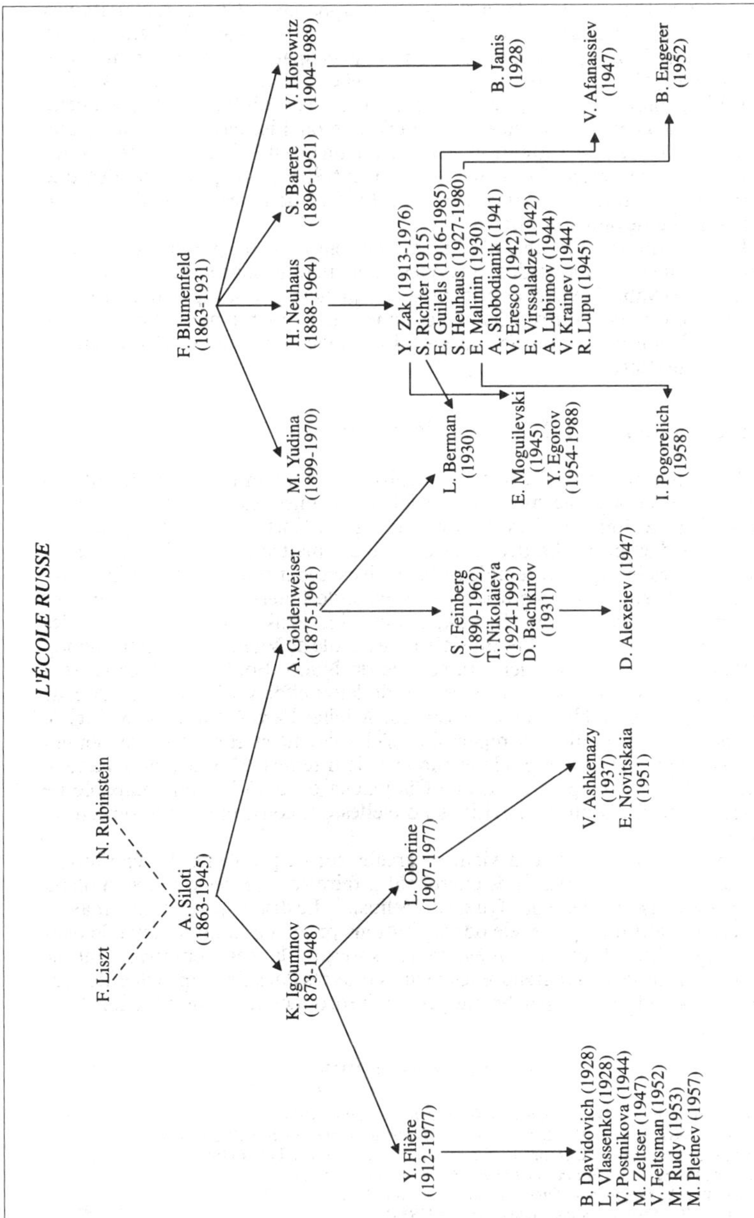
L'ÉCOLE RUSSE
F. Liszt
N. Rubinstein
A. Siloti (1863-1945)
K. Igoumnov (1873-1948)
A. Goldenweiser (1875-1961)
F. Blumenfeld (1863-1931)
M. Yudina (1899-1970)
H. Neuhaus (1888-1964)
S. Barere (1896-1951)
V. Horowitz (1904-1989)
Y. Flière (1912-1977)
L. Oborine (1907-1977)
S. Feinberg (1890-1962)
T. Nikolaieva (1924-1993)
D. Bachkirov (1931)
L. Berman (1930)
E. Moguilevski (1945)
Y. Egorov (1954-1988)
I. Pogorelich (1958)
Y. Zak (1913-1976)
S. Richter (1915)
E. Guilels (1916-1985)
S. Heuhaus (1927-1980)
E. Malinin (1930)
A. Slobodianik (1941)
V. Eresco (1942)
E. Virssaladze (1942)
A. Lubimov (1944)
V. Krainev (1944)
R. Lupu (1945)
B. Janis (1928)
V. Afanassiev (1947)
B. Engerer (1952)
B. Davidovich (1928)
L. Vlassenko (1928)
V. Postnikova (1944)
M. Zeltser (1947)
V. Feltsman (1952)
M. Rudy (1953)
M. Pletnev (1957)
V. Ashkenazy (1937)
E. Novitskaia (1951)
D. Alexeiev (1947)

États-Unis. Il est encore trop tôt pour qu'apparaissent les caractéristiques d'une ou de plusieurs écoles américaines. Une virtuosité brillante et un certain sens de la « performance » sont les principaux points communs entre Janis, Van Cliburn, Browning, Watts. Mais de nouveaux talents, plus sensibles, comme Perahia, semblent marquer une évolution analogue à celle que connut l'école allemande avec Backhaus ou Fischer. Au Canada, une figure insolite retient l'attention, celle de Glenn Gould : il déconcerte par des interprétations anticonformistes qui peuvent être aussi passionnantes que déroutantes. Ennemi de l'imperfection, il refuse de jouer en public et ne se produit que devant des micros !

Du côté du soleil levant, d'où n'émergeaient dans un premier temps que des instrumentistes à cordes, quelques personnalités marquantes du clavier semblent envahir le vieux continent, à commencer par la Japonaise Mitsudo Uchida, considérée outre-Manche comme une éminente mozartienne, mais dont la froide perfection ne saurait faire oublier ses illustres aînés dans le même répertoire.

LE PIANISTE ET LES COMPOSITEURS

Au début du XXe siècle, certains pianistes, surtout en France, s'étaient mis au service de la jeune musique, enrichissant ainsi leur répertoire et leurs possibilités techniques. Les disciples de Viñes, Cortot ou M. Long se sont contentés d'assimiler les découvertes de leurs maîtres. Au fil des années, la curiosité des interprètes semble se tarir : ils servent tous le même répertoire et il faut attendre la génération de la Seconde Guerre mondiale pour voir s'opérer un changement. Bartók, Stravinski, Prokofiev entrent dans les programmes de concert. Les musiciens de l'école de Vienne doivent beaucoup à Pollini, qui met son talent au service de Nono, Boulez et Stockhausen. D'autres artistes consacrent l'essentiel de leurs efforts à la musique de leur temps (Claude Helffer, Yvonne Loriod, Michel Beroff, John Browning...). D'une façon générale, les répertoires s'élargissent et rares sont les jeunes pianistes qui n'abordent pas la musique de leur temps. Mais le piano manque encore d'un Rostropovitch, d'une Chojnacka ou d'un Rampal, capable de susciter une moisson de partitions nouvelles qui constitueront le répertoire de demain.

Un phénomène nouveau vient se greffer sur ce problème de répertoire : beaucoup de jeunes pianistes cherchent à faire revivre des œuvres oubliées du passé (Alkan, Clementi, Dukas, Sibelius...). Le disque joue un rôle majeur dans cette attitude qui révèle des aspirations profondes à un renouvellement du répertoire. Mais les mélomanes suivront-ils ces tentatives ou se contenteront-ils de réentendre les mêmes œuvres dans des approches de plus en plus standardisées par les moyens de reproduction et de diffusion ?

BIBLIOGRAPHIE

BACHMANN, R. : *A l'écoute des grands interprètes.* Payot (1977).
BADURA-SKODA, E. & P. : *L'Art de jouer Mozart au piano.* Buchet-Chastel (1974).
BADURA-SKODA, P. et DEMUS, J. : *Les Sonates de Beethoven.* Lattès (1981).
BLAUKOPF, K. : *Les Grands Virtuoses.* Buchet-Chastel (1955).
BRENDEL, A. : *Réflexions faites.* Buchet-Chastel (1979).
COOPER, P. : *Style et piano.* Henri Veyrier (1984).

CORTOT, A. : *Cours d'interprétation.* Slatkine (1980).
DESCHAUSSÉES, M. : *L'Homme et le piano.* Van de Velde (1983).
GAVOTY, B. : *Alfred Cortot.* Buchet-Chastel (1977).
GILL, D. : *Le Grand Livre du piano.* Van de Velde (1981).
GOULD, G. : *Le Dernier Puritain.* Fayard (1983).
KAISER, J. : *Große Pianisten in unserer Zeit.* Piper, Munich (6e éd., 1986).
KENTNER, L. : *Piano.* Hatier (1978).
LOCARD, P. et STRICKER, R. : *Le Piano.* « Que sais-je ? » PUF (1948-74).
MOORE, G. : *Faut-il jouer moins fort ?* Buchet-Chastel (1982).
NAT, Y. : *Carnets.* Flûte de Pan (rééd. 1983).
NEUHAUS, H. : *L'Art du piano.* Van de Velde (1971).
PÂRIS, A. : « Histoire de l'interprétation pianistique », in *Le Guide du piano.* Mazarine (1979).
PAYZANT, G. : *Glenn Gould, un homme du futur.* Fayard (1983).
PHILIPP, I. : *Réflexions sur l'art du piano.* Durand (1927).
PINCHERLE, M. : *Le Monde des virtuoses.* Flammarion (1961).
PLASKIN, G. : *Horowitz.* Buchet-Chastel (1985).
RANGE, H.-P. : *Die Konzertpianisten der Gegenwart.* Moritz Schauenburg Verlag (1964).
ROES, P. : *La Technique fulgurante de Busoni.* Henry Lemoine (1941).
SCHONBERG, H. : *The Great Pianists.* New York (1963).
WOLTERS, K. : *Le Piano.* Payot (1971).

Les instruments à archet

par Roger-Claude TRAVERS

Tracer en quelques pages l'évolution de l'interprétation des instruments à archet au cours de ces cent dernières années relève de la plus haute témérité. Le recul nous manque encore pour esquisser avec clarté les grands traits du cheminement, lent mais inexorable, suivi par plusieurs générations de musiciens, conditionnés par les bouleversements de l'enseignement des instruments et de la technique, par la désagrégation de la notion d'école, rendant aléatoire toute tentative de filiation de maître à élève, par la notion récente de concours, par l'avènement de l'audiovisuel et en particulier du disque, sans oublier le cloisonnement souvent hermétique entre les interprètes d'œuvres contemporaines et ceux qui défendent le répertoire traditionnel. Tous ces éléments s'intriquent inévitablement au concept même d'interprétation.

LE VIOLON

Il pose bien sûr les problèmes les plus complexes, les plus tragiques aussi, ne serait-ce que parce que sa supériorité théorique dans l'orchestre classico-romantique a vécu. Le progrès de la facture des cuivres au milieu du siècle dernier devait amener de profonds changements dans son emploi, avec un rôle subitement accru des percussions, des vents, des cuivres, au moment où survint, vers 1910, un changement d'orientation radical dans l'orchestration, impliqué par la pénurie économique de l'époque, comme Stravinski et Schoenberg (*Symphonie de chambre*, op. 9, 1906) en montrent d'excellents exemples, et avec l'avènement aux États-Unis de l'orchestre de jazz ne comprenant aucun archet, mais suggérant néanmoins un foisonnement de coloris qui ne pouvait laisser les compositeurs insensibles. Le violon, instrument de mélodie, expression du chant à l'italienne, ne trouvait plus sa place. Sort cruel pour l'instrument chéri par les plus grands compositeurs pendant deux siècles. Que cette situation ait abouti, jusqu'à une période fort récente, à une pénurie de violonistes n'est donc pas étonnant.

Cette désaffection touche par bonheur à sa fin, grâce au renouveau de l'enseignement et à l'extension de la culture européenne au monde entier. Il y a toujours eu de grands professeurs, des écoles nationales ou des filiations prestigieuses. En cette pénurie du début de siècle, ce furent les professeurs moyens qui faisaient défaut, des enseignants capables de mener une classe, de trouver dans une pépinière d'élèves ceux qui, un jour, seraient l'élite de demain. La Grande-Bretagne, la France, l'Allemagne, l'URSS l'ont bien compris. Les États-Unis également. Mais l'événement considérable de ces dix dernières années s'est produit en Extrême-Orient, où la musique européenne, comme la technique et les sciences, est un écho, un miroir de la civilisation que tout le monde cherche à imiter, la somme d'une emprise intellectuelle et matérielle sur l'univers. Suivant l'exemple donné par la classe de Suzuki au Japon, les Coréens et surtout les Chinois développent dans leur considérable potentiel humain les dons musicaux les plus divers. Le violon y tient une bonne place. D'ici à quelques années, plusieurs milliers de violonistes chinois naîtront et écraseront peut-être les autres écoles. Leur participation aux concours internationaux augmente d'année en année de façon exponentielle. Le statut du violon a-t-il son fondement dans le brassage des cultures ? En tout cas, il vivra tant que la voix humaine conservera de l'attrait pour nos contemporains et descendants. C'est sans doute la fascination de la voix qui a guidé tant de générations de violonistes. La mobilité tonale de la musique moderne, source de cruelles épreuves pour l'interprète ne pouvant plus s'ancrer autour des « quintes à vide », et l'abandon délibéré du chant « à l'italienne » ont suscité chez beaucoup de violonistes un divorce entre leur répertoire et la musique de leur temps. De glorieuses exceptions confirment la règle. David Oïstrakh est le dédicataire d'œuvres de Chostakovitch, Miaskovski, Khatchaturian, Prokofiev ; Henryk Szeryng d'œuvres de Chávez, Maderna, Martinů, Penderecki, Ponce ; Menuhin de compositions signées Bloch, Bartók, Milhaud, Dorati ; Isaac Stern des concertos de Penderecki et Dutilleux. Quant à Gidon Kremer, il suscite toute une littérature nouvelle d'origine soviétique (Schnittke, Chtchedrine, Pärt...). Mais l'arbre ne doit pas masquer la forêt. Le répertoire traditionnel s'arrête aujourd'hui encore à Prokofiev ou Berg. Les œuvres contemporaines ont leurs serviteurs attitrés, spécialistes audacieux friands de recherches techniques nouvelles et servant rarement la musique du passé. Depuis la dernière guerre, l'afflux considérable de concertos du XVIIIe siècle, en particulier italiens, a séduit une grande majorité de violonistes, qui puisent allégrement dans le répertoire de Vivaldi (250 concertos édités chez Ricordi !), Tartini ou Leclair. Sans oublier cette recherche récente dans le domaine de l'archéologie de l'instrument, avec un nombre important de violonistes retournant aux sources « baroques » et jouant sur des violons au manche modifié, cordes en boyau et archet allégé, de courbure évoquant les modèles de facture ancienne, et avec une technique inspirée des traités de Tartini ou de Quantz. Eduard Melkus, Alice Harnoncourt, Jaap Schröder, Sigiswald Kuijken ou Simon Standage sont les plus célèbres d'entre eux, maîtrisant à merveille les difficultés réservées en leur temps aux virtuoses d'une technique encore artisanale, mais à la portée aujourd'hui d'interprètes correctement formés par les pédagogues modernes. Les grands responsables de cette évolution furent certainement les créateurs de la période romantique, rarement violonistes eux-mêmes, qui suscitèrent des difficultés absentes chez les violonistes-compositeurs du siècle précédent qu'il fallut résoudre, puis enseigner jusqu'à assimilation. Bénéficiant de cette constante progression, nous pouvons dire que le violon n'a jamais été aussi bien enseigné qu'aujourd'hui. La facilité des déplacements « permet à quiconque en a les moyens de chercher dans une capitale les doigtés de tel grand professeur, dans telle autre les coups d'archet de tel maître », comme le disait Marc Pincherle. Actuellement, et ce depuis le début du siècle, on collectionne les enseignements, sans oublier la ressource d'étudier disques et prestations audiovisuelles des grands violonistes pour en découvrir tel élément d'interprétation, telle conception unique, inaccessible avant l'internationalisation de la technique et des styles.

Point obscurcissant le tableau, la discipline de groupe a vécu, avec une perte d'identité peut-être triste pour l'avenir. Les aspects positifs font pourtant pencher la balance du bon côté, avec une rationalisation de l'enseignement. De nos jours, la physiologie anatomique du violoniste est étudiée scientifiquement, et en particulier la position des membres supérieurs dans la tenue de l'archet. Les travaux de Carl Flesch (*Die Kunst des Violinspiels*, 1923 et 1928), Lucien Capet (*La Technique supérieure de l'archet*, 1916), Eberhardt, Leopold von Auer (*Violin Playing as I teached It*, 1921) ont défini les rôles respectifs du bras, de l'avant-bras, de la main, et récusé les principes tyranniques de l'école de Joachim : coude droit presque collé au corps, les doigts raides, avec toute la souplesse dans le poignet. Les problèmes relatifs à la sonorité, récoltés au siècle dernier par la seule intuition des virtuoses, sont maintenant transmis à tout violoniste d'orchestre, en tenant compte des aptitudes anatomiques et mécaniques de chacun. On admet aujourd'hui une diversité dans le maniement de l'archet, aboutissant à des techniques aussi dissemblables que celles d'un Thibaud, d'un Kreisler, d'un Szigeti. Que certains excès aient parfois été commis, c'est une évidence. Nous ne citerons comme exemple que la préférence accordée au milieu du siècle par certains pédagogues à une technique de la partie supérieure du bras et de l'avant-bras, afin d'augmenter la sonorité, privant l'archet de son caractère, et compensant cela par un vibrato accru, le privant par conséquent de son utilisation comme véritable moyen d'expression. Szigeti, dans son *Violonist's Notebook* (1964), le dénoncera avec raison et sera heureusement entendu : bienfait de la communication aisée et internationale en notre XXe siècle.

Nous évoquions plus haut la difficulté d'établir les ramifications innombrables et touffues des arbres généalogiques développés au siècle passé. Nous devons pourtant présenter quelques filiations marquantes, permettant de rattacher les grands noms d'aujourd'hui aux maîtres d'hier. Les disques et les concours internationaux nous ont appris à compter systématiquement avec deux écoles donnant un nombre important de violonistes de qualité : les écoles soviétique et judéo-américaine.

L'école russo-soviétique

Le violon russe est né en milieu juif à la fin du siècle dernier. A Saint-Pétersbourg, Leopold von Auer a formé entre 1868 et 1918 une impressionnante série de virtuoses, dont les plus célèbres émigrèrent aux États-Unis, après la révolution. Efrem Zimbalist, Misha Elman, Samuel Dushkin, Jascha Heifetz, Nathan Milstein, le seul héritier encore actuellement en activité. Ces virtuoses de génie étaient originaires pour la plupart des marches du Sud, des confins de l'Ukraine, de la région d'Odessa. C'est là que le violon russe est né, qu'il s'est développé, qu'il a essaimé. Auer était le dernier maillon d'une filiation royale, remontant à Viotti par Rode – Boehm – Joachim – Dont. L'école purement soviétique eut d'autres initiateurs, se rattachant eux aussi à Viotti par Pixis et ses continuateurs de

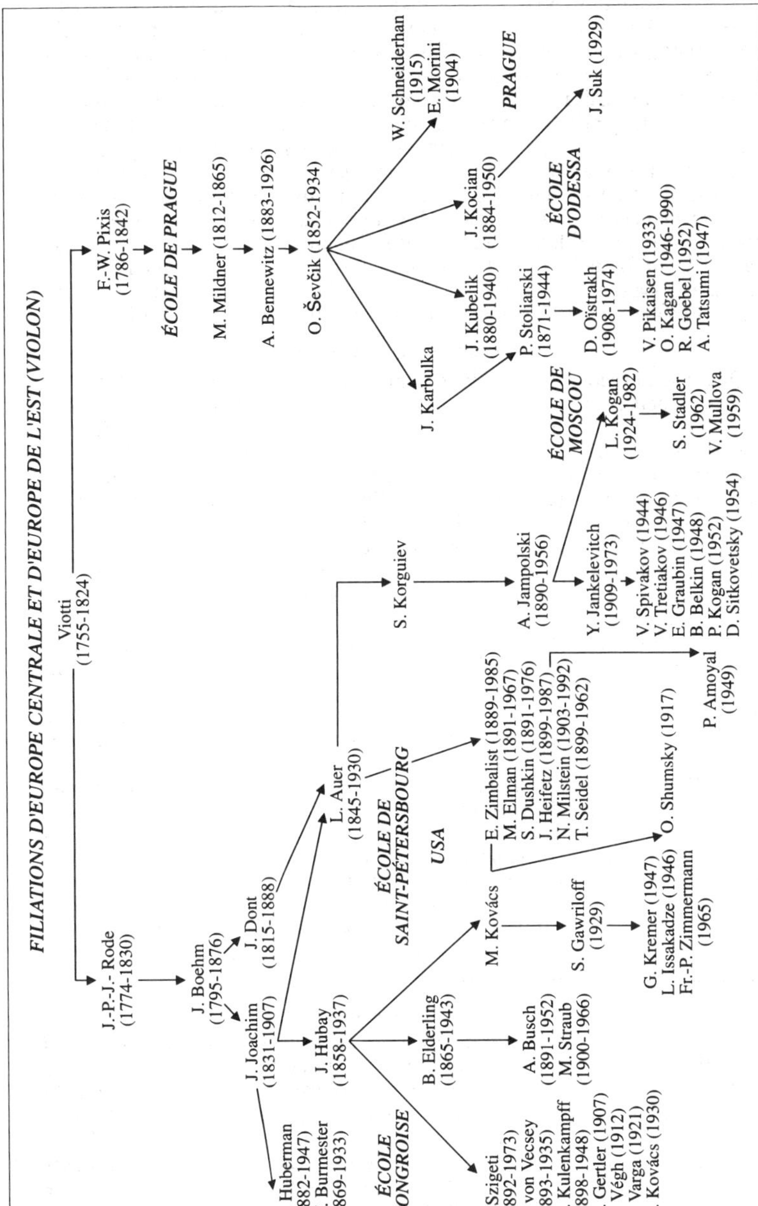
FILIATIONS D'EUROPE CENTRALE ET D'EUROPE DE L'EST (VIOLON)
Viotti (1755-1824)
J.-P.-J.- Rode (1774-1830)
F.-W. Pixis (1786-1842)
ÉCOLE DE PRAGUE
M. Mildner (1812-1865)
A. Bennewitz (1883-1926)
O. Ševčik (1852-1934)
W. Schneiderhan (1915)
E. Morini (1904)
J. Kocian (1884-1950)
J. Suk (1929)
PRAGUE
J. Kubelik (1880-1940)
J. Karbulka
P. Stoliarski (1871-1944)
ÉCOLE D'ODESSA
D. Oïstrakh (1908-1974)
V. Pikaisen (1933)
O. Kagan (1946-1990)
R. Goebel (1952)
A. Tatsumi (1947)
ÉCOLE DE MOSCOU
L. Kogan (1924-1982)
S. Stadler (1962)
V. Mullova (1959)
S. Korguiev
A. Jampolski (1890-1956)
Y. Jankelevitch (1909-1973)
V. Spivakov (1944)
V. Tretiakov (1946)
E. Graubin (1947)
B. Belkin (1948)
P. Kogan (1952)
D. Sitkovetsky (1954)
J. Boehm (1795-1876)
J. Dont (1815-1888)
J. Joachim (1831-1907)
L. Auer (1845-1930)
ÉCOLE DE SAINT-PÉTERSBOURG
USA
E. Zimbalist (1889-1985)
M. Elman (1891-1967)
S. Dushkin (1891-1976)
J. Heifetz (1899-1987)
N. Milstein (1903-1992)
T. Seidel (1899-1962)
P. Amoyal (1949)
O. Shumsky (1917)
B. Huberman (1882-1947)
W. Burmester (1869-1933)
ÉCOLE HONGROISE
J. Hubay (1858-1937)
B. Elderling (1865-1943)
M. Kovács
S. Gawriloff (1929)
G. Kremer (1947)
L. Issakadze (1946)
Fr.-P. Zimmermann (1965)
A. Busch (1891-1952)
M. Straub (1900-1966)
J. Szigeti (1892-1973)
F. von Vecsey (1893-1935)
G. Kulenkampff (1898-1948)
A. Gertler (1907)
S. Végh (1912)
T. Varga (1921)
D. Kovács (1930)

l'école de Prague du XIXe siècle : Pixis – Mildner – Bennewitz – Ševčik – Karbulka. Les véritables fondateurs nationaux furent Peter Stoliarsky (1871-1944), Abram Jampolsky (1890-1936), Yuri Eidlin (1895-1958) parmi d'autres, qui devaient initier de prestigieux interprètes : David Oïstrakh, Leonid Kogan, Elisabeth Guilels, puis Igor Oïstrakh, Michael Vayman et cette nouvelle génération aux innombrables talents, qui collectionnent les prix et disparaissent souvent à jamais des scènes occidentales après avoir laissé une impression fulgurante. A leur sujet, on évoque souvent la notion de virtuosité transcendante, de volonté expressive permanente, de culte de la performance, de fantaisie débridée. Les plus connus sont actuellement Viktor Pikaisen, Gidon Kremer, Oleg Kagan, Vladimir Spivakov, Peter Zazofski, en rappelant qu'il y a vingt ans à peine on évoquait Andrei Korsakov, Zinovj Vinnikov, Mikhail Bezverkhny (1er lauréat du Concours Reine Elisabeth en 1976). Qui connaît leur carrière aujourd'hui ?

L'école judéo-américaine

Quant à l'excellente école judéo-américaine, elle remonte au début du siècle et bénéficia de la fixation de pédagogues comme Auer, qui se fixa à New York en 1918, Louis Persinger (élève d'Ysaÿe en suivant la filiation Vieuxtemps – Beriot – Robberecht – Viotti !), qui forma Yehudi Menuhin, Isaac Stern ou Ruggiero Ricci. Elle profita également de la création d'écoles supérieures de musique comme la Juilliard School à New York (1919), l'Eastman School à Rochester, le Curtis Institute à Philadelphie (1921), la Mannes Music School à New York, etc., où de prestigieux professeurs se sont succédé. La Juilliard School reste actuellement la plus illustre, cas presque unique aujourd'hui d'école cohérente, autonome, transmettant de maître à élève un enseignement comme on le concevait au XIXe siècle dans les écoles nationales. Pinchas Zukerman, Itzhak Perlman en sont issus, comme élèves du célèbre professeur et théoricien Galamian, dont il faut souligner les liens avec l'école française. Galamian eut comme maître Louis Capet, par lequel on remonte à J.-P. Maurin – F. Habeneck – P. Baillot et l'éternel Viotti. L'influence de Galamian se trouve aujourd'hui perpétuée par son ancienne assistante, Dorothy DeLay, qui a formé des talents aussi divers que l'Anglais Nigel Kennedy, l'Autrichien Christian Altenburger, l'Israélien Shlomo Mintz ou le Chinois de Taïwan Cho-Liang Lin.

Si un parallèle pouvait être fait entre ces deux grands courants violonistiques actuels, une notion simple servirait à l'exprimer : l'idée de compétition, introduite systématiquement dans les mentalités artistiques, aux dépens parfois, peut-être, de la motivation intérieure. A titre d'anecdote, un film américain de 1980 intitulé *The Competition* (!) traçait assez justement le conditionnement des jeunes interprètes aux États-Unis face aux concours. Il s'agissait, il est vrai, de pianistes...

Les écoles asiatiques

Au cours des années soixante apparaissaient déjà les premiers virtuoses japonais : Txoji Toyada, Masuko Ushioda, Hiderato Suzuki. Puis on parla de Kyung-Wha Chung, la Coréenne, qui siégeait en 1981 dans le jury du Concours Reine Elisabeth, où Yusuko Horigome, Takashi Scimizo et Rivuko Tsukahura, Japonais tous les trois, occupaient les quatre premières places, avec un Soviétique. Voici une sorte toute nouvelle d'interprètes, étrangers primitivement à la culture occidentale, mais assimilant, digérant à une vitesse incroyable, pour enfin créer ce qui commence à devenir des courants

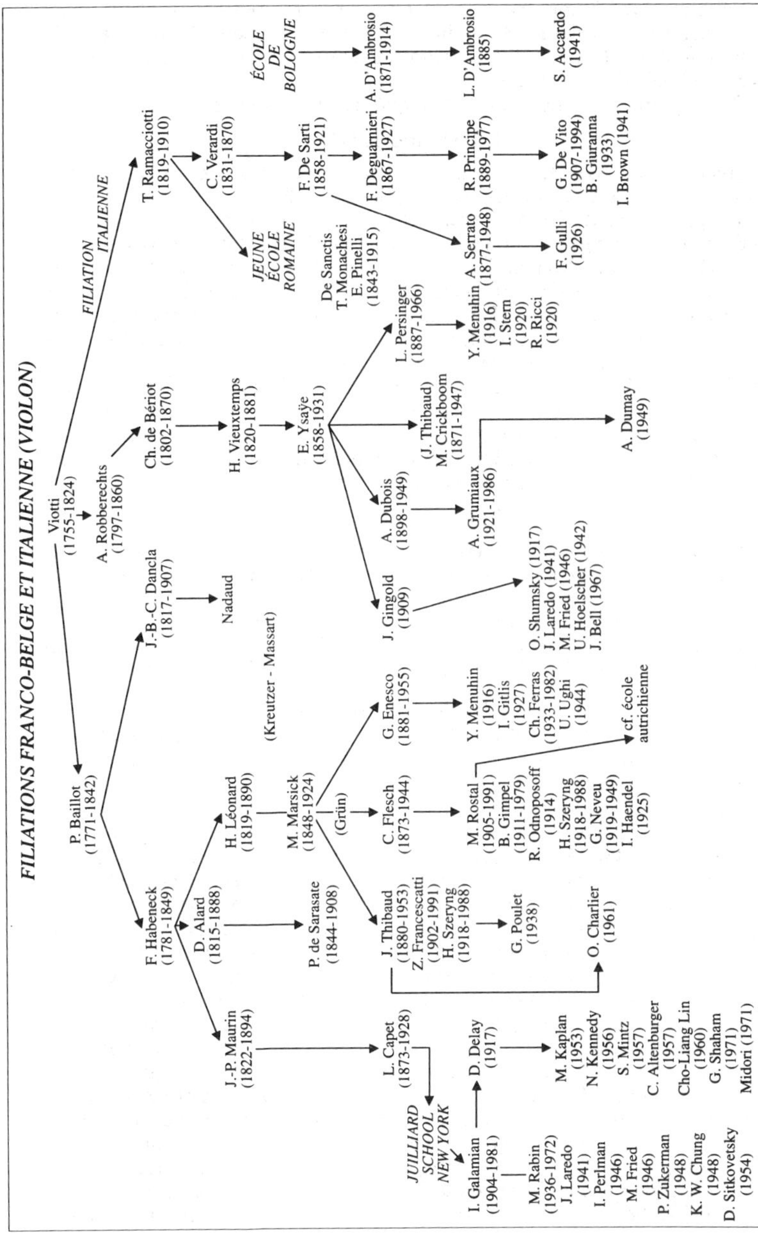
FILIATIONS FRANCO-BELGE ET ITALIENNE (VIOLON)
Viotti (1755-1824)
A. Robberechts (1797-1860)
FILIATION ITALIENNE
T. Ramacciotti (1819-1910)
C. Verardi (1831-1870)
JEUNE ÉCOLE ROMAINE
De Sanctis
T. Monachesi
E. Pinelli (1843-1915)
F. De Sarti (1858-1921)
F. Deguarnieri (1867-1927)
R. Principe (1889-1977)
G. De Vito (1907-1994)
B. Giuranna (1933)
I. Brown (1941)
A. Serrato (1877-1948)
F. Gulli (1926)
ÉCOLE DE BOLOGNE
A. D'Ambrosio (1871-1914)
L. D'Ambrosio (1885)
S. Accardo (1941)
Ch. de Bériot (1802-1870)
H. Vieuxtemps (1820-1881)
E. Ysaÿe (1858-1931)
L. Persinger (1887-1966)
Y. Menuhin (1916)
I. Stern (1920)
R. Ricci (1920)
(J. Thibaud)
M. Crickboom (1871-1947)
A. Dumay (1949)
A. Dubois (1898-1949)
A. Grumiaux (1921-1986)
J. Gingold (1909)
O. Shumsky (1917)
J. Laredo (1941)
M. Fried (1946)
U. Hoelscher (1942)
J. Bell (1967)
J.-B.-C. Dancla (1817-1907)
Nadaud
(Kreutzer - Massart)
P. Baillot (1771-1842)
F. Habeneck (1781-1849)
H. Léonard (1819-1890)
M. Marsick (1848-1924)
G. Enesco (1881-1955)
Y. Menuhin (1916)
I. Gitlis (1927)
Ch. Ferras (1933-1982)
U. Ughi (1944)
(Grün)
C. Flesch (1873-1944)
M. Rostal (1905-1991)
B. Gimpel (1911-1979)
R. Odnoposoff (1914)
H. Szeryng (1918-1988)
G. Neveu (1919-1949)
I. Haendel (1925)
cf. école autrichienne
D. Alard (1815-1888)
P. de Sarasate (1844-1908)
J. Thibaud (1880-1953)
Z. Francescatti (1902-1991)
H. Szeryng (1918-1988)
G. Poulet (1938)
O. Charlier (1961)
J.-P. Maurin (1822-1894)
L. Capet (1873-1928)
JUILLIARD SCHOOL NEW YORK
I. Galamian (1904-1981)
D. Delay (1917)
M. Kaplan (1953)
N. Kennedy (1956)
S. Mintz (1957)
C. Altenburger (1957)
Cho-Liang Lin (1960)
G. Shaham (1971)
Midori (1971)
M. Rabin (1936-1972)
J. Laredo (1941)
I. Perlman (1946)
M. Fried (1946)
P. Zukerman (1948)
K. W. Chung (1948)
D. Sitkovetsky (1954)

nationaux : les Chinois Hu Kun et Zhou Qian remportent respectivement les concours de Yehudi Menuhin (Paris, 1985) et Long-Thibaud (1987). Sommes-nous à la veille d'une grande révolution dans le monde du violon avec cet éveil de la Chine ?

Et les grandes filiations du passé, que deviennent-elles ?

L'école franco-belge

Splendide au XIXe siècle, elle renaît de ses cendres. Ces cent dernières années ont bénéficié d'artistes exceptionnels. Pour la France, Jacques Thibaud, maître de Zino Francescatti et Henryk Szeryng, Louis Capet, maître de Galamian et fondateur du Quatuor Capet, Ginette Neveu, élève de Carl Flesch et de Boucherit, Joseph Calvet, fondateur du Quatuor Calvet, ont illuminé l'aube de cette période. Pour la Belgique, Eugène Ysaÿe, dédicataire des sonates de Franck, Lekeu, du *Poème* de Chausson et du *Quatuor* de Debussy, fut le maître de Mathieu Crickboom, William Primrose et Louis Persinger, sans oublier Arthur Grumiaux, par l'intermédiaire de son professeur Dubois. Un enseignement excellent et les déplacements internationaux ont permis à cette vieille école de présenter après la guerre des artistes de qualité, comme Pierre Amoyal, Patrice Fontanarosa, Jean-Jacques Kantorow, Emmanuel Krivine, Michel Schwalbé, Gérard Poulet, Jean-Pierre Wallez, Jean Estournet, Raphaël Oleg ou Olivier Charlier.

Les écoles italiennes

Leur dramatique déclin, survenu au XIXe siècle, semble enfin stoppé. Les jeunes écoles romaine, bolonaise, ou vénitienne donneront des fruits prometteurs. Uto Ughi, Giancarlo Carmignola ou Marco Fornacciari sont de ceux-là. Parmi les grands virtuoses actuels, signalons Franco Gulli, enseignant à la Juilliard School de New York, Pina Carmirelli et surtout Salvatore Accardo, élève de Luigi D'Ambrosio, à la technique exceptionnelle.

L'Europe centrale

Héritière de Viotti par Pixis, l'école de Prague voit en Josef Suk, élève de Ševčik par l'intermédiaire de Kocian, son meilleur virtuose. Avant guerre, il y avait, bien sûr, Ján Kubelík.

L'illustre école hongroise connaît une certaine stagnation, après avoir vécu les fastes de la filiation de Hubay, avec André Gertler, Josef Szigeti, Franz von Vecsey et Georg Kulenkampff. Denés Kovács tient en ce moment le devant de la scène, sans oublier le merveilleux Sándor Végh. Reste la filiation de Mannheim, qui regroupe les héritiers de Kreutzer, Mayseder et Ludwig Spohr. Si la fin du siècle précédent vit triompher Wieniawski, notre époque fut dominée par l'Autrichien Fritz Kreisler, qui joua jusqu'en 1947. Son jeu alliait charme et puissance, au service d'un phrasé simple et direct. Comme Wieniawski, il se rattachait à Kreutzer par l'intermédiaire de Massart. Son maître fut J. Hellmesberger junior, qui enseigna également Enesco. Dans l'école autrichienne contemporaine, on mentionnera particulièrement Eduard Melkus, serviteur attentionné des instruments « baroques », Max Rostal, maître de Brainin, Peinemann et Brandis en Angleterre et Wolfgang Schneiderhan, qui tous trois se rattachent à Mayseder par l'intermédiaire de Hellmesberger et K. Heisser. La rigide école allemande de Spohr – David – Wihelmj a eu en Adolf Busch le digne continuateur de cette ligne rigoureuse du haut style allemand. Reinhold Barchet a laissé, lui aussi, un souvenir inoubliable. Seule, Anne-Sophie Mutter semble perpétuer cette tradition de

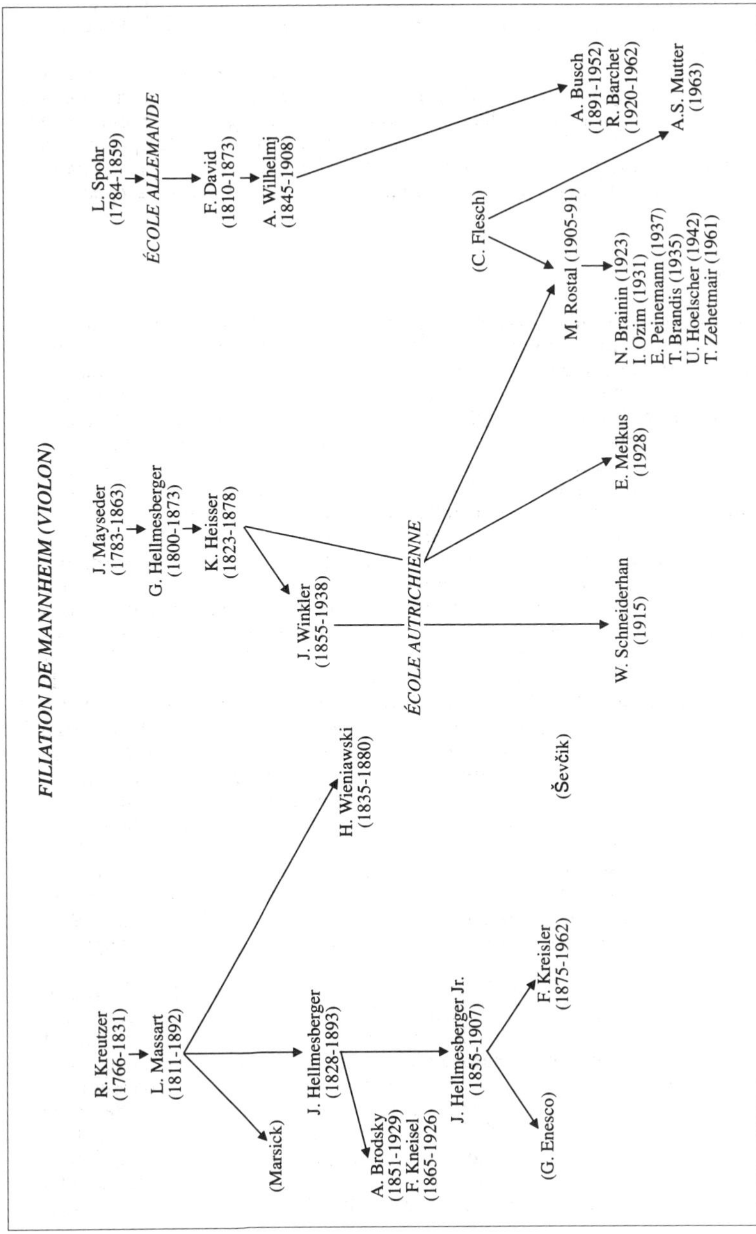

FILIATION DE MANNHEIM (VIOLON)

rigueur stylistique. Saschko Gawriloff, fervent défenseur de la musique de son temps, serait davantage l'équivalent au violon de Siegfried Palm au violoncelle.

Somme toute, en dressant cette esquisse fort incomplète des filiations et en examinant les perspectives d'avenir, nous devons constater que le violon ne se porte pas si mal. Les filiations dominantes changent, la technique se modifie, le style également, mais le répertoire est plus étendu qu'il ne l'a jamais été. En fait, comme le rappelle Yehudi Menuhin : *L'homme a besoin de la voix humaine, or le violon est son double, c'est pourquoi il n'est pas près de mourir.*

L'ALTO

Longtemps considéré comme un parent pauvre, celui qui joue les utilités, refuge des violonistes médiocres, l'*alto* ne s'est vu offrir le devant de la scène qu'à la période romantique, qui se reconnaissait dans ses qualités sonores spécifiques, sa mélancolie. Avec Beethoven, il avait acquis, surtout dans le quatuor à cordes, un rôle égal à celui des autres instruments concertants. Berlioz et Wagner contribuèrent à sa réhabilitation, particulièrement au sein de l'orchestre. Le XXe siècle poursuivit le travail amorcé. Après Debussy, Ravel et Franck, Hindemith s'en fit le défenseur acharné, à la fois comme compositeur et comme interprète. Avec Kodály, Milhaud, Stravinski, Bartók, il eut enfin une situation privilégiée, couronnée après la guerre par *Le Marteau sans maître* de Boulez, où il tenait une place de choix parmi des instruments (dont une voix) cantonnés dans le médium. Par la suite, Berio (*Sequenza*, dédiée à Serge Collot), Jolivet ont écrit pour lui des compositions exigeantes au point de vue technique. Instrument de facture longtemps indécise (on voyait encore des altos de 45 cm au début du siècle !), il atteint enfin à notre époque sa taille idéale : 41 à 42 cm environ. Soutien capital de cette renaissance : l'enseignement et la diffusion. Dès 1894, une classe d'alto naissait au Conservatoire de Paris, confiée initialement à Laforge. Elle bénéficia par la suite de l'enseignement de Maurice Vieux, qui forma de nombreux élèves de 1929 à 1951. Rigueur, souci de perfection technique, respect littéral de la partition étaient les règles professées par le maître.

Parallèlement, Lionel Tertis, en Angleterre, posait certains principes au jeu de l'alto, en définissant une personnalité propre à l'instrument, le différenciant absolument du violon par les doigtés et la tenue de l'archet ; Tertis, virtuose émérite, créa des concertos et sonates d'Arnold Bax, Frank Bridge et York Bowen, dont il était le dédicataire. En France, dès 1950, une seconde classe d'alto voyait le jour. Deux autres sont depuis apparues à Lyon.

Les grands noms de l'alto furent, à notre époque, Paul Hindemith, Vadim Boussorski, Ernst Walfisch, Ulrich Koch, Walter Trämpler, Bruno Giuranna. Récemment, une race nouvelle d'altistes militants, défendant crânement leur instrument dans son caractère, est apparue en France. Nous citerons Serge Collot, soliste de l'Orchestre de l'Opéra, professeur au Conservatoire de Paris, Gérard Caussé, qui créa le *Concerto* de René Koering, Jean Dupouy, Micheline Lemoine et Colette Lequien, tous regroupés au sein de l'Association internationale des amis de l'alto, fondée en 1979, avec en perspective la création d'un Concours international Maurice Vieux. Suivant une autre démarche, de grands violonistes se sont mis à l'alto, révélant au public les capacités d'un tel instrument entre des mains si prestigieuses. Nous citerons William Primrose, élève au violon d'Eugène Ysaÿe et partenaire privilégié de Heifetz et Rubinstein, Arrigo Pelliccia, Yehudi Menuhin, David Oïstrakh et Pinchas Zukerman. Ce passage d'un instrument à un autre laisse les altistes circonspects. Comme le souligne Serge Collot, Maurice Vieux exigeait de ses élèves passant du violon à l'alto de ne plus toucher au violon jusqu'à la sortie du Conservatoire. Nous retrouvons aujourd'hui cette même exigeance aux conservatoires de Moscou ou de Saint-Pétersbourg, où les violonistes doivent obligatoirement, à un certain niveau, faire un an d'alto, avec interdiction de toucher au violon au cours de cette période. L'avenir de l'alto semble désormais assuré. L'apport du disque et de la télévision fait connaître le répertoire romantique (Mendelssohn, Glinka, Bruch), classique (Telemann, Mozart), tandis que, dans la musique contemporaine, les œuvres sont nombreuses et d'une haute difficulté parfois, ce qui impose à l'interprète d'enrichir la technique de base ; l'instrument progresse évidemment. Littérature et interprètes poursuivent ainsi une ascension vertigineuse, qui ne fera sans doute que se confirmer pendant longtemps. L'arrivée du Soviétique Yuri Bashmet au premier plan de la scène internationale contribue à renforcer cette évolution en apportant à l'alto une « vedette » – au sens médiatique du terme – dont il avait besoin. Nouvelle étoile, l'Américaine Kim Kashkashian s'inscrit dans le renouveau d'intérêt en faveur de la musique de chambre généré par Gidon Kremer.

LE VIOLONCELLE

La situation du violoncelle est un peu particulière dans la mesure où il a acquis ses lettres de noblesse plus tard que le violon, et où son répertoire est moins grand. Au début du XXe siècle, au début de sa carrière, même Pablo Casals ne faisait pas salle comble. A l'époque, comme l'explique Paul Tortelier, on aimait, dans l'ordre : le chant, le piano, le violon ; le violoncelle venant loin derrière. Les concerts avec violoncelle soliste étaient peu nombreux et le premier concours international fut celui de Vienne, dans les années 30, gagné alors par André Navarra. Dès cette époque, l'école française de violoncelle rayonnait, avec Paul Bazelaire, professeur de 1919 à 1957 au Conservatoire, Anton Hekking, interprète d'élection de Lalo, Saint-Saëns et Fauré, Maurice Maréchal, créateur de nombreuses œuvres contemporaines qui lui étaient dédiées (Honegger, Milhaud, Ferroud, Ibert). La littérature du violoncelle s'amplifia considérablement en cette période privilégiée pour les Français ; entre 1915 et la dernière guerre : *Sonate pour violoncelle seul* de Kodály (1915), qui bouleversa la technique en réalisant une polyphonie où les pizzicatos viennent se superposer à un double chant ; les deux concertos de Saint-Saëns ; la *Sonate op. 84* de Vincent d'Indy ; sans oublier de nombreuses pages signées Fauré, Emmanuel, Koechlin en France, *Schelomo* (1931) de Bloch, Martinů, Prokofiev, Elgar à l'étranger... Affirmant la supériorité de l'école française vinrent ensuite André Navarra, Pierre Fournier, Maurice Gendron, créateur à Londres du *Concerto*, op. 58 de Prokofiev, puis enfin Paul Tortelier, élève de Feuillard et Hekking, qui assume aujourd'hui l'héritage de l'école.

Dans le même temps, Emanuel Feuermann entreprenait dès 1919 une carrière exceptionnelle de soliste et de pédagogue, alors que le Catalan Gaspar

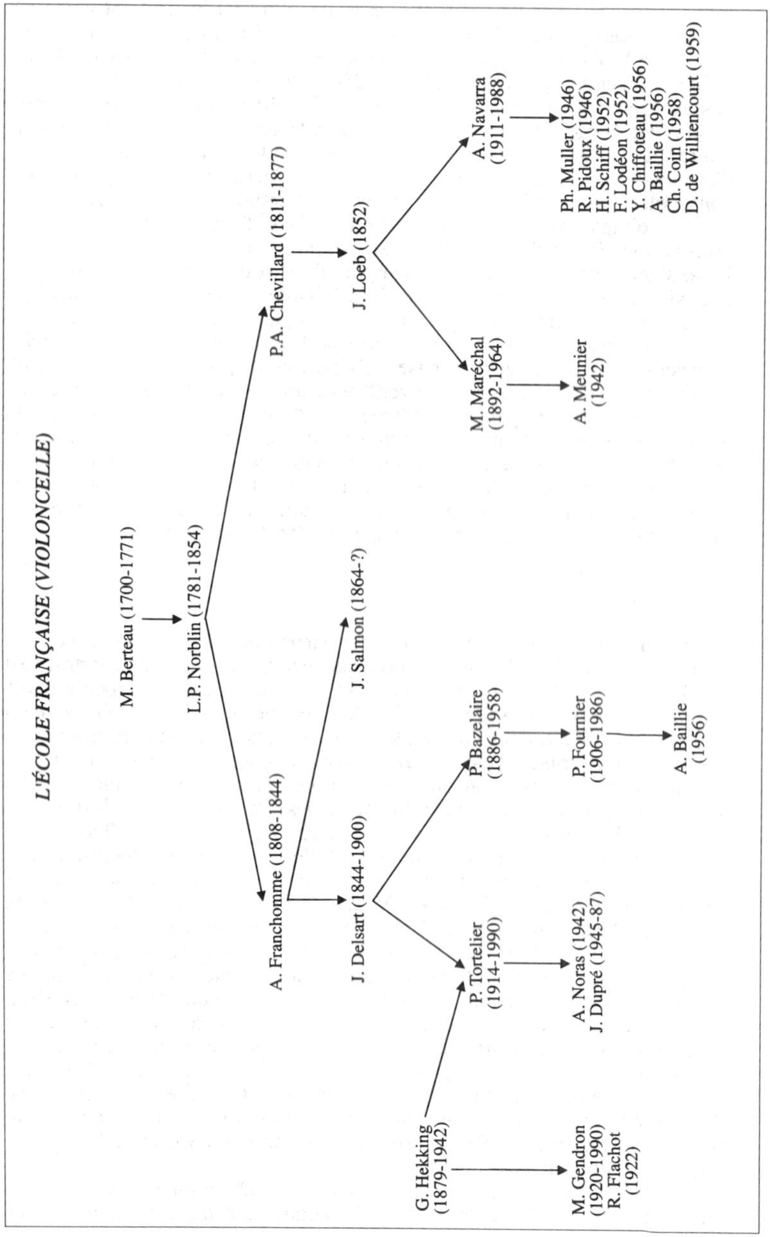
L'ÉCOLE FRANÇAISE (VIOLONCELLE)
M. Berteau (1700-1771)
L.P. Norblin (1781-1854)
P.A. Chevillard (1811-1877)
J. Loeb (1852)
A. Navarra (1911-1988)
Ph. Muller (1946)
R. Pidoux (1946)
H. Schiff (1952)
F. Lodéon (1952)
Y. Chiffoteau (1956)
A. Baillie (1956)
Ch. Coin (1958)
D. de Williencourt (1959)
M. Maréchal (1892-1964)
A. Meunier (1942)
J. Salmon (1864-?)
A. Franchomme (1808-1844)
J. Delsart (1844-1900)
P. Bazelaire (1886-1958)
P. Fournier (1906-1986)
A. Baillie (1956)
P. Tortelier (1914-1990)
A. Noras (1942)
J. Dupré (1945-87)
G. Hekking (1879-1942)
M. Gendron (1920-1990)
R. Flachot (1922)

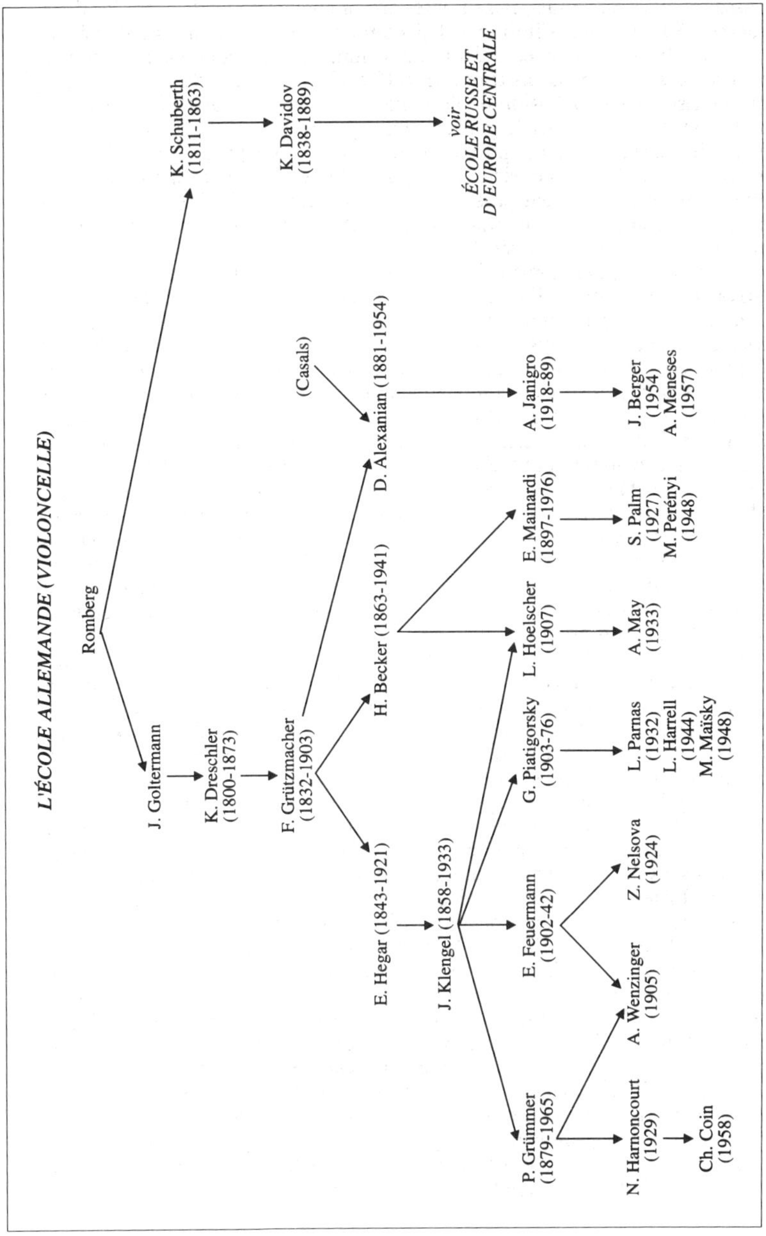
L'ÉCOLE ALLEMANDE (VIOLONCELLE)
Romberg
K. Schuberth (1811-1863)
K. Davidov (1838-1889)
voir ÉCOLE RUSSE ET D'EUROPE CENTRALE
J. Goltermann
K. Dreschler (1800-1873)
F. Grützmacher (1832-1903)
(Casals)
D. Alexanian (1881-1954)
H. Becker (1863-1941)
E. Hegar (1843-1921)
J. Klengel (1858-1933)
A. Janigro (1918-89)
E. Mainardi (1897-1976)
L. Hoelscher (1907)
G. Piatigorsky (1903-76)
E. Feuermann (1902-42)
P. Grümmer (1879-1965)
J. Berger (1954)
A. Meneses (1957)
S. Palm (1927)
M. Perényi (1948)
A. May (1933)
L. Parnas (1932)
L. Harrell (1944)
M. Maïsky (1948)
Z. Nelsova (1924)
A. Wenzinger (1905)
N. Harnoncourt (1929)
Ch. Coin (1958)

Cassado, élève de Casals, faisait entendre sa chaude sonorité entre les deux guerres. Pablo Casals s'imposait déjà comme le maître incontesté de l'école moderne de violoncelle, en créant une technique exceptionnellement neuve, exposée dès 1922 dans un traité intitulé *L'Enseignement du violoncelle*, et caractérisée par la précision de l'attaque, autorisant des articulations d'une netteté incomparable, les doigts de la main gauche frappant la corde avec une force de marteau. Casals possédait de surcroît une justesse infaillible en matière de style et une virtuosité qui, à force d'aisance, dissimulait les difficultés. Interprète insurpassé des *Suites* de Bach, qu'il réimposa, musicien de chambre sublime en compagnie de Thibaud et Cortot, il représente le grand interprète du demi-siècle.

Après Casals, des noms célèbres allaient se succéder : Antonio Janigro, violoncelliste et chef d'orchestre italien élève de Casals, János Starker, Américain d'origine hongroise, promoteur de la *Sonate* de Kodály et considéré aux États-Unis comme l'héritier de Casals et Feuermann, Gregor Piatigorsky, Américain d'origine russe, élève de Glehn à Moscou et merveilleux chambriste en compagnie de Horowitz, Milstein, Rubinstein ou Schnabel, qui forma des virtuoses réputés de la jeune génération, comme Christine Walevska, Américaine d'origine russe élève également de Maurice Maréchal, et comme Zara Nelsova, peu connue en Europe, mais à la sonorité éblouissante. Mais le plus grand violoncelliste de notre temps est sûrement Mstislav Rostropovitch, élève lui aussi de Casals, et interprète privilégié du répertoire romantique de Beethoven au temps présent. Sa création du concerto *Tout un monde lointain* d'Henri Dutilleux (1970) est à l'image de son style lyrique, chaleureux, communicatif, techniquement exigeant. Sa carrière à l'impact prodigieux le conduit du violoncelle au piano, en passant par la direction d'orchestre.

Dans la toute jeune génération, il faut citer, en plus de Christine Walevska, Lynn Harrell, partenaire privilégié de Zukerman et James Levine, et Matt Haïmowitz aux États-Unis, les Français Roland Pidoux, Christophe Coin et la trop courte carrière de violoncelliste de Frédéric Lodéon, le Lituanien David Geringas, la Russe Natalia Gutman, l'Autrichien Heinrich Schiff, le Brésilien Antonio Meneses. Ces quelques noms ne sont qu'un échantillon représentatif d'un nombre bien plus considérable de violoncellistes de haut niveau, ne demandant qu'à s'imposer sur les scènes internationales. Si Rostropovitch s'est penché sur des concertos de Dutilleux et Lutoslawski, il faut cependant rendre un particulier hommage au violoncelliste qui s'est consacré presque exclusivement à la création d'un répertoire contemporain, souvent écrit spécifiquement à son intention : Siegfried Palm, élève d'Enrico Mainardi et partenaire privilégié des frères Kontarsky. Xenakis (*Nomos alpha* pour violoncelle seul, 1965), Bernd Alois Zimmermann (*Intercommunicazione*, 1967 ; *Études ; Concerto en forme de pas de trois*, 1966), Penderecki (*Concerto per violine grande*, 1967), Kagel, Isang Yun, Blacher ont écrit pour lui, expérimentant toutes sortes de modifications de timbres et de couleurs sonores. Son rôle est celui d'un catalyseur. Il a provoqué la naissance d'un langage nouveau pour le violoncelle, que les compositeurs n'auraient peut-être pas osé créer si Palm ne leur avait pas promis qu'il les jouerait. Il mérite, pour la singularité de son approche du violoncelle en cette fin de siècle, une place à part des serviteurs illustres du répertoire traditionnel.

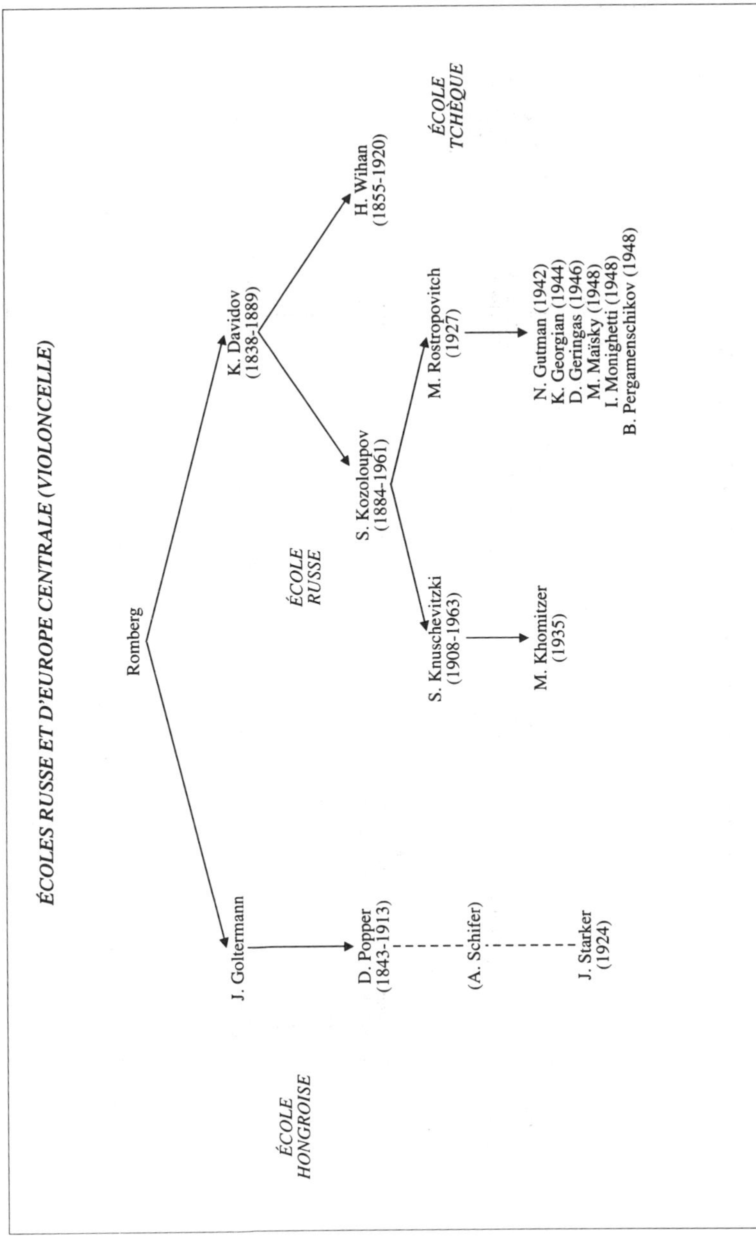
ÉCOLES RUSSE ET D'EUROPE CENTRALE (VIOLONCELLE)
Romberg
K. Davidov (1838-1889)
H. Wihan (1855-1920)
ÉCOLE TCHÈQUE
ÉCOLE RUSSE
S. Kozoloupov (1884-1961)
M. Rostropovitch (1927)
N. Gutman (1942)
K. Georgian (1944)
D. Geringas (1946)
M. Maïsky (1948)
I. Monighetti (1948)
B. Pergamenschikov (1948)
S. Knuschevitzki (1908-1963)
M. Khomitzer (1935)
J. Goltermann
D. Popper (1843-1913)
(A. Schifer)
J. Starker (1924)
ÉCOLE HONGROISE

FILIATIONS ITALIENNE ET ESPAGNOLE (VIOLONCELLE)

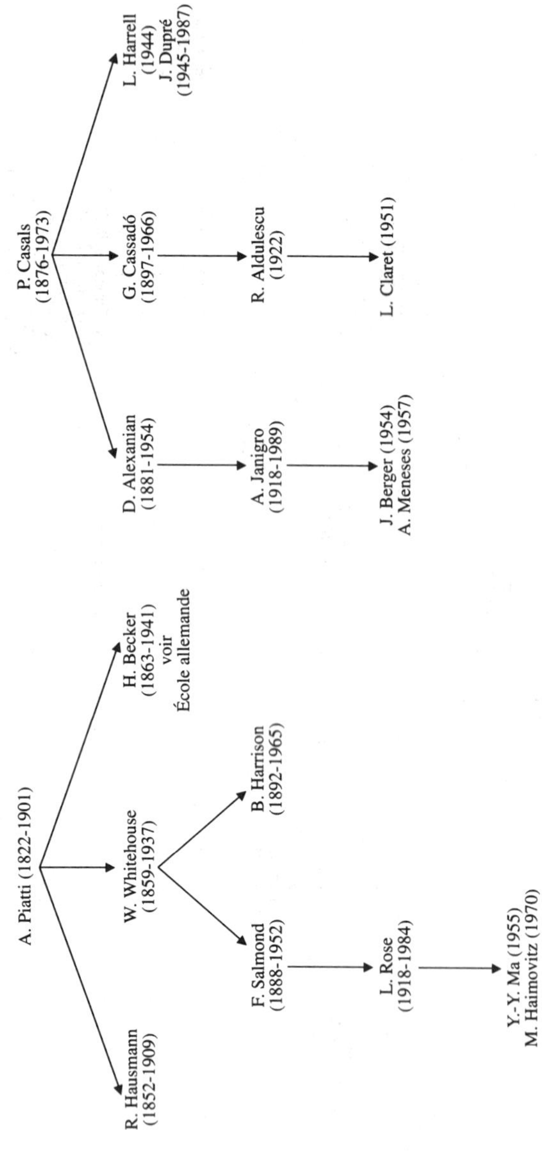

LA CONTREBASSE

On ne peut parler des instruments à cordes sans évoquer l'élément le plus grave et le plus volumineux du quintette à cordes de l'orchestre moderne, où il joue le rôle de 16 pieds : la contrebasse.

Le XIXe siècle avait applaudi J. Hindle, virtuose viennois, Dragonetti, à la technique étonnante, et Giovanni Bottesini. Au XXe siècle, les grands contrebassistes concertants se comptent également sur les doigts d'une seule main : Koussevitzky, technicien stupéfiant du début de notre époque qui jouait sur une contrebasse de petite taille, est resté le plus admiré. Actuellement, on connaît de réputation Luccio Buccarella, bassiste de l'ensemble I Musici, et virtuose occasionnel, Zubin Mehta, qui délaisse parfois la baguette pour s'intégrer dans un ensemble de musique de chambre... à la contrebasse, et surtout Jean-Marc Rollez, qui fait découvrir au public des sonorités insoupçonnées tirées à ce géant, lui apportant ainsi des lettres de noblesse grâce à une dextérité remarquable et une musicalité enthousiasmante. Il reste cependant un cas isolé, avec l'Américain Gary Karr et l'Autrichien Ludwig Streicher, servant un répertoire restreint comme soliste. La technique de la contrebasse vise, il faut l'avouer, avant tout la robustesse. Sa taille impose à la main gauche des écarts et des déplacements considérables, avec limitation des possibilités de sauts de cordes ou figurations rapides, en raison du poids de l'archet. Les prestations de Rollez restent donc des performances exceptionnelles, confinant au domaine de l'exploit, sortant la contrebasse, le temps d'un concert ou d'un disque, de l'ombre qu'elle a rarement quittée dans toute l'histoire de la musique.

BIBLIOGRAPHIE

Blum, D. : *Casals et l'art de l'interprétation.* Buchet-Chastel (1980).
Campbell, M. : *The Great Cellists.* Victor Gollancz (1988).
Campbell, M. : *The Great Violinists.* Granada (1980).
Capet, L. : *La Technique supérieure de l'archet.* Paris (1916).
Flesch, C. : *Die Kunst des Violinspiels.* Ries & Erler, Berlin (1923).
Gill, D. : *Le Grand Livre du violon.* Van de Velde (1984).
Greilsamer : *Le Violon, l'alto, le violoncelle.* Éd. d'Aujourd'hui, reprint (1979).
Hoppenot, D. : *Le Violon intérieur.* Van de Velde (1981).
Melkus, E. : *Le Violon.* Payot (1977).
Menuhin, Y. : *Variations sans thème.* Buchet-Chastel (1980).
Menuhin, Y. et Primrose, W. : *Violon et alto.* Hatier (1978).
Pincherle, M. : *Le Violon.* PUF (1966).
Pincherle, M. : *Les Instruments du quatuor.* PUF (1970).
Roeseler, A. : *Große Geiger unseres Jahrhunderts.* Piper, Munich (1987).
Roth, H. : *Masters Violinists in Performance.* Paganiniana Publications, Neptune City, NJ (1982).
Schwarz, B : *Great Masters of the Violin.* Simon & Schuster, New York (1983).
Szigeti, J. : *A Violonist's Notebook.* Gerald Duckworth & Cie, Londres (1964).
Tortelier, P. : *Paul Tortelier, autoportrait.* Buchet-Chastel (1966).

Les instruments à vent

par Jean-Yves BRAS

L'histoire des instruments à vent se distingue de celle des instruments à cordes dans la mesure où elle remonte à la plus haute antiquité et connaît jusqu'à nos jours une évolution continue. La facture, liée à des données acoustiques très précises sur lesquelles on travaille encore aujourd'hui, fournit un éventail extraordinaire d'objets, de machines sonores barbares, rustiques, dans toutes les matières possibles et épousant les formes les plus insolites. Les grands musées instrumentaux nous étonnent encore en exposant les fruits de l'imagination des facteurs. Au fur et à mesure que les instruments sont entrés dans l'orchestre symphonique, certains membres de familles instrumentales ont été largement privilégiés dans leur emploi, l'enrichissement de leur répertoire ou leurs améliorations successives. Les autres ont survécu dans les fanfares ou harmonies militaires ou ont simplement disparu.

Les instruments sélectionnés ont ainsi gardé la faveur d'un triumvirat désormais inséparable : le facteur, l'instrumentiste et le compositeur. Aux XVIIe et XVIIIe siècles, ce dernier les traitait encore en marge des instruments à cordes, considérés alors comme base de l'orchestre. Au XIXe siècle, il semble qu'en raison des possibilités nouvelles offertes par les facteurs et les instrumentistes eux-mêmes les compositeurs aient eu avant tout le souci de les fondre dans la masse orchestrale désormais polychrome tout en servant à renforcer la dynamique, à enrichir l'écriture et à trouver de nouveaux plans sonores. Il en est ainsi de Berlioz jusqu'à Strauss. Mais le courant néoclassique du début du XXe siècle donne aux instruments à vent une place importante, tant dans le domaine concertant que dans le cadre de la musique de chambre. Ils prennent – avec les percussions – une large revanche sur l'hégémonie des cordes. L'attitude de compositeurs tels que Stravinski (*Symphonie d'instruments à vent*), Varèse (*Hyperprisme*), Hindemith (*Symphonie en si bémol*), Messiaen (*Et expecto resurrectionem mortuorum*), Xenakis (*Akrata*), pour ne s'en tenir qu'à quelques exemples bien connus, est révélatrice. Les compositeurs du XXe siècle sortent de l'anonymat les instrumentistes à vent liés à leur pupitre au sein de l'orchestre depuis plus d'un siècle.

UNE ÈRE NOUVELLE

Dès lors, les rapports facteur-interprète-compositeur sont à nouveau déterminants dans l'évolution des instruments à vent et donc de leurs praticiens. Nombre d'interprètes de renom sont à la recherche d'un répertoire nouveau, qu'ils enrichissent par des commandes. Leur virtuosité technique accrue suscite l'imagination des compositeurs. Ainsi Marcel Moyse, Severino Gazzelloni ou Jean-Pierre Rampal (flûte), Heinz Holliger (hautbois), Michel Portal (clarinette), Dennis Brain (cor), Maurice André (trompette), Vinko Globokar (trombone) et beaucoup d'autres plus ou moins célèbres sont à l'origine d'œuvres marquantes de la littérature de leur instrument. Alors que la technique des instruments à cordes n'a pratiquement pas évolué depuis plus d'un siècle (Paganini), celle des vents s'est considérablement enrichie au cours des cinquante dernières années. L'usage du glissando, du tremolo lingual « flatterzunge », du quart de ton, des sons multiphoniques, l'emploi de nouvelles sourdines empruntées au jazz (wa-wa, Robinson...) sont la conquête technique des instrumentistes avant d'être celle des compositeurs. Le tromboniste Vinko Globokar – également compositeur – est semble-t-il le premier à exiger de l'exécutant qu'il joue en expirant mais aussi en inspirant, en chantant, en parlant comme dans son œuvre *Res/As/Ex/Inspirer* (1973). On ne peut passer sous silence l'apport des musiciens de jazz qui exploitent, en marge de la musique écrite, des techniques nouvelles au service d'une expression plus directe, moins réservée. Ils élargissent souvent la tessiture aiguë des instruments (les trompettistes Louis Armstrong ou Maynard Ferguson), modifient la couleur sonore (principe du « Half valve » de Miles Davis), maintiennent la pratique des saxophones (Bechet, Coltrane) et du cornet. Une technique nouvelle employée dans le jazz comme dans la musique contemporaine est l'amplification par microcontact ou le filtrage électronique, permettant de modifier à volonté le timbre naturel des instruments.

LES ÉCOLES NATIONALES

Il existe autant de manières de jouer que d'interprètes. Mais la facture instrumentale, compte tenu de sa relative diversité, propose aux instrumentistes, et à leur demande, des instruments aux caractéristiques très précises et parfois très différentes. Ainsi, les clarinettistes allemands utilisent le système Müller alors que leurs collègues français adoptent le système Boehm-Klosé. Pour l'ensemble des instruments à vent, les écoles allemande et française s'opposent depuis plus de deux siècles non seulement parce que les caractéristiques techniques de leurs instruments sont variables (taille de la perce, épaisseur des anches, doigtés, nombre de clefs, de pistons...) mais parce que l'écriture orchestrale de leurs compositeurs réclame des timbres différents. L'école allemande conçoit l'instrument à vent comme appartenant d'abord à l'orchestre. Elle recherche donc avant tout un son homogène qui ne nuira pas à la couleur sonore de l'harmonie. En France, au contraire, l'instrument est recherché pour ses qualités propres, comme un soliste au sein de l'orchestre. L'émission doit être précise, le timbre clair, le détaché fin et léger, la technique très virtuose. Ainsi est-il particulièrement intéressant de comparer les solistes de la Philharmonie de Berlin ou de Munich et ceux de nos orchestres parisiens. L'école austro-allemande de trompette, par exemple, représentée par Hellmut Schneidewind (Radio Cologne), Rolf Quinque (Leipzig, Munich), Franz Dengler (Vienne), Helmut Wobisch (Vienne) et surtout Adolf Scherbaum s'oppose nettement par l'ampleur de la sonorité à l'école française d'Eugène Foveau, Raymond Sabarich, Ludovic

Vaillant, Roger Delmotte, Pierre Thibaud, et naturellement Maurice André. On pourrait, pour chaque instrument, jouer à ce type de comparaisons. Ainsi pourrait-on opposer les cornistes Hermann Baumann et Georges Barboteu représentant respectivement l'école allemande et l'école française, interprètes à rapprocher des Anglais Dennis Brain, Alan Civil et Barry Tuckwell ou des Américains Philip Farkas, Masson Jones ou Harold Meck.

Les autres pays, en effet, gardent une relative indépendance dans la mesure où ils se rapprochent tantôt des Allemands tantôt des Français. Les Italiens s'efforcent d'avoir un son qui se marie bien à la voix, les Anglais recherchent une sonorité rectiligne dénuée de tout vibrato, les Russes qui jouent souvent sur des instruments d'origine allemande obtiennent une sonorité très brillante, très timbrée. Jusqu'à la Seconde Guerre mondiale, les orchestres américains ont eu des premiers pupitres occupés par des Allemands, des Anglais, des Français et quelques Italiens. Depuis, une école américaine s'est formée dans un esprit de synthèse qui anime désormais les instrumentistes à vent de tous les pays, chacun cherchant à préserver ses qualités propres en assimilant celles des autres. Les tournées, les disques, le témoignage des chefs et le désir d'affirmer partout une propre couleur sonore spécifique favorisent cet esprit de synthèse et d'uniformité. Est-ce une bonne chose ? Hélas ! ce mouvement ne devrait que s'accentuer au cours des années à venir dans la mesure où la facture instrumentale japonaise risque fort d'envahir le marché.

RETOUR A L'ANCIEN

Un fait marquant de ces vingt dernières années est le retour à la pratique des instruments anciens. Il semble qu'au moment où les musiciens disposent des instruments les plus perfectionnés, un courant musicologique pousse certains d'entre eux vers des instruments anciens, soit authentiques, soit sous forme de copies. Ainsi entend-on de plus en plus souvent la flûte à bec, le hautbois baroque, le cor naturel, la trompette naturelle, le clarino, le chalumeau, le cor naturel ou le saqueboute... Une esthétique « archéologique » des instruments anciens, au nom d'une certaine authenticité, a tourné les musiciens vers la facture ancienne – médiévale et baroque – qui, loin de supplanter la facture moderne, est venue la compléter et l'enrichir. La pratique de ces instruments a entraîné une nouvelle technique d'exécution qui, forcément, influence le jeu des musiciens, y compris lorsqu'ils retrouvent leurs instruments modernes. Le public s'enthousiasme : l'authenticité le conforte et il est curieux de sonorités nouvelles plus sécurisantes que celles que propose la musique contemporaine. De nombreux instrumentistes se spécialisent alors dans la musique ancienne dans le sillage de Thomas Binkley, David Munrow, Gustav Leonhardt, Nikolaus Harnoncourt, René Clemencic, les frères Kuijken, Jean-Claude Malgoire, etc. Parallèlement à ce retour aux instruments anciens, les compositeurs et les interprètes actuels cherchent à renouer avec les familles ou ensembles instrumentaux au complet comme le sextuor de clarinettes, le quatuor de flûtes, l'octuor de cuivres, le trio d'anches, le quatuor et surtout le fameux quintette à vent. Échappés de l'orchestre, les instrumentistes trouvent des formules nouvelles respectant l'alliance des timbres. Ainsi voit-on se constituer des duos flûte et harpe, orgue et trompette, clarinette et orgue... Dans le même temps, il leur faut procéder à de nombreuses transcriptions, parfois contestables dans la lettre comme dans l'esprit, mais dans l'ensemble toujours prisées par le grand public. L'instrumentiste à vent renoue ainsi avec l'esprit de son ancêtre de la Renaissance, du monde baroque et classique. Au-delà de la musique elle-même, il retrouve la prestance de l'artisan qui domine la matière, du technicien capable de prouesses stupéfiantes (virtuosité, endurance) tout en menant une carrière beaucoup plus sage et discrète que ses collègues pianistes ou violonistes. Voilà qui lui assure encore un grand avenir auprès du public d'aujourd'hui et de demain.

BIBLIOGRAPHIE

BARTOLOZZI, B. : *New Sounds for Woodwinds.* Oxford University Press (1967-69).
BRYMER, J. : *Clarinette.* Hatier (1979).
DOUAY, J. : *A propos du... trombone.* Gérard Billaudot (1982).
GALWAY, J. : *Ma vie de flûtiste.* Buchet-Chastel (1981).
JANETZKY, K. et BRÜCHLE, B. : *Le Cor.* Payot (1977).
MEYLAN, R. : *La Flûte.* Payot (1974).
RAMPAL, J.P. : *La Flûte.* Denoël.
TARR, E. : *La Trompette.* Payot (1977).
WILLENER, A. : *Pour une sociologie de l'interprétation musicale ? Le cas du Concerto pour trompette de Haydn.* Payot-Lausanne (1990).
WOLLITZ, K. : *Le Livre de la flûte à bec.* Van de Velde (1984).

Les instruments à cordes pincées

par Martine CADIEU

Depuis les origines des temps, les hommes ont appris à tendre des cordes sur des caisses de résonance pour en tirer des sons. De ce principe rudimentaire sont nés des centaines d'instruments différents, selon les époques et selon les pays. Oubliés au cours des siècles derniers, ils retrouvent depuis peu une place d'honneur.

LA GUITARE

Beaucoup de jeunes aujourd'hui choisissent la guitare. Il semble, tout d'abord, que l'on puisse accompagner la voix, la chanson, improviser, sans connaître vraiment le solfège. Le grand renouveau du flamenco, le pop, l'apparition de la guitare électrique attirent les jeunes musiciens amateurs. Côté public et côté compositeurs, la guitare a recouvré ses lettres de noblesse. On vient l'écouter, on écrit pour elle.

Après les grands précurseurs de la guitare moderne, à la fin du XIXe siècle (Francisco Tarrega, 1852-1909, compositeur et transcripteur ; Miguel Llobet, 1875-1938 ; et Emilio Pujol, rédacteur du traité de guitare moderne), voici le « phénomène Segovia ». Il rénove totalement, par son talent, sa réflexion, sa création personnelle, la littérature de son instrument. Les compositeurs célèbres à leur tour se renouvellent en écrivant pour lui. La guitare n'est plus un instrument d'accompagnement ou de réponse (chant et danse). Des musiciens aussi différents que Falla, Turina, Torroba, Castelnuovo-Tedesco, Roussel, M. Ponce, Tansman sont inspirés par la guitare. Rodrigo écrit pour Segovia le *Concerto d'Aranjuez* et la *Fantaisie pour un gentilhomme.*

Enseignée dans les écoles de musique et les conservatoires, la guitare classique est devenue un instrument du XXe siècle, enrichi, neuf. Depuis 1969, Alexandre Lagoya est professeur au Conservatoire national supérieur de musique de Paris. Le répertoire, depuis Segovia, est devenu très important.

Le nom de Segovia est lié à la guitare de concert. Il trace la voie à John Williams, à Julian Bream, à Ida Presti et Alexandre Lagoya, à Narciso Yepes et, plus près de nous, à Alberto Ponce. Aujourd'hui, grâce à l'enseignement, de nombreux instrumentistes de qualité apparaissent en concert, à la radio, au disque. Guitare classique, guitare baroque, guitare flamenca, guitare jazz, guitare électrique, répertoires spécifiques. Rafaël Andia, qui a créé une classe de guitare baroque au Conservatoire, pousse ses élèves à ne pas limiter leur art à une seule spécialisation culturelle. Il tente d'ouvrir leur talent à d'autres répertoires. Et il reflète ainsi un aspect de la musique et de la pensée d'aujourd'hui.

La guitare, que l'on trouve dans beaucoup de pays, « guitare qui est partout », s'est souvent transmise en ses rythmes et mélodies par voie orale : ainsi la musique folklorique, la musique orientale (instruments proches de la guitare ou du luth), le jazz, qui ne sont presque jamais notés. Contrairement à l'impression d'un adolescent qui choisit la guitare par sentiment, l'étude de la guitare, de son solfège très précis, n'est pas simple. Il faut retrouver aussi le système des tablatures et des grilles d'accords (des éditeurs de jazz ou de folk publient des partitions selon ce système).

En reconstituant un répertoire, au début de notre siècle, les guitaristes ont mis à leur programme des transcriptions, rarement intéressantes. Puis les compositeurs se sont attachés à cet instrument, conservant jusqu'à la révolution sérielle un aspect national et pittoresque (du côté de l'Espagne surtout).

Et soudain, Schoenberg, dans sa *Sérénade* (1920-23), intègre la guitare et la mandoline, qui prennent une existence toute nouvelle. Webern, Boulez, suivront ce chemin. La guitare vivra dans les œuvres contemporaines, parmi les autres instruments. Sa précision d'attaque, sa souplesse, sa couleur, son pouvoir percutant aussi intéresseront les compositeurs d'avant-garde. Ceux-ci exigent alors de nouvelles qualités des interprètes. Souvent l'interprète devient acteur et la guitare entre dans le « théâtre musical ». Les facteurs de guitare doivent réviser, enrichir leurs conceptions, concevoir un instrument répondant à cette écriture et à ce jeu. Ils éliminent les « sons parasites » ; ils facilitent la recherche de sons que l'instrument peut produire avec quelques accessoires. Les possibilités d'élargissement ou de manipulation du son coïncident avec l'évolution du goût contemporain.

Sur le plan de l'interprétation, des œuvres comme celles de l'Italien Sylvano Bussotti (*Eco seriologico*, par exemple) montrent bien la théâtralisation de la guitare, l'importance du geste. Là encore compositeur et interprète ont une influence réciproque. Dans le « happening », ou « l'œuvre ouverte », le guitariste peut redevenir un improvisateur. Certaines œuvres de Stockhausen ou de Cage l'y poussent.

La facture, la technique de jeu, l'expression elle-même ont évolué dans le répertoire déjà très large de la musique contemporaine. Un autre phénomène, une découverte qui va en s'enrichissant, intervient aussi : l'avènement de l'électroacoustique, qui peut s'emparer de la guitare, la métamorphoser, la rendre filante comme un astre dans l'espace.

Les compositeurs d'aujourd'hui s'intéressent aux microsonorités. Le microphone agit sur les sonorités comme un microscope, l'oreille fait des découvertes. Intérêt aussi – parallèle – pour les musiques extra-européennes, les modes de jeu orientaux, la délicatesse et la complexité de certains instruments indiens. Le répertoire de la guitare – avec Maurice Ohana, par exemple – s'arrache au pittoresque, brise la frontière entre Orient et Occident, recouvre son ampleur, sa magie. *Le phénomène le plus curieux*, dit-il, *en ce qui concerne mes relations avec les instruments, est l'approche de la guitare, avec laquelle je n'avais jamais eu aucun contact – sauf la guitare flamenca. Au temps où j'étais lié avec Montoya, j'étais impressionné par de longues séances d'improvisation : il expliquait sa technique instrumentale, aussi. Je crois qu'il y a un* instinct atavique : *Bartók n'était pas violoniste, pourtant personne n'a écrit pour le violon, comme lui.*

Octobre 1963 : Ohana termine *Si le jour paraît* pour la guitare à dix cordes que Narciso Yepes a fait construire. Acuité, tension, désinvolture apparente, ardeur. L'interprète à la création est Alberto Ponce [1]. Maurice Ohana, inspiré par la guitare libre, a aussi confié à la cithare en tiers de ton un commentaire subtil, mystérieux, dans son *Récit de l'an zéro* (1959).

Quant à Pierre Boulez, il fait de la guitare électrique l'un des personnages de sa partition *Domaines* (1968), auprès du hautbois et du cor. La guitare électrique, apparue d'abord en Amérique (country, jazz, rock, jazz-rock, chanson), a été adoptée, elle aussi, un peu partout, a vu sa technique évoluer avec des artistes jouant en solistes devant d'énormes publics. La vibration de ses cordes (à base d'acier) est amplifiée par des micros magnétiques. Elle a pour privilège un large éventail de couleurs dans la sonorité.

RENAISSANCE DES INSTRUMENTS ANCIENS

Autres passions du XXe siècle : la redécouverte d'instruments et de répertoires anciens (luth, théorbe, vihuela – ancêtre de la guitare – guitare baroque). Mais aussi, attrait pour les musiques traditionnelles : ainsi le flamenco, qui est défendu par des connaisseurs et aimé d'un public moins large que celui du rock, mais tout aussi passionné.

Le luth, lui aussi, réapparaît dans la musique du XXe siècle après la résurrection qu'il doit à Julian Bream, Desmond Dupré et différents ensembles de musique ancienne, comme le Deller Consort, qui lui redonnent ses lettres de noblesse. Le mouvement « puriste » pousse les interprètes à se servir du luth pour de nombreuses œuvres jusqu'alors jouées à la guitare. De jeunes musiciens comme Michel Amoric et Guy Robert (théorbe) enregistrent l'intégrale des œuvres avec luth de Vivaldi, ce qui ne les empêche pas de créer des œuvres contemporaines et de jouer dans des ensembles d'avant-garde (Musique vivante, InterContemporain, 2e 2m). Ils établissent d'ailleurs – comme certains chanteurs – des rapports précis entre la musique de la Renaissance et la renaissance d'aujourd'hui. Ils s'attachent, à travers la clarté et la précision de leur instrument, à montrer la possible alliance (dans Vivaldi comme dans Dao) de la maîtrise et de la liberté. Sur le plan de la recherche, le CNRS a permis d'entreprendre un travail systématique de concordance et de transcription (dépouillement des sources et critères de l'édition, depuis le Colloque de 1957, sur ce sujet).

LA HARPE

Quant à la harpe, elle doit beaucoup à Lily Laskine. Depuis Berlioz (qui recommandait l'emploi des sons harmoniques), elle avait gagné sa place dans l'orchestre. Son aspect aérien, irréel, l'aura de silence qu'elle place autour des

---

1. Parmi les œuvres pour guitare seule du XXe siècle citons : *Homenaje pour le tombeau de Claude Debussy* (Falla), *Segoviana* (Milhaud), *Sarabande* (Poulenc), *Suoni Notturni* (Petrassi), *Tiento* et *Si le jour paraît* (Ohana), *Y después* (Maderna), *Codex I* (C. Halffter), *Paisaje Grana* (Marco).

La liste des œuvres pour guitare et ensembles serait trop longue à énumérer. Citons : *2e Sérénade-Trio* (Petrassi), *Trois Graphiques* (Ohana), *Concerto* (Brouwer).

sons, la finesse de ses couleurs, ressenties par Claude Debussy et par Maurice Ravel, ont préludé à la place qu'elle occupe aujourd'hui. Accompagnant *Orphée* du temps de Monteverdi, mystérieuse et puissante dans sa suggestion, la harpe nous parle dans le *Concerto en sol* de Ravel (premier mouvement) ; elle devient soliste, en relief et vivace, dans le *Concerto pour harpe* de Jolivet (créé en 1952 à Donaueschingen par Lily Laskine).

Le phénomène Lily Laskine est comparable au phénomène Andrés Segovia. Elle a créé des œuvres de Roussel, Tailleferre, Schmitt. Elle a su déclencher un intérêt nouveau, former des élèves, susciter des œuvres nouvelles.

Pierre Jamet et Nicanor Zabaleta ont joué un rôle analogue, le premier dans le cadre de son quintette instrumental où la harpe était associée à la flûte et au trio à cordes, le second recherchant, surtout en Espagne et en Amérique latine, l'élargissement du répertoire au travers des formes majeures. Fait nouveau, tous deux sont des hommes et s'imposent avec un instrument jusqu'alors destiné aux femmes.

D'autres interprètes prennent la relève. Ainsi Bernard Galais, Francis Pierre, Marie-Claire Jamet. D'autres compositeurs inventent de nouveaux styles. La harpe peut apparaître « préparée » comme le piano, avec des objets entre ses cordes, percutante, caressante. Elle devient concertante dans la poétique des *Chemins I* de Berio, théâtralisée dans *Fragmentations pour un joueur de harpes* (1962) de Bussotti. Boulez, Holliger, Damase, Miroglio, Rands s'intéressent à ce personnage, soliste ou glissé dans un ensemble instrumental.

La harpe celtique, dans le réveil d'une musique traditionnelle, prend, elle aussi, sa place, soliste ou compagne du chant. Des harpistes comme Denise Mégevand font des recherches dans le double domaine de la musique classique et de la musique populaire aujourd'hui.

Curieusement, certains instruments à cordes pincées bien souvent se jouent serrés contre le cœur. Celui qui joue les tient près de lui, de sa vie : *Entre mourir et ne pas mourir, j'ai choisi la guitare* (Pablo Neruda).

BIBLIOGRAPHIE

CHARNASSÉ, H. & VERNILLAT, F. : *Les Instruments à cordes pincées.* « Que sais-je ? », PUF (1970).

EVANS, T. et M.A. : *Le Grand Livre de la guitare.* Albin Michel (1979).

TOURNIER, M. : *La Harpe.* Lemoine (1959).

Le clavecin

par Marcel WEISS

L'historique de l'interprétation du clavecin au XXe siècle est un chemin semé d'embûches de toutes sortes. L'absence d'une tradition stylistique, liée au purgatoire auquel fut condamné l'instrument, empêche que l'on s'y réfère, soit pour la perpétuer, soit pour la contester. Les seuls liens qui nous rattachent à l'âge d'or du clavecin – XVIIe et XVIIIe siècles – sont les quelques instruments anciens préservés (souvent pour leur valeur plus décorative que musicale) et les traités fondamentaux d'un Couperin (*L'Art de toucher le clavecin*, 1716) et de Carl Philipp Emanuel Bach (*Essai sur la vraie manière de toucher les instruments à clavier*, 1753-62). Nantis grâce à eux des connaissances techniques élémentaires, les clavecinistes abordent les délicats problèmes de style, ou plutôt des styles à respecter, et du choix de l'instrument à effectuer en fonction de chaque musique. Dès le début du XXe siècle, la musicologie, la facture instrumentale et l'interprétation du clavecin suivent des voies parallèles, s'enrichissant mutuellement de leurs acquis respectifs. L'avènement du pianoforte n'a jamais complètement éclipsé le clavecin : au XIXe siècle, des facteurs comme Fleury et Tomasini continuent d'en fabriquer et d'en restaurer, et certaines pages, essentiellement *Le Clavier bien tempéré*, subsistent au répertoire des pianistes, subissant inévitablement les fluctuations de la mode interprétative. Rompant avec les surenchères de la virtuosité romantique, des compositeurs-interprètes reviennent à un certain classicisme, à l'image d'un Saint-Saëns, d'un Anton Rubinstein ou même d'un Busoni, musicien passionné s'il en fut, qui transcrivit le Bach des grandes pages d'orgue pour le piano.

WANDA LANDOWSKA

Lors de l'Exposition universelle de 1889 est présenté un clavecin moderne conçu par Gustave Lyon pour la marque Pleyel. Louis Diémer le fait entendre dans des concerts et donne dessus, deux ans plus tard, un récital entièrement consacré à François Couperin, comblant à moitié l'attente des musiciens et des musicologues qui œuvrent pour la résurrection du répertoire des XVIIe et XVIIIe siècles. En effet, les Écorcheville, Laloy, Prod'homme, de La Laurencie, Pirro et autre Quittard, peu satisfaits des lectures virtuoses et compassées de Diémer, préfèrent au clavecin blafard le piano avec ses possibilités expressives. Le premier mérite de Wanda Landowska, pianiste polonaise arrivée à Paris en 1900, sera de persuader musicologues et pianistes que seul le clavecin convient à la littérature pour clavier du baroque. A son instigation, Pleyel ajoute à son clavecin, en 1912, un jeu grave de seize pieds, qu'elle inaugure au Festival Bach de Breslau. Dans un livre intitulé *Musique ancienne* paru en 1909, Wanda Landowska polémique avec les détracteurs de l'instrument et esquisse de nouvelles règles d'interprétation : « Jusqu'à maintenant, nous ne connaissions, à de rares exceptions près, que deux genres d'interprétation de la musique ancienne. Ou on la coule dans un moule moderne, en alternant le mouvement, les nuances, en outrant l'expression. Ou on l'exécute dans ce qu'on appelle le *style*, avec cette indifférence blafarde et guindée, lourde, sourde et monotone qui nous produit l'impression d'assister à quelque enterrement d'une personne inconnue : il est indécent de se montrer trop éveillé, et on ne pleure pas non plus, la cérémonie étant peu touchante. » La troisième voie préconisée par Wanda Landowska passe par une étude scrupuleuse du texte même des œuvres et des traités des époques concernées et par une *re-création* inventive, palpitante de vie, de leurs musiques. Ses excès mêmes, articulation entachée de rubatos, sonorité ferraillante de son clavecin, restent liés à l'arrière-plan romantique dont elle ne peut se défaire : enfant, elle côtoie les disciples de Liszt et de Chopin, étudie avec Urban, qui fut également le professeur de Paderewski, et se plaît à des parallèles entre Wilhelm Friedemann Bach et Brahms, Carl Philipp Emanuel et Schumann, ou bien encore Chopin et Couperin. Annulant par son enthousiasme un siècle d'oubli, elle suscite pour son instrument des œuvres nouvelles : *Concerto pour clavecin* de Manuel de Falla (1926), *Concert champêtre* de Poulenc (1927), et forme par son enseignement à la Schola Cantorum jusqu'en 1913, à la Hochschule de Berlin de 1913 à 1919, à Saint-Leu-la-Forêt de 1927 à 1939 – plusieurs générations de clavecinistes, parmi lesquels on trouve Ruggero Gerlin, Isabelle Nef, Ralph Kirkpatrick, Rafaël Puyana. Ils se partagent à des degrés divers l'héritage spirituel de la Dame de fer du clavecin, son dynamisme généreux et le goût des architectures grandioses. Ruggero Gerlin s'attache particulièrement à éditer et à interpréter la musique italienne du XVIIIe siècle, notamment Grazioli, Marcello, Galuppi et Cimarosa. Il y déploie des sonorités très épanouies et une sensibilité frémissante. L'art d'Isabelle Nef est beaucoup plus réservé et respectueux d'un sage équilibre. Jouant soit sur des clavecins Dolmetsch-Chickering, très proches par leur timbre limpide des modèles anciens, soit sur des Neupert, beaucoup plus uniformes, Ralph Kirkpatrick s'oriente progressivement vers un lyrisme décanté. Il a dirigé l'édition en fac-similé de l'intégrale des sonates de D. Scarlatti. Pour Rafaël Puyana, la recherche de la vérité expressive passe par une re-création des œuvres, sans souci excessif de l'authenticité du texte. A l'image des nombreux instruments anciens qu'il collectionne, son jeu est haut en relief, rempli de vie.

D'AUTRES CHEMINS

Parallèlement à l'action de Wanda Landowska, celle du musicologue et luthier anglais Arnold Dolmetsch joue également un rôle de première importance dans la redécouverte des instruments anciens et de leur répertoire. Il publie en 1915 un traité d'interprétation de la musique des XVIIe et XVIIIe siècles. Parmi ses élèves, la claveciniste française Pauline Aubert enseigne à Amsterdam et à la Schola Cantorum, à Paris. Elle est la première à inscrire à son répertoire des pièces de Duphly, Pancrace Royer, Antoine Dornel, Marin Marais et réalise une édition exhaustive des pièces de Dandrieu. Marcelle de Lacour, premier professeur de clavecin au Conservatoire de Paris (de 1955 à 1967), et Marguerite Roesgen-Champion, son homologue à l'École normale de musique, Marcelle Charbonnier, Robert Veyron-Lacroix (professeur au Conservatoire de 1967 à 1988), Anne-Marie Beckensteiner transmettent l'héritage des précurseurs à la nouvelle génération de clavecinistes français. Celle-ci possède en commun le goût des instruments anciens authentiques ou copiés et du répertoire baroque français qu'ils défendent de façon très personnelle : registration sobre et recherche d'une expression purifiée chez Huguette Dreyfus, virtuosité colorée et invention permanente chez Blandine Verlet – qui cumule l'enseignement de Ruggero Gerlin et de Gustav Leonhardt – jeu clair et contrasté de Brigitte Haudebourg (auteur du premier enregistrement des pièces de Dandrieu), liberté rythmique et expression chez Laurence Boulay, virtuosité raisonnée d'Huguette Grémy-Chauliac.

LES ÉCOLES ÉTRANGÈRES

Tandis que les clavecinistes français, provenant pour la plupart d'un univers pianistique, s'attachent essentiellement au problème des sonorités et des registrations, l'école allemande, en raison de sa familiarité avec l'orgue, recherche davantage dans le clavecin l'unité de style et la forme abstraite. Élèves de Günther Ramin, Karl Richter et surtout Helmut Walcha en sont les meilleurs représentants. Ce dernier a enregistré une intégrale des œuvres pour clavier de Bach d'une rigueur spirituelle exemplaire. On peut situer dans la tradition de Landowska, mais avec moins de génie personnel, Isolde Ahlgrimm : elle a réalisé sur un clavecin à pédalier la première intégrale de l'œuvre de Bach, qui semble aujourd'hui bien maniérée, Rosalyn Tureck, professeur à la Juilliard School de New York et Zuzana Růžičkova, qui enseigne à Prague et à Bratislava.

AUTOUR DE GUSTAV LEONHARDT

Avec l'arrivée de Gustav Leonhardt, le clavecin connaît sa seconde révolution importante. A la vie colorée et palpitante de Landowska succède la quête de la tension interne des œuvres, d'une plastique linéaire du message musical, obtenue par une science du toucher entièrement renouvelée et par une pulsation rythmique subtile. Élève d'Eduard Müller, Gustav Leonhardt est parti de sa double formation d'organiste et de claveciniste pour inventer une nouvelle architecture de la musique baroque, bâtie sur un subtil mélange d'ordre et de liberté. Sa profonde connaissance des instruments, qu'il restaure lui-même, et du répertoire (il commente dès 1952 *L'Art de la fugue* et les œuvres ultimes pour clavecin de Bach et, à partir de 1968, celle de Sweelinck) nourrit l'interprète qui, au côté d'un Harnoncourt, contribue fortement au renouveau actuel de la musique ancienne. Il démontre que rien n'est définitivement fixé dans l'esthétique baroque : les notes écrites ne sont qu'une partie de l'œuvre, au musicien d'improviser ce qui n'est pas chiffré. Il remet à l'honneur les techniques anciennes de doigté et de toucher que vont utiliser ses élèves, Bob Van Asperen, Alan Curtis, Ton Koopman, etc.

Spécialistes de la musique baroque française, Kenneth Gilbert et son principal élève, Scott Ross, plient l'apport technique d'un Leonhardt – utilisation du tempérament inégal et des ornements – à une conception pure et sensible, subtile et équilibrée de l'œuvre de Couperin.

CLAVECIN CONTEMPORAIN

Parallèlement à la redécouverte de l'héritage ancien se crée une littérature moderne du clavecin fondée sur la recherche de nouvelles sonorités et la coopération active des interprètes. Antoinette Vischer et Élisabeth Chojnacka ont ainsi suscité des partitions de Constant, Donatoni, Jolas, Ligeti, Mâche, Ohana, Berio, etc., nécessitant de nouveaux moyens d'attaque (clusters) et de vibrato. La liberté laissée à l'interprète rejoint celle du claveciniste amené à réinventer la musique baroque.

Instrumentiste indépendant, le claveciniste le reste à toutes les époques. Plus que tout autre, il doit traduire la volonté du compositeur, souvent au-delà des notes. Comme l'organiste, il doit improviser mais dans un cadre plus strict. Qu'il accompagne des récitatifs d'opéras, qu'il joue seul la musique des XVIIe et XVIIIe siècles, qu'il se mette au service des compositeurs de son temps, son rôle reste différent. Loin d'être considéré comme un *pianiste de musée*, il a gagné ses lettres de noblesse et imposé à tout jamais la spécificité de son instrument.

BIBLIOGRAPHIE

BACH, C.P.E. : *Essai sur la vraie manière de jouer des instruments à clavier.* J.-C. Lattès (1979).
DUFOURCQ, N. : *Le Clavecin.* PUF (1949/81).
GEOFFROY-DECHAUME, A. : *Le Langage du clavecin.* Van de Velde (1986).
PIRRO, A. : *Les Clavecinistes.* Henri Laurens (1926), rééd. Les Introuvables (1984).

L'orgue

par Michel Louvet [1]

Plus que tout autre interprète, l'organiste est tributaire de la facture de l'instrument sur lequel il s'exprime. D'une église à l'autre, les orgues qui lui sont proposées peuvent convenir à un répertoire ou en trahir un autre. Il est donc difficile de dissocier l'évolution de l'interprétation de celle de la facture.

La facture de l'orgue est essentiellement dominée par trois grands courants, trois grandes esthétiques : la facture classique (Schnitger, Silbermann, Thierry, Clicquot par exemple), la facture symphonique (essentiellement figurée par Aristide Cavaillé-Coll), la facture néoclassique (prônée et réalisée avant tout par Victor Gonzalez à qui l'on doit cette difficile synthèse entre l'orgue classique et l'orgue romantique).

Les tendances actuelles sont surtout dominées par un retour à la facture classique et baroque. Les interprètes en sont parfois les instigateurs, mais certains d'entre eux ne suivent pas le mouvement aussi unanimement.

L'EMPRISE DE LA MUSICOLOGIE

Contrairement aux autres instrumentistes, avant tout exécutants, l'organiste se montre le plus souvent improvisateur et compositeur. Ainsi n'interprète-t-il pas seulement la littérature d'autrui, mais également ses propres créations.

Deux phénomènes antagonistes caractérisent et dominent tout le XXe siècle : le développement des techniques et celui de la musicologie, d'où leur lutte continuelle pour servir de guide au musicien. Progressivement, cette lutte a tourné à l'avantage de la musicologie, omniprésente aujourd'hui, qui exalte les vertus d'un orgue purement artisanal, face à une certaine déshumanisation industrielle.

Plusieurs facteurs ont déterminé cette orientation :

– L'essor des moyens de reproduction, au niveau de l'édition (accès aux textes originaux), comme à celui de l'enregistrement sonore (révélation des instruments d'époque).

---

1. Étude réalisée avec le concours de Jean Galard, organiste titulaire du grand orgue de la cathédrale de Beauvais et de l'église Saint-Médard à Paris, et François Sabatier, musicologue et organiste suppléant de la cathédrale de Beauvais et de l'église Saint-Merri à Paris.

– L'essor des moyens de diffusion : multiplicité des associations, des concerts d'orgue, des émissions de radio, des publications discographiques qui ont imposé des répertoires plus vastes et variés, et conduit le public à un goût éclectique.

– Un climat général chez l'auditeur, qui, déçu des expériences contemporaines, trouve compensation dans la consommation des époques passées.

– Le changement du rôle de la musique d'orgue : encore liée à la liturgie au début du siècle, elle s'en est graduellement détachée sous la pression des réformes liturgiques, et le développement des concerts.

On constate, la plupart du temps, dans l'histoire de l'orgue un décalage chronologique entre l'apparition d'une esthétique musicale, son application à l'instrument par les facteurs (qui mettent forcément un temps important avant de trouver les solutions techniques appropriées à un langage) et la naissance de la littérature adaptée à cet instrument nouveau. Ainsi, la symphonie d'orchestre née vers 1760 n'a-t-elle donné naissance à l'orgue symphonique que vers 1840, suivie par la littérature symphonique vers 1863 (*Six Pièces* de César Franck) ; ainsi, les recherches orchestrales du début du XXe siècle (élargissement de la palette sonore avec Debussy, Ravel ou Stravinski) n'influencent-elles les facteurs que vers 1920 et ne font émerger une littérature *ad hoc* que vers 1935. L'éclatement de l'orchestre à partir de 1925, avec Varèse puis Webern, aurait dû porter ses fruits dans le domaine de l'orgue vers les années 1950 : l'instrument « propre à cet éclatement » n'a jamais vu le jour, car, dès cette époque, le grand public s'est détourné de la création contemporaine et la musicologie a tout submergé.

Cette évolution a déterminé l'apparition successive de trois courants d'interprétation (aujourd'hui encore à l'état de coexistence), à mesure que le souci musicologique se montrait plus pressant et que les organistes renonçaient aux progrès de leurs instruments [1].

LE COURANT SYMPHONISTE

En France, un premier courant *symphoniste* apparaît comme l'héritage des grands maîtres du XIXe siècle (Franck, Widor). Il poursuit son propre développement jusqu'à nos jours. Favorables à une évolution de l'instrument et à toutes les nouvelles possibilités de jeux (traction électrique, combinateur électronique, claviers expressifs, registration électrique), les tenants de ce mouvement, qui improvisent et interprètent leurs propres œuvres, se sentent dégagés des impératifs musicologiques : en cela, ils appartiennent à la tradition des interprètes-créateurs des siècles passés.

Très à l'aise sur les grands instruments (80 registres et plus), leur articulation reste dans la ligne du *legato* prôné par Lemmens et introduit par Widor, alors que leur registration procède par grands plans qui soulignent les principales structures des œuvres. Leur art, d'une noblesse qui n'admet que peu le pittoresque, apparaît souvent comme visionnaire, sinon mystique. Parmi ces artistes, les plus représentatifs sont : Louis Vierne, Eugène Gigout,

---

1. Il ne faudrait toutefois pas « enfermer » les interprètes à l'intérieur de chacun d'eux, puisqu'ils ne représentent que des tendances. Les formations diverses, les influences réciproques, les changements d'orientation en cours de carrière sont, en effet, monnaie courante. Cette classification a pour seul but une tentative de clarification.

Marcel Dupré, Edouard Commette, Pierre Moreau, Jean Langlais, Olivier Messiaen, Jeanne Demessieux, Rolande Falcinelli, Pierre Cochereau, Pierre Labric, Jean Guillou.

L'ORGUE NÉOCLASSIQUE

La deuxième école française se compose d'artistes qui gravitent autour de l'orgue improprement appelé « néoclassique », terme qui lui a été finalement appliqué par opposition au mouvement symphonique. Cet instrument, qui a restitué des couleurs anciennes (mutations, anches fines), conserve le grand clavier de récit romantique (mais d'une harmonisation plus légère), dans un souci d'élargir le répertoire, et donne à l'improvisateur et au compositeur matière à s'exprimer.

A l'imitation d'Alexandre Guilmant qui, par sa publication des *Maîtres anciens* et ses *Concerts du Trocadéro*, ressuscite quantité de compositeurs oubliés, les adeptes de ce mouvement magnifié par André Marchal s'attachent à élargir leur répertoire aux écoles européennes des XVIe, XVIIe, XVIIIe siècles, à retrouver l'esprit de ces époques par le biais d'équivalences (couleurs, phrasés et articulations variées). La musicologie, par la présence d'historiens éminents qui épaulent l'artiste (André Pirro avec Guilmant, Norbert Dufourcq avec Marchal), ne constitue pas cependant une entrave à sa créativité. Elle le guide constamment dans ses choix à l'égard des musiques passées, mais ne le paralyse jamais en l'enfermant dans un carcan de théories.

Bien que touchant des instruments de dimensions très variables, ces interprètes ont souvent donné le meilleur d'eux-mêmes sur des orgues d'une soixantaine de jeux aux consoles dotées d'un certain « confort ». Parmi eux, on peut retenir, dans le sillage de Guilmant : Charles Tournemire, Joseph Bonnet, Edouard Souberbielle, André Fleury, et dans celui de Marchal : Maurice et Marie-Madeleine Duruflé, Gaston Litaize, Jean-Jacques Grünenwald, Noëlie Pierront, Jean Bonfils, Jeanne Joulain, Jean Costa, Yves Devernay. Certains d'entre eux semblent évoluer ces derniers temps vers une conception plus « puriste » de l'interprétation, tant pour le classicisme que pour le romantisme : Georges Robert, Marie-Louise Girod, Odile Pierre, Louis Robillard, Daniel Roth.

LES PURISTES

Une troisième tendance se dessine en France, vers 1960. Elle regroupe des exécutants dont le comportement semble plus largement dicté par l'étude et l'observation des traités d'époque et l'usage exclusif d'instruments anciens ou de *leurs copies.* Peu portés à l'improvisation et encore moins à la composition (le peu d'œuvres qu'ils ont écrites n'obéissent à aucune esthétique commune), leur seul souci est de restituer scrupuleusement la musique telle qu'elle était entendue à sa naissance, dans la mesure où l'on peut s'en faire une idée exacte. L'instrument qui leur convient dépasse rarement 40 jeux. On peut qualifier leur registration de « statique », d'où leur aversion pour tout ce qui peut faciliter le maniement de l'orgue. Parmi eux, Michel Chapuis, Marie-Claire Alain, René Saorgin, Xavier Darasse, André Isoir, Louis Thiry, Francis Chapelet, Odile Bailleux...

A L'ÉTRANGER

A l'étranger, on retrouve ces trois composantes de l'interprétation musicale. Au premier courant se rattachent des organistes comme Fernando Germani (Italie), Flor Peeters (Belgique), Françoise Aubut (Canada), ainsi que les disciples américains de Guilmant, avec en marge Virgil Fox et Power-Biggs.

Au deuxième appartiendraient des artistes tels Kynaston, Jackson et Jennifer Bates (Angleterre), Walter Kraft, Anton Heiller, Michael Schneider (Allemagne), Montserrat Torrent (Espagne), Pierre Froidebise (Belgique), Piet Kee (Pays-Bas), Reinberger, Klinda, Eben (République tchèque et Slovaquie), Lehotka (Hongrie), le Pr Roïzman (Russie), Pierre Segond, André Luy, Lionel Rogg (Suisse), Torvald Toren (Suède) et George Baker (États-Unis).

Au troisième courant, que pourrait représenter François Delor (Suisse), semble se substituer dans certains pays une école qui réclame une plus grande rigueur encore dans la restitution des musiques anciennes : doigtés d'époque, recherches d'instruments accordés au tempérament inégal ou dotés d'octaves courtes. Partisans de l'orgue de peu de jeux, mettant en lumière jusqu'à des instruments microscopiques, ils manient souvent l'orgue comme un clavecin. Parmi eux, Gustav Leonhardt, Ton Koopman (Pays-Bas), Kenneth Gilbert, Bernard Lagacé (Canada), Guy Bovet (Suisse).

VERS UNE SYNTHÈSE

En France, la jeune école qui puise son bien dans l'héritage des trois tendances apparaît plus variée, le musicien allant chercher où il croit les trouver dans les meilleures conditions des lumières propres à éclairer ses interprétations de telle ou telle partie du répertoire : Marie-Louise Jaquet-Langlais, Marie-Thérèse Jehan, Marie-José Chasseguet, Jean-Michel Louchart, Anne-Marie Barat, Jean Boyer, Philippe Lefebvre, Jean-Louis Gil, Odile Jutten, François-Henri Houbart.

Le grand mérite des interprètes du XXe siècle a été de révéler à tous les pensées variées des musiciens d'autres époques et d'autres pays, ainsi que l'ensemble de la littérature d'orgue (intégrales de Franck, Bach – par Marcel Dupré dès 1920 –, Grigny, Couperin, Buxtehude, Mozart, Saint-Saëns, *Symphonies* de Widor et de Vierne, *Voluntaries* de Stanley, Messiaen, *Concertos* de Haendel, Mendelssohn, Schumann, Liszt, Jehan Alain, Maurice Duruflé, etc.), mais leur mise en lumière de la pensée d'autrui s'est, hélas ! développée au détriment de la leur.

Tout au long du XXe siècle, les centres d'intérêt du public ont varié. On a d'abord applaudi l'artiste pour lui-même et pour son jeu ; dans un deuxième temps, pour la musique qu'il présentait, et l'on a fini par goûter avant tout l'instrument qu'il tentait de mettre en valeur. On est ainsi passé du monde de la *sensibilité* à celui de la *sensorialité.*

BIBLIOGRAPHIE

DUCHESNEAU, C. : *Michel Chapuis.* Le Centurion (1979).
DUFOURCQ, N. : *Le Livre de l'orgue français.* Picard (1969).
L'Orgue. « Que sais-je ? » PUF (1948-1970).

DUPRÉ, M. : *Marcel Dupré raconte.* Bornemann (1972).
GAVOTY, B. : *Louis Vierne.* Albin Michel (1943).
GOLÉA, A. : *Rencontres avec Olivier Messiaen.* Julliard (1961).
GUILLOU, J. : *L'Orgue, souvenir et avenir.* Buchet-Chastel (1978, 2e éd. augm. 1989).
JAKOB, F. : *L'Orgue.* Payot (1970).
RAUGEL, F. : *Les Organistes.* Henri Laurens (2e éd. 1962), rééd. Les Introuvables (1984).
VIDAL, P. : *Bach et la machine-orgue.* Stil (1973).
VIERNE, L. : *Mes souvenirs.* (1970).

La musique de chambre

par Pierre BRETON

Est-il un mot qui, en matière musicale, recouvre un domaine plus vaste que celui de musique de chambre ? N'appelait-on pas au début du XVIIe siècle *musica da camera* tout ce qui n'était ni opéra, ni musique religieuse, ni partitions destinées à des festivités solennelles ? Bientôt cependant, la musique de chambre reçoit une définition plus précise : musique jouée par un petit nombre de musiciens dans un cadre intime. Plus précise certes, mais encore bien floue.

Comment donc caractériser la musique de chambre ? Par la forme musicale de ses partitions ? Certes non ! Suites, sonates, fantaisies, rondos, variations, mélodies et lieder, toutes ces formes largement illustrées par la musique de chambre l'ont été tout autant par la symphonie. Le petit nombre de musiciens ne nous est pas d'un plus grand secours. Les formations de musique de chambre comprennent bien sûr les participants des séances de sonates ou de quatuor, mais aussi des octuors, nonettes et même ce que l'on appelle les orchestres de chambre, qui atteignent une vingtaine de musiciens. La musique de chambre est peut-être le genre qui offre le plus de variété au royaume de la musique : le piano s'y associe aux cordes, aux vents ou à la voix, les cordes se marient entre elles, les vents entre eux, cordes, vents et piano s'y assemblent en des configurations d'une étonnante diversité. Quant au cadre intime, nous avons quelque mal à le retrouver dans nos vastes salles de concert modernes.

Pourtant, malgré l'étonnante diversité des partitions de musique de chambre, ces dernières présentent de nombreux points communs. La musique de chambre est née de l'association de la monodie et de la basse continue. L'utilisation de techniques contrapuntiques diverses au fil des années ne saurait masquer l'importance primordiale de l'aspect mélodique de cette musique. La musique de chambre saura le préserver même dans les écritures les plus heurtées et les expériences les plus avancées. A l'origine, la musique de chambre était destinée à des amateurs pour une utilisation domestique. D'où une simplicité d'écriture et une absence de virtuosité recherchée. Bien sûr, la complexité des partitions s'est accrue au cours des siècles et les enrichissements techniques sont venus aggraver la difficulté de pièces qui, dès le début du XIXe siècle, sont confiées à des professionnels. Il n'en reste pas moins vrai que ce qu'elles valorisent n'est ni la performance du compositeur ni celle des interprètes, mais bien autre chose. Ce qui est privilégié, c'est le dialogue entre les instrumentistes, c'est cet « esprit de conversation », ce naturel hérité en droite ligne des origines, des séances familiales de musique.

La beauté de l'interprétation ne tient pas ici à la réussite individuelle ou à l'addition de plusieurs d'entre elles mais bien à l'instauration d'une véritable communion des sensibilités. Il existe un « esprit musique de chambre » fait de discrétion des effets, d'humilité devant la partition, d'effacement individuel. L'émotion n'est monopolisée par personne ; elle circule d'instrumentiste en instrumentiste. L'évolution de l'interprétation de la musique de chambre est, bien sûr, liée aux modifications de jeu qu'ont subies les instruments pris isolément. Elle l'est bien plus encore aux tribulations de cet « esprit musique de chambre », à la qualité de son rayonnement. Après avoir connu au début de ce siècle une période de total épanouissement, il semble perdre une bonne partie de sa vitalité jusqu'au début des années soixante-dix, époque à laquelle paraît commencer une marche vers le renouveau.

L'ÂGE D'OR

Quand on examine les traces sonores, les récits et les souvenirs qui nous sont parvenus, on ne peut qu'être frappé par une évidence : la musique de chambre a connu, du début du siècle à la Seconde Guerre mondiale, un véritable âge d'or. Lorsqu'on se penche sur les versions enregistrées des grandes œuvres du répertoire – qu'il s'agisse de sonates, trios, quatuors ou quintettes, pour ne citer que les formes de musique de chambre les plus usitées – force est bien de constater que les plus achevées, les plus émouvantes appartiennent à cette époque. Les noms se bousculent sous la plume : Alfred Cortot, Jacques Thibaud, Pablo Casals (en sonates et trios), Adolf Busch, son frère Hermann et Rudolf Serkin (trios et sonates), les associations Backhaus/Fournier, Schnabel/Fournier, Yehudi/Hephzibah Menuhin, Ysaÿe/Pugno, Ysaÿe/Nat, Feuermann/Hess, Szigeti/Bartók, Kreisler/Rachmaninov, et tant d'autres encore. Au royaume du quatuor l'abondance est plus grande encore si faire se peut : les quatuors Joachim, Rosé, Geloso, Poulet, Busch, Capet, Calvet, Budapest, Flonzaley, Hollywood, Léner, Roth, Pro Arte, Tchèque, etc. Bien longue serait la liste de tous ces ensembles dont l'ombre plane encore sur la musique de chambre comme le souvenir d'un paradis perdu. Tous semblaient détenir le secret d'une perfection aujourd'hui oubliée, d'un accord des tempéraments et des sensibilités. Les conditions de vie de l'époque, la liberté avec laquelle on abordait la musique, l'existence d'un public sensibilisé à la musique de chambre paraissent avoir été les principales raisons de cet état de grâce.

Tempo : Andante

Bien différentes de celles d'aujourd'hui sont les conditions de vie des artistes d'alors. La réputation des instrumentistes se construit lentement. Les études sont longues et, à de rares exceptions près, les carrières ne sont guère précoces. Il est admis – mis à part les fulgurantes envolées d'enfants prodiges du type Menuhin ou Horowitz – qu'un grand talent doit arriver, comme un grand vin, prudemment à maturité. L'esprit du temps ignore encore cette course contre la montre que nous observons trop souvent aujourd'hui. On travaille le temps nécessaire au conservatoire local, avant de monter – pour les meilleurs – à la capitale (Vienne, Paris ou Berlin) pour s'imprégner de l'esprit des grands maîtres du temps. La religion du jeune espoir ne sévit pas au degré que nous connaissons. Il ne faut pas jeter tous les ans de jeunes prodiges ou supposés tels en pâture au public, aujourd'hui célèbres, demain oubliés. Ce serait même plutôt l'inverse, l'âge avancé étant plus ou moins consciemment perçu comme un indice de qualité. La maturation des talents se fait donc à un rythme raisonnable. De plus, les débuts sont souvent difficiles. Le passage dans les orchestres est quasi obligatoire pour les violonistes et les violoncellistes. Il leur faut parfois accepter de jouer dans les cafés et les restaurants, comme l'ont fait Thibaud ou Casals. Se distinguer de la foule des instrumentistes est malaisé. La radio est balbutiante, la télévision inexistante. Les médias modernes ne sont pas suffisamment efficaces pour souligner, surestimer ou, au besoin, créer de toutes pièces les réputations. Ils sont plus incapables encore de promouvoir rapidement les talents hors de leurs frontières. Les carrières sont donc d'abord nationales. Les voyages – par train ou bateau – sont lents. Les tournées à l'étranger ne sont guère nombreuses. Les grands solistes sont donc plus disponibles qu'aujourd'hui. Il leur est facile de se réunir et de pratiquer la musique de chambre. Rassembler aujourd'hui pour des séances régulières trois solistes internationaux de la stature de Cortot, Thibaud et Casals tiendrait du miracle. Il était à l'époque tout à fait concevable de mener ce type d'activité sans rien sacrifier de sa carrière personnelle. La composition des quatuors nous paraît avec le recul du temps d'une étonnante stabilité, ce qui est le meilleur gage de la qualité. On prend le temps de se connaître, d'aller au fond des choses, de jouer très souvent ensemble, ce qui donne aux grandes formations du temps ce jeu collectif inimitable.

Des familiarités avec la musique

Il faut bien admettre que les frontières séparant musique savante et musiques populaires de consommation courante étaient beaucoup moins nettes et étanches qu'elles le sont de nos jours. L'Orchestre Philharmonique de Berlin est né dans une brasserie ; Casals, Joachim, Thibaud et tant d'autres jouaient dans les cafés et les salons. Qu'y jouaient-ils ? Essentiellement ce qu'il est convenu d'appeler de la « musique de genre », c'est-à-dire des mélodies assez racoleuses, hésitant entre un exotisme de bazar et une sentimentalité de presse du cœur, dans des arrangements à la fois clinquants et sirupeux. C'est bien souvent entre *La Prière d'une vierge* et une *Sérénade andalouse* que se glissent Bach, Mozart, Mendelssohn ou Schumann. Le grand répertoire n'a pas à l'époque l'évidence qu'il a pour nous aujourd'hui. Il faudra toute l'énergie d'un Kreisler et de quelques autres pour imposer Beethoven, jugé austère, ou Brahms, taxé de sévérité. Les grandes partitions sont abordées avec la même absence de complexe que les romances à la mode. On n'hésite pas à adapter, dans des transcriptions parfois incongrues, les grandes œuvres pour les formations en vogue (piano/violon, violoncelle/piano, orchestres de salon). On ajoute, on retaille pour se mettre en harmonie avec la sensibilité du temps. On ne craint pas de placer une partie de piano en accompagnement des sonates pour violon seul de Bach, ni de jouer Chopin au violon, ni d'orchestrer Brahms... Bref, une liberté que nous qualifierons aujourd'hui de licence et dont les résultats prêtent souvent à sourire. Certes, les grands ensembles de musique de chambre ne se livraient guère à de tels excès mais se distinguaient plutôt par la rigueur avec laquelle ils abordaient les partitions. Il n'en reste pas moins que l'air du temps et le voisinage de ces œuvres légères et pièces de virtuosité facile n'ont pas été sans influence sur leur jeu. On n'hésite pas à souligner certains effets, à accentuer l'expression. La rigueur du tempo n'est pas considérée comme une fin en soi. On préfère lui donner de la souplesse pour mieux laisser s'épanouir la mélodie. On use – et parfois on abuse... – du ralenti. Pour les cordes, c'est le règne du glissando. Les grandes partitions classiques et romantiques sont abordées sans respect stérilisant, mais, au contraire, avec une liberté créatrice qui nous étonne encore aujourd'hui. L'important est de transmettre l'émotion, fût-ce au prix de quelques fausses notes et de quelques menues privautés. Les partitions semblent livrées à l'improvisation de chacun et pourtant, grâce à une qualité d'écoute réciproque rare, l'unité du discours collectif s'impose de manière souveraine. La musique parle bien au-delà de l'abstraite combinaison des éléments sonores qui la constituent. Le disque – privé des possibilités de retouches que nous connaissons aujourd'hui – est compris comme un prolongement du concert et non comme un produit de laboratoire. C'est l'époque des premiers enregistrements des sonates de Beethoven, des quatuors de Brahms. Et ces « premières fois » ont une liberté d'allure, une fraîcheur d'inspiration, une sorte de regard émerveillé sur la musique qui les rendent inestimables. Des familiarités avec la musique ? Peut-être ! mais quel triomphe pour l'esprit de musique de chambre !

Un public séduit

Entre la musique de chambre et son public, c'est une vraie lune de miel. Les raisons en sont nombreuses. La musique « sérieuse » et celle qui l'est moins sont intimement mêlées dans les programmes. On passe sans difficulté de *Schön Rosemarin* à la *Sonate à Kreutzer*, de Kreisler à Brahms, de Desplanes à Mozart. Ce cocktail au goût sucré plaît à tous les palais. Et, pour de bonnes ou mauvaises raisons, la séduction opère. Le public musical de l'époque est infiniment plus restreint que le nôtre. Il se recrute essentiellement dans les couches aisées de la population. Dans les salons de la noblesse parisienne, dans ceux de la petite bourgeoisie de province trône le piano, instrument pivot de bien des formations de musique de chambre. On se réunit fréquemment – les distractions étant plus rares qu'aujourd'hui – pour jouer romances ou sonates. Car c'est un public de pratiquants qu'a trouvé la musique de chambre. D'où une compréhension plus immédiate des partitions, un accord plus intime des sensibilités. Et les artistes répondent à cet appel du public. Le genre se valorise. D'abord parce qu'il est constamment alimenté par les compositeurs du temps. Franck et Brahms sont pratiquement contemporains. Fauré, Debussy, Ravel et Bartók renouvellent un répertoire largement construit sur les esthétiques classiques et romantiques. Rares sont les interprètes qui, comme un Horowitz, ne le pratiquent qu'épisodiquement. Il n'est guère de grands solistes qui ne tiennent à y affirmer leur talent. Pierre Monteux fait partie d'un quatuor. Edwin Fischer, Walter Gieseking, Alfred Cortot et même des chefs d'orchestre comme Wilhelm Furtwängler ou Bruno Walter se font une gloire de tenir la partie de piano dans les lieder. La musique de chambre, si elle a déjà émigré dans les salles de concert, habite encore les salons. Elle conserve encore le charme chaleureux qu'elle avait acquis dans ce cadre intime où il n'était nul besoin de faire assaut de virtuosité pour susciter l'émotion. Décidément, l'air du temps a bien la couleur de la musique de chambre.

LA TRAVERSÉE DU DÉSERT

La Seconde Guerre mondiale constitue, dans bien des domaines, une fracture importante. Désormais les choses ne seront plus semblables. Un monde s'écroule. Un autre prend son essor. La musique de chambre ne va pas s'y reconnaître. Le terrain fertile sur lequel elle avait pu se développer s'appauvrit brutalement. Pendant une trentaine d'années, elle va s'épuiser à tenter de recouvrer son âme. L'air du temps n'est plus au charme discret, aux sortilèges de l'intimité. Pendant près d'une génération, il ne se forme pratiquement plus d'ensembles permanents. Les séances de sonates sont livrées aux équipes de rencontre ou aux associations nées de contrats avec les maisons de disques. Il est bien loin, le temps où seule l'affinité des sensibilités et des tempéraments avait la parole. L'esprit « musique de chambre » semble subir une éclipse définitive. Seuls quelques grands anciens – Menuhin, Casals, Serkin – veillent sur le feu sacré et protègent la flamme vacillante. Prades et Marlboro font figure d'oasis dans le désert. Que s'est-il donc passé ?

Le progrès, hélas !

Le monde se met subitement à tourner à une vitesse accrue. Le rail, la route et surtout l'avion rapprochent considérablement les capitales. On accumule les concerts, on mène les carrières à un rythme démentiel. Les tournées qui se multiplient transforment les artistes en éternels voyageurs. Où trouver le temps de pratiquer la musique de chambre lorsqu'il faut être le lendemain à Rome, à New York ou à Tokyo ? Où trouver la force de s'astreindre aux obscurs efforts qu'elle exige alors que tant de succès individuels vous sont promis pour peu que l'on se montre capable de quelque virtuosité ? Parallèlement, on assiste au développement considérable des médias, qui diffusent les noms et les performances sur tout le globe. Les valeurs sûres, certes, mais aussi les talents en herbe, happés par une épuisante vie de soliste international, brillante peut-être mais si souvent superficielle. Les talents résistent mal à cette croissance forcée. Ce d'autant que la gloire d'un jour est le plus souvent éphémère et que des générations entières de jeunes prodiges ou supposés tels retombent immanquablement dans l'oubli avec au cœur l'amertume d'une carrière individuelle manquée. Ce n'est certes pas le meilleur passeport pour la musique de chambre !

Les techniques d'enregistrement progressent également à pas de géant. Le disque devient, par sa remarquable qualité, le moyen essentiel de se faire connaître. Et ses exigences sont tout autres que celles du concert. La fausse note devient le crime majeur, intolérable car revenant à chaque écoute. Il se développe un amour du son pour le son qui privilégie l'éclat et la virtuosité par rapport à l'émotion. Pour ce faire, les enregistrements sont réalisés par petits bouts afin d'éviter toutes les scories qui paraissaient, une génération plus tôt, insignifiantes. La musique de chambre n'est certes pas bannie des studios. Mais comment retrouver en quelques séances de répétition cette complicité qui mettait des années à s'établir ? La juxtaposition de vedettes, qui fait si bien monter les ventes, n'implique que bien rarement la communion des âmes. Et cela s'entend si fort que les miracles réalisés au disque comme au concert par Clara Haskil et Arthur Grumiaux restent à l'époque hors d'atteinte.

C'est l'heure où, face aux rutilances nouvelles des répertoires symphoniques et concertants, les pudiques émois de la musique de chambre paraissent se refuser au désir de séduction immédiate du plus grand nombre et ne se livrer qu'au *happy few* qui auront su les mériter.

La chape de plomb de l'exactitude

Les excès de l'âge d'or ne pouvaient manquer de susciter un choc en retour. Il se produit donc, avec une rigueur brutale. On revient au texte, mais au texte seul, perdant un peu l'esprit en route. Plus d'adaptations douteuses, de transcriptions bizarres, de ralentis systématiques, de tempos fluctuants, de glissandos permanents. La précision prend le pas sur l'expression. Le mot même de sentiment fait peur. On imagine sans peine les dégâts opérés par cet état d'esprit dans la musique de chambre. Il était certes utile de revenir à plus de rigueur. Mais fallait-il payer au prix fort le retour à l'exactitude rythmique, le développement de la virtuosité technique ? Trop souvent perdues hélas ! cette libre respiration, cette souplesse de la phrase qui faisaient si bien parler la musique.

L'arrivée en rangs serrés de ces Japonais, Chinois ou Coréens qui raflent les premiers prix des concours internationaux amplifie encore cette tendance. Dotés d'une technique impeccable mais privés de cet environnement culturel dont la tradition se maintient en Europe, aux États-Unis et en URSS, ce n'est pas à la musique de chambre qu'ils réservent leurs coups d'éclat.

Musique sans auditeurs

Dans l'immédiat après-guerre, la musique savante perd les racines qui plongeaient toujours dans la musique populaire. C'est au jazz maintenant que la danse et la chanson demandent cette sève qu'elles puisaient dans ces valses et romances, autrefois véritables traits d'union entre deux univers. La musique écrite est affublée du stérilisant qualificatif de « classique », sorte de panneau indicateur d'ennui distingué, de respect glacé.

Pourtant, le public musical s'élargit, ébloui par les horizons nouveaux que lui ouvre la technique d'enregistrement. Mais c'est un public vierge. Peu formé, non pratiquant, il est tout d'abord attiré par le spectaculaire des symphonies, le brillant des concertos. Les arcanes de la musique de chambre lui sont étrangers. Il n'a plus de tradition d'interprétation. Ces nouveaux amateurs le sont plus d'oreille que de doigts. Immédiatement séduits par la virtuosité, par la performance technique, ils sont venus à la musique par le disque et la radio bien plus que par le concert. La musique de chambre a perdu ce contact direct qu'elle avait avec son public. Il faut, en la matière, se garder de toute généralisation abusive, mais il semble bien, cependant, que la musique contemporaine choisisse alors un autre terrain pour s'exprimer. Si elle affectionne pendant un temps les effectifs réduits (souvent pour des impératifs financiers), ceux-ci appartiennent davantage – par leur virtuosité, leurs couleurs souvent exotiques – au monde de l'orchestre qu'à celui de la musique de chambre. Quatuors, trios, sonates paraissent se raréfier. Provisoirement sans doute, mais réellement privé de renouvellement, le genre paraît moins irrigué par la musique vivante et donc en grand danger de se transformer en musée exclusivement réservé à Mozart ou à Beethoven.

EN MARCHE VERS UN RENOUVEAU ?

Pourtant, vers le milieu des années soixante-dix, la vie semble renaître. Les efforts consentis en matière d'éducation musicale, notamment à l'école, commencent à porter leurs fruits. Des nouveaux orchestres qui animent la province musicale naissent de multiples ensembles de musique de chambre. Des émissions de radio et de télévision – les interventions matinales de Philippe Caloni, *Le Grand Échiquier* de Jacques Chancel ou *Musique au cœur* d'Ève Ruggieri – rétablissent le contact avec un public qui s'était désintéressé d'une musique jugée poussiéreuse et compassée. Et la recette fonctionne avec un copinage parfois excessif, avec le brin ou la tonne de démagogie nécessaire. Mais malgré tous leurs défauts, ces émissions, grâce à un louable souci de mélange des genres, regagnent à la musique – et à la musique de chambre – des auditeurs qui semblaient hors de portée. L'exigence en matière musicale s'accroît. On ne se satisfait plus des produits stérilisés, de la « musique en boîte ». L'oreille est faite maintenant à la plus-value sonore offerte par la technique moderne. Ce qui est alors demandé, c'est un supplément de vie. La virtuosité, l'exactitude, le brillant ne suffisent plus. On voit se multiplier les enregistrements en direct, au cours d'un concert. Reparaissent sur le marché en rangs serrés des rééditions de l'avant-guerre. Toute une partie du public musical accepte bruits de surface et prise de son d'époque s'ils permettent d'accéder à l'émotion. Le succès même de certains enregistrements pirates, pourtant réalisés le plus souvent dans des conditions techniques déplorables, consacre le succès de l'âme musicale sur les contingences matérielles de la reproduction sonore.

Parallèlement, les jeunes interprètes réfléchissent sur le profil de carrière qui leur est offert. Le sort des produits bien ficelés que lancent les maisons de disques sur le marché ne leur paraît que fort peu enviable. Ils souhaitent, eux aussi, trouver leur maturité à leur rythme. Ils souhaitent, eux aussi, des carrières qui durent au-delà d'une saison. La musique de chambre n'est plus considérée comme une perte de temps dans la course aux honneurs, mais comme une liberté reconquise. D'ailleurs, une certaine liberté créatrice de l'interprète se redécouvre grâce au développement des recherches dans le domaine de la musique ancienne. Et l'on voit les formations de musique de chambre se multiplier à nouveau. C'est surtout le quatuor qui bénéficie de ce début de renaissance : Quatuor Alban Berg, Via Nova, Aeolian, Bartók, Janáček, Kodály, Cleveland, Tokyo, Lindsay, etc. Les ensembles de sonates et de trios bénéficient moins directement de ce courant ascendant. Mais le renouveau est bien là, grâce à des personnalités de premier rang – Gidon Kremer, Martha Argerich, Salvatore Accardo, Murray Perahia, Itzhak Perlman, Daniel Barenboïm et quelques autres – qui savent regrouper autour d'eux les meilleurs talents pour faire ensemble de la musique. Les festivals créés par Kremer à Lockhenhaus ou par Accardo à Naples s'inscrivent dans la continuité des précédents de Prades et de Marlboro. Non seulement, ils servent le répertoire traditionnel, mais ils partent aussi à la découverte d'œuvres nouvelles ou oubliées signées Darius Milhaud, Paul Hindemith, Dmitri Chostakovitch, Benjamin Britten, Hans Werner Henze, Max Reger, Olivier Messiaen ou Alfred Schnittke. Le goût pour la musique de chambre retrouve une seconde jeunesse, tant côté public que côté interprète. Longue est encore la route. Mais qu'importe quand on marche vers la lumière !

BIBLIOGRAPHIE

BLUM, D. : *Pablo Casals et l'art de l'interprétation.* Buchet-Chastel (1980).
BLUM, D. : *L'Art du quatuor à cordes. Conversations avec le Quatuor Guarneri.* Actes Sud (1991).

CORREDOR, J. M. : *Conversations avec Pablo Casals.* Albin Michel (1955), rééd. coll. « Pluriel », Hachette (1982).
DUKAS, P. : *Chroniques musicales sur deux siècles.* Stock (1980).
FINSCHER, L. : *Studien zur Geschichte des Streichquartetts.* Bärenreiter (1974).
MENUHIN, Y. : *Le Voyage inachevé.* Seuil (1977).
PINCHERLE, M. : *Les Instruments du quatuor.* « Que sais-je ? », PUF (1948).
SNOWMAN, D. : *Le Quatuor Amadeus.* Buchet-Chastel (1981).

L'orchestre

par Alain PÂRIS

Les musiciens s'accordent à reconnaître Berlioz comme le père de l'orchestre moderne. Il en a jeté les bases, exploitées, prolongées, totalement ou partiellement, par ses successeurs, Wagner, Liszt, Rimski-Korsakov, Brahms, Mahler... Au début du XXe siècle, l'orchestre arrive au point d'équilibre de son évolution et les changements qu'il connaîtra seront très différents de ceux qu'il a subis au siècle précédent.

STABILISATION

Wagner a porté l'effectif de l'orchestre à son apogée et rares seront les compositeurs qui iront beaucoup plus loin que lui (Mahler, Schoenberg, Stravinski) : les cordes sont généralement au nombre de 70 (18 violons I, 16 violons II, 14 altos, 12 violoncelles, 10 contrebasses), les bois par 5, 6 à 12 cors, 3 à 6 trompettes, 3 à 5 trombones, 1 ou 2 tubas, la percussion et 2 harpes. Mais si l'effectif reste stable (entre 100 et 135 musiciens), des variantes apparaissent au sein des familles instrumentales : les compositeurs ne se contentent plus de 5 flûtes identiques, ils font appel à tous les membres de la famille, du plus aigu au plus grave. Apparaissent ainsi à l'orchestre, de façon régulière ou occasionnelle, la flûte en sol, la petite clarinette et la clarinette basse, l'heckelphone (hautbois baryton)[1], la petite trompette en ré, les saxophones, et même des instruments jusqu'alors étrangers à l'orchestre ou nouveaux, comme la mandoline (Mahler, *Symphonie nº 7*, 1908), le piano (en remplacement ou en complément de la harpe), l'orgue (R. Strauss, *Ainsi parla Zarathoustra*, 1896), le cymbalum (Kodály, *Háry János*, 1927), les ondes Martenot (Honegger, *Jeanne d'Arc au bûcher*, 1935...).

Sous l'influence du jazz, la percussion prend une importance accrue : limitée à un ou deux instrumentistes à la fin du XIXe siècle, elle en réclame jusqu'à 16 (Varèse, *Hyperprisme*, 1923), voire 40 (Varèse, *Ionisation*, 1931). En outre, son rôle se modifie radicalement : elle n'est plus un simple support rythmique mais un partenaire à part entière des cordes et des vents. Elle se voit même confier des parties solistes et constitue un horizon vierge pour les compositeurs avides de nouveautés sonores.

---

1. Dans *Salomé* de R. Strauss (1905).

L'orchestre accueille également un certain nombre d'effets qui viennent s'adjoindre aux parties instrumentales : machines à écrire, sirènes (Satie, *Parade*, 1916). Enfin, la musique électroacoustique entre dans le domaine symphonique sous la forme de bandes magnétiques enregistrées en studio qui se déroulent, comme des parties instrumentales, tout au long de l'œuvre.

Mais, dans toutes ces situations, la formation de base de l'orchestre reste identique et les adjonctions instrumentales sont mineures. L'effectif orchestral est arrivé à un maximum et les compositeurs en sont conscients. Ils cherchent à le diversifier par des ajouts occasionnels ou par un traitement radicalement différent, en faisant appel à un nombre limité de musiciens.

LES PETITES FORMATIONS

Cette nouvelle attitude peut s'expliquer de deux façons : soit par la volonté du compositeur d'utiliser une palette sonore différente, soit par des impératifs financiers.

Le XXe siècle voit disparaître le grand mécénat et se modifier les conditions de rémunération des musiciens, vers la hausse. Le coût global des concerts symphoniques ne fait que croître et, si l'on tient compte de la désaffection progressive du public pour la musique de son temps, on se trouve devant un choix : continuer à susciter des œuvres pour grand orchestre qui seront jouées une fois ou deux, ou inciter les compositeurs à se tourner vers des effectifs réduits, moins coûteux, avec des espoirs d'exécutions accrus.

Naturellement, ces impératifs matériels n'ont pas présidé d'emblée aux choix des compositeurs qui ont trouvé dans ces effectifs réduits la possibilité de recherches instrumentales nouvelles (Stravinski, *Noces* pour 4 pianos, percussion et chœur, 1917 ; Schoenberg, *Symphonie de chambre n° 1* pour 15 instruments, 1906...).

La redécouverte du répertoire classique et baroque entraîne la constitution de nombreux orchestres à cordes, avec ou sans chef (de 11 à 25 musiciens). Certains d'entre eux s'ouvrent à la musique du XXe siècle. Avant la dernière guerre, l'orchestre féminin de Jane Evrard suscite la composition de plusieurs œuvres, dont la *Sinfonietta* de Roussel. Paul Sacher agit dans le même sens avec son Orchestre de Chambre de Bâle ou le Collegium Musicum de Zurich (*Musique pour cordes, percussion et célesta* et *Divertimento* de Bartók, *Symphonie n° 2* de Honegger, *Concerto pour cordes* de Stravinski). Puis vient une période où seuls des orchestres spécialisés dans la musique contemporaine commandent des œuvres pour petites formations. Un renouveau se dessine à la fin des années 60 et Vivaldi voisine avec Boucourechliev, Bussotti, M. Constant ou Ligeti grâce aux commandes de Louis Auriacombe ou Claudio Scimone. Il est intéressant de remarquer que l'Amérique découvrira l'orchestre de chambre plusieurs décennies après l'Europe.

La diversification de l'orchestre se traduit aussi par un usage partiel : dans une même œuvre, un mouvement s'adresse aux cordes, un autre aux vents et aux percussions, le dernier à l'ensemble (*Concerto pour piano n° 2* de Bartók, 1931). Dans sa *Symphonie de psaumes* (1930), Stravinski n'utilise ni violons ni altos. Certaines œuvres pour cordes dépassent le cadre des petites formations évoquées ci-dessus et s'adressent aux cordes d'un orchestre symphonique (*Thrène* de Penderecki, 1960, pour 52 instruments). D'autres sont écrites pour les seuls instruments à vent (*Symphonie pour instruments à vent*, Stravinski, 1920, *Concerto pour violon et orchestre d'harmonie*,

K. Weill, 1924). Toutes ces partitions sont destinées à une formation symphonique mais utilisées partiellement et leur exécution modifie le fonctionnement habituel des orchestres.

Une dernière tendance voit le jour après la Seconde Guerre mondiale, la spatialisation de l'orchestre. Reprenant l'idée exploitée par Berlioz dans son *Requiem* ou par Bartók dans sa *Musique pour cordes, percussion et célesta*[1], plusieurs compositeurs divisent l'orchestre en groupes différents dont la répartition varie. Dutilleux (*Symphonie n° 2*, 1959) adopte le principe du *Concerto grosso* en opposant un ensemble de solistes à l'orchestre lui-même, Stockhausen (*Gruppen*, 1955) écrit pour 3 orchestres dirigés chacun par un chef différent, Boulez (*Domaines*, 1968) réunit 6 groupes d'instrumentistes qui dialoguent avec la clarinette solo, la formule la plus fréquemment utilisée étant celle du double orchestre de chambre, dans la tradition de Vivaldi (Bartók, Tippett, F. Martin...). Mais de telles expériences s'avèrent éphémères, seules subsistant les nomenclatures issues du concerto grosso et opposant un petit groupe à l'effectif global.

UNE NOUVELLE ORGANISATION DE TRAVAIL

A toutes ces initiatives correspond une réforme en profondeur du travail d'orchestre adaptée aux nouveaux impératifs et à une préparation minutieuse des œuvres du répertoire. L'orchestre devient une véritable entreprise, avec son encadrement, son personnel administratif, technique, la direction générale étant en principe assurée par le chef permanent (sauf dans le cas des orchestres de radio où un tel cumul est assez rare). A la centaine de musiciens d'un orchestre symphonique s'ajoutent donc de vingt à trente personnes, régisseurs, garçons d'orchestre, bibliothécaire, attachés de presse, secrétaires, comptables, administrateur, délégué général... qui assurent la vie quotidienne de l'orchestre : programmation, location de salles, de matériels d'orchestre ou d'instruments, engagement d'artistes supplémentaires, promotion... En Europe, la plupart des orchestres sont passés sous le contrôle de l'État ou d'organismes publics, qui les subventionnent. En Grande-Bretagne et aux États-Unis surtout, le financement est assuré par des entreprises et quelques mécènes privés.

Les conditions de préparation des concerts ont beaucoup évolué : nombre accru des répétitions (entre quatre et six jusqu'à dix ou douze si le programme le requiert), répétitions de détail avec les chefs de pupitre ou des assistants. Dans certains orchestres, le travail des partitions les plus difficiles commence plusieurs semaines, voire plusieurs mois avant le concert afin de permettre aux instrumentistes de se familiariser avec l'œuvre. Naturellement, le nombre et le style des répétitions ne sont pas identiques pour un orchestre récemment formé et pour la Philharmonie de New York. Mais le temps des concerts préparés à la hâte est révolu. Seule exception à ce tableau, les orchestres britanniques qui, pour des raisons financières (autofinancement très élevé) donnent beaucoup plus de concerts que les autres orchestres européens ou américains : l'envers de la médaille se traduit par un nombre de répétitions sensiblement réduit (une ou deux par concert) ; mais le professionnalisme de très haut niveau des instrumentistes britanniques compense généralement ce temps de travail limité.

---

1. Et Charles Ives dans la plupart de ses œuvres, mais alors pratiquement inconnu en Europe.

Dans le même esprit, les responsables artistiques des orchestres cherchent à placer les musiciens dans les meilleures conditions acoustiques. Le choix des salles est essentiel : Karajan fait reconstruire la Philharmonie de Berlin en fonction d'un équilibre acoustique et visuel précis, la salle Pleyel est entièrement rénovée pour accueillir l'Orchestre de Paris, restauration du Concertgebouw d'Amsterdam, construction de nouvelles salles à Cologne (Philharmonie) et à Leipzig (Gewandhaus), modernisation de la Halle aux grains de Toulouse, reconstruction de l'Alte Oper de Francfort, désormais voué au concert...

L'emplacement des musiciens joue aussi un rôle important. Jusqu'à la dernière guerre, deux grandes dispositions prévalaient : à la française (seconds violons à la droite du chef), à l'allemande (violoncelles à la droite du chef). La première a pratiquement disparu car elle mettait au premier plan des parties musicales d'importance secondaire. La seconde s'est imposée en Europe jusqu'à ce que certains chefs importent la disposition américaine (altos à droite), que l'on doit à Stokowski : les violoncelles sont tournés vers la salle (comme dans la disposition à la française) et leur sonorité « passe » de façon plus homogène. Mais l'ensemble des violons restent groupés. Pour les instruments à vent, les positions sont généralement stables. Seul varie l'emplacement des cors, en fonction de l'acoustique de la salle. Quant aux percussions, leur place les unes par rapport aux autres est essentielle et toujours déterminée par les musiciens eux-mêmes, qui doivent souvent passer très rapidement d'un instrument à un autre en cours d'exécution.

COULEURS D'ORCHESTRES ET ÉCOLES INSTRUMENTALES

On parle souvent de la « couleur » de tel ou tel orchestre dont les cordes sont plus moelleuses, les bois plus limpides... Il est exact que des différences considérables existent entre les formations de même niveau, selon les pays. A une certaine époque, elles n'étaient que le reflet des différences entre les écoles instrumentales. Cet aspect tend à s'atténuer avec la standardisation des écoles, mais les orchestres dotés d'une certaine tradition conservent des caractéristiques personnelles qu'ils doivent aussi aux chefs qui les ont dirigés pendant de longues périodes.

Au début du XXe siècle, lorsque les orchestres américains commencent à se former, ils recrutent les cordes en Italie, les bois en France et les cuivres en Allemagne. Après une ou deux générations, des musiciens américains prennent la relève tout en conservant la tradition venue de ces différents pays. Ainsi s'explique la polyvalence et les étonnantes facultés d'adaptation des orchestres américains. Tout n'est pas resté statique, loin de là : les cuivres ont acquis une sonorité plus brillante, très ouverte, les bois n'ont pas toujours conservé le vibrato qui enrichit le son, les cordes ont gagné en homogénéité grâce à la discipline très stricte qui règne dans ces formations.

En Europe, deux grandes familles d'orchestres (allemande et française) ont longtemps vécu sur leur passé, chacune avec son répertoire national et les qualités qui en découlaient : densité sonore germanique parfois synonyme de lourdeur, transparence française frôlant la légèreté. Cette attitude a heureusement disparu depuis quelques années et les orchestres français savent à présent s'adapter à Brahms ou Bruckner : tenue d'archet plus soutenue, sonorité des vents très ouverte... A cet égard, les progrès de la facture des instruments à vent ont été déterminants. Outre-Rhin, on constate une évolution analogue même si quelques problèmes subsistent avec les bois, dont la sonorité s'adapte mal à la musique impressionniste.

Certes, des différences demeurent. Heureusement, d'ailleurs, car la monotonie est le pire ennemi de l'art ! Ainsi, les Français, plus vifs et surtout mieux formés en ce sens, sont des lecteurs incomparables, qualité précieuse pour la musique contemporaine. Ils savent également faire preuve d'un individualisme de bon aloi dès que la partition le réclame. Mais ont-ils le même sens de la discipline et de l'intérêt général que leurs confrères germains ou anglo-saxons ?

En Angleterre, l'évolution a été comparable à celle connue aux États-Unis, mais depuis une date plus récente. Les musiciens des orchestres britanniques sont tous, à présent, sujets de Sa Majesté. Leurs cuivres comptent parmi les meilleurs du monde, même si l'emploi systématique des sons *cuivrés* dans les nuances *forte* (un peu nasillards) limite leur éventail sonore.

Malgré ces différences, la tendance générale actuelle est à l'uniformisation : les musiciens ont de nombreux contacts entre eux et les chefs permanents exigent de leurs orchestres une polyvalence très bénéfique. Tous enfin commencent à connaître une certaine mutation venue du Soleil-Levant : de petits hommes et de petites femmes aux yeux bridés s'intègrent progressivement à eux, signe d'ouverture certes, mais signe de pénurie grave, surtout pour les cordes.

Les années quatre-vingt sont le théâtre d'un phénomène nouveau : le développement des orchestres de jeunes. Véritables traits d'union entre la formation reçue dans les conservatoires et l'insertion dans la vie professionnelle, ces ensembles fonctionnent selon le principe de stages (généralement l'été, ou pendant les vacances de Pâques), une partie du temps étant consacrée à la préparation d'un ou de plusieurs programmes sous la direction du chef invité, de ses assistants et d'instrumentistes éminents dans chaque discipline qui assurent les répétitions de détail, l'autre partie étant réservée aux concerts, généralement sous forme de tournées. Certains de ces orchestres comme l'Orchestre des Jeunes de la Communauté Européenne, aux destinées duquel préside longtemps Claudio Abbado, parviennent à un niveau remarquable et constituent une dangereuse concurrence pour les orchestres professionnels en temps de festivals, car ils coûtent moins cher aux organisateurs, tout en constituant une affiche très alléchante puisque les plus grands chefs les dirigent tour à tour. Assiste-t-on à une redistribution des cartes ?

BIBLIOGRAPHIE

AUBERT, L. et LANDOWSKI, M. : *L'Orchestre.* « Que sais-je ? », PUF (1951).
HAFFNER, H. : *Sinfonieorchester der Welt.* Noetzel, Wilhelmshaven (1988).
HOLLAND, J. : *Percussion.* Hatier (1980).
HURD, M. : *Le Grand Livre de l'orchestre.* Bordas (1981).
KUSKIN, K. : *Les Dessous de l'orchestre.* Flammarion (1984).
LOUVIER, A. : *L'Orchestre.* « Que sais-je ? », PUF (1978).
NETTEL, R. : *The Orchestra in England.* Jonathan Caope, Londres (1948).
OUVRY-VIAL, B. et ZEISEL, G. : *L'Orchestre,* revue *Autrement* n° 99 (1988).
PINCHERLE, M. : *L'Orchestre de chambre.* « Que sais-je ? », PUF (1948).
SALINGER, N. (ouvrage collectif) : *Orchestre de Paris.* Hachette-Francis Van de Velde (1987).

La direction d'orchestre

par Alain PÂRIS

Art énigmatique, la direction d'orchestre semble devenir le point de mire de nombreux musiciens, une étape essentielle de leur carrière artistique, même s'ils ont reçu une tout autre formation qui ne les prédispose pas *a priori* à monter au pupitre. Le prestige dont est auréolé le chef d'orchestre attire, et l'apparente simplicité de son métier ne fait qu'augmenter le nombre des vocations. Pourtant, nous sommes bien en face d'une discipline qui s'apprend, comme tout autre instrument. Le chef d'orchestre ne jouerait-il pas de l'orchestre, de ces hommes et de ces femmes qu'il doit aider à donner le meilleur d'eux-mêmes, dont il doit coordonner les efforts en leur insufflant sa propre conception ? Comment alors imaginer un chef d'orchestre *professionnel* qui n'ait pas reçu une formation gestique de base, qui n'ait pas un minimum de connaissances instrumentales pour guider les musiciens ? Le chef d'orchestre doit savoir ce qu'il veut obtenir, comment l'obtenir et comment le demander. Sans cette connaissance, combien difficile à acquérir, il ne dirige pas l'orchestre, il est dirigé par lui, situation malheureusement fréquente de nos jours. En outre, le chef doit rester parfaitement maître de lui-même en toutes circonstances et savoir créer un contact avec les instrumentistes, autant de choses qui, elles, ne s'apprennent pas. Ce sont les dons, les qualités fondamentales, et la modification des rapports entre chefs et orchestres les rend tout aussi indispensables que l'apprentissage.

Le chemin parcouru depuis les *Konzertmeister* du XVIIIe siècle, qui dirigeaient des orchestres de chambre en tenant la partie de violon solo, est considérable. L'augmentation progressive du nombre de musiciens impose la présence d'un chef d'orchestre dégagé de toute obligation instrumentale : il sert de guide aux autres musiciens. Ludwig Spohr semble avoir été le premier chef d'orchestre de l'histoire, mais le premier directeur d'orchestre fut Johann-Christian Cannabich (1731-98), le Konzertmeister de l'Orchestre de Mannheim. On lui doit les bases de l'organisation de l'orchestre moderne, l'augmentation du nombre des cordes, la création d'un véritable travail d'ensemble pour équilibrer les différentes parties, régler les coups d'archet, assurer la justesse...

Le XIXe siècle rend indispensables la présence et l'autorité du chef d'orchestre. Berlioz, en France, Mendelssohn et Schumann, en Allemagne, définissent sa véritable fonction. Diriger un orchestre devient une spécialité, la direction un art véritable. Wagner et Hans von Bülow réagissent contre un certain laxisme des chefs d'orchestre et, à l'image de François Habeneck, le fondateur de la Société des Concerts du Conservatoire, s'attachent à améliorer le travail d'orchestre, à faire respecter les nuances et les mouvements mais aussi à faire exécuter toutes les notes. Le véritable travail d'orchestre sous la direction d'un chef est né, et avec lui l'aspect primordial de l'activité du chef d'orchestre, son rôle au cours des répétitions. Depuis la fin du XIXe siècle, cette tendance à approfondir le travail d'orchestre n'a cessé de s'affirmer et la technique des chefs d'orchestre s'est forgée progressivement en fonction de cet impératif.

LE XXe SIÈCLE NAISSANT

Le XXe siècle musical commence après la Première Guerre mondiale, lorsque ont été assimilés les deux événements importants qui l'introduisent, la création de *Pelléas et Mélisande* (1902) et celle du *Sacre du printemps* (1913). Tous les grands chefs d'orchestre de la première moitié du XXe siècle reçoivent donc une formation qui correspond aux exigences de la musique romantique. Il n'y a pas de classes de direction d'orchestre dans les conservatoires. Les aspirants-chefs d'orchestre apprennent d'abord un instrument tout en recevant une solide formation théorique. Puis ils entrent dans un orchestre ou, s'ils sont pianistes, deviennent répétiteurs dans un théâtre. Suit une phase d'observation qui permet d'assimiler les rudiments de la direction d'orchestre. Parfois, le chef en titre a besoin d'un assistant : c'est l'occasion de monter au pupitre et de commencer à gravir les marches qui mèneront aux responsabilités véritables.

Ce profil de carrière correspond surtout à l'Allemagne et à l'Europe centrale, où abondent les théâtres lyriques. En France, les chefs d'orchestre sont plus généralement des instrumentistes sortis du rang (Lamoureux et Colonne étaient violonistes, Taffanel et Gaubert, flûtistes). Ils sont familiarisés au travail symphonique et prolongent la tradition de Habeneck qui repose sur une préparation minutieuse des exécutions, réalisable seulement dans le cadre symphonique. Mais, très vite, de nouveaux impératifs s'imposent aux chefs d'orchestre : des contraintes financières limitent le nombre des répétitions. La musique moderne se fait plus rare dans les programmes. Les orchestres vivent autour d'un certain répertoire et le chef permet d'*assurer* l'exécution.

La direction d'orchestre en France s'adapte à ce contexte et la plupart de nos chefs d'orchestre sont alors des baguettes virtuoses, capables de monter un programme en quelques heures de répétition. Ils sont précis, vont droit à l'essentiel et font confiance aux instrumentistes. Mais ils ont peu le loisir d'approfondir leur travail et aucune grande figure ne marque un orchestre français comme Nikisch ou Furtwängler à Berlin et Leipzig. Cette notion de travail en profondeur n'émerge qu'au moment de la guerre, lorsque Charles Münch est à la tête de la Société des Concerts.

La tradition germanique est très différente. La formation des chefs étant essentiellement tournée vers le théâtre, le travail symphonique s'en ressent.

Une certaine confusion règne dans les orchestres allemands, et il faut attendre Hans von Bülow et ses successeurs (Nikisch, Mahler, Hans Richter, Weingartner, Furtwängler et Bruno Walter) pour que la situation se clarifie et qu'un véritable travail d'orchestre s'instaure. Pendant les longs séjours qu'ils effectuent à la tête des formations qu'ils dirigent, ces grands chefs forgent les orchestres à leur image et leur donnent un style propre.

Les pays anglo-saxons et, surtout, les États-Unis construisent toute leur politique musicale en matière symphonique sur cette notion de permanence du chef d'orchestre. L'Orchestre de Philadelphie en est le meilleur exemple puisqu'il n'a connu que deux directeurs musicaux en plus de soixante ans, Leopold Stokowski et Eugene Ormandy, qui a « régné » sur cet orchestre pendant quarante-quatre ans ! Les orchestres de Chicago, Cleveland, Boston ou de la NBC ont connu des périodes analogues avec respectivement Reiner, Szell, Koussevitzky et Toscanini. De nos jours, le principe subsiste. Ansermet a dirigé l'Orchestre de la Suisse Romande pendant quarante-neuf ans, Mravinski la Philharmonie de Leningrad pendant un demi-siècle. Quant au Concertgebouw d'Amsterdam, il a connu deux règnes à la longévité impressionnante, celui de Mengelberg (cinquante ans) et celui de Haitink (vingt-sept ans). Nul doute qu'une telle continuité soit un facteur déterminant dans la création d'un style propre à un orchestre.

En Italie, l'art lyrique occupe une place souveraine et les chefs d'orchestre consacrent l'essentiel de leurs activités au théâtre. Leur formation correspond à cet impératif et il faut attendre la venue de Toscanini à la Scala de Milan pour que l'orchestre sorte de son rôle d'accompagnateur et soit considéré comme l'un des principaux protagonistes des réalisations lyriques. Mais la vie symphonique italienne est marquée par une trop grande instabilité pour que les orchestres puissent parvenir à une qualité analogue à celle de leurs homologues des grandes capitales mondiales : incessante remise en question des subventions (la disparition éventuelle ou la fusion des orchestres de la RAI fait figure de serpent de mer depuis plusieurs années), rémunération insuffisante des instrumentistes, absence de continuité dans la direction.

L'INFLUENCE DE L'ÉCRITURE

Au début du XXe siècle, les transformations que connaît l'écriture symphonique vont jouer un rôle déterminant dans l'évolution de la direction d'orchestre. L'effectif orchestral arrive à un plafond (de cent à cent vingt musiciens). Mais l'usage des instruments se modifie : les compositeurs diversifient les interventions instrumentales en subdivisant les parties. L'époque des doublures est révolue. Le chef d'orchestre doit éclairer ces partitions en réalisant un équilibre souvent difficile à obtenir. La mélodie ne s'impose pas toujours d'elle-même : elle est parfois masquée. Il faut la deviner. La notion de couleur sonore s'impose et la diversité des écoles instrumentales ne fait qu'accroître le rôle de coordination du chef d'orchestre.

Stravinski et Bartók bouleversent les données fondamentales de la rythmique. Jusqu'alors, les œuvres suivaient un rythme constant dans lequel l'unité de base ne variait pas. Si une mesure à $\frac{2}{4}$ se glissait au sein d'un mouvement à $\frac{4}{4}$, l'unité restait la même, la noire. Dès 1911, avec *Petrouchka,* et surtout 1913, avec *Le Sacre du printemps*, Stravinski abolit ces notions. Les enchaînements rythmiques les plus complexes se succèdent et posent au chef d'orchestre des problèmes auxquels il n'avait encore jamais été confronté. L'habileté de Monteux ou d'Ansermet permet de les résoudre, mais, si l'on réécoute les disques anciens des chefs de cette génération, on prend conscience des difficultés d'adaptation qu'ils ont dû surmonter. La rythmique est loin d'être aussi précise qu'elle l'est à présent, car ces chefs – et les musiciens qu'ils dirigeaient – avaient été élevés dans une tradition où la rigueur passait après l'expression. Il était naturel de varier le tempo au sein d'un même mouvement de symphonie pour contraster les thèmes (deuxième thème plus lent que le premier) ou pour accentuer certaines nuances (accélérations dans les crescendos, ralentis dans les diminuendos). La notion d'unité de mouvement était encore très subjective. Comment imaginer alors une adaptation rigoureuse aux impératifs rythmiques de la jeune musique ?

L'APPARITION D'UN ENSEIGNEMENT DE LA DIRECTION D'ORCHESTRE

Dans le sillage de Stravinski, la plupart des compositeurs contemporains confient au chef d'orchestre de nouvelles missions qui iront jusqu'à la musique semi-aléatoire. La nécessité d'un enseignement spécifique se fait sentir. Les premières classes de direction d'orchestre apparaissent entre les deux guerres (dès 1914 au Conservatoire de Paris), mais ce ne sont que des annexes des classes d'orchestration ou de composition : les étudiants ne sont jamais confrontés à l'orchestre lui-même. Ils travaillent la gestique autour d'un piano et reçoivent des conseils d'ordre général.

Après la Seconde Guerre mondiale, de véritables classes de direction d'orchestre voient le jour, avec un orchestre d'étudiants que dirigent les apprentis chefs d'orchestre. En dehors des classes permanentes qui se créent dans les conservatoires et écoles spécialisées, de nombreux stages internationaux permettent aux jeunes chefs de prendre contact avec l'enseignement d'autres écoles.

Mais la création d'un enseignement de la direction d'orchestre se traduit par l'apparition d'une nouvelle donnée : la technique de direction. On apprécie les chefs à leur perfection technique comme on juge des gammes d'un pianiste ou de la tenue d'archet d'un violoniste. Cet élément, qui jouait déjà un rôle inavoué en France en raison du manque de répétitions, se généralise dans le monde entier, accentué par la radio et par le disque : face au micro, la précision est capitale car l'enregistrement doit être parfait. En outre, la mission de la radio est de faire connaître une musique rarement jouée au concert, surtout la musique contemporaine. Là encore, les répétitions manquent et, bien souvent, il faut enregistrer après quelques heures de travail. Un chef habile peut gagner un temps précieux et de nombreuses carrières s'effectuent en fonction de ces nouveaux impératifs.

Peu après, un bouleversement capital intervient dans l'évolution de la direction d'orchestre : on voit apparaître à la tête des orchestres de jeunes chefs qui possèdent des connaissances souvent plus développées que leurs aînés lorsqu'ils montaient au pupitre pour la première fois. Mais leur manque d'expérience modifie les rapports entre le chef et l'orchestre et il est certain qu'au cours des premières années de leur carrière les jeunes chefs apprennent plus des orchestres qu'ils ne leur apportent. Nombreux sont ceux qui commencent dans l'ombre d'un grand maître, auquel ils servent d'assistants en effectuant souvent pour lui les répétitions préliminaires. Si cette situation n'aide pas l'autorité à se développer, elle permet par contre d'acquérir très rapidement un « métier » de haut niveau que reconnaîtront et respecteront les exécutants. Les carrières sont plus longues et les moyens de communication permettent des contacts accrus avec des orchestres d'esthétiques très différentes. Les chefs enrichissent leur direction d'éléments spécifiques à d'autres écoles, phénomène qui va d'ailleurs en s'accentuant car les jeunes chefs franchissent bien souvent les frontières pour aller travailler avec de grands maîtres étrangers.

L'ÉCOLE GERMANIQUE

Si les orchestres possèdent des esthétiques différentes selon les pays, les chefs sont un peu le reflet de ces grandes tendances, du moins pendant les deux premiers tiers de ce siècle. En Allemagne et en Autriche, une génération de personnalités marquantes impose un style où règne l'ombre de Wagner : Richter, Nikisch, Hausegger, Muck, Weingartner, Furtwängler, Walter, Knappertsbusch... Ils ont tous été formés à l'école de l'opéra et ne sont venus au concert que par la suite. Détenteurs d'une tradition, ils la transmettent intacte (Muck, Knappertsbusch) ou la font revivre en l'adaptant à leur époque (Weingartner, Walter). Mais la musique nouvelle les attire peu. Le souci d'authenticité passe après l'expression personnelle, qui ne connaît plus, néanmoins, les excès démesurés du passé. Certains chefs s'attachent à un orchestre pendant de longues années et se livrent à un travail en profondeur qui consolide les bases établies par Hans von Bülow, Mahler ou Richard Strauss (Nikisch et Furtwängler à Berlin, les deux mêmes et Bruno Walter à Leipzig, Weingartner à Vienne, Mengelberg à Amsterdam).

Leurs héritiers s'inscrivent dans la même tradition mais les orchestres symphoniques se développent. A leur tête, le chef permanent est souvent directeur musical, responsable aussi du fonctionnement quotidien de l'orchestre, une sorte de chef d'entreprise. Les qualités que l'on attend de cet homme vont donc évoluer au fil des années : ses compétences seront strictement limitées au domaine artistique dans un premier temps, puis s'étendront à la gestion, à la promotion, au show-business... le chef devenant le symbole de l'orchestre aux yeux du public. Ainsi, Böhm s'attache à la Staatskapelle de Dresde (1934-42), Schmidt-Isserstedt « construit » l'Orchestre Symphonique de la NDR à Hambourg (1945-70), Jochum celui de la Radiodiffusion Bavaroise à Munich (1949-60), Fricsay celui du R.S.O. à Berlin (1948-63), Karajan, qui succède à Furtwängler à la Philharmonie de Berlin en 1955, étant l'archétype de ce directeur d'orchestre moderne. Il est d'ailleurs nommé « à vie ».

Derrière ces personnalités marquantes règne un grand vide. L'Allemagne cherche les chefs de l'« après-Karajan » et c'est finalement un italien (Claudio Abbado) que cooptent les Berliner Philharmoniker, ce que personne n'aurait osé envisager une dizaine d'années auparavant. Les deux seuls chefs allemands qui semblaient posséder une envergure suffisante pour un tel poste, Wolfgang Sawallisch et Christoph von Dohnányi, n'ayant jamais entretenu de relations étroites avec cet orchestre, avaient préféré construire leur carrière outre-Atlantique après avoir chacun cumulé les plus hautes responsabilités à la tête de deux des principaux Opéras allemands, Munich et Hambourg. Quant à Carlos Kleiber, il refuse tout poste permanent. Et, à la génération suivante, cette pénurie de talents s'amplifie. Les années quatre-vingt voient s'affirmer au niveau international des chefs venus

(Finlande). Seuls parmi les chefs américains, Maazel, Previn, Slatkin et Tilson Thomas conservent régulièrement des postes importants dans leur propre pays. Dans des pays autrefois fermés à la musique occidentale, de nouveaux talents s'imposent et, avec eux, de nouvelles approches de la direction d'orchestre : souplesse féline et raffinement d'Ozawa, maîtrise des formes et des couleurs de Mehta, force dramatique pudique de Bertini...

LE DISQUE ET LA VIE MODERNE

Avec le disque, les interprétations tendent à une standardisation d'où n'émergent que les personnalités marquantes ou des prestations réalisées dans un certain contexte. La notion d'école semble appelée à disparaître même si la fibre nationale subsiste encore pour certains répertoires précis. Toutefois la direction d'orchestre est très en retard sur les autres disciplines sur le plan de la musique moderne, qui reste, trop souvent, l'apanage de spécialistes initiés aux secrets du langage. Rares sont les grands chefs qui inscrivent des partitions contemporaines à leurs programmes car, pour la plupart d'entre eux, ils n'ont pas le temps de les étudier. Certains cumulent la direction de deux ou trois orchestres auxquels ils consacrent quelques mois par an. Ils acceptent très peu d'invitations au-dehors et le profil de leur carrière se rapproche de celle de leurs aînés, il y a près d'un siècle ; mais ce sont des exceptions. D'autres vivent dans les avions et dans les chambres d'hôtels ; ils exploitent un répertoire quasi immuable et répètent pendant des années le même ronron qui a étonné au début. Rares parmi ces derniers sont ceux qui aiment travailler avec les orchestres : ils envoient leurs assistants et ne dirigent que des orchestres « qui marchent tout seuls ».

Une réaction devrait se faire sentir tôt ou tard car on peut s'interroger sur les mobiles artistiques de certains. Mais d'énormes intérêts financiers se cachent souvent derrière cette « overdose » qui atteint quelques chefs : les imprésarios, les éditeurs de disques, les sociétés de radio ou de télévision ne sont pas étrangers à cette situation qui nuit à la musique, à long terme.

La terre devient de plus en plus aride et un tel contexte est bien peu propice à la naissance de futurs talents, de vrais musiciens qui aient le goût de vivre, la force de résister au tourbillon, le désir de chercher en profondeur ce qui faisait la grandeur d'un Furtwängler, d'un Münch ou d'un Bruno Walter. Si la direction d'orchestre a évolué jusqu'à ce jour, si les talents se sont renouvelés, toujours plus parfaits, c'est parce qu'il y a eu une continuité entre les générations, les aînés sachant rester disponibles pour entrer en contact avec leurs cadets. Mais cette situation a pratiquement disparu : les contacts sont occasionnels, superficiels, trop brefs, et rares sont les jeunes chefs qui peuvent réellement profiter de l'expérience de leurs prédécesseurs. Les années futures verront-elles surgir des autodidactes de la direction d'orchestre ? Cette éventualité paraît difficile à admettre car elle correspondrait à un retour en arrière de plus d'un siècle et entérinerait la destruction, par les chefs eux-mêmes, de certains progrès dont ils ont été les premiers bénéficiaires. La direction d'orchestre a connu en peu de temps la plus profonde évolution de toute l'histoire de l'interprétation musicale. Il y a deux siècles, elle était inexistante. Maintenant, elle souffre de trop exister. Qui saura la soigner et comment ?

afin de souligner une situation exceptionnelle ou l'état de crise d'un personnage.

C'est également l'époque où Maria Callas met au point, avec Elvira de Hidalgo, l'équilibre d'une voix de soprano qui va recouvrir et découvrir la tessiture la plus étonnante, montant jusqu'à l'aigu du soprano colorature léger et descendant jusqu'au grave profond des grands sopranos dramatiques (Maria Callas chantera même certains rôles jusqu'alors réservés aux mezzos). Or ce travail de recherche pour définir l'espace sonore le plus étendu – avec l'effet le plus spécifique sur le public – sera poursuivi, à l'instigation de G. B. Meneghini (qui sera l'époux de la Callas de 1949 à 1959), par les metteurs en scène et plus particulièrement Luchino Visconti et Franco Zeffirelli. On peut s'étonner que, dans cette évolution de l'interprétation lyrique au XXe siècle, les metteurs en scène prennent soudain le pas sur les chefs d'orchestre. Mais ces derniers (Furtwängler, Toscanini, Walter, Böhm, Giulini...), s'ils ne négligeront jamais le chanteur, mettront l'accent sur la transformation de l'orchestre pour arriver à cette transparence de lecture que Pierre Boulez portera à son paroxysme. Luchino Visconti, en discussion avec De Sabata, comparait la présentation d'un opéra à certains tableaux de la Renaissance italienne : au chef et à l'orchestre de brosser le décor, de miniaturiser ces arrière-plans de collines et de vallons, avec des tranches de vie étonnamment croquées ; et au metteur en scène de dessiner, d'éclairer, de donner vie aux personnages du premier plan.

BOULEVERSEMENTS ESTHÉTIQUES

Si la voix des chanteurs s'est transformée au cours de la seconde moitié du XXe siècle, c'est donc d'abord grâce à l'entente entre le metteur en scène et le chef d'orchestre... pour autant qu'il y ait eu sur scène des artistes de la qualité de la Callas, capables d'effacer l'effort physique surhumain qu'exige l'exécution d'un opéra, pour retrouver la simplicité, l'humanité et la vérité qu'ont imposées d'une part le disque, d'autre part le cinéma, puis la télévision.

La nécessité d'une musicalité totale, d'une voix parfaite (influence du disque ; travail de Walter Legge avec Elisabeth Schwarzkopf, notamment), l'exigence d'une silhouette crédible, d'une psychologie étudiée en profondeur et traduite avec une sensibilité sans faille mais avec une simplicité totale des moyens (influence du cinéma : travail de Visconti, de Zeffirelli mais aussi de Wieland Wagner ; avec le concours de la Callas d'une part, d'Anja Silja d'autre part). Un enregistrement réunit ces deux efforts, ces deux tendances : *Turandot* avec la Callas et Schwarzkopf. Un homme bientôt établit la synthèse de cette transmutation : Herbert von Karajan. Il a appris de Legge ce qu'exige le disque. Il est à la Scala durant les années où triomphe la Callas. Mais il est aussi du renouveau de Bayreuth, dirigeant des représentations mémorables des *Maîtres chanteurs*, au côté de Wieland Wagner.

Le refus d'illogisme, visuel et sonore, du nouveau maître de Bayreuth (jusqu'à sa mort, son frère Wolfgang ne sera qu'un second, un admirable administrateur) est contrebalancé par une ouverture totale du champ visuel, repoussant l'espace à l'infini, et abandonnant le tout à l'imaginaire du spectateur. Ainsi les voix deviennent-elles essentielles, dans le jeu de cette abstraction de couleurs et de formes, de projections (dans l'utilisation des couleurs chères à Appia). Avec Martha Mödl, Astrid Varnay et Leonie

Rysanek, Wieland Wagner (aidé des chefs d'orchestre Knappertsbuch, Cluytens, Sawallisch...) définit l'allure et la puissance de la nouvelle cantatrice wagnérienne, celle-ci incarnée par Anja Silja, silhouette et voix, puissance dramatique et crédibilité. Malheureusement ces bouleversements esthétiques, s'ils ne sont pas sans lendemain – car les jeunes générations en ont saisi l'exacte portée –, disparaîtront avec leurs auteurs ou leurs réalisateurs : Wolfgang Wagner préférera Birgit Nilsson et le bel canto acceptera pour « incarnation » Montserrat Caballé.

C'est un retour en arrière, mais passager. En effet les pays anglo-saxons, jusqu'alors privés de réelles écoles de chant, ont accueilli tous ceux qui fuyaient le nazisme, et ainsi créé une nouvelle génération de chanteurs qui, pour la plupart, sont avant tout des interprètes. Ils connaissent les possibilités extrêmes du chant, même soumis aux fantaisies extravagantes d'un metteur en scène. On bouge, on danse même, on ne se contente plus de chanter.

Pendant ce temps, à l'Opéra d'État de Hambourg, Rolf Liebermann suscite une autre école, celle des chanteurs de demain, capables d'interpréter la musique que l'on dit du XXIe siècle, pour ne pas avoir à faire l'effort de l'assimiler. Passant commande, chaque année, d'un ou deux ouvrages, Liebermann renouvelle en quelque quatorze années de travail à l'Opéra de Hambourg le répertoire contemporain. En même temps, il suggère – grâce à de jeunes metteurs en scène, le plus souvent d'obédience brechtienne – une nouvelle plastique sonore. L'introduction de l'électroacoustique et toute la nouvelle technologie théâtrale sera dès lors partie intégrante des productions de pointe de l'Opéra de Hambourg. Cet effort culminera dans la présentation de *Kyldex*[1] de Pierre Henry (1973) ; mais peu auparavant, répondant à une commande de Liebermann, Gian-Carlo Menotti fera sous forme de conte pour enfants la critique de ce nouvel opéra dans son ouvrage *Hilfe, Hilfe, die Globolinks.*

Acceptant le poste d'administrateur de l'Opéra de Paris, Rolf Liebermann se donne pour tâche primordiale de rendre à la première scène lyrique de France son éclat d'antan. Ce faisant, il établit malgré lui un bilan des écoles de chant dans le monde : en les opposant sur un même plateau, il jauge les résultats obtenus, tant à Milan qu'à Moscou[2], à Londres et à New York, en comparaison avec ce qu'il connaît de l'Allemagne et entend en France. C'est un vaste remue-ménage, une nouvelle échelle des vraies valeurs. Certes, Liebermann n'est pas infaillible. Pourtant il est le premier qui sache rendre à l'école française de chant une place que précédemment elle connaissait peu : car ce n'est qu'à l'échelon international que l'on peut juger de la qualité d'une voix inscrite dans la vision d'un metteur en scène (*Les opéras ne sont pas des oratorios en costumes* ! proclamait Liebermann, à Hambourg déjà).

C'est Liebermann qui convaincra Patrice Chéreau de s'intéresser à l'art lyrique et lui permettra ainsi de poursuivre la révolution esthétique amorcée par Wieland Wagner. Au-delà des styles et des années, les deux hommes se retrouvent ; et Pierre Boulez, qui a dirigé le *Parsifal* du second et sera l'âme musicale de la *Tétralogie* du premier (pour le centenaire de Bayreuth), le constatera parmi les premiers.

Au XXe siècle, la voix humaine a connu des révolutions sonores, des

1. *Kyldex 1*, spectacle spatio-lumino dynamique et cybernétique de Nicolas Schöffer, Pierre Henry et Alwin Nikolaïs.
2. Il y eut durant plusieurs saisons des échanges de professeurs entre Moscou et Milan.

bouleversements autrement plus essentiels que ceux qu'elle a subis au XIXe siècle. Qu'importe, les muscles des cordes vocales n'en demeurent que plus vaillants. En effet, de même que les sportifs ne cessent d'améliorer leurs prouesses, les chanteurs peuvent dominer sans cesse les embûches et les épreuves auxquelles la musique et l'art de l'opéra les soumettent. Tout est un problème de préparation. L'important est ailleurs et demeure cette ouverture à l'imaginaire.

BIBLIOGRAPHIE

BARBIER, P. : *Histoire des castrats.* Grasset (1979).
BING, R. : *5 000 Nuits à l'Opéra.* Robert Laffont (1975).
BLANCHARD, R. et CANDÉ, R. de : *Dieux et divas de l'opéra.* Plon (1986).
BLOCH-MORHANGE, L. : *Vies de divas.* Payot (1990).
GOLÉA, A. : *La Musique de la nuit des temps aux aurores nouvelles.* Alphonse Leduc (1977).
GOURRET, J. : *Dictionnaire des chanteurs de l'Opéra de Paris.* Albatros (1983).
GOURRET, J. : *Vivre l'opéra.* Albatros (1975).
GOURRET, J. : *Ces hommes qui ont fait l'opéra.* Albatros (1984).
HAMILTON, D. : *The Metropolitan Opera Encyclopedia.* Thames and Hudson, Londres (1987).
KUTSCH, K. J. et RIEMENS, L. : *Großes Sängerlexikon.* Francke Verlag, Berne (1987).
LEIBOWITZ, R. : *Histoire de l'Opéra.* Buchet-Chastel (1957).
LEIBOWITZ, R. : *Les Fantômes de l'Opéra.* Gallimard (1972).
SCHARBERTH, I. : *Musiktheater mit Rolf Liebermann.* Christians (1975).
SEGALINI, S. : *Divas, parcours d'un mythe.* Actes Sud (1986).
STREHLER, G. : *Un théâtre pour la vie.* Fayard (1980).
STREHLER, G. : *Les Voies de la création théâtrale,* CNRS (1989).
TUBEUF, A. : *Le Chant retrouvé.* Fayard (1979).
WOLFF, S. : *L'Opéra au palais Garnier.* Slatkine (rééd. 1983).
ZEFFIRELLI, F. : *Portrait d'un homme du siècle.* Pierre Belfond (1989).

L'oratorio et la mélodie

par Antoine LIVIO

Contrairement à ce que l'on a pu estimer au cours des siècles derniers, où l'oratorio et l'opéra avaient de nombreux points communs, l'interprétation de l'oratorio au XXe siècle se rapproche de plus en plus de l'interprétation de la mélodie (le lied allemand).

Il n'apparaît pas comme nécessaire de différencier, à ce propos (l'interprétation), l'oratorio, la cantate – qu'elle soit profane ou religieuse – voire la messe et le Requiem. Si l'opéra s'est distancié, c'est exclusivement pour des raisons, ou des nécessités, scéniques. Les metteurs en scènes (de Wieland Wagner à Patrice Chéreau, en passant par Felsenstein, Strehler, Visconti, Zeffirelli, etc.) ont tous joué un rôle prédominant sur l'interprétation lyrique. En revanche, pour l'oratorio ou la mélodie, ce sont les compositeurs, mais aussi les pianistes accompagnateurs, les chefs d'orchestre et même les directeurs artistiques des enregistrements (tout spécialement Walter Legge) discographiques ou radiophoniques qui ont joué et jouent encore un rôle jusqu'alors dévolu aux professeurs de chant.

L'HEURE DE GLOIRE DE LA MÉLODIE

Au début du XXe siècle, l'Europe musicale vit l'apogée de la mélodie, aussi bien dans les pays de langue allemande (Mahler, Richard Strauss, Wolf), qu'en Russie (Tchaïkovski, Rimski-Korsakov, Prokofiev...), en Espagne (Falla, Granados...) et en France (Fauré, Dukas, Massenet, Debussy, Poulenc...).

Il est indéniable que les écoles nationalistes, en puisant aux sources du folklore et des mélodies populaires (Bartók, Janácek, Kodály, Enesco, Grieg...), ont réduit la puissance vocale et l'intensité d'interprétation des mélodies. Le romantisme, tout en respectant l'intériorité, avait suscité l'outrance, la peine soutenue à l'excès. Seule l'école italienne, avec le vérisme, et une certaine école germanique, avec le post-wagnérisme, conserveront quelques années encore cette enflure vocale, ces effets puissants de contrastes sonores.

L'école française est peut-être une des premières – par réaction évidemment contre le wagnérisme excessif dont l'influence est indubitable sur les compositeurs de la fin du XIXe siècle et du début du XXe – à souhaiter comme une confidence. Ainsi s'établit une sorte de parallélisme entre la légèreté de la musique et l'humour d'une certaine poésie mise en musique par les compositeurs (Satie d'une part, et d'autre part de Ravel à Poulenc).

On chante alors dans un salon, accompagné d'un seul piano, parfois d'une flûte, d'une clarinette ou d'une guitare : la voix doit donc être claire, mais simple et discrète, sans effets ni grandiloquence, sans vibrato surtout. Ce sont en fait les mêmes qualités qu'exigera bientôt le microphone. Les prouesses vocales du bel canto, les vocalises à outrance ont disparu ; mais il subsiste pourtant, en France surtout, un certain souci de la sophistication musicale, accompagné d'une recherche vocale qui très vite passera de mode.

LA DISPARITION DES ÉCOLES NATIONALES

Faut-il remarquer que le grand héritage du XIXe siècle sera une certaine spécificité des tessitures ? L'école russe, l'école slave font preuve d'une prédilection pour les voix graves et tout particulièrement pour la voix de basse, alors que depuis Wagner le chant germanique développe également le registre grave des voix aiguës, chez les femmes surtout ; l'école italienne, avec le bel canto, s'est plu dans les ornements les plus aigus du style colorature des sopranos ; et, si étrange que cela paraisse au premier abord, l'école française a surtout enrichi le répertoire des ténors. Citer les rôles de Faust, de Werther nous fait sortir du sujet, mais illustre clairement notre propos. Toutefois ce cloisonnement ne satisfait aucunement la jeune génération qui tente de s'affirmer, dès le premier conflit mondial. Nul cloisonnement du reste. Le XXe siècle, avant toute chose, va s'opposer au nationalisme, sur le plan artistique et musical, avant même qu'il soit question de positions politiques. Et le seul qui demeurera viscéralement attaché à son pays et à ses sources d'inspiration musicale sera paradoxalement Igor Stravinski, qui, ayant quitté la Russie à moins de trente ans, n'y retournera qu'un demi-siècle plus tard, afin d'y célébrer ses quatre-vingts ans. Entre-temps, il fut français de passeport, vécut et composa en Suisse, et mourut américain ! Mais si, jusqu'à la fin de sa vie, il resta fidèle aux mélodies et aux vieilles chansons russes, on ne peut en conclure qu'il se soit particulièrement intéressé aux problèmes vocaux. Pourtant une certaine littérature vocale allait lui faciliter l'accès à ce dodécaphonisme qu'il avait d'abord rejeté : la découverte des madrigaux de Carlo Gesualdo da Venosa. Ce ne sont pas tant les brusques contrastes rythmiques qui l'impressionnent mais bien la hardiesse de la richesse harmonique, l'utilisation du chromatisme, des fausses relations, des dissonances qu'il retraduit dans cet étonnant *Monumentum pro Gesualdo* et dont il utilisera enfin toutes les subtilités vocales pour des voix humaines, cette fois dans les *Threni, id est Lamentationes Jeremiae Prophetae.*

Mais Igor Stravinski est un compositeur à part. Il n'appartient à aucun mouvement – même pas au dodécaphonisme, qu'il découvre très tard : il est septuagénaire quand il reconnaît les qualités de Webern et accepte la méthode sérielle – mais il cautionne et incite les timorés à le suivre. On pourra dire de lui ce qu'on a dit de Cocteau : « Il n'est pas le premier sur les barricades, mais c'est lui qui brandit le drapeau. »

LA VOIX-INSTRUMENT

Alors qu'a-t-on vu (et entendu) avant ces années cinquante ? La voix d'abord est devenue un instrument. Elle a perdu sa royauté ; elle est rentrée dans le rang ; elle fait désormais partie intégrante de l'orchestre. Si la mélodie disparaît, se multiplient, en revanche, oratorios, cantates, pièces pour voix et orchestre... Tout comme l'instrumentiste qui doit développer une vélocité nouvelle pour suivre les séries sur toute l'étendue de ses possibilités, le chanteur devra bientôt ignorer quelle est son exacte tessiture. C'est pour son timbre ou son style de voix que le compositeur a écrit, lui demandant de moduler à l'extrême son émission, de fragmenter le son, de le bruiter, de le murmurer ou de le crier, voire de refuser la beauté et la plénitude d'un phrasé, pour rechercher la laideur en tant que telle (« de la laideur considérée comme un des beaux-arts », a-t-on même pu écrire !). Bientôt, les premières exagérations passées, un style est né, pour ne pas dire une technique. Les muscles des chanteurs, des cantatrices surtout, ont permis à ces cordes vocales d'effectuer de nouvelles gammes d'effets sonores : on réussit avec la voix ce que John Cage obtient de son piano préparé. Certes, il n'est pas toujours prouvé que la même cantatrice puisse ensuite chanter Monteverdi, Mozart ou Wagner. Mais n'est-il pas difficile, déjà, d'exécuter avec la même perfection ces trois compositeurs ?

RETOUR AUX SOURCES

Si la grande évolution de la voix au XXe siècle oblige les chanteurs à certaines acrobaties, tout un courant musicologique s'est tourné, par réaction peut-être, vers le passé le plus lointain. Évidemment doit entrer en ligne de compte le besoin constant de renouvellement de la radio, pour ses programmes, et de l'industrie discographique, pour ses catalogues ; il ne faut cependant pas négliger des apports foncièrement désintéressés, comme le travail des moines de Solesmes, qui, parmi les premiers, ont permis de retrouver les beautés spécifiques de l'art grégorien. Leurs travaux seront suivis, imités, parfois même contrés. Il est vrai que le chant grégorien réussit alors à régénérer non seulement les chorales, mais aussi l'inspiration de certains compositeurs. Le chant liturgique, la pièce chorale d'inspiration religieuse vont connaître un regain de popularité.

Or on ne se satisfait plus de la simple exécution, souvent tonitruante, du début du siècle. Le chant grégorien, puis Monteverdi – tout comme Gesualdo pour Stravinski – incitent les chefs de chœur, nouveaux cantors, à obtenir des effets de finesse et de réelle sophistication vocale. Par voie de conséquence, les compositeurs se hasardent à exiger des masses chorales une miniaturisation aboutissant à l'emploi d'un hyperchromatisme qui n'a plus rien à voir avec Liszt ou Wagner. Marcel Landowski, en France, reprend la grande leçon de Honegger, alors qu'en Pologne Krzysztof Penderecki va très loin dans les audaces, tant rythmiques qu'harmoniques. L'utilisation des quarts de ton devient même d'un usage courant : ils procurent, aussi bien dans le *Dies Irae* (oratorio à la mémoire des victimes d'Auschwitz) que dans *La Passion selon saint Luc*, un nouvel éclairage des textes choisis par le compositeur. Car c'est là une des grandes constantes du XXe siècle : la musique se doit d'illustrer les textes littéraires, tantôt dans le réalisme le plus absolu, tantôt dans l'éclatement sonore le plus surréaliste, mais toujours avec une fidélité qui nécessite, chez le chanteur, une élocution sans faille.

SCHOENBERG

Ces rapports avec le texte auront connu, suivant les pays et les écoles, des traitements fort divers. L'influence du « cabaret » allemand n'est pas à négliger. Relativement éloigné du cabaret français, beaucoup plus littéraire et musicalement plus poussé, c'est lui qui amènera Schoenberg à structurer en quelque sorte le *Sprechgesang*, dont il fera un si large usage. Mais c'est aussi ce même cabaret qui servira la veine d'un Kurt Weil, étrangement suivi, considéré donc comme maître par toute une portion de la jeune musique allemande (surtout d'Allemagne démocratique, mais plusieurs de ces compositeurs – comme Thilo Medek – ayant émigré à l'Ouest, la mode s'en répand sur les rives du Rhin). Quoi qu'il en soit, c'est Arnold Schoenberg qui peut incarner à lui seul toute l'évolution de la voix au XXe siècle, dans la mélodie et dans l'oratorio.

Ses premiers *lieder* reprennent le postwagnérisme de Reger, Mahler, Strauss et Wolf ; mais l'érotisme et la sensualité sont décuplés par l'usage de l'hyperchromatisme, dont la grande forme atteint une sorte d'apogée dans les *Gurrelieder*, oratorio aux proportions gigantesques.

On assiste peu à peu à la désagrégation de la tonalité. C'est soudain (1907-08) le *2e Quatuor à cordes* en *fa* dièse min. op. 10, où, dans les deux derniers mouvements, une voix de soprano vient se superposer aux instruments. C'est la rupture. La tonalité, à partir de cette année 1908, est abolie : « Toutes les barrières d'une esthétique du passé sont brisées », écrit Schoenberg en marge de son op. 15, les *Quinze Lieder* de Stefan George. Ce langage mélodique concentré à l'extrême lui permet de faire éclater le lied aux dimensions d'un opéra et ce sera *Erwartung* (1909). Il se passionne également à cette époque pour les formes anciennes, tentant d'établir un pont entre le passé perdu et ses recherches, dont il perçoit la puissance face à la fragilité des règles imposées par les XVIIIe et XIXe siècles. Ces formes anciennes, on en retrouve l'écho dans les 21 mélodrames d'après le poème d'Albert Giraud (traduit en allemand), le *Pierrot lunaire* (1912). C'est l'apparition du *Sprechgesang* puisqu'il écrit les rythmes, les montées et les descentes de la voix. On pourrait presque dire qu'il « note » la parole de la cantatrice. Ce style lui sied et ne sera pas sans l'influencer grandement par la suite. Il pousse la cantatrice à amplifier et à développer le travail de la comédienne, en l'occurrence Albertine Zehme, qui lui avait « demandé » le *Pierrot lunaire*. Il écrira plus tard deux autres mélodrames, dans lesquels il poursuivra cet effort de notation de la voix parlée : *Kol Nidre* (1938) et *Ode à Napoléon Bonaparte* (1942). C'est à la veille et durant la Première Guerre mondiale qu'il va se servir pour la première fois de thèmes composés de douze sons différents, dans les *Quatre Lieder* pour soprano et orchestre (1913-16) sur des poèmes de Rilke et de Dawson, puis dans l'oratorio l'*Échelle de Jacob* (1917), dont il écrit également le texte.

Pour calmer l'appréhension des choristes auxquels il dédie son op. 27 (*Quatre Pièces* pour chœur mixte), il choisit des séries pseudo-tonales. Dernier ouvrage composé en Europe, après l'opéra bouffe *Du Jour au lendemain* et l'opéra inachevé *Moïse et Aaron*, les *Six Chœurs* a cappella (op. 35) s'inscrivent également dans cet effort de composer à la fois le texte et la musique, comme pour mieux diriger l'érection de cette architecture sonore.

Réfugié aux États-Unis, Arnold Schoenberg va peu à peu assouplir la rigidité des règles du dodécaphonisme, pour aboutir à une large plainte – réflexion douloureuse sur les misères humaines – dans la cantate *Un survivant de Varsovie* et dans trois œuvres chorales (dont la dernière ne sera jamais achevée) qui toutes les quatre seront inspirées, de diverses façons, du testament d'Israël. Schoenberg termine ainsi, en explicitant en quelque sorte ses attaques contre un certain « folklorisme », de Stravinski en particulier.

Ses deux disciples, Alban Berg et Anton Webern, consacreront une part importante de leur production à la musique vocale, à la mélodie, à l'oratorio et à la cantate. C'est ainsi que, poursuivant son analyse de Webern, Pierre Boulez composera ses œuvres les plus marquantes, pour voix et instruments (*Le Marteau sans maître, Pli selon Pli*, etc.). Mais le traitement de la voix, la technique vocale ne subissent plus, chez Boulez, de révolution particulière. C'est peu à peu une plénitude et une sérénité vocales qui rejoignent un certain polyphonisme. La voix retrouve l'étrange et beau mystère des madrigaux de Carlo Gesualdo da Venosa.

BIBLIOGRAPHIE

BATHORI, J. : *Sur l'interprétation des mélodies de Debussy.* Paris (1953).

BERNAC, P. : *Francis Poulenc et ses mélodies.* Buchet-Chastel (1978).

BOULEZ, P. : *Penser la musique aujourd'hui.* Gonthier (1963).

FISCHER-DIESKAU, D. : *Auf den Spuren der Schubert-Lieder, Werden, Wesen, Wirkung.* DVA, Stuttgart (1971). *Robert Schumann, le verbe et la musique.* Seuil (1984). *Töne sprechen, Worte klingen.* Piper, Munich (1985).

LANDOWSKI, M. : *Arthur Honegger.* Seuil (1957). *Batailles pour la musique.* Seuil (1979).

MOORE, G. : *The Schubert Song Cycles.* Londres (1975).

SCHOENBERG, A. : *Le Style et l'idée.* Buchet-Chastel (1977).

STRAVINSKI, I. : *Chroniques de ma vie.* Denoël-Médiations (1962). *Poétique musicale.* Janin (1945).

seize pieds de la cathédrale d'Albi, inauguré en 1981 ; le travail effectué sur cet instrument du XVIIIe siècle, comportant cinq claviers manuels, reconstitué avec une mécanique suspendue d'une étonnante précision et d'une remarquable légèreté, alors que la largeur du buffet est la plus grande qui ait été construite alors (15,50 mètres), aurait été à peu près impossible à imaginer il y a seulement une quinzaine d'années, tant était lourde l'emprise d'une conception organologique passe-partout et destructrice. C'est dire que le souci de la restitution des œuvres musicales ne peut être dissocié de celui qui concerne les instruments.

Un patrimoine dont la richesse n'est pas encore entièrement répertoriée, et cela malgré des décennies d'investigation plus ou moins systématique, révèle d'année en année l'existence de témoins précieux de la facture des époques baroque et classique. Alors que très peu d'instruments antérieurs à 1600 sont parvenus jusqu'à nous dans un bon état de conservation, il est en revanche relativement facile d'en connaître, soit pour partie, soit dans leur intégralité, qui datent des XVIIe et XVIIIe siècles. Aussi leur reconstitution à l'authentique ne pose guère de problèmes majeurs aux facteurs compétents qui veulent s'en donner la peine.

Parallèlement, on compte de plus en plus de virtuoses qualifiés qui savent tirer de ces instruments des sons dont on doit vanter la spécificité. Ici encore, les orgues tiennent une place essentielle, mais aussi les cordes, les cuivres et les bois. Bref, l'ensemble de la palette orchestrale d'autrefois. Il faut raisonnablement prévoir un approfondissement artistique des répertoires baroque, rococo et classique comparable à celui qui est en cours ou déjà effectué, au fur et à mesure que seront étudiés et mieux connus les traités de chant, les solfèges anciens. Nous touchons ici à un domaine capital qui bouleverse des pratiques nées au XIXe siècle et dont on mesure davantage la relativité lorsqu'on en suit aveuglément les principes, sans en critiquer la justesse en l'occurrence.

Le style d'exécution

On notera que, dans bien des cas, l'enseignement et la pratique des nouvelles manières de chanter et de jouer se font en dehors des conservatoires ou des écoles officielles, à l'occasion de festivals, de cours d'été, de colloques. La part de la recherche autodidacte est non négligeable, avec ce qu'elle risque de comporter d'amateurisme. Nous avons déjà dénoncé le snobisme qui guette semblable mouvement. Mais nul ne peut, semble-t-il, contester la qualité des résultats, tels que concerts et disques les révèlent. Les voix de haute-contre dans toute la musique baroque ne vont-elles pas devenir indispensables pour Haendel, J.-S. Bach, Couperin, comme elles le deviennent pour la polyphonie de la Renaissance ? Le travail original sur les vocalises, les ornements – bref, le bel canto à la baroque –, à la fois différent de celui du grand opéra de Verdi ou de Wagner comme de l'art vocal de la Renaissance (voyez à ce sujet l'étonnante leçon de style d'une Esther Lamandier dans le *Décaméron* !), impose ses règles et délimite son champ d'expression. C'est ici que les courants de recherche animés par des personnalités telles que Gustav Leonhardt, Nikolaus Harnoncourt et, plus près de nous, Jean-Claude Malgoire, Philippe Herreweghe, Ton Koopman, William Christie – et, dans le domaine organistique, toujours pour ce qui concerne l'art baroque, Michel Chapuis, Pierre Vidal, André Isoir, Dominique Merlet – ouvrent des perspectives dont les décennies précédentes n'avaient guère dévoilé la richesse, sauf peut-être en matière d'orgue, après Walcha à la fin des années cinquante. Alors qu'avant 1960 Michel Chapuis était pratiquement le seul à interpréter la musique française d'orgue en notes inégales et cela d'une manière souple et convaincante, près de vingt-cinq ans plus tard, la cause est entendue ; non seulement les organistes, mais encore les clavecinistes, les chanteurs, les instrumentistes divers sont entrés dans le mouvement. Certes, il est toujours loisible de proposer un concerto pour orgue de Haendel sur un Cavaillé-Coll et d'aucuns continuent à s'y employer, mais quand Herbert Tachezi ou Daniel Chorzempa choisissent un instrument mieux adapté, car plus proche de ceux que toucha le compositeur du *Messie*, et que, de surcroît et comme il est naturel, ils reconstituent un style de jeu plus probable que celui qui continue d'obéir aux canons du XIXe siècle, nul ne s'y trompe.

On ne saurait conclure là où continue la vie. Des apports restent toujours à prévoir, et des affinements à espérer. Contentons-nous de citer quelques lignes principielles qui orientent la recherche et font revivre l'art de J.-S. Bach dans son corpus de cantates enregistré par N. Harnoncourt : « Les expériences recueillies ces dernières années de l'interprétation et de l'enregistrement d'oratorios et de cantates de Bach ont prouvé que c'est en s'en tenant le plus possible aux conditions d'exécution originales que l'on pouvait le mieux servir les intentions du compositeur. Cela vaut avant tout pour les problèmes extrêmement complexes d'équilibre sonore entre parties vocales et parties instrumentales, mais aussi au sein même des différentes parties instrumentales. Un équilibre sonore naturel capable de faire justice à la musique n'a pu jusqu'ici être atteint qu'avec les instruments originaux de l'époque de Bach, ce qui rendait en outre superflues, à l'enregistrement, les multiples manipulations techniques qui permettent habituellement d'obtenir artificiellement une balance musicalement acceptable. Mais, indépendamment de ces questions purement techniques et acoustiques, la meilleure connaissance des instruments baroques acquise au cours de ces dernières années découvre de nouveaux aspects, les musiciens exécutants ne choisissant plus aujourd'hui les instruments anciens pour des raisons historiques, par exemple dans le but de reconstituer l'image sonore de l'époque de Bach, mais bien pour des raisons artistiques. Les instruments du XVIIIe siècle ne sont plus considérés comme les précurseurs imparfaits des instruments « parfaits » de nos jours, mais on a au contraire reconnu que bien des exigences posées par l'exécution musicale quant à l'articulation, la sonorité, la technique instrumentale sont plus aisément et plus naturellement réalisables sur les instruments originaux que sur des instruments datant des époques ultérieures et construits à de tout autres fins (...). Il n'existe pas d'orchestre idéal permettant une interprétation adéquate de la musique de toutes les époques » (Harnoncourt, in vol. 1, intégrale des cantates de Bach, Telefunken).

De tels principes sont de plus en plus souvent invoqués à propos du répertoire classique de la fin du XVIIIe siècle et ils commencent aussi à influencer les interprètes de la musique romantique, ainsi Paul Badura-Skoda dans Beethoven ou Schubert. Notre époque semble donc ouvrir au maximum l'éventail des possibilités artistiques d'interprétation. N'est-ce pas là une richesse dont on ne peut guère dénier la valeur de représentation et le souci de la qualité ?

BIBLIOGRAPHIE

ANTHONY, J.-R. : *La Musique en France à l'époque baroque, de Beaujoyeulx à Rameau.* Flammarion (1981).

BEAUSSANT, Ph. : *Dardanus de Rameau.* Albin Michel (1980). *Versailles, opéra.* Gallimard (1981). *Vous avez dit « baroque » ?* Actes Sud (1988).

BLUME, F. : *Renaissance and Baroque Music.* Norton (1967). *Classic and Romantic Music.* Faber (1970).

BORREL, E. : *L'Interprétation de la musique française de Lully à la Révolution.* « Les Introuvables », Éd. d'Aujourd'hui (Alcan, 1934).

BUKOFZER, M. : *La Musique baroque de Monteverdi à Bach, 1600-1750* (Éd. Lattès, 1982).

CHAILLEY, J. : *Histoire musicale du Moyen Age.* PUF (1950).

HARNONCOURT, N. : *Le Dialogue musical*, Gallimard (1985).

HARNONCOURT, N. : *Le Discours musical*, Gallimard (1984).

MUNROW, D. : *Instruments of the Middle Age and the Renaissance.* Oxford University Press (1976). *Musique de l'époque gothique.* Pochette du disque Archiv Produktion.

SAINT-ARROMAN, J. : *L'Interprétation de la musique française.* Champion (rééd. 1984).

VEILHAN, J.-C. : *Les Règles de l'interprétation musicale à l'époque baroque.* Alphonse Leduc (1977).

REVUE, *Les Goûts réunis,* publiée par l'Institut de musique et de danse ancienne de l'Ile-de-France.

L'interprète et la musique d'aujourd'hui

par Martine Cadieu

Ma musique n'est pas difficile, elle est mal jouée, dit un jour Arnold Schoenberg.

L'interprète et la musique nouvelle, sa médiation entre le compositeur et le public, sa responsabilité dans la diffusion et la connaissance d'une œuvre, sa part d'imagination dans une forme ouverte, face à l'aléa, l'influence enfin qu'il peut avoir sur le compositeur avec lequel il entretient aujourd'hui des liens de plus en plus étroits... Nous n'avons pas fini de réfléchir et de nous interroger sur ces thèmes, nous souvenant de rencontres et d'expériences précises.

Celui qui a écouté beaucoup de musique du XXe siècle et en connaît une part s'étonne des différences entre les exécutions et, regardant autour de lui les réactions du public – qui la plupart du temps se plaint d'« une absence de discours », d'une gratuité ou d'un chaos –, ne peut s'empêcher de douter : les interprètes ont-ils eu le temps de mûrir cette musique difficile, parce que souvent nouvelle dans son langage, sa construction ? Ont-ils disposé d'un nombre suffisant de répétitions ? Ont-ils eu les moyens nécessaires pour travailler dans la clarté (rapports avec le compositeur ou le chef) ? Ne se sont-ils pas lancés avec gourmandise et ferveur (besoin d'être dans leur temps) un peu trop vite dans l'aventure ? Dans cette hâte, souvent imposée, l'interprète a parfois du mal à juger l'exactitude de son propre travail. Souvent le chef se plaint d'un nombre trop restreint de répétitions. Alors le public se perd – et comment lui en vouloir ? –, intimidé souvent, à l'approche d'une musique inconnue, persuadé parfois que la musique contemporaine n'a aucun sens et tend à sa propre destruction ; il sort d'un concert et quitte des interprètes de qualité, désorienté. Il lui arrive d'accuser le compositeur d'imposteur et l'œuvre de plaisanterie, mais quelle œuvre a-t-il réellement entendue ? Le rapport entre la partition et l'exécution n'a-t-il pas été faussé ?

Les grands interprètes d'aujourd'hui, chefs, instrumentistes, chanteurs, ont une conscience très précise de leur responsabilité. Lorsque Pierre Boulez dirige Webern, Claudio Abbado Nono, Kent Nagano Messiaen, lorsque Claude Hellfer ou Christian Ivaldi jouent Xenakis, Manoury ou Boucourechliev, lorsque Pierre-Yves Artaud révèle Ferneyhough ou Martine Viard Aperghis, la musique devient intelligible, quels que soient ses secrets. Bien sûr, il faudra réentendre l'œuvre plusieurs fois, si on le peut, comme le conseillait Edgar Varèse, mais déjà sa forme s'est dessinée, son sens est apparu en filigrane. La voie est tracée.

Le sérieux et la rigueur que l'interprète emploie à faire ressortir l'unité d'une œuvre garantissent simultanément à l'auteur le sérieux et la rigueur de la composition, brisant ainsi le préjugé qui la veut arbitraire et chaotique, si bien qu'il n'importerait plus qu'une note soit jouée en place d'une autre (Adorno).

Dans la musique contemporaine (depuis Wagner et les Viennois), les structures mélodiques n'ont cessé de se différencier, de devenir, allégées, de plus en plus subtiles. L'interprète doit non seulement sentir cette polychromie (riche chez Messiaen et Boulez), mais en prolonger les résonances, créer un état sensible d'un passage à l'autre, réunir les différences. Plus de « degrés d'accords », de paliers, facilitant la tenue du fil conducteur de l'œuvre, d'où la difficulté : la continuité de la mélodie, secrète, immergée puis réapparue peut faire les délices de l'auditeur, elle peut aussi se perdre et *le* perdre.

Cette musique exige une profonde et longue réflexion. Plus les voies des compositeurs sont nombreuses et diverses (Nono, Ohana, Nuñes, Boulez, Stockhausen, Schnittke, Arrigo, Sciarrino, Rihm, Kürtag, Eloy, Steve Reich ou Philippe Mion pour n'en citer que quelques-uns au passage), plus il faut les différencier, les rendre lumineuses.

Schoenberg et Berg recommandaient de jouer les œuvres dans un *tempo* plus lent afin de faciliter l'approche de ces chants multiples aux instruments ; ainsi celui qui jouait et celui qui écoutait se familiarisaient avec la complexité, découvrant, au-delà, le sens profond.

Le besoin de jouer le plus de musique possible, au rythme des commandes (souvent prodigues comme aux États-Unis), des festivals et des concerts, la stimulation des jeunes groupes, toujours renouvelés, tout cela est positif et ne devrait pas mettre l'interprète dans un climat fiévreux, dans cette hâte dont Dante disait qu'elle abîme toute chose.

L'interprète doit poser un regard vigilant sur toute évolution, apparition, retour aux racines ou arrachement. Tout bouge très vite. Un temps de méditation devrait succéder aux temps d'action. Beaucoup de compositeurs s'expliquent (comme Donatoni, Kagel ou Dufourt), beaucoup d'historiens de la musique écrivent, analysent, remettent en question. On découvre – entre autres choses – l'émergence du néoclassicisme au XXe siècle, la fin d'un clivage entre art et société, puis le néoromantisme et le minimalisme. L'ordinateur agit pour le créateur, selon son désir, dans l'assistance du technicien, du scientifique.

Dès les années quatre-vingt, les chefs d'orchestre, les instrumentistes ou les chanteurs, attentifs, déjà rodés au mouvement des compositeurs (pionniers ou traditionalistes, sériels, post-sériels, pratiquant l'aléa, la forme ouverte, séduits par l'électroacoustique) voyaient apparaître un changement brusque, imprévisible.

Pour accomplir sa médiation, l'artiste doit y voir clair, parmi les remous esthétiques et les découvertes technologiques survenues, après les calmes années soixante-dix. Les grands compositeurs (Boulez, Nono, Stockhausen après Messiaen, Lutosławski, Ligeti et Dutilleux) ont approfondi le mystère intérieur qui les habitait. Les plus jeunes refusent la « paternité » d'un passé récent. En Allemagne, par exemple, ils rejettent désormais « la provocation du public » et la dérision. Ils recherchent des modèles toujours plus anciens. L'interprète pourra redevenir romantique, voire « galant » (selon Haydn). D'autres créateurs, en Italie par exemple, se sont emparés « du vide à l'intérieur de la musique ». Ainsi Aldo Clementi ou Franco Donatoni (comme Dieter Schnebel) refusent-ils toute synthèse entre signe et discours.

Le temps devient nu et lisse, troublé par de petites variations. Quant à Ferneyhough, parvenu à un perfectionnisme impressionnant, il offre à l'interprète des partitions presque toujours à la limite de ses possibilités. Les trames sonores de Sciarrino – autre difficulté de jeu – sont suspendues dans l'air, pures, raffinées, poétiques.

On voit revenir l'utilisation presque exclusive des instruments classiques. Pierre-Yves Artaud donne vie à Ferneyhough ou à Taira par le souffle seul de la flûte (médiateur actif, il a aussi créé un ensemble de flûtes, pour faire rayonner la musique d'aujourd'hui, Scelsi en tête). On voit apparaître un art transparent (porté par une intention ou une citation littéraire souvent invisible) ; un quatuor célèbre comme le Quatuor LaSalle crée le quatuor de Nono, qui est, avec les œuvres de Kürtag, musique à la lisière du silence. Idéalisme absolu, utopie, néosimplicité, attention portée à l'*écoute* (loin des tapages et de la violence du son)... L'interprète devra alors tenir compte des états d'âme du compositeur, la musique pourra devenir comme absente, planante. Aller-retour entre conscience et inconscience : la tâche de l'interprète n'est pas simple. Elle l'engage tout entier.

La recherche musicale, aujourd'hui, continue à transcrire et à transmettre des traditions, à travers des élaborations multiples. Matières sonores verbales, gestuelles, visuelles sont de plus en plus riches. Des compositeurs comme F.B. Mâche ou Klaus Hüber tendent vers des mythes et des vérités profondes que l'interprète doit rencontrer avec lui.

Plus question de « pureté » ni d'impureté (c'est l'influence de la technologie), la composition semble parfois une « lecture-interprétation » d'une histoire, d'une époque. Ainsi Kagel avec *Ludwig Van* ou *Bach* qui poursuit, avec ses interprètes – dans le sens souvent théâtral – *tranquillement et en toute intimité* son aventure spirituelle. Wolfgang Rihm, lui, écrit *La tradition ne peut être que* ma *tradition*. L'« historicisme » emploie, comme par le passé, des fragments de musiques déjà écrites, par d'autres ou par soi-même, et le jeune Lorenzo Ferrero s'empare volontiers du rock.

L'interprète a mission de faire vivre une œuvre, de traduire des sentiments que ce texte fait naître en lui : chaque phase de son travail est tournée vers le moment unique où, confiant dans ses possibilités, il délivrera la musique telle qu'elle est et telle qu'il la ressent [1].

Concentration, détente, lucidité. Mais comment aujourd'hui établir un « projet » concernant l'œuvre avant de l'interpréter ? Chaque musicien a son propre langage, sa propre écriture. Un grand interprète évolue parfois considérablement dans l'interprétation qu'il donne d'une même œuvre, à plusieurs reprises dans sa vie. Or les œuvres actuelles n'ont pas toujours de deuxième audition. Plus que jamais le musicien-interprète *doit faire appel à son imagination créatrice.*

L'INTERPRÈTE MÉDIATEUR

L'interprète est notre ami. Le paysage sonore nous entoure soudain, grâce au pianiste, au chanteur, aux instrumentistes, aux chefs. Donc l'interprète peut tout. Après être souvent venu à Paris jouer Chopin et Schumann, Maurizio Pollini remplit la salle du Théâtre des Champs-Élysées avec

1. Dominique Hoppenot : *Le Violon intérieur.* Éd. Van de Velde.

Schoenberg et Berg. Le même public se laissa conquérir par des œuvres qui ne lui étaient pas encore, en ce temps, familières, et il en saisit tout à coup l'essentiel. La passion – lucide et réfléchie – animait ce pianiste : le son du piano, plein, riche, rendant le son intime de chaque musique, n'était pas un phénomène isolé. Produit, articulé dans la transparence, il dégageait pour nous – comme lorsqu'on lève un voile cachant une sculpture – la construction intérieure ; le sens musical transparaissait à travers la polychromie. Pas le moindre effet gratuit mais une vérité, une réalité, recréées devant nous par l'interprète : l'essentiel de l'œuvre, l'essentiel de l'esprit de Berg, de Schoenberg, de Nono, de Boulez. L'interprète attire et draine un très large public lorsqu'il sert, à ce point de rigueur et d'amour, la musique de son temps : elle ne semble plus inaccessible.

Interpréter la musique d'aujourd'hui ? C'est, avant tout, l'appréhender comme telle, en repérer les tenants et aboutissants, savoir ce qu'elle est : une musique qui avance, parce qu'elle fait reculer les limites du monde sonore. Une musique qui sourd différemment en nous, et de nous, parce qu'elle trace de nouvelles figures dans notre mémoire du futur, fait vibrer de façon neuve, ou autre, ou étonnante, ou exhaustive, les résonateurs que nous sommes (Claude Helffer).

Pour sa médiation, l'interprète choisit parfois le geste, l'acte théâtral (ce que Cathy Berberian révélait avec génie). Côté chant, tout vient sans doute naturellement : ainsi Milva dans *Opera* de Berio, la *Vera Storia*, Elise Ross dans *Le Pierrot lunaire*. Martine Viard chante Michel Puig *(La Chasse au Snark)*, Couroupos *(Dieu le veut)*, Aperghis surtout *(Lieberstod)*. Dans *Récitations* d'Aperghis, le récital est théâtralisé. L'interprète va jusqu'au bout de la logique dramatique qui anime ce récit, cette évocation à facettes de la femme. Le corps bouge dans l'espace, la voix est presque danse. Mettre en scène cette partition sans paroles est difficile. Grâce à l'intelligence de l'interprète, il n'y a pas de flou, par d'arbitraire. Pas de phrases, mais les mouvances de l'émotion (ce qu'avait offert Berio, ouvrant le chemin, dans la *Sequenza pour Voix* ou dans *Visage*, avec Cathy Berberian).

Côté instrument, cela est plus insolite. Bernard Cavana aux « Manca » de Nice (journées de musique actuelle) et le saxophoniste Daniel Kientzy « mettent en scène » un récital. Travail sur l'espace, lumière, « projection sonore » ; « éclairer de la musique contemporaine, c'est une offre de liberté. Il est possible d'écrire la partition de la lumière en fonction de la musique » (Gérard Carlow, *Saxist !*). Kientzy fait le lien entre Michel Decoust (*Olos*), l'Italien Viaggione (*Thema*), Milicevic ou Miereanu (*Domisiladoré*).

« Écouter/voir ». Alexandre Ouzounoff, qui participe aux recherches des ensembles spécialisés en musique contemporaine, accomplit au basson un « geste théâtral ». Il crée des œuvres de Daou ou Ton That Thiet pour basson seul ou des œuvres avec bande (Kagel). Au geste il joint aussi l'écriture. Interprètes médiateurs, ils veulent éclairer... Son livre *Actuellement le basson*, est une méthode pour la technique moderne du basson [1].

La médiation va jusqu'à prendre la tête d'initiatives : ainsi, le violoncelliste Alain Meunier est le cofondateur des *Semaines internationales de Naples*, des *Rencontres internationales d'Asolo* et des *Séminaires de musique de chambre de l'abbaye de Sylvanès*. Il enseigne, comme beaucoup d'interprètes d'aujourd'hui, et fait partie du *Quatuor Ivaldi*, lui aussi ardent médiateur.

1. Éditions Salabert.

Toutes ces forces unies aident le public à mieux comprendre ; s'il écoute l'altiste Gérard Caussé (jouant sur un Gasparo Da Salo de 1560) révéler la musique du Portugais Nuñes, de Koering, de Masson ou de Grisey, il peut être séduit.

Certains grands solistes ont à cœur d'enseigner. Yvonne Loriod, Claude Helffer, notamment. Pour l'instrument, c'est une tradition, mais pour l'interprétation ?

J'ai décidé de donner des cours d'interprétation : essentiellement pour essayer de trouver le style de telle ou telle œuvre. En partant non pas des enregistrements éventuels, mais du texte. En replaçant les compositeurs dans leur contexte : la personnalité de Stockhausen fait qu'on ne le travaillera pas de la même façon que Boulez, que s'il s'agit de Berio, j'insisterai plus sur l'aspect ornemental, colorature de ses œuvres. Contexte musical, donc, mais aussi historique, socio-économique et par rapport aux autres arts, point sur lequel on n'insiste jamais assez. Car certains musiciens du passé ne fréquentaient, éventuellement, que des peintres. Aujourd'hui on assiste à une conjonction beaucoup plus intense entre des écrivains, des essayistes et des scientifiques. L'arrivée d'un Xenakis n'est pas un hasard : la musique ne compte plus seule. « Nul ne peut se dispenser d'être intelligent. » (Claude Helffer.)

Chefs d'orchestre et ensembles sont aussi médiateurs – et la gravure au disque témoigne, plus tard, de leur rayonnement. On se souvient de Charles Münch et de son pouvoir créateur ; on peut toujours l'entendre dans ses enregistrements. Le nombre des créations mondiales qu'il dirigea est important (Dutilleux, *2e Symphonie*, Jolivet, *Trois complaintes du soldat, 1re Symphonie*, Landowski, Martinů, etc.). Parfois un jeune chef prend la relève d'un « grand » et fait revivre un répertoire tombé dans un purgatoire. Mais la vie d'aujourd'hui l'emporte. Et c'est bien aussi. Ernest Bour est un initiateur rigoureux et chaleureux. Il conforte les créateurs dans les festivals d'avant-garde ou ailleurs (Malec à Zagreb, *Oral*).

Pierre Boulez est à lui seul un univers : l'*Ensemble InterContemporain*, l'IRCAM, les colloques, les publications. Diego Masson, qui fonda *Musique vivante*, dirige la musique contemporaine, souvent, à Londres. Paul Mefano et l'*Ensemble 2e2m* ne cessent de créer des œuvres nouvelles, tout en maintenant le répertoire déjà classique (Messiaen). Citons encore Jacques Mercier à la tête de l'*Orchestre National d'Ile-de-France,* qui allie la création nouvelle (John Mac Laughlin ou Renaud Gagneux) et le répertoire français (Chabrier, Ravel, etc.), l'ensemble *Accroche notes* encore. Le même foisonnement se retrouve à l'étranger : *Ex Novo*, en Italie, avec le compositeur Claudio Ambrosini, *Aléa* en Espagne avec Luis de Pablo, le *London Sinfonietta* en Angleterre.

Autre chef qui nous donne de grandes œuvres en partage : Kent Nagano (qui a succédé à John Eliott Gardiner à l'Opéra de Lyon). S'il excelle dans Prokofiev et dirige Janáček, on doit à ce jeune chef américain d'origine japonaise l'exaltation (après son maître Ozawa) du *Saint François d'Assise* de Messiaen. On se souvient de ses passages brillants à l'*Ensemble InterContemporain*, où il éclaire des œuvres de Busoni ou Pfitzner, inscrit à ses programmes Copland, Boulez, ou Takemitsu. Michel Tabachnik, lui, est aussi compositeur. Il se bat pour la musique moderne de tout pays. Quant à l'*Ensemble InterContemporain*, et à *L'Itinéraire*, ils se sont spécialisés en ce domaine.

Regards vers l'Amérique, où foisonnent les interprètes au service de ce que l'on nomme « New-Music ». Après les formes éclatées de Cage vint la

« musique répétitive ». Continuité dans la discontinuité, changement dans la répétition. Difficultés techniques sur le plan rythmique, même si l'apparence semble « trop facile ». Au début les compositeurs furent les interprètes de leur musique (Lou Harrison, Cowell, dans la tradition du compositeur-interprète). Aujourd'hui, l'*InterContemporain* joue Phil Glass. Difficultés aussi de « mise en place ». La Monte Young, par exemple, s'attache à l'intonation juste. Là encore, il faut un interprète savant.

Que reste-t-il des libertés et du hasard ? Phil Glass crée des textures, avec parfois pour l'instrumentiste une certaine liberté. Steve Reich, lui, écrit tout.

Pour l'interprète importe aussi la notion de « performance », issue des « happenings ». L'artiste se produit seul, mais il connaît toutes les techniques (orne son spectacle de vidéo, laser, amplification de l'instrument). Parfois il s'entoure d'autres interprètes (arts plastiques, danse). Mais dans sa solitude, Laurie Anderson, jouant de son violon étrange, fait absolument tout, fragile, émouvante, dépouillée. Meredith Monk, elle, a une façon de chanter spectaculaire – petites saynètes à l'intérieur de la voix –, hyper-expressionniste. La psychoacoustique est importante, mettre l'auditeur (comme le fait la musique indienne) dans un état physiologique particulier mais aussi l'intention, qui n'est pas toujours révélée et que doit éclairer l'interprète.

Enfin, depuis quelques années est apparue la notion de jeu : des compositeurs comme Arvo Pärt ou Allan Lloyd engagent leur expression dans un retour au passé. Ils emploient des « clichés » comme matériaux, mais refusent le « cliché de la musique contemporaine ». On peut les appeler les « postmodernes ». Ils possèdent une sagesse espiègle et un regard assez tendre pour les formes d'autrefois (ainsi, en peinture Picasso : *Les Ménines*).

L'interprète doit avoir un jeu encore plus fin que pour la musique répétitive. Son rôle est primordial : la provocation ironique doit être liée à l'émotion, Arvo Pärt ne refait pas du Boulez, ni du Phil Glass ; des structures très rigoureuses sont élaborées à l'intérieur d'une forme « à la Schubert ». C'est une musique que défendent admirablement Gidon Kremer, le Quatuor Arditti (qui passe commande à Bryars, à Michael Nyman).

Gavin Bryars fabrique un « objet qui plaît à l'oreille » : il séduit. Mais rien, dans sa musique, ne peut passer par l'amateurisme. Mal joué, il ne reste rien de lui. Ainsi le pianiste qui interprète *Les Deux Détectives* doit-il être un virtuose.

Quant au chanteur, il doit avoir une formation classique, interpréter aussi bien de la musique du Moyen Age que celle de Pärt. Les instruments aussi sont classiques. Peu à peu, l'amplification est abandonnée, on revient à l'acoustique ainsi qu'à des rencontres et alliances avec les metteurs en scène comme Bob Wilson, avec les chorégraphes comme Carolyn Carlson.

Autre fait marquant : dans les années soixante-dix, les compositeurs américains et leurs interprètes montraient peu d'intérêt pour la musique de l'Occident. Aujourd'hui, ils retrouvent les racines occidentales. Nyman tend vers Purcell et Mozart (il est d'ailleurs l'auteur d'un livre sur Purcell). Bryars cite Vieuxtemps et des anciens mal connus. Ces musiciens ne cherchent plus des « sons » comme à l'IRCAM ; ils dédaignent le modernisme ordinaire et le numérique : ce terrain leur paraît un peu usé. Un chef comme Dennis Russell Davies est un grand interprète de la jeune musique venue des États-Unis. Il est significatif qu'il soit invité par Boulez pour jouer le Californien John Adams.

L'INTERPRÈTE INSTIGATEUR

L'interprète est souvent un « découvreur ». L'ensemble de musiciens passionné par son époque aussi. Le compositeur recherché et trouvé est là pour éclairer. Tristan Murail, souvent joué par l'ensemble de *L'Itinéraire*, demande à ses interprètes un contrôle très précis des modes de jeux, de la qualité des timbres. Il utilise des micro-intervalles ; d'où une technique qui se doit d'être parfaitement claire. Dans les pièces solistes, la transformation progressive du matériau, le contrôle du temps peuvent aussi parfois poser des problèmes. Il faut maîtriser l'évolution.

A l'heure actuelle, certains compositeurs comme Nicole Lacharte ont à cœur de rassembler compositeurs et exécutants et de révéler les dernières découvertes. La frontière entre la médiation et l'instigation est mince. Mais il est certain que l'interprète a une « aura », bien souvent...

Mstislav Rostropovitch suscite des œuvres, les commande ; Cathy Berberian a inspiré Berio ; Bussotti et Stravinski ont écrit pour elle. Elle donne sa voix aux meilleures musiques d'aujourd'hui. *« La relation compositeur-interprète est actuellement très étroite et très passionnante. Cette personnalité de l'interprète – telle Cathy – et son importance dans l'évolution créatrice d'un compositeur, son influence portent vers un art total. En cours de travail le compositeur non seulement songe à l'interprète mais écrit pour lui, l'interroge »* (Bussotti). Glenn Gould donnait son âme – dans un jeu très personnel – aux pièces de Berg ou de Schoenberg. Il inventait, ou recréait, composant aussi parfois. Quant aux *Percussions de Strasbourg*, leur répertoire contemporain est très large (plus de 80 œuvres créées). Ces musiciens poussent les créateurs à aller toujours plus loin. Xenakis a écrit pour eux *Xi-Xen* (109 sons métalliques différents répartis en six claviers de dix-neuf lames...). Afin que demeurent les investigations, ces musiciens ont mis au point une « méthode d'initiation musicale : *Percustra* [1].

Quatre musiciens sont aussi des « éveilleurs » : le Quatuor Arditti a un rôle très important aujourd'hui. Ce quatuor enregistre beaucoup pour les radios, les maisons de disques, et voyage sans cesse, révélant des partitions nouvelles, souvent écrites pour lui. Il travaille en collaboration étroite avec des compositeurs comme Bussotti, Carter, Ferneyhough, Harvey, Henze, Kagel, Kelemen, Ligeti, Lutosławski, Penderecki, Scelsi, Xenakis... Les compositeurs assistent à tous leurs enregistrements.

L'interprète est souvent un décrypteur. Dans la vie musicale très active d'aujourd'hui, il est normal que se soient constitués des ateliers, un travail collectif.

Personnalité originale, ardente, voici encore le violoniste Gidon Kremer. Considéré comme « le plus grand violoniste du monde » par Karajan, il est passionné par son temps. « La musique contemporaine représente la moitié de mon répertoire. » Dans le cadre de l'exposition Paris-Moscou, il a joué en première audition française deux concertos pour violon de Schnittke et Denisov. « J'aime jouer la musique inconnue. On a trop tendance à ne mettre en évidence que ce qui se "vend" le plus. » Gidon Kremer est un perfectionniste, un musicien complet. Il sait s'entourer des meilleurs pour la musique de chambre du XXe siècle.

---

1. Éditions Leduc.

LE COMPOSITEUR-INTERPRÈTE

Malec : « Les compositeurs sont souvent chefs d'orchestre (Lutosławski, C. Hallfter, Brown, G. Amy, Boulez, Maxwell Davies) ; parfois instrumentistes (Globokar au trombone, Messiaen, Zacher à l'orgue...). Jadis les maîtres, à la fois compositeurs et interprètes, ne jouaient pratiquement que leurs œuvres. Franz Liszt fut l'un des premiers à faire rayonner les œuvres des autres. A y penser, on retrouve la fraîcheur, la démarche toujours nouvelle – révolutionnaire – de l'art, de la musique en particulier. Les musiques que nous aimons – que nous avons l'impression de connaître par cœur – Monteverdi, Bach, Mozart, Schumann ou Liszt –, qui font partie de la tradition, furent révolutionnaires en leur temps : en naissant, elles mettaient à la lumière ce qui manquait à leur époque. Peut-être était-il plus simple, lorsque Bach interprétait lui-même ses toccatas et fugues à l'orgue, de révéler en toute clarté ce qui jaillissait justement de lui ?

Heinz Holliger, Michel Portal, Joëlle Léandre jouent leurs œuvres. Michaël Levinas, excellent pianiste, a un répertoire très large et interprète plus les autres que lui-même et il fait une carrière de pianiste classique, tout en écrivant de grandes œuvres comme *La Conférence des oiseaux.* Esprit curieux, il a suivi les cours de Stockhausen et de Ligeti, après être passé par le Groupe de Recherche, apprenant toutes les techniques.

Les interprètes-compositeurs demandent à d'autres compositeurs de composer pour leurs instruments, intéressés par des problèmes qu'ils n'ont pas résolus eux-mêmes (Zacher joue Ligeti et Isang Yun) et ils élargissent leur répertoire. L'interprète-compositeur est à la fois lucide et irrationnel, il est son propre critique. L'interprète fait « sonner » l'œuvre, dégage d'une composition ce qui n'y apparaissait pas, et, comme il s'engage avec ses désirs, ses émotions, sa rigueur, il donne une vision différente de celle d'un autre interprète.

Plus encore lorsqu'il s'agit, comme de notre temps, d'une *œuvre ouverte.*

LA FORME TOUJOURS...

Les formes ouvertes, très en vogue avant les années soixante-dix, sont plus rares. La tendance à l'aléa s'efface aussi. Pour mémoire, il faut se souvenir de l'Américain Earl Brown, fidèle à ce chemin : *« Mallarmé disait qu'il voulait abandonner l'initiative aux mots eux-mêmes... Ce qui ne signifie nullement qu'il entendait bannir toute pensée, à quelque extrémité du processus que ce soit. Pour ce qui est plus particulièrement* de la forme, *dans mes œuvres de* forme ouverte, *j'ai principalement demandé* [aux interprètes] *que la forme soit maintenue ouverte jusqu'à ce qu'on la doive nécessairement fermer et que le matériau soit mis en forme par les réponses et actions du processus d'exécution lui-même... Performer, plutôt que pré-former. »* Earl Brown n'empêche jamais cependant une réflexion préalable, des choix, des programmations différentes. L'éventail du possible est large devant les interprètes.

Se souvenir de Morton Feldman : sa musique comprend le silence, la méditation – l'interprétation est une éclosion : l'interprète sort la semence musicale – à peine doucement posée – de sa gangue. Interpréter, c'est donner naissance : il n'y a rien avant, l'avant a été oublié, le terrain est vierge et rien ne se répète.

... D'André Boucourechliev, poète de la musique et des séries d'*Archipels*, dans lesquels l'auteur propose des possibilités de choix et n'impose rien, d'où le besoin d'interprètes inventifs et unis.

Pierre Boulez dans *Éclat* (créé à Los Angeles en 1965) : le chef d'orchestre joue des instruments comme d'un clavier. Temps d'action et temps de méditation. Mobilité implicite au début. « Neuf instrumentistes sont dépendants de la volonté du chef, mais ils sont complètement indépendants en ce sens qu'ils réalisent eux-mêmes les figures. Elles sont écrites, *« car je crois,* dit Boulez, *qu'il faut donner un texte à l'imagination pour qu'elle puisse se greffer d'une façon impérative et convaincante, mais une fois que les musiciens ont reçu le signal, ils sont libres de donner une interprétation au fragment »*. C'est une poétique de l'instant, ensemble.

Mais la rigueur, qui semble aller de pair avec la liberté, devient clarté pure, transparence, dans les *Improvisations selon Mallarmé,* dans *Pli selon Pli*. Boulez est exigeant envers ses interprètes (et lui-même). Il ne « joue » pas, comme joue John Cage, esprit ironique qui dénonce « la cristallisation des œuvres aléatoires en objet musical ».

Puis une grande œuvre naît : *Répons* ouvre des horizons très larges – le lyrisme caché de Boulez s'épanouit enfin. Créé en 1981, *Répons* révèle un jeu à la fois rigoureux et souple entre les hommes et les « machines ». La relation entre le compositeur : Pierre Boulez, et une institution de recherche scientifique : l'IRCAM, montrait la beauté du travail d'équipe. Le compositeur alors avait travaillé la nuit sans relâche à la partition instrumentale, puis, se rendant ensuite le matin à l'IRCAM, testait les esquisses écrites à table, s'entretenait avec les techniciens. Gerszo, coordinateur du travail, élaborateur des programmes, était presque coauteur, un interprète « servant » la machine durant l'exécution. La machine *4X*, inventée à l'IRCAM par Giuseppe Di Giugno, l'ordinateur PDP II, le Halophone, les haut-parleurs transformaient l'univers des voix, des instrumentistes. Une nouvelle forme expressive surgissait, accomplie.

Expérience originale : 1987, *Anahâta* de Jean-Claude Eloy. Interprètes particuliers, privilégiés. Il s'agit de cinq solistes du Gagaku, de deux moines, un percussionniste, une joueuse de *shô* (orgue à bouche japonais). Le compositeur a écrit *pour eux* (après avoir *vécu* près d'eux), en tenant compte de leurs voix à eux, de leur culture, de leurs possibilités. Cultures qui se croisent, forme où la liberté rencontre aussi la rigueur. Il s'agit non pas d'« archéologie », mais de deux manières d'appréhender une même vérité. Le compositeur se met au service des interprètes mais, de leur côté, ils apprennent le style de la musique occidentale contemporaine. Cinq mouvements qui peuvent être ordonnés différemment. Une partie électro-acoustique en paysage autour du chant mystique.

LA NOTATION

« Interpréter la musique d'aujourd'hui, c'est d'abord la mettre en place, donc l'exécuter. Différents problèmes en découlent. Parvenir à lire une partition rapidement, sans écarquiller les yeux devant toute ligne supplémentaire, à chaque saut de registre, dont l'exécution est déterminée par la discontinuité, une des caractéristiques de la musique actuelle... Il y a aussi le problème de la rythmique : la pulsion régulière souvent disparaît de la musique. Souvent la barre de mesure n'intervient plus régulièrement. Pour le soliste la rythmique peut constituer un obstacle à la lecture » (Claude Helffer [1]).

Horatiu Radulescu, lui, parle de « pulsation spectrale ». Ses partitions ressemblent à des dessins, hérissés de tensions, de fièvres. « Transformation intrinsèque du timbre-son, qui peut produire des informations plus riches que le rythme artisanal du langage discontinu. » On se souvient de *Flood for the Eternal's Origins.* Ivo Malec rappelle que l'écriture peut changer – comme les différentes mises en page des poètes – d'une œuvre à l'autre. Ainsi Nguyen Thien Dao a une notation complexe.

Le retour aux modes, à la tonalité, ramène cependant à plus de clarté, parfois. Earl Brown dans *Four Systems* demandait à l'interprète de lire dans les quatre sens de la partition, qui comprenait des rectangles de dimensions différentes.

Dans *Sternklang* de Stockausen, la partition reflétait la carte du ciel, le mouvement des étoiles. A La Rochelle, le public couché dans l'herbe regardait la voûte nocturne. Des porteurs de torches allaient, en courant, donner des messages aux groupes de musiciens, séparés dans le parc. Ces messages – graphiques – étaient « à interpréter ». Parfois ce sont des mots, un poème. L'interprète ne devient-il pas alors le créateur ? Avec Kagel, il doit aussi se montrer acteur...

Les partitions de Bussotti sont, elles, émaillées de dessins, données esthétiques, mirages. On lit les notes au travers, les portées s'écartent, se rejoignent, lignes fuyantes dans l'espace. L'écriture, elle, est parfaitement rigoureuse et tout est prévu. L'interprète peut cependant s'abandonner à sa poésie intérieure, car cette œuvre nouvelle est poétique dans sa forme ; poétique et picturale.

Ainsi le rôle de l'interprète devient-il toujours plus grave et important.

Parfois l'interprète, aujourd'hui, dialogue avec lui-même : ainsi Maurizio Pollini dans *Sofferte onde serene (Sereines Ondes souffertes)* de Luigi Nono (1976). Conçue pour le jeu particulier de ce pianiste, l'œuvre révèle le pianiste vivant devant nous, et le pianiste enregistré sur bande. Il dialogue avec son double et s'amplifie. C'est la créativité de Pollini dans ses rapports avec le son qui a poussé le compositeur. *« L'usage du piano semble avant tout dirigé sur l'analyse de son potentiel sonore, analyse qui, dans la dialectique constante entre le matériel proposé et sa décomposition interne, est accomplie en profondeur et jusqu'à une analyse épuisant tout »* (Luigi Pestalozza).

LA PRISE DE SON, NOUVEAUX MOYENS. L'ORDINATEUR.

En passant du côté de la musique électroacoustique, on peut aussi se demander si le preneur de son, le manipulateur sont des interprètes. Sans doute. Iannis Xenakis aima un jour projeter dans l'espace d'un théâtre son œuvre *Bohor*. François Bayle – plus expérimenté en ce domaine par une longue pratique au Groupe de Recherches – demeure à la console lors de l'écoute publique de ses œuvres.

Pierre Henry produit tout lui-même, depuis la conception de l'œuvre jusqu'à sa dernière réalisation en public. Il va plus loin encore, dans son expérience avec Roger Lafosse, en captant les ondes cérébrales.

---

1. Revue *Silences*, n° 1.

« Musicien metteur en ondes », « régisseur du son », « preneur de son ou ingénieur du son », « Tonmeister », en Allemagne : ne s'agit-il pas d'un nouvel interprète ? L'interprétation se passe à plusieurs niveaux : fondée sur des instructions du compositeur et fidèle ; semi-libre avec l'accord et le désir du compositeur ; ou totalement libre. Il existe aussi des cocompositions. Le directeur de la prise de son a une influence sur la réalisation artistique, mais aussi dans l'enregistrement du disque. Ce que l'on nomme manipulation (répondant à la médiation par des moyens électroacoustiques d'un phénomène acoustique complexe ne possédant pas les qualités physiologiques et mécaniques de l'oreille humaine) suppose une action d'interprète, des choix, des modifications réfléchies, des corrections dans l'instant et après coup...

Plus les découvertes scientifiques sont nombreuses et plus les interprètes, preneurs de son, manipulateurs doivent être savants.

Le GRM, fondé par Pierre Schaeffer en 1948, fête ses quarante ans en 1988. Les studios de musique expérimentale, les laboratoires de recherche se multiplient : Marseille (dirigé vers le théâtre musical), Georges Bœuf et Raphaël de Vivo ; Lyon, le *Grame*, qui utilise, notamment, l'ordinateur *16 bits SM 90* et forme compositeurs et interprètes ; à Lyon aussi le centre de recherche d'Hugues Dufourt ; Metz, avec le compositeur Claude Lefevre (on connaît l'importance du Festival de Metz). Citons Bourges, où existe un important concours et où l'on inventa le « Gmebogosse » : le Gmebogosse 4 M est un instrument électroacoustique analogique très performant. Son utilisation analogique (sans micro-informatique) recouvre un ensemble de pratiques tel que les fonctions de création, d'expression et de pédagogie sont pleinement assumées (autorisant, si nécessaire, une utilisation de niveau professionnel). Son fonctionnement ainsi analogique permet et facilite un apprentissage très rapide dans sa mise en pratique même (rapports cause-effet), qui s'affirme et se développe dans la « pratique pédagogique » collective et s'adresse à quelque classe d'âge ou de choix d'expression que ce soit. A Paris, l'IRCAM, bien sûr, mais aussi le CEMAU de Iannis Xenakis. Le LAMU de Pierre Marietan, lié comme le centre de Lévinas aux activités de l'ensemble *Itinéraire.* « La mise en circuit » de Luc Ferrari, et puis, en pointe « Espaces Nouveaux » de Louis Dandrel qui s'en fut au Japon (où les studios sont aussi très actifs) porter son esprit inventif.

L'ordinateur devient inséparable de la plupart des centres qui s'équipent peu à peu selon leurs moyens.

A l'image du grand Stockhausen ou de Xenakis, le compositeur d'aujourd'hui doit s'initier à la science et ses interprètes sont aussi des maîtres. Luis de Pablo vint, parmi beaucoup d'autres (dont Tod Machover), « s'initier » à l'IRCAM.

Quant à l'utilisation de l'ordinateur, elle progresse sans cesse. A l'IRCAM la *4 X*, qui permit la création de *Répons* de Boulez, continue à servir plusieurs compositeurs et interprètes. Citons parmi les créations récentes : *Dialogues de l'ombre double*, de Boulez ; *Jupiter et Pluton*, de Philippe Manoury (*Jupiter* pour flûte et *4 X*, *Pluton* pour piano et *4X*) ; *Aloni*, de Thierry Lancinot pour contralto, chœur d'enfants et *4X*, texte de Patrizia Buzzi. A l'étude avec Eric Liedeman, une version plus élaborée de la 4X.

Boulez rappelle (dans *Quoi, quand, comment ?*, Christian Bourgois) que « de froids calculs » ont toujours fait partie intégrante du discours musical, nécessaires qu'ils sont à tout discours théorique. « Mais le compositeur doit prendre garde de ne pas utiliser ce travail intellectuel comme un médicament contre l'incertitude... Comment communiquer suffisamment de compréhension musicale à un scientifique pour que ses inventions soient musicalement utiles ? Il faut savoir que les outils scientifiques ne sont jamais neutres. »

Giuseppe Di Giugno, arrivé à la musique par le chemin de la biologie et de la physique nucléaire, a élaboré à l'IRCAM, en rapport étroit avec les musiciens, sa célèbre série « 4 » de synthétiseurs digitaux en temps réel ; il insiste sur la séparation classique et traditionnelle de la science et de l'art. On le voit, le débat reste ouvert, et l'interprète instigateur, découvreur, devra avoir une double nature...

Le musicien n'abdique pas ses responsabilités, tentant de ne pas s'abandonner ni à la fascination ni à la facilité. Il joue de l'ordinateur au gré de son intelligence, de ses désirs. Les interprètes trouvent leur place à côté de l'ordinateur. L'ordinateur sans doute réduit la médiation d'un interprète et perd cette qualité irremplaçable : la variation sensible de l'interprète, différente chaque jour dans ce qu'il ressent et ce qu'il transmet, la vie source et richesse de toute interprétation.

Toutes ces découvertes, servies par des interprètes généreux, aboutissent à un nouvel espace, une nouvelle écoute. C'est bien ce que révélait le *Prometeo* de Luigi Nono à sa création à Venise, puis à son audition à Paris (1987).

« C'est comme écouter aujourd'hui la grande école vénitienne, celle de San Marco ; on écoute différents espaces, différents temps, différents signaux, comme on écoute actuellement la transformation du signal acoustique à travers non pas le moment de la synthèse, mais celui de l'analyse, jusqu'à la diffusion dans l'espace. L'espace devient un élément compositionnel. On ne sait pas quand il y a un début, quand il y a une fin... on ne le comprend qu'après.

« De toute façon, je ne crois pas à l'écoute immédiate, à la vision ou la lecture immédiates. Je crois à la nécessité de pénétrer lentement à l'intérieur des phénomènes. Il n'y a presque rien de répétitif dans la « live electronics » (lorsque nous travaillons avec les ingénieurs et scientifiques, comme Haller et Strauss), nous devons sans cesse modifier la programmation, et le Prometeo *d'une soirée à l'autre change continuellement... »* (Nono).

Nous revenons alors à la vie, à ses mouvances. L'interprète retrouve sa place.

BIBLIOGRAPHIE

BOULEZ, P. : *Relevés d'apprenti.* Seuil (1966).
CHION, M. : *Guide des objets sonores.* Buchet-Chastel (1983).
CHION, M. : *La Musique électroacoustique.* Coll. « Que sais-je ? », PUF (1982).
COTT, J. : *Conversations avec Stockhausen.* Lattès (1979).
COUCHOUD, J.-P. : *Lutosławski et la musique polonaise.* Stock (1981).
DONATONI, F. : *Questo.* « Adelphi », Milan (1970).
LEVAILLANT, D. : *L'Improvisation musicale.* Minkoff/Lattès (1981).
MACHOVER, T. : *« Quand, quoi, comment ? » la Recherche musicale.* Christian Bourgois.
MARCO, T. : *Música española de vanguardia.* Guadarrama, Madrid (1970).
REICH, S. : *Écrits et entretiens sur la musique.* Christian Bourgois (1981).
SCHOENBERG, A. : *Le Style et l'Idée.* Buchet-Chastel (1977).

Musicologie et interprétation

par Pierre FLINOIS

En 1863, Friedrich Chrysander inventait le mot *Musikwissenschaft* – qu'on traduisit bientôt en français par *Musicologie* – pour désigner la science de la musique. Sous-entendue, toute activité musicale qui n'est pas musique elle-même, et donc production de la musique.

On a pris coutume de diviser – et ce souvent pour la restreindre – cette science en plusieurs disciplines, à savoir la méthode historique (soit la recherche du cadre temporel) avec ses subordonnées (sociologie, ethnologie, histoire...), l'analyse théorique (soit la recherche du phénomène et non plus de l'événement), la critique textuelle (avec ses sous-disciplines que sont la paléographie, la bibliographie, l'édition et la collation), la recherche en archives (soit l'appel aux témoins impartiaux), la lexicographie (pour clarifier le vocabulaire terminologique) et la critique esthétique, de fait la plus délicate de toutes puisque la plus difficile à faire entrer dans le cadre de lois bien définies (ce qui explique l'apparition récente de la sémiologie musicale). La notion de pratique musicale est longtemps restée exclue de ce répertoire. Et longtemps la musicologie – du fait même de nombreux musicologues – s'est ainsi définie aux yeux du grand public comme le domaine restreint d'archivistes poussiéreux, sinistres et pontifiants. La limiter ainsi encore aujourd'hui serait oublier la formidable résurrection de pans entiers de notre héritage musical dans la pratique musicale quotidienne. Car, si ce mouvement prend ses sources au XIXe siècle avec un Mendelssohn faisant exécuter l'ancêtre Bach, ou Wagner écrivant sur Beethoven, c'est véritablement à partir du milieu du XXe siècle que se développe ce goût pour une musique qui n'est pas contemporaine et cet essor irrésistible pour la reconnaissance et l'exécution de tant de musiques oubliées : qui de nos grands-parents a seulement entendu jouer dans sa jeunesse des ouvrages de Monteverdi, Vivaldi, Telemann ou Campra ? Cet essor eût naturellement été impossible sans le support actif de la musicologie. Mais il est également le fait incontestable d'un développement inaccoutumé d'une demande de la part du public, que celui-ci soit de plus en plus coupé d'une création contemporaine trop réservée, ou qu'il ne puisse plus se contenter des limites d'un répertoire qui fit le bonheur d'un certain type d'associations symphoniques au début du siècle. Or le public, pour « cultivé » qu'il soit, n'en est pas moins dans sa majeure partie ignorant du mystère de la technique musicale, si pourtant il se montre sensible à celui de sa réception : contrairement à ce qu'affirme un certain pédantisme, l'incapacité de lire une partition n'empêche en rien d'en goûter les beautés à l'écoute. Comment expliquer sinon l'engouement pour certaines œuvres, les cent versions discographiques des *Quatre Saisons* ou la puissance commerciale du *Boléro* de Ravel ?

Pour nombre d'auditeurs, l'important dans ce plaisir ne sera donc que l'exécution, sinon même l'exécutant, puisque notre siècle, plus que tout autre, a inscrit l'interprète au premier rang du panthéon musical. Ce qui lui donne le rang envié de moteur de la recherche musicale. Ainsi, qui oserait aujourd'hui contester à Maria Callas non pas l'initiative mais bien l'effet de catalyse dans le regain certain pour l'opéra bel-cantiste qui apparaît presque vingt ans après ses célèbres réévaluations – devant le public – des partitions belliniennes, donizettiennes ou rossiniennes ? Pourtant, sur le strict plan musicologique, Callas ne chanta jamais que d'infâmes partitions inauthentiques et ne se servit pour leur insuffler une vie nouvelle, et, stylistiquement parlant, authentique que de la rigueur de son propre instinct musical, ouvrant le chemin à ces études, éditions et représentations « critiques » qui apparaissent aujourd'hui.

Aussi quand il fête une Marilyn Horne au soir d'une triomphale représentation d'un *Orlando furioso* de Vivaldi ou d'une *Italienne à Alger* de Rossini, le public d'aujourd'hui songe-t-il vraiment à ce qu'il doit aux véritables recréateurs de l'œuvre, c'est-à-dire à ceux qui en ont rétabli la partition dans une version qui soit exécutable dans le présent, selon les deux critères d'authenticité et d'actualité sans lesquels l'œuvre ne peut nous parler ?

LA DÉCOUVERTE DU TEXTE

On est ainsi amené à distinguer trois phases chronologiques dans la recherche de la vérité musicologique actuelle. La première est celle de la redécouverte musicologique et l'établissement du texte. Qu'il s'agisse d'un manuscrit hispano-arabe du XIIIe siècle, d'une des symphonies inachevées de Schubert, de l'achèvement de la *Lulu* de Berg, ou naturellement de l'étude de toute œuvre nouvelle. On estimera donc aussi fondamentale la redécouverte de la 2e page du scherzo de la *8e Symphonie* de Schubert en 1969 que les 115 pages consacrées par J. J. Nattiez à l'analyse de *Densité 21,5* de Varèse. Cette phase, qui passe nécessairement par l'édition, se doit, selon les critères d'aujourd'hui, d'être d'une rigueur scientifique absolue. Ce qui nous mène d'ailleurs loin de la musicologie « littéraire », qui lança le mouvement d'intérêt général au début de ce siècle, musicologie d'érudits amateurs éclairés dont nous restent des ouvrages qui demeurent fondamentaux par leur retentissement historique sans plus être aujourd'hui des bases définitives : hommage donc aux Écorcheville, Saint-Foix, Tiersot ou Romain Rolland... La musicologie enseignera donc à présent les résultats d'une étude scientifique où le mot d'ordre est authenticité. Reste toutefois à faire circuler l'information, à ne pas l'enfermer dans un cercle restreint : combien d'ouvrages de référence ou de présentations ignorent encore qu'on a (enfin) établi avec précision, voilà vingt ans, la date de naissance de Vivaldi ! Reste surtout à éviter le piège de la tour d'ivoire, de la musicologie perdant sa finalité, c'est-à-dire se détachant du contact avec l'auditeur. Les littérateurs d'autrefois étaient accessibles à tous, ce que ne sont pas toujours les théoriciens d'aujourd'hui. A l'interprète alors de prendre le relais du lyrisme et de l'émotivité. Sur un plan pratique, la finalité de la musicologie sera donc d'offrir à celui-ci non seulement un texte définitif, mais encore les moyens de savoir comment délivrer ce texte de façon historiquement authentique.

L'EXÉCUTION DE L'ŒUVRE

Apparaît ainsi la deuxième phase, qui est celle de la livraison de l'œuvre au public par le biais de l'interprétation. Car qui peut raisonnablement prétendre que sans l'intérêt du public on aurait envisagé des études critiques aussi monumentales que celles de l'œuvre entier de Telemann, d'un Vivaldi, d'un Charpentier, ou même la rénovation du catalogue des auteurs les plus usés du répertoire (Bach, Mozart, Wagner...) ? Le médium est ici l'interprète qui, s'il peut être d'une importance fondamentale pour ce mouvement, peut aussi se moquer éperdument de toute recherche. Intervient en contrepoint un épiphénomène fondamental de notre temps : la mode ! Notre société, consommatrice à l'extrême, poussera donc à la roue sitôt trouvé un créneau : qui penserait vraiment que les centaines d'exécutions de la sempiternelle *5e Symphonie* de Beethoven répondent toutes au désir d'en préciser l'authenticité historique et la justesse d'expression ? Combien de versions rabâchées, de contre-ut ou de fortissimos répétés bien que non écrits, et ce parfois par les plus grands noms ? Comment admettre que tel brucknérien célèbre ne tienne toujours pas compte, après la publication des *Urfassungen* (versions primitives) des *3e, 4e,* et *8e Symphonies* du maître de Linz (édition Nowak), d'acquis définitifs dans ce domaine et leur préfère des versions anciennes entachées d'erreurs maintenant démontrées, sans le sacro-saint prétexte de la tradition. Car voici le grand mot lâché : tradition, source de toutes les facilités. Prenons l'exemple frappant d'une œuvre laissée inachevée par son auteur, *Les Contes d'Hoffmann* d'Offenbach, qui vivent depuis plus d'un siècle par la seule version Choudens dont la musicologie a démontré à plusieurs reprises que près de 500 de ses mesures n'étaient pas de la main d'Offenbach mais simplement la fixation sous le vocable tradition d'une exécution devenue courante en un lieu et un temps donnés. Antonio de Almeida puis Fritz Oeser ont tenté de rétablir un texte original fondé sur les esquisses, le « particell » et tous les fragments utilisables, un texte qui soit beaucoup plus proche de ce que pouvait désirer Offenbach. Depuis sa création en 1980, la version Oeser suscite naturellement querelles, critiques enthousiastes ou méfiance absolue, et l'on assiste – pour respecter les « droits » de la tradition – à la naissance de versions bâtardes qui empruntent à chaque source ce qui convient à l'interprète du moment.

Gardons-nous de n'y voir qu'un côté négatif : ces libertés autorisent public et spécialistes à se faire une idée précise de la valeur du travail réalisé et permettront sans doute, dans un laps de temps encore indéterminé, de proposer une version plus valable encore de la partition. De même, seules de nombreuses exécutions de ces symphonies inachevées et fragmentaires de Schubert, Mendelssohn, ou encore de *La Chute de la maison Usher* de Debussy amèneront ces œuvres à une vie autre que la simple existence sur le papier. On accède ainsi à la troisième phase chronologique, celle de l'action en retour, celle de l'affinement du goût et de la connaissance de l'œuvre, donc de l'influence de la pratique sur la théorie.

L'INFLUENCE DE LA PRATIQUE SUR LA THÉORIE

L'exemple comparé de Bach et de Vivaldi va nous permettre d'en éclairer la méthodologie. Pour Bach, la phase I est aussi le premier monument de la musicologie, la Bach-Ausgabe, qu'on mit cinquante ans à réaliser (1851-1900). La deuxième phase correspond historiquement à l'exécution de ses œuvres par des interprètes des écoles de Ramin à Richter, exécution fondée essentiellement sur la connaissance précisée du texte et le respect d'une tradition. La troisième phase correspond à la révolution prônée par les Leonhardt, Harnoncourt et leurs épigones, qui, par leurs recherches sur le plan interprétatif, en refusant la tradition, ont remis en question les bases mêmes de l'interprétation et surtout les connaissances musicologiques – après plus de cent ans ! – ramenant ainsi le cycle à la phase I. Vivaldi, quant à lui, est en situation moins claire : la recherche vivaldienne remonte à peine aux années quarante, et pour ce qui est de la phase I, des centaines d'œuvres, instrumentales, chorales, ou encore ses quarante-quatre opéras restent à étudier ou simplement à publier. Pourtant, le miracle Vivaldi, au niveau du public, est bien connu. Certes, pendant vingt ans, on a fait ce que l'on voulait de Vivaldi – alors que l'on n'osait plus toucher à une note de Mozart : interdites les notes d'ornementation par exemple ! Il a fallu attendre ces toutes dernières années pour que des interprètes (Harnoncourt, Malgoire) osent lire les *Quatre Saisons* autrement et avec d'autres moyens que Karajan et la Philharmonie de Berlin, ou seulement les déjà traditionnels Solisti Veneti, Virtuosi di Roma..., suscitant une soudaine renaissance de la recherche. Car la recherche « vivaldienne » souffre encore actuellement – phase I donc – de sa dépendance de la technique musicologique attachée aux recherches sur Bach alors qu'elle devrait être originale. Ainsi, Bach n'ayant jamais écrit d'opéra, comprendra-t-on mieux le désastreux niveau de connaissance de la musique théâtrale du Prêtre Roux. On retrouve là l'une des plaies de la musicologie : la trop grande spécialisation de la recherche : quel interprète pourrait oublier, en jouant la *1re Symphonie* de Mahler, qu'elle reprend le texte d'un de ses lieder avec orchestre, ou que le *Concerto à la mémoire d'un ange* de Berg cite textuellement la *Symphonie lyrique* de Zemlinsky ? De ce fait, on a vu apparaître une nouvelle génération d'interprètes musicologues prêts non seulement à utiliser les matériels les plus récents, mais encore à les établir eux-mêmes, et surtout à les expliquer au public pour justifier leurs options esthétiques. Badura-Skoda, Verlet, Leonhardt révèlent en scène ou à travers livres et plaquettes les arcanes de leur chemin au service de l'œuvre avant tout. Un travail vivant qui se base sur la détermination des moyens d'exécution les plus conformes à l'origine. On a découvert ainsi l'importance de l'effectif orchestral (comparer pour ce faire une passion de Bach, enregistrée par Klemperer ou Harnoncourt), ou un choral (un Coro, au XVIIe siècle, est-ce un chœur véritable, ou les solistes chantant ensemble ?), la recherche de l'instrument original, dans sa facture d'époque (la sonorité pure d'une flûte moderne se révélant un peu restreinte quand Vivaldi connaissait à la fois flauto, flautino, flauto traversier, flasolet...), sans oublier alors que l'art consiste – et consistait à l'époque des auteurs – à utiliser, jusqu'aux faiblesses des instruments, la détermination de la dynamique propre à l'époque (celle du XIXe siècle se révélant fondée sur le legato, quand celle du XVIIe l'est sur la nuance et l'impulsion), le rôle et le rapport à la masse des solistes, la recherche de l'ornementation, qui fut l'un des principes majeurs de liberté donnée aux interprètes jusqu'à ce que Rossini en réglemente les abus, la restitution des basses chiffrées, ou la découverte que, dans l'opéra baroque, le recitativo secco n'était pas accompagné par le seul clavecin...

Encore a-t-on cru ces actions limitées. Mais après Monteverdi, Harnoncourt révèle les rythmes de Mozart, après Mozart Badura-Skoda éclaire Beethoven au pianoforte... Le domaine s'élargit chaque jour : ainsi, symptomatiquement, le Festival de Saintes, jusqu'à présent consacré à la musique ancienne, a-t-il décidé l'étude sur trois ans du répertoire romantique jusqu'à Schubert.

On n'oubliera pas non plus qu'interpréter c'est rendre le message d'un compositeur à une sensibilité actuelle – le contraire étant simple muséologie. Ce propos à lui seul condamne toute actualité à une perpétuelle remise en question : citons Nikolaus Harnoncourt, qui loue ces *exigences toujours nouvelles... la palette expressive que l'on réclame de nous s'avère sans cesse encore plus grande, encore plus vaste – c'est une compréhension toujours renouvelée et pourtant cela restera à jamais une nouvelle quête.* Là est le vrai travail de l'interprète, par des essais sans nombre, pour diminuer peu à peu les énigmes, les insuffisances, les contradictions de la musicologie. Si en plus il lui est donné le génie...

BIBLIOGRAPHIE

Cf. les articles *Musique ancienne* et *Interprétation pianistique.*

L'interprète dans la société du XXe siècle

par Jean-Yves BRAS

L'HÉRITAGE DU XIXe SIÈCLE

Les histoires de la musique se limitent généralement à l'histoire des compositeurs et des œuvres, reléguant celle des interprètes – traits d'union indispensables entre ceux-ci et celles-là – à quelques considérations hâtives. Cela tient au fait qu'il existe très peu d'études sérieuses sur le sujet, étant entendu qu'il appartient tout autant au musicologue qu'au sociologue. Les travaux universitaires tendent actuellement à devenir interdisciplinaires et l'on peut souhaiter que, dans quelques années, un ouvrage général traite le sujet en profondeur à la fois sur les plans historique et géographique. Assurément, un grand nombre de livres et d'articles traitent des grands interprètes, soulignant parfois à plaisir les curiosités biographiques et s'efforçant de dégager les grandes lignes de leur technique et de leur style. La critique depuis deux siècles ne s'est plus seulement limitée à porter un jugement sur les œuvres mais, de plus en plus, sur les interprètes au point qu'aujourd'hui une certaine partie d'un public avisé ne vient plus écouter la partition mais l'interprétation d'une œuvre qu'il connaît déjà. Ainsi, l'interprète se substitue au compositeur quand il joue la musique du « répertoire », ce qui explique peut-être en partie la raison pour laquelle les grands solistes ou les grands chefs se refusent à faire de la musique contemporaine : ils ne veulent pas partager les lauriers.

Le succès des disques pirates montre clairement la place prise par les grands interprètes dans la consommation musicale. Un disque de ce type n'est pas toujours consacré à une œuvre rare mais généralement à un document estimé exceptionnel sur le seul plan de l'interprétation. C'est aussi le cas de bien des rééditions.

Jusqu'au XVIIIe siècle et encore durant une bonne partie du XIXe, le compositeur et l'interprète ne faisaient qu'un, l'un servant l'autre, l'un et l'autre confondus répondant aux exigences d'une chapelle, d'une cour, d'un mécène ou d'un salon. A partir du milieu du XIXe siècle, quand le compositeur-interprète a dû vivre par ses propres moyens, il a dû se composer un répertoire en dehors de sa production personnelle. Ne jouant jusqu'alors que de la musique contemporaine, il s'est mis à la recherche d'œuvres du passé capables de le mettre en valeur et de plaire à un public désormais à conquérir. L'interprète est devenu une valeur artistique mais aussi un produit commercial dont les imprésarios puis les éditeurs discographiques se sont rapidement emparés. Le musicien compositeur sédentaire cède la place peu à peu au musicien interprète itinérant, homme de musique, mais aussi homme de spectacle. Liszt, qui est le premier à avoir inauguré la formule du récital de soliste, ne dédaigne pas les prouesses d'estrade sans grand rapport avec son art. De là, la naissance d'une littérature musicale appropriée, adaptée aux besoins de l'interprète, du type paraphrases, transcriptions, études de virtuosité...

Les conditions de vie du musicien d'aujourd'hui sont-elles si différentes de celles de l'interprète du siècle précédent ?

LA CARRIÈRE : DU CONCOURS FAMILIAL AU CONCOURS INTERNATIONAL

La lecture suivie d'un dictionnaire tel que celui-ci permet d'établir aisément la formation type de l'interprète actuel : il débute très jeune, remarqué par un musicien « ami de la famille », il entre au conservatoire de sa ville natale puis au Conservatoire supérieur de la capitale de son pays d'origine [1] ; premier prix dans sa discipline, il se perfectionne auprès d'un grand maître qui le présente aux concours internationaux : débuts d'une carrière nationale puis internationale, émissions radiophoniques, disques, puis enfin professorat, bien souvent au conservatoire dont il est lui-même issu.

En fait, les choses ne sont pas toujours aussi simples et un grand nombre d'interprètes s'arrêtent au début d'une carrière qu'ils croyaient prometteuse. Il est relativement facile de commencer, il est plus difficile de poursuivre. Bien souvent, les contraintes ou charges familiales obligent le jeune interprète à se stabiliser. Il entre alors comme musicien du rang ou chef de pupitre dans un orchestre symphonique, augmentant ses revenus par des « affaires » extérieures (studio de variétés, de cinéma, de radio, de télévision, disques...) ou par le professorat, d'État ou privé. Il va sans dire qu'il gardera sa vie durant le regret d'une carrière de soliste, ce qui l'entraîne parfois à mal supporter les contraintes de la collectivité orchestrale.

Un autre élément déterminant dans le lancement d'un interprète est, après sa réussite aux grands concours internationaux, sa prise en charge par un bureau de concert, étant entendu que celui-ci est privé des droits de producteur qui faisaient les beaux jours de l'imprésario clairvoyant.

MUSICIEN ET MILIEU SOCIAL

Dans une enquête relative aux conditions de vie et de travail des musiciens, menée à la demande de la Société des Nations, le rapporteur William Martin écrivait : « Les musiciens sont au carrefour du prolétariat et des professions libérales. Leur situation illustre bien la difficulté de définir nettement le travail intellectuel et de le distinguer du travail manuel... Les musiciens des grands orchestres ont, dans une certaine mesure, les intérêts collectifs que

---

1. On ne peut s'empêcher de souligner dans ce domaine la suprématie d'établissements tels que la Juilliard School, le Curtis Institute, l'Académie de Vienne ou le Conservatoire de Paris.

crée le syndicalisme. Ils ressemblent à certains ouvriers qualifiés actionnant une machine de précision qui est leur instrument. » Une enquête plus récente, menée en 1977 [1] parmi les 996 élèves du Conservatoire de Paris, montre que ceux-ci appartiennent pour l'essentiel à des familles d'intellectuels et de cadres... Cette enquête réalisée en France est à corriger pour des pays voisins comme l'Allemagne ou l'Angleterre. La pratique musicale, y étant plus répandue, fait que le musicien se considère comme un prolétaire et non pas comme un « artiste », ce qui entraîne un comportement très différent, sur le plan de la discipline par exemple... De même, une enquête très intéressante réalisée par Jacqueline De Clercq [2] portant sur un échantillon de musiciens belges tend à montrer que chefs d'orchestre et de chœurs, musiciens d'église et d'orchestre sont issus de milieux socioprofessionnels assez modestes. Il en ressort que « les milieux aisés de la société éprouvent quelques réticences à orienter leurs enfants vers les carrières musicales ». Dans le même temps, il est intéressant de constater que le musicien qui réussit une grande carrière, comme chef d'orchestre ou comme soliste, accède le plus souvent à un niveau social qui n'est pas celui de son milieu d'origine. C'est aussi le cas d'une grande partie des instrumentistes à vent au sein d'une grande formation symphonique (le choix de l'instrument à vent étant parfois dicté par son prix d'achat, presque toujours moins onéreux qu'un instrument à cordes). Ils accèdent alors très jeunes à un salaire qui peut être comparé à celui d'un ingénieur. Cela tient aussi au fait que la décision d'entrer dans la carrière musicale par vocation reste relativement faible par rapport à celles qui sont dues à des influences extérieures (familles, professeurs...) qui entraînent le jeune à se faire une situation valorisante sur le plan social. Notons au passage qu'une carrière musicale exige une formation commencée dès le plus jeune âge et que l'enfant qui se révèle doué est orienté de ce fait un peu malgré lui. 50 % des musiciens débutent la musique entre cinq et huit ans. Remarquons aussi qu'il faut à peu près deux fois plus de temps pour former un instrumentiste à cordes (une dizaine d'années) qu'un instrumentiste à vent.

DE LA FORMATION A LA DÉFORMATION

Les contraintes de la discipline instrumentale privent bien souvent le futur interprète d'une éducation générale poussée. 25 % des musiciens ont le niveau du baccalauréat. La grande majorité estime avoir une culture générale nulle. Les statistiques belges [3] tendent à montrer que plus la qualification musicale est grande, plus le niveau de culture est faible. Depuis une vingtaine d'années, il semble tout de même que les éducateurs aient pris conscience de ce problème puisqu'ils proposent des formules dites à « horaires aménagés » qui permettent en partie de pallier ces déficiences. Par ailleurs, il apparaît

---

1. *Musique en jeu n° 33. La constitution du goût musical*, par François Mariet : « Sur 824 réponses exploitables, on compte 336 étudiants dont le père (ou la mère) appartient aux cadres supérieurs ou professions libérales et 199 dont le père appartient aux cadres moyens soit, si l'on y ajoute 66 étudiants enfants d'artistes, 581 étudiants, c'est-à-dire 70,50 % des réponses exploitables. Ce n'est plus une représentation, c'est un monopole. (Les cadres moyens, cadres supérieurs et professions libérales représentent moins de 20 % de la population active française.) Les étudiants fils d'ouvriers, d'employés, de personnels de services et d'agriculteurs, qui représentent 70 % de la population française, ne représentent que 17,74 % des élèves du Conservatoire. »

2. Jacqueline De Clercq : *La Profession de musicien*, Université libre de Bruxelles (Ed. de l'Institut de sociologie, 1970).

3. Voir note ci-dessus.

qu'une nouvelle génération d'interprètes tend à prendre plus de distance par rapport à la discipline instrumentale, et l'on voit désormais avec sympathie de jeunes interprètes se passionner pour le sport ou d'autres violons d'Ingres. Ils attachent ainsi à leurs qualités spécifiquement musicales une discipline parallèle qui concourt à parfaire leur image de marque.

Il n'empêche que pour plus de 60 % des interprètes, les activités dites secondaires par rapport à l'emploi principal sont encore d'ordre musical, 13 % seulement avouent s'adonner à d'autres disciplines, 24 % n'ont pas d'autres activités.

On voit ainsi apparaître, notamment au sein des grandes formations symphoniques, le type de musicien fonctionnaire qui ne pratique plus son instrument qu'à son pupitre, celui-là même magnifiquement dépeint par Federico Fellini dans son film *Prova d'orchestra,* ou par un membre de l'Orchestre de Paris [1]. N'est-ce pas là la conséquence d'un enseignement sanctionnant les études par voie de concours uniquement – et non pas d'examens : sur mille musiciens de dix ans, à peine une dizaine de « surdoués » résisteront à une sélection sans pitié. « A force d'aller au fond des choses, on y reste », a écrit Pascal. Le comportement égocentrique du musicien fonctionnaire conforté par la sécurité de l'emploi, protégé par l'action syndicale, s'enlise dans la routine au sein d'un orchestre devenu microsociété avec ses rites, ses tensions, sa hiérarchie (déclarée mais aussi secrète). Il faut revoir Fellini, mais aussi Wajda, *Le Chef d'orchestre...*

Et pourtant « les prestations que doivent fournir les musiciens d'un orchestre forment un total moyen inférieur d'environ 30% aux horaires professionnels habituels [2] ».

SOLISTES EN LIBERTÉ SURVEILLÉE

Le soliste, chanteur ou instrumentiste, le chef d'orchestre, le musicien d'orchestre même, dans la mesure où il appartient à un ensemble de chambre, échappent en grande partie à cette fonctionnarisation. Un premier prix de Conservatoire ne débouche sur rien [3]. Il doit être suivi d'autres récompenses à un niveau international permettant à l'interprète de se mesurer aux autres, de travailler un répertoire de concert [4], de se produire en public et non plus seulement devant un jury, de se forger et de révéler une personnalité, un tempérament musical qui doit, par nature, être exceptionnel. Mais les récompenses internationales ne suffisent pas. Pour réussir, l'artiste musicien doit être pris en charge par un bureau de concert, voire plusieurs, qui le représente dans divers pays. En France, les différentes lois relatives au placement des artistes du spectacle [5] régentant l'obtention d'une licence d'agent artistique entraînent celui-ci à agir sans aucune responsabilité et en tant qu'intermédiaire entre le producteur organisateur et l'interprète. Il ne partagera donc aucun des risques courus par le producteur organisateur et

1. François Dupin : *L'Orchestre nu.* Hachette, 1981.
2. Voir note ci-dessus.
3. Il donne seulement le droit à l'inscription au Concours du Certificat d'Aptitude à l'Enseignement dans les écoles nationales de musique. Il n'a aucune équivalence avec d'autres diplômes techniques.
4. On a connu des premiers prix de clarinette n'ayant jamais travaillé au Conservatoire de Paris le *Concerto* de Mozart. Le cycle de perfectionnement a, en grande partie, remédié à cette lacune.
5. Lois du 24 mai 1945, 26 décembre 1969, décret du 3 décembre 1971.

par le musicien. Il en résulte que par un souci de rentabilité les grands solistes ou chefs d'orchestre proposent aux organisateurs des programmes très traditionnels. De leur côté, les organisateurs proposent au public les artistes à même d'attirer le plus large auditoire. De là, l'engagement dans le monde entier d'une centaine de musiciens qui tournent à longueur d'année avec un répertoire relativement restreint.

Le fait que les moyens modernes de locomotion permettent aux interprètes de renouveler constamment leur auditoire ne les incite pas à enrichir leurs programmes. Quand peut-on travailler de nouvelles œuvres lorsque l'on se produit une centaine de fois par an ?

Les cachets des grands solistes sont en général équivalents à la recette maximale de la salle utilisée. Il faut donc, pour les produire, de grandes salles, ce qui les entraîne à jouer presque exclusivement dans les capitales ou certains grands festivals. Le musicien de second ordre est relégué à faire ses preuves en province.

Les festivals [1] offrent depuis une vingtaine d'années une possibilité nouvelle de se produire dans des conditions parfois difficiles, mais souvent profitables à la carrière. Leur nom s'indentifie à un lieu (Casals-Prades, Karajan-Salzbourg, Serkin-Marlboro, Kremer-Lockenhaus...).

L'ARTISTE ET L'ARGENT

Dans l'ensemble, le musicien d'orchestre est bien payé, particulièrement dans les associations ou formations symphoniques constituées. Il faut cependant savoir que son échelle de salaire est relativement plate par rapport à d'autres formations. L'ancienneté joue peu. Un jeune musicien affecté à un poste de chef de pupitre après concours est censé mieux jouer qu'un musicien du rang en place depuis vingt ans ; et il n'est pas prévu qu'il puisse s'améliorer au bout de quelques années dans l'exercice de sa fonction. En marge d'un poste occupé au sein d'un orchestre, il y a le monde aléatoire des « affaires ». Celles-ci sont évidemment plus nombreuses dans les grandes capitales : le musicien répugne à vivre en province, où, en outre, il est moins bien rémunéré à fonction égale. Il préfère vivre à Paris, même s'il enseigne en province.

Les artistes qui gagnent les cachets les plus substantiels sont les chefs d'orchestre et les grandes voix du monde lyrique [2]. Il faut ouvrir ici une parenthèse au sujet des chanteurs pour souligner que leur carrière commence souvent plus tard et finit beaucoup plus tôt que celle des instrumentistes ou des chefs d'orchestre.

Le professorat présente les avantages de la stabilité de l'emploi mais n'est pas toujours très bien rémunéré. Les cours particuliers viennent souvent compléter ces revenus. Il est tentant pour un jeune interprète de suivre les cours d'un artiste de renom. Le *curriculum vitae* s'en trouve enrichi. Hélas ! la pédagogie n'est pas toujours le lot des plus grands interprètes et certains pédagogues, tel Franco Ferrara, ne sont pas forcément les plus à l'aise au concert.

---

1. On dénombre actuellement en France à peu près 600 festivals, dont un peu plus d'une centaine est subventionnée par l'État.
2. L'affaire de l'Opéra Bastille/Barenboïm a révélé à quel niveau se situaient les enjeux.

QUI SERA L'INTERPRÈTE DE DEMAIN ?

L'interprète d'un certain niveau porté par les moyens de la diffusion sonore (radio, télévision, disques, cassettes) et par les mass media jouit aujourd'hui de prestige et de considération. Il ressort cependant que le soliste est mal protégé, à la merci de n'importe quel accident, mode, engouement ou désaffection du public. C'est notamment vrai pour les chanteurs, mais aussi pour les organistes, qui souffrent d'un isolement par rapport à leur public et font preuve, de surcroît, d'un esprit rarement confraternel. Chez eux, l'instrument passe souvent avant l'instrumentiste. En ce sens, ne préfigurent-ils pas un peu l'avenir des autres instrumentistes ?

Les compositeurs d'aujourd'hui – c'est-à-dire ceux qui font la musique de demain – écrivent de moins en moins pour les instruments dont la lutherie est adaptée à un langage qu'ils considèrent comme dépassé, voire usé. Peut-on encore écrire quelque chose de neuf pour le piano ? La machine va, non seulement en l'imitant mais en dépassant et accroissant ses possibilités, se substituer à l'instrument. Le compositeur, ou plus exactement sans doute le groupe « compositeur-acousticien-technicien-informaticien », est appelé à avoir une relation directe avec son auditoire sans l'intermédiaire de l'interprète. Celui-ci sera alors relégué à jouer le répertoire de trois siècles de musique au même titre que le clavecin ou la viole de gambe correspondent à des périodes très précises de l'histoire.

Par ailleurs, on assiste à une vulgarisation de la musique qui sort enfin de la salle de concert et gagne le cadre touristique des festivals, le plein air, la rue, le métro... le palais des Sports. Il est permis de penser que demain, après toute une génération subjuguée par l'audition passive offerte grâce à la haute fidélité, une autre génération découvrira le plaisir de faire par soi-même la musique, laissant aux professionnels les œuvres d'un accès trop difficile. Cela pourrait entraîner un changement radical dans la manière de composer la musique qui, aujourd'hui encore, pour s'imposer, se doit d'être complexe.

BIBLIOGRAPHIE

CARSALADE, H. de : *Les Conditions de vie des musiciens en France.* Revue ETDES, tome 311 (oct. 1961).

DUMESNIL, R. : *L'Envers de la musique.* La Nouvelle Edition (1948).

HELM, E. : *Le Compositeur, l'interprète, le public.* Florence (1972).

HONEGGER, A. : *Le Musicien dans la société moderne.* Unesco, « Conférence internationale des artistes ». Venise (22-28 septembre 1952).

JOUBERT, C.-H., *Métier, musicien !* Ed. IPMC (1988).

JULIEN, J.-R. : *Musique et publicité.* Flammarion (1989).

MENGER, P.-M. : *Le Paradoxe du musicien.* Flammarion (1983).

SILBERMANN, A. : *La Musique, la radio et l'auditeur.* PUF (1954). *Introduction à une sociologie de la musique*, PUF (1955). *Les Principes de la sociologie de la musique.* Droz (1968).

Les concours internationaux : grandeur et servitude

par Michel CRESTA et Pierre BRETON

Le concours est un élément fondamental de la vie musicale. Personne aujourd'hui ne songe sérieusement à remettre en question l'existence de cette noble institution. On critique les concours, on les raille, certains membres de jurys démissionnent parfois avec fracas, mais nul n'ose vraiment exiger la suppression pure et simple de ce mode de recrutement des talents. Au contraire, il semblerait que les horreurs que l'on colporte sur les concours entretiennent le sentiment de leur nécessité, si l'on en juge d'après la multiplication actuelle de ce type de compétition.

Chaque année, au moment où s'annonce inexorablement la tenue sur les rives du Léman, sur les bords de la Seine ou de la Vistule des grandes cérémonies initiatiques que sont les Concours Clara-Haskil, Long-Thibaud ou Chopin, on en profite pour ajouter de nouveaux noms à une liste déjà fort longue. Il faut savoir que les raisons purement esthétiques ne suffisent pas à la création d'un concours. Un concours international est un excellent moyen de promotion (sur le plan financier et électoral) pour les municipalités qui les accueillent. En outre, cela attire les touristes... Bref, tout le monde s'y retrouve. Néanmoins, le phénomène existe. Il occupe parfaitement sa place. Il répond donc à un besoin social déterminé. On n'a jamais que les institutions que l'on mérite. Il n'est donc pas question, ici du moins, de considérer le concours comme un corps étranger à la vie musicale, ou une aberration contre nature. Au contraire, il s'agit de voir ce qui le constitue jusque dans ses limites, quel genre d'esprit il développe chez les jeunes instrumentistes qui se soumettent par force à sa discipline, quel avantage il représente, et surtout ses conséquences sur l'interprétation en général.

UN ANCÊTRE FRANÇAIS

L'ancêtre des concours internationaux est français et national ! Cela n'est guère étonnant, si l'on considère qu'aujourd'hui encore la France est l'un des rares pays à utiliser aussi souvent la procédure du concours, tant pour recruter des enseignants que des hauts fonctionnaires, ou n'importe quel agent de l'État.

C'est le Prix de Rome qui a présenté le premier ce mode particulier de sélection. On pourra toujours objecter que certaines villes allemandes ou italiennes offraient aussi des prix aux artistes les plus talentueux, et ce dès le Moyen Age. Mais, ce qui caractérise le concours, c'est sa périodicité. C'est une institution à part entière, avec ses structures propres, ses lois et son personnel. Les prix que proposaient par exemple les éditeurs de musique n'offraient pas la même caractéristique. Les variations sur un thème écrit par Diabelli, où Beethoven, Schubert et Liszt devaient s'affronter à Vienne en 1820, sont le type même de compétition sporadique, qui n'offre absolument pas la régularité dans le temps ni le côté systématique du concours.

Lorsque l'on connaît le nom de celui qui créa le premier concours, on ne s'étonne plus de l'ampleur écrasante de certains d'entre eux. C'est Louis XIV qui demanda à l'Académie royale des beaux-arts la constitution d'un Concours de Rome, permettant aux peintres, aux sculpteurs et aux architectes français d'aller se perfectionner à Rome pendant quatre ans.

Un siècle plus tard, cette possibilité était offerte aux musiciens, en 1803. Mais c'est surtout à la fin du XIXe siècle et au début du XXe que les concours sont devenus internationaux, et qu'ils ont acquis l'importance que nous leur connaissons aujourd'hui. Les années cinquante ont représenté un tournant décisif. Les concours se sont multipliés dans la mesure où proliféraient les jeunes interprètes, au point qu'il existe de nos jours une hiérarchie entre les concours : il y a les grands concours, et puis les autres, boudés par les interprètes de valeur.

COMMENT S'Y RETROUVER ?

D'origine récente, rares sont ceux[1] qui ont vu le jour avant la Dernière Guerre mondiale. C'est dans les années cinquante qu'ils se multiplient – en Europe et en Amérique, mais aussi au Japon, au Moyen-Orient, en Australie – devant l'afflux croissant de musiciens professionnels. Les progrès de l'enregistrement et l'influence grandissante de la radio amènent alors à la musique un vaste public peu formé, soucieux de conforter les émotions musicales offertes par les interprètes avec un label de qualité supposé infaillible. Moteurs d'une actualité musicale qui, sous la pression des médias, demande tous les ans ou presque son lot de vedettes, les concours servent de poteaux indicateurs à ceux qui n'ont ni le goût ni la volonté de se faire une opinion par eux-mêmes.

C'est tôt dans sa carrière – généralement après un premier prix de conservatoire national ou un cycle de perfectionnement – que l'on se préoccupe de rechercher une consécration internationale. Les limites d'âge imposées par les concours dépassent rarement trente ou trente-deux ans. Les chanteurs hommes et les chefs d'orchestre peuvent parfois se présenter jusqu'à trente-cinq ans. Seul le concours d'Alessandria (Italie) admet des concurrents jusqu'à quarante ans. Il faut retenir au passage l'originalité du concours de quatuors à cordes de Londres (autrefois fixé à Portsmouth) qui impose aux formations une limite d'âge collective de cent vingt ans, ce qui – du moins sur le papier – pourrait permettre à un musicien individuel de concourir à un âge encore plus avancé.

Actuellement – sans parler des concours purement nationaux ni de ceux qui ont disparu sans laisser de successeur, comme le Concours de Royan ou

1. Comme le Concours de Vienne où faillit triompher Dinu Lipatti en 1934, le Concours Chopin né en 1927 à Varsovie ou le Concours Eugène Ysaÿe rebaptisé Concours Reine Élisabeth de Belgique après la guerre.

les concours de direction d'orchestre Mitropoulos (New York) et Cantelli (Novare-Milan), qui ont cessé d'exister respectivement au début des années soixante-dix et au milieu des années quatre-vingt – on dénombre plus de quatre-vingts concours internationaux en activité. Certes, ceux qui s'intéressent au piano et au violon sont légion. Mais quel est l'instrument de l'orchestre qui n'a pas son ou ses concours internationaux ? Seuls parents pauvres relatifs dans cette longue liste, les chanteurs et les chefs d'orchestre, comme si leur art se révélait définitivement rebelle au classement et à la contagion du concours. Dans le domaine de la direction d'orchestre, le coût excessivement élevé de telles compétitions explique leur rareté et des disparitions prématurées.

Certains adoptent une géométrie variable et s'intéressent chaque année à des disciplines différentes : alternance piano/violon (Marguerite Long-Jacques Thibaud), piano/violon/composition/chant (Reine Elisabeth de Belgique), cordes/vents/piano/musique de chambre (Genève, Munich, Prague), voix/direction d'orchestre/musique de chambre (Tokyo), piano/violon/violoncelle (Tchaïkovski à Moscou). D'autres se spécialisent dans le quatuor à cordes (Evian), l'orgue (Chartres), l'œuvre d'un compositeur (Concours Bach de Leipzig), le répertoire d'un grand interprète (Concours Clara Haskil de Vevey, Concours Robert Casadesus de Cleveland), l'improvisation (Lyon), ou encore – une rareté – la musique contemporaine (Concours Messiaen de Royan). Car, en dehors de quelques œuvres imposées parfois écrites pour la circonstance (Reine Elisabeth, M. Long – J. Thibaud), la musique de notre temps est la grande oubliée des épreuves de concours.

LE MAQUIS DES TITRES

La périodicité très variable retenue par les organisateurs de concours – annuels, biannuels, parfois quadriannuels – ne simplifie pas les choses. Mais que de perplexité quand on s'aventure à rechercher la réalité des récompenses décernées ! La hiérarchie générale est au départ assez simple à définir : un grand prix ou un premier prix (selon les concours), ex æquo ou non, suivi de prix ou mentions numérotés en nombre variable, puis de médailles ou de prix spéciaux (prix du public, prix de fondations...), qui souvent confirment la hiérarchie du concours mais introduisent parfois de nouveaux noms dans le palmarès. Mais chaque concours est un cas particulier. Les concours Clara Haskil ou Robert Casadesus ne décernent qu'un prix unique. Le Concours de Toulouse distingue chaque année une femme et un homme. Celui de Chartres (orgue) accorde – ou n'accorde pas... – un grand prix d'interprétation et un autre d'improvisation. Le Concours Reine Elisabeth de Belgique – l'un des plus prestigieux et l'un des plus imités – attribue douze prix. Le Concours de direction d'orchestre de Besançon distribue à chaque compétition un ou deux prix et un nombre variable de mentions. Épreuve unique en 1951-53, il distingue en 1954 et 1955 une catégorie « amateurs » et une catégorie « professionnels ». Cette classification se transforme (1956-73) en non-professionnels, non-diplômés (musiciens n'ayant pas encore exercé professionnellement et n'ayant pas encore reçu un diplôme national) et « professionnels, diplômés ». Depuis 1974, ce concours ne comporte plus qu'une seule catégorie.

Est-il souhaitable, dans ces circonstances, d'amplifier encore le flou existant en abusant – dans le discours ou les communiqués de presse – du terme de « lauréat » qui promet plus qu'il ne tient puisqu'il ne désigne que le titulaire d'une distinction et non pas, comme un public mal informé le suppose, le vainqueur du concours ? Ambiguïté encore que cette appellation de premier prix que s'attribuent souvent des titulaires de deuxièmes prix quand le jury n'a pas – volontairement – décerné de distinction suprême. Tel autre assure avoir « remporté » la palme alors qu'il n'était plus modestement qu'ex æquo... Imprésarios et parfois artistes eux-mêmes s'emparent d'une gloire factice qui n'est qu'empruntée. Dérisoire manœuvre, car qui a jamais dit que le génie d'un musicien se mesurait à son rang dans les concours internationaux ?

CE QUE REPRÉSENTE UN CONCOURS

C'est bien sûr un prix dont le montant peut varier, pour le premier, entre 10 000 et 120 000 francs. Encore que certains concours n'offrent aucune somme d'argent. D'autres donnent des instruments de concert. L'enveloppe globale des prix distribués – essentiellement alimentée par les subventions de fondations, d'associations, de mécènes privés, de sociétés commerciales plus ou moins directement intéressées, de collectivités publiques locales ou nationales – peut être très modeste (20 000 F) ou largement dépasser le million.

Il est très rare qu'un concours de piano n'offre pas au lauréat un engagement. En outre la presse en fait largement écho. Ce n'est pas le cas des concours de direction d'orchestre. Le lauréat doit se sentir très honoré, et se contenter de cela. Les raisons de ce phénomène sont obscures. On met généralement en avant le fait qu'il y a moins de places pour les chefs que pour les pianistes. Il y a aussi moins de concours de direction d'orchestre...

Ce qui est plus important, ce sont les engagements de concerts qui attendent le lauréat. Le Prix Long-Thibaud comporte en outre des engagements de festivals, des émissions à la radio et un enregistrement sur disque.

On ne peut comprendre l'importance attachée à cette noble institution par les jeunes interprètes si l'on ne prend pas en considération le nombre incroyable de musiciens que possède notre époque. La palme revenant de plein droit aux pianistes, dont le nombre ne cesse d'augmenter d'année en année. Dans cette mesure, il n'y a pas d'autre manière de « percer » que celle de se faire connaître par un premier prix dans un concours international.

On peut même dire que les concours internationaux ont été le lot de tous les grands musiciens actuels, de Arrau à Brendel, en passant par Ashkenazy et Portal. Après les études au conservatoire, après un premier prix de sortie, le concours représente une sorte de parachèvement de la formation musicale. Parachèvement devenu inévitable en raison de la facilité que représente le concours, pour les médias. En un point donné, il est possible de rencontrer des gens venus des quatre coins du monde. A Varsovie, on rencontre des Japonais, des Vietnamiens, des Anglais, etc.

Car l'enjeu est là : ce sont les médias, c'est-à-dire la diffusion moderne de la musique. Presse, agents artistiques, agents des maisons de disques, télévisions, avec autant de contrats à la clef. Le « sensationnel » est un fait de société. C'est aussi un aspect non négligeable des concours, qu'il faut regarder en face. Les candidats sont un peu des « bêtes curieuses ». Ils suivent la logique de l'information. Dans l'opinion publique, rien n'a plus servi Ivo Pogorelich, lors du Concours de Varsovie 1980, que la démission de Martha Argerich, indignée par l'attitude partiale, selon elle, du jury, dont le jeune pianiste venait d'être la victime.

Il est également de tradition de ne pas être d'accord avec ce qui a fait l'unanimité du jury. Il y a le champion de la presse et de la salle, puis le vainqueur officiel. Mais le jury est souverain.

Tout cela signifie qu'un premier prix n'apporte pas forcément la célébrité. Le concours représente un événement en soi. Des noms émergent. Mais il faudra bien autre chose pour consolider sa percée, et transformer son image de marque en carrière.

« UN CONCOURS, CELA FAIT TRAVAILLER »

C'est de cette manière que se justifient les candidats. Il est de fait que l'on ne va pas autant travailler son instrument lorsqu'on reste tranquillement chez soi que lorsqu'on est tenaillé par les fièvres du concours. On pense que Rostropovitch sera dans le jury, que la télé sera là, etc.

L'effet premier des concours, c'est d'avoir modifié le rapport avec l'instrument. Plus de fausses notes ! La technique est irréprochable. On est horrifié aujourd'hui, lorsqu'on entend Fischer ou Schnabel jouer faux. Ils n'auraient pas passé les éliminatoires de Leeds !

Il faut croire que notre oreille aussi a changé. Nos exigences ne sont plus les mêmes. La musique doit être propre, bien polie. Voilà un effet des concours !

A la sortie du conservatoire, le jeune interprète se jette à corps perdu dans la technique, accumulant souvent des heures de travail qui demandent plus une santé et des nerfs d'acier qu'une connaissance experte de l'instrument.

Le reproche qui est fait à ce phénomène indissoluble de la préparation des concours internationaux, c'est de réduire la musicalité, l'art du phrasé à la seule technique. Le lauréat d'un concours, comme les autres d'ailleurs, ressemble à un virtuose qui aurait mangé son blé en herbe. Le moyen de faire autrement ? Chaque concours a sa limite d'âge. Dès dix-huit ans, il faut se lancer sur les scènes internationales, sacrifier aux dieux des concours ses heures de détente, sa liberté et ses voyages, ce qui n'est peut-être pas négligeable dans la formation d'un musicien.

Du temps de Fischer ou de Schnabel, on était d'abord professeur de musique, histoire de creuser un peu les mystères du clavier. La maturité seule permettait qu'on se produise devant les salles.

ET APRÈS ?

Des lauréats de concours internationaux disparus corps et biens, il en existe un grand nombre. Un peu comme les vedettes de variétés, dont on ne parle plus au bout de quelques mois. Chargés de prix, ils attendent quelque temps après leur premier disque. On leur en fait faire un second. Et puis, ils sombrent peu à peu dans l'oubli, ne parvenant pas à effacer les déformations acquises lors de la préparation des concours. On dit qu'ils manquent de personnalité.

Encore une fois, les chiffres sont là. Les concours internationaux ne font pas la pluie et le beau temps. On estime qu'il y a place pour trois ou quatre solistes internationaux dans le domaine du piano, tous les deux ans. Chaque année, une vingtaine de prix de piano sont distribués de par le monde.

INÉGALITÉ ENTRE LES CANDIDATS

L'esprit-concours, que les membres du jury, souvent vénérables et chargés d'ans, appellent avec amusement émulation, est également un facteur déterminant. Ce qui se passe dans la tête d'un finaliste oscille le plus souvent entre l'angoisse la plus profonde et la haine farouche des autres concurrents. Ceux-ci le lui rendent bien. Il ne faut pas chercher dans les concours les nobles sentiments, vous risquez d'être déçus. Sur cette toile de fond se découpe tout un cérémonial initiatique qui en a fait fuir plus d'un. Le violoncelliste qui ne sait plus placer son pouce sur l'archet, ou le pianiste qui sent sa main gauche soudain paralysée, cela arrive : élimination logique, en pareil cas. Ce qui ne veut pas dire que le malheureux, victime du trac, est mauvais musicien. Mais souvent sa carrière s'arrête là.

C'est une limite indéniable du concours. L'esprit qu'il distille un peu partout dans le monde musical ne correspond pas à la réalité des interprètes. Après tout, ce n'est pas en triomphant de sa peur que l'on devient musicien. Clara Haskil n'a jamais cessé d'avoir peur avant d'entrer en scène. Pourtant...

LES JURYS

Il y a des jurés astucieux. Lorsque Murray Perahia s'est présenté au Concours de Leeds, son Mozart manquait de technique. Au point que la presse et le public s'attendaient à le voir éliminé dès le premier tour. Ce ne fut pas le cas. Le jury avait su déceler le pianiste de classe internationale sous l'enveloppe précaire, ce jour-là, de sa technique. Il devait remporter le premier prix, la même année.

En fait, il n'y a pas de généralité à propos des jurys. Des bruits courent sur le « piston » de telle interprète allemande, qui aurait signé par avance avec une maison de disques ayant sous contrat plus de la moitié du jury. Mais ce ne sont que des bruits !

Le problème est ici aussi d'ordre psychologique. Comment peut-on soutenir son attention des heures et des heures, en écoutant tous les concurrents ? Et même si cela est possible, n'y a-t-il pas une saturation qui finit par se créer, la fatigue aidant ? Comme l'écrivait un critique britannique, avec tout l'humour d'outre-Manche dont il est capable : *Une banalisation de l'écoute et de la musique a forcément lieu assez rapidement. Le jury entend plus souvent qu'il n'écoute, encore n'entend-il pas tout le temps...*

Par ailleurs, l'idée d'un jury se fonde sur un savoir moyen, sur une attitude moyenne par rapport à la musique, qui lui permet de juger les interprètes. Les libertés de tempo, d'expression en général, de vêtements sont très mal vues à Varsovie, par exemple. Les excentricités vestimentaires de Pogorelich lui ont coûté le prix.

Le choix des œuvres imposées est aussi arbitraire que les critères de jugement. La sacro-sainte *Sonate* de Liszt ou l'*opus 111* de Beethoven ont fait « les beaux jours » de plus d'un concurrent. Les *Études* de Debussy sont plus rares. Mais qu'importe, un vrai musicien doit savoir tout jouer ! C'est du moins ce que semblent penser les jurys de concours.

UN EXEMPLE A MÉDITER !

Maurizio Pollini a remporté à dix-huit ans le premier prix de Varsovie. Arthur Rubinstein était alors président du jury. Pollini refusa tous les engagements, pour méditer et oublier les miasmes du concours. Pendant cinq ans, on n'entendit plus parler de lui. Ce n'est que vers le milieu des années soixante qu'il est réapparu sur la scène internationale, confiant à la presse qu'il avait voulu faire autre chose que de la musique, sans l'oublier pour autant.

C'est peut-être ce qu'il faut souhaiter aux finalistes (et aux autres concurrents) des concours internationaux : oublier leurs concours, et, comme disait Edwin Fischer, *se retrouver eux-mêmes*, en laissant les choses se décanter.

Mais la conclusion revient à un heureux finaliste du Prix de Rome, Claude Debussy : *La musique ne doit pas porter l'estampille officielle. L'art n'est pas nécessairement borné aux monuments subventionnés par l'État. Il faut l'aimer à travers toutes les visions, toutes les misères, et ne jamais compter sur lui pour se faire une « situation ».*

LES CONCOURS DANS LE MONDE : PALMARÈS ET LAURÉATS
(par ordre alphabétique de villes)

AVANT-PROPOS

En publiant les palmarès des concours internationaux, nous obéissons à plusieurs motivations. Nous éclairons un point de l'histoire d'une profession qui ne semble guère se passionner pour son passé. Nous remettons en mémoire le nom d'excellents musiciens parfois injustement oubliés et mettons en lumière la nouvelle génération des interprètes de haut niveau. Cet élargissement de notre horizon musical – vers le passé et vers l'avenir – se double d'un enrichissement géographique. Notre connaissance des interprètes se limite souvent à quelques artistes internationaux et aux vedettes nationales à la mode. Il en est bien d'autres, dont la carrière française est modeste, mais qui méritent cependant tout notre intérêt. Puisse cet ouvrage attirer l'attention sur eux ! Lire un palmarès, c'est aussi mesurer tout ce qu'a de relatif le jugement des hommes : grands noms relégués à des places secondaires, vainqueurs dont la carrière n'a pas – pour des raisons très diverses – tenu les promesses du concours...

Des difficultés sans nombre nous ont attendu. Où trouver trace des concours disparus parfois depuis de nombreuses années et comment reconstituer leur palmarès ? Les compétitions défuntes tombent très vite dans l'oubli. Mettre à jour les palmarès des concours en activité n'est pas non plus une mince affaire. Très souvent l'équipe administrative d'un concours n'a pas d'existence permanente et la conservation des archives n'est pas toujours idéale... Notre contribution ne prétend donc pas à une inaccessible exhaustivité.

Nous n'avons retenu ici que les véritables concours internationaux, c'est-à-dire ceux qui, par la composition de leur jury et la nature de leur palmarès, démontraient le caractère réellement international de la compétition. Et parmi ceux-ci, nous avons dû nous résoudre – pour d'évidentes raisons d'espace – à ne retenir que ceux qui nous paraissaient les plus importants. Ce qui n'enlève rien à la valeur ni à l'utilité des autres. Nous publions le palmarès intégral depuis l'origine des concours qui ne décernent qu'un seul prix à chaque édition ainsi que celui de quelques compétitions particulièrement recherchées (Reine Élisabeth de Belgique, Tchaïkovski, Chopin, Leeds). Pour l'ensemble des autres concours sélectionnés, nous ne retenons que les premiers prix décernés par discipline. Cette règle a été appliquée avec une particulière rigueur pour les concours anciens et pluridisciplinaires à chaque édition, comme Genève ou Munich, qui nous ont, avec les années, offert des palmarès-fleuve... Parfois, au contraire, il nous est apparu intéressant d'attirer l'attention sur des solistes importants relégués plus loin, cette année-là, dans le classement.

Voyage dans la mémoire, voyage aux frontières lointaines, voyage au temps présent, mais aussi voyage au pays de l'effort. Pour une heure de gloire passagère, pour l'instant où tout paraîtra miraculeusement simple et facile sous leurs doigts ou dans leur souffle, combien d'années de tenace travail technique, de doute, de tension nerveuse, de recherche inlassable, de difficultés financières. Bien ou plus modestement classés, célèbres ou oubliés, tous les noms qui suivent méritent amplement notre infini respect.

P.B.

CONCOURS INTERNATIONAL ANTON RUBINSTEIN

Né en 1890, il n'a connu que cinq éditions, successivement à Saint-Pétersbourg, Berlin, Vienne, Paris et Saint-Pétersbourg. Il se consacrait à la fois au piano et à la composition. Leopold Auer, Camille Chevillard et Alexandre Glazounov ont fait partie de son jury.

1890 N.A. Dubassov (1er Prix), Ferruccio Busoni (finaliste) ; *1895* Josef Lhevinne (1er Prix) ; *1900* Émile Bosquet (1er Prix), Ricardo Viñes (éliminé) ; *1905* Wilhelm Backhaus (1er Prix), Béla Bartók (finaliste), Otto Klemperer (éliminé) ; *1910* Alfred Höhn (1er Prix), Arthur Rubinstein (2e Prix), Edwin Fischer (finaliste).

CONCOURS INTERNATIONAL DE GUITARE « CITTA DI ALESSANDRIA » (ALESSANDRIA)

Fondé en 1968, il se déroule tous les ans.

1968 Leo Witoszynski (2e Prix, 1er Prix non décerné) ; *1969* Betho Davezac (1er Prix) ; *1970* Giorgio Oltremari (2e Prix, 1er Prix non décerné) ; *1971* Guillermo Fierrens (1er Prix) ; *1972* Walter Feybli (1er Prix) ; *1973* Constantin Cotsiolis (2e Prix, 1er Prix non décerné) ; *1974* Grice Cheril Lesley (1er Prix) ; *1975* Domenico Salvati (2e Prix, 1er Prix non décerné) ; *1976* Asamu Yamaguchi (1er Prix) ; *1977* Yamashita Kasuito (1er Prix) ; *1978* Stefano Grondona (1er Prix) ; *1979* Jurgen Schöllman (1er Prix) ; *1980* Stefano Cardi (2e Prix, 1er Prix non décerné) ; *1981* Leonardo De Angelis (1er Prix) ; *1982* Davide Ficco (2e Prix, 1er Prix non décerné) ; *1983* Francesco Moccia (1er Prix) ; *1984* Rafael Jimenez Rojas (1er Prix) ; *1985* Elena Papandreu (1er Prix) ; *1986* Giuseppe Carrer et Massimo Laura (1er Prix ex æquo) ; *1987* Arturo Tallini (1er Prix) ; *1988* Fabio Zanon (1er Prix) ; *1989* Rémi Boucher (1er Prix) ; *1990* Gian Luca Di Cesare (2e Prix, 1er Prix non décerné) ; *1991* George Vassilev (1er Prix) ; *1992* Edoardo Cademario (1er Prix) ; *1993* Daisuke Suzuki (1er Prix).

CONCOURS INTERNATIONAL « GAUDEAMUS » (AMSTERDAM)

Fondé en 1963, il se déroule actuellement tous les deux ans. Pluridisciplinaire, il est l'un des rares concours imposant aux candidats de n'interpréter que des œuvres du XXe siècle. Le 1er Prix est attribué toutes disciplines confondues.

1963 1er Prix non décerné ; *1964* Duo Messiereur/Kozderk (1er Prix) ; *1965* Charles de Wolff (1er Prix orgue) ; *1966* Harald Boje (1er Prix piano) ; *1967* Duo Ryall/Clark (1er Prix duo de pianos) ; *1968* Ronald Lumsden (1er Prix piano) ; *1969* Frank Van Koten (1er Prix hautbois), Bernard Pierreuse (2e Prix flûte), John McCabe (5e Prix ex æquo piano) ; *1970* Bart Berman (1er Prix piano), Roger Woodward (3e Prix piano) ; *1971* Doris Hays (1er Prix piano) ; *1972* Harry Sparnaay (1er Prix clarinette basse) ; *1973* Michiko Takahashi (1er Prix marimba), Duo Salm/Koerner (2e Prix duo flûte/piano) ; *1974* Herbert Henck (1er Prix piano) ; *1975* Fernando Grillo (1er Prix contrebasse) ; *1976* Max Lifchitz (1er Prix piano) ; *1977* Toyoji Peter Tomita (1er Prix trombone) ; *1978* Edward Johnson (1er Prix clarinette) ; *1979* Mircea Ardeleanu (1er Prix percussions), Arnaud Dumond (3e Prix guitare) ; *1980* Florian Popa (1er Prix clarinette) ; *1981* David Arden (1er Prix piano) ; *1982* Anthony De Mare (1er Prix piano) ; *1983* Nackiko Maekane (1er Prix percussions) ; *1984* Evamarie Müller (1er Prix flûte) ; *1985* Amadinda Percussion Group (1er Prix percussions) ; *1987* Stefan Hussong (1er Prix accordéon) ; *1989* Louise Bessette (1er Prix piano) ; *1991* pas de Prix d'interprétation ; *1993* Alexandra Krzanowska (1er Prix piano).

CONCOURS INTERNATIONAL D'EXECUTION MUSICALE MARIA CANALS (BARCELONE)

Fondé en 1954, il se déroule tous les ans. De 1954 à 1963, il s'est exclusivement consacré au piano, distinguant pour les trois premières éditions un Prix hommes et un Prix femmes. Depuis 1964 s'ajoutent au piano une ou deux autres épreuves qui concernent, selon les années, le violon, le chant, la flûte, la guitare, la musique de chambre, le violoncelle ou les percussions.

1954 Miguel Farré (1er Prix piano homme), Maria Nieves (1er Prix piano femme) ; *1956* Klaus Borner et Giorgio Radicula (1er Prix piano homme ex æquo), Aline Demierre et Nuria Escofet (1er Prix piano femme ex æquo) ; *1957* Alberto Colombo (1er Prix piano homme), Therese Castaigne (1er Prix piano femme) ; *1958* Françoise Thinat (1er Prix piano) ; *1959* Jean-Jacques Hauser et Yoko Ykeda (2e Prix piano ex æquo, 1er Prix non décerné) ; *1960* Andrzei Jasinski (1er Prix piano) ; *1961* Catherine Silie (1er Prix piano) ; *1962* Dinorah Varsi (1er Prix piano) ; *1963*

Jarzy Vajek et Françoise Parrot (2e Prix piano ex æquo, 1er Prix non décerné) ; *1964* Dag Achatz (1er Prix piano), Ruben Gonzales (1er Prix violon) ; *1965* aucun Prix de chant n'est décerné, James Tocco (1er Prix piano) ; *1966* Wolfgang Witte (1er Prix chant), Leonora Mila (1er Prix piano) ; *1967* Dirk Schoertemeier (1er Prix chant), France Angeleri et Jacques Rouvier (2e Prix piano ex æquo, 1er Prix non décerné), Edith Volckaert (1er Prix violon) ; *1968* Jonel Pantea (1er Prix chant), Christina Vinas (1er Prix piano), Lo Angelloz et Teresita Frey (2e Prix flûte ex æquo, 1er Prix non décerné) ; *1969* Joseph William Fennimore (1er Prix piano) ; *1970* Lupe Parrondo (1er Prix piano), Duo Fernando Puchol/Pearo Leon (1er Prix musique de chambre) ; *1971* Magdalena Cononovici (1er Prix chant), Ernst Kovacic (1er Prix violon) ; *1972* Klara Baranyi (1er Prix piano) ; *1973* Marinela Marinescu (1er Prix chant), Jonathan M. Purvin (1er Prix piano) ; *1974* Marie-Thérèse Girardi (1er Prix guitare), Blanca Bodalia et Pierre Reach (2e Prix piano, 1er Prix non décerné) ; *1975* Ludmila Yourchenco (1er Prix chant), Gerardo Ribeiro (1er Prix violon), Eugen Sarbu, Yukari Tate et Rasma Lielmane (2e Prix violon ex æquo) ; *1976* Yasuko Sugimoto (1er Prix piano), Daniel Raclot (1er Prix violoncelle), Antonio Meneses (2e Prix violoncelle) ; *1977* Arnaulf von Armin (1er Prix piano) ; *1978* François Le Roux (1er Prix chant), Bernard d'Ascoli (1er Prix piano), Erik Berchot (2e Prix piano), Masayoshi Enokida et Philippe Pierlot (2e Prix flûte, 1er Prix non décerné) ; *1979* Eva Tihany (2e Prix chant, 1er Prix non décerné), Yves Raoult et Christine Kiss (2e Prix piano, 1er Prix non décerné), Leonardo Palacios (1er Prix guitare), Véronique Bogaerts (2e Prix violon, 1er Prix non décerné), Berthilde Dufour (3e Prix violon) ; *1980* Yuri Rosum (1er Prix piano), Catherine Joly (2e Prix piano), Duo Roland Straumer/Olaf Dressler (1er Prix musique de chambre) ; *1981* Nancy Carol Moore (1er Prix chant), Gabriel Garcia Santos (1er Prix guitare) ; *1982* Hiromi Okada (1er Prix piano) ; *1983* Mabel Perelstein (1er Prix chant), Erika Sebök (1er Prix flûte) ; *1984* Rié Konishi et Pascal Le Corre (2e Prix piano ex æquo, 1er Prix non décerné), Stéphane L. Picard (1er Prix violon) ; *1985* Chihiro Bamba (1er Prix chant), Stefano Cardi (1er Prix guitare) ; *1986* Chiharu Sakai (1er Prix piano), Carole Carniel (2e Prix piano), Hillel Zori (1er Prix violoncelle) ; *1987* Christopher Oakden (2e Prix piano, 1er Prix non décerné), Duo Michael Sanderling/Gerald Fauth (1er Prix musique de chambre) ; *1988* Zhong Xu (1er Prix piano), Olivier Cazal (2e Prix piano), Dita Krenberga (1er Prix flûte) ; *1989* Esther Helena Steenbergen (1er Prix guitare), Gerardo Vila (1er Prix piano) ; *1990* Mathieu Papadiamandis (1er Prix piano), Vladimir Dits (1er Prix chant), Ramon Alsina (1er Prix percussion) ; *1991* Yuriy V. Martynov (1er Prix piano), Valérie Aimard (1er Prix violoncelle), Anita Barbereau (2e Prix violoncelle) ; *1992* Armands Abols (1er Prix piano), George Vassilev (1er Prix guitare) ; *1993* Amir Katz (1er Prix piano), Denitsa Kazakova (1er Prix violon).

CONCOURS INTERNATIONAL DE JEUNES CHEFS D'ORCHESTRE (BESANÇON)

Se reporter à l'article pour suivre l'organisation très mouvante dans le temps de ce concours annuel. Nous publions la liste complète de tous les premiers Prix depuis l'origine et précisons le nom de certains autres lauréats. Abréviations : Amateurs (A), Professionnels (P), Non-Professionnels (NP), Mention (M).

1951 Reinhard Peters (1er Prix), Alexander Gibson (2e Prix), Jean Doussard (1re M), Georges Delerue (4e M), Daniel Chabrun (5e M), André Vandernoot (8e M) ; *1952* Jean Périsson (1er Prix), Wolfgang Gabriel (2e Prix), Pierre Bégou (3e Prix) ; *1953* Peter Traunfellner (1er Prix), Jacques Jouineau (2e Prix), Rudolf Ostheim (3e Prix), Betsy Jolas (1re M) ; *1954* Igor Giadrov (1er Prix A), Aviva Einhorn et Krésimir Sipush (2e Prix ex æquo A), Pierre Chaillé (1er Prix P) ; *1955* Louis Bertholon (1er Prix A), Rudolf Schmidt (2e Prix A), Jerzy Katlewicz (1er Prix P), Trajan Popesco (1re M P) ; *1956* Gérard Devos (1er Prix NP), Zdeněk Košler (1er Prix P), Sergiu Comissiona (1re M P) ; *1957* Gerd Albrecht (1er Prix NP), Jean Lapierre (1er Prix P) ; *1958* Robert Martignioni (1er Prix NP), Martin Turnovsǩy (1er Prix P) ; *1959* Philip Spurgeon (1er Prix NP), Michel Decoust (1re M NP), Boris de Vinogradov (2e M NP), Seiji Ozawa (1er Prix P) ; *1960* Michel Fusté-Lambezat (1er Prix NP), Paul Jorgensen (1er Prix P) ; *1961* Jacques Houtmann (1er Prix NP), Pierre Hetu (1er Prix P) ; *1962* Michel Plasson (1er Prix NP), Vladimir Kojoukharov (1er Prix P) ; *1963* André Shenk (1er Prix NP), Aloïs Springer (1er Prix P), Michel Plasson (M P) ; *1964* Ladislas Rybach (1er Prix NP), Emil Simon (1er Prix P) ; *1965* Prix NP non décernés, Robert Bachmann (1re M NP), Claire Gibault (2e M NP), Zdeněk Macal (1er Prix P) ; *1966* Catherine Comet (1er Prix NP), Prix P non décerné, Mario Klemens (1re M P), Alain Boulfroy (2e M P) ; *1968* Alain Pâris (1er Prix NP), Philippe Bender (3e M NP), Prix P non attribué, Jesús López Cobos (1re M P) ; *1969* Guy Condette (1er Prix NP), Prix P non attribué, Henri Gallois (1re M P) ; *1970* Karl Kaspar-Trikolidis (1er Prix NP), Jacques Mercier (1re M NP), Stéphane Cardon (1er Prix P) ; Gabriel Chmura (1re M P) ; *1971* Alain Sabouret (1er Prix NP), Michel Rabaud (1re M NP), Prix P non attribué, Hubert Soudant (1re M P) ; *1972* Étienne Bardon (1er Prix NP), Jacques Mercier (1er Prix P) ; *1973* Prix NP non attribué, Jérôme Kaltenbach (1re M NP), Prix P non attribué, Dominique Rammaert (1re M P) ; *1974* Alex Veelo (1er Prix), Sylvain Cambreling et Jérôme Kaltenbach (M ex æquo) ;

1975 Marc Soustrot (1er Prix) ; *1976* Patrick Juzeau (1er Prix) ; *1977* Tomas Koutnik (1er Prix) ; *1978* Yoël Levi (1er Prix) ; *1979* Doron Salomon (1er Prix) ; *1980* Jonathan Seers (1er Prix) ; *1981* Philippe Cambreling (1er Prix) ; *1982* Yôko Matsuo et Osmo Vanska (1er Prix ex æquo) ; *1983* Michaël Zilm (1er Prix) ; *1984* Wolfgang Dorner (1er Prix) ; *1985* Wing Sie Yip (1er Prix), Rodolfo Saglimbeni Muñoz (2e Prix) ; *1986* Gilles Auger (1er Prix) ; *1987* Nicolas Pasquet (1er Prix) ; *1988* Shao Chia Lu (1er Prix), Jama Hymes et Pascal Rophé (2e Prix ex æquo) ; *1989* Christopher Gayford et Yutaka Sado (1er Prix ex æquo) ; *1990* Ryusuke Numajiri (1er Prix) ; *1991* George Pehlivanian (1er Prix) ; *1992* Tommaso Placidi (1er Prix) ; *1993* Silvia Massarelli et Daisuke Soga (1er Prix ex æquo).

CONCOURS INTERNATIONAL D'ALTO « MAURICE VIEUX » (BOULOGNE)

Fondé en 1983, il se déroule tous les trois ans.

1983 Tabea Zimmermann (1er Prix) ; *1986* Lars Anders Tomter (1er Prix) ; *1989* André Gridtchuk (1er Prix) ; *1992* Hiroto Tobisawa et Benoît Marin (2e Prix ex æquo, 1er Prix non décerné).

CONCOURS INTERNATIONAL DE BRUGES

Fondé en 1964, il se déroule tous les ans. Une ou plusieurs disciplines sont concernées à chaque édition : clavecin, orgue, basse continue, ensemble à vent, flûte, pianoforte, orchestre baroque.

1964 N.H. Nielsen (1er Prix orgue) ; *1965* C. Jaccottet (2e Prix clavecin, 1er Prix non décerné) ; *1966* pas de concours ; *1967* G. Kaunzinger (1er Prix orgue) ; *1968* M. Brickman et Z. Pertis (2e Prix ex æquo, 1er Prix non décerné), Ton Koopman (1er Prix basse continue) ; *1969* pas de concours ; *1970* L. Madden, V. Ruso (2e Prix ex æquo, 1er Prix non décerné) ; *1971* Scott Ross (1er Prix clavecin) ; *1972* C. Steinmann (2e Prix flûte à bec, 1er Prix non décerné) ; *1973* R. Poirier (1er Prix orgue) ; *1974* H. Cuppers (2e Prix clavecin, 1er Prix non décerné) ; *1975* M. Arita (1er Prix flûte), Tokyo Recorder Quartet (1er Prix ensemble à vent) ; *1976* I. Ella (1er Prix orgue) ; *1977* F. Lengellé (2e Prix clavecin, 1er Prix non décerné) ; *1978* aucun Prix ; *1979* J.D. Christie (1er Prix orgue) ; *1980* G. Wilson (2e Prix clavecin, 1er Prix non décerné) ; *1981* aucun Prix ; *1982* W. Zerer (1er Prix orgue) ; *1983* Ch. Rousset (1er Prix clavecin), Pierre Hantai (2e Prix clavecin), L. Nickolson, F. Verry (2e Prix pianoforte ex æquo, 1er Prix non décerné) ; *1984* A. Abreu (2e Prix flûte à bec, 1er Prix non décerné), Lous Landes Consort (1er Prix ensemble baroque) ; *1985* Chr. Noll (2e Prix orgue, 1er Prix non décerné) ; *1986* A. Kuwagata, M. Takahaski (2e Prix clavecin ex æquo, 1er Prix non décerné), G. Lancaster, B. Van Oort (1er Prix pianoforte ex æquo) ; *1987* J. Dewinne (2e Prix flûte, 1er Prix non décerné) ; *1988* B.K. Bryndorf, G. Gnann (2e Prix orgue ex æquo, 1er Prix non décerné) ; *1989* N. Parle (1er Prix clavecin), W. Brunner (2e Prix pianoforte, 1er Prix non décerné) ; *1990* Mathias Maute (1er Prix flûte à bec), Ensemble La Fenice (1er Prix ensemble baroque) ; *1991* Bernhard Klapprott (1er Prix orgue) ; *1992* Andrij Kutasevich, Henrike Seitz (2e Prix pianoforte ex æquo, 1er Prix non décerné), Blandine Rannou (2e Prix clavecin, 1er Prix non décerné) ; *1993* Kate Clark (1er Prix flûte traversière), Trio Van Beethoven (1er Prix ensemble).

CONCOURS MUSICAL INTERNATIONAL REINE ÉLISABETH DE BELGIQUE (BRUXELLES)

Précédé par le Concours Eugène Ysaÿe, qui avait couronné David Oïstrakh (1er Prix de violon, 1937) et Emil Guilels (1er Prix de piano 1938), il naît en 1951 et obéit à un cycle de trois ans : violon, piano, composition. En 1988 une épreuve de chant a été ajoutée. Le palmarès ci-dessous recense les 12 prix décernés chaque année depuis l'origine dans les compétitions réservées aux interprètes.

1951 (violon) Leonid Kogan (1er Prix), Mikhaïl Vayman (2e Prix), Elise Cserfalvi (3e Prix), Theo Olof (4e Prix), Olga Kaverzneva (5e Prix), Heidi Gigler (6e Prix), Alexei Gorokov (7e Prix), Luben Yordanoff (8e Prix), Fredell Lack (9e Prix), Pierre Doukan (10e Prix), Pierre D'Archambeau (11e Prix), Kees Kooper (12e Prix).

1952 (piano) Leon Fleisher (1er Prix), Karl Engel (2e Prix), Maria Tipo (3e Prix), Franz Brouw (4e Prix), Lawrence Davis (5e Prix), Lamar Crowson (6e Prix), Theodore Lettvin (7e Prix), Youri Boukoff (8e Prix), Jacques Coulaud (9e Prix), Philippe Entremont (10e Prix), Hans Graf (11e Prix), Janine Kinet (12e Prix).

1953 (composition).

1954 (pas de concours).

1955 (violon) Berl Senofsky (1er Prix), Julian Sitkovetski (2e Prix), Pierre Doukan (3e Prix), M. Dorfeuille-Boussinot (4e Prix), Viktor Pikaisen (5e Prix), Alberto Lisy (6e Prix), Marina Iashvili (7e Prix), Tessa Robbins (8e Prix), Luben Yordanoff (9e Prix), Clemens Quatacker (10e Prix), Igor Politkovski (11e Prix), Marcel Debot (12e Prix).

1956 (piano) Vladimir Ashkenazy (1er Prix), John Browning (2e Prix), André Tchaïkowski (3e Prix), Cécile Ousset (4e Prix), Lazare Berman (5e Prix), Tamás Vasary (6e Prix), Stanislav Knor (7e Prix), Claude Coppens (8e Prix), György Banhalmi (9e Prix), Hiroko Kashu (10e Prix), Hans Graf (11e Prix), Peter Frankl (12e Prix).

1957 (composition).
1958 (pas de concours).
1959 (violon) Jaime Laredo (1er Prix), Albert Markov (2e Prix), Joseph Silverstein (3e Prix), Vladimir Malinine (4e Prix), Boris Kouniev (5e Prix), Georgui Mintchev Badev (6e Prix), Shmuel Dov Ashkenasi (7e Prix), Desmond Bradley (8e Prix), Agustin Leon Ara (9e Prix), Raphael Sobolevsky (10e Prix), Gérard Kantarjian (11e Prix), Koji Toyoda (12e Prix).
1960 (piano) Malcolm Frager (1er Prix), Ronald Turini (2e Prix), Lee Luvisi (3e Prix), Alice Mitchenko (4e Prix), Gábor Gabos (5e Prix), Shirley Seguin (6e Prix), Walter Kamper (7e Prix), Youri Airapetian (8e Prix), Jerome Lowenthal (9e Prix), Agustin Anievas (10e Prix), Alberto Gimenez Attenelle (11e Prix), Kenneth Amada (12e Prix).
1961 (composition).
1962 (pas de concours).
1963 (violon) Alexei Michlin (1er Prix), Semion Snitkovski (2e Prix), Arnold Steinhardt (3e Prix), Zarious Schikhmursaieva (4e Prix), Charles Castleman (5e Prix), Masuko Ushioda (6e Prix), Yossef Zivoni (7e Prix), Nejmi Succari (8e Prix), Jean Ter-Mergerian (9e Prix), Hiderato Suzuki (10e Prix), Paul Rosenthal (11e Prix), Donald Weilerstein (12e Prix).
1964 (piano) Evgeni Moguilevski (1er Prix), Nicolai Petrov (2e Prix), Jean-Claude Vanden Eynden (3e Prix), Anton Kuerti (4e Prix), Richard Syracuse (5e Prix), Michael Ponti (6e Prix), Eugen Rjanov (7e Prix), Evelyne Flauw (8e Prix), Dora Milanova (9e Prix), Kou Chen Ying (10e Prix), John Covelli (11e Prix), Krassimir Gatef (12e Prix).
1965 (composition).
1966 (pas de concours).
1967 (violon) Philippe Hirchhorn (1er Prix), Stoïka Milanova (2e Prix), Gidon Kremer (3e Prix), Roman Nodel (4e Prix), Hiderato Suzuki (5e Prix), Jean-Jacques Kantorov (6e Prix), Nicolas Chumachenko (7e Prix), Joshua Epstein (8e Prix), Endre Granat (9e Prix), Joseph Ryssine (10e Prix), Marjeta Delcourte-Korosec (11e Prix), Uri Pianka (12e Prix).
1968 (piano) Ekaterina Novitskaia (1er Prix), Valère Kamichov (2e Prix), Jeffrey Siegel (3e Prix), Semion Kroutchine (4e Prix), André De Groote (5e Prix), François-Joël Thiollier (6e Prix), Edward Auer (7e Prix), Eva-Maria Zuk (8e Prix), Elisabeth Leonskaia (9e Prix), Mitsuko Uchida (10e Prix), François Duchâble (11e Prix), Waled Howrani (12e Prix).
1969 (composition).
1970 (pas de concours).
1971 (violon) Miriam Fried (1er Prix), Andrei Korsakov (2e Prix), Hamao Fujiwara (3e Prix), Ana Chumachenko de Lisy (4e Prix), Edith Volckaert (5e Prix), Josua Epstein (6e Prix), Rudolf Werthen (7e Prix), Zinovy Vinnikov (8e Prix), Geoffrey Michaels (9e Prix), Vania Milanova (10e Prix), Magdalena Rezler (11e Prix), Zakhar Bron (12e Prix).
1972 (piano) Valery Afanassiev (1er Prix), Jeffrey Swann (2e Prix), Joseph Alfidi (3e Prix), David Lively (4e Prix), Svetlana Navassardian (5e Prix), Ikuyo Kamiya (6e Prix), Emmanuel Ax (7e Prix), James Tocco (8e Prix), Cyprien Katsaris (9e Prix), Jonathan Purvin (10e Prix), Djeni Petrova (11e Prix), Pi-hsien Chen (12e Prix).
1973 et 1974 (pas de concours).
1975 (piano) Mikhail Faerman (1er Prix), Stanislas Igolinski (2e Prix), Youri Egorov (3e Prix), Larry Michael Graham (4e Prix), Sergueï Iuchkevitch (5e Prix), Olivier Gardon (6e Prix), Mikhail Petoukhov (7e Prix), Evelyne Brancart (8e Prix), Harumi Hanafusa (9e Prix), Daniel Rivera (10e Prix), Dominique Cornil (11e Prix), Seta Tanyel (12e Prix).
1976 (violon) Mikhail Bezverkhny (1er Prix), Irina Medvedeva (2e Prix), Dong-Suk Kang (3e Prix), Grigori Jisline (4e Prix), Shizuka Ishikawa (5e Prix), Kaha Danczowska (6e Prix), Marie-Annick Nicolas (7e Prix), Eugène Drucker (8e Prix), Eugène Sarbu (9e Prix), Tadeusz Gadzina (10e Prix), Gonçal Comelias-Fabregas (11e Prix), Philip Setzer (12e Prix).
1977 (composition).
1978 (piano) Abdel-Rahman El-Bacha (1er Prix), Gregory Allen (2e Prix), Brigitte Engerer (3e Prix), Alan Weiss (4e Prix), Douglas Finch (5e Prix), Robert Groslot (6e Prix), Natasha Tadson (7e Prix), Attila Nemethy (8e Prix), Sylvia Traey (9e Prix), Paulo Gori (10e Prix), Urszula Mitrega (11e Prix), Bernd Gœtzke (12e Prix).
1979 (pas de concours).
1980 (violon) Yuzuko Horigome (1er Prix), Peter Zazofsky (2e Prix), Takashi Shimizu (3e Prix), Ruriko Tsukahara (4e Prix), Mihaela Martin (5e Prix), Piotr Milewsky (6e Prix), Eugène Sarbu (7e Prix), Irina Tseitlin (8e Prix), Véronique Bogaerts (9e Prix), Andres Jorge Cardenes-Cuevas (10e Prix), Teresa Glabowna (11e Prix), Sung Ju Lee (12e Prix).
1981 (pas de concours).
1982 (composition).

1983 (piano) Pierre-André Volondat (1er Prix), Wolfgang Manz (2e Prix), Boyan Vodenitcharov (3e Prix), Daniel Blumenthal (4e Prix), Eliane Rodrigues (5e Prix), Serge Edelmann (6e Prix), Rian De Waal (7e Prix), Huseyin Sermet (8e Prix), Davi Buechner (9e Prix), Uriel Tsachor (10e Prix), Megumi Umene (11e Prix), Alexander Kuzmin (12e Prix).

1984 (pas de concours).

1985 (violon) Nai Yuan Hu (1er Prix), Ik Hwan Bae (2e Prix), Henry Raudales (3e Prix), Hu' Kun (4e Prix), Mi Kyung Lee (5e Prix), Chin Kim (6e Prix), Tamara Smirnova (7e Prix), Dene Olding (8e Prix), Michaela Paetsch (9e Prix), Peter Matzka (10e Prix), Elisa Kawaguti (11e Prix), Kyoto Shikata (12e Prix).

1986 (pas de concours).

1987 (piano) Andrei Nikolski (1er Prix), Akira Wakabayashi (2e Prix), Rolf Plagge (3e Prix), Johan Schmidt (4e Prix), Ikuyo Nakamichi (5e Prix), Mi-Joo Lee (6e Prix), Kayo Miki (7e Prix), Konstanze Eickhorst (8e Prix), Chia Chou (9e Prix), William Stephenson (10e Prix), Hung Kuan Chen (11e Prix), Balasz Szokolay (12e Prix).

1988 (chant : oratorio) Aga Winska (1er Prix), Jeannette Thompson (2e Prix), Huub Claessens (3e Prix), Jacob Will (4e Prix), Yvonne Schiffelers (5e Prix), Martina Musacchio (6e Prix), Marie-Noëlle de Callatay (7e Prix), Qilian Chen (8e Prix), Werner Van Mechelen (9e Prix), Zoë Hwang (10e Prix), Yiang Yong (11e Prix), Ruxandra Voda (12e Prix).

1989 (violon) Vadim Repin (1er Prix), Akiko Suwanai (2e Prix), Evgueni Bouchkov (3e Prix), Erez Ofer (4e Prix), Ulrike Anima Mathé (5e Prix), Catherine Cho (6e Prix), Meiko Kanno (7e Prix), Hiroko Suzuki (8e Prix), Michi Sugiura (9e Prix), Le Zhang (10e Prix), Annalee Patipatanakoon (11e Prix), Dmitri Berlinski (12e Prix).

1990 (pas de concours).

1991 (piano) Frank Braley (1er Prix), Stephen Prutsman (2e Prix), Brian Ganz (3e Prix), Haesun Paik (4e Prix), Alexander Melnikov (5e Prix), Igor Ardasev (6e Prix), Chiharu Sakai (7e Prix), Vadim Roudenko (8e Prix), Jan Simon (9e Prix), Sergei Babayan (10e Prix), Rita Kinka (11e Prix), Jan Michiels (12e Prix).

1992 (chant) Thierry Félix (1er Prix), Reginaldo Pinheiro (2e Prix), Wendy Hoffman (3e Prix), Regina Nathan (4e Prix), Cristina Gallardo-Domas (5e Prix), Marisca Mulder (6e Prix), Sonja Barowski-Tudor (7e Prix), Vera Dobrolubowa (8e Prix), Catherine Vandevelde (9e Prix), Dorota Radomska (10e Prix), Young-Zoo Oh (11e Prix), Isabelle Kabatu (12e Prix).

1993 (violon) Yayoi Toda (1er Prix), Liviu Prunaru (2e Prix), Keng-Yen Tseng (3e Prix), Martin Beaver (4e Prix), Natalia Prishepenko (5e Prix), Chie Abiko (6e Prix), Bin Huang (7e Prix), Marco Rizzi (8e Prix), Latica Honda-Rosenberg (9e Prix), Kyung-Sun Lee (10e Prix), Rachel Barton (11e Prix), Stefan Milenkovich (12e Prix).

1994 (pas de concours).

CONCOURS INTERNATIONAL DE PIANO FERRUCCIO BUSONI (BOLZANO)

Créé en 1949, il se déroule tous les ans.

1949 Lodovico Lessona (2e Prix, 1er Prix non décerné), Alfred Brendel (4e Prix) ; *1950* Karl Heinz Schlüter (2e Prix, 1er Prix non décerné), Jacques Coulaud (3e Prix) ; *1951* Karl Engel et Walter Klien (3e Prix ex æquo 1er et 2e Prix non décernés) ; *1952* Sergio Perticaroli (1er Prix), Ingrid Haebler et Walter Klien (4e Prix ex æquo) ; *1953* Ella Goldstein (1er Prix) ; *1954* Aldo Mancinelli (1er Prix), Gabriel Tacchino (2e Prix) ; *1955* Germaine Devèze (2e Prix, 1er Prix non décerné) ; *1956* Jörg Demus (1er Prix), Bruno Canino et Michael Ponti (4e Prix ex æquo) ; *1957* Martha Argerich (1er Prix) ; *1958* José Kahan et Ronald Turrini (2e Prix ex æquo, 1er Prix non décerné), Michael Ponti (3e Prix ex æquo), Bruno Canino (4e Prix) ; *1959* Cécile Ousset et John Perry (1er Prix ex æquo), Joachim Achucarro (4e Prix) ; *1960* Augustin Anievas et James Mathis (2e Prix ex æquo, 1er Prix non décerné), John Ogdon (5e Prix) ; *1961* Jerome Rose (1er Prix) ; *1962* Brenton Dale Bartlett (2e Prix, 1er Prix non décerné) ; *1963* Gernot Kahl (2e Prix, 1er Prix non décerné) ; *1964* Michael Ponti (1er Prix), François-Joël Thiollier (2e Prix) ; *1965* Bojidar Noev (2e Prix, 1er Prix non décerné) ; *1966* Garrik Ohlsson (1er Prix) ; *1967* Ivan Klansky (2e Prix, 1er Prix non décerné) ; *1968* Vladimir Selivochin (1er Prix) ; *1969* Ursula Oppens (1er Prix) ; *1970* Maria Luisa Lopez-Vito (Prix de sélection, 1er Prix non décerné) ; *1971* Nina Tichman (2e Prix, 1er Prix non décerné), Catherine Collard (4e Prix ex æquo) ; *1972* Arnaldo Cohen (1er Prix) ; *1973* Roland Keller et Andrzei Ratusinski (2e Prix ex æquo, 1er Prix non décerné) ; *1974* Robert Benz (1er Prix), Pascal Devoyon (2e Prix) ; *1975* Staffan Scheja (2e Prix, 1er Prix non décerné) ; *1976* Roberto Cappello (1er Prix) ; *1977* Ayami Ikeba et Véronique Roux (2e Prix ex æquo, 1er Prix non décerné) ; *1978* Boris Bloch (1er Prix) ; *1979* Catherine Vickers-Steiert (1er Prix) ; *1980* Ruriko Kikuchi, Rolf Plagge et Hai Kyung (2e Prix ex æquo, 1er Prix non décerné) ; *1981* Margarita Höhenrieder (1er Prix) ; *1982* Hung-Kuan Chen (2e Prix, 1er Prix non décerné) ; *1983* Robert McDonald (2e Prix, 1er Prix non décerné) ; *1984* Louis Lortie (1er Prix) ; *1985* José Carlos Cocarelli (1er Prix) ; *1986*

Benjamin Frith et Predrag Muzijevic (2e Prix ex æquo, 1er Prix non décerné) ; *1987* Liliya Zilberstain (1er Prix) ; *1988* Igor Kamenz et Benjamin Pasternack (2e Prix ex æquo, 1er Prix non décerné) ; *1989* Aleksander Madzar (2e Prix, 1er Prix non décerné) ; *1990* Olivier Cazal (2e Prix, 1er Prix non décerné) ; *1991* Olivier Cazal et Igor Kamenz (2e Prix ex æquo, 1er Prix non décerné) ; *1992* Anna Kravtchenko (1er Prix) ; *1993* Roberto Cominati (1er Prix), Olivier Cazal (3e Prix).

CONCOURS INTERNATIONAL DE MUSIQUE DE BUDAPEST (BUDAPEST/HONGRIE)

Fondé en 1933, il a eu dans le passé une périodicité variable mais obéit actuellement à un rythme annuel. Il est pluridisciplinaire. Certaines compétitions portent une appellation spéciale : Liszt-Bartok pour le piano, Erkel Kodaly pour le chant, Pablo Casals pour le violoncelle, Josef Szigeti pour le violon, Janos Ferencsik pour la direction d'orchestre.

1933 Annie Fischer (1er Prix piano), Lajos Kentner (3e Prix piano) ; *1948* Peter Walfisch (1er Prix piano), Paul Badura-Skoda (2e Prix piano), Sirio Piovesan (1er Prix violon), Quatuor Tatrai (1er Prix quatuor à cordes) ; *1956* Lev Vlasenko (1er Prix piano), Lazar Berman (3e Prix piano), France Clidat (6e Prix piano) ; *1959* Quatuor du Conservatoire de Moscou (1er Prix quatuor à cordes) ; *1960* Alfons Bartha (1er Prix chant homme), Kira Isotova (1er Prix chant femme) ; *1961* Gabor Gabos et David Wilden (1er Prix piano ex æquo), Dino Ciani (2e Prix piano) ; *1963* Mihail Komicer, László Meso et Tsutsumi Tssuyoshi (1er Prix violoncelle ex æquo), Quatuor Bartók (2e Prix quatuor à cordes, 1er Prix non décerné) ; *1965* Vasile Martinoiu (1er Prix chant opéra homme), Teresa May (2e Prix chant opéra femme, 1er Prix non décerné), Julia Hamari (1er Prix chant lied), Michel Portal (1er Prix clarinette), Valeri Popov (1er Prix basson), Lorant Kovacs (1er Prix flûte), Quintette à vent hongrois (1er Prix quintette à vent) ; *1966* Imre Antal (2e Prix piano, 1er Prix non décerné) ; *1968* Igor Gavris et Marina Csajkovskaia (1er Prix violoncelle ex æquo), László Barsony (1er Prix alto), Quatuor Sebestien (1er Prix quatuor à cordes) ; *1970* Kolos Kovats (1er Prix chant opéra homme), Gerda Radler (2e Prix chant opéra femme, 1er Prix non décerné), Siegfried Lorenz (1er Prix lied), Antony Morf et Lászlo Hovarth (1er Prix clarinette ex æquo), Maurice Bourgue et A.S. Loubimov (1er Prix hautbois ex æquo) ; *1971* Reiko Matsuzaki et Nikolai Suk (1er Prix piano ex æquo) ; *1973* Nilla Pierrou (1er Prix violon), Csaba Onosay (1er Prix violoncelle), Quatuor de Moscou (1er Prix quatuor à cordes), Quatuor Georgian (2e Prix quatuor à cordes), Quatuor Eder (3e Prix quatuor à cordes) ; *1974* Ken Ichiri Kobayashi (1er Prix direction d'orchestre) ; *1975* Peter Kelen (3e Prix chant opéra homme, 1er et 2e Prix non décernés), Livia Budai (1er Prix chant opéra femme), László Polgar et Ilona Tokody (1er Prix lied ex æquo, Mihailo Kugel et Zoltan Toth (1er Prix alto ex æquo) ; *1976* Robert Benz (1er Prix piano), Gary Steigerwalt et Frédéric Aguessy (2e Prix piano ex æquo) ; *1977* Wladimir Werbitzkij et Jerzy Salwarowski (2e Prix ex æquo direction d'orchestre, 1er Prix non décerné) ; *1978* Quatuor Gnessine et Quatuor Takacs (2e Prix ex æquo quatuor à cordes, 1er Prix non décerné), Francesco Finotti (1er Prix orgue) ; *1979* Sándor Nagy et Yuuko Inoue (1er Prix alto ex æquo), Nandor Szederkenyi (1er Prix violon) ; *1980* Gerard Hubertus Oskamp (1er Prix direction d'orchestre), Akiko Mikami (1er Prix flûte), Imre Magyari et János Meszaros (2e Prix ex æquo cor, 1er Prix non décerné), Yvan Chiffoleau (1er Prix violoncelle) ; *1981* Muza Rubaczkitye (2e Prix piano, 1er Prix non décerné) ; *1982* Hu Xiao Ping (1er Prix chant opéra femme) ; *1983* Craig Zerbe (1er Prix direction d'orchestre), Adreas Rothkopf et Naomi Matsui (1er Prix piano ex æquo) ; *1984* Zoltan Kovacs et Geoffrey Howard Payne (1er Prix trompette ex æquo), Tabea Zimmermann (1er Prix alto) ; *1985* Thedeen Torleif (2e Prix piano, 1er Prix non décerné) ; *1986* George Robert Hanson (1er Prix direction d'orchestre), Karoly Mocsari (2e Prix piano, 1er Prix non décerné) ; *1988* Bernhard Haas (1er Prix orgue) ; *1990* Rozsa Kosma et Katalin Halmai (2e Prix chant lied ex æquo, 1er Prix non décerné), Rose-Marie Farkas (1er Prix chant opéra) ; *1991* Alexander Strukov (1er Prix piano) ; *1992* Honna Tetsuji (1er Prix direction d'orchestre), Erika Raum (1er Prix violon), Rachel Barton (2e Prix violon) ; *1993* Helmut Deutsch (1er Prix orgue interprétation), Henri-Franck Beauperin (1er Prix orgue improvisation). Prochain concours en 1994.

CONCOURS INTERNATIONAL DE CHANT « PER VOCI VERDIANE – ALESSANDRO E MARIA ZILIANI » (BUSSETO)

Fondé en 1968, il se déroule tous les ans. Les épreuves font une très large part aux œuvres de Verdi. A la différence de la majorité des autres concours de chant, il ne distingue pas de Prix hommes et de Prix femmes.

1968 Angeles Gulin Dominguez (1er Prix). *1969* Muriel De Channes, Alessandro Cassis et Jone Jori (2e Prix ex æquo, 1er Prix non décerné). *1970* Giorgio Zancanaro (1er Prix). *1971* Giorgio Lormi (1er Prix). *1972* Juan Galindo (1er Prix). *1973* Emiko Maruyama (1er Prix). *1974* Lynne Strow (1er Prix). *1975* Luigi De Corato (2e Prix, 1er Prix non décerné). *1976* Kazue Shimada (1er Prix). *1977* Simone Alajmo et Maria Spacagna (2e Prix ex æquo, 1er Prix non décerné). *1978* Aprile Millo (1er Prix). *1979* Yoshinhiza Yamaji et Valentin Pivovarov (2e Prix ex æquo, 1er Prix non décerné). *1980* Barbara Madrax (1er Prix). *1981* Taro Ichihara et Paata Burchuladze (2e Prix ex æquo, 1er Prix non décerné). *1982* Renata Daltin et Michelle Harman Gulick (2e Prix ex æquo, 1er Prix non décerné). *1983* Bernardino Di Domenico, Vladimir Cernov et Radoslaw Zukowski (2e Prix ex æquo, 1er Prix non décerné). *1984* Sergei Martynov (1er Prix). *1985* Cristina Rubin (1er Prix). *1986* Mark Doss et Hyun Soo Choi (1er Prix ex æquo). *1987* Katalin Szendrenyi et Anatoli Lochak (1er Prix ex æquo). *1988* Natalia Datsko (1er Prix). *1989* Deborah Voigt (1er Prix). *1990* Marta Norette et Oscar Garrido Bassoco (2e Prix ex æquo, 1er Prix non décerné). *1991* pas de 1er Prix. *1992* Alicia Cordelle (1er Prix). *1993* Andrea Silvestrelli (1er Prix).

CONCOURS INTERNATIONAL D'ORGUE « GRAND PRIX DE CHARTRES »

Annuel de 1971 à 1973, il a lieu tous les deux ans depuis 1974. Aucune distinction n'a été attribuée en 1976. A chaque compétition est – ou n'est pas – décerné un Grand Prix d'interprétation et un Grand Prix d'improvisation. Palmarès complet depuis l'origine : *1971* Daniel Roth et Yves Devernay (1er GP ex æquo d'interprétation et d'improvisation). *1972* Charles Benbow (GP d'interprétation), pas de GP d'improvisation. *1973* Wolfgang Rubsam (GP d'interprétation), Philippe Lefebvre (GP d'interprétation). *1974* George C. Baker (GP d'interprétation). Mention d'interprétation : William Paul Haller et Willem D. Viljoen. Pas de GP d'improvisation. *1976* Aucune distinction n'est décernée. *1978* Todd Wilson (GP d'interprétation). Pas de GP d'improvisation. *1980* James Kibbie (GP d'interprétation), Jacques Taddei (GP d'improvisation). *1982* Ludger Lohmann (GP d'interprétation), Loïc Mallie (GP d'improvisation). *1984* Christophe Mantoux (GP d'interprétation), Marie-Bernadette Dufourcet (2e Prix d'interprétation), Gunnar Idenstam (GP d'improvisation), Naji Hakim (2e Prix d'improvisation). *1986* Martin Jean (GP d'interprétation), Gunnar Idenstam (2e Prix d'interprétation). Pas de GP d'improvisation. *1988* Yves Castagnet (GP d'interprétation), Diane Belcher (2e Prix d'interprétation). Pas de GP d'improvisation. *1990* Heidi Emmert (Grand Prix d'interprétation), Pierre Pincemaille (Grand Prix d'improvisation). *1992* Vincent Warnier (Grand Prix d'interprétation), Iain Simcock (2e Prix d'improvisation, Grand Prix non décerné).

CONCOURS INTERNATIONAL DE PIANO ROBERT CASADESUS (CLEVELAND)

Un seul Grand Prix est décerné par concours. Il se déroule tous les deux ans depuis 1975. Palmarès complet depuis l'origine : *1975* John Owings. *1977* Nathalie Bera-Tagrine. *1979* Edward Newman, Jean-Yves Thibaudet (2e Prix). *1981* Philippe Bianconi. *1983* Youngshin An. *1985* Daejin Kim. *1987* Thierry Huillet. *1989* Sergei Babajan (1er Prix). *1991* Ilia Itin (1er Prix). *1993* Amir Katz (1er Prix).

CONCOURS INTERNATIONAL DE PIANO « GPA DUBLIN »

Fondé en 1988, il se déroule tous les trois ans.

1988 Philippe Cassard (1er Prix), Krzysztof Jablonski (2e Prix), François Killian (3e Prix). *1991* Pavel Nersessian (1er Prix).

CONCOURS INTERNATIONAL DE QUATUOR A CORDES D'ÉVIAN

Annuel depuis son origine (1976), il se déroule tous les deux ans depuis 1991.

1976 International String Quartet (1er Grand Prix), Quatuor Eder (2e Prix). *1977* Quatuor Takacs-Nagy (1er Grand Prix), Quatuor Audubon et Quatuor Athenaeum (2e Prix ex æquo). *1978* Quatuor Pražák (1er Grand Prix). *1979* Quatuor Gnessine (1er Grand Prix), Quatuor Varsovia (2e Prix). *1980* Quatuor Muir (1er Grand Prix), Quatuor Tbilissi (2e Prix). *1981* Quatuor Cherubini (1er Grand Prix). *1982* Quatuor Amati (1er Grand Prix), Lydian String Quartet (2e Prix). *1983* Quatuor Hagen (1er Grand Prix), Quatuor Nisaika (2e Prix). *1984* Quatuor Mannheim (2e Prix, 1er Grand Prix non décerné). *1985* Quatuor Sine Nomine (1er Grand Prix), Quatuor Erato et Quatuor Petersen (2e Prix ex æquo). *1986* Quatuor Tim Vogler (1er Grand Prix), Quatuor Martinů (2e Prix). *1987* Quatuor Parisii et Quatuor Hugo Wolf (2e Prix ex æquo, 1er Grand Prix non décerné). *1988* Quatuor Ysaÿe (1er Grand Prix), Quatuor Keller (2e Prix). *1989* Quatuor Anton (1er Grand Prix). *1990* Quatuor Keller (1er Grand Prix), Quatuor Borromeo (2e Prix). *1991* Quatuor Mandelring et Quatuor Miami (2e Prix ex æquo, 1er Grand Prix non décerné). *1993* Quatuor Debussy (1er Grand Prix), Quatuor Miami et Quatuor Auer (2e Prix ex æquo).

CONCOURS INTERNATIONAL DE VIOLONCELLE « GASPAR CASSADO » (FLORENCE)

Fondé en 1969, sa périodicité évolue dans le temps.

1969 Victoria Jagling (1er Prix), Ralph Kirshbaum (3e Prix). *1971* Thomas Igloi (2e Prix, 1er Prix non décerné), Frédéric Lodéon (4e Prix). *1973* Misha Maisky (2e Prix, 1er Prix non décerné). *1975* Timothy Eddy et Mirel Ioankovic (2e Prix ex æquo, 1er Prix non décerné), Ivan Chiffoleau (5e Prix). *1977* Raphael Wallfisch (1er Prix). *1979* Noboru Kamimura (1er Prix). *1981* Ksenija Jankovic (1er Prix). *1983* Charles Curtis et Truls O. Moerk (2e Prix ex æquo, 1er Prix non décerné). *1986* Martina Schucan (1er Prix). *1990* Kaeko Mukoyama (1er Prix).

CONCOURS INTERNATIONAL DE PIANO « VAN CLIBURN » (FORT WORTH)
Fondé en 1962, il se déroule tous les 4 ans. Eliminatoires sur bandes magnétiques.
1962 Ralph Votapek (1er Prix), Cécile Ousset (4e Prix). *1966* Radu Lupu (1er Prix), Rudolf Buchbinder (5e Prix). *1969* Cristina Ortiz (1er Prix). *1973* Vladimir Viardo (1er Prix), Christian Zacharias (2e Prix). *1977* Steven De Groote (1er Prix), Michel Dalberto (4e Prix ex æquo). *1981* André-Michel Schub (1er Prix). *1985* José Feghali (1er Prix), Philippe Bianconi (2e Prix), Barry Douglas (3e Prix). *1989* Alexei Sultanov (1er Prix). *1993* Simone Pedroni (1er Prix).

CONCOURS INTERNATIONAL DE VIOLON « NICOLO PAGANINI » (GÊNES)
Fondé en 1954, il se déroule tous les ans.
1954 aucun Prix n'est décerné. *1955* Luciano Vicari (3e Prix, 1er et 2e Prix non décernés). *1956* György Pauk et Gérard Poulet (1er Prix ex æquo), Jean-Pierre Wallez (4e Prix). *1957* Salvatore Accardo et Pierre Doukan (2e Prix ex æquo, 1er Prix non décerné), Jean-Pierre Wallez (3e Prix). *1958* Salvatore Accardo (1er Prix), Jean-Pierre Wallez (2e Prix). *1959* Stuart Canin (1er Prix), Catherine Courtois (4e Prix). *1960* Jean-Pierre Wallez et Yossef Zivoni (2e Prix ex æquo, 1er Prix non décerné). *1961* Emil Kamilarov (1er Prix). *1962* Maryvonne Le Dizès (1er Prix). *1963* Oleg Kryssa (1er Prix). *1964* Jean-Jacques Kantorow (1er Prix), Pierre Amoyal (2e Prix ex æquo). *1965* Victor Pikaisen (1er Prix). *1966* Robert Menga (2e Prix, 1er Prix non décerné). *1967* Gregor Gislin (1er Prix), Patrice Fontanarosa (3e Prix). *1968* Miriam Fried (1er Prix), Emmanuel Krivine (6e Prix). *1969* Gidon Kremer (1er Prix). *1970* Mintscho Mintschev (2e Prix, 1er Prix non décerné). *1971* Mossei Secler (1er Prix). *1972* Eugene Fodor (1er Prix). *1973* Alexander Kramarov (1er Prix), Yuval Yaron (2e Prix). *1974* Lynn Chang et Eugen Sarbu (2e Prix ex æquo, 1er Prix non décerné). *1975* Yuri Korcinski (1er Prix). *1976* Lenuta Ciulei (1er Prix). *1977* Ilja Grubert (1er Prix). *1978* Eugen Sarbu (1er Prix), Berthilde Dufour (5e Prix). *1979* Paul Florin (1er Prix). *1980* Niculae Tudor (2e Prix, 1er Prix non décerné). *1981* Ilja Kaler (1er Prix). *1982* Alexander Markov et Boris Garlizki (2e Prix ex æquo, 1er Prix non décerné). *1983* Laurent Korcia (2e Prix, 1er Prix non décerné). *1984* Vadim Brodski (2e Prix, 1er Prix non décerné). *1985* Dimitri Berlinski (1er Prix). *1986* pas de concours. *1987* Szu-Ching Lu (1er Prix). *1988* Leonidas Kavakos (1er Prix). *1989* pas de concours. *1990* Natalia Prischepenko (1er Prix). *1991* Massimo Quarta (1er Prix). *1992* Julia Krasko (1er Prix). *1993* Isabelle Faust (1er Prix).

CONCOURS INTERNATIONAL D'EXÉCUTION MUSICALE DE GENÈVE
Fondé en 1939, il se déroule tous les ans. Il est multidisciplinaire à chaque édition. Jusqu'en 1961, il a maintenu un concours homme et un concours femme pour les épreuves de piano.
1939 Maria Stader (1er Prix voix femme), Fritz Ollendorff (1er Prix voix homme), Robert Gugolz (1er Prix clarinette), André Jaunet (1er Prix flûte), Paul Valentin (1er Prix hautbois), Arturo-Benedetti Michelangeli (1er Prix piano homme) ; *1940* Libero De Luca (2e Prix ex æquo chant homme, 1er Prix non décerné), Elisabeth Gehri (1er Prix chant femme), Edmond Leloir (1er Prix cor), Cécile Béguin (1er Prix piano femme), Rudolf am Bach (1er Prix piano homme), Lola Benda (1er Prix violon), Armand Tabachnik (2e Prix trombone, 1er Prix non décerné) ; *1941* Willy Urfer (1er Prix flûte), Hubert Fauquex et Edgar Shann (1er Prix hautbois ex æquo), André Perret (1er Prix piano homme), Nelly Roser et Madeleine Dépraz (2e Prix piano ex æquo, 1er Prix non décerné), Georg Solti (2e Prix piano homme), Quatuor Honegger (1er Prix quatuor à cordes) ; *1942* Paul Doktor (1er Prix alto), Aurèle Nicolet (1er Prix flûte), Georg Solti (1er Prix piano homme), Jürg Stucki (1er Prix violon) ; *1943* Henri Paychère (1er Prix trompette), Corrado Romano (1er Prix violon) ; *1944* Harry Datyner (1er Prix piano homme), duo Monique et Guy Fallot (1er Prix duo piano/violoncelle), François Rabot (2e Prix orgue, 1er Prix non décerné) ; *1945* Adrienne Miglietti (1er Prix chant femme), Nico Kaufmann (1er Prix piano homme), Michèle Auclair (1er Prix violon) ; *1946* Raphael Arie (1er Prix chant homme), Léon Leroy (1er Prix flûte), Edgar Shann (1er Prix hautbois), Friedrich Gulda (1er Prix piano homme), Annie d'Arco (2e Prix ex æquo piano femme), Quatuor Végh (1er Prix quatuor à cordes), Raymonde Verrando (1er Prix violoncelle), Antonio Janigro (2e Prix violoncelle), Riccardo Brengola (1er Prix violon) ; *1947* Victoria de Los Angeles (1er Prix chant femme), Henri Druart (1er Prix clarinette), Paolo Spagnolo (1er Prix piano homme) ; *1948* Julianna Farkas (1er Prix chant femme), Manfred Jungwirth (1er Prix chant homme), Gilbert Coursier (1er Prix cor), Aurèle Nicolet (1er Prix flûte), Kurt Redel et Christian Lardé (2e Prix flûte ex æquo), Maria Tipo (2e Prix piano femme, 1er Prix non décerné) ; *1949* Maurice Allard (1er Prix basson), Paul Hongne (2e Prix basson), Pierre Pierlot (1er Prix hautbois), Maria Tipo (1er Prix piano femme), Robert Weisz (1er Prix piano homme), duo Seitz/Wolfgang Sawallisch (2e Prix ex æquo duo piano/violon, 1er Prix non décerné) ; *1950* Nell Rankin (1er Prix chant femme), Matti Lehtinen (1er Prix chant homme), Walter Berry (2e Prix chant homme), Paul-Jacques Lambert (1er Prix clarinette), Roger Delmotte (1er Prix trompette), Marie-Claire Alain (2e Prix orgue, 1er Prix non décerné) ; *1951* Mattiwilda Dobbs et Jennifer Vyvian (1er Prix chant femme ex æquo), Teresa Stich-Randall (2e Prix chant femme ex æquo), Georges Barboteu

(1er Prix cor), duo Mercier/Coddée (1er Prix duo piano/violoncelle), Christian Lardé (2e Prix flûte, 1er Prix non décerné), Georges Solchany (2e Prix piano homme, 1er Prix non décerné) ; *1952* Michel Sénéchal (1er Prix chant homme), Claude Maisonneuve (1er Prix hautbois), Michel Nouaux (1er Prix saxophone), Ingrid Haebler (2e Prix piano femme, 1er Prix non décerné) ; *1953* André Rabot (1er Prix basson), Orietta Moscucci et Consuelo Rubio (1er Prix chant femme ex æquo), Norbert Bourdon (1er Prix clarinette), Jacques Klein (1er Prix piano homme), Ingrid Haebler (2e Prix piano femme, 1er Prix non décerné) ; *1954* Pamela Bowden (1er Prix chant femme), Dusan Popovic (1er Prix chant homme), Raymond Guiot (1er Prix flûte), Maxence Larrieu (2e Prix flûte), Bernard Ringeissen (1er Prix piano homme), Hans Graf (2e Prix piano homme), Cécile Ousset (2e Prix piano femme ex æquo), Trio Boutard/Casier/Faisandier (1er Prix trio d'anches), Annie Jodry (1er Prix violon) ; *1955* James Milligan (1er Prix chant homme), Maurice André (1er Prix trompette), Malcolm Frager et Gabriel Tacchino (2e Prix piano homme ex æquo, 1er Prix non décerné) ; *1956* Dan Jordachesco (1er Prix chant homme), Albert Linder (1er Prix cor), Pierre Del Vescovo (2e Prix cor), Gaston Maugras et André Lardrot (1er Prix hautbois ex æquo), Robert Alexander Bohnke (1er Prix piano homme) ; *1957* Rudolf Kamorous (1er Prix basson), Ladislau Konya (1er Prix chant homme), Edmond Boulanger et Petko Radev (1er Prix clarinette ex æquo), Martha Argerich (1er Prix piano femme), Dominique Merlet (1er Prix piano homme), Maurizio Pollini (2e Prix piano homme), Leslie Parnas (2e Prix violoncelle, 1er Prix non décerné) ; *1958* Elly Ameling (1er Prix chant femme), Victor Batachev (1er Prix trombone), Maurizio Pollini (2e Prix piano homme, 1er Prix non décerné) ; *1959* Jacques Vandeville et Heinz Holliger (1er Prix hautbois ex æquo), Jean-Paul Sévilla (1er Prix piano homme), Michael Ponti (2e Prix piano homme), Michel Nouaux (1er Prix saxophone), Duo Dechenne/Decroos (1er Prix duo piano/violoncelle) ; *1960* Adriana Macchiaoli (1er Prix chant femme), Peter Rieckhoff (1er Prix clarinette) ; *1961* Michel Debost (1er Prix flûte), Désiré N'Kaoua (1er Prix piano homme) ; *1962* Joachim Grubich (1er Prix orgue), Quintette de la Philharmonia Hungarica (1er Prix quintette à vent) ; *1963* Bruce Abel (1er Prix chant homme), Michel Portal (2e Prix clarinette, 1er Prix non décerné), Maurice Bourgue (2e Prix hautbois, 1er Prix non décerné) ; *1964* José Van Dam (1er Prix chant homme), Suzanna Mildonian (1er Prix harpe), Robert Majek (1er Prix piano) ; *1965* Michel Garcin-Marrou et Jaroslav Kotulan (1er Prix cor ex æquo), Jean-Jacques Kantorow et Catherine Courtois (2e Prix violon ex æquo, 1er Prix non décerné) ; *1966* Francina Gironès (1er Prix chant femme), Paula Sylvester (1er Prix flûte), Roman Siwek (1er Prix trombone), André Gorog (2e Prix piano ex æquo, 1er Prix non décerné), Quatuor Melos (2e Prix ex æquo quatuor à cordes, 1er Prix non décerné) ; *1967* Jerzy Sulikowski (1er Prix piano) ; *1968* Francis Hardy (1er Prix trompette), Nobuko Imai (2e Prix alto ex æquo, 1er Prix non décerné), Jean-Claude Malgoire (2e Prix hautbois ex æquo, 1er Prix non décerné), Jean-Claude Pennetier (2e Prix piano ex æquo, 1er Prix non décerné) ; *1969* Yeon Lee Joo et Ionel Pantea (1er Prix chant homme ex æquo), Peter Efler (1er Prix piano), Christian Zacharias (2e Prix piano) ; *1970* Ria Bollen (1er Prix chant femme), Margrit Pirner (1er Prix piano), Gabriella Ijac (1er Prix violon) ; *1971* Myung-Wha Chung et Bogumila Reszke (1er Prix violoncelle ex æquo), Jean-Paul Goy (2e Prix hautbois, 1er Prix non décerné), David Lively (2e Prix piano, 1er Prix non décerné) ; *1972* Atar Arad (1er Prix alto), Konstantin Ploujnikov (1er Prix chant homme), Thomas Friedli (1er Prix clarinette), Michel Arrignon (2e Prix clarinette), Sumira Yoshihara (1er Prix percussion) ; *1973* Ivan Kotov (1er Prix contrebasse), Toshiko Kohno (1er Prix flûte), Anatole Skobelev (1er Prix trombone), Alain Raes (2e Prix piano ex æquo, 1er Prix non décerné) ; *1974* Gary Kendall (1er Prix chant homme), Ola Ortenberg (1er Prix harpe), Chantal Mathieu (2e Prix harpe), Quatuor Kreuzberger (1er Prix quatuor à cordes) ; *1975* Dusan Bogdanovic (1er Prix guitare), Guy Touvron (2e Prix trompette ex æquo, 1er Prix non décerné) ; *1976* Katherine Ciesinski (1er Prix chant femme), Tatiana Chebanova (1er Prix piano), Pierre Laurent Aimard et Cécile Hugonnard-Roche (2e Prix piano ex æquo) ; *1977* Bela Chavès (1er Prix alto), Kristine Ciesinski (1er Prix chant femme), Jean-Christophe Gayot (1er Prix hautbois) ; *1978* Margareta Haverinen (1er Prix chant femme), Irena Grafenauer (1er Prix flûte) ; *1979* Christian Jean (1er Prix chant concert), Michel Becquet (1er Prix trombone), François Guye (1er Prix violoncelle) ; *1980* Gilbert Audin (1er Prix basson), New York Vocal Art Ensemble (1er Prix quatuor vocal) ; *1981* pas de 1er Prix ; *1982* Tabea Zimmermann (1er Prix alto), Peter Sadlo (1er Prix percussion), Evgueni Krouchevski (1er Prix piano) ; *1983* Juliana Gondek (1er Prix chant opéra), Nico Abondolo (1er Prix contrebasse) ; *1984* Grzegorz Nowak (1er Prix direction d'orchestre) ; *1985* Chihiro Bamba (1er Prix chant femme), Jonathan Biggers (1er Prix orgue) ; *1986* Leonid Gorakhov (1er Prix violoncelle) ; *1987* Hong-Mei Xiao (1er Prix alto), Anders Engstrom (1er Prix basson), Maria Diaconu (1er Prix chant femme), Ole Edvard Antonsen (1er Prix trompette) ; *1988* Viktor Vidovic (1er Prix guitare), Alex Klein (1er Prix hautbois), Jonas Bylund (1er Prix trombone) ; *1989* Michelle Crider (1er Prix chant femme), Reinhard Hagen (1er Prix chant homme) ; *1990* Nelson Goerner (1er Prix piano), Zheng-Rong Wang (1er Prix violon), Fabio Di Casola (1er Prix clarinette) ;

1991 Wen-Sinn Yang (1er Prix violoncelle), Liliana Nichiteanu (2e Prix chant opéra, 1er Prix non décerné), Oleg Melnikov (2e Prix chant opéra homme, 1er Prix non décerné), Jens Bjorn-Larsen (1er Prix tuba) ; *1992* Takafumi Fujimoto (2e Prix percussion, 1er Prix non décerné), Alessandro Cesaro (2e Prix piano, 1er Prix non décerné), Yoshiko Kawamoto (2e Prix alto, 1er Prix non décerné), Emmanuel Pahud (1er Prix flûte) ; *1993* Alessio Corti (1er Prix orgue), Francesco Manara (1er Prix violon), Jane Irwin (1er Prix chant).

CONCOURS INTERNATIONAL DE VIOLON JAN SIBELIUS (HELSINKI)

Créé en 1965, il se déroule tous les cinq ans.

1965 Oleg Kagan (1er Prix), Joshua Epstein (2e Prix), Jean-Jacques Kantorow (7e Prix) ; *1970* Liana Issakadze et Pavel Kogan (1er Prix ex æquo) ; *1975* Yuval Yaron (1er Prix) ; *1980* Victoria Mullova (1er Prix), Olivier Charlier (4e Prix) ; *1985* Ilia Kaler et Leonidas Kavakos (1er Prix ex æquo) ; *1990* Cristina Anghelescu (2e Prix, 1er Prix non décerné).

CONCOURS INTERNATIONAL DE CHANT DE S-HERTOGENBOSCH

Fondé en 1954, il se déroule tous les ans et décerne un 1er Prix femme et un 1er Prix homme (liste dans cet ordre). Depuis 1990, hommes et femmes concourent ensemble dans trois catégories : opéra, lied, oratorio.

1954 Anette de la Bije et Aukje Karsemeyer (1er Prix ex æquo), Frans Meulemans et Hans Wilbrink (1er Prix ex æquo) ; *1955* Eva Bornemann, Jean Capiaux ; *1956* Elly Ameling, Adna Gaham et Halina Lukomska (1er Prix ex æquo), Ladeslav Mraz ; *1957* Maria Van Dongen, non décerné ; *1958* Elizabeth Simon, non décerné ; *1959* Zofia Janukowicz et Mariette Dierckx (1er Prix ex æquo), Arthur Loosli ; *1960* Lisé Arséguet, Karoly Schmidt ; *1961* Yvonne Minton, Alfons Bartha et Thomas Carey (1er Prix ex æquo) ; *1962* non décerné, Jules Bastin ; *1963* Margareth Duckworth, Dan Jordachescu ; *1964* Janka Bekas et Bozena Kinasz-Mikolajczak (1er Prix ex æquo, non décerné) ; *1965* Ileana Cotrubas et Victoria Cortez (1er Prix ex æquo), Siegmund Niemsgern ; *1966* Marina Krilovici, Ludovic Spiess ; *1967* non décerné, Louis Williams ; *1968* Csilla Zentai, Hans-Georg Dahmen ; *1969* Maria Slatinaru et Else Paaske (1er Prix ex æquo), Walker Wyatt ; *1970* Sona Ghazarian, Schuichi Takahashi ; *1971* Horiana Branisteanu et Yuko Tsuji (1er Prix ex æquo), Robert Holl et Thomas Thomaschke (1er Prix ex æquo) ; *1972* Gerda Spireanu et Patricia Payne (1er Prix ex æquo), Robert Currier-Chistesen ; *1973* Adrienne Csengery, non décerné ; *1974* Nadezda Vainer, Williams La Verne ; *1975* Maria Venuti et Patricia Price (1er Prix ex æquo), Vladimir Pankratov ; *1976* Mitsuko Shirai, non décerné ; *1977* Raili Viljakainen et Linda Finnie (1er Prix ex æquo), William Elvin ; *1978* Larissa Chevtchenko, David James et Ingemar Korjus (1er Prix ex æquo) ; *1979* Nelly Miriciciu, non décerné ; *1980* Lynda Russell et Mariana Cioromila (1er Prix ex æquo), Thomas Wilcox ; *1981* Anna Dawson et Tatiana Cherkasova (1er Prix ex æquo), Jean Nirouet, Howard Haskin et Jan Opalach (1er Prix ex æquo) ; *1982* Elzbieta Szmytka et Anna Caleb (1er Prix ex æquo), non décerné ; *1983* Jidith Malafronte, non décerné ; *1984* Lani Poulson, Thomas Mohr ; *1985* Elena Brylewa, Boris Bechko ; *1986* Quing Miao, non décerné ; *1987* Fiona Cameron, non décerné ; *1988* Adrianne Pieczonka et Ruth Ziesal (1er Prix ex æquo), non décerné ; *1989* Yvi Jaenicke, non décerné ; *1990* Oleg Malikov et Marina Zhukova (1er Prix opéra ex æquo), Katsunori Kono (1er Prix lied) ; *1991* Petra Lang (1er Prix opéra), Ralf Lukas (1er Prix oratorio), Reginaldo Pinheiro (2e Prix lied, 1er Prix non décerné) ; *1992* Angelina Ruzzafante et Yve Liu (1er Prix opéra ex æquo), Cornelia Hosp (2e Prix lied, 1er Prix non décerné) ; *1993* pas de concours.

CONCOURS INTERNATIONAL DE HARPE D'ISRAËL (JÉRUSALEM)

Fondé en 1959, il se déroule tous les trois ans.

1959 Susanna Mildonian (1er Prix) ; *1962* Alison Turner (1er Prix) ; *1965* Martine Géliot (1er Prix) ; *1970* Chantal Mathieu (1er Prix) ; *1973* Nancy Allen (1er Prix) ; *1976* Ivan Ion Roncea (1er Prix) ; *1979* Mary Emily Mitchell (1er Prix) ; *1982* Alice Giles (1er Prix) ; *1985* Naoko Yoshino (1er Prix) ; *1988* Isabelle Moretti (1er Prix) ; *1991* Marie-Pierre Langlamet (1er Prix).

CONCOURS INTERNATIONAL DE DIRECTION D'ORCHESTRE GRZEGORZ FITELBERG (KATOWICE)

Fondé en 1979 à la mémoire du grand chef polonais qui contribua à la reconstitution de la vie symphonique de son pays après la guerre. Quadriannuel. Palmarès complet : *1979* Claus Peter Flor (1er Prix), Uri Mayer (2e Prix), Tadeusz Wojciechowski (3e Prix) ; *1983* Chikara Imamura (1er Prix), Anton Zapf (2e Prix), Andreas Weiss (3e Prix) ; *1987* Michael Zilm (1er Prix), Patrick Fournillier (2e Prix), Robert Ziegler (3e Prix) ; *1991* Makoto Shuehiro (1er Prix), Shinik Hahm et Jim Wang (2e Prix ex æquo), Christoph Campestrini (3e Prix).

CONCOURS INTERNATIONAL DE PIANO HARVEYS LEEDS (LEEDS)

Fondé en 1963, il se déroule tous les trois ans. Il décerne entre trois et six Prix par édition. Palmarès intégral depuis l'origine.

1963 Michael Roll (1er Prix), Vladimir Krainev (2e Prix), Sébastien Risler (3e Prix), Armenta Adams (4e Prix) ; *1966* Rafael Orozco (1er Prix), Victoria Postnikova et Semyon Kruchin (2e Prix ex æquo), Aleksei Nasedkin (3e Prix), Jean-Rodolphe Kars (4e Prix) ; *1969* Radu Lupu (1er Prix), Georges Pludermacher (2e Prix), Arthur Moreira-Lima (3e Prix), Boris Petruchanski (4e Prix), Anne Queffelec (5e Prix) ; *1972* Murray Perahia (1er Prix), Craig Sheppard (2e Prix), Eugène Indjic (3e Prix) ; *1975* Dmitri Alexeev (1er Prix), Mitsuko Uchida (2e Prix), Andras Schiff et Pascal Devoyon (3e Prix ex æquo), Myung-Whun Chung et Michael Houston (4e Prix ex æquo) ; *1978* Michel Dalberto (1er Prix), Diana Kacso (2e Prix), Lydia Artimiw (3e Prix), Ian Hobson (4e Prix) ; *1981* Ian Hobson (1er Prix), Wolfgang Manz (2e Prix), Bernard d'Ascoli (3e Prix), Daniel Blumenthal (4e Prix) ; *1984* Jon Kimura Parker (1er Prix), Ju Hee Suh (2e Prix), Junko Otake (3e Prix), Louis Lortie (4e Prix) ; *1987* Vladimir Ovchinikov (1er Prix), Ian Munro (2e Prix), Noriko Ogawa (3e Prix), Boris Brezovsky (4e Prix) ; *1990* Artur Pizzaro (1er Prix), Lars Vogt (2e Prix), Eric Lesage (3e Prix), Balazs Szokolay (4e Prix), Haesun Paik (5e Prix), Andrei Nickolaevich Zehltonog (6e Prix) ; *1993* Richardo Castro (1er Prix), Leon McCawley (2e Prix), Mark Anderson (3e Prix), Filippo Gamba (4e Prix), Maxim Philippov (5e Prix), Margarita Chevtchenko (6e Prix).

CONCOURS INTERNATIONAL JOHANN SEBASTIAN BACH (LEIPZIG)

Fondé en 1950, il se déroule tous les quatre ans. Plusieurs disciplines variables à chaque édition : piano, orgue, chant, violon, violoncelle, clavecin, flûte. Les œuvres de J.S. Bach sont dominantes dans les épreuves imposées.

1950 Tatiana Nikolaieva (1er Prix piano), Jörg Demus (3e Prix piano), Amadeus Webersinke et Karl Richter (1er Prix orgue ex æquo), Ingrid Haebler (2e Prix clavecin, 1er Prix non décerné), Eva Fleischer (2e Prix chant, 1er Prix non décerné), Igor Besrodny (1er Prix violon) ; *1964* Ilse Graubin (1er Prix piano), Peter Sovadina (1er Prix orgue), Bruce Abel (1er Prix chant) ; *1968* Valeri Afanasiev (1er Prix piano), Henning Wagner (1er Prix orgue), Daniel Chorzempa (2e Prix orgue), Heidi Berthold-Riess (1er Prix chant), Olef Kagan (1er Prix violon) ; *1972* Winfried Apel (1er Prix piano), Heribert Metzger (1er Prix orgue), Rosemarie Lang (1er Prix chant femme), Dieter Weimann (1er Prix chant homme), Lionel Party (1er Prix clavecin), Vladimir Ivanov (1er Prix violon) ; *1976* Mikhail Voltschok (1er Prix piano), Elisabeth Ullmann (1er Prix orgue), Carola Nossek (1er Prix chant femme), Waldemar Wild (1er Prix chant homme), Nilla Pierrou (1er Prix violon), Alexander Rudin (1er Prix violoncelle), Yvan Chiffoleau (2e Prix violoncelle) ; *1980* Anaid Nersesian (1er Prix piano), Zsuzsanna Elekes (1er Prix orgue), Jadwa Rappé (1er Prix chant femme), Yukio Imanaka (1er Prix chant homme), Midhael Erxleben (1er Prix violon), Kerstin Feltz (1er Prix violoncelle) ; *1984* Alexander Paley (1er Prix piano), John Gavin Scott (1er Prix orgue), Angela Liebold (1er Prix chant femme), Egbert Junghanns (1er Prix chant homme), Alexei Koschwanetz (1er Prix violon), Wolfgang Ritter (1er Prix flûte) ; *1988* Martin Sander (1er Prix orgue), Gerald Fauth (1er Prix piano), Antja Weithaas (1er Prix violon), Marc Coppey (1er Prix violoncelle) ; *1992* Ragna Schirmer (2e Prix piano, 1er Prix non décerné), Luca Antoniotti et Michael Bloss (2e Prix orgue, 1er Prix non décerné), Daniela Numico (2e Prix clavecin, 1er Prix non décerné), Rachel Barton (1er Prix violon), Bogna Bartosz (1er Prix chant femme), Jochen Kupfer (2e Prix chant homme, 1er Prix non décerné).

CONCOURS INTERNATIONAL VIANNA DA MOTTA (LISBONNE)

Fondé en 1957, il se déroule tous les quatre ans. D'abord consacré au piano, il s'intéresse depuis 1991 au violon.

1957 Naum Chtarkman (1er Prix), Milosz Magin (3e Prix) ; *1964* Nelson Freire et Vladimir Krainev (1er Prix ex æquo) ; *1966* pas de 1er Prix, Rafael Orozco (4e Prix ex æquo), Maria Joao Pires (6e Prix) ; *1968* Victoria Postnikova et Farhad Badalbeily (1er Prix ex æquo), Georges Pludermacher (3e Prix) ; *1971* pas de 1er Prix, Emmanuel Ax (3e Prix) ; *1973* Ida Kavafian et Geraldo Ribeiro (1er Prix ex æquo) ; *1975* Tiofil Bikis et William De Van (1er Prix ex æquo) ; *1979* Aroutun Papazian (1e Prix) ; *1983* pas de 1er Prix ; *1987* Artur Pizarro (1er Prix) ; *1991* Igor Kamenz (2e Prix piano, 1er Prix non décerné), Graf Mouria (2e Prix violon, 1er Prix non décerné).

CONCOURS INTERNATIONAL DE VIOLON CARL FLESCH (LONDRES)

Fondé en 1968, il se déroule tous les deux ans.

1968 Joshua Epstein (1er Prix), Sylvie Gazeau (2e Prix) ; *1970* Stoïka Milanova (1er Prix), Csaba Erdelyi (3e Prix) ; *1972* Csaba Erdelyi (1er Prix), Mintcho Mintchev (4e Prix) ; *1974* Mintcho Mintchev (1er Prix) ; *1976* Dora Schwarzberg (1er Prix), Eugene Sarbu (4e Prix) ; *1978* Eugene Sarbu (1er Prix) ; *1980* Barbara Gorzynska (1er Prix), Raphael Oleg (3e Prix) ; *1982* Adelina Oprean (1er Prix) ; *1984* Masayuki Kino (2e Prix, 1er Prix non décerné) ; *1986* Xue Wei (1er Prix) ; *1988* Sungsic Yang (1er Prix) ; *1990* Maxim Vengerov (1er Prix) ; *1992* Benjamin Schmidt (1er Prix).

CONCOURS INTERNATIONAL DE DIRECTION D'ORCHESTRE DE LA FONDATION RUPERT (LONDRES)

Principaux lauréats : *1972* Guido Ajmone-Marsan ; *1974* Marc Soustrot ; *1976* Ivan Fischer ; *1982* Andrew Litton.

CONCOURS INTERNATIONAL DE MUSIQUE DE MONTRÉAL

Fondé en 1965, il obéit à un cycle de quatre ans : piano, violon, chant, plus une année de relâche. La périodicité des disciplines est organisée de manière à ne jamais faire double emploi avec les Concours Reine Elisabeth de Belgique et Tchaïkovski.

1965 Albert Lotto et Jean-Claude Pennetier (1er Prix piano ex æquo) ; *1966* Vladimir Landsman (1er Prix violon), Jean-Jacques Kantorow (lauréat violon) ; *1967* Marina Krilovici et Yuri Mazurok (1er Prix chant ex æquo) ; *1968* Garrick Ohlsson (1er Prix piano), Peter Rosel (2e Prix piano) ; *1969* Vladimir Spivakov (1er Prix violon), Gidon Kremer et Oleg Krissa (2e Prix violon ex æquo) ; *1970* Maurice Brown (2e Prix chant, 1er Prix non décerné) ; *1971* Peter Basquin (2e Prix piano, 1er Prix non décerné) ; *1972* Ruben Agaronian (1er Prix violon), Sylvie Gazeau (lauréat violon) ; *1973* Gheorghe-Emil Crasnaru (1er Prix chant) ; *1975* Dong-Suk Kang et Yuval Yaron (2e Prix violon ex æquo, 1er Prix non décerné) ; *1976* Eteri Andjaparidze (1er Prix), Gerhard Oppitz (2e Prix ex æquo) ; *1977* William Parker et Louise Wohlafka (2e Prix chant ex æquo, 1er Prix non décerné) ; *1979* Peter Zazofsky (1er Prix violon) ; *1980* Ivo Pogorelich (1er Prix piano) ; *1981* Judith Nicosia (2e Prix chant, 1er Prix non décerné) ; *1983* Chim Kim (2e Prix violon, 1er Prix non décerné) ; *1984* Ekaterina Sarantseva (1er Prix piano) ; *1985* Sandra Graham et Andreas Scheibner (2e Prix chant ex æquo, 1er Prix non décerné) ; *1987* Dimitri Berlinski (1er Prix violon) ; *1988* Angela Cheng (1er Prix piano) ; *1989* John Koch et Steffanie Pearce (2e Prix chant ex æquo, 1er Prix non décerné) ; *1991* Hiroko Suzuki (2e Prix violon, 1er Prix non décerné) ; *1992* Richard Raymond (1er Prix) ; *1993* Phillys Pancella (1er Prix chant).

CONCOURS INTERNATIONAL DE PIANO CLARA HASKIL (MONTREUX-VEVEY)

Un seul prix est décerné par concours. Il se déroule tous les deux ans. Palmarès complet depuis l'origine : *1963* Prix non décerné ; *1965* Christoph Eschenbach ; *1967* Dinorah Varsi ; *1969* Prix non décerné ; *1971* Pas de concours ; *1973* Richard Goode ; *1975* Michel Dalberto ; *1977* Evgeni Koroliov ; *1979* Cynthia Raim ; *1981* Konstanze Eickhorst ; *1983* Prix non décerné ; *1985* Natasa Veljkovic ; *1987* Hiroko Sakagami ; *1989* Gustavo Romero ; *1991* Steven Osborne ; *1993* Till Fellner.

CONCOURS INTERNATIONAL TCHAÏKOVSKI (MOSCOU)

Fondé en 1958, il se déroule tous les quatre ans. Consacré à l'origine au piano et au violon, il s'est étendu au violoncelle (1962) et à la voix (1966). Toutes les spécialités sont représentées à chaque édition. Nous publions ici la liste complète de tous les prix décernés depuis l'origine.

1958 (piano) Van Cliburn (1er Prix), Lev Vlassenko (2e Prix), Liu Chin-Kung (2e Prix ex æquo), Naum Starkman (3e Prix), Eduard Miansarov (4e Prix), Milena Veselinova-Molleva (5e Prix), Nadia Gedda-Nova (6e Prix), Toyoaki Matsuura (7e Prix), Daniel Pollack (8e Prix).

Violon : Valery Klimov (1er Prix), Viktor Pikaisen (2e Prix), Stefan Ruha (3e Prix), Mark Lubotsky (4e Prix), Victor Liberman (5e Prix), Valentin Zhuk (6e Prix), Joyce Flissler (7e Prix), Zarius Shikhmurzaeva (8e Prix).

1962 (piano) Vladimir Ashkenazy et John Ogdon (1er Prix ex æquo), Susan Starr et In Cheng-Tsung (2e Prix ex æquo), Eliso Virsaladze (3e Prix), Marina Mdivani (4e Prix), Valery Kamichov (5e Prix), Christiane Billaud (6e Prix), Alexei Nasedkin (6e Prix ex æquo).

Violon : Boris Goutnikov (1er Prix), Shmuel Ashkenasy et Irina Botchkova (2e Prix ex æquo), Nina Beilina et Yoko Kubo (3e Prix ex æquo), Albert Markov (4e Prix), Eduard Grach (5e Prix), Vadim Selitsky (6e Prix), Alexander Melnikov et Betty Jean Hagen (7e Prix ex æquo).

Violoncelle : Natalia Chakhovskaïa (1er Prix), Leslie Parnas et Valentin Feigin (2e Prix ex æquo), Natalia Gutman et Mikhaïl Khomitzer (3e Prix ex æquo), Laszlo Mëzo (4e Prix), Douglas Lynn Davis (5e Prix), Toby Saks (6e Prix).

1966 (piano) Grigory Sokolov (1er Prix), Mischa Dichter (2e Prix), Victor Eresco (3e Prix), Alexander Slobodianik et Georgy Sirota (4e Prix ex æquo), Edward Auer et James Dick (5e Prix ex æquo), François-Joël Thiollier et Peter Rösel (6e Prix ex æquo), André De Groote (7e Prix), Lucien Carnesecca et Bruno Rigutto (8e Prix ex æquo).

Violon : Viktor Tretiakov (1er Prix), Masuko Ushioda et Oleg Kagan (2e Prix ex æquo), Oleg Krysa et Yoke Sato (3e Prix ex æquo), Nicholas Chumachenko (4e Prix), Zinovy Vinnikov (5e Prix), Ruben Agaronian et Erick Friedman (6e Prix ex æquo), Charles Martin Castleman (8e Prix, 7e Prix non décerné).

Violoncelle : Karine Georgian (1er Prix), Stephan Keits et Arte Noras (2e Prix ex æquo), Eleonora Testeletz et Kenichiro Yasuda (3e Prix ex æquo), Lorenz Lesser (4e Prix), Tamara Gabarashvili (5e Prix), Mikhaïl Maisky (6e Prix).

Voix femme : Jane Marsh (1er Prix), Veronica Tyler et Evelina Stoizeva (2e Prix ex æquo), Maria Bieshu (3e Prix).

Voix homme : Vladimir Atlantov (1er Prix), Nikolai Okhotnikov (2e Prix), Simon Estes et Konstantin Lissovski (3e Prix ex æquo), Vatslav Daunoras (4e Prix), Vasile Martinoiu (5e Prix).

1970 (piano) Vladimir Krainev et John Lill (1er Prix ex æquo), Horacio Gutierrez (2e Prix), Arthur Moreira-Lima et Victoria Postnikova (3e Prix), Arkady Sevidov (4e Prix), James Tocco (5e Prix).

Violon : Gidon Kremer (1er Prix), Vladimir Spivakov et Mayumi Fujikawa (2e Prix ex æquo), Liana Issakadze (3e Prix), Tatiana Grindenko et Andrei Korsakov (4e Prix ex æquo), Glenn Dichterow (5e Prix), Andrei Agoston (6e Prix).

Violoncelle : David Geringas (1er Prix), Victoria Yagling (2e Prix), Ko Iwasaki (3e Prix), Igor Gavrish et Vagran Saradjan (4e Prix ex æquo), David Grigorian (5e Prix), Ralph Kirshbaum (6e Prix).

Voix femme : Elena Obraszova et Tamara Siniavskaia (1er Prix ex æquo), Evdokia Kolesnik (3e Prix, 2e Prix non décerné), Nadejda Krasnaia (4e Prix), Eszter Kovacs (5e Prix), Edna Garabedian-George (6e Prix).

Voix homme : Evgeni Nesterenko et Nikolai Ogrenitch (1er Prix ex æquo), Vladislav Piavko et Zurab Sotkilava (2e Prix ex æquo), Victor Trishin (3e Prix), Alexander Pravilov et Alexander Rudkovski (4e Prix ex æquo), Thomas Thomaselke (5e Prix), Sarkis Guyumdjan et Valery Kutchinski (6e Prix ex æquo).

1974 (piano) Andrei Gavrilov (1er Prix), Stanislav Igolinski et Myung-Whu Chung (2e Prix ex æquo), Yuri Egorov (3e Prix), Eteri Andjaparidze et Andras Schiff (4e Prix ex æquo), Dmitri Alexeïev (5e Prix), David Lively et Brigitte Engerer (6e Prix ex æquo).

Violon : Eugène Fodor, Ruben Agaronian, Russudan Gvassalia (2e Prix ex æquo, 1er Prix non décerné), Marie-Annick Nicolas et Vanya Milanova (3e Prix ex æquo), Lidia Chutke (4e Prix), Vadim Brodski (5e Prix), Anatoli Melnikov (6e Prix), Moissey Sekler (7e Prix).

Violoncelle : Boris Pergamentchikov (1er Prix), Ivan Monighetti (2e Prix), Hirofumi Kanno (3e Prix), James Kreger et Seta Baltayan (4e Prix ex æquo), Ivan Chiffoleau et Angela Schwarz (6e Prix ex æquo), Iossif Feigelson (8e Prix, 7e Prix non décerné).

Voix femme : Liudmila Sergienko, Sylvia Sass et Stefka Evstatieva (2e Prix ex æquo, 1er Prix non décerné), Galina Kalinina et Tatiana Erastova (3e Prix ex æquo), Rimma Glushkova (5e Prix, 4e Prix non décerné), Gordana Jevtovich (6e Prix).

Voix homme : Ivan Ponomarenko (1er Prix), Kolos Kovacs (2e Prix), Anatoli Ponomarenko et Vladimir Maltchenko (3e Prix ex æquo), Alexander Dedik et Anatoli Boiko (4e Prix ex æquo), Anatoli Kotcherga et Peter Dvorsky (5e Prix ex æquo), 6e Prix non attribué.

1978 (piano) Mikhaïl Pletnev (1er Prix), Pascal Devoyon et Henry Laplant (2e Prix ex æquo), Nikolai Demidenko et Evgeni Rivkin (3e Prix ex æquo), Terens Jado et Boris Petrov (4e Prix ex æquo), Christian Bleckshou (5e Prix), Naum Grubert (6e Prix).

Violon : Ilya Grubert et Elmar Oliveira (1er Prix ex æquo), Mihaela Martin et Dilana Jenson (2e Prix ex æquo), Irina Medvedeva et Alexander Vinnitski (3e Prix ex æquo), Daniel Heioretz et Kim Sang Cho (4e Prix ex æquo), Takashi Shimizu (5e Prix).

Violoncelle : Nataniel Rosen (1er Prix), Mari Fujiwara et Daniel Weis (2e Prix ex æquo), Alexander Kniasev et Alexander Rudin (3e Prix ex æquo), Franz Springel (4e Prix), Marzio Karneire (5e Prix), Sergei Sudzilovski (6e Prix).

Voix femme : Ludmila Chemehuk (1er Prix), Ludmila Nam (2e Prix), Eva Podlesh et Mariana Tcharomila (3e Prix ex æquo), Jaerlin Peige-Green et Katalin Pitty (4e Prix ex æquo), Nelly Bezkova (5e Prix).

Voix homme : Valentin Pivovarev et Nikita Storojev (2e Prix ex æquo, 1er Prix non décerné), Yuri Statnik (3e Prix), Stephan Spivak et Peter Skusnichenko (4e Prix ex æquo).

1982 (piano) Peter Denohoe et Vladimir Ovchinnikov (2e Prix ex æquo, 1er Prix non décerné), Michie Koyama (3e Prix), Dmitri Gaiduk et Kalle Randalu (4e Prix ex æquo), Maria Rowena Arrieta (5e Prix), Nino Kereselidze et Michel Houston (6e Prix ex æquo), James Barbagallo et Emma Takhmizian (7e Prix ex æquo).

Violon : Victoria Mullova et Sergei Stadler (1er Prix ex æquo), Tomoko Kato (2e Prix), Stephania Chase et Andres Cardeñes (3e Prix ex æquo), Annick Roussin (4e Prix), Ralph Evens (6e Prix, 5e Prix non décerné), 7e et 8e Prix non décernés.

Violoncelle : Antonio Meneses (1er Prix), Alexander Rudin (2e Prix), Georg Faust (3e Prix),

Marina Tarasova (4e Prix), David Hardy (5e Prix), Truls Otterbech Mörk (6e Prix), Antony Ross (7e Prix), Michal Kanka (8e Prix).

Voix femme : Lidia Zabiliasta (1er Prix), Khuraman Kasimova (2e Prix), Dolora Zajic (3e Prix), Elzbeta Ardam (4e Prix), Svetlana Strezeva (5e Prix), Marilena Mihailescu et Valeria Mircheva (6e Prix ex æquo).

Voix homme : Paata Burchuladze (1er Prix), Gegam Grigorian (2e Prix), Vladimir Tchernov (3e Prix), Peter Mikulas (4e Prix), Alexander Khomeriki (5e Prix), Radoslav Zukowski (6e Prix).

1986 (piano) Barry Douglas (1er Prix), Natalia Trull (2e Prix), Irina Protnikova (3e Prix), Alexander Tseliakov et Roger Muraro (4e Prix ex æquo), Yovcho Kruchev et Igor Ardasev (5e Prix ex æquo), Victor Rodriguez et David Buechner (6e Prix ex æquo), Kong Xian-Tong (7e Prix), Sergei Yerokhin et William Wolfram (8e Prix ex æquo).

Violon : Ilya Kaler et Raphael Oleg (1er Prix ex æquo), Xue Wei et Maxim Fedotov (2e Prix ex æquo), Jana Peters (3e Prix), Cristina Anghelescu (4e Prix), Dmitri Berlinski et David Kim (6e Prix ex æquo, 5e Prix non décerné), Aiman Musakhadzaeva (7e Prix), Movses Pogosyan (8e Prix).

Violoncelle : Kirill Rodin et Mario Brunello (1er Prix ex æquo), Suren Bagratuni et Martti Rousi (2e Prix ex æquo), Sara Sant'Ambrogio et John Sharp (3e Prix ex æquo), Michaela Fukacova et Johanna Picker (4e Prix ex æquo), Bion Yu-Tin-Tsang (5e Prix), Kerstin Feltz et Satoshi Akitsu (7e Prix, 6e Prix non décerné), Levon Muradian (8e Prix).

Voix femme : Natalia Yerasova (1er Prix), Barbara Kilduff et Ana-Felicia Filip (2e Prix ex æquo), Maria Muradian-Gulegina (3e Prix), Nina Rautio (4e Prix), Zo He Gen (5e Prix).

Voix homme : Grogory Gritsiuk et Alexander Morozov (1er Prix ex æquo), Barseg Tumanian (2e Prix), Sergei Martinov (3e Prix), Yu Ji-Xing et Kim Din Guk (4e Prix ex æquo).

1990 (piano) Boris Berezovski (1er Prix), Vladimir Mitchuk (2e Prix), Johan Schmidt, Anton Mordassov et Kevin Kenner (3e Prix ex æquo), Rolf Plagge et Stephen Naeson Prutsman (4e Prix ex æquo).

Violon : Akiko Suwanai (1er Prix), Evgeny Buchkov (2e Prix), Alyssa Park (3e Prix), Anton Brakhovsky et Natalia Likhopoi (4e Prix ex æquo), David Chan (5e Prix), Lucia Lin et Dmitri Berlinski (6e Prix ex æquo).

Violoncelle : Gustav Rivinius (1er Prix), Françoise Groben et Alexander Kniazev (2e Prix ex æquo), Bion Tsang et Timothy Hugh (3e Prix ex æquo), Natalia Khoma et Alexei Massarski (4e Prix ex æquo), Guido Schiefen (5e Prix), Alexander Zagorinsky et Marko Ylonen (6e Prix ex æquo).

Voix femme : Deborah Voigt (1er Prix), Marina Shaguch (2e Prix), Emilia Oprea et Maria Khokhlogorskaia (3e Prix ex æquo), Asmik Papyan (4e Prix), Takako Mizuno (5e Prix), Taemi Kohama (6e Prix).

Voix homme : Hans Choi (1er Prix), Boris Statsenko (2e Prix), Oleg Kulko et Woijciech Drabowicz (3e Prix ex æquo), Nikolai Rechetnyak (4e Prix), Yu Ping (5e Prix), Sergei Zadvorny (6e Prix).

CONCOURS INTERNATIONAL DE MUSIQUE DES RADIOS ALLEMANDES « ARD » (MUNICH)

Fondé en 1952, il se déroule tous les ans. Chaque édition organise entre quatre et huit compétitions sur des disciplines variées. De 1952 à 1956 inclus, les prix étaient décernés sans numérotation.

1952 Kurt Bauer, Alberto Colombo, Laurence Davis, Peter Wellfisch (Prix de piano) ; *1953* Alexander Sellier, Edoardo Vercelli (Prix de piano), Michèle Boussinot, Igor Ozim (Prix de violon), Peter Lukas Graf, Konrad Hampe (Prix de flûte), Ronald Woocock/Lamar Crowson (Prix de duo piano/violon) ; *1954* Margrit Kobeck, Svetka Soucek-Ahlin (prix de chant), Ingrid Haebler, Fernande Kaeser (Prix de piano), Gaston Maugras (Prix de hautbois), Norbert Bourdon (Prix de clarinette), Gérard Marcellin Tantot, André Rabot (Prix de basson) ; *1955* Johannes Willbrink (Prix de chant), Kurt Bauer/Heidi Bung, Alois et Alfons Kontarsky (Prix de duo de pianos), Renato Giangrandi/Arlette Eggman (Prix de duo piano/violon) ; *1956* Elisabeth Wrancher, Whilhelm Schäfer (Prix de chant), Robert-Alexandre Bohnke, James Mathis, Eduard Mrazek (Prix de piano), Gerd Seifert (Prix de cor), Edith Peinemann, Tessa Robbins (Prix de violon), Alan Groshman/Joel Ryce (Prix de duo piano/violon) ; *1957* Jadwiga Romanska (1er Prix chant), Thérèse Dussaut (1er Prix piano), Franz Lehrndorfer (1er Prix orgue), Georg Donderer (1er Prix violoncelle), Leslie Parnas (2e Prix violoncelle), László Bohr (1er Prix hautbois), Edmond Boulanger (1er Prix clarinette), Karl Leister (2e Prix clarinette), Georg Pauk/Peter Frankl (1er Prix duo piano/violon) ; *1958* Hans Eckart Besch (1er Prix piano), Michael Ponti (2e Prix piano ex æquo), Vera Schwarz (1er Prix clavecin), Cordelia et Eleonore Wikarsky (1er Prix duo piano/violoncelle) ; *1959* Friedrich Wilhelm Schnurr (1er Prix piano), Hedwig Bilgram (1er Prix orgue), Lionel Rogg (2e Prix orgue) ; *1960* Ivan Rebroff (1er Prix chant), Teresa Zylis-Gara (3e Prix chant ex æquo), Paul Meisen (1er Prix flûte), Michel Debost (2e Prix flûte ex æquo) ; *1961* George Fortune (1er Prix chant), Benjamin Luxon (3e Prix chant ex æquo), Heinz Holliger (1er Prix hautbois), André Lardrot (2e Prix hautbois), Maurice Bourgue (3e Prix hautbois), Junges Wiener Trio (1er Prix trio à cordes avec piano) ; *1962* Delfina Ambroziak (1er Prix chant), Christoph Eschenbach (2e Prix piano, 1er Prix non décerné), Wolfgang Sebastian Meyer (1er Prix orgue), Mireille Lagacé (3e Prix orgue), Karl Leister (2e Prix clarinette, 1er Prix non décerné) ; *1963* Veronica Tyler, Jules Bastin (1er Prix chant ex æquo), Maurice André, Francis Hardy (1er Prix trompette ex æquo), Clara Bonaldi/Sylvaine Billier (1er Prix duo violon/piano), Karl Bergemann (1er Prix déchiffrage), Sylvaine Billier (3e Prix déchiffrage) ; *1964* William Read (2e Prix clavecin, 1er Prix non décerné), Jörg-Ewald Dähler (3e Prix clavecin), Michel Debost (2e Prix flûte, 1er Prix non décerné), Hermann Baumann (1er Prix cor), Marie-José Billard/Julien Azaïs (2e Prix duo de pianos, 1er Prix non décerné) ; *1965* Althea Bridges, Antonio Blancas (1er Prix de chant ex æquo, Simon Estes (3e Prix chant ex æquo), Judith Burgänger (1er Prix piano), Klaus Thunemann (3e Prix basson, 1er et 2e Prix non décernés), Quatuor Dimov (1er Prix quatuor à cordes), Quatuor Bernède (2e Prix quatuor à cordes) ; *1966* Elena Cotrubas, Denis Koroloev (1er Prix chant ex æquo), Siegmund Nimsgern (2e Prix chant), Claude Savard (1er Prix piano), Cherry Rhodes (1er Prix orgue), Gunther Kaunzinger, Daniel Roth (2e Prix orgue ex æquo), Konstanty Kulka (1er Prix violon), Quintette à vent de l'Académie du Théâtre Kirov (1er Prix quintette à vent) ; *1967* Knut Skram (1er Prix chant), Nobuko Imai (2e Prix alto, 1er Prix non décerné), Maurice Bourgue (1er Prix hautbois), Natalia Gutman/Alexei Nasedkin (1er Prix duo violoncelle/piano) ; *1968* Jessye Norman, Michael Schopper (1er Prix chant ex æquo), Anne Queffélec (1er Prix piano), Valentin Erben (2e Prix violoncelle, 1er Prix non décerné), Franklin Cohen (1er Prix clarinette) ; *1969* Norbert Hauptmann (1er Prix cor), Trio Derevjanko (1er Prix trio à cordes avec piano) ; *1970* André De Groote (2e Prix piano ex æquo, 1er Prix non décerné), Quatuor de Tokyo (1er Prix quatuor à cordes) ; *1971* Edgar Krapp (1er Prix orgue), Charles Benbow, Gerhard Weinberger (3e Prix orgue ex æquo), Vladimir Stopitschev (1er Prix alto), Michel Touvron (2e Prix trompette ex æquo, 1er Prix non décerné), Levon Chilingirian/Clifford Benson (1er Prix duo violon/piano) ; *1972* Robert Holl (1er Prix chant), Pi-hsien Chen (1er Prix piano), Hansjörg Schellenberger (2e Prix hautbois, 1er Prix non décerné) ; *1973* James Tocco (1er Prix piano), Myung-Whun Chung (2e Prix piano) ; *1974* Margaret Marshall (1er Prix chant), Francisco Araiza (3e Prix chant ex æquo), Anthony et Joseph Paratore (1er Prix duo de pianos) ; *1975* Diane Walsh (1er Prix piano) ; *1976* Yuri Bashmet (1er Prix alto) ; *1977* Antonio Meneses (1er Prix violoncelle), Quatuor Eder (2e Prix quatuor à cordes, 1er Prix non décerné) ; *1978* aucun 1er Prix n'a été décerné ; *1979* Hans-Christian Wille (1er Prix piano) ; *1980* Yoshie Tanaka (1er Prix chant) ; *1981* François Killian (2e Prix piano, 1er Prix non décerné), Michel Becquet (2e Prix trombone ex æquo, 1er Prix non décerné) ; *1982* Kaaren Erickson (1er Prix chant), Anne-Sophie Otter (2e Prix chant), Philippe Cuper, Charles Neidlich (2e Prix ex æquo clarinette, 1er Prix non décerné) ; *1983* Kei Itoh (1er Prix piano), Radovan Vlatkovic (1er Prix cor), Isabelle Moretti (2e Prix harpe, 1er Prix non décerné) ; *1984* Maria Russo (1er Prix chant), Takumi Kubota (1er Prix violon), Wladyslaw Marek Klosiewicz (1er Prix clavecin), Desmond Hoebg/Andrew Tunis (1er Prix duo violoncelle/piano) ; *1985* Kalle Randalu (1er Prix piano), Eric Kirchhoff (2e Prix flûte, 1er Prix non décerné), Peter Sadlo (1er Prix percussion) ; *1986* Barbara Kilduff, Derek Ragin (1er Prix chant ex æquo) ; *1987* Quatuor Parisii, Quatuor Petersen (2e Prix quatuor à cordes ex æquo, 1er Prix non décerné) ; *1988* Thomas Quasthoff (1er Prix chant), Trio Wanderer (2e Prix trio avec piano, 1er Prix non décerné) ; *1989* Luis Orlandini (1er Prix guitare), Suzanne Grutzmann (1er Prix piano), Ma'Alot Quintett (1er Prix quintette à vent) ; *1990* Elena Mosuc (1er Prix chant femme), Andrzej Dobber (1er Prix chant homme), Petri Alanko (1er Prix flûte), Hagai Shaham/Arnon Erez (1er Prix duo violon/piano) ; *1991* François Leleux (2e Prix hautbois, 1er Prix non décerné), Mandelring Quartett, Neues Leipziger Streichquartett (2e Prix ex æquo quatuor à cordes, 1er Prix non décerné) ; *1992* Melinda Paulsen, Rita Shiratsuchi (2e Prix chant femme ex æquo, 1er Prix non décerné), Philip Zawisza (2e Prix chant homme, 1er Prix non décerné), Sharon Kam (2e Prix clarinette, 1er Prix non décerné), Erez Ofer (2e Prix violon, 1er Prix non décerné), Andrzej Bauer/Ewa Kupiecz (1er Prix duo violoncelle/piano) ; *1993* Anna Malikova (1er Prix piano), Quintetto Bibiena, Quintette Debussy (2e Prix quintette à vent ex æquo, 1er Prix non décerné).

CONCOURS INTERNATIONAL DE PIANO ALFREDO CASELLA (NAPLES)

Fondé en 1952, il se déroule tous les deux ans. Il a connu une période d'interruption entre 1976 et 1987.

1952 George Solchany (1er Prix), Claude Kahn (2e Prix) ; *1954* Esteban Sanchez et Walter Blankenheim (1er Prix ex æquo), Bernard Ringeissen (2e Prix) ; *1956* Gabriel Tacchino (1er Prix), Alain Motard (4e Prix), Daniel Barenboïm (prix spécial) ; *1958* Ivan Davis (1er Prix) ; *1960* Pierre-Yves Le Roux (1er Prix) ; *1962* Richard Syracuse (1er Prix) ; *1964* Sergio Varella Cid (1er Prix), François-Joël Thiollier et Robert Hamilton (2e Prix ex æquo) ; *1966* Michele Campanella (1er Prix) ; *1968* Franco Medori et Ewa Anna Osinska (2e Prix ex æquo, 1er Prix non décerné) ; *1970* Alain-Pierre Neveux (1er Prix) ; *1972* Michel Krist (1er Prix), Olivier Gardon (5e Prix) ; *1974* Christian Blackchaw (1er Prix), Frédéric Aguessy (2e Prix), Gerhard Oppitz (3e Prix), Pierre Reach (7e Prix) ; *1976* Sandro De Palma et Gerhard Oppitz (1er Prix ex æquo) ; *1987* Giovanni Bellucci et Antonio Rosado (2e Prix ex æquo, 1er Prix non décerné) ; *1989* pas de 1er Prix ; *1991* Roberto Cominati (1er Prix).

CONCOURS INTERNATIONAL DE DIRECTION D'ORCHESTRE DIMITRI MITROPOULOS (NEW YORK)

Principaux lauréats : *1960* Seiji Ozawa ; *1963* Claudio Abbado ; *1963* Zdeněk Košler ; *1964* Jacques Houtmann ; *1964* Edo De Waart ; *1966* Zdeněk Macal ; *1967* Paul Capolongo ; *1967* Enrique Garcia Asencio ; *1969* Jesús López Cobos ; *1970* Philippe Bender ; *1970* Jacques Delacôte.

CONCOURS INTERNATIONAL DE GUITARE DE RADIO FRANCE (PARIS)

Fondé en 1959, il a pris fin en 1993. Il s'est doublé jusqu'en 1980 d'un concours de composition destiné à l'instrument. Il se déroulait tous les deux ans et décernait deux prix à chaque édition. *1959* pas de prix ; *1960* Mijndert Jape (1er Prix) ; *1961* Konrad Ragossnig (1er Prix) ; *1962* Alberto Ponce (1er Prix) ; *1963* Oscar Giglia (1er Prix) ; *1964* Barbara Polasek (1er Prix) ; *1965* Turibio Santos (1er Prix) ; *1966* Betho Davezac (2e Prix, 1er Prix non décerné) ; *1967* Sergio Abreu (1er Prix) ; *1968* Alfonso Moreno (1er Prix) ; *1969* Norihiko Watanabe (1er Prix) ; *1970* Vladimir Mikula (1er Prix) ; *1971* Jorge Oraison (2e Prix, 1er Prix non décerné) ; *1972* Monika Rost (1er Prix), Arnaud Dumond (2e Prix) ; *1973* Arnaud Dumond (1er Prix) ; *1974* Kari Aikas et Mara-Isabel Siewers (2e Prix ex æquo, 1er Prix non décerné). Cette année-là, une épreuve d'interprétation en duo mais pas de Prix décerné. *1975* Roberto Aussel (1er Prix) ; *1976* Alvaro Pierri (1er Prix) ; *1977* Kazuhito Yamasita (1er Prix) ; *1978* Goren Sollscher (1er Prix) ; *1979* Michel Sadanowski (1er Prix) ; *1980* Mariam Renno (2e Prix, 1er Prix non décerné) ; *1981* Shin-Ichi Fukuda (1er Prix) ; *1982* Pavel Steidl (1er Prix) ; *1983* William Kanengiser (2e Prix, 1er Prix non décerné) ; *1984* Marcelo Kayath (1er Prix) ; *1985* Tania Chagnot (1er Prix) ; *1986* Khalid Arman (1er Prix) ; *1987* Pablo Marquez (1er Prix) ; *1988* Stephan Schmidt (1er Prix) ; *1989* Edouardo Baranzano (2e Prix, 1er Prix non décerné) ; *1990* Kerstin Eisenbarth (1er Prix), Thomas Etschmann (2e Prix) ; *1991* Alexander Syete (1er Prix) ; *1992* Mats Bergström (2e Prix, 1er Prix non décerné) ; *1993* Jorge-Luis Zamora (1er Prix).

CONCOURS INTERNATIONAL MARGUERITE LONG-JACQUES THIBAUD (PARIS)

D'abord concours national puis, à partir de 1946, international, il a lieu tous les deux ans et se consacre simultanément au piano et au violon. Liste intégrale des premiers prix depuis l'origine complétée du nom de certains lauréats : *1943* Michèle Auclair (violon), Samson François (piano) ; *1944 et 1945* pas de concours ; *1946* Arnold Eidus (1er Prix violon), Heidi Schneider (1er Prix piano) ; *1947 et 1948* pas de concours ; *1949* 1er Prix de violon non décerné, Aldo Ciccolini et Ventsislav Yankoff (1er Prix piano ex æquo), Daniel Wayenberg (2e Prix piano) ; Paul Badura-Skoda (3e Prix de piano), Yuri Boukoff (4e Prix piano), Pierre Barbizet (5e Prix piano) ; *1951* Gérard Jarry (1er Prix violon), Maurice Hasson (6e Prix violon), Janine Dacosta (1er Prix piano), Philippe Entremont (5e Prix piano), Georges Solchany (7e Prix piano), Joachim Achucarro (8e Prix piano) ; *1953* Nelly Chkolnikova (1er Prix violon), 1er Prix piano non décerné, Philippe Entremont, Evgeni Malinine (2e Prix piano ex æquo), Cécile Ousset (6e Prix piano), Walter Klien (7e Prix piano) ; *1955* Devy Erlih (1er Prix violon), Maurice Hasson (8e Prix violon), 1er Prix de piano non décerné, Bernard Ringeissen (2e Prix piano), Peter Frankl (6e Prix piano), Tamás Vasary (7e Prix piano) ; *1957* Boris Goutnikov (1er Prix violon), Viktor Pikaisen (2e Prix violon), Peter Frankl (1er Prix piano), Gabriel Tacchino (4e Prix piano), Milosz Magin (6e Prix piano), Alain Motard (8e Prix piano) ; *1959* György Pauk (1er Prix violon), Toyoaki Matsura (1er Prix piano) ; *1961* Jean Ter-Mergerian (1er Prix violon), Maryvonne Le Dizès (6e Prix violon), Nell Gotkowsky (8e Prix violon), Marina Mdivani (1er Prix piano), Jean-Claude Pennetier (2e Prix piano), Bruno Leonardo Gelber (3e Prix piano), Adrien Egorov (7e Prix piano) ; *1963* Irina Botchkova (1er Prix violon), Jean-Jacques Kantorow (6e Prix violon), Victor Eresco (1er Prix piano), Bruno Rigutto (6e Prix piano) ; *1965* Liana Issakadze (1er Prix violon), Vladimir Spivakov (3e Prix violon), Patrice Fontanarosa (6e Prix violon), 1er Prix de piano non décerné, Alexei Tcherkassov (2e Prix piano), Youlana Markova et Elisabeth Leonskaia (3e Prix piano ex æquo) ; *1967* Nana Yachvili (1er Prix violon), Jean-Jacques Kantorow (4e Prix violon), Catherine Courtois (6e Prix violon), Edward Auer (1er Prix piano), François-Joël Thiollier (7e Prix piano) ; *1969* 1er Prix violon non décerné, Silvia Marcovici (2e Prix violon), Loubou Timofeeva (1er Prix piano), Jean-Philippe Collard (5e Prix piano), Brigitte Engerer (6e Prix piano) ; *1971* Lydia Doubrowskaia (1er Prix violon), Vladimir Feltsman et Pascal Rogé (1er Prix piano ex æquo), Jacques Rouvier (3e Prix piano), Youri Egorov (4e Prix piano), David Lively (5e Prix piano) ; *1973* Roussoudane Guassalia (1er Prix violon), 1er Prix piano non décerné, Olivier Gardon et Jacques Taddei (2e Prix piano ex æquo) ; *1975* Alexis Broussilovski (1er Prix violon), Mikhail Rudy (1er Prix piano), Abdel Rahman El Bacha (6e Prix piano) ; *1977* 1er Prix violon non décerné, Florin Paul (2e Prix violon), Raphaël Oleg (3e Prix violon), Jorge Luis Prats (1er Prix piano), Ivo Pogorelic (Piano Prix Alex de Vries) ; *1979* 1er Prix violon non décerné, Serguei Stadler (2e Prix violon), Frédéric Aguessy (1er Prix piano), François Kerdoncuff (3e Prix piano ex æquo), Eric Berchot (4e Prix piano) ; *1981* Nina Bodnar-Horton (1er Prix violon), Kazune-Shimizu (1er Prix piano) ; *1983* Stanislav Bounine (1er Prix piano), Hervé Billaut (3e Prix piano) ; *1984* 1er Prix violon non décerné, Christophe Boulier et Seiji Kageyama (2e Prix violon ex æquo) ; *1986* Jose Carlos Cocarelli et Yukino Fujiwara (1er Prix piano ex æquo) ; *1988* Zhou Quian (1er Prix violon) ; *1989* Jeffrey Biegel et Brian Ganz (1er Prix piano ex æquo) ; *1990* Mie Kobayashi (1er Prix violon), Stéphane Tran Ngoc (2e Prix violon) ; *1992* Midori Nohara (1er Prix piano), Olivier Cazal (3e Prix piano) ; *1993* Bartolomiej Niziol (1er Prix violon).

CONCOURS INTERNATIONAL DE DIRECTION D'ORCHESTRE « ARTURO TOSCANINI » (PARME)

Fondé en 1985, il se déroule tous les trois ans.

1985 Carlo Rizzi et Stefan Anton Reck (2e Prix ex æquo, 1er Prix non décerné) ; *1986* David Del Pinto Klinge (2e Prix, 1er Prix non décerné) ; *1987* Olaf Henzold et Kasuchi Ono (1er Prix ex æquo) ; *1990* Oleg Soldatov (1er Prix) ; *1993* Jin Wang (2e Prix, 1er Prix non décerné).

CONCOURS INTERNATIONAL DE VIOLON « HENRYK WIENIAWSKI » (POZNAN)

Fondé en 1935, c'est le plus ancien des concours internationaux de violon encore en activité. Il obéit à une périodicité variable. Il se double d'un concours de composition et d'un concours de lutherie.

1935 Ginette Neveu (1er Prix), David Oistrakh (2e Prix), Ida Haendel (7e Prix) ; *1952* Igor Oistrakh (1er Prix) ; *1957* Roza Fajn (1er Prix) ; *1962* Charles Treger (1er Prix) ; *1967* Piotr Janowski (1er Prix) ; *1972* Tatiana Gridienko (1er Prix) ; *1977* Vadim Brodski (1er Prix) ; *1981* Keiko Urushihara (1er Prix) ; *1986* Evgueni Buszkov (1er Prix) ; *1991* Bartlomiej Niziol et Piotr Plawner (1er Prix ex æquo).

CONCOURS INTERNATIONAL DE MUSIQUE DU PRINTEMPS DE PRAGUE

Créé en 1947, il se déroule tous les ans. Chaque édition comprend, selon les années, de une à six épreuves spécialisées.

1947 aucun prix de violon ; *1948* Eva Glancova (3e Prix piano, 1er et 2e Prix non décernés) ; *1949* Igor Bezrodni (1er Prix violon), Victor Pikaisen (2e Prix violon) ; *1950* Mstislav Rostropovitch et Daniel Shafran (1er Prix violoncelle ex æquo), Quatuor du Conservatoire de Moscou (1er Prix quatuor à cordes), Quatuor Smetana et Quatuor Georgian (2e Prix quatuor à cordes ex æquo) ; *1951* Gleb Axelrok et Marina Slesarieva (1er Prix piano ex æquo), Margarita Fjodorova et Jan Panenka (2e Prix piano ex æquo) ; *1952* pas de concours ; *1953* František Cech, Alexander Kornejev et Lev Perepiolkin (1er Prix flûte ex æquo), Tivadar Bantay, Stanislav Duchon et Vladimir Kurlin (1er Prix hautbois ex æquo), Bozena Kubičova (1er Prix clarinette), Ashot Abadjian et Lev Petcherski (1er Prix basson ex æquo), Vitalij Buianovski et Chtepan Vichnievsk (1er Prix cor ex æquo) ; *1954* Marie Steinerova, Milada Subertova, Stefania Woytowiczova et Christa Zieseova (1er Prix soprano ex æquo), Aarika Annelli et Radka Gaieva (1er Prix voix d'alto ex æquo), Lubomir Bodurov (1er Prix ténor), Nikolai Gaubich, Nicolae Herlea et György Lelis (1er Prix baryton ex æquo), Václav Halir et Alexander Milkovski (1er Prix basse ex æquo) ; *1955* Saša Vectomov, Josef Chuchro et Mikhail Khomitzer (1er Prix violoncelle ex æquo) ; *1956* Boris Goutnikov et Valeri Klimov (1er Prix violon ex æquo) ; *1957* Zdeněk Hnat, Anton Ginzburg et Alexei Skavronski (1er Prix piano ex æquo), Jan Novotny (2e Prix piano) ; *1958* Václav Rabas (1er Prix orgue) ; *1959* Zdeněk Bruderhans, Michel Debost et Jan Hecl (1er Prix flûte ex æquo), Jacques Vandeville et Lothar Koch (1er Prix hautbois ex æquo), Peter Rieckhoff et Aurelian Octav Popa (1er Prix clarinette ex æquo), Anatoli Demin et Boris Afanasiev (1er Prix cor ex æquo) ; *1960* Věra Soupuková (1er Prix voix femme) ; *1961* Natalia Gutman (1er Prix violoncelle) ; *1962* Valentin Judin (1er Prix trompette), Josef Brazda, Peter Damm et Jaroslav Kotulan (1er Prix cor ex æquo), Zdeněk Pulec (1er Prix trombone) ; *1963* Rumania Atanasova (1er Prix piano) ; *1964* Grigori Feigin et Ivan Straus (1er Prix violon ex æquo) ; *1965* concours de composition ; *1966* Petr Sovadina et Otfried Miller (1er Prix orgue ex æquo) ; *1967* Jana Smitkova et Anegina Jefremova (1er Prix chant femme ex æquo), Georgi Selezniev (1er Prix chant homme) ; *1968* Valentin Zverev (1er Prix flûte), Jaromir Honig et James Galway (2e Prix flûte ex æquo), Jiří Kaniak et Maurice Bourgue (1er Prix hautbois ex æquo), Valeri Bezruchenko (1er Prix clarinette), Vladimir Bogorad (1er Prix basson), Zdeněk Tylsar (1er Prix cor) ; *1969* pas de concours ; *1970* Boris Mironovitch (1er Prix violoncelle) ; *1971* Edgar Krapp et Kamila Klugarova (2e Prix orgue, 1er Prix non décerné), Vladimir Ruso et Charles Robert Benbow (3e Prix orgue ex æquo) ; *1972* Bohuslav Matoušek et Rimma Suchanskaia (1er Prix violon ex æquo) ; *1973* Anna Kratochvilova et Annelott Damm (2e Prix chant femme, 1er Prix non décerné), Robert Currier Christesen (2e Prix chant homme, 1er Prix non décerné), Valeri Vichnievski (1er Prix piano) ; *1974* Alexandr Maiorov (1er Prix flûte), Radu Emil Chisu (1er Prix hautbois), Bohuslav Zahradnik (1er Prix clarinette), Lumir Vanek (2e Prix basson), Stanislav Suchanek et John McDonald (1er Prix cor ex æquo), Vladislav Kazderka (1er Prix trompette), Guy Touvron et Stanislav Sejpal (2e Prix trompette ex æquo), Gérard Millière et Bernard Soustrot (3e Prix trompette ex æquo), Gabriel Madas (1er Prix trombone), Boris Vinogradov (2e Prix trombone) ; *1975* Quatuor Philharmonique Kalinin et Quatuor Panocha (2e Prix quatuor à cordes ex æquo, 1er Prix non décerné) ; *1976* Cenek Pavlik (1er Prix violon), Tatiana Alexeieva Zavarskaia et Daniel Veis (1er Prix violoncelle ex æquo) ; *1977* Sergei Bubnov (1er Prix flûte), Jan Adamus (1er Prix hautbois), František Blaha (1er Prix clarinette), Svatopluk Cech (1er Prix basson) ; *1978* Radmila Smiljanic (1er Prix chant femme), Zdeněk Divoky (1er Prix cor), Vladimir Rejlek et Zdenek Sedivy (1er Prix trompette ex æquo), Donald Sanders et Michel Becquet (2e Prix trombone ex æquo, 1er Prix non décerné) ; *1979* Quatuor Prazak (1er Prix quatuor à cordes) ; *1980* Mikael Ericsson (1er Prix violoncelle) ; *1981* Vlastimil Mares (1er Prix clarinette), Lubos Hudek (1er Prix basson) ; *1982* Andrei Ikov (1er Prix trompette), Carl Lentne (1er Prix trombone) ; *1983* Michal Kanka (1er Prix violoncelle) ; *1984* Ales Barta (1er Prix orgue) ; *1985* Pierre-Michel Durand (1er Prix direction d'orchestre) ; *1986* Stefan Margita (1er Prix chant homme), Libena Sequardtova (1er Prix hautbois), Philippe Cuper (1er Prix clarinette), Sergio Azzolini (1er Prix basson) ; *1987* Ivan Zenaty (1er Prix violon), Jindřich Petras (1er Prix cor), William Forman (1er Prix trompette), Jiří Novotný (1er Prix trombone) ; *1988* Sergei Tarasov (1er Prix piano), Quatuor AMU de Prague (1er Prix quatuor à cordes) ; *1989* Martin Sanders (1er Prix orgue) ; *1990* Jin Wang (2e Prix direction d'orchestre, 1er Prix non décerné) ; *1991* Andrea Lieberknecht (1er Prix flûte), Diana Donerty (1er Prix hautbois), François Leleux (2e Prix hautbois), Jarosjav Kubita (1er Prix basson) ; *1992* Jens Lindemann (1er Prix trompette), Natsumi Tamai (1er Prix violon) ; *1993* Giovanni Bellucci (1er Prix piano).

Concours international de piano Olivier Messiaen (Royan)

Exclusivement consacré à la musique du XXe siècle, ce concours annuel n'a duré que de 1967 à 1973.

1967 Michel Beroff (1er Prix) ; *1968* Jean-Rodolphe Kars (1er Prix) ; *1969* Catherine Collard (1er Prix) ; *1970* Acria Elena Barrientos (1er Prix) ; *1971* Hakon Austbö (1er Prix) ; *1972* pas de concours ; *1973* Pierre-Laurent Aimard (1er Prix).

Concours international de violon « Tibor Varga » (Sion)

Fondé en 1967, il se déroule tous les ans. Toutes les épreuves sont publiques et enregistrées.

1967 Hans Maile (2e Prix, 1er Prix non décerné) ; *1968* Jean-Jacques Kantorow (2e Prix, 1er Prix non décerné) ; *1969* Ladislau Kiss (1er Prix) ; *1970* Nicolas Chumachenko (3e Prix, 1er et 2e Prix non décernés) ; *1971* Andrei Agoston et Eriko Sato (2e Prix ex æquo, 1er Prix non décerné) ; *1972* Eugene Sarbu (2e Prix, 1er Prix non décerné), Yan-Pascal Tortelier (4e Prix ex æquo) ; *1973* Eugene Sarbu (2e Prix, 1er Prix non décerné) ; *1974* Nam-Yun Kim (1er Prix) ; *1975* Eugene Sarbu et Ruriko Tsukahara (2e Prix ex æquo, 1er Prix non décerné) ; *1976* Tomoko Yamato (3e Prix, 1er et 2e Prix non décernés) ; *1977* Rasma Lielmane (3e Prix, 1er et 2e Prix non décernés) ; *1978* Mihaela Martin (1er Prix) ; *1979* Constantin Serban (2e Prix, 1er Prix non décerné) ; *1980* Alexandre Barantschik (1er Prix) ; *1981* Lenuta Ciulei-Atanasiu (1er Prix) ; *1982* Eeva Koskinen (2e Prix, 1er Prix non décerné) ; *1983* Boris Kuschnir (2e Prix, 1er Prix non décerné) ; *1984* Vadim Brodski (1er Prix) ; *1985* Gabriel Croitoru (2e Prix, 1er Prix non décerné) ; *1986* Gyula Stuller (1er Prix) ; *1987* Zuhra Dundjerski (2e Prix, 1er Prix non décerné) ; *1988* Vadim Repin et Sang Mee Lee (1er Prix ex æquo) ; *1989* Dan-Claudiu Vornicelu et Matthias Wollong (2e Prix ex æquo, 1er Prix non décerné) ; *1990* Latica Honda-Rosenberg (1er Prix) ; *1991* Akihiro Miura (2e Prix, 1er Prix non décerné) ; *1992* Gordan Nikolic (2e Prix, 1er Prix non décerné) ; *1993* Mirijam Contzen (1er Prix).

Concours international des jeunes chanteurs d'opéra (Sofia)

Fondé en 1961, il se déroule tous les quatre ans après avoir obéi à une périodicité variable.

1961 Assem Selimski, Peter Glossop et Theodora Lucaciu (1er Prix ex æquo), Alfons Barta (5e Prix) ; *1963* Nancy Tatum, Ava June Cooper et Nikola Ghiuzelev (1er Prix ex æquo) ; *1967* Dimiter Petkov (Grand Prix), Vladimir Atlantov (1er Prix homme) Joy Devidson (1er Prix femme) ; *1970* Gena Dimitrova (1er Prix), Anna Tomova-Sintov (2e Prix) ; *1973* Sylvia Sass (Grand Prix), Christina Angelakova (1er Prix femme), Bulat Mintjilkiev (1er Prix homme) ; *1976* Roman Maiboroda (Grand Prix), Emil Gherman (1er Prix) ; *1979* Stefka Evstatieva (Grand Prix), Rosalind-Anne Plowright (1er Prix femme), Vladimir Pankratov (1er Prix homme) ; *1984* Vladimir Karimov (Grand Prix), Maria Petrova Popova (1er Prix femme), Lubomir Videnov (1er Prix homme) ; *1988* Lubov Charnina (1er Prix femme) ; *1992* aucun 1er Prix n'est décerné.

Concours international de piano « Arthur Rubinstein » (Tel-Aviv)

Fondé en 1974, il se déroule tous les trois ans. Trois prix sont décernés à chaque édition.

1974 Emmanuel Ax (1er Prix), Eugène Indjic (2e Prix) ; *1977* Gerhard Oppitz (1er Prix) ; *1980* Gregory Allen (1er Prix) ; *1983* Jeffrey Kahane (1er Prix) ; *1986* Thomas Duis (2e Prix, 1er Prix non décerné) ; *1989* Ian Fountain et Benjamin Frith (1er Prix ex æquo) ; *1992* Giorgia Tomassi (1er Prix).

Concours international de musique de Tokyo (Tokyo)

Fondé en 1966, il se déroule tous les ans et propose les épreuves de chant, direction d'orchestre, ensembles de musique de chambre, piano et violon.

1966 Katuumi Niwa (1er Prix chant) ; *1967* Yukinori Tezuka (1er Prix direction d'orchestre) ; *1968* pas de concours ; *1969* Shuichi Takahashi (1er Prix chant) ; *1970* Kazuhiro Koizumi (1er Prix direction d'orchestre) ; *1971* pas de concours ; *1972* Motomu Itsuki (1er Prix chant) ; *1973* Yasuhiko Shiozawa (1er Prix direction d'orchestre), David Howell (2e Prix direction d'orchestre) ; *1974* Quatuor Béla (1er Prix quatuor à cordes) ; *1975* Yukiko Iwasaki (1er Prix chant) ; *1976* Alan Balter (1er Prix direction d'orchestre), Jérôme Kaltenbach (2e Prix direction d'orchestre) ; *1977* pas de 1er prix pour les ensembles de musique de chambre ; *1978* Yukie Okura (1er Prix chant) ; *1979* Yoshihazu Tanaka (1er Prix direction d'orchestre) ; *1980* Quatuor Durée (1er Prix quatuor à cordes), Jean-Yves Thibaudet (2e Prix piano, 1er Prix non décerné) ; *1981* Yasuko Kozaki (1er Prix chant) ; *1982* Naohiro Totsuka (1er Prix direction d'orchestre) ; *1983* Quatuor Muse (1er Prix quatuor à cordes), Quintette Le Vent vert (1er Prix ensemble à vent), Hiromi Okada (1er Prix piano), Laurent Cabasso (3e Prix piano), Asako Urushihara (1er Prix violon) ; *1984* Kazuko Nagai (1er Prix chant) ; *1985* Morichika Iimori (1er Prix direction d'orchestre) ; *1986* Quatuor Halley (1er Prix quatuor à cordes), Quatuor Brodsky (2e Prix quatuor à cordes), Ensemble de saxophones Harmo (1er Prix ensemble à vent), Andrei Diev et Ran Zemach (1er Prix piano ex æquo), Maxim Fedotov (1er Prix violon) ; *1987* Mayumi Matsuzono (1er Prix chant) ; *1988* Hirofumi Kurita (1er Prix direction d'orchestre) ; *1989* Johan Schmidt (1er Prix piano), Katrin Scholz (1er Prix violon) ; *1992* Zhong Xu (1er Prix piano), Natalia Prischepenko (2e Prix violon, 1er Prix non décerné).

Concours international de Toulon (instruments à vent)

Liste complète des premiers prix depuis l'origine : *1976* Stanislav Arnold (trompette) ; *1977* Michel Becquet et Gilles Millière (trombone) ; *1980* Nicolae Dosa-Jeandon (cor) ; *1981* Hakan Hardenberger (trompette) ; *1982* Gilbert Audin (basson) ; *1983* Bruno Pongy (trombone) ; *1985* Paul Meyer (clarinette) ; *1986* James Brooks Sommerville (cor) ; *1988* Laurent Lefèvre (basson) ; *1989* Stefan Geiger (1er Prix trombone) ; *1990* François Leleux (1er Prix hautbois) ; *1991* Florent Heau (1er Prix clarinette) ; *1992* Margaret Howard (1er Prix cor) ; *1993* Jonathan Fields (1er Prix trompette).

Concours international de chant de la ville de Toulouse

Il a lieu tous les ans et attribue un premier Grand Prix femmes et un premier Grand Prix hommes. Liste de tous les premiers Grands Prix depuis l'origine : *1954* Françoise Ogéas, Julien Haas ; *1955* Enriqueta Tarres Rabassa, non décerné ; *1956* Janine Panis, Krsta B. Krstic ; *1957* Galina Olenitchenko, Ladislav Konya ; *1958* Dories Mayes, Antonin Svorc ; *1959* Nadyda Kniplova, Rémy Corazza ; *1960* Hanna Rumowska, Takao Okamura ; *1961* Julia Buciuceanu, José Van Dam ; *1962* Galina Kovalieva, Ramon Calzadilla ; *1963* Margaret Sun, non décerné ; *1964* Viorica Cortez, Ludovic Spiess ; *1965* A.-Maria Hugueras-Rodriguez, Kazimierz Myrlak ; *1966* Alexandrina Miltcheva, Georges Pappas ; *1967* Zdislava Donat, Louis Hagen-William ; *1968* Stefka Popanguelova, non décerné ; *1969* Magdalena Cononovici, Lucian Marinescu ; *1970* Eugenia Moldoveanu, William Parker ; *1971* Nina Fomina, Vatslovas Daounoras ; *1972* Nadeja Krasnaya, Robert Christensen ; *1973* Pas de concours ; *1974* Bozena Porzynska, Pietr Gluboky ; *1975* non décerné ; *1976* Betty Lane, non décerné ; *1977* Ludmila Chirina, Ion Tudoroiu ; *1978* Petranka Malakova, Roberto Nalerio-Frachia ; *1979* Marion V. Moore, non décerné ; *1980* non décerné, Philip J. Doghan ; *1981* Constance Cloward, Lawrence Bakst ; *1982* non décerné, Janusz Nikiolek ; *1983* Teresa Ringholz, non décerné ; *1984* Bamba Chihiro, Juan Carlos Morales Ferrer ; *1985* Leontina Vaduva, Chen Yu ; *1986* Miao Quing, Daniel Washington ; *1987* Natalia Erassova, non décerné ; *1988* Monika Cichoka, Dimitri Hvorostovsky ; *1989* non décerné, Igor Strunin ; *1990* Carmen Gurban, Christopher Goldsack ; *1991* Tatiana Zakhartchuk, non décerné ; *1992* Hadar Halevi ; Werner Van Mechelen et Omar Gagnidze (ex æquo) ; *1993* Yolande Auyanet-Hernandez, Yasuo Horiuchi.

Concours international de piano Frédéric Chopin (Varsovie)

Fondé en 1927, c'est le plus ancien des concours internationaux de piano encore en activité. Il se déroule tous les cinq ans, exclusivement autour des œuvres de Frédéric Chopin. Palmarès complet depuis l'origine.

1927 Lev Oborin (1er Prix), Stanisław Szpinalski (2e Prix), Roza Etkin-Moszkowska (3e Prix), Grigori Ginzburg (4e Prix) ; *1932* Alexandre Uninsky (1er Prix), Imre Ungar (2e Prix), Bolesław Kon (3e Prix), Abram Lufer (4e Prix), Lajos Kentner (5e Prix), Leonid Sagalov (6e Prix), Leon Borunski (7e Prix), Theodore Gutman (8e Prix), Gyula Karolyi (9e Prix), Kurt Engel (10e Prix), Emanuel Grossman (11e Prix), Josef Wagner (12e Prix), Maryla Jonas (13e Prix), Lily Herz (14e Prix), Suzanne de Mayere (15e Prix) ; *1937* Yakov Zak (1er Prix), Roza Tamarkina (2e Prix), Witold Malcuzynski (3e Prix), Lance Dossor (4e Prix), Agi Jambor (5e Prix), Edith Axenfeld (6e Prix), Monique de La Bruchollerie (7e Prix), Jan Ekier (8e Prix), Tatyana Goldfarb (9e Prix), Olga Ilwioka (10e Prix), Pierre Maillard-Verger (11e Prix), Lelia Gousseau (12e Prix), Halina Kalmanowicz (13e Prix) ; *1949* Halina Czerny Stefańska et Bella Davidovitch (1er Prix ex æquo), Barbara Hesse-Bukowska (2e Prix), Waldemar Maciszewski (3e Prix), Georgi Muravlov (4e Prix), Wladysław Kedra (5e Prix), Ryszard Bakst (6e Prix), Evgeni Malinin (7e Prix), Zbigniew Szymonowicz (8e Prix), Tamara Guseva (9e Prix), Victor Mierzzhanov (10e Prix), Regina Smendzianka (11e Prix), Tadeusz Zmudzinski (12e Prix) ; *1955* Adam Harasiewicz (1er Prix), Vladimir Ashkhenazy (2e Prix), Fu T'Sung (3e Prix), Bernard Ringeissen (4e Prix), Naum Shtarkman (5e Prix), Dmitri Papierno (6e Prix), Lidia Grychtolowna (7e Prix), Andrzei Czajkowski (8e Prix), Dmitri Sakharov (9e Prix), Kiyoko Tanaka (10e Prix) ; *1960* Maurizio Pollini (1er Prix), Irina Zaritskaya (2e Prix), Tania Achot-Haroutounian (3er Prix), Li Min-Czan (4e Prix), Zinaida Ignateva (5e Prix), Valery Kastelski (6e Prix) ; *1965* Martha Argerich (1er Prix), Arthur Moreira-Lima (2e Prix), Marta Sosinska (3e Prix), Hiroko Nakamura (4e Prix), Edward Auer (5e Prix), Elzbi Glab (6e Prix) ; *1970* Garrick Ohlsson (1er Prix), Mitsuko Uchida (2e Prix), Piotr Paleczny (3e Prix), Eugene Indjic (4e Prix), Natalia Gavrilova (5e Prix), Janusz Olejniczak (6e Prix) ; *1975* Krystian Zimerman (1er Prix), Dina Yoffe (2e Prix), Tatyana Fedkina (3e Prix), Pavel Guililov (4e Prix), Dean Kramer (5e Prix), Diana Kacso (6e Prix) ; *1980* Dang Thai Son (1er Prix), Tatyana Shebanova (2e Prix), Arutium Papazjan (3e Prix, 4e Prix non attribué), Akiko Ebi et Ewa Poblocka (5e Prix ex æquo), Eric Berchot et Irina Petrova (6e Prix ex æquo) ; *1985* Stanislav Bunine (1er Prix), Marc Laforêt (2e Prix), Krzysztof Jablonski (3e Prix), Miuhi Koyama (4e Prix), Jean-Marc Luisada (5e Prix), Tatiana Pikaisen (6e Prix) ; *1990* 1er Prix non décerné, Kevin Kenner (2e Prix), Yukio Yokoyama (3e Prix), Corrado Rollero et Margarita Shevchenko (4e Prix ex æquo), Anna Malikova et Takako Takahashi (5e Prix ex æquo), Carole Sageman (6e Prix).

CONCOURS INTERNATIONAL DE MUSIQUE « GIAN BATTISTA VIOTTI » (VERCELLI)

Fondé en 1950, il se double d'un concours de composition et d'un concours de danse. Il organise chaque année des épreuves variées : chant, piano, quatuor à cordes, duo de pianos, musique de chambre, clavecin, instruments à vent, violon, etc.

1950 Jean Micault (1er Prix piano), Quatuor Citta di Torino (1er Prix quatuor à cordes) ; *1951* Isabelle Salomon (1er Prix piano) ; *1952* René Pouget (1er Prix piano), Duo Mirko Dorner/Ivo Maček (1er Prix musique de chambre) ; *1953* Joachim Achucarro, Luciano Bertolini et Gabriel Tacchino (1er Prix piano ex æquo), Duo Kurt Bauer/Heidi Bung (1er Prix duo de pianos) ; *1954* Yoko Kono (1er Prix piano), Cécile Ousset (2e Prix piano ex æquo), Daniel Barenboïm (Prix spécial de piano pour les jeunes) ; *1955* Cécile Ousset (1er Prix piano), Suna Kan (1er Prix violon), Salvatore Accardo (3e Prix violon) ; *1956* Robert Alexander Bohnke (1er Prix piano), Bernard Ladysz (1er Prix chant homme), Piero Cappuccilli (2e Prix chant homme ex æquo) ; *1957* Claude Dargier (2e Prix piano, 1er Prix non décerné), Mirella Freni (1er Prix chant femme) ; *1958* pas de 1er prix ; *1959* Barbara Leichsenring (1er Prix chant femme) ; *1960* Bartlett Dale (1er Prix piano), Quatuor Michèle Margand (1er Prix quatuor à cordes), Quartetto di Milano (2e Prix quatuor à cordes) ; *1961* Alberto Neumann (1er Prix piano) ; *1962* Lydia Bocchetti (1er Prix piano) ; *1963* Linda Vajna Colaciuri (1er Prix chant femme) ; *1964* François-Joël Thiollier (1er Prix piano), Rafael Orozco (2e Prix piano), Franco Pagliazzi (1er Prix chant homme) ; *1965* Joaquin Soriano (1er Prix piano) ; *1966* Jesus Gonzales et Klaus Hellwig (1er Prix piano ex æquo) ; *1967* Jacques Rouvier (1er Prix piano), Catherine Collard (2e Prix piano), Muriel Slatkine/Denise Duport (1er Prix duo de pianos), Eillen Shelle et Anna Maria Bisio (1er Prix chant femme ex æquo), Nicola Martinucci (1er Prix chant homme) ; *1968* Ablewicz Alexandra et Anna Maria Cigoli (1er Prix piano ex æquo), Elisabeth Chojnacka (1er Prix clavecin) ; *1969* Sergio Marengoni (1er Prix piano), Giorgio Oltremari (1er Prix guitare), Antonio Cucuccio (1er Prix chant homme), Lois Crane (1er Prix chant femme) ; *1970* Michael Krist (1er Prix piano), Gabriel Estarellas (1er Prix guitare), Giorgio Oltremari (2e Prix guitare), Joselle Ligi (1er Prix chant femme) ; *1971* Vincenzo Balzani et Hiroschi Tajika (1er Prix piano ex æquo), Elena Nunziata et Maria Peazzini (1er Prix chant femme ex æquo) ; *1972* Joeres Dirk (1er Prix piano), Olivier Gardon (2e Prix piano), Carlo De Bortoli (1er Prix chant homme) ; *1973* Pascal Devoyon (2e Prix piano, 1er Prix non décerné), Silvana Bocchino et Ruth Falcon (1er Prix chant femme ex æquo), Leo Nucci (1er Prix chant homme) ; *1974* Anne Perchat et Pierre Aimard (2e Prix piano ex æquo, 1er Prix non décerné), Gail Gilmore, Jane Nelson et Marta Taddei

(1er Prix chant femme ex æquo) ; *1975* Arnulf von Armin et Elias Edson (1er Prix piano ex æquo), Nigi Sato et Sue Linda Scharmann (1er Prix chant femme ex æquo) ; *1976* Karina Oganian (1er Prix piano), Françoise Buffet (5e Prix), Aushra Cepulkauskene et Sue Lynda Scharmann (1er Prix chant femme ex æquo), Yuri Marusin (1er Prix chant homme) ; *1977* Erik Berchot et Ewa Poblocka (1er Prix piano ex æquo), Yves Rault (4e Prix piano ex æquo), István Palotai et Pal Petz (1er Prix trombone ex æquo), Fidan Kasimova (1er Prix chant femme), Andrea Elena (1er Prix chant homme) ; *1978* Pavel Giulilov et Angela Hewitt (1er Prix piano ex æquo), Jean-Yves Thibaudet (2e Prix piano ex æquo), Moore Marion Vernette et Zorova Vesselina Dimitrova (1er Prix chant femme ex æquo), Sanchez Gerico Santiago et Yoshihisa Jamajy (1er Prix chant homme ex æquo) ; *1979* Philippe Cuper (2e Prix clarinette, 1er Prix non décerné), M. Schlegel (1er Prix chant femme), Giancarlo Ceccarini (1er Prix chant homme) ; *1980* Gouljamilia Kadyrbekova (1er Prix piano), Kwabg-Sun Song, Natalia Troitskaïa et Pamela Mann (1er Prix ex æquo chant femme), Adriano Schiavon (1er Prix chant homme) ; *1981* Babette Hierholzer (1er Prix piano), Pia Bucher et Michael Mulcamy (1er Prix trombone ex æquo), Olga Terjuschnova (1er Prix chant femme), Lawrence Bakst (1er Prix chant homme) ; *1982* Thomas Duis (2e Prix piano, 1er Prix non décerné), Hervé Billaut (5e Prix piano), Gianni Mastino (1er Prix chant homme) ; *1983* Mari Tsuda (1er Prix piano), Olivier Cazal (3e Prix piano ex æquo), Alexandru et Tatiana Morosanu (1er Prix duo violoncelle/piano) ; *1984* Oleg Volkov (1er Prix piano), Araksija Davtjan (1er Prix chant femme) ; *1985* Mi-Joo Lee (1er Prix piano), Jo-Soo Kuong (1er Prix chant femme) ; *1986* Eckart Heiligers (1er Prix piano), Nikolai Gerasimenco (1er Prix chant homme) ; *1987* Domenico Nordio (1er Prix violon) ; *1988* Ulrike Payer (1er Prix piano) ; *1989* Quatuor Fone (1er Prix quatuor à cordes), Igor Kamenz (1er Prix piano) ; *1990* Nicolas Rivenq (1er Prix chant homme), Trio di Torino (1er Prix musique de chambre) ; *1991* Andrei Sikhorsky (1er Prix piano), Ilia Joff, Sergei Slovatchevsky et Igor Uriasch (1er Prix musique de chambre) ; *1992* Maria Costanza Nocentini (1er Prix chant femme), Gierlach Robert (1er Prix chant homme), Radicke Camillo (1er Prix piano).

CONCOURS INTERNATIONAL DE VIENNE

Pluridisciplinaire, il n'a plus d'activité depuis de nombreuses années. Les épreuves pour piano sont restées justement célèbres pour deux « loupés » historiques : les secondes places concédées à... Dinu Lipatti et Emil Guilels ! Au jury se sont pourtant succédé Alfred Cortot, Ernö Dohnányi, Walter Gieseking, Myra Hess, Clemens Krauss, Wanda Landowska, Isidor Philipp, Serge Rachmaninov, Franz Schmidt, Emil von Sauer, Paul Wittgenstein, Félix Weingartner...

1933 Bolesław Kon (1er Prix), Dinu Lipatti, Mykyscha Taras (2e Prix ex æquo), Gina Bachauer (finaliste) ; *1936* Yakov Fliere (1er Prix), Emil Guilels (2e Prix), Monique de La Bruchollerie (3e Prix), Reine Gianoli, Stephan Kovacs (4e Prix ex æquo), Cor De Groot (5e Prix) ; *1938* Luigi Gorini (1er Prix).

CONCOURS INTERNATIONAL DE PIANO « GEZA ANDA » (ZURICH)

Fondé en 1979, il se déroule tous les trois ans.

1979 Georges Pludermacher (1er Prix) ; *1982* Heidrun Holymann (1er Prix), Laurent Cabasso (3e Prix) ; *1985* Yukino Fujiwara (1er Prix) ; *1988* Konstanze Eickhorst (1er Prix) ; *1991* Denés Varion (1er Prix).

CONCOURS INTERNATIONAL DE PIANO ET DE CHANT « ROBERT SCHUMANN » (ZWICKAU)

Créé en 1956, il a lieu actuellement tous les quatre ans. En 1960, une épreuve pour quatuor à cordes a été organisée à titre exceptionnel.

1956 Annerose Schmidt (1er Prix piano), Kira Isotowa, Alexander Vedernikow (1er Prix chant ex æquo) ; *1960* Quatuor Jan-Evert-Andersson (1er Prix quatuor à cordes), Vitali Gromadski (1er Prix chant) ; *1963* Nelly Akopian (1er Prix piano), Karlheinz Stryczek (1er Prix chant) ; *1966* Elisso Virsaladze (1er Prix piano), Ionel Pantea (1er Prix chant) ; *1969* Dezsö Ranki (1er Prix piano), Heidi Berthold-Riess, Ruben Lisizian (1er Prix chant ex æquo) ; *1974* Pavel Jegorov (1er Prix piano), Mitsuko Shiraï, Laslo Polgar (1er Prix chant ex æquo) ; *1977* Emma Tachmisian (1er Prix piano), Edith Wiens, Boris Marechkin (1er Prix chant ex æquo) ; *1981* Yves Henry (1er Prix piano), Jürgen Kurth (1er Prix chant) ; *1985* Siprachwili Tamriko (1er Prix piano), Meves Karsten (1er Prix chant) ; *1989* Eric Le Sage (1er Prix piano), Frank Schiller (1er Prix chant) ; *1993* Temirzan Erzanov (1er Prix piano), Asako Motojima (2e Prix chant femme, 1er Prix non décerné), Locky Chung (1er Prix chant homme).

Le disque, la radio et la télévision

par Pierre BRETON

Pendant des siècles, la musique n'a eu à sa disposition, pour étendre son influence, que le concert, la pratique individuelle et, pour les amateurs éclairés, la lecture de sa forme chiffrée en partitions. Elle ne pouvait être conservée sous sa forme sonore. La musique vit alors dans l'instant, unique et fugace, où elle s'exprime sous les doigts ou les lèvres des musiciens. Elle n'a d'autres références que celles – imprécises et subjectives – qui ont été enregistrées dans la mémoire des auditeurs et des interprètes. Les comparaisons ne peuvent se faire qu'à travers ce prisme déformant, qui donne si aisément les couleurs du légendaire à des performances qui – peut-être – n'en sont pas tout à fait dignes. Pour le plus grand nombre, pendant des siècles, la musique n'a d'existence que le temps d'un concert. Le temps musical ne revient pas en arrière : l'œuvre suit son déroulement chronologique de manière irréversible jusqu'à l'accord final. Nul ne peut – sauf en esprit – en interrompre le cours, revenir à son début, en bouleverser l'ordonnance. Faite pour l'écoute en concert ou sa pratique privée, la musique exige la mobilisation de l'attention. Exception faite de ces partitions anciennes destinées à éveiller l'appétit ou à bercer la digestion des princes et des rois, elle est tout le contraire d'un produit banal, d'une toile de fond sonore.

Ce bel édifice va être totalement détruit. Survient un petit événement dont les conséquences ne seront guère mesurées que près d'un demi-siècle plus tard : l'invention du micro. Son influence sur la musique et son interprétation va se révéler considérable. Commence l'ère de la musique diffusée, l'ère de la musique thésaurisée. Désormais on ne composera plus de la même manière, on n'écoutera plus avec la même oreille, on ne jouera plus de façon identique. L'évolution a certes été à la fois progressive et diverse sur le jeu des interprètes. Qu'il s'agisse de l'époque héroïque des débuts ou des raffinements des temps actuels – en attendant les perfectionnements de demain –, le micro ne peut se limiter au rôle de reporter impartial, d'observateur innocent. On joue, à travers lui, pour des millions d'auditeurs inconnus et absents. On joue parfois même pour lui seul, tant il impose de contraintes techniques ou psychologiques. Bref, d'accessoire purement matériel, il en vient à occuper une place centrale – quelquefois prédominante hélas ! – dans les préoccupations des artistes.

LA PRÉHISTOIRE
(jusqu'aux années 1920)

C'est aux États-Unis qu'est inventé, en 1877, le phonographe. Thomas Alva Edison grave à l'origine ses premiers enregistrements sur des cylindres métalliques. La prise de son s'effectue par l'intermédiaire d'un pavillon. Alexander Graham Bell substitue peu après la cire au métal et invente le microphone électrique. Lee de Forest met au point, en 1907, le premier amplificateur. L'enregistrement et la reproduction sonores sont nés.

Pour la première fois dans l'histoire de la musique, l'interprète s'entend. Le chanteur qui ne percevait son chant que par l'oreille « interne » – plus par les vibrations transmises par le corps que par les sons recueillis par l'oreille – peut écouter véritablement ce qu'entendent ses auditeurs. L'instrumentiste peut se réécouter, analyser son jeu avec le recul que donne le temps. Cet élément objectif permet de développer le sens critique des musiciens, de remarquer plus aisément les imperfections du jeu et de les éliminer. Certes, on s'entend mal. Dans ces années héroïques, le spectre sonore enregistré est privé d'une bonne partie de ses graves et de ses aigus. La prise de son par pavillon, très rudimentaire notamment lorsqu'il s'agit d'enregistrer un orchestre, impose de sévères contraintes. Les effectifs sont réduits au minimum (moins de 25 musiciens), les cordes étant souvent limitées à un simple quatuor. Il arrive même, la contrebasse étant inaudible, qu'on la remplace par un tuba... D'où cette sonorité particulière que l'on retrouve dans les premiers enregistrements de Nikisch, Muck, Coppola ou Stokovski, avec une nette prédominance des cuivres et des bois. Les ingénieurs du son proscrivent le plus souvent l'usage de la pédale pour le piano. Les durées d'enregistrement sont extrêmement limitées. D'où la tentation pour les interprètes d'omettre les reprises et de presser le tempo.

Si les chanteurs se laissent assez facilement séduire par cette nouvelle technique – le chanteur est enregistré « le nez dans le pavillon »... – les autres musiciens ne montrent tout d'abord que fort peu d'enthousiasme. Il se crée donc des solutions de remplacement, quand elles sont possibles. C'est ainsi que, grâce au piano mécanique fonctionnant avec des fiches de carton perforées (système Welte et Mignon), nous sont parvenues des interprétations signées Debussy ou Granados. Si de tels systèmes sont impuissants à restituer les qualités de toucher et de phrasé des interprètes, du moins donnent-ils de précieuses indications de tempo. L'enregistrement est bien né mais il est encore dans les limbes, il faut le reconnaître.

LA FÉE ÉLECTRICITÉ
(des années 1920 à la fin de la Seconde Guerre mondiale)

La véritable révolution se produit au début des années vingt avec la découverte de la radio (1re émission en 1920, émissions régulières à partir de 1922, 32 émetteurs en service en 1939) et celle de l'enregistrement électrique (1926).

Le premier concert radiodiffusé a lieu le 22 juin 1921 dans la Salle des ingénieurs civils. Le rôle de la radio va aller croissant au fil des années. Pour la diffusion de concerts bien sûr – c'est, à cette époque, l'une de ses activités musicales essentielles – mais pour bien d'autres choses encore. Les radios créent des chœurs et des orchestres – l'Orchestre National est né en 1934, celui de la BBC en 1935 –, elles organisent des concerts, plaident pour la musique de chambre et pour la musique contemporaine. Les radios d'État mais aussi les radios privées : souvenons-nous de l'orchestre offert à Toscanini par la NBC A ses débuts, la radio montre une mentalité de défricheur. Elle explore souvent le répertoire délaissé par les virtuoses. Elle invite fréquemment des musiciens non vedettes. Elle pratique beaucoup l'enregistrement en direct. Bref, elle se montre à la fois imaginative et respectueuse de la vie des interprétations.

De l'enregistrement électrique date le démarrage de l'industrie du disque. Le support commence à atteindre une qualité appréciable qui modifie l'attitude parfois réservée des interprètes. Les disques se multiplient. Certes, on n'enregistre pas à tout va. Un disque se mérite. C'est une consécration, pas un premier essai. On le réserve aux plus grands. Le concert reste encore le moyen essentiel de faire reconnaître son talent. C'est l'époque des débuts discographiques de Menuhin, Schnabel, Kleiber ou Mitropoulos. C'est le temps des premières intégrales. Les contraintes techniques existent toujours, même si elles sont moins pesantes. Les studios ont souvent, hélas ! une acoustique très mate, témoin le fameux studio 8H qu'affectionnait tant Toscanini. Les artistes jouent sans public. Certains ne s'y adaptent qu'avec difficulté et leur jeu y perd parfois chaleur et spontanéité. On ne peut – en cas d'incident ou d'insatisfaction – refaire l'enregistrement que par faces entières. Et, compte tenu du coût, on évite de le faire. On laisse donc le plus souvent passer certaines scories (les fausses notes de Cortot ou de Fischer sont célèbres) mais on préserve, l'interprète jouant le plus souvent l'œuvre d'une seule traite, des qualités de construction et d'émotion qui risqueraient fort d'être perdues. Certes, le disque n'est pas encore suffisamment raffiné pour rendre tout à fait justice au répertoire symphonique et lyrique. Mais il s'y intéresse maintenant activement, parfois avec une qualité qui étonne.

A leurs débuts, disque et radio se montrent soucieux de préserver la vie dans les interprétations. Les choses vont malheureusement bientôt changer.

HAUTE FIDÉLITÉ ?
(1945-1970)

De considérables progrès se produisent au cours des années suivant la fin de la Seconde Guerre mondiale. Les premières émissions de télévision datent de 1935, mais son véritable essor peut être fixé dans les années cinquante-soixante. Cependant, dans l'immédiat, la musique et ses interprètes n'en profitent que peu. Le magnétophone à fil, puis à bande, délivre l'enregistrement des contraintes nées de la durée des faces. Le microsillon se développe. On peut maintenant retoucher les enregistrements dans le détail (on reprend une mesure, une note). On en vient à réaliser de véritables montages sonores qui n'ont plus que de lointains rapports avec la réalité vivante du concert. L'exactitude – parfois la sécheresse –, le brillant, la qualité du son sont maintenant privilégiés par rapport à l'émotion. On redécouvre, surtout à partir de la diffusion de la stéréo (1968), la couleur instrumentale, l'équilibre des masses. La renaissance de la musique ancienne aurait-elle eu cette vivacité sans la perfection du support qui lui était offert ? Justice est enfin rendue aux symphonies et aux opéras. Mahler serait-il aussi populaire sans la stéréophonie ? Les prodigieux enregistrements « historiques » de Walter, Mengelberg et Mitropoulos n'avaient guère fait que maintenir en état de survie ses principales œuvres. Toujours dans le même souci de perfection technique, on s'enferme dans les studios. Les enregistrements sur le vif (Bayreuth 1951, les successifs Festivals de Prades) deviennent l'exception. Le résultat sonore est très différent de ce que l'on pourrait entendre au concert. Les ingénieurs du son usent et abusent de la réverbération. Les solistes se retrouvent souvent artificiellement en avant, certains plans sonores excessivement privilégiés. Le triangle lutte parfois victorieusement contre les cuivres... La prise de son se fait très pointilliste, analysant très finement pupitre après pupitre, mais perdant dans ces détails la vision d'ensemble qui demeure malgré tout l'essentiel... La quadriphonie va même jusqu'à placer fictivement l'auditeur au milieu de la formation instrumentale, position que l'amateur de musique aurait, au concert, bien du mal à occuper. Ce que l'on gagne en jouissance sonore disparaît sur le plan du naturel. Les artistes perdent totalement le contrôle de l'enregistrement de leur jeu tant il est déformé par la technique qui devait se borner à le servir.

Haute fidélité ? Le doute est permis. Pourtant, le disque est devenu le moyen essentiel de se faire un nom, rejetant à l'arrière-plan le concert. C'est maintenant une carte de visite que l'on se procure aux tout débuts de sa carrière. On enregistre, quel que soit l'état de sa préparation et de sa maturité. C'est une véritable inflation galopante qui se développe, dévalorisant le disque et les musiciens, alimentée par la boulimie qui saisit certains d'entre eux. C'est non plus un objet précieux qui est offert aux amateurs, mais un produit de consommation courante, lancé dans un esprit proche des productions de variétés. La musique elle-même se banalise, écoutée comme fond sonore jusque dans les supermarchés. Il se crée une classe sociale de maniaques de la haute fidélité qui semblent bien peu animés d'un véritable amour de la musique. S'étend alors l'empire des maisons de disques et de leurs contrats d'exclusivité. Les chanteurs dans les opéras, les solistes et les chefs pour les concertos, les instrumentistes pour la musique de chambre ne sont choisis que dans les « écuries » de chaque firme, au mépris le plus souvent de l'accord des tempéraments et des sensibilités. Le culte de la vedette se développe à une vitesse affolante, certains monopolisant les enregistrements alors que d'autres, malgré tout leur talent, ne peuvent y avoir accès. La rentabilité et ses exigences amènent à écarter les partitions audacieuses ou oubliées. Les interprètes réagissent diversement à ce nouvel univers. Certains – un Horowitz, un Gould – abandonnent pratiquement le concert et s'enferment dans les studios pour ne délivrer qu'au disque les secrets de leur art. D'autres, comme un Celibidache, refusent cette prison. Ils n'admettent pas que leur interprétation d'un jour puisse être fixée, pour l'éternité ou presque, alors qu'eux-mêmes évoluent à chaque instant.

La radio, elle aussi, suit le mouvement. De moins en moins audacieuse, elle cède, pour séduire un public élargi mais peu averti, aux charmes pernicieux de la politique de prestige. Le grand répertoire envahit les antennes, les vedettes internationales monopolisent les ondes. En France naît une chaîne spécialisée, France-Musique, qui émet en modulation de fréquence. Elle aussi tombe bien vite dans la facilité. Peu de retransmissions de concerts, peu d'émissions consacrées aux jeunes qui ne puissent être soupçonnées d'arrière-pensées mercantiles, peu d'efforts en faveur de la musique contemporaine et des partitions à découvrir. On se borne, hélas ! le plus souvent à mettre les disques bout à bout.

VERS UN RETOUR AUX SOURCES
(à partir des années 1970)

Fort heureusement, de tels excès appellent un choc en retour. Il commence à se produire au milieu des années soixante-dix. La télévision commence à s'intéresser à la musique. Elle consacre des films à des interprètes, à des compositeurs. Elle retransmet davantage de concerts. L'évolution la plus spectaculaire se produit dans le domaine lyrique. La télévision paraît en effet particulièrement bien adaptée à la diffusion des opéras, le sous-titrage permettant de donner les œuvres en version originale sans pour autant créer de problème de compréhension à son nouveau public. La radio, quant à elle, diffuse maintenant les concerts à un rythme élevé et réduit ses enregistrements en studio au bénéfice du direct. On assiste à un effort particulier en faveur des jeunes interprètes, des partitions peu connues (notamment en matière d'art lyrique). Bref, au lieu de demander aux interprètes de s'adapter à elle, elle tente de mieux répondre à leurs besoins. Elle en fait vivre beaucoup d'ailleurs, exigeant de leur part, en contrepartie, une qualité accrue. Depuis peu, elle essaie de se libérer de la dictature du disque et de privilégier toutes les formes de musique vivante. Bien mieux, radio et télévision participent activement à l'élargissement du public musical. Grâce à un habile cocktail de chansons et d'œuvres plus savantes, malgré les inévitables concessions au goût du plus grand nombre et les limites propres à ce genre (vedettariat excessif, dérive vers le copinage), ces émissions – *Le Grand Échiquier, Musique au cœur,* les interventions matinales de Philippe Caloni et même *Dimanche-Martin* – ont joué un rôle très positif dans ce domaine. Sans l'appui de la radio et de la télévision, aurait-on pu remplir le Palais omnisports de Bercy pour *Aïda* ou *Carmen,* ou même envisager la naissance de l'Opéra Bastille ?

A la fin de l'ère du microsillon, le disque traverse malaisément la crise économique que connaît le monde occidental. Les productions reviennent à un rythme plus raisonnable. Il mesure alors l'importance du fossé qu'il a creusé entre les produits de laboratoire qu'il met sur le marché et l'expression naturelle de la musique. Les enregistrements sur le vif se multiplient. Ceux qui sont réalisés en studio, eux-mêmes, tentent de recréer les conditions du concert. On réédite les grands enregistrements de l'avant-guerre et le goût du public pour ces grandes interprétations témoigne de l'accroissement de ses exigences en matière de naturel et d'émotion. Se multiplient les disques « pirates » et les « bandes privées », qui, malgré des conditions techniques très médiocres – le mot est parfois faible... – saisissent au vol des équipes qui n'auraient pu, en vertu des contrats, se rencontrer au disque, perpétuant des instants d'exception parfois inappréciables. L'accélération soudaine des progrès techniques – système Dolby, enregistrement numérique, disque compact et vidéodisque associant enfin l'image et le son dans une commune perfection – amplifient considérablement la qualité des supports et la sécurité de leur conservation. Des fonds de catalogues ressortent des trésors que l'on croyait perdus à tout jamais. Du *pianissimo* irréel au *fortissimo* le plus dynamique, de la restitution des fréquences sonores extrêmes à celle des timbres les plus riches, tout paraît possible aujourd'hui et le plaisir sonore ne semble plus avoir d'autres limites que celles de la perception humaine.

Pourtant, la prise de son recherche moins le brillant que le naturel, moins la perfection pure que la fidélité. La volupté du son pour le son semble enfin s'éventer. On parle moins de technique, plus de musique. N'est-ce pas l'essentiel ?

BIBLIOGRAPHIE

BANCQUART, A. : *La Diffusion musicale, in* La Musique. Retz (1979).
MIQUEL, P. : *Histoire de la radio et de la télévision.* Bordas (1973).
SCHWARZKOPF, E. : *La Voix de mon maître : Walter Legge.* Pierre Belfond (1983).
SILBERMANN, A. : *La Musique, la radio et l'auditeur.* PUF (1954).

DEUXIÈME PARTIE

Instrumentistes, chefs d'orchestre, chanteurs

A

Abbado, Claudio

Chef d'orchestre italien, né à Milan le 26 juin 1933.

Dès l'âge de huit ans, il veut devenir musicien. Il fait ses études au Conservatoire Giuseppe Verdi : direction d'orchestre, composition, piano (jusqu'en 1955). Puis, il travaille à Vienne avec Hans Swarowsky (1957). Il chante dans les chœurs et juge cette expérience fondamentale. En 1958, il obtient le Prix Koussevitzky à Tanglewood, aux États-Unis. Il enseigne ensuite la musique de chambre au Conservatoire de Parme et, en 1960, débute à la Scala à l'occasion du tricentenaire d'Alessandro Scarlatti. En 1963, il remporte le 1er prix au Concours Mitropoulos à New York. Mais il refuse la direction d'un orchestre américain, préférant l'offre de Karajan : un concert à Salzbourg. Il dirige alors la *Deuxième Symphonie* de Mahler. C'est sa première rencontre avec l'Orchestre Philharmonique de Vienne, dont il sera l'invité permanent à partir de 1971. Il débute à la Scala de Milan en créant l'opéra de Manzoni *Mort atomique* (1965). Il y revient deux ans plus tard pour diriger le spectacle d'ouverture de la saison, *Capulets et Montaigus* de Bellini (1967). Entre-temps, il a fait ses débuts avec l'Orchestre Philharmonique de Berlin (1966). En 1968, il est invité au Festival de Salzbourg pour y conduire *Le Barbier de Séville*. La même année, il est nommé chef permanent à la Scala de Milan, où il devient directeur de la musique (1971-86) et directeur artistique (1977-79). En 1982, il fonde l'Orchestre Philharmonique de la Scala, formation vouée au concert. Entre 1977 et 1990, il dirige également l'Orchestre des Jeunes de la Communauté Européenne.

Homme de son temps, son alliance avec Paolo Grassi, Luigi Nono, Maurizio Pollini, Giorgio Strehler marque une époque très vivante à Milan. Répétitions publiques, concerts dans les usines et les écoles, fondation d'un atelier, Musica-Realta, avec l'appui du Parti communiste italien, à Reggio nell'Emilia. Il passe également des commandes à des jeunes compositeurs.

En 1971, il reçoit la médaille Mozart de la Mozartgemeinde de Vienne et commence une étroite collaboration avec l'Orchestre Philharmonique de Vienne. Entre 1979 et 1988, il est chef permanent et directeur musical de l'Orchestre Symphonique de Londres. En 1988-89, il reste directeur musical de cet orchestre qu'il quitte après une collaboration de dix ans. Entre 1986 et 1991, il est directeur musical de l'Opéra de Vienne, devenant également le principal chef de l'Orchestre Philharmonique de Vienne. En 1987, il reçoit le titre de directeur général de la musique de la ville de Vienne. En 1986, pour compléter son action en faveur de la jeunesse européenne, il fonde et prend la direction de l'Orchestre des Jeunes Gustav Mahler, constitué d'instrumentistes provenant de pays n'appartenant pas à la CEE (Autriche, Hongrie, Tchécoslovaquie, RDA, Suède, Finlande). En 1988, il fonde dans la capitale autrichienne un festival de musique contemporaine, Wien Modern. En 1990, il succède à Herbert von Karajan à la tête de l'Orchestre Philharmonique de Berlin. Il est à l'origine d'un concours international de composition musicale qui se déroule à Vienne à partir de 1991. En 1992, il fonde, avec la violoncelliste Natalia Gutman, les Berliner Begegnungen, rencontres de musique de chambre entre artistes consacrés et jeunes talents, qui se déroulent en public. En 1994, il prend la direction artistique du Festival de Pâques de Salzbourg.

Il a créé des œuvres d'Anton Bruckner (*Adagio* de la *Symphonie n° 3*, seconde version, 1980), György Kurtag (*Samuel Becket : What is the Word...,* 1991), Giacomo Manzoni (*Atomtod,* 1965), Luigi Nono (*Au grand soleil d'amour chargé,* 1975), Wolfgang Rihm (*Départ,* 1988), Herbert Willi (*Der Froschmäusekrieg,* 1989).

ÉCRITS : *Je serai chef d'orchestre* (1986).

Abbado, Roberto

Chef d'orchestre italien, né à Milan le 30 décembre 1954.

Il étudie le piano avec Paolo Bordoni et la composition avec Bruno Bettinelli au Conservatoire G. Verdi de Milan. Puis il travaille la direction d'orchestre à l'Académie Sainte-Cécile de Rome, avec Franco Ferrara. Il débute au Théâtre de la Fenice à Venise avant de diriger dans les principaux opéras italiens. Sa carrière s'étend à l'Allemagne (Opéra de Munich, Deutsche Oper Berlin), la France, l'Autriche (Opéra de Vienne). Il est chef permanent de l'Orquesta Filarmónica Municipal de Santiago (Chili) avant d'occuper la même fonction à la tête de l'Orchestre Symphonique de la Radio de Munich (depuis 1992). Il a créé des œuvres de Lorenzo Ferrero (*Charlotte Corday,* 1989), Marco Tutino (*Pinocchio*, opéra, 1985 ; *Vite immaginarie*, opéra, version de concert, 1989).

Abendroth, Hermann

Chef d'orchestre allemand, né à Francfort le 19 janvier 1883, mort à Iéna le 29 mai 1956.

Après avoir été l'élève de Felix Mottl et de Ludwig Thuille à Munich, il débute en dirigeant l'Orchestervereins de cette ville (1903-04). Puis il s'installe à Lübeck où il est premier chef d'orchestre au Théâtre et Kapellmeister de la Société des Amis de la Musique (1905-11). En 1911, il est nommé directeur de la musique à Essen puis chef des Concerts du Gürzenich de Cologne et directeur du Conservatoire (1915-34). En 1918, il devient directeur général de la musique et, en 1922, chef des Niederrheinischen Musikfestes. Simultanément (1922-23), il dirige les concerts symphoniques de l'Opéra de Berlin. Puis il est à la tête de l'Orchestre de la Beethovenhalle de Bonn (1930-33) avant de remplacer Bruno Walter au Gewandhaus de Leipzig (1934-45) et enseigne également au Conservatoire. En 1945, il est nommé directeur musical du Théâtre National et de la Musikhochschule de Weimar, postes qu'il conserve jusqu'en 1949 lorsqu'il prend la direction musicale de l'Orchestre de la Radio de Leipzig. De 1953 à 1956, il dirige également l'Orchestre Symphonique de la Radio de Berlin-Est.

Il a dirigé *Les Maîtres chanteurs* au Festival de Bayreuth en 1943 et 1944. Il a créé des œuvres d'Egon Wellesz (*Mitte des Lebens,* 1932).

Abravanel, Maurice de

Chef d'orchestre grec naturalisé américain (1943), né à Salonique le 6 janvier 1903, mort à Salt Lake City le 22 septembre 1993.

Il effectue ses études générales à Lausanne où sa famille se fixe en 1909. Sur la recommandation de Busoni, il travaille avec Kurt Weill (1922). Il se produit en Allemagne (Neustrelitz, Altenburg, Kassel, Opéra de Berlin), en Australie, à Paris (1934) et à Londres où il est directeur musical des ballets de la Compagnie Balanchine. Trois mois par an, il est chef invité à Sydney et Melbourne. Bruno Walter et Wilhelm Furtwängler l'incitent à gagner les États-Unis. Il fait sensation au Metropolitan Opera en 1936 en dirigeant, en neuf jours, sept représentations de cinq opéras. En 1940-41, il dirige à l'Opéra de Chicago. A Broadway, il défend notamment l'œuvre de Kurt Weill. Entre 1947 et 1979, il est chef permanent de l'Orchestre Symphonique de l'Utah où il contribue fortement à une large diffusion de la musique du XXe siècle. Entre 1954 et 1980, il est également directeur artistique de la Musical Academy of the West à Santa Barbara (Californie). Il a réalisé de nombreux enregistrements, notamment l'intégrale des symphonies de Gustav Mahler. Il a créé des œuvres de Darius Milhaud (*Les Songes*, ballet, op. 124, 1933).

Accardo, Salvatore

Violoniste et chef d'orchestre italien, né à Turin le 26 septembre 1941.

Il obtient, en 1956, un 1er prix au Conservatoire de Naples après avoir étudié avec Luigi D'Ambrosio. Il se perfectionne ensuite à l'Académie Chigiana à Sienne, avec Yvonne Astruc. En 1955, il est lauréat du Concours international de Vercelli, en 1956 du Concours international de Genève ; il remporte deux ans plus tard le Concours international de violon à Gênes et le prix de la Radiodiffusion italienne. Il part alors en tournée en Europe et dans les deux Amériques. En 1968, il fonde à Turin l'Orchestra da Camera Italiana avant de devenir violon solo de l'Ensemble I Musici (1972-77). Son répertoire va de Vivaldi et Bach à la musique d'aujourd'hui. C'est ainsi qu'à Sienne il a créé des œuvres contemporaines, dont les *Caprices* de Sciarrino, sans cesser de jouer pourtant les *Vingt-Quatre Caprices* de Paganini, musicien dont il a enregistré l'intégrale des *Concertos*.

Il contribue au rayonnement de la musique de chambre italienne. Il joue avec l'Orchestre de Chambre Italien et enseigne à l'Académie Chigiana (1973-80). Plusieurs compositeurs ont écrit à son intention : Walter Piston (*Fantasia* pour violon et orchestre), Franco Donatoni (*Argot* pour violon seul, 1979), Iannis Xenakis (*Dikhtas*, 1980). En 1987, il aborde la direction d'orchestre en dirigeant à Pesaro *L'occasion fait le larron* de Rossini. Il anime aussi les Semaines musicales internationales de Naples où il organise des concerts de musique de chambre dans un esprit analogue à celui de Prades ou de Lockenhaus. En 1994, il est nommé chef permanent de l'Orchestre du Théâtre San Carlo de Naples. Il possède plusieurs Stradivarius, l'*ex-Reiffenberg* (1717), l'*Oiseau de feu* (1718), le *Reynier* (1727), le *Hart* (1727) – qui appartenait auparavant à Zino Francescatti – ainsi qu'un Guarnerius del Gesù de 1733. Il a également joué sur un Stradivarius de 1719, le *Zaha* dont il s'est séparé.

ÉCRITS : *L'Arte del violino* (Rusconi, Milan, 1987).

Achron, Joseph

Violoniste et compositeur lituanien naturalisé américain (1930), né à Lazdijai (Pologne) le 13 mai 1886, mort à Hollywood le 29 avril 1943.

Il entreprend ses études musicales au Conservatoire de Saint-Pétersbourg, avec Leopold Auer pour le violon, et Liadov pour la composition. En 1913, il se retrouve à Kharkov, où il dirige le département musical du Conservatoire. Puis, après avoir servi dans l'armée russe de 1916 à 1918, il devient le professeur de violon et de musique de chambre de l'Union des artistes de Leningrad. En 1925, il s'expatrie aux États-Unis où il débute, en 1927, avec la première américaine de son propre *Concerto n° 1*, avec l'Orchestre Symphonique de Boston. Plus connu comme compositeur que comme violoniste, Joseph Achron compose beaucoup pour son instrument, dont un *2e Concerto* commandé par Jascha Heifetz qui le crée à Los Angeles en 1939. Parmi les pages restées célèbres du musicien, il faut citer, outre trois concertos pour violon, la fameuse *Mélodie hébraïque* (1911), popularisée par le même Jascha Heifetz, et la suite *Golem*, de 1932.

Achucarro, Joaquín

Pianiste espagnol, né à Bilbao le 1er novembre 1937.

Après ses études au Collège Indachu de Bilbao, puis au Conservatoire de Madrid, il quitte l'Espagne pour aller se perfectionner à Sienne, à l'Académie Chigiana, puis à la Hochschule de Sarrebrück.

En 1950, il fait sa première apparition en public à Masaven en Espagne. Lauréat du Concours Long-Thibaud (1951), il remporte ensuite le Prix Viotti (1953), puis le Prix de Liverpool en 1959.

En 1966 et en 1969, il anime le Festival de Cheltenham, en Grande-Bretagne. Il enseigne à l'Académie Chigiana de Sienne.

Ackermann, Otto

Chef d'orchestre roumain naturalisé suisse, né à Bucarest le 18 octobre 1909, mort à Berne le 9 mars 1960.

Après avoir commencé ses études musicales au Conservatoire de Bucarest (1920-25), il débute comme répétiteur et chef d'orchestre à l'Opéra de Bucarest (1925-26). Il poursuit sa formation à la Hochschule für Musik de Berlin (1926-28) où il travaille le piano et la direction d'orchestre avec Julius Prüwer, George Szell et Valeska Burgstaller. Il est engagé à l'Opéra de Düsseldorf comme corépétiteur et chef de ballet (1928-32), puis comme chef d'orchestre et directeur de l'Opéra de Brno (1932-35) et de l'Opéra de Berne (1935-47). Il est ensuite premier chef au Théâtre An der Wien (1947-53), directeur musical à l'Opéra de Cologne (1953-58) et à l'Opéra de Zürich (1958-59). Pendant toute sa carrière, il a mené une importante activité de chef invité, notamment à Bayreuth, Salzbourg, Vienne, Monte-Carlo, Lucerne... Au cours des années cinquante, Walter Legge avait fait appel à lui pour enregistrer notamment des opéras de Mozart et des opérettes viennoises.

Ackte, Aïno

Soprano finlandaise, née à Helsinki le 23 avril 1876, morte à Nummela le 8 août 1944.

Fille du baryton et chef d'orchestre **Lorenz Nikolaï Achté,** elle étudie avec sa mère, la soprano **Emmy Achté-Strömer**, puis complète sa formation au Conservatoire de Paris avec Duvernoy. Elle débute, en 1897, à l'Opéra (Marguerite), et y restera attachée jusqu'en 1904, avant de partir pour le Metropolitan de New York (1904-1905), où elle sera Marguerite, Micaëla, Eva. Elle chante également au Covent Garden de Londres, à partir de 1907 ; elle y sera la première Salomé (1910).

Elle achève sa carrière en tant que directrice de l'Opéra national finlandais, de 1938 à 1939.

ÉCRITS : Autobiographie (1925/1935).

Adam, Theo

Basse allemande, né à Dresde le 1er août 1926.

A dix ans, il fait partie du chœur de l'église de la Sainte-Croix et acquiert une formation musicale. Instituteur après la guerre, il travaille avec Rudolf Dittrich et débute à l'Opéra de Dresde à vingt-trois ans. Knappertsbusch lui conseille de passer des emplois de basse à ceux de baryton héroïque. Il affermit sa voix et apprend le métier au théâtre. En 1953, il fait partie de la troupe de la Staatsoper de Berlin. Mais dès l'année précédente, Wieland Wagner l'engage à Bayreuth : il chante le Roi (*Lohengrin*), Amfortas, Hans Sachs, le Hollandais, Gurnemanz, le Voyageur et Wotan. Il apparaît dans *Le Chevalier à la rose*, à Salzbourg avec Karl Böhm, et dans *Les Maîtres chanteurs* au Met de New York (Hans Sachs).

Dès 1972, il se consacre aussi à la mise en scène : *Les Noces de Figaro*, *Eugène Onéguine*, *Capriccio*.

Sa voix de basse élevée explique la largeur de son répertoire : Verdi, Moussorgski, Berg. Theo Adam passe des oratorios de Haendel à *Wozzeck* (Salzbourg, 1972), sans oublier Beethoven et Schubert. Il a créé des œuvres de Friedrich Cerha (*Baal*, Salzbourg, 1981), Rainer Kunad (*Klopstock-Ode*, 1982).

ÉCRITS : *Seht, hier ist Feder, Tinte, Papier... Aus der Werkstatt eines Sängers* (Hieber, Munich, 1981), *Die Hundertste Rolle oder Ich mache einen neuen Adam*, Sängerwerkstatt II (Hieber, Munich, 1986).

Adler, Kurt

Chef d'orchestre tchèque naturalisé américain, né à Neuhaus le 1er mars 1907, mort à Butler (N.J.) le 21 septembre 1977.

A l'Académie de Vienne, il est l'élève de Ferdinand Foll (piano), Guido Adler et Robert Lach (écritures et composition).

Engagé à la Staatsoper de Berlin, il est l'assistant d'Erich Kleiber (1927-29). Il dirige ensuite à l'Opéra allemand de Prague (1929-32), passe une nouvelle année à la Staatsoper de Berlin (1932) avant d'émigrer en URSS. Il est premier chef à l'Opéra de Kiev (1933-35) puis directeur de l'Orchestre Philharmonique de Stalingrad (1935-37). En 1938, il se fixe aux États-Unis. Il se fait connaître comme pianiste et comme chef de chœur, dirigeant à New York une importante série de concerts consacrés à J. S. Bach (1938-43). En 1943, il est engagé comme chef assistant au Met où il est nommé chef de chœur (1945-73). A partir de 1951, il y est également chef permanent.

ÉCRITS : *The Art of Accompanying and Coaching* (1965) ; *Phonetics and Diction in Singing* (1967).

Adler, Kurt Herbert

Chef d'orchestre autrichien, naturalisé américain, né à Vienne le 2 avril 1905, mort à Ross (Californie) le 9 février 1988.

Il fait ses études à l'Académie de musique puis à l'Université de Vienne. Il débute en 1925 au Théâtre Max Reinhardt puis à la Volksoper (1925-28) et à Prague (1928-37). Il assiste Toscanini à Salzbourg en 1936-37 et vient aux États-Unis en 1938 où il est engagé à l'Opéra de Chicago. Il participe aux destinées de l'Opéra de San Francisco en 1943, d'abord comme chef de chœur puis comme directeur artistique en 1953 et enfin comme directeur général (1956-81). Son activité a été marquée par le soin porté aux mises en scène et la découverte de jeunes talents.

Adler, Larry (Lawrence Adler)

Virtuose de l'harmonica américain, né à Baltimore le 10 février 1914.

Il commence à jouer de l'harmonica et du piano dans différentes revues dès l'âge de treize ans. Ce n'est qu'en 1940 qu'il se décide à apprendre à lire la musique ! Il travaille avec Ernst Toch. Les compositeurs s'intéressent à lui et écrivent des œuvres pour harmonica : Milhaud (*Suite pour harmonica et orchestre,* 1942), Vaughan Williams, *Romance,* 1951), Hindemith, G. Jacob, M. Arnold (*Concerto pour harmonica,* 1954)...

En 1949 il quitte les États-Unis devant une campagne de presse qui le soupçonne d'activités procommunistes et se fixe en Angleterre pendant quelques années. Il est le premier virtuose de l'harmonica à avoir fait connaître son instrument dans le milieu de la musique classique.

Adni, Daniel

Pianiste israélien, né à Haïfa le 6 décembre 1951.

Il fait ses études à l'École supérieure de musique de Tel-Aviv jusqu'en 1968 et donne son premier récital à l'âge de douze ans. En 1968-69, il est l'élève de Vlado Perlemuter au Conservatoire de Paris (1er prix en 1969). Il travaille également avec Géza Anda à Zurich (1970). Il débute à Londres en 1970 et joue un an plus tard sous la direction d'Otto Klemperer. Sa carrière se développe très rapidement. En 1976, il est lauréat des Young Concert Artists International Auditions à New York et est engagé par la plupart des grands orchestres américains. En 1981, il reçoit le Prix Phillip M. Faucett. Il donne des cours d'interprétation au Japon, en Finlande et dans différentes universités américaines.

Adorján, András

Flûtiste hongrois naturalisé danois, né à Budapest le 26 septembre 1944.

Après l'insurrection de 1956, sa famille se réfugie au Danemark. Il entreprend à Copenhague des études de chirurgien-dentiste qu'il terminera, avec un diplôme d'excellence, en 1968. Parallèlement, il poursuit l'étude de la flûte, notamment avec Jean-Pierre Rampal et Aurèle Nicolet. En cette même année 1968, il remporte le Prix Jacob Gade (Danemark), et celui du Concours international de flûte à Montreux. En 1971, il obtient le 1er prix au Concours international de flûte de Paris. Il est flûte solo à l'Opéra de Stockholm (1970-72), au Gürzenich de Cologne (1972-

73), au Südwestfunk de Baden-Baden (1973-74) et à la Radio Bavaroise à Munich (1974-88).

Au cours d'une brillante carrière de soliste international, il redécouvre et édite un *Concerto pour deux flûtes* de Franz Doppler qu'il enregistre avec Jean-Pierre Rampal. Le compositeur danois Sven-Erik Werner lui dédie un concerto pour flûte, intitulé *Ground*, qu'il crée en janvier 1981. Depuis 1971 il enseigne tous les étés à l'Académie internationale d'été de Nice. En 1988, il est nommé professeur à la Musikhochschule de Fribourg-en-Brisgau.

Aeschbacher, Adrian

Pianiste suisse, né à Langenthal le 10 mai 1912.

Jusqu'à l'âge de dix-sept ans, il étudie le piano avec son père Carl. Au Conservatoire de Zürich, il a pour professeurs Emil Frey et Volkmar Andreae. Il complète sa formation à Berlin, avec Artur Schnabel. Sa carrière débute réellement en 1934, par une tournée de concerts qui le mène un peu partout en Europe. Il constitue peu à peu un répertoire essentiellement fondé sur la musique classique et romantique. En 1965, il est nommé professeur à l'Académie de musique de Sarrebrück. Il a créé de nombreuses œuvres contemporaines de compositeurs suisses tels que Arthur Honegger, Othmar Schoeck et Heinrich Sutermeister (*Concertos pour piano nº 1,* 1944, et *nº 2,* 1954).

Afanassiev, Valery

Pianiste russe naturalisé belge (1974), né à Moscou en 1947.

Au Conservatoire de Moscou, il est l'élève de Yakov Zak et d'Emil Guilels. Premier prix aux concours internationaux Bach de Leipzig (1969) et Reine Élisabeth de Belgique (1972), il quitte l'URSS en 1974 et s'installe à Bruxelles puis à Versailles. Sa carrière prend rapidement un essor international. Artiste totalement imprévisible, il est capable de présenter des visages radicalement différents de son art, tout en évoluant dans un répertoire relativement restreint (Mozart, Beethoven et la musique romantique allemande). Il joue régulièrement en sonate avec le violoniste Gidon Kremer. Également écrivain, il a publié *La Disparition* et *La Chute de Babylone.*

Agosti, Guido

Pianiste et compositeur italien, né à Forlì le 11 août 1901, mort à Milan le 2 juin 1989.

Au Conservatoire de Bologne il suit l'enseignement de Benvenuti, de Busoni et de Mugellini. Parallèlement il étudie la littérature à l'Université de la ville. Il commence sa carrière en 1921 tout en se consacrant parallèlement à l'enseignement : il est professeur aux conservatoires de Venise (1934-40) et de Rome (1941-45) avant d'être chargé des cours de perfectionnement à l'Académie Sainte-Cécile de Rome (1945) et à l'Académie Chigiana de Sienne (1947-63). Puis il enseigne à la Franz Liszt Hochschule de Weimar (1963-69) et à l'Académie Sibelius d'Helsinki (à partir de 1970). En 1967, il forme un trio avec le flûtiste Severino Gazzelloni et le violoncelliste Enrico Mainardi. En 1976, il est nommé vice-président de l'Académie Sainte-Cécile de Rome.

Ses compositions comptent surtout des œuvres pour clavier et voix. Il s'est aussi attaché à la transcription de nombreuses compositions pour clavier. Ernest Bloch lui a dédié sa *Sonate pour piano.*

Aguessy, Frédéric

Pianiste français, né à Paris le 3 avril 1956.

Jacqueline Evstigneef-Roy lui fait commencer l'étude du piano à l'âge de quatre ans. Et un an plus tard, lauréat du Concours du Royaume de la Musique, il joue pour la première fois en concert avec orchestre. En 1968, il est admis au Conservatoire de Paris où il travaille avec Monique de La Bruchollerie, Yvonne Lefébure, Pierre Barbizet, Dominique Merlet et Jeanne Vieuxtemps. En 1974, on lui décerne un 1er prix de musique de chambre dans la classe de Geneviève Joy-Dutilleux.

Lauréat des concours de Genève (médaille d'argent) et de Naples (2e prix), il obtient ensuite un 2e prix à Budapest et à Santander en 1976 et remporte le 1er prix du Concours Long-Thibaud en 1979.

Ahlersmeyer, Matthieu

Baryton allemand, né à Cologne le 29 juin 1896, mort à Garmisch-Partenkirchen le 23 juillet 1979.

Il étudie dans sa ville natale avec Karl Niemann et débute à Mönchengladbach en 1929 (Wolfram). Il chante à la Kroll Oper de Berlin en 1930-31, puis à Hambourg jusqu'en 1934 et enfin à Dresde jusqu'en 1944. Après la guerre, il appartient de nouveau à l'Opéra de Hambourg de 1946 à 1973. A Dresde, il participe aux créations de *La Femme silencieuse* de Strauss (le Barbier) en 1935, et de *Die Hochzeit des Jobs* de Haas (Hieronymous Jobs). A Berlin, à la Staatsoper, il crée le rôle-titre du *Peer Gynt* de W. Egk. A Salzbourg, où il chante Almaviva en 1941, il partage la création de *La Mort de Danton* de G. von Einem avec Paul Schöffler en 1947. Son répertoire comporte entre autres Don Giovanni, Rigoletto, Iago, Scarpia, Sachs et Mathis.

Ahlgrimm, Isolde

Claveciniste autrichienne, née à Vienne le 31 juillet 1914.

Enfant, elle étudie d'abord le piano puis complète sa formation à l'Académie de Vienne où elle est l'élève de Viktor Ebenstein, Franz Schmidt et Emil von Sauer. En 1935, elle opte pour le clavecin, travaillant par elle-même les traités d'interprétation des XVIIe et XVIIIe siècles. Elle se produit à l'échelle internationale et enregistre de nombreux disques, notamment consacrés à la musique autrichienne, l'œuvre de Johann Fux par exemple. Richard Strauss écrit à son intention en 1944 une suite pour clavecin tirée de son opéra *Capriccio.* A partir de 1945, elle enseigne à l'Académie de Vienne en dehors des années 1958 à 1962 où elle est professeur au Mozarteum de Salzbourg.

Ahnsjö, Claes-Håkam

Ténor suédois, né à Stockholm le 1er août 1942.

Ayant obtenu son baccalauréat, il se destine à l'enseignement, et ce n'est qu'après avoir réussi tous ses examens universitaires qu'il opte pour le chant et entre à l'École de l'Opéra de Stockholm, en 1967. Deux années plus tard, il chante Tamino (*La Flûte enchantée*) pour ses débuts à l'Opéra Royal de Stockholm, où il est engagé comme membre permanent. En 1973, il entre dans la troupe de l'Opéra de Munich, où il tient tous les emplois du répertoire mozartien (Belmonte, Ferrando, Ottavio, Idamantes, Tamino). En 1977, l'État bavarois lui confère le titre de Kammersänger. Il poursuit une double carrière de chanteur d'opéra et de concertiste, tant en Allemagne que dans son pays d'origine et le reste de l'Europe. Les États-Unis et le Japon font bientôt appel à lui. Son répertoire comprend Ernesto (*Don Pasquale*), Armand (*Boulevard Solitude* de Henze), des Grieux (*Manon*), Nicias (*Thaïs*), Almaviva (*Le Barbier de Séville*), Leukippos (*Daphné*), David (*Les Maîtres chanteurs*), le duc (*Rigoletto*), Tom (*Rake's Progress*), Fenton (*Falstaff*)... Il chante Don Ottavio à l'Opéra de Paris en 1982. Il a participé à la création de l'opéra de Krzysztof Penderecki, *Ubu Rex* (1991).

Ahronovitch, Yuri

Chef d'orchestre russe naturalisé israélien, né à Leningrad le 13 mai 1932.

Après des études musicales au Conservatoire de sa ville natale, il étudie la direction avec Nathan Rakhlin et Kurt Sanderling. En 1956, il devient chef de l'Orchestre de Saratov puis de Yaroslavl, enfin de l'Orchestre Symphonique de la Radio de Moscou (1964). En 1972, il quitte l'URSS et se fixe en Israël dont il dirige l'Orchestre Philharmonique. Dès lors il entame une carrière internationale. De 1975 à 1986, il succède à Günter Wand à la tête de l'Orchestre du Gürzenich de Cologne et, de 1982 à 1987, il est à la tête de l'Orchestre Philharmonique de Stockholm.

Aimard, Pierre-Laurent

Pianiste français, né à Lyon le 9 septembre 1957.

A l'âge de sept ans, il entre au Conservatoire de Lyon où il obtient un 1er prix de piano en 1969. Il poursuit ses études au Conservatoire de Paris avec Yvonne Loriod (piano), Geneviève Joy (musique de chambre), Jean-Claude Henry (contrepoint) et obtient des premiers prix de piano (1972) et de musique de chambre (1973). Cette même année, il remporte le Concours international Olivier Messiaen à Royan. Il se perfectionne avec Maria Curcio à Londres et commence une carrière internationale. En 1976, il remporte un 2e prix au Concours international de Genève. La même année, il est engagé comme pianiste au sein de l'Ensemble InterContemporain. Son répertoire comporte de nombreuses œuvres contemporaines, de Messiaen à Boulez, de Berio à Stockhausen. Il est très recherché comme accompagnateur et a été notamment le partenaire de Jessye Norman, Yvonne Minton, Felicity Lott et Gabriel Bacquier.

Il a créé des œuvres de György Ligeti (*Études pour piano n° 11 et 13,* 1993), Philippe Manoury (*La Partition du ciel et de l'enfer,* 1989), Michel Tabachnik (*Concerto pour piano,* 1990).

Ajmone Marsan, Guido

Chef d'orchestre italien naturalisé américain, né à Turin le 24 mars 1947.

Après avoir étudié la clarinette, il travaille la direction d'orchestre à l'Eastman School of Music de Rochester (jusqu'en 1968) et à l'Accademia di Santa Cecilia de Rome (avec Franco Ferrara, 1968-71). Il suit également des cours à Salzbourg, Venise et Sienne. En 1969, il remporte le 1er prix au Concours AIDEM de Florence et la médaille d'or au Concours Guido Cantelli à la Scala de Milan. Puis il obtient le 1er prix au Concours Mitropoulos à New York (1970) et au Concours de la Fondation Rupert à Londres (1973). Il est engagé comme assistant d'André Previn auprès de l'Orchestre Symphonique de Londres, puis commence une carrière internationale après avoir remporté (1973) le 1er prix au Concours Georg Solti à Chicago. En 1982, il est nommé directeur musical de l'Orchestre de l'Illinois à Chicago. Il dirige simultanément le Gelders Orchestra à Arnhem, aux Pays-Bas (1982-86). En 1985, il est nommé directeur musical à l'Opéra d'Essen.

Akl, Walid

Pianiste libanais, né à Bikfaya (Liban) le 13 juillet 1945.

Il s'établit en France en 1963, où il fréquente l'Académie Marguerite Long, le Conservatoire et l'École Normale de Musique, travaillant avec Yvonne Lefébure, Germaine Mounier et Jacques Février. Une brillante carrière le conduit dans les principaux pays occidentaux. Il a enregistré l'intégrale des œuvres pour piano de Haydn et Borodine, ainsi que la transcription par Liszt de la *Symphonie héroïque* de Beethoven.

Akoka, Gérard

Chef d'orchestre français, né à Paris le 2 novembre 1949.

Ses études au Conservatoire de Paris (solfège, déchiffrage, piano, musique de chambre, analyse musicale) sont sanctionnées surtout par un 1er prix de direction d'orchestre. De 1975 à 1976, il complète sa formation de chef dans le cadre du 3e cycle de perfectionnement avec Jean Martinon et à l'Académie Santa Cecilia de Rome. En 1975, il remporte la Bourse de la Vocation. Puis il se perfectionne auprès de Markevitch (Monte-Carlo), Celibidache (Bologne), Ferrara (Sienne), remportant de nombreux prix (Prix Respighi, Markevitch, Malko, BBC Rupert Foundation...). Il travaille également comme assistant de Leonard Bernstein et de Daniel Barenboïm. En 1977, il est engagé comme deuxième chef par Pierre Boulez pour la création en Europe de *Star Child* de George Crumb avec l'Orchestre de Paris. En 1983-84, il est directeur musical de l'Orchestre Philharmonique de Lorraine. Il part ensuite faire carrière à Taïwan.

Akoka, Pierre

Pianiste français, né à Paris le 17 juillet 1952.

Cousin du précédent, il travaille le piano avec Lucette Descaves, puis au Conservatoire de Paris (1968) il poursuit son enseignement et étudie aussi avec Yvonne Loriod. Il obtient un 1er prix de piano en 1974 ainsi qu'un 1er prix de musique de chambre dans la classe de Guy Deplus. Il travaille également à Vienne avec Dianko Iliev et obtiendra un diplôme du Conservatoire.

Alagna, Roberto

Ténor français, né à Clichy-sous-Bois le 7 juin 1963.

D'ascendance sicilienne, il fait ses études musicales à Paris et remporte, en 1988, le Concours international Luciano Pavarotti à Philadelphie. Il débute la même année au Festival de Glyndebourne dans Alfredo (*La Traviata*), rôle qu'on l'invite immédiatement à chanter sur les principales scènes européennes, notamment à la Scala de Milan (1990). En 1992, il débute à Covent Garden dans Rodolfo (*La Bohème*). La France le découvre en 1993 dans Roméo, au Capitole de Toulouse. L'année suivante, il aborde Faust à l'Opéra de Montpellier et reprend Roméo à l'Opéra-Comique. Il chante *Rigoletto* à Milan et à Vienne, *Lucia di Lammermoor* à l'Opéra-Bastille (1995), et se produit au Teatro Cólon et au Met.

Alain, Marie-Claire

Organiste française, née à Saint-Germain-en-Laye le 10 août 1926.

Fille du compositeur Albert Alain et sœur de Jehan et d'Olivier Alain, elle fait ses études au Conservatoire de Paris où elle remporte de nombreux prix. En 1950, elle remporte un 2e prix au Concours international de Genève. Ses tournées de récitals la mènent dans le monde entier, où elle passe pour être l'une des plus grandes interprètes de Bach.

Pédagogue très recherchée, elle fonde ses cours – comme ses interprétations d'ailleurs – sur des études musicologiques approfondies, pas uniquement dans le domaine de la littérature organistique mais, d'une manière générale, dans l'exécution de la musique ancienne, française ou étrangère.

Marie-Claire Alain, que les Américains surnomment « The first Lady of the Organ », docteur *honoris causa* des universités du Colorado et du Texas, reste très attachée à l'orgue classique, sans pour autant mépriser l'orgue néo-classique. Mais elle se consacre aussi volontiers au répertoire romantique (notamment Franck ou Widor) et à la musique de son frère Jehan Alain qu'elle propage dans le monde entier. Après deux enregistrements intégraux de l'œuvre pour orgue de Jean-Sébastien Bach (1958-68, puis 1978, plus sélectif), elle entreprend un nouveau cycle consacré aux pièces majeures du cantor pour tenir compte de l'évolution de l'interprétation, de l'édition et des progrès réalisés dans le domaine de la restauration des orgues anciens.

Marie-Claire Alain s'est vu dédier le *Concerto pour orgue* de Charles Chaynes.

Alarie, Pierrette

Soprano canadienne, née à Montréal le 9 novembre 1921.

Elle commence ses études vocales avec Jeanne Maubourg, Albert Roberval et Salvator Issaurel (1938-43). Puis elle travaille au Curtis Institute de Philadelphie avec Elisabeth Schumann (1943-46). Après avoir fait ses débuts scéniques à Montréal, elle est invitée au Metropolitan Opera de New York en 1945 pour chanter Oscar dans *Un bal masqué* sous la direction de Bruno Walter. Elle y revient, en 1946, pour *Les Contes d'Hoffmann* (Olympia) et *L'Enlèvement au sérail* (Blonde). La même année, elle épouse le ténor **Léopold Simoneau.** Tous deux chantent régulièrement à l'Opéra-Comique (à partir de 1949) et à l'Opéra de Paris (à partir de 1950) : *Le Barbier de Séville*, *Lakmé*, *Les Pêcheurs de perles*, *Les Indes galantes*, *Les Fêtes d'Hébé.* En 1951, elle débute au Festival de Glyndebourne dans *Don Giovanni* (Zerline). La même année, elle est invitée à Aix-en-Provence (*Le Mariage secret*). Elle y chante Zerline en 1952 et se produit dès lors sur les principales scènes françaises. Elle paraît également à l'Opéra de Vienne et à la Scala de Milan. Elle se retire en 1966 et continue à chanter au concert jusqu'en 1970. Elle se consacre alors à l'enseignement. Soprano léger à la sonorité très fine qui gagnait à s'exprimer dans des nuances délicates, sa voix s'adaptait particulièrement bien à un petit nombre de rôles autour desquels elle a construit sa carrière (Juliette, Mireille, Micaëla, Rosine, Lakmé, Leïla...).

Albanese, Licia

Soprano italienne, naturalisée américaine (1945), née à Bari le 22 juillet 1909.

Elle étudie d'abord au Conservatoire de Bari, puis avec Giuseppina Baldassare-Tedeschi avant de débuter au Théâtre municipal de Bari (sous le nom d'Alicia Albanese) comme Mimi, dans *La Bohème*. Son talent s'affirme déjà, en 1935, au Festival des Arènes de Vérone, un peu plus tard à la Scala de Milan, où elle est surtout présentée comme la partenaire de Benjamino Gigli.

Après une grande carrière en Italie, le Met l'appelle et elle y débute en 1940 dans *Madame Butterfly*. Elle y connaîtra deux ans plus tard son plus grand succès, comme *Traviata*. Elle restera plus de vingt ans pensionnaire du Met, tout en étant invitée en Europe et en Amérique. En 1951, elle chante à nouveau *Madame Butterfly* à la Scala de Milan. Soprano lyrique à l'intense musicalité, elle connaîtra ses plus grands succès dans les grands rôles de Puccini et de Verdi qu'elle enregistre sous la direction de Toscanini.

Albani, Dame Emma
(Marie-Louise Cécile Emma Lajeunesse)

Soprano canadienne, née à Chambly (Québec) le 1er novembre 1847, morte à Kensington (Londres) le 3 avril 1930.

Ses parents sont tous deux musiciens, ce qui explique la carrière précoce de l'enfant qui, à neuf ans, fait sa première apparition publique comme pianiste et chanteuse, au Mechanics' Hall de Montréal. La famille ayant émigré aux États-Unis, Emma est engagée comme soliste, organiste puis chef de chorale à l'église Saint-Joseph d'Albany (New York). L'évêque d'Albany réunit les fonds nécessaires pour qu'elle se rende en Europe. A Paris, elle étudie avec Duprez (1868), puis à Milan avec Lamberti (1869). Elle débute, en 1870, à l'Opéra de Messine, comme Amina de *La Somnambule*. Elle remporte des triomphes à Florence et à Malte dans *Le Barbier de Séville*, *Martha*, *Robert le diable*, *L'Africaine* et *Lucia di Lammermoor*. En 1871, elle travaille *Mignon* à Paris avec Ambroise Thomas et triomphe dans cet opéra à Florence. En 1872, elle débute à Covent Garden dans *La Somnambule*. On la compare à la Patti. Elle chantera sur cette scène presque chaque saison, jusqu'en 1896. En 1873, elle triomphe à Moscou et à Saint-Pétersbourg, et chante à Londres pour la reine Victoria, dont elle devient l'amie et la confidente. Elle se rend aux États-Unis où elle aborde pour la première fois le répertoire wagnérien (*Lohengrin*, puis *Tannhäuser* en 1876 à Nice). En 1877, elle triomphe au Théâtre-Italien de Paris. En 1878, elle revient à Paris pour y aborder *La Traviata* et créer *Alma l'incantatrice* que Flotow a composé pour elle. La même année, elle épouse à Londres Ernest Gye, le fils du directeur de Covent Garden qui succède à son père peu après. En 1880, après de beaux débuts à la Monnaie de Bruxelles, elle est engagée à la Scala de Milan où elle connaît le seul échec de sa carrière. Deux ans plus tard, elle crée *Rédemption* de Gounod, sous la direction du compositeur. Il écrit ensuite pour elle l'oratorio *Mors et Vita* qu'elle crée au Festival de Birmingham, en 1885. La même année, sous la direction de Dvořák, elle chante *La Fiancée du fantôme*, en 1886 elle chante à Londres en présence de Liszt son oratorio *Sainte Élisabeth*. A Berlin, elle chante *Lohengrin* et *Le Vaisseau fantôme* en allemand (1887). Elle effectue des tournées dans toute l'Europe, retourne de nombreuses fois en Amérique du Nord, au Canada et aux États-Unis où elle est engagée au Metropolitan Opera : elle y chantera pour la première fois Donna Anna de *Don Giovanni* (1893). Elle quitte la scène en 1896 mais continue à chanter en oratorio jusqu'à ses adieux définitifs en 1911. Elle se consacre alors à l'enseignement.

ÉCRITS : *40 Years of Song (« 40 Ans de chant »)*, autobiographie (1911).

Albert, Eugen d'

Voir à **D'Albert, Eugen**

Alberth, Rudolph

Chef d'orchestre allemand, né à Francfort le 25 mars 1918, mort à Munich le 29 mai 1992.

Il fait ses études musicales au Conservatoire de sa ville natale puis occupe successivement des postes de chef d'orchestre à Francfort (1945) (Hessischer Rundfunk), Baden-Baden (1948) (SWF) et Munich (Radio Bavaroise) jusqu'en 1964, date à laquelle il devient chef de la Philharmonie de Basse-Saxe à Hanovre. Il dirige pour la première fois à Paris l'Orchestre National en 1954 (*Turangalîla-Symphonie* de Messiaen). Il a assuré un grand nombre de premières mondiales dans le cadre des concerts du Domaine Musical et à la tête des différents orchestres des radios allemandes. Habitué des jurys de concours internationaux, il a siégé notamment à Besançon à partir de 1968. Il est également compositeur. Il a créé des œuvres d'Olivier Messiaen (*Oiseaux exotiques,* 1956), Egon Wellesz (*Vision,* op. 99, 1972).

Albin, Roger

Violoncelliste et chef d'orchestre français, né à Beausoleil le 30 septembre 1920.

A six ans, il commence le violoncelle avec Umberto Benedetti à Monte-Carlo. Il perfectionne son instrument au Conservatoire de Paris (classe de Bazelaire, 1er prix en 1936) ainsi que l'écriture (Noël Gallon), la composition (Büsser, Milhaud) et l'analyse (Messiaen). Il débute comme violoncelliste à Monte-Carlo puis à l'Opéra de Paris et à la Société des Concerts du Conservatoire. De 1949 à1957, il fait duo avec le pianiste Claude Helffer et entame une carrière de chef d'orchestre, conseillé par Roger Désormière, Carl Schuricht et Hans Rosbaud. Il débute en 1957 comme chef des chœurs de l'Opéra-Comique puis fait carrière en province à Nancy (1960), à Toulouse (1962) et surtout à la tête de l'Orchestre de la Radio de Strasbourg (1966-75) où il crée un grand nombre d'ouvrages contemporains. A la dissolution de cet orchestre, lors de l'éclatement de l'ORTF (1975), il reprend son violoncelle en tant que membre de l'Orchestre National de France de 1978 à 1981, et comme membre du Sextuor à cordes de l'ONF. Il est ensuite professeur de musique de chambre au Conservatoire de Strasbourg (1981-87). Il est également compositeur. Il a créé des œuvres d'André Boucourechliev (*Faces,* 1972), Philippe Capdenat (*Le Silence de l'oiseau et de la paix,* 1976), Ivo Malec (*GAM(m)Es,* 1971), Henri Martelli (*Rapsodie pour violoncelle,* 1967), Tolia Nikiprowetzky (*La Fête et les masques,* opéra, 1973).

Albrecht, George Alexander

Chef d'orchestre allemand, né à Brême le 15 février 1935.

Il se consacre d'abord à l'étude du violon, du piano et de la composition (1942-54). De 1948 à 1956, il est premier violon de l'Orchestre de Chambre Hermann Grevesmühl. Ses débuts de chef d'orchestre remontent à 1949. En 1954, il obtient le prix d'excellence de l'Académie Chigiana de Sienne. De 1958 à 1961 il est premier chef à l'Opéra de Brême avant d'occuper le même poste à l'Opéra de Hanovre (1961-65). Entre 1965 et 1992, il occupe les fonctions de directeur général de la musique à l'Opéra de Hanovre et de professeur au conservatoire de cette ville. Il mène parallèlement une carrière de chef invité qui lui permet de diriger, entre autres, la Staatskapelle de Dresde et l'Orchestre Philharmonique de Berlin. En 1992, il est nommé à la tête de la Philharmonia Hungarica (Marl). Il a créé des œuvres de Wilhelm Killmayer (*Symphonie n° 1,* 1971), Wolfgang Rihm (*Symphonie n° 1,* 1984), Manfred Trojahn (*Berceuse,* 1980).

Albrecht, Gerd

Chef d'orchestre allemand, né à Essen le 19 juillet 1935.

Fils du musicologue allemand Hans Albrecht (1902-61). Après des études à Kiel et à Hambourg, il gagne le prix de Besançon (1957) puis celui d'Hilversum (1958). Il occupe successivement les postes de chef assistant à l'Opéra de Stuttgart (1958-61) et de premier chef à l'Opéra de Mayence (1961-63), à l'Opéra de Lübeck (1963-66) et à l'Opéra de Kassel (1966-72). De 1972 à 1974, il est directeur musical à la Deutsche Oper de Berlin. Ensuite, il est à la tête de l'Orchestre de la Tonhalle de Zürich (1975-81). Il est amené à diriger dans les principaux théâtres lyriques et est nommé directeur général de la musique à l'Opéra de Hambourg en 1988. En 1990, il reçoit le titre de professeur. En 1994, il est nommé directeur musical de la Philharmonie Tchèque.

Il a créé des œuvres de Harrison Birtwistle (*Machaut à ma manière,* 1990), Hans-Jürgen von Bose (*Labyrinth I,* 1987 ; *Love after Love,* 1991), Wolfgang Fortner (*Elisabeth Tudor,* 1972), Hans Werner Henze (*Telemanniana,* 1967 ; *Barcarola,* 1980), Paul Hindemith (*Lustige Sinfonietta,* 1980), Klaus Huber, Milko Kelemen, Volker David Kirchner (*Requiem – Messa di pace,* 1990), Helmut Lachenmann (*Tableau,* 1989), Rolf Liebermann (*Freispruch für Medea,* 1990), György Ligeti (*Requiem,* 1965), Aribert Reimann (*Variationen,* 1976 ; *Lear,* 1978 ; *Troades,* 1986 ; *Ein apokalyptisches Fragment,* 1987 ; *Sieben Fragmente,* 1988), Wolfgang Rihm (*Umriß,* 1986), Peter Ruzicka (*Fünf Bruchstücke,* 1988 ; *Metamorphosen über ein Klangbild von Joseph Haydn,* 1990), Manfred Trojahn (*Symphonie nº 4,* 1992), Wolfgang von Schweinitz (*Messe,* op. 21, 1984), Ruth Zechlin (*Stufe für Orchester,* 1993).

ÉCRITS : *Wie eine Opernaufführung zustande kommt* (Zürich, 1988).

Aldulescu, Radu

Violoncelliste roumain, né à Piteasca-Pasares le 17 septembre 1922.

Il fait ses études au Conservatoire de Bucarest où il est notamment l'élève de Dinicu. Il se perfectionne ensuite en Espagne avec Gaspar Cassadó. Il débute à la Radio de Bucarest en 1941, continuant son activité artistique comme instrumentiste et soliste à la Philharmonie d'État Georges Enesco de Bucarest et à l'Orchestre de l'Académie Sainte-Cécile à Rome après son départ de Roumanie pour l'Italie (1969). Dès 1964, il est l'assistant de Cassadó à Saint-Jacques de Compostelle. En 1972, il forme avec Salvatore Accardo et **Luigi Bianchi** le Trio d'archi di Roma. Il joue régulièrement en sonate avec Carlo Zecchi et enseigne à l'Académie Sainte-Cécile de Rome.

Aler, John

Ténor américain, né à Baltimore le 4 octobre 1949.

Après avoir été soprano dans les chœurs de son église, il suit les cours de l'Université catholique de Washington et étudie à la Juilliard School of Music de New York. Il débute sa carrière en France au Festival d'Aix-en-Provence (*Les Boréades*) en 1982 et y revient pour *La Finta Giardiniera.* A Paris, il chante dans *La Cenerentola* au Châtelet (1986). Spécialiste du chant mozartien et du bel canto italien du XIXᵉ siècle, il ne dédaigne pas le répertoire léger français de la même époque, ainsi que l'opérette offenbachienne. Il s'est produit sur de nombreuses scènes américaines (New York City Opera, San Diego, Saint Louis, Santa Fe, Baltimore, Washington) ainsi qu'à Toronto. En Europe, il chante à Covent Garden (*Anna Bolena* avec Sutherland), à la Monnaie de Bruxelles, à Lyon, Glyndebourne, Genève, Vienne, Munich et Hambourg. Il débute au Festival de Salzbourg en 1988 (Don Ottavio).

Alexanian, Diran

Violoncelliste arménien, né à Constantinople le 2 avril 1879, mort à Chamonix le 27 juin 1954.

Il est l'élève de Grützmacher qui le présente à Brahms et à Joachim avec lesquels il fait de la musique de chambre. Il commence sa carrière à l'âge de dix-sept ans. En 1901, il vient à Paris, où il enseigne plus tard à l'École Normale de Musique (1921-37). Il s'installe ensuite aux États-Unis. Remarquable pédagogue, il a été le maître de nombreux violoncellistes, notamment Maurice Eisenberg, Adolfo Odnoposoff et Antonio Janigro. Avec Casals, il a édité un *Traité théorique et pratique du violoncelle* (1922). Il a également réalisé une édition critique des suites pour violoncelle seul de Bach (1929). Il a créé la *Sonate pour violoncelle et piano* (1921) d'Arthur Honegger.

Alexeev, Dmitri

Pianiste russe, né à Moscou le 10 août 1947.

Il fait ses études au Conservatoire de Moscou d'où il sort à l'âge de dix-huit ans. Puis il se perfectionne avec Dmitri Bachkirov. En 1969, il remporte le 2e prix au Concours international Marguerite Long-Jacques Thibaud à Paris. L'année suivante, il obtient le 1er prix au Concours international Georges Enesco à Bucarest, en 1974 au Concours Tchaïkovski à Moscou et, en 1975, au Concours de Leeds. Sa carrière commence alors à se développer en Europe occidentale (plus de 70 concerts en Grande-Bretagne entre 1975 et 1978). En 1976, il fait ses débuts aux USA, à Chicago, sous la direction de Carlo Maria Giulini, dix ans plus tard à la Philharmonie de Berlin et au Concertgebouw d'Amsterdam. Il joue souvent en duo avec sa femme, la pianiste Tatiana Sarkissova, et il accompagne également Barbara Hendricks.

Alix, René

Chef de chœur, organiste et compositeur français, né à Sotteville-les-Rouen le 14 septembre 1907, mort à Paris le 30 décembre 1966.

Élève de Lanquetuit, Caussade et Bertelin, René Alix commence sa carrière comme organiste en l'église Saint-Michel du Havre, où il reste de 1929 à 1939. Après la guerre, en 1945, il est nommé directeur des chœurs de la RTF et, en 1954, codirecteur de l'École César Franck. Comme compositeur, il laisse des mélodies, des pages pour orgue, pour piano, plusieurs motets, des messes, un quatuor à cordes, un oratorio : *Les Saintes Heures de Jeanne d'Arc* (1954), des poèmes symphoniques (dont *Les Revenants, Danses et Confidences*) ; il nous laisse également une *Grammaire* musicale du plus haut intérêt. Il a créé des œuvres d'Alfred Desenclos (*Requiem,* 1965), Georges Migot (*La Passion,* 1957).

Allard, Maurice

Bassoniste français, né à Sin-le-Noble le 25 mai 1923.

Son oncle a été premier basson, pendant vingt-cinq ans, à l'Orchestre Symphonique de Boston. Après un 1er prix de basson au Conservatoire de Paris en 1940, il est premier soliste des Concerts Lamoureux et des Concerts Oubradous en 1942. Puis il remporte le 1er prix du Concours international de Genève (1949). Cette même année, il entre à l'Orchestre de l'Opéra de Paris. Depuis 1957 il est professeur au Conservatoire de Paris. Par ailleurs il est président-fondateur de l'association « Les Amis du basson français ». Parmi les œuvres qu'il a créées, on peut retenir les concertos de Charles Brown, Ida Gotkovski, André Jolivet (1954), Marcel Landowski (1958), Jean Rivier (1964), Antoine Tisné et Henri Tomasi.

Alldis, John

Chef de chœur anglais, né à Londres le 10 août 1929.

Il fait ses études musicales au King's College de Cambridge avant de se spécialiser dans la direction chorale dont il devient vite l'un des chefs de file de l'école britannique. En 1962, il crée le John Alldis Choir à Londres qui aborde aussi bien le répertoire contemporain que les grands ouvrages lyriques. Il dirige également le London Symphony Chorus (1966-69) dont il est le fondateur et, de 1969 à 1982, le London Philharmonic Choir avec lequel il obtient en 1974 le prix de la meilleure manifestation chorale de l'année. Entre 1966 et 1977, il enseigne à la Guildhall School of Music de Londres. Puis il est à la tête du Chœur de la Radio Danoise (1972-77). Il dirige ensuite le Groupe vocal de France (1979-83). Il a créé des œuvres de Hans Werner Henze (*Orpheus Behind the Wire,* 1985), Emmanuel Nunes (*Minnesang,* 1981).

Allemandi, Antonello

Chef d'orchestre italien, né à Milan le 20 mars 1957.

Au Conservatoire de Milan, il reçoit une formation de pianiste, de chef d'orchestre (avec Gianluigi Gelmetti) et de compositeur. Il travaille ensuite avec Franco Ferrara à Rome avant de se perfectionner au Mozarteum de Salzbourg et à Tanglewood avec Leonard Bernstein et Seiji Ozawa. Il débute en dirigeant la création d'*Actus III* d'Azio Corghi au Mai Musical Florentin. Claudio Abbado l'engage comme assistant pour différents ouvrages à la Scala où il dirige à ses côtés *Prometeo* de Luigi Nono en 1985. Il est aussitôt invité par les principaux orchestres et théâtres lyriques italiens et dirige régulièrement en France. En 1993, il est nommé directeur musical de l'Orchestre Colonne à Paris.

Allen, Thomas

Baryton anglais, né à Seaham Harbour (Durham) le 10 septembre 1944.

Après des études de chant et d'orgue au Royal College of Music de Londres (1964-68), il débute dans les chœurs du Festival de Glyndebourne, puis au Welsh National Opera en 1969 (Figaro du *Barbier de Séville*). En 1971, il chante à Covent Garden (Donald de *Billy Budd*) et en rejoint la troupe l'année suivante. En 1973, il paraît à Glyndebourne en tant que soliste (Papageno), débute à la Scala de Milan en 1976 et à l'Opéra de Paris en 1982 (Ford).

A son répertoire, on trouve les barytons mozartiens (Le Comte, Figaro, Guglielmo, Don Giovanni, Papageno), mais aussi Belcore (*L'Élixir d'amour*), Marcello (*La Bohème*), Valentin (*Faust*), Pelléas, Oreste (Gluck). Son rôle le plus marquant reste celui de Don Giovanni qu'il chante notamment à Glyndebourne en 1982, à Munich en 1986 et à la Scala de Milan en 1987.

Il participe à la création mondiale de *The Voice of Ariadne* de Thea Musgrave au Festival d'Aldeburgh en 1974 (Valerio) et à celle du *Retour d'Ulysse dans sa patrie* de Monteverdi-Henze au Festival de Salzbourg en 1985. Il a également créé des œuvres de John Casken (*Still Mine,* 1992).

Allers, Franz

Chef d'orchestre tchécoslovaque naturalisé américain, né à Carlsbad le 6 août 1905.

Au Conservatoire de Prague, il étudie le violon avec J. Mařák puis à Berlin avec Havemann. Il travaille également la direction d'orchestre avec Prüwer. Pendant un an, il est violoniste à la Philharmonie de Berlin. Mais il commence à diriger les principaux orchestres allemands. L'été, il est assistant à Bayreuth. Chef permanent à l'Opéra de Wuppertal (1926-33), il devient directeur général de la musique à Aussig (1933-38). Il émigre en 1938 et dirige les Ballets Russes de Monte-Carlo : tournées en Amérique du Sud, au Canada, en Angleterre jusqu'en 1945. Fixé aux États-Unis, il dirige à Broadway et pour la télévision. Il se produit à nouveau en Europe en 1954. A partir de 1963, il est invité régulièrement au Met. De 1973 à 1977, il est directeur général de la musique au Théâtre de Gärtnerplatz à Munich. Puis il reprend sa carrière de chef invité, effectuant notamment deux tournées avec le Niederösterreichisches Tonkünstler Orchester de Vienne en 1978 et 1980.

Alliot-Lugaz, Colette

Soprano française, née à Notre-Dame-de-Bellecombe le 20 juillet 1947.

Dès ses quinze ans elle aborde l'étude du chant à Bonneville. Elle se perfectionne ensuite à Genève avec Magda Fonay-Besson. Elle achève sa formation au Centre Lyrique de Genève et à l'Opéra-Studio de Paris sous la direction de René Koster et Vera Rosza. Elle obtient un 1er prix de chant et un 1er prix Mozart au Concours international de l'UFAM, ainsi qu'une médaille d'or d'art lyrique au Conservatoire de Lyon. Elle est révélée au public dans Pamina (*La Flûte enchantée*, que produit l'Opéra-Studio). Tout en gardant une particulière tendresse pour Mozart (Pamina, Cherubino, Zerlina), elle élargit intelligemment son répertoire à des œuvres de Messager (Véronique), Rossini (Rosine), Monteverdi, Haydn, Rameau, Weber (Ännchen). On la remarque dans le rôle de Mélisande à l'Opéra de Lyon (1980), et elle voit s'ouvrir devant elle une carrière internationale autour de ce rôle fétiche. Elle chante à l'Opéra de Paris, à la Monnaie de Bruxelles (où elle crée *La Passion de Gilles* de Philippe Boesmans en 1983), aux Festivals d'Aix-en-Provence, Glyndebourne et Salzbourg. Elle débute à New York, à Carnegie Hall, dans *Mignon* d'Ambroise Thomas (1984), puis à la Scala de Milan dans *Le Martyre de saint Sébastien* (1986). Son répertoire va de Monteverdi (*Le Retour d'Ulysse*, *Le Couronnement de Poppée*, *Orfeo*), à Berio (*Opera*), avec une nette prédilection pour les ouvrages français (*David et Jonathas* de Marc-Antoine Charpentier, *L'Étoile* de Chabrier, *Les Troyens* à la Bastille en 1990, *Alceste* de Lully au Théâtre des Champs-Élysées en 1991). Elle incarne aussi Chérubin et la Comtesse des *Noces de Figaro*.

Almeida, Antonio de

Chef d'orchestre français, né à Neuilly le 20 janvier 1928.

De père portugais et de mère américaine, c'est en Argentine qu'il fait ses études musicales avec Alberto Ginastera (théorie et composition) et Washington Castro (violoncelle). Il est également diplômé de l'Université de Yale où il étudie notamment avec Paul Hindemith. A Tanglewood, il travaille deux saisons avec Serge Koussevitzky puis avec George Szell. En 1945, fondateur du MIT Symphony à Boston et, en 1947, de l'Orchestre de Chambre de New Haven, on le retrouve au Mexique puis directeur du département d'opéra de l'Université Occidentale de Los Angeles (1953). Il dirige l'Orchestre Symphonique de la Radio de Lisbonne (1957-60), l'Orchestre Philharmonique de Stuttgart (1963-64), puis il est nommé à l'Opéra de Paris (1965-67) avant d'être premier chef invité de l'Orchestre Symphonique de Houston (1969-71). De 1976 à 1978, il est directeur général de la musique à Nice. En 1993, il est nommé directeur musical de l'Orchestre Symphonique de Moscou. Sa carrière le révèle comme un ardent défenseur de la musique française. Il a également édité l'intégrale des *Symphonies* de Boccherini et réalisé un catalogue thématique de l'œuvre de Jacques Offenbach. Il a créé l'*Éloge de la folie* (1966) et *Chaconne et Marche militaire* (1968) de Marius Constant.

Alonso, Odón

Chef d'orchestre espagnol, né à La Bañeza (León) le 28 février 1925.

Il fait ses études musicales au Conservatoire de Madrid et à l'Université des Lettres et de Philosophie. Il travaille également à Sienne, puis à Vienne. En 1952, il est nommé directeur des Solistes de Madrid, ensemble spécialisé dans les œuvres de la Renaissance et de l'époque baroque. En 1956-57 il est directeur du Théâtre de la Zarzuela à l'occasion de sa réouverture officielle. A partir de 1960, il devient directeur de l'Orchestre Philharmonique de Madrid. Il dirige alors sur un plan international à la Volksoper de Vienne, au City Center de New York, au Licéo de Barcelone et au Festival d'opéra de Madrid. Entre 1968 et 1984, il est directeur musical de l'Orchestre Symphonique de la Radio-télévision Espagnole. Il est ensuite nommé directeur musical de l'Orchestre Symphonique de Porto Rico et du Festival Casals.

Altenburger, Christian

Violoniste autrichien, né à Heidelberg le 7 septembre 1957.

Il commence l'étude du violon à l'âge de quatre ans avec son père puis travaille avec Ernst Morawec à la Musikhochschule de Vienne dont il sort diplômé à seize ans. Il part ensuite pour New York où il est l'élève de Dorothy DeLay à la Juilliard School of Music (jusqu'en 1978). Sa carrière commence très rapidement : après des débuts remarqués au Musikverein de Vienne en 1976, il joue sous la direction de Claudio

Abbado, Karl Böhm, Zubin Mehta... Parmi ses partenaires de musique de chambre, on trouve James Levine et Lynn Harrell. Il joue sur un Stradivarius de 1680. Il a créé une œuvre de Gerhard Schedl (*Concerto pour violon nº 2,* 1990).

Altmeyer, Jeannine

Soprano américaine (suisse par son mariage), née à Passadena (Californie) le 2 mai 1948.

Elle étudie le chant avec Martial Singher, Lotte Lehmann et Luigi Ricci. En 1971, elle remporte le 1er prix du concours de chant du Met où elle est engagée. Pour sa première saison (1971-72), elle chante la première Dame (*La Flûte enchantée*), la première Fille-Fleur (*Parsifal*) et Frasquita (*Carmen*). En 1972, elle chante Freia (*L'Or du Rhin*) à Chicago. Elle interprète ce même rôle l'année suivante au Festival de Pâques de Salzbourg, sous la direction de Karajan. Cette même année, elle est engagée à l'Opéra de Zürich, où elle chante Eva (*Les Maîtres chanteurs*). En 1974, elle reprend le rôle d'Eva ; elle chante également celui d'Élisabeth (*Tannhäuser*) et participe aux productions du *Freischütz* et de *Lohengrin*. En 1975, elle est engagée à l'Opéra de Stuttgart, où elle interprète le rôle-titre de *Salomé*, dans la mise en scène de Ponnelle. Dès lors, elle est invitée dans toutes les grandes capitales musicales. Elle chante Sieglinde (*La Walkyrie*) à Stuttgart puis au Festival de Bayreuth, ainsi que Gutrune (*Le Crépuscule des dieux*) dans la mise en scène de Patrice Chéreau et sous la direction de Pierre Boulez. Elle participe également à la production filmée de *L'Or du Rhin*, sous la direction de Karajan. Durant la saison 1979-80, elle aborde le rôle de Chrisothémis (*Elektra*) à Stuttgart et chante Sieglinde dans la nouvelle production du San Carlo de Naples. De retour au Met à partir de 1986, elle y chante les principaux rôles wagnériens.

Altmeyer, Theo

Ténor allemand, né à Eschweiler (Aix-la-Chapelle) le 16 mars 1931.

Après ses études à Cologne, avec Clemens Glettenberg, il remporte le 2e prix du Concours de chant organisé par la Radio Bavaroise, en 1955. Engagé à l'Opéra de Berlin (1956-60), il y chante, entre autres, le rôle principal du *Journal d'un fou* (Humphrey Searle) lors de sa création en 1958. En 1960, il est engagé comme premier ténor lyrique par l'Opéra de Hanovre, où il brille tout particulièrement dans les opéras de Mozart, Lortzing et Rossini. Son grand succès demeure le rôle-titre de *Palestrina* (Pfitzner) qu'il va chanter en 1958 à Stuttgart, puis en 1969 à Vienne. Plus importante encore que son activité scénique est sa carrière de concertiste qui l'entraîne en France, en Autriche, en Suisse, en Angleterre, en Italie, en Belgique, en Hollande... Deux grandes tournées de concerts en Amérique du Nord le consacrent comme un des maîtres de l'interprétation des mélodies, voire des cantates du passé comme des créations contemporaines. Depuis 1974, il enseigne au Conservatoire de Hanovre.

Alva, Luigi
(Luis Ernesto Alva Talledo)

Ténor péruvien, né à Lima le 10 avril 1927.

Il travaille sa voix avec Rosa Mercedes, à Lima, où il se produit en concert dès 1949. Il fera ses débuts sur scène, à l'Opéra de sa ville natale, dans le rôle d'Alfredo de *La Traviata*. Il poursuit ensuite ses études en Italie et y chante pour la première fois, en 1954, au Teatro Nuovo de Milan. Deux ans plus tard, il triomphe sur la scène de la Scala où, depuis lors, il est fréquemment invité. En 1957 et 1958, il est Fenton de *Falstaff* au Festival de Salzbourg. En 1960, il est engagé au Festival d'Aix-en-Provence, et, en 1961, à l'Opéra de Vienne. Sa carrière n'est alors qu'une suite de succès, sur les plus grandes scènes d'Europe et des deux Amériques. Entre 1964 et 1976, il chante régulièrement au Met (Almaviva, Tamino, Lindoro...). Nommé directeur artistique de la Fundación Pro Arte Lírica (FUPAL) à Lima en 1982, il aborde la mise en scène et cesse progressivement de chanter pour se retirer définitivement en 1989. A partir de 1986, il donne également des cours d'interprétation.

Son élégance naturelle, le charme de sa présence en scène ont fait de Luigi Alva un des ténors légers les plus recherchés pour le répertoire de Rossini, de Cimarosa et parfois de Mozart. Son lyrisme très pur et sa grande culture musicale en ont fait un artiste exigeant, connaissant parfaitement ses limites et refusant de les dépasser. Son meilleur rôle demeure le Comte Almaviva du *Barbier de Séville* de Rossini qu'il a chanté plus de 300 fois en plus de trente ans. Il est considéré par certains critiques comme le successeur de Tito Schipa.

Amaducci, Bruno

Chef d'orchestre suisse, né à Lugano le 5 janvier 1925.

Il travaille à l'École Normale de Musique à Paris, puis au Conservatoire de Milan. En 1960, il remporte à Trieste un prix au Concours national italien des chefs d'orchestre d'opéra. Il mène une carrière de chef invité consacré essentiellement à l'art lyrique et à la musique ancienne. Il dirige au Met, à l'Opéra de Paris, de Vienne et de Berlin... Jusqu'en 1989, il est chef des programmes musicaux à la Radiotélévision Suisse Italienne (Lugano).

ÉCRITS : *L'Amfiparnaso de Orazio Vecchi* (1951) ; *Walter Jesinghaus* (1970) ; *Music of the Five Composers of the Puccini Dynasty* (1973) ; *La Musica nella Svizzera Italiana e la presenza della Radiorchestra* (1973).

Amar, Licco (Liko)

Violoniste hongrois, né à Budapest le 4 décembre 1891, mort à Fribourg-en-Brisgau le 19 juillet 1959.

Issu d'une famille juive d'origine grecque, il travaille d'abord à l'Académie nationale de musique de Budapest avec Emil Bare (jusqu'en 1911) avant de devenir l'élève de Henri Marteau à la Hochschule de Berlin ; il fait partie de son quatuor comme second violon à partir de 1912. Puis il est violon solo à la Philharmonie de Berlin (1916-20) et à l'Orchestre du Nationaltheater de Mannheim (1920-23). Il fonde en 1921 le Quatuor qui porte son nom, à l'origine pour une simple exécution du *Deuxième Quatuor* de Hindemith. Cette formation deviendra l'une des plus illustres des années vingt avec Walter Kaspar, Paul et Rudolf Hindemith puis Maurits Frank, surtout spécialisée dans la musique du début du XXe siècle. Le quatuor se produit à Donaueschingen où Amar donne lui-même des cours d'interprétation. En 1929, le quatuor cesse ses activités après la nomination de Hindemith comme professeur à Berlin et, en 1933, Licco Amar doit quitter l'Allemagne devant la montée du nazisme. Il se réfugie d'abord à Paris puis, l'année suivante, en Turquie où il est nommé professeur au Conservatoire d'Ankara en 1935. Il reviendra en Allemagne en 1957 pour enseigner à la Musikhochschule de Fribourg-en-Brisgau. Il a créé le *Concerto pour violon,* op. 36/3 (1925) de Paul Hindemith.

Amato, Pasquale

Baryton italien, né à Naples le 21 mars 1878, mort à Jackson Heights (New York) le 12 août 1942.

Il fait ses études musicales dans sa ville natale, au Conservatoire San Pietro a Majella, et débute au Teatro Bellini en 1900 (Germont de *La Traviata*). Sa carrière se développe rapidement : il chante à Covent Garden, Leipzig, Odessa, Monte-Carlo et participe à la création en Italie de *Pelléas et Mélisande* (Golaud) à la Scala sous la direction d'Arturo Toscanini (1908). Il débute au Met la même année dans Germont et y chante régulièrement jusqu'en 1921. Il participe à la création de *La Fanciulla del West* de Puccini (1910) et de *Madame Sans-Gêne* de Giordano (1915). Il y incarne également Amonasro, Tonio, di Luna... En 1913, il chante le rôle-titre de *Falstaff* à Busseto pour le centenaire de la naissance de Verdi. Par la suite, il enseigne à New York et chante sur les principales scènes américaines, au Colón, au San Carlo...

Ambrosini, Jean-Claude

Pianiste français, né à Oujda (Maroc) le 7 mai 1916, mort à Paris le 4 août 1984.

Après des études de piano commencées au Maroc à l'âge de six ans, il vient se perfectionner à Paris avec Vlado Perlemuter qui lui conseille de mener une carrière de pianiste.

En 1937 il entre au Conservatoire dans la classe de Lazare-Lévy. Mobilisé en 1939 après avoir obtenu un second prix, il reprend ses études avec Marcel Champi en 1940. Premier prix en 1942, il quitte la France clandestinement pour l'Algérie. Engagé volontaire, il est gravement blessé lors de la Campagne d'Italie. C'est Robert Casadesus qui le fait travailler dès la fin de la guerre, puis Jacques Février. En 1948 on lui décerne un 1er prix de musique de chambre dans la classe de Joseph Calvet. Il effectue de nombreuses tournées pour les Jeunesses Musicales avant d'être nommé professeur au Conservatoire de Bobigny. Passionné par la musique de chambre, Pierre Fournier, Christian Ferras et Luben Yordanoff sont ses partenaires les plus fréquents.

Il accompagne également Boris Christoff, Régine Crespin, Ernst Haefliger et Mady Mesplé.

Ameling, Elly
(Elisabeth Ameling)

Soprano néerlandaise, née à Rotterdam le 8 février 1934.

Elle est l'élève de Jo Bollekamp et de Jacoba Dresden-Dhont. En 1956, elle gagne le Prix Noordewier au Concours de chant de 's-Hertogenbosch et, deux ans plus tard, le 1er prix du Concours international de Genève. Elle poursuit ses études chez Pierre Bernac à Paris, et dès lors aborde avec beaucoup de bonheur le concert et l'oratorio. Elle s'impose comme une des grandes interprètes de Bach mais chante également avec succès Haendel, Mozart, Mendelssohn et surtout la littérature baroque. Elle aborde enfin le répertoire du lied allemand et de la mélodie française, réalisant avec Gérard Souzay le premier enregistrement intégral des mélodies de Fauré. En 1959, elle crée *Le Mystère de la nativité* de Frank Martin et, au Festival de Salzbourg, chante la partie de soprano de la *Symphonie n° 4* de Mahler, sous la direction de Kubelík. En 1968, elle fait des débuts fort remarqués au Lincoln Center (New York). En 1973, elle fait ses débuts à l'Opéra d'Amsterdam dans le rôle d'Ilia d'*Idoménée* de Mozart, rôle qu'elle reprend lors du Festival Mozart du Kennedy Center, à Washington.

Amoyal, Pierre

Violoniste français, né à Paris le 22 juin 1949.

Attiré très tôt par la musique, il entre au Conservatoire de Paris où il obtient son 1er prix à l'âge de douze ans, en 1961. Un peu plus tard, il est entendu par Jascha Heifetz qui, séduit par le jeu et l'intelligence du jeune homme, l'invite à venir travailler avec lui aux États-Unis. Il y restera cinq ans, assimilant ses conseils techniques et artistiques, issus directement de l'École Russe de Leopold Auer. Malgré son intimité avec l'illustre violoniste russo-américain, Pierre Amoyal n'en a jamais été la « copie » et, à son retour des États-Unis, en 1971, il est invité par Sir Georg Solti à jouer le Concerto d'Alban Berg. Peu après, il grave son premier disque avec Paul Paray : la *Symphonie espagnole* de Lalo.

Depuis, il s'est fait acclamer un peu partout dans le monde. Professeur de violon au Conservatoire de Paris entre 1977 et 1986, il possédait un Stradivarius fameux, le *Kochanski* (1717) qui lui a été volé en Italie en 1987 avant d'être retrouvé à Turin en 1991. Il a acquis entre-temps (1990) un autre Stradivarius qui avait été l'un des instruments de Christian Ferras, le *Milanollo* (1728). Il a créé des œuvres de Alun Hoddinott (*Sonate pour violon et piano n° 4,* 1976), René Koering (*Concerto pour violon « Allegria Kochansky »,* 1992 ; *Fragment de songe,* 1993).

Amy, Gilbert

Chef d'orchestre et compositeur français, né à Paris le 29 août 1936.

Attiré par la philosophie, l'architecture, la littérature dans sa jeunesse, il fait ses études musicales au Conservatoire de Paris où il est notamment l'élève de Darius Milhaud et d'Olivier Messiaen. En 1965, il suit les cours de Pierre Boulez à Bâle et, de 1967 à 1972, prend sa succession à la tête du Domaine Musical. Il mène alors parallèlement une activité de compositeur et de chef d'orchestre. En 1973, il devient directeur des programmes musicaux de l'ORTF et, de 1976 à 1981, il prend la direction du Nouvel Orchestre Philharmonique de Radio France. Son passage à l'Odéon – directeur de la musique adjoint, à la demande de J.-L. Barrault – lui a révélé les liens entre le théâtre et la musique. C'est à Berlin qu'il a approfondi son travail de création, commençant *Strophe* et *Cycle* en 1964. Créée en 1968 à Royan, son œuvre *Trajectoires* pour violon et orchestre est une œuvre charnière. Dans *Cette étoile enseigne à s'incliner* (1970), Amy trouve sa plénitude. Il a reçu le Grand Prix national de la musique (1979). Ses œuvres ont été créées et jouées dans les festivals de musique contemporaine. Il a lui-même dirigé en France et à l'étranger, consacrant une part importante de ses programmes à la musique du XXe siècle et créant de nombreuses œuvres nouvelles de Carlos Roqué Alsina (*Funktionen,* 1966 ; *Schrichten,* 1971 ; *Cantata,* 1977 ; *Études,* 1979), Jorge Antuñes (*Catastrophe ultra-violette,* 1974), Davide Anzaghi (*Ausa,* 1974), Jean Barraqué (*Le Temps restitué,* 1968), Charles Chaynes (*Pour un monde noir,* 1978), Aldo Clementi (*Blitz,* 1973), Lorenzo Ferrero (*Siglied,* 1975), Graciane Finzi (*Trames,* 1981), Roman Haubenstock-Ramati (*Nocturnes,* 1981), Philippe Hersant (*Stances,* 1979 ; *Aztlan,* 1983), Betsy Jolas (*Lassus Ricercare,* 1971), François-Bernard Mâche (*Canzone II,* 1963), Philippe Manoury (*Puzzle,* 1975), Gérard Masson (*Ouest I,* 1968 ; *Dans le deuil des vagues II,* 1968 ; *Ouest II,* 1971 ; *Hymnopsie,* 1974), Serge Nigg (*Mirrors for William Blake,* 1978), Luis de Pablo (*A modo de concierto,* 1978 ; *Latidos,* 1981).

En 1984, il est nommé directeur du Conservatoire national de musique de Lyon.

Ančerl, Karel

Chef d'orchestre tchèque, né à Tučapy le 11 avril 1908, mort à Toronto le 3 juillet 1973.

Il étudie le violon, la direction d'orchestre et la composition au Conservatoire de Prague avec J. Křička et A. Hába (1925-29) et devient l'élève de Václav Talich et d'Hermann Scherchen. Celui-ci le prend comme assistant (1929-31) à Berlin puis à Munich. A son retour en Tchécoslovaquie, il dirige le Théâtre Libéré (1930-33) puis l'Orchestre Symphonique de la Radio de Prague (1933-39). La guerre brise sa vie. Déporté dans plusieurs camps de concentration, il échappe à la mort et demeure affaibli. Chef à l'Opéra de Prague (1945-48), premier chef de l'Orchestre Symphonique de la Radio de Prague (1947-50), professeur à l'Académie des Arts de Prague (1948-52), il redonne vie à la Philharmonie Tchèque (1950-68).

Après les événements de 1968 à Prague, il s'exile et se fixe au Canada où il prend la direction de l'Orchestre Symphonique de Toronto (1969-73).

Sa concentration, sa force de réflexion et sa lucidité marquent les enregistrements qu'il a laissés. Brahms, Mahler, Dvořák, Janáček surtout (la *Messe glagolithique*) trouvent leur plénitude sous sa direction. Il a créé des œuvres de Serge Nigg (*Pour un poète captif,* 1951).

Anda, Géza

Pianiste hongrois naturalisé suisse (1955), né à Budapest le 19 novembre 1921, mort à Zürich le 14 juin 1976.

Il naît dans un milieu musical amateur mais passionné. Après des études au Conservatoire de sa ville natale, il remporte le Prix Franz Liszt. Ernst von Dohnányi le prend alors comme élève. En 1941 il donne son premier concert à Berlin, avec l'Orchestre Philharmonique de Berlin sous la direction de Wilhelm Furtwängler. Dès 1942, il se réfugie en Suisse. Clara Haskil le remarque et enregistre avec lui. Il sera en quelque sorte son héritier, notamment pour l'interprétation des œuvres de Mozart. Il enregistre avec Ferenc Fricsay les concertos pour piano de Bartók qui constitueront longtemps une version de référence. Il enseigne à Lucerne (1959-68) puis à Zürich (à partir de 1969) : ses cours sont suivis par de jeunes pianistes venus du monde entier.

A la fin de sa vie, il se consacre surtout aux concertos de Mozart qu'il enregistre intégralement en dirigeant du piano l'Orchestre de Chambre du Mozarteum de Salzbourg.

Anders, Peter

Ténor allemand, né à Essen le 1er juillet 1908, mort à Hambourg le 10 septembre 1954.

Il abandonne la comptabilité pour étudier le chant à la Berliner Hochschule, auprès de Ernst Grenzebach. Il débute en 1932 au Théâtre de Heidelberg. Il est engagé successivement au Landestheater de Darmstadt (1933-35), à l'Opéra de Cologne (1935-36), puis à celui de Hanovre (1937-38). Remarqué par Clemens Krauss, il joue à la Staatsoper de Munich (1938-40) puis à celle de Berlin (1940-48) et achève sa brève carrière à l'Opéra de Hambourg, disparaissant prématurément dans un accident d'automobile. Après avoir tenu les rôles bouffes (Pedrillo, Jaquino), il s'est orienté, sur les conseils de la contralto Lula Mysz-Gmeiner, vers les emplois de ténor lyrique et le répertoire mozartien (il est un Tamino remarqué à Salzbourg en 1943), puis vers les rôles de caractère. L'intelligence du mot, une diction parfaite et un panache sans pathos en font également un grand chanteur de lieder...

Anderson, June

Soprano américaine, née à Boston le 30 décembre 1952.

Elle fait ses études à l'Université de Yale (chant et musicologie) et débute à la scène au New York City Opera dans le rôle de la Reine de la nuit (*La Flûte enchantée*) en 1978, rôle qu'elle reprendra pour le film de Miloš Forman *Amadeus*. Sa carrière se développe rapidement autour de rôles comme Rosine, Gilda ou Lucia. Elle fait ses débuts européens à l'Opéra de Rome en 1982 (Semiramide) puis à la Scala en 1985 (Amina de *La Sonnambula*). Les plus grandes scènes font alors appel à elle : Munich, Paris (*Robert le diable,* 1985), Covent Garden (1986), Chicago (Lucia), la Fenice... Elle fait ses débuts au Met en 1989 dans *Rigoletto* et reçoit peu après le « Bellino d'oro » pour sa contribution au rayonnement de l'œuvre de ce musicien. Elle chante pour la première fois Desdémone à Saint-Pétersbourg en 1991. Elle s'impose par son aisance dans le bel canto et a enregistré plusieurs ouvrages méconnus de ce répertoire.

Anderson, Marian

Contralto américaine, née à Philadelphie le 17 février 1897, morte à Portland (Oregon) le 8 avril 1993.

Élève à New York d'Agnès Reifsneider, de Giuseppe Boghetti et de Frank La Forge, elle remporte le 1er prix d'un concours de chant organisé par l'Orchestre Philharmonique de New York. Elle se produit à partir de 1925 aux États-Unis et fait ses débuts européens à Berlin en 1930. Elle fait deux importantes tournées en Scandinavie (1930-32 et 1933-34), se produit à Paris en 1934 et donne son premier récital new-yorkais en 1936. Interdite en 1939 à Washington, elle y chante le 9 avril suivant devant 7 500 personnes, grâce à l'appui de Mme Roosevelt. Elle est la première chanteuse noire à être engagée par le Metropolitan Opera de New York pour y chanter, en 1955, Ulrica du *Bal masqué*. Elle met au service du lied schubertien une voix opulente et veloutée (la voix du siècle pour Toscanini), prenante malgré des problèmes de justesse.

Elle a créé en 1942 un prix Marian Anderson.

ÉCRITS : *My Lord, what a Morning, an Autobiography* (New York, 1956, trad. française, Paris, 1961).

Andia, Rafaël

Guitariste français, né à Mont-de-Marsan le 30 novembre 1942.

Dès l'âge de six ans, il reçoit une formation musicale classique : solfège, violon, harmonie, orchestre. Mais c'est la guitare qui l'attire : à dix-huit ans il parcourt l'Espagne et s'initie au flamenco. Sous l'influence d'Alberto Ponce et plus tard d'Emilio Pujol, il revient à la guitare classique et concilie les deux domaines. Il obtient la licence de concert à l'École Normale de Musique de Paris et présente une thèse de physique expérimentale à la Sorbonne. Professeur à l'École Normale de Musique dès 1971, il commence sa carrière de concertiste en 1973, après avoir remporté le 2e prix au XVe Concours international de l'ORTF. En 1974, il enregistre une anthologie pour guitare et, en 1976, crée une classe de guitare baroque à l'École Normale de Musique de Paris (la première en France). Responsable d'une collection de musique contemporaine pour guitare aux éditions musicales Transatlantiques, il a créé, entre autres, *Solfegietto* de Claude Ballif (œuvre qui lui est dédiée), *Tellur* de Tristan Murail et *Tombeau de R. de Visée*, d'André Jolivet. Il joue sur une guitare classique espagnole Ramirez.

ÉCRITS : *La Guitare baroque* (*Les Goûts réunis,* 1977) et *Le Flamenco* (*Le Guide de la guitare,* 1981).

Andrade, Francisco d'

Baryton portugais, né à Lisbonne le 11 janvier 1859, mort à Berlin le 8 février 1921.

Il commence une carrière d'amateur, puis étudie avec Miraglia et Ronconi, avant de débuter à San Remo en 1882 (Amonasro). Sa carrière s'internationalise vite, de Londres (1886-90) à Saint-Pétersbourg, mais c'est à la Hofoper de Berlin (1906-19) qu'il connaît la gloire. Son Don Giovanni, qu'il interprète à Salzbourg en 1906 et qui inspire les fameux tableaux de Slevogt, demeure célèbre. Sa personnalité fantasque, la fascination qu'il exerçait en scène et son art du chant sont restés légendaires.

André, Franz

Chef d'orchestre belge, né à Forest (Bruxelles) le 10 juin 1893, mort à Woluwé Saint-Lambert (Brabant) le 20 janvier 1975.

Après des études musicales au Conservatoire de Bruxelles (violon avec César Thomson) et à la Hochschule de Berlin (avec Weingartner), il est nommé à dix-neuf ans professeur adjoint de violon au Conservatoire de Bruxelles. Après la guerre, il participe activement à la création de la Radio Belge (1920) : il est membre du Trio de la Station et commence à diriger régulièrement. En 1935, il fonde l'Orchestre de l'INR (Institut national belge de radiodiffusion) qui deviendra le Grand Orchestre Symphonique de la RTB. Il restera à la tête de cette formation jusqu'en 1958. De 1940 à 1944, il enseigne la direction d'orchestre au Conservatoire de Bruxelles.

Franz André a joué un rôle considérable dans la vie musicale belge en faisant connaître beaucoup de musique de son temps. K.A. Hartmann lui a dédié sa *1re Symphonie*. Il a créé *Les Euménides* (1949) et la *Symphonie no 7* (1955) de Milhaud, *Le Livre de la jungle* (1946), la *Symphonie no 1* (1946) et *Le Buisson ardent* (1957) de Koechlin, *Psyché* (1947) et le *Concerto pour percussion* (1959) de Jolivet, la *Symphonie no 1 « Expiatoire »* (1947) et la *Symphonie no 3 « INR »* (1955) de Sauguet, le *Concerto pour orchestre* (1955) de Tansman.

Comme compositeur, il a écrit plusieurs poèmes pour violon et orchestre dans la tradition d'Ysaÿe, des musiques de scène et des musiques radiophoniques.

André, Maurice

Trompettiste français, né à Alès le 21 mai 1933.

A quatorze ans, Maurice André descend dans la mine et entreprend, durant le même temps, l'étude de la trompette. Il fait preuve de tels dons qu'il peut entrer peu après au Conservatoire de Paris où il reçoit, en première année, le 1er prix d'honneur, non pas de trompette mais de cornet. Il n'obtiendra un 1er prix de trompette qu'un an plus tard. Il est successivement trompette solo des Concerts Lamoureux (1953-60), de l'Orchestre Philharmonique de l'ORTF (1953-62) et de l'Orchestre de l'Opéra-Comique (1962-67).

Après avoir triomphé au Concours international de Genève (1955) puis à celui de Munich (1963), il entreprend une carrière de concertiste qui le mènera d'Allemagne en Angleterre, dans les pays scandinaves, puis en Amérique du Nord et en Amérique du Sud. Entre 1967 et 1978, il est professeur au Conservatoire de Paris où il introduit la petite trompette pour le répertoire baroque. Il y forme plus d'une centaine de trompettistes, notamment Bernard Soustrot et Guy Touvron. Son fils Lionel et son petit-fils Nicolas sont également trompettistes.

Maurice André a enrichi le répertoire de son instrument de nombreuses transcriptions, des airs d'opéra (la plus inattendue, l'air des clochettes de *Lakmé* de Léo Delibes) à *La Mère Michel*, des chansons 1900 à Michel Legrand ; il a également suscité des œuvres nouvelles (plus d'une trentaine) dont il a assuré la création : Boris Blacher (*Concerto pour trompette,* 1971), Claude Bolling (*Toot Suite,* 1981), Charles Chaynes, *Jean-Claude Eloy (Fluctuance-immuable,* 1977), Henri Gagnebin (*Concertino pour trompette et orgue*), Raymond Gallois-Montbrun, Harald Genzmer (*Sonate pour trompette et orgue*), André Jolivet (*Arioso barocco,* 1968 ; *Heptade*), Bernhard Krol, Marcel Landowski (*Cahier pour quatre jours,* 1978), Jean Langlais (*Chorals* pour trompette et orgue), Raymond Loucheur, Antoine Tisné (*Héraldiques*), Henri Tomasi (*Semaine sainte à Curzo*), Julien-François Zbinden (*Dialogue* pour trompette et orgue).

Andreae, Marc

Chef d'orchestre suisse, né à Zürich le 8 novembre 1939.

Petit-fils de **Volkmar Andreae**, fils du pianiste et claveciniste Hans Andreae et de la pianiste **Lis Andreae-Keller**, il obtient en 1962 le diplôme de chef d'orchestre et de pianiste au Conservatoire de Zurich. Pendant deux ans (1960-62) il est le chef de l'Orchestre Pro Arte de Zurich. Il travaille ensuite la composition et la direction avec Nadia Boulanger à Paris (1962-63). De 1964 à 1968 il étudie à l'Académie Sainte-Cécile de Rome (avec Franco Ferrarra) et à l'Académie Chigiana de Sienne. En 1966, il remporte le 1er prix du Concours national suisse à Zürich. Sa carrière internationale date du début des années soixante. Entre 1969 et 1991, il est chef permanent de l'Orchestre de la Radiotélévision Suisse Italienne, à Lugano. Puis il prend la direction artistique de l'Orchestre de l'Angelicum de Milan (1990-92). Marc Andreae a dirigé de nombreuses créations parmi lesquelles on peut citer des pages de Sylvano Bussotti (*Rosso,* 1984), Conrad Beck, Vinko Globokar, Heinz Holliger (*Ostinato funebre,* 1991), Salvatore Sciarrino (*Autoritratto della notte,* 1983), Gerhard Wimberger (*Concertino per orchestra,* 1982).

Il se livre par ailleurs à la composition et à des recherches musicologiques qui lui ont permis d'exhumer ou d'enregistrer pour la première fois des œuvres oubliées de Schumann (*Symphonie en sol mineur*, version originale du *Concerto pour piano*), Schubert (*Grand Duo* orchestré par Joachim), Moussorgski ou Rossini.

Andreae, Volkmar

Chef d'orchestre suisse, né à Berne le 5 juillet 1879, mort à Zurich le 18 juin 1962.

Il fait ses études musicales à Berne avec Munzinger et à Cologne avec Wüllner (1897-1900). Après une saison passée à l'Opéra de Munich comme répétiteur (1900-01), il se fixe à Zurich où il prend la direction du Gemischten Chor (1902-49). Il dirige également le Winterthur Stadtsängerverein (1902-04) puis le Zurich Männerchor (1904-19). En 1906, il est nommé à la tête de l'Orchestre de la Tonhalle où il restera jusqu'en 1949. Il sera également directeur du Conservatoire de Zurich (1914-39), chef du Studentengesangverein (1914-16) et directeur de la musique à l'Université (1915). Tout au long de sa carrière, il restera fidèlement attaché à Zurich malgré de nombreux déplacements à l'étranger : tournées régulières avec l'Orchestre Philharmonique de Berlin ou l'Orchestre Philharmonique de Vienne, dont il est l'invité permanent. En 1911, lorsque Mahler quitte New York, il refuse sa succession qu'on lui offre. Fervent défenseur de Reger et de Mahler, c'est surtout vers Bruckner qu'il se tourne le plus volontiers. Il jouera un rôle décisif dans la diffusion de sa musique. C'est lui qui dirigera pour la première fois la *Passion selon saint Matthieu* en Italie (Milan, 1911).

Andreescu, Horia

Chef d'orchestre roumain, né à Braşov le 18 octobre 1946.

Issu d'une famille de musiciens, il commence ses études au Lycée musical de Braşov puis est l'élève de Constantin Bugeanu (direction d'orchestre) et de Stefan Niculescu (composition) au Conservatoire de Bucarest. Une bourse « Herder » lui permet de travailler avec Hans Swarowsky et Karl Österreicher à l'Académie de musique de Vienne. Il se perfectionne avec Sergiu Celibidache à Bucarest, Trier et Munich. Il est lauréat des concours internationaux de Copenhague et de Genève. Entre 1974 et 1987, il est à la tête de l'Orchestre Philharmonique de Ploieşti avant d'être nommé, en 1987, chef permanent à la Philharmonie Georges Enesco de Bucarest. Il exerce en outre les fonctions de directeur artistique adjoint de cet orchestre entre 1987 et 1991. En 1992, il est nommé directeur musical de l'Orchestre National de la Radio-télévision Roumaine. Il poursuit également une importante carrière de chef invité. En 1988, il est nommé professeur de direction d'orchestre au Conservatoire de Bucarest. Il a créé des œuvres de Pascal Bentoiu (*Symphonie nº 8,* 1990), Kurt Schwertsik (*Irdische Klänge,* 1992).

Andrésen, Ivar

Basse norvégienne, né à Oslo le 27 juillet 1896, mort à Stockholm le 24 novembre 1940.

Il étudie à l'École de l'Opéra Royal de Stockholm, où il débute en 1919 (le Landgrave). Il reste attaché à cette scène cinq ans durant, développant rapidement un répertoire de grande basse noble, avant de devenir membre de la troupe de l'Opéra de Dresde, où il demeurera jusqu'en 1934. Dès 1927, il chante à Bayreuth. Il y apparaîtra jusqu'en 1936, alternant Gurnemanz, Titurel, Pogner, Marke, le Landgrave, Hunding, Fasolt. Il chante à Covent Garden de 1928 à 1931 (les opéras de Wagner, Sarastro), au Met de 1930 à 1932, à Glyndebourne en 1935 (Osmin, Sarastro). Il chante à Berlin dès 1931 (il sera membre de la Staatsoper de 1934 à 1936), et apparaît au Liceo, à Vienne, Munich et Hambourg en tant qu'invité. Il est considéré, à l'égal d'Emanuel List, Alexander Kipnis et Ludwig Hofmann, comme l'une des plus grandes basses wagnériennes de son temps.

Anfuso, Nella

Soprano italienne, née à Alia (Palerme) le 5 octobre 1942.

Après des études classiques, elle suit parallèlement les cours de l'Université et du Conservatoire Cherubini de Florence. Docteur ès lettres, elle perfectionne sa voix auprès de Guglielmina Rosati Ricci à l'Académie Sainte-Cécile de Rome et travaille au Centre National de Recherche de la même ville. Pour sa première apparition publique (1971), elle donne au Palazzo Vecchio de Florence un récital consacré à Caccini. Elle en devient la spécialiste et poursuit une double activité de musicologue-interprète dans toute l'Europe, d'abord à travers le réseau universitaire, puis de plus en plus comme interprète reconnue du public : ses ouvrages sur l'art musical du XVe au XVIIIe siècle, et particulièrement sur la virtuosité vocale en Italie à l'époque de la naissance de l'opéra, comme ses interprétations personnelles et ses enregistrements remettent en question toutes les théories admises. Peu intéressée elle-même par la scène (elle ne s'y produit qu'une fois, en 1974, en Suisse : *Il Combatimento* de Monteverdi), elle travaille à la création d'une compagnie théâtrale basée à Florence qui, à partir de 1985, puisse assurer la mise en application de ses recherches sur un plan interprétatif plus vaste. Elle est également professeur de littérature poétique et dramatique au Conservatoire Boccherini de Lucca.

Angelici, Marta

Soprano française, née à Cargese le 22 mai 1907, morte à Ajaccio le 11 septembre 1973.

Des circonstances familiales la conduisent à faire ses études musicales à Bruxelles sous la direction d'Alfred Mahy et de son épouse. Elle remporte des premiers prix de solfège, de chant et d'art lyrique, ainsi que la médaille du gouvernement belge.

Dès 1933, sa voix particulièrement phonogénique lui vaut de flatteurs engagements aux radios belge, luxembourgeoise et hollandaise. En 1934, elle donne son premier concert public au Kursaal d'Ostende. Début 1936, elle paraît pour la première fois sur une scène : à Marseille, dans le rôle de Mimi, aux côtés de Gaston Micheletti. Puis c'est, en 1936, la création aux Concerts Pasdeloup, sous la direction d'Albert Wolff, des *Chants de Cyrnos* d'Henri Tomasi. Jacques Rouché l'engage en 1937. Pendant quelques mois, elle se rode Salle Favart dans de petits rôles, puis, début 1938, elle est Mimi. En 1939, elle part avec la troupe de l'Opéra-Comique en tournée au Brésil. Elle rentre sur un bateau italien. Mais tandis que le paquebot cingle vers l'Europe, l'Italie déclare la guerre à la France, et c'est grâce à un torpilleur français que Marta ne se retrouve pas derrière des barbelés. Elle restera quatorze ans membre de la troupe de l'Opéra-Comique, y chantant Mimi, Nedda, Leïla, Baucis, Micaëla, Mireille, Sophie, Yniold... En 1953, elle entre à l'Opéra pour y chanter Xénia de *Boris Godounov.* Elle y restera sept ans, chantant *Obéron*, *Les Indes galantes*, Pamina – peut-être le rôle préféré de cette artiste très croyante, qui aimait la montée finale vers la lumière –, *Le Martyre de saint Sébastien*, Tanit-Zerga de *L'Atlantide* d'Henri Tomasi – rôle dont elle avait été la créatrice à Mulhouse en 1954 –, et, bien sûr, Micaëla. Ambassadrice du chant français (et des chants corses, qui lui valent des triomphes), elle se produit beaucoup à l'étranger, notamment à la Scala de Milan où elle est Micaëla, sous la direction de Karajan. Simple, modeste et généreuse, elle fuyait la publicité même au détriment de sa carrière.

Angerer, Paul

Chef d'orchestre autrichien, né à Vienne le 16 mai 1927.

Il effectue ses études musicales à l'Académie de musique et au Conservatoire de Vienne puis remporte une médaille au Concours international de Genève (1948) ; il entre à l'Orchestre de la Suisse romande (1949-52) puis à celui de la Tonhalle de Zurich. De 1953 à 1956, il est alto solo à l'Orchestre Symphonique de Vienne. Il dirige ensuite l'Orchestre de Chambre de Vienne (1956-63). Invité permanent de l'Orchestre Symphonique de Bolzano et Trente (1960), il dirige successivement au Wiener Burgtheater (1960-70), à l'Opéra de Bonn (1964-66), au Théâtre d'Ulm (1966-68), au Landestheater de Salzbourg (1967-72). Il est aussi directeur artistique au Hellbrunner Spiele (1970-71). En 1971, il est nommé directeur musical du Südwestdeutsches Kammerorchester à Pforzheim qu'il dirige jusqu'en 1986. Il a créé des œuvres de Frank Michael Beyer (*Concertino a tre,* 1974), Boris Blacher (*Divertimento pour cordes,* 1977), Wilhelm Killmayer (*Französisches Liederbuch,* 1980), Egon Wellesz (*Musik für Streichorchester,* 1986).

Anido, Maria Luisa

Guitariste argentine, née à Moron le 25 janvier 1907.

Elle fait ses études de guitare au Conservatoire de Buenos Aires où elle deviendra plus tard professeur elle-même. Miguel Llobet formera avec elle le premier duo de guitares, et ils se produiront sur le plan international. Elle a été surnommée « la grande dame de la guitare ». Elle est retirée à Barcelone. Elle fut le professeur du duo Pomponio-Sarate parmi beaucoup d'autres élèves.

Anievas, Agustin

Pianiste américain, né à New York le 11 juin 1934.

Son père et sa mère sont respectivement espagnol et mexicaine. Dès l'âge de quatre ans, sa mère lui enseigne le piano. Il suit les cours de Steuermann et d'Olga Samaroff. Après quelques apparitions en public, en tant qu'enfant prodige, on le retrouve dans la classe d'Adele Marcus, à la Juilliard School of Music (1953-58). En remportant le Concert Artists Guild Award, il fait ses débuts à New York par la même occasion, en 1959. Puis il remporte un prix au Concours Reine Élisabeth de Belgique (1960). En 1964, il s'installe en Belgique. Il y restera dix ans avant qu'une proposition de poste d'enseignant au Collège de Brooklyn ne le ramène aux États-Unis.

Ses interprétations des concertos de Bartók et de Prokofiev lui ont valu de grands succès. Il a enregistré l'intégrale des *Concertos* de Rachmaninov, ainsi que de nombreux cycles de pièces de Chopin.

Anosov, Nikolaï

Chef d'orchestre russe, né à Borissoglebsk le 18 février 1900, mort à Moscou le 2 décembre 1962.

Figure marquante de la direction d'orchestre soviétique, il est le père de **Guennadi Rojdestvenski**. Il a enseigné son art au Conservatoire de Moscou de 1940 à 1962 et a été chef permanent de l'Orchestre Symphonique de Moscou dès la fin des années quarante.

Ansermet, Ernest

Chef d'orchestre suisse, né à Vevey le 11 novembre 1883, mort à Genève le 20 février 1969.

Ses parents sont l'un et l'autre musiciens amateurs. Il se sent donc attiré très jeune par la musique et étudie successivement la clarinette, le violon et même tous les instruments de cuivre qui composent une fanfare, ce qui lui permettra plus tard d'écrire un certain nombre de marches (militaires... à l'intention des fanfares de l'armée suisse) auxquelles il n'attachait aucune importance ! Or, s'il se passionne pour la musique, il n'en suit pas moins des cours très poussés de mathématiques et reçoit, en 1903, la licence ès sciences mathématiques et physiques, à l'Université de Lausanne. Il enseigne jusqu'en 1906 au Collège de Lausanne, mais tient à poursuivre ses études en Sorbonne, ce qui lui permet de suivre des cours au Conservatoire de Paris. De retour en Suisse, il réussit le concours pour devenir professeur de mathématiques au Collège classique de Lausanne. Mais il n'y enseignera qu'une année car il décide enfin de se vouer totalement à la musique. Le poste de chef d'orchestre du Kursaal de Montreux étant vacant, il l'obtient après concours. Lié d'amitié avec Ramuz, il rencontre Igor Stravinski qui habite Clarens. Il assiste ainsi à l'écriture du *Sacre du printemps*, de *Petrouchka* et de *L'Histoire du soldat*, de *Noces* et de *Renard*. La rencontre avec Diaghilev, à Genève, est décisive. C'est l'époque où l'Orchestre des Concerts d'abonnement de Genève lui propose d'en être le chef attitré. En même temps, Diaghilev lui offre de diriger l'Orchestre des Ballets Russes. Ainsi le 20 décembre 1915, au Grand-Théâtre de Genève, lors d'un gala pour la Croix-Rouge, Ansermet dirige pour la première fois un spectacle des Ballets Russes, au cours duquel est créé *Soleil de nuit*, réglé par Massine sur des pages de Rimski-Korsakov. Lors de cette même soirée, Stravinski dirige pour la première fois un orchestre en public, la suite de *L'Oiseau de feu*. En 1916, il se rend aux États-Unis avec les Ballets Russes et commence ainsi une double carrière, entre Genève et les tournées de ballet qui imposent son nom, en une suite ininterrompue de succès. En 1918, il crée *L'Histoire du soldat*, en 1920, *Le Chant du rossignol* et *Pulcinella*, en 1922, *Renard*, en 1923, *Noces*. Ainsi l'amitié qui lie le compositeur et le chef a-t-elle un tel prolongement sur scène que les deux noms paraissent longtemps indissociables. Mais Ansermet dirige d'autres créations : *Parade* de Satie (1917), *Le Tricorne* de Falla (1919), *Chout* de Prokofiev (1923), *Capriccio pour piano* (1929) et la *Messe* (1948) de Stravinski...

Établi à Genève depuis 1915, il cumule le travail de trois chefs d'orchestre : outre les Ballets Russes il anime la vie musicale de la Suisse romande, tout en créant un orchestre national argentin à Buenos Aires. Pendant dix ans, il passera l'hiver à Genève et l'été en Argentine. Mais les plus grands théâtres et surtout les capitales musicales, tout particulièrement aux

États-Unis, le réclament. Il refuse ainsi une carrière qui l'aurait porté au pinacle de la gloire musicale internationale. Karl Boehm du reste le reconnaît quand, pour contrebalancer son style de direction au service de la musique germanique, il choisit le style d'Ansermet pour symboliser le plus pur style de direction française ! Reconnu par ses pairs comme un des plus grands pour le répertoire français et russe, il préférera se heurter à la petitesse, à l'étroitesse d'esprit de certains politiciens suisses dans le but de créer, de fonder réellement dans son pays une tradition musicale. En 1918, il crée un premier Orchestre Romand (OR) de 63 musiciens à Genève. Il réussit, en 1932, à ce que soit signée une convention avec Radio-Genève assurant la diffusion de tous les concerts de l'OR. Mais, trois ans plus tard, la Société Suisse de Radiodiffusion fixe l'orchestre à Lausanne. Ansermet réunit tant bien que mal un nouvel orchestre à Genève, dont l'existence est précaire. Et il lui faudra trois ans de démarches pour que la SSR fixe enfin à Genève un orchestre de 84 musiciens, assurant les concerts de Genève, de Lausanne, les services du Grand-Théâtre et les concerts radiophoniques. Cet ensemble débute réellement en 1940. Jusqu'à sa mort, en 1969, il dirigera tout le travail de l'OSR en Suisse et à l'étranger (USA, Pologne, Grèce et Japon) où il remporte de fabuleux succès. En même temps, il invite les meilleurs chefs de l'heure et lui-même dirige plus de 450 concerts dans la salle du studio de la Radio à Genève qui désormais porte son nom. Comme compositeur, son nom est surtout associé à celui de Debussy dont il a orchestré plusieurs pages pour piano, comme *Les Épigraphes antiques*. Défenseur de la musique suisse, il impose Arthur Honegger et Frank Martin. Il a reçu en dédicace des œuvres de Jean Binet (*Quatre Chansons* sur des textes de Ramuz, 1927), Luigi Dallapiccola (*Invocazione di Boezio,* 1940), Arthur Honegger (*Pacific 231,* 1924), Frank Martin (*Les Quatre Éléments,* 1963), Georges Migot (*Trois Épigrammes pour petit orchestre,* 1923), Albert Moeschinger (*Chant sans paroles,* 1968), Igor Stravinski (*Trois Pièces pour quatuor à cordes,* 1914 ; *L'Oiseau de feu*, suite, 1919 ; *Quatre Études pour orchestre,* 1928).

Il a créé des œuvres de Conrad Beck (*Innominata,* 1931), Ernest Bloch (*La Voix dans le désert,* 1937 ; *Évocations,* 1949), Benjamin Britten (*Le Viol de Lucrèce,* 1946 ; *Cantata misericordium,* 1963), Pierre Capdevielle (*Symphonie n° 3 « da camera »,* 1954), Aaron Copland (*Symphonie n° 1,* 1931), Manuel de Falla (*Le Tricorne,* 1919), Arthur Honegger (*Horace victorieux,* 1921 ; *Chant de joie,* 1923 ; *Rugby,* 1928 ; *Christophe Colomb,* 1940 ; *Jour de fête suisse,* 1945 ; *Prélude, Fugue et Postlude,* 1948 ; *Saint François d'Assise,* 1949), Henri Gagnebin (*Symphonie en fa,* 1922 ; *Saint François d'Assise,* 1935), Hans Haug (*La Magie des sons,* 1966 ; *Dies Irae,* 1967), Émile Jaques-Dalcroze (*Rythmes de danses,* 1922), Witold Lutosławski (*Per humanitatem ad pacem,* 1963), André-François Marescotti (*Prélude au Grand Meaulnes,* 1934), Frank Martin (*Rythmes,* 1927 ; *Concerto pour piano n° 1,* 1935 ; *Symphonie,* 1938 ; *Ballade pour piano,* 1941 ; *Ballade pour trombone,* 1942 ; *In terra pax,* 1945 ; *Petite Symphonie concertante,* 1946 ; *Ouverture en hommage à Mozart,* 1955 ; *La Tempête,* 1956 ; *Ouverture en rondeau,* 1958 ; *Psaumes de Genève,* 1959 ; *Le Mystère de la nativité,* 1959 ; *Monsieur de Pourceaugnac,* 1963 ; *Inter arma caritas,* 1963 ; *Les Quatre Éléments,* 1964), Bohuslav Martinů (*Sonata da camera* pour violoncelle et orchestre, 1943), Serge Prokofiev (*Chout*, ballet, 1923), Ottorino Respighi (*La Boutique fantasque,* 1919 ; *Astuce féminine,* 1920), Erik Satie (*Parade,* 1917), Henri Sauguet (*Le Plumet du colonel,* 1924), Armin Schibler (*Concert pour le temps présent,* 1962), Igor Stravinski (*L'Histoire du soldat,* 1918 ; *Le Chant du rossignol,* 1920 ; *Pulcinella,* 1920 ; *Renard,* 1922 ; *Noces,* 1923 ; *Capriccio* pour piano et orchestre, 1929 ; *Quatre Études pour orchestre,* 1930 ; *Messe,* 1948), Roger Vuataz (*Deuxième Suite sur des thèmes populaires,* 1939), William Walton (*Sinfonia Concertante,* 1928), Pierre Wissmer (*Divertissement sur un choral,* 1939 ; *Naïades,* 1942 ; *Le Beau Dimanche,* ballet, 1944 ; *La Mandrellina,* 1952).

ÉCRITS : « Le Geste du chef d'orchestre », in Géa Augsbourg : *Ernest Ansermet et l'Orchestre de la Suisse Romande*, L'Abbaye du livre (Lausanne, 1943 ; rééd., Delachaux et Niestlé, Neuchâtel, Paris, 1965). *Entretiens sur la musique*, avec Jean-Claude Piguet, La Baconnière (Neuchâtel, 1964, rééd. 1983). *Les Fondements de la musique dans la conscience humaine*, La Baconnière (Neuchâtel, 1961, rééd. coll. Bouquins, Robert Laffont, 1989). *Ernest Ansermet, Écrits sur la musique*, publiés par Jean-Claude Piguet, La Baconnière (Neuchâtel, 1971, rééd. 1983). *Esnest Ansermet et Frank Martin, Correspondance 1934-1968*, publiée par Jean-Claude Piguet, La Baconnière (Neuchâtel, 1976). *Correspondance Ernest Ansermet-Aloys Mooser 1915-1969*, Georg (Genève, 1983). *Les Compositeurs et leurs œuvres*, publié par Jean-Claude Piguet, La Baconnière (Neuchâtel, 1989).

Ansseau, Fernand

Ténor belge né à Boussu-Bois (Mons) le 6 mars 1890, mort à Bruxelles le 1er mai 1972.

Il fait ses études au Conservatoire de Mons, puis à celui de Bruxelles avec Désiré Demest, envisageant d'abord de chanter comme baryton, puis comme ténor. Il débute à Dijon en 1913, dans le rôle de Jean (*Hérodiade*). Sa carrière, réduite par la guerre, se limite à Bruxelles. Il participe au gala de réouverture de la Monnaie en 1918, et y chante, entre 1918 et 1920, *Tosca*, *Aïda*, *Paillasse*, *Rigoletto*, *Samson et Dalila*, *Roméo et Juliette*, *Hérodiade*, Alceste. Il est invité au Covent Garden en 1919, puis à l'Opéra-Comique en 1920 (*Werther*, *Carmen*, *Tosca*, *Louise*, *Manon*), où il reprend la version pour ténor de l'*Orphée* de Gluck. Il paraît ensuite à Chicago en 1923-24, et partage alors ses saisons entre Los Angeles, San Francisco, Chicago, Bruxelles et Paris. A partir de 1930, il restreint sa carrière à la Belgique et à la France, et se retire en pleine possession de ses moyens en 1939 pour se consacrer, de 1942 à 1944, au professorat au Conservatoire de Bruxelles. Il est considéré comme l'un des meilleurs ténors de l'entre-deux-guerres.

Appia, Edmond

Chef d'orchestre suisse, né à Turin le 7 mai 1894, mort à Genève le 12 février 1961.

Il étudie le violon à Genève (avec Henri Marteau), à Paris (avec Lucien Capet) puis à Bruxelles, au Conservatoire royal de Belgique, dont il sort en 1920 avec un 1er prix. Violon solo de l'Orchestre de l'Opéra de Genève dès 1920, il fonde la Société des Musiciens professionnels de Genève (1925) dont il est le premier président (1920-35). Professeur aux Conservatoires de Lausanne (1924-43) et de Genève (1934-61), il fait une carrière internationale de concertiste (1932-35). Violon solo de l'Orchestre de la Suisse Romande (OSR), il se sent de plus en plus attiré vers la direction d'orchestre et est engagé (1935) comme second chef de l'Orchestre de Radio-Lausanne. Dès 1938, il est chef attitré et permanent de l'Orchestre de Radio-Genève. Il dirige en outre plus de cinquante orchestres, en Europe, en Afrique et en Amérique. Son répertoire est immense, mais sa culture raffinée l'attire spécialement vers la musique française et italienne des XVIIe et XVIIIe siècles. Il s'intéresse également à la musique contemporaine et servira grandement la cause des compositeurs suisses. Parmi ses très nombreuses créations : *Concerto pour violon* (Wladimir Vogel, 1948), *Concerto pour piano* (Raffaele d'Allessandro, 1950), *Aspect d'une série de 12 sons* (Vogel, 1951), *Concerto pour piano nº 2* (Frank Martin, 1960), *Symphonie nº 2* (Pierre Wissmer, 1963). Correspondant des revues musicales de Paris, de Londres, il a introduit en Suisse les Jeunesses musicales.

ÉCRITS : *De Palestrina à Bartók. Études musicologiques* (Paris, 1965).

Aragall, Giacomo (Jaime Arajall)

Ténor espagnol, né à Barcelone le 6 juin 1939.

Il attend sa vingtième année pour entreprendre des études de chant auprès de Francesco Puig à Barcelone. En 1962, il obtient le second prix au Concours de chant de Bilbao et une bourse pour poursuivre ses études avec Vladimiro Badiali, à

Milan. En 1963, il est engagé à la Scala de Milan, après avoir remporté le Concours Verdi, à Busseto. Le succès est si grand qu'aussitôt une carrière internationale s'offre à lui. En 1966, il chante Rodolpho dans *La Bohème*, mise en scène par Zeffirelli, à l'Opéra de Vienne. En 1967, il chante *I Lombardi* de Verdi à Venise puis au Théâtre Massimo de Palerme, au San Carlo de Naples, à Rome, Turin et Bologne. Il apparaît aux Arènes de Vérone, retourne au Liceo de Barcelone, est invité à Berlin, à Hambourg et à Covent Garden. Enfin, en 1968, il est invité au Met. A l'Opéra de Paris, il chante *La Bohème.* Un grand talent de comédien, soutenu par une réelle beauté physique, tout chez Aragall est mis au service d'une voix puissante, chaude et rayonnante. C'est évidemment dans le répertoire italien qu'il remporte ses plus grands succès.

Araiza, Francisco

Ténor mexicain, né à Mexico le 4 octobre 1950.

Après des études à l'Université de cette ville, il étudie le chant au conservatoire local avec Irma Gonzales et débute à vingt ans à l'Opéra de Mexico (Jaquino dans *Fidelio*). En 1974, il se rend en Europe pour étudier à la Musikhochschule de Munich avec Richard Holm et Erik Werba, et appartient successivement aux opéras de Karlsruhe et de Zürich où il développe son répertoire mozartien. Les étapes de sa carrière internationale passent par Aix-en-Provence (*Cosi* en 1977 et 1980, Idrène dans *Sémiramis* en 1980), Bayreuth (le Pilote du *Vaisseau fantôme* en 1978 et 1979), les opéras de Stuttgart, Munich, Vienne et Paris (*Sémiramis* en 1981), ainsi que Salzbourg (*Cosi* en 1982). Il débute à San Francisco en 1982 puis au Met en 1984 dans Belmonte (*L'Enlèvement au sérail*). Il s'oriente alors vers des rôles plus lourds : Des Grieux (Vienne, 1983), Rigoletto (Zürich, 1985), Faust (Vienne, 1985), Alfredo (Chicago, 1985). En 1989, il chante Alfredo à Versailles lors des représentations commémoratives du bicentenaire de la Révolution française. On le voit ensuite incarner Lohengrin (Fenice de Venise, 1991), Stolzing (Met, 1992), Riccardo (*Un bal masqué*), Werther avant de chanter Hoffmann au Châtelet en 1991. Il consacre une part importante de ses activités au lied.

Arányi, Jelly d'

Violoniste hongroise naturalisée anglaise, née à Budapest le 30 mai 1893, morte à Florence le 30 mars 1966.

Petite-nièce de Joseph Joachim, Jelly d'Arányi fait ses études musicales auprès de Jenö Hubay à l'Académie Royale de Budapest. Elle débute à Vienne en 1909 et commence une carrière internationale qui la mènera, entre autres pays, en Angleterre où elle se fixe, à Londres. Elle y donne la première audition anglaise des deux *Sonates pour violon et piano* de Bartók (qui lui sont dédiées), en compagnie du compositeur, en 1922 et 1923. Elle reçoit également en dédicace la *Sonate pour violon seul* d'Egon Wellesz, *Tzigane* de Maurice Ravel et le *Concerto pour violon* de Ralph Vaughan Williams qu'elle crée respectivement en 1923, 1924 et 1925, ainsi que le *Double Concerto* de Holst écrit pour elle et sa sœur, **Adila Fachiri.**

Elle a joué en trio, avec Guilhermina Suggia et Fanny Davies, avec Felix Salmond et Myra Hess, cette dernière étant, pendant plus de vingt ans, sa partenaire en sonate.

Arbós, Enrique Fernandez

Chef d'orchestre, violoniste et compositeur espagnol, né à Madrid le 24 décembre 1863, mort à San Sebastián le 2 juin 1939.

Après avoir travaillé au Conservatoire de Madrid avec Jesús de Monasterio, il passe quatre ans à Bruxelles où il est l'élève de Vieuxtemps pour le violon et de Gevaert pour la composition. Puis il séjourne trois ans à Berlin où il se perfectionne avec Joachim et Herzogenberg. Il est nommé professeur au Conservatoire de Hambourg et débute, en 1889, comme violon solo de l'Orchestre de Glasgow. Pendant quelque temps, il occupera les mêmes fonctions à la Philharmonie de Berlin et à l'Orchestre Symphonique de Boston. De retour en Angleterre, il est nommé professeur de violon au Royal College of Music (1894-1916). Il se tourne alors vers la direction d'orchestre et est nommé à la tête du nouvel Orchestre Symphonique de Madrid dont il sera le chef permanent jusqu'à la guerre civile (1904-36). Il enseigne au Conservatoire de Madrid et est nommé maître de musique de la chapelle royale d'Espagne. Fervent défenseur de la musique contemporaine, il crée les *Nuits dans les jardins d'Espagne* de Manuel de Falla (1916) et dirige la première exécution espagnole du *Sacre du printemps* (1932). Président de la section espagnole de la SIMC, il organise la session de 1936 à Barcelone où est notamment créé le *Concerto à la mémoire d'un ange* de Berg. On lui doit plusieurs œuvres, dont un opéra-comique, *El Centro de la Tierra* (1895) et l'orchestration de plusieurs fragments d'*Iberia* d'Albéniz.

Arco, Annie d'

Pianiste française, née à Marseille le 28 octobre 1920.

Elle travaille d'abord le piano au Conservatoire de Marseille avec la mère du flûtiste Alain Marion puis avec Marguerite Long qui l'invite à venir étudier avec elle à Paris. Elle rentre au Conservatoire dans sa classe en 1934 et obtient un 1er prix en 1938. Entre 1938 et 1943, elle est accompagnatrice du violoniste Jules Boucherit au Conservatoire et accompagne également les élèves des classes de chant et d'instruments à vent. Remarquée par Eugène Bigot, elle donne son premier concert sous sa direction à l'Orchestre Lamoureux. Elle se produit alors avec les autres formations parisiennes ainsi qu'à l'étranger. En 1946, elle est lauréate du Concours de Genève. Parallèlement à sa carrière de soliste, elle accompagne régulièrement les grands solistes français et étrangers Henryk Szeryng, André Navarra, Jean-Pierre Rampal, Pierre Pierlot... De 1959 à 1966 elle est collaboratrice de Jean Doyen au Conservatoire de Paris. Depuis 1966, elle enseigne à l'École Normale de Musique. Elle est mariée avec le corniste **Gilbert Coursier.**

Arena, Maurizio

Chef d'orchestre italien, né à Messine le 13 mars 1935.

Il fait ses études à Palerme puis à Pérouse où il est l'élève de Franco Ferrara. Il travaille également comme assistant de Tullio Serafin et d'Antonino Votto. De 1963 à 1969, il est directeur du Théâtre Massimo de Palerme. A partir de 1969, il dirige en Italie les grands orchestres et les grandes scènes lyriques. Depuis 1968, il assure la création de l'œuvre primée au concours de composition de Trieste. Il dirige pour la Radiotélévision Italienne des opéras peu connus d'Anton Rubinstein, Ricardo Zandonai et Italo Montemezzi.

Arens, Rolf-Dieter

Pianiste allemand, né à Zinnwald le 16 février 1945.

Élève d'Oswin Kellet (1950-60), il travaille entre 1963 et 1968 à la Musikhochschule de Leipzig avec Heinz Vogler (piano) et Ludwig Schuster (musique de chambre). En 1966, il est lauréat du Concours international de Budapest, en 1968 du Concours Bach de Leipzig et, en 1971, du Concours international Marguerite Long-Jacques Thibaud à Paris. Il travaille à Vienne avec Paul Badura-Skoda. En 1970, il est nommé assistant à la Hochschule für Musik de Leipzig et, en 1973, *Oberassistent.* Il occupe la même fonction à la Franz-Liszt-Hochschule de Weimar à partir de 1976 où il est nommé *Dozent* en 1979 puis *Ordente-Professor* en 1986. En 1989, il occupe le même poste à la Musikhochschule de Leipzig et s'impose comme l'un des principaux représentants de l'école de piano est-allemande. Depuis 1986, il est soliste du Berliner Sinfonie-Orchester.

Argenta, Atáulfo

Chef d'orchestre espagnol, né à Castro Urdiales (Santander) le 19 novembre 1913, mort à Los Molinos (Madrid) le 21 janvier 1958.

Au Conservatoire de Madrid, où il entre à l'âge de treize ans, il travaille le piano, le violon et les écritures. Il obtient le prix

Kristina Nilsson qui lui permet de poursuivre ses études en Belgique. De retour à Madrid, il est répétiteur puis second chef à l'Opéra (1933). Lors de la guerre civile, il est mobilisé dans l'armée de Franco et ne reprend ses activités qu'en 1939. Il donne alors une série de récitals de piano en Allemagne et rencontre Carl Schuricht qui l'incite à poursuivre ses études. Pendant quatre ans, il suit ses conseils et commence à enseigner à Kassel. En 1944, il fonde l'Orchestre de Chambre de Madrid et, en 1947, il est nommé chef permanent de l'Orchestre National d'Espagne.

Sa carrière se développe très rapidement. Il est l'invité privilégié de la Société des Concerts à Paris et de l'Orchestre de la Suisse Romande à Genève. Ansermet voit même en lui son successeur mais sa carrière est interrompue par un accident. Argenta possédait une présence étonnante. Il tirait profit de ses origines méditerranéennes et de sa formation germanique avec beaucoup de subtilité. Son répertoire, tourné d'abord vers l'Espagne, était ouvert à la musique contemporaine.

Argerich, Martha

Pianiste argentine, née à Buenos Aires le 5 juin 1941.

A l'âge de quatre ans, elle donne son premier concert. A huit ans, elle travaille avec Vincente Scaramuzza et joue ensuite chaque année en public. Elle veut devenir médecin, mais la musique ne la lâche pas. Elle vient en Europe avec sa famille en 1955 pour étudier à Vienne avec Friedrich Gulda et à Genève avec Madeleine Lipatti et Nikita Magaloff. En 1957, elle remporte les concours de Bolzano et de Genève et commence une carrière internationale qu'elle interrompt en 1960, ne se sentant pas assez mûre. Revenue en Amérique, elle ne reprendra sa vie de pianiste qu'en 1964 (cours avec Stefan Askenase et sa femme). Lauréate au Concours Chopin de Varsovie, elle épouse – en secondes noces – le chef d'orchestre **Charles Dutoit.** Horowitz et Michelangeli (qui lui a donné des leçons) l'estiment. Un enregistrement du *3e Concerto* de Prokofiev avec Claudio Abbado la rend soudain célèbre. Dès lors elle travaille avec passion, mais fait parfois silence, dominant son impétuosité, s'imposant des temps de retraite. Elle enregistre de la musique de chambre. Volupté de jouer, sincérité, elle a pour univers Chopin, Liszt, Schumann, Prokofiev, Ravel, Stravinski. Elle a épousé, en troisièmes noces, le pianiste anglais **Stephen Bishop.** A partir des années quatre-vingt, elle se produit régulièrement en sonate avec le violoniste Gidon Kremer.

Argiris, Spiros

Chef d'orchestre grec, né à Athènes le 24 août 1948.

Il fait ses études classiques à Genève et travaille le piano avec Alfons Kontarsky. Puis il aborde la direction d'orchestre avec Hans Swarowsky et travaille également avec Nadia Boulanger à Paris. Il débute sa carrière en Allemagne fédérale où il réside et s'impose notamment dans le domaine lyrique et dans la musique contemporaine (opéras de Berlin, Hambourg, Cologne, WDR...). Invité à la Biennale de Venise et au Mai Musical Florentin, il est nommé en 1986 directeur musical du Festival des deux Mondes de Spoleto, poste qu'il conserve jusqu'en 1992. Il est également chef permanent au Teatro Verdi de Trieste (1987-91). En 1988, il est pendant quelque temps directeur musical de l'Opéra de Nice et de l'Orchestre Philharmonique de Nice. En 1991, il est nommé directeur artistique du Teatro Massimo Bellini de Catane. En 1994, il prend la direction musicale du Festival des deux Mondes de Charleston (USA).

Il a créé des œuvres de Hans Jürgen von Bose (*Die Nacht aus Blei,* 1981), Alberto Bruni Tedeschi (*Secondatto*, opéra, 1987), Aldo Clementi (*Adagio cantabile,* 1989), Hans Werner Henze (*El Rey de Harlem,* 1980), Dimitris Terzakis (*Passionen*).

Arié, Raphael

Basse bulgare, naturalisé israélien, né à Sofia le 22 août 1920, mort en Suisse le 17 mars 1988.

Il veut d'abord étudier le violon mais découvre sa voix grâce au baryton Cristo Brambaroff. En 1939, il débute dans *Le*

Messie de Haendel, à Sofia, où il est engagé à l'Opéra, en 1945. L'année suivante, il obtient le 1er prix au Concours international de Genève, ce qui lui ouvre les portes de la Scala de Milan, en 1947. Le très grand succès qu'il y remporte incite la direction à renouveler son contrat d'année en année. Entre-temps, il se produit à Vérone, à Aix-en-Provence, au Mai Musical de Florence, ainsi que dans les plus grands théâtres lyriques d'Allemagne, de France et d'Amérique du Nord. Le 11 septembre 1951, il participe à la création à Venise du *Rake's Progress* de Stravinski avec Schwarzkopf et Kraus. En 1953, il chante, à Salzbourg, le Commandeur de *Don Giovanni*, en 1960 le Grand Inquisiteur de *Don Carlos* et en 1962, pour la réouverture du Grand-Théâtre de Genève, Philippe II.

Sa puissante voix de basse lui a permis d'être un exceptionnel Boris Godounov mais aussi de s'imposer aussi bien dans le répertoire italien que dans la littérature contemporaine.

Arkhipova, Irina

Mezzo-soprano russe, née à Moscou le 2 décembre 1925.

Elle étudie d'abord l'architecture en suivant, de 1948 à 1953, les cours de l'Institut d'architecture de Moscou. Ayant opté pour les études de chant, elle entre au Conservatoire dans la classe de Safwranski. Elle fait ses débuts à l'Opéra de Sverdlovsk (1954-56), puis c'est le Bolchoï de Moscou qui l'appelle, lui offrant le rôle de *Carmen*, pour ses débuts. Le succès est immédiat et elle se voit offrir les rôles les plus divers, de Ljubascha (*La Fiancée du tsar* de Rimski-Korsakov), Marina (*Boris Godounov*), Marfa (*Khovanchtchina*), Eboli (*Don Carlos*), Charlotte (*Werther*), à Hélène (*Guerre et Paix* de Prokofiev), ainsi que plusieurs rôles dans des ouvrages russes contemporains. Invitée dans le monde entier, partout ses succès la consacrent comme l'alto russe la plus importante de notre époque. Les grands moments de sa carrière se situent à la Scala de Milan : en 1967 comme Marfa et en 1971 comme Marina. En 1972, elle est invitée à San Francisco pour y tenir le rôle d'Amneris (*Aïda*). Sa voix prenante, chaude et ensorcelante a su vaincre la lourdeur d'un certain vibrato traditionnel de l'école russe. Son abattage scénique, son rayonnement en font davantage une cantatrice d'opéra que de concert.

Armengaud, Jean-Pierre

Pianiste français, né à Clermont-Ferrand le 17 juin 1943.

Il aborde la musique dès l'âge de cinq ans et travaille avec Marcel Jacquinot et Pierre Sancan puis, à l'École Normale de Musique de Paris, avec Jean Micault, où il reçoit, en 1966, sa licence de concert. Il avait été, l'année précédente, diplômé de l'Institut d'Études Politiques de Paris tout en terminant à la Sorbonne un doctorat de musicologie. Il suit des cours de perfectionnement avec Guido Agosti (Sienne), Jacques Février et Reine Gianoli (Paris) et reçoit des diplômes aux concours de Vercelli et Pozzolli (Italie). Il développe rapidement une carrière de conférencier, de producteur d'émissions à la radio et de pianiste au répertoire éclectique, avec un goût marqué pour la musique du XXe siècle.

Fondateur des Fêtes musicales de la Sainte-Baume, il y réalise de nombreuses créations. Il donne la première audition française des *Pièces*, op. 52 de Prokofiev. En 1970, il fonde avec Alain Sabouret et Michel Arrignon un trio piano, violon et clarinette, et fait partie du groupe Intervalles de Jean-Yves Bosseur. En 1975, il est nommé délégué régional à la musique du ministère de la Culture en Provence-Côte d'Azur. Il est ensuite nommé conseiller culturel à l'ambassade de France en Suède, à Stockholm (1982-85) puis en Grèce, à Athènes (1985-88). En 1990, il est nommé conseiller technique à Radio France.

Il est l'auteur d'une *Histoire de la musique de Beethoven à nos jours.*

Armstrong, Karan

Soprano américaine, née à Dobson (Montana) le 14 décembre 1941.

Elle étudie le piano et la clarinette au Concordia College Moorhead (Minnesota), puis le chant avec Lotte Lehmann, Fritz Zweig et Tilly de Garmo. Elle remporte le 1er prix du Concours de l'Opéra de San

Francisco, et débute au Met puis au New York City Opera, et enfin en Europe. C'est Salomé qu'elle chante à Francfort, Strasbourg, Hambourg, Toulouse, Oslo et Berlin qui contribue à l'y rendre célèbre, ainsi que ses incarnations des héroïnes contemporaines : Lulu, Marie (*Wozzeck*), qu'elle chante à Covent Garden, Zürich... Elle crée le rôle de « die Tödin » du *Jesu Hochzeit* de G. von Einem à Vienne en 1980, et le rôle-titre de *Lou Salomé* de Sinopoli à Munich en 1981. Au répertoire de ses débuts (Norina, Adina, Musetta, Gilda...) elle a ajouté Nedda, Mimi, Manon Lescaut, Butterfly, Tosca, Eva, Elsa, qu'elle chante à Bayreuth à partir de 1979, Mélisande qu'elle chante à l'Opéra de Paris en 1980, Katia Kabanova (Paris et Berlin)... Elle a épousé le metteur en scène et directeur de l'Opéra de Berlin **Götz Friedrich**.

Elle a créé des œuvres de Gottfried von Einem (*Jesu Hochzeit,* 1980), York Höller (*Der Meister und Margarita,* 1989), Giuseppe Sinopoli (*Lou Salomé,* 1981).

Armstrong, Sheila

Soprano anglaise, née à Ashington (Northumberland) le 13 août 1942.

Après des études effectuées à la Royal Academy of Music de Londres, elle remporte en 1965 le Prix K. Ferrier et le Prix Mozart. Elle débute alors aussitôt au Sadler's Wells (Despina) et entre en 1966 dans les chœurs du Festival de Glyndebourne, où elle chantera plus tard en soliste (Pamina, Zerline, Fiorilla du *Turc en Italie*). En 1973, elle débute à Covent Garden et à New York aux concerts de la Philharmonie. En 1970, elle crée au Three Choirs Festival le *Notturni ed alba* de John McCabe qui lui est dédié et, en 1989, *Black Beauty* de Marco Tutino.

Arndt, Günther

Chef d'orchestre allemand, né à Berlin-Charlottenburg le 1er avril 1907, mort à Berlin le 25 décembre 1976.

Il fait ses études musicales à l'Académie de Berlin, de 1925 à 1930, tout en suivant des cours de musicologie à l'Université. De 1932 à son appel sous les drapeaux, il enseigne la musique et la direction chorale à la Volkshochschule du Grand Berlin (1932-40), où il fonde et dirige la Chorale Heinrich Schütz. Après la guerre, il se voit confier la responsabilité du département musique de chambre à la Radio Berlinoise. Il est nommé en 1949 rapporteur du département musique symphonique au RIAS. Il en dirige, entre 1954 et 1972, le chœur de chambre, ainsi que le Berliner Motettenchor qu'il fonde en 1949, ensemble qu'il abandonne en 1964 pour prendre en main le département musical du RIAS. Il dirige également depuis 1965 la section musique de la Freie und Technische Hochschule de Berlin.

A la tête du chœur de chambre du RIAS, qu'il a fait mondialement connaître, Arndt a créé de nombreuses œuvres, signées Henze, Křenek, Schoenberg, Reimann, Milhaud, etc., et contribué, par de ferventes interprétations, à faire redécouvrir les prédécesseurs de Bach, Schütz en particulier.

Aronowitz, Cecil

Altiste anglais, né à King William's Town (Afrique du Sud) le 4 mars 1916, mort à Ipswich le 7 septembre 1978.

De parents russes lituaniens, il travaille au Royal College of Music de Londres avec Vaughan Williams, G. Jacob et, pour le violon, avec A. Rivarde. Il ne se tourne vers l'alto qu'après la guerre. Il joue dans la plupart des orchestres londoniens, étant alto solo de l'Orchestre de Chambre Boyd Neel, des London Mozart Players et de l'English Chamber Orchestra. Il participe à la fondation du Melos Ensemble auquel il appartient (1950). Il s'associe fréquemment à l'Amadeus Quartet pour des séances de quintette. Pédagogue important, il enseigne au Royal College of Music de Londres (1950-75), à celui de Manchester (1975-77) et à la Snape Maltings School (1977-78).

Arrau, Claudio

Pianiste chilien naturalisé américain (1979), né à Chillán le 6 février 1903, mort à Mürzzuschlag (Autriche) le 9 juin 1991.

A cinq ans, enfant prodige, il donne son premier récital dans sa ville natale. Il a onze ans quand il donne son premier concert à Berlin. Le gouvernement chilien l'envoie parfaire ses études musicales en Allemagne. Il devient, de 1913 à 1918, l'élève de Martin Krause, lui-même l'un des derniers élèves de Liszt. A la mort de son maître (1918), Claudio Arrau travaillera sans professeur. Ce qui ne l'empêchera pas de remporter deux années de suite (1919-20) le Prix Liszt qui n'avait pas été décerné depuis quarante-cinq ans... C'est le commencement d'une grande carrière internationale. Ses débuts américains datent de 1924. En 1925 il est nommé professeur au Conservatoire Stern de Berlin où il enseigne jusqu'en 1940. A la même époque, il enregistre son premier disque (1926). En 1927 il obtient le 1er prix au Concours international de Genève devant un jury où figurent Cortot et Rubinstein. Il donne son premier concert avec l'Orchestre Philharmonique de Berlin en 1928. En 1935, il donne à Berlin l'œuvre de Bach pour clavier en douze concerts. L'année suivante, il joue l'œuvre de Mozart et, en 1937, se consacre à Schubert. Il épouse la cantatrice Ruth Schneider et fait d'innombrables tournées – plus de 100 concerts par an – offrant un répertoire très vaste, de Bach aux compositeurs contemporains, avec cependant une très nette prédilection pour la musique romantique. En 1941, il se fixe aux États-Unis, un pays qui l'avait pourtant mal accueilli lors de ses premières tournées, Arrau ayant toujours refusé de faire la moindre concession au succès dans ses programmes. En 1967, il renonce à son passeport chilien pour protester contre la situation politique dans son pays natal. Il obtient la nationalité américaine en 1979 et ne revient au Chili qu'en 1984, après dix-sept ans d'absence. On l'y considère alors comme un héros national et une rue de sa ville natale porte son nom.

Il réalise de très nombreux disques parmi lesquels plusieurs intégrales des sonates pour piano et des concertos de Beethoven. En 1967 il crée le Fonds Claudio Arrau pour les jeunes musiciens. Il entreprend, pour les Éditions Peters, une nouvelle édition des *Sonates* de Beethoven, dont le premier volume paraît en 1973. En 1978 l'Orchestre Philharmonique de Berlin lui décerne la Médaille Hans von Bülow pour fêter le cinquantenaire de son premier concert avec lui. Claudio Arrau est incontestablement l'un des plus grands pianistes de ce siècle, l'un des derniers représentants de la grande tradition de liberté créatrice héritée en ligne directe de Liszt. Malgré une étonnante technique qu'il conserva jusqu'à un âge avancé, il faisait figure d'antivirtuose, refusant jusqu'aux bis. Il possédait un sens orchestral du piano et une densité du son caractéristiques de l'école allemande, avec un sens de la rigueur qu'il élevait parfois jusqu'à l'intransigeance.

ÉCRITS : *Arrau parle* (par Joseph Horowitz, 1985).

Arrauzau, Francine

Mezzo-soprano française, née à Bordeaux le 10 octobre 1935, morte à Tours le 20 avril 1981.

Elle fait ses études au Conservatoire de Bordeaux et y remporte trois premiers prix. Au Conservatoire de Paris, elle remporte les mêmes récompenses. Après une année de rodage dans de petits rôles à Bordeaux, elle est engagée à l'Opéra de Paris où, après de discrets débuts dans *Les Indes galantes*, elle s'impose dans une Carmen explosive, son rôle fétiche. Elle le chante régulièrement de 1963 à 1970, y remportant un succès sans cesse croissant. Parallèlement, elle s'intègre à la troupe, y chantant avec intelligence et brio des seconds plans, tandis qu'elle se fait connaître en province dans ses vrais emplois tels que Mignon. De cette troupe démantelée, elle est l'une des rares rescapées de l'ère Liebermann, mais pour de tout petits emplois. Et puis, un beau jour, c'est la chance ! Reprise de *Samson et Dalila*. F. Cossotto, affichée, annule tout. Francine Arrauzau est là et sauve le spectacle. Elle sera désormais Dalila, puis Charlotte. Il y a ensuite cette Périchole de Carpentras, qui achève de faire d'elle une vedette adorée du public. Cette Périchole qu'elle venait de chanter à Tours lorsque, sur le chemin du retour, elle est tuée, renversée par une voiture.

Arroyo, Martina

Soprano américaine, née à Harlem le 2 février 1936.

Fille d'ingénieur, elle apprend le piano et en même temps, à Hunter College, les langues et la littérature romane, tout en travaillant sa voix avec Marinka Gurewich. Elle est d'abord institutrice, assistante sociale et pédagogue. En 1958, elle débute dans un concert à Carnegie Hall ; mais le commencement de sa carrière est difficile. Il lui faut attendre le Concours des auditions du Metropolitan Opera *of the air* qu'elle gagne et qui lui vaut un engagement au Met. Mais elle n'obtient que de petits rôles, comme la Voix céleste de *Don Carlos* ; elle vient en Europe, est engagée à l'Opéra de Berlin, puis à celui de Vienne, où elle remporte des succès notoires dans le rôle-titre d'*Aïda*. Pendant la saison 1964-65, elle remplace à deux reprises (dont une fois au Met) Birgit Nilsson dans ce même rôle d'Aïda. C'est le triomphe qui la propulse parmi les stars du monde lyrique, sur les plus grandes scènes d'Europe et d'Amérique. Elle se sent à l'aise dans les rôles les plus périlleux des grandes héroïnes italiennes (Amelia du *Bal masqué*, Tosca, Lady Macbeth, Léonore de *La Force du destin*, voire Donna Anna de *Don Giovanni*). Elle se risque même à chanter Wagner (Elsa de *Lohengrin*) mais refuse l'invitation de Herbert Graf qui lui offre de chanter Lucia au Grand-Théâtre de Genève (1972). A Covent Garden, au Colón, à la Scala, à Chicago, à San Francisco, à l'Opéra de Hambourg et à Paris enfin, elle s'impose comme une voix d'or qui sacrifie l'intensité du jeu pour préserver la beauté de l'exécution musicale. Elle entreprend une carrière de concertiste et s'intéresse à la musique contemporaine, créant notamment *Andromache's Farewell* de Barber (1963) et *Momente* de Stockhausen (1965). Elle a épousé le violoniste **Emilio Poggioni**.

Artaud, Pierre-Yves

Flûtiste français, né à Paris le 13 juillet 1946.

Il remporte un 1er prix de flûte au Conservatoire de Paris en 1969 (classe de G. Crunelle) suivi d'un 1er prix de musique de chambre en 1970 (classe de Chr. Lardé). En 1970-71, il suit le 3e cycle de musique de chambre au Conservatoire et obtient un certificat d'acoustique musicale du GAM (faculté de Paris IV). De 1964 à 1968, il occupe la place de piccolo à l'Orchestre Philharmonique d'Ile-de-France. En 1971 il est flûte solo à l'Orchestre Laetitia Musica puis, à partir de 1972, flûte solo aux Ensembles l'Itinéraire et 2e2m. Parallèlement il est nommé, en 1965, professeur au Conservatoire d'Asnières, en 1970 musicien animateur des JMF, de 1973 à 1980 il dirige l'atelier de flûte contemporaine aux Fêtes musicales de la Sainte-Baume ; depuis 1978, il est professeur invité aux camps musicaux de Pécs et Csongrád en Hongrie. En 1981, il est responsable à l'IRCAM de la cellule de recherche instrumentale et, en 1982, professeur invité à l'Académie de Darmstadt. Il est directeur de collections de musique contemporaine et classique chez différents éditeurs. En 1964 il crée le quatuor de flûtes Arcadie. De 1970 à 1972 il fait partie du Quintette à vent Da Camera et, de 1973 à 1974, du Quintette instrumental Albert Roussel. Depuis 1971, il se produit avec la harpiste Sylvie Beltrando et, depuis 1978, avec le claveciniste Pierre Bouyer. En 1985, il est nommé professeur de musique de chambre au Conservatoire de Paris. Il assure un grand nombre de créations parmi lesquelles des œuvres de Gilbert Amy, Alain Bancquart (*Duo* pour flûte et violoncelle, avec Alain Meunier, 1980 ; *Cérémonial I,* 1984 ; *Cérémonial V,* 1985 ; *Grande Mélodie,* 1988 ; *Sonate pour flûte seule,* 1989 ; *Ma manière de nuit,* 1989), André Boucourechliev, Charles Chaynes (*Via ercolensi*, pour flûte et orchestre, 1991), Nguyen-Thien Dao (*Framic,* 1974), Michel Decoust (*Le Cygne,* 1982), Franco Donatoni, Pascal Dusapin (*Shin'gyo,* 1982 ; *L'Aven,* 1983 ; *Ici,* 1986), Brian Ferneyhough (*Cassandra's Dream Song,* 1974 ; *Unity Capsule*, dédicataire, 1976), Graciane Finzi (*Processus,* 1972), Klaus K. Hübler (*Epiphyt,* 1989), Betsy Jolas (*Fusain,* 1972), Michael Levinas, Alain Louvier (*Chant des aires*, concerto pour flûte et orchestre de 24 flûtes, déd., 1988), Paul Mefano, Emmanuel Nunes (*Grund,* 1983 ; *Ludi concertati nº 1,* 1985 ;

Aura, 1986 ; *Machina mundi,* 1992), Tristan Murail (*Éthers,* 1978), Maurice, Ohana, Luis de Pablo (*Figura en el mar,* déd., 1990), Yoshihisa Taïra (*Érosion I,* 1980), Antoine Tisné.

ÉCRITS : *La Flûte* (Salabert-Lattès, Paris, 1987).

Asahina, Takashi

Chef d'orchestre japonais, né à Tōkyō le 9 juillet 1908.

Après des études juridiques à l'Université de Kyōto, il travaille la direction d'orchestre avec E. Metter et L. Kreutzer. Entre 1942 et 1947, il est à la tête de l'Orchestre Symphonique de la Radio d'Osaka. Puis il fonde l'Orchestre Symphonique de Kansaï dont il prend la direction (depuis 1960 Orchestre Philharmonique d'Osaka). Il enseigne à l'Académie de musique d'Osaka et assure la direction artistique du festival. En 1952, il prend la direction musicale du Kansaï-Opera d'Osaka. A partir de 1956, il mène une importante carrière de chef invité dans le monde entier. Son fils, **Chitaru Asahina** (Osaka, 8 mai 1943), clarinettiste de formation, a pris la direction de l'Orchestre Philharmonique d'Osaka en 1979.

Ashkenazy, Vladimir

Pianiste et chef d'orchestre russe naturalisé islandais (1972), né à Gorki le 6 juillet 1937.

Il commence très jeune à étudier le piano avec ses parents, tous deux pianistes. Il travaille ensuite avec Anaida Sumbatian à l'École Centrale de Musique de Moscou et, en 1955, entre dans la classe de Lev Oborine au Conservatoire Tchaïkovski. A l'âge de dix-huit ans, il remporte le 2e prix du Concours Chopin de Varsovie. L'année suivante il obtient le 1er prix au Concours Reine Élisabeth de Belgique (1956). Ces distinctions lui permettent de faire une grande tournée aux États-Unis et au Canada. En 1961, il épouse une jeune pianiste islandaise, **Sofia Johannsdottir**, qui fait alors ses études à Moscou. En 1962, il se voit décerner le 1er prix du Concours Tchaïkovski, qui lui assure une renommée internationale. En 1963, il passe à l'Ouest et s'installe à Londres avec sa femme et ses enfants. Il joue avec les plus grands interprètes du moment : André Previn, Itzhak Perlman avec qui il enregistre une intégrale des *Sonates pour violon et piano* de Beethoven. Son succès ne cesse de croître en Grande-Bretagne, et il réalise pour la BBC une intégrale des *32 Sonates* de Beethoven. En 1968, il fuit Londres et son agitation, et va s'établir en Islande. Là, il organise tous les deux ans le Festival de Reykjavík. Ennemi du « pianisme », de l'effet pour l'effet, son jeu sobre et raffiné lui ouvre un répertoire immense : de Mozart à Chostakovitch, en passant par Prokofiev et Chopin bien entendu, pour lequel il a une prédilection.

Entre 1987 et 1994, il est directeur musical du Royal Philharmonic Orchestra de Londres et, à partir de 1989, il occupe les fonctions de chef permanent à la tête de l'Orchestre Radio-Symphonique de Berlin, aujourd'hui Deutsches Symphonie-Orchester Berlin.

ÉCRITS : *Par-delà des frontières* (par Jasper Parrott, L'Age d'homme, 1988).

Askenase, Stefan

Pianiste polonais naturalisé belge (1950), né à Lemberg (Lvóv) le 10 juillet 1896, mort à Bonn le 18 octobre 1985.

Dans sa ville natale, il commence à étudier le piano avec sa mère, élève de Carl Mikuli, lui-même disciple de Chopin. Après avoir fréquenté le Collège de Lvóv, il suit l'enseignement d'Emil von Sauer, élève de Liszt, à l'Académie de musique de Vienne.

Dès ses débuts, on le reconnaît comme un interprète idéal de Chopin. Il multiplie les concerts dans toute l'Europe. Après la Première Guerre mondiale, à laquelle il prend part dans l'armée autrichienne, il se consacre à l'enseignement. En 1922, il accepte un poste de professeur au Conservatoire du Caire. Jusqu'en 1925, Le Caire sera sa résidence. A cette date, il s'installe définitivement à Bruxelles où il sera professeur au Conservatoire (1954-61) après avoir enseigné au Conservatoire de Rotterdam (1937-40).

Parmi ses élèves, on compte M. Argerich et A. Tchaïkovski. Il a enregistré de nombreuses œuvres du répertoire romantique, et évidemment de Chopin.

ÉCRITS : *Wie Meister üben I* (Zürich, 1966).

Astruc, Yvonne

Violoniste française, née à Asnières le 27 avril 1889, morte à Paris le 17 octobre 1980.

Extrêmement précoce, elle commence à étudier la musique à l'âge de cinq ans. Elle entre au Conservatoire de Paris en 1906, dans la classe de Lefort, et remporte un 1er prix en 1909. Elle débute à Paris, mais, devant le peu de succès remporté, part pour l'Angleterre où Sir Henry Wood l'engage immédiatement. C'est le début d'une carrière internationale. Elle joue la musique nouvelle de son temps, Fauré, Ravel, Schmitt, Stravinski, Milhaud, Lili Boulanger et Enesco, avec lequel elle se produit souvent en sonate. En 1920, elle épouse le pianiste **Marcel Ciampi** avec qui elle joue également. Puis elle se tourne vers l'enseignement et devient l'une des figures marquantes de la pédagogie française. Plusieurs compositeurs lui ont dédié des œuvres : Darius Milhaud (*Concertino de printemps*, op. 135, 1935), Germaine Tailleferre (*Concerto pour violon,* 1936 ; *Sonate pour violon et piano n° 2,* 1951). Elle a aussi créé des œuvres de Georges Migot (*Suite en cinq parties* pour violon, récitant et orchestre, 1925).

Atherton, David

Chef d'orchestre anglais, né à Blackpool le 3 janvier 1944.

Il fait ses études au Trinity College de Cambridge puis à la Royal Academy of Music et à la Guildhall School of Music de Londres où il reçoit une formation de pianiste et de chef d'orchestre. Dès 1967, il fonde le London Sinfonietta dont il est directeur artistique jusqu'en 1973. En 1968, il fait partie du comité directeur de Covent Garden où il est le plus jeune chef invité. Sa carrière prend rapidement de l'essor : il débute à la Scala de Milan en 1976 et à l'Opéra de San Francisco en 1978 avant d'être nommé directeur musical de l'Orchestre Symphonique de San Diego (Californie, 1981-87) et chef permanent du Royal Liverpool Philharmonic Orchestra (1980-83). En 1989, il reprend la direction musicale du London Sinfonietta, continuant à jouer un rôle déterminant en faveur de la musique contemporaine dans la capitale britannique. Il assure simultanément les mêmes fonctions à la tête de l'Orchestre Philharmonique de Hong Kong.

Il a créé des œuvres de Harrison Birtwistle (*Punch and Judy,* 1968 ; *Verses for Ensembles,* 1969), Roberto Gerhard (*Symphonie « Homenaje a Pedrell »,* 1972), Iain Hamilton (*Voyage,* 1971), Hans Werner Henze (*We Come to the River,* 1976), Ernst Krenek (*Kitharaulos,* 1972), Per Nordheim (*Credo,* 1989), John Tavener (*The Whale,* 1968).

Atlantov, Vladimir

Ténor russe, né à Leningrad le 19 février 1939.

Fils d'un chanteur professionnel et faisant preuve très jeune de dons exceptionnels, il fait ses études musicales au conservatoire local avec N. Bolotina et en sort diplômé à moins de vingt ans. Il entre dans la troupe du Théâtre Kirov où il remplit toutes sortes d'emplois. De 1963 à 1965, il fait un stage à la Scala de Milan où il travaille avec Barra. Puis il entre par la grande porte dans la troupe du Bolchoï (1967) : il s'y illustre particulièrement en Don José, en Alfredo, en Cavaradossi et, bien sûr, dans les grands emplois de ténors russes. Avec la troupe du Bolchoï, il se fait connaître des publics difficiles de la Scala, du Met, de l'Opéra de Paris ou de l'Opéra de Vienne. Et comme ses amis Obrastzova, Petrov ou Mazourok, il devient une vedette internationale très recherchée. Sa voix large et claire, son tempérament impétueux et son intelligence dramatique en font un Canio impressionnant et, depuis peu (il a débuté dans ce rôle à Munich en 1980), un Othello de très grande envergure. Curieusement, il affectionne certains rôles de baryton, tel le Rodrigo de *Don Carlo* qu'il chante avec une noblesse et une intensité également admirables. En 1987, il incarne Siegmund sous la direction de Wolfgang

Sawallisch à Munich. Il est Médaille d'or du Concours Tchaïkovski (1966) et lauréat des concours de Montréal et de Sofia (1967).

Atzmon, Moshe (Moshe Groszberger)

Chef d'orchestre israélien, né à Budapest le 30 juillet 1931.

Enfant, il étudie le violoncelle à Budapest avant d'émigrer en Israël (1949) où il travaille le cor et le piano à l'Académie de musique de Tel-Aviv (1958-62). Il se fixe alors à Londres où il étudie la direction d'orchestre à la Guildhall School of Music, sur les conseils d'Antal Dorati (1962-64). Il remporte le 2e prix au Concours Mitropoulos de New York (1963) puis le 1er prix au Concours international de Liverpool (1964). Invité par la plupart des orchestres européens, il débute en 1967 au Festival de Salzbourg à la tête de la Philharmonie de Vienne. Deux ans plus tard, il dirige son premier opéra à Berlin et prend la direction de l'Orchestre Symphonique de Sydney (1969-72). Il est ensuite à la tête de l'Orchestre Symphonique de Bâle (1972-77) et de l'Orchestre Symphonique du NDR de Hambourg (1972-76). On le trouve alors à Tōkyō où il est conseiller musical et chef permanent du Tōkyō Metropolitan Symphony Orchestra et à New York où il est chef d'orchestre principal de l'American Symphony Orchestra (1982-84). Il est ensuite chef permanent de l'Orchestre Symphonique de Nagoya (Japon). En 1991, il est nommé directeur général de la musique à Dortmund. Il a créé *Nachklänge* de Conrad Beck (1986).

Auberson, Jean-Marie

Chef d'orchestre suisse, né à Chavornay (Vaud) le 2 mai 1920.

Parallèlement à des études classiques, il entreprend des études musicales au Conservatoire de Lausanne (violon et alto). Engagé à l'Orchestre de Chambre de Lausanne (OCL), puis à l'Orchestre de la Suisse Romande (OSR), il suit des cours de direction musicale et de musique de chambre à l'Académie Chigiana de Sienne, puis à Vienne et à Cologne. Il travaille plus particulièrement la direction d'orchestre avec Ernest Ansermet et Carl Schuricht (1956-60) ; il dirige l'Orchestre de Radio Beromünster (Zürich) et l'Orchestre de la Ville de Saint-Gall. Dès 1961, tout en dirigeant certains grands concerts à Radio Beromünster, il revient en Suisse romande et dirige l'OSR. Il est appelé également à la tête de l'Orchestre de la Tonhalle (Zürich), de l'OCL ainsi que des orchestres de Berne, de Bâle... Il fait de nombreuses créations : à Radio-Genève, l'opéra *Faits divers* (Zbinden), au Théâtre des Champs-Élysées, *Pâris* (Henri Sauguet), etc. Appelé par Rolf Liebermann à l'Opéra de Hambourg pour diriger les soirées de ballet et le répertoire français (1968-73), il y réalise entre autres la création mondiale de *Pinocchio* (Bibalo). Il dirige ensuite successivement l'Orchestre Radio-Symphonique de Bâle (répertoire français et compositeurs suisses), et celui de la Ville de Saint-Gall. Au Grand-Théâtre de Genève, il travaille étroitement à la réalisation musicale des ballets montés par Peter Van Dyk et Oscar Araïz. En 1977, il crée le *Concerto pour piano* (Ginastera) et, en 1980, *La Folie de Tristan* (Schibler). Il est le père de la cantatrice **Audrey Michaël** (Lausanne, 1950), soprano à l'Opéra de Düsseldorf.

Auclair, Michèle

Violoniste française, née à Paris le 16 novembre 1924.

Après des études au Conservatoire de Paris avec Boucherit, elle travaille avec Boris Kamenski puis avec Jacques Thibaud. En 1943, elle remporte le Prix Marguerite Long-Jacques Thibaud et commence alors une carrière internationale. En 1945, Michèle Auclair remporte également un prix au Concours international de Genève.

Elle donne, dès lors, de nombreux concerts et récitals dans toute l'Europe et en Amérique du Sud. Sa technique est une synthèse des écoles russe et française. Elle a épousé le compositeur **Antoine Duhamel**. En 1969, elle est nommée professeur de violon au Conservatoire de Paris.

Auer, Leopold (von)

Violoniste hongrois, né à Veszprém le 7 juin 1845, mort à Loschwitz (Dresde) le 15 juillet 1930.

Élève de Ridley Kohne à Budapest, de Jacob Dont (jusqu'en 1858) et de Joseph Hellmesberger à Vienne, il commence une carrière d'enfant prodige et se perfectionne à Hanovre avec Joseph Joachim. Nommé premier violon de l'Orchestre de Düsseldorf entre 1863 et 1865, puis de Hambourg (1865-67), c'est en 1868 qu'il accepte le poste de professeur au Conservatoire impérial de Saint-Pétersbourg, où il succède à Henryk Wieniawski. Il conservera sa classe jusqu'en 1917. Violoniste réputé – en particulier à la cour du tsar –, Auer devait fonder, en 1899, à Saint-Pétersbourg, un quatuor justement célèbre, en compagnie de Charles Davidov. Leopold Auer est le dédicataire du concerto de Tchaïkovski – qu'il refusa de jouer plusieurs années, avant de le porter à son triomphe mondial. Il est aussi le dédicataire de la *Sérénade mélancolique* de Tchaïkovski, du *Concerto* et du *Quatuor nº 5* de Glazounov. Si l'on considère Leopold Auer comme le successeur de Joseph Joachim en tant qu'instrumentiste, c'est avant tout comme pédagogue qu'il reste célèbre : c'est lui qui forma, à Saint-Pétersbourg puis au Curtis Institute de Philadelphie (1928-30), des violonistes tels que Jascha Heifetz, Mischa Elman, Efrem Zimbalist, Toscha Seidel, Nathan Milstein...

ÉCRITS : *My Long Life in Music* (1923), *Violin Playing as I Teach It* (1921, rééd. 1961), *Violin Master Works and Their Interpretation* (1925).

Augér, Arleen

Soprano colorature américaine, née à Long Beach (Californie) le 13 septembre 1939, morte à Amsterdam le 10 juin 1993.

Elle fait ses études au Collège de Long Beach dont elle est diplômée. Elle se consacre ensuite, de 1963 à 1968, à l'étude du chant. Elle gagne alors plusieurs concours mais se fera connaître grâce à une tournée de concerts qu'entreprend l'Orchestre Philharmonique de Los Angeles. Après avoir obtenu ses premiers succès dans Gilda de *Rigoletto* et la Reine de la Nuit de *La Flûte enchantée*, elle se voit offrir une bourse qui lui permet de poursuivre ses études à Vienne. Dans cette ville, elle reçoit même un contrat à long terme de l'Opéra (1967-74), où elle fera des débuts éblouissants dans la Reine de la Nuit. Elle est ensuite invitée à l'Opéra de Hambourg (1970), à Munich, Salzbourg, au Met (où elle débute en 1978 dans Marceline)... Elle s'impose également dans le domaine de la musique ancienne (plus de soixante cantates de Bach enregistrées sous la direction de Helmuth Rilling) et se produit dans *Alcina* de Haendel (Londres, 1985 et Los Angeles, 1986) avant de chanter Poppée à Londres (1988). En 1986, elle est choisie pour chanter au mariage royal du prince Andrew et de Sarah Ferguson à Londres. Elle est également très demandée en oratorio et donne de nombreux récitals de lieder avec Irwin Gage. Elle a créé des œuvres de Gottfried von Einem (*Geistliche Sonate* pour soprano, trompette et orgue, 1974), Germaine Tailleferre (*Concerto de la fidélité,* 1982).

Soprano colorature aux notes hautes cristallines, elle possédait une technique raffinée. Elle enseignait à la Musikhochschule de Francfort.

Auriacombe, Louis

Chef d'orchestre français, né à Paris le 22 février 1917, mort à Toulouse le 12 mars 1982.

Il est d'abord élève au Conservatoire de Toulouse où il remporte des prix de violon (1931), chant et déclamation (1937), harmonie (1939). Puis il étudie la direction d'orchestre avec Igor Markevitch à Salzbourg de 1951 à 1956 et assiste son maître dans ses tournées internationales. En 1953, il fonde l'Orchestre de Chambre de Toulouse (12 cordes et clavecin) qu'il produira dans le monde entier. Il crée *Font aux cabres* d'Ohana (1957), *Ombres* de Boucourechliev (1970) et donne la première américaine des *Ramifications* de Ligeti (Washington, 1970). Depuis 1971, la maladie avait réduit Auriacombe à l'inactivité.

Aussel, Roberto

Guitariste argentin, né à la Ciudad de la Plata le 13 juillet 1954.

Après des études dans sa ville natale, il obtient un 1er prix au Concours Porto Alegre au Brésil, un 1er prix à Caracas et, en 1975, le 1er prix au Concours international de Radio-France. Il a travaillé avec Jorge Martínez Sárate et Maria Luisa Anido. Il se produit aujourd'hui dans le monde entier.

Austbö, Haakon

Pianiste norvégien, né à Kongsberg le 22 octobre 1948.

Il se produit dès l'âge de quatorze ans avec l'Orchestre Philharmonique de Bergen et, à quinze ans, il donne son premier récital public à Oslo. Il vient se perfectionner au Conservatoire de Paris dans la classe de Lelia Gousseau où il obtient un 1er prix en 1969 ainsi qu'à l'École Normale de Musique (avec Blanche Bascourret de Gueraldi) où il obtient sa licence de concert (1970). L'année suivante, il remporte le 1er prix du Concours international Olivier Messiaen à Royan et celui du Concours de la Guilde Française des Artistes solistes. Il remporte également des récompenses aux Concours Debussy à Saint-Germain-en-Laye (1970), Scriabine à Oslo (1972), Ravel à Paris (1975). En duo avec sa femme Marina Horak, il obtient un prix au Concours international de Munich (1974) et avec le Trio du Nord à la Tribune internationale de Bratislava (1975). Depuis 1974, il est fixé aux Pays-Bas et, depuis 1979, est professeur au Conservatoire d'Utrecht.

Austral, Florence (Mary Wilson)

Soprano australienne, née à Richmond, près de Melbourne, le 26 avril 1892, morte à Newcastle (Nouvelle-Galles du Sud) le 15 mai 1968.

Elle fait ses études au Conservatoire de Melbourne (1914-18), puis à New York avec Sibella. Elle refuse un engagement au Met et débute dans le rôle de Brünnhilde (*Le Crépuscule des dieux*) au Covent Garden de Londres, sous les auspices de la British National Opera Co., nouvellement formée (1922) ; elle interprète ensuite les rôles d'Isolde et d'Aïda. Elle y chantera encore Brünnhilde en 1929 et 1933. Entre 1925 et 1931, elle fait des tournées aux États-Unis avec son mari, le flûtiste **John Amadeo**. Elle paraît encore au Sadler's Wells de 1937 à 1939, ainsi qu'à Berlin, et en Australie, où elle se retire, pour enseigner au Conservatoire de Newcastle. Sa carrière ne fut pas celle que méritaient l'ampleur et l'énergie de sa voix, qu'ont su préserver quelques enregistrements wagnériens.

Ax, Emanuel

Pianiste polonais naturalisé américain (1970), né à Lvóv le 8 juin 1949.

Il commence par étudier le violon dès l'âge de six ans avant de travailler le piano avec son père. Sa famille quitte Lvóv pour Varsovie en 1957, puis pour le Canada où elle se fixe à Winnipeg en 1959, avant de s'établir à New York deux ans plus tard. Il travaille avec Mieczyslaw Munz à la Juilliard School of Music. Sa carrière devient vite internationale, surtout après son premier concert à New York en 1973. Lauréat du Concours Chopin à Varsovie en 1970, du Concours Vianna da Motta à Lisbonne en 1971 et du Concours Reine Élisabeth de Belgique en 1972, il remporte le 1er prix du Concours Rubinstein de Tel-Aviv (1974) puis l'Avery Fisher Prize (1979). Sa carrière se développe rapidement. En 1986, il constitue un trio avec le violoniste Young Uck Kim et le violoncelliste Yo-Yo Ma. Il joue également en duo avec ce dernier. A la fin des années quatre-vingt, le trio prend une nouvelle dimension avec la venue du violoniste Isaac Stern. Il a créé le *Concerto pour piano* (1988) de Joseph Schwantner.

Ayo, Félix

Violoniste espagnol naturalisé italien, né à Sestao le 1er juillet 1933.

Il obtient son diplôme de soliste à l'âge de quatorze ans et poursuit ses études musicales à Paris et à Rome avec Principe.

Membre fondateur de l'ensemble I Musici en 1952, il est premier violon et soliste du groupe jusqu'en 1967. C'est ainsi qu'il acquiert une renommée internationale. En 1968, il fonde le Quartetto Beethoven avec Marcello Abbado (piano), Alfonso Ghedin (alto) et Vincenzo Altobelli (violoncelle). Deux ans plus tard, Abbado est remplacé par Carlo Bruno. A partir de 1972, il enseigne le violon au Conservatoire Santa Cecilia. Il joue sur un très beau violon Gennaro Gagliano, fabriqué à Naples en 1768.

Azaïs, Julien

Pianiste français, né à Boynes le 19 juillet 1939.

Il fait ses études au Conservatoire de Paris et remporte des premiers prix de piano (classe de Jean Doyen, 1959), ensemble instrumental (classe de Jacques Février, 1960) et musique de chambre, en duo avec Marie-José Billard (classe de Joseph Calvet, 1961). C'est la première fois qu'une telle distinction est accordée à un duo de pianistes. A partir de ce moment, il se produit uniquement en duo avec Marie-José Billard : ils remportent un prix au Concours international de Munich (1964), le Prix Jehan Alain pour leur enregistrement des *Concertos* de J. S. Bach (1965), et la Médaille d'argent de la Ville de Paris (1969). Daniel-Lesur, P. M. Dubois et A. Stallaert écrivent à leur intention. Ils donnent leur dernier concert le 16 août 1980 au Festival de Cluny et cessent leur activité en raison d'une ankylose de la main droite de M.-J. Billard. Ils gèrent depuis l'Agence B/A Musique.

B

Babin, Victor

Pianiste et compositeur russe naturalisé américain (1944), né à Moscou le 13 décembre 1908, mort à Cleveland le 1er mars 1972.

Après avoir suivi les classes de piano et de composition au Conservatoire de Riga, il achève ses études à la Berliner Musikhochschule, de 1928 à 1931, auprès d'Artur Schnabel (piano) et de Franz Schreker (composition). En 1933, il épouse **Vitya Vronsky** et forme avec elle un duo de pianos qui fait ses débuts à New York en 1937, après une tournée européenne. La même année, il se fixe aux États-Unis. Il est nommé professeur à l'École de Musique d'Aspen en 1950, puis directeur de 1951 à 1954. Il enseigne également au Berkshire Music Center de Tanglewood et dirige de 1961 à sa mort le Cleveland Music Institute. Entre 1954 et 1962, il joue en compagnie de Szymon Goldberg, William Primrose et Nikolay Graudan au sein du Festival Quartet, constitué dans le cadre de l'École de Musique d'Aspen. La même année, il est nommé docteur *honoris causa* de l'Université du Nouveau-Mexique. Le compositeur a laissé naturellement de nombreuses pièces et transcriptions pour deux pianos, dont celle de la *Circus Polka* de Stravinski, mais aussi des mélodies, deux concertos pour deux pianos et des pages de musique de chambre. Milhaud a écrit pour le duo Babin-Vronsky son *Concerto pour deux pianos nº 1* (1942).

Baccaloni, Salvatore

Basse italienne, né à Rome le 14 avril 1900, mort à New York le 31 décembre 1969.

Élève de la maîtrise de la chapelle Sixtine, il entreprend à l'âge de quinze ans des études d'architecture à l'Académie des Beaux-Arts de Rome. Grâce à l'enseignement du baryton Giuseppe Kaschmann, il débute en 1922 dans le rôle de Bartolo (du *Barbier de Séville*) au Teatro Adriano de Rome. En 1925, Toscanini l'engage à la Scala de Milan, où il se produit régulièrement jusqu'en 1940. Sur les conseils du maestro, il s'oriente vers le répertoire buffo. Travailleur acharné, il chantera près de 150 rôles, en plusieurs langues. Il participe à de nombreuses créations : *La Farsa amorosa* de Zandonai (Rome, 1933), *Vigna* de Guerrini (Rome, 1935) et *Filosopho di campagna* de Galuppi (Venise, 1938). Il entre en 1940 dans la troupe du Metropolitan Opera de New York, où il chante jusqu'en 1962. Parmi les témoignages de son art, il nous reste des compositions de Bartolo, Don Pasquale, Falstaff, Varlaam (il fut le partenaire préféré de Chaliapine) et surtout de Leporello, dans le premier enregistrement de *Don Giovanni* (Glyndebourne, 1936, sous la direction de Fritz Busch). La sûreté et la puissance de l'émission vocale, mais par-dessus tout une diction inimitable alimentent une *vis comica* qui trouva un dernier emploi dans une assez brève carrière de cinéma.

Bachauer, Gina

Pianiste grecque naturalisée anglaise, née à Athènes le 21 mai 1913, morte à Athènes le 22 août 1976.

D'origine austro-italienne, elle suit, parallèlement à ses cours de droit, l'enseignement de Woldemar Freeman au Conservatoire d'Athènes. A Paris, où elle vient se perfectionner, elle travaille avec Cortot à l'École Normale de Musique. Un peu plus tard, son dernier professeur sera Rachmaninov (1935). Elle a remporté deux ans plus tôt une médaille au Concours international de Vienne. En 1935, elle fait ses débuts en concert avec Mitropoulos, dans sa ville natale. Elle entame une série de tournées en Europe très impressionnante. Mais sa carrière est brutalement interrompue par la guerre. Réfugiée en Égypte, elle donne plus de 600 concerts pour les troupes alliées. Et dès 1947, ses débuts réellement officiels ont lieu à l'Albert Hall de Londres.

En 1950, on la retrouve à Carnegie Hall, pour un concert triomphal. Mariée au chef d'orchestre **Alec Sherman**, le reste de sa carrière va se dérouler aux États-Unis. Elle donne de multiples concerts de bienfaisance, et inaugure, entre autres, le Centre Kennedy de Washington par un récital.

Gina Bachauer appartenait à cette famille de musiciens capables de jouer beaucoup de choses, sans jamais vraiment se spécialiser pour approfondir un aspect du répertoire. Néanmoins elle se sentait surtout à l'aise dans des œuvres du XIXe et du tout début du XXe siècle. Un concours international de piano portant son nom a été fondé à Salt Lake City en 1976.

Bachkirov, Dmitri

Pianiste russe, né à Tbilissi le 1er novembre 1931.

Dans sa ville natale, il travaille jusqu'à l'âge de huit ans avec Anastasia Virsaladze, une élève d'Essipov, puis entre au Conservatoire de Moscou dans la classe d'Alexandre Goldenweiser d'où il sort diplômé en 1954. Il remporte le 2e prix au Concours international Marguerite Long-Jacques Thibaud (Paris, 1955) et le Prix Robert Schumann (Zwickau, 1970). En 1957, il enseigne au Conservatoire de Moscou avant d'être nommé professeur au Conservatoire de Kiev en 1968. Entre 1965 et 1972, il forme un trio avec le violoniste Igor Besrodny et le violoncelliste Mikhaïl Khomitzer. Après avoir commencé une brillante carrière internationale dans les années cinquante, notamment aux États-Unis et en Europe occidentale, il se voit pratiquement interdit de sortie de l'URSS pendant sept ans, au début des années quatre-vingt. A l'issue de cette période, il effectue une brillante réapparition sur les plus grandes scènes occidentales. Sa fille Elena a épousé le violoniste **Gidon Kremer**. Il a créé la *Sonate pour piano* (1968) de Rodion Chtchedrine.

Baciu, Ion

Chef d'orchestre roumain, né à Brateiu le 21 juin 1931.

Au Conservatoire de Bucarest, il travaille l'harmonie avec Mihail Jora, le contrepoint avec Zeno Vancea, la direction d'orchestre avec Constantin Silvestri, l'orchestration avec Theodor Rogalski (1950-55). Il est nommé premier chef de la Philharmonie de Ploieşti (1955-62), orchestre alors récemment constitué qu'il élève au rang des principaux orchestres roumains. Il enseigne l'harmonie à l'École populaire d'art de Ploeşti (1956-61). Entre 1962 et 1987, il est premier chef et directeur musical de la Philharmonie Moldave de Iaşi. Il continue à se perfectionner, notamment à l'Académie de Vienne (1965) et travaille également avec Sergiu Celibidache. En 1967, il effectue sa première tournée aux États-Unis. Il assure également la direction du Conservatoire de Iaşi entre 1972 et 1976 où il constitue le premier orchestre de jeunes. En 1987, il revient à la tête de la Philharmonie de Ploieşti.

Backhaus, Wilhelm

Pianiste allemand, né à Leipzig le 26 mars 1884, mort à Villach le 5 juillet 1969.

Élève d'Alois Reckendorf au conservatoire de sa ville natale de 1891 à 1898, il se rend ensuite à Francfort pour se perfectionner auprès d'Eugen D'Albert (1899).

En 1895, il a rencontré Brahms dont il aimera plus tard être l'interprète. A seize ans, Backhaus donne son premier concert à Londres. Il est nommé professeur au Collège royal de Manchester (1905-08). La même année il remporte le Prix Rubinstein à Paris. En 1910, il réalise le premier enregistrement intégral d'un concerto, le *Concerto en la mineur* de Grieg. Attiré par J. S. Bach depuis l'enfance, il devient aussi l'interprète lucide et rigoureux des œuvres de Beethoven et de Brahms. Sa réflexion, son travail sur la partition tiennent autant de place que sa pratique et sa recherche au clavier. Il voue une extrême fidélité à l'écriture des compositeurs qu'il interprète, comme à la pensée qui se dégage de leur musique. Backhaus échappe à toute école : son approche du piano et de la musique est intemporelle. Ennemi des excès du romantisme, il construit ses interprétations solidement. Ses enregistrements des trente-deux sonates et des cinq concertos de Beethoven constituent des monuments de référence. Après la dernière guerre, il s'était fixé à Lugano et avait reçu, en 1953, le Prix Bösendorfer à Vienne. Sa carrière restera un exemple de longévité puisqu'il a joué et enregistré jusqu'à la fin de sa vie, fidèle aux pianos Bösendorfer qu'il préféra toujours aux Steinway.

Bacquier, Gabriel

Baryton français, né à Béziers le 17 mai 1924.

Il fait ses études au Conservatoire de Paris (prix d'opéra, d'opéra-comique et de chant en 1950) et débute dans la compagnie lyrique de José Beckmans (1950-52), puis demeure trois ans au Théâtre royal de la Monnaie à Bruxelles (1953-56). On l'entend dans *Madame Butterfly* (Scharpless) à l'Opéra-Comique en 1956. En 1960, il chante *Don Giovanni* au Festival d'Aix-en-Provence et s'impose dans ce rôle qu'il tiendra plusieurs années. Il est engagé à la Staatsoper de Vienne, après ces succès mozartiens. Il incarne ensuite Scarpia dans la *Tosca*, à Milan, auprès de Renata Tebaldi, puis voyage beaucoup. Dès 1966, il chante au Metropolitan de New York et participe aux grands festivals européens (Glyndebourne, 1962, dans le comte Almaviva, rôle qu'il perfectionnera jusqu'à la production Strehler-Solti, 1973). A Aix, il chante encore Golaud dans *Pelléas et Mélisande.* Il est l'un des piliers de l'Opéra de Paris sous l'ère Liebermann (Lago, le Comte, Golaud...). Il affectionne aussi les rôles bouffes (Falstaff) et la mélodie française (Poulenc, *Les Chansons gaillardes*). On le considère comme l'ambassadeur du chant français. Il enseigne l'art lyrique au Conservatoire de Paris jusqu'en 1987. Il a créé *Andréa del Sarto* (1970) de Daniel-Lesur.

Bader, Roland

Chef de chœur et chef d'orchestre allemand, né à Wangen im Allgäu le 24 août 1938.

Il étudie la musique d'église à la Hochschule für Musik de Stuttgart et travaille la direction avec Hans Hörner. Entre 1970 et 1974, il est *Chefdirigent* à Oberhausen et enseigne la direction d'orchestre à la Folkwanghochschule d'Essen. Entre 1974 et 1991, il est Domkapellmeister et chef du Chœur de la cathédrale Sainte-Hedwige de Berlin. Il est amené à diriger les principaux orchestres allemands et sa carrière s'étend vite dans le monde entier (États-Unis, Japon, Australie...). Il est chef invité régulier de la Philharmonie de Cracovie et de l'Orchestre Symphonique de Maastricht (Pays-Bas). En 1983, il prend en outre la direction du Chœur du NDR à Hambourg. A partir de 1984, il dirige régulièrement au Festival de Salzbourg. Il est ensuite premier chef de la Philharmonie Karol Szymanowski de Cracovie (1991-93).

Badura-Skoda, Paul

Pianiste et musicologue autrichien, né à Vienne le 6 octobre 1927.

Au conservatoire de sa ville natale, il étudie le piano et la direction d'orchestre (1945-48). Puis il va se perfectionner à Lucerne, dans la classe d'Edwin Fischer, où il côtoie Alfred Brendel. En 1949, il remporte le 3e prix au Concours Marguerite Long-Jacques Thibaud à Paris. Profondément imprégné par l'enseignement de Fischer dont il deviendra l'assistant, il acquiert une ouverture d'esprit telle, que ses centres d'intérêt pour tout élément extramusical susceptible d'enrichir son art se développent considérablement. Musicologue raffiné, il se passionne pour la littérature et l'architecture, domaines qu'il connaît parfaitement.

Il fait ses débuts en 1948. Furtwängler et Karajan le remarquent d'emblée. Les deux chefs vont contribuer à l'essor de sa carrière. Au cours de multiples tournées dans le monde entier, Paul Badura-Skoda ne dédaignera pas de prendre assez souvent la baguette. Mais sa terre natale reste le piano. Très tôt, il se spécialise dans la musique viennoise (Haydn, Mozart, Beethoven, Schubert). C'est cet aspect du répertoire qui va animer toute sa recherche sur l'interprétation. Il partage avec Jörg Demus la passion des instruments d'époque. Sa collection de pianoforte est considérable. Cette science de la sonorité des *Hammerflügeln* lui a permis de développer toute une théorie de l'interprétation des œuvres de Bach, de Beethoven et de Mozart, à propos desquelles il devait publier deux livres. Entre 1966 et 1971, il est artiste-résident à l'Université du Wisconsin et de Madison, aux États-Unis. Puis il donne des cours annuels réguliers à Édimbourg, à Salzbourg, à Vienne, à Sienne ou à Paris.

Malgré sa maîtrise parfaite du pianoforte, il ne dédaigne pas pour autant le piano moderne. Son Bösendorfer fait merveille lorsqu'il joue Brahms ou Chopin.

On lui doit, par ailleurs, l'édition de sonates de Beethoven, d'œuvres de Schubert, de Mozart et de Chopin. Il a créé le *Concerto pour piano nº 2* (1970) et la *Fantaisie sur des rythmes flamencos* (1973) de Frank Martin dont il est le dédicataire.

Il a composé une *Messe en ré*, et de nombreuses cadences pour piano et violon, de concertos de Mozart et de Haydn.

ÉCRITS : *L'Art de jouer Mozart au piano* (avec Eva Badura-Skoda, 1957-62) ; *Les Sonates pour piano de Beethoven* (avec Jörg Demus, 1970), *Bach-Interpretationen* (1988).

Baer, Olaf

Baryton allemand, né à Dresde le 19 décembre 1957.

Dès l'âge de dix ans, il entre au Kreuzchor de Dresde avant de travailler à la Musikhochschule Carl Maria von Weber à partir de 1978. En 1982, il remporte le 1er prix au Concours international Dvořák de Karlovy Vary (Carlsbad) et obtient la bourse Felix Mendelssohn. L'année suivante, il remporte le 1er prix au Concours international de lieder Walter Gruner à Londres. Il commence une double carrière au concert et à l'opéra. Membre de la troupe du Semper Oper de Dresde, il débute à Covent Garden (1985) et au Festival d'Aix-en-Provence (1986) dans *Ariane à Naxos*. Il chante Papageno (*La Flûte enchantée*) à l'Opéra de Vienne et à la Scala de Milan (1986), Guglielmo (*Così fan tutte*) à Francfort (1986) et à Aix (1988), le Comte (*Capriccio*) à Glyndebourne (1987). En 1988, il fait ses débuts américains avec Sir Georg Solti à Chicago dans la *Passion selon saint Matthieu* (le Christ). Ses premiers enregistrements de lieder (avec le pianiste Geoffrey Parsons) l'ont révélé comme l'une des personnalités marquantes dans ce domaine.

Bahr-Mildenburg, Anna (Anna Mildenburg von Bellschau)

Soprano autrichienne, née à Klagenfurt le 29 novembre 1872, morte à Vienne le 27 janvier 1947.

Elle est l'élève de Karl Weidt, puis de Rickhof-Pessiak. Auditionnée par Wilhelm Jahn à l'Opéra de Vienne, elle est confiée à Rosa Papier, à titre privé, puis au Conservatoire. Bernhardt Pollini, le directeur de la Staatsoper de Hambourg, l'engage en 1895 (Brünnhilde de *La Walkyrie*), sous la direction de Gustav Mahler, qui façonne vite en elle une wagnérienne de premier plan, tout en lui apprenant les rôles de Rezia, Donna Anna, Norma et Leonore (*Fidelio*). Elle paraît à Bayreuth dès 1897 et y chantera Kundry et Ortrud jusqu'en 1914. A Londres, elle incarne Isolde et Élisabeth en 1906, et chante Clytemnestre pour la première locale d'*Elektra* (1910). Elle reste attachée à l'Opéra de Vienne de

1897 à 1916. Sa voix, d'une puissance considérable, mais aussi son talent de tragédienne, en font une vraie bête de scène. Elle achève sa carrière comme actrice, à Darmstadt et à Vienne, puis enseigne à Munich, où elle devient directrice de la scène au National Theater de 1921 à 1926. Elle interprète une ultime Clytemnestre en 1930 à Augsbourg. Elle épouse en 1909 l'écrivain Hermann Bahr : ils écriront ensemble *Bayreuth und das Wagner-Theater* (1910).

Bailey, Norman

Baryton-basse anglais, né à Birmingham le 23 mars 1933.

Il étudie à l'Université de Rhodes en Afrique du Sud puis à l'Académie de musique de Vienne, ville où il remporte, en 1960, le 1er prix du Concours international de chant.

Il débute en 1959 à l'Opéra de Chambre de Vienne dans *La Cambiale di matrimonio* de Rossini. Entre 1960 et 1967, il appartient aux troupes des opéras de Linz, de Wuppertal et de Düsseldorf, y faisant ses premières armes dans les emplois les plus divers. En 1967, il revient à Londres où il est engagé pour trois ans dans la troupe du Sadler's Wells, s'échappant de temps à autre à l'étranger. En 1967, il chante le rôle-titre de *Job* de Dallapiccola à la Scala. S'il chante tous les grands rôles de baryton, il s'affirme rapidement comme un wagnérien accompli. Il est acclamé dans Hans Sachs à Londres, à Hambourg, à Munich, à Bruxelles et à Bayreuth où il sera également Günther et Amfortas. En 1985, il épouse la soprano **Kristine Ciesinski.**

Bailleux, Odile

Organiste et claveciniste française, née à Trappes le 30 décembre 1939.

Elle étudie le solfège et le piano au Conservatoire de Versailles. A l'École César Franck (Paris), elle obtient le diplôme supérieur en 1965 dans la classe d'orgue, après avoir suivi les cours de Jean Fellot et d'Édouard Souberbielle. Elle y poursuit ses études de piano, d'harmonie et de contrepoint. En 1969-70, elle va travailler au Conservatoire de Francfort auprès d'Helmut Walcha ; elle est une des rares organistes françaises à avoir suivi directement les conseils de ce maître. En 1964, elle avait participé à l'Académie internationale de l'orgue de Saint-Maximin. Depuis 1966, elle était suppléante d'Antoine Reboulot aux claviers du grand orgue de Saint-Germain-des-Prés. A partir de 1973, elle partage les fonctions propres à cette tribune avec André Isoir. Chargée de cours d'orgue au Conservatoire de Bourg-la-Reine depuis 1980, elle y a pris la succession d'Arlette Heudron, tragiquement disparue. De nombreux récitals l'ont conduite en France et dans plusieurs pays européens. Elle cultive aussi le clavecin, et tient notamment le continuo dans le groupe Musique-Ensemble (fondé avec Michel Henry, hautbois baroque, en 1973) et le continuo d'orgue ou de clavecin depuis 1977 à la Grande Écurie et la Chambre du Roy. En 1990, elle est nommée cotitulaire de l'orgue de Notre-Dame-des-Blancs-Manteaux à Paris. Les styles d'Helmut Walcha, de Gustav Leonhardt, de Scott Ross et de Michel Chapuis sont parmi ceux dont elle reconnaît l'influence.

Baillie, Alexander

Violoncelliste anglais, né à Stockport (Lancashire) le 6 janvier 1956.

Il commence l'étude du violoncelle à l'âge de douze ans et travaille avec Joan Dickson et Anne Shuttleworth au Royal College of Music de Londres, puis avec André Navarra à Vienne et avec Pierre Fournier, Mstislav Rostropovitch et Jacqueline Du Pré. Lauréat des Concours Casals de Budapest et de Munich (ARD), il commence rapidement une carrière de soliste où la musique contemporaine occupe une place prédominante. Il crée des œuvres de Witold Lutosławski (*Grave*), Alfred Schnittke (*Sonate pour violoncelle et piano*), Toru Takemitsu (*Orion & Pleiades,* 1989), Gordon Crosse (*Wave-Songs*). Colin Matthews lui a dédié son *Concerto pour violoncelle* qu'il a créé en 1984. Il joue régulièrement au Festival de Marlboro. Il tient la partie de violoncelle dans le Villiers Piano Quartet. Il est professeur à la Royal Academy of Music de Londres.

Baker, Dame Janet

Mezzo-soprano anglaise, née à Hatfield (Yorkshire) le 21 août 1933.

Élève d'Helena Isepp à Londres. En 1956, elle remporte un 2e prix au Concours Kathleen Ferrier, qui lui vaut une bourse d'études au Mozarteum de Salzbourg ; elle y suit les cours de Lotte Lehmann. En 1960, elle chante Edwige (*Rosalinde* de Haendel). L'année suivante deux concerts la révèlent au grand public. De 1961 à 1976, elle travaille avec l'English Opera Group (*Didon* de Purcell, les héroïnes de Britten). Britten lui dédie sa cantate *Phèdre*. En 1966, elle triomphe en Amérique, au Canada et débute à Covent Garden (Didon de Berlioz, Idamante de Mozart). Elle chante aussi régulièrement à Glyndebourne et contribue avec R. Leppard à la résurrection d'opéras anciens (Cavalli, Monteverdi).

Mezzo de couleur claire, sa voix a une homogénéité exceptionnelle. Son phrasé, son expressivité et sa technique pure en font l'une des grandes interprètes d'aujourd'hui. Elle représente bien l'école anglaise : aucun barrage entre le grand répertoire et la musique ancienne, entre l'opéra et le récital. Elle fait ses adieux à la scène en 1982 dans l'*Orphée* de Gluck, à Glyndebourne.

ÉCRITS : *Full Circle* (1982).

Baker, George C.

Organiste américain, né à Dallas en 1951.

Initié dès l'âge de quatre ans au piano, puis à l'orgue en 1961, il poursuit ses études sous la direction de Phil Baker, à la Highland Park Methodist Church de Dallas, puis à quinze ans avec le docteur Robert Anderson à la Southern Methodist University, jusqu'en 1973.

Entre-temps, George C. Baker remporte le Concours régional de l'American Guild of Organist (1969) et l'année suivante le même concours, mais au niveau national. Il devient ainsi le plus jeune lauréat de cette importante compétition américaine. Après son diplôme de Bachelor of Music en 1973, il obtient une bourse pour venir travailler en France, avec Marie-Claire Alain et Jean Langlais. Il est nommé, dès cette date, organiste suppléant de l'église anglicane Saint-Georges à Paris. Son premier grand récital dans la capitale française a lieu à Notre-Dame durant l'été 1973. En 1974, il remporte à l'unanimité le Grand Prix d'interprétation du Concours international d'orgue de Chartres. Il a enregistré l'intégrale de l'œuvre de J. S. Bach et de Darius Milhaud. Après avoir débuté une brillante carrière, il partage ses activités entre l'orgue et la médecine à partir du milieu des années quatre-vingt.

Balatsch, Norbert

Chef de chœur autrichien, né à Vienne le 10 mars 1928.

Il étudie parallèlement la médecine et la musique à l'Académie de Vienne (musique de chambre, direction de chœurs) mais aussi en privé, le violoncelle et le piano. Ayant appartenu enfant au chœur des Petits Chanteurs de Vienne, c'est ce chœur même qu'il dirige d'abord. Il fonde ensuite un chœur de jeunes, avec lequel il remporte certains prix en Autriche ; puis ayant dirigé le Chœur d'Hommes de Vienne, il est engagé en 1952 à l'Opéra, où il suit toute la filière traditionnelle, pour être nommé chef de chœur à l'Opéra (1978-84). En 1972, il succède à Wilhelm Pitz à la tête du chœur du Festival de Bayreuth. Parallèlement, il dirige le Chœur Philharmonia de Londres (1974-79) puis celui de l'Académie Sainte-Cécile de Rome (à partir de 1984).

A Vienne, il occupe également les fonctions de maître de chapelle de la Cour et dirige les œuvres maîtresses de la littérature religieuse (messes de Mozart, de Haydn, etc.). En 1992, il est nommé conseiller artistique et chef des chœurs à l'Opéra de Rome.

Baldwin, Dalton

Pianiste américain, né à Summit (New Jersey) le 19 décembre 1931.

Après avoir été étudiant à la Juilliard School de New York et au Conservatoire Oberlin (Ohio), il vient en Europe suivre l'enseignement de Madeleine Lipatti et de

Nadia Boulanger. Très vite, il s'oriente vers l'accompagnement de la musique vocale, qu'il conçoit en termes de dialogue approfondi avec interprètes et compositeurs. Il a travaillé avec Jennie Tourel, Pierre Fournier, Elly Ameling, Jessye Norman, Nicolaï Gedda, et surtout Gérard Souzay, dont il est devenu l'inséparable compagnon, aussi bien dans le répertoire français (de Fauré à Poulenc) que dans la mélodie contemporaine, en collaboration étroite avec les créateurs eux-mêmes : Frank Martin, Ned Rorem (pour les *War Scenes*), Alberto Ginastera, etc. L'accompagnateur sensible et discret fut pour un soir le héros d'un concert en forme d'hommage rendu par ses amis chanteurs au Festival de la Roque d'Anthéron 1982. Il dirige tous les ans le Festival de chant de Princeton (USA) et donne des cours d'interprétation à Genève, Royaumont et aux États-Unis.

Balleys, Brigitte

Mezzo-soprano suisse, née à Dorénaz (Valais) le 18 juin 1959.

Après des études aux conservatoires de Sion et de Berne (notamment avec Jakob Stämpfli), elle suit des cours avec Elisabeth Schwarzkopf et Brigitte Fassbänder puis remporte à Londres le Concours international Benson & Hedges. Elle est aussitôt engagée au Grand-Théâtre de Genève et à l'Opernhaus de Zurich avant de faire ses débuts aux Festivals de Lucerne et de Berlin. En 1987, elle chante Chérubin à l'Opéra de Vienne et commence à enregistrer avec Claudio Abbado. On la retrouve dans Jocaste (*Œdipus-Rex* de Stravinski) à Palerme, Octavian (Fribourg-en-Brisgau). En 1989, elle chante Chérubin à Zurich sous la direction de Nikolaus Harnoncourt et Pénélope (*Le Retour d'Ulysse* de Monteverdi) à Lausanne où elle incarne également Charlotte. En 1993, elle chante Nikolaus à l'Opéra de Lyon et Néron (*Le Couronnement de Poppée*) à l'Opéra d'Amsterdam.

Ballista, Antonio

Pianiste et compositeur italien, né à Milan le 30 mars 1936.

Il fait ses études au conservatoire de sa ville natale jusqu'en 1955 et aborde une carrière marquée par la musique de chambre et la musique contemporaine. Dès 1953, il commence à jouer en duo avec le pianiste Bruno Canino et tous deux s'imposent rapidement comme l'un des duos de piano les plus importants de leur temps, notamment par les œuvres nouvelles qu'ils suscitent ou qu'ils créent : *Rapsodia* (1984) de Davide Anzaghi, *Concerto pour deux pianos* (1973) de Luciano Berio, *Tableaux vivants* (1964), extraits de la *Passion selon Sade* de Sylvano Bussotti, *Ode* (1966) de Niccolò Castiglioni. Seul, Antonio Ballista s'est vu dédier des œuvres de Luciano Berio (*Wasserklavier,* 1964 ; *Erdenklavier,* 1970), Sylvano Bussotti (*Foglio d'album,* 1969, extrait de *Rara Requiem*), Bruno Canino (*Impromptu nº 2*, 1969), Niccolò Castiglioni (*Couplets*, 1979), Aldo Clementi (*BACH,* 1970 ; *Concerto pour piano,* 1976), Franco Donatoni (*Estratto,* 1969), Marcello Panni, Salvatore Sciarrino (*De la nuit,* 1971), Flavio Testi (*Opus 23* pour 2 pianos et orchestre de chambre, 1973). Nommé en 1963 professeur au Conservatoire de Parme, il enseigne depuis 1964 au Conservatoire Giuseppe Verdi de Milan.

Balsam, Artur

Pianiste polonais naturalisé américain, né à Varsovie le 8 février 1906, mort à New York le 1er septembre 1994.

Élève des conservatoires de Łódź et de Berlin, il remporte, dans cette ville, en 1930, le 1er prix au Concours international et, l'année suivante, le Prix Mendelssohn. Malgré des débuts précoces de concertiste à douze ans, il accorde dans sa carrière une place importante à la musique de chambre, accompagnant notamment Yehudi Menuhin, Szymon Goldberg, Erica Morini, Joseph Fuchs, Nathan Milstein, Mstislav Rostropovitch, Zino Francescatti ou les quatuors de Budapest et Kroll. En 1960, il remplace Erich Itor Kahn au sein du Trio Albeneri. Comme soliste, il se consacre essentiellement au répertoire classique et a enregistré près de 250 œuvres, comprenant toutes les sonates de Haydn, de Mozart et de Hummel. Il est chargé de la classe de Piano à l'Académie Kreisel de musique de chambre, à Blue Hill (Maine, USA) et à l'École de musique de Manhattan, à New York (depuis 1970). Il a enseigné également à l'Université de Boston et à l'Eastman School of Music.

Balslev, Lisbeth

Soprano danoise, née à Åbenrå le 21 février 1945.

Après ses études à l'Opernakademie du Théâtre Royal de Copenhague où elle débute dans Jaroslava (*Le Prince Igor*) en 1976, elle est engagée à Hambourg, puis invitée à Berlin, Dresde et Stuttgart où elle chante Senta, rôle qui contribue à sa réputation internationale : elle le chante en effet à Bayreuth entre 1978 et 1982, puis en 1984 et 1985. Elle fait partie de la troupe de l'Opéra de Hambourg à partir de 1979 et chante régulièrement à Munich (*Iphigénie en Tauride,* 1979), Berlin, Cologne et Francfort. Ses principaux rôles sont Élisabeth (*Tannhäuser*), Léonore (*Le Trouvère*), Fiordiligi (*Così fan tutte*) ou la Reine de la Nuit (*La Flûte enchantée*).

Baltsa, Agnes

Mezzo-soprano grecque, née à Lefkas le 19 novembre 1944.

Elle étudie à Athènes, Munich et Francfort. Puis elle remporte un prix au Concours international de Bucarest et obtient la bourse Maria Callas (1964) avant de débuter dans Chérubin à l'Opéra de Francfort (1968) où elle demeure jusqu'en 1972. Elle fait ses débuts à l'Opéra de Vienne dans Octavian (*Le Chevalier à la rose*) en 1970. Elle entre ensuite dans la troupe de la Deutsche Oper de Berlin et débute à la Scala de Milan en 1974 (*Dorabella*), à Covent Garden (Chérubin) en 1976, au Festival de Salzbourg de la même année (Hérodias, *Salomé*), à l'Opéra de Paris en 1980. A son répertoire elle compte Orphée (Gluck), Sextus (*La Clémence de Titus*), Dorabella, Didon (*Les Troyens*), Hérodias, Octavian, le Compositeur (*Ariane à Naxos*), Rosine, Carmen (qu'elle chante à Vienne et à Salzbourg sous la direction de Karajan). Elle a créé une œuvre de Friedrich Gulda (*Paradise Island,* 1990).

Bamberger, Carl

Chef d'orchestre autrichien naturalisé américain, né à Vienne le 21 février 1902, mort à New York le 18 juillet 1987.

A l'Université de Vienne, il étudie la théorie et le piano avec Heinrich Schenker, le violoncelle avec Friedrich Buxbaum. Il débute comme chef d'orchestre à l'Opéra de Dantzig (1924-27). Puis il est nommé à l'Opéra de Darmstadt (1927-31) avant de passer quelques années en URSS (1931-35). On le trouve ensuite en Égypte (1937), l'année même où il se fixe aux États-Unis. L'essentiel de sa carrière sera alors consacré à l'enseignement : il fonde et dirige l'Orchestre de Mannes College à New York (1938). De 1938 à 1975, il enseigne dans cet établissement où il fait partie du comité de direction. Il dirige également la New School of Music de Philadelphie. De 1942 à 1950, il est directeur musical du Columbia Spring Festival et, de 1940 à 1945, il est à la tête du New Choral Group of Manhattan et de la Brooklyn Oratorio Society. Il est invité à diriger l'Orchestre de la NBC, ceux de Chicago et de New York. Entre 1950 et 1952, il assure la direction des Concerts de Chambre de Montréal et, à partir de 1952, il dirige régulièrement au New York City Opera. Il a créé l'opéra de Bohuslav Martinů *Comédie sur le pont* (première scénique, 1951).

ÉCRITS : *The Conductor's Art* (1965).

Bamert, Matthias

Chef d'orchestre suisse, né à Ersigen le 5 juillet 1942.

Il fait ses études musicales à Berne, Zurich, Paris et Darmstadt où il reçoit une formation de hautboïste, de compositeur et de chef d'orchestre. Entre 1965 et 1969, il est hautbois solo à l'Orchestre du Mozarteum de Salzbourg. Puis il part aux États-Unis où il est l'assistant de Leopold Stokowski à l'American Symphony Orchestra de New York (1970-71). Il est ensuite *resident conductor* à l'Orchestre de Cleveland (jusqu'en 1977). De retour en Europe, il est chef permanent de l'Orchestre Radio-Symphonique de Bâle (1977-83).

En 1992, il est nommé directeur artistique du Festival de Lucerne et, en 1993, directeur musical des London Mozart Players.

Il a créé des œuvres de Martin Butler (*O Rio,* 1991), John Casken (*Still Mine,* 1992), Michaël Levinas (*Ouverture pour une fête étrange,* 1979), Toru Takemitsu (*Night Signal,* 1987), Mark-Anthony Turnage (*Gross Intrusion,* 1987).

Banchini, Chiara

Violoniste suisse, née à Lugano le 7 octobre 1946.

Elle fait ses études musicales au Conservatoire de Genève où elle remporte un prix de virtuosité dans la classe de Corrado Romano. Elle travaille ensuite avec Sandor Végh puis se tourne vers le violon baroque à partir de 1975 : elle est l'élève de Sigiswald Kuijken au Conservatoire de La Haye où elle obtient le diplôme de concert. Elle effectue des recherches pour constituer un répertoire original dans le domaine de la musique baroque. En 1981, elle fonde l'Ensemble 415 qui s'impose rapidement comme l'une des formations marquantes dans le domaine de la musique du XVIIIe siècle, révélant notamment des musiciens comme Albicastro ou présentant Boccherini sous un jour nouveau. Elle enseigne le violon baroque au Centre de musique ancienne de Genève et à la Schola Cantorum Basiliensis de Bâle. Elle joue sur un violon de l'école de Storioni (Crémone, 1760).

Barbaux, Christine

Soprano française, née à Saint-Mandé le 19 janvier 1955.

Après un 1er prix d'art lyrique au Conservatoire de Paris (1977), elle débute dans Despina (*Così fan tutte*) à l'Opéra du Rhin où elle reste en troupe pendant trois ans. Dès 1978, elle chante Barberine (*Les Noces de Figaro*) au Palais Garnier, rôle pour lequel Karajan l'engage à Vienne et à Salzbourg. Elle débute à la Scala dans *Lucio Silla.* A Aix-en-Provence, elle chante Sophie (*Le Chevalier à la rose*). Puis on la retrouve en 1988 à l'Opéra de Paris dans Gilda (*Rigoletto*), à Salzbourg dans *La Clémence de Titus* et, en 1989, dans Blanche de la Force (*Les Dialogues des Carmélites*) à Genève, Zurich et Bâle.

Barbier, Jean-Noël

Pianiste français, né à Belfort le 25 mars 1920, mort à Paris le 1er juin 1994.

Il reçoit une double formation littéraire (licence de lettres classiques) et musicale auprès de Blanche Selva et de Lazare-Lévy (1937-39). La guerre l'empêche d'entrer au Conservatoire de Paris. A la fin de celle-ci, il s'oriente vers la littérature publiant *Le Théâtre de minuit* (1945), *Ishtar* (1946), *Les Eaux fourrées* (1951), *Irradiante* (1954) et, en 1961, un *Dictionnaire des musiciens français.* Il écrit un grand nombre d'articles dans *La Revue musicale, Le Journal musical* et la revue *Disques.* A partir de 1950, il se produit comme pianiste, particulièrement au service de la musique française : Séverac, Chabrier, Debussy, Ibert et surtout Erik Satie dont il grave l'intégrale de l'œuvre pour piano seul (1971-72) couronnée par l'Académie du disque français. Il a également enregistré un disque consacré à Wilhelm Rust (Centre de Valprivas). En 1974, il est nommé directeur du Conservatoire de Charenton.

Barbieri, Fedora

Mezzo-soprano italienne, née à Trieste le 4 juin 1920.

Elle étudie d'abord le chant dans sa ville natale auprès de Federico Bugamelli et Luigi Toffolo, puis à Milan chez Giulia Tess. Elle débute en 1940, à Florence, comme Fidalma du *Mariage secret* de Cimarosa. Après des premiers succès en Italie, elle entreprend, dès 1943, des tournées en Allemagne, Belgique et Hollande. La même année, elle épouse Luigi Barlozzetti et abandonne une première fois sa carrière. En 1945, elle revient à la scène, comme Azucena du *Trouvère*, à Florence. Aussitôt c'est le succès sur toutes les scènes d'Italie. En 1966, elle chante Angelina (*Cenerentola* de Rossini) à la Scala. En 1947, elle est engagée au Colón où elle triomphe. Elle est ensuite invitée à Londres, Paris, Vienne, San Francisco, Chicago. Mais son rôle favori demeure Mrs Quickly de *Falstaff* qui lui permet de jouer à la fois de son tempérament sanguin et de sa voix aux profondeurs impressionnantes. Mais Amnéris et Eboli sont également deux rôles qui lui valent de très grands succès au Met où elle fait partie de la troupe de 1950 à 1954 puis en 1956. De 1955 à 1958, elle est une des cantatrices les plus fêtées du Festival de Vérone. En Italie, elle est également admirée pour ses interprétations de *Carmen* et d'*Orfeo*.

Sa personnalité, ses dons de comédienne, son abattage scénique sont amplifiés par la beauté et la musicalité de sa voix : une des plus importantes altos de son temps.

Barbirolli, Sir John

Chef d'orchestre anglais, né à Londres le 2 décembre 1899, mort à Londres le 29 juillet 1970.

Il voit le jour dans une famille d'origine franco-italienne. Après avoir commencé ses études à Trinity College (1911-12), il travaille à la Royal Academy of Music de Londres (1912-17) où il reçoit une solide formation de violoncelliste. Il entre dans l'Orchestre du Queen's Hall en 1916 et donne son premier récital l'année suivante. Il commence une carrière de soliste et fait beaucoup de musique de chambre, au sein du Quatuor Kutcher. Il fonde son propre orchestre à cordes et commence ainsi à diriger. En 1925, il est à la tête du Chenil Orchestra, à Chelsea. L'année suivante, il est engagé par la British National Opera Company et devient, de 1929 à 1933, premier chef de la Covent Garden Touring Company. Il prend ensuite la direction du Scottish Orchestra, à Glasgow (1933-36) qu'il cumule avec celle de l'Orchestre Symphonique de Leeds. En 1936, il fait ses débuts aux États-Unis. En 1937, il succède à Toscanini à la tête de la Philharmonie de New York, poste qu'il conserve jusqu'en 1943. Il rentre alors en Angleterre et prend la direction du Hallé Orchestra de Manchester dont il fera l'un des meilleurs orchestres britanniques (1943-70). De 1961 à 1967, il sera aussi à la tête de l'Orchestre Symphonique de Houston. Il mourra subitement au cours d'une répétition avec le Philharmonia Orchestra.

Il a créé de nombreuses œuvres de musique anglaise dont la 2e suite de *Façade* de Walton (1938), la *Sinfonia da requiem* de Britten (1941), les *Symphonies n° 7* (1953) et *n° 8* (1956, qui lui est dédiée) de Vaughan Williams, ainsi que l'*Ouverture philharmonique* de Milhaud (1962). Il avait épousé la hautboïste **Evelyn Rothwell** pour qui il a écrit un *Concerto* pour hautbois d'après Pergolèse.

Barbizet, Pierre

Pianiste français, né à Arica (Chili) le 20 septembre 1922, mort à Marseille le 18 janvier 1990.

Il fait ses études au Conservatoire de Paris et obtient des premiers prix de piano (1944), d'histoire de la musique et de musique de chambre. Très jeune, il se consacre entièrement à la musique. Il joue beaucoup à l'étranger. Grand Prix du Concours international de Scheveningen (1948), il est aussi lauréat du Concours Marguerite Long-Jacques Thibaud en 1949. A l'époque de ses débuts, on le voit souvent interpréter les répertoires les plus variés dans un cabaret de Pigalle, le Gay Relais, en compagnie de Samson François et de Pierre Petit. Entre 1963 et 1990, il est directeur du Conservatoire de Marseille. En 1974, il est également nommé professeur de piano au Conservatoire de Paris. Pendant plusieurs années, il s'est surtout produit en duo, avec le violoniste Christian Ferras, formant une équipe dans le pur style français. Ensemble ils ont gravé l'intégrale des dix sonates de Beethoven. Pierre Barbizet, dont le répertoire va de Mozart aux contemporains, s'attache à mieux faire connaître Chabrier dont il donne l'intégrale de la musique pour piano. Il place toujours l'élégance de sa technique au service d'une expression sensible, dans l'authenticité. Il a créé le *Concerto pour piano n° 1* (1957) de Serge Nigg.

Barboteu, Georges

Corniste français, né à Alger le 1er avril 1924.

Son père, professeur de cor au Conservatoire d'Alger, lui achète un cor en fa, lorsqu'il a neuf ans. Il obtient un 1er prix du Conservatoire à onze ans et entre dans l'Orchestre Symphonique de la Radio d'Alger trois ans plus tard. En 1938, second soliste pour la saison musicale de Biarritz, il est impressionné par sa rencontre avec Charles Münch. Pendant la guerre, il étudie l'harmonie, le contrepoint, la fugue, la musique de chambre. En 1948, ayant passé le concours de l'Orchestre National, il part en tournée avec cet orchestre au Canada et en Amérique. Second soliste, il se présente en 1950 au Conservatoire de Paris, comme élève, et reçoit la même année le Prix d'honneur. En 1951, il obtient le 1er prix du Concours international de Genève. Il entre à l'Opéra-Comique, puis à l'Opéra, devient cor solo des Concerts Lamoureux, qu'il quittera pour entrer à l'Orchestre de Paris en 1969. Professeur au Conservatoire de Paris, il a fondé le *Quintette Ars Nova* avec lequel il joue. Georges Barboteu compose pour son instrument et cherche à enrichir le répertoire du cor.

Il affirme qu'il faut approcher tous les styles pour être un musicien complet. Il a fait de la variété (utile pour le déchiffrage immédiat, le rythme) mais aussi un stage à Darmstadt avec Stockhausen.

Bardon, Claude

Chef d'orchestre et violoniste français, né à Angers le 20 avril 1942.

Né dans une famille de musiciens, son père a été pendant trente ans violon solo des Concerts Populaires d'Angers. Les sept fils sont tous devenus instrumentistes et se produisent parfois en formation de chambre. Claude Bardon fait d'abord ses études au Conservatoire d'Angers (violon, musique de chambre, harmonie et chant). Il obtient ensuite en 1966 un 1er prix de violon au Conservatoire de Paris. En 1967, Charles Münch l'engage comme premier violon dans l'Orchestre de Paris qu'il vient de fonder. Simultanément il se produit en soliste et avec le Trio Courmont. Il aborde, en 1974, la direction d'orchestre avec Pierre Dervaux. Daniel Barenboïm le choisit comme assistant et lui confie ses premiers concerts. Parallèlement se développe sa carrière de chef invité. Il est nommé, en 1984, chef associé à l'Orchestre de Paris, poste qu'il abandonnera en 1985 après sa nomination comme deuxième chef à l'Orchestre National de Lyon (1985-86) puis comme professeur au Conservatoire national supérieur de Lyon. En 1990, il est nommé premier chef invité de l'Orchestre de Caen. Il a créé des œuvres de Hugues Dufourt (*Surgir,* 1985), Jean-Louis Florentz (*Requiem de la Vierge,* 1988), Philippe Hersant (*Missa brevis,* 1986).

Barenboïm, Daniel

Pianiste et chef d'orchestre israélien, né à Buenos Aires le 15 novembre 1942.

Son père et sa mère sont professeurs de piano et il donne son premier concert à sept ans. En 1951, sa famille revient en Europe et s'établit en Israël. A dix ans, il joue en récital à Vienne et à Salzbourg. Plus tard il rencontre Edwin Fischer (avec qui il prend des leçons) et Furtwängler. Il travaille ensuite la direction d'orchestre avec Markevitch et se perfectionne auprès de Nadia Boulanger. En 1955 il débute à Londres, sous la direction de Josef Krips. Six ans après, il commence une carrière de chef en Israël puis en Autriche. Dès 1960, il joue en concert l'intégrale des trente-deux sonates pour piano de Beethoven. Un an plus tard, ce sont les sonates pour piano de Mozart et, en 1964, il donne l'intégrale des concertos pour piano de Mozart (en dirigeant du clavier) avec l'English Chamber Orchestra à Londres, Paris et New York. En 1973, il dirige à Édimbourg *Don Giovanni* et en 1975 *Les Noces de Figaro*. Cette même année 1975, il succède à Sir Georg Solti à la direction musicale de l'Orchestre de Paris. Il dirige les plus grands orchestres du monde, notamment à Londres où il réside. En 1981, il fait ses débuts à Bayreuth dans *Tristan et Isolde*, où il dirige également *Parsifal* en 1987 et *La Tétralogie* (production de Harry Kupfer, 1988).

Marié à la violoncelliste **Jacqueline Du Pré** en 1967, il partage avec elle une partie importante de sa trop courte carrière. Barenboïm a enregistré les trente-deux sonates et les cinq concertos de Beethoven avec Klemperer, puis, comme chef d'orchestre, avec Rubinstein. Doué d'étonnantes facilités, il joue aussi bien Bach, Chopin ou Brahms que les contemporains, tandis que son répertoire de chef d'orchestre comprend surtout les classiques viennois, la musique française, Bruckner, Tchaïkovski, Elgar. Barenboïm est un accompagnateur rêvé pour les grands chanteurs comme Janet Baker et surtout Fischer-Dieskau dont il dit avoir beaucoup appris. Entre 1982 et 1986, il anime au Théâtre des Champs-Élysées, avec Jean-Pierre Ponnelle et les musiciens de l'Orchestre de Paris, un cycle entièrement consacré à Mozart. En 1989, il quitte l'Orchestre de Paris pour prendre la direction musicale du nouvel Opéra de Paris à la Bastille, expérience qui tourne court après quelques mois, avant même l'ouverture du nouveau théâtre. En 1991, il succède à Sir Georg Solti comme directeur musical de l'Orchestre Symphonique de Chicago. En 1992, il prend la direction musicale de la Staatsoper de Berlin.

Il a créé des œuvres de Luciano Berio (*Concerto II* pour piano et orchestre, 1988), Pierre Boulez (*Notations I,* 1980 ; *Notations V-VIII,* 1994), Elliott Carter (*Partita,* 1994), Edison Denisov (*Symphonie,* 1988), Alexander Goehr (*Concerto pour piano,* 1972 ; *Sinfonia,* 1980), Hans Werner Henze (*Fandango,* 1986), York Höller (*Aura,* 1992), Marcel Landowski (*Messe de l'aurore,* 1977), Jacques Lenot (*Pour mémoire III,* 1983), Darius Milhaud (*Ode pour Jérusalem,* 1973), Toru Takemitsu (*Visions for Orchestra,* 1990), Josef Tal (*Symphonie n° 5,* 1992), Richard Wagner (*La Descente de la Courtille,* 1983).

ÉCRITS : *Une vie en musique* (avec Michael Lewin), Paris, 1992.

Barentzen, Aline Van

Voir à **Van Barentzen, Aline.**

Barere, Simon

Pianiste russe, né à Odessa le 1er septembre 1896, mort à New York le 2 avril 1951.

Onzième enfant d'une famille de treize grandie dans le ghetto d'Odessa, il a pour première école les cafés où deux de ses frères font de la musique. Dès l'âge de douze ans, il gagne sa vie en accompagnant au piano les films muets comme les agapes des dîneurs. Il entre à l'Académie impériale de musique de sa ville natale puis, en 1912, grâce à Glazounov, au Conservatoire impérial de Saint-Pétersbourg où il travaille avec Anette Essipov et Felix Blumenfeld. Il en sort en 1919 avec le Prix Rubinstein. Il est nommé professeur de piano au Conservatoire de Kiev et commence une carrière limitée, jusqu'en 1928, à l'URSS. En 1932, il s'installe à Berlin et se réfugie ensuite à Stockholm. Ses débuts londoniens, en 1934, le révèlent au monde musical international. Il se fixe à New York en 1936 et sa carrière prend alors son véritable essor. Il meurt d'une hémorragie cérébrale durant l'exécution du *Concerto pour piano* de Grieg, à Carnegie Hall. Il laisse le souvenir d'une virtuosité à couper le souffle, aussi bien par la technique digitale que par la palette des sentiments obtenue. Sans égal dans l'œuvre de Liszt, il excellait également dans le grand répertoire romantique. On lui doit les premiers enregistrements des études de Blumenfeld et de Glazounov.

Barrère, Georges

Flûtiste français né à Bordeaux le 31 octobre 1876, mort à Kingston (New York) le 14 juin 1944.

Il fait ses études musicales au Conservatoire de Paris (1889-95) où il est l'élève de H. Altès et Paul Taffanel (1er prix de flûte en 1895). Il est ensuite engagé comme flûte solo à l'Opéra de Paris et aux Concerts Colonne (1897-1905). En 1895, il participe à la fondation de la Société moderne d'instruments à vent avec Paul Taffanel. En outre, il enseigne à la Schola Cantorum. En 1905, il s'installe aux États-Unis où il est flûte solo de l'Orchestre Symphonique de New York (1905-28). Il y est également professeur à l'Institute of Musical Art et à la Juilliard School of Music. En 1910, il fonde le Barrère Ensemble of Wind Instruments et, en 1914, la Barrère Little Symphony. Il a composé diverses pièces pour son instrument (*Nocturne*) et une mélodie qui est restée célèbre, *Chanson d'amour.* Il a créé des œuvres d'André

Caplet (*Quintette pour piano et vents,* 1900 ; *Suite persane,* 1901 ; *Petite Valse* ; *Rêverie* ; *Feuillets d'album,* 1901). Edgar Varèse a écrit pour lui *Densité 21,5* (1935).

Barrientos, María

Soprano espagnole, née à Barcelone le 10 mars 1883, morte à Ciboure le 8 août 1946.

Nantie dès son enfance d'un solide bagage musical (piano et violon), elle ne fait que six mois d'études vocales et débute à Barcelone à l'âge de quinze ans. Sa technique de chant se révèle cependant éblouissante et elle stupéfie les connaisseurs par l'aisance et la précision de ses vocalises. Sa voix, pas très grande, « passe » admirablement parce que toujours très exactement « placée ». Elle est aussi à l'aise dans les héroïnes romantiques que dans la pétulante Rosine.

Elle chante beaucoup en Espagne, parfois à la Scala ou à Covent Garden et très peu à Paris, mais c'est sur le nouveau continent qu'elle fait la plus grande part de sa carrière. De 1904 à 1917, les « tournées Barrientos », avec les plus grands noms du gotha lyrique, firent les plus belles soirées des grands théâtres de l'Amérique du Sud. De 1916 à 1920, elle est la vedette des soirées du Metropolitan, qui remonte pour elle *Les Puritains.* Elle y débute dans *Lucia di Lammermoor* et y crée *Le Coq d'or.* Pendant trente ans, elle chante tout le répertoire de soprano léger, de Lakmé à Mireille, d'Amina à Gilda.

Après avoir gagné et perdu des fortunes, elle termine paisiblement sa vie dans le sud-ouest de la France, devenant une bridgeuse impénitente.

Barrios, Agustin Pio (dit « Mangoré »)

Guitariste paraguayen, né à San Juan Bautista de las Misiones le 5 mai 1885, mort à San Salvador le 7 août 1944.

Dans le cadre d'un petit orchestre familial, à huit ans, il joue déjà de la harpe, de la flûte et du violon, puis il se consacre à la guitare. Il travaille avec Gustavo Josa Escalada. En 1910, il travaille en Uruguay avec Antonio Giménez Manján. Un mécène, Don Tomós Salomini, lui organise des concerts au Mexique et à Cuba. En 1934, il fait son unique tournée en Europe. En 1936, il revient en Amérique latine. De 1939 à 1944, il enseigne au Conservatoire de San Salvador. Il est également considéré comme un des plus importants compositeurs latino-américains. Le premier, il a joué une suite de Bach transcrite pour la guitare. Il a enregistré une cinquantaine de 78 tours (en cours de réédition) à partir de 1910.

Barrueco, Manuel

Guitariste cubain naturalisé américain (1967), né à Santiago le 16 décembre 1952.

Il fait ses études au Conservatoire de La Havane. En 1974, il obtient le 1er prix de la Concerts Artists Guild Award et fait ses débuts à New York. Dès lors, il se produit sur le plan international. Lauréat du Conservatoire Peabody de Baltimore en 1974, il y est maintenant artiste résident. En 1985, il a donné la première audition américaine du *Concerto* pour guitare de Takemitsu sous la direction de Seiji Ozawa. Il enseigne également à la Manhattan School of Music où il a participé à la création du département de guitare.

Barshai, Rudolf

Chef d'orchestre et altiste russe naturalisé israélien, né à Labinskaia le 28 septembre 1924.

Borisovski qui lui enseigne l'alto au Conservatoire de Moscou et Lev Zeitlin qui dirige la classe de violon sont tous deux très vite convaincus de la réelle vocation musicale de leur élève. Il a alors quatorze ans. C'est en 1945 qu'il commence sa carrière de soliste (alto). Pendant dix ans, il se consacre au quatuor (Quatuor Philharmonique de Moscou – aujourd'hui Quatuor Borodine – et Quatuor Tchaïkovski). Lauréat du Concours de Bucarest (Festival de la jeunesse en 1949) il ne cesse d'approfondir le répertoire classique. Il fait de la musique de chambre avec Guilels, Kogan ou Rostropovitch. En 1956, il se tourne vers la direction d'orchestre et fonde l'Orchestre de Chambre de Moscou qui va devenir, sous sa baguette, l'une des meilleures formations du genre : il ressuscite le répertoire baroque, alors inconnu en URSS. Il joue les classiques du XXe siècle et suscite des œuvres nouvelles de compositeurs soviétiques. Il transcrit les *Visions fugitives* de Prokofiev et le *Quatuor nº 8* de Chostakovitch, rebaptisé *Symphonie de chambre*, op. 110a (1960). Plus tard, il transcrira également les *Quatuors nº 3* et *nº 4* sous le titre de *Symphonie pour cordes et bois*, op. 73a et *Symphonie de chambre*, op. 83a. En 1969, il crée sa *Symphonie nº 14*. On lui doit aussi une orchestration de l'*Offrande musicale* et de l'*Art de la fugue* de J. S. Bach. Avec D. Oïstrakh, il réalise des enregistrements, maintenant historiques, de la *Symphonie concertante* de Mozart et d'*Harold en Italie* de Berlioz. En 1977, il émigre en Israël où il prend la direction de l'Orchestre de Chambre d'Israël qu'il quitte en 1982 lorsqu'il devient chef permanent de l'Orchestre Symphonique de Bournemouth (1982-88). Entre 1985 et 1987, il est à la tête de l'Orchestre Symphonique de Vancouver (Canada).

Barstow, Josephine

Soprano anglaise, née à Sheffield le 27 septembre 1940.

Elle étudie à l'Université de Birmingham et au London Opera Center, enseigne l'anglais pendant deux ans, puis apparaît dans la Compagnie Opera for All en 1964. Elle entre en 1967 dans la troupe du Sadler's Wells Opera (Chérubin) et débute à Covent Garden en 1969, où elle participe aux créations mondiales de *The Knot Garden* de Tippett en 1970 (Denise), de *We Come to the River* de Henze en 1976 (Young Woman) et de *The Ice Break* de Tippett en 1977 (Gayle). Son très vaste répertoire comprend d'autres rôles contemporains, Autonoe (*Les Bassarides* de Henze), Natacha (*Guerre et Paix* de Prokofiev), Katerina Ismaïlova, Jeanne (*Les Diables de Loudun* de Penderecki), Jenůfa, Emilia Marty (*L'Affaire Makropoulos* de Janáček), ainsi que nombre d'héroïnes du répertoire romantique : Violetta, Lady Macbeth, Alice Ford, Léonore (*Fidelio*), Salomé, les quatre héroïnes des *Contes d'Hoffmann*, Elektra (*Idoménée*)... Elle chante régulièrement au Met, à Berlin, Genève, Lyon... En 1986, elle fait ses débuts au Bolchoï (Tosca et Lady Macbeth). A Salzbourg, elle incarne Amelia (*Un bal masqué*) en 1989.

Elle a créé des œuvres de Gordon Crosse (*The Story of Vasco,* 1974), Hans Werner Henze (*We Come to the River,* 1976), Krzysztof Penderecki (*Le Masque noir,* 1986), Michael Tippett (*The Knot Garden,* 1970).

Bartholomée, Pierre

Chef d'orchestre et compositeur belge, né à Bruxelles le 5 août 1937.

Il reçoit sa formation musicale au Conservatoire de Bruxelles (1953-58) et s'affirme d'abord par son talent de pianiste. Il prend des leçons avec Kempff, travaille la musique de Schoenberg et tire profit des conseils de Pousseur. Il fonde, en 1962, le groupe de Musiques Nouvelles et devient professeur d'analyse au Conservatoire de Bruxelles. Depuis 1977, il est chef permanent de l'Orchestre Philharmonique de Liège. Il a créé des œuvres de Luciano Berio (*Cena,* 1979), Philippe Boesmans (*Concerto pour violon,* 1980 ; *La Passion de Gilles,* 1983), André Bon (*D'un chant perdu,* 1985), Marius Constant (*Symphonie pour instruments à vent,* 1978), York Höller (*Traumspiel,* 1983), Francis Miroglio (*Deltas,* 1987), Luis de Pablo (*Viatges I Flors,* 1985), Henri Pousseur (*Les Éphémérides d'Icare,* 1970 ; *Icare apprenti,* 1971 ; *Invitation à l'utopie,* 1971 ; *Les Iles déchaînées,* 1980 ; *La Passion selon Guignol,* 1983 ; *Trajets dans les arpents du ciel,* 1983 ; *Déclaration d'orage,* 1989), Franz Schubert (*Symphonie nº 10,* 1983).

Barto, Tzimon

Pianiste et chef d'orchestre américain, né à Eustis (Floride) le 2 janvier 1963.

Enfant prodige, il commence à travailler le piano dès l'âge de cinq ans avec sa mère. Il n'a que huit ans lorsqu'il compose son premier opéra et quatorze ans lorsqu'il dirige son premier concert. Il étudie au Brevard Music Centre (1978-79), à Tanglewood (1980-81) et à la Juilliard School of Music de New York où il travaille notamment avec Adele Marcus (1981-84). Il y obtient ses diplômes de pianiste et de chef d'orchestre. Il commence une carrière de chef d'orchestre, principalement en Allemagne, et donne des récitals dans toutes les capitales musicales du monde. Il a créé des œuvres de Wilhelm Killmayer (*Onze Bagatelles pour violoncelle et piano,* 1991), Ulrich Stranz (*Concerto pour piano,* 1993).

Bartoletti, Bruno

Chef d'orchestre italien, né à Sesto Fiorentino le 10 juin 1926.

Il travaille la flûte (avec Bruscalupi) et le piano (avec Nardi) au Conservatoire de Florence et entre dans l'Orchestre du Mai Musical Florentin comme flûtiste. Rapidement, il se tourne vers la direction d'orchestre et est assistant de 1948 à 1953 : il prépare les productions que dirigent les plus grands chefs (Serafin, Mitropoulos, Rodzinski) au Mai Musical. Puis il débute en 1953 dans *Rigoletto,* à Florence, et est nommé chef permanent au théâtre de cette même ville (1957-64). Il assure également la saison italienne à l'Opéra de Copenhague (1957-60). Sa carrière prend de l'essor : il est invité à Salzbourg et à Aix-en-Provence. Puis ce sont les États-Unis, le Teatro Colón de Buenos Aires. En 1964, il est nommé premier chef à l'Opéra de Chicago et, de 1965 à 1973, il est également directeur musical de l'Opéra de Rome puis directeur artistique du Teatro Verdi de Pise. Sa carrière est exclusivement consacrée au théâtre lyrique et, bien que peu connu en France, il compte parmi les figures majeures dans ce domaine, notamment dans le répertoire italien. En 1985, il est nommé directeur artistique de l'Opéra de Chicago et conseiller musical du Teatro Comunale et du Mai Musical Florentin dont il assure ensuite la direction artistique (1988-91). En 1992, il est nommé premier chef invité de l'Orchestre Régional de Toscane (Florence). Il enseigne la direction d'orchestre à l'Accademia Chigiana de Sienne. Il a dirigé la création mondiale de plusieurs opéras dont *Venere prigioniera* (Malipiero, 1957), *Don Rodrigo* (Ginastera, 1964), et *Le Paradis perdu* (Penderecki, 1978).

Bartoli, Cecilia

Mezzo-soprano italienne, née à Rome le 4 juin 1966.

Fille de chanteurs, petite-fille d'une paysanne parmesane, elle monte sur les planches dès l'âge de huit ans, chantant le Berger de *Tosca.* Puis elle fait ses études à l'Académie Sainte-Cécile de Rome et débute en concert à Rome. Elle chante pour la première fois sur scène à Vérone en 1987. La même année, elle débute en France, à Nantes, puis se produit à Berlin et à Varsovie. Lors d'un hommage télévisé à Maria Callas auquel elle participe à l'Opéra de Paris, Herbert von Karajan et Daniel Barenboïm la remarquent et l'auditionnent aussitôt. C'est le début d'une carrière triomphale. Elle chante aux festivals de Schwetzingen et de Pesaro (*L'Échelle de soie,* 1988), à Zurich (Rosine et Chérubin, 1989) et au San Carlo de Naples (Giannetta dans *Le Cantatrice villane* de Fioravanti, 1990). Elle fait ses débuts à l'Opéra-Bastille dans Chérubin (1990), à la Scala dans *Le Comte Ory* (1991), au Mai Musical Florentin dans Dorabella (1991) ; elle chante *La Pie voleuse* au Festival de Pesaro et Cenerentola à Bologne (1992), Despina au Festival de Salzbourg (1993). Dotée de moyens exceptionnels, elle est considérée comme la première rossinienne de son temps.

Barzin, Léon

Chef d'orchestre belge naturalisé américain (1924), né à Bruxelles le 27 novembre 1900.

Il travaille le violon et l'alto avec Pierre Henrotte, Eugène Meergerhin et Eugène Ysaÿe ainsi que la composition avec Lilienthal. Pendant quatre ans, il est alto solo à l'Orchestre Philharmonique de New York (1925-29). Puis il se tourne vers la direction d'orchestre : il est assistant à l'American Orchestral Society (1929-30) puis directeur musical de la National Orchestral Association (1930-59 et 1969-76). Il dirige aussi l'Orchestre de Hartford (1940-45) et donne des cours à Tanglewood. Après la guerre, il est chef d'orchestre au New York City Ballet (1948-58). Il se fixe à Paris où il forme la Société Philharmonique (1959), un orchestre qui se produit régulièrement au début des années soixante. Il participe à la fondation des Musicoliers (1968) et du Festival de Baalbek au Liban. Il a créé des œuvres d'Henry Barraud (*Rapsodie cartésienne,* 1961), Roger Calmel (*Suite pour instruments à vent et percussion,* 1960 ; *Symphonie pour cordes et percussion,* 1961 ; *Suite en hommage à Gossec,* 1969), Giancarlo Menotti (*Le Téléphone,* 1947).

Basarab, Mircea

Chef d'orchestre roumain, né à Bucarest le 4 mai 1921.

Il fait ses études musicales au Conservatoire de Bucarest avec Ioan Chirescu, George Breazul, Mihail Jora, Ion Ghiga, Constantin Brăiloiu et Vasile Popovici. Parallèlement, il poursuit des études générales et obtient une licence à l'Académie commerciale de Bucarest en 1945. Il commence à se faire connaître comme compositeur et comme pédagogue : au Conservatoire de Bucarest, il est successivement assistant (1951-55), lecteur (1955-60) puis conférencier (1960-64). Il est nommé chef permanent à la Philharmonie Georges Enesco de Bucarest (1954-86) et en assure la direction musicale de 1964 à 1968. Depuis, il conserve ses fonctions de chef permanent et se consacre à la composition. A partir de 1974, il est en outre directeur général de la musique de l'Orchestre Symphonique d'État d'Istanbul. Il a créé des œuvres de Pascal Bentoiu (*Symphonie*, op. 16, 1966), Wilhelm Berger (*Symphonie n° 6,* 1969), Dimitrie Cuclin (*Symphonie n° 13,* 1962 ; *Symphonie n° 17,* 1966 ; *Symphonie n° 18,* 1969).

Bashmet, Yuri

Altiste russe, né à Rostov le 24 janvier 1953.

Après avoir commencé ses études musicales à Lvóv, il travaille, à partir de 1971, au Conservatoire de Moscou où il est l'élève de Borisovski et, après sa mort, de Fedor Druyinine. En 1975, il remporte le 2e prix au Concours international de Budapest et, l'année suivante, le 1er prix au Concours international de Munich. Il commence alors une carrière de soliste et s'impose rapidement comme l'un des principaux altistes de sa génération à l'échelon international. En 1984, il fonde les Solistes de Moscou, ensemble d'une vingtaine d'instrumentistes à cordes qu'il dirige lui-même et qui s'installe à Montpellier en 1990. En 1992, un conflit avec ses musiciens l'amène à abandonner la direction. Il forme alors un nouveau groupe qui porte le même nom. Professeur au Conservatoire Tchaïkovski de Moscou depuis 1992, il enseigne également à l'Accademia Chigiana de Sienne depuis 1987 et donne des master classes dans le monde entier. En marge d'une carrière de concertiste et dans le domaine de la musique de chambre, il fonde en 1988 son propre festival d'été annuel à Bonn Rolandseck, sur les bords du Rhin. Il développe en outre une intense activité en faveur de la musique contemporaine et compte à son actif une trentaine de créations, dont la plupart ont été écrites à son intention : œuvres d'Edison Denisov (*Concerto pour alto,* 1986), Gija Kantcheli (*Vom Winde beweint,* 1990), Allan Pettersson (*Concerto pour alto,* 1988), Alfred Schnittke (*Concerto pour alto,* 1987 ; *Monologue,* 1989), etc.

Bastianini, Ettore

Baryton italien, né à Sienne le 24 septembre 1922, mort à Sirmione le 25 janvier 1967.

Il commence sa carrière comme basse chantante, faisant ses débuts à Ravenne en 1945 dans le rôle de Colline de *La Bohème.* Sa voix ayant rapidement évolué, son professeur, Ricciana Bettarini, lui donne une formation de baryton. Dans ce nouveau registre, où il devait s'illustrer, il fait de nouveaux débuts à Bologne en 1951 dans le rôle de Giorgio Germont de *La Traviata*. Il fait ses débuts à la Scala durant la saison 1953-54 dans le rôle d'Eugène Onéguine. La saison suivante, il incarne Germont aux côtés de Maria Callas dans la fameuse production de Visconti. Et pendant dix ans il y est titulaire de tous les grands rôles de baryton-Verdi. Dans ces mêmes rôles, il est l'une des vedettes du Metropolitan Opera de New York. Atteint d'un cancer des cordes vocales, il luttera avec une énergie farouche contre la mort, qui le fauchera en pleine gloire. Bastianini avait une voix au timbre noir d'une beauté et d'une ampleur également remarquables.

Bastin, Jules

Basse belge, né à Bruxelles le 18 août 1933.

Il suit les cours de Frédéric Anspach au Conservatoire de Bruxelles puis, jusqu'en 1964, sera première basse à l'Opéra de Liège.

Ayant gagné les concours de chant de Verviers, de Toulouse, de 's-Hertogenbosch et de Munich, il est engagé à la Monnaie de Bruxelles, en 1964, où il obtient ses premiers grands succès. Il s'impose très vite dans le répertoire des rôles de basses profondes des opéras français et italiens. Il est invité en Hollande, en Suisse, en Allemagne et en Italie. Rolf Liebermann lui confie quelques beaux rôles à l'Opéra de Paris. En 1979, il participe à la création de la version en trois actes de *Lulu*, dans le rôle du Directeur de Théâtre, puis du Banquier. Il chante régulièrement au Festival de Salzbourg. Au Mai Musical Florentin, il paraît dans *Benvenuto Cellini* (1987), à Aix-en-Provence dans *L'Amour des trois oranges* (1989). Mais sa présence imposante et sa riche nature en font aussi un personnage au comique irrésistible, et il n'est pas surprenant de le trouver aussi à l'aise en Grand Inquisiteur de *Don Carlos* qu'en Agamemnon de *La Belle Hélène.*

Bate, Jennifer

Organiste anglaise, née à Londres le 11 novembre 1944.

Elle fait ses études universitaires à l'Université de Bristol puis entre à la Royal Academy of Music et au Royal College of Music de Londres. Sa carrière se développe très rapidement, tant au concert et à la télévision que dans le domaine pédagogique. Elle s'impose dans un répertoire très diversifié où la musique française côtoie les maîtres baroques et la littérature anglaise pour son instrument. Elle se produit volontiers sur un instrument portatif qu'elle a fait construire pour ses tournées. Elle compte de nombreuses créations à son actif, œuvres de Flor Peeters (*Salve Regina,* 1973), Charles Proctor (*Chaconne,* 1976), Charles Camilleri (*Improvisation, Cantabile and Dance,* 1979), Ian Parrott, Peter Dickinson (*Blue Rose Variations,* 1986), William Mathias. Mais elle est surtout l'une des plus éminentes interprètes de la musique d'Olivier Messiaen qu'elle propage dans le monde entier et dont elle a enregistré l'intégrale sur les orgues de la cathédrale de Beauvais et de la Trinité à Paris (première gravure mondiale du *Livre du saint sacrement,* 1987).

Bathori, Jeanne
(Jeanne-Marie Berthier)

Mezzo-soprano française, née à Paris le 14 juin 1877, morte à Paris le 25 janvier 1970.

Elle étudie au Conservatoire de Paris le piano avec Hortense Parent et le chant avec Marie-Hélène Lamoureux. Après avoir débuté à Nantes en 1900, elle est engagée par Toscanini à la Scala de Milan pour la première italienne de *Hänsel et Gretel* de Humperdinck. Elle crée également *Germania* de Franchetti. A la Monnaie de Bruxelles, elle chante aux côtés du ténor belge **Émile Engel** qu'elle épouse en 1908. Après avoir rencontré Debussy en 1904, elle évolue vers la mélodie qu'elle va interpréter en s'accompagnant elle-même. Elle fait triompher *Shéhérazade* de Ravel et crée (1907), dans une atmosphère de scandale, les *Histoires naturelles* (qui lui sont dédiées), puis les *3 Poèmes de Mallarmé* (1914) et les *Chansons madécasses* (1926). Avec Ricardo Viñes, elle crée le *Promenoir de deux amants* (1911) de Debussy. Elle fait jouer chez elle les musiciens de son temps (par exemple, la *Sonate pour flûte, alto et harpe* de Debussy, créée en 1914) et dirige pendant la Première Guerre mondiale le Théâtre du Vieux-Colombier où elle fait représenter *Une éducation manquée* de Chabrier, *La Damoiselle élue* de Debussy et *Le Dit des jeux du monde* de Honegger.

Elle crée de nombreuses mélodies d'André Caplet (*Prière normande,* 1919), Louis Durey, Arthur Honegger (*Six Poèmes d'Apollinaire,* 1918), Bohuslav Martinů (*Trois Chants,* 1925), Georges Migot, Darius Milhaud (*Poèmes de Francis Jammes,* 1919 ; *Les Soirées de Petrograd*, op. 55, 1919 ; *Poèmes juifs*, op. 34, 1920), Albert Roussel (*Poèmes*, op. 3, avec Alfred Cortot, 1906 ; *Poèmes*, op. 8, 1908), Henri Sauguet (*Plumes,* 1923 ; *6 Sonnets de Louise Labbé,* 1927 ; *Polymètres,* 1932). Satie lui dédie *La*

Statue de bronze, *Le Chapelier* et *Daphénéo*, Honegger *Quatre Poèmes* (1916), et Poulenc écrit pour ses quatre-vingts ans *Une chanson de porcelaine.* A partir de 1926, elle fait de fréquentes tournées en Argentine : premières latino-américaines du *Roi David* et de *Judith* de Honegger et de *L'Heure espagnole* de Ravel. Exilée à Buenos Aires durant la Seconde Guerre mondiale, elle y dirige la section musicale de l'Institut français des Hautes Études. Rentrée à Paris, elle partage son temps entre l'enseignement et des émissions de radio.

ÉCRITS : *Conseils sur le chant* (1928) et *Sur l'interprétation des mélodies de Claude Debussy* (1953).

Bátiz, Enrique

Chef d'orchestre mexicain, né à Mexico le 4 mai 1942.

Il commence ses études musicales en recevant une formation de pianiste. Puis il entre à l'Université de Mexico et à la Southern Methodist University de Dallas (1960-62). Il travaille ensuite à la Juilliard School of Music de New York (1963-65) et à l'Académie de musique de Varsovie. Il commence à diriger en 1969 et prend, deux ans plus tard, la direction de l'Orquesta Sinfónica del Estado de Mexico. Entre 1983 et 1989, il est directeur musical de l'Orchestre Philharmonique de Mexico. Il est également premier chef invité du Royal Philharmonic Orchestra de Londres à partir de 1984. Il mène une carrière internationale, principalement aux États-Unis.

Battistini, Mattia

Baryton italien, né à Rome le 27 février 1856, mort à Rieti le 7 novembre 1928.

Son père, professeur d'anatomie à l'Université de Rome, souhaite faire de lui un médecin, mais les dons qui se manifestent très tôt chez le jeune Mattia pour le chant et la comédie l'incitent à avoir pour lui d'autres ambitions. Le jeune homme étudie le chant avec Veneslao Persichini, puis avec Luigi Mancinelli et Augusto Rotoli. Il débute au Théâtre Argentina en 1878 dans *La Favorite*, remplaçant « au pied levé » le premier baryton local. Un épouvantable souvenir du mal de mer lui fermera la route vers les États-Unis où les contrats les plus avantageux lui seront proposés. Mais la route de l'Est lui est ouverte : c'est en Russie qu'il atteint les sommets de la gloire. Il y chante toutes les saisons de 1888 à 1914. La famille impériale et la haute aristocratie le traitent en égal. Le tsar ne lui refuse rien. On dit même qu'il obtint de lui la grâce d'un condamné à mort. Il triomphe non seulement dans ses grands rôles italiens, Rigoletto, Alfonso, Riccardo (*Les Puritains*), Don Carlo (*Ernani*), Giorgio Germont et Simon Boccanegra (que l'on remonte pour lui à la Scala), mais aussi dans Telramund, Nelusko, Athanaël, Werther (que Massenet adapte à sa tessiture) et les grands rôles du répertoire russe. Chanteur noble, il prenait grand soin de sa mise et n'acceptait que des rôles de grande allure. On dit qu'il refusa de chanter Falstaff, chevalier sans doute, mais ivrogne et grossier. Il aimait embellir son chant de maintes fioritures. Même si sa très longue carrière fit de lui le contemporain de Caruso et de Scotti, il reste toujours un « pré-vériste ».

Ses nombreux disques témoignent de la beauté de son timbre, d'une technique vocale si parfaite que près de cinquante ans de scène ne laissèrent aucune trace d'usure, mais aussi d'une certaine liberté, pour ne pas parler d'improvisation, qui ne laisse pas de surprendre parfois.

Battle, Kathleen

Soprano américaine, née à Portsmouth (Ohio) le 13 août 1948.

Elle commence des études de mathématiques puis se tourne vers la musique (Université de Cincinnati). En 1972, elle débute au Festival de Spoleto dans le *Requiem allemand* de Brahms et vient à la scène en 1978 (le pâtre de *Tannhäuser* au Met puis Pamina). Elle fait alors ses débuts européens : Strasbourg, Glyndebourne (*La Fedelta premiata* de Haydn), Salzbourg (Despina, 1982). Elle s'impose dans les rôles mozartiens (Zerline à Salzbourg, Suzanne au Festival Mozart de l'Orchestre de Paris, Pamina) et straussiens (Zdenka d'*Arabella*, Sophie). A l'Opéra de Paris, elle débute dans Blondchen en 1984. Elle triomphe également dans Rosine, Sophie (*Werther*), Adina (*L'Elisir d'amore*) sur les scènes du Met, de Chicago, San Francisco. A Vienne, elle chante Zerbinette (*Ariadne auf Naxos*), rôle de ses débuts à Covent Garden en 1985. Elle est aussi une étonnante Semele (Haendel). Elle fonde son propre cycle de concerts au Alice Tully Hall de New York (« Kathleen Battle et ses amis ») où elle se produit notamment avec James Levine au piano. En 1991, elle est invitée à chanter en récital pour le centenaire du Carnegie Hall de New York. Son répertoire s'étend de la musique baroque aux œuvres récentes comme *Honey and Rue* d'André Previn qu'elle a créé en 1992. Elle chante également de la musique de jazz et des negro spirituals.

Baudo, Serge

Chef d'orchestre français, né à Marseille le 16 juillet 1927.

Fils du hautboïste **Étienne Baudo**, il travaille au Conservatoire de Paris où il remporte des premiers prix d'harmonie, de musique de chambre, de percussion et de direction d'orchestre (1949, classe de Louis Fourestier). Il débute comme percussionniste aux Concerts Lamoureux ; puis il est nommé directeur musical de l'Orchestre de Radio-Nice-Côte d'Azur (1959-62). A la même époque, il dirige régulièrement au Festival d'Aix-en-Provence. De 1962 à 1965, il est chef permanent à l'Opéra de Paris. Sa carrière internationale commence en 1966 lorsqu'il remplace au pied levé Herbert von Karajan à la Scala dans *Pelléas et Mélisande.* L'année suivante, Charles Münch l'appelle à ses côtés comme premier chef de l'Orchestre de Paris, poste qu'il conserve jusqu'en 1970. De 1969 à 1971, il est directeur de la musique à l'Opéra de Lyon. En 1970, il débute à l'Opéra de Vienne et au Met, où il retourne régulièrement jusqu'en 1972. En 1971, il est nommé directeur de l'Orchestre Philharmonique Rhône-Alpes qui devient, un an plus tard, l'Orchestre de Lyon. Sous sa direction, l'orchestre devient rapidement l'une des meilleures formations françaises et effectue plusieurs tournées à l'étranger, notamment en Chine et en Corée en 1979. La même année, il fonde le Festival Berlioz à Lyon et à La Côte-Saint-André, dont il assure la direction artistique. Une active carrière de chef invité lui permet de diriger les plus grandes formations mondiales. Il retourne régulièrement en Tchécoslovaquie où il a enregistré de nombreux disques (dont l'intégrale des symphonies d'Honegger et *Jeanne au bûcher*). En 1987, il quitte l'Orchestre National de Lyon mais conserve la direction du Festival Berlioz jusqu'en 1989. Son répertoire est très largement tourné vers la musique française. On lui doit de nombreuses créations : œuvres de Gilbert Amy (*Choros,* 1989), Jean-Guy Bailly (*Symphonie nº 2,* 1974), Henry Barraud (*Lavinia,* opéra bouffe, 1961), Jacques Bondon (*Fleurs de feu,* 1965), Philippe Capdenat (*Wahazzin,* 1972), Marius Constant (*Turner,* 1961), Daniel-Lesur (*Dialogues dans la nuit,* 1988), Henri Dutilleux (*Tout un monde lointain,* 1971), Giancarlo Menotti (*Le Dernier Sauvage,* 1963), Marcel Mihalovici (*Sinfonia Cantata,* 1965), Olivier Messiaen (*Et expecto resurrectionem mortuorum,* 1965 ; *La Transfiguration,* 1969), Darius Milhaud (*La Mère coupable,* 1967), Serge Nigg (*Fastes de l'imaginaire,* 1974), Maurice Ohana (*Le Livre des prodiges,* 1979).

Bauer, Harold

Pianiste anglais naturalisé américain, né à Londres le 28 avril 1873, mort à Miami le 12 mars 1951.

On assiste à ses débuts à l'âge de neuf ans, comme violoniste : il a été l'élève de son père et d'Adolf Politzer. En 1892, suivant les conseils de Paderewski, qui lui fait travailler le piano, il prend la décision de faire une carrière pianistique. En 1893, il triomphe à Paris et en Russie. Sa réputation gagne toute l'Europe, où l'on admire en lui non seulement le soliste, mais aussi le spécialiste de musique de chambre de premier plan. On le voit souvent jouer en compagnie de Thibaud et de Casals. Pendant la Première Guerre mondiale, Bauer se réfugie aux États-Unis. Il y fonde la Beethoven Association de New York. C'est une société de musique de chambre très renommée, dont il assurera la direction de 1918 à 1941. De très grands artistes fréquenteront sa société, pour jouer avec lui. Ses préférences allaient à la musique de Brahms, de Schumann, de Franck, mais aussi à Debussy et Ravel, qui étaient ses contemporains. Ravel lui a dédié *Ondine* et Granados, une pièce des *Goyescas*, *El Amor y la Muerte*. Il a créé les *Children's Corner* de Debussy (1908) et le *Quintette nº 1* de Bloch (1923).

ÉCRITS : *Harold Bauer, his Book,* 1948.

Baugé, André

Baryton français, né à Toulouse le 6 janvier 1892, mort à Paris le 25 mai 1966.

Il veut être peintre, fait les Beaux-Arts et arrive même à exposer un portrait à la Société des artistes français. Mais, fils d'une célèbre diva d'opérette, **Anne Tariol-Baugé**, et d'un professeur de chant, il veut aussi être chanteur et, en définitive, c'est dans cette voie qu'il se dirige malgré les réticences de sa mère. Il débute sous le nom d'André Grillaud en 1912 à Grenoble dans *Hérodiade* (Vitellius), dans *Le Grand Mogol* (Joquelet) et dans *Gillette de Narbonne*, où ses notes aiguës franches et claires lui valent le succès qui détermine sa carrière. La saison grenobloise se poursuit alternant l'opéra et l'opérette et lui offrant le rôle de Figaro, le premier d'une longue série qui devait durer tout le long de sa vie ou presque. Viennent ensuite nombre d'engagements, puis l'ordre de rejoindre le 2e RIC à Brest. C'est la guerre. Il est blessé à deux reprises. Encore convalescent, il débute en 1917 à l'Opéra-Comique, dont il restera pensionnaire jusqu'en 1925, le quittant pour chanter *Monsieur Beaucaire* au Théâtre Marigny, préludant ainsi l'une des plus brillantes carrières de chanteur d'opérettes, au Trianon-Lyrique, dont il fut un temps le directeur, au Châtelet, à Mogador... et dans de nombreux films. En 1946, il quitte la scène pour s'adonner avec passion à l'enseignement.

Baumann, Hermann

Corniste allemand, né à Hambourg le 1er août 1934.

Il ne pratique son instrument que relativement tard. Lycéen, il dirige des chœurs, joue de la batterie, du piano et du violoncelle. Élève pendant deux ans de Fritz Huth à la Musikhochschule de Hambourg, il devient ensuite premier corniste à Dortmund, puis en 1961 à Stuttgart, où il entre dans l'Orchestre Symphonique de la Radio. Il enseigne depuis 1967 à la Folkwang Hochschule à Essen, avec le titre de « Professor » depuis 1969. Il est considéré comme le meilleur corniste allemand contemporain. Sa renommée internationale repose sur le fait qu'il sait parfaitement jouer sur des instruments anciens et qu'il possède à la perfection la technique du cor naturel de l'époque de Mozart aussi bien que celle du cor à piston. Il collabore fréquemment avec Harnoncourt, Leonhardt, Schröder et d'autres spécialistes de la musique ancienne. Il a créé des œuvres de György Ligeti (*Trio pour piano, violon et cor,* 1982), Gerhard Pflüger (*Concerto pour cor,* 1983).

Baumgartner, Paul

Pianiste suisse, né à Altstätten le 21 juillet 1903, mort à Locarno le 19 octobre 1976.

A Saint-Gall, il étudie le piano avec Paul Müller, puis à Munich avec Walter Braunfels. Celui-ci étant chargé d'organiser et de diriger, en compagnie d'Abendroth, la Musikhochschule de Cologne, il emmène avec lui son élève en 1925. C'est là que, quelques années plus tard, Baumgartner va se perfectionner auprès d'Eduard Erdmann, élève d'Ansorge, lui-même dépositaire de l'enseignement de Liszt. De 1927 à 1935 il est professeur à Cologne. Passionné de pédagogie, il est nommé en 1937 chef du département de piano du Conservatoire de Bâle. Il participe à de nombreuses tournées de concerts. Ses partenaires privilégiés pour la musique de chambre seront Casals, Fournier et Végh. Entre 1953 et 1961, il enseigne à la Hochschule für Musik de Hanovre. Parallèlement il donne en 1960 une série de cours très remarqués à Bâle où il est nommé professeur à l'Académie de musique à partir de 1961. Bien que résolument tourné vers le répertoire du XIXe siècle, il s'est toujours fait le défenseur ardent de la musique contemporaine. Il a reçu en 1962 le Prix pour la Culture de Saint-Gall.

Baumgartner, Rudolf

Chef d'orchestre suisse, né à Zurich le 14 septembre 1917.

Il étudie la musique au conservatoire de sa ville natale, notamment sous la direction de Stefi Geyer et Paul Müller, et poursuit l'étude du violon à Paris et à Vienne. Il se produit comme soliste, après l'Anschluss, dans divers pays européens. Il mène une active carrière de musicien de chambre avec le Quatuor Stefi Geyer, le Trio à cordes de Zurich et le Trio de chambre de Zurich. Après avoir été pendant de longues années premier violon dans divers orchestres de chambre, il fonde, avec Wolfgang Schneiderhan, le Festival Strings Lucerne (1955) et en assume depuis cette date la direction. Il mènera cet ensemble à la célébrité mondiale. Parmi les premières auditions qu'il réalise avec le Festival Strings Lucerne, on peut citer des pages de Conrad Beck, Jean Françaix, Ernest Krenek, Rafael Kubelík, Ligeti (*Ramifications*, 1970), Mainardi, Malec (*Lumina*, 1968), Frank Martin (*Et la vie l'emporta*, 1975), Martinů, Mayuzumi, Mihalovici, Ohana (*Silenciaire*, 1969), Penderecki (*Capriccio*, 1965), Tcherepnine et Xenakis (*Aroura*, 1971). En 1960, il est nommé directeur du Conservatoire de Lucerne. De 1968 à 1980 il a été directeur musical du Festival de Lucerne.

Baumont, Olivier

Claveciniste français, né à Saint-Dié (Vosges) le 15 août 1960.

Après avoir obtenu des premiers prix de clavecin et de musique de chambre au Conservatoire de Paris, il complète sa formation auprès d'Huguette Dreyfus, Christopher Farr et Kenneth Gilbert. Sur l'invitation de Gustav Leonhardt, il participe à plusieurs reprises à ses cours d'interprétation de Cologne. A vingt et un ans, il enregistre son premier disque. Invité dans les principaux festivals français (Montpellier, Centre de musique baroque de Versailles, Clavecin en Artois, La Roque d'Anthéron...), il entreprend également des tournées à l'étranger, notamment au Japon, en Allemagne, en Russie et, depuis 1992, aux États-Unis. Il aime aussi accompagner des chanteurs comme Jill Feldman ou James Bowman et joue à deux clavecins avec Davitt Moroney. Sa connaissance profonde du répertoire l'incite à publier des recueils de pièces de clavecin consacrés à Duphly et Lübeck. Depuis 1992, il est directeur musical du Festival Couperin de Chaumes-en-Brie. Il a créé des œuvres de Michèle Reverdy (*Cyclades,* déd. 1989).

Bazelaire, Paul

Violoncelliste et compositeur français, né à Sedan le 4 mars 1886, mort à Paris le 11 décembre 1958.

Élève de Jules Delsart, il obtient, au Conservatoire de Paris, un 1er prix de violoncelle à onze ans, ainsi qu'un 1er prix d'harmonie et de contrepoint et fugue. Il travaille aussi l'orgue avec Louis Vierne. Il poursuit une brillante carrière de virtuose. Professeur au Conservatoire de 1918 à 1957, il publie plusieurs ouvrages pédagogiques sur la technique française du violoncelle. Son œuvre comporte de la musique instrumentale pour divers instruments, dont le violoncelle, des pages pour orchestre, des psaumes avec chœur mixte et diverses pièces profanes. Certaines de ses transcriptions pour violoncelle, d'œuvres de compositeurs anciens, sont restées célèbres, comme le *Concerto en mi mineur* d'après Vivaldi. Il a créé la *Sonate pour violoncelle et piano* (1921) de Maurice Emmanuel.

Beaucamp, Albert

Chef d'orchestre français, né à Rouen le 13 mai 1921, mort à Rouen le 22 septembre 1967.

Fils d'**Henri Beaucamp** (1885-1937), organiste à la cathédrale de Rouen, il fait ses études au Conservatoire de Paris, dont il sort en 1945 avec plusieurs prix : harmonie, contrepoint et fugue. Après la guerre, il fonde le Conservatoire de Rouen dont il est nommé directeur en 1949. Il crée l'Orchestre de Chambre de Rouen en 1963. Rapidement, il fait de cette formation l'une des meilleures de France et redonne vie à tout un répertoire de musique française ancienne destiné aux cordes.

Becht, Hermann

Baryton allemand, né à Karlsruhe le 19 mars 1939.

Élève de E. Wolf-Dengel à Karlsruhe et de Josef Greindl à Sarrebrück, il remporte un 1er prix au Concours de chant de Berlin (1968) et est engagé à Brunswick, puis à Wiesbaden. En 1974, il chante dans la troupe de la Deutsche Oper am Rhein les rôles de barytons héroïques. A partir de 1979, il chante régulièrement à Bayreuth (Alberich, Kurwenal). En Allemagne, il est invité à Munich, Hambourg, Stuttgart, Bonn, Cologne. Il se produit également à l'Opéra de Vienne, à Covent Garden, au Festival de Salzbourg et au Met où il incarne les barytons wagnériens (Amfortas, Telramund, Kurwenal), Mandryka (*Arabella* de R. Strauss) ou Falstaff. Il a participé à la création de l'opéra de Volker David Kirchner *Belshazar* (1986) et de celui de Krzysztof Penderecki, *Ubu Rex* (1991).

Becker, Hugo

Violoncelliste allemand, né à Strasbourg le 13 février 1863, mort à Geiselgasteig (Munich) le 30 juillet 1941.

Fils du violoniste **Jean Becker**, le fondateur du Quatuor Florentin (1833-84), il travaille d'abord avec son père puis avec Kanut Kündinger à Mannheim et Friedrich Grützmacher et Karl Heß à Dresde. Il débute à quinze ans comme deuxième violoncelle dans l'Orchestre du Théâtre de Mannheim. Puis il effectue de nombreuses tournées en famille, travaille avec Alfredo Piatti avant d'être engagé comme violoncelle solo dans l'Orchestre de l'Opéra de Francfort-sur-le-Main (1884-86). Il fait partie du Quatuor Heermann (1890-1906) et est nommé, en 1895, professeur à la Hochschule für Musik de Francfort. Il joue en trio avec le pianiste Daniel Quast et le violoniste Willy Hess et fait partie du Quatuor de Francfort jusqu'en 1906. Sa renommée s'étend rapidement et il est invité aux États-Unis. Il forme différents trios, selon les époques, avec Ernö von Dohnányi et Henri Marteau, Ferruccio Busoni et Eugène Ysaÿe ou, plus tard, avec Artur Schnabel et Carl Flesch. En 1902, il est nommé professeur à l'Académie royale de musique de Stockholm et succède à Hausmann comme professeur de violoncelle à la Hochschule für Musik de Berlin (1909-29) : il y formera toute une génération de violoncellistes, notamment Enrico Mainardi et Ludwig Hoelscher. Reger lui a dédié sa *Suite pour violoncelle seul n° 2*. Dix jours seulement après sa création, il a été le deuxième interprète du *Don Quichotte* de R. Strauss (Francfort/Main, 1898), partition qui est vite devenue son cheval de bataille sous la direction de Strauss lui-même. Comme compositeur, il a surtout écrit pour son instrument : un *Concerto en la majeur* (1898), des variations et des études. Il possédait deux Stradivarius, le *Cristiani* (1720), qu'il avait acquis en 1884, et un instrument qui porte maintenant son nom, le *Becker* (1719), autrefois nommé *Duc de Marlborough.*

ÉCRITS : *Mechanik und Ästhetik des Violoncellspiels* (Vienne, 1929 avec Dago Rynar).

Beckmans, José

Baryton belge naturalisé français, né à Liège le 4 janvier 1897, mort à Vichy le 13 août 1987.

Après avoir fait ses humanités, il commence des études musicales interrompues par la guerre. Pour survivre, il fait un peu tous les métiers, y compris du music-hall, dur apprentissage qu'il n'oubliera jamais par la suite. En 1916, il sort du Conservatoire de Liège avec un 1er prix de chant, non sans avoir étudié parallèlement l'harmonie et la composition. Il fait ses débuts en 1916 à Verviers dans le rôle d'Escamillo. Engagé successivement dans la troupe du Pavillon de Flore puis du Trianon-Lyrique de Liège, il y tient tous les emplois de basse chantante. Après un séjour au Théâtre Royal d'Anvers, il chante (toujours les basses) un peu partout en province. Fin 1925, il débute à l'Opéra-Comique en Escamillo. Il créera sur cette scène *Le Cloître* de Lévy, *Résurrection* d'Alfano, *Scémo* de Bachelet et n'y chantera pas moins de 25 rôles, allant de Méphisto au Figaro du *Barbier de Séville* en passant par le Baron Scarpia, Golaud, Karnac, Ourrias, le Diable de *Grisélidis* et surtout François du *Chemineau*, l'un de ses rôles préférés. Il est alors invité au Covent Garden de Londres où il chante Escamillo aux côtés de Conchita Supervia et de José Luccioni, à l'Opéra de Rome, à la Monnaie de Bruxelles, à Monte-Carlo où il sera le premier Mandryka français. En 1935, il débute à l'Opéra dans le rôle de Rigoletto – à noter qu'au cours de sa carrière il a chanté successivement dans *Rigoletto* les rôles de Sparafucile, de Monterone et du Bouffon. Il créera sur cette scène *Le Roi d'Ys* (Karnac), *Palestrina* (le Cardinal Borromée), *Le Drac* de Paul et Lucien Hillemacher (Bernhard), *Antigone* de Honegger (Créon) et *Peer Gynt* d'Egk (rôle-titre) et y chantera trente rôles allant de Boris Godounov à Mercutio en passant par Pizarro et Iago, deux rôles qu'il a marqués de sa forte personnalité. En 1957, il est nommé directeur de la scène au Palais Garnier. Il partage ensuite son temps entre l'enseignement et la mise en scène.

Bedford, Steuart

Chef d'orchestre anglais, né à Londres le 31 juillet 1939.

Frère du compositeur **David Bedford**, il fait ses études à la Royal Academy of Music et travaille l'orgue au Worcester College d'Oxford. Il effectue ses débuts de chef d'orchestre avec l'English Opera Group à Londres en 1967. Il dirige également au Covent Garden de Londres et au Festival d'Aldeburgh, dont il devient directeur artistique en 1973. L'année suivante, il débute au Metropolitan Opera de New York. En 1975, il devient codirecteur artistique de l'English Music Theatre Co. (ancien English Opera Group). En 1981, il est nommé à la tête de l'English Sinfonia. Spécialiste des opéras de Britten, il a collaboré étroitement avec le compositeur durant la dernière partie de sa vie et est considéré comme l'un de ses interprètes les plus authentiques. Il a créé des œuvres de Benjamin Britten (*Mort à Venise,* 1973 ; *Johnson over Jordan,* suite pour orchestre, 1990), Jonathan Harvey (*Easter Horizons,* 1984), Oliver Knussen (*The Way to Castle Younder,* première version, 1988).

Beecham, Sir Thomas

Chef d'orchestre anglais, né à St Helens (Lancashire) le 29 avril 1879, mort à Londres le 8 mars 1961.

Il voit le jour dans une famille très riche et reçoit son éducation générale à Oxford. Le musicien est un autodidacte : il n'étudie dans aucun conservatoire et se sert de sa fortune pour faire connaître la musique. De 1902 à 1904, il dirige une petite troupe d'opéra. Puis, en 1906, il fonde le New Symphony Orchestra à Londres. En 1910, soutenu par les capitaux paternels, il prend la direction artistique et financière de Covent Garden : il y présente pour la première fois en Grande-Bretagne *Les Maîtres chanteurs*, *Elektra*, *Salomé* et relance la vie musicale de la capitale britannique. Il invite Chaliapine, les Ballets Russes, Furtwängler, Kleiber et toutes les célébrités de l'époque. Pendant la guerre, il fonde la Beecham Opera Company. Mais ces activités sont trop coûteuses et il est réduit à la faillite en 1920. Il revient à la direction de Covent Garden en 1932 et fonde en même temps l'Orchestre Philharmonique de Londres qui assure alors les spectacles lyriques. Pendant la Seconde Guerre mondiale, il effectue une importante tournée en Australie, au Canada et aux États-Unis ; il dirige notamment à Seattle et au Met (1942-44). A son retour en Angleterre, il est congédié de Covent Garden et les musiciens de l'Orchestre Philharmonique de Londres choisissent l'autogestion. Il fonde alors le Royal Philharmonic Orchestra (1947) qu'il dirigera jusqu'à la fin de sa vie.

Beecham était le champion de la musique anglaise, surtout celle de Delius dont il a créé les principales œuvres. Il a imposé la musique de Sibelius en Angleterre sans oublier celle de R. Strauss pour laquelle il avait une affinité particulière. Dans le domaine de la musique ancienne, il dirigeait souvent les oratorios de Haendel dans des arrangements aussi personnels que surprenants. La musique française l'attirait beaucoup et on lui doit l'enregistrement des grandes symphonies du XIXe siècle, ainsi qu'une version de référence de *Carmen.* Il a créé des œuvres de Virgil Thomson (*Symphonie n° 2,* 1941 ; *The River,* suite, 1943).

L'homme était doué d'un humour légendaire et le chef, plus instinctif que réfléchi, reste le reflet parfait d'une génération d'artistes qui faisait primer l'enthousiasme au détriment de la rigueur.

ÉCRITS : *A Mingled Chine* (autobiographie, 1944) ; *F. Delius*, 1959.

Behrend, Siegfried

Guitariste et compositeur allemand, né à Berlin le 19 novembre 1933, mort à Haushamm (Bavière) le 20 septembre 1990.

Fils d'un guitariste qui lui donne les bases de son éducation musicale, il entre ensuite au Conservatoire Klindworth-Scharwenka de sa ville natale, où il travaille le piano, la guitare, la composition et la direction d'orchestre. Il débute en 1953 à Leipzig et effectue de nombreuses tournées en Allemagne. Il compose pour son instrument et signe aussi plus de 200 musiques de film. Bussotti, Haubenstock-Ramati, Benguerel, Musgrave, Penderecki, Yun écrivent pour lui, attirés par de nouvelles possibilités instrumentales qu'il sait mettre en valeur. Il fonde et dirige le Festival d'Altmuhtal. Il enseigne à Rosenburg, près de Munich. Il a créé des œuvres de Xavier Benguerel (*Concerto pour guitare,* 1972), Sylvano Bussotti (*Ultima rara,* 1970), Isang Yun (*Gagok,* 1972).

Behrens, Hildegard

Soprano allemande, née à Vanel (Oldenburg) le 9 février 1937.

D'une famille de médecins, elle opte pour les études de droit, mais attend de les avoir terminées pour aborder la carrière de cantatrice, vers laquelle elle se sent irrésistiblement attirée. Chœurs d'étudiants, École de musique de Fribourg, elle est enfin engagée à l'Opéra-Studio de Düsseldorf. Après quelques petits rôles, elle aborde celui de Marie (*Wozzeck*). C'est durant une des répétitions que Karajan l'entend et lui offre le rôle-titre de *Salomé*, qu'elle enregistre (EMI) et chante à Salzbourg durant le Festival de 1977. Dès lors, elle est l'invitée des plus grandes scènes internationales.

Elle avait débuté au Met dans *Il Tabarro (*Puccini), inconnue, en 1976. Elle chante *Fidelio* à Munich avec Karl Böhm, puis elle participe au Festival de Pâques avec Karajan, à Salzbourg, et retrouve Karl Böhm pour de vrais débuts étincelants au Met. Dotée d'une très forte personnalité et d'un sens du théâtre et de la psychologie bouleversant, elle est faite pour l'opéra et pour y incarner les personnages les plus divers : de Mozart à Berg, elle chante tout, y compris *Katia Kabanova*, *La Fiancée vendue*, *Roussalka*, *La Femme sans ombre*, où elle incarne une Impératrice spectaculaire sur la scène de l'Opéra de Paris, et *Ariane à Naxos* enfin, à Salzbourg, pour les quatre-vingt-cinq ans de Karl Böhm. Le grand répertoire wagnérien est une révélation : *Tannhäuser*, *Lohengrin* précèdent un incroyable *Vaisseau fantôme* (également à l'Opéra de Paris). Mais son apparition en Sieglinde à Monte-Carlo, dans la mise en scène de Peter Busse (1979), est un tel événement qu'elle reprend ce rôle à Munich et Düsseldorf puis au Met, en 1981. Auparavant, elle aura fait ses débuts comme Isolde à Zürich et à Munich (avec Sawallisch) et l'enregistre avec Leonard Bernstein (1981). En 1982, elle chante *Turandot* et sera ensuite la Tosca de Maazel sur disque et Brünnhilde à Bayreuth en 1983 puis au Met en 1984. Elle participe à la redécouverte de l'opéra d'Albéric Magnard, *Guercœur*, sous la direction de Michel Plasson. Elle aborde le rôle d'Elektra à l'Opéra de Paris en 1987.

Beinum, Eduard Van

Voir à **Van Beinum, Eduard.**

Beirer, Hans

Ténor autrichien, né à Wiener Neustadt le 23 juin 1911, mort à Berlin le 24 juin 1993.

Après avoir fait des études supérieures de chimie, de médecine et de philosophie, il entre à l'Académie de musique de Vienne et fait ses débuts comme ténor lyrique en 1936 dans une opérette d'un certain Leo Ascher. Viennent ensuite deux saisons à Bâle et Saint-Gall. Puis toujours de l'opérette jusqu'en 1943 : il est engagé à l'Opéra de Berlin où il débute dans *La Fiancée vendue*. Puis c'est la guerre, le front. En 1949, à Rome, il trouve son véritable destin de Heldenténor en chantant *Parsifal* aux côtés de Maria Callas et Cesare Siepi. Ce sont alors tous les rôles de ténors héroïques où sa voix puissante et sa stature impressionnante lui valent les plus beaux succès : Tristan, Tannhäuser, Parsifal (qu'il chante à Bayreuth entre 1958 et 1964), Siegmund, Siegfried, Samson, Florestan, Otello..., mais aussi le Tambour-Major de *Wozzeck* ou le Maire de *La Visite de la vieille dame*, sans oublier son formidable Hérode dont la télévision nous a fixé le souvenir.

Belkin, Boris

Violoniste russe naturalisé israélien (1975), né à Sverdlovsk le 26 janvier 1948.

Il débute le violon dès l'âge de six ans. Il suit ses premiers cours à l'École centrale de musique à Moscou puis au Conservatoire dans les classes de Jankélévitch et Andrievski. Il se produit en Union soviétique et remporte, en 1972, le 1er prix du Concours national de violon. A partir de 1974, il est autorisé à vivre en Israël et se fait connaître alors des grands chefs occidentaux tels que Zubin Mehta et Leonard Bernstein qui l'invitent aux États-Unis (Los Angeles, New York). Son passage à Paris sous la direction de Leonard Bernstein restera marqué dans les mémoires non seulement pour la qualité de son jeu, mais aussi parce qu'il perdit alors son violon dans un taxi (septembre 1975). Il enseigne à l'Accademia Chigiana de Sienne (depuis 1987).

Bell, Joshua

Violoniste américain, né à Bloomington le 9 décembre 1967.

Élève de Mimi Zweig, il donne son premier concert à l'âge de sept ans. Il travaille ensuite avec Josef Gingold à l'Université de l'Indiana, Ivan Galamian à la Juilliard School de New York, et Henryk Szeryng. En 1982, il obtient le grand prix d'un concours organisé par la General Motors qui lui permet de jouer avec l'Orchestre de Philadelphie sous la direction de Riccardo Muti. En 1985, il donne son premier concert à Carnegie Hall et, à partir de 1987, commence à se produire en Europe et au Japon. Il a créé des œuvres de Nicholas Maw (*Concerto pour violon*, 1993). Il joue sur un Stradivarius de 1727.

Belliard, Jean

Haute-contre français, né à Hué (Vietnam) le 25 juillet 1935.

Après avoir fait des études musicales avec Jean Giroud à Grenoble (1957-59), il est professeur d'éducation musicale à Rabat (1959-64), et animateur musical au Centre culturel français d'Oran (1964-70). Musicien conférencier de l'Alliance Française depuis 1970, il a œuvré, à cette date, dans 42 pays. En 1973, il fonde l'Ensemble Guillaume de Machaut de Paris, essentiellement tourné vers la musique ancienne, du chant grégorien à la Renaissance, mais qui participe également à des concerts de musique contemporaine (Avignon, 1980).

Jean Belliard possède une vraie voix naturelle de haute-contre et n'a pas besoin de transposer la musique écrite pour voix de contralto, contrairement aux chanteurs qui cultivent un registre qui ne leur est pas naturel. Passionné par l'étude du Moyen Age, il confronte l'apport du monde musulman en Espagne et en Afrique du Nord à la civilisation chrétienne, comme il tente de lancer des ponts entre l'Ars nova (XIVe siècle) et notre époque (Stravinski, Boulez). Il dirige le conservatoire municipal et le Festival de musique ancienne d'Étampes.

Bellugi, Piero

Chef d'orchestre italien, né à Florence le 14 juillet 1924.

Il fait ses études musicales dans cette ville, puis à l'Académie Chigiana de Sienne et au Mozarteum de Salzbourg. Passionné par la direction d'orchestre, il part aux États-Unis se perfectionner auprès de Rafaël Kubelík et Leonard Bernstein. Il obtient en Amérique ses premiers succès de chef d'orchestre. De 1956 à 1958, il est professeur à Berkeley. Puis il est chef permanent de l'Orchestre Symphonique d'Oakland (1958-59) et directeur artistique de l'Orchestre Symphonique de Portland

(1959-61). Revenu en Europe en 1961, il dirige à la Scala de Milan et est ensuite invité par la plupart des orchestres importants. Pendant un temps, il est directeur artistique de l'Orchestre Symphonique de la Radio de Lisbonne.

Son répertoire s'étend de Monteverdi à Nono. Chef permanent de l'Orchestre Symphonique de la RAI de Turin (1969-72), il enseigne aussi la direction d'orchestre du conservatoire de cette ville, puis à Rome à l'Académie Santa Cecilia, à Florence et à Sienne (1977). Il est conseiller artistique du Festival de Barga, et directeur musical de l'Orchestre Symphonique d'Emilia Romagna (Parme, 1980-81). Il prend ensuite la direction de l'Orchestre Symphonique d'Ombrie et de l'Orchestre Symphonique des Abruzzes, à L'Aquila (1987-89).

Il a créé des œuvres de Luciano Berio (*Quatre versions de la Retraite de Madrid de Boccherini,* 1975), Darius Milhaud (*Symphonie n° 10,* 1961), Goffredo Petrassi (*Settimo Concerto,* 1965).

Bělohlávek, Jiří

Chef d'orchestre tchèque, né à Prague le 24 février 1946.

Au conservatoire de sa ville natale, il étudie le violoncelle puis travaille la direction d'orchestre à l'Académie des Beaux-Arts avec Alois Klíma, Bohumír Liška, Josef Veselka et Robert Brock. En 1966, il est à la tête de l'Orchestre Puellarum Pragensis. Lauréat du Concours de jeunes chefs d'orchestre d'Olomouc, il est nommé assistant à la Philharmonie Tchèque. Entre 1972 et 1977, il dirige l'Orchestre Philharmonique de Brno avant d'être nommé chef permanent de l'Orchestre Symphonique de Prague « FOK » (1977-90). A partir de 1982, il conduit régulièrement la Philharmonie Tchèque, dont il est directeur musical entre 1990 et 1992. En 1994, il est nommé premier chef invité de la Deutsche Kammerphilharmonie (Brême).

Il a créé des œuvres de Günter Bialas (*Der Weg nach Eisenstadt,* 1980), Sofia Goubaïdoulina (*Stufen,* 1989), Viktor Kalabis (*Symphonie n° 3,* 1972).

Beňačková-Čápová, Gabriela

Soprano slovaque, née à Bratislava le 25 mars 1947.

Elle fait ses études musicales au conservatoire de sa ville natale avec Janko Blaho et Tatiana Kiesaková et en sort diplômée en 1971. Elle débute à l'Opéra de Prague (1970-73 et 1974-80) et à l'Opéra de Bratislava (1973-74) avant d'être engagée à l'Opéra de Vienne (1980). Elle chante ensuite à Covent Garden, au Festival de Salzbourg, à Munich, Cologne... où elle incarne tous les grands rôles de soprano dramatique, notamment du répertoire tchèque : Smetana (*La Fiancée vendue*), Dvořák, Janáček (*Jenůfa*). Elle chante également Marguerite (*Faust*), Madeleine (*André Chénier*), *La Dame de Pique*, *Guerre et Paix*, *Katerina Ismaïlova*... En 1983, elle chante le rôle-titre de *Libuše* de Smetana pour la réouverture de l'Opéra National de Prague. Au concert, elle chante souvent la *Messe Glagolithique* de Janáček et le *Requiem* de Dvořák. Elle reçoit en 1988 le titre de Kammersängerin à Vienne. En 1992, elle chante Marguerite (*Faust*) au Palais des sports de Bercy, à Paris.

Benbow, Charles

Organiste américain, né à Dayton (Ohio) le 28 décembre 1947.

Il fait ses études musicales à l'Université d'Oklahoma où il obtient une bourse d'études pour l'orgue et le clavecin. Il part alors en Allemagne (1970-71) où il travaille l'orgue avec Michael Schneider et le clavecin avec Hugo Ruf, à la Hochschule für Musik de Cologne. Il suit ensuite les cours de Marie-Claire Alain en France (1971). Lauréat du Concours de Prague et du Concours d'orgue de la Radio Bavaroise en 1971, il obtient le 1er prix du Concours international de Chartres en 1972. Charles Benbow, fixé à Londres, fait régulièrement des tournées de concerts en Pologne, en Allemagne, en France et aux États-Unis, où il retourne chaque année.

Bender, Paul

Baryton-basse allemand, né à Driedorf (Westerwald) le 28 juillet 1875, mort à Munich le 25 novembre 1947.

Il commence par faire des études de médecine à Berlin et travaille le chant avec Luise Russ et Baptist Hoffmann. Il fait ses débuts à Breslau en 1900. Il participe régulièrement au Festival de Bayreuth à partir de 1902 et chante à l'Opéra de Munich dès 1903 à la troupe duquel il appartiendra pendant trente ans. En 1907, il reçoit le titre de Kammersänger. Il débute à Covent Garden en 1914 dans Amfortas (première représentation de *Parsifal* hors de Bayreuth) et s'impose dans tous les grands rôles wagnériens (Wotan, Marke, Gurnemanz, Hagen, Hans Sachs). Aussi à l'aise dans le répertoire comique, il chante Basile, Osmin ou le Baron Ochs. Il fait ses débuts américains au Met en 1922 où il chante le répertoire allemand jusqu'en 1927. A partir de 1926, il est invité régulièrement au Festival de Salzbourg. Il consacre une part importante de sa carrière au lied et à l'oratorio. Il sera notamment l'un des plus ardents défenseurs des ballades de Loewe. A partir de 1931, il enseigne à la Münchener Akademie der Tonkunst où il aura notamment comme élève Josef Greindl et Hans Hopf. Il a participé aux créations de *Le Donne curiose* (1903) et d'*I quattro rusteghi* (1906) d'Ermanno Wolf-Ferrari, de *Palestrina* (1917) de Hans Pfitzner, de *Der Mond* (1939) de Carl Orff.

Bender, Philippe

Chef d'orchestre français, né à Besançon le 25 février 1942.

Il commence ses études au conservatoire de sa ville natale. A quinze ans, il est admis au Conservatoire de Paris qui lui décerne deux ans plus tard trois premiers prix (flûte, musique de chambre et solfège). Il est lauréat des concours internationaux de Munich, Genève et Montreux. Il est alors nommé flûtiste à l'Orchestre National de l'Opéra de Monte-Carlo. Aidé par les conseils de Paul Paray, il se présente au Concours des jeunes chefs d'orchestre de Besançon. En 1970 il remporte le 1er prix au Concours Mitropoulos de New York. Il est alors engagé comme chef assistant à l'Orchestre Philharmonique de New York où il travaille pendant un an sous la direction de Leonard Bernstein et de Pierre Boulez. En 1975, il est nommé directeur artistique et chef permanent de l'Orchestre Régional Provence-Côte d'Azur, formation qui, en 1979, prend le nom d'Orchestre de Cannes-Provence-Côte d'Azur.

Il a créé des œuvres de Michel Decoust (*Onyx*, 1991), Marcel Landowski (*Symphonie concertante* pour orgue et orchestre, 1993), Jacques Lenot (*Nuit d'été*, 1984).

Benedetti, René

Violoniste français, né à Toulon le 10 juin 1901, mort à Paris le 19 octobre 1975.

Issu d'une famille de musiciens, il fait ses études au Conservatoire de Paris, où il remporte un premier prix de violon en 1918. Puis il participe aux Concerts Wiener dès leur fondation (1921). Il y crée la version pour violon et orchestre du *Bœuf sur le toit* de Darius Milhaud, intitulée *Cinéma-Fantaisie*, qui lui est dédiée (1921). En 1922, il remporte le Prix Édouard Nadaud. Il mène une importante carrière à Paris et constitue, en 1941, un trio avec le pianiste Joseph Benvenuti et le violoncelliste André Navarra, qui se produit sous le nom de Trio BBN. Il fait également partie du Quintette de l'Atelier créé par Émile Passani (avec Quesnel, Blanpain et Navarra). Il est le premier à oser jouer en France en deux soirées l'intégrale des *Vingt-Quatre Caprices* de Paganini et des sonates et partitas de J. S. Bach, envie raisonnée du pédagogue de présenter « la synthèse indispensable à la formation de l'élite de nos jeunes violonistes ». Entre 1942 et 1971, il reprend la classe de violon de Firmin Touche au Conservatoire de Paris, où il forme deux générations de violonistes français et étrangers, notamment Luben Yordanoff, Christian Ferras, Neville Marriner, Gérard Jarry, Emmanuel Krivine, Clara Bonaldi, Yan-Pascal Tortelier. Il a créé des œuvres de Jean Wiener (*Suite pour violon et piano,* 1923).

Benedetti Michelangeli, Arturo

Pianiste italien, né le 5 janvier 1920 à Brescia.

A quatre ans, il commence le piano et le violon. A la suite d'une maladie d'enfance, il opte pour le piano, entre au Conservatoire de Milan, et, durant trois ans, travaille avec G. Anfossi. En 1938, il obtient le 7e prix au Concours Eugène Ysaÿe à Bruxelles. En 1939, il remporte le 1er prix au Concours international de Genève. Il commence à voyager. L'année du prix, il gagne une course automobile. Champion de ski, pilote d'avion, sa jeunesse est un défi. Durant dix ans il fait des tournées, joue aux États-Unis en 1948, puis la maladie le frappe encore. Il se tourne vers l'enseignement, à Brescia, où en 1964 il fondera le Festival de piano, dont il assurera jusqu'en 1969 la direction artistique. Dès 1959, il peut à nouveau donner des concerts et se forge une légende : celle d'un pianiste énigmatique et lointain, capable d'interrompre un concert s'il ne se sent pas bien. Perfectionniste, au fait de toutes les techniques modernes, il sait monter et démonter son piano ; il l'emmène partout avec lui. En passant un an dans un couvent de Franciscains, Michelangeli approfondit toutes les richesses de l'orgue. En 1968, après des démêlés avec le fisc italien, il quitte l'Italie avec fracas et s'installe sur les bords du lac de Lugano, en Suisse italienne. A partir de 1973, il donne des cours de perfectionnement à la Villa Schifanoia, près de Florence. En 1975, il revient jouer au Vatican devant huit mille auditeurs. Son répertoire : Ravel, Debussy, mais aussi les anciens maîtres italiens (Galuppi), Bach, Mozart, Haydn, Beethoven, Chopin, Schumann, Reger et Rachmaninov. Densité sonore, structures lucides, passion contenue, économie de moyens caractérisent son jeu.

Benoît, Jean-Christophe

Baryton français, né à Paris le 18 mars 1925.

Il apprend très jeune les bases de ce qui va solidement établir son talent de chanteur et de musicien, avec sa mère, compositeur (**L. Benoît-Granier**) et son père, altiste (membre du Quatuor Capet), en compagnie de sa sœur Denise (chanteuse et comédienne trop tôt disparue). Au Conservatoire de Paris, il est l'élève d'Olivier Messiaen (harmonie), Noël Gallon (contrepoint) et Gabriel Dubois (art vocal). Il en sort avec trois premiers prix.

Il s'essaie à la composition et signe plusieurs partitions à l'intention du Théâtre de Marionnettes d'Yves Joly, mais sa carrière s'oriente très vite vers le théâtre lyrique, le récital, l'oratorio, la radio et plus tard l'enseignement. Par goût autant que par moyens vocaux, il opte pour l'opéra-comique plutôt que pour l'opéra, même s'il s'illustre dans certaines pages de compositeurs français (Massenet, Bizet...) ou dans certains rôles de composition (le Sacristain de *Tosca*). Son répertoire va de Monteverdi aux compositeurs contemporains, mais toujours avec une option pour les rôles où le jeu dramatique est important. Dans le récital ou l'oratorio, il se spécialise dans l'interprétation des musiciens français. A la Scala il chante *L'Enfant et les sortilèges* de Ravel, à Rome il crée *Pilate*, que Frank Martin écrit pour lui, à Genève il crée le Figaro de *La Mère coupable* de Darius Milhaud. Mais il apparaît surtout à l'Opéra et à l'Opéra-Comique.

A la radio et à la télévision, il participe à près d'un millier d'émissions de tout genre, chantant ou créant de nombreux ouvrages de compositeurs contemporains : Baudrier, Britten, Delerue, Dallapiccola, Nigg, Nono, Ohana, Prokofiev, Semenoff... Professeur d'art lyrique au Conservatoire de Paris (1970-90), il est l'invité du Centre d'Art (JMC) du Mont-Orford (Québec). Il signe quelques mises en scène.

Benzi, Roberto

Chef d'orchestre français, né à Marseille le 12 décembre 1937.

Son père, professeur de musique, lui enseigne, très tôt, le piano. Il dirige ses premiers concerts à l'âge de onze ans (juillet 1948, Bayonne ; novembre 1948, Paris, Orchestre Colonne). En 1949 et 1950, on voit cet enfant prodige dans deux films : *Prélude à la gloire*, et *L'Appel du Destin*. Il fait ses études tout en travaillant la musique, jusqu'en 1958. Cluytens est son maître de 1947 à 1950. En 1954, il aborde le répertoire d'opéra et, cinq ans plus tard, obtient un vif succès à Paris avec *Carmen*, représentée pour la première fois au Palais Garnier. Il dirige ensuite cette œuvre en tournée au Japon. Il voyage beaucoup, notamment en Europe centrale, en Afrique du Nord et se rend pour la première fois au Canada en 1966. Il fait ses débuts au Met, à New York, en 1972 avec *Faust*, puis est nommé l'année suivante directeur musical de l'Orchestre de Bordeaux-Aquitaine, fonction qu'il exerce jusqu'en 1987. Il est ensuite nommé chef permanent et conseiller artistique de l'Orchestre Philharmonique d'Arnhem (Het Gelders Orkest) aux Pays-Bas. Il a épousé la cantatrice **Jane Rhodes**.

Berberian, Cathy

Mezzo-soprano américaine, née à Attleboro le 4 juillet 1925, morte à Rome le 6 mars 1983.

Elle fait ses études classiques en Amérique, menant de front le chant, la danse, le théâtre et la littérature (New York et Columbia University). Un temps soliste de l'Armenian Folk Group de New York, elle obtient une bourse Fullbright en 1950. Elle vient alors travailler en Italie avec G. Del Vigo. Sa rencontre avec Luciano Berio (dont elle deviendra la femme en 1950 puis se séparera en 1965) lui ouvre les domaines de la musique contemporaine. Elle apprend de lui, elle l'inspire. Cathy Berberian est l'interprète type de la musique de son temps : ses rapports avec le compositeur sont très importants. Sylvano Bussotti (dont elle a créé *La Passion selon Sade*) en témoigne. Un grand nombre de compositeurs ont écrit pour elle : Stravinski (*Elegy pour JFK*), Berio (*Chamber Music*, *Circles*, *Epifanie*, *Visage*, *Sequenza 3*, *Folk Songs*). Cage l'admire : elle participe à ses concerts en Amérique et en Europe. On l'écoute dans les plus importants festivals de musique contemporaine du monde ; elle donne des cours à l'Université de Vancouver, à la Rheinische Musikschule de Cologne. Elle a l'art de toucher les publics les plus divers. « Diva » en scène, mais simple dans la vie, aimant enseigner, communiquer, donner. Compositeur à ses heures (*Stripsody*, 1966, *Morsicat(h)y*, 1971), elle a une prédilection pour Monteverdi, mais aime aussi découvrir les musiques de tous pays, chante aisément dans un grand nombre de langues et de dialectes, gourmande de toute beauté plastique et poétique. Avec Bruno Canino elle a monté d'inoubliables soirées « proustiennes », portant une robe signée Erté...

Berbié, Jane
(Jeanne Bergougne)

Mezzo-soprano française, née à Villefranche-de-Lauragais le 6 mai 1931.

Après des études musicales au Conservatoire de Toulouse, Jane Berbié débute à la Scala dans *L'Enfant et les sortilèges* de Ravel. Elle est engagée en France et à l'étranger : elle débute à Glyndebourne en 1967 mais elle doit attendre le Festival d'Aix-en-Provence en 1969 pour être reconnue comme une interprète idéale de Rossini (Rosine). L'année suivante, à Aix encore, elle chante dans *L'Italienne à Alger* (Rossini) et se rend à Londres à Covent Garden, à la Scala (Rosine). Mezzo-soprano colorature, elle possède une voix très homogène et un jeu scénique très vif (dans Rossini et Mozart), ce qui lui permet d'aborder aisément le répertoire italien des opéras bouffes. En 1982, elle est nommée professeur de chant au Conservatoire de Paris.

Berchot, Erik

Pianiste français, né à Paris le 14 février 1958.

L'un des plus brillants jeunes pianistes français, Erik Berchot remporte un 1er prix de piano au Conservatoire de Paris dans la classe de Germaine Mounier (1977) puis un 1er prix de musique de chambre en 1978. Il participe par la suite au Concours Long-Thibaud où il obtient un prix en 1979. A l'étranger, il reçoit également de nombreuses récompenses : Prix Senigallia (Italie, 1977), Prix Alex de Vries (Belgique, 1977), 1er prix du Concours Viotti (Italie, 1977), 6e prix Chopin (Varsovie, 1980). Sa carrière se développe rapidement sur le plan international. Il travaille également volontiers dans des genres voisins (cinéma, théâtre), notamment avec Michel Legrand dont il crée *Concertoratorio 89* à l'occasion du bicentenaire de la Révolution française. Il a composé la musique du film de Claude Lelouch, *Il y a des jours... et des lunes* (1990) où il tient également un rôle.

Berganza, Teresa

Soprano espagnole, née à Madrid le 16 mars 1935.

Elle travaille le piano, l'orgue, l'harmonie et la composition ; à huit ans elle veut étudier le chant. Son professeur, L. Rodriguez Aragón, élève d'Élisabeth Schumann, élargit sa tessiture, lui donne style et technique et lui fait apprendre Rossini et Mozart. Le nom de T. Berganza est longtemps lié au rôle de Chérubin et de Rosine. En 1958, elle interprète Dorabella (*Così fan tutte*) au Festival d'Aix-en-Provence ; en 1959, Chérubin à Glyndebourne – elle reviendra souvent sur sa conception du personnage. Sous la direction de Claudio Abbado, Teresa Berganza chante *La Cenerentola* de Rossini et conquiert son public. Dès lors s'ouvre une carrière internationale. Avec vérité, simplicité, elle ressuscite *Carmen*. Elle donne aussi des récitals – parallèlement aux divers engagements dans le domaine lyrique – à la Scala ou à Covent Garden. Teresa Berganza aime la vie de famille et reste fidèle à l'Espagne : elle chante volontiers des chansons populaires pleines de charme, des zarzuelas, *La Vie brève* de M. de Falla. Il lui plairait d'enseigner. La grâce, le bonheur de vivre, la sobriété de ses interprétations en font une cantatrice accomplie. Au cinéma, elle fut Zerline dans le *Don Juan* mis en scène par Losey, sous la direction de Maazel. Elle avait épousé, en 1957, le pianiste et compositeur **Felix Lavilla** qui fut son accompagnateur au concert.

ÉCRITS : *Meditaciones de Una Cantante* (Madrid, 1985).

Bergel, Erich

Chef d'orchestre roumain naturalisé allemand, né à Rîşnov le 1er juin 1930.

Il fait ses premières études musicales à Sibiu puis les poursuit au Conservatoire de Cluj. Il a déjà débuté comme flûtiste dans l'Orchestre Philharmonique de Sibiu (1945-48). A Cluj, il est l'élève de Ciolan et travaille le violon, le piano, la direction, la composition et l'orgue (1950-55). Il exerce une activité d'organiste avant d'être nommé à la tête de l'Orchestre Philharmonique d'Oradea (1955-59). Il dirige ensuite la Philharmonie de Cluj (1959-72). Puis il se fixe en Allemagne où il est nommé directeur de la Nordwestdeutschen Philharmonie (1972-74). Il mène ensuite une carrière de chef invité, étant notamment *principal guest conductor* de l'Orchestre Symphonique de Houston, avant de prendre la direction du BBC Welsh Symphony Orchestra (Cardiff) (1984-87). En 1988, il est nommé à la tête de l'Orchestre Philharmonique de Budapest. Il est professeur de direction d'orchestre à la Hochschule für Musik de Berlin. Il a réalisé des études très approfondies sur l'œuvre de J. S. Bach, notamment l'*Art de la fugue.* Il a créé des œuvres de Pascal Bentoiu (*Hamlet*, opéra, 1971).

Berger, Erna

Soprano allemande, née à Cossebaude (Dresde) le 19 octobre 1900, morte à Essen le 14 juin 1990.

C'est dans cette ville qu'elle étudie le piano et le chant (avec Melitta Hirzel) et qu'elle débute à la Staatsoper, engagée en 1925 par Fritz Busch (comme premier garçon dans *La Flûte enchantée*). Elle participe en 1927 à la création de *Hanneles Himmelfahrt* de Graener. Engagée à la Städtische Oper de Berlin en 1929, elle y crée *Christ-Elflein* de Pfitzner. Elle participe aux festivals de Bayreuth (de 1929 à 1933) et de Salzbourg (à partir de 1932). Passée à la Staatsoper de Berlin en 1934, elle y triomphe dans deux rôles mozartiens, la Reine de la Nuit et Constance, qu'elle interprète également au Covent Garden de Londres avec succès (de 1934 à 1938). Elle débute au Met en 1949 et abandonne l'opéra en 1955 pour se consacrer, jusqu'en 1968, au lied. Entre 1959 et 1971, elle enseigne à la Musikhochschule de Hambourg. Championne incontestée de l'extrême aigu, elle est une des rares coloratures dramatiques de son temps.

ÉCRITS : *Aus Flügeln des Gesanges* (Atlantis, Zurich, 1988).

Berger, Julius

Violoncelliste allemand, né à Augsbourg en 1954.

Il fait ses études à la Musikhochschule de Munich avec Walter Reichardt et Fritz Kiskalt, puis au Mozarteum de Salzbourg avec Antonio Janigro dont il sera ensuite l'assistant (1979-82). Il travaille également avec Zara Nelsova et Jack Kirstein à l'Université de Cincinnati ainsi qu'avec Mstislav Rostropovitch. En 1983, il est nommé professeur de violoncelle et de musique de chambre à la Musikhochschule de Wurzbourg puis à celle de Sarrebrück. Sa carrière de soliste se développe rapidement, en Europe et au Japon notamment. Il pratique volontiers la musique de chambre, notamment au sein du Trio à cordes Anton Webern et, entre autres partenaires, avec Norman Shettler. Passionné par la musique de Boccherini, il a exhumé et créé en 1987 deux concertos inédits (en ut majeur et en mi bémol majeur) de ce compositeur et réalisé le premier enregistrement intégral de ses douze concertos. Il a enregistré l'intégrale des suites pour violoncelle seul de J. S. Bach sur un violoncelle à cinq cordes de Jean Pieter Rambouts (Amsterdam, 1700) qu'il a acquis en 1983. Il possède également le Stradivarius de Boccherini (1709) qui avait appartenu, avant lui, à Gaspar Cassadó.

Berglund, Paavo

Chef d'orchestre finlandais, né à Helsinki le 14 avril 1929.

Il commence ses études musicales à l'Académie Sibelius de sa ville natale avec Kokkonen et les poursuit à Vienne, avec Otto Rieger, puis à Salzbourg. Après avoir débuté comme violoniste dans l'Orchestre Symphonique de la Radio Finlandaise (1949-56), il est nommé chef assistant (1956-62) puis premier chef de cette formation (1962-71). Il se fait rapidement connaître dans le monde musical anglo-saxon comme l'un des plus éminents spécialistes de Sibelius et de Chostakovitch. De 1972 à 1979, il est à la tête de l'Orchestre Symphonique de Bournemouth, fonctions qu'il cumule avec la direction musicale de l'Orchestre Philharmonique d'Helsinki (1975-79). Entre 1987 et 1992, il est à la tête de l'Orchestre Philharmonique Royal de Stockholm. Puis il est nommé chef permanent de l'Orchestre de l'Opéra royal de Copenhague.

Il est l'un des rares chefs d'orchestre à tenir sa baguette de la main gauche. Parmi les œuvres qu'il a créées figure le *Concerto pour orchestre de chambre* (1960) d'Aulis Sallinen.

Bergonzi, Carlo

Ténor italien, né à Vidalenzo, le 13 juillet 1924.

Il fait ses études au Conservatoire Arrigo Boïto de Parme et débute dans le Figaro de Rossini en 1948 à Lecce. Sa voix est alors celle d'un baryton, il chante Marcello, Rigoletto. Trois ans plus tard il reprend ses études musicales et entre dans une seconde période, trouvant sa voix véritable, sa tessiture montant. Le 12 janvier 1951, il débute à nouveau dans *André Chénier* (Giordano) à Bari. Engagé par la Radio Italienne, pour la commémoration de Verdi, il chante *Jeanne d'Arc*, *La Forza del Destino* et *Simon Boccanegra*, puis s'impose à Londres, à Chicago (1955), au Met de New York (1956) et chante avec Maria Callas (*Lucia*). Il se produit ensuite sur toutes les scènes lyriques du monde. Son répertoire est très étendu (plus de soixante rôles), de Ponchieli à Massenet. Il possède une grande maîtrise de souffle, le sens des attaques très pures, la souplesse du phrasé. L'Alvaro de *La Forza del Destino* (enregistré avec M. Callas et T. Gobbi) reste l'un de ses ouvrages préférés. Il quitte la scène en 1993.

Berkes, Kálmán

Clarinettiste hongrois, né à Budapest le 8 mai 1952.

Ayant commencé le piano et le violon dès l'âge de quatre ans, il opte pour la clarinette en 1966 et travaille quatre ans avec István Vécsei au Conservatoire de Budapest. Sous la direction de György Balassa et Béla Kovács, il obtient le diplôme de l'Académie Franz Liszt de Budapest en 1977. Entre-temps, après une médaille d'argent au Concours international de Genève (1972), il devient clarinette solo de l'Orchestre de l'Opéra National de Budapest et fait partie de l'Ensemble de Chambre de Budapest et du Quintette à vent des Jeunesses Musicales (1973). Sa carrière de soliste prend rapidement de l'essor sur le plan international : il est l'un des premiers instrumentistes à vent d'Europe centrale à mener une carrière de soliste. En musique de chambre, ses partenaires sont le pianiste Zoltán Kocsis et le violoniste Miklós Szenthelyi. En 1982, il fonde avec des solistes des principaux orchestres de la capitale hongroise l'Ensemble à vent de Budapest dont il assure la direction musicale.

Berman, Lazar

Pianiste russe, né à Leningrad le 26 février 1930.

Enfant prodige, il fait ses débuts en 1937 au Bolchoï, lors d'un festival de jeunes solistes. Le succès est tel qu'on lui fait enregistrer un disque consacré à Mozart. Deux ans plus tard, les portes de l'École Centrale de Musique de Moscou s'ouvrent toutes grandes devant ce virtuose de neuf ans. Alexandre Goldenweiser va assurer sa formation.

En 1948, Berman entre au Conservatoire de Moscou, où l'a précédé son maître. Il y restera jusqu'en 1953 en tant qu'élève, puis jusqu'en 1957 pour se perfectionner, travaillant aussi avec Richter et Sofronitski. Ses réels débuts ont lieu en 1940, lors d'un concert avec l'Orchestre Philharmonique de Moscou, dans le *Concerto nº 25* de Mozart. Il triomphe au Festival Hall Recital Room de Londres. En 1956, il remporte un 5e prix au Concours international Reine Élisabeth de Belgique, puis un 3e prix à Budapest. Dans les années soixante, il ne fait aucune apparition à l'Ouest. Mais sa réputation grandit en URSS, où l'on salue en lui l'interprète idéal de Liszt et de Beethoven, et surtout des compositeurs nationaux. Néanmoins ses disques commencent à arriver en Europe et aux États-Unis, de sorte qu'en 1971 il accepte une invitation en Italie. En 1976, à l'occasion de la sortie d'un disque avec Herbert von Karajan, consacré au *Concerto nº 1* de Tchaïkovski, il devient célèbre également à l'Ouest.

Lazar Berman a la réputation d'être hanté par la clarté, la virtuosité et le lyrisme. C'est une personnalité très forte, parfois très contestée, qui voue une admiration sans bornes à Michelangeli et Sofronitski : les seules influences, mis à part Alexandre Goldenweiser, qu'il se reconnaît.

Bernac, Pierre (Pierre Bertin)

Baryton français, né à Paris le 12 janvier 1899, mort en Avignon le 17 octobre 1979.

Encouragé par André Caplet, il travaille à partir de 1923 avec Walther Straram et donne son premier récital en 1925. L'année suivante, il crée les *Chansons gaillardes* de Poulenc. En 1930, il part travailler à Salzbourg auprès de Reinhold von Warlich. C'est là qu'il donne, en 1934, un premier récital accompagné par Poulenc qui va écrire à son intention plusieurs cycles de mélodies : *Les Cinq Poèmes d'Eluard*, *Tel jour telle nuit*, *Calligrammes*, *La Fraîcheur et le Feu*, *Le Travail du peintre*. C'est le début d'une longue collaboration exemplaire qui va voir Bernac susciter et créer dans le monde entier des pages de Roussel, Honegger (*3 Poèmes de Paul Claudel,* 1941), Jolivet (*Complaintes du soldat,* 1943 ; *Poèmes intimes,* 1944), Daniel-Lesur, Jaubert, Françaix, Hindemith, Berkeley, Barber, etc. De 1940 à 1960, il est véritablement, dans la lignée de Claire Croiza et de Jane Bathori, le prototype idéal d'un art vocal spécifiquement français, où le mot revêt la même importance que la musique. Art fait de raffinement, sublimant une voix assez mince de nature, parfaitement adapté à la mélodie française, mais paraissant plus affecté dans le répertoire du lied ou du *song* anglais, que Bernac abordera également. Abandonnant en 1961 le concert, il se consacre de plus en plus à l'enseignement au Conservatoire américain de Fontainebleau, à l'Académie d'été de Saint-Jean-de-Luz ou dans des *masterclasses* aux États-Unis. Gérard Souzay est le plus célèbre de ses élèves. Il a consigné son expérience de l'interprétation de la mélodie française dans un livre paru en anglais en 1970, et a consacré aux mélodies de Poulenc un second ouvrage paru en 1978 en France.

Bernard, André

Trompettiste et chef d'orchestre français, né à Gap le 6 avril 1946.

Il travaille d'abord au Conservatoire de Grenoble, où il obtient, en 1964, un 1er prix. Après être passé au Conservatoire de Marseille, il est admis au Conservatoire de Paris où un 1er prix lui est décerné en 1969. L'année précédente, il avait été lauréat du Concours international de Genève. André Bernard est l'un des rares trompettistes solistes à ne pas avoir fait également une carrière de musicien d'orchestre. Il est souvent invité comme soliste par l'Orchestre de Chambre de Heidelberg et se produit fréquemment, dans la formule trompette et orgue, avec Edgar Krapp. En 1982, il est nommé chef permanent du New Symphony Orchestra of London.

Bernard, Claire

Violoniste française, née à Rouen le 31 mars 1947.

Elle fait ses études au conservatoire de sa ville natale où elle obtient un 1er prix à l'âge de sept ans. Quatre ans plus tard elle entre au Conservatoire de Paris. En 1959 elle a obtenu le 1er prix dans la classe de Marcel Reynal à l'âge de douze ans ; elle remporte deux ans plus tard un 1er prix d'ensemble instrumental dans la classe de Jean Hubeau. Elle reçoit alors les conseils d'Henryk Szeryng. A dix-sept ans, elle sort du Conservatoire avec un 1er prix de musique de chambre (classe de Joseph Calvet). Elle s'est déjà produite en France et à l'étranger. En 1964, Szeryng lui remet la Médaille d'or des cours Carl Flesch et elle remporte le 1er prix du Concours international Enesco de Bucarest.

Elle enregistre le *Concerto* de Khatchaturian sous la direction du compositeur (1965). Elle se produit désormais dans le monde entier, joue avec Yehudi Menuhin à Nice, Paris et au Festival de Bath. Membre du jury de différents concours internationaux, elle est violon solo de l'Orchestre de Chambre de Rouen, puis de l'Orchestre des Pays de Savoie. Elle enseigne au Conservatoire d'Asnières. On lui doit la création des *Trajectoires* (1968) de Gilbert Amy.

Bernède, Jean-Claude

Violoniste et chef d'orchestre français, né à Angers le 19 septembre 1935, mort à Évreux le 16 août 1991.

Il fait ses études musicales avec son père puis obtient, dans sa ville natale, un 1er prix de violon à l'âge de treize ans, avant d'obtenir celui du Conservatoire de Paris. Disciple, pour la musique de chambre de Joseph Calvet, pour la direction d'orchestre de Pierre Dervaux et d'Igor Markevitch, il entre, en 1958, à la Société des Concerts et devient violon solo à l'Ensemble de Musique contemporaine de Paris. En 1965, il crée le Quatuor qui porte son nom et dont l'essor est rapide. De 1973 à 1982, il assure la direction de l'Orchestre de Chambre de Rouen. A partir de 1977, il est à la tête du Conservatoire d'Évreux, où il crée une vie musicale importante. Il est également, depuis 1977, conseiller artistique de l'Orchestre des Concerts Lamoureux. Entre 1981 et 1985, il assure la direction de l'Orchestre de la Ville de Rennes tout en occupant les fonctions de directeur musical du théâtre de cette même ville. En 1983, il est nommé président-chef d'orchestre des Concerts Lamoureux et, l'année suivante, professeur de musique de chambre au Conservatoire de Paris.

Bernstein, Leonard

Chef d'orchestre, compositeur et pianiste américain, né à Lawrence (Massachusetts) le 25 août 1918, mort à New York le 15 octobre 1990.

Sa famille – juifs russes – a émigré aux États-Unis. Leonard commence, dès l'enfance, l'étude du piano, puis travaille à l'Université Harvard avec Helen Coates et Geblard. Diplômé en 1939, après avoir suivi les cours de E. B. Hill, de W. Piston et de A. T. Merritt, il s'inscrit à l'Institut Curtis de Philadelphie où il perfectionne le piano avec Isabella Vengerova, la direction d'orchestre avec Reiner et l'orchestration avec Thompson. Passionné par la direction d'orchestre, il se rend à Tanglewood, en 1940-41, auprès de Koussevitzky qui le choisit comme assistant en 1942. L'année suivante, Rodzinski l'invite comme chef assistant à l'Orchestre Philharmonique de New York. Le 14 novembre 1943, il remplace au dernier moment Bruno Walter malade à la tête de cet orchestre. Il est rapidement engagé comme chef du New York City Orchestra (1945-48). En 1947, il dirige l'Orchestre Philharmonique d'Israël, dont il sera conseiller musical jusqu'en 1949. Il se rend, ensuite, en tournée avec Koussevitzky. On le retrouve à Vienne, Milan, Paris et Londres à la tête des grandes formations. A la mort de Koussevitzky en 1951, il enseigne à Tanglewood (1951-55), au département de direction d'orchestre. Il donne aussi des cours à l'Université de Brandeis de 1951 à 1956. L'année suivante, à New York, il dirige, en alternance avec Mitropoulos, l'Orchestre Philharmonique de New York. Devenu directeur musical de cet orchestre (1958-69) puis *laureate conductor* à vie, il effectue de nombreuses tournées : il est le premier chef américain invité à la Scala (1953) pour les représentations de *Médée*, puis de *La Bohème* et de *La Somnambule* en 1955. Il débute au Met en 1964 et à l'Opéra de Vienne en 1966.

A partir de 1969, il mène une carrière de chef invité dans le monde entier ; il s'attache plus particulièrement à la Philharmonie de Vienne (avec laquelle il enregistre sa deuxième intégrale des symphonies de Beethoven), la Philharmonie d'Israël (avec laquelle il enregistre ses propres symphonies), l'Orchestre Symphonique de Londres (qu'il choisit pour Mahler et Stravinski et dont il devient le président en 1987), l'Orchestre du Concertgebouw d'Amsterdam (Schubert) et l'Orchestre National de France (musique française). Il donne des cours dans différentes universités américaines, notamment à Harvard, et dirige régulièrement les stages de direction d'orchestre du Berkshire Music Center à Tanglewood. En Europe, il est l'hôte du Conservatoire américain de Fontainebleau et, à partir de 1986, du Festival du Schleswig-Holstein.

Son répertoire est d'un éclectisme étonnant, mais il donne le meilleur de lui-même dans Mahler, Gershwin ou Stravinski. Ouvert à la musique contemporaine, il poursuit l'œuvre de Koussevitzky en faveur des compositeurs américains : il a notamment révélé la *Symphonie n° 2* de Charles Ives en 1951. Parmi les créations figurant à son actif, on trouve des œuvres de Samuel Barber, Richard Rodney Bennett (*Symphonie n° 2,* 1968), Elliott Carter (*Concerto pour orchestre,* 1970), Carlos Chávez, Rodion Chtchedrine (*Concerto pour orchestre n° 2,* 1968), Aaron Copland, Jacob Druckman (*Auréole,* 1979), David Diamond (*Symphonie n° 5,* 1966 ; *Symphonie n° 8,* 1960 ; *Symphonie n° 9,* 1985), Alberto Ginastera (*Concerto pour violon,* 1963), Howard Hanson (*Symphonie n° 6,* 1968), Hans Werner Henze (*Symphonie n° 5,* 1963), Otto Luening (*Concerted Piece,* 1960), Peter Mennin (*Symphonic Allegro,* 1945), Olivier Messiaen (*Turangalîla-Symphonie,* 1949), Walter Piston, Francis Poulenc (*Sonate pour clarinette et piano,* 1963), Ned Rorem (*Symphonie n° 3,* 1959), William Schuman (*Symphonie n° 8,* 1962 ; *In Praise of Shah,* 1969). Il est dédicataire des *24 préludes* de Marius Constant.

Sa vitalité et son enthousiasme l'ont très vite rendu populaire. A la télévision, il présente la musique sous un jour nouveau où l'initiation joue un rôle essentiel. Son arrivée à la tête de l'Orchestre Philharmonique de New York a donné un essor considérable à cet orchestre : ensemble, ils ont réalisé plus de 200 disques, avec un chiffre de vente annuel d'environ 400 000 exemplaires.

Tournées, enseignement, concerts ne font pas disparaître ses autres activités : le piano et la composition. Depuis son adolescence il écrit aussi bien pour le concert que pour la scène : *Sonate pour clarinette, Je hais la musique* (New York, 1943, cycle de chants), *Jeremiah-Symphony* (Boston, 1944). *Fancy-Free*, ballet sur une chorégraphie de Robbins, qui deviendra une comédie musicale à grand succès à Broadway, *Sur la ville.* Bernstein travaille aussi pour le cinéma, puis, après sa *Symphonie n° 3* (1960), compose sur des thèmes religieux : *Psaumes de Chichester*, commande de la cathédrale de Chichester pour le Festival

1965. Pour l'inauguration du Kennedy Center de Washington, il écrit une *Messe* (1971). Une force mystique habite ses œuvres musicales ; s'appuyant sur des textes bibliques, Bernstein affirme lui-même sa propre recherche.

Bernstein mêle dans le même creuset ce qui constitue sa vie, sans se couper de ses racines et souvenirs. Son style est fait de plusieurs composantes : le jazz, la musique populaire, le choral religieux, les *songs*, les ballades. Il tend à une expression large. La musique de *West Side Story* est un exemple parfait de son aisance à manier ensemble rythmes et mélodies. Il a écrit une opérette, *Candide* (1955), un premier opéra *Trouble in Tahiti* (1952), et a mis en musique des ouvrages de Rilke et Anouilh. En 1983, il revient à l'opéra avec *A Quiet Place*, une commande de l'Opéra de Houston, la Scala de Milan, le Kennedy Center de Washington et l'Opéra de Vienne.

ÉCRITS : *The Joy of Music*, New York (1959) ; *Young People's Concerts*, New York (1962) ; *The Infinite Variety of Music*, New York (1966) ; *Question Without Answer*, Cambridge, Mass. (1976), trad. française *La Question sans réponse* (1982) ; *Findings*, New York (1982) ; Leonard Bernstein, *Una vita per la musica*, entretiens avec Enrico Castiglione, Rome (1989, trad. française, *Le Partage de la musique*, Paris, 1993).

Beroff, Michel

Pianiste français, né à Épinal le 9 mai 1950.

Il fait ses premières études au Conservatoire de Nancy, puis à celui de Paris où il obtient un 1er prix en 1966 et suit le cycle de perfectionnement. En 1967, il donne son premier concert à Paris et obtient à Royan le 1er prix au Concours international Olivier Messiaen. Ce jeune pianiste a eu la sagesse de s'arrêter parfois et de se retirer pour travailler. Sollicité un peu partout, il joue avec les plus grands chefs. Son répertoire, très vaste, va de Mozart à Messiaen et son sens du rythme et des couleurs le rend particulièrement à l'aise dans la musique de Debussy, Stravinski, Bartók et Prokofiev. Ses partenaires de musique de chambre sont Augustin Dumay et Pierre Amoyal. Au sein d'une discographie abondante, il faut signaler les intégrales des concertos de Prokofiev et de l'œuvre pour piano et orchestre de Liszt, avec de nombreuses premières. Une paralysie d'un doigt de la main droite le contraint, pendant plusieurs années, à se limiter au répertoire pour la main gauche seule. Il a également commencé à pratiquer la direction d'orchestre. En 1988, il enseigne à l'Université de Bloomington (USA). En 1989, il est nommé professeur au Conservatoire de Paris.

Berry, Walter

Baryton-basse autrichien, né à Vienne le 8 avril 1929.

Il fait ses études à l'Académie de musique de Vienne avec Endré Koreh, Hans Duhan et Hermann Gallos. Il débute à l'Opéra de Vienne en 1950 et remporte son premier grand succès dans le comte des *Noces de Figaro*. En quelques années il choisit et élargit un répertoire qui lui vaut d'être invité en Allemagne et en Amérique. Il chante au Metropolitan Opera de New York, en 1966. Très vite attiré par la musique contemporaine, soliste régulier au Festival de Salzbourg dès 1952, il crée *La Légende irlandaise* de Egk, *Le Procès* de von Einem, *Pénélope* de Liebermann.

Entre 1957 et 1971, il a souvent pour partenaire **Christa Ludwig**, qu'il a épousée. Son répertoire va de Mozart à Berg, en passant par Wagner, Strauss et Bartók. Il est un Papageno bouillant de vie, un puissant Wotan, un inquiétant Barbe-Bleue (Bartók). Il chante aussi Barak dans *La Femme sans ombre* de R. Strauss. Quant au personnage de Wozzeck (Paris, direction Boulez), il reste, par le talent de Walter Berry, d'une grande vérité. En 1990, il est nommé professeur à la Hochschule für Musik de Vienne (lied et oratorio).

Bertholon, Louis

Chef d'orchestre français, né à Paris le 11 novembre 1927.

Il étudie au Conservatoire de Paris, où il obtient un 1er prix de direction d'orchestre. Premier prix du Concours international de

Besançon en 1955, il est nommé directeur du Conservatoire de Bayonne-Côte basque en 1958. De 1963 à 1973, il assure les mêmes fonctions au Conservatoire de Lyon. En 1973, il est nommé inspecteur principal à la Direction de la Musique du ministère des Affaires culturelles. Il garde ce poste jusqu'en 1977, époque où il décide de se consacrer uniquement à la direction d'orchestre. Un an plus tard, il devient directeur de l'Orchestre de Montpellier, poste qu'il conserve jusqu'en 1983. Il a créé *Profils éclatés*, d'Antoine Tisné, et plusieurs œuvres de Roger Calmel.

Bertini, Gary

Chef d'orchestre israélien, né à Brichevo (URSS) le 1er mai 1927.

Enfance en Palestine où il apprend le violon dès l'âge de six ans. Il travaille au Conservatoire de Milan (1946-47) puis au Conservatoire de Paris (1951-54) avec Nadia Boulanger, Jacques Chailley, Arthur Honegger et Olivier Messiaen. Il retourne en Israël où il fonde le Chœur Rinat qui devient le chœur de chambre d'Israël. L'année 1955 marque ses débuts de chef d'orchestre à la tête de l'Orchestre Philharmonique d'Israël avec lequel il fait en 1960 une tournée aux USA. De 1965 à 1975, il est directeur musical de l'Orchestre de Chambre d'Israël et, de 1977 à 1986, de l'Orchestre Symphonique de Jérusalem. Rolf Liebermann lui confie la reprise, en 1975, d'*Ariane et Barbe-Bleue* de Paul Dukas à l'Opéra de Paris. A la même époque, il est *principal guest* de l'Orchestre National d'Écosse. Il a réalisé les premières discographiques des deux symphonies de Kurt Weill et de *Die drei Pintos* de Weber-Mahler.

Outre ses activités de chef d'orchestre, Gary Bertini – qui parle neuf langues – est compositeur d'une cinquantaine d'œuvres (musique de chambre, de ballets, de films). Il enseigne à l'Université de Tel-Aviv depuis 1958. Il est directeur du Festival d'Israël (1976-83) et a succédé à Antal Dorati à la direction de l'Orchestre Symphonique de Detroit (1981-84). Entre 1983 et 1991, il est à la tête de l'Orchestre Symphonique du WDR de Cologne puis, entre 1987 et 1990, directeur général de la musique à Francfort (Opéra et Museumsorchester). En 1994, il prend la direction musicale du nouvel Opéra de Tel-Aviv. Il a créé des œuvres de Darius Milhaud (*Cantate de l'initiation,* 1962), Joseph Tal (*Ashmedai,* Opéra de Hambourg, 1971 ; *Masada 967*, Festival de Jérusalem, 1973), Niccolò Castiglioni (*Le Favole di Esopo,* 1980), Udo Zimmermann, Wolfgang Rihm (*Chiffres V,* 1984 ; *Abkehr,* 1986), Dieter Schnebel (*Mahler-Moment,* 1986), Mauricio Kagel (*Fragende Ode*, 1989 ; *Liturgien,* 1990), Giacomo Manzoni (*Doktor Faustus,* 1989).

Berton, Liliane

Soprano colorature française, née à Lille en 1929.

Elle étudie au conservatoire de sa ville natale avant de suivre les cours du Conservatoire de Paris. En 1952, elle débute à l'Opéra-Comique lors de la création de *Dolorès* de Michel-Maurice Lévy. Le charme indéniable et la légèreté musicale de sa voix font de sa carrière un feu d'artifice. Elle est aussitôt engagée à l'Opéra de Paris et s'impose parmi les sopranos coloratures de sa génération. Elle remporte de grands succès, particulièrement comme Chérubin puis comme Suzanne des *Noces de Figaro,* comme Rosine du *Barbier de Séville*, et comme Eurydice de l'*Orphée* de Gluck. Elle redonne vie et charme au rôle-titre des *Noces de Jeannette* de Massé. En 1957, elle participe à la création des *Dialogues des carmélites* de Poulenc, dans le rôle de Constance.

Besrodny, Igor

Violoniste et chef d'orchestre russe, né à Tbilissi le 7 mai 1930.

Son père l'initie au violon avant d'être l'élève d'Abram Yampolski au Conservatoire de Moscou (jusqu'en 1955). En 1949, il remporte le 1er prix au Concours international de Prague et, l'année suivante, au Concours Bach de Leipzig. En 1957, il commence à enseigner au Conservatoire de Moscou où il sera nommé professeur en 1972. Entre 1965 et 1972, il constitue un trio avec Dmitri Bachkirov et Mikhail Khomitzer. En 1970, il effectue ses débuts de chef d'orchestre à Moscou et prend la succession de Rudolf Barshaï à la tête de l'Orchestre de Chambre de Moscou (1977-83). Il est ensuite nommé chef permanent de l'Orchestre Philharmonique de Turku, en Finlande, poste qu'il conserve jusqu'en 1990. Il a créé le *Concerto pour violon n° 1* (1948) de Dmitri Kabalevski.

Bianco, René

Baryton français, né à Constantine le 21 juin 1908.

Dès son plus jeune âge, il hante les coulisses du théâtre de sa ville natale. On finit par adopter ce petit bonhomme. On en fait un accessoiriste, un figurant, un choriste..., mais alors on s'aperçoit qu'il a une voix. On l'envoie au conservatoire. Il y glane tous les prix. Alors, il tourne sur toutes les scènes d'Afrique du Nord, jusqu'au jour où Fred Bordon, superbe basse, célèbre Méphisto, présente le jeune phénomène à Georges Hirsch qui l'engage sur-le-champ. Il débute Salle Favart le 2 mai 1948 dans le rôle de Dappertutto, et, dès le lendemain, à l'Opéra, dans Telramund. Ce départ sur les chapeaux de roue sera l'image même de la carrière de ce merveilleux et grand bonhomme tout simple, passionné de son art, fier d'appartenir à la RTLN au point de refuser les offres les plus flatteuses pour ne pas trahir « sa maison ». Salle Favart, il sera Escamillo, Tonio, d'Orbel, Scarpia, Zurga, Alfio, les quatre rôles des *Contes d'Hoffmann* et crée *Dolorès* de Michel-Maurice Lévy. A l'Opéra, il « est » Amonasro, Iago, Rigoletto, mais aussi, en allemand, Kurwenal et un terrifiant Pizarro. Et qui oubliera ce « père » de Louise qu'il chantait encore mieux que personne à soixante-dix ans passés ? Il exporta le grand, le puissant, le beau chant français à Budapest, à Genève, à Lisbonne, à Florence, à Bologne, outre-Atlantique et, bien sûr, outre-Quiévrain. Homme bon et modeste, artiste accompli, c'est aussi un professeur incomparable.

Bianconi, Philippe

Pianiste français, né à Nice le 27 mars 1960.

Il commence ses études musicales au conservatoire de sa ville natale avec Mme Delbert-Février avant de travailler avec Gaby Casadesus et Vitali Margulis à Paris et à Fribourg. En 1977, il remporte le 1er prix au Concours international des Jeunesses Musicales à Belgrade et, en 1981, au Concours Robert Casadesus de Cleveland. En 1985, il obtient une médaille d'argent au Concours Van Cliburn. Sa carrière se développe rapidement aux États-Unis et en Europe. Partenaire du Quatuor de Tōkyō, de Jean-Pierre Rampal et de Pierre Amoyal, il accompagne régulièrement le baryton Hermann Prey. Son répertoire est principalement centré sur la musique française (Debussy, Ravel) et la musique romantique.

Bigot, Eugène

Chef d'orchestre français, né à Rennes le 28 février 1888, mort à Paris le 17 juillet 1965.

Après des études au Conservatoire de Paris où il est l'élève de Xavier Leroux, André Gédalge et Paul Vidal, il commence sa carrière comme chef des chœurs au Théâtre des Champs-Élysées où il participe, sous la direction d'Inghelbrecht, à la saison inaugurale (1913-14). Après l'interruption de la guerre, il est nommé chef d'orchestre des Ballets Suédois (1920-23) puis chef d'orchestre attaché à la Société des Concerts du Conservatoire (1923-25). Il revient au Théâtre des Champs-Élysées (1925-28) avant d'être nommé chef d'orchestre à la Radio (1928-34). Il passe une saison à Monte-Carlo (1934-35) et devient président-chef d'orchestre des Concerts Lamoureux (1935-51) où il succède à Albert Wolff. A la même époque, il est nommé premier chef d'orchestre à l'Opéra-Comique (1936-47). Après la guerre, il participe à la fondation de l'Orchestre Radio-Symphonique (1947) qui deviendra plus tard l'Orchestre Philharmonique de la RTF et dont il sera le chef permanent jusqu'à sa mort.

Eugène Bigot s'est imposé par un métier irréprochable qui lui permettait de diriger tous les répertoires et d'être particulièrement à l'aise dans la musique de son temps. Le compositeur laisse quelques suites d'orchestre, des ballets (*La Princesse d'Elide*, *Laurenza*, *Pyrrhique*), de la musique de chambre et des mélodies. Il a créé une œuvre de Jean Martinon (*Symphonie nº 1*, 1940).

Bilgram, Hedwig

Organiste et claveciniste allemande, née à Memmingen le 31 mars 1933.

Elle fait ses études avec Karl Richter (orgue et piano) et Friedrich Wührer (piano) avant de commencer une carrière de soliste. En 1961, elle enseigne l'orgue à la Hochschule für Musik de Munich où elle se voit confier une classe de clavecin en 1964 avant d'être nommée professeur. Elle a beaucoup joué sous la direction de Karl Richter et donné de nombreux concerts trompette et orgue avec Maurice André. Ensemble, ils ont créé des œuvres d'André Jolivet (*Arioso barocco*), Henri Tomasi (*Semaine sainte à Curzo*), Harald Genzmer (*Sonate pour trompette et orgue*).

Billard, Marie-José

Pianiste française, née à Joué-lès-Tours le 4 septembre 1939.

Elle fait ses études au Conservatoire de Paris et remporte des premiers prix de piano (classe de Jean Doyen, 1958), ensemble instrumental (classe de Jacques Février, 1959) et musique de chambre, en duo avec Julien Azaïs (classe de Joseph Calvet, 1961). C'est la première fois qu'une telle distinction est accordée à un duo de pianistes. A partir de ce moment, elle se produit uniquement en duo avec Julien Azaïs : ils remportent un prix au Concours international de Munich (1964), le prix Jehan Alain pour leur enregistrement des concertos de J. S. Bach (1965) et la Médaille d'argent de la Ville de Paris (1969). Daniel-Lesur, P.-M. Dubois et A. Stallaert écrivent à leur intention. Ils donnent leur dernier concert le 16 août 1980 au Festival de Cluny et cessent leur activité en raison d'une ankylose de la main droite de M.-J. Billard. Ils gèrent depuis l'Agence B/A Musique.

Bilse, Benjamin

Chef d'orchestre allemand, né à Liegnitz le 17 août 1816, mort à Liegnitz le 13 juillet 1902.

Nommé *Stadtmusikus* dans sa ville natale en 1843, il y fonde un orchestre avant de se fixer à Berlin (1868-84) où il constitue, au Konzerthaus, une nouvelle formation qu'il élève à un niveau de qualité remarquable (les Bilse-Konzerte) et qui deviendra l'Orchestre Philharmonique de Berlin en 1882. Il se retire dans sa ville natale en 1884 et reçoit le titre de *Hofmusikus*.

Biondi, Fabio

Violoniste italien, né à Palerme le 15 mars 1961.

Il commence l'étude du violon dès l'âge de cinq ans et donne son premier concert à douze ans. Il s'intéresse à la musique ancienne et devient le violon solo de plusieurs ensembles spécialisés (La Chapelle Royale, Clemencic Consort, Les Musiciens du Louvre, Hespérion XX, Musica Antiqua Wien). En 1981, il fonde le Quatuor Stendhal qui joue sur des instruments d'époque tout en s'intéressant également à la musique contemporaine. Il est professeur au Conservatoire de Parme. En 1990, il fonde l'Europa Galante, un ensemble à géométrie variable qu'il dirige du violon et avec lequel il se consacre à la musique du XVIIᵉ siècle. Il joue sur un instrument de Paolo Antonio Testore (Milan, 1750).

Biret, Idil

Pianiste turque, née à Ankara le 21 novembre 1941.

Dès l'âge de deux ans et demi, elle manifeste des dons exceptionnels pour la musique. Quelques années plus tard, elle bénéficie d'une loi spéciale votée en son nom par l'Assemblée nationale turque pour venir travailler à Paris. Elle achève ses études au Conservatoire de Paris obtenant trois premiers prix dans les classes de piano (Jean Doyen), d'accompagnement (Nadia Boulanger) et de musique de chambre (Jacques Février). A l'âge de onze ans, elle joue à Paris le *Concerto pour deux pianos* de Mozart avec Wilhelm Kempff dont elle reçoit de précieux conseils ainsi que d'Alfred Cortot. A partir de 1957, elle entame une carrière internationale en soliste et sous la direction des plus grands chefs. En 1973, au Festival d'Istanbul, elle joue les *Sonates pour violon et piano* de Beethoven avec Yehudi Menuhin. En 1969 et 1971 elle est membre du jury du Concours de piano Olivier Messiaen à Royan, en 1978 du Concours Reine Élisabeth de Belgique. Son répertoire très vaste englobe la musique classique, romantique et contemporaine (Webern, Bartók, Stravinski, Boucourechliev). Elle présente volontiers des œuvres rarement jouées comme la *Symphonie fantastique* de Berlioz, transcrite par Liszt, et l'intégrale des symphonies de Beethoven, également transcrites par Liszt, dont elle réalise le premier enregistrement mondial en 1986 et qu'elle présente la même année en concert à Montpellier. Sa connaissance encyclopédique de la littérature du piano lui a permis d'enregistrer ou de donner en concert l'intégrale de l'œuvre pianistique de Beethoven, Chopin, Brahms, ou Rachmaninov. Elle a créé des œuvres de Jean Françaix (*Sonate pour piano,* 1960).

Birger, Myriam

Pianiste française, née au Caule Sainte-Beuve (Seine-Maritime) le 13 octobre 1951.

Élève de Lucette Descaves et de Jean Hubeau au Conservatoire de Paris, elle y obtient des premiers prix de piano (1965) et de musique de chambre (1966). En 1967, elle obtient le 4e prix au Concours international Long-Thibaud. Tout en commençant une carrière de soliste, elle se perfectionne avec Samson François et Julius Katchen puis avec Rosina Lhévinne à la Juilliard School of Music de New York (1970) et avec Byron Janis. Au cours des années quatre-vingt, elle choisit d'interrompre sa carrière pendant un certain temps pour enrichir et approfondir son répertoire et ne rejoue en public qu'à partir de 1986.

Bishop-Kovacevitch, Stephen

Voir **Kovacevich, Stephen.**

Bitetti, Ernesto

Guitariste argentin naturalisé espagnol (1979), né à Rosario le 20 juillet 1943.

Il étudie à Santa Fe avec Graziella Pomponio et Jorge Martinez Zarate. Il se produit dès l'âge de quinze ans dans sa ville natale puis devient professeur à l'École supérieure de musique de l'Université nationale Del Litoral (1964). Il débute en 1956 et, à partir de 1965, se produit sur le plan international. Fixé à Madrid en 1968, il joue aussi volontiers en soliste qu'en musique de chambre, formant un duo occasionnel avec le violoniste Ruggiero Ricci. Il est professeur à l'Université de l'Indiana, à Bloomington. Parmi les compositeurs qui ont écrit pour lui on trouve les noms de Mario Castelnuovo-Tedesco, John Duarte, Gilardo Gilardi, Federico Moreno-Torroba, Joaquin Rodrigo et Valdo de Los Rios.

Björling, Jussi (Johann Jonatan Björling)

Ténor suédois, né à Stora Tuna le 5 février 1911, mort à Stockholm le 9 septembre 1960.

Son père, **Karl David Björling**, était un ténor de bonne renommée qui chanta tant à Vienne qu'à New York et sa mère une excellente pianiste professionnelle. Dès l'âge de cinq ans, il prend ses premières leçons de chant avec son père, puis avec ce dernier et ses deux frères, Olle et Gösta, il forme un quatuor vocal qui se produit dans le monde entier. Le quatuor est entendu par John Forsell, baryton fameux et directeur de l'Opéra de Stockholm, qui prend Jussi comme élève en 1928. Le 11 juillet 1930, il prend son premier contact avec la scène de l'Opéra de Stockholm dans le petit rôle de l'Allumeur de réverbère dans *Manon Lescaut* de Puccini. Ses débuts officiels ont lieu le 20 août de la même année dans Don Ottavio, rôle suivi du terrible Arnold de *Guillaume Tell.* Pendant cinq ans, il reste pensionnaire de l'Opéra de Stockholm, s'y construisant un répertoire d'une vingtaine d'opéras (à la veille de sa mort il en aura plus de soixante). A partir de 1930, il quitte peu à peu son pays d'origine, se produisant d'abord en Scandinavie, à Copenhague, Oslo, Helsinki et Riga. En 1936, il est invité à chanter Radamès à l'Opéra de Vienne sous la direction de Victor de Sabata. Il ne chante alors qu'en suédois. Puis c'est Prague et l'Amérique avec Chicago en décembre 1937 dans *Rigoletto* et, le 24 novembre 1938, le Metropolitan Opera dans *La Bohème*, avec Mafalda Favero et John Brownlee. A Lucerne, cette même année, il chante le *Requiem* de Verdi sous la direction de Toscanini. Durant la guerre il revient en Suède et se produit à l'Opéra de Stockholm. Le 29 novembre 1945, il est de retour au Met pour un mémorable *Rigoletto* aux côtés de Bidu Sayão et Leonard Warren, prélude à une nouvelle collaboration avec la première scène nord-américaine qui ne prendra fin qu'avec sa mort prématurée.

Acteur plutôt statique, Jussi Björling s'imposait par sa voix, la plus belle depuis celle de Caruso, une voix ronde, ensoleillée, à la fois cuivrée et veloutée, s'épanouissant dans une éblouissante quinte aiguë. Il n'est pour s'en convaincre que d'écouter son air de Pâris de *La Belle Hélène* ou son « *Cujus animam* » du *Stabat Mater* de Rossini.

ÉCRITS : *Med bagaget i strupen*, autobiographie (Stockholm, 1945).

Björling, Sigurd

Baryton suédois, né à Stockholm le 2 novembre 1907, mort à Helsingborg le 8 avril 1983.

Après des études dans sa ville natale avec Louis Condé et Torsten Lennartson, il débute à l'Opéra royal de Stockholm en 1934 (Billy Jackrabbit dans *La Fille du Far West*). Sur les conseils du chef d'orchestre Leo Blech il entreprend l'étude du répertoire wagnérien. Il chante Wotan à Bayreuth pour la réouverture du festival en 1951. Il paraît au Covent Garden de Londres la même année (Kurwenal, Amfortas, Wotan) et au Met de New York en 1952-53. A l'Opéra de Paris, il chante Wotan entre 1955 et 1958.

Bjoner, Ingrid

Soprano norvégienne, née à Kråkstadt le 8 novembre 1928.

Elle étudie aux conservatoires de Francfort, avec Paul Lohmann, et de Düsseldorf avec Franziska Martiens-Lohmann avant de débuter à l'Opéra d'Oslo (1957) comme Donna Anna (*Don Giovanni*). Elle est engagée à l'Opéra de Wuppertal (1957-59), à l'Opéra de Düsseldorf (1959-61) puis à l'Opéra de Munich (1961). Dès lors, elle chante à Vienne et Francfort, à Londres et San Francisco où elle remporte de très grands succès. Elle se lie par contrat, ensuite, avec les opéras de Stockholm et d'Oslo. A Bayreuth, elle participe au *Ring* de 1960 (Freia et Gutrune). En 1961, elle fait ses débuts au Met dans Elsa (*Lohengrin*) ; la même année, elle reçoit le titre de Kammersängerin. Elle chante à Covent Garden (1967), Varsovie, Vancouver... et s'impose comme l'une des grandes interprètes wagnériennes. En 1970, elle incarne Léonore (*Fidelio*) au Festival de Salzbourg. Dès lors, elle est invitée régulièrement à la Scala de Milan, à la Deutsche Oper de Berlin, à l'Opéra de Stuttgart et à Paris (Isolde et Tosca à l'Opéra, Turandot à Bercy en 1985).

Blachut, Beno

Ténor tchèque, né à Ostrau-Witkowitz (aujourd'hui Ostrava-Vítkovice) le 14 juin 1913, mort à Prague le 10 janvier 1985.

Il fait ses études au Conservatoire de Prague avec Louis Kadeřábek (1935-39) et débute à Olmütz (Olomouc) en 1939 dans Jeník (*La Fiancée vendue*). Il est engagé dans la troupe de l'Opéra de Prague en 1941 où se déroulera la totalité de sa carrière (1941-81). Après la guerre, il est invité dans différents pays européens, surtout pour chanter les rôles du répertoire tchèque : festivals de Hollande (*Katia Kabanova,* 1959) et d'Édimbourg (*La Maison des morts,* 1964 ; *Les Voyages de Monsieur Brouček,* 1970), Bolchoï, Fenice de Venise, Monnaie de Bruxelles... Il s'impose également dans des rôles aussi divers que Don José, Radamès (*Aïda*),

Florestan (*Fidelio*), Otello, Faust ou Ferrando (*Così fan tutte*). Il a créé *Le Malade imaginaire* de Jiří Pauer (1970).

Blake, Rockwell

Ténor américain, né à Plattsburgh (New York) le 10 janvier 1951.

Après des débuts dans *L'Italienne à Alger* (Washington, 1976) et ayant remporté le Richard Tucker Award (1978), il s'impose rapidement comme l'un des rares ténors rossiniens de la fin du siècle. Il débute au New York City Opera dans *Le Comte Ory* en 1979. A la Monnaie, à l'Opéra de Vienne, à Dallas, au Metropolitan Opera de New York (débuts en 1981 dans *L'Italienne à Alger*), à Hambourg, il chante Almaviva, *Le Comte Ory*, *La Donna del Lago*... En 1983, il incarne Mithridate (Mozart) au Festival d'Aix-en-Provence où on le retrouve en 1988 dans *Armide* de Rossini. Dès 1984, il devient l'un des invités réguliers du Festival Rossini de Pesaro. Il débute à l'Opéra de Paris en 1985 dans *Robert le Diable* de Meyerbeer. Il chante au San Carlo de Naples (1985-88), à l'Opéra de Munich (1987), à l'Opéra de Rome (1988), à l'Opéra de Bonn (*La Donna del Lago,* 1990), au Grand-Théâtre de Genève (*Le Barbier de Séville,* 1991), à Lausanne (*Le Pirate de Bellini,* 1992).

Blanc, Ernest

Baryton français, né à Sanary-sur-Mer le 1er novembre 1923.

En 1946, il se présente à l'un de ces concours de chant alors très en vogue dans le midi de la France. Au jury siège le directeur du Conservatoire de Toulon qui le prend immédiatement en charge. Trois ans plus tard, il en sort avec le prix d'excellence. Immédiatement engagé à l'Opéra de Marseille, sa voix superbe, sa prestance et sa noblesse naturelle font de lui une vedette à part entière. En 1954 il « monte » à Paris. Il chante son premier Rigoletto sur la scène du Palais Garnier : succès immense ! Puis Valentin (auquel il donne une dimension oubliée depuis Endrèze), Amonasro, le Grand Prêtre de *Samson et Dalila*, Wolfram de *Tannhäuser*, Renato du *Bal masqué* et ce Don Juan où sa prestance et sa voix évoquent irrésistiblement Pinza. La Salle Favart le fête en Zurga, en Eugène Onéguine, en Tonio... En 1958 et 1959, il est Telramund aux côtés de Leonie Rysanek et d'Astrid Varnay à Bayreuth. Mais il ne reprendra plus le chemin du haut lieu wagnérien : « Bayreuth vous mange la moitié de l'été. » Équilibré et modeste, Ernest Blanc estime que pour durer une carrière d'artiste doit comporter des temps pour le repos, pour la réflexion et... pour la famille. Pourtant, il voyage. A la Scala, il fait un « malheur » en Escamillo. Il chante *Don Juan*, *Les Puritains*, *Thaïs*, *Rigoletto*, *Un bal masqué*, à Glyndebourne, à Édimbourg, à Londres, à Naples, à Chicago, à New York... Sous Liebermann, il reviendra à Paris chanter *Le Trouvère*, *Samson et Dalila*, *La Damnation de Faust*, *Le Château de Barbe-Bleue*... Il cesse de chanter en 1987. Il a créé le rôle de Théogène dans *Numance* d'Henry Barraud (1955).

Blankenheim, Toni

Baryton allemand, né à Cologne le 12 décembre 1921.

Il fait ses études au conservatoire de sa ville natale et débute, en 1945, à l'Opéra de Francfort à la troupe duquel il appartient jusqu'en 1950. Depuis, il fait partie de celle de l'Opéra de Hambourg. De 1954 à 1960, il remporte de très grands succès au Festival de Bayreuth en Beckmesser (*Meistersinger*), en Donner (*Rheingold*) et en Klingsor (*Parsifal*). Il se spécialise bientôt dans les rôles de caractère du répertoire contemporain : Alban Berg (il fut un des grands Wozzeck). Il crée en Allemagne *Der Mond* d'Orff (1950), *Rake's Progress* de Stravinski (1951), *Le Viol de Lucrèce* de Britten (1953), *Il Campiello* de Wolf-Ferrari, *Der Prozess* de von Einem ; il crée *Die Heirat* de Martinů (1954), la nouvelle version de *Die Heimkehr* de Mihalovici (1955), *Le Prince de Hombourg* de Henze, *Der goldene Bock* de Krenek (1964), *Der Zerrissene* de von Einem (1964), *Le Sourire au pied de l'échelle* de Bibalo (1965), *Arden doit mourir* de Goehr (1967), *Hamlet* de Searle (1968), *L'État de siège* de Kelemen

(1970), *Candide* de Marius Constant (1971), *Les Aventures de Tartarin de Tarascon* de Niehaus (1977). Il se consacre désormais à la mise en scène.

Blanzat, Anne-Marie (Leïla)

Soprano française, née à Neuilly le 24 novembre 1944.

Issue de la Maîtrise de Radio France, elle commence à onze ans une carrière qui se développe en France et à l'étranger. Au Festival d'Aix-en-Provence 1966, elle chante le rôle d'Yniold dans *Pelléas et Mélisande* et le reprend à Glyndebourne. Mais c'est Mélisande qui deviendra son rôle fétiche. Elle le chantera dans toute l'Europe, atteignant la cinquantième reprise à Nantes en 1974. Aussi à l'aise dans Mozart (Suzanne) que dans le répertoire contemporain (elle participe à la création des *Traverses du temps* de Prodromidès en 1979), elle aborde des pages du répertoire français oublié ou peu joué : *Mârouf, Hippolyte et Aricie*, *Les Dialogues des carmélites*, *Les Liaisons dangereuses* (Claude Prey). En 1983, elle incarne Juliette à l'Opéra du Rhin et, l'année suivante, Manon pour le centenaire de l'ouvrage de Massenet. Elle a créé des œuvres de Renaud Gagneux (*Orphée,* 1989 ; *Te Deum,* 1989).

Blareau, Richard

Chef d'orchestre français, né à Lille le 19 août 1910, mort à Paris le 16 janvier 1979.

Au Conservatoire de Paris, il travaille le violon, les écritures et la direction d'orchestre avec notamment Rabaud et Gaubert. Après un 1er prix de violon et un 1er prix de direction, il se perfectionne avec André Cluytens et remporte le Grand Prix Walther Straram en 1946. Il dirige au Casino de Vichy puis, pendant quatre ans, il est directeur musical à Monte-Carlo. On le trouve ensuite à la tête des Ballets du Théâtre des Champs-Élysées, de l'Orchestre Philharmonique de Nice (1956-59) avant qu'il ne soit nommé directeur musical de l'Opéra de Nice. De 1947 à 1972, il dirige régulièrement à l'Opéra-Comique.

Blech, Leo

Chef d'orchestre et compositeur allemand, né à Aix-la-Chapelle le 21 avril 1871, mort à Berlin le 25 août 1958.

Il fait ses études musicales à la Hochschule de Berlin où il est l'élève de Waldemar Bargiel (composition) et Ernst Rudorff (piano) avant de travailler avec Humperdinck. En 1893, il effectue ses débuts de chef d'orchestre au Théâtre Municipal d'Aix-la-Chapelle où il reste jusqu'en 1899. Puis on le trouve successivement à Prague, au Landestheater (Théâtre allemand) de 1899 à 1906, à Berlin, où il est premier chef d'orchestre à l'Opéra Royal en même temps que Richard Strauss (1906-13) avant d'être nommé directeur général de la musique (1913-23). Entre-temps, en 1918, l'Opéra Royal est devenu le Staatliche Opernhaus dont il est directeur artistique en 1923-24. En 1925, il occupe les mêmes fonctions à la Volksoper de Vienne et revient à Berlin en 1926 où il est nommé chef d'orchestre à l'Opéra d'État, conjointement avec Erich Kleiber. De 1924 à 1929, il dirige également l'Orchestre Philharmonique de Stuttgart. En 1937, il choisit l'exil pour des raisons politiques : il passe quatre ans à Riga avant de s'installer à Stockholm où il trouve une place de chef d'orchestre à l'Opéra Royal (1941-49). A son retour à Berlin, il est nommé directeur général de la musique à la Städtische Oper (1949-54). Comme sa carrière de chef d'orchestre, l'œuvre de Leo Blech est essentiellement orientée vers le théâtre : on lui doit six opéras (dont *Versiegelt,* 1908), une opérette (*Die Strohwitwe,* 1920) ainsi que trois poèmes symphoniques et des mélodies.

Blegen, Judith

Soprano américaine, née à Lexington (Kentucky) le 22 avril 1941.

Après des études de violon et de chant au Curtis Institute (1959-64), elle remporte le Philadelphia Award, en 1962, et donne son premier récital l'année suivante. En 1964, elle participe au Festival de Spoleto et travaille le répertoire italien avec Luigi Ricci. Ayant décidé de rester en Europe, elle est engagée à l'Opéra de Nuremberg (1963-66). En 1968, elle débute à l'Opéra de

Vienne, en Rosine (*Le Barbier de Séville*). En 1969, elle retourne aux États-Unis à l'appel de l'Opéra de Santa Fe où elle participe à la première américaine de *Help ! Help ! the Globolinks !* de Menotti (rôle d'Émilie) ce qui lui ouvre les portes du Met, où elle débute en Papagena. Son soprano léger, musical et rayonnant lui permet d'aborder avec succès Zerline (*Don Giovanni*), Sophie (*Rosenkavalier*) et Mélisande. Son interprétation du *Pelléas* de Debussy la consacre : elle est invitée à Salzbourg (1974), à Édimbourg (1976), à l'Opéra de Paris (1977). Elle a épousé le violon solo de l'Orchestre du Met, **Raymond Gniewek**.

Blomstedt, Herbert

Chef d'orchestre suédois, né à Springfield (USA) le 11 juillet 1927.

Il fait ses études musicales à Stockholm jusqu'en 1950 avant de se perfectionner, à Salzbourg, avec Igor Markevitch dont il deviendra l'assistant. Il débute à la tête du Norrköping Symphony Orchestra (1954-62). Puis il prend la direction de l'Orchestre Philharmonique d'Oslo (1962-68). A la même époque, il enseigne la direction d'orchestre au Conservatoire de Stockholm (1965-71). Il est ensuite nommé à la tête de l'Orchestre Symphonique de la Radio Danoise (1968-78). Sa carrière de chef invité se développe sur le plan international, notamment en Allemagne démocratique où il dirige régulièrement avant de prendre la direction de la Staatskapelle de Dresde (1975-85). De 1977 à 1982, il est premier chef de l'Orchestre Symphonique de la Radio Suédoise et, de 1985 à 1995, directeur musical de l'Orchestre Symphonique de San Francisco.

Il a créé des œuvres de Friedrich Goldmann (*Inclinatio temporum,* 1981), John Harbison (*Symphonie n° 2,* 1987), Manfred Weiss (*Symphonie n° 3,* 1984).

ÉCRITS : *Lars-Erik Larson och hans concertinor*, Stockholm (1957).

Bloomfield, Theodore

Chef d'orchestre américain, né à Cleveland le 14 juin 1923.

Il fait ses études à Oberlin jusqu'en 1944 puis à la Juilliard School avant de se perfectionner avec Pierre Monteux. Dès 1945, il débute à New York et devient, l'année suivante, assistant de George Szell à Cleveland. De 1947 à 1952, il dirige également le Cleveland Little Symphony Orchestra et, à partir de 1949, il est chef d'orchestre au Civic Opera de la même ville. En 1955 il est nommé directeur de l'Orchestre Symphonique de Portland. Puis il est à la tête de l'Orchestre Philharmonique de Rochester (1958-64), chef permanent à l'Opéra de Hambourg (1964-66), directeur général de la musique à l'Opéra de Francfort et directeur du Museumsorchester (1966-68) avant de prendre la direction de l'Orchestre Symphonique de Berlin (1973-82).

Blot, Robert

Chef d'orchestre français, né à Seurre le 14 mai 1907.

Son père lui fait apprendre les notes en même temps que les lettres, dès sa plus petite enfance. Il fait ses études à Reims, apprend les instruments à archet, le cor. A Paris il obtient un 1er prix de cor. Marcel Samuel-Rousseau est son professeur d'harmonie. Il remplace le cor solo à l'Orchestre des Concerts Colonne, sans concours. Son expérience de musicien lui sera utile plus tard. Sur les conseils de Louis Beydts, il travaille la direction d'orchestre. En 1942, il dirige les Concerts Colonne. Trois ans plus tard, il est engagé à l'Opéra, où il débute avec *Faust.* Intéressé par le ballet, il en devient l'accompagnateur fervent au Palais Garnier. Le répertoire lyrique le passionne aussi. Il dirige régulièrement les concerts éducatifs des Musigrains et est chargé d'une classe d'orchestre au Conservatoire de Paris (1957-77).

Blumenthal, Daniel

Pianiste américain, né à Landstuhl (RFA) le 23 septembre 1952.

Il fait ses études à l'Université du Michigan (1970-74) et à la Juilliard School of Music de New York (1975-87). Il est l'élève de Charles Crowder, Josef Raieff et Benjamin Kaplan. Lauréat des concours de Sydney et de Leeds (1981), de Genève et de

Bolzano (1982), ainsi que du Concours Reine Élisabeth de Belgique (1983), il commence une carrière internationale dans laquelle il cherche volontiers à sortir des sentiers battus. Dans son répertoire, il accorde notamment une place privilégiée à la musique française de la fin du XIXe siècle et du début du XXe (création du *Trio en sol* de Debussy en 1985) et à la musique américaine : il a reçu de la National Endowment for the Arts une bourse pour l'exécution et l'enregistrement de programmes de musique américaine. En 1985, il est nommé professeur au Conservatoire royal flamand de Bruxelles. En musique de chambre, il se produit avec de nombreux partenaires, notamment Pierre Amoyal, Barry Tuckwell, Peter Zazofsky, John Aler, le Quatuor Orlando ou avec sa femme, la soprano **Dinah Bryant**. Il est membre du Trio à Clavier de la Monnaie de Bruxelles.

Blumenthal, Felicja

Pianiste polonaise, naturalisée brésilienne, née à Varsovie le 28 décembre 1915, morte à Tel-Aviv le 31 décembre 1991.

Karol Szymanowski lui enseigne la composition au Conservatoire de Varsovie, tandis qu'elle suit les cours de piano de Zdigniew Drzewiecki et de Josef Goldberg. Elle fait ses débuts internationaux juste avant la guerre. Mais en 1942, elle est obligée d'émigrer aux États-Unis. Puis elle s'installe au Brésil et donne un concert triomphal à Rio de Janeiro. C'est là que sa carrière va se consolider. En 1954, Villa Lobos, très impressionné par son interprétation des *Bachianas Brasileiras n° 3*, décide de composer pour elle son *Concerto n° 5 pour piano*. La création de l'œuvre a lieu à Londres en 1955. Dès 1960, sa carrière prend un tournant définitif. Elle se spécialise dans les œuvres « hors répertoire ». Ses compositeurs d'élection sont Ries, Paderewski, Czerny, Kozeluch, Hummel, Clementi et Field. Elle se fait la spécialiste de la version pianistique du *Concerto pour violon* de Beethoven. Elle est aussi la dédicataire et la créatrice de la *Partita pour clavecin et orchestre* de Penderecki (1972).

Bobesco, Lola

Violoniste roumaine naturalisée belge, née à Craiova le 9 août 1921.

Enfant prodige, elle donne à six ans son premier récital, accompagnée par son père, le professeur **Aurel Bobescú**, qui lui donne une formation musicale très complète. En 1934, elle remporte un 1er prix de violon au Conservatoire de Paris. La même année, elle débute aux Concerts Colonne sous la direction de Paul Paray. En 1937, elle devient un des plus jeunes lauréats du Concours Eugène Ysaÿe, à Bruxelles. Elle partage dès lors ses activités entre une carrière de soliste, jouant sous la direction de Böhm, Klemperer, Kempe, Ansermet, Paray ou Matačić, et la musique de chambre, soit en duo avec le pianiste français Jacques Genty, soit à la tête des Solistes de Bruxelles, fondés en 1963 et rebaptisés Ensemble d'archets Eugène Ysaÿe, dont elle est violon solo et directeur jusqu'en 1979. Professeur au Conservatoire Royal de Bruxelles, elle concentre désormais l'essentiel de ses activités en Belgique.

Bockelmann, Rudolf

Baryton-basse allemand, né à Bodenteich le 2 avril 1892, mort à Dresde le 9 octobre 1958.

Après avoir étudié le chant à Leipzig avec Oscar Lassner et Karl Scheidemantel, il débute à Celle dans le rôle du Héraut de *Lohengrin* en 1920. Il chante ensuite dans la troupe de l'Opéra de Leipzig (1921-26) puis à Hambourg où il incarne tous les rôles de barytons héroïques (1926-32). En 1930, il crée à Leipzig le rôle-titre de l'opéra d'Ernst Křenek, *La Vie d'Oreste*. De 1932 à 1945, il fait partie de la troupe de la Staatsoper de Berlin. Invité régulier du Festival de Bayreuth de 1928 à 1942 (il y tient les rôles du Hollandais, de Kurwenal, de Hans Sachs, de Wotan), il chante également à Covent Garden (de 1929 à 1938) et à l'Opéra de Chicago (de 1930 à 1932). Fortement compromis pendant la période nazie, il enseigne le chant à Hambourg à partir de 1946 où il chante également à l'Opéra (1945-51). En 1955, il se fixe à Dresde à l'invitation de la Musikhochschule et est nommé professeur l'année suivante. Il y enseignera jusqu'à la fin de sa vie. Il avait épousé la chanteuse **Maria Weigand**. La beauté et la vaillance de sa voix lui ont permis de briller particulièrement dans les rôles wagnériens, créant notamment un Hans Sachs d'une poésie inégalée.

Bodanzky, Artur

Chef d'orchestre autrichien, né à Vienne le 16 décembre 1877, mort à New York le 23 novembre 1939.

Après ses études au Conservatoire de Vienne, il travaille avec Zemlinsky et commence sa carrière comme violoniste à l'Opéra de sa ville natale. En 1900, il dirige une saison d'opérettes à Budweis (České Budějovice) et, en 1903, il est l'assistant de Mahler à l'Opéra de Vienne. Il est engagé comme chef d'orchestre au Théâtre An der Wien (1904), à Berlin (1905) puis à Prague (1906-09) avant d'être nommé premier chef d'orchestre à l'Opéra de Mannheim en 1909. Il dirige *Parsifal* à Covent Garden en 1914 (première représentation en dehors de Bayreuth) et s'impose rapidement comme l'un des plus éminents chefs wagnériens. Il est engagé au Met en 1915 où il dirigera régulièrement le répertoire allemand jusqu'à la fin de sa vie. Il est également nommé directeur de la Société des Amis de la Musique à New York (1916-31) et de l'Orchestre Symphonique de New York (1919-22). Il a dirigé en première audition américaine de nombreuses partitions majeures du XXe siècle comme *Le Chant de la terre* de Gustav Mahler, la *Messe glagolithique* de Leoš Janáček, *Le Roi David* d'Arthur Honegger, *Jonny spielt auf* d'Ernst Křenek ou *Schwanda* de Jaromír Weinberger. Il a écrit des récitatifs pour *La Flûte enchantée*, *Fidelio*, *Le Freischütz*.

Boegner, Michèle

Pianiste française, née à Lyon le 12 août 1941.

Élève de Marguerite Long, de Vlado Perlemuter et de Jacques Février, elle obtient à quinze ans les premiers prix de piano et de musique de chambre du Conservatoire de Paris. En 1958, lauréate du Concours Enesco de Bucarest, elle va se perfectionner avec Wilhelm Kempff et à l'école Scaramuzza de Buenos Aires. Son répertoire, essentiellement romantique, compte également des œuvres du début du XXe siècle. Pierre Amoyal et Frédéric Lodéon jouent souvent avec elle.

Boettcher, Wilfried

Violoncelliste et chef d'orchestre allemand, né à Brême le 11 août 1929, mort à Saint-Siffret (Gard) le 22 août 1994.

Il fait ses études à Hambourg, avec Arthur Troester, puis à Paris avec Pierre Fournier. Il suit également les cours de Pablo Casals. De 1956 à 1958 il est violoncelle solo à l'Opéra de Hanovre, puis de 1958 à 1965 professeur de violoncelle à l'Académie de musique de Vienne. En 1959, il fonde les Solistes de Vienne, orchestre de chambre qu'il dirige lui-même. Entre 1965 et 1974, il est professeur de violoncelle et de musique de chambre à la Musikhochschule de Hambourg. Il prend la direction de l'Orchestre Symphonique de Hambourg (1967-71). Il est chef permanent à l'Opéra de Hambourg (1970-73), ainsi que premier chef invité et conseiller artistique de l'Orchestre Symphonique de la RAI de Turin (1974-78). Il dirige régulièrement à la Deutsche Oper de Berlin (1975-82) et à l'Opéra de Vienne (1977-82). En 1986, il est nommé premier chef invité du Northern Sinfonia à Newcastle.

Boettcher, Wolfgang

Violoncelliste allemand, né à Brême le 30 janvier 1935.

Il travaille d'abord avec Richard Klemm, puis, à la Hochschule de Berlin, avec Hans Mahlke, Pepping et Blacher, jusqu'en 1959. La même année, il est lauréat du Concours international de Munich. Violoncelle solo à l'Orchestre RIAS de Berlin, il entre à la Philharmonie en 1958 dont il devient violoncelle solo en 1963. Il participe à la fondation du Quatuor Westphal (1958-63). Chargé de cours à la Musikhochschule de Berlin (1970), il y est nommé professeur en 1976, date à laquelle il abandonne ses fonctions de soliste à la

Philharmonie. Il participe alors à la fondation du Quatuor Brandis (1976). En 1986, il est nommé directeur artistique des Sommerliche Musiktage Hitzacker. Il joue en sonate et en trio avec sa sœur, la pianiste Ursula Trede, et avec le violoniste Ulf Hoelscher. Il a créé des œuvres de Giselher Klebe (*Concerto pour violoncelle,* 1990), Aribert Reimann (*Double Concerto pour violon et violoncelle,* 1989), Hans Vogt (*Concerto pour violoncelle,* 1968 ; *Movimenti,* 1986).

Boeykens, Walter

Clarinettiste belge, né à Bornem le 6 janvier 1938.

Il fait ses études au Conservatoire de Bruxelles et, dès 1964, il est engagé comme soliste dans l'Orchestre Symphonique de la Radio Belge, devenu, depuis, l'Orchestre Philharmonique de la BRT. Virtuose international, Walter Boeykens a joué sous la baguette des chefs les plus éminents, mais il s'est également produit avec le Quatuor Grumiaux, le Quatuor Via Nova et le Quatuor Amadeus. Il enseigne, depuis 1969, au Conservatoire d'Anvers, au Conservatoire d'Utrecht et à l'Académie d'été de Nice. Pierre Boulez lui confie, en 1968, la création de *Domaines*, dans la version pour clarinette et orchestre et des compositeurs comme Boesmans, Marcel Poot, René Chevreuille, André Laporte lui dédient des œuvres.

Böhm, Karl

Chef d'orchestre autrichien, né à Graz le 28 août 1894, mort à Salzbourg le 14 août 1981.

Fils d'un juriste, il étudie le droit et entre au Conservatoire de Graz puis à celui de Vienne où il travaille avec Eusebius Mandyczewski, l'ami de Brahms. En 1917, il devient répétiteur dans sa ville natale, second chef en 1919, premier en 1920. Bruno Walter l'appelle à Munich en 1921. Directeur général de la musique à Darmstadt dès 1927, il occupe les mêmes fonctions à l'Opéra de Hambourg (1931-34). En 1933, il dirige pour la première fois, à Vienne, *Tristan et Isolde.* Nommé directeur de l'Opéra de Dresde, il remplace Fritz Busch, chassé par les événements politiques (1934-42). Période importante : collaboration avec Richard Strauss : premières mondiales de *La Femme silencieuse* (1935) et de *Daphné,* qui lui est dédié (1938). Il crée également *Romeo und Julia* (1940) et *Die Zauberinsel* (1942) de Sutermeister ainsi que le *Concerto pour cor nº 2* de R. Strauss (1943). En 1938, Karl Böhm participe au Festival de Salzbourg : *Don Giovanni.* On l'y retrouvera tous les ans. En 1943, il est à la tête de l'Opéra de Vienne (jusqu'en 1944). Pour les quatre-vingts ans de Richard Strauss le 11 juin 1944, voici *Ariane à Naxos.* Puis c'est *Don Giovanni* à la Scala de Milan en 1948, une tournée de l'Opéra de Vienne à Paris en 1949. De 1950 à 1953, Böhm dirige la saison allemande au Teatro Colón à Buenos Aires. Fait marquant : l'apparition de *Wozzeck* (Berg) ; l'œuvre de Büchner sera alors traduite en espagnol. En 1953, il crée *Le Procès* de Gottfried von Einem au Festival de Salzbourg. L'année suivante, il est appelé à diriger pour la seconde fois l'Opéra de Vienne, reconstruit, où il reste jusqu'en 1956. 1957 : *Don Giovanni* au Met, à New York. 1962 : débuts à Bayreuth dans *Tristan* (qu'il dirige jusqu'en 1970). 1964 : *Les Maîtres chanteurs* à Bayreuth. 1965 : *Fidelio* à Tōkyō. 1965-67 : *La Tétralogie* à Bayreuth dans l'ultime mise en scène de Wieland Wagner. 1971 : Moscou et *Le Vaisseau fantôme* à Bayreuth. En France, il dirige notamment *La Femme sans ombre*, *Elektra* et *La Flûte enchantée* à l'Opéra de Paris, *Tristan* à Orange. La rigueur et l'esprit de jeunesse, la sensibilité et l'autorité, un dévouement total à la musique caractérisent ce chef qui a toujours tendu à s'effacer devant l'œuvre qu'il dirige. Son succès dans le monde, son épanouissement sont venus après un long et minutieux travail. Il aime Strauss, Beethoven, Wagner, Bruckner, Berg, mais c'est à Mozart, dont il a enregistré les symphonies en 1974, que va toujours son « grand amour ». Son fils, l'acteur Karlheinz Böhm, a été le partenaire de Romy Schneider dans *Sissi.*

ÉCRITS : *Rencontre avec Richard Strauss* (1964), *Ma vie* (1974).

Böhme, Kurt

Basse allemande, né à Dresde le 5 mai 1908, mort à Munich le 20 décembre 1989.

Après des études au conservatoire de cette ville avec le Dr Kluge, il débute en 1930 à la Staatsoper de Dresde dans le rôle de Kaspar (*Le Freischütz*). Une carrière internationale l'amène sur toutes les grandes scènes mondiales (Covent Garden à partir de 1936, Salzbourg de 1941 à 1959, Vienne à partir de 1943, le Met à partir de 1954) dans les rôles mozartiens (Osmin, Sarastro), straussiens (Baron Ochs, Morosus) ou wagnériens (Fafner, Pogner, Henri l'Oiseleur) que Bayreuth lui offre de 1952 à 1967. Entre 1949 et 1967, il est membre résident de la Staatsoper de Munich et, à partir de 1955, de celle de Vienne. Il participe aux premières mondiales d'*Arabella* de Richard Strauss (Dominik) à Dresde en 1933, de *Pénélope* de Rolf Liebermann (Odysseus) en 1954 et de *Irische Legende* de Werner Egk (Aleel) en 1955, toutes deux au Festival de Salzbourg.

Bohnen, Michael

Basse allemande, né à Cologne le 2 mai 1887, mort à Berlin le 26 avril 1965.

Il fait ses études musicales au Conservatoire de Cologne avec Fritz Steinbach et Richard Schulz-Dornburg et débute en 1910 à Düsseldorf dans *Le Freischütz*. Il chante sur la plupart des scènes allemandes et scandinaves (Wiesbaden, Berlin). En 1914, il débute à Bayreuth et à Londres (Drury Lane). Il appartient à la troupe de la Hofoper de Berlin puis fait ses débuts au Met en 1923 où il se produit régulièrement jusqu'en 1933. Il participe notamment à la création américaine de *Jonny spielt auf* de Křenek (1929). Il revient ensuite dans la troupe de l'Opéra de Berlin jusqu'en 1945. Il est invité à Salzbourg en 1939 où il chante Kaspar (*Le Freischütz*) au festival. Entre 1945 et 1947, il est intendant de la Städtische Oper de Berlin où il chante jusqu'en 1951. Il a été marié à la soprano **Mary Lewis** puis à la danseuse La Jana.

Bolét, Jorge

Pianiste cubain naturalisé américain, né à La Havane le 15 novembre 1914, mort à Mountain View (Californie) le 16 octobre 1990.

Élève, au Curtis Institute de Philadelphie, de D. Saperton, F. Reiner, L. Godowski et M. Rosenthal (1926-35), il parachève sa formation musicale à Vienne et à Paris. Emil von Sauer sera son maître le plus influent. C'est aux États-Unis qu'il fait ses débuts. Il est l'assistant de Serkin au Curtis Institute (1939-42). Son répertoire favori compte essentiellement des œuvres de Liszt et de Chopin, avec une prédilection notable pour les *Rhapsodies hongroises* de Liszt.

Parallèlement à sa carrière musicale, il mène une carrière diplomatique qui le conduit au poste d'attaché culturel de l'Ambassade de Cuba à Washington, de 1942 à 1945. En 1946, il est directeur musical au quartier général américain à Tōkyō et dirige la première audition japonaise de *The Mikado*, opérette de Gilbert et Sullivan. Entre 1968 et 1977, il est professeur à l'Indiana School of Music. Il enseigne également à l'Université de Bloomington avant de succéder à Rudolf Serkin au Curtis Institute de Philadelphie en 1977. L'Europe occidentale ne le reconnaîtra comme l'un des grands maîtres du piano contemporain qu'à partir du milieu des années quatre-vingt. Il a notamment donné une vision poétique et lyrique à la musique de Franz Liszt qui a marqué son époque. Parmi les œuvres qu'il a créées, les concertos de John La Montaine et Joseph Marx ainsi que la *Sonate pour piano n° 3* de Norman Dello Joio. Il a doublé Dirk Bogarde pour incarner Franz Liszt au cinéma dans le film *Song Without End* (1960).

Bonaldi, Clara

Violoniste française, née à Dombasle-sur-Meurthe le 9 mars 1937.

Remarquée par René Benedetti au concours du Conservatoire de Nancy, elle entre dans sa classe au Conservatoire de Paris où elle obtient un 1er prix en 1955 ainsi qu'un prix de musique de chambre dans la classe de Joseph Calvet. A dix-huit ans, elle est lauréate du Concours international Long-Thibaud puis remporte successivement le Prix Jeunes Talents décerné par l'ORTF et la RAI (1959), un prix au Concours Paganini à Gênes (1961), un prix au Concours Curci à Naples et le 1er prix au Concours international de Munich, en duo avec la pianiste Sylvaine Billier (1963). Elle se produit dans les principaux festivals et enregistre des sonates inédites de Tartini et de Francœur. Elle joue souvent avec Luciano Sgrizzi et, depuis 1980, avec Noël Lee. Son mari, Bernard Bonaldi, a fondé le Festival Estival de Paris dont il a été le directeur artistique jusqu'en 1989.

Bongartz, Heinz

Chef d'orchestre allemand, né à Krefeld le 31 juillet 1894, mort à Dresde le 2 mai 1978.

Après des études musicales effectuées dans sa ville natale et à Cologne (1908-14) avec Otto Neitzel, Fritz Steinbach et Elly Ney, il débute dans différents opéras de Rhénanie (Düren, Mönchengladbach) avant de diriger le Blüthner-Orchester à Berlin (1924-27) et la Landeskapelle de Meiningen (1926-30). Il est ensuite chef permanent à l'Opéra de Gotha (1930-33) et à celui de Kassel (1933-37), directeur général de la musique à Sarrebrück (1937-44) et chef permanent à Ludwigshafen (1945). Il se fixe en Allemagne démocratique et enseigne la direction d'orchestre à la Hochschule de Leipzig (1946-47) avant de prendre la direction de la Philharmonie de Dresde (1947-64).

Bonisolli, Franco

Ténor italien, né à Rovereto le 25 mai 1937.

Lauréat du Concours international de Spolète en 1961, il débute dans le cadre de ce festival dans *La Rondine* de Puccini puis, en 1963, dans *L'Amour des trois oranges.* Sa carrière prend vite un essor international : membre de l'Opéra de Vienne à partir de 1968, il débute au Met en 1971 puis à la Scala et sur les principales scènes mondiales. Il s'impose dans les rôles de ténor du répertoire italien : des Grieux (Puccini), Alfredo, Cavaradossi, Pinkerton, Manrico... Il a enregistré sous la direction de Karajan, Rostropovitch...

Bonnet, Joseph

Organiste français, né à Bordeaux le 17 mars 1884, mort à Sainte-Luce (Canada) le 2 août 1944.

Élève de son père, **Georges Bonnet,** organiste de Sainte-Eulalie de Bordeaux, de Charles Tournemire et de Louis Vierne, il obtient en 1906 un 1er prix dans la classe d'orgue d'Alexandre Guilmant au Conservatoire de Paris. Mais à cette date il est déjà titulaire, sur concours, de la tribune de Saint-Eustache (Paris, 1905). Partisan d'un orgue où seraient retrouvées les valeurs esthétiques des traditions antérieures au style romantique, il défend la musique française des XVIIe et XVIIIe siècles, à la suite de son maître Guilmant. Outre trois recueils de *Pièces d'orgue* et trois *Poèmes d'automne* (Paris), on lui doit la publication de trois volumes d'*Historian Organ Recitals* (New York) et des *Fiori Musicali* de Frescobaldi (Paris). André Marchal le citait comme l'un de ses maîtres.

Bonney, Barbara

Soprano américaine, née à Montclair (New Jersey) en avril 1956.

Elle fait ses études dans le New Hampshire et au Mozarteum de Salzbourg avec Walter Raninger. Elle débute à Darmstadt en 1979 dans *Les Joyeuses Commères de Windsor.* Elle chante les rôles de Blondchen (*L'Enlèvement au sérail*), Chérubin (*Les Noces de Figaro*), Nathali (*Der Prinz von Homburg* de Henze) et Manon de Massenet. Elle se produit à Francfort, Hambourg et Munich (1983-84), à Covent Garden dans les rôles de Sophie (*Le Chevalier à la rose,* 1984) et de Blondchen (1987), à la Scala de Milan (Pamina), au Festival de Schwetzingen (*Semele* de Haendel, 1985). En 1989-90, elle fait ses débuts au Metropolitan Opera dans le rôle d'Adèle (*La Chauve-Souris*) ainsi qu'au Lyric Opera de Chicago. En 1993, elle chante Marcelline de *Fidelio* au Festival de Glyndebourne. Elle est surtout considérée comme une mozartienne de premier plan et figure dans la plupart des productions et enregistrements dirigés par Nikolaus Harnoncourt et Arnold Östman. Au concert, elle chante souvent le répertoire classique et préclassique, notamment Monteverdi.

Bonynge, Richard

Chef d'orchestre australien, né à Sydney le 29 septembre 1930.

Il étudie d'abord le piano au conservatoire de sa ville natale, avec Lindley Evans, puis à Londres avec Herbert Fryer. Ayant rencontré la soprano **Joan Sutherland** en Australie, il l'épouse et devient son conseiller à Londres : son influence sur le développement vocal et esthétique de la cantatrice sera décisive. Il se spécialise peu à peu dans la direction d'œuvres lyriques. Ses débuts dans cette discipline ont lieu à Vancouver, en 1963, avec *Faust.* Il dirige ensuite, à San Francisco, *La Somnambule.* A Londres, il se produit pour la première fois à Covent Garden avec *Les Puritains* en 1964. Richard Bonynge part ensuite aux États-Unis. Il y débute au Metropolitan Opera de New York, en 1970, avec *La Norma* et *Orfeo.* De 1974 à 1978, il est directeur artistique de l'Opéra de Vancouver et, de 1976 à 1986, directeur musical de l'Australian Opera à Sydney.

Borg, Kim

Basse finlandaise, né à Helsinki le 7 août 1919.

Il étudie d'abord la chimie et obtient son diplôme d'ingénieur avant de travailler sa voix à l'Académie Sibelius de Helsinki, auprès de Heikki Teittinen, puis à Copenhague chez Magnus Andersen et à Stockholm chez Adélaïda von Skilondz. Il débute en concert en 1947. Quatre ans plus tard il s'essaie sur la scène du Théâtre municipal de Aarhus. Dès 1952 il travaille conjointement dans les opéras de Copenhague et de Helsinki. Invité à Vienne, Munich et Berlin, il remporte de très grands succès. Il est ensuite l'hôte des festivals de Glyndebourne, Édimbourg et Salzbourg. En 1959, le Met l'engage. Il y débute comme Comte Almaviva dans *Les Noces de Figaro.* Depuis 1960 il appartient à l'Opéra de Stockholm. De 1965 à 1968, il fait également partie de la troupe de l'Opéra de Hambourg. Il habite à Glostrup (Danemark) et enseigne à l'Académie Royale du Danemark depuis 1972. Sa voix puissante, sombre, cuivrée et profonde lui permet d'aborder le répertoire le plus varié, aussi bien sur scène qu'en concert, oratorio ou lied. Ces dernières années, sa voix s'étant allégée, il a pu tenir avec aisance certains emplois de baryton.

Bori, Lucrezia (Lucrecia Borja y Gonzáles de Riancho)

Soprano espagnole, née à Gandia (Valence) le 24 décembre 1887, morte à New York le 14 mai 1960.

Fille d'un officier et d'une cantatrice amateur, elle étudie le piano et l'harmonie au Conservatoire de Valence. Elle n'aborde le chant que vers 1905 et travaille avec Sibella et Melchiorre Vidal à Milan. Elle fait ses débuts à Rome dans Micaela en 1908 puis chante *Manon Lescaut* à Paris en 1910, avec Caruso et la troupe du Met. Elle commence à se produire à la Scala où elle crée le rôle d'Octavian (*Le Chevalier à la rose*) en Italie (1911). A partir de 1910, elle chante régulièrement au Colón de Buenos Aires et, en 1912, commence sa collaboration avec le Met (*Manon Lescaut*). L'année suivante, elle participe aux représentations du centenaire de la naissance de Verdi en Italie. Entre 1915 et 1919, sa carrière est interrompue par une opération à la gorge et elle reprend en 1919 à Monte-Carlo (*La Bohème*) avant de retourner au Met en 1921 où elle chante sans interruption jusqu'à ses adieux en 1936 : *Così fan tutte* (Despina) et le rôle-titre de *Snegourotchka* (1922), *L'Heure espagnole* (1925), *La Vida breve* (1926), *La Rondine* (1928), au total, près de 450 représentations sur la même scène en l'espace de dix-neuf ans. Elle a également incarné Mélisande et Violetta et, après ses adieux, fut la première femme admise au sein de la direction du Met (à partir de 1935). Elle a été également présidente honoraire de la Metropolitan Opera Guild (1936-43 et 1948-60, présidente entre 1943 et 1948).

Borkh, Inge (Ingeborg Simon)

Soprano allemande naturalisée suisse, née à Mannheim le 26 mai 1917.

Elle suit tout d'abord les cours du Reinchardt-Seminar au Burgtheater de Vienne et s'oriente vers une carrière de comédienne qu'elle débute à Linz (Autriche) en 1937 et poursuit à Bâle dès l'année suivante. C'est alors qu'elle étudie le chant à Milan, chez Muratti. Son premier rôle sera celui d'Agathe du *Freischütz*, au Théâtre municipal de Lucerne. Pendant toute la guerre, elle se produit sur les scènes de Lucerne, Bâle et Zurich. Dès 1950 commence une fabuleuse carrière internationale à Munich et Berlin. En 1952 elle est Sieglinde au Festival de Bayreuth. Ses apparitions à Vienne, Hambourg, Stuttgart sont chaque fois des événements. Elle est invitée à Barcelone, Lisbonne et Naples. En 1954, son interprétation d'Églantine de *Euryanthe* au Mai Musical Florentin est saluée par une presse unanime. En 1955, elle crée au Festival de Salzbourg, dans *La Légende irlandaise* de Werner Egk, le rôle de Cathleen. Invitée par l'Opéra de San Francisco, depuis 1953, par la Scala, Covent Garden et l'Opéra de Berlin-Ouest, elle s'impose comme l'interprète des grands sopranos dramatiques, Salomé, Elektra... C'est du reste en Salomé qu'elle fait ses débuts au Metropolitan Opera de New York, en 1958. Dans le nouveau Met du Lincoln Center, elle sera une des plus pathétiques Färberin de *La Femme sans ombre*.

Son tempérament dramatique, au service d'une voix puissante, chaleureuse, impériale, fait merveille dans les ouvrages les plus périlleux de Richard Strauss et de Richard Wagner. Inge Borkh est l'épouse du baryton **Alexander Welitsch.** Elle fait ses adieux à la scène au cours du Festival de Munich 1988.

Borst, Danielle

Soprano suisse, née à Genève le 27 janvier 1946.

D'origine franco-tchécoslovaque, elle fait des études de lettres et de peinture. Puis elle se tourne vers la musique et obtient un 1er prix de virtuosité. Elle travaille avec Hugues Cuenod et Gérard Souzay, puis fait ses débuts à Lausanne, Genève, Zurich et Lyon. Son premier grand rôle est Oscar (*Un bal masqué*) qu'elle interprète à Genève aux côtés de Luciano Pavarotti, puis à l'Opéra de Paris et à Vienne en 1988, sous la direction de Claudio Abbado. Elle chante ensuite Aricie (*Hyppolite et Aricie* de Rameau, sous la direction de W. Christie et de J. C. Malgoire) à Paris, Lausanne, etc., Pamina à Paris, Genève, Monte-Carlo, Illia à Paris, Servilia (*La Clémence de Titus*), Sophie (*Le Chevalier à la rose*), Annchen (*Le Freischütz*), Micaëla (*Carmen*), Teresa (*Benvenuto Cellini*) au Festival Berlioz, Poppée (*Le Couronnement de Poppée*) et Antonia (*Les Contes d'Hoffmann*). Soprano mozartienne par excellence, son répertoire s'étend néanmoins de l'ère baroque à la première moitié du XXe siècle. Elle se produit également en concert et donne des récitals de mélodies et de lieder.

Boschi, Hélène

Pianiste française, née à Lausanne le 11 août 1917, morte à Strasbourg le 9 juillet 1990.

Elle fait ses études essentiellement à l'École Normale de Musique sous la direction d'Yvonne Lefébure qui guide son évolution depuis l'âge de sept ans. Elle reçoit également les conseils d'Alfred Cortot. La guerre interrompt sa carrière et elle ne commence à se produire qu'à partir de 1946. Elle est l'une des premières à jouer les *Préludes* de Frank Martin et se consacre beaucoup à l'œuvre de Jolivet. En 1950, elle joue sous la direction de Georges Enesco. Elle crée un cours d'interprétation à Weimar (1960) où elle prodigue son enseignement pendant une quinzaine d'années. Entre 1965 et 1985 elle est professeur au Conservatoire de Strasbourg. Au disque comme au concert, elle se fait l'infatigable défenseur de la musique française. Elle est l'une des premières pianistes à révéler la musique du Padre Soler et elle joue un rôle important pour faire connaître en France la musique de Janáček, Martinů, Bartók et Kodály. Luigi Dallapiccola lui a dédié son *Cuaderno musicale d'Annalibera* (1952).

Boskovsky, Willi

Violoniste et chef d'orchestre autrichien, né à Vienne le 16 juin 1909, mort à Visp (Suisse) le 21 avril 1991.

Il entre à l'âge de neuf ans à l'Académie de musique de Vienne où il est l'élève de Mayrecker et Ernst Moravec. Il obtient son diplôme en 1926 et remporte en même temps le Prix Kreisler. Il entre à l'Orchestre Philharmonique de Vienne en 1932 et succède à Arnold Rosé comme *Konzertmeister* aux côtés de Wolfgang Schneiderhan et Walter Barylli. Il occupera ce poste prestigieux entre 1939 et 1971. Chargé d'une classe de violon à l'Académie de musique depuis 1935 et violon solo de l'Orchestre de l'Opéra à la même date, il abandonne peu à peu la carrière de soliste pour la musique de chambre, créant diverses formations, Trio Boskovsky en 1937, Quatuor Boskovsky en 1947, Octuor de Vienne (où il rejoint son frère le clarinettiste **Alfred Boskovsky**) en 1947, Quatuor Philharmonique de Vienne (qui prend la succession du Quatuor Barylli) entre 1960 et 1975. Il devient chef d'orchestre en 1955 par amour de Johann Strauss, à l'occasion du traditionnel concert du Nouvel An, qu'il dirigera, digne successeur de Clemens Krauss, jusqu'en 1979. Également grand mozartien, il a enregistré, en compagnie de Lili Kraus et de Nikolaus Hübner, les intégrales des *Sonates pour piano et violon* et des *Trios*, et fut le responsable de la réalisation de l'intégrale des *Danses*, avec l'Ensemble Mozart de Vienne. Il a créé une œuvre de Franz Salmhofer (*Concerto pour violon*, 1953).

Botchkova, Irina

Violoniste russe, née à Ramenskoje (Moscou) le 2 novembre 1938.

Elle commence ses études musicales à Kasan avec R. German, une élève de Leopold Auer (1946-53) puis travaille à l'École Centrale (1953-57) et au Conservatoire de Moscou (1957-62) avec Yuri Jankelevitch dont elle devient ensuite l'assistante (1962-65). En 1962, elle remporte le 2e prix au Concours Tchaïkovski et, un an plus tard, le 1er prix au Concours Marguerite Long-Jacques Thibaud à Paris. Sa carrière débute assez rapidement, mais elle se produit peu en Europe occidentale. A partir de 1978, elle enseigne au Conservatoire de Moscou. Dans le domaine de la musique de chambre, ses principaux partenaires sont le pianiste Vladimir Krainev et la violoncelliste Natalia Gutman.

Boucherit, Jules

Violoniste français, né à Morlaix le 29 mars 1877, mort à Paris le 1er avril 1962.

Fils d'un receveur des finances et d'une mère professeur de violon et de piano, il se fait remarquer très jeune par ses dons exceptionnels de violoniste. En 1890, il entre au Conservatoire de Paris, où il obtient un 2e prix en 1891, puis un 1er prix en 1892. Deux ans plus tard, il est engagé comme violon solo aux Concerts Colonne, en alternance avec son ami Jacques Thibaud. Il joue sous la direction des grands chefs de l'époque. S'il excelle dans le répertoire classique (notamment dans la musique de Mozart), il se distingue également dans le répertoire contemporain, pratiquement dans le monde entier, à l'exception des États-Unis, où il refuse d'ailleurs un poste de professeur au Curtis Institute of Music. Il donne en outre de nombreux récitals, seul ou avec des artistes tels Alfred Cortot, Magda Tagliaferro et Jeanne-Marie Darré. Il fonde un quatuor avec Hekking, Risler et Diémer, ses « complices » avec lesquels il fait de nombreuses tournées. Malheureusement, sa santé précaire l'écarte de la vie épuisante de virtuose itinérant. En 1920, il est nommé professeur de violon au Conservatoire de Paris, sur proposition de Gabriel Fauré. Mais sa prodigieuse carrière de pédagogue ne commence qu'en 1923, car il ne se contente pas d'enseigner seulement au Conservatoire, mais aussi, en équipe avec Jacques Thibaud et Marcel Chailley, à l'École Normale de Musique de Paris et aux conservatoires d'été de Fontainebleau et de Nice. Parmi ses élèves les plus prestigieux, on peut citer Michèle Auclair, Serge Blanc, Lola Bobesco, Jacques Dumond, Devy Erlih, Christian Ferras, Ivry Gitlis, Jean

Martinon, Ginette Neveu, Manuel Rosenthal, Michel Schwalbé et **Denise Soriano**, laquelle devint d'ailleurs son épouse. Il jouait sur un Stradivarius qui lui fut offert par Ernest Hebert. Jean Martinon lui avait dédié sa *Sonatine pour violon et piano*, op. 19, nº 2 a (1936).

ÉCRITS : *Les Secrets du violon*, souvenirs recueillis par Marc Soriano, Éd. des Cendres (Paris, 1993).

Boué, Geori (Georgette Boué)

Soprano française, née à Toulouse le 16 octobre 1918.

Dès l'âge de sept ans, elle entre au conservatoire de sa ville natale, où elle suit les cours de solfège, de piano, de harpe et d'harmonie, et devenant accompagnatrice des classes d'ensemble vocal et de chant. A quinze ans, sa voix déjà exceptionnelle lui permet de se présenter au concours de chant, où elle obtient un 1er accessit. La chance lui vaut alors d'avoir pour professeur Claude Jean qui la conduit à deux premiers prix. Sur les conseils de son maître, plutôt que de « monter » tout de suite à Paris, elle débute au Capitole dans le Page Urbain puis dans Siebel. Viennent ensuite Hilda de *Sigurd*, Mathilde de *Guillaume Tell*, Micaëla, mais aussi toutes sortes d'héroïnes d'opérettes. On la sollicite de toutes parts. Jacques Rouché l'entend et l'engage sur-le-champ. Elle débute Salle Favart dans Mimi. Succès immense, mais c'est la guerre. La vie musicale est interrompue. Geori Boué repart dans le Midi. Un soir à Toulon, elle chante *La Traviata* aux côtés de Villabella. Reynaldo Hahn est là, avec le concours de Guy Ferrant et d'Henry Büsser il a reconstitué la version originale de *Mireille*. Il cherche l'interprète qui saura l'imposer contre les habitudes prises. Son instinct lui dit qu'il vient de la trouver, et c'est le miracle, en 1941, au Théâtre antique d'Arles. Elle est Manon, Madame Butterfly, Marguerite, Leïla, Violetta... et même Léonore à l'ouverture de la saison d'hiver de Cannes. A la radio, elle chante Ophélie, Norina, mais aussi Salomé de Richard Strauss, en allemand. De retour à l'Opéra-Comique, sa Mireille soulève l'enthousiasme. Et ce sont, en 1942, ses débuts à l'Opéra dans Marguerite, puis le centenaire de la naissance de Massenet, la reprise du *Roi d'Ys* et surtout de *Thaïs*. La voyant dans ce rôle, Sacha Guitry a le coup de foudre et en fait la vedette de son film *La Malibran*. En 1943, elle est Desdémone, en 1944, Juliette, en 1945, Nedda puis la Salomé de Massenet. A la Scala, elle fait applaudir *Pelléas et Mélisande* aux côtés de son mari, **Roger Bourdin**, sous la direction de De Sabata. En Russie, elle chante Tatyana d'*Eugène Onéguine*, et *Madame Butterfly*. Ayant quitté l'Opéra, qui s'était opposé à cette tournée russe, elle crée *Mozart* de Sacha Guitry et Reynaldo Hahn. Viendront ensuite au Théâtre Mogador, début 1960, *La Belle Hélène* et *La Veuve joyeuse*. Après ces incursions glorieuses dans le royaume de l'opérette, elle sera de nouveau Mireille, mais aussi Carmen, Tosca, Charlotte... Puis vient le moment d'enseigner, de transmettre le flambeau.

Boukoff, Yuri

Pianiste bulgare naturalisé français en 1952, né à Sofia le 1er mai 1923.

Sa mère, cantatrice d'origine russe, l'initie très tôt au piano. Il poursuit ses études avec Brzoniowski et surtout Andrei Stoyanov. A quinze ans, il donne son premier récital à Sofia. Après la guerre, son 1er prix au Concours national de Bulgarie lui vaut une bourse pour la France. Il entre au Conservatoire de Paris dans la classe d'Yves Nat où il obtient un 1er prix en 1946. Il recueille les conseils d'Enesco, Kostanov, Fischer, M. Long. Lauréat de nombreux concours internationaux, Genève 1947, M. Long 1949, Diémer 1951, Reine Élisabeth 1952, il entame une carrière internationale. Il est le premier pianiste européen à faire une tournée en Chine en 1956. Particulièrement à l'aise dans le répertoire romantique, il a enregistré l'intégrale des sonates de Prokofiev et joue de nombreuses œuvres contemporaines de Menotti, Hossein... Il a créé le *Concerto pour piano nº 3* (1974) de Pierre Wissmer.

Boulanger, Nadia

Chef d'orchestre, organiste, compositeur et pédagogue française, née à Paris le 16 septembre 1887, morte à Paris le 22 octobre 1979.

Elle est la petite-fille d'une cantatrice, **Juliette Boulanger.** Son père, **Ernest Boulanger**, est compositeur et enseigne le violon au Conservatoire. Sa sœur cadette, **Lili** (1893-1918), mourra prématurément avant de pouvoir donner toute sa mesure de compositeur.

Nadia étudie au Conservatoire de Paris (1897-1904) : elle remporte des premiers prix d'harmonie, de contrepoint, de fugue, d'orgue et d'accompagnement. Ses maîtres sont Vierne, Guilmant, Vidal, Fauré et Widor. En 1903, elle est l'assistante de Fauré à l'orgue de la Madeleine à Paris. Dallier la prend comme assistante au Conservatoire en 1908. La même année, elle remporte le 2e Grand Prix de Rome. Elle commence une carrière de compositeur avec un opéra, *La Ville morte* (1913). Mais elle cesse d'écrire à la mort de sa sœur dont elle se consacre à faire connaître les œuvres. Désormais, ses activités seront partagées entre la pédagogie et la direction d'orchestre. De 1909 à 1924, elle est professeur-assistante d'harmonie au Conservatoire de Paris. De 1919 à 1939, elle enseigne à l'École Normale de Musique et, à partir de 1921, au Conservatoire américain de Fontainebleau. Elle est la première femme à conduire des concerts symphoniques à Londres, New York ou Boston. Elle impose le *Requiem* de Fauré et fait revivre l'œuvre de Monteverdi dont elle enregistre deux séries de *Madrigaux* en 1937 et 1950. Grâce à elle, *Médée* de M. A. Charpentier, les opéras de Rameau, les œuvres de Schütz ou les chansons de la Renaissance sortent de l'oubli. Pendant la guerre, elle séjourne aux États-Unis et enseigne au Radcliffe College, au Wellesey College et à la Juilliard School. A son retour en France, en 1945, elle est nommée professeur d'accompagnement au Conservatoire de Paris. Elle prend la direction du Conservatoire américain de Fontainebleau en 1950 et se consacre surtout à un enseignement privé que l'on vient suivre du monde entier. Lorsqu'elle cesse d'enseigner au Conservatoire de Paris, en 1957, elle reprend une classe d'harmonie à l'École Normale de Musique (1957-79). Elle enseignera encore à l'École Yehudi Menuhin, à Stoke d'Abernon. Nommée maître de chapelle du prince de Monaco, elle conservera cette fonction jusqu'à la fin de sa vie.

Pédagogue sans égal, elle exigeait de ses élèves une stricte formation technique. Au-delà, elle ne jouait qu'un rôle de guide, enseignant la musique sous tous ses aspects, guidant compositeurs et interprètes, leur révélant le meilleur d'eux-mêmes. La plupart des compositeurs américains ont travaillé avec elle (Copland, Bernstein, Carter, Harris...) mais aussi Markevitch, Barenboïm, Lipatti, Cuenod, Françaix, Berkeley ou Michel Legrand. Elle a créé des œuvres de Jean Françaix (*Sérénade pour petit orchestre,* 1934 ; *Le Diable boiteux,* 1938 ; *Symphonie d'archets,* 1948), Laszlo Lajtha (*Trois Hymnes à la Sainte Vierge,* 1958) et Igor Stravinski (*Dumbarton Oaks,* 1938).

Boulay, Laurence

Claveciniste française, née à Boulogne-sur-Seine le 19 janvier 1925.

C'est au Conservatoire de Paris qu'elle fait ses études, obtenant des prix d'harmonie, de contrepoint, de fugue, d'esthétique musicale, de clavecin, d'histoire de la musique, et deux diplômes d'enseignement (harmonie, contrepoint, fugue). Elle partage ensuite son activité entre les travaux de musicologie, l'enseignement et les concerts. Elle soutient une thèse de doctorat sur l'interprétation de la musique française du XVIIIe siècle, se passionne pour les partitions des XVIIe et XVIIIe siècles, découvre et met à jour des partitions inédites. En soliste, elle mène une carrière internationale. Depuis 1968, elle enseigne la réalisation de la basse continue au clavecin au Conservatoire de Paris et, depuis 1972, donne des cours d'été – sur le même sujet – à Aix-en-Provence. Elle allie à une connaissance profonde de l'histoire musicale et à une sensibilité toujours fraîche raison et émotion.

Boulez, Pierre

Chef d'orchestre et compositeur français, né à Montbrison le 26 mars 1925.

Il étudie le piano avec sa sœur dès l'âge de sept ans et fait ses études secondaires dans une institution religieuse. Il rencontre des amateurs de musique, fait un peu de musique de chambre et chante dans la chorale du collège. Son père (industriel de l'acier) rêve pour lui d'une carrière scientifique. A Lyon, il prépare Polytechnique puis choisit sans hésitation la musique. Il se rend à Paris et s'inscrit, en octobre 1944, au Conservatoire, dans la classe d'harmonie de Messiaen. Il découvre Stravinski, Bartók et l'École de Vienne. Il étudie aussi le contrepoint avec Andrée Vaurabourg et les techniques sérielles avec Leibowitz.

En 1946, Boulez quitte Messiaen, comme il quittera Leibowitz après avoir approché la musique atonale et sérielle. La même année, il est nommé directeur de la musique de scène à la Compagnie Renaud-Barrault. Il dirige, écrit des articles, attaque le nouveau romantisme de Berg, compose, se nourrit de peinture et de poésie. Il apprend en autodidacte la direction d'orchestre. En 1954, grâce à M. Renaud et J. -L. Barrault, il fonde les Concerts du Petit Marigny qui deviennent, en 1955, le Domaine Musical. Il y révèle les musiciens de l'École de Vienne mais aussi tous les nouveaux courants de la musique d'alors.

Dès 1955, Boulez s'affirme comme compositeur (*Le Marteau sans maître*). En 1959, il se fixe à Baden-Baden, répondant à l'invitation du Südwestfunk, et enseigne l'analyse musicale et la direction d'orchestre à Darmstadt et à Bâle. En 1962, il donne des cours à Harvard. Il commence à diriger de plus en plus : au Festival de Salzbourg avec la Philharmonie de Vienne (1962), à Paris avec l'Orchestre National (1963, une révélation du *Sacre du printemps*, aussitôt enregistré), à Paris toujours pour la première française de *Wozzeck* à l'Opéra (1963), à Bayreuth pour *Parsifal* (1966). Sa direction apporte quelque chose de neuf, une précision absolue, une recherche de la perfection objective. Parti de la musique contemporaine, Boulez vit l'histoire de la musique en sens inverse. Sa démarche est pleine de contradictions mais il les assume : il a renié Stravinski avant de devenir l'un de ses interprètes préférés, il a renié Bartók, Wagner, Liszt dont il présente des visages nouveaux. De vives polémiques l'opposent à Marcel Landowski dont il critique la politique musicale. A partir de 1967, il choisit de ne plus diriger en France. Il cède la direction du Domaine Musical à Gilbert Amy et commence une carrière internationale. Il est *principal guest conductor* de l'Orchestre de Cleveland en 1969, puis directeur musical de l'Orchestre Symphonique de la BBC (1971-75) et de l'Orchestre Philharmonique de New York (1971-77). Il est invité à Bayreuth pour diriger *La Tétralogie* du centenaire (1976-80). A New York, il crée les Rugs, concerts inspirés des Proms de Londres et destinés à élargir le public. Il revient en France en 1976 pour prendre la direction de l'IRCAM, qu'il conserve jusqu'en 1991, et la présidence de l'Ensemble InterContemporain. Il est alors invité régulièrement par l'Orchestre de Paris et dirige à l'Opéra la création mondiale de la version intégrale de *Lulu* (1979). Boulez a actuellement réduit la part de son temps consacrée à la direction d'orchestre au profit de la composition et de ses recherches.

PRINCIPALES CRÉATIONS : En dehors de ses propres œuvres qu'il a créées pour la plupart, Pierre Boulez a dirigé en première audition mondiale des partitions de Jean Barraqué (*... au-delà du hasard,* 1960), Luciano Berio (*Serenata* pour flûte et 14 instruments, 1957 ; *Concerto pour deux pianos,* 1973 ; *Concerto II,* 1988 ; *Novissimum Testamentum,* 1989), Harrison Birtwistle (*...agm...,* 1979), Elliott Carter (*Symphonie pour trois orchestres,* 1976 ; *Penthode,* 1985), Niccolò Castiglioni (*Movimento continuato,* 1959), George Crumb (*Starchild,* 1977), Franco Donatoni (*Cadeau,* 1985), Jacob Druckman (*Lamia,* seconde version, 1975), Hugues Dufourt (*L'Heure des traces,* 1986), Jean-Claude Eloy (*Équivalences,* 1963 ; *Polychromies,* 1964), Bryan Ferneyhough (*Carceri d'Invenzione III,* 1985), Wolfgang Fortner (*Prélude et élégie,* 1959), York Höller (*Improvisation sur le nom de Pierre Boulez,* 1985), Arthur Honegger (musique de scène pour *Le Soulier de satin* de Paul Claudel,

1943), Barbara Kolb (*Soundings*, 1975), Jacques Lenot (*Allégories d'exil IV*, 1980), Jeffrey Levine (*Divertimento*, 1977), Yoritsuné Matsudaira (*U-Mai*, 1958), Peter Maxwell Davies (*Blind Man's Buff*, 1972), Olivier Messiaen (*Sept Haïkaïs*, 1963 ; *Couleurs de la cité céleste*, 1964 ; *Un vitrail et des oiseaux*, 1988 ; *La Ville d'En-Haut*, 1989), Henri Pousseur (*Rimes*, 1959 ; *Couleurs croisées*, 1968), Tona Scherchen (*L'Invitation au voyage*, 1978), Karlheinz Stockhausen (*Gruppen* pour trois orchestres, 1958), Toru Takemitsu (*Arc part I et II*, seconde version, 1977), Iannis Xenakis (*Eonta*, 1964 ; *Jalons*, 1987), Frank Zappa (*The Perfect Stranger*, 1984). György Ligeti lui a dédié ses trois premières *Études pour piano* (1985).

ÉCRITS : *La Musique et les problèmes contemporains*, Julliard (Paris, 1963), *Penser la musique aujourd'hui*, Gonthier (Paris, 1964), *Relevés d'apprenti*, Le Seuil (Paris, 1967), *La Musique en projet*, Gallimard (Paris, 1975), *Par volonté et par hasard*, entretiens avec Célestin Deliège, Le Seuil (Paris, 1975), *Points de repère*, Christian Bourgois (Paris, 1981), *Conversations de Pierre Boulez sur la direction d'orchestre* (avec Jean Vermeil), Calmann Lévy (Paris, 1989), *Le Pays fertile, Paul Klee*, Gallimard (Paris, 1989).

Boulfroy, Alain

Chef d'orchestre français, né à Amiens le 14 septembre 1937.

De 1949 à 1954, il fait ses études au Conservatoire de Caen où il obtient un 1er prix de piano. Il travaille aussi le violon. A partir de 1960, il étudie le basson avec Maurice Allard au Conservatoire de Versailles, parallèlement au violon et au piano. Pendant quatre années (1952-56), il travaille avec Yves Nat. Au Conservatoire de Paris, il étudie l'harmonie avec Jacques de La Presle, la direction d'orchestre avec Louis Fourestier et Manuel Rosenthal : 1er prix de direction en 1966. Parallèlement, il suit les cours d'Édouard Lindenberg de 1963 à 1968. En 1967, il remporte le Concours international de Besançon. Il fonde, en 1971, l'Ensemble Instrumental Alain Boulfroy devenu en 1978 Orchestre de Chambre de France. A partir de 1974, il dirige régulièrement l'Orchestre de Chambre Tchécoslovaque avec lequel il enregistre six disques. De 1978 à 1982, il est régulièrement invité comme chef de chœur à Radio France. En 1970, il a été nommé directeur du Conservatoire de Mantes-la-Jolie.

Boult, Sir Adrian

Chef d'orchestre anglais, né à Chester le 8 avril 1889, mort à Londres (Hamstead) le 24 février 1983.

Il fait ses études à Westminster School et à la Christ Church à Oxford notamment avec Sir Hugh Allen. Il parachève sa formation musicale au Conservatoire de Leipzig avec Reger (1912-13) et a la chance d'observer Nikisch. De retour en Angleterre, il donne des concerts à Covent Garden. En 1919, il dirige à la demande du compositeur une création partielle des *Planètes* de Gustav Holst. De 1919 à 1930, il fait partie du corps enseignant du Royal College of Music de Londres. Il dirige un peu partout en Angleterre et à l'étranger avant de prendre la direction du City of Birmingham Symphony Orchestra (1924-30). En 1926, il est assistant du directeur musical de Covent Garden. De 1928 à 1931, il assure la direction du Bach Choir puis, de 1930 à 1950, de l'Orchestre Symphonique de la BBC, poste qui lui fait acquérir une réputation internationale et qui l'amène à diriger dans les plus grandes capitales musicales : Vienne (1933), Boston et Salzbourg (1935), New York (1938-39). Il est chef associé des Concerts Promenades (Proms) de 1942 à 1950. En 1936, il est chargé de diriger la musique qui précède la cérémonie du couronnement de George VI. A partir de 1950, il est directeur de l'Orchestre Philharmonique de Londres. En 1957, il se retire de cette charge ne dirigeant plus que comme chef invité, enregistrant de nombreux disques dont beaucoup sont consacrés à la musique anglaise. En 1968, il dirige *Gerontius* d'Elgar pour la télévision dans la cathédrale de Canterbury. En 1959 et 1960, il reprend la direction musicale du City of Birmingham Symphony Orchestra et retourne enseigner au Royal College of Music (1962-66). En 1979, il cesse de diriger.

Figure marquante de la vie musicale britannique, Sir Adrian Boult a contribué à faire connaître la musique de son pays chez lui comme à l'étranger. Vaughan-Williams lui a dédié *Job, a Masque of Dancing*, Howells son *Concerto pour cordes*, Williamson son *Concerto pour orgue*. Il a créé des œuvres d'Arthur Bliss (*Music for Strings*, 1935 ; *Concerto pour piano*, 1939), Paul Hindemith (*Trauermusik*, 1936), Laszlo Lajtha (*Symphonie nº 3*, 1958), Michael Tippett (*Symphonie nº 2*, 1958), Ralph Vaughan Williams (*A Pastoral Symphony*, 1922 ; *Symphonie nº 4*, 1935 ; *Symphonie nº 6*, 1948 ; *Partita* pour double orchestre à cordes, 1948 ; *Concerto grosso*, 1950).

ÉCRITS : *The Point of the Stick, A Handbook of the Technique of Conducting* (Oxford, 1920, rév. Londres, 1949 et 1968, avec la participation de Walter Emery) qui a fait l'objet d'un film en 1971, *The Saint-Matthew Passion, its Preparation and Performance* (Londres, 1949, avec la participation de Walter Emery), *Thoughts on Conducting* (Londres, 1963), *My Own Trumpet : Memoirs of Sir Adrian Boult* (Londres, 1973).

Bounine, Stanislav

Pianiste russe, né à Moscou le 25 novembre 1966.

Élève d'Elena Richter au Conservatoire de Moscou (1973-84), il remporte le 1er prix au Concours international Marguerite Long-Jacques Thibaud à Paris en 1983 et le 1er prix au Concours Chopin de Varsovie en 1985. Après ses débuts au *Münchner Klaviersommer* en 1987, sa carrière se développe très rapidement sur le plan international, notamment avec deux tournées au Japon, et il quitte l'URSS en 1988 pour se fixer en Suisse. Doté d'un tempérament débordant, il surprend par une personnalité hors du commun et des interprétations qui laissent rarement indifférent.

Bour, Ernest

Chef d'orchestre français, né à Thionville le 20 avril 1913.

Il étudie le piano, l'orgue et la théorie au Conservatoire de Strasbourg où il travaille avec Fritz Münch. Il est ensuite l'élève de Hermann Scherchen (1933-34) qui marquera profondément la suite de sa carrière. Il débute comme chef de chœur à Radio-Genève puis est engagé comme chef d'orchestre à la Radio de Strasbourg (1935-39). En 1940-41, il est professeur de piano au Conservatoire de Strasbourg puis il est nommé directeur musical de l'Orchestre de Mulhouse (1941-47), ville dont il dirige le Conservatoire à partir de 1945. En 1950, il revient à Strasbourg comme chef de l'Orchestre Municipal puis, en 1955, de l'Opéra de Strasbourg en collaboration avec Fritz Adam avec lequel il organise des manifestations consacrées à la musique contemporaine. De 1964 à 1979, il dirige l'Orchestre du Südwestfunk de Baden-Baden. Puis il est invité permanent de l'Orchestre de Chambre de la Radio Néerlandaise à Hilversum (1976-87). Il enseigne également au Conservatoire de Paris (1978-79). Poursuivant l'œuvre de Hans Rosbaud en faveur de la musique contemporaine, il a dirigé un nombre considérable de créations. On peut retenir des œuvres de Carlos Roqué Alsina (*Überwindung*, 1970 ; *Stücke*, 1977), Claude Arrieu (*Noé*, opéra, 1949), Sylvano Bussoti (*Opus Cygne*, 1979), Marcel Delannoy (*Puck*, 1949), Jean-Claude Eloy (*Étude III*, 1962), Brian Ferneyhough (*Épicycle*, 1974), Wolfgang Fortner (*Immagini*, version pour grand orchestre, 1970), Henryk Mikołaj Górecki (*Symphonie nº 3*, 1977), Jean-Pierre Guézec (*Assemblages*, 1967), Heinz Holliger (*Pneuma*, 1970), André Jolivet (*Cosmogonie*, 1947), Jacques Lenot (*Symphonie*, 1977), Maurice Le Roux (*Le Cercle des métamorphoses*, 1953), Michael Levinas (*Réminiscence d'un jardin féerique*, 1987), György Ligeti (*Apparitions*, 1960 ; *Lontano*, 1967), Giacomo Manzoni (*Ode*, 1983), Jean Martinon (*Hécube*, opéra, 1946), Emmanuel Nunes (*Ruf*, 1977 ; *Wandlungen*, 1986 ; *Musik der Frühe*, seconde version, 1987 ; *Duktus*, 1987), Aribert Reimann (*Monumenta*, 1963),

Wolfgang Rihm (*Andere Schatten*, 1985), Jean Rivier (*Symphonie nº 5*, 1951), Peter Ruzicka (*Zeitgehöft*, 1985), Dieter Schnebel (*Diapason*, 1977), Kazimierz Serocki (*Fantasia elegiaca*, 1972), Manfred Trojahn (*Symphonie nº 2*, 1978), Anatol Vieru (*Clepsidra*, 1969), Iannis Xenakis (*Alax*, 1985), Isang Yun (*Réak*, 1966).

Il a également dirigé les premières françaises d'opéras de Paul Hindemith (*Mathis le peintre*), Béla Bartók (*Le Château de Barbe-Bleue*), Igor Stravinski (*The Rake's Progress*).

Bourdin, Roger

Baryton français, né à Levallois le 14 juin 1900, mort à Paris le 14 septembre 1973.

Élève d'André Gresse et de Jacques Isnardon, il obtient ses premiers prix au Conservatoire en 1922. Il fait cette même année ses débuts à l'Opéra-Comique dans le rôle de Lescaut. Il débutera à l'Opéra en 1942 en Mârouf. Pensionnaire de ces deux théâtres pendant plus de trente ans, il y chantera plus de cent rôles, dont trente créations. Sur d'autres scènes, il chante plus de vingt opérettes et donne de nombreux récitals. Il se produit dans toutes les grandes capitales allant même jusqu'à chanter Onéguine sur la scène du Bolchoï. D'une grande prestance, excellent musicien et remarquable tragédien, il a marqué profondément des rôles tels qu'Athanael, Metternich, Valentin, Bolivar ou Lheureux, tandis que nul mieux que lui ne savait joindre l'élégance à la plus franche gaieté dans *Mârouf* ou *Le Roi malgré lui*. Il avait épousé la cantatrice **Geori Boué**.

Bourdin, Roger

Flûtiste français, né à Mulhouse le 27 janvier 1923, mort à Paris le 23 septembre 1976.

Au Conservatoire de Paris, il est l'élève, pour la flûte, de Marcel Moyse et de Fernand Caratgé ; pour l'harmonie et le contrepoint, il travaille avec Claude Delvincourt, Henri Challan et Paul Bédouin. En 1939, il remporte un 1er prix de flûte et, en 1943, un 1er prix d'harmonie au Conservatoire de Versailles. En 1938, il est soliste à la Radio et, en 1939 – il a seize ans –, il devient flûte solo des Concerts Lamoureux, poste qu'il occupe pendant vingt-sept ans. Ses fonctions ne l'empêchent pas de se produire avec les plus grands orchestres, aussi bien en France, aux États-Unis qu'en Afrique. Professeur de flûte, dès 1943, à l'École nationale de musique de Versailles, il crée en 1945 un quatuor de flûtes (avec Pol Mule, Rampal et Masson) et fonde, en 1967, le Trio de Versailles, avec Annie Challan et Colette Lequien, Annie Challan avec laquelle il fonde également un duo flûte et harpe.

Roger Bourdin a écrit plusieurs œuvres, dont des quatuors pour flûtes, un quintette de clarinettes, un concerto pour harpe, et une trentaine de musiques de films. Il est également le créateur d'ouvrages qui lui sont dédiés, dont : le *Concerto pour quatre flûtes successives* (flûte basse, en sol, en ut, piccolo) de Pierre Ancelin (1964), *Ascèses* pour flûte seule d'André Jolivet (1969), le *Concerto* de Marischal et la *Rhapsodie* de Wal-Berg. A partir de 1971, il occupe les fonctions de directeur du Conservatoire de Marly-le-Roi.

Bourgue, Daniel

Corniste français, né à Avignon le 12 janvier 1937.

Son père, instituteur, est également félibre (écrivain de langue provençale) et violoniste amateur. Après des études de violoncelle et de cor au Conservatoire d'Avignon, il remporte un 1er prix de cor au Conservatoire de Paris (classe de Jean Devemy, 1959). Il continue alors ses études en autodidacte tout en donnant des concerts pour les JMF avec le Quintette à vent Musica (1961 à 1967) et le pianiste Jean-Claude Ambrosini. Parallèlement, il occupe les fonctions de cor solo à Cannes (1958), à la Garde Républicaine (1963), aux Concerts Pasdeloup (1964), à l'Opéra-Comique (1967), à l'Opéra de Paris (depuis 1969), à l'Ensemble InterContemporain (depuis sa fondation), à l'Ensemble Orchestral de Paris (depuis sa fondation). Entre 1965 et 1982, il est membre de l'Octuor de Paris. Daniel Bourgue donne de nombreuses premières auditions : *Pièce pour cor seul* de Messiaen qui deviendra plus tard l'*Appel interstellaire* dans *Des*

Canyons aux Étoiles (Royan, 1971), *Divertimento* de Françaix, *Anaktoria* de Xenakis (Avignon, 1965), *Concerto pour cor* de Delerue dont il est le dédicataire. Au sein de l'Octuor de Paris, il participe également à la création de pages signées Bancquart, Betsy Jolas, Ballif et Françaix. Sa carrière professorale n'est pas moins remplie : professeur de cor et de musique de chambre au Conservatoire de Champigny, aux académies d'Albi, Orvietto, Wallonie et à l'Université de Los Angeles. Il est président fondateur de l'Association nationale des cornistes français et directeur de la *Revue du corniste.* Sa discographie n'hésite pas à sortir des sentiers battus avec des pages oubliées de Dauprat, Gounod, d'Indy, Mercadante, Dukas, Chabrier, Corette ou Breval.

Bourgue, Maurice

Hautboïste français, né à Avignon le 6 novembre 1939.

Il fait ses études au Conservatoire de Paris avec Étienne Baudo et Fernand Oubradous, recevant un 1er prix de hautbois (1958) et un 1er prix de musique de chambre (1959). Lauréat du Concours international de Genève (1963), il remporte le 1er prix de toutes les autres compétitions auxquelles il se présente : Birmingham (1965, ex aequo avec James Galway), Munich (1967), Prague (1968), Budapest (1970). En 1967, il entre à l'Orchestre de Paris comme hautbois solo : il y restera jusqu'en 1979, conciliant ses activités de musicien d'orchestre et une carrière de soliste. En 1979, il est nommé professeur au Conservatoire de Paris, poste qu'il conserve jusqu'en 1992 lorsqu'il prend la classe de hautbois au Conservatoire de Genève. Depuis 1972, il consacre une part importante de ses activités à la musique de chambre au sein de l'Octuor à vent qui porte son nom et dont il est le fondateur, constitué de musiciens de l'Orchestre de Paris. Il joue fréquemment des œuvres pour deux hautbois avec Heinz Holliger. Il a créé des œuvres de Luciano Berio (*Chemins IV,* 1975), Henri Dutilleux (*Les Citations,* 1991).

Boutard, André

Clarinettiste français, né à Auxonne le 30 juin 1924.

Il étudie le piano d'abord, puis la clarinette. En 1937, il remporte le prix de la Confédération musicale de France. Il entre au Conservatoire de Toulouse en 1939 et en sort, en 1940, nanti d'un 1er prix de clarinette et d'une médaille de piano. Admis au Conservatoire de Paris en 1942, il y travaille avec Auguste Périer et Henri Challan. Il remporte un 1er prix de clarinette (1944). Clarinette solo de la Musique des équipages de la Flotte, il est nommé à l'Orchestre de la Garde Républicaine (1946), à la Société des Concerts du Conservatoire (1948), dans l'Orchestre de l'Opéra-Comique (1949). Puis les postes de clarinette solo se multiplient : à la Société des Concerts du Conservatoire (1956), à l'Orchestre de l'Opéra-Comique (1961) et, depuis 1973, à l'Orchestre de l'Opéra. Depuis 1944, il fait partie de l'Ensemble Instrumental à Vent de Paris, formation qui prendra le nom de Quintette à Vent de Paris en 1964. En 1962, il crée, avec Jacques Castagner, la *Sonatine pour flûte et clarinette* de Jolivet. En 1963, il donne la première audition de la *Sonate pour clarinette et piano* de Poulenc. Il est professeur au Conservatoire de Rueil-Malmaison, au Conservatoire Européen et au Conservatoire de Versailles.

Boutry, Roger

Pianiste, chef d'orchestre et compositeur français, né à Paris le 27 février 1932.

Après des études extrêmement brillantes, il obtient au Conservatoire de Paris la bagatelle de six premiers prix, dont un de piano en 1948, et un de direction d'orchestre en 1953 (dans la classe de Louis Fourestier). Non content de cela, il est en 1954 1er Grand Prix de Rome. Il entreprend avec succès une carrière internationale de pianiste. Puis, en tant que compositeur, il obtient en 1963 le Grand Prix musical de la Ville de Paris. Il entame alors une carrière de chef d'orchestre, qui le conduit à sa nomination comme chef permanent de l'Orchestre de la Garde Républicaine (1972), orchestre dont il fait, nonobstant les galons et les épaulettes, l'une des meilleures formations symphoniques, d'ailleurs beaucoup plus prisée à l'étranger qu'en France.

Bouvier, Hélène

Mezzo-soprano française, née à Paris le 20 juin 1905, morte à Paris le 11 mars 1978.

Elle débute en province et chante très rapidement au Colón de Buenos Aires. Engagée à l'Opéra de Paris en 1939 et à l'Opéra-Comique en 1945, elle est invitée au Théâtre Colón de Buenos Aires, à Milan et à New York. Interprète des grandes œuvres du répertoire lyrique : *Aïda, Otello, Faust, Samson et Dalila, Le Roi d'Ys, Ariane à Naxos,* elle se passionne pour Wagner. Sa voix au timbre chaud, son expressivité, ont trouvé leur épanouissement dans les œuvres d'Arthur Honegger (*Antigone*) à l'Opéra de Paris, de Darius Milhaud (*Bolivar*), d'Henri Büsser (*Les Noces corinthiennes*). Hélène Bouvier a aussi beaucoup chanté en récital, mettant son art au service des musiciens contemporains. Elle a créé le *Requiem* de Maurice Duruflé à la radio puis en concert en 1947.

Bovy, Vina (Johanna Pauline Félicité Bovi Van Overberghe)

Soprano belge, née à Gand le 22 mai 1900, morte à Gand le 16 mai 1983.

Elle débute en 1919 à l'Opéra de Gand dans Gretel puis chante à la Monnaie de Bruxelles (1920-23). En 1927, elle est invitée au Colón de Buenos Aires et sa carrière prend alors son plein essor : Milan, Monte-Carlo, Paris... Un an plus tard, elle épouse un descendant de l'impératrice Eugénie, Norberto Fischer, et interrompt sa carrière pendant cinq ans. En 1933, elle recommence à chanter à l'Opéra-Comique où elle reste en troupe jusqu'en 1944, se produisant également au Palais Garnier à partir de 1939. Elle fait ses débuts au Met en 1936 où elle chante régulièrement pendant trois ans (*La Traviata, Manon, Roméo et Juliette, Faust, Les Contes d'Hoffmann, Lakmé*). Après la guerre, elle mène une carrière ralentie en France et en Belgique, assurant la direction artistique de l'Opéra de Gand entre 1947 et 1955. Elle donne son concert d'adieu en 1964 à Ostende.

Bowman, James

Haute-contre anglais, né à Oxford le 6 novembre 1941.

Abordant le chant très tôt, il est l'un des jeunes choristes de la cathédrale d'Ely. Et ce n'est qu'en 1960, alors qu'il apprend l'histoire au New College d'Oxford, qu'il commence à travailler sérieusement sa voix dans ce registre de haute-contre, où il va rapidement affirmer de surprenantes possibilités. Une audition suffit à convaincre Benjamin Britten qui l'engage aussitôt dans son English Opera Group, et le fait débuter à Londres lors du concert qu'il dirige pour l'inauguration du Queen Elisabeth Hall. Jusqu'à sa mort, Britten continuera à travailler avec James Bowman. Il a composé à son intention le *Canticle IV « The Journey of the Magi »*, et la voix d'Apollon dans *Mort à Venise*. Bowman a étudié particulièrement les rôles de castrat-alto dans les opéras de Haendel : *Alcina, Ariodante, Giulio Cesare,* etc. Mais il chante aussi Monteverdi, Vivaldi (*Orlando Furioso*) ou encore des contemporains comme Tippett (création de *The Ice Break,* 1977) ou Maxwell Davies. Il est applaudi à l'English National Opera, à Covent Garden, au Festival de Glyndebourne, au Festival d'Aix, au Scottish et au Welsh Opera. La voix de haute-contre trouve en lui une illustration d'autant plus étonnante qu'il ajoute à la tenue de son style musical une puissance habituellement étrangère à ce registre ambigu. Le répertoire baroque a largement contribué à sa notoriété. Il donne également des master classes (San Sébastian, Versailles, Montpellier...). Il a créé *Tavener* (1972) de Peter Maxwell Davies.

Boyer, Jean

Organiste français, né à Sidi-bel-Abbès le 4 octobre 1948.

Il fait ses études musicales au Conservatoire de Toulouse, où il obtient, en 1969, un 1er prix d'orgue dans la classe de Xavier Darasse. Il s'intéresse à la facture d'orgue et explore notamment le sud-ouest de la France, riche en instruments historiques. Il enregistre son premier disque en 1971 sur l'orgue Godefroy Schmidt de Gimont (Gers) et obtient l'année suivante le Grand Prix du Disque. Cette même année 1972, il est nommé titulaire de l'orgue de Saint-Nicolas-des-Champs à Paris où il succède à Michel Chapuis. Depuis 1975, J. Boyer est cotitulaire de l'orgue de Saint-Séverin à Paris. En 1978, il est lauréat du Concours international d'Arnhem/Nimègue. Il enseigne régulièrement à l'Académie de l'orgue de Semur-en-Auxois et, depuis 1980, il est professeur au Conservatoire de Brest, à la Schola Cantorum, puis au Conservatoire de Lille. Comme la plupart des jeunes organistes français il reconnaît l'influence esthétique de Michel Chapuis. L'orgue de Saint-Nicolas-des-Champs favorise un style d'improvisation dans la tradition française des XVIIe et XVIIIe siècles qui le met en valeur, mais est aussi apte à favoriser la recherche dans une écriture contemporaine eu égard à la qualité des timbres de Clicquot. J. Boyer préfère jouer sur des instruments bien typés ; c'est à leur contact, pense-t-il, que l'on apprend et que l'on approfondit son art.

Bradley, Gwendolyn

Soprano américaine, née à New York le 12 décembre 1952.

Elle fait ses études à la North Carolina School of the Arts à Winston-Salem (Caroline du Nord), au Curtis Institute of Music de Philadelphie et à l'Academy of Vocal Arts de Philadelphie. En 1976, elle fait ses débuts lyriques dans le rôle de Nannetta (*Falstaff*) à l'Opéra de Lake George (New York) et, en 1981, elle se produit pour la première fois au Metropolitan Opera de New York dans le rôle du rossignol (*L'Enfant et les sortilèges*) ; elle y retourne pour incarner Blondchen, Gilda et Olympia d'Offenbach au cours des années suivantes. Elle fait ses débuts européens au Festival de Corfou (Grèce) en 1981 puis incarne Rodelinda à l'Opéra néerlandais (1983-84 ; également Sophie dans *Le Chevalier à la rose*). Elle est Zerbinette à l'Opéra de Paris en 1986, Fiakermilli (*Arabella*) au Festival de Glyndebourne en 1989, Musette à la Deutsche Oper de Berlin, Gilda au Festival de Wiesbaden en 1990. Elle donne aussi des récitals.

Brailowski, Alexandre

Pianiste russe naturalisé américain, né à Kiev le 16 février 1896, mort à New York le 25 avril 1976.

Pukhal'sky lui enseigne les rudiments du piano au Conservatoire de Kiev. En 1911, il suit à Vienne l'enseignement de Leschetizky. Réfugié en Suisse pendant la Première Guerre mondiale, il travaille avec Busoni. En 1919, il fait ses débuts à Paris. Après de multiples tournées en Europe, il remporte un triomphe à New York en 1924 ce qui le décide à s'y installer. La même année, il donne pour la première fois en récital une intégrale des œuvres de Chopin à Paris. Il réitérera l'exploit de nombreuses fois, à Paris et à New York en 1938, en 1960, lors du 150e anniversaire de la naissance de Chopin, à Bruxelles et encore à New York. Spécialiste forcené de la musique de Chopin et de Liszt, son approche du piano est essentiellement virtuose. Adulée des foules, la technique de Brailowski était fortement critiquée par les puristes, à cause de la trop grande place que le pianiste russe faisait à l'effet pour l'effet. Néanmoins, cela n'avait pas empêché la Belgique de créer dès 1936 un prix Brailowski pour les jeunes pianistes.

Brain, Dennis

Corniste anglais, né à Londres le 17 mai 1921, mort à Hatfield le 1er septembre 1957.

Fils d'Aubrey Brain (1893-1955) qui fut cor solo à la BBC pendant de nombreuses années, Dennis Brain est considéré comme le fondateur de l'École de cor anglaise. Il travaille d'abord avec son père à la Royal Academy of Music de Londres tout en étudiant l'orgue avec G. D. Cunningham et en recevant une formation générale à

St. Paul's School. Il débute en 1938 dans le *Concerto brandebourgeois n° 1* de J. S. Bach avec Adolf Busch. L'année suivante, il est mobilisé dans la RAF. Il fait partie de la Central Band (musique militaire) pendant sept ans. Une fois démobilisé, il commence une carrière de soliste et fonde le D. Brain Wind Ensemble. Sir Thomas Beecham l'appelle comme cor solo au Royal Philharmonic Orchestra. Puis il occupe les mêmes fonctions au Philharmonia Orchestra, enregistrant notamment les quatre concertos de Mozart avec Herbert von Karajan. En 1955, il élargit son ensemble d'instruments à vent en constituant un orchestre de chambre qu'il dirige. Mais un accident d'auto met fin subitement à sa carrière.

Dennis Brain préférait la technique française du cor mais, depuis 1951, il jouait sur un instrument allemand qui lui permettait de donner plus d'ampleur à la sonorité. Britten a écrit pour lui la *Sérénade pour ténor, cor et cordes* (1943) et *Canticle III* (1955), Hindemith son *Concerto pour cor* (1949). E. Lutyens, G. Jacob et M. Arnold ont aussi composé à son intention. Il a créé la *Sonate pour cor et piano* (1955) de Peter Racine Fricker.

Brandis, Thomas

Violoniste allemand, né à Hambourg le 23 juin 1935.

Il commence l'étude du violon avec Evelyn Distler puis est l'élève d'Eva Hauptmann à la Musikhochschule de Hambourg (1952-57) avant de se perfectionner avec Max Rostal à Londres. En 1957, il est lauréat du Concours de l'ARD à Munich. Il est violon solo de l'Orchestre Bach de Hambourg (1957-59), de l'Orchestre Symphonique de Hambourg (1959-61) puis de la Philharmonie de Berlin (1962-83) tout en menant une carrière de soliste. En 1968, il est nommé professeur à la Hochschule de Hambourg. En 1976, il forme son propre quatuor avec des membres de la Philharmonie de Berlin, Peter Brehm, Wilfried Strehle et Wolfgang Boettcher. En 1983, il est nommé professeur à la Hochschule de Berlin.

Brandt, Marianne (Marie Bischoff)

Mezzo-soprano autrichienne, née à Vienne le 12 septembre 1842, morte à Vienne le 9 juillet 1921.

Elle travaille le chant à Vienne avec Thérèse Janda et Frau Marschner puis à Baden-Baden avec Pauline Viardot (1869). Elle fait ses débuts à Olmütz (Olomouc) en 1867 dans Rachel (*La Juive*). L'année suivante, elle chante Azucena à l'Opéra de Berlin où elle restera en troupe jusqu'en 1882. En 1872, elle fait ses débuts à Covent Garden dans *Fidelio*. En 1876, elle participe à la création du *Crépuscule des dieux* à Bayreuth (Waltraute) où elle chante le rôle de Kundry dès la deuxième représentation de *Parsifal* en 1882. Entre 1884 et 1888, elle chante régulièrement au Met (Donna Elvira, Brangäne, Siebel...). En 1890, elle quitte la scène et se consacre à l'enseignement à Vienne. L'étendue exceptionnelle de sa voix lui permettait d'aborder aussi aisément le répertoire de mezzo que certains rôles de soprano.

Branzell, Karin

Mezzo-soprano suédoise naturalisée américaine (1969), née à Stockholm le 24 septembre 1891, morte à Altadena (Californie) le 15 décembre 1974.

D'abord organiste, elle étudie le chant avec Thekla Hafer à Stockholm, puis avec Ludwig Mantler et Louis Nachner à Berlin et Enrico Rosati à New York. Après ses débuts en 1912 à l'Opéra royal de Stockholm auquel elle reste attachée jusqu'en 1918, elle est engagée à l'Opéra d'État de Berlin dont elle reste membre jusqu'en 1933. De 1924 à 1944 elle est mezzo principale au Metropolitan Opera de New York où elle chantera encore Erda au cours de la saison 1950-51. Elle enseigne à la Juilliard School (1946-50) et à Adelphi College, New York (1952-58) où elle formera notamment Mignon Dunn et Jean Madeira. Elle s'est produite à Bayreuth dans les rôles de Fricka et Waltraute en 1930 et 1931. Londres, Buenos Aires, Milan, Paris, San Francisco la verront dans un répertoire spécialisé : Wagner (Ortrud, Brangäne, Venus, et la Brünnhilde de *La*

Walkyrie) et Strauss (Herodias, Klytemnestre) mais aussi Dalila, Fides, Azucena, Amneris...

Braun, Victor

Baryton canadien, né à Windsor le 4 août 1935.

Il voit le jour dans une famille mennonite germano-russe. Il commence des études de géologie à l'Université d'Ontario, mais gagne bientôt un concours de chant, à la Radio Canadienne. Il étudie alors le chant à London (Canada) et au Conservatoire de Toronto. Membre de la Canadian Opera Company, il se produit à Montréal et à Vancouver. En 1963, il obtient une bourse pour aller se perfectionner à Vienne. En 1964, il est engagé à l'Opéra de Francfort où il s'impose aussitôt dans le répertoire le plus varié. Il se produit à Cologne, Düsseldorf, Hambourg. En 1969, il débute à la Scala, comme Wolfram de *Tannhäuser.* A Madrid, il chante *La Passion selon saint Matthieu*, à Bruxelles *Le Requiem allemand.* De 1969 à 1971, il remporte de grands succès à Covent Garden. En 1970, il sera le Comte des *Noces de Figaro* au Festival de Salzbourg. Puis il sera le Golaud pathétique du *Pelléas et Mélisande* monté par Jean-Pierre Ponnelle à l'Opéra de Munich.

Bream, Julian

Guitariste et luthiste anglais, né à Battersea (près de Londres) le 15 juillet 1933.

Son père, guitariste amateur, lui offre son premier contact avec l'instrument mais veille à ce qu'il étudie le piano et le violoncelle. Il donne son premier concert à l'âge de douze ans. En 1945, il est admis comme étudiant en piano, violoncelle et harmonie au Royal College of Music. L'écoute des disques d'Andrés Segovia le décide à se consacrer désormais à la guitare. Un an d'études avec le Dr Perrot le prépare à sa rencontre avec le Maître (1947). Segovia l'encourage et le fait travailler. Son premier récital de guitariste (Cheltenham 1947) précède de peu de fracassants débuts londoniens en 1948. Il rencontre en 1950 Thomas Goff, célèbre luthier et facteur de clavecins. Ce dernier lui fabrique un luth, mieux adapté que la guitare à la musique élisabéthaine qu'il inscrit à son répertoire ; il lui organise des concerts et l'introduit dans la société musicale anglaise où il rencontre George Malcolm. En 1952, il s'associe avec le ténor Peter Pears pour former un duo voix et luth qui effectue de nombreuses tournées. Le démarrage de sa carrière internationale peut être situé en 1959. En 1961, il forme le Julian Bream Consort (luth, violon, flûte alto, basse de viole, mandore, cithare) à l'occasion de l'exécution des *Morley Consort Lessons.* Ce sera la principale formation anglaise d'instruments d'époque pour la musique élisabéthaine. Il a créé des œuvres, dont il est souvent dédicataire, de Malcolm Arnold, Richard Rodney Bennett, Lennox Berkeley (*Concerto pour guitare*, déd.), Benjamin Britten (*Nocturnal*, déd., 1964), Leo Brouwer (*Sonate pour guitare*, déd., 1990), Peter Racine Fricker, Hans Werner Henze (*Drei Tentos*, déd., 1958 ; *Royal Winter Music*, première sonate, 1976), Peter Maxwell Davies (*Hill Runes,* 1981), Alan Rawsthorne, Toru Takemitsu (*All in Twilight,* 1990), Michael Tippett (*The Blue Guitar,* 1983), William Walton (*Bagatelles*).

Brediceanu, Mihai

Chef d'orchestre roumain, né à Braşov le 14 juin 1920.

Fils du compositeur **Tiberiu Brediceanu** (1877-1968), il fait ses études au conservatoire de sa ville natale où il travaille le piano avec Emanuel Bernfeld (1931-39). Puis il vient à Bucarest où il est l'élève, au Conservatoire, de Mihai Jora et Fiorica Musicescu (1943-47). Parallèlement, il fait des études juridiques et obtient une licence en droit (1944). Il débute comme répétiteur à l'Opéra de Bucarest (1943-45) ; puis il est nommé chef de chœur (1946-48), chef d'orchestre (1948-59), premier chef d'orchestre et directeur de la musique (1959-66). Depuis 1958, il est l'un des chefs permanents de la Philharmonie Georges Enesco de Bucarest. Le prix Georges Enesco lui a été décerné en 1945 pour ses activités de compositeur, tournées essentiellement vers la musique de scène et le ballet. Entre 1969 et 1971, il est principal chef invité et conseiller musical de l'Orchestre Symphonique de Syracuse (New York). Titulaire d'un doctorat en mathématiques, il est professeur invité à l'Université de Syracuse à partir de 1971 dans le domaine interdisciplinaire des mathématiques et de la musique. Entre 1979 et 1981, il est directeur général de la musique à l'Opéra d'Istanbul avant d'être nommé directeur général de la Philharmonie Georges Enesco de Bucarest (1982-90). Il prend ensuite la direction du Festival Georges Enesco de Bucarest.

Il a créé des œuvres de Mihail Andricu (*Symphonie n° 9,* 1961 ; *Symphonie n° 10,* 1969), Alain Bancquart (*Symphonie n° 4,* 1987), Corneliu Dan Georgescu (*Partita pour orchestre,* 1968).

Dans le domaine des mathématiques, il a formulé et publié un ouvrage sur la théorie du temps polymodulaire, concept qui permet de mesurer simultanément la valeur des durées avec des modules de temps différents.

Brendel, Alfred

Pianiste autrichien, né à Wiesenberg (Moravie) le 5 janvier 1931.

Il a des origines autrichienne, allemande, italienne et tchèque. A six ans, il commence le piano, à dix ans l'harmonie, et entre plus tard dans la classe d'Edwin Fischer à Lucerne. Il est formé à l'école de Paul Baumgartner et Eduard Steurmann. En 1948, il donne son premier récital à Graz où il complète ses études de composition et de direction d'orchestre. Un an plus tard, il remporte le prix Busoni de Bolzano. Attiré par la peinture, la littérature, la réflexion, il choisit la musique mais donne peu de concerts au début de sa carrière. En 1960, il joue au Festival de Salzbourg avec la Philharmonie de Vienne. On l'entend à Paris en 1972 pour la première fois. Depuis vingt ans, il parcourt le monde, jouant Beethoven ou Schoenberg, remettant tout en question, se passionnant davantage pour les compositeurs qu'il sert, que pour le public ou la réussite. Il enseigne à Londres où il se fixe en 1974, s'acharne à perfectionner sa technique et sa maîtrise et reste favorable aux enregistrements pris sur le vif. Sa passion va de pair avec sa lucidité. Éblouissant dans Liszt, on retrouve parfois dans son jeu (Beethoven) l'héritage de Fischer. C'est un pianiste complet, architecte, poète, musicien ardent et raffiné. Au concert comme au disque, il est l'homme des intégrales et a présenté dans les grandes capitales des cycles complets consacrés à Mozart, Beethoven et Schubert. Il a créé une œuvre de Werner Thärichen (*Concerto pour piano n° 1,* 1961). Après avoir joué longtemps sur des pianos Bösendrofer et Bechstein, il a adopté les pianos Steinway.

ÉCRITS : *Musical Thoughts and Afterthoughts* (Londres, 1976 ; trad. française, « Réflexions faites », Paris, 1979) ; *Music Sounded Out* (Londres, 1990 ; trad. française, « Musique côté cour, côté jardin », Paris, 1994).

Brendel, Wolfgang

Baryton allemand, né à Munich le 20 octobre 1947.

Il fait ses débuts en 1970 à Kaiserslautern dans Don Giovanni et est engagé l'année suivante à l'Opéra de Munich où il chante Wolfram, Papageno, Pelléas, Germont... Il est invité par les plus grands opéras allemands (Hambourg, Karlsruhe, Düsseldorf-Duisbourg). En 1975, il débute au Met dans le Comte (*Les Noces de Figaro*). Puis viennent l'Opéra de Vienne, la Scala de Milan (Wolfram, 1984) et Bayreuth (Wolfram, 1985).

Bress, Hyman

Violoniste canadien, né au Cap le 30 juin 1931.

Il débute dans sa ville natale, avec l'Orchestre Municipal, à l'âge de neuf ans. Six ans plus tard, il est diplômé du Curtis Institute de Philadelphie et du Conservatoire de Toronto. Fixé à Montréal, Hyman Bress est violon solo de l'Orchestre Symphonique (1956-60) et du Quatuor de Montréal (1958-60). En 1956, il reçoit le trophée de la Concert Artist's Guild puis, en 1957, celui de Jascha Heifetz, à Tanglewood, Jascha Heifetz avec lequel il travaille. Il se produit en Europe et aux États-Unis et enregistre une trentaine de disques, dont l'intégrale des sonates pour violon seul d'Eugène Ysaÿe. Installé à Neuilly, près de Paris, il a publié une méthode de violon qui est, selon lui, « une introduction à la musique moderne et étudie tous les aspects de la musique atonale ». Il a créé *Virtuose Musik* (1968) de Boris Blacher.

Bréval, Lucienne (Bertha Schilling)

Soprano suisse naturalisée française, née à Männedorf le 4 novembre 1869, morte à Neuilly le 15 août 1935.

Élève des Conservatoires de Genève (où elle obtient un 1er prix de piano) et de Paris (un 1er prix de chant), elle fait ses débuts en 1892, à l'Opéra de Paris, dans le rôle de Selika de *L'Africaine* de Meyerbeer. Pendant près de trente années, elle fait partie de la troupe de l'Opéra de Paris, créant notamment *La Montagne noire* d'Augusta Holmès (1895), *La Burgonde* de Duval (1898), le *Fils de l'Étoile* d'Erlanger (1904), *Ariane* de Massenet (1906), et sur d'autres scènes *Grisélidis* de Massenet (Opéra-Comique, 1901), *Macbeth* d'Ernest Bloch (Opéra-Comique, 1910) et *Pénélope* de Fauré (Monte-Carlo, 1913). Elle est également une incomparable Brünnhilde dans *La Walkyrie* qu'elle crée (en français) sous la direction de Colonne (1893). Mais son refus d'apprendre l'allemand lui ferme les portes de Bayreuth. Elle chante de 1900 à 1902 au Met de New York. Elle se consacre à partir de 1921 à l'enseignement. Avec une voix généreuse, un physique sculptural et un tempérament ardent, cette tragédienne lyrique a subjugué tous ses contemporains, à l'instar d'un Fauré définissant son art comme « un Beau qui n'est pas l'objet des sons, un certain Beau qui charme l'esprit ».

Brewer, Bruce

Ténor américain, né à San Antonio (Texas) le 12 octobre 1941.

Il étudie aux USA avec Josephine Lucchese, puis en Europe avec R. Bonynge, P. Bernac et N. Boulanger, puis R. Tureck à New York. Il débute en 1970 à San Antonio (Ottavio) et chante rapidement à San Francisco, Berlin, Spolète, Boston, Washington. En 1975, il est engagé à Aix-en-Provence (*Le Carnaval de Venise* de Campra), chante en France et en Italie, débute à Covent Garden en 1979 (*La Princesse de Navarre*), à la Scala en 1980 (*L'Enfance du Christ*). Ténor de grâce spécialisé dans le répertoire baroque français et italien qu'il chante à la scène et au concert (Lully, Rameau, Charpentier, Campra, Pergolèse, Pacini, Paër, Gluck), il s'attache aussi aux résurrections des versions originales des ouvrages du bel canto italien (Bellini, Donizetti, Rossini). Il chante également Mozart, Offenbach, Ravel, Strauss ou Orff. Il a été l'époux de la cantatrice Joyce Castle. En 1989, il fonde avec Dominique Fernandez et Charles Pitt une association destinée à produire les œuvres du répertoire de Rubini, The Rubini Society.

Brilioth, Helge

Ténor suédois, né à Växjo le 7 mai 1931.

Il étudie le chant au Conservatoire royal de Stockholm, tout en chantant dans les chœurs d'église de la capitale. Ayant parachevé ses études au Mozarteum de Salzbourg et à l'Académie Santa Cecilia de Rome, il débute en 1959 comme baryton à l'Opéra de Stockholm. On reconnaît alors qu'il possède une voix de ténor héroïque, et en 1965 il chante le rôle de Don José. Peu après, il remporte un succès déterminant en interprétant *Otello* de Verdi (le rôle-titre). A partir de 1969, il sera durant quelques années un des ténors de pointe du Festival de Bayreuth, successivement Siegmund, Siegfried puis Tristan, en 1974. En 1970, il chante Parsifal au Met et, en 1974, Karajan l'invite au Festival de Pâques (Salzbourg) pour tenir le rôle de Siegfried dans *Le Crépuscule des dieux* (rôle qu'il enregistrera). Ses activités lyriques se ralentissent progressivement au profit d'une carrière de concertiste.

Brodsky, Adolph

Violoniste russe, né à Taganrog le 2 avril 1851, mort à Manchester le 22 janvier 1929.

Brodsky fait ses études auprès de Joseph Hellmesberger au Conservatoire de

Vienne, de 1860 à 1863. Il fait partie du Quatuor Hellmesberger et du Wiener Hofopernorchester (1968-70). Il enseigne au Conservatoire de Moscou (1875-79) puis à celui de Leipzig (1882-92). En 1881, il crée (sous la baguette de Hans Richter) le *Concerto* de Tchaïkovski qu'Auer avait refusé de jouer et en reçoit la dédicace. De 1890 à 1894, il est violon solo de l'Orchestre Symphonique de New York puis, en 1895, il occupe les mêmes fonctions à Manchester où il succède, la même année, à Hallé comme principal au Royal College of Music. Adolph Brodsky, outre son activité de soliste, créa un quatuor, portant son nom, qui se produisit sous deux formations différentes : entre 1870 et 1890 à Leipzig, avec Becker, Hans Sitt et Julius Klengel puis en Angleterre, avec Bowden-Briggs, S. Spielmann et C. Fuchs, formation à laquelle Elgar dédia son *Quatuor en mi mineur*. Retiré en 1921, il se fera entendre une ultime fois, en 1927, dans le *Concerto* d'Elgar, lors du concert donné pour les soixante-dix ans du compositeur anglais. Busoni lui a dédié sa *Sonate pour violon et piano n° 1.*

ÉCRITS : *Recollections of a Russian* (Londres, 1904).

Bronfman, Yefim

Pianiste soviétique naturalisé israélien, né à Taschkent le 10 avril 1958.

Il commence à étudier le piano avec sa mère, professeur de piano. Sa famille émigre en Israël en 1973 où il travaille avec Arie Vardi à l'Académie de musique Rubin (Université de Tel-Aviv). Puis il va se perfectionner aux États-Unis, notamment à la Juilliard School (New York) et au Curtis Institute (Philadelphie) à partir de 1978 où il est l'élève de Rudolf Serkin, Leon Fleisher et Rudolf Firkušný. Il donne ses premiers concerts au milieu des années soixante-dix et s'impose rapidement comme soliste et dans le domaine de la musique de chambre : il joue notamment avec les quatuors Juilliard, Guarneri et de Cleveland et devient le partenaire régulier du violoniste Shlomo Mintz. Il joue en trio avec le violoniste Chio-Liang Lin et le violoncelliste Gary Hoffman.

Brosa, Antonio

Violoniste espagnol, né à Caronja le 27 juin 1894, mort à Barcelone le 23 mars 1979.

Il fait ses études à Barcelone auprès du violoniste belge Mathieu Crickboom. Il donne son premier concert à l'âge de dix ans, mais c'est à Londres qu'il fait la majeure partie de sa carrière, fondant son quatuor (1924-38) qui se rend célèbre aux États-Unis et influence par son style les futures formations. Il se produit également en duo avec Mathilde Verne (1924-27), puis avec Kathleen Long (1948-66). Pendant quelque temps, il est premier violon du Quatuor Pro Arte (1940-44). Il a créé les concertos pour violon de Benjamin Britten (1940) et de Roberto Gerhard (1950) et a donné la première audition radiodiffusée du *Concerto pour violon* de Schoenberg à la BBC. Il a enseigné au Royal College of Music de Londres. Possesseur du Stradivarius *Vesuvius* de 1727, Antonio Brosa a hérité de l'École belge du violon son style précis, chaleureux et incisif.

Brosse, Jean-Patrice

Claveciniste et organiste français, né au Mans le 23 juin 1950.

Issu d'une famille de musiciens – son père est chef d'orchestre et sa mère violoniste –, il commence ses études musicales dans sa ville natale : orgue, clavecin, écritures, direction d'orchestre et musique de chambre. Jean-Patrice Brosse n'a jamais travaillé le piano. Son goût pour la musique baroque le pousse très tôt vers l'orgue et le clavecin qu'il pratique presque exclusivement sur des instruments d'époque. Son professeur d'alors, Françoise Petit, le présente en 1971 à Ruggero Gerlin qui lui permet d'obtenir une bourse à l'Accademia Chigiana de Sienne. Tout en poursuivant des études d'architecture à l'École des Beaux-Arts de Paris, il se perfectionne auprès de Robert Veyron-Lacroix et de Laurence Boulay. Dès 1973, il commence sa double carrière de soliste et de musicien de chambre. Titulaire de l'orgue de Saint-Bertrand-de-Comminges, il joue également avec Jean-Pierre Wallez, Frédéric Lodéon, Michel Debost et se fait entendre avec de nombreuses formations orchestrales. Sa discographie est émaillée de premières intégrales mondiales : Purcell (œuvre pour orgue et pour clavecin), Clérambault (œuvre pour orgue et pour clavecin), Lebègue (Premier Livre d'orgue), Duphly (les quatre Livres de clavecin). Il enseigne à l'Académie d'Albi.

Brothier, Yvonne

Soprano française, née à Saint-Julien-l'Ars le 6 juin 1889, morte à Paris le 22 janvier 1967.

Personnalité remarquable aux multiples facettes, elle effectue des études en Sorbonne, à l'École du Louvre et au Conservatoire. Elle est l'élève de Paul Vidal, d'Albert Wolff, de Marguerite Long et, pour l'art dramatique, de Jane Granier. Ces bases solides et complètes expliquent la carrière brillante et polymorphe de cette grande artiste, aussi belle cantatrice que charmante comédienne ou spirituelle conférencière.

Ayant obtenu ses premiers prix, elle débute à l'Opéra-Comique en 1916 dans *Lakmé*. Elle y fera la plus grande partie de sa carrière, y chantant Rosine, Micaëla, Mireille, Butterfly, Mimi, Olympia, Rozenn, le plus adorable Chérubin et, sûrement l'une des plus authentiques Mélisande tant par la voix que par le jeu émouvant et simple et ces admirables cheveux blonds descendant jusqu'à ses chevilles. Elle créera Salle Favart *La Forêt bleue* d'Aubert, *Le Hulla* de Samuel-Rousseau, *Le Joueur de viole* de Laparra, et *Le Sauteriot* de Lazzari. C'est en créant le rôle de Virginie Déjazet dans *Virginie* de Bruneau qu'elle fait ses débuts en 1931 sur la scène du Palais Garnier. Elle y chante par la suite Sophie du *Chevalier à la rose* et Rosine. Si Paris reste son port d'attache, elle n'en tourne pas moins en province et à l'étranger : elle chante notamment sous la direction de Mengelberg la première de *Pelléas et Mélisande* à Amsterdam. En Italie, elle incarne *Lakmé* à la Scala de Milan (1917). De 1934 à 1939, elle participe aux saisons lyriques annuelles organisées à la Porte-Saint-Martin par Maurice Lehmann. A partir de 1940, elle se consacre exclusivement à l'enseignement et à ses concerts-conférences.

Brouwenstijn, Gré (Gerarda Demphina Van Swol)

Soprano néerlandaise, née à Den Helder le 26 août 1915.

Elle fait ses études au Lycée musical (Muzieklyceum) d'Amsterdam avec Jap Stroomenbergh, puis avec Boris Pelsky et Ruth Horna. Pendant la Seconde Guerre mondiale, elle développe surtout une carrière de concertiste. Engagée dans le chœur de l'Opéra néerlandais, elle y fait ses débuts en 1946. Son premier grand succès est *Tosca* (1946). Elle est bientôt mondialement connue : dès 1953, elle est invitée régulièrement à Covent Garden, où son meilleur rôle demeure Aïda ; dès 1965, elle chante à l'opéra de Vienne ; dès 1959, elle est l'invitée des opéras de Chicago et San Francisco ; en 1960, elle obtient un triomphe au Théâtre Colón de Buenos Aires, alors qu'elle venait de s'imposer à Chicago dans le rôle-titre de *Jenůfa*. De 1954 à 1956, elle apparaît au Festival de Bayreuth, dans Élisabeth de *Tannhäuser* puis dans Eva des *Maîtres chanteurs*. Gré Brouwenstijn est aussi à l'aise dans le répertoire français et italien. Mais elle s'est imposée également dans le répertoire wagnérien. Elle cesse de chanter en 1971.

Brouwer, Leo

Guitariste, chef d'orchestre et compositeur cubain, né à La Havane le 1er mars 1939.

De 1955 à 1959, il commence ses études à La Havane puis les poursuit aux États-Unis de 1959 à 1960, à la Juilliard School, où il travaille avec Persichetti, Bamberger et Wolpe, et à l'Université d'Hartford, avec Isadore Freed. Ses débuts remontent à 1956. Dès 1961, il prend la direction de l'Institut cubain du film. Il enseigne au Conservatoire de La Havane (1961-66) et devient conseiller musical à la Radio Cubaine. Sa production délaisse le côté folklorique de son inspiration nationale pour se tourner vers l'avant-garde. Tant comme interprète que comme compositeur, il a élargi considérablement les possibilités de la guitare. A partir de 1991, il prend la direction de l'Orchestre Symphonique de Cordoue.

Brown, Iona

Violoniste anglaise, née à Salisbury le 7 janvier 1941.

Elle voit le jour dans une famille de musiciens et fait ses études musicales à Rome, Bruxelles, Vienne et Paris, notamment avec Henryk Szeryng. Membre de l'Orchestre Philharmonia de Londres (1963-66), elle commence une carrière de soliste. En 1974, Neville Marriner l'engage comme violon solo-directeur de l'ensemble à cordes de l'Academy of St Martin in the Fields. En 1981, elle est nommée directeur artistique de l'Orchestre de Chambre de Norvège et, en 1985, premier *leader* du City of Birmingham Symphony Orchestra dont elle dirige les formations réduites. Entre 1987 et 1992, elle assure également la direction artistique de l'Orchestre de Chambre de Los Angeles.

Browning, John

Pianiste américain, né à Denver (Colorado) le 23 mai 1933.

Il fait ses débuts à l'âge de dix ans. Il étudie à Los Angeles avec Lee Pattison et à la Juilliard School avec Rosina Lhévinne. Il remporte le prix du centenaire des pianos Steinway (1954), le prix Leventritt (1955) et le 2e prix au Concours Reine Élisabeth de Belgique (1956). Il débute à Carnegie Hall avec l'Orchestre Philharmonique de New York en 1956 et commence rapidement une carrière internationale. A partir de 1968, il enseigne à la Northwestern University puis à la Manhattan School of Music. En 1986, il est nommé professeur à la Juilliard School. Il a créé le *Concerto pour piano* de Samuel Barber (1962) et accorde une place importante dans son répertoire à la musique contemporaine.

Bruchollerie, Monique de La

Voir à **La Bruchollerie, Monique de.**

Bruck, Charles

Chef d'orchestre roumain naturalisé français (1939), né à Timişoara le 2 mai 1911.

Il fait ses études au Conservatoire de Vienne, puis à l'École Normale de Musique de Paris où il a pour professeur V. Perlemuter (piano) et N. Boulanger (composition). Il suit les cours de direction d'orchestre de Pierre Monteux en 1934, et, deux ans plus tard, gagne le concours de direction de l'Orchestre Symphonique de Paris, dont il devient chef assistant. Il dirige de nombreux orchestres : Cannes-Deauville (1949-50), l'Orchestre de l'Opéra Néerlandais (1950-54), l'Orchestre Symphonique de la Radio de Strasbourg (1955-65) et l'Orchestre Philharmonique de l'ORTF (1965-70). S'étant rendu en Amérique pour la première fois en 1936, il y retourne pour diriger, en 1970, l'école de direction d'orchestre de Monteux, à Hancok (Maine).

Ce chef, qui a une prédilection pour le répertoire classique et romantique, défend aussi avec une vive passion les œuvres de son temps. Il a révélé pour la première fois en France (Rouen 1971, Théâtre des arts), l'opéra *Ulysse* de Dallapiccola (version française de Martine Cadieu) et du même auteur *Le Prisonnier*, *Requiescant*, ainsi que *L'Affaire Makropoulos* de Janáček, le *Requiem* de Ligeti, la *Passion selon saint Luc* et le *Dies Irae* de Penderecki. En création mondiale il a dirigé des œuvres de Claude Ballif, Jean Barraqué (*Chant après chant,* 1966), Henry Barraud (*Rapsodie dionysienne,* 1961 ; *Symphonie concertante pour trompette et orchestre,* 1966 ; *Trois Études pour orchestre,* 1969), Jacques Bondon (*Musique pour un autre monde,* 1962 ; *La Nuit foudroyée*, opéra, 1964), Charles Chaynes (*Expressions contrastées,* 1966), Pierre-Max Dubois (*Symphonie nº 1,* 1960), Jean-Claude Éloy (*Étude III,* 1966), Jean Françaix (*L'Apostrophe,* 1951), Jean-Pierre Guézec (*Formes,* 1967), Pierre Hasquenoph (*Concerto pour orchestre,* 1961 ; *Structures polyphoniques,* 1964), André Jolivet (*Le Cœur de la matière,* 1965), Charles Koechlin (*Symphonie nº 2,* 1958), Marcel Landowski (*Edina,* 1946 ; *Cantate nº 1 « Jésus es-tu là ? »,* 1948 ; *Symphonie nº 3,* 1965), François-Bernard Mâche (*Répliques,* 1969), Jean-Louis Martinet, Paul Méfano (*Incidences,* 1967), Georges Migot (*Mystère orphique,* 1964 ; *In memoriam,* 1966), Marcel Mihalovici (*Esercizio per archi,* 1960), Francis Miroglio (*Espaces II,* 1967), Serge Nigg (*Jérôme-Bosch-*

Symphonie, 1960 ; *Le Chant du dépossédé,* 1964), Tolia Nikiprowetzky (*Symphonie « Logos 5 »,* 1965), Maurice Ohana, Serge Prokofiev (*L'Ange de feu,* version de concert, 1954), Jean Rivier (*Concerto pour cuivres, timbales et cordes,* 1963 ; *Christus Rex,* 1968), Louis Saguer, Alexandre Tansman (*Le Faux Messie,* 1961), Antoine Tisné (*Mouvements symphoniques,* 1965 ; *Symphonie n° 2,* 1966 ; *Cosmogonies,* 1968), Henri Tomasi, Iannis Xenakis (*Akrata,* 1966 ; *Nomos Gamma,* 1969).

Outre sa curiosité, son tempérament ardent et combatif, il possède le don de l'analyse et l'intuition des nouveaux langages, servi par sa connaissance des moyens techniques d'aujourd'hui.

Brüggen, Frans

Flûtiste et chef d'orchestre néerlandais, né à Amsterdam le 30 octobre 1934.

Il étudie la flûte à bec avec Kees Otten, et obtient un 1er prix de flûte au Lycée musical d'Amsterdam, ainsi que son diplôme de musicologie à l'Université de la même ville. Mais c'est en autodidacte qu'il perfectionne son jeu sur la flûte à bec et sur la flûte traversière (baroque ou Renaissance). Son jeu brillant, véloce, transparent, une intime compréhension de ce qui est souhaitable sur cet instrument caractérisent son style. Il travaille souvent avec Gustav Leonhardt ou Anner Bylsma. Il a progressivement abandonné la flûte moderne de Boehm pour les originaux ou leur copies du XVIIIe siècle. Son enseignement est largement suivi partout dans le monde, notamment au Conservatoire de La Haye où il est professeur de flûte à bec et de musique du XVIIIe siècle. L'Université Harvard l'invite en 1972-73 pour donner des conférences sur la musique baroque. Mais son intérêt le porte aussi vers la musique de notre époque : Berio lui a dédié, en 1966, ses *Gesti* qui associent au jeu traditionnel ce qu'il est convenu d'appeler la théâtralité. Il fait aussi partie du groupe d'avant-garde Sourcream.

A la tête de l'Orchestre du XVIIIe siècle, qu'il fonde en 1981 (une cinquantaine de musiciens provenant de seize pays différents réunis en deux sessions annuelles), il donne un nouvel élan à l'interprétation du répertoire symphonique de l'époque sur instruments anciens, avec des incursions dans la littérature des premiers temps du romantisme. Cette expérience de renouveau dans l'approche du répertoire classique incite les grands orchestres symphoniques à faire appel à lui pour diriger la musique de Haydn, Mozart et Beethoven, notamment l'Orchestre Philharmonique de Vienne. Il enseigne la flûte à bec et la flûte traversière aux conservatoires de La Haye et d'Amsterdam.

Brumaire, Jacqueline

Soprano française, née à Herblay le 5 novembre 1921.

Elle suit les classes du Conservatoire de Paris et débute en 1946 à l'Opéra-Comique, comme Comtesse (*Les Noces de Figaro*). Aussitôt elle aborde une étincelante carrière sur cette scène où l'on admire son soprano lyrique dans les grands rôles du répertoire français et italien ; Mimi de *La Bohème*, Micaëla, *Manon*, Antonia des *Contes d'Hoffmann*, *Mireille*... Bientôt elle découvre le répertoire mozartien, chante Fiordiligi (*Così*) et passe à l'Opéra de Paris pour y tenir, en 1962, le rôle de Donna Anna (*Don Giovanni*). Elle est invitée sur les plus grandes scènes de France, de Suisse et de Belgique et donne de nombreux concerts. Retirée de la scène, elle se consacre au professorat, prépare les chœurs de l'Opéra de Nancy et est déléguée par le gouvernement français pour préparer ceux de *Carmen*, montée à Pékin par Jean Périsson et René Terrasson. Elle est professeur au Conservatoire de Lyon.

Brumberg, Léonid

Pianiste russe, né à Rostov en 1925.

Il fait ses études au Conservatoire de Moscou où il est notamment l'élève de Heinrich Neuhaus dont il deviendra par la suite l'assistant à l'Institut Gnessine. Il s'inscrit dans la même filiation que Richter et Guilels, mais commence une carrière plus discrète qu'eux. En 1981, il quitte l'URSS et se fixe à Vienne où il est nommé professeur au Conservatoire. Il est considéré comme un grand spécialiste de la musique de Liszt.

Brun, François-Julien

Chef d'orchestre français, né à Saint-Étienne le 18 juin 1909, mort à Paris le 13 mai 1990.

Au Conservatoire de Paris, il est l'élève de Paul Dukas, de Roger Ducasse, de Philippe Gaubert et de Marcel Moyse. Il obtient là un 1er prix de flûte et des accessits de fugue et d'harmonie. Nommé premier soliste de la Musique de la Garde Républicaine, en 1937, il reçoit, l'année suivante, le 1er Grand Prix de flûte au Concours international de Vienne. De 1945 à 1969, il dirige la Musique de la Garde Républicaine dont il élargit considérablement le champ d'action par l'adjonction de cordes (1948).

Brunhoff, Thierry de

Pianiste français, né à Paris le 9 novembre 1934.

Dès l'âge de neuf ans, il travaille avec Alfred Cortot dont il sera un des disciples privilégiés, à l'École Normale de Musique de Paris. Il y reçoit également l'enseignement de Blanche Bascourret de Guéraldi. En 1957, il fait ses débuts à Gaveau devant un public enthousiaste. Rapidement Thierry de Brunhoff dispose d'un répertoire très étendu, allant de Bach à Rachmaninov, sans oublier Schumann et Chopin. En 1967, il fait un retour triomphal au Théâtre des Champs-Élysées, après un très grave accident de voiture, en interprétant un grand nombre d'œuvres de Chopin. Il enseigne à l'École Normale de Musique. En 1974, il abandonne sa carrière pianistique pour entrer dans l'ordre des Bénédictins à En Calquat.

Brunner, Eduard

Clarinettiste suisse, né à Bâle le 14 juillet 1939.

Après avoir commencé ses études au Conservatoire de Bâle, il travaille à Paris avec Louis Cahuzac. Dès 1959, il commence une carrière de soliste et de musicien de chambre, principalement en Allemagne et en Suisse. En 1962-63, il est clarinette solo du Philharmonischen Staatsorchester de Brême, puis, en 1963, il est nommé clarinette solo de l'Orchestre Symphonique de la Radiodiffusion Bavaroise à Munich. Il s'est imposé comme l'une des figures marquantes de la clarinette-système allemand. En musique de chambre, il apparaît souvent en compagnie de Gidon Kremer au Festival de Lockenhaus ou dans diverses formations d'instruments à vent autour de Heinz Holliger et Aurèle Nicolet. Il a créé des œuvres d'Edison Denisov (*Concerto pour clarinette,* 1989), Jean Françaix (*Tema con variazioni,* 1978 ; *Quintette pour clarinette et cordes,* 1978), Rudolf Kelterborn (*Musique pour clarinette et cordes,* 1961), Helmut Lachenmann (*Allegro sostenuto* pour clarinette, violoncelle et piano, 1989), Isang Yun (*Concerto pour clarinette,* 1982 ; *Quintette pour clarinette et cordes,* 1984 ; *Rencontre pour clarinette, harpe et violoncelle,* 1986).

Brunner, Evelyn

Soprano suisse, née à Lausanne le 17 décembre 1943.

Elle commence très tôt ses études de chant au Conservatoire de Lausanne (classe de Paul Sandoz) et se perfectionne ensuite à Milan et à l'Opéra-Studio de Genève que vient de fonder Herbert Graf. Elle participe aux premiers enregistrements de l'Ensemble Vocal de Lausanne (Michel Corboz) et avec l'Orchestre de Chambre de Lausanne (Victor Desarzens puis Armin Jordan). Voix française, technique italienne, elle s'impose en Micaëla (*Carmen*) et surtout en Marguerite (*Faust*), rôles qu'elle aborde au Grand-Théâtre de Genève, puis en France (Toulouse, Avignon, Nantes...). C'est surtout à Nantes, avec René Terrasson, qu'elle découvre le grand répertoire mozartien et surtout le rôle de la Comtesse des *Noces de Figaro* qu'elle chante à Lyon, à Strasbourg puis sur les plus grandes scènes (opéras de Paris, Hambourg, Berlin...). Elle brille également en Fiordiligi et en Donna Anna. Liu (*Turandot*), *La Traviata* et Élisabeth (*Don Carlos*) l'imposent en grand soprano italien. Elle a créé des œuvres de Julien-François Zbinden (*La Solitude,* 1985).

Bruscantini, Sesto

Baryton-basse italien, né à Porto Civitanoca, Macerata, le 10 décembre 1919.

Il étudie d'abord le droit, puis le chant avec Luigi Ricci, à Rome. En 1947, il est lauréat d'un concours de chant de la Radio Italienne. Il fait ses débuts sur scène à la Scala dans le rôle de Geronimo dans *Le Mariage secret* de Cimarosa (1948). Dès lors, il chante sur les plus grandes scènes d'Italie ainsi qu'à la radio. Il obtient un grand succès au Festival de Glyndebourne où il est Don Alfonso de *Così fan tutte*, en 1951. En 1952, il chante le rôle de Guglielmo dans le même ouvrage. En 1953, il est Dandini dans *La Cenerentola* de Rossini, puis Figaro dans *Le Barbier de Séville*. Au Festival de Salzbourg, il se fait remarquer, en 1953, comme Malatesta de *Don Pasquale*, puis en 1954 comme Figaro dans *Le Barbier*. Il est invité avec des succès grandissants dans les opéras de Vienne, de Bruxelles, de Monaco, de Zurich. Depuis 1953, il est marié avec la soprano Sena Jurinac. Avec une technique de basse admirablement développée, il a remporté ses plus grands succès dans les opéras de Mozart et dans les parties de bel canto des ouvrages italiens.

Brusilow, Anshel (Anshel Brusilovski)

Violoniste et chef d'orchestre américain, né à Philadelphie le 14 août 1928.

Il travaille le violon avec Efrem Zimbalist à l'Institut Curtis de Philadelphie et à l'Académie de musique où il obtient un prix après avoir étudié avec Jani Szanto. En 1944, il est le plus jeune assistant de Pierre Monteux avec lequel il travaille durant une dizaine d'années. Dans le même temps, il débute en soliste avec l'Orchestre de Philadelphie sous la direction d'Eugene Ormandy. A partir de 1955 il est violon solo de l'Orchestre de Cleveland et, de 1959 à 1966, il occupe cette même fonction à l'Orchestre de Philadelphie. En 1961, il fonde et dirige l'Orchestre de Chambre de Philadelphie (jusqu'en 1965) puis le Chamber Symphony of Philadelphia (1966-68). Il est ensuite directeur musical de l'Orchestre Symphonique de Dallas (1970-73), professeur à l'Université du Nord Texas à Denton (1973-82) et à la Southern Methodist University. Il a donné en première audition le *Concerto pour violon* de Richard Yardumian (1951).

Bruson, Renato

Baryton italien, né à Este (Padoue) le 13 janvier 1936.

Fils de paysans, il étudie le chant avec Elena Fava-Ceriati et obtient, en 1960, une bourse pour poursuivre ses études. En 1962, il débute comme Comte de Luna (*Le Trouvère*) à Spoleto. En 1967, il chante à Parme avec Franco Corelli et ainsi peut se rendre à New York où le Met l'engage. Avare de confidences, modeste dans la vie de tous les jours mais très affable dans les échanges d'idées, il n'a rien, à la ville, d'un chanteur d'opéra ! Cette humilité lui permet de changer complètement de personnalité dès qu'il entre en scène. Avec une intelligence rare et une grande finesse psychologique, il tente de conférer à chacun de ses rôles une densité humaine particulière. A Florence, en 1980, il a transformé Iago en un jeune officier plein d'élégance et dangereusement ambitieux : enfin un rival digne d'Otello ! En 1981, à Covent Garden, il a imaginé un *Macbeth* plein d'humanité et de tendresse. Grâce à ce goût de retrouver une nouvelle vérité pour chaque rôle, et grâce à une voix chaleureuse et profonde, il s'est imposé comme un des meilleurs barytons verdiens, à l'aube des années quatre-vingt. Il faut souligner également l'aisance étonnante de son legato, ce qui s'explique quand on sait qu'il a étudié l'interprétation des mélodies avant de se tourner vers l'opéra. Son professeur était un inconditionnel de Donizetti. Il a transmis cette admiration enthousiaste à son élève : en 1985, avec le *Torquato Tasso* qu'il sort de l'ombre à Reggio d'Emilie et à Ferrare, il aborde son dix-septième rôle de Donizetti. En tout, il possède 80 rôles à son répertoire dont tous les grands rôles de Verdi (*Un bal masqué*, *Luisa Miller*, *Simon Boccanegra*, *Rigoletto*, etc.) ; en 1982, il chante à Los Angeles pour la première fois le rôle-titre de *Falstaff*, sous la direction de Carlo Maria Giulini. Il fait ses débuts de metteur en scène en 1986, au

San Carlo de Naples, avec *Simon Boccanegra*. En 1991, il assure la création, à Prague, de l'opéra de Pietro Bonadio, *Docteur Jivago*.

Brymer, Jack

Clarinettiste anglais, né à South Shields (Durham) le 27 janvier 1915.

Il fait ses études à l'Université de Londres. A la fondation du Royal Philharmonic Orchestra, Sir Thomas Beecham le nomme clarinette solo (1947-63). Puis il occupe les mêmes fonctions au BBC Symphony Orchestra (1963-72) et à l'Orchestre Symphonique de Londres (1972-86). Il participe à la fondation du Wigmore Ensemble, du London Baroque Ensemble et du Prometheus Ensemble. Il dirige également les London Wind Soloists avec lesquels il enregistre l'intégrale de l'œuvre pour ensembles à vent de Mozart. Brymer est considéré comme le chef de file de l'école anglaise de clarinette dont il a élargi les possibilités au contact des écoles française et américaine. Professeur à la Royal Academy of Music (1950-59), il enseigne ensuite à la Royal Military School of Music et, à partir de 1982, à la Guildhall School of Music.

ÉCRITS : *Clarinette* (1976), *From Where I Sit* (autobiographie, 1979), *How to Play Clarinet, In the Orchestra* (1987).

Buchanan, Isobel

Soprano écossaise, née à Glasgow le 15 mars 1954.

Elle fait ses études à la Royal Scottish Academy of Music and Drama et débute à l'Opéra de Sydney (Pamina, 1976). Elle chante ensuite au Festival de Glyndebourne (Pamina, 1978), à l'Opéra de Vienne (Micaëla, 1978), à Santa Fe (Zerline et Adina, 1979), Chicago (1979), New York (1979), Cologne (1979) et au Festival d'Aix-en-Provence (1981). Entre 1975 et 1978, elle est première chanteuse à l'Opéra de Sydney. Elle se produit au Scottish Opera, à Covent Garden, etc. Parmi ses autres rôles figurent Fiordiligi, Suzanne et Donna Elvira. Elle incarne Dorabella au Festival de Glyndebourne en 1987 et se consacre également au concert.

Buchbinder, Rudolf

Pianiste autrichien, né à Litoměřice (Leitmeritz) le 11 février 1946.

Il vit à Vienne dès 1947, ville où il commence ses études à cinq ans à l'Académie de musique. En 1956, il se produit pour la première fois en public dans la salle du Musikverein de Vienne. Deux années plus tard, il est l'élève de Bruno Seidlhofer, le maître d'Alfred Brendel et de Friedrich Gulda. En 1961, il remporte, avec le Wiener Trio, le 1er prix du Concours international de Munich. Il abandonne peu à peu la musique de chambre pour se consacrer exclusivement à sa carrière de soliste, obtenant la Médaille Lipatti (1962) et le Prix Spécial Van Cliburn (1966). Sa carrière est désormais internationale. Il revient à la musique de chambre avec Josef Suk et János Starker. Il a enregistré notamment l'intégrale des *Sonates* de Joseph Haydn. Il a créé des œuvres de Gottfried von Einem (*Vermutungen über Lotti*, 1984), Martin Christoph Redel (*Concerto pour piano « Rondance »*, 1991), Gerhard Wimberger (*Concerto pour piano n° 2*, 1984).

Bucquet, Marie-Françoise

Pianiste française, née à Montivilliers le 28 octobre 1937.

Diplômée de l'Académie de musique de Vienne, elle étudie aussi au Conservatoire de Paris. Elle donne son premier récital à onze ans, à l'école de Marguerite Long. Élève de Wilhelm Kempff, d'Alfred Brendel et de Leon Fleisher, elle mène de front l'étude du piano et de la psychologie (licenciée). Elle suit les séminaires de Steuermann à Salzbourg pour mieux connaître Schoenberg, les cours de Pierre Boulez à Bâle, et met sa passion au service de la musique d'aujourd'hui. Les compositeurs écrivent pour elle (Bussotti, B. Jolas, L. de Pablo, I. Xenakis). Son répertoire va de Bach à Stockhausen, de Haydn à Schoenberg en passant par Stravinski. Elle fait alterner et confronte – souvent en expliquant aux jeunes publics – le passé et le présent. En 1986, elle est nommée professeur d'accompagnement au Conservatoire de Paris.

Bugarinovič, Melania (Milada Bugarinovič)

Alto serbe, née à Bela Crkva le 29 juin 1905.

Elle fait ses études au Conservatoire de Belgrade et débute à l'Opéra National de cette même ville. Après avoir commencé une carrière éblouissante dans son pays d'origine, elle est appelée par l'Opéra de Vienne dont elle sera l'une des vedettes jusqu'en 1944. Elle y chante, en 1942, Hérodiade de *Salomé* sous la direction de Richard Strauss. En 1945, elle rejoint l'Opéra National de Belgrade, dont elle est une des artistes les plus en vue. Seule ou avec la troupe, elle répond à de très nombreuses invitations en Europe occidentale. Elle chante à Bayreuth, en 1952. Ses grands rôles demeureront le rôle-titre de la *Khovanchtchina* (Moussorgski), *Káťa Kabanová* (Janáček), mais aussi le jeune Vania de *Une vie pour le tsar* (Glinka), ce qui prouve l'étendue de son registre et des possibilités fabuleuses d'une des plus belles voix slaves, qui s'est en outre imposée en Amnéris (*Aïda*), Azucena (*Le Trouvère*), Ulrica (*Un bal masqué*), Carmen, Brangäne (*Tristan*), Fricka, Erda et Waltraute (*L'Anneau du Nibelung*). Elle a fait parallèlement une éblouissante carrière de concertiste. Sa personnalité hors pair, son jeu dramatique, son rayonnement mettaient en évidence une des voix les plus stupéfiantes des années cinquante.

Bumbry, Grace (Ann Melzia)

Mezzo-soprano américaine, née à Saint Louis le 4 janvier 1937.

Elle fait ses études à l'Université de Boston, puis à l'Académie de musique de Santa Barbara. De 1955 à 1958, elle travaille avec Lotte Lehmann et passe, avec succès, l'audition au Met de New York. Après avoir remporté plusieurs prix internationaux, elle fait ses débuts sur scène à Bâle en 1958 puis à l'Opéra de Paris en 1960 (Amnéris). A l'Opéra de Bâle elle approfondit ses connaissances. En 1961 et 1962, elle chante Vénus à Bayreuth où elle est la première cantatrice noire invitée. Deux ans plus tard elle est une étonnante Princesse Eboli (*Don Carlos*) et reprend ce rôle au Met en 1965. Les personnages qu'elle incarne ensuite correspondent à sa puissance dramatique et musicale, à sa voix chaude et large (beauté du grave et du médium). On l'appelle à la Scala alors qu'elle a déjà participé au Festival de Salzbourg dans *Macbeth* et *Carmen*, entre 1964 et 1966. A Vienne, elle chante en 1970 son premier rôle de soprano, Santuzza (*Cavalleria Rusticana*). La même année, elle est Salomé à Covent Garden où elle interprète aussi *Tosca* en 1973. Grace Bumbry ne cesse pas d'entretenir son répertoire de mezzo, en gagnant une technique toujours enrichie dans les rôles de soprano. Dans le domaine contemporain, elle est une bouleversante Jenůfa (Janáček, Scala, 1974) et une belle Ariane (P. Dukas, Paris, 1975). En 1985, elle aborde le rôle de Bess (*Porgy and Bess*) au Met et, en 1991, celui du Turandot à Sydney. Elle est aussi une excellente interprète de lieder.

Bunlet, Marcelle

Soprano française, née à Fontenay-le-Comte le 4 octobre 1900, morte à Paris le 13 décembre 1991.

Elle débute à Paris en 1926, lors d'un concert dirigé par Walther Straram. Elle est aussitôt engagée à l'Opéra où, deux ans plus tard, elle chante Brünnhilde (*Le Crépuscule des dieux*). Sa carrière se déroule entre le Palais Garnier et la Monnaie de Bruxelles. Son répertoire comprend presque tous les grands sopranos dramatiques. Elle donne des récitals et des concerts à Anvers, Athènes, Rome, Gênes et en Amérique du Sud. Toscanini la choisit pour être Kundry à Bayreuth, en 1931. Elle y retourne deux ans plus tard. En 1934, elle chante au Colón de Buenos Aires. En 1935, elle crée la version française d'*Arabella* à Monte-Carlo. Elle chante par la suite souvent à Strasbourg où elle est bientôt engagée au Conservatoire où elle enseigne le chant entre 1945 et 1970. Sa carrière dure jusqu'en 1950. Aux côtés de Germaine Lubin, c'est la plus importante wagnérienne française de son temps. Elle a créé *Agamemnon* (1927) de Milhaud, les *Poèmes pour Mi* (1937), les *Chants de terre et de ciel* (1938) et *Harawi* (1946) de Messiaen.

Burchuladze, Paata

Basse géorgienne, né à Tbilissi le 12 février 1955.

D'abord destiné au monde agricole, il découvre le chant au Conservatoire de Tbilissi où il est l'élève d'Otar Khelaschvili puis à l'école du Bolchoï de Moscou où il étudie avec Larisa Nikitina. En 1976, il fait ses débuts à l'Opéra de sa ville natale et part travailler en Italie deux ans plus tard. A Milan, il est l'élève de Giulietta Simionato. Lauréat du Concours Verdi à Busseto (1981) et du Concours Tchaïkovski à Moscou (1er prix, 1982), il revient à l'Opéra de Tbilissi où il se voit confier les premiers rôles du répertoire : Mephisto, Basilio, Leporello, Boris Godounov. Il se perfectionne avec Yevgeni Ivanov au Conservatoire d'Odessa. Le Bolchoï de Moscou l'invite à chanter Boris et il débute bientôt en Europe occidentale (Ramphis d'*Aïda* à Covent Garden aux côtés de Pavarotti, en 1984). L'année suivante, il chante Banco de *Macbeth*, puis Ramphis et Nabucco (1986) à la Scala. Il s'impose dans le répertoire italien : Karajan le choisit pour incarner le Commandeur dans la production du bicentenaire de la création de *Don Giovanni* (Salzbourg, 1987). La même année, il chante *Simon Boccanegra* à Florence et *Aïda* à Vérone. Il remporte le Prix de la Fondation Maria Callas en 1987. En 1988, il incarne Boris à l'Opéra de Paris.

Burles, Charles

Ténor français, né à Marseille le 21 juin 1936.

Il commence l'étude du chant avec Léon Cazauran qui le forme dans la tradition italienne. Il débute en 1958 dans *Le Barbier de Séville* à Toulon. En 1963, il est engagé à l'Opéra de Marseille où il chante les rôles de premier ténor. Sa carrière se développe en France et en Allemagne. Il aborde alors le répertoire mozartien. En 1969, il entre à l'Opéra-Comique, où il débute dans *Zoroastre* de Rameau. En 1971, l'Opéra de Marseille monte pour lui *Le Postillon de Longjumeau* qu'il chante dans toute la France. A l'Opéra de Paris, il se produit dans *Le Couronnement de Poppée* (1978), *Boris Godounov* (1980). On le retrouve dans *Les Troyens*, *Falstaff*, *L'Italienne à Alger*... Il se retire au milieu des années quatre-vingt. Il a créé des œuvres de Tony Aubin (*Goya*) et Roberto Rossellini (*L'Annonce faite à Marie*, 1970).

Burmeister, Annelies

Alto allemande, née à Ludwigslust (Mecklenburg) en 1930, morte à Berlin le 16 juin 1988.

Elle débute comme comédienne sur la scène municipale de Schwerin. Ensuite elle décide de travailler le chant et est l'élève de Helene Jung à Weimar. En 1956, elle débute, en Nikolaus des *Contes d'Hoffmann*, à Erfurt. Du National-Theater de Weimar, elle est engagée à l'Opéra d'État de Dresde, en 1959. Puis, à partir de 1962, elle est une des artistes les plus fêtées de l'Opéra de Berlin-Est. Seule ou avec cette troupe, elle est invitée sur les plus grandes scènes lyriques d'Europe occidentale ; mais elle s'impose également comme concertiste et comme interprète d'oratorios. Chanteuse wagnérienne, elle est invitée à Bayreuth où elle interprète Fricka et Siegrune. Elle chante tant à Vienne qu'à Hambourg. Comme concertiste, elle s'impose dans les cantates et les passions de Bach.

Burmester, Willy

Violoniste allemand, né à Hambourg le 16 mars 1869, mort à Hambourg le 16 janvier 1933.

Il commence ses études musicales avec son père, **Johann Andreas Wilhelm Burmester** (1843-1902), membre de l'Orchestre Philharmonique de Hambourg, avant de devenir l'un des disciples de Joseph Joachim à Berlin (1882-85). Il effectue ses premières tournées dès 1886 et se spécialise dans un répertoire de haute virtuosité, dominé par les œuvres de Paganini. Il attire l'attention de Hans von Bülow qui le présente au public. Puis il accepte un poste de *Konzertmeister* à Sondershausen en 1890. Il vit ensuite à Helsingfors, Darmstadt et Berlin. Il fait ses débuts à Londres en 1895, aux États-Unis en 1899 (il n'y reviendra ensuite qu'en 1930). Son répertoire et sa technique évoluent radicalement : Bach et Haendel se substituent à Paganini et la virtuosité s'efface derrière sa musique. Il accorde beaucoup d'importance dans ses programmes aux petites pièces et danses du XVIIIe siècle, étant un peu à cet égard un précurseur de Kreisler. A la fin de sa vie, il souffrait d'une déformation des doigts de la main gauche qui rendit particulièrement difficiles les dernières années de sa carrière.

ÉCRITS : *50 Jahre Künstlerleben* (Berlin, 1926).

Burrowes, Norma

Soprano galloise, née à Bangor le 24 avril 1944.

Elle étudie à la Royal Academy of Music de Londres avec Flora Nielsen et Rupert Bruce-Lockhart, et y chante notamment en 1968-69 Thérèse des *Mamelles de Tirésias*, Poppea, Magda dans *La Rondine.* En 1970, elle remporte le Prix de la Fondation Gulbenkian et débute avec le Glyndebourne Touring Opera (Zerline). La même année, elle chante à Glyndebourne (Papagena), à l'English Opera Group et à Covent Garden (Fiakermilli d'*Arabella*). En 1971 elle paraît au Festival de Wexford (Elisa du *Roi Pasteur* de Mozart) et chante Blondchen à Salzbourg, rôle qu'elle chante également pour ses débuts à l'Opéra de Paris en 1976. Elle y reparaît en 1980 dans Despina, qu'elle interprétait déjà au Festival d'Aix-en-Provence, en 1977. Elle est aussi Juliette (*Roméo et Juliette* de Gounod) à Carpentras en 1979. Son répertoire comporte encore Oscar du *Bal masqué*, Sophie du *Chevalier à la rose*, Zerbinette d'*Ariane à Naxos*, Nannetta de *Falstaff* et Suzanne des *Noces de Figaro.* Entre 1969 et 1980, elle a été mariée au chef d'orchestre **Steuart Bedford**.

Burrows, Stuart

Ténor gallois, né à Cilfynydd le 7 février 1933.

Après d'excellentes études secondaires, il est instituteur. Mais ayant obtenu un 1er prix aux jeux Floraux gallois (National Eisteddfod), il décide de devenir chanteur et étudie le chant. Il fait ses débuts en 1963 à Cardiff dans le rôle d'Ismaele de *Nabucco.* Le succès obtenu l'encourage à persévérer. En 1965, Stravinski lui demande personnellement de chanter son *Œdipus Rex* à Athènes. Le ténor gallois prend en une soirée la pointure internationale. Pourtant, c'est dans le second prisonnier de *Fidelio* qu'il débute en 1967 sur la scène du Covent Garden, petit rôle suivi très vite il est vrai par celui de Tamino. Il est immédiatement consacré ténor mozartien, successeur des Walter Ludwig, Anton Dermota et autres Léopold Simonneau. Il chante Tamino, Ottavio, Belmonte... sur toutes les scènes internationales, Salzbourg compris. Mais il se révèle aussi incomparable dans les rôles de ténor de Donizetti, de Verdi et même de Puccini. Prenant la suite de Georges Jouatte, il s'est fait une spécialité de *La Damnation de Faust* et du *Requiem* de Berlioz. Stuart Burrows est en outre un chanteur d'oratorios et un mélodiste particulièrement prisé.

Busch, Adolf

Violoniste allemand, naturalisé suisse (1935), né le 8 août 1891 à Siegen (Westphalie), mort à Guilford (Vermont) le 9 juin 1952.

Il appartient à une famille de musiciens. Au Conservatoire de Cologne, il travaille avec Willy Hess et Bram Eldering. Dès 1907, il fait de la musique de chambre avec Reger qui est pour lui un maître et un partenaire. A vingt ans, il est violon solo au Konzertverein de Vienne. En 1918, il est nommé professeur de violon à la Hochschule de Berlin et, l'année suivante, il fonde son quatuor à cordes qui deviendra l'un des plus grands. Dès 1927, il s'installe à Bâle où il aura pour élève le jeune Yehudi Menuhin. Les nazis lui interdisent de jouer avec **Rudolf Serkin**, son gendre, qui est juif. Il quitte alors l'Allemagne (1933) et se partage entre la Suisse et l'Angleterre. A Londres, il fonde à la fin des années trente un orchestre de chambre qu'il dirige de sa place de violon solo, renouant ainsi avec la tradition du XVIIIe siècle. Il donne les *Concerts brandebourgeois* et les *Suites* de Bach, des œuvres de Haendel, Mozart... Il consacre une part importante de son temps à la musique de chambre, jouant aussi en trio avec Serkin et son frère **Hermann.** En 1939, il s'installe aux États-Unis. Ses exécutions de Bach impressionnent le public et la critique mais il ne s'intégrera jamais à l'univers américain car il est l'antithèse de la vedette. En 1950, il fonde l'École de musique de Marlboro dont l'importance ne cessera de croître après sa mort grâce à Casals et Serkin. Adolf Busch laisse le souvenir d'un musicien rigoureux, passionné et profond. Il jouait sur un Stradivarius de 1732.

Busch, Fritz

Chef d'orchestre allemand, né à Siegen (Westphalie) le 13 mars 1890, mort à Londres le 14 septembre 1951.

Frère aîné d'Adolf Busch, il commence des études de piano et donne son premier concert à sept ans. Au Conservatoire de Cologne, il travaille la direction d'orchestre avec Steinbach. Puis il part à Riga en 1909 où il est nommé chef d'orchestre au Théâtre Municipal. En 1911 et 1912, il effectue des tournées de pianiste et pratique la direction chorale à Gotha. En 1912, il est nommé directeur musical à Aix-la-Chapelle avant d'exercer les mêmes fonctions à Stuttgart de 1918 à 1922. Il élargit le répertoire de ces théâtres en y présentant les opéras de Verdi et certaines œuvres du jeune Hindemith. Puis il est directeur général de la musique à l'Opéra de Dresde (1922-33) où il succède à Fritz Reiner. C'est de cette époque que date sa collaboration avec Carl Ebert : une nouvelle conception du théâtre lyrique voit progressivement le jour où la mise en scène et les décors jouent véritablement leur rôle. A Bayreuth, il dirige *Les Maîtres chanteurs* en 1924 lors de la réouverture du Festival. En 1930, il dirige *L'Enlèvement au sérail* et révèle ses qualités mozartiennes. En 1933, il quitte l'Allemagne nazie et dirige au Théâtre Colón de Buenos Aires (1933-36 et 1941-45). Il participe à la fondation du Festival de Glyndebourne dont il est le directeur musical (1934-39) : il poursuit sa collaboration avec Carl Ebert dont il a exigé la présence et présente des productions mémorables des opéras de Mozart. A la même époque, il est à la tête de l'Orchestre Philharmonique de Stockholm (1937-41) et commence à diriger régulièrement l'Orchestre Symphonique de la Radio Danoise auquel il restera attaché jusqu'à la fin de sa vie. A la fin des hostilités, il dirige régulièrement au Met (1945-50) et assure la direction artistique du May Festival de Cincinnati (1948-50). On le retrouve également à Glyndebourne (1950-51). Richard Strauss lui a dédié *Arabella.* Il a notamment créé les deux premiers opéras de Paul Hindemith, *Mörder, Hoffnung der Frauen* et *Das Nusch-Nuschi* (1922), ainsi que *Cardillac* (1926), l'un de ses ouvrages majeurs, *Intermezzo* (1924) et *Hélène d'Egypte* (1928) de Richard Strauss, *Doktor Faust* (1925) de Ferruccio Busoni, *Der Protagonist* (1926) de Kurt Weill, *Penthesilée* (1927) d'Othmar Schoeck et les *Danses de Marosszék* (1930) de Zoltán Kodály.

ÉCRITS : *Aus dem Leben eines Musikers*, autobiographie (Zurich, 1949).

Busoni, Ferruccio

Pianiste, compositeur, chef d'orchestre et théoricien italien, né à Empoli (Toscane) le 1er avril 1866, mort à Berlin le 27 juillet 1924.

Né dans une famille de musiciens, Busoni apprend très tôt la musique, grâce à son père, **Ferdinando Busoni**, clarinettiste virtuose, et surtout sa mère, Anna Weiss-Busoni, pianiste tout aussi virtuose, d'origine allemande. Ses débuts ont lieu à l'âge de sept ans et demi à Trieste devant Anton Rubinstein. Dès ce moment-là le rival russe de Liszt va suivre de très près la carrière de Busoni. Deux ans plus tard, à la suite d'un concert à Vienne, le critique redouté de la Neue Freie Presse, Hanslick, loue la rigueur étonnante de son jeu, « dépourvu du doux poison romantique de Wagner ». Devant l'enthousiasme des milieux musicaux de Vienne, la famille s'installe à Graz, en 1876. L'enfant voit sa formation confiée au compositeur éminent Wilhelm Mayer. En 1878, âgé de douze ans, Busoni dirige son *Stabat Mater* (perdu), un *Ave Maria* (op. 1 et 2), et joue ses *Cinq Pièces* de l'opus 3. Le public venu l'écouter à Graz lui fait un triomphe. Trois ans plus tard il est élu, jeune professeur de quinze ans, à l'Académie Royale de Philharmonie de Bologne. En 1883, il quitte Bologne pour donner son premier grand récital à Vienne.

A cette occasion il rencontre Brahms, à qui il dédie ses *Études*, op. 16 et 17. Après avoir fréquenté les cercles musicaux de Vienne, Busoni arrive à Leipzig en 1886, recommandé par Brahms auprès de Reinecke. En 1888, Busoni est un pianiste adulé par les foules de musiciens et de mélomanes. A cette date il commence à arranger des fugues de Bach, travail qui soulèvera plus d'une protestation de la part des spécialistes. Riemann le recommande auprès du Conservatoire d'Helsinki. Il y fait la connaissance de Sibelius et de Järnefelt, et épouse Gerda Sjöstrand, fille d'un sculpteur suédois en 1890. La même année on lui attribue le Prix Rubinstein pour son *Konzertstück*, op. 31 a, mais il refuse un poste de professeur à Moscou, afin de poursuivre sa carrière de concertiste, et quitte l'Europe pour Boston et New York. L'année 1894 voit son installation définitive à Berlin. Il joue souvent avec le violoniste Eugène Ysaÿe, et tous deux inaugurent la fameuse salle du Wigmore Hall à Londres en 1901. En 1901 et 1902, il donne de nombreux cours à Weimar, dans l'intention de gagner des adeptes à la musique de Liszt, dont il s'est fait le porte-parole passionné. De cette époque datent ses prises de position sans appel pour la musique « moderne ». Il crée de nombreuses œuvres de musique contemporaine de Sibelius à Delius, en passant par ses propres compositions, et plus tard par celles de Bartók. En 1907, il publie son essai le plus caractéristique : *Entwurf einer neuen Ästhetik der Tonkunst* (« Ébauche d'une nouvelle esthétique musicale ») dédié au poète Rainer Maria Rilke. Cet essai va soulever des tempêtes dans le monde de la musicologie allemande. Pfitzner et Busoni auront des échanges très vifs à ce propos.

Busoni ne se contente pas d'être un virtuose éclairé, musicologue d'avant-garde, compositeur de renom, mais il développe tout une philosophie de la scène lyrique ; pour lui la psychologie prime l'action. Aussi adapte-t-il ses livrets, comme il le fait pour son opéra *Brautwahl*, d'après Hoffmann (Hambourg, 1912), et qui consacre sa gloire de compositeur. En 1914, il quitte Berlin pour la Suisse où il compose la majeure partie de son dernier opéra *Doktor Faust*. Dès la fin du conflit, il regagne Berlin, et donne des cours à l'Académie des Arts. Sa dernière apparition en public aura lieu en 1922. Son élève Philipp Jarnach achèvera le *Doktor Faust*, représenté à Dresde en 1925.

L'apport de Busoni sur le plan de l'interprétation est immense. Contre le romantisme finissant, il avait préféré un retour à la « junge Klassizität » (jeune classicisme), c'est-à-dire à la simplicité d'un Bach et d'un Mozart. Son amour pour Liszt n'est pas l'exception qui confirme la règle. Tout simplement, il lui semblait inévitable de reconnaître la marque indélébile du père du piano moderne. La technique révolutionnaire de Liszt n'a jamais cessé de hanter Busoni, au point qu'il voyait un peu l'image de Liszt sous les traits du Doktor Faust. Pionnier, bien plus qu'administrateur d'un patrimoine culturel, Busoni était un découvreur inlassable. Ses compositions nous le montrent sans cesse à la recherche de combinaisons et d'agrégats de sonorités inusitées. Cette attitude du compositeur, Busoni l'a acquise à son piano, comme Liszt encore une fois. Les témoignages de ses élèves dépeignent un virtuose en proie à la démesure de l'innovation, innovation qui le conduira peu à peu vers un isolement quasi total, en rupture avec son public. Il finira ses jours entouré de quelques élèves fidèles comme Theophyl Schnapp, Weill et Jarnach. Il est le dédicataire de la *Symphonie n° 2 « Les Quatre tempéraments »* (1902) de Carl Nielsen et de la *Sonatine n° 4* (1920) de Maurice Emmanuel.

ÉCRITS : *Entwurf einer neuen Ästhetik der Tonkunst* (« Ébauche d'une nouvelle esthétique musicale »), Trieste, 1907, rééd. Berlin, 1973 ; *Versuch einer organischen Klavier-Notenschrift*, Leipzig, 1910 ; *Von der Einheit der Musik*, essais, Berlin, 1923 (éd. revue et augmentée par J. Herrmann, Berlin, 1956) ; *Über die Möglichkeiten der Oper*, Leipzig, 1926.

Bustabo, Guila

Violoniste américaine, née à Manitowoc (Wisconsin) le 25 février 1919.

Enfant prodige, elle donne son premier concert à l'âge de quatre ans à Chicago. A dix ans, elle joue en soliste avec l'Orchestre Philharmonique de New York et est souvent présentée comme la rivale de Yehudi Menuhin. Comme lui, elle travaille avec Louis Persinger et Georges Enesco, ainsi qu'avec Jenö Hubay et Ermanno Wolf-Ferrari qui lui dédie son *Concerto en ré majeur*, op. 26. Elle commence une carrière internationale. Entre 1964 et 1970, elle enseigne au Conservatoire d'Innsbruck où elle est nommée professeur en 1969. Elle joue sur un Guarnerius del Gesú qu'elle doit à Fritz Kreisler.

Bychkov, Semyon

Chef d'orchestre russe naturalisé américain (1983), né à Leningrad le 30 novembre 1952.

Il fait ses études musicales au Conservatoire Glinka de sa ville natale. Lors d'un concert dirigé par Karajan, dépourvu de billet, il cherche à s'introduire dans la salle en passant par les toits. Mais une verrière s'effondre sous son poids, ce qui n'est pas du goût de la police ! En 1977, il quitte l'URSS et commence à diriger en Allemagne fédérale et aux États-Unis où il est sacré meilleur musicien de l'année en 1981. En France, il dirige *La Finta Giardiniera* de Mozart au Festival d'Aix-en-Provence (1984) et revient régulièrement au cours des années qui suivent. Il remplace Eugen Jochum, malade, à la tête de la Philharmonie de Berlin. Après avoir été à la tête de l'Orchestre Symphonique de Grand Rapids (USA), il est nommé chef permanent de l'Orchestre Philharmonique de Buffalo en 1985, fonctions qu'il conserve jusqu'en 1989 lorsqu'il est nommé directeur musical de l'Orchestre de Paris. En 1993, il est nommé premier chef invité de l'Orchestre du Mai Musical Florentin. Il occupe la même fonction auprès de l'Orchestre Philharmonique de Saint-Pétersbourg (1993-94). Il a épousé la pianiste **Marielle Labèque**.

Il a créé des œuvres de Jan Maresz (*Parmi les étoiles fixes,* 1991), Carlos Roqué Alsina (*Symphonie n° 2,* 1992), Peter Ruzicka (*... das Gesegnete, das Verfluchte,* 1992).

Bylsma, Anner

Violoncelliste néerlandais, né à La Haye le 17 février 1934.

Il travaille d'abord avec son père, violoniste, tromboniste, compositeur, et chef d'orchestre, puis au Conservatoire Royal de La Haye avec Carel Van Leeuwen Boomkamp qui l'initie à l'art du violoncelle baroque (1950-55). En 1958, il est violoncelle solo à l'Opéra Néerlandais. L'année suivante, il remporte le 1er prix au Concours international Pablo Casals de Mexico. Entre 1962 et 1968, il est violoncelle solo à l'Orchestre du Concertgebouw d'Amsterdam. Sa carrière de soliste se développe progressivement, tant dans le répertoire romantique et contemporain que dans le domaine de la musique baroque et classique qu'il pratique avec Gustav Leonhardt, Frans Brüggen et les frères Kuijken. En 1970, il est nommé professeur au Conservatoire d'Amsterdam et au Conservatoire Royal de La Haye. Il fonde l'Ensemble Archibudelli, constitué de trois à huit instrumentistes à cordes, qui tire son nom des termes italiens *archi* (archet) et *budella* (boyau). Pour le répertoire baroque, il joue sur un Goffriller de 1695 et pour le répertoire moderne sur un Pressanda de 1835. Il utilise un troisième instrument spécialement pour les suites de Bach, un violoncelle tyrolien des environs de 1700. Pour son second enregistrement des suites de Bach (1992), le Smithsonian Institute de Washington lui a prêté un Stradivarius de 1701, le *Servais*.

C

Caballé, Montserrat

Soprano espagnole, née à Barcelone le 12 avril 1933.

Elle commence, en 1942, ses études au Conservatoire du Liceo de Barcelone avec Eugenie Kemini, Conchita Badia et Napoleone Annovazzi (diplôme en 1953) et les parachève à Milan. Elle fait ses débuts, en 1956, sur la scène du Théâtre municipal de Bâle ; elle appartient à cette troupe jusqu'en 1959. Elle est ensuite engagée à Brême ; mais en 1962, elle entreprend une tournée de concerts au Mexique. L'année suivante, elle remporte un véritable triomphe dans sa ville natale. Sa carrière est sans cesse remise en question au point qu'elle pense arrêter de chanter. Or, en 1965, Marilyn Horne tombe subitement malade, elle doit la remplacer à New York au pied levé et sans répétition pour une représentation en concert de *Lucrèce Borgia* (Donizetti). Aussitôt le Met l'engage et elle y débute en Marguerite de *Faust* (Gounod). C'est l'exceptionnelle consécration d'un des soprano colorature les plus rares de sa génération. Elle aborde tous les genres, tous les styles, du bel canto le plus périlleux aux Lieder de Wagner et à la *Mort d'Isolde* ! Invitée sur les plus grandes scènes du monde, elle obtient partout des triomphes. A l'opposé de Maria Callas, dont elle reprend la plupart des rôles, elle n'accorde que peu d'importance au jeu scénique, faisant porter tout l'effort de l'interprétation sur la perfection de l'émission, la subtilité des demi-teintes et le moelleux des pianissimos. *La Traviata* au Met (1967), *La Norma* à l'Opéra de Paris puis à la Scala de Milan (1972), enfin ses interprétations de Rossini, Bellini, Donizetti à Covent Garden, au Théâtre Colón de Buenos Aires, à Rio de Janeiro, au Liceo de Barcelone, au San Carlos de Lisbonne, consacrent le talent d'une des plus grandes cantatrices du XXe siècle. L'Opéra de Vienne, les plus prestigieuses scènes d'Italie, du Mexique et des États-Unis s'arrachent cette cantatrice dont la beauté de la voix, la sûreté de la technique soulignent l'intelligence de l'interprétation, même si l'on peut lui reprocher un certain immobilisme en scène. En 1974, elle remporte un triomphe sans égal au Festival d'Orange dans *la Norma*, puis après avoir abordé *Adrienne Lecouvreur* au Metropolitan Opera de New York (1979), elle élargit son répertoire en inscrivant les ouvrages véristes et s'impose en Tosca, à New York d'abord, puis dans le monde entier. Elle a épousé le ténor **Bernabé Marti** en 1964. En 1989, elle aborde le rôle d'Isolde à Barcelone. Elle a créé des mélodies de Xavier Montsalvatge (*Canciones para niños,* 1965 ; *Desecha de romance que cantaron los seraphines,* 1965) et un opéra de Lleonard Balada (*Cristóbal Colón,* 1989).

Cabanel, Paul

Basse française, né à Oran le 29 juin 1891, mort à Paris le 5 novembre 1958.

S'il fait ses études de droit à Toulouse, il est très vite attiré par le chant. Entré au

Conservatoire de Toulouse en 1911, il en sort deux ans après avec deux premiers prix. Immédiatement, il entre au Conservatoire de Paris puis part au front. Grièvement blessé en 1916 à Verdun, il ne reprend ses activités artistiques qu'en 1919. Au Conservatoire, il obtient un 1er prix de chant (1920), et un 1er prix de déclamation lyrique (1921). Il est engagé au Théâtre Royal du Caire, où il débute dans *Hérodiade* et chante ensuite dans *Faust, Thaïs, Manon...* Puis viennent les tournées en province, en Belgique, en Suisse... Sept saisons d'hiver à Bordeaux, sept saisons d'été à Vichy. Paris se décide enfin à s'approprier ce comédien chanteur dont la réputation ne cesse de grandir. Il débute Salle Favart en 1932 dans le rôle de Scarpia ; pendant quinze ans il y chantera Escamillo, Basile, le Père de *Louise,* Tonio, Figaro des *Noces de Figaro,* Nilakhanta, Colline, les trois rôles de baryton des *Contes d'Hoffmann.* A l'Opéra, il débute en 1933 dans *La Damnation de Faust.* En 1934, il sera Leporello lors de la reprise de *Don Juan* sous la direction de Bruno Walter, Wotan de *La Walkyrie,* Athanaël, Méphisto (rôle qu'il aura chanté 995 fois durant sa carrière), puis Papageno, Frère Laurent, Boris ou Saint-Bris. Il incarne Antonio à la création du *Marchand de Venise* (1935). A partir de 1942, il enseigne la déclamation lyrique au Conservatoire de Paris. Jusqu'au bout, il garde intacte sa belle voix au timbre émouvant et son impeccable articulation. La mort l'emporte brutalement alors qu'il était affiché pour chanter trois jours plus tard dans *Armide* à Bordeaux.

Cabanel a trop peu enregistré, mais il nous reste son Méphistophélès dans une admirable *Damnation de Faust* dirigée par Jean Fournet et son Grand Prêtre dans *Samson et Dalila.*

Cabasso, Laurent

Pianiste français, né à Suresnes, le 25 août 1961.

Il commence ses études musicales avec Désiré N'Kaoua, les poursuit au Conservatoire de Paris, où il travaille avec Ventsislav Yankoff, Christian Ivaldi et Jean Hubeau et obtient des premiers prix de piano (1979) et de musique de chambre (1990). Il se perfectionne avec Nikita Magaloff, György Sebök, György Sandor, Maria Curcio-Diamand et Norbert Braïnin. Il remporte des prix dans plusieurs concours internationaux : Alex De Vries (Anvers, 1977), Géza Anda (Zurich, 1982), Tokyo (1983) et Clara Haskil (Vevey, 1987). Patronné à partir de 1985 par la Direction de la musique du ministère de Culture et la BNP, sa carrière se développe rapidement dans le monde entier, notamment en Europe, au Japon et aux États-Unis, tant en soliste que dans le domaine de la musique de chambre. Il s'impose notamment dans le répertoire romantique.

Caceres, Oscar

Guitariste uruguayen, né à Montevideo en 1928.

Il fait ses études dans sa ville natale sous la direction de Ramon Ayertaran, Marin Sanchez et Atilio Rapat. Il donne son premier concert à treize ans. En 1957, il débute en Europe. De retour dans son pays, il y donne la première audition du *Concerto d'Aranjuez* de Rodrigo. Son répertoire très vaste s'étend de la Renaissance à des pièces contemporaines. En 1967, il s'installe à Paris où il réalise de nombreux disques. Il se produit fréquemment en duo avec son élève Turibio Santos.

Cachemaille, Gilles

Baryton suisse, né à Orbe le 25 novembre 1951.

Il suit les cours de Juliette Bise au Conservatoire de Lausanne et est ensuite engagé par les théâtres de Berne, Lausanne et Genève. Lauréat du Concours de chant de Paris en 1982, il début aussitôt au Festival d'Aix-en-Provence (*Les Boréades* de Rameau). Il y revient régulièrement (Pagageno, Thésée dans *Hippolyte et Aricie,* Nardo dans *La Finta Giardiniera,* Figaro...). Dans la troupe de l'Opéra de Lyon où il entre en 1982 il chante Figaro, Guglielmo, Onéguine. En 1985, Herbert von Karajan l'engage pour chanter Morales *(Carmen)* à Salzbourg. La même année, il remporte le Grand Prix d'art lyrique à

Monte-Carlo qui décide de sa carrière internationale : Leporello à Hambourg (1987) et à la Staatsoper de Vienne (1988), Figaro à Francfort (1987), Belcore et Orphée à Lausanne, Lyon, Amsterdam... Il a participé à la création de *La Forêt* de Rolf Liebermann à Genève (1987).

Caillard, Philippe

Chef de chœur français, né à Paris le 31 juillet 1924.

Autodidacte de formation, il commence l'étude du piano avant de découvrir le monde choral et de fonder en 1944, principalement avec des étudiants de musique, son ensemble vocal, entièrement structuré trois ans plus tard. Professeur de musique dans les écoles primaires et secondaires de 1951 à 1966, il réalise, de 1955 à 1970, à la tête de son ensemble, une trentaine de disques dont la moitié sera distinguée par les différentes académies du disque, à commencer par la Messe *Pange Lingua* de Josquin des Prés. Par l'enregistrement et le concert, en collaboration avec l'Orchestre de Chambre Jean-François Paillard et le chef d'orchestre Louis Frémaux, il contribue à faire renaître le répertoire de la Renaissance et du Baroque français. Depuis 1966, en tant que conseiller technique et pédagogique pour les activités socio-éducatives du ministère de la Jeunesse et des Sports, Philippe Caillard organise des stages de formation de chefs de chœurs. Fortement motivé par les problèmes de pédagogie, il abandonne en 1977 ses activités artistiques et son ensemble, devenu ensemble vocal Jean Bridier, afin de consacrer tout son temps à leur étude. Il renoue en 1982 avec la vie musicale par des concerts et des disques de musique baroque pour petite formation et pour solistes vocaux.

Caillat, Stéphane

Chef de chœur français, né à Lyon le 24 janvier 1928.

Il commence ses études au Conservatoire de Lyon : harmonie, orgue et direction. En 1950, il vient à Paris où il travaille avec Pierre Dervaux et Igor Markevitch. En 1955, il fonde l'Ensemble Stéphane Caillat qui se produit alors régulièrement comme ensemble choral ou ensemble vocal réduit. De 1949 à 1961, il enseigne comme professeur d'éducation musicale puis, à partir de 1961, il est nommé conseiller technique et pédagogique pour le chant choral au ministère de la Jeunesse et des Sports. Depuis 1979, il est également directeur du Centre d'études polyphoniques et chorales de Paris. De 1965 à 1973, il est chef du Quatuor Vocal Stéphane Caillat et il dirige, depuis 1977, l'Ensemble Per Cantar e Sonar composé d'une demi-douzaine de chanteurs auxquels s'adjoignent éventuellement quelques instrumentistes. En 1979, il est nommé directeur artistique du Festival d'art sacré de la ville de Paris, poste qu'il conserve jusqu'en 1993.

Il a créé des œuvres de Renaud Gagneux (*Ave Verum Corpus,* 1993), Allain Gaussin (*Source 4,* 1974 ; *Vent solaire,* 1976), Maurice Ohana (*Autodafé,* 1971 ; *Dies soli,* dédicataire, 1983), Guy Reibel (*Carnaval,* 1969 ; *Rabelais en liesse,* 1974).

Callas, Maria
(Maria Kalogeropoulos)

Soprano grecque et américaine, née à New York le 2 décembre 1923, morte à Paris le 16 septembre 1977.

Lorsque sa mère revient en Grèce en 1937, Maria entre au Conservatoire d'Athènes et a pour professeur Elvira de Hidalgo. Elle a quinze ans lorsqu'elle débute, en novembre 1938, dans le rôle de Santuzza de *Cavalleria Rusticana.* De 1940 à 1945, elle chante régulièrement à l'Opéra d'Athènes, dans les premiers rôles, montrant déjà une vive originalité et une grande présence en scène (*Suor Angelica, Tosca, Fidelio*). En 1943, elle crée un opéra grec contemporain de Manolis Kalomiris, *O Protomastoras* (« Le Contremaître »). Repartie auprès de son père en Amérique, elle est remarquée par le ténor Giovanni Zenatello et engagée aux arènes de Vérone (1947) : *La Gioconda* (Ponchielli) sous la direction de Tullio Serafin qui s'intéresse à elle. En 1948, elle interprète sous sa direction : *Turandot*, *Aïda*, *La Force du destin*, et pour la première fois *Norma* à Florence (rôle dans lequel elle deviendra célèbre).

Puis, l'année suivante, elle remplace Margherita Carosio à Venise, dans *Les Puritains* de Bellini. C'est un triomphe. Elle aborde alors, avec passion, Wagner, chante Brünnhilde puis *Parsifal* à Rome. Elle se marie avec G. B. Meneghini (1949), dont elle se séparera dix ans plus tard.

Après *Nabucco* (Abigaïl) à Naples, elle débute à la Scala de Milan, remplaçant Renata Tebaldi dans *Aïda* (1950). Un an plus tard, elle incarne *La Traviata* pour la première fois à Florence et chante *les Vêpres Siciliennes.* En 1952, elle bouleverse le public de la Scala dans le rôle de Constance (*L'Enlèvement au sérail*), après avoir révélé à Florence *Orphée et Euridice* de Haydn. On découvre la diversité de son art, son pouvoir de suggérer, de faire vivre les personnages, hors de toute convention, parce qu'elle *vit* elle-même intensément la musique et le théâtre. *L'Armide* de Rossini (Mai florentin) *Lucia di Lammermoor* et Gilda de *Rigoletto* sont marqués par sa sensibilité mouvante selon les styles et son sens dramatique...

Elle débute à Covent Garden avec *Norma* et, le 7 décembre 1952, ouvre la saison de la Scala : *Macbeth*, dirigé par Victor De Sabata. En 1953, elle reprend *Médée* à la Scala, après l'avoir chanté à Florence. Dès lors, le public de la Scala se presse pour l'entendre ; elle poursuit une carrière fébrile, apprenant les rôles les plus divers. En 1954, elle apparaît dans *Alceste* de Gluck, devenue mince et plus belle encore. Le public est de plus en plus fou de son timbre vocal aux étranges harmoniques, capable de colorations inouïes, de son expressivité, de son modernisme. Elvira de Hidalgo (soprano legero) et Tullio Serafin l'avaient amenée aux sources de la tradition lyrique romantique, non affadie. Cette ligne de chant comprise comme un « tout expressif » s'épanouit dans l'art de Maria Callas. Elle emplit les arènes de Vérone avec *Mefistofele* de Boïto, étonne Milan avec Elisabeth de *Don Carlos.* La liste de ses succès, de ses voyages, de ses créations s'allonge. *André Chénier* (Giordano) à Chicago en 1955, *La Somnambule* (Bellini) à la Scala, et puis une *Traviata* inoubliable ! mise en scène de Visconti (il dit qu'« elle est la plus grande actrice depuis la Duse »), direction C. M. Giulini. *Madame Butterfly* (deux seules représentations dans sa vie) à Chicago encore, *Lucia di Lammermoor,* avec Karajan pour ses débuts à Vienne, l'apparition au Met avec *Norma* en 1956, *Un bal masqué* à Milan en 1957, une mise en scène de Visconti pour *Anna Bolena* que l'on reprend pour elle à la Scala, *Le Pirate* de Bellini. New York, Lisbonne, Londres...

Un soir, à Rome, souffrante, elle interrompt après le premier acte une représentation de *Norma.* Le Président de la République est dans la salle. C'est un scandale. En 1958, elle débute à l'Opéra de Paris. En 1960, elle retourne en Grèce y chanter *Norma* au Théâtre d'Épidaure. Le dernier ouvrage qu'elle ajoute à son répertoire est *Polyeucte* (Donizetti) et sa carrière se ralentit. En 1962 : concerts en Angleterre, Allemagne, Amérique. Le 7 juin, elle chante *Médée* à la Scala pour la dernière fois. En 1964, elle chante *Tosca* à Londres et *La Norma* à Paris. En novembre 1965, à Paris, un malaise l'empêche d'achever *La Norma.*

En 1971-72 Maria Callas donne une série de cours à New York et, en 1973, elle sort d'une longue période de retraite pour donner des concerts en Europe, aux USA, en Extrême-Orient avec G. Di Stefano. Son art est toujours émouvant, mais ses possibilités vocales s'appauvrissent. Elle restera comme un « mythe », le songe d'une époque, héroïne romantique, tragique, vériste, moderne, opposée aux divas de son temps (la Tebaldi). Une rose portant son nom a été créée en 1964 par A. Meilland et a obtenu un certificat à Bagatelle en 1965.

ÉCRITS : *Leçons de chant* (avec John Ardouin ; Paris, 1991).

Calvayrac, Albert

Trompettiste français, né à Conques-sur-Orbiel le 20 juillet 1934.

Après des premières leçons données par son père, il étudie à Carcassonne et, en 1948, entre au Conservatoire de Toulouse, d'où il sort, trois ans plus tard, nanti d'un 1er prix de trompette et de cornet à pistons. En 1952, il est admis au Conservatoire de Paris dans la classe de R. Sabarich et remporte, l'année suivante, un 1er prix de cornet à pistons. En 1957, il est engagé par l'Orchestre Symphonique de Radio-Toulouse. Il est nommé, en 1965, professeur au Conservatoire de Toulouse et trompette solo à l'Orchestre du Capitole. Albert Calvayrac se produit en soliste dans des œuvres du répertoire classique ou contemporain. Il fait, par ailleurs, partie d'un ensemble à vent, les Philharmonistes de Châteauroux.

Calvé, Emma (Rose Calvet de Roquer)

Soprano française, née à Decazeville le 15 août 1858, morte à Millau le 6 janvier 1942.

Élève de Jules Puget et surtout de la Marchesi, qui lui transmet l'héritage du bel canto italien, elle débute à Nice lors d'un concert de bienfaisance et aborde la scène en 1881 à Bruxelles, jouant Marguerite de *Faust*. Elle bénéficie des conseils de Marie Miolan-Carvalho, spécialement dans le domaine du phrasé. En 1884, au Théâtre des Nations à Paris, elle crée Bianca de *Aben-Hamed* de Dubois, et entre à l'Opéra-Comique l'année suivante en créant le rôle d'Hélène du *Chevalier Jean* de Joncières. Tout en restant fidèle à cette maison, où elle crée encore *Sapho* de Massenet (1887) et *La Carmélite* de Reynaldo Hahn (1902), elle se produit sur les principales scènes étrangères, surtout en Italie où elle triomphe dans ses créations de *Flora mirabilis* de Samara, à la Scala de Milan, et de *l'Ami Fritz* de Mascagni, en 1891, à Rome. L'année suivante, elle reprend le rôle à Londres à Covent Garden et y crée *La Navarraise* de Massenet. Elle chante encore à Berlin et au Met de New York de 1893 à 1897. Ses interprétations de Carmen (qu'elle chante en 1904 pour la millième représentation à l'Opéra-Comique) et de Santuzza dans *Cavalleria Rusticana* (qu'elle crée en France en 1892) restent légendaires. A partir de 1904, elle réduit ses activités (se produisant encore à l'Opéra de Manhattan en 1907 et 1908 et donnant des récitals jusqu'en 1918) et dirige une école de chant dans son château de Cabrières. Elle y écrit également ses Mémoires (parues en 1940 sous le titre de *Sous tous les ciels j'ai chanté*). Le charme jeté par Emma Calvé sur son temps tient à la combinaison rare d'une insolente sûreté vocale jusque dans l'extrême-aigu et d'une richesse de coloris et de nuances dramatiques incomparable.

Cambon, Charles (Marius)

Baryton français, né à Florensac le 3 mai 1892, mort à Paris le 11 septembre 1965.

Il fait ses études de chant aux conservatoires de Toulouse et de Paris, débute en province, et apparaît dès 1923 à l'Opéra de Paris (*Aïda*), dont il sera le premier baryton héroïque pendant trente ans. Il participe ainsi à la création mondiale de *Padmâvatî* de Roussel (1923) et aux créations françaises de *Turandot, Elektra* et *Palestrina.* Parmi ses principaux rôles, Telramund (*Lohengrin*), Amonasro, Pollux...

Cambreling, Frédérique

Harpiste française, née à Amiens le 21 janvier 1956.

Sœur de Sylvain Cambreling, elle fait ses études au Conservatoire d'Amiens où elle obtient un 1er prix (1973) puis entre au Conservatoire de Paris dans la classe de Gérard Devos. Elle remporte son 1er prix en 1976. Elle travaille parallèlement avec Pierre Jamet. Elle est lauréate de trois concours internationaux : 3e prix au Concours de la Guilde des Jeunes Artistes (1976), 2e prix au Concours international d'Israël (1976), 1er prix au concours Marie-Antoinette Cazala (1977), prix auxquels s'ajoutent une bourse de la Fondation de la Vocation (1976). Entre 1977 et 1985, elle est première harpe solo de l'Orchestre National de France. Sa carrière de soliste se développe rapidement : débuts à New York en 1981, au Japon en 1986... Tibor Varga crée une classe à son intention à l'Académie de Sion, en Suisse, où elle enseigne chaque été. Elle a suscité de nombreuses œuvres contemporaines (Ton Thât Tiet, Claire Schapira, Alain Louvier...).

Cambreling, Sylvain

Chef d'orchestre français, né à Amiens le 2 juillet 1948.

Frère de la précédente, il fait ses études au Conservatoire d'Amiens (solfège, harmonie, contrepoint, trombone, tuba, piano, contrebasse et percussion). Au Conservatoire de Paris, il obtient un 1er prix de trombone ténor. Il commence sa carrière à Lyon en 1971. Parallèlement il travaille la direction d'orchestre à l'École normale de musique de Paris avec Pierre Dervaux : après une année de travail, il obtient sa licence. En 1974, il est lauréat au concours international de Besançon. Serge Baudo lui demande sa collaboration à Lyon. De 1975 à 1981, il est directeur-adjoint de cet orchestre où il se fait remarquer lors des représentations de *La Cenerentola* de Rossini en 1977 et de *Salomé* de Strauss en 1978. En 1977, il dirige à l'Opéra de Paris. Sa carrière prend un essor international. Premier chef invité de l'Ensemble InterContemporain à partir de 1979, il dirige de nombreuses créations mondiales. En 1981, il débute au Festival de Glyndebourne. La même année, il est nommé directeur musical adjoint et premier chef au Théâtre de la Monnaie de Bruxelles, dont il devient directeur musical (1987-91). En 1984, il débute à la Scala dans *Lucio Silla*. En 1991, il est nommé conseiller musical à l'Opéra de Francfort dont il devient intendant et directeur général de la musique en 1993. Il prend également la direction du Museumsorchester de cette même ville.

Il a créé des œuvres de Philippe Boesmans (*Reigen,* opéra, 1993), Jacques Charpentier (*Symphonie nº 6,* 1979), Gasser (*Steinstücke II,* 1980), Philippe Manoury (*Numéro huit,* première version, 1980). Son frère Philippe (1954) mène aussi une carrière de chef d'orchestre et a remporté le 1er prix au Concours international de Besançon en 1981.

Campanella, Bruno

Chef d'orchestre italien, né à Bari le 6 janvier 1943.

Élève de Piero Bellugi, Hans Swarowsky et Thomas Schippers pour la direction d'orchestre et de Luigi Dallapiccola pour la composition, il reçoit également une formation universitaire et soutient une thèse sur le sanscrit et sur la philosophie bouddhiste. Il dirige pour la première fois au Festival des Deux Mondes de Spoleto en 1967. En 1971, il fait ses débuts à la Scala de Milan où il est invité régulièrement par la suite. Sa carrière se développe dans la plupart des théâtres lyriques italiens et à l'étranger où il accompagne souvent ses concerts ou représentations d'opéras de conférences. Il s'impose surtout dans le répertoire de l'opéra bouffe italien. Il fait ses débuts à Covent Garden en 1990 en dirigeant *Don Pasquale*. Il est chef permanent au Teatro Regio de Turin.

Campanella, Michele

Pianiste italien, né à Naples le 5 juin 1947.

Au Conservatoire de Naples, il suit l'enseignement de Vitale. Encore étudiant, en 1966, il remporte le Concours international Casella et entame une série de tournées triomphales, en Italie, en Europe et aux États-Unis. En 1969, le Conservatoire de Naples lui décerne son diplôme. C'est au Conservatoire de Milan qu'il va enseigner jusqu'en 1973. Il quitte alors l'enseignement (à l'exception de master classes à l'Accademia Chigiana de Sienne depuis 1987) et se consacre au concert.

Sa technique parfaite et extrêmement brillante, son imagination sans cesse renouvelée font de ce pianiste l'interprète idéal de Moussorgski, de Prokofiev, de Ravel, mais surtout de Liszt. Ses interprétations des grandes œuvres de Liszt (*Études*, *Sonate*, *Années de pèlerinage*), mais aussi des *Paraphrases*, l'ont rendu célèbre à juste titre.

Campoli, Alfredo

Violoniste italien naturalisé anglais, né à Rome le 20 octobre 1906, mort à Princes-Borough (Londres) le 27 mai 1991.

Son père est professeur de violon à l'Académie Sainte-Cécile de Rome et violon solo au Théâtre Massimo. Sa mère, **Elvira Celi**, soprano dramatique, chante souvent avec Caruso. En 1911, elle est engagée au Covent Garden et la famille se fixe à Londres. Alfredo se fait d'abord connaître comme « violoniste de salon », jouant avec un petit ensemble de musique légère, ou de genre, dans les salons des grands hôtels de la capitale anglaise. C'est vers la quarantaine qu'il décide de se tourner définitivement vers le répertoire classique. Complètement inconnu hors l'Angleterre, il doit son assez rapide renommée à l'adoration que lui portent les Anglais et au disque, avec son enregistrement du *Concerto pour violon* de Beethoven, qu'il grava sous la direction de Josef Krips. Il fait ses débuts américains en 1953 à New York et commence à effectuer des tournées dans le monde entier. A la fin de sa carrière, il se tourne vers l'enseignement, principalement en Australie, et donne son dernier concert en 1985.

Doté d'une très belle sonorité, possédant une technique assez remarquable, Campoli a abordé pratiquement tout le répertoire violonistique, en excellant toutefois dans Tchaïkovski, Lalo (*Symphonie espagnole*), Saint-Saëns, Max Bruch et Paganini, sans négliger, toutefois, les petites pièces « à la Kreisler ». Campoli s'est produit non seulement en Angleterre, mais dans toute l'Europe (dont à Paris), en Union Soviétique – où il donna, notamment, le *Concerto* de Bliss, qui lui est dédié – et en Amérique du Sud. Il joue sur un Stradivarius datant de 1700, le *Dragonetti.*

Cangalovic, Miroslav

Basse bosniaque, né à Glamoč le 3 avril 1921.

La guerre retarde sérieusement ses études musicales et ce n'est qu'en 1947 qu'il est engagé à l'Opéra de Belgrade dont il devient très vite un des principaux solistes. Il s'illustre dans le répertoire slave, obtenant très vite les rôles de Boris Godounov et de Dosifei (*Khovanchtchina*) auxquels il confère une puissance, grâce à l'étendue, à la gravité et à la musicalité de sa voix ainsi qu'à ses indéniables dons de comédien. Très vite il souhaite élargir son répertoire et obtient du chef d'orchestre Oskar Danon, alors directeur de l'Opéra de Belgrade, que l'on remonte pour lui des ouvrages étrangers comme *Don Quichotte* de Massenet et *Faust*, où il campe un inoubliable Méphisto. Il reçoit un grand nombre de prix et de récompenses, tant en Yougoslavie qu'à l'étranger (Unesco, Paris, etc.) Il est considéré comme l'un des plus grands chanteurs qu'ait connus la musique serbe. Par là même, il fut un remarquable ambassadeur de la musique et du chant yougoslaves dans le monde entier, où il a chanté tous les grands rôles de basse du répertoire, tant à la scène qu'en oratorio.

Caniglia, Maria

Soprano italienne, née à Naples, le 5 mai 1905, morte à Rome le 16 avril 1979.

Après avoir étudié le chant à Naples avec Agostino Roche, elle débute à Turin dans le rôle de Chrysotemnis d'*Elektra*. Ses succès à Gênes dans le rôle de Magda de *La Campana sommersa* de Respighi et dans Elsa à Rome la conduisent tout naturellement à la Scala de Milan où elle débute en 1931 dans le rôle de Maria du *Straniero* de Pizzetti. Elle y chantera très régulièrement jusqu'en 1951, se produisant aussi sur toutes les grandes scènes italiennes, au Covent Garden de Londres, à Salzbourg sous la direction de Toscanini, au Colón de Buenos Aires et au Metropolitan Opera de New York où, durant la saison 1938-39, elle ne chante pas moins de cinq rôles différents.

Maria Caniglia a enregistré de nombreuses intégrales : *Un bal masqué, Aïda, Tosca, André Chénier* et le *Requiem* de Verdi avec Gigli, mais aussi *La Force du destin, Don Carlos, Fedora* et *Francesca da Rimini*, précieux témoignages du plus grand soprano-Verdi de son époque. Elle a épousé le directeur d'opéra Pino Donati (1907-75).

Canino, Bruno

Pianiste italien, né à Naples le 30 décembre 1935.

Il travaille avec Calace et Bettinelli au Conservatoire de Milan et obtient les prix de piano et de composition, puis le 1er prix aux concours internationaux de Bolzano et de Darmstadt (1956-58-60).

Passionné par la musique contemporaine, il déploie une grande activité : soliste, pianiste et claveciniste, il fait aussi de la musique de chambre. On le retrouve aux côtés de Gazzelloni, Accardo, Perlman et il donne avec Cathy Berberian des récitals-spectacles pleins de fantaisie (ainsi à Paris : « A la recherche du temps perdu »). Il forme un duo avec le pianiste Antonio Ballista, un trio (Trio de Milan) avec le violoncelliste Rocco Filippini et le violoniste Cesare Ferraresi, auquel succèdent Angelo Stefanato puis Mariana Sirbu. Il joue dans les grands festivals de musique contemporaine et est invité régulièrement à Marlboro. Il est professeur au Conservatoire de Milan. A la fin des années quatre-vingt, il constitue un nouveau trio avec le violoniste Saschko Gawriloff et le violoncelliste Siegfried Palm. Il a créé de nombreuses œuvres contemporaines, souvent écrites à son intention, de Davide Anzaghi (*Rapsodia* pour deux pianos, 1984 ; *Concerto pour piano,* 1989), Luciano Berio (*Concerto pour deux pianos,* 1973), Sylvano Bussotti (*Tableaux vivants,* 1964, extraits de la *Passion selon Sade*), Paolo Castaldi, Niccolò Castiglioni, Aldo Clementi (*Concerto* pour piano et 14 instruments, 1987), Paul-Heinz Dittrich (*Concert avec plusieurs instruments nº 4* pour piano et orchestre, 1984), Franco Donatoni (*Cloches II* pour deux pianos, 1990), Ivan Fedele (*Concerto pour piano,* 1994), Mauricio Kagel (*Trio,* 1985), Rolf Liebermann (*Liaison,* 1984), Hans Georg Pflüger (*Katarakt* pour violon, violoncelle et piano, 1991), Wolfgang Rihm (*Trio,* 1984), Flavio Testi (*Opus 23* pour 2 pianos et orchestre de chambre, 1973), Iannis Xenakis (*Dikhtas,* 1980). Il mène également une importante carrière de compositeur.

Cantelli, Guido

Chef d'orchestre italien né à Novara le 27 avril 1920, mort à Orly dans un accident d'avion le 24 novembre 1956.

Très jeune, Guido Cantelli entreprend des études musicales et à l'âge de quatorze ans, il donne son premier récital de piano. Peu après, au Conservatoire Giuseppe Verdi de Milan, il concentre ses études sur la composition et la direction d'orchestre, travaillant avec F. Ghedini et A. Pedrollo.

En 1943, alors que Cantelli dirige l'orchestre et assume la direction artistique du Teatro Coccia de Novara – théâtre où son maître, Arturo Toscanini, l'avait précédé cinquante-trois ans plus tôt –, il est mobilisé. Refusant de se rallier au régime fasciste, il est envoyé dans un camp de travail en Allemagne. Plus tard, il est transféré au camp de Stettin dont il s'échappera.

En 1945, il fait ses débuts à la Scala de Milan. Arturo Toscanini l'invite aux États-Unis où il dirige alors l'Orchestre de la NBC (1949). Rapidement, il apparaît à la tête des plus grandes formations américaines. Il dirige au Festival d'Edimbourg en 1950 et commence une série d'enregistrements avec le Philharmonia Orchestra interrompus par sa mort prématurée. Quelques jours avant de disparaître, il venait d'être nommé directeur artistique de la Scala de Milan. Cantelli s'inscrit dans la lignée de son maître Toscanini : il en avait le tempérament mais parlait la langue d'une autre génération, aussi dynamique et précise, plus humaine et surtout dramatique. Toscanini disait de lui : « Jamais, au cours de ma longue vie, je n'ai rencontré de jeune artiste aussi doué ; il ira loin, très loin. » Un concours international de direction d'orchestre qui porte son nom a été organisé par la ville de Novara et la Scala de Milan : parmi les lauréats, on trouve les noms de Riccardo Muti et Eliahu Inbal.

Capdevielle, Pierre

Chef d'orchestre et compositeur français, né à Paris le 1er février 1906, mort à Bordeaux le 9 juillet 1969.

Son père est cor solo à l'Opéra-Comique et fait partie de la Société d'Instruments à Vent. Il l'oriente vers le piano. Au Conservatoire, il travaille avec A. Ferté, I. Philipp, A. Gédalge, P. Vidal et en privé avec Vincent d'Indy. Sa carrière est essentiellement tournée vers la composition. En 1938, il reçoit le prix Blumenthal. En 1944, il est nommé chef du service de musique de chambre à la Radio. De 1947 à 1956, il est président de la section française de la SIMC. En 1952, il fonde l'Orchestre de Chambre de la RTF dont il sera le chef permanent jusqu'en 1964.

Son œuvre, surtout destinée à l'orchestre, réunit 3 *Symphonies, Les Épaves retrouvées* (1945), *Incantation pour la mort d'un jeune Spartiate* (1939), quelques pages de musique de chambre et de musique vocale.

Capecchi, Renato

Baryton italien, né au Caire le 6 novembre 1923.

Jeune, il se destine à devenir violoniste. Après la guerre, il étudie le chant, ayant découvert entre-temps qu'il avait une voix. Après avoir gagné quelques « crochets » et autres concours de chant, il débute en 1948 dans un concert de la radio. En 1949, il incarne son premier grand rôle, Amonasro, à Reggio Emilia, avec une force dramatique extraordinaire, début d'une longue série de compositions hallucinantes de vérité de l'un des plus grands tragédiens-comédiens-chanteurs de tous les temps. Très vite la Scala, le Metropolitan Opera, l'Opéra de Vienne, l'Opéra de Chicago, le Colón de Buenos Aires lui ouvrent leurs portes. Il est la vedette des plus grands festivals : Aix-en-Provence, où personne n'a oublié son extraordinaire Don Giovanni, Glyndebourne, le Mai musical florentin, Osaka... Après avoir été le Figaro des *Noces*, comme celui du *Barbier*, il restera sans doute le plus époustouflant Bartholo rossinien et le Sacristain puccinien le plus vrai. Après avoir chanté, pendant plus de trente ans, plus de 200 rôles différents, il continue de mener une carrière de chanteur très remplie tout en s'adonnant avec succès à la mise en scène.

Capet, Lucien

Violoniste français, né à Paris le 8 janvier 1873, mort à Paris le 18 décembre 1928.

Au Conservatoire de Paris, il est l'élève de J.-P. Maurin (1888-93). Nanti d'un 1er prix, il commence une carrière de soliste et fonde dès 1893 son quatuor à cordes qui jouera un rôle essentiel dans la diffusion des quatuors de Beethoven. De 1896 à 1899, il est violon solo des Concerts Lamoureux. Puis il enseigne au Conservatoire de Bordeaux (1899-1903) tout en se produisant en France et à l'étranger, notamment en Allemagne où il est l'un des rares solistes français reconnus. En 1907, il est nommé professeur de musique de chambre au Conservatoire de Paris et, en 1924, directeur de l'Institut de violon de Paris. Parmi ses élèves figure Ivan Galamian.

On lui doit, comme compositeur, des pages symphoniques, 5 quatuors à cordes et 2 sonates pour violon. Il a créé la *2e Sonate pour violon et piano* de Fauré avec Alfred Cortot (1917).

ÉCRITS : *La Technique supérieure de l'archet* (1916), *Les 17 Quatuors de Beethoven, Espérances.*

Caplet, André

Chef d'orchestre et compositeur français, né au Havre le 23 novembre 1878, mort à Neuilly le 22 avril 1925.

A l'école de musique de sa ville natale, il étudie le violon, puis le piano avant de travailler l'harmonie et le contrepoint avec Henry Woollett. En 1896, il entre au Conservatoire de Paris où il obtiendra des premiers prix d'harmonie et d'accompagnement. Pour gagner sa vie, il joue la nuit dans des cabarets. Colonne l'engage comme timbalier dans son orchestre puis le prend comme assistant. En 1897, il remplace au pied levé Xavier Leroux pour diriger une musique de scène au Théâtre de la Porte-Saint-Martin. Le succès qu'il remporte décide de sa carrière de chef d'orchestre. Deux ans plus tard, il est directeur de la musique à l'Odéon. En 1901, il obtient le 1er Grand Prix de Rome et passe les trois années qui suivent à la Villa Médicis. A son retour, il rencontre Debussy dont il devient le disciple préféré. Il achève ou orchestre certaines de ses œuvres (*Children's corner, La Boîte à joujoux*) et dirige la création du *Martyre de saint Sébastien* (1911). De 1910 à 1914, il conduit chaque hiver la saison de l'Opéra de Boston où il révèle un nombre important d'ouvrages français. Il y crée notamment *La Forêt bleue* de Louis Aubert (1913). En 1914, il est nommé directeur de la musique à l'Opéra de Paris mais n'a pas le temps d'exercer ses fonctions. Pendant la guerre, il est gazé et sa carrière de chef d'orchestre se déroulera désormais au ralenti. Il ne remontera au pupitre qu'en 1922 ; il est alors 2e chef aux Concerts Pasdeloup. Il dirige la création d'œuvres de Schmitt, Delage, Cras et la première audition en France des *5 Pièces*, op. 16 de Schoenberg. Grand interprète de Debussy, il avait été choisi pour diriger la reprise de

Pelléas et Mélisande à Covent Garden en 1912. Ses conceptions rigoristes et sa précision allaient à l'encontre de la tradition romantique encore en vigueur.

Son œuvre, dépouillée et souvent austère, s'adresse surtout à la voix : *Le Miroir de Jésus* (1923), *Messe à 3 voix* (1920). Dans le domaine instrumental, il est l'auteur d'un *Conte fantastique* pour harpe et quatuor à cordes (1919) et d'une fresque pour violoncelle et orchestre, *Épiphanie* (1923).

Capolongo, Paul

Chef d'orchestre français, né à Alger le 17 mars 1940.

Son père est violoniste. Il fait ses études musicales au Conservatoire d'Alger jusqu'en 1958, puis au Conservatoire de Paris, jusqu'en 1961, date à laquelle il obtient un 1er prix de direction d'orchestre dans la classe de Louis Fourestier ainsi que cinq autres premiers prix dont celui de piano, son premier instrument d'études. En 1963, il remporte le Eleanor Crane Memorial Award (USA) et le 1er prix Koussevitzky à Tanglewood. En 1967, il obtient le 1er prix Mitropoulos. Directeur musical de l'Orchestre Symphonique de Quito (1963-67), il sera parallèlement directeur du Conservatoire de cette ville (1963-66). Assistant de Leonard Bernstein à la Philharmonie de New York (1967-68), il est directeur de la musique à Mulhouse et chef permanent de l'Orchestre Symphonique du Rhin (1975-85). Paul Capolongo est dédicataire de la *Troisième Symphonie* d'Aubert Lemeland (1981), et de *Reliefs irradiants sur New York* d'Antoine Tisné.

Cappucilli, Piero

Baryton italien, né à Trieste le 4 juin 1930.

Tout jeune, il fait partie des chœurs de San Carlo. Il étudie le chant et l'architecture. Après avoir travaillé cinq ans avec Luciano Donnagio au Teatro Verdi (Trieste), il remporte le concours Viotti et débute au Teatro Nuovo de Milan (Tonio, dans *Paillasse*). Il chante ensuite à la Scala où on le voit durant douze ans à la soirée inaugurale. Étapes marquantes : 1966, *Rigoletto* à Vérone. 1967 : *La Traviata* (production Visconti) à Covent Garden. 1969 : *I Due Foscari*, au Lyric Opera de Chicago. 1971 : *Simon Boccanegra* (Strehler-Abbado) à la Scala (en 1978 à Paris). Chanteur éclectique – Mozart, Bellini, Verdi, Donizetti –, il a une prédilection pour les rôles verdiens (Iago à Londres). Sa voix chaude et ample, au timbre corsé, son équilibre et sa force de travail, son sens du jeu scénique marquent ses interprétations. Successeur des grands barytons italiens du début du siècle, il a beaucoup enregistré avec les grands chefs actuels dont Karajan.

Capsir, Mercedes

Soprano espagnole naturalisée italienne, née à Barcelone le 20 juillet 1895, morte à Suzzara le 13 mars 1969.

Après de solides études musicales à Barcelone sanctionnées par des prix de chant, de piano et de composition, elle fait ses débuts à Gérone dans le rôle de Gilda (1913). En 1916 elle est Violetta et Gilda au Real de Madrid. La même année, elle chante ces deux rôles au Liceo de Barcelone, au San Carlos de Lisbonne et au Colón de Buenos Aires. En 1917, elle est Gilda lors d'une reprise de *Rigoletto* à l'Opéra de Paris. L'Italie se pose alors des questions au sujet de cette cantatrice espagnole qui a tant de succès dans les grands rôles italiens de soprano leggiero. En 1918, elle débute dans *Le Barbier de Séville* à l'Apollo de Bologne. Son succès lui vaut de chanter *Les Puritains* à Venise aux côtés d'un quasi-débutant nommé Lauri-Volpi, puis de paraître au Costanzi de Rome. En 1924, elle débute à la Scala dans un électrisant *Rigoletto*, aux côtés du baryton Galeffi et du ténor Fleta et sous la direction de Toscanini. Elle devait y revenir régulièrement toujours pour chanter Gilda, mais aussi en 1929 pour prendre part à une reprise de *Il Rè* de Giordano.

Ce sera une grande carrière européenne avec un répertoire très réduit mais parfaitement adapté à ses moyens exceptionnels de soprano-colorature, *La Traviata* et *Lucia di Lammermoor* s'ajoutant aux opéras mentionnés ci-dessus. En 1949, au Liceo de Barcelone, elle chante *Le Mariage secret* et se consacre ensuite à l'enseignement du chant.

Les enregistrements intégraux de *Rigoletto*, du *Barbier de Séville* et de *La Traviata* réalisés à la fin des années 20 à la Scala nous ont conservé le témoignage fidèle de sa voix cristalline capable de surmonter les pires difficultés jusque dans les registres les plus élevés.

Capuana, Maria

Alto italienne, née à Fano (Pesaro) le 29 septembre 1891, morte à Cagliari (Sardaigne) le 22 février 1955.

Sœur aînée du chef d'orchestre **Franco Capuana**, elle étudie le chant et le piano au Conservatoire San Pietro a Majella, à Naples. Elle débute en 1918, comme page Urbain, dans *Les Huguenots* au San Carlo. En 1920, elle remporte un grand succès au Teatro Regio de Turin comme Brangäne (*Tristan*). Dès lors les rôles wagnériens deviennent sa spécialité. En 1922, elle est invitée à la Scala et chante Ortrud (*Lohengrin*) pour ses débuts. Suivront les rôles d'Hérodiade (*Salomé*), Fricka (*La Walkyrie*), Amneris (*Aïda*) et Rubria (*Nerone* de Boïto). En 1925, elle chante au Colón de Buenos Aires, à Barcelone, à Lisbonne, au Caire et en Afrique du Sud. Son admirable timbre sombre, sa voix expressive lui permettront de faire une grande carrière wagnérienne, même en Italie où elle chante sur toutes les scènes importantes ainsi qu'au Festival de Vérone.

Caracciolo, Franco

Chef d'orchestre italien, né à Bari le 29 mars 1920.

Au Conservatoire de Naples, il travaille le piano et la composition, obtenant ses diplômes en 1938 et 1939. Puis il va à Rome étudier la direction d'orchestre avec Bernardino Molinari, à l'Académie Sainte-Cécile. Il fait ses débuts en 1944 et dirige les principaux orchestres italiens. De 1949 à 1964, il est à la tête de l'Orchestre Alessandro Scarlatti de Naples. Puis il est chef permanent de l'Orchestre Symphonique de la RAI de Milan (1964-71) avant de reprendre la direction de l'Orchestre A. Scarlatti à Naples (1971-87). On lui doit la résurrection de nombreux ouvrages anciens oubliés, dont le *Te Deum de Dettingen* de Haendel qu'il « recréa » en 1955.

Cardon, Stéphane

Chef d'orchestre français, né à Béthune le 6 décembre 1940.

Il commence ses études musicales au Conservatoire de Lille puis les poursuit au Conservatoire de Paris où il obtient six prix, travaillant notamment l'analyse avec Messiaen (1er prix en 1960) et la direction d'orchestre avec Rosenthal (1er prix en 1969). De 1968 à 1972, il est contrebassiste à l'Orchestre de Chambre de l'ORTF. En 1970, il remporte le 2e prix au Concours international Nicolaï Malko de Copenhague et le 1er prix au Concours international de Besançon. Il dirige les principaux orchestres français et est nommé professeur au Conservatoire de Paris tout en prenant la direction de l'Ensemble instrumental de Grenoble (1972-84). Il est ensuite nommé chef associé au Capitole de Toulouse (1984). Il a créé des œuvres de Graciane Finzi (*De la terre à la vie,* 1979), Ida Gotkovsky (*Concerto lyrique pour clarinette,* 1979), Édith Lejet (*Harmonie du soir,* 1977), Michel Merlet (*Psalmos,* 1979).

Caridis, Miltiades

Chef d'orchestre grec, né à Danzig le 9 mai 1923.

Après des études musicales au Conservatoire d'Athènes, il vient à Vienne où il est l'élève de Swarowsky, obtenant son diplôme à l'Académie en 1947. Il se perfectionne ensuite avec Scherchen et Karajan. Il débute comme chef d'opéra à Bregenz (1947-48), Graz (1948-59), Cologne (1959-62), avant d'être nommé à l'Opéra de Vienne (1962). Sa carrière de concert se développe à partir de cette époque : il est chef permanent de la Philharmonia Hungarica (1960-67) et de l'Orchestre Symphonique de la Radio danoise (1962-66). Puis il est nommé directeur artistique de l'Orchestre Philharmonique d'Oslo (1969-76), directeur général de la musique à Duisburg (1975-81) et directeur artistique du Niederösterreichisches Tonkünstlerorchester de Vienne (1979-85). Il a créé des œuvres de Helmut Eder (*Tanzreihen,* suite de ballet, 1954 ; *Pezzo sereno,* 1959), Giselher Klebe (*Symphonie n° 5,* 1977), Egon Wellesz (*Symphonie n° 8,* 1971).

Cariven, Marcel

Chef d'orchestre français, né à Toulouse le 18 avril 1894, mort à Paris le 5 novembre 1979.

Après des études musicales au conservatoire de sa ville natale, il « monte » à Paris où il est l'élève, au Conservatoire, de Xavier Leroux, Paul Vidal et André Gédalge. Trois premiers prix lui sont décernés : harmonie, histoire de la musique et composition. Premier violon dans divers théâtres lyriques parisiens, c'est au Théâtre de l'Apollo, où se joue *La Veuve joyeuse,* qu'il monte au pupitre pour la première fois, au pied levé. Dès lors, il ne lâche plus la baguette et dirige des orchestres aux Bouffes-Parisiens, aux théâtres Marigny, de la Michodière, des Variétés, de la Gaîté-Lyrique et Mogador, pour une reprise de *La Belle Hélène*, d'Offenbach. Il se manifeste dans tous les domaines et dans tous les genres : musique symphonique, ouvrages lyriques, musique légère, ballets, musique de films, etc. Il travaille avec des compositeurs comme Reynaldo Hahn, André Messager, Louis Beydts ou Maurice Yvain. Les hauts lieux de l'art lyrique l'ont accueilli, y compris l'Opéra et l'Opéra-Comique (1913). Entré à la Radiodiffusion, par concours, en 1936, il y dirigera jusqu'en 1973.

Carmirelli, Pina (Giuseppina)

Violoniste italienne, née à Varzi le 23 janvier 1914, morte à Carpena le 27 février 1993.

Diplômée du Conservatoire de Milan pour le violon (1930) et la composition (1936), elle a étudié avec Michelangelo Abbado. Elle obtient aussi le prix de musique de chambre à l'Académie Sainte-Cécile (classe de Serato) et, en 1940, le Prix Paganini. Ses premiers concerts, en 1937, marquent le début d'une carrière internationale. Pina Carmirelli fonde, en 1949, le Quintette Boccherini et devient une spécialiste des œuvres de ce compositeur. Elle fonde, en 1954, le Quatuor Carmirelli avec lequel elle fait de nombreuses tournées et enregistrements.

Souvent soliste, elle joue aussi en duo avec le pianiste Sergio Lorenzi. Au Carnegie Hall, en 1970, elle donne l'intégrale des *Sonates* de Beethoven avec Rudolf Serkin. Elle enseigne le violon au Conservatoire de Rome dès 1941. Elle est titulaire du cours de perfectionnement à l'Académie Sainte-Cécile de Rome. En 1977, elle a remplacé Salvatore Accardo comme violon solo de l'Ensemble I Musici. Elle joue sur un Stradivarius de 1690, le *Toscan,* acquis en 1953 par le Gouvernement italien et qui avait été auparavant prêté à Gioconda De Vito.

Elle est à l'origine de la fondation du Quintetto Fauré di Roma, en 1979, qui regroupe, autour d'elle, Maureen Jones (piano), Federico Agostini (violon), Massimo Paris (alto) et Francesco Strano (violoncelle).

Après avoir édité des œuvres de Boccherini et de Vivaldi, elle a entrepris l'édition révisée de tout l'œuvre instrumental de Boccherini. Elle a créé *Cavatina* pour violon seul (1983) et *Umbrian Colors* pour violon et guitare (1986) de Barbara Kolb.

Caron, Rose (Rose-Lucille Meuniez)

Soprano française, née à Monnerville le 17 novembre 1857, morte à Paris le 9 avril 1930.

Elle connaît des débuts difficiles, aussi bien au Conservatoire de Paris, où elle ne remporte qu'un 2e prix de chant et un accessit d'opéra (dans la classe de J.-J. Masset), que dans sa carrière. Ernest Reyer la remarque et la fait chanter à Lille, puis à la Monnaie de Bruxelles, où elle se produit de 1882 à 1885, créant le rôle de Brünnhilde dans le chef-d'œuvre de son protecteur, *Sigurd.* Un premier engagement à l'Opéra de Paris, de 1885 à 1887, se solde par un échec dans des rôles inadéquats. Après une semi-retraite à Bruxelles, elle revient en triomphatrice en 1890, chantant *Salammbô*, toujours de Reyer, qu'elle vient de créer à la Monnaie. Elle participe aux créations françaises de *La Walkyrie* (1893) et d'*Otello* (1894). Très vite, elle se révèle une grande wagnérienne, interprétant Elsa, Sieglinde, Elisabeth. Mais également, à l'Opéra-Comique, Orphée et Iphigénie de Gluck et la Léonore de *Fidelio.* Elle crée encore *Jocelyn* de Godard (Bruxelles, 1888) et la version scénique de *La Damnation de Faust* de Berlioz (Monte-Carlo, 1893). Elle abandonne la scène pour enseigner le chant au Conservatoire de Paris à partir de 1902. Elle laisse le souvenir d'une grande tragédienne, sachant faire naître l'émotion autant par la simplicité du style que par le hiératisme de son jeu, et malgré le handicap d'une voix chaleureuse mais de peu d'étendue.

Carracilly, Yvon

Violoniste français, né à Nice en 1943.

A seize ans, il obtient le 1er prix de violon et de musique de chambre au Conservatoire de Paris (classes de Line Talluel et de Jean Hubeau). Il suit les cours d'interprétation de Joseph Calvet. Puis il fait partie successivement des orchestres Paul Kuentz, Jean-François Paillard, de l'Opéra de Paris et de l'Ensemble instrumental de Grenoble, comme violon solo. Il mène en même temps une carrière de soliste et de musicien de chambre. En 1986, il est nommé professeur au Conservatoire de Paris. Il joue sur un Carlo Fernandino Landolfi (Milan, 1753).

Carreras, José

Ténor espagnol, né à Barcelone le 5 décembre 1946.

A dix-sept ans, après avoir commencé des études de chimie à l'Université, il décide d'apprendre le chant, travaille avec Jaime Francisco Puig et entre au Conservatoire de sa ville natale. En 1970, il débute au Liceo dans *Nabucco* (Ismaele) et en 1971 est lauréat du Concours Verdi à Busseto. A Parme, son interprétation de Riccardo, dans *Un bal masqué*, attire l'attention de tous. Montserrat Caballé l'encourage ; il débutera avec elle à Londres, la même année, dans une version de concert de *Marie Stuart.* Précédemment, Rafaël Frühbeck de Burgos l'avait engagé à Madrid. Dès 1972, on le réclame partout. Il chante au Carnegie Hall de New York (*Les Lombards*) et débute au New York City Opera dans Pinkerton (1972). En 1973, il chante au Colón de Buenos Aires et à l'Opéra de Chicago (Rodolfo). L'année 1974 est déterminante pour sa carrière : débuts au Met dans Cavaradossi *(Tosca),* à Covent Garden dans Alfredo *(La Traviata)* et à l'Opéra de Vienne. L'année suivante, il débute à la Scala dans Riccardo *(Un bal masqué).* On le retrouve à Salzbourg, en 1976, où il chante dans *Don Carlos* sous la direction de Karajan et, en 1977, il inaugure la saison de la Scala avec *Don Carlos* toujours, mais dirigé par Abbado, dans une mise en scène de Strehler. Il chante sur les plus grandes scènes du monde : Hambourg, Munich, Monnaie de Bruxelles, San Francisco... A Londres, il travaille sous la direction de Luchino Visconti et de Franco Zeffirelli ; à Aix-en-Provence, il ressuscite *Roberto Devereux* (Donizetti). Puis il se tourne vers des rôles plus dramatiques, abordant notamment Radamès (Salzbourg, 1979 et 1980), Werther (Covent Garden, 1980), Don José (Salzbourg et Vérone, 1984), André Chénier (Vérone, 1986), Des Grieux *(Manon),* Roméo. Atteint d'une leucémie, il doit brutalement interrompre ses activités. Il recommence à chanter progressivement à partir de l'été 1988. En 1989, il crée l'opéra de Lleonard Balada *Cristóbal Colón.* Sa discographie comporte de nombreux ouvrages qu'il a contribué à tirer de l'oubli (*Elisabetta Regina d'Inghilterra* de Donizetti, *I due Foscari, Le Corsaire, Stiffelio* de Verdi, *La Juive* de Halévy, *Fedora* de Giordano...).

Carteri, Rosanna

Soprano italienne, née à Vérone le 14 décembre 1930.

Élève de Cusinati, elle commence une carrière de concertiste à l'âge de douze ans, remporte en 1948 un concours de chant de la RAI et chante à Rome aux Thermes de Caracalla en 1949 (Elsa). Elle débute à la Scala en 1951 au Festival de Salzbourg dans Desdémone *(Otello)* sous la direction de Wilhelm Furtwängler en 1952, à San

Francisco (Mimi) en 1954, à Chicago (Marguerite de *Faust*) en 1955, aux Arènes de Vérone (Mimi) en 1958, à Covent Garden en 1960, à l'Opéra de Paris (*La Traviata* et *Tosca*) en 1961. Elle mène parallèlement une importante carrière de concertiste et chante le *Gloria* de Francis Poulenc lors de sa création européenne à Paris (1961). Elle a créé le rôle-titre de l'*Ifigenia* (1950) d'Ildebrando Pizzetti et Flavia dans *Proserpine e lo straniero* (1952) de Juan José Castro. Elle a également participé aux créations de *Calzare d'argento* (1961) de Pizzetti et d'*Il mercante di Venezia* (1961) de Mario Castelnuovo-Tedesco.

Caruso, Enrico

Ténor italien, né à Naples le 25 février 1873, mort à Naples le 2 août 1921.

Il chante dans les églises, comme contralto, dès son plus jeune âge, puis travaille avec Guglielmo Vergine et Vincenzo Lombardi. Autodidacte, il débute dans la chansonnette napolitaine et obtient son premier rôle au Teatro Nuovo de Naples en 1894 (*L'amico Francesco* de Morelli). Il perfectionne sa formation musicale et est engagé, en 1897, dans *La Gioconda* à Palerme, puis dans *La Bohème* à Livourne et enfin dans *L'Arlésienne* à Milan. L'année suivante, il est très remarqué, au Lirico, durant la première représentation de *Fedora* de Giordano. Il est alors invité à Saint-Pétersbourg, puis en 1902 à Londres et se rend ensuite en Amérique, en 1903. Le Met l'accueille et devient son centre d'activité. En dix-sept ans, il y donne plus de 600 représentations incarnant 36 rôles différents. Il est le premier ténor de l'histoire à enregistrer et devient, par le montant exorbitant de ses cachets et le nombre de ses disques, une vedette du cylindre et du disque. Après de rares apparitions en Italie, il y retourne en 1921 pour y mourir presque aussitôt, après une maladie pulmonaire et diverses opérations.

Tout d'abord ténor lyrique, durant les dix dernières années de sa vie il aborda des rôles dramatiques dans *Rigoletto*, *Aïda*, *Carmen*. Son brio, son talent, ses succès arrachés à la force du poignet, après un travail acharné, révélaient une personnalité remarquable. C'était aussi un bon caricaturiste. Il a créé des opéras de Francesco Cilea (*L'Arlésienne*, 1897 ; *Adrienne Lecouvreur*, 1902), Umberto Giordano (*Fedora*, 1898 ; Giacomo Puccini (*La Fille du Far West*, 1910).

ÉCRITS : *How to Sing* (1913).

Carvalho, Eleazar de

Chef d'orchestre brésilien, né à Iguatú le 28 juin 1912.

Il étudie à Fortaleza puis à l'École nationale de musique de l'Université de Rio de Janeiro avec Paulo Silva et obtient un doctorat de musique en 1940. Il a commencé comme instrumentiste et, pendant dix ans, joué du tuba dans l'Orchestre de l'Opéra de Rio de Janeiro. En 1940, il est nommé chef assistant de l'Orchestre Symphonique Brésilien. Puis, en 1947, il est premier chef à l'Opéra. A partir de 1946, il se perfectionne avec Koussevitzky à Tanglewood et devient son assistant puis son successeur comme professeur de direction d'orchestre. Il mène une importante carrière aux États-Unis où il est l'invité régulier de l'Orchestre Symphonique de Boston et directeur musical de l'Orchestre Symphonique de Saint Louis (1963-68) puis de l'Orchestre Symphonique Pro Arte de l'Université de Hofstra, Hampstead (1969-73). De retour dans son pays, en 1973, il est nommé chef à vie de l'Orchestre Symphonique Brésilien qu'il avait déjà dirigé entre 1952 et 1959. Il joue aussi un rôle important dans la vie musicale brésilienne en fondant les Jeunesses Musicales brésiliennes (1954) et l'Académie de musique de São Paulo. Il enseigne à l'École nationale de musique de Rio de Janeiro et à la Juilliard School de New York. Puis il dirige, à partir de 1973, l'Orquestra Sinfônica Estadual à São Paulo. En 1983, il reprend une classe à la Juilliard School of Music de New York. Il est également professeur à l'Université de Yale et assure la direction du Yale Philharmonia Orchestra (New Haven). Il dirige également l'Orchestre Symphonique d'État de Paraiba (Brésil). Comme compositeur, on lui doit notamment deux opéras, *La Découverte du Brésil* (1939) et *Tiradentes* (1941). Il a épousé la pianiste **Jocy de Oliveira.**

Casadesus, Gaby (Gabrielle L'Hôte)

Pianiste française, née à Marseille le 10 août 1901.

Elle effectue ses études musicales au Conservatoire de Paris avec Marguerite Long et Louis Diémer. A l'âge de seize ans, elle obtient un brillant 1er prix et a le privilège de travailler leurs œuvres avec Moszkowski, Fauré, Schmitt et Ravel. Elle épouse alors **Robert Casadesus** et joint sa carrière à la sienne. Elle joue ainsi à deux pianos et parfois à trois, avec le concours de leur fils Jean. Elle pratique aussi régulièrement la musique de chambre avec notamment Zino Francescatti et les quatuors Guarneri et Juilliard. Pédagogue de grand renom, elle enseigne dans les principales universités américaines et à l'Académie Maurice Ravel de Saint-Jean-de-Luz.

Casadesus, Jean

Pianiste français, né à Paris le 7 juillet 1927, mort à Renfrew le 21 janvier 1972.

Fils de **Gaby** et **Robert Casadesus,** il entre en 1938 au Conservatoire de Paris. Il suit sa famille aux États-Unis à la déclaration de guerre et poursuit ses études à l'Université de Princeton tout en travaillant le piano avec ses parents. Après avoir gagné le Concours des jeunes solistes du Philharmonia Orchestra (1946), il débute sous la direction d'Eugene Ormandy et donne ses premiers récitals. En 1947, il est lauréat du Concours international de Genève. Puis il mène de front une carrière de concertiste et de professeur, enseignant notamment au Conservatoire américain de Fontainebleau (à partir de 1954) et à l'Université d'État de New York à Binghampton où il est artiste résident. Il disparaît prématurément dans un accident de voiture au Canada.

Casadesus, Jean-Claude (Jean-Claude Probst)

Chef d'orchestre français, né à Paris le 7 décembre 1935.

Petit-fils du compositeur Henri Casadesus et fils de la comédienne Gisèle Casadesus, il commence sa carrière comme percussionniste et remporte un 1er prix au Conservatoire de Paris. Puis il est timbalier aux Concerts Colonne et soliste au Domaine Musical. Il écrit des musiques de scène et de film, joue le répertoire traditionnel, des œuvres contemporaines, du jazz. Il se tourne alors vers la direction d'orchestre qu'il travaille avec Pierre Dervaux (licence de concert de l'École Normale de Musique en 1965) et Pierre Boulez, à Bâle. Il dirige à l'Opéra-Comique puis à l'Opéra de Paris. En 1969, il participe, avec P. Dervaux, à la création de l'Orchestre Philharmonique des Pays de la Loire dont il est chef permanent (phalange de Nantes). Sa carrière se développe sur le plan international et il est nommé, en 1976, directeur du nouvel Orchestre Philharmonique de Lille. En quelques années, il hisse cette phalange, qui prend bientôt le nom d'Orchestre National de Lille, au niveau international et l'emmène en tournée dans quatre des cinq continents. Il partage ses activités entre le concert et le lyrique (Festival d'Aix, Vaison-la-Romaine, Carpentras, Liège, Opéra de Paris), le répertoire classique et la musique contemporaine qui occupe une place de choix dans ses programmes. Il a créé des œuvres d'Alain Bancquart (*Simples,* 1977), Georges Bizet (*Clovis et Clotilde,* 1988), Jacques Bondon (*i 330,* opéra, 1975), Philippe Capdenat (*Symphonèmes,* 1973 ; *Sinfonia sui cenci,* 1982), Henri Martelli (*Suite symphonique nº 3,* 1972), Costin Miereanu (*Espace dernier,* 1973), Iannis Xenakis (*Tracées,* 1987).

Casadesus, Robert

Pianiste et compositeur français, né à Paris le 12 avril 1899, mort à Paris le 19 septembre 1972.

Né dans une famille de musiciens, il étudie, jusqu'à l'âge de dix ans, avec sa tante, Rose Casadesus. Il entre alors au Conservatoire de Paris où il travaille avec Louis Diémer. En 1913, malgré son jeune âge, il remporte un éclatant 1er prix de piano. Ses premières compositions datent de 1916 et son premier concert de 1917. Il est appelé au service militaire en 1918. En 1919 il obtient un 1er prix d'harmonie (classe de Xavier Leroux) au Conservatoire de Paris. L'année suivante, il enlève le Prix Louis Diémer. En 1921, il épouse Gabrielle L'Hôte (**Gaby Casadesus**) et donne la première exécution de la *Fantaisie* de Fauré qu'il avait étudiée avec le compositeur. Les débuts de son amitié avec Maurice Ravel datent de 1922. Il travaille avec lui toute sa musique pour piano et donne, en 1924, le premier récital entièrement consacré aux œuvres de ce musicien. Il rencontre Manuel de Falla, Florent Schmitt et Albert Roussel qui lui dédie sa dernière œuvre pour piano. Il inaugure la salle Pleyel en 1927 et commence à donner des récitals à deux pianos ou à quatre mains avec son épouse. En 1935, il est nommé professeur au Conservatoire américain de Fontainebleau. Cette même année il fait ses débuts aux États-Unis sous la baguette de Toscanini. En 1940, il est dans ce pays et donne, l'année suivante, son premier récital à Carnegie Hall. Il se lie avec Zino Francescatti avec qui il donne de nombreuses séances de musique de chambre. En 1946, il retourne en Europe et devient directeur du Conservatoire américain de Fontainebleau. Sa carrière internationale est alors à son apogée ; il joue avec Mitropoulos et Szell, il enregistre l'œuvre pour piano de Ravel et, avec Zino Francescatti, des versions de référence des principales sonates du répertoire français et l'intégrale des sonates pour violon et piano de Beethoven. Il a créé des œuvres de Gabriel Fauré (*Fantaisie* pour piano et orchestre, 1921), Arthur Honegger (*Sonate pour alto et piano,* avec Henri Casadesus, 1920), Guy Ropartz (*Sonate pour violon et piano n° 3,* avec Georges Enesco, 1927), Albert Roussel (*Trois Pièces pour piano* op. 49, 1934, dédicataire). Arthur Honegger lui a dédié la dernière de ses *Sept Pièces brèves* (1920). Robert Casadesus est également un compositeur de talent qui nous laisse 7 symphonies, plusieurs quatuors et concertos pour piano.

Casals, Pablo (Pau Casals)

Violoncelliste espagnol, né à Vendrell (Tarragone), le 29 décembre 1876, mort à Porto Rico le 22 octobre 1973.

A quatre ans il commence à jouer du piano, du violon et de la flûte avec son père organiste et professeur de musique. Vers neuf ans, il s'initie à l'orgue et entre, en 1888, au Conservatoire de Barcelone pour travailler le violoncelle avec José Garcia et l'harmonie avec José Rodoreda. Il donne son premier concert public en 1890 au Teatro Novedaes et achète les *6 Suites pour violoncelle seul* de Bach, œuvres qu'il allait faire découvrir au monde entier. A cette époque, pour subvenir à ses besoins, il joue au Café Tost, puis au Café Pajarera. Albéniz le remarque et lui remet une lettre de recommandation pour le comte de Morphy à la Cour de Madrid où il obtient une bourse et la protection de la reine Marie-Christine (1894). Il étudie alors au Conservatoire de Madrid la composition avec Tomás Bretón et la musique de chambre avec Jesús de Monasterio. Il se rend à Bruxelles en 1895 pour se perfectionner, mais abandonne très vite la Belgique et se retrouve à Paris où il doit se contenter d'un poste de deuxième violoncelliste au Théâtre des Folies-Marigny. Il retourne à Barcelone pour prendre la succession de son maître au Conservatoire municipal et se fait nommer professeur au Liceo (1897-99). Il y fonde un quatuor à cordes et joue notamment avec Crickboom, Galvez et Granados. Il se rend une seconde fois à Paris en 1899 et rencontre Charles Lamoureux qui révèle son talent au public parisien. C'est le début de sa carrière internationale. Il joue à Londres devant la reine Victoria, en Belgique devant la reine Élisabeth qui l'honorera de son amitié toute sa vie. Il effectue une première tournée aux États-Unis en 1901 (où il se blesse la main), puis une seconde en 1904 pendant laquelle il donne la première américaine de *Don Quichotte* sous la direction de Richard Strauss lui-même. En 1903 il enregistre son premier cylindre. En 1905 il fonde avec Cortot et Thibaud un trio qui devait tenir les mélomanes sous le charme pendant plus de trente ans. Pablo Casals fait alors ses débuts en Russie, rencontre Rimski-

Korsakov et Scriabine, joue sous la direction de Rachmaninov. Pendant les hostilités il vit principalement à New York. Puis, en 1919, il se fixe en Catalogne où il crée l'Orchestre Pau Casals de Barcelone avec des musiciens locaux. Il l'amènera à un niveau tel qu'il pourra inviter des chefs comme Fritz Busch, Koussevitzky, Strauss, Monteux, Klemperer ou Stravinski. Il fonde une association populaire de concerts destinée à faire découvrir la musique aux ouvriers les plus défavorisés et y consacrera toute son énergie. Il adhère passionnément à la jeune république espagnole et refuse, dès 1933, de jouer en Allemagne hitlérienne. Pendant la guerre civile espagnole, il jouera sous les bombes. Il s'expatrie en 1939 et se fixe à Prades, petite ville pyrénéenne proche de la frontière espagnole et des camps de réfugiés politiques. C'est à leur bénéfice qu'il donne de nombreux concerts. En 1943 il commence la composition de son oratorio *El Pessebre*. En 1945, il abandonne les concerts pour protester par son silence contre l'indulgence des puissances occidentales envers la dictature de Franco. Il ne reprendra l'archet et la baguette qu'en 1950, pour le bicentenaire de la mort de Bach. Prades devient alors un lieu de pèlerinage où se rassemble tout ce qui compte dans le monde musical : Haskil, Szigeti, Serkin, Oïstrakh, Kempff, Katchen, etc. Casals se rend à Porto Rico, berceau de sa famille maternelle, en 1954. En 1957, il fonde, avec Alexander Schneider, le Festival de musique de Porto Rico et l'Orchestre Symphonique de cette ville. Il donne des cours à Berkeley puis à l'Académie Chigiana de Sienne (1959-62) et effectue une tournée mondiale en 1962 avec *El Pessebre*. Il participe une dernière fois au Festival de Prades en 1966 pour son 90e anniversaire. Outre son oratorio, Pablo Casals a composé une messe, un poème symphonique et un quatuor à cordes.

Il avait épousé en premières noces (1906) une de ses élèves, la violoncelliste portugaise **Guilhermina Suggia** dont il divorça en 1912. En 1914, il épousa la chanteuse américaine **Susan Metcalfe** et, en 1957, une autre de ses élèves, **Marta Montañez**, qui devint, après sa mort, la femme d'Eugene Istomin.

Le violoncelle a connu en lui non seulement un porte-parole enthousiaste mais un prodigieux technicien qui a fait évoluer les possibilités de l'instrument en accordant notamment une grande importance à l'utilisation de l'archet. Fauré lui a dédié sa *Sérénade* pour violoncelle et piano, Vierne sa sonate, Glazounov son *Konzert-Ballade*, op. 108 et Enesco sa *Sonate pour violoncelle et piano nº 2*. Schoenberg a transcrit et réorchestré à son intention le *Concerto en sol mineur* de Monn qu'il a créé en 1913. Il a également créé la *Fantasie on Sussex Folk Tunes* pour violoncelle et orchestre de Vaughan Williams (1930). A partir de 1910, Casals a joué sur un violoncelle de Goffriller.

ÉCRITS : *Conversations avec Pablo Casals* (par J. M. Corredor, Albin Michel, 1955 ; rééd. coll « Pluriel », Hachette, 1982) ; *Ma vie racontée à Albert E. Kahn* (1970).

Casier, Robert

Hautboïste français, né à Champigny-sur-Marne le 15 juillet 1924.

Il mène ses études avec Louis Bleuzet, Étienne Baudo et Pierre Bajeux pour le hautbois, Yvonne Desportes pour l'harmonie et Fernand Oubradous pour la musique de chambre. Il obtient en 1944 un 1er prix de hautbois et de musique de chambre au Conservatoire de Paris. Il remporte le Prix de la critique internationale à Buenos Aires (1952) et le Grand Prix international d'exécution musicale à Genève (1954). Hautbois solo de la Société des Concerts du Conservatoire (1953-67), il est ensuite premier hautbois à l'Opéra de Paris (1959-89). Parallèlement à une brillante carrière de musicien d'orchestre, il mène une intense activité de soliste. Il fonde en 1944 le Quintette à vent de Paris qu'il anime jusqu'en 1985, l'Association française de musique de chambre (1960), le duo musette et clavecin (1971) et crée le Festival Couperin en Centre-Brie (1973). En 1968, il met au point une musette, instrument de la famille des hautbois, première copie d'une musette d'époque. Il crée des œuvres de Roger Boutry (*Sonate pour hautbois et piano*, avec l'auteur), André Jolivet (*Sonate pour hautbois et basson*, 1954), Francis

Poulenc (*Sonate pour hautbois et piano*, avec Jacques Février, 1963). Il enregistre, outre les partitions traditionnelles dédiées à l'instrument, des œuvres de Auric, Ibert, Jolivet, Milhaud, Poulenc, Roland-Manuel, Hindemith, Malipiero et Schoenberg. Professeur au Conservatoire de Rouen (1945-51), il est ensuite professeur au Conservatoire de Montreuil.

Caskel, Christoph

Percussionniste allemand, né à Greifswald le 12 janvier 1932.

De 1949 à 1953, il étudie la percussion avec W. Pricha à l'École supérieure de musique de Cologne, puis la musicologie à l'Université jusqu'en 1955, année de ses premiers concerts. Il joue presque exclusivement des œuvres contemporaines. A Darmstadt, Caskel fait partie de l'Ensemble de Chambre International et apparaît en soliste auprès d'Alfons et Aloys Kontarsky, dans la *Sonate pour deux pianos et percussion* de Bartók. En 1963, il forme un duo avec le pianiste Franzpeter Goebels et l'année suivante se joint à l'ensemble de Stockhausen. Il aime enseigner et donne des cours à Darmstadt (1959), puis à Cologne (1968, 1970 et 1974) ainsi qu'en Hollande. A partir de 1983, il enseigne régulièrement à la Rheinische Musikhochschule de Cologne.

Sa vitalité, sa précision, sa puissance en font l'interprète idéal des grandes œuvres de Stockhausen telles *Zyklus* (qu'il a créé en 1959) et *Kontakte* et de Kagel (*Transicion II*). Caskel est aussi un homme de réflexion. Il a écrit sur son instrument : *Notation für Schlagzeug* (*Contribution de Darmstadt à la nouvelle musique*, 1965). Il joue dans l'orchestre Cappella Coloniensis.

Cassadó, Gaspar

Violoncelliste espagnol, né à Barcelone le 30 septembre 1897, mort à Madrid le 24 décembre 1966.

Fils du compositeur, organiste et chef d'orchestre **Joaquín Cassadó Valls** (1867-1926), il prend ses premières leçons avec son père. A l'âge de sept ans, il entre au Conservatoire Las Mercedes de Barcelone. Deux ans plus tard, il donne son premier concert. En 1908, il obtient une bourse et se rend à Paris où il travaille avec son compatriote Pablo Casals. Sa carrière internationale commence en 1918. Son tempérament s'impose sur toutes les scènes du monde en concerto comme en musique de chambre. Il joue avec Harold Bauer, Rubinstein, Iturbi, Szigeti, Hubermann. Plus tard il forme un trio avec Menuhin et Kentner. Il se consacre largement à l'enseignement, à Sienne (1946-52 et 1955-63), puis à Cologne à partir de 1958. Il s'installe ensuite à Florence où il réside jusqu'à la fin de sa vie et où un concours international de violoncelle porte maintenant son nom. La musique contemporaine l'attire et il la défend : Dallapiccola lui dédie ses *Dialoghi* qu'il crée en 1960. Turina transcrit pour lui *Jeudi Saint à Minuit*. Il crée le *1er Concerto pour violoncelle* de Martinů (1re version, 1931), le *Concierto galante* (1949) de Joaquin Rodrigo, le *Concerto* (1956) de Wladimir Vogel, *Prozession* (1957) de Hermann Reutter, le *Concerto* (1958) de Riccardo Malipiero, le *Concerto nº 2* (1963) de Grażyna Bacewicz. Il jouait sur un Stradivarius de 1709 qui avait appartenu à Boccherini.

Comme compositeur, il laisse plusieurs œuvres pour son instrument, une *Sonata breve* pour piano, un oratorio sur deux psaumes de David, la *Rapsodie catalane* pour orchestre et un *Concerto* pour violoncelle. Il avait épousé en 1959 la pianiste japonaise **Chieko Hara.**

Cassard, Philippe

Pianiste français, né à Besançon le 12 septembre 1962.

Au Conservatoire de Paris, il travaille avec Dominique Merlet (piano) et Geneviève Joy (musique de chambre) et obtient deux premiers prix dans ces disciplines respectivement en 1982 et 1980. Il se perfectionne avec Leon Fleisher et, pendant deux ans, avec Hans Graf à la Musikhochschule de Vienne. Il suit également des cours d'accompagnement de lieder et travaille, à partir de 1984, avec Nikita Magaloff. En 1985, il est finaliste du Concours international Clara Haskil et, en

1988, il remporte le 1er prix au Concours international de Dublin. Sa carrière démarre rapidement en Grande-Bretagne, mais aussi dans le reste de l'Europe et au Japon. Il fait ses débuts aux États-Unis en 1990. En 1993, il présente en concert l'intégrale de l'œuvre pour piano de Debussy. La musique de chambre et l'accompagnement de chanteurs occupe une place importante dans ses activités, notamment au sein d'un quatuor qu'il a fondé en 1993 avec Raphaël Oleg, Miguel Da Silva et Marc Coppey.

Cassily, Richard

Ténor américain, né à Washington le 14 décembre 1927.

Après des études au Conservatoire Peabody de Baltimore (1946-52), il débute comme choriste sur Broadway puis, engagé au New York City Opera, il y remporte de grands succès dès 1954. En 1965, Liebermann l'invite à chanter Radamès (*Aïda*) à Hambourg et dès l'année suivante l'engage comme membre de la troupe, dont il devient le fort ténor ; il participe aux plus grands festivals et chante sur les plus grandes scènes. Ses rôles favoris sont Radamès, Canio (*Paillasse*), Florestan (*Fidelio*), *Otello*, *Parsifal*, Hérode (*Salomé*), le Cardinal (*Mathis le Peintre*, de Hindemith), Tannhäuser, Max (*Le Freischütz*) et Don José (*Carmen*). Une présence imposante, des aigus aisés, un medium puissant lui ont permis d'être durant de nombreuses années un des chefs de file de l'Opéra de Hambourg.

Castagnet, Yves

Organiste français, né à Paris le 10 mai 1964.

Il commence l'étude du piano dès l'âge de cinq ans avant d'aborder l'orgue à neuf ans avec Éliane Lejeune-Bonnier, une élève de Marcel Dupré. En 1979, il remporte le 1er prix au Concours de l'UFAM. Puis il entre au Conservatoire de Paris dans les classes de Rolande Falcinelli, Jacqueline Deschamps-Villedieu, Roger Boutry, Jean-Claude Henry et Marcel Bitsch. Il remporte des premiers prix de solfège, harmonie, contrepoint, fugue et orgue. Il commence une carrière d'organiste et de pédagogue. En 1987, il est maître de chapelle à Sainte-Clotilde, à Paris. En 1988, il remporte le Grand Prix d'interprétation de Chartres. Puis il est nommé titulaire de l'orgue de chœur de Notre-Dame de Paris.

Caussé, Gérard

Altiste français, né à Toulouse le 26 juin 1948.

Né dans un milieu musical, il travaille tout de suite l'alto à Toulouse puis entre en 1967 au Conservatoire de Paris dans la classe de Léon Pascal et obtient un 1er prix d'alto deux ans plus tard ainsi qu'un 1er prix de musique de chambre (classe de Jean Hubeau). Il suit le 3e cycle de perfectionnement en tant que membre, du Quatuor Via Nova. Il est altiste de ce Quatuor de 1969 à 1971. En 1971, il est lauréat de la Fondation de la vocation. De 1972 à 1980, il fait partie du Quatuor Parrenin et, à partir de 1976, de l'Ensemble InterContemporain. Professeur au Conservatoire de Boulogne (1980), associé de Jean Hubeau au Conservatoire de Paris dans la classe de musique de chambre (1981), il est ensuite nommé professeur au Conservatoire de Lyon (1982) puis professeur d'alto au Conservatoire de Paris (1987-92). Il enseigne également à l'Accademia Chigiana de Sienne. En 1982, il avait quitté l'Ensemble InterContemporain pour se consacrer davantage à la musique de chambre, notamment au sein du Quatuor Ivaldi. Son alto est un instrument de Gasparo Da Salo (1570). Il a créé des œuvres de Gérard Grisey (*Prologue*, 1978), Philippe Hersant (*Pavane*), Betsy Jolas (*Concerto pour alto*, 1990 ; *Frauenleben* pour alto et orchestre, 1993), René Koering (*Jeremy Voyageur*, 1978), Jacques Lenot (*Utopia glossa secunda*, 1983), Gérard Masson (*Alto Tambour*, *W3 A6 M4*, *Alto Septuor*, *Alto-Alto*), Serge Nigg (*Concerto pour alto*), Emmanuel Nunes (*Einspielung III*, 1981), Horatiu Radulescu (*Das Andere*), Griffith Rose (*Concerto pour alto n° 2*, 1975).

Cebotari, Maria
(Maria Cebutaru)

Soprano moldave naturalisée autrichienne, née à Kichinev (Bessarabie) le 10 février 1910, morte à Vienne le 9 juin 1949.

Après avoir chanté dans des chœurs d'église, elle entre dans une troupe dramatique itinérante et est engagée au théâtre des Artistes de Moscou en 1926 que dirigeait le comte Alexander Wyruboff. Un an plus tard, elle part avec lui pour Berlin où ils se marient. Elle travaille le chant avec Oskar Daniel. Elle débute en 1931 à l'Opéra de Dresde (Mimi) et chante la même année au Festival de Salzbourg. En 1936, elle quitte Dresde pour Berlin (1936-44) puis Vienne (1946-49). Nommée Kammersängerin en 1934, elle participe aux créations mondiales de *La Femme silencieuse* de R. Strauss (Aminta) à Dresde en 1935, de *Romeo und Julia* de Sutermeister (Julia) en 1942, de *La Mort de Danton* de von Einem (Lucile) à Salzbourg en 1947 et du *Vin herbé* de Frank Martin (Isot) à Salzbourg en 1948. La Comtesse, Donna Anna, Suzanne, Zerline pour Mozart, Sophie, Ariane, Madeleine pour Strauss (qui modifia pour elle l'orchestration de *Salomé*) alternent dans son répertoire avec Carmen, Violetta, Manon, Butterfly, Tatiana, et Turandot dont elle est la créatrice américaine au Met en 1926. Entre 1933 et 1941 elle participe également au tournage de six films (dont deux avec Gigli pour partenaire). L'un d'eux est consacré à la vie de la Malibran.

Épouse en secondes noces de l'acteur Gustav Diessl, elle meurt d'un cancer à trente-neuf ans en pleine gloire.

Ceccato, Aldo

Chef d'orchestre italien, né à Milan le 18 février 1934.

Au Conservatoire de Milan, il étudie le piano, la composition et la direction d'orchestre. Puis il se perfectionne à la Hochschule de Berlin où il obtient son diplôme en 1961. Il travaille ensuite avec Celibidache à Sienne (1961-63) et débute à Milan dans *Don Giovanni* en 1964. Il commence à diriger dans différents théâtres italiens et travaille, pendant quelques mois en 1967, avec Victor De Sabata dont il épousera la fille Eliana. La même année, il fait ses débuts à la Scala. Deux ans plus tard, il remporte le 1er prix au Concours de direction d'orchestre de la RAI. Il est invité la même année au Festival d'Edimbourg et à Chicago. En 1970, il dirige à Covent Garden et, en 1971, à Glyndebourne. De 1973 à 1977, il est directeur musical de l'Orchestre Symphonique de Detroit. De 1972 à 1983, il est à la tête de l'Orchestre Philharmonique de Hambourg. Chef permanent de l'Orchestre Symphonique de Bergen (1985-90) et de l'Orchestre Symphonique du NDR de Hanovre, il est nommé chef permanent de l'Orchestre Symphonique de la RAI de Turin en 1990 et dirige la Philharmonie Slovaque de Bratislava en 1990-91. En 1991, il prend également la direction de l'Orchestre National d'Espagne.

Il a créé des œuvres de Juan Crisóstomo Arriaga (*Symphonie en ré majeur,* version originale, 1992), Xaver Benguerel (*Obertura Episódica,* 1991), Bruno Bettinelli (*Symphonie n° 5,* 1976 ; *Symphonie n° 6,* 1978 ; *Alternanze,* 1985 ; *Quarto Concerto* pour orchestre, 1990), Giacomo Manzoni (*Scene sinfoniche per il Doktor Faustus,* 1984).

Celibidache, Sergiu

Chef d'orchestre roumain, né à Iași le 28 juin 1912.

Il fait des études de philosophie et de mathématiques très approfondies à l'Université de Bucarest. Puis il vient à Berlin en 1936 où il complète ses études générales – se spécialisant notamment dans la mécanique ondulatoire et soutenant une thèse de doctorat de musicologie sur Josquin des Prés. Il s'inscrit à la Hochschule für Musik et travaille, de 1939 à 1945, avec Fritz Stein, Kurt Thomas et Gmeind. Sitôt diplômé, il saisit la chance au vol et débute avec la Philharmonie de Berlin privée alors de chef puisque Furtwängler était interdit de direction. Pendant trois ans, il assure la plupart des concerts de l'illustre phalange et fait déjà preuve d'une personnalité hors du commun : prodigieuse mémoire, répertoire inhabituel, volonté intraitable... Au retour de Furtwängler, il commence une longue carrière de chef invité : Celibidache s'attachera rarement à un orchestre de façon durable. Les conditions de travail qu'il exige sont difficiles à réunir et son caractère entier s'accommode mal des concessions que doit faire un chef d'orchestre dans ses rapports avec les instrumentistes ou avec le public. Dans un premier temps, il reste étroitement associé aux orchestres berlinois, la Philharmonie et le RIAS. Il débute à Londres en 1948. Puis il dirige souvent en Italie. Il est l'invité régulier de l'Orchestre Symphonique du SDR de Stuttgart à partir de 1959. Puis il prend la direction de l'Orchestre Symphonique de la Radio de Stockholm qu'il reconstruit entièrement (1962-71). Il enseigne à Sienne, à l'Académie Chigiana, où les jeunes chefs se disputent le privilège de suivre ses cours (1960-62). En France, il est le premier chef invité de l'Orchestre National (1973-76) et obtient des résultats stupéfiants. En 1979, il prend la direction musicale de la Philharmonie de Munich et crée un cours de direction d'orchestre dans la capitale bavaroise. En 1983-84, il donne des cours au Curtis Institute of Music de Philadelphie et dirige également l'orchestre des étudiants pour ses débuts officiels aux États-Unis, le 27 février 1984, au Carnegie Hall de New York.

Celibidache est un chef hors du commun : on ne pourrait le comparer à nul autre. Il dirige peu et réclame toujours un nombre considérable de répétitions pour satisfaire sa passion du détail. Les nuances, les timbres, la précision, tout l'intéresse au plus haut point. Sa mémoire, fabuleuse, lui permet d'effectuer ses répétitions sans la moindre partition. Son oreille se situe au même niveau. Il possède une science rare de l'orchestre et sait tirer le meilleur de chacun. Bien qu'ayant gravé quelques disques au début de sa carrière, il refuse l'enregistrement : la musique est pour lui un renouvellement permanent et une exécution ne doit s'entendre qu'une fois dans un contexte donné. Ses conceptions musicales vont de pair avec son souci du détail : il adopte généralement des mouvements modérés, voire assez lents, qui mettent en valeur le travail de joaillerie effectué. Mais la dynamique d'ensemble en est parfois altérée et sa vision des œuvres alertes ou gaies (*Symphonie Classique* de Prokofiev, Mozart, Rossini) est moins convaincante que celle des œuvres dramatiques ou impressionnistes.

Il a également une activité de compositeur mais refuse de laisser jouer ses œuvres (*Requiem*, 4 *Symphonies*, *Concerto pour piano*, *Suite d'orchestre*). Il a créé des œuvres de Günter Bialas (*Lamento di Orlando*, 1986), Harald Genzmer (*Symphonie n° 3*, 1986), Peter Michael Hamel (*Sinfonie in sechs Teilen*, 1988), Hans Werner Henze (*Undine*, *Trois pas des Tritons*, 1958), Egon Wellesz (*Symphonie n° 1*, 1948).

Cellier, Alexandre

Organiste français, né à Molières-sur-Cèze le 17 juin 1883, mort à Paris le 4 mars 1968.

Organiste, musicologue et compositeur, il fait ses études musicales au Conservatoire de Paris, auprès de Diémer, Guilmant, Leroux et Widor. Il obtient son 1er prix d'orgue en 1908, ce qui lui vaut, à peine deux ans plus tard, d'être nommé titulaire du grand orgue de l'église réformée de l'Étoile, à Paris, dont il reste l'officiant jusqu'à sa disparition.

Alexandre Cellier, qui a été également l'organiste de la Société Bach de 1918 à 1939 et inspecteur de l'enseignement musical dans les conservatoires de province, a laissé une œuvre pour son instrument assez importante, ainsi que des pièces pour piano, de la musique de chambre et des pages pour orchestre.

ÉCRITS : *L'Orgue moderne* (1913), *Les Passions et l'Oratorio de Noël de Bach* (1929), *L'Orgue, ses éléments, son histoire et son esthétique* (1933) et *Traité de la registration d'orgue* (1957).

Cerha, Friedrich

Chef d'orchestre et compositeur autrichien, né à Vienne le 17 février 1926.

A la Musikhochschule de sa ville natale, il étudie la composition avec Alfred Uhl, le violon avec Vásǎ Příhoda et reçoit également une formation universitaire (Dr. phil. en philosophie, musicologie et germanistique). Il commence à exercer comme violoniste et comme pédagogue. En 1958, il fonde avec Kurt Schwertsik l'Ensemble die Reihe avec lequel il se consacre à la propagation de la musique nouvelle et dont il conserve la direction jusqu'en 1988. Entre 1959 et 1987, il est professeur à la Wiener Musikhochschule (composition, notation et interprétation de la musique contemporaine). Il a terminé le troisième acte de *Lulu* d'Alban Berg (créé dans sa version intégrale à l'Opéra de Paris en 1979). Il compte un nombre impressionnant de créations à son actif notamment des œuvres de Franco Donatoni (*Lied* pour 13 instruments, 1973), György Ligeti (*Aventures et nouvelles aventures,* 1966 ; *Kammerkonzert,* 1970 ; *Clocks and Clouds,* 1973), Krzysztof Penderecki (*Dimensions du temps et du silence,* 2e version, 1961). Comme violoniste, il a également créé le *Concerto pour violon* (1956) de Leopold Hager.

Cernay, Germaine (Germaine Pointu)

Mezzo-soprano française, née au Havre en 1900, morte à Paris en 1943.

Son nom reste lié à l'Opéra-Comique où elle débute en 1927, brillant dans les rôles de Charlotte de *Werther*, de Margared du *Roi d'Ys,* et dans Pénélope, Carmen, Mignon, etc. Elle est Geneviève dans la version historique de *Pelléas et Mélisande* enregistré par Désormière en 1942. Elle remporte ses plus grands succès au Théâtre de la Monnaie de Bruxelles et en province, et donne également des concerts, où elle se révèle une émouvante interprète de Bach. Maîtrise du phrasé et intensité spirituelle sont les qualités marquantes de son art et n'étonnent point de la part d'une chanteuse qui se destinait à la carrière monastique à la fin de sa courte vie.

Cerquetti, Anita

Soprano italienne, née à Montecosaro (Macerata) le 13 avril 1931.

Elle fait ses études au Lycée musical Morlacci de Pérouse. Après avoir brillamment remporté plusieurs concours de chant, elle fait ses débuts sur scène à Spolète en 1951 dans le rôle d'Aïda. Son succès lui vaut de multiples engagements dans tous les théâtres de la péninsule et notamment dans *Aïda* et *Le Trouvère* aux arènes de Vérone en 1953. A l'Opéra de Chicago, elle chante *Un bal masqué, Le Trouvère* et *Don Juan.* Son nom fait la Une des journaux en 1958. Elle chante alors *La Norma* au San Carlo de Naples, tandis que Maria Callas est à l'affiche, dans le même rôle, pour l'inauguration de l'Opéra de Rome. Souffrante, la Callas ne peut aller jusqu'au bout de la représentation. Pour les représentations suivantes, on appelle la Cerquetti, qui fait pendant plusieurs semaines la navette entre Naples et Rome. Ce tour de force la rend célèbre mais nuit à sa santé. Peu après, à la suite d'une grave opération, elle quitte la scène pour ne plus y revenir (1961).

De forte corpulence, la Cerquetti bougeait peu sur scène, mais la beauté, l'étendue et la puissance de sa voix étaient telles qu'elle réussissait par sa seule magie à créer un personnage et à émouvoir profondément le public.

Chabrun, Daniel

Chef d'orchestre français, né à Mayenne le 26 janvier 1925.

Il mène de pair des études supérieures à la Faculté de lettres de Paris et des études musicales, sous la direction de Yves Nat (piano), H. Challan et F. Lamy (harmonie, contrepoint et fugue), L. Fourestier (direction d'orchestre). En 1954, il obtient un 1er prix de direction d'orchestre au Conservatoire de Paris et depuis ne cesse de diriger en France et à l'étranger. En 1965, à Paris un festival Anton Webern avec l'ensemble *Ars Nova*, en 1966 la création en France de *The Indian Queen* de Purcell, en 1966 la création mondiale de *Jonas*, opéra de Claude Prey, prouvent déjà son éclectisme. Il défend avec un bel enthousiasme les œuvres de son temps. C'est ainsi qu'il obtient, dès 1961, un Prix Italia pour sa direction de *La Véridique Histoire de Jakotin* de Maurice Ohana, et le même prix (1963) pour *Le Cœur révélateur* de Claude Prey ainsi que le prix de la Communauté d'expression française pour son interprétation de l'œuvre de I. Malec *Les Douze Mois.*

Collaborateur de Jean Vilar, il a été à l'origine du Théâtre Musical au festival d'Avignon.

Une centaine d'œuvres contemporaines ont été exécutées sous sa direction – en création mondiale, européenne ou française. Ses activités pédagogiques sont importantes : dix ans d'enseignement à la ville de Paris (spécialisation : la rééducation psychologique par la musique ; écrits publiés sur ce sujet dans les revues médicales et pédagogiques). Depuis 1972, il fait des séries de cours de direction d'orchestre au Conservatoire de Paris. En 1975, il est nommé professeur au Conservatoire de Montreuil. Chargé d'inspection des Théâtres lyriques français de 1975 à 1978, il a été nommé inspecteur principal de la musique au ministère de la Culture en 1978 puis inspecteur général (1980-91).

Il a créé des œuvres de Pierre Ancelin (*Aliana,* opéra, 1972), Georges Aperghis (*Pandemonium*), Girolama Arrigo, Charles Chaynes (*Peintures noires,* 1975), Adrienne Clostre (*Annapurna,* 1989), René Koering, Édith Lejet (*Musique pour René Char,* 1974), François-Bernard Mâche (*Rambaramb,* 1973), Ivo Malec (*Un contre tous,* 1971 ; *Arco 11,* 1976), Serge Nigg (*Musique funèbre,* 1959), Maurice Ohana (*Récit de l'an zéro,* 1961 ; *Messe,* 1977 ; *Trois Contes de l'honorable fleur,* 1978), Claude Prey (*Le Cœur révélateur,* 1963 ; *Jonas,* 1966 ; *L'Homme occis,* 1975 ; *On veut la lumière, allons-y ! ; Les Fêtes de la faim ; L'Escalier de Chambord,* 1981), Jean Rivier (*Résonances,* 1967), Yoshihisa Taïra, Iannis Xenakis.

Chailly, Riccardo

Chef d'orchestre italien, né à Milan le 20 février 1953.

Fils du compositeur Luciano Chailly, il travaille d'abord avec son père puis au Conservatoire de Milan avec Franco Caracciolo. Il suit ensuite les cours de Piero Guarino à Pérouse et de Franco Ferrara à Sienne (jusqu'en 1972). Il débute en concert à Milan en 1970 et deux ans plus tard, il conduit *Werther* au Teatro Nuovo. Claudio Abbado l'engage comme assistant à la Scala de Milan et il entame parallèlement une carrière de chef invité surtout spécialisé dans le répertoire lyrique. Ainsi est-il appelé à diriger régulièrement à partir de 1974 à l'Opéra de Chicago (*Madame Butterfly*, *Rigoletto*, *Paillasse*, *Cavalleria Rusticana*) et en 1977, à l'Opéra de San Francisco. En 1978, il fait ses débuts officiels à la Scala de Milan avec *I Masnadieri* de Verdi. L'année suivante, il est invité par Colin Davis à diriger *Don Pasquale* de Donizetti au Covent Garden de Londres. Parallèlement à son activité de chef lyrique, Riccardo Chailly dirige les plus grands orchestres symphoniques du monde. En 1982, il est nommé chef permanent de l'Orchestre Radio-Symphonique de Berlin, poste qu'il conserve jusqu'en 1989. En 1986-89, il assure la direction musicale de l'Opéra de Bologne avant de prendre, en 1988, la direction de l'Orchestre du Concertgebouw d'Amsterdam. Il a créé des œuvres de Luciano Berio (*Formazioni,* 1987), Luciano Chailly (*Requiem pour les enfants,* 1979 ; *Es Konzert,* 1984), Guus Janssen (*Keer,* 1990), Wolfgang Rihm (*Roter und schwarzer Tanz,* 1985), Alfred Schnittke (*Concerto grosso n° 4,* 1988), Arnold Schoenberg (*Frühlings Tod,* 1984), Manfred Trojahn (*5 Épigraphes,* 1987), Marco Tutino (*La Foresta Incantata,* 1983). Il a dirigé la première exécution moderne de deux cantates de Rossini (1992), la *Cantata in onore del Sommo Pontefice Pio IX* et *La Riconoscenza.*

Chaisemartin, Suzanne

Organiste française, née à Choisy-le-Roi le 7 février 1923.

Élève de Marcel Dupré au Conservatoire de Paris (1er prix d'orgue et d'improvisation), elle débute sa carrière après la guerre, remplaçant son maître aux grandes orgues de Saint-Sulpice pendant ses tournées. En 1979, elle est nommée titulaire du grand orgue Cavaillé-Coll de Saint-Augustin à Paris. Elle effectue de nombreuses tournées et se consacre à l'enseignement : professeur à l'École Normale de Musique (1956), professeur assistant au Conservatoire de Paris (1970), professeur au Conservatoire de Dijon (1971).

Chalabala, Zdeněk

Chef d'orchestre tchèque, né à Uherské Hradiště le 18 avril 1899, mort à Prague le 4 mars 1962.

Il commence des études juridiques puis se tourne vers la musique qu'il travaille au Conservatoire de Brno avec Neumann (1919-22). En 1924, il fonde son propre orchestre d'amateurs, la Philharmonie Morave-Slovaque. De 1921 à 1936, il enseigne au Conservatoire de Brno et, en 1925, il est nommé chef d'orchestre à l'Opéra de cette ville. En 1930, il en est le conseiller artistique. Il vient à Prague où il est chef d'orchestre à l'Opéra de 1936 à 1945. Il dirige ensuite l'Opéra d'Ostrava (1945-49), celui de Brno (1949-52), et celui de Bratislava (1952-53) avant de revenir à Prague comme premier chef à l'Opéra (1953-62). De 1956 à 1960, il sera invité régulièrement au Bolchoï.

Figure marquante du monde lyrique tchécoslovaque, il a joué un rôle important dans la diffusion des opéras de Dvořák, Smetana et Janáček dans son pays et en URSS.

Chaliapine, Feodor

Baryton-basse russe, né à Ometovo (Kazan) le 13 février 1873, mort à Paris le 12 avril 1938.

Sa petite enfance n'est pas heureuse ; à huit ans cependant il a la révélation du théâtre et de la musique grâce à un spectacle de forains. Un maître de chapelle lui donne ses premières leçons de solfège et de violon. A douze ans il est engagé comme figurant, puis chassé d'un peu partout. Il aide sa famille en étant copiste. Il entre à dix-sept ans au Théâtre Panaïev et bientôt chante Fernando dans *Le Trouvère*. Après avoir rencontré le ténor Oussatov il participe à la saison d'opéra de Tiflis (*Russalka* de Dargomijski). En 1895, il est engagé comme artiste des Théâtres impériaux et débute au Théâtre Marie de Saint-Pétersbourg dans le Méphisto de Gounod. Sa stature, sa présence en scène, sa voix belle dans tous les registres, son jeu intense, hors de toute convention, frappent le public. En 1896, il chante à l'Opéra de Nijni Novgorod, puis entre au Kastnaja Opéra de Moscou. C'est le début d'une carrière étonnante. Chaliapine rencontre Rimski-Korsakov et se lie d'amitié avec lui. Marmontov, mécène, le soutient. Il chante *Une vie pour le Tsar*. Il rencontre aussi Gorki et, en 1898, Rachmaninov qui l'initie à l'harmonie. Il épouse la même année la danseuse italienne la Tornaghi. Il apprend par cœur toute la partition de *Boris Godounov* et dans un souci de vérité consulte l'historien Klioutcheski. Son Boris marquera son temps, inoubliable. En 1899 il entre au Bolchoï, puis voyage (la Scala, en 1901, le Met en 1907). Diaghilev le fait venir à Paris, il chante *Boris* au Théâtre Sarah-Bernhardt en 1909 et triomphe. Il regagne la Russie en 1914 puis, après maintes difficultés, repart en Amérique (1921). Considéré comme « contre-révolutionnaire » il est privé de son titre de « premier artiste du peuple ». Il se fixe en France en 1922. Il chante régulièrement au Met jusqu'en 1929 et paraît plusieurs fois dans *Boris* et *Le Prince Igor* à Covent Garden. Sa carrière s'achève sous le signe du déclin : il continue à chanter sur scène et en concert, dans différents théâtres de province, participant à des spectacles indignes de lui.

Figure marquante de sa génération, il n'était pas cette basse profonde qu'en a fait la légende : sa tessiture était plutôt limitée mais il possédait un art incomparable pour masquer les problèmes que lui posaient certains rôles. Son sens du théâtre en a fait *le* Boris de sa génération. Sans lui, l'ouvrage de Moussorgski ne connaîtrait peut-être pas sa vogue actuelle. A la fin de sa vie, il a incarné au cinéma Don Quichotte dans le film de Pabst, créant pour la circonstance les mélodies de J. Ibert. Il avait aussi été le créateur du *Don Quichotte* de Massenet (1910).

ÉCRITS : *Pages de ma vie* (1926), *Ma vie* (1932).

Challan, Annie

Harpiste française, née à Toulouse le 5 novembre 1940.

Son père est compositeur, son oncle professeur d'harmonie au Conservatoire de Paris. Elle est jeune lorsqu'elle vient dans la capitale ; elle ne pense d'abord qu'à la danse, puis le piano l'attire. Comme ses mains sont trop petites, elle renonce vite à cet instrument et choisit la harpe. Elle devient l'élève de Lily Laskine ; douée, ardente, elle progresse très vite. C'est ainsi qu'elle obtient à douze ans un 1er prix de harpe au Conservatoire de Versailles, et trois ans plus tard un 1er prix au Conservatoire de Paris. A seize ans, elle est harpe solo des Concerts Colonne où elle joue durant dix ans. A dix-huit ans, elle entre à l'Orchestre de l'Opéra de Paris. Sensible, musicienne, elle a le sens du perfectionnement et celui de l'innovation. Elle crée en France le premier duo de harpes féminin avec Suzanne Cotelle. Elle aime jouer avec la flûte, qui répond si bien à la harpe. Ainsi avec Roger Bourdin en duo pour flûte et harpe. Ouverte aux autres arts – à la lecture, à la peinture, elle est éclectique en musique, de Mozart à Frank Sinatra, mais aime par-dessus tout Ravel.

Chance, Michael

Haute-contre anglais, né Penn (Buckinghamshire) le 7 mars 1955.

Il fait partie, dans son enfance, du chœur du King's College de Cambridge. Puis il commence une carrière de soliste dans *Jason* de Cavalli (Festival de Buxton, 1983) et s'impose rapidement dans les opéras de Haendel et de Monteverdi, ainsi que dans les grands oratorios baroques. Parmi ses rôles lyriques, on peut citer Andronico dans *Tamerlano* de Haendel (Opéra de Lyon, 1985), Otho dans *Agrippina* de Haendel (Festival de Bath), Ottone dans *Le Couronnement de Poppée* de Monteverdi. Il fait ses débuts à l'Opéra de Paris en 1988 dans le rôle de Ptolémée dans *Jules César* de Haendel, chante dans *Israël en Égypte* à Stuttgart et à la Scala de Milan, dans *Jephta* à Londres et à Göttingen. En 1989, il incarne deux personnages essentiels de Britten, Obéron *(Le Songe d'une nuit d'été)* et La Voix d'Apollon *(Mort à Venise)* à Glyndebourne. Il a créé des œuvres de Judith Weir (*Une nuit à l'Opéra chinois*, 1987) et Richard Rodney Bennett (*Ophelia*, 1988 ; partition écrite à son intention).

Chapelet, Francis

Organiste français, né à Paris le 3 mars 1934.

Il étudie le piano avec Édouard Mignan, organiste de l'église de la Madeleine, et acquiert avec le même professeur ses premiers rudiments d'harmonie. A l'École César Franck, il suit les cours d'Édouard Souberbielle (orgue), puis entre au Conservatoire de Paris. Il obtient un 1er prix d'orgue (improvisation et interprétation) en 1961. Nommé cotitulaire de la tribune de Saint-Séverin à Paris en 1964, en compagnie de Jacques Marichal et Michel Chapuis, selon la formule en honneur dans les tribunes parisiennes des XVIIe et XVIIIe siècles, il approfondit en même temps une véritable recherche sur l'orgue espagnol, sa facture et sa musique. Les premiers enregistrements d'instruments jusque-là inconnus tels Covarrubias, Salamanque (cathédrale), Ciudad Rodrigo, Trujillo... (on en compte à cette date une bonne douzaine) ont permis de faire le point sur la question de l'orgue espagnol. Ce travail à la fois musicologique et esthétique est couronné par cinq prix du disque. Il est membre correspondant de l'Académie Royale des Beaux-Arts de Madrid depuis 1972. En 1979, il créa l'Académie de musique ibérique de Paredes-Fuentes de Nava (Castille), qu'il continue de diriger. Depuis 1980, il est professeur d'orgue au Conservatoire de Bordeaux. A la même date, il est nommé membre de la Commission supérieure des Monuments historiques (section orgue) pour l'Aquitaine. En 1981, l'Espagne l'a nommé expert pour les orgues historiques des Provinces de Castille et de León. Il ne conçoit pas que l'on puisse dissocier la pratique de l'interprétation de l'orgue de l'étude sérieuse de sa facture et de son histoire.

Chapuis, Michel

Organiste français, né à Dole le 15 janvier 1930.

A l'âge de neuf ans il joue déjà le dimanche sur le grand orgue de la cathédrale de sa ville natale. Après la guerre, il entre à l'École César Franck (Paris) et suit pendant quatre ans les cours de René

Malherbe et Édouard Souberbielle. En 1950, il entre au Conservatoire de Paris dans la classe de Marcel Dupré, pour le quitter la même année avec un 1er prix d'improvisation et d'exécution. En 1951, il est nommé titulaire du grand orgue de Saint-Germain-l'Auxerrois ; attiré par la facture d'orgue pour mieux connaître l'instrument qu'il joue, il entre chez le facteur Müller (Saint-Germain-en-Laye) et y travaille pendant deux ans. En 1954, après son service militaire, il accepte la tribune d'un orgue construit par Clicquot, à Saint-Nicolas-des-Champs : c'est cet instrument qui lui permet de découvrir la musique française des XVIIe et XVIIIe siècles et la nécessité d'un instrument approprié. Dès 1942, à Dole, il avait découvert, notamment grâce à la lecture d'Émile Borrel, le style d'interprétation en notes inégales. De 1954 à 1972, il est titulaire de cette tribune. Il y joue Grigny, Couperin, Marchand, Clérambault ou Titelouze. Chapuis s'avère être, dès lors, le chef de file d'une nouvelle génération d'organistes. Pendant neuf ans (à partir de 1954) il assure l'accompagnement des offices liturgiques à Notre-Dame de Paris (orgue de chœur).

En 1964, il est nommé titulaire de l'orgue de Saint-Séverin, reconstruit par Alfred Kern, et dont il a suivi pour partie la restauration. Il demande alors à partager cette fonction avec deux autres organistes – Jacques Marichal et Francis Chapelet – selon une coutume de la France d'autrefois. Ayant toujours cultivé l'improvisation, il aime participer au culte de cette manière vivante, pratiquant notamment le genre choral à l'allemande, la fugue et le grand prélude français sur le plein-feu de l'orgue. De 1956 à 1979, il est professeur au Conservatoire de Strasbourg puis, à partir de 1979, au Conservatoire de Besançon et, en 1986, il est nommé professeur au Conservatoire de Paris. Il participe régulièrement aux académies de l'orgue de Bourgogne et de Saint-Maximin depuis 1963. Son interprétation de la musique des XVIIe et XVIIIe siècles s'inspire d'une profonde recherche musicologique et d'une étude constante de l'histoire de l'orgue au point de vue factorial. De nombreux enregistrements rendent témoignage de son talent : l'intégrale de l'œuvre pour orgue de Buxtehude (orgue Saint-Maximin de Thionville), celle de J. S. Bach sur divers instruments baroques de facture germanique baroque, les œuvres de François et Louis Couperin, Grigny, Roberday, Titelouze, Balbastre, Dandrieu, Clérambault, Du Mage, Daquin... Michel Chapuis a bataillé longuement en faveur d'une restauration des instruments historiques français conforme à la conservation du patrimoine, le plus possible à l'authentique. Il est membre de la Commission nationale des Monuments historiques (section des orgues), et expert agréé auprès des Beaux-Arts.

Charbonnier, Jean-Louis

Gambiste français, né à Joinville-le-Pont le 17 mars 1951.

Après trois ans de piano, il commence le violoncelle à l'âge de dix ans au Conservatoire de Saint-Maur, puis, à seize ans, le basson comme second instrument. Il travaille pendant deux ans la musicologie et obtient ses diplômes de basson (1970) et de violoncelle (1971) au Conservatoire de Saint-Maur. Très attiré par les instruments anciens, il s'inscrit à la Schola Cantorum de Bâle. Il travaille la viole de gambe avec Jordi Savall et se consacre à l'édition des œuvres oubliées pour viole de gambe. En 1975 il épouse la violoncelliste **Claire Giardelli**. En 1976 il fait paraître une méthode de viole et forme avec son épouse un ensemble de musique ancienne. En 1977, il entre à la Grande Écurie et la Chambre du Roy. Il crée des classes de viole de gambe aux conservatoires de Dieppe et de Fontenay-aux-Roses. Jean-Louis Charbonnier joue toutes les violes (dessus, ténor, basse, contre-basse).

Charlier, Olivier

Violoniste français, né à Albert (Somme) le 17 février 1961.

Il commence le violon avec son père dès l'âge de cinq ans. A dix ans, il est l'élève de Jean Fournier. En 1975, il remporte un 1er prix au Conservatoire de Paris et, l'année suivante, un prix de musique de chambre. Il se perfectionne avec Jean

Hubeau et Pierre Doukan. Il est lauréat de nombreux concours internationaux : Munich (1978), Montréal (1979), Sibelius à Helsinki (1980), 2e prix Long-Thibaud (1981) et Grand Prix Rainier de Monaco. En 1989, il remporte les Young Concert Artists International Auditions (États-Unis) au palmarès duquel n'avait figuré aucun violoniste français depuis quinze ans. En 1991, l'Académie des beaux-arts lui décerne le Prix Nadia et Lili Boulanger. Sa carrière internationale se développe très rapidement, notamment aux États-Unis. Il est professeur au Conservatoire national supérieur de musique de Paris.

Il a créé des œuvres de Nicolas Bacri (*Concerto pour violon,* 1989).

Chauvet, Guy

Ténor français, né à Montluçon le 2 octobre 1933.

Il commence ses études musicales à Tarbes, où s'est établie sa famille, mais où on hésite, devant la densité de son timbre, sur sa réelle tessiture : baryton ou ténor ? Prix d'excellence au Conservatoire de Tarbes, il remporte successivement le Concours international de ténors à Cannes (1954) et le Concours international de chant de Toulouse (1955). Grâce au Concours des Voix d'Or, dont il est l'éclatant lauréat en 1958, il entre à l'Opéra de Paris. En 1960, après quelques petits rôles, il est Faust dans *La Damnation de Faust* de Berlioz. Il chante tout le répertoire des forts ténors, dans *Tosca*, *Boris*, *Carmen*, *Fidelio*, *Les Troyens*, *Iphigénie en Tauride*, *Faust*, *Don Carlos*, *Turandot*...

Il est un des grands ténors européens consacrés, aussi à l'aise dans le répertoire wagnérien que dans le répertoire verdien. Sa voix ample et généreuse, où le soleil méditerranéen s'allie au flamboiement germanique, ses aigus glorieux produisent partout une forte impression. En 1971, il participe au centenaire d'*Aïda*, aux Arènes de Vérone, alternant en Radamès avec Carlo Bergonzi. Il surprend plus d'un en abordant le répertoire contemporain, s'imposant en Tambour major (*Wozzeck*), en Électeur du *Prince de Hombourg*, et dans *Mahagonny*. Lorin Maazel l'engage pour chanter le rôle-titre de *Lohengrin* à Berlin-Ouest, puis à Osaka. Il chante *Parsifal* à la Monnaie et aborde enfin *Samson*, au Grand-Théâtre de Genève, avant de le chanter à la Scala, au Met et à l'Opéra de Paris. Il chante *Les Troyens* à l'Opéra de Vienne et bientôt, avec bonheur, le rôle-titre d'*Otello* dans lequel il peut conjuguer son intense puissance vocale et son plaisir du jeu scénique.

Chenal, Marthe

Soprano française, née le 28 août 1881 à Saint-Maurice, morte à Paris, le 29 janvier 1947.

Contre l'avis de la direction et des professeurs, elle commence ses études au Conservatoire de Paris, en 1901. On lui conseille même d'accepter un engagement au Moulin-Rouge. Mais elle ne se laisse pas décourager, travaille avec De Martini et remporte un 1er prix, en 1905. Elle débute aussitôt à l'Opéra comme Brünnhilde (*Sigurd,* de Reyer) ; à l'Opéra-Comique avec *Aphrodite* (d'Erlanger). Elle se produit avec succès à Monte-Carlo et à New York, mais sa carrière se déroule surtout à Paris, où elle chante *Le Roi d'Ys* pour le centenaire de Lalo (1923). A côté de grandes qualités vocales, elle brillait par un exceptionnel talent de comédienne que soulignait encore sa très grande beauté. Lors de la création de *La Sorcière* d'Erlanger à l'Opéra-Comique, en 1912, la critique la compara à Sarah Bernhardt.

Cherkassky, Shura (Alexander Cherkassky)

Pianiste russe naturalisé américain, né à Odessa le 7 octobre 1911.

Son premier professeur sera sa mère. A neuf ans, il donne son premier concert public. En 1923, sa mère l'emmène aux États-Unis et l'inscrit au cours de Josef Hofmann à l'Institut Curtis de Philadelphie. En 1928, Cherkassky commence une carrière internationale par une tournée de concerts : Londres (1936), puis l'Allemagne (1949) consacrent sa renommée. Il participe souvent au Festival de Salzbourg.

On reconnaît à son jeu les qualités de l'école russe : grande musicalité, profonde intériorité, perfection de la technique. Il illustre parfaitement ce que l'on appelle « le pianiste à tempérament », ce qui lui a permis d'interpréter avec succès la musique de Liszt et de Chopin. Mais son répertoire essentiellement romantique compte aussi des sonates de Brahms, de Beethoven et de Mozart.

Chevillard, Camille

Chef d'orchestre et compositeur français, né à Paris le 14 octobre 1859, mort à Chatou le 30 mai 1923.

Il est le fils de Pierre-Alexandre Chevillard (1811-77), professeur de violoncelle au Conservatoire de Paris qui révéla aux français les derniers quatuors de Beethoven. Camille travaille le piano au Conservatoire avec Georges Mathias et obtient un 2e prix en 1880. Dès 1887, Charles Lamoureux l'engage comme chef de chant pour la création française de *Lohengrin*. A la même époque, il se tourne vers la musique de chambre et fonde le Trio Chevillard-Hayot-Salmon (1895). En 1897, Lamoureux, dont il a épousé la fille, le prend comme suppléant puis comme successeur à la tête de son orchestre, poste qu'il conservera jusqu'à sa mort. En 1907, il est nommé professeur au Conservatoire (classe d'ensemble) et, en 1914, directeur de la musique à l'Opéra. Chevillard était un wagnérien fervent : il a prolongé l'œuvre de son beau-père et imposé la production du maître de Bayreuth à Paris sans négliger toutefois la jeune école française : parmi les œuvres qu'il a dirigées en première audition, *Pelléas et Mélisande* de Fauré (1901), *3 Nocturnes* (1900 et 1901) et *La Mer* (1905) de Debussy, *La Valse* de Ravel (1920), *Le Palais hanté* (1905) et la *Rhapsodie viennoise* (1911) de Schmitt, les *Symphonies no 2 et 3* de Vincent d'Indy et *Le Poème de la forêt* (1907) de Roussel. Florent Schmitt lui a dédié *Antoine et Cléopâtre*, Ropartz *La Chasse du prince Arthur*.

L'œuvre de Chevillard, mal connue, touche à tous les domaines : un poème symphonique, *Le Chêne et le Roseau* (1890), 2 quatuors à cordes, des œuvres de musique de chambre et des mélodies.

Chiara, Maria

Soprano italienne, née à Oderzo (Venise) le 24 janvier 1939.

Ayant étudié la musique à l'Académie Benedetto Marcello à Venise, elle fait ses débuts comme Desdémone (*Otello* de Verdi) lors d'un gala au Palais des Doges de Venise. Elle est aussitôt invitée à Amsterdam, Bruxelles, Paris et au San Carlo de Naples. En 1969, elle est Liu (*Turandot* de Puccini) aux Arènes de Vérone et l'année suivante Micaëla de *Carmen*. A Munich et Vienne, elle se produit comme partenaire de Placido Domingo. En 1971, elle est engagée au Mai Musical Florentin et à l'Opéra de Berlin-Ouest. En 1974, elle remporte un très grand succès avec *Tosca* au San Carlo de Naples. Elle chante dès lors sur les plus grandes scènes internationales (Covent Garden, Genève, Zurich...) et fait ses débuts à Chicago et au Met en 1977, respectivement dans *Manon Lescaut* et dans *La Traviata*. Elle incarne également Aïda, Tosca, Mimi, Desdémone. Elle a épousé la basse **Antonio Cassinelli** qui avait été son professeur.

Chiarappa, Carlo

Violoniste italien, né à Rome le 19 mai 1946.

Issu d'une famille de musiciens, il fait ses études musicales à l'Académie Sainte-Cécile de Rome et suit des cours de perfectionnement au Conservatoire royal de Bruxelles avec Louis Poulet et André Gertler. Sa carrière de soliste le conduit dans la plupart des pays d'Europe, ainsi qu'en Amérique du Nord et du Sud et en Israël. Il est un interprète privilégié des œuvres de Luciano Berio, dont il crée *Corale* pour violon et orchestre. La *Sequenza VIII* pour violon lui est dédiée. Il donne des cours de perfectionnement à Bruxelles, Fiesole, Caracas, Aix-en-Provence, Jérusalem, Salzbourg et Lugano. Il dirige l'Orchestre de chambre « Accademia Bizantina » dont il est également le violon solo. Il joue sur un violon de Nicola Amati de 1651.

Chiffoleau, Yvan

Violoncelliste français, né à Nantes le 18 juillet 1956.

Profondément influencé par un père violoncelliste, il commence l'étude de l'instrument à neuf ans. Il remporte un 1er prix de violoncelle au Conservatoire de sa ville natale (1970) et entre aussitôt au Conservatoire de Paris dans la classe d'André Navarra. Il y obtient un 1er prix de violoncelle (1973) et un 1er prix de musique de chambre dans la classe de Jean Hubeau (1974). Lauréat des concours Cassadó (1975) et Tchaïkovski (1974), il enlève le 2e prix au Concours Bach de Leipzig (1976), le 1er prix au Concours Casals de Budapest (1980) et le 2e prix au Concours Rostropovitch de Paris (1981). A l'orée d'une brillante carrière internationale, il crée *Une soirée à Nohant* de Michel Merlet.

Chiu, Frederic

Pianiste américain, né à Ithaca (New York) le 20 décembre 1964.

D'origine chinoise, il suit des études de piano à l'Université d'Indiana et à la Juilliard School of Music de New York. Élève de Marian Rybicki à l'École normale de musique de Paris, il se produit en soliste dans différents pays, notamment aux États-Unis, en Italie, en Pologne et en Chine. Il se fixe à Paris et joue régulièrement en France. Son répertoire de prédilection englobe la musique de Bach, les romantiques allemands et l'école russe (il a enregistré l'intégrale des sonates de Prokofiev).

Chlostawa, Danièle

Soprano française, née à Hellemmes le 22 octobre 1949.

Elle commence ses études musicales au Conservatoire de Lille et les termine au Conservatoire de Paris, dont elle sort avec un double prix de chant et d'opérette. Engagée dans tous les théâtres de province, elle fait ses débuts à l'Opéra de Paris en Frasquita (*Carmen*). En 1976, elle fait partie de la troupe de l'Opéra et participe aux productions de *Platée* (Rameau) et de *Cenerentola* (Rossini). La saison suivante, elle aborde deux grands rôles : Olympia (*Les Contes d'Hoffmann*) et Sophie *(Werther)* (1978-79). Elle chante le rôle-titre de *Véronique,* puis Blondine (*L'Enlèvement au sérail*). Sa voix légère, son tempérament de soubrette et son charme l'orientent davantage vers l'opéra comique et l'opérette (*M. Choufleuri, Les Dames de la Halle, La Vie parisienne, La Fille de Madame Angot, Orphée aux enfers...*), mais elle chante également *Lakmé* à Avignon, *Le Coq d'or* à Liège, Nancy et à la Monnaie de Bruxelles.

Chmura, Gabriel

Chef d'orchestre israélien, né à Wrocław (Breslau) le 7 mai 1946.

Il vient très tôt en Israël, suivant à Tel-Aviv des cours de piano et de composition de 1965 à 1968. En 1968, il travaille la direction d'orchestre à Paris avec Pierre Dervaux, puis en 1969 à Sienne avec Franco Ferrara. Il achève sa formation à Vienne auprès de Hans Swarowsky. En 1970, il est lauréat du Concours international de Besançon. L'année suivante, à Milan, il obtient la médaille d'or du Concours Guido Cantelli et à Berlin le Concours Karajan. Dès lors, il est appelé à diriger dans les plus grandes capitales musicales. De 1974 à 1983, il est directeur général de la musique à Aix-la-Chapelle. L'Opéra de Munich lui confie la direction de l'*Otello* de Verdi puis de *Carmen* la saison suivante. En 1982, il devient directeur général de la musique à Bochum, poste qu'il quitte, en 1987, pour prendre la direction de l'Orchestre du Centre National des Arts d'Ottawa (1987-90).

Chojnacka, Elisabeth

Claveciniste polonaise naturalisée française, née à Varsovie le 10 septembre 1939.

Dès l'âge de six ans, elle étudie la musique et obtient en 1962, à l'École supérieure de musique, le diplôme « Master of Arts ». Elle vient alors à Paris, travaille avec Aimée Van de Wiele le répertoire baroque puis obtient le 1er prix de clavecin à Vercelli, en 1968. Attirée par la musique de son temps, elle s'y consacre.

On la retrouve dans tous les festivals d'avant-garde, au Domaine Musical, avec Ars Nova et Musique vivante. Les compositeurs écrivent pour elle et elle crée de nombreuses œuvres : André Boucourechliev (*Archipel Vb,* 1974), Sylvano Bussotti (*La Vergine ispirata,* 1983), Charles Chaynes (*Joutes,* 1975), Marius Constant (*Moulin à prières,* 1970 ; *Candide,* 1971), Franco Donatoni (*Jeux pour deux,* 1975 ; *Portrait* pour clavecin et orchestre, 1977), Henryk Mikołaj Górecki (*Concerto pour clavecin,* 1980), Cristóbal Halffter (*Tiempo para espacios* pour clavecin et cordes, 1974 ; *Adieu,* 1978), Betsy Jolas (*Autour,* 1973), György Ligeti (*Hungarian Rock,* 1978 ; *Passacaglia ungherese,* 1983), François-Bernard Mâche (*Korwar,* 1972 ; *Solstice,* 1975), Krzysztof Meyer (*Sonate pour clavecin,* 1973), Costin Miereanu (*Trilogie Trajectoire,* 1988), Antoine Tisné (*Hommage à Calder,* 1970 ; *Cristaux de feu,* 1975), Anatole Vieru (*Museum Music,* 1970), Iannis Xenakis (*Khoaï,* 1976 ; *Komboï,* 1981).

Principale artisan de la renaissance du clavecin contemporain, elle joue sur un instrument moderne mais ne néglige pas pour autant la musique du passé.

Chookasian, Lili

Contralto américaine, née à Chicago le 1er août 1921.

Élève de Philip Manuel à New York, elle fait ses débuts en concert dans la *Symphonie n° 3* de Mahler avec l'Orchestre Symphonique de Chicago, sous la direction de Bruno Walter (1957). Elle aborde l'opéra avec le rôle d'Adalgisa *(Norma)* au Théâtre lyrique de l'Arkansas à Little Rock (1959). Elle poursuit ses études avec Rosa Ponselle à Baltimore et se produit pour la première fois au Metropolitan Opera de New York dans le rôle de La Cieca de *La Gioconda* (1962). Elle y chante ensuite plus de trois cents fois : Erda, *Suor Angelica, Pelléas et Mélisande* (Geneviève), *Il Tabarro* (Frugola) et *Falstaff* (Mrs Quickly). Elle débute au New York City Opera en 1963 dans *Le Médium* de Menotti. En 1965, elle est invitée au Festival de Bayreuth (Erda, Première Norne, Mary), pour ses débuts européens. Puis elle chante à Salzbourg, Mexico, Hambourg et Buenos Aires. Elle crée le rôle de la Reine dans *Ines de Castro* de Pasatieri (1976). Parmi ses autres rôles figurent Amneris, Azucena, Marie, Ulrica et Madelon dans *Andrea Chénier.*

Chorafas, Dimitri

Chef d'orchestre grec, né à Svozonata le 23 octobre 1918.

Il travaille le violon au Conservatoire de sa ville natale tout en effectuant des études juridiques. Il obtient une médaille d'or en 1936. Il vient à Paris se perfectionner avec André Touret, puis retourne dans son pays à la déclaration de guerre. Il est nommé professeur de violon au Conservatoire d'Athènes et violon solo de l'Orchestre Symphonique de la Radio. A la fin des hostilités, il revient à Paris pour étudier la direction d'orchestre avec Cluytens et, au Conservatoire, avec Fourestier. Il obtient un 1er prix en 1951. Dès lors commence une carrière de chef invité où les orchestres de la radio occupent une place importante. Il dirige régulièrement à l'Opéra du Rhin, à Strasbourg, à la Monnaie de Bruxelles et certains spectacles de Maurice Béjart. En 1975, il retourne en Grèce où il est nommé directeur de la musique à l'Opéra d'Athènes.

Chorzempa, Daniel

Organiste américain, né à Minneapolis le 7 décembre 1944.

Il fait ses études à l'Université du Minnesota (1955-65) puis à la Musikhochschule de Cologne.

Organiste virtuose, mais également pianiste et claveciniste (il débute comme pianiste à Cologne, en 1968), il se fait applaudir aussi bien aux États-Unis qu'en Europe, à Londres particulièrement. Membre du Studio de musique électronique de Cologne depuis 1970, Daniel Chorzempa compose dans cette optique.

Comme interprète, on lui doit de très belles interprétations d'œuvres de Bach et de Liszt, qu'il a d'ailleurs enregistrées. Il a édité et enregistré des œuvres de Reubke dont il est l'un des spécialistes.

Chostakovitch, Maxime

Chef d'orchestre et pianiste russe, né à Leningrad le 10 mai 1938.

Fils du compositeur **Dimitri Chostakovitch**, il étudie le piano à l'École Centrale de Moscou avec Yakov Fliere et la direction d'orchestre d'abord au Conservatoire de Leningrad, avec N. Rabinovitch, puis au Conservatoire de Moscou avec Alexandre Gaouk et en privé avec Guennadi Rojdestvenski. Il se perfectionne ensuite avec Igor Markevitch. En 1963, il est assistant de l'Orchestre Philharmonique puis, en 1965, de l'Orchestre Symphonique de Moscou. L'année suivante, il est lauréat du Concours des jeunes chefs d'orchestre soviétiques. En 1971, il est nommé chef permanent de l'Orchestre Symphonique de la Radio de Moscou, poste qu'il conserve jusqu'en 1981, lorsqu'il quitte son pays à l'occasion d'une tournée en Allemagne fédérale. Il est nommé à la tête de l'Orchestre Philharmonique de Hong Kong (1983-85). Puis il se fixe aux États-Unis où il est directeur artistique de l'Orchestre symphonique de Hartford, dans le Connecticut (1985-86) et directeur musical de l'Orchestre Philharmonique de La Nouvelle-Orléans (1986-91). Il est dédicataire des *Préludes*, op. 2 (n°s 2 à 5) et du *Concerto pour piano n° 2* de son père qu'il a créé en 1957. Il a également créé le *Concertino pour deux pianos* (1954), *Octobre* (1967) et la *Symphonie n° 15* (1973).

Christ, Wolfram

Altiste allemand, né à Hachenburg/Westerwald le 17 octobre 1955.

Il commence à étudier le violon dès l'âge de six ans et pratique la musique de chambre ; il découvre alors l'alto vers lequel il se tourne à partir de 1967. Il est lauréat du Concours international de l'ARD à Munich, remporte le prix Mozart à Wiesbaden et le Gebrüder-Busch-Preis. En 1978, il est engagé comme alto solo à la Philharmonie de Berlin avant même d'avoir terminé ses études de perfectionnement avec Ulrich Koch. Il joue en soliste sous la direction des plus grands chefs et enseigne à la Berliner Hochschule der Künste. Il a créé des œuvres de Volker David Kirchner (*Nachtstück*, 1981) et Detlev Müller-Siemens (*Concerto pour alto*, 1984).

Christie, William

Claveciniste et chef d'orchestre américain, né à New York le 19 décembre 1944.

Initié par sa mère qui dirige une chorale religieuse, il étudie le piano avec Laura Kelzy (1951-59), et à l'âge de douze ans l'orgue auprès de Reed Jerome. Pendant quatre ans il fréquente l'Université Harvard (1962-66), en histoire de l'art ; il est l'accompagnateur du Harvard Glee Club, un ensemble vocal masculin qui fait de nombreuses tournées, notamment avec l'Orchestre Symphonique de Boston. En 1964-65, il obtient une bourse à Tanglewood ; il a la révélation du Baroque à l'écoute de R. Kirkpatrick, dont il devient l'élève à l'Université de Yale (1967). Il y travaille également l'orgue avec Charles Krigbaum et la musicologie avec Claude Palisca et Nicholas Temperley. Nommé professeur de musicologie à l'Université de Dartmouth (New Hampshire), en 1970, il fonde un Collegium Musicum, instrumental et vocal, pour travailler la musique ancienne dans une perspective historique. Après deux ans d'enseignement, il quitte l'Université pour mieux se consacrer à la musique française ; il part pour Londres, obtient un contrat avec l'ORTF (enregistrements d'inédits de Balbastre et Siret), et donne de nombreux récitals et concerts. Il fait partie du Five Centuries Ensemble, fondé par John Patrick Thomas (1971-72), puis, avec Judith Nelson et René Jacobs, il fait partie du Concerto Vocale d'Amsterdam (1975) et à partir de 1978, il sélectionne des éléments de la nouvelle génération d'interprètes qui formeront l'ossature des « Arts florissants ». Depuis 1979, il enseigne aux Conservatoires de Paris (musicologie) et de Lyon (direction chorale) ; il est chargé de la formation des chanteurs à l'Institut de Musique et de Danse anciennes de Versailles (fondé par Philippe Beaussant). De 1976 à 1983, il est professeur de musique de chambre à l'Académie de musique ancienne d'Innsbruck. En 1982, il se voit confier la classe de musique ancienne au Conservatoire de

Paris et est nommé professeur au centre d'Études polyphoniques et chorales de Paris en 1984. A la tête des Arts florissants, il a sorti de l'oubli bon nombre de partitions baroques françaises, notamment en 1981 (*Les Arts florissants* de M. A. Charpentier à Versailles pour le sommet des pays industrialisés), en 1983 à l'occasion du tricentenaire de la naissance de Rameau (*Anacréon, Hippolyte et Aricie)* et en 1987 pour le tricentenaire de la mort de Lully *(Atys).* Il poursuit son cycle Rameau à Aix-en-Provence avec *Les Indes galantes* (1990) et *Castor et Pollux* (1991), exhume *Pygmalion* et *Nélée et Myrthis* (1991). En 1990, il a dirigé pour la première fois dans son intégralité, depuis 1674, *Le Malade imaginaire* de Molière et M. A. Charpentier.

Christoff, Boris

Basse bulgare, né à Plovdiv le 18 mai 1914, mort à Rome le 28 juin 1993.

Élevé dans la tradition slave du chant – son père était soliste dans le chœur de sa paroisse – Boris, enfant, chante. A dix ans, il aime *Le Freischütz* et fait l'école buissonnière pour écouter... A dix-huit ans, il entre dans le Chœur Gusla. Étudiant en droit, il se voit nommer juge au tribunal de Sofia, mais lors de la fête nationale bulgare, en 1942, il est remarqué par le roi. Une bourse lui est accordée pour étudier en Italie. Il travaille avec Stracciari et, en 1943, retourne en Bulgarie, puis se rend à Salzbourg. Emprisonné, à la frontière austro-suisse, il forme une chorale parmi les réfugiés russes. Il fait ses débuts en concert en 1945, à Rome. Et soudain la carrière de Boris Christoff s'affermit : à la Scala de Milan, il chante le *Requiem* de Brahms, avant d'incarner Pimène *(Boris Godounov)* à Rome et à la Scala. En 1949, il débute à Covent Garden dans Boris, qui sera son rôle le plus marquant, et y revient régulièrement entre 1958 et 1974, triomphant notamment dans Philippe II *(Don Carlos).* En 1950, il est engagé au Met pour chanter Philippe II, mais les États-Unis lui refusent le visa d'entrée et il ne fera ses débuts américains qu'en 1956 à San Francisco dans Boris. Il chante régulièrement à Chicago entre 1957 et 1963. On le trouve alors sur les plus grandes scènes internationales : Salzbourg (1949 puis 1960), Florence (1951), Vérone, Paris (1953), mais il ne chantera jamais au Met. En dehors des rôles déjà cités, il a marqué de sa personnalité Méphisto *(Faust),* Rocco *(Fidelio),* Gurnemanz *(Parsifal)* et les grands rôles de basses russes et verdiennes. Voix naturelle saisissante, jeu tourmenté et véhément, il prolonge l'univers du grand Chaliapine. Il révèle aussi les mélodies de Moussorgski, de Lischkin et de Caldara. Il possède une quarantaine de rôles à son répertoire.

Christofellis, Aris

Sopraniste grec, né à Athènes le 5 février 1960.

S'il chante dès sa plus tendre enfance, c'est comme pianiste qu'il obtient un 1er prix au conservatoire de sa ville natale avant d'aller se perfectionner à l'École Normale de Musique de Paris auprès de France Clidat. Il fait des débuts professionnels de pianiste en Grèce tout en poursuivant des études vocales auprès de la soprano Fofi Sarandopoulo qui lui fait développer une tessiture très étendue vers l'aigu. Fixé en France au début des années quatre-vingt, il abandonne le piano et donne son premier récital de chant au Mai Musical de Bordeaux en 1984. Il est aussitôt révélé au grand public dans une émission consacré aux castrats. Il est engagé pour des concerts dans toute l'Europe et débute sur scène en 1986 à Francfort dans l'*Olympiade* de Vivaldi. Interprète mais aussi chercheur, il a recréé la *Sérénade nocturne du roi d'Espagne* de Farinelli et est surtout spécialisé dans le répertoire des castrats belcantistes du XVIIIe siècle. Sa voix couvre trois octaves et demie (du la grave des barytons au contre-mi).

Christophers, Harry

Chef de chœur et chef d'orchestre anglais, né à Goudhurst (Kent) le 26 décembre 1953.

Il fait ses études à l'École de chœur de la cathédrale de Canterbury, à la King's School de Canterbury et au Magdalen College d'Oxford. Il fonde le groupe choral

The Sixteen en 1977 avec lequel il fait des tournées dans le monde entier. Il débute à la BBC en 1981 puis commence à travailler avec certains orchestres scandinaves et britanniques. En 1992, il fait une tournée internationale avec *Le Messie,* qui le conduit en Amérique, en Australie et en Extrême-Orient et qui consacre la réputation de son ensemble. Il a créé avec The Sixteen une œuvre de Harrison Birtwistle (*Gawain,* Covent Garden, 1991).

Chuchro, Josef

Violoncelliste tchèque, né à Prague le 3 juillet 1931.

Élève de M. Köck et K. P. Sádlo au Conservatoire et à l'Académie des Arts de Prague (1946-50), il remporte le 1er prix au Concours international du Printemps de Prague (1955). En 1959, il obtient le 1er prix au Concours international Pablo Casals de Mexico et est nommé soliste à la Philharmonie Tchèque en 1961. Entre 1952 et 1956, puis à partir de 1960, il fait partie du Trio Suk, avec Joseph Suk et Jan Panenka. Il enseigne au Conservatoire de Prague à partir de 1965 et est nommé professeur à l'Académie des Arts de Prague en 1969. Parallèlement à ses activités dans le domaine de la musique de chambre, il mène une importante carrière de soliste où il s'affirme notamment comme défenseur du répertoire tchèque.

Chung, Kyung-Wha

Violoniste coréenne, née à Séoul le 26 mars 1948.

Enfant prodige, elle joue à neuf ans le *Concerto* de Mendelssohn. Elle étudie avec Ivan Galamian à la Juilliard School de New York, de 1960 à 1967, année de son triomphe au Concours Leventritt (ex-aequo avec Pinchas Zukerman). Elle débute en 1968 à New York avec l'Orchestre Philharmonique, et à Londres en 1970 avec le London Symphony Orchestra (sous la direction d'André Previn). Comme soliste, elle défend un répertoire éclectique, de Bach à Stravinski, en passant par Vieuxtemps et Walton, sans dédaigner la musique de chambre, où elle retrouve souvent sa sœur, la violoncelliste **Myung-Wha Chung** et son frère, le pianiste **Myung-Whun Chung**. Elle joue sur un Guarnerius de 1735 qui a appartenu à Jan Kubelík et sur un Stradivarius de 1693, le *Harrison.*

Chung, Myung-Wha

Violoncelliste coréenne naturalisée américaine (1971), née à Séoul le 19 mars 1944.

Elle fait ses études à la Juilliard School de New York puis à l'Université de Californie du Sud où elle reçoit les conseils de Piatigorsky. Elle débute à Séoul en 1957 et remporte un 1er prix au Concours de San Francisco en 1968 puis à Genève en 1971. Elle joue en trio avec sa sœur **Kyung-Wha** (violon) et son frère **Myung-Whun** (piano). Elle joue sur un Stradivarius de 1731, le *Braga.*

Chung, Myung-Whun

Chef d'orchestre et pianiste coréen naturalisé américain (1973), né à Séoul le 22 janvier 1953.

Il commence très jeune l'étude du piano et donne son premier concert à Séoul en 1960. En 1968, sa famille se fixe aux États-Unis. Il travaille au Mannes College of Music de New York avec Nadia Reisenberg (piano) et Carl Bamberger (direction d'orchestre) puis à la Juilliard School of Music (diplôme de piano et de direction d'orchestre en 1974). Il s'engage de front dans une double carrière de chef d'orchestre et de pianiste, notamment en trio avec ses deux sœurs, la violoniste **Kyung-Wha Chung** et la violoncelliste **Myung-Wha Chung**. En 1970, il remporte le premier prix du *New York Times.* Il dirige l'Orchestre Symphonique de Corée à partir de 1971. En 1974, il remporte le 2e prix au Concours international Tchaïkovski, à Moscou. Entre 1975 et 1978, il se perfectionne avec Sixten Ehrling à la Juilliard School puis avec Franco Ferrara, à l'Académie Chigiana de Sienne (1978). En 1976, il dirige le New York Youth puis l'année suivante l'Orchestre du Pre College de la Juilliard School. C. M. Giulini l'engage alors comme assistant à l'Orchestre Philharmonique de Los Angeles (1978-81). En 1983, il se fixe en Europe. Entre 1984 et 1990, il est à la tête de l'Orchestre Symphonique de la Radio de Sarrebruck. En 1986, il fait ses débuts au Met. En 1989, il est nommé directeur musical de l'Opéra-Bastille, poste qu'il quitte en 1994 après un conflit avec le directeur désigné, Hugues Gall. Il est également principal chef invité du Mai Musical Florentin.

Il a créé des œuvres de Hans-Jürgen von Bose (*Deux Études,* 1989), David Del Tredici (*Tattoo,* 1986), Isang Yun (*Symphonie nº 3,* 1985).

Ciampi, Marcel

Pianiste français, né à Paris le 29 mai 1891, mort à Paris le 2 septembre 1980.

Il est l'élève de Diémer au Conservatoire de Paris, où il obtint son 1er prix en 1909, après avoir travaillé avec Perez de Brambilia, elle-même disciple de Clara Schumann et d'Anton Rubinstein. Puis il entreprend de nombreuses tournées soit seul, soit comme accompagnateur de Pablo Casals, de Georges Enesco et de Jacques Thibaud. Titulaire d'une classe de piano au Conservatoire de Paris, de 1941 à 1961, il formera, entre autres, Hephzibah, Yaltah et Jeremy Menuhin, Marcel Gazelle, Yvonne Loriod, Éric et Tania Heidsieck, Cécile Ousset et Jean-Paul Sevilla.

Marié à la violoniste **Yvonne Astruc**, Marcel Ciampi demeure certainement l'un des plus sensibles musiciens français de son temps, mais ses rares enregistrements sont introuvables. Enesco lui a dédié sa *Sonate pour piano nº 3* qu'il a créée en 1938.

Ciani, Dino

Pianiste italien, né à Fiume le 16 juin 1941, mort à Rome le 28 mars 1974.

Élève de Marta Del Vecchio à Gênes, puis du Conservatoire de Rome, Ciani va suivre de 1958 à 1962 les cours d'Alfred Cortot l'été à l'Académie Chigiana de Sienne, puis à Lausanne et Paris. Le 2e prix Liszt-Bartók de Budapest inaugure une carrière très chargée. En 1970, il donne l'intégrale en public des sonates de Beethoven à Turin. Son enregistrement des *Préludes* de Debussy est très bien accueilli par le public. Son très grand intérêt pour les quatre sonates de Weber avait de quoi surprendre par ailleurs. Mais il devait trouver la mort en 1974, dans un accident d'automobile.

Ciccolini, Aldo

Pianiste italien naturalisé français (1969), né à Naples le 15 août 1925.

Il travaille d'abord au Conservatoire de sa ville natale le piano (avec Paolo Denza) et la composition (1er prix en 1940). L'année suivante il fait ses débuts à Naples (*Concerto en fa mineur* de Chopin). En 1943, il obtient son prix de composition. En 1947, lui est confiée une classe au Conservatoire de Naples. Il remporte plusieurs prix internationaux dont Long-Thibaud en 1949. A cette époque, il s'installe à Paris et fait ses débuts à New York en 1950 sous la direction de Dimitri Mitropoulos. Sa carrière internationale le présente comme un ardent défenseur des musiciens français les plus connus (Debussy et Ravel), comme les oubliés, notamment Alkan, Satie, Séverac, Chabrier, Massenet, Castillon, Saint-Saëns dont ses enregistrements constituent des références. Il est aussi l'un des premiers à sortir de l'oubli certaines œuvres de Liszt, comme les *Harmonies poétiques et religieuses.* Entre 1971 et 1989, il est professeur au Conservatoire de Paris. Puis il fonde une master class à l'Académie de Biella en Italie.

Il a créé des œuvres de Marcel Delannoy (*Concerto de mai,* 1950), Nino Rota (*Concerto pour piano en ut,* 1988), Gerard Schurmann (*Fantaisie pour violoncelle et piano,* avec Adolfo Odnoposoff, 1968).

Ciesinski, Katherine

Mezzo-soprano américaine, née à Newark (Delaware) le 13 octobre 1950.

Sœur de la soprano **Kristine Ciesinski**, elle fait ses études à Temple University (jusqu'en 1973) et travaille avec Margaret Harshaw au Curtis Institute of Music de Philadelphie (diplôme, 1976). Elle remporte un 1er prix au Concours international de Genève (1976) et le Grand Prix au Concours international de Paris (1977). Elle fait ses débuts en concert avec l'Orchestre de Philadelphie (1974) et à l'Opéra dans le rôle de Leonora *(La Favorita)* à l'Opéra de Philadelphie (1975). En 1976, elle débute au Festival d'Aix-en-Provence dans *La Traviata.* Elle incarne Erika dans *Vanessa* de Barber au Festival de Charleston-Spoleto (1978), puis participe à la création de la version définitive de *Lulu* d'Alban Berg à l'Opéra de Paris (1979). La même année, elle crée la version chantée de la *Suite lyrique* du même compositeur. En 1988, elle crée *The Aspern Papers* de Dominick Argento à l'Opéra de Dallas et *La Céles tine* de Maurice Ohana à l'Opéra de Paris. Elle débute au Met dans le rôle de Nicklausse des *Contes d'Hoffmann* (1988) et y chante régulièrement au cours des années suivantes. Parmi ses plus grands rôles, on peut citer Ottavia *(Le Couronnement de Poppée)*, Laura *(La Gioconda),* Eboli *(Don Carlos),* Dalila *(Samson et Dalila),* Charlotte *(Werther),* Octavian *(Le Chevalier à la rose)* et le Compositeur *(Ariane à Naxos).* Elle incarne volontiers des rôles délaissés du répertoire lyrique comme Ariane de Paul Dukas, Sapho de Massenet ou Sonia (*Guerre et Paix* de Prokofiev). Elle donne également des récitals en duo avec sa sœur.

Ciesinski, Kristine

Soprano américaine, née à Wilmington (Delaware) le 5 juillet 1952.

Sœur de la mezzo-soprano **Katherine Ciesinski,** elle fait ses études à Temple University (1970-71), à l'Université de Delaware (1971-72) et à l'Université de Boston (1973-74). En 1977, elle remporte le 1er prix au Concours international de Genève et au Concours annuel de Salzbourg. Elle fait ses débuts new-yorkais dans le *Messie* de Haendel (1977) et ses débuts lyriques européens dans le rôle de la Baronne Freimann (*Der Wildschütz* de Lortzing) au Landestheater de Salzbourg (1979), où elle reste jusqu'en 1981. Elle entre ensuite à l'Opéra de Brême (1985-88). Elle est invitée à l'Opéra de Cleveland (1985), Au Scottisch National Opera de Glasgow (1985), à l'Opéra de Toronto (1986), au Festival de Wexford (1988), à l'English National Opera (1989), à l'Opéra de Munich (1989), au Kirov (1990), à Covent Garden (1990), à l'Opéra-Bastille et à la Scala de Milan (1992). Elle donne en outre de nombreux concerts et se produit en duo avec sa sœur. Parmi ses rôles de prédilection, Iphigénie, Médée, Leonore de Beethoven, Cassandra, La Wally, Eva, Elisabeth *(Tannhäuser),* Chrysothemis, Ariane de R. Strauss, Salomé, Lady Macbeth, Marie de Berg, Senta, Erwartung et Tosca. Elle a épousé **Norman Bailey** en 1985.

Cigna, Gina

Soprano française, née à Angères le 6 novembre 1900.

Elle étudie le solfège et le piano au Conservatoire de Paris. En 1923, elle épouse le chanteur **Maurice Sens,** ténor qui tint les grands rôles à l'Opéra-Comique durant les deux premières décennies de ce siècle. Orfèvre en la matière, il découvre les possibilités vocales de son épouse et la confie à Lucette Korsoff, admirable professeur. Sous le nom de Ginette Sens, elle débute à la Scala en Freia de *L'Or du Rhin* en 1927. Elle passe inaperçue et se remet au travail pour se perfectionner. Deux ans plus tard, elle est affichée de nouveau à la Scala (en Donna Elvira), mais cette fois-ci sous le nom de Gina Cigna, et c'est le triomphe. Quelques semaines plus tard, elle tient le rôle d'Elisabeth de *Tannhäuser*. Ainsi commence une carrière fulgurante, qui fera de la Cigna une étoile de première grandeur avec près de soixante rôles à son répertoire, notamment Gioconda et Turandot. Toscanini appréciait particulièrement sa musicalité que n'altéraient jamais les débordements d'un tempérament dramatique explosif et le volume immense de sa voix.

Victime d'un accident de voiture, elle dut interrompre sa carrière en pleine gloire. Elle se consacra alors à l'enseignement à Toronto (1953-57) puis à Milan et à Sienne (1957-65).

Cillario, Carlo Felice (Carlos Felix Cillario)

Chef d'orchestre et violoniste argentin naturalisé italien, né à San Rafael le 7 février 1915.

Il fait ses études musicales à Bologne, où il travaille le violon et la composition, avec

(1973-76). Puis il étudie la direction d'orchestre avec Alexandre Myrat au Conservatoire de Mons (1979-80). Il se perfectionne avec Charles Mackerras et Karl Oesterreicher à Vienne (1980-81). En 1982, il fonde la Camerata de Versailles. En 1984, il est nommé assistant de Jérôme Kaltenbach à Nancy. Deux ans plus tard, il remporte le Concours international « Masterplayers » de Lugano. Il fonde également l'Opéra de Chambre de Paris, avec lequel il produit des spectacles lyriques itinérants. En 1988, il fonde le Sinfonietta de Chambord, orchestre à vocation régionale dont il assure la direction musicale. Il mène par ailleurs une carrière internationale. A partir de 1991, il est premier chef invité de l'Orchestre de Chambre de la Radio-Télévision Roumaine, à Bucarest.

Cluytens, André

Chef d'orchestre belge naturalisé français, né à Anvers le 26 mars 1905, mort à Neuilly le 3 juin 1967.

Fils d'Alphonse Cluytens, chef d'orchestre du Théâtre royal français d'Anvers, il entre en 1914 au Conservatoire royal flamand où il obtient un 1er prix de piano (classe de E. Bosquet, 1921) puis d'harmonie, de contrepoint et de fugue (1922). Son père le fait engager comme chef de chant au Théâtre royal d'Anvers (1921-32). Il entame par ailleurs une carrière de pianiste. En 1927, il remplace son père au pied levé dans *Les Pêcheurs de perles* de Bizet et décide de se consacrer entièrement à la direction d'orchestre. Il dirige la première de *Salomé* de R. Strauss à Anvers. En 1932, il commence sa carrière en France au Capitole de Toulouse puis, à partir de 1935, à Lyon. L'été, il dirige à Vichy où il a l'occasion de remplacer Josef Krips. En 1942, il est directeur de la musique à l'Opéra de Lyon et, l'année suivante, il est engagé à la Société des Concerts du Conservatoire à Paris ainsi qu'à l'Orchestre National de la Radio. De 1947 à 1953, il est directeur de la musique à l'Opéra-Comique et effectue ses premières tournées à l'étranger. En 1949, il devient vice-président chef d'orchestre de la Société des Concerts du Conservatoire, poste qu'il conservera jusqu'à la fin de sa vie. En 1955, il est le premier chef français invité à diriger à Bayreuth (*Tannhäuser*). Il y retournera jusqu'en 1958, pour y conduire *Les Maîtres chanteurs*, *Parsifal* et *Lohengrin*. Il dirige également à l'Opéra de Vienne (1956). Il se rend à plusieurs reprises aux États Unis, en URSS et au Japon avec l'Orchestre National. A partir de 1959, il est invité régulièrement à l'Opéra de Vienne. L'année suivante, il est nommé directeur musical de l'Orchestre National de Belgique. En 1965, il est invité de nouveau à Bayreuth mais la maladie réduit vite ses activités.

Pendant vingt ans, Cluytens a été étroitement lié à la vie musicale française. Il a créé des œuvres de Emmanuel Bondeville (*Gaultier-Garguille,* 1953 ; *Symphonie lyrique,* 1957), Henri Büsser (*Le Carrosse du Saint-Sacrement,* 1948), Jean Françaix (*Fantaisie pour violoncelle et orchestre,* 1934), André Jolivet (*Danses rituelles,* 1944 ; *Poèmes intimes,* 1944), Olivier Messiaen (*Trois Talas,* 1948), Darius Milhaud (*Concerto pour violon n° 2,* 1948 ; *Bolivar,* 1950), Henri Sauguet (*Les Forains,* 1945), Alexandre Tansman (*Sinfonia piccola,* 1951), Henri Tomasi (*Trois Mouvements symphoniques,* 1949 ; *Miguel Mañara,* 1965), Pierre Wissmer (*Marion ou La Belle au tricorne,* opéra-comique, 1951). Il a également dirigé la première française du *Rake's Progress* (1957) d'Igor Stravinski.

Il est l'un des rares chefs d'orchestre français de sa génération à avoir été reconnu unanimement sur le plan international. Sa carrière en Allemagne a été particulièrement brillante, couronnée par l'enregistrement intégral des symphonies de Beethoven avec la Philharmonie de Berlin. On lui doit aussi une intégrale de l'œuvre pour orchestre de Ravel considérée en son temps comme un modèle.

Coates, Albert

Chef d'orchestre et compositeur anglais, né à Saint-Pétersbourg le 23 avril 1882, mort à Milnerton (Le Cap) le 11 décembre 1953.

Il fait ses études générales à Liverpool et retourne en Russie pour participer aux affaires familiales. En même temps, il se tourne vers la musique et travaille le violoncelle avec Klengel et le piano avec Teichmüller au Conservatoire de Leipzig à partir de 1902. Il suit aussi les cours de Nikisch et est engagé comme chef d'orchestre à l'Opéra. De 1906 à 1908, il dirige à Elberfeld, puis il est l'assistant de von Schuch à Dresde. Il occupe un poste à Mannheim et retourne à Saint-Pétersbourg où il dirige à l'Opéra de 1911 à 1918. A cette époque, il se lie d'amitié avec Scriabine. De retour en Angleterre en 1919, il dirige, avec Beecham, à la British National Opera Company et est invité régulièrement par l'Orchestre Symphonique de Londres. Il passe quelques années aux États-Unis, notamment à la tête de l'Orchestre Philharmonique de Rochester (1923-25). A Londres, il s'impose comme l'un des principaux chefs de sa génération, dirigeant *La Tétralogie* (1929) et *Boris Godounov* (1935-38), avec Chaliapine, à Covent Garden. En 1936, il fonde la Coates Rosing Opera Company. Après la guerre, il se fixe en Afrique du Sud (1946) où il passera les dernières années de sa vie, dirigeant l'Orchestre Symphonique de Johannesbourg et enseignant à l'Université du Cap.

Il a créé de nombreuses œuvres de musique anglaise : *A London Symphony* (1920) de Vaughan Williams, *Les Planètes* (1920) et *Choral Symphony* (1925) de Holst, la *Symphonie n° 1* (1922) de Bax, le *Requiem* (1922) de Delius. Il a aussi dirigé la création de la *Khovanchtchina* de Moussorgski dans la version de Rimski-Korsakov, avec Chaliapine (1911), de l'*Ouverture cubaine* de Gershwin (1932), de la *Symphonie n° 2* de Kabalevski (1934) et réalisé le premier enregistrement de *La Valse* de Ravel (1927). Karol Szymanowski lui a dédié sa *Symphonie n° 3* (1921). Comme compositeur, on lui doit plusieurs opéras, *Samuel Pepys* (1929), *Pickwick* (1936), *Gainsborough's Duchess* (1939), et un poème symphonique à la mémoire de Nikisch, *The Eagle* (1925).

Cochereau, Pierre

Organiste français, né à Saint-Mandé le 9 juillet 1924, mort à Lyon le 5 mars 1984.

Il fait ses études au Conservatoire de Paris, à partir de 1944, après avoir travaillé le piano avec Marius-François Gaillard et Marguerite Long (1933-1936), puis l'orgue auprès de Marie-Louise Girod (1938) et Paul Delafosse (1941). En 1942, il est nommé organiste du grand orgue de l'église Saint-Roch à Paris, où il restera jusqu'en 1954, tout en continuant à travailler l'instrument avec André Fleury et Maurice Duruflé. Au Conservatoire de Paris, il aura pour maîtres : Henri Challan et Maurice Duruflé (harmonie), Marcel Dupré (orgue), Noël Gallon (fugue), Tony Aubin (composition) et Norbert Dufourcq (histoire de la musique). Il obtient des premiers prix d'harmonie, d'histoire de la musique, d'orgue et de composition entre 1946 et 1950. Cette dernière année le verra nommé directeur du Conservatoire du Mans, où il restera en poste jusqu'en 1956. Un an auparavant il devenait titulaire du grand orgue de Notre-Dame de Paris, instrument aux claviers duquel il succédait ainsi à Louis Vierne et à Léonce de Saint-Martin. En 1961, il prend la direction du Conservatoire de Nice. Il demeure à ce poste jusqu'à sa nomination, en 1980, comme directeur du Conservatoire national supérieur de musique de Lyon.

Membre depuis 1966 du Conseil supérieur de la musique, virtuose de réputation internationale considéré comme l'un des plus grands improvisateurs de notre temps, Pierre Cochereau a écrit un certain nombre de pièces pour orgue (dont deux concertos), des mélodies, une symphonie, des pages pour piano, un quintette avec piano, etc.

Cohen, Harriet

Pianiste anglaise, née à Londres le 2 décembre 1895, morte à Londres le 13 novembre 1967.

Elle étudie à la Royal Academy of Music de 1912 à 1917 et à l'École Matthay. Ses petites mains limitent son répertoire mais elle s'impose surtout comme interprète de Bach. Elle défend également beaucoup la musique de son temps, joue au Festival de musique contemporaine de Salzbourg en 1924 et au Coolidge Festival de Chicago en 1930. Elle est la dédicataire et la créatrice des *Symphonic Variations* (1917) d'Arnold Bax, du *Concerto* (1933) de Ralph Vaughan Williams, des *Danses sur des rythmes bulgares* de Béla Bartók, du *Concerto* (1954) de Peter Racine Fricker et de la *Sonatine*, op. 354 (1956) de Darius Milhaud. Elle crée la *Sonate pour hautbois et piano* de Paul Hindemith (1938). Blessée à la main droite en 1948, elle joue des œuvres pour la main gauche puis décide d'abandonner la carrière en 1960. Son ami le compositeur Arnold Bax écrivit à son intention *Concertante pour la main gauche* en 1948 et fonda le Prix international Harriet Cohen en 1951.

ÉCRITS : *Music's Handmaid* (1936), *A Bundle of time* (1969), mémoires.

Cohen, Joel

Luthiste et chef de chœur américain, né à Providence (Rhode Island) le 29 mai 1942.

A Harvard, il étudie la composition avec Randall Thompson. Il complète sa formation musicale à la Faculté de Brown où il travaille la musicologie avec Nino Perotta et John Ward. Puis il vient à Paris où il est l'élève de Nadia Boulanger. Il apparaît comme luthiste en compagnie du Cambridge Consort qu'il dirige parfois. Il donne aussi de nombreux récitals puis revient dans son pays natal pour prendre la direction de la Camerata de Boston (1968). Il en renouvelle le répertoire et le style d'interprétation. Sous sa direction, cette formation devient le plus important ensemble américain en la matière. A partir de 1975, il effectue des tournées régulières en Europe et organise des stages de musique ancienne. Pendant deux ans, il est producteur à France Musique. Il joue avec de nombreux artistes, dont Hugues Cuenod. Il a enseigné à l'Université Harvard et à celle de Yale. Aux États-Unis, il a fait œuvre de pionnier en imposant les nouveaux canons d'interprétation de la musique ancienne adoptés par le Vieux Monde. Il se produit souvent en récital avec sa femme, la soprano **Anne Azéma** (née en 1957).

ÉCRITS : *Reprise : The Extraordinary Revival of Early Music* (avec le photographe Herb Snitzer).

Coin, Christophe

Violoncelliste et gambiste français, né à Caen le 26 janvier 1958.

Il commence ses études musicales dans sa ville natale puis travaille avec André Navarra au Conservatoire de Paris (1er prix de violoncelle en 1974). Il y poursuit sa formation jusqu'en 1976, puis étudie avec Nikolaus Harnoncourt à l'Académie de Vienne (1976-77) et travaille la viole de gambe avec Jordi Savall à la Schola Cantorum Basiliensis (1977-79). Entre 1977 et 1983, il joue régulièrement au sein des principaux ensembles de musique ancienne européens (Concentus Musicus de Vienne, Hesperion XX, Academy of Ancient Music). Sa carrière de soliste prend son véritable essor à partir de 1984 et il s'impose comme l'un des principaux artisans du renouveau du violoncelle baroque en France. Il se fixe à Paris et fonde son propre ensemble de musique baroque et classique, l'Ensemble Mosaïques dont il est le directeur musical. En 1984, il commence à enseigner le violoncelle baroque et la viole de gambe dans une classe ouverte à son intention au Conservatoire de Paris. En 1991, il est nommé à la tête de l'Ensemble Baroque de Limoges.

Cole, Vinson

Ténor américain, né à Kansas City le 21 novembre 1950.

Il fait ses études à l'université de sa ville natale avant d'aborder le chant à l'Académie de musique de Philadelphie avec Licia Albanese. Il travaille ensuite au Curtis Institute of Music avec Margaret Harshaw. En 1975, encore étudiant, il incarne Werther de Massenet. En 1976, il participe à la création de *Jubilee* d'Ulysses Kay à Jackson (Mississippi). La même année, il fait ses débuts européens au Welsh National Opera de Cardiff, dans le rôle de Belmonte *(L'Enlèvement au sérail).* En 1977, il remporte le 1er prix au Concours des auditions du Metropolitan Opera de New York. Il se produit à Stuttgart, Naples, Paris et Marseille... Il interprète Tamino et le Comte Ory à Saint Louis (1976-80). Entre 1979 et 1982, il est membre du New York City Opera. En 1983, il fait ses débuts au Festival de Salzbourg dans *Le Chevalier à la rose,* sous la direction de Herbert von Karajan. L'année suivante, il débute à l'Opéra de Paris *(L'Enlèvement au sérail).* Il chante *Le Mariage secret, La Flûte enchantée,*

Manon, Salomé. En 1987, il débute au Met (Alfred dans *La Chauve-Souris*). Puis il se produit à Seattle, Santa Fe, Philadelphie, Toronto, Ottawa... Il développe son répertoire en chantant le Duc de Mantoue (Francfort, 1988), Titus, Macduff, Alfredo, Lenski... Il débute à la Scala de Milan en 1992 dans *Iphigénie en Tauride.* Parmi ses autres grands rôles, Gennaro *(Lucrezia Borgia),* Nadir *(Les Pêcheurs de perles),* Orfeo de Gluck et Faust de Gounod. Il mène une double carrière, à l'Opéra et au concert (oratorio et lied). Il chante le *Requiem* de Mozart sous la direction de Sir Georg Solti à Vienne pour le bicentenaire de la mort de Mozart, en 1991.

Collard, Catherine

Pianiste française, née à Paris le 11 août 1947, morte à Paris le 9 octobre 1993.

Fille du pianiste **André Collard,** elle travaille au Conservatoire de Paris avec Yvonne Lefébure et Jean Hubeau, avant d'obtenir des premiers prix de piano (1964) et de musique de chambre (1966). Elle suit alors un troisième cycle de piano avec Yvonne Lefébure et Yvonne Loriod et un autre de musique de chambre en compagnie d'Anne Queffélec, en duo de pianos. Elle remporte le 1er prix au Concours Claude Debussy (1969) et au Concours international O. Messiaen (1969). Prix de la Fondation de la vocation (1970), elle est par ailleurs lauréate des Concours Viotti, Casella et Busoni. Elle donne la première audition d'*Archipel IV* de Boucourechliev (Royan, 1970) et l'enregistre au cours de la même année. En 1976, elle est nommée professeur au Conservatoire de Saint-Maur. Elle pratique la musique de chambre avec les violonistes Régis Pasquier et Catherine Courtois, la violoncelliste Sonia Wieder-Atherton et accompagne la cantatrice Nathalie Stutzmann. Animatrice infatigable, elle dirige plusieurs festivals et académies de musique. Elle marque une affinité, dans son répertoire, pour la musique française comme pour celle de Haydn et de Schumann.

Collard, Jean-Philippe

Pianiste français, né à Mareuil-sur-Aÿ le 27 janvier 1948.

Après des études de piano dans le cadre familial puis à Épernay, il entre au Conservatoire de Paris où il obtient un 1er prix en 1964. Il se perfectionne avec Pierre Sancan ce qui lui permet de remporter en 1968 le 1er prix du Concours national de la Guilde française des artistes solistes et le Prix de la Fondation Roussel. En 1969, il est lauréat du Concours international Long-Thibaud et remporte le Prix spécial Gabriel Fauré. En 1970 enfin, il obtient le 1er Grand Prix du Concours Cziffra. Son enregistrement des *Barcarolles* de Fauré le fait remarquer de Vladimir Horowitz duquel il obtiendra quelques conseils. Il a enregistré pour le disque notamment Ravel, Rachmaninov, Fauré. Il se produit fréquemment en musique de chambre avec Augustin Dumay (violon), Frédéric Lodéon (violoncelle) ou Michel Beroff (piano).

Disposant d'un répertoire très vaste où la musique française (notamment Fauré) occupe une place de choix, il compte parmi les meilleurs représentants de la jeune génération des pianistes français.

Collier, Marie

Soprano australienne, née à Ballarat le 16 avril 1926, morte à Londres le 8 décembre 1971.

Après avoir chanté la comédie musicale et fait ses débuts à l'Opéra dans Santuzza à Melbourne, elle travaille à Milan (avec Ugo Benvenuti Gusti) puis à Londres (avec Dawson Freer et Joan Cross). Elle débute à Covent Garden en 1956 (Musette dans *La Bohème*) où elle chante rapidement des rôles comme Katerina Ismailova, Marie (*Wozzeck*), Liu, Jenůfa, Chrysothemis, Manon (Puccini) ou Tosca. Elle y chantera près de 300 représentations et se voit consacrée en 1965 lorsqu'elle remplace Maria Callas dans *Tosca.* En 1965, elle fait ses débuts à San Francisco, en 1966 à l'Opéra de Vienne et, en 1967, au Met. Au cours d'une carrière prématurément interrompue par une chute du quatrième étage d'un hôtel londonien, elle a créé le rôle d'Hecuba dans *Le Roi Priam* de Tippett (1962).

Collingwood, Lawrance

Chef d'orchestre et compositeur anglais, né à Londres le 14 mars 1887, mort à Killin le 19 décembre 1982.

Après des études à la Guildhall School of Music de Londres et à Exeter College à Oxford (1908-12), il se fixe à Saint-Pétersbourg où il travaille au Conservatoire avec Glazounov, Wihtol, Steinberg et Tcherepnine, avant de devenir l'assistant d'Albert Coates. De retour en Angleterre en 1918, il dirige surtout des opéras, à l'Old Vic Theatre et à Sadler's Wells où il est premier chef de 1931 à 1941, puis directeur musical de 1941 à 1947. A partir de 1947, il est conseiller artistique de la firme discographique EMI. Pendant près d'un demi-siècle (1922-71), il enregistre des disques et accompagne les plus grands solistes. Comme compositeur, on lui doit deux opéras, *Macbeth* (1934) et *The Death of Tintagiles* (1950), un concerto et deux sonates pour piano.

Collins, Anthony (Vincent Benedictus)

Chef d'orchestre anglais, né à Hastings le 3 septembre 1893, mort à Los Angeles le 11 décembre 1963.

Il étudie l'alto et est engagé, à l'âge de dix-sept ans, dans l'Orchestre d'Hastings. Puis il vient à Londres où il travaille, à partir de 1920, au Royal College of Music avec Rivarde (violon) et Holst (composition). De 1925 à 1936, il est alto solo de l'Orchestre Symphonique de Londres et de l'Orchestre du Covent Garden puis il se tourne vers la direction d'orchestre : il dirige à la Carl Rosa Opera Company et au Sadler's Wells Theatre. Il fonde le London Mozart Orchestra et entame, en 1938, une longue collaboration avec l'Orchestre Symphonique de Londres à titre d'invité. En 1939, il se fixe en Californie et se tourne davantage vers la composition, pour le cinéma. Après la guerre, il revient régulièrement en Angleterre et enregistre de nombreux disques avec l'Orchestre Symphonique de Londres.

Collot, Serge

Altiste français, né à Paris le 27 décembre 1923.

Il étudie au Conservatoire de Paris l'alto et la musique de chambre, disciplines qui lui valent deux premiers prix (respectivement en 1944 et 1948), et prend des cours de composition avec Arthur Honegger. Il fait partie de la première formation du Quatuor Parrenin (de 1944 à 1957) puis du Quatuor de l'ORTF (de 1957 à 1960), enfin (depuis 1960) du Trio à cordes français. Attiré par la musique de son temps, il est alto solo aux concerts du Domaine Musical (de 1953 à 1970) et crée de nombreuses partitions, notamment *Points d'aube* de Betsy Jolas, *Églogues* de Jolivet et *Sequenza* pour alto que Berio écrit pour lui. Il prolonge son action pour l'instrument en assurant la coprésidence (avec Colette Lequien) de l'Association Internationale des Amis de l'alto (fondée en 1979). Il enseigne au Conservatoire de Paris entre 1969 et 1988 et à la Musikhochschule de Trossingen, en Allemagne, il donne également des cours d'interprétation, notamment au Japon et en Suède. Il est alto solo de l'Orchestre de l'Opéra de Paris entre 1952 et 1986. Il fait ensuite partie du Quatuor Bernède (1990-91). Son instrument est un alto de David Teccler (Rome, 1741).

Colombo, Pierre

Chef d'orchestre suisse, né à la Tour de Peilz (Vaud) le 22 mai 1914.

Il étudie très jeune le piano, le chant et la flûte, parallèlement à des études universitaires qui le conduisent à la licence ès sciences, à l'Université de Lausanne. Il étudie la direction d'orchestre avec Hermann Scherchen et Clemens Krauss et obtient son diplôme de chef d'orchestre au Conservatoire de Bâle, en 1942. Il dirige plusieurs chœurs d'amateurs et bientôt est appelé à la tête de l'Orchestre de la Suisse Romande où il seconde Ernest Ansermet.

En 1950, il fonde l'Orchestre de Chambre de Genève. En 1953, il est premier directeur de l'Orchestre Municipal de Johannesbourg (Afrique du Sud) ; en 1954, il retourne à Johannesbourg pour participer à une tournée de concerts avec cet ensemble. Dès 1955, il occupe des fonctions administratives à Radio-Genève, dont il devient directeur-adjoint. Importante activité internationale, il dirige en Allemagne, en Autriche, en Belgique, en Espagne, en France, en Grèce, en Italie, en Pologne, au Portugal, en Yougoslavie... Il est président de la Tribune internationale des compositeurs (Unesco) jusqu'en 1980.

Colonne, Edouard
(Judas Colonna)

Chef d'orchestre français, né à Bordeaux le 23 juillet 1838, mort à Paris le 28 mars 1910.

Il voit le jour dans une famille nombreuse peu fortunée. Très tôt, il utilise ses dons de violoniste pour gagner sa vie. En 1856, il entre au Conservatoire de Paris où il travaille avec N. Girard et Sauzay. Il étudie aussi l'harmonie avec Elwart et le contrepoint avec Ambroise Thomas. Il joue dans l'orchestre du Théâtre Lyrique, puis à l'Opéra et aux Concerts Populaires de Jules Pasdeloup. En 1863, muni d'un 1er prix de violon, il fonde avec Lamoureux, Adam et Pilet la Société de Musique de Chambre qui révèle au public parisien la musique de chambre des compositeurs romantiques allemands. En 1873, l'éditeur Hartmann fonde le Concert National à l'Odéon et l'engage comme chef d'orchestre. Un an après, il reprend seul la direction artistique et administrative de l'orchestre. Les concerts ont lieu au Châtelet et il associe les musiciens, constitués en société, aux résultats de l'entreprise. Les premiers grands succès viennent avec les exécutions de *La Damnation de Faust.* Colonne devient le champion de la musique de Berlioz et il se met au service de la musique de son temps. En 1878, il dirige les concerts de l'Exposition Universelle au Trocadéro. En 1892-93, il est directeur de la musique à l'Opéra où il conduit la première audition en France de *La Walkyrie.* Mais il préfère se consacrer à son orchestre dont il conservera la direction jusqu'en 1909.

Colonne joue un rôle essentiel dans la propagation de la musique symphonique française à la fin du siècle dernier. Reprenant l'œuvre de Pasdeloup, il impose des partitions récemment créées, fait renaître la musique de Berlioz et part en quête de nouveaux talents. Parmi les œuvres qu'il a dirigées en première audition figurent la *Danse macabre* de Saint-Saëns (1874), *Les Djinns, Le Chasseur maudit* et *Les Béatitudes* de Franck, les *Impressions d'Italie* de G. Charpentier, le *Poème roumain* (1898) et la *Symphonie n° 1* (1906) d'Enesco, *Jour d'été à la montagne* (1906) de d'Indy. Rabaud lui a dédié *La Procession nocturne*, Lalo la *Rhapsodie norvégienne*, Chausson *Soir de fête* et Enesco sa *Symphonie n° 2.*

Comissiona, Sergiu

Chef d'orchestre roumain naturalisé israélien (1959) puis américain (1976), né à Bucarest le 16 juin 1928.

Au Conservatoire de Bucarest, il étudie le violon et l'écriture. Il travaille la direction d'orchestre avec Constantin Silvestri et Édouard Lindenberg. Il débute en 1946 à la tête de l'Orchestre de la Radio Roumaine puis dirige l'Ensemble d'État Roumain (1948-55). Lauréat du Concours international de Besançon en 1956, il est nommé à l'Opéra de Bucarest (1955-58) et dirige régulièrement la Philharmonie Georges Enesco. Il se fixe alors en Israël où il est directeur musical de l'Orchestre Symphonique de Haïfa (1959-64). Il fonde l'Orchestre de Chambre d'Israël dont il est le premier chef (1960-65). A la même époque, il est invité régulièrement par l'Orchestre Philharmonique de Londres (1960-63), l'Orchestre Philharmonique de Stockholm (1964-66), l'Orchestre Radio-Symphonique de Berlin (1965-67). De 1967 à 1972, il est premier chef de l'Orchestre Symphonique de Göteborg et de l'Ulster Orchestra à Belfast. Il se fixe aux États-Unis en 1969 et prend la direction de l'Orchestre Symphonique de Baltimore (1970-84). Entre 1978 et 1982, il est conseiller artistique de l'American Symphony Orchestra ; en 1980, il exerce les mêmes fonctions à l'Orchestre Symphonique de Houston dont il devient directeur musical (1982-88). Il est ensuite chef permanent de l'Orchestre Philharmonique de la Radio Néerlandaise à Hilversum (1982-87). En 1987, il prend les fonctions de directeur musical du New York City Opera. A partir de 1990, il est directeur musical de l'Orchestre Philharmonique d'Helsinki et, à partir de 1990, directeur musical de l'Orchestre Symphonique de la Radio-Télévision espagnole.

Il a créé des œuvres d'Elliott Carter (*A Celebration of Some 100 X 150 Notes,* 1987), Marius Constant (*Hämeenlinna,* 1991 ; *Brevissima,* 1992), Jacob Druckman (*Prism,* 1980), Ross Lee Finney (*Symphonie nº 4,* 1973), Allan Pettersson (*Symphonies nº 9,* 1971 ; *nº 14,* 1981 ; *nº 15,* 1982), Roger Sessions (*Rhapsodie pour orchestre,* 1970).

Command, Michèle

Soprano française, née à Caumont le 27 novembre 1946.

Elle fait ses études au Conservatoire de Grenoble puis au Conservatoire de Paris, dont elle sort avec des premiers prix de chant et d'art lyrique. Elle fait ses débuts à l'Opéra de Lyon où elle chante Musette, Barberine ainsi que des créations d'Ohana et Prodromidès. Première saison modeste qu'elle met à profit pour parfaire sa technique. Michel Plasson l'engage pour chanter Fiordiligi au Capitole de Toulouse. Succès immédiat et départ pour une carrière conduite avec prudence : Donna Elvire, Micaëla, Violetta... et de très nombreux concerts. Rolf Liebermann lui confie le rôle très lourd de Portia lors de la reprise Salle Favart du *Marchand de Venise* de Reynaldo Hahn. Bernard Lefort lui confie Micaëla (*Carmen*) au Palais des Sports (1981). Serge Baudo la choisit pour incarner Mélisande lorsqu'il enregistre le chef-d'œuvre de Debussy à Lyon. Elle grave aussi des cycles de mélodies d'Auric et de Messiaen.

Commette, Édouard

Organiste français, né à Lyon le 12 avril 1883, mort à Lyon le 21 avril 1967.

Lyonnais, fort attaché à sa cité qu'il ne quittera jamais, Édouard Commette fait ses études au Conservatoire de Lyon auprès de Neuville, et reçoit de précieux conseils de Charles-Marie Widor, qui l'estime. Après de brillants premiers prix, il devient l'organiste de l'église du Bon Pasteur en 1900. Il quitte la tribune de cette paroisse en 1904 pour s'installer à celle de la primatiale Saint-Jean, où il demeura presque jusqu'à sa mort, après un court séjour à l'orgue de Saint-Polycarpe.

C'est sur l'instrument de la primatiale Saint-Jean (Michel-Merklin et Kuhn) qu'il enregistre les premiers disques d'orgue parus au catalogue phonographique français (Columbia), en 1927. Musicien profondément croyant, il s'est fait apprécier avant tout par la pureté et le respect absolu qu'il voulait apporter à son jeu, quel que soit le compositeur abordé. Connu comme interprète de Bach, il servait aussi les grands romantiques, tels César Franck, Gigout, Boëllman et Widor. Successeur de Witkowski comme membre de l'Académie de Lyon, en 1944, Édouard Commette était également compositeur. On lui doit des mélodies, des chœurs et des pièces pour orgue en trois recueils : *6 Pièces* (1914), *14 Pièces* (1926), *12 Pièces* (1935).

Conlon, James

Chef d'orchestre américain, né à New York le 18 mars 1950.

Il fait ses études à la Juilliard School of Music de New York où il travaille la direction d'orchestre avec Jean Morel. Il se fait rapidement remarquer dans le domaine lyrique et fait ses débuts à Spoleto dans *Boris Godounov* (1971). Il commence à diriger régulièrement au Met en 1976. L'année suivante, il est nommé directeur musical du Cincinnati May Festival. Il est invité à la tête des principaux orchestres américains et commence à diriger en Europe : il fait ses débuts à Covent Garden en 1979 avec *Don Carlos* puis à l'Opéra de Paris avec *L'Enlèvement au sérail* (1984). Il enseigne également à la Juilliard School de New York. Entre 1983 et 1989, il assure la direction musicale de l'Orchestre Philharmonique de Rotterdam. En 1989, il est nommé directeur général de la musique à l'Opéra de Cologne et, l'année suivante, chef permanent de l'Orchestre du Gürzenich de Cologne.

Connell, Elizabeth

Soprano sud-africaine, née à Port Elizabeth (Afrique du Sud) le 22 octobre 1946.

Élève d'Otakar Kraus au London Opera Centre, elle remporte le Prix Maggie Teyte en 1972. Elle chante d'abord des rôles de mezzo-soprano et débute, la même année, dans *Katia Kabanova* de Janáček (Varvara) au Festival de Wexford. Elle chante pendant deux ans à l'Opéra de Sydney (1972-74), puis appartient à la troupe de l'English National Opera (1975-80). Elle se produit régulièrement à Covent Garden à partir de 1976 (débuts dans Viclinda des *Lombards*) et chante pour la première fois à Bayreuth (Ortrud de 1980 à 1982, Brangäne en 1981). Elle incarne Lady Macbeth à Hambourg, Vitellia à Covent Garden, Kundry et Venus à l'Opéra néerlandais, Amneris à Boston (1980) et Ortrud à la Scala (1981). Sa voix se stabilise dans les rôles de soprano à partir de 1983. Elle chante *Idoménée* de Mozart au Festival de Salzbourg en 1984, *Norma* à Genève et débute au Met en 1985 avec le rôle de Vitellia (*La Clémence de Titus* de Mozart). Durant la saison 1985-86, elle incarne Leonora *(Le Trouvère)* et Leonore de Beethoven à Covent Garden. Elle est Electra à Glyndebourne en 1985. Elle se produit à la Scala dans *Macbeth* et *Les Lombards.* Elle chante Electra dans une nouvelle production d'*Idoménée* à Covent Garden (1989), Lady Macbeth à Bonn (1990), Senta au Festival de Bayreuth (1990).

Conrad, Doda (Doda Freund)

Basse polonaise, naturalisé américain (1942), né à Szczytnik (Silésie) le 19 février 1905.

Fils de **Marya Freund**, il étudie le chant à Milan et à New York avec Emilio De Gogorza. Il débute au Théâtre de la Porte-Saint-Martin à Paris, donne son premier récital en 1932 à l'École normale de musique et collabore dès 1936 à l'ensemble vocal de Nadia Boulanger. Récitaliste spécialisé dans la mélodie française, mais également interprète de Schubert et Chopin, il commande entre 1947 et 1957 un certain nombre d'œuvres pour basse qu'il crée chaque année à New York. Ainsi naissent *Mouvement du cœur*, hommage collectif à la mémoire de Chopin signé Sauguet, Poulenc, Auric, Françaix, Léo Préger et Milhaud (sur des poèmes de L. de Vilmorin), *Visions infernales* de Sauguet, la *Cantate Mephisto* de Françaix, le *Cornet-Rilke* de Sauguet... Il quitte la scène en 1965. Fondateur de la Société l'Erémurus à la salle Gaveau, il crée également la Saison musicale de Royaumont dont il est directeur de 1956 à 1965. Il est aussi directeur des Journées musicales de Langeais.

Constant, Marius

Chef d'orchestre et compositeur français, né à Bucarest le 7 février 1925.

Après avoir fait ses premières études musicales en Roumanie, son pays natal, il se fixe à Paris en 1945 et entre au Conservatoire où il travaille avec Tony Aubin et Olivier Messiaen. Il étudie aussi auprès de Nadia Boulanger, Arthur Honegger et Jean Fournet. Son ballet *Le Joueur de flûte* reçoit le Prix Italia en 1952 alors qu'il vient de remporter son 1er prix de composition au Conservatoire (1949) et d'obtenir la licence de concert de direction d'orchestre à l'École Normale de Musique. Attaché au Groupe de Recherches Musicales du Club d'Essai de la Radiodiffusion française, il est en 1953 l'initiateur du programme M.F. qui deviendra plus tard France-Musique et dont il sera le premier directeur musical (1963-67). De 1957 à 1963, il est chef d'orchestre des Ballets de Roland Petit et fait de nombreuses tournées dans le monde. En 1963, il fonde l'Ensemble Ars Nova qui se consacre à la musique d'aujourd'hui et dont il est le directeur musical (1963-71). En 1967, il enseigne l'analyse et la composition à l'Université de Stanford, en Californie, puis à Hilversum en 1970, avant d'être nommé professeur d'instrumentation et d'orchestration au Conservatoire de Paris (1977). Directeur musical de la danse de l'Opéra de Paris (1971-76), il fait entrer au Palais Garnier Cage, Varèse, Henze... Il refuse l'étiquette de spécialiste de la musique contemporaine malgré tant de créations à la tête d'Ars Nova et des plus grandes formations symphoniques du monde. Un souci particulier dans la composition des programmes fait que des rencontres originales ont lieu au cours de chaque concert : Gesualdo et Xenakis, ou Strauss et Dao. Le compositeur est révélé par *24 Préludes pour orchestres*, créés en 1958 par Leonard Bernstein. Depuis lors : *Turner, Chaconne et marche militaire, 14 Stations, Symphonie pour instruments à vent*, sont au répertoire des principales formations symphoniques. Il compose une dizaine d'ouvrages pour les Ballets Roland Petit dont *Cyrano de Bergerac* (1959), *L'Éloge de la folie* (1966), *Le Paradis perdu* (1967), *Septentrion* (1975) et *Nana* (1976). Marius Constant aime l'improvisation et le travail collectif. Il garde le goût du théâtre, comme le prouve sa collaboration récente avec Peter Brook pour *La Tragédie de Carmen.* Curieux de timbres nouveaux, des ressources de l'aléa, il a aussi une prédilection pour le jazz et a écrit *Stress* en collaboration avec Martial Solal. Il a créé des œuvres de Claude Ballif (*Imaginaire I,* 1966 ; *Lovecraft,* 1971), Henry Barraud (*Variations à treize,* 1970), Philippe Capdenat (*Concerto italien,* 1971), Nguyen-Thien Dao (*Koskom,* 1972 ; *My-chau Trongthuy,* opéra, 1978), Jean-Claude Eloy (*Kamakala,* 1965), André Jolivet (*Songe à nouveau rêvé,* 1971), François-Bernard Mâche (*Rituel d'oubli,* 1970), Costin Miereanu (*Couleurs du temps,* 1969 ; *Polymorphies 5 × 7 (B),* 1970 ; *Source de juin,* 1972), Mihaï Mitrea-Celarianu (*Seth,* 1970), Maurice Ohana (*Signes,* 1965 ; *Syllabaire pour Phèdre,* 1968 ; *L'Anneau du Tamarit,* 1971), Michèle Reverdy (*Météores,* 1978), Iannis Xenakis (*Kraanerg,* 1971).

Conta, Iosif

Chef d'orchestre roumain, né à Bîrzava le 14 septembre 1924.

Il fait ses études musicales à Timişoara, puis au Conservatoire de Bucarest où il travaille la direction d'orchestre avec Constantin Silvestri et Georges Georgesco. Il se perfectionne ensuite en Angleterre. Il est nommé chef d'orchestre de l'Ensemble du Conseil Populaire de Bucarest mais, très rapidement, il prend la tête de l'Orchestre Symphonique de la Radio-TV Roumaine où se déroule l'essentiel de sa carrière (1954-86). Il enseigne également la direction d'orchestre au Conservatoire de Bucarest. En 1986, il prend les fonctions de directeur général de la musique à Ismir en Turquie. Parmi les compositeurs dont il a créé des œuvres figurent Mihai Andricu (*Symphonie n° 11 « in Memoriam »,* 1971), Pascal Bentoiu (*Imagini bucureştene,* 1959 ; *Symphonie n° 4,* 1979), Georges Enesco (*Ballade* pour violon et orchestre, 1963 ; *Vox Maris,* 1964), Corneliu Dan Georgescu (*Symphonie n° 2,* 1982), Milhail Jora (*Întoarcerea din adîncuri,* ballet, 1965 ; *Hanul Dulcineea,* ballet, 1967), Marcel Mihalovici (*Symphonie n° 5,* 1971), Stefan Niculescu, Tiberiu Olah (*Colonne infinie,* 1965), Zeno Vancea (*Concerto pour orchestre,* 1962).

Cooper, Emil

Chef d'orchestre russe, né à Kherson le 20 décembre 1877, mort à New York le 19 novembre 1960.

Il fait ses études au Conservatoire d'Odessa où il reçoit une formation de violoniste avant de travailler à Vienne avec Joseph Helmesberger et Arthur Nikisch. Il sera ensuite l'élève de Taneiev à Moscou. Il débute à l'Opéra de Kiev en 1900. En 1909, Diaghilev l'engage pour la saison parisienne de ses Ballets Russes et pour diriger *Boris Godounov* à Covent Garden avec Chaliapine (1913). Il dirige à l'Opéra impérial de Moscou entre 1910 et 1917, où il conduit entre autres les premières représentations moscovites des *Maîtres chanteurs* et du *Ring*. Après la révolution, il forme l'Orchestre Philharmonique de Leningrad. En 1923, il émigre en France. On le retrouve directeur musical de l'Opéra de Riga (1925-28) avant de se fixer aux États-Unis où il est engagé au Civic Opera de Chicago (1929-32 et 1939-43). Entre 1944 et 1950, il dirige au Met où il conduit notamment la première new-yorkaise de *Peter Grimes* (1948). Il est ensuite nommé directeur musical de la Montreal Opera Guild. Il a créé *Le Coq d'or* de Rimski-Korsakov (1909).

Coppola, Piero

Chef d'orchestre et compositeur italien, né à Milan le 11 octobre 1888, mort à Lausanne le 13 mars 1971.

Après des études musicales au Conservatoire de sa ville natale (piano et composition), il dirige dans la plupart des théâtres italiens. Rapidement, il est invité dans les grandes capitales européennes : Bruxelles (1912), Londres (1914), Oslo où il est directeur de l'Opéra-Comique (1915-18), Copenhague où il dirige une saison d'opéra (1918-19) et Paris. Il s'y installe définitivement en 1922. Chaliapine lui propose de l'accompagner aux États-Unis pour une longue série de concerts, mais la firme discographique Gramophone lui offre la direction artistique de sa filiale française. Il réalise pendant onze ans une série d'enregistrements qu'il dirige lui-même ou qu'il confie à d'autres artistes et qui comptent parmi les événements majeurs de l'histoire du disque. Invité régulier des Concerts Pasdeloup, c'est avec cet orchestre qu'il enregistre d'abord. Puis il constitue l'Orchestre Symphonique du Gramophone, une formation destinée seulement au disque et qui réunit les meilleurs instrumentistes de la capitale. A partir de 1931, il enregistre avec la Société des Concerts. En 1939, il s'installe à Lausanne et ses activités se ralentissent considérablement.

Coppola a rendu justice à la musique française du XIXe et du XXe siècle. Il possédait un répertoire considérable et a dirigé la première audition en France de nombreuses œuvres de Prokofiev, Honegger, Bartók (*Le Mandarin merveilleux*), Varèse (*Offrandes*), Respighi, Glazounov, Stravinski... On lui doit plusieurs œuvres pour orchestre (*La Ronde sous la cloche, Suite intima, Poème élégiaque*), 5 opéras et 1 ballet (*Le Jardin des caresses*).

ÉCRITS : *Dix-sept ans de musique à Paris* (1944), *Les Affres du roi Marke* (1945).

Corazza, Rémy

Ténor français, né à Revin (Ardennes) le 16 avril 1933.

Il étudie aux conservatoires de Toulouse et de Paris. Grand Prix du Concours international de Toulouse en 1959, il débute la même année à l'Opéra-Comique (Beppe de *Paillasse*) et à l'Opéra en 1960 (Gonzalve de *L'Heure espagnole*). Il chante alors tout le répertoire (*Butterfly, Bohème,* Hoffmann, les ténors mozartiens, Nadir...). Il est membre de la troupe de l'Opéra du Rhin depuis 1974, et chante au Festival de Salzbourg depuis 1978 (Monostatos et les quatre rôles bouffes des *Contes d'Hoffmann*). Il participe aux créations du *Dernier Sauvage* de Menotti en 1963 et de *Hop Signor* de Manuel Rosenthal à l'Opéra-Comique en 1965, et des *Chouans* d'Alain Vanzo en Avignon en 1982. Il est nommé professeur de chant au Conservatoire de Paris en 1985. Il fait ses débuts à Glyndebourne en 1987.

Corboz, Michel

Chef de chœur suisse, né à Marsens le 14 février 1934.

Destiné à devenir instituteur par tradition familiale, il fait ses études à l'École normale de Fribourg, où l'enseignement de la musique tient une place non négligeable. Son oncle avait créé un chœur d'enfants dans sa paroisse de Bulle (chef-lieu de la Gruyère) : c'est avec le chœur de Saint-Pierre-aux-Liens de cette ville que son neveu dirigera le *Requiem* de Fauré, rêve irréalisé de cet oncle. C'est de celui-ci qu'il tient ses premières connaissances musicales (piano, chant, improvisation, accompagnement, harmonisation). A l'âge de vingt ans, il est nommé maître de chapelle à Notre-Dame de Lausanne ; il y restera pendant seize ans. Il a la responsabilité de deux chœurs, dont un petit chœur a cappella ; il accompagne à l'orgue les chanteurs pendant la liturgie, se fait entendre dans plusieurs églises de la ville avec parfois des instruments ; il enseigne le chant au Conservatoire de Lausanne. Il fonde l'Ensemble Vocal de Lausanne (1961). Michel Garcin remarque cette chorale d'amateurs et lui passe commande pour enregistrer l'*Orfeo* de Monteverdi. C'est une révélation (1968). Le groupe s'appelle maintenant Ensemble vocal et instrumental de Lausanne. Depuis 1969, Corboz est directeur des chœurs de la Fondation Gulbenkian de Lisbonne. Son interprétation allie l'expression dramatique à une vie intérieure intense : qualités que l'on trouve par exemple dans la *Messe en si mineur* de J. S. Bach, la *Passion selon saint Jean*, les *Vêpres de la B.V. Marie* de Monteverdi. L'intérêt porté au chœur dans les premiers enregistrements a perdu de cette exclusivité qui lui fut reprochée, et l'équilibre est parfaitement établi entre lui, les solistes et les instruments, par exemple, dans *David et Jonathas* de Marc-Antoine Charpentier (1981). Corboz est un exemple heureux de chef de chœur devenu chef d'orchestre, qui insuffle aux instruments une dynamique calquée sur la démarche souple des voix.

Corelli, Franco

Ténor italien, né à Ancone le 8 avril 1921.

Après des études de musique aux Conservatoires de Pesaro et de Milan, il aborde la carrière en gagnant, en 1950, un prix de chant à Florence. En 1952, il est Don José (*Carmen*) au Festival de Spolète. Pendant deux ans, il chante à la radio et sur toutes les scènes de province, avant de débuter à la Scala, comme Licino de *La Vestale* de Spontini, aux côtés de Maria Callas. C'est aussitôt le départ d'une carrière fulgurante qui, des plus grandes scènes italiennes (Florence - Mai Musical - de 1955 à 1961, et chaque année au Festival de Vérone), le conduit à l'Opéra de Vienne, à Covent Garden, à l'Opéra de Paris, à Chicago et San Francisco. En 1960, il fait ses débuts au Met et triomphe comme Manrico du *Trouvère.* D'un physique de jeune premier, il a su avec brio pallier une certaine résonance métallique par une grande musicalité et un jeu scénique brillant et profond.

Corena, Fernando

Basse suisse, né à Genève le 22 décembre 1916, mort à Lugano le 26 novembre 1984.

Son père est turc, sa mère italienne. Il commence des études de théologie catholique à l'Université de Fribourg, mais le chef d'orchestre Vittorio Gui l'incite vivement à opter pour le chant. Il étudie alors à Milan, avec Enrico Romani. Après quelques prestations à la radio de Zurich, il fait ses véritables débuts en 1947 à Trieste dans Varlaam *(Boris Godounov)* et à l'Opéra de Zürich dans Daland *(Le Vaisseau fantôme).* Engagé aussitôt à la Scala de Milan, il y débute pour la création de l'opéra de Goffredo Petrassi *Il Cordovano* (1949). Il y crée également *L'allegra brigate* (1950) de Gian Francesco Malipiero. Il est invité par toutes les grandes scènes d'Italie : Mai Musical Florentin (où il créera *I figlinol prodigo* de Malipiero en 1957, Arènes de Vérone. En 1953, il s'impose au Festival d'Édimbourg dans le rôle-titre de *Falstaff* qu'il reprend à Glyndebourne en 1955. Il débute au Met de New York dans Leporello (*Don Giovanni,* mise en scène de Herbert Graf, 1954). Ce rôle demeurera un de ses rôles fétiches et marque ses débuts au Festival de Salzbourg en 1956. Il chante sur les plus grandes scènes du monde, de Paris à Londres (débuts à Covent Garden en 1960 dans Bartolo), de Vienne à Buenos Aires, de Chicago à San Francisco. En 1965, il remporte un succès tout particulier au Festival de Salzbourg, dans Osmin de *L'Enlèvement au sérail.* Ses autres grands rôles appartiennent au répertoire de Rossini, des romantiques italiens, de Verdi et des véristes.

Cortez, Viorica

Mezzo-soprano roumaine naturalisée française, née à Bucium le 26 décembre 1935.

Elle commence ses études musicales à Iași et les termine au Conservatoire de Bucarest. Durant ses études, elle appartient au Chœur Philharmonique Moldova de Iași, puis à un ensemble similaire de Bucarest. En 1964-65, elle participe à de nombreux concours et obtient, entre autres, le Prix Kathleen Ferrier au Concours de Bois-le-Duc (Pays-Bas) et le 1er prix au Concours de Chant de Toulouse dont le jury est présidé par le compositeur Emmanuel Bondeville. Grâce à ce prix, elle débute en 1965 au Capitole de Toulouse comme Dalila (*Samson et Dalila*). Cette même année, elle est engagée à l'Opéra d'État de Bucarest. Elle chante à Paris, Sofia, Bordeaux, Dublin et à Covent Garden, partout avec un grand succès. En 1973, elle est invitée à la Scala. L'année suivante, elle triomphe en Adalgisa

(*Norma*) aux côtés de Caballé. Son timbre sombre fait merveille en Amnéris (*Aïda*), Eboli (*Don Carlo*), Charlotte (*Werther*) et *Carmen.* En 1974, elle épouse le compositeur Emmanuel Bondeville dont elle crée, la même année à Rouen, l'opéra *Antoine et Cléopâtre.* En 1985, elle participe à la création française, à Lille, de l'opéra de Zygmunt Krauze, *La Star.*

Cortot, Alfred

Pianiste et chef d'orchestre français, né à Nyon (Suisse) le 26 septembre 1877, mort à Lausanne le 15 juin 1962.

Au terme d'une initiation familiale, Émile Decombes, ancien élève de Chopin, lui enseigne le piano à Paris, dès 1886. En 1892, il est admis dans la classe de Diémer au Conservatoire. Son camarade Risler, de quatre ans son aîné, le fait travailler en privé. Par ailleurs, Cortot cultive l'art du phrasé et de la déclamation, en travaillant le chant. Son intérêt pour la poésie et pour la tragédie, de ce point de vue, participe du même but.

En 1896, après un 1er prix de piano, Cortot accomplit religieusement son « voyage à Bayreuth », pour rejoindre son ami Risler. Là, subjugué comme tous les pèlerins à l'entour, il se voit invité à officier aux côtés de Risler, comme chef de chœur, répétiteur, souffleur, etc., sous la baguette de Hans Richter.

Reçu à la Wahnfried, il joue du Liszt à Cosima, dont il devient par la suite un familier. L'été se passe à deux doigts de l'extase mystique, Cortot se laisse emporter par le mythe wagnérien dont il se sent le dépositaire. De retour à Paris, la carrière de virtuose qui s'ouvre à lui ne satisfait pas le wagnérien qui est désormais en lui. Il aspire à la direction d'orchestre, afin de servir la musique allemande et son « dieu ». Évoluant dans les salons du Paris de Proust, la comtesse Greffuhle le présente à Fauré, en cette même année 1896. Celui-ci sera son protecteur pour longtemps.

En 1902, après la mort de Lamoureux, Cortot réalise enfin son rêve mystique : diriger les opéras de Wagner. Avec l'aide financière de la comtesse Greffuhle, il fonde la Société des Concerts Lyriques et crée à Paris, avec la bénédiction de Cosima, *Le Crépuscule des dieux*. La presse se déchaîne. Debussy mène la danse, en attaquant personnellement Cortot. L'entreprise tourne très vite à la catastrophe, et Cortot doit interrompre les représentations. Néanmoins, la même année, la cabale contre *Pelléas* n'empêche pas Cortot de se porter aux côtés de Debussy, et de défendre farouchement l'œuvre. A la différence de ses pairs, ce jeune pianiste virtuose de vingt-cinq ans ne trouve pas dégradant d'accompagner au piano des chanteurs, de sorte qu'il accumule un nombre impressionnant de Lieder dans son répertoire.

En 1904, il crée la Société des Concerts Cortot, chargée de promouvoir les jeunes compositeurs. En 1905, il s'associe à Jacques Thibaud et à Pablo Casals pour fonder le fameux trio, qui vivra jusqu'en 1944. De l'aveu de Cortot, cette association lui a été fondamentale. C'est par l'intermédiaire de ses deux compères qu'il aurait appris à faire chanter son clavier, en oubliant le côté percussif de l'instrument. Il appelait cela : « la tendresse ». De 1904 à 1907, il s'attache à l'administration de plusieurs sociétés de musique, en souvenir sans doute du fiasco financier dont il avait été victime quelques années auparavant, dirigeant entre autres les Concerts Populaires de la ville de Lille.

En 1907, Fauré le fait nommer professeur au Conservatoire, succédant ainsi à Pugno. Cortot se découvre une vocation réelle de pédagogue : « l'imagination éclairée par le goût ». Parmi ses élèves, on relève les noms d'Yvonne Lefébure, Clara Haskil ou Magda Tagliaferro.

Pendant la guerre, il fonde un centre de rééducation psychologique, l'Atelier du Blessé, puis une association d'aide aux musiciens chômeurs, l'Œuvre fraternelle des artistes. En 1918, le gouvernement l'envoie aux États-Unis avec la Société des Concerts du Conservatoire, dirigée par André Messager et Philippe Gaubert, pour une tournée de propagande artistique. En 1919, il fonde à Paris l'École Normale de Musique. Dès 1921, il compte parmi ses collaborateurs : Thibaud, Casals, Marguerite Long, Wanda Landowska, Capet, Isidor Philipp, Reynaldo Hahn et Stravinski... Par ailleurs, il poursuit sa carrière internationale, et parcourt l'Allemagne (où l'on ne jure que par lui pour interpréter Schumann) et les États-Unis. En 1928, il participe à la création de l'Orchestre Symphonique de Paris qu'il dirige au cours de sa première saison.

Pendant la Seconde Guerre mondiale, il prend une part active au gouvernement de Vichy, en acceptant le poste de haut-commissaire aux Beaux-Arts. Par la suite, il occupera des charges ministérielles plus importantes dans le gouvernement Laval, allant jusqu'à faire promulguer des lois, couvrant de son nom, plus ou moins directement, la répression antisémite dont sont l'objet certains musiciens. Arrêté et inquiété à la fin de la guerre, il le sera avant tout pour les tournées de concerts qu'il avait effectuées en Allemagne en 1942, invité par Furtwängler. En 1947, après s'être fixé à Lausanne, il donne un concert de rentrée à Paris. L'affaire manque de tourner à la bataille rangée. Mais la justice avait blanchi Cortot. Sa véritable réhabilitation a lieu le 17 octobre 1949, salle Pleyel, pour le centenaire de la mort de Chopin. Il reprend ses tournées dans le monde entier, malgré des moyens techniques sensiblement diminués par l'âge. En 1952, il se produit encore en Amérique du Sud et au Japon où on lui offre une île baptisée Cortoschima. En 1956, il participe, avec Wilhelm Kempff, à l'inauguration des cours d'été que donne celui-ci à Positano, près de Naples. Il donne son dernier concert à Prades le 10 juillet 1958.

Ce qui frappe le plus l'auditeur, dans le jeu de Cortot, c'est son art de faire varier au plus haut point les intensités de la musique jusque dans les moindres détails. Chaque inflexion y est investie d'une force que Cortot voulait plus « psychique que mécanique ». Il possédait une connaissance parfaite de l'anatomie du bras, de l'épaule et des mains évidemment. Il était le chantre de la souplesse, de la parfaite décontraction du corps, condition *sine qua non* des infinies nuances dont il était devenu le maître. Interprète romantique par excellence, Cortot a renouvelé l'art de l'interprétation, répétant tout au long de ses cours, comme le lui avait conseillé un jour Anton Rubinstein, que l'interprète devait devenir l'auteur même de la musique qu'il jouait. Il a exercé une influence décisive sur l'art de son temps, en jouant avec les plus grands musiciens de son époque, et en recréant à part entière tout un répertoire qui est actuellement au centre de nos préoccupations.

Parmi les compositeurs qui lui ont dédié des œuvres Georges Enesco (*Variations pour deux pianos,* qu'il crée avec Édouard Risler, 1898), Gabriel Fauré (*Fantaisie* pour piano et orchestre, 1919), Enrique Granados (*Epilogo,* extrait des *Goyescas,* 1912), Georges Migot (*Le Lion,* extrait du *Zodiaque,* 1932), Max d'Ollone (*Étude de concert nº 2,* 1904), Albert Roussel (*Poème de la forêt,* 1906), Karol Szymanowski (*12 Études* op. 33, 1916), Germaine Tailleferre (*Pastorale en ut,* 1929). Il a créé des œuvres de Claude Debussy (*Fantaisie* pour piano et orchestre, 1919), Gabriel Fauré (*Dolly,* avec Édouard Risler, 1898 ; *Nocturne nº 7,* 1901 ; *Sonate pour violon et piano nº 2,* avec Lucien Capet, 1917 ; *Sonate pour violoncelle et piano nº 1,* avec André Hekking, 1918 ; *Sonate pour violoncelle et piano nº 2,* avec Gérard Hekking, 1922), Jean Françaix (*Sinfonietta,* 1932 et *Quadruple Concerto,* 1936, à la tête des Concerts Cortot), Max d'Ollone (*Fantaisie pour piano et orchestre,* 1897), Albert Roussel (*Résurrection,* 1904 ; *Sonate pour violon et piano nº 1,* avec Jacques Thibaud, 1910), Germaine Tailleferre (*Sonate pour violon et piano nº 1,* avec Jacques Thibaud, 1922 ; *Concerto pour piano,* 1925).

ÉCRITS : *La Musique française de piano* (1930), *Principes rationnels de la technique pianistique* (1928), *Aspects de Chopin* (1949).

Cossotto, Fiorenza

Mezzo-soprano italienne, née à Crescentino de Vercelli le 22 avril 1935.

Encore au collège, elle est poussée par son entourage à étudier le chant. Elle entre au Conservatoire de Turin où elle reçoit les conseils de Paola Della Torre. Elle en sort diplômée en 1956 pour entrer à l'école de la Scala de Milan. Tout en poursuivant ses études, elle fait de discrets débuts dans le rôle de Sœur Mathilde, lors de la création à la Scala des *Dialogues des Carmélites*

(1957). Après avoir appris son métier en multipliant les rôles secondaires, elle fait ses grands débuts en 1961 dans *La Favorite.* Entre-temps, elle a été (Covent Garden, 1959) Néris auprès de la célèbre Médée de Callas, et, en 1960, Amnéris aux arènes de Vérone. Depuis, prenant avec panache la succession des Ebe Stignani, des Cloe Elmo, des Fedora Barbieri et autre Simionato, elle devient sur toutes les grandes scènes du monde l'indispensable interprète d'Azucena, Eboli, Amnéris, Preziosilla, Santuzza, Adalgisa, Dalila, etc. et de l'alto du *Requiem* de Verdi.

Cossutta, Carlo

Ténor italien, né à Trieste le 8 mai 1932.

Tout enfant, il se rend en Argentine, où l'on découvre les qualités exceptionnelles de sa voix et où il devient très vite le premier ténor du Théâtre Colón de Buenos Aires. Ayant compris tout ce que l'Europe pouvait lui apporter, il quitte l'Argentine après avoir créé au Colón *Don Rodrigo* d'Alberto Ginastera en 1964 et fait, la même année, ses débuts au Covent Garden de Londres dans le Duc de *Rigoletto.* La saison suivante, il est à nouveau invité, cette fois pour chanter *Cavalleria Rusticana*, qui lui vaut un très grand succès. Ce succès va grandissant lorsqu'il aborde *Don Carlos*, toujours au Covent Garden, en 1968. Dès lors tous les grands opéras d'Europe l'invitent à commencer par ceux de Vienne et de Berlin. En 1970, Giulini l'appelle à Chicago pour le *Requiem* de Verdi. En 1971, il interprète le même ouvrage à Paris sous la direction de Karajan. L'aisance et la puissance de ses aigus, un médium généreux et des graves profonds confèrent à ses interprétations un éclat particulier. Il chante à Berlin, dans *Simon Boccanegra*, le rôle de Gabriele Adorno qu'il reprend à Vienne ; il est ensuite Macduff de *Macbeth*, à Vienne également. Puis à Berlin, il interprète *Aïda* et *Manon*. Il peut donner toute la mesure de son talent lorsqu'il aborde les rôles de Manrico (*Le Trouvère*) à l'Opéra de Paris, en 1975, et surtout d'Otello qu'il enregistre avec Solti et dans lequel il peut laisser éclater une intensité dramatique rare.

Costa, Jean

Organiste français, né à Bastia le 15 juin 1924.

A dix-huit ans, Jean Costa devient organiste de la Maîtrise de la primatiale Saint-Jean de Lyon. Il y reste jusqu'en 1944. Il se rend alors à Paris où il fait de brillantes études au Conservatoire. En 1949, il remporte un 1er prix d'orgue et d'improvisation, dans la classe de Marcel Dupré. En 1952, il est nommé titulaire du grand orgue Cavaillé-Coll/Gonzalez de l'église Saint-Vincent-de-Paul. De 1953 à 1970, Costa est également professeur au Conservatoire de Nantes et, en 1971, il est nommé au Conservatoire d'Aix-en-Provence.

Virtuose au répertoire vaste et diversifié, car ouvert à tous les styles, Jean Costa est aussi considéré comme un remarquable improvisateur. Dans son importante discographie, il faut signaler les œuvres de Franck et l'intégrale de celles de Liszt.

Costa, Sequeira

Pianiste portugais, né à Luanda (Angola) le 18 juillet 1929.

Il commence à étudier très jeune le piano et donne son premier concert à l'âge de sept ans. L'année suivante, Vianna da Motta le prend comme élève à Lisbonne et lui servira de guide dans toute sa formation musicale. A l'âge de seize ans, il est lauréat des prix Vianna da Motta et Moreira de Sa. Il commence sa carrière en 1947. A la mort de Vianna da Motta, en 1948, il va travailler à Paris avec Marguerite Long et Jacques Février, en Suisse avec Edwin Fischer et à Londres avec Mark Hambourg. En 1951, il est lauréat du Concours international Long-Thibaud à Paris et commence une carrière internationale. Il fonde en 1956 le concours Vianna da Motta en hommage à son maître. Il siège dans le jury des principaux concours internationaux et reçoit, en 1960, la médaille Harriet Cohen. Il se produit sur les cinq continents dans un répertoire centré sur le romantisme, la musique française (Debussy et Ravel), celle de Rachmaninov et d'Albéniz. Il joue également la musique de ses compatriotes, notamment les concertos de Joly Braga Santos et Luis Freita Branco. En

1976, il est nommé « Distinguished Professor of Piano » à l'Université du Kansas, à Lawrence (États-Unis). Il donne des cours d'interprétation à Darlington (Angleterre), à la Fondation Gulbenkian (Lisbonne) et aux États-Unis.

Cotrubas, Ileana

Soprano roumaine, née à Galaţi le 9 juin 1939.

Enfant, elle chante dans le chœur de la Radio de Bucarest, puis entre au Conservatoire où elle étudie la diction et le chant. Son professeur, Constantin Stroesco, lui transmet son amour pour la mélodie française (Debussy, Fauré, Ravel, Poulenc...) Elle débute dans Yniold (*Pelléas et Mélisande*) et on lui offre des rôles de travestis : Chérubin, Oscar. En 1965-66, elle remporte des prix, dont celui du Concours international de s'Hertgenbosch, et elle est engagée à Bruxelles. Elle y chante Pamina et Constance. Premier prix à Munich (Radio), elle apparaît à Salzbourg (*La Flûte enchantée*). En 1969, elle chante Pamina à Vienne et Mélisande à Glyndebourne. A Covent Garden, elle fait ses débuts dans Tatiana d'*Eugène Onéguine* (1971). Puis elle chante Manon (Massenet) à l'Opéra de Paris (1973), Mimi à la Scala (1975) et au Met (1977). Elle aborde Violetta *(La Traviata),* Micaëla *(Carmen),* Ilia *(Idoménée)* et certains rôles de bel canto dans lesquels elle s'impose par la clarté de ses aigus. Elle consacre une part importante de sa carrière au récital de mélodies et à l'oratorio. Elle décide de cesser de chanter en 1990.

Cotte, Roger

Musicologue et chef d'orchestre français, né à Clamart le 21 juillet 1921.

Après des études au Conservatoire de Paris, avec Gaston Cranesse (flûte) et Marcel Samuel-Rousseau (harmonie), entre 1940 et 1945, il étudie les ondes Martenot avec Martenot lui-même et l'organologie avec Brunold (1942-48). Enfin, il suit des cours d'orgue avec Alexandre Cellier, entre 1958 et 1961. Comme chef d'orchestre, passionné de musique ancienne, il fonde en 1953 le Groupe d'Instruments Anciens de Paris, avec lequel il propose alors nombre d'ouvrages inédits ou oubliés. A partir de 1977, il dirige l'Institut San Bernardo des arts de Saõ Paulo. En 1986, il est nommé vice-président de la Société brésilienne de musicologie.

ÉCRITS : *Musique et symbolisme* (Saint-Jean-de-Braye, 1988).

Couraud, Marcel

Chef de chœur français, né à Limoges le 20 octobre 1912, mort à Loches le 14 septembre 1986.

Il travaille l'écriture à Paris avec Nadia Boulanger, l'orgue avec André Marchal, la composition avec Stravinski et la direction avec Charles Münch. Il n'aime pas séparer la direction d'orchestre de celle des chœurs. « Je suis venu au chœur, parce que je me suis aperçu qu'il y avait souvent dans les exécutions un divorce entre le chœur et l'orchestre. » Il acquiert donc d'abord une connaissance profonde de la voix, tout en étant chef d'orchestre.

Dès la Libération, il fonde l'ensemble vocal qui porte son nom et qu'il dirige jusqu'en 1954. Invité dans toute l'Europe, particulièrement en Italie et en Allemagne, on l'entend surtout dans des oratorios. En 1967, il devient directeur artistique des formations vocales de l'ORTF. Il cherche à faire connaître des chefs-d'œuvre oubliés (on lui doit la révélation de certaines pages de Schubert et Brahms et d'œuvres baroques avec la Capella Coloniensis). A l'ORTF il crée aussitôt le groupe des Solistes des chœurs, « instrument nouveau pour une musique nouvelle », selon ses propres mots. Cet ensemble, qui se produit alors dans les festivals d'avant-garde, tel Royan, exécute et enregistre de nombreuses œuvres vocales contemporaines. Lorsqu'il quitte la radio, il va enseigner dans les Universités américaines (Los Angeles, Princeton) puis fonde en 1976 le Groupe Vocal de France qu'il dirige jusqu'en 1978. Il a créé des œuvres d'Henry Barraud (*Te Deum,* 1956), Nguyen-Thien Dao (*Khoc To Nhu,* 1972), Jean-Claude Eloy (*Kamakala,* 1965), Jean-Pierre Guézec (*Reliefs polychromes,* 1969), Betsy Jolas

(*Sonate à XII,* 1971), André Jolivet (*Epithalame,* 1956), François-Bernard Mâche (*Danae,* 1970), Ivo Malec (*Dodécaméron,* 1971), Olivier Messiaen (*5 Rechants,* 1950), Maurice Ohana (*Cris,* 1969 ; *Syllabaire pour Phèdre,* 1972), Luis de Pablo (*Yolovi,* 1970), Goffredo Petrassi (*Nonsense,* 1953), Guy Reibel (*Ode à Villon,* 1972), Iannis Xenakis (*Nuits,* 1968).

Courtois, Catherine

Violoniste française, née à Paris le 22 septembre 1939.

Elle travaille au Conservatoire de Paris avec André Asselin et Pierre Pasquier avant d'obtenir des premiers prix de violon et de musique de chambre. Elle remporte ensuite le Grand Prix du Concours international de Genève et le Grand Prix de la Guilde française des artistes solistes. Lauréate du Concours international de Montréal et du Concours international Long-Thibaud (1967), elle est professeur au Conservatoire de Saint-Maur depuis 1971 et pratique la musique de chambre avec Blandine Verlet et Catherine Collard. Elle joue sur un Guadagnini.

Cox, Jean

Ténor américain, né à Gadsden (Alabama) le 16 janvier 1922.

Après avoir effectué ses études à l'Université de l'Alabama avec William Steven et au New England Conservatory de Boston avec Marie Sundelius, il fait des débuts de carrière relativement modestes en Amérique du Nord et attend une quinzaine d'année avant de venir en Europe. Il travaille avec Max Lorenz à Munich et avec Luigi Ricci à Rome puis débute à Spoleto dans Rodolfo (1953). Il chante ensuite à l'Opéra de Kiel (1954-55) et de Brunswick (1955-59). En 1959, il est engagé à l'Opéra de Mannheim, il fait partie de cette troupe durant de nombreuses années, tout en acceptant des contrats un peu partout en Allemagne et en Autriche. C'est ainsi qu'il entre en contact avec la Volksoper de Vienne et l'Opéra de Hambourg où il chante régulièrement entre 1958 et 1973. Régulièrement invité avec succès dans les Opéras de Hambourg, Vienne, Stuttgart, Munich et Francfort, il participe également au Festival de Bregenz où il chante *Fra Diavolo* d'Auber et crée *Trauminsel* de Robert Stolz. Fort ténor, spécialiste de tout le répertoire allemand et slave, il chante en 1961 au San Carlos de Lisbonne et, en 1974, à l'Opéra de Berlin. A Bayreuth, où il a débuté en 1956 dans Steuermann, il incarne Lohengrin (1967-68), Parsifal (1968), Siegfried (1970-75) ainsi que Walther des *Maîtres chanteurs* (1969-74). Il fait ses débuts à l'Opéra de Paris en 1971 dans Siegmund, au Covent Garden en 1975 dans Siegfried et au Met en 1976 dans Walther. Il est dès lors invité à chanter sur les plus grandes scènes du monde.

Craft, Robert

Chef d'orchestre américain, né à Kingston le 20 octobre 1923.

Il fait ses études à la Juilliard School (jusqu'en 1946) et au Berkshire Music Center de Tanglewood avant de se perfectionner avec Pierre Monteux. De 1947 à 1950, il dirige la Choral Art Society de New York ainsi que différents ensembles d'instruments à vent. Puis il est à la tête des Evenings-on-the-Roof et des Monday Evening Concerts à Los Angeles (1950-68). Mais l'événement déterminant de sa carrière est sa rencontre avec Igor Stravinski en 1948 : il deviendra son secrétaire particulier et aura une influence déterminante sur lui, le poussant notamment à adopter le système dodécaphonique à la fin de sa vie. En vingt-trois ans, Craft et Stravinski dirigent environ cent cinquante concerts dont il partagent le programme. Craft devient le champion de l'École de Vienne aux USA. Il enregistre l'œuvre intégral de Webern, il dirige la création américaine de *Lulu* (Berg), celle de *Cardillac* (Hindemith). Il se passionne pour la musique de Gesualdo. Il crée *Nocturnal* de Varèse, *In memoriam D. Thomas* et *Requiem canticles* de Stravinski. Il participe à l'enregistrement intégral de l'œuvre symphonique de Stravinski en préparant l'orchestre pour le compositeur qui n'assure que les ultimes séances. De 1959 à 1969, il publie six volumes de souvenirs d'Igor Stravinski

(*Conversations avec Igor Stravinski*, 1959 ; *Memories and Commentaries*, 1960 ; *Expositions and Developments* 1962 ; *Dialogues and Diary*, 1963 ; *Themes and Episodes*, 1967 ; *Retrospections and conclusions*, 1969), suivis d'autres ouvrages qu'il signe seul : *Chronicle of a Friendship* (1972), *Prejudices in Disguise* (1974), *Current Convictions* (1976), *Stravinski's Selected Correspondance* (1982-85).

Crass, Franz

Baryton-basse allemand, né à Wipperfürth le 9 février 1928.

Il est d'abord comédien dans une troupe ambulante, puis étudie le chant au Conservatoire de Cologne, avec Clemens Glettenberg. Il débute en 1954 au Théâtre municipal de Krefeld. Deux ans plus tard, il est engagé à l'Opéra de Hanovre. Mais il est très vite invité un peu partout et c'est ainsi qu'il entre en contact avec l'Opéra de Cologne puis avec celui de Hambourg. Il chante également à l'Opéra de Vienne. Ceux de Berlin et de Düsseldorf l'invitent par la suite. Il s'impose au Festival de Bayreuth comme un grand interprète wagnérien ; il y chante des petits rôles depuis 1954. En 1959, il est le roi Henri (*Lohengrin*). En 1960-61, il est le Hollandais, de 1967 à 1970, Gurnemanz (*Parsifal*). Il est également invité à la Scala (en 1960, Commandeur de *Don Giovanni*) et au Festival de Salzbourg (1967, Sarastro et, 1970, Rocco de *Fidelio*).

Crespin, Régine

Soprano française, née à Marseille le 22 mars 1927.

A Nîmes, où ses parents s'installent alors qu'elle vient d'avoir quatre ans, elle fait de bonnes humanités devant la conduire à la profession de pharmacienne ; mais elle s'aperçoit très vite qu'elle possède une voix souple, facile et d'un beau métal. Un concours de chant local, dont elle obtient le 1er prix en chantant un extrait de *Sigurd*, décide de son orientation. Bonne musicienne, elle entre au Conservatoire de Paris où elle est l'élève de Suzanne Cesbron-Viseur et de Georges Jouatte. Elle fait ses débuts à Reims en 1948 dans Charlotte *(Werther)* avant d'incarner Elsa *(Lohengrin)* en 1950 à Mulhouse. Dès l'année suivante, elle chante Tosca à l'Opéra-Comique et Elsa à l'Opéra de Paris sous la direction d'André Cluytens. Elle se forge alors un important répertoire sur les scènes de province : *Faust, Hérodiade, Sigurd,* mais aussi *Otello, Le Trouvère, Fidelio, Obéron, La Walkyrie*... De retour à l'Opéra de Paris en 1956, elle chante Desdémone aux côtés de José Luccioni, la Maréchale *(Le Chevalier à la rose)*, aux côtés de Renée Doria et Suzanne Sarroca, Amelia *(Un bal masqué)* avec Albert Lance, Denise Scharley et René Bianco. La même année, elle crée *Sampiero Corso* d'Henri Tomasi à Bordeaux. A l'Opéra de Paris, elle participe à la première française des *Dialogues des Carmélites* (1957) de Francis Poulenc. Elle y chante également *La Damnation de Faust, Les Troyens* (Didon), *Tannhäuser* (Elisabeth). En 1958, elle débute à Bayreuth dans Kundry, en 1959 à Glyndebourne dans la Maréchale, à Vienne dans Sieglinde, à la Scala dans *Fedra* de Pizzetti, en 1960 à Covent Garden à nouveau dans la Maréchale qui devient son rôle fétiche et qu'elle marquera de son sceau au même titre que Lotte Lehmann. A Bayreuth, elle chante Sieglinde en 1961. Un an plus tard, elle fait ses débuts américains à Chicago dans Tosca. Toujours en 1962, elle chante *Pénélope* de Fauré, Didon et Cassandre *(Les Troyens)* et *Iphigénie en Tauride* de Gluck au Colón ainsi que la Maréchale au Met. Elle devient l'une des cantatrices préférées du public américain. En Europe, on la retrouve notamment à Aix-en-Provence (1966) et au Festival de Pâques de Salzbourg, où elle incarne Brünnhilde *(La Walkyrie)* sous la direction d'Herbert von Karajan (1967-68).

Au début des années soixante-dix, elle abandonne progressivement les grands rôles de soprano dramatique pour un répertoire généralement tenu par des mezzos comme Santuzza, Charlotte (Met 1971), Giulietta *(Les Contes d'Hoffmann)*, Carmen (Miami, 1972 ; Met, 1975), la Comtesse *(La Dame de pique)*. En 1977, elle reprend *Les Dialogues des Carmélites* au Met, mais pour y incarner Madame de Croissy. Elle est également une étonnante

Grande-Duchesse de Gerolstein (Toulouse, 1978). En 1976, elle est nommée professeur au Conservatoire de Paris. Elle consacre une part importante de ses activités à la mélodie. En 1989, elle entreprend une tournée mondiale d'adieux. Ambassadrice du chant français à l'étranger, elle a marqué de sa personnalité la plupart des rôles qu'elle a abordés et reste l'une des plus grandes Maréchale et l'un des plus grands sopranos wagnériens de la seconde moitié du XXe siècle. Parmi les compositeurs dont elle a créé des œuvres, Marius Constant (*Cinq Chants et une vocalise,* 1968), Henri Tomasi (*Sampiero Corso,* 1956). Une rose portant son nom a été créée en 1990 par Delbard. Elle habite à Paris dans un immeuble où vécurent Rose Caron puis Pedro Gailhard ; les Renoir ont habité l'immeuble voisin.

ÉCRITS : *La Vie et l'amour d'une femme,* Mémoires (1982).

Crickboom, Mathieu

Violoniste belge, né à Hodimont (Liège) le 2 mars 1871, mort à Bruxelles le 30 octobre 1947.

Principal disciple d'Eugène Ysaÿe, il est second violon de son quatuor de 1888 à 1894 avant de devenir premier violon du Quatuor de la Société Nationale à Paris (1894-96). Il est alors nommé violon solo de la Société Philharmonique de Barcelone et professeur au Conservatoire de cette même ville (1896-1905). Il rencontre Pablo Casals et tous deux fondent ensemble un nouveau quatuor auquel s'associe souvent, comme pianiste, Enrique Granados. En 1910, de retour dans son pays natal, il est professeur au Conservatoire de Liège et enseignera, de 1919 à 1944, au Conservatoire de Bruxelles. Chausson lui a dédié son *Quatuor à cordes* et Ysaÿe sa *Sonate pour violon seul nº 6.*

Cristescu, Mircea

Chef d'orchestre roumain, né à Braşov le 22 novembre 1928.

Il fait ses études musicales au Conservatoire Astra et au Conservatoire de Bucarest. Il appartient d'abord à la Philharmonie Georges Enesco de Bucarest comme instrumentiste puis enseigne au Conservatoire de cette même ville avant de commencer une carrière de chef d'orchestre qui lui permet d'être l'un des chefs permanents de la Philharmonie Georges Enesco depuis 1962. Il a créé des œuvres de Wilhelm Berger (*Symphonie nº 2 « Epica »,* 1964 ; *Symphonie nº 3 « Dramatica »,* 1965 ; *Symphonie nº 4 « Tragica »,* 1965 ; *Symphonie nº 5 « Musică Solennă »,* 1968 ; *Variations pour orchestre de chambre,* 1968), Tudor Ciortea (*Concerto pour orchestre à cordes,* 1960), Ludovic Feldman (*Variations symphoniques,* 1967), Theodor Grigoriu (*Hommage à Enesco,* 1960 ; *Sinfonia cantabile,* 1968), Ştefan Niculescu (*Scène,* 1965), Cornel Ţăranu (*Sinfonia brevis,* 1962 ; *Incantaţii,* 1966), Zeno Vancea (*Sinfonieta nº 2,* 1967).

Croiza, Claire (Claire Conelly)

Mezzo-soprano française, née à Paris le 14 septembre 1882, morte à Paris le 27 mai 1946.

Enfant, elle reçoit des cours de solfège, de piano et de chant. Elle débute en 1905 à Nancy dans *Messaline* de De Lara, avant d'être engagée l'année suivante à la Monnaie de Bruxelles. Elle y joue Dalila, Carmen, Didon (de Berlioz), les deux Clytemnestre (de Gluck et de Richard Strauss), Erda, Leonora (de Donizetti), Charlotte et Pénélope et crée *Eros vainqueur* (de Bréville). Elle débute à l'Opéra de Paris en 1908 (dans *Samson et Dalila*). En 1913, elle chante (au Théâtre des Arts dirigé par Jacques Rouché) *Le Couronnement de Poppée* et *Les Éléments* (Destouches), deux réalisations de d'Indy, et un acte d'*Orphée* de Gluck. Elle crée, en 1919, la version scénique de *La Damoiselle élue* de Debussy, et, en 1926, *La Tisseuse d'orties* de Gustave Doret. Paul Valéry la sacre « la voix la plus sensible de notre génération. ». L'école française de mélodies, de Franck à Duparc, lui dédie ses œuvres. Honegger écrit pour elle *Judith* qu'elle chante en 1925. Elle crée également des œuvres d'André Caplet (*Détresse,* 1918 ; *Le Vieux Coffret,* 1919 ; *5 Ballades françaises,* 1921 ; *Hymne à la naissance du matin,* 1921 ; *Le Miroir de*

Jésus, 1923), Claude Debussy (*Les Lilas,* 1938 ; *Sérénade,* 1938), Gabriel Fauré (*Le Jardin clos,* 1915), Arthur Honegger (*6 Poèmes de Cocteau,* 1924 ; *Chanson,* 1924), Darius Milhaud (*Les Choéphores,* version de concert, 1927), Max d'Ollone (*Solitude,* 1921), Albert Roussel (version orchestrale de *Sarabande,* 1919 ; *Le Bachelier de Salamanque ; Ciel, air et vent,* op. 26 n° 2, déd., 1924 ; *Réponse d'une épouse sage ; Jazz dans la nuit,* op. 38, 1929), Georges-Martin Witkowsky (*Le Poème de la maison,* 1919). A partir de 1922, elle donne des cours d'interprétation à l'École Normale de Musique, puis au Conservatoire de Paris en 1934. Janine Micheau, Jacques Jansen, Camille Maurane, Gérard Souzay ont été ses élèves. Passionnée de théâtre, elle fut la récitante du *Roi David* et du *Martyre de saint Sébastien* et donna également des cours de mise en scène.

Crommelynck, Patrick

Pianiste belge, né à Etterbeek le 10 mai 1945, mort à Bruxelles le 10 juillet 1994.

Élève de Stefan Askenase à Bruxelles et de Victor Merjanov à Moscou, il rencontre, lors d'un stage à Vienne dans la classe de Dieter Weber, la pianiste japonaise **Takeo Kuwata** avec laquelle il se marie et forme un duo de piano à quatre mains à partir de 1974. Tous deux font revivre un répertoire souvent oublié qui comporte une trentaine de programmes différents d'œuvres originales, enrichis de nombreuses transcriptions ou versions originales de partitions symphoniques qu'ils découvrent dans les bibliothèques du monde entier (*Symphonie pathétique*, *La Mer*, *Le Sacre du printemps*, *La Moldau*, symphonies de Brahms...). A l'occasion, ils se produisent à deux pianos. En 1994, Patrick Crommelynck a fait ses débuts de chef d'orchestre, en accompagnant Martha Argerich, au Japon. Plusieurs compositeurs ont écrit à l'intention du Duo Crommelynck. Ils ont créé des œuvres d'Akira Miyoshi (*Concerto pour piano à 4 mains,* 1989), Marcel Quinet (*Concerto pour 2 pianos,* 1983 ; *Suite pour piano à 4 mains*).

Cross, Joan

Soprano anglaise, née à Londres le 7 septembre 1900, morte à Aldeburgh le 12 décembre 1993.

Elle étudie avec Gustav Holst à la St Paul's Girl's School et Dawson Freer au Trinity College of Music de Londres. En 1924 elle entre dans les chœurs de l'Old Vic Theater où elle chante Chérubin et la Première Dame de la nuit. De 1931 à 1946, elle est première soprano au Sadler's Wells Opera où elle participe entre autres aux premières anglaises de *Snegourotchka* (Kupava) et *Tsar Saltan* (Militrisa) de Rimski-Korsakov en 1933. En 1931 elle débute également au Covent Garden (Mimi) et y chantera jusqu'en 1954. Elle dirige la Sadler's Wells Company de 1943 à 1945 et participe à la réouverture du théâtre en 1945 avec la création mondiale de *Peter Grimes* de Britten (Ellen Orford). Elle créera encore de Britten le Female Chorus du *Viol de Lucrèce* à Glyndebourne en 1946, Lady Billows d'*Albert Herring* à Glyndebourne en 1947, Elizabeth I de *Gloriana* au Covent Garden en 1953 et Mrs Grose du *Tour d'écrou* à Venise en 1954. En 1946, elle participe à la fondation de l'English Opera Group, en 1948 elle fonde avec Anne Wood l'Opera School qui devient en 1955 la National School of Opera. A partir de 1946 elle met en scène des opéras en Grande-Bretagne, en Norvège et aux Pays-Bas, et à partir de 1955 se consacre à l'enseignement.

Crossley, Paul

Pianiste anglais, né à Dewsbury (Yorkshire) le 17 mai 1944.

Il étudie l'orgue à Mansfield College (Oxford) puis le piano avec Fanny Waterman à Leeds, avant de travailler avec Olivier Messiaen et Yvonne Loriod à Paris (1967). En 1968, il remporte le Concours international Olivier Messiaen. Il commence une carrière largement marquée par la musique contemporaine et la musique française. Sa notoriété se développe rapidement à partir de 1986 lorsqu'il se voit confier une importante série d'émissions télévisées sur Channel Four, consacrées aux principaux compositeurs du XXe siècle.

En 1988-89, il part en tournée au Japon avec l'Orchestre Symphonique de la NHK. En 1988, il est nommé codirecteur artistique du London Sinfonietta. Il possède un répertoire très vaste, avec une prédilection pour la musique de Fauré, Ravel, Janáček et Tippett dont il a enregistré l'intégrale de l'œuvre pour piano. Il avait fait ses premiers pas dans l'univers fauréen en jouant les sonates pour violon et piano avec Arthur Grumiaux. Il enseigne à Trinity College, à Londres.

Il a créé des œuvres de Henryk Mikołaj Górecki (*Sonate pour piano nº 1,* 1991), John Adams (*Eros Piano,* 1989), Hans Werner Henze (*Introitus aus « Requiem »,* 1990 ; *Agnus Dei,* 1991), Toru Takemitsu (*Litany,* 1990 ; *Quotation of Dream* pour deux pianos et orchestre, 1991), Michael Tippett (*Sonate pour piano nº 3,* 1973 ; *Sonate pour piano nº 4,* 1985).

Cuberli, Lella

Soprano américaine, née à Austin (Texas) le 29 septembre 1945.

D'ascendance italienne, elle fait ses études musicales à Dallas puis, après avoir remporté le prix du Concours international de Busseto, elle se fixe à Milan. Elle fait ses débuts en Europe dans Violetta *(La Traviata)* à l'Opéra de Budapest (1975). Puis elle commence à se produire à la Scala, notamment dans Constance (*L'Enlèvement au sérail*) et dans *Lucio Silla*. Son répertoire va de Mozart au bel canto et à Mélisande. Elle est invitée au Festival Rossini de Pesaro où elle participe à la résurrection du *Voyage à Reims* (1984). Au Met, elle fait ses débuts dans *Tancrède,* avec Marilyn Horne, et commence à s'imposer dans le rôle de la Comtesse *(Les Noces de Figaro)* : Aix-en-Provence (1985), Salzbourg (1986), Paris (Festival Mozart de l'Orchestre de Paris, 1986). En 1990, elle fait ses débuts à Covent Garden dans *Guillaume Tell* et au Met dans *Semiramis.*

Cubiles, José

Pianiste espagnol, né à Cadix le 15 mai 1894, mort à Madrid le 5 avril 1971.

Il a fait ses études au Conservatoire de Paris dans la classe de Diémer. Il se produit en Europe puis retourne en Espagne où il enseigne au Conservatoire de Madrid à partir de 1916, et enregistre de nombreux disques consacrés à la musique espagnole. Moins connu hors de son pays natal qu'Iturbi, il compte néanmoins parmi les figures majeures du piano en Espagne et a largement diffusé la musique d'Albéniz, Falla, Turina et Granados. Il a été le partenaire de Jacques Thibaud et de Gaspar Cassadó. En 1943, il se voyait confier la classe de virtuosité pianistique au Conservatoire royal de Madrid. Il a créé les *Nuits dans les jardins d'Espagne* de M. de Falla (1916). Joaquin Turina lui a dédié ses *Cinq Danses gitanes,* op. 55 (1932).

Cuenod, Hugues

Ténor suisse, né à Vevey le 26 juin 1902.

Ses études musicales le conduisent de l'Institut de Ribaupierre à Lausanne aux Conservatoires de Genève et de Bâle ; puis il part pour Vienne où il travaille avec Mme Singer-Burian qui, en quelques mois, fait du baryton-basse un ténor léger. Il débute en 1928 à Paris, à la Salle du Conservatoire, dans un concert de trios vocaux de Florent Schmitt qui l'engage lui-même et l'impose aux côtés de Marcelle Bunlet et Lina Falk. Ensuite il crée le rôle principal du *Pont d'Or* de Maxime Jacob au Théâtre Grammont puis, toujours en 1928, la première française de *Jonny mène la danse* d'Ernst Křenek, mis en scène par Gémier au Théâtre des Champs-Élysées et dirigé par Inghelbrecht. Il chante le Diable dans *Angélique* de Jacques Ibert, puis à Gaveau des cantates de Bach sous la direction de Vincent d'Indy. Il crée à Londres *Bitter Sweet* (Noël Coward) qu'il donne ensuite dans tous les États-Unis, avec pour partenaire Mireille Hartusch qui deviendra Mireille... tout court (!) et fondera *le Petit Conservatoire de la chanson*. Brève expérience de comédien ; en 1930, il joue *L'Opéra de Quat' sous* et *La Cavalière Elsa*, dans la mise en scène de Gaston Baty, avec Jamois. Il tourne quelques films et donne déjà des leçons de chant. De 1932 à 1934, il rentre en Suisse, où il crée *Misé brun*, opéra provençal de Pierre Maurice, puis chante plusieurs opéras-comiques d'Offenbach, Adam, Delibes, Planquette, etc. D'un éclectisme parfait, il fonde le duo Bob et Bobette avec Jane Lequien pour présenter des chansons modernes, mais aussi des spirituals et bientôt il chante des mélodies de Schumann accompagné par Clara Haskil, alors qu'à la Salle Gaveau il interprète *Résurrection* de Schütz et, à Genève (1934), *Les Noces* (Stravinski) dirigées par Ansermet. Il reprend l'ouvrage à Paris, sous la direction de Scherchen, puis avec le même chef *L'Histoire du soldat* (rôle du soldat) à Genève. Ayant rencontré Nadia Boulanger, il donne de nombreux concerts avec elle. En 1935, il crée à Londres *Le Paradis perdu* d'Igor Markevitch. Mais c'est surtout Bach et Monteverdi, Schütz et Charpentier qu'ils interprètent un peu partout, quand il ne donne pas des concerts avec Clara Haskil. En 1937, il enregistre avec Nadia Boulanger et son groupe les mémorables disques de Monteverdi. En mars, le groupe s'embarque pour les États-Unis. Un mois de concerts triomphaux qui vont marquer leurs carrières respectives ; ils y retourneront souvent, jusqu'à la guerre. Il enseigne ensuite au Conservatoire de Genève (1940-46). Il crée alors *La Danse des morts* (Honegger) à Bâle sous la direction de Paul Sacher et la même année à Lausanne *Le Vin herbé* (Frank Martin) sous la direction d'Ansermet (1940). C'est en 1943 qu'il aborde pour la première fois l'Évangéliste de *La Passion selon saint Matthieu* (Bach), rôle qu'il chantera par la suite dans le monde entier et qu'il a marqué de sa sensibilité, de sa musicalité, bref de cette personnalité étrange qui fait toute la valeur de ses interprétations. Dès la fin des hostilités, il retourne à Paris, retrouve Nadia Boulanger et reprend avec elle leur série de concerts. Son répertoire se modifie : il abandonne toute musique légère pour se consacrer aux maîtres de la cantate et aux contemporains (Milhaud, Jean Françaix dont il joue à ravir *Le Diable boiteux*, Stravinski, Binet, Britten dont il interprète *Les Illuminations* avec une fébrilité inspirée). En 1951, il crée *The Rake's Progress* à Venise sous la direction du compositeur. A Milan, l'année suivante, il retrouve Schwarzkopf pour un *Chevalier à la rose*, dirigé par Karajan, où il tient le rôle du Majordome, rôle qu'il chantera pendant trente ans. Sur cette même scène il enchaîne avec le Capitaine de *Wozzeck*. A Aix-en-Provence, il chante Basile (*Les Noces de Figaro*). En 1954, il est l'Astrologue du *Coq d'Or*, au Covent Garden. Sa réputation est dès lors acquise en Angleterre ; le Festival de Glyndebourne lui ouvre ses portes (début : Sellem du *Rake's Progress*), il y chantera jusqu'en 1975 *Ariane à Naxos* (le Maître à danser) et *Capriccio*, *Falstaff* (Docteur Caïus), *Ormindo* (Erice), *L'Heure espagnole*, *Eugène Onéguine* (M. Triquet) et surtout *La Calisto* où il incarne la vieille Nymphe Linfea ! On l'appelle dans le monde entier car, artiste consommé, il ne recherche jamais le premier rôle, mais sait conférer couleur et relief à n'importe quel personnage, fût-il de second plan. Son enregistrement du *Socrate* (Satie) obtient le Prix Mondial du Disque de Montreux (1980).

Cuper, Philippe

Clarinettiste français, né à Lille le 25 avril 1957.

Il travaille d'abord avec Gilbert Voisin avant d'étudier successivement avec Guy Dangain, Guy Deplus et Henri Druart à Paris, Stanley Drucker à la Juilliard School. Il fait des études de musicologie en Sorbonne et remporte, au Conservatoire de Paris, des premiers prix de clarinette (1980) et de musique de chambre (1981). Lauréat des concours de Genève et de Vercelli en 1979, il remporte le 2e prix au Concours international de Munich (1982) et le 1er prix au Concours international de Prague (1986). Entre 1978 et 1987, il est clarinette solo aux Concerts Lamoureux puis premier soliste à l'Orchestre de l'Opéra de Paris (à partir de 1984). Il mène une carrière de soliste internationale et se consacre également à l'enseignement ainsi qu'à la musique de chambre au sein de l'Ensemble Arpeggione et de l'Octuor à vent de Paris ou en compagnie d'Augustin Dumay, Paul Badura-Skoda, Michel Dalberto, Alain Planès... Il a créé des œuvres de Ph. Dulat, A. Girard, A. Voirpy, Y. Sakuraî et M. Rosenthal.

Cupido, Alberto

Ténor italien, né à Portofino le 19 mars 1948.

Il commence ses études musicales au Conservatoire de Milan avant de travailler au Centro di Perfezzionamento della Scala di Milano et à l'Accademia Chigiana de Sienne. Lauréat des concours de Parme (1975) et de Busseto (1976), il fait ses débuts à Gênes dans Pinkerton *(Madame Butterfly)*. L'année suivante, il chante Rodolfo *(La Bohème)* à Francfort et est aussitôt invité par les plus grandes scènes allemandes : Berlin, Hambourg, Cologne *(Werther)*, Munich (*Faust* et *Manon*). En 1978, il chante *La Bohème* à Glyndebourne. En France, il débute à Strasbourg en 1977 et à l'Opéra de Paris en 1983 (*La Bohème* et *La Traviata*). La même année, il chante pour la première fois à la Scala de Milan *(Lucia di Lammermoor)*. A l'Opéra de Vienne, il chante, *Werther, Faust, Macbeth, La Bohème...* Il fait ses débuts américains en 1983 à San Francisco et chante *Roméo et Juliette* à Montréal en 1986.

Curtis, Alan

Claveciniste et chef d'orchestre américain, né à Masone (Michigan) le 17 novembre 1934.

Il fait ses études à l'Université d'État du Michigan (diplômé en 1955) et à l'Université de l'Illinois (diplômé en 1956). Il mène ensuite une double carrière de claveciniste et de chef d'orchestre. Il se rend célèbre aux États-Unis par ses concerts mais aussi par ses conférences et ses enregistrements (musique baroque). Il a la passion de l'enseignement, de la découverte, de l'écriture. Il est professeur de musique et directeur du Collegium Musicum à l'Université de Berkeley. Il a édité des pièces de clavecin de Louis Couperin, les œuvres de Balbastre et publie les concertos pour clavecin de C.P.E. Bach. C'est souvent d'après ses propres éditions qu'il dirige des opéras baroques en Hollande, Belgique, États-Unis principalement.

ÉCRITS : *Sweelinck's Keyboard Music,* (Londres, 1969, rééd. 1972).

Curzon, Sir Clifford

Pianiste anglais, né à Londres le 18 mai 1907, mort à Londres le 1er septembre 1982.

Entré à la Royal Academy of Music de Londres en 1919, il devient l'élève de Charles Reddie et de Katharine Goodson, et remporte la médaille d'or Mac Farren de piano. Ses débuts ont lieu à l'âge de seize ans, aux côtés de Sir Henry Wood, lors des concerts du Queen's Hall Promenade où il interprète le *Triple Concerto* de Bach. Il se perfectionne avec Tobias Matthay puis, en 1928, il va suivre pendant deux ans les cours d'Artur Schnabel à Berlin, puis de Wanda Landowska et de Nadia Boulanger à Paris. Il enseigne à son poste à la Royal Academy of Music jusqu'en 1932 et part en tournée. Peu à peu l'interprète de musique de chambre semble se dessiner en lui, tandis que ses interprétations des concertos de Mozart en font aux yeux de tous « le plus grand mozartien de son temps ». A partir de 1952, Clifford Curzon anime le Festival d'Édimbourg, en compagnie de Szigeti, de Primrose et de Fournier, en jouant de nombreux quatuors avec piano.

Ce musicien est connu pour être le « spécialiste » des années sabbatiques. Les succès l'ont toujours conduit à se retirer pendant un laps de temps plus ou moins long pour étudier et méditer. De sorte que sa carrière en dents de scie n'a jamais présenté au public que des interprétations longuement mûries, à valeur de recréation. Il a créé la *Sonate pour piano* de Berkeley (1946), dont il est le dédicataire, et le *Concerto pour piano nº 2* de Rawsthorne. Il avait épousé en 1931 la claveciniste américaine **Lucille Wallace.**

Cvejič, Biserka (Biserka Tzveych)

Alto slovène, née à Jesenice le 5 novembre 1923.

Ses parents s'étant établis en Belgique, alors qu'elle n'avait qu'un an, elle préfère retourner dans son pays natal, à la fin de la Seconde Guerre mondiale. Jusqu'alors passionnée de jazz, elle ne chantait que quelques spirituals. A Belgrade, elle gagne sa vie comme interprète, mais se voit bientôt offrir une bourse pour étudier le chant. José Riavez lui permet de découvrir et de développer ce timbre incomparable d'alto profond. Alors qu'elle étudie encore, en 1950, elle remplace à l'Opéra de Belgrade la Maddalena de *Rigoletto*, malade. En 1954, elle fait ses débuts comme Charlotte (*Werther*). Ce premier triomphe, sous le nom de Biserka Tzveych – qu'elle conservera longtemps –, l'impose très vite, aussi bien dans le répertoire russe que dans les ouvrages italiens et français. Durant les tournées de l'Opéra de Belgrade, à Wiesbaden, à Lausanne, à Paris, elle se fait remarquer. L'Opéra de Vienne l'invite en 1959. L'année suivante, elle est engagée dans la troupe. Puis en 1961, elle appartient également à la troupe du Met où elle fait ses débuts en Amnéris (*Aïda*). En 1962, elle est invitée à Covent Garden. En 1963, au Colón. Habitant désormais Vienne, elle chante très souvent en URSS et dans les pays nordiques. Elle chante à Paris *Marie-Magdeleine* de Massenet, avec Régine Crespin, en 1977.

Czerny-Stefańska, Halina

Pianiste polonaise, née à Cracovie le 31 décembre 1922.

Son père lui enseigne les rudiments du piano et, dès l'âge de dix ans, elle est lauréate d'un concours pour jeunes talents à Varsovie. Elle travaille avec Alfred Cortot à l'École Normale de Musique de Paris (1932-33). De retour en Pologne, elle est l'élève d'un disciple de Paderewski, J. Turczyński, au Conservatoire de Varsovie (1935-39) puis de Z. Drzewiecki à l'École supérieure de musique de Cracovie (à partir de 1945). En 1949, elle remporte, ex-æquo avec Bella Davidovich, le 1er prix au Concours international de Varsovie. Elle commence alors une importante carrière internationale dans laquelle l'œuvre de Chopin et des compositeurs polonais occupe une place essentielle. Elle siège dans le jury des principaux concours internationaux. Spécialisée dans le répertoire à deux pianos, qu'elle jouait souvent avec son mari, **Ludwig Stefański**, elle continue à le pratiquer avec sa fille, **Elzbieta Stefańska-Lukowicz**, sans dédaigner la combinaison beaucoup plus rare du piano et du clavecin. Elle enseigne à l'Académie de musique de Cracovie.

Cziffra, Georges (György)

Pianiste hongrois naturalisé français (1968) né à Budapest le 5 novembre 1921, mort à Morsang-sur-Orge le 15 janvier 1994.

Il reçoit ses premières leçons de son père pianiste et donne son premier concert à l'âge de cinq ans, dans un cirque : le public réclame des improvisations sur un thème populaire. A neuf ans, il commence ses études à l'Académie Franz Liszt de Budapest, avec Dohnányi, et, de 1933 à 1941, joue en récital en Hongrie, Hollande et Scandinavie. Il ne peut achever ses études, car il est requis par le service militaire. Fait prisonnier de guerre en 1941, il ne reprendra ses études musicales qu'en 1947 auprès de György Ferenczy. Pour gagner sa vie il joue du piano dans des bars, à Budapest. Emprisonné à nouveau pour des raisons politiques en 1950, il est relâché en 1953. Il donne alors des concerts, et, en 1955, remporte le Prix Franz Liszt remis pour la première fois à un pianiste non compositeur. En octobre 1956, il part avec sa femme et son fils à Vienne. Un mois plus tard, le public délire en l'écoutant. Réfugié à Paris, il gagne vite une large audience, dès ses premiers concerts au Châtelet.

En quelques années, il s'impose comme l'un des grands spécialistes de Liszt et commence une brillante carrière internationale qui atteint son apogée dans les années soixante. Par la suite, ses prestations s'espacent. Il possède une technique transcendante qu'il met au service d'un répertoire relativement restreint (Liszt, Chopin, Rachmaninov, Tchaïkovski, Grieg, Schumann). Il affectionne également les petites pièces de virtuosité. En 1966, il fonde le Festival de La Chaise-Dieu, en Auvergne, qui deviendra l'un des centres musicaux estivaux les plus importants du centre de la France. En 1969, il fonde le Prix Cziffra à Versailles qui sera décerné pendant quelques années. Toujours passionné par la beauté des sites dans lesquels doit retentir la musique, il entreprend de faire restaurer la chapelle royale Saint-Frambourg de

Senlis qui devient l'auditorium Franz Liszt (1973).

Son fils **Georges** (1942-81) était chef d'orchestre et ils se sont parfois produits ensemble.

ÉCRITS : *Des canons et des fleurs,* Paris (1977).

Czyż, Henryk

Chef d'orchestre polonais, né à Grudziadz le 16 juin 1923.

Il reçoit parallèlement une formation universitaire et une formation musicale : à l'Université de Torún, il étudie le droit et la philosophie, au Conservatoire de Poznań, il travaille la composition et la direction d'orchestre (1948-52). Il débute en 1948 à la tête de l'Orchestre National de la Radio Polonaise. Puis il est l'assistant de Fitelberg auprès de cet orchestre. En 1957, il est nommé à la tête de l'Orchestre Philharmonique de Łódź. Sa carrière internationale débute lorsqu'il est nommé directeur artistique et premier chef de la Philharmonie de Cracovie (1965-68). Il dirige l'Académie de musique de cette même ville où il enseigne également (1962-66). Il crée alors et enregistre la *Passion selon saint Luc* et *Les Diables de Loudun* de Penderecki. Entre 1971 et 1974, il est directeur général de la musique à Düsseldorf. Depuis 1968, il a repris la direction artistique de la Philharmonie de Łódź.

D

D'Albert, Eugen

Pianiste et compositeur écossais naturalisé allemand, né à Glasgow le 10 avril 1864, mort à Riga le 3 mars 1932.

Il commence ses études musicales avec son père, un élève de Kalbrenner. A l'âge de douze ans, une bourse lui permet de venir travailler à Londres avec Ernst Pauer (piano) et Arthur Sullivan (composition). Il débute au Cristal Palace à l'âge de seize ans dans le *Concerto en la mineur* de Schumann, sous la direction de Hans Richter. Il remporte le Prix Mendelssohn et obtient une bourse pour travailler à Vienne pendant deux ans. Richter le recommande à Liszt avec lequel il va étudier à Weimar à partir de 1882. Interprète de Beethoven et de Bach, il réalise de nombreuses transcriptions pour piano d'œuvres pour orgue de ce dernier. Il se lie d'amitié avec Grieg, Reger, Pfitzner et Humperdinck et se fait le dépositaire des recommandations de Brahms quant à l'interprétation de ses propres œuvres. En 1907, il succède à Joachim comme directeur de la Musikhochschule de Berlin. Parmi ses élèves figurent Edwin Fischer et Wilhelm Backhaus. Il est généralement considéré comme l'un des derniers pianistes romantiques, au même titre que Busoni ou Paderewski. Par son activité pédagogique, il joue un rôle charnière essentiel en transmettant l'héritage pianistique de Liszt. Son œuvre pour piano et ses compositions de musique de chambre s'inspirent largement du style de Brahms. Il devait écrire 21 opéras, dont la plupart subissent irrésistiblement l'influence de Wagner. Néanmoins la représentation de son opéra-comique *Die Abreise* (*Le Départ*) en 1898 à Francfort et de *Tiefland* en 1903 à Prague montre sa profonde originalité. Avec *Flauto Solo* en 1905, ce sont ses seules véritables réussites. La deuxième de ses six femmes était la pianiste **Teresa Carreño** (1853-1917). R. Strauss a écrit à son intention la *Burlesque* qu'il créa en 1890.

Dalberto, Michel

Pianiste français, né à Paris le 2 juin 1955.

Au Conservatoire de Paris, où il entre à l'âge de treize ans, il travaille avec Vlado Perlemuter (1968-70) et Raymond Trouard (1970-72) avant d'obtenir un 1er prix de piano en 1972. Il suit les cours de perfectionnement du troisième cycle et étudie la musique de chambre avec Jean Hubeau. Il travaille ensuite avec Nikita Magaloff. En 1975, le Prix Clara Haskil lui vaut la célébrité, qu'il concrétise la même année en remportant le 1er prix du premier Concours Mozart de Salzbourg. Trois ans plus tard, il est le lauréat du Concours Leeds. En 1980, ses débuts ont lieu à Paris, avec l'Orchestre de Paris, sous la direction d'Erich Leinsdorf. Passionné par la musique de chambre, il anime tous les étés l'Académie de musique des Arcs en Savoie et joue régulièrement avec Henryk Szeryng, Augustin Dumay, Viktoria Mullova (duo violon-piano) et Nikita Magaloff (deux pianos). En 1991, il est nommé directeur artistique de l'Académie internationale et du Festival des Arcs. Il a entrepris l'enregistrement intégral de la musique pour piano de Schubert.

Dale, Laurence

Ténor anglais, né à Pyecombe (Sussex) le 10 septembre 1957.

Il fait ses études musicales à la Guildhall School of Music de Londres (1976-80) et au Mozarteum de Salzbourg. En 1981, il débute à l'English National Opera dans *La Veuve joyeuse* (Camille). La même année, il chante à Paris Don José dans *La Tragédie de Carmen* de Peter Brook. En 1982, il est engagé à Covent Garden et au Festival d'Aix-en-Provence. En 1983, il chante à Broadway puis incarne Roméo de Gounod à Bâle et Ramiro à Glyndebourne. Il chante à l'English National Opera en 1983 (*Orfeo* de Monteverdi), à Los Angeles avec le Royal Opera en 1984 (Pong dans *Turandot*). Au Welsh National Opera, il chante Ottavio et Ferrando de Mozart, à l'Opera North, il est Tamino et Belmonte, ainsi que Jenik dans *La Fiancée vendue.* Il chante également au Teatro Colón de Buenos Aires (Fenton de *Falstaff*), à l'Opéra de Lausanne (Pelléas), à l'Opéra néerlandais *(Così fan tutte)*, à la Monnaie de Bruxelles *(La Flûte enchantée)*, Paris, Hambourg, Genève et Zurich. Le 27 janvier 1991, il incarne Tamino au Landestheater de Salzbourg pour l'inauguration du bicentenaire de Mozart. En 1993, il participe à la réouverture de l'Opéra de Lyon en créant *Rodrigue et Chimène,* l'opéra inachevé de Debussy. Il est ensuite invité à l'Opéra de Vienne et au Festival de Salzbourg (*La Légende d'Orphée* de Monteverdi). En 1994, il débute à l'Opéra-Bastille dans Tamino. Aussi à l'aise dans le répertoire ancien que dans Mozart ou Verdi, il nourrit une particulière affection pour le répertoire français de la première moitié du XIXe siècle qui a trouvé en lui un type de voix qui avait pratiquement disparu.

Dal Monte, Toti (Antonietta Meneghelli)

Soprano colorature italienne, née à Mogliano Veneto le 27 juin 1893, morte à Treviso le 25 janvier 1975.

Ses parents la destinaient à une carrière de pianiste, mais un accident à la main l'oblige à abandonner le piano. Elle choisit alors le chant et l'étudie avec Barbara Marchisio. Elle fait ses débuts en 1916 à la Scala de Milan dans le petit rôle de Biancafiore de *Francesca da Rimini.* Après avoir chanté des rôles de soprano lyrique, elle décide de devenir soprano leggiero et reprend ses études avec le baryton Pini-Corsi. En 1918 elle chante Gilda à Turin et aussi la *Symphonie nº 9* de Beethoven sous la direction de Toscanini qui l'engage à la Scala pour incarner Gilda durant la saison 1921-1922. Les saisons suivantes, elle y chante Rosine, Lucia, Adina, Norina, Marie de *La Fille du régiment*, Linda... A Rome et à Naples, où elle fait de nombreuses apparitions, elle ajoute à ces rôles ceux de Violetta, de Mimi et de Cio-Cio-San. Puis c'est Gilda à l'Opéra de Paris en 1924, Rosine et Lucia au Covent Garden de Londres en 1925. Elle chante sur toutes les grandes scènes des États-Unis, au Met, (pour quelques représentations en 1924) et à Chicago (1924-28). Dès après la guerre, elle se consacre exclusivement à l'enseignement du chant. Elle a enregistré de nombreux disques, dont une fameuse intégrale de *Madame Butterfly* avec Gigli.

ÉCRITS : *Una voce nel mondo,* mémoires, Milan (1962).

Dam, José van

Voir à **Van Dam, José.**

Damm, Peter

Corniste allemand, né à Meiningen le 27 juillet 1937.

De 1951 à 1957, il fait ses études musicales à la Hochschule Franz Liszt de Weimar avec Karl Biehling. Il débute comme cor solo dans l'Orchestre de l'Opéra de Gera (1957-59). En 1960, il est lauréat du Concours international de

Munich. Puis il est cor solo au Gewandhaus de Leipzig (1959-69) étant élevé, en 1967, à la distinction de Kammermusiker. En 1969, il devient cor solo de la Staatskapelle de Dresde et est nommé, en 1971, Kammervirtuose. A partir de 1969, il enseigne à la Hochschule de Dresde et mène parallèlement une carrière de soliste, enregistrant notamment les concertos de Mozart et ceux de R. Strauss. Il a créé des œuvres de compositeurs est-allemands (Kurz, Herchet) et réalisé de nombreuses éditions d'œuvres classiques pour cor. Il a créé des œuvres de Johann Cilensek (*Konzertstück pour cor,* 1984), Jörg Herchet (*Komposition für Horn und Orchester,* 1983).

Damonte, Magali

Mezzo-soprano française, née à Marseille le 30 juin 1960.

Elle fait ses études au conservatoire de sa ville natale où elle remporte un 1er prix de chant en 1976. Elle fait ses débuts à l'Opéra de Marseille dans *L'Italienne à Alger* (Zulma) et *Mireille* (Taven). Elle entre ensuite à l'École d'art lyrique de l'Opéra de Paris où elle travaille avec Elisabeth Grümmer. Au Festival d'Aix-en-Provence, elle chante Isaura de *Tancrède* aux côtés de Marilyn Horne et de Katia Ricciarelli (1981) puis Angelina *(La Cenerentola).* Sans se spécialiser dans les rôles de coloraturas, on la retrouve dans *Luisa Miller* à Montpellier (1986) puis dans *Falstaff* à Lyon (1987) avant d'aborder *Carmen* à Bercy (1989).

Damrosch, Walter

Chef d'orchestre américain d'origine allemande, né à Breslau le 30 janvier 1862, mort à New York le 22 décembre 1950.

Fils de Leopold Damrosch (1832-85), chef d'orchestre qui fonda la New York Symphony Society. Son père est son premier professeur. Il travaille également le piano et la composition à Dresde et à Francfort avec F. Draeseke et Hans von Bülow. En 1884, il est l'assistant de son père pour la saison d'opéras allemands au Met, poste qu'il conserve lorsque Anton Seidl lui succède en 1885. Cette même année, il prend la direction de la New York Symphony Society (1885-94) et de l'Oratorio Society (1885-98 puis 1917-21). En 1894, il fonde la Damrosch Opera Company, une troupe de chanteurs allemands qui présente le répertoire germanique à New York et dans le reste des USA jusqu'en 1899. Il dirige notamment la première représentation outre-Atlantique de *Parsifal*. Le Met fait à nouveau appel à lui pour conduire les ouvrages allemands (1900-02). Puis il reprend la direction de la New York Symphony Society (1902-28) et procède à sa réorganisation en 1903. L'orchestre devient alors l'une des principales phalanges américaines. Il fait connaître la musique européenne de son temps et crée notamment aux États-Unis la *Quatrième Symphonie* de Mahler et la *Troisième* de Bruckner. En 1928, la New York Symphony Society fusionne avec la Philharmonie, sous la direction de Mengelberg et de Toscanini. Walter Damrosch est alors nommé conseiller musical à la NBC (1927-47). Il participera également à la fondation du Conservatoire Américain de Fontainebleau. Il a dirigé en première audition *Tapiola* de Sibelius (1926), le *Concerto pour piano* (1925) et *Un Américain à Paris* (1928) de Gershwin.

ÉCRITS : *My Musical Life* (1923).

Danco, Suzanne

Soprano belge, née à Bruxelles le 22 janvier 1911.

Après des études au Conservatoire de Bruxelles, elle remporte en 1936 un concours de chant à Vienne, et poursuit ses études à Prague, avec Fernando Carpi. En 1940, elle donne ses premiers concerts en Italie. En 1941, elle débute à l'Opéra de Gênes, comme Fiordiligi (*Così fan tutte*). Elle chante par la suite surtout dans les opéras de la Péninsule, à la Scala (création italienne, en 1948, de Jocaste dans *Œdipus-Rex* de Stravinski ; l'année précédente elle avait été Ellen Orford dans *Peter Grimes* de Britten) et à l'Opéra de Rome. Mais son rôle fétiche sera celui de Mélisande qu'elle chantera plusieurs fois sous la direction d'Ernest Ansermet, ainsi qu'à Trieste et à Rome.

Plus tard, pour la réouverture du Grand Théâtre de Genève (1963), elle incarnera Geneviève. Si sa musicalité lui permet de participer à de nombreuses créations sur scène et en concert, elle se révèle surtout une admirable mozartienne que s'arrachent les festivals d'Édimbourg, Glyndebourne et Aix-en-Provence. Elle remporte de grands succès, tant à l'Opéra de Vienne qu'à Covent Garden, sur les scènes françaises et dans les grands théâtres d'Amérique du Nord. Elle donne de nombreuses tournées de concerts dans le monde entier. Elle se consacre désormais à la pédagogie et enseigne à l'Académie Chigiana à Sienne.

Dang, Thai Son

Pianiste vietnamien, né à Hanoï le 2 juillet 1958.

Sa mère, professeur de piano formée à Paris, lui enseigne le piano dès son plus jeune âge : il travaille avec elle au Conservatoire de Hanoï (1965-73), tantôt à la ville, tantôt à la campagne, dans les abris souterrains, disposant plus souvent de claviers muets que de véritables pianos. En 1977, à la fin de la guerre, il suit un cycle d'études avec un professeur soviétique venu de Gorki, Ivan Katz. Puis il se rend à Moscou en 1977 où il est admis au Conservatoire Tchaïkovski dans la classe de Vladimir Natanson. En 1980, il remporte le 1er prix au Concours Chopin de Varsovie et se voit décerner tous les prix spéciaux. Il est le premier asiatique vainqueur de cette épreuve. Après avoir terminé son cycle d'études au Conservatoire de Moscou en 1982, il se perfectionne avec Dmitri Bachkirov. Sa carrière démarre progressivement, freinée par un refus de visa américain qui l'empêche de répondre à plusieurs invitations aux États-Unis. En 1988, il se fixe au Japon où il enseigne dans l'une des universités privées de Tōkyō.

Dangain, Guy

Clarinettiste français, né à Sains-en-Gohelle le 12 juillet 1935.

En 1952, il obtient son prix au Conservatoire de Lille puis en 1953 au Conservatoire de Paris (classe d'Ulysse Delécluse), suivi en 1955 d'un prix de musique de chambre (classe de Fernand Oubradous). Musicien d'orchestre à Radio Lille, il entre comme clarinette solo à l'Orchestre National de France en 1963, poste qu'il conserve jusqu'en 1993. A ce titre, il participe en soliste à la création de nombreux ouvrages contemporains de Stravinski (*Hommage à Kennedy*), d'Alain Louvier (*Atmosphères*), de Marcel Mihalovici, Pierre-Max Dubois... Il a été successivement professeur aux Conservatoires de Limoges (1955), de Valenciennes (1960), puis à l'École Normale de Musique de Paris (1973). Il est professeur de déchiffrage au Conservatoire de Paris depuis 1975. Il a publié un grand nombre d'ouvrages pédagogiques.

ÉCRITS : *A propos de... la clarinette* (1978).

Danon, Oskar

Chef d'orchestre bosniaque, né à Sarajevo le 7 février 1913.

Il reçoit sa formation musicale à Prague, au Conservatoire et à l'Université (doctorat de musicologie, 1933-38). A son retour dans sa ville natale, il est nommé chef d'orchestre au Théâtre (1938-41). Pendant la guerre, il participe à la résistance et ne reprend ses activités musicales qu'en 1945 : il prend alors la direction générale de l'Opéra et de la Philharmonie de Belgrade. En 1960, il renonce à ses fonctions directoriales et reste seulement chef d'orchestre à l'Opéra. A la même époque, il est également professeur à l'Académie de musique de Belgrade et chef d'orchestre à l'Opéra de Vienne. Oskar Danon a acquis une grande réputation dans le répertoire lyrique russe. Il a même été invité à enregistrer certains ouvrages en URSS. Il a réalisé le premier enregistrement intégral du *Prince Igor* en 1955. A Paris, il a dirigé *Boris Godounov* à l'Opéra en 1960.

Darasse, Xavier

Organiste et compositeur français, né à Toulouse le 3 septembre 1934, mort à Toulouse le 25 novembre 1992.

Initié à la musique dès son jeune âge (sa mère est titulaire de l'orgue de la cathédrale Saint-Etienne), il entre au Conservatoire de Paris en 1952 ; il y est l'élève de Maurice Duruflé et Rolande Falcinelli (1er prix d'orgue, 1959), Simone Plé-Caussade (1er prix d'harmonie, 1954, et de contrepoint-fugue, 1955), Jean Rivier (composition), Olivier Messiaen (analyse musicale, 1er prix 1965). Second Grand Prix de Rome en 1964, il obtient deux ans plus tard le 1er prix d'exécution et d'improvisation des Amis de l'Orgue. La même année, il est nommé professeur d'orgue au Conservatoire de Toulouse. De 1962 à 1975, il est producteur d'émissions musicales à France-Musique. De 1967 à 1973, il est responsable musical du Centre Culturel de Toulouse. Curieux du phénomène musical dans son ensemble, il se penche sur les traités de musique ancienne, dans le temps même qu'il interprète ou crée des œuvres contemporaines. De nombreuses tournées en Europe et en Amérique du Nord (où il donne plus de 50 concerts) assurent le succès de sa carrière. En 1969, il est nommé membre de la Commission des orgues, dont il est actuellement l'un des rapporteurs. Il enseigne dans plusieurs académies musicales (Saint-Maximin, Saint-Hubert en Belgique, Saintes, Saint-Dié, Haarlem, Oberlin College aux USA, à l'Internationale Studienwoche Sinzig en RFA). Il dirige l'Académie d'été de Toulouse depuis 1978. Sa carrière d'organiste a été interrompue en 1976, à la suite d'un très grave accident. Il se consacre plus particulièrement à la composition et à l'enseignement (professeur d'orgue au Conservatoire national supérieur de Lyon). En 1991, il est nommé directeur du Conservatoire national supérieur de Paris. Le nouveau Conservatoire de musique de Toulouse, inauguré en 1993, porte son nom. Il a créé des œuvres de Pierre Bartholomée (*Récit,* 1970), André Boucourechliev (*Archipel Vc,* 1972 ; *Anarchipel,* 1972), Jean-Pierre Guézec (*Pièce nº 1,* 1973), Betsy Jolas (*Musique d'hiver,* 1974), Iannis Xenakis (*Gmeeoorh,* 1975), Cristóbal Halffter (*Pinturas negras,* 1975). Parmi les pages qui ont été écrites à son intention figurent des œuvres de Gilbert Amy (*Sept Bagatelles,* 1976), Franco Donatoni (*Jeux pour deux,* 1975), Charles Chaynes (*Séquence pour l'Apocalypse,* 1972 ; *Joutes,* 1975), Antoine Tisné (*Volutes sonores,* 1971).

Darclée, Haricléa (Haricly Hartulary)

Soprano roumaine, née à Braila le 10 juin 1860, morte à Bucarest le 10 janvier 1939.

Elle étudie à Bucarest, puis à Paris avec Jean-Baptiste Faure. Elle débute à l'Opéra en 1888 (Marguerite), mais c'est un remplacement impromptu de la Patti dans le rôle de Juliette qui lui assure le succès en février 1889. Elle chante à la Scala dès 1890 ; elle y créera *La Wally* en 1892. A Rome, elle participe aux premières mondiales d'*Iris* de Mascagni (1898) et de *Tosca* (1900). Elle chante aussi à New York et à Buenos Aires. Son répertoire va du bel canto (Bellini, Donizetti) à Meyerbeer (Valentine), Verdi (Élisabeth), et Puccini (Manon Lescaut). Considérée en Italie comme l'égale de Lilli Lehmann, sa voix décline à partir de 1905 ; elle se retire en 1918 et achève son existence dans la pauvreté.

Darré, Jeanne-Marie

Pianiste française, née à Givet le 30 juillet 1905.

Elle fait ses études dès l'âge de dix ans au Conservatoire de Paris avec Marguerite Long et Isidore Philipp (piano), Eva Sautereau (solfège) et Jean Gallon (harmonie) et en sort en 1919 avec un 1er prix de piano. Elle débute en public en 1920, en récital à Paris, avant de partir se produire en Belgique avec l'Orchestre de Liège. Son premier concert avec orchestre, à Paris, a lieu en 1923 avec les Concerts Lamoureux sous la baguette de Paul Paray. Un an plus tard, elle joue sous la direction de Philippe Gaubert avec l'Orchestre de la Société des Concerts du Conservatoire. Sa vraie carrière se concrétise dès lors. En 1958, elle est nommée professeur de piano au Conservatoire de Paris et, en 1959, elle se voit chargée de cours à l'Académie internationale d'été de Nice. En 1968, 1969 et 1970, elle est titulaire d'une Master Class à Ithaca, aux États-Unis.

Hors son répertoire traditionnel, elle a créé *Sonatine* de Noël Gallon (1931), *Sonate* pour violon et piano de Martelli (1938), *Prélude et Toccata* pour piano et orchestre de Rabaud (1944) et *Fantasia Iberica* pour piano et orchestre de Grovlez (1944).

Dart, Thurston

Claveciniste et musicologue anglais, né à Kingston (Surrey) le 3 septembre 1921, mort à Londres le 6 mars 1971.

Il commence ses études à la Grammar School de Hampton, alors qu'il est choriste à la chapelle royale de Hampton Court. En 1938 et 1939, il étudie ensuite au Royal College of Music et suit des cours de mathématiques à l'University College d'Exeter. Il est licencié ès sciences en 1942. Après la guerre, en 1945, il poursuit ses études en Belgique, avec Charles Van den Borren et, l'année suivante, commence sa carrière de claveciniste. Dès 1947, il se voit nommé assistant à la Faculté de musique de l'Université de Cambridge. C'est le premier d'une série de postes qui vont lui permettre de jouer un rôle important dans la vie musicale anglaise. Il est directeur du Galpin Society Journal, de sa création en 1947, jusqu'en 1954. De 1950 à 1965 il est également secrétaire de Musica Britannica et en demeure un membre influent jusqu'à sa mort. Enfin, il est nommé membre du conseil de l'Association Royale de musique en 1952 puis, ultérieurement, membre du comité d'édition de la rédaction de la Purcell Society. Pendant cette période, Thurston Dart donne de nombreux récitals de clavecin, de clavicorde et d'orgue. De 1948 à 1955, il tient le continuo dans l'Orchestre de Boyd Neel. Vers 1950, il commence sa collaboration avec l'éditeur phonographique L'Oiseau-Lyre à Monaco : il réalisera près de 100 disques. En 1952, il est titulaire d'une chaire de maître de conférence à Cambridge et, en 1954, est maître de conférence à Harvard. Un an plus tard, il devient directeur artistique du Philomusica de Londres. En 1959, son état de santé l'oblige à abandonner ses activités orchestrales. Il continue cependant à donner des concerts et à professer et, en 1964, il fonde une faculté d'enseignement de la musique au King's College de Londres.

Les principaux domaines d'investigation de Thurston Dart portent sur l'œuvre de Jean-Sébastien Bach et, d'une manière générale, la musique aux XVIe, XVIIe et XVIIIe siècles, en particulier la vie et l'œuvre de John Bull (sur lequel il laisse un livre inachevé). Sur la fin de sa vie, Dart avance des théories, très controversées, sur les *Suites* et les *Concertos brandebourgeois* de Bach. Il les concrétise en les enregistrant avec l'Academy of St. Martin in the Fields. Il a supervisé les éditions révisées de la collection E.H. Fellows sur l'École du madrigal anglais et de l'ensemble des œuvres vocales de William Byrd (sous le titre *The Collected Works of William Byrd*), sans omettre l'édition M. Cauchi de l'œuvre de François Couperin. Il a créé le *Concerto pour clavecin* (1957) de Roberto Gerhard.

ÉCRITS : *The Interpretation of Music*, Londres (1954), *Editing Early Music : Notes on Preparation of Printer's Copy*, en collaboration avec W. Emmery et C. Morris, Londres (1963).

Daveluy, Raymond

Organiste et compositeur canadien, né à Victoriaville (Québec) le 23 décembre 1926.

Après des études de composition à Montréal avec Gabriel Cusson et d'orgue avec Conrad Letendre, puis avec Hug Tiler à New York, il remporte le Prix d'Europe (Montréal, 1948) et figure comme lauréat du Concours international d'improvisation de Haarlem (1959). De nombreux concerts le conduisent dans le continent américain et l'Europe – notamment à Paris et Avignon en 1978. Il est titulaire de plusieurs orgues à Montréal : Saint-Jean-Baptiste (1946-51), l'Immaculée-Conception (1951-54), Saint-Sixte (1954-59), et, depuis 1960, l'Oratoire Saint-Joseph où il joue sur un célèbre instrument dû au facteur allemand Rudolf von Beckerath.

Son répertoire va de Bach à Liszt et Franck, en passant par Marchand et Gaspard Corrette. Il a été professeur au Conservatoire de Montréal (1956-60), au

Conservatoire de Trois-Rivières (1966-67), directeur-adjoint du Conservatoire de Montréal (1967-70), directeur du Conservatoire de Trois-Rivières (1970-74), directeur du Conservatoire de Montréal (1974-78) où il continue d'enseigner depuis 1978. De plus, il est chargé de cours et conférencier invité à l'Université McGill de Montréal depuis 1966. Membre du Conseil canadien de la musique, du Royal Canadian College of Organists, il pratique aussi la direction d'orchestre. R. Daveluy est l'une des figures notables de la musique canadienne de ce dernier demi-siècle.

Davezac, Betho
(Beethoven Davezac)

Guitariste urugayen, né à Rocha le 3 août 1938.

Sa famille est originaire de Tarbes. A six ans, il commence à travailler avec son père professeur au conservatoire de sa ville natale. Il étudie l'harmonie et le contrepoint avec Guido Santorsola, compositeur italien émigré à Montevideo. Il se perfectionne auprès d'Andrès Segovia et d'Alirio Diaz. En 1954, il fonde l'ensemble Grupe Artemus qu'il dirige jusqu'en 1966 et avec lequel il obtient en 1965 le Prix annuel du Cercle de la Critique de l'Uruguay. A partir de 1966, il se fixe à Paris où il enseigne. Il est lauréat du Concours international de l'ORTF (1966) puis, en 1967, obtient le 1er prix du Concours international de la Ville de Liège et enfin, en 1969, celui de la Ville d'Alexandrie. Il donne des cours de perfectionnement en Allemagne (Trossingen) et au Brésil (Ouro-Preto).

Davidovich, Bella

Pianiste russe, naturalisée américaine, née à Bakou le 16 juillet 1928.

Issue d'une famille de musiciens, elle commence l'étude du piano avec sa mère, répétitrice à l'opéra de sa ville natale, puis est admise à poursuivre sa formation au Conservatoire de Moscou avec Jakob Flière et Neuhaus. En 1949, elle remporte le Concours Chopin de Varsovie, et fait ses débuts à l'Ouest, en Italie et aux Pays-Bas. En 1977, son fils, le jeune violoniste Dmitry Sitkovetsky, quitte l'URSS. L'année suivante, les autorités lui accordent un visa d'émigration qui lui permet de rejoindre son fils et de s'installer à New York. En 1979, ont lieu ses débuts à Carnegie Hall, salués par une presse enthousiaste. Depuis sa célébrité aux États-Unis n'a jamais cessé de croître. Pianiste essentiellement romantique, elle connaît également à la perfection les Russes, de Chostakovitch à Tchaïkovski. Après son installation aux États-Unis, elle a commencé à jouer Gershwin. Elle enseigne à la Juilliard School of Music de New York depuis 1982.

Davies, Meredith

Chef d'orchestre et organiste anglais, né à Birkenhead le 30 juillet 1922.

Il travaille l'orgue au Keble College d'Oxford et au Royal College of Music de Londres avant d'être nommé organiste de la cathédrale Saint-Alban (1947-49) puis de celle d'Hereford (1949-56). En 1952 et 1955, il dirige les Three Choirs Festivals. Puis il travaille la direction d'orchestre avec Fernando Previtali à l'Académie Sainte-Cécile de Rome (1954 et 1956). De 1957 à 1960, il est organiste au New College d'Oxford, chef du City of Birmingham Choir et chef associé du City of Birmingham Symphony Orchestra. Il sera par la suite directeur musical adjoint de cet orchestre. Britten l'engage au Festival d'Aldeburgh et il crée le *War Requiem* en 1962. De 1962 à 1964, il est directeur musical de l'English Opera Group, puis, de 1964 à 1971, directeur de l'Orchestre Symphonique de Vancouver, et de 1969 à 1972, chef du BBC Training Orchestra à Bristol. Entre 1972 et 1985, il est à la tête de la Royal Choral Society. Depuis 1979, il est « Principal » au Trinity College. Meredith Davies a dirigé en première audition plusieurs partitions de Berkeley, Britten et Bennett.

Davis, Andrew

Chef d'orchestre anglais, né à Ashridge (Kent) le 2 février 1944.

Il travaille l'orgue avec Peter Hurford et Piet Kee avant de se perfectionner au King's

College de Cambridge (1963-67). Puis il étudie la direction d'orchestre à l'Académie Sainte-Cécile de Rome avec Franco Ferrara. En 1969, il participe au séminaire pour jeunes chefs d'orchestre britanniques à Liverpool avant d'être nommé chef associé du BBC Scottish Orchestra (1970-72). En 1973, il occupe les mêmes fonctions auprès du New Philharmonia Orchestra. La même année, il fait ses débuts lyriques au Festival de Glyndebourne dans *Capriccio* de R. Strauss et revient y diriger régulièrement au cours des années suivantes. Entre 1975 et 1988, il est directeur musical de l'Orchestre Symphonique de Toronto dont il reste, par la suite, *conductor laureate.* Puis il est nommé directeur musical du Festival de Glyndebourne (1988) et chef permanent de l'Orchestre Symphonique de la BBC (1989). Il a créé des œuvres de Robin Holloway (*Panorama,* 1989), Anthony Payne (*Time's Arrow,* 1990).

Davis, Sir Colin

Chef d'orchestre anglais, né à Weybridge le 25 septembre 1927.

L'audition de *L'Enfance du Christ* le bouleverse alors qu'il a déjà reçu une formation de clarinettiste au Royal College of Music de Londres. Il décide de devenir chef d'orchestre et débute avec l'Orchestre de Chambre Kalmar, en Suède, puis avec le Chelsea Opera Group. En 1952, il est chef de ballet au Royal Festival Hall de Londres puis, de 1957 à 1959, chef assistant au BBC Scottish Orchestra. En 1959, il remplace au pied levé Klemperer dans *Don Giovanni* avant d'être engagé au Sadler's Wells Theatre comme chef d'orchestre (1959-61) puis directeur musical (1961-65). Il commence à diriger régulièrement l'Orchestre Symphonique de Londres qu'il emmène en tournée et avec lequel il enregistre de nombreux disques. En 1967, il fait ses débuts au Met. De 1967 à 1971, il est à la tête de l'Orchestre Symphonique de la BBC puis il prend la direction musicale de Covent Garden (1971-86). Il est le premier chef d'orchestre britannique invité à diriger au Festival de Bayreuth (1977-78). On le retrouve ensuite comme Principal Guest Conductor de l'Orchestre Symphonique de Londres et de l'Orchestre Symphonique de Boston. Entre 1983 et 1992, il est directeur musical de l'Orchestre Symphonique de la Radiodiffusion Bavaroise (Munich). Il entretient des relations privilégiées avec la Staatskapelle de Dresde dont il est nommé chef honoraire. En 1995, il prend la direction musicale de l'Orchestre Symphonique de Londres.

Il se passionne d'abord pour Mozart et Haendel dont ses enregistrements témoignent d'une lucidité et d'une vitalité certaines. Puis il s'enthousiasme pour Berlioz qu'il révèle au public anglais et au monde entier en gravant l'intégralité de son œuvre. Poursuivant la tradition de Sir Thomas Beecham, il sert Sibelius – une autre intégrale à son actif – et la musique anglaise. Parmi les œuvres dont il a dirigé la création figurent des partitions de Günter Bialas (*Ländler-Fantasien,* 1989), Gordon Crosse (*Celebration,* 1972), Hans Werner Henze (*Ariosi,* 1964 ; *Tristan,* 1974), David Matthews (*Variations pour cordes,* 1987), Peter Maxwell Davies (*Sinfonia,* 1962), Sir Michael Tippett (*The Knot Garden,* 1970 ; *Symphonie nº 2,* 1972 ; *The Ice Break,* 1977 ; *The Mask of Time,* 1984).

Dean, Stafford

Basse anglaise, né à Kingswood le 20 juin 1937.

Ayant manifesté très jeune des prédispositions marquées pour la musique et pour le chant, il est envoyé par ses parents, dès la fin de ses humanités, au Collège Royal de Musique de Londres, où il reçoit notamment l'enseignement d'Howell Glynne et d'Otakar Kraus. Il fait ses débuts au Sadler's Wells de Londres en 1964 dans le rôle de Zuniga. Très vite, sa très belle voix fait grosse impression et sa réputation s'étend. Au Royaume-Uni d'abord, où il devient un familier des Festivals d'Aldeburgh, d'Édimbourg et de Glyndebourne, tandis qu'il partage son temps entre le Covent Garden de Londres, les Opéras de Cardiff et de Glasgow. Mais, bien sûr, comme tous les produits de l'excellente école de chant anglaise, il s'expatrie. Prague, Bordeaux, Strasbourg, Toulouse l'accueillent avec chaleur, mais aussi Berlin, Hambourg, Stuttgart et Munich en font une vedette, sans parler d'Amsterdam. S'il excelle dans les rôles qui font appel à sa virtuosité d'acteur, tels Leporello, Figaro, Basile du *Barbier de Séville*, il n'en est pas moins impressionnant en Sarastro ou en Padre Guardiano, complexe en Rocco, truculent en Daland ou en Don Pasquale... Stafford Dean mène parallèlement une brillante carrière de mélodiste et de concertiste. Il a créé le *Requiem polonais* (1984) de Krzysztof Penderecki.

Debost, Michel

Flûtiste français, né à Paris le 20 janvier 1934.

Il débute le piano puis, à dix ans sur les conseils de Jan Merry, s'oriente vers la flûte. Le violoncelliste Maurice Maréchal le décide à entrer au Conservatoire de Paris en 1952 dans la classe de Gaston Crunelle où il obtient un 1er prix en 1954. Après la guerre d'Algérie, il tente les grands concours internationaux : 1er prix et médaille d'or à Moscou (1957), Prague (1959), Munich (1960), Genève (1961), Rome (1962)... En 1958, il est flûte solo à l'Orchestre de Vichy et l'année suivante s'associe avec le pianiste Christian Ivaldi, duo qui se produira dans le monde entier. En 1960, il est nommé flûte solo à la Société des Concerts du Conservatoire, place qu'il occupe ensuite à l'Orchestre de Paris (1967-89). En 1965, il avait fondé le groupe Secolo Barocco avec Gaston Maugras (hautbois), Amaury Wallez (basson) et Christian Ivaldi (clavecin). En 1981, il succède à Jean-Pierre Rampal comme professeur de flûte au Conservatoire de Paris, où il enseigne jusqu'en 1989. Il se consacre ensuite à une carrière de soliste et de pédagogue invité, essentiellement sur le continent nord-américain. Il a créé des œuvres de Maurice Ohana (*Signes*, 1965).

Decker, Franz Paul

Chef d'orchestre allemand, né à Cologne le 22 juin 1923.

A la Musikhochschule de sa ville natale, il travaille avec E. Papst et Ph. Jarnach. En 1944, il est chef d'orchestre à l'Opéra de Giessen puis, l'année suivante, à l'Opéra de Cologne. En 1946, il est nommé directeur général de la musique à Krefeld. Wiesbaden l'appelle en 1950 comme chef d'orchestre à l'Opéra puis comme directeur général de la musique (1953). Il occupe les mêmes fonctions à Bochum (1956-64) et prend la direction artistique de l'Orchestre Philharmonique de Rotterdam (1962-68) avant d'être nommé à la tête de l'Orchestre Symphonique de Montréal (1967-75). Professeur à l'Université Sir George Williams de Montréal depuis 1973, il devient conseiller artistique et principal chef invité de l'Orchestre Philharmonique de Calgary en 1976. En 1981, il est nommé conseiller artistique de l'Orchestre Symphonique de Winnipeg avant de prendre, entre 1986 et 1991, la direction de l'Orchestre de la Ville de Barcelone. Il est ensuite nommé chef permanent de l'Orchestre Symphonique de Nouvelle-Zélande, à Wellington. En 1991, il devient premier chef invité de l'Orchestre du Centre National des Arts d'Ottawa.

De Fabritiis, Oliviero

Chef d'orchestre italien, né à Rome le 13 juin 1902, mort à Rome le 12 août 1982.

Dans sa ville natale, il travaille avec Setaccioli et Refice, recevant aussi une formation de compositeur. Il débute en 1920 au Teatro Adriano puis est engagé à l'Opéra de Rome où il est vite nommé chef permanent. Il occupe ensuite les mêmes fonctions à la Fenice de Venise avant de revenir à l'Opéra de Rome en 1943, comme secrétaire artistique. En 1938, il y avait fondé, avec B. Gigli et T. Dal Monte, la saison d'opéra des Thermes de Caracalla. Grand chef lyrique, il mène surtout une carrière de chef invité, à l'échelon international après la dernière guerre : il débute aux USA en 1947 et dirige dans les plus grands centres lyriques du monde. En 1971, il devient conseiller artistique du Festival de Vienne et, en 1977, conseiller musical du Théâtre Massimo Bellini (Catania).

Defauw, Désiré

Chef d'orchestre belge naturalisé américain, né à Gand le 5 septembre 1885, mort à Gary (Indiana) le 25 juillet 1960.

Dans son pays natal, il reçoit une formation de violoniste en étudiant notamment avec Johan Smit. Il commence une carrière d'instrumentiste qui prend son essor à partir de 1914 à Londres où il s'est réfugié pendant les hostilités. Il y fonde le Allied Quartet avec Charles Woodhouse, Lionel Tertis et Emile Doehaerd. En 1918, il retourne en Belgique, enseignant au Conservatoire d'Anvers et dirigeant pour la Radio. En 1926, il est nommé professeur de direction d'orchestre au Conservatoire de Bruxelles et il prend en charge la direction des concerts du Conservatoire jusqu'en 1940. En 1937, il est également à la tête de l'Orchestre National de Belgique. L'année suivante, il fait ses débuts aux États-Unis avec l'Orchestre de la NBC. De 1940 à 1948, il dirige l'Orchestre Symphonique de Montréal, et de 1943 à 1947, celui de Chicago. Il retourne quelques années en Belgique mais se fixe définitivement aux États-Unis en 1950 lorsqu'il prend la direction de l'Orchestre Symphonique de Gary, qu'il conservera jusqu'en 1958. Désiré Defauw a réalisé de nombreux enregistrements à Bruxelles comme à Chicago. Parmi eux la première gravure de la *Suite Scythe* de Prokofiev.

Deffayet, Daniel

Saxophoniste français, né à Paris le 23 mai 1922.

En 1941, il entre au Conservatoire de Paris où il travaille le saxophone (avec Marcel Mule), le violon (avec M. Tourret), l'harmonie (avec Duruflé) et la musique de chambre (avec Benvenutti). Deux ans plus tard, il remporte un 1er prix de saxophone et un 1er accessit de violon. En 1953, il donne son premier concert en soliste, aux Concerts de chambre Fernand Oubradous. Cette même année, il fonde le Quatuor de saxophones qui porte son nom, quatuor qui se produira pour la première fois en 1956. Professeur de saxophone à l'Académie internationale d'été de Nice en 1964, il succède à Marcel Mule au Conservatoire de Paris (1968-88). En 1971, il est nommé professeur à l'Indiana University et coprésident de l'Assocation des saxophonistes de France. Parmi les créations de Daniel Deffayet, il y a lieu de citer : *Concertino* pour saxophone-alto et piano, de Pierre Hasquenoph (1961), *Divertimento* pour saxophone-alto et orchestre à cordes, de Roger Boutry (1965), *Trois chants incantatoires*, pour saxophone et orchestre de chambre, de Marc Carles, *Alliages*, pour quatuor de saxophones, d'Antoine Tisné (1972), *Quatuor de saxophones* d'Henry Barraud (1974), *Linéaire I*, pour saxophone et orchestre, d'Alain Weber (1974), *Quatuor* de saxophones, de Jean-Michel Damase (1976), *Concerto lyrique* pour quatuor de saxophones et orchestre, de Jean Martinon (1976).

Defossez, René

Chef d'orchestre belge, né à Spa le 4 octobre 1905, mort à Etterbeek le 20 mai 1988.

Il fait ses études musicales au Conservatoire de Liège où il travaille la composition avec François Rasse. En 1935, il obtient le Prix de Rome belge. Puis il est nommé professeur d'harmonie au Conservatoire de Liège avant d'enseigner la direction d'orchestre au Conservatoire de Bruxelles (1946-73). Entre 1936 et 1959, il dirige régulièrement au Théâtre Royal de la Monnaie dont il devient directeur musical. En 1969, il est élu à l'Académie Royale de Belgique et, en 1972, fonde l'Opéra de Chambre de Belgique.

De Greef, Arthur

Pianiste et compositeur belge, né à Louvain le 10 octobre 1862, mort à Bruxelles le 29 août 1940.

Au Conservatoire de Bruxelles, il travaille avec L. Brassin (piano), Dupont (harmonie), Kufferath (fugue), Gevaert (composition). En 1879, il remporte un 1er prix ex æquo avec Albéniz. Suivant les conseils de son maître, Gevaert, il va à Weimar se perfectionner avec Liszt, puis à Paris avec Saint-Saëns. En 1887 il est nommé professeur au Conservatoire de Bruxelles où il enseignera jusqu'en 1930. Au cours de ses tournées de concerts, il se fait le champion du *Concerto pour piano* de Grieg, lequel proclamait que De Greef était l'interprète idéal de sa musique. Il lui a dédié ses *Danses symphoniques*, op. 64. Une série de récitals, retraçant l'histoire du clavier à travers les âges, remporte un grand succès à Paris en 1892. Il laisse quelques compositions d'un intérêt tout à fait inégal, dont trois poèmes symphoniques, deux concertos, et de nombreuses petites pièces de musique de chambre.

De Groot, Cor

Pianiste et compositeur néerlandais, né à Amsterdam le 7 juillet 1914.

Après ses études au conservatoire de sa ville natale, il remporte en 1936 le Concours de Vienne. De 1938 à 1947 il enseigne au Conservatoire de La Haye, tout en composant par ailleurs. Dès 1947, il commence à faire des tournées de concerts en Europe. Outre de nombreuses compositions purement instrumentales, il a écrit pour la voix, et composé des musiques de film et un ballet : *Vernissage*, écrit en 1941.

De Klerk, Albert

Organiste et compositeur néerlandais, né à Haarlem le 4 octobre 1917.

Fils du compositeur Joseph De Klerk, il succède, dès l'âge de seize ans, à Hendrik Andriessen aux claviers de l'orgue de l'église Saint-Joseph de sa ville natale. Dans le même temps, il fait ses études avec Anthon Van der Horst au Conservatoire d'Amsterdam. Il y obtient le Prix d'excellence en 1941. Alors qu'il exerce son art d'organiste à Haarlem régulièrement depuis 1956, il est nommé, en 1964, professeur d'orgue au Conservatoire d'Amsterdam. Sa réputation d'interprète et d'improvisateur l'impose, à partir de cette date, aussi bien en Europe qu'aux États-Unis, où il donne de nombreux récitals. Comme compositeur, il a écrit avant tout pour son instrument. Ses œuvres respectent le style dit « conventionnel ».

Delacôte, Jacques

Chef d'orchestre français, né à Remiremont le 16 août 1942.

Ses études musicales, consacrées à la flûte, le mènent du Conservatoire de Nancy (1956-60) à celui de Paris (1960-63). Après avoir été flûte solo de l'Orchestre international de Turin (1963-65), il entreprend des études de direction d'orchestre à l'Académie de musique de Vienne avec Hans Swarowsky (1965-70) et travaille avec Darius Milhaud. En 1970, il remporte le 1er prix du Concours Mitropoulos qui lui permet de diriger son premier concert avec l'Orchestre Philharmonique de New York. En 1972, il fait ses débuts de chef lyrique à l'Opéra de Vienne (avec *Madame Butterfly*, *Carmen* et *La Traviata*) et assiste L. Bernstein. Il dirige les principaux orchestres du monde et fait ses débuts londoniens en 1973 en remplaçant Abbado dans la *Troisième Symphonie* de Mahler. Il a dirigé également au Théâtre Musical de Paris *Cendrillon* de Massenet (1981) et *Ernani* de Verdi (1982).

De Lancie, John

Hauboïste américain, né à Berkeley le 26 juin 1921.

A quinze ans, il devient l'élève de Marcel Tabuteau au Curtis Institute de Philadelphie et obtient son diplôme en 1940. Il est nommé hautbois solo de l'Orchestre Symphonique de Pittsburgh et fait partie du Robin Hood Dell Orchestra de Philadelphie. Après la guerre, où il a passé trois ans en Europe dans l'armée américaine, il rencontre Richard Strauss et l'incite à écrire son *Concerto pour hautbois*. En 1954, il remplace Marcel Tabuteau comme hautbois solo de l'Orchestre de Philadelphie dont il faisait partie depuis 1946. Il enseigne au Curtis Institute dont il assure la direction artistique entre 1977 et 1986. Il a en outre fait partie du Quintette à vent de Philadelphie. Jean Françaix a écrit pour lui *L'Horloge de Flore* et Benjamin Lees son *Concerto pour hautbois*.

Delavrancea, Cella

Pianiste et pédagogue roumaine, née à Bucarest le 15 décembre 1888, morte à Bucarest le 9 août 1991.

Elle fait ses études au Conservatoire de Bucarest puis se perfectionne en Allemagne et en France. Elle entreprend des tournées artistiques en Allemagne fédérale, en France, en Autriche, en Suisse, en Angleterre, etc. Remarquable pédagogue, elle a formé plusieurs générations de pianistes roumains, notamment Radu Lupu et Dan Grigore. Elle a écrit de nombreuses chroniques musicales, qui ont été réunies en un volume, *Arpèges en ton majeur* (Bucarest, 1970).

Delécluse, Ulysse

Clarinettiste français, né à Nœux-les-Mines le 22 janvier 1907, mort à Plaisir (Yvelines) le 7 février 1995.

Il étudie d'abord au Conservatoire de Lille jusqu'en 1924 avant d'entrer au Conservatoire de Paris où il obtient, en 1925, un 1er prix de clarinette. Il entre aux Concerts Colonne, puis à la Société des Concerts du Conservatoire. Il est choisi par Charles Münch comme soliste de l'Orchestre Philharmonique de Paris. Soliste de la Musique de la Garde Républicaine (1940-50), il est également professeur au Conservatoire de Paris (1948-78). Une trentaine de partitions lui sont dédiées parmi lesquelles des pages signées Milhaud et Tomasi. Il est l'auteur de nombreuses transcriptions et de partitions d'étude. Ulysse Delécluse a su allier trois brillantes carrières : soliste dans les grands orchestres, concertiste et pédagogue, formant l'élite des clarinettistes français.

Della Casa, Lisa (Casa-Debeljevic)

Soprano suisse, née à Burgdorf (Berne) le 2 février 1919.

Elle étudie le chant avec Margarete Haeser à Zurich, et débute à Solothurn-Biel en 1941 (Butterfly). Elle appartient ensuite au Stadttheater de Zurich (1943-50) où elle incarne Serena (*Porgy and Bess*), Pamina, Gilda. Elle est membre de l'Opéra de Vienne depuis 1947, année où elle débute à Salzbourg (Zdenka dans *Arabella*). Elle chante à Glyndebourne en 1951 (La Comtesse), à Munich la même année (Sophie, Arabella), à Bayreuth en 1952 (Eva), au Met en 1953. En 1952 elle reçoit le titre de Kammersängerin. Ses rôles de prédilection sont les grands Mozart et Strauss, dont elle reste une des plus remarquables interprètes (Octave, Sophie, la Maréchale, Ariane, Chrisothemis, Salomé, Madeleine). Elle est considérée comme l'interprète idéale d'Arabella. En 1949, elle participe à la création mondiale de *Die Schwarze Spinne* de Burkhard (La Jeune Fille) à Zurich, et, en 1953, elle est la créatrice des trois rôles féminins du *Procès* de von Einem à Salzbourg. Elle se retire de la scène en 1974.

Deller, Alfred

Haute-contre anglais, né à Margate (Kent) le 31 mai 1912, mort à Bologne le 16 juillet 1979.

Enfant il chante dans un chœur de paroisse ; à l'adolescence, muant, il découvre qu'il peut chanter naturellement une partie d'alto ; il cherche un enseignement que personne, en Angleterre, ne peut lui donner, sa voix n'appartenant à aucune catégorie. Il lit des textes anciens, retrouve une tradition anglaise et des trésors oubliés dans les archives. Améliorant sa voix, il se crée un répertoire original. En 1940, il chante avec les chœurs de la cathédrale de Canterbury ; en 1947, il est à la tête des chœurs de Saint-Paul de Londres. Remarqué par Michaël Tippett, il donne son premier concert, en soliste, à Londres, et, en 1948, forme le Deller Consort. Avec cette formation dont les membres varient, il perfectionne un style qui va conquérir le monde de la musique. Initiateur, professeur (il a enseigné le chant grégorien à Sénanque), musicologue, Alfred Deller se bat pour retrouver l'interprétation la plus juste de la musique ancienne, ressuscitant Byrd, Morley, Tallis... Musiques populaires, chant grégorien, musiciens du XVIIIe siècle, sont à son répertoire. Il travaille avec des musicologues (Dart, Lewis, Leonhardt) qui cherchent et restituent les œuvres qu'il chante. Il fait école et forme une génération nouvelle. Grâce à lui, la voix de haute-contre retrouve sa place. Sa propre voix sans vibration, sans pesanteur, lumineuse et douce, comme venant d'ailleurs, est l'expression de l'intelligence, simple, élégante. Enthousiaste et exigent, il a ouvert à la musique d'aujourd'hui, un monde oublié. Il a créé le rôle d'Obéron dans le *Songe d'une nuit d'été* de Britten (1960).

Deller, Mark

Haute-contre anglais, né à St. Leonards-on-Sea le 27 septembre 1938.

Il commence sa carrière musicale dans les chœurs de la cathédrale de Canterbury, puis obtient un prix de choriste au Saint John's College à Cambridge. Fils d'Alfred Deller, il se joint en 1962 au Deller Consort dont il est le directeur depuis 1979. Dès 1962, il enregistre avec cet ensemble et, en duo, avec son père. De 1969 à 1973, il est à la tête des chœurs de la cathédrale Saint Paul de Londres. Il mène de front sa carrière de chanteur et de chef de chœur, dirigeant plusieurs chorales en Angleterre. Chef attitré du Petersfield Musical Festival depuis 1970, directeur du Festival international de Stour Music (créé par son père), il dirige chaque année l'Académie Deller à Lacoste (Provence). Il prolonge les découvertes de son père, dans une pensée et une interprétation fidèles.

Del Mar, Norman

Chef d'orchestre anglais, né à Londres le 31 juillet 1919, mort à Londres le 6 février 1994.

Au Royal College of Music de Londres, il travaille le cor et la composition avec Mátyás Seiber et Vaughan Williams. Après la guerre, il fait partie de différents orchestres dont le Royal Philharmonic Orchestra où il est deuxième cor aux côtés de Dennis Brain. Élève de Constant Lambert, il commence la direction d'orchestre en 1944 avec un orchestre d'amateurs qui devient l'Orchestre Symphonique de Chelsea et s'attaque à un répertoire mal connu en Angleterre (Hindemith, Poulenc, Mahler, Busoni...). Sir Thomas Beecham le prend comme assistant (1947-48) et il est ensuite nommé à l'English Opera Group (1948-56). De 1954 à 1956, il est aussi l'assistant de Nicolaï Malko à l'Orchestre Symphonique du Yorkshire. Puis il est à la tête du BBC Scottish Orchestra (1960-65), de l'Orchestre Symphonique de Göteborg (1968) et de l'Académie de la BBC (1974-77). Une grande partie de sa carrière est consacrée à l'enseignement : à la Guildhall School of Music (1953-60), au Royal College of Music (depuis 1972) et à la Royal Academy of Music (1974-77). Il a créé l'opéra de Benjamin Britten *Let's Make an Opera* (1949), la *Seven Stars Symphony* (1966) de Charles Kœchlin et les *Five Motets* (1965) de Peter Maxwell Davies. Entre 1983 et 1985, il est premier chef invité du Bournemouth Sinfonietta avant de prendre la direction de l'Orchestre Symphonique d'Århus (Danemark, 1985-88).

ÉCRITS : *Modern Music and the Conductor* (1960), *Richard Strauss, a Critical Commentary of his Life and Works* (1962-68), *Anatomy of the Orchestra* (1981), *A Companion to the Orchestra* (Faber, 1987), *Conducting Beethoven* (Oxford, 1992).

Delmas, Jean-François

Basse française, né à Lyon le 14 avril 1861, mort à Saint-Alban-de-Monthiel le 29 septembre 1933.

Il étudie au Conservatoire de Paris avec Bussine et Obin, et débute à l'Opéra en 1886 (Saint-Bris des *Huguenots*). Il en devient vite l'une des vedettes et y chantera jusqu'en 1911 plus de cinquante rôles. Il participe ainsi aux créations mondiales du *Mage* (1891) et de *Thaïs* (1894) de Massenet, de *Messidor* (1896) de Bruneau, de *Monna Vanna* de H. Février et de nombre d'ouvrages oubliés. Il chante aussi lors des premières au Palais Garnier de *Roméo et Juliette* (Gounod), *Salammbô* (Reyer), *Paillasse, L'Étranger* (Vincent d'Indy), *Ariane et Barbe-Bleue* (Dukas), et surtout de nombre d'ouvrages wagnériens : Wotan, Sachs et Gurnemanz sont autant de triomphes personnels. A son répertoire on trouve également Leporello et Don Juan, Guillaume Tell, Iago...

Del Monaco, Mario

Ténor italien, né à Florence le 27 juillet 1915, mort à Mestre le 16 octobre 1982.

A treize ans, il chante Narcisse (Massenet) – en amateur – au Teatro B. Gigli, à Mondaldo. Serafin le remarque et le pousse à concourir pour une place au studio de l'Opéra de Rome. Il est choisi parmi quatre-vingts concurrents. Il décide alors de s'instruire entièrement par lui-même en écoutant les enregistrements des grands chanteurs. Il travaille ensuite au Conservatoire de Pesaro avec Luisa Melzi-Palazzini et Arturo Melocchi et fait ses débuts dans cette ville, en 1939, dans *Cavalleria Rusticana.* Milan, 1945 : *Madame Butterfly* le révèle au grand public. 1946 : *Tosca, La Bohème, Paillasse*, Covent Garden... Del Monaco se rend à Stockholm, à Rio de Janeiro. Après *Manon* à la Scala, il devient l'un des ténors les plus demandés : Arènes de Vérone (Radamès), San Carlo (Cavaradossi, Pinkerton), Colón, Met (Des Grieux, 1950), Bolchoï (1961). L'essentiel de sa carrière se déroulera sur les scènes de la Scala et au Met dans les années soixante avec quelques apparitions en Allemagne à partir de 1962 (*La Walkyrie* à Stuttgart en 1966). Il chante une dernière fois en 1973 pour le centenaire de la naissance de Caruso et se retire après avoir incarné 427 fois le rôle d'Otello ! Ténor verdien au tempérament vaillant, propre au rôles héroïques, il a tourné quelques films *(Maschera d'Oro)* et signé des critiques musicales dans des revues spécialisées. Son fils, Giancarlo (1945), mène une carrière de metteur en scène lyrique.

ÉCRITS : *La Mia Vita* (1982).

Delmotte, Roger

Trompettiste français, né à Roubaix le 20 septembre 1925.

Il commence ses études musicales au Conservatoire de Roubaix avec M. Leclercq. Puis il entre en 1944 au Conservatoire de Paris dans la classe de E. Foveau et reçoit un 1er prix de trompette deux ans plus tard. Trompette solo des Concerts Fernand Oubradous, il a vingt-cinq ans lorsqu'il obtient le 1er prix au Concours international de Genève. La même année, il est nommé professeur au Conservatoire de Versailles, puis fait sa première tournée à l'étranger. En 1951, il est trompette solo à l'Opéra de Paris et aux Concerts Lamoureux. En 1953, il reprend ses activités auprès de F. Oubradous et enregistre les deux concertos d'André Jolivet. De 1963 à 1974, il joue avec l'Ensemble de cuivres G. Masson et, en 1976, fonde son propre ensemble de cuivres. Entre-temps il a formé avec P. Cochereau un duo trompette et orgue, enseigné à l'Académie internationale de Salzbourg, et donné des cours publics au Japon. Il a joué en concert avec la formation de Nadia Boulanger : musique ancienne et moderne. Parmi ses principales créations citons : la *Suite pour trompette et piano* de Schmitt, le *Concerto pour saxophone, trompette et cordes* de Rivier, le *Concertino pour trompette et cordes* de Hasquenoph, le *Concertino* de Delerue, le *Concert nº 7* de J. Charpentier...

Delna, Marie (Marie Ledan)

Alto française, née à Meudon le 3 avril 1875, morte à Paris le 24 juin 1932.

Découverte à l'âge de quinze ans, alors qu'elle chantait dans la cuisine d'une auberge appartenant à son père, elle étudie avec Rosine Laborde et débute à l'âge de dix-sept ans à l'Opéra-Comique dans Didon (*Les Troyens*). En 1893, elle chante Charlotte, lors de la création en français de *Werther* à l'Opéra-Comique. Cette même année, et sur cette même scène, elle participe comme Mrs Quickly à la première de *Falstaff*, en présence du compositeur. Elle y créera encore *L'Attaque du Moulin* de Bruneau (1893), *La Vivandière* de Godard (1894). En 1907, elle triomphe à la Scala dans le rôle-titre d'*Orphée* de Gluck, avec Toscanini. Après d'importants succès au Covent Garden, elle est invitée au Met, en 1910, mais sans grand succès. Elle crée encore *La Lépreuse* de Lazzari à l'Opéra-Comique, puis participe l'année suivante aux festivités en l'honneur de Verdi au Teatro Regio de Parme. Elle mourra dans un asile pour indigents. Quelques cylindres et de rares disques nous restituent son exceptionnelle voix grave aux éclats fastueux.

Delogu, Gaetano

Chef d'orchestre italien, né à Messine le 14 avril 1934.

Il commence le violon mais s'oriente vers la direction d'orchestre qu'il travaille à Rome avec Franco Ferrara et à Florence où il est lauréat du Concours des jeunes chefs d'orchestre. Durant quatre années, il dirige en Italie avant d'obtenir en 1968 le 1er prix au Concours Mitropoulos à New York. Il reçoit les conseils de George Szell et de Leonard Bernstein, dirigeant la Philharmonie de New York et l'Orchestre National de Washington. Il commence une carrière de chef invité. En 1979, il est nommé directeur musical de l'Orchestre Symphonique de Denver poste qu'il quitte en 1986 pour devenir « conductor emeritus » de cet orchestre. Il a créé des œuvres de Giorgio Federico Ghedini (*Symphonia*, 1969).

Del Pueyo, Eduardo

Pianiste espagnol, né à Saragosse le 29 août 1905, mort à Rhode-Saint-Genèse (Bruxelles) le 18 novembre 1986.

Après des études de base effectuées dans sa ville natale, il sort du Conservatoire de Madrid avec un 1er prix de piano en 1918, et part pour Paris. Ses principaux maîtres seront Raoul Laparra et Bosch Van s' Gravamoer. Ses débuts ont lieu à Paris en 1921. Mais dès 1927, il interrompt sa carrière. Pendant dix ans de silence, il travaille les œuvres qui vont faire sa réputation plus tard : Albéniz, Beethoven, Debussy et Granados. En 1937, Del Pueyo reprend magistralement sa vie de concertiste et triomphe un peu partout. Ses enregistrements ont un grand succès après la guerre. En 1948, il enseigne au Conservatoire Royal de Bruxelles, dans les années cinquante, à la Chapelle musicale de la Reine Elisabeth en Belgique, puis au Mozarteum de Salzbourg.

De Luca, Giuseppe

Baryton italien, né à Rome le 25 décembre 1876, mort à New York le 26 août 1950.

Élève d'Ottavio Bartolini à Rome, il poursuit ses études à l'Académie Sainte-Cécile avec Venceslao Persichini. Il débute en 1897, au Théâtre municipal de Piacenza comme Valentin (*Faust*). Il se produit sur diverses scènes de la Péninsule et est engagé, pour la saison 1900-01, au San Carlos de Lisbonne. Il participe à plusieurs créations importantes : Michonnet dans *Adrienne Lecouvreur* (1902), Gleby dans *Siberia* de Giordano (1903), Sharpless dans *Madame Butterfly* (1904). Son nom devient mondialement connu grâce aux spectacles qu'il donne à Santiago du Chili (1905) au Colón de Buenos Aires (1906-10), Bucarest (1907), à l'Opéra de Vienne (1909). Il revient régulièrement à la Scala et au Théâtre Costanzi de Rome. Il chante également à Londres, Paris et Bruxelles. Il débute au Met en 1915. Il y chantera plus de trente ans comme premier baryton. Il y crée *Goyescas* (Granados), 1916, le rôle-titre de *Gianni Schichi* (1918) et la première américaine de *Don Quichotte* (1926). Il fut le plus célèbre des barytons bel-canto de son époque par la pureté de sa diction et la beauté de sa voix.

De Luca, Libero

Ténor suisse, né à Kreuzlingen le 13 mars 1913.

Après des études d'architecture, il étudie le chant dans les Conservatoires de Stuttgart et de Zurich. Il est surtout l'élève d'Alfredo Cairati, à Zurich. En 1937, il obtient à Paris un prix au Concours international, lors de l'Exposition Universelle et, en 1941, le 1er prix de chant au Concours d'exécution musicale de Genève. En 1942, il débute au Théâtre municipal de Soleure. Après une saison au Théâtre municipal de Berne, il est premier ténor à l'Opéra de Zurich (1943-49). Après la guerre, il remporte de grands succès au Colón de Buenos Aires et au San Carlo de Naples (1948) et l'année suivante au Covent Garden, ainsi qu'à la Monnaie et aux Opéras de Vienne et de Munich. En 1949, il est engagé comme premier ténor lyrique à l'Opéra-Comique (Paris) et chante également à l'Opéra, particulièrement dans le répertoire français. Il quitte la scène en 1961 et se voue au professorat, à Horn sur les bords du lac de Constance.

De Lucia, Fernando

Ténor italien, né à Naples le 11 octobre 1860, mort à Naples le 21 février 1925.

Il travaille avec Lombardi dans sa ville natale, et débute au San Carlo en 1885

(Faust). Il chante pour la première à Londres, à Drury Lane, en 1887, mais n'y remporte ses premiers triomphes qu'en 1892, au Covent Garden, où il chantera jusqu'en 1900 Canio, Fritz, Cavaradossi, Turiddu. Il est invité au Met en 1894 (Fritz, Canio, Don José, le duc de Mantoue, Ottavio). Il participe aux créations de *L'Amico Fritz* (1891), *I Rantzau, Silvano* et *Iris* (1898) de Mascagni à Rome. Il chante à Naples jusqu'en 1917, date de son retrait de la scène, et ne reparaîtra qu'en 1921 aux funérailles de Caruso. Professeur à Naples, il aura pour élèves Georges Thill, Maria Nemeth, Gianna Pederzini. Il a laissé plus de 400 enregistrements, témoins de la flexibilité de sa voix dans le vérisme comme dans Rossini, Bellini, Donizetti et Verdi.

Delvallée, Georges

Organiste français, né à Fourmies le 15 mars 1937.

Élève d'Alfred Cortot, il prépare à l'École Normale de Musique de Paris sa licence de concert. Parallèlement au piano, il étudie l'harmonie et la composition avec Henri Challan. Sur les conseils de Marcel Dupré, André Marchal et Marie-Louise Girod, il décide de se consacrer à l'orgue. Il est actuellement professeur à l'École Normale de Musique et enseigne dans les conservatoires de la région parisienne. Il a créé pour la télévision en 1969 le *Concerto pour orgue* de Paul Hindemith ; il a enregistré pour la radio et pour le disque une grande partie de l'œuvre de Charles Tournemire.

Del Vescovo, Pierre

Corniste français, né à Nice le 1er juin 1929.

Il étudie au Conservatoire de Paris où il obtient un 1er prix de cor en 1949. En 1956, il remporte un 2e prix au Concours international de Genève. Il occupe successivement le poste de cor solo à l'Orchestre Symphonique de Bâle, à l'Orchestre Philharmonique d'Israël, à l'Orchestre Philharmonique de Montréal et, depuis 1977, à l'Orchestre du Capitole de Toulouse. Il mène par ailleurs une active carrière de soliste, diffusant le renom de l'école française de cor dont il est l'un des meilleurs représentants.

Demessieux, Jeanne

Organiste française, née à Montpellier le 14 février 1921, morte à Paris le 11 novembre 1968.

Après ses études au Conservatoire de Paris où elle est l'élève de Magda Tagliaferro, Marcel Dupré, Jean et Noël Gallon et remporte plusieurs prix – harmonie en 1937, orgue en 1941 – Jeanne Demessieux se fait rapidement une place au soleil aussi bien en Europe qu'aux États-Unis, où elle est considérée comme l'une des plus remarquables représentantes de l'École française de l'orgue dans la tradition de M. Dupré. Comme titulaire de grands instruments, elle ne connaît que deux tribunes parisiennes : d'abord celle de l'église du Saint-Esprit où elle officie dès 1933, alors même qu'elle est encore élève au Conservatoire, puis celle de la Madeleine, à partir de 1962, et où elle demeure jusqu'à sa disparition. Elle professe également son instrument au Conservatoire de Nancy (de 1950 à 1953) et au Conservatoire royal de Liège (de 1952 à sa mort). Comme compositeur, elle a laissé des pièces pour son instrument, soit seul (*Études, Méditations, Tryptique*), soit avec orchestre (*Poème* - 1952), ainsi qu'un *Te Deum* (1965).

Demus, Jörg

Pianiste autrichien, né à Saint-Pölten le 2 décembre 1928.

Il commence le piano à six ans et entre à l'Académie de musique à Vienne à onze ans, menant de pair des études au lycée classique, des études de piano avec W. Kerschbaumer, d'orgue avec K. Walter, de direction d'orchestre avec Swarowsky et Krips, de composition musicale avec J. Marx (1940-45). Il vient ensuite à Paris travailler avec Yves Nat (1951-53) et se rend au Conservatoire de Sarrebruck, où il est le disciple de Walter Gieseking (1953). Il suit aussi les cours d'été d'Edwin Fischer, Wilhelm Kempff et Benedetti-Michelangeli. Dès l'âge de quatorze ans, il donne de nombreux récitals à Vienne, en Italie, en Suisse, il débute à Londres en 1950 et obtient un grand succès à Paris en 1953, puis à New York en 1955. L'année suivante, il remporte le Prix Busoni à Bolzano. C'est le début d'une carrière internationale qu'il oriente dans différents domaines. Merveilleux accompagnateur, il est l'un des partenaires préférés de Fischer-Dieskau et enseigne cette discipline dans le monde entier.

Il enregistre l'œuvre complet de Schumann et de Debussy, le *Clavier bien tempéré* et de nombreux concertos. Il fait de la musique de chambre avec Josef Suk, Antonio Janigro, Edith Peinemann ou Paul Badura-Skoda. Il collectionne et restaure les instruments à clavier anciens et enregistre sur des instruments originaux (celui de Schumann, de Beethoven). En dehors du répertoire romantique, pour lequel il a une prédilection, il joue Hindemith, Bartók ou Berg.

ÉCRITS : *Abenteuer der Interpretation (Aventure de l'interprétation), Les Sonates pour piano de Beethoven* (avec P. Badura-Skoda, 1970).

Denize, Nadine

Mezzo-soprano française, née à Rouen le 6 novembre 1943.

Elle fait ses études au Conservatoire de Rouen. Elle travaille d'abord les oratorios de Bach, puis à dix-huit ans entre au Conservatoire de Paris, dans la classe de Camille Maurane qui l'initie à la musique française. Deux ans plus tard, elle obtient un 1er prix et est aussitôt engagée à l'Opéra. Elle y apprend son métier tout en chantant le plus possible (Cassandre des *Troyens*, Marguerite de *La Damnation de Faust*) ; à l'Opéra-Comique elle chante Charlotte. Elle quitte l'Opéra en 1971. Elle se rend en invitée à Prague, Budapest, Berlin, Vienne. De 1974 à 1977, elle fait partie de la troupe de l'Opéra du Rhin à Strasbourg. Elle y chante *La Damnation de Faust* (Marguerite), *La Walkyrie* (Fricka), reprend ce rôle à Orange. A Paris, Liebermann lui fait chanter Kundry, puis elle incarne Octavian (*Le Chevalier à la rose*) à Strasbourg et à Vienne. Elle chante pour la première fois aux États-Unis en 1978 dans *Les Troyens* avant de débuter au Met, l'année suivante, dans Eboli. En 1981, elle reprend Fricka à San Francisco aux côtés de Birgit Nilsson et Leonie Rysanek et elle aborde le rôle de Brangaene *(Tristan et Isolde)* à Chicago en 1982. Elle chante à la Scala de Milan (Eboli de *Don Carlos,* Charlotte de *Werther*) et sur les principales scènes allemandes. Au concert, son répertoire va des *Nuits d'été* de Berlioz aux *Gurrelieder* de Schoenberg, en passant par le *Requiem* de Verdi, *Shéhérazade*, le *Chant de la terre*. A l'Opéra – sous le règne de Lefort – elle a incarné Jenůfa avant d'aborder le rôle de Carmen et de s'imposer dans les grandes héroïnes wagnériennes (Vénus, Ortrud, Brangaene, Kundry à Toulouse en 1987).

Dens, Michel (Maurice Marcel)

Baryton français, né à Roubaix le 22 juin 1911.

Fils d'un journaliste, il suit les cours du Conservatoire de Roubaix et fait ses débuts à l'Opéra de Lille en 1938. Il chante ensuite à Bordeaux, Grenoble, Toulouse et Marseille. Après la Deuxième Guerre mondiale, il fait une brillante carrière à l'Opéra et à l'Opéra-Comique de Paris (1946-48). Il y sera réinvité pendant de nombreuses années. En 1954, il participe au Festival d'Aix-en-Provence comme Ourrias de *Mireille*. S'il tient avec vaillance certains rôles de Verdi (*Rigoletto*) et de Rossini (*Le Barbier de Séville*), il s'est surtout illustré dans l'opéra comique et l'opérette française et viennoise (*Les Pêcheurs de perles, Les Noces de Jeannette, Monsieur Beaucaire, la Fille de Madame Angot, La Mascotte, le Pays du sourire*, etc.) qu'il interprète sur toutes les scènes de France, en Suisse, en Belgique, au Canada et en Afrique du Nord. Il est directeur de Présence de l'Art lyrique qui produit des spectacles dans plusieurs théâtres du nord de la France.

Denzler, Robert

Chef d'orchestre suisse, né à Zürich le 19 mars 1892, mort à Zurich le 25 août 1972.

Il étudie à Zurich avec Volkmar Andreae puis au Conservatoire de Cologne (piano, violon et composition) ; en 1911, il débute comme répétiteur à l'Opéra de Cologne et au Festival de Bayreuth. L'année suivante, il est nommé directeur musical à Lucerne. Puis il est chef permanent à l'Opéra de Zurich (1915-27), premier chef à l'Opéra de Berlin (1927-32) et directeur musical de l'Opéra de Zurich (1934-47). Entre 1920 et 1930, il dirige régulièrement l'Orchestre de la Suisse Romande à l'invitation d'Ansermet. A la fin de sa vie, il se consacre uniquement au concert, comme chef invité. On lui doit la création de *Lulu* de Berg (1937) et de *Mathis le peintre* d'Hindemith (1938).

De Pachmann, Vladimir

Pianiste russe naturalisé italien (1928), né à Odessa le 27 juillet 1848, mort à Rome le 7 janvier 1933.

Son père, grand violoniste, professeur à l'Université de la ville, avait vécu à Vienne au début du siècle. Il disait avoir eu des contacts avec Weber et Beethoven. Vladimir commence par travailler avec son père. De 1866 à 1868, il est à Vienne dans la classe de Dachs au Conservatoire, dont il sort avec une médaille d'or. En 1869, il inaugure sa carrière par une série de concerts triomphaux qui le laissent profondément mécontent de lui-même et de ses doigts. Il quitte le devant de la scène et se retire pour étudier. Puis ce sera Berlin et Leipzig où il triomphe également, mais son « génie » est toujours aussi insatisfait. Aussi replonge-t-il encore une fois dans sa retraite, pour deux années d'autocritique. Lorsqu'il revient devant les salles qui l'attendent, de plus en plus intriguées par ce personnage étrange, il se dit enfin satisfait de son jeu. Ce sentiment de satisfaction ne fera que croître désormais tout au long de sa carrière.

Vladimir De Pachmann est une haute figure de la musique. Ses excentricités et ses bizarreries en faisaient un héros des salles de concert. Il ne se privait jamais d'invectiver le public, de faire des remarques sur la difficulté de ce qu'il jouait, en plein milieu d'un morceau, et sans s'arrêter. Ses échanges verbaux avec la salle ont peu à peu remplacé sa virtuosité défaillante avec l'âge. Néanmoins, ce qui attirait les foules, outre le spectacle total qu'il offrait, c'est l'extrême sensualité de son jeu, ce qui faisait merveille chez Chopin. Il se disait le Busoni de Chopin, et vouait un culte allant jusqu'au fétichisme au compositeur polonais.

De Peyer, Gervase

Clarinettiste anglais, né à Londres le 11 avril 1926.

Il étudie auprès de Frederick Thurston au Royal College of Music, puis de Louis Cahuzac au Conservatoire de Paris. Il est nommé premier clarinettiste de l'Orchestre Symphonique de Londres (1955-71). Membre fondateur du Melos Ensemble, il dirige le London Symphony Wind Ensemble et conduit partiellement l'Orchestre Haydn de Londres. Familier des répertoires classique et romantique, il a également créé nombre de concertos, signés Arnold Cooke, Sebastian Forbes, Alun Hoddinott, Thea Musgrave, Joseph Horovitz. Il enseigne à la Royal Academy of Music depuis 1959. A égale distance de la clarté française et de la pénombre germanique, De Peyer choisit la plénitude dans la sobriété et la fluidité du phrasé plutôt qu'une volubilité débridée.

Deplus, Guy

Clarinettiste français, né à Vieux-Condé le 29 août 1924.

Il fait ses études au Conservatoire de Paris, de 1943 à 1946, avec A. Périer et P. Lefèvre (clarinette), F. Oubradous (musique de chambre) et apprend l'harmonie avec Y. Desportes, en cours particuliers. Premier prix de clarinette, 1re médaille de musique de chambre, il donne son premier concert en 1946 et entre dans l'Orchestre de la Garde Républicaine, l'année suivante. Il fait partie de l'Orchestre des Concerts Colonne (1950), de l'ensemble du Domaine Musical (1953) et, comme clarinette solo, de l'Orchestre de l'Opéra de Paris (1968). Membre de l'Ensemble Ars Nova créé par M. Constant en 1963, il fonde à son tour, deux ans plus tard, l'Octuor de Paris. Le pédagogue enseigne aux Cours de musique contemporaine de Darmstadt (1958), à Denver (1974), dans les principaux conservatoires du Japon (en 1975 et 1978), à l'Académie d'Albi (1977) avant d'être nommé professeur de clarinette du Conservatoire de Paris (1978-89). Il y avait auparavant enseigné le déchiffrage (1972) et la musique de chambre (1974). Il a participé à de nombreuses créations de Gilbert Amy (*D'un désastre obscur,* 1971), Claude Ballif (*Solfegietto,* 1974), André Boucourechliev (*Musique à trois,* 1958 ; *Musiques nocturnes,* 1966 ; *Tombeau à la mémoire de Jean-Pierre Guézec,* 1971), Philippe Capdenat (*Concerto pour clarinette,* 1969), André Casanova (*Ballade pour clarinette,* 1959 ; *Deux Fragments d'Algabal...,* 1975), Charles Chaynes (*Concerto pour clarinette,* 1979), Marius Constant (*For Clarinet,* 1974), Gérard Grisey (*Charmes,* 1969 ; *Vagues, chemins, le souffle,* 1975), Hans Werner Henze (*Concerto pour le Marigny,* 1956), André Jolivet (*Ascèses,* version pour clarinette, 1969), Henri Martelli (*Double Concerto* pour clarinette et basson, 1964), Marcel Mihalovici (*Musique nocturne,* 1964), Jean Rivier (*Les Trois S,* 1975).

Depraz, Xavier (Xavier Delaruelle)

Basse française, né à Albert (Somme) le 22 avril 1926, mort à Paris le 18 octobre 1994.

En 1947, il entre au Conservatoire de Paris. Il a trois professeurs : Francell pour le chant, Musy pour la scène, René Simon pour le théâtre. Trois ans plus tard il obtient trois prix en présentant *Boris, Don Carlos* et *Don Quichotte.* En 1951, il participe à la création du *Rire de Nils Halerius* de Marcel Landowski (Mulhouse, Vichy, Paris). Un an plus tard, il chante Basile à l'Opéra-Comique et débute dans Palémon de *Thaïs* (Massenet) au Palais Garnier où il chantera régulièrement. En 1954, il participe à la création mondiale, en version de concert, de *L'Ange de feu* de Prokofiev.

A l'Opéra de Paris il a chanté *Rigoletto, Les Maîtres chanteurs, Falstaff, Les Dialogues des carmélites,* entre autres rôles ; à l'Opéra-Comique, *Le Château de Barbe-Bleue, Le Dernier Sauvage* (Menotti) ; à la Radio, il reprend l'*Œdipe* d'Enesco en 1955. Il chante aussi à Lyon (*Les Troyens, Pelléas et Mélisande*), à Bordeaux, à Monte-Carlo, à Marseille *(Don Giovanni).* Invité au Festival de Glyndebourne, il y a interprété *Le Comte Ory,* à Venise *Œdipus-Rex.* Il a créé *Le Rire de Nils Halerius* et *Le Fou* de Landowski. En 1973, il est nommé professeur d'art lyrique au Conservatoire de Paris.

DePreist, James (Anderson)

Chef d'orchestre noir américain, né à Philadelphie le 21 novembre 1936.

Il est le neveu de la cantatrice **Marian Anderson.** Il fait ses études à l'Université de Pennsylvanie et au Conservatoire de Philadelphie où il travaille la composition avec Vincent Persichetti (1959-91). Il débute en dirigeant un ensemble de musique moderne, la Contemporary Music Guild de Philadelphie (1959-62). Puis il entre aux services musicaux du Département d'État. Atteint de poliomyélite en 1962, il continue sa carrière malgré son infirmité. Il dirige l'Orchestre Symphonique de Bangkok (1963-64) et remporte, en 1964, le 1er prix au Concours Dimitri Mitropoulos à New York. Il est engagé comme assistant par l'Orchestre Philharmonique de New York (1965-66) puis commence une carrière internationale. Il est chef associé (1971-75) puis principal chef invité (1975-76) du National Symphony Orchestra de Washington. Entre 1976 et 1983, il est directeur musical de l'Orchestre Symphonique de Québec. En 1980, il est nommé directeur musical de l'Orchestre Symphonique de l'Oregon, à Portland. Puis il devient chef permanent de l'Orchestre Symphonique de Malmö en 1991. En 1994, il est nommé directeur musical de l'Orchestre Philharmonique de Monte-Carlo. Il a créé des œuvres de Easley Blackwood (*Symphonie n° 5,* 1992).

De Reszké, Edouard

Basse polonaise, né à Varsovie le 22 décembre 1853, mort à Garnek le 25 mai 1917.

Il étudie le chant à Varsovie avec Ciaffei et en Italie avec Steller et Coletti, et débute à l'Opéra de Paris en 1876, lors de la première d'*Aïda* sous la direction de Verdi lui-même (le Roi). Engagé pour deux ans aux Italiens, il devient ensuite, avec son frère Jean, l'une des vedettes des troupes de l'Opéra de Paris, du Covent Garden de Londres (1880) et du Met de New York (1884). Il chante également à la Scala, où il participe à la première de la version révisée de *Simon Boccanegra* (Fiesco) en 1881.

Ses rôles les plus marquants sont Mephisto, Saint-Bris, Frère Laurent, Rocco, Leporello, Basile, et plus tardivement Sachs, Hagen, Mark, Daland, le Roi Henry et le Wanderer. Il quitte la scène en 1903, s'essaie à l'enseignement, puis se retire en Pologne où il meurt dans un dénuement extrême.

De Reszké, Jean

Ténor polonais, né à Varsovie le 14 janvier 1850, mort à Nice le 3 avril 1925.

Frère du précédent, il étudie avec Ciaffei à Varsovie, puis avec Cotogni à Milan, et débute comme baryton sous le pseudonyme de Giovanni Di Reschi à Turin en 1874 (Alfonso de *La Favorite*), et chante à Londres la même année (Alfonso, Don Juan, Valentin). Il débute à Paris aux côtés de son frère (Fra Melitone) en 1876 et interrompt sa carrière pour étudier avec Sbriglia. Il débute comme ténor en 1879 à Madrid (*Robert le Diable*). Son relatif insuccès le tourne vers une carrière de concertiste jusqu'à ce qu'il réapparaisse sur une scène en 1884 lors de la triomphale première parisienne d'*Hérodiade* à l'Opéra, auprès de son frère et de sa sœur Joséphine (1855-91). Massenet écrit alors *Le Cid* pour lui (1885). Il partage son temps entre Paris (jusqu'en 1902), Londres (à partir de 1887, et à Covent Garden, 1888 à 1900) et New York (1891-1901). Ses grands rôles sont Roméo, Raoul, Faust, Vasco de Gama, Don José, Otello, puis les grands ténors wagnériens (Lohengrin, Walther, Tristan, Siegfried). Il se retire en 1903 et se consacre à l'enseignement à Paris et à Nice. Parmi ses élèves on trouve M. Saltzman-Stevens, B. Sayão, M. Teyte.

Dermota, Anton

Ténor yougoslave naturalisé autrichien, né à Kropa le 4 juin 1910, mort à Vienne le 22 juin 1989.

Il étudie l'orgue et la composition à Laibach, puis le chant avec Elisabeth Rado à Vienne, où il débute en 1936 (premier homme d'armes de *La Flûte enchantée*). La même année, il paraît à Salzbourg (Zorn dans *Les Maîtres chanteurs* avec Toscanini) : il y reviendra jusqu'en 1959 pour chanter les grands rôles mozartiens. Il est nommé Kammersänger en 1946 et participe, en 1955, à la soirée de réouverture de la Staatsoper de Vienne (Florestan). Sa carrière internationale l'amène sur toutes les grandes scènes mondiales dans les rôles d'Hoffmann, Chouiski, Palestrina, Rodolfe, Lenski, Des Grieux... En 1966, il est nommé professeur à l'Académie de musique de Vienne, et consacre une partie de ses activités à la mélodie, accompagné par sa femme, la pianiste **Hilde Berger-Weyerald.**

Dernesch, Helga

Soprano puis mezzo-soprano autrichienne, née à Vienne le 13 février 1939.

Après ses études au Conservatoire de Vienne, elle se produit d'abord en concert (oratorios et cantates), puis est engagée au Théâtre municipal de Berne où elle chante Fiordiligi (*Così fan Tutte*), Antonia (*Les Contes d'Hoffmann*), Marina (*Boris Godounov*) et également quelques premiers rôles wagnériens. Elle passe trois saisons à l'Opéra de Wiesbaden où elle se spécialise dans les héroïnes wagnériennes (1963-66). Wieland Wagner l'invite alors pour de petits rôles à Bayreuth en 1965 avant qu'elle ne remplace Anja Silja dans Elisabeth (*Tannhäuser*) en 1967. En 1968, elle est Freia et Gutrune (*La Tétralogie*) et, en 1969, Eva (*Les Maîtres chanteurs*). Elle appartient à la troupe de l'Opéra de Cologne (1966-70). Elle remporte alors de brillants succès à l'Opéra de Vienne et à celui de Berlin. En 1969, elle chante pour la première fois à Salzbourg avec Karajan, dont elle devient bientôt la grande soprano wagnérienne : Brünnhilde et Isolde. En 1971, elle interprète *Fidelio* à Salzbourg. Nouveau succès. Elle chante à

Édimbourg, au Covent Garden, à Hambourg, à Munich depuis 1970. A partir de 1973, elle chante régulièrement aux États-Unis. Entre 1976 et 1978, elle chante Freia, Sieglinde et la Maréchale à l'Opéra de Paris. A la fin des années soixante-dix, elle se tourne vers les rôles de mezzo-soprano. En 1985, elle fait ses débuts au Met dans Marfa *(La Khovanchtchina).* Dans cette nouvelle tessiture, elle marque les rôles de Clytemnestre *(Elektra)* et d'Hérodiade *(Salomé).* Elle a épousé le ténor **Werner Krenn.** Elle a participé à la création d'*Elisabeth Tudor* de Wolfgang Fortner (Berlin, 1972), de *Lear* (1978) et du *Requiem* (1982), d'Aribert Reimann.

Dervaux, Pierre

Chef d'orchestre français, né à Juvisy-sur-Orge le 3 janvier 1917, mort à Marseille le 20 février 1992.

Au Conservatoire de Paris, il travaille le piano (avec Isidore Philipp, Armand Ferté et Yves Nat), la percussion et les écritures (avec Jean et Noël Gallon et M. Samuel-Rousseau). Il débute comme timbalier et donne ses premiers concerts après la guerre. De 1945 à 1953, il dirige l'Opéra-Comique. Durant six ans (1949-55), il est vice-président des Concerts Pasdeloup. Il est ensuite nommé président-chef d'orchestre des Concerts Colonne (1958) et chef permanent à l'Opéra de Paris (1956-70). Sa carrière se développe sur le plan international et il prend la direction de l'Orchestre Symphonique de Québec (1968-71). Il est ensuite nommé directeur de l'Orchestre Philharmonique des Pays de la Loire dès sa fondation (1971-78), avant d'occuper les fonctions de directeur musical à Nice (1979-82). L'enseignement de la direction d'orchestre l'attire : dès 1964, il succède à Jean Fournet à l'École Normale de Musique de Paris où, jusqu'en 1986, de nombreux jeunes chefs viennent travailler avec lui et reçoivent un enseignement rigoureux, précis, dans la tradition des grands chefs français. Il enseigne aussi au Conservatoire de Montréal (1965-72) et à l'Académie d'été de Nice (1971-82). Parmi ses élèves, J.-C. Casadesus, G. Chmura, A. Wit, S. Cambreling, A. Pâris, A. Myrat, G. Aperghis, J.-C. Bernède, P. Fournillier... Sa direction était caractérisée par un sens de la précision et de la sécurité rythmique poussé à l'extrême, ainsi que par une certaine recherche de la couleur. Grand défenseur de la musique française, dans le domaine symphonique comme dans le domaine lyrique, il a contribué à propager les œuvres de nombreux maîtres moins connus comme Vincent d'Indy, Henri Rabaud, Gabriel Pierné ou Florent Schmitt.

Il a créé des œuvres de Henry Barraud (*La Farce de Maître Pathelin,* 1948), Emmanuel Bondeville (*Symphonie chorégraphique,* 1965), Pierre Capdevielle (*Épaves retrouvées,* 1956), Jean Françaix (*Les Demoiselles de la nuit,* 1948 ; *Le Croupier amoureux,* 1967 ; *Scuola di ballo,* au concert, 1968), Raymond Loucheur (*Hommage à Raoul Dufy,* 1974), Darius Milhaud (*Invocation à l'ange Raphaël,* 1952 ; *Symphonie pour l'univers claudelien,* 1968), Henri Tomasi (*Symphonie du tiers monde,* 1968).

De Sabata, Victor

Chef d'orchestre et compositeur italien, né à Trieste le 10 avril 1892, mort à Santa Margherita le 11 décembre 1967.

Son père est professeur de chant et chef des chœurs à la Scala. Il travaille au Conservatoire de Milan de 1902 à 1910 où il étudie le piano, le violon et la composition. Puis il livre très tôt ses premières œuvres qui remportent un certain succès. Il ne se tourne vers la direction d'orchestre qu'après la guerre : il dirige à Monte-Carlo (1918-29) où il crée *L'Enfant et les sortilèges* de Ravel en 1925. Puis il est appelé à la Scala en 1929 où il remplace Toscanini dans les fonctions de directeur artistique. Chef permanent à la Scala de Milan pendant l'essentiel de sa carrière, il y sera nommé surintendant artistique (1953-57), puis conseiller artistique (1957-63). Il se produit régulièrement à Florence entre 1933 et 1942 et est invité à diriger *Tristan et Isolde* à Bayreuth en 1939. Après la guerre, il dirige souvent en Angleterre mais sa carrière est interrompue prématurément par une maladie. Dès 1953, il ralentit ses activités : sa dernière apparition publique aura lieu en 1957 pour les obsèques de

Toscanini. Il restera néanmoins associé à la Scala comme conseiller musical jusqu'au début des années soixante.

Homme d'une grande culture et très raffiné, De Sabata a porté à son apogée un style de direction typiquement latin : il détestait les excès et recherchait avec une sensibilité profonde des nuances et des couleurs inimitables. Sa discographie, trop mince, reste dominée par ses enregistrements de *Tosca* avec Maria Callas et du *Requiem* de Verdi. Il laisse une production abondante dans la ligne de Respighi : *Il Macigno* (opéra, 1917), *La Notte di Platon* (1923) et *Gethsemani* (1925), poèmes symphoniques. Il a créé *Apocalypse* de Gian Carlo Menotti (1952).

Desarzens, Victor

Chef d'orchestre suisse, né à Château d'Oex (Vaud) le 27 octobre 1908, mort à Lausanne le 13 février 1986.

A l'âge de cinq ans, il commence l'étude du violon et, tout en entreprenant des études classiques, poursuit ses études musicales. Il se rend à Genève, où José Porta (filleul de Pablo de Sarasate) enseigne au conservatoire et se prend d'amitié pour lui. En 1925, il obtient le diplôme de virtuosité en classe de violon et travaille avec Enesco. Engagé comme violoniste à l'Orchestre de la Suisse Romande, il le quitte pour former un quatuor, puis un trio, avec lesquels il effectue des tournées en Suisse et à l'étranger. En 1941, après la dissolution de l'Orchestre de Radio-Lausanne, il fonde un petit ensemble qui donne son premier concert le 28 janvier 1942 sous le nom d'Orchestre de Chambre de Lausanne (OCL). Dès 1949, il dirige également l'Orchestre de Winterthur, à la tête duquel il succède à Hermann Scherchen. Que ce soit pour la radio ou en concert, il incite l'OCL à faire une large place à la musique contemporaine et réalise un très grand nombre de créations, notamment de Raffaele d'Alessandro (*Tryptique,* op. 35, 1945 ; *Concerto grosso,* 1947 ; *Divertissement,* op. 65, dédicataire), Jean Balissat, Robert Bernard, Aloÿs Fornerod, Gian-Francesco Malipiero (*Hommage à l'OCL,* 1963), Frank Martin, Bohuslav Martinů (*Duo concertant pour deux violons et orchestre,* 1938, déd.), Jean Perrin (*De Profundis,* 1971), Constantin Regamey (*Autographe,* 1963), Armin Schibler (*Concerto 1959,* 1959), Henri Scolari, Heinrich Sutermeister (*Divertissement n° 2,* 1960), Julien-François Zbinden (*Symphonie n° 1,* 1953, déd. ; *Esperanto,* op. 34, 1961 ; *Orchalau-Concerto,* 1963). Il abandonne ses fonctions à la tête de l'Orchestre de Chambre de Lausanne en 1973 et à Winterthur en 1975.

Descaves, Lucette

Pianiste et pédagogue française, née à Paris le 1er avril 1906, morte à Paris le 15 avril 1993.

Elle commence le piano dès l'âge de sept ans avec Marguerite Long. En 1916, elle entre au Conservatoire âgée de dix ans, dans la classe de Marguerite Long, puis dans celle d'Yves Nat, d'où elle sort avec un 1er prix en 1923. Après avoir été l'assistante de Marguerite Long, puis de Nat, elle est nommée professeur de piano en 1941. Parallèlement à ses activités pédagogiques, elle mène une carrière de concertiste et joue en soliste avec Gaubert, Münch, Cluytens, Dervaux et Louis Fourestier dont elle deviendra l'épouse. En 1932, elle travaille avec Prokofiev lors des répétitions de son *Troisième Concerto,* qu'elle devait donner à Paris avec les Concerts Poulet.

Elle forme au Conservatoire toute une génération d'interprètes, tels Brigitte Engerer, Pascal Rogé, Jean-Claude Pennetier, Georges Pludermacher, Jean-Yves Thibaudet... Par ailleurs, elle a créé un nombre important d'œuvres contemporaines comme les *Danses rituelles* (1942) puis le *Concerto pour piano* de Jolivet en 1951 à Strasbourg (création qui devait déclencher un scandale d'où allait jaillir très peu de temps après un triomphe, Lucette Descaves l'ayant joué plus de cent fois par la suite), ou le *Concerto pour piano* de Rivier (1954).

ÉCRITS : *Un nouvel art du piano* (1966).

Deslogères, Françoise

Ondiste française, née à Boulogne-sur-Seine le 9 mai 1929.

Elle étudie l'harmonie avec Henri Challan et le piano avec Jeanne Blancard et

Geneviève Joy. Elle est reçue au Concours de professorat pour les lycées. Ayant donné, comme pianiste, ses premiers récitals en 1955, elle commence deux ans plus tard à travailler les ondes avec son inventeur, Maurice Martenot et sa sœur Ginette. Parallèlement à une carrière de soliste (commencée en 1960), elle fonde en 1967 le Trio Deslogères pour ondes Martenot, piano et percussion, formation originale, qui se fait connaître par des tournées et de nombreuses créations. Titulaire depuis 1971 d'une classe d'ondes Martenot au Conservatoire de Boulogne-Billancourt, elle enseigne également à la Faculté de Pau (1973-78). Parmi ses principales créations : en soliste, *De Voci* (1958) et *Pièces de chair* (1967) de Bussotti, le *Concerto* de R. Depraz (1965), *Impacts* pour deux orchestres à cordes et ondes (1972) et *Ragas* de Tisné ; en duo avec la percussion : *Antiphonaire* de Werner (1968), *Mirages* de Sciortino (1973), *Points de rencontre* de Chaynes (1977).

Désormière, Roger

Chef d'orchestre français, né à Vichy le 13 septembre 1898, mort à Paris le 25 octobre 1963.

Élève de Charles Koechlin, il fait partie de l'École d'Arcueil (en tant que compositeur) avec Sauguet, Maxime Jacob et Cliquet-Pleyel. De 1924 à 1925, il est directeur musical des Ballets Suédois, puis, de 1925 à 1929, des Ballets Russes. En 1930, il est à la tête de la Société de Musique d'Autrefois. Il entre à la Radio en 1934 et, deux ans plus tard, prend la direction de l'Orchestre Symphonique de Paris tout en étant chef permanent à l'Opéra-Comique (1936-44). Après la guerre, il est nommé à l'Opéra de Paris. En 1946-47, il dirige régulièrement l'Orchestre Symphonique de la BBC, puis l'Orchestre National. C'est à la même époque qu'il crée l'Association française des musiciens progressistes, avec Serge Nigg et Elsa Barraine. En 1952, une attaque le paralyse et le rend inactif jusqu'à sa mort.

Interprète inspiré de la musique française qu'il a propagée dans le monde entier, il a gravé en 1942 un enregistrement – maintenant légendaire – de *Pelléas et Mélisande*. Au service de la musique de son temps, il a créé un nombre important d'œuvres nouvelles de Georges Auric (*Pastorale*, ballet, 1926 ; *Ouverture pour orchestre*, 1938), Pierre Boulez (*Le Soleil des eaux*, 1950), Henri Dutilleux (*Symphonie n° 1*, 1951), Charles Koechlin (*La Course de printemps*, 1932), Olivier Messiaen (*Trois Petites Liturgies de la Présence Divine*, 1945), Darius Milhaud (*Salade*, 1924 ; *Symphonie n° 3* 1946), Francis Poulenc (*Les Animaux modèles*, 1942 ; *Sinfonietta*, 1948), Jean Rivier (*Symphonie n° 4*, 1952), Albert Roussel (*Le Testament de Tante Caroline*, 1936), Erik Satie (*Mercure*, 1924), Henri Sauguet (*La Chatte*, 1927) et la musique de scène collective du *14 Juillet* (1936). Darius Milhaud lui a dédié *La Création du monde* et sa *Symphonie n° 4*.

Destinn, Emmy (Emilie Pavlína Kittlová, puis Ema Kittl, puis Ema Destinnová).

Soprano tchèque, née à Prague le 26 février 1878, morte à České Budějovice le 28 janvier 1930.

Elle fait ses études à Prague avec Marie Loewe-Destinn dont elle adopte le nom, et débute à l'Opéra de Dresde en 1897 (Santuzza). En 1901, elle chante Senta à Bayreuth où elle interprète le rôle jusqu'en 1914. Sa carrière internationale est ensuite très rapide : elle chante au Covent Garden de 1904 à 1921, au Met de 1908 à 1921. Célèbre Aïda, première Salomé de Berlin (1906), première Butterfly (1905) et Tatiana (1906) de Londres, elle participe à la création mondiale de *La Fanciulla del West* de Puccini à New York en 1910 (Minnie). Elle se retire en 1927.

Deutekom, Cristina (Christine Angel)

Soprano néerlandaise, née à Amsterdam le 28 août 1931.

Elle étudie avec Johan Thomas et Coby Riemersma au Conservatoire d'Amsterdam. Engagée comme choriste à l'Opéra Néerlandais, elle obtient peu à peu quelques solos, de petits rôles (une des Walkyries). Elle prouve ainsi que sa voix possède d'incroyables notes aiguës, si bien qu'en 1964 elle fait sensation en interprétant la Reine de la nuit (*La Flûte enchantée*). Aussitôt Covent Garden, Vienne, Hambourg et Francfort l'invitent pour tenir ce rôle. En 1968, elle débute avec ce même role au Met. Bientôt elle aborde les grands rôles dramatiques du répertoire italien et se fait une spécialité des ouvrages oubliés de Verdi. Elle est alors invitée à la Fenice, à la Scala et à l'Opéra de Rome. En 1970, elle chante *Lucia di Lammermoor* à Chicago. En 1972, Elvira (*Puritani* de Bellini) au Colón de Buenos Aires. Elle chante même *Norma* avec grand succès. Mais son triomphe sera, en 1974, Elena (*Les Vêpres siciliennes,* de Verdi) au Met, puis à Paris et dans le monde entier.

Devernay, Yves

Organiste français, né à Tourcoing le 9 mai 1937, mort à Tourcoing le 10 décembre 1990.

Il appartient à une famille de musiciens où l'on peut distinguer la figure de son oncle, **Édouard Devernay** (1889-52), organiste et compositeur, titulaire des grandes orgues de Trouville pendant quarante ans. Il étudie d'abord avec son père, puis au Conservatoire de Roubaix. Il travaille ensuite au Conservatoire de Lille avec Jeanne Joulain et obtient en 1958 le prix d'excellence d'orgue et d'improvisation. Il passe ensuite au Conservatoire de Paris dans la classe de Rolande Falcinelli et recueille en 1961 ses premiers prix d'orgue et d'improvisation. Il se perfectionne auprès de Marie-Claire Alain et devient lauréat du Concours international de Haarlem (1962) et de celui de St Alban (1964). Il remporte le 1er prix au Concours d'improvisation de Lyon (1969) et le 1er grand prix d'exécution et d'improvisation au Concours international de Chartres (1971). Professeur d'orgue aux Conservatoires de Roubaix et de Valenciennes, il est nommé organiste titulaire du grand orgue de Saint-Christophe de Tourcoing en 1962. En 1985, il est également nommé titulaire du grand orgue de Notre-Dame de Paris.

Devetzi, Vasso

Pianiste grecque, née à Salonique le 9 septembre 1927, morte à Paris le 1er novembre 1987.

Après avoir fait ses études au Conservatoire d'État de Grèce, puis à l'Académie de musique de Vienne, elle vient en France et travaille avec Marguerite Long. Proche de Rostropovitch, elle l'accompagne souvent ainsi que Galina Vichnievskaia, sa femme. La première, elle a enregistré le *Concerto pour piano nº 1* de Sauguet, sous la direction de Rojdestvenski. Depuis la mort de Maria Callas, elle avait renoncé à sa carrière de concertiste pour se consacrer à la Fondation Maria Callas, dont elle était la présidente, et qui distribue des bourses d'études à de jeunes artistes.

De Vito, Gioconda

Violoniste italienne, née à Martina Franca le 26 juillet 1907, morte à Rome le 24 octobre 1994.

Élève de R. Principe à Pesaro (1918-21), elle fait ses débuts à Rome en 1923. En 1932, elle obtient le 1er prix au Concours international de Vienne. Gioconda De Vito professe à Bari (1925-34), à Rome, au Conservatoire (1934-45) puis à l'Académie Santa Cecilia (1945-58) et à Sienne (1949). Elle se fait entendre dans le monde entier, y compris aux États-Unis et en Union Soviétique. Elle participe au premier Festival d'Édimbourg en 1945 et au cours de sa carrière on la voit souvent jouer avec d'autres grands violonistes, dont Yehudi Menuhin, Isaac Stern et Nathan Milstein ou des chefs comme Furtwängler. De cette rencontre en 1952 a été conservé l'enregistrement des *Concertos* de Brahms et de Mendelssohn. En 1961, elle se retire, estimant avoir atteint le sommet de ses possibilités. Pizzetti lui a dédié son *Concerto pour violon*, la seule œuvre moderne qu'elle ait acceptée de jouer et qu'elle a créée en 1945. Elle jouait sur un violon de Nicola Gagliano (1762) et sur un Stradivarius de 1690, le *Toscan,* que le gouvernement italien avait mis à sa disposition après l'avoir acquis en 1953. Cet instrument a ensuite été prêté à Pina Carmirelli.

Devos, Gérard

Chef d'orchestre français, né à Lille le 28 février 1927.

Il naît dans une famille de musiciens (sa mère a été harpiste à l'Orchestre Philharmonique et à l'Orchestre National). Au Conservatoire de Paris, il remporte des premiers prix de harpe (classe de Marcel Tournier, 1947), d'harmonie (classe de Jean de La Presle, 1949), de fugue et contrepoint (classe de Noël Gallon, 1950), et un 2e prix de composition (classe de Tony Aubin, 1952). Il remporte, au Concours international de Prague en 1947, le 1er prix de harpe et, au Concours de Besançon en 1956, le 1er prix de direction d'orchestre. Sa carrière de chef invité prend alors son essor. En 1963, il se voit confier la classe de harpe au Conservatoire de Paris et, en 1986-87, celle de direction d'orchestre à l'École Normale de Musique de Paris. En 1970, il est nommé président et chef permanent de l'Association des Concerts Pasdeloup pour succéder à Albert Wolff, poste qu'il conserve jusqu'en 1990. Gérard Devos se livre également à la composition. On lui doit notamment une *Sinfonietta pour cordes*. Il a créé des œuvres d'Henri Sauguet (*Symphonie n° 4,* 1971) et d'Henri Tomasi (*Chant pour le Vietnam,* 1969).

Devos, Louis

Ténor et chef de chœur belge, né à Bruxelles le 15 juin 1926.

Parallèlement à des études gréco-latines, il étudie le violon au Conservatoire Royal de Bruxelles. En 1948, il part pour l'Autriche poursuivre ses études musicales, travaille deux ans dans l'orchestre et, en 1950 entreprend des études de chant, à Graz. De retour dans son pays, il crée en Europe *Cantate* d'Igor Stravinski (1952). En 1954, il crée *Orestes* de Badings, un opéra radiophonique qui remporte le Prix Italia. En 1958, il crée de Frank Martin – avec Ernest Ansermet – *Le Mystère de la Nativité* à Genève et, en 1964, à Rome la cantate *Pilate.* Pour le centenaire d'Arnold Schönberg, il tourne en 1971 à Vienne *Moïse et Aaron* (le rôle d'Aaron) sous les ordres du réalisateur J.-M. Straub. Il chantera également cet opéra à Vienne, puis au Festival de Salzbourg. En 1972, il crée à Cologne *Utrenia* de Penderecki. Il est engagé à la Monnaie, à l'Opéra de Paris, d'Amsterdam, au Covent Garden, à la Scala. Son répertoire comprend les œuvres anciennes, classiques et modernes. Professeur aux Conservatoires de Bruxelles et d'Amsterdam, il fonde en 1950 l'ensemble *Musica Polyphonica* avec lequel il a réalisé récemment l'enregistrement des deux *Messes des morts* de Marc-Antoine Charpentier qui obtint le Prix mondial du Disque de Montreux, *L'Histoire de la Résurrection du Christ* de Schütz et, entre autres, les œuvres religieuses de Zelenka.

Devoyon, Pascal

Pianiste français, né à Paris le 6 avril 1953.

Il fait ses études au Conservatoire de Paris (1er prix de piano en 1971) et à l'École Normale de Musique (licence de concert en 1972). Il donne son premier concert à Paris en 1973 et remporte le 2e prix au Concours international de Leeds. Un an plus tard, il partage avec András Schiff la troisième place au Concours international de Leeds et, en 1978, il obtient le 2e prix au Concours Tchaïkovski, à Moscou. Depuis, sa renommée en URSS ne s'est jamais démentie. En 1980, après de brillants débuts au Carnegie Hall de New York, il effectue une tournée très remarquée aux États-Unis. Très à l'aise dans Ravel, son répertoire compte également des œuvres très difficiles de Liszt et de Prokofiev. En 1991, il est nommé professeur au Conservatoire de Paris.

De Waart, Edo

Chef d'orchestre néerlandais, né à Amsterdam le 1er juin 1941.

Il fait ses études au Music Lyceum de sa ville natale jusqu'en 1963, recevant notamment une formation de hautboïste. Immédiatement engagé au Concertgebouw d'Amsterdam comme hautbois solo, il travaille la direction d'orchestre à Hilversum avec Franco Ferrara. En 1964, il remporte le Concours Mitropoulos à New York et devient l'assistant de Leonard Bernstein au cours de la saison 1965-66. Puis il est assistant au Concertgebouw (1966-67) avant de fonder l'Ensemble à Vent Néerlandais (qu'il dirige de 1967 à 1971) et d'être nommé chef permanent (avec Jean Fournet) de l'Orchestre Philharmonique de Rotterdam (1967-73). De 1973 à 1979, il en est le directeur musical. Sa carrière se développe rapidement aux États-Unis où l'Orchestre de San Francisco le nomme premier chef invité en 1975. Il en prend la direction musicale de 1977 à 1985. Il mène parallèlement une carrière lyrique qui a débuté en 1970 au Festival de Hollande et lui a permis de diriger *Lohengrin* à Bayreuth en 1979. Nommé en 1985 à la direction musicale de l'Opéra Néerlandais, il renonce aussitôt à ces fonctions et se consacre à l'Orchestre du Minnesota dont il prend la direction musicale en 1986. En 1989, il est nommé chef permanent de l'Orchestre Philharmonique de la Radio Néerlandaise à Hilversum. En 1993, il prend en outre la direction de l'Orchestre Symphonique de Sydney et quitte le Minnesota en 1995.

Il a créé des œuvres de John Adams (*Harmonium,* 1985 ; *Harmonielehre,* 1985), Louis Andriessen (*Anachronie I,* 1968 ; *De Snelheid* [« Vélocité »], 1984), Charles Boone (*String Piece* pour orchestre à cordes, 1978).

Deyanova, Marta

Pianiste bulgare, née à Sofia en novembre 1948.

Après avoir fréquenté le Conservatoire Bulgare de Sofia, elle remporte en 1964 le 1er prix du Concours national d'enfants et d'adolescents de sa ville natale. L'année suivante elle obtient la médaille d'or du Concours Busoni, puis en 1967 à Milan, le Prix Ettore Pozzoli. Enfin en 1970, le Prix Casagrande de Rome, et en 1971 le Prix de Montréal viennent couronner une carrière bien remplie par les compétitions internationales. Pianiste essentiellement romantique, ses interprétations de Scriabine et de Rachmaninov ont eu le mérite de la faire connaître à l'Ouest par l'intermédiaire du disque essentiellement.

Diaz, Alirio

Guitariste vénézuélien, né à La Calendaria le 12 novembre 1923.

Il commence ses études à Caracas avec Raúl Borges et Clément Pimentel puis obtient une bourse pour se rendre en Espagne. Il complète son enseignement avec Regino Sainz de La Maza et remporte au Conservatoire royal de Madrid un prix d'honneur. Il suit les cours de perfectionnement de guitare classique auprès de Segovia à Sienne (1951-58) et devient son assistant à cette Académie (1957-64). Il se produit désormais sur le plan international.

Díaz, Justino

Basse américaine, né à San Juan (Porto Rico) le 29 janvier 1940.

Il fait ses études à l'Université de Porto Rico puis au Conservatoire de la Nouvelle-Angleterre (Boston). Il travaille également avec Ralph Errolle et Frederick Jagel et débute en 1961 au New England Opera Theatre puis chante, en 1963-64, à l'American Opera Society. Dès 1963, il se produit au Met puis au Festival Casals de Porto Rico et à Spoleto (1965). En 1966, il participe à la création mondiale de l'opéra de Samuel Barber *Antoine et Cléopâtre* pour l'inauguration de la nouvelle salle du Met au Lincoln Center. Sa carrière se développe rapidement : il est invité à la Scala de Milan (*Le Siège de Corinthe* de Rossini, 1969), au Colón de Buenos Aires, au Festival de Salzbourg (Escamillo sous la direction de Karajan, 1966), à Vienne, Hambourg, Paris, Londres (Covent Garden, Escamillo, 1976), Barcelone. Mais l'essentiel de sa carrière se déroule au Met où il tient les rôles de baryton-basse dans la lignée d'Ezio Pinza.

Di Bonaventura, Mario

Chef d'orchestre américain, né à Follansbee (West Virginia) le 20 février 1924.

Il étudie le violon et remporte un prix au Concours des jeunes compositeurs de l'Orchestre philharmonique de New York en 1941. En 1947, il vient à Paris étudier la composition avec Nadia Boulanger ; il travaille également l'accompagnement pianistique au Conservatoire de Paris. Il étudie la direction d'orchestre avec Igor Markevitch au Mozarteum de Salzbourg et remporte un prix au Concours international de direction d'orchestre de Besançon en 1952. L'année suivante, il se voit attribuer le Lili Boulanger Memorial Prize en composition. Entre 1954 et 1956, il séjourne à Paris. Il fait des arrangements de jazz pour le guitariste Django Reinhardt. De retour aux États-Unis, il dirige l'Orchestre Symphonique de Fort Lauderdale (1959-62). En 1962, il commence à enseigner au Collège de Darmouth, où il fonde, en 1963, le festival « Congregation of the Arts » qui lui permet de commander une quarantaine de partitions nouvelles. En 1968, il crée et dirige le Festival international Anton von Webern. Entre 1974 et 1979, il est vice-président et directeur des éditions Schirmer à New York. Il se consacre essentiellement à l'enseignement universitaire. Il a créé des œuvres de Gian Francesco Malipiero (*Endecatode,* 1967), Darius Milhaud (*Symphonie n° 9,* 1960 ; *Concert de chambre*, op. 389, 1962), Goffredo Petrassi (*Estri,* 1967), Walter Piston (*Concerto pour clarinette,* 1967).

Dichter, Misha

Pianiste américain, né à Shanghai le 27 septembre 1945.

A l'âge de six ans, il commence à apprendre le piano à Los Angeles. Lors de cours d'été en 1964 à l'Université de la ville, il travaille avec Rosina Lhévinne. Misha Dichter va désormais travailler exclusivement avec elle, et il la suit à la Juilliard School de New York, dès l'automne de la même année. En 1966, on lui décerne le 3e prix Tchaïkovski à Moscou, tandis que l'Orchestre Symphonique de Boston l'accompagne lors de ses débuts à Tanglewood. A partir de 1972, il forme un duo à deux pianos avec sa femme **Cipa Dichter** (Rio de Janeiro, 20 mai 1944). Interprète romantique avant tout, il lui arrive de faire quelques incursions dans les débuts du XXe siècle.

Didur, Adam (Adamo Didur)

Basse polonaise, né à Wola Sekowa le 24 décembre 1874, mort à Katowice le 7 janvier 1946.

Il fait ses études à Lwow (Lemberg) avec Walery Wysocky, puis à Milan avec Emmerich, et débute dans cette ville au concert en 1894. Son premier rôle à la scène est Mephistophélès à Rio, la même année. Il chante à l'Opéra de Varsovie (1899-1903), où Gatti-Cassaza le remarque : il apparaît alors à la Scala de Milan (1903-1906), au Covent Garden à partir de 1905 (il y triomphe tout particulièrement dans le Mefistofele de Boito), à Buenos Aires jusqu'en 1908, au Manhattan Opera de 1907 à 1908, puis au Met, où il a suivi Gatti-Cassaza (1908-33). Il y donne 690 représentations, chantant 59 rôles, dont Ashby *(La Fille du Far West),* Archibaldo *(L'Amour des trois rois),* Colline, Ramfis, Almaviva, Figaro, Falstaff. Il y sera aussi le premier interprète de Boris Godounov aux États-Unis, en 1913, ainsi que de Galitzky et Kontchak *(Le Prince Igor).*

De retour en Pologne en 1939, il ne peut assurer ses nouvelles fonctions de directeur de l'Opéra de Varsovie à cause de la guerre. Il enseigne à Katowice, où il crée une compagnie lyrique qui débute en 1945 avec *Halka,* et achève sa carrière comme directeur du Conservatoire local. Parmi ses élèves, on compte la mezzo-soprano Eugenia Zareska.

Diederich, Cyril

Chef d'orchestre français, né à Marseille le 2 octobre 1945.

Il commence ses études musicales à Aix-en-Provence et les poursuit à Toulouse, Rennes et Rouen – où il pratique le piano, le cor et la percussion ainsi que, sous la direction de Jean-Sébastien Béreau, la direction d'orchestre – avant de les achever au Conservatoire de Paris. En 1969, il crée son propre orchestre de chambre et anime tous les ans depuis 1970 les Semaines Musicales du Lubéron. Au Concours de Florence 1973, il obtient un prix de direction d'orchestre. De 1975 à 1976 il est l'assistant de Serge Baudo à l'Orchestre de

Lyon. Chef associé à l'Orchestre National de Lille auprès de Jean-Claude Casadesus, il obtient en 1980 le prix spécial du jury au Concours de Katowice (Pologne). Entre 1984 et 1990, il est directeur de l'Orchestre Philharmonique de Montpellier et, entre 1985 et 1990, directeur musical de l'Opéra de Montpellier.

Il a créé des œuvres de Charles Chaynes (*Noces de sang,* opéra, 1988), Pascal Dusapin (*Haro,* 1986 ; *Roméo et Juliette,* opéra, 1989), Graciane Finzi (*Pauvre assassin,* opéra, 1992).

Diémer, Louis

Pianiste et compositeur français, né à Paris le 14 février 1843, mort à Paris le 21 décembre 1919.

En 1853, il entre au Conservatoire de Paris, dans la classe de Marmontel pour le piano, d'Ambroise Thomas pour la composition, de François Benoist pour l'orgue. Des difficultés financières l'empêchent de se présenter au Prix de Rome. Aussi dès 1861 il est obligé de donner des cours de piano. En 1863, il donne des concerts en province, puis à Paris. On le voit aux Soirées de Rossini, puis comme interprète de musique de chambre aux Concerts Alard. Sarasate l'emmène en tournée. Diémer devient vite très populaire, à cause de sa réputation de virtuose.

En 1887, on lui confie la succession de son maître Marmontel au Conservatoire. Là, il aura d'illustres élèves, tels Cortot, Risler et Robert Casadesus. Lors de l'Exposition universelle en 1889, il donne une série de récitals de clavecin, instrument ressuscité pour la circonstance. Devant l'intérêt du public pour la sonorité du clavecin, Diémer décide de fonder avec Van Waefelghem, Grillet et Bleuzet, la Société des Instruments Anciens. Dès lors, il va se faire un ardent militant pour la musique ancienne, éditant et transcrivant pour le piano de nombreuses œuvres de clavecinistes français que l'on croyait irrémédiablement perdues. En 1902, il organise un concours triennal de clavecin à Paris.

Son art était fait de virtuosité comme d'extrême précision. Son intérêt pour la musique ancienne a très certainement influé sur son jeu et sur son enseignement.

Il laisse de nombreuses pièces pour piano, et quelques œuvres pédagogiques dont une méthode. Fervent défenseur de la musique de son temps, il est le dédicataire de nombreuses partitions : Georges Enesco (*Suite pour piano nº 2,* 1903), Gabriel Fauré (*Barcarolle nº 12,* 1916), César Franck (*Variations symphoniques,* 1885), Édouard Lalo (*Concerto pour piano,* 1889), Jules Massenet (*2 Impromptus,* 1896 ; *Papillons noirs, papillons blancs,* 1907 ; *Concerto pour piano,* 1903), Max d'Ollone (*Étude de concert nº 4,* 1904), Camille Saint-Saëns (*Rhapsodie d'Auvergne,* 1884 ; *Concerto pour piano nº 5,* 1895), Piotr Ilitch Tchaïkovski (*Concerto pour piano nº 3,* 1893). Il a également créé des œuvres de Gabriel Fauré (*Nocturne nº 12,* 1916).

Dikov, Anton

Pianiste bulgare, né à Sofia le 29 juillet 1938.

Il fait ses études de piano au Conservatoire d'État de Sofia avec Luba Entcheva jusqu'en 1961. Depuis 1954, il se produit dans son pays puis à l'étranger. En 1956, il obtient un prix au Concours Franz Liszt à Budapest puis à Rio de Janeiro en 1962 et enfin le 3e prix au Concours Marguerite Long en 1963. Il a reçu les conseils de Nadia Boulanger, Arthur Rubinstein et Robert Casadesus. Il poursuit une carrière internationale.

Dimitrova, Ghena

Soprano bulgare, née à Pleven le 6 mai 1941.

Entrée au Conservatoire de Sofia en 1959, elle travaille avec Christo Brumbarov et obtient son diplôme en 1967. Aussitôt engagée à l'Opéra de Sofia, elle débute dans Abigaïl *(Nabucco).* En 1970, elle remporte le 1er prix au Concours international de Trévise. A Parme, elle chante *Un bal masqué* avec Carreras et Cappucilli (1972), à Saragosse, *André Chénier* avec Domingo (1975). Elle débute au Colón dans *Turandot* en 1977 et au Bolchoï en 1978. Sa carrière se développe en Italie où elle chante les grands rôles de Verdi et de Puccini *(Aïda, Nabucco, Turandot, Tosca).* Elle chante *La Gioconda* à Vérone en 1980 et s'y produit régulièrement depuis. Elle incarne Tosca à l'Opéra de Vienne et *La Fanciulla del West* à Berlin (1982) avant de chanter *Turandot* à la Scala sous la direction de Lorin Maazel (1983), *Aïda* au Palais des Sports de Bercy et *Macbeth* à Salzbourg (1984).

Dintrich, Michel

Guitariste français, né à Bar-sur-Aube le 10 août 1933.

Il étudie la musique assez tôt, travaillant d'abord le violon puis le piano. Il ne se tourne vers la guitare qu'à l'âge de vingt ans et décide alors de s'orienter vers une carrière professionnelle. Il travaille avec Segovia à Sienne et à Saint-Jacques-de-Compostelle. En 1965, il adopte la guitare à dix cordes qui lui offre davantage de possibilités. Il s'associe à d'autres musiciens, notamment Patrice Fontanarosa. Il transcrit plusieurs pièces et compose pour son instrument.

Di Stefano, Giuseppe

Ténor italien, né à Motta Santa Anastasia (Catania) le 24 juillet 1921.

Sa famille fait de gros sacrifices pour qu'il puisse étudier le chant avec Luigi Montesanto, à Milan. Mais la guerre interrompt ses études. Pendant trois ans, il est prisonnier en Allemagne ; il s'échappe en 1943, passe en Suisse où il est recueilli dans un camp de réfugiés à Vidy (près de Lausanne), il est remarqué lors d'une émission réalisée en direct du camp de prisonniers. La direction de Radio-Lausanne obtient qu'il puisse travailler sa voix et participer à certaines émissions. Il débute réellement, en 1946, au Théâtre municipal de Reggio Emilia dans *Manon Lescaut* de Puccini (Des Grieux). La même année, il est invité au Liceo de Barcelone. L'année suivante, il chante à l'Opéra de Rome et, en 1948, à la Scala. De 1948 à 1950, il obtient de brillants succès au Met. Mais sa carrière triomphale commence, en 1951, à la Scala. De là, il rayonne dans le monde entier, sur scène et en concert. L'Opéra de Vienne, Covent Garden, Paris, Chicago, San Francisco, Mexico, Buenos Aires, Rio de Janeiro et Johannesbourg se l'arrachent. Il participe aux Festivals de Vérone (1950 : *Les Pêcheurs de perles* de Bizet) et d'Édimbourg. Durant des années, sa carrière sera liée à celle de Maria Callas dont il est le partenaire principal et avec laquelle il enregistre un très grand nombre de disques. Mais sa voix naturelle de ténor verdien s'assombrit. Berlin-Ouest l'engage pour chanter *Le Pays du sourire*. La production remporte un tel succès qu'il la promène en tournée dans toute l'Amérique du Nord et dans plusieurs pays d'Europe. Il retrouve Maria Callas, pour mettre en scène *Les Vêpres siciliennes*, lors de la réouverture du Teatro Regio de Turin, puis pour effectuer une importante tournée de concerts mais qu'ils interromptont brusquement l'année suivante, en 1974.

ÉCRITS : *L'arte del canto,* Rusconi, Milan (1989).

Dixon, Dean

Chef d'orchestre américain, né à New York le 10 janvier 1915, mort à Zug (Suisse) le 4 novembre 1976.

Dean Dixon est le premier chef d'orchestre noir qui soit parvenu à faire une carrière internationale. Il fait ses études à la Juilliard School avec Albert Stroessel (1936-39) et à l'Université Columbia de New York. En 1937, il dirige son premier concert et, l'année suivante, il fonde l'Orchestre de Chambre de New York. Sa personnalité s'impose peu à peu et, comme Marian Anderson, il ouvre de nombreuses portes aux musiciens noirs. Il est invité à diriger l'Orchestre de la NBC (1941), la Philharmonie de New York (1942) et l'Orchestre de Philadelphie (1943). En 1944, il fonde l'American Youth Orchestra puis, à la fin des années quarante, il vient en Europe. En 1950-51, il est à la tête de l'Orchestre Philharmonique d'Israël, de 1953 à 1960, il est directeur musical de l'Orchestre Symphonique de Göteborg, puis il est nommé chef permanent de l'Orchestre de la Radio de Francfort (1961-74). A la même époque, il est aussi à la tête de l'Orchestre Symphonique de Sydney (1964-67). Il a créé des œuvres de Petr Eben (*Vox Clamantis,* 1970).

Outre son action en faveur des artistes noirs, Dean Dixon a beaucoup œuvré pour la musique américaine qu'il a largement fait connaître en Europe.

Djuraïtis, Algis

Chef d'orchestre lituanien, né à Kaunas en 1928.

Après voir terminé ses études au Conservatoire de Vilnius (1950) il est engagé comme répétiteur à l'Opéra de cette même ville (1952-54). Puis il va travailler la direction d'orchestre avec Nikolaï Anossov et Alexandre Gaouk au Conservatoire de Moscou (1954-58). Il dirige régulièrement l'Orchestre Symphonique de la Radio-Télévision de l'URSS (1958-60) avant d'être nommé chef permanent au Bolchoï en 1960 où il dirige d'abord le répertoire italien avant de se spécialiser dans le ballet. Avec le ballet du Bolchoï, il a été invité à diriger dans le monde entier. Il a remporté le 2e prix au Concours international de l'Accademia di Santa Cecilia à Rome en 1968. Il est marié à la cantatrice **Elena Obraztsova.**

Dmitriev, Alexandre

Chef d'orchestre russe, né à Leningrad le 19 janvier 1935.

Il fait ses études musicales à l'école du Chœur académique de Leningrad à partir de 1944, puis au Conservatoire de Leningrad où il travaille la direction d'orchestre avec E. Koudriavtseva et la composition avec J. Tiouline. Il reçoit également les conseils d'Evgeni Mravinski. En 1957, il remporte le 1er prix du Festival de Leningrad, en 1966, le 6e prix au Concours de direction d'orchestre de l'Union Soviétique. Il se perfectionne à Vienne avec Hans Swarowsky (1968-69). Pendant dix ans, il dirige l'Orchestre Symphonique de la Radio et Télévision Carélienne à Petrosavosk (1961-70) avant d'être nommé chef permanent au Théâtre Maly de Leningrad (1970-77) puis adjoint d'Evgeni Mravinski comme chef permanent de l'Orchestre Symphonique de la Philharmonie de Leningrad (1977). Il a créé des œuvres de Boris Arapov, Guennadi Bantchikov, Sergueï Slonimski, Boris Titchenko.

Dobrowen, Issaï (Issaï Barabeichik)

Chef d'orchestre russe naturalisé norvégien, né à Nijni-Novgorod le 27 février 1891, mort à Oslo le 9 décembre 1953.

A Moscou, il travaille avec Taneiev avant de séjourner à Vienne où il est l'élève de Godovski. Il fait ses débuts au Bolchoï en 1919 puis est nommé à Dresde en 1923 où il dirige en même temps que Fritz Busch. Il y donne notamment la première audition en Allemagne de *Boris Godounov.* Sa carrière le mène ensuite à l'Opéra de Berlin (1924-27), à l'Opéra de Sofia (1927-28), puis aux États-Unis : de 1929 à 1934, il est à la tête de l'Orchestre Symphonique de San Francisco. Il revient en Europe où il est nommé à l'Opéra de Budapest (1936-39). En 1939, il prend la direction de l'Orchestre Symphonique de Göteborg avant d'être nommé à l'Opéra de Stockholm en 1941. Tout en dirigeant les ouvrages lyriques, il commence à réaliser ses premières mises en scène. De 1948 à 1953, il dirige régulièrement le répertoire russe à la Scala de Milan.

Au début des années vingt, il avait eu l'occasion de jouer la *Sonate Appassionata* de Beethoven devant Lénine. Un tableau immortalisant cet instant restera accroché dans les salles de travail des conservatoires en URSS pendant plusieurs dizaines d'années.

Dohnányi, Christoph von

Chef d'orchestre allemand, né à Berlin le 8 septembre 1929.

Il fait ses études musicales à Munich, où il obtient en 1951 le Prix de direction Richard Strauss. Petit-fils du compositeur **Ernst von Dohnányi,** il rejoint celui-ci aux États-Unis et travaille notamment avec Bernstein. En 1952, Georg Solti l'engage à l'Opéra de Francfort comme chef de chœur, puis chef d'orchestre. Il devient directeur musical à Lübeck (1957-63) puis à Kassel (1963-66). De 1968 à 1977, il est directeur musical et intendant de l'Opéra de Francfort, fonctions qu'il cumule avec la direction de l'Orchestre Symphonique du WDR de Cologne (1964-69). En 1975, il est nommé directeur musical et intendant de l'Opéra de Hambourg ce qui ne l'empêche pas de poursuivre une carrière internationale. En 1984, il succède à Lorin Maazel comme directeur de l'Orchestre de Cleveland. A partir de 1994, il est premier chef invité de l'Orchestre Philharmonique de Londres. Il a épousé la cantatrice **Anja Silja.**

Il a dirigé la création des opéras *Der Junge Lord* (Berlin, 1965) et *Die Bassariden* (Salzbourg, 1966) de Hans Werner Henze, *Kabale und Liebe* de Gottfried von Einem (Vienne, 1976), *Baal* de Friedrich Cerha (Salzbourg, 1981) ainsi que, dans le domaine symphonique, d'œuvres de Karl Amadeus Hartmann (*Ghetto,* 1966), Giselher Klebe (*Symphonie n° 3,* 1967), Manfred Trojahn (*Variations pour orchestre,* 1987 ; *L'Autunno,* 1990), Herbert Willi (*Concerto pour orchestre,* 1992).

Dohnányi, Ernst von (Ernö Dohnányi)

Pianiste, chef d'orchestre et compositeur hongrois, né à Bratislava le 27 juillet 1877, mort à New York le 9 février 1960.

Il travaille d'abord avec son père, violoncelliste amateur et Karl Forstner, organiste de la cathédrale de Bratislava (1885-94). Il se rend à Budapest en 1894, y étudie le piano et la composition avec Stefan Thomán et Hans Koessler et reçoit ses premières récompenses (1897 : Prix du Roi de Hongrie). Il se perfectionne avec Eugen d'Albert et commence sa carrière en 1898 à Londres sous la direction de Richter. Il compose alors ses premières œuvres. A partir de 1900, il se produit sur le plan international, imposant notamment les œuvres peu jouées de Mozart, Beethoven et la musique de chambre de Schubert. Son ami Joseph Joachim l'invite en 1905 à enseigner le piano à la Hochschule für Musik de Berlin où il est nommé professeur en 1908. En 1915, il est de retour à Budapest où il exerce une activité intense comme défenseur de la jeune école hongroise (Kodály, Bartók). En 1916, il enseigne à l'Académie de Budapest dont il prend la direction en 1919. Il en est écarté quelques mois plus tard par le régime politique. Il continue néanmoins ses activités et dirige l'Orchestre Philharmonique de Budapest dont il sera le chef principal de 1919 à 1944. Il effectue des tournées aux États-Unis de 1921 à 1927. En 1928, il reprend ses fonctions à l'Académie de Budapest (piano et composition) où il a notamment comme élèves Georg Solti, Annie Fischer et Géza Anda. En 1931, il est nommé directeur musical de la Radio Hongroise jusqu'en 1944 et de nouveau de l'Académie de Budapest (1934). Devant la montée nazie, il est contraint de quitter la Hongrie. Il séjourne en Argentine puis s'installe en 1949 aux États-Unis, à Tallahassee, comme professeur à l'Université de Floride. Il se produit pour la dernière fois au Festival d'Édimbourg en 1956.

Dohnányi comptait parmi les pianistes les plus marquants de sa génération. Il passe pour avoir été le premier pianiste du XXe siècle à posséder l'intégrale des concertos de Mozart à son répertoire. Il fut l'un des premiers à imposer l'intégrale des 32 sonates de Beethoven tout en défendant avec conviction la jeune musique. Comme pianiste, on lui doit la création d'œuvres de Bartók (*3 Burlesques*, op. 8c et *4 Nénies*, op. 9a, 1917). Comme chef d'orchestre, il a dirigé en première audition les *4 Pièces pour orchestre*, op. 12 (1922), la *Suite de danses* (1923), la suite du *Mandarin merveilleux* (1928) et celle du *Prince de bois* (1931) de Bartók ainsi que le *Psalmus Hungaricus* (1923) de Kodály.

Dokchitser, Timofei

Trompettiste russe, né à Tchernigovchtchina le 13 décembre 1921.

Il étudie à l'École Glazounov avec un soliste de l'Orchestre du Bolchoï, I. Vassilenki, puis à l'Institut Gnessine de Moscou avec Ivan Vasilevski et Mikhaïl Tabakov. En 1941, il est lauréat du Concours des musiciens interprètes de l'URSS. En 1945, il est nommé trompette solo au Bolchoï où s'accomplira l'essentiel de sa carrière. Deux ans plus tard, il remporte le 1er prix au Festival de la jeunesse et des étudiants de Prague. Il commence alors une carrière de soliste tout en s'intéressant à la direction d'orchestre qu'il étudie avec Leo Guinsbourg au Conservatoire de Moscou (1952-57). Il dirige ses premiers concerts en 1957 et quelques représentations au Bolchoï (*Werther, Faust, La Traviata*). Mais la trompette reste son moyen d'expression premier et d'abord au sein de l'orchestre. En 1971, il est nommé professeur au Conservatoire de Moscou. En 1983, il quitte le Bolchoï et se consacre essentiellement à l'enseignement à l'Institut Gnessine de Moscou. Il s'est affirmé comme le chef de file de l'école soviétique de trompette : plusieurs compositeurs ont écrit pour lui (Guédiké, Pakhmoutova, Wainberg).

Doktor, Paul

Altiste autrichien naturalisé américain (1952), né à Vienne le 28 mars 1919, mort à New York le 21 juin 1989.

Il étudie d'abord le violon avec son père Karl, altiste du Quatuor Busch. Il obtient son diplôme de l'Académie de musique de Vienne en 1938. Il travaille alors l'alto et remporte le Concours international de Genève en 1942. Il avait fait ses débuts en 1938-39 avec le Quatuor Busch comme second altiste, à Zurich et à Londres. Il quitte Vienne en 1938 et, de 1939 à 1947, il est alto solo de l'Orchestre Symphonique de Lucerne et du Collegium Musicum de Zurich. Il se fixe aux États-Unis en 1947 et débute à Washington l'année suivante. De 1948 à 1951, il est membre du quatuor résident de l'Université du Michigan où il enseigne également. A partir de 1953, il est professeur au Mannes College de New York puis à Philadelphie (1970) et à la Juilliard School (1971). Il a travaillé avec des formations de musique de chambre comme l'Ensemble Rococo, le New York String Quartet, le Paul Doktor String Trio. Il a créé les concertos de Quincy Porter (1948) et Walter Piston. Il joue sur un alto du XVIIe siècle attribué à Pietro Guarneri de Mantua.

Dolmetsch, Arnold

Claveciniste et musicologue anglais, né au Mans le 24 février 1858, mort à Haslemere (Surrey) le 28 février 1940.

Né dans une famille de musiciens, il apprend très jeune le piano, l'orgue et le violon avec Vieuxtemps au Conservatoire de Bruxelles (1881-83). Il travaille également, au Royal College of Music de Londres, le violon (Holmes) et l'harmonie (Bridge). Il enseigne lui-même le violon au Dulwich College (1885-89) mais ses goûts l'orientent vers la musique ancienne. A partir de 1889, il commence à fouiller le répertoire médiéval et renaissant, acquérant et restaurant des instruments anciens (luth, clavicorde). Il construit son propre clavecin qu'il expose en 1896. Dès 1890, il donne des concerts sur instruments anciens. En 1904, il s'installe à Boston chez le facteur de piano Chickering and Sons où il produit (1905-11) luths, violes, clavicordes, clavecins (celui de Busoni) puis de 1911 à 1914, il travaille à Paris pour la maison Gaveau. En 1914, il gagne l'Angleterre et fonde en 1917 à Haslemere sa propre maison qui devient bientôt un centre de musique ancienne notamment à partir du festival qu'il crée dans cette ville à partir de 1925. Avec son fils Carl, il met au point une large diffusion de la flûte à bec (fabrication et enseignement) : la Society of Recorder Players sera fondée en 1937. En 1929 voient le jour la Fondation Dolmetsch et la revue *Consort*. Dolmetsch publie de nombreux articles et notamment les livres *Select English Songs and Dialogues of 16e et 17e Centuries* (1912) ainsi que *The Interpretation of the Music of the 17e et 18e Centuries* (1915). Sa troisième femme Mabel (1874-69), danseuse et gambiste, ses enfants Hélène (1878-1924), gambiste et violoncelliste, Rudolf (1906-42) harpiste, gambiste, chef d'orchestre ayant publié *The Art of Orchestral Conducting* (1942), Carl (né en 1911) virtuose de la flûte à bec ayant publié *Ornementation and Phrasing for the Recorder* (1939), ont poursuivi l'effort de ce pionnier pour l'exécution et la diffusion de la musique et des instruments anciens.

Domgraf-Fassbaender, Willi

Baryton allemand, né à Aix-la-Chapelle le 19 février 1897, mort à Nuremberg le 13 février 1978.

Il étudie avec Jacques Stückgold et Paul Bruns à Berlin et Giuseppe Borgatti à Milan. Il fait ses débuts dans sa ville natale en 1922 (le Comte des *Noces de Figaro*). Il chante à la Deutsche Opernhaus de Berlin

(1923-25) puis à l'Opéra de Düsseldorf (1925-27) et à l'Opéra de Stuttgart (1927-30) avant d'être engagé dans la troupe de la Staatsoper de Berlin (1930-48). Régulièrement invité au Festival de Glyndebourne dès sa fondation, il y chante tous les rôles mozartiens entre 1934 et 1937. Il incarne Papageno à Salzbourg en 1937 et mène une carrière internationale (Paris, Milan...). Il tourne dans de nombreux films, notamment *Aufforderung zum Tanz* (« L'Invitation à la valse »). En 1946, il est régisseur à l'Opéra de Nuremberg tout en continuant à chanter sur les scènes de Munich, Vienne, Hanovre. En 1954, il est nommé professeur au Conservatoire de Nuremberg où il formera notamment sa fille, la mezzo-soprano Brigitte Fassbaender.

Domingo, Placido

Ténor espagnol, né à Madrid, le 21 janvier 1941.

Il chante, à seize ans dans la troupe de zarzuela de ses parents à Mexico, un rôle mineur de baryton. On reconnaît vite sa voix de ténor. Il reçoit une formation musicale complète : piano, composition, direction d'orchestre. Il étudie avec Markevitch (Conservatoire de Mexico) puis passe une audition de chant à Mexico ; il se rend à Dallas, à Tel-Aviv. 1967-68 : le voici en Europe. En 1968, il débute au Metropolitan. L'année suivante, il chante à Vérone et incarne Ernani à la Scala de Milan. En 1971, il débute à Covent Garden *(Tosca)*, en 1973, à l'Opéra de Paris *(Le Trouvère)* et, en 1975, au Festival de Salzbourg *(Don Carlos)*. Il s'impose dans la plupart des rôles de Verdi aussi bien que dans *L'Élixir d'amour, La Bohème* ou *Les Maîtres chanteurs*. Au cinéma, il a incarné Alfredo dans *La Traviata* (Franco Zeffirelli, 1982), Don José dans *Carmen* (Mario Rosi, 1983) et Otello (Franco Zeffirelli, 1986). A partir de 1973, il se tourne occasionnellement vers la direction d'orchestre avec *La Traviata* (1973) et *Tosca* (1974) au New York City Opera, *La Chauve-Souris* (Covent Garden, 1983) et *La Bohème* (Met, 1984). Il aborde également la mise en scène avec *Don Giovanni* (1985). En 1980, il crée à Madrid l'opéra de Federico Moreno Torroba, *El Poeta*, et, en 1986 à Washington, celui de Gian Carlo Menotti, *Goya*, avant d'être nommé conseiller musical de l'Opéra de Los Angeles. En 1988, il donne sa 2000e représentation (dans *La Fanciulla del West* de Puccini, à l'Opéra de Vienne). Un an plus tard, il incarne André Chénier à Versailles pour les représentations commémoratives du bicentenaire de la Révolution française. Au début des années 1990, on le voit élargir son répertoire romantique allemand, chantant notamment Florestan, Lohengrin et Parsifal (Opéra de Vienne, Met et Scala). Il chante ce dernier rôle à Bayreuth en 1992 et 1993. En 1996, il devient directeur artistique de l'Opéra de Washington. Il a épousé la soprano mexicaine **Marta Ornelas.**

ÉCRITS : *Mes quarante premières années* (1984).

Dominguez, Oralia

Alto mexicaine, née à San Luiz Potosi le 15 octobre 1927.

Elle étudie au Conservatoire national du Mexique, et durant la première année, tient déjà une partie de soliste dans *La Damoiselle élue* (Debussy). Elle débute en 1950 à l'Opéra de Mexico et vient en Europe, trois ans plus tard. Après son premier concert au Wigmore Hall de Londres, elle effectue une tournée à travers la France, l'Espagne, l'Allemagne et la Hollande. Invitée en 1953 à la Scala, elle est la Princesse de Bouillon dans *Adrienne Lecouvreur* (Cilea). Puis elle apparaît au San Carlo, à la Monnaie, à l'Opéra de Vienne et à l'Opéra de Paris. En 1955, elle crée au Covent Garden *A Midsummer Marriage* de Michaël Tippett. En 1955 et 1957, elle participe au Festival de Glyndebourne. Depuis 1960, elle est attachée à l'Opéra de Düsseldorf, tout en continuant de se produire dans le monde entier. Partout son timbre exubérant, teinté d'exotisme, et sa voix à la technique parfaite font merveille.

Donat, Zdislava

Soprano polonaise, née à Posen (Poznań) le 4 juillet 1936.

Elle fait ses études au Conservatoire de Varsovie, puis en Italie. Lauréate de plusieurs concours internationaux (Helsinki, Toulouse), elle est engagée à l'Opéra de Poznań (1964-71). Dès 1971, elle est appelée à l'Opéra de Varsovie, où elle aborde les grands rôles coloratures. Aussitôt de nombreux engagements lui font parcourir l'Europe et l'Amérique du Nord. Mais ses plus grands succès, elle les remporte à l'Opéra de Munich ; aussi l'État bavarois lui a-t-il décerné le titre de Kammersängerin. L'été 1980, elle fait la navette entre le Festival de Bregenz, où elle chante Constance (*L'Enlèvement au sérail*), et le Festival de Salzbourg, où elle est la Reine de la Nuit (*La Flûte enchantée*). Le succès remporté dans ce rôle la fait inviter au Japon, en France, en Suisse... Mais le répertoire italien lui vaut d'autres succès, avec *Lucia di Lammermoor*, Norina (*Don Pasquale*), *La Traviata*, Gilda (*Rigoletto*), Oscar (*Un bal masqué*).

Donath, Helen
(Helen Erwin)

Soprano américaine, née à Corpus Christi (Texas) le 10 juillet 1940.

A dix ans, elle chante dans un chœur d'église. Carl Dapholl lui fait travailler sa voix et à dix-huit ans, elle débute à New York en concert, interprétant des mélodies. Elle demeure en Amérique du Nord jusqu'en 1960. En 1961, elle vient en Europe. Engagée à l'Opéra de Cologne, elle débute dans la deuxième fille du Rhin (*L'Or du Rhin*). En 1963, elle quitte Cologne pour Hanovre, où elle appartient à la troupe de l'Opéra jusqu'en 1966. Elle y débute dans Pamina (*La Flûte enchantée*) et épouse le chef d'orchestre **Klaus Donath**. En 1967, appelée par l'Opéra de Munich, elle commence une brillante carrière, tant à la scène qu'en concert. A de nombreuses reprises, elle participe au Festival de Salzbourg (Pamina, en 1964), ainsi qu'au Festival de Pâques, avec Karajan. Invitée à Vienne, Hambourg, Zurich, Paris, etc., elle s'impose parallèlement comme une admirable interprète de mélodies. C'est un beau soprano lyrique, très à l'aise dans le coloratur.

Dondeyne, Désiré

Chef d'orchestre français, né à Laon le 20 juillet 1921.

Il fait ses études musicales aux Conservatoires de Lille et de Paris où il remporte des prix de clarinette, musique de chambre, harmonie et composition (Tony Aubin). Il fait ses débuts comme clarinette solo à la Musique de l'Air avant d'être nommé chef de la Musique des Gardiens de la Paix (1954-81). En quelques années, il transforme cet ensemble en l'une des meilleures harmonies de France et suscite tout un répertoire d'œuvres originales qu'écrivent à son intention Milhaud, Landowski, Ibert, Durey... Il est l'auteur, avec Frédéric Robert, d'un *Nouveau Traité d'orchestration*. On lui doit la redécouverte de la *Symphonie funèbre et triomphale* de Berlioz ainsi que de nombreuses pages originales pour instruments à vent de Wagner, Mendelssohn, Gossec ou Cherubini. Il a enregistré l'intégrale des œuvres pour ensemble d'harmonie de R. Strauss, Fauré, Schmitt, Milhaud et Kœchlin.

Doneux, Edgard

Chef d'orchestre belge, né à Liège le 25 mars 1920, mort à Anderlecht le 31 janvier 1984.

Sa formation musicale lui est intégralement dispensée au Conservatoire de Liège. A l'âge de vingt ans, Edgard Doneux est appelé à diriger l'orchestre de l'Opéra Royal de sa ville natale puis, en 1946, est nommé premier chef au Théâtre Royal de la Monnaie, à Bruxelles. En 1949, il entre comme premier chef d'orchestre à la Radiodiffusion-Télévision Belge où il dirige l'Orchestre de Chambre et le Nouvel Orchestre Symphonique de la RTBF (1978-84). De nombreux compositeurs lui ont dédié des œuvres : Legley son *Lo spirito di contradizione* (ouverture pour une comédie de Goldoni), Bozza un *Hommage à Rossini*, M. Quinet une *Suite symphonique*, Nussio deux œuvres pour orchestre, Loucheur, Schmitt, Ameller... Il avait participé à la fondation du Ballet Royal et de l'Opéra Royal de Wallonie ainsi que du Festival de Chimay et avait été directeur artistique du Spa Musical.

Dong Suk Kang

Voir à **Kang Dong-Suk**.

Donohoe, Peter Howard

Pianiste anglais, né à Manchester le 18 juin 1953.

Il fait ses études à l'Université de Leeds (1971-72), au Royal Northern College of Music (1972-73) et au Conservatoire de Paris (1976-77) avec Yvonne Loriod. Il remporte le 1er prix au Concours international Tchaïkovski de Moscou (1982), puis se forge une solide réputation de pianiste en jouant dans toute l'Europe, au Canada, au Japon et en Australie. Il est l'un des artistes étrangers les plus populaires en Russie. Il donne son premier récital new-yorkais en 1988. Il a créé des œuvres d'Alexander Goehr (*... in real time II-IV,* 1992), York Höller (*Concerto pour piano,* 1985), James MacMillan (*The Berseking, concerto pour piano,* 1990), Mark-Anthony Turnage (*Intranced,* 1982).

Dorati, Antal

Chef d'orchestre et compositeur hongrois naturalisé américain (1947), né à Budapest le 9 avril 1906, mort à Gerzensee le 12 novembre 1988.

Son père est violoniste, sa mère enseigne le piano et le violon. A quatorze ans, il entre à l'Académie de musique de Budapest où il étudie le violoncelle, le piano, la composition et la direction d'orchestre. Il travaille également à l'Université de Vienne. Il est le plus jeune chef-assistant à l'Opéra Royal de Budapest (1924-28). Il a étudié avec Bartók et Kodály et travaillera plus tard avec celui-ci au collectage des documents folkloriques. Il donne des premières auditions de Stravinski en Hongrie en dirigeant *Le Chant du rossignol* et *Œdipus-Rex* en 1928. Puis il assiste Fritz Busch à Dresde avant d'être nommé premier chef à Münster (1929-32). Pendant huit ans, il va être associé aux Ballets Russes de Monte-Carlo, de 1933 à 1938 comme second chef puis, de 1938 à 1941 comme directeur musical. Il parcourt le monde avec cette compagnie et se fixe à New York en 1941 où il devient directeur musical de l'American Ballet Theatre, poste qu'il conservera jusqu'en 1945 tout en commençant une carrière de chef invité : au cours de la saison 1941-42, il est notamment directeur musical de la New York Opera Company. On lui confie ensuite l'organisation de l'Orchestre Symphonique de Dallas dont il est directeur musical (1945-49). Sa carrière sera désormais consacrée au concert. Il dirige successivement l'Orchestre Symphonique de Minneapolis (1949-60), l'Orchestre Symphonique de la BBC (1963-67), l'Orchestre Philharmonique de Stockholm (1966-74), l'Orchestre National de Washington (1970-76), le Royal Philharmonic Orchestra (1975-78) et l'Orchestre Symphonique de Detroit (1977-81).

Doué d'une mémoire prodigieuse, Dorati se présente lui-même comme un « médecin de l'orchestre ». Son répertoire est gigantesque : Bartók et Kodály dont il détient la tradition vivante, Stravinski, Messiaen ou Dallapiccola qu'il impose dans le monde entier, Haydn dont il a réalisé l'intégrale des symphonies entre 1970 et 1973 avant d'entreprendre l'intégrale des opéras... On lui doit plus de six cents disques qui témoignent de sa personnalité étonnante. Schuller lui a dédié les *7 Études d'après des tableaux de Paul Klee*. Parmi les nombreuses créations figurant à son actif : *Sinfonia serena* (Hindemith, 1947), *Concerto pour alto* (Bartók, 1949), *Symphonies nos 6 et 10* (William Schuman, 1949 et 1976), *Sinfonia minneapolitana* (Sándor Veress, 1953), *Musica per archi* (Roman Vlad, 1959), *Julietta* (Heimo Erbse, 1959), *Concerto pour orchestre* (Roberto Gerhard, 1965), *Thanksgiving and/or Forefather's Day* (Charles Ives, 1954), *Visages d'Axel* (Serge Nigg, 1967), *Symphonie nos 7, 8, et 10* (Allan Pettersson, 1968, 1972 et 1973), *Suite no 2* et *Symphonie no 4* (Walter Piston, 1948 et 1951), *Symphonie no 4* (Roger Sessions, 1960), *Concerto pour orchestre no 2* (Gunther Schuller, 1976), *Zodiac* (Richard Rodney Bennett, 1976). Compositeur fécond, il est l'auteur d'une *Cantate* (1957), d'une *Missa brevis* (1958), d'un poème chorégraphique, *Magdalena*, d'un *Concerto pour piano* (1975) écrit à l'intention de sa femme **Ilse**

von Alpenheim, et du ballet *Graduation Ball* d'après des valses de Strauss.

ÉCRITS : *Notes of Seven Decades* (Londres, 1979).

Dorfmann, Ania

Pianiste russe naturalisée américaine, née à Odessa le 9 juillet 1899, morte à New York le 21 avril 1984.

Elle travaille avec Ilja Aisberg, élève de Leschetizky, puis vient se perfectionner au Conservatoire de Paris dans la classe d'Isidore Philipp où elle remporte un 1er prix. De 1914 à 1920, elle revient en Russie avant d'aborder une carrière internationale, jusqu'en 1926. Elle séjourne alors à Paris, y enseigne. En 1936, elle se fixe aux États-Unis. Elle joue avec Toscanini et enregistre avec lui en 1945 le *Concerto pour piano nº 1* de Beethoven. A partir de 1966, elle enseigne à la Juilliard School.

Doria, Renée

Soprano française, née à Perpignan le 13 février 1921.

Après des études musicales très complètes (piano, solfège, harmonie), elle se consacre au chant et se produit en concert dès l'âge de dix-huit ans. Ses grands débuts ont lieu en 1942 à l'Opéra de Marseille dans la Rosine du *Barbier*, un triomphe qui lui vaut de chanter « au pied levé » quelques jours après Olympia puis Lakmé, son rôle fétiche, qui marque ses débuts à l'Opéra-Comique (1944). Désormais elle est lancée. Les prises de rôles se succèdent : Leïla, Gilda, Violetta, Constance qu'elle chante à Cannes sous la direction de Reynaldo Hahn, Mireille, Philine (*Mignon*), sans oublier sa Norina du Châtelet où elle eut successivement pour partenaire Luis Mariano, Mario Altéry et Tito Schipa. Elle débute au Palais Garnier en 1947 dans la Reine de la nuit. Elle y chantera par la suite *Rigoletto* (Gilda), *La Traviata* (Violetta), *Les Indes galantes, Les Dialogues des Carmélites*... Vanni-Marcoux, maître bienveillant et scrupuleux, l'emmène en Hollande puis en Italie où elle met à son répertoire Marguerite, Lucia, Juliette et les trois rôles des *Contes d'Hoffmann* qu'elle chantera notamment à Strasbourg, scène où elle a incarné Fiordiligi, Suzanne, Pamina, Ophélie, la Comtesse du *Comte Ory* ou Concepción de *L'Heure espagnole*. En trente ans de carrière, Renée Doria a chanté plus de soixante rôles.

Douatte, Roland (Roland Douat)

Chef d'orchestre français, né à Paris le 7 décembre 1921, mort à Tours le 16 décembre 1992.

Autodidacte de formation, il pratique le violon dans des orchestres de cabaret avant de fonder, en 1952, la firme d'édition discographique Critère et le Collegium Musicum de Paris, avec lequel il se consacre à la musique baroque. Il est l'un des premiers à faire revivre la *Musique pour les soupers du roi* de Delalande. Entre 1963 et 1968, il est directeur artistique du Festival du Marais. Il est ensuite à la tête de l'Orchestre Ad Artem de Metz avant d'enseigner à l'Université catholique de Santiago du Chili. A la fin de sa carrière, il crée un nouvel orchestre à Paris, la Philharmonie de chambre.

Doucet, Clément

Pianiste belge, né à Lacken (Bruxelles) le 9 avril 1894, mort à Bruxelles le 11 septembre 1950.

Son père avait été valet de chambre du roi des Belges, son oncle maître de Chapelle. Il fait ses études au Conservatoire de Bruxelles avec De Greef, à treize ans joue dans un orchestre à Ostende, quitte sa famille, s'embarque sur un navire comme pianiste. Pendant des années, il fait des traversées, jouant avec de petits orchestres toutes sortes de musiques. Il aime la liberté, l'aventure, s'arrêtant dans une ville, s'y produisant dans un cabaret et tenant les grandes orgues à l'église, passant de la polka aux fugues de Bach qu'il connaît par cœur.

Son secret ? Huit heures de piano par jour pendant quarante ans. Jean Wiéner le rencontre dans un petit atelier, place d'Italie ; Doucet y révèle l'orphéal, étrange instrument à clavier entre l'harmonium et le piano. C'est en 1923. Il est passionné de rag-time et de jazz. Modeste, doux et violent tour à tour, il attire Wiéner. Doucet accepte de tenir le second piano dans un concerto de Jean Wiéner, puis présente avec lui un concert à deux pianos au Théâtre des Champs-Élysées. Dès lors, Wiéner et Doucet deviennent inséparables. Pendant quinze ans, ils jouent plus de 2 000 fois en public, dans le monde entier. « Jamais heureux, dit Wiéner, car il était impatient de vivre le lendemain. Il donnait tout ce qu'il n'avait pas. Quand il jouait *Chopinata*, ou triturait la musique de Wagner, fonçant dans la *Mort d'Isolde*, tout s'arrêtait autour de lui. J'ai vu Casals et Rubinstein dans le ravissement. »

C'est au Bœuf sur le toit, que Cocteau vient de mettre à la mode, que Clément Doucet, auprès de Jean Wiéner, acquiert sa célébrité. Dans ses concerts « sérieux », il rapproche Beethoven de Rossini, les chansons d'Yvonne Georges de Bach, interprète à ravir la *Rhapsodie nègre* de Poulenc, compose aussi (*Chopinata*). Clément Doucet « a vécu dans un contexte de Brueghel, moitié ange, moitié mauvais garçon, dans un monde où il ne comprenait rien » (Wiéner), un grand artiste plein d'invention et d'innocence ! Till Eulenspiegel.

Douglas, Barry

Pianiste anglais, né à Belfast le 23 avril 1960.

Il commence ses études musicales à l'École de musique de sa ville natale avant d'entrer au Royal College of Music de Londres où il est l'élève de John Barstow (1978-82). Il travaille également avec Maria Curcio. Sa carrière débute en Grande-Bretagne et aux États-Unis. Lauréat du Concours Rubinstein à Tel-Aviv (1983), il remporte le 1er prix au Concours Tchaïkovski à Moscou en 1986. Il joue alors dans toute l'Europe et au Japon. Il a tourné dans le film de John Schlesinger, *Madame Sousatzka* (1988).

Doukan, Pierre

Violoniste français, né à Paris le 11 octobre 1927.

Au Conservatoire de Paris, il remporte des premiers prix de violon, musique de chambre et histoire de la musique (1946-47). Sa carrière débute rapidement avec un 3e prix au Concours international Reine Élisabeth de Belgique (1955) et un prix au Concours Paganini à Gênes (1957). Il se fait surtout connaître comme interprète de musique de chambre et voit ses premiers enregistrements couronnés par l'Académie du disque français en 1958. Pierre Doukan est professeur au Conservatoire de Paris depuis 1969. En 1984, il est nommé directeur artistique de l'Académie d'orchestre (cordes) et chargé du cours de perfectionnement destiné aux violons solos au Conservatoire de Paris. En 1993, il est en outre nommé directeur musical du département de préparation aux métiers de l'orchestre au Conservatoire national de région de Paris.

Doussard, Jean

Chef d'orchestre français, né à Sainte-Mélaine-sur-Aubance le 1er juillet 1928.

Il commence ses études au Conservatoire d'Angers (flûte et solfège) et les poursuit au Conservatoire de Paris (classe de flûte de Marcel Moyse) où il obtient un 1er prix de flûte. Il travaille alors la direction d'orchestre avec Jean Fournet, Paul Van Kempen et Ferdinand Leitner. Lauréat du Concours international de Besançon (1952), il remporte le 1er prix du Concours international de direction de l'Académie de Sienne (1953). Il commence sa carrière à la tête de l'Orchestre Radio-Symphonique d'Alger (1953-55). Nommé chef de l'International Ballet du Marquis de Cuevas (1956-61), il est le premier chef français à faire une tournée en Chine (1965). Après avoir dirigé des opéras à Lyon et Paris et s'être retrouvé à la tête des meilleures formations orchestrales françaises, il devient chef permanent du Théâtre de Nancy (1975-79). En 1979, il est nommé chef d'orchestre à l'Opéra du Nord, à Lille.

Downes, Edward

Chef d'orchestre anglais, né à Birmingham le 17 juin 1924.

Il fait ses études à l'Université de Birmingham (1941-44) avant de travailler le cor et la composition au Royal College of Music de Londres. En 1948, il reçoit une bourse, la Carnegie Scholarship, qui lui permet d'aller étudier pendant deux ans la direction d'orchestre avec Hermann Scherchen. A son retour à Londres, il est nommé chef assistant de la Carl Rosa Opera Company (1950-51) puis chef d'orchestre à Covent Garden (1952-69). Il sera notamment l'assistant de Georg Solti et le premier chef anglais depuis Beecham à diriger *La Tétralogie* (1967). De 1972 à 1976, il est directeur musical de l'Opéra d'Australie à Sydney. Entre 1980 et 1991, il est à la tête du BBC Northern Symphony Orchestra à Manchester, qui devient ensuite le BBC Philharmonic Orchestra. Il dirige également l'Omrœp Orkest à la Radio d'Hilversum. Downes a traduit en anglais plusieurs opéras russes (*Guerre et Paix, La Khovanchtchina, Le Nez, Katerina Ismaïlova*). Il a terminé l'orchestration de l'opéra de jeunesse *Maddalena* de Serge Prokofiev dont il a dirigé la première audition en 1978. Il a créé l'opéra de Richard Rodney Bennett, *Victory* (1970), et celui de Peter Maxwell Davies, *Taverner* (1972). Dans le domaine symphonique, il a créé des œuvres de David Matthews (*Chaconne*, op. 43, 1988) et Peter Maxwell Davies (*Symphonies n° 3*, 1985).

Doyen, Jean (Abel Jean Doyen)

Pianiste français, né à Paris le 9 mars 1907, mort à Versailles le 21 avril 1982.

Il a neuf ans lorsqu'il entre au Conservatoire de Paris dans la classe d'E. Schwarz (solfège), puis en 1917 dans la classe de S. Chéné (piano) et en 1919 dans celle de L. Diémer, enfin dans celle de M. Long. En 1922, il reçoit un 1er prix de piano et débute trois ans plus tard aux Concerts Colonne. Il participe alors au montage du ballet de J. Ibert *Les Rencontres*, à l'Opéra. Après avoir suivi l'enseignement de G. Caussade (contrepoint et fugue), il entre en 1926 à la Radiodiffusion Française. En 1930, il obtient le 2e prix de contrepoint et de fugue, suit les cours de P. Vidal et d'H. Büsser (composition), reçoit le prix Gabriel Fauré lorsqu'il a trente ans. Il succède à Marguerite Long comme professeur de piano au Conservatoire de Paris (1941-77).

On lui doit plusieurs créations et redécouvertes : ainsi les *Variations sur un thème de Don Juan* de Chopin, les *Pièces brèves* et *Cyrnos* de Tomasi (1929-30), les *Pièces françaises* de Canteloube, *Fantaisie sur un vieil air de ronde française* de d'Indy (1931), les *Trois Danses* de Samazeuilh (1957), *les Sept Préludes pour piano* de Cliquet-Pleyel (1970). Parmi ses œuvres : *Marine* pour quatuor à cordes et quatuor vocal féminin, *Concerto pour piano* et orchestre. Il est l'auteur de cadences pour des concertos de piano de Haydn (ré maj.) et Mozart (ré mineur).

Drenikov, Ivan

Pianiste bulgare, né à Sofia le 28 décembre 1945.

Il termine ses études au Conservatoire d'État de Sofia en 1966 dans les classes de P. Vladiguerov et de P. Pelichek. Puis il travaille à l'Académie Sainte-Cécile de Rome avec Vincenzo Vitale. De 1968 à 1970, il est l'élève d'Arturo Benedetti Michelangeli à Bergame et Lugano. En 1965 il avait obtenu le 3e prix au Concours Busoni.

Dreyfus, Huguette

Claveciniste française, née à Mulhouse le 30 novembre 1928.

Elle apprend le solfège, puis le piano dès l'âge de cinq ans. Au début de la guerre elle entre au Conservatoire de Clermont-Ferrand. A seize ans elle obtient un 1er prix de piano et vient se perfectionner à Paris (piano, écriture, esthétique, histoire de la musique) où elle obtient un diplôme supérieur à l'École normale, puis au Conservatoire. En 1950, elle découvre le clavecin dans la classe de Norbert Dufourcq et décide de se consacrer à cet instrument. Elle travaille avec J. Masson, obtient une mention en 1951, puis en 1953 suit les cours de R. Gerlin à l'Académie Chigiana de Sienne. En 1958, elle remporte la 1re médaille de clavecin au Concours international de Genève et sa famille lui offre un clavecin français du début du XVIIIe siècle, signé Nicolas Blanchet. Elle commence alors une carrière internationale. En 1963, elle fait une longue tournée aux États-Unis avec l'Orchestre de P. Kuentz et donne ses premiers cours d'été à Saint-Maximin. Nommée professeur à la Schola Cantorum de Paris en 1967, elle se rend ensuite dans toutes les grandes villes du monde, donne des récitals de clavecin et pianoforte à Vienne, joue avec Christian Lardé, András Adorjan (flûte) ou Eduard Melkus (violon).

Si elle montre une prédilection pour Bach, Haydn, Couperin, elle interprète aussi avec bonheur les *Mikrokosmos* de Bartók. Elle a créé des œuvres de Günter Bialas (*Concerto pour clavecin,* 1973) et Henri Dutilleux (*Les Citations,* 1991). Elle est professeur de clavecin et donne des cours complémentaires à l'Institut de musicologie de la Sorbonne.

Drouet, Jean-Pierre

Percussionniste français, né à Bordeaux le 30 octobre 1935.

Prix de trompette à Bordeaux, il vient à Paris où il remporte un 1er prix de percussion en 1958. Il étudie la composition avec Leibowitz et Puig, écrit des musiques de scène (*Le Jardin des délices, Une saison au Congo*) et des ballets pour Blaska, Violetta Faber, Garnier. Passionné par le jazz (il joue avec le groupe André Hodeir et, aujourd'hui, avec Michel Portal) il découvre la musique contemporaine et la sert dès sa rencontre avec Berio en 1960. Les musiques iranienne, indienne, le fascinent : il apprend le zarb (durant six ans avec Chémirami) et les tablas avec Chatur Lal. Il joue dans l'Ensemble Musique Vivante de Diego Masson et participe aux créations de Boulez (*Domaines*), Berio (*Laborintus*), Stockhausen, etc., puis forme un trio de percussions, le Cercle (avec W. Coquillat et G. Silvestre), et improvise de façon éblouissante avec le New Phonic Art (Portal, Globokar, Alsina) fondé en 1969. Il est l'un des interprètes les plus convaincants d'une musique d'aujourd'hui qui se moque des frontières et des genres. Il signe des compositions comme *Ball* ou *Combien de cercles superposés,* joue avec le groupe Puissance 4 (M. et K. Labèque, S. Gualda) et allie l'invention à la rigueur.

Duchâble, François-René

Pianiste français, né à Paris le 22 avril 1952.

Son père lui enseigne les rudiments du piano. En 1964, il entre dans la classe de Joseph Benvenutti, au Conservatoire de Paris, et de Madeleine Giraudeau-Basset. En 1968, alors âgé de seize ans, il remporte un prix au Concours Reine Élisabeth à Bruxelles. En 1973, c'est le Prix de la Fondation Sacha Schneider, qui lui organise un concert l'année suivante salle Gaveau. Remarqué par Arthur Rubinstein, sa carrière est désormais bien engagée. A la différence de ses pairs, Duchâble a besoin de périodes de silence, loin des foules et de la scène. Ce qui explique que le public et la presse semblent toujours le redécouvrir. En 1980, la rencontre avec Karajan opère un tournant décisif pour sa carrière. La même année, il donne six concerts avec la Philharmonie de Berlin et son chef, en jouant le *Troisième Concerto* de Bartók. Il s'affirme rapidement comme l'un des pianistes français les plus importants de sa génération et est vite reconnu en Allemagne non seulement comme un spécialiste de Chopin et de Liszt, mais comme l'un des grands interprètes beethovéniens. Il y donne à plusieurs reprises l'intégrale des concertos pour piano. Mais il limite volontairement le nombre de ses concerts pour se réfugier dans la montagne, près d'Annecy, berceau de sa famille, où l'artiste redevient un amoureux de la nature.

Dufranne, Hector

Baryton belge, né à Mons le 25 octobre 1871, mort à Paris le 3 mai 1951.

Après avoir étudié le chant au Conservatoire Royal de Bruxelles, il débute en 1896 au Théâtre de la Monnaie dans le rôle de Valentin de *Faust.* Mais c'est à Paris qu'il fait carrière à partir de 1900, comme membre de la troupe de l'Opéra-Comique, créant notamment le rôle de Golaud dans *Pelléas et Mélisande* (1902), *Les Armaillis* de G. Doret (1906), *Fortunio* de Messager (1907), *Le Chemineau* de Leroux (1907), *Thérèse* de Massenet (1907), *L'Amour des trois oranges* de Prokofiev (Chicago, 1921, sous la direction du compositeur), *Les Tréteaux de Maître Pierre* de de Falla (dans le salon de la princesse de Polignac, en 1923), et participant aux créations françaises de *Tosca* et de *Salomé*. Il s'est produit également sur les scènes du Manhattan Opera de New York (1908-10), de l'Opéra de Chicago (1910-22), de l'Opéra de Philadelphie et du Théâtre Colón de Buenos Aires, et s'est retiré en 1932.

Dumay, Augustin

Violoniste français, né à Paris le 17 janvier 1949.

Il voit le jour dans une famille de musiciens. Très tôt, il travaille le piano puis, à partir de cinq ans, le violon. A dix ans, il entre au Conservatoire de Paris dans les classes de Roland Charmy (violon) et Jean Hubeau (musique de chambre) et en ressort trois années plus tard avec un 1er prix (1962). Il donne son premier concert au Théâtre des Champs-Elysées, à Paris, en 1963, ce qui attire l'attention sur lui de maîtres tels que Menuhin et Szeryng. Arthur Grumiaux, après l'avoir entendu, lui donne régulièrement des cours en Belgique de 1962 à 1967. Retenu par Grumiaux, il amorce lentement sa carrière à partir de 1967. Il se produit en soliste mais fait aussi de la musique de chambre avec Jean-Philippe Collard, Frédéric Lodeon et Michel Beroff. En 1975, il enregistre pour l'intégrale de la musique de chambre de Gabriel Fauré. En 1979, il joue avec la Philharmonie de Berlin sous la direction de Karajan. Dans le domaine de la musique de chambre, il se produit tour à tour avec les pianistes Jean-Philippe Collard, Michel Dalberto ou les sœurs Labèque, les violoncellistes Yo-Yo Ma et Lynn Harell avant de constituer un duo violon-piano avec Maria João Pires. Entre 1988 et 1991, il est directeur musical de l'Orchestre de Chambre National de Toulouse. Son répertoire, largement ouvert à la musique française, comporte des œuvres rarement jouées d'Édouard Lalo ou Albéric Magnard. Isang Yun lui a dédié son *Concerto pour violon n° 1*. Il a créé des œuvres de Wolfgang Rihm (*Sonate pour violon et violoncelle*, 1989). Il joue sur un Stradivarius daté de 1721 ayant appartenu à Kreisler.

Dumond, Arnaud

Guitariste, compositeur et luthiste français, né à Paris le 2 juin 1950.

Il obtient sa licence de concert à l'École Normale de Musique de Paris dans la classe d'Alberto Ponce (1971) puis il suit des stages de perfectionnement avec Narciso Yepes, Emilio Pujol et John Williams. En 1973, il remporte le 1er prix au Concours international de guitare de Paris, l'année suivante un 3e prix au Concours des Jeunesses Musicales internationales à Belgrade et en 1979 le 3e prix au Concours international Gaudeamus de musique contemporaine à Rotterdam. Professeur au Conservatoire du IXe arrondissement de Paris, il crée une classe de guitare à l'École nationale de musique d'Évreux. Chroniqueur régulier au *Guitariste Magazine*, Arnaud Dumond compose non seulement pour guitare et pour luth mais aussi pour le violon et le clavecin. Depuis 1979, il joue en duo avec la claveciniste Michèle Delfosse. Lauréat du Concours international de Tōkyō en 1982, il a composé plusieurs œuvres pour son instrument. Il est invité régulièrement pour des stages et des master-classes aux États-Unis et en Europe. Il a fondé en 1988 la Société parisienne pour la guitare contemporaine qui est à l'origine de la création d'une cinquantaine d'œuvres originales pour guitare.

Dunn, Mignon

Mezzo-soprano américaine, née à Memphis (Tennessee) le 17 juin 1928.

Déjà tout enfant, elle ne rêve que d'être cantatrice et les retransmissions radio des matinées dominicales du Met ne font que renforcer son ambition. A force de travail, elle obtient une bourse du Met et se voit couronnée de tous les lauriers. Elle travaille avec Karin Branzell et Beverley Johnson et débute en 1956 au New York City Opera dans le rôle-titre de *Carmen*. Deux ans plus tard, elle paraît sur la plus célèbre scène du nouveau continent. Elle est lancée. Désormais, le monde entier est son champ d'activité. Elle concurrence les grandes Italiennes en Amnéris, en Azucena, en Santuzza ou dans la partie d'alto du

Requiem de Verdi. Elle concurrence les grandes Allemandes en Ortrude, en Fricka ou en Vénus, sans parler de Brangaene ou de Waltraute. Mais en Mère Marie des *Dialogues des Carmélites* ou en Geneviève de *Pelléas et Mélisande* ou encore dans la mère de *Louise*, elle donne la mesure de sa sensibilité au langage musical français. Parallèlement à sa carrière lyrique, Mignon Dunn poursuit avec beaucoup de succès une carrière de mélodiste et de concertiste.

Dupré, Desmond

Luthiste et gambiste anglais, né à Londres le 19 décembre 1916, mort à Tonbridge le 16 août 1974.

Au Royal College of Music de Londres, il étudie avec Ivor Jame et Herbert Howells. De 1948 à 1949, il appartient à l'Orchestre Boyd Neel (il y est violoncelliste) puis, en 1950, il enregistre pour la première fois avec Alfred Deller, qu'il accompagne à la guitare. Il a été le partenaire du claveciniste Thurston Dart, avec lequel il a d'ailleurs enregistré les *Sonates pour viole de gambe et clavecin* de Bach. Considéré comme l'un des pionniers du renouveau du luth en Angleterre, il a joué régulièrement avec le Deller Consort et fait partie de plusieurs ensembles de musique ancienne (Morley Consort, Jaye Consort of Viols, Musica Reservata...).

Du Pré, Jacqueline

Violoncelliste anglaise, née à Oxford le 26 janvier 1945, morte à Londres le 19 octobre 1987.

Elle étudie le violoncelle à la Guildhall School of Music de Londres avec William Pleeth, puis à Paris avec Tortelier, en Suisse avec Casals et à Moscou avec Rostropovitch. Ses débuts datent de 1961. Elle commence une carrière éblouissante sur les grandes scènes internationales. En 1967, elle se convertit au judaïsme et épouse **Daniel Barenboïm** avec lequel elle joue souvent en sonate, ou en trio avec Pinchas Zukerman. Sa carrière est interrompue en 1972 par une sclérose en plaques. Elle possédait deux Stradivarius qu'elle avait reçus d'un donateur anonyme, l'un de 1672 et l'autre de 1712, le *Davidov,* qu'elle a légué à Yo-Yo Ma. Elle jouait aussi sur un instrument moderne fabriqué par un luthier de Philadelphie, Sergio Peresson. Elle a créé la *Romance* pour violoncelle et orchestre d'Alexander Gœhr (1968) dont elle est dédicataire.

Dupré, Marcel

Organiste et compositeur français, né à Rouen le 3 mai 1886, mort à Meudon le 30 mai 1971.

Issu d'une famille de musiciens, il travaille d'abord avec son père, organiste à Saint-Ouen de Rouen. A douze ans, il est nommé titulaire de l'orgue de Saint-Vivien et commence à étudier avec Guilmant. Il entre au Conservatoire de Paris : ses maîtres sont Diémer pour le piano (1er prix en 1905), Guilmant et Vierne pour l'orgue (1er prix en 1907), Widor pour la fugue (1er prix en 1909) et la composition (Grand Prix de Rome en 1914). Dès 1906, Widor le prend comme assistant à Saint-Sulpice. Après la guerre, il commence une carrière internationale en jouant à Paris l'intégrale de l'œuvre pour orgue de J. S. Bach en dix concerts (1920). Suivent des tournées en Angleterre et aux USA où il se rendra régulièrement. En 1934, il succède à Widor à l'orgue de Saint-Sulpice et en 1939, il effectue un tour du monde. De 1926 à 1954, il est titulaire de la classe d'orgue au Conservatoire de Paris : son enseignement, classique, se situe dans la lignée de Widor et de Guilmant. Il a ainsi formé plusieurs générations d'organistes français parmi lesquels O. Messiaen, M.-Cl. Alain, P. Cochereau... En 1947, il prend la direction du Conservatoire américain de Fontainebleau et, de 1954 à 1956, il est à la tête du Conservatoire de Paris.

Ses improvisations sont restées célèbres dans le monde entier. Certaines de ses œuvres ont d'ailleurs été écrites d'après des improvisations (*Symphonie-Passion*, 1924, *Le Chemin de la Croix*, 1931). Sa production de compositeur est essentiellement tournée vers l'orgue : *Variations sur un vieux Noël* (1922), *Préludes et fugues, Chorals, Cortège et litanie* pour orgue et orchestre (1921). Dans plusieurs partitions il a associé avec bonheur le piano à l'orgue.

Marcel Dupré a réalisé l'édition des œuvres pour orgue de J. S. Bach, Mendelssohn, Schumann et Franck.

Il a créé la *Symphonie nº 3* (1912) de Louis Vierne.

ÉCRITS : *Philosophie de la musique* (1985).

Dupuy, Martine

Mezzo-soprano française, née à Marseille le 10 décembre 1952.

Pour la distraire d'études universitaires trop prenantes, sa mère l'incite à travailler le chant au Conservatoire de Marseille. Elle se voit rapidement confier des petits rôles à l'opéra de sa ville natale puis elle se présente à un concours de bel canto qu'elle remporte, ex-aequo, avec Lella Cuberli (1972). Elle travaille alors avec Rodolfo Celletti, le professeur de Ruggero Raimondi, et commence à se forger un répertoire dans le bel canto. Seule exception, Charlotte de *Werther,* rôle de ses débuts à l'Opéra de Lyon (1977). Sa carrière se développe rapidement en Italie. A l'Opéra de Paris, elle chante *Moïse, Mahomet II, Le Siège de Corinthe.* On la découvre dans *Lucio Silla* de Mozart et elle s'impose dans le rôle d'Adalgisa de la *Norma* (Paris, 1987). En 1988, elle débute au Met dans *Les Contes d'Hoffmann* (Giulietta) et dans *Werther* (Charlotte) puis au Mai Musical Florentin *(Le Retour d'Ulysse dans sa patrie).* Ses prochains rôles : *Cenerentola, Anna Bolena...*

Duruflé, Maurice

Organiste et compositeur français, né à Louviers le 11 janvier 1902, mort à Louveciennes le 16 juin 1986.

Élève de la maîtrise de la cathédrale de Rouen, il travaille l'orgue au Conservatoire de Paris avec Tournemire, Dukas et Vierne, dont il sera le suppléant à Sainte-Clotilde et à Notre-Dame. Premier prix d'orgue, d'harmonie et de composition, il est nommé en 1930 titulaire à Saint-Étienne-du-Mont, à Paris, orgue dont il partage les claviers avec sa femme, **Marie-Madeleine Duruflé-Chevalier**. Amoureux de l'orgue classique et des Cavaillé-Coll, qu'il touche aussi bien à Sainte-Clotilde qu'à Notre-Dame, Maurice Duruflé – ainsi que l'a noté Norbert Dufourcq – « a retenu certaines formules dont ses maîtres s'étaient faits les précurseurs : registrations judicieuses, poétiques, et jamais outrancières ». S'il a révélé une grande partie de l'œuvre de Charles Tournemire, ses compositions pour l'orgue sont peu nombreuses (paradoxalement) : on ne compte, en effet, qu'une demi-douzaine de pages, toutes écrites entre 1926 et 1943. Parmi celles-ci, *Prélude, fugue et variations, Prélude, adagio et choral varié sur le « Veni Creator »* (1931), qu'il a lui-même enregistré sur le grand Danion-Gonzalez de la cathédrale de Soissons, et surtout, *Prélude et fugue sur le nom d'Alain,* œuvre datant de 1943 qui est un hommage à son ancien condisciple à la classe de Dukas au Conservatoire. Il s'agit, en fait, d'une manière de « tombeau » composé sur des notes correspondant aux lettres A.L.A.I.N.

En dehors des pages pour orgue, Maurice Duruflé a écrit un admirable *Requiem,* pour solistes, chœurs, orchestre et orgue, publié en 1947. Il a créé des œuvres de Francis Poulenc (*Concerto pour orgue,* 1941) et Louis Vierne (*Symphonie nº 6,* 1935).

Dushkin, Samuel

Violoniste américain, né à Suwalki (Pologne) le 13 décembre 1891, mort à New York le 24 juin 1976.

Il fait ses études musicales à la Music School Settlement de New York et au Conservatoire de Paris (avec Rémy et Ganaye). Il est également l'élève de Auer et Kreisler. Sa carrière débute après la guerre avec un tour d'Europe (1918) et un tour des États-Unis (1924). Violoniste à la virtuosité transcendante, il a réalisé à son propre usage de nombreuses transcriptions de pages célèbres qui sont encore parfois jouées en bis. Il se fait le champion de la musique contemporaine à laquelle il réserve une part importante de ses programmes. Aaron Copland lui dédie ses *Two Pieces* pour violon et piano qu'il crée en 1926, Igor Stravinski son *Concerto pour violon* (1931) et son *Duo concertant* (1932) qu'il crée également. Bohuslav Martinů lui a dédié son *Premier Concerto* qu'il n'a jamais joué et sa *Suite concertante* qu'il a créée en 1945. Il a aussi créé le *Concerto pour violon* (1942) de Rodolfo Halffter. Il jouait sur un Guarnerius de 1739 que possède maintenant Pinchas Zukerman.

Dussaut, Thérèse

Pianiste française, née à Versailles le 20 septembre 1939.

Fille du compositeur **Robert Dussaut** et d'**Hélène Covattis**, professeur de solfège au Conservatoire de Paris, elle fréquente l'École Normale de Musique dès l'âge de quatre ans. L'année suivante, Marguerite Long découvre son talent et l'accueille en 1946. A douze ans, elle entre dans la classe de Jean Doyen au Conservatoire de Paris, dont elle sort avec un 1er prix deux ans plus tard. A quinze ans, elle obtient un 1er prix de musique de chambre dans la classe de Pierre Pasquier, puis elle travaille à la Musikhochschule de Stuttgart avec Wladimir Horbowski, et à Genève avec Louis Hiltbrand. En 1956, elle remporte le 1er prix au Concours international de Munich. Elle se perfectionne ensuite sous la direction de Pierre Sancan. Sa carrière se développe rapidement et elle a fait plusieurs fois le tour du monde, notamment en 1975 pour l'année Ravel. Elle a enregistré plusieurs disques en France ou aux États-Unis, dont l'intégrale pour clavier de Rameau. En 1984, elle est nommée professeur au Conservatoire de Toulouse.

Dutoit, Charles

Chef d'orchestre suisse, né à Lausanne le 7 octobre 1936.

Il commence au Conservatoire de Lausanne des études musicales (violon, piano et direction d'orchestre) qu'il poursuit au Conservatoire de Genève (alto et direction d'orchestre). En 1958, il obtient son diplôme de chef d'orchestre et part pour Sienne étudier avec Alceo Galliera. En 1959, il poursuit ses stages de direction d'orchestre à Tanglewood. De 1957 à 1959, il est engagé comme altiste dans différents orchestres d'Europe et d'Amérique du Sud. De retour en Suisse, il travaille avec des chœurs et des orchestres d'étudiants. A partir de 1959, il dirige l'Orchestre de la Suisse Romande et l'Orchestre de Chambre de Lausanne. De 1964 à 1966, il est nommé chef d'orchestre à Radio Zurich. De 1965 à 1967, il est invité comme chef pour les soirées de ballet à l'Opéra de Vienne et travaille, entre autres, avec Massine pour *Le Tricorne* et Noureev pour *Le Lac des cygnes.* Il succède à Paul Klecki comme directeur musical de l'Orchestre Symphonique de Berne (1966-78). Appelé à la Scala, il y dirige une série de concerts ainsi qu'à la Philharmonie de Berlin. Après avoir dirigé l'Orchestre National Symphonique de Mexico (1973-75) et l'Orchestre Symphonique de Göteborg (1976-79), il est nommé directeur musical de l'Orchestre Symphonique de Montréal (1977). Sa carrière se développe sur le continent américain où il assure notamment la direction artistique de la saison d'été de l'Orchestre de Philadelphie. En 1991, il est, en outre, nommé directeur musical de l'Orchestre National de France. Son répertoire s'inscrit dans la lignée de celui d'Ernest Ansermet, avec une prédilection pour la musique française et les classiques du XXe siècle. Mais il s'est fait également l'ardent défenseur de la jeune musique québecoise.

Il a créé des œuvres de Jean Apothéloz (*La Rose et le violon,* 1962), Jean Balissat (*Ballade,* 1959), Edison Denisov (*Concerto pour alto,* 1986), François Dompierre, John McCabe (*Symphonie nº 3,* 1978), Siegfried Matthus (*Concerto pour trompette, timbales et orchestre,* 1983), Heinrich Sutermeister (*Quadrifoglio,* 1977), Flavio Testi (*New York, oficina y denunci,* 1966), Gilles Tremblay (*Wampum symphonique,* 1992).

Duval, Denise

Soprano française, née à Paris le 23 octobre 1923.

Ayant fait ses études au Conservatoire de Bordeaux, elle y débute au Grand Théâtre. Mais vite, elle se tourne vers la chanson. Elle participe même à une revue des Folies-Bergère où elle est découverte par Cocteau et Poulenc. Le compositeur décide d'écrire pour elle des œuvres spécifiques. Elle est ainsi engagée en 1947 à l'Opéra de Paris, où elle crée *Les Mamelles de Tirésias* (Poulenc). Elle remporte un très grand succès et aborde un répertoire fabuleux, dont les temps forts sont les rôles de soprano dans les ouvrages français, qu'elle interprète également à l'Opéra-Comique, avec une prédilection pour les œuvres contemporaines. Elle chante la première des *Mamelles,* en 1953, à New York. Mais ses grands triomphes seront la première française des *Dialogues des Carmélites* (rôle de Blanche) de Poulenc, en 1957 à l'Opéra de Paris et surtout la création de la *Voix humaine* (Poulenc Cocteau) à l'Opéra-Comique (1959) puis à la Scala de Milan. Elle est invitée à l'Opéra de Cologne, à la Monnaie, à Amsterdam, à Liège, au Colón... En 1964, elle crée au studio de Genève de la Radio Suisse *Faits divers* (Zbinden) ; peu après elle se retire de la scène et se consacre au professorat.

Dvořákova, Ludmilla

Soprano tchèque, née à Kolin le 11 juillet 1923.

Après avoir étudié avec Jarmila Vavrdova de 1942 à 1949 au Conservatoire de Prague, elle débute à Ostrava en 1949 (*Káťa Kabanová*). A Bratislava (1952) et Prague (1954) elle chante *Jenůfa, Rusalka,* la Comtesse, Leonore (*Trouvère*), *Aïda,* puis Milada (*Dalibor*), Elisabeth, Leonore (*Fidelio*) et Senta. Elle débute à la Staatsoper de Berlin (Octavian) en 1960 et aborde les rôles plus lourds du répertoire : Brünnhilde, Ariadne, Vénus, Tosca, la Maréchale, Isolde. En 1965, elle débute à Vienne (*Katerina Ismailova*), en 1966 au Met (Leonore) et au Covent Garden (Brünnhilde), en 1967 à l'Opéra de Paris (Brünnhilde). A Bayreuth, elle apparaît de 1965 à 1971 dans les rôles de Gutrune, Vénus, Brünnhilde, Kundry et Ortrud.

Dvorský, Peter

Ténor slovaque, né à Horná Ves le 25 septembre 1951.

Il commence ses études au Conservatoire de Bratislava avec Ida Černecká puis suit les cours de Gina Cigna à Palerme. Il débute à l'Opéra National de Bratislava en 1972, et remporte le 5e prix au Concours Tchaïkovski à Moscou (1974) et le 2e prix au Concours international de Genève (1975). Il effectue un stage à la Scala de Milan (1975-76) et se voit couronné par la Tribune internationale des jeunes interprètes de l'Unesco (1976). Il commence à se produire sur les plus grandes scènes mondiales : Vienne (*Le Chevalier à la rose,* 1976), Met (Alfredo, 1977), Scala (Rodolfo, 1978), Covent Garden (1979). En 1981, il participe à la tournée japonaise de la Scala de Milan et débute aux Arènes de Vérone. Il retourne au Japon avec l'Opéra de Vienne (1986) et se produit aussi au Bolchoï de Moscou. Sa voix large de ténor lyrique lui a permis d'aborder la plupart des rôles du répertoire italien et de la musique slave. En 1986, il a reçu le titre de Kammersänger.

Dyck, Ernest Van

Voir à **Van Dyck, Ernest.**

E

Ebi, Akiko

Pianiste japonaise, née à Osaka le 7 juillet 1953.

Elle commence ses études musicales au Japon où elle remporte, en 1974, le premier prix au Concours national de musique. Elle vient travailler au Conservatoire de Paris avec Aldo Ciccolini et Marie-Claire Laroche. Elle obtient des premiers prix de piano et de musique de chambre, puis se perfectionne à Londres avec Louis Kentner et ensuite avec Colette Zerah. En 1975, elle est lauréate du Concours international Marguerite Long-Jacques Thibaud et, en 1980, du Concours Chopin à Varsovie. Sa carrière débute rapidement en Europe et au Japon. Elle pratique volontiers la musique de chambre avec le violoncelliste Arto Noras, le violoniste Régis Pasquier ou les quatuors Via Nova et Parisii. Dans son répertoire, la musique française, souvent méconnue, occupe une place importante.

Eda-Pierre, Christiane

Soprano française, née à Fort-de-France (Martinique) le 24 mars 1932.

Elle fait ses études au Conservatoire de Paris, dont elle sort, en 1957, avec un triple 1er prix de chant, d'opéra et d'opéra-comique. L'année suivante, elle débute à Nice dans *Les Pêcheurs de perles.* En 1960, elle est engagée à l'Opéra-Comique et à l'Opéra de Paris où elle interprète *Lakmé, Les Indes galantes, Zoroastre, Les Contes d'Hoffmann, Dardanus...* Elle s'impose avec éclat dans le répertoire italien (*Lucia di Lammermoor, Rigoletto, Le Barbier de Séville, La Traviata* et *Orfeo* de Monteverdi où elle chante Eurydice) et surtout dans le répertoire mozartien où elle se révèle une des plus ravissantes voix de soprano de l'Opéra de Paris (la Reine de la nuit, Dona Anna, la Comtesse, Constance). Elle est Gilda au Bolchoï de Moscou, puis fait ses débuts à Londres en 1966, dans *L'Enfant et les Sortilèges.* La même année, elle se produit pour la première fois aux États-Unis. Depuis lors, elle a parcouru l'Europe et l'Amérique. Elle a participé aux Festivals de Wexford, de Salzbourg et d'Aix-en-Provence. Elle a créé *Les Amants captifs* de Capdevielle et *D'un espace déployé* (1973) de G. Amy. Elle a aussi participé à la première française de *Médée* de Milhaud à l'Opéra. Charles Chaynes a écrit pour elle *Pour un monde noir,* qu'elle a créé en 1979, et *Erszebet* (Opéra de Paris, 1983). Au Palais Garnier, elle crée également l'Ange de *Saint François d'Assise* (Messiaen, 1983). En 1980, elle fait ses débuts au Met dans *L'Enlèvement au sérail* (Constance) et y chante également *Les Contes d'Hoffmann* (Antonia) et *Rigoletto* (Gilda). Nommée, en 1977, professeur de chant au Conservatoire de Paris, elle mène parallèlement sa carrière de pédagogue et d'artiste internationale, aussi recherchée pour la scène que pour le concert.

Eddy, Nelson

Baryton américain, né à Providence (Rhode Island) le 29 juin 1901, mort à Miami le 6 mars 1967.

Après avoir fait des études supérieures à l'Université de Californie du Sud (diplômé bachelier ès arts), il étudie le chant. Il est successivement opérateur cinématographique, rédacteur dans une agence de publicité, dessinateur de journaux. Il débute à l'Opéra de Philadelphie puis, en 1924, à New York, au Metropolitan Opera, dans le rôle de Tonio de *Paillasse.* Il chante aussi dans *Wozzeck* et dans *Carmen* (rôle d'Escamillo). Mais la célébrité ne vient qu'à partir de 1933, lorsqu'il est, à l'écran, le partenaire de Jeanette MacDonald dans des comédies musicales aussi connues que *Rose-Marie, The Chocolate Soldier*, ou *New Moon.* Il prête sa voix, au timbre très chaud, à d'autres performances cinématographiques : *Balalaïka* (où il chante *Les Bateliers de la Volga* en russe, et l'air du toréador de *Carmen* en français), *Le Fantôme de l'Opéra* (version de 1943), où il chante un extrait de *Boris Godounov*, etc. Nelson Eddy a aussi abordé le répertoire mélodique, en particulier avec des œuvres de Mozart et de Schubert, sans oublier Moussorgski.

Edelmann, Otto

Baryton-basse autrichien, né à Vienne le 5 février 1917.

Il fait ses études à l'Académie de musique de sa ville natale avec Theo Lierhammer et Grüner Graarud, et fait ses débuts en 1937 au Théâtre de Gera (dans *Les Noces de Figaro*). Engagé par l'Opéra de Nüremberg, en 1938, il voit sa carrière interrompue par la guerre et la captivité. Il débute à la Wiener Staatsoper en 1947, dans le rôle de l'Ermite du *Freischütz* et reste fidèle à ce théâtre, recevant en 1960 le titre de Kammersänger. Il participe au Festival de Bayreuth des années de réouverture (1951-52), y incarnant Hans Sachs des *Maîtres chanteurs*, rôle qu'il chantera également à New York pour ses débuts au Met (1954) et à Édimbourg. Il participe au Festival de Salzbourg de 1948 à 1964, chantant en particulier Ochs du *Chevalier à la rose* pour l'inauguration de la nouvelle salle du Festspielhaus. De 1951 à 1954, il est invité régulièrement à la Scala de Milan. Ses rôles les plus marquants restent Leporello, Amfortas et Gurnemanz de *Parsifal*, Heinrich de *Lohengrin*, Rocco de *Fidelio*, Plunkett de *Martha* et Dulcamara de *L'Élixir d'amour*. Il est professeur de chant à la Hochschule für Musik de Vienne.

Edinger, Christiane

Violoniste allemande, née à Potsdam le 20 mars 1945.

Fille du pianiste **Gerhard Puchelt** (1914-87), elle travaille le violon à l'Académie de musique de Berlin puis à New York à la Juilliard School. Elle reçoit les conseils de Vittorio Brero, de Nathan Milstein et de Joseph Fuchs et fait ses débuts à Berlin en 1962. En 1969, elle reçoit le Prix des Arts de la Jeune Génération de Berlin. Son répertoire, très ouvert, lui a permis d'enregistrer l'intégrale des *Sonates et Partitas* de J.S. Bach. Elle joue beaucoup de musique contemporaine, Blacher, Maderna, et a été l'une des premières interprètes du *Concerto pour violon* de Penderecki après son créateur Isaac Stern. Elle joue sur un Amati de 1632.

Elle a créé des œuvres de Boris Blacher (*Sonate pour violon et piano,* 1993), Howard Blake (*Concerto pour violon,* 1993), Aldo Clementi (*Concerto pour violon,* 1977), Di Pietro (*Aria grande,* 1983), Gottfried von Einem (*Sonate pour violon seul,* 1977), Cristóbal Halffter (*Concerto pour violon,* 1977 ; *Concerto pour violon et alto,* 1986), Peter Michael Hamel (*Concerto pour violon,* 1990), Francis Miroglio (*Magnétiques,* 1984), Krzysztof Penderecki (*Sonate pour violon et piano,* 1990).

Edwards, Sian

Chef d'orchestre anglaise, née à West Chiltington le 27 mai 1959.

Elle obtient un diplôme au Royal Northern College of Music et poursuit ses études musicales à Londres avec Sir Charles Groves et Norman Del Mar. Puis elle se perfectionne aux Pays-Bas avec Neeme Järvi et au Conservatoire de Leningrad avec Ilya Musin. Elle remporte un 1er prix au Concours international de Leeds (1984) et commence à travailler avec les principaux orchestres de son pays. Elle fait ses débuts dans le domaine lyrique en 1986 au Scottish National Opera. Dès l'année suivante, elle dirige *La Traviata* au Festival de Glyndebourne. Elle ouvre la saison 1989-90 de Covent Garden avec *Rigoletto* et se produit aux États-Unis. En 1990, elle fait ses débuts à l'English National Opera avec *Le Joueur* de Prokofiev et en devient directeur musical en 1993. Elle a créé des œuvres de Mark-Anthony Turnage (*Greek*, opéra, 1988).

Egmond, Max Van

Voir à **Van Egmond, Max.**

Egorov, Yuri

Pianiste russe naturalisé néerlandais (1977), né à Kazan le 28 mai 1954, mort à Amsterdam le 16 avril 1988.

Il commence ses études musicales à l'âge de six ans dans son pays natal. En 1971, il remporte le 4e prix au Concours international Marguerite Long-Jacques Thibaud et entre au Conservatoire de Moscou. En 1975, il est lauréat du Concours Reine Élisabeth de Belgique et, l'année suivante, quitte définitivement l'Union soviétique. Il se réfugie à l'abbaye de Farva Sabina en Italie avant de s'établir à Amsterdam. Sa carrière se développe alors très rapidement. Interprète racé que les Américains avaient comparé à Vladimir Horowitz lors de son concert au Carnegie Hall en 1978, Yuri Egorov semblait promis à un brillant avenir, mais sa carrière a été prématurément interrompue par la maladie.

Ehrling, Sixten

Chef d'orchestre suédois, né à Malmö le 3 avril 1918.

Il reçoit une formation de pianiste au Conservatoire de Stockholm et va travailler la direction d'orchestre à Paris (avec Albert Wolff), Londres et Dresde (avec Karl Böhm). Il fait ses débuts à Stockholm en 1940 où il est nommé à la tête de la Société des Concerts (1943). De 1953 à 1960, il est directeur musical de l'Opéra Royal de Stockholm où il crée notamment l'opéra de Blomdahl *Aniara* (1959). Il consacre une part importante de ses activités à l'enseignement : au Mozarteum de Salzbourg (1954) et à l'Académie Royale de Stockholm (à partir de 1956). En 1963, il succède à Paul Paray à la tête de l'Orchestre Symphonique de Detroit où il restera jusqu'en 1973. Il prend également la direction du Meadow Brook Music Festival en 1964. A partir de 1973, il dirige régulièrement au Met et enseigne à la Juilliard School de New York jusqu'en 1987. De 1974 à 1976, il est à la tête de l'Orchestre Symphonique de Göteborg. Entre 1978 et 1985, il est conseiller musical et premier chef invité de l'Orchestre Symphonique de Denver, puis conseiller musical de l'Orchestre Symphonique de San Antonio (1985-88).

Il a créé des œuvres de Karl-Birger Blomdahl (*Aniara*, Opéra de Stockholm, 1959), Paul Creston (*Chthonic Ode*, op. 90, 1967), Giselher Klebe (*Kantate*, op. 34, 1960), Tobjörn Iwan Lundquist (*Symphonie no 7,* 1991), Ned Rorem (*Lions,* 1965), Isang Yun (*Colloïdes sonores,* 1961).

Eichhorn, Kurt

Chef d'orchestre allemand, né à Munich le 4 août 1908, mort à Murnau-am-Staffelsee le 29 juin 1994.

Après des études au Conservatoire de Wurzbourg, il débute comme chef des chœurs puis chef d'orchestre au Théâtre de Bielefeld (1932). En 1938, il est directeur musical à Teplitz-Schönau et, deux ans plus tard, à Karlsbad. En 1941, il est chef permanent à l'Opéra et à la Philharmonie de Dresde. En 1945, il est attaché à la Philharmonie de Munich avant d'être nommé, l'année suivante, à l'Opéra de cette même ville où se déroulera la suite de sa carrière. Entre 1956 et 1967, il est directeur musical au Théâtre de la Gärtnerplatz puis il est nommé à la tête de l'Orchestre de la Radio de Munich (1967-75). Depuis 1954, il enseigne à la Hochschule de Munich.

Eidi, Billy (Ayoub-Billy Eidi)

Pianiste libanais naturalisé français (1989), né à Port-Saïd (Égypte) le 17 mai 1955.

Il obtient à quinze ans son diplôme de fin d'études au Conservatoire de Beyrouth. Il se fixe en France en 1975. Découvert par Magda Tagliaferro, il travaille avec Hans Leygraf à Salzbourg, Guido Agosti à Sienne, Jacques Coulaud et Jean Micault à Paris. Second prix en 1981 au Concours international Viotti-Valsesia, lauréat de la Fondation Menuhin et du Concours international Poulenc, il donne de nombreux concerts en France et à l'étranger, se consacrant particulièrement au répertoire romantique et à la musique française du XXe siècle. Accompagnateur très recherché, il est souvent le partenaire du baryton Jean-François Gardeil. Il fonde avec le compositeur Guy Sacre la série « Piano au Palais-Royal » et l'association Contrechants, pour faire découvrir des répertoires méconnus. Entre 1980 et 1992, il est professeur à l'École Normale de Musique de Paris et, à partir de 1991, au Conservatoire national de région de Paris. Il a créé des œuvres de Maurice Jaubert, Guy Sacre (*24 Préludes*, *2 Sérénades*, *Thème varié*), Érik Satie (*Nocturne n° 6*, 1993), Henri Sauguet (*Ombres sur Venise*, déd. 1986), etc.

Ekier, Jan

Pianiste et compositeur polonais, né à Cracovie le 29 août 1913.

Fils d'un compositeur, il fait des études universitaires et travaille le piano et la composition à l'École de musique Zelénski de Cracovie jusqu'en 1933. Entre 1934 et 1939, il est l'élève de Zbigniew Drzewiecki à l'Académie de musique de Varsovie. En 1937, il est lauréat du Concours Chopin. Sa carrière débute véritablement après la guerre et il consacre une part importante de ses activités à la pédagogie. En 1955, il est nommé professeur à l'Académie de musique de Varsovie. Il siège dans de nombreux jurys de concours internationaux. En 1967, il a entrepris la publication d'une nouvelle édition de l'œuvre de Chopin (Cracovie). Comme compositeur, on lui doit des *Variations et fugue* pour quatuor à cordes (1937), un concerto pour piano (1949), des pièces pour piano et des mélodies.

El Bacha, Abdel Rahman

Pianiste libanais et français (1981), né à Beyrouth le 23 octobre 1958.

Issu d'une famille musicienne, il commence ses études de piano en 1967 avec Zvart Sarkissian et donne son premier concert à l'âge de dix ans. Au Conservatoire de Paris, il travaille avec Pierre Sancan, Geneviève Joy, Henri Challan et Jean-Claude Reynaud (1974-77) et remporte des premiers prix de piano, de musique de chambre, d'harmonie et de contrepoint. Lauréat du Concours international M. Long-J. Thibaud (1975), il remporte le 1er prix au Concours Reine Élisabeth de Belgique (1978). Sa carrière se développe progressivement sur les différents continents dans un répertoire allant de Bach à Prokofiev mais où Beethoven occupe une place privilégiée (enregistrement de l'intégrale des 32 sonates pour piano, qu'il présente ensuite en concert à Paris, en 1993-94). Dans le domaine de la musique de chambre, il joue souvent avec le violoniste Régis Pasquier. Il a créé le *Concerto pour piano* (1986) de Bechara El Khoury.

Elder, Mark

Chef d'orchestre anglais, né à Hexham (Northumberland) le 2 juin 1947.

Il fait ses études au Corpus Christi College de Cambridge (1966-1969) puis à la Royal Academy of Music de Londres et commence sa carrière comme assistant au Festival de Wexford, en Irlande (1969-70). Il est ensuite chef des chœurs et chef assistant au Festival de Glyndebourne (1970-72) et à Covent Garden (1970-72). Il passe deux ans à Sydney comme chef permanent à l'Australian Opera (1972-74) puis revient à Londres où il est nommé *staff conductor* à l'English National Opera (1974-77). Il y devient chef associé (1977-79) puis directeur musical entre 1979 et 1993. Il fait ses débuts à Covent Garden dans *Rigoletto* (1976) et à Bayreuth dans *Les Maîtres chanteurs* (1981). Il dirige régulièrement les orchestres londoniens, notamment comme *principal guest* du BBC Symphony Orchestra (1982-85) et des London Mozart Players (1980-83). Il est ensuite nommé directeur musical de l'Orchestre Philharmonique de Rochester (à partir de 1989). Il a créé des œuvres de George Benjamin (*Ringed by the Flat Horizon*, 1980), Jonathan Harvey (*Inquest of Love*, 1993), Colin Matthews (*Sonata nº 5 « Landscape »*, 1983), David Matthews (*In the Dark Time*, 1985), Nicholas Maw (*Odyssey*, 1987).

Eliasberg, Karl

Chef d'orchestre russe, né en 1907, mort en 1978.

Il fait des études de violon au Conservatoire de Leningrad, d'où il sort diplômé en 1928. Titulaire de l'Orchestre Symphonique de la Radio de Leningrad entre 1931 et 1953, il acquiert une renommée internationale après avoir créé la *Symphonie nº 7 « Leningrad »* de Dmitri Chostakovitch en 1942 à Leningrad, alors assiégée par les nazis. Pour ses services héroïques pendant la guerre (au cours des neuf cents jours du siège, son orchestre a donné plus de trois cents concerts et représentations lyriques), il reçoit l'ordre de l'Étoile rouge. Il a fait connaître de nombreuses œuvres de compositeurs soviétiques, parmi lesquels Veniamin Basner, Andrei Petrov, Nikolai Rakov, Sergei Slonimsky, Yuri Falik et Rodion Chtchedrine. En 1960, il a dirigé la création russe de *La Nuit transfigurée* d'Arnold Schoenberg dans la version pour orchestre à cordes du compositeur.

Ellis, Osian

Harpiste gallois, né à Ffynnongroew (Flintshire) le 8 février 1928.

Il fait ses études musicales à la Royal Academy of Music de Londres et commence une double carrière de soliste et d'instrumentiste d'orchestre (harpe solo de l'Orchestre Symphonique de Londres). Il se consacre également à la musique de chambre au sein du Melos Ensemble ou pour accompagner des chanteurs. En 1959, il est nommé professeur à la Royal Academy of Music. Dédicataire des concertos d'Alun Hoddinott (1957) et de William Mathias (1970), ainsi que de la *Suite pour harpe*, op. 83 (1969) de Benjamin Britten, il a également créé d'autres œuvres de Britten (*The Death of St Narcissus*, 1975 ; *A Birthday Hansel*, 1976), Robin Holloway (*Ballad*, 1985) ou Lennox Berkeley (*Five Herrick Poems*, 1974). Défenseur de la musique traditionnelle galloise, il inscrit souvent à ses programmes des pages de ce répertoire qu'il chante lui-même en s'accompagnant à la harpe. En 1970, il a été nommé docteur de l'University of Wales.

Elman, Mischa (Mikhail Saulovitch)

Violoniste russe naturalisé américain en 1923, né à Talnoi (Kiev) le 20 janvier 1891, mort à New York le 5 avril 1967.

Il commence ses études de violon à Odessa, avec Alexander Fiedelmann (1897-1902), et donne son premier concert en 1899, en jouant le *Concerto pour violon* de Bériot. En 1901, il part travailler au Conservatoire Impérial de Saint-Pétersbourg avec Leopold Auer. Ses débuts, hors les frontières russes, ont lieu à Berlin en 1904 suivis d'une importante tournée dans toute l'Allemagne, l'Angleterre, la France et les États-Unis, où il apparaît en 1908. Sa carrière se développe rapidement dans le monde entier et il se fixe aux États-Unis. Mischa Elman peut être considéré comme l'un des grands de l'École violonistique russe de Saint-Pétersbourg : virtuose prodigieux, doté d'une ample et superbe sonorité, son répertoire allait de la musique ancienne à la plus moderne, avec peut-être une prédilection pour les romantiques (dont Brahms) et pour les compositeurs slaves (Tchaïkovski, Dvořák). Ysaÿe lui a dédié son poème *Extase*, Martinů son *Deuxième Concerto* pour violon (1943). Il possédait depuis 1907 le Stradivarius de Joachim sur lequel il joua toute sa vie, alternant parfois avec deux autres Stradivarius, le *Madame Récamier* (1717), cadeau de mariage de sa propre femme (1925), et le *Samazeuilh* (1735) qu'il avait acquis en 1923.

Entre 1924 et la fin de la dernière guerre, il participa activement à un quatuor à cordes qu'il avait lui-même fondé.

Elmendorff, Karl

Chef d'orchestre allemand, né à Düsseldorf le 25 octobre 1891, mort à Hofheim le 21 octobre 1962.

Il étudie la direction d'orchestre à la Hochschule für Musik de Cologne et est élève de Steinbach et Abendroth. Son premier engagement est à Düsseldorf ; puis il dirige à Mayence, Hagen et Aix-la-Chapelle avant de devenir premier chef à la Staatsoper de Berlin de 1925 à 1932. La même fonction l'occupe bientôt à Munich. Entre-temps, en 1927, il débute à Bayreuth où il dirige *Tristan*, puis le *Ring*, *Les Maîtres chanteurs*, et *Le Vaisseau fantôme* jusqu'en 1942. Il est nommé directeur général de la musique à Wiesbaden (1932-36) puis à Mannheim avant de succéder à Karl Böhm à la tête de la Staatskapelle de Dresde (1943-44). Après la guerre, il sera encore directeur général de la musique à Kassel (1948-51) et à Wiesbaden (1951-55). Il a créé des œuvres de Joseph Haas (*Noces de Job*, 1944) et Richard Strauss (*Sonatine pour treize instruments à vent*, 1944).

Endrèze, Arthur
(Arthur E. Kraeckmann)

Baryton américain, né à Chicago le 28 novembre 1893, mort à Chicago le 15 avril 1975.

Il fait ses études secondaires, puis étudie l'agronomie à l'Université de l'Illinois. Il chante pour son plaisir. Lors d'une soirée de bienfaisance, il est remarqué par Walter Damrosch, qui lui conseille d'aller travailler le chant en France. En 1918, il entre au Conservatoire américain de Fontainebleau. Il y reste trois ans puis prend des leçons avec Jean De Reszké. En 1925, il fait ses débuts à Nice en Don Juan puis Hamlet. Reynaldo Hahn l'engage pendant quatre ans à Cannes et à Deauville. Il paraît pour la première fois sur la scène de l'Opéra-Comique dans le rôle de Karnac en 1928. Il y sera Scharpless, Scarpia, d'Orbel, Valentin et Hautecœur lors de la reprise du *Rêve* d'Alfred Bruneau (1939). En 1929, sur la scène du Palais Garnier, il chante Valentin avant d'être le Grand Prêtre de Dagon, Nevers, Telramund, Rigoletto, Kurwenal, Athanaël, et surtout le plus inoubliable Iago depuis Victor Maurel, le créateur.

Tragédien génial autant que musicien accompli, il est très recherché par les compositeurs. Parmi ses innombrables créations, figurent *Guercœur* de Magnard (rôle-titre) en 1931, *Maximilien* de Milhaud (le conseiller Herzfeld) en 1932, *Un jardin sur l'Oronte* de Bachelet (le Prince d'Antioche) en 1932, *L'Aiglon* d'Honegger et Ibert (le Prince de Metternich) en 1937 à Monte-Carlo puis à l'Opéra de Paris, *La Chartreuse de Parme* de Sauguet (le Comte Mosca) en 1939. Incarcéré par les Allemands en 1940 comme citoyen américain, il parvient à regagner les États-Unis mais revient en France dès la fin de la guerre et se produit notamment dans le rôle de Jacob lors des six représentations de *Joseph* de Méhul données à l'Opéra de Paris en 1946. Après s'être retiré de la scène, Endrèze consacra le reste de sa vie à l'enseignement. Doté d'une voix longue et souple, d'une diction parfaite, d'un timbre sombre et prenant, d'une grande noblesse et d'une sensibilité dramatique exceptionnelle, il a été l'un des favoris du public parisien.

Enesco, Georges

Violoniste, chef d'orchestre, pianiste et compositeur roumain, né à Liveni-Virnav (Dorohoiu) le 19 août 1881, mort à Paris le 4 mai 1955.

A sept ans, il donne son premier récital de violon. Ses parents l'envoient travailler à Vienne (1888-93) avec Joseph Hellmesberger Jr et Robert Fuchs. Il reçoit une formation musicale complète et rencontre Brahms et Hans Richter ; il participe même à une exécution de la première symphonie en présence du compositeur. En 1893, il quitte Vienne pour Paris où il est admis au Conservatoire : ses maîtres sont Marsick (violon), Gédalge, Th. Dubois et A. Thomas (écritures), Massenet et Fauré (composition). En 1899, il remporte un 1er prix de violon ; mais le compositeur s'est déjà fait connaître depuis un an avec une exécution de son *Poème roumain* aux Concerts Colonne. Il partage sa carrière entre la composition et l'interprétation, sous toutes ses formes : direction d'orchestre, violon, piano, musique de chambre, d'abord en trio avec Louis Fournier et Alfredo Casella (1902), puis en fondant un quatuor à cordes avec Fritz Schneider, Henri Casadesus et Louis Fournier (1904), plus tard en sonate avec Cortot, Thibaud ou Lipatti. En 1912, il fonde le prix de composition Enesco à Bucarest. Cinq ans plus tard, il participe à la formation de l'Orchestre Symphonique de Iaşi. Il est également le fondateur de la Société des compositeurs roumains. En quelques années, il jette ainsi les bases de la vie musicale moderne en Roumanie et éveille chez les musiciens de son pays une conscience nationale.

En 1925, il prend en charge la formation musicale de Yehudi Menuhin dont il sait faire le musicien universel qu'il est devenu. A la fin de sa vie, il se consacre plus largement à l'enseignement, à Harvard, à la Mannes School de New York, à l'École normale de musique de Paris, au Conservatoire américain de Fontainebleau ou à l'Académie Chigiana de Sienne (1950-54). Parmi ses élèves figurent notamment Arthur Grumiaux, Christian Ferras et Ivry Gitlis. Il a reçu en dédicace des œuvres de Alfredo Casella (*Symphonie n° 2 « Pari-gina »*, 1909), André Gédalge (*Sonate pour violon et piano n° 1,* 1897), Jean Huré (*Quintette pour piano et cordes,* 1914), Max d'Ollone (*Le Ménetrier,* poème symphonique pour violon et orchestre, 1910), Guy Ropartz (*Sonate pour violon et piano n° 3,* avec Robert Casadesus, 1927), Eugène Ysaÿe (*Sonate pour violon seul n° 3*). Il a créé en outre les *Quatre Pièces* pour violon et piano, op. 25 (1913) de Florent Schmitt, le *Trio pour piano, violon et violoncelle* (1922) de Gabriel Pierné, avec l'auteur et Pierre Hekking, le *Trio* (1925) de Pizzetti, les deux sonates pour violon et piano (1897 et 1927) et le *Trio* (1914) de Ravel, la *Sonate pour violon et piano n° 1* (1929) dans sa version définitive, de Mihalovici. Il a dirigé la première audition mondiale de nombreuses partitions roumaines, notamment des œuvres de Mihail Andricu (*Symphonie n° 1,* 1946), Paul Constantinescu (*Patimile si Învierea Domnului,* oratorio, 1946), Ion Dumitrescu (*Suite n° 3,* 1945), Mihail Jora (*Suite n° 2,* 1918 ; *Symphonie,* op. 17, 1937), Marcel Mihalovici (*Caprice roumain,* 1937). Il a joué successivement sur un Stradivarius et sur un Guarnerius avant d'adopter définitivement un instrument moderne qu'avait fabriqué à son intention Paul Kaul.

Son œuvre est marquée par la Roumanie : la musique populaire de son pays transparaît dans l'essentiel de sa production : *2 Rhapsodies roumaines* pour orchestre, *3 Symphonies, 3 Sonates pour violon et piano* et surtout l'opéra *Œdipe* qui l'occupa pendant plus de dix ans (1936).

Engel, Karl

Pianiste suisse, né à Bâle le 1er juin 1923.

Après avoir fait ses études au conservatoire de sa ville natale, dans la classe de Paul Baumgartner (1942-45), il gagne Paris où il suit les cours d'Alfred Cortot à l'École Normale de Musique. En 1952 commence sa carrière de soliste après des prix remportés aux Concours internationaux de Bruxelles (Reine Élisabeth, 1952) et de Bolzano (Ferruccio Busoni, 1953). Lors de cycles Beethoven et Mozart, il joue l'intégrale des sonates de ces deux compositeurs, sans oublier les *Fantaisies* de Mozart et les *Variations Diabelli* de Beethoven. Ces concerts ont un immense retentissement dans le monde musical de l'époque. En effet, les interprétations des sonates de Mozart par Karl Engel renouvellent la conception de l'écriture mozartienne. Le maître de Salzbourg apparaît comme un prophète du romantisme, très proche par certains côtés de la musique de Beethoven ou de Schubert. Son jeu convient aussi particulièrement à la musique romantique. Il enregistrera d'ailleurs l'intégrale de l'œuvre pour piano de Schumann. Pablo Casals a souvent joué en trio avec lui. Il a aussi donné de nombreuses soirées de Lieder avec Fischer-Dieskau ou Hermann Prey. Entre 1955 et 1986, il est professeur à la Musikhochschule de Hanovre avant de diriger une classe de perfectionnement au Conservatoire de Berne. Il a créé des œuvres de Peter Mieg (*Concerto pour piano n° 2,* 1962).

Engen, Kieth

Basse américaine, né à Irazee (Minnesota) le 5 avril 1925.

Il étudie dans son pays, puis à l'Académie de musique de Vienne. Il se spécialise d'abord dans le concert, et c'est à ce titre qu'il débute au Théâtre municipal de Graz. Depuis 1955, il est première basse à l'Opéra de Munich. En 1958, il est appelé à Bayreuth pour être le Roi Heinrich (*Lohengrin*). Dès lors il est l'invité de tous les centres importants de l'activité musicale d'Allemagne, d'Autriche et d'Europe. Sa voix puissante et expressive fait merveille aussi bien à l'opéra qu'en oratorio (Bach, Haendel...) ou que dans la mélodie. Il a créé des œuvres de Paul Hindemith (*Harmonie du monde,* 1957) et Krzysztof Penderecki (*Ubu Rex,* 1991).

Engerer, Brigitte

Pianiste française, née à Tunis le 27 octobre 1952.

Après avoir acquis sa formation de base en Tunisie, elle vient suivre deux fois par an l'enseignement de Lucette Descaves à Paris. A dix ans, elle remporte le 1er prix du Tournoi du Royaume de la musique, et entre l'année suivante dans la classe de Lucette Descaves au Conservatoire de Paris. En 1968, on lui décerne un 1er prix de musique de chambre, dans la classe de Jean Hubeau. Après avoir été lauréate du Concours Long-Thibaud en 1969, elle quitte la France l'année suivante pour Moscou où elle restera jusqu'en 1975 dans la classe de Stanislav Neuhaus. Entretemps, elle remporte des prix au Concours Tchaïkovski en 1974, puis au Concours Reine Élisabeth à Bruxelles en 1978. En décembre 1979, elle rencontre Herbert von Karajan qui l'invite à jouer à la Philharmonie de Berlin. C'est le début d'une brillante carrière internationale où la musique de chambre occupe une place importante. Elle est professeur au Conservatoire de Paris. Elle a épousé l'écrivain Yann Queffélec, lauréat du prix Goncourt en 1985.

Entremont, Philippe

Pianiste et chef d'orchestre français, né à Reims le 7 juin 1934.

Son père est à l'époque chef d'orchestre de l'Opéra de Strasbourg. Sa mère, pianiste, l'initie au piano. Il travaille ensuite avec Rose Aye et Marguerite Long (1944-46). Il entre alors au Conservatoire de Paris dans la classe de Jean Doyen. En 1948, il obtient un 1er prix de musique de chambre suivi, en 1949, d'un 1er prix de piano. Ses débuts professionnels datent de 1951 à Barcelone. Il est finaliste, en 1952, du Concours Reine Élisabeth de Belgique. En 1953, il remporte le deuxième prix Marguerite Long-Jacques Thibaud, ainsi que la Harriet Cohen Piano Medal. La même année, il donne au Carnegie Hall de New York la première américaine du *Concerto pour piano* d'André Jolivet. Il joue sous la direction de Stravinski, Milhaud, Bernstein. Depuis 1967, il poursuit une carrière de chef d'orchestre. En 1976 il est nommé directeur musical et chef permanent de l'Orchestre de Chambre de Vienne. Il joue en duo avec Peter Guth et Jean-Pierre Rampal et se produit avec les grands quatuors internationaux. Après avoir été, de 1974 à 1980, président de l'Académie Maurice Ravel à Saint-Jean-de-Luz, il est directeur musical de l'Orchestre Philharmonique de La Nouvelle-Orléans (1980-86), de l'Orchestre Symphonique de Denver (1986-89) et de l'Orchestre Colonne (1988-90). En 1993, il devient premier chef invité de l'Orchestre de Chambre Néerlandais et, à partir de l'année suivante, principal chef invité de l'Orchestre de Chambre d'Israël. Outre les grands noms du répertoire habituel, il a enregistré l'intégrale de l'œuvre pour piano de Ravel, l'œuvre pour piano et orchestre de Saint-Saëns et de nombreuses pages de Satie. Il a créé des œuvres de Marius Constant (*Piano Personnage,* 1974), Helmut Eder (*Pièce de concert* pour cordes, 1984).

Eötvös, Peter

Chef d'orchestre et compositeur hongrois, né à Székelyndvarhely le 2 janvier 1944.

Il étudie à l'Académie de Budapest le piano et la composition, notamment avec

Pál Kardos (1958-65). Il commence une carrière de chef d'orchestre comme directeur musical du Théâtre Vigszinház de Budapest (1962-64). Puis il obtient une bourse d'études pour travailler à Darmstadt (1965). L'année suivante, il suit les cours de la Hochschule de Cologne où il obtient son diplôme de direction d'orchestre (1968). Il entre alors dans le groupe de Stockhausen et effectue de nombreuses tournées avec lui. En 1971, il est nommé assistant réalisateur aux studios de la Radio de Cologne (WDR). Il dirige beaucoup de musique contemporaine et Pierre Boulez fait appel à lui en 1979, le nommant directeur de l'Ensemble InterContemporain à Paris, poste qu'il conserve jusqu'en 1992. Il exerce également la fonction de principal chef invité de l'Orchestre Symphonique de la BBC (1985-88). Parmi les compositeurs dont il a créé des œuvres, Gilbert Amy (*Missa cum jubilo,* 1988), Alain Bancquart (*Symphonie concertante,* 1981), Harrison Birtwistle (*Earth Dances,* 1986), André Boucourechliev (*Lit de neige,* 1984), Paul-Heinz Dittrich (*Concert avec plusieurs instruments nº 6,* 1986), Franco Donatoni (*Duo pour Bruno,* 1975), Hugues Dufourt (*L'Heure des traces,* 1986), Pascal Dusapin (*Hop',* 1983), Philippe Fénelon (*Le Chevalier imaginaire,* opéra, 1992), Allain Gaussin (*Irisation-Rituel,* 1980), Gérard Grisey (*Jour, contre-jour,* 1984 ; *Épilogue,* 1985), Barbara Kolb (*Millefoglie,* 1985), Michael Levinas (*Préfixes,* 1991), Philippe Manoury (*Zeitlauf,* 1983), Tristan Murail (*Les Sept Paroles du Christ en Croix,* 1989), Emmanuel Nunes (*Nachtmusik I,* 1978 ; *Musik der Frühe,* première version, 1980), Steve Reich (*The Desert Music,* 1984), Karlheinz Stockhausen (*Michaels Reise um die Erde,* 1978), Ton-That Tiêt (*Chu Ky V,* 1983), Herbert Willi (*Räume,* 1992).

Ephrikian, Angelo

Chef d'orchestre italien, né à Trévise le 20 octobre 1913, mort à Rome le 30 octobre 1982.

Il travaille le violon dès 1919 et devient l'élève de Luigi Ferro puis complète sa formation musicale en autodidacte. Il reçoit parallèlement une formation juridique, est nommé magistrat à Vérone, mais abandonne cette fonction sous l'Italie fasciste. Après la guerre, passé dans la clandestinité, il devient, de 1945 à 1947, critique musical d'un quotidien de Venise. En 1945, il remplace à sa demande, au pied levé, Antonio Guarnieri dans la *Symphonie nº 5* de Beethoven à la Fenice de Venise, sous un pseudonyme. Les encouragements de Guarnieri l'incitent à devenir chef d'orchestre. Ami de Malipiero, avec lequel il fonde dès 1947 l'Istituto Italiano Antonio Vivaldi, il se consacre dès lors parallèlement à l'exhumation de la musique de Vivaldi, dont il réalise pour Ricordi les premiers tomes de l'édition intégrale, et à l'interprétation de la musique baroque italienne, avec le premier orchestre de chambre fondé en Italie, La Scuola Veneziana, qui donnera de nombreux concerts en 1947-48. Sa carrière de chef d'orchestre se développe très rapidement, son répertoire s'étendant de Monteverdi à Malipiero. En 1960, il abandonne provisoirement la direction en concerts, pour se consacrer au disque, avec Arcophon, maison créée par ses soins pour enregistrer la musique ancienne italienne.

Ses réalisations de Gesualdo (madrigaux), Peri (*Euridice*), Stradella et Vivaldi sont couronnées dans le monde entier. Arcophon est dissoute en 1973. Entretemps, il est nommé directeur des Filarmonici del Teatro Comunale di Bologna en 1971, avec lesquels il effectue de nombreuses tournées en Italie et dans les pays de l'Est. En 1978, il accepte de restructurer l'Orchestre de Chambre de l'Angelicum de Milan, dont il devient également chef permanent, partageant ses activités entre Bologne, Milan, Trévise et Venise. Angelo Ephrikian a dirigé la première audition moderne de l'opéra de Vivaldi *La Fida Ninfa* (1958, Bruxelles et Paris), et de son psaume *Dixit Dominus* (1955).

Equiluz, Kurt

Ténor autrichien, né à Vienne le 13 juin 1929.

Sa grand-mère, Eva de Lamarque, était cantatrice. Dès l'âge de six ans, il commence l'étude du piano, puis du violon. En 1939, il est admis parmi les Petits Chanteurs de Vienne que dirige alors Ferdinand

Grossmann. Après avoir été soprano, il chante bientôt en soliste tous les grands airs d'alto des passions de Bach. Quand il quitte l'ensemble, en 1944, il a déjà entrepris à la Hochschule für Musik de Vienne l'étude de la harpe avec Hubert Jelinek, du chant avec Adolf Vogel et de la direction de chœurs avec Ferdinand Grossmann et Hans Gillesberger. Membre du Chœur de la Radio pendant cette période, il appartient également, de 1946 à 1951, au Chœur de chambre de l'Académie. En 1950, il est engagé comme choriste à l'Opéra d'État de Vienne et sera promu au rang de soliste en 1957. Il mène parallèlement une active carrière de concertiste, largement consacrée, à ses débuts, à la musique contemporaine. Mais, très vite, son répertoire s'étend au lied et aux cantates et passions de Bach. C'est à ce dernier compositeur qu'il doit sa célébrité. Rilling, Harnoncourt et Corboz font appel à lui comme Évangéliste dans les passions de Bach. Il dirige une classe d'oratorio au Conservatoire de Graz depuis 1964 et enseigne le lied et l'oratorio à l'École Supérieure de Musique de Vienne depuis 1981. En 1980 il obtient le titre de Kammersänger.

Erb, Karl

Ténor allemand, né à Ravensburg le 13 juillet 1877, mort à Ravensburg le 13 juillet 1958.

Ce n'est qu'à l'âge de trente ans que ce complet autodidacte, auparavant clerc municipal, débute dans *Der Evangelimann* de Kienzl (Stuttgart, 1907). Après avoir chanté à l'Opéra de Lübeck (1908-10), puis à celui de Stuttgart (1910-12), il est engagé en 1913 par l'Opéra de Munich, où il vient d'incarner avec succès Lohengrin. La création en 1917 du *Palestrina* de Pfitzner (sous la direction de Bruno Walter) marque le tournant décisif d'une carrière riche en rôles (plus de soixante-dix) et dominée par ses interprétations mozartiennes, où il retrouve comme partenaire sa femme, la soprano **Maria Ivogün**, avec qui il a été marié entre 1921 et 1932. Il chante également *Parsifal, Euryanthe, Der Corregidor, Iphigénie en Aulide,* etc. Amoindri par deux graves accidents, il quitte l'Opéra de Munich en 1925, où il se produit encore en invité jusqu'en 1930. Pour sa dernière apparition sur une scène d'opéra, il chante Florestan à Berlin sous la direction de Furtwängler. Grâce à la pureté séraphique de sa voix et à l'intelligence de sa diction, il devient un évangéliste (*Passion selon saint Matthieu*) et un chanteur de lieder hors pair. Thomas Mann l'a immortalisé dans son roman *Doktor Faustus* où il crée, sous le nom de Erbe, l'oratorio du héros, Adrian Leverkühn.

Erdélyi, Miklós

Chef d'orchestre hongrois, né à Budapest le 9 février 1928.

Il fait ses études à l'Académie Franz Liszt de Budapest avec Ferencsik et Kókai (1946-50) et débute à l'Opéra-Comique de sa ville natale en 1947. De 1950 à 1952, il est directeur musical du Chœur de la Radio Hongroise et, à partir de 1951, chef permanent à l'Opéra de Budapest. Sa carrière est essentiellement tournée vers le théâtre lyrique bien que, depuis quelques années, il se consacre davantage au concert, notamment à la Radio d'Hilversum où il est invité régulièrement. Il a obtenu le Prix Liszt en 1960 et le Prix Kossuth en 1975.

ÉCRITS : *Franz Schubert* (1963).

Erede, Alberto

Chef d'orchestre italien, né à Gênes le 8 novembre 1909.

Il fait ses études musicales dans sa ville natale puis à Milan avant d'aller se perfectionner à Bâle avec Weingartner (1929-31) et à Dresde avec F. Busch (1930). Il fait ses débuts à Rome à l'Académie Sainte-Cécile (1930) et dirige, en 1935, la *Tétralogie* à Turin. Il est aussitôt engagé à Glyndebourne où il dirigera régulièrement jusqu'à la guerre. De 1935 à 1938, il est directeur musical de l'Opéra de Salzbourg. Il débute à New York en 1939. Après la guerre, il est à la tête de l'Orchestre Symphonique de la RAI à Turin (1945-46), puis il est nommé directeur musical de la New London Opera Company (1946-48) qui se produit au Cambridge Theatre. En 1949, il dirige au Stoll Theatre. De 1950 à 1955, il est engagé au Metropolitan Opera de New York. On le retrouve en Allemagne à partir de 1956, comme premier chef (1956-58), directeur musical (1958-62) puis chef permanent (jusqu'en 1989) à l'Opéra du Rhin de Düsseldorf. Puis il prend la direction de l'Orchestre Symphonique de Göteborg (1961-67). Il est invité à diriger *Lohengrin* à Bayreuth en 1968. Tout en menant une carrière internationale, il garde un contact étroit avec l'Italie et dirige à la Scala pendant six ans. A partir de 1975, il est directeur artistique du Concours Paganini à Gênes. Il a créé l'opéra de Menotti *The Old Maid and the Thief* (1941).

Eresko, Victor

Pianiste russe, né à Kiev le 6 août 1942.

Dès 1960, il obtient un 1er prix au Conservatoire de Lvóv. Et en 1962, c'est le 1er prix du Concours Intersoviétique de Piano. On l'admet au Conservatoire de Moscou dans la classe de Lev Vlassenko et dans celle d'Heinrich Neuhaus. L'année suivante il triomphe au Concours Marguerite Long-Jacques Thibaud à Paris. Il a remporté le 3e Prix Tchaïkovski à Moscou, en 1966. Marguerite Long parlait de lui comme « d'un poète inspiré maîtrisant à la perfection son clavier et l'art du son et [lui] faisant penser à Rachmaninov ».

Ericson, Eric

Chef de chœur et organiste suédois, né à Borås le 26 octobre 1918.

Il fait ses études à l'École Supérieure de Musique de Stockholm (1941-43) puis à la Schola Cantorum de Bâle, entre 1943 et 1949. Pendant la même période, il est organiste et cantor à Stockholm-Bromma, puis il est nommé organiste et cantor à la Jakobskirche de Stockholm en 1949. Il fonde en 1945 le Chœur de Chambre de Stockholm qui devient, en 1988, le Chœur Eric Ericson. En 1951, il fonde le Chœur de la Radio Suédoise (Stockholm) dont il assure la direction jusqu'en 1984. Il dirige également le Chœur d'hommes d'Uppsala, Orphei Drängar (1951-85). Il enseigne la direction chorale au Conservatoire Royal de Stockholm où il est nommé professeur en 1968. Invité dans le monde entier où il est considéré comme l'un des plus éminents spécialistes du chant choral ancien et contemporain, il donne également des master classes. Il est conseiller à la direction chorale de la Maîtrise Nationale de Versailles. Il a dirigé l'enregistrement de la bande originale du film de Bergman *La Flûte enchantée* (1974). Il a créé des œuvres de Jacques Lenot (*Un enchaînement si prolongé de la grâce,* 1983), György Ligeti (*2 Chœurs a cappella*, 1970 ; *3 Fantaisies*, 1983). Ingvar Lidholm et Lars Edlund ont écrit des œuvres à son intention.

Erlih, Devy

Violoniste français, né à Paris le 5 novembre 1928.

Il obtient son 1er prix de violon au Conservatoire dans la classe de J. Boucherit (1942), et donne son premier récital à Paris en 1946. Il commence alors une carrière de soliste, se rendant aux États-Unis pour trois tournées successives. En 1955, il remporte le 1er prix au Concours international Marguerite Long-Jacques Thibaud. En 1968, il est nommé professeur de violon au Conservatoire de Marseille. En 1973, il crée les Solistes de Marseille qu'il dirige. Compositeur, il est l'auteur de *Violostries* (en collaboration avec Bernard Parmegiani, 1965), d'un ballet, *La Robe de plumes* (1965), ainsi que de cadences pour les concertos de Mozart et Beethoven. Son répertoire est vaste. Il a créé des œuvres de Jorge Antuñes, André Casanova (*Sinfonia concertante,* 1965), Charles Chaynes (*Concerto pour violon,* 1961), Marius Constant (*Le Temps,* 1962), André Jolivet (*Suite rhapsodique,* dédicataire, 1966 ; *Incantation,* 1967 ; *Sonate pour violon et piano,* 1989), Paul Le Flem (*Concertstück* pour violon et orchestre, 1965), Édith Lejet (*Monodrame* pour violon et orchestre, 1969), Raymond Loucheur (*Concerto pour violon,* 1965), Darius Milhaud (*Concerto pour violon n° 2,* 1959), Henri Sauguet (*Concerto pour violon,* 1965), Henri Tomasi (*Concerto pour violon,* 1964). Il a épousé la fille d'André Jolivet, Catherine. Il dirige depuis 1977 le Centre Provençal de Musique de Chambre créé par la ville de Marseille. En 1982, il est nommé professeur de violon au Conservatoire de Paris.

Ermler, Mark

Chef d'orchestre russe, né à Leningrad le 5 mai 1932.

Au Conservatoire de sa ville natale, il étudie avec Rabinovitch et Boris Khaikin. Il fait ses débuts au concert, en 1952, avec l'Orchestre Philharmonique de Leningrad et à l'Opéra de Leningrad, l'année suivante, dans *L'Enlèvement au sérail.* Il est engagé au Bolchoï comme chef permanent en 1957 où il gravit les différents échelons de la hiérarchie, dirigeant les tournées à l'étranger à partir de 1967. Il s'impose rapidement comme l'un des spécialistes du répertoire lyrique et chorégraphique russe et est invité à ce titre par les opéras de Berlin, Munich, Londres (débuts à Covent Garden en 1986 dans *Carmen*).

Eschenbach, Christoph

Pianiste et chef d'orchestre allemand, né à Breslau le 20 février 1940.

Il est le fils du musicologue H. Ringmann. Toute sa famille meurt pendant la guerre et il prend le nom de ses parents adoptifs.

A dix ans, il remporte le 1er prix au Concours Steinway à Hambourg. Il poursuit ses études à Cologne (École supérieure de musique) dans la classe de Schmidt-Neuhaus, puis retourne à Hambourg où il travaille avec Eliza Hansen et étudie la direction d'orchestre chez W. Brückner-Rüggeberg. En 1965, il remporte le Concours Clara Haskil à Lucerne. C'est le point de départ d'une carrière de virtuose et de tournées dans le monde entier. Invité régulièrement à Salzbourg, Aix-en-Provence, Spolète, Tanglewood, Berlin, Eschenbach dirige et joue en soliste. Il collabore avec Karajan et Szell. Mozartien, il joue aussi Beethoven, les romantiques allemands, Chopin et Bartók. Il se bat pour la musique contemporaine : en 1968 il a assuré la création de *Concerto lirico* de Günter Bialas et du *Deuxième Concerto* de Henze. Il joue à quatre mains et à deux pianos avec Justus Frantz, fait de la musique de chambre et accompagne Fischer-Dieskau. Les débuts de sa carrière de chef d'orchestre datent de 1972 : il dirige alors la *Symphonie no 3* de Bruckner. En 1978, il conduit pour la première fois un opéra, *La Traviata*, à Darmstadt. En dehors d'une brillante carrière de chef invité, il est directeur général de la musique à Ludwigshafen (Philharmonie du Palatinat) entre 1979 et 1983. Premier chef invité de l'Orchestre de la Tonhalle de Zurich en 1981, il en devient le chef permanent (1982-86). En 1988, il est nommé directeur musical de l'Orchestre Symphonique de Houston (Texas). Il a créé des œuvres de Boris Blacher (*Prelude und Konzertarie,* 1985), Werner Egk (*Spiegelzeit,* 1979), Rolf Liebermann (*Ferdinand,* 1984), Krzysztof Penderecki (*Sonate pour violon et piano,* 1990), Aribert Reimann (*Nine Pieces for Orchestra,* 1994), Wolfgang Rihm (*Unbenannt,* 1986 ; *Ritualtänze,* 1988 ; *Mein Tod,* 1989), Peter Ruzicka (*Drei Bruchstücke,* 1986). Aribert Reimann lui a dédié ses *Variations pour piano* (1979).

Esposito, Andrée

Soprano française, née à Alger le 7 février 1934.

Elle fait ses études musicales au Conservatoire de sa ville natale, y obtenant les premiers prix de chant, de déclamation lyrique ainsi que le 1er Grand Prix Aletti. Au Conservatoire de Paris, elle obtient des premiers prix de chant et d'art lyrique et, en fin d'études, le Prix Osiris. Elle fait ses débuts à Metz dans le rôle de Suzel du *Juif polonais* de Camille Erlanger, aux côtés de son professeur, Louis Noguéra. Son succès est tel qu'elle est immédiatement engagée sur toutes les grandes scènes de province dans les rôles de sopranos légers à vocalises. Elle débute à l'Opéra en 1959 dans le rôle de Violetta. Elle y est ensuite Gilda, Juliette, Oscar, Xénia de *Boris Godounov...* Elle chante aussi à l'Opéra-Comique Mireille, Micaëla, Manon... Lorsque la troupe de la RTLN est dissoute, elle fait partie de la « charette » au grand dam du public parisien et pour la plus grande joie des théâtres de province et de l'étranger. Elle ne cesse de « tourner » dans son grand répertoire : Lucia, Marguerite, Thaïs, Philine, et, bien sûr, Violetta, Juliette et Oscar.

Élève de Panzéra, Andrée Esposito est une mélodiste distinguée et sa *Chanson perpétuelle* d'Ernest Chausson lui a valu un Grand Prix du disque. A Nancy, en 1958, elle a participé à la création mondiale du *Chevalier de neige* de Delerue ; à Marseille, elle a créé le rôle de Lucrèce dans *Andrea del Sarto* de Daniel-Lesur. Elle a été aussi de la création en France des *Mines de Soufre* de Bennett, des *Diables de Loudun*, de Penderecki, de *Cymbeline* d'Arrieu et de *Hamlet* de Bentoiu. Elle ne dédaigne pas l'opérette, ayant un faible pour *La Chauve-Souris* et *La Veuve joyeuse*. Elle est la femme du baryton **Julien Haas** et, tout en poursuivant leurs carrières, ils ont enseigné tous deux au Conservatoire de Strasbourg.

Esswood, Paul

Haute-contre anglais, né à West Bridgford le 6 juin 1942.

Il étudie au Royal College of Music de Londres avec Gordon Clinton (1961-64). De 1964 à 1971, il est vicaire laïque à l'abbaye de Westminster. Dès qu'il commence à enregistrer (dans *Le Messie* de Haendel, sous la direction de Charles Mackerras, en 1965), sa renommée croît rapidement. Il est sollicité pour participer à des interprétations de musique ancienne, non seulement en Grande-Bretagne, mais bientôt en Allemagne et en Hollande, enfin en France et aux États-Unis, dans un répertoire aussi bien sacré que profane. En 1968, il figure dans l'opéra *Erismena* de Cavalli, donné à Berkeley (Californie) ; on ne compte plus les exécutions d'œuvres de Scarlatti, Haendel, Purcell, Bach, Monteverdi (*Vespro della Beata Vergine* ; *Ritorno d'Ulisso* ; *Orfeo* ; *Incoronazione di Poppea*) auxquelles il a participé. Il enregistre l'intégrale des cantates de J.S. Bach avec le Concentus Musicus de Vienne, Gustav Leonhardt et Nikolaus Harnoncourt.

Une articulation claire, un sens raffiné des nuances et de la ligne mélodique, un volume sonore soutenu et richement modelé sont quelques-unes de ses qualités majeures. Il est professeur à la Royal Academy of Music de Londres et donne des cours d'interprétation dans le monde entier. Krzysztof Penderecki a écrit pour lui le rôle de la Mort dans le *Paradis perdu*, qu'il a créé en 1979. Il a également créé des œuvres d'Alfred Schnittke (1983) et Philip Glass (*Akhnaten*, 1984).

Estes, Simon

Basse américaine, né à Centerville le 2 mars 1938.

Après des études de médecine à l'Université d'Iowa, il travaille le chant grâce à une série de bourses à la Juilliard School de New York, puis en Europe. En 1965, il gagne le Concours international de Munich et, en 1966, le premier Concours de chant Tchaïkovski, à Moscou. Cette même année, Rolf Liebermann l'engage à Hambourg pour la création de *The Visitation* de Schuller. Il est ensuite engagé à l'Opéra de Berlin et à celui de Rome. De retour aux USA, il chante à San Francisco, Chicago, Boston et Philadelphie. En 1977, il chante Arkel (*Pelléas*) à la Scala. Il aborde le rôle du Hollandais (*Le Vaisseau fantôme*) à l'Opéra de Zurich (à la troupe duquel il demeure attaché) puis à Bayreuth, en 1978 (où il retourne chaque année jusqu'en 1985 ; en 1982, il y chante de surcroît Amfortas dans *Parsifal*) et à l'Opéra de Paris, en 1980. Le Met lui a signé un contrat de trois ans (1982-85) pour y tenir les rôles de Wotan, Boris, Amfortas, Oreste (*Elektra*), le Landgrave (*Tannhäuser*). Sa voix sombre lui permet d'aborder avec autant de bonheur Escamillo, Don Giovanni, le Roi Marke, Amonasro ou Zaccaria (*Nabucco*). Il se produit également en concert, dans le répertoire le plus vaste allant de Haendel à Stravinski. Il enseigne à la Juilliard School of Music de New York depuis 1986.

Estournet, Jean

Violoniste français, né à Paris le 28 juin 1944.

Il entre au Conservatoire de Paris en 1959 (classe d'André Asselin) où il obtient son prix en 1963. Il débute comme violon solo à l'Opéra de Lille. De 1967 à 1972, il est membre de l'Orchestre de l'Opéra-Comique à Paris puis de l'Orchestre de l'Opéra jusqu'en 1976. Au sein de l'Ensemble Instrumental de France, il fonde l'Ensemble Rameau (instruments anciens) avec Martine Roche (clavecin) et Franky Dariel (violoncelle). Il est premier violon de l'Ensemble Instrumental de France de 1971 à 1976. De 1976 à 1983 il est violon solo au Nouvel Orchestre Philharmonique de Radio France puis à l'Opéra de Lyon. Il joue sur un violon Paolo Maggini de 1620.

Estrella, Miguel Angel

Pianiste argentin, né à San Miguel de Tucumán le 8 juillet 1936.

Issu d'une famille de condition modeste, il ne peut commencer réellement ses études musicales qu'à l'âge de dix-huit ans. En 1955 il arrive à Buenos Aires pour suivre les cours du pianiste Oreste Castronuovo. Jusqu'en 1964, il aura pour professeur Celia de Bronstein, ancienne élève de Scaramuzza, et les compositeurs Jacobo Fischer et Erwin Leuchter. Par ailleurs, il s'initie à la musique de chambre avec le Collegium Musicum de Buenos Aires. Après avoir obtenu une série de prix, comme celui du Fonds National des Arts, le Prix Pro Musicis, du Collegium Musicum (musique de chambre), du British Council et de l'Ambassade de France, on lui octroie des bourses d'études qui lui permettent de venir se perfectionner à Londres et à Paris. De 1965 à 70, il reçoit l'enseignement de Marguerite Long, Vlado Perlemuter, Tamara Osborne, Maria Curcio, Magda Tagliaferro, Ilona Cabos et Yvonne Loriod. Néanmoins celle dont l'enseignement l'aura vraiment marqué reste Nadia Boulanger, dont il est l'élève de 1970 à 1971.

Sa carrière de concertiste s'est vite limitée à l'Amérique Latine, pour des raisons familiales. En décembre 1977 il est arrêté, mis en prison en Uruguay et torturé, pour avoir accueilli un opposant politique au régime en place. Un comité de soutien se constitue, présidé par Nadia Boulanger, Yehudi Menuhin et Henri Dutilleux. Ce comité n'obtient sa libération, avec l'aide de nombreuses personnalités artistiques et politiques, qu'en février 1980. Aujourd'hui, Estrella vit en France et habite Paris.

ÉCRITS : *Musique pour l'espérance* (1983).

Etcheverry, Jésus

Chef d'orchestre français, né à Bordeaux le 14 novembre 1911, mort à Paris le 12 janvier 1988.

Il manifeste des dons musicaux exceptionnels qui font de lui un violoniste prodige. Pour payer ses leçons et assurer sa vie matérielle, il travaille dans des orchestres divers, y compris de brasseries. A vingt ans, il est engagé à Casablanca comme violon solo de l'Orchestre Symphonique local, puis comme professeur au Conservatoire. A la déclaration de guerre, il est mobilisé sur place. Profitant du repli au Maroc de chanteurs célèbres tels que Vezzani, Jeanson ou Bordon, une saison lyrique s'organise sous l'impulsion de Jean Mauran et de Ledoux. Au fil des premières répétitions, le chef choisi apparaît insuffisant et Etcheverry prend la baguette pour sauver la situation. On donnait ce soir-là *Rigoletto*. Son succès fut tel qu'à l'instar de Toscanini, il n'abandonna plus la baguette. La guerre terminée, les chanteurs de retour en France parlent de ce jeune et valeureux chef. Lamy, directeur du Théâtre de Nancy, l'engage comme directeur de la musique. Il y restera dix ans (1947-57), assurant parallèlement les saisons d'été de Luchon, d'Enghien ou d'Angoulême. En 1957, il est nommé premier chef d'orchestre à l'Opéra-Comique. Il y restera jusqu'à la fermeture de la salle Favart en 1972. De 1966 à 1972, il dirige à l'Opéra de Paris. De 1972 à 1977, il prend en main la direction musicale de l'Opéra de Nantes, puis de 1977 à 1979, celle du Théâtre de Nancy. Mais ses activités françaises ne l'empêchent pas de se produire beaucoup à l'étranger : Allemagne, Suisse (dix ans durant, il assurera la saison lyrique de Lausanne), Italie, Espagne (pendant plus de dix ans, il dirigera les ouvrages français donnés au Liceo de Barcelone), Angleterre (six saisons de suite, il dirige opéras et concerts au Royal Festival Hall de Londres)... Parmi les créations mondiales dont il a assuré la direction : *Le Fou* de Landowski, *Thyl de Flandres* de Chailley, *Le Chevalier de neige* de Delerue.

Ethuin, Paul

Chef d'orchestre français, né à Bruay-sur-Escaut le 24 septembre 1924.

Il poursuit ses études secondaires jusqu'au baccalauréat avant d'entrer, en 1943, au Conservatoire de Paris dans la classe de flûte de Gaston Crunelle. Il y obtient, en 1946, un 1er prix de flûte et une 1re médaille de musique de chambre. De 1944 à 1951, il est professeur de flûte au Conservatoire de Reims. C'est au Grand Théâtre de Reims qu'il a l'occasion de diriger pour la première fois. Il y occupe les fonctions de second chef jusqu'en 1948, puis de premier chef jusqu'en 1955. A cette date, il est engagé au Théâtre du Capitole de Toulouse où il reste jusqu'en 1961. Il est ensuite chef d'orchestre à Dijon (1961-62), et directeur de la musique à l'Opéra d'Avignon (1962-66). Il est nommé, en 1966, directeur de la musique au Théâtre des Arts de Rouen. De 1968 à 1971 il est chef d'orchestre à l'Opéra de Paris et à l'Opéra-Comique. Une création à retenir : *Antoine et Cléopâtre* d'Emmanuel Bondeville (1974). De 1984 à 1989, il assure la direction générale du Théâtre des Arts de Rouen.

Evans, Sir Geraint

Baryton gallois, né à Pontypridd (South Wales) le 16 février 1922, mort à Aberystwyth (pays de Galles) le 19 septembre 1992.

Il étudie le chant à Cardiff, participe à des représentations d'amateurs, puis, après la guerre, se trouve à Hambourg dans les British Forces Radio Network. Il est entendu par Theo Hermann qui lui donne des cours, ainsi que Fernando Carpi à Genève et Walter Hyde à Londres. Il débute alors au Covent Garden en 1948 (le Veilleur de nuit dans *Les Maîtres chanteurs*), et aborde le rôle de Figaro (*Mozart*) en 1949, rôle qui lui ouvrira les portes de la Scala en 1960, de l'Opéra de Vienne en 1961 et du Festival de Salzbourg en 1962. Au Met, c'est avec Falstaff qu'il débute en 1964. A son répertoire, on trouve Wozzeck, Escamillo, Lescaut, Marcello, les barytons mozartiens et les barytons bouffes (Coppelius, Don Pasquale, Dulcamara). Il participe aux créations mondiales de *Billy Budd* de Britten en 1951 (Mr. Flint), de *Gloriana* de Britten en 1953 (Montjoy), et de *Troilus and Cressida* de Walton en 1954 (Antenor). A l'Opéra de Paris, il apparaît en 1975 (Leporello). Il s'occupe également de mise en scène durant les années soixante-dix au Welsh National Opera, à Chicago et San Francisco. Il se retire en 1984 après être monté 1 185 fois sur scène au cours de sa carrière.

ÉCRITS : *A Knight at the Opera*, autobiographie (Londres, 1984).

Evrard, Jane

Violoniste et chef d'orchestre française, née à Neuilly-Plaisance le 5 février 1893, morte à Paris le 4 novembre 1984.

Elle entre au Conservatoire de Paris où elle obtient en 1912 un 1er prix de violon. La même année, elle épouse le violoniste et chef d'orchestre Gaston Poulet. Elle entre dans l'orchestre des Ballets de Diaghilev et, à ce titre, participe à la création du *Sacre du printemps* de Stavinski sous la direction de Pierre Monteux. Après la Première Guerre, elle se joint au Quatuor Gaston Poulet puis, à partir des années vingt, donne des cours privés et de petits concerts avec ses élèves. Sur les conseils d'Émile Vuillermoz, elle fonde en 1930 l'Orchestre Féminin de Paris qui donne son premier concert le 3 juin salle d'Iéna. Cet orchestre, essentiellement composé de vingt-cinq musiciennes à cordes, se produit régulièrement en Europe jusqu'au début des années quarante. De nombreux compositeurs écrivent pour elle : Eugène Bozza, Daniel-Lesur (*Variations pour piano et cordes*, 1943), Arthur Honegger (*Prélude, arioso et fughette sur le nom de BACH*, 1936), Maurice Jaubert, André Jolivet (*Andante pour cordes*, 1936), Georges Migot, Darius Milhaud, Jean Rivier (*Symphonie n° 3*, 1940), Albert Roussel (*Sinfonietta*, 1934), Florent Schmitt (*Janiana*, 1942).

Après la Libération, elle reprend son activité lors des soirées de danse de Janine Solane au Palais de Chaillot. Elle dirige en province et à la Radio nationale.

Evstatieva, Stefka

Soprano bulgare, née à Roussé le 7 juillet 1947.

Après des études effectuées au Conservatoire de Sofia avec Elena Kisselova, elle débute à l'Opéra National de Roussé où elle chante notamment Amélia (*Un bal masqué* et *Simon Boccanegra*), Leonora (*Le Trouvère*), Mimi (*La Bohème*). En 1974 elle partage avec Sylvia Sass le 2e prix au Concours Tchaïkovski de Moscou. En 1978, elle remporte le Concours international de bel canto de la RTV Belge et, l'année suivante, le Grand Prix du Concours international pour jeunes chanteurs de Sofia. Elle est alors engagée à l'Opéra de Sofia et les plus grandes scènes font appel à elle : Covent Garden (Desdémone d'*Otello*, 1980 ; Donna Elvira, 1981 ; Élisabeth de *Don Carlos*, 1983), Berlin (1982), Vienne (*Le Trouvère*, 1982), Vérone (*Otello*, 1982), la Scala (*André Chénier*, 1983), Paris (*Otello*, 1983), Philadelphie... A son répertoire figurent la plupart des héroïnes de Verdi et du vérisme italien ainsi que les grands rôles de l'opéra russe.

Ewing, Maria

Mezzo-soprano américaine, née à Detroit le 27 mars 1950.

Élève d'Eleanor Steber (Cleveland Institute of Music) et de Jennie Tourel, elle fait ses débuts en 1973 au Festival de Ravinia. Elle chante pour la première fois au Met en 1976 (Chérubin) et y réapparaît régulièrement par la suite (Zerline, Dorabella, Rosine, le Compositeur, Blanche de la Force, Carmen). En 1978, elle fait ses débuts à la Scala dans Mélisande et à Salzbourg dans Chérubin. A partir de 1978, elle est invitée au Festival de Glyndebourne où elle chante Dorabella, Rosine, le Compositeur (*Ariane à Naxos*), Poppée et Carmen. A Paris, elle débute dans Zerline à l'Opéra (1981) et chante Blanche à l'Opéra-Comique (1983). A Genève, elle chante la Périchole (1982) et Suzanne (1983). En 1986, elle aborde *Salomé* à Los Angeles, rôle qu'elle reprend deux ans plus tard pour ses débuts à Covent Garden. En 1989, elle chante *Tosca* à Los Angeles et, deux ans plus tard, aborde sur la même scène le rôle de Madame Butterfly sous la direction de Placido Domingo. En 1989, elle fait ses débuts au Japon dans Carmen et, l'année suivante, en Australie dans le même rôle. En 1991, elle incarne Mélisande pour ses débuts à l'Opéra de Vienne. En 1994, elle chante le rôle-titre d'*Alceste* de Gluck à l'Opéra-Bastille. Elle a été mariée, à partir de 1982, à **Sir Peter Hall**, le metteur en scène et ancien directeur artistique du Festival de Glyndebourne.

F

Faber, Lothar

Hautboïste allemand, né à Cologne le 7 février 1922.

Son père, hautboïste à Cologne (Gürzenich-Orchester) l'initie à la musique. Il poursuit ses études à la Hochschule de sa ville natale et plus tard au Conservatoire de Paris. Il fait des études classiques et modernes et, comme beaucoup d'instrumentistes d'aujourd'hui, trouve un enrichissement dans les œuvres du passé. Il joue en soliste avec tous les grands orchestres. En 1946, il est hautbois solo de l'Orchestre Symphonique du WDR à Cologne. Il participe aux festivals d'avant-garde (Varsovie, Venise, Berlin, Hollande, Royan). Il donne des cours à Darmstadt et à l'Accademia Chigiana, à Sienne, l'été (1972-77). Les compositeurs d'aujourd'hui écrivent pour lui et lui dédient des œuvres : Tadeusz Baird (*Quatre Dialogues,* 1964 ; *Concerto pour hautbois,* 1973), Wolfgang Fortner (*Aulodie,* première version, 1960), Włodzimierz Kotónski (*Concerto pour hautbois,* 1972), Krzysztof Meyer (*Concerto pour hautbois, percussion et cordes,* 1972), Gunther Schuller, Bernd Alois Zimmermann. Il était également l'un des meilleurs amis et interprète de Bruno Maderna : *Concerto pour hautbois et orchestre de chambre n° 1*, créé par lui à Darmstadt (1962), *Concerto pour hautbois et instruments n° 2*, créé à Cologne (1967), *Grande Aulodia* pour flûte, hautbois et orchestre créée à Rome (1970). Lothar Faber allie un sens poétique, pudique et raffiné, à la plus pure virtuosité. Il sait dégager les lignes de forces secrètes d'une œuvre et la rendre lisible, faire que la musique contemporaine, si difficile soit-elle, passe par l'intelligence et le cœur, comme si tout était simple. Comme Maderna il a le goût de la plénitude du son, mais sans « effets ». La musique *respire* dans son jeu.

Fábián, Márta

Cymbaliste hongroise, née à Budapest le 27 avril 1946.

Elle commence à jouer de cet instrument à l'âge de huit ans. Élève du Conservatoire Béla Bartók de 1960 à 1964, elle poursuit ses études musicales à l'Académie de musique Franz Liszt de Budapest avec Ferenc Gerencsér et reçoit son diplôme en 1967. Elle fait partie de l'Ensemble de danse d'État de Budapest (1967-73) et de l'Ensemble de Chambre de Budapest (1969). Fidèle à la tradition très riche de son pays, elle interprète la musique folklorique et classique, puis se passionne pour les contemporains. Elle incite de nombreux compositeurs à écrire pour elle : Attila Bozay, György Kurtág, László Sáry, Endre Székely, Sándor Szokolay. Ambassadrice de la musique hongroise en Europe, en Amérique latine et en Amérique du Nord, elle participe aux festivals de musique contemporaine tels Varsovie, Graz, Zagreb. Elle a reçu le Prix Liszt, et a été remarquée dans *Éclat* de Pierre Boulez où la partie cymbalum est très importante, et dans le *Concerto pour violoncelle, cymbalum et orchestre* de Zimmermann.

Fabritiis, Oliviero de

Voir à **De Fabritiis, Oliviero.**

Fachiri, Adila (Adila d'Arányi)

Violoniste hongroise, naturalisée anglaise, née à Budapest le 26 février 1888, morte à Florence le 15 décembre 1962.

Petite-nièce de **Joseph Joachim** et sœur de la violoniste **Jelly d'Arányi**, elle étudie dans sa ville natale avec Hubay puis, plus tard, à Berlin avec Joachim (1905-07), dont elle héritera du Stradivarius datant de 1715. Ses débuts ont lieu à Vienne en 1906, où elle joue le *Concerto* de Beethoven. En 1909 elle part pour l'Angleterre où elle épouse, en 1919, Alexandre Fachiri. Douée d'un tempérament passionné et d'une virtuosité sans faille, son souvenir reste durable. En 1902, elle avait créé un *Andante pour violon et piano* de Bartók. En duo avec sa sœur, elle donna de nombreux concerts, créant le *Double concerto* de Holst en 1930, écrit à leur intention.

Faerber, Jörg

Chef d'orchestre allemand, né à Stuttgart le 18 juin 1929.

Après des études effectuées à la Hochschule für Musik de Stuttgart, il débute au théâtre et fait surtout carrière à Stuttgart et à Heilbronn (1952-60). Puis il fonde le Württembergisches Kammerorchester à Heilbronn (1961) qui devient rapidement l'un des orchestres de chambre allemands les plus importants et qui s'impose sur le plan international. Avec cette formation, il se consacre essentiellement au répertoire baroque auquel il apporte un éclairage original, à mi-chemin entre le renouveau des années 1950-60 et l'approche « puriste » des spécialistes des instruments anciens.

Falcinelli, Rolande

Organiste française, née à Paris le 18 février 1920.

Elle commence ses études pianistiques dès l'âge de cinq ans avant d'entrer au Conservatoire de Paris où elle travaille notamment avec Marcel Samuel-Rousseau, Abel Estyle, Simone Plé-Caussade et Henri Büsser. Elle y obtient un 1er prix d'harmonie (1938), un 1er prix de fugue et un 2e prix de composition (1939). Au moment de la guerre, elle se détourne du piano au profit de l'orgue dont elle commence l'étude avec Gaston Litaize. En 1942, elle remporte un 1er prix d'orgue et d'improvisation, le 2e Grand Prix de Rome et le Prix Rossini. En 1945, elle est nommée titulaire du grand orgue de la basilique du Sacré-Cœur de Montmartre, devenant la première femme à accéder à une grande tribune de Paris. En 1948, elle est professeur d'orgue au Conservatoire américain de Fontainebleau et suppléante de Marcel Dupré au Conservatoire de Paris. Elle donne, la même année, l'intégrale de l'œuvre pour orgue de Marcel Dupré en six concerts. En 1951 elle est professeur de l'École Normale de Musique de Paris, avant d'obtenir, en 1955, le poste de professeur d'orgue au Conservatoire de Paris qu'elle conserve jusqu'en 1986. Le catalogue de ses œuvres compte plus de soixante numéros d'opus où l'orgue se taille une part prépondérante mais non exclusive. Rolande Falcinelli est l'auteur de nombreux ouvrages didactiques, d'essais sur la spiritualité de la musique et d'analyses diverses. Sa discographie (orgue et piano) reste essentiellement consacrée à Marcel Dupré. Parmi les œuvres qui lui sont dédiées, on peut citer *Variations* de Guillou, *Variations sur un Noël imaginaire* de Wissmer et *Psaume pour notre temps* de Tisné. Elle a créé des œuvres de Marcel Dupré (*Vitrail*, 1969 ; *Paraphrase sur le Te Deum*, 1972).

ÉCRITS : *Souvenirs et regards*, entretiens avec Stéphane Detournay (Tournai, 1985).

Falcon, Ruth

Soprano américaine, née à New Residence (Louisiane) le 2 novembre 1946.

Elle fait toutes ses études dans sa ville natale, à l'Université de Tulane, puis grâce à une bourse de la « Marthe Baird Rockefeller Funds for Music » elle se rend à New York et travaille, grâce à la « Sullivan Foundation » à l'Institut de l'Opéra national. En 1973, elle est désignée pour suivre à Florence les cours de perfectionnement de Tito Gobbi. Peu après, elle fait ses débuts avec le New York City Opera, au State Theatre de New York, dans Micaëla (*Carmen*). Aussitôt plusieurs villes américaines font appel à elle, pour des concerts ou des opéras. En 1975, elle fait ses débuts européens dans *Médée* au Théâtre Municipal de Berne (Suisse). Sa carrière se développe harmonieusement entre l'Amérique du Nord et du Sud et l'Europe où elle est engagée dans la troupe de l'Opéra de Munich. Elle chante à l'Opéra de Paris et à la Scala les grands rôles mozartiens où elle excelle. Elle s'impose également dans les grands rôles du répertoire italien (Leonore de *La Force du destin* et du *Trouvère, Norma*) et du répertoire allemand (Elsa, Ariadne, Agathe).

Farley, Carole

Soprano américaine, née à LeMars (Iowa) le 29 novembre 1946.

Elle commence l'étude du chant avec Dorothy Barnes dans la ville de Moscou, non pas en URSS mais dans l'État américain de l'Iowa. Puis elle travaille avec William Schriner à l'Université de l'Indiana à Bloomington avant de venir en Europe où elle est l'élève de Marianne Schech, à Munich. Elle débute à Linz en 1969 et chante assez rapidement sur les grandes scènes allemandes (Cologne, Deutsche Oper am Rhein), à la Monnaie de Bruxelles, Strasbourg... Elle a fait ses débuts au Met dans Mimi (*La Bohème*) en 1975 et chante, un an plus tard, *La Belle Hélène* au New York City Opera. On la retrouve ensuite dans Lulu (Met, 1978, Cologne, Zurich), Manon (Massenet), Violetta (*La Traviata*), Donna Anna (*Don Giovanni*), *La Voix humaine...* Elle mène également une importante carrière au concert. Elle a épousé le chef d'orchestre **José Serebrier**. Elle a créé des œuvres d'Aubert Lemeland (*Time Landscape,* 8 mélodies pour soprano et orchestre, 1993).

Farnadi, Edith (Edith Sugar)

Pianiste hongroise naturalisée autrichienne, née à Budapest le 25 septembre 1921, morte à Graz le 14 décembre 1973.

Enfant prodige, elle est admise à neuf ans à l'Académie Franz Liszt de Budapest, où Arnold Székely, Leo Weiner, Bela Bartók et Ilona Deckers sont ses professeurs. A douze ans, elle joue et dirige le *Premier Concerto* de Beethoven. Lauréate par deux fois du Prix Franz Liszt, elle reçoit en 1938 son diplôme de l'Académie, où elle revient deux ans plus tard comme professeur. Fixée en Autriche après la guerre, elle enseigne à l'Akademie für Musik de Graz où elle est nommée professeur en 1970. L'interprète se fait connaître dans les années cinquante comme une spécialiste de la musique de Liszt et de Bartók. Elle fut la partenaire de violonistes prestigieux : Jenö Hubay, Bronislaw Huberman, André Gertler, Gerhard Taschner, Ede Zathureczky, et des plus grands chefs de son temps.

Farncombe, Sir Charles

Chef d'orchestre anglais, né à Londres le 29 juillet 1919.

Il fait des études d'ingénieur à l'Université de Londres (1936-40), puis est mobilisé pendant la guerre. Après la fin des hostilités, il entre à la Royal School of Music de Canterbury et à la Royal Academy of Music de Londres (dont il sort diplômé en 1952). Il commence alors à se spécialiser dans la musique du XVIIIe siècle. En 1955, il fonde avec Edward J. Dent la Handel Opera Society dont il est le directeur musical et avec laquelle il fait revivre de nombreux ouvrages oubliés de Haendel, mais aussi de Haydn, Mozart, Arne... Entre 1972 et 1979, il est chef permanent au Théâtre Royal de la Cour de Drottningholm, en Suède. Puis il est principal chef invité du Badisches Staatstheater de Karlsruhe où il se voit confier tout le répertoire du XVIIIe siècle. Il a réalisé de nombreuses éditions d'œuvres de Haendel. En 1983, il est nommé directeur musical du London Chamber Opera.

Farrar, Geraldine

Soprano américaine, née à Melrose (Massachusetts) le 28 février 1882, morte à Ridgefield le 11 mars 1967.

Élève de J.H. Long à Boston, d'Emma Thursby à New York et de Trabadello à Paris, elle débute à Berlin, à l'Opéra Royal, en 1901, dans le rôle de Marguerite de *Faust*, qui la fait remarquer par Lilli Lehmann, son professeur, son guide dans ses premières saisons berlinoises (1901-07) et sa partenaire aux Festivals de Salzbourg (1906 et 1910) où Geraldine est Zerline auprès de sa protectrice, elle-même interprète de Donna Anna. Elle crée en Europe *Amica* de Mascagni (Monte-Carlo, 1905), *L'Ancêtre* de Saint-Saëns (Monte-Carlo, 1906), *Le Clown* de I. de Camondo (Paris, Nouveau Théâtre, 1906) avant de faire l'essentiel de sa carrière au Metropolitan Opera de New York, où elle débute en 1906, jouant Juliette de Gounod. Jusqu'en 1922, elle y triomphe, dans deux grands rôles surtout, *Madame Butterfly* et *Carmen*, et crée *Königskinder* de Humperdinck (1910), *Julien* de Charpentier (1914), *Madame Sans-Gêne* de Giordano (1915), *Suor Angelica* de Puccini (1918). Le charme naturel de Geraldine Farrar, une voix au timbre clair et au phrasé incomparable convenaient idéalement au répertoire de soprano lyrique, notamment Zerline, Chérubin, Manon, Mignon, etc.

ÉCRITS : *Such Sweet compulsion*, autobiographie (New York, 1938).

Farrell, Eileen

Soprano américaine, née à Willamantic (Connecticut) le 13 février 1920.

Ses parents, qui appartenaient à une troupe de Vaudeville, effectuaient une tournée en Amérique du Nord lors de sa naissance. Elle travaille le chant avec Merle Alcock à New York puis avec Eleanor McLellan. Elle débute lors d'un concert de la société de Radio Columbia, en 1940. Les cinq années suivantes, elle chante sur les ondes de la radio américaine, dans une série d'émissions intitulées « Eileen Farrell presents ». Ce n'est qu'en 1947 qu'elle se présente sur scène et obtient aussitôt de très grands succès. En 1950, elle tient le rôle de Marie (*Wozzeck*) au Carnegie Hall, en version de concert. En 1955, elle chante *Medea* (Cherubini) à Town Hall, à New York. Elle ne fait réellement ses débuts à l'opéra qu'en 1956, à San Francisco, en Leonore (*Le Trouvère*). L'année suivante, elle chante *La Gioconda* à Chicago. Elle fait ses débuts au Met dans *Alceste* en 1960 et y chantera régulièrement jusqu'en 1965. Pendant la même période, elle se produit également à l'Opéra de Rome. Retirée de la scène, elle enseigne à l'Université de l'Indiana, entre 1971 et 1980, puis à l'Université du Maine, à Orono, à partir de 1984. Dotée d'une voix large et incroyablement puissante, elle a souvent chanté Wagner au concert ou pour le disque, mais jamais sur scène.

Fassbaender, Brigitte

Mezzo-soprano allemande, née à Berlin le 3 juillet 1939.

Fille du baryton **Willi Domgraf-Fassbaender** et de l'actrice Sabine Peters, elle étudie le chant avec son père au Conservatoire de Nüremberg de 1957 à 1961, et débute à l'Opéra de Munich en 1961 (Nikolaus dans *Les Contes d'Hoffmann*). Mezzo fétiche de cette scène où elle chante Hänsel, Sextus, Chérubin, Dorabella, Carmen, Eboli, Marina, Charlotte et les mezzo wagnériens, elle est nommée Kammersängerin en 1970. Sa carrière internationale passe par Covent Garden (1971), Paris (Brangäne en 1972, Octavian en 1977), Salzbourg (Dorabella de 1972 à 1978, Fricka en 1973), la Scala, Vienne, Berlin, le Met en 1974. Ses incarnations les plus célèbres sont les rôles travestis de Mozart et de Strauss. Au concert, elle s'impose tant en oratorio que dans le domaine du lied, notamment Schumann et Mahler. En 1988, elle aborde la mise en scène avec *Le Chevalier à la rose* à Munich. Elle quitte la scène en 1991. Elle consacre une part importante de ses loisirs à la peinture et a exposé à plusieurs reprises.

Faure, Jean-Baptiste

Baryton français, né à Moulins le 15 janvier 1830, mort à Paris le 9 novembre 1914.

Après des études au Conservatoire, il débute à l'Opéra-Comique en 1852 (*Galathée* de Massé), mais c'est à l'Opéra qu'il fera surtout carrière, de 1861 à 1878. Il y crée, entre autres, Nelusko (*L'Africaine*), Posa (*Don Carlos*), Hamlet et s'y impose aussi dans le répertoire (Don Giovanni, Guillaume Tell). Il chante à Covent Garden de 1860 à 1877, ainsi qu'à Drury Lane et au Her Majesty's Theater. Il continue de chanter en province jusqu'en 1886. De 1857 à 1860, il est professeur au Conservatoire et a écrit deux livres sur le chant.

Fedosseiev, Vladimir

Chef d'orchestre russe, né à Leningrad le 5 août 1932.

Il commence ses études musicales pendant la guerre à l'École de musique de Leningrad puis les poursuit, à Moscou, à l'Institut Gnessine et au Conservatoire. Encore étudiant, il remplace un chef défaillant à la radio et dirige la *Cinquième Symphonie* de Chostakovitch, obtenant un triomphe. C'est le début de sa carrière : il dirige les principaux orchestres soviétiques dont un cycle des symphonies de Tchaïkovski avec la Philharmonie de Leningrad. En 1974, il est nommé premier chef de l'Orchestre Symphonique de la Radio-Télévision de l'URSS. Il mène une carrière internationale qui lui a permis de diriger en Europe occidentale et aux États-Unis. Il a créé des œuvres d'Ada Gentile (*Concertante,* 1990), Philippe Hersant (*Stances 92,* 1993), Giacomo Manzoni (*Finale e aria,* 1992).

Feinberg, Samuel

Pianiste et compositeur russe, né à Odessa le 26 mai 1890, mort à Moscou le 22 octobre 1962.

Il étudie au Conservatoire de Moscou, où il est l'élève du pianiste Alexandre Goldenweiser. Il suit également des cours de théorie avec Djilaiev (diplôme, 1911). En 1922, il est nommé professeur de piano au Conservatoire, poste qu'il occupe jusqu'à sa mort. Il s'impose rapidement comme l'une des grandes figures du piano soviétique, servant aussi bien la musique de Bach que celles de Scriabine, Medtner ou Prokofiev. Dans les récitals qu'il donne en Russie, il accorde une grande importance à la nouvelle musique russe. Il joue en outre l'intégrale des sonates de Beethoven et celle du *Clavier bien tempéré,* ainsi que la musique de Chopin et de Schumann. Il a créé de nombreuses œuvres de compositeurs soviétiques qui lui sont dédiées. Il est aussi l'auteur de 3 concertos, 12 sonates et diverses pièces pour piano.

ÉCRITS : *Le Piano, un art.*

Fellegi, Ádám

Pianiste hongrois, né à Budapest le 30 décembre 1941.

Il fait ses études musicales à l'Académie Franz Liszt de Budapest où il est l'élève de Lajos Hernádi (1958-63). Il fait aussitôt ses débuts et se perfectionne à Vienne en 1966 avec Badura-Skoda, Brendel et Demus. La même année, au Concours international de Budapest, il reçoit un prix spécial pour la meilleure interprétation de la musique contemporaine hongroise. Sa carrière s'oriente dans cette direction, sans négliger pour autant les pièces maîtresses du répertoire. Il joue et enregistre Schoenberg, Berg, Bartók, Stravinski, mais aussi Láng, Soproni... Il est l'un des interprètes de prédilection de la jeune musique hongroise.

Feltsman, Vladimir

Pianiste russe, né à Moscou le 8 janvier 1952.

Issu d'une famille de musiciens, son père Oscar Feltsman, compositeur de chansons réputé en URSS, et sa mère, pianiste, lui enseignent les rudiments du piano. A six ans, il commence ses études à l'École centrale de musique dans la classe d'Evgueni Timakine. Et c'est en jouant le *Concerto* et la *Rapsodie* de Kabalevski qu'il se produit la première fois en public à l'âge de douze ans. En 1967, Feltsman remporte le 1er prix du Concours radiophonique Concertino de Prague et entre au Conservatoire de Moscou, dans la classe de Yakov Fliere. Lauréat en 1971 du Concours Long-Thibaud, il commence une série de tournées tant à l'Est qu'à l'Ouest. Étroitement surveillé en URSS pendant une dizaine d'années car il avait émis le souhait d'émigrer en Israël, il a vu sa carrière anéantie par décision des autorités centrales avant de devenir l'un des premiers bénéficiaires de la Perestroïka : il a eu alors l'autorisation de rejouer à Moscou puis d'émigrer aux États-Unis en 1987. Son répertoire s'étend de Messiaen à Chopin, en passant par Schoenberg et Debussy.

Il a créé la *Sonate pour piano* (1988) d'Alfred Schnittke qui lui est dédiée. Il enseigne au Suny New York Paltz depuis 1987.

Ferencsik, János

Chef d'orchestre hongrois, né à Budapest le 18 janvier 1907, mort à Budapest le 12 juin 1984.

Au Conservatoire de Budapest, il est l'élève de Lajtha et Fleischer. Il débute comme répétiteur à l'Opéra en 1927 puis y est nommé chef d'orchestre en 1930. Pendant deux ans (1930-31), il est également assistant à Bayreuth. Toute sa carrière se déroulera dans sa ville natale où il est à la tête de l'Orchestre Symphonique de la Radio-Télévision Hongroise entre 1947 et 1951 avant d'être nommé directeur général de la musique à l'Opéra en 1950 et directeur musical de la Philharmonie Nationale Hongroise en 1952. A l'étranger, il est chef permanent à l'Opéra de Vienne entre 1948 et 1950. Il enseigne à l'Académie Franz Liszt de Budapest. De 1960 à 1968, il dirige également l'Orchestre Philharmonique de Budapest. Ferencsik est considéré comme l'un des plus éminents spécialistes de Bartók et Kodály dont il a dirigé la musique dans le monde entier. Il a créé des œuvres de Laszlo Lajtha (*Symphonie nº 7,* 1958).

Fernandez, Wilhelmenia (Wilhelmenia Wiggins)

Soprano américaine, née à Philadelphie le 5 janvier 1949.

Elle étudie le chant à l'Académie de musique de sa ville natale, puis se perfectionne à la Juilliard School de New York (1969-73). Ses débuts ont lieu à Broadway, en 1977, dans le rôle de Bess (*Porgy and Bess*) qui la rend célèbre à travers les USA et l'Europe. Sa carrière lyrique se développe sur les scènes de Philadelphie, du New York City Opera, du Michigan Opera Theatre. Mais c'est le film *Diva* de Jean-Jacques Beinex qui la rend mondialement célèbre.

Elle poursuit actuellement une carrière internationale qui l'a amenée à l'Opéra de Paris à partir de 1979 (Musette, puis Mimi de *La Bohème*) ainsi que dans plusieurs villes françaises. Elle apparaît dans *Don Giovanni, Luisa Miller, Didon et Énée, Carmen.* En 1984, elle est l'une des Aïda à l'occasion de l'ouverture du Palais des Sports de Bercy (Paris). Puis elle aborde Leonore (*Le Trouvère*), Tosca à Omaha (1984) et Liu (*Turandot*) en 1985.

Ferrara, Franco

Chef d'orchestre italien, né à Palerme le 4 juillet 1911, mort à Florence le 6 septembre 1985.

Aux conservatoires de Palerme et de Bologne, il étudie le piano, le violon, l'orgue et la composition. Il débute en donnant des récitals de piano et de violon. Il commence à diriger à Florence en 1938 et s'impose rapidement comme l'une des plus étonnantes baguettes italiennes. Mais sa carrière est vite stoppée par une maladie nerveuse qui le prive de tous ses moyens en public. Les prestations en studio deviennent bientôt tout aussi irréalisables. Il se consacre alors uniquement à l'enseignement de la direction d'orchestre, ses élèves constituant un public privilégié lorsqu'il prend la baguette, pour de courtes séquences, afin d'expliquer. Il donne des cours à Pérouse à partir de 1958, à Hilversum dès 1959, à l'Académie Sainte-Cécile de Rome et à l'Académie Chigiana à Sienne (1966-67, 1969-76 et à partir de 1978). Parmi ses élèves, on compte Edo De Waart, Emil Tchakarov, Gabriel Chmura, Zoltan Pesko, Riccardo Chailly, Aldo Ceccato, Gaetano Delogu, Gabriele Ferro, Hubert Soudant, Andrew Davis...

Ferras, Christian

Violoniste français, né au Touquet le 17 juin 1933, mort à Paris le 14 septembre 1982.

Il commence ses études de violon avec son père à l'âge de sept ans. Un an plus tard il entre au Conservatoire de Nice où il travaille avec Charles Bistesi. En 1942, il joue pour la première fois en public, avec orchestre, à Nice. Deux ans plus tard, il reçoit au Conservatoire de cette ville un 1er prix d'excellence de violon. Il entre alors au Conservatoire de Paris où il étudie le violon, avec René Benedetti, et la musique de chambre, avec Joseph Calvet. Il obtient, en 1946, un 1er prix pour ces deux disciplines. En 1948, il se présente au Concours international de Scheveningen où il remporte le 1er prix. En 1949, il perfectionne son art auprès de Georges Enesco, avant de se présenter au Concours international Long-Thibaud, à Paris : il obtient le 2e prix. A la suite de ce concours, il donne son premier récital, avec le pianiste Pierre Barbizet, avec lequel il forme alors un duo qui se produit un peu partout dans le monde. Dans le même temps le jeune violoniste commence une carrière internationale de soliste. Partout il faisait applaudir sa rayonnante sonorité, sa pureté de style et la perfection technique de son jeu.

Il enregistre les dix sonates de Beethoven (1960), puis est appelé par Herbert von Karajan, en 1964, avec lequel il signe plusieurs disques importants (dont les *Concertos* de Beethoven, Brahms et Sibelius). Parmi les principales créations de Christian Ferras : *Concerto pour violon*, de Federico Elizalde, *Sonate pour violon seul*, de Honegger (1948), *Sonate pour violon et piano*, de Claude Pascal (1952), *Concerto pour violon*, de Bando (1959), *Concerto pour violon* (1960) et *Sonate pour violon seul* (1965), de Serge Nigg. Il possédait deux Stradivarius, le *Président* (1721) et le *Milanollo* (1728). En 1975, il avait été nommé professeur au Conservatoire de Paris.

Ferrier, Kathleen

Contralto anglaise, née à Higher Walton le 22 avril 1912, morte à Londres le 8 octobre 1953.

Après des études de piano, elle est lauréate des concours du Festival de Carlisle et poursuit des études de chant avec J. H. Hutchinson et Roy Henderson. Elle commence une carrière de concertiste pendant la guerre en province et avec le Bach Choir de Londres. Ses débuts à la scène ont lieu au Festival de Glyndebourne en 1946 lors de la première mondiale du *Viol de Lucrèce* de Britten où elle chante le rôle-titre. Son seul autre rôle à la scène sera *Orphée* qu'elle chante à Glyndebourne en 1947, à Amsterdam et à Londres, au Covent Garden en 1953, où la maladie l'empêchera d'achever la série de représentations prévues. Entre-temps, sa carrière de concertiste connaît des sommets aux USA et en Europe, notamment avec des récitals en compagnie de Bruno Walter, ainsi que des exécutions demeurées célèbres du *Chant de la terre* de Mahler aux Festivals d'Édimbourg (1947) et de Salzbourg (1949).

Le pouvoir émotionnel de son timbre en fait une interprète idéale aussi bien dans les passions et oratorios de Bach et Haendel que dans le lied schubertien, schumannien, brahmsien ou mahlerien, ou que dans les ouvrages contemporains : elle interprète l'Ange dans *The Dream of Gerontius* d'Elgar. La partie d'alto du *Deuxième Cantique* de Britten et *The Enchantress* de Bliss ont été écrits pour elle. Elle a aussi créé *A Spring Symphony* de Britten (1949). Sa sœur Winifred Ferrier a écrit sa biographie : *The Life of Kathleen Ferrier* (1955).

Ferro, Gabriele

Chef d'orchestre italien, né à Pescara le 15 novembre 1937.

Fils du compositeur Pietro Ferro, il travaille la composition et la direction d'orchestre au Conservatoire Santa Cecilia de Rome avec Franco Ferrara. En 1964, il remporte le Concours des jeunes chefs d'orchestre de la RAI. En 1967, il fonde l'Orchestre Symphonique de Bari. Invité par Claudio Abbado, il dirige régulièrement, à partir de 1974, les saisons symphoniques de la Scala de Milan. En 1978, il fait ses débuts aux États-Unis à la tête de l'Orchestre de Cleveland. Pour les Settimane Senensi, il a dirigé des œuvres rarement interprétées de Gluck, Cherubini, Rossini, Mercadante... Son répertoire fait également une large place à la musique contemporaine. Il a enregistré en première mondiale la *Symphonie lyrique* de Zemlinski. Il est directeur musical de l'Orchestre Symphonique de Sicile à Palerme, puis chef permanent de l'Orchestre Symphonique de la RAI de Rome (1988-90). En 1992, il est nommé directeur général de la musique à l'Opéra de Stuttgart. Il a créé des œuvres de Gérard Grisey (*Les Espaces acoustiques,* 1981), Flavio Testi (*Cori di Santiago,* 1976).

Ferro, Luigi

Violoniste italien, né à Murano le 1er juillet 1903, mort à Venise.

Professeur de violon des chefs d'orchestre vénitiens Angelo Ephrikian et Claudio Scimone, ainsi que des violonistes qui participèrent à la création des orchestres de chambre d'Italie du Nord, La Scuola Veneziana (1947-48), puis I Virtuosi di Roma dans leur formation initiale (1948-1961), il crée la technique d'archet dite « vénitienne », caractérisée par une attaque très douce de l'archet sur la corde, et une utilisation de l'archet sur toute sa longueur, tradition continuée aujourd'hui avec « I Solisti Veneti » de Claudio Scimone. Violon solo de La Scuola Veneziana puis de I Virtuosi di Roma, avant de se retirer, sexagénaire, rongé par la maladie, il est le véritable pionnier de la nouvelle école vénitienne d'interprétation. Il a enseigné aux Conservatoires de Venise (1931-57) et de Milan (1957-63).

Feuermann, Emanuel

Violoncelliste autrichien naturalisé américain (1942), né à Kolomya (Galicie) le 22 novembre 1902, mort à New York le 25 mai 1942.

Il fait ses premières études avec son père et se fixe à Vienne à partir de 1909 où il travaille avec Anton Walter. A onze ans, il donne son premier concert puis va travailler à Leipzig avec Julius Klengel. En 1917, il est engagé comme violoncelle solo dans l'Orchestre du Gürzenich de Cologne et nommé professeur à la Hochschule. Il fait également partie du Bram Eldering Quartet. De retour à Vienne en 1923, il commence une carrière de soliste qui se développe rapidement hors des frontières de son pays. Il est nommé professeur à la Hochschule de Berlin (1929-33) et forme un trio à cordes avec S. Goldberg et P. Hindemith. Il débute aux USA en 1935. Devant l'invasion nazie, il se fixe à Zurich (1937-38), puis s'exile aux États-Unis (1938) où il est nommé professeur au Curtis Institute de Philadelphie (1941). Il forme un nouveau trio, avec Heifetz et Rubinstein, mais sa carrière sera interrompue par une mort prématurée. Il était déjà considéré comme l'une des figures marquantes du violoncelle, alliant à une sonorité profonde une technique sans faille, un sens du phrasé particulièrement développé et un instinct musical évident. Schoenberg avait transcrit pour lui le *Concerto en ré majeur* de Monn qu'il créa en 1938. Il a créé en outre des œuvres de Paul Hindemith (*Trio à cordes n° 2,* 1933), Jean Rivier (*Rapsodie* pour violoncelle et orchestre, 1928), Ernst Toch (*Concerto pour violoncelle,* 1925). Il jouait sur un Stradivarius de 1727, le *De Monk.*

Février, Jacques

Pianiste français, né à Saint-Germain-en-Laye le 26 juillet 1900, mort à Épinal le 2 septembre 1979.

Fils du compositeur Henri Février, élève de Messager et de Fauré, Jacques Février fréquente le Conservatoire de Paris de 1917 à 1921, dans la classe de Edouard Risler et de Marguerite Long. Ami d'enfance de Francis Poulenc, il joue très souvent avec lui et enregistre ses œuvres à quatre mains.

Grand spécialiste de la musique française du XXe siècle, Ravel lui confie officiellement son *Concerto pour la main gauche* dès 1933, mécontent qu'il était de l'interprétation de Wittgenstein qui l'avait créé en 1931. Tour à tour avec Poulenc et Auric, il jouera également les duos de Satie (dont il reste encore des enregistrements). En 1952, il est nommé professeur au Conservatoire. Dédicataire du *Concerto en ré mineur pour deux pianos* de Poulenc, il l'a créé en compagnie du compositeur en 1932. Il a également créé la *Sonate pour hautbois et piano* (1963) de Poulenc. Ses enregistrements des *Préludes* de Debussy, de l'œuvre pour piano de Ravel et de la musique de chambre de Poulenc constituent des versions de référence, témoignages d'un art discret, sincère et raffiné.

Fiedler, Arthur

Chef d'orchestre américain, né à Boston le 17 décembre 1894, mort à Boston le 10 juillet 1979.

Il travaille d'abord le violon avec son père qui fait partie de l'Orchestre Symphonique de Boston. Puis il poursuit ses études musicales à Berlin où il est l'élève de Willy Hess. De retour aux États-Unis, il entre à l'Orchestre Symphonique de Boston en 1915, comme violoniste d'abord, puis comme altiste. En 1924, il fonde le Boston Sinfonietta, un orchestre de vingt-cinq musiciens, tous membres de l'Orchestre Symphonique. Il présente un répertoire plus léger et rencontre un succès considérable. En 1929, ce sont les fameux « Esplanade concerts », sur les rives de la Charles River. Arthur Fiedler remplace alors Casella à la tête des Boston « Pops », concerts symphoniques populaires donnés en été devant un public attablé comme au restaurant. Le répertoire de ces concerts comporte aussi bien des œuvres originales – les grands succès du répertoire symphonique – que des arrangements.

Fiedler, Max

Pianiste et chef d'orchestre allemand, né à Zittau le 31 décembre 1859, mort à Stockholm le 1er décembre 1939.

Il étudie le piano avec son père puis au Conservatoire de Leipzig (1877-80) où il travaille également l'orgue et l'écriture avec G. Albrecht. Nommé professeur au Conservatoire de Hambourg, il y enseigne de 1882 à 1908 et dirige l'établissement de 1903 à 1908. Il commence une carrière de pianiste qui prend un essor considérable lorsqu'il est nommé chef d'orchestre de la Philharmonie de Hambourg (1904-08). Il se consacre alors totalement à la direction d'orchestre. Il fait ses débuts aux États-Unis en 1905 et est invité régulièrement à diriger la Philharmonie de New York. Il est ensuite nommé à la tête de l'Orchestre Symphonique de Boston (1908-12). De retour en Allemagne, il deviendra directeur général de la musique à Essen (1916-34) et dirigera surtout en Suède au cours des dernières années de sa vie.

Figueras, Montserrat

Soprano espagnole, née à Barcelone le 7 mars 1940.

Elle étudie le chant et l'art dramatique dans sa ville natale. Elle chante dans le Cor Alleluia et participe à l'ensemble Ars Musicae. Dès 1966, elle commence à faire des recherches sur les techniques anciennes du chant, des troubadours à la fin du XVIIIe siècle. Sa conception de cette musique fait abstraction des influences post-romantiques et se base sur les idéaux anciens du *Rezitar cantando.* En 1968, elle va étudier à la Schola Cantorum Basiliensis et à l'Académie de musique de Bâle avec Jordi Albareda, Kurt Widmer et Eva Krasznai. Elle est ensuite appelée à enseigner elle-même à la Schola Cantorum Basiliensis. Elle chante souvent en compagnie de son mari, le gambiste **Jordi Savall**, et des membres de l'ensemble Hesperion XX ou de la Capella Reial dont ils sont tous deux les fondateurs.

Fink, Siegfried

Percussionniste et compositeur allemand, né à Zerbst/Anhalt le 8 février 1928.

Après ses études musicales à la Hochschule de Weimar avec Alfred Wagner (percussion) et Helmut Riethmüller (composition), il entre dans l'Orchestre de Weimar puis occupe différents postes d'orchestre et d'enseignant à Magdebourg, Hanovre... En 1960, il fonde son premier ensemble de percussion à l'Académie de musique de Lübeck. En 1965, il enseigne à la Musikhochschule de Wurzbourg où il sera nommé par la suite professeur. Il y fonde et dirige le Würzburger-Percussion-Ensemble. Il s'impose comme l'une des figures dominantes de la percussion en Allemagne et donne des cours d'interprétation en Espagne, Turquie, Égypte... Comme compositeur, il a beaucoup écrit pour ensemble de percussion. On lui doit également un *Concerto pour vibraphone.* Il a créé des œuvres de Xavier Benguerel (*Concerto pour percussion,* 1977), Josep Soler (*Requiem* pour percussion et orchestre, 1977).

Finnie, Linda

Mezzo-soprano anglaise, née à Paisley (Écosse) le 9 mai 1952.

Elle fait ses études à la Royal Scottish Academy of Music and Drama de Glasgow avec Winifred Busfield et débute au Scottish National Opera en 1976. L'année suivante, elle remporte le Prix Kathleen Ferrier au Concours de 's-Hertogenbosch, aux Pays-Bas. Elle chante beaucoup en Europe : Bruxelles, Opéra de Paris, Festival de Ludwigsburg et au Welsh National Opera à partir de 1979. À l'English National Opera, elle interprète les rôles de Brangäne (*Tristan et Isolde*), Eboli (*Don Carlos*) et Amneris. Elle est invitée à chanter le *Ring* à Covent Garden. En 1987, elle fait ses débuts à Francfort dans le rôle d'Amneris et à l'Opéra de Nice dans celui de Waltraute (*Le Crépuscule des dieux*). Elle se produit pour la première fois à Bayreuth en 1988 dans une nouvelle production du *Ring* dirigé par Daniel Barenboïm ; elle interprète les rôles de Fricka, Siegrune et de la Deuxième Norne (1988-92), puis de Brangäne (1993).

Finnilä, Birgit

Alto suédoise, né à Falkenberg le 20 janvier 1931.

A dix-sept ans, elle entreprend des études de chant avec Ingalill Linden. Après son mariage, elle vit plusieurs années en Finlande puis, en 1961, revient avec sa famille à Göteborg et reprend des études avec I. Linden, qu'elle achève avec Roy Henderson à l'Academy of Music de Londres. Depuis 1963, elle donne de nombreux concerts dans les pays scandinaves. En 1966, elle débute à Londres, dans un récital de mélodies. Suivent de glorieux concerts à Berlin, Hambourg, Hanovre, Stuttgart et Düsseldorf, ainsi que plusieurs enregistrements à la radio. En 1968, elle donne son premier concert en Amérique du Nord. Le succès est tel que depuis lors tous les chefs et les orchestres les plus importants l'ont invitée. On la considère comme une des grandes interprètes de Bach. En 1970-71, elle effectue une tournée de concerts qui la conduit en Australie, en Amérique du Nord, en URSS, au Canada et en Israël. Elle ne fait que de rares apparitions sur scène, ainsi au Festival de Pâques à Salzbourg, comme Erda (*La Tétralogie*) en 1973-74, rôle qu'elle reprend à l'Opéra de Paris en 1976.

Firkušný, Rudolf

Pianiste tchèque naturalisé américain (1948), né à Napajedla le 11 février 1912, mort à Staatsburg (New York) le 19 juillet 1994.

Il fait ses études musicales au Conservatoire de Brno et étudie l'écriture avec Janáček. En 1928, il entre au Conservatoire de Prague où il travaille avec Vilém Kurz et Suk. Il obtient son diplôme en 1929 et commence sa carrière. En 1932, il rencontre Artur Schnabel aux États-Unis et se perfectionne avec lui. En 1940, il se fixe aux États-Unis. Il enseigne à la Juilliard School à partir de 1965 et compose de nombreuses partitions (concertos pour piano, quatuors à cordes, pages pour piano). Il se fait l'ardent défenseur de Janáček et de la musique du XXe siècle et a joué en première audition les *Concertos pour piano n° 2* (1935), *n° 3* (dont il est dédicataire, 1949), *n° 4 « Incantations »* et la *Sonate pour violoncelle et piano n° 1* (1940) de Bohuslav Martinů ainsi que des concertos de Gian Carlo Menotti (1945) et de Howard Hanson (1948). Il fait un retour triomphal dans son pays natal en 1990, après le succès de la « révolution de velours ».

ÉCRITS : *The Story of Twentieth Century Music* (1948).

Fischer, Adam

Chef d'orchestre hongrois et autrichien, né à Budapest le 9 septembre 1949.

Après avoir étudié le piano et la composition au Conservatoire Belá Bartók de

Budapest, il travaille la direction d'orchestre avec Hans Swarowsky à Vienne et avec Franco Ferrara à Venise et à Sienne (1970-71). Il est nommé assistant à Graz (1971-72), chef d'orchestre à Saint-Pölten (1972-73), puis assistant à l'Opéra de Vienne (1973-74). En 1973, il remporte le 1er prix au Concours international Guido Cantelli à la Scala de Milan. De 1974 à 1977, il est premier chef à l'Opéra d'Helsinki puis à l'Opéra de Karlsruhe (1977-79) avant d'être nommé directeur général de la musique à Fribourg-en-B. (1981-84). Il dirige régulièrement à l'Opéra de Munich et à celui de Vienne. Il a fait ses débuts à l'Opéra de Paris en 1984 dans *Le Chevalier à la rose*. En 1986, il dirige *La Flûte enchantée* à la Scala de Milan. Il débute à Covent Garden en 1989 avec *La Chauve-Souris.* Entre 1987 et 1992, il est directeur général de la musique à l'Opéra de Kassel. Il fonde le Festival Haydn à Eisenstadt dont il assure la direction musicale. Il a créé des œuvres de Wolfgang von Schweinitz (*Patmos,* 1990). Son frère cadet, **Iván Fischer** (1951) est également chef d'orchestre.

Fischer, Annie

Pianiste hongroise, née à Budapest le 5 juillet 1914.

Dans sa ville natale, elle reçoit l'enseignement et les conseils de Ernst von Dohnányi et Arnold Székely. A l'âge de huit ans, son nom est connu dans son pays natal. Dès 1933, elle remporte le Prix Liszt ; c'est la première récompense d'une longue liste de prix internationaux qui lui seront attribués par la suite. Réfugiée en Suède pendant la guerre, elle ne regagne Budapest qu'en 1946, où elle s'établit définitivement. En 1965, elle est nommée professeur honoraire à l'Académie de musique de Budapest. Annie Fischer représente un des grands noms du piano de l'après-guerre. Son jeu, tout en précision et en retenue, lui permet les plus grandes envolées du romantisme, comme ses plus subtiles nuances. Son répertoire compte essentiellement des œuvres majeures. Curieusement son nom reste un peu dans l'ombre aujourd'hui.

Fischer, Edwin

Pianiste suisse, né à Bâle le 6 octobre 1886, mort à Zurich le 24 janvier 1960.

Il voit le jour dans une famille de musiciens et travaille d'abord au Conservatoire de Bâle avec Hans Huber (1896-1904). Puis il s'installe à Berlin où il est élève de Martin Krause au Conservatoire Stern (1904-05) avant d'être nommé professeur dans le même établissement (1905-14). C'est à cette époque qu'il rencontre Eugen d'Albert qui lui prodigue appui et conseils. Sa carrière se développe rapidement et il est appelé à remplacer Schnabel à la Hochschule de Berlin en 1930. La direction d'orchestre l'attire également : il dirige le Musikverein de Lübeck (1926-28), le Bachverein de Munich (1928-32) avant de fonder son propre orchestre de chambre à Berlin. Il fait revivre la musique du XVIIIe siècle avec un effectif approprié et il est l'un des premiers à renouer avec la tradition du soliste qui joue et dirige les concertos de Bach et Mozart. En 1942, il retourne en Suisse et fonde un trio fameux avec Kulenkampff (puis Schneiderhan) et Mainardi. Il consacre l'essentiel de son temps à des cours d'interprétation qui se déroulent à Lucerne à partir de 1945. Alfred Brendel, Paul Badura-Skoda et Reine Gianoli comptent parmi ses plus fidèles disciples. Fischer créera également une fondation pour aider les jeunes musiciens.

A une époque où les interprètes semblaient encore marqués par les excès du post-romantisme et une vision trop passionnée de la musique, Fischer s'est imposé par son attitude réfléchie, la profondeur de son message et le sens dramatique qu'il lui donnait. Grand interprète de J. S. Bach (il a enregistré pour la première fois l'intégrale du *Clavier bien tempéré*) et de Mozart, il était aussi à l'aise dans le répertoire romantique. Fischer a réalisé une édition des œuvres pour clavier de J. S. Bach, des sonates pour violon et piano de Beethoven et des sonates pour piano de Mozart.

ÉCRITS : *J. S. Bach* (Potsdam,1945), *Considérations sur la musique* (Paris, 1951), *L. van Beethovens Klaviersonaten* (Wiesbaden, 1956), *Von den Aufgaben des Musikers* (Wiesbaden, 1960).

Fischer, Iván

Chef d'orchestre hongrois, né à Budapest le 20 janvier 1951.

Il commence ses études musicales au Conservatoire Béla Bartók de Budapest où il travaille le violoncelle, la composition et la direction d'orchestre (1965-70) puis à l'Académie de musique de Vienne où il est l'élève de Hans Swarowsky (1970-74). Il étudie également l'interprétation de la musique baroque à Salzbourg avec Nikolaus Harnoncourt. Après avoir remporté le 1er prix au Concours « Premio Firenze » (1974) et au Concours de la Rupert Foundation à Londres (1976), il commence une carrière internationale, notamment en Italie et en Angleterre. En 1977, il est engagé comme assistant de Nikolaus Harnoncourt à l'Opéra de Zurich. Entre 1979 et 1982, il est premier chef du Northern Sinfonia à Newcastle-upon-Tyne. En 1980, il remplace Claudio Abbado au pied levé pour une tournée avec l'Orchestre Symphonique de Londres. En 1983, il fonde l'Orchestre du Festival de Budapest, premier orchestre hongrois en autogestion. La même année, il est nommé directeur musical (1983) puis directeur artistique (1989) du Kent Opera. En 1988, il est en outre nommé principal chef invité de l'Orchestre Symphonique de Cincinnati. Son frère aîné, **Adam Fischer** (1949), est également chef d'orchestre.

Fischer-Dieskau, Dietrich

Baryton allemand, né à Berlin le 28 mai 1925.

Il commence le chant à seize ans tout en faisant des études poussées à l'Université ; son premier professeur est Georg A. Walter puis, à l'Académie de Berlin, Hermann Weissenborn. En 1945, prisonnier dans un camp américain en Italie, il donne ses premiers concerts. En 1947, il reprend ses études à l'Académie et enregistre *Le Voyage d'hiver* de Schubert pour la radio. L'année suivante, il débute à l'Opéra de Berlin dans le rôle de Posa (*Don Carlos* de Verdi), et chante Schubert en concert. Il est engagé comme premier baryton à l'Opéra. En 1949, il épouse la violoncelliste Irmgard Poppen (morte en 1963) dont il a trois fils. Il se remariera avec la soprano Julia Varady en 1978. En 1951, il chante Mahler sous la direction de Wilhelm Furtwängler au Festival de Salzbourg. L'année suivante, il fait ses débuts aux États-Unis, chante *Le Voyage d'hiver* de Schubert au Festival de Prades, incarne Kurwenal sous la direction de Furtwängler. En 1954, il débute à Bayreuth dans Wolfram (*Tannhäuser*) ; deux ans plus tard, il y chante Amfortas (*Parsifal*). A partir de 1957, il fait partie de l'Opéra de Vienne.

Humaniste, ce baryton comprend profondément la littérature allemande. Il mène parallèlement une carrière de concertiste et de chanteur d'opéra, plus à l'aise sans doute dans le premier domaine, bien que l'on doive se souvenir de son Wotan à Salzbourg (*L'Or du Rhin*), et de son Falstaff à Vienne dans la mise en scène de Visconti. Présence scénique, intelligence, grande sensibilité, ses dons prodigieux lui offrent un rapide accès à toute musique contemporaine (*Wozzeck*). En 1961, il crée *Élégie pour de jeunes amants* de Henze, en 1962, le *War Requiem* de Britten à Coventry, et s'il a gravé intégralement tous les lieder de Schubert pour voix d'homme, son répertoire, extrêmement étendu, va de Schütz à Aribert Reimann (*Lear*), en passant par Richard Strauss et Hugo Wolf (où il excelle comme dans Schumann). Parmi ses créations contemporaines des œuvres de Samuel Barber (*Three Songs*, op. 45, 1974), Boris Blacher, Benjamin Britten (*War Requiem,* 1962 ; *Cantata misericordium,* 1963), Ferruccio Busoni, Luigi Dallapiccola, Gottfried von Einem (*Rosa mystica*, huit lieder op. 40, 1973 ; *Leb wohl, Frau Welt*, lieder op. 43, 1974 ; *An die Nachgeborenen*, cantate op. 42, 1975), Wolfgang Fortner, Karl Amadeus Hartmann (*Gesangsszene,* 1964), Hans Werner Henze (*Cinq Lieder napolitains,* 1956 ; *Élégie pour de jeunes amants,* 1961), Ernst Křenek, Witold Lutosławski (*Les Espaces du sommeil,* 1978), Siegfried Matthus (*Holofernes,* 1981), Aribert Reimann (*Ein Totentanz,* 1960 ; *Requiem,* 1963 ; *Zyklus,* 1971 ; *Lear,* 1978 ; *Trois Poèmes de Michel-Ange,* 1986 ; *Shine and Dark,* 1991), Wolfgang Rihm (*Dies,* 1986), Igor Stravinski (*Abraham et Isaac,* 1964), Michael Tippett (*The Vision of St Augustin,* 1966), Isang Yun (*Symphonie n° 5,* 1987).

A partir de la fin des années soixante-dix, il aborde également la direction d'orchestre. En 1985, il avait déjà enregistré près de trois mille lieder d'une centaine de compositeurs différents. Depuis 1982, il se consacre aussi à l'enseignement, à la Hochschule der Künste de Berlin où il est professeur. Passionné de peinture, une exposition consacrée à ses œuvres a été organisée en 1985 pour son 60e anniversaire. Il quitte la scène en 1993.

Son frère aîné, **Klaus** (1921-1994), a exercé comme chef de chœur et organiste à Berlin, notamment à la Dreifaltigkeitskirche et à la tête du Hugo-Distler-Chor de Berlin (jusqu'en 1989). Son deuxième fils, **Matthias Fischer-Dieskau,** a commencé une carrière de chef d'orchestre à Hagen.

ÉCRITS : *Texte deutscher Lieder* (Munich, 1968), *Auf den Spuren der Schubert-Lieder* (DVA, Stuttgart, 1971 ; trad. française, *Les Lieder de Schubert,* Robert Laffont, Paris, 1979), *Wagner und Nietzsche. Der Mystagoge und sein Abtrünniger* (DVA, Stuttgart, 1974, trad. française *Wagner et Nietzsche,* 1974), *Robert Schumann, Wort und Musik ; das Vokalwerk* (DVA, Stuttgart, 1981, trad. française *Robert Schumann, le verbe et la musique,* 1984), *Töne sprechen, Worte Klingen : Zur Geschichte und Interpretation des Gesangs* (Piper, Munich, 1985 ; trad. française, *Les sons parlent et les mots chantent,* Buchet-Chastel, Paris, 1993), *Nachklang, Ansichten und Erinnerungen* (DVA, Stuttgart, 1987 ; trad. française *Résonances*, Belfond, Paris, 1991), *Von Berlin aus...* (DVA, Stuttgart, 1987), *« Weil nicht alle Blütenträume reiften », Johann Friedrich Reichardt Hofkapellmeister dreier Preußenkönige* (DVA, Stuttgart, 1992).

Fistoulari, Anatole

Chef d'orchestre russe naturalisé anglais (1948), né à Kiev le 20 août 1907.

Il fait des études musicales dans son pays natal et voit s'ouvrir devant lui une carrière d'enfant prodige : à huit ans, il dirige la *Symphonie pathétique* de Tchaïkovski. Il vient en France au début des années trente et Chaliapine l'engage comme chef d'orchestre du Grand Opéra Russe (1931). Puis Massine fait appel à lui pour les Ballets Russes de Monte-Carlo (1937) qu'il conduit aussi aux États-Unis. En 1940, il se fixe en Angleterre où il mène essentiellement une carrière de chef invité à l'exception d'une année passée à la tête de l'Orchestre Philharmonique de Londres (1943-44). En 1943, il fonde le London International Orchestra. Puis il commence à enregistrer régulièrement avec l'Orchestre Philharmonia à partir de 1950. Il est invité par le Royal Ballet (1945-55), au Met (1955) et effectue une tournée en URSS avec l'Orchestre Philharmonique de Londres.

En 1942, il a épousé **Anna Mahler**, la fille du compositeur. Après son divorce, en 1956, il s'est remarié à la violoniste **Elizabeth Lockhart**.

Fitelberg, Grzegorz

Chef d'orchestre et compositeur polonais, né à Dzwinsk (Lettonie) le 18 octobre 1879, mort à Katowice le 10 juin 1953.

Au Conservatoire de Varsovie, il reçoit une formation de violoniste et de compositeur : il est l'élève de Stanislas Barcewicz (violon) et de Zygmunt Noskowski (composition). Très jeune, il fait partie du groupe Jeune Pologne qui réunit plusieurs compositeurs polonais de sa génération (Szymanowski, Karłowicz, Rózycki, Szeluto). De 1907 à 1911, il est à la tête de la Philharmonie de Varsovie. Puis il passe trois ans à l'Opéra de Vienne (1911-14) avant de se fixer en Russie (1914-21) : il dirige au Grand Théâtre de Moscou et à Saint-Pétersbourg. Diaghilev l'appelle à Paris pour diriger aux Ballets Russes (1921-24). Il crée notamment *Mavra* de Stravinski, puis il retourne en Pologne pour retrouver l'Orchestre Philharmonique de Varsovie (1924-34). En 1935, il fonde l'Orchestre Symphonique de la Radio Polonaise à Varsovie qu'il dirige jusqu'en 1939. Pendant la guerre, il s'exile et conduit surtout des orchestres portugais et américains. En 1947, il revient dans son pays pour faire revivre l'Orchestre Symphonique de la Radio Polonaise qui se fixe à Katowice. Il en assure la direction musicale jusqu'à sa mort. Les principales œuvres de Fitelberg sont dédiées à l'orchestre : *Das Lied vom Falkem*, un poème symphonique, deux symphonies et deux rhapsodies polonaises. Il a créé des œuvres de Mieczysław Karłowicz (*Chant éternel,* 1908 ; *Rhapsodie lituanienne,* 1909 ; *Une triste histoire,* 1908 ; *Épisode pendant une mascarade,* 1914), Witold Lutosławski (*Variations symphoniques,* 1939 ; *Symphonie nº 1,* 1947), Igor Stravinski (*Mavra,* 1922), Karol Szymanowski (*Symphonie nº 1,* 1911 ; *Symphonie nº 2,* 1910, qui lui est dédiée). Szymanowski lui a également dédié les *Chansons*, op. 17 nº 1 à 5 (1907).

Fizdale, Robert

Pianiste américain, né à Chicago le 12 avril 1920.

Après des études à la Juilliard School avec Ernest Hutcheson, il forme un duo de piano avec Arthur Gold. Ils donnent leur premier concert à la New School for Social Research en 1944 avec un programme de musique contemporaine où le piano préparé occupe une large place. Par la suite, ils effectuent une carrière internationale et s'imposent dans le répertoire à deux pianos. Plusieurs compositeurs écrivent pour eux : Barber, Dello Joio, Milhaud (*Carnaval pour La Nouvelle-Orléans*, 1947 ; *Suite*, op. 300, 1951 ; *Concertino d'automne*, 1951), Auric (*Partita*), Poulenc (*Sonate pour deux pianos*), Tailleferre, Sauguet, Rorem, Thomson, Rieti (*Concerto pour deux pianos*, 1952). Ils créent des œuvres pour pianos préparés de John Cage. On leur doit la découverte et la création moderne des deux concertos pour deux pianos de Mendelssohn. Ils cessent de jouer en public en 1982.

Écrits : (Avec Arthur Gold) : *Misia* (1979, trad. française 1980), *The Gold and Fizdale Cockbook* (1983).

Fjeldstad, Øivin

Chef d'orchestre norvégien, né à Oslo le 2 mai 1903, mort à Oslo le 16 octobre 1983.

Au Conservatoire d'Oslo, il est l'élève de Fr. Lange (1913-23). Puis il débute comme violoniste en 1921 et occupe les fonctions de violon solo à la Philharmonie d'Oslo de 1923 à 1945. A la même époque, il va travailler à Leipzig avec Walter Davisson (1928) et à Berlin avec Clemens Krauss. En 1931, il fait ses débuts de chef d'orchestre à Oslo, mais sa carrière ne commencera réellement qu'après la guerre : il est nommé chef permanent de l'Orchestre de la Radio Norvégienne (1946-62) puis directeur musical du tout nouvel Opéra d'État Norvégien (1958-60) et directeur musical de la Philharmonie d'Oslo (1962-69). On lui doit le premier enregistrement intégral du *Crépuscule des dieux* avec Kirsten Flagstad.

Flachot, Reine

Violoncelliste française, née à Santa Fe le 10 octobre 1922.

A l'âge de douze ans, elle arrive à Paris et commence ses études avec Jean Dumont, puis, en 1935, elle entre au Conservatoire dans la classe de Gérard Hekking ; elle remporte, en 1937, le 1er prix d'honneur au Concours Belland et un 1er prix de violoncelle. En 1938, elle débute avec orchestre aux Concerts Colonne, en jouant le *Concerto pour violoncelle* de Lalo. En 1954, elle reçoit le Grand Prix Gregor Piatigorski et, onze ans plus tard, se voit décerner le Prix international d'Orense. En 1966, elle est nommée professeur à l'École Normale de Musique de Paris ; elle y demeure jusqu'en 1971, lorsqu'elle accepte d'enseigner à l'Université des Arts et à l'Université « Toho Gakuen » de Tōkyō. Elle a créé des œuvres de Jean-Michel Damase, Pierre-Max Dubois, André Jolivet (*Suite en concert,* 1966), Aram Khatchaturian (*Concerto-Rhapsodie pour violoncelle*), Raymond Loucheur (*Concerto pour violoncelle,* 1968), Georges Migot (*Sonate pour violoncelle et piano,* 1959 ; *Sonate pour violoncelle seul,* 1963), Darius Milhaud (*Suite cisalpine* pour violoncelle et orchestre, 1954), Henri Sauguet (*Sonate pour violoncelle seul*).

Flagstad, Kirsten

Soprano norvégienne, née à Hamar le 12 juillet 1895, morte à Oslo le 7 décembre 1962.

Fille du chef d'orchestre norvégien **Michael Flagstad** (1869-1930) et de la pianiste **Marie Flagstad-Johnsrud**, elle étudie le chant à Oslo auprès d'Ellen Schytte-Jacobsen. En 1913, elle fait ses débuts à Oslo comme Nuri (*Tiefland* de D'Albert). Ayant poursuivi ses études avec Albert Westwang à Oslo et Gillis Bratt à Stockholm, elle est engagée comme soubrette au Théâtre Mayol d'Oslo où elle chante surtout l'opérette. En 1921, elle effectue une tournée en France qui ne lui vaut pas de succès particulier. De 1928 à 1932, elle appartient à la troupe du Théâtre municipal de Göteborg. En 1933, sur le point de se retirer, elle est engagée pour de petits rôles à Bayreuth. L'année suivante, sa Sieglinde (*Walkyrie*) et sa Gutrune (*Le Crépuscule des dieux*) lui valent un succès retentissant. Aussitôt elle est engagée au Met de New York où elle débute, en 1935, avec Sieglinde, puis chante Isolde, Brünnhilde, Elisabeth, Elsa et Kundry : d'un coup, elle est considérée comme l'interprète wagnérienne la plus importante de son temps. Jusqu'en 1941, toujours au Met, elle ira de triomphe en triomphe. En 1936, on l'applaudit au Covent Garden et à l'Opéra de Vienne. Elle se produit triomphalement à Chicago, San Francisco, Zurich et au Colón. De retour en Europe, elle vit en Norvège, de 1941 à 1945. Après la guerre, on intente contre elle et son mari, Henry Johansen, un procès totalement injustifié, les accusant de collaboration avec l'Allemagne. En 1947-48, elle entreprend une tournée triomphale aux États-Unis. Puis de 1948 à 1951, elle se produit principalement au Covent Garden où elle tient tous les grands rôles de Wagner de façon inoubliable. A cette époque, elle chante un mémorable *Fidelio* au Festival de Salzbourg, sous la direction de Furtwängler (1949-50). En 1951, elle chante au Mermaid Theatre de Londres *Didon et Énée* de Purcell ; l'année suivante elle retrouve le Met, où son *Alceste* de Gluck est triomphale. En 1955, après une série de concerts dans divers pays d'Europe, elle fait ses adieux. De 1958 à 1960, elle est directrice de l'Opéra d'Oslo.

Sa plus jeune sœur, **Karen-Marie Flagstad** (Oslo, 24 novembre 1904 ; Oslo, 25 décembre 1992), fait une brillante carrière de soprano, à la scène et en concert. Établie à Oslo, elle sera invitée à la Scala, en 1948. Kirsten Flagstad fut une des voix les plus exceptionnelles du XXe siècle, sa qualité, sa puissance ainsi que son éclat et son émission étaient extraordinaires. Il faut ajouter une présence scénique d'un impact incomparable sur le public. Sa biographie rédigée par Louis Biancolli a paru en 1952. Elle a créé les *4 Derniers Lieder* de R. Strauss (1950).

Flämig, Martin

Chef de chœur allemand, né à Aue le 19 août 1913.

Il commence ses études musicales avec Alfred Stier puis, à la Hochschule für Musik de Leipzig, avec Karl Straube et Johann Nepomuk David. Il succède à Franciscus Nagler comme cantor à St. Matthäi de Leisnig, un des postes les plus anciens d'Allemagne dont la fondation remonte à 1581. En 1948, il est nommé Landeskirchenmusikdirektor des églises évangéliques de Saxe. Simultanément, il prend la direction de la Landeskirchenmusikschule de Dresde, récemment fondée (1949-59). Il enseigne également à la Musikhochschule de Dresde et est nommé professeur en 1953. Entre 1959 et 1971, il exerce en Suisse où il dirige plusieurs chœurs, enseigne au Conservatoire de Berne et travaille régulièrement à la radio. Puis il prend la succession de Rudolf Mauersberger à la tête du Kreuzchor et comme cantor de la Kreuzkirche de Dresde (1971-91). Il a créé des œuvres de Siegfried Köhler (*Symphonie n° 5 « Pro pace »*, 1984), Rainer Kunad (*Salomonische Stimmen*, 1984), Paul Kurzbach (*Serenade für Kammerchor a cappella*, 1982).

Fleisher, Leon

Pianiste et chef d'orchestre américain, né à San Francisco le 23 juillet 1928.

Après avoir étudié avec Artur Schnabel, il fait ses débuts en 1935 à San Francisco. En 1952, il remporte le Concours Reine Élisabeth et poursuit une carrière de concertiste. En 1959, le Conservatoire Peabody de Baltimore l'accueille comme professeur. Mais l'année suivante une paralysie de la main droite l'oblige à réduire ses activités. Il n'en continue pas moins à jouer les œuvres du répertoire destinées à la main gauche. En 1965, il devient le directeur de la Fondation Walter Naumburg. Chef d'orchestre du théâtre Chamber Players de Washington depuis 1968, il fait ses réels débuts en public en 1970, en dirigeant le New York Chamber Orchestra. Invité à diriger un peu partout, sa participation au Festival Mozart en 1970, au New York Philharmonic Hall, est très remarquée. De 1974 à 1977, il est chef d'orchestre-résident de l'Orchestre Symphonique de Baltimore. Il dirige également l'Orchestre Symphonique d'Annapolis. Un traitement intensif lui permet de retrouver l'usage de sa main droite et il reparaît en concerto pour jouer les *Variations symphoniques* de César Franck et crée le *Concerto pour piano n° 2* de Leon Kirchner. Mais il consacre néanmoins l'essentiel de ses activités au répertoire pour la main gauche. En 1986, il est nommé directeur artistique du Tanglewood Music Center et professeur au Curtis Institute de Philadelphie.

Flesch, Carl

Violoniste hongrois, né à Wieselburg (Moson) le 9 octobre 1873, mort à Lucerne le 15 novembre 1944.

Il est l'élève de Grün au Conservatoire de Vienne, puis, au Conservatoire de Paris, il travaille avec Marsick (1890-94). Il a comme condisciples Georges Enesco, Fritz Kreisler et Jacques Thibaud. Premier prix à Paris en 1894, il commence alors sa carrière de concertiste en Allemagne et en Autriche à partir de 1895. A son tour pédagogue, il enseigne à Bucarest (1897-1902), à Amsterdam (1903-08), à Berlin puis à Philadelphie (1924-28) et Baden-Baden (1926-34). Il joue en trio avec le pianiste Artur Schnabel et le violoncelliste Jean Gérardy, remplacé par Hugo Becker puis par Gregor Piatigorsky. En 1921, Carl Friedberg prendra la place de Schnabel. A l'avènement du nazisme, il se fixe à Londres (1934). Puis il s'installera en Suisse, à Lucerne, où il enseignera au Conservatoire de 1943 à sa mort. Parmi ses élèves, on compte les noms de M. Rostal, H. Szeryng, G. Neveu, S. Goldberg. Il a publié de nouvelles éditions d'œuvres de Bach, Haendel, Mozart, Beethoven, Mendelssohn, Brahms et Tchaïkovski. Il a joué successivement sur un Goffriller et sur un Guadagnini avant d'acheter, en 1907, un Stradivarius, le *Brancaccio* (1725) qu'il a revendu en 1931. A la fin de sa vie, il jouait sur un Petrus Guarnerius. Il a créé le *Concerto pour violon* (1930) de Nicolaï Berezowski.

ÉCRITS : *Die Kunst des Violinspiels* (Berlin, 1923-28), *Das Klangproblem im Geigenspiel* (Berlin, 1931), *Erinnerungen eines Geigers* (Fribourg-en-Brisgau, 1960).

Fleta, Miguel

Ténor espagnol, né à Albalate de Cinca (Huesca) le 28 décembre 1893, mort à la Coruña le 30 mai 1938.

Il commence à travailler la musique avec son père puis part étudier au Conservatoire de Barcelone. Il se perfectionne ensuite à Milan avec la soprano **Louise Pierrick** (qu'il épousera) et débute dans *Francesca da Rimini* de Zandonai à Trieste (1919). Il chante pour la première fois à Madrid en 1922 (*Carmen*). C'est le début d'une étonnante carrière qui le mène rapidement en Amérique. En 1922, il crée à Rome *Giulietta e Romeo* de Zandonai. Il chante régulièrement au Met entre 1923 et 1925 (notamment Cavaradossi de *Tosca* dans lequel il y débute) et au Colón entre 1922 et 1927. Puccini le considérait comme l'interprète idéal de sa musique et il participe à la création posthume de *Turandot* (Calaf) à la Scala de Milan en 1926. Il débute à l'Opéra de Paris en 1928 (Cavaradossi). Il mourra à la suite d'une opération. Son fils, **Pierre Fleta** (Villefranche-sur-mer, 4 juillet 1925) a fait une carrière de ténor en Belgique.

Fleury, André

Organiste français, né à Neuilly-sur-Seine le 25 juillet 1903.

Il est issu d'un milieu familial qui s'adonne passionnément à la musique : son père a fait de sérieuses études avec Paul Vidal et Vincent d'Indy. Dès l'âge de dix-sept ans, il supplée Eugène Gigout à la tribune de Saint-Augustin. En 1926, il obtient au Conservatoire de Paris un

1er prix d'orgue et d'improvisation dans la classe de Marcel Dupré, ainsi que diverses récompenses en composition. Suppléant de Tournemire aux orgues de Sainte-Clotilde, il est nommé, à la mort de Jean Huré (1930), titulaire du grand orgue de Saint-Augustin. Il occupe ces fonctions jusqu'en 1949 et donne des cours à l'École Normale de Musique. De 1949 à 1971, il est professeur au Conservatoire de Dijon et organiste de la cathédrale. De retour à Paris, il est nommé cotitulaire du grand orgue de Saint-Eustache et professeur à la Schola Cantorum. Il tient également les orgues de la cathédrale de Versailles. En marge d'une vie largement consacrée aux récitals et à l'enseignement, André Fleury se livre à la composition et écrit de nombreuses pages dédiées à l'orgue.

Flipse, Eduard

Chef d'orchestre néerlandais, né à Wissekerke le 26 février 1896, mort à Breda le 11 septembre 1972.

Il fait ses premières études d'orgue et de solfège auprès de son père, puis commence le piano et la théorie musicale à Gœs avec Otto Lies, enfin à Rotterdam auprès de Verhey et de Zagwijn et à Paris, où il étudie la composition avec Albert Roussel. De retour à Rotterdam, il y fait, à partir de 1919, une carrière de pianiste, de chef de chœur et de professeur de Conservatoire, avant de devenir second (1927-30) puis premier chef de la Philharmonie (1930-62) et directeur de la Philharmonie d'Anvers (1959-70). Le compositeur, qui a vu son œuvre se perdre entièrement dans la destruction de Rotterdam en 1940, s'est par la force des choses effacé devant l'ardent propagandiste des musiciens de son pays et surtout devant l'interprète inspiré des symphonies de Mahler, qu'il dirige, à partir de 1952, au Festival de Hollande, notamment la huitième, enregistrée sur le vif.

Flipse, Marinus

Pianiste néerlandais, né à Wissekerke le 28 août 1908.

Frère du précédent, il débute sous sa direction une carrière de concertiste, et travaille à Paris avec Alfred Cortot (1928-39). Il sera également l'accompagnateur de Jacques Thibaud, du violoniste hollandais Herman Krebbers et de Henryk Szeryng.

Flor, Claus Peter

Chef d'orchestre allemand, né à Leipzig le 16 mars 1953.

Il fait ses études musicales (violon et clarinette) au Conservatoire Robert Schumann de Zwickau puis, à partir de 1968, à la Hochschule Franz Liszt de Weimar et à la Hochschule Felix Mendelssohn de Leipzig. Il travaille ensuite la direction d'orchestre avec Rolf Reuter et Kurt Masur. En 1979, il est nommé premier chef de l'Orchestre Philharmonique de Suhl et remporte le 1er prix au Concours international Grzegorz Fitelberg de Katowice. Lauréat du Concours Rafael Kubelík à Lucerne (1982) et Nicolaï Malko à Copenhague (1983), sa carrière se développe rapidement. En 1984, il est nommé *Chef-dirigent* puis, en 1985, directeur-général de la musique de l'Orchestre Symphonique de Berlin (Est), poste qu'il conserve jusqu'en 1992. En 1990, il est nommé principal chef invité du Philharmonia de Londres. Entre 1991 et 1995, il est premier chef invité permanent de l'Orchestre de la Tonhalle de Zurich.

Il a créé des œuvres de Siegfried Geißler (*Paganini-Variationen,* 1981 ; *Symphonie nº 6,* 1981), Günther Kochan (*Musik für Orchester « In memoriam »,* 1984 ; *Symphonie nº 5,* 1987), Ernst Hermann Meyer (*Sinfonische Widmung,* 1984).

Foccroulle, Bernard

Organiste belge, né à Liège le 23 novembre 1953.

Après des études d'orgue au Conservatoire de sa ville natale dans la classe d'Hubert Schoonbroodt, il obtient son diplôme supérieur avec grande distinction. Il se perfectionne auprès de Xavier Darasse (Toulouse), de Bernard Lagacé et de Gustav Leonhardt. La musique contemporaine devient rapidement l'un des pôles de son répertoire et sa participation au Festival international de Royan (1974 et 1976) constitue le point de départ d'une carrière internationale (il a plus d'une soixantaine d'œuvres contemporaines à son répertoire, dont une vingtaine qu'il a lui-même créées). Toutefois, la musique ancienne demeure au centre de ses activités, se voulant à la recherche d'une adéquation maximale entre l'instrument et la musique. A ce titre, il fait partie de plusieurs groupes de musique ancienne, dont le Quatuor Ricercar. Il joue également du synthétiseur dans le cadre de l'Ensemble Musique Nouvelle. Compositeur, professeur d'analyse musicale au Conservatoire de Liège, il enseigne l'interprétation de la musique ancienne ou contemporaine aux Académies d'été de Toulouse, Saint-Dié, de Wallonie, et il assure des cours dans divers Conservatoires et Universités (Anvers, Lyon, Lille, Montréal...). Avec Jean Ferrard, il a fondé le Séminaire d'orgue de Wallonie. En 1992, il est nommé directeur artistique du Théâtre royal de la Monnaie de Bruxelles où il succède à Gérard Mortier.

Il a créé des œuvres de Nguyen-Thien Dao (*Chuong gam song,* 1981), Xavier Darasse (*Organum IV,* 1981 ; *Organum VII,* 1988), Brian Ferneyhough (*Sieben Sterne,* 1974), Jonathan Harvey (*Fantasia for Organ,* 1991), Édith Lejet (*Triptyque,* 1980), Francis Miroglio (*Gravités,* 1976).

Fodor, Eugene

Violoniste américain, né à Turkey Creek (Colorado) le 5 mars 1950.

Sa famille est d'ascendance hongroise et italienne (son bisaïeul fonda un conservatoire en Hongrie). Il commence l'étude de l'instrument à sept ans avec Harold Whippler, premier violon de l'Orchestre de Denver. A onze ans, il donne son premier concert public avec le même orchestre où son frère aîné, John, est chef de pupitre. Élève de l'École Golden High, il obtient en 1967 une bourse pour étudier à la Juilliard School. Il travaille avec Ivan Galamian puis, à l'Université de Californie du Sud, avec Jascha Heifetz. Il remporte le 1er prix au National Symphony Contest et termine ses études à l'Université de Bloomington (Indiana). Il est, en 1972, le premier Américain à remporter le Concours Paganini de Gênes et remporte un deuxième prix au Concours Tchaïkovski à Moscou (1974). Sa carrière se développe rapidement aux États-Unis tout en éprouvant certaines difficultés à se dégager de l'image du violoniste virtuose qu'il avait cultivée à ses débuts. Il joue sur un Guarnerius del Gesù de 1736. En 1989, il est arrêté pour trafic de drogue et vol avec effraction dans le Massachusetts.

Foldes, Andor

Pianiste hongrois naturalisé américain (1948), né à Budapest le 21 décembre 1913, mort à Herrliberg (Zurich) le 9 février 1992.

Sa mère, grande pianiste, lui enseigne le piano très tôt. Tibor Szatmari consolidera cet enseignement, et, en 1922, le jeune pianiste âgé de huit ans fait ses débuts en jouant le *Concerto pour piano*, K 450 de Mozart. L'année suivante, il entre à l'Académie de musique Franz Liszt, dans la classe de Ernst von Dohnányi, qui subjugue très vite son jeune élève. Par ailleurs, il va étudier la composition avec Leo Weiner et la direction avec Ernst Unger. Il rencontre Béla Bartók avec lequel il se lie alors d'amitié et dont il deviendra l'un des interprètes les plus fidèles. Il donne son premier concert à Vienne en 1929 et reçoit le Prix Franz Liszt en 1933. Un an plus tard, il commence une carrière qu'il interrompt très vite pour étudier la philosophie et les langues. Il refuse le côté trop virtuose de son approche pianistique et éprouve le besoin de mûrir sa démarche d'interprète. Sa carrière ne reprend vraiment qu'en 1939 lorsqu'il joue le *Concerto pour piano nº 2* de Beethoven sous la direction d'Erich Kleiber. Un an plus tard, il fait ses débuts aux États-Unis avec l'Orchestre Symphonique de la NBC, à New York. Il se fixe alors dans ce pays. De retour en Europe en 1948, il fait connaître bon nombre d'œuvres de Bartók et de Kodály. Entre 1958 et 1965, il est professeur à la Musikhoschschule de Sarrebrück, au poste occupé auparavant par Walter Gieseking. Il se fixe alors à Herrliberg, près de Zurich, et poursuit une carrière internationale à raison d'une soixantaine de concerts par an.

La manière de jouer d'Andor Foldes est une des plus particulières qui soit. Elle n'a jamais cessé de se transformer tout au long de sa carrière de façon notable. Sans jamais perdre la solidité architecturale et la clarté parfaite de ses articulations rythmiques son art du phrasé a suivi une longue et profonde métamorphose, allant de l'exubérance brillante de la jeunesse aux jeux d'ombres subtils de la maturité. Parallèlement à cette évolution, son répertoire aussi n'a jamais cessé de changer. Parti du jeune Mozart et des premières œuvres de Schubert et de Haydn, il aboutit aux dernières œuvres de Beethoven et du même Mozart, plus sombres, mais aussi plus fortes, donc infiniment plus riches. En toile de fond de cette transformation, un nom reste constamment présent : celui de Béla Bartók. Il a composé quelques œuvres (*Petite Suite* pour cordes, *Prélude* pour piano) et transcrit pour piano trois pièces de l'opéra de Kodály, *Hary János.*

ÉCRITS : *Two on a Continent* (avec sa femme Lili Foldes, New York, 1947), *Keys to the Keyboard* (New York, 1948), *Gibt es einen zeitgenössischen Beethoven-Stil ?* (Wiesbaden, 1963).

Fonda, Jean (Jean-Pierre Fournier)

Pianiste français, né à Boulogne-sur-Seine le 12 décembre 1937.

Fils du violoncelliste Pierre Fournier, il étudie le piano avec une amie de la famille, Mme Obolenska, émigrée russe installée à Paris. Durant ses études, il ne fréquentera aucun établissement officiel, mais cela ne l'empêche pas de recevoir l'enseignement de Nikita Magaloff à Genève, ainsi que les conseils de Cortot. Sa formation musicale est strictement privée. En 1958, il fait ses débuts en Allemagne. Mais c'est surtout comme interprète de musique de chambre, en duo avec son père, et en trio avec Pierre Amoyal, qu'il s'est imposé. Il joue également avec Jean-Pierre Wallez. Il vit à Genève. Intéressé par toutes les musiques, il est le dédicataire du *Concerto pour piano* de Janós Solyom, compositeur hongrois.

Fondary, Alain

Baryton français, né à Bagnolet le 9 octobre 1932.

Ses parents sont souffleurs de verre à Paris, boulevard Voltaire. Il suit la tradition familiale et devient maître verrier tout en s'intéressant au chant sur les conseils de José Luccioni, un ami de ses parents. Il travaille avec Georges Jouatte et Andrée Hauth, puis avec Yvonne Pons, Alice Monfort et Gaetano Abrami. Il fait ses débuts en 1968 à Cherbourg dans Tonio (*Paillasse*). L'année suivante, il chante Ourrias (*Mireille*) au Capitole de Toulouse. Il est invité régulièrement à l'Opéra de Rhin. En 1980, il participe à la création des *Boréades* de Rameau en concert à Londres. Sa carrière démarre vraiment en 1984 : il remplace Piero Cappucilli dans *Aïda* (Amonasro) à Bercy et se voit aussitôt proposer des contrats sur les plus grandes scènes du monde. La même année, il chante *Jérusalem* à l'Opéra de Paris ; en 1985, ce sont les Chorégies d'Orange (*Simon Boccanegra*), Covent Garden (*La Fille du Far West*) et la Scala (*Aïda*). En 1987, il se produit à nouveau à Bercy (*Nabucco*) et fait ses débuts américains à San Francisco (Scarpia). A Munich, il chante *Les Contes d'Hoffmann*. En 1988, on le retrouve dans *Thaïs* à l'Opéra-Comique et dans *Rigoletto* à l'Opéra de Paris. Il fait, cette même année, ses débuts au Met où il chante *Cavalleria Rusticana* et *Aïda*. En 1989, il est invité au Festival de Pâques de Salzbourg (*Tosca*) et à Chicago (*Samson et Dalila*) ainsi qu'à Bercy pour *Carmen* et à Orange pour *Nabucco.*

Fontaine, Robert

Clarinettiste français, né à Paris le 5 juin 1942.

Il fait ses études aux conservatoires de Versailles et de Paris où il obtient le 1er prix de clarinette (1962) et le 1er prix d'ensemble instrumental (1963). Il est lauréat du Concours international de Genève en 1963. Après avoir occupé diverses fonctions en province, il est nommé en 1973 première clarinette solo au Nouvel Orchestre Philharmonique de Radio France. Parallèlement, il poursuit une carrière de soliste commencée alors qu'il était au Conservatoire. S'il s'intéresse au répertoire classique consacré à son instrument, il se passionne également pour la musique contemporaine. C'est ainsi qu'il donne la première audition de concertos signés Bondon, Ida Gotkŏvsky, Lemeland, Finzi et des partitions de musique de chambre dues à Balassa, Stibilj, Koechlin, Chausson, Ton That Tiet, Werner, etc. En 1977, il devient soliste de l'Ensemble de Chambre Français avec lequel il joue régulièrement. Il a la responsabilité d'une collection d'œuvres anciennes et modernes, publiée chez G. Billaudot.

Fontanarosa, Frédérique

Pianiste française, née à Paris le 13 mai 1944.

Elle débute le piano à l'âge de cinq ans puis entre à l'École Normale de Musique où elle travaille avec Charlotte Causeret jusqu'en 1958. En 1959, elle entre au Conservatoire de Paris dans la classe de Lucette Descaves où elle remporte un 1er prix (1964). L'année suivante, lui est décerné un 1er prix de musique instrumentale dans la classe de Pierre Pasquier. Elle travaille également la musique de chambre avec Joseph Calvet. Elle est, depuis 1961, pianiste du Trio Fontanarosa qu'elle forme avec ses frères Patrice (violon) et Renaud (violoncelle). Elle enseigne au Conservatoire de Maisons-Alfort (1968-78) et à celui de Suresnes (depuis 1975). Elle a participé à de nombreux films, notamment *La mariée était en noir* de François Truffaut (1968) et à des spectacles théâtre-musique qu'elle réalise parfois elle-même.

Fontanarosa, Patrice

Violoniste français, né à Paris le 4 septembre 1942.

Fils du peintre Lucien Fontanarosa, il est élevé dans un milieu artistique. Après un 1er prix de violon au Conservatoire de Paris (classe de Line Talluel, 1959) puis d'ensemble instrumental (Pierre Pasquier) et de musique de chambre (Joseph Calvet), il remporte de nombreux prix internationaux : Ginette Neveu, Enesco, Long-Thibaud, Villa-Lobos, Paganini... Il entame dès lors une carrière internationale qu'il conjugue avec des activités de musicien de chambre au sein du Trio Fontanarosa avec son frère Renaud (violoncelle) et sa sœur Frédérique (piano). De 1976 à 1985, il est premier violon solo de l'Orchestre National de France. Il se produit également avec sa femme la harpiste Marielle Nordman. Entre 1984 et 1989, il est directeur musical de l'Orchestre des Pays de Savoie (Chambéry). Il se consacre depuis exclusivement à une carrière de soliste où la musique de chambre et la recherche de répertoires peu explorés occupent une part importante. Il est directeur artistique du Festival de Blois. Il joue alternativement sur un Guarnerius del Gesù de 1727 et sur un Vuillaume.

Fontanarosa, Renaud

Violoncelliste français, né à Paris le 14 mars 1946.

Il étudie d'abord le violon, jusqu'à l'âge de onze ans, puis travaille le violoncelle avec Paul et Maud Tortelier. En 1959, il entre au Conservatoire de Paris dans la classe de Paul Tortelier. Il y obtient un 1er prix en 1963 suivi d'un 1er prix de musique de chambre (1965) dans la classe de Pierre Pasquier. Il suit parallèlement les cours de Nadia Boulanger. A partir de 1961, il se produit dans le cadre du Trio Fontanarosa. Il est lauréat du Concours Casals à Budapest en 1968 et du Concours Cassado à Florence en 1969. De 1968 à 1980, il est violoncelliste à l'Opéra de Paris. En 1972, la ville d'Orly lui confie l'organisation et la direction de son Conservatoire, poste qu'il assure jusqu'en 1979. Il se produit régulièrement avec Bruno Rigutto, Maria de La Pau... En 1977, il a enregistré les suites de Bach.

Parallèlement à sa carrière de violoncelliste, il effectue une recherche dans le domaine du théâtre et de la danse.

Forrai, Miklós

Chef de chœur et chef d'orchestre hongrois, né à Nagyarszék le 19 octobre 1913.

A l'Académie Franz Liszt de Budapest, il est l'élève de Zoltán Kodály, A. Harmat,

Lajos Bárdos (direction chorale, pédagogie du chant et trompette, 1931-37). Entre 1936 et 1944, il dirige une série de concerts pour enfants à Budapest. En 1936, il entre à la direction des programmes musicaux de la Radio Hongroise et enseigne, à partir de 1941, à l'Académie de musique de Budapest. Entre 1948 et 1978, il est à la tête du Chœur de Budapest et mène une carrière importante dans le domaine symphonique-choral. En 1973, il est nommé secrétaire général de la Société Liszt de Budapest et joue un rôle important dans le renouveau de la musique chorale de ce compositeur.

Forrester, Maureen (Kathleen Stewart)

Contralto canadienne, née le 5 juillet 1930 à Montréal.

Elle étudie le piano et le chant auprès de Bernard Diamant, à Toronto, Sally Martin et Fränck Rowe, à Berlin. Elle donne son premier concert en 1953 à Montréal. En 1956, à New York, sous la direction de Bruno Walter, elle participe à une exécution de la *Symphonie Résurrection* de Mahler, dont elle va devenir une interprète privilégiée. C'est dans le rôle d'*Orphée* de Gluck qu'elle fait ses débuts scéniques à Toronto en 1961. Invitée des Festivals de Montreux, Édimbourg, Bournemouth, Berlin, elle se consacre de plus en plus au répertoire du lied, après avoir triomphé dans les rôles de Cornelia du *Jules César* de Haendel (en 1966, pour l'inauguration du New York City Opera au Lincoln Center), la Cieca de *La Gioconda* (San Francisco, 1967), Erda (Met, 1974), Madame Flora du *Médium* de Menotti, Mistress Quickly de *Falstaff* et Madame de La Haltière dans *Cendrillon* de Massenet (présenté au Théâtre Musical de Paris en 1981). Dotée d'une voix richement timbrée et d'un indéniable tempérament comique, elle se montre remarquable dans les personnages pittoresques, comme par exemple la Sorcière de *Hänsel und Gretel*, qui lui valut un grand succès à la télévision canadienne. Entre 1966 et 1971, elle est responsable de l'enseignement du chant au Conservatoire de Philadelphie. En 1984, elle est nommée présidente du Canada Council.

Forster, Karl

Chef de chœur allemand, né à Grossklenau le 1er août 1904, mort à Tirschenreuth le 13 août 1963.

Il étudie la théologie à Ratisbonne et la musicologie à l'Université de Munich (docteur en 1933). Ecclésiastique, il est appelé à la cathédrale Sainte-Hedwige de Berlin, l'année suivante, et y devient maître de chapelle. Il organise alors beaucoup de concerts avec le chœur de cette église et fait des tournées à l'étranger, à la tête des chanteurs. Professeur honoraire à l'Université technique en 1952, directeur de la musique à l'Université libre en 1954, après avoir obtenu le Prix de la Ville de Berlin, il fut aussi camérier secret du pape en 1948, et reçut le titre de Monseigneur en 1950.

Parmi ses compositions, citons : onze motets, deux messes pour voix a cappella (1938 et 1950). K. Forster est l'auteur d'une thèse sur la musique d'église de Giuseppe Antonio Bernabei (Munich, 1933) et a collaboré à des ouvrages collectifs. H. Berger lui a consacré une étude, en 1953, intitulée *Au service de l'Église.*

Foss, Lukas (Lukas Fuchs)

Pianiste, chef d'orchestre et compositeur allemand naturalisé américain (1942), né à Berlin le 15 août 1922.

Son père est professeur de philosophie, sa mère est un peintre de talent. Il étudie le piano et la théorie avec Julius Goldstein-Herford à Berlin. Lorsque les nazis prennent le pouvoir en Allemagne, la famille s'installe à Paris, où Foss travaille le piano avec Lazare Lévy, la composition avec Noël Gallon et l'orchestration avec Felix Wolfes. Il prend également des cours de flûte avec Louis Moyse. En 1937, il se rend aux États-Unis et entre au Curtis Institute of Music de Philadelphie, où il étudie le piano avec Isabelle Vengerova, la composition avec Rosario Scalero et Randall Thompson et la direction d'orchestre avec Fritz Reiner. Il passe ensuite plusieurs étés au Berkshire Music Center de Tanglewood, où il travaille la direction d'orchestre avec Serge Koussevitzky (1939-40). Il étudie également la composition avec Paul Hindemith à Yale University. En 1945, il reçoit une bourse Guggenheim pour ses premières œuvres. Il commence une carrière de pianiste et fait ses débuts de chef d'orchestre avec l'Orchestre Symphonique de Pittsburg en 1939. Entre 1944 et 1950, il est pianiste de l'Orchestre Symphonique de Boston, puis il séjourne à Rome (1950-52). Entre 1953 et 1962, il enseigne la direction d'orchestre et la composition à l'Université de Californie à Los Angeles, succédant à Arnold Schoenberg. Il y fonde l'Improvisation Chamber Ensemble. Entre 1963 et 1970, il est directeur musical de l'Orchestre Philharmonique de Buffalo. En 1963, il fonde et dirige le Center for Creative and Performing Arts, à l'Université de l'État de New York à Buffalo. En 1964-65, il dirige à New York une série de « Evenings for New Music ». En 1965, il est directeur musical de l'American-French Festival au Lincoln Center de New York. En 1971, il est nommé premier chef de l'Orchestre Philharmonique de Brooklyn, poste qu'il conserve jusqu'en 1990. Entre 1972 et 1976, il est conseiller musical de l'Orchestre Symphonique de Jérusalem et, entre 1981 et 1986, directeur musical de l'Orchestre Symphonique de Milwaukee. Il est élu membre de l'American Academy and Institute of Arts and Letters.

Comme pianiste, il a créé *Les Quatre Tempéraments* (1940) de Paul Hindemith ; comme chef d'orchestre, des œuvres de John Adams (*The Chairman Dances,* 1986), Leonard Bernstein (*Symphonic Dances,* 1961), Morton Feldman (*Madame Press Died Last Week at Ninety,* 1970), Darius Milhaud (*Ani Maamin, un chant perdu et retrouvé,* 1973), Michael Torke (*Ecstatic Orange,* 1985 ; *Verdant Music,* 1986 ; *Purple,* 1987), Iannis Xenakis (*Amorsima-Morsima,* 1962).

Foster, Lawrence

Chef d'orchestre américain, né à Los Angeles le 23 octobre 1941.

Ses parents sont des émigrés roumains. Il travaille à Los Angeles avec Fritz Zweig et Joanna Graudan ; il profite également des conseils de Bruno Walter et de Karl Böhm (à Bayreuth). De 1960 à 1964, il dirige le Young Musician's Fondation Debut Orchestra et, de 1960 à 1965, le San Francisco Ballet. Puis il est l'assistant de Zubin Mehta à la Philharmonie de Los Angeles (1965-68). Il remporte en 1966 le Prix Koussevitzky à Tanglewood. Sa carrière européenne débute en 1968. Un an plus tard, il est nommé premier chef invité du Royal Philharmonic Orchestra de Londres (1969-74). Aux États-Unis, il prend la direction de l'Orchestre Symphonique de Houston (1971-78). Entre 1979 et 1989, il est directeur musical de l'Orchestre Philharmonique de Monte-Carlo. Parallèlement à ses concerts, Foster dirige souvent au théâtre, à Covent Garden, au Met et à Hambourg notamment. Entre 1982 et 1986, il est directeur général de la musique de l'Orchestre Symphonique de Duisbourg et, entre 1985 et 1990, directeur musical de l'Orchestre de Chambre de Lausanne. En 1986, il inaugure le nouvel Opéra de Los Angeles dont il devient l'un des invités régulier. Il est ensuite nommé directeur musical de l'Orchestre Symphonique de Jérusalem (1989-90) puis du Festival et de l'Académie de musique d'Aspen aux États-Unis. Entre 1992 et 1994, il reprend la direction musicale de l'Orchestre Philharmonique de Monte-Carlo.

Il a créé des œuvres de Jean Balissat (*Intermezzo,* 1987), Jurg Baur (*Sinfonia pathetica,* 1983), Harrisson Birtwistle (*Tragoedia,* 1965 ; *The Triumph of Time,* 1992), Gordon Crosse (*Symphonie n° 2,* 1972), T. Escaich (*Symphonie n° 1 « Kyrie d'une messe imaginaire »,* 1993), Norbert Moret (*Trois Pièces* pour orchestre de chambre, 1988), Julien-François Zbinden (*Élégie,* 1987).

Foster Jenkins, Florence

Soprano américaine, née dans un endroit secret à une date que nous ne révélerions pas (même sous la torture), enlevée à l'affection des lyricomaniaques de l'univers, soixante-seize ans plus tard, au même endroit.

Elle ne manifeste aucune disposition particulière pour la musique dès son jeune âge. Aucun prestigieux professeur ne se penche sur ses possibilités pourtant assez étonnantes. Sa famille aurait eu plutôt tendance à s'abstenir de tout encouragement en ce domaine. Il a fallu un divorce, un héritage (il est bien utile parfois d'avoir un père banquier) et probablement trois ou quatre tremblements de terre pour qu'elle prenne conscience de sa vocation musicale. Son amour de la musique commence par celui des costumes. Soucieuse de ménager son extraordinaire talent, elle refuse de se produire plus d'une fois par an (dans les salons de l'Hôtel Ritz Carlton de New York puis le 25 octobre 1944 à Carnegie Hall), dans d'incroyables tenues de tulle, endiamantée jusqu'aux sourcils entre deux rangées de palmiers en pot. A son bras, un panier rempli de roses qu'elle jette gracieusement, tout en chantant, à ses auditeurs ravis... Avec le registre probablement le plus étroit du monde, elle n'hésite pas à braver les plus grandes voix de son époque dans les airs les plus difficiles du répertoire. Elle nous laisse d'impérissables versions du premier air de la Reine de la nuit, de l'air des bijoux et de l'air des clochettes de *Lakmé.* Ah ! si elle avait pu faire, en re-recording, le duo des chats de Rossini...

Fourestier, Louis

Chef d'orchestre français, né à Montpellier le 31 mai 1892, mort à Paris le 30 septembre 1976.

Il étudie le violoncelle au Conservatoire de sa ville natale avant de venir à Paris où il est l'élève, au Conservatoire, de Leroux, Gédalge, Vidal, Guilmant, d'Indy et Dukas. Il remporte des premiers prix d'harmonie (1911) et de contrepoint (1912) ainsi que le 1er Grand Prix de Rome (1925). Il effectue ses débuts de chef d'orchestre à Marseille et à Bordeaux puis il est nommé à l'Opéra-Comique (1927-32). Pendant quelques années, il assure les saisons musicales à Angers, Vichy et Cannes avant de revenir à Paris, à l'Opéra (1938-45). En 1928, il avait participé avec Ansermet et Cortot à la fondation de l'Orchestre Symphonique de Paris à la tête duquel il reste jusqu'à sa dissolution. Après la guerre, il est nommé professeur de direction d'orchestre au Conservatoire de Paris (1945-62) et dirige pendant deux ans les opéras français au Metropolitan Opera de New York. Son activité de pédagogue, qui se prolongera après sa retraite à l'Académie internationale d'été de Nice, est déterminante : il modifie radicalement les conditions d'enseignement de la direction d'orchestre et forme toute une génération de chefs français.

La musique française lui doit beaucoup : il a imposé un répertoire et défendu la musique du début du XXe siècle, avec un rare enthousiasme. Il a créé des œuvres de Georges Auric (*Phèdre,* 1950), Henry Barraud (*Numance,* 1955), Jacques Ibert (*Le Chevalier errant,* 1950), André Jolivet (*Guignol et Pandore,* 1944).

Fournet, Jean

Chef d'orchestre français, né à Rouen le 14 avril 1913.

Son père, flûtiste de talent et chef de musique respecté, n'a de cesse que de faire de son fils un musicien. Flûtiste, il le devient donc. A quinze ans, il est second flûte à l'Orchestre du Théâtre des Arts de Rouen. Après avoir travaillé avec Gaston Blaquart, il est reçu au Conservatoire de Paris dans la classe de Philippe Gaubert, puis dans celle de Marcel Moyse, pour obtenir son 1er prix dès la deuxième année. Tout en poursuivant ses études de composition, il retrouve Philippe Gaubert dans sa classe de direction d'orchestre. Là encore, c'est un 1er prix, et très vite l'entrée dans le monde du théâtre lyrique, la plus dure mais la meilleure filière pour un chef. La province, bien sûr, mais aussi Paris avec la radio, les grandes associations symphoniques, l'Opéra-Comique, dont il deviendra directeur de la musique (1953-57), l'Opéra... Sa carrière internationale débute en Hollande dès la fin de la guerre, son grand lancement intervenant en 1950, lorsqu'il est appelé à remplacer « au pied levé » Eduard Van Beinum, souffrant, à la tête du Concertgebouw d'Amsterdam, pour une série de concerts couvrant la totalité de l'œuvre de Maurice Ravel. En fait, la Hollande est presque devenue sa seconde patrie. Il y retourne plusieurs fois par an et assume successivement plusieurs postes de chef permanent (1961-73) puis premier chef invité de l'Orchestre Philharmonique de la Radio Néerlandaise à Hilversum, directeur musical de l'Orchestre Philharmonique de Rotterdam (1968-73). Tous les ans, il est invité à diriger durant les saisons lyriques du Colón de Buenos

Aires et de l'Opéra de Chicago. Au Japon, il conduit la première locale de *Pelléas et Mélisande.*

Chef complet, Fournet avouait dans une boutade avoir tout dirigé, des *Mousquetaires au couvent* à *La Walkyrie.* Mais sa mission, comme sa passion, est de faire connaître et aimer de par le monde la musique française. En 1974, il revient en France pour prendre la direction de l'Orchestre de l'Ile-de-France auquel il reste attaché jusqu'en 1982. Attiré par l'enseignement, il est professeur à l'École Normale de Musique de 1944 à 1962 puis dirige des cours de perfectionnement à Hilversum. Il poursuit une carrière de chef invité, notamment aux Pays-Bas, aux États-Unis et au Japon où il est nommé chef honoraire du Tokyo Metropolitan Symphony Orchestra en 1990.

Il a créé des œuvres de Henry Barraud (*Ouverture pour un opéra interdit,* 1972), Marcel Landowski (*Chants de solitude,* 1960), Frank Martin (*Maria Triptychon,* 1969), Michel Merlet (*Moirures,* 1978), Alexandre Tansman (*Hommage à Érasme de Rotterdam,* 1971).

Fournier, Brigitte

Soprano suisse, née à Sion (Valais) le 14 juin 1961.

Après une formation reçue aux Conservatoires de Sion (avec Oscar Lagger), Berne (avec Jakob Stämpfli) et Lausanne (avec Juliette Bise), elle fait ses débuts dans *Arianne à Naxos* (Naïade) à Lausanne. Un récital au Festival d'Aix-en-Provence révèle sa voix cristalline. Elle est engagée à l'Opéra de Lyon pour Rosine avant d'aborder Sophie et Zerbinetta.

Fournier, Jean

Violoniste français, né à Paris le 3 juillet 1911.

Frère du violoncelliste Pierre Fournier, il fait ses études au Conservatoire de Paris, et travaille également avec Enesco, Thibaud et Kamenski. Doté d'une solide technique et d'une belle musicalité, Jean Fournier se produit en soliste et se consacre à la musique de chambre. A partir de 1950, il joue notamment en trio avec Antonio Janigro et Paul Badura-Skoda et en sonate avec sa femme **Ginette Doyen**. Il donne des cours d'été au Mozarteum de Salzbourg et, de 1966 à 1979, est professeur au Conservatoire de Paris. Il a créé la *Sonatine pour violon seul,* op. 32, n° 1 (1943) de Jean Martinon.

Fournier, Pierre

Violoncelliste français, né à Paris le 24 juin 1906, mort à Genève le 8 janvier 1986.

Son grand-père, Léopold Morice, est statuaire, auteur notamment de la statue de la République et des anges du pont Alexandre-III à Paris. Pierre Fournier naît dans un milieu profondément musical. Il prend quelques leçons de piano mais est frappé, dès l'âge de neuf ans, par la poliomyélite. C'est alors qu'il se tourne vers le violoncelle et travaille avec la sœur de Robert Krettly. Il se présente au Conservatoire de Paris. Ses professeurs s'appellent Paul Bazelaire et André Hekking dans la classe duquel il obtient un 1er prix en 1923. A cette époque Pierre Fournier joue un peu partout, dans les orchestres de cinéma muet, dans les kiosques, au théâtre du Vieux-Colombier sur la demande de Jacques Copeau dans une formation où la batterie est tenue par Arthur Honegger... Membre du Quatuor Krettly de 1923 à 1928, il fait ses débuts à Paris en 1928. C'est le démarrage d'une très brillante carrière internationale. Il joue avec les plus grands : Münch, Milhaud, Sacher, Poulenc, Cortot, Thibaud, Schnabel, Szigeti, Solomon, Francescatti, Furtwängler, Karajan, Kempff, Hindemith, Richter... Parallèlement, il mène une carrière professorale, à l'École Normale de Musique de Paris de 1937 à 1939, puis au Conservatoire de Paris de 1941 à 1949. Il donne aussi des cours d'été à Zurich, Genève et Berlin. De très nombreuses partitions lui ont été dédiées, notamment les concertos d'Othmar Schœck (1947), Jean Martinon (1963) et Frank Martin (1966) ainsi que les sonates d'Arthur Honegger (1939), Bohuslav Martinů (n° 1, 1940) et Francis Poulenc (1948). Il a créé le *Concertino pour violoncelle* d'Albert Roussel (1937) et la seconde version du concerto de Bohuslav Martinů

(1939). Il jouait sur un Goffriller et sur un Miremont. Colette disait de lui : « Il chante mieux que tout ce qui chante. »

Fournillier, Patrick

Chef d'orchestre français, né à Neuilly-sur-Seine le 26 décembre 1954.

Il fait des études de musicologie à la Sorbonne et travaille simultanément la direction d'orchestre à Paris avec Louis Fourestier et Pierre Dervaux. Il est ensuite l'élève de Jean-Sébastien Béreau au Conservatoire de Strasbourg, de Leopold Hager au Mozarteum de Salzbourg et de Franco Ferrara à l'Accademia Chigiana de Sienne. Il remporte le Prix Hans Haring à Salzbourg (1982), le 2e prix au Concours international de Besançon (1984), le 4e prix au Concours Václav Talich à Prague (1985) et le 2e prix au Concours Grzegorz Fitelberg à Katowice (1987). Entre 1983 et 1985, il est l'assistant de Jean-Claude Casadesus à l'Orchestre National de Lille. En 1984, il devient directeur artistique de l'Académie de l'orchestre, poste qu'il conserve jusqu'en 1986. Puis il est nommé, en 1988, directeur musical du Nouvel Orchestre de Saint-Étienne et du Festival Massenet dans le cadre duquel il fait revivre plusieurs opéras oubliés de ce compositeur (*Amadis*, *Thérèse*, *Cléopâtre*, *Esclarmonde*, *Grisélidis*). Entre 1989 et 1992, il est directeur musical du Sinfonietta d'Amiens. Sa carrière se développe en Europe, notamment en Italie, en Angleterre et en Europe centrale. Il a créé une œuvre d'Antoine Duhamel (*Quatre-Vingt-Treize,* 1989).

Fou Ts'ong

Pianiste chinois naturalisé anglais, né à Shanghai le 10 mars 1934.

Le pianiste et chef d'orchestre italien Mario Paci lui donne des leçons de piano jusqu'à ce qu'éclate la guerre civile en Chine en 1948. Réfugié en Occident, Fou Ts'ong remporte le 3e prix du Concours de Bucarest en 1953, et de Varsovie en 1955. Néanmoins, le jury de Varsovie lui décerne un prix spécial pour son art des mazurkas, ainsi qu'une bourse d'études auprès de Zbigniew Drzewiecki au Conservatoire de la capitale polonaise. En 1958, Fou Ts'ong prend la décision de ne pas retourner en Chine, et s'installe à Londres. En 1961, il épouse Zamira, fille de Yehudi Menuhin. Son jeu excelle dans les compositions réclamant beaucoup plus de finesse que de force et d'énergie.

Fox, Virgil

Organiste américain, né à Princeton le 3 mai 1912, mort à Palm Beach le 25 octobre 1980.

Il fait ses études au Conservatoire de Baltimore, avec Louis Robert, puis à celui de Chicago, avec Wilhelm Middelschulte (1928-29), avant de partir étudier à Paris avec Marcel Dupré, en 1932 et 1933. Il débute pendant ses études, à l'âge de quatorze ans, à Cincinnati et se produit, cinq ans plus tard, pour la première fois, au Kingsway Hall de Londres puis au Carnegie Hall à New York. Entre 1946 et 1964, Virgil Fox est organiste titulaire de la Riverside Church à New York. C'est en 1962 qu'il inaugure, avec Catharine Crozier et E. Power-Biggs, le grand instrument du Philharmonic Hall de New York. Organiste virtuose, aussi célèbre que Biggs aux États-Unis, avec lequel il rivalise, Virgil Fox se fait acclamer au cours de nombreux récitals pour sa prodigieuse virtuosité, aussi bien à l'orgue traditionnel à tuyaux qu'à l'orgue électronique, aux claviers duquel il excelle.

Frager, Malcolm

Pianiste américain, né à Saint Louis le 15 janvier 1935, mort à Lennox (Mass.) le 20 juin 1991.

De 1949 à 1955, il travaille avec Carl Friedberg, élève de Clara Schumann, à New York, et remporte le Concours Leventritt en 1959. L'année suivante on lui décerne le 1er prix du Concours Reine Élisabeth. L'extrême souplesse de son jeu lui confère une faculté d'adaptation peu commune. Ce qui lui permet l'intimité et les demi-teintes d'un Schumann, comme la violence et la brillance du piano virtuose de la fin du XIXe siècle, ou la puissance de Prokofiev et de Bartók. Fin musicologue, il s'est spécialisé dans la recherche des versions inconnues du grand public et des interprètes d'œuvres majeures. Ainsi, en 1968, a-t-il joué la version originale du premier mouvement du *Concerto pour piano* de Schumann. Dans le même esprit de « redécouverte », il a donné de nombreuses interprétations de sonates de Haydn et de Mozart au pianoforte.

Francescatti, Zino (René-Charles)

Violoniste français, né à Marseille le 9 août 1902, mort à La Ciotat le 16 septembre 1991.

Il reçoit ses premières leçons de son père, René-Fortuné, violon solo à l'Opéra de Marseille, un excellent instrumentiste d'origine italienne formé par Camillo Sivori, lui-même disciple de Paganini. Dès l'âge de cinq ans, il se produit en public et, en 1912, joue le *Concerto pour violon* de Beethoven avec orchestre. En 1922, il enregistre ses premiers disques à Marseille. Puis il monte à Paris où il travaille avec Jacques Thibaud, qui l'emmène chez lui à Saint-Jean-de-Luz pendant l'été 1924. Il fait ses débuts à Paris en 1925, au Palais Garnier, avec la Société des Concerts du Conservatoire, dans le *Concerto pour violon nº 1* de Paganini. Son style, à la fois pur et classique, sa musicalité, produisent une impression profonde. En 1926, il effectue une tournée en Angleterre avec Maurice Ravel. Il joue dans l'Orchestre Straram et enseigne à l'École Normale de Musique de Paris entre 1927 et 1929. Interprète du répertoire conventionnel – sans omettre Paganini qu'il jouait comme peu – Francescatti reste cependant un musicien français connaissant et aimant la musique de son pays. Partenaire en sonate du pianiste Robert Casadesus, ils ont constitué un duo aussi illustre que Jacques Thibaud et Alfred Cortot, propageant principalement l'abondante littérature de musique française écrite pour leurs instruments. Il se fixe à New York en 1939 et, après la guerre, il réside alternativement en France et aux États-Unis, menant une carrière dans le monde entier à laquelle il met fin progressivement à partir de 1970. Il se retire définitivement dans sa Provence natale en 1975 où il se consacre à un enseignement occasionnel et bénévole. Régis Pasquier sera l'un de ses élèves. En 1987, il fonde un concours international de violon qui se déroule à Aix-en-Provence et dont il assure le financement en vendant l'un de ses violons, un Stradivarius de 1727, le *Hart*, qu'il avait acquis en 1942. Cet instrument appartient à présent à Salvatore Accardo. Il conservera néanmoins son instrument fétiche, un autre Stradivarius, le *Sanctus Seraphin*, sur lequel il avait joué au début de sa carrière, et un Andrea Guarnerius. Zino Francescatti a créé la *Suite anglaise pour violon et orchestre* (1945) de Darius Milhaud et est l'auteur de pièces pour piano et d'une *Berceuse sur le nom de Ravel*.

Francesch, Homero

Pianiste uruguayen, né à Montevideo le 6 décembre 1947.

Dès 1953, il reçoit une formation musicale à Santiago Baranda Reyes, et obtient un 1er prix au Concours des Jeunesses Musicales (1965). Après une tournée en Amérique du Sud, il gagne Munich, où il va travailler avec Hugo Steuer et Ludwig Hoffmann à l'Académie de Musique. Après de nombreux engagements à la télévision et à la radio allemande, on lui décerne le Prix Italia de télévision, pour son interprétation du *Concerto en sol* de Ravel, en 1973. En 1974, pour ses débuts à Londres, Homero Francesch participe à la création mondiale de *Tristan* de Hans Werner Henze. Du même compositeur, il crée *Cherubino,* trois miniatures pour piano (1981). Il a également créé le *Concerto pour piano* (1978) de Gérard Masson. A l'occasion du bicentenaire de la mort de Mozart (1991), il a donné en concert à plusieurs reprises le cycle intégral des sonates et des concertos pour piano du maître de Salzbourg.

François, Andrée

Soprano française, née à Dombasle le 11 septembre 1938.

Après avoir suivi les cours du Conservatoire de Nancy et de l'École Normale de Musique de Paris, elle va perfectionner sa technique vocale en Italie avec Campogalliani. Second prix aux Voix d'Or en 1964, lauréate du Concours international de Liège en 1965, elle remporte la mention d'honneur au Concours de l'UFAM à Paris la même année. En 1967, elle débute dans le rôle de Musette à Liège au Centre Lyrique de Wallonie, dont, quatorze ans après, elle est toujours membre à part entière dans tous les emplois de sopranos lyriques. Elle chante dans tous les grands théâtres de France, sauf à Paris où l'on continue d'ignorer qu'il n'est point présentement de plus parfaite Mireille, Marguerite, Micaëla ou Antonia, que sa Mélisande est un rêve et qu'en Desdémone elle n'a rien à envier aux plus célèbres Italiennes, Anglo-Saxonnes ou Bulgares. Fort belle, elle est une excellente actrice. Elle a participé en 1975 à Nantes à la création de *i 330* de Bondon.

François, Samson

Pianiste français, né à Francfort le 18 mai 1924, mort à Paris le 22 octobre 1970.

Il a à peine six ans lorsque Mascagni le remarque. L'année suivante il remporte un brillant 1er prix au Conservatoire de Belgrade. Au Conservatoire de Nice, où il obtient un autre 1er prix, Alfred Cortot le distingue et lui conseille de venir travailler avec lui à l'École Normale. Il étudie aussi avec Yvonne Lefébure et entre au Conservatoire de Paris dans la classe de Marguerite Long. Il y obtient un 1er prix en 1940. En 1943 il est le premier lauréat du Concours (alors national) Marguerite Long-Jacques Thibaud. C'est le début de l'étincelante carrière de celui qui est alors le plus remarquable représentant de l'école française du piano. Il crée son propre *Concerto pour piano* (1951), ainsi que celui qu'écrit pour lui Pierre-Petit (1956). Claude Santelli lui consacre un film (1967). Il est le premier pianiste occidental à être invité par la Chine populaire. Il écrit plusieurs musiques de film (*Paris féerie*, *Ballade pour un voyou*) et manifeste un goût prononcé pour le jazz. Ses interprétations sont de véritables récréations où alternent des moments de pur génie et des instants de grave laisser-aller (notamment vers la fin de sa vie). On retiendra ses interprétations de Fauré, Ravel, Debussy, Schumann, et, quand il était inspiré, de Chopin.

Frankl, Peter

Pianiste hongrois naturalisé anglais (1967), né à Budapest le 2 octobre 1935.

A l'âge de douze ans, il apparaît pour la première fois en public. Élève de l'Académie Franz Liszt de Budapest, son plus illustre professeur est Zoltán Kodály. Il travaille également avec Ernö Szegedi, Lajos Hernadi, Leo Weiner et Ilona Kabos. Il est lauréat de concours internationaux à Bucarest, Varsovie, Bruxelles, puis, en 1957, il remporte le 1er prix du Concours international Marguerite Long-Jacques Thibaud et du Concours international de Munich, en 1959 du Concours international de Rio de Janeiro. Particulièrement à l'aise dans le répertoire romantique, ses interprétations des œuvres de Chopin et de Liszt le font particulièrement remarquer. Il enregistre au disque une intégrale Debussy et une intégrale Schumann. Après avoir vécu quelque temps en France, il devient citoyen d'honneur de la ville de Rio de Janeiro en 1960. Encore élève dans la classe de Weiner, il forme un duo violon-piano avec György Pauk. Depuis 1972, ils se sont adjoints le violoncelliste Ralph Kirshbaum.

Frantz, Ferdinand

Baryton allemand, né à Kassel le 8 février 1906, mort à Munich le 25 mai 1959.

Sa voix se révèle alors qu'il chantait dans un chœur d'église. Puis, sans préparation particulière, il est engagé comme basse au Théâtre municipal de Halle (Saale). Il se produit ensuite (1932-37) au Théâtre municipal de Chemnitz, puis (1937-43) à l'Opéra de Hambourg. En 1943, il est appelé comme baryton héroïque à l'Opéra de Munich, où est également engagée sa femme, le soprano **Helena Braun**. Il est invité régulièrement par les Opéras de Vienne et de Dresde, où il remporte de grands succès. En 1940 et 1941, il chante au Festival de Zoppot. Après la Seconde Guerre mondiale, il est l'hôte de la Scala, du Covent Garden, du San Carlo de Naples et d'autres grandes scènes internationales. En 1952-53, il chante au Met et fait quelques apparitions remarquées à Salzbourg. A l'apogée de sa carrière de grand wagnérien (il fut un des barytons héroïques les plus importants de son temps) il meurt d'une crise cardiaque.

Frantz, Justus

Pianiste allemand, né à Hohensalza le 20 juin 1945.

Après des études de piano, dans sa ville natale, il est admis en 1967 dans la classe d'Eliza Hansen à Hambourg. La même année, il est lauréat du Concours de Munich. Dès 1969, il entreprend une série de tournées tout à fait impressionnante, aux côtés de Karajan, Giulini, Haitink, Kempe et Bernstein, entre autres.

En 1975, il fait ses débuts à New York avec le New York Philharmonic Orchestra, sous la direction de Leonard Bernstein, lors de six concerts consacrés à la musique de Dvořák. Il s'est trouvé un partenaire idéal pour la musique de chambre en la personne de Christoph Eschenbach. Parallèlement à sa carrière de pianiste, il assure la direction du Schleswig-Holstein Musik Festival dont il est l'intendant.

Franz, Paul

Ténor français, né à Paris le 30 novembre 1876, mort à Paris le 20 avril 1950.

Après avoir étudié avec Louis Delaquerrière, il débute à l'Opéra en 1909 (Lohengrin). Il reste dans la maison comme premier ténor jusqu'en 1938 et participe, entre autres, à la première de *Parsifal* sur la première scène lyrique française (1914). Il participe aussi à la création quasi intégrale des *Troyens* au Palais Garnier en 1921, à la création de *La Légende de saint Christophe* de Vincent d'Indy (1920), d'*Antar* de Gabriel Dupont (1921), de *Padmâvati* d'Albert Roussel (1923). Il apparaît à Monte-Carlo et au Covent Garden (1910-14). A partir de 1938, il enseigne au Conservatoire de Paris.

Freccia, Massimo

Chef d'orchestre italien, né à Florence le 19 septembre 1906.

Il effectue ses études musicales au Conservatoire de Florence puis à l'Académie de Vienne où il est l'élève de Franz Schalk. De 1933 à 1935, il est à la tête de l'Orchestre Symphonique de Budapest. Il est alors invité à la Scala où il dirige pendant trois ans. En 1938, il fait ses débuts aux États-Unis ; puis il est nommé directeur de l'Orchestre Symphonique de La Havane (1939-43), de l'Orchestre Philharmonique de La Nouvelle-Orléans (1944-52), et de l'Orchestre Symphonique de Baltimore (1952-59). De 1947 à 1958, il est invité régulièrement par l'Orchestre de la NBC. Il revient ensuite en Italie pour prendre la direction de l'Orchestre Symphonique de la RAI de Rome (1959-65). Depuis, il mène une carrière de chef invité. Il a créé les *Images hongroises* de Bartók (1932).

Freire, Nelson

Pianiste brésilien, né à Boa Esperanza le 18 octobre 1944.

Enfant prodige, il fait preuve de qualités pianistiques indéniables dès l'âge de trois ans. Au Conservatoire de sa ville natale, Nise Obino et Lucia Branco assurent sa formation. En 1957, alors âgé de treize ans, il remporte le Concours de Rio de Janeiro, dont c'est la première année d'existence. Ce prix lui octroie également une bourse d'études qui va lui permettre d'aller à Vienne suivre les cours de Bruno Seidlhofer. Deux ans plus tard s'ouvre la période des tournées.

En 1964, il se voit décerner la médaille Dinu Lipatti à Londres. La même année, il remporte le Concours Vianna da Motta à Lisbonne. En 1972, son enregistrement des *24 Préludes* de Chopin lui vaut le Prix Edison.

Familier des grands orchestres américains, Nelson Freire fait souvent de la musique de chambre avec Martha Argerich (répertoire pour deux pianos) et le violoncelliste Misha Maisky.

Freitas Branco, Pedro de

Chef d'orchestre portugais, né à Lisbonne le 31 octobre 1896, mort à Lisbonne le 24 mars 1963.

Il se destine d'abord au violon mais, en 1924, il a la révélation de l'orchestre. Après deux ans de formation à Londres, il revient à Lisbonne où il fonde l'Opéra Portugais (1927). Dès l'année suivante, il fonde les Concerts Symphoniques de Lisbonne auxquels il donne un rayonnement particulier, dirigeant notamment la première représentation intégrale de *L'Amour sorcier* de Manuel de Falla. Il se lie d'amitié avec Ravel qui l'invite à diriger un festival de ses œuvres à Paris au cours duquel est créé le *Concerto en sol majeur* (1931).

En 1934, il organise l'Orchestre Symphonique National de la Radio Portugaise avec lequel il donne de nombreuses premières auditions. Au Théâtre San Carlos, il dirige notamment la première représentation au Portugal de *Wozzeck*. Sa carrière le mène régulièrement en France (où ses enregistrements reçoivent à deux reprises un grand prix du disque), en Italie (il dirige à la Biennale de Venise en 1943) et en Allemagne. Il a joué un rôle essentiel pour la diffusion de la musique française au Portugal.

Frémaux, Louis

Chef d'orchestre français, né à Aire-sur-la-Lys le 13 août 1921.

Après des études au Conservatoire de Valenciennes, il est l'élève de Louis Fourestier au Conservatoire de Paris où il remporte un 1er prix de direction d'orchestre en 1952. Sa carrière débute rapidement : il est nommé à la tête de l'Orchestre National de l'Opéra de Monte-Carlo (1956-65), formation à laquelle il donne un nouvel essor avec les concerts de la cour du palais princier et une importante série d'enregistrements. A la formation de l'Orchestre Philharmonique Rhône-Alpes (l'actuel Orchestre National de Lyon) il en est le directeur (1969-71). Mais il quitte ce poste pour se consacrer au City of Birmingham Symphony Orchestra dont il a été nommé directeur musical (1969-78). Il joue alors un rôle important pour faire connaître la musique française en Angleterre. De 1979 à 1982, il est à la tête de l'Orchestre Symphonique de Sydney. Il a créé des œuvres de Charles Chaynes (*Concerto pour orchestre n° 2,* 1962), Nicola LeFanu (*Columbia Falls,* 1975), John McCabe (*Symphonie n° 2,* 1971), Andrzej Panufnik (*Sinfonia sacra,* 1964), Peter Sculthorpe (*Mangrove,* 1979).

Fremstad, Olive (Olivia Runquist)

Contralto et soprano suédoise naturalisée américaine, née à Stockholm le 14 mars 1871, morte à Irvington-on-Hudson (New York) le 21 avril 1951.

Née d'une fille-mère, elle est adoptée par un couple américain d'origine scandinave, qui l'emmène dans le Minnesota. Elle étudie le piano à Minneapolis. En 1890, elle va à New York travailler le chant avec E. F. Bristol et débute à Boston dans Lady Saphir (*Patience* de Sullivan). En 1893, elle part pour Berlin où elle est l'élève de Lilli Lehmann. Elle fait ses vrais débuts à Cologne dans le rôle d'Azucena (*Le Trouvère*) en 1895, puis interprète des rôles de contralto (Flosshilde, Première Norne) dans *La Tétralogie* à Bayreuth durant l'été 1896. En 1897, elle se produit pour la première fois à Londres ; elle chante également à Cologne, Vienne, Amsterdam et Anvers. Puis elle complète sa formation en Italie. Entre 1900 et 1903, elle est à l'Opéra de la cour de Munich. Elle fait ses débuts américains dans le rôle de Sieglinde au Metropolitan Opera de New York en 1903, puis chante aussi les rôles de soprano wagnériens. La même année, elle débute au Covent Garden de Londres. Elle incarne Carmen au Met aux côtés de Caruso et Isolde sous la direction de Gustav Mahler et d'Arturo Toscanini (1908). Jusqu'en 1914, elle est l'une des plus brillantes vedettes du Met. En dehors de Wagner, elle y chante *Tosca* et d'autres opéras italiens, Salomé lors de la première américaine de l'opéra de Strauss (1907) ainsi qu'à Paris. Après s'être retirée du Met à la suite d'une querelle avec Gatti-Cassaza, elle se produit au Manhattan Opera, à Boston, Chicago et en concert. Elle donne son dernier récital à New York en 1920. Ses disques ne donnent qu'une idée sommaire de la puissance et de la somptuosité de sa voix. En 1916 elle a épousé en secondes noces son accompagnateur, le pianiste **Harry Lewis Brainard** (dont elle a divorcé en 1925). Le personnage principal du roman de Willa Cather, *The Song of the Lark*, est modelé sur elle.

Frémy, Gérard

Pianiste français, né à Bois-Colombes le 12 mars 1935.

Premier prix au Conservatoire de Paris dans la classe d'Yves Nat, à seize ans, il est désigné par Marcel Dupré et l'Association Française d'Action Artistique comme boursier du gouvernement soviétique. Durant trois ans il étudie au Conservatoire de Moscou dans la classe d'Heinrich Neuhaus et obtient le diplôme d'études, puis devient assistant de Neuhaus durant un an. Quarante concerts en URSS et des enregistrements pour la radio d'État, tel est le bilan de son séjour en Russie. Il joue ensuite dans la plupart des pays d'Europe, aux USA, et participe, depuis 1965, aux grands festivals.

Lauréat de la Fondation de la Vocation, Gérard Frémy est aussi le porte-parole de la jeune musique : soliste des ensembles Ars Nova, Musique Vivante, il a joué pendant cinq mois avec le groupe Stockhausen à Osaka (1970). En 1985, il est nommé professeur de piano et de musique de chambre au Conservatoire de Paris.

Parmi les créations qu'il a effectuées figurent des œuvres de Michel Decoust (*Le Temps d'écrire,* 1988), Luc Ferrari (*Société II* ; *Si le piano était un corps de femme* ; *Und so weiter*), Maurice Ohana (*24 Préludes,* 1973), Karlheinz Stockhausen (*Pôle pour deux*).

Freni, Mirella (Mirella Fregni)

Soprano italienne, née à Modène le 27 février 1935.

Famille de musiciens : elle chante à dix ans le grand air de *La Traviata*, « Sempre libera », accompagnée par un pianiste de onze ans, **Leone Maggiera**, qui deviendra son mari. Beniamino Gigli la soutient. A quinze ans, elle entre au Conservatoire de Bologne et suit les cours d'Ettore Campogalliani à Mantoue. Elle fait ses débuts à Modène dans Micaëla en 1955. Deux ans plus tard, elle est lauréate du Concours Viotti à Vercelli (Mimi, *La Bohème*). Elle est invitée par l'Opéra Néerlandais puis à Glyndebourne (Zerline en 1960, Susanna et Adina en 1962). En 1961, elle débute à Covent Garden dans Nanette (*Falstaff*) à la demande de Carlo Maria Giulini, au pied levé... Le même rôle marque son entrée à la Scala l'année suivante, théâtre dont elle devient l'une des « vedettes » de « l'après Callas ». Elle chante *La Bohème* sous la direction de Herbert von Karajan (1963). En 1965, elle fait ses débuts américains, au Met et à Chicago, les deux fois dans Mimi. Elle y chante également Marguerite (*Faust*), Juliette, Liù (*Turandot*), Manon (Puccini)... En 1966, elle chante Micaëla à Salzbourg sous la direction de Karajan qui la pousse vers des rôles plus dramatiques (Desdémone, 1970), Élisabeth de Valois, 1975, Aïda, 1979). Elle est invitée à l'Opéra de Paris (1970), à Vienne (tournée au Japon de l'Opéra de Vienne, 1986), au Bolchoï... Elle élargit son répertoire aux opéras russes : *Eugène Onéguine* (Met, 1989), *La Dame de pique* (Scala, 1990). Elle chante également Adrienne Lecouvreur qui devient l'un de ses plus grands rôles à partir de 1989 (notamment à l'Opéra-Bastille en 1993). Sa sensibilité, ses accents de vérité, le dépouillement de son style, son expression, en font une Desdémone authentique. Mais elle est aussi Amelia (*Simon Boccanegra*), Suzanne (*Les Noces de Figaro*), ou l'interprète de Scarlatti, Haendel, Pergolèse... En 1981, elle a épousé la basse bulgare **Nicolaï Ghiaurov.**

Freund, Marya

Soprano polonaise, naturalisée française, née à Breslau (Wroclaw) le 12 décembre 1876, morte à Paris le 21 mai 1966.

Elle fait ses études de violon sous la direction de Pablo de Sarasate et celles de chant avec Henri Criticos et Raymond Zur Mühlen. Très tôt, elle s'engage dans le répertoire de son temps et devient l'interprète privilégiée de Mahler, Fauré, Debussy, Ravel, Stravinski, Falla, Poulenc, Szymanowski. Quelques créations retentissantes marquent sa carrière : celle des *Gurrelieder* de Schoenberg (Vienne, 1913) notamment. Elle donne la première audition en France, en Belgique et en Angleterre du *Pierrot lunaire*, œuvre dont elle devient l'interprète attitrée. A l'issue d'une carrière largement consacrée aux grands maîtres de la première moitié du XXe siècle, elle se consacre à une activité de pédagogue. Germaine Lubin, Jennie Tourel, Marie Powers et Anne Brown, entre autres, viennent solliciter ses conseils et travailler sous sa direction.

Frey, Paul

Ténor canadien, né à Heidelberg (Toronto) le 20 avril 1941.

Rien ne l'appelait à mener une carrière de chanteur : il est joueur de hockey sur glace, jusqu'à ce qu'une blessure l'oblige à abandonner cette profession. Il ne commence à travailler le chant qu'en 1972. Il fait ses études à l'Université de Toronto avec Louis Quilico et commence à donner des concerts avec les principaux orchestres de son pays. Il chante à plusieurs reprises à l'Opéra de Toronto (débuts dans Werther) puis entre à l'Opéra de Bâle en 1978 où l'on commence rapidement à faire appel à lui pour des emplois importants, notamment dans les opéras de R. Strauss et de Wagner. Il chante Lohengrin à Karlsruhe (1985), Florestan à Heidelberg (1984-85), Apollo (*Daphné*) à Munich (1986), Lohengrin à Bayreuth (1987-93). À Munich, il se produit aussi dans *Tosca*, *Rigoletto*, *Macbeth*, *Carmen* (Don José) et *Parsifal.* Il fait ses débuts au Met dans Bacchus (*Ariane à Naxos*) en 1987. Il chante également à Tel-Aviv et Sydney (Walther, 1988), à la Scala (Huon dans *Obéron,* 1989) et à l'Opéra de Cologne (Siegmund dans *La Walkyrie,* 1990-91). Il interprète le rôle d'Énée (*Les Troyens*) à Nice en 1989. En 1994, il crée à Berlin le rôle-titre du Capitaine Dreyfus dans l'opéra de Jost Meier. Parmi ses autres rôles, on peut citer : Parsifal, Peter Grimes, Flamand (*Capriccio*), l'Empereur (*La Femme sans ombre*), Don Ottavio et Titus de Mozart.

Frick, Gottlob

Basse allemande, né à Oelbronn le 28 juillet 1906, mort à Mühlacker le 18 août 1994.

Dernier de treize enfants d'un père garde forestier, il est promis à une carrière de technicien, mais il a le chant dans le sang : sa précoce et splendide voix de basse fait de lui l'épine dorsale du chœur local. Il n'entre pas dans un conservatoire mais passe le plus clair de son temps à l'École Supérieure de Musique de Stuttgart, sans en être officiellement élève. Le professeur Fritz Windgassen, père du célèbre ténor, fait souvent appel à lui pour l'assister car il n'a pas de basse parmi ses élèves. C'est ensuite le baryton Neudörffer-Oppitz qui prend soin de sa formation. Auditionné par Siegfried Wagner, il chante dans les chœurs de Bayreuth. En 1934, il signe son premier contrat de soliste à Cobourg. Viennent ensuite Fribourg-en-Brisgau et Königsberg où Karl Böhm l'entend et l'engage sur-le-champ dans sa troupe de l'Opéra de Dresde. De 1940 à 1950, il chante dans cette compagnie fameuse tous les grands rôles de basse : Osmin, Sarastro, le Commandeur, Rocco, Philippe II (son rôle favori), et, bien sûr, toutes les basses wagnériennes. Ensuite il est engagé à l'Opéra de Berlin. Désormais il sera demandé par tous les grands théâtres, réservant chaque année vingt-cinq soirées à l'Opéra de Vienne et vingt à l'Opéra de Munich.

Anti-vedette de par sa nature, il apparaîtra à la postérité, à travers ses disques notamment, comme l'une des toutes premières basses de son temps et sûrement comme le plus formidable Kaspar et le plus admirable Gurnemanz.

Fait notable chez ce chanteur sans histoire : il n'a jamais voulu chanter le Baron Ochs, parce qu'il ne « sentait » pas le personnage.

Fricsay, Ferenc

Chef d'orchestre hongrois naturalisé autrichien (1959), né à Budapest le 9 août 1914, mort à Bâle le 20 février 1963.

Son père, chef d'orchestre militaire renommé, lui donne ses premières leçons de musique avant qu'il n'entre, à six ans, à l'Académie Franz-Liszt de Budapest. Il y est l'élève de Kodály et de Bartók, et s'initie à la plupart des familles instrumentales. A l'exemple de son père, qu'il remplace à quinze ans dans un concert, il devient chef d'orchestre militaire. De 1934 à 1944, il dirige l'Orchestre Symphonique et celui de l'Opéra de Szeged, et fait une première apparition à l'Opéra de Budapest en 1939. Il en est nommé directeur musical en 1945 et dirige l'Orchestre Philharmonique de Budapest, où il rencontre Otto Klemperer. Il le remplace, au Festival de Salzbourg en 1947, pour la création de *La Mort de Danton* de Gottfried von Einem, qui lui apporte la consécration internationale. Le Festival lui demande de créer également la version scénique du *Vin herbé* de Frank Martin (1948) et *Antigone* de Orff (1949). Il est nommé directeur général de la musique à la Deutsche Oper Berlin (1949-52) et directeur musical de l'Orchestre Radio-Symphonique (RIAS) de Berlin (1948-54). Après le Festival d'Édimbourg, où il dirige *Les Noces de Figaro* (1950), une première tournée aux États-Unis, notamment à Boston et à San Francisco (1953), le fait engager en 1954 à la tête de l'Orchestre Symphonique de Houston. Cette collaboration tournant court, il rentre en Europe et devient de 1956 à 1958 le directeur musical de l'Opéra d'État de Munich. Il y dirige entre autres *Otello*, *La Khovanchtchina*, *Lucia di Lammermoor*, *Wozzeck*, *Œdipus Rex*. En 1959, il reprend la direction de l'Orchestre Radio-Symphonique de Berlin. On l'appelle pour inaugurer le Théâtre Cuvilliès de Munich (1958) et la Deutsche Oper de Berlin, reconstruits (1961). En dehors des ouvrages déjà cités, il a créé des œuvres de Boris Blacher (*Concerto pour orchestre*, 1950), Gottfried von Einem (*Sérénade pour double orchestre à cordes*, op. 10, 1950), Zoltán Kodály (*Symphonie*, 1961).

C'est dans le répertoire mozartien et bartokien que l'extrême précision de sa direction, conciliant pulsion rythmique et pudeur des sentiments, a trouvé son meilleur emploi. Passionné par les problèmes d'enregistrement, il reçut de nombreux prix du disque, notamment pour l'intégrale des concertos pour piano de Bartók, avec Géza Anda.

ÉCRITS : *Über Mozart und Bartók* (Wilhelm Hansen, Francfort, 1962).

Fried, Miriam

Violoniste roumaine naturalisée israélienne, née à Satu Mare le 9 septembre 1946.

Alors qu'elle est encore très jeune, sa famille se fixe en Israël et elle fait ses études musicales à l'Académie Rubin de Tel-Aviv. Une bourse de l'American-Israel Cultural Foundation lui permet d'aller travailler aux États-Unis avec Josef Gingold (Université de l'Indiana, à Bloomington, 1966-67) et Ivan Galamian (Juilliard School à New York, 1967-69). En 1968, elle remporte le 1er prix au Concours Paganini à Gênes et, en 1971, le 1er prix au Concours Reine Élisabeth à Bruxelles. Après avoir effectué ses débuts à New York en 1969, sa carrière se développe assez rapidement aux États-Unis et en Europe. Elle est professeur à l'Université de l'Indiana, à Bloomington. Elle joue fréquemment en sonate avec le pianiste Homero Francesch.

Fried, Oskar

Chef d'orchestre allemand naturalisé soviétique (1940), né à Berlin le 10 août 1871, mort à Moscou le 5 juillet 1941.

Il reçoit une formation de corniste et étudie la composition à Francfort avec Humperdinck puis à Berlin avec Scharwenka. Il joue dans différents orchestres et, à partir de 1889, à l'Opéra de Francfort. Il se fait connaître comme compositeur. Carl Muck dirige ses premières œuvres et il ne se tourne vers la direction que lorsqu'il est nommé à la tête du Sternschen Gesangverein (1904-10). Il dirige aussi la Gesellschaft der Musikfreunde de Berlin (1907-10) et le Blüthnerorchester (à partir de 1908). Après la guerre, il mène une carrière de chef invité essentiellement centrée à Berlin où il dirige l'Orchestre Symphonique en 1925 et 1926. A l'avènement du nazisme, il émigre à Tbilissi où il est nommé premier chef à l'Opéra (1934).

Champion de la musique de Mahler, Sibelius, Delius et Stravinski, il a joué un rôle important dans la vie musicale berlinoise en imposant bon nombre de partitions contemporaines. Busoni lui a dédié son *Nocturne symphonique*, op. 46. Il a réalisé en 1927 le premier enregistrement intégral d'une symphonie de Mahler, la *deuxième* (onze disques 78 tours).

Friedberg, Carl

Pianiste allemand, né à Bingen le 18 septembre 1872, mort à Merano (Italie) le 8 septembre 1955.

Il fait ses études musicales à la Hochschule de Francfort avec Clara Schumann, Knorr, Kwast et Humperdinck avec lequel il travaille la composition. Sa carrière commence dès les dernières années du siècle. Il représente un maillon important dans la filiation pianistique allemande entre l'héritage romantique et le XXe siècle. Il enseigne à la Hochschule de Francfort (1893-1904) puis à la Hochschule de Cologne (1904-14). Il effectue sa première tournée aux États-Unis en 1914 et donne des cours à l'Institute of Musical Art de New York. Puis il est nommé professeur à la Juilliard School (1924) où il comptera notamment parmi ses élèves Elly Ney et Percy Grainger. Pendant plusieurs années, il a joué en trio avec le violoniste Carl Flesch et le violoncelliste Felix Salmond.

Friedheim, Arthur

Pianiste, chef d'orchestre et compositeur allemand, né à Saint-Pétersbourg le 26 octobre 1859, mort à New York le 19 octobre 1932.

Dès l'âge de huit ans, il entreprend des études très poussées de piano. Une fois adulte, il passe une année avec Anton Rubinstein, au terme de laquelle il entre en désaccord profond avec lui. Réfugié dans l'ombre majestueuse de Liszt, il va profiter de l'enseignement du maître pendant les huit dernières années de son existence (1878-86). Liszt l'apprécie en tant que secrétaire personnel, de sorte qu'il va le laisser l'accompagner dans ses périples entre Rome, Weimar et Bayreuth.

Ce seul élément a suffi à faire de Friedheim le spécialiste exclusif et incontesté pour la génération suivante de Liszt. Après la mort de celui-ci, Friedheim dirige quelque peu dans les théâtres et les Opéras de toute l'Allemagne du temps. C'est là qu'il acquiert une expérience de la direction d'orchestre. En 1891, il gagne les États-Unis, où il joue et commence une carrière d'enseignement. En 1895, il est nommé professeur en Angleterre, au Royal Manchester College of Music. De 1908 à 1911, il dirige à Munich, puis va s'installer aux États-Unis dès le début du premier conflit mondial, en 1915. En 1921, il devient professeur à l'Académie de musique de Toronto. Les quelques fragments d'enregistrements qu'il nous reste montrent que Friedheim possédait une technique parfaite quant à la clarté du propos, par ailleurs tout à fait imposant. Mais ces exemples trop rares ne permettent pas de juger réellement.

Ses compositions sont rares, mais non dépourvues d'intérêt. Il laisse deux concertos, des ouvertures et des opéras. Certains manuscrits non publiés sont perdus.

Friedheim a également réalisé l'édition d'œuvres de Chopin, et publié un livre concernant Liszt, se proposant d'étudier la psychologie du maître. Son élève, Theodore Bullock, a publié un recueil de souvenirs de Liszt par Arthur Friedheim, intitulé *Life and Liszt* (New York, 1961).

Friedman, Erick

Violoniste américain, né à Newark (N.J.) le 16 août 1939.

Élève de Galamian, de Milstein et de Heifetz, il commence une brillante carrière tout en travaillant la composition avec Castelnuovo-Tedesco. Heifetz parraine ses débuts et enregistre avec lui le *Double Concerto* de Bach. Il joue en sonate avec André Previn. Mais ses activités de concertiste se réduisent subitement et il se tourne vers l'enseignement. En 1975, il est nommé professeur à la Manhattan School of Music. Puis il prend la direction du département des instruments à cordes à la Southern Methodist University de Dallas et enseigne à l'Université de Yale. Superstition d'artiste, il a ajouté un « K » à la fin de son prénom pour que l'ensemble de son prénom et de son nom se compose de treize lettres, comme ceux de son maître Jascha Heifetz.

Friedman, Ignaz

Pianiste et compositeur polonais, né à Podgorze le 14 février 1882, mort à Sydney le 26 janvier 1948.

Après des études musicales et générales à Krakov, il étudie pendant quatre années avec Leschetizky. Il fait ses débuts à Vienne. Il travaille la composition avec Guido Adler et Hugo Riemann à Leipzig. A partir de 1905, il se produit en Europe, en Amérique du Sud et en Australie. Il vit à Berlin jusqu'en 1914 puis à Copenhague. En 1920, il voyage aux États-Unis et, à partir de 1940, il s'installe en Australie. Il donne quelque deux mille huit cents concerts, en soliste ou avec le violoniste Bronislaw Hubermann. Avec ce dernier et Pablo Casals, il joue les trios de Beethoven à Vienne en 1927 pour le centenaire de la mort du compositeur. Il s'est également fait connaître comme compositeur, transcripteur d'œuvres du XVIIIe siècle et éditeur de pièces de Liszt, Schumann, Beethoven, et surtout de l'intégrale de l'œuvre de Chopin.

Froidebise, Pierre

Organiste et compositeur belge, né à Ohey (Namur) le 15 mai 1914, mort à Liège le 28 octobre 1962.

Élève de Barbier au Conservatoire de Namur (orgue), de Raymond Moulaert (composition) et de Joseph Jongen (fugue) au Conservatoire de Bruxelles, il obtient un 1er prix d'interprétation à l'orgue dans la classe de Roger Malengreau et en 1941 le Prix Agniez de composition. Il continue de se perfectionner en matière de composition en recevant les conseils de Gilson et d'Absil et vient à Paris travailler avec Tournemire. En 1943, il obtient le 2e prix de Rome belge avec sa cantate, *La Navigation d'Ulysse.* En 1947, il est nommé professeur d'harmonie au Conservatoire de Liège ; en même temps, il est maître de chapelle au grand séminaire de cette ville, ainsi que titulaire de la tribune de l'église Saint-Jacques. Parmi ses élèves réputés qui reconnaissent son influence, citons Pousseur et Boesmans. En 1958, son *Anthologie de la musique d'orgue des primitifs à la Renaissance,* qu'accompagnaient trois disques d'illustration, fut un événement ; son interprétation était neuve en ce domaine. La revue française *Orgue et Liturgie* a publié ses introductions aux restitutions musicologiques de Juan Bermudo (1960) et Juan de Santa María (1961). Le facteur d'orgue, maître de chapelle et musicologue belge Jean Van de Cauter a poursuivi, dans l'esprit de Froidebise, la recherche de ce musicien.

Froment, Louis de

Chef d'orchestre français, né à Toulouse le 5 décembre 1921, mort à Cannes le 19 août 1994.

Il fait ses premières études musicales (violon, flûte, harmonie) au Conservatoire de sa ville natale, et les poursuit au Conservatoire de Paris avec L. Fourestier, E. Bigot et A. Cluytens, obtenant un 1er prix de direction d'orchestre, en 1948. Un an plus tard, il forme l'orchestre du Club d'Essai (Radio française) et fait connaître les jeunes compositeurs ; il fonde aussi son propre orchestre de chambre. Il est directeur musical des casinos de Cannes et Deauville jusqu'en 1956, puis du casino de Vichy (1953-69). Chef permanent, en 1958-59, de l'Orchestre de Chambre de la Radio à Nice, il est ensuite nommé à l'Opéra-Comique. De 1958 à 1980, il est chef permanent de l'Orchestre Symphonique de Radio-Télé-Luxembourg, dont il reste ensuite principal chef invité. Il a créé des œuvres de Claude Arrieu (*Mystère de Noël,* 1956), Charles Chaynes (*Ode pour une mort tragique,* 1954), Daniel-Lesur (*L'Annonciation,* 1958), Marcel Landowski (*Les Adieux,* 1959).

Frugoni, Orazio

Pianiste italien naturalisé américain, né à Davos (Suisse) le 28 janvier 1921.

Ses parents sont d'origine italienne. Scuderi lui enseigne le piano, et en 1939 il sort diplômé du Conservatoire Giuseppe Verdi de Milan. Ses études supérieures se déroulent à l'Académie Sainte-Cécile de Rome, tandis qu'il fréquente les « master classes » de Casella à Sienne et de Lipatti au Conservatoire de Genève, où il obtient le prix de virtuosité en 1945. Après de nombreuses tournées, et de nombreux enregistrements dont le premier disque consacré au *Concerto en mi bémol*, dit « n° 0 », de Beethoven, il est nommé professeur à l'Eastman School of Music de Rochester (1951-67). Puis il est directeur de l'École Supérieure des Beaux-Arts de la Villa Schifanoia de Florence (1967-75) et professeur au Conservatoire Cherubini de cette même ville à partir de 1972.

Frühbeck de Burgos, Rafael (Rafael Frühbeck)

Chef d'orchestre espagnol, né à Burgos le 15 septembre 1933.

Ses parents sont allemands et il hispanise son nom en lui adjoignant celui de sa ville natale. Il étudie au Conservatoire de Bilbao puis à celui de Madrid (1950-53) tout en dirigeant des opérettes. De 1953 à 1955, il effectue son service militaire comme chef de la musique. Il travaille ensuite en Allemagne à la Hochschule de Munich avec Eichhorn, Lessing et Genzmer. Il prend alors la direction de l'Orchestre Symphonique de Bilbao (1958-62) avant d'être nommé directeur de l'Orchestre National d'Espagne (1962-78). Sa carrière se développe sur le plan international : il dirige beaucoup le New Philharmonia Orchestra notamment. De 1966 à 1971, il est directeur général de la musique à Düsseldorf et, de 1975 à 1977, directeur musical de l'Orchestre Symphonique de Montréal. Il est ensuite à la tête du Yomiuri Nippon Symphony Orchestra (1980-83) dont il reste ensuite principal chef invité. En 1991, il est nommé chef permanent de l'Orchestre Symphonique de Vienne et, en 1992, directeur général de la musique à la Deutsche Oper de Berlin. En 1994, il prend aussi la tête de l'Orchestre Symphonique de la Radio de Berlin (Rundfunk Sinfonieorchester Berlin).

Il a créé des œuvres de Lleonard Balada (*Auroris,* 1974), Xavier Benguerel (*Simfonia contínua,* 1962), Joan Guinjoan (*Tzakol,* 1978).

Fuchs, Marta

Soprano allemande, née à Stuttgart le 1er janvier 1898, morte à Stuttgart le 22 septembre 1974.

Elle étudie à Stuttgart, Munich et Milan, et débute en 1923 en concert en tant que mezzo-soprano, puis à la scène à Aix-la-Chapelle en 1928. C'est à l'Opéra de Dresde, auquel elle appartient de 1930 à 1936, qu'elle devient soprano dramatique. Elle paraît à Bayreuth à partir de 1933 (Kundry) et y chante Isolde et Brünnhilde jusqu'en 1942. De 1936 à 1944, elle est membre de la Staatsoper de Berlin et, de 1945 à 1952, de l'Opéra de Stuttgart.

Son répertoire comporte encore Ariadne, la Maréchale, Ortrud, mais aussi Donna Anna, Eboli, Octavian et Leonore (*Fidelio*).

Fugère, Lucien

Baryton français, né à Paris le 22 juillet 1848, mort à Paris le 15 janvier 1935.

Artisan en statuaire sur bronze, puis représentant en bijouterie, il découvre par hasard qu'il a une jolie voix. Il étudie le chant, se voit refuser l'entrée au Conservatoire et débute comme chansonnier au Ba Ta Clan. Après la guerre de 1870, il aborde l'opérette aux Bouffes-Parisiens. En 1877, il débute à l'Opéra-Comique dans le rôle de Jean des *Noces de Jeannette.* Il y restera cinquante-trois ans, y chantant plus de cent rôles dont Falstaff, Papageno, Figaro, y créant Sancho, Schaunard, le Père de *Louise*, Boniface du *Jongleur de Notre-Dame...* et le duc de Longueville de *La Basoche*, dont il bissait jusqu'à sept fois l'air du dernier acte, l'interprétant chaque fois d'une façon différente. C'est d'ailleurs ce dernier rôle qu'il chanta pour son 80e anniversaire avant de prendre définitivement sa retraite.

Artiste incomparable, acteur consommé autant que parfait chanteur, il a laissé un remarquable traité sur le chant.

Fujiwara, Mari

Violoncelliste japonaise, née à Osaka en 1949.

Elle commence l'étude du violoncelle à l'âge de sept ans avec Hideo Saito dont elle suit également les cours à la Toho Gakuen School. Diplômée en 1972, elle commence une carrière de soliste particulièrement orientée vers la musique de chambre. En 1978, elle remporte le 2e prix au Concours Tchaïkovski à Moscou. Elle est la première femme japonaise à avoir entrepris une carrière de soliste au violoncelle. Elle joue régulièrement avec le violoniste Jean-Jacques Kantorow et l'altiste Vladimir Mendelssohn. Ensemble, ils ont fondé le Mozart String Trio.

Fukai, Hirofumi

Altiste japonais, né à Saitama le 10 février 1942.

Il fait ses études avec Jeanne Isnard et Toshiya Etoh à la Toho School of Music de Tokyo puis à la Juilliard School of Music de New York avec Ivan Galamian. Il travaille également avec Joseph Szigeti à Montreux et Max Lesueur au Conservatoire de Bâle où il obtient son diplôme en 1969. Il est successivement alto solo de l'Orchestre Symphonique de Berne et de l'Orchestre Philharmonique de Hambourg (1970-87). Il mène parallèlement une carrière de soliste et est nommé professeur à la Musikhochschule de Hambourg en 1974. En 1988, il devient alto solo de l'Orchestre Symphonique du NDR de Hambourg. Il joue sur un alto d'Alessandro Gagliano (Naples, 1722). Il a créé des œuvres de Frank Michael Beyer (*Trio pour hautbois, alto et harpe,* 1981), Hans Werner Henze (*Compases para preguntas ensimismadas,* 1971), Wolfgang Rihm, Robert Suter, Udo Zimmermann (*Nouveau Divertissement,* 1988 ; *Concerto pour alto,* 1991).

Fulton, Thomas

Chef d'orchestre américain, né à Memphis (Tennessee) le 18 septembre 1950, mort à Milan le 4 août 1994.

Il reçoit une formation de pianiste et débute comme tel à l'âge de quatorze ans. Puis il étudie au Curtis Institute de Philadelphie avec Max Rudolf et Eugene Ormandy. Après avoir travaillé comme assistant à San Francisco (1975-77) et à Hambourg (1977-78), il est engagé au Met comme assistant de James Levine en 1978. Il dirige régulièrement les tournées américaines du Met avant de faire ses débuts à New York en 1981 dans *Manon Lescaut.* En Europe, il dirige aux Chorégies d'Orange (1984), à l'Opéra du Rhin (1985), à l'Opéra de Paris, à Rome et à Berlin (1986). Sa carrière se développe alors dans les principaux Opéras du monde.

Fumet, Gabriel

Flûtiste français, né à Juilly le 2 novembre 1937.

Son père, **Raphaël Fumet** (1898-1979), comme son grand-père, **Dynam-Victor Fumet** (1867-1949), étaient compositeurs et organistes. En 1960 et 1961 il obtient au Conservatoire de Paris des premiers prix de flûte et de musique de chambre. Dès cette époque, il entreprend une brillante carrière de soliste. Soliste à Radio France depuis 1962, il donne de nombreux concerts dans un répertoire qui s'étend du XVIIIe au XXe siècle. Il s'attache notamment à faire mieux connaître l'œuvre de son père et de son grand-père.

Furlanetto, Ferruccio

Basse italienne, né à Sacile le 16 mai 1949.

Il reçoit une formation universitaire à la Faculté des Sciences naturelles et se consacre véritablement à la musique et au chant à partir de 1972. Il travaille avec Campogalliani et Casagrande. Au cours des deux années qui suivent, il est lauréat de plusieurs concours en Italie et fait ses débuts en 1974 à Lonigro (Vicenza) dans Sparafucile (*Les Contes d'Hoffmann*). Quelques mois plus tard, il chante Colline (*La Bohème*) à Trieste aux côtés de José Carreras et Katia Ricciarelli. Il est invité sur les plus grandes scènes internationales : Scala (Macbeth), Turin (Don Giovanni), San Francisco (*La Gioconda*), Aix-en-Provence et les principaux Opéras allemands. Il fait ses débuts au Met en 1980 et à Salzbourg en 1986 (Philippe II, sous la direction de Karajan avec lequel il chante et enregistre Leporello un an plus tard, pour le bicentenaire de la création de *Don Giovanni*). En 1988 et 1989, on le retrouve à San Diego (Faust), au Covent Garden (Leporello),

Genève (*Les Noces de Figaro*)... En 1990, il fait ses débuts à l'Opéra de Paris dans Figaro (Mozart). Il mène également une importante carrière dans le domaine de l'oratorio.

Furtwängler, Wilhelm

Chef d'orchestre allemand, né à Berlin le 25 janvier 1886, mort à Baden-Baden le 30 novembre 1954.

Fils de l'archéologue Adolf Furtwängler, il passe sa jeunesse à Munich où son père enseigne à l'Université. L'enfant grandit dans une atmosphère humaniste et étudie la musique avec Beer-Walbrunn, Rheinberger et Max von Schillings. Konrad Ansorge fait de lui un bon pianiste. En 1906, il est second répétiteur à Berlin ; à Munich, il dirige (à l'âge de vingt ans) la *Symphonie nº 9* de Bruckner, avant de se rendre à Breslau, puis à Zurich, comme chef des chœurs de 1907 à 1909 ; puis il retourne à Munich, où il occupe le même poste sous les ordres de Felix Mottl. Quand Pfitzner prend la direction de l'Opéra de Strasbourg, il l'engage comme troisième chef. En 1911, il dirige à Lübeck la Société Philharmonique. En 1915, il succède, à Mannheim, à Artur Bodanzky, quand celui-ci part pour Londres y diriger la première de *Parsifal*.

En 1920, il succède à Richard Strauss comme chef des concerts symphoniques de l'Opéra de Berlin. En deux années, il assied brillamment sa réputation, si bien qu'en 1922 il remplace Arthur Nikisch à la tête du Gewandhaus de Leipzig et de la Philharmonie de Berlin. Il se rend aux États-Unis, pour la première fois, en 1925. En 1928, il succède à Felix Weingartner à la Philharmonie de Vienne, mais refuse la direction de l'Opéra. En 1931, il partage la direction artistique du Festival de Bayreuth, avec Arturo Toscanini. Deux ans plus tard, il est à la tête de l'Opéra de Berlin, où il avait créé, en 1931, *Le Cœur* de Pfitzner. L'engagement de nombreux artistes juifs va créer des graves problèmes et de nombreuses dissensions avec le régime national-socialiste. C'est pourquoi, en décembre 1934, il démissionne « pour raisons politiques ». Il est alors invité dans le monde entier pour diriger le répertoire symphonique et romantique et à l'opéra les œuvres de Wagner surtout. Philadelphie, New York et Vienne lui proposent la direction de leurs Opéras respectifs, mais il ne veut pas quitter l'Allemagne. Il veut simplement y vivre libre et librement partir pour l'étranger y diriger les œuvres qui lui semblent essentielles. L'« affaire Hindemith » demeure un des moments les plus douloureux de sa carrière (Hitler et Göring refusent qu'il crée à l'Opéra de Berlin *Mathis le Peintre*, d'où sa démission !). En 1936, l'Orchestre Philharmonique de New York lui propose de succéder à Toscanini.

Pour la première fois, il va accepter de s'exiler, mais une mystérieuse dépêche de l'*Associated Press* en provenance de Berlin annonce que Furtwängler reprend la direction de l'Opéra. Une polémique se déclenche à New York contre lui et devant tant de hargne, il câble qu'il renonce à l'orchestre américain. Cette même année, il retrouve sa place à Bayreuth, où il n'avait plus dirigé depuis 1931. Il y dirigera en 1936, 1937, 1943 et 1944. Entre-temps, il se produit à Paris (pour l'Exposition universelle de 1937), à Londres. Mais la guerre le coupe du monde et il ne peut diriger que de très rares concerts avec la Philharmonie de Berlin. En 1945, sa situation est intolérable. La Gestapo ne cesse de l'inquiéter. Il se réfugie en Suisse. C'est durant cette période qu'il a peaufiné le *Concerto symphonique pour piano et orchestre* (1937), la *Sonate pour piano et violon en ré mineur* (1938) et la *Sonate pour piano et violon en ré majeur* (1940). Il devra attendre le 17 décembre 1946 pour être lavé de toute accusation d'activités nazies. Deux voix se feront entendre pour le défendre : Yehudi Menuhin et Ernest Ansermet !

En 1947, il reprend la tête de la Philharmonie de Berlin. En 1951, lors de l'ouverture du Nouveau Bayreuth, il dirige une mémorable *Symphonie nº 9* de Beethoven. Mais dès 1947, c'est à Salzbourg, pour le Festival d'été, qu'il fait preuve d'une activité débordante. Il est l'âme du festival. Il dirige en Amérique du Sud, en Suisse (Festival de Lucerne), en Italie (Scala), à Paris et à Londres où nul n'oublie les spectacles donnés avant guerre au Covent Garden (*Tristan* en 1935 et *La Tétralogie* en 1937 et 38). Il enregistre pour la RAI plusieurs œuvres, de Wagner particulièrement, et impose une nouvelle audition de cette musique et de nouveaux critères d'appréciation.

En 1948, il a terminé sa *Symphonie nº 2*, en mi mineur. Et l'on trouvera, à sa mort, dans ses papiers trois mouvements d'une *Symphonie nº 3* en ut mineur, inachevée. Ses enregistrements discographiques sont une leçon de clarté et de grandeur, car il avait le sens du souffle épique et de l'émotion que suscite le génie germanique, dans les pages lyriques ou symphoniques. En revanche, comme compositeur, il s'est voulu le continuateur de Bruckner et n'a pas voulu soumettre ses propres œuvres à la grande rigueur dont il faisait preuve dans l'interprétation des œuvres des autres. Ainsi sa *Symphonie nº 2*, qui demeure son œuvre majeure et qu'il a enregistrée en 1951 avec la Philharmonie de Berlin, dure quatre-vingt-une minutes ! Il en est de même pour ses sonates pour violon et piano qui ne sont pas d'un intérêt ni d'une densité suffisants pour justifier leur longueur. En revanche, les textes de Wilhelm Furtwängler sont d'une valeur rare, tant par leur profondeur, leur justesse de vue et leur expression percutante. Il appartient à cette lignée des musiciens qui, comme Berlioz et Wagner, ont su dire – et écrire – avec force leur pensée musicale. *Le Cas Hindemith* (22 novembre 1934) ; *Brahms* et *Bruckner* (1941) ; *Entretiens sur la musique* (1948-49) ; *Musique et Verbe* (1954-79) ; *La Musique et son public* (1954) ; *Testament* (1954)... Il a créé des œuvres de Béla Bartók (*Concerto pour piano nº 1*, 1927), Paul Hindemith (*Konzertmusik* pour alto, op. 48, 1930 ; *Philharmonisches Konzert*, 1932 ; *Mathis le Peintre*, symphonie, 1934), Arthur Honegger (*Mouvement symphonique nº 3*, 1933), Erich Wolfgang Korngold (*Symphonische Serenade*, 1950), Serge Prokofiev (*Concerto pour piano nº 5*, 1932), Arnold Schoenberg (*5 Pièces*, op. 16, 2e version, 1922 ; *Variations*, op. 31, 1928), Richard Strauss (*4 Derniers Lieder*, 1950).

G

Gabos, Gábor

Pianiste hongrois, né à Budapest le 4 janvier 1930.

Il reçoit sa formation musicale à l'Académie Franz Liszt de Budapest. Après avoir obtenu des prix au Concours international Marguerite Long, et au Concours Reine Élisabeth de Belgique, il remporte en 1961 le 1er prix au Concours international Liszt-Bartók de Budapest. Titulaire du Prix Liszt, décerné par le gouvernement hongrois, il entreprend d'innombrables tournées dans le monde entier.

Son répertoire s'étend de Bach, dont il donne parfois en récital le *Clavier bien tempéré* intégralement, à Bartók, en passant par Mozart, Chopin et Tchaïkovski. Il s'est fait une spécialité de l'interprétation des concertos de Bartók, couronnée un peu partout dans le monde et en particulier au Japon.

Gabrilowitch, Ossip

Pianiste, chef d'orchestre et compositeur russe naturalisé américain (1918), né à Saint-Pétersbourg le 7 février 1878, mort à Detroit le 14 septembre 1936.

Il travaille le piano avec Anton Rubinstein, la composition avec Navrátil, Liadov et Glazouvov au Conservatoire de Saint-Pétersbourg (1888-94). Il obtient le Prix Rubinstein en 1894. Il passe les deux années suivantes à Vienne avec Theodore Leschetizky. Sa première apparition publique a lieu à Berlin en 1896 et marque le début d'une carrière internationale. Il se produit aux États-Unis en 1900. De 1910 à 1914, il dirige régulièrement l'Orchestre du Konzertverein de Munich. En 1914, il émigre définitivement aux États-Unis où il est nommé en 1919 à la tête de l'Orchestre Symphonique de Detroit, orchestre qu'il mènera au plus haut niveau jusqu'en 1936. Au piano, son style de jeu ne manquait ni de retenue ni d'élégance, tout en lui permettant les effets les plus impressionnants mobilisant une grande puissance.

Après son mariage en 1909 avec la soprano **Clara Clemens**, fille de Mark Twain, il a souvent eu l'occasion de l'accompagner au piano en public.

Gadski, Johanna

Soprano allemande, née à Anklam (Poméranie) le 15 juin 1872, morte à Berlin le 22 février 1932.

Elle est élève de Schröder-Chaloupka à Stettin et débute à dix-sept ans à la Kroll-Oper de Berlin en 1889. Elle appartient ensuite aux scènes de Stettin, Mayence et Brême, visite les Pays-Bas puis les USA (elle chante Elsa au Met avec la Damrosch Opera Company en 1895). Sa carrière internationale commence au tournant du siècle avec ses engagements au Covent Garden (1898-1901), à Bayreuth (Eva en 1899) et, en 1900, au Met dont elle devient première soprano jusqu'en 1917. Obligée de rentrer en Allemagne, elle achève sa carrière au concert à Berlin. En 1928, elle crée la German Opera Company qui parcourt les États-Unis pendant deux ans. L'une des plus grandes Isolde et Brünnhilde du Met, elle est aussi une grande mozartienne (elle chante aux festivals Mozart et Wagner de Munich en 1905 et 1906, et au festival Mozart de Lilli Lehmann à Salzbourg en 1906 et 1910). Elle chante aussi bien la Léonore du *Trouvère* ou l'Amélia d'*Un bal masqué* que Valentine des *Huguenots.*

Gage, Irwin

Pianiste américain, né à Cleveland le 4 septembre 1939.

Il fait des études de littérature, de piano et de musicologie aux Universités du Michigan et de Yale. Particulièrement attiré par le répertoire du lied, il vient à Vienne suivre l'enseignement d'Erik Werba, de Kurt Schmidek et de Hilde Langer-Rühl. Il accompagne la plupart des grands mélodistes européens, E. Ameling, G. Janowitz, A. Heynis, C. Ludwig, W. Berry, D. Fischer-Dieskau, E. Haefliger, T. Krause, P. Schreier, M. Talvela, ainsi que J. Norman. Nombre d'entre eux participent à la saison de lieder de Vienne, qu'il organise et accompagne depuis 1968. Il y a fait également ses débuts de soliste, en 1973, avec l'Orchestre Philharmonique de Vienne, dirigé par Abbado, et envisage d'intensifier un secteur d'activité qui l'a déjà vu enregistrer plusieurs concertos et récitals de piano. Il donne des cours d'interprétation dans plusieurs instituts européens, notamment à l'Université de Zurich depuis 1979. Il a participé à la fondation, en 1988, de la société Freunde des Liedes à Zurich, qui se consacre à la pérennité de l'art du chant en organisant des récitals. Doté de la sensibilité vif-argent propre aux meilleurs accompagnateurs, et d'un esprit de curiosité acéré (lui faisant rechercher et jouer les partitions originales des mélodies les plus familières), Irwin Gage est l'un des dignes successeurs de Gerald Moore dont il possède l'intelligence musicale et l'effacement.

Gaillard, Marius-François

Pianiste, chef d'orchestre et compositeur français, né à Paris le 13 octobre 1900, mort à Évecquemont (Yvelines) le 20 août 1973.

Élève de Diémer (piano) et de Leroux (harmonie) au Conservatoire de Paris, il fait d'abord une carrière de pianiste et donne, entre autres choses, l'intégrale de l'œuvre de Debussy. Il fonde ensuite l'Orchestre de Chambre Marius-François Gaillard, qu'il dirige durant la période sombre de la guerre. Compositeur inspiré par les nombreux documents qu'il a rapportés de ses voyages en Asie et en Amérique, il possède une esthétique très personnelle, échappant à toute école.

Parmi les œuvres marquantes de Marius-François Gaillard, il faut citer *La Danse pendant le festin* (1924), *Détresse*, ballet (1932), des pages pour orchestre : *Guyanes* (1925), *Symphonie en mi bémol* (1937) ; de la musique de film, telle celle qu'il donna pour *Les Rendez-vous du diable*. On lui doit aussi onze recueils pour piano (1920) et des pages pour violoncelle et piano, dont *Sonate baroque* (1950) et *Minutes du monde* (1952).

Gaillard, Paul-André

Chef de chœur suisse, né à Veytaux-Montreux le 26 avril 1922.

Il poursuit parallèlement des études générales et musicales à Lausanne, Genève et Zurich. Il étudie le violon (Appia), la direction et la composition (Scherchen et Hindemith). Étudiant en philosophie, histoire et musicologie à l'Université de Zurich, il obtient le grade de docteur, en 1947, avec une thèse consacrée à la vie et à l'œuvre de Loÿs Bertrant. Tout d'abord altiste dans plusieurs orchestres de chambre (sous la direction de Stoutz, Kletzki, Sacher, Schuricht), il préfère s'orienter vers la direction. En 1951, à la mort de Carlo Boller, il lui succède à la tête de nombreux chœurs d'amateurs, tant en Suisse romande qu'en Suisse alémanique. Collaborateur du Festival de Bayreuth et des Rencontres internationales de la Jeunesse, à Bayreuth également (1950 à 1969), il reçoit en 1963 la Médaille Richard Wagner. En 1964, il fonde les Rencontres chorales internationales de Montreux. De 1973 à 1979, il enseigne la musicologie à l'École polytechnique fédérale de Zurich. Il a dirigé dans le monde entier.

Auteur de plusieurs ouvrages sur la musique de la Renaissance et sur les œuvres de Wagner, il participe à de nombreuses revues musicales. Il a composé trois opérettes, de nombreuses musiques de scène, plusieurs mélodies ainsi que de la musique de chambre. Entre 1969 et 1987, il est chef des chœurs du Grand-Théâtre de Genève.

Galais, Bernard

Harpiste français, né au Havre le 30 janvier 1921.

Sa mère l'initie au piano et au solfège. A dix ans, il a la révélation de la harpe. Il la travaille au Conservatoire de Strasbourg pendant deux ans avant d'entrer au Conservatoire de Paris dans la classe de Marcel Tournier où il obtient, en 1939, un 1er prix. Il étudie alors l'harmonie et se perfectionne avec Pierre Jamet. Sa carrière ne débute véritablement qu'après la guerre. En 1945, il est harpe solo à l'Orchestre de la Garde républicaine. L'Opéra de Paris le recrute en 1947 et le nommera harpe solo en 1959. Pendant toute cette période (1947-67) il est harpe solo à l'Orchestre de la Société des Concerts du Conservatoire. Depuis 1967, il occupe les mêmes fonctions à l'Orchestre Colonne. Parallèlement, il mène une active carrière de soliste et de musicien de chambre, notamment dans le Quintette instrumental de Paris. Parmi les partitions qui lui sont dédiées, on peut citer *Introduction et Toccata* de Damase.

Galamian, Ivan

Violoniste et pédagogue russe naturalisé américain (1944), né à Tabriz (Iran) le 5 février 1902, mort à New York le 14 avril 1981.

Né dans une famille arménienne, il étudie très jeune le violon à l'Institut Philharmonique de Moscou (1916-22). Il se rend ensuite à Paris, où il travaille comme élève privé avec Lucien Capet (1923-24). Ses débuts de soliste dans la capitale française datent de 1924. Dès cette époque, il enseigne au Conservatoire Rachmaninov (1925-39) et à l'École Normale de Musique (1936-39). Pendant ces années, il mène une carrière de concertiste essentiellement en France et en Allemagne. Il séjourne aux États-Unis dès le début des années 1930 et s'y fixe définitivement à la déclaration de la guerre. En 1944, il est nommé professeur au Curtis Institute de Philadelphie. C'est le véritable départ de sa grande carrière de pédagogue. En 1946, il prend en charge la classe de violon de la Juilliard School de New York, enseignant ainsi dans les deux établissements les plus célèbres des États-Unis. Dès lors sa vie de concertiste est terminée. Il donne des cours d'été à la Meadowmount School qu'il fonde à Newport en 1944.

Au même titre que Joseph Joachim en Allemagne, Leopold Auer en Russie et Eugène Ysaÿe en Belgique, Ivan Galamian a profondément marqué l'art du violon de la seconde moitié du XXe siècle. Il forme de très nombreux violonistes – comme Itzhak Perlman, Pinchas Zukerman, Erick Friedman, Jaime Laredo, Paul Zukofsky, Michaël Rabin. La plupart des violons solos des grands orchestres américains ont été ses disciples et diffusent maintenant son enseignement. Celui-ci repose sur une analyse minutieuse de la personnalité de chacun et refuse les principes uniformes comme les règles rigoureuses. La technique violonistique d'Ivan Galamian est une heureuse synthèse des écoles russe et française. Son apport essentiel aura été de mettre en lumière les liens étroits qui unissent les caractéristiques du geste technique et la structure de la phrase musicale qui en est le résultat. Il possédait un violon particulièrement précieux, signé Nicolo Amati (1680), l'*ex-Walton.*

Galard, Jean

Organiste français, né à Vincennes le 19 février 1949.

Au Conservatoire de Paris, il est l'élève de Rolande Falcinelli (orgue) et de Norbert Dufourcq (histoire de la musique). Il travaille également avec Noëlie Pierront. Lauréat du Prix Tournemire (1970) et du Concours international d'improvisation de

Lyon (1974), Jean Galard obtient un 1er prix d'orgue au Conservatoire de Paris en 1975. Il reçoit également le prix du Concours d'improvisation (Prix Maurice Duruflé) des Amis de l'Orgue en 1979.

Musicien exceptionnellement doué, et virtuose à la technique d'une rare qualité, Jean Galard est à la fois organiste titulaire des grandes orgues de la cathédrale de Beauvais et de l'église Saint-Médard à Paris.

Galimir, Félix

Violoniste autrichien naturalisé américain, né à Vienne le 12 mai 1910.

Il fait ses études musicales au Conservatoire de Vienne avec Adolf Bak (1922-28) et débute en 1929. Il fonde la même année, avec des membres de sa famille, le quatuor qui porte son nom et qui réalisera, en 1936, le premier enregistrement de la *Suite lyrique* d'Alban Berg. En 1932-33, il travaille avec Carl Flesch à Baden-Baden. Émigré aux États-Unis en 1938, il y fonde un nouveau quatuor qui fonctionnera jusqu'au milieu des années quatre-vingt (la dernière équipe comportait, en dehors de lui, Hiroko Yajima, violon ; John Graham, alto ; Timothy Eddy, violoncelle). Il est engagé dans le NBC Symphony Orchestra puis devient violon solo de l'Orchestre Symphonique de l'Air. En 1954, il est nommé professeur à City College, New York. Il enseigne également à Marlboro. En 1962, il est professeur à la Juilliard School of Music de New York (musique de chambre), en 1972, au Curtis Institute de Philadelphie et, en 1976, à Mannes College (New York) où son quatuor est ensemble résident. Son violon est un Stradivarius de 1720, le *Woolhouse*.

Gall, Yvonne

Soprano française, née à Paris le 6 mars 1885, morte à Paris le 22 août 1972.

Élève de Dubulle au Conservatoire, elle débute à l'Opéra en 1908 dans *Guillaume Tell* (rôle de Mathilde), puis est très vite affichée en Gilda, Elsa, Thaïs, Desdémone, Valentine... et surtout dans la Marguerite de *Faust* qu'elle chante notamment en 1934 pour la 2 000e représentation de l'ouvrage à Paris aux côtés de Georges Thill, André Pernet et Rouard sous la direction de Philippe Gaubert. Elle chante à l'Opéra-Comique, à partir de 1921, Manon, Tosca, Louise, Ariane, Juliette et Dona Anna. Elle y crée Daphné dans *Les Noces corinthiennes* de Henry Büsser, son mari. Mais la plus grande part de sa carrière a lieu à l'étranger, aux États-Unis notamment à l'Opéra de Chicago, en Italie, en Angleterre, en Belgique et en Allemagne où elle remporta d'immenses succès.

Forte personnalité, musicienne exemplaire, brillante vocaliste, elle fut une grande artiste qui, le jour venu, devint l'un des très grands professeurs du Conservatoire de Paris. Elle a créé le *Psaume XLVII* de Florent Schmitt sous la direction d'Inghelbrecht en 1906.

Galli-Curci, Amelita

Soprano italienne, née à Milan le 18 novembre 1882, morte à La Jolla (Californie) le 26 novembre 1963.

Pianiste de tout premier ordre, élève préférée de Vicenzo Appiani, elle sort en 1903 du Conservatoire de Milan avec tous les premiers prix et commence une carrière de concertiste, d'autant mieux venue que ses parents venaient d'avoir des revers de fortune. Elle fréquente la Scala pour son plaisir et, de retour à la maison, elle chante en s'accompagnant les airs qu'elle a entendus. Un soir, chez des amis, on lui demande de chanter. Pietro Mascagni est là. Ébloui par sa voix, il lui conseille d'abandonner le piano au profit du chant. Alors qu'elle n'a pas encore pris sa décision, on lui offre de venir chanter Gilda dans la petite ville de Trani. Sans aucune étude de chant préalable, elle débute, à vingt-quatre ans, et obtient un tel triomphe qu'il faut donner dix représentations au lieu des six prévues. De retour à Milan, elle s'arrête à Rome et demande une audition au directeur de l'Opéra : « Vous pouvez faire une grande affaire en m'engageant car je suis fantastique et, pour le moment, je ne coûte pas cher. » Stupéfait par tant d'audace, le directeur l'auditionne donc, et... l'engage immédiatement pour une série de *Rigoletto* et de *Don Procopio.* La Scala lui propose *La*

Somnambule, mais Lisa, pas Amina. Elle refuse et ne s'y produira jamais. C'est alors l'Espagne, l'Amérique du Sud, la Russie, Chicago, le Manhattan Opera de New York, mais pas encore le Met où Maria Barrientos règne sans partage. Puis la firme Victor lui fait enregistrer son premier disque : l'air des clochettes et l'air de Pamina. C'est un best-seller ; il dépasse les chiffres de Caruso. En 1921, Caruso meurt. Le Met n'a plus de super-star, Gatti-Cassazza, son directeur, offre à Amelita un pont d'or et l'ouverture de la saison 1921-22 dans *La Traviata*. Elle est sacrée impératrice du chant colorature. Pendant dix ans, elle fera les beaux soirs du Met, y chantant notamment Lucia, Juliette, Dinorah... Atteinte d'un goitre, elle doit s'arrêter en pleine gloire en 1930. Après une opération réussie (1935), elle réapparaît à Chicago en 1936 dans Mimi puis décide de se retirer définitivement. D'abord mariée au peintre Luigi Curci, elle avait épousé en secondes noces, en 1921, son accompagnateur, le pianiste **Homer Samuels** (1889-1956).

Ses nombreux disques nous laissent l'écho du cristal le plus pur, de feux d'artifice éblouissants, mais aussi une tendance à parfois chanter un peu bas, surtout en fin de carrière.

Galli-Marié, Célestine Laurence (Marié de l'Isle)

Mezzo-soprano française, née à Paris en novembre 1840, morte à Vence le 22 septembre 1905.

Fille du ténor et chef d'orchestre **Félix Mécène Marié de l'Isle**, elle étudie avec lui et débute en 1859 à Strasbourg. Elle apparaît à l'Opéra-Comique en 1862 (Serpina de *La Servante maîtresse*) et y chantera régulièrement jusqu'en 1885, y créant notamment *Mignon* en 1866 et *Carmen* en 1875. Spécialisée dans le répertoire français, elle le chantera à Londres en 1886.

Galliera, Alceo

Chef d'orchestre italien, né à Milan le 3 mai 1910.

Son père, Arnaldo (1871-1934), est compositeur et professeur au Conservatoire de Parme. Il lui enseigne les premiers rudiments de la musique avant de l'envoyer au Conservatoire de Milan. Sitôt sorti, Alceo y est nommé professeur (1932). Il débute comme organiste et se tourne vers la direction d'orchestre en 1941. Il passe la guerre en Suisse. En 1950-51, il est à la tête de l'Orchestre Symphonique de Melbourne. De 1957 à 1960, il est premier chef à l'Opéra de Gênes puis, de 1964 à 1972, directeur artistique de l'Orchestre Municipal de Strasbourg. Invité par les plus grands orchestres, Galliera est recherché pour ses talents d'accompagnateur : il a réalisé un grand nombre de disques en concerto avec Clara Haskil, David Oïstrakh, Henryk Szeryng, Claudio Arrau, Pierre Fournier, ainsi qu'une intégrale du *Barbier de Séville* avec Maria Callas et Tito Gobbi.

Gallois, Henri

Chef d'orchestre français, né à Alger le 11 mai 1944.

Il mène d'abord de très solides études secondaires et universitaires. Simultanément il travaille la musique à Alger, Nice, Grenoble et Paris. C'est avec Jésus Etcheverry et Édouard Lindenberg qu'il s'initie à la direction d'orchestre. Sa carrière débute dès 1964 grâce à une tournée qui lui fait traverser la France. En 1969, il est lauréat du Concours international de Besançon. De 1970 à 1972, il est chef permanent du Théâtre de Dijon, et de 1972 à 1979, au Capitole de Toulouse. Entre 1979 et 1985, il est directeur de la musique à l'Opéra du Nord. Il tire de l'oubli *Philémon et Baucis* ainsi que l'oratorio *Mors et Vita* de Gounod, *Tiefland* d'Eugen D'Albert et *Le Testament de tante Caroline* de Roussel parmi de nombreuses partitions qui ne sont plus guère jouées. Il crée *Les Noces d'ombre* de Nikiprowetzky (1974) et *Aliana* d'Ancelin (1981).

Gallois, Patrick

Flûtiste français, né à Linselles (Nord) le 17 avril 1956.

Il commence ses études musicales dans le nord de la France puis travaille avec

Robert Hériché et Maxence Larrieu avant d'entrer, en 1973, au Conservatoire de Paris où il est l'élève de Jean-Pierre Rampal et Alain Marion. Après avoir obtenu un 1er prix en 1975, il est aussitôt engagé comme flûte solo à l'Orchestre Philharmonique de Lille. Entre 1977 et 1985, il est flûte solo à l'Orchestre National de France. Il quitte ensuite l'orchestre pour se consacrer seulement à sa carrière de soliste qui se développe rapidement, tant en concerto qu'en musique de chambre.

Galway, James

Flûtiste irlandais, né à Belfast le 8 décembre 1939.

Il abandonne rapidement le violon pour la flûte, remportant à douze ans les concours de l'Ulster, toutes catégories confondues. Il étudie au Royal College of Music de Londres, de 1956 à 1959, avec John Francis, puis à la Guildhall School of Music, avec Geoffrey Gilbert. Une bourse lui permet de venir travailler au Conservatoire de Paris (1960-61) auprès de Gaston Crunelle et de Jean-Pierre Rampal. Mais c'est Marcel Moyse qui exercera la plus forte influence sur sa formation musicale. Il débute comme musicien de théâtre au Royal Shakespeare Theatre de Stratford-on-Avon, puis au Sadler's Wells (1961) et au Covent Garden (1964) dont il devient le premier flûtiste. Entré à l'Orchestre Symphonique de Londres en 1966, après avoir remporté le Concours international de Birmingham, il est nommé première flûte au Royal Philharmonic Orchestra un an plus tard. Appelé par Karajan comme première flûte solo de l'Orchestre Philharmonique de Berlin, il y reste six ans (1969-75) avant de se lancer dans une carrière de soliste, brutalement interrompue par un grave accident. Depuis, il a réduit sensiblement le nombre de ses concerts, prenant le temps d'enseigner aux États-Unis, à la Eastman School of Music, d'écrire ses Mémoires (traduits en français en 1981) et de réaliser des shows pour la télévision anglaise où il mélange sans remords tous les répertoires, de Bach à la musique pop.

Il a créé ou reçu en dédicace des œuvres de John Corigliano (*Concerto pour flûte*), Henri Lazarof (*Concerto pour flûte* ; *Cadence 5*), Richard Mills (*Concerto pour flûte,* 1990), Thea Musgrave (*Orfeo,* 1977), Joaquin Rodrigo (*Concierto pastoral,* 1978), Hanning Schröder (*Varianten* pour flûte et orchestre, 1971). Lui-même a réalisé de nombreuses transcriptions pour son instrument. Il possède plusieurs flûtes en or signées A. K. Cooper. Derrière le personnage excentrique se cache un musicien au souffle inépuisable et au timbre argentin, qui sait mettre ses qualités de vibrato et de beau chant au service de l'expression, en dehors de tout souci d'authenticité stylistique.

ÉCRITS : *Flûte* (Londres, 1982).

Gamba, Piero

Chef d'orchestre italien, né à Rome le 16 septembre 1936.

Il est le fils d'un violoniste qui le pousse rapidement vers une carrière d'enfant prodige. Tout en étudiant le piano, il dirige son premier concert à l'Académie Sainte-Cécile de Rome à l'âge de huit ans. Les plus grands orchestres invitent alors ce chef en culotte courte qui débute à Londres en 1948. C'est en Angleterre que se déroule l'essentiel d'une carrière de chef invité qui est devenue beaucoup moins marquante au fil des années. De 1970 à 1981, il est directeur de l'Orchestre Symphonique de Winnipeg (Canada). Il est ensuite le principal chef invité de l'Orchestre Symphonique d'Adélaïde, en Australie (1982-87). Il a créé *Les Noces de nuit* de Landowski (1962).

Ganz, Rudolph

Pianiste et chef d'orchestre suisse naturalisé américain, né à Zurich le 24 février 1877, mort à Chicago le 2 août 1972.

Enfant, il étudie le violoncelle et le piano à Strasbourg et à Lausanne. Sa première apparition en public a lieu à onze ans, en tant que violoncelliste. En 1899, il décide de perfectionner sa technique de piano. Il devient l'élève de Busoni. Heinrich Urban lui enseigne la composition. En 1899, il fait ses débuts de pianiste avec l'Orchestre

Philharmonique de Berlin. L'année suivante, il dirigera sa *Symphonie en mi mineur* avec le même orchestre. De 1901 à 1905, il enseigne le piano au Chicago College of Music. Felix Weingartner l'accompagne pour ses débuts new-yorkais en 1906. Installé définitivement aux USA, il devient le chef permanent de l'Orchestre Symphonique de Saint Louis (1921-27). En 1928, il devient administrateur du Chicago College, dont il assurera la présidence de 1933 à 1954. Grand pédagogue, Ganz a souvent dirigé des orchestres de jeunes musiciens. Il laisse également un grand nombre de lieder. Ravel lui a dédié *Scarbo* (*Gaspard de la nuit,* 1908), Busoni sa *Sonatine n° 1* (1910), Schoenberg son chœur *Es ist zu Dum* (1934), trois musiciens qu'il a contribué à faire connaître tout comme Bartók.

ÉCRITS : *Rudolph Ganz Evaluates Modern Piano Music* (1968).

Gaouk, Alexandre

Chef d'orchestre russe, né à Odessa le 15 août 1893, mort à Moscou le 30 mars 1963.

Au Conservatoire de Saint-Pétersbourg, il travaille le piano avec F. Blumenfeld, les écritures et la composition avec V. Kalafati, I. Vitol et Glazounov, la direction avec N. Tcherepnine. Il fait ses débuts au Théâtre de Petrograd en 1917 avant d'être nommé à l'Opéra de Leningrad de 1923 à 1931. Il prend ensuite la direction de l'Orchestre Philharmonique de Leningrad (1931-33) et se fixe à Moscou où il dirige l'Orchestre Symphonique de la Radio (1933-36) et l'Orchestre Symphonique d'État de l'URSS (1936-41). De 1953 à 1961, il sera directeur artistique et premier chef du Grand Orchestre Symphonique de la Radio-Télévision de l'URSS. Durant toute sa carrière, il accorde une place essentielle à l'enseignement, au Conservatoire de Leningrad où il est professeur de 1927 à 1933, au Conservatoire de Moscou (1939-41 puis 1948-63) et au Conservatoire de Tbilissi (1941-43). Parmi ses élèves figurent Mravinski, Melik-Pachaiev et Svetlanov.

Fervent défenseur de la musique de son temps, il a créé de nombreuses partitions de Prokofiev, Chostakovitch (*Symphonie n° 3,* 1930 ; *L'Age d'or,* 1930 ; et *Le Boulon,* 1931), Miaskovski (*Symphonies n°s 21 et 27*) ou Khatchaturian. Il a terminé *Jenitba* (*Le Mariage*) de Moussorgski d'après ses esquisses et reconstitué la partition de la *Symphonie n° 1* de Rachmaninov d'après le matériel incomplet qui avait survécu à la révolution, recréant l'œuvre en 1945.

ÉCRITS : *L'Art d'un interprète* (en russe), publié en 1972.

Garaguly, Carl von

Chef d'orchestre hongrois naturalisé suédois, né à Budapest le 28 décembre 1900, mort à Stockholm le 8 octobre 1984.

Élève de Jenö Hubay à l'Académie Franz Liszt de Budapest (1907-09) et de Henri Marteau à la Musikhochschule de Berlin (1911-16), il entre à la Philharmonie de Berlin en 1917 puis enseigne le violon à Arad, en Hongrie (1918-19). Il reprend ensuite ses études au Conservatoire Stern de Berlin avec G. von Kresz et, en privé, avec Henri Marteau (1920-23). Il commence une carrière de soliste puis se fixe en Suède où il est violon solo de l'Orchestre Symphonique de Göteborg (1923-30) et de l'Orchestre Philharmonique de Stockholm (1930-40). En 1940, il fonde le Quatuor Garaguly. L'année suivante, il est nommé à la tête de l'Orchestre Philharmonique de Stockholm (1941-55). Il prend ensuite la direction de l'Orchestre Symphonique de Bergen (1952-58), de l'Orchestre de Arnhem, aux Pays-Bas (1959-72), puis de l'Orchestre Symphonique de Sønderborg, au Danemark (1965-79). Il enseigne à l'Académie de musique de Stockholm.

García Asensio, Enrique

Chef d'orchestre espagnol, né à Valence le 22 août 1937.

Il commence ses études musicales au Conservatoire de Madrid puis les poursuit à Munich (avec Lessing, Eichhorn et Mennerich) et à Sienne (avec Celibidache). En 1962, il remporte un prix décerné par la RAI et, l'année suivante, le prix de l'Académie Chigiana à Sienne. De 1962 à

1964, il dirige la Société Philharmonique et le Conservatoire de Las Palmas (Canaries) avant de prendre la direction, en 1964, de l'Orchestre Municipal de Valence. En 1966, il est nommé chef permanent de l'Orchestre Symphonique de la Radio-Télévision Espagnole à Madrid. Un an plus tard, il obtient le 1er prix du Concours Mitropoulos à New York ce qui lui permet de passer un an à Washington comme assistant du National Symphony Orchestra (1967-68). De retour dans son pays, où il conserve ses fonctions à la radio, il prend la direction de l'Académie Royale de Valence (1969) et du Conservatoire de Madrid (1970). Son frère, **José Luis García**, est le premier violon solo de l'English Chamber Orchestra. Il a créé des œuvres de Lleonard Balada (*Sinfonía en negro,* 1969).

García Navarro, Luis

Chef d'orchestre espagnol, né à Chiva le 30 avril 1941.

Il commence ses études au Conservatoire de Valence puis les poursuit, dans les disciplines de hautbois, piano et composition, au Conservatoire de Madrid, où il obtient un 1er prix en 1963. Ayant obtenu une bourse des gouvernements français et italien, il étudie la direction d'orchestre en France et en Italie avec Karl Œsterreicher et Franco Ferrara, puis il se rend à Vienne où, à l'Académie de musique, il travaille avec Hans Swarowsky et Reinhold Schmid.

Fondateur, dès 1963, de l'Orchestre National de la Société Universitaire Espagnole, il est lauréat, en 1967, du Concours international de Besançon. De 1970 à 1974, il est chef permanent de l'Orchestre Symphonique de Valence tout en dirigeant régulièrement aux Pays-Bas. En 1976, il est nommé chef permanent de l'Orchestre Symphonique de la Radio Portugaise. Entre 1979 et 1982, il est directeur musical au Théâtre San Carlos de Lisbonne et, entre 1987 et 1992, directeur général de la musique à l'Opéra de Stuttgart, tout en dirigeant régulièrement à l'Opéra de Vienne. En 1991, il est nommé chef permanent de l'Orquestra Ciutat de Barcelona.

Garcisanz, Isabel

Soprano espagnole, née à Madrid le 29 juin 1934.

Elle étudie la musique et le chant, avec Angeles Ottein au Conservatoire de Madrid et obtient trois grands prix : chant, solfège, piano. Une bourse d'État lui permet – après des études d'harmonie, d'accompagnement et d'art dramatique – de se rendre à Vienne, à l'Académie de musique ; engagée pour trois ans à l'Opéra de Vienne, elle débute dans *Le Comte Ory*, chante Rosine du *Barbier de Séville*, Adina de *L'Élixir d'amour* et interprète l'Enfant, dans *L'Enfant et les Sortilèges* de Ravel. A Strasbourg, elle incarne Serpetta dans *La Finta Giardiniera* de Mozart.

Mozart deviendra le fil conducteur de son art : Chérubin, Suzanne, la Comtesse (*Les Noces de Figaro*), Zerline, Elvira (*Don Giovanni*), Dorabella, puis Fiordiligi (*Così fan tutte*). Invitée par les grands théâtres de France et d'Europe, elle chante Donizetti, Rossini, Offenbach, Strauss, Ravel. A Glyndebourne, elle interprète Cavalli et Mozart. Sa voix expressive et claire touche les compositeurs contemporains qui écrivent pour elle. C'est ainsi qu'elle crée : *Sybille* et la *Messe* de Ohana (Avignon, 1976), *Le Bonheur dans le crime* de Casanova (Toulouse, 1972), *Aliana* de P. Ancelin (Radio France, 1973), *Les Noces d'ombre* de Nikiprowetzky (Toulouse, 1973), la *Symphonie n° 5* de Mihalovici (Radio France, 1972), *Ancient Voices of Children* de Crumb (Domaine Musical, 1973), *Medis et Alissio* de Delerue (Strasbourg, 1974), *Le Château des Carpathes* de Hersant (Montpellier, 1992). Elle parle cinq langues, ce qui lui permet d'aborder dans leur version originale des rôles comme Tatiana (*Eugène Onéguine*, Tchaïkovski). Elle aime le récital et l'opéra, chante avec piano, clavecin ou guitare...

Gardelli, Lamberto

Chef d'orchestre suédois d'origine italienne, né à Venise le 8 novembre 1915.

Après avoir étudié le piano et la composition à Pesaro (au Lycée Musical Rossini) et à Rome avec Zanella, Ariani, Petrassi et Bustini, il devient l'assistant de

Tullio Serafin, et dirige, en concert, plusieurs orchestres italiens. Il aborde l'Opéra avec *La Traviata* au Théâtre Royal de Rome et deux ans plus tard, appelé par l'Opéra de Stockholm, il y devient chef permanent (1946-55). Il y maintient le répertoire italien qu'il revivifie. On lui confie aussi les œuvres contemporaines scandinaves. De 1955 à 1961, il dirige l'Orchestre Symphonique de la Radio Danoise puis il est attaché à l'Opéra de Budapest (1961-65). En 1964, toujours fidèle au théâtre lyrique italien, il présente *Les Capulets et les Montaigus* de Bellini au Carnegie Hall de New York et débute au Met en 1966 avec *André Chénier* (Giordano) où il dirige régulièrement jusqu'en 1968. Invité au Festival de Glyndebourne en 1964 et 1968, il y dirige *Macbeth* et *Anna Bolena*. En 1969, il fait ses débuts à Covent Garden dans *Otello*. Entre 1978 et 1984, il est directeur musical à Berne puis *chefdirigent* du Rundfunkorchester de Munich (1982-85) et chef permanent de l'Orchestre Symphonique de la Radio Danoise à Copenhague (1986-89). Il a créé des œuvres de Gottfried von Einem (*Symphonie n° 4*, 1988). Lui-même compositeur, il est l'auteur d'œuvres symphoniques et lyriques.

Garden, Mary

Soprano écossaise, née à Aberdeen le 20 février 1874, morte à Aberdeen le 3 janvier 1967.

Dès l'âge de six ans elle vit en Amérique, à Chicago, et étudie le violon et le piano ; elle se consacre ensuite au chant qu'elle perfectionne à Paris auprès de M. Marchesi, Trabadello, L. Fugère et J. Chevalier. En 1900, dans *Louise* de Charpentier, elle éblouit tout le monde à l'Opéra-Comique. L'année suivante, elle interprète *La Traviata*, *Manon*, et, en 1902, est la créatrice de Mélisande. Invitée à Londres, elle chante encore *Manon*, puis apparaît dans la première de *Chérubin* de Massenet, en 1905, à l'Opéra de Monte-Carlo. En 1904, elle avait aussi créé *La Damoiselle élue* de Debussy et *La Reine Fiamette* de Leroux. De 1907 à 1910 : Mary Garden enthousiasme le public du Manhattan Theatre de New York dans *Le Jongleur de Notre-Dame*, *Sapho*, *Griselidis* (Massenet), mais elle chante aussi *Salomé* de R. Strauss (1909). En 1910, elle entre dans la troupe de l'Opéra de Chicago qu'elle dirige en 1919-20 et où elle demeure jusqu'en 1931. Cette année-là, elle est une étonnante *Carmen*. Elle participe aux premières représentations américaines de *Résurrection* (Alfano, 1925), et de *Judith* (Honegger, 1927). Après une série de triomphes aux États-Unis (*Don Quichotte* et *Cléopâtre* de Massenet, *Tosca*, *Monna Vanna* de H. Février), elle se retire de la scène en 1931 et donne des récitals. En 1935, elle enseigne au College Musical de Chicago et, en 1947, fait des conférences à travers l'Amérique.

Debussy lui a dédié les *Ariettes oubliées*, Roussel *Vœu* (op. 3, n° 2).

ÉCRITS : *Mary Garden's Story* (1951).

Gardiner, John Eliot

Chef d'orchestre anglais, né à Fontmell Magna (Dorset) le 20 avril 1943.

Il fait ses études au King's College de Cambridge et obtient des diplômes d'histoire et d'arabe (1961-65). A Londres, il a pour professeur de musique Thurston Dart. Une bourse du gouvernement français lui permet de venir travailler deux ans auprès de Nadia Boulanger à Paris. En 1964, après avoir étudié la direction d'orchestre avec G. Hurst, il fonde le *Monteverdi Choir* et fait ses débuts avec ce chœur à Wigmore Hall, en 1966. L'année suivante, alors que l'on fête le quatrième centenaire de la naissance de Monteverdi, il dirige les *Vêpres de la Vierge*, dans une nouvelle édition établie par lui, dans la cathédrale Ely. En 1968, durant un « Concert Promenade », cette œuvre touche un large public. J. E. Gardiner fonde alors l'Orchestre Monteverdi, joint au chœur (1978). Suivant sa passion pour les musiques du XVIIe et du XVIIIe siècle, il met au point de nouvelles éditions de Rameau (*Dardanus*, *Les Fêtes d'Hébé*, *Les Boréades*) et dirige ces œuvres à Londres, de 1973 à 1975. La sûreté, la rigueur de son travail en font un maître en ce domaine. Mozart, Gluck, Haendel sont à son répertoire. Il dirige *La Flûte enchantée* à Sadler's Wells en 1969 et *Iphigénie en Tauride* au Covent

Garden en 1973. En 1982, il dirige la première représentation des *Boréades* de Rameau au Festival d'Aix-en-Provence. Entre 1980 et 1983, il est directeur musical de l'Orchestre de la CBC (Radio Canadienne) à Vancouver puis, de 1983 à 1988, directeur musical de l'Opéra de Lyon. Entre 1981 et 1990, il est également directeur artistique du Festival Haendel de Göttingen. En 1990, il fonde un nouvel orchestre, l'Orchestre Révolutionnaire et Romantique qui prolonge les activités des English Baroque Soloists. La même année, il fait ses débuts au Festival de Salzbourg en dirigeant l'*Orfeo* de Monteverdi et celui de Gluck. En 1991, il est nommé chef permanent de l'Orchestre Symphonique du NDR à Hambourg. En 1993, il dirige la première exécution moderne de la *Messe solennelle* de Berlioz dont le manuscrit avait été perdu puis retrouvé après plus d'un siècle et demi.

Dans le domaine de la musique contemporaine, il a créé des œuvres de Jean-Guy Bailly (*Aubrac Symphonie,* 1993), Alexander Goehr (*The Death of Moses,* 1992), Aribert Reimann (*John III, 16,* 1976).

Gardon, Olivier

Pianiste français, né à Nice le 29 juillet 1950.

Après avoir travaillé avec Mme Audibert-Lambert au Conservatoire de Nice, il entre dans la classe de Pierre Sancan au Conservatoire de Paris. Premier prix de piano en 1970, et de musique de chambre dans la classe de Jean Hubeau en 1971, il remporte le 1er prix au Concours Marguerite Long en 1973, puis est couronné au Concours Reine Élisabeth de Belgique en 1975. Lauréat de nombreux autres concours (Viotti, Casella, Manza, Singalia), il enseigne au Conservatoire de Strasbourg puis à celui de Rueil-Malmaison.

Garner, Françoise

Soprano française, né à Nérac le 17 octobre 1933.

Dans un premier temps, elle ne se destine pas au chant. Elle étudie au Conservatoire de Paris, notamment les écritures avec Marcel Samuel-Rousseau. Elle ne découvre sa véritable vocation que quelques années plus tard, en Italie. Elle travaille au Conservatoire Sainte-Cécile de Rome pendant six ans, puis à Vienne. Elle fait ses débuts à l'Opéra-Comique en 1963, lors de la création du *Dernier Sauvage* de Menotti. On lui confie alors tous les rôles de colorature : Rosine, Lakmé, Olympia (*Les Contes d'Hoffmann*), Leïla. A l'Opéra, elle chante Lucia de Lammermoor, Gilda (*Rigoletto*). En 1971, elle incarne la Reine de la nuit au Festival d'Aix-en-Provence. Au cours des années qui suivent, sa voix s'élargit et elle aborde des rôles plus lyriques : en 1977, elle chante Marguerite (Gounod) à la Scala, Butterfly et Juliette (Gounod) à Vérone. Puis elle met à son répertoire les grands rôles de Bellini qu'elle chante surtout en France et en Italie.

Gasdia, Cecilia

Soprano italienne, née à Vérone le 14 août 1960.

Elle commence très tôt à étudier la musique dans sa ville natale où elle chante, pendant trois ans, au sein du chœur des Arènes. En 1980, elle remporte le 1er prix au concours Maria Callas de Milan. Sa carrière commence à se développer très vite : débuts dans *Luisa Miller* à Pavie et surtout, remplacement de Montserrat Caballé, malade, à la Scala de Milan dans *Anna Bolena* (1982). Elle s'impose en Italie dans un répertoire allant de Bellini à Verdi et Puccini (*La Somnambula*, Nanette de *Falstaff*, Liù de *Turandot*). Elle débute à l'Opéra de Paris en 1983 (*Moïse* de Rossini). Abbado, Giulini, Muti la demandent : Mimi, Gilda, Traviata... Elle travaille avec des metteurs en scène comme Ken Russell ou Franco Zeffirelli. En 1985, elle fait ses débuts à l'Opéra de Chicago et à l'Opéra de Vienne (*Luisa Miller*) ; l'année suivante, elle chante *Roméo et Juliette* au Met et fait sa première tournée au Japon. Elle aborde le rôle de Manon (Massenet) en 1990 à Venise. Elle a créé des œuvres de Lorenzo Ferrero (*La fuga di Foscolo,* 1986).

Gaubert, Philippe

Chef d'orchestre et compositeur français, né à Cahors le 5 juillet 1879, mort à Paris le 8 juillet 1941.

Arrivé à Paris à l'âge de sept ans, il travaille la flûte avec le père de Paul Taffanel qui le confie bientôt à son fils. Au Conservatoire, il est aussi l'élève de Pugno (harmonie), Caussade (écriture) et Lenepveu (composition). En 1894, il remporte un 1er prix de flûte, en 1903 un 1er prix de fugue et, en 1905, le 2e Grand Prix de Rome. Très rapidement, il est flûte solo à la Société des Concerts et à l'Opéra de Paris. En 1904, il est nommé second chef à la Société des Concerts où il seconde Georges Marty. Sa véritable carrière commence après la guerre, en 1919, lorsqu'il remplace Messager à la tête de la Société des Concerts, où il restera jusqu'en 1938. La même année, il succède à Taffanel comme professeur de flûte au Conservatoire et, en 1920, il devient premier chef d'orchestre puis directeur de la musique (1924-39) à l'Opéra de Paris. En 1931, il est professeur de direction d'orchestre au Conservatoire et, en 1940-41, directeur de la musique à l'Opéra.

A la Société des Concerts ou à l'Opéra, Gaubert s'est fait le champion de la musique de son temps qu'il impose avec un enthousiasme communicatif. On lui doit la création de *Padmâvati* (1923) et *Bacchus et Ariane* (1931) de Roussel, de *Masques et Bergamasques* (1919) de Fauré, d'*Œdipe* (1936) d'Enesco, de *La Chartreuse de Parme* (1939) de Sauguet, de *Rythmes du monde* (1941) de Landowski et de nombreuses œuvres de Pierné, Ibert, M. Emmanuel... Ferruccio Busoni lui a dédié son *Divermento pour flûte et orchestre*, op. 52 (1920). En 1934 et 1935, il a donné les premières exécutions modernes de l'*Orfeo* de Monteverdi à la Société des Concerts. A l'Opéra, il dirigeait surtout, en dehors des créations, les grands ouvrages de Wagner et de Berlioz.

L'œuvre de Gaubert est abondante : plusieurs ouvrages pour la scène (*Sonia*, *Naïla*, ou son ballet *Le Chevalier et la damoiselle*), des œuvres pour flûte et de nombreuses pages d'orchestre (*Le Cortège d'Amphitrite*, *Concert en fa*, *Symphonie*).

Gavazzeni, Gianandrea

Chef d'orchestre, compositeur et écrivain italien, né à Bergame le 27 juillet 1909.

Il a pour professeurs Renzo Lorenzoni (piano), Ildebrando Pizzetti et Mario Pilati (composition), à Rome et au Conservatoire de Milan (1921-31). Il entreprend une carrière de chef d'orchestre tout d'abord à la Scala (1948), puis, sans quitter ce théâtre (dont il sera directeur artistique de 1966 à 1968), dans les autres principaux centres italiens, à Moscou, Chicago, Buenos Aires, Vienne. Après une longue carrière de chef invité, il reprend un poste permanent à la tête de l'Orchestra Sinfonica dell'Emilia Romagna « Arturo Toscanini » (Parme) en 1992. Il a créé des opéras de Flavio Testi (*La Celestina,* 1963 ; *L'albergo dei poveri,* 1966), Riccardo Malipiero (*Minnie la candida,* 1942), Ildebrando Pizzetti (*La figlia di Jorio,* 1954 ; *Meurtre dans la cathédrale,* 1958).

Son intelligence, sa sensibilité, ses goûts, le portent vers les opéras du XIXe siècle surtout. Ses propres compositions ne se détachent pas des racines et de la culture italiennes. Le paysage lombard l'inspire. Parmi ses œuvres : *Paul et Virginie* (opéra, 1935), *La Mort de Daphné* (pour violon et orchestre, 1929), le *Concerto en la majeur* (violon et orchestre, 1937), *Nocturnes des buveurs bergamasques* (ténor et orchestre, 1938), *Bergamasque* pour piano.

ÉCRITS : *Journal du musicien* (1940-50) ; *Moussorgski et la musique russe du XIXe* ; *La Mort de l'Opéra* (1954) ; *Années de musique* (1958) ; *Journal d'Édimbourg et d'Amérique* (1960) ; *Ne pas exécuter Beethoven* (1974) ; *La Bacchetta spezzata* (1987).

Gavrilov, Andreï

Pianiste russe, né à Moscou le 1er septembre 1955.

Sa mère, élève de Heinrich Neuhaus, lui a enseigné le piano. Il travaille également avec Tatiana Kessner et avec Leo Naoumov. Après des études à l'École centrale et au Conservatoire de Moscou, il travaille avec Richter et remporte le 1er prix au Concours Tchaïkovski à Moscou en 1974.

Doué d'une fulgurante technique, Gavrilov peut tout jouer, ou presque. Mais il allie à l'adresse et à la puissance de ses doigts un sens aigu de la musicalité. Il est l'interprète de rêve des Russes (Rachmaninov, Tchaïkovski, Prokofiev), mais aussi des Viennois. En 1985, après avoir été interdit pendant cinq ans de se produire en Occident pour des raisons politiques, il peut quitter l'URSS pour séjourner à Londres pendant deux ans. Il fait ses débuts aux États-Unis et sa carrière prend rapidement un essor international. En 1989, il remporte le Prix international de l'Académie Chigiana de Sienne. Il a une prédilection particulière pour la musique de Prokofiev, de Chopin et pour celle de J. S. Bach.

Gawriloff, Saschko
(Siegfried Jordan Gawriloff)

Violoniste allemand, né à Leipzig le 20 octobre 1929.

Sa famille est d'origine bulgare. Il étudie avec son père – violoniste au Gewandhaus de Leipzig – jusqu'en 1937. De 1942 à 1944, il travaille au Conservatoire de Leipzig avec Hans Hilf et Walter Davisson. De 1945 à 1947, il reçoit les conseils de Gustav Havemann et de Martin Kovacz à Berlin. Il est violon solo à la Philharmonie de Dresde (1947-48), à la Philharmonie de Berlin (1948-49), à l'Orchestre de la Radio de Berlin (1949-53), à l'Orchestre du Museum de Francfort (1953-57), à l'Orchestre Symphonique de la Radio de Hambourg (1961-66). En 1953, il avait remporté des concours internationaux à Berlin et Munich, puis le Concours Paganini à Gênes (1959). Il enseigne successivement au Conservatoire de Nuremberg (1957-61), à l'Académie de musique de Detmold (1961-69) et à la Folkwanghochschule d'Essen à partir de 1969 avant de succéder à Max Rostal à la Hochschule für Musik de Cologne (1982). Il participe à des cours d'été à Darmstadt depuis 1963. Il joue fréquemment avec le pianiste Aloys Kontarsky et le violoncelliste Siegfried Palm. A partir de 1971, il joue en trio avec le pianiste Aloys Kontarsky et le violoncelliste Klaus Storck. A la fin des années quatre-vingt, il retrouve Siegfried Palm dans une nouvelle formation avec le pianiste Bruno Canino. En dehors de ces formations durables, ses facultés d'adaptation lui permettent de faire équipe de façon occasionnelle avec les interprètes les plus divers. Il a créé des œuvres de Frank Michael Beyer (*Sonate pour violon et piano,* 1978), Hans Jürgen von Bose (*Sonate pour violon solo,* 1976), Morton Feldman (*Violin and Stringquartet,* 1990), Dieter Haufmann, Werner Heider, Mauricio Kagel (*Trio,* 1985), György Ligeti (*Trio pour piano, violon et cor,* 1982 ; *Concerto pour violon,* dédicataire, 1re version, 1990 ; 2e version, 1992), Bruno Maderna (*Widmung,* 1971), Hans Georg Pflüger (*Rhapsodie pour violon, cor et piano,* 1984 ; *Notturno pour violon, clarinette et contrebasse,* 1987 ; *Concerto pour violon, violoncelle et orchestre,* 1990 ; *Katarakt* pour violon, violoncelle et piano, 1991), Wolfgang Rihm (*Trio,* 1984), Alfred Schnittke, Dimitri Terzakis (*Concerto pour violon,* 1991), Isang Yun (*Sonate pour deux violons,* 1983). Il également donné la première audition de la version pour violon du *Concerto pour violoncelle* de Robert Schumann (1987). Il joue sur un Stradivarius.

Gazeau, Sylvie

Violoniste française, née à Nice le 30 janvier 1950.

Elle commence sa formation musicale au Conservatoire de Nice où elle obtient un prix en 1959. Sur les conseils de Henryk Szeryng, elle entre au Conservatoire de Paris (classes de Gabriel Bouillon et Joseph Calvet) où elle remporte des premiers prix de violon (1965) et de musique de chambre. Lauréate du Concours de Barcelone (1967), 2e prix au Concours international de Londres (1968), 1er prix du Concours Enlow d'Evansville (USA) en 1969, elle se voit décerner le « Performer's Certificate » de l'Université d'Indiana où elle est l'élève de Gingold et Starker. En 1973, elle remporte le 3e prix au Concours international de Montréal. Elle réalise une carrière internationale. De 1976 à 1982, elle est soliste à l'Ensemble InterContemporain qu'elle quitte pour se consacrer davantage à la musique de chambre, notamment au sein du Quatuor Ivaldi, avec Gérard Caussé, Christian Ivaldi et Alain Meunier. En

1985, elle est nommée professeur de violon et de musique de chambre au Conservatoire de Paris. Elle joue sur un Stradivarius ayant appartenu à Christian Ferras.

Gazzelloni, Severino

Flûtiste italien, né à Roccasecca Frosinone le 5 janvier 1919, mort à Camino le 21 novembre 1992.

Il commence la flûte à l'âge de sept ans, avec Giambattista Creati, poursuit ses études au Conservatoire Sainte-Cécile de Rome et fait ses débuts dans un orchestre de musique légère. Il est tout d'abord flûte solo à l'Orchestre Symphonique de Belgrade, puis à l'Orchestre de la RAI de Rome. Il est aussitôt remarqué par les chefs d'orchestre et par les compositeurs. Son habileté à déchiffrer, son extraordinaire mémoire vont de pair avec une intuition musicale profonde. Il semble fait pour la musique d'aujourd'hui, bien que toute musique, dès son adolescence, le touche, de Vivaldi à Stravinski. En 1952, il enseigne la flûte aux cours d'été de Darmstadt. Là, il connaît l'avant-garde musicale. Il se lie d'amitié avec Adorno, Hartmann et Strobel. Il donne ensuite des cours à Dartington en Angleterre, à Cologne, à l'Académie Sibelius d'Helsinki, à l'Académie Chigiana de Sienne (à partir de 1966), au Conservatoire Sainte-Cécile de Rome. Stravinski, impressionné par la beauté de son jeu, parle de lui dans ses souvenirs.

Son répertoire va de Bach au jazz. Dans le domaine de la musique contemporaine, il a suscité une très abondante littérature écrite à son intention sans distinction de tendances ni de générations (plus de 150 partitions). Parmi elles, des œuvres de Luciano Berio (*Serenata* pour flûte et 14 instruments, 1957, *Sequenza,* 1958), Pierre Boulez (*Sonatine pour flûte et piano,* 1957), Aldo Clementi (*Ideogrammi n° 2,* 1960) ; *Triplum,* 1961), Franco Donatoni (*Puppenspiel 2,* 1966), Kazuo Fukushima (*Hi-Kyo,* 1962 ; *Mei,* 1962 ; *Kadha Karuna,* 1962), Giorgio Federico Ghedini (*Sonata da concerto* pour flûte et orchestre, 1958), Henryk Mikolaj Gorecki (*Diagrame,* 1961), Bruno Maderna (*Honeyrêves,* 1961 ; *Hyperion* selon Hölderlin, 1963), Yoritsuné Matsudaira (*Somaksah,* 1961), Stefan Niculescu (*Triplum* pour flûte, violoncelle et piano, 1971), Luigi Nono (*Y su sangre ya viene cantando,* 1954), Luis de Pablo (*Reciproco,* 1963), Goffredo Petrassi (*Concerto pour flûte,* 1961 ; *Tre per sette,* 1967 ; *Souffle,* 1969), Gerard Schurmann (*Sonatine pour flûte et piano,* 1968), Roman Vlad (*Il magico flauto di Severino,* 1977), Wladimir Vogel (*Dal quaderno di Francine Settene,* 1952), Bernd Alois Zimmermann (*Tempus loquendi,* 1964).

Gedda, Nicolaï
(Nicolaï Ustinov)

Ténor suédois, né à Stockholm le 11 juillet 1925.

Né de père russe et de mère suédoise, il étudie dans sa ville natale avec C.M. Oehmann et débute à l'Opéra Royal de Stockholm en 1952 (*Le Postillon de Longjumeau*). Il commence immédiatement une grande carrière internationale en chantant à l'Opéra de Paris en 1952 (*Obéron*), à la Scala en 1953 (Don Ottavio), à Aix-en-Provence en 1954 (Belmonte, puis Orphée, Thespis du *Platée* de Rameau, Ferrando de *Cosi*), à Vienne (*Carmen* en concert au Musikverein) et au Covent Garden (le duc de Mantoue) la même année. C'est ensuite le Met en 1957 (Faust) puis Salzbourg en 1957 (Belmonte, et Horace dans la création mondiale de *L'École des femmes* de Liebermann, puis Anatol de *Vanessa* de Barber – dont il assure la création mondiale en 1957 au Met –, Ferrando, Ottavio et le Chanteur italien du *Chevalier à la rose...*) et toutes les grandes scènes mondiales, y compris le Bolchoï où il débute en 1980. Il est aussi des créations de l'*Homme sauvage* de Menotti au Met, et des *Triumphi* d'Orff à la Scala. Spécialisé surtout dans les répertoires français (Roméo, les deux Faust, Cellini, Werther, Nadir, Hoffmann...), allemands (Mozart, Gluck et les opérettes viennoises...) et russes (Lensky, Dimitri, *Une vie pour le tsar, Lady Macbeth de Mtzensk...*), il ne dédaigne pas pour autant les rôles italiens (Bellini, Verdi, Puccini). Son répertoire comporte plus de 70 rôles et il a enregistré près de 200 disques. Sa technique et sa distinction en font l'un des plus grands noms de son époque, aussi bien pour l'opéra que pour le récital.

ÉCRITS : *Le cadeau n'est pas gratuit* (en suédois, 1978).

Gelber, Bruno-Leonardo

Pianiste argentin, né à Buenos Aires le 19 mars 1941.

Son père est altiste au Théâtre Colón et sa mère pianiste. Dès l'âge de trois ans, il commence l'étude du piano. En 1946, il travaille sous la direction de Vicente Scaramuzza. Hélas !, en 1948, la poliomyélite le contraint à plus d'un an d'immobilité. Il surmontera cette épreuve et, dès 1949, il donne son premier récital à la Radio. Il poursuit ses études générales tout en se produisant sur les scènes de son pays. Il jouera notamment au Théâtre Colón sous la direction de Lorin Maazel en 1956. En 1960, il obtient une bourse du gouvernement français et vient vivre trois ans en France. Il y rencontre Marguerite Long dont il devient très vite l'un des élèves favoris. En 1961, il remporte le 3e prix au concours qui porte le nom de cette dernière. Les remous provoqués par cette troisième place, alors que beaucoup le mettaient au premier plan, lui assurent un rapide accès à la célébrité. Son répertoire est essentiellement constitué des grandes œuvres classiques et romantiques.

Géliot, Martine

Harpiste française, née à Paris le 8 décembre 1948, morte à Paris le 7 février 1988.

Née dans une famille de harpistes, elle obtient très tôt les plus hautes récompenses au Conservatoire de Paris (classe de Pierre Jamet), un 1er prix (1963), puis au Concours international d'Israël (1965). Dès lors, elle se produit dans le monde entier : Fondation Gulbenkian à Lisbonne, Carnegie Hall à New York (1976). En 1977, The National Academy of Recordings Arts (USA) lui décerne un Grand Prix conjointement avec Ravi Shankar, Yehudi Menuhin et Jean-Pierre Rampal avec lesquels elle a enregistré. En 1976, elle crée à Londres le *Concerto pour harpe* de Malcolm Williamson, année où elle inaugure la classe de harpe au Conservatoire Municipal du Luxembourg. A partir de 1978, elle est soliste à l'Orchestre National de France. Elle fonde alors le Trio flûte, violoncelle et harpe de Paris (avec André Guilbert et Jean Barthe) qui succède au Trio Nordmann.

Gelmetti, Gianluigi

Chef d'orchestre italien, né à Rome le 11 septembre 1945.

Il fait ses études musicales à l'Académie Sainte-Cécile de sa ville natale où il obtient son diplôme de direction d'orchestre en 1965. Élève de Franco Ferrara à Rome et dans diverses académies (1962-67), il se perfectionne avec Sergiu Celibidache et, à Vienne, avec Hans Swarowsky. Il est nommé directeur musical de l'Orchestre des Pomeriggi Musicale de Milan et enseigne au Conservatoire de cette ville jusqu'en 1980. Il devient ensuite directeur artistique de l'Orchestre Symphonique de la RAI de Rome (1982-84). Puis il est nommé directeur musical de l'Opéra de Rome (1984-85). Entre 1989 et 1995, il exerce les fonctions de chef permanent à la tête de l'Orchestre Symphonique du SDR de Stuttgart, qu'il cumule, entre 1990 et 1992, avec la direction musicale de l'Orchestre Philharmonique de Monte-Carlo.

Il a créé des œuvres de Niccolò Castiglioni (*Sacro Concerto,* 1982), Franco Donatoni (*In cauda,* 1983), Lorenzo Ferrero (*Marilyn,* 1980 ; *Ombres,* 1984), Hans Werner Henze (*Symphonie n° 7,* 1984), Giacomo Manzoni (*Modulor,* 1979).

Gencer, Leyla

Soprano turque, née à Ankara le 10 octobre 1927.

Elle fait ses humanités à Istanbul puis ses études de chant au conservatoire local, ayant la chance d'avoir des professeurs tels que Gianina Arangi-Lombardi. En 1953, elle arrive en Italie, parlant parfaitement l'italien, d'instinct bonne comédienne, mais douée d'une voix flexible, plaisante, un peu courte dans le grave et plutôt limitée en puissance. C'est pourtant dans le rôle de Santuzza qu'elle débute, en plein air, à Naples, en 1953. Peu après, elle est Madame Butterfly au San Carlo de Naples, puis Tosca à Munich, Francesca da Rimini à San Francisco... En 1957, elle débute à la Scala pour la création des *Dialogues des carmélites* et, immédiatement après, Karajan lui fait chanter Violetta à l'Opéra de Vienne. Cette fulgurante ascension, Gencer la doit plus à son intense musicalité, à ses dons et à sa présence dramatiques qu'à la qualité de sa voix.

Deux événements font alors prendre à sa carrière un tournant décisif : *Anna Bolena* à la Radio, *La Battaglia di Legnano* à Florence. Elle se lance dans le répertoire des sopranos d'agilità du début du XIXe siècle, et c'est le triomphe : Lucia à San Francisco, Amina à Naples, Gilda... puis *Norma*, *Lucrezia Borgia*, *Roberto Devereux.* Venant après Callas, il lui était difficile de s'imposer d'autant que s'affirmant « musulmane et orientale », elle s'interdisait tout ce qui, en dehors de son art, pouvait défrayer la chronique et faire d'elle la « une » des journaux.

Si sa carrière est présentement moins intense, ses disques « live », qui, curieusement, se multiplient, nous font découvrir à côté de quelle artiste d'exception nous sommes trop souvent passés.

Gendron, Maurice

Violoncelliste et chef d'orchestre français, né à Nice le 26 décembre 1920, mort à Grez-sur-Loing (Seine-et-Marne) le 20 août 1990.

Il manifeste très tôt d'étonnantes dispositions pour la musique. A cinq ans, il reçoit un petit violoncelle spécialement fabriqué à son intention. Il en commence l'étude à Cannes avec Stéphane Odero. Il rencontre Emanuel Feuermann qui lui fait passer une audition. A douze ans, il entre au Conservatoire de Nice et travaille avec Jean Mangot. Il obtient en 1935 un 1er prix de violoncelle. Il « monte » ensuite à Paris où il entre au Conservatoire dans la classe de Gérard Hekking et obtient en 1938 un 1er prix de violoncelle. La vie pour lui est à cette époque assez difficile. Il commence néanmoins à se faire un nom en jouant dans certains salons où il peut côtoyer Cocteau, Picasso, Mauriac, Poulenc... Recruté dans l'Orchestre Symphonique de Paris, il remplace au pied levé Cassadó dans le *Concerto pour violoncelle* de Dvořák que dirige Willem Mengelberg. Après ces débuts très remarqués, il travaille la direction d'orchestre avec Roger Désormière, Hermann Scherchen et Willem Mengelberg. Mais c'est au violoncelliste qu'est d'abord promise la gloire. Il joue avec Benjamin Britten que lui a présenté Francis Poulenc.

Il donne en 1945 la première audition européenne du *Concerto pour violoncelle*, op. 58 de Prokofiev et en obtient l'exclusivité pendant trois ans. Paul Hindemith lui dédie son *Deuxième Concerto*, Francis Poulenc une *Sérénade*, Jean Françaix une *Fantaisie* et des *Variations de concert.* Pablo Casals l'accueille à Prades et accepte de diriger l'orchestre qui l'accompagne dans les concertos de Haydn et Boccherini. De 1953 à 1970, il est professeur à l'Académie nationale de musique de Sarrebruck puis, de 1970 à 1987, au Conservatoire de Paris. Il enseigne aussi régulièrement à l'École Yehudi Menuhin, à Stoke d'Abernon, en Angleterre. Avec Yehudi et Hephzibah Menuhin, il forme un trio qui marque son époque. Sans avoir fait une importante carrière de chef d'orchestre, il a néanmoins dirigé régulièrement l'Orchestre de Chambre de la Sarre après la mort de Karl Ristenpart et a été chef permanent du Bournemouth Sinfonietta (1971-73). Il jouait sur un violoncelle de Stradivarius.

Georgesco, Georges

Chef d'orchestre roumain, né à Sulina le 12 septembre 1887, mort à Bucarest le 1er septembre 1964.

Il commence le violon à l'âge de cinq ans puis se tourne vers le violoncelle : entre 1910 et 1914, il est l'élève de Constantin Dimitrescu au Conservatoire de Bucarest et de Hugo Becker à Berlin, ville où il étudie également la composition et la direction d'orchestre. De 1911 à 1914, il fait partie du Quatuor Marteau mais doit abandonner le violoncelle pour des raisons de santé. Richard Strauss le pousse alors vers la direction d'orchestre :

en 1918, il débute à la Philharmonie de Berlin ; puis il est l'assistant de Nikisch au Gewandhaus de Leipzig avant de rentrer dans son pays où il prend la direction artistique de la Philharmonie de Bucarest (1920-44 et 1954-64). Il sera également directeur musical de l'Opéra de Bucarest (1922-26, 1930-40) et professeur au Conservatoire de Bucarest (1950-53). Il a mené une importante carrière internationale, notamment aux États-Unis (à partir de 1926), en France (où il était l'un des invités réguliers de l'Orchestre Symphonique de Paris), en Autriche et en Allemagne. Il a joué un rôle important pour la propagation de la musique roumaine dans le monde entier et a également largement diffusé la musique française en Roumanie.

Il a créé des œuvres de Mihail Andricu (*Suite pour orchestre*, op. 2, 1925 ; *Simfonietta n° 3,* 1948 ; *Symphonies n°s 5 et 6,* 1957), Paul Constantinescu (*Nunta în Carpaţi*, ballet, 1939 ; *Onoapte furtunoasa,* opéra (2e version, 1951) ; *Rhapsodie n° 2,* 1956), Ion Dumitrescu (*Sinfonietta,* 1957), Georges Enesco (*Symphonie concertante pour violon et orchestre,* 1930), Ludovic Feldman (*Suite n° 2,* 1949), Marcel Mihalovivi (*Notturno,* 1925).

Georgian, Karine

Violoncelliste russe, née à Moscou le 5 janvier 1944.

Elle commence à étudier le violoncelle dès l'âge de cinq ans avec son père, professeur à l'Institut de musique. Puis elle entre à dix-sept ans au Conservatoire Tchaïkovski où elle est l'élève de Mstislav Rostropovitch pendant sept ans. En 1966, elle remporte le 1er prix au Concours Tchaïkovski et commence à faire des tournées dans le monde entier. Fixée à Londres et en Allemagne fédérale, elle a succédé à André Navarra comme professeur à la Hochschule für Musik de Detmold en 1986. Elle a créé des œuvres d'Aram Khatchaturian (*Concerto-Rhapsodie*), Tigran Mansourian (*Cello Quintet,* 1990), Alfred Schnittke et Arvo Pärt (*Double Concerto pour violon et violoncelle* avec Gidon Kremer).

Gergiev, Valery

Chef d'orchestre russe, né à Moscou le 21 septembre 1953.

Il étudie d'abord le piano et la direction d'orchestre à Ordzhonikidze puis travaille avec Ilya Musin au Conservatoire de Leningrad. Encore étudiant, il remporte le 1er prix au Concours de direction d'orchestre de l'ensemble des Républiques soviétiques (1975) puis le 1er prix au Concours Herbert von Karajan à Berlin (1976). Il est engagé comme assistant de Yuri Temirkanov au Théâtre Kirov de Leningrad. Entre 1981 et 1985, il est chef permanent de l'Orchestre de l'État d'Arménie et commence à se faire connaître à la tête des principaux orchestres soviétiques. Rapidement, sa renommée s'étend au-delà des frontières de son pays natal (Europe occidentale, Japon) et il est nommé directeur musical du Kirov en 1988. Entre 1989 et 1992, il est en outre principal chef invité de l'Orchestre Philharmonique de Rotterdam dont il prend la direction musicale en 1995. En 1990, il fait ses débuts en concert aux États-Unis. L'année suivante, il dirige pour la première fois un opéra en Occident (*Boris Godounov* à Munich puis *Guerre et Paix* à San Francisco).

Gericke, Wilhelm

Chef d'orchestre autrichien, né à Schwanberg (Styrie) le 18 avril 1845, mort à Vienne le 27 octobre 1925.

Après avoir travaillé au Conservatoire de Vienne (1862-65), notamment avec Desoff, il est nommé chef d'orchestre à l'Opéra de Linz. En 1874, il est assistant à l'Opéra de Vienne où il crée en 1875 *Die Königin von Saba* de Goldmark. Il y dirige également la première représentation viennoise de *Tannhäuser.* Puis il succède à Brahms à la tête des Gesellschaftskonzerte (1880-84). Il dirige aussi les Wiener Singverein (1881-84). Sa carrière le mène ensuite aux États-Unis où il est chef permanent de l'Orchestre Symphonique de Boston (1884-89 puis 1898-1906). Il jouera un rôle essentiel dans la formation de cet orchestre auquel il donnera un style et un répertoire typiquement autrichiens. Entre 1890 et 1895, de retour à Vienne, il reprend la direction des Gesellschaftkonzerte. Il terminera sa carrière à Vienne comme chef invité.

Geringas, David

Violoncelliste lituanien, né à Vilnius le 29 juillet 1946.

Issu d'une famille lituanienne, il commence une carrière d'enfant prodige dans sa ville natale. En 1963, il est admis au Conservatoire de Moscou où il est l'élève de Mstislav Rostropovitch pendant près de huit ans. Il achève ses études musicales en 1968 et, en 1969, obtient le 1er prix au Concours de Bakou. L'année suivante, il remporte le 1er prix au Concours Tchaïkovski et commence à se faire une réputation dans le monde du violoncelle. Ses premières tournées à l'étranger datent de 1970 (Allemagne fédérale) et de 1973 (Hongrie). En 1976 il s'établit en RFA en compagnie de sa femme, la pianiste **Tatjana Schatz**, avec laquelle il donne de nombreux récitals. Distingué par la Fondation Herbert von Karajan, il est premier violoncelle solo de l'Orchestre Symphonique du NDR. Professeur au Conservatoire de Hambourg, il joue sur un Guadagnini de 1761. Dans un répertoire très vaste, la musique contemporaine se taille une place de choix (Honegger, Milhaud, Hindemith, Kabalevski...). Paltanawitschus lui dédie, en 1974, un *Concerto pour violoncelle*. Il crée en outre des œuvres de Gottfried von Einem (*Sonate pour violoncelle et piano,* 1987), Ernst Krenek (*Concerto pour violoncelle n° 2,* 1983), Manfred Trojahn (*Sonate pour violoncelle et piano n° 2,* 1984), Peteris Vasks (*Concerto pour violoncelle,* 1994). Il joue en trio avec le pianiste Gerhard Oppitz et le violoniste Dmitry Sitkovestky. Il joue également du baryton et a fondé le Trio Geringas au sein duquel il tient cet instrument aux côtés de l'altiste Vladimir Mendelssohn et du violoncelliste Emil Klein.

Gerle, Robert

Violoniste hongrois naturalisé américain, né à Abbazia (Italie) le 1er avril 1924.

Il fait ses études musicales à l'Académie Franz Liszt de Budapest, ville où il débute en 1941. Il quitte la Hongrie pour des raisons politiques et s'expatrie aux États-Unis où il commence une carrière de concertiste qui le mène non seulement dans les principales villes des États-Unis mais aussi en Europe : il joue notamment le *Concerto pour violon* de Brahms sous la direction de Karajan à Paris. Il est professeur au Conservatoire de Baltimore entre 1955 et 1968, au Mannes College of Music de New York (1959-70), à la Manhattan School of Music de New York (1967-70), artiste-résident, professeur de direction d'orchestre à l'Université de l'Ohio (1968-72), professeur de direction d'orchestre à l'Université du Maryland (Baltimore) depuis 1972 et professeur à l'Université catholique de Washington depuis 1973.

Robert Gerle, même s'il est interprète des maîtres classiques et romantiques, se distingue particulièrement dans le répertoire contemporain : concertos de Delius ou Kurt Weill qu'il a contribué à faire revivre. Il a créé le *Concerto pour violon et violoncelle* (1960) de Leon Kirchner avec Aldo Parisot et le *Concerto pour violon n° 2* (1976) de Ross Lee Finney.

Gerlin, Ruggero

Claveciniste italien, né à Venise le 5 janvier 1899, mort à Paris le 17 juin 1983.

Après des études de piano au Conservatoire Giuseppe Verdi de Milan, il s'installe à Paris pour suivre les cours de Wanda Landowska dès 1920. Il y restera jusqu'en 1940, ayant souvent l'occasion de jouer avec elle lors de concerts à deux clavecins.

En 1941, on lui offre un poste de professeur au Conservatoire San Pietro a Majella, à Naples. Dès 1947, il donne chaque année des master classes à Sienne. Claveciniste militant pour son instrument, il a effectué de nombreux enregistrements à une époque où la cause du renouveau du clavecin n'était pas entendue ; Ruggero Gerlin a également assuré l'édition de nombreuses compositions pour clavecin de compositeurs italiens, comme Scarlatti, Marcello, ou Grazioli.

Germani, Fernando

Organiste italien, né à Rome le 5 avril 1906.

Il entre à l'âge de huit ans au conservatoire de sa ville natale, où il étudie le piano avec Bajardi, la théorie musicale avec Dobici et la composition avec Respighi. A l'orgue, son instrument de choix, il est l'élève de Raffaele Manari. En 1921, il est nommé organiste de l'Orchestre de l'Augusteo et commence une carrière de virtuose. Il enseigne à l'Académie de Sienne (1932-72), ainsi qu'à l'Académie Sainte-Cécile (1935). A la même époque, il effectue de nombreuses tournées aux États-Unis et, de 1931 à 1933, il dirige le département de l'orgue à l'Institut Curtis de Philadelphie. A partir de 1936, il va souvent en Angleterre et fait partie de l'Organ Music Society à St Alban. Aussitôt après la guerre, en 1945, il donne sa première audition de l'œuvre intégrale pour orgue de J. S. Bach en Italie sur l'orgue de Saint-Ignazio de Rome ; il renouvellera par sept fois cet événement à la basilique de Maria-in-Ara Coeli. Pendant onze ans, à partir de 1948, il est le premier organiste de la basilique Saint-Pierre de Rome. Sa prodigieuse mémoire musicale, alliée à une technique impeccable, dans la tradition symphonique de l'orgue, sert son jeu brillant et lui a valu sa renommée.

Son répertoire inclut des compositeurs qui, en France, n'ont guère retenu l'attention jusqu'à ces dernières dix années : Max Reger, par exemple. On lui doit notamment une méthode d'orgue en quatre volumes (1942-52), et une édition de Frescobaldi (1936) – aujourd'hui dépassée, eu égard aux progrès de la musicologie. Sa *Toccata* (1937) figure au répertoire des concertistes.

Gertler, André

Violoniste hongrois naturalisé belge, né à Budapest le 26 juillet 1907.

Élève d'Hubay et de Kodály à l'Académie Franz Liszt de Budapest (1914-25), grand ami de Bartók avec lequel il joue souvent en sonate, Gertler commence sa carrière internationale en 1920. Il se fixe en Belgique en 1928 et enseigne au Conservatoire de Bruxelles (à partir de 1940), à la Hochschule für Musik de Cologne (1954-59), et à celle de Hanovre (1964-78). André Gertler se produit également en musique de chambre, notamment avec le Quatuor qui porte son nom (1931-51). Il donne la première européenne de la *Sonate* pour violon seul (Londres, 1945) de Bartók. On lui doit également des cadences pour le *Concerto en ré majeur* de Beethoven et pour le *Concerto*, K 216 de Mozart. Il a épousé la pianiste **Diane Andersen**.

Grand interprète de Bartók, il a enregistré l'intégrale de son œuvre pour violon.

Gerville-Réache, Jeanne

Contralto française, née à Orthez le 26 mars 1882, morte à New York le 5 janvier 1915.

Elle passe son enfance en Guadeloupe, où son père est gouverneur. En 1898, elle est envoyée à Paris pour travailler le chant avec Rosine Laborde et Pauline Viardot. Elle fait ses débuts à l'Opéra-Comique en 1899 dans *Orphée* de Gluck ; elle continue à y chanter jusqu'en 1903. Elle y crée le rôle de Geneviève dans *Pelléas et Mélisande* le 30 avril 1902. Elle chante à la Monnaie de Bruxelles (1903-04), au Covent Garden de Londres (1905, *Orphée* de Gluck). Puis elle se rend à New York, où elle entre dans la troupe de la Manhattan Opera Co. (1907-10), où elle chante Dalila, Hérodiade, Geneviève et Clytemnestre (pour la première fois aux États-Unis), avant de se produire à Chicago, Boston, Philadelphie et Montréal (1910-15). Elle participe à la première représentation américaine d'*Elektra* en chantant le rôle de Clytemnestre. En 1908, elle épouse le Dr Georges Rambaud, directeur de l'Institut Pasteur à New York. Elle possédait une véritable voix de contralto, doublée d'une forte personnalité dramatique.

Geszty, Sylvia

Soprano hongroise, née à Budapest le 28 février 1934.

Elle fait toutes ses études musicales au Conservatoire de Budapest et débute en 1959 à l'Opéra national, obtenant aussitôt un immense succès. De 1959 à 1961, elle est soliste de la Société Philharmonique hongroise. En 1961, elle est appelée à l'Opéra de Berlin-Est auquel elle appartient jusqu'en 1970. A Berlin, elle poursuit ses études auprès de Freiwald-Lange. Ce qui lui permet bientôt d'entreprendre de nombreux voyages pour aller chanter un peu partout et remporter de brillants succès. On loue son art du colorature dans la Reine de la nuit (*La Flûte enchantée*) qu'elle chante à l'Opéra de Munich et au Festival de Salzbourg. Elle remporte de nombreux succès à l'Opéra de Vienne qui l'engage souvent. De 1963 à 1970, elle appartient, en tant qu'invitée permanente, à la troupe de l'Opéra-Comique de Berlin-Est, tout en chantant à Munich et à Hambourg, à Berlin-Ouest, au Covent Garden, à Paris, Bruxelles, Amsterdam et sur les plus grandes scènes italiennes. Ainsi devient-elle une des colorature les plus importantes de sa génération.

En concert, elle s'impose comme interprète d'oratorios et de mélodies, plus particulièrement comme spécialiste des valses et chansons à vocalises. En outre, elle se fait une spécialité des opérettes où son talent de soubrette fait merveille.

Gheorghiu, Valentin

Pianiste roumain, né à Galaţi le 21 mars 1928.

Il entreprend ses études au Conservatoire de Bucarest, où il est l'élève de C. Erbiceanu et M. Jora (1934-37 et 1939-47), puis à Paris avec Lazare-Lévy, Marcelle Meyer et Noël Gallon, de 1937 à 1939. Lauréat du Concours international de Budapest en 1949, de celui de Prague (1950 et 1953) et de celui de Bucarest (1953 et 1958), il commence sa véritable carrière internationale à partir de 1950. Il est, par ailleurs, le fondateur du Trio de Bucarest. Considéré comme l'un des plus éminents pianistes roumains, il accorde une grande place, dans ses programmes, à la musique d'Enesco qu'il contribue à faire connaître dans le monde entier. Comme compositeur, il est l'auteur d'œuvres symphoniques, d'un concerto pour le piano, de pièces pour piano, de lieder et de quatuors à cordes.

Ghiaurov, Nicolaï

Basse bulgare, né à Velimgrad le 13 septembre 1929.

Fils d'un sacristain, il chante enfant dans le chœur de l'église. C'est durant son service militaire qu'il découvre la puissance de sa voix. Il étudie alors le chant à Sofia et, de 1950 à 1955, au Conservatoire de Moscou. En 1955, il débute à l'Opéra de Sofia en Basile (*Le Barbier de Séville*). Cette même année, il remporte le 1er prix du Concours international de chant de Paris, ce qui sera pour lui le départ d'une carrière glorieuse. En 1957, il est invité à l'Opéra de Vienne (Ramphis de *Aïda*), quelques mois plus tard, il triomphe au Bolchoï de Moscou. En 1959, nouveau triomphe, à la Scala dont il demeure une des vedettes. De 1961 à 1964, il participe au Festival de Vérone. Mais il appartient toujours à l'Opéra de Sofia, avec lequel il effectue une grande tournée en Allemagne. Il est sollicité dans tous les grands centres musicaux européens. En 1965-66, Karajan l'invite au Festival de Salzbourg pour être le *Boris* de sa nouvelle production. En 1974, il chante *Don Quichotte* de Massenet à l'Opéra de Paris. Depuis 1965, il est également et fréquemment l'invité du Met de New York. En 1981, il épouse la soprano italienne **Mirella Freni**.

Sa voix surprend par sa puissance sur toute l'étendue d'une tessiture particulièrement grave. Avec les années un certain vibrato vient alourdir la grande musicalité de cette voix de bronze et de cuivre à laquelle une intensité d'interprétation confère un éclat exceptionnel.

Ghiglia, Oscar

Guitariste italien, né à Livourne le 13 août 1938.

Cet autodidacte de la guitare suit tardivement l'enseignement de Diponio à l'Académie Sainte-Cécile de Rome, où il apprend également le solfège et l'harmonie. Il se perfectionne auprès de Segovia, de 1958 à 1963, à l'Académie Chigiana de Sienne et à Saint-Jacques-de-Compostelle. Il fait ses débuts de concertiste au Festival de Spolète et le Concours international de guitare de l'ORTF, qu'il remporte en 1963, lui permet de suivre pendant une année les cours d'analyse et d'histoire de la musique de Jacques Chailley à la Schola Cantorum. Choisi comme assistant par Segovia, en 1964 (à Berkeley et à Sienne), il fait ses débuts de concertiste à New York et à Londres (en 1966), puis à Paris (en 1968). Se partageant entre concert et enseignement, Oscar Ghiglia joue les répertoires contemporain et baroque avec une même sûreté technique et une même sensibilité. Il enseigne à l'Accademia Chigiana de Sienne depuis 1976.

Ghiuselev, Nicolas

Basse bulgare, né à Pawlikeni le 14 août 1936.

Il est d'abord attiré par la peinture et étudie pendant six ans à l'Académie des Beaux-Arts de Sofia. C'est là que l'on découvre la beauté de sa voix. En 1960, il fait ses débuts en Timur (*Turandot*) à l'Opéra d'État de Sofia, car il venait de remporter le Concours national de chant de Bulgarie, l'année précédente. En 1960, il remporte le 1er prix à un concours identique à Prague, et en 1962, également le 1er prix à Helsinki lors du Festival Mondial de la Jeunesse. En 1965, il effectue avec l'Opéra National de Bulgarie une vaste tournée européenne durant laquelle il interprète les grands rôles du répertoire russe. En 1965, il débute au Met (avec Ramphis de *Aïda*). C'est le départ d'une carrière éblouissante sur toutes les scènes importantes (Paris, Milan, Vienne, Moscou, Chicago...). Il est invité au Festival de Salzbourg. Au Festival de Hollande (1966), il est Philippe II (*Don Carlo*). En 1974, son apparition comme *Moïse* (Rossini) à Stockholm est un événement.

D'une mobilité assez surprenante, sa voix grave et puissante est aussi à l'aise dans le grand répertoire russe que dans les ouvrages français (Meyerbeer ou Offenbach) et italiens (*La Gioconda*).

Gianoli, Reine

Pianiste française née à Paris le 13 mars 1915, morte à Paris le 21 février 1979.

Après avoir travaillé le piano en privé, elle est admise dans la classe d'Alfred Cortot à l'École Normale de Musique. Elle suit parallèlement les cours d'Yves Nat au Conservatoire, puis va se perfectionner à Lucerne avec Edwin Fischer. De 1948 à 1960, date de la mort de Fischer, elle jouera très souvent avec lui des œuvres à deux, trois ou quatre claviers. Dès 1946, elle est nommée par Cortot à la tête d'une classe de virtuosité à l'École Normale de Musique. Passionnée par la musique de chambre elle a eu pour partenaires Casals, Enesco, Fournier et Sandor Végh. En 1965, elle est nommée professeur au Conservatoire de Paris. Reine Gianoli a surtout fait une carrière de chambriste et de brillante pédagogue, talent qu'elle avait hérité de Fischer. Elle reste aussi une très grande interprète de Schumann : elle est la première à s'être risquée à enregistrer l'intégrale de sa musique pour piano seul. Elle avait commencé l'enregistrement intégral des trios de Haydn avec J.-F. Manzone et A. Tétard, mais n'a pu en graver qu'une partie.

Gibault, Claire

Chef d'orchestre française, née au Mans le 31 octobre 1945.

Elle apprend le violon lorsqu'elle est très jeune, joue dans des formations d'amateurs et des ensembles professionnels : à quatorze ans, dans un orchestre d'élèves, ensuite à la Société des Concerts du Mans, plus tard dans la fosse du théâtre municipal. A dix-sept ans, après avoir obtenu des premiers prix de violon, de musique de chambre, d'histoire de la musique, de contrepoint, d'harmonie, de fugue, elle commence sur les conseils de E. Djemil l'étude de la direction d'orchestre, dirigeant le répertoire de chambre baroque (Corelli, Vivaldi, etc.). Elle entre dans la classe d'harmonie du Conservatoire de Paris et à vingt ans se présente au Concours international des jeunes chefs d'orchestre de Besançon où elle reçoit une 2e mention. L'année suivante, elle entre dans la classe de M. Rosenthal au Conservatoire de Paris. En 1969, elle remporte un 1er prix de direction d'orchestre et le Prix de la Fondation de la Vocation. Elle dirige l'Orchestre Philharmonique de l'ORTF, celui du Conservatoire. Appelée à l'Opéra de Lyon, elle est d'abord assistante de Th. Guschlbauer (1971) puis chef permanent (1974-79). De 1980 à 1983, elle est à la tête de l'Orchestre de Chambre de Chambéry avant d'être nommée, en 1983, chef associé à l'Opéra de Lyon. En 1990, elle succède à Eric Tappy à la tête de l'Atelier lyrique de Lyon.

Elle a créé des œuvres de Georges Aperghis (*Jacques le fataliste*), Antoine Duhamel (*Gambara*), Maurice Ohana (*Crypte*), Fabio Vacchi (*La Station thermale*, 1993).

Gibson, Sir Alexander

Chef d'orchestre écossais, né à Motherwell le 11 février 1926, mort à Londres le 14 janvier 1995.

Il fait ses études musicales à l'Université de Glasgow puis au Royal College of Music de Londres avant de se perfectionner avec Markevitch au Mozarteum de Salzbourg et avec Van Kempen à l'Académie Chigiana de Sienne. En 1951, il est lauréat du Concours international de Besançon et est engagé aussitôt comme répétiteur puis chef assistant au Sadler's Wells Theater. Il est ensuite nommé chef assistant du BBC Scottish Orchestra (1952-54). Il revient à Sadler's Wells comme chef permanent (1954-57) puis comme directeur musical (1957-59) avant d'être nommé premier chef du Scottish National Orchestra (1959-84). Il participe à la fondation du Scottish Opera en 1962 dont il est le directeur musical jusqu'en 1987. Il y donne notamment la première représentation complète des *Troyens* (1969) et, pour la première fois en Écosse, *La Tétralogie* en allemand (1971). Depuis 1981, il est premier chef invité de l'Orchestre Symphonique de Houston.

Il a créé des œuvres de Jonathan Harvey (*Whom Ye Adore*, 1981).

Giebel, Agnes

Soprano allemande, née à Heerlen (Pays-Bas) le 10 août 1921.

Elle étudie à Essen, à la Folkwangschule, dans la classe de Hilde Wesselmann. Elle commence sa carrière au concert et se fait connaître lorsqu'en 1950 elle participe à la diffusion hebdomadaire des cantates de Bach par le RIAS-Berlin. Depuis, on la reconnaît comme une des concertistes allemandes les plus importantes de sa génération, particulièrement pour les œuvres de Bach. Elle participe à plusieurs festivals internationaux de musique et se produit dans tous les grands centres d'activité musicale d'Europe. Elle remporte également de grands succès, en tournée en Amérique du Nord. Elle ne s'est jamais présentée sur scène mais à la radio comme sur disques elle a interprété certains rôles d'opéra. Sa précision musicale et sa pureté d'émission, la délicatesse et la perfection stylistique de son expression marquent chacune de ses interprétations. Elle a créé la *Cantata academica* de Britten (1960).

Gielen, Michael

Chef d'orchestre et compositeur argentin naturalisé autrichien, né à Dresde le 20 juillet 1927.

Fils du metteur en scène Josef Gielen et neveu du pianiste **Edward Steuermann**, il étudie le piano et la composition avec Erwin Leuchter à Buenos Aires (1942-49), puis avec J. Polnauer à Vienne (1950-53). Excellent pianiste, il débute à Buenos Aires en 1949 et interprète l'œuvre intégral pour piano de Schoenberg. Répétiteur au Théâtre Colón, il part en 1951 à Vienne et deviendra assistant puis chef d'orchestre à l'Opéra (1954-60). Il révèle alors son intérêt pour les œuvres de son temps qu'il dirige à la radio et en concert. Il fait aussi connaître ses propres œuvres : *Variations* pour quatuor à cordes (1949), *Quatre Poèmes de Stefan George*, pour chœur et 19 instruments (1955-58). Premier chef à l'Opéra de Stockholm (1960-65), il se rend ensuite à Cologne et y crée l'un des opéras contemporains les plus importants : *Die Soldaten* de Zimmermann (1965). A partir de 1969, il est invité régulier de l'Orchestre Symphonique de la Radio de Stuttgart (SDR) et directeur artistique de l'Orchestre National de Belgique (1969-72). On le trouve ensuite à la tête de l'Opéra National Néerlandais (1973-76). Entre 1977 et 1987, il est directeur général de la musique à Francfort, poste qu'il cumule, entre 1980 et 1986, avec la direction musicale de l'Orchestre Symphonique de Cincinnati. En 1979, il est également nommé premier chef invité de l'Orchestre Symphonique de la BBC à Londres. En 1986, il prend la direction de l'Orchestre Symphonique du SWF de Baden-Baden. Il est professeur de direction d'orchestre au Mozarteum de Salzbourg.

Fervent défenseur de la musique de son temps, il a créé de nombreuses partitions de Friedrich Cerha (*Monumentum für Karl Prantl,* 1989), Henryk Mikołaj Górecki (*Canticuum Graduum*, op. 27, 1969), Hans Werner Henze (*Scène dramatique d'Orphée,* 1982), Betsy Jolas (*D'un opéra de voyage,* 1967), György Ligeti (*Requiem,* 1965 ; *Ramifications,* première version, 1969), Francis Miroglio (*Espaces,* 1969), Detlev Müller-Siemens (*Zwei Stücke,* 1978), Henri Pousseur (*L'Effacement du prince Igor,* 1971), Wolfgang Rihm (*Mein Tod. Requiem in memoriam Jane S.*, 1990), Dieter Schnebel (*Sinfonie X,* 1992), Mathias Spahlinger (*Passage/Paysage,* 1990), Karlheinz Stockhausen (*Carré ; Mixtur,* 1965), Egon Wellesz (*Symphonie n° 6,* 1966), Isang Yun (*Symphonische Szene,* 1961 ; *Namo,* 1971), Bernd Alois Zimmermann (*Les Soldats,* 1965 ; *Requiem pour un jeune poète,* 1969).

Ses compositions gardent des affinités avec la musique viennoise puis se rapprochent des musiciens qu'il dirige, *Variations pour 40 instruments* inspirées par Neruda (1959), *Pentaphonie* (1961), *Les cloches sont sur une fausse voie* (1967-69), *Quelques difficultés dans l'acte de surmonter l'angoisse* (1972).

Gieseking, Walter

Pianiste allemand, né à Lyon le 5 novembre 1895, mort à Londres le 26 octobre 1956.

Son père est entomologiste, flûtiste et pianiste. Walter commence à quatre ans, à Naples, des études de flûte, piano, violon, et ne va pas à l'école. Il entre au Conservatoire de Hanovre où il a pour professeur Karl Leimer (1911-16). A vingt ans, il interprète les 32 sonates de Beethoven. Mais il préférera Mozart qu'il joue dans un esprit serein. Célèbre pour ses visions debussystes, au style impressionniste et mystérieux, Gieseking souligne le modernisme de cette musique. Durant la guerre, il est violoniste, timbalier dans l'orchestre de son régiment et pianiste de jazz. Après la guerre, il met au point une méthode de piano, insistant sur les exercices de concentration et de mémoire. En 1921, il entreprend ses premières tournées européennes. Puis en 1926 : c'est l'Amérique ; il triomphe avec le *Concerto en ut mineur* de Rachmaninov et joue dans le monde entier. Durant la Seconde Guerre mondiale, il joue sous la direction de Mengelberg et Furtwängler. En 1947, il est nommé professeur à Sarrebruck et sert la musique contemporaine. A partir de 1946, il forme, à l'initiative du compositeur Wolfgang Fortner, un trio avec le violoniste Gerhard Taschner et le violoncelliste Ludwig Hoelscher. Poulenc lui a dédié son *Humoresque* et Pfitzner son *Concerto pour piano.* Il a également créé la *Suite « 1922 »* et la *Klaviermusik*, op. 37 (1925) de Paul Hindemith, le *Concerto pour violon* (1926) d'Ernst Toch, le *Concerto n° 1* (1936) de Frank Martin, la *Sinfonische Fantasie* (1938) de Hermann Reutter, le *Concerto pour violon* (1939) de Goffredo Petrassi. Il a enregistré l'intégrale de l'œuvre pour piano de Debussy, de Ravel et de Mozart.

ÉCRITS : *So wurde ich Pianist*, autobiographie (1963, trad. française *Comment je suis devenu pianiste*, Paris, 1991).

Gigli, Beniamino

Ténor italien né à Recanati le 20 mars 1890, mort à Rome le 30 novembre 1957.

Son père est cordonnier. Enfant, il chante dans les chœurs de l'église de son village natal. Sa jeune voix de soprano est si souple et si belle qu'encouragés par des amis ses parents l'envoient étudier le chant à Rome sous la férule d'Enrico Rosati. Pour vivre et payer ses leçons, il fait un peu tous les métiers : aide-menuisier, commis de pharmacien, apprenti tailleur. Le terrible Rosati ne livre ses élèves en pâture au public que lorsqu'il les juge prêts. Pour le jeune Gigli sept ans suffisent et, après avoir remporté le 1er prix du Concours de chant de Parme, il débute à Rovigo dans *La Gioconda* (1914). Après quelques succès sur des scènes mineures, il est engagé par

Tullio Serafin pour la saison lyrique 1914-15 au Carlo Felice de Gênes où il chante avec un succès extraordinaire *Tosca*, *Manon* et *La Gioconda*. Après deux étapes heureuses à Palerme et à Bologne durant la saison suivante, il fait un début triomphal au San Carlo de Naples dans *Mefistofele*, début qui donne une dimension nationale à la renommée naissante du « ténor révélation » et prépare le terrain à son entrée au Costanzi de Rome puis à ses débuts milanais au Lirico d'abord, où il crée *Lodoletta* de Mascagni, et à la Scala où, sous la direction de Toscanini, il chante pour la première fois dans *Mefistofele* (1918). En 1919, il est au Colón de Buenos Aires, où il chante notamment dans *Lucrezia Borgia*. Puis ce sont, en 1920, toujours dans le *Mefistofele* de Boïto, les débuts d'un pensionnariat de douze ans (374 représentations) au Metropolitan Opera de New York, avec une réapparition durant la saison 1938-39. La critique se montre réservée à l'égard de ce chanteur si piètre comédien et qui ne semble se soucier que de chanter face au public même lorsqu'il doit s'adresser à un partenaire ; mais le public l'adopte d'emblée et en fait le successeur naturel de celui qui jusque-là avait été son idole, Caruso.

En 1932, un peu las de la vie américaine, Gigli se fixe à Rome sans pour autant cesser de mener à bien une triomphale carrière internationale à laquelle il met fin volontairement, en pleine gloire vocale, en 1954 à Rovigo, quarante ans jour pour jour après ses débuts en cette ville.

ÉCRITS : *Confidenze*, Rome (1943), *Memoirs*, Londres (1957, rééd. 1977).

Gigout, Eugène

Organiste français, né à Nancy le 23 mars 1844, mort à Paris le 9 décembre 1925.

Il fait ses études musicales à la Maîtrise de la cathédrale de sa ville natale, puis à l'École Niedermeyer à Paris où il a comme professeurs Lefèvre et Saint-Saëns. Ses études achevées, il ne quitte pas l'établissement où il devient professeur à son tour, de plain-chant, de fugue, de contrepoint et, évidemment, d'orgue. Parmi ses élèves, Fauré, Messager, Boëllmann.

En 1863, Eugène Gigout est nommé titulaire de Saint-Augustin à Paris. Il restera soixante-deux ans à la même tribune, ce qui ne l'empêchera nullement de se faire entendre sur d'autres instruments que son Cavaillé-Coll paroissial, en France comme à l'étranger où l'on admire son talent d'improvisateur autant que d'interprète.

Eugène Gigout, qui a succédé à Guilmant comme professeur d'orgue au Conservatoire de Paris en 1911, a laissé une œuvre importante, surtout dans le domaine de l'orgue : pièces, rapsodies, poèmes mystiques, etc., ainsi que des œuvres pour piano, des mélodies et plusieurs motets pour voix et orgue.

Saint-Saëns lui a dédié le *Prélude et Fugue*, op. 99, n° 3 (1984) et les *7 Improvisations*, op. 150 (1917).

Gil, Jean-Louis

Organiste français, né à Angers le 5 août 1951, mort à Angers le 7 novembre 1991.

Il travaille au Conservatoire d'Angers dans la classe d'André Isoir. En 1968, il est nommé organiste titulaire de l'orgue de Saint-Rémi à Maisons-Alfort. Deux ans plus tard, André Isoir l'appelle à lui succéder à l'orgue de Saint-Médard à Paris, poste qu'il abandonne en 1975 pour se consacrer exclusivement à la carrière de soliste. En 1979, il est nommé professeur au Conservatoire d'Angers.

Il a créé des œuvres de Jacques Lenot (*Livre d'orgue nos 1, 2, 4 et 5*, 1983 ; *Lied 8*, 1987).

Gilbert, Kenneth

Claveciniste canadien, né à Montréal le 16 décembre 1931.

Il fait ses premières études musicales au Conservatoire de cette ville et, en 1953, obtient le Prix d'Europe. Il vient travailler à Paris avec N. Boulanger, S. Spycket et G. Litaize. A Sienne, à l'Accademia Chigiana, durant quatre ans, il étudie avec R. Gerlin, puis, en 1957, devient professeur de clavecin au Conservatoire de Montréal. Il donne des récitals en Amérique et à la Radio canadienne, et débute à Londres, en 1968, dans un programme Couperin ; aussitôt reconnu comme un maître du répertoire français, il enregistre l'intégrale de l'œuvre de Couperin à l'occasion du tricentenaire du compositeur. Il réalise une nouvelle édition musicologique des œuvres de Couperin (1969), de l'intégrale des *Sonates* de D. Scarlatti (1971), des œuvres de d'Anglebert et de Rameau. Professeur à l'Université de Laval de Québec (1969) et au Conservatoire Royal d'Anvers (1971), il a succédé à G. Leonhardt à l'Académie d'été de Haarlem (1973). Depuis 1981, il est professeur à la Hochschule für Musik de Stuttgart, responsable de la section musique ancienne au Conservatoire de Strasbourg et dirige la classe de clavecin à l'Accademia Chigiana de Sienne depuis 1981. Il est également professeur de clavecin au Mozarteum de Salzbourg à partir de 1984 ainsi qu'au Conservatoire de Paris où il succède à Robert Veyron-Lacroix en 1988. Il est docteur en musique *honoris causa* de l'Université Mac Gill (Montréal, 1981).

Gimenez, Raúl

Ténor argentin, né à Santa Fe (Argentine) le 14 septembre 1950.

Il fait ses études musicales à Buenos Aires et débute dans la troupe du Teatro Colón de Buenos Aires dans le rôle d'Ernesto (*Don Pasquale* de Donizetti). Puis il parcourt les grandes scènes d'Amérique latine. En 1984, il fait ses débuts en Europe au Festival de Wexford, puis est engagé à Genève, Venise et au Festival Rossini de Pesaro. A partir de 1990, il est l'invité des grandes scènes lyriques tant aux États-Unis qu'en Europe : Covent Garden, Vienne, Florence, Berlin ; il chante Argirio dans *Tancredi* de Rossini à Amsterdam, Genève et aux festivals de Pesaro et de Schwetzingen en 1992. En 1993, il fait ses débuts à la Scala de Milan. Une technique très sûre, un style raffiné, un timbre qu'il sait rendre tour à tour moelleux ou percutant et une très forte présence scénique en font l'un des principaux ténors belcantistes de son temps.

Gimpel, Bronislav (Bronisław)

Violoniste polonais naturalisé américain, né à Lemberg (Lvóv) le 29 janvier 1911, mort à Los Angeles le 1er mai 1979.

Il étudie à Vienne avec Robert Pollak (1922-26) puis à Berlin avec Carl Flesch (1928-29). En 1925, il débute avec l'Orchestre Symphonique de Vienne et est nommé violon solo de l'Orchestre de la Radio de Königsberg (1929-31) puis de l'Orchestre Symphonique de Göteborg (1931-37). Lauréat du Concours international Henryk Wieniawski à Poznań en 1935, il quitte l'Europe pour les États-Unis où il est violon solo de l'Orchestre Philharmonique de Los Angeles (1937-41). En 1941, il fonde le Hollywood Youth Orchestra. Puis il est mobilisé dans l'armée américaine (1942-45). Il reprend une carrière de soliste après la guerre, devient violon solo à l'Orchestre Symphonique de la NBC (1949-50) et commence également à diriger. A partir des années cinquante, il se consacre surtout à la musique de chambre : il fait partie du Mannes Piano Trio (1950-56), du Quintette de Varsovie (1962-67) et du New England String Quartet (à partir de 1968). En 1959-60, il donne des master classes à la Musikhochschule de Karlsruhe et est nommé professeur à l'Université du Connecticut en 1967. Il s'est souvent produit avec son frère, le pianiste **Jakob Gimpel** (1906-89).

Gingold, Josef

Violoniste russe naturalisé américain, né à Brest-Litovsk le 28 octobre 1909, mort à Bloomington le 12 janvier 1995.

Fixé aux États-Unis dès 1920, il travaille avec Vladimir Graffman (1922-27) puis, à Bruxelles, avec Eugène Ysaÿe (1927-30). Il fait l'essentiel de sa carrière comme violon solo des principaux orchestres américains : NBC (1937-43), Detroit (1943-46), Cleveland (1947-60). Il joue également au sein du Quatuor Primrose (1939-42) et du Quatuor de la NBC (1941-43). Entre 1950 et 1960, il est professeur à Case Western Reserve University, entre 1955 et 1981 à la Meadowmount School of Music (musique de chambre) et, à partir de 1960, à l'Université de l'Indiana à Bloomington. Il est aussi professeur à la Manhattan School of Music (1980-81). Il donne des master classes à Paris, Tōkyō, Montréal... Parmi ses élèves, Oscar Shumsky, Jaime Laredo, Miriam Fried, Ulf Hoelscher et Joshua Bell. Il a été l'un des fondateurs du Concours international d'Indianapolis. Son violon était un Stradivarius de 1683, le *Martinelli.*

Giovaninetti, Reynald

Chef d'orchestre français, né à Sétif (Alger) le 11 mars 1932.

Il commence ses études musicales en Algérie, à Bône, puis les poursuit en France, aux conservatoires de Nantes et de Rennes. Il travaille le violoncelle et entre au Conservatoire de Paris où il suit les classes d'écriture et de direction d'orchestre (1er prix chez Louis Fourestier). Simultanément, il obtient une licence de mathématiques à la Sorbonne. En 1959, il remporte une première mention au Concours international de Besançon. Il donne la même année ses premiers concerts à la Radio et travaille au Service de la Recherche (1960-61). Il est ensuite metteur en ondes à la radio (1961-62) puis directeur musical au Théâtre de Besançon (1962-63). Il occupe les mêmes fonctions à Mulhouse (1963-68) avant d'être nommé chef permanent (1968) puis directeur musical à l'Opéra de Marseille (1972-75). Sa carrière prend un essor international comme chef invité dans la plupart des grands théâtres allemands et italiens.

Il a créé des ouvrages lyriques de Pascal Bentoiu (*Hamlet*, première scénique, 1974), Georges Migot (*L'Arche,* 1974), Louis Saguer (*Mariana Pineda,* 1970), Ivan Semenoff, Alexandre Tansman, Henri Tomasi.

Girard, André

Chef d'orchestre français, né à Paris le 30 mars 1913, mort au Vésinet le 20 octobre 1987.

Il fait ses études musicales au gré des affectations de son père, général de brigade, dans les conservatoires de Metz, Chalon-sur-Saône, Versailles, Rennes, Toulouse et Paris. Il obtient notamment des prix de violon à Toulouse et Versailles. Il fonde un groupe de jazz symphonique qu'il dirige pendant trois ans. Parallèlement il travaille l'harmonie avec André Bloch et le contrepoint avec Claude Delvincourt. Il entre, comme violoniste, à l'Orchestre Symphonique de Paris puis, en 1938, à la Société des Concerts du Conservatoire. En 1942, de retour de captivité, il épouse **Jacqueline Brilli**, également violoniste. Il entre alors dans la classe de direction d'orchestre du Conservatoire où il étudie avec Charles Münch et Roger Désormière et remporte un 1er prix (1944). Il crée alors l'Orchestre de Chambre André Girard qui assurera pendant cinq ans les concerts de la Radio. Successivement, il est premier chef d'orchestre des Ballets des Champs-Élysées (1945-50), premier chef de la Radiodiffusion marocaine (1950-53), directeur de la musique du Grand Ballet du marquis de Cuevas (1953-56), chef au Grand Théâtre de Bordeaux (1956-58). Depuis 1958, il est directeur de la musique à la Compagnie Renaud-Barrault. De 1964 à 1974, il assume la direction de l'Orchestre de Chambre de l'ORTF puis est nommé chef permanent auprès de l'Orchestre Philharmonique des Pays de Loire (1976-78).

La liste des œuvres créées par André Girard comporterait plus de 300 titres, notamment des partitions de Paul Arma, Claude Arrieu (*Cantate des sept poèmes d'amour en guerre,* 1946 ; *Fête galante,* 1947), Alain Bancquart, Henry Barraud (*Une saison en enfer,* 1969 ; *Concert pour cordes,* 1972), Jean-Yves Bosseur (*Interstices,* 1971), Philippe Capdenat (*Irradiations,* 1964), André Casanova, Jean Françaix (*Sérénade BEA,* 1966), Jean Guillou, Georges Hugon, Betsy Jolas (*4 Plages*, 1969) André Jolivet (*Symphonie de danses,* 1943), Joseph Kosma, Henri Martelli (*Sinfonietta,* 1950), Marcel Mihalovici (*Cantilène,* 1973), Darius Milhaud (*Symphoniette,* 1957), Maurice Ohana (*Le Tombeau de Claude Debussy,* 1962), Goffredo Petrassi (*Portrait de Don Quichotte,* 1947), Michel Philippot, Jean Prodromidès (*Les Perses,* 1961), Jean Rivier, Henri Sauguet, Antoine Tisné (*Séquences pour un rituel,* 1969), Pierre Wissmer (*Cassation,* 1961 ; *Stèle à la mémoire d'Hervé Dugardin,* 1970 ; *Variations sur un Noël imaginaire,* version orch., 1977). Mstislav Rostropovitch et Byron

Janis ont donné leur premier concert parisien sous sa direction. Président des Concerts du Mans, du Centre international de la Danse, directeur du Conservatoire Interarrondissement de Paris, il a été pendant de longues années président du Syndicat national des chefs d'orchestre et des cadres de la musique.

Giraudeau, Jean

Ténor français, né à Toulon le 1er juillet 1916, mort à Toulon le 7 février 1995.

Son père et sa mère enseignent au conservatoire de la ville. De brillantes études lui valent un 1er prix de chant, d'opéra et de violoncelle, une licence en droit et un poste d'organiste. Pour une carrière il a donc le choix. Il opte pour l'opéra. En 1942, il débute à Montpellier dans *Mignon*. Pendant six ans, il parcourt la province et s'échappe à l'étranger, créant à Strasbourg la *Martine* d'Henri Rabaud, participant à Londres à une reprise des *Troyens*... En 1947, il est Nadir à l'Opéra-Comique et treize jours plus tard Tamino au Palais Garnier, deux salles dont, vingt ans durant, il sera l'un des piliers, chantant plus de cinquante rôles, dont nombre de créations. Parallèlement, son extrême musicalité en fera la proie idéale de la radio.

Nommé, en 1964, préfet du chant, puis, en 1968, directeur à l'Opéra-Comique, il assistera trois ans plus tard, impuissant et désespéré, au démantèlement de la troupe. Depuis, il enseigne, conseille, dirige, toujours optimiste et affable. Chanteur habile, musicien sans faille et surtout prodigieux acteur. Nul n'oubliera son Chouisky et surtout son extraordinaire création dans *Le Cœur révélateur* de Claude Prey, d'après la nouvelle d'Edgar Poe.

Girod, Marie-Catherine

Pianiste française, née à Peyrehorade (Landes) le 19 août 1949.

Après des études au Conservatoire de Bordeaux, elle entre à l'âge de dix ans au Conservatoire de Paris où elle obtient un 1er prix dans la classe de Jules Gentil (1966). Parallèlement, elle travaille la musique de chambre avec Maurice Crut et Joseph Calvet. Elle se perfectionne auprès de György Sebök et de Paul Badura-Skoda. En 1973, elle remporte le Prix Casagrande et, en 1975, est finaliste au Concours Clara Haskil. Son répertoire sort volontiers des sentiers battus (Dutilleux, Jolivet, Szymanowski, Magnard, Chausson...).

Girod, Marie-Louise

Organiste française, née à Paris le 12 octobre 1915.

Elle fait ses études au Conservatoire de Paris avec Marcel Dupré, Norbert Dufourcq et Noël Gallon. Elle obtient un 1er prix d'orgue et d'improvisation (1941), un 1er prix d'histoire de la musique (1944) et un 1er prix de fugue et contrepoint (1944). Son premier concert public date de 1944. Organiste de l'église réformée de l'Oratoire du Louvre depuis 1941, elle mène une active carrière de concertiste. Directrice de l'Académie de l'orgue de Saint-Dié, elle est membre de la Commission d'hymnologie de la Fédération protestante de France et de la Commission supérieure des monuments historiques. Elle a épousé en 1960 André Parrot, membre de l'Institut, directeur du Musée du Louvre et de la Mission archéologique de Mari. Elle est dédicataire d'œuvres de Georges Migot (*35 Psaumes huguenots*, 1961 ; *Choral nominé*, 1971).

Gitlis, Ivry (Isaac Gitlis)

Violoniste israélien, né à Haïfa le 22 août 1922.

Des parents d'origine russe, un climat musical (sa mère était chanteuse, son grand-père cantor) donnent à son enfance le bonheur d'apprendre. Il commence le violon à six ans et donne son premier concert à dix. Invité par Karmy, il est remarqué ensuite par Bronislav Hubermann qui l'envoie au Conservatoire de Paris où il obtient un 1er prix à l'âge de treize ans. Réfugié en Angleterre, il y reste jusqu'à la fin de la guerre. Il fait ses débuts à Paris en 1951, puis il donne de nombreux concerts dans le monde. En 1963, il va en URSS, ambassadeur musical de son pays. Dès le début de la guerre en Israël, il va jouer pour les soldats. Ce trait révèle sa nature profonde. La musique est pour lui une action. C'est dans le même esprit qu'il fonde le Festival de Vence et joue pour les jeunes dans les montagnes sous les étoiles, improvisant souvent comme les tziganes dont il a le rythme, la passion, la vitalité, la couleur. Il a remporté le 5e prix au Concours Long-Thibaud, en 1951. Maderna a écrit pour lui *Pièce pour Ivry*. En 1972, il a créé *Mikka* de Xenakis.

ÉCRITS : *L'Ame et la Corde* (1980).

Giulini, Carlo Maria

Chef d'orchestre italien, né à Barletta le 9 mai 1914.

Il fait ses études (alto et composition) à l'Académie Sainte-Cécile (Rome) et joue sous la direction de Klemperer et de B. Walter. Puis il choisit la direction d'orchestre qu'il travaille avec B. Molinari ; à partir de 1946, il dirige pour la RAI et devient le chef permanent de l'Orchestre Symphonique que crée la Radio à Milan en 1950. En 1948, il a fait ses débuts au théâtre dans *La Traviata.* En 1951, il rencontre Toscanini et, l'année suivante, débute à la Scala dans *La Vie brève* de De Falla. Assistant de V. De Sabata, il lui succède comme directeur musical (1953-55). Il collabore avec Visconti (*Don Carlos* au Covent Garden de Londres) et Zeffirelli (*Falstaff*). Il fait ses débuts aux États-Unis en 1955 à Chicago. En 1960, il effectue sa première tournée au Japon ; il dirige *Don Giovanni* à la Scala en 1963 et, en 1969, il est chef d'orchestre invité de l'Orchestre Symphonique de Chicago. Il prend la direction de l'Orchestre Symphonique de Vienne (1973) puis renonce à ses fonctions pour garder plus de liberté (1976). De 1978 à 1984, il succède à Zubin Mehta comme directeur musical de l'Orchestre Philharmonique de Los Angeles ; c'est avec cet orchestre qu'il revient en Europe, en tournée. Spécialiste de l'opéra italien (Giulini a dirigé tout Verdi, sauf *Aïda*), il apprécia longtemps Maria Callas. Grand voyageur, il reste pourtant fidèle à sa patrie, l'Italie, où il passe – pour réfléchir et travailler – la moitié de l'année. Giulini n'est pas seulement un chef lyrique. Depuis quelques années, il se consacre exclusivement au concert, à la tête d'un nombre d'orchestres très réduit (notamment l'Orchestre de Paris, l'Orchestre Philharmonique de la Scala de Milan, l'Orchestre Philharmonique de Berlin, ceux de Chicago ou de Los Angeles). Il s'adonne également à l'enseignement à l'Accademia Chigiana de Sienne. Il a créé des partitions de Boris Blacher (*Poème,* 1976), Gottfried von Einem (*An die Nachgeboren,* 1975), Giorgio Federico Ghedini (*Concerto dell'albatro,* 1945), Ezra Ladermann (*Symphonie nº 4,* 1981), Darius Milhaud (*L'Apothéose de Molière,* 1948), Goffredo Petrassi (*Ottavo concerto,* 1972), Mario Zafred (*Symphonie nº 3,* 1950).

Giuranna, Bruno

Altiste et chef d'orchestre italien, né à Milan le 6 avril 1933.

Fils de **Barbara Giuranna**, pianiste et compositeur, élève de V. Emanuele et de M. Corti à Rome pour le violon, et de R. Principe et G. Leone pour l'alto, il connaît dès sa prime jeunesse une réputation internationale dans le domaine de l'alto et de la viole d'amour. Il a fait de nombreuses tournées en Europe, en Amérique, en Afrique et en Orient. On le retrouve parmi les fondateurs de l'ensemble I Musici (1951-61) ; il forme le Trio à cordes italien avec Franco Gulli et A. Baldovino. Il enseigne au Conservatoire de Milan (1961-65), à l'Académie Sainte-Cécile de Rome (1965-72), à l'Académie Chigiana de Sienne (1966-72) et à la Hochschule de Detmold (1969-72). Il est membre du Quatuor Végh de 1978 à 1980. Se tournant vers la direction d'orchestre, il prend la tête de l'Orchestre de Chambre de Padoue en 1983. La même année, il est nommé professeur à la Hochschule de Berlin. A partir de 1985, il forme un trio à cordes avec Anne-Sophie Mutter et Mstislav Rostropovitch. Il a créé des œuvres de Giorgio Federico Ghedini (*Musica da concerto* pour alto et cordes, 1954), Flavio Testi (*Musica da concerto nº 6,* 1971). Il joue sur un alto de Carlo Tononi (1690).

Glazer, David

Clarinettiste américain, né à Milwaukee le 7 mai 1913.

Il fait ses études à l'Université du Wisconsin et travaille la clarinette à Boston avec Victor Polatschek. Il travaille également à Tanglewood au Berkshire Music Center de 1940 à 1942. De 1946 à 1951, il est clarinettiste à l'Orchestre de Cleveland. A partir de 1951, il se produit en soliste ou au sein du Quintette à vent de New York. Parmi de nombreuses activités comme enseignant, il a enregistré l'intégrale de la musique de chambre pour clarinette de Brahms. Il créé des œuvres d'Egon Wellesz (*Suite pour clarinette seule*, op. 74, 1957 ; *Quintette avec clarinette,* 1959).

Glazer, Frank

Pianiste américain, né à Chester le 19 février 1915.

Il travaille le piano avec Artur Schnabel et la composition avec Arnold Schoenberg dans le cadre de la New York Trade School. Il fait ses débuts à New York en 1936. Il devient membre de l'Eastman Quartet puis professeur à l'Eastman School of Music de Rochester.

Il joue régulièrement la musique contemporaine américaine notamment Charles Ives. Il a également consacré trois disques à Erik Satie.

Glossop, Peter

Baryton anglais, né à Sheffield le 6 juillet 1928.

Jeune employé de banque, il emploie ses loisirs à apprendre le chant avec Leonard Mosley. En 1952, il est choriste au Sadler's Wells. En un an il y devient premier baryton. Il y restera dix ans puis entrera par la grande porte au Covent Garden. En 1961, il remporte le 1er prix du Concours international de chant de Sofia. Désormais, il court le monde entier et chante les plus grands rôles : Rigoletto, Scarpia, Rodrigo, Germont, Tonio...

Karajan le choisit pour deux de ses opéras filmés : *Paillasse* (Tonio) et *Otello* (Iago).

Gobbi, Tito

Baryton italien, né à Bassano del Grappa (Veneto) le 24 octobre 1913, mort à Rome le 5 mars 1984.

Il fait des études juridiques à l'Université de Padoue puis travaille le chant à Rome avec Giulio Crimi. En 1935, il débute à Gubbio (Ombrie) dans Rodolfo (*La Somnambule*). L'année suivante, il remporte le 1er prix au Concours international de Vienne et, en 1937, est lauréat du concours de l'École de la Scala. Il débute à Rome dans Germont (1937 au Teatro Adriano et 1939 à l'Opéra). Il aborde Wagner et R. Strauss (*Salomé*), mais s'en détache. En 1942, il chante Wozzeck pour la première fois en Italie (Opéra de Rome). La même année, il débute à la Scala dans Belcore (*L'Élixir d'amour*). Il chante à San Francisco à partir de 1948 (Figaro de Rossini). En 1950, il débute à Salzbourg dans *Don Giovanni*, en 1951, à Covent Garden où il sera un mémorable Posa (*Don Carlos*) dans la mise en scène de Lucchino Visconti en 1958. En 1952, il ouvre la saison de la Scala dans Ford (*Falstaff*). Entre 1954 et 1973, il chante régulièrement au Lyric Opera de Chicago (Iago, Macbeth, Simon Boccanegra, Amonasro, Tonio, Falstaff...). Il est invité à Paris, Munich, Hambourg, Stuttgart... Il s'affirme dans Scarpia, l'un de ses principaux rôles avec lequel il débute au Met en 1956. En 1957, il incarne Falstaff à Salzbourg sous la direction de Herbert von Karajan. S'il interprète Germont, Amonasro, Nabucco (Verdi), il se sent à l'aise aussi du côté de la violence puccinienne (*Il Tabarro*) et du côté de Rossini. Figure marquante du chant italien, l'un des plus célèbres barytons de sa génération, il a incarné une centaine de personnages différents pour lesquels il dessinait généralement les costumes. Il a tourné vingt-six films et réalisé plusieurs mises en scène, notamment *Don Giovanni*, *Le Barbier de Séville* et *Falstaff* (à partir de 1965 à Covent Garden et au Met).

ÉCRITS : *Tito Gobbi : My Life*, New York et Londres (1979).

Godowsky, Leopold

Pianiste polonais naturalisé américain (1891), né à Soschlij (près de Vilnius) le 13 février 1870, mort à New York le 21 novembre 1938.

Fils d'un physicien de Vilnius (alors en Pologne), il fait ses débuts comme enfant prodige dès l'âge de neuf ans avant d'aller travailler à Berlin en 1884 à la Hochschule für Musik, puis à New York. Sa carrière commence véritablement aux États-Unis en 1885. De retour en Europe, il travaille avec Saint-Saëns (1887-90) et joue dans les salons parisiens et londoniens. En 1890, il est nommé professeur au New York College of Music. L'année suivante, il épouse Frieda Saxe et obtient la nationalité américaine. Il enseigne ensuite au Conservatoire de Philadelphie (1894-95) et à celui de Chicago (1895-1900). En 1900, il entreprend une importante tournée de concerts en Europe et se fixe à Berlin où il est professeur avant de succéder à Busoni comme professeur à l'Académie de musique de Vienne (1909-14). Pendant la guerre, il séjourne à nouveau aux États-Unis avant de reprendre ses tournées autour du monde jusqu'en 1930 où sa carrière est brutalement interrompue par une paralysie partielle survenue pendant un enregistrement des *Nocturnes* de Chopin. Il a composé de nombreuses pièces et études pour piano, notamment *Triakontameron* (1920), des paraphrases des valses de Strauss, des transcriptions et des pages pour la main gauche seule.

Goebel, Reinhard

Violoniste allemand, né à Siegen le 31 juillet 1952.

Il est l'élève de Saschko Gawriloff à Cologne et de Marie Leonhardt à Amsterdam. En 1973, il fonde l'ensemble Musica Antiqua de Cologne avec lequel sa carrière s'identifie désormais. Avec cet ensemble, il propose d'abord une nouvelle lecture de la musique italienne et française du XVIIe et de la première moitié du XVIIIe siècle. Puis il élargit le répertoire à l'œuvre de J. S. Bach et à celle de ses contemporains allemands. Dès 1979, l'ensemble acquiert une réputation qui dépasse les frontières allemandes et se produit dans le monde entier. En 1983, Reinhard Goebel ajoute à l'ensemble initial un orchestre de chambre dont l'effectif peut atteindre une trentaine de musiciens qu'il dirige lui-même.

Goehr, Walter (Georg Walter)

Chef d'orchestre allemand naturalisé anglais, né à Berlin le 28 mai 1903, mort à Sheffield le 4 décembre 1960.

A l'Académie des arts de Berlin, il est l'élève de Schoenberg. Il débute comme chef à la Radio de Berlin (1925-31) et se fixe en Angleterre en 1933, chassé par le régime hitlérien. De 1933 à 1939, il est directeur musical de la Columbia Gramophone Company. Il enseigne ensuite au Morley College de Londres (1943-60) tout en poursuivant sa carrière de chef d'orchestre : il dirige le BBC Theatre Orchestra de 1946 à 1949 et la plupart des orchestres londoniens. A partir de 1948, il cesse d'utiliser son nom et adopte le pseudonyme de Walter Goehr. Passionné par la musique de Monteverdi, il la fait connaître en Angleterre et édite les *Vêpres* et *Le Couronnement de Poppée.* On lui doit une orchestration des *Tableaux d'une exposition.* Il a dirigé la création de la *Sérénade pour ténor* de Britten (1943). Il était le père du compositeur **Alexander Goehr** (1932).

Golan, Ron

Altiste allemand naturalisé suisse, né à Gladbach le 16 août 1924.

Il fait ses études musicales à Jérusalem puis suit les cours de William Primrose aux États-Unis. Après ses débuts, en 1941, il appartient à l'Orchestre Philharmonique d'Israël avant de se fixer à Genève en 1951, lorsque Ansermet le nomme alto solo de l'Orchestre de la Suisse Romande. En 1953, il est professeur au Conservatoire de Genève, ce qui ne l'empêche pas de poursuivre une carrière de soliste. Il impose les œuvres de Paul Hindemith, qu'il avait travaillées avec lui. Il crée la *Rhapsodie-Concerto* de Martinů et la *Ballade* pour alto de Frank Martin, œuvres écrites à son intention. Robert Starer et Herbert Brun composent également pour lui. En 1970, il est nommé administrateur de l'Orchestre de la Suisse Romande.

Golani, Rivka

Altiste israélienne naturalisée canadienne, née à Tel-Aviv le 22 mars 1946.

Elle fait ses études à Tel-Aviv. Elle joue tout d'abord avec l'Orchestre Philharmonique d'Israël, puis donne de nombreux récitals et concerts, notamment de musique contemporaine. Elle s'installe au Canada en 1974 et commence une carrière internationale (soliste et musique de chambre), suscitant une importante littérature pour son instrument (plus de cent cinquante partitions). Elle est aussi une artiste peintre de talent et a participé à diverses manifestations multi-média. Parmi les compositeurs qui ont écrit pour elle, Brian Cherney (*Shekhina* pour alto seul), Michael Colgrass (*Chaconne* pour alto et orchestre, d'après sept tableaux de Rivka Golani, 1984), Jacqueline Fontyn (*Concerto pour alto,* 1990), Heinz Holliger (*Trema* pour alto seul), Robin Holloway (*Concerto pour alto,* 1985), Franz Hummel (*Hatikva* pour alto et orchestre, conçu pour être exécuté avec un tableau de R. Golani en toile de fond), Joji Yuasa (*Revealed Time* pour alto et orchestre, 1986). Elle joue sur un alto d'Otto Erdesz (1977).

Gold, Arthur

Pianiste canadien, né à Toronto le 6 février 1917, mort à New York le 3 janvier 1990.

Il étudie à la Juilliard School avec Josef et Rhosina Lhévinne puis forme un duo de piano avec Robert Fizdale. Ils donnent leur premier concert à la New School for Social Research en 1944 avec un programme de musique contemporaine où le piano préparé occupe une large place. Par la suite, ils effectuent une carrière internationale et s'imposent dans le répertoire à deux pianos. Plusieurs compositeurs écrivent pour eux : Barber, Dello Joio, Milhaud (*Carnaval pour la Nouvelle-Orléans,* 1947 ; *Suite*, op. 300, 1951 ; *Concertino d'automne,* 1951), Auric (*Partita*), Poulenc (*Sonate pour deux pianos*), Tailleferre, Sauguet, Rorem, Thomson, Rieti (*Concerto pour deux pianos,* 1952). Ils créent des œuvres pour pianos préparés de John Cage. On leur doit la redécouverte et la création moderne des deux concertos pour deux pianos de Mendelssohn. Ils cessent de jouer en public en 1982.

ÉCRITS (avec Arthur Gold) : *Misia* (1979, trad. française 1980), *The Gold and Fizdale Cookbook* (1983).

Goldberg, Reiner

Ténor allemand, né à Crostau le 17 octobre 1939.

Après un apprentissage manuel et une maîtrise, il étudie le chant de 1962 à 1967 avec Arno Schellberg à l'Académie Carl-Maria von Weber de Dresde, ce qui lui permet d'être accepté dans le chœur d'État Serbische Volkskultur puis d'être engagé, vu l'ampleur et l'éclat de sa voix, dans la troupe de l'Opéra de Dresde, en 1973. En 1977, il est appelé à l'Opéra de Berlin-Est. En 1981, il effectue une tournée au Japon avec l'Opéra de Dresde. Auparavant, il a chanté Bacchus (*Ariane à Naxos*) à l'Opéra de Hambourg, puis Walther (*Les Maîtres chanteurs*) au Festival de Munich. En 1982, il chante à Paris, en concert, le rôle de Midas de *L'Amour de Danaé* (Strauss), celui de Walther au Covent Garden et celui d'Erik (*Le Vaisseau fantôme*) au Festival de Pâques de Salzbourg, invité par Karajan. Il enregistre surtout le rôle-titre de *Parsifal* sous la direction d'Armin Jordan, bande sonore du film (*Parsifal*) de Hans-Jürgen Syberberg. Il fait ses débuts à la Scala de Milan en 1984 et chante à Bayreuth entre 1986 et 1990 (Tannhäuser, Siegfried, Walther).

Goldberg, Szymon

Violoniste et chef d'orchestre polonais naturalisé américain (1953), né à Wloclaweck le 1er juin 1909, mort à Toyama (Japon) le 19 juillet 1993.

Goldberg prend ses premières leçons à Varsovie avec Michalowicz puis il travaille avec Carl Flesch à Berlin, en 1917. Il débute à Varsovie, en 1921, et à Berlin en

1924, avec un programme comportant trois concertos : Bach, Joachim et Paganini. Konzertmeister à la Philharmonie de Dresde (1925), il occupe ensuite le même poste à la Philharmonie de Berlin de 1929 à 1934. C'est à cette époque que Szymon Goldberg se produit en trio avec Paul Hindemith (alto) et Emanuel Feuermann (violoncelle) avec lesquels il créé notamment le *Trio n° 2* de Paul Hindemith (1933). Il effectue des tournées dans toute l'Europe, notamment avec la pianiste Lili Kraus avec laquelle il réalise un enregistrement des sonates de Mozart qui a fait date. Il fait ses débuts américains à New York en 1938. Pendant la guerre, il est emprisonné à Java par les Japonais (1942-45). Entre 1955 et 1979, il dirige l'Orchestre de Chambre Néerlandais et mène une carrière de chef invité à la tête de nombreux orchestres de chambre anglais et américains. Dans le cadre du Festival d'Aspen, il fonde le Festival Piano Quartett avec le pianiste Victor Babin, l'altiste William Primrose et le violoncelliste Nikolai Graudan (1954-62). Il se fixe en Angleterre en 1969 où il dirige la Manchester Camerata (1977-79). De retour aux États-Unis, il est nommé professeur à la Juilliard School of Music de New York en 1978, puis au Curtis Institute de Philadelphie en 1981. Après avoir épousé en secondes noces la pianiste japonaise **Miyko Yamane**, il exerce ses activités principalement au Japon, comme professeur à l'école Toho Gakuen et, à partir de 1990, comme chef d'orchestre à la tête du New Japan Philharmonic Orchestra. Après avoir joué sur un Stradivarius de 1711, le *Liegnitz*, il avait acquis au début des années soixante un Guarnerius del Gesù de 1734, le *Baron Vitta.*

Goldenweiser, Alexandre

Pianiste russe, né à Kichinev le 10 mars 1875, mort à Moscou le 26 novembre 1961.

Son premier maître est V. Prokunine, puis il entre au Conservatoire de Moscou où il est l'élève d'Alexandre Siloti et de Paul Pabst pour le piano (1889-95), d'Anton Arenski, de Mikhail Ippolitov-Ivanov et Serge Taneiev pour la composition (1893-97). Entre 1904 et 1906, il enseigne le piano à l'Institut Nikolai de Moscou, puis il est nommé professeur au Conservatoire (1906-59) dont il sera directeur à deux reprises (1922-24 et 1939-42). Il mène parallèlement une carrière internationale et participe à de nombreux jurys. Il est l'un des membres les plus actifs de l'Union des Compositeurs Soviétiques. Avec Heinrich Neuhaus, il est considéré comme l'un des pédagogues les plus importants de son temps, servant de trait d'union entre la grande école russe du XIXe siècle et l'école de piano soviétique contemporaine. Parmi ses élèves, Lazar Berman, Dmitri Bachkirov, Tatiana Nikolaieva, Dmitri Kabalevski... Il a également composé, surtout pour le piano. Fervent admirateur de Tolstoï, il a écrit deux ouvrages qui lui sont consacrés : un recueil de souvenirs (1922-23) et un essai sur Tolstoï et la musique (avec N. N. Gussev, 1958). Il a également publié *32 sonat Beethovena* (Moscou, 1966). Serge Rachmaninov lui a dédié sa *Suite pour deux pianos n° 2* (1901).

Golovanov, Nicolaï

Chef d'orchestre russe, né à Moscou le 21 janvier 1891, mort à Moscou le 28 août 1953.

Il commence ses études musicales à l'École Synodale de Moscou où il travaille notamment avec Kastalski jusqu'en 1909. Puis il entre au Conservatoire de Moscou où il est l'élève de Vassilenko et d'Ippolitov-Ivanov. Diplômé en 1914, il est engagé l'année suivante comme chef de chœur au Bolchoï. Il y sera chef d'orchestre permanent de 1918 à 1928. Parallèlement, il dirige l'Orchestre Philharmonique de Moscou (1926-29) et enseigne au Conservatoire (1925-29). De 1937 à 1953, il est à la tête du département lyrique à la Radio de Moscou et assure la direction musicale du Théâtre Stanislavski à partir de 1938. Il enseigne à nouveau au Conservatoire de Moscou entre 1943 et 1948 puis il est nommé premier chef au Bolchoï (1948-53). On lui doit la création des *Symphonies n°s 5*, *6* et *22* de Miaskovski. Il avait épousé la soprano **Antonina Nejdanova**.

Golschmann, Vladimir

Chef d'orchestre français d'origine russe naturalisé américain (1947), né à Paris le 16 décembre 1893, mort à New York le 1er mars 1972.

Il fait ses études musicales à la Schola Cantorum et débute comme violoniste aux Concerts Rouges sous la direction de Caplet. En 1919, il fonde les Concerts Golschmann, un orchestre d'une trentaine de musiciens qui se tourne vers la musique contemporaine. Les Six ont une place privilégiée dans ses programmes mais aussi Ibert, Prokofiev, Tansman... Diaghilev l'invite aux Ballets russes et lui confie la reprise du *Sacre du printemps* en 1920, qui n'avait plus été exécuté depuis sa création houleuse sept ans plus tôt. Il dirige également les Ballets suédois (1923) et fait ses débuts aux États-Unis en 1924 à la Philharmonie de New York. De 1928 à 1930, il est à la tête du Scottish National Orchestra. Puis il s'installe aux États-Unis, dirigeant successivement l'Orchestre Symphonique de Saint Louis (1931-58) et l'Orchestre Symphonique de Denver (1964-70). Ardent défenseur de la musique de son temps, il a notamment créé la *Pastorale d'été* d'Honegger (1921), *Les Tréteaux de Maître Pierre* de De Falla (1923), *Angélique* (1926) et le *Divertissement* (1930) de Jacques Ibert, *Le Bœuf sur le toit* (1920), *La Création du monde* (1923), *La Sultane* (1941) et le *Concerto pour marimba* (1949) de Milhaud, la *Symphonie n° 7* de Tansman (1947), la *Symphonie n° 2* d'Hasquenoph (1965).

Goltz, Christel

Soprano allemande, née à Dortmund le 8 juillet 1912.

Elle débute comme danseuse, prend des cours de chant avec Ornelli-Leeb à Munich et chante dans des opérettes au Deutsche Theater à vingt ans. Ses débuts à l'opéra ont lieu à Fürth en 1935 (Agathe du *Freischütz*). Elle passe une saison à Plauen (Santuzza, Eva, Octavian) puis appartient à l'Opéra de Dresde de 1936 à 1950. A partir de 1947, elle chante également aux Staatsoper et Städtische Oper de Berlin, à Vienne et à Munich, et développe un répertoire de soprano dramatique (Elektra, Salomé, Alceste, Leonore de *Fidelio*, Tosca...). Elle chante à Londres depuis 1951 (*Salomé*), Salzbourg de 1951 à 1958 (Première Dame de la nuit, Leonore, et la création mondiale de *Pénélope* de Liebermann en 1954), au Met à partir de 1954. Elle se retire en 1970 avec plus de cent vingt ouvrages à son répertoire.

Gomez, Jill

Soprano anglaise, née à Trinidad le 21 septembre 1942.

Elle étudie le chant à Londres à la Royal Academy of Music et à la Guildhall School, débute avec le Cambridge University Opera (une Ondine dans *Obéron*) en 1967, entre dans les chœurs de Glyndebourne, chante Adina avec la Touring Company en 1968, et incarne Mélisande au Festival en 1969. En 1970, elle chante au Covent Garden lors de la création de *The Knot Garden* de Tippett (Flora) et en 1971 Pamina à Aix-en-Provence ; en 1974 elle crée la Comtesse dans *The Voice of Ariadne* de Thea Musgrave à Aldeburgh. Son répertoire est essentiellement haendelien (*Acis et Galathée*, *Admeto*) et mozartien : elle chante la Première Dame de *La Flûte enchantée* à Salzbourg, Elvire au Festival de Ludwigsburg, Cinna (*Lucio Silla*) dans le cycle Mozart de Zurich, mais chante aussi Stravinski, Henze, ou Britten.

Gómez-Martinez, Miguel-Ángel

Chef d'orchestre espagnol, né à Grenade le 17 septembre 1949.

Enfant prodige, il dirige son premier concert à l'âge de sept ans, à Grenade, dans le cadre du Festival International de Musique. Il poursuit ses études au conservatoire de sa ville natale, puis, titulaire de la bourse Manuel de Falla, au Conservatoire de Madrid, dont il sort avec les prix de piano, de violon et de composition. Après avoir suivi des cours d'été aux États-Unis, il devient l'élève de Hans Swarowsky à l'Académie de Vienne et, parallèlement, dirige les chœurs de la Hochschule für Musik. Nanti du prix du ministère autrichien des Sciences et de la Recherche et lauréat du

Concours Nikolaï Malko pour les jeunes chefs d'orchestre, il est engagé en 1971 par le Théâtre de Saint-Poelten puis, en 1972, par celui de Lucerne. En 1973 il dirige « au pied levé » *Fidelio* à la Deutsche Oper de Berlin. Ce tour de force lui vaut un contrat de trois ans, ainsi que des représentations à Hambourg, Francfort et Munich comme chef invité. Entre 1977 et 1982, il est chef permanent à l'Opéra de Vienne. Il est ensuite directeur musical de l'Orchestre Symphonique de la Radio-Télévision Espagnole, à Madrid (1984-87). Entre 1985 et 1990, il est directeur musical associé de l'Opéra de Madrid. Puis il est conseiller artistique et chef permanent de l'Orchestre Symphonique d'Euskadi à San Sebastián (1989-94), poste qu'il cumule avec les fonctions de directeur général de la musique au Nationaltheater de Mannheim (1990-94). Il enseigne également à l'Académie de musique de Mannheim. En 1992, il devient en outre chef permanent de l'Orchestre Symphonique de Hambourg et, l'année suivante, chef permanent à l'Opéra d'Helsinki.

Gönnenwein, Wolfgang

Chef de chœur et chef d'orchestre allemand, né à Schwäbisch Gmünd le 29 janvier 1933.

Il fait ses études musicales à Stuttgart tout en étudiant la philosophie à l'Université de Heidelberg et à celle de Tübingen. En 1959, il est nommé directeur musical du Südwestdeutsche Madrigalchor de Stuttgart, successeur du Bruckner Chor qu'avait fondé Johann Nepomuk David. Sous sa direction, ce chœur s'impose comme l'un des ensembles allemands les plus prestigieux et effectue de nombreux enregistrements et tournées à l'étranger avec un répertoire centré sur les passions de Bach, les oratorios de Haydn, les messes de Mozart et de Bruckner. En 1960, il est nommé directeur à Mittelbach. Entre 1969 et 1973, il dirige également le Chœur Bach de Cologne. Il développe alors une carrière de chef invité. Professeur de direction chorale à la Musikhochschule de Stuttgart à partir de 1968, il devient directeur de cette école en 1973. En 1972, il est nommé professeur artistique du Festival de Ludwigsburg où il fait ses débuts dans le domaine lyrique. En 1985, il est nommé intendant de l'Opéra de Stuttgart, poste qu'il conserve jusqu'en 1993.

Gonzalez, Dalmacio (Dalmaù Gonzalez)

Ténor espagnol, né à Olot le 12 mai 1946.

A Barcelone, il étudie le chant avec Gilbert Price puis travaille à Salzbourg avec Arleen Augér et Paul Schilharsky. Il est aussi l'élève d'Anton Dermota qui l'initie à l'art du lied. En 1972, il remporte le 1er prix au Concours international de Barcelone et, en 1975, le 1er prix du Mozarteum de Salzbourg. Il débute au Liceo de Barcelone la même année. Dès 1978, il chante avec Montserrat Caballé (*Parisina d'Este* à Nice) et, un an plus tard, au New York City Opera, *La Traviata* (Alfredo). En 1980, il débute au Met dans *Don Pasquale* (Ernesto) où il revient chanter *L'Élixir d'amour* (Nemorino) et *Le Barbier de Séville* (le Comte). En 1981, il débute à la Scala dans *Ariodante* de Haendel et à Aix-en-Provence dans *Tancrède* de Rossini. On le retrouve à Pesaro et à la Scala dans *Le Voyage à Reims* de Rossini (1984 et 1985). Il est invité sur les plus grandes scènes internationales, tant dans le répertoire de bel canto que pour y chanter Don Ottavio (*Don Giovanni*).

Goodall, Sir Reginald

Chef d'orchestre anglais, né à Lincoln le 13 juillet 1901, mort à Londres le 5 mai 1990.

Choriste à la cathédrale de Lincoln, il étudie ensuite le piano avec Arthur Benjamin, le violon avec W.H. Reed et la direction d'orchestre au Royal College of Music de Londres. Son premier engagement est celui d'organiste et de chef de chœur à St Alban à Holborn. De 1936 à 1939, il est assistant d'Albert Coates à Covent Garden et travaille avec Sir Malcolm Sargent à la Royal Choral Society. Puis il est l'assistant de Furtwängler à la Philharmonie de Berlin. En 1942-43 il dirige le Wessex Orchestra puis, en 1944, entre au Sadler's Wells Opera. Il y conduit entre autres la première de *Peter Grimes* qui rouvre le théâtre (1945). En 1946 il partage avec Ernest Ansermet la création du *Rape of Lucretia* de Britten à Glyndebourne et, en 1947, entre au Covent Garden où il dirige *Manon, Les Maîtres chanteurs, Peter Grimes, Gloriana*... Il est confiné au rôle de répétiteur par l'administration Solti. Mais de triomphales représentations en anglais des *Maîtres* (1968) puis du *Ring* au Sadler's Wells, ainsi qu'un *Parsifal* en 1971 et un *Fidelio* en 1976 au Covent Garden, confirment définitivement sa réputation de grand chef wagnérien.

Goode, Richard

Pianiste américain, né à New York le 1er juin 1943.

Élève de Nadia Reisenberg (piano), Carl Schachter (théorie) et Carl Bamberger (direction d'orchestre) au Mannes College of Music de New York (1954-56), il travaille avec Rudolf Serkin et Mieczyslaw Horzsowski au Curtis Institute de Philadelphie (1961-64) et à Marlboro. Il complète sa formation au Mannes College (1967-69). Il donne son premier concert à New York en 1962. En 1967, il est engagé comme pianiste des Boston Symphony Chamber Players. En 1973, il remporte le Concours Clara Haskil à Lucerne et, en 1980, le Prix Avery Fisher. Il mène une carrière internationale où la musique de chambre occupe une place importante. Entre 1983 et 1989, il participe régulièrement, au Lincoln Center de New York, aux concerts de la Chamber Music Society, dont il est l'un des fondateurs. Il y donne notamment, en 1988, une intégrale des sonates de Beethoven considérée outre-Atlantique comme un événement majeur.

Goodman, Benny (Benjamin)

Clarinettiste américain, né à Chicago le 30 mai 1909, mort à New York le 13 juin 1986.

C'est au jazz qu'il consacre le meilleur de son talent. Ne disposant d'aucune formation « classique », il n'aurait guère sa place dans ce dictionnaire si le considérable succès qu'il remporte dans les années 1940-50 – succès considéré aujourd'hui avec un œil infiniment plus critique – n'avait porté son nom jusqu'aux oreilles des principaux compositeurs de son temps qui ont écrit à son intention : Malcolm Arnold (*Concerto pour clarinette nº 2,* 1974), Béla Bartók (*Contrastes,* 1940), Aaron Copland (*Concerto pour clarinette,* 1950), Morton Gould (*Derivations,* 1956), Paul Hindemith (*Concerto pour clarinette,* 1950), Aram Khatchaturian (*Jazzcomposition,* 1966), Darius Milhaud (*Concerto pour clarinette,* 1946), Alex North (*Revue* pour clarinette et orchestre, 1946). Goodman a également créé la *Sonate pour clarinette et piano* de Poulenc en 1963. Le disque a gardé trace de ses interprétations (*Contrastes* de Bartók avec le compositeur et Joseph Szigeti, le *Concerto pour clarinette* de Mozart avec Charles Münch). Il serait sans doute quelque peu hasardeux d'affirmer qu'elles le classent parmi les grands maîtres de la clarinette classique, même si ses possibilités techniques y sont confirmées.

Goodman, Roy

Chef d'orchestre anglais, né à Guildford (Surrey) le 26 janvier 1951.

Choriste au King's College de Cambridge (1959-64), il se fait remarquer en chantant la partie soliste du *Miserere* d'Allegri. Il étudie le violon et l'orgue au Royal College of Music de Londres (1968-70), puis au Berkshire College of Education (1970-71). En 1970, il devient membre du Royal College of Organists. Il est successivement directeur de la musique à l'Université du Kent et directeur des études de musique ancienne à la Royal Academy of Music. Il fonde le Brandenburg Consort (Reading, 1975). A partir de 1986, il est premier chef de la Hanover Band, un ensemble symphonique qui se consacre à la musique classique et préromantique, sur instruments d'époque. Il dirige également l'Orchestre Baroque de la Communauté Européenne.

Goossens, Sir Eugene

Chef d'orchestre et compositeur anglais naturalisé américain (1943), né à Londres le 26 mai 1893, mort à Hillingdon le 13 juin 1962.

Il étudie au Conservatoire de Bruges (1903), au College of Music de Liverpool (jusqu'en 1907) et au Royal College of Music de Londres (1907-10). De 1911 à 1915, il est violoniste à l'Orchestre du Queen's Hall et effectue ses débuts de chef d'orchestre aux Proms en 1912 : il y dirige l'une de ses œuvres. Il fait alors partie du Langley-Mukle Quartet ; il forme ensuite le Philharmonic String Quartet. De 1916 à 1920, il est l'assistant de Sir Thomas Beecham. Puis il dirige à Covent Garden pour la Carl Rosa Opera Company et les Ballets russes (1921-23). En 1921, il donne la première exécution de concert anglaise du *Sacre du printemps.* La même année, il est nommé à la tête de la Handel Society. Sa carrière se déroule ensuite principalement aux États-Unis, bien qu'il revienne chaque été diriger à Londres : de 1925 à 1931, il est directeur musical de l'Orchestre Philharmonique de Rochester puis, de 1931 à 1946, de l'Orchestre Symphonique de Cincinnati. Il part ensuite en Australie où il est nommé à la tête de l'Orchestre Symphonique de Sydney (1947-56) et directeur du Conservatoire. Accusé de fraude en douane, sa carrière fut brisée prématurément. Il a créé des œuvres de Jacques Ibert (*Bacchanale,* 1956).

Goossens, Leon

Hautboïste anglais, né à Liverpool le 12 juin 1897, mort à Londres le 12 février 1988.

Frère d'**Eugene Goossens**, il fait ses études musicales au Royal College of Music de Londres. De 1913 à 1924, il est hautbois solo de l'Orchestre du Queen's Hall. Par la suite, il occupera les mêmes fonctions dans divers orchestres londoniens, dont celui de Covent Garden, l'Orchestre Philharmonique (1932-39) et le Royal Philharmonic Orchestra, étant ainsi le hautbois attitré de Sir Thomas Beecham. Il enseigne à la Royal Academy of Music puis au Royal College of Music et forme la nouvelle génération de hautboïstes anglais. Dans ce domaine, il a véritablement créé une école à une époque où les grands hautboïstes des orchestres anglais étaient surtout étrangers. Passionné de musique de chambre, il abandonnera l'orchestre au cours des années cinquante pour s'y consacrer exclusivement. Ses principaux partenaires seront George Malcolm ou Yehudi Menuhin. De nombreux compositeurs ont écrit à son intention : Elgar (*Soliloquy*), Vaughan-Williams (*Concerto pour hautbois*), Britten (*Fantaisie*, op. 2), Cooke (*Quatuor pour hautbois et cordes*), E. Goossens (*Concerto pour hautbois*), G. Jacob. Il a créé la *Sonate pour hautbois et piano* de Paul Hindemith (1938).

ÉCRITS : *Oboe* (1977).

Gorini, Gino (Luigino Gorini)

Pianiste et compositeur italien, né à Venise le 22 juin 1914, mort à Venise le 27 janvier 1989.

Il étudie le piano avec G. Tagliapietra (diplôme, 1931) et la composition avec M. Agostini (diplôme, 1933) au Conservatoire de Venise, puis travaille la composition avec Gian Francesco Malipiero. Il reçoit aussi les conseils de Vladimir Horowitz. Dès l'âge de quinze ans, il commence une carrière dans l'ensemble de l'Italie. En 1938, il remporte le 1er prix au Concours international de Vienne. En 1940, il est nommé professeur de piano au Conservatoire de Venise. Il fait de nombreuses tournées en Italie et à l'étranger et constitue, en 1944 avec **Sergio Lorenzi,** un duo de piano qui s'impose comme l'une des équipes les plus représentatives de ce genre trop souvent délaissé (il jouera aussi parfois avec Eugenio Bagnoli). En 1980, il est nommé professeur à l'Académie de Sainte-Cécile de Rome. Il a créé des œuvres de Bruno Bettinelli (*Concerto pour deux pianos,* 1962), Bruno Maderna (*Concerto pour deux pianos,* 1948). Parmi ses œuvres figurent un *Quatuor à cordes* (1937), une *Sonate pour piano* (1940), un *Concerto pour violon* (1940), un *Concerto pour piano* (1960), un *Concerto pour alto* (1964) et de la musique de film.

Gorog, André

Pianiste français, né à Paris le 22 octobre 1938.

D'ascendance hongroise, il obtient au Conservatoire de Paris des premiers prix de piano (1959), de musique de chambre (1960) et d'esthétique musicale (1964). Il remporte le Grand Prix Enesco de Bucarest (1964) et le Prix de Genève qui lui ouvrent les portes d'une carrière internationale. Il assure régulièrement des émissions à France-Musique (*Portraits par petites touches*). Professeur à l'École Normale de Musique de Paris, il donne de nombreux cours d'interprétation en France, en Belgique, au Canada et aux États-Unis. Dans une production discographique largement consacrée au grand répertoire, on pourra distinguer le premier enregistrement de la *Chaconne pour la main gauche* de Bach-Brahms et les *Danses hongroises* de Brahms dans leur version originale à deux mains.

Gorr, Rita
(Marguerite Geimaert)

Mezzo-soprano belge, née à Gand le 18 février 1926.

Ayant obtenu le 1er prix au concours de chant de Verviers en 1946, elle débute à Anvers dans le rôle de Fricka. De 1949 à 1952, sous les férules conjuguées de Roger Lalande et de Frédéric Adam, elle fait son apprentissage dans la troupe de l'Opéra de Strasbourg, passant progressivement d'une fille-fleur, de Mercedes ou de Geneviève à Carmen, Amnéris ou Orphée. En 1952, un triomphal 1er prix à Lausanne lui ouvre les portes de l'Opéra de Paris. Ce n'est pourtant que sept ans plus tard que le public parisien, venu applaudir l'Aïda de Renata Tebaldi, fit de Rita Gorr, fantastique Amnéris, une véritable vedette. Bayreuth (1958), Milan, Londres et tant d'autres capitales du chant consacrent sa gloire. Amnéris, Éboli, Iphigénie, Kundry, Margared ou Dalila n'ont sans doute jamais été chantées avec plus de passion. Et son Ortrude est vraiment terrifiante. Mezzo naturelle, elle a sans doute eu tort d'aborder des rôles de soprano dramatique comme celui de Médée de Luigi Cherubini. Amusante coïncidence, Rita Gorr habite rue de Crespin dans une petite ville belge.

Gotkovsky, Nell

Violoniste française, née à Athis-Mons le 26 septembre 1939.

Elle commence à travailler le violon avec son père, un ancien élève de Capet. A seize ans elle obtient un 1er prix d'honneur au Conservatoire de Paris. Remarquée par David Oïstrakh, elle étudie aux États-Unis, sur les conseils d'Isaac Stern et de Yehudi Menuhin, d'abord avec Ivan Galamian puis avec Joseph Szigeti. Elle a dix-sept ans quand Otto Klemperer l'engage pour jouer le *Concerto* de Brahms. Giulini l'engage à son tour, suivi d'Ansermet, Dorati, Sargent, Boult, Sawallisch, Keilberth, Schmidt-Isserstedt et de tant d'autres. Parallèlement à sa carrière de concertiste, elle donne de fréquentes séances de sonates avec son frère Ivar (piano). Elle joue sur un Guadagnini datant de 1770.

Gottlieb, Peter

Baryton-basse tchèque naturalisé français, né à Brno le 18 septembre 1930.

Très jeune, il se rend à Rio de Janeiro, où il fait ses études de chant et débute dans *La Bohème*. Il se rend ensuite à Florence, pour y travailler avec Raoul Frazzi. Il chante en Italie, en Belgique et en Amérique du Sud, avant de s'installer à Paris. Il y crée l'*Opéra d'Aran* de Bécaud (1962). Sa grande musicalité, son sens du théâtre et l'intelligence de ses interprétations lui permettent d'aborder un répertoire incroyablement étendu. Il chante Mozart (le Comte des *Noces de Figaro*, *Don Giovanni*, Don Alsonso et Papageno) mais aussi Puccini (Scarpia, Sharpless et le rôle-titre de *Gianni Schichi*). A Genève, il remporte un très grand succès en *Eugène Onéguine* aux côtés d'Éric Tappy. Il chante R. Strauss (Oreste d'*Elektra*, le Barbier de *La Femme silencieuse* et le Comte de *Capriccio*) et Verdi (Iago d'*Otello* et Don Carlo de *La Force du destin*). Mais il s'est surtout fait un nom dans la création d'ouvrages contemporains : *Egmont* (Meulemans, 1960), *Sud* (Kenton Coe, 1965), *Ondine* (Sancan,

1966), *La Symphonie pastorale* (Landré, 1968), *Madame de...* (Damase, 1970), *The Rising of the Moon* (Maw, 1970), *Les Liaisons dangereuses* (Prey, 1974), *Les Traverses du temps* (Prodromidès, 1979), la *Passion de Gilles* (Boesmans, 1983), *H. H. Ulysse* (Prodromidès, 1984). Il a participé aux créations françaises du *Grand Macabre* (Ligeti) et de *Lear* (Reimann). Depuis 1981, il est professeur au Conservatoire de Paris.

Gottwald, Clytus

Chef de chœur et compositeur allemand, né à Bad Salzbrunn (Silésie) le 20 novembre 1925.

Il fait ses études musicales avec Kurt Thomas et Gerhard Hüsch, avec lequel il travaille le chant. Il fait également des études de musicologie, de théologie et de sociologie à Tübingen et à Francfort-sur-le-Main. Pendant quelque temps, il est l'assistant de Marcel Couraud. En 1960, il fonde la Schola Cantorum de Stuttgart (dissoute en 1990), chœur dont le répertoire s'étend du XVe siècle à la musique contemporaine, domaine dans lequel il se montre très actif avec un nombre important de commandes et de créations à son actif (Dieter Schnebel, György Ligeti, Pierre Boulez, Karlheinz Stockhausen, Krzysztof Penderecki...). Entre 1967 et 1989, il est en outre responsable du département de musique nouvelle au SDR de Stuttgart. En 1972, Pierre Boulez fait appel à lui pour participer au groupe de planification de l'IRCAM. Il a publié de nombreux écrits musicologiques dans des encyclopédies et ouvrages collectifs.

Gould, Glenn

Pianiste canadien, né à Toronto le 25 septembre 1932, mort à Toronto le 3 octobre 1982.

Il commence le piano à l'âge de trois ans avec sa mère et suit des cours (1943-52) au Conservatoire de Toronto, avec Alberto Huerrero. Il étudie également l'orgue et, à quatorze ans, participe à un concours international d'organistes. La même année il joue pour la première fois en public le *Concerto pour piano n° 4* de Beethoven avec l'Orchestre Symphonique de Toronto. En 1955 à New York il signe un contrat avec la Columbia Records. Premier pianiste américain invité par le gouvernement soviétique à Moscou et Leningrad, en 1957, il triomphe avec les *Variations Goldberg* de Bach. A trente-deux ans, il renonce au concert et se replie dans la solitude, alors que son nom est aussi connu en Amérique que celui de Bernstein. Il ne joue plus que pour le disque. Conférencier à l'Université de Toronto, fondateur et directeur d'une association de musique de chambre qui crée des œuvres nouvelles, ce pianiste connaît toutes les techniques d'enregistrement. Son répertoire va de Bach à Schoenberg, son interprétation est toujours renouvelée et originale ; elle repose sur une technique très personnelle liée à sa position face au clavier, beaucoup plus basse que celle de ses confrères.

ÉCRITS : *Entretiens avec Jonathan Cott* (1977), *Le Dernier Puritain* (1983), *Contrepoint à la ligne, Écrits II* (réunis par Bruno Monsaingeon, 1985), *Non, je ne suis pas du tout un excentrique, Écrits III* (réunis par Bruno Monsaingeon, 1986), Glenn Gould, *Lettres*, Christian Bourgois (Paris, 1992).

Gousseau, Lélia

Pianiste française, née à Paris le 11 février 1909.

Elle naît dans une famille de musiciens : son père est organiste et maître de chapelle, sa mère pianiste. C'est avec cette dernière qu'elle aborde le piano avant d'entrer au Conservatoire de Paris. Elle y obtient un 1er prix de piano (1925, Lazare-Lévy), un 1er prix d'histoire de la musique (1926, Maurice Emmanuel). Elle remporte le 1er prix Claire Pagès (1928), le Prix Chopin au Concours international de Varsovie (1937) et le 1er prix Albert Roussel à Paris (1939). Sa carrière internationale se développe tant comme soliste que sous la baguette des plus grands chefs. Après avoir été, de 1961 à 1978, professeur au Conservatoire de Paris, elle enseigne à l'École Normale de Musique. Elle a créé des œuvres d'Henri Martelli (*Sonorités* pour la main gauche, op. 107, 1976), Marcel Mihalovici (*Passacaille*, op. 105, 1976).

Goutnikov, Boris

Violoniste russe, né à Vitebsk le 14 juillet 1931, mort à Leningrad le 7 avril 1986.

Sa famille s'installe à Leningrad en 1933 et il commence à y étudier le violon à l'âge de cinq ans avec des élèves de Leopold Auer, Nalbandian et Sigal. Il entre ensuite au Conservatoire de Leningrad où il travaille avec un autre disciple d'Auer, Yuri Eidlin. Il suit aussi les cours ou reçoit les conseils de Nicolaï Rabinovitch (direction d'orchestre), Isaia Braudo (orgue), Christopher Kouchnarev (théorie). Il remporte le premier prix au Concours international Georges Enesco de Bucarest (1953), au Concours international de Prague (1956), au Concours international Marguerite Long-Jacques Thibaud (1957) ainsi que la Médaille d'or au Concours Tchaïkovski à Moscou (1962). Il commence une carrière très brillante qui sera malheureusement interrompue prématurément. Il est considéré comme l'un des représentants les plus importants de l'école de violon de Leningrad de sa génération. Professeur aux conservatoires de Leningrad puis de Moscou, il sera notamment le maître de Sergueï Stadler. Son répertoire faisait une large place à la musique du XXe siècle et plusieurs compositeurs ont écrit des œuvres à son intention : Vadim Salmanov (*Concerto pour violon*), Sergueï Slonimski (*Sonate pour violon seul*), Yuri Falik (*Sonate pour violon seul*), Lucian Prigojdin (*Sonate pour violon et piano*). Il a également créé le concerto d'Andreï Petrov ainsi que des partitions de Boris Arapov et Benjamin Basner.

Goverts, Hans

Claveciniste néerlandais, né à La Haye le 8 décembre 1921.

Il travaille d'abord le piano au conservatoire de sa ville natale où il achève ses études en 1953 avec plusieurs prix. Il complète sa formation au Conservatoire de Paris dans la classe de Marguerite Long. Son goût l'oriente peu à peu vers la musique des XVIIe et XVIIIe siècles et il s'intéresse de plus en plus au clavecin. De retour à La Haye, il travaille le clavecin au Conservatoire royal avec Janny Van Wering. En 1962, il est considéré comme un spécialiste de l'instrument dans son pays. Il se perfectionne auprès de Robert Veyron-Lacroix à Paris et de Eduard Müller à Bâle. Depuis 1967, il donne des cours à la Schola Cantorum de Bâle.

Gracis, Ettore

Chef d'orchestre italien, né à La Spezia le 24 septembre 1915, mort à Trévise le 12 avril 1992.

Il fait ses études au Conservatoire de Venise, étudie la composition avec Gian Francesco Malipiero, puis se rend à Sienne, à l'Académie Chigiana, pour travailler la direction d'orchestre avec A. Guarnieri. Il dirige, entre 1942 et 1948, l'Ensemble Instrumental Benedetto Marcello, puis l'Orchestre du Mai Florentin (1948-50) ; ensuite, de 1950 à 1959, il est à Milan (Orchestre des Pomeriggi Musicali). Enfin, il est nommé chef permanent à la Fenice, à Venise (1959-71). Professeur au Conservatoire de cette ville, il mène une importante carrière dans le domaine lyrique, invité par la plupart des Opéras italiens. Il a créé beaucoup de musique contemporaine, notamment dans le cadre de la Biennale de Venise : des œuvres d'Alfredo Del Monaco, Cristóbal Halftter, Gian-Francesco Malipiero, Riccardo Malipiero (*Ouverture-Divertimento « del ritorno »,* 1953), Constantin Regamey (*Études pour voix de femme et orchestre,* 1956), Flavio Testi (*Il furore di Oreste,* opéra, 1956 ; *Musica da concerto nº 2,* 1958, et *nº 3,* 1962), Guido Turchi, Giuseppe Sinopoli, Mario Zafred.

Graf, Hans

Chef d'orchestre autrichien, né près de Linz le 15 février 1949.

Fils d'un professeur de violon au Conservatoire Bruckner de Linz, il commence ses études musicales avec son père puis travaille le piano et la direction d'orchestre à l'Académie de musique de Graz (jusqu'en 1971). Il se perfectionne à Sienne, Hilversum (avec Franco Ferrara) et Bologne (avec Sergiu Celibidache). En 1972, il va travailler avec Jansons à Leningrad et, en 1975, il est nommé directeur musical de l'Orchestre Symphonique de Téhéran. Il remporte le 1er prix au Concours Karl Böhm à Salzbourg en 1979 et débute l'année suivante au Festival de Vienne. Sa carrière se développe rapidement : Opéra de Vienne à partir de 1981, Opéra de Paris (1984)... En 1984, il est nommé directeur musical de l'Orchestre du Mozarteum et du Landestheater de Salzbourg. Il quitte ce poste en 1993 pour prendre la direction de l'Orchestre Symphonique d'Euskadi, à San Sebastián. En 1995, il prend la direction de l'Orchestre Philharmonique de Calgary (Canada). Il a créé une œuvre de Marcel Rubin (*Symphonie n° 10 « Hommage à Chartres »*, 1990).

Graf, Peter-Lukas

Flûtiste suisse, né à Zurich le 5 janvier 1929.

Il commence très jeune à apprendre la flûte et donne ses premiers concerts à l'âge de treize ans, alors qu'il poursuit ses études au gymnase de Zurich. Il travaille avec André Jaunet, tout en s'intéressant à la direction d'orchestre. Ayant obtenu la « maturité » (pendant suisse du baccalauréat), il se rend au Conservatoire de Paris, dans les classes de Marcel Moyse et de Roger Cortet. En 1949, il obtient un 1er prix de flûte et, en 1950, le diplôme de chef d'orchestre, dans la classe d'Eugène Bigot. Agé de vingt et un ans, il remplace Aurèle Nicolet comme flûte solo à l'Orchestre de Winterthur (1950-56). L'année suivante, il occupe le même poste dans l'Orchestre du Festival de Lucerne dont il est le plus jeune soliste. Il rencontre Furtwängler, Klemperer, Clemens Krauss, Joseph Keilberth... Puis il entreprend, dans les années cinquante, une série de tournées européennes avec Edwin Fischer et Günther Ramin. Il enregistre alors ses premiers disques et reçoit de nombreuses distinctions, parmi lesquelles le 1er prix du Concours international de l'ARD, à Munich (1953), et le Prix Bablock du H. Cohen International Music Award de Londres. Il refuse le poste de flûte solo de plusieurs orchestres, car il tient à poursuivre parallèlement les carrières de chef et de soliste. De 1961 à 1966, il est chef attitré au Théâtre municipal de Lucerne. Il se consacre à la pédagogie et se voit confier en 1973 la classe de virtuosité à l'Académie de musique de Bâle. Ces dernières années, il s'est produit avec l'English Chamber Orchestra, l'Academy of St Martin in the Fields et les Festival Strings Lucerne. Il a créé une œuvre de Gottfried von Einem (*Flötenquartett*, op. 85, 1990).

Graffman, Gary

Pianiste américain, né à New York le 14 octobre 1928.

Fils du violoniste **Vladimir Graffman**, un élève de Leopold Auer à Saint-Pétersbourg qui avait émigré aux États-Unis, il commence à travailler, dès l'âge de sept ans, avec Isabelle Vengerova au Curtis Institute de Philadelphie dont il sort diplômé en 1946. Il fait ses débuts sous la direction d'Eugene Ormandy et se perfectionne avec Vladimir Horowitz et Rudolf Serkin. En 1950, il obtient la Leventritt Award et commence à jouer dans le monde entier. Une maladie comparable à celle dont avait souffert Schumann le prive progressivement de l'usage de sa main droite, mais un traitement permet d'en stopper l'évolution. Sa carrière est néanmoins interrompue au moment où il s'affirmait comme l'un des pianistes américains les plus importants de sa génération et il se consacre surtout à l'enseignement. Professeur au Curtis Institute de Philadelphie à partir de 1980, il est nommé directeur artistique de cet établissement en 1986. Il a créé le *Concerto pour la main gauche* (1993) de Ned Rorem.

ÉCRITS : *I Really Should be Practising*, mémoires (Doubleday, 1981).

Grandjany, Marcel

Harpiste français naturalisé américain (1945), né à Paris le 3 septembre 1891, mort à New York le 24 février 1975.

Il étudie la harpe avec Henriette Renié au Conservatoire de Paris où il obtient son 1er prix en 1905. Harpiste aux Concerts Lamoureux, il donne son premier récital salle Érard à l'âge de dix-sept ans. On le trouve également à l'orgue de la basilique du Sacré-Cœur de Montmartre. Après la guerre, il entame une carrière internationale entièrement consacrée à la harpe. Il s'installe à New York en 1936 et enseigne à la Juilliard School de 1938 jusqu'à sa mort ainsi qu'au Conservatoire de Montréal pendant vingt ans (1943-63). Il a formé une pléiade d'élèves et a composé un grand nombre d'œuvres à caractère pédagogique.

Graubin, Eva

Violoniste lettonne, née à Riga le 24 mai 1947.

Fille d'un compositeur de renom en Lettonie, elle travaille d'abord avec lui puis avec Voldemar Sturesteps, qui est également le professeur de Gidon Kremer, avant d'aller à Moscou, à l'École Centrale de Musique puis au Conservatoire Tchaïkovski, où elle est l'élève de Felix Andrievski et Yuri Jankelevitch. Elle se perfectionne ensuite à Londres avec Szymon Goldberg. En 1968, elle épouse un diplomate chilien, Roberto Bravo, et obtient l'autorisation de séjourner en permanence hors de l'URSS. Lauréate du Concours international Orense, à Saint-Jacques-de-Compostelle (1972), elle commence une brillante carrière interrompue par un grave accident de voiture, à New York, en 1976. Elle reste immobilisée pendant trois ans et reprend une carrière qu'elle partage entre l'enseignement (à Barcelone) et les tournées. Ses deux sœurs, Hilse et Daina, sont des pianistes de renom dans leur pays natal.

Greef, Arthur de

Voir à **De Greef, Arthur.**

Greindl, Josef

Basse allemande, né le 23 décembre 1912 à Munich, mort à Vienne le 29 avril 1993.

Il fait ses études (1932-36) à l'Académie de musique de Munich dans les classes de Paul Bender et d'Anna Bahr-Mildenburg. En 1936, il fait ses débuts au théâtre municipal de Krefeld (Hunding de *La Walkyrie*). De 1938 à 1942, il chante à l'Opéra de Düsseldorf mais en 1942, Heinz Tietjen l'appelle à la Staatsoper de Berlin, à laquelle il appartient jusqu'en 1948. En 1943, il chante pour la première fois à Bayreuth (Pogner des *Maîtres chanteurs*). Dès 1948, il fait partie de la troupe de l'Opéra de Berlin-Ouest et, en 1956, de celle de l'Opéra de Vienne. Sa carrière prend un essor fabuleux, dès la fin de la Seconde Guerre mondiale. En 1952, il revient à Bayreuth et y chantera chaque année jusqu'en 1969. Il participe également aux festivals de Salzbourg et d'Édimbourg. Il remporte de grands succès sur les scènes lyriques de Paris, Londres, Milan, Buenos Aires. En 1952, il débute au Met de New York où le succès confirme sa réputation comme un des plus grands wagnériens de son temps. Ses interprétations de Daland (*Le Vaisseau fantôme*) et de Hagen (*Le Crépuscule des dieux*) demeurent parmi les plus percutantes qui soient. Depuis 1961, il enseigne au Conservatoire de Sarrebruck et à partir de 1973, il devient professeur à l'Académie de musique de Vienne.

Aussi à l'aise dans le répertoire tragique que dans les rôles bouffes, il s'est également imposé au concert comme interprète de cantates et d'oratorios. Il a incarné cent dix-huit rôles différents. Il a créé des œuvres de Conrad Beck (*La Mort à Bâle*, 1952), Carl Orff (*De Temporum finae comœdia*, 1973).

Grémy-Chauliac, Huguette

Claveciniste française, née à Paris le 8 juillet 1928.

Après ses études secondaires, elle suit de 1947 à 1949 des cours d'archéologie romaine à l'École du Louvre. Elle travaille le piano avec Blanche Bascouret de Gueraldi, Germaine Willaume, J. Morpain, Lucette Descaves et Yves Nat, ainsi que l'harmonie avec Paule Lantier et Jean Gallon. Au Conservatoire de Paris, elle obtient un prix de piano (classe d'Yves Nat) et un prix d'harmonie (classe de Jean Gallon). Puis elle travaille le clavecin avec Robert Veyron-Lacroix. En 1966, elle donne son premier récital. Depuis 1961, elle est claveciniste titulaire de l'Orchestre Antiqua Musica de Paris, et occupe, de 1961 à 1963, le même poste dans l'Orchestre Paul Kuentz. Elle joue en duo avec Robert Casier, Maxence Larrieu ou Denise Mégevand.

Professeur de clavecin, de basse chiffrée et d'harmonie au Conservatoire de Nice depuis 1963, elle a également enseigné à l'Académie américaine de Paris. De très nombreuses premières discographiques illustrent l'originalité de son répertoire : l'intégrale de l'œuvre pour clavecin de Buxtehude, Marchand et Clérambault, *Hexachordum Appollinis de* Pachelbel... Elle enregistre actuellement l'intégrale de l'œuvre pour clavecin de Haendel. Parmi les partitions qui lui sont dédiées, elle crée le *Troisième Concert pour clavecin* de Jacques Charpentier (1972) et la *Suite dans le goût ancien* de Georges Delerue (1980). Elle possède un clavecin construit par l'atelier William Dowd-Paris selon un original réalisé à Paris en 1770 par Pascal Taskin, facteur du roi.

Gressier, Jules

Chef d'orchestre français, né à Roubaix le 24 juin 1897, mort à Aix-les-Bains le 27 juin 1960.

Il étudie la musique au conservatoire de sa ville natale. A Lille, il fait la connaissance de Julien Dupuis qui lui fait travailler tout le répertoire lyrique, répertoire qui attirait depuis toujours le jeune homme. Jules Gressier dirige alors à Lille puis à Toulouse. Il attire l'attention d'Henri Büsser qui le fait diriger à Aix-les-Bains. Reynaldo Hahn le voit à l'œuvre et lui demande alors d'être son collaborateur, à Cannes d'abord, où Gressier reste plusieurs années avant d'aller à Paris où, durant la saison 1930-31, il alterne la présentation des ouvrages du répertoire et des opérettes. De 1947 à 1951, il dirige à l'Opéra-Comique et à la Radio où il sera directeur des émissions lyriques pendant quinze ans.

Grey, Madeleine (Madeleine Nathalie Grumberg)

Mezzo-soprano française, née à Villaines-la-Juhel (Mayenne) le 11 juin 1896, morte à Paris le 13 mars 1979.

Elle étudie au Conservatoire de Paris le piano avec Alfred Cortot et le chant avec Hettich. Elle fait ses débuts aux Concerts Pasdeloup où Fauré et Ravel la remarquent. Du premier, elle crée en 1919 les *Mirages*, du second, deux des *Chansons hébraïques* (1922) et les *Chansons madécasses* (1926) qu'elle enregistre en 1932, accompagnée par l'auteur. Elle crée également en 1926 les *Chants d'Auvergne* de Canteloube (en langue d'oc) puis des mélodies de Milhaud, Aubert, Tomasi. Au cours d'une tournée en Espagne avec Ravel, elle rencontre Falla dont elle va aussi défendre les œuvres. Elle devient l'ambassadrice de la mélodie française qu'elle représente aux festivals de Venise (1930), Sienne (1932) et Florence (1934). Une diction incomparable, utilisant avec intelligence une voix au timbre clair, doublée d'un don certain pour les langues, lui permet de chanter, avec le même bonheur, les mélodies de Respighi, de Malipiero, de Villa-Lobos, de Honegger ou de Milhaud. Forcée à l'exil de 1939 à 1947, elle poursuit jusqu'en 1952 une carrière qui la conduit principalement au Moyen-Orient et en Amérique du Sud. Elle a créé des œuvres de Darius Milhaud (*Six Chants populaires hébraïques,* 1925).

Grigore, Dan

Pianiste roumain, né à Bucarest le 6 août 1943.

Il commence ses études musicales avec Eugenia Ionescu et reçoit les conseils de Mihail Jora. Puis il devient l'élève de Florica Muzicescu (1958-62) qui avait été le professeur de Dinu Lipatti. Il suit également les cours de Tatiana Kravtchenko au Conservatoire de Leningrad (1962-64). De retour en Roumanie, il se perfectionne avec Ovidiu Drimba (1964-67) et Cella Delavrancea. En 1967, il remporte le 2e prix au Concours international Georges Enesco de Bucarest. Un an plus tard, il est lauréat du Concours international de Montréal. Il travaille à Vienne avec Richard Hauser (1969). Sa carrière se développe rapidement. Il est nommé professeur au Conservatoire de Bucarest (1967-79) et soliste de la Philharmonie Georges Enesco dont il sera pendant une brève période, en 1990, directeur artistique.

Grimaud, Hélène

Pianiste française, née à Aix-en-Provence, le 7 novembre 1969.

Elle commence ses études musicales au conservatoire de sa ville natale et les poursuit avec Pierre Barbizet à Marseille. A treize ans, elle entre au Conservatoire de Paris et obtient, en 1985, un 1er prix dans la classe de Jacques Rouvier. Elle se perfectionne ensuite auprès de György Sandor et Leon Fleisher. Ses débuts en 1986 au Festival d'Aix-en-Provence entraînent un tournant décisif dans sa carrière avec notamment, en 1987, des invitations au MIDEM de Cannes, au Festival de La Roque d'Anthéron, un premier récital à Tokyo et un premier concert avec l'Orchestre de Paris en 1988. Elle débute alors une carrière internationale et joue sous la direction de Charles Dutoit, Wolfgang Sawallisch, Michel Plasson, Eliahu Inbal et Claudio Abbado... En musique de chambre, notamment dans le cadre du Festival de Lockenhaus, elle a joué avec Martha Argerich, Gidon Kremer, le Quatuor Hagen et Gérard Caussé.

Grimbert, Jacques

Chef de chœur français, né à Colombes le 10 mai 1929.

Après des études au Conservatoire de Paris (Milhaud, Messiaen), il travaille la direction d'orchestre avec Louis Fourestier, Manuel Rosenthal, Edouard Lindenberg et Pierre Boulez. Il se spécialise dans la direction chorale avec Alfred Deller et à Stuttgart (1957). En 1954, il avait pris la direction de la chorale de l'Institut Catholique de Paris, La Faluche. En 1960 il fonde son propre groupe, l'Ensemble Vocal Jacques Grimbert, qui devient, en 1967, Chœur National. En 1972, il crée un ensemble d'instruments anciens, Ars Europea. Deux ans plus tard naissent le Chœur et l'Orchestre de l'Université Paris-Sorbonne qui prennent la relève de La Faluche. En 1977, Jacques Grimbert est nommé directeur de la musique à l'Université Paris-Sorbonne. Musicologue, il a contribué à l'édition et à l'exécution d'œuvres inédites de Gesualdo, Monteverdi, Cavalli, Gabrieli, M. A. Charpentier... En outre, sa *Messe Novale*, créée pour la télévision en Eurovision, a remporté le prix de la Fondation William Copland.

Grindenko, Tatiana

Violoniste ukrainienne, née à Kharkov le 29 mars 1946.

Elle fait ses études musicales au Conservatoire de Leningrad puis à celui de Moscou où elle est l'élève de Yuri Jankelevitch. En 1964, elle remporte le 1er prix au Concours Wieniawski à Poznań et commence une carrière de soliste. Première femme de **Gidon Kremer**, elle a créé avec lui le *Concerto pour deux violons* d'Alfred Schnittke (1977) et *Tabula rasa* d'Arvo Pärt (1977). Elle consacre une part importante de son répertoire à la musique contemporaine et anime également des formations de musique de chambre. En 1982, elle fonde à Moscou avec le pianiste et claveciniste Alexandre Liubimov l'ensemble « Académie de musique ancienne » avec lequel elle introduit en URSS une tradition d'interprétation des musiques du XVIIe et du XVIIIe siècle basée sur les textes originaux.

Grist, Reri

Soprano américaine, née à New York le 29 février 1932.

Enfant, elle apparaît déjà sur les scènes de Broadway. Après ses études de chant, elle participe encore à quelques productions de comédies musicales. Ainsi crée-t-elle sur Broadway *West Side Story* (1957) de Leonard Bernstein qui, peu après, lui permet de remporter son premier grand succès, au concert, dans la partie de soprano solo de la *Symphonie nº 4* de Mahler. Elle est ensuite engagée pour une tournée avec l'Opéra de Santa Fe (Adèle de *La Chauve-Souris* et Blonde de *L'Enlèvement au sérail*). Après le succès remporté, la jeune cantatrice de couleur est engagée à l'Opéra de Cologne où elle débute avec la Reine de la nuit (*La Flûte enchantée*). En 1961, elle s'impose en Zerbinette (*Ariane à Naxos*) à l'Opéra de Zurich, où grâce à son triomphe elle est perpétuellement invitée par la suite. Le Covent Garden, la Scala, l'Opéra de Munich, de San Francisco l'invitent, ainsi que le Festival de Glyndebourne. En 1963, elle débute sa fabuleuse carrière à l'Opéra de Vienne, avec Zerbinette. Deux ans plus tard, elle s'impose au Festival de Salzbourg avec Blonde, Zerbinette et Suzanne. Après avoir débuté à l'Opéra de Chicago en 1964, elle est invitée, deux ans plus tard, à l'Opéra de Montréal (Gilda) et au Met (Rosine). Partout, on fait fête à son art exquis du colorature éclairé par un jeu de scène et un abattage admirables. Elle a épousé le musicologue Ulf Thompson.

Grobe, Donald

Ténor américain, né à Ottawa (Illinois) le 16 décembre 1929, mort à Berlin le 1er avril 1986.

Il commence ses études musicales à la Mannes School de New York puis travaille avec Martial Singher et Robert Weede. Il fait ses débuts à Chicago en 1952 dans *Rigoletto*, chante l'opérette à New York (1953-56) puis fait l'essentiel de sa carrière en Europe : Krefeld/Mönchengladbach, Opéra de Hanovre (1957-60), Deutsche Oper, Berlin (1960-86) ; il chante régulièrement à l'Opéra de Munich (débuts en 1961 dans Ottavio) jusqu'en 1967, puis à l'Opéra de Hambourg (à partir de 1968). Il fait ses débuts au Met en 1968. Sa carrière se développe sur les plus grandes scènes européennes : Salzbourg (Belmonte, 1962), Covent Garden (1972), Vienne... En 1970, il est nommé Kammersänger par le Sénat de Berlin et, en 1981, professeur à la Musikhochschule de Berlin. Il a participé à la création du *Junge Lord* (1965) de Hans Werner Henze, de *Elisabeth Tudor* (1972) de Wolfgang Fortner et de la *Gespenstersonate* (1984) d'Aribert Reimann.

Gronostay, Uwe

Chef de chœur allemand, né à Hildesheim le 25 octobre 1939.

Il fait ses études musicales à Hanovre et à Brême puis, en 1961, à l'Accademia Chigiana de Sienne. En 1963, il est nommé Kantor et organiste à Brême. En 1966, il fonde le Norddeutschen Figuralchor. Puis il succède à Günther Arndt à la tête du RIAS-Kammerchor de Berlin (1972-87). En 1982, il prend en outre la direction du Philharmonischer Chor Berlin. En 1986, il succède à Helmuth Rilling comme professeur de direction chorale à la Hochschule für Musik de Francfort-sur-le-Main. En 1988, il est nommé directeur artistique du Chœur de Chambre Néerlandais. Il a créé des œuvres d'Aribert Reimann, Mauricio Kagel, Milko Kelemen, Krzysztof Penderecki, Carl Orff...

Grossmann, Ferdinand

Chef de chœur, chef d'orchestre et compositeur autrichien, né à Tulln (Niederösterreich) le 4 juillet 1887, mort à Vienne le 5 décembre 1970.

Il commence ses études musicales au Bruckner-Konservatorium de Linz avec Göllerich avant de travailler la direction d'orchestre avec Weingartner à Vienne. En 1923, il fonde le Volkskonservatorium de Vienne qui deviendra la Konservatorium der Stadt Wien en 1938. Il est chef de chœur de la Wiener Singakademie, puis il dirige l'Akademie-Orchester Singverein et la Wiener Männergesangverein. En 1930, il est nommé Chordirektor à l'Opéra de Vienne. En 1933, il est chef d'orchestre de la Hofmusikkappell et, entre 1933 et 1957, professeur de chant à l'Académie de musique de Vienne. De 1939 à 1945, il dirige les Wiener Sängerknaben. En 1946, il fonde l'Akademie-Kammerchor de Vienne avec lequel il fait le tour du monde. Entre 1956 et 1966, il reprend la direction des Wiener Sängerknaben et, en 1967, il fonde l'Institut der Wiener Sängerknaben. Comme compositeur, on lui doit notamment une *Messe allemande* pour chœur a cappella (1952) et des œuvres de musique de chambre. Il a créé une œuvre d'Egon Wellesz (*Messe en fa mineur,* 1937).

Groves, Sir Charles

Chef d'orchestre anglais, né à Londres le 10 mars 1915, mort à Londres le 20 juin 1992.

D'abord choriste à la cathédrale St Paul, il travaille très tôt l'orgue et le piano. Il a le privilège de préparer les chœurs du *Requiem allemand* de Brahms pour Toscanini. Il débute comme chef de chœur à la BBC (1938-42) avant d'être nommé chef associé du BBC Theatre Orchestra (1942-44). Puis il dirige, de 1944 à 1954, le BBC Northern Orchestra. En 1951, il prend la direction de l'Orchestre Symphonique de Bournemouth. Il quitte cette fonction pour celle de directeur musical de l'Opéra National Gallois (1961-63) puis du Royal Liverpool Philharmonic Orchestra (1963-77) qu'il cumule avec la charge de chef associé au Royal Philharmonic Orchestra (1967). De 1977 à 1979, il est directeur musical du Sadler's Wells Theatre où il succède à Sir Charles Mackerras. Il est ensuite chef permanent du Guilford Philharmonic Orchestra et conseiller musical de l'English Sinfonia.

Gruberova, Edita

Soprano colorature slovaque, née à Bratislava le 23 décembre 1946.

Après des études au Conservatoire de sa ville natale avec M. Medvecka et R. Boesch, elle débute à l'Opéra National de la même ville en 1968 (Rosine du *Barbier de Séville*). En 1970, elle est engagée par la Staatsoper de Vienne où elle débute dans la Reine de la nuit ; elle en devient l'étoile absolue à la fin des années soixante-dix après de triomphales représentations de *Lucia* et d'*Ariane à Naxos*. Entre-temps, elle chante à la Scala, au Met, aux festivals de Bregenz, de Glyndebourne, à Munich, à Londres. Elle chante depuis 1974 au Festival de Salzbourg (la Reine de la nuit, Zerbinette, Constance). Elle a à son répertoire Oscar d'*Un bal masqué*, Olympia des *Contes d'Hoffmann*, Aminta de *La Femme silencieuse* et la Fiakermilli d'*Arabella*, ou la Chanteuse italienne de *Capriccio*, Junia de *Lucio Silla* (Mozart), Marcelline (de *Fidelio*). En 1989, elle chante *La Traviata* à Versailles pour les représentations commémoratives du bicentenaire de la Révolution française. Elle a créé des œuvres d'Ernst Krenek (*3 Lieder*, op. 216, 1982).

Grumiaux, Arthur

Violoniste belge, né à Villers-Perwin le 21 mars 1921, mort à Bruxelles le 16 octobre 1986.

Élevé au sein d'une famille éprise de musique, Arthur Grumiaux montre très tôt des dispositions étonnantes, ce qui incite son grand-père à lui apprendre le solfège et à lui offrir son premier violon. A cinq ans et demi, il se produit pour la première fois en public. Cependant, ses parents, fort avisés, ne veulent pas en faire un enfant prodige, de nombreuses années d'études étant encore nécessaires. Il travaille donc, pas seulement le violon mais aussi le piano. Il obtient un diplôme dans les deux disciplines au Conservatoire de Charleroi. Il travaille ensuite avec Alfred Dubois, au Conservatoire de Bruxelles (Dubois auquel il succédera comme professeur en 1949), puis, nanti de son 1er prix de violon – il a quatorze ans –, il étudie encore la fugue avec Jean Absil et remporte un 1er prix d'harmonie. Il part pour Paris afin de compléter sa formation auprès de Georges Enesco. Arthur Grumiaux remporte de nombreuses distinctions, notamment au Concours national belge et au Concours Henri Vieuxtemps. La guerre stoppe ses débuts prometteurs, d'autant qu'il refuse de collaborer avec les autorités d'occupation. Mais, depuis la fin des hostilités, après qu'il eut joué pour des milliers de soldats américains et britanniques, il se produit dans le monde entier, se classant rapidement parmi les plus éminents violonistes du temps.

Interprète mozartien par excellence, Grumiaux n'en possédait pas moins un répertoire fort vaste, allant de Bach à Stravinski, en passant par Ravel, Fauré et Debussy. De sa rencontre avec Clara Haskil, en 1950, au Festival Casals de Prades, naquit un duo célèbre qui donna, en particulier au disque, l'intégrale des *Sonates* de Beethoven. En 1967, il avait fondé un trio à cordes avec Georges Janzer et Eva Czako. Arthur Grumiaux possédait un Stradivarius, le *Titan* (1727) et un Guarnerius del Gesù sur lequel il jouait régulièrement, le *Hemmel* (1744).

Grümmer, Elisabeth

Soprano allemande, née à Niederjetz (Lorraine) le 31 mars 1911, morte à Warendorf (Nordrhein-Westfalen) le 6 novembre 1986.

Elle passe sa jeunesse à Meiningen et y suit les cours de l'école de théâtre. Comme cantatrice, elle sera découverte relativement tard, par Karajan. Elle débute en 1941, au Théâtre municipal d'Aix-la-Chapelle. L'année suivante, elle est engagée au Théâtre de Duisbourg. A la mort de son mari, le violoniste **Detlev Grümmer**, lors d'un bombardement en 1944, elle travaille jusqu'à la fin de la guerre comme employée des postes. En 1946, elle est engagée à l'Opéra de Berlin auquel elle restera attachée jusqu'à la fin de sa carrière. Très vite, elle est connue dans le monde entier : la Scala, l'Opéra de Rome, la Monnaie, Covent Garden, les Opéras de Vienne, Munich et Hambourg ainsi que l'Opéra de Paris et le Colón de Buenos Aires l'invitent. Au Festival de Bayreuth de 1958, elle chante Eva (*Les Maîtres chanteurs*). Elle participe également aux festivals de Salzbourg et Glyndebourne où elle s'impose avant tout comme une mozartienne accomplie. Elle remporte également de très grands succès en concert (partie de soprano de *La Passion selon saint Matthieu*). En 1965, elle est appelée comme professeur au Conservatoire de Berlin. Elle enseigne également à Hambourg et vient à Paris à l'École de chant de l'Opéra, à l'invitation de Bernard Lefort. Sa voix de soprano possédait une luminosité du timbre et une finesse exquises dans le jeu des nuances.

Grümmer, Paul

Violoncelliste allemand, né à Gera le 26 février 1879, mort à Zug (Suisse) le 30 octobre 1965.

Fils du violoniste **Detlef Grümmer**, Konzertmeister à Gera, il fait ses études musicales à Leipzig (avec Julius Klengel) puis à Francfort (avec Hugo Becker) puis est engagé dans l'Orchestre de Covent Garden à Londres (1899). Il se consacre ensuite à la musique de chambre, au sein du Quatuor de Jan Kubelík, puis, entre 1913 et 1930, au sein du Quatuor Busch. En 1905, il est nommé violoncelle solo à l'Orchestre Philharmonique et à l'Opéra de Vienne. Entre 1907 et 1913, il est professeur à l'Académie de musique de Vienne, puis à la Musikhochschule de Cologne (1926-33), à celle de Berlin (1933-40) et à nouveau à l'Académie de musique de Vienne (1940-46). A partir de cette date, il se retire en Suisse où il donnera encore des cours d'interprétation à Zurich. Il jouait également de la viole de gambe et a contribué au renouveau de cet instrument. Il a écrit de nombreux ouvrages et éditions pédagogiques. Son violoncelle était un Stradivarius, le *Stanlein* (1707), qui a appartenu à Vincenzo Merighi, Paganini et Vuillaume.

ÉCRITS : *Viola da Gamba Schule* (Leipzig, 1928), *Begegnung Aus dem Leben eines Violoncellisten,* autobiographie (Munich, 1963).

Grünenwald, Jean-Jacques

Organiste français, né à Annecy le 2 février 1911, mort à Paris le 19 décembre 1982.

Bien qu'architecte diplômé, Grünenwald n'en fait pas moins de sérieuses études musicales au Conservatoire de Paris où il obtient des premiers prix d'orgue et de composition. Comme compositeur, il reçoit, en 1939, un 2e Grand Prix de Rome. En tant qu'organiste il est titulaire, à Paris, à partir de 1956, de l'instrument de Saint-Pierre-de-Montrouge, église où il restera jusqu'à sa nomination à l'orgue de Saint-Sulpice, après la mort de Marcel Dupré. Surtout célèbre pour ses improvisations, Jean-Jacques Grünenwald, qui enseigna l'orgue et l'improvisation au Conservatoire de Genève, a donné, en dehors d'œuvres diverses pour plusieurs instruments (piano, musique de chambre, etc.), un bon nombre de partitions pour orgue, pour lequel il a très évidemment une prédilection, étant fortement attiré – selon ses propres dires – par l'art religieux, ses formes traditionnelles, formes donc bien adaptées, a priori, à l'instrument à tuyaux. Il a créé une œuvre d'André Jolivet (*Hymne à l'univers,* 1963).

Guadagno, Anton

Chef d'orchestre italien, naturalisé américain, né à Castellammare del Golfo le 2 mai 1925.

Après avoir fait ses études musicales aux conservatoires de Parme, de Palerme et Santa Cecilia de Rome (avec Bernardino Molinari et Franco Ferrara), ainsi qu'à l'Académie du Mozarteum de Salzbourg (avec Carlo Zecchi et Herbert von Karajan, 1948), il débute comme chef d'opéra en Amérique du Sud, puis au Mexique. En 1958, il est engagé comme chef assistant au Met avant d'être nommé directeur musical au Philadelphia Lyric Opera (1966-72). Il dirige également la saison d'été à Cincinnati. Il mène ensuite une carrière internationale, partageant ses activités entre l'Europe, où il est chef permanent à la Volksoper de Vienne, et les États-Unis. Il fait ses véritables débuts au Met en 1982. En 1984, il prend la direction musicale de l'Opéra de Palm Beach.

Gualda, Sylvio

Percussionniste français, né à Alger le 12 avril 1939.

Premier prix au Conservatoire de Paris, soliste des Concerts Lamoureux, il est nommé 1er timbalier de l'Opéra de Paris en 1968. Attiré par la musique de son temps, il cherche une force expressive dans la percussion. Il se tourne vers les ensembles contemporains : Domaine Musical (Boulez), Musique Vivante (Diego Masson), Ensemble Instrumental (Simonovitch), Ars Nova (Marius Constant, qui lui demande en 1970 de créer les *Quatorze Stations* à Royan). Il enregistre la *Sonate pour deux pianos et percussion* (Bartók) et fonde avec J.-P. Drouet, K. et M. Labèque, le groupe Puissance Quatre. Il donne pour la première fois un récital de percussion. Il joue à l'auditorium de la radio *May* de Dao et *Ball* de Drouet. Le 20 février 1977, seul sur la scène du Palais Garnier, il crée *Psappha* de Xenakis qui lui est dédié. Les compositeurs contemporains aiment, au-delà de sa virtuosité, le renouvellement de l'instrument et écrivent pour lui. Ainsi, E. Carter (*Pièces pour timbales*), Jolivet (*Heptade*), Barboteu (*Tournoi*). En 1981, il crée à Munich *Aïs* de Xenakis.

Gueden, Hilde

Soprano autrichienne, née à Vienne le 15 septembre 1917, morte à Klosterneuburg (Vienne) le 17 septembre 1988.

A l'Académie de musique de Vienne, elle étudie le chant, la danse et le piano. En 1938, elle débute à l'Opéra de Zurich, comme Chérubin (*Les Noces de Figaro*), puis succède à Adele Kern à l'Opéra de Munich à la troupe duquel elle appartient jusqu'en 1947. Entre-temps, Tullio Serafin l'a fait inviter à Rome et à Florence où elle chante sous sa direction. Au Festival de Salzbourg, en 1946, elle remporte un succès retentissant dans Zerline (*Don Giovanni*). Elle est aussitôt engagée à l'Opéra de Vienne dont elle devient l'une des vedettes les plus populaires. Sa carrière est brillante, invitée à la Scala, à l'Opéra de Paris, au Covent Garden, aux festivals de Salzbourg, d'Édimbourg, Glyndebourne, Venise ainsi qu'au Mai Musical Florentin. Elle débute, en 1950, au Met et en 1952 fait partie de la troupe dans laquelle elle remporte un triomphe inhabituel dans Rosalinde (*La Chauve-Souris*). Puis en 1954, elle enthousiasme public et critique dans Zerbinette (*Ariane à Naxos*). En 1960, lors de l'inauguration du grand Festspielhaus de Salzbourg, elle chante Sophie (*Le Chevalier à la rose*). Elle remporte également de brillants succès en concert. Très appréciée comme soprano léger, elle ne s'est pas moins imposée comme une colorature exceptionnelle, capable de surmonter les pires difficultés techniques. Très belle, femme élégante et actrice consommée, elle a su se plier aux règles de l'opérette (*La Veuve joyeuse*, *Giuditta*, *La Chauve-Souris*...) avec autant de charme et de talent qu'aux lois de l'opéra (*The Rake's Progress*, *Arabella*, *Elisir d'Amore*, *La Bohème*, *Don Giovanni* et *Les Noces de Figaro*...).

Guest, George

Chef d'orchestre et organiste anglais, né à Bangor le 9 février 1924.

Il commence sa carrière au St John's College de Cambridge (dont il sera directeur musical du fameux chœur entre 1951 et 1991), part quatre années en Allemagne puis revient à Cambridge où il travaille dans la classe d'orgue de Robin Orr. Il crée le chœur de garçons de Bangor et celui de la cathédrale de Chester, tout en étant l'organiste suppléant de cette église. Très influencé par la tradition de Solesmes et, d'une façon générale, par le plain-chant, George Guest a fait du chœur de St John's College l'un des meilleurs d'Angleterre. Il signe, depuis plusieurs années, un certain nombre de disques, en particulier consacrés aux messes de Haydn, avec l'Academy of St Martin in the Fields. Entre 1967 et 1970, il est chef invité du Berkshire Bosy Choir (USA).

Gui, Vittorio

Chef d'orchestre et compositeur italien, né à Rome le 14 septembre 1885, mort à Florence le 17 octobre 1975.

Il fait ses études au Conservatoire de Rome, avec S. Falchi et G. Setaccioli. Il débute en 1907 au Théâtre Adriano de cette ville, dirigeant ensuite dans tous les grands théâtres italiens. Il est l'assistant de Toscanini à la Scala de Milan en 1923-25 puis en 1932-34. De 1925 à 1927, il dirige au Théâtre Regio de Turin. En 1928, il fonde l'Orchestre permanent de Florence qu'il dirigera jusqu'en 1943 et d'où sortira, en 1933, le Mai Musical Florentin. Vittorio Gui est le premier directeur artistique de ce festival (1933-36). A la même époque (1933), il commence à diriger régulièrement au Festival de Salzbourg. Après la guerre, il mène une carrière de chef invité et joue un rôle essentiel pour introduire la musique de Brahms en Italie à l'occasion du cinquantenaire de sa mort (1947). Il est invité régulièrement au Festival de Glyndebourne où il devient directeur musical à la mort de Fritz Busch (1952-60) puis conseiller musical (1960-69).

Parmi ses compositions, des opéras : *David* (Rome 1907), La *Fée Malerba* (Turin, 1927) ; des œuvres pour orchestre : *Journée de fête* (1919), *Cantique des cantiques* (1925), *Fantaisie blanche* pour chœurs et orchestre... Vittorio Gui a transcrit des œuvres de Bach, Sammartini, Porpora, Moussorgski et a publié de nombreux essais et articles. Il a créé une œuvre de Goffredo Petrassi (*Salmo IX,* 1936).

ÉCRITS : *Le Néron de Boito* (1924), *Battute d'aspetto* (1944).

Guilels, Emil

Pianiste russe, né à Odessa le 19 octobre 1916, mort à Moscou le 14 octobre 1985.

Élève de B.M. Reingbal au Conservatoire d'Odessa, puis de H. Neuhaus à Moscou (1935-38), il donne avec succès un concert dans sa ville natale en 1929. Lauréat en 1931 d'un concours pour les pianistes ukrainiens, il remporte deux ans plus tard le Concours de piano de Moscou. Il obtient ensuite un 2e prix à Vienne (1936) et est classé premier au Concours Ysaÿe de Bruxelles en 1938. En 1946, il reçoit le Prix Staline, sera nommé, en 1954, Artiste du Peuple et reçoit en 1962 le Prix Lénine. Dès 1945, il commence des tournées en Europe et se rend en 1955 en Amérique. Nommé professeur au Conservatoire de Moscou en 1951, il aime enseigner. Il perpétue avec bonheur une tradition musicale : à Odessa, on faisait beaucoup de musique de chambre dans son enfance. Sa sœur **Elisabeth Guilels** a épousé Leonid Kogan et sa fille **Elena** (née le 5 septembre 1948), pianiste comme lui, sera souvent sa partenaire à la fin de sa carrière. Avec Leonid Kogan et Mstislav Rostropovitch, il avait formé l'un des plus fameux trios de l'époque auquel venait parfois s'adjoindre l'altiste Rudolf Barshaï. Plus tard, il s'est produit souvent avec l'Amadeus Quartet. Son jeu se caractérisait surtout par sa sobriété, un sens inné du legato et du chant mélodique ainsi que par une économie de moyens dont il ne s'est jamais départi, au risque d'être parfois taxé de froideur. Il était l'un des proches amis de Serge Prokofiev (qu'il avait connu en

1927 à Odessa) et qui lui avait confié la création de sa *Sonate pour piano n° 8* (1944).

Guillard, Georges

Organiste français, né près de Roanne le 19 mai 1939.

Élève d'Adrien Rougier et de Geneviève de la Salle, il travaille ensuite avec Édouard Souberbielle à l'École César Franck à Paris. Titulaire de l'agrégation d'éducation musicale, il poursuit ses études d'harmonie et de contrepoint avec Yvonne Desportes au Conservatoire de Paris. En 1971, il est nommé cotitulaire de l'orgue de Notre-Dame-des-Blancs-Manteaux à Paris et, en 1977, titulaire de l'orgue de Saint-Louis-en-l'Ile. Professeur d'orgue au Conservatoire national de région de Paris en 1982, il est par ailleurs agrégé détaché à l'UER de musicologie en Sorbonne (Université de Paris IV). En 1990, il succède à Dominique Merlet comme titulaire de l'orgue Kern de Notre-Dame-des-Blancs-Manteaux. Une longue pratique de cet instrument et des contacts approfondis avec des facteurs (notamment Jurgen Ahrend) l'ont conduit à s'intéresser plus particulièrement au répertoire européen baroque et classique. Mais il possède à son répertoire de nombreuses œuvres contemporaines et a créé à Paris des partitions de Giacinto Scelsi, Pierre-Yves Level et Olivier Alain. Il est responsable du département de musique ancienne et professeur d'orgue au Conservatoire national de région de Paris. Il a créé des œuvres de Michèle Reverdy (*Messe pour les Blancs-Manteaux*, déd., 1990; *Messe pour la paix,* 1991).

Ses recherches musicologiques se concrétisent par de nombreuses publications : musicales (œuvres de Homilius), musicologiques, musicographiques ou pédagogiques. Il a réalisé les premiers enregistrements mondiaux de l'œuvre d'orgue de G.A. Homilius et de la version « de Weimar » des chorals de Leipzig de J. S. Bach.

ÉCRITS : *La Symbolique des nombres chez J. S. Bach et l'orgue,* coll. « Que sais-je ? » (Paris, 1987).

Guillou, Jean

Organiste et compositeur français, né a Angers le 18 avril 1930.

Il a douze ans lorsqu'on lui confie la tribune de l'église Saint-Serge, dans sa ville natale. Il travaille d'abord seul le répertoire pianistique et organistique, puis entre au Conservatoire de Paris, en 1953, dans la classe de Marcel Dupré. Très vite, à son tour, il devient professeur à Lisbonne où il enseigne la composition et l'orgue, à l'Institut de *Alta Cultura*. Il se rend ensuite en Allemagne – après avoir donné des récitals de piano et d'orgue – où il compose beaucoup. A Berlin sont créées ses premières œuvres, dont *Le Tombeau de Colbert*, en hommage à l'église Saint-Eustache (1966). Titulaire des grandes orgues de cette église, depuis 1963, il vit en France et voyage beaucoup. Il mène de front la composition, l'interprétation et l'enseignement. Parmi ses œuvres, *Colloques*, cinq concertos pour orgue et orchestre, *Judith Symphonie*, *Symphonie initiatique.* Accompagnateur inspiré des offices liturgiques, il tend toujours à révéler les possibilités des orgues, propose des programmes originaux (transcriptions de Liszt, Prokofiev, Stravinski), joue les musiciens de son temps (Messiaen), comme les classiques et les romantiques. Il donne des master classes à Zurich depuis 1972. Il joue un rôle déterminant dans la restauration des orgues de la Tonhalle de Zurich et de Saint-Eustache en incitant les facteurs à faire usage des technologies les plus modernes, notamment de l'informatique. A New York, il est couronné interprète de l'année en 1982. Pour le tricentenaire de la naissance de J. S. Bach, en 1985, il a joué sept fois l'intégrale de sa musique pour orgue, notamment à Paris. Parmi les créations qu'il a assurées, *Mandala* de Jolivet (1969) et *Luminescences* de Tisné.

ÉCRIT : *Orgue, souvenir et avenir* (1978).

Guilmant, Alexandre

Organiste et compositeur français, né à Boulogne-sur-Mer le 12 mars 1837, mort à Meudon le 29 mars 1911.

Issu d'une famille de facteurs d'orgues, il reçoit sa formation initiale de son père,

Jean-Baptiste (1794-1890), organiste de Saint-Nicolas de Boulogne. Après les leçons d'harmonie (Gustave Carulli), il suit les cours de Lemmens (Bruxelles), devient maître de chapelle à Saint-Nicolas (Boulogne), enseigne la musique et organise des concerts dans sa ville natale. Lors de l'inauguration de l'orgue de Saint-Sulpice (Paris, 1862), son talent est remarqué et il succède à Alexis Chauvet à la Trinité (Paris, 1871). Ses tournées en Europe et en Amérique obtiennent un éclatant succès. Ses récitals du Trocadéro (1878-97 et 1901-06) demeurent célèbres. En 1884, il fonde la Schola Cantorum avec Bordes et d'Indy et en 1896, il succède à Widor à la classe d'orgue du Conservatoire de Paris. Vivement intéressé par l'organologie et l'histoire de son instrument, il publie les *Archives des maîtres de l'orgue* (10 volumes toujours réédités), consacrés pour l'essentiel aux organistes français (XVIe-XVIIIe siècles), et l'*École classique de l'orgue* (25 cahiers), portant sur des artistes étrangers. Son influence dans la renaissance de ce répertoire ancien demeure considérable tout au long du XXe siècle.

Guiot, Andréa

Soprano française née à Garons-Saint-Gilles (Gard) le 11 janvier 1928.

En 1955 elle remporte au Conservatoire de Paris son 1er prix de chant, son 1er prix d'opéra, ainsi que le Prix Osiris. Elle entre à la Réunion des théâtres lyriques nationaux (RTLN) où elle débute dans *Les Contes d'Hoffmann* (salle Favart). Son interprétation de Micaëla à l'Opéra-Comique lui permet de créer ce rôle à l'Opéra de Paris lorsque *Carmen* est jouée pour la première fois au Palais Garnier, en novembre 1959. La même année elle avait débuté à l'Opéra de Paris dans Marguerite de *Faust*. Elle travaille avec Honegger pour l'enregistrement de son *Roi David*. Elle se distingue en 1964, dans le rôle-titre pour la célébration du centième anniversaire de la première de *Mireille* de Gounod. Ses débuts américains datent de 1963. Andréa Guiot est professeur au Conservatoire de Paris depuis 1977. Elle a été membre de la troupe de l'Opéra de Paris de 1959 à 1973.

Gulbranson, Ellen (Ellen Norgren)

Soprano suédoise, née à Stockholm le 4 mars 1863, morte à Oslo le 2 janvier 1946.

Elle étudie à Stockholm puis à Paris avec Blanche Marchesi et débute au concert, puis à l'Opéra de Stockholm dans Amneris (1889). Elle paraît à Bayreuth dès 1896, et, hormis cette première année où elle partage le rôle avec Lilli Lehmann, elle y sera la seule Brünnhilde jusqu'en 1914. Elle interprète également Kundry sur la même scène de 1899 à 1904 et est ainsi considérée comme la première des grandes sopranos scandinaves à avoir régné au firmament du chant wagnérien.

Gulda, Friedrich

Pianiste autrichien, né à Vienne le 16 mai 1930.

Après avoir étudié le piano avec Grossmann puis Pazofsky, il est admis en 1942 dans la classe de Bruno Seidlhofer à l'Académie de musique de Vienne. Josef Marx lui enseigne la théorie et la composition. Après ses débuts en 1944, il remporte le Concours international de Genève en 1946. Très vite reconnu internationalement, il fait ses débuts à Carnegie Hall en 1950, et mène une carrière de virtuose adulé. A cette époque, il arrive souvent à Gulda de donner l'intégrale des sonates de Beethoven en concert. Parallèlement à Vienne, il est à l'origine de la création d'un Orchestre Classique Gulda de la Symphonie Viennoise, qui donne des concerts de musique de chambre.

L'année 1962 va représenter un tournant pour sa carrière. Renonçant à la garantie de succès que présentent ses concerts, il se met à composer, tandis que son intérêt pour le jazz devient de plus en plus vif. Déjà en 1956, le « Birdland » de New York, puis le Festival de Newport l'avaient accueilli. En 1960, Gulda avait aussi participé à la création d'un Big Band, l'Eurojazz Orchestra.

Gulda est désormais décidé à confronter les salles de concerts classiques au jazz et vice versa. Il œuvre dans ce sens en aménageant les programmes de ses récitals, puis en créant un Concours international de jazz à Vienne.

En bonne logique, l'intérêt qu'il porte à l'improvisation l'amène à ouvrir une école d'improvisation en 1968 à Ossiach en Carinthie, l'International Musikform.

Ce pianiste, en marge de tous les genres, joue également à l'occasion du saxophone baryton, de la flûte et du piano électrique. Dans son refus de tout enseignement, de tout a priori plus ou moins lié à la tradition, c'est-à-dire, pour lui, au subjectivisme, son jeu s'efforce de rechercher la sobriété et la pure objectivité. Ses compositions les plus marquantes sont surtout les cadences (lorsqu'il ne les improvise pas sur place) qu'il a écrites pour les concertos de Mozart. En 1971, il a publié un article concernant l'improvisation.

ÉCRITS : *Ossiach musste erfunden werden*, et un livre, *Worte zur Musik.*

Gülke, Peter

Chef d'orchestre et musicologue allemand, né à Weimar le 29 avril 1934.

Il fait ses études musicales à la Musikhochschule de sa ville natale (violoncelle et musicologie) puis à l'Université Friedrich Schiller d'Iéna et à l'Université Karl Marx de Leipzig (musicologie, littérature et philosophie), où il obtient le titre de Dr. phil. en 1958. Entre 1957 et 1959, il enseigne à l'Université de Leipzig, puis il est nommé chef d'orchestre à l'Opéra de Rudolstadt (1959-60). Il est ensuite *Chefdirigent* dans les théâtres de Stendal (1964-66), Potsdam (1966-69) et Stralsund (1972-76). En 1976, il est nommé Kapellmeister à l'Opéra de Dresde, ville dans laquelle il enseigne à l'Université, et, en 1981, directeur général de la musique à Weimar. Il quitte la RDA en 1983. A partir de 1984, il enseigne à la Technische Universität de Berlin. En 1986, il est nommé directeur général de la musique à Wuppertal. Il a réalisé d'importants travaux musicologiques, notamment sur les œuvres inédites de Beethoven et sur les fragments symphoniques de Schubert dont il a reconstitué une version complète de la *Dixième Symphonie* d'après les extraits existants (première présentation à la radio de la RDA et au Congrès Schubert de Détroit en 1978). Il a créé une œuvre de Dieter Nowka (*Symphonie n° 5*, 1982).

ÉCRITS : *Mönche, Bürger, Minnesänger. Musik in der Gesellschaft des europäischen Mittelalters* (2e éd. Cologne, 1980) ; *Bruckner, Brahms, zwei Studien* (Bärenreiter, Kassel, 1989). *Schubert und seine Zeit* (Laaber, 1989). *Fluchtpunkt Musik Reflexionen eines Dirigenten zwischen Ost und West* (Bärenreiter, Kassel, 1994).

Guller, Youra (Georgette Guller)

Pianiste française, née à Marseille le 16 mai 1895, morte à Paris le 11 janvier 1981.

Après avoir travaillé le piano en privé, elle prépare le Conservatoire de Paris, d'où elle sort avec un 1er prix devant son amie Clara Haskil, en 1909 : Cortot avait préféré son jeu à celui de la pianiste roumaine. L'essentiel de sa carrière se déroulera hors de France où elle ne rencontrera jamais l'accueil que lui réserve l'Angleterre. Youra Guller laisse quelques enregistrements d'œuvres de Chopin, d'Albeniz, de Rameau, et de certaines transcriptions et paraphrases de Liszt qui sont longtemps restées des gravures uniques et qui s'imposaient par leur sobriété et la pureté de leur style. Milhaud a écrit pour elle plusieurs pièces pour piano (*Printemps*, suite, op. 8).

Gulli, Franco

Violoniste italien, né à Trieste le 1er septembre 1926.

Tout en faisant des études générales, il travaille le violon avec son père puis au Conservatoire de Trieste, à Sienne (avec A. Serato) et à Paris (avec Th. Pashkus). Il débute en 1932. Il est violon solo de l'Orchestre des Pomeriggi Musicali di Milano puis d'I Virtuosi di Roma. En 1959, il fonde avec Baldovino et Giuranna le Trio Italiano d'Archi. Il joue en sonate avec sa femme, la pianiste **Enrica Cavallo** (née à Milan le 19 mai 1921). Pédagogue important, il enseigne à Sienne (1964-70 puis à partir de 1972) et à Lucerne (1971-72), avant d'être nommé professeur à l'Université de l'Indiana à Bloomington (États-

Unis) en 1972. Il a donné la première audition moderne du *Cinquième Concerto* de Paganini (1959), jusqu'alors perdu. Il a aussi créé des œuvres de Riccardo Malipiero (*Concerto pour violon*, 1958) et Viozzi. Son violon est un Guadagnini de 1747. Il possède également le Stradivarius de Franz von Vecsey.

Guschlbauer, Theodor

Chef d'orchestre autrichien, né à Vienne le 14 avril 1939.

C'est au Conservatoire de Vienne qu'il fait ses études musicales, notamment avec Swarowsky. Il y obtient un diplôme de direction (1959), de violoncelle (1960) et de piano-accompagnement (1964). Il suit parallèlement les cours d'été de Karajan et Matačíc au Mozarteum de Salzbourg. En 1961, il est nommé chef du Wiener Barockensemble avec lequel il donne son premier concert et à la tête duquel il restera jusqu'en 1969. Il sera chef de chant à la Wiener Volksoper (1964-66) puis premier chef au Landestheater de Salzbourg (1966-68). Appelé à l'Opéra de Lyon comme premier chef (1969-71), il en deviendra le directeur de la musique (1971-75). Depuis cette date, il est directeur général de la musique à Linz et dirige régulièrement à l'Opéra de Vienne. En 1983, il est nommé directeur musical de l'Orchestre Philharmonique de Strasbourg. Il occupe également le même poste à l'Opéra du Rhin (1983-89).

Il a créé des œuvres de Günter Bialas (*Waldmusik,* 1977), Helmut Eder (*Symphonie n° 5,* 1981), Maurice Ohana (*Autodafé,* 1972), Yoshihisa Taïra (*Tourbillons,* 1984), Egon Wellesz (*Symphonischer Epilog,* 1977).

Gutheil-Schoder, Marie

Mezzo-soprano allemande, née à Weimar le 16 février 1874, morte à Ilmenau le 4 octobre 1935.

Elle fait ses études musicales dans sa ville natale où elle débute en 1891 dans la Première Dame de *La Flûte enchantée.* En 1899, elle chante à Berlin et à Leipzig. En 1900, elle est engagée à l'Opéra de Vienne où elle chantera jusqu'en 1926 (Carmen, Pamina, Salomé, Elektra, Octavian). Elle y incarne Louise lors de la création en autriche de cet opéra en 1903. En 1906, elle chante Suzanne lors des premières représentations mozartiennes à Salzbourg et fait ses débuts à Covent Garden en 1913 dans Octavian. En 1908, elle crée la partie de soprano du *Quatuor n° 2* de Schoenberg et, en 1924, *Erwartung.* A la fin de sa vie, elle s'est consacrée à la mise en scène, à l'Opéra de Vienne et à Salzbourg. Elle avait épousé le chef d'orchestre **Gustav Gutheil** (1868-1914) puis le photographe Franz Setzer.

Gutiérrez, Horacio

Pianiste cubain naturalisé américain (1967), né à La Havane le 28 août 1948.

Il commence ses études musicales dans sa ville natale où il donne son premier concert avec orchestre à l'âge de onze ans. Sa famille émigre à Los Angeles en 1962. Il travaille avec Sergei Tarnovski. Il remporte en 1970 le 2e prix au Concours Tchaïkovski à Moscou. Il joue alors à Moscou et à Leningrad. Il est également diplômé de la Juilliard School. Il se produit dès lors dans le monde entier. Il est marié à la pianiste **Patricia Ascher**. Sa carrière se développe surtout aux États-Unis et en Grande-Bretagne. En 1982, il reçoit le Prix de l'Avery Fisher Hall.

Gutman, Natalia

Violoncelliste russe, née à Moscou le 14 juin 1942.

Elle commence à étudier l'instrument à l'âge de cinq ans. A neuf ans, elle fait sa première apparition en public. En 1962, elle obtient la Médaille d'argent au Concours Tchaïkovski. En 1964, début de ses études au Conservatoire de Moscou ; elle capte l'attention du monde occidental dès 1967, en remportant le 1er prix du

Concours de la Radio d'Allemagne de l'Ouest à Munich, en duo avec Alexej Nassedkin. Le répertoire de Natalia Gutman embrasse toutes les époques, du baroque à la musique contemporaine. Elle pratique également la composition. En 1992, elle fonde, avec Claudio Abbado, les Berliner Begegnungen, rencontres de musique de chambre entre artistes consacrés et jeunes talents qui se déroulent en public. Avec son mari, le violoniste **Oleg Kagan**, elle a créé le *Concerto pour violon et violoncelle* (1980) d'Anatol Vieru, la *Sonate pour violon et violoncelle « Gioisci »* (1981) de Sofia Goubaïdoulina et le *Concerto pour violon et violoncelle* (1982) d'Alfred Schnittke. Seule, elle a créé des œuvres d'Edison Denisov (*3 Pièces pour violoncelle et piano,* 1968, déd.), Vassili Lobanov (*Sonate pour violoncelle et piano,* 1989), Alfred Schnittke (*Concerto pour violoncelle,* 1986).

Güttler, Ludwig

Trompettiste allemand, né à Sosa le 13 juin 1943.

A la Hochschule für Musik de Leipzig, il est l'élève d'Armin Männel pour la trompette et travaille également la direction chorale (1961-65). En 1965, il est nommé trompette solo de l'Orchestre du Festival Haendel de Halle, puis en 1969, trompette solo de l'Orchestre Philharmonique de Dresde. Il enseigne à la Musikhochschule de Dresde (où il est nommé professeur en 1980) et mène parallèlement une carrière de soliste où il s'impose, notamment, dans le répertoire de la trompette baroque. Il édite la version originale de nombreuses partitions anciennes, notamment une variante du *Concerto brandebourgeois nº 2* de J. S. Bach. Il dirige également l'ensemble Virtuosi saxoniæ avec lequel il se produit en soliste.

H

Haas, Monique

Pianiste française, née à Paris le 20 octobre 1909, morte à Paris le 9 juin 1987.

Elle travaille au Conservatoire de Paris avec Lazare-Lévy (piano), Ch. Tournemire (musique de chambre), Maurice Emmanuel (histoire de la musique) et Suzanne Demarquez (harmonie). C'est en 1927 qu'elle remporte son 1er prix de piano. Elle se perfectionne ensuite avec Robert Casadesus, Serkin et Enesco. Sa carrière se développe à partir de 1928, comme soliste, bien sûr, mais aussi comme partenaire de sonates avec Enesco et Fournier. Elle épouse le compositeur Marcel Mihalovici. La guerre interrompt ses activités musicales. A la fin des hostilités, elle se remet à donner cours et concerts dans le monde entier, privilégiant dans ses programmes la musique contemporaine. En 1968 et 1969, elle est professeur au Conservatoire de Paris.

Elle a effectué de nombreux enregistrements parmi lesquels il faut citer les intégrales Debussy et Ravel. La *Sonate pour piano n° 2* de Milhaud (1950), *Enfants* de Florent Schmitt, ainsi que *Toccata pour piano et orchestre* et *Ricercari* de Mihalovici lui sont dédiés.

Haas, Werner

Pianiste allemand, né à Stuttgart le 5 mars 1931, mort à Nancy le 11 octobre 1976.

Il commence à étudier le piano dès l'âge de quatre ans puis travaille à la Hochschule für Musik de Stuttgart avec Lili Kroeber-Asche (1947-54). En 1953 il entre au Conservatoire de Sarrebruck et ne tarde pas à devenir l'un des élèves préférés de Walter Gieseking. Il fait ses débuts publics à Stuttgart (novembre 1955) puis à Paris (décembre 1956). Sa brillante carrière internationale devait s'achever prématurément dans un accident de voiture. Il avait enregistré notamment l'intégrale de l'œuvre pour piano de Debussy et de Ravel ainsi que les concertos de Tchaïkovski.

Hacker, Alan

Clarinettiste et chef d'orchestre anglais, né à Dorking le 30 septembre 1938.

Il fait ses études à Dulwich College et à la Royal Academy of Music de Londres ; puis il poursuit sa formation à Paris et à Vienne. Il est clarinettiste à l'Orchestre Philharmonique de Londres (1959-66) et, en 1965, membre fondateur des Pierrot Players (avec S. Pruslin et H. Birtwistle), qui deviennent les Fires of London en 1970. En 1971, il fonde son propre ensemble, Matrix. En 1972, il fonde l'ensemble Music Party avec lequel il se consacre à l'exécution de la musique classique sur instruments anciens. En 1977, il crée le Classical Orchestra. Il enseigne à la Royal Academy of Music (1960-76) et à l'Université d'York (à partir de 1976) où il dirige le York Early Music Festival (1976-85). Il a créé des œuvres de Harrison Birtwistle, Howard Blake, Morton Feldman (*Three Clarinets,*

Cello and Piano, 1972 ; *Clarinet and String Quartet,* déd., 1983), Alexander Goehr, Nicola LeFanu (*Quintette pour clarinette et cordes,* 1971), Peter Maxwell Davies (*Hymnos,* 1967 ; *Stedman Doubles,* 1968 ; *The Seven Brightness,* 1975), Salvatore Sciarrino. Comme chef d'orchestre, il a dirigé la création d'œuvres de Morton Feldman (*Chorus and Orchestra II,* 1973), Judith Weir (*The Vanishing Bridgegroom,* opéra, 1990). Il a également donné les premières anglaises d'œuvres de Boulez, Birtwistle, Goehr, Maxwell Davies.

Haebler, Ingrid

Pianiste autrichienne, née à Vienne le 20 juin 1929.

Sa mère, pianiste, **Charlotte Freifrau von Haebler**, lui enseigne les rudiments du piano. Enfant prodige, après ses débuts à onze ans à Salzbourg, elle étudie à Genève avec Nikita Magaloff, puis à Paris avec Marguerite Long, sans oublier le Mozarteum de Salzbourg avec Steniz Scholz. En 1952 et 1953, elle obtient un 2e prix au Concours international de Genève suivi d'un autre prix, en 1954, au Concours international de Munich.

Ingrid Haebler a beaucoup enregistré. On invoque souvent son exemple pour montrer que certains musiciens parviennent parfaitement à recréer au disque l'atmosphère pleine de ferveur d'une salle de concert. Elle a réalisé une intégrale des concertos de Mozart tout à fait remarquable dont la conception d'ensemble a longtemps prédominé, servant de « référence obligée » aux autres interprètes. On lui doit aussi une intégrale des sonates pour piano de Mozart. Elle a fait souvent de la musique de chambre avec Henryk Szeryng. Elle est professeur au Mozarteum de Salzbourg depuis 1969.

Haefliger, Ernst

Ténor suisse, né à Davos le 6 juillet 1919.

Il se destinait à une carrière dans l'enseignement musical. Il étudie à Zurich, à Vienne, avec Julius Patzak, et à Prague avec Carpi. En 1943, il tient pour la première fois le rôle de l'Évangéliste dans la *Passion selon saint Jean.* Au Festival de Salzbourg 1949, il joue *Antigone* de Carl Orff (*Tirésias*). A partir de 1952, il chante à la Deutsche Oper de Berlin. En 1956, on l'entend à Glyndebourne. Sous la direction de Furtwängler, il est Florestan dans le *Fidelio* de Beethoven ; auprès de Günther Ramin il interprète Jean-Sébastien Bach. Ferenc Fricsay fait beaucoup pour lui. Intéressé par l'histoire, les relations entre les autres arts, il ne sépare guère la musique du passé de celle du présent et son répertoire est large. Le classicisme viennois lui convient. Il aime Mozart et chante Tamino, dans *La Flûte enchantée*, *Don Giovanni*, *Così fan tutte*, mais aussi *Le Vaisseau fantôme* (le Pilote). Karl Richter en fait son Évangéliste dans les passions de Bach qu'il marque par sa présence vocale.

Il s'intéresse aussi à la musique contemporaine et donne de nombreux récitals de mélodies. *Le Voyage d'hiver* de Schubert reste l'une de ses grandes réussites. En 1971, il est nommé professeur à la Hochschule für Musik de Munich. Il a créé des œuvres d'Edison Denisov (*Quatre poèmes de Gérard de Nerval,* 1989), Paul Hindemith (*Motets no 3, 5, 9* et *13*, 1960 ; *Sechs Lieder,* 1964), Frank Martin (*Le Vin herbé,* 1942 ; *In Terra Pax,* 1945 ; *Golgotha,* 1949), Carl Orff (*Antigone,* Salzbourg, 1949), Aribert Reimann (*Engführung,* déd., 1967).

ÉCRITS : *Die Singstimme* (Berne, 1983).

Haenchen, Hartmut

Chef d'orchestre allemand, né à Dresde le 21 mars 1943.

Membre du Kreuzchor de Dresde (1953-60), il y reçoit les bases de son éducation musicale avant d'étudier le chant, la direction chorale et la direction d'orchestre à la Musikhochschule de sa ville natale avec W. Matschke, R. Neuhaus et H. Förster (1960-66). Il travaille également avec Helmuth Koch et F. Höft à Berlin. Entre 1966 et 1972, il est directeur de la Robert-Franz-Singakademie et de l'Orchestre Symphonique de Halle. En 1971, il remporte le 1er prix du Concours Carl Maria von Weber à Dresde. Il est ensuite nommé premier chef à l'Opéra de Zwickau (1972-

73), chef permanent de l'Orchestre Philharmonique de Dresde (1973-76) et du Chœur Philharmonique de Dresde (1974-76). A la même époque, il dirige aussi régulièrement à l'Opéra de Dresde. Entre 1976 et 1979, il est directeur musical adjoint à Schwerin et chef permanent de la Mecklenburgische Staatskapelle. Entre 1980 et 1986, il enseigne la direction d'orchestre à la Musikhochschule de Dresde où il est nommé professeur en 1985. En 1980, il prend la direction de l'Orchestre de Chambre C. Ph. E. Bach à la Staatsoper de Berlin. La même année, il est nommé directeur général de la musique de l'Opéra Néerlandais à Amsterdam.

Haendel, Ida

Violoniste polonaise naturalisée anglaise, née à Chelm le 15 décembre 1924.

Après avoir effectué ses études au Conservatoire de Varsovie, elle travaille avec Carl Flesch et Georges Enesco. Dès 1935, elle est lauréate du Concours Wieniawski et elle commence sa carrière à l'âge de treize ans. Elle fait ses débuts aux États-Unis en 1946 mais c'est surtout en Europe et en Israël qu'elle s'impose. Reconnue par ses pairs comme l'une des plus grandes violonistes de son temps, elle reste à l'écart de la publicité et a relativement peu enregistré. Elle se fixe à Londres et siège dans de nombreux jurys de concours internationaux. Elle a créé des œuvres de Luigi Dallapiccola (*Tartiniana seconda,* 1957), Allan Pettersson (*Concerto pour violon n°2*, dédicataire, 1980).

ÉCRITS : *Woman with Violin* (Londres, 1970).

Hagen-Groll, Walter

Chef de chœur allemand, né à Chemnitz le 15 avril 1927.

Il fait ses études musicales à la Hochschule für Musik de Stuttgart (1947-52) et travaille le piano avec J. Pembaur Jr., à Munich. En 1952, il est nommé répétiteur et chef d'orchestre adjoint à l'Opéra de Stuttgart. En 1957, il est chef de chœur à Heidelberg et, en 1961, à la Deutsche Oper de Berlin. Il est également chargé de la préparation des chœurs pour les concerts de l'Orchestre Philharmonique de Berlin. Entre 1960 et 1962, il est l'assistant de Wilhelm Pitz à Bayreuth. A partir de 1965, il assure également les fonctions de chef de chœur permanent du Festival de Salzbourg. Puis il est nommé à la tête du Philharmonia Chorus (1971-74). En 1984, il devient chef des chœurs à l'Opéra de Vienne et prend également la direction de la Wiener Singakademie (1987-89). Il enseigne la direction chorale au Mozarteum de Salzbourg depuis 1986.

Hager, Leopold

Chef d'orchestre autrichien, né à Salzbourg le 6 octobre 1935.

Au Mozarteum de Salzbourg, il étudie l'orgue, le piano, le clavecin, la direction d'orchestre et la composition avec, notamment, B. Paumgartner, G. Wimberger, C. Bresgen et J.N. David (1949-57). Il débute en 1957 à Mayence comme chef de chœurs. Rapidement, il est nommé premier chef d'orchestre. Il occupe ensuite les mêmes fonctions à l'Opéra de Linz (1962-64) puis à celui de Cologne (1964-65) avant d'être nommé directeur général de la musique à Fribourg (1965-69). Il prend alors la direction de l'Orchestre du Mozarteum de Salzbourg (1969-81). En 1980, il est nommé directeur artistique de l'Orchestre Symphonique de RTL (Luxembourg). Il a créé des œuvres de Helmut Eder (*Metamorphosen,* 1971 ; *Sérénade*, op. 69 n° 1, 1977 ; « ... *Missa est* », 1986), Wilhelm Killmayer (*Nachtgedanken,* 1973), Jean Françaix (*Cassation,* 1975), Roman Haubenstock-Ramati (*Imaginaire,* 1989), Alfred Schnittke ((K)ein Sommernachtstraum, 1985), Giselher Klebe (*Notturno,* 1988).

Haimovitz, Matt

Violoncelliste américain, né à Tel-Aviv le 3 décembre 1970.

Originaire de Roumanie, sa famille se fixe aux États-Unis peu après sa naissance. A l'âge de huit ans, il commence à étudier le violoncelle en Californie avec Irene

Sharp et Gabor Rejto. Il s'établit ensuite à New York et entre à la Juilliard School of Music (1982-87) où il devient l'élève de Leonard Rose. Il travaille également avec Channing Robbins et Yo-Yo Ma. En 1986, il est le plus jeune interprète à recevoir l'Avery Fisher Career Grant Award. Il sort diplômé de la Collegiate School de New York en 1989. Il travaille à Princeton University à partir de 1989. Sa carrière se développe rapidement, d'abord aux États-Unis puis dans le monde entier : première tournée au Japon en 1988, première tournée de récitals en Europe en 1989, etc.

Haitink, Bernard

Chef d'orchestre néerlandais, né à Amsterdam le 4 mars 1929.

Il dit s'« être laissé aller à la musique » à l'âge de onze ans. Il étudie le violon et la direction d'orchestre au Conservatoire, avec Felix Hupka. Violoniste à l'Orchestre Philharmonique de la Radio Néerlandaise, il se perfectionne auprès de F. Leitner qui lui confie le poste de second chef d'orchestre de l'Union radiophonique, en 1955. En 1956, il débute à la tête de l'Orchestre du Concertgebouw. En 1957, il est nommé chef principal de l'Orchestre Philharmonique de la Radio Néerlandaise, puis, en 1961, il succède à Eduard Van Beinum comme directeur musical de l'Orchestre du Concertgebouw d'Amsterdam à la tête duquel il restera pendant vingt-sept ans. Invité à diriger dans le monde entier, il devient, en 1967, chef principal et conseiller musical de l'Orchestre Philharmonique de Londres et deux ans plus tard directeur artistique. Sa vie se partage entre Amsterdam et Londres. En 1977, il quitte la direction du London Philharmonic et succède à John Pritchard comme directeur musical au Festival de Glyndebourne. Chef mahlérien, il a enregistré l'intégrale des symphonies de Mahler, mais aussi de celles de Bruckner. Il a une prédilection pour Beethoven. En 1988, il quitte le Concertgebouw d'Amsterdam et le Festival de Glyndebourne pour se consacrer au Covent Garden de Londres dont il assure la direction musicale à partir de 1987. Il a créé des œuvres de Malcolm Arnold (*Philharmonic Concerto,* 1976), Henry Barraud (*Divertimento pour orchestre,* 1964), Robin Holloway (*Wagner Nights,* 1990), Frank Martin (*Magnificat,* 1968), Colin Matthews (*Cortège,* 1989), Nicholas Maw (*The World in the Evening,* 1988).

Hájossyová, Magdalena

Soprano slovaque, née à Bratislava le 25 juillet 1946.

Elle fait ses études musicales au Conservatoire de Bratislava avec Mária Smutná-Vlková et Anna Hrúšovská et obtient son diplôme en 1971. Entre 1970 et 1979, elle chante à l'Opéra de Bratislava puis, à partir de 1978, à la Deutsche Staatsoper de Berlin avec laquelle elle effectue une tournée au Japon, chantant notamment Fiordiligi (*Così fan tutte*), Donna Anna et Donna Elvira (*Don Giovanni*). A Berlin, elle chante Elsa, Pamina, la Comtesse, Leonore (*Fidelio*), Marguerite (*Faust*), Arabella et le répertoire tchèque... Elle est invitée à Vienne, à Munich, en France, en Angleterre et en Italie. Elle donne aussi de nombreux concerts (oratorios et récitals).

Hale, Robert

Baryton américain, né à San Antonio (Texas) le 22 août 1938.

Il fait ses études au Conservatoire de la Nouvelle-Angleterre, à Boston, avec Gladys Miller, à l'Université de Boston avec Ludwig Bergmann et à celle de l'Oklahoma avec Orcenith Smith. Puis il se perfectionne à New York avec Boris Goldovsky et fait ses débuts en 1965 à Denver dans *Les Noces de Figaro* (Figaro). Il chante ensuite au New York City Opera (pendant dix ans), à Philadelphie, San Antonio, San Diego avant d'être invité en Europe (opéras de Francfort et de Zurich). Il débute au Colón de Buenos Aires en 1980 (*Les Contes d'Hoffmann*). Il se fixe en Allemagne fédérale et chante régulièrement à l'Opéra de Cologne à partir de 1983. D'abord centré sur Mozart (Don Giovanni, le Comte), Haendel et le bel canto, son répertoire s'élargit à des rôles comme Pizzaro (*Fidelio*), Escamillo (*Carmen*) ou Mephisto (Gounod et Boïto). Il aborde Wagner et s'impose dans le Hollandais, puis dans Wotan (Orange, 1988).

Halftter, Cristóbal (Cristóbal Halffter Jiménez-Encina)

Chef d'orchestre et compositeur espagnol, né à Madrid le 24 mars 1930.

Neveu d'**Ernesto Halffter**, il travaille au Conservatoire Royal de Madrid (1947-51) notamment avec Conrado Del Campo avant de venir se perfectionner à Paris avec Alexandre Tansman. A partir de 1952, il dirige régulièrement l'Orchestre de la Radio Nationale d'Espagne puis, entre 1955 et 1960, l'Orchestre De Falla. Professeur au Conservatoire de Madrid entre 1960 et 1966, il en est aussi le directeur (1964-66). Il est invité à diriger ses propres œuvres à la tête des principaux orchestres européens et américains, point de départ d'une carrière dont le répertoire s'ouvre progressivement, avec une nette prédilection pour la musique contemporaine. De 1976 à 1978, il enseigne à Darmstadt. En 1983, il est élu membre de la Real Academia de Bellas Artes de San Fernando et, en 1988, il est nommé professeur de composition au Conservatoire de Berne. Il a créé des œuvres de Hans Jürgen von Bose (*Symphonie nº 1,* 1978), Theo Brandmüller (*Antigone,* 1990), Joan Guinjoan (*Trencadís,* 1992).

Hall, Marie

Violoniste anglaise, née à Newcastle le 8 avril 1884, morte à Cheltenham le 11 novembre 1956.

Elle étudie d'abord avec des professeurs privés tout en recevant les conseils occasionnels de grands maîtres comme Elgar, Wilhelmj ou Max Mossel. En 1900, elle est l'élève de Johann Kruse à l'Académie Royale de Musique de Londres. L'année suivante, Jan Kubelík l'entend et la fait venir à Prague où elle travaille au Conservatoire avec Ševčík (1903). Ses premiers concerts datent de cette époque et font forte impression. Avant de se consacrer à l'enseignement, Marie Hall a mené une importante carrière, principalement à l'intérieur du Royaume-Uni, dominant toute une génération de violonistes anglais. Vaughan Williams lui a dédié *The Lark Ascending* (1921).

Hamari, Julia

Alto hongroise naturalisée allemande, née à Budapest le 21 novembre 1942.

Enfant, elle apprend le piano, mais, confiée à la pédagogue turque Fatime Martin, elle opte pour le chant. Elle parachève ses études au Conservatoire de Bucarest, obtenant un diplôme d'État de cantatrice et de professeur de chant (1961-66). En 1964 elle gagne, à Budapest, le Concours international Ferenc Erkel. Ainsi peut-elle poursuivre ses études à Stuttgart (1966-67). En 1966, elle débute dans la *Passion selon saint Matthieu*, sous la direction de Karl Richter, et la même année chante à Rome sous la direction de Vittorio Gui la *Rhapsodie pour alto* (Brahms). Ainsi s'ouvre à elle une brillante carrière de concertiste, en oratorio comme en mélodie. Sa magnifique technique lui permet de triompher tout particulièrement dans le répertoire d'alto colorature. Mais elle interprète en concert et avec la même aisance Bach, Beethoven, Monteverdi, Mahler, Haendel, Mozart, Rossini et Verdi. Elle débute à l'opéra en 1967 à Salzbourg et, l'année suivante, incarne *Carmen* à Stuttgart. En 1973-74, elle chante à la Deutsche Oper am Rhein de Düsseldorf-Duisbourg : son répertoire s'enrichit de rôles comme Dorabella, Chérubin, Octavian. Au Festival de Glyndebourne, elle chante *La fedeltà premiata* de Haydn (1979). En 1984, elle fait ses débuts à l'Opéra de Philadelphie dans le rôle-titre de *La Cenerentola*, ainsi qu'au Met (Rosine) où elle chante également Despina.

Hambourg, Mark

Pianiste russe naturalisé anglais, né à Bogutchar-Woronesch le 31 mai 1879, mort à Cambridge le 26 août 1960.

Fils du pianiste et pédagogue **Michael Hambourg** (1855-1912), il travaille d'abord avec son père et donne son premier concert à Moscou à l'âge de neuf ans. Puis il est l'élève de Leschetizky à Vienne (1891-95) avant de s'engager dans une carrière qui le mène dans le monde entier. Il est l'un des pianistes les plus populaires de son temps : dès l'année 1906, il avait donné son millième concert. Avec ses frères Jan (violoniste, 1882-1947) et Boris (violoncelliste, 1885-1954), il forme un trio qui se produit beaucoup aux États-Unis. Virtuose dans la tradition romantique du terme, il était célèbre pour ses interprétations passionnées, non sans excès. Il a été le professeur de Gerald Moore.

ÉCRITS : *How to play the Piano* (Philadelphie, 1902), *The Piano as a Profession* (1909), *From Piano to Forte ; a Thousand and One Notes* (Londres, 1931), *The Eighth Octave*, mémoires (Londres, 1951).

Hampson, Thomas

Baryton américain, né à Elkhart (Indiana) le 28 juin 1955.

Après avoir remporté le 1er prix du concours organisé par le Metropolitan Opera de New York en 1981, il fait ausssitôt ses débuts professionnels. La même année, il est engagé par la Deutsche Oper am Rhein de Düsseldorf-Duisbourg où il chante pendant trois ans (Guglielmo, Belcore, le Figaro du *Barbier de Séville*). En 1984, il est engagé à l'Opéra de Zurich où il participe notamment au cycle Mozart Ponnelle-Harnoncourt (son Don Giovanni en 1987 est salué comme un événement). Il chante également des rôles comme Germont (*La Traviata*) ou Lescaut (Massenet). En 1986, il fait ses débuts au Met dans *Les Noces de Figaro* (le Comte). C'est dans le même rôle qu'il effectue la tournée du Met au Japon en 1988 et qu'il débute au Festival de Salzbourg (1988). On le retrouve dans *La Bohème* aux côtés de Mirella Freni et de Luciano Pavarotti. En 1993, il chante pour la première fois au Covent Garden de Londres (Figaro du *Barbier de Séville*). A partir de 1984, il consacre une partie importante de ses activités au concert.

Handman, Dorel

Pianiste roumain naturalisé français (1947), né à Iaşi le 17 février 1906.

Il effectue ses études musicales à Berlin avec Leonid Kreutzer et Artur Schnabel et y remporte le prix de l'Académie en 1928. Puis il se perfectionne à Paris avec Marguerite Long avant d'aborder une carrière internationale. La guerre interrompt ses activités de pianiste et il se tourne vers la critique musicale, collaborant aux principaux journaux français (*Combat*, *L'Observateur* puis *Le Nouvel Observateur*). Il est membre de l'Académie Charles Cros et enseigne l'histoire de la musique à la Schola Cantorum et à la Sorbonne. Il abandonne l'enseignement lorsqu'il est nommé directeur artistique de la Guilde internationale du disque. En 1972, il reprend ses activités de pianiste et entame une seconde carrière ponctuée par plusieurs enregistrements importants.

ÉCRITS : Contributions à l'*Encyclopédie de la musique* (Fasquelle) et à l'*Histoire de la musique* (La Pléiade).

Harasiewicz, Adam

Pianiste polonais, né à Chodzierz le 1er juillet 1932.

Il travaille avec K. Mirski jusqu'en 1950 puis à l'École supérieure de musique de Cracovie avec Drzewiecki. Après un échec au Concours international F. Chopin de Varsovie en 1949, il s'y représente en 1950 et remporte le 1er prix devant Ashkenazy, Fou Ts'ong et Ringeissen. Il se perfectionne avec Benedetti Michelangeli et commence une carrière internationale centrée sur Frédéric Chopin dont il a enregistré les pages essentielles.

Hardenberger, Håkan

Trompettiste suédois, né à Malmö le 27 octobre 1961.

Il commence à étudier la trompette avec Bo Nilsson dès 1969 avant d'entrer au Collège royal de musique de sa ville natale en 1977. Il est trompette solo de l'Orchestre des Jeunes Nordiques et entre, en 1978, dans la classe de Pierre Thibaud au Conservatoire de Paris. Lauréat des concours internationaux de Paris (Maurice André, 1979) et de Munich (1980), il remporte en 1981 le Concours international de Toulon. Il fait des tournées en Europe et en Amérique du Nord et du Sud et se consacre aussi bien au répertoire classique qu'à la musique contemporaine. Il a créé des œuvres de Harrison Birtwistle (*Endless Parade,* 1987), Gordon Crosse (*Array,* 1986), Hans Werner Henze (*Requiem* pour piano, trompette et orchestre, 1993), György Ligeti (*Mysteries of the Macabre,* 1992), John McCabe (*Rainforest,* 1987), Peter Maxwell Davies (*Concerto pour trompette*).

Harnoncourt, Nikolaus (Johann Nicolaus Graf de la Fontaine und d'Harnoncourt-Unverzagt)

Chef d'orchestre et violoncelliste autrichien, né à Berlin le 6 décembre 1929.

De famille musicienne, il étudie le violoncelle à Graz avec Paul Grümmer, puis auprès d'Emanuel Brabec à l'Académie de musique de Vienne. Ayant remporté les plus hautes distinctions, il est engagé comme violoncelliste à l'Orchestre Symphonique de Vienne où il reste de 1952 à 1969, ce qui le laisse profondément insatisfait. Aussi fonde-t-il en 1953 le Concentus Musicus avec des collègues de l'Orchestre Symphonique de Vienne, se donnant pour but de retrouver un contact plus vivant avec la musique, notamment la musique ancienne de la fin du Moyen Age au Baroque. Pour ce faire, ils décident de redonner vie à des instruments anciens ou copies d'ancien. Pendant quatre années, ils travaillent sur ces bases nouvelles et ne donnent leurs premiers concerts qu'en 1957. Les tournées ne commencent qu'en 1960. C'est l'enregistrement des *Concertos brandebourgeois* en 1962 qui assure leur premier véritable grand succès international. D'autres musiciens, animés par le même souci, tel Gustav Leonhardt, font la connaissance d'Harnoncourt ; il s'ensuit une collaboration plus ou moins étroite, au point que les deux noms sont fréquemment associés, notamment dans l'enregistrement de l'intégrale des cantates de J. S. Bach qui s'échelonne entre 1970 et 1989. Ce n'est pas par goût étroit de l'historique que Harnoncourt choisit le jeu sur instruments anciens mais bien pour des raisons artistiques. « Les instruments du XVIIIe siècle ne sont plus considérés comme les précurseurs imparfaits des instruments "parfaits" de nos jours, mais on a, au contraire, reconnu que bien des exigences posées par l'exécution musicale quant à l'articulation, la sonorité, la technique instrumentale sont plus aisément et plus naturellement réalisables sur les instruments originaux que sur des instruments datant des époques ultérieures et construits à de tout autres fins. » Soucieux de la spécificité des styles, remarquant que chaque époque a possédé ses instruments optimaux aptes à faire sonner la musique qu'elle a conçue, il proclame qu'« il n'existe pas d'orchestre idéal permettant une interprétation adéquate de la musique de toutes les époques ». Pour autant, il n'est pas aveugle aux limites de la restitution historique et va jusqu'à proclamer paradoxalement que l'authenticité n'existe pas ! Ayant conscience que la sensibilité de l'auditeur contemporain ne peut être identique à celle d'autrefois, il donne à celui d'aujourd'hui l'occasion de découvrir d'autres manières d'interpréter et donc d'écouter : il se veut interprète plus que musicologue et n'est en rien dogmatiste étriqué. Il a dirigé, par exemple, l'orchestre moderne du Concertgebouw d'Amsterdam pour enregistrer les symphonies de Mozart (1981), selon les principes de phrasé, de tempo, de dynamique, de clarification de la texture instrumentale, qu'il applique au répertoire baroque antérieur. Dix ans plus tard, il effectue un travail analogue sur les symphonies de Beethoven avec l'Orchestre de Chambre d'Europe puis sur les symphonies de Schubert, à nouveau avec le Concertgebouw d'Amsterdam, qui remettent en cause de nombreuses conceptions établies. Entre-temps, il a abordé l'opérette viennoise avec Johann Strauss, tout en dirigeant les opéras de Mozart ou de Monteverdi dans des productions qui ont fait date à l'Opéra de Zurich. Nul doute que son héritage, qui est loin d'être définitif, aura profondément marqué ce dernier tiers du XXe siècle. En 1980, il est nommé professeur au Mozarteum de Salzbourg. En 1992, le temple de la tradition, le Festival de Salzbourg, l'accueille pour la première fois, marquant la fin de la querelle des anciens et des modernes.

Sa femme, **Alice Harnoncourt**, née à Vienne le 26 septembre 1930, est une violoniste accomplie, élève de Feist et Moravec à Vienne et de Thibaud à Paris ;

elle est premier violon au Concentus Musicus (jusqu'en 1985) et joue aussi de l'alto, de la viole d'amour et du pardessus de viole. Elle suit la voie esthétique ouverte par son mari.

ÉCRITS : *Le Discours musical* (1984), *Le Dialogue musical* (1985).

Harnoy, Ofra

Violoncelliste israélienne naturalisée canadienne, née à Hadera (Israël) le 31 janvier 1965.

Elle reçoit ses premières leçons de son père et poursuit ses études à Toronto auprès de Vladimir Orloff puis à Londres auprès de William Pleeth. Elle se perfectionne en outre avec Mstislav Rostropovitch, Pierre Fournier et Jacqueline Du Pré. Elle débute à l'âge de dix ans avec l'Orchestre Boyd Neel et signe, cinq ans plus tard, son premier disque. Installée au Canada dès 1972, elle y fait carrière en accumulant les récompenses : 1er prix de la Montréal Symphony Competition (1978), de la Canadian Music Competition (1979) et par trois fois « Juno » (de 1988 à 1990), c'est-à-dire meilleure soliste classique. Elle a exhumé un concerto pour violoncelle inédit d'Offenbach qu'elle a créé à New York en 1983.

Harper, Heather

Soprano anglaise, née à Belfast le 8 mai 1930.

Elle effectue ses études de chant au Trinity College of Music de Londres et débute dans les Ambrosian Singers et le chœur de la BBC. Ses débuts sur scène ont lieu en 1954 avec l'Oxford University Opera Club. Elle paraît à Glyndebourne en 1957 (Première Dame de *La Flûte enchantée*, Anne Trulove...), et au Covent Garden en 1962 (Helena dans *Le Songe d'une nuit d'été* de Britten). Elle y sera aussi Micaëla, Blanche de la Force (*Dialogues des carmélites*), Antonia (*Les Contes d'Hoffmann*), Gutrune, Eva, Elsa, Arabella, et surtout diverses héroïnes de Britten : Ellen Orford (*Peter Grimes*) et Mrs. Coyle (*Owen Wingrave*) dont elle assure la création mondiale sur les écrans de la BBC en 1971. Elle participe également aux créations du *War requiem* (1962) et de *Owen Wingrave* (1971) de Britten, et de la *Symphonie nº 3* (1972) et de *The Ice Break* (1977) de Tippett. Elle chante à Bayreuth en 1967-68 (Elsa) et au Théâtre Colón de Buenos Aires depuis 1969. Elle est invitée à la Scala de Milan en 1976, au Japon et en Corée en 1979. En 1985, elle est nommée professeur au Royal College of Music de Londres et, l'année suivante, directrice des études vocales à la Britten-Pears School de Snape. En 1990, elle fait ses adieux à la scène lyrique.

Harrell, Lynn

Violoncelliste américain, né à New York le 30 janvier 1944.

Fils du baryton **Mack Harrell** (1909-60), il étudie à la Juilliard School avec Leonard Rose et au Curtis Institute. Il suit les master classes de Casals et Piatigorsky. Ses débuts datent de 1960. De 1965 à 1971 il est violoncelle solo de l'Orchestre de Cleveland puis artiste-résident à l'Université de Cincinnati. Il joue à Marlboro, Aspen et fait ses débuts à Londres en 1975. Il remporte l'Avery Fischer Prize et enseigne à la Juilliard School (1977-86). En 1986, il est nommé professeur titulaire de la chaire Piatigorsky à l'Université de Californie du Sud (Los Angeles). Il enseigne également à la Royal Academy of Music de Londres. Il se produit souvent en trio avec Vladimir Ashkenazy et Itzhak Perlman. En 1988, il est nommé directeur artistique du Los Angeles Philharmonic Institute et exerce également les fonctions de conseiller artistique de l'Orchestre Symphonique de San Diego. En 1993, il est nommé professeur à la Royal Academy of Music de Londres. Il possède un violoncelle de Tecchler de 1711, un Montagnana de 1720 et le Stradivarius de Jacqueline Du Pré (1673).

Il a créé des œuvres de Donald Erb (*Concerto pour violoncelle,* 1976, dédicataire), Karel Husa (*Concerto pour violoncelle,* 1989), Wolfgang Rihm (*Sonate pour violon et violoncelle*, avec Augustin Dumay, 1989).

Hartemann, Jean-Claude

Chef d'orchestre français, né à Vezet le 18 décembre 1929, mort à Paris le 27 novembre 1993.

Il fait ses études secondaires puis ses études musicales à Clermont-Ferrand et au Conservatoire de Paris. Lauréat du Concours international des chefs d'orchestre de Besançon, il est nommé à l'Opéra de Dijon. Parmi les chefs invités figure Jésus Etcheverry dont Hartemann n'hésite pas à dire qu'il lui a tout appris de son métier. En 1960, il est nommé chef permanent à l'Opéra de Metz. Parallèlement, il fonde avec Suzanne Lafaye la troupe des « Baladins Lyriques » dont des spectacles tels que leur merveilleux *Così fan tutte* laissent imaginer ce que l'art lyrique français aurait pu demeurer. Parallèlement aussi, il est attaché à la direction artistique des disques Véga, à l'époque où cette firme faisait un effort énorme pour la promotion du chant français. Il assure enfin les saisons d'été du Théâtre d'Angoulême. En 1963, il est nommé chef d'orchestre à l'Opéra-Comique. Il en deviendra directeur de la musique en 1968 et le restera jusqu'à la fermeture de la salle Favart. Cette activité parisienne ne porte pas préjudice à une brillante carrière internationale et il fait triompher la musique française. Durant la saison 1972-73, il réorganise l'orchestre et les chœurs de Saint-Étienne. De 1973 à 1977, il enseigne à la Schola Cantorum. En 1977, il est engagé par la ville nouvelle d'Évry, dont il est nommé directeur de l'action musicale. Il a en outre créé Les Solistes de France, ensemble à cordes, à géométrie variable, ensemble qui connaît un succès croissant. Il a largement participé à la diffusion d'œuvres inédites, notamment lors de concerts radiodiffusés au cours desquels il a créé des œuvres signées Bondon, Prey, Michel Ciry, Joseph Kosma... De Frank Martin, il a donné la première française de *Monsieur de Pourceaugnac* et hollandaise de la cantate *Et la vie l'emporta.* Il a dirigé la création mondiale d'*Anna et l'Albatros* de Bondon.

Harth, Sidney

Violoniste et chef d'orchestre américain, né à Cleveland le 5 octobre 1925.

Il fait ses études au Cleveland Institute of Music avec Joseph Fuchs et J. Knitzer (1945-49) puis travaille pendant deux ans avec Georges Enesco (1949-51). Lauréat du Prix Naumburg en 1948, il fait ses débuts un an plus tard à Carnegie Hall. Il est engagé comme violon solo de l'Orchestre de Louisville (1953-59) et enseigne à l'université de cette ville (1953-58). En 1957, il remporte le 2e prix au Concours Wieniawski à Poznań. Il s'impose comme l'un des principaux concertmasters (violons solos) américains, à l'Orchestre Symphonique de Chicago (1959-62) sous la direction de Fritz Reiner et à l'Orchestre Philharmonique de Los Angeles (1973-79) sous la direction de Zubin Mehta, où il est également chef associé (1976-81). Parallèlement, il enseigne à DePaul University (1959-62) et à Carnegie-Mellon University (1963-71). Il mène en outre une carrière de soliste et de chef d'orchestre et forme son propre quatuor à cordes. Entre 1977 et 1979, il est directeur musical de l'Orchestre Symphonique de Porto Rico. En 1981, il est nommé directeur des études orchestrales à Mannes College et professeur à l'Université de Stony Brook (New York). Il est ensuite professeur à l'Université de Yale.

Il a créé des œuvres de Norman Dello Joio (*Colloquies*), Edmund Rubbra (*Improvisations,* 1959) et Wallingford Riegger (*Variations pour violon et orchestre,* 1959). Il a souvent joué en duo à deux violons avec sa femme **Teresa Testa Harth**. Il joue sur un Stradivarius, le *Comte d'Armaille* (1737).

Harty, Sir Hamilton

Chef d'orchestre, organiste et compositeur irlandais, né à Hillsborough le 4 décembre 1879, mort à Hove le 19 février 1941.

Avant d'être compositeur, il effectue d'abord une carrière d'organiste en Irlande puis il dirige la British National Opera Company et le Hallé Orchestra de Manchester (1920-33). Il mène ensuite une carrière de chef invité, surtout à la tête de l'Orchestre Symphonique de Londres. Comme compositeur, Harty laisse plusieurs œuvres, romantiques quant à leur style, avant tout de musique de chambre, un concerto pour violon, des mélodies mais, paradoxalement, aucun ouvrage pour l'orgue. On lui doit des arrangements des suites *Water Music* et *Royal Fireworks* de Haendel joués dans le monde entier. Il a créé la *Symphonie n° 1* de Walton (1934) et la *Symphonie n° 6* de Bax (1935).

Harwood, Elizabeth

Soprano anglaise, née à Barton Seagrave le 27 mai 1938, morte à Londres le 22 juin 1990.

Elle étudie au Royal Manchester College of Music de 1956 à 1960, année où elle remporte le Kathleen Ferrier Memorial Prize. Elle débute alors dans les chœurs du Festival de Glyndebourne, et y chante le Deuxième Garçon de *La Flûte enchantée*. En 1961, elle entre au Sadler's Wells où elle chante Suzanne, Constance, Adèle (*Le Comte Ory*), Gilda, Manon, Zerbinette... En 1963, elle remporte le Concours Verdi de Busseto, tourne en Australie en 1965 et apparaît au Festival d'Aix-en-Provence de 1967 à 1969 (Fiordiligi, Constance). En 1968, elle débute au Covent Garden où elle sera la Fiakermilli (*Arabella*), Marcelline, Gilda, Bella (*Midsummer Marriage* de Tippett), Norina, Elvira, Teresa (*Benvenuto Cellini*). En 1970, elle apparaît à Salzbourg (Constance, la Comtesse), en 1972 à la Scala, en 1975 au Met, en 1974 à l'Opéra de Paris (la Comtesse) pour une seule soirée. Elle chante aussi bien le lied (R. Strauss) que la musique religieuse (Poulenc) ou l'opérette : son enregistrement de *La Veuve joyeuse* sous la direction de Karajan a marqué le rôle.

Haselböck, Hans

Organiste autrichien, né à Nesselstauden (Niederösterreich) le 26 juillet 1928.

Il fait des études de littérature et de musicologie à l'Université de Vienne (1947-52) ainsi que d'orgue, d'improvisation et de musique d'église à l'Académie de musique de Vienne, notamment avec Walter Pach (1948-53). En 1953, il est nommé organiste titulaire de la Dominikanerkirche de Vienne. Il remporte à trois reprises le 1er prix au Concours international d'orgue de Haarlem (1958, 1959 et 1960). En 1961, il est nommé professeur d'orgue et d'improvisation à la Hochschule für Musik de Vienne où il se voit confier la direction du département de musique religieuse en 1964. Comme compositeur, on lui doit une *Salzburger Messe* (1966), un *Psalmenproprium* pour chœur et orgue (1968), un *Psaume 103* (1969) et des œuvres pour orgue. Il a également une activité musicologique importante.

ÉCRIT : *Barocker Orgelschatz in Niederösterreich*, Vienne (1972).

Haselböck, Martin

Organiste autrichien, né à Vienne le 23 novembre 1954.

Fils de **Hans Haselböck**, il fait ses études musicales à Vienne et à Paris : orgue, clavecin, composition avec Michael Radulescu, Friedrich Cerha, Hans Haselböck, Anton Heiller et Jean Langlais. Il remporte le 1er prix du Concours international d'orgue de Vienne/Melck. Sa carrière débute au début des années soixante-dix. En 1972, il remporte le premier prix au Concours international d'improvisation de Vienne-Melk. Il est nommé organiste titulaire de la Hofkapelle de Vienne et de l'Augustiner Kirche de Vienne où il dirige le Festival « Orgelkunst ». En 1979, il est nommé professeur à la Musikhochschule de Vienne et en 1986 à la Musikhochschule de Lübeck. Depuis 1986, il dirige la Wiener klassische Akademie, ensemble de musique baroque jouant sur instruments anciens. Il a réalisé un travail éditorial important (Universal Orgel Edition) et a enregistré l'intégrale de l'œuvre de Franz Liszt et de celle de J. S. Bach. Parmi les compositeurs qui ont écrit pour lui : Ernst Krenek (deux concertos), Alfred Schnittke, Cristóbal Halffter, Zsolt Durkó, Gilbert Amy, William Albright. Il a également créé des œuvres de Peter Kiesewetter (*Concerto pour orgue et orchestre*, op. 50, 1990).

Haskil, Clara

Pianiste roumaine naturalisée suisse (1949), née à Bucarest le 7 janvier 1895, morte à Bruxelles le 7 décembre 1960.

Elle révèle très vite des dons stupéfiants d'oreille et de doigts. En 1901 elle entre au Conservatoire de Bucarest. Le chef d'orchestre Dinicu la présente à la reine Elisabeth de Roumanie qui lui octroie une bourse pour aller poursuivre ses études à Vienne. Elle y arrive en 1902 et travaille le piano pendant trois ans avec Richard Robert, professeur d'un autre enfant prodige, George Szell. Son oncle Avram la prend sous sa coupe dès 1902 et exercera une influence déterminante sur elle jusqu'à sa mort en 1934, influence bénéfique dans un premier temps, puis étouffante à partir de 1919. Elle étudie également le violon – par jeu, elle échangeait parfois, en privé, son instrument avec celui d'Arthur Grumiaux – et donne son premier récital public. Elle se rend à Paris en 1905 et rencontre Fauré. Elle prend des leçons de Morpain. En 1907, après deux années de classe préparatoire de piano au Conservatoire de Paris, elle est admise dans la classe de Cortot, mais, compte tenu de la relative froideur de leurs relations, travaille surtout avec Lazare-Lévy. En 1909, elle remporte le 1er prix de violon au Concours de l'Union Française de la Jeunesse que préside Jacques Thibaud, et un 2e prix de piano au Conservatoire, derrière Aline Van Barentzen et Youra Guller. En 1910, elle obtient enfin un 1er prix de piano. En 1911 elle rencontre Busoni puis Paderewski. L'aggravation d'une scoliose dont elle souffre depuis longtemps lui interdit toute pratique pianistique et lui impose de porter pendant de longs mois un corset de plâtre. Elle ne rejouera en public qu'en 1920. Elle donne des récitals en Suisse, en Belgique, aux États-Unis mais, malgré le soutien de la princesse de Polignac et l'enthousiasme des grands musiciens de son temps, Paris persiste à ignorer son style qui se situe trop à l'opposé du goût du jour. Les engagements se font rares pour elle. Jusqu'en 1933 elle ne joue guère qu'en Suisse. En 1934 elle enregistre ses premiers disques, financés par des amis mécènes, qui passent totalement inaperçus. Il faudra attendre 1947 pour voir paraître son premier enregistrement commercial. Elle rencontre Dinu Lipatti en 1936 et se lie avec lui d'une profonde amitié. Un an plus tard, la radio semble la découvrir : Inghelbrecht, qui venait de fonder l'Orchestre National où la sœur de Clara, **Jeanne Haskil**, occupait l'une des places de premiers violons, s'intéresse à elle. Elle joue à plusieurs reprises avec cet orchestre et passe clandestinement en zone libre en 1941 avec le dernier contingent de ses musiciens et Inghelbrecht lui-même. Réfugiée à Marseille, elle est opérée avec succès d'une tumeur au cerveau et se réfugie en Suisse en 1942, la veille de l'invasion de la zone libre. Après la guerre, sa carrière se développe progressivement et une série de concerts en Hollande, en 1949, la consacre définitivement. En 1950, Pablo Casals l'invite à participer au premier Festival de Prades : elle y rencontre Arthur Grumiaux avec lequel elle constituera l'un des plus fameux duos de l'époque. En 1951, elle obtient son premier triomphe parisien. Sa véritable carrière internationale débute alors et ne durera pas dix ans.

Clara Haskil disposait d'une technique très étonnante lui permettant d'aborder les pages les plus virtuoses. Son répertoire, largement assis sur les grandes partitions du romantisme (Beethoven, Schumann, Schubert dont elle fut l'une des premières à jouer les sonates, Chopin), ne s'ouvrira à Mozart, dont elle demeure l'inégalable interprète, qu'en 1929 ; encore ne s'agit-il que d'un contact éphémère car elle ne rejouera pas de concertos de Mozart avant les années quarante et ce musicien ne s'imposera véritablement dans ses programmes que dans les années cinquante. Elle joue peu la musique de son temps, exception faite de partitions de Bartók, Sauguet ou Hindemith. Son jeu, d'une sobriété et d'une intensité rares, peut être encore admiré dans une discographie trop peu fournie où l'on retiendra notamment les sonates pour piano et violon de Beethoven avec Grumiaux, quelques concertos pour piano de Mozart avec Schuricht, Fricsay et Markevitch et les grandes pages romantiques qui constituaient l'essentiel de son répertoire. Elle a créé le *Concerto pour deux pianos* (1938) de Claude Arrieu avec

Émile Passani et la *Symphonie concertante* pour deux pianos et cordes (1938) de Dinu Lipatti avec le compositeur au second piano. Celui-ci lui a dédié par ailleurs son *Nocturne*, op. 6 (1939).

Hasson, Maurice

Violoniste français, naturalisé vénézuélien (1972), né à Berck-Plage le 6 juillet 1934.

Né dans une famille d'origine juive sépharade, il entre au Conservatoire de Paris en 1948. Il y travaille avec Line Talluel, Joseph Benvenuti et Joseph Calvet. En 1950, il obtient un 1er prix et prix d'honneur de violon, ainsi qu'un prix de musique de chambre. Il se perfectionne ensuite avec Henryk Szeryng. Son premier concert parisien date de 1951. En 1953 il est lauréat du Concours international Marguerite Long-Jacques Thibaud. Il est professeur de violon à l'École de musique de l'Université des Andes (Merida-Venezuela) de 1960 à 1967, puis professeur de musique de chambre à l'École de musique de Caracas (1967-70). Ses débuts à Londres, en 1973, lui ouvrent une carrière internationale qui le conduit en 1978 aux États-Unis où il joue sous la direction de Lorin Maazel. Fixé à Londres, il est nommé professeur à la Royal Academy of Music de Londres (1987). De nombreux compositeurs vénézuéliens (Rhazès Hernandez Lopez, Gonzalo Castellanos Yumar...) lui dédient des œuvres dont il assure la première audition. Maurice Hasson joue actuellement sur un Antonius Stradivarius, le *Benvenuti* (1727) et un Étienne Vatelot (1981).

Haudebourg, Brigitte

Claveciniste française, née à Paris le 5 décembre 1942.

Elle commence, dès l'âge de quatre ans, l'étude du piano sous la direction de Marguerite Long et de Jean Doyen. Elle se tourne vers le clavecin, instrument qu'elle travaille d'abord avec Robert Veyron-Lacroix, quand elle atteint ses quinze ans. Elle entre au Conservatoire de Paris (classe de Marcelle de Lacour) et obtient un 1er prix de clavecin en 1963. Elle y suit le cycle de perfectionnement (classe de Pierre Pierlot), et remporte la Médaille d'or au Concours international Viotti (1968). Sa carrière est alors lancée. Sa discographie est déjà riche et originale. A côté de pages signées Daquin, Dandrieu et Schobert, on pourra retenir quelques premières au disque : les concertos de W. F. Bach (sous la direction de Kurt Redel), les sonates pour harpe et clavecin de Pierre Baur (avec Marielle Nordmann), les sonates pour flûte et clavecin de François Devienne (avec Michel Debost) et les sonates du Chevalier de Saint-Georges (avec Jean-Jacques Kantorow). Elle a créé des œuvres de Michel Merlet, Patrice Mestral et Jean-Paul Holstein. Elle participe également à plusieurs créations du Théâtre du Silence.

Haughland, Aage

Basse danoise, né à Copenhague le 1er février 1944.

Ses parents sont norvégiens. Il est soliste du Chœur de garçons de Copenhague. Il fait tout d'abord sa médecine, puis étudie la musique avec Moegens Wöldike et Kristian Riis au Danemark. Il chante à Oslo à partir de 1968, puis à Brême. En 1973, il est engagé comme première basse à l'Opéra royal de Copenhague. En 1975, il fait ses débuts au Covent Garden de Londres dans le rôle de Hunding (*La Walkyrie*). Il chante ensuite Hagen (*Le Crépuscule des dieux*) à l'English National Opera. Il retourne à Londres pour de nouvelles productions de *Boris Godounov* et du *Chevalier à la rose* (1984) puis se produit à la Fenice de Venise (Varlaam), à Genève (Ochs, *Le Chevalier à la rose*), à la Deutsche Oper de Berlin (Fasolt, Hagen), au Festival d'Aix-en-Provence (Ochs), à la Staatsoper de Dresde (Ochs et Boris Godounov), à la Scala de Milan (le Roi Henri, *Lohengrin*), à l'Opéra de Vienne (Varlaam et Hunding, *Wozzeck*, *Le Château de Barbe-Bleue*, *La Khovanchtchina*), à l'Opéra de Cologne (*Lady Macbeth de Mtsensk*), à l'Opéra de Paris (Varlaam). Il chante pour la première fois au Festival de Salzbourg en 1982 (Rocco, *Fidelio*), à Bayreuth en 1983 (Hagen de 1983 à 1986 et Fafner en 1984) et au

Festival d'Édimbourg en 1990 (Marke, *Tristan et Isolde*). Depuis ses débuts américains à Saint Louis en 1979 dans le rôle de Boris Godounov, il chante régulièrement au Met Wagner, Moussorgski et Tchaïkovski. Il fait ses débuts à l'Opéra-Bastille dans *Boris Godounov* (Varlaam) et y chante Daland en 1993.

Hauschild, Wolf-Dieter

Chef d'orchestre allemand, né à Greiz (Thuringe) le 6 septembre 1937.

Il fait ses études musicales à la Musikhochschule « Franz Liszt » de Weimar avec Ottmar Gerster, Hermann Abendroth et Gerhard Pflüger puis se perfectionne avec Hermann Scherchen et Sergiu Celibidache. Il est engagé comme premier chef d'orchestre au Deutscher Nationaltheater puis, en 1963, comme chef permanent au Kleist-Theater de Francfort-sur-l'Oder où il dirige également la Philharmonie. Entre 1971 et 1974, il est chef de chœur à la radio de la RDA puis chef adjoint de l'Orchestre Symphonique de la Radio de Berlin (1974-78). Ensuite il devient chef permanent de l'Orchestre Symphonique et du Chœur de la Radio de Leipzig (1978-85). En 1981, il est nommé professeur de direction d'orchestre à la Hochschule für Musik de Berlin et à celle de Leipzig. Il dirige régulièrement à la Staatsoper et à la Komische Oper de Berlin et au Semper-Oper de Dresde où il dirige la soirée de réouverture du bâtiment reconstruit en 1985. Il se fixe ensuite en Allemagne fédérale où il devient directeur musical de l'Orchestre Philharmonique de Stuttgart (1985-91). Il est également chef invité permanent de l'Orchestre Symphonique de Berlin. En 1988, il est nommé professeur de direction d'orchestre à la Musikhochschule de Stuttgart. En 1991, il est nommé directeur général de la musique à Essen et, l'année suivante, intendant de l'Opéra de cette même ville.

Il a créé des œuvres de Paul-Heinz Dittrich (*Etym,* 1984), Luca Lombardi (*Symphonie n° 2,* 1983), Friedrich Schenker (*Fanal Spanien 1936,* 1981).

Hausegger, Siegmund von

Chef d'orchestre et compositeur autrichien, né à Graz le 16 août 1872, mort à Munich le 10 octobre 1948.

Il commence ses études musicales avec son père, Friedrich von Hausegger (1837-99), célèbre critique wagnérien, puis avec E. W. Degner, K. Pohling et M. Plüddeman. En même temps, il poursuit ses études générales à l'Université de Graz. Il fait ses débuts dans cette ville au cours de la saison 1895-96 où il dirige à l'Opéra. Puis il est chef d'orchestre du Kaim Orchester de Munich (en même temps que Weingartner, 1898-1903). De 1903 à 1906, il dirige les Museum Konzerten à Francfort. Il occupe ensuite des fonctions de chef d'orchestre permanent à Glasgow et Édimbourg avant de prendre la direction de l'Orchestre Philharmonique de Hambourg (1910-20). A la même époque, il dirige le Blüthner Orchester à Berlin. En 1920, il se fixe à Munich où il est nommé à la tête de l'Orchestre Philharmonique, poste qu'il conservera jusqu'en 1938. Il dirige également l'Akademie der Tonkunst où il enseigne jusqu'en 1934. Personnage important de la vie musicale bavaroise, il hisse son orchestre à un niveau remarquable et contribue à faire connaître l'œuvre de Bruckner qu'il présente dans sa version originale, créant notamment, sous cette forme, la *Symphonie n° 9* (1932).

Comme compositeur, il laisse des opéras, une Messe, un Requiem, des poèmes symphoniques et des lieder. Sa première femme était la cantatrice **Hertha Ritter**.

Hausmann, Robert

Violoncelliste allemand, né à Rottleberode le 13 août 1852, mort à Vienne le 18 janvier 1909.

Il est l'élève, à Brunswick, de Theodor Müller ; de 1869 à 1871, il travaille à l'Académie royale de Berlin puis à Londres avec Piatti. Il est le violoncelliste du Quatuor du comte Hochberg à Dresde (1872-76). Il devient ensuite professeur à l'Académie de Berlin (1876) et membre (1879-1907) du Quatuor Joachim. Il appartient aussi au Trio Barth avec le pianiste Heinrich Barth et le violoniste Heinrich De

Ahna. C'est avec Joseph Joachim qu'il crée le *Double Concerto pour violon, violoncelle et orchestre* de Brahms le 21 septembre 1887, à Baden-Baden (avec Brahms au piano) puis le 18 octobre à Cologne, avec orchestre. L'année précédente, il avait déjà créé la *Sonate pour violoncelle et piano nº 2* de Brahms avant de jouer en première audition son *Trio avec clarinette* (1891). Max Bruch lui avait dédié *Kol Nidrei.* Il jouait sur un Stradivarius de 1724.

Heger, Robert

Chef d'orchestre et compositeur allemand, né à Strasbourg le 19 août 1886, mort à Munich le 14 janvier 1978.

Il fait ses études musicales à Strasbourg, avec F. Stockhausen, à Zurich, avec L. Kempter, et à Munich, avec M. von Schillings. En 1907, il effectue ses débuts à Strasbourg. L'année suivante, il est chef d'orchestre à Ulm, puis, en 1909, à Barmen. Deux ans plus tard, il est nommé à la Volksoper de Vienne. De 1913 à 1920, il dirige à l'Opéra de Nuremberg tout en assurant les concerts de l'Orchestre Philharmonique. Puis on le trouve à l'Opéra de Munich (1920-25), à l'Opéra de Vienne (1925-33), à la tête du Wiener Singverein (1928-34) et à l'Opéra de Berlin (1933-50). Il partage ces dernières fonctions avec l'Opéra de Kassel où il est directeur général de la musique (1935-44). En 1950, il est nommé premier chef à l'Opéra de Munich et, de 1950 à 1954, occupe la présidence de la Musikhochschule. Unanimement reconnu et apprécié par ses confrères, Heger a occupé une place très importante dans le monde lyrique allemand et autrichien. Sa parfaite connaissance du répertoire et des différents théâtres lui permettait de s'intégrer sans difficultés aux productions et, souvent, de sauver des situations périlleuses. Comme compositeur, on lui doit quatre opéras, trois symphonies et des concertos.

Heidsieck, Éric

Pianiste français, né à Reims le 21 août 1936.

Né dans un milieu musical, il est pris en charge par Blanche Bascourret de Gueraldi. De 1944 à 1952, il suit ses cours à l'École Normale de Musique à Paris, se produisant régulièrement dans sa ville natale. En 1952, il entre au Conservatoire de Paris dans la classe de Marcel Ciampi où il obtient un 1er prix deux ans plus tard. Il se perfectionne avec Wilhelm Kempff et reçoit les conseils d'Alfred Cortot. Doué d'une excellente mémoire, il possède un très vaste répertoire qui lui a permis de donner de grands cycles de concerts comme les 12 derniers concertos de Mozart (1964), les 32 sonates de Beethoven (1969) ou les suites de Haendel (1973). Il forme, depuis 1960, un duo de piano avec sa femme Tania et a donné plusieurs séries de concerts avec Paul Tortelier. On lui doit la création et le premier enregistrement mondial de la *Sonate de Pâques* de Mendelssohn et des *24 Préludes* (1984) de Michel Merlet. Il est professeur au Conservatoire National Supérieur de Lyon.

Heifetz, Jascha (Iossif Robertovitch)

Violoniste russe naturalisé américain (1925), né à Vilnius (Lituanie) le 2 février 1901 (date officielle, en réalité 1899), mort à Los Angeles le 10 décembre 1987.

Fils de **Ruvin Heifetz**, lui-même violoniste au Théâtre de Vilnius, le jeune Jascha prend ses premières leçons à l'âge de quatre ans avec son père puis avec Elias Malkin au conservatoire de sa ville natale. A six ans, un grand premier prix lui permet de débuter à Kovno avec le *Concerto* de Mendelssohn. Enfant prodige, relativement connu déjà, il est entendu, alors qu'il a huit ans, par Leopold Auer, professeur au Conservatoire Impérial de Saint-Pétersbourg. Auer est émerveillé par les dons de l'enfant et devant sa scrupuleuse conscience musicale il lui conseille de venir étudier avec lui. Malgré la loi interdisant aux juifs de résider à Saint-Pétersbourg, Heifetz suit l'avis d'Auer. Ses progrès sont exceptionnellement rapides, sa renommée s'étend au-delà des frontières. En 1914, il débute en Europe, à Berlin, avec la Philharmonie dirigée par Arthur Nikisch ; puis, en 1916, à la suite d'une tournée en Scandinavie, il se rend aux États-Unis où son premier récital a lieu le 27 octobre 1917 au Carnegie Hall. Depuis, Jascha Heifetz a joué dans le monde entier, y compris en Israël et en Union soviétique où sa dernière apparition remonte à 1934. En France, il se fit entendre pour la dernière fois en 1970.

« Admiré beaucoup et beaucoup diffamé », cette fameuse citation de Goethe s'applique parfaitement à Jascha Heifetz que d'aucuns considèrent comme le virtuose sans rival en dénonçant son style « brillant mais froid » ; ce que l'on pourrait lui reprocher, en vérité, c'est son style non conformiste. D'autres le considèrent comme le plus grand parmi les grands : « Kreisler était le roi, Heifetz est le prophète... les autres ne sont que des violonistes ! » a-t-on écrit.

En dehors de sa carrière proprement dite, Heifetz s'est consacré à l'enseignement depuis 1959, et professe à Los Angeles. Il a formé le Français Pierre Amoyal et l'Américain Erick Friedmann, entre autres violonistes.

A l'instar de Fritz Kreisler, Jascha Heifetz a transcrit énormément de pièces pour son instrument (quelque 250) et écrit des cadences pour le *Concerto* de Beethoven, pour celui de Brahms et pour le *Concerto* K 218 de Mozart. Il a été le dédicataire et le créateur de plusieurs œuvres : concertos de Miklos Rozsa, Korngold, Louis Gruenberg, Mario Castelnuovo-Tedesco (n° 2), Walton. C'est lui qui donna la première américaine du *Concerto n° 2* de Prokofiev. Jascha Heifetz s'est associé aux plus grands artistes pour donner des séances de musique de chambre : Arthur Rubinstein, Emanuel Feuermann, Gregor Piatigorski, William Kapell par exemple.

Pour des raisons de santé, il s'est retiré de la scène publique en 1973. Heifetz possédait le fameux Guarnerius del Gesù, datant de 1742, qui appartint à Ferdinand David (créateur du *Concerto n° 2* de Mendelssohn) puis à Pablo de Sarasate, et un Stradivarius de 1731.

Heiller, Anton

Organiste, compositeur et chef d'orchestre autrichien, né à Vienne le 15 septembre 1923, mort à Vienne le 25 mars 1979.

Il fait ses études à la Musikakademie de sa ville natale : orgue, harmonie, direction d'orchestre et commence une carrière de soliste à partir de 1939. Comme organiste il est rapidement considéré comme l'un des meilleurs interprètes de Bach. Il enseigne l'orgue à la Musikakademie de Vienne de 1945 à sa mort. En 1952, il remporte le Concours international de Haarlem. Le compositeur porte la marque d'un David, d'un Frank Martin, d'un Hindemith et d'un Stravinski, mais ses œuvres sont également marquées par la technique des douze sons. Son style reste personnel et son langage est riche en symboles sonores. Parmi les pages importantes qu'il laisse, on peut citer : *Deux Sonates* pour orgue (1946-1953), une *Toccata* pour deux pianos (1945), un *Concerto* pour orgue (1963), un *Requiem*, dix *Messes*, un *Te Deum* (1953) et une *Cantate* pour soli, chœur et orchestre (1955). Il a créé le *Concerto pour orgue* de Paul Hindemith (1963).

Heisser, Jean-François

Pianiste français, né à Saint-Étienne le 7 décembre 1950.

Après des études au Conservatoire de Saint-Étienne, il entre au Conservatoire de Paris où il est l'élève de Vlado Perlemuter, Marcel Ciampi, Pierre Pasquier et Henriette Puig-Roget. Il obtient un 1er prix de piano en 1973 ainsi que diverses récompenses dans les classes de musique de chambre, accompagnement, harmonie, contrepoint et fugue. En 1974 lui est décerné le Prix du Concours Jaén en Espagne avec un prix spécial pour ses interprétations de la musique espagnole ainsi que le 1er prix du Concours Vianna da Motta à Lisbonne. Il entame dès lors une carrière internationale, soit en soliste, soit en duo avec Régis Pasquier, avec lequel il se produit à New York au Lincoln Center en 1976. De 1976 à 1985, il est soliste au sein du Nouvel Orchestre Philharmonique de Radio France. Son répertoire est très vaste. Il s'est fait remarquer dans les œuvres de Beethoven, Schubert, les sonates de d'Indy et Dukas (Festival du Marais 1981), de Schoenberg, Berio, Crumb. En 1986, il est nommé professeur d'accompagnement au Conservatoire de Paris, puis, en 1990, professeur de piano et de musique de chambre. En 1993, il prend la direction de l'Académie Maurice Ravel à Saint-Jean-de-Luz et des Soirées du Méjean en Arles.

Il a créé des œuvres d'Alain Bancquart (*Sonate pour deux pianos*, avec Alain Planès, 1985 ; *Sonate pour piano*, 1988), Nguyen-Thien Dao (*Concerto pour piano*, 1985).

Hekking, André

Violoncelliste français, né à Bordeaux le 30 juillet 1866, mort à Paris le 14 décembre 1925.

Son père, **Robert Hekking** (1820-75), est son premier professeur. Il commence une carrière de soliste qui s'amplifie lorsqu'il s'installe à Paris en 1909. Après la guerre, il se tourne vers l'enseignement, au Conservatoire de Paris (1919-25) et au Conservatoire américain de Fontainebleau. Il a créé des œuvres de Gabriel Fauré (*Sonate pour violoncelle et piano nº 1*, avec Alfred Cortot, 1918 ; *Quatuor à cordes*, avec Jacques Thibaud, Robert Krettly et Maurice Vieux, 1925). Saint-Saëns lui a dédié sa *Prière* pour violoncelle et orgue, op. 158 (1919).

Hekking, Anton

Violoncelliste néerlandais, né à La Haye le 7 septembre 1856, mort à Berlin le 18 novembre 1935.

Frère du précédent, il fait ses études au Conservatoire de Paris avec Joseph Giese, Camille Chevillard et Jacquard. Engagé comme violoncelle solo à la Philharmonie de Berlin (1884-88), il occupe le même poste à l'Orchestre Symphonique de Boston (1889-91) puis à la Philharmonie de New York (1895-98) avant de revenir à la Philharmonie de Berlin (1898-1902). A partir de 1898, il enseigne au Conservatoire Stern de Berlin et se consacre à la musique de chambre en formant, en 1902, un trio avec Schnabel et Wittenberg.

Hekking, Gérard

Violoncelliste français, né à Nancy le 22 août 1879, mort à Paris le 5 juin 1942.

Cousin des précédents, il travaille au Conservatoire de Paris et obtient un 1er prix en 1899. Il est violoncelle solo au Concertgebouw d'Amsterdam (1903-14). Après la guerre, passée en France, il retourne aux Pays-Bas jusqu'en 1927, lorsqu'il est nommé professeur au Conservatoire de Paris. Il est alors violoncelle solo à l'Opéra de Paris. Il a profondément marqué l'école française de violoncelle, notamment en accordant une plus grande importance à l'archet. Il a créé des œuvres de Gabriel Fauré (*Quintette pour piano et cordes nº 2*, 1921 ; *Sonate pour violoncelle et piano nº 2*, avec Alfred Cortot, 1922).

Heldy, Fanny (Marguerite Deceuninck)

Soprano française, née à Ath (Belgique) le 29 février 1888, morte à Neuilly le 13 décembre 1973.

D'ascendance anglaise par sa mère et belge par son père, elle devient française par son mariage. Elle fait ses études musicales au Conservatoire de Liège puis à celui de Bruxelles et débute au Théâtre de la Monnaie en 1910. Elle apprend son métier dans de petits rôles sur toutes les scènes belges et se produit durant deux saisons à Vichy et Aix-les-Bains. Engagée à l'Opéra-Comique, elle débute en 1917 dans le rôle de Violetta. Salle Favart, elle créera *Gismonda* d'Henry Février (rôle-titre) et se produira triomphalement dans *Le Barbier de Séville*, *Les Contes d'Hoffmann* (les trois rôles), *Louise*, *Madame Butterfly*, *Manon*, *Mélisande* et... *Tosca*. En 1920, elle est Juliette sur la scène du Palais Garnier, début d'un demi-pensionnariat qui durera près de vingt ans, d'un vedettariat, d'un règne absolu – sa loge somptueusement installée est restée intacte – durant lequel elle imposera sa suprématie de cantatrice, de comédienne et de tragédienne en Nedda, Marguerite, Thaïs, Elsa, Ophélie, Manon ou Violetta. Elle y créera *Antar* de Gabriel Dupont (Abla), *Le Jardin du paradis* (Arabella) de Bruneau, *Nerto* de Widor (rôle-titre), *La Tour de feu* de Lazzari (Naïc), *Persée et Andromède* d'Ibert (Andromède), *L'Illustre Frégona* de Laparra (rôle-titre), *Le Marchand de Venise* de Reynaldo Hahn (Portia). Elle y sera aussi la première Violetta, la première Conception, la première Salomé (de l'*Hérodiade* de Massenet) et le premier Duc de Reichstadt de l'*Aiglon* d'Honegger et Ibert, rôle qu'elle avait créé à Monte-Carlo en 1937 aux côtés de Vanni-Marcoux et d'Endrèze.

Son demi-pensionnariat lui permet de s'illustrer à l'étranger, au Covent Garden de Londres, au Liceo de Barcelone, au Colón de Buenos Aires et surtout à la Scala de Milan où Toscanini fit d'elle ses Louise et Mélisande préférées. En pleine gloire, elle se retira à la veille de la guerre, alors que ni sa voix si belle ni son visage si expressif n'avaient connu la moindre ride.

Helffer, Claude

Pianiste français, né à Paris le 18 juin 1922.

Dans sa famille, la musique de chambre fait partie de la vie. Il mène de front Polytechnique et des études théoriques musicales avec Leibowitz. Puis il décide de se consacrer au piano et travaille avec Robert Casadesus. Doué d'une mémoire exceptionnelle, il acquiert une technique brillante et s'attache aux œuvres du répertoire traditionnel (Mozart, Beethoven, Schumann). Il excelle dans Bartók, Debussy, Ravel et se passionne pour les œuvres de son temps, choisissant parmi les nombreuses sollicitations des compositeurs. On lui dédie des œuvres qu'il crée : Amy (*Épigrammes*, 1965), Boucourechliev (*Concerto*, 1975), Jolas (*Stances*, 1978), Manoury (*Cryptophonos*, 1974), Xenakis (*Erikhton*, 1974), Pablo (*Premier Concerto*, 1980), Gilles Tremblay (*Envoi*, 1983). Il crée également des œuvres de Gilbert Amy (*Inventions I et II*), André Boucourechliev (*Musique nocturne*, *Archipel III*), Iain Hamilton (*Concerto*), René Koering (*Triple et trajectoire*), Philippe Manoury (*Cryptophonos*, 1974), Serge Nigg (*Sonate n° 3*, 1985), Michel Tabachnik (*Éclipse*). Claude Helffer a donné en France et à l'étranger des premières auditions qui font date : Boulez (*Sonates n° 1 et n° 3*), Berio, Serocki, Evangelisti, Stockhausen, Tremblay...

Son esprit d'analyse, sa force persuasive conquièrent les jeunes musiciens. Il donne des cours d'interprétation depuis 1978 : l'École de Vienne, les dernières sonates de Beethoven. Claude Helffer a enregistré l'intégrale de l'œuvre pour piano de Schoenberg et reçu en avril 1981 le grand prix de la SACEM (Interprétation de la musique contemporaine).

Helmerson, Frans

Violoncelliste suédois, né à Ängelholm le 3 novembre 1945.

Il commence à étudier le violoncelle à l'âge de huit ans au Collège de musique de Göteborg avec Guido Vecchi. Puis il travaille à Rome avec Giuseppe Selmi et à Londres avec William Pleeth. En 1968, il est nommé violoncelle solo de l'Orchestre Symphonique de la Radio de Stockholm (sous la direction de Sergiu Celibidache). Il commence une carrière de soliste dès 1970 et est lauréat des concours internationaux Gaspar Cassadó de Florence et de Genève (1971) puis de Munich (2e prix en 1973). Entre 1973 et 1978, il enseigne à la Musikhochschule d'Oslo et, à partir de 1978, à la Musikhochschule de la Radio Suédoise à Stockholm. En 1979, après avoir joué sous la direction de Mstislav Rostropovitch, il est appelé à le remplacer au pied levé à Londres dans le *Concerto* de Dvořák. Il est alors invité dans le monde entier.

Hempel, Frieda

Soprano coloratura allemande naturalisée américaine, née à Leipzig le 26 juin 1885, morte à Berlin le 7 octobre 1955.

Elle reçoit d'abord une formation de pianiste au Conservatoire de Leipzig puis étudie le chant avec Selma Nicklaß-Kempner au Conservatoire Stern de Berlin (1902-05). Elle fait ses débuts à Breslau et chante à l'Opéra de Berlin en 1905. Après deux années passées à Schwerin, elle revient à Berlin (1907-12) où elle est notamment la première Maréchale dans cette ville. Elle fait ses débuts à Covent Garden en 1907 (*Bastien et Bastienne*), à l'Opéra de Paris en 1910 et au Met en 1912 dans *Les Huguenots*. Elle chante régulièrement au Met pendant sept ans (Violetta, Rosine, Susanna, Olympia). Après avoir incarné Jenny Lind pendant l'année de son centenaire (1920), elle chante à San Francisco (1921) et abandonne l'opéra pour se consacrer au concert. Sa voix s'adaptait aussi bien à des rôles de virtuosité colorature (la Reine de la nuit, Gilda) qu'à des rôles de tessiture dramatique (Eva ou Euryanthe, qu'elle a chanté sous la direction d'Arturo Toscanini). Elle résidera aux États-Unis jusqu'en 1955 et ne retournera en Allemagne que peu avant sa mort.

ÉCRIT : *Mein Leben dem Gesang*, Berlin (1955).

Hendl, Walter

Chef d'orchestre américain, né à West New York le 12 janvier 1917.

Il étudie d'abord le piano avec Clarence Adler et David Saperton (1934-37) avant de suivre les cours de Fritz Reiner au Curtis Institute de Philadelphie (1937-41). Il débute comme professeur au Sarah Lawrence College de Bronxville, dans l'État de New York (1939-41) et au Bershire Center (1941-42). De 1945 à 1949, il est chef associé de l'Orchestre Philharmonique de New York. Puis il prend la direction musicale de l'Orchestre Symphonique de Dallas (1949-58). A la même époque, il est l'invité régulier de l'Orchestre Symphonique de l'Air et le directeur musical de l'Orchestre Symphonique de Chautauqua (1953-72). Fritz Reiner l'appelle à Chicago comme chef associé (1958-64). De 1964 à 1972, il est directeur de l'Eastman School of Music de Rochester puis conseiller artistique de l'Orchestre Philharmonique de cette même ville. En 1976, il est nommé directeur de l'Orchestre Philharmonique d'Erie (Pennsylvanie). Fervent défenseur de la musique de son temps, il a dirigé en première audition la *Symphonie n° 3* de Mennin (1947), le *Concerto pour piano n° 3* de Martinů (1949) et le *Concerto pour violoncelle n° 2* de Villa-Lobos (1954).

Hendricks, Barbara

Soprano américaine, née à Arkansas le 20 novembre 1948.

Elle effectue des études de chimie et de mathématiques à l'Université du Nebraska et travaille le chant avec Jennie Tourel à la Juilliard School. En 1976, à San Francisco, elle débute dans *Le Couronnement de Poppée*. La même année, elle chante l'*Orfeo* au Festival de Hollande. Le Festival de Glyndebourne l'invite pour *Fidelio* (Marceline). En 1978, elle est Suzanne (*Les Noces de Figaro*) à la Deutsche Oper de Berlin puis elle incarne Gilda dans *Rigoletto* à Orange et Pamina (*La Flûte enchantée*) au Festival de Salzbourg 1981. A l'Opéra de Paris, elle débute dans le rôle de Juliette (Gounod) en 1982 avant de chanter Suzanne (*Les Noces de Figaro*) et Sophie (*Le Chevalier à la rose*) à l'Opéra de Vienne (1986). C'est avec ces deux rôles qu'elle débute au Met (Sophie, 1986) et à la Scala de Milan (Suzanne, 1987). Elle incarne Mimi dans le film de Comencini *La Bohème* (1987). En 1987, elle est nommée « ambassadeur de bonne volonté » du Haut-Commissariat aux réfugiés auprès des Nations-Unies, profitant à la fois de ses voyages et de sa notoriété pour attirer l'attention sur certains drames de la société. En 1988, elle reçoit le titre de docteur *honoris causa* en musique de l'Université du Nebraska. Après avoir vécu une dizaine d'années à Paris, elle se fixe en Suisse. Aussi à l'aise au concert qu'à l'opéra, elle chante en oratorio avec Abbado, Karajan, Giulini... et donne des récitals de lieder dans un répertoire qui va de Schubert à Gershwin.

Henkel, Christoph

Violoncelliste allemand, né à Marburg le 26 septembre 1946.

Il commence à étudier le violoncelle dès l'âge de six ans. Il travaille avec Georg Ulrich von Bülow à Heidelberg et remporte le concours fédéral « Jugend Musiziert ». Une bourse lui permet d'aller travailler aux États-Unis avec Janós Starker dont il est l'assistant pendant deux ans. En 1971, il obtient l'« Artist Diploma » et est nommé à l'Illinois State University. Il est lauréat du concours « Young Concert Artists ». De retour en Europe, il enseigne à la Hochschule für Musik de Fribourg-en-Brisgau depuis 1973. Il donne également des cours d'interprétation en France, Espagne, Japon... Sa carrière de soliste se développe rapidement dans les années soixante-dix : il joue avec les principaux orchestres allemands (Philharmonie de Berlin, RSO, NDR...). Partenaire de musique de chambre très recherché, il a formé un trio avec le violoniste Gérard Poulet et la pianiste danoise Elisabeth Westenholz. Il joue aussi régulièrement avec Michel Dalberto, Jean-Philippe Collard et Augustin Dumay. Son violoncelle est un Goffriller, l'*ex-Barbirolli* (1700), qui a appartenu au grand chef d'orchestre anglais.

Henriot-Schweitzer, Nicole

Pianiste française, née à Paris le 25 novembre 1925.

Elle entre au Conservatoire de Paris et obtient, à treize ans, un 1er prix de piano dans la classe de Marguerite Long. L'année suivante (1939), elle remporte le Concours Fauré à Luxembourg. C'est une brillante carrière internationale qui s'ouvre devant elle à la fin de la guerre. Elle joue avec les plus grands chefs, notamment avec Charles Münch. De 1970 à 1973, elle est professeur au Conservatoire de Liège avant d'être nommée professeur au Conservatoire wallon de Bruxelles. Elle a créé *Parc d'attractions* (1938), suite collective d'Alexandre Tcherepnine, Bohuslav Martinů, Federico Mompou, Vittorio Rieti, Ernesto Hallfter, Alexandre Tansman, Arthur Honegger, Marcel Mihalovici et Tibor Harsanyi et la *Suite concertante* pour piano et orchestre (1953) de Darius Milhaud.

Henschel, Sir George (Isidor Georg Henschel)

Chef d'orchestre et baryton allemand naturalisé anglais (1890), né à Breslau le 18 février 1850, mort à Aviemore (Écosse) le 10 septembre 1934.

Il débute comme pianiste à Berlin en 1862 avant même de faire des études musicales approfondies qu'il entreprend par la suite au Conservatoire de Leipzig, avec Moscheles, Götze et Reinecke (1867-70) puis à celui de Berlin. Dès 1868, il chante le rôle de Hans Sachs dans *Les Maîtres chanteurs* à Munich. En 1874, il rencontre Brahms sous la direction duquel il chante à plusieurs reprises. Il séjourne en Angleterre de 1877 à 1879 avant de partir pour les États-Unis où il est le premier chef permanent de l'Orchestre Symphonique de Boston (1881-84). Il se fixe alors en Angleterre où se déroulera le reste de sa carrière : il est professeur de chant au Royal College of Music de Londres (1886-88) et fonde les London Symphony Concerts qu'il dirige de 1886 à 1896. Entre 1893 et 1895, il est à la tête du Scottish Orchestra à Glasgow. Il se fixera définitivement en Écosse, consacrant la fin de sa vie à l'enseignement.

ÉCRITS : *Personal Recollections of J. Brahms* (Boston, 1907), *Musings and Memories of a Musician* (Londres, 1918), *Articulation in Singing* (Londres, 1924).

Herbig, Günther

Chef d'orchestre allemand, né à Usti nad Labem le 30 novembre 1931.

Il fait ses études à l'École Supérieure de Musique « Franz Liszt » de Weimar avec Hermann Abendroth (1951-56). Plus tard, il se perfectionne avec Hermann Scherchen, Arvid Jansons et Herbert von Karajan. De 1957 à 1962, il dirige le Théâtre national de Weimar et les deux orchestres de l'École de Musique. Il occupe les fonctions de directeur musical du Théâtre Hans-Otto à Potsdam (1962-66). On le retrouve comme chef de l'Orchestre Symphonique de Berlin (1966-73), chef principal de l'Orchestre Philharmonique de Dresde (1972-77), puis de l'Orchestre Symphonique de Berlin (1977-83). Entre 1984 et 1989, il est directeur musical de l'Orchestre Symphonique de Detroit. Puis il se consacre à l'Orchestre Symphonique de Toronto, d'abord comme conseiller artistique (1988-89) puis comme directeur musical (1990-94). Outre le répertoire traditionnel, il dirige beaucoup de partitions contemporaines, essentiellement dues à des compositeurs est-allemands comme Eisler, Jentzsch, Katzer, Kunad, Matthus, Thiele, M. Schubert ou Zechlin (*Musik für Orchester 1980*, 1981).

Herbillon, Jacques

Baryton français, né à Reims le 20 mai 1936.

Il fait ses études au Conservatoire de Reims, à l'École Normale de Musique de Paris avec Gabrielle Gills et au Conservatoire de Genève avec Pierre Mollet.

Grand Prix Gabriel Fauré et Prix du Concours international de Genève, il est engagé par René Nicoly pour des tournées aux Jeunesses Musicales de France en 1961 et entame une carrière de récitaliste et de chanteur d'oratorio spécialisé dans la musique française. Il chante à Milan, Salzbourg, Genève, Bruxelles, Amsterdam, en Pologne, en Bulgarie, en Allemagne, au Portugal et au Canada. Sur scène il paraît dans de nombreux opéras de chambre et crée notamment *Mariana Pineda* (Marseille, 1979) et *Lilly Merveille* de Saguer, et *Le Bonheur dans le crime* de Casanova (Toulouse, 1975) ainsi qu'un opéra pour enfants d'I. Aboulker, *La Fontaine parmi nous* (JMF, 1981). Il est professeur au Conservatoire de Lille depuis 1970.

Herreweghe, Philippe

Chef de chœur belge, né à Gand le 2 mai 1947.

Il poursuit parallèlement des études classiques et musicales (au Conservatoire de Gand), notamment en classe de piano, avec Marcel Gazelle. Son idéal, devenir pianiste, est contrecarré par son père, médecin ; il s'oriente vers la médecine et se spécialise en psychiatrie ; il est pendant un an assistant de psychiatrie à l'Université de Gand (1973-74), mais en même temps il parvient à travailler l'orgue au Conservatoire de Gand avec Verschraegen ; il fait la connaissance de Johann Huys, ami des Kuijken qui s'intéressent vivement à la musique ancienne. Ayant fréquenté le collège des Jésuites de Gand pendant douze ans, il a fait partie du chœur d'enfants à partir de l'âge de sept ans et en fut nommé répétiteur à quatorze ans. C'est là qu'il fit ses premières armes comme chef de chœur. Devenu étudiant, il fonda un petit ensemble choral, estimant qu'on devait appliquer aux voix les principes d'interprétation que la musicologie lui apprenait peu à peu. C'est ainsi que naquit en 1969 le Collegium Vocale de Gand, comprenant à l'origine une douzaine de membres, sans doute le premier groupe européen de ce type. La rencontre de Ton Koopman, animé du même souci qu'il applique aux instruments, conduit à leur collaboration (*Passion selon saint Jean* de Bach). Leur entreprise est remarquée par Gustav Leonhardt, qui dès lors la suit de près. Ph. Herreweghe se perfectionne alors sur le clavecin au Conservatoire (dans la classe de J. Huys, où il obtient son prix en 1975) ; en même temps il approfondit sa connaissance de l'harmonie et du contrepoint. La part d'autodidactisme dans sa démarche, caractéristique de nombreux interprètes de sa génération, est considérable. La rencontre à Paris de Philippe Beaussant conduit à la création de l'Ensemble Vocal La Chapelle Royale (1977), auquel vient s'adjoindre l'Orchestre de la Chapelle Royale, composé à l'origine d'instrumentistes d'origine diverse (notamment Hollandais, Belges, Allemands), le but étant de les voir remplacés progressivement par des artistes français. Leur répertoire comprend essentiellement des œuvres de l'époque baroque et classique. En 1977, Philippe Herreweghe prend en outre la direction du Chœur Philharmonique de Liège avec lequel, pendant une dizaine d'années, il aborde le répertoire contemporain. Son action en faveur de la musique ancienne se double de nombreuses conférences. Il travaille étroitement avec Nikolaus Harnoncourt et Gustav Leonhardt qui l'ont associé à leur enregistrement intégral des cantates de J. S. Bach. Sa vision personnelle des *Passions* et de la *Messe en si*, révélée au début des années quatre-vingt, a constitué une étape importante dans le renouveau de l'interprétation de la musique baroque en France. A partir de 1988, il prend en charge la direction du nouvel Ensemble Vocal Européen dont les membres sont issus des douze pays de la CEE. A la même époque, il commence à élargir son répertoire à des œuvres plus proches de notre temps : il est l'un des premiers chefs à diriger et à enregistrer la version originale du *Requiem* de Fauré. En 1991, à la fondation de l'Orchestre des Champs-Élysées, il s'en voit confier la direction artistique. Dans le domaine de la musique contemporaine, il crée des œuvres de Sandro Gorli (*Requiem,* 1989), Jacques Lenot (*Le Tombeau de Henri Ledroit,* 1990), Pascal Dusapin (*Medeamaterial,* 1992).

Héry, Luc

Violoniste français, né à Oujda (Maroc) le 13 août 1961.

Dès son plus jeune âge, il témoigne d'une sorte d'amour pour l'instrument qui sera le sien. En 1975, il entre au Conservatoire de Paris dans la classe de Pierre Doukan (violon) et dans celle de Jean Hubeau (musique de chambre). En 1980, il obtient un 1er prix de violon et un 1er prix de musique de chambre. En 1983, il remporte un 3e prix au Concours international Tibor Varga à Sion, en Suisse. En 1984, il entre à l'Orchestre de l'Opéra de Paris. Mais il quitte le Palais Garnier et, en 1986, il est promu chef d'attaque des seconds violons de l'Orchestre National de France, poste qu'il abandonne cependant quatre ans plus tard pour devenir premier violon solo de l'Orchestre de Paris. En 1991, il réintègre l'Orchestre National de France, dont il devient premier violon solo.

Herzog, Colette

Soprano française, née à Strasbourg le 25 octobre 1923, morte à Paris le 6 juillet 1986.

Colette Herzog fait des études littéraires puis travaille avec Lucie Schaeffer au Conservatoire de Nancy. Dès 1945, elle enseigne au Conservatoire de Besançon pendant dix ans. Découverte par Antoine Goléa (dont elle deviendra la femme en 1974) dans une *Messe* de Haydn, en 1957 à Besançon, elle quitte l'enseignement. En 1958, elle interprète à Strasbourg *Le Visage nuptial* de Pierre Boulez et à Paris *Les Jardins suspendus* de Schoenberg. Pensionnaire de l'Opéra de Paris, elle incarne Zerline, Suzanne, la Comtesse (*Les Noces de Figaro*), Céphise (*Zoroastre*), Eurydice, Mélisande, Madame Fabien (*Vol de nuit* de Dallapiccola) et en province Calypso dans *Ulysse* (Dallapiccola) à Rouen. Elle donne des récitals, se rend à l'étranger, dans divers festivals, chante *Noces de sang* (Fortner) à Bordeaux. Elle crée des œuvres de Bondon, Egk, Tomasi, Casanova, Chailley, Bibalo. Ivo Malec écrit pour elle *Cantate pour elle* (1966) et Jolivet *Songe à nouveau rêvé*, poèmes d'A. Goléa (1971). En 1971, elle crée *Vocalises pour Colette Herzog*, œuvre collective écrite à son intention par Jean-Pierre Guézec, André Boucourechliev, André Jolivet, Ivo Malec et Maurice Ohana et, en 1981, elle chante *El Tigro de Oro*, neuf poèmes de Borges, musique d'A. Clostre, commande de Radio France. Possédant la musicalité et l'intelligence des textes, elle a su servir le répertoire classique et la musique de son temps, menant une double activité : le chant et l'enseignement.

Hess, Dame Myra

Pianiste anglaise, née à Londres le 25 février 1890, morte à Londres le 25 novembre 1965.

Après avoir travaillé avec Julian Pascal et Orlando Morgan, elle devient l'élève de Tobias Matthay qui la marquera de son enseignement. En 1907, elle fait ses débuts sous la baguette de Sir Thomas Beecham, à Londres, dans le *Quatrième Concerto* de Beethoven. Après de multiples tournées, elle se spécialise dans la musique de chambre en jouant en duo avec sa cousine pianiste, **Irène Scharrer**. Pendant la Seconde Guerre mondiale, elle joue souvent aux fameux « Lunchtime Concerts », sorte d'animation musicale de Londres entre 12 et 14 heures à laquelle participaient gratuitement de nombreux musiciens.

Après la guerre, son répertoire, qui s'étendait jusque-là de la musique baroque à la musique contemporaine, se rétrécit à dessein. Elle conserve quelques œuvres de Bach, dont elle transcrit de nombreuses compositions, de Scarlatti, des trois Viennois, de Schumann, de Brahms et de Chopin, sans oublier Debussy et Howard Ferguson dont elle a créé le *Concerto pour piano et cordes* (1952).

Myra Hess a eu de nombreux élèves, dont Stephen Bishop-Kovacevich et Solomon.

Hess, Willy

Violoniste allemand, né à Mannheim le 14 juillet 1859, mort à Berlin le 17 février 1939.

Il travaille d'abord avec son père, un élève de Spohr. En 1865, il se fixe aux États-Unis où il effectue sa première tournée en 1868. De retour en Europe en 1872, aux Pays-Bas puis à Heidelberg, il s'installe à Berlin en 1875 où il est l'élève et l'un des principaux disciples de Josef Joachim. Sa carrière est surtout consacrée à l'orchestre et à la musique de chambre : il est Konzertmeister à Francfort (1878-86), Rotterdam (1886-88) et au Hallé Orchestra de Manchester (1888-95). A Rotterdam, il sa consacre également à l'enseignement qui devient sa principale activité à partir de 1895 : il est professeur au Conservatoire de Cologne (1895-1903) – et Konzertmeister au Gürzenich – puis à la Royal Academy of Music de Londres (1903-04) avant d'être nommé Konzertmeister à l'Orchestre Symphonique de Boston (1904-10). Il y fonde également un quatuor à cordes qui porte son nom. De retour en Allemagne, il est professeur à la Hochschule für Musik de Berlin (1910-28) où il est notamment le maître de Georg Kulenkampff et d'Henryk Szeryng. Il joue alors au sein du Quatuor Halíř. Il forme également un trio avec H. Dechert et G. Schumann. Il a exercé une grande influence sur toute une génération de violonistes allemands auxquels il a transmis la tradition de Joachim dont il était l'un des derniers détenteurs. Il jouait sur un violon de Guadagnini. A ne pas confondre avec son homonyme, le musicologue et compositeur suisse Willy Hess (né en 1906).

Hesse, Ruth

Mezzo-soprano allemande, née à Wuppertal le 18 septembre 1936.

Elle suit d'abord les cours de Peter Offermanns à Wuppertal, puis de Hildegard Scharf à Hambourg et enfin étudie à Milan. Elle fait ses débuts au Théâtre municipal de Lübeck. Depuis 1960, elle est régulièrement invitée à l'Opéra de Hambourg. En 1962, elle est appelée à l'Opéra de Berlin-Ouest où elle fait une brillante carrière, ce qui lui vaut de nombreuses invitations en Allemagne et dans toute l'Europe. Grande chanteuse wagnérienne, elle est invitée de 1960 à 1979 à Bayreuth. En 1966, elle remporte une série de succès à l'Opéra de Vienne dans Ortrude (*Lohengrin*), Brangäne (*Tristan*) et Eboli (*Don Carlos*). La même année, Paris lui fait fête après sa *Carmen* à l'Opéra. En 1967, elle est invitée à Bordeaux. En 1972, elle revient à l'Opéra de Paris où elle chante le rôle de la Nourrice dans *La Femme sans ombre* qu'elle va interpréter dans le monde entier (Festival de Salzbourg, Met..., etc.). Elle est aussi une admirable interprète de la musique contemporaine. Ainsi, en 1965, elle crée à l'Opéra de Berlin *Le Jeune Lord* (Henze). Elle s'est également imposée dans l'oratorio et la mélodie. Son timbre est sombre, très dramatique et sert une voix aux couleurs étonnantes.

Hesse-Bukowska, Barbara

Pianiste polonaise, née à Łódź le 1er juin 1930.

Dès 1938, elle est l'élève de Czezlaw Aniolkiewcz et de Maria Glinska-Wasowa, puis travaille le piano avec Margerita Kazuro-Trombini, au Conservatoire de Varsovie. De 1945 à 1949, elle suit les cours de l'École Supérieure de Musique de Varsovie. En 1949, on lui décerne le 2e prix du Concours Chopin de Varsovie. Lauréate du Concours Marguerite Long en 1953, elle remporte la « British Medal » de la Fondation Harriet Cohen en 1963. Interprète reconnue de Chopin, elle dirige une classe de piano depuis 1963 à Wrocław, et enseigne comme professeur titulaire depuis 1973, à l'Académie de musique de Varsovie.

Hewitt, Maurice

Violoniste et chef d'orchestre français, né à Asnières le 6 octobre 1884, mort à Paris le 7 novembre 1971.

Il fait ses études musicales au Conservatoire de Paris et s'oriente d'emblée vers la musique de chambre : en 1904, il appartient au Quatuor Tourret, puis au Quatuor Saïller et au Quatuor Dorson avant d'être le second violon du Quatuor Capet de 1909 à 1914 et de 1919 à 1928. Il fonde alors son propre Quatuor à Paris (1928-30). Fixé aux États-Unis, où il enseigne, il constitue le Quatuor de Cleveland (1930-34). De retour en France, il forme un nouveau Quatuor Hewitt (1935-39 puis 1946-48).

A partir de 1934, il est professeur au Conservatoire américain de Fontainebleau, et, de 1942 à 1955, professeur de musique de chambre au Conservatoire de Paris. En 1939, il fonde l'Orchestre de Chambre Hewitt, qui jouera un grand rôle dans le renouveau de la musique baroque et classique en France au cours des années quarante et cinquante. Il s'attache notamment à faire revivre les œuvres de Rameau (dont il enregistre les *6 Concerts en sextuor*), Corrette, F. Couperin et Lalande. Dans le domaine de la musique contemporaine, il a dirigé beaucoup de musique française, créant notamment la *Symphonie nº 2* (1954) de Marcel Delannoy.

Heynis, Aafje

Contralto néerlandaise, née à Krommenie le 2 mai 1924.

Ses professeurs sont Aaltje Noordewier Reddingius, Laurens Bogtman et Bodi Rapp. Puis, elle va en Angleterre se perfectionner avec Roy Henderson, et en Suisse avec Husler. Dès 1948, année de son diplôme, elle acquiert une grande réputation d'interprète de musique religieuse. Lorsqu'elle chante pour la première fois en public la *Rhapsodie pour contralto* de Brahms avec le Concertgebouw d'Amsterdam, elle remporte un immense triomphe. Interprète de lieder, de musique baroque (Monteverdi, Haendel), elle nourrit une véritable passion pour Mahler. Elle en a laissé de nombreux témoignages au disque, en particulier avec Bernard Haitink. Elle se retire en 1984.

Hickox, Richard

Chef d'orchestre anglais, né à Stokenchurch (Buckinghamshire) le 5 mars 1948.

Il fait ses études musicales à la Royal Academy of Music de Londres (1966-67) et au Queen's College de Cambridge, où il reçoit une formation d'organiste (1967-70). En 1971, il fonde les Richard Hickox Singers and Orchestra, avec lesquels il présente des œuvres allant du XIVᵉ siècle à notre époque. Entre 1972 et 1982, il est maître de chapelle à St Margaret Church (Westminster). Il fonde alors le City of London Sinfonia dont il assure la direction musicale. En 1977, il est nommé directeur du chœur de l'Orchestre Symphonique de Londres puis premier chef associé de cet orchestre en 1985. Entre 1982 et 1990, il est directeur artistique du Northern Sinfonia de Newcastle upon Tyne. Entre 1983 et 1985, il est chef associé de l'Orchestre Symphonique de San Diego, en Californie. Il fait une importante carrière à la tête des principaux orchestres britanniques et fonde en 1990, avec Simon Standage, le Collegium Musicum 90 de Londres pour exécuter le répertoire baroque sur instruments anciens. Il a créé des œuvres de William Mathias (*World's Fire,* 1989), Peter Sculthorpe (*Nourlangie,* 1989).

Hidalgo, Elvira de

Soprano espagnole, née à Val de Robles (Aragón) le 27 décembre 1888, morte à Milan le 21 janvier 1980.

Enfant prodige, elle étudie le piano et travaille le chant à Milan avec Melchiorre Vidal. Elle débute dans le rôle de Rosine (*Le Barbier de Séville*) en 1908 au San Carlo de Naples puis, l'année suivante, à Monte-Carlo et à Paris. Elle chante au Met en 1910-11 (Rosine, Amina) et 1924-26 (Gilda et Lucia). En 1916, elle débute à la Scala (centenaire du *Barbier de Séville*), en 1919 à Rome, en 1922 au Colón et en 1924 à Covent Garden. A la fin des années vingt, elle épouse le directeur du casino d'Ostende et ralentit ses activités pour se tourner vers l'enseignement. Elle devient alors l'un des plus étonnant professeur de chant du XXᵉ siècle : Maria Callas a été son élève. Elle se fixe dans l'île de Corfou et enseigne aux conservatoires d'Athènes puis d'Ankara (1949-58). Elle se retirera ensuite à Milan. Soprano très agile dotée d'une large tessiture, elle tenait tous les grands rôles de colorature : Rosine, la Reine de la nuit, Gilda...

Hillebrecht, Hildegard

Soprano allemande, née à Hanovre le 26 novembre 1927.

Elle étudie d'abord la médecine avant d'opter pour le chant. Elle débute à

Fribourg-en-Brisgau comme Léonore (*Le Trouvère*). Elle chante ensuite à l'Opéra de Zurich (1952-54), à Düsseldorf-Duisbourg (1954-59). Depuis 1961, elle obtient de brillants succès à l'Opéra de Munich. Elle est également invitée fort souvent par les Opéras de Vienne et de Hambourg. Depuis 1972, elle est une des vedettes attitrées de l'Opéra de Zurich, tout en demeurant attachée à l'Opéra de Berlin, dont elle est une des voix les plus fêtées. Elle participe à de nombreux festivals (Salzbourg, Munich, Hollande...) et chante souvent à Rio de Janeiro, Paris et Rome...

Sa voix, large, puissante, au volume impressionnant, fait merveille dans les ouvrages aussi bien du répertoire italien (Puccini – particulièrement *Tosca* –, Verdi) que du répertoire allemand, de Mozart à Wagner et Richard Strauss.

Hillier, Paul (Douglas)

Baryton et chef de chœur anglais, né à Dorchester le 9 février 1949.

Il fait ses études à la Guildhall School of Music de Londres, puis est chantre à la cathédrale St Paul (1973-74). En 1974, il fait ses débuts en concert à la Purcell Room de Londres et fonde le Hilliard Ensemble, à la tête duquel il dirige de la musique ancienne (jusqu'en 1990). Il est nommé professeur de musique à l'Université de Californie à Davis. Il dirige en outre des master classes de musique ancienne à York, Londres et Vancouver au Canada. Il a publié *300 Years of English Partsongs* (1983), *Romantic English Partsongs* (1986) et *The Catch Book* (1987).

Hindemith, Paul

Altiste, chef d'orchestre et compositeur allemand naturalisé américain (1946), né à Hanau (Francfort) le 16 novembre 1895, mort à Francfort-sur-le-Main le 28 décembre 1963.

Il commence à étudier le violon dès 1904. En 1907, il est l'élève de Anna Hegner (par ailleurs professeur à la Hochschule für Musik de Francfort), l'année suivante de Adolf Rebner avec lequel il travaille ensuite au Conservatoire jusqu'en 1912. Dans le même établissement, il étudie ensuite la composition avec Arnold Mendelssohn et Bernhard Sekles, ainsi que la clarinette et le piano (jusqu'en 1917). En 1915, il est second violon du Quatuor Rebner et Konzertmeister à l'Opéra de Francfort. Après la mort de son père au front (1915), il joue dans les cafés pour faire vivre sa famille. Il est mobilisé à son tour en 1917 mais, grâce à des officiers mélomanes, il peut continuer à faire du quatuor. En 1919, il réintègre le Quatuor Rebner, cette fois comme altiste, ainsi que l'Opéra de Francfort où il reste jusqu'en 1923. En 1921, il fonde le Quatuor Amar avec Licco Amar, Walter Kaspar, son frère **Rudolf Hindemith** (qui sera remplacé au bout d'un an par Maurits Frank) : cette formation, réunie pour jouer son *Quatuor nº 2*, continue ses activités et s'impose comme l'un des quatuors les plus importants dans le domaine de la musique contemporaine, jusqu'à sa dissolution en 1929. En 1923, Hindemith est nommé membre du comité du Festival de Donaueschingen. L'année suivante, il épouse Gertrud Rottenberg, la fille d'un chef d'orchestre à l'Opéra de Francfort, **Ludwig Rottenberg**. En 1929, il forme un trio avec Josef Wolfsthal (remplacé, à sa mort en 1931, par Szymon Goldberg) et Emanuel Feuermann : il fonctionnera jusqu'en 1934. En 1927, Hindemith est nommé professeur à la Hochschule für Musik de Berlin. Sa carrière de soliste, qui s'était développée (création du *Concerto pour alto* de Walton à Londres en 1929) tant à l'alto qu'à la viole d'amour, tend à perdre de l'importance au fur et à mesure que croît sa réputation de compositeur. Devant les attaques incessantes de Goebbels, il quitte l'Allemagne nazie pour la Suisse (1938) et les États-Unis (1940) où il est nommé professeur de théorie musicale à l'Université de Yale (jusqu'en 1953). Il y organise des concerts de musique ancienne qui lui permettent de reprendre ses activités d'instrumentiste. En 1951, il est nommé professeur à l'Université de Zurich. Il se fixe alors en Suisse. La direction d'orchestre occupe une place croissante dans sa carrière : il dirige d'abord ses propres œuvres mais étend vite son répertoire. En 1949, il redirige en

Allemagne (Philharmonie de Berlin) pour la première fois depuis son exil. En 1953, il dirige la *Symphonie n° 9* de Beethoven pour l'ouverture du Festival de Bayreuth. Il effectue plusieurs tournées, notamment avec le Gürzenich de Cologne, le Hallé Orchestra, et au Japon avec l'Orchestre Philharmonique de Vienne (1956).

Hines, Jerome (Jerome Heinz)

Basse américaine, né à Hollywood le 8 novembre 1921.

Il mène de front des études de chimie, de mathématiques et de physique à l'Université de Californie et de chant auprès de Gennaro Curci. Malgré des débuts prometteurs en 1941 à l'Opéra de San Francisco (Monterone de *Rigoletto*) et de multiples propositions, il ne renonce au métier de chimiste, qu'il exerce pendant la guerre, qu'après avoir remporté en 1946 le Prix Caruso, qui lui permet de débuter au Met la même année. Auréolé de tournées en Amérique, choisi par Toscanini à plusieurs reprises (ils enregistrent ensemble en 1953 la *Missa Solemnis*), Hines voit sa renommée gagner l'Europe : il participe aux festivals de Glyndebourne et d'Édimbourg en 1953 (Nick Shadow du *Rake's progress* de Stravinski), et chante à l'Opéra de Munich (*Don Giovanni*, 1954). En 1958, il débute à la fois à la Scala de Milan (*Hercule* de Haendel) et au Festival de Bayreuth (Gurnemanz de *Parsifal*). Il y interprète Wotan en 1960. En 1962, au faîte de sa carrière, il chante *Boris Godounov* au Bolchoï, avec le Philippe II de *Don Carlos*, un de ses rôles fétiches, où il a le plus investi. Il reste dans sa préparation méticuleuse des rôles quelque chose du scientifique : Hines a d'ailleurs écrit aussi bien des traités mathématiques qu'un opéra sur la vie du Christ, *I am the Way*, qui a remporté un certain succès aux États-Unis. Une voix profonde et une technique éprouvée lui ont permis d'aborder un vaste répertoire, y compris celui de la mélodie.

ÉCRITS : *This is My Story. This is My Song*, autobiographie (1968) ; *Great Singers ou Great Singing* (1983).

Hirte, Klaus

Baryton allemand, né à Berlin le 28 décembre 1937.

Il passe sa jeunesse à Calw (Würtemberg) et fait un apprentissage de mécanicien, tout en chantant des mélodies dans des cercles d'intimes. Après son service militaire, il est chauffeur dans une fabrique d'autos à Stuttgart. En 1964, il est engagé à l'Opéra de cette ville où son succès est immédiat. En 1971, il est Beckmesser (*Les Maîtres chanteurs*) à l'Opéra de Nüremberg. Son succès est tel qu'il est aussitôt invité à tenir ce rôle à Munich, Stuttgart, Düsseldorf-Duisbourg et finalement au Festival de Bayreuth (1973-74). Au Festival de Salzbourg, il fait une composition étonnante de l'Antonio (*Les Noces de Figaro*) et au Festival de Ludwigsburg (1972) de Papageno (*La Flûte enchantée*).

Hoelscher, Ludwig

Violoncelliste allemand, né à Soligen le 23 août 1907.

Il commence ses études musicales à Cologne puis travaille avec Wilhelm Lamping, Julius Klengel (à Leipzig) et Hugo Becker (à Berlin). En 1930, il reçoit le Mendelssohn-Preis. Entre 1931 et 1940, il fait partie du Trio Elly Ney et du Quatuor Strub. En 1936, il est nommé professeur à la Hochschule für Musik de Berlin. Par la suite, il enseigne au Mozarteum de Salzbourg. A partir de 1946, il forme un nouveau trio avec Walter Gieseking et le violoniste Gerhard Taschner. Il joue et enseigne au Japon où il reçoit le titre de Ehrenprofessor à l'Université des Arts de Tōkyō en 1953. En 1954, il est nommé professeur à la Hochschule für Musik de Stuttgart. Il a créé de nombreuses partitions contemporaines, notamment des œuvres de Hans Pfitzner, Karl Höller, Heinrich Sutermeister (*Concerto pour violoncelle n° 1*, 1956), Wolfgang Fortner, Günter Bialas (*Concerto pour violoncelle*, 1962), Hans Werner Henze, Ernst Krenek... Il a été l'un des premiers défenseurs en Allemagne des œuvres pour violoncelle de Paul Hindemith.

Hoelscher, Ulf

Violoniste allemand, né à Kitzingen le 17 janvier 1942.

Il commence l'étude du violon à sept ans et, trois ans plus tard, suit au Conservatoire de Heidelberg l'enseignement de Bruno Masurat. Dès 1956, il fait ses débuts avec l'Orchestre Philharmonique du Palatinat, mais poursuit sa formation musicale à Cologne auprès de Max Rostal, qui le prépare à affronter les concours internationaux. Il remporte notamment le Prix de l'Union des conservatoires allemands. De 1963 à 1966, grâce à une bourse, il achève ses études à l'Université d'Indiana avec Joseph Gingold, puis au Curtis Institute de Philadelphie avec Ivan Galamian et Paul Makanowitzky. De retour en Allemagne, il se fait connaître par des concerts importants, tels le Festival Beethoven 1971 à Bonn et la création allemande à Berlin du *Concerto pour violon n° 1* de Henze. Depuis, il s'est distingué en interprétant des pages peu jouées de Prokofiev, Chostakovitch, Frank Martin, Schumann, Richard Strauss, y faisant admirer une technique et un lyrisme déjà très personnels. Il se produit parfois en sonate avec Michel Beroff, ou en trio avec le violoncelliste Heinrich Schiff et le pianiste Christian Zacharias. Il a créé des œuvres de Rodion Chtchedrine (*Echo-Sonate,* 1985), Volker David Kirchner (*Concerto pour violon,* 1984 ; *Saitenspiel* pour violon et violoncelle, 1993), Aribert Reimann (*Double Concerto,* 1989), Hans Vogt (*Movimenti,* 1986). D'abord professeur à la Musikhochschule de Karlsruhe, il a été nommé professeur à la Hochschule der Künste Berlin en 1987. Il joue sur un Stradivarius de 1730, *Le Tritton*, et sur un Guarnerius del Gesù de 1742.

Hoerner, Germaine

Soprano française, née à Strasbourg le 26 janvier 1905, morte à Strasbourg le 19 mai 1972.

Après de solides études générales et musicales dans sa ville natale, elle est reçue au Conservatoire de Paris et en sort avec des premiers prix de chant et d'art lyrique. Jacques Rouché, dès l'avoir vue et entendue, perçoit les immenses possibilités de cette solide Alsacienne. Elle débute à l'Opéra fin 1929 dans l'une des Walkyries ; peu de temps après sa Sieglinde lui vaut la consécration dans les grands rôles wagnériens. Elle sera Elisabeth, Elsa, Gutrune et créera le rôle de Senta sur la scène du Palais Garnier. Mais très vite sa voix claire, rayonnante dans l'aigu, sa diction impeccable et sa distinction naturelle en font l'indispensable interprète de Marguerite de la *Damnation* et surtout de *Faust,* de Valentine des *Huguenots*, de Desdémone, et par-dessus tout l'Aïda la plus puissante, la plus infaillible que le Palais Garnier ait jamais connue, sans oublier sa magnifique Léonore de *Fidelio*, sa Maréchale du *Chevalier à la rose*, sa fière Alceste, sa Brünnhilde de *Sigurd*, qui lui valut tant à l'Opéra de Paris qu'à celui de Monte-Carlo le plus grand succès. Elle a été Bonté lors de la création mondiale de *Guercœur* (A. Magnard) en 1931, et Photine lors de la première mondiale de *La Samaritaine* de Max d'Ollone. Elle a été en 1932 la première Chrysothémis du Palais Garnier. Elle s'est retirée de la scène à l'âge de cinquante ans et consacra le reste de sa vie à l'enseignement du chant dans sa ville natale.

Hoesslin, Franz von

Chef d'orchestre allemand, né à Munich le 31 décembre 1885, mort dans un accident d'avion près de Sète le 25 septembre 1946.

A Munich, il travaille avec F. Mottl et M. Reger. De 1907 à 1911, il est chef d'orchestre à l'Opéra de Dantzig et de Saint-Gall. Puis il dirige les saisons de concerts à Riga (1912-14) et Lübeck (1919-20) avant d'être nommé à l'Opéra de Mannheim (1920-22). Il passe une saison à Berlin, comme premier chef à la Volksoper (1922-23). Il occupe ensuite les fonctions de directeur général de la musique à Dessau (1923-26), Barmen-Elberfeld (1926-32) et Breslau (1932-36). Il dirige régulièrement à Bayreuth de 1927 à 1940. Mais en 1936, il quitte l'Allemagne et s'installe à Florence avec sa femme, d'origine juive. Grand chef wagnérien, Hoesslin a notamment dirigé la première intégrale de *La Tétralogie* à Paris.

Höffgen, Marga

Alto allemande, née à Mülheim an der Ruhr le 26 avril 1921.

Elle étudie à Essen avec Anna Erler-Schnaudt puis au Conservatoire de Berlin avec Weissenborn. Elle fait ses débuts comme alto de concert à Berlin, en 1952. L'année suivante, elle remporte son premier grand succès en interprétant la *Passion selon saint Matthieu* à Vienne sous les ordres de Karajan. En 1954, elle chante la même œuvre à Berlin sous la direction de Furtwängler. Aussitôt elle entreprend une brillante carrière dans l'oratorio et la mélodie, donnant des concerts dans toute l'Europe et remportant particulièrement de très grands succès dans les festivals internationaux. Sur scène, elle ne se produit que dans un seul rôle, Erda (*La Tétralogie*). Dans ce rôle, elle est invitée, en 1959, au Covent Garden, à l'Opéra de Vienne et au Colón, l'année suivante au Festival de Bayreuth. Elle vit à Müllheim (Baden). Elle a épousé le chef du Chœur Bach de Fribourg, **Theodore Egel** (né le 16 avril 1915 à Müllheim, mort le 3 octobre 1993 à Müllheim).

Hoffman, Gary

Violoncelliste américain, né à Vancouver le 24 juin 1956.

Fils du chef d'orchestre **Irwin Hoffmann** et de la violoniste **Esther Glazer**, il aborde très tôt la musique comme ses frères et sœurs Joël (pianiste-compositeur), Toby (altiste) et Deborah (harpiste). Ensemble, ils forment les Hoffmann Chamber Soloists et se produisent à plusieurs reprises. Après un premier concert à l'âge de onze ans, il travaille avec Janós Starker et fait ses débuts new-yorkais en 1979. Lauréat du Concours Piatigorsky, finaliste au Concours Tchaïkovski à Moscou (1978), il remporte le 1er prix au Concours international Rostropovitch (Paris, 1986). Sa carrière débute alors très rapidement, notamment avec la plupart des orchestres américains et au Festival de Marlboro. Il joue en trio avec le pianiste Yefim Bronfman et le violoniste Cho-Liang Lin. Il enseigne à l'Université de l'Indiana et au Mannes College de New York. Il joue sur le violoncelle de Niccolo Amati (1662) qui appartenait auparavant à Leonard Rose. Il a créé une œuvre de Laurent Petitgirard (*Concerto pour violoncelle*, déd., 1994).

Hoffman, Grace

Mezzo-soprano américaine, née à Cleveland le 14 janvier 1925.

Elle fait ses études avec Friedrich Schorr à New York puis avec Mario Basiola à Milan. En 1951, elle débute à New York dans *Cavalleria Rusticana* (Wagner Opera Compagny) et au Mai Musical Florentin. Elle est engagée à l'Opéra de Zurich (1952-53) puis à celui de Stuttgart (1955). A partir de 1955, elle chante régulièrement au Covent Garden de Londres et, à partir de 1961, à l'Opéra de Vienne. Entre 1957 et 1970, elle est invitée à Bayreuth (Brangäne, Ortrud, Fricka). En 1958, elle débute au Met dans Brangäne et au Colón de Buenos Aires. En 1962, elle débute à l'Opéra de Paris dans Waltraute. La même année, elle est engagée dans la troupe de la Deutsche Oper am Rhein (Düsseldorf-Duisbourg).

Hoffnung, Gerard

Tubiste et dessinateur humoriste anglais, né à Berlin le 22 mars 1925, mort à Londres le 28 septembre 1959.

Professeur, peintre et dessinateur humoriste indépendant (le jour), il joue du tuba-basse (la nuit) dans les orchestres louches de Londres (ne pas confondre avec ceux que l'on déguste à la petite cuillère). Il organise, en 1956, le Hoffnung Festival où seront créées nombre d'œuvres impérissables. L'histoire de l'humanité retiendra parmi elles un *Concerto pour tuyau d'arrosage et orchestre* (écrit pour ses potes âgés), le *Concerto Popolare* ou concerto pour achever tous les autres (y a-t-il un médecin dans la salle ?), la première audition de la véritable et authentique *Symphonie la surprise* de Haydn (on peut jeter l'autre au panier), les *Contes d'Hoffnung*, la création de *Leonore 4* récemment redécouverte dans un carton à chapeaux, *Horrortorio* (featuring as guest stars : Dracula, Frankenstein, Fu Manchu,

Moriarty and some Zombies) – la direction vous prie d'accepter ses excuses pour cette interruption du sous-titrage –, et une sublime et originale transcription d'une mazurka de Chopin pour quatre tubas dont la grâce aérienne est devenue proverbiale. Cette épidémie de créativité musicale est, hélas ! demeurée strictement circonscrite aux îles Britanniques. Dieu sauve la reine !

Hofmann, Josef

Pianiste polonais naturalisé américain (1926), né à Podgorze le 20 janvier 1876, mort à Los Angeles le 16 février 1957.

Né dans une famille de musiciens, son père, chef d'orchestre, lui enseigne le piano dès l'âge de trois ans.

A sept ans, il fait des tournées en Europe en tant que pianiste et compositeur. Et ses débuts à New York, au Metropolitan Opera House, le 29 novembre 1887, créent un enthousiasme sans précédent dans le public des États-Unis de l'époque. Très tôt, Hofmann quitte la scène pour étudier en Allemagne. En 1892, après cinq tentatives infructueuses auprès de Moszkowski, Anton Rubinstein l'accepte comme unique élève privé. L'influence de cet enseignement sera déterminante. Hofmann ne réapparaît en public qu'à la mort de Rubinstein (1894). De 1926 à 1938, après de brillants succès un peu partout en Europe, il dirige l'Institut Curtis à Philadelphie où il enseigne depuis sa fondation en 1924. Il donne son concert d'adieu à New York le 19 janvier 1946.

Pianiste romantique sans égal, Josef Hofmann possédait l'art de la pédale et des tensions dynamiques, hérité de Rubinstein. Passionné par la technique, il est peut-être le premier grand pianiste à avoir voulu être enregistré. Il a également composé plus de cent œuvres, la plupart sous le pseudonyme de Michel Dvorski. Il était aussi le détenteur de nombreux brevets d'inventions. Rachmaninov lui a dédié son *Concerto pour piano nº 3.*

ÉCRITS : *Piano Playing with Piano Questions* (1915).

Hofmann, Peter

Ténor allemand, né à Marienbad (aujourd'hui Mariánske Lázně) le 12 août 1944.

Après avoir étudié à la Staatliche Hochschule für Musik de Karlsruhe et avec Emmy Seiberlich, il débute à Lübeck en 1972 (Tamino). Il aborde le répertoire wagnérien en 1974 à Wuppertal (Siegmund), et chante Parsifal en 1976 à Stuttgart, Wuppertal et Hambourg, ainsi qu'à Bayreuth où il est également Siegmund dans le *Ring* du Centenaire et dans la production de Harry Kupfer (1988). Il y incarne également Tristan (1986). Il débute au Festival de Salzbourg de Pâques en 1980. Il est depuis 1974 membre de l'Opéra de Stuttgart, et depuis 1977 de la Staatsoper de Vienne. Son renom international l'amène à Paris (Siegmund en 1976, Loge en 1977, Lohengrin en 1981), au Covent Garden, à la Scala, au Bolchoï... Il débute au Met dans Lohengrin en 1980 et y chante la plupart des rôles wagnériens. A son répertoire voisinent Tamino, Florestan, Tristan, Bacchus, Stolzing. Il s'est également fait connaître pour ses apparitions télévisées et les concerts qu'il a donnés dans le domaine de la musique rock. En 1983, il a épousé, en secondes noces, la soprano américaine **Deborah Sasson**.

Hogwood, Christopher

Claveciniste et chef d'orchestre anglais, né à Nottingham le 10 septembre 1941.

Il étudie la musique et poursuit en même temps ses études classiques au College Pembroke de Cambridge, dont il sort bachelier en 1964. Il subit l'influence de Raymond Leppard et de Thurston Dart, puis devient l'élève de Rafaël Puyana et de Gustav Leonhardt. Le British Council lui offre une bourse d'un an à l'Université et à l'Académie de musique de Prague. Revenu à Cambridge, il fait la connaissance de David Munrow et participe à ses activités dès 1967 (Early Music Consort of London) en tant que claveciniste. En 1973, il fonde et dirige l'Academy of Ancient Music. Cet ensemble se voue de préférence à l'interprétation de la musique baroque et de la musique classique, en se fondant sur les meilleures connaissances historiques d'aujourd'hui.

Au sein d'une remarquable discographie, on peut retenir *My Ladye Nevells Booke* de William Byrd où il joue tantôt du clavecin, tantôt du virginal, tantôt de l'orgue positif (1976). La musique élisabéthaine connaît là l'un de ses meilleurs interprètes. Depuis 1981, il dirige régulièrement les orchestres symphoniques américains et a fait ses débuts lyriques en 1983 à Saint Louis dans *Don Giovanni*. Entre 1983 et 1985, il est directeur artistique du London Mostly Mozart Festival au Barbican Center de Londres. En 1986, il devient directeur artistique de la Handel and Haydn Society of Boston. Entre 1988 et 1992, il est directeur musical de l'Orchestre de Chambre de Saint Paul (Minnesota).

ÉCRITS : *Music at Court*, Londres (1977) ; *The Trio Sonata*, Londres (1979, trad. française « La Sonate en trio », Arles, 1986) ; *Haydn's Visits to England*, Londres (1980) ; *Handel*, Londres (1985).

Hokanson, Leonard

Pianiste américain, né à Vinalhaven le 13 août 1931.

D'origine suédoise, il fait ses études avec Hedwig Rosenthal, Julian de Gray, C. Frank, et Artur puis Karl-Ulrich Schnabel. Il commence à dix-huit ans une carrière de soliste (avec l'Orchestre de Philadelphie) qu'un prix au Concours international F. Busoni semble bien lancer en 1959. Pourtant, plus que le pianiste qui forme depuis 1964 avec la violoniste Jenny Abel un duo d'une grande authenticité, l'on connaît l'accompagnateur probe de G. Bumbry, L. West, M. Arroyo et surtout H. Prey. Il enseigne à la Hochschule de Francfort (1979-86) puis à l'Université de l'Indiana (États-Unis) à partir de 1986. Avec le violoniste Kurt Guntner et la violoncelliste Angelica May, il a formé l'Odeon-Trio.

Höll, Hartmut

Pianiste allemand, né à Heilbronn le 1er mars 1933.

Il fait ses études musicales à Stuttgart, à Munich et à Milan et commence très jeune à enseigner et à accompagner des chanteurs. En 1979, il est nommé professeur à Francfort. Elisabeth Schwarzkopf le choisit comme accompagnateur pour ses cours d'interprétation ce qui le révèle dans le monde du lied et de la mélodie. Depuis 1982, il est l'accompagnateur de Dietrich Fischer-Dieskau. Professeur à la Musikhochschule de Francfort-sur-le-Main (1979-86), il dirige ensuite une classe de lied à la Musikhochschule de Cologne. Il donne des master classes à Salzbourg, aux États-Unis, à Jérusalem... Il a épousé la cantatrice japonaise **Mitsuko Shirai.**

Hollander, Lorin

Pianiste américain, né à New York le 19 juillet 1944.

Fils du violoniste **Max Hollander**, il travaille d'abord le violon avec celui-ci. Il se tourne ensuite vers le piano et entre à la Juilliard School où il poursuit ses études dans la classe d'Edward Steuermann (1955-64). Il travaille également avec Leon Fleisher et Max Rudolf (direction d'orchestre). Après des débuts d'enfant prodige à l'âge de onze ans au Carnegie Hall, il entreprend une carrière qui sort volontiers des sentiers battus, jouant régulièrement dans les hôpitaux, maisons de retraite, prisons... Adepte de la thérapie musicale, il effectue des recherches sur les mécanismes psychologiques de la créativité. Il a créé plusieurs partitions contemporaines, notamment *Fantasy and Variations* pour piano et orchestre (1962) de Norman Dello Joio.

Holliger, Heinz

Hautboïste et compositeur suisse, né à Langenthal le 21 mai 1939.

Il effectue ses premières études musicales aux conservatoires de Berne et de Bâle (1955-59), travaillant notamment le hautbois avec Émile Passagnaud et la composition avec Sandor Veress. Puis il vient à Paris où il étudie au Conservatoire (1962-63) : hautbois avec Pierre Pierlot, piano avec Yvonne Lefébure. Il travaille aussi avec Pierre Boulez. De 1959 à 1964, il est hautbois solo de l'Orchestre Symphonique de Bâle, et, à partir de 1966, professeur au Conservatoire de Fribourg. Deux premiers prix marquent le départ de sa carrière de soliste, au Concours international d'exécution musicale de Genève (1959) et au Concours de Munich (1961). Son exceptionnel talent de hautboïste, son phrasé, sa précision sonore et l'ampleur de son interprétation ne sont rien à côté de son incommensurable curiosité esthétique. Avec un des répertoires les plus riches, de l'époque baroque à l'avant-garde, il a conquis l'Europe et l'Amérique. Plusieurs compositeurs écrivent pour lui ou pour le duo qu'il forme avec sa femme, la harpiste **Ursula Holliger** : Gilbert Amy, Conrad Beck (*Concertino pour hautbois,* 1964), Luciano Berio, Frank Michael Beyer (*Trio pour hautbois, alto et harpe,* 1981), Attila Bozay (*Deux Mouvements*, op. 18, 1970), Elliott Carter (*Concerto pour hautbois,* 1988 ; *Trilogy* pour hautbois et harpe, 1992 ; *Quintette pour piano et vents,* 1992), Niccolò Castiglioni, Edison Denisov (*Romantic Music* pour hautbois, harpe et trio à cordes, 1969 ; *Double Concerto pour flûte et hautbois,* 1979 ; *Concerto pour hautbois,* 1988 ; *Variations sur le choral de Bach « Es ist genug »,* 1989), Paul-Heinz Dittrich (*Concert avec plusieurs instruments n° 3,* 1979), Brian Ferneyhough (*Coloratura,* 1972), Wolfgang Fortner (*Aulodie,* seconde version, 1966), Hans Werner Henze (*Doppio Concerto,* 1966), Vinko Globokar, Klaus Huber (*Noctes intelligibilis lucis* pour hautbois et clavecin, 1961), André Jolivet (*Controversia* pour hautbois et harpe, 1968), Milko Kelemen, Ernst Krenek (*Four Pieces* pour hautbois et piano, op. 193, 1967 ; *Kitharaulos* pour hautbois, harpe et orchestre de chambre, 1972), György Ligeti (*Double Concerto pour flûte et hautbois,* 1972), Witold Lutosławski (*Double Concerto pour hautbois et harpe,* 1980), Frank Martin (*Trois Danses* pour hautbois, harpe et orchestre, 1970), Norbert Moret (*Triple Concerto* pour flûte, hautbois, harpe et orchestre à cordes, 1985), Krzysztof Penderecki, Karlheinz Stockhausen, Toru Takemitsu (*Eucalypts I,* 1970 ; *Eucalypts II,* 1971 ; *Distance,* 1973), Isang Yun (*Double Concerto pour hautbois et harpe,* 1977 ; *Sonate pour hautbois et harpe,* 1979, *Concerto pour hautbois,* 1991). A partir de l'influence de Boulez, née de l'admiration, il a inventorié toutes les ressources de l'art contemporain dans la tendance post-sérielle. L'audace d'expression est tempérée par une grande sensibilité, très originale, et un extraordinaire rayonnement. La majeure partie de ses compositions sont pour lui-même et pour sa femme : *Sonate* pour hautbois (1956) ; *Sonate* pour hautbois et piano (1957) ; *Sonatine* pour piano (1958) ; *Sequenzen über Joh. I,32* pour harpe (1962) ; *Mobile* pour hautbois et harpe (1962) ; *Improvisationen* pour hautbois, harpe et douze cordes (1963). Très vite la musique vocale et le théâtre surtout l'attirent : en 1960, il débute avec trois *Liebeslieder* pour contralto et orchestre ; *Erde und Himmel*, cantate pour ténor, flûte, harpe, violon, alto et violoncelle (1961) ; *Schwarzgewobene Trauer* pour soprano, hautbois, violoncelle et clavecin (1962) ; *Glühende Rätsel* pour contralto et dix instruments (1966) ; *Der magische Tänzer*, opéra (1967) ; *Siebengesang* pour ensemble vocal, récitant, hautbois solo et orchestre (1968) ; *Va et Vient* (1978) ; *Pas moi* (1980) ; *Cinq Pièces* pour orgue et bande magnétique (1981) ; *Trema* pour alto seul (1981). Étroitement associé aux activités de Paul Sacher à Bâle et à Zurich, il est appelé à lui succéder à la tête de ses deux orchestres.

Holliger, Ursula (Ursula Hänggi)

Harpiste suisse, née à Bâle le 8 juin 1937.

Elle a fait ses études musicales à Bâle et à Bruxelles et mène une carrière de soliste dans le monde entier, seule ou en duo avec son mari, le hautboïste, compositeur et chef d'orchestre **Heinz Holliger**. Elle s'est imposée comme l'une des harpistes les plus importantes de sa génération en Suisse et en Allemagne, notamment dans le domaine de la musique contemporaine où elle a créé de nombreuses partitions, souvent écrites à son intention et à celle de son mari (cf. biographie de Heinz Holliger ci-dessus).

Hollreiser, Heinrich

Chef d'orchestre allemand, né à Munich le 24 juin 1913.

A la Hochschule de Munich, il travaille avec K. Elmendorff avant de commencer une carrière de chef d'opéra : il débute à Wiesbaden en 1932, son premier poste, puis est nommé à Darmstadt, premier chef à Mannheim (1938), à Duisbourg et à Munich (1942-45). De 1945 à 1951, il est directeur général de la musique à Düsseldorf. On le trouve ensuite à l'Opéra de Vienne (1952-61) et à la Deutsche Oper de Berlin (1961-64), comme premier chef. Depuis, il mène une carrière de chef invité, se partageant essentiellement entre Munich et Vienne. Il dirige à Bayreuth de 1973 à 1975. On lui doit la première scénique de l'*Orestie* de Milhaud (Berlin, 1963). Parmi les créations mondiales qu'il a dirigées, le ballet de Gottfried von Einem *Medusa* (1957) et des opéras de Giselher Klebe (*Alkhmene,* 1961), Roger Sessions (*Montezuma,* 1964) et Boris Blacher (*200 000 Thalers,* 1969).

Hollweg, Werner

Ténor allemand, né à Solingen le 13 septembre 1936.

Employé de banque, il ne commence ses études de chant qu'en 1958. Il étudie au Conservatoire de Detmold, à celui de Munich, ainsi qu'à Lugano. Il débute à l'Opéra de Chambre de Vienne. De 1963 à 1967, il chante au Théâtre municipal de Bonn puis à celui de Gelsenkirchen (1967-68). En 1969, le Mai Musical Florentin l'invite pour chanter Belmonte (*L'Enlèvement au sérail*). Il est aussitôt engagé par les Opéras de Hambourg et Munich, de Berlin et de Düsseldorf-Duisbourg. Sa carrière internationale est des plus étincelantes : il est invité à Rome, Paris, Helsinki, New York et Los Angeles. Il participe à de nombreuses reprises au Festival de Salzbourg, où désormais il habite. En 1970, Karajan l'engage pour tenir la partie de ténor solo dans la *Symphonie n° 9* (Beethoven) qu'il dirige à l'Exposition mondiale d'Osaka. On le considère comme un des grands mozartiens de son époque : Don Ottavio (*Don Giovanni*), Belmonte (*L'Enlèvement au sérail*), Ferrando (*Così fan tutte*), Tamino (*La Flûte enchantée*) et Titus (*La Clémence de Titus*). Parallèlement, il donne de très nombreux concerts et s'adonne à la mise en scène. Il a créé des œuvres de York Höller (*Der Meister und Margarita,* 1989).

Höngen, Elisabeth

Mezzo-soprano allemande, née à Gevelsberg le 7 décembre 1903.

Après des études à Berlin avec Hermann Weissenborn, elle débute en 1933 à Wuppertal et appartient ensuite aux Opéras de Düsseldorf (1935-40) et Dresde (1940-43), puis devient l'une des premières chanteuses de la Staatsoper de Vienne. Elle paraît au Covent Garden entre 1947 et 1960, à Salzbourg de 1948 à 1959, à la Scala en 1950, à Bayreuth en 1951. Elle laisse des interprétations marquantes de Lady Macbeth, Klytemnestre, Hérodias, Ortrud, Fricka, Waltraute et Orphée. Elle participe à la création mondiale de *Julietta* de Heimo Erbse à Salzbourg en 1959 (Babett). De 1957 à 1960, elle est professeur à l'Académie de Vienne.

Hopf, Hans

Ténor allemand, né à Nuremberg le 2 août 1916, mort à Munich le 25 juin 1993.

Il étudie avec Paul Bender à Munich puis avec Ragnvald Bjärne à Oslo. Il fait ses débuts, en 1936, au Théâtre d'État de Bavière, et se produit, de 1939 à 1942, comme ténor lyrique au Théâtre municipal d'Augsbourg. En 1942, il est engagé par l'Opéra de Dresde, où il se spécialise comme ténor héroïque. De 1946 à 1949, il appartient à l'Opéra de Berlin puis, dès 1949, à celui de Munich tout en étant lié pour un certain nombre régulier de représentations à l'Opéra de Vienne. Entre 1951 et 1966, il participe régulièrement au Festival de Bayreuth où il chante Siegfried, Parsifal, Froh et Stolzing. En 1952, il débute au Met et remporte un grand succès avec Walter (*Les Maîtres chanteurs*). Il chante à la Scala, au Covent Garden, à l'Opéra de Paris et au Colón de Buenos Aires. Il s'impose ainsi comme un des grands ténors wagnériens de son temps. Depuis 1950, il est également lié avec l'Opéra de Düsseldorf-Duisbourg. Le Festival de Salzbourg l'invite, en 1954, pour être Max (*Le Freischütz*). Il fait ses adieux à la scène au Festival de Munich, en 1988.

Horenstein, Jascha

Chef d'orchestre russe naturalisé autrichien puis américain (1940), né à Kiev le 6 mai 1898, mort à Londres le 2 avril 1973.

A l'âge de six ans, il quitte la Russie pour Königsberg où il travaille avec Max Brode ; puis, en 1911, il s'installe à Vienne où il étudie la philosophie et, à partir de 1917, la théorie musicale avec Joseph Marx, le violon avec Adolf Busch et la composition avec Franz Schreker qu'il suit à Berlin (1920). Il y devient l'assistant de Siegfried Ochs, directeur du Chœur Philharmonique. En 1922, il prend la direction du Schubert-Chor et du Gemischter Chor. Il fait ses débuts avec l'Orchestre Symphonique de Vienne en 1923. De 1925 à 1928, il est chef invité de la Philharmonie de Berlin et de l'Orchestre Blüthner. En 1928, il devient directeur musical de l'Opéra de Düsseldorf où il donne notamment *Wozzeck* avec les conseils du compositeur. Les nazis exigent son départ de Düsseldorf. A partir de 1933, il dirige dans divers pays dont l'Australie et la Nouvelle-Zélande (1936-37), la Scandinavie, avec les Ballets russes de Monte-Carlo (1937) et la Palestine (1938). En 1940, il gagne les États-Unis où il conduit les grandes formations des deux Amériques. Il y dirige *Wozzeck*, crée *La Maison des morts* de Janáček à Paris (1951), *Doktor Faust* de Busoni (American Opera Society, 1964). Il conduit fréquemment à l'Opéra de Berlin et au Covent Garden. A la fin de sa vie, il se retire à Lausanne. Horenstein était considéré comme un grand spécialiste de Mahler et de Bruckner dont il a fait connaître les symphonies dans le monde entier. Il a créé des œuvres d'Alban Berg (*Suite lyrique*, version pour orchestre, 1929 ; *Altenberg Lieder*, version intégrale, 1953), Alexandre Tansman (*Lied et Toccata*).

Horne, Marilyn

Mezzo-soprano américaine, née à Bradford (Pennsylvanie) le 16 janvier 1929.

De son père, ténor semi-professionnel de talent, elle reçoit, dès son enfance, les premières bases de l'enseignement du chant. Sa famille s'étant installée en Californie, elle obtient une bourse d'études à l'Université de Californie du Sud, où elle reçoit l'enseignement de William Vennard qui suivra sa carrière. En 1953, après une tournée en Europe avec la chorale Robert Wagner, elle décide de suivre sa propre route. Premier à reconnaître son talent, Robert Craft la fait participer à des concerts de musique moderne mais aussi de musique de la Renaissance. Ses débuts sur scène ont lieu en 1954 à Los Angeles dans le rôle très grave de Hata de *La Fiancée vendue* de Smetana. En 1955, elle est la voix de Dorothy Dandridge dans le film *Carmen Jones*, curieusement, une voix claire et haute de soprano lyrique. Elle passe ensuite trois saisons (1957-60) à l'Opéra de Gelsenkirchen en Allemagne de l'Ouest où elle chante quantité de rôles de soprano : Mimi de *La Bohème*, Minnie de *La Fille du Far West*, Amelia de *Simon Boccanegra*, Tatiana d'*Eugène Onéguine*, Marie de *Wozzeck*... De retour aux États-Unis, c'est dans ce rôle de Marie qu'elle débute à l'Opéra de San Francisco, chantant immédiatement après la Vecchia de *Gianni Schicchi*, un authentique contralto. Un imprésario la recommande à Richard Bonynge qui recherche une partenaire pour sa femme Joan Sutherland : elle doit débuter à New York à la Société Américaine d'Opéra dans *Béatrice de Tende* de Bellini. C'est la naissance du plus grand duo vocal féminin depuis celui de la Patti et de l'Alboni (1961), duo qui connaît de fabuleux triomphes dans *La Norma* ou *Semiramis*. Au Covent Garden de Londres, elle débute dans Marie (1964), à la Scala dans Jocaste (*Œdipus-Rex* de Stravinski, 1969), au Met dans Adalgisa (1970). Elle devient une habituée de la première scène américaine où elle chante Rosine, Carmen,

Orfeo, Eboli, Dalila... A Houston, elle aborde *Rinaldo* de Haendel en 1975. A partir de la fin des années soixante dix, quoique ayant conservé intact un aigu allant jusqu'au contre-ut, elle se consacre aux seuls rôles de mezzo et de contralto (Carmen, Rosine du *Barbier,* Amnéris, Azucena, Tancrède, Fides du *Prophète*), avec une importance sans cesse croissante accordée à la musique ancienne (*Orlando furioso* à Paris en 1981). Elle chante aussi beaucoup en récital (mélodies) ou avec orchestre (elle a même chanté des extraits d'opéras de Wagner). En 1991, elle participe à la création de l'opéra de John Corigliano *The Ghosts of Versailles* au Met. Mariée en premières noces (1960-76) au chef d'orchestre **Henry Lewis**, elle a épousé la basse **Nicola Zaccaria**.

ÉCRITS : *My Life* (New York, 1983).

Horowitz, Vladimir

Pianiste russe naturalisé américain (1942), né à Berdichev (Ukraine) le 1er octobre 1904, mort à New York le 5 novembre 1989.

Son père est ingénieur électricien. Sa mère, pianiste amateur diplômée du conservatoire local, est son premier professeur lorsqu'il commence, à l'âge de six ans, l'étude du piano. A douze ans il entre au Conservatoire de Kiev, se destinant à la carrière de compositeur. En 1918, la firme électrique que dirige son père à Kiev est réquisitionnée. Encouragé par Scriabine, il se tourne définitivement vers le piano et, encore étudiant, donne son premier récital à Kiev en 1920 avec un succès considérable. Depuis un an déjà il est formé par Félix Blumenfeld, remarquable musicien de Saint-Pétersbourg, qui lui transmet la tradition de jeu du grand Anton Rubinstein. Après une éblouissante épreuve de sortie du Conservatoire de Kiev (1920), démarre une fulgurante série de récitals à travers toute la Russie (1922-25). Au cours de la saison 1924-25, il donne, seul ou en compagnie de son ami de toujours Nathan Milstein, plus de soixante-dix concerts dont vingt-trois dans la seule ville de Leningrad... Il s'expatrie en 1925 et doit louer une salle pour donner son premier récital en Allemagne. Mais partout c'est le triomphe : Paris (1926), Londres, Rome, etc. Le 12 janvier 1928, il fait ses débuts en Amérique sous la direction de Sir Thomas Beecham et devant des musiciens comme Rachmaninov, Hofmann et Lhévinne. Ses premiers enregistrements datent de cette année. Pendant les années trente, il réside principalement à Paris où il mène une vie discrète. Il est appelé comme soliste par Mengelberg (1930) et par Toscanini (1932) dont il épouse la fille Wanda en 1933. Mais, rançon d'une carrière menée à un train d'enfer, Vladimir Horowitz se retire de la vie publique, victime de la fatigue physique et de la lassitude morale. Il remonte sur scène en 1938 après avoir singulièrement mûri son art. A partir de 1939, il se fixe définitivement à New York et reprend la trépidante cavalcade des concerts et des enregistrements jusqu'au concert du 25 février 1953 au Carnegie Hall. Une nouvelle fois, il abandonne la scène et ne joue plus que pour un cercle restreint d'amis et d'élèves parmi lesquels Byron Janis ou Gary Graffman. La CBS installe chez lui un studio d'enregistrement quasi automatique qui lui permet, par disques interposés, de garder le contact avec son public. Ce silence de douze ans s'interrompt le 9 mai 1965 avec un concert au Carnegie Hall. Chacune de ses apparitions, réservées pendant une quinzaine d'années au public new-yorkais, constitue un événement. Acceptant enfin de rejouer en dehors des États-Unis, il se produit notamment à Londres, puis à Paris et à Milan avant de retourner dans son pays natal, où il donne des concerts à Moscou et à Leningrad (1985-86), puis au Japon.

Vladimir Horowitz est l'un des grands interprètes de notre époque, tant par les qualités de style que par une maîtrise technique hors du commun. Il a été l'inaccessible idéal de toute une génération de pianistes. Disposant d'un répertoire très vaste pour l'époque où s'ajoutaient aux grands noms du XIXe siècle des musiciens moins appréciés alors comme Dohnányi, Scriabine, Czerny ou Clementi, Vladimir Horowitz est dédicataire de la *Sonate* de Samuel Barber qu'il crée en 1949 et de l'*Étude*, op. 52 de Prokofiev. Il a également créé la version originale des *Danses sym-*

phoniques (pour deux pianos) de Rachmaninov avec le compositeur (1941).

Horszowski, Mieczyslaw

Pianiste polonais naturalisé américain (1948), né à Lvóv le 23 juin 1892, mort à Philadelphie le 22 mai 1993.

Après ses études au Conservatoire de Lvóv, il entre dans la classe de Leschetizky à Vienne, à l'âge de sept ans. En 1901, son interprétation en public du *Concerto en ut majeur* de Beethoven à Varsovie lui bâtit une solide réputation d'enfant prodige. Jusqu'à la fin de la Seconde Guerre mondiale, il mène une carrière de concertiste très brillante. Et à cette date, le public s'est mis à le considérer comme un interprète de musique de chambre idéal. Après avoir joué avec Casals et Szigeti, entre autres, il a largement contribué à la diffusion de cette musique à New York où il vit depuis 1940. Spécialiste des Viennois, il s'est souvent attaché à interpréter les sonates de Mozart ainsi que les dernières œuvres de Beethoven. Un des plus fervents admirateurs du jeu de Horszowski était Schnabel qui appréciait son « intégrité musicale ». Il enseigne au Curtis Institute of Music de Philadelphie en 1942. Parmi ses élèves, on compte notamment Murray Perahia et Peter Serkin. En 1947, il participe à la fondation du New York Piano Quartet avec Alexander Schneider, Milton Katims et Frank Miller. A partir de 1950, il est l'un des piliers du Festival de Prades avec Schneider et Casals. Il joue également avec Jacques Thibaud ou Rudolf Serkin et devient l'assistant de ce dernier au Festival de Marlboro avant d'y enseigner lui-même. Parallèlement, il entreprend de donner quelques grands cycles de concerts, notamment l'intégrale de la musique pour piano de Beethoven (douze concerts en une saison), l'intégrale des sonates pour piano de Mozart en quatre concerts ou celle du *Clavier bien tempéré* de Bach. Après une longue période d'absence (aucun récital à Paris entre 1927 et 1964), il revient régulièrement sur les scènes européennes dans les années soixante-dix ; le public semble alors le redécouvrir. Il donne son dernier concert à Philadelphie le 31 octobre 1991. Il a créé la *Sonate pour piano n° 3* de Karol Szymanowski en 1923.

Horvat, Milan

Chef d'orchestre croate, né à Pakrac le 28 juillet 1919.

Il poursuit simultanément des études juridiques à l'Université et des études musicales à l'Académie de musique de Zagreb (1939-46) où il est l'élève de Svetislav Stančíc (piano), Fritz Zaun (direction) et Zlatko Grgoŝvević (composition). En 1945, il est nommé chef des chœurs à Radio Zagreb puis, de 1946 à 1953, chef permanent de l'Orchestre Philharmonique de Zagreb. Il enseigne à l'Académie de musique à partir de 1948. Entre 1953 et 1958, il est à la tête de l'Orchestre Symphonique de la Radio Irlandaise (Dublin). Puis il prend la direction musicale de la Philharmonie de Zagreb (1956-70) tout en étant premier chef à l'Opéra de cette même ville (1958-65). On le trouve ensuite à Vienne, à la tête de l'Orchestre Symphonique de la Radio Autrichienne (1969-75). En 1975, il est nommé professeur à l'Académie de Graz et premier chef de l'Orchestre Symphonique de la Radio de Zagreb. Depuis 1965, il est directeur musical du Festival de Dubrovnik. On lui doit la création d'œuvres de Malec, Kelemen, Bjelinski, Devčic et Egon Wellesz (*Canticum sapientiae,* 1969).

Hotter, Hans

Baryton-basse allemand naturalisé autrichien, né à Offenbach-sur-le-Main le 19 janvier 1909.

C'est à Munich qu'il entreprend simultanément des études de philosophie et de musicologie à l'Université, d'orgue et de chant à l'Académie de musique sans songer à faire une carrière de chanteur. La rencontre avec Matthäus Römer, qui l'initie au lied et à l'opéra, et le succès d'un premier concert à Munich en 1929 le font changer d'avis. L'année suivante, il chante son premier oratorio, *Le Messie*, et ses premiers opéras à Troppau et à Breslau. Engagé par le Théâtre allemand de Prague (1932-34), il y rencontre Chaliapine qui va devenir son modèle artistique. Ses premiers triomphes à l'Opéra de Hambourg (1934-37), où il chante notamment *Jules César* de Haendel (sous la direction d'Eugen Jochum), lui valent le titre de Kammersänger. En 1937, il débute à l'Opéra de Munich où il interprète tous les rôles de baryton héroïque, créant plusieurs ouvrages de Richard Strauss (sous la direction de Clemens Krauss) : *Friedenstag* (1938), *Capriccio* (1942), *L'Amour de Danaë* (1944). Il chante également à la Staatsoper de Vienne. Arrêté dans sa carrière lyrique par la guerre, il renoue avec le lied, chantant pour la première fois en 1941 à Hambourg *Le Voyage d'hiver* de Schubert, avant de l'interpréter dans le monde entier. Son contrat avec la Columbia anglaise (1946) et ses débuts au Covent Garden (1947) vont enfin lui ouvrir les portes de la renommée mondiale. Il y chante le Comte dans *Les Noces de Figaro* et *Don Giovanni* et, l'année suivante, Hans Sachs (*Les Maîtres chanteurs*). Engagé par le Met de 1950 à 1954, et par le Festival de Bayreuth de 1952 à 1966, il devient, en l'espace d'une décennie, le premier *Heldenbaryton* wagnérien de son temps, triomphant dans les rôles de Wotan, du Hollandais ou de Hans Sachs. Il réalise de 1961 à 1964 une production du *Ring* au Covent Garden et participe, à partir de 1967, à la direction de la troupe de l'Opéra de Munich. A partir de 1972, il limite ses apparitions sur scène à quelques rôles, se consacrant surtout aux récitals de lieder. En 1977, il est nommé professeur à l'Académie de musique de Vienne.

Hans Hotter représente le chaînon idéal entre les chanteurs du tournant du siècle, sacrifiant tout à leur gloire vocale, et la nouvelle génération, plus attentive au message musical. Doté d'une voix au timbre opulent et d'une forte présence physique, il a campé des personnages d'une grandeur surhumaine, mais il a su également, grâce à la souplesse d'une diction incomparable, plier sa voix aux demi-teintes du lied. Il fut le premier baryton héroïque à chanter avec autant de force émotive Wagner, Schubert et Bach.

Houbart, François-Henri

Organiste français, né à Orléans le 26 décembre 1952.

Il commence l'étude du piano à l'âge de sept ans et celle de l'orgue à onze ans, alors qu'il est en pension à l'école des dominicains de Sorèze (Tarn). A Paris, il travaille l'harmonie et le contrepoint avec Pierre Lantier, l'orgue et l'improvisation avec Suzanne Chaisemartin, Michel Chapuis et Pierre Cochereau (1970-78). Deuxième prix du Concours international d'improvisation de Lyon, il est organiste de Saint-Paterne, à Orléans, en 1968, puis suppléant du grand orgue de Saint-Séverin à Paris, en août 1974 et cotitulaire, l'année suivante, de l'instrument de Saint-Nicolas-des-Champs avant d'être titulaire, en 1976, du grand orgue de Sainte-Élisabeth-du-Temple. Depuis 1979, il est titulaire de l'église de la Madeleine. Professeur d'orgue au Conservatoire d'Orléans (1980), François-Henri Houbart est membre de la Commission supérieure des Monuments historiques et de la Commission des orgues non classées auprès du ministère de la Culture.

Ses goûts musicaux vont en priorité à la musique nordique et aux répertoires romantiques et symphoniques (européens) des XIXe et XXe siècles.

Hough, Stephen

Pianiste anglais, né à Heswall (Cheshire) le 22 novembre 1961.

Il commence à étudier le piano à l'âge de six ans, puis travaille avec Gordon Green et Derrick Windham au Royal Northern College of Music de Manchester et Adele Marcus à la Juilliard School of Music de New York. En 1978, il remporte le concours « Young Musicians of the Year » organisé par la BBC, en 1982 le premier Terence Judd Award, et, en 1983, le Concours international Naumburg à New York. Il fait ses débuts à Londres en 1982 et à New York en 1984. Sa carrière se développe assez vite, d'abord dans son pays natal puis, à partir de la fin des années quatre-vingt, en Europe et aux États-Unis.

Il cultive volontiers un répertoire rarement exploré, allant de la musique ancienne aux œuvres contemporaines.

Houtmann, Jacques

Chef d'orchestre français, né à Mirecourt le 27 mars 1935.

Il fait ses études musicales au Conservatoire de Nancy où il remporte des prix de violon, de musique de chambre, de cor, de percussion et d'écriture. Il vient achever sa formation à l'École Normale de Musique de Paris où il obtient sa licence de concert de direction d'orchestre avec Jean Fournet. Il travaille également à Rome à l'Académie Sainte-Cécile. En 1961, il obtient un 1er prix au Concours de Besançon puis en 1964 au Concours Mitropoulos. Durant la saison 1965-66, il est assistant de Leonard Bernstein à l'Orchestre Philharmonique de New York. De 1969 à 1971, il est chef de l'Orchestre Philharmonique Rhône-Alpes. Il est ensuite directeur musical de l'Orchestre Symphonique de Richmond (USA) avant de revenir en France en 1984 pour prendre la direction de l'Orchestre Philharmonique de Lorraine. Il a créé des œuvres d'André Casanova (*Sinfonia,* 1983 ; *Ein musikalisches Opfer,* 1988), Charles Chaynes (*Litanies,* 1989).

Howard, Leslie

Pianiste et compositeur australien, né à Melbourne le 29 avril 1948.

Il commence ses études musicales dans son pays natal avec June McLean, Donald Britton et Michael Brimer. Il donne son premier concert à Melbourne en 1967. Puis il vient se perfectionner à l'Accademia Chigiana de Sienne avec Guido Agosti et, à Londres, avec Noretta Conci. Il enseigne à Monash University, en Australie (1970-73), puis à la Guildhall of Music de Londres (à partir de 1987). Sa carrière se développe rapidement et il s'impose comme l'un des grands spécialistes de la musique de Franz Liszt, dont il réalise l'enregistrement intégral. En 1986, il reçoit la Médaille Franz Liszt à Budapest. Il se fait également le champion de la musique de son compatriote Percy Grainger. Il a composé de nombreuses œuvres de musique de chambre, des pièces pour piano, des opéras (*Hreidar the Fool* ; *Prague Spring*) et un ballet (*Fruits of the Earth*).

Howarth, Elgar

Trompettiste, chef d'orchestre et compositeur anglais, né à Cannock (Staffordshire) le 4 novembre 1935.

Il fait ses études à l'Université de Manchester tout en suivant les cours du Royal Manchester College of Music. De 1958 à 1963, il fait partie de l'Orchestre du Covent Garden puis, de 1963 à 1969, du Royal Philharmonic Orchestra. Il appartient ensuite au London Sinfonietta (1968-71) et au Philip Jones Brass Ensemble (1965-76). Sa carrière de chef d'orchestre ne commence qu'en 1969 et reste étroitement liée aux activités du London Sinfonietta qu'il dirige régulièrement à partir de 1973. De 1972 à 1976, il est aussi directeur musical de la Grimethorpe Colliery Brass Band. Ardent défenseur de la musique contemporaine, il a de nombreuses créations à son actif, notamment des œuvres de Harrison Birtwistle (*The Mask of Orpheus,* 1986 ; *The Second Mrs Kong,* opéra, 1994), Hans-Jürgen von Bose (*Scene,* 1991), Philippe Capdenat (*Nadira,* 1983), Charles Chaynes (*Erzsebet,* 1983), Morton Feldman (*Orchestra,* 1976), Brian Ferneyhough (*La Terre est un homme,* 1979), Jonathan Harvey (*Inner Light 2,* 1977), Robin Holloway (*Domination of Black,* 1984), György Ligeti (*Le Grand Macabre,* opéra, 1978 ; *Kammerkonzert,* 1983), François-Bernard Mâche (*L'Estuaire du temps,* 1993), Detlev Müller-Siemens (*Tom-a-Bedlam,* 1991), Aribert Reimann (*Invenzioni,* 1979), Iannis Xenakis (*Waarg,* 1988).

ÉCRITS : *What a Performance ! The Brass Band Plays* (avec Patrick Howarth, Londres, 1988).

Howells, Anne (Elizabeth)

Mezzo-soprano anglaise, née à Southport (Lancashire) le 12 janvier 1941.

Elle effectue ses études au Royal Manchester College of Music avec Frederik

Cox, puis travaille avec Vera Rosza. Elle fait ses débuts lyriques lors de la création britannique de *Paride ed Helena* de Gluck à Manchester, en 1963. Elle interprète ensuite le rôle de Flora (*La Traviata*) au Welsh National Opera en 1966 puis fait ses débuts à Covent Garden en 1967. Aux États-Unis, elle chante pour la première fois à Chicago en 1972 et au Met en 1975 (Dorabella). Elle chante également à Berlin (1981), Genève (1984), Paris (*Phèdre* de Rameau, 1985). A Covent Garden, elle incarne Octavian (1985), Magdalena (*Les Maîtres chanteurs,* 1990), Giulietta (*Les Contes d'Hoffmann,* 1992). A Glyndebourne, elle chante Adelaide (*Arabella*) et Meg Page (*Falstaff*) en 1990. Elle a créé des œuvres de Rolf Liebermann (*La Forêt*, Genève, 1987). Elle a épousé le ténor **Ryland Davies** en 1966.

Hubay, Jenö (Eugen Huber)

Violoniste hongrois, né à Budapest le 15 septembre 1858, mort à Vienne le 12 mars 1937.

Considéré comme l'un des maîtres du violon de son époque, il commence ses études avec son père, lui-même violoniste, et les poursuit avec Joseph Joachim. En 1872, il quitte son pays et vient à Paris, où il est l'élève et le protégé d'Henri Vieuxtemps. Il s'y produit avec succès pour la première fois en 1878. Il enseigne au Conservatoire de Bruxelles (1882-86) puis revient s'installer en Hongrie et devient professeur à l'Académie de Budapest, dont il sera le directeur de 1919 à 1934. Pédagogue renommé, c'est lui qui forme des violonistes tels Joseph Szigeti, Jelly d'Aranyi et Franz von Vecsey.

Comme compositeur, Jenö Hubay a laissé plusieurs ouvrages pour son instrument (pièces et quatre concertos), des symphonies, six opéras (dont *Le Luthier de Crémone*, 1894). Il édita, par ailleurs, de nouvelles versions, avec doigté, d'œuvres de Kreutzer, Bach, Paganini, Rode, entre autres. Jascha Heifetz et Alfredo Campoli ont souvent joué ses petites pièces (par exemple *Le Zéphir*), mais il semble que l'ensemble de l'œuvre d'Hubay soit aujourd'hui tombé dans l'oubli le plus total. Il a créé le *Trio nº 3* (1886) et la *Sonate pour violon et piano nº 3* (1888) de Brahms et, en 1903, la *Sonate pour violon et piano Sz 20* de Bartók. Il jouait sur un violon de Pietro Guarnerius ayant appartenu à Wieniawski.

Hubeau, Jean

Pianiste et compositeur français, né à Paris le 22 juin 1917, mort à Paris le 19 août 1992.

Entré à neuf ans dans la classe de Jean et Noël Gallon au Conservatoire de Paris, il y reçoit l'enseignement de Paul Dukas et de Lazare-Lévy. Deuxième Grand Prix de Rome en 1934, il remporte le Concours Louis Diémer l'année suivante. Après l'obtention d'une bourse, en 1937, il va se perfectionner à Vienne dans la classe de Félix Weingartner qui lui enseigne la direction d'orchestre. En 1942, il est nommé directeur du Conservatoire de Versailles. Il développe son activité pédagogique en donnant également des cours au Conservatoire de Paris où il est professeur de musique de chambre pendant un quart de siècle (1957-82), initiant et formant à cet art l'élite des jeunes instrumentistes français (Gérard Caussé, Roland Pidoux, Frédéric Lodéon, Olivier Charlier, Catherine Collard, Katia et Marielle Labèque, Michel Dalberto, Laurent Cabasso...). Infatigable défenseur de la musique française, il est un partenaire de musique de chambre très recherché, notamment en trio, quatuor avec piano ou quintette où sa parfaite connaissance de ce répertoire a peu d'égale. Il a joué avec Pierre Fournier (avec lequel il réalisa son premier enregistrement en 1938), Maurice Maréchal, Henry Merckel (qui a gravé son *Concerto pour violon* en 1947), Paul Tortelier, Alfred Loewenguth, André Navarra, les quatuors Loewenguth, Via Nova, Fine Arts, Viotti...

Il a créé une œuvre de Charles Chaynes (*Sonate pour violon et piano*, avec Maurice Fueri, 1954).

Hubermann, Bronislaw

Violoniste polonais, né à Czestochowa (Varsovie) le 19 décembre 1882, mort à Corsier-sur-Vevey le 15 juin 1947.

Il commence à étudier le violon à Varsovie avec Isidor Lotto et Michalowicz et donne son premier concert à l'âge de sept ans en jouant le *Concerto n° 2* de Spohr. Il vient à Paris où il travaille avec Marsick. Il joue également au sein du Quatuor Rode. Ses vrais débuts européens ont lieu en 1892, à Berlin, où il étudie d'ailleurs sous la direction de Joseph Joachim. En 1895, il débute à Vienne lors du concert d'adieux d'Adelina Patti. En 1896, il joue le *Concerto pour violon* de Brahms devant le compositeur, enthousiaste, qui aurait souhaité composer une fantaisie à son intention, mais n'en a malheureusement pas eu le temps. Le monde entier, par la suite, l'acclame. Hubermann vit presque toujours à Vienne jusqu'à l'avènement du nazisme, malgré de nombreux séjours à l'étranger, notamment en Palestine. En 1927, pour le centenaire de la mort de Beethoven, il forme un trio historique avec Ignaz Friedman et Pablo Casals. De 1934 à 1936, il enseigne à la Musikhochschule de Vienne. Il survit miraculeusement à un accident d'avion à Sumatra où il se casse le poignet gauche et trois doigts. Mais peu après, il reprend son violon. Il est à l'origine de la création de l'Orchestre Symphonique de Palestine (1936), qui deviendra l'Orchestre Philharmonique d'Israël. Un an avant l'Anschluss, il quitte l'Autriche pour se réfugier en Suisse. La guerre le surprend en Afrique du Sud, où il effectuait une tournée. Il se réfugie aux États-Unis où il doit en fait recommencer une nouvelle carrière, car sa notoriété n'arrivait pas à la cheville de celle de Kreisler ou de Heifetz. Dès la fin des hostilités, il retourne en Suisse. Hubermann jouait sur un Guarnerius del Gesù de 1733. Il possédait également un Stradivarius de 1713, le *Gibson*, qui lui avait été volé en 1936 et qui a été retrouvé dans le Connecticut... en 1987 !

ÉCRITS : *Aus der Werkstatt des Virtuosen* (Vienne, 1912) ; *Vaterland Europa* (Berlin, 1932).

Huffstodt, Karen

Soprano américaine, née à Peru (Illinois) le 31 décembre 1954.

Elle fait ses études aux États-Unis et débute au Grand Opéra de Houston. Puis elle paraît au New York City Opera (*La Veuve joyeuse*, *La Rondine*, *Così fan tutte*) et à Chicago (Martha). Elle se rend en Europe, où elle chante Mozart (Constance, Donna Anna, la Comtesse) à la Staatsoper de Vienne, à Munich, à Paris, à Zurich avec Harnoncourt... Elle aborde Verdi en 1987 à Sydney (Amelia, *I Masnadieri*), puis chante *La Traviata* au Met en 1989, Odabella à Covent Garden, Tosca à Anvers et Salomé à Bruxelles en 1992. Elle se produit à la Scala à partir de 1993 (*La Vestale*). En France, elle paraît à Toulouse (Thaïs), à l'Opéra-Comique (Thaïs en 1988, Ariadne en 1993), à Lyon (Salomé en 1990, Turandot de Busoni en 1992), Marguerite à Bercy, Chrysothémis (1992) et Salomé (1994) à l'Opéra-Bastille, Euryanthe à Aix-en-Provence (1993). Elle participe en 1986 à la création de *Goya* de Gian Carlo Menotti au Kennedy Center de Washington.

Hunter, Rita

Soprano anglaise, née à Wallasey le 15 août 1933.

Si elle se produit sur scène à l'âge de huit ans, sa carrière aura connu un parcours difficile. Possédée par le démon des planches, elle est à quinze ans danseuse vedette dans des clubs de Liverpool. Elle devient l'élève d'Edwin Francis pendant deux ans. Après quelques tournées comme choriste dans des troupes d'opérettes, elle entre dans les chœurs du Sadler's Wells Opera (1954). Elle y restera deux ans, faisant de bien modestes débuts dans une demoiselle d'honneur des *Noces de Figaro*. Transférée à la Compagnie Carl Rosa, elle y tient de petits emplois : Inez, Berta, Frasquita... En 1959, de retour au Sadler's Wells, elle reçoit les conseils de Dame Eva Turner, Clive Carey et Redvers Llewellyn, et effectue quelques remplacements au pied levé (Senta, Santuzza ou Odabella) ; les triomphes remportés par cette inconnue n'alertent aucun directeur ni imprésario, alors Rita abandonne. En 1959, elle remonte sur la scène, au Covent Garden (la troisième Norne du *Crépuscule des dieux*). Elle chante *Le Trouvère*, *Euryanthe* (Églantine), Donna Anna et, en même temps, continue de travailler *La Tétralogie* avec Goodall. En 1970, elle chante sa première *Walkyrie*, un an après *Le Crépuscule des dieux* et, en 1973, *Siegfried.* Ayant réappris ses rôles dans leurs langues d'origine, elle est invitée à Berlin, à Munich, au Met, ajoutant à son répertoire Aïda, Santuzza, Elisabeth, Lady Macbeth.

ÉCRITS : *Wait Till the Sun Shines*, autobiographie (1986).

Hurst, George

Chef d'orchestre anglais, né à Édimbourg le 20 mai 1926.

D'ascendance russo-roumaine, il commence à étudier le piano avec J. Isserlis. Sa famille s'étant fixée au Canada, il travaille au Conservatoire de Toronto, notamment avec Léon Barzin, jusqu'en 1945. Puis il suit les cours de Pierre Monteux. Dès 1947, il enseigne au Conservatoire Peabody de Baltimore dont il dirige l'orchestre de 1951 à 1955. Simultanément, il est à la tête de l'Orchestre Symphonique de York en Pennsylvanie (1950-55). De retour en Angleterre, il est l'assistant de Sir Adrian Boult auprès de l'Orchestre Philharmonique de Londres (1955-57). Puis il est nommé chef permanent du BBC Northern Symphony Orchestra (1957-68). De 1968 à 1974, il est conseiller artistique de la Western Orchestral Society, organisation qui préside aux destinées des orchestres de Bournemouth : il est ainsi à la tête du Bournemouth Sinfonietta (1968-71). Il mène ensuite une carrière de chef invité et est nommé *principal guest* du BBC Scottish Symphony Orchestra (1986-90). Entre 1989 et 1992, il est à la tête du National Symphony Orchestra of Ireland à Dublin.

Hüsch, Gerhard

Baryton allemand, né à Hanovre le 2 février 1901, mort à Munich le 21 novembre 1984.

Il étudie le chant avec un unique professeur, Hans Emge (de 1920 à 1923), qui lui conseille de faire du théâtre. Il effectue ses débuts lyriques en 1923, au Théâtre d'Osnabrück, dans *Der Waffenschmied* de Lortzing, chantant aussi bien l'opérette que l'opéra. Il quitte Osnabrück en 1924 pour le Théâtre de Brême (1924-27), puis pour l'Opéra de Cologne (1927-30), enfin pour Berlin où il se produit successivement à la Städtische Oper (il y fait la rencontre du chef d'orchestre Hanns Udo Müller, son futur accompagnateur) et à la Deutsches Opernhaus (1932-35), puis à la Staatsoper qui l'invite régulièrement de 1937 à 1944. Entre-temps, le chanteur s'est fait connaître sur la scène internationale par les premiers disques de lieder qu'il enregistre et par ses apparitions au Covent Garden : il chante en 1930 Falke de *La Chauve-Souris* (avec Bruno Walter), en 1931 et 1938 Papageno (avec Sir Thomas Beecham). Son interprétation de Wolfram de *Tannhäuser* aux Festivals de Bayreuth 1930 et 1931 l'impose définitivement. La rencontre avec le compositeur finnois Yrjö Kilpinen, auteur de près de sept cents lieder, lui fait découvrir ce nouveau répertoire, qu'il défend dès 1932, enregistrant en moins de dix ans les premières intégrales des grands cycles schubertiens ou schumanniens. Il y est accompagné par Michael Raucheisen et Coenraad von Bos et surtout Hanns Udo Müller (mort en 1943 dans les bombardements de Berlin). Il se révèle également un interprète d'oratorio, incarnant le Christ aux côtés de Karl Erb dans l'enregistrement de la *Passion selon saint Matthieu* dirigé en 1941 par Günther Ramin. En dehors de Kilpinen, il travaille en étroite collaboration avec Paul Graener, Hans Pfitzner et Richard Strauss. Chantant encore en 1956-57, Hüsch s'était tourné dès 1938 vers l'enseignement, d'abord à l'Académie de musique de Munich, puis à l'occasion de cours d'interprétation au Japon, en Suisse, en Finlande, en Angleterre.

Baryton lyrique à la voix éclatante dans le répertoire allemand, il savait domestiquer et adoucir son émission vocale dans le répertoire italien et se retenir de tout excès expressif dans le récital de lieder, pour mieux mettre en valeur la force des mots.

Huttenlocher, Philippe

Baryton-basse suisse, né à Neuchâtel le 29 novembre 1942.

Il reçoit d'abord une formation de violoniste et n'entreprend des études de chant qu'une fois terminées ses études instrumentales (1963). Il travaille avec Juliette Bise et obtient un 1er prix en 1967. Michel Corboz l'associe, en soliste, à ses réalisations avec l'Ensemble Vocal de Lausanne (*Requiem* de Fauré, *Madrigaux* de Monteverdi, *Cantates* et *Passions* de Bach...). Il chante d'abord en oratorio puis vient à l'opéra avec l'*Orfeo* de Monteverdi (Zurich), *Les Indes galantes*, *Faust* (Valentin), *Così fan tutte* (Guglielmo), *Le Maître de chapelle* et *Pelléas et Mélisande* (il incarne Golaud dans l'enregistrement dirigé par Armin Jordan). Il a créé des œuvres de Gérard Condé (*Le Chant du silence,* 1993), Graciane Finzi (*Pauvre assassin,* 1992), Wilhelm Killmayer (*Französisches Liederbuch,* 1980), Norbert Moret (*Temps,* 1978 ; *Mendiant du ciel bleu,* 1981).

Hvorostovski, Dmitri

Baryton russe, né à Krasnoïarsk (Sibérie) le 16 octobre 1962.

Il fait ses études musicales à l'École pédagogique puis, à partir de 1982, à l'École supérieure des arts de sa ville natale où il est l'élève d'Ekaterina Yofel. Après quatre années d'études, il obtient son diplôme et est engagé à l'Opéra de Krasnoïarsk. En 1987, il remporte le 1er prix du Concours de chant pansoviétique et, un an plus tard, le 1er prix du Concours international de Toulouse. Il commence à chanter en Europe occidentale et remporte, en 1989, le Concours de chant de la BBC, à Cardiff. Il débute aussitôt à Nice (Eletski dans *La Dame de pique*) et à Londres (en récital, 1989), puis à New York (1990). Il chante les principaux rôles du répertoire russe et italien : *Eugène Onéguine* (Fenice de Venise, 1991 et Châtelet, à Paris, 1992), *Guerre et Paix* (San Francisco, 1991), *Don Giovanni* (Venise et Salzbourg), *La Traviata*, *Les Puritains* (Covent Garden, 1992), *Don Carlos* (Scala de Milan, 1992). Il mène parallèlement une importante carrière au concert.

I

Igoumnov, Konstantin

Pianiste russe, né à Lebedian (Tambor) le 19 avril 1873, mort à Moscou le 24 mars 1948.

Au Conservatoire de Moscou, il étudie le piano avec Alexandre Siloti, Nikolaï Zverev et Paul Pabst, l'écriture avec Serge Taneiev, Anton Arenski et Mikhaïl Ippolitov-Ivanov (1888-94). Parallèlement, il fait des études générales à l'Université de Moscou (1892-95). En 1895, il remporte le Prix Rubinstein et commence aussitôt une carrière de soliste. Il commence à enseigner à Moscou (1896-98) puis au Conservatoire de Tiflis (1898-99). En 1899, il est nommé professeur de piano au Conservatoire de Moscou dont il sera directeur entre 1924 et 1929 et où il enseignera pendant près d'un demi-siècle. Avec Alexandre Goldenweiser et Heinrich Neuhaus, il est considéré comme l'un des fondateurs de l'école soviétique de piano. Parmi ses élèves, Lev Oborin, Isaïe Dobrowen et Jakov Flière, qui formera lui-même Bella Davidovich, Lev Vlassenko, Vladimir Feltsman, Mikhaïl Rudy...

Iliev, Constantin

Chef d'orchestre et compositeur bulgare, né à Sofia le 9 mars 1924, mort à Sofia le 6 mars 1988.

Il étudie au Conservatoire de Sofia jusqu'en 1946 où il travaille le violon, la direction et la composition avec Vladigerov, Hadjiev, Avramov et Goleminov. Puis il se perfectionne à l'Académie de musique de Prague avec Řidký, Hába et Talich. Ses débuts, avec l'Orchestre Symphonique de l'Opéra de Roussé, datent de 1948. Il dirige les ballets à l'Opéra de Sofia (1948-49), puis prend la direction artistique de l'Opéra de Roussé (1949-52). Il est ensuite premier chef de l'Orchestre Symphonique de Varna (1952-56), avant d'être nommé premier chef à la Philharmonie d'État de Sofia (1956-71), dont il devient ensuite directeur artistique (1978-87). A partir de 1970, il est professeur au Conservatoire de Sofia. Il a créé des œuvres de Marin Goleminov (*Symphonie nº 1*, 1963), Dimiter Hristov (*Symphonie en deux parties*, op. 7, 1959), Simeon Pironkoff (*Musique nocturne*, 1968). Son œuvre est abondante (musique de chambre, cinq symphonies et un opéra, *Le Maître de Boyana*).

Imai, Nobuko

Altiste japonaise, née à Tōkyō le 18 mars 1943.

Elle fait ses études à l'École de musique Toho Gakuen à Tōkyō puis à l'Université de Yale et à la Juilliard School de New York. Elle remporte le 1er prix des Concours internationaux de Munich et de Genève (elle est la seule altiste à avoir cumulé ces deux récompenses). Entre 1974 et 1979, elle est membre du Quatuor Vermeer (Chicago). Puis elle se consacre à une carrière de soliste à part entière, participant régulièrement aux festivals de Marlboro et de Lokkenhaus. Elle se fixe aux Pays-Bas et enseigne aux conservatoires d'Utrecht et de La Haye. Elle est également professeur à la Hochschule für Musik de Detmold. Elle joue sur un Andrea Guarnerius de 1690. Elle a créé des œuvres de Toru Takemitsu (*A String Around Autumn*, 1989) et Michael Tippett (*Triple Concerto,* 1980).

Immerseel, Jos Van

Voir à **Van Immerseel, Jos.**

Inbal, Eliahu

Chef d'orchestre israélien et anglais, né à Jérusalem le 16 février 1936.

Il fait ses premières études musicales au Conservatoire de Jérusalem avant de travailler la direction d'orchestre avec Louis Fourestier (Conservatoire de Paris, 1960-63) et Sergiu Celibidache (Sienne, 1961-62). En 1963, il remporte le Prix Guido Cantelli à la Scala de Milan. Deux ans plus tard, il fait ses débuts avec l'orchestre du célèbre théâtre et avec l'Orchestre Philharmonique de Londres. En 1969, il dirige aux festivals de Salzbourg, Berlin et Lucerne et fait ses débuts lyriques à Vérone dans *Don Carlos.* Entre 1974 et 1990, il est chef permanent de l'Orchestre Radio-Symphonique de Francfort et, de 1985 à 1988, directeur musical au Théâtre de la Fenice de Venise. Il s'est imposé comme l'un des grands spécialistes de la musique de Mahler et de Bruckner et a notamment joué un rôle déterminant pour imposer les versions originales des symphonies de ce dernier.

On lui doit la création de *La Chute de la maison Usher* de Debussy (1977) et de la *Symphonie n° 1* de Müller-Siemens (1981).

Indjic, Eugen

Pianiste serbe naturalisé américain (1955), né à Belgrade le 11 mars 1947.

Il commence l'étude du piano à neuf ans et travaille sous la direction du pianiste russe Alexander Borovsky tout en poursuivant sa scolarité. Très jeune, il part aux États-Unis avec sa mère. A dix ans, il joue à la Télévision nationale américaine ; à treize ans, il donne son premier concert avec orchestre à Washington. Il reprend ses études à l'Université Harvard et en sort « Bachelor of arts » en 1969. Eugen Indjic remporte le 4e prix au Concours de Varsovie (1970), le 3e au Concours de Leeds (1972), le 2e au Concours Rubinstein de Jérusalem (1974). A dix-huit ans, il a été le plus jeune soliste à se produire avec le Boston Symphony Orchestra. Depuis, sa carrière l'a conduit dans le monde entier. Son épouse Odile est petite-fille du compositeur Henri Rabaud.

Inghelbrecht, Désiré-Émile

Chef d'orchestre et compositeur français, né à Paris le 17 septembre 1880, mort à Paris le 14 février 1965.

Son grand-père est belge, sa mère anglaise et son père altiste dans l'Orchestre de l'Opéra de Paris. Au Conservatoire, il fait des études sans éclat et a la révélation de Debussy lors de la création de *Pelléas et Mélisande* en 1902. Jacques Rouché l'engage comme chef d'orchestre au Théâtre des Arts (1908). Il y créera notamment *La Tragédie de Salomé* de Florent Schmitt. Puis il fonde, en 1912, l'Association Chorale Professionnelle pour doter Paris d'un chœur important. La même année, il est nommé directeur de la musique au Théâtre des Champs-Elysées qui va ouvrir ses portes quelques mois plus tard ; il conduit les grandes soirées de la saison inaugurale : *Benvenuto Cellini*, *Boris Godounov*, *La Péri...* Après la guerre, il fonde les Concerts Ignace Pleyel (1919) en réunissant de jeunes instrumentistes pour faire connaître les musiques des XVIIe et XVIIIe siècles. De 1920 à 1923, il fait le tour de l'Europe avec les Ballets Suédois. A son retour, il est nommé directeur de la musique à l'Opéra-Comique (1924-25). On le retrouve second chef aux Concerts Pasdeloup (1928-32), directeur de l'Opéra d'Alger (1929-30), à nouveau directeur musical à l'Opéra-Comique (1932-33) et, en 1934, il fonde l'Orchestre National de la Radio Française dont il sera le directeur jusqu'à la Libération. Entre 1945 et 1950, il est chef d'orchestre à l'Opéra de Paris et il dirigera régulièrement à la Radio jusqu'à la fin de sa vie.

Inghelbrecht s'était fait une spécialité de la musique de Debussy – il avait bien connu le compositeur – et d'un certain nombre d'ouvrages comme *Boris Godounov* ou *Pénélope* qu'il dirigeait régulièrement en concert. Son enregistrement intégral de l'œuvre de Debussy est le témoignage d'une certaine tradition qu'il avait soigneusement entretenue. Il avait créé la *Marche écossaise* (1913) et *La Boîte à joujoux* (1919). Parmi les autres créations : *Les Mariés de la tour Eiffel* (œuvre du Groupe des Six, 1921), *L'Homme et son désir* (Milhaud, 1921). Ses œuvres se ressentent de l'influence debussyste, surtout au début de sa carrière : les charmantes *Nurseries* (1905-32), pièces pour piano orchestrées par la suite, le *Requiem* (1941), le poème symphonique *Pour le jour de la première neige au vieux Japon* (1908) ou le ballet *El Greco* (1920).

ÉCRITS : *Comment on ne doit pas interpréter Carmen, Faust et Pelléas* (1933), *Diabolus in musica* (1933), *Mouvement contraire* (1947), *Le Chef d'orchestre et son équipe* (1949), *Claude Debussy* (1953), *Le Chef d'orchestre parle au public* (1957).

Inoue, Michiyoshi

Chef d'orchestre japonais, né à Tōkyō le 23 décembre 1946.

Il est l'élève de Hideo Saito à la Toho Gakuen High School et travaille également à l'Académie de musique de Tōkyō (1963-70) où il enseigne à partir de 1970. Il est lauréat du Concours international Min-On de Tōkyō (1970). Directeur artistique du Toho Gakuen Symphony Orchestra, chef assistant du Tōkyō Metropolitan Symphony Orchestra, il vient en Europe et remporte le 1er prix au Concours Cantelli (Scala de Milan, 1971). Il travaille avec Sergiu Celibidache à Bologne et sa carrière se développe rapidement en Europe et en Amérique. Entre 1976 et 1980, il est principal chef invité de l'Orchestre Symphonique de Nouvelle-Zélande. Entre 1983 et 1988, il est directeur musical du New Japan Philharmonic Orchestra de Tōkyō. En 1990, il est nommé directeur musical de l'Orchestre Symphonique de Kyōto.

Il a créé des œuvres de Shin-Ichiro Ikebe (*Symphonie n° 3 « Ego Phano »,* 1984), Toru Takemitsu (*Gémeaux,* 1986).

Irving, Robert

Chef d'orchestre anglais, né à Winchester le 28 août 1913, mort à Winchester le 13 septembre 1991.

Il effectue ses études à Oxford puis au Royal College of Music de Londres (1934-36). Sa carrière de chef d'orchestre débute après la guerre lorsqu'il est nommé chef assistant du BBC Scottish Orchestra (1945-48). Il est ensuite directeur musical du Sadler's Wells Ballet (1949-58) puis du New York City Ballet où il participe à toutes les grandes créations de Georges Balanchine (1958-78). Il mène ensuite une carrière de chef invité, principalement au Royal Ballet de Londres et dans le domaine du concert symphonique. Il a créé le ballet de Roberto Gerhard *Don Quixote* (1950).

Ishii, Shizuko

Violoniste japonaise, née à Yamaguchi le 31 août 1942.

Après avoir travaillé dans son pays avec Saburô Sumi, elle vient en France en 1959 où elle est l'élève de Gabriel Bouillon au Conservatoire de Paris. L'année suivante, elle remporte un 1er prix. En 1959 et 1961, elle est lauréate du Concours international Long-Thibaud et, en 1963, du Concours Paganini à Gênes. A partir de 1965, elle commence une brillante carrière internationale.

Isoir, André

Organiste français, né à Saint-Dizier le 20 juillet 1935.

Il fait ses études musicales à l'École César Franck de Paris où il est notamment l'élève d'Édouard Souberbielle (classe d'orgue). Il entre ensuite au Conservatoire dans la classe de Rolande Falcinelli ; il obtient son 1er prix d'orgue et d'improvisation à l'unanimité en 1960. Par la suite, il est lauréat de plusieurs concours internationaux : 1er prix à St Alban (Grande-Bretagne) en 1965 ; trois fois vainqueur à Haarlem (Hollande) en 1966, 1967, 1968, remportant ainsi le Prix du Challenge ; il est le seul interprète français à avoir obtenu cette distinction depuis la fondation de ce concours en 1951. Maître de chapelle et titulaire du grand-orgue à l'église Saint-Médard (1952-67), il devient cotitulaire de la tribune de Saint-Séverin (1967-73). Il est nommé ensuite titulaire du grand-orgue de l'église Saint-Germain-des-Prés, poste qu'il occupe depuis 1973. Après avoir enseigné l'orgue à Angers pendant treize ans, il est professeur au Conservatoire d'Orsay depuis 1978. Il a donné de nombreux cours et conférences, notamment à Saint-Maximin, Haarlem, Luxembourg, Boston, Helsinki, Reykjavik...

Membre de la commission des orgues des Monuments historiques, Isoir suit de très près l'évolution de la facture de son instrument et les travaux de restauration des orgues anciennes. Cette connaissance approfondie de l'organologie contribue, selon lui, à une meilleure approche des différents styles, tant du point de vue de la technique que de celui de la registration. Il a construit deux régales et un virginal. Influencé à ses débuts par l'optique neuve de Souberbielle et de Chapuis, qui contrastait avec l'enseignement officiel répandu, il a progressivement élaboré son style personnel dont on peut mesurer la qualité à l'écoute de l'œuvre de J. S. Bach dont il a enregistré l'intégrale. Jehan Alain et Pierre Vidal (dont les œuvres sont encore inédites) font partie des compositeurs qu'il aime plus particulièrement.

Issakadze, Liana

Violoniste géorgienne, née à Tbilissi le 2 juillet 1946.

Elle travaille à partir de 1953 au conservatoire de sa ville natale puis en 1957 joue pour la première fois à Moscou au 6e Festival international de musique, hors concours, en raison de son âge. En 1960, elle obtient le 2e prix des Jeunesses Musicales Soviétiques. A partir de 1963, elle travaille avec David Oïstrakh dont elle est l'élève préférée. Deux ans plus tard, elle obtient le 1er prix du Concours Long-Thibaud à Paris puis, en 1970, le 1er prix au Concours Sibelius à Helsinki et le 2e prix au Concours Tchaïkovski à Moscou. Dès lors, elle se produit sur le plan international. Attirée par la direction d'orchestre, elle prend en 1980 la direction artistique de l'Orchestre de Chambre de Géorgie (Tbilissi) dont elle fait, en quelques années, l'une des principales formations soviétiques. Autour de l'orchestre, elle fonde en 1983 le Festival de Pitsunda, sur les bords de la mer Noire. En 1990, elle se fixe en Bavière. Elle est dédicataire du *Double Concerto pour violon, violoncelle et orchestre de chambre* (1984) de Sulkhan Nasidze.

Isserlis, Steven

Violoncelliste anglais, né à Londres le 19 décembre 1958.

Issu d'une famille d'origine russe, il est le petit-fils du pianiste et compositeur Julius Isserlis. Il travaille avec Jane Cowan et Richard Kapuscinski au Collège d'Oberlin (Ohio ; 1976-78). En 1977, il fait ses débuts au Wigmore Hall de Londres, puis se produit dans toute l'Europe. Il mène une carrière de soliste avec les principaux orchestres américains et britanniques, jouant volontiers avec des ensembles d'instruments anciens. Il est conseiller artistique du Festival de Crickdale. En 1993, il reçoit le Prix Piatigorsky. Il joue sur un Guadagnini de 1745. Il a créé des œuvres de Howard Blake (*Diversions* pour violoncelle et orchestre, 1989) et Elena Firsova (*The Night Demons*, 1993).

Istomin, Eugene

Pianiste américain, né à New York le 26 novembre 1925.

Il fait ses études à l'Institut Curtis (Philadelphie) avec Serkin et Horszowski. Lauréat du Prix Leventritt en 1943, il donne son premier concert avec le New York Philharmonic Orchestra en interprétant le *Concerto en si bémol* de Brahms. Il joue aussi avec les musiciens de l'Ensemble Busch. Son premier enregistrement est très remarqué. Il s'agit du *Concerto en ut mineur* de Bach. Istomin fait alors une carrière internationale. Il suscite autour de lui un mouvement de créations. Il commande à Roger Sessions un *Concerto pour piano* qu'il crée (1956). Le répertoire d'Eugene Istomin comprend les grandes œuvres du XIXe siècle. Lorsqu'il joue en trio avec Isaac Stern et Leonard Rose, il incarne la part de l'expressivité et de la délicatesse. En 1975, il a épousé Martitta, la veuve de Pablo Casals. En 1980, il a pris la direction artistique du Kennedy Center.

Iturbi, José

Pianiste et chef d'orchestre espagnol, né à Valence le 28 novembre 1895, mort à Los Angeles le 28 juin 1980.

Fils d'un accordeur de pianos, il fait ses études aux conservatoires de Valence (classe de Malats) puis de Paris (classe de Victor Staub) où il obtient un 1er prix en 1913. Pendant la guerre, il se produit comme pianiste de bar puis obtient un poste de professeur de piano au Conservatoire de Genève (1918-22). Il entame une carrière internationale et se fixe aux États-Unis à partir de 1928. Il fait ses débuts de chef d'orchestre en 1933 à Mexico en dirigeant une série de vingt-neuf concerts. Puis il est nommé directeur musical de l'Orchestre Philharmonique de Rochester (1936-44). Il apparaît à la fois comme pianiste et comme chef d'orchestre, cumulant souvent les deux fonctions dans des œuvres aussi différentes que les concertos de Mozart, de Liszt ou *Rhapsody in Blue* de Gershwin. Par la suite, il prend la direction de l'Orchestre Symphonique de Valence (1956), poste qu'il abandonne lorsqu'il est nommé à la tête de l'Orchestre Symphonique de Bridgeport (Connecticut). Sa participation à une dizaine de films, dont *A Song to Remember* où il prête ses doigts à Chopin, lui fait gagner une très large renommée.

Il est aussi connu comme collectionneur de pipes. Sa sœur Amparo Iturbi (1898-1969) s'est également fait connaître comme pianiste : ils se sont parfois produits en duo. Comme compositeur, il laisse des pièces pour piano, *Seguedillas* et *Soliloquy* pour orchestre et une *Fantaisie* pour piano et orchestre. Il a créé *Solitude* (1918) et la *Fantaisie pour piano et orchestre* (1926) de Louis Vierne, *Piano-Rag-Music* (1919) d'Igor Stravinski, *Phantasy-Concerto* pour piano et orchestre (1944) d'Eugene Goossens, ainsi que le *Concertino* d'Alexandre Tansman qui lui est dédié.

Ivaldi, Christian

Pianiste français, né à Paris le 2 septembre 1938.

Il fait ses études au Conservatoire de Paris et obtient cinq premiers prix : musique de chambre (Jacques Février), piano (Aline Van Barentzen), musique de chambre professionnelle (Joseph Calvet), accompagnement piano (Henriette Puig-Roget), contrepoint (Simone Plé-Caussade). Il devient ensuite soliste à Radio France, dès 1961. Professeur au Conservatoire de Paris depuis 1969, curieux et ouvert à toute interprétation musicale, il peut aussi bien enregistrer l'œuvre à quatre mains de Schubert avec Noël Lee qu'accompagner des chanteurs (Bacquier, Berberian, Christoff, Crespin, Cuenod, Gobbi, Streich, Souzay...) ou créer les musiques de son temps. A partir de 1994, il est directeur artistique des Musicades de Lyon. Il a créé des œuvres de Gilbert Amy (*Cette étoile enseigne à s'incliner,* 1970), Georges Aperghis (*Simata,* 1974), André Boucourechliev (*Anarchipel,* 1971), Philippe Capdenat (*Batteries* pour piano préparé, 1969, dédicataire ; *Concerto italien,* 1971 ; *Croce e delicia,* 1973 ; *Palindrome 3.1,* 1982, déd.), Charles Chaynes (*Concordances,* 1968), Jean Guillou (*Colloques*), Maurice Ohana (*Le Tombeau de Claude Debussy,* 1962 ; *Signes,* 1965, déd. ; *Synaxis,* 1976), Luis de Pablo (*Por diversos motivo,* 1970 ; *Protocolo,* 1972).

Sa nature discrète en a fait un idéal accompagnateur et partenaire de musique de chambre, domaines dans lesquels il s'est imposé comme l'un des grands de notre époque. En 1982, il fonde avec Sylvie Gazeau, Gérard Caussé et Alain Meunier le Quatuor Ivaldi, l'une des rares formations de ce genre.

Ivanov, Konstantin

Chef d'orchestre russe, né à Jefremovo le 21 mai 1907, mort à Moscou le 15 avril 1984.

Au Conservatoire de Moscou, il travaille avec Guinzbourg jusqu'en 1937 avant d'être nommé assistant auprès de l'Orchestre Symphonique d'État de Moscou (1937-39). Lauréat du Concours national des chefs d'orchestre de l'URSS en 1938, il dirige ensuite au Théâtre Stanislavski-Nemirovitch-Danchenko (1939-41) et est l'un des chefs permanents de l'Orchestre Symphonique de la Radio-Télévision de l'URSS (1941-46). Puis il est nommé premier chef de l'Orchestre Symphonique d'État de Moscou (1946-65). Il a créé l'*Ouverture sur des thèmes russes et kirghizes* de Chostakovitch (1963).

Ivogün, Maria (Ilse von Günther)

Soprano hongroise naturalisée allemande, née à Budapest le 18 novembre 1891, morte à Beatenberg (Suisse) le 2 octobre 1987.

Fille d'une célèbre chanteuse, Ida von Günther, elle grandit en apprenant naturellement le chant. Encouragée par ses parents à entreprendre une carrière lyrique, elle suit de 1907 à 1913, à l'Académie de Vienne, l'enseignement d'Amalie Schlemmer-Ambros. Lors d'une audition infructueuse passée à la Wiener Hofoper, Bruno Walter l'entend et, ébloui, la fait engager en 1913 après un concert d'essai probant (elle y chante les airs de Mimi) à l'Opéra de Munich. Elle se forge alors son nom d'artiste à partir des premières syllabes du nom de sa mère. En douze années, sous la houlette vigilante de Bruno Walter, elle devient la grande soprano colorature de son temps, une exceptionnelle Reine de la Nuit en particulier, et crée successivement le rôle de Zerbinette dans la mouture définitive de 1916 d'*Ariane à Naxos* (à la demande expresse de Richard Strauss), *Der Ring des Polykrates* de Korngold (1916), le rôle d'Ighino dans *Palestrina* de Pfitzner (1917) qui lui vaut le titre de Kammersängerin, et *Die Vögel* de W. Braunfels (1920). La gloire internationale vient rapidement : Mary Garden l'invite à chanter à l'Opéra de Chicago en 1921 et 1922, elle débute à Covent Garden (1924), à la Scala de Milan, au Met de New York et triomphe en 1925 au Festival de Salzbourg pour sa première apparition en Norina dans *Don Pasquale*, et en chantant des lieder en duo avec **Karl Erb** (son mari de 1921 à 1932). Elle suit Bruno Walter quand il prend la direction de la Städtische Oper de Berlin, où elle chante jusqu'à ses adieux à la scène en 1932. Près de son nouvel époux, le pianiste **Michael Raucheisen** (1889-1984), elle se consacre à l'enseignement, professant à la Musikakademie de Vienne de 1948 à 1950, à la Berliner Hochschule de 1950 à 1958, avant d'être nommée en 1956 membre de l'Akademie der Künste de Berlin. Elisabeth Schwarzkopf et Rita Streich sont ses deux élèves les plus célèbres. Alliant une exceptionnelle agilité vocale et un timbre d'une grande pureté dans tous les registres, elle chantait aussi bien les rôles de soprano lyrique que ceux de colorature, Constance, Rosine, Gilda, Mimi, etc.

Iwaki, Hiroyuki

Chef d'orchestre japonais, né à Tōkyō le 6 septembre 1932.

A l'Université des arts de Tōkyō, il étudie la percussion et la direction d'orchestre avec Hideo Saito et Akeo Watanabe (1951-54). Nommé chef assistant à la NHK en 1954, il fait ses véritables débuts trois ans plus tard. Invité par la plupart des orchestres japonais, il dirige, entre 1957 et 1960, plus de trente créations mondiales ou japonaises. Il est à la même époque chef permanent du Chœur Philharmonique de Tōkyō. Puis il effectue de nombreuses tournées avec l'Orchestre Symphonique de la NHK. De 1965 à 1967, il est directeur musical de la Fujiwara Opera Company. Pendant trois ans (1966-69), il vit à Hambourg et est l'invité des principaux orchestres européens. En 1969, il est nommé à vie directeur de l'Orchestre Symphonique de la NHK à Tōkyō, puis de l'Orchestre Symphonique de Melbourne en 1974. En 1988, il est également nommé directeur musical du nouvel Orchestre-Ensemble de Kanazawa. Il a créé des œuvres de Luigi Dallapiccola (*Concerto per la notte di natale de l'anno 1956,* 1957), Toshi Ichiyanagi (*Symphonie « Berlin Renshi »,* 1988 ; *The Origin,* 1989), Luis de Pablo (*Senderos del aire,* 1988), Richard Meale (*Symphonie,* 1992), Toru Takemitsu (*Marginalia,* 1976 ; *Dreamtime,* 1982 ; *A Way a Love II,* 1982 ; *Star-Isle,* 1982 ; *Uta,* 1983 ; *Arc Part I,* 1983 ; *Arc Part II,* 1984), Iannis Xenakis (*Horos,* 1986 ; *Tuorakemsu,* 1990) et Isang Yun (*Symphonie nº 4,* 1986).

J

Jacob, Werner

Organiste et compositeur allemand, né à Mengersgereuth (Thuringe) le 4 mars 1938.

A la Musikhochschule de Fribourg-en-Brisgau, il étudie l'orgue, le clavecin, la composition et la direction d'orchestre avec Walter Kraft, Fritz Neumeyer, Wolfgang Fortner et Carl Ueter. En 1962, il suit les cours de György Ligeti et Bruno Maderna à Darmstadt. L'année suivante, il est nommé organiste titulaire à la Dreieinigkeitskirche de Nuremberg. En 1969, il devient Kirchenmusikdirektor à Saint-Sebald de Nuremberg où il dirige également la Cappella Sebaldiana et les Nürnberg Bachsolisten. Entre 1971 et 1979, il enseigne l'orgue à l'Académie internationale d'été de Haarlem (Pays-Bas) et, en 1976, il devient professeur à la Musikhochschule de Stuttgart. En 1985, Jacob Werner est nommé directeur artistique de l'Orgelwoche de Nuremberg. Il donne des concerts et des cours dans le monde entier, accordant une large place dans son répertoire à la musique contemporaine. Il a enregistré l'intégrale de l'œuvre pour orgue de J. S. Bach.

Jacob Werner a composé des œuvres essentiellement destinées à l'orgue et à l'église (*Da Pacem*, 1971 ; *Tempus Dei*, 1979 ; *Babel*, 1980 ; *Sub Cruce*, 1983 ; *Missa contraria*, 1988) ; il a également écrit de la musique électronique.

Jacobs, René

Haute-contre et chef d'orchestre belge, né à Gand le 30 octobre 1946.

Il étudie la philologie à l'Université de Gand. Il travaille à Bruxelles avec Louis Devos et à La Haye avec Lucie Frateur. Il se spécialise très vite dans la musique baroque et chante dans des ensembles dirigés par Leonhardt, Harnoncourt, Kuijken, Curtis ou Gardiner. Il possède un timbre de haute-contre assez rare qu'il met rapidement en valeur en se dotant d'une technique vocale très approfondie qu'il met au service de la musique ancienne. Il contribue notamment au renouveau de l'interprétation de la musique baroque et classique, sans oublier Monteverdi et les pionniers de l'opéra italien. Il effectue dans ce domaine un important travail de réalisation sur les partitions, restées jusqu'alors à l'état manuscrit ou seulement connues dans des réalisations incompatibles avec les progrès de la musicologie (*L'Orontea* de Cesti, *Giasone* de Cavalli, *Echo e Narcisse* et *I Cinesi* de Gluck...). Il se consacre également à la direction vocale (avec son propre ensemble vocal) et à la direction d'orchestre à la tête d'ensembles spécialisés comme le Concerto Vocale de Cologne. Il enseigne à la Schola Cantorum Basiliensis, en Autriche, en Allemagne, aux États-Unis et en France où il partage avec Rachel Yakar la responsabilité du studio lyrique du Centre de musique baroque de Versailles (depuis 1988). Il est également principal chef invité du Festival d'Innsbruck et directeur artistique du Théâtre royal de Versailles (depuis 1991).

ÉCRITS : *La Controverse sur le timbre de contre-ténor* (1985).

Jacquillat, Jean-Pierre

Chef d'orchestre français, né à Versailles le 13 juillet 1935, mort au Chambon-sur-Lignon (Haute-Loire) le 11 août 1986.

Il fait ses études musicales (piano, musique de chambre, percussion, harmonie) aux conservatoires de Versailles et de Paris. Il donne son premier concert en 1965 avec Samson François en soliste. Il mène alors une active carrière de chef invité. En 1967, il est nommé chef assistant de l'Orchestre de Paris avec lequel il donne de nombreux concerts en France et à l'étranger. En 1970, il devient directeur musical de l'Orchestre d'Angers. En 1971, on lui offre le poste de chef permanent de l'Opéra de Lyon et de l'Orchestre Philharmonique Rhône-Alpes. De 1975 à 1978, il est conseiller musical de l'Orchestre des Concerts Lamoureux, puis il dirige régulièrement en Islande, à Reykjavik. Parmi les créations qu'il réalise, il convient de retenir des œuvres de Claude Ballif (*6ᵉ Imaginaire, 1976), Jean Rivier (Dolor*, 1977).

Jadlowker, Hermann

Ténor letton, né à Riga le 17 juillet 1877, mort à Tel-Aviv le 13 mai 1953.

Élève de Joseph Gänsbacher au Conservatoire de Vienne, il fait ses débuts dans le rôle de Gomez (*Nachtlager von Granada* de Kreutzer) à Cologne en 1899. Après s'être produit à Königsberg, Stettin et Rostock, il chante à Riga (1900-05), Karlsruhe (1906-09) et à la Kroll Oper de Berlin (à partir de 1907). Il débute au Metropolitan Opera dans le rôle de Faust de Gounod (1910) et y chante jusqu'en 1912 (Rodolfo, Canio, Lohengrin, Turiddu, Max, Pinkerton). Il se produit également à Boston (1910-12) et à la Hofoper de Berlin (1911-19). Il crée le rôle de Bacchus dans *Ariane à Naxos* (Stuttgart, 1912). Il est invité en Europe, entre à l'Opéra de Berlin (1922-23), puis est hazan à la synagogue de Riga (1929-38) et enseigne au Conservatoire de Riga (1936-38). Il s'installe ensuite à Tel-Aviv où il enseigne. Parmi ses rôles les plus importants, on peut citer Florestan, Don Carlos, Parsifal et Lohengrin. Il a laissé plus de deux cents enregistrements qui témoignent de son art de la coloration, exceptionnel pour un ténor héroïque.

Jamet, Marie-Claire

Harpiste française, née à Reims le 27 novembre 1933.

Fille de **Pierre Jamet**, elle fait ses études au Conservatoire de Paris et obtient des premiers prix de harpe et de musique de chambre en 1948. Nommée, en 1956, harpe solo de l'Orchestre Philharmonique de l'ORTF, après avoir été soliste aux Concerts Pasdeloup, elle entre à l'Orchestre National de France (harpe solo) en 1963, et, depuis 1976, est soliste de l'Ensemble InterContemporain. Elle a donné un grand nombre de concerts en soliste, avec son mari, le flûtiste Christian Lardé, ou avec son Quintette instrumental. Professeur à l'École Normale de Musique, elle est aussi professeur intérimaire au Conseil National de Lyon avant d'être nommée professeur au Conservatoire de Paris en 1984.

Sa sensibilité musicale, l'intelligence de son jeu, son modernisme attirent les compositeurs d'aujourd'hui dont elle crée des œuvres : Damase, Taïra (*Stratus*, flûte, harpe et orchestre), Bancquart (*Ma manière de chat*, *Symphonie concertante*, etc.), Casterède, Loucheur, Françaix, Boulez (*Répons*, 1981).

Jamet, Pierre

Harpiste français, né à Orléans le 21 avril 1893, mort à Gargilese le 17 juin 1991.

Il étudie la musique avec sa mère, dès l'âge de dix ans, travaille le piano puis la harpe chromatique. En 1906, il entre au Conservatoire, dans la classe de Mme Tassu-Spencer, abandonnant la classe de harpe chromatique (Pleyel). Il travaille avec Hasselmans la harpe à pédales (Érard) et obtient un 1ᵉʳ prix, en 1912.

En 1913, il est nommé au Théâtre des Champs-Élysées, dans l'orchestre que dirige Inghelbrecht. Dès 1917, il commence une carrière de soliste. Claude Debussy désire entendre sa *Sonate pour flûte, alto et harpe*, sur la harpe Érard. Il encourage Pierre Jamet et la première audition a lieu, le 9 mars 1917. En 1920, Pierre Jamet est nommé harpiste aux Concerts Lamoureux et, deux ans plus tard, donne son premier récital à Paris. C'est aussi la création du Quintette instrumental de Paris qui deviendra Quintette Pierre Jamet, en 1945. Entre 1922 et 1940, il fait une carrière (soliste et musique de chambre) à travers le monde. De 1936 à 1959, il est harpe solo à l'Opéra, de 1936 à 1938, aux Concerts Pasdeloup, de 1938 à 1948, aux Concerts Colonne. Il est professeur au Conservatoire de Paris de 1948 à 1963 et fonde, en 1962, l'Association internationale des harpistes et amis de la harpe dont il est président. Il aime enseigner et grâce à lui la musique française pour harpe garde son rayonnement à travers l'école de harpe qu'il a fondée en 1964 (cours d'été de Gargilesse), le Festival de Gargilesse qui a lieu chaque année depuis 1968, et le Concours international de harpe fondé par lui en 1977 (Concours Marie-Antoinette Cazala). Jeu subtil, intelligence claire, il excellait dans Debussy, Roussel, Ravel. Il a suscité des œuvres nouvelles.

Jandó, Jenö

Pianiste hongrois, né à Pécs le 1er février 1952.

Il fait ses études musicales à l'Académie Franz Liszt de Budapest, où il travaille le piano avec Katalin Nemes et Pál Kadosa (diplôme en 1974). Il remporte le 3e prix au Concours Beethoven organisé par la Radio Hongroise pour le bicentenaire de la naissance du compositeur (1970), le 2e prix au Concours Cziffra, à Versailles (1972), le 2e prix au Concours Dino Ciani, à Milan (1975) et le 1er prix, catégorie musique de chambre, au Concours international de Sydney (1977). En 1974, il est nommé soliste de la Philharmonie Nationale Hongroise. Il devient l'assistant de Pál Kadosa à l'Académie Franz Liszt et commence une carrière de soliste, où la musique de Liszt occupe une place importante : il révèle notamment en 1990 un concerto oublié dont il signe le premier enregistrement mondial.

Janigro, Antonio

Violoncelliste et chef d'orchestre italien, né à Milan le 21 janvier 1918, mort à Milan le 1er mai 1989.

Il commence le piano à six ans et est élève de Gilberto Crepax au Conservatoire de Milan. En 1929, sur les conseils de Pablo Casals, il part pour Paris afin de travailler le violoncelle à l'École Normale de Musique avec Diran Alexanian. Après avoir remporté six prix nationaux et internationaux, il commence véritablement sa carrière en 1933. Il se fixe en Yougoslavie, à Zagreb, en 1939, où il enseigne au Conservatoire jusqu'en 1953. Après la guerre, il se tourne vers la direction d'orchestre et fait ses débuts en 1948. Il fonde, en 1954, les Solistes de Zagreb qui vont devenir, sous sa direction, l'un des meilleurs orchestres à cordes du monde. Il reste leur chef jusqu'en 1967. Parallèlement, il est à la tête de l'Orchestre Symphonique de la Radio de Zagreb (1954-64) puis de l'Orchestre de l'Angelicum de Milan (1965-67). Il succède ensuite à Karl Ristenpart à la tête de l'Orchestre de Chambre de la Radio Sarroise (1968-71). De 1965 à 1974, il enseigne à la Hochschule de Düsseldorf puis, à partir de 1975, à celle de Stuttgart. Il est aussi professeur au Mozarteum de Salzbourg (à partir de 1971) où il dirige la Camerata Academica (1974).

Naturellement attiré par les petites formations, Janigro donne le meilleur de lui-même dans le domaine de la musique de chambre. Il a joué en sonate avec Dinu Lipatti ou Carlo Zecchi et constitué un trio avec Paul Badura-Skoda et Jean Fournier. Il possède deux instruments anciens : un Amati et un Guadagnini. Il a créé des œuvres de Xavier Benguerel (*Consort Music*, 1971), Lorenzo Ferrero (*My Blues*, 1982), Wolfgang Fortner (*Immagini*, 1967), György Ligeti (*Ramifications*, seconde version, 1969), Albert Roussel.

Janis, Byron (Byron Yanks)

Pianiste américain, né à McKeesport (Pennsylvanie) le 24 mars 1928.

Dès l'âge de sept ans, il étudie le piano avec Adèle Marcus, Rosina et Josef Lhévinne, à New York. En 1943, il joue pour la première fois avec orchestre (Orchestre Symphonique de la NBC) le 2e *Concerto* de Rachmaninov. Lorsqu'il interprète cette œuvre pour la seconde fois, avec l'Orchestre Symphonique de Pittsburgh, c'est sous la direction de Lorin Maazel, alors âgé de quatorze ans. Horowitz l'entend ; durant trois ans il lui donnera des cours. En 1960, Byron Janis se rend en URSS. Public et critiques l'acclament. Les débuts de sa carrière sont brillants, malheureusement il tombe malade et ne reviendra au concert qu'en 1972. Virtuose, il excelle particulièrement dans Chopin, Rachmaninov, Prokofiev, Albeniz. Il est aussi compositeur, auteur de ballades et de chants populaires. En 1967, il a découvert en France (au château de Thoiry) des manuscrits autographes (variantes) de deux Valses de Chopin et deux autres versions de ces pièces à l'Université de Yale (États-Unis). En 1975, il tourne le film *Frédéric Chopin, A Voyage with Byron Janis.* Sa carrière est fréquemment interrompue par des crises d'arthrite. Après un an de cessation totale d'activité, il peut reprendre normalement ses concerts et crée, en 1986, une fondation pour le traitement de cette maladie. Il a épousé en 1966 la fille de Gary Cooper.

Jankelevitch, Yuri

Violoniste russe, né à Bâle le 7 mars 1909, mort à Moscou le 13 septembre 1973.

Il est l'élève d'Abram Yampolski qui le conseillera durant toute sa formation jusqu'en 1936. Il est nommé professeur au Conservatoire de Moscou en 1961 et dirige l'ensemble des classes de violon à partir de 1969. Il se produit régulièrement en dehors de son pays lors de stages musicaux à Weimar et à Salzbourg. Il donne également des cours d'interprétation aux conservatoires de Paris et de Tōkyō. Dans la tradition de son maître Yampolski, il a formé des interprètes tels que Vladimir Spivakov, Victor Tretiakov, Irina Botchkova, Nelly Chkolnikova, Dmitry Sitkovetsky...

Janopoulo, Tasso

Pianiste grec naturalisé français, né à Alexandrie le 16 octobre 1897, mort à Paris.

Orphelin très jeune, il fait ses débuts comme pianiste de brasserie. Venu en Belgique par hasard, avec un ami, il devient l'élève d'Arthur De Greef. Parallèlement, il travaille pour gagner sa vie. De Greef le présente à Eugène Ysaÿe, et, quelque temps après, il devient son accompagnateur attitré.

En 1923, il rencontre à Bruxelles Jacques Thibaud. Ils partiront en tournée la même année, et ce sera le début d'une grande amitié qui durera jusqu'à la mort du violoniste en 1953. Accompagnateur-né, Janopoulo a joué aux côtés de Kreisler, Milstein, Menuhin, Francescatti, Szeryng, Kirsten Flagstad ou Ninon Vallin. Pendant quarante ans, les plus grands solistes ont recherché sa compagnie rassurante, faite d'humour et d'une grande connaissance de l'accompagnement. Il ne s'est pas cantonné dans la musique dite « sérieuse ». Il lui est arrivé d'accompagner des chanteurs d'opérettes lors de tournées en Amérique du Sud. Dès 1947, il était aux côtés de son neveu Georges Guétary, pour ses débuts à Londres. Il a mené également une longue carrière de pédagogue.

Janowitz, Gundula

Soprano allemande, née à Berlin le 2 août 1937.

Elle étudie le chant au Conservatoire de Graz avec H. Thöny. Karajan la remarque en 1959 et lui assure un contrat d'élève à l'Opéra de Vienne où elle chante un an plus tard Marcelline (*Fidelio*), Micaëla (*Carmen*) et Flora (*La Traviata*). A Munich, elle est Pamina (direction Knappertsbusch). De 1960 à 1963, elle chante régulièrement à Bayreuth. En 1963, elle apparaît à Salzbourg (*Symphonie n° 9* de Beethoven avec Karajan) et à Aix-en-Provence. En 1964, elle chante Ilia (*Idoménée*) à Glyndebourne et l'Impératrice

(*La Femme sans ombre*) à Vienne. Toujours avec Karajan elle est Sieglinde au premier Festival de Pâques à Salzbourg. En 1969, s'orientant vers le répertoire italien, elle chante Amelia (*Simon Boccanegra*, Verdi) à Vienne et à Berlin. Depuis 1970, elle se consacre aussi au lied, accompagnée par Irwin Gage. Son répertoire, parti du concert et de l'oratorio, comprend l'opéra allemand et italien.

Gundula Janowitz possède une voix riche dans le registre supérieur, qui convient aux rôles mozartiens, telle la Comtesse des *Noces de Figaro* qu'elle a chantée à Paris dans la mise en scène de Strehler. En 1990-91, elle est *Operdirektorin* à Graz, en Autriche.

Janowski, Marek

Chef d'orchestre allemand, né à Varsovie le 18 février 1939.

Son père est polonais, sa mère allemande. Très jeune, il vient en Allemagne et fait ses études musicales à la Hochschule de Cologne, notamment avec Sawallisch. Puis il se perfectionne à Sienne avant d'occuper des postes de chef assistant à Aix-la-Chapelle, Cologne et Düsseldorf. Il est ensuite premier chef à l'Opéra de Cologne, à l'Opéra de Hambourg (1969-74), directeur musical à Fribourg (1973-75) et à Dortmund (1975-80), puis principal invité du Royal Liverpool Philharmonic Orchestra. En 1980, il commence l'enregistrement intégral de la *Tétralogie* de Wagner avec la Staatskapelle de Dresde. Entre 1983 et 1987, il est directeur musical du Royal Liverpool Philharmonic Orchestra. En 1984, il est nommé premier chef du Nouvel Orchestre Philharmonique de Radio France dont il devient directeur musical en 1988. Entre 1986 et 1990, il assure également la direction musicale de l'Orchestre du Gürzenich de Cologne.

Jansen, Jacques (Jacques Toupin)

Baryton français, né à Paris le 22 novembre 1913.

Au Conservatoire, il reçoit une formation de chanteur et de comédien, après avoir commencé l'étude du violon et du violoncelle. Ses professeurs sont Charles Panzéra, Claire Croiza, Raymond Rouleau et Louis Jouvet. Il obtient un 1er prix de chant en 1940 mais a déjà été engagé à la Comédie-Française l'année précédente. Sa carrière de comédien n'aura de lendemain que dans le répertoire de l'opérette. Il chante à l'Opéra-Comique les rôles légers, créant *Fragonard* de Pierné et *Malvina* de Reynaldo Hahn. Mais c'est surtout le rôle de Pelléas qui assure sa notoriété : il l'enregistre dès 1942 sous la direction de Désormière et le chantera pendant près de quarante ans. Avant d'être attaché de façon permanente à la troupe de l'Opéra-Comique, il chante beaucoup l'opérette, incarnant plus de 1 500 fois Danilo dans *La Veuve joyeuse*, notamment à Mogador. Il est invité sur les plus grandes scènes du monde pour chanter essentiellement Pelléas (Covent Garden, Met, Scala, Colón). Ce dernier théâtre l'accueille aussi pour la création locale de *Christophe Colomb* de Milhaud.

Jansons, Arvid

Chef d'orchestre letton, né à Liepaja le 24 octobre 1914, mort à Manchester le 21 novembre 1984.

Au conservatoire de sa ville natale, il étudie le violon (1929-35). Puis il vient au Conservatoire de Riga travailler le violon, la direction d'orchestre et la composition (1940-44). Dès 1940, il est violoniste à l'Orchestre de l'Opéra de Riga. Il devient chef d'orchestre dans ce théâtre de 1944 à 1952. En 1946, il remporte le 2e prix au Concours national des chefs d'orchestre soviétiques. Deux ans plus tard, il est chef associé de l'Orchestre Symphonique de Leningrad dont il devient premier chef en 1952. Il effectue de nombreuses tournées en Extrême-Orient et en Australie. A partir de 1965, il est premier chef invité du Hallé Orchestra de Manchester. Il donne des cours en Allemagne et sera nommé professeur au Conservatoire de Leningrad en 1972. Il a créé des œuvres de Rudolf Wagner-Régeny (*Acht Kommentare zu einer Weise des Guillaume de Machaut*, 1967).

Jansons, Mariss

Chef d'orchestre letton, né à Riga le 14 janvier 1943.

Fils d'Arvid Jansons, il étudie à l'Université et au Conservatoire de Leningrad (violon, alto, piano et direction d'orchestre). Diplômé en 1969, il se perfectionne à Vienne avec Hans Swarowsky et à Salzbourg avec Karajan. En 1971, il remporte le 2e prix au Concours Karajan à Berlin et devient l'assistant de Mravinski à la Philharmonie de Leningrad. Il prend la direction de l'Orchestre Symphonique de Leningrad avant d'être nommé chef permanent de l'Orchestre Philharmonique d'Oslo (1979). Sa carrière de chef invité se développe très vite en Occident, notamment en Grande-Bretagne et aux États-Unis. Il fait ses débuts à la Philharmonie de Berlin en 1988. Il dirige régulièrement les orchestres russes, notamment la Philharmonie de Saint-Pétersbourg lors de ses tournées internationales.

Janssen, Herbert

Baryton allemand naturalisé américain (1946), né à Cologne le 22 septembre 1895, mort à New York le 3 juin 1965.

Après des études à Cologne puis à Berlin avec Oskar Daniel, il débute à Berlin en 1924 et commence rapidement une carrière internationale. Il chante ainsi à Covent Garden dès 1926, jusqu'en 1939, et reçoit la consécration de Bayreuth de 1930 à 1937, y incarnant Wolfram, Amfortas, Günther, Kothner, Donner et le Hérault de *Lohengrin*. Il quitte l'Allemagne en 1937, reste un an à l'Opéra de Vienne et commence sa carrière américaine en 1939. Il apparaît au Met de New York (1939-51), à Chicago, à San Francisco, au Colón de Buenos Aires. Son répertoire comporte les autres rôles de baryton wagnérien (Kurwenal, le Hollandais et même Wotan et Sachs qu'il ose chanter pendant la guerre), Papageno, Pizzaro, Jokanaan, Oreste, ainsi que de nombreux rôles italiens : Rigoletto, Renato, Germont, Luna, Amonasro, Don Carlo...

Jarry, Gérard

Violoniste français, né à Châtellerault le 6 juin 1936.

Il fait ses premières études musicales dans sa ville natale. Il travaille avec Dussault, Luquin, Benedetti et Benvenutti avant d'obtenir, en 1950, un 1er prix et un prix d'honneur de violon au Conservatoire de Paris. En 1951, il remporte le 1er prix du Concours international Marguerite Long-Jacques Thibaud qui marque le début de sa carrière de soliste. Il fonde en 1959 avec Serge Collot et Michel Tournus (alto et violoncelle) le Trio à cordes Français. De 1960 à 1971, date à laquelle il est nommé professeur au Conservatoire de Paris, il est second soliste à l'Orchestre de l'Opéra-Comique. A compter de 1969, il est violon solo dans l'Orchestre de Chambre Jean-François Paillard et, à partir de 1985, premier violon solo de l'Orchestre National d'Ile-de-France. Il a créé *États* de Betsy Jolas avec les Percussions de Strasbourg et réalisé la première intégrale au disque des *Concertos pour violon* de Jean-Marie Leclair.

Jarsky, Irène

Soprano française, née à Toulouse le 8 juillet 1939.

Elle fait des études générales et de danse classique – souhaitant faire une carrière de danseuse. Elle suit des cours de harpe et de dessin, puis choisit la musique et reçoit les premiers prix de chant et d'art lyrique au Conservatoire de Paris (1964 et 1965). Elle obtient le Prix Erik Satie en 1967 et fait partie de la troupe Renaud-Barrault (1961-64). Professeur de chant au Conservatoire expérimental de Pantin depuis 1972, elle est aussi cofondatrice de cet établissement qu'elle dirige de 1977 à 1980. Après avoir ouvert en 1980 l'atelier « La voix contemporaine » à Paris, elle est titulaire pour 1980-81 d'une bourse de recherche, accordée par le ministère de la Culture, portant sur les découvertes et les récentes expériences de simulation de la parole en laboratoire. En parallèle aux concerts, au théâtre musical, elle tente, avec les étudiants, de trouver les lignes de force d'une pédagogie de la phonation (dans l'exécution artistique et sur le plan de l'équilibre de l'individu). Depuis 1982, elle est chargée de recherches par le ministère de la Culture et le CNRS sur la physiologie et la pratique vocales. Elle fait aussi des recherches sur le théâtre et la musique avec des compositeurs (Aperghis, Puig) et des metteurs en scène. Son répertoire est vaste, ses créations nombreuses : *Petrus Hebraicus* (Pousseur, Berlin, 1974), *Les Liaisons dangereuses* (Prey, Aix-en-Provence, 1980), *Au-delà du hasard* (Barraqué, Venise, 1980), *L'Homme aux liens* (Dusapin, 1980), *L'Application des lectrices aux champs* (Decoust, 1979), *Les Tarots d'Ulysse* (Bancquart, 1984), *Médée* (Fourchotte, 1984), *Fünf See-Bilder* (Trojahn, 1984). Elle a aussi participé à la création de *La Chute de la maison Usher* de Debussy. En 1991, elle est nommée inspecteur à la Direction de la musique du ministère de la Culture. Elle a épousé le compositeur Michel Decoust.

Järvi, Neeme

Chef d'orchestre estonien, né à Tallinn le 6 juin 1937.

Il étudie avec son frère Vallo puis à l'école de musique de sa ville natale (percussion et direction chorale) avant de venir à Leningrad où il travaille la direction d'orchestre avec Nicolaï Rabinovitch et Evgeni Mravinski (1955-60). Percussionniste dans l'Orchestre Symphonique de la Radiotélévision Estonienne, il devient directeur musical de cet orchestre en 1963 et, la même année, fonde l'Orchestre de Chambre de Tallinn. Entre 1966 et 1979, il est premier chef d'orchestre à l'Opéra de Tallinn. En 1971, il remporte le 1er prix au Concours international de Rome. A Tallinn, il dirige les premières auditions soviétiques du *Chevalier à la rose* et de *Porgy and Bess.* Entre 1976 et 1980, il est à la tête de l'Orchestre Symphonique d'Estonie. En 1980, il se fixe aux États-Unis où il est invité par les principaux orchestres ainsi qu'au Met. En 1982, il prend la direction de l'Orchestre Symphonique de Göteborg. Il est également directeur musical du Scottish National Orchestra, à Glasgow (1984-88). Avec ces deux orchestres, il mène une activité discographique très intense (intégrales Dvořák, Prokofiev, Sibelius, Glazounov, Martinů...), enregistrant notamment de nombreuses œuvres inédites au disque. En 1990, il prend la direction musicale de l'Orchestre Symphonique de Detroit.

Il a créé des œuvres de Serge Prokofiev (*Cantate pour le 20e anniversaire de la révolution d'octobre,* 1992), Eduard Tubin (*Symphonie no 11,* 1989). Arvo Pärt lui a dédié sa *Symphonie no 3* (1971).

Jenkins, Graeme

Chef d'orchestre anglais, né à Londres le 31 décembre 1958.

Il fait ses études à Dulwich College et à l'Université de Cambridge. Puis il entre au Royal College of Music de Londres où il travaille la direction d'orchestre avec Norman Del Mar et Sir David Willcocks. Il commence une carrière de chef d'orchestre lyrique à l'Opéra du Kent (débuts en 1982 dans *L'Opéra de quat'sous* de Kurt Weill). A Glyndebourne, il est l'assistant de Bernard Haitink et Simon Rattle. Il dirige dans plusieurs festivals britanniques puis est invité pour la première fois hors de son pays natal en 1987, à l'Opéra de Genève (*Hänsel et Gretel*). La même année, il débute à Glyndebourne, dans *Carmen* et dans *Capriccio.* Puis il est invité à l'English National Opera en 1988 dans *Così fan tutte.* Il est nommé directeur musical du Glyndebourne Touring Opera. Sa carrière prend rapidement un essor international : aux Pays-Bas, en Australie, à l'Opéra-Bastille (1993), aux États-Unis... En 1994, il prend la direction musicale de l'Opéra de Dallas. Il a créé un opéra de Stephen Oliver (*Timon of Athens,* 1991).

Jeritza, Maria (Mimi Jedlitzková, Marie Jedlitzka)

Soprano tchèque, née à Brünn (Brno) le 6 octobre 1887, morte à Orange (New Jersey) le 10 juillet 1982.

Elle étudie le chant à Brno et à Prague, avec Auspitz, avant de bénéficier plus tard à New York des conseils de la Sembrich. Elle débute à Olmütz en 1910 dans le rôle d'Elsa de *Lohengrin.* Engagée en 1911 par la Volksoper de Vienne, elle interprète l'année suivante, à la Staatsoper, *Aphrodite* d'Oberleithner. Pendant plus de vingt ans fidèle à la capitale autrichienne (1912-35), elle chante aussi bien Puccini (triomphant dans *La Tosca*, *Turandot* et *La Fille du Far West*) que Janáček (elle donne à Vienne et à New York les premières de *Jenůfa*), et aussi Mascagni, Massenet, Wagner, etc. Ses interprétations straussiennes sont restées légendaires : elle crée les deux versions d'*Ariane à Naxos* (Stuttgart, 1912 et Vienne, 1916), l'Impératrice de *La Femme sans ombre* (Vienne, 1919) et joue également Salomé, Oktavian du *Chevalier à la rose*, *Hélène l'Égyptienne*. En 1921, elle incarne Marietta (*La Ville morte* de Korngold) pour ses débuts au Met, où elle revient régulièrement pendant les douze saisons suivantes. Londres en 1925 et Paris en 1928 l'applaudissent dans *La Tosca*. Ses dernières apparitions après guerre soulèvent encore l'enthousiasme des publics viennois (1949-52) et new-yorkais (Carnegie Hall, 1946 ; Met, 1951, dans Rosalinde de *La Chauve-Souris*). Les nombreux disques qu'elle a enregistrés, essentiellement entre 1908 et 1930, nous restituent une voix au rayonnement et à la sûreté insolents, réussissant à être à la fois lyrique, dramatique et grande comédienne.

ÉCRITS : *Sunlight and Song*, autobiographie (1924).

Jerusalem, Siegfried (Siegfried Salem)

Ténor allemand, né à Oberhausen le 17 avril 1940.

Il commence des études de piano à huit ans puis travaille le violon dès l'âge de dix ans. Il se tourne ensuite vers le basson et perfectionne ces trois instruments à la Folkwangschule d'Essen (1955-60). Il commence une carrière d'instrumentiste et est engagé, en 1961, comme premier basson à Hof-an-der-Saale. L'année suivante, il fait partie de l'Orchestre Symphonique de Reutlingen et, de 1971 à 1977, il est deuxième basson à l'Orchestre Symphonique de la Radio de Stuttgart (SDR). Il commence à étudier le chant à la Hochschule de Stuttgart en 1971 avec Hertha Kalcher et débute à l'opéra de cette ville en 1975 dans des petits rôles. Dès 1976, il chante Pinkerton (*Madame Butterfly*) à Darmstadt et Lohengrin (Aix-la-Chapelle, Darmstadt, Hambourg...). L'année suivante, il aborde Siegmund (Bruxelles) et Pamino (*La Flûte enchantée*, à Berlin). La Deutsche Oper l'engage dans sa troupe en 1978. Puis ce sont ses débuts dans Parsifal (1979) qu'il chante à Vienne et à Bayreuth. En 1980, il est invité au Met pour *Lohengrin*. Au cinéma, il a incarné Barinkay dans *Le Baron tzigane* (1975). En 1981, il débute à la Scala dans Lohengrin. La même année, il aborde le rôle de Lenski (*Eugène Onéguine*) à l'Opéra de Stuttgart. A Bayreuth, il chante Siegmund, Lohengrin, Walter, à Covent Garden (1986) il incarne Erik (*Le Vaisseau fantôme*). Il mène également une importante carrière au concert (lied et oratorio). En 1993, il est nommé Kammersänger de l'Opéra de Vienne.

Il a participé à la création d'œuvres de Günter Bialas (« *Überblickt man die Jahre* », lieder, 1989), Hans Werner Henze (*We Come to the River*, 1977), Krzysztof Penderecki (*Le Paradis perdu*, 1977).

Jílek, František

Chef d'orchestre tchèque, né à Brünn (Brno) le 22 mai 1913, mort à Brno le 16 septembre 1993.

Il commence à étudier le piano avec sa sœur aînée puis travaille la composition, la direction d'orchestre et le piano au conservatoire de sa ville natale avec Balatka, Chalabala et Kvapil. Il est également l'élève de Novák au Conservatoire de Prague. Il commence une carrière de pianiste (soliste et répétiteur d'opéra) et de chef de chœur. Puis il se consacre exclusivement à la direction d'orchestre et débute à l'Opéra d'Ostrava comme assistant (1939-48). Il s'impose rapidement comme un spécialiste des ouvrages lyriques de Janáček. De retour à Brno en 1948, il est nommé chef permanent et conseiller littéraire à l'Opéra. Il développe le courant novateur dramaturgique qui s'était déjà instauré dans cette ville avant la guerre et produit quelques-uns des plus grands chefs-d'œuvre lyriques du XXe siècle : *La Passion grecque* (1962), *L'Ange de feu* (1963), *Guerre et Paix*, *Katerina Ismaïlova*, *Wozzeck*, etc. En 1958, il dirige un important cycle consacré à Janáček qui révèle au monde entier les opéras de ce compositeur. Il enseigne également à l'Académie de musique Janáček. Après une trentaine d'années passées à la tête de l'Opéra de Brno (1948-78), il est directeur musical de l'Orchestre Philharmonique de cette même ville (1978-83).

Joachim, Irène

Soprano française, née à Paris le 13 mars 1913.

Petite-fille de **Joseph Joachim**, elle étudie d'abord la musique avec sa mère, violoniste du Trio Chaigneau. Puis elle entre au Conservatoire de Paris dans la classe de Suzanne Cesbron-Viseur et remporte de nombreux prix (1936-39). Aussitôt engagée à l'Opéra-Comique, elle chante Mélisande en 1940 pour la première fois : ce sera son rôle de prédilection et elle en sera titulaire Salle Favart jusqu'en 1956. Dès 1942, elle l'enregistre sous la direction de Roger Désormière, gravure désormais historique et qui fait date dans l'histoire de l'ouvrage. Sa carrière ne se limite pas néanmoins à ce seul rôle : elle aborde aussi bien le répertoire germanique que la musique de son temps et participe aux créations de *Ginevra* de Delannoy (rôle-titre), du *Rossignol de Saint-Malo* de Le Flem (Azenor) ou du *Jeu de Marion* de Wissmer à l'Opéra-Comique. Au concert, elle crée *Le Soleil des eaux* de Boulez, des œuvres de Dutilleux, Wiener et Nigg. Elle défend la musique du Groupe des Six et consacre à la mélodie française comme au lied allemand une large part de ses activités. En 1954, elle est nommée professeur à la Schola Cantorum.

Joachim, Joseph

Violoniste, chef d'orchestre et compositeur austro-hongrois, né à Kittsee (près de Presbourg) le 28 juin 1831, mort à Berlin le 15 août 1907.

Joseph Joachim est l'élève de Hellmesberger et de Böhm, à Vienne (1839), puis il travaille avec Ferdinand David au Conservatoire de Leipzig, en 1843. Ses débuts, comme violoniste, remontent à cette année-là. Il se produit avec succès au Gewandhaus de Leipzig, puis à Londres, à Vienne et à Prague, avant d'entreprendre, en 1847, sa première grande tournée en Angleterre. Konzertmeister au Gewandhaus de Leipzig en 1847, il occupera le même poste à Weimar deux ans plus tard, ville où il se liera avec Franz Liszt et Hans von Bülow. De Weimar, il partira ensuite pour Hanovre (1854) comme directeur des concerts. Enfin, en 1866, il sera appelé à Berlin afin de prendre en main les destinées de la Musikhochschule. En 1869, il fonde à Berlin le Quatuor Joachim avec lequel il se produira jusqu'à la fin de sa vie, imposant notamment les quatuors de Beethoven. A Londres, où son quatuor connaît une nouvelle formation, il constitue un trio avec Ilona Eibenschütz et Alfredo Piatti. Pédagogue de réputation mondiale, il forme quelque quatre cents violonistes et est, en son temps, aussi célèbre en ce domaine que Leopold Auer à Saint-Pétersbourg, considéré d'ailleurs comme son successeur spirituel.

En tant que compositeur, Joachim a laissé plusieurs œuvres, dont des *Variations hébraïques*, des concertos, cinq ouvertures, et, surtout, il a donné des cadences, toujours jouées de nos jours, pour les concertos de Brahms, de Beethoven et de Mozart. Ami intime de Brahms dont il a créé le *Concerto*, op. 77 et le *Double Concerto*, op. 102, Joachim a également reçu en dédicace ou créé le *Concerto n° 1* de Bruch, ceux de Dvořák et Schumann, la *Rhapsodie hongroise n° 12* de Liszt, la *Sonate pour violon et piano n° 1* et la *Sérénade n° 1* de Brahms, la *Sonate FAE* de Brahms, Schumann et Dietrich... Le style de Joachim alliait classicisme et romantisme. Il remit à l'honneur les *Partitas* de J. S. Bach. Couvert d'honneurs de son vivant, il fut l'une des personnalités majeures de la fin du siècle dernier et mit constamment sa renommée au service de la musique de son temps. Il possédait quatre Stradivarius, le *Gillott* (1715), le *De Barrau* (1715), le *Alard* et le *Dolphin*.

Jobin, Raoul

Ténor canadien, né à Québec le 8 avril 1906, mort à Québec le 13 janvier 1974.

Après avoir commencé ses études musicales dans sa ville natale, il entre au

Conservatoire de Paris. Dès sa sortie, il est engagé comme pensionnaire à l'Opéra de Paris, où il débute en 1930 dans le rôle de Tybalt et recevant au fil de petits rôles une solide formation scénique. En 1935, il aborde les grands rôles du répertoire tant au Palais Garnier qu'à la Salle Favart : Faust, Roméo, Lohengrin, Raoul, le Duc de Mantoue... sur la première scène, Don José, Cavaradossi, Werther, Hoffmann, Des Grieux, Julien, Canio... sur la seconde. C'est l'heureuse époque où les fans de Jobin et de Luccioni se battent pour assurer bruyamment le triomphe de leur idole respective. La guerre venue, Jobin s'établit aux États-Unis. Il débute au Metropolitan Opera de New York en 1940 dans le rôle de Des Grieux. Durant dix saisons, il y chantera quatorze rôles, allant de Pelléas à Samson, durant quatre-vingt-dix-neuf représentations. Pendant la guerre, il paraît régulièrement à San Francisco, Cincinnati, Chicago, Montréal et au Colón de Buenos Aires. En 1946, il connaît un retour triomphal à l'Opéra de Paris, où il s'illustre, ainsi que sur les plus grandes scènes de province, en Radamès, Samson, Marouf ou Lohengrin. Sa création la plus spectaculaire fut celle de Fabrice Del Dongo dans *La Chartreuse de Parme* d'Henri Sauguet. Il s'est retiré de la scène en 1957 pour ouvrir une école de chant à Montréal.

Jochum, Eugen

Chef d'orchestre allemand, né à Babenhausen le 1er novembre 1902, mort à Munich le 26 mars 1987.

Deuxième des trois fils d'un instituteur, musicien amateur, son frère aîné, Otto, fera une carrière de compositeur et de chef de chœur et son frère cadet, Georg Ludwig, une carrière de chef d'orchestre. Il fait ses études secondaires à Augsbourg où il travaille également le piano et l'orgue (1914-22), puis, à l'Académie de musique de Munich, il travaille la direction d'orchestre et la composition avec Hausegger et Waltershausen. Il débute comme répétiteur à l'Opéra de Munich (1924-25) puis à Kiel (1926-27) avant d'être nommé chef d'orchestre dans ce même théâtre (1927-29). A vingt-quatre ans, il débute au concert en dirigeant à Munich *La Septième Symphonie* de Bruckner. A la même époque, il dirige les concerts symphoniques de Lübeck. Il est ensuite nommé à Mannheim (1929-30). De 1930 à 1932, il est directeur général de la musique à Duisbourg, de 1932 à 1934, directeur musical à la Radio de Berlin et chef d'orchestre à l'Opéra, de 1934 à 1949, directeur général de la musique à Hambourg (où il succède à Karl Böhm). En 1949, il fonde l'Orchestre Symphonique de la Radiodiffusion Bavaroise à Munich qu'il dirige jusqu'en 1960. Il est ensuite premier chef de l'Orchestre du Concertgebouw d'Amsterdam (1961-64). Entre 1969 et 1973, il est à la tête de l'Orchestre Symphonique de Bamberg et, de 1975 à 1978, il est chef d'orchestre « lauréat » de l'Orchestre Symphonique de Londres. En dehors de ces fonctions permanentes, il dirige dans les plus grands centres musicaux du monde, notamment à Bayreuth (1953, 1954 et 1971) et à Salzbourg.

Considéré comme l'un des plus grands chefs allemands de son temps, Eugen Jochum est l'un de ces artistes qui ont assuré la transition entre les aînés et la jeune génération en transmettant une tradition vivante issue directement des maîtres de la fin du romantisme. Fervent défenseur de Bruckner, il a enregistré à deux reprises l'intégrale de ses *Symphonies* dans la version Nowak. On lui doit également, au sein d'une discographie abondante, deux intégrales des *Symphonies* de Beethoven. Parmi les œuvres dont il a assuré la création figurent des partitions de Conrad Beck (*Ostinato,* 1936), Boris Blacher (*Konzert für Streichen,* 1942), Alberto Bruni Tedeschi (*Concerto per il principe Eugenio,* 1951), Werner Egk (*Suite française,* 1950), Gottfried von Einem (*Tanz-Rondo,* 1959), Karl-Amadeus Hartmann (*Symphonie nº 6,* 1953).

Jochum, Georg Ludwig

Chef d'orchestre allemand, né à Babenhausen le 10 décembre 1909, mort à Mülheim an der Ruhr le 1er novembre 1970.

Frère du précédent, il fait ses études musicales à Augsbourg et à Munich avec Haas et Hausegger jusqu'en 1932. De 1932 à 1934, il est directeur musical à Münster.

Puis il est nommé premier chef à l'Opéra de Francfort (1934-37) ; il dirige en même temps les Museumskonzerte. De 1937 à 1940, il est premier chef à l'Opéra de Plauen avant d'être nommé directeur général de la musique à Linz (1940-45) puis à Duisbourg (1946-70). Dans cette dernière ville, il est également directeur du Conservatoire. En 1948-50, il dirige également l'Orchestre Symphonique de Bamberg. Au début des années cinquante, il est chef associé de l'Orchestre Symphonique du RIAS à Berlin.

Jodry, Annie

Violoniste française, née à Reims le 4 octobre 1935.

Après des études musicales à Béziers, Nîmes et Toulouse, elle entre au Conservatoire de Paris où elle est l'élève de Marcel Reynal (violon) et Joseph Benvenutti (musique de chambre). Deux premiers prix couronnent ses études (1951 et 1952) suivis du Prix Nadaud avec attribution de la bourse Ginette Neveu et du 1er prix au Concours international de Genève (1954). A la même époque, elle reçoit les encouragements de Georges Enesco et donne la première française du *Concerto pour violon* de Khatchaturian (Strasbourg, 1954). Sa carrière internationale prend de l'essor : elle joue avec Brendel, Monteux, Mehta, Münch, Cluytens... Son premier disque, réalisé en 1972, est le reflet des recherches qu'elle effectue pour élargir le répertoire (Vaughan Williams et Sibelius). Elle donne des cours en Yougoslavie (1976), en Suisse (1977) avant d'être nommée professeur au Conservatoire de Reims (1978). Annie Jodry a créé plusieurs partitions de Tisné, Werner, Sciortino et Komives.

Johannesen, Grant

Pianiste américain, né à Salt Lake City le 30 juillet 1921.

Après ses études musicales à l'Université de l'Utah, il va travailler à Princeton avec Robert Casadesus (1941-46), et à Cornell University à Ithaca (NY) avec Egon Petri. Il étudie aussi la composition avec R. Sessions et N. Boulanger. Après ses débuts à New York, en 1944, il commence une carrière internationale. Il a écrit un *Psaume*, des *Improvisations* sur un hymne mormon, ainsi que des cadences de concertos de Mozart. Grand défenseur de la musique française, il joue et fait connaître non seulement Debussy et Ravel, mais Chabrier, Fauré, Saint-Saëns et le Groupe des Six. Très attiré par la pédagogie, il enseigne à l'Aspen Music School (1960-66) puis au Cleveland Institute of Music dont il est conseiller (1973), directeur musical (1974) et président (1977-85). Entre 1963 et 1973, il a été marié à la violoncelliste **Zara Nelsova.**

Jones, Dame Gwyneth

Soprano galloise, née à Pontewynydd le 7 novembre 1936.

Sa voix découverte, elle obtient une bourse pour étudier pendant quatre ans au Royal College of Music de Londres où elle remporte tous les prix. Elle poursuit ses études à l'Académie Chigiana à Sienne puis auprès de Maria Carpi à Genève. Durant la saison 1962-63, elle débute à l'Opéra de Zürich comme mezzo-soprano, mais on comprend très vite qu'elle possède une merveilleuse voix de soprano. En 1964, elle se produit pour la première fois à Covent Garden où l'année suivante elle s'impose en chantant Sieglinde (*La Walkyrie*) sous la direction de Solti. A Londres, elle chante encore *Fidelio*, Senta (*Le Vaisseau fantôme*) et Elisabeth (*Don Carlos*) ; elle est invitée à Rome et à Genève, en 1966. C'est l'année où elle se classe parmi les grandes cantatrices internationales : elle chante dans les opéras de Vienne, Munich et Berlin et pour la première fois à Bayreuth, où son apparition comme Sieglinde est une révélation lumineuse. Depuis lors, elle appartient d'année en année à toutes les distributions du Festival : Eva (1968), Kundry et Senta (1969 et 1970), Sieglinde (1970), Elisabeth et Vénus (1972) ; elle sera surtout l'exceptionnelle Brünnhilde (*Tétralogie*) du centenaire, mise en scène par Chéreau et dirigée par Boulez. En 1966, elle chante à la Scala. L'année suivante, elle chante à New York la *Symphonie n° 8* (Mahler) sous la direction de Bernstein et avec l'American Opera Society le rôle-titre de *Médée* (Cherubini). Depuis 1972, elle appartient à la troupe du Met. Au Festival de Salzbourg, la critique la compare à Lotte Lehmann. Depuis 1970, elle est aussi invitée régulièrement par les opéras de Hambourg, Vienne, Paris, où elle triomphe dans *La Walkyrie*, Tosca et Poppée.

Jordá, Enrique

Chef d'orchestre espagnol naturalisé américain, né à San Sebastian le 24 mars 1911.

Il commence ses études dans sa ville natale, puis à l'Université de Madrid. Il vient ensuite à Paris où il travaille à la Sorbonne tout en suivant les cours de P. Le Flem, M. Dupré et F. Rühlmann. Il y fait ses débuts en 1938 à la tête de l'Orchestre Symphonique de Paris. Revenu dans son pays natal, il est à la tête de l'Orchestre Symphonique de Madrid (1940-45) avant de partir pour l'Afrique du Sud où il dirige l'Orchestre Symphonique du Cap (1948-54). Il est ensuite nommé directeur musical de l'Orchestre Symphonique de San Francisco (1954-63), succédant ainsi à Pierre Monteux. Revenu en Europe, il prend la direction de la Philharmonie d'Anvers (1970-75). Puis il est nommé à la tête du nouvel orchestre de San Sebastian, l'Orquesta de Euzkadi (1982-84). On lui doit la création des *Symphonies nos 8* et *12* de Milhaud (1958 et 1962), de la *Symphonie no 8* de Harris et de la *Fantaisie pour un gentilhomme* de Rodrigo (1955).

ÉCRITS : *El director de orquesta ante la partitura* (1969), *De canciones, denzas y musicos del Pais Vasco* (1978).

Jordan, Armin

Chef d'orchestre suisse, né à Lucerne le 9 avril 1932.

Son père est suisse allemand, sa mère suisse romande. Il commence à étudier le piano à douze ans puis travaille à l'Université et au Conservatoire de Fribourg, recevant une formation générale (lettres, droit et théologie) et musicale. Il suit les cours de direction d'orchestre du Conservatoire de Lausanne et travaille avec Maroussia Lemarc-Hadour à Genève. Il a déjà formé un petit orchestre à Fribourg en 1949. Engagé comme répétiteur au Théâtre de Bienne-Soleure, il y reste six ans avant d'être nommé à l'Opéra de Zürich. Après cinq ans, il occupe des fonctions analogues à Saint-Gall (pendant deux ans) puis est nommé chef permanent (1969) et directeur musical (1973-89) de l'Opéra de Bâle. En 1973, il prend la direction de l'Orchestre de Chambre de Lausanne. Sous sa baguette, cette formation est entièrement rénovée et devient l'un des orchestres suisses les plus demandés. Il a dirigé la bande sonore du film de Hans-Jürgen Syberberg, *Parsifal* (1981), dans lequel il tient le rôle d'Amfortas. En 1985, il quitte Lausanne pour prendre la direction de l'Orchestre de la Suisse Romande. Entre 1986 et 1993, il est également chef invité privilégié de l'Ensemble Orchestral de Paris.

Il a créé des œuvres de Girolamo Arrigo (*O notte, o dolce tempo*, 1989), Luciano Berio (*Requies*, 1984), Jean Françaix (*Psyché*, 1982), Norbert Moret (*Mendiant du ciel bleu*, 1981 ; *Diotimas Liebeslieder*, 1988 ; *Symphonie no 1*, 1990), Julien-François Zbinden (*Concerto pour orchestre*, op. 57, 1977 ; *Prosphora*, op. 61, 1979 ; *La Solitude*, op. 71, 1985).

Jouatte, Georges

Ténor français, né à Monaco le 17 juin 1892, mort à Paris le 13 février 1969.

Dès la fin de la Première Guerre mondiale, il est d'abord danseur au Casino de Paris. Comme baryton, il participe à des concerts, puis en 1932 tient la vedette dans plusieurs opérettes au Théâtre Mogador. Paul Cabanel et Louis Fourestier lui ayant fait prendre conscience qu'il n'est pas baryton mais ténor, il reprend ses études de chant et, dans ce nouvel emploi, fait ses débuts à l'Opéra de Paris en 1935 dans *La Damnation de Faust.* Débuts convaincants qui lui valent d'être affiché cette même année dans *Faust*, *La Flûte enchantée* et *Castor et Pollux*, ajoutant à son répertoire en 1936 le Chanteur italien du *Chevalier à la rose* et Admète de l'*Alceste* de Gluck, en 1937 Florestan de *Fidelio* qu'il chantera 75 fois au long de sa carrière, en 1938 Ottavio, Énée de *La Prise de Troie*, Lohengrin, Shahabarim de *Salammbô* et en 1941 Armel de *Gwendoline* de Chabrier. En 1937, il est Erik lors de la création du *Vaisseau fantôme* au Palais Garnier, et en 1943 Ulysse lors de la création sur cette même scène de la *Pénélope* de Fauré. A l'Opéra-Comique, il débute en 1937 dans Belmonte de *L'Enlèvement au sérail.* Il y chantera *Ariane à Naxos* (Bacchus), *Le Couronnement de Poppée* (Néron) puis *Faust* en 1941 lorsque le Palais Garnier sera fermé pour cause de défense passive, et *Werther* auprès de sa partenaire préférée, Germaine Lubin. De ses rares incursions à l'étranger on retiendra son Alceste à Covent Garden et un inoubliable *Requiem* de Verdi au Festival de Montreux sous la direction de Bruno Walter.

Jouineau, Jacques

Chef de chœur français, né à La Rochelle le 15 septembre 1924.

Il fait ses études au Conservatoire de Paris et à l'École Normale de Musique où il est l'élève de Daniel-Lesur pour les écritures et de Jean Fournet pour la direction. En 1953, il est lauréat du Concours des jeunes chefs d'orchestre de Besançon. Peu à peu spécialisé dans la direction chorale, il consacre la plus grande partie de ses activités à la Maîtrise de Radio France de 1953 à 1977 qu'il produit en Europe jusqu'au Moyen-Orient. Entre 1977 et 1986, tout en restant directeur des études musicales de la Maîtrise, il a la charge de l'ensemble des formations chorales de Radio France.

Jourdan-Morhange, Hélène

Violoniste française, née à Paris le 30 janvier 1888, morte à Paris le 15 mai 1961.

A dix ans elle entre au Conservatoire de Paris (classe de Nadaud) et obtient son 1er prix de violon en 1903. Ensuite, elle se perfectionne avec Georges Enesco et Lucien Capet. Elle fait équipe avec Juliette Meerovitch, jeune pianiste remarquable, disparue prématurément à l'âge de vingt-quatre ans. Elle pratique le quatuor à cordes avec Jacques Thibaud avant de fonder son propre quatuor. Elle débute chez Lamoureux, fréquente les salons (Murat, de Polignac, Clemenceau), rencontre Maurice Ravel qui lui dédie sa *Sonate pour violon et piano.* Elle est également la dédicataire d'œuvres de Schmitt, Paray, crée des ouvrages de Tansman, Delvincourt, Migot, Tcherepnine, Tailleferre (*Trio,* 1917 ; *Quatuor,* 1917), Honegger (*Sonate pour violon et piano nº 1,* 1918), la *Sonate pour violon et violoncelle* et la *Berceuse sur le nom de Fauré* de Ravel (1922). Elle fréquente le Groupe des Six, devient l'amie de Colette. Elle se marie avec le peintre graveur Luc-Albert Moreau. A partir de 1919, elle est contrainte d'abandonner progressivement le violon à cause d'un bras handicapé. Elle écrit alors dans la presse de nombreux articles musicaux (*Le Soir, Lettres Françaises, La Revue de Paris, Guide du concert et du disque*).

ÉCRITS : *Ravel et nous* (1945), *Mes amis musiciens* (1955), *Ravel d'après Ravel,* avec Vlado Perlemuter (1955).

Journet, Marcel

Basse française, né à Grasse le 25 juillet 1868, mort à Vittel le 5 septembre 1933.

Après avoir fait des études musicales très complètes au Conservatoire de Paris, il débute à Montpellier en 1893. Mais c'est à Bruxelles en 1894 qu'il connaît son premier succès, qui lui vaut de tourner un peu partout en province. Fin 1900, il traverse l'Atlantique pour faire partie de la troupe du Metropolitan Opera de New York. Il y fera ses débuts le 22 décembre dans le rôle de Ramfis. Il y restera jusqu'en 1908, y chantera 43 rôles, participant à 383 représentations. De retour à Paris, il est accueilli triomphalement à l'Opéra, où il débute en 1908 dans le Roi de *Lohengrin.* Il restera attaché à la grande maison pendant vingt ans, y chantant 38 rôles, dont les créations locales de Fafner, Klingsor, Dosiféi, le Sultan de *Marouf,* Cornelius de *Roma* de Massenet, et les créations mondiales de *La Tour de feu* de Lazzari (don Jacintho) et de *La Tentation de saint Antoine* de Brunel (Antoine). Parallèlement, il mènera une prestigieuse carrière internationale, s'imposant pendant dix saisons à Covent Garden, à l'Opéra de Chicago comme à celui de Monte-Carlo. En 1924, Toscanini le choisit pour incarner Simon Mago lors de la première du *Nerone* de Boïto, à la Scala. Durant l'ère toscaninienne de la Scala, il chantera sur cette scène Hans Sachs, le Père de *Louise, Golaud, Mefistofele et Escamillo. Durant une carrière qui a duré quarante ans, Marcel Journet a chanté 8 rôles wagnériens, 27 rôles du répertoire italien et 65 du répertoire français. Sa voix était très longue, puissante et belle, sa diction mordante et son jeu celui d'un acteur particulièrement doué et intelligent. Parmi ses nombreux disques figure en première place l'enregistrement intégral de Faust, où, aux côtés de Mireille Berthon et de César Vezzani, il incarne un Méphisto vraiment inimitable. Il a été le troisième mari de Mary Marquet.*

Joy, Geneviève

Pianiste française, née à Bernaville le 4 octobre 1919.

Elle entre au Conservatoire de Paris à l'âge de douze ans et y travaille le piano avec J. Roy, J. Chapart, Y. Nat, L. Descaves, l'harmonie avec J. Gallon, le contrepoint, la fugue avec N. Gallon, la musique de chambre avec P. Pasquier, l'accompagnement avec Estyle. A vingt-deux ans, elle reçoit un 1er prix de piano, puis des premiers prix d'harmonie et d'accompagnement. Jusqu'en 1948, elle est attachée au Comité de lecture de la Radiodiffusion française. En 1944, elle est nommée chef de chant auprès de l'Orchestre National (jusqu'en 1947) et forme un duo à deux pianos avec Jacqueline Robin. En 1946, Geneviève Joy épouse le compositeur Henri Dutilleux. En 1950, elle est nommée professeur de déchiffrage au Conservatoire de Paris et jusqu'en 1965 donne des séances de sonates pour piano et violon avec Jeanne Gautier. En 1952, elle forme le Trio de France, avec Jeanne Gautier et André Lévy. En 1962, elle est nommée professeur de musique de chambre à l'École Normale de Musique de Paris (jusqu'en 1966). Elle succède à J. Février au Conservatoire de Paris (professeur de musique de chambre, 1966-86).

Interprète de nombreux compositeurs français et étrangers, elle se consacre particulièrement à la cause de la musique du XXe siècle. Elle a joué en première audition les *Concertos* de Rivier, Constant, Barraud, Rawsthorne, la *Sonate pour piano* de Dutilleux, ainsi que des œuvres de L. Saguer, P. Petit, etc. Pour le 25e anniversaire du duo qu'elle forme avec J. Robin (1970), dix compositeurs ont écrit des pièces pour elle : Auric, Daniel-Lesur, Mihalovici, Louvier, Pierre-Petit, Dutilleux, Ohana, Constant, Milhaud et Jolivet.

Judd, James

Chef d'orchestre anglais, né à Hertford le 30 octobre 1949.

Il étudie le piano avec Alfred Kitchin et la direction d'orchestre avec Bernard Keefe au Trinity College of Music de Londres (1967-71), puis il travaille au London Opera Centre. Il est ensuite chef assistant de l'Orchestre de Cleveland (1973-75). Directeur musical associé de l'Orchestre des Jeunes de la Communauté Européenne à partir de 1978, il participe à la fondation de l'Orchestre de Chambre d'Europe en 1981, avec lequel il effectue des tournées aux États-Unis (1984-85). En 1987, il est nommé directeur musical Orchestre Philharmonique de Floride à Fort Lauderdale. Il est directeur artistique de l'Orchestre des Jeunes de la Communauté Européenne à partir de 1990.

Jumez, Jean-Pierre

Guitariste français, né à Hesdin le 9 février 1943.

Il naît dans une famille de pianistes et d'organistes. Il étudie la guitare d'abord avec Jean Lafon (1959-61) puis, au Conservatoire de Saint-Germain-en-Laye, avec José Sierra (1962-63). Il travaille ensuite le jazz avec Charlie Byrd (1966-67) et le flamenco avec Pedro Soler (1964-65). Il se perfectionne enfin à l'Académie Sainte-Cécile de Rome avec le chef d'orchestre Gianluigi Gelmetti et le musicologue Nataletti (pour les musiques folkloriques) de 1968 à 1970. Il donne son premier concert au Carnegie Recital Hall en 1972 avant d'être accueilli par les plus grandes salles du monde. Il est l'un des rares guitaristes à s'être produit à Pékin (1977). Parmi les partitions qui lui sont dédiées on peut citer la *Petite Suite française* de John Duarte et les *Tableaux d'une exposition* d'Eskimo Piotr Panin. A son actif, un certain nombre de créations : le *Concerto* de Castérède, *Swing n° 2* de Bondon, *Deux Études de concert* de Jolivet, *Soliloque en souvenir de Manuel de Falla* de Sauguet et *Hommage à Alonso Mudarra* d'Auric. Fondateur du Festival international de guitare en Martinique, Jean-Pierre Jumez introduit dans ses récitals de nombreuses œuvres d'inspiration populaire.

Jung, Manfred

Ténor allemand, né à Oberhausen le 9 juillet 1940.

Il est l'élève de Hilde Wesselmann à la Folkwang-Musikhochschule d'Essen. De 1970 à 1973, il fait partie des chœurs du Festival de Bayreuth et débute à l'Opéra de Dortmund. Il est ensuite engagé à Kaiserslautern et, en 1977, à l'Opéra du Rhin (Düsseldorf/Duisbourg). En 1976, il débute à Bayreuth dans Siegfried. De 1979 à 1981, il y chante Tristan et Parsifal, rôles que lui confie également Karajan à Salzbourg. En 1980, il incarne Siegmund et Siegfried au Met.

Jürgens, Jürgen

Chef de chœur et chef d'orchestre allemand, né à Francfort-sur-le-Main le 5 octobre 1925, mort à Hambourg en août 1994.

Il étudie au conservatoire de sa ville natale avec Kurt Thomas, puis à Fribourg avec Konrad Lechner. En 1955, il prend la direction des Chœurs Monteverdi de Hambourg et donne avec cette formation des concerts en Europe et aux États-Unis. Son répertoire s'étend de la Renaissance à nos jours avec une prédilection pour des œuvres méconnues telles que la *Dafne* de Marco Da Gagliano ou *L' Oie du Caire* de Mozart. En 1960, il est directeur de l'Académie de musique à l'Université de Hambourg. Il a travaillé à l'édition d'œuvres de Monteverdi et de Scarlatti et a enregistré de nombreux disques, notamment l'*Orfeo* et *Les Vêpres de la Vierge* de Monteverdi.

Jurinac, Sena (Stebrenka Jurinac)

Soprano croate, née à Travnik le 26 octobre 1921.

Fille d'un médecin yougoslave et d'une Viennoise, elle étudie au Conservatoire de Zagreb et avec Milka Kostrećić. Elle fait ses débuts dans le rôle de Mimi (*La Bohème*) à l'Opéra de Zagreb. En 1944, elle est engagée par l'Opéra de Vienne où elle ne peut débuter qu'en 1945, lors de la première représentation d'opéra après la guerre, en Chérubin (*Les Noces de Figaro*) : son succès est immense. Et aussitôt elle est invitée sur toutes les scènes de tous les grands centres de musique : Salzbourg (Dorabella, 1947), Scala (Chérubin, 1948), Glyndebourne (Dorabella, 1949), Florence, Édimbourg, San Francisco (Butterfly, 1959), Chicago (Desdémone, 1963). Partout elle s'impose comme une bouleversante mozartienne. La Scala, le Covent Garden, le Colón lui permettent de s'imposer également dans le répertoire italien : son apparition en Madame Butterfly est inoubliable. En 1953, elle épouse le baryton **Sesto Bruscantini**, dont elle divorce plus tard. Lors de l'ouverture du grand Festspielhaus de Salzbourg, elle est un Octavian éblouissant. Parallèlement, elle mène une superbe carrière de concertiste. En 1957, elle incarne Eva au Festival de Bayreuth. Nommée Kammersängerin en 1951, elle chante à l'Opéra de Vienne jusqu'en 1982.

Son soprano lyrique lumineux et chaleureux, son superbe phrasé et son sens musical inné en font une très grande artiste que l'on apprécie autant sur scène que sur disque.

Juyol, Suzanne

Soprano française, née à Paris le 1er janvier 1920, morte en septembre 1994.

Après de brillantes études musicales et vocales au Conservatoire de Paris, elle fait des débuts très remarqués sur la scène de l'Opéra en 1942 dans le rôle de Margared du *Roi d'Ys.* Après avoir chanté Dame Marthe et l'une des trois dames de *La Flûte enchantée,* elle reprend des mains de Germaine Lubin le flambeau du superbe rôle de Pénélope. Puis viennent les grands rôles wagnériens : Brünnhilde dans *La Walkyrie* et dans *Siegfried* et Isolde. Rôles qu'elle ira chanter à Monte-Carlo, après y avoir triomphé dans d'explosives *Carmen* auprès de José Luccioni, dans *La Tosca*, *Werther*, *Faust*, *La Damnation de Faust*, et y ajoutant une mémorable Kundry. On la retrouvera dans ces rôles à l'Opéra de Berlin. Suzanne Juyol a aussi laissé un souvenir très vivace Salle Favart en Carmen, Charlotte, Tosca et Santuzza. Considérée comme la grande soprano dramatique française de son époque, avec sa voix large, puissante, au timbre très caractéristique, elle a été invitée sur presque toutes les grandes scènes d'Europe. A l'âge de quarante ans, alors que les portes de la gloire internationale s'ouvraient pour elle, elle décide irrévocablement d'arrêter sa carrière.

K

Kabaiwanska, Raina

Soprano bulgare, née à Bourgas le 15 décembre 1934.

Elle étudie à l'Académie de musique de Sofia où elle obtient le Prix Dimitroff. Elle remporte ses premiers succès à l'Opéra National de Sofia. On l'invite aussitôt au Bolchoï de Moscou, à l'Opéra de Leningrad, ainsi qu'à celui de Budapest. Sa réputation est telle que bientôt les opéras occidentaux l'engagent.

Depuis 1962, elle se produit souvent à Covent Garden, où sa Desdémone aux côtés de Mario Del Monaco (*Otello*) bouleverse critique et public, en 1964. Elle chante cette même année à la Scala où on la redemande, et où son meilleur rôle demeure Irène (*Rienzi*). Elle chante à Paris, à Vienne et sur toutes les grandes scènes d'Italie : en 1973, elle est Tosca au Carlo Felice de Gênes ; la même année, elle chante à Trieste *La Gioconda* et, en 1974, *Francesca da Rimini* à Turin.

Depuis 1971, elle est liée par un contrat d'artiste invitée permanent à l'Opéra de Hambourg. En 1979, elle participe au Festival d'Aix-en-Provence et, en 1981, au Festival de Salzbourg où elle est Dame Alice Ford (*Falstaff*) dans la production de Karajan.

Sa présence, son allure, sa voix exubérante doublée d'une étonnante intensité dramatique en font un des grands talents d'aujourd'hui.

Kabasta, Oswald

Chef d'orchestre autrichien, né à Mistelbach le 29 décembre 1896, mort à Kufstein le 6 février 1946.

Après des études musicales à l'Académie de Vienne et à Klosterneuburg, il débute comme chef de chœur à Florisdorf. Simultanément, il est professeur de chant à Vienne. En 1924, il est nommé chef permanent au Théâtre de Baden, près de Vienne. De 1926 à 1931, il est directeur général de la musique à Graz et invité régulier de la Société des Amis de la Musique de Vienne (Wiener Singverein). Il est ensuite directeur musical des Wiener Singverein à partir de 1935. Puis il prend la direction de la Philharmonie de Munich (1938-45). Il manifeste de vives sympathies pour le régime hitlérien et est interdit de direction en 1945. Une situation désespérée le conduit au suicide. Franz Schmidt lui a dédié sa *Quatrième Symphonie.*

Kagan, Oleg

Violoniste russe, né à Ioujna Sakhalinsk le 22 novembre 1946, mort à Munich le 15 juillet 1990.

Il fait ses études musicales au Conservatoire letton de Riga à partir de 1953, notamment avec Joachim Braun. En 1959, il entre à l'École Centrale de Moscou où il travaille avec Boris Kouznetsov et David Oïstrakh dont il est l'un des disciples préférés. Il obtient le 4e prix au Concours Enesco de Bucarest (1964). En 1965, il entre au Conservatoire de Moscou et remporte le 1er prix au Concours Sibelius à Helsinki. Et les succès continuent : 2e prix au Concours Tchaïkovski de Moscou (1966), 1er prix au Concours Bach de Leipzig (1968). Il épouse la violoncelliste **Natalia Gutman** avec laquelle il se produit régulièrement. A partir de 1969, il donne également de fréquentes séances de sonates avec Svjatoslav Richter. Sa carrière se développe rapidement et il fonde un Festival à Wildbach Kreuth, au sud de Munich. Dédicataire et créateur du *Concerto pour violon nº 3* d'Alfred Schnittke (1979), du *Concerto pour violon et violoncelle* d'Anatol Vieru (1980) et de la *Sonate pour violon et violoncelle « Gioisci »* de Sofia Goubaïdoulina (1981), il a également joué en première audition le *Concerto pour violon et violoncelle* (1982) et la *Sonate pour violon et orchestre* (1984) d'Alfred Schnittke. Avec sa femme, ils ont créé son *Double Concerto* pour violon et violoncelle (1982).

Kahn, Claude

Pianiste français, né à Paris le 9 novembre 1939.

Sa mère, bonne musicienne, décèle très tôt les possibilités musicales de son fils. Marguerite Long, Nadia Boulanger, Yves Nat et Rose Lejour assurent sa formation. Lauréat des Concours internationaux de Genève, Naples et Budapest, il commence sa carrière internationale. Il fonde, en 1980, le Concours international de piano Claude Kahn. Il est directeur du Conservatoire d'Antibes qu'il crée en 1980.

Kajanus, Robert

Chef d'orchestre et compositeur finlandais, né à Helsinki le 2 décembre 1856, mort à Helsinki le 6 juillet 1933.

Élève de Faltin, Leander et Niemann à Helsinki, il se perfectionne à Leipzig (1877-79) auprès de Reinecke et Hans Richter, à Paris avec Svendsen, à Dresde, Leipzig à nouveau (1880-82). En 1882, il fonde la Société orchestrale d'Helsinki et, parallèlement, en 1885, une école d'orchestre. Dès lors, il dirige sa formation en tournées européennes notamment à Paris dans le cadre de l'Exposition Universelle de 1900. Le compositeur s'efface devant le chef d'orchestre qui défend particulièrement les compositeurs finlandais contemporains et surtout Sibelius auquel il commande des œuvres (*En Sagá*). C'est à Kajanus que Sibelius fera appel pour l'enregistrement de ses œuvres par la firme Columbia dans les années trente.

Kakhidze, Djansug

Chef d'orchestre géorgien, né à Tbilissi le 10 janvier 1936.

Il fait ses études au conservatoire de sa ville natale. Il commence sa carrière comme chef de chœur, dirigeant l'ensemble vocal Chvidkatsa avec lequel il remporte un prix au Festival mondial de la jeunesse de Moscou en 1957. A la même époque, il est directeur artistique du Chœur a cappella géorgien. Diplômé du conservatoire en 1958, il suit les cours supérieurs de direction d'orchestre d'Odysseus Dimitriadi puis travaille avec Igor Markevitch. Il est nommé chef permanent du Théâtre Paliaschvili, à Tbilissi (1966). Entre 1971 et 1973, il est directeur musical de l'Opéra de Łódź, en Pologne, puis, à partir de 1973, de l'Orchestre Symphonique d'État de Géorgie. Il fait ses débuts occidentaux en 1977 à la tête de l'Orchestre Philharmonique d'Amsterdam, orchestre qu'il dirige régulièrement jusqu'au début des années quatre-vingt. A cette époque, il prend en outre la direction artistique de l'Opéra de Tbilissi. Il mène parallèlement une carrière de chef invité qui se limite d'abord aux pays d'Europe orientale avant d'éclater en Occident à partir de 1988, notamment aux États-Unis, en Grande-Bretagne et en France. L'Orchestre de Paris l'invite chaque saison depuis 1990. En 1993, il abandonne la direction de l'Orchestre Symphonique d'État de Géorgie pour fonder l'Orchestre Symphonique de Tbilissi.

Kalichstein, Joseph

Pianiste israélien, né à Tel-Aviv le 15 janvier 1946.

Il fait ses études musicales à la Juilliard School de New York avec Ilona Kabos et

Edward Steuermann (1962-69) avant de se perfectionner avec Vladimir Ashkenazy. Il donne son premier concert à New York en 1967. En 1969, il remporte le 1er prix du Concours Leventritt et le Prix du mémorial Edward Steuermann. Sa carrière se développe alors en Europe. Il joue en trio avec Jaime Laredo et Sharon Robinson. Il enseigne à la Juilliard School of Music de New York depuis 1983. Il a créé des œuvres d'Arvo Pärt (*Adagio* pour trio avec piano, 1992).

Kaltenbach, Jérôme

Chef d'orchestre français, né à Paris le 2 mars 1946.

Il travaille au Conservatoire de Paris avec Georges Hugon (harmonie), Claude Ballif et Jacques Castérède (analyse musicale), ainsi qu'au Conservatoire de Rouen avec Jean-Sébastien Béreau (direction d'orchestre). En 1972, il se perfectionne à l'Académie Chigiana de Sienne et, pendant un an, à l'Académie Sainte-Cécile de Rome avec Franco Ferrara. Puis il étudie, en 1974, en RDA avec A. Jansons. De 1973 à 1976, il est l'élève de Manuel Rosenthal et Jean Martinon au Conservatoire de Paris. Lauréat du Concours international de Besançon (1973 et 1974), il obtient un 1er prix au Conservatoire de Paris et le 2e prix au Concours international Min-On de Tōkyō (1975). Pendant deux ans, il est chef stagiaire à l'Opéra-Studio de Paris (1974-75) puis assistant de Jean Fournet à l'Orchestre de l'Ile-de-France (1975-76). Il dirige depuis 1978 l'Orchestre Ad Artem de Metz. En 1979, il est nommé directeur de l'Orchestre Symphonique et Lyrique de Nancy et directeur de la musique au Grand Théâtre de Nancy. En 1982 et 1983, il assure la direction de l'Orchestre Français des Jeunes. Il a créé l'opéra d'André Bon, *Le Rapt de Perséphone* (1987).

Kamu, Okko

Chef d'orchestre et violoniste finlandais, né à Helsinki le 7 mars 1946.

Fils d'un contrebassiste de l'Orchestre Philharmonique d'Helsinki, il entre à l'Académie Sibelius et y travaille le violon avec Onni Suhonen (1952-67). Il devient à son tour membre de l'Orchestre des Jeunes d'Helsinki et, à dix-huit ans, le premier violon du Quatuor Suhonen. En 1965, il est chef d'attaque des seconds violons de l'Orchestre Philharmonique d'Helsinki. L'année suivante, il est premier violon (jusqu'en 1968) puis troisième chef à l'Opéra National Finlandais (1968-69). Autodidacte de la direction, il remporte le Concours Karajan en 1969 ce qui lui vaut de nombreux engagements en Europe et aux États-Unis ainsi qu'en Israël et au Japon. De 1971 à 1977, il est premier chef de l'Orchestre Symphonique de la Radio Finlandaise, puis de 1976 à 1979 directeur artistique de l'Orchestre Philharmonique d'Oslo. Entre 1981 et 1988, il est directeur musical de l'Orchestre Philharmonique d'Helsinki. En 1988, il est nommé chef permanent de l'Orchestre Symphonique de Sjaelland, à Copenhague. Il a créé des œuvres d'Aulis Sallinen (*Symphonies nº 2*, 1973 ; *nº 3*, 1975 ; *Punainen Viiva* [« La Ligne rouge »], opéra, 1979).

Kang, Dong-Suk

Violoniste coréen, né à Séoul le 28 avril 1954.

Élève de Galamian à la Juilliard School de New York (1967), il suit également les cours du Curtis Institute de Philadelphie et les classes d'interprétation de Z. Francescatti et de L. Kogan. Il remporte, en 1971, un concours à San Francisco et un autre à Washington qui lui permettent de faire ses débuts au Kennedy Center. Lauréat d'autres grands concours internationaux (Montréal, Carl Flesch de Londres, Reine Élisabeth de Belgique), où il est remarqué par Menuhin, Serkin, il se produit aux États-Unis, au Canada et en Europe, faisant ses débuts parisiens en 1978. Depuis 1974, il joue également en duo avec Gordon Back.

Kantorow, Jean-Jacques

Violoniste français, né à Cannes le 3 octobre 1945.

Il fait ses études au Conservatoire de Nice, avant de venir à Paris où il remporte des premiers prix de violon (classe de René

Benedetti) et de musique de chambre au Conservatoire (1960 et 1963). C'est en 1964 que l'on découvre ce jeune musicien, alors lauréat du Prix Paganini au Concours international de Gênes, mais il a déjà été remarqué à Londres en 1962 (médaille d'or au Concours Carl Flesch). Prix Reine Élisabeth de Belgique, Prix Sibelius à Helsinki, prix à Montréal et en 1965 prix à Genève, J.-J. Kantorow donne alors des concerts dans le monde entier. Pendant quelque temps, il est violon solo de l'Orchestre de Paris. Il se consacre également à l'enseignement, au Conservatoire de Strasbourg et aux Pays-Bas. Après avoir été violon solo de l'Orchestre de Chambre Néerlandais jusqu'à sa dissolution, il prend, en 1985, la direction de l'Orchestre Régional d'Auvergne, à Clermont-Ferrand, poste qu'il conserve jusqu'en 1994, lorsqu'il est nommé directeur musical de l'Ensemble Orchestral de Paris. Il est également directeur musical du Tapiola Sinfonietta, à Espoo en Finlande. Passionné de musique de chambre, il joue en trio, depuis 1970, avec le pianiste Jacques Rouvier et le violoncelliste Philippe Muller. Avec l'altiste Vladimir Mendelssohn et le violoncelliste Herre-Jan Stegenga, il a constitué le Trio Ludwig, et avec Vladimir Mendelssohn et Mari Fujiwara le Mozart String Trio. Son répertoire va de Jean-Sébastien Bach à Earl Brown. Il a créé des œuvres de Graciane Finzi (*Édifice* pour violon et orchestre, 1976).

Kapell, William

Pianiste américain, né à New York le 20 septembre 1922, mort dans un accident d'avion près de San Francisco le 29 octobre 1953.

D'ascendance russo-polonaise, il commence très jeune l'étude du piano. Il n'a que dix ans lorsqu'il remporte son premier concours qui lui vaut... de manger une dinde avec le pianiste espagnol José Iturbi. Il travaille au Conservatoire de Philadelphie et à la Juilliard School de New York avec Olga Samaroff. En 1941, il remporte le Concours de l'Orchestre de Philadelphie et obtient la Naumburg Award qui lui permet de faire ses débuts à New York la même année. C'est le début d'une carrière qui devient vite internationale. Doté d'un répertoire très vaste, il aborde la musique du XXe siècle et se fait notamment le champion du *Concerto pour piano* de Khatchaturian et du *Premier Concerto* de Chostakovitch. Il enregistre avec Heifetz la *Troisième Sonate pour violon et piano* de Brahms, prélude à ce qui aurait dû être une longue collaboration. Tous voyaient en lui l'un des plus grands pianistes du Nouveau Monde. Copland lui a dédié sa *Fantaisie pour piano* (1955).

Kaplan, Mark

Violoniste américain, né à Cambridge (Mass.) le 30 décembre 1953.

Il commence à étudier le violon dès l'âge de six ans avec un membre de l'Orchestre Symphonique de Syracuse, Carl Sifter. Puis il devient l'élève de Dorothy DeLay à la Juilliard School of Music de New York et se perfectionne avec Isaac Stern, Robert Mann, Felix Galimir et Joseph Szigeti. Lauréat du Concours Leventritt en 1973, il est amené à remplacer au pied levé Pinchas Zukerman puis Yehudi Menuhin pour une tournée en Israël. Sa carrière se développe alors très rapidement. Il a formé un trio avec le pianiste américain David Golub et le violoncelliste anglais Colin Carr.

Karabtchevsky, Isaac

Chef d'orchestre brésilien, né à São Paulo le 27 décembre 1934.

Il commence ses études musicales dans son pays natal où il fonde le chœur Madrigal Renascentista à Belo Horizonte dont il assure la direction de 1956 à 1962. Dès 1958, il vient régulièrement en Europe où il travaille à la Musikhochschule de Fribourg-en-Brisgau (composition avec Wolfgang Fortner et direction d'orchestre avec Carl Ueter). En 1965, il est nommé chef assistant de l'Orquesta Sinfônica Brasileira de Rio de Janeiro, dont il prend la direction musicale en 1969. En 1988, il est nommé chef permanent du Niederösterreichisches Tonkünstlerorchester de Vienne. Il a créé des œuvres de Jorge Antunes (*Poetica,* 1972), Ernst Vogel (*Aller Orten, alle Zeit,* oratorio, 1990).

Karajan, Herbert von
(Heribert Ritter von Karajan)

Chef d'orchestre autrichien, né à Salzbourg le 5 avril 1908, mort à Anif (Salzbourg) le 16 juillet 1989.

Il commence dès 1912 l'étude du piano puis travaille au Mozarteum tout en fréquentant le lycée de Salzbourg. Bernhard Paumgartner le dirige vers l'Académie de musique de Vienne où il est l'élève de Franz Schalk et Alexandre Wunderer. Entre 1926 et 1928, il étudie à la Musikhochschule de Vienne. De 1928 à 1934, il est chef de chant puis chef d'orchestre à Ulm. En 1929, il dirige son premier concert au Mozarteum. Entre 1930 et 1934, il assure les cours internationaux de direction d'orchestre au Festival de Salzbourg. Il est nommé chef d'orchestre (1934) puis directeur général de la musique à Aix-la-Chapelle (1935-41) : il est alors le plus jeune directeur général de la musique d'Allemagne. En 1937, il effectue ses débuts à l'Opéra de Vienne, l'année suivante à l'Opéra de Berlin où il est premier chef d'orchestre de 1939 à 1945. Il enregistre ses premiers disques à la fin des années trente et, pendant l'occupation allemande, il dirige fréquemment à l'Opéra de Paris. En 1946, il effectue ses débuts avec l'Orchestre Philharmonique de Vienne, prélude à une longue collaboration, mais est aussitôt interdit de direction jusqu'à la fin de l'année suivante en raison de son adhésion au parti national-socialiste. En 1948, ce sont ses débuts au Festival de Salzbourg dans *Les Noces de Figaro.* L'année suivante, il dirige la saison allemande à la Scala où il reviendra souvent au cours des années cinquante. En 1950, il est directeur artistique du Festival de Lucerne et est nommé directeur à vie des Wiener Singverein (Société des Amis de la Musique de Vienne). Walter Legge l'attire alors à Londres pour qu'il dirige le Philharmonia Orchestra qu'il vient de fonder : Karajan réalise à cette époque toute une série d'enregistrements qui marquent les débuts du microsillon. En 1951, il est invité à Bayreuth pour la réouverture du Festival. A la mort de Furtwängler, il est nommé directeur musical à vie de l'Orchestre Philharmonique de Berlin (1955). L'année suivante, il est directeur artistique du Festival de Salzbourg (1956-60), puis il remplace Karl Böhm dans les mêmes fonctions à l'Opéra de Vienne (1957-64). Ne pouvant obtenir les conditions de travail qu'il souhaite, il quitte la capitale autrichienne et rejoint le directoire du Festival de Salzbourg (1965-88). C'est l'année de sa première production d'opéra cinématographique : *La Bohème*, mise en scène par Zeffirelli. Pour la circonstance, il a fondé sa propre société de production cinématographique, la Cosmotel. En 1967, ce sont les débuts du Festival de Pâques à Salzbourg où il met en scène et dirige lui-même chaque année un ouvrage lyrique, en commençant par la *Tétralogie.* En 1968, la Fondation Herbert von Karajan voit le jour : à côté de la recherche médicale, elle organise deux concours internationaux, l'un destiné aux jeunes chefs d'orchestre, l'autre aux orchestres d'amateurs. De 1969 à 1971, Karajan est conseiller musical de l'Orchestre de Paris. Comme à Vienne, il renonce à ce poste devant l'impossibilité d'obtenir les conditions de travail souhaitées. Il renouera avec l'Opéra de Vienne en 1977. Fasciné par les possibilités de la vidéo, il travaille avec la société munichoise Unitel avant de fonder, en 1983, sa propre firme, Télémondial, à Monte-Carlo. Une décalcification bloquant partiellement la moelle épinière et l'empêchant de marcher (paralysie presque complète d'une jambe) ralentit ses activités pendant six ans. En 1983, il subit une intervention chirurgicale qui lui permet de marcher à nouveau et de se tenir debout normalement. Mais, en 1989, il préfère renoncer à ses fonctions à la tête de l'Orchestre Philharmonique de Berlin dont il abandonne la direction.

Aimé ou détesté, Karajan est incontestablement la figure marquante de la direction d'orchestre au XXe siècle. Sa parfaite connaissance de l'orchestre et des possibilités des instrumentistes, son exigence et sa ténacité lui ont permis de hisser l'Orchestre Philharmonique de Berlin à un niveau qu'aucun orchestre n'avait atteint auparavant. L'évolution qu'il a lui-même subie est étonnante : il suffit d'écouter les œuvres qu'il a enregistrées plusieurs fois au cours de sa carrière (*Symphonies* de Beethoven ou de Brahms). Le musicien se remet perpétuellement en question à la lumière d'une science de l'orchestre sans cesse plus perfectionnée.

Karajan aime à découvrir lui-même les solistes qu'il accompagne : ce sont généralement de jeunes talents auxquels il ouvre les portes d'une grande carrière (Eschenbach, Janowitz, Mutter, Behrens, Duchâble...). La musique contemporaine l'attire peu. Parmi les œuvres qu'il a dirigées en création, figurent des œuvres de Gottfried von Einem (*Concerto pour orchestre,* 1944), Hans Werner Henze (*Antifone,* 1962), Fritz Leitermeyer (*Rhapsodische Skizzen,* 1963), Carl Orff (*Le Triomphe d'Aphrodite,* 1953 ; *De temporum fine comoedia,* 1973), Heinrich Sutermeister (*Missa da Requiem,* 1953).

ÉCRITS : *Mein Lebensbericht* (avec la collaboration de Franz Endler, Jugend u. Volk, Vienne-Munich, 1988 ; trad. française, *Herbert von Karajan : Histoire d'une vie,* Carrère, Paris, 1988).

Károlyi, Julien von (Gyula)

Pianiste hongrois naturalisé allemand (1956), né à Losonc le 31 janvier 1914, mort à Munich le 1er mars 1993.

Il commence ses études à Budapest à partir de 1926. Puis il travaille avec Joseph Pembaur (Munich), Max Pauer (Leipzig) et Alfred Cortot (Paris). Il retourne à Budapest pour se perfectionner avec Ernst von Dohnányi (1932-34). C'est à Berlin et à Vienne qu'il obtient ses diplômes. Depuis l'âge de douze ans, il joue Chopin en public. Il donnera plusieurs fois en concert l'œuvre intégral de son compositeur favori. Sa carrière internationale (d'abord européenne, puis depuis 1951 en Amérique du Nord, enfin se développant récemment surtout en Amérique du Sud) s'appuie essentiellement sur les grands compositeurs romantiques du répertoire. Depuis 1972, il est professeur à la Hochschule de Würzburg.

Karr, Gary

Contrebassiste américain, né à Los Angeles le 20 novembre 1941.

Issu d'une famille dans laquelle on jouait de la contrebasse depuis sept générations, il travaille le piano, le violoncelle, le chant (avec Jennie Tourel) avant de se consacrer à la contrebasse qu'il étudie avec un ancien soliste de la Philharmonie de New York, Harman Reinshagen. Puis il travaille à l'Université de Caroline du Sud avec Gabor Rejto, à l'Aspen Music School et à la Juilliard School (New York). Il est rapidement engagé comme contrebasse solo des plus grands orchestres américains et aborde une carrière de soliste, essayant de faire sortir son instrument de l'anonymat orchestral dans lequel il est le plus souvent relégué. Il débute ainsi en 1962 à la Philharmonie de New York sous la direction de Leonard Bernstein et, peu après, la veuve de Serge Koussevitzky lui confie la contrebasse de son mari (Amati, 1611). En 1967, il fonde l'International Institute for the String Bass. Il enseigne dans différentes universités américaines et canadiennes. De nombreux compositeurs ont écrit pour lui : Hans Werner Henze (*Concerto,* 1966), Malcolm Arnold, Gunther Schuller (*Concerto,* 1968).

Kars, Jean-Rodolphe

Pianiste autrichien, né à Calcutta le 15 mars 1947.

De 1958 à 1964, il est élève du Conservatoire de Paris, de Julius Katchen et de Jeanne Manchon. En 1966, il est finaliste du Concours de Leeds et donne un concert triomphal à Londres, l'année suivante. En 1968, il remporte le Concours international Olivier Messiaen à Royan. Pianiste extrêmement raffiné, il possède l'art de rendre parfaitement les plus infimes nuances du dernier Liszt, de la musique de Debussy ou de Messiaen. Mais après une dizaine d'années de carrière, il se retire de la scène pour être ordonné prêtre. A partir de 1988, il recommence à jouer en public de façon très éphémère.

Kashkashian, Kim

Altiste américaine, née à Detroit le 31 août 1952.

D'ascendance arménienne, elle effectue ses études au Conservatoire Peabody avec Walter Trampler et Karen Tuttle. Elle est lauréate de plusieurs concours internationaux (Lionel Tertis, Concours ARD de Munich...) puis enseigne pendant quelques années au Mannes College of Music avant d'être nommée professeur d'alto à l'Université de l'Indiana, à Bloomington. Elle enseigne également à l'Académie de musique de Lausanne. Sa carrière se développe rapidement, tant en soliste que dans le domaine de la musique de chambre. On la retrouve régulièrement dans des festivals comme Marlboro, Spoleto ou Lockenhaus. Elle est également la partenaire des quatuors Guarneri, Galimir et de Tōkyō. En 1984, elle découvre deux sonates inédites pour alto seul de Paul Hindemith qu'elle crée et enregistre. Dans le domaine de la musique contemporaine, elle travaille en étroite collaboration avec des compositeurs comme Sofia Goubaidoulina, Krzysztof Penderecki, Alfred Schnittke ou Betsy Jolas. Alvin Brehm et Meyer Kupfermann ont écrit pour elle. Elle a créé des œuvres de Barbara Kolb (*Related Characters,* 1982), Krzysztof Penderecki (*Quatuor pour clarinette et cordes,* 1993).

Kasprzyk, Jacek

Chef d'orchestre polonais, né à Biala le 10 août 1952.

A Varsovie, il étudie la théorie, la composition, la direction d'orchestre et la psychologie, obtenant ses diplômes en 1975. La même année, il fait ses débuts à l'Opéra de Varsovie et, un an plus tard, à celui de Düsseldorf. Entre 1977 et 1982, il est premier chef du Grand Orchestre Symphonique de la Radio-Télévision Polonaise à Katowice et, en 1980, directeur musical. Lauréat du Concours Karajan en 1978, il dirige les plus grands orchestres européens. En 1982, il se fixe à Londres. Invité par la plupart des orchestres britanniques, il prend la direction du Wren Orchestra.

Kästner, Hannes

Organiste et claveciniste allemand, né à Markkleeberg le 27 octobre 1929.

De 1948 à 1951, il étudie à la Hochschule de Leipzig après avoir été élève à la fameuse Thomasschule. Il travaille notamment avec Günther Ramin. En 1951, il est nommé organiste titulaire de Saint-Thomas de Leipzig, là même où officiait J. S. Bach. Il commence à enseigner à partir de 1960 à la Hochschule de cette même ville (orgue et clavecin) et mène simultanément une carrière de concertiste internationale. En 1986, il quitte son poste d'organiste à Saint-Thomas lorsqu'il est nommé professeur d'orgue à la Musikhochschule de Leipzig.

Katchen, Julius

Pianiste américain, né à Long Branch le 15 août 1926, mort à Paris le 29 avril 1969.

Il travaille à New York avec David Saperton et débute, en 1937, avec l'Orchestre de Philadelphie. Il termine ses études universitaires à Haverford College en 1945. En 1946, il se fixe à Paris et mène une brillante carrière de soliste internationale et de musicien de chambre. Casals l'invite à plusieurs reprises au Festival de Prades. Il joue avec Pierre Monteux. Il est le premier à réaliser l'enregistrement intégral de l'œuvre pour piano de Brahms (1963) qui reste encore aujourd'hui une référence. Il donne également de multiples séances de sonates avec Joseph Suk jusqu'en 1968. La maladie interrompt brutalement et prématurément une carrière qui n'avait pas encore atteint son apogée. De ses rares incursions dans le domaine de la musique contemporaine, on retiendra la création du *Concerto pour piano n° 2* (1954) de Ned Rorem.

Katims, Milton

Chef d'orchestre et altiste américain, né à New York le 24 juin 1909.

Il étudie avec Herbert Dittler à l'Université Columbia, d'abord le violon, puis l'alto et la direction avec Léon Barzin (1933-35). De 1935 à 1943, il est altiste et chef assistant à la WOR Radio. Il se produit ensuite avec le NBC Symphony Orchestra (dont il devient alto solo en 1943) comme assistant de Toscanini. A la même époque, il donne des cours à la Juilliard School (1946-54) et est membre du New York Piano Quartet. Pablo Casals l'invite à Prades. De 1954 à 1974, il est à la tête de l'Orchestre Symphonique de Seattle. De 1960 à 1967, il est membre du plan musical de l'US Information Service. En 1961, il est membre de la Commission des Arts de Washington. Entre 1976 et 1984, il est directeur artistique de l'École de Musique à l'Université de Houston. En tant que chef d'orchestre, il a créé des œuvres de Paul Creston (*Pavane Variations*, op. 89, 1966), Leon Kirchner (*Concerto pour piano nº 2,* 1964), Benjamin Lees (*Visions of Poets,* 1962 ; *Spectrum,* 1964), Roger Reynolds (*Graffiti,* 1966).

Katsaris, Cyprien

Pianiste français, né à Marseille le 5 mai 1951.

Il commence, à quatre ans, ses études musicales au Cameroun. Il entre, en 1964, au Conservatoire de Paris où il travaille avec Aline Van Barentzen et Monique de La Bruchollerie avant d'obtenir, en 1969, un 1er prix de piano. Il remporte en 1972 le 11e prix au Concours Reine Élisabeth de Belgique et, en 1974, un 1er grand prix au Concours international Cziffra. Il crée, en 1976, avec Noëlla Pontois, première danseuse étoile de l'Opéra de Paris, un duo « piano-danse ». Lauréat de la Tribune internationale des jeunes interprètes (1977), il réalise des concerts avec Leonard Bernstein et Antal Dorati et commence rapidement une carrière internationale. A côté du répertoire romantique traditionnel, il s'attache à faire revivre des partitions oubliées et exhume ainsi le *Concerto de style hongrois* de Franz Liszt, qu'il enregistre sous la direction d'Eugene Ormandy. En 1978, il est nommé directeur du Festival international d'Echternach (Luxembourg). Il est également compositeur et a écrit, notamment, un *Poème du Phoenix* (1976) et une *Rhapsodie chypriote* (1978).

Kavakos, Leonidas

Violoniste grec, né à Athènes le 30 octobre 1967.

Il fait ses études musicales au Conservatoire d'Athènes d'où il sort diplômé en 1984. Il donne ses premiers concerts dans son pays natal. Une bourse de la Fondation Onassis lui permet d'aller travailler avec Josef Gingold à l'Université de l'Indiana. Il étudie également avec Stelios Kafantaris. Il fait ses débuts au Festival d'Athènes en 1984. En 1985, il remporte le 1er prix au Concours international Jean Sibelius à Helsinki. Un an plus tard, il obtient la médaille d'or au Concours international d'Indianapolis et, en 1988, il remporte le Concours de la Fondation Naumburg et le Concours Paganini à Gênes. Sa carrière se développe très rapidement dans les principaux pays d'Europe et aux États-Unis. Il a exhumé la version originale du *Concerto pour violon* de Sibelius. Il joue sur un violon de Domenico Montagnana (Venise, 1738).

Kazandjiev, Vassil

Chef d'orchestre et compositeur bulgare, né à Roussé le 10 septembre 1934.

Après avoir travaillé le piano, il étudie la théorie et la composition avec Constantin Iliev de 1948 à 1952, puis au Conservatoire d'État de Sofia la composition avec Pantcho Vladigerov et la direction avec Vladi Simeonov jusqu'en 1957. A partir de ce moment, il est nommé chef d'orchestre à l'Opéra National de Sofia. En 1963, il devient à son tour professeur de composition au Conservatoire de Sofia et chef de l'Orchestre de Chambre de Sofia, ensemble qu'il va diriger dans l'Europe entière, au Japon... jusqu'en 1979. Pour cet ensemble, il écrira, en 1970, ses *Tableaux de Bulgarie*. Il remporte en 1972 le Prix Dimitrov. Entre 1980 et 1993, il est à la tête de l'Orchestre Symphonique de la Radio Bulgare.

Kegel, Herbert

Chef d'orchestre allemand, né à Dresde le 29 juillet 1920, mort à Dresde le 20 novembre 1990.

Au conservatoire de sa ville natale, il est l'élève de Boris Blacher (composition), Karl-Heinz Diner von Schönberg (piano), Siegfried Grosse (violoncelle), Alfred Stier (direction chorale), Karl Böhm (direction d'orchestre) entre 1935 et 1940. Après la guerre, il débute comme chef permanent au Volkstheater de Rostock (1946-49). Puis, pendant près de trente ans, sa carrière se déroule à la Radio de Leipzig où il est successivement premier chef de chœur (1949), chef permanent (1953), et premier chef (1960) de l'Orchestre Symphonique. De 1975 à 1978, il est professeur à la Musikhochschule de Leipzig et, de 1977 à 1985, chef permanent de l'Orchestre Philharmonique de Dresde. Son répertoire est très largement tourné vers la musique contemporaine et il a dirigé de nombreuses créations mondiales de compositeurs est-allemands : Paul Dessau (*Lanzelot*, opéra, 1969), Hanns Eisler, Friedrich Schenker, Rudolf Wagner-Régeny, Udo Zimmermann (*L'Homme,* 1972).

Kehr, Günter

Chef d'orchestre et violoniste allemand, né à Darmstadt le 16 mars 1920, mort à Mayence le 22 septembre 1989.

A Francfort, il travaille avec A. Moodie, à Cologne avec Zitzmann tout en poursuivant des études générales à l'Université de Berlin et à celle de Cologne. En 1949, il forme un trio à cordes avec G. Schmid et H. Münch-Holland. Il se tourne ensuite vers la direction d'orchestre et fonde, en 1955, l'Orchestre de Chambre de Mayence. Il dirige le Peter-Cornelius-Konservatorium de cette ville entre 1953 et 1961 puis devient professeur de musique de chambre à la Hochschule für Musik (1961-87).

Keilberth, Joseph

Chef d'orchestre allemand, né à Karlsruhe le 19 avril 1908, mort à Munich le 20 juillet 1968.

Il fait ses études musicales dans sa ville natale puis est nommé répétiteur à l'Opéra où, après avoir gravi les échelons, il devient directeur général de la musique (1935-40). Il est ensuite premier chef à l'Opéra Allemand de Prague (1940-45) puis directeur général de la musique à l'Opéra de Dresde (1945-51). Il fonde l'Orchestre Symphonique de Bamberg avec les musiciens de l'ancien Opéra Allemand de Prague et en assure la direction de 1950 à 1968. A la même époque, il est directeur musical de l'Orchestre Philharmonique de Hambourg (1950-59), premier chef (1951-59) puis directeur général de la musique (1959-68) à l'Opéra de Munich. De 1952 à 1956, il dirige régulièrement à Bayreuth et s'impose comme l'un des grands chefs lyriques allemands. Dans ses programmes, il accorde une place importante à des musiciens comme Pfitzner ou Reger. Il meurt en dirigeant une représentation de *Tristan et Isolde*.

ÉCRITS : *Begegnungen mit H. Pfitzner und seinem Werk* (1966).

Kélémen, Zoltán

Baryton-basse hongrois, né à Budapest le 2 mars 1926, mort à Zurich le 9 mai 1979.

Il étudie à l'Académie Franz Liszt puis se rend à Rome à l'Académie Sainte-Cécile auprès de Maria Teresa Pediconi. Après ses débuts à Augsburg en 1959 (Kecal de *La Fiancée vendue*) et un passage à l'Opéra de Wuppertal, il devient en 1961 membre de l'Opéra de Cologne. L'année 1962 voit son premier engagement à Bayreuth dont il deviendra, à partir de 1964, l'un des grands Alberich, rôle qui lui assure une célébrité mondiale de Salzbourg (où il débute en 1966 en Rangoni de *Boris Godounov*) au Metropolitan Opera de New York ou au Covent Garden de Londres. Son répertoire va d'Osmin à Klingsor, de Leporello aux deux Falstaff (Nicolaï et Verdi), du Grand Inquisiteur à Gianni Schicchi. Il n'apparaît qu'une seule fois à l'Opéra de Paris en 1973 (Bartholo dans *Les Noces de Figaro*).

Kell, Reginald

Clarinettiste anglais, né à York le 8 juin 1906, mort à Frankfort (Kentucky) le 5 août 1981.

Après avoir commencé des études de violon, il bénéficie d'une bourse qui lui permet d'apprendre la clarinette à la Royal Academy de Londres, de 1929 à 1932, auprès de Haydn Draper. Il devient son successeur de 1935 à 1939 et en 1958-59. A l'instar du hautboïste Leon Gossens, il transmet à la nouvelle génération de clarinettistes anglais une conception originale du jeu de l'instrument, pure et élégante, au vibrato réduit. Il est successivement clarinettiste solo des principales phalanges londoniennes, Royal Philharmonic Orchestra (1931-32), Royal Opera House, Covent Garden (1932-36), London Philharmonic Orchestra (1932-36), London Symphony Orchestra (1936-39), puis Orchestre international Toscanini de Lucerne (1939), Royal Liverpool Philharmonic Orchestra (1942-45) et Philharmonia Orchestra (1945-48). Il est également le partenaire du Quatuor Busch. Il émigre aux États-Unis en 1948 et enseigne, de 1951 à 1957, à Aspen (Colorado). Entre 1959 et 1966, il dirige le département instruments à vent de Boosey and Hawkes. Il est l'auteur d'une méthode pour clarinette (New York, 1968).

Kempe, Rudolf

Chef d'orchestre allemand, né à Niederpoyritz (Dresde) le 14 juin 1910, mort à Zurich le 11 mai 1976.

A Dresde, il étudie avec Fritz Busch (1924-28), Johannes König, Karl Schütte, Theodor Blumer et Kurt Striegel. En 1928, il est engagé comme hautboïste à Dortmund. Un an plus tard, il est hautbois solo au Gewandhaus de Leipzig (1929-36). A l'Opéra de Leipzig, il est chef de chant puis chef assistant (1935-42). Il est alors nommé premier chef à l'Opéra de Chemnitz dont il deviendra directeur général de la musique en 1946. Il passe deux ans à Weimar (1948-49) avant de retrouver Dresde, comme chef d'orchestre (1949) puis comme directeur général de la musique (1950 52) à la Staatskapelle où il remplace Keilberth. De 1952 à 1954, il est directeur général de la musique à Munich et, de 1954 à 1956, il dirige au Metropolitan Opera de New York. Il mène alors une carrière de chef invité. De 1960 à 1967, il dirige régulièrement à Bayreuth. A la mort de Sir Thomas Beecham, dont il avait été l'assistant pendant quelques mois, il prend la direction du Royal Philharmonic Orchestra de Londres (1961-75) : il sera nommé chef à vie mais renoncera à ce poste un an avant sa mort pour prendre la direction du BBC Symphony Orchestra. De 1965 à 1972, il est directeur artistique de l'Orchestre de la Tonhalle de Zurich et, de 1967 à 1976, chef permanent de l'Orchestre Philharmonique de Munich.

Rudolf Kempe comptait parmi les figures les plus importantes de sa génération. Mal connu en France, il était considéré en Angleterre et en Allemagne comme l'un des « grands » de la direction d'orchestre. L'intégrale des poèmes symphoniques de Strauss qu'il enregistra à Dresde à la fin de sa vie est l'un des témoignages les plus précieux de son talent.

Kempen, Paul Van

Voir à **Van Kempen, Paul**.

Kempff, Wilhelm

Pianiste et compositeur allemand, né à Jüterborg le 25 novembre 1895, mort à Positano le 23 mai 1991.

Issu d'une famille d'organistes luthériens, il commence très tôt à étudier le piano et l'orgue avec son père, le compositeur et organiste Wilhelm Kempff, titulaire de l'église Saint-Nicolas de Potsdam. Puis il travaille avec Ida Schmidt-Schlesicke. Il a le choc de sa vie en écoutant Eugen D'Albert et Ferruccio Busoni. Il obtient de Joseph Joachim deux bourses pour le piano et la composition qui lui permettent d'entrer, à l'âge de neuf ans, à la Hochschule für Musik de Berlin où il est l'élève de Heinrich Barth (piano) et de Robert Kahn (composition). En 1916, il remporte les prix Mendelssohn de piano et de composition qui lui ouvrent les portes de la carrière : Arthur Nikisch l'engage dès sa démobilisation (1918) pour jouer le *Concerto en sol majeur* de Beethoven avec l'Orchestre Philharmonique de Berlin, orchestre avec lequel il se produira régulièrement jusqu'en 1979. Parallèlement, il étudie la philosophie et l'histoire de la musique à l'Université. Il donne ses premiers concerts en 1916 et est engagé, comme organiste, pour accompagner, lors d'une tournée, le Chœur de la cathédrale de Berlin. Pendant quelque temps, il partage son activité entre le piano, l'orgue et le professorat. De 1924 à 1929, il est directeur de la Hochschule für Musik de Stuttgart où

large place à Beethoven et à Bach, mais aussi à Ravel. Son maître y est pour quelque chose.

Kerns, Robert

Baryton américain, né à Detroit en 1933, mort à Vienne le 19 février 1989.

Enfant, il chante comme soprano dans un chœur et enregistre déjà quelques disques. Il suit les cours de l'Université de Michigan et en sort docteur en musicologie. Après quatre ans d'armée, il reprend ses études de chant, ce qui lui permet d'être engagé au New York City Opera. De 1960 à 1963, il est membre de la troupe de l'Opéra de Zurich et commence une importante carrière internationale. En 1963, il chante *Simon Boccanegra* au Festival de Salzbourg et, pour ce même ouvrage, est engagé par l'Opéra de Vienne, comme membre de la troupe. La même année, il chante à Covent Garden et, durant l'été, au Festival d'Aix-en-Provence (Papageno de *La Flûte enchantée*). Parmi les grands rôles de son répertoire, il y a *Don Giovanni* qu'il chante entre autres à Aix-en-Provence (1966), Scarpia (*Tosca*), *Rigoletto* et *Orfeo* (Monteverdi). Passionné par le répertoire wagnérien, il s'y est imposé comme un des barytons les plus intelligents et dramatiquement puissants d'expression et de musicalité.

Kersenbaum, Sylvia

Pianiste argentine, née à Buenos Aires le 27 décembre 1945.

Elle étudie le piano et la composition au conservatoire de sa ville natale où elle est l'élève d'Esperanza Lothringer (1953-56) et de Vicente Scaramuzza (1956-66). Elle avait fait ses débuts à l'âge de huit ans. En 1960, elle obtient le 1er prix de la Radio Argentine. En 1966 et 1967, elle suit les cours de l'Académie Chigiana de Sienne puis, en 1968, travaille à l'Académie Sainte-Cécile de Rome avec Guido Agosti avant de devenir l'élève de Nikita Magaloff au Conservatoire de Genève et de Hans Graf à Vienne. Elle commence alors une carrière internationale et réalise plusieurs disques, notamment en France. En 1976, elle est nommée professeur à la Western Ky University (États-Unis).

Kertész, István

Chef d'orchestre hongrois naturalisé allemand, né à Budapest le 28 août 1929, mort à Kfar Saba (Israël) le 16 avril 1973.

A l'Académie de musique de Budapest, il travaille le piano et la composition, notamment avec Kodály et Leó Weiner. Plus tard, il sera l'élève de Somogyi pour la direction d'orchestre (1949-53) et bénéficiera des conseils de Klemperer alors en poste à Budapest. De 1953 à 1955, il est chef permanent à Györ. Puis il est nommé à l'Opéra de Budapest (1955-57). Il quitte alors son pays natal pour se fixer en Allemagne. Il travaille à Rome, à l'Académie Santa Cecilia (1958), avec F. Previtali. Puis il est nommé directeur général de la musique à Augsbourg (1958-63) avant de devenir directeur général de la musique à Cologne (1964-73). Sa carrière se développe sur le plan international. Il est à la tête de l'Orchestre Symphonique de Londres (1965-68) puis devient l'un des chefs préférés de la Philharmonie de Vienne et de la Philharmonie d'Israël. C'est à l'occasion d'une série de concerts avec cet orchestre qu'il trouve la mort, noyé lors d'une baignade en mer. Il venait d'être nommé à la tête de l'Orchestre Symphonique de Bamberg. Particulièrement à l'aise dans la musique des grands classiques du XXe siècle (Bartók, Kodály, Stravinski), il a réalisé de nombreux enregistrements du répertoire romantique avec la Philharmonie de Vienne, considérés comme des versions de référence, notamment l'intégrale des symphonies de Schubert et de Brahms (l'enregistrement de cette dernière intégrale devait être complété par les *Variations sur un thème de Haydn* dont il lui restait à graver le finale ; les musiciens l'ont enregistré sans chef, à sa mémoire).

Khaikin, Boris

Chef d'orchestre russe, né à Mintsk le 26 octobre 1904, mort à Moscou le 10 mai 1978.

Il étudie au Conservatoire de Moscou le piano avec Alexandre Gedike (1927) et la direction d'orchestre avec Nicolaï Malko et Konstantin Saradjev. Diplômé en 1928, il est engagé comme chef d'orchestre au

Théâtre Stanislavski (1928-35). Puis il est nommé directeur artistique du Théâtre Maly de Leningrad (1936-43), du Théâtre Kirov (1943-54) avant de revenir à Moscou comme chef permanent au Bolchoï (1954-78). Champion de la musique lyrique soviétique, il a notamment créé *Colas Breugnon* de Kabalevski et *La Duègne* de Prokofiev ainsi que la *Symphonie nº 2* de Khatchaturian (1943). Il s'est aussi largement consacré à la pédagogie, aux conservatoires de Moscou (1925-28, 1930-36 et 1954-78) et de Leningrad (1939-40 et 1946-55), formant l'élite de la nouvelle génération des chefs soviétiques, dont Kondrachine.

Khomitzer, Mikhail

Violoncelliste russe, né à Kharkov le 30 juin 1935.

Il travaille dans la classe de S. Knuschevitzki au Conservatoire de Moscou jusqu'en 1958. Depuis 1957, il est soliste de la Philharmonie de Moscou et, en 1961, il commence à enseigner au Conservatoire de Moscou tout en poursuivant une carrière de soliste. Il est lauréat du Concours Vigan à Prague puis en 1962 du Concours Tchaïkovski et en 1963 du Concours Pablo Casals à Budapest. Une part importante de son répertoire est consacrée à la musique contemporaine : il a notamment joué pour la première fois en URSS les concertos de Jacques Ibert et Henri Dutilleux. Partenaire en trio du pianiste Dmitri Bachkirov et du violoniste Igor Besrodny, il a joué fréquemment avec des artistes comme David Oïstrakh, Bella Davidovich ou Tatiana Nikolaieva. En 1986-87, il séjourne à Helsinki comme professeur invité à l'Académie de musique Sibelius. En 1989 et en 1990, des festivals (« Monofests ») lui ont été consacrés en Estonie (à Parnu) et à Moscou.

Kientzy, Daniel

Saxophoniste français, né à Périgueux le 13 juin 1951.

Il commence par étudier seul la guitare, la viole de gambe, la flûte à bec et divers instruments anciens avant de travailler la contrebasse au Conservatoire de Versailles, le saxophone et la musique de chambre au Conservatoire de Paris (1er prix). Il étudie également la musique ancienne avec Antoine Geoffroy Dechaume. Entre 1966 et 1972, il fait surtout du jazz et de la musique de rock. Il est ensuite contrebassiste au Grand Théâtre de Limoges (1972-74), membre du groupe de musique ancienne Musica Ficta (1974-78) avant de revenir au saxophone et de faire des recherches à l'IRCAM. Il se consacre surtout à la musique contemporaine et élargit considérablement les possibilités techniques de l'instrument en travaillant en étroite liaison avec les compositeurs dont il crée les œuvres : Claude Ballif (*Solfegietto 8*), Franco Donatoni (*Hot*, 1989), Renaud Gagneux, Călin Ioachimescu (*Musique spectrale*, 1986, dédicataire), Betsy Jolas, György Kurtag, Jacques Lenot, Myriam Marbé, Costin Miereanu, Luis de Pablo (*Une couleur...*, 1989), Ştefan Niculescu (*Cantos* pour saxophone et orchestre, 1985), Cornel Ţăranu.

ÉCRITS : *Les Sons multiples au saxophone* (1982), *Saxology* (1987), *Le Saxophone* (1987).

Kiepura, Jan

Ténor polonais naturalisé américain (1946), né à Sosnowiec le 16 mai 1902, mort à Harrison (USA) le 15 août 1966.

Il reçoit ses premières leçons du professeur de chant de son lycée, M. Powiadowski. Il poursuit sa formation à Varsovie, auprès de Leliwa et de W. Brzezinski, tout en achevant ses études de droit. Nanti en 1922 d'une licence, il commence à se produire en 1923 dans des rôles secondaires. Remplaçant au pied levé le ténor prévu, il chante Faust à Lvóv en 1924, puis à l'Opéra de Poznań et remporte un concours de chant qui le sacre roi des ténors polonais. Engagé par l'Opéra de Varsovie en 1925, il y interprète *Faust*, Turiddu de *Cavalleria rusticana*, le Duc de Mantoue de *Rigoletto*, Jontek de *Halka* (Moniuzsko). Il débute à la Staatsoper de Vienne en 1926, dans *Tosca*, aux côtés de Maria Jeritza. Il est un Calaf éblouissant dans *Turandot* dont Vienne donne la seconde audition mondiale en octobre

1926. Il entreprend en 1927 une vaste tournée européenne, chantant notamment à Covent Garden et à l'Albert Hall de Londres. C'est au Casino de Deauville qu'il fait sa première apparition en France, en août 1927, chantant la *Tosca*, avant de donner à l'Opéra de Paris en 1928 le même ouvrage, avec la troupe de la Staatsoper, dirigée par Franz Schalk. La même année, il crée à Hambourg *Das Wunder der Heliane* de Korngold et débute à l'Opéra de Berlin dans *Rigoletto*. Il affronte enfin en 1929 le public de la Scala de Milan, toujours dans *Tosca*. Il part à la conquête des Amériques (Colón de Buenos Aires en 1930, Civic Opera de Chicago en 1931). Se partageant à partir de 1931 entre une spectaculaire carrière cinématographique (principaux titres : *La Ville chantante*, 1931 ; *La Chanson d'une nuit*, 1932 ; *Mon cœur t'appelle*, 1934, où il rencontre la soprano **Martha Eggerth**, qu'il épouse en 1936 ; *Valse brillante*, 1948 ; *Le Pays du sourire*, 1952) et le théâtre, principalement au Metropolitan Opera de New York où il débute en 1938 dans Rodolphe de *La Bohème*, il chante encore à Paris en 1939 *Manon* et *Rigoletto* avant d'entreprendre des tournées de concerts pour soutenir les soldats polonais et alliés. Il fait ses débuts dans l'opérette en 1943 à l'occasion de la reprise à Broadway de *La Veuve joyeuse*, aux côtés de sa femme. Ils joueront ensemble à Paris en 1949-50 *Princesse Czardas* de Kalman. Sa popularité ne connaît plus de limites et c'est une foule immense qui suit ses funérailles à Varsovie.

Doté d'une voix éclatante aux aigus impressionnants, suffisamment ample et souple pour convenir aussi bien à l'opéra qu'à la comédie musicale, Kiepura possédait sur les foules un magnétisme qui faisait oublier toutes les outrances et les ficelles de son jeu. Peu de chanteurs ont connu au XXe siècle une gloire aussi universelle.

Kikuchi, Yoshinori

Chef d'orchestre japonais, né à Yawatahama (Ehime-Ken) le 16 septembre 1938.

Il fait ses études musicales à l'Université des arts de Tōkyō avant d'être nommé répétiteur et chef assistant à l'Opéra Niki-kai de Tōkyō (1961-64). Puis il se perfectionne avec Kazuo Yamada (à partir de 1965). En 1968, il suit les cours de Peter Maag à l'Académie Chigiana de Sienne puis il travaille avec Franco Ferrara à l'Académie Sainte-Cécile de Rome. En 1971-72, il est engagé comme chef d'orchestre au Staatstheater de Kassel. Entre 1973 et 1977, il travaille au Centro di Avviamento Teatro Lirico de Palerme, avec Gina Cigna, tout en dirigeant au Teatro Massimo. Puis il est engagé au Hessisches Staatstheater de Wiesbaden (1978-84). Parallèlement, il développe à partir de 1980 une carrière de chef invité, tant au Japon qu'en Europe : il dirige dans la plupart des opéras allemands (Berlin, Francfort, Munich) et français. En 1986, il débute à la Scala de Milan et, l'année suivante, aux Arènes de Vérone.

Killebrew, Gwendolyn

Mezzo-soprano américaine, née à Philadelphie le 26 août 1939.

Elle fait ses études à l'Université du Temple, dans sa ville natale, puis à New York, à la Juilliard School. Rapidement, elle paraît au Met (où elle débute dans Waltraute en 1967 avant d'y chanter Carmen), au New York City Opera (débuts en 1971 dans Ulrica), puis à la Fenice, au Festival de Salzbourg, et à l'Opéra du Rhin de Düsseldorf où elle chante régulièrement. Spécialiste des rôles de sorcière, elle incarne aussi Carmen, ou Alcina dans l'*Orlando Paladino* de Haydn.

King, James

Ténor américain, né à Dodge City (Kansas) le 22 mai 1925.

Il étudie d'abord le violon et le piano à l'Université de Kansas City, et débute comme baryton. Il complète ses études auprès de Martial Singher et Max Lorenz, remporte l'American Opera Auditions à Cincinnati, ce qui lui permet de se rendre en Europe où il débute professionnellement en 1961 au Teatro alla Pergola de Florence (Cavaradossi). Il est membre de l'Opéra de Berlin de 1962 à 1965 où il chante les rôles italiens et français, et débute en 1962 au Festival de Salzbourg (Achille dans *Iphi-*

génie en Aulide de Gluck). Il y chantera encore Aeghist (*Elektra*), Florestan (*Fidelio*), l'Empereur (*La Femme sans ombre*), Bacchus (*Ariadne*). En 1963, il débute à Vienne (Bacchus), et y chante régulièrement Wagner et Strauss. De 1965 à 1975 il chante Siegmund, Lohengrin et Parsifal à Bayreuth. Il chante au Met depuis 1966 (Florestan, Lohengrin), à l'Opéra de Paris (Kalaf, Parsifal, Manrico) et à la Scala depuis 1968. Il a créé l'adaptation de Hans Werner Henze du *Retour d'Ulysse dans sa patrie* de Monteverdi (1985).

King, Thea

Clarinettiste anglaise, née à Hitchin (Hertfordshire) le 26 décembre 1925.

Elle étudie la clarinette au Royal College of Music de Londres (1943-47) avec Frederick Thurston, qu'elle épouse en 1953. Elle joue dans l'orchestre du Sadler's Wells Opera (1950-52), le Portia Wind Ensemble (1955-68), les London Mozart Players (1956-84), l'English Chamber Orchestra (à partir de 1964), l'Ensemble Melos (à partir de 1974) et le Robles Ensemble (à partir de 1983). Elle mène également une carrière de soliste. Entre 1961 et 1987, elle est professeur au Royal College of Music de Londres et, à partir de 1988, à la Guilford School of Music. Elle joue souvent des œuvres de compositeurs contemporains et ressuscite de nombreuses partitions du passé. Elle a créé des œuvres de Malcolm Arnold (*Concerto pour clarinette,* 1985, dédicataire), Howard Blake (*Concerto pour clarinette,* 1985).

Kipnis, Alexandre

Basse russe, naturalisé américain (1934), né à Jitomir le 13 février 1891, mort à Westport le 14 mai 1978.

Il entreprend des études musicales au Conservatoire de Varsovie avant d'aborder le chant avec Ernest Grenzebach, à Berlin. Il fait ses débuts à Hambourg en 1915 puis est engagé par l'Opéra de Wiesbaden en 1916 avant d'être interné comme ressortissant d'une puissance étrangère ennemie (1917-18). Après la guerre, de retour à Berlin, il rentre dans la troupe de l'Opéra de Charlottenburg (future Städtische Oper), où ses interprétations des rôles wagnériens (le Roi Marke, Hagen, Gurnemanz) lui confèrent le statut de première basse pendant onze années. Il apparaît peu à peu dans les années vingt sur la scène internationale, au Civic Opera de Chicago (régulièrement de 1923 à 1932, y tenant plus de trente rôles), au Colón de Buenos Aires (de 1926 à 1936), au Festival de Bayreuth (de 1927 à 1933), à Covent Garden (il est, en 1927, Marcel des *Huguenots*), et à Paris (où il donne son premier récital à Pleyel en 1929). Il chante à la Staatsoper de Berlin à partir de 1930, mais quitte définitivement l'Allemagne en 1933 pour les États-Unis. Il fait des débuts tardifs au Met en 1940, dans le rôle de Gurnemanz. L'année suivante il y chante Sarastro (sous la direction de B. Walter), rôle qu'il a déjà brillamment défendu aux festivals de Glyndebourne (1936) et de Salzbourg (1937, dir. Toscanini). En 1943, il incarne pour la première fois *Boris Godounov*, et, jusqu'à sa retraite, va se spécialiser dans le répertoire russe (incarnant Galitzki du *Prince Igor* et Gremine d'*Eugène Onéguine*). Devenu professeur, il enseigne au Collège de Musique de New York et, à partir de 1966, à la Juilliard School.

Basse à la voix d'une ampleur et d'une souplesse peu communes, il a abordé tous les répertoires de basse chantante ou de basse profonde, aussi bien en allemand, en russe, en italien ou en français, sans parler du répertoire du lied, où la voix subtilement colorée et l'élégance du phrasé faisaient merveille.

Kipnis, Igor

Claveciniste américain, né à Berlin le 27 septembre 1930.

Fils du précédent, il étudie à l'École de musique de Westport (Connecticut) puis à Harvard où il obtient son diplôme en 1952. Il travaille à la radio de New York comme directeur musical et critique avant de se consacrer essentiellement au clavecin sur les conseils de Thurston Dart. Il fait ses débuts en 1961 dans une émission radiophonique et donne son premier récital public en 1962. Il se produit aux États-

Unis, au Canada puis en Europe (1967-75), Amérique du Sud (1968-75), Israël (1969-76), Australie (1971). Il joue avec l'Orchestre Philharmonique de New York sous la direction de Pierre Boulez en 1975. De 1964 à 1967 il enseigne le style baroque à Tanglewood et, de 1971 à 1975, il professe à l'École des Beaux-Arts de l'Université de Fairfield (Connecticut) où il est artiste-résident de 1975 à 1977. Il donne des cours d'été à Indianapolis entre 1974 et 1985 (Harpsichord Workshop). En 1982, il est nommé professeur de clavecin et de musique baroque au Royal Northern College of Music de Manchester. De nombreux compositeurs ont écrit pour lui, notamment George Rochberg, Ned Rorem, John McCabe et Richard Rodney Bennett dont il a créé le *Concerto pour clavecin* (1980).

Kirchhof, Lutz

Luthiste allemand, né à Francfort-sur-le-Main le 15 mai 1953.

Il commence à travailler le luth assez jeune avec Lothar Fuchs, élève de Walter Gerwig. Il donne ses premiers concerts à l'âge de onze ans et remporte le prestigieux Concours « Jugend musiziert » en 1972. Il étudie ensuite la musicologie à l'Université de Francfort, où il fait des recherches historiques sur le répertoire du luth autour de John Dowland et Sylvius Leopold Weiss. Il sort diplômé de la Musikhochschule de Francfort. Entre 1973 et 1980, il joue régulièrement avec le Studio de musique ancienne de Francfort. En 1976, il fonde son propre ensemble, avec lequel il donne de nombreux concerts. Maître de conférences invité à l'Université de Francfort, il est l'auteur d'une méthode de luth de la Renaissance et de l'ère baroque. Il joue toutes les œuvres solistes du répertoire du luth, notamment des pièces de compositeurs contemporains. Il se produit en outre régulièrement avec des chanteurs comme Max Van Egmond et Derek Lee Ragin. En 1988, Kirchhof fonde, en collaboration avec plusieurs stations de radio, le Festival de luth de Francfort, aujourd'hui rebaptisé Festival international de luth, qui a lieu chaque année sous sa direction artistique. La Société de recherche en matière de luth, qu'il a fondée en 1990, a pour but de créer un recueil complet de manuscrits originaux de musique pour luth, ce qui permet pour la première fois de mener des recherches approfondies dans les pratiques instrumentales des XVIe et XVIIe siècles.

Kirkby, Emma

Soprano anglaise, née à Camberley (Surrey) le 26 février 1949.

Elle fait des études de littérature classique à l'Université d'Oxford où elle commence à s'intéresser à la musique ancienne et baroque. Elle travaille ensuite le chant à Londres avec Jessica Cash et fait ses débuts en 1974. Elle collabore avec des ensembles tels que The Consort of Musicke, The Taverner Consort et Musica Reservata. Entre 1980 et 1983, elle fait de nombreuses tournées et enregistrements avec le luthiste Anthony Rooley. Elle s'impose rapidement dans un répertoire qui va de la Renaissance à J. S. Bach, de Monteverdi à Mozart, de Dowland à Purcell, répertoire qu'elle pratique avec les champions des relectures à l'ancienne (Hogwood, Parrott, Christie, King, etc.). Elle a épousé le claveciniste et chef d'orchestre **Andrew Parrott.**

Kirkpatrick, Ralph

Claveciniste américain, né à Leominster le 10 juin 1911, mort à Guilford (Conn.) le 13 avril 1984.

Il étudie le piano et l'écriture à Harvard jusqu'en 1931. Il se perfectionne ensuite avec Nadia Boulanger et Wanda Landowska à Paris, avec Arnold Dolmetsch à Haslemere et Heinz Tiessen à Berlin. Ses débuts datent de 1930. Il obtient une bourse Guggenheim en 1937, ce qui lui permet de faire une grande tournée à travers l'Europe à la recherche d'instruments et de manuscrits. En 1940, il enseigne à la Yale University. Il établit un nouveau catalogue des œuvres de Domenico Scarlatti, son initiale « K » remplaçant désormais dans la numérotation des œuvres le « L » de Longo, auteur du précédent catalogue. Il consacre un livre à son musicien favori en 1953. Il est le créateur de la *Sonate pour violon et clavecin* de Milhaud (1946), du

Concerto pour clavecin de Quincy Porter (1960) et du *Double Concerto* de Carter, partition qui lui est dédiée. Stravinski compose également à son intention. Il a enregistré l'intégrale de l'œuvre pour clavecin de J. S. Bach. En sonate, il a joué fréquemment avec Alexandre Schneider et Pierre Fournier.

ÉCRITS : *Domenico Scarlatti* (1953, trad. française 1982), *Le Clavier bien tempéré* (1984, trad. française 1985), *Early Years*, autobiographie (1984).

Kirshbaum, Ralph

Violoncelliste américain, né à Denton (Texas) le 4 mars 1946.

Il prend des leçons avec son père, le violoniste et chef Joseph Kirshbaum, puis travaille le violoncelle avec Leo Aronson à Dallas où il fait des débuts en soliste avec l'orchestre de cette ville : il a treize ans. Il poursuit ses études à l'Université de Yale avec Aldo Parisot. Après deux années à Paris, il remporte en 1969 le Prix Cassadó à Florence, en 1970 le Prix Tchaïkovski à Moscou. Sa carrière est désormais internationale. Il joue sur un violoncelle de Montagnana daté de 1729 qui a appartenu à Alfredo Piatti. Il se produit en trio avec Peter Frankl et György Pauk depuis 1972. Ensemble, ils ont créé le *Triple Concerto* de Tippett (1980). Il est fixé à Londres depuis 1971, il enseigne au Royal Northern College of Music.

Kissin, Evgeni

Pianiste russe, né à Moscou le 10 octobre 1971.

Il commence l'étude du piano à l'âge de deux ans puis entre en 1977 à l'École Gnessine où il travaille avec Pavlovna Kantor. A dix ans, il donne son premier concert avec orchestre à Moscou. Dès 1984 (il n'a que treize ans), il joue les deux concertos de Chopin avec l'Orchestre Philharmonique de Moscou en tournée. En 1986, il est invité au Japon, en 1987 au Festival de Berlin où il fait des débuts très remarqués en Europe occidentale. Malgré sa précocité, il s'impose comme l'un des pianistes soviétiques les plus remarquables.

Kitajenko, Dmitri

Chef d'orchestre russe, né à Leningrad le 18 août 1940.

Il fait ses études musicales aux conservatoires de Leningrad et de Moscou. En 1970, il est nommé premier chef au Théâtre Stanislawski-Nemirovitch de Moscou avant de succéder, en 1976, à Kyrill Kondrachine à la tête de l'Orchestre Philharmonique de Moscou, poste qu'il conserve jusqu'en 1990. Il est alors nommé chef permanent de l'Orchestre Symphonique de Bergen (Norvège) et de l'Orchestre Radio-Symphonique de Francfort. L'année suivante, il prend en outre la direction de l'Orchestre Symphonique de Berne.

Il a créé des œuvres de Viacheslav Artiomov (*Requiem*, 1991), Gija Kantcheli (*Tagesgebete*, 1991), Alfred Schnittke (*Hommage à Grieg*, 1993).

Klass, Eri

Chef d'orchestre estonien, né à Tallin le 7 juin 1939.

Il voit le jour dans une famille de musiciens d'un père violoncelliste et d'une mère pianiste (**Anna Klass**), qui est son premier professeur. Il travaille ensuite au Collège de musique de Tallin où il travaille le violon, la percussion et la direction chorale, notamment avec Gustav Ernesaks. Une fois diplômé, en 1964, il entre dans l'Orchestre Symphonique de la Radio Estonienne comme instrumentiste. Il décide alors de se tourner vers la direction d'orchestre et trouve un guide précieux en la personne de David Oïstrakh, ami de longue date de ses parents. Il travaille au Conservatoire de Leningrad avec Nikolaï Rabinovitch puis à l'École du Bolchoï avec Boris Khaïkin (1969-72). En 1972, il commence à diriger au Bolchoï. Puis il est nommé directeur musical de l'Opéra de Tallin en 1975. Deux ans plus tard, il fonde l'Orchestre de Chambre d'Estonie dont il assure la direction artistique. Sa carrière se développe sur le plan international (Opéra de Paris, 1988, RFA, Japon) et, en 1985, il est nommé chef permanent à l'Opéra de Stockholm. Il prend ensuite la direction musicale de l'Orchestre Symphonique d'Århus, au Danemark.

Klecki, Paul

Voir à **Kletzki, Paul.**

Klee, Bernhard

Chef d'orchestre allemand, né à Schleiz (Thuringe) le 19 avril 1936.

Bernhard Klee étudie le piano, le violon et la contrebasse. Il entre en 1948, grâce à Günther Ramin, dans le chœur de Saint-Thomas de Leipzig. Il s'inscrit au Conservatoire de Cologne où il travaille la direction avec Günter Wand et Fritz Stiedry, le piano avec Else Schmitz-Gohr et la musique de chambre avec Maurits Frank. A l'issue de ses études (1957), il devient corépétiteur à l'Opéra de Cologne et accompagnateur à la Westdeutsche Rundfunk. Otto Ackermann l'appelle à Berne. Mais Wolfgang Sawallisch, directeur général de l'Opéra de Cologne, le fait revenir et lui offre, pour faire ses débuts de chef d'orchestre, une représentation de *La Flûte enchantée* avec Elisabeth Grümmer, Edith Mathis, Fritz Wunderlich et Franz Crass... En 1962 Bernhard Klee est nommé chef d'orchestre au Landestheater de Salzbourg, puis à Oberhausen (1963-65) et Hanovre (1965-66) avant de prendre la succession de Gerd Albrecht comme directeur général de la musique à Lübeck (1966-71). Il mène ensuite une carrière de chef invité en Allemagne et en Autriche. Il est à la tête de l'Orchestre Symphonique du NDR de Hanovre de 1976 à 1979. De 1977 à 1987, il est directeur général de l'Orchestre Symphonique de Düsseldorf. En 1991, il reprend la direction de l'Orchestre Symphonique du NDR de Hanovre et en 1992 celle de l'Orchestre Philharmonique du Palatinat, à Ludwigshafen.

Il a créé des œuvres de Hans Jürgen von Bose (*Idyllen,* 1983), Wolfgang Fortner (*Triptychon,* 1978), Volker David Kirchner (*Symphonie n° 2 « Mythen »,* 1992), Hans Werner Henze (*Heliogabalus-Imperator,* 1978), Detlev Muller-Siemens (*Passacaglia,* 1979), Manfred Trojahn (*Abschied...,* 1978). Il a épousé la soprano **Edith Mathis.**

Kleiber, Carlos

Chef d'orchestre argentin et allemand, né à Berlin le 3 juillet 1930.

Fils d'Erich Kleiber, il quitte l'Allemagne avec sa famille en 1935. C'est à Buenos Aires qu'il commence ses études musicales en 1950. Rentré en Europe, il étudie la chimie à Zurich, mais sa vocation musicale l'emporte. En 1952, il est répétiteur au Théâtre de la Gärtnerplatz de Munich et dirige à Potsdam en 1954. Attaché à l'Opéra de Düsseldorf (1958-64), de Zurich (1964-66), de Stuttgart (1966-1972) et de Munich (depuis 1968), il dirige avec succès *Wozzeck*, *Le Chevalier à la rose*, *Elektra*, *Otello*, *Carmen*... De 1974 à 1976, il est invité au Festival de Bayreuth (*Tristan*) et, depuis, est invité permanent de l'Opéra de Vienne. Il est l'un des rares élus à s'être vu confier par l'Orchestre Philharmonique de Vienne la direction de son concert du Nouvel An.

Ennemi de la routine, Carlos Kleiber, esprit intransigeant, ne se lie pas de façon permanente à une scène lyrique déterminée, mais il parfait ses dons : clarté, sens de l'analyse, goût de donner vie aux détails d'une partition. Sa conception de *La Bohème* à la Scala fait date.

Kleiber, Erich

Chef d'orchestre autrichien naturalisé argentin (1938), né à Vienne le 5 août 1890, mort à Zurich le 27 janvier 1956.

Père du précédent. Il fait ses études à Prague, au Conservatoire où il travaille le violon et la composition, et à l'Université où il suit des cours de philosophie et d'histoire de l'art. En 1911, il débute comme chef des chœurs au Théâtre National de Prague. Puis il est chef d'orchestre à l'Opéra de Darmstadt (1912-18), à Wuppertal (1919-21), Mannheim (1922), Düsseldorf (1923) avant d'être nommé directeur général de la musique à la Staatsoper de Berlin (1923-34). Il donne un influx nouveau à cet établissement et y effectue de nombreuses créations (*Wozzeck* de Berg, 1925, *Christophe Colomb* de Milhaud, 1930, *Der Singende Teufel* de Schreker, 1928). Farouchement opposé au régime nazi, il prend parti pour Hindemith et démissionne en 1934 après l'interdiction de représenter *Lulu* que devait terminer Alban Berg. Pour son dernier concert à Berlin, il impose néanmoins la création de la *Lulu-Symphonie* (1934). Pendant quelques années, il mène une carrière de chef invité : à Amsterdam où il dirige régulièrement de 1933 à 1938, à la Scala (1935), à Moscou où il est le premier chef de l'Orchestre Symphonique d'État de l'URSS (1936), puis en Amérique du Sud où il se fixe. De 1937 à 1949, il dirige les opéras allemands au Théâtre Colón de Buenos Aires. Il est aussi à la tête de l'Orchestre Philharmonique de La Havane (1944-47) et invité régulier de l'Orchestre Symphonique de la NBC (1945-46). Dans tous les pays d'Amérique latine, il fait œuvre de missionnaire à la tête d'orchestres de qualité variable auxquels il révèle le répertoire et le style germaniques. Revenu en Europe à la fin des hostilités, il est invité régulier du Covent Garden (1950-53). En 1954, il est nommé premier chef à la Deutsche Staatsoper mais démissionne un an plus tard pour protester contre l'immixtion du pouvoir politique est-allemand dans le domaine artistique.

Roussel lui a dédié sa *Rhapsodie flamande* qu'il a créée en 1936.

Klemperer, Otto

Chef d'orchestre et compositeur allemand, né à Breslau, le 14 mai 1885, mort à Zurich le 6 juillet 1973.

Il commence ses études musicales au Hoch Konservatorium de Francfort en 1901, travaillant le piano avec James Kwast et la théorie avec Ivan Knorr. Il retrouve Kwast au Conservatoire Klindworth-Scharwenka de Berlin où il est aussi l'élève de Pfitzner pour la composition et la direction d'orchestre. Il débute en 1906 dans *Orphée aux enfers.* Sa rencontre avec Mahler, l'année précédente, a été décisive : dès 1907, il est nommé, grâce à son intervention, chef des chœurs à l'Opéra Allemand de Prague où il devient vite chef permanent, débutant avec le *Freischütz*. En 1910, toujours avec l'appui de Mahler, il est nommé premier chef à l'Opéra de Hambourg. En 1913-14, il dirige à Barmen, puis, de 1914 à 1917, à l'Opéra de Strasbourg. Il est ensuite nommé à Cologne (1917) où il sera directeur général de la musique (1923-24). Il y crée *La Ville morte* de Korngold (1920). Il occupe les mêmes fonctions à Wiesbaden (1924-27) puis à la Kroll Oper de Berlin (1927-31) qui devient l'un des hauts lieux du théâtre lyrique en Allemagne : un nouveau style de production et l'abondance des créations attirent immédiatement l'attention sur cette scène et sur son directeur musical : création de *Nouvelles du jour* (Hindemith, 1929), première berlinoise d'*Œdipus Rex* (Stravinski, 1928), *Cardillac* (Hindemith, 1928), *Erwartung* (Schoenberg, 1930), *La Maison des morts* (Janáček, 1931). A la fermeture de la Kroll Oper, Klemperer dirige à la Staatsoper (1931-33), avant d'émigrer aux États-Unis. Il prend la direction de l'Orchestre Philharmonique de Los Angeles (1933-39) qu'il cumule un temps avec celle de l'Orchestre Symphonique de Pittsburgh (1937-38). Pendant cette période, il étudie la composition avec Schoenberg.

En 1939, une opération mal réussie d'une tumeur au cerveau le laisse partiellement paralysé. Il reprend néanmoins ses activités quelques années plus tard et n'occupe aucune fonction permanente avant d'être nommé directeur musical de l'Opéra de Budapest (1947-50). En 1951, il fait une chute à l'aéroport de Montréal qui accentue son infirmité. Désormais, il ne dirigera plus qu'assis. C'est l'époque où il commence à travailler régulièrement avec le Philharmonia Orchestra dont il sera nommé chef à vie en 1955. A partir de 1961, il revient à l'opéra, dirigeant, chaque année à Covent Garden, un ouvrage qu'il met également en scène : *Fidelio* (1961), *La Flûte enchantée* (1962) et *Lohengrin* (1963).

Héritier de la tradition des grands chefs allemands du XIXe siècle, Klemperer a surtout été influencé par Mahler dont il assimila l'enseignement d'une façon très différente de Bruno Walter. Son tempérament dynamique, son ouverture artistique au cours des années vingt et trente se situent dans la droite ligne de Mahler : renouveau et création. Les années et la maladie en ont fait peu à peu un chef respectable, traditionaliste à l'excès, se complaisant dans des tempos d'une lenteur inouïe qui contrastent singulièrement avec ceux qu'il adoptait lors de ses premiers enregistrements. De ses interprétations se dégageait une grande force dramatique le rapprochant parfois de Furtwängler. Il a beaucoup œuvré pour imposer la musique de Mahler dans le monde entier. Outre les créations qu'il a dirigées au théâtre, il a assuré la première audition du *Concerto pour alto* (1927) de Hindemith, de la *Begleitungsmusik* (1930) et de la *Suite pour cordes* (1935) de Schoenberg.

Comme compositeur, on lui doit un opéra, *Das Ziel*, 6 symphonies, 9 quatuors, une *Missa sacra* et des lieder.

ÉCRITS : *Meine Erinnerungen an Gustav Mahler* (1960), *Écrits et entretiens* (1985).

Klengel, Julius

Violoncelliste allemand, né à Leipzig le 24 septembre 1859, mort à Leipzig le 27 octobre 1933.

Il voit le jour dans une famille de musiciens et étudie le violoncelle avec Emil Hegar, puis l'écriture avec Jadassohn. Particulièrement précoce, il entre à l'Orchestre du Gewandhaus à l'âge de quinze ans et y devient violoncelle solo en 1881. Il conservera cette fonction jusqu'en 1924. La même année 1881, il est nommé professeur au Conservatoire de Leipzig. Il fait également partie du Quatuor du Gewandhaus et se produit dans toute l'Europe. Considéré comme le fondateur de l'école de violoncelle allemande, il a compté parmi ses élèves E. Feuermann, G. Piatigorsky, P. Grümmer, L. Hoelscher, A. Wallenstein...

Comme compositeur, on lui doit 4 concertos pour violoncelle, un concerto pour violon et violoncelle, diverses pièces et transcriptions pour son instrument, ainsi que *Hymnus* pour 12 violoncelles.

Klerk, Albert de

Voir à **De Klerk, Albert.**

Kletzki, Paul (Pawel Klecki)

Chef d'orchestre polonais naturalisé suisse (1947), né à Łódź le 21 mars 1900, mort à Liverpool le 5 mars 1973.

Dans sa ville natale, il travaille le violon avec Emil Młynarsky et fait partie de l'Orchestre Philharmonique (1914-19). Il poursuit ses études à Berlin avec Fr. E. Koch à partir de 1921. Il y fait ses débuts de chef d'orchestre en 1923 et y reste jusqu'en 1933. Il enseigne la composition à Venise, puis au Conservatoire de Milan (1935-38). Pendant une saison, il dirige l'Orchestre Philharmonique de Kharkov en URSS (1937-38). Il se fixe en Suisse où il est professeur au Conservatoire de Lausanne (1944-45). Puis il mène une carrière de chef invité pendant une dizaine d'années. En 1954-55, il est à la tête du Royal Liverpool Philharmonic Orchestra ; de 1958 à 1961, il dirige l'Orchestre Symphonique de Dallas, de 1965 à 1968, l'Orchestre Symphonique de Berne et, de 1967 à 1970, l'Orchestre de la Suisse Romande.

Comme compositeur, on lui doit 3 symphonies, un concerto pour piano, un concerto pour violon et 4 quatuors. Alexandre Tansman lui a dédié sa *Symphonie n° 5* qu'il a créée en 1943 et Raffaele d'Alessandro sa *Sinfonietta*, op. 51, qu'il a créée en 1946. Il a également créé des œuvres de Darius Milhaud (*Symphonie n° 11*, 1960) et Pierre Wissmer (*Symphonie n° 3*, 1956 ; *L'Enfant et la rose*, 1961 ; *Symphonie n° 4*, 1964).

Klien, Walter

Pianiste autrichien, né à Graz le 27 novembre 1928, mort à Vienne le 9 février 1991.

Après ses études au Landeskonservatorium de Graz, de 1946 à 1949, il va se perfectionner à Vienne à l'Académie de musique avec Joseph Dichler. Élève d'Arturo Benedetti Michelangeli et de Paul Hindemith (composition), il est lauréat, en 1952, du Concours Busoni, puis, en 1953, du Concours Marguerite Long. Depuis 1963, il forme un duo avec Wolfgang Schneiderhan et joue à deux pianos ou à quatre mains avec sa première femme

Béatrice. Il a réalisé les premiers enregistrements intégraux de l'œuvre pour piano de Brahms et de Mozart.

Klíma, Alois

Chef d'orchestre tchèque, né à Klatovy le 21 décembre 1905, mort à Prague le 11 juin 1980.

Il commence l'étude du violon à l'âge de quatre ans et donne ses premiers concerts à sept ans. Puis il étudie le contrepoint avec Řídký, la composition avec Křička et la direction d'orchestre avec Doležil et Dědecěk (jusqu'en 1935). Dès sa fondation, en 1934, il fait partie de l'Orchestre FOK. Deux ans plus tard, il est à la tête de l'Orchestre Symphonique de Košice. Puis on le trouve chef d'orchestre à Brünn (1939-45) et à l'Opéra-Studio de Prague (1939-46) avant qu'il ne soit nommé chef permanent (1945) puis chef principal (1952-72) de l'Orchestre Symphonique de la Radio de Prague. Il consacre une part importante de ses activités à l'enseignement, au Conservatoire et à l'Académie des Arts Musicaux de Prague.

Klinda, Ferdinand

Organiste slovaque, né à Košice le 12 mars 1929.

Il fait simultanément des études de médecine à l'Université de Bratislava (1947-52) et de musique au Conservatoire (1947-50) puis à l'Académie de musique de la même ville (1950-54) où il étudie l'orgue avec E. Riegler-Skalisky, le piano avec S. Nemeth et la composition avec Alexander Moyzes. A Prague, il suit des cours privés avec J. Reinberger et à Weimar avec J. E. Köhler. Il est soliste de la Philharmonie Slovaque de Bratislava depuis 1965 et maître assistant à l'École d'études supérieures de musique de Bratislava depuis 1962. Il se produit régulièrement en Tchécoslovaquie et à l'étranger en soliste ou avec orchestre. Il siège également dans le jury des principaux concours internationaux. Son répertoire englobe aussi bien les œuvres de Bach et la musique slovaque ancienne que la littérature romantique ou contemporaine pour orgue. Il a créé des œuvres de Simon Jurovský (*Symphonie nº 2 « Heroická »* pour orgue et orchestre, 1960), Charles Chaynes (*Concerto pour orgue,* 1969), Eugen Suchoň (*Fantaisie symphonique sur B-A-C-H pour orgue et orchestre,* 1971), Ladislav Burlas (*Concerto pour orgue,* 1984).

ÉCRITS : *Alexander Albrecht*, biographie de l'organiste de la cathédrale de Bratislava (Bratislava, 1959), *Interprétation à l'orgue* (Bratislava, 1981), *Orgelregistrierung* (Leipzig, en préparation).

Klobučar, Berislav

Chef d'orchestre croate, né à Zagreb le 28 août 1924.

Il effectue ses études musicales à l'Académie de Zagreb puis travaille la direction d'orchestre avec Lovro von Matačić et Clemens Krauss. Il débute à l'Opéra National Croate de Zagreb (1941-51) avant de venir à Vienne où il dirige régulièrement à l'Opéra à partir de 1953. Entre 1961 et 1973, il est directeur musical de l'Opéra de Graz puis, entre 1972 et 1981, de l'Opéra de Stockholm. Il débute au Metropolitan Opera de New York en 1968. A Bayreuth, il conduit la *Tétralogie* en 1964, *Lohengrin* et *Tannhäuser* en 1967, *Tristan* en 1968 et *Les Maîtres chanteurs* en 1968-69. Entre 1982 et 1988, il est directeur musical de l'Opéra et de l'Orchestre Philharmonique de Nice.

Klose, Margarete

Mezzo-soprano allemande, née à Berlin le 6 août 1902, morte à Berlin le 14 décembre 1968.

Au Conservatoire Klindworth-Scharwenka de Berlin, elle est l'élève de Marschalk et de Bültemann, qu'elle a épousé. Elle débute à Ulm en 1927 puis appartient à la troupe de l'Opéra de Mannheim de 1928 à 1931. Elle est ensuite engagée à la Staatsoper de Berlin (1931-49) qu'elle quittera pour la Städtische Oper (1949-58) avant d'y revenir pour les dernières années de sa carrière (1958-61). Chanteuse wagnérienne, elle est invitée à Bayreuth entre 1936 et 1942. Elle se produit aussi à Covent

Garden (1935 et 1937) et au Colón de Buenos Aires. Elle incarne aussi bien Clytemnestre (*Elektra*) qu'Iphigénie en Aulide, Carmen ou la Mère d'*Albert Herring* (Britten). En 1964, elle est nommée professeur au Mozarteum de Salzbourg où elle enseigne jusqu'à sa mort.

Kmentt, Waldemar

Ténor autrichien, né à Vienne le 2 février 1929.

Il effectue ses études à l'Académie de musique de Vienne avec Adolf Vogel, Elisabeth Rado et Hans Duhau. En 1950, il débute dans la *9e Symphonie* de Beethoven sous la direction de Karl Böhm et, l'année suivante, à l'Opéra de sa ville natale. A partir de 1955, il chante au Festival de Salzbourg. L'essentiel de sa carrière se déroulera entre ces deux grands centres lyriques. A partir de 1958, il se produit en outre à l'Opéra du Rhin de Düsseldorf où il bénéficie d'un statut d'invité permanent. A l'Opéra de Vienne, il est nommé Kammersänger en 1962. De 1968 à 1970, il chante Walther au Festival de Bayreuth. Il se produit aussi à la Scala en 1968 dans *Idoménée*.

Knappertsbusch, Hans

Chef d'orchestre allemand, né à Elberfeld le 12 mars 1888, mort à Munich le 25 octobre 1965.

Il se destine d'abord à la philosophie et fait ses études à Bonn où il soutient une thèse de doctorat intitulée *Über das Wesen der Kundry in Wagners Parsifal* (« La Personne de Kundry dans le *Parsifal* de Wagner »). Il se tourne ensuite vers la musique et travaille la direction d'orchestre et la théorie avec Fritz Steinbach et Otto Lohse à la Musikhochschule de Cologne (1908-12). Il débute comme chef d'orchestre à Mülheim (1910-12). L'été, il est assistant à Bayreuth où il est élevé dans le culte de la tradition wagnérienne. Après un poste à Bochum, il est chef permanent à l'Opéra d'Elberfeld (1913-18), à Leipzig (1918-19) et à Dessau (1919-22). Puis il succède à Bruno Walter comme directeur général de la musique à Munich (1922-36). C'est la première grande étape de sa carrière qui se poursuit à Vienne (1937-45) où il dirige régulièrement à l'Opéra et à la Philharmonie. A partir de 1951, il est invité à Bayreuth : sa direction de *Parsifal* (enregistrée à deux reprises, en 1951 et 1962) reste un modèle de tradition. Bien qu'ayant dirigé quelques créations à Munich (*Samuel Pepys* d'Albert Coates, 1929 ; *Das Herz* de Hans Pfitzner, 1931), Knappertsbusch reste un chef essentiellement romantique, détenteur d'un style hérité des grands interprètes du XIXe siècle, fait de grandeur et de majesté. Ses mouvements, généralement lents, faisaient place à une rare force dramatique qui trouvait son plein épanouissement dans la musique de Wagner ou de Bruckner. Poussant à l'extrême le respect des traditions, il s'est toujours refusé à diriger la version originale des symphonies de ce musicien, s'en tenant aux versions révisées. Knappertsbusch aimait peu répéter et émaillait son travail avec les orchestres de plaisanteries qui l'ont rendu très populaire, malgré un caractère difficile. Il faisait confiance aux musiciens et donnait le meilleur de lui-même au concert. Ses disques révèlent une face plus figée de sa personnalité.

Kneisel, Franz

Violoniste autrichien naturalisé américain, né à Bucarest le 26 janvier 1865, mort à New York le 26 mars 1926.

Au conservatoire de sa ville natale où il fait ses premières études, il est diplômé en 1879. Il travaille ensuite à Vienne, avec Grün et Hellmesberger. C'est dans cette ville qu'il débute en 1882. En 1884-85, il est violon solo de l'Orchestre Bilse à Berlin. De 1885 à 1903, il occupe le même poste à l'Orchestre Symphonique de Boston et joue régulièrement en soliste. Il fonde en 1886 le quatuor qui porte son nom et dont les activités dureront jusqu'en 1917. Dévoué à la cause de la musique de chambre, il jouera un rôle essentiel pour sa diffusion aux États-Unis. En 1905, il enseignera à l'Institut d'art musical de New York.

Knie, Roberta

Soprano américaine, née à Cordell (Oklahoma) le 13 mars 1938.

Elle commence des études universitaires qu'elle poursuit jusqu'à l'obtention de son diplôme en 1960. En même temps, elle travaille le chant avec Elisabeth Parham, Eva Turner et Judy Bonds-Coleman. Puis elle vient se perfectionner en Europe. En 1964, elle effectue ses débuts avec l'Opéra de Westphalie à Hagen. Elle y reste jusqu'en 1966, chantant Elisabeth (*Tannhäuser*), Leonore (*Le Trouvère*), Freia (*L'Or du Rhin*), Sieglinde, Desdémone, Gutrune... De 1966 à 1969, elle chante à Fribourg (Senta, Fiordiligi, la Maréchale...). Puis elle abandonne progressivement les rôles relativement légers pour s'orienter vers un répertoire plus dramatique. En 1969, elle est engagée à l'Opéra de Graz où elle chante Salomé, Tosca, Leonore (*Fidelio*), rôle dans lequel elle débute à l'Opéra de Vienne. Puis elle chante à Cologne. En 1973 et 1974, elle incarne Brünnhilde à Lyon puis, en 1976 à Bayreuth et en 1977 à Paris. Les plus grandes scènes font désormais appel à elle.

Knuschevitzki, Sviatoslav

Violoncelliste russe, né à Petrovsk le 6 janvier 1908, mort à Moscou le 19 février 1963.

Il fait ses études au Conservatoire de Moscou avec Kozolupov puis devient, dès 1929, soliste de l'Orchestre du Théâtre Bolchoï. Il y demeure en poste jusqu'en 1943. Grand Prix de l'Union des Musiciens Soviétiques (Moscou, 1933), il entreprend dès lors une importante carrière de virtuose et de musicien de chambre lorsqu'il devient membre du Trio formé en compagnie de David Oïstrakh et Lev Oborin. Sa première apparition hors des frontières de son pays se situe en 1958 lors d'une série de concerts en Angleterre, puis en Autriche et en Allemagne. Il participe également au Festival Casals à Porto Rico. Plusieurs compositeurs ont écrit pour lui, dont Aram Khatchaturian, Glière, Vasilenko. Professeur au Conservatoire de Moscou de 1942 à sa mort, il y a dirigé le département violoncelle-contrebasse entre 1954 et 1959. Il a formé toute une génération de violoncellistes soviétiques.

Knussen, Oliver

Chef d'orchestre et compositeur anglais, né à Glasgow le 12 juin 1952.

Remarquablement précoce, il joue du piano dans sa petite enfance et étudie la théorie avec John Lambert (1963-69), tout en suivant les cours de la Central Tutorial School for Young Musicians (1964-67). Le 7 avril 1968, il fait les gros titres de la presse spécialisée en dirigeant, à l'âge de quinze ans, l'Orchestre Symphonique de Londres, pour la création de sa première symphonie. Il travaille avec Gunther Schuller au Berkshire Music Center de Tanglewood (1970-73). Entre 1977 et 1982, il est professeur de composition au Royal College of Music de Londres. Il est codirecteur artistique du Festival d'Aldeburgh (à partir de 1983) et coordinateur des activités de musique contemporaine à Tanglewood (1986-90). A partir de 1984, il est compositeur en résidence du Philharmonia Orchestra, qu'il dirige régulièrement. Il est chef invité associé de l'Orchestre Symphonique de la BBC à partir de 1989. Il est souvent invité à diriger le London Sinfonietta et de nombreux autres ensembles de musique contemporaine. Il a créé des œuvres d'Aaron Copland (*Grohg,* 1992), Hans Werner Henze (*Introitus aus « Requiem »,* 1990), Robin Holloway (*Clarissa,* 1990), Colin Matthews (*Broken Symmetry,* 1992), Dominic Muldowney (*Lonely Hearts,* 1990), Toru Takemitsu (*Tree Line,* 1988 ; *Archipelago S.,* 1993), Mark-Anthony Turnage (*Let Us Sleep Now,* 1983).

Kobayashi, Ken-Ichiro

Chef d'orchestre japonais, né à Fukushima le 9 avril 1940.

Il fait ses études à l'Université des Beaux-Arts et de Musique de Tōkyō (1960-64) où il travaille la direction d'orchestre avec Akeo Watanabe et Kazuo Yamada et la composition avec Mareo Ishikata. En 1970, il remporte le Concours international

Min-On de Tōkyō et débute, en 1972, avec l'Orchestre Symphonique de Tōkyō. En 1974, il remporte le Concours international de Budapest. Chef permanent du Metropolitan Symphony Orchestra de Tōkyō, puis de l'Orchestre Symphonique de Kyōto (1985-90), principal guest de l'Orchestre Symphonique de Tōkyō, professeur au Tōkyō College of Music, sa carrière se développe rapidement en Europe, notamment aux Pays-Bas (Orchestre Philharmonique d'Amsterdam) et en Hongrie. En 1987, il est nommé chef permanent de la Philharmonie Nationale Hongroise où il succède à Janós Ferencsik. Il a créé des œuvres de Shin-Ichiro Ikebe (*« A-Hum » Chimerique,* 1968 ; *Energeia,* 1973).

Koch, Helmut

Chef de chœur allemand, né à Barmen le 5 avril 1908, mort à Berlin le 26 janvier 1975.

Il étudie de 1926 à 1928 à Cologne et à Essen avec M. Fiedler, F. Lehmann et H. Scherchen. Il obtient le diplôme de preneur de son à l'École d'État de Düsseldorf et travaille à la Radio d'Ostmark. De 1931 à 1938, il dirige les chœurs Schubert de Berlin ainsi que d'autres formations chorales. De 1938 à 1945, il est ingénieur du son pour les disques Kristall et Odéon, puis, en 1945, à la Radio de Berlin où il fonde l'Association des solistes. La même année, il crée l'Orchestre de Chambre de Berlin et, en 1948, le grand Chœur de la Radio de Berlin, formations qu'il dirigera jusqu'à la fin de sa vie. En 1951, il est professeur à la Hochschule de Berlin puis, en 1963, il est nommé directeur général de l'Académie de chant. En 1972, il fonde l'Orchestre à cordes des jeunes.

Koch, Lothar

Hautboïste allemand, né à Velbert le 1er juillet 1935.

De 1950 à 1953, il travaille à la Folkwangschule à Essen puis occupe le poste de hautbois solo à la Philharmonie de Fribourg jusqu'en 1957, date à laquelle il entre à la Philharmonie de Berlin à cette même fonction. En 1959, il est en outre membre de la Camerata Instrumentale de la Société Telemann de Hambourg et obtient un 1er prix au Concours international de Prague. En 1961, il est nommé professeur au Conservatoire de Berlin puis, à partir de 1968, à la Hochschule de Berlin. Il a créé une œuvre de Werner Thärichen (*Concerto pour hautbois,* 1967).

Koch, Ulrich

Altiste allemand, né à Brunswick le 14 mars 1921.

Il fait ses études musicales à Berlin et est engagé dans l'orchestre de sa ville natale (1945-48). A la même époque, il est membre du Quatuor Bruinier. Puis il est nommé alto solo à l'Orchestre Symphonique du SWF de Baden-Baden (1949-67) ce qui lui permet de mener parallèlement une carrière de soliste. A partir de 1955, il enseigne à la Musikhochschule de Fribourg-en-Brisgau et est nommé professeur en 1967. Parmi ses élèves, on relève les noms de Wolfram Christ et de Tabea Zimmermann. Particulièrement attiré par la musique ancienne, il joue de la viole d'amour et se produit au sein de la Cappella Coloniensis. Il fait également partie du Trio à cordes Bell'Arte. Il a joué et enregistré *Don Quichotte* de R. Strauss à plusieurs reprises sous la direction d'Herbert von Karajan, notamment avec Mstislav Rostropovitch. Dans le domaine de la musique contemporaine, il a créé des œuvres de Karel Husa et de Johann Nepomuk David.

Kochański, Paul (Paweł Kochánski)

Violoniste polonais, né à Odessa le 14 septembre 1887, mort à New York le 12 janvier 1934.

Élève de Młynarski à Varsovie, il devient violon solo de la Philharmonie de cette ville en 1901. Il va se perfectionner à Bruxelles avec César Thomson (1903) puis est nommé professeur au Conservatoire de Varsovie en 1907, au Conservatoire de Petrograd (1916-18) où il succède à Auer et au Conservatoire de Kiev (1919-20). Il se fixe aux États-Unis en 1921 et enseigne à la Juilliard School à partir de 1924. Grand virtuose, il fait aussi une brillante carrière de soliste, imposant notamment les œuvres de son ami Szymanowski dont plusieurs lui sont dédiées : *Romance* en ré majeur pour violon et piano (1910), *Mythes* (1915), *Concerto pour violon nº 1* (1916), *Concerto pour violon nº 2* (1933). Prokofiev lui a dédié deux de ses *5 Mélodies,* op. 35b (nºs 3 et 4, 1925). Stravinski a transcrit à son intention trois extraits de *L'Oiseau de feu* pour violon et piano. Lui-même a transcrit les *7 Chansons populaires espagnoles* de De Falla.

Kocsis, Zoltán

Pianiste hongrois, né à Budapest le 30 mai 1952.

Il entre à l'âge de onze ans au Conservatoire Béla Bartók où il étudie le piano et la composition (1963-68). Il est admis en 1968 au Conservatoire Franz Liszt où il travaille avec Pál Kadosa et Ferenc Rados. C'est à Budapest, en 1970, qu'il fait ses débuts publics. La même année il remporte le Concours Beethoven de la Radio Hongroise. En 1973, il obtient le Prix Liszt, devenant ainsi le plus jeune titulaire de cette distinction, et le Prix Kossuth. Invité régulier des plus grandes formations symphoniques, il mène une active carrière internationale. Sviatoslav Richter l'invite à la Grange de Meslay. Il joue parfois en duo avec son compatriote Deszö Ranki. Depuis 1976, il enseigne à l'Académie Franz Liszt de Budapest. Passionné par la musique de son temps, il dirige le Studio de Musique Nouvelle de Budapest. En 1983, il fonde, avec le chef d'orchestre Iván Fischer, l'Orchestre du Festival de Budapest qui réunit les meilleurs instrumentistes de la capitale hongroise.

Il a créé des œuvres de György Kurtág (*... quasi una fantasia...,* déd., 1989 ; *Double Concerto,* 1990).

Koczalski, Raoul von

Pianiste polonais, né à Varsovie le 3 janvier 1884, mort à Poznań le 24 novembre 1948.

Sa mère est son premier professeur. Il travaille ensuite, àpartir de 1892, avec Karol Mikuli, un élève de Chopin, puis avec Anton Rubinstein. Il est également l'élève de Julian Gadomski à Varsovie, et de Ludwig Marek, un élève de Liszt, à Lvóv. Enfant prodige, il débute très tôt et a déjà donné plus de 1 200 concerts à l'âge de douze ans ! Entre les deux guerres, il s'impose comme un grand interprète de Chopin. A partir de 1945, il enseigne à Poznań puis, en 1948, est nommé professeur au Conservatoire de Varsovie.

ÉCRITS : *Frédéric Chopin : Betrachtungen, Skizzen, Analysen* (1936).

Kogan, Leonid

Violoniste russe, né à Dniepropetrovsk (Ukraine) le 14 novembre 1924, mort à Moscou le 17 décembre 1982.

Fils d'un photographe, Leonid Kogan révèle des dons extraordinaires dès ses premières leçons, étonnant maîtres et auditeurs par sa facilité à apprendre. Pour lui permettre de s'épanouir, ses parents s'installent à Moscou où, après une simple audition, il est admis au conservatoire, dans la classe d'Abraham Yampolski (il a à peine dix ans !). Ses progrès sont exceptionnellement rapides ; en 1936 Jacques Thibaud, de passage dans la capitale soviétique, lui prédit un avenir prodigieux. Quinze ans plus tard, Thibaud devait retrouver Kogan au Concours international Reine Elisabeth de Belgique où Kogan remporta le 1er prix. Son activité musicale ne se situe pas seulement entre les frontières de l'URSS, car il se produit régulièrement en Europe et, depuis 1954, au Canada et aux États-Unis. Partout, il fait admirer son élégance souveraine, son éblouissante virtuosité et sa rare sensibilité. Il enseigne au Conservatoire de Moscou à partir de 1952 et est nommé professeur en 1963. A partir de 1980, il enseigne à l'Académie Chigiana à Sienne. Il jouait souvent avec sa femme **Elisabeth Guilels** (1919-82), la sœur du grand pianiste. Avec leur fils Pavel, ils ont créé en 1965 le *Concerto pour 3 violons* de Franco Mannino. Leonid Kogan est le dédicataire et le créateur des concertos de Tikhon Khrennikov (1959), Kara Karaiev (1967), Lev Knipper, du *Concerto-Rhapsodie* (1962) d'Aram Khatchaturian, des sonates de Moïse Wainberg et Levitin. Jolivet avait écrit pour lui son *Concerto pour violon*, mais il ne l'a pas créé. Il jouait sur un Guarnerius de 1726.

Kogan, Pavel

Violoniste et chef d'orchestre russe, né à Moscou le 6 juin 1952.

Fils de **Leonid Kogan** et d'**Elisabeth Guilels**, il commence à étudier le violon à l'École centrale de Moscou dès l'âge de six ans, puis au Conservatoire de Moscou avec le célèbre Jankelevitch, père de toute l'école russe de violon. Il achève ses études en 1970 et remporte la même année le 1er prix au Concours international Sibelius d'Helsinki. Il commence une carrière individuelle qui ne le mène qu'assez rarement en Europe occidentale. Il se tourne également vers la direction d'orchestre : en 1988, il est nommé chef permanent au Bolchoï ainsi que directeur musical et chef permanent de l'Orchestre Philharmonique de Zagreb (1988-90). En 1989, il prend la direction de l'Orchestre Symphonique de Moscou.

Köhler, Siegfried

Chef d'orchestre allemand, né à Fribourg le 30 septembre 1923.

Il commence ses études musicales dans sa ville natale puis débute au Théâtre de Heilbronn (1941-42) avant d'être nommé chef d'orchestre à Fribourg (1946) puis à l'Opéra de Düsseldorf (1954-57). A Cologne, il est l'adjoint du directeur général de la musique et professeur à la Hochschule für Musik. En 1964, il est nommé directeur général de la musique à l'Opéra de Sarrebrück puis, entre 1974 et 1988, exerce la même fonction à l'Opéra de Wiesbaden. En 1989, il est nommé premier chef à l'Opéra Royal de Stockholm et, en 1990, directeur musical de l'Opéra de Dortmund. Il a créé des œuvres de Volker David Kirchner (*Das kalte Herz*, opéra, 1981 ; *Bildnisse I*, 1983).

Koito, Kei

Organiste et compositeur japonaise, née à Kyōto le 4 janvier 1950.

Issue d'une famille d'artistes, elle commence ses études musicales à l'âge de six ans puis étudie l'orgue à l'Université des Arts de Tōkyō où elle obtient un Bachelor of Fine Arts en 1972. Parallèlement, elle poursuit des études d'esthétique musicale, de philosophie et de psychologie. A Tōkyō, elle suit les cours d'interprétation d'Anton Heiller et de Marie-Claire Alain. Puis elle entre au Conservatoire de Genève où elle travaille l'harmonie, le contrepoint et la fugue. Elle remporte un 1er prix de virtuosité et improvisation à l'orgue dans la classe Pierre Segond. Elle se perfectionne avec Luigi-Ferdinando Tagliavini à Fribourg, Xavier Darasse à Toulouse et Reinhard Goebel à Cologne. Elle travaille également la composition avec Éric Gaudibert. Elle se spécialise d'abord dans l'intégrale de la musique pour orgue de J. S. Bach et celle de ses contemporains, approche qui se double d'une recherche musicologique approfondie. Sa carrière la conduit à jouer sur tous les continents, où elle est aussi reconnue comme une interprète majeure de la musique contemporaine pour orgue. En 1992, elle est nommée professeur d'orgue au Conservatoire de Lausanne. Elle a créé des œuvres de Geneviève Calame (*Incantation,* 1988), Éric Gaudibert (*Jetées,* 1987), Francesco Hoch (*Dopo « Endlich »,* 1988), André Jolivet (*Cinq Interludes,* 1989), François-Bernard Mâche (*Guntur Sari,* 1994), Henri Pousseur (*L'École d'Orphée,* 1989), Karlheinz Stockhausen (*Tierkreis,* version pour orgue réalisée par elle-même, 1987), Yuji Takahashi (*Urworte*, *Orphisch,* 1989), Éric Tanguy (*Avènement de la ligne,* 1991).

ÉCRITS : *Esthétique de Carl Philipp Emanuel Bach. À propos de ses œuvres pour orgue* (1992).

Koïzumi, Kazuhiro

Chef d'orchestre japonais, né à Kyōto le 16 octobre 1949.

Il commence à étudier le piano dès 1963. Deux ans plus tard, il entre au Conservatoire de Kyōto où il travaille également le chant. En 1969, il est admis à l'Université des arts de Tōkyō où il complète sa formation de pianiste et de chef d'orchestre. Il dirige alors régulièrement l'Orchestre du Conservatoire et remporte en 1970 le 1er prix du Concours Min-On. Il devient alors assistant de Seiji

Ozawa à l'Orchestre Philharmonique du Japon. En 1972, il se rend à Berlin à la Hochschule dans la classe de Rubenstein et remporte l'année suivante le 1er prix de direction d'orchestre au Concours Karajan. Dès lors, il se produit en Europe, notamment à Paris où il dirigera régulièrement l'Orchestre National de France durant la saison 1975-76. Il est invité au Festival de Salzbourg en 1976 et est nommé à la tête du New Japan Philharmonic Orchestra (1975-80). Il fait ses débuts aux États-Unis en 1978 à la tête de l'Orchestre Symphonique de Chicago. En 1983, il prend la direction de l'Orchestre Symphonique de Winnipeg au Canada. Il exerce également les fonctions de chef permanent du Tōkyō Metropolitan Symphony Orchestra (1984-87). Il est ensuite nommé directeur musical de l'Orchestre Symphonique du Kyushu, à Fukuoka.

Kojoukhar, Vladimir

Chef d'orchestre ukrainien, né à Vinnitca le 16 mars 1941.

Il travaille la direction d'orchestre avec Guennadi Rojdestvenski et Igor Markevitch dont il est le dernier élève et l'assistant. En 1964, il est nommé second chef de l'Orchestre Symphonique d'Ukraine. Trois ans plus tard, il en est le chef permanent. En 1973, il est nommé chef d'orchestre à l'Opéra de Kiev et, en 1977, il est à la tête du Théâtre Musical Stanislavski de Moscou. En 1989, il devient directeur musical de l'Opéra de Kiev. Il dirige au Bolchoï de Moscou et au Kirov de Leningrad tout en effectuant une carrière internationale, notamment comme invité régulier de l'Orchestre Symphonique d'État de l'URSS.

Kolassi, Irma

Mezzo-soprano grecque, née à Athènes le 28 mai 1918.

Elle fait ses études à Athènes avec M. Karadja, E. Gibhando et remporte des premier prix de chant et de piano au Conservatoire. Puis elle travaille à l'Académie Sainte-Cécile de Rome, notamment avec Casella. Professeur au conservatoire de sa ville natale de 1940 à 1949, elle se fait connaître en France dans les années cinquante par ses interprétations intenses et colorées des mélodies de Ravel et du Groupe des Six. Elle participe à la première audition intégrale en concert de *L'Ange de feu* de Prokofiev où elle tient les rôles de la Sorcière et de la Mère supérieure (1954), puis à la création française de *Wozzeck*. Fixée à Paris en 1949, elle enseigne à la Schola Cantorum.

Kolisch, Rudolf

Violoniste autrichien naturalisé américain, né à Klamm le 20 juillet 1896, mort à Watertown (Mass.) le 1er août 1978.

Fils d'un médecin viennois, il commence à étudier le piano et le violon dès l'âge de six ans. Il entre à l'Académie de musique de Vienne où il travaille le violon avec Otakar Ševčik, la direction d'orchestre avec Franz Schalk et la composition avec Franz Schreker. Diplômé en 1913, il étudie aussi, en privé, la composition avec Schoenberg (1919-21). Les deux hommes se lient et Schoenberg épousera, en 1924, la sœur de Kolisch, Gertrude. En 1922, il fonde son quatuor à cordes qui va se dévouer à la cause de la jeune musique, notamment celle de l'école de Vienne. Il émigre aux États-Unis en 1935 où son quatuor sera dispersé. En 1944, il devient premier violon du Quatuor Pro Arte. Il enseigne à l'Université du Wisconsin (1944-67) avant d'être nommé artiste résident au Conservatoire de Boston. Il donne dès le début des années cinquante des cours d'été à Darmstadt. Il a eu relativement peu l'occasion de se produire en soliste mais a joué un rôle essentiel dans la diffusion de la musique de chambre contemporaine, comme exécutant et comme pédagogue. Il a créé le *Kammerkonzert* d'Alban Berg avec Eduard Steuermann en 1927. A la suite d'un accident survenu au médium de la main gauche, dans son enfance, il avait appris à jouer en position inversée et était l'un des rares violonistes à tenir son instrument de la main droite. Il jouait sur un Stradivarius.

Kollo, René
(René Kollodzievski)

Ténor allemand, né à Berlin le 20 novembre 1937.

Petit-fils de Walter Kollo, compositeur d'opérettes célèbres (1878-1940), il débute dans ce genre musical et ne commence des études musicales sérieuses qu'en 1958. Il travaille le chant avec Elsa Varena à Berlin jusqu'en 1965, date de ses débuts à Braunschweig. Puis il chante à l'Opéra de Cologne (1967-71) les principaux rôles de ténor lyrique.

En 1969, il débute à Bayreuth dans Steuermann (*Le Vaisseau fantôme*). Il y retournera régulièrement au cours des années suivantes : Erik (1970), Lohengrin (1971-72), Walther (1973-74-76), Parsifal (1975-76), Siegfried (1976-78), Tristan (1981-82)... A la même époque, il est invité à la Scala (*Arabella*), à Vienne (Parsifal, 1971), au Festival de Pâques de Salzbourg (1974), au Met (Lohengrin, 1976), à Covent Garden (Siegmund). Il chante encore Tristan au Palais Garnier (1985), Tannhäuser à Genève (1986), Otello à Francfort (1988). En 1991, il aborde le rôle de Peter Grimes à Munich. Il a incarné tous les grands héros wagnériens mais sa voix convient mieux à des rôles légers. Dans le domaine de l'opérette, il se produit souvent dans *La Chauve-Souris*, *La Veuve joyeuse* ou *Le Pays du sourire*. En 1992, il interprète une opérette de son grand-père, *Wie einst im Mai*. Il aborde la mise en scène en 1986 à Darmstadt avec *Parsifal* et renouvelle l'expérience en 1991 à Ulm avec *Tiefland* d'Eugen D'Albert. Il a composé quelques mélodies.

Kondrachine, Kirill

Chef d'orchestre russe, né à Moscou le 6 mars 1914, mort à Amsterdam le 8 mars 1981.

Issu d'une famille d'instrumentistes, il étudie le piano et les disciplines théoriques avec Nicolaï Djuliaiev. Il fait ses débuts de chef d'orchestre en 1931 au Théâtre Stanislavski de Moscou. C'est alors qu'il décide de se consacrer à la direction et reçoit la formation des grands maîtres russes de l'époque, Alexandre Gaouk et Boris Khaïkin dont il est l'élève au Conservatoire de Moscou (1932-36). De 1934 à 1937, il est chef assistant au Théâtre Musical Nemirovitch-Danchenko. Après avoir remporté le diplôme d'honneur au premier concours réservé aux chefs d'orchestre de l'URSS (1938), il est nommé premier chef au Théâtre Maly de Leningrad (1938-43).

En 1943 il est nommé au Théâtre Bolchoï de Moscou où, pendant treize ans, il gravit les échelons successifs et signe même quelques mises en scène. Il abandonne, en 1956, le monde lyrique pour devenir l'un des principaux chefs de l'Orchestre Philharmonique de Moscou et l'invité régulier des plus grands orchestres soviétiques. De 1960 à 1976, il prend la direction artistique de la Philharmonie de Moscou qu'il ouvre au répertoire occidental. Il commence alors une grande carrière internationale qui s'intensifie notamment à partir de 1976. Il est alors professeur au Conservatoire de Moscou. En 1979, lors d'une tournée aux Pays-Bas, il obtient l'asile politique. Le Concertgebouw d'Amsterdam l'accueille comme chef associé aux côtés de son directeur, Bernard Haitink. Kondrachine s'était fait le défenseur de son ami Chostakovitch dont il a créé les *Symphonies nº 4* (1961), *nº 12* (1961) et *nº 13* (1962), l'*Exécution de Stepan Razine* (1964) et le *Concerto pour violon nº 2* (1967). Il a imposé et enregistré ses quinze symphonies. Il a dirigé également en première audition des œuvres de Khatchaturian, Sviridov, Chtchedrine (*Concerto pour orchestre nº 1*, 1963), Wainberg (*Symphonie nº 5*, déd., 1962) et Khrennikov.

ÉCRITS : *Die Kunst des Dirigierens* (Piper, Munich, 1989).

Konetzni, Anny

Soprano autrichienne, née à Weisskirchen le 12 février 1902, morte à Vienne, le 6 septembre 1968.

Choriste à la Volksoper, elle entre au Conservatoire de Vienne où elle étudie avec Erik Schmedes, puis travaille à Berlin avec Jacques Stückgold et débute en 1927 à Chemnitz comme mezzo-soprano. Devenue bientôt soprano dramatique, elle est engagée en 1931 par H. Tietjen à la Staatsoper de Berlin (Elena des *Vêpres siciliennes*, Ariane, la Maréchale), apparaît dès 1933 à Vienne (Selika, Ortrud, Kundry, Leonore, Eboli) – elle y chante jusqu'en 1954 – et au Colón de Buenos Aires (Isolde, Kundry), en 1934 au Met (Brünnhilde, Ortrud, Venus, Kundry) et au Festival de Salzbourg (Isolde, Rezia), en 1935 à Covent Garden (Brünnhilde) où elle paraît jusqu'en 1951. Elle se retire en 1955, professe à l'Académie de Vienne et, malade, abandonne toute activité en 1957.

Konetzni, Hilde

Soprano autrichienne, née à Vienne le 21 mars 1905, morte à Vienne le 20 avril 1980.

Elle fait ses études au conservatoire de sa ville natale avec Rudolf Nilius puis à Prague avec Ludmilla Prohaská-Neumannová et débute à Chemnitz en 1929 dans le rôle de Sieglinde aux côtés de sa sœur **Anny**, qui interprète Brünnhilde (*La Walkyrie*). Membre de l'Opéra de Prague de 1932 à 1935, elle fait ses débuts à l'Opéra de Vienne dans Elisabeth (*Tannhäuser*) en 1936 et au Covent Garden de Londres en 1939 en remplaçant au milieu du premier acte du *Chevalier à la rose* Lotte Lehmann indisposée. Son répertoire comporte entre autres les rôles de Chrysothémis, de l'Impératrice et de la Femme de Barak dans *La Femme sans ombre*, d'Elvire, Rezia ou Leonore de *Fidelio* comme ceux de Rosalinde, Elisabeth de Valois ou Amélia. Elle crée en 1946 le rôle titre de *Niobe* de Sutermeister à Zurich. Elle achève sa carrière comme professeur à l'Opéra-Studio et à l'Académie de Vienne, tout en continuant à apparaître sur scène à l'Opéra dans des petits rôles jusque dans le courant des années soixante-dix.

König, Klaus

Ténor allemand, né à Beuthen le 26 mai 1934.

Peintre en bâtiment, il frappe un jour à la porte de l'École supérieure de musique Carl-Maria von Weber de Dresde, où Johannes Kemter détecte immédiatement le trésor musical et vocal qui se cache dans ce jeune homme. Quatre ans durant, il suit les cours de cette école et fait ses débuts sur la scène du petit théâtre de Cottbus. Très vite, il est engagé à Dessau où lui sont confiés les premiers rôles dans les opéras italiens. En 1978, il est engagé à l'Opéra de Leipzig, où, au cœur d'une troupe remarquable, il perfectionne son art dans les rôles les plus divers. En 1981, il est appelé à remplacer le Tristan prévu. Et le public découvre « le » ténor wagnérien, espèce en voie de disparition. En une soirée, le chanteur est projeté à l'avant-scène. Il est Tristan à Rome. Puis, il est engagé dans la troupe de l'Opéra de Dresde et parallèlement commence sa carrière internationale : Berlin, avec le Chanteur italien, Erik, Florestan..., Prague, avec Stoltzing, Zurich et Francfort, avec Florestan, Karlsruhe, avec Tristan et Tannhäuser, Strasbourg, avec Florestan et Tannhäuser, le Festival d'Édimbourg avec Bacchus, Paris avec Tannhäuser (1984). Le répertoire de Klaus König comporte également les rôles de Radamès, Max, Don José, Don Carlo, Hoffmann.

Konoe, Hidemaro

Chef d'orchestre et compositeur japonais, né à Tōkyō le 18 novembre 1898, mort à Tōkyō le 2 juin 1973.

Issu de la plus haute aristocratie japonaise, il fait ses études musicales dans sa ville natale puis à Paris, à la Schola Cantorum, où il est l'élève de Vincent d'Indy. Il travaille ensuite au Conservatoire de Berlin avec Franz Schreker et Georg Schumann. Il y fait ses débuts à la tête de l'Orchestre Philharmonique en 1924. En 1926, il fonde le Nouvel Orchestre Symphonique de Tōkyō qui devient, un an plus tard, l'Orchestre Symphonique de la Radio Japonaise (futur orchestre de la NHK) dont il reste chef permanent jusqu'en 1935. Il joue un rôle déterminant dans l'édification d'une vie musicale occidentale au Japon et se fait le défenseur de la musique moderne. Sa carrière le mène à plusieurs reprises en Europe et aux États-Unis. Il enseigne à l'Académie des arts de Tōkyō dont il a dirigé le département musical pendant de nombreuses années. Il a réalisé, en 1930, le premier enregistrement intégral de la *Symphonie n° 4* de Mahler. Son fils, **Hidetake Konoe**, a également embrassé la carrière de chef d'orchestre.

Kontarsky, Alfons

Pianiste allemand, né à Iserlohn le 9 octobre 1932.

A la Hochschule de Cologne, il étudie le piano avec Else Schmitz-Gohr et la musique de chambre avec Maurits Frank (1953-55). Il forme alors un duo de piano avec son frère **Aloys** et tous deux remportent, en 1955, le 1er prix du Concours international de la Radio Bavaroise, à Munich. Ils travaillent ensuite à Hambourg avec Eduard Erdmann (1955-57). Ils se rendent vite célèbres à Darmstadt, durant les cours d'été, par leurs interprétations de la musique nouvelle. Ils jouent aussi le répertoire romantique (Schubert et Brahms) et enregistrent l'intégrale de l'œuvre pour deux pianos et à quatre mains de Debussy et de Ravel. En 1967, Alfons est nommé professeur de piano à la Hochschule de Cologne puis, en 1979, à la Hochschule für Musik de Munich et, en 1983, au Mozarteum de Salzbourg. Entre 1970 et 1975, il forme un trio avec le violoniste Saschko Gawriloff et le violoncelliste Klaus Storck puis il joue en sonate avec Storck. Avec son frère Aloys, il a créé ou reçu en dédicace un nombre important d'œuvres nouvelles de Pierre Boulez, György Ligeti (*Drei Objekte für zwei Klaviere,* 1976), Karlheinz Stockhausen, Bernd Alois Zimmermann (*Dialoge*, concerto pour deux pianos, 1960 ; *Monologe,* 1965).

Kontarsky, Aloys

Pianiste allemand, né à Iserlohn le 14 mai 1931.

Il étudie à la Hochschule de Cologne avec Else Schmitz-Gohr (piano) et Maurits Frank (musique de chambre) de 1953 à 1955. Il forme alors un duo de pianos avec son frère **Alfons** et tous deux remportent, en 1955, le 1er prix du Concours international de la Radio Bavaroise, à Munich. Ils travaillent ensuite à Hambourg avec Eduard Erdmann (1955-57). Ils se rendent vite célèbres à Darmstadt, durant les cours d'été, par leurs interprétations de la musique contemporaine. Ils jouent aussi le répertoire classique et romantique. En 1960, Aloys est nommé professeur à Darmstadt. Il mène parallèlement une carrière de soliste et crée de nombreuses œuvres pour piano seul de Berio, Pousseur, Brown, Bussotti, Zimmermann et Stockhausen (dont il a enregistré l'intégrale des onze premiers *Klavierstücke*). Il joue souvent en sonate avec Siegfried Palm.

Konwitschny, Franz

Chef d'orchestre allemand, né à Fulnek (Moravie) le 14 août 1901, mort à Belgrade le 28 juillet 1962.

Après des études à Brno (1921-23), il travaille au Conservatoire de Leipzig (1923-25) et joue du violon et de l'alto dans différents orchestres, dont celui du Gewandhaus. En 1925, il vient à Vienne où il est l'altiste du Quatuor Fitzner. Il enseigne également au Volksconservatorium. Sa carrière de chef d'orchestre commence en 1927 lorsqu'il est nommé à l'Opéra de Stuttgart : il est d'abord répétiteur (1927-30) puis chef permanent (1930-33). Il est ensuite directeur général de la musique à Fribourg (1933-37) et à Francfort (1937-45) où il dirige également les Museumskonzerte. Après la guerre, il est directeur général de la musique à Hanovre (1946-49). Puis il prend la direction artistique du Gewandhaus de Leipzig (1949-62), de la Staatskapelle de Dresde (1953-55) et de la Staatskapelle de Berlin (1955-62). Il meurt d'une crise cardiaque pendant une répétition au cours d'une tournée en Yougoslavie. Considéré comme l'un des héritiers de la grande tradition germanique qu'il avait perpétuée en Allemagne démocratique après la guerre, il a laissé des enregistrements du répertoire romantique – dont une intégrale des symphonies de Beethoven et plusieurs symphonies de Bruckner – qui témoignent d'une profondeur et d'une intensité dramatique certaines. Il s'est toujours intéressé à la musique de son temps et a créé notamment des œuvres de Paul Dessau (*Symphonie n° 2,* 1962), Werner Egk (*Columbus,* 1942 ; *Orchestermusik,*

1956), Fritz Geißler (*November 1918*, 1958), Otto Lohse (*Symphonie n° 1*, 1955), Hermann Reutter (*Odysseus*, 1942 ; *Doktor Johannes Faust*, seconde version, 1955).

Kónya, Sándor

Ténor hongrois naturalisé allemand, né à Sarkad le 23 septembre 1923.

A l'Académie de musique Franz Liszt de Budapest, il travaille avec Ferenc Székelyhidy. Puis il se perfectionne à Detmold avec Husler, à Rome avec R. Namcini, à Milan avec Rico Lani. Il fait ses débuts en 1951 dans Turridu (*Cavalleria Rusticana*). Engagé à la Städtische Oper de Berlin à partir de 1955, il chante Lohengrin à Bayreuth en 1958 et 1967 ainsi que Parsifal en 1966. Il est invité à la Scala en 1960 puis au Met l'année suivante où il occupera désormais les emplois de premier ténor.

Koopman, Ton

Organiste, claveciniste et chef d'orchestre néerlandais, né à Zwolle le 2 octobre 1944.

Il fait ses études parallèlement à l'Université d'Amsterdam, où il travaille la musicologie, et au conservatoire de cette même ville avec Simon C. Jansen (orgue) et Gustav Leonhardt (clavecin) à partir de 1965. Il remporte un grand prix supérieur dans chacune de ces disciplines (1969 et 1970). Dès 1966, il fonde un premier ensemble, Musica da camera et, en 1970, son premier orchestre baroque, Musica Antiqua Amsterdam. Il remporte des prix d'excellence pour l'orgue (1972) et le clavecin (1974) et commence une carrière internationale, en soliste ou avec ses ensembles. Il enseigne aux conservatoires de Rotterdam et d'Amsterdam. Il fait partie de la nouvelle génération d'interprètes qui se penche avec intérêt sur l'interprétation renouvelée du répertoire baroque et classique. Il a enregistré plusieurs disques en compagnie de René Jacobs, Jordi Savall, Hopkinson Smith ou avec le Collegium Vocale de Gand. En 1979, il fonde l'Amsterdam Baroque Orchestra avec des instrumentistes néerlandais, anglais et français. Il mène une carrière de chef invité à la tête des grands orchestres internationaux. En 1992, il fonde l'Amsterdam Baroque Choir et, en 1994, il est nommé à la tête de l'Orchestre de Chambre de la Radio Néerlandaise, à Hilversum. Il est directeur du Mois de l'orgue de Haarlem. Il a épousé la claveciniste **Tini Mathot.**

ÉCRITS : *Barokmusiek in de Praktijk.*

Kopčák, Sergej

Basse slovaque, né à Dačov le 23 avril 1948.

Il fait ses études musicales au Conservatoire de Košice et à l'École supérieure de musique de Bratislava avec Anna Korínska (1968-70) avant de travailler à Leipzig et à l'Académie de Sofia avec Michail Popov (1970-71). Il commence sa carrière comme soliste dans la troupe de l'Opéra de Košice (1972-74), puis à l'Opéra de Bratislava (1974-81) et au Théâtre National de Prague. Lauréat des concours internationaux de Prague (1974), Munich (1976) et Rio de Janeiro (1977), il fait des stages à la Scala de Milan (1977-78) et à l'Opéra de Vienne (1978-79) et s'impose rapidement sur le plan international : en 1982, il débute à Covent Garden dans Gremin (*Eugène Onéguine*), en 1983 au Met dans Pimène (*Boris Godounov*), en 1985 à l'Opéra de Vienne dans le même rôle, en 1987 à la Scala dans *Don Giovanni.* Il s'illustre particulièrement dans le répertoire slave et italien : Boris, Kontchak (*Le Prince Igor*), Philippe II (*Don Carlos*), Collin (*La Bohème*), Heinrich (*Lohengrin*), Méphisto (*Faust*). Il mène également une carrière de concert (oratorio et lieder).

Korcia, Laurent

Violoniste français, né à Paris le 7 novembre 1964.

Il fait ses études musicales au Conservatoire de Paris dans les classes de Michèle Auclair (violon) et Geneviève Joy (musique de chambre). Après avoir remporté un 1er prix dans chacune de ces disciplines en 1981, il suit un troisième cycle de perfectionnement. En 1983, il obtient le 2e prix au Concours international Niccolò Paganini à Gênes, en 1984 le Grand Prix Marguerite Long – Jacques Thibaud à Paris et le Prix de la Fondation de France. Il se perfectionne avec Felix Andrievski au Royal College of Music de Londres où il reçoit l'Elizabeth Queen Mother's Award. En 1989, il remporte le 1er prix au Concours international Zino Francescatti à Marseille et, l'année suivante, les auditions « Young Concert Artists » de Londres. Sa carrière internationale prend rapidement un grand essor, notamment en Grande-Bretagne, au Japon et en France. Ses principaux partenaires de musique de chambre sont les pianistes Marie-Josèphe Jude, Jean-Marc Luisada et Laurent Cabasso.

Kord, Kazimierz

Chef d'orchestre polonais, né à Pagorze le 18 novembre 1930.

Il effectue ses études en Pologne (piano, orgue, violoncelle) et les poursuit à l'Académie de musique de Leningrad où il obtient un 1er prix de piano. Il complète ses études de composition et de direction au Conservatoire de Cracovie. Il fait ses débuts à l'Opéra de Varsovie en 1960. En 1962, il est nommé directeur artistique et premier chef de cet opéra. De 1968 à 1973, il dirige l'Orchestre de la Radio-Télévision polonaise avec lequel il fait des tournées. En 1972, il fait ses débuts au Metropolitan de New York avec *La Dame de pique* de Tchaïkovski. Sa carrière est internationale, tant lyrique que symphonique. Depuis 1977, il est premier chef de la Philharmonie Nationale de Varsovie, charge qu'il cumule avec celle de premier chef de l'Orchestre Symphonique du Südwestfunk de Baden-Baden, succédant à Ernest Bour (1980-86). Il est ensuite conseiller artistique du Pacific Symphony Orchestra, en Californie. Il a créé des œuvres de Lorenzo Ferrero (*Marilyn Suite,* 1981), Emmanuel Nunes (*Nachtmusik II,* 1981).

Kórody, András

Chef d'orchestre hongrois, né à Budapest le 24 mai 1922, mort à Venise le 17 septembre 1986.

A l'Académie Franz Liszt de Budapest, il est l'élève de Leo Weiner et László Lajtha pour la composition et de János Ferencsik pour la direction d'orchestre. Il travaille également le piano et la clarinette. Il débute comme répétiteur à l'Opéra de Budapest (1946) alors qu'il est encore étudiant. Peu après, il est nommé chef d'orchestre et, depuis 1973, premier chef d'orchestre. En 1957, il est nommé professeur à l'Académie Franz Liszt et, en 1967, chef permanent de l'Orchestre Philharmonique de Budapest. Sa carrière, essentiellement lyrique, se déroule surtout dans son pays. Mais il a remporté de grands succès au Japon, en Allemagne et en URSS où il a été le premier chef hongrois invité à diriger au Bolchoï. On lui doit la création de l'opéra *Les Noces sanglantes* de Szokolay (1964). Il a reçu le Prix Liszt en 1952 et 1958, le Prix Kossuth en 1970.

Korsakov, Andreï

Violoniste russe, né à Moscou le 7 mai 1946, mort à Moscou le 22 janvier 1991.

Issu d'une famille de musiciens, il travaille à l'École centrale de Moscou (1952-64) puis au Conservatoire de Moscou où il est l'élève de Leonid Kogan (1964-69). Il est lauréat du Concours Paganini à Gênes (1965) et du Concours international de Montréal (1966) avant de remporter, en 1967, le 2e prix au Concours international Marguerite Long-Jacques Thibaud, le 4e prix au Concours Tchaïkovski (1970) et, en 1971, le 2e prix au Concours international Reine Elisabeth de Belgique. Peu connu en Occident, il a été l'assistant de Leonid Kogan (1969-71) au Conservatoire de Moscou et mène une importante carrière dans son pays et en Europe de l'Est. Il est directeur artistique de l'ensemble de musique ancienne « Concertino » de Moscou et dirige également l'Orchestre de Chambre de Moscou. Il avait épousé la pianiste **Jolanta Miroschnikowa** (Batumi, 12 février 1947), une élève de Yakov Flière avec laquelle il jouait en duo.

Košler, Zdeněk

Chef d'orchestre tchèque, né à Prague le 25 mars 1928.

A l'Académie des Arts de Prague, il travaille notamment avec M. Doležil et

Karel Ančerl (1948-52). Il débute au Théâtre National de Prague en 1951. En 1956, il remporte le 1er prix du Concours international de Besançon. Puis il est nommé directeur musical de l'Opéra d'Olomouc (1958-62) et de l'Opéra d'Ostrava (1962-66). A la même époque, il remporte le 1er prix du Concours Mitropoulos à New York (1963) et est engagé par Leonard Bernstein comme assistant à la Philharmonie de New York (1963-64). Il est ensuite nommé directeur musical à l'Opéra-Comique de Berlin-Est (1964-68) tout en étant l'un des chefs permanents de l'Orchestre Symphonique de Prague (1966-67) et chef d'orchestre à l'Opéra de cette même ville (1966-71). Il devient ensuite l'un des chefs permanents de la Philharmonie Tchèque (1969-81) et premier chef de l'Opéra National Slovaque de Bratislava (1971-76). Entre 1979 et 1985, il assure les fonctions de directeur artistique et de chef permanent de l'Opéra (Théâtre National) de Prague où il revient en 1989 comme chef permanent. Il a créé des œuvres de Bohuslav Martinů (*Concerto pour violoncelle n° 2,* 1965), Jan Cikker (*Coriolan,* 1974), Otmar Mácha (*Le Lac Ukereve,* 1966).

Kostelanetz, André

Chef d'orchestre russe naturalisé américain (1928), né à Saint-Pétersbourg le 22 décembre 1901, mort à Haïti le 13 janvier 1980.

Élève au conservatoire de sa ville natale (1920), il commence une carrière dans son pays d'origine, qu'il quitte en 1922 pour se fixer aux États-Unis, où il exerce surtout au Columbia Broadcasting, à partir de 1930. Kostelanetz fait une carrière vite internationale, surtout en compagnie de sa femme, la cantatrice française **Lily Pons** qu'il épouse en 1938. Il est le dédicataire du *Capriccio burlesco*, de Walton, qu'il donne en première audition en 1968, à la Philharmonie de New York. Il s'est surtout fait connaître par différents arrangements de musique légère, domaine dans lequel il excelle avec son propre orchestre.

Kotcherga, Anatoli

Basse ukrainienne, né à Kiev le 9 juillet 1947.

Il fait ses études à l'École supérieure de musique de Vinitza et au Conservatoire de Kiev. En 1972, il est engagé dans l'ensemble de l'Opéra de Kiev, dont il devient très vite l'un des plus grands solistes. Il est lauréat du Concours Glinka, du Festival de la Jeunesse de Berlin (1973 et 1974) et du Concours Tchaïkovski à Moscou (1974). En 1975-76, il est stagiaire à la Scala de Milan où il se perfectionne avec Marguerita Corrosio et Giulio Cassaletto. Rapidement, il s'impose dans les grands rôles de basse du répertoire italien, français et russe : Don Basilio, Méphisto, Dossifei, Kotchoubei, Pimène, Boris. C'est dans ce dernier rôle que Paris le découvre en 1987. Il revient ensuite chanter *Le Prince Igor* en 1989 avant de débuter à l'Opéra Bastille en 1992 dans *Lady Macbeth* de *Mtzensk* (Chostakovitch). A l'Opéra de Vienne, il débute en 1989 dans *La Khovanchtchina* sous la direction de Claudio Abbado. Il y chante également *Don Carlos.* En 1994, il incarne Boris Godounov au Festival de Pâques à Salzbourg.

Köth, Erika

Soprano colorature allemande, née à Darmstadt le 15 septembre 1927, morte à Speyer le 20 février 1989.

Elle travaille à la Hochschule de sa ville natale avec Elsa Blank et remporte, en 1947, le 1er prix au Concours de la Radio de Francfort, exaequo avec Christa Ludwig. L'année suivante, elle débute à Kaiserslautern dans Adèle. Elle chante à Karlsruhe de 1950 à 1953 puis à Munich et à Vienne. A partir de 1961, elle fait partie de la troupe de la Deutsche Oper de Berlin. De 1955 à 1964, elle chante au Festival de Salzbourg (la Reine de la Nuit, Constance) puis à Bayreuth (1965-68). Sa voix convient aux rôles de colorature les plus élevés (Zerbinette, Lucia...). En 1973, elle est nommée professeur à la Hochschule de Cologne. En 1956, elle a reçu le titre de Kammersängerin en Bavière et, en 1970, à Berlin.

Koussevitzky, Serge

Chef d'orchestre russe naturalisé américain (1941), né à Vichny-Volotchok le 26 juillet 1874, mort à Boston le 4 juin 1951.

Enfant, il joue de la trompette en famille. Il vient étudier au Conservatoire de Moscou où il est l'élève de Rambousek pour la contrebasse, de Blaramberg et Kruglikov pour l'écriture et la composition. Dès 1894, il entre à l'Orchestre du Bolchoï où il sera contrebasse solo de 1901 à 1905. Il commence une carrière de soliste en 1901 avec un répertoire constitué essentiellement de transcriptions d'œuvres pour violoncelle et de pages dont il est lui-même l'auteur. En 1905, il épouse Natalie Ushkov, la fille d'un riche marchand de thé. Dès lors, son beau-père devient son mécène. Il se fixe à Berlin en 1907 où il fait ses débuts de chef d'orchestre à la tête de la Philharmonie (1908). Il y fonde les Éditions russes de musique (1909) qui deviendront l'un des principaux outils de sa campagne en faveur des jeunes compositeurs russes : il édite Scriabine, Rachmaninov, Prokofiev, Stravinski, Glazounov... De retour à Moscou, il fonde la même année son propre orchestre symphonique à Moscou. Il défend le répertoire russe et effectue plusieurs tournées, dont trois le long de la Volga (1910, 1912, 1914). En 1915, les Éditions russes de musique absorbent le fonds Gutheil et, plus tard, il ouvrira un bureau à Paris, ultérieurement repris par les Éditions Boosey & Hawkes. Après la révolution, on lui confie la direction de l'Orchestre Symphonique d'État de Petrograd (l'ancien orchestre de la cour qui deviendra la Philharmonie de Leningrad) ; il assume ces fonctions de 1917 à 1920, puis quitte son pays ; après de brefs séjours à Berlin et à Rome, il se fixe à Paris en 1920. Il dirige des représentations d'opéras russes et fonde les Concerts Koussevitzky à l'Opéra, un orchestre d'élite réunissant les meilleurs musiciens de la capitale et destiné à jouer le répertoire russe et la jeune musique française (1921-28). En 1924, il est nommé directeur musical de l'Orchestre Symphonique de Boston, fonction qu'il conservera jusqu'en 1949, faisant de cet orchestre l'un des meilleurs du monde. Sans renier la musique française ni la musique russe, il devient le champion de la jeune musique américaine. Il développe ses idées sur la décentralisation dans le cadre du Festival de Tanglewood (à partir de 1935) où il fonde, en 1940, le Berkshire Music Center, une académie où les plus grands musiciens viennent enseigner pendant l'été. En 1943, il crée la Fondation Koussevitzky à la mémoire de sa femme, morte un an plus tôt. Cette fondation poursuit l'œuvre de mécénat qu'il a entreprise à titre personnel en passant des commandes à des compositeurs de tous les pays et de toutes tendances. En 1947, il épouse Olga Naoumoff, une nièce de sa première femme, qui se dévoue à la cause de la fondation. En 1949, il abandonne la direction de l'Orchestre Symphonique de Boston à Charles Münch mais conservera jusqu'à sa mort celle du Berkshire Music Center. Il sera aussi à l'origine de la création du Fonds musical international d'entraide aux compositeurs (Unesco). Musicien polyvalent, Koussevitzky a joué un rôle sans égal dans la vie musicale du XXe siècle. Chef d'orchestre éminent, il a su s'entourer des plus grands instrumentistes dans les orchestres qu'il dirigeait. Son tempérament passionné convenait particulièrement à Tchaïkovski ou Berlioz. Mais il savait donner à la musique française toute sa finesse, notamment dans la recherche des timbres. Les œuvres qu'il créait étaient imposées d'emblée par son enthousiasme et le travail méticuleux auquel il se livrait. Il a créé des œuvres de Samuel Barber (*American Festival Overture,* 1939 ; *A Free Song,* 1943 ; *Symphonie pour cordes,* 1943), Béla Bartók (*Concerto pour orchestre,* 1943), Leonard Bernstein (*Symphonie n° 2,* 1949), Mario Castelnuovo-Tedesco (*Cipressi,* 1940), Aaron Copland (*Symphonie n° 3,* 1946), Louis Gruenberg (*Symphonie n° 1,* 1934), Irving Fine (*Toccata Concertante,* 1948), Reinhold Glière (*Symphonie n° 2,* 1908), Paul Hindemith (*Les Quatre Tempéraments,* 1940 ; *Concerto pour violoncelle,* 1941), Arthur Honegger (*Pacific 231,* 1923 ; *Concertino pour piano,* 1925 ; *Concerto pour violoncelle,* 1930), Jacques Ibert (*Chant de folie,* 1924), Gian Francesco Malipiero (*Symphonie n° 4,* 1948), Bohuslav Martinů (*Vřava,* La Bagarre, 1927 ; *La Rapsodie,* 1928 ; *Concerto grosso,*

1941 ; *Symphonies nº 1,* 1942 ; *nº 3,* 1945), Darius Milhaud (*Symphonie nº 2,* 1946), Modeste Moussorgski (*Tableaux d'une exposition,* orchestrés par Ravel, 1922), Walter Piston (*Symphonie nº 3,* 1948), Serge Prokofiev (*Concerto pour violon nº 1,* 1923 ; *Symphonie nº 2,* 1925), Albert Roussel (*Suite en fa,* 1927), Florent Schmitt (*Mirages,* 1924), William Schuman (*Symphonies nº 3,* 1941 ; *nº 5,* 1943), Alexandre Scriabine (*Prométhée,* 1911), Igor Stravinski (*Octuor,* 1923 ; *Concerto pour piano et instruments à vent,* 1924 ; *Ode,* 1943). Honegger lui a dédié *Horace victorieux* (1921).

Pour le cinquantenaire de la fondation de l'Orchestre Symphonique de Boston, il commanda dix partitions qu'il a créé lui-même : *Symphonie nº 4* (Prokofiev), *Symphonie nº 1* (Honegger), *Symphonie nº 3* (Roussel), *Symphonie nº 2* (Hanson), *Konzertmusik*, op. 50 (Hindemith), *Symphonie de psaumes* (Stravinski), *Symphonie en la* (Ferroud), *Métamorphoses* (Respighi), *Symphonie concertante* (Schmitt), *Ode* (Hill). Parmi les nombreuses commandes qu'il a effectuées au titre de la Fondation Koussevitzky, sans en diriger la création, figurent *Peter Grimes* (Britten) et *Turangalîla-Symphonie* (Messiaen).

Kout, Jiří

Chef d'orchestre tchèque, né à Prague le 26 décembre 1937.

Au Conservatoire et à l'Académie de Prague, il travaille l'orgue et la direction d'orchestre et est lauréat des concours internationaux de Besançon (1965) et Bruxelles (1969). En 1969, il est engagé comme chef d'orchestre au Théâtre National de Prague. Puis il est nommé chef d'orchestre au Deutsche Oper am Rhein, Düsseldorf-Duisbourg (1976-85). En 1986, il est nommé directeur général de la musique et Operndirektor à Sarrebrück. Sa carrière se développe rapidement et il s'impose dans le répertoire slave, notamment les opéras de Janáček : il dirige à l'Opéra de Vienne, à la Deutsche Oper de Berlin, à Munich, Stuttgart... En 1988, il fait ses débuts à l'Opéra de Paris et aux États-Unis (Los Angeles, Chicago). En 1992, il quitte Sarrebrück pour la Deutsche Oper de Berlin où il est premier chef (1992-95). En 1993, il est nommé directeur général de la musique à l'Opéra de Leipzig. Il a créé des œuvres de Viktor Kalabis (*Symphonie nº 5,* 1977).

Kovacevich, Stephen (Stephen Bishop)

Pianiste et chef d'orchestre américain, né à Los Angeles le 17 octobre 1940.

Ses parents sont yougoslaves. Il étudie dès l'âge de huit ans, avec Lev Schorr, et fait sa première apparition en public à San Francisco en 1951. En 1959, il se fixe à Londres pour se perfectionner avec Myra Hess. En 1961, il donne un récital au Wigmore Hall de Londres, où son interprétation des *Variations sur une valse de Diabelli* de Beethoven lui vaut un succès triomphal. C'est le début de sa carrière. En 1969 et en 1970, il joue l'intégrale des concertos de Mozart, avec le Geraint Jones Orchestra. On lui doit l'édition d'une anthologie de la musique de Schubert. En 1969, il crée le *Concerto pour piano* de Richard Rodney Bennett et, en 1979, celui de John Tavener, deux œuvres qui lui sont dédiées, ainsi que celui de Tippett en 1974. A partir de 1985, il commence une carrière de chef d'orchestre, notamment comme invité régulier de l'Australian Chamber Orchestra. Il prend ensuite la direction de l'Irish Chamber Orchestra à Dublin.

Kovács, Dénes

Violoniste hongrois, né à Vác le 18 avril 1930.

A l'Académie de musique de Budapest, il est l'élève d'Ede Zathureczky (1944-51). Il est engagé comme Konzertmeister de l'Orchestre Philharmonique et de l'Orchestre de l'Opéra de Budapest (1951-60). En 1955, il remporte le 1er prix au Concours Carl Flesch de Londres et commence une carrière internationale. En 1957, il est nommé professeur de violon à l'Académie Franz Liszt de Budapest dont il devient ensuite directeur (1966) puis recteur (1971-80). En 1980, il y est nommé à la tête du département des instruments à cordes. De nombreux compositeurs hongrois ont écrit pour lui des œuvres qu'il a créées. Il forme un duo violon et piano avec le pianiste Mihály Bächer. Il joue sur un Guarnerius del Gesù de 1742.

Kowalski, Jochen

Haute-contre allemand, né à Wachow (Brandebourg) le 30 janvier 1954.

Il fait ses études à la Musikhochschule de Berlin avec Heinz Reeh, puis travaille avec Marianne Fischer-Kupfer. En 1982, il chante au Festival Haendel de Halle dans le pastiche *Mucio Scevola.* A partir de 1983, il se produit à la Komische Oper de Berlin (débuts dans le rôle de Feodor de *Boris Godounov*). Il est invité à l'Opéra de Munich et à celui de Hambourg, à l'Opéra de Paris en 1987 (Yolomeo dans *Giulio Cesare*), à la Staatsoper de Vienne en 1987 (Orlofsky dans *La Chauve-Souris*) et à la Volksoper de Vienne (Giustino de Haendel). Il chante également à Düsseldorf (1989), Amsterdam et Minneapolis. Il interprète le rôle d'Orphée de Gluck avec la Komische Oper à Covent Garden en 1989 et y retourne dans le rôle d'Orlofsky en 1990. En 1993, il chante Ottone du *Couronnement de Poppée* à Salzbourg. Parmi ses autres rôles, figurent Daniel (*Belshazzar* de Haendel), Annio (*La Clémence de Titus*) et Farnace (*Mithridate* de Mozart). Il chante beaucoup en concert.

Krainev, Vladimir

Pianiste russe, né à Moscou le 1er avril 1944.

Il travaille d'abord avec sa mère puis, à l'âge de six ans, entre à l'École de musique de Kharkov, donnant ses premiers concerts deux ans plus tard. Il est ensuite admis à l'École centrale de Moscou et au Conservatoire où il est l'élève d'Heinrich Neuhaus. En 1963, il remporte le 2e prix au Concours international de Leeds, s'imposant notamment par ses exécutions de musique russe du XXe siècle. En 1964, il obtient le 1er prix au Concours Vianna da Motta à Lisbonne. Il commence à donner des concerts en Europe tout en poursuivant un cycle de perfectionnement au Conservatoire de Moscou avec Stanislav Neuhaus (1969). L'année suivante, il remporte le 1er prix du Concours Tchaïkovski. Sa carrière se développe alors à l'échelle internationale, en soliste ou avec sa femme la violoncelliste **Karine Georgian**, dont il divorce par la suite. Il a créé la *Symphonie de chambre pour piano et orchestre* (1984) d'Alfred Schnittke.

Krapp, Edgar

Organiste allemand, né à Bamberg le 3 juin 1947.

Choriste dans les Regensburger Domspatzen (Petits Chanteurs de Ratisbonne), il commence à y étudier l'orgue dès l'âge de dix ans. Puis il entre à la Musikhochschule de Munich où il travaille (jusqu'en 1970) avec Franz Lehrndorfer avant de devenir son assistant. Puis il vient travailler à Paris avec Marie-Claire Alain où il est nommé organiste de l'église évangélique allemande. Il a remporté le 1er prix du Concours Felix Mottl (Munich, 1970), le Prix Mendelssohn (Berlin, 1970), le 1er prix du Concours international ARD de Munich (1971) et le 2e prix du Concours international de Prague (1971). En 1974, il est nommé professeur à la Musikhochschule de Francfort/Main où il succède à Helmut Walcha. Il enseigne également au Mozarteum de Salzbourg. Il a créé *Symbolum* pour orgue et orchestre de Hans-Jürgen von Bose (1988).

Krasner, Louis

Violoniste américain, né à Cherkassy (Russie) le 21 juin 1903.

Il quitte enfant l'Europe pour les États-Unis, étudiant le violon avec E. Gruenberg et la composition avec F. Converse au Conservatoire de la Nouvelle-Angleterre à Boston, d'où il sort diplômé en 1923. Il achève sa formation instrumentale en Europe, auprès de Carl Flesch, L. Capet et O. Ševčik. Son intérêt pour la musique contemporaine se traduit par de nombreuses créations, dont celle du *Concerto à la mémoire d'un ange* de Berg qu'il lui commande en 1934 et qu'il crée en 1936 à Barcelone, au Festival de la SIMC, avant de l'enregistrer. De même il crée le *Concerto pour violon* de Schoenberg (1940, Philadelphie, avec Stokowski), celui de

Casella (Boston, 1928) et de Sessions (Minneapolis, 1946). Choisi par Mitropoulos comme violon solo de l'Orchestre Symphonique de Minneapolis (1944-49), il abandonne la carrière d'exécutant pour enseigner, de 1949 à 1972, le violon et la musique de chambre à l'Université de Syracuse puis au New England Conservatory de Boston à partir de 1974.

Kraus, Alfredo (Alfredo Kraus Trujillo)

Ténor espagnol, né à Las Palmas (Canaries) le 24 septembre 1927.

Il commence ses études musicales à Barcelone avec Mercedes Llopart puis les poursuit à Milan. Il débute en 1956 au Caire dans le Duc de Mantoue. Puis il chante sur les principales scènes italiennes. En 1959, il débute à Covent Garden dans *Lucia di Lammermoor* (Edgardo) aux côtés de Joan Sutherland. L'année suivante, il est Elvino (*La Somnambule*) à la Scala. Puis ce sont les débuts américains à Chicago en 1962 et au Met (*Rigoletto*) en 1966. L'essentiel de sa carrière se déroule au Met où il chante des rôles comme Roméo, Alfredo (*La Traviata*), Faust (Gounod), Werther, Ottavio (*Don Giovanni*). Karajan l'invite à chanter ce dernier rôle à Salzbourg en 1980. La même année, il incarne le Duc de Mantoue (*Rigoletto*) à Orange.

Kraus, Ernst

Ténor allemand, né à Erlangen le 8 juin 1863, mort à Waldstadt (Wörthsee) le 6 septembre 1941.

D'abord brasseur de bière, il travaille le chant à Munich avec Schimon-Regan puis à Milan avec Cesare Galliera. Il débute en concert à Munich en 1893 et, la même année, à l'Opéra de Mannheim dans Tamino. Il fait partie de la troupe de cet opéra de 1893 à 1896. Il chantera ensuite à l'Opéra de Berlin (1896-1923), s'affirmant comme l'un des plus grands ténors wagnériens du début du siècle : à Bayreuth, il incarne Walther, Siegmund et Siegfried entre 1899 et 1909. A partir de 1924, il enseigne à la Hochschule de Munich.

Kraus, Lili

Pianiste hongroise naturalisée anglaise (1948), née à Budapest le 4 mars 1905, morte à Asheville (Caroline du Nord) le 6 novembre 1986.

Elle entre à l'âge de huit ans dans la classe de Kodály et de Bartók à l'Académie royale de musique de Budapest. En 1922, elle va se perfectionner à Vienne, où elle travaille à l'Académie avec Schnabel et Steuermann. En 1925, elle devient professeur à cette même académie. Au terme de six années d'enseignement, elle quitte définitivement son poste et entame une série de tournées. Elle réalise un grand nombre d'enregistrements d'œuvres de Beethoven, Haydn et Mozart (intégrale des sonates) et devient une des premières grandes pianistes du disque. En 1942, elle est capturée à Java par l'armée japonaise, puis internée pendant trois ans. Après la guerre, elle s'installe quelque temps en Nouvelle-Zélande, puis va vivre aux États-Unis. Pendant la saison 1966-67, elle donne une intégrale des concertos de Mozart à plusieurs reprises. La saison suivante, elle fera la même chose avec les sonates de Mozart. En 1968, elle devient « *artist in residence* » de l'Université chrétienne du Texas, à Fort Worth où elle enseigne jusqu'en 1983. Elle a joué en sonate avec Szymon Goldberg et Willi Boskovsky.

Kraus, Otakar

Baryton tchèque naturalisé anglais, né à Prague le 10 décembre 1909, mort à Londres le 28 juillet 1980.

Dans sa ville natale, il travaille avec Konrad Wallerstein puis à Milan avec Fernando Carpi. Il débute en 1935 à Brno dans Amonasro (*Aïda*). De 1936 à 1939, il chante à l'Opéra de Bratislava. Puis il vient en Angleterre au moment de la guerre. Il se produit avec la Carl Rosa Company et, à partir de 1946, avec l'English Opera Group. Fixé à Londres, il chantera à Covent Garden à partir de 1951. Grand wagnérien, il est surtout connu pour ses prestations dans Alberich, rôle qu'il a tenu à Bayreuth de 1960 à 1963. Il a participé à la création de nombreux ouvrages contemporains : *Le Viol de Lucrèce* (Britten, 1946,

Tarquinius), *The Rake's Progress* (Stravinski, Venise, 1951, Nick Shadow), *Troïlus et Cressida* (Walton, 1954, Diomède), *The Midsummer Marriage* (Tippett, 1955, King Fischer). Pédagogue important, il a joué un rôle considérable dans la formation des jeunes chanteurs anglais.

Kraus, Richard

Chef d'orchestre allemand, né à Berlin le 16 novembre 1902, mort à Walchstadt le 11 avril 1978.

Il est le fils du ténor wagnérien **Ernst Kraus** (1863-1941). Après des études à la Musikhochschule de Berlin, il est répétiteur à la Staatsoper à vingt ans et devient l'assistant d'Erich Kleiber (1923-27). Il est ensuite chef permanent à Kassel (1927-28), Hanovre (1928-33), Stuttgart (1933-37) et directeur général de la musique à Halle (1937-44). Il dirige *Le Vaisseau fantôme* à Bayreuth en 1942. Après la guerre, il est nommé à l'Opéra de Düsseldorf puis occupe les fonctions de directeur général de la musique à Cologne (1948-53). Il est ensuite directeur général de la musique à la Deutsche Oper de Berlin (1954-61) et enseigne la direction d'orchestre à la Hochschule de cette ville à partir de 1961. De 1963 à 1969, il dirige la Nordwestdeutsche Philharmonie.

Krause, Martin

Pianiste allemand, né à Lobstädt (Leipzig) le 17 juin 1853, mort à Plattling le 2 août 1918.

Élève de son père cantor, de Wenzel et de Reinecke au Conservatoire de Leipzig (1875-76), il se fait connaître comme pianiste par des tournées en Suisse, Hollande et Allemagne (1878-80). Arrêté pendant deux ans par une dépression nerveuse, il joue en 1883 devant Liszt dont il devient un disciple zélé, participant à la création en 1885 du Lisztverein, né de deux concerts historiques où il joue aux côtés de Siloti et de Moran-Olden. Il dirige cette association au rôle capital dans la vie musicale allemande jusqu'en 1900, année où il quitte Leipzig pour Dresde, enseignant au conservatoire, puis en 1901 à l'Académie de Munich et enfin en 1904 au Conservatoire Stern de Berlin. Edwin Fischer et Claudio Arrau sont ses deux principaux disciples.

Krause, Tom

Baryton-basse finlandais, né à Helsinki le 5 juillet 1934.

Il commence des études médicales qu'il interrompt au bout de trois ans pour se tourner vers le chant. Il travaille à l'Académie de Vienne (1956-59) et fait ses débuts à Helsinki en 1957 dans un récital de mélodies. Dès 1958, il chante à l'Opéra de Berlin puis à Hambourg à partir de 1962, l'année où il débute à Bayreuth dans le Héraut (*Lohengrin*). En 1963, il chante le Comte (*Capriccio*) à Glyndebourne et fait ses débuts américains dans le *War Requiem* de Britten (Tanglewood et Carnegie Hall). En 1967, il chante pour la première fois au Met dans le Comte (*Les Noces de Figaro*). Sa carrière américaine se développe rapidement au Lyric Opera de Chicago et à l'Opéra de San Francisco. L'année 1968 marque sa première apparition au Festival de Salzbourg (Don Giovanni). L'année suivante, il participe à la création américaine de la *Symphonie n° 13* de Chostakovitch (Philadelphie). Invité régulier à Salzbourg, il incarne Guglielmo (*Così fan tutte*), Almaviva (*Les Noces de Figaro*), Pizarro (*Fidelio*) sous la direction de Karajan. A l'Opéra de Paris, où il débute en 1973 dans Almaviva, il chante *Les Contes d'Hoffmann*, *Così fan tutte*... Parmi ses principaux rôles figurent également Escamillo, Wolfram (*Tannhäuser*) et Oreste (*Elektra*). Il est attaché à l'Opéra de Hambourg. Il a participé à la création de *Der goldene Bock* (Ernst Krenek, 1964) et *Hamlet* (Humphrey Searle, 1968).

Krauss, Clemens

Chef d'orchestre autrichien, né à Vienne le 31 mars 1893, mort à Mexico le 16 mai 1954.

Fils de Clementine Krauss, une actrice et chanteuse de talent, petit-neveu de la soprano **Gabrielle Krauss** (1842-1906), il est aussi le petit-fils du secrétaire particulier du prince Metternich. Il entre dans le fameux chœur des Petits Chanteurs de Vienne dès l'âge de huit ans et y reçoit les bases de sa formation musicale. Puis, au Conservatoire de Vienne, il est l'élève de Grädener et Heuberger. Il débute comme chef des chœurs à l'Opéra de Brno (1912). Puis il est chef d'orchestre au Théâtre allemand de Riga (1913-14), à Nuremberg (1915-16), Stettin (1916-21) et Graz (1921). De 1922 à 1924, il est l'associé de Franz Schalk à l'Opéra de Vienne où il rencontre Richard Strauss. Les deux hommes se lient d'amitié et Krauss deviendra l'un des interprètes préférés de Strauss. Il est ensuite nommé intendant de l'Opéra de Francfort (1924-29) ; il dirige simultanément les Concerts du Musée. Vienne le rappelle : il est directeur musical à l'Opéra (1929-35). Puis il occupe les mêmes fonctions à Berlin (1935-36) avant d'être nommé directeur général de la musique à Munich (1937-43). Après la guerre, il est interdit de direction jusqu'en 1947 à cause de son attitude en faveur du régime nazi. Il réorganise le Mozarteum de Salzbourg et enseigne à la Musikhochschule de Vienne (1949-51) avant de revenir à l'Opéra de Vienne (1950-54). En 1953, il dirige la *Tétralogie* et *Parsifal* au Festival de Bayreuth. En 1939, il avait fait revivre dans la capitale autrichienne la tradition du concert de musique viennoise du Nouvel An qu'il dirigea régulièrement – sauf en 1946 et 1947 – jusqu'à la fin de sa vie.

Richard Strauss lui a dédié *Jour de paix* (1938) et *Capriccio* (1942) dont il est l'auteur du livret. Il a en outre créé *Suite de danses d'après Couperin* (1923), *Arabella* (1933), *L'Amour de Danaé* (1952) et le *Divertimento*, op. 86 (1943) de Richard Strauss ainsi que des œuvres d'Eugen D'Albert (*Der Golem*, 1926), Carl Orff (*Der Mond*, 1939), Alfred Uhl (*Sonata graziosa*, 1947). Il avait épousé la soprano **Viorica Ursuleac** (1894-1985).

ÉCRITS : *Autobiographie à la minute* (en allemand).

Krebbers, Herman

Violoniste néerlandais, né à Hengelo le 18 juin 1923.

Il fait ses études à Amsterdam, avec Oskar Back, et débute comme soliste à l'âge de neuf ans. En 1950, il est nommé violon solo de l'Orchestre de la Résidence de La Haye, puis, en 1962, de celui du Concertgebouw d'Amsterdam, tout en poursuivant une carrière internationale. Il enseigne le violon à l'Amsterdam Musik Lyceum. En 1963, il fonde le Trio Guarnerius (avec la pianiste Danièle Delorme et le violoncelliste Jean Decroos) et, dès cette époque, il se produit également en duo avec le violoniste Théo Olof. Herman Krebbers possède un Guarnerius del Gesù datant de 1741. Il enseigne à la Musikhochschule de Düsseldorf.

Krebs, Helmut

Ténor allemand, né à Dortmund le 8 octobre 1913.

Après avoir étudié le chant au conservatoire de sa ville natale, il entreprend des études de composition et de direction d'orchestre à la Berliner Hochschule de 1934 à 1937. Il débute sur la scène de la Volksoper de Berlin, où il se produit de 1937 à 1941. Après guerre, il chante à l'Opéra de Düsseldorf avant de faire partie, à partir de 1947, de la Städtische Oper de Berlin. Il y reçoit le titre de Kammersänger en 1963. Remarquable chanteur d'oratorios (on se souvient de l'évangéliste des passions de Bach), Krebs participe à des créations notables du répertoire contemporain : il crée en concert le rôle d'Aaron dans l'opéra inachevé de Schoenberg, *Moïse et Aaron* (Hambourg, 1954, dir. H. Rosbaud) ainsi que deux ouvrages de Henze, *Le Roi Cerf* (Berlin, 1956) et *Le Jeune Lord* (Berlin, 1965). Depuis 1957, il enseigne la musique vocale à l'Académie de musique de Berlin et, à partir de 1966, à celle de Francfort. Il a également composé, notamment des cycles de lieder inspirés des poèmes de Busch et de Morgenstern.

Kreisler, Fritz (Friedrich)

Violoniste et compositeur autrichien, naturalisé américain (1943), né à Vienne le 2 février 1875, mort à New York le 29 janvier 1962.

Il fait ses études musicales dans sa ville natale, avec son père, Auber et Hellmesberger fils (1882-85), puis avec Anton Bruckner, et, en France, à Paris, avec Joseph Massart et Léo Delibes (1885-87). Enfant prodige, il montre de telles dispositions qu'à neuf ans il est en mesure de se produire en public. Premier prix à l'unanimité au Conservatoire de Paris, il entreprend, à douze ans, sa première tournée en Amérique, avec Moritz Rosenthal. Revenu à Vienne, il se voit refuser par Arnold Rosé la place de second violon à la Philharmonie parce qu'il ne sait pas déchiffrer ! Pendant six ans, il se plonge dans des études médicales et accomplit son service militaire. Ce n'est qu'en 1898 qu'il se reproduit au concert, en Europe et aux États-Unis. En 1901-02, il joue en trio avec le pianiste Josef Hofmann et le violoncelliste Jean Gérardy. Quelques années plus tard, ses partenaires sont Harold Bauer et Pablo Casals. Il forme un duo violon-piano avec Ferruccio Busoni que remplacera Serge Rachmaninov entre les deux guerres. Blessé au début de la Première Guerre mondiale, il est réformé et se fixe à New York (1915-25). Puis il vit principalement à Berlin (1925-32) avant de se réfugier à Vienne et à Paris (1933) devant la montée du nazisme. Il acquiert la nationalité française en 1938 ; mais en 1939, il doit quitter notre pays et s'expatrier aux États-Unis. En août 1941, il est renversé par un camion, dans Madison Square Garden à New York, et grièvement atteint à la tête. Il se rétablira cependant et reprendra une vie active jusqu'au mémorable concert du 1er novembre 1947, qui marquera la fin officielle de sa vie publique ; il continuera toutefois à enregistrer. Violoniste génial, mais aussi musicien habile, Fritz Kreisler s'adonna à la composition, pas uniquement « sérieuse » : des pièces comme *Tambourin chinois* et *Caprice viennois* sont fort caractéristiques. Il laissa également des opérettes, dont la plus illustre est *Sissi* (1932), des transcriptions et des arrangements pour le violon, sans omettre des cadences de concertos passées dans le répertoire (concertos de Beethoven, de Brahms, etc.).

Artiste adulé, Kreisler avait su demeurer un homme de cœur, humain au sens noble du terme, à la bonté attentive et compatissante. Plein d'humour, il se livra avec bonheur aux pastiches, qu'il présentait généralement comme des œuvres originales retrouvées, attribuées à Pugnani, Vivaldi, Louis Couperin, Francœur, et autres, ce qui lui attira les foudres des critiques bien-pensants lorsqu'ils découvrirent la supercherie. Musicalement, Marc Pincherle le décrivait ainsi : « Il obtenait de son archet un mordant inimaginable. Il avait une sonorité chaleureuse, sensuelle même, mais sans jamais aucune bassesse, grâce à la fermeté constante du rythme qui l'animait. Il était, dans la plénitude du terme, un interprète, un de ces très rares privilégiés qui, tout en respectant les textes, les marquent de leur empreinte personnelle et donnent l'impression de les créer à nouveau... ».

Elgar a écrit pour lui son *Concerto* (1910), Ysaÿe lui a dédié une sonate pour violon seul (op. 27, nº 4), Martinů sa *Rhapsodie tchèque* (1945) et Rachmaninov ses *Variations sur un thème de Corelli.* Kreisler jouait sur un Stradivarius de 1733. Il possédait également un Gagliano et deux Guarnerius del Gesù, dont un incrusté de diamants. Il était passionné de bibliophilie et d'orchidées et s'adonnait à la peinture à ses heures.

ÉCRITS : *Four Weeks in the Trenches. The War Story of a Violinist* (Boston-New York, 1915).

Kremer, Gidon

Violoniste russe et allemand, né à Riga le 27 février 1947.

Son grand-père Karl Brückner (1893-1963) était professeur au conservatoire, son père professeur et concertiste ; c'est avec lui que Gidon étudie. Après les cours de V. Sturesteps, à l'École de musique de Riga, il entre au Conservatoire de Moscou dans les classes de D. Oïstrakh et P. Bondarenko (1965-73). En 1967, il reçoit la médaille de bronze au Concours Reine Élisabeth à Bruxelles, puis d'autres médailles à Montréal, Gênes et Moscou. Là, il impressionne la critique et le public par sa virtuosité, son originalité ; il donne alors des concerts en URSS et à l'étranger. Il se forge un répertoire considérable, aussi bien dans le domaine de la musique contemporaine que dans celui de la musique de chambre et s'impose comme l'un des rares grands violonistes capables de sortir des sentiers battus. En 1980, il quitte son pays et se fixe en Allemagne avec son épouse Elena, la fille du pianiste Dmitri Bachkirov. Jusqu'en 1979, il jouait sur un Guadagnini que possédait déjà son grand-père. Puis il acquiert un Stradivarius daté de 1734, l'*ex-baron von Feilitsch et un Guarnerius del Gesù, l'ex-David*.

Ardent défenseur de la musique contemporaine, il a suscité de nombreuses œuvres et a créé des partitions d'Arvo Pärt (*Tabula rasa pour deux violons,* 1977, qu'il jouait avec sa première femme, **Tatiana Grindenko** ; *Stabat Mater,* 1985), Alfred Schnittke (*Concerto grosso* pour deux violons, 1977 ; *Concerto n° 4,* 1984 ; *Trio,* 1985), Edison Denisov (*Concerto pour violon,* 1978), Hans Werner Henze (*il vitalo radopiatto,* 1978), Sofia Goubaïdoulina (*Offertorium,* 1980), Valentin Silvestrov (*Concerto pour violon,* 1993). A partir de 1981, il anime le Festival de musique de chambre de Lockenhaus, en Autriche, véritable fête de l'amitié où il réunit autour de lui les plus grands spécialistes des différentes disciplines et de jeunes talents.

ÉCRITS : *Kindheitssplietter,* Piper (Munich, 1993).

Krenn, Werner

Ténor autrichien, né à Vienne le 21 septembre 1943.

Il chante dans le chœur des Petits Chanteurs de Vienne, puis étudie le basson et entre à l'Orchestre Symphonique de Vienne (1962-66). Il travaille le chant avec Elisabeth Rado à Vienne. En 1966, il fait ses débuts lyriques dans *The Fairy Queen* de Purcell à la Deutsche Oper de Berlin, puis chante régulièrement à l'Opéra de Vienne et au Festival de Salzbourg (à partir de 1967). En 1969, il incarne Don Ottavio au Festival d'Aix-en-Provence. Il fait ses débuts anglais dans le rôle de Jaquino avec le Scottish Opera (1970). Il devient rapidement l'un des principaux ténors mozartiens de sa génération. Il se produit souvent en concert et en oratorio. Il a épousé la soprano **Helga Dernesch.**

Krenz, Jan

Chef d'orchestre et compositeur polonais, né à Wloclawek le 14 juillet 1926.

A Varsovie et à Łódź, il est l'élève de K. Sikorski (composition), Z. Drzewiecki (piano), K. Wiłkomirski et Z. Gorzynski (direction d'orchestre). Il fait ses débuts à Łódź en 1945 et devient, en 1949, l'assistant de Grzegorz Fitelberg à la Radio de Katowice. De 1951 à 1953, il dirige la Philharmonie de Poznań puis il succède à Fitelberg comme directeur artistique de l'Orchestre Symphonique de la Radio Polonaise de Katowice (1953-67). Sa carrière se développe sur le plan international, et il prend la direction de l'Orchestre Symphonique de la Radio Danoise (1966-68) avant d'être nommé directeur artistique de l'Opéra de Varsovie (1968-73), puis chef invité permanent. De 1979 à 1982, il est directeur général de la musique à Bonn. Parmi les œuvres qu'il a créées figurent des partitions de Grażyna Bacewicz (*Variations symphoniques,* 1958 ; *Musique pour cordes,* 1959), Tadeusz Baird (*Symphonie n° 3,* 1968 ; *Canzona,* 1982), Henryk Mikołaj Górecki (*Symphonie n° 1,* 1959 ; *Scontri,* 1960), Witold Lutosławski (*Trauermusik,* 1958), Krzysztof Penderecki (*Canon,* 1962), Kazimierz Serocki (*Ad libitum,* 1977).

Comme compositeur, il a abordé tous les genres (deux quatuors, symphonies, cantate *Le Colloque des deux villes*...).

Krips, Henry

Chef d'orchestre autrichien, naturalisé australien (1944), né à Vienne le 10 février 1912, mort à Adélaïde le 25 janvier 1987.

Frère de **Josef Krips**, il fait ses études à l'académie de musique et à l'université de sa ville natale. Il débute en 1932 au Burgtheater. L'année suivante, il est chef permanent à Innsbruck, puis il est nommé directeur musical à Salzbourg (1934-35). Entre 1935 et 1938, il dirige régulièrement à la Volksoper et à l'Opéra de Vienne. Chassé d'Autriche par les nazis, il émigre en Australie où il forme la Krips-De Vries Opera Company. Il est directeur musical des Ballets Kirsova à Sydney à partir de 1941. En 1947, il est nommé à la Radio australienne (ABC). L'année suivante, il est premier chef de l'Orchestre Symphonique de Perth et, en 1949, de l'Orchestre Symphonique d'Adélaïde. Figure marquante de la vie musicale australienne, il commence à diriger en Angleterre à partir de 1967, comme invité au Sadler's Wells. En 1972, il se fixe à Londres après avoir résilié ses engagements en Australie. Il mène alors une carrière de chef invité.

Krips, Josef

Chef d'orchestre autrichien, né à Vienne le 8 avril 1902, mort à Genève le 13 octobre 1974.

Frère du précédent, il fait ses études musicales à Vienne avec Mandyczewski et Weingartner. Il entre comme violoniste à l'Orchestre de la Volksoper (1918-21). Puis il devient l'assistant de Weingartner et chef des chœurs dans le même établissement (1921-24). Il est engagé comme chef d'orchestre à l'Opéra d'Aussig (1924-25), puis à l'Opéra de Dortmund (1925-26) avant d'être nommé directeur général de la musique à Karlsruhe (1926-33). Il se fixe ensuite à Vienne où il dirige à l'Opéra à partir de 1933. Deux ans plus tard, il est professeur à l'Académie de musique. Mais il quitte sa ville natale en 1938, fuyant le régime nazi. Il sera interdit de direction entre 1939 et 1945. En 1938-39, il est à la tête de l'Orchestre Philharmonique et de l'Opéra de Belgrade. Puis il mène une carrière de chef invité jusqu'à la fin des hostilités où il revient à Vienne pour la réouverture de l'Opéra. L'année suivante (1946), il participe à la résurrection du Festival de Salzbourg. De 1950 à 1954, il est à la tête de l'Orchestre Symphonique de Londres. Puis il se fixe aux États-Unis où il prend la direction de l'Orchestre Symphonique de Buffalo (1954-63) et du Cincinnati May Festival (1954-60). Il est ensuite directeur artistique de l'Orchestre Symphonique de San Francisco (1963-70). A partir de 1968, il renoue avec l'Opéra de Vienne. De 1970 à 1973, il succède à Wolfgang Sawallisch à la tête de l'Orchestre Symphonique de Vienne, sans avoir pourtant le titre de chef permanent. Peu avant de disparaître, il entreprend l'enregistrement intégral des symphonies de Mozart avec l'Orchestre du Concertgebouw d'Amsterdam mais ne pourra le mener à bien.

J. Krips était considéré comme l'un des plus authentiques détenteurs de la tradition viennoise dans laquelle il avait été élevé, contrairement à Bruno Walter ou Karl Böhm. Ses enregistrements mozartiens restent un précieux témoignage d'un style souvent controversé mais auquel il donnait une vie intense. Il a créé des œuvres de Kirke Mechem (*Symphonies n° 1*, 1965 ; *n° 2*, 1967).

Krivine, Emmanuel

Chef d'orchestre et violoniste français, né à Grenoble le 7 mai 1947.

Il travaille d'abord le violon à Grenoble avec Louise Mercier jusqu'en 1960, année où il entre au Conservatoire de Paris dans la classe de René Benedetti. Il y obtient un 1er prix de violon en 1963 avant de se perfectionner avec Henryk Szeryng et Yehudi Menuhin. En 1965, le Conservatoire Royal de Bruxelles lui décerne un prix de virtuosité, en 1968, il est lauréat du Concours Reine Élisabeth. Après avoir suivi le troisième cycle de perfectionnement au Conservatoire de Paris, il est lauréat des grands concours internationaux Paganini à Gênes, Anderson à Londres, Curci à Naples, Tribune internationale des jeunes interprètes à Bratislava (1970-72). Parallèlement à sa carrière de violoniste, il dirige en Belgique, notamment à partir de 1964. Après un premier concert avec le Nouvel Orchestre Philharmonique de Radio France en 1975, il devient à partir de l'année suivante premier chef invité de cet orchestre. De 1981 à 1983, il est directeur de l'Orchestre Philharmonique de Lorraine (Metz). Un accident de voiture le contraint à abandonner le violon (1981). Il enseigne au Conservatoire de Lyon (classe d'orchestre) de 1979 à 1981 avant d'être nommé premier chef invité (1983-85), puis directeur musical (1987) de l'Orchestre National de Lyon. Il a créé des œuvres de Michael Jarrell (*Passages*, 1993), Michel Legrand (*Concertoratorio 89*, commande pour le bicentenaire de la Révolution française, 1989).

Krombholc, Jaroslav

Chef d'orchestre tchèque, né à Prague le 30 janvier 1918, mort à Prague le 16 juillet 1983.

Il fait ses études à l'université de sa ville natale et au conservatoire où il travaille la composition avec O. Šín, V. Novák et A. Hába (1937-42) puis la direction d'orchestre avec P. Dědeček et V. Talich (1938-42). Il débute comme chef d'orchestre au Théâtre d'Ostrava (1944-45) puis revient à Prague comme chef permanent à l'Opéra (1945-46 puis 1948-62). Il y est ensuite premier chef (1963-68) et directeur musical (1968-74). Il prend alors la direction de l'Orchestre Symphonique de la Radiodiffusion Tchécoslovaque (1973-77). L'essentiel de sa carrière, dans son pays ou à l'étranger, se déroule dans la fosse. Il s'impose à sa génération comme l'un des meilleurs chefs d'opéra et contribue à faire connaître le répertoire lyrique tchécoslovaque.

Krust, André

Pianiste français, né à Belfort le 10 mai 1926.

Il étudie l'harmonie avec Olivier Messiaen et entre au Conservatoire de Paris où il travaille notamment avec Norbert Dufourcq et Pierre Pasquier. Ses activités de résistance au sein du réseau Alliance lui valent d'être déporté politique en 1944. Il sera libéré en 1945. Il obtient, en 1950, un 2e prix de piano au Conservatoire de Paris (classe de Jean Doyen). Il se perfectionne avec Yves Nat jusqu'en 1956 et suit les conseils du pédagogue et pianiste russe Pierre Kostanoff. Il obtient le prix d'interprétation du Concours international Franz Liszt de Budapest (1956). Parallèlement il poursuit une carrière pédagogique : chargé de cours aux conservatoires d'Amiens (1950-53), et de Montreuil (1970), professeur invité à l'Université d'Ottawa (1971), directeur du Séminaire musical d'été de Grendelbruck (1972), professeur titulaire au Conservatoire de Montreuil (1973), chargé de cours au Conservatoire de Luxembourg. Il donne de nombreux cours d'interprétation et conférences notamment sur Schumann et le romantisme allemand. Il appartient, avec Robert Gendre et Robert Bex, à l'ensemble de musique de chambre Le Trinôme. André Krust a donné la première audition de *Chant après chant* de Jean Barraqué.

Kruysen, Bernard

Baryton néerlandais, né à Montreux le 28 mars 1933.

C'est en Provence qu'il passe les quinze premières années de sa vie, d'où son amour de la langue française. Après des études au Conservatoire royal de La Haye, il quitte l'Opéra royal d'Amsterdam où il a été engagé, pour venir travailler avec Pierre Bernac, à Paris. Il obtient le grand prix d'excellence de la mélodie française et le grand prix hors concours Gabriel Fauré puis, en 1958, au Concours international de chant de Bois-le-Duc, il est proclamé le meilleur interprète néerlandais. Il a fait de nombreuses tournées en Europe et aux États-Unis. Il joue souvent avec Noel Lee, après avoir reçu, en 1972, le prix du meilleur duo pour l'interprétation du lied avec Paul Niessing au piano. Son répertoire va de Bach à Poulenc, en passant par Monteverdi, Schumann, Moussorgski, Debussy, Ravel et Fauré. Il vit en Hollande. A côté de la musique il a une deuxième passion, l'exploration et la chasse sous-marines, et a remporté trois championnats du monde.

Kubelík, Jan

Violoniste tchèque naturalisé hongrois (1903), né à Michle (Prague) le 5 juillet 1880, mort à Prague le 5 décembre 1940.

Élève de Otokar Ševčik au Conservatoire de Prague (1892-98), il commence en 1898 à Vienne une brillante carrière de concertiste qui allait se poursuivre pendant quarante-deux années. Considéré comme le meilleur violoniste tchécoslovaque de son temps, ce lointain disciple de Viotti (par la filière Ševčik – Bennewitz – Pixis – Viotti) a été souvent comparé à Paganini pour la perfection de sa technique. Il a écrit six concertos, diverses pièces pour le violon et une *Symphonie américaine* (1937). Fondateur de son propre quatuor, auquel appartint notamment Paul Grümmer, plus tard violoncelliste du Quatuor Busch, il possédait seize violons historiques dont un Stradivarius de 1715, *L'Empereur*, et un Guarnerius de 1735 que détient actuellement Kyung-Wha Chung. L'essentiel de cette collection fut dispersé en 1932.

Kubelík, Rafael

Chef d'orchestre et compositeur tchèque naturalisé suisse en 1967, né à Bychory (Prague) le 29 juin 1914.

Fils de **Jan Kubelík**, il étudie au Conservatoire de Prague la composition, le piano, le violon et la direction d'orchestre avec Otokar Šin et Pavel Dědeček. Il donne son premier concert à l'âge de dix-neuf ans. Pendant une année il accompagne au piano les récitals de son père. De 1936 à 1939, il est chef permanent de l'Orchestre Philharmonique Tchèque. Puis il est nommé directeur musical de l'Opéra de Brno (1939-41) avant de prendre la direction de la Philharmonie Tchèque (1941-48). Il quitte son pays en 1948 et passe quelques années aux USA où il est directeur de l'Orchestre Symphonique de Chicago (1950-53). De 1955 à 1958, il est directeur musical de l'Opéra royal du Covent Garden à Londres puis, de 1961 à 1979, il est à la tête de l'Orchestre Symphonique de la Radiodiffusion Bavaroise (Munich). Il est décoré de la Médaille Gustav Mahler, compositeur auquel il est particulièrement attaché et dont il a été l'un des premiers à enregistrer l'intégrale des symphonies. En 1972-74, Rafael Kubelík a également été nommé directeur musical au Metropolitan Opera de New York. En 1985, il cesse pratiquement de diriger pour raison de santé. Il retourne en Tchécoslovaquie en 1990 pour inaugurer le Printemps de Prague avec le cycle *Ma Vlast* de Smetana. Sa seconde femme est la soprano australienne **Elsie Morison.** La production du compositeur est fournie : 3 Requiem, plusieurs opéras et de nombreuses pages consacrées à l'orchestre, la voix et la musique de chambre. Dédicataire des *Fresques de Piero della Francesca* de Martinů, qu'il crée en 1956, il dirige en première audition la *Messe de campagne* (1946) et la *Symphonie n° 5* (1947) de Martinů, les *Six Monologues de Jedermann* (1949) de Frank Martin, *L'Échelle de Jacob* (1961) de Schoenberg, la *Symphonie n° 8* (1963) et les *Symphonische Hymnen* (1975) de Hartmann.

Küchl, Rainer

Violoniste autrichien, né à Waidhofen/Ybbs le 25 août 1950.

Élève de Franz Samohyl à l'Académie de musique de Vienne, il donne ses premiers concerts en 1967. Lauréat du Concours Tchaïkovski à Moscou en 1970, il est engagé l'année suivante comme Konzertmeister à la Philharmonie de Vienne. En 1973, il fonde avec d'autres solistes de la Philharmonie le Quatuor du Musikverein de Vienne qui s'impose en quelques années comme l'un des successeurs des grands quatuors autrichiens. En 1982, il est nommé professeur à la Hochschule für Musik de Vienne.

Kuentz, Paul

Chef d'orchestre français, né à Mulhouse le 4 mai 1930.

Il commence ses études au conservatoire de sa ville natale. En 1947, il entre au Conservatoire de Paris où il travaille avec Georges Hugon, Noël Gallon et Eugène Bigot. En 1950, il remporte un 1er prix de direction d'orchestre et fonde l'Orchestre de Chambre Paul Kuentz (15 musiciens) qui donne dès 1951 son premier concert public. Commence alors, pour la formation et son chef, une brillante carrière internationale qui le mènera notamment aux États-Unis en 1960. En 1956, il épouse **Monique Frasca-Colombier**, violon solo de son orchestre. Il rencontre Jean Cocteau (1960) qui se prend d'amitié pour l'ensemble et dessine ses programmes. Paul Kuentz donne à Saint-Séverin l'intégrale de l'œuvre pour orchestre de Bach. En 1968, il joue au Carnegie Hall de New York. Parmi les pages qu'il a créées, on retiendra des partitions signées P.-M. Dubois, J. Castérède, M. Vittoria, M. Zbar et J. Charpentier. Paul Kuentz est l'un des plus fervents défenseurs de la musique française à l'étranger, notamment pour les répertoires des XVIIe et XVIIIe siècles. En 1972, il a fondé sa propre chorale. Il est directeur du Conservatoire de Brest.

Kuhn, Gustav

Chef d'orchestre autrichien, né à Salzbourg le 28 août 1947.

Dès l'âge de quatre ans, il aborde le violon et le piano. Au Mozarteum de Salzbourg où il étudie à partir de 1964, il travaille la direction d'orchestre avec Bruno Maderna et Herbert von Karajan tout en suivant les cours de Hans Swarowsky à la Musikhochschule de Vienne. En 1969, il reçoit le 1er prix au Concours international de la Radio Autrichienne. L'année suivante, il obtient un doctorat de philosophie à l'Université de Salzbourg et le diplôme de Kapellmeister au Mozarteum. Entre 1970 et 1973, il est premier chef à l'Opéra d'Istanbul, puis il occupe les mêmes fonctions à l'Opéra de Enschede (Pays-Bas) (1974-75) et à l'Opéra de Dortmund (1975-77). Sa carrière de chef invité se développe dans les plus grands théâtres lyriques du monde. En 1978, il est chef permanent à l'Opéra de Vienne et, de 1979 à 1982, directeur général de la musique à Berne. De 1982 à 1985, il occupe les mêmes fonctions à Bonn. Il a effectué ses débuts aux festivals de Glyndebourne, Munich et Salzbourg en 1980. En 1986, il est nommé chef permanent à l'Opéra de Rome. Il est ensuite directeur artistique du Festival d'opéra de Macerata. Il a créé l'opéra de Lorenzo Ferrero *Salvatore Giuliano* en 1986.

Kuijken, Barthold

Flûtiste belge, né à Dilbeek (Bruxelles) le 8 mars 1949.

Il fréquente les conservatoires de Bruges, de Bruxelles et de La Haye. Il se consacre à l'étude de la flûte et a pour professeur Frans Vester (flûte traversière) et Frans Brüggen (flûte à bec). Il s'initie au jeu de la flûte baroque traversière, à l'instar de ses frères **Wieland** et **Sigiswald**, sur leurs instruments respectifs. Il commence une carrière de soliste international fort brillante. Il est membre de l'Ensemble Parnassus et de La Petite Bande, dirigée par son frère, Sigiswald ; il a aussi joué avec le Collegium Aureum. Il enseigne la flûte baroque aux conservatoires de La Haye et de Bruxelles. A la suite de Frans Brüggen, Barthold Kuijken trace une voie nouvelle à l'interprétation de la musique ancienne consacrée à la flûte. Son influence se révèle déterminante.

Kuijken, Sigiswald

Violoniste et gambiste belge, né à Dilbeek (Bruxelles) le 16 février 1944.

Il entre en classe de violon à l'âge de huit ans au Conservatoire de Bruges. En 1960, il est l'élève de Maurice Raskin au Conservatoire de Bruxelles et en sort avec un 1er prix en 1964. Depuis 1970, et autodidacte comme son frère aîné **Wieland**, il apprend à jouer sur le violon baroque et revient à la pratique d'origine, sans tenir l'instrument sous le menton, donc sans mentonnière ni coussin. Sa carrière d'interprète suit celle de son frère, aussi bien dans l'ensemble Musiques Nouvelles où il reste pendant dix ans, que dans l'Ensemble Alarius. Il pratique alors le violon et la viole de gambe, mais il consacre son enseignement au Conservatoire de La Haye, depuis 1971, au violon baroque. En 1972, il fonde un orchestre baroque, La Petite Bande, qui reprend le nom et l'effectif de l'orchestre que dirigeait Lully à la cour de Versailles. Avec cet ensemble, il opère un retour aux pratiques d'interprétation de l'époque, telles qu'on a pu les reconstituer. Il en partage la direction avec Gustav Leonhardt. Ses principaux autres partenaires sont ses frères Wieland et **Barthold**, le flûtiste Frans Brüggen, le violoncelliste Anner Bylsma... En 1986, il fonde le Quatuor Kuijken avec lequel il se consacre au répertoire classique.

Kuijken, Wieland

Gambiste belge, né à Dilbeek (Bruxelles) le 31 août 1938.

Il commence à quinze ans des études de piano et de violoncelle au Conservatoire de Bruges où sa famille s'est installée depuis 1952. De 1957 à 1962, il fréquente le

Conservatoire de Bruxelles où il obtient le prix d'excellence (1962). A dix-huit ans, il décide d'apprendre la viole de gambe en autodidacte. C'est à cette époque qu'il s'intègre au groupe d'avant-garde de Bruxelles, Musiques Nouvelles, tandis que, de 1959 à 1972, il participe aux concerts donnés par l'Alarius Ensemble, spécialisé dans l'interprétation de la musique baroque, surtout d'expression française. Depuis 1972, il joue avec ses frères **Barthold** et **Sigiswald** (Kuijken Early Music Group). Depuis le début des années soixante-dix, il enseigne dans les conservatoires d'Anvers, de Bruxelles et de La Haye ; de même, depuis 1973, il donne plusieurs séries de conférences annuelles à Innsbruck. Ses conférences l'ont également conduit en Grande-Bretagne (1973) et aux États-Unis (1974). Il participe régulièrement aux festivals des Flandres, de Saintes, à l'English Bach Festival. Ses concerts l'ont amené à jouer en compagnie de Gustav Leonhardt, Alfred Deller ou Frans Brüggen. Il est le chef de file de la basse de viole et son répertoire couvre toute la période où cet instrument a été en honneur dans la musique européenne. La pureté de son intonation, la vivacité de son sens rythmique, son traitement de la ligne mélodique en font l'un des solistes favoris de cette littérature.

Kulenkampff, Georg

Violoniste allemand, né à Brême le 23 janvier 1898, mort à Schaffhausen le 4 octobre 1948.

Il commence ses études musicales dès l'âge de six ans avec Hans Kolkmeyer, Konzertmeister de la Philharmonie de Brême, puis travaille avec Ernst Wendel. Il donne son premier concert à l'âge de douze ans. Leopold Auer lui conseille de se perfectionner avec Willy Hess à Berlin (1912-15). Il est ensuite nommé violon solo de l'Orchestre Philharmonique de Brême (1916-19) avant de se fixer à Berlin en 1919. Il commence très tôt sa carrière de soliste et attire l'attention sur lui dès 1923 en créant le *Concerto pour violon* de Paul Kletzki. Il enseigne à la Hochschule für Musik de Berlin (1923-26 puis 1931-43) où il est notamment le professeur du célèbre violoniste de variétés Helmut Zacharias. En désaccord avec le régime hitlérien, il quitte l'Allemagne en 1943 pour s'établir en Suisse, où il devient le successeur de Carl Flesch au Conservatoire de Lucerne. Kulenkampff – grand interprète de Beethoven, de Dvořák, de Max Bruch – a joué sous la baguette des plus grands chefs, dont Wilhelm Furtwängler et Carl Schuricht ; il devait s'associer en trio à Edwin Fischer et Enrico Mainardi et en sonate à Wilhelm Kempff et à Georg Solti (alors pianiste), avec lesquels il grava des sonates de Beethoven, Brahms et Mozart. On lui doit la résurrection du *Concerto pour violon* de Schumann qu'il a créé à Berlin en 1937 sous la direction de Karl Böhm. Il a également créé des œuvres de Karl Höller (*Musik pour violon et piano,* 1940), Ottorino Respighi (*Poema autunnale,* 1926). Il jouait sur un Stradivarius, le *Nadeau.*

ÉCRITS : *Geigerische Betrachtunger* (Ratisbonne, 1952).

Kulka, János

Chef d'orchestre hongrois naturalisé allemand, né à Budapest le 11 décembre 1929.

Il fait ses études musicales dans sa ville natale avec Ferencsik, Somogyi, Weiner et Kodály. De 1950 à 1956, il dirige à l'Opéra de Budapest puis quitte la Hongrie pour l'Allemagne. Il se fixe d'abord à Berlin où l'accueille Ferenc Fricsay. Il dirige également, comme invité, à Munich puis il est nommé premier chef à l'Opéra de Stuttgart (1959). Deux ans plus tard, il occupe les mêmes fonctions à l'Opéra de Hambourg avant d'être nommé directeur général de la musique à Wuppertal (1964-76). Il revient alors à l'Opéra de Stuttgart comme chef permanent (1976) tout en assurant la direction musicale de la Nordwestdeutsche Philharmonie (1976-87). Il a créé des opéras de Boris Blacher (*Yvonne, Prinzessin von Burgund,* 1973), Konrad Boehmer (*Doktor Faustus,* 1985), Giselher Klebe (*Das Mädchen aus Domrémy,* 1976 ; *Jacobowsky und der Oberst,* 1982). Dans le domaine symphonique, on lui doit des créations de Giselher Klebe (*Orchesterstücke,* 1983).

Kulka, Konstanty Andrzej

Violoniste polonais, né à Gdańsk le 5 mars 1947.

Il fait ses études musicales à l'École secondaire d'État de musique, puis à la Haute École de musique à Gdańsk (1960-65). Il travaille le violon avec Stefan Herman. En 1964, il est lauréat du Concours international Paganini, à Gênes. Sa carrière commence, en 1966, après avoir gagné le 1er prix du Concours international de la Radio (TV de Munich). Il se partage dès lors entre une carrière de concertiste, invité par les plus prestigieux orchestres, et celle de musicien de chambre, en duo avec le pianiste Jerzy Marchwinski. Ce sont surtout ses prestations avec l'Orchestre de Chambre de Karl Münchinger qui l'ont fait connaître en Occident. Il a créé le *Concerto pour violon* de Z. Krauze (1980).

Kullman, Charles

Ténor américain, né à New Haven (Connecticut) le 13 janvier 1903, mort à New Haven le 8 février 1983.

D'origine germanique, il entre à l'Université de Yale et chante dans le Glee Club de Yale. Il travaille ensuite à la Juilliard School of Music de New York et avec Salignac au Conservatoire américain de Fontainebleau, puis il chante Pinkerton (*Madame Butterfly*) en 1929 avec l'American Opera Co. de Rochester. Il se rend alors à Berlin, où il fait ses débuts officiels en 1931 dans le rôle de Pinkerton à la Kroll Oper. Il entre à l'Opéra d'État de Berlin (1932-34) puis chante à l'Opéra de Vienne, au Festival de Salzbourg (1934-36, Ferrando, Belmonte, le Ténor du *Chevalier à la rose*) et au Covent Garden de Londres (1934-35 et 1938). En 1935, il fait ses débuts au Met dans le rôle de Faust ; il y reste jusqu'en 1960. Il chante également à San Francisco (1936-54) et à Chicago (1940). Son répertoire comprend plus d'une trentaine de rôles (Faust, Don José, Stolzing, Don Ottavio, Eisenstein ; plus tard, les ténors de caractère). Il commence à enseigner à l'Université d'Indiana en 1956 où il est professeur de musique jusqu'à sa retraite en 1971.

Kuntzsch, Matthias

Chef d'orchestre allemand, né à Karlsruhe le 22 septembre 1935.

Il fait ses études à la Hochschule für Musik de Hanovre (1954-58) avec Karl Engel (piano) et Fritz von Bloh (direction d'orchestre). Puis il travaille avec Pablo Casals, Lovro von Matačić, Herbert von Karajan et Hermann Scherchen (1957-62). Il est également assistant à l'Opéra de Hanovre (1957-58), assistant à Bayreuth (1959-64), chef d'orchestre au Staatstheater de Brunswick (1958-62), premier chef à l'Opéra de Bonn (1962-64), au Nationaltheater de Mannheim (1964-66) et à l'Opéra de Hambourg (1966-69) avant d'être nommé Staatskapellmeister au Nationaltheater de Munich (1969-73). Il est ensuite directeur général de la musique à Lübeck (1973-77) et à Sarrebrück (1977-86). Entre 1973 et 1977, il est professeur de direction d'orchestre à la Hochschule für Musik de Hambourg puis, entre 1977 et 1981, à celle de Sarrebrück. Entre 1987 et 1989, il est conseiller musical de l'Orchestre d'Euskadi (San Sebastian). Il a créé des œuvres de Günter Bialas (*Aucassin et Nicolette,* 1969), Gian Carlo Menotti (*Help, Help, the Globokins,* 1968), Detlev Müller-Siemens (*Genoveva oder Die Weiße Hirschkuh,* 1978), Humphrey Searle (*Hamlet,* 1968).

Kunz, Erich

Baryton-basse autrichien, né à Vienne le 20 mai 1909.

Il fait toutes ses études de chant à l'Académie de musique de Vienne, et débute dans les théâtres de Troppau (1935), Plauen (1936) et Breslau (1937-41), avant de devenir en 1941, auprès des Schoeffler, Dermota, Patzak, Loose, Seefried, l'un des piliers de la Staatsoper de Vienne, se distinguant particulièrement par la verve et la finesse de son jeu, dans le répertoire mozartien (Leporello, Papageno, Guglielmo) et dans l'opérette viennoise (Falke de *La Chauve-Souris*, Danilo de *La Veuve joyeuse*). Il participe aux festivals de Glyndebourne (1935), de Salzbourg et de Bayreuth (dans le rôle de Beckmesser des *Maîtres chanteurs*) et est invité par de nombreux théâtres dont le Colón de Buenos Aires. En 1952, il débute au Met dans Leporello.

Kurtz, Efrem

Chef d'orchestre russe, naturalisé américain (1944), né à Saint-Pétersbourg le 7 novembre 1900.

Il travaille au Conservatoire de Saint-Pétersbourg avec Nicolas Tchérépnine et Alexandre Glazounov. Il gagne l'Université de Riga puis le Conservatoire Stern de Berlin. Il fait ses débuts à Berlin en 1921. De 1929 à 1933, il est directeur musical de la Philharmonie de Stuttgart. De 1933 à 1941, il est directeur des Ballets Russes de Monte-Carlo avec lequel il effectue des tournées en Europe et aux États-Unis. Puis, il émigre aux États-Unis où il occupe la place de directeur musical de l'Orchestre Symphonique de Kansas City (1943-47), de l'Orchestre Symphonique de Houston (1948-54), puis, en Angleterre, du Royal Liverpool Philharmonic Orchestra (1955-57). A partir de ce moment, libéré de tout contrat, il donne des concerts dans le monde entier, notamment en Russie (1966) où il n'était pas revenu depuis 1919. Il avait épousé la flûtiste **Elaine Shaffer** en 1955. Il a créé des œuvres de Flavio Testi (*Divertimento per orchestra,* 1956), Virgil Thomson (*The Seine at Night,* 1948).

Kurz, Selma

Soprano allemande, née à Bielitz (Silésie) le 15 novembre 1874, morte à Vienne le 10 mai 1933.

Le comte Nikolaus Esterházy lui paie ses études avec Johannes Ress à Vienne. Puis elle travaille à Paris avec Mathilde Marchesi et fait ses débuts à Hambourg en 1895 (à l'époque, elle était encore mezzo et chantait Mignon !). Puis elle chante à l'Opéra de Francfort (1896-99), notamment Elisabeth (*Tannhaüser*) et Carmen. En 1899, Mahler l'engage à l'Opéra de Vienne où elle chantera jusqu'en 1929, d'abord les sopranos dramatiques, puis les rôles de coloratura. Elle y crée notamment le rôle de Zerbinette dans *Ariadne auf Naxos* (seconde version) de R. Strauss en 1916. Invitée par les plus grandes scènes mondiales, elle débute à Covent Garden en 1904, à l'Opéra de Paris en 1909, aux États-Unis en 1921, à Salzbourg en 1922 (Constance). Sa vélocité et son aisance vocale dans les registres aigus sont restées légendaires tout comme les trilles qu'elle exécutait avec une facilité déconcertante. Elle était la femme du gynécologue viennois Josef Halban.

ÉCRITS : *Selma Kurz. Die Sängerin und ihre Zeit*, avec la participation d'Ursula Ebbers (Belser, Stuttgart, 1983).

Kuwata, Taeko

Pianiste japonaise naturalisée belge, née à Hiroshima le 21 novembre 1947, morte à Bruxelles le 10 juillet 1994.

Élève de Kazuko Yasukawa à Tōkyō et de Bruno Seidlhofer à Vienne, elle rencontre, lors d'un stage à Vienne dans la classe de Dieter Weber, le pianiste belge **Patrick Crommelynck** avec lequel elle se marie et forme un duo de piano à quatre mains à partir de 1974. Tous deux font revivre un répertoire souvent oublié qui comporte une trentaine de programmes différents d'œuvres originales, enrichis de nombreuses transcriptions ou versions originales de partitions symphoniques qu'ils découvrent dans les bibliothèques du monde entier (*Symphonie pathétique*, *La Mer*, *Le Sacre du printemps*, *La Moldau*, symphonies de Brahms...). A l'occasion, ils se produisent à deux pianos. Plusieurs compositeurs ont écrit à l'intention du Duo Crommelynck. Ils ont créé des œuvres d'Akira Miyoshi (*Concerto pour piano à quatre mains,* 1989), Marcel Quinet (*Concerto pour deux pianos*, 1983 ; *Suite pour piano à quatre mains*).

Kvapil, Radoslav

Pianiste tchèque, né à Brno le 15 mars 1934.

A l'Académie de musique de Brno, il est l'élève d'un disciple de Janáček, Ludovík

Kundera, le père de l'écrivain. Il obtient son diplôme en 1957 mais a déjà donné ses premiers concerts (1956). En 1958, il est lauréat du Concours de piano Leoš Janáček. Il se perfectionne avec Heinrich Neuhaus à Moscou et avec Paul Baumgartner à Hanovre. Sa carrière débute dans les principaux pays d'Europe puis aux États-Unis et au Japon. Parallèlement, il se consacre à l'enseignement, entre 1963 et 1973 au Conservatoire de Prague, entre 1973 et 1977 à l'Université de Bohême du Sud, à Česke Budovice, et depuis 1977 dans le cadre de master classes et de conférences données en Angleterre, Allemagne, France, Scandinavie... En 1974, il est l'un des fondateurs du Festival de Bohême du Sud dont il assure la direction artistique. Dans son répertoire, il consacre une place prépondérante à la musique de son pays natal, notamment Reicha, Voříšek, Smetana, Dvořák, Janáček et Martinů.

Kyriakou, Rena

Pianiste grecque, née à Hêraklion (Crète) le 25 février 1918, morte à Athènes en août 1994.

Dès l'âge de trois ans, elle pratique son instrument et compose de petites pièces qu'elle joue à son premier récital, à six ans. Elle travaille à Vienne avec Paul Weingarten et Richard Stohr puis à Paris avec Isidore Philipp et la composition avec Henri Büsser. Elle remporte un 1er prix de piano à seize ans. Dès lors, elle entame une carrière internationale en soliste ou sous la direction des plus grands chefs, dévouée à un répertoire très vaste et parfois assez négligé. Elle a enregistré l'intégrale de l'œuvre pianistique de Mendelssohn et de Chabrier.

Kyung-Wha Chung

Voir à **Chung, Kyung-Wha.**

L

Labèque, Katia

Pianiste française, née à Bayonne le 11 mars 1950.

Labèque, Marielle

Pianiste française, née à Bayonne le 6 mars 1952.

Elles étudient le piano avec leur mère Ada Cecchi, ancienne élève de Marguerite Long. Elles ne cesseront pas de travailler avec elle durant toutes leurs études au Conservatoire de Paris où elles entrent en 1965 (classe de Lucette Descaves). Elles obtiennent leur 1er prix en 1968 et suivent le troisième cycle de perfectionnement à deux pianos avec Jean Hubeau. En 1970, un premier disque consacré aux *Visions de l'Amen* de Messiaen puis un second consacré à la *Sonate pour deux pianos et percussion* de Bartók attirent sur elles l'attention du monde musical. Elles se produisent alors régulièrement en duo ou avec les percussionnistes Jean-Pierre Drouet et Sylvio Gualda. Elles rencontrent Luciano Berio en 1972 et créent en Europe son *Concerto* (Royan 1973), puis, quelques années plus tard, à Londres, une œuvre écrite à leur intention, *Linea*. Elles créent également le *Concerto pour deux pianos* de Boesmans. Elles jouent régulièrement en musique de chambre avec Augustin Dumay, Frédéric Lodéon et Lynn Harrell (violoncelle), le clarinettiste Richard Stoltzman ; Katia fait également du jazz avec le guitariste John Mc Laughlin. Marielle a épousé le chef d'orchestre **Semyon Bychkov**.

La Bruchollerie, Monique de

Pianiste française, née à Paris le 20 avril 1915, morte à Paris le 15 décembre 1972.

Élève de Cortot mais surtout d'Isidore Philipp dont elle devait être la descendante directe par la suite ; au Conservatoire de Paris, elle obtient un 1er prix en 1928. Elle travaille également avec Emil von Sauer. Elle fait ses débuts en 1933 et est lauréate des concours Chopin à Varsovie (1937) et Eugène Ysaÿe à Bruxelles (10e prix, 1938). Parallèlement à sa carrière de concertiste, elle se consacre toute sa vie à l'enseignement, particulièrement au Conservatoire de Paris où elle est professeur. Un accident de voiture, survenu lors d'une tournée en Europe centrale, allait interrompre prématurément sa carrière et la laisser infirme. Jean Rivier lui a dédié des pièces pour piano.

Lafont, Jean-Philippe

Baryton français, né à Toulouse le 4 février 1951.

Élève de Denise Dupleix, il commence ses études de chant à Toulouse et les poursuit à l'école de l'Opéra-Studio, où il entre en 1973. L'année suivante, il débute – toujours à l'Opéra-Studio – comme Papageno (*La Flûte enchantée*). Il participe à tous ses spectacles et crée *Young Libertad* de Claude Prey. En 1977, il tient le rôle de Nick Shadow (*The Rake's Progress*) puis il quitte l'Opéra-Studio. Il fait ses débuts à Toulouse dans Guglielmo (*Così fan tutte*). Il retrouve l'Opéra-Comique où il participe aux représentations du *Médecin malgré lui* (Gounod), de *Tom Jones* (Philidor) et au spectacle Satie. L'Opéra de Berlin l'invite pour tenir le rôle principal de *La Chute de la maison Usher* (Debussy). Il chante Ourrias (*Mireille*) au Capitole de Toulouse. En 1980, il est un des artisans du succès de *Vive Offenbach* à l'Opéra-Comique et chante dans *Le Porteur d'eau*. Il participe au Festival Berlioz de Lyon (*Les Troyens*). En 1981, il chante à l'Opéra du Rhin (Strasbourg) Figaro dans *Les Noces de Figaro*, puis à Genève *Le Comte Ory* et à Lille *La Servante Maîtresse*. Au Châtelet, il remporte un double succès dans *Le Cid*, avec Domingo et dans *Les Pêcheurs de perles* (Zurga). Invité au Festival de Hanovre, il participe à *Rodelinda* de Haendel, puis chante Escamillo (*Carmen*) au Festival de Nîmes et à l'Opéra de Hambourg. Au Festival d'Aix 1982, il est Borée des *Boréades* de Rameau, puis, à l'Opéra-Comique, il chante le quadruple rôle du diable dans *Les Contes d'Hoffmann*. En 1984, il incarne Golaud à la Monnaie de Bruxelles. L'année suivante, il crée l'opéra de Landowski, *Montségur*, au Capitole de Toulouse. En 1987, il aborde le rôle de Falstaff (Lyon et Édimbourg). On le retrouve au cinéma incarnant un chanteur français dans *Le Festin de Babette* (1987). En 1989, il chante le rôle-titre de *Guillaume Tell* au Théâtre des Champs-Élysées. Aux Arènes de Vérone, il chante dans *Carmen* et débute à la Scala de Milan en 1991 dans *La Fanciulla del West*. La même saison, il chante à l'Opéra de Vienne (*Aïda* et *Tosca*).

Il a créé des œuvres d'Azio Corghi (*Blimunda*, 1990), Marcel Landowski (*Montségur*, 1985).

Laforêt, Marc

Pianiste français, né à Neuilly-sur-Seine le 28 août 1965.

D'ascendance russe par sa mère (une proche parente d'Emil Guilels), il commence l'étude du piano à l'âge de cinq ans et commence une carrière d'enfant prodige avec un concert au Théâtre des Champs-Élysées alors qu'il n'a que huit ans. Il travaille avec Jacqueline Potier-Landowski au Conservatoire de Boulogne-Billancourt, puis avec Pierre Sancan au Conservatoire de Paris où il obtient un 1er prix en 1983. Médaille d'or de la Fondation Cziffra, lauréat de la Fondation Yehudi Menuhin, il remporte en 1985 le 2e prix au Concours Chopin de Varsovie. Sa carrière se développe très rapidement en Europe, aux États-Unis et au Japon. Dans le domaine de la musique de chambre, il se produit avec Jean-Jacques Kantorow ou Raphaël Oleg.

Laforge, Jean

Chef de chœur français, né à Paris le 7 août 1925.

Fils d'un clarinettiste amateur, il commence l'étude du piano à l'âge de cinq ans. En 1935, il devient l'élève de Magda Tagliaferro puis il entre à l'École Normale de Musique où il travaille avec Alfred Cortot et obtient sa licence de concert en 1943. Au Conservatoire de Paris, il est l'élève de Jean Doyen. Il commence une carrière de pianiste et fait de nombreuses tournées en France pour les JMF. Il fait partie du Groupe instrumental de Paris et aborde la direction d'orchestre avec le ballet. En 1958, il est nommé adjoint de René Duclos, chef des chœurs à l'Opéra de Paris auquel il succède (1964-87). Il dirige le CNIPAL de Marseille (Centre national d'insertion professionnel de l'art lyrique) et est nommé chef des chœurs au Grand Théâtre de Genève en 1987.

Lagacé, Bernard

Organiste canadien, né à Saint-Hyacinthe le 21 novembre 1930.

Il étudie le piano avec Yvonne Hubert, l'orgue avec Conrad Letendre et l'écriture avec Gabriel Cusson avant de venir à Paris où il est l'élève puis l'assistant d'André Marchal à Saint-Eustache (1954-56). Il part ensuite en Autriche où il poursuit ses études avec Anton Heiller. Il remporte des prix aux Concours internationaux de

Munich et Gand. Rentré au Canada en 1957, il est nommé professeur d'orgue au Conservatoire de Montréal, ville où il avait obtenu, en 1955, son diplôme à l'Université. Il est depuis lors considéré comme l'un des plus actifs artisans de la renaissance de l'instrument dans son pays. En dehors des nombreux récitals qu'il donne au Canada, il se fait applaudir également en Europe et aux États-Unis où il anime d'ailleurs, depuis 1969, les Choate Music Seminars à Wallingford, dans le Connecticut. Sa femme, **Mireille Lagacé**, est claveciniste. En 1978, il est nommé professeur à l'Université Concordia de Montréal.

Lagoya, Alexandre

Guitariste égyptien, naturalisé français, né à Alexandrie le 29 juin 1929.

Il commence ses études musicales à huit ans. A treize ans, il donne un premier récital ; à quinze ans, il enseigne la guitare et le solfège. Il s'installe alors à Paris et épouse, en 1952, la guitariste française Ida Presti avec laquelle il forme un duo de guitares devenu très célèbre. A eux deux, ils ouvrent de nouveaux horizons à la technique de la guitare : une nouvelle position de la main droite pour donner plus de volume à l'instrument, méthode de trille sur deux cordes, plus grande rapidité dans le pizzicato, perfectionnement dans le staccato. Il enseigne au Conservatoire de Paris entre 1969 et 1994 (il est le premier titulaire d'une classe de guitare) et donne de nombreux cours en Amérique et au Canada. L'homme est un bon vivant, amoureux de bonne chère et de bons vins. Il est l'un des rares musiciens classiques dont le nom revienne régulièrement en tête des sondages de popularité, à côté des vedettes de variété et du cinéma.

Il a transcrit pour la guitare de nombreuses pages du passé. Plusieurs compositeurs ont écrit à son intention : Tony Aubin (*Hildagoyas*), Claude Bolling (*Concerto pour guitare*), Jacques Casterède, Jacques Charpentier (*Concert nº 2*), Jean-Michel Damase (*Ballade* pour guitare et cordes, 1978), André Jolivet (*Sérénade pour deux guitares,* 1956), Pierre-Petit (*Thème et Variations*), Henri Sauguet (*Trois Préludes,* 1970).

Lagrange, Michèle

Soprano française, née à Couches (Bourgogne) le 29 mai 1947.

Elle fait ses études au Conservatoire de Paris (1972-74) et à l'Opéra-Studio (1974-77). Entre 1978 et 1983, elle chante dans la troupe de l'Opéra de Lyon (Mireille, Agathe, Fiordiligi) et débute au Festival d'Aix-en-Provence dans *Le Turc en Italie* de Rossini (1982). La même année, elle chante *Benvenuto Cellini* au Colón de Buenos Aires et, en 1984, elle fait ses débuts à l'Opéra de Paris dans *Jérusalem* de Verdi. Elle y revient ensuite régulièrement pour chanter *Le Mariage secret* de Cimarosa, *Les Puritains* (Elvira), *Robert le Diable*, *Manon*, *Norma* (qu'elle chante d'abord à Québec) et *Don Carlos* (Elisabeth).

Lakes, Gary

Ténor américain, né à Woodward (Oklahoma) le 26 septembre 1950.

Diplômé de la Southern Methodist University à Dallas, il commence une carrière de footballeur professionnel brutalement interrompue par un grave accident. Il se tourne alors vers le chant qu'il pratiquait déjà depuis longtemps et travaille avec William Eddy à l'Université de Californie du Sud. En 1980, il remporte un Grane Award et, l'année suivante, est lauréat du Concours Lauritz Melchior réservé aux Heldenténors. Il débute en 1981 à Seattle dans Froh (*L'Or du Rhin*). Sa carrière se développe rapidement : il chante Florestan (Mexico, 1983), Don José, Samson (Londres, 1985), Bacchus (*Ariane à Naxos*) ; à Stuttgart, il incarne Admeto (*Alceste* de Gluck). Il débute au Met en 1986 (Gran Sacerdote d'*Idoménée*). Puis il chante au Japon, au Festival Berlioz à Lyon (Énée dans *Les Troyens*, 1987), à Orange (Siegmund, 1988). Il devient l'un des habitués du Met où il se voit confier les rôles d'Erik (*Le Vaisseau fantôme*), Dimitri (*Boris Godounov*), Parsifal, Florestan (*Fidelio*)... En 1994, il chante Admète (*Alceste* de Gluck) à l'Opéra-Bastille.

Laki, Krisztina

Soprano hongroise, née à Erd le 16 septembre 1944.

Elle fait ses études musicales à Budapest et débute dans Gilda (*Rigoletto*) à l'Opéra de Berne où elle chante dans la troupe entre 1971 et 1974. Elle fait ensuite partie de la troupe du Deutsche Oper am Rhein à Düsseldorf (1974-79) avant d'être invitée par les plus grandes scènes lyriques (Scala, Covent Garden, Opéras de Munich, Stuttgart, Paris, Vienne...). Elle participe aux festivals de Glyndebourne (1979) et de Salzbourg (1980) et s'impose dans Blondchen (*L'Enlèvement au sérail*), Zerline (*Don Giovanni*), Suzanne (*Les Noces de Figaro*), La Reine de la Nuit (*La Flûte enchantée*), Sophie (*Le Chevalier à la rose*), Oscar (*Un bal masqué*), Adèle (*La Chauve-Souris*). Elle chante régulièrement les cantates de Bach et la musique religieuse de Mozart.

Lamandier, Esther

Mezzo-soprano française, née à Saint-Raphaël le 13 février 1946.

De famille musicienne (sa mère est pianiste, son grand-père flûtiste), elle est initiée à la musique par Nadia Boulanger, apprend le violon dès l'âge de quatre ans et le piano à six ans. Après des études secondaires classiques, elle opte pour le professorat d'études musicales (Lycée La Fontaine, d'où elle sort en 1970), fait propédeutique musicale à Nice, enfin est nommée au Collège Jean-Mermoz à Savigny-sur-Orge (1971-75). Elle cultive le chant classique et s'intéresse plus particulièrement à la musique élizabéthaine et aux airs de cours français. En 1975, elle se consacre uniquement au chant. Elle fait alors partie de l'Ensemble Vocal de France. Sa rencontre avec Gérard Le Vot lui fait découvrir la richesse de possibilités de la musique médiévale. Après deux ans de travail auprès du Studio der Frühen Musik (1976-77), elle fait partie du Groupe Guillaume Dufay (Arsène Bedois) : *Office des fous* (Pierre de Corbeil), *Messe* de G. de Machaut, *Planctus* d'Abélard. Depuis 1977, s'accompagnant elle-même (luth, harpe, orgue portatif, vièle), elle obtient un succès remarquable dans la musique monodique mélismatique (*Cantigas de Santa Maria* ; *Décaméron* ; *Ballate* de l'Ars nova florentine).

Lamond, Frederic
(Frederick Archibald)

Pianiste écossais, né à Glasgow le 28 janvier 1868, mort à Stirling (Écosse) le 21 février 1948.

Dans son enfance, il étudie l'orgue, le hautbois et le violon. A partir de 1882, il fait ses études au Conservatoire Raff de Francfort avec Heermann (violon), Max Schwarz (piano) et Urspruch (composition), puis il travaille le piano avec Hans von Bülow, Clara Schumann et Franz Liszt. En 1885, ses premiers concerts à Berlin le révèlent au monde musical et il effectue une importante tournée en Europe puis en Amérique et en Russie. Il s'impose notamment dans le répertoire beethovénien et dans la musique de Liszt dont il est l'un des derniers disciples. En 1919, il est nommé professeur au Conservatoire de La Haye. Il se fixe ensuite à Berlin, qu'il quitte en 1938 pour revenir en Écosse. Entre 1939 et 1941, il donne des cours d'interprétation à l'Académie de musique de Glasgow.

Lance, Albert
(Albert-Lance Ingram)

Ténor australien, naturalisé français (1967), né à Adélaïde le 12 juillet 1925.

Dès sa plus tendre enfance, il chante à l'école et au temple avec une ravissante voix de soprano. Sa mère lui fait étudier le chant et l'envoie au Conservatoire de Melbourne. Pendant six ans, il se produit dans les cafés-concerts et les boîtes de nuit ou tourne avec des compagnies de vaudeville. Le directeur de l'une de ces compagnies l'envoie auditionner à l'Opéra de Melbourne. On lui signe immédiatement un contrat. Il a un an pour se préparer. A la date prévue, il monte sur scène pour chanter *La Tosca*. Succès immédiat. Il fait le tour de l'Australie, chantant *La Tosca*, *La Bohème* et *Madame Butterfly*. Il participe même à un gala où *Les Contes d'Hoff-*

mann sont donnés pour la reine d'Angleterre. Et brusquement, c'est l'oubli. Pour vivre il doit travailler en usine.

La chance lui revient de France, par la voie de la femme du professeur Modesti, active et compétente prospectrice de belles voix. Elle emmène le jeune homme en France. Modesti en fait un chanteur. Simone Féjart en fait un musicien. En 1956, il débute à la Salle Favart, dans *La Tosca* puis à l'Opéra dans Faust. Jusqu'en 1972, il se partage entre la Salle Favart et le Palais Garnier, avec des incartades à Lyon, Marseille, Bordeaux, mais aussi Londres, San Francisco, Los Angeles, Philadelphie, Vienne, Moscou, Leningrad, Kiev, Buenos Aires, Rio de Janeiro... A San Francisco, il crée *Blood Moon* de Dello Joio. Lorsqu'en 1972 la troupe de l'Opéra est dispersée, il tient pendant quatre ans les premiers emplois à l'Opéra du Rhin : Erik, Canio, Hérode, Pinkerton... Il y consacre depuis le plus clair de son temps à l'enseignement.

Lancelot, Jacques

Clarinettiste français, né à Rouen le 24 avril 1920.

Il fait ses études musicales au Conservatoire de Caen (1933-38), sous la direction de Fernand Blachet, puis au Conservatoire de Paris où il obtient son 1er prix en 1939 (classe d'Auguste Périer). En 1942, il suit la classe de musique de chambre de Fernand Oubradous. De 1941 à 1950, il fait partie de l'Orchestre Lamoureux. Il s'y produit en soliste, mais aussi avec l'Orchestre de Radio Paris (sous les baguettes de Fournet, Mengelberg, von Hoesslin et Van Kempen), l'Orchestre de Chambre Marius-François Gaillard et la Société des Instruments à vent dirigée par F. Oubradous. Il fait partie de l'Orchestre de la Garde Républicaine (1945-46) et de l'Orchestre du Casino de Vichy (1947-55). Mais sa carrière de soliste prend vite le pas sur sa vie de musicien d'orchestre. Il crée des partitions signées Beugniot, Françaix, Calmel et fait redécouvrir les sonates de Devienne, les concertos de Molter et des variations pour clarinette et orchestre de Rossini. Il fait partie du Quintette à Vent Français et enseigne au Conservatoire de Rouen depuis 1947, au Conservatoire National de Lyon depuis 1980 et à l'Académie Internationale d'Été de Nice depuis 1960.

Lanchbery, John (Arthur)

Chef d'orchestre anglais, né à Londres le 15 mai 1923.

Il fait ses études à la Royal Academy of Music de Londres, puis est directeur du Metropolitan Ballet (1948-50) et du Sadler's Wells Royal Ballet (1951-60). Il occupe ensuite un poste analogue au Royal Ballet de Covent Garden (1960-72). Entre 1972 et 1977, il est directeur musical de l'Australian Ballet et, entre 1978 et 1980, de l'American Ballet. Il mène ensuite une carrière de chef invité, toujours dans le domaine du ballet, à la Scala de Milan, à l'Opéra de Paris, à la Staatsoper de Vienne, etc. Il a réalisé de nombreuses orchestrations et adaptations à vocation chorégraphique.

Lancie, John de

Voir à **De Lancie, John.**

Landowska, Wanda (Alexandra Landowska)

Claveciniste et pianiste polonaise, française par son mariage, née à Varsovie le 5 juillet 1879, morte à Lakeville (États-Unis) le 16 août 1959.

A trois ans, elle commence ses études de piano et elle travaille avec J. Kleczynski et A. Michalowski. A Berlin, elle étudie la composition avec H. Urban. Sur les conseils d'Henri Lew, qu'elle épousera par la suite, elle s'installe à Paris en 1900 où elle donne des cours à la Schola Cantorum. Avec lui, elle se consacre au renouveau de la musique ancienne et du clavecin. A sa demande, la Maison Pleyel lui construit un grand clavecin de concert qu'elle inaugure au Festival Bach de Breslau (1912). Elle poursuit sa croisade en faveur de l'instrument à la Hochschule de Berlin où elle donne des cours (1913-19) grâce à une chaire créée spécialement pour elle. De retour en France après la guerre, elle enseigne à l'École Normale de Musique. Elle enregistre ses premiers disques en 1923. Puis elle se fixe à Saint-Leu-la-Forêt en 1925 où elle fonde, deux ans plus tard, une École de musique ancienne qu'elle inaugure en compagnie d'Alfred Cortot. Jusqu'en 1939, elle y donne chaque été des cours d'interprétation et forme la nouvelle génération de clavecinistes : Gerlin, Kirkpatrick, Puyana, Curzon, Van de Wiele, Nef comptent parmi ses élèves. L'hiver, elle enseigne au Curtis Institute de Philadelphie (1925-28). Elle incite des compositeurs à écrire pour elle et à renouveler ainsi le répertoire de l'instrument : Poulenc lui dédie son *Concert champêtre* qu'elle crée en 1929 et Falla son *Concerto pour clavecin* (1926). En 1933, elle donne la première audition publique de l'intégrale des *Variations Goldberg* de Bach. En 1940, elle abandonne Saint-Leu et, après de multiples pérégrinations, parvient en 1941 à New York. Elle commence alors, à plus de soixante ans, une seconde carrière. Entre 1949 et 1956, elle réalise le premier enregistrement intégral au clavecin du *Clavecin bien tempéré* de J. S. Bach. En 1950, elle reprend ses cours à Lakeville (Connecticut) où elle s'est fixée en 1947 et, à soixante-quinze ans, elle donne son dernier récital à New York. Interprète d'exception, Wanda Landowska a joué un rôle considérable pour le renouveau du clavecin et la redécouverte de la musique ancienne.

ÉCRITS : *Sur l'interprétation des œuvres de clavecin de J. S. Bach* (1905), *Musique ancienne* (1909), *Chopin et l'ancienne musique française* (1931), *Sur les Variations Goldberg de J. S. Bach* (1933).

Lane, Louis

Chef d'orchestre américain, né à Eagle Pass (Texas) le 25 décembre 1923.

Il reçoit une formation de compositeur, travaillant notamment avec Kent Kenna à l'Université du Texas (jusqu'en 1943), Bernard Rogers à l'Eastman School of Music de Rochester (jusqu'en 1947), et avec Bohuslav Martinů au Berkshire Music Center (1946). Il étudie également l'art lyrique avec Sarah Caldwell (1950). En 1947, il remporte le concours des jeunes chefs de l'Orchestre de Cleveland dont il devient chef associé (1956-73). Il est en même temps chef permanent de l'Akron Symphony Orchestra (Ohio) à partir de 1959 et professeur à l'université de cette même ville (à partir de 1969). Il fait ses débuts internationaux en 1960 à Vancouver avec Glenn Gould en soliste. Puis il prend la direction de l'Orchestre Symphonique de Dallas (1973-78) et de l'Orchestre Symphonique d'Atlanta (depuis 1977). Il s'est fait le défenseur de la musique contemporaine américaine et a un nombre important de créations à son actif.

Langlais, Jean

Organiste et compositeur français, né à La Fontenelle le 15 février 1907, mort à Paris le 8 mai 1991.

Frappé de cécité dès sa petite enfance, il entre à l'Institut national des jeunes aveugles, à Paris, à l'âge de dix ans, où il fait ses études comme interne – jusqu'en 1930 – avec André Marchal, pour l'orgue, tout en travaillant aussi le violon. Il entre ensuite au Conservatoire de Paris où il est élève de Marcel Dupré et de Noël Gallon, pour l'orgue et le contrepoint, de Paul Dukas pour la composition (à partir de 1934). Dans le même temps, il suit l'enseignement de Charles Tournemire pour l'improvisation, jusqu'en 1939. Il débute comme organiste à Saint-Pierre-de-Montrouge à Paris (1934-45). En 1945, il est nommé organiste titulaire du grand orgue de Cavaillé-Coll à Sainte-Clotilde à Paris. Il succède à Ermend Bonnal, lui-même successeur de Charles Tournemire, de Gabriel Pierné et de César Franck aux mêmes claviers. Après avoir été professeur à l'Institut national des jeunes aveugles (1930-68), il enseigne de 1961 à 1976 à la Schola Cantorum. Il quitte ses fonctions à Sainte-Clotilde en 1988.

Virtuose et improvisateur exceptionnel, Jean Langlais, qui a fait connaître la jeune école d'orgue française dans le monde, y compris aux États-Unis, effectue de nombreuses tournées. Son œuvre, qui obéit au classicisme de forme tout en témoignant d'une recherche constante de la poésie, est vaste. S'il donne des cantates, des messes et des motets, et de la musique de chambre, il est avant tout axé sur l'orgue. On lui doit, entre de nombreuses pièces pour l'instrument : *3 Poèmes évangéliques* (1932), *9 Pièces* (1941-42), *Suite française* (1948) et l'admirable *Hommage à Frescobaldi* (1951).

Langrée, Louis

Chef d'orchestre français, né à Mulhouse le 11 janvier 1961.

Il fait ses études au Conservatoire de Strasbourg où il obtient cinq premiers prix en 1981 et débute comme chef de chant à l'Opéra de Lyon (1983-86). Il est ensuite engagé comme assistant au Festival d'Aix-en-Provence et au Festival de Bayreuth. Entre 1989 et 1992, il est assistant de Semyon Bychkov à l'Orchestre de Paris. Il fait ses débuts au Festival des Deux Mondes de Spoleto-Charleston dans *Le Couronnement de Poppée* de Monteverdi. Plusieurs théâtres lyriques font appel à lui : Lausanne, Amsterdam, Maastricht, Nantes, Drottningholm, Glyndebourne et l'Opéra de Paris en 1993. La même année, il est nommé directeur musical du Sinfonietta de Picardie, à Amiens.

Langridge, Philip

Ténor anglais, né à Hawkhurst le 16 décembre 1939.

Jusqu'en 1958, il travaille le violon à l'Académie royale de musique de Londres et se produit jusqu'en 1964 comme tel. A partir de 1962, il commence l'étude du chant avec Bruce Boyce puis avec Celia Bizoni. Il se produit particulièrement dans le répertoire baroque, Monteverdi, Rameau, mais aussi dans la musique contemporaine, créant des ouvrages de Bennett, Goehr, Holliger... Après des débuts marquants au Festival de Hollande dans *Il borgomastro do Saardam* de Donizetti (1973), il chante Don Ottavio à Aix-en-Provence (1976) et à Glyndebourne (1977-78) où il retourne en 1983-85 pour *Idoménée.* Il est invité à Francfort, Zürich... En 1985, il débute à la Scala dans *Orfeo* de Luigi Rossi et y revient en 1989 pour *Obéron.* Il a épousé la cantatrice **Ann Murray**.

Lanza, Mario
(Alfredo Cocozza)

Ténor américain, né à New York le 31 janvier 1921, mort à Rome le 7 octobre 1959.

Chauffeur de camions, il étudie seul le chant pendant ses loisirs avant d'être remarqué par Koussevitzky qui l'envoie étudier au Conservatoire de la Nouvelle-Angleterre auprès d'Enrico Rosati. Après guerre, il vivote en chantant, créant notamment avec George London et Frances Yeend le Bel Canto Trio, spécialisé dans l'opérette et le *Musical*. Il se fait connaître par des apparitions dans des films : *The Louisiana Fischerman*, *Old Heidelberg*, *Serenade*, et surtout, en 1951, *Le Grand Caruso*, qui lui apporte une gloire brutale dont il ne se remettra pas. Il meurt d'une crise cardiaque à Rome où il vivait depuis 1956. La voix de Lanza, naturellement éclatante, manquait par trop de subtilité pour prétendre convenir à un répertoire plus ambitieux que celui de l'opérette et de la comédie musicale.

La Pau, Maria de
(Maria Tortelier)

Pianiste française, née à Prades le 13 mai 1950.

Fille de Paul Tortelier, elle doit à sa naissance, pendant le premier Festival Pau Casals, d'être la filleule du grand violoncelliste espagnol. Ce dernier tient à lui donner son nom « Pau ». Après avoir commencé ses études musicales à l'âge de sept ans, elle entre à onze ans au Conservatoire de Paris où elle étudie dans les classes de Jeanne-Marie Darré, Lélia Gousseau (piano) et Henri Challan (harmonie). Elle travaille ensuite à Essen (Allemagne) avec un disciple de Wilhelm Kempff, Detlef Kraus. Elle mène sa carrière non seulement avec les nombreux musiciens que compte sa famille mais aussi avec Jacqueline Du Pré ou Jean-Pierre Rampal.

Laplante, Bruno

Baryton canadien, né à Beauharnois le 1er août 1938.

Il fait ses études au Conservatoire de Montréal dont il sort avec un 1er prix de chant. Grâce à une bourse du Conseil des Arts du Canada, il vient travailler en Europe, à Paris, avec Pierre Bernac, puis à Munich – grâce au Goethe Institut – qui lui octroie également une bourse. Après avoir étudié en Allemagne, il retourne au Canada et travaille avec Lina Narducci. Pour ses créations de mélodies canadiennes, il obtient le « Prix spécial d'interprétation » à Guelph (Ontario). Il participe à de nombreuses émissions radiophoniques au Canada, à Paris, à Hilversum, etc., ainsi qu'à plusieurs productions de télévision. En 1977, il est au palmarès de l'Académie du Disque français pour ses enregistrements des mélodies de Reynaldo Hahn, Massenet et Gounod. Il crée à Francfort le rôle principal de l'opéra inédit de Claude Debussy, *La Chute de la maison Usher*. Il est invité par plusieurs festivals, dont celui d'Aix-en-Provence, en 1979.

Lardé, Christian

Flûtiste français, né à Paris le 3 février 1930.

Après avoir obtenu des premiers prix de flûte (1948) et de musique de chambre au Conservatoire de Paris, il se voit décerner le 2e prix du Concours international de Genève en 1951. Nommé flûte solo de l'Orchestre de la Radio Irlandaise à Dublin (1949), il devient ensuite flûte solo de l'Orchestre Colonne. Il poursuit, en même temps, une carrière de soliste dans le monde entier. Il est nommé professeur de flûte au Conservatoire de Montréal en 1969 et, un an plus tard, professeur de musique de chambre au Conservatoire de Paris. A partir de 1981, il enseigne la flûte à l'École Normale de Musique de Paris. La pédagogie l'intéresse, comme l'intéressent les mouvements de création de notre époque. Le nombre de ses concerts est étonnant : plus de trois mille en soliste, avec sa femme, la harpiste **Marie-Claire Jamet** ou au sein du Quintette instrumental M.-Cl. Jamet.

La liste de ses créations est longue : *Concerto pour flûte et grand orchestre*, de J. Andriessen, *Concerto pour flûte et neuf instruments* de Bancquart, *Concerto pour flûte et orchestre* de Casanova, *Concerto pour flûte, orchestre et harpe* de Taïra, des œuvres de Casterède, Loucheur, Françaix, Petit, Tamba, Houdy.

Lardrot, André

Hautboïste français, né à Nevers le 5 mars 1932.

Il commence ses études musicales au Conservatoire de Nevers et les poursuit au Conservatoire de Paris (1er prix, 1953). Il remporte un 1er prix à l'unanimité au Concours international de Genève en 1956 et commence une carrière internationale de soliste. Il est hautbois solo de l'Orchestre du Mozarteum de Salzbourg, de l'Orchestre de la Radio de Zürich, du Radiosymphonie Orchester de Berlin et enfin de l'Orchestre Symphonique de la Radio de Bâle. Il enseigne le hautbois et la musique de chambre en Autriche (Mozarteum de Salzbourg), en Allemagne (Folkwangschule d'Essen) et en Suisse (Conservatoire de Bâle).

Laredo, Jaime

Violoniste bolivien naturalisé américain, né à Cochabamba le 7 juin 1941.

Il se fixe aux États-Unis dès son enfance. Il travaille le violon avec Josef Gingold à Cleveland en 1953, puis avec Galamian au Curtis Institute en 1954. Ses débuts datent de 1949. Après le 1er prix qu'il remporte au Concours R. Elis en 1959, sa carrière internationale se développe rapidement. Il enregistre avec Charles Münch, joue avec Glenn Gould, Rudolf Serkin, se produit au Festival de Marlboro et enseigne au Curtis Institute de Philadelphie à partir de 1971. En 1976, il forme un trio avec le pianiste Joseph Kalichstein et la violoncelliste **Sharon Robinson**, sa seconde femme. En 1983, il est nommé professeur au Conservatoire de Saint Louis. En Bolivie, des timbres sont émis à son effigie avec les trois notes *la-ré-do*. Au sein de sa production discographique, il faut retenir l'intégrale des sonates pour violon et clavier de J. S. Bach avec Glenn Gould. Il a créé des œuvres de Darius Milhaud (*Concerto royal,* 1959), Arvo Pärt (*Adagio* pour trio avec piano, 1992), Ned Rorem (*Concerto pour violon,* 1985, dédicataire). Il joue sur un Stradivarius de 1717, l'*ex-Gariel.*

Laretci, Käbi

Pianiste suédoise, née à Tartou le 14 juillet 1922.

Elle fait ses études au Conservatoire de Tallinn, en URSS. Pendant la guerre elle est réfugiée politique en Suède. Elle travaille avec Annie Fischer à Stockholm où elle fait ses débuts en 1946. Elle travaille ensuite en Suisse avec Edwin Fischer, Anna Hirzel Langenhan et Paul Baumgartner. Elle achève sa formation à Stuttgart auprès de Marieluisa Strub Moresco. Elle joue beaucoup la musique contemporaine, notamment *Ludus Tonalis* de Paul Hindemith qu'elle présente au Carnegie Hall de New York, et enregistre pour le disque. Elle joue aussi beaucoup la musique des compositeurs suédois tels que Rosenberg, Larsson, Nystroem. Elle est actuellement professeur à l'Institut pédagogique de Stockholm. Elle s'est mariée au cinéaste Ingmar Bergman en 1959.

Larrieu, Maxence

Flûtiste français, né à Marseille le 27 octobre 1934.

Il étudie d'abord la flûte à Marseille avec Joseph Rampal. Puis il entre au Conservatoire de Paris dans la classe de Gaston Crunelle et y obtient un 1er prix de flûte (1951) et un 1er prix de musique de chambre (1953). Lauréat du Concours international de Genève (1954) et du Concours international de Munich (1958), il donne de nombreux concerts avec Francis Poulenc, Rafaël Puyana, Lily Laskine, Maurice André. Il joue la *Sequenza* de Berio sous la direction du compositeur et crée le *Concerto pour flûte* de Landowski (1969). De 1964 à 1977, il est flûte solo de l'Orchestre de l'Opéra de Paris. Depuis 1977, il est professeur au Conservatoire de Genève et, depuis 1980, au Conservatoire de Lyon. Parmi les partitions qui lui sont dédiées et qu'il a créées, on peut citer *Voltiges* de Jean Rivier, les *Concertos pour flûte* de Damase et Landowski, la *Sonate à deux flûtes* de Dorati et diverses pages signées S. Lancen et M. Carles. Sa discographie illustre largement les époques baroque et classique.

Larrocha, Alicia de (Y de la Calle)

Pianiste espagnole, née à Barcelone le 23 mai 1923.

A cinq ans, elle donne son premier concert, puis étudie avec Frank Marshall à Barcelone et, à douze ans, joue à Madrid avec l'Orchestre Philharmonique. Après la guerre, Rubinstein la soutient et elle commence une carrière internationale dès 1947. En 1950, elle épouse le pianiste **Juan Torra** et donne avec lui de nombreux concerts, jouant aussi avec le violoncelliste Gaspar Cassadó. Nommée, en 1959, directrice de l'Académie Marshall de Barcelone, elle y prolonge le rayonnement de Granados. En 1961, elle reçoit la Médaille Paderewski. Outre le répertoire espagnol – elle est une excellente interprète de Granados et Albéniz – auquel elle redonne une vie neuve par son jeu raffiné et nuancé, elle s'attache à la musique romantique de Chopin, comme aux grands concertos de Beethoven et aux œuvres de Fauré. Elle a créé des œuvres de Federico Mompou (*Música callada,* 4e cahier, 1972 ; *Canción y danza nº 14*, 1978), Xavier Montsalvatge (*Divagació,* 1951 ; *Concerto breve,* 1953, déd.), Joaquín Nin-Culmell (*Seguidilla murciana*, déd.).

Larsén-Todsen, Nanny

Soprano suédoise, née à Hagby le 2 août 1884, morte à Stockholm le 26 mai 1982.

Après des études à Stockholm et à Berlin, elle débute en 1906 à l'Opéra royal de Stockholm (Agathe) dont elle reste première soprano de 1907 à 1923. Sa voix évolue vers le registre dramatique et elle se spécialise dans le répertoire wagnérien qu'elle défend à la Scala (1923), au Met (1925-27), à Covent Garden (1927-30) et enfin à Bayreuth de 1927 à 1931 (Brünnhilde, Isolde, Kundry). Elle fait également applaudir son répertoire qui comprend encore Leonore (*Fidelio*), Gioconda, Rachel... à Vienne, Munich, Berlin, Amsterdam, et se retire pour se consacrer à l'enseignement.

Laskine, Lily (Aimée Émilie Laskine)

Harpiste française, née à Paris le 31 août 1893, morte à Paris le 4 janvier 1988.

Élève d'Alphonse Hasselmans et Georges Marty au Conservatoire de Paris, elle y obtient son 1er prix de harpe à l'âge de douze ans. Elle a déjà donné son premier concert quelques mois plus tôt. Elle fait ses premières tournées à l'âge de quatorze ans. Elle est la première femme engagée au sein de l'Orchestre de l'Opéra de Paris (1909-26). Elle est harpe solo de l'Orchestre des Concerts Koussevitzky (à partir de 1921), Lamoureux (1921-40 et 1943-45), Straram (1926-33), de l'Orchestre Philharmonique de Paris et de l'Orchestre National, à sa fondation en 1934. Au Festival de Salzbourg, elle joue le *Concerto pour flûte et harpe* de Mozart qu'elle a enregistré plusieurs fois, notamment avec Moyse, Debost et Rampal. Elle défend la musique française et son style brillant, raffiné dans les œuvres de Ravel, de Debussy, d'Ibert et s'affirme dans toute création contemporaine. Elle a révélé des œuvres de Roussel, Tailleferre et Florent Schmitt, entre autres. Roussel a écrit pour elle un *Impromptu* et Jolivet son *Concerto pour harpe*. Sancan, Claude Pascal, Migot et Martelli ont aussi composé à son intention.

Professeur au Conservatoire, de 1948 à 1958, elle aime former des jeunes. Sa vitalité, sa jeunesse d'esprit et de cœur ont donné un grand rayonnement à la harpe dont elle a fait un instrument soliste à part entière. Plusieurs générations de harpistes français ont bénéficié de ses conseils. Elle a aussi sorti de l'ombre des pages anciennes du répertoire : concertos de Bochsa, Reinecke ou Krumpholz, pièces de Hasselmans, Nadermann, Gossec, Saint-Saëns... Elle était mariée au violoniste **Roland Charmy**.

Lateiner, Jacob

Pianiste cubain naturalisé américain, né à La Havane le 31 mai 1928.

Il fait ses études musicales dans sa ville natale avec Jascha Fischermann (1934-40) puis au Curtis Institute de Philadelphie avec Isabelle Vengerova, William Primrose et Gregor Piatigorsky. Il travaille également la composition avec Arnold Schoenberg. Lauréat de la Philadelphia Youth Competition en 1945, il fait ses débuts avec l'Orchestre de Philadelphie sous la direction d'Eugene Ormandy. Sa carrière se développe rapidement en Amérique puis, à partir de 1954, en Europe. Entre 1963 et 1970, il est professeur au Mannes College, puis, à partir de 1966, à la Juilliard School of Music de New York. Il donne des cours d'interprétation dans le monde entier (Pékin, Tōkyō, Weimar, Paris) et siège dans les jurys des principaux concours internationaux. Il a créé des œuvres d'Elliott Carter (*Concerto pour piano,* 1967) et Roger Sessions (*Sonate pour piano no 3*, 1968).

Latham-Koenig, Jan

Chef d'orchestre et pianiste anglais, né à Londres le 15 décembre 1953.

Il fait ses études au Royal College of Music de Londres avec Norman Del Mar, Kendall Taylor et Lamar Crowson. Il commence à diriger la plupart des orchestres britanniques. Sa carrière se développe en Italie, notamment dans le domaine lyrique et de la musique contemporaine. Il fonde le Koenig Ensemble en 1976 et continue à mener une carrière de pianiste jusqu'en 1981, date à laquelle il se consacre exclusivement à la direction d'orchestre. Il est membre du Cantiere Internazionale d'Arte de Montepulciano (1981-86). Il dirige beaucoup en Italie, tant dans le domaine lyrique que la musique contemporaine. Au Portugal, il prend la direction du nouvel Orchestre Symphonique de Porto. En 1988, il devient principal chef invité à l'Opéra de Rome. La même année, il débute à l'Opéra de Vienne dans *Macbeth*. En 1993, il dirige pour la première fois au Festival de Salzbourg. Il a créé des œuvres de Gilberto Bosco (*Interludio*, 1985), Sylvano Bussotti (*Phèdre*, 1988 ; *L'ispirazione,* 1988), Lorenzo Ferrero (*La figlia del mago*, opéra pour enfants, 1981), Jonathan Harvey (*Gong-Ring*, 1984), Marco Tutino (*Light Sonata*, 1984).

Latry, Olivier

Organiste français, né à Boulogne-sur-Mer le 22 février 1962.

Après avoir commencé ses études musicales au conservatoire de sa ville natale (1er prix de piano en 1978), il travaille l'orgue avec Gaston Litaize au Conservatoire de Saint-Maur-les-Fossés (1979-82). Au Conservatoire de Paris, il travaille l'écriture et la direction d'orchestre. Entre 1981 et 1985, il est organiste à la cathédrale de Meaux et, à partir de 1983, professeur à l'Institut Catholique de Paris. En 1985, il est nommé cotitulaire des grandes orgues de Notre-Dame de Paris avec Jean-Pierre Leguay, Yves Devernay et Philippe Lefebvre. La même année, il prend en charge la classe d'orgue du Conservatoire de Reims. En 1990, il succède à Gaston Litaize comme professeur au Conservatoire de Saint-Maur. Il est également assistant de Michel Chapuis au Conservatoire de Paris. Olivier Latry s'adonne à la recherche musicologique et compte parmi les improvisateurs les plus réputés de sa génération.

Laubenthal, Horst (Horst Neumann)

Ténor allemand, né à Duderstadt (Turinge) le 8 mars 1938.

Après sept ans d'études musicales et lyriques à Munich, il devient l'unique élève du célèbre ténor héroïque, Rudolf Laubenthal (1959-67). Il est reçu dans la famille de son professeur qui l'adopte et dont il prend le nom. Il travaille également à la Hochschule für Musik de Munich (1962-65). En 1967, il débute au Festival Mozart de Wurzbourg, dans Don Ottavio (*Don Giovanni*). Dès 1968, il est membre de l'Opéra de Stuttgart où sa carrière se développe brillamment. A Stuttgart, et dans tous les grands centres de musique européens où il est invité, on admire son interprétation des rôles mozartiens. De surcroît, son répertoire comprend les principaux rôles de ténor lyrique. Il est invité à l'Opéra de Hambourg, de Vienne, de Berlin, de Munich. Dès 1973, il est fréquemment invité au Liceo de Barcelone, ainsi qu'à l'Opéra de Paris. A partir de la même année, il est membre de la Deutsche Oper Berlin. Il s'impose également en concert, spécialement dans les œuvres de J. S. Bach, ainsi que comme interprète de mélodies.

Laubenthal, Rudolf

Ténor allemand, né à Düsseldorf le 10 mars 1886, mort à Pöcking (Munich) le 2 octobre 1972.

Il étudie d'abord la médecine aux universités de Munich, de Strasbourg et de Berlin. Parallèlement, il prend des cours de chant avec Lilli Lehmann. Quand le directeur de l'Opéra de Berlin l'entend, il l'engage aussitôt. Il débute en 1913 et y reste jusqu'en 1923. En 1922, il remporte un tel succès à Covent Garden qu'il est engagé la saison suivante au Met, où il débute avec Walther (*Les Maîtres chanteurs*). Il reste au Met jusqu'en 1933. Il y chante un certain nombre de « premières » (Stewa – *Jenůfa* – en 1924) ; Ménélas (*Hélène l'Égyptienne*) en 1928 ; Babinski (*Schwanda, le joueur de cornemuse*, de Weinberger). Il chante également à Covent Garden, à l'Opéra de Berlin, de Vienne, de Chicago, de San Francisco. A la fin de la Seconde Guerre mondiale, celui qui fut un des grands ténors héroïques, plus particulièrement pour le répertoire wagnérien, se retire à Pöcking près de Munich où il n'aura qu'un seul élève, son fils adoptif **Horst Laubenthal**.

Lauri-Volpi, Giacomo

Ténor italien, né à Lanuvio le 11 décembre 1892, mort à Valencia le 17 mars 1979.

Très tôt orphelin, il connaît une enfance difficile. Il fait toutes sortes de besognes pour payer ses études de droit, car il se destine à la carrière de juriste. Ayant pris conscience de l'existence de sa voix, il étudie le chant à l'Académie Sainte-Cécile de Rome, ayant pour professeurs Enrico Rosati et Antonio Cotogni. En 1919, il débute, sous le nom de Giacomo Rubini, à Viterbo dans le rôle d'Arturo des *Puritains*. Trois mois après au Costanzi de Rome, il chante Des Grieux aux côtés de Rosina Storchio. C'est un triomphe. Du jour au lendemain, il est célèbre. Il chante à Buenos

Aires, à Madrid, puis revient en Italie et fait ses débuts à la Scala dans *Rigoletto* (1922) sous la direction de Toscanini avec Toti Dal Monte et Galeffi. Il y retournera durant la saison 1929-30 pour chanter Manrico et Arnold, puis y sera régulièrement invité entre 1930 et 1940. Il fait ses débuts au Metropolitan de New York en 1923 dans *Rigoletto* aux côtés de Galli-Curci et de De Luca. Il y chantera 28 rôles, allant d'Almaviva à Radamès, au cours de 299 représentations. Ce long bail se terminera par une représentation de *Lucia di Lammermoor* aux côtés de Lily Pons et de Pinza (1933). En 1927, il est choisi pour chanter le rôle-titre du *Nerone* de Boïto lors de l'ouverture du nouveau Théâtre royal de l'Opéra de Rome. En 1932, il est Arnold lors du centenaire de la première de *Guillaume Tell* à la Scala de Milan. Et sa carrière se poursuit sur les deux continents. Il chante à Covent Garden, au Colón, à l'Opéra de Vienne, à Monte-Carlo, à Barcelone, à l'Opéra de Paris (Radamès en 1929, le Duc de Mantoue et Arnold en 1930, Faust en 1935, Edgardo en 1948). Il continuera de chanter à ce rythme jusqu'en 1965, date à laquelle il se retirera en Espagne auprès de sa femme, la cantatrice **Maria Ros.**

Possédant une voix naturellement belle, il n'a voulu imiter personne, ni Caruso, ni de Lucia, ni Bonci... laissant libre cours à ses dons prodigieux (sous le contrôle de Maria Ros, son ange gardien), et c'est sans doute à cela qu'est due la longévité de sa carrière.

ÉCRITS : *L'equivoco* (Milan, 1939), *Voci paralele* (Milan, 1955), *Misteri della voce umana* (Milan, 1955), *Cristali viventi* (Rome, 1948), *A viso aperto* (Milan, 1955).

Lautenbacher, Susanne

Violoniste allemande, née à Augsbourg le 19 avril 1932.

Elle reçoit sa formation musicale à la Hochschule de Munich et à Karlsruhe. Par la suite, elle se perfectionne avec Henryk Szeryng et entame une carrière où la musique de chambre occupe une place importante, notamment au sein du Trio Bell'Arte en compagnie de l'altiste Ulrich Koch et du violoncelliste Thomas Blees. Elle est professeur à Karlsruhe (à partir de 1960) puis à la Hochschule de Stuttgart.

Laval, Danielle

Pianiste française, née à Annonay le 12 octobre 1939.

Après avoir commencé le piano très jeune, elle est l'élève de Vlado Perlemuter et de Jean Hubeau au Conservatoire de Paris. A sa sortie du conservatoire, elle préfère se consacrer à ses recherches musicales. Un disque consacré à des études de Lazare-Lévy, Blumenfeld, Moskowski et Mendelssohn la révèle au grand public. Elle enregistrera avec l'Orchestre de Paris le *Concerto* de Roussel quelque temps après la constitution de ce dernier.

Le répertoire de Danielle Laval se situe volontairement hors des sentiers battus. Les œuvres qu'elle interprète sont souvent des œuvres oubliées ou négligées par les interprètes. Elle a notamment gravé en première mondiale l'intégrale des *Études* de Clementi (*Gradus ad parnassum*).

Lawrence, Marjorie

Soprano australienne, née à Dean's Marsh le 17 février 1909, morte à Little Rock le 13 janvier 1979.

Elle fait ses premières études musicales à Melbourne puis se rend à Paris où elle reçoit l'enseignement de Renée Gilly. Elle fait ses débuts en ouvrant la saison 1932 de l'Opéra de Monte-Carlo dans le rôle d'Élisabeth de *Tannhäuser*. En 1933, elle débute à l'Opéra de Paris dans Ortrude. Son succès est tel qu'on lui fait chanter la même année Brünnhilde de *La Walkyrie*, Hérodiade, Rachel, Brünnhilde du *Crépuscule des dieux*. Viendront ensuite *Don Juan* (Anna), *Sigurd*, *Salomé* (rôle-titre), *Tristan* (Brangäne), *Les Huguenots* (Valentine),... Elle y créera le rôle de Keltis dans *Vercingétorix* de Canteloube. De 1935 à 1941 au Met, elle partagea les grands rôles wagnériens avec Flagstad, y ajoutant Tosca, Salomé, Alceste et Thaïs, et se produisant également dans ces rôles à Chicago, San Francisco et Buenos Aires. En 1941, à Mexico, elle est atteinte d'une attaque de poliomyélite, lors d'une représentation de *La Walkyrie*. A force de courage et de volonté, elle réussit à surmonter cette épreuve, mais ne pourra jamais recouvrer l'usage de ses jambes. Elle retournera cependant sur scène dans des productions spécialement aménagées pour elle, notamment au Met (Vénus et Isolde), à Cincinnati, à Montréal et à l'Opéra de Paris (Amnéris). En 1947, elle chantera *Elektra* en concert à Chicago. Elle s'est consacrée ensuite à l'enseignement à la Tulane University de La Nouvelle-Orléans (1956-60), puis à la Southern Illinois de Barbondale (à partir de 1960).

ÉCRITS : *Interrupted Melody*, autobiographie (1949), dont un film a été tiré en 1955.

Layer, Friedemann

Chef d'orchestre autrichien, né à Vienne le 30 octobre 1941.

Après avoir effectué ses études à l'académie de musique de sa ville natale, notamment avec Hans Swarowsky, il débute à vingt et un ans comme chef d'orchestre à l'Opéra d'Ulm puis à celui de Salzbourg. Il travaille comme assistant de Herbert von Karajan et de Karl Böhm au Festival de Salzbourg. Il est ensuite nommé premier chef à la Deutsche Oper am Rhein de Düsseldorf (1974-86). Entre 1987 et 1990, il est directeur général de la musique à Mannheim. En 1994, il est nommé directeur musical de l'Orchestre Philharmonique de Montpellier. Sa carrière s'est rapidement développée dans le domaine lyrique où il s'est imposé tant dans le répertoire mozartien que dans la musique contemporaine. Il a notamment créé des ouvrages d'Aribert Reimann : création mondiale de *Chacun sa chimère* (1982) et de *Die Gespenstersonate* (1984), création française de *Lear* (Opéra de Paris, 1982). Il a également créé des œuvres de René Koering (*Les Oiseaux dans la tourmente*, 1993).

Lazarev, Alexandre

Chef d'orchestre russe, né à Moscou le 5 juillet 1945.

Il fait ses études au Collège musical puis aux conservatoires de Leningrad et de Moscou où il est l'élève de Léo Guinsbourg (1967-72). En 1971, il remporte à Moscou le concours de direction d'orchestre de l'Union soviétique et, l'année suivante, avec l'Orchestre du Conservatoire de Moscou, il obtient la médaille d'or du Concours international Herbert von Karajan réservé aux jeunes orchestres symphoniques. En 1973, il fait ses débuts au Bolchoï en dirigeant *Don Carlos* de Verdi. Il y est nommé chef permanent. En 1978, il fonde les Solistes du Bolchoï, un orchestre de chambre avec lequel il explore les répertoires les plus divers, des grands succès populaires à la musique contemporaine. En 1987, il est nommé directeur musical au Bolchoï. Entre 1988 et 1994, il est directeur général de la musique de l'Orchestre Symphonique de Duisbourg. Sa carrière se développe en Europe occidentale : il est premier chef invité de l'Orchestre Symphonique de la BBC. A partir de 1992, il dirige aux Arènes de Vérone et à la Scala de Milan.

Il a créé des œuvres de Nikolaï Korndorf (*Sempre tutti*, 1988 ; *Symphonie n° 3*, 1992), Alfred Schnittke (*Quatre Aphorismes*, 1989), Avet Terterian (*Symphonie n° 6*), Vlastimir Trajković (*Tempora Retenta*, étude symphonique, 1973).

Lear, Evelyn

Soprano américaine, née à Brooklyn le 8 janvier 1928.

Elle étudie d'abord le chant et le cor à la Juilliard School de New York, puis opte enfin pour le chant. Elle donne ses premiers concerts en Amérique, mais décide avec son mari – le baryton **Thomas Stewart** – de venir en Allemagne afin de poursuivre leurs études au Conservatoire de Berlin. En 1959, elle chante au Royal Festival Hall de Londres les *Quatre derniers Lieder* de Richard Strauss. La même année, elle débute à l'Opéra de Berlin, comme compositeur (*Ariane à Naxos*). Elle est invitée à l'Opéra de Munich, à l'Opéra de Vienne (*Lulu*, 1962), au Festival de Salzbourg où elle s'impose comme interprète de Mozart. En 1963, elle crée à Munich *Les Fiançailles à Saint-Domingue* de Werner Egk. En 1967, elle débute au Met, dans Lavinia pour la création de *Mourning Becomes Electra* de Martin David Levy avant de s'y imposer dans Rosine (*Le Barbier de Séville*). Dès lors, elle y est invitée régulièrement, ainsi qu'à Covent Garden et à l'Opéra de San Francisco. Elle donne seule, ou avec son mari, de nombreux récitals dans les capitales européennes et américaines. A Paris, elle a chanté à l'Opéra la Comtesse (*Les Noces de Figaro*).

Leblanc, Georgette

Soprano française, née à Tancarville le 8 février 1875, morte au Cannet le 27 octobre 1941.

Sœur de l'écrivain Maurice Leblanc, elle grandit dans un climat d'exaltation littéraire, qui transparaît dans le cours de sa vie. Remarquée par Massenet, elle débute en 1893 à l'Opéra-Comique dans le rôle de Françoise de *L'Attaque du moulin* de Bruneau, mais abandonne en 1894 la scène parisienne pour le Théâtre de la Monnaie, espérant faire à Bruxelles la connaissance de son idole, Maurice Maeterlinck. En marge de l'idylle romanesque qu'elle réussit à nouer avec lui, elle joue *Carmen* en 1895, *Thaïs* et *La Navarraise* de Massenet l'année suivante. De retour à Paris, où elle entraîne son compagnon, elle se produit dans des récitals de mélodies de Schubert et de Schumann (traduites par Maeterlinck), joue *Sapho* de Gounod à l'Opéra-Comique en 1897 et inaugure, l'année suivante, la nouvelle Salle Favart dans le rôle de Carmen (après s'être documentée sur place !). En 1902, Debussy lui préfère Mary Garden pour le rôle de Mélisande qu'elle ne chantera qu'en 1912 à l'Opéra de Boston (sous la direction d'A. Caplet). Entre-temps, elle est la créatrice d'*Ariane et Barbe-Bleue* de Dukas (Opéra-Comique, 1907). Elle est également la Lumière dans *L'Oiseau bleu* d'A. Wolff (Met, 1919). Elle se dépense en conférences sur les œuvres de Maeterlinck et joue au théâtre ses pièces : *Monna Vanna* (1903), *Marie-Magdeleine* (1913), *Pelléas et Mélisande* (Sarah Bernhardt jouant Pelléas). Se séparant de Maeterlinck en 1918, elle mène encore une carrière de mélodiste et de conférencière et rédige ses souvenirs dans son phare de Tancarville. Mallarmé, en une phrase, a admirablement cerné le personnage et l'artiste : « Toute une volonté se compose harmonieusement aux dons plastiques et d'organe, ici souverains. »

Le Conte, Pierre-Michel

Chef d'orchestre français, né à Rouen le 6 mars 1921.

Il entre à la Maîtrise Sainte-Évode de Rouen à l'âge de cinq ans. Puis il entreprend des études de piano et de violon à l'École Normale de Musique de Paris et achève sa formation au Conservatoire de Paris où il obtient des premiers prix de basson (1944) et de direction d'orchestre (1947). Depuis 1944, il était chef de l'Orchestre des Cadets du Conservatoire, créé la même année par Claude Delvincourt. En 1945, il fonde son propre orchestre de chambre. De 1947 à 1949, il occupe le poste de directeur de la musique et chef d'orchestre à Radio Nice. Il exerce ensuite les mêmes responsabilités à Radio-Toulouse (1949-50). Pendant près de dix ans, il mène une carrière de chef invité, notamment auprès de l'Orchestre National, l'Orchestre Radio-Symphonique et Radio-Lyrique. De 1960 à 1973, il est chef permanent de l'Orchestre Lyrique de l'ORTF avec lequel il réalise de nombreuses créations. Chargé de cours au Conservatoire de Paris, il est de 1981 à 1986 directeur du Conservatoire municipal du septième arrondissement de Paris. Pierre-Michel Le Conte a tenu le rôle du chef d'orchestre dans *Le Silencieux*, film de Claude Pinoteau. Il a créé des œuvres de Claude Arrieu (*Cymbeline*, version radiophonique, 1974 ; *La Cabine téléphonique*, 1980), Pierre Capdevielle (*Moliera*, 1954 ; *Les Amants captifs*, opéra, 1960), Jean Françaix (*La Princesse de Clèves*, opéra, 1965 ; *Le Dialogue des carmélites*, 1969), Paul Le Flem (*La Maudite*, opéra, 1967), Jean Rivier (*Le Déjeuner sur l'herbe*, 1958), Germaine Tailleferre (*La Petite Sirène*, opéra, 1958), Antoine Tisné (*Symphonie nº 1*, 1960 ; *Chant de l'amour et de la mort*, suite, 1962).

Ledger, Philip (Stevens)

Chef de chœur, organiste et claveciniste anglais, né à Bexhill-on-Sea (Sussex) le 12 décembre 1937.

Il fait ses études au King's College de Cambridge et au Royal College of Music de

Londres. Il est maître de musique à la cathédrale de Chelmsford (1962-65) et directeur musical à l'Université de l'East-Anglie (1965-73), où il est doyen de la School of Fine Arts and Music (1968-71). En 1968, il est nommé directeur artistique du Festival d'Aldeburgh. Il est ensuite engagé comme chef de la Musical Society de l'Université de Cambridge (1973) et comme directeur de la musique et organiste à King's College (1974). En 1982, il est nommé directeur de la Royal Scottish Academy of Music and Drama à Glasgow. Il a réalisé l'édition de *The Oxford Book of English Madrigals* (1978) et d'œuvres de Byrd, Purcell et Haendel.

Ledroit, Henri

Haute-contre français, né à Villacourt le 11 mars 1946, mort à Nancy le 10 mai 1988.

Après avoir étudié le piano, l'harmonie et le chant aux conservatoires de Nancy et de Strasbourg, il rencontre en 1972 Alfred Deller, qui le pousse à l'étude du chant baroque, et se perfectionne auprès de René Jacobs, Nigel Rogers, Nikolaus Harnoncourt. En 1977, il fonde avec son épouse **Michèle**, soprano, l'ensemble Nuove Musiche consacré à l'exhumation de duos da camera.

Il chante également l'opéra baroque, et en 1981 *Le Couronnement de Poppée* à Bruxelles et à Spolete, ainsi que le *David et Jonathas* de Charpentier à Lyon, marquent le début d'une carrière internationale qui rencontre les noms d'Alan Curtis, Jean-Claude Malgoire, Philippe Herreweghe, René Clemencic... Il anime également un cours d'interprétation à l'Institut de musique ancienne de Metz.

Lee, Noel

Pianiste et compositeur américain, né à Nankin (Chine) le 25 décembre 1924.

Il commence dès l'âge de cinq ans l'étude du piano et de l'harmonie et joue en public à partir de six ans. Titulaire d'une bourse de l'Université de Harvard, il étudie la composition avec Irving Fine et Walter Piston et suit des cours de piano au Conservatoire de la Nouvelle-Angleterre (Boston). Il vient ensuite à Paris – où il se fixe – travailler avec Nadia Boulanger ; il reçoit des commandes et se consacre à la composition. En 1953 et 1954, il obtient le Prix Lili Boulanger et un prix de l'Orchestre de Louisville. Il mène parallèlement une carrière internationale de compositeur et de pianiste.

Son répertoire est très large (intégrales de Debussy, Ravel, Copland, Stravinski). Il joue pratiquement toute la littérature de musique de chambre avec piano et une trentaine de concertos. Il excelle dans John Field comme dans Ives ou Barraqué. Une extrême sensibilité lui permet d'entrer dans des univers très différents. Il est professeur invité aux universités de Brandeis, Cornell, Dartmouth (USA). Excellent accompagnateur de lieder, il a lui-même beaucoup écrit pour la voix (*4 Chants sur Baudelaire, 3 Chants de Shakespeare, 4 Ballades*, ...). Ses œuvres sont empreintes de force profonde sous la délicatesse de l'écriture.

Lefébure, Yvonne

Pianiste française, née à Ermont le 29 juin 1898, morte à Paris le 23 janvier 1986.

A neuf ans, elle obtient la médaille d'or au Concours des petits prodiges. Elle fait ses études au Conservatoire de Paris où elle remporte des premiers prix de piano (à quatorze ans, dans la classe de Cortot), d'harmonie, de contrepoint (classe de Caussade), et de fugue (classe de Widor). Elle a déjà fait ses débuts avec Chevillard aux Concerts Lamoureux et avec Pierné aux Concerts Colonne. Sa carrière se développe alors sous la baguette des plus grands chefs. Elle défend avec énergie le *Concerto en sol* de Ravel qu'elle joue près de cent fois en France et à l'étranger. Elle est invitée par Pablo Casals au premier Festival de Prades (1950) et joue depuis fréquemment avec lui. Elle s'associe avec Sandor Végh pour donner l'intégrale des *Sonates pour piano et violon* de Beethoven. Elle épouse en 1947 le musicologue Fred Goldbeck. Parmi les œuvres qui lui sont dédiées on peut citer *5 Danses* de Martelli, la *Sixième Sonatine* de Maurice Emmanuel, *Torrents* de Rivier, *Scorpion* de Migot et *4 Impromptus* de Barraud. Sa carrière professorale n'est pas moins remplie : École Normale (jusqu'en

1939), Conservatoire de Paris (de 1952 à 1967, date de sa démission), Conservatoire Européen (depuis cette date). Elle fonde en 1964 le Juillet Musical de Saint-Germain-en-Laye où elle donne des cours d'interprétation. En 1968, elle y crée le Prix Debussy.

Lefebvre, Philippe

Organiste français, né à Roubaix le 2 janvier 1949.

Après des études secondaires couronnées par un baccalauréat de philosophie, sur le conseil de Pierre Cochereau, qui le fait travailler à Nice, il entre au Conservatoire de Lille. Il y remporte des premiers prix d'orgue (classe de Jeanne Joulain), d'harmonie et de contrepoint. Il entre ensuite au Conservatoire de Paris (1968) où il obtient, en 1971, des premiers prix d'orgue et d'improvisation (classe de Rolande Falcinelli), de contrepoint et de fugue (1972,1973). Nommé titulaire à l'âge de dix-neuf ans du grand orgue de la cathédrale d'Arras, Philippe Lefebvre est lauréat de la SACEM (1972) ; il remporte le 1er prix du Concours international d'improvisation de Lyon (1972) et le 1er prix du Concours international de Chartres (improvisation) en 1973. A la mort de Victor Ruello, en 1976, il est nommé organiste titulaire du grand orgue de la cathédrale de Chartres et, en 1985, de celui de N.-D. de Paris. En outre, il est depuis 1980 directeur du Conservatoire de Lille.

Lefort, Bernard

Baryton français, né à Paris le 29 juillet 1922.

Après l'obtention du baccalauréat (philosophie), il opte pour les études de sciences politiques et de droit, tout en travaillant au Conservatoire le chant, l'art lyrique et le solfège. La guerre interrompt ses études universitaires. A l'issue des hostilités, il ne poursuit que le chant à Milan avec Bertile, à Berlin avec Weissenborn, à Vienne avec Mme Rado. Il avait débuté pendant la guerre par une série de concerts Salle Gaveau. Il est alors l'interprète des mélodies françaises, particulièrement des compositeurs contemporains : le Groupe des Six, Messiaen, Jolivet, Dutilleux. Il crée plusieurs pièces qui sont écrites pour lui et lui sont dédiées, comme le *Concerto pour baryton* de Germaine Tailleferre. Après un passage au Châtelet où il crée *Pour Don Carlos*, il se rend en Suisse, en 1953, chante une saison à l'Opéra de Lucerne (*Don Giovanni*, entre autres...) et décide de se consacrer désormais exclusivement au concert. En 1960, une grave maladie interrompt sa carrière. Il se voue d'abord à l'imprésariat et seconde la direction artistique du Festival de Lausanne. De 1965 à 1968, il dirige l'Opéra de Marseille où il met l'accent d'une part sur certains ouvrages de bel canto oubliés en France (*Gioconda*, *Lucrezia Borgia...*) et d'autre part sur la littérature contemporaine, avec *Le Prince de Hombourg*, *L'Affaire Makropoulos*, et il crée, en français, *Les Mines de soufre*, *Le Tour d'Écrou* et *Le Sourire au pied de l'échelle* ; sa meilleure réussite sera sans doute la création mondiale de *Sud* (Kenton Coe). Après avoir dirigé le Festival d'automne, celui de Royaumont (1969), il est conseiller artistique du Théâtre de la Ville (1969-78), il dirige l'Opéra de Paris avec Daniel-Lesur (1971-72) puis le Festival d'Aix-en-Provence (1973-80) avant d'être nommé administrateur général de l'Opéra de Paris (1980-82). Il enseigne ensuite aux États-Unis, au Mannes College de New York et à l'Academy of Vocal Art de Philadelphie. Il fait ses débuts de metteur en scène avec *Mireille* à la Juilliard School of Music de New York et tourne son premier film en 1986.

Leguay, Jean-Pierre

Organiste français, né à Paris le 4 juillet 1939.

Élève d'André Marchal et de Gaston Litaize, il travaille au Conservatoire de Paris avec Rolande Falcinelli et Olivier Messiaen et y remporte un 1er prix d'orgue et d'improvisation (1966). En 1967, il obtient le 1er prix au Concours international d'improvisation de Lyon. Il est également lauréat du Concours de Haarlem (1969). Entre 1961 et 1984, il est organiste titulaire de Notre-Dame-des-Champs, à

Paris, puis il est nommé, en 1985, cotitulaire des grandes orgues de Notre-Dame de Paris. Il poursuit une triple carrière d'organiste, de compositeur et d'improvisateur, à l'orgue et au piano. Il consacre une part importante de ses activités à l'enseignement, au Conservatoire de Limoges, au Centre d'action liturgique et musicale de Paris ou dans le cadre de master classes.

Lehel, György

Chef d'orchestre hongrois, né à Budapest le 10 février 1926, mort à Budapest le 23 septembre 1989.

A l'Académie Franz Liszt de Budapest, il étudie avec Pál Kadosa et László Somogyi. Sa carrière de chef d'orchestre débute en 1947. A deux reprises, il remporte le Prix Liszt (1955 et 1962) avant d'être nommé directeur musical de l'Orchestre Symphonique de Budapest (1962), dont il a fait l'une des meilleures formations de son pays. En 1973, il a reçu le Prix Kossuth. Sa carrière internationale l'a mené dans les plus grands centres musicaux où il est considéré comme un spécialiste éminent de Bartók et Kodály. En 1974, il a été nommé premier chef invité de l'Orchestre Symphonique de Bâle.

Lehmann, Fritz

Chef d'orchestre allemand, né à Mannheim le 17 mai 1904, mort à Munich le 30 mars 1956.

Dans sa ville natale, il étudie de 1918 à 1921 puis il travaille à l'Université de Heidelberg. Il débute en donnant des récitals de piano, dès 1918. En 1923, il est engagé comme chef de chœur à Göttingen. Il devient vite chef d'orchestre permanent et reste dans cette ville jusqu'en 1927. Il est nommé ensuite à l'Opéra d'Hildesheim (1927-29), à Hanovre (1929-38) puis à Bad Pyrmont où il est directeur général de la musique (1935-38). Pendant cette période, il est professeur à Essen (1927-29) et à Hanovre. En 1934, il fonde et dirige le Festival Haendel de Göttingen. De 1938 à 1946, il est directeur général de la musique à Wuppertal et, de 1946 à 1950, intendant et directeur général de la musique à Göttingen, la ville de ses débuts. A partir de 1953, il est professeur à la Hochschule de Munich. Il meurt subitement pendant l'entracte d'un concert où il dirigeait la *Passion selon saint Matthieu*.

Lehmann, Lilli

Soprano allemande, née à Würzbourg le 24 novembre 1848, morte à Berlin le 17 mai 1929.

Sa mère, Maria-Theresia Lehmann-Löw (1809-85), était cantatrice et harpiste ; son père était le ténor Karl-August Lehmann. Comme elle, sa plus jeune sœur, **Marie Lehmann** (1851-1931), fut également cantatrice. Lilli Lehmann passe sa jeunesse à Prague, où sa mère lui enseigne le chant. En 1867, elle débute au Théâtre régional de Prague (Landestheater) comme premier Enfant (*La Flûte enchantée*). En 1868, elle est engagée au Théâtre municipal de Dantzig et, l'année suivante, à l'Opéra de Leipzig. En 1870, elle est invitée à l'Opéra de Berlin où elle chante la Reine Marguerite (*Les Huguenots*) ; dès lors elle appartient à cette maison où elle remporte de retentissants succès. En 1876, elle est invitée au Festival de Bayreuth par Wagner qui lui confie les rôles de Woglinde, d'Ortlinde et de l'Oiseau de la Forêt pour la première représentation intégrale de la *Tétralogie*. En 1896, elle y chante à nouveau, mais Brünnhilde. Invitée à Londres, Paris, Prague, Stockholm et Vienne, on la reçoit comme une reine. En 1886, elle est invitée au Met où elle débute comme Sulamith (*La Reine de Saba* de Goldmark) et, devant le succès remporté, elle rompt son contrat avec l'Opéra de Berlin. Au Met, elle reste jusqu'en 1891 et y chante le répertoire le plus étendu qui ait jamais existé : plus de 170 rôles, du colorature à l'héroïne wagnérienne ! Elle participe également au Met à un grand nombre de « premières ». En 1888, elle épouse le ténor **Paul Kalisch** (1855-1946). En 1891, elle rentre à Berlin et peut, grâce à l'intervention de l'empereur Wilhelm II, retrouver sa place à l'Opéra. L'influence de la cantatrice sur la vie musicale de son temps est exceptionnelle. A son instigation, eurent lieu les Fêtes mozartiennes de Salzbourg, de 1901 à 1910 ; elle y participa comme cantatrice et comme metteur en scène. Durant la saison 1898-1899, elle chante encore au Met. Depuis 1916, elle donne au Mozarteum de Salzbourg des cours réputés et recherchés. Elle y forme de très nombreuses cantatrices et plusieurs chanteurs (Geraldine Farrar, Olive Fremstadt, Germaine Lubin et Emmy Krüger). Sa carrière fut d'une durée incroyable. A soixante-dix ans, elle donnait encore des récitals de mélodies.

Lilli Lehmann est une des plus grandes personnalités de l'histoire et de l'art du chant, par l'universalité de ses dons et la profondeur de son sens artistique. Il n'existe que deux séries d'enregistrements (Odéon, Berlin 1905-1907) particulièrement bouleversants qui ont paru sous l'étiquette bleue.

ÉCRITS : *Meine Gesangskunst* (1902), *Studie zu Fidelio* (1904), *Mein Weg* (1913).

Lehmann, Lotte

Soprano allemande, naturalisée américaine (1945), née à Perleberg le 27 février 1888, morte à Santa Barbara le 26 août 1976.

Elle étudie à Berlin avec Erna Thiele, Hélène Jordan et Mathilde Mallinger. Elle débute en 1910 à l'Opéra de Hambourg où, jusqu'en 1916, elle participe à 562 spectacles dans 52 rôles. En 1913, elle triomphe dans *Lohengrin* (Elsa). En 1914, elle est appelée à l'Opéra de Vienne qui devient son foyer et son pays. Bien qu'elle ne soit pas née à Vienne, elle devient pour toute une génération la plus viennoise des cantatrices. En 1919, elle crée à l'Opéra de Vienne la Färberin (*La Femme sans ombre*) et, en 1927, *Das Wunder der Heliane* de Korngold ; en 1926, elle chante le rôle-titre de *Turandot*, lors de la « première » viennoise ; en 1933, également le rôle-titre d'*Arabella* ; en 1924, elle crée à l'Opéra de Dresde l'ouvrage autobiographique de Richard Strauss, *Intermezzo.* En 1922, elle entreprend une importante tournée en Amérique du Sud. Régulièrement, elle est invitée à Covent Garden, à l'Opéra de Paris, de Stockholm, de Berlin et de Dresde où partout on la considère comme une des plus grandes cantatrices de l'heure. En 1930, elle chante pour la première fois en Amérique du Nord, à l'Opéra de Chicago. La même année, elle chante à Londres et à Paris Rosalinde (*La Chauve-Souris*) sous la direction de Bruno Walter. En 1934, le Met l'appelle, où elle débute en Sieglinde (*La Walkyrie*) aux côtés de Lauritz Melchior. Jusqu'à ses adieux sur cette scène en 1945, elle demeurera le premier soprano du Met. En 1938, elle casse son contrat avec l'Opéra de Vienne et décide de vivre en Amérique du Nord. Ayant quitté la scène en 1945, elle donne encore des récitals jusqu'en 1951 puis vit à Santa Barbara (Californie).

Interprète privilégiée de Richard Strauss, elle posséda une des plus belles voix du XXe siècle, autant par la musicalité exceptionnelle de ses apparitions où l'on ne releva jamais une faute de goût, que par le naturel suave de son chant. Parallèlement à sa brillante carrière de cantatrice, elle mena également une carrière non moins étincelante d'interprète de mélodies.

ÉCRITS : *Début et ascension* (1937), *Ma vie multiple* (1948), *More Than Singing* (1945), *Orplid, mon pays* (1937), *Five Operas and Richard Strauss* (1964).

Lehotka, Gábor

Organiste hongrois, né à Vác le 20 juillet 1938.

Il commence ses études musicales en 1947 (orgue et composition) au Conservatoire Béla Bartók de Budapest, puis il s'inscrit à l'Académie Franz Liszt où il obtient son diplôme (1963) après avoir travaillé avec Sebestyén Pécsi, Ferenc Gergely, Rez-sö Sugár et Endre Szervánsky. En 1964, il prend part au Concours Vacance Musicali de Venise et en 1967 il remporte le 1er prix au Concours des compositeurs hongrois. En 1969, il est nommé professeur au Lycée musical Béla Bartók et, en 1975, à l'École supérieure Franz Liszt de Budapest où il est l'adjoint de Ferenc Gergely. Élu membre fondateur de la Société Liszt en 1973, il reçoit le Prix Liszt un an plus tard. Il a créé *Volumina* de Ligeti.

Lehrndorfer, Franz Xaver

Organiste et claveciniste allemand, né à Salzbourg le 10 août 1928.

Fils du chef de chœur Franz Lehrndorfer. Après ses études générales, il suit des cours d'orgue et de musique d'église à la Musikhochschule de Munich (1948-52). Lauréat du Concours de l'ARD à Munich en 1951, il commence une carrière de soliste orientée à la fois vers le répertoire baroque et classique et la musique contemporaine. Entre 1951 et 1962, il enseigne au Gymnasium des Regensburger Domspatzen. En 1962, il est nommé professeur à la Musikhochschule de Munich et reçoit, en 1965, le Kunstförderungspreis. En 1969, il prend la direction du département de musique liturgique catholique à la Musikhochschule de Munich et est nommé organiste au Dom (cathédrale) de cette même ville.

Leider, Frida

Soprano dramatique allemande, née à Berlin le 18 avril 1888, morte à Berlin le 4 juin 1975.

Après des études à Berlin avec Otto Schwarz, elle débute à la scène à Halle en 1915 dans le rôle de Vénus de *Tannhäuser.* Elle fait successivement partie des troupes des opéras de Rostock (1917-18), de Königsberg (1918-19) et de Hambourg où elle chante notamment Brünnhilde. Elle entre alors dans la troupe de l'Opéra d'État de Berlin dont elle restera membre jusqu'en 1940. Mais c'est son apparition à Covent Garden en 1924 qui marque le début de sa carrière internationale (Paris, Milan, New York...). Bayreuth enfin, de 1928 à 1938, la consacre la plus grande Isolde et Brünnhilde de son temps. A ses autres rôles wagnériens (Kundry, Senta), elle joint Armide, Donna Anna, la Maréchale, mais aussi la Leonore et l'Amelia de Verdi, Tosca, Rachel ou la Leonore de *Fidelio.* Elle abandonne la scène en 1938 du fait de l'exil de son époux, Rudolf Deman, premier violon de l'Opéra de Berlin, et, avec l'aide de Michael Raucheisen, se consacre au lied de 1941 à 1946. Après la guerre, elle met en scène à Berlin *Hänsel et Gretel* et *Tristan*, puis se consacre au professorat à la Berlin Hochschule für Musik. Elle publie en 1959 son autobiographie : *Das war mein Teil.*

Leiferkus, Serguei

Baryton russe, né à Leningrad le 4 avril 1946.

Il fait ses études musicales au Conservatoire de Leningrad avec Barsov et Chapochnikov. Il chante d'abord l'opérette, à partir de 1970, puis est engagé au Théâtre Maly où il chante régulièrement entre 1972 et 1978. Il passe dans la troupe du Kirov en 1978. Sa carrière internationale débute en 1983 lorsqu'il est invité au Festival de Wexford. Il se produit à l'English National Opera en 1987, à Covent Garden en 1988 et à San Francisco en 1989. Il fait ses débuts à l'Opéra-Bastille dans le Comte des *Noces de Figaro* en 1990.

Leinsdorf, Erich
(Erich Landauer)

Chef d'orchestre autrichien naturalisé américain (1942), né à Vienne le 4 février 1912, mort à Zürich le 11 septembre 1993.

Il commence ses études – piano avec Paul Emerich, violoncelle et composition – à l'académie de musique de sa ville natale. Ses débuts de chef datent de 1933 à la tête de l'Orchestre de l'Académie de Vienne. En 1934, il est engagé par Bruno Walter comme assistant au Festival de Salzbourg, engagement qu'Arturo Toscanini reconduit pour trois ans (1935-37). Appelé par le Metropolitan Opera comme chef assistant en 1937, il est nommé second chef dès 1938. Après la mort soudaine d'Artur Bodanzky (1939), il prend en charge tout le répertoire allemand et met un accent particulier sur Wagner, dirigeant des grandes voix comme celles de Flagstad, Melchior, Schorr ou Pinza. Il est directeur musical de l'Orchestre de Cleveland (1943-46), puis de l'Orchestre de Rochester (1947-56) qu'il amène au premier plan de la vie musicale américaine et auquel il adjoint le Chœur de l'Université Rutgers. En 1956, il est nommé directeur du New York City Opera. L'année suivante, il se voit offrir les fonctions de conseiller musical du Met, poste créé pour lui qu'il abandonnera pour assurer la succession de Charles Münch à la tête de l'Orchestre Symphonique de Boston (1962-69). Depuis cette date, il mène une active carrière de chef invité qui le conduit notamment à Bayreuth en 1972. Il donne des cours à Tanglewood. Erich Leinsdorf se fait l'efficace défenseur de la musique contemporaine américaine et crée des pages signées Martinů (*Symphonie nº 2*, 1943), Richard Strauss (*Suite de valses du Chevalier à la rose*, 1946), Schuller, Wuorinen, Persichetti, Imbre et Colgrass entre autres. Il avait épousé la violoniste **Vera Graf**.

ÉCRITS : *Cadenza, a Musical Career* (1976), autobiographie ; *The Composer's Advocate : a Radical Orthodoxy for Musicians* (1981).

Leister, Karl

Clarinettiste allemand, né à Wilhelmshaven le 15 juin 1937.

Il travaille tout d'abord son instrument avec son père puis se perfectionne de 1953 à 1957 à la Hochschule de Berlin avec Geuser. De 1957 à 1959, il est clarinette solo à l'Opéra-Comique de Berlin puis à l'Orchestre Philharmonique de Berlin à partir de 1959. En dehors de sa fonction au sein de l'orchestre, il fait beaucoup de musique de chambre et a réalisé quelques disques, notamment avec le Quatuor Amadeus ou les solistes de la Philharmonie de Berlin. Avec les principaux solistes des philharmonies de ces deux villes, il a constitué l'Ensemble Wien-Berlin. Il a créé le *Quintette* (1984) de Helmut Eder avec le Quatuor Brandis et *Musik* (1988) de Hans Jürgen von Bose avec l'Ensemble Wien-Berlin.

Leitner, Ferdinand

Chef d'orchestre allemand, né à Berlin le 4 mars 1912.

Dans sa ville natale, il travaille avec F. Schreker et Julius Prüwer (1926-31). Il aura également pour maîtres A. Schnabel et C. Muck. Il commence une carrière de pianiste et joue notamment en sonate avec Georg Kulenkampff. Il fait ses débuts de chef d'orchestre à Berlin. En 1935, Fritz Busch le prend comme assistant au Festival de Glyndebourne. De 1943 à 1945, il est chef permanent au Nollendorf Platz Theater de Berlin puis, en 1945-46 à Hanovre, en 1946-47 à Munich et en 1947 à Stuttgart où il devient par la suite directeur général de la musique (1949-69). De 1947 à 1951, il dirige les Semaines Bach d'Ansbach. Il participe à la création du *Rake's Progress* de Stravinski à Venise en 1951, dirigeant en alternance avec le compositeur. A partir de 1956, il est invité régulièrement à diriger le répertoire lyrique allemand au Colón de Buenos Aires. De 1969 à 1984, il est directeur musical de l'Opéra de Zürich et assure en même temps (1976-80) la direction de l'Orchestre de la Résidence de La Haye. Il est ensuite nommé premier chef invité de l'Orchestre Symphonique de la RAI de Turin (1987-90). Il enseigne à l'Académie Chigiana de Sienne.

Chef lyrique avant tout, il est l'un des grands défenseurs du répertoire germanique du XXᵉ siècle, notamment de la musique de Carl Orff et de celle de Karl-Amadeus Hartmann. Il a joué un rôle essentiel dans la diffusion des œuvres de Ferruccio Busoni. Parmi les créations qu'il a dirigées figurent des opéras de Giselher Klebe (*Ein wahrer Held*, 1975), Carl Orff (*Œdipus der Tyrann*, 1959) et Hermann Reutter (*Don Juan et Faust*, 1950 ; *Hamlet*, 1980).

Lemnitz, Tiana

Soprano allemande, née à Metz le 26 octobre 1897, morte à Berlin le 5 février 1994.

Elle étudie le chant dans sa ville natale, puis à Francfort avec Antoni Kohmann. Pour ses débuts en 1920, elle incarne l'Ondine de Lortzing. Elle est engagée à l'Opéra d'Aix-la-Chapelle de 1922 à 1928, puis au Théâtre de Hanovre, de 1928 à 1933, comme première soprano lyrique. Mais c'est à la Berliner Staatsoper, où elle chante de 1934 à 1957, que son nom reste attaché, après son interprétation du rôle de Leonore dans *Ernani* (sous la direction de Leo Blech). Elle décline toutes les invitations de l'étranger, même celle du Met en 1938. Seuls le Covent Garden (elle y chante Eva dans *Les Maîtres chanteurs* en 1936) et le Colón (elle y crée *Jenůfa* de Janáček en 1950) auront le privilège de l'entendre. Son répertoire, orienté vers les grands rôles dramatiques (Mimi, Micaëla, Desdémone,

Sieglinde, Aïda, etc.), est dominé par deux rôles, celui d'Octavian dans *Le Chevalier à la rose* et celui de Pamina, qu'elle est la première à enregistrer en 1938, sous la direction de Sir Thomas Beecham. Elle a également une affection particulière pour les héroïnes slaves et tchèques (Nastasia dans *L'Ensorceleuse* de Tchaïkovski, Marenka dans *La Fiancée vendue*, Milada dans *Dalibor* de Smetana) et pour le lied, qu'elle chante jusqu'à son dernier concert, consacré aux *Wesendonklieder* de Wagner. Comédienne subtile et fervente, elle sut utiliser avec raffinement une voix naturellement somptueuse.

Lenya, Lotte (Karoline Wilhelmine Blamauer)

Mezzo-soprano autrichienne, naturalisée américaine, née à Vienne le 18 octobre 1898, morte à New York le 28 novembre 1981.

Elle se destine d'abord à la carrière de danseuse et travaille de 1914 à 1920 à Zürich, étudiant la méthode Jaques-Dalcroze. Elle se perfectionne au théâtre de cette ville où elle appartient au corps de ballet. Sa rencontre avec Frank Wedekind l'impressionne : elle découvre un style de ballades nouveau, une nouvelle manière de chanter. Elle quitte Zürich pour Berlin en 1920, toujours orientée vers la danse. Après deux ans de théâtre de prose, elle fait une autre rencontre importante, celle du dramaturge et poète Kaiser, l'un des auteurs les plus joués alors (1878-1945). Elle travaille avec lui puis rencontre le compositeur Kurt Weill qu'elle épouse en 1925. En 1927, c'est la troisième rencontre : Bertold Brecht. Ce début de collaboration marquera l'époque. Deux rôles écrits pour elle font aussitôt triompher Lotte Lenya : à Baden-Baden, durant le festival de musique contemporaine, *Mahagonny* fait scandale, chanté sur un ring de boxe et d'une voix douce et agressive, signé Brecht et Weill. En 1928, Lotte Lenya incarne Jenny dans l'*Opéra de quat'sous* à Berlin ; dans le public se trouvent Otto Klemperer et Erwin Piscator. Le film de Pabst sort ensuite. Lotte Lenya crée trois grands rôles : Anna dans *Les Sept Péchés capitaux*, composés pour elle et créés à Paris (1933) où Weill, Brecht, Lenya s'étaient réfugiés, fuyant le nazisme avant d'aller définitivement aux États-Unis : Myriam dans *Eternal Road* (New York, 1937), la Duchesse, dans *L'Incendie de Florence* (New York, 1945). Après la mort de Weill (1950) elle assure les reprises des deux grands chefs-d'œuvre, l'*Opéra de quat'sous* et *Grandeur et Décadence de la ville de Mahagonny* ; elle chante toutes les opérettes américaines de Weill à Broadway (les plus célèbres sont *Street Scene*, *Johny Johnson*, *Lost in the Stars*). Elle tourne ensuite dans plusieurs films américains (notamment Rosa Klebb, aux côtés de James Bond, dans *Bons Baisers de Russie*).

Les productions américaines différaient dans le chant et le parler des productions berlinoises, le timbre, la tessiture changeaient aussi, mais Lotte Lenya garda toujours son secret : sensualité dans l'aigu, douceur dangereuse, expressionnisme éthéré ou violent se dégageant des rôles les plus tristes, tel celui d'Anna.

Leonhardt, Gustav

Claveciniste et organiste néerlandais, né à 's-Graveland le 30 mai 1928.

Il étudie d'abord en Hollande avant de venir travailler, de 1947 à 1950, à la Schola Cantorum Basiliensis. C'est à Vienne qu'il fait ses débuts en jouant *L'Art de la fugue* de Bach. De 1950 à 1951, il se perfectionne dans la capitale autrichienne à l'Académie de musique où il sera professeur de 1952 à 1955. Depuis 1954, il est professeur au Conservatoire d'Amsterdam et organiste à la Waalsekerk de la même ville. En 1969-70, il donne des cours à l'Université de Harvard (États-Unis). En 1955, il fonde le Leonhardt Consort qui, bien que jouant encore sur des instruments modernes, tient un rôle considérable dans le renouveau de la musique ancienne. Il travaille régulièrement avec les frères Kuijken, Harnoncourt, Herreweghe, maintenant sur instruments anciens avec l'ensemble La Petite Bande. Sa carrière de claveciniste a tendance à prendre le pas sur celle d'organiste. Il y révèle un tempérament fait de rigueur et d'imagination et un don tout particulier pour redonner vie aux musiques des XVIIe et XVIIIe siècles. Il a joué le rôle de Jean-Sébastien Bach dans le film de Straub :

Chroniques d'Anna-Magdalena Bach (1967). Il enseigne l'orgue à l'Académie Chigiana de Sienne depuis 1988.

ÉCRITS : *L'Art de la fugue* (1952).

Leonskaia, Elisabeth

Pianiste soviétique, née à Tbilissi le 23 novembre 1945.

Elle commence l'étude de la musique à sept ans. Quatre ans plus tard, elle donne son premier concert avec orchestre et, en 1959, son premier récital. De 1964 à 1972, elle est dans la classe de Milstein au Conservatoire de Moscou, période au cours de laquelle elle obtient des prix internationaux aux concours Enesco de Bucarest en 1964, Long-Thibaud à Paris en 1965, Reine Élisabeth de Belgique à Bruxelles en 1968. Elle se produit en Russie, Tchécoslovaquie, Roumanie, Autriche (Festwochen, 1977), France... Depuis novembre 1978, elle habite Vienne. Sa carrière s'impose rapidement en Occident, notamment comme interprète du répertoire romantique. Elle fait souvent de la musique de chambre avec le violoncelliste Heinrich Schiff et le Quatuor Alban Berg.

Leppard, Raymond

Chef d'orchestre et claveciniste anglais, né à Londres le 11 août 1927.

Il étudie d'abord à l'Université de Cambridge de 1948 à 1952 avec notamment Hubert Middleton et Boris Ord. Il fait ses débuts à Londres en dirigeant au Wigmore Hall en 1952 et est remarqué pour ses interprétations des œuvres baroques et classiques. En 1957, il retourne à Cambridge comme lecteur et au Trinity College où il reste dix ans. Il dirige alors un peu partout en Angleterre (Covent Garden, 1959, Glyndebourne, 1962...) et très régulièrement l'English Chamber Orchestra. De 1973 à 1980, il est chef permanent du BBC Northern Symphony Orchestra. En 1983, il devient principal chef invité de l'Orchestre Symphonique Saint Louis, avant d'être nommé directeur musical de l'Orchestre Symphonique d'Indianapolis. Il se produit parallèlement comme claveciniste dans les œuvres de Rameau, de Couperin et de Haendel principalement. Il est également à l'origine de nombreuses éditions telles que *L'Incoronazione de Poppea, Orfeo, Il ritorno d'Ulisse in patria* de Monteverdi ou encore *Ormindo* et *La Calisto* de Cavalli.

Le Roux, François

Baryton français, né Rennes le 30 octobre 1955.

Il commence ses études de chant à dix-neuf ans avec François Loup puis entre à l'Opéra-Studio de Paris où il travaille avec Vera Rosza et Elisabeth Grümmer. Lauréat du Concours international Maria Canals de Barcelone et du Concours international de Rio de Janeiro, il fait partie de la troupe de l'Opéra de Lyon (1980-85) où il se forge un répertoire qui comporte tous les rôles de barytons mozartiens (Don Giovanni, Papageno, Guglielmo, le Comte), Figaro, Ping... En 1985, il aborde le rôle de Pelléas qui le consacre d'emblée et dans lequel il s'impose à l'Opéra de Paris, à la Scala de Milan (1986), à l'Opéra de Vienne (1988) et à Montréal (1990). En 1987, il débute à Glyndebourne dans *L'Heure espagnole*, à Hambourg dans *La Bohème* et à Francfort. Il chante également Valentin (*Faust*) et Don Giovanni à l'Opéra de Paris qu'il reprend un an plus tard à Zürich sous la direction de Nikolaus Harnoncourt. Il débute à Covent Garden en 1989 dans Papageno.

Il a créé des œuvres de Harrison Birtwistle (*Sir Gawain and the Green Knight*, 1991), Hans-Jürgen von Bose (*Die Leiden des jungen Werthers*, 1986, rôle-titre), John Casken (*Still Mine*, pour baryton et orchestre, 1994), Jean Prodromidès (*La noche triste*, 1989), Toru Takemitsu (*My Way of Life*, 1990).

Le Roux, Maurice

Chef d'orchestre et compositeur français, né à Paris le 6 février 1923, mort en Avignon le 19 octobre 1992.

Il effectue ses études musicales au Conservatoire de Paris entre 1944 et 1952 où il est notamment l'élève de Messiaen et de Fourestier. Il travaille en outre avec Leibowitz (composition) et Mitropoulos (direction d'orchestre). Dès la fin des années quarante, il commence à mener de front les carrières de compositeur et de chef d'orchestre. Il travaille au studio de musique concrète de la radio, à partir de 1951. De 1960 à 1968, il est directeur musical de l'Orchestre National. Puis il est conseiller musical à l'Opéra de Paris (1969-73) et inspecteur général de la musique au ministère de la Culture (1973-88). Parallèlement, il poursuit une carrière internationale de chef invité et s'attache à défendre des musiques méconnues : il est ainsi l'un des premiers à révéler et à enregistrer les *Vêpres de la Vierge* de Monteverdi. De même, il fait connaître les musiciens de l'École de Vienne, dirige Xenakis et réalise le premier enregistrement mondial de la *Turangalîla-symphonie* de Messiaen.

Attiré par le cinéma (il compose des musiques de film depuis 1946 et collabore avec Truffaut, Godard...), il se tourne vers la télévision et produit, à partir de 1968, *Arcana*, l'une des émissions musicales les plus suivies.

Le musicologue écrit plusieurs livres importants (*Introduction à la musique contemporaine*, 1947, *Claudio Monteverdi*, 1951, *La Musique*, 1979, *Moussorgski, Boris Godounov*, 1980). Comme compositeur, on lui doit des pièces pour piano, deux ballets et des œuvres pour orchestre (*Le Cercle des métamorphoses*, 1953, *Un Koan*, 1974). Il a créé des œuvres de Michel Decoust (*Polymorphie*, 1967), Charles Koechlin (*La Cité nouvelle*, 1962).

Le Roy, René

Flûtiste français né à Maisons-Laffitte le 4 mars 1898, mort à Paris le 3 janvier 1985.

Élève de Paul Taffanel, Louis Fleury, Adolphe Hainnebains et Philippe Gaubert au Conservatoire de Paris, il y termine ses études en 1918 avec un 1er prix de flûte. Un an auparavant, il a succédé à Philippe Gaubert au sein de la Société des Instruments à Vent de Paris. En 1922, il fonde avec le harpiste Pierre Jamet le Quintette Instrumental de Paris (flûte, harpe et trio à cordes) avec lequel il jouera jusqu'en 1940, créant plusieurs œuvres importantes écrites à cette époque par Roussel, Schmitt, d'Indy, Pierné, Ropartz ou Jean Cras. Il mène une brillante carrière de soliste qui le conduit à s'installer aux États-Unis entre 1940 et 1951 où il est le chantre de la musique contemporaine française, de Fauré à Varèse. Il est professeur de musique de chambre pour instruments à vent au Conservatoire de Paris (1955-64). Il est l'auteur du *Traité de la flûte, historique, technique et pédagogique* (Paris, 1966). Avec Lily Laskine, il a joué très régulièrement le *Concerto pour flûte et harpe* de Mozart.

En dehors des œuvres créées avec le Quintette Instrumental de Paris (voir Quintette Pierre Jamet), il a créé des œuvres de Robert Casadesus (qui lui sont dédiées : *Sonate pour flûte et piano*, op. 18, 1935 ; *Sonate en trio*, 1943 ; *Concerto pour flûte*, 1943), Arthur Honegger (*Rapsodie*, 1917 ; *Danse de la chèvre*, 1919), Jean Rivier (*Oiseaux tendres*, 1946, dédicataire), Guy Ropartz (*Sonatine pour flûte et piano*, 1931), Virgil Thomson (*Sonate pour flûte seule*, 1943).

Leschetizky, Theodor

Pianiste polonais, né à Lancut (Gallicie) le 22 juin 1830, mort à Dresde le 14 novembre 1915.

Son père, maître de musique de la famille Potocki à Lancut, lui enseigne le piano. En 1840, la famille s'installe à Vienne. Leschetizky devient l'élève de Czerny pour le piano, et de Sechter pour la composition. Dès 1844, son enseignement est recherché. En 1845, il commence à étudier la philosophie à l'université. En 1852, il part pour Saint-Pétersbourg, où il devient l'ami d'Anton Rubinstein. Reçu à la cour du tsar, sa réputation de pédagogue ne cesse de grandir. Après de multiples remplacements de Rubinstein, comme chef d'orchestre ou comme professeur, il est nommé directeur d'études de piano au Conservatoire impérial (1862). Il retournera à Vienne en 1878, après avoir démissionné de sa charge, pour reprendre son enseignement privé. La société de musique qu'il fonde alors jouera un très grand rôle dans la vie musicale viennoise. Il cessera de se produire en public en 1886. Malgré son expérience de la direction d'orchestre, il a toujours préféré le piano, la direction lui semblait trop « facile ». Pédagogue passionné (il s'est marié à quatre reprises avec quatre de ses élèves), il reprenait l'école de Czerny, en l'adaptant à chaque élève. La technique ne lui paraissait pas aussi importante que le rapport absolu à chaque détail de l'œuvre à interpréter. Sa façon d'enseigner ne s'embarrassait pas de théorie. Il préférait la démonstration immédiate aux longues analyses, adaptant sans arrêt ses exigences aux possibilités de l'élève. Professeur redouté, doué d'une oreille infaillible, il a formé des générations de pianistes illustres, dont Paderewski, Schnabel, Elly Ney, Moïseiwitsch, Gabrilovitch, Friedman et Mark Hambourg. Il laisse de petites pièces pour piano et deux opéras.

Lesne, Gérard

Haute-contre français, né à Montmorency le 15 juillet 1956.

Sa formation est essentiellement autodidacte. Il reçoit quelques conseils d'Irène Jarsky et de Zeger Vandersteene qui l'amènent à collaborer, dès 1979, avec le Clemencic Consort de Vienne. Il se produit dans les principaux festivals de musique ancienne, notamment avec l'Ensemble Organum, l'Ensemble Clément Janequin, la Grande Écurie et la Chambre du Roy, la Chapelle royale, les Arts Florissants et Hespérion XX. Sur scène, il paraît dans l'*Orfeo* de Sartori à la Biennale de Venise, *Narciso* de Domenico Scarlatti pour la Fondation Gulbenkian de Lisbonne ou *David et Jonathas* de Charpentier à Paris. En 1985, il crée l'ensemble vocal et instrumental Il Seminario Musicale avec lequel il se consacre principalement au répertoire italien des XVIIe et XVIIIe siècles. A partir de 1990, l'ensemble s'installe à la Fondation Royaumont, près de Paris, où G. Lesne anime, à partir de 1993, un cours d'interprétation.

Lethiec, Michel

Clarinettiste français, né à Poitiers le 11 décembre 1946.

Après avoir terminé ses études musicales et universitaires à Bordeaux, il obtient un 1er prix de clarinette et de musique de chambre au Conservatoire de Paris. Il remporte au Concours international de Belgrade un prix d'interprétation. Le Grand Prix du disque français salue, en 1978, son interprétation d'*Ascèses* de Jolivet. Soliste à l'Orchestre Cannes-Provence-Côte d'Azur, il n'en poursuit pas moins une brillante carrière de soliste en compagnie, notamment, du pianiste Denis Weber. Outre les grandes pages du répertoire où il s'illustre avec bonheur, il s'intéresse à la musique de son temps et crée de nombreuses partitions signées Michel Decoust (*Lignes* pour clarinette et quatuor à cordes, 1993), Alain Fourchotte (*Concerto pour clarinette*, 1978), Marcel Landowski (*Sonate en duo* pour clarinette et piano, 1993). Il est dédicataire des *Nocturnes* de Boucourechliev (1984).

Levi, Hermann

Chef d'orchestre allemand, né à Giessen (Haute Hesse) le 7 novembre 1839, mort à Munich le 13 mai 1900.

Au Conservatoire de Mannheim, il est l'élève de V. Lachner (1852-55) avant de travailler avec Hauptmann et Julius Rietz au Conservatoire de Leipzig (1855-58). En 1859, il devient chef permanent à l'Opéra de Sarrebrück. Deux ans plus tard, il est nommé chef assistant à l'Opéra National de Mannheim puis chef à l'Opéra de Rotterdam (1861-64). De 1864 à 1872, il est chef d'orchestre à la cour de Karlsruhe. Il y dirige les premiers opéras de Wagner (*Rienzi*, *Les Maîtres chanteurs*) et se lie d'amitié avec Clara Schumann et Brahms. De 1872 à 1890, il est chef d'orchestre à la cour de Munich. En 1882, il est au pupitre pour la création de *Parsifal* à Bayreuth, ouvrage qu'il dirigera jusqu'en 1887 puis de 1889 à 1894. Cette même année, il est nommé directeur général de la musique à Munich. Deux ans plus tard (1896), il cesse de diriger. Cosima Wagner l'invite à nouveau à Bayreuth en 1897 pour diriger la *Symphonie n° 9* de Beethoven, mais il est malade et fait une dépression nerveuse pendant les répétitions. Il ne remontera plus au pupitre jusqu'à sa mort.

Levi, Yoel

Chef d'orchestre roumain naturalisé israélien et américain (1987), né à Sotmar le 16 août 1950.

Sa famille se fixe en Israël dans son enfance. Il y étudie le violon, la percussion, le violoncelle et le piano, puis poursuit sa formation de violoniste et de percussionniste à l'Université de Tel-Aviv (maîtrise, 1975). En même temps, il travaille la direction d'orchestre avec Mendi Rodan à l'Académie de musique de Jérusalem (diplôme, 1976). Il continue à travailler la direction d'orchestre avec Franco Ferrara à Sienne, à l'Académie Sainte-Cécile de Rome, à la Guildhall School of Music and Drama de Londres (diplôme, 1978) et avec Kirill Kondrachine à Hilversum. En 1975, il devient percussionniste à l'Orchestre Philharmonique d'Israël. Après avoir remporté un 1er prix au Concours de direction d'orchestre de Besançon en 1978, il est nommé chef assistant (1978-80), puis chef résident (1980-84) de l'Orchestre de Cleveland. En 1979, il fait ses débuts européens à la tête de l'Orchestre Radio-symphonique de Berlin (-Ouest). En 1988, il est nommé directeur musical de l'Orchestre Symphonique d'Atlanta.

Levinas, Michaël

Pianiste et compositeur français, né à Paris le 18 avril 1949.

Marguerite Long encourage ses débuts. A l'âge de cinq ans, il est élève de Lazare-Lévy et, à dix ans, il entre au Conservatoire de Paris où il obtient de nombreux prix : piano, musique de chambre, accompagnement, contrepoint, harmonie et composition (dans la classe de Messiaen). Il poursuit le cycle de perfectionnement dans la classe d'Yvonne Loriod. En 1970, il remporte un 1er prix au Concours international d'improvisation de Lyon. Il travaille au Groupe de Recherche Musicale, suit les cours de Stockhausen à Darmstadt. De 1975 à 1977, il est pensionnaire de la Villa Médicis à Rome. Il est membre fondateur (1973) de l'Ensemble L'Itinéraire. En 1981, il a reçu la bourse annuelle du ministère de la Culture. Outre son activité de compositeur, il mène une importante carrière de pianiste, tant dans le répertoire traditionnel que contemporain. En 1987, il est nommé professeur d'analyse et d'orchestration au Conservatoire de Paris.

Levine, Gilbert

Chef d'orchestre américain, né à New York le 22 janvier 1948.

Il fait ses études au Reed College (1965-67) et à la Juilliard School of Music de New York (1967-68), puis travaille l'histoire de la musique avec Arthur Mendel et Louis Lockwood, la direction d'orchestre avec Jacques-Louis Monod, et la théorie avec Milton Babbitt et J. K. Randall à l'Université de Princeton (Bachelor of Arts, 1971). Il complète ses études théoriques à l'Université de Yale (Master of Arts, 1972). Il travaille en outre la direction d'orchestre avec Franco Ferrara à Sienne. En 1973, il commence à diriger les principaux orchestres européens. Entre 1988 et 1991, il est chef permanent de l'Orchestre Philharmonique de Cracovie, premier chef d'orchestre américain à occuper un tel poste à la tête d'un grand orchestre d'Europe de l'Est.

Levine, James

Chef d'orchestre et pianiste américain, né à Cincinnati le 23 juin 1943.

Il débute comme pianiste à l'âge de dix ans avec l'Orchestre Symphonique de Cincinnati. Il fréquente alors la Juilliard School où il travaille le piano avec Rosina Lhévinne et la direction d'orchestre avec Jean Morel. Il se perfectionne dans cette discipline grâce à la Ford Foundation's American Conductors Project avec Alfred Wallenstein, Max Rudolf et Fausto Cleva. Dès sa sortie de la Juilliard School, il est appelé par George Szell comme assistant de l'Orchestre de Cleveland. Il sera, de 1964 à 1970, le plus jeune assistant de l'histoire de cette formation. Il dirige *Tosca* à San Francisco (1970) et au Metropolitan Opera de New York (1971). En 1973, il accepte les fonctions nouvellement créées de chef d'orchestre principal dans cette dernière maison. C'est en 1975 qu'il est nommé directeur de la musique au Metropolitan Opera. Sa réputation grandit dans le domaine symphonique. Il dirige en Europe les plus prestigieuses formations. James Levine, qui se produit parfois comme pianiste, est également directeur depuis 1973 du Ravinia Festival, fief estival de l'Orchestre Symphonique de Chicago, et du Cincinnati May Festival (1974-78). Il fait ses débuts à Salzbourg en 1975, où il revient régulièrement. Il dirige également à Bayreuth (*Parsifal* pour le centenaire de la création de l'ouvrage, entre 1982 et 1988 puis en 1991, et la *Tétralogie* en 1994). Invité chaque saison par l'Orchestre Philharmonique de Berlin depuis 1979, il a dirigé cet orchestre en tournée aux États-Unis en 1986. La même année, il a été nommé directeur artistique du Metropolitan Opera de New York.

Il a créé des œuvres de John Corigliano (*The Ghosts of Versailles*, opéra bouffe, 1991).

Levitzki, Mischa

Pianiste russe naturalisé américain, né à Kremenschug le 25 mai 1898, mort à Avon by the Sea (New Jersey) le 2 janvier 1941.

Après avoir commencé ses études musicales en Russie, il est l'élève de A. Michalowski à Varsovie (1905-06). En 1906, il suit ses parents, naturalisés américains, aux États-Unis et travaille avec Sigismund Stojowski à New York. Il quitte New York pour l'Allemagne en 1911 où il travaille avec Ernst von Dohnányi à la Hochschule für Musik de Berlin (1911-15). Après avoir remporté le Concours Mendelssohn, il rentre aux États-Unis pour donner un concert triomphal à New York en 1916, qui inaugure sa carrière de concertiste et de virtuose. Il laisse de nombreuses compositions, essentiellement de petites pièces.

Lévy, Lazare

Pianiste français, né à Bruxelles le 18 janvier 1882, mort à Paris le 20 septembre 1964.

Au Conservatoire de Paris, il suit les cours de piano de Diémer, d'harmonie de Lavignac, et de composition de Gédalge (1894-98). Après avoir obtenu un 1er prix de piano, il commence une série de tournées et se consacre donc à une carrière de virtuose. Mais très vite la pédagogie du piano le passionne. Devenu professeur au Conservatoire de Paris, ses classes verront défiler toute une génération de pianistes célèbres, dont le plus connu reste sans doute Alfred Cortot qui prendra sa succession en 1920. Lazare Lévy appartient à cette sorte d'artistes qui ont marqué leur temps beaucoup plus par leur enseignement que par leurs prestations au concert.

Lewis, Henry

Chef d'orchestre américain, né à Los Angeles le 4 octobre 1932.

Dans sa ville natale, il étudie le piano, la clarinette et la contrebasse : c'est avec ce dernier instrument qu'il entre, en 1948, à l'Orchestre Philharmonique de Los Angeles. De 1955 à 1959, il appartient à l'armée américaine stationnée à Stuttgart : un orchestre se forme, il en fait partie. De retour dans son pays natal, il forme l'Orchestre de Chambre de Los Angeles et est engagé comme assistant à l'Orchestre Philharmonique (1961-65). Il effectue ses véritables débuts en 1963. Il devient ensuite directeur musical de l'Opéra de Los Angeles (1965-68) puis de l'Orchestre Symphonique du New Jersey à Newmark (1968-75). Il est sollicité par les plus grands théâtres du monde (Met, Scala) et se consacre alors à une carrière de chef invité, accompagnant souvent sa femme, la cantatrice **Marilyn Horne**, qu'il avait épousée en 1960 et dont il a divorcé en 1976. Il est ensuite nommé chef permanent de l'Orchestre Symphonique de la Radio Néerlandaise à Hilversum.

Lewis, Richard
(Thomas Thomas)

Ténor anglais, né à Manchester le 10 mai 1914, mort à Eastbourne le 13 novembre 1990.

Il étudie d'abord au Royal College of Music de Manchester avec Norman Allin, qui l'emmène avec lui à l'Academy of Music de Londres. Il fait ses débuts au Festival de Glyndebourne en 1947 dans le chœur masculin du *Viol de Lucrèce* de

Britten. La même année, il reprend sur la scène du Covent Garden le rôle-titre du fameux *Peter Grimes* du même Britten, que Peter Pears avait créé en 1945 au Sadler's Wells. Très vite ce musicien exceptionnel doublé d'un acteur fort intelligent devient une vedette indispensable du Festival de Glyndebourne où il sera successivement Ottavio, Ferrando, Idomeneo, Admète, Bacchus, Tom Rakewell et Florestan. Très vite aussi il deviendra l'un des piliers les plus sûrs du Covent Garden où il créera en 1954 le rôle de Troïlus dans *Troïlus et Cressida* de Walton, en 1955 le rôle de Mark dans le *Midsummer Marriage* de Tippett et en 1962 le rôle d'Achille dans le *King Priam* du même Tippett, tout en tenant les rôles de ténor les plus divers allant de l'Innocent de *Boris* à Don José, en passant par Tamino, Alfredo, Hoffmann... Grand mélodiste et concertiste, il a notamment créé le *Canticum Sacrum* de Stravinski en 1956. Il a participé à de nombreuses tournées en Europe et aux États-Unis, à San Francisco en particulier. Il a enseigné au Curtis Institute de Philadelphie de 1968 à 1971. Sans avoir abandonné totalement le chant, notamment en oratorio, Richard Lewis s'était consacré à la direction d'orchestre à partir de 1975.

Lhévinne, Josef

Pianiste russe, né à Orel (Moscou) le 13 décembre 1874, mort à New York le 2 décembre 1944.

Au Conservatoire de Moscou, il est l'élève de Vassili Safonov et obtient son diplôme en 1891. Quelques mois plus tard, il crée la *Rhapsodie russe* pour deux pianos de Rachmaninov en compagnie du compositeur. En 1889, il a déjà donné son premier concert à Moscou sous la direction d'Anton Rubinstein et, en 1895, il remporte le Prix Rubinstein. Il commence une brillante carrière partagée entre les concerts et l'enseignement. Il est nommé professeur de piano au Conservatoire de Moscou (1902-06). En 1906, il fait ses débuts aux États-Unis et va se consacrer exclusivement à des tournées à travers le monde pendant huit ans. La guerre le surprend à Berlin où il est emprisonné de 1914 à 1918 en tant qu'étranger ennemi. Dès sa libération, cette expérience le pousse à s'installer aux États-Unis où il reprendra l'enseignement en 1922 à la Juilliard School.

Josef Lhévinne était l'un des plus brillants représentants de l'école russe du piano, alliant à une exceptionnelle virtuosité un sens du lyrisme et un romantisme qui le poussaient parfois à une lecture des textes peu orthodoxe mais toujours intéressante. Lhévinne était passionné d'astronomie et, lors de concerts en plein air, il était parfois l'objet de fâcheuses distractions ! A la fin de sa vie, son activité se réduisit progressivement et il n'a enregistré qu'une quinzaine de courtes pièces pour piano (Chopin et Schumann) qui sont de précieux documents.

ÉCRITS : *Basic Principles in Pianoforte Playing.*

Ligabue, Ilva Palmina

Soprano italienne, née à Reggio Emilia le 23 mai 1932.

Ayant manifesté dès sa plus tendre enfance des dons exceptionnels pour le chant et le théâtre, elle fait ses études musicales au Conservatoire Giuseppe Verdi puis à l'École de la Scala, à Milan. Après avoir connu le succès sur de multiples scènes italiennes, elle se produit en Allemagne de l'Ouest puis en Angleterre. De 1957 à 1960, elle devient la prima donna du Festival de Glyndebourne, chantant notamment Fiordiligi de *Così fan tutte* et reprenant ce rôle d'Alice Ford dans le *Falstaff* de Verdi, rôle qu'elle transfigure par sa beauté, sa féminité et son esprit, et qui devient son rôle fétiche. En 1961, elle reçoit les plus grands honneurs pour son interprétation du rôle-titre dans la *Béatrice de Tende* de Bellini à la Scala, chantant la même année et sur la même scène Marguerite du *Mefistofele* de Boïto. Ce sera alors le grand départ d'une carrière internationale la conduisant de Vienne à Buenos Aires, en passant par Aix-en-Provence, Wiesbaden, Chicago, Paris et New York. Comédienne irrésistible, Ilva Ligabue sait aussi émouvoir par son intelligence et son intériorité qui la rendent incomparable dans des rôles tels que Desdémone ou Amélia d'*Un bal masqué.*

Ligendza, Catarina (Katarina Beyron)

Soprano suédoise, née à Stockholm le 18 octobre 1937.

Fille de la soprano Brita Hertzberg et du ténor Einar Beyron, elle étudie à l'Académie de Vienne et au Conservatoire de Würzburg, puis avec Josef Greindl à Sarrebrück. Elle débute en 1965 à Linz (la Comtesse), chante à Brunswick, Sarrebrück, et entre à la Deutsche Oper de Berlin en 1969. Elle apparaît ensuite à Stuttgart, Hambourg, au Festival de Pâques de Salzbourg en 1970-71 (Troisième Norne du *Crépuscule des dieux*, Leonore de *Fidelio*), en 1971 au Met (Leonore de *Fidelio*) et à Bayreuth où elle chante Brünnhilde et Isolde jusqu'en 1977 et en 1987. Elle chante également régulièrement à Milan, Vienne, Munich et à Covent Garden.

Lill, John

Pianiste anglais, né à Londres le 17 mars 1944.

Il étudie au Royal College of Music de 1955 à 1964 et suit des cours privés avec Wilhelm Kempff à Positano. Il débute en 1963 au Festival Hall puis au Carnegie Hall à New York en 1969. L'année suivante, il remporte le Concours Tchaïkovski à Moscou. Depuis, il se produit sur le plan international. Il s'est imposé comme l'un des pianistes beethovéniens importants de sa génération, jouant fréquemment l'intégrale des 32 sonates et des 5 concertos dans une même ville. Il a créé des œuvres de Malcolm Arnold (*Fantasy on a Theme of John Field* pour piano et orchestre, 1977).

Lima, Luis

Ténor argentin, né à Córdoba (Argentine) le 12 septembre 1948.

Il commence ses études à l'École du Teatro Colón de Buenos Aires et en 1970, grâce à une bourse du Conservatoire de Madrid, il vient en Europe. En 1972, il obtient le 2e prix du Concours international de Toulouse, suivi, en 1973, d'un prix au Concours Francisco Viñas. La même année, il remporte le 1er prix du Concours international Lauri-Volpi. Il fait ses débuts, en 1974, à Lisbonne dans Turridu (*Cavalleria rusticana*). En Allemagne, après des débuts à Mayence, il est engagé dans les opéras de Stuttgart, Hambourg, Munich et Berlin où il interprète les rôles de *Don Carlos*, Alfredo (*La Traviata*), Pinkerton, Edgardo (*Lucia di Lammermoor*). En 1975, il chante un de ses rôles favoris, *Faust* à l'Opéra d'Avignon. C'est dans ce même rôle qu'il fait ses débuts à la Scala. Il chante Don José pour la première fois en 1982. Au Met, il a débuté, en 1978, dans Alfredo (*La Traviata*) ; à Tokyo, il tient la partie de ténor du *Requiem* de Verdi, dirigé par Karajan. L'Opéra de Vienne l'invite pour chanter *Lucia di Lammermoor* et l'Opéra de Sydney pour être le Duc de Mantoue de *Rigoletto*.

Lin, Chio-Liang

Violoniste chinois, naturalisé américain (1988), né à Hsin-Chu (Taïwan) le 29 janvier 1960.

Il commence ses études musicales au Conservatoire de Sydney, avec Robert Pikler, et donne son premier concert à l'âge de sept ans. Trois ans après, il remporte le Concours national des jeunes de Taïwan. En 1975, il entre à la Juilliard School of Music de New York où il est l'élève de Dorothy DeLay. Fixé aux États-Unis depuis cette époque, il voit sa carrière démarrer très rapidement après le 1er prix remporté au Concours international Reine Sophie de Madrid (1977). Mstislav Rostropovitch l'invite à Washington (1979), Isaac Stern fait appel à lui (1980), il effectue une grande tournée de concerts et de master classes en Chine populaire (1981) et en Extrême-Orient. Il joue en trio avec le pianiste Yefim Bronfman et le violoncelliste Gary Hoffman. Il a créé le *Concerto pour violon* (1989) de Joël Hoffmann, dont il est le dédicataire. Son violon est un Stradivarius de 1707 qui a appartenu à Samuel Dushkin. Il est passionné de tennis.

Linde, Hans-Martin

Flûtiste et compositeur allemand, né à Werne (Dortmund) le 24 mai 1930.

Il étudie la flûte avec Gustav Scheck et la direction avec Konrad Lechner à la

Staatliche Hochschule für Musik de Fribourg (1947-51). Après quoi il est engagé comme flûtiste à la Capella Coloniensis de Cologne. C'est là qu'il rencontre August Wenzinger, directeur de la Schola Cantorum Basiliensis, avec qui il collabore à partir de 1957, et dont il dirige l'ensemble vocal. En 1971, il devient le directeur adjoint de ce groupe d'interprètes. Sur la flûte traversière et la flûte à bec, sa réputation internationale grandit alors très vite. Sa virtuosité impeccable trouve son lieu d'expression privilégié dans le répertoire baroque et classique – œuvres de J. M. Leclair, Mozart, Stamitz, Dittersdorf pour la flûte traversière, concertos de Sammartini, Vivaldi, Naudot pour la flûte à bec. Avec le Linde-Consort il a enregistré surtout des œuvres des XVIe et XVIIe siècles. Il a composé un *Concerto pour flûte à bec et orchestre à cordes* qu'il a créé en 1993.

ÉCRITS : *Kleine Anleitung zum Verzieren alter Musik* (1958), *Handbuch des Blockflötenspiels* (1962).

Lindenberg, Edouard

Chef d'orchestre roumain naturalisé français, né à Bucarest le 8 janvier 1908, mort à Paris le 5 août 1973.

Il reçoit sa formation musicale dans sa ville natale et fait ses débuts à la tête de la Philharmonie de Bucarest qu'il dirige régulièrement au cours des années trente. Fixé à Paris après la guerre, il est, pendant quelques années, chef permanent de l'Orchestre National de Tōkyō. Puis il travaille en étroite collaboration avec l'Orchestre Philharmonique d'Israël et, au cours des années soixante, avec la Nordwestdeutsche Philharmonie. A la tête de cet orchestre, il réalise une série d'enregistrements des symphonies de Beethoven et Brahms qui le révèlent comme l'une des figures marquantes de sa génération. Il meurt néanmoins sans voir son talent reconnu à sa juste mesure.

Lindenstrand, Sylvia

Mezzo-soprano suédoise, née le 24 juin 1941 à Stockholm.

Elle travaille à l'Académie royale de Stockholm avec Isobel Ghasal-Öhman et Hjördis Schymberg puis débute à l'Opéra royal de Stockholm en 1962 dans Olga (*Eugène Onéguine*). Elle est ensuite invitée à Bayreuth (1964), Édimbourg (1969), Glyndebourne (1975, Dorabella). Rapidement, elle s'impose sur la plupart des scènes européennes dans Zerline (*Don Giovanni*), Marina (*Boris Godounov*), Pauline (*La Dame de pique*), Chérubin (*Les Noces de Figaro*) et *Carmen*. Elle chante également à l'Opéra de Drottningholm, le Versailles suédois. En France, elle s'impose à la fois comme Idamante (*Idoménée*) dans la production de Jorge Lavelli (Angers et Paris, 1975-76) ainsi qu'en Zerline (1976) au Festival d'Aix-en-Provence. Au Grand-Théâtre de Genève, elle chante Octavian du *Chevalier à la rose*. En 1986, elle reprend le rôle-titre de *La Pucelle d'Orléans* de Tchaïkovski à l'Opéra royal de Stockholm.

Lindholm, Berit (Berit Jonsson)

Soprano suédoise, née à Stockholm le 18 octobre 1934.

Très jeune, elle participe à une représentation d'élèves d'un opéra de Gluck. Elle suit ensuite les classes de chant du Conservatoire royal de Stockholm. En mai 1963, elle débute à l'Opéra royal de Stockholm comme Comtesse (*Les Noces de Figaro*). Elle y chante Elisabeth (*Tannhäuser*), Aïda, Tosca, Leonore (*Fidelio*) et enfin en 1965, comme partenaire de Birgit Nilsson, Chrysothémis (*Elektra*). Nilsson la recommande à l'Opéra de Vienne où elle remporte un grand succès. La même année, elle se présente à Covent Garden comme Chrysothémis. Peu à peu, elle s'impose comme une des grandes wagnériennes de sa génération. En 1967, elle débute comme Brünnhilde au Festival de Bayreuth. Elle est invitée à l'Opéra de Munich et sur les grandes scènes d'Amérique du Nord. En 1972, elle chante Isolde au Liceo de Barcelone, à l'Opéra de Paris et, en 1974, à Amsterdam. En 1973-74, elle est engagée à l'Opéra de Düsseldorf-Duisbourg tout en étant invitée à plusieurs reprises à Covent Garden. Elle fait ses débuts au Met en 1975 dans Brünnhilde (*La Walkyrie* et *Siegfried*).

Lipatti, Dinu (Constanti Lipatti)

Pianiste roumain, né à Bucarest le 19 mars 1917, mort à Genève le 2 décembre 1950.

Dinu Lipatti naît dans un milieu musical : sa mère est pianiste, son père a étudié le violon avec Sarasate et Carl Flesch, son parrain n'est autre que Georges Enesco. A quatre ans, il donne des concerts de charité et commence à composer. Grâce à une dispense spéciale, il entre avant l'âge requis au Conservatoire de Bucarest où il travaille le piano avec Florica Muzicescu et la composition avec Mihail Jora. Au Concours international de Vienne (1933), il n'obtient que le 2e prix ; en signe de protestation, Alfred Cortot, membre du jury, démissionne. Dinu Lipatti vient à Paris et travaille avec Cortot et Yvonne Lefébure. Charles Münch se charge de l'initier à la direction d'orchestre. Peu avant sa mort, Paul Dukas l'admet parmi ses élèves en composition. Après sa disparition, il continuera dans cette discipline avec Nadia Boulanger et Igor Stravinski. Dès 1936, les tournées de concerts le conduisent à Berlin et en Italie. L'infatigable découvreur de talents, Walter Legge, commence à le faire enregistrer. De 1939 à 1943, il vit en Roumanie où il donne des concerts avec Enesco et Mengelberg. Il se réfugie alors en Suisse avec son épouse **Madeleine Cantacuzène**, également pianiste. Il obtient rapidement la classe de virtuosité au Conservatoire de Genève. La majorité des trop rares enregistrements qu'il nous laisse date de la période 1946-50, notamment le *Concerto pour piano* de Schumann avec Karajan. Mais il est déjà gravement malade. Il donne son dernier récital, à bout de forces, le 16 septembre 1950 à Besançon. Dinu Lipatti nous laisse quelques compositions (*Concertino en style classique* pour piano et orchestre, *Sonatine pour la main gauche*, *Danses roumaines* pour orchestre, *Les Bohémiens*, trois tableaux symphoniques).

Lipovšek, Marjana

Mezzo-soprano slovène, née à Ljubljana le 3 décembre 1946.

Elle fait ses études en Autriche, à Graz puis à l'Opéra-Studio de Vienne, à partir de 1978. Un an plus tard, elle est engagée dans la troupe de l'Opéra de Vienne. Elle fait ses débuts au Festival de Salzbourg en 1981 pour la création de *Baal* de Friedrich Cerha. La même année, elle est engagée dans la troupe de l'Opéra de Hambourg où elle chante notamment Anna dans la production des *Troyens* de Berlioz en 1982. Elle débute à la Scala de Milan en 1982 dans Mrs Quickly. A partir de 1983, elle se produit régulièrement à l'Opéra de Munich et est invitée sur les plus grandes scènes mondiales. Elle s'impose dans des rôles comme le Compositeur (*Ariane à Naxos*), Ulrica (*Un bal masqué*), Marina (*Boris Godounov*). En 1986, elle participe à la création de *Die schwarze Maske* de Penderecki au Festival de Salzbourg. En 1990, elle débute à Covent Garden dans *Elektra* (Clytemnestre). Elle consacre une partie importante de sa carrière au concert (oratorio et lied).

Lipp, Wilma

Soprano autrichienne, née à Vienne le 26 avril 1925.

Elle étudie avec Anna Bahr-Mildenburg et Alfred Jerger à Vienne et y débute en 1943 (Rosine). Depuis 1945, elle chante à la Staatsoper les rôles de colorature et de soubrette, puis les spinto. Célèbre Reine de la Nuit, elle débute dans ce rôle à la Scala en 1950 et à l'Opéra de Paris en 1953. A Covent Garden, elle chante Gilda et Violetta (à partir de 1951), à Glyndebourne, Constance (1957), à San Francisco, Nanette (1962). En 1982, elle est nommée professeur de chant au Mozarteum de Salzbourg. Elle a reçu le titre de Kammersängerin.

List, Emanuel (Emanuel Fleissig)

Basse autrichienne, naturalisé américain, né à Vienne le 22 mars 1890, mort à Vienne le 21 juin 1967.

Apprenti couturier, il participe en tant que choriste enfant aux saisons du Théâtre An der Wien, puis tourne en Europe avec un quatuor vocal avant de travailler dans un théâtre de vaudeville à Londres et d'émigrer aux États-Unis où il suit des cours avec Josiah Zuro. De retour à Vienne, il débute à la Volksoper en 1922 (Mephistopheles), à la Städtische Oper de Berlin en 1923, puis à la Staatsoper de la même ville (1924-33). Sa carrière internationale a ensuite comme étapes Covent Garden (1925-34), Salzbourg où il apparaît en Commandeur, Osmin, Don Fernando (*Fidelio*) et Marke (*Tristan*) de 1931 à 1935 et Bayreuth où il chante en 1933 les rôles de Fafner, Hunding, Hagen, Pogner et Gurnemanz. Il quitte l'Allemagne et débute au Met en décembre 1933 ; il y demeure attaché jusqu'en 1950, date à laquelle il revient à Berlin avant de s'installer définitivement à Vienne en 1952. En plus de ses célèbres interprétations wagnériennes, il laisse le souvenir d'un grand Baron Ochs.

List, Eugene

Pianiste américain, né à Philadelphie le 6 juillet 1918, mort à New York le 1er mars 1985.

Il fait ses études musicales à Los Angeles et débute à l'âge de douze ans. Il travaille ensuite au Curtis Institute de Philadelphie avec Olga Samaroff et remporte en 1934 le concours de l'Orchestre de Philadelphie. Les débuts de sa carrière sont interrompus par la guerre. Après quatre ans passés sous les drapeaux, il joue en 1945 à Potsdam devant Churchill, Truman et Staline. En 1946, il forme un duo de pianos avec sa femme **Carrol Glenn** tout en menant sa propre carrière dans laquelle il sort volontiers des sentiers battus, jouant notamment la musique des compositeurs américains (Gottschalk, Mac Dowell...). Entre 1964 et 1975, il est professeur à l'Eastman School of Music de Rochester puis, à partir de 1975, à l'Université de New York. Il a créé des œuvres de Henry Barraud, Carlos Chávez (*Concerto pour piano n° 1*, 1942), Heitor Villa-Lobos.

Litaize, Gaston

Organiste et compositeur français, né à Menil-sur-Belvitte (Vosges) le 11 août 1909, mort à Bruyères (Vosges) le 5 août 1991.

Gaston Litaize, musicien aveugle, fait ses études au Conservatoire de Paris, dans les classes de Marcel Dupré, Caussade et Büsser. Il y remporte les premiers prix d'orgue et d'improvisation (1931), de fugue (1933) et de composition (1937). Il obtient également un 2e Grand Prix de Rome en 1938 et le Prix Rossini, qui lui est décerné pour sa légende musicale *Fra Angelico* (1936). Après avoir été organiste à Saint-Léon de Nancy et à Saint-Cloud, il est nommé titulaire du grand orgue de Saint-François-Xavier à Paris (1946). Pendant plusieurs années, il dirige le service de musique religieuse de l'ORTF (1944-75). Il est également professeur à l'Institut national des jeunes aveugles (1938-69) puis au Conservatoire de Saint-Maur. Il a formé de nombreux organistes, notamment Almut Rössler, Heinz Lohmann, René Saorgin et Olivier Latry.

Gaston Litaize a entrepris de nombreuses tournées en France et à l'étranger où il fait admirer son instinct du rythme, sa technique exceptionnelle et son sens de l'architecture et du contrepoint, aussi bien comme interprète que comme improvisateur. Héritier d'une tradition d'interprétation étroitement liée aux instruments de Cavaillé-Coll, il s'est surtout illustré dans le répertoire de l'école franckiste, même s'il a été l'un des premiers à faire revivre, au début des années cinquante, la musique des maîtres français du Grand Siècle. Membre du jury de très nombreux concours internationaux, il se double d'un compositeur sensible, au style personnel. Même s'il a œuvré pour chœurs et solistes, la majorité de ses écrits sont destinés à l'orgue : *12 Pièces* (1931-1937), *5 Pièces liturgiques*, un *Noël basque*, *24 Préludes liturgiques*, une *Grand-Messe pour tous les temps*, etc. Pour les voix, il a donné, entre autres choses, une *Missa solemnior*, pour chœur et orgue (1954), *Missa Virgo gloriosa*, pour trois voix mixtes et orgue (1959) et une *Messe solennelle en français*, pour schola, assemblée et orgue (1966).

Litton, Andrew

Chef d'orchestre américain, né à New York le 16 mai 1959.

Il fait ses études musicales à la Juilliard School de New York où il travaille notamment le piano avec Nadia Reisenberg et la direction d'orchestre avec Sixten Ehrling. Puis il se perfectionne avec Neeme Järvi à Hilversum et Walter Weller à Salzbourg. En 1982, il remporte le 1er prix du Concours de la Fondation Rupert à Londres et fait rapidement ses débuts avec les principaux orchestres britanniques. Engagé comme chef assistant de Mstislav Rostropovitch par l'Orchestre Symphonique National de Washington, il le remplace pour une série de concerts en 1983 et se révèle ainsi au monde musical américain. En 1988, il est nommé directeur musical de l'Orchestre Symphonique de Bournemouth. En 1994, il prend la direction de l'Orchestre Symphonique de Dallas.

Litvinne, Felia (Françoise, Jeanne Vasil'yevna Schütz)

Soprano russe d'ascendance allemande et canadienne, naturalisée française, née à Saint-Pétersbourg le 11 octobre 1863, morte à Paris le 12 octobre 1936.

Elle étudie avec Barthe-Bauderali, Pauline Viardot et Victor Maurel, et débute aux Italiens en 1883 (Maria Boccanegra) en remplacement de Fides Devries, puis officiellement comme Elvira (*Ernani*). Sa carrière devient immédiatement internationale. Grâce au mariage de sa sœur Hélène avec Édouard De Reszké, elle chante à New York (Mapleson Company) en 1885, à l'Opéra de Paris en 1886, à Moscou (1889) et Saint-Pétersbourg (1890), à la Scala, à Rome, Venise, au Met en 1897, à Covent Garden en 1899. Entretemps, elle est devenue une wagnérienne célèbre, et est ainsi la première Brünnhilde de *La Walkyrie* en français à Bruxelles (1887), la première Isolde de Paris (1899), la première Brünnhilde des *Tétralogies* intégrales de Bruxelles (1903) et Paris (1911), la première Kundry de Monte-Carlo en 1913. Elle est également considérée comme la plus grande Alceste de l'histoire.

Elle quitte la scène en 1917, et le concert en 1924 pour se consacrer à l'enseignement, notamment au Conservatoire américain de Fontainebleau à partir de 1927 : parmi ses élèves, on trouve Nina Koshetz et Germaine Lubin. Elle a publié sa biographie sous le titre *Ma vie et mon art* (1933).

Lively, David

Pianiste américain, né à Ironto (Ohio) le 27 juin 1953.

Après avoir commencé le piano à l'âge de cinq ans avec sa mère, il poursuit ses études avec Gail Delente de 1963 à 1969. Il donne son premier concert public en 1967 avec l'Orchestre Symphonique de Saint Louis. En 1969, il obtient une bourse du gouvernement français pour venir travailler à l'École Normale de Musique de Paris (avec Jules Gentil) où il obtient sa licence de concert, premier nommé, à seize ans. David Lively continue à se perfectionner avec Jules Gentil jusqu'en 1974. Lauréat des concours Marguerite Long (1971), Reine Élisabeth de Belgique (1972) et Tchaïkovski (1974), il remporte un 2e prix au Concours international de Genève en 1971 et le Prix Dino Giani de la Scala de Milan en 1977. Il suit le Cours Beethoven à Positano avec Wilhelm Kempff (1975) et bénéficie des conseils de Claudio Arrau de 1975 à 1979. David Lively se produit dans le monde entier et entreprend actuellement l'enregistrement de la musique pour piano d'Aaron Copland. Depuis 1980, il est directeur artistique du Festival de Saint-Lizier.

Llacuna, Teresa

Pianiste espagnole naturalisée française (1960), née à Igualada (Barcelone) le 27 mai 1935.

Après ses débuts dans sa ville natale à l'âge de douze ans, Cortot, présent au concert, l'invite à venir suivre ses cours à Paris. Après ses années au conservatoire, elle part se perfectionner auprès d'un élève de Lipatti, Béla Siki, en Suisse pendant trois ans. Puis ce sera Londres et l'école de Schnabel où elle fréquente les cours de Maria Curcio Diamond.

Teresa Llacuna a enregistré l'œuvre intégrale de De Falla. Elle interprète de nombreuses œuvres du répertoire espagnol peu connues, comme certaines pièces de Granados.

Llobet Soles, Miguel

Guitariste espagnol, né à Barcelone le 18 octobre 1875, mort à Barcelone le 22 février 1938.

Il a une double formation de dessinateur et de guitariste. Son premier maître, Magin Alegre, le présente à Francisco Tórrega dont il devient le plus brillant élève. Il se produit pour la première fois à Paris lors de l'Exposition de 1900. Il se fixe à Paris (1902-14). Il est alors ami des impressionnistes, remarqué comme guitariste par Claude Debussy. Il se produit en Europe et dans les deux Amériques. A Buenos Aires, il enseigne la guitare à Maria Luisa Anido et forme avec elle le premier duo de guitares. Falla a écrit pour lui *Homenajes, Pour le tombeau de Claude Debussy*.

Lloyd, Robert

Basse anglaise, né à Southend-on-Sea le 2 mars 1940.

Durant ses études à Oxford, il fait partie du Club d'opéra du Keble College où il étudie l'histoire. Cette tentative fait tant de bruit qu'elle le conduit rapidement sur la scène du Sadler's Wells Opera, puis sur celle du Covent Garden dont il devient membre (1972-83). En 1975, il débute aux États-Unis, dans Sarastro (*La Flûte enchantée*) à San Francisco. Il débute à l'Opéra de Paris avec le rôle du Commandeur (*Don Giovanni*). Au Festival d'Aix-en-Provence, il tient dans le même ouvrage le rôle de Masetto. Il participe également au Festival de Glyndebourne (*La Flûte enchantée, Le Retour d'Ulysse dans sa Patrie*). Avec le Scottish Opera, il chante Arkel dans *Pelléas et Mélisande*, Don Fernando dans *Fidelio* et aborde le rôle d'Osmin dans *L'Enlèvement au sérail*, puis en 1979 il chante enfin le rôle-titre de *Don Giovanni*. Invité par l'Opéra de Munich, il y chante *Le Vaisseau fantôme* et *Simon Boccanegra*. A Amsterdam, il chante Gurnemanz (*Parsifal*) et à Covent Garden *Macbeth* sous la direction de Riccardo Muti. En 1987, il incarne Boris Godounov au Mai Musical Florentin, qui devient l'un de ses rôles fétiches. Sa haute stature, son élégance naturelle, sa distinction et son admirable jeu scénique soulignent et font éclater une belle voix de basse qui confère au rôle de Gurnemanz (*Parsifal*) un éclat tout particulier. Aussi est-il le seul artiste qui se double lui-même dans le film de Hans-Jürgen Syberberg.

Lloyd Webber, Julian

Violoncelliste anglais, né à Londres le 14 avril 1951.

Frère du compositeur de comédies musicales Andrew Lloyd Webber, il fait ses études avec Douglas Cameron (1964-67), puis au Royal College of Music de Londres (1967-71). Il travaille également avec Pierre Fournier à Genève. Il fait ses débuts en concert au Queen Elizabeth Hall de Londres en 1972, puis commence une carrière active en Angleterre. Il fait ses débuts américains à New York en 1980. En 1978, il est nommé professeur de violoncelle à la Guildhall School of Music de Londres. Il a publié un récit de sa carrière, *Travels with My Cello* (1984) et édité *Song of the Birds : Sayings, Stories and Impressions of Pablo Casals* (Londres, 1985). Il a créé des œuvres de Malcolm Arnold (*Fantaisie pour violoncelle*, 1987 ; *Concerto pour violoncelle*, 1989), Joaquin Rodrigo (*Concierto como un divertimento*, 1982).

Lockhart, James

Chef d'orchestre, pianiste et organiste écossais, né à Édimbourg le 16 octobre 1930.

Il fait ses études musicales à l'université de sa ville natale et au Royal College of Music de Londres puis est nommé organiste et chef des chœurs assistant à la cathédrale Saint-Giles et à l'église épiscopale Sainte-Marie d'Édimbourg (1946-51). Il est ensuite organiste et chef des chœurs dans diverses églises londoniennes avant d'être nommé chef assistant du Yorkshire Symphony Orchestra (1954-55, auprès de Nicolaï Malko). Il commence alors à travailler en Allemagne, comme répétiteur et chef assistant à l'Opéra de Münster (1955-56) et à l'Opéra de Munich (1956-57). Il occupe les mêmes fonctions au Festival de Glyndebourne (1957-59 puis 1962-68) tout en dirigeant le département lyrique à l'Université du Texas à Austin (1957-59). Puis il est répétiteur à Covent Garden (1959-60), chef assistant auprès du BBC Scottish orchestra (1960-61), chef permanent au Sadler's Wells Opera (1961-62), à Covent Garden (1962-68) et directeur musical du Welsh National Opera (1968-73). Il enseigne également au Royal College of Music (1962-72) où il est ensuite à la tête du département lyrique. Sa carrière se déroule principalement en Allemagne où il est nommé directeur général de la musique à Kassel (1972-80) et dirige régulièrement à l'Opéra de Stuttgart (à partir de 1973). Entre 1981 et 1991, il est directeur musical de la Staatsorchester Rheinische Philharmonie de Koblenz. Il accompagne volontiers des chanteurs au piano pour des récitals de lieder, notamment Margaret Price. Il a créé l'opéra de William Walton *The Bear* (1967) et *Dramma per musica* (1982) de Theo Brandmüller.

Lodéon, Frédéric

Violoncelliste et chef d'orchestre français, né à Paris le 26 janvier 1952.

Né dans un milieu musical, il aborde le piano à cinq ans et le violoncelle peu avant ses neuf ans. Il se présente en 1967 dans la classe d'André Navarra au Conservatoire de Paris où il remporte un 1er prix de violoncelle à l'unanimité (1969). L'année suivante, il obtient un 1er prix de musique de chambre dans la classe de Jean Hubeau avec qui il poursuivra un cycle de perfectionnement (1970-72). Lauréat du Concours international de Florence, il enlève, en 1972, le 1er prix du Concours international Maurice Maréchal (Paris) et, en 1977, le 1er prix du Concours international de La Rochelle. Sa carrière prend vite de l'essor : il joue dans le monde entier, notamment sous la direction de Mstislav Rostropovitch. Il consacre également une part importante de ses activités à la musique de chambre. Un accident survenu en 1984 lui laisse des séquelles qui perturbent sa carrière au cours des années suivantes. En 1987, il dirige son premier concert et choisit, trois ans plus tard, de se tourner vers la direction d'orchestre et la production d'émissions musicales à la télévision. En 1988, il est nommé professeur au Conservatoire de Lausanne.

Loehrer, Edwin

Chef d'orchestre et chef de chœur suisse, né à Andwil (Saint-Gall) le 27 février 1906, mort à Orselina (Locarno) le 10 avril 1991.

C'est à l'Académie des arts de Munich qu'il étudie la composition et la direction d'orchestre. Il travaille l'orgue avec Ernst Isler au Conservatoire de Zürich. Il obtient son doctorat à l'université de la même ville. De 1930 à 1935, il occupe les fonctions de directeur général de la musique à Lichtensteig. Il fonde en 1936 le Chœur de la Radio Suisse Italienne à Lugano. C'est avec cet ensemble qu'il fait découvrir aux mélomanes tout un répertoire de musiques polyphoniques très largement méconnu à cette époque. C'est l'un de ses plus beaux titres de gloire que d'avoir ramené à la lumière, dans des conditions d'authenticité étonnantes pour le temps, l'art vocal italien. Au premier rang, bien sûr, Monteverdi. Son interprétation fait date, ses enregistrements servent encore de référence, par leur perfection et leur sensibilité, malgré les progrès considérables accomplis par la musicologie dans ce domaine. En 1961, il fonde la Societa Cameristica di Lugano et, avec elle, enregistre Rossini, toujours des œuvres méconnues comme les *Péchés de ma vieillesse*.

Lohmann, Heinz

Organiste allemand, né à Gevelsberg le 8 novembre 1934.

Après avoir été l'élève d'Helmut Kahlöfer, il étudie la musique d'église luthérienne à l'Académie de Detmold (1955-58) et suit les cours de Michael Schneider. Pendant deux ans (1958-59), il est titulaire de l'orgue de l'église du Christ (Christuskirche) de Wolfsburg, puis passe les deux années suivantes à Paris et suit les cours d'interprétation de Gaston Litaize. Pendant ce séjour parisien, il est titulaire de l'orgue de l'église allemande luthérienne de la rue Blanche, dont il avait été l'inspirateur. De 1961 à 1971, il est, à Düsseldorf, titulaire de la tribune de la Christuskirche ; là il organise nombre de récitals et de concerts. En 1971, il est nommé titulaire des orgues de l'église Zum Heilbronnen de Berlin où il succède notamment à Hans

Heintze et Michael Schneider. De nombreux enregistrements l'ont fait connaître des organophiles, notamment son intégrale de l'œuvre d'orgue de Max Reger au moment où l'on célébrait le centenaire de la naissance du compositeur. Il a créé en première audition de nombreuses pages, dont des œuvres d'Albrecht Boucke, J. N. David, John Drwiessler, G. Gruschwitz, J. Kenesci. Il a publié une édition critique de l'œuvre pour orgue de J. S. Bach (Breitkopf et Härtel, 1969-79), ainsi qu'une édition des *Quatuors* de Haydn. En 1971, il a réédité, avec ses propres corrections et annotations, *Le Rôle de l'orgue aux offices religieux, jusqu'au* XVIIIe *siècle* (*Die Aufgabe der Orgel im Gottesdienste bis in das 18. Jahrhundert* de G. Rietschel (1893).

Loibner, Wilhelm

Chef d'orchestre autrichien, né à Vienne en 1909, mort en 1971.

Il travaille à l'Académie de musique de Vienne avec Clemens Krauss et Franz Schmidt. Engagé comme répétiteur à l'Opéra en 1931, il est nommé chef d'orchestre permanent en 1937. Il enseigne à la Hochschule für Musik (Académie) de 1949 à 1953. Il mène surtout une carrière de chef invité en Europe et occupe les fonctions de chef permanent de l'Orchestre Symphonique de la NHK à Tōkyō de 1957 à 1959. En 1963, il est nommé directeur artistique de l'Elizabethan Trust Opera Company en Australie.

Lombard, Alain

Chef d'orchestre français, né à Paris le 4 octobre 1940.

Il étudie le violon dès l'âge de sept ans avec Line Talluel. A huit ans, il s'initie avec Suzanne Demarquez au piano et au solfège. Gaston Poulet l'admet un an plus tard dans sa classe au Conservatoire de Paris. Il donne son premier concert à onze ans Salle Gaveau. Alain Lombard poursuit alors ses études secondaires tout en travaillant le piano et le violon. Bachelier à l'âge de seize ans, il étudie la direction d'orchestre avec Ferenc Fricsay. Sa véritable carrière de chef d'orchestre commence à dix-huit ans. Nommé à l'Opéra de Lyon (1961-65), il assure, avec Georges Prêtre, la création de l'*Opéra d'Aran* (1962). Ses débuts américains datent de 1963 à l'American Opera Society dans *Hérodiade* de Massenet avec Régine Crespin et Rita Gorr. En 1966, il remporte la médaille d'or du Concours Dimitri Mitropoulos et devient l'assistant de Leonard Bernstein à l'Orchestre Philharmonique de New York ainsi que celui d'Herbert von Karajan au Festival de Salzbourg. En 1967, il se produit au Metropolitan Opera de New York et est nommé directeur musical de l'Orchestre de Miami. Depuis l'année précédente, il fait partie des chefs permanents du Metropolitan Opera et mène une active carrière de chef invité. De 1972 à 1983, il est directeur musical de l'Orchestre Philharmonique de Strasbourg. Il occupe les fonctions de directeur artistique de l'Opéra du Rhin (1974-80) et est nommé, en 1979, chef invité permanent de l'Orchestre de la Résidence de La Haye. De 1981 à 1983, il est directeur de la musique à l'Opéra de Paris. En 1988, il est nommé directeur musical de l'Orchestre National de Bordeaux-Aquitaine. En 1990, il prend en outre la direction artistique du Grand Théâtre et du Mai Musical de Bordeaux.

Il a créé une œuvre d'Ezequiel Izcovich (*Pièges,* 1989).

Londeix, Jean-Marie

Saxophoniste français, né à Libourne le 20 septembre 1932.

C'est d'abord par le piano qu'il s'initie à la musique. Mais, dès l'âge de sept ans, il étudie le saxophone à Bordeaux. Il entre en 1951 au Conservatoire de Paris dans les classes de Marcel Mule (saxophone) et Fernand Oubradous (musique de chambre). En 1953, il reçoit un 1er prix de saxophone. Il est alors nommé professeur de saxophone et de solfège au Conservatoire de Dijon, poste qu'il occupe jusqu'en 1971. Il fonde, en 1960, le Sextuor à vent de Dijon (quintette à vent plus un saxophone). Une quinzaine d'œuvres originales seront spécialement composées pour cette formation. En 1968, il est chargé de cours à l'Université du Michigan. Une tournée en URSS suscite l'ouverture de classes spécialisées dans son instrument dans les conservatoires de Moscou et Leningrad. Président-fondateur de l'Association des saxophonistes de France, il organise à Bordeaux le 4e Congrès mondial du saxophone. Il crée à Bordeaux, en 1977, l'Ensemble international de saxophones. On compte plus de 80 œuvres dédiées à Jean-Marie Londeix et le plus souvent créées par lui : on peut citer le *Concerto pour saxophone alto et orchestre à cordes* de Pierre-Max Dubois, *Sérénade* de Roger Boutry, *Études* de Koechlin, *Concert pour saxophone* et *Gavambodi II* de Jacques Charpentier, *Sonate* et *Concerto-piccolo* de Denisov, *Oraison* et *L'Arbre* de Sauguet, *Concertante* de Marius Constant. Il est l'auteur d'une douzaine d'ouvrages pédagogiques. Jean-Marie Londeix a reconstitué le premier quatuor de saxophone connu, écrit par Jean-Baptiste Singelee et publié en 1858 par Adolphe Sax.

London, George
(George Burnstein)

Baryton-basse américain, né à Montréal le 30 mai 1919, mort à Armonk (New York) le 23 mars 1985.

Sa famille est originaire de Russie. Élève de R. Lert à Los Angeles, il débute à Hollywood, en 1942, sous le nom de George Burnson, comme Grenvil (*La Traviata*). Il étudie ensuite à New York où il chante dans des opérettes et des comédies musicales. En 1947, un imprésario s'intéresse à lui et l'engage pour faire une tournée mondiale avec Mario Lanza et Frances Yeend (Belcanto-Trio). En 1949, Karl Böhm l'engage à l'Opéra de Vienne où il débute comme Amonasro (*Aïda*) sans répétition ! Depuis lors, il remporte chaque saison de grands succès sur cette scène. En 1950, il chante le rôle-titre des *Noces de Figaro* au Festival de Glyndebourne. Dès 1951, il s'impose au Festival de Bayreuth, où il chantera jusqu'en 1964, comme un des meilleurs barytons wagnériens (Amfortas et Hollandais). La même année, le Met l'appelle. Il y débute en Amonasro et est aussitôt engagé dans la troupe. Dès lors, il mène une carrière internationale aussi brillante sur scène qu'en concert. Il est invité à la Scala de Milan, à Covent Garden, au Colón, au Bolchoï ainsi qu'au Festival de Salzbourg. Dans les années soixante, il est engagé comme supervedette sur Broadway. Il dirige par la suite une école de musique à New York. En 1968, il est nommé directeur artistique du Kennedy Center de Washington. Grand comédien, autant que grand chanteur, il a incarné avec autant de bonheur les grands barytons de Wagner et de Mozart. Mais on l'a applaudi également dans Richard Strauss (*Arabella*), Johann Strauss (*La Chauve-Souris*), Puccini (*Tosca*) et Offenbach (*Les Contes d'Hoffmann*). Il est le premier chanteur non russe à avoir incarné *Boris Godounov* au Bolchoï de Moscou (1960). Atteint d'une paralysie partielle des cordes vocales, il interrompt sa carrière en 1967 et se consacre à la mise en scène, réalisant notamment un *Ring* à Seattle en 1975. En 1972-73, il est directeur général de l'Opera Theater of Southern California à Los Angeles. Entre 1975 et 1980, il dirige l'Opera Society de Washington mais doit se retirer à cause de problèmes cardiaques.

Long, Marguerite
(Marie-Charlotte Long)

Pianiste française, née à Nîmes le 13 novembre 1874, morte à Paris le 13 février 1966.

Élève du Conservatoire de Nîmes, elle est découverte à l'âge de douze ans par Théodore Dubois en tournée d'inspection, qui l'invite à aller suivre les cours de Fissot au Conservatoire de Paris. Après son 1er prix, elle devient l'élève de Marmontel qui lui inculque l'art d'enseigner le piano. En 1893, elle fait ses débuts à la Salle Pleyel-Wolff. Elle ne rejouera pas avant 1903, aux Concerts Lamoureux, où elle obtient un grand succès. Devenue professeur au Conservatoire en 1906, elle façonne peu à peu une méthode d'enseignement du piano qu'elle publiera en 1963. Elle accorde une très grande importance au doigté, aux gammes (auxquelles elle se soumettait elle-même quotidiennement) et à la fameuse position arrondie des doigts, conditions essentielles du jeu perlé « à la française ». Sans jamais déprécier le compositeur, elle considérait l'interprète comme celui qui devait réveiller « la musique endormie sur le papier » et la faire entendre au compositeur en personne. Par conséquent, il n'était pas question que le pianiste en restât à la pure transparence. Il devait donner « un accent » à la musique qu'il jouait.

Sa carrière s'est heurtée à deux écueils de natures différentes. Le premier consistait en un refus alors à la mode du soliste et en particulier des pianistes supposés virtuoses, donc frivoles. La musique en France, à cette époque, était considérée comme une entitée pure que seules les formations symphoniques pouvaient servir. Marguerite Long devait mettre en déroute les adeptes de cette nouvelle secte dont le siège se trouvait à la Schola Cantorum de Paris. Le second obstacle était de taille. Pour les musiciens d'alors, Fauré en tête, une femme ne pouvait pas faire « biologiquement parlant » une carrière de virtuose, et qui plus est de carrière professorale au Conservatoire. Là aussi Marguerite Long prouva le contraire.

Amie de Debussy, avec qui elle travailla pendant longtemps l'interprétation de ses œuvres, elle devait se mettre au service de la musique de Ravel dès la mort du maître. En 1919, elle créait *Le Tombeau de Couperin* dont la *Toccata* est dédiée à la mémoire de son mari, Joseph de Marliave, tué à la guerre de 1914. A la mort de Louis Diémer, elle reprend sa classe au Conservatoire (1920), en dépit des menées misogynes de ses collègues, toujours Fauré en tête. Pourtant, Marguerite Long n'a jamais cessé de défendre la musique qu'il composait. Son nom était presque devenu synonyme de la fameuse *Ballade* qu'elle joua jusqu'à sa mort. A partir de 1921 elle enseigne à l'École Normale de Musique tout récemment fondée. Elle donne des cours publics sur Fauré et Debussy à la demande de Mangeot, son fondateur. En 1932, elle crée le *Concerto en sol* de Ravel dont elle est la dédicataire. C'est cette œuvre qui fera taire désormais tous les détracteurs du piano. En 1941, elle ouvre l'École Marguerite Long-Jacques Thibaud, puis fonde l'année suivante le fameux concours qui portera le même nom. Parmi ses élèves, on relève les noms de Samson François, Yvonne Lefébure, Lucette Descaves, Jean Doyen, Jacques Février et Nicole Henriot. Après la guerre, elle devait s'occuper avec passion du déroulement du concours dont elle attendait beaucoup.

Parmi les œuvres qui lui ont été dédiées figurent des pages de Gabriel Fauré (*Impromptu n° 4*, 1905), Ernesto Halffter (*Rhapsodie portugaise*, 1940), Darius Milhaud (*Concerto pour piano n° 1*, 1934), Francis Poulenc (*Improvisation n° 1*, 1933), Erik Satie (*Peccadilles importunes*, 1913), Déodat de Séverac (*Le Retour des muletiers*, 1911), ainsi que *Parc d'attraction*, ouvrage collectif écrit pour l'Exposition universelle de Paris de 1937. Elle a également créé des œuvres de Claude Debussy (*Étude pour les arpèges composés* et *Étude pour les cinq doigts*, 1917), Gabriel Fauré (*Barcarolle n° 9*, 1909 ; *Impromptu n° 5*, 1909 ; *Préludes*, op. 103 nos 1 à 3, 1910).

ÉCRITS : *Au piano avec Claude Debussy* (1960), *Au piano avec Gabriel Fauré* (1963), *Au piano avec Maurice Ravel*, avec Pierre Laumonier (1971).

Lonquich, Alexander

Pianiste allemand, né à Trèves le 28 août 1960.

Fils du compositeur Heinz Martin Lonquich, il commence ses études pianistiques à Cologne avec Astrid Schmidt-Neuhaus puis travaille à Essen avec Paul Badura-Skoda, à Stuttgart avec Andreï Jachinski et à Milan avec Ilonka Deckers. En 1974, il remporte le Concours Karl Robert Kreiten à Cologne et, deux ans plus tard, le Concours international Alessandro Casagrande à Terni avec un programme entièrement consacré à Schubert. Ce compositeur devient le musicien favori de ses débuts, notamment en Suisse et en Italie où sa carrière se développe rapidement. Il joue en duo avec les pianistes Paul Badura-Skoda ou Nikita Magaloff et avec le violoniste Frank Peter Zimmermann. Il se tourne également vers la direction d'orchestre qu'il pratique avec un certain nombre d'orchestres de chambre.

Loose, Emmy

Soprano allemande, née à Karbitz (Aussig) le 22 janvier 1914, morte à Vienne le 14 octobre 1987.

Elle suit les cours du Conservatoire de Prague et débute, en 1939, dans Blondchen

(*L'Enlèvement au sérail*) à l'Opéra de Hanovre. Invitée à chanter Ännchen (*Le Freischütz*) à l'Opéra de Vienne, elle y signe aussitôt un contrat comme membre permanent de la troupe. Elle s'impose comme grande spécialiste des sopranos légers de Mozart, ainsi que du répertoire de soubrettes. Elle participe chaque année au Festival de Salzbourg et apparaît également au Festival de Glyndebourne et au Mai Musical de Florence comme mozartienne. Au Festival d'Aix-en-Provence, elle triomphe en Blondchen, Zerline (*Don Giovanni*) et Elisetta (*Le Mariage secret*). Elle est invitée également à la Scala, à Covent Garden et en Amérique du Sud. Professeur à l'Académie de Vienne jusqu'en 1970, elle donne également, à partir de 1967, des cours d'été au Mozarteum de Salzbourg.

López Coboz, Jesús

Chef d'orchestre espagnol, né à Toro (Zamora) le 25 février 1940.

Il fait ses études musicales aux conservatoires de Malaga et de Madrid (piano et composition) puis à l'Académie de Vienne avec Hans Swarowsky et Renhold Schmid (1966-69) et à la Juilliard School of Music de New York (1969-70). Il passe également un doctorat de philosophie. Il donne son premier concert en 1968 à Prague et est lauréat du Concours de Besançon. En 1969, il remporte le 1er prix du Concours Mitropoulos à New York et dirige pour la première fois à la Fenice de Venise où il assure la fonction de chef permanent (1970-71). Il devient chef permanent à la Deutsche Oper de Berlin (1972-76). En 1976, il dirige *Don Giovanni* au Festival d'Aix-en-Provence. Il poursuit une carrière internationale de chef invité. Il dirige à l'Opéra de Paris en 1978 (*Cendrillon* de Rossini) puis à Covent Garden. Il est ensuite nommé Generalmusikdirektor à la Deutsche Oper de Berlin (1981-90). Entre 1981 et 1983, il est chef associé de l'Orchestre National d'Espagne dont il devient directeur musical (1984-89). En 1987, il prend la direction de l'Orchestre Symphonique de Cincinnati et, en 1990, la direction de l'Orchestre de Chambre de Lausanne. Il a créé des œuvres de Lleonardo Balada (*Symphonie n° 4*, 1992), Elliott Carter (*Remembrance*, 1989), Thomas Marco (*Symphonie n° 4*, 1988), Jean Perrin (*Symphonie n° 4*, 1991), Isang Yun (*Symphonie n° 2*, 1984), Julien-François Zbinden (*Symphonie n° 4*, op. 82, 1992).

Lorengar, Pilar (Lorenza Pilar García Lorengar)

Soprano espagnole, née à Saragosse le 16 janvier 1921.

Elle suit les cours du Conservatoire de Barcelone où elle débute comme mezzo-soprano (1949). Elle travaille également avec Angeles Oteil à Madrid. En 1951, elle remporte un concours de chant à Barcelone, mais se tourne alors vers le répertoire de soprano. Elle chante d'abord dans les théâtres de son pays, puis se fait connaître sur le plan international à Paris et à Londres (1954). L'année suivante, elle se rend en Amérique du Nord où elle donne plusieurs concerts et chante dans les opéras de San Francisco et de Chicago. En 1957, elle débute au Festival de Glyndebourne dans Pamina (*La Flûte enchantée*) et, les deux saisons suivantes, dans la Comtesse (*Les Noces de Figaro*). Elle est ensuite invitée à l'Opéra de Vienne, à l'Opéra de Munich, ainsi qu'au Festival d'Aix-en-Provence et retourne à Barcelone et à Madrid. En 1959, elle est engagée à l'Opéra de Berlin. En 1961, elle chante *Idoménée* et Pamina au Festival de Salzbourg. En 1966, elle est engagée au Met où elle débute dans Donna Elvira. Elle s'y produira régulièrement pendant douze saisons, chantant Elsa, Butterfly, la Comtesse, Agathe ou Eva. Son répertoire s'étend aux principaux rôles de Verdi et Puccini, à Mélisande et à Jenůfa. Elle fait ses adieux à la scène dans Tosca à la Deutsche Oper de Berlin (1990) et donne son dernier récital de lieder à Oviedo l'année suivante.

Lorenz, Max (Max Sülzenfuß)

Ténor allemand, né à Düsseldorf le 17 mai 1901, mort à Salzbourg le 11 janvier 1975.

Après avoir étudié à Berlin avec Ernst Grenzebach, il fait ses débuts à l'Opéra de Dresde en 1927 dans le rôle de Walther von der Vogelweide de *Tannhäuser*. En 1930, il rejoint la troupe de l'Opéra de Berlin et en 1941 celle de l'Opéra de Vienne. De 1933 à 1944, puis en 1953 et 1954, il est l'une des vedettes de Bayreuth dans tous les rôles de ténor wagnérien où sa grande voix, sa prestance et son sens dramatique le rendent incomparable. Il obtient les plus grands succès sur toutes les scènes des deux continents. Son répertoire est considérable allant de Florestan à Bacchus ou Rienzi en passant par Otello, rôle dans lequel il remporte des triomphes. Il participe, notamment à Salzbourg, à de nombreuses créations. Il a enregistré de nombreux disques dont une mémorable intégrale d'*Ariane à Naxos* prise sur le vif le 11 juin 1944 à l'Opéra de Vienne à l'occasion du 80e anniversaire de Richard Strauss.

Lorenzi, Sergio

Pianiste italien, né à Lonigo (Vicenza) le 21 avril 1914, mort à Venise le 19 mars 1974.

Il commence ses études musicales à Padoue avec Renzo Lorenzoni puis travaille avec Alfred Cortot et Alfredo Casella. Il fait ses débuts en 1931 et se consacre surtout à la musique de chambre, en duo avec la violoniste Pina Carmirelli, ou au sein du Quintetto Chigiano. En 1944, il forme un duo de piano avec **Gino Gorini** qui s'impose rapidement hors des frontières italiennes, principalement dans le domaine de la musique contemporaine. Il enseigne au Conservatoire de Pesaro puis à celui de Venise. Il donne également des cours d'interprétation à l'Académie Chigiana de Sienne et à l'École Normale de Musique de Paris. Il a créé des œuvres de Bruno Bettinelli (*Concerto pour deux pianos*, 1962), Bruno Maderna (*Concerto pour deux pianos*, 1948).

Loriod, Jeanne

Ondiste française, née à Houilles le 13 juillet 1928.

Dès la création des ondes Martenot elle en reconnaît les ressources étonnantes, la variété de timbres, l'originalité et le pouvoir d'expression. Elle se passionne pour ce « nouveau monde sonore ». Elle travaille le piano avec Lazare Lévy puis les ondes avec Maurice Martenot au Conservatoire de Paris. Elle fait ses débuts en 1950 et participe aussitôt à un quatuor d'ondes fondé par Ginette Martenot. Elle joue dans tous les pays du monde et s'impose, à sa génération, comme figure marquante de l'instrument.

En soliste ou dans des œuvres concertantes, les compositeurs d'aujourd'hui ne sauraient se passer d'elle. Professeur au Conservatoire de Paris, après avoir été premier professeur titulaire d'une classe d'ondes Martenot au Conservatoire de Saint-Maur, à l'École Normale de Musique et à la Schola Cantorum de Paris, elle ne sépare pas l'enseignement de son besoin de découverte. Son répertoire comporte douze concertos, vingt œuvres concertantes et une soixantaine d'œuvres de musique de chambre. Elle joue le rôle de pionnier face aux instruments électroniques. En 1974, elle fonde un sextuor d'ondes avec Antoinette et Valérie Hartmann, Pascale Rousse-Lacordaire, Tristan Murail et Françoise Pellié, les deux derniers étant remplacés en 1978 par Philippe Raynaud et Christine Clément. Parmi les trois ou quatre centaines de créations qu'elle a assurées, *Concerto* (1957) de Bondon, *Suite karnatique* (1958) et *Concerto* (1964) de J. Charpentier, *Brève* (1966) de Bussotti, *Mach 2,5* (1974) de Murail, *Hymne à saint André* (1977) de Jolivet, *Froissement d'ailes* (1977) de Levinas, et des œuvres de Koechlin, Tomasi, Rivier, Barraud, Tessier, Vychnegradsky, sans oublier les grandes pages de Messiaen pour lesquelles on fait appel à elle dans le monde entier.

Loriod, Yvonne

Pianiste française, née à Houilles le 20 janvier 1924.

Elle commence très jeune ses études musicales et donne un récital chaque mois dans le salon de sa marraine – professeur de piano – comprenant une œuvre classique, une romantique et une moderne. A quatorze ans, elle a à son répertoire : le *Clavier bien tempéré* de Bach, les 32 sonates de Beethoven, l'œuvre intégral de Chopin et les 22 concertos de Mozart.

Élève de Lazare-Lévy et d'Olivier Messiaen, dont elle deviendra la femme, elle travaille aussi avec M. Ciampi, S. Caussade, J. Calvet, Abel Estyle et Darius Milhaud. Dans la classe d'Olivier Messiaen elle côtoie tous les compositeurs qui s'épanouiront plus tard, Boulez en particulier. Elle travaille Debussy, Ravel, Schoenberg, puis ajoute à son répertoire Jolivet, Boulez et Bartók. Elle est la créatrice de toutes les œuvres de Messiaen (qui lui a dédié les *Visions de l'Amen,* 1943, et les *Vingt Regards de l'Enfant Jésus,* 1945), de la *Sonate n° 2* (1950), et les *Structures* (1962) de Boulez, le *Concerto* (1945) de Nigg, la *Sonate* (1957) de Barraqué, le *Concerto* (1961) de Chaynes, la *Sonate n° 2* (1959) de Jolivet.

Demandée très souvent pour les jurys internationaux, elle donne des cours dans plusieurs pays d'Europe, en Argentine et aux États-Unis. Elle a reçu sept prix du Conservatoire, douze grands prix du disque. Professeur de piano au Conservatoire de Paris (1967-89), elle a donné l'intégrale des concertos pour piano de Mozart. Sa mémoire prodigieuse, sa virtuosité, son intelligence font d'elle l'une des meilleures interprètes du XXe siècle.

Lortie, Louis

Pianiste canadien, né à Québec le 27 avril 1959.

Il fait ses débuts avec l'Orchestre Symphonique de Montréal à l'âge de treize ans. Puis il remporte, trois ans plus tard, le 1er prix de la Canadian Music Competition et de la CBC National. En 1978, il est le soliste d'une tournée de l'Orchestre Symphonique de Toronto en Chine et au Japon. Mais il limite le nombre de ses concerts pour approfondir son répertoire. En 1984, il remporte le 1er prix au Concours international Ferruccio Busoni de Bolzano et est lauréat du Concours international de Leeds. C'est le début d'une carrière internationale qui le mène rapidement dans tous les pays d'Europe. Son répertoire, essentiellement romantique, accorde une large place à la musique française.

Los Angeles, Victoria de (Victoria Lopez Garcia)

Soprano espagnole, née à Barcelone le 1er novembre 1923.

Son père est employé à l'Université et elle travaille seule sa voix dans les salles de cours. En 1940, elle s'inscrit au conservatoire où elle étudie le chant et le piano. En trois ans d'études elle récolte plusieurs prix et, après avoir participé à quelques concerts, débute au Liceo de Barcelone dans le rôle de la Comtesse des *Noces de Figaro* de Mozart. Dès 1942, elle chante l'*Orfeo* de Monteverdi. En 1947, elle remporte le Concours international de Genève et, un an plus tard, chante *La Vie brève* de De Falla à la BBC. En 1949, elle chante Marguerite de *Faust* à l'Opéra de Paris ; l'année suivante, elle incarne Mimi, sous la direction de Beecham à Covent Garden, chante à Salzbourg et pour la première fois à la Scala dans *Ariane à Naxos* de R. Strauss. En 1951, elle se rend à New York invitée au Metropolitan Opera (*Faust*). Elle ne joue pas les divas. Sa voix est fraîche, naturelle (tout d'abord soprano colorature, dans *Manon*, sous la direction de Cluytens). Au Met elle chante encore *Madame Butterfly*, *Les Maîtres chanteurs*, *La Bohème.* A Buenos Aires, au Colón (en 1952-54), à Stuttgart, à Milan à nouveau, elle élargit son répertoire, y ajoutant *Don Giovanni*, et *Mithridate Eupatore* de Scarlatti, *Le Freischütz*, *Le Barbier de Séville.* Invitée à Bayreuth, elle y chante Elisabeth en 1961 et 1962. Au fil des années, elle se consacre davantage au récital. Le répertoire espagnol, les mélodies mettent en valeur son art sobre, lumineux. Elle fut aussi tour à tour Carmen et Mélisande...

Lott, Felicity

Soprano anglaise, née à Cheltenham le 8 mai 1947.

Elle fait ses études à la Royal Academy of Music de Londres et débute, en 1973, à l'Unicorn Opera d'Abingdon dans le rôle de Seleuce (*Tolomeo* de Haendel). En 1975, elle chante Pamina à l'English National Opera. L'année suivante, elle participe à la création mondiale de l'opéra de Henze *We Come to the River* à Covent Garden. Elle chante régulièrement à Glyndebourne (Octavian, Pamina, Arabella...) et commence à donner des concerts en Europe. En 1983, elle incarne Louise de G. Charpentier à la Monnaie de Bruxelles où on la retrouve, un an plus tard dans la Comtesse (*Les Noces de Figaro*). Elle fait ses débuts au Met en 1986 dans *Capriccio*, ouvrage qu'elle chante à nouveau à l'Opéra de Paris en 1993. Elle incarne la Maréchale (*Le Chevalier à la rose*) à Covent Garden, Glyndebourne, Munich, Bruxelles et au Châtelet (1993). Elle s'impose tant dans les répertoires mozartien et straussien que dans le domaine de la mélodie.

Loughran, James

Chef d'orchestre écossais, né à Glasgow le 30 juin 1931.

Il travaille la direction d'orchestre à Bonn (avec Peter Maag), à Amsterdam et à Milan. A Bonn, il occupe également des fonctions de répétiteur. En 1961, il remporte le 1er prix au concours de l'Orchestre Philharmonia, ce qui lui permet de débuter à Londres la même année avec cet orchestre. En 1962, il est chef assistant de l'Orchestre Symphonique de Bournemouth dont il devient ensuite chef associé (1964-65). Puis il est nommé premier chef du BBC Scottish Symphony Orchestra (1965-71). De 1971 à 1983, il remplace Sir John Barbirolli à la tête du Hallé Orchestra de Manchester et prend, en outre, la direction de l'Orchestre Symphonique de Bamberg (1979-83). Il mène parallèlement une carrière de chef lyrique marquée par ses débuts à Covent Garden dans *Aïda* en 1964. Il a créé l'opéra de Malcolm Williamson, *Our Man in Havana* (1963) et *The Chagall Windows* (1975) de John McCabe.

Loup, François

Basse suisse, né à Estavayer-le-lac le 4 mars 1940.

Il fait parallèlement des études classiques et musicales à Fribourg où il étudie le piano, l'orgue, la composition et le chant. Il débute au Grand-Théâtre de Genève, de 1964 à 1966, tout en dirigeant un certain nombre de chorales amateurs pour lesquelles il harmonise motets, madrigaux et mélodies folkloriques suisses. Engagé par Michel Corboz, il est soliste de l'Ensemble Instrumental de Lausanne. Son aisance dans la musique baroque le fait participer à de nombreuses réalisations, tant en concert (avec la Società Cameristica di Lugano) que sur scène (*Orfeo* à l'Opéra de Lyon). Comme chanteur d'oratorio, il se produit dans toute l'Europe. Sur scène, son talent de comédien le prédispose aux rôles de basse bouffe (Leporello, Figaro, Bartholo, Dulcamara, Don Pasquale, Masetto...), mais la couleur de son timbre lui permet également d'aborder avec bonheur Arkel, Pimène, Frère Laurent, Sarastro... Il participe à de nombreux festivals, Albi, Saintes, Spoleto (1975) où il remporte un succès tout particulier dans *Docteur Miracle*. Il crée *Monsieur de Pourceaugnac* de Frank Martin, *Le Chant du cygne* d'Adrienne Clostre ainsi que plusieurs œuvres que certains compositeurs écrivent pour lui : Andreas Pflüger, Bernard Videau, Dante Granato... Il se passionne également pour l'enseignement du chant. Dès le début des années quatre-vingt, sa carrière s'oriente davantage vers le nouveau continent : l'Opéra de Washington lui décerne le titre d'« artiste de l'année » en 1984. Il chante régulièrement au Met, à Chicago, San Francisco et au Festival de Santa Fe. A l'Opéra de Paris-Bastille, il chante dans *Les Noces de Figaro* et *Tosca* (1990-91).

Lozano, Fernando

Chef d'orchestre mexicain, né à Mexico le 2 avril 1940.

Après avoir commencé ses études musicales au Conservatoire de Mexico, il fait ses débuts avec l'orchestre de ce conservatoire en 1962. Il obtient des bourses qui lui permettent de se perfectionner en France (avec Pierre Dervaux à l'École Normale de Musique, 1965-67), en Italie (avec Franco Ferrara) et aux Pays-Bas (avec Jean Fournet à Hilversum). En 1974, il effectue ses débuts à l'Opéra de Vienne. Il mène une carrière de chef invité dans son pays et en Europe avant d'être nommé directeur musical de l'Orchestre Philharmonique de Mexico (1978-83).

Lubimov, Alexei

Pianiste et claveciniste russe, né à Moscou le 16 septembre 1944.

Il fait ses études au Conservatoire de Moscou avec Heinrich Neuhaus. Il remporte le 1er prix au Concours international de piano de Rio de Janeiro en 1965 et est lauréat du Concours international de Montréal en 1968. C'est en 1964 que débute sa carrière de concertiste ; il joue régulièrement avec O. Kagan, N. Gutman, G. Kremer, W. Kuijken... Il déploie une activité musicale importante dans son pays, où il s'impose au fil des ans comme l'un des pianistes les plus remarquables de sa génération. Il est également, depuis 1968, le fondateur et directeur artistique de l'Alternative, festival de l'avant-garde musicale à Moscou. Il s'engage résolument vers l'élargissement de son répertoire et la diversification de ses ressources instrumentales. Tout en restant fidèle au répertoire pianistique classique, il se tourne aussi bien vers la musique contemporaine d'avant-garde (il est le créateur en URSS de nombreuses œuvres de J. Cage, Boulez, Stockhausen, Penderecki...) que vers la musique ancienne, dont il est le premier dans son pays à imposer l'interprétation sur instruments d'époque.

Lubin, Germaine

Soprano française, née à Paris le 1er février 1890, morte à Paris le 17 octobre 1979.

Martini est son premier professeur de chant. A dix-huit ans, sa voix exceptionnelle lui vaut d'être reçue à l'unanimité au Conservatoire de Paris. Elle y obtient trois premiers prix... et la fervente admiration de Fauré. Elle débute à l'Opéra-Comique en 1912 et y triomphe dans *Les Contes d'Hoffmann* devant Dukas et Debussy. Elle chante de nombreux opéras (*Zampa* de Hérold, *Le Pays* de Ropartz), épouse le poète Paul Géraldy et continue de travailler sa voix avec Jean De Reszké et Felia Litvinne. Après la réouverture de l'Opéra de Paris, elle s'y produit dans Gounod, d'Indy, Massenet et Verdi. En 1918, elle est Telaïre dans *Castor et Pollux* de Rameau. En 1919, on la remarque dans *Le Retour* de Max d'Ollone et *Saint-Christophe* de Vincent d'Indy. Wagner revient alors au répertoire de l'Opéra de Paris : c'est le grand événement de sa carrière musicale. En 1921, elle chante Sieglinde dans *La Walkyrie* ; en 1923, elle est Eva dans *Les Maîtres chanteurs* sous la baguette de Camille Chevillard. Clemens Krauss l'appelle à Vienne. C'est le début d'une triomphale carrière internationale : *Ariane à Naxos* dirigée par Richard Strauss, *Boris Godounov* sous la baguette de Serge Koussevitzky, *Alceste* de Gluck avec Georges Thill. Elle chante Ravel sous la direction de Weingartner et travaille toujours voix et présence scénique avec Lilli Lehmann. En 1930, elle est pour la première fois Isolde à Paris. Elle côtoie les plus grands (Lauritz Melchior, Philippe Gaubert, Bruno Walter, Thomas Beecham) et reprend, en 1935, *Ariane et Barbe-Bleue* de Paul Dukas. En 1938, elle est la deuxième cantatrice française à être invitée à Bayreuth. Hitler la remarque dans *Parsifal* et tient à la rencontrer. Point culminant de toute sa vie d'interprète, elle chante Isolde à Bayreuth, en 1939, avec Max Lorenz et Margarete Klose sous la baguette de Victor De Sabata. Germaine Lubin accepte de rechanter en France sous l'Occupation (*Fidelio* en 1940, *Le Chevalier à la rose* en 1941, *Tristan et Isolde* sous la direction de Herbert von Karajan, *La Chauve-Souris* avec Elisabeth Schwarzkopf). Une attitude parfois cassante et quelques déclarations jugées imprudentes n'arrangent pas les choses : à la Libération, Germaine Lubin est condamnée à la dégradation nationale à vie, réduite ensuite à cinq ans. Elle donne son dernier récital, voix et énergie brisées, Salle Gaveau, en 1950. Elle se consacre alors à la pédagogie et forme, parmi de nombreux élèves, Régine Crespin et Udo Reinemann.

Lublin, Éliane

Soprano française, née à Paris le 10 avril 1938.

Après des études classiques en France, elle obtient le diplôme du Conservatoire Verdi de Milan. Revenue à Paris, elle travaille le chant avec Mario Podesta et débute dans le rôle de Mélisande au Festival d'Aix-en-Provence. Engagée à l'Opéra-Comique, après *Le Médium* de Menotti à Monte-Carlo, elle débute au Palais Garnier dans *Les Dialogues des Carmélites* (Poulenc) et y chante régulièrement à partir de 1974 : *Manon*, *Faust*, *La Cenerentola*, *Peter Grimes* (Britten) et la création française du *Grand Macabre* de Ligeti (1981). En 1986, elle prend la direction du Théâtre de Paris qui redevient un centre lyrique important de la capitale, notamment pour l'opérette.

Luca, Giuseppe de

Voir à **De Luca, Giuseppe.**

Luca, Libero de

Voir à **De Luca, Libero.**

Lucchesini, Andrea

Pianiste italien, né à Massa e Cozzile, Pistoia, le 8 juillet 1965.

Dès l'âge de sept ans, il devient l'élève de Maria Tipo au Conservatoire de Florence. Il remporte le Prix Alfred Cortot (1976) et le prix du Concours de Trévise (1981). En 1982, il est diplômé de l'Istituto Musicale Giuseppe Verdi de Ravenne et remporte le 1er prix au Concours international Dino Ciani à Milan. Sa carrière démarre aussitôt dans les grandes villes européennes (Paris, Munich, Francfort...) et dans le domaine discographique.

Luccioni, José

Ténor français, né à Bastia le 14 octobre 1903, mort à Marseille le 5 octobre 1978.

Possédé du démon de la mécanique automobile, il abandonne ses études secondaires pour devenir essayeur de voitures chez Citroën. Et il chante, tout le temps, partout. Il lui faudra le service militaire pour que des camarades issus de conservatoires le forcent à prendre le chant au sérieux. Il monte à Paris. Il a pour professeurs de chant Léon David, qui lui enseigne le style, et Léon Escalaïs, qui lui transmet l'art de savoir doser la vaillance de ses moyens naturels. Il décroche un 2e prix de chant et Jacques Rouché l'engage à l'Opéra, tout en lui permettant de continuer sa scolarité. En 1931, il foule pour la première fois les planches du Palais Garnier (*Virginie* d'Alfred Bruneau). Ses vrais débuts, il les fait à Rouen la même année dans *La Tosca.* Son succès est tel qu'il est immédiatement réinvité à chanter Mario puis Canio. En 1932, son Canio met en ébullition l'exigeant public marseillais et il le chante à l'Opéra de Paris. Toutes les scènes de province s'arrachent ce phénomène et Gheusi se décide enfin à l'engager Salle Favart pour chanter le premier des quelque 350 Don José qui jalonneront sa carrière. Viennent ensuite Monte-Carlo, où il est Dimitri aux côtés de l'immortel Boris de Chaliapine, Covent Garden, le Liceo de Barcelone, l'Opéra de Rome où il crée le *Cyrano de Bergerac* d'Alfano (la Scala ne lui pardonnera jamais d'avoir joué Rome contre elle), le Colón, Chicago où il se révèle dans *L'Amour des trois rois* de Montemezzi (là encore une querelle de théâtres lui fermera les portes du Met... Et les grands rôles se succèdent : des Grieux, Samson, Mathô dans l'admirable reprise de *Salammbô* à l'Opéra de Paris, Roméo, Calaf, Pinkerton, Faust de Gounod et de Berlioz, André Chénier, Radamès, Werther, Mylio... En 1943, il incarne Otello à l'Opéra de Paris. Un rôle que, vrai ténor et non « baryton monté », et acteur profondément habité, il marquera de façon indélébile durant les quelque 120 représentations qu'il en donnera. José Luccioni a joué dans deux films, *Colomba* et *Le Bout de la route.*

Ludwig, Christa

Mezzo-soprano allemande, née à Berlin le 16 mars 1928.

Elle voit le jour dans une famille de musiciens : ses parents, Anton Ludwig et Eugenie Besalla sont tous deux chanteurs à Vienne. Elle travaille avec sa mère puis avec Felice Hüni-Mihaček. Elle commence par des concerts de lieder et des opérettes (*La Chauve-Souris*, en 1946 à Francfort). Puis elle est engagée à Darmstadt, Hanovre et Hambourg. On la remarque dans Chérubin à Salzbourg (1954). L'année suivante, elle chante à Vienne, avec Böhm.

Elle s'impose comme la meilleure mezzo mozartienne et straussienne de sa génération et débute au Met, en 1959. En 1962, elle est nommée Kammersängerin à l'Opéra de Vienne. La même année, elle chante Leonore avec Karajan. On lui offre des rôles de soprano (la Maréchale, avec Bernstein en 1968, au Met). Elle incarne Brangaene, puis Kundry à Bayreuth en 1966-67. A l'Opéra de Paris, elle apparaît dans la Teinturière de *La Femme sans ombre*, Fricka, Octavie (*Le Couronnement de Poppée*) et débute, en 1976, à Covent Garden dans *Carmen*. Les grands chefs (Solti, Karajan, Bernstein) apprécient sa musicalité. Elle aime aussi le lied et – après Lotte Lehmann – a abordé *Le Voyage d'hiver*. Voix chaude, excellente technique, elle se refuse à forcer ses moyens. Ses rôles de prédilection : la Maréchale, la Teinturière. Elle est aussi une remarquable Brangäne mais elle se refusera toujours à aborder Isolde. Elle quitte la scène en 1993. Elle a épousé en premières noces le baryton **Walter Berry** (1957) et, en secondes noces, le comédien Paul-Émile Deiber (1971). Elle a créé le rôle de Claire dans l'opéra de von Einem, *Der Besuch der alten Damen* (Vienne, 1971).

Ludwig, Leopold

Chef d'orchestre allemand, né à Witkowitz (Ostrava) le 12 janvier 1908, mort à Lüneburg le 24 avril 1979.

Il travaille le piano et l'écriture à l'Académie de Vienne, notamment avec Emil Paur. En 1931, il fait ses débuts de chef d'orchestre à Opava. Puis il dirige à Brno avant d'être nommé directeur musical à Oldenburg (1936-39). Il est ensuite chef permanent à l'Opéra de Vienne (1939-43), chef permanent à la Städtische Oper de Berlin (1943-45) où il continue à diriger régulièrement jusqu'en 1951 comme invité, ainsi qu'à la Staatsoper. Il est ensuite nommé directeur général de la musique à Hambourg (1951-70). En 1968, il reçoit le titre de professeur à l'Université de Hambourg. En 1969-70, il est conseiller musical de l'Orchestre Symphonique de Bâle. En dehors de ses fonctions permanentes, il mène une active carrière de chef invité, dirigeant le répertoire wagnérien et les grandes œuvres lyriques allemandes du XXe siècle. A Glyndebourne, il conduit *Le Chevalier à la rose* en 1959. Au Met, il est invité à diriger *Parsifal* en 1970. Fervent défenseur de la musique de son temps, il a créé *Pallas Athene weint* de Krenek (1955), *Le Prince de Hombourg* de Henze (1960), *Figaro lässt sich scheiden* (1963) et *Jacobowsky und der Oberst* (1965) de Klebe.

Luisada, Jean-Marc

Pianiste français, né à Bizerte (Tunisie) le 3 juin 1958.

Il commence ses études musicales à l'École Yehudi Menuhin de Stocke d'Abernon dans le Surrey (G.-B.), où il travaille avec Marcel Ciampi, Gerald Moore, Nadia Boulanger et Benjamin Britten. Au Conservatoire de Paris, il est l'élève de Dominique Merlet et Geneviève Joy et remporte, en 1977, des premiers prix de piano et de musique de chambre. Il se perfectionne avec Paul Badura-Skoda et Nikita Magaloff à partir de 1981. En 1983, il est lauréat du Concours international Dino Ciani à la Scala de Milan et obtient le Prix Alex De Vries. Il commence une carrière en Italie qui prend un essor international après le prix qu'il obtient au Concours Chopin à Varsovie en 1985. Trois tournées consécutives au Japon consacrent sa notoriété dans le répertoire romantique et la musique française. Passionné par la musique de chambre, il joue avec Jean-Pierre Rampal, Augustin Dumay, Raphaël Oleg, le Quatuor Talich et accompagne la cantatrice Françoise Pollet.

Lukács, Ervin

Chef d'orchestre hongrois, né à Budapest le 9 août 1928.

Il fait ses études musicales au Conservatoire Béla Bartók (1950-51) et à l'Académie Ferenc Liszt de Budapest où il travaille le piano avec György Kálmán et Arnold Székely, la composition avec Rezsö Sugár et la direction d'orchestre avec László Somogyi. Il obtient ses diplômes en 1956 et, parallèlement, mène à bien ses études de médecine. Entre 1954 et 1956, il est second chef de l'Ensemble de l'Armée populaire hongroise ; puis il prend la direction de l'Opéra et de l'Orchestre Symphonique de Miskolc (1956-57) avant de devenir, en 1957, répétiteur à l'Opéra de Budapest où il est nommé chef d'orchestre permanent un an plus tard. Il enseigne la direction d'orchestre à l'Académie Franz Liszt (1957-59) et suit les cours de Franco Ferrara à Venise et à l'Académie Sainte-Cécile de Rome avant de remporter le 1er prix au Concours international de Rome (1962). Il dirige régulièrement la plupart des orchestres hongrois et mène une importante carrière internationale dans le domaine symphonique (États-Unis, Japon, URSS, Allemagne...). En 1987, il est nommé directeur musical de l'Opéra de Budapest.

Lukomska, Halina

Soprano polonaise, née à Suchedniów le 29 avril 1929.

Elle fait ses études à l'École supérieure d'État d'Opéra de Poznań (1951-54), puis à l'École supérieure de musique de Varsovie. Elle perfectionne sa voix avec G. Favaretto à Sienne (1958) et avec Toti Dal Monte à Venise (1959-60). En 1956, elle reçoit le 1er prix au concours de chant de 's-Hertogenbosch. Elle est invitée dans plusieurs festivals internationaux. Elle donne des récitals classiques (Bach, Haendel, Mozart) et participe à des concerts de musique de chambre. Dans le domaine de l'opéra elle interprète Monteverdi (*Orfeo*, *Le Couronnement de Poppée*), car elle fait partie de ces cantatrices d'aujourd'hui qui aiment rapprocher la musique du XVIIe et la musique contemporaine.

Elle a interprété les compositions les plus marquantes de notre temps : *Pli selon Pli* de Boulez, des œuvres de Nono, Lutosławski, Maderna, Serocki, à côté d'œuvres de référence : Schoenberg, Berg, Webern et Stravinski. H. Zender et A. Bloch ont écrit pour elle.

Lupu, Radu

Pianiste roumain, né à Galaţi le 30 novembre 1945.

Il donne son premier concert à douze ans et continue à travailler pendant plusieurs années avec Florica Muzicescu et Cella Delavrancea. En 1961, il obtient une bourse d'études pour le Conservatoire de Moscou où il reste jusqu'en 1968 ayant pour maîtres Heinrich Neuhaus et son fils Stanislav. Il est lauréat de trois concours : Van Cliburn en 1966, Concours international Enesco en 1967, Concours de Leeds en 1969. Fixé à Londres, il joue avec de grands orchestres dès 1972, Cleveland (Barenboïm), Chicago (Giulini), Los Angeles (Mehta). Plusieurs fois soliste à Berlin et Salzbourg (auprès de Karajan), il excelle dans Mozart, Beethoven et Schubert. Il a créé le *Concerto pour piano* d'André Tchaïkowsky.

Luxon, Benjamin

Baryton anglais, né à Redruth (Cornouailles) le 24 mars 1937.

Il fait ses études à la Guildhall School of Music de Londres avec Walter Grüner et chante à l'English Opera Group (1963-70). Il est engagé à Covent Garden et, à partir de 1972, au Festival de Glyndebourne. Il se produit également aux festivals d'Édimbourg et d'Aldeburg. Il chante régulièrement à l'English National Opera à partir de 1974 puis à l'Opéra de Francfort. En 1980, il fait ses débuts au Met et à l'Opéra de Paris, puis, en 1986, à la Scala (rôle-titre d'*Eugène Onéguine*). Il s'impose dans Papageno, Don Giovanni, Almaviva, Wolfram, Wozzeck et aborde le rôle-titre de *Falstaff* à l'English National Opera en 1989. Il consacre également une part importante de ses activités au lied et ne dédaigne pas de s'aventurer dans le domaine de la musique légère et du show télévisé. Cette polyvalence en a fait l'un des chanteurs les plus populaires en Grande-Bretagne. Il a créé le rôle-titre d'*Owen Wingrave* (1973) de Benjamin Britten et ceux de Jester et de la Mort dans *Taverner* (1972) de Peter Maxwell Davies.

Lympany, Dame Moura
(Mary Johnstone)

Pianiste anglaise, née à Saltash le 18 août 1916.

Déjà connue pour son interprétation de concertos à l'âge de douze ans, elle devient l'élève d'Ambroise Coviello à la Royal Academy of Music de Londres, puis de Paul Weingarten à Vienne. Ses autres professeurs seront Mathilde Verne, Tobias Matthay et Edward Steuermann. En 1938, elle remporte le 2e prix au Concours international Eugène Ysaÿe à Bruxelles, juste derrière Emil Guilels. Elle commence une carrière internationale et fait ses débuts à New York en 1948. Elle joue régulièrement en Amérique du Nord, en Grande-Bretagne et en Australie. Le continent européen tarde davantage à la reconnaître. Elle possède un répertoire très vaste (une soixantaine de concertos notamment) et se fait la championne des grands compositeurs britanniques (Britten, Delius, Williamson, Rawsthorne...). Elle a été la première interprète du *Concerto pour piano* de Khatchaturian en dehors de l'URSS.

Lysy, Alberto

Violoniste et chef d'orchestre argentin, né à Buenos Aires le 11 février 1935.

Après des études dans son pays natal avec Ljerko Spiller, il remporte le 6e prix au Concours Reine Élisabeth à Bruxelles en 1955. Il fait ses débuts en récital à New York en 1961, puis tourne avec les plus importants orchestres. En 1966, il fonde à Buenos Aires The Accademia Interamericana et peu après un orchestre de chambre, la Camerata Bariloche dont il assure la direction. Pendant plusieurs saisons, Yehudi Menuhin l'invite au Festival de Bath. Il enseigne à la Menuhin School, à Stoke d'Abernon. Fixé en Suisse, à Gstaad, il y dirige la Camerata Lysy (fondée en 1977) et l'Académie Internationale Yehudi Menuhin. Il a créé le *Concerto pour deux violons* (1962) de Malcolm Arnold avec Y. Menuhin.

M

Ma, Yo-Yo

Violoncelliste américain d'origine chinoise, né à Paris le 7 octobre 1955.

Il commence à quatre ans l'étude du violoncelle avec son père. Il donne à six ans son premier concert à Paris. Ses parents partant s'installer aux USA, il entre en 1962 à la Juilliard School et suit l'enseignement de Janós Scholz et Leonard Rose. En 1963, il joue sous la direction de Leonard Bernstein à la télévision. C'est un lancement pour sa carrière. Il participe pendant deux saisons à des concerts avec « Isaac Stern et ses Amis » au Carnegie Hall de New York et au Kennedy Center de Washington. Sa carrière européenne le conduit dans la plupart des pays. Lauréat de l'Avery Fisher Prize en 1978, il se produit souvent avec le pianiste Emmanuel Ax. A partir de la fin des années quatre-vingt, Isaac Stern se joint à eux pour constituer un trio qui prolonge la formation historique Stern-Istomin-Rose. En 1991, il joue l'intégrale des suites pour violoncelle seul de Bach pour le centenaire du Carnegie Hall de New York.

Il a créé des œuvres de Claude Bolling (*Suite pour violoncelle et piano jazz*, 1984), H.K. Gruber (*Concerto pour violoncelle*, 1989), Toru Takemitsu (*Beetween Tides*, 1993). Il a d'abord joué sur un Goffriller de 1722 qui avait été l'instrument de Pierre Fournier. Il a acquis ensuite un Montagnana et le Stradivarius de Jacqueline Du Pré, le *Davidov* (1712).

Maag, Peter

Chef d'orchestre suisse, né à Saint-Gall le 10 mai 1919.

Fils d'un pasteur luthérien, Otto Maag, et d'une violoniste qui jouait avec le Quatuor Capet, il fait ses études musicales à Zürich et à Genève avec Alfred Cortot, Ernest Ansermet, Wilhelm Furtwängler et Franz von Hösslin (1942-46) avant de débuter au Théâtre de Bienne (1949-51). Puis il est nommé chef d'orchestre à l'Opéra de Düsseldorf (1952-54) avant de devenir directeur général de la musique à Bonn (1954-59). Pendant cinq ans, il mène une carrière de chef invité. On le retrouve premier chef à la Volksoper de Vienne (1964-67) puis directeur musical de l'Opéra de Parme (1971-76) et conseiller artistique du Teatro Regio de Turin (1974-76) avant d'être nommé chef permanent de l'Orchestre Symphonique de Berne (1984-91) et directeur musical de l'Opéra de cette même ville (1986-91). Parallèlement, il est chef permanent de l'Orchestre de Chambre de Padoue et de Vénétie.

Il consacre une grande partie de ses activités à l'enseignement, notamment à Sienne où il a donné des cours de direction d'orchestre en 1968 et 1969.

Maazel, Lorin

Chef d'orchestre américain, né à Neuilly-sur-Seine le 6 mars 1930.

Petit-fils d'un violoniste russe émigré aux États-Unis qui avait été premier violon au Metropolitan Opera de New York, il commence ses études de piano et de violon dès l'âge de cinq ans puis aborde la direction d'orchestre avec Vladimir Bakaleinikoff à Pittsburgh. A neuf ans, à l'occasion de la Foire mondiale de New York, il dirige pour la première fois en public un orchestre d'étudiants puis partage la direction d'un concert avec Leopold Stokowski à la tête de l'Orchestre Philharmonique de Los Angeles. En 1941, Toscanini l'invite à diriger l'Orchestre Symphonique de la NBC, ce qui l'entraîne à assurer les concerts d'été de la Philharmonie de New York (1942), notamment pour la première fois au Lewisohn Stadium à Manhattan, devant 8 500 personnes. Considéré alors comme un enfant prodige, « little Lorin » est appelé à diriger les plus grands orchestres américains : Cleveland (1943), Philadelphie, Chicago, Los Angeles, San Francisco... De 1946 à 1950, il poursuit ses études à l'Université de Pittsburgh (mathématiques, philosophie, langues) et ses études musicales (harmonie, composition, contrepoint). Parallèlement, il est violoniste au sein de l'Orchestre de Pittsburgh et premier violon du Fine Arts Quartett. En 1951, Koussevitzky l'invite au Festival de Tanglewood à diriger la *Symphonie de psaumes* de Stravinski. En 1952, la Fondation Fulbright lui permet de travailler en Italie la musique baroque. La même année, en remplacement de Pierre Dervaux, il donne son premier concert européen à Catane. Il se produit durant les années suivantes dans l'Europe entière, à Vienne en 1955, à Berlin en 1956... En 1960, il est le plus jeune chef et le premier Américain à diriger au Festival de Bayreuth (*Lohengrin*). En 1961, il fait une tournée en Australie puis en 1962 aux États-Unis avec l'Orchestre National de l'ORTF. La même année, il dirige *Don Juan* de Mozart au Met de New York. En 1963, il débute à Salzbourg (*Les Noces de Figaro* de Mozart) et au Japon. En 1964, il prend la succession de Ferenc Fricsay à l'Orchestre Symphonique de la Radio de Berlin (jusqu'en 1975) et est nommé directeur artistique de la musique à l'Opéra de Berlin-Ouest (jusqu'en 1971). De 1970 à 1972, il est chef associé d'Otto Klemperer au New Philharmonia Orchestra de Londres. En 1972, il succède à George Szell à la tête de l'Orchestre de Cleveland où il dirige de nombreuses œuvres de compositeurs américains contemporains. Il en conserve la direction jusqu'en 1982. En 1977, il est nommé premier chef invité de l'Orchestre National de France. De 1982 à 1984, il est à la tête de l'Opéra de Vienne qu'il quitte avant la fin de son contrat dans un climat de mésentente générale. En 1984, il est nommé conseiller musical de l'Orchestre Symphonique de Pittsburgh dont il est ensuite directeur musical (1988-96). En 1988, il est nommé directeur musical de l'Orchestre National de France, poste qu'il abandonne en 1990. En 1993, il prend la direction de l'Orchestre Symphonique de la Radio Bavaroise à Munich. En deuxièmes noces, il a épousé en 1969 la pianiste **Israela Margalit** dont il a divorcé en 1983 et, en troisièmes noces (1986), l'actrice allemande Deitlinde Turban.

Parmi les œuvres qu'il a créées figurent les opéras de Luigi Dallapiccola, *Ulysse* (1968) et de Luciano Berio, *Un Re in Ascolto* (1984), compositeur dont il avait déjà créé les *Due Pezzi* pour violon et piano (1951), ainsi que des œuvres de Frank Michael Beyer (*Rondeau imaginaire,* 1972), Rodion Chtchedrine (*Old Russian Circus Music*, 1990 ; *Concerto pour trompette*, 1994), Jacob Druckman (*Chiaroscura*, 1977), Henri Dutilleux (*L'Arbre des songes*, concerto pour violon, 1985), Detlev Glanert (*Mitternachtstanz*, 1988), Karl Amadeus Hartmann (*Klagegesang*, 1990), Krzysztof Penderecki (*Adagio pour orchestre*, 1989).

Il a dirigé l'enregistrement de la bande sonore du film de Joseph Losey *Don Giovanni* (1979), ainsi que celle de *Carmen* (Francesco Rosi, 1983) et celle d'*Otello* (Franco Zeffirelli, 1985). Amateur d'opérations nouvelles ou insolites, on le voit par exemple diriger dans la même journée l'intégrale des symphonies de Beethoven à la tête des trois principaux orchestres londoniens au profit d'une œuvre caritative (1988). La même année, il organise pour la première fois à Paris un concert de Noël à l'image du concert du nouvel an à Vienne.

Compositeur lui-même, il a écrit une œuvre pour l'Orchestre Philharmonique de New York, *Veronica*.

Maćal, Zdeněk

Chef d'orchestre tchèque, né à Brno le 8 janvier 1936.

Il fait ses études au Conservatoire de Brno (1951-56) avec Bakala, Jílek et Veselka, puis à l'Académie Janáček de Prague (1956-60). Dès 1963, il est nommé à la tête de la Philharmonie Morave d'Olomouc où il reste jusqu'en 1967. Il remporte le Concours international de Besançon (1965) et le Concours Mitropoulos à New York (1966). De 1966 à 1968, il dirige régulièrement l'Orchestre Symphonique de Prague et la Philharmonie Tchèque avec laquelle il effectue plusieurs tournées. Il se fixe en Suisse en 1968 et, de 1970 à 1974, est premier chef de l'Orchestre Symphonique de la Radio de Cologne (WDR). Il mène ensuite une carrière de chef invité à la tête des principaux orchestres du monde avant de prendre la direction de l'Orchestre Symphonique de la Radio de Hanovre (1979-83). Il est ensuite nommé directeur musical de l'Orchestre Symphonique de Milwaukee (États-Unis) et, entre 1986 et 1988, chef permanent de l'Orchestre Symphonique de Sydney. Entre 1988 et 1992, il est directeur musical de l'Orchestre Symphonique de San Antonio (États-Unis). En 1993, il prend la direction musicale de l'Orchestre Symphonique de New Jersey. Il a créé des œuvres de Günter Bialas (*Meyerbeer-Paraphrasen*, 1970), de Goffredo Petrassi (*Orationes Christi*, 1975), Rudolf Kelterborn (*Erinnerungen an Orpheus*, 1979), Volker David Kirchner (*Symphonie n° 1*, 1982), Pascal Dusapin (*Tre Scalini*, 1983).

McCarthy, John

Chef de chœur anglais, né à Londres le 20 novembre 1919.

Il fait ses études au Royal College of Music de Londres où il travaille la composition avec M. Seiber, ainsi que le chant et la direction d'orchestre. En 1951, il fonde les Ambrosian Singers et l'Ambrosian Opera Chorus, ainsi que de nombreux autres chœurs. Il est directeur de la musique au Prieuré carmélite de Londres (à partir de 1959), chef du chœur de l'Orchestre Symphonique de Londres, chef de chœur à Covent Garden, professeur au Royal College of Music de Londres (à partir de 1971). A Londres, il participe à plusieurs comédies musicales et à plusieurs créations de commandes royales. Il dirige également des chœurs pour des centaines de films.

McCormack, John

Ténor irlandais, naturalisé américain (1917), né à Athlone le 14 juin 1884, mort à Dublin le 16 septembre 1945.

Après des études avec Sabbatini à Milan, il débute à Savone en 1906 (Fritz) puis à Londres, à Covent Garden en 1907 (Turiddu). Aux États-Unis, il paraît avec les compagnies du Manhattan Opera (1909), de Boston (1910-11), de Philadelphie et Chicago (1912-14) et du Met. En 1923, il quitte la scène pour se consacrer au concert. Son répertoire ne comprend que 21 rôles mais il reste fameux comme Ottavio, Elvino, Edgardo, Rodolfo et le Duc de Mantoue. Il crée en 1911 le rôle du Lieutenant Paul Merrill de *Natoma* de V. Herbert.

McCracken, James

Ténor américain, né à Gary (Indiana) le 16 décembre 1926, mort à New York le 6 mai 1988.

Il chante à Broadway tout en travaillant avec Wellington Ezekiel et Mario Pagano. Il fait ses véritables débuts à Central City (Colorado) en 1952. Un an plus tard, il est engagé au Met où il débute dans *La Bohème*. Pendant quatre ans, il y chante de petits rôles. Il vient ensuite en Europe où il travaille avec Marcello Conati à Milan (1957-59). En 1959, il est engagé dans la troupe de l'Opéra de Bonn. En 1960, il aborde son premier rôle important avec Otello qu'il chante à Washington, Zürich et Vienne puis à Londres, en 1964, pour ses débuts à Covent Garden. A partir de 1963, il chante surtout au Met (Florestan, Radamès, Don José, Canio, Samson...). Il fait ses débuts à Salzbourg dans Manrico (1963). Il a épousé la mezzo **Sandra Warfield** (1929).

ÉCRITS : *A Star in the Family*, avec Sandra Warfield (New York, 1971).

McDaniel, Barry

Baryton américain, né à Lyndon (Kansas) le 18 octobre 1930.

Il commence ses études à la Juilliard School (New York) et obtient la bourse Fulbright qui lui permet de parachever sa formation au Conservatoire de Stuttgart, avec Alfred Paulus et Hermann Reutter. En 1954-55, il chante à l'Opéra de Mayence et, en 1957, est engagé à l'Opéra de Stuttgart. En 1959, il est engagé à l'Opéra de Karlsruhe, en 1962 à celui de Berlin, où il obtient ses premiers succès. Il y chante un répertoire relativement étendu, de la musique baroque à Mozart, des romantiques à Wagner, jusqu'au répertoire contemporain où il excelle. Invité par les opéras de Munich et de Vienne, il y obtient de brillants succès. En 1972, il est *Pelléas*, lors de la « première » au Met. A côté de sa carrière sur scène, il s'est imposé comme un admirable concertiste, en oratorio et pour les mélodies. Il s'est particulièrement distingué dans les œuvres de J. S. Bach. Chaque année, il interprète la *Passion selon saint Matthieu* à Amsterdam. Il donne de nombreux concerts en Europe, comme en Amérique. En 1964, il chante pour la première fois à Bayreuth et, en 1968, pour la première fois à Salzbourg.

McGegan, Nicholas

Claveciniste et chef d'orchestre anglais, né à Sawbridgeworth (Hertfordshire) le 14 janvier 1950.

Il étudie le piano au Trinity College of Music de Londres (1968) ; il apprend aussi à jouer de la flûte et se spécialise dans la flûte baroque. Il poursuit ses études au Corpus Christi College de Cambridge (Bachelor of Arts, 1972) et au Magdalen College d'Oxford (Master of Arts, 1976). Il joue de la flûte, du clavecin et du piano à Londres, où il est également professeur de flûte baroque (1973-79) et d'histoire de la musique (1975-79) et directeur de la division musique ancienne (1976-80) au Royal College of Music. Entre 1979 et 1984, il est artiste résident à l'Université de l'État de Washington. Il est ensuite directeur musical du Philharmonia Baroque Orchestra de San Francisco (1985), qui devient l'un des principaux ensembles de musique baroque outre-Atlantique, du Festival d'Ojai (Californie ; 1988) et du Festival Haendel de Göttingen en Allemagne (1991). Ses travaux sur l'opéra et ses recherches sur la technique d'interprétation historique prennent de plus en plus d'ampleur. Outre la direction musicale, il met en scène divers opéras baroques, dont *Tesco* et *Orlando* de Haendel et *Il Sant' Alesio* de Stefano Landi.

McInnes, Donald

Altiste américain, né à San Francisco le 7 mars 1939.

Après des études générales à Santa Barbara (jusqu'en 1963), il fait ses études musicales à l'Université de Californie du Sud. A partir de 1966, il est lui-même professeur à l'Université du Washington à Seattle. Il est lauréat de la Fondation Ford en 1971. Il mène une carrière de soliste avec les principaux orchestres américains. En Europe, il se produit sous la direction de Leonard Bernstein avec lequel il enregistre notamment *Harold en Italie* de Berlioz. William Schuman a écrit pour lui son *Concerto on Old English Rounds* qu'il a créé à Boston en 1974.

McIntyre, Donald

Baryton néo-zélandais, né à Auckland le 22 octobre 1934.

Il étudie d'abord dans son pays et y donne ses premiers concerts. S'étant rendu en Angleterre, il y parachève ses études et appartient, de 1960 à 1967, à la troupe du Sadler's Wells Opera à Londres. Il s'y impose très vite comme grand baryton héroïque, spécialement dans le répertoire wagnérien. En 1967, il est engagé dans la troupe du Covent Garden, où il débute comme Pizzaro (*Fidelio*). A côté des héros wagnériens, il obtient de grands succès comme Jokanaan (*Salomé*), Barak (*La Femme sans ombre*), Scarpia (*Tosca*), *Rigoletto*, *Wozzeck*, et Kaspar (*Le Freischütz*). En 1967, il commence une glorieuse carrière au Festival de Bayreuth. D'abord Telramund (*Lohengrin*), il chante ensuite le Hollandais, Klingsor (*Parsifal*) ; en 1974, il est Kurwenal (*Tristan*) et Wotan (*Tétralogie*). Il apparaît dans tous les grands centres musicaux du monde. Depuis 1971, il est l'invité permanent de l'Opéra de Hambourg. En 1973-74, il chante à l'Opéra de Paris. Il débute au Met (Wotan) en 1975 et y chantera la plupart des grands rôles wagnériens, ainsi que Pizzaro et Orest.

Mackerras, Sir Charles

Chef d'orchestre australien, né à Schenectady (USA) le 17 novembre 1925.

Après des études au Conservatoire de Sydney, il est hautbois solo dans l'Orchestre Symphonique de cette ville (1943-46), puis il vient en Angleterre où il travaille un an. Il est ensuite l'élève de Talich à l'Académie de Prague (1947-48) et débute au Sadler's Wells Theatre où il est chef d'orchestre de 1948 à 1953. Puis il est nommé chef permanent du BBC Concert Orchestra (1954-56). On le voit dans la plupart des opéras du monde avant qu'il soit nommé premier chef à l'Opéra de Hambourg (1966-70) puis directeur musical à Sadler's Wells (1970-77). De 1977 à 1979, il est premier chef invité de l'Orchestre Symphonique de la BBC. Il dirige régulièrement à l'Opéra de Paris et à Covent Garden. Grand spécialiste de Janáček, il a dirigé les premières représentations en Angleterre de *Káťa Kabanova* et *L'Affaire Makropoulos* et, à l'Opéra de Paris, celles de *Jenůfa.* Le chef d'orchestre se double d'un musicologue qui effectue de nombreux travaux, éditant notamment Haendel et Janáček. De 1982 à 1985, il revient dans son pays natal pour prendre la direction de l'Orchestre Symphonique de Sydney. De 1986 à 1989, il est principal chef invité du Royal Liverpool Philharmonic Orchestra et, entre 1987 et 1992, directeur musical du Welsh National Opera (Opéra National Gallois de Cardiff).

Il a créé l'opéra de Benjamin Britten, *Noyes Fludde* (« Le Déluge », 1958).

McNair, Sylvia

Soprano américaine, née à Mansfield (Ohio) le 23 juin 1956.

Elle travaille avec Margarita Evans au Collège de Wheaton (Illinois, jusqu'en 1978) et avec Virginia MacWatters (1978-80), John Wustman (1978-82) et Virginia Zeani (1980-82) à l'Université d'Indiana à Bloomington. Elle débute dans *Le Messie* à Indianapolis (1980) et, à la scène, dans Sandrina (*L'Infedeltà delusa* de Haydn) au Mostly Mozart Festival de New York (1982). En 1984, elle crée le rôle-titre dans l'opéra de Kelterborn *Ophelia* pour ses débuts européens au Festival de Schwetzingen ; elle reprend immédiatement ce rôle à la Deutsche Oper de Berlin. Elle chante en Amérique : Pamina à Santa Fe, Ilia (*Idoménée*), Héro (*Béatrice et Benédict*) et Morgana (*Alcina*) à Saint Louis. En Europe, après avoir chanté Ilia à Lyon et à Strasbourg, et Suzanne (*Les Noces de Figaro*) à l'Opéra néerlandais, elle incarne Pamina à la Deutsche Oper de Berlin, puis Suzanne et Pamina à l'Opéra de Vienne. En 1989, elle est une étonnante Anne Trulove (*The Rake's Progress*) au Festival de Glyndebourne, où elle chante aussi Ilia. En 1990, elle reçoit le Marian Anderson Award. Elle est ensuite invitée à Covent Garden (Ilia), rôle de ses débuts au Festival de Salzbourg (1990) et à l'Opéra-Bastille (1991). Elle débute au Met la même année (Marcelline de *Fidelio*). Son répertoire s'étend de Monteverdi aux compositeurs contemporains.

MacNeil, Cornell

Baryton américain, né à Minneapolis le 24 septembre 1922.

Il fait ses études à la Julius Hartt School of Music (Université de Hartford) et débute en 1946 à Broadway. En 1950, il participe à la création du *Consul* de Menotti. De 1953 à 1955, il chante au New York City Opera où il débute dans *La Traviata* (Germont). Puis ce sont les opéras de San Francisco (1955), Chicago (1957) qui font appel à lui avant ses débuts à la Scala (Charles V d'*Ernani*) et au Met (*Rigoletto*) en 1959. Baryton Verdi par excellence, il a chanté la plupart des rôles de ce répertoire.

Dans le film que Zeffirelli a consacré à *La Traviata*, il tenait le rôle de Germont (1982).

Madeira, Jean (Jean Browning)

Contralto américaine, née à Centralia (Illinois) le 14 novembre 1918, morte à Providence, Rhode Island, le 10 juillet 1972.

Elle étudie le piano avec sa mère, joue avec l'Orchestre Symphonique de Saint Louis dès l'âge de quinze ans, puis entreprend des études de chant à la Juilliard School de New York, et débute en 1943 sous son vrai nom au Chautauqua Summer Opera (Nancy de *Martha*). Puis elle entre au San Carlo Company Touring Opera (Ulrica, Dalila, Amneris, Azucena, Carmen). En 1947, elle épouse Francis Madeira, le directeur de l'Orchestre Philharmonique de Rhode Island, et débute l'année suivante au Met (Première Norne du *Crépuscule des dieux*) où elle chante jusqu'en 1971 entre autres Amneris, Preziocilla, Suzuki, Erda. Elle fait ses débuts européens à Stockholm en 1954, puis chante régulièrement à l'Opéra de Vienne (1955-62), au Covent Garden de Londres (1955), au Festival de Bayreuth (1955-67), à la Monnaie de Bruxelles, au Festival de Salzbourg (1956-57) et à l'Opéra de Munich (1965-71). En 1968, elle participe à la création mondiale à Berlin de l'*Ulysse* de Dallapiccola (Circe).

Maderna, Bruno

Chef d'orchestre et compositeur italien, né à Venise le 21 avril 1920, mort à Darmstadt le 13 novembre 1973.

A l'âge où les enfants jouent sur les « campi », il gagne sa vie comme violoniste dans les cafés. La comtesse de Polignac l'aide. Il peut alors faire ses études au Conservatoire Sainte-Cécile à Rome avec A. Bustini. En 1940, il obtient son diplôme de composition. Il se perfectionne ensuite à Venise avec G. F. Malipiero et suit les cours de direction d'orchestre de Guarnieri et de Scherchen. Il enseigne au Conservatoire de Venise, puis dès 1954 aux cours d'été de Darmstadt, aux cours d'été de Darlington (à partir de 1960), enfin au Conservatoire de Milan en 1957-58. Il est l'un des fondateurs – avec Luciano Berio – du studio de phonologie de la RAI (1955). C'est avec Berio qu'il organise les « Rencontres Musicales » soutenues par la RAI à Milan, Rome et Naples. Au lendemain de la Seconde Guerre mondiale, il est considéré comme l'un des chefs de file – avec Berio et Nono – de l'avant-garde italienne ; il est devenu ensuite un chef d'orchestre international, pionnier de la musique contemporaine et défenseur de la musique ancienne. Il est aussi l'un des premiers à expérimenter les musiques mixtes pour instruments et bandes magnétiques.

Ses compositions sont nombreuses mais il a toujours préféré diriger les œuvres des autres et faire découvrir les plus jeunes. Parmi ses œuvres citons : *Continuum*, deux concertos pour hautbois, *Quadrivium*, *Hyperion*, *Satyricon*, *Aulodia*, etc.

Musicien humaniste, musicien européen, ce chef généreux et sensible a dirigé à la Scala, à Londres, Amsterdam, Berlin, Tokyo. Chef titulaire de l'Internationales Kranichsteiner Kammerensemble de Darmstadt (où il résida après avoir acquis la nationalité allemande), il enseigna également au Conservatoire de Rotterdam, dès 1967, au Mozarteum de Salzbourg (1967-70), à Tanglewood et à la Juilliard School de New York (1971-72). Il a été ensuite chef permanent de l'Orchestre Symphonique de la RAI de Milan (1971-73). Invité dans la plupart des festivals de musique contemporaine, il a un nombre impressionnant de créations mondiales à son actif, notamment des œuvres de Carlos Roqué Alsina (*Symptom für Orchester,* 1969), Gilbert Amy (*Antiphonies,* 1965), Luciano Berio (*Allelujah II*, 1958), Sylvano Bussotti (*Bergkristall,* 1973) Niccolò Castiglioni (*Sinfonia en do,* 1971), Jacob Druckman (*Windows,* 1972), Sandro Gorli (*Me-Ti,* 1973), Giselher Klebe (*Deux Nocturnes,* 1952), Giacomo Manzoni (*Insiemi,* 1969 ; *Parole de Beckett,* 1971), Paul Méfano (*Paraboles,* 1965), Luigi Nono (*Intolleranza,* Venise, 1961), Luis de Pablo (*Imaginario II*, Royan, 1968), Karlheinz Stockhausen (*Gruppen* pour trois orchestres, 1958), Anatole Vieru (*Ecran,* 1971), Róbert Wittinger (*Espressioni,* 1969 ; *Divergenti,* 1970), Iannis Xenakis (*Straté-*

gie, 1963), Hans Zender (*Canto IV*, 1971).

Il a réalisé un travail éditorial important sur des partitions de Monteverdi et de Rameau. Plusieurs partitions ont été dédiées à sa mémoire dont *Rituel* de Boulez et *Duo pour Bruno* de Donatoni.

Maerzendorfer, Ernst

Chef d'orchestre autrichien, né à Oberndorf (Salzbourg) le 26 mai 1921.

A Graz, il est l'élève de Robert Wagner et commence sa carrière comme chef à l'Opéra de cette ville (1940). En 1951, il est professeur au Mozarteum de Salzbourg. Chef permanent au Teatro Colón de Buenos Aires (1952-53), il revient à Salzbourg pour occuper les mêmes fonctions à la tête de l'Orchestre du Mozarteum (1953-58). Puis il est nommé à la Deutsche Oper de Berlin (1958) et à l'Opéra de Vienne (1961). Il y dirige notamment les productions de musique contemporaine. Entre 1967 et 1971, il a réalisé l'enregistrement intégral des 106 symphonies de J. Haydn. On lui doit une reconstitution du 4e mouvement de la *Symphonie n° 9* de Bruckner qu'il a créé en 1969 à Graz. Parmi les compositeurs dont il a créé des œuvres, Gottfried von Einem (*Turandot*, quatre épisodes pour orchestre, 1954 ; *Medusa*, trois mouvements pour orchestre, 1965), Hans Werner Henze (*Tancredi e Cantilena*, 1966).

Mága, Othmar

Chef d'orchestre tchèque naturalisé allemand, né à Brno le 30 juin 1929.

D'ascendance hongroise et allemande, il se fixe en Allemagne fédérale à l'âge de seize ans. Il fait ses études à la Hochschule für Musik de Stuttgart (1948-52) et à l'Université de Tübingen (1952-58). A l'Accademia Chigiana de Sienne, il travaille avec Paul Van Kempen (1954-55) et Sergiu Celibidache (1960-62). Il est chef permanent de l'Orchestre Symphonique de Göttingen (1963-67) puis de l'Orchestre Symphonique de Nuremberg (1968-70) avant de devenir directeur général de la musique à Bochum (1971-82). Il est ensuite directeur artistique de l'Orchestre Symphonique d'Odense (Danemark) et chef permanent de l'Orchestre des Pomeriggi Musicali di Milano (1987-91). Il enseigne la direction d'orchestre à la Folkwangschule d'Essen. En 1992, il est nommé à la tête de l'Orchestre Symphonique de la Radio Coréenne, à Séoul.

Magaloff, Nikita

Pianiste russe naturalisé suisse (1956), né à Saint-Pétersbourg le 8 février 1912, mort à Vevey le 26 décembre 1992.

Sa famille quitte la Russie en pleine révolution, en 1918. Réfugiée pour quatre ans en Finlande, elle décide de s'installer à Paris. Entré au Conservatoire dans la classe d'Isidore Philipp, il obtient son 1er prix à l'âge de dix-sept ans, et les encouragements enthousiastes de Ravel. Il devient l'élève de Prokofiev réfugié à Paris. Après de nombreuses tournées, il reprend la classe de Dinu Lipatti au Conservatoire de Genève en 1949, et ce pendant dix ans, tous les étés. Il a donné également des cours d'été à Sienne (1967) et à Taormina. Il a été le premier pianiste, après Alexandre Braïlowski, à donner l'intégrale de l'œuvre de Chopin en concert. Avec Clara Haskil, il a joué la *Sonate pour deux pianos et percussion* de Bartók. Partenaire régulier de Joseph Szigeti, il avait épousé sa fille.

Maggio Ormezowski, Franco

Violoncelliste italien, né à Cosenza le 17 avril 1939.

D'origine polonaise par sa mère, il commence très tôt l'étude du violoncelle. Après un premier diplôme obtenu à l'Institut musical Luigi Boccherini de Lucca, il travaille avec Gaspar Cassadó et André Navarra à l'Accademia Chigiana de Sienne. Il donne son premier concert à l'âge de douze ans à Florence. Deux ans plus tard, il obtient un 1er prix à l'Accademia Santa Cecilia de Rome. Puis il est lauréat des concours internationaux de Genève (1957) et de Vienne (1959). Il commence à enseigner à Cagliari, puis aux conservatoires de Rome et de Milan. Sa carrière le mène dans le monde entier, tant en soliste que dans le domaine de la musique de chambre. Au sein du Trio Brahms de

Milan, il est le partenaire du pianiste Leonardo Leonardi et du violoniste Felice Cusano.

Magin, Milosz

Pianiste polonais, né à Łódź le 6 juillet 1929.

Issu d'un milieu familial amateur de musique, il obtient son diplôme de piano à l'École supérieure de musique de Varsovie (1954) dans la classe de Margerita Trombini-Kazuro. Il y recevra son diplôme de composition en 1957, discipline qu'il a étudiée avec Jan Maklakiewicz et Kazimierz Sikorski. Il aborde également, à cette époque, le violon, le violoncelle et la direction d'orchestre. En 1957, il remporte des prix aux concours Vianna da Motta (Lisbonne) et Marguerite Long-Jacques Thibaud (Paris). Il enregistre l'œuvre intégral de Chopin et enseigne au Conservatoire Serge Rachmaninov de Paris (1963-73) puis à l'Université musicale internationale de Paris (1975-80). Il écrit de nombreuses pages destinées au piano et dirige l'International Chamber Orchestra.

Mahler, Gustav

Chef d'orchestre et compositeur autrichien, né à Kališt (Bohême) le 7 juillet 1860, mort à Vienne le 18 mai 1911.

Enfant prodige, il commence à étudier le piano à l'âge de six ans et donne son premier concert à dix ans. Au Conservatoire de Vienne, il travaille avec J. Epstein, R. Fuchs et F. Krenn (1875-78). Puis il fait ses débuts à Hall en 1880. L'année suivante, il dirige à Ljubjana, en 1882-83 à Olmütz, en 1883-85 à Kassel, en 1885-86 à Prague. Puis il est second chef à Leipzig (1886-88) avant d'être nommé directeur musical à Budapest (1888-91) où il crée sa *Première Symphonie* en 1889. Il est ensuite directeur général de la musique à Hambourg (1891-97) et à Vienne (1898-1907). Il obtient les moyens de mettre en application ses conceptions de l'art lyrique, renouvelant considérablement la mise en scène, les décors, mais surtout les conditions de travail musical. Il s'entoure des meilleurs collaborateurs (Bruno Walter) et de chanteurs qui acceptent sa tutelle. Très vite, l'Opéra de Vienne devient le centre de l'art lyrique mondial. Mais sa personnalité dérange et des cabales se forment. Il démissionne et accepte des invitations aux États-Unis : il débute au Met en 1908 en dirigeant *Tristan.* Il va revenir régulièrement et réorganiser la Philharmonie de New York (1909-11), donnant notamment la plupart des symphonies de Bruckner. Malade depuis 1907, il est obligé de revenir en Autriche avant la fin de son contrat.

Les conceptions de Mahler en matière d'opéra ont marqué un tournant important qui s'est prolongé dans le domaine symphonique où il se montrait tout aussi exigeant. Cette démarche s'accompagnait souvent d'une réorchestration des partitions qu'il dirigeait (Beethoven, Schumann, Schubert) afin « qu'elles sonnent mieux ». En dehors de ses propres œuvres, Mahler s'est dévoué à la cause de certains de ses contemporains, notamment Bruckner dont il a créé la *Symphonie nº 6* (1899). Il a également créé des œuvres de Ferruccio Busoni (*Berceuse élégiaque,* 1911) et Anton Dvořák (*Chant héroïque,* 1898). Parmi ses disciples ou héritiers spirituels on compte, outre Bruno Walter, Mengelberg, Klemperer, Fried et Adler.

Maier, Franzjosef

Violoniste et chef d'orchestre allemand, né à Memmingen le 27 avril 1925.

Il voit le jour dans une famille de musiciens et apprend le piano, le violon et l'alto dès son enfance. En 1938, il entre à la Musikhochschule d'Augsbourg et poursuit ses études à l'Académie de musique de Munich et à Francfort/Main avec Wilhelm Isselmann et Kurt Thomas. Il donne ses premiers concerts pendant la guerre et forme un quatuor à cordes à Francfort. Il enseigne à la Landesmusikschule de Sarrebrück. A la fin des hostilités, il est fait prisonnier. Il reprend ses activités en travaillant la composition avec Philipp Jarnach à la Hochschule für Musik de Cologne. Il joue au sein du Quatuor Schäffer et du Trio Schubert. Puis il enseigne au Conservatoire Robert Schumann de Düsseldorf (1949-59) avant d'être nommé professeur de violon à la Hochschule für Musik de Cologne (1959). Il mène une carrière de soliste et fonde, en 1964, le Collegium Aureum, ensemble qui se consacre à la musique baroque et classique qu'il dirige de sa place de Konzertmeister. En 1970, il fonde en outre un quatuor à cordes au sein du Collegium Aureum. Il suit l'évolution de l'interprétation de la musique ancienne et modifie son approche en adoptant des instruments d'époque et en optant pour la reconstitution d'un style d'époque. Le Collegium Aureum compte parmi les formations majeures dans le domaine de la musique des XVIIe et XVIIIe siècles.

Maillols, Claude

Pianiste française, née à Boulogne-Billancourt le 11 mai 1945.

Elle fait ses études au Conservatoire de Paris avec Joseph Benvenutti, Jeanne-Marie Darré et Jean Hubeau. Elle en sort en 1965, nantie d'un 1er prix de piano et d'un 1er prix de musique de chambre. Elle obtient en 1966 une médaille d'or au Concours international de Vercelli et, en 1968, le 2e prix au Concours international de Montevideo. On remarque, entre 1970 et 1972, les tournées qu'elle effectue avec Henryk Szeryng.

Mainardi, Enrico

Violoncelliste et compositeur italien, né à Milan le 19 mai 1897, mort à Munich le 10 avril 1976.

Dès l'âge de quatre ans il est l'élève de son père puis travaille avec Giuseppe Magrini (violoncelle) et Giacomo Orefice (composition) au conservatoire de sa ville natale. Il donne ses premiers concerts à partir de 1910 à Milan, Genève, Berlin, Paris, Londres et Vienne. Il entreprend des études de composition au Conservatoire Verdi de Milan, puis perfectionne son instrument avec Hugo Becker au Conservatoire de Berlin. De 1933 à 1969, il est professeur à l'Académie Sainte-Cécile de Rome (violoncelle et musique de chambre) ainsi qu'aux conservatoires de Salzbourg, Lucerne, Édimbourg, Stockholm, Hambourg et Helsinki. Il joue en duo avec Ernö von Dohnányi et, à partir de 1945, avec Carlo Zecchi. Il forme un trio fameux avec Edwin Fischer et Georg Kulenkampff, remplacé en 1949 par Wolfgang Schneiderhan. Plus tard, il jouera en trio avec Severino Gazzelloni et Guido Agosti. Il a créé les concertos de Pizzetti, Hindemith et Malipiero. R. Strauss l'a choisi pour enregistrer son *Don Quichotte* sous sa propre direction. En tant que compositeur, son œuvre est assez importante : 3 concertos pour violoncelle, double concerto pour deux violoncelles et orchestre, plusieurs quatuors à cordes et quintettes pour piano et cordes, ainsi que des trios avec piano, des sonates pour violon, alto et violoncelle, des lieder, etc.

Maisenberg, Oleg

Pianiste russe, né le 29 avril 1945 à Odessa.

Il travaille d'abord avec sa mère, elle-même pianiste, puis entre à l'âge de onze ans à l'École Centrale de Musique de Kischinev (Moldavie). Lauréat du Concours de la république moldavienne (1964) et du Concours des républiques soviétiques (1965), il travaille à l'Institut Gnessine de Moscou entre 1966 et 1971 avec Alexandre Joscheles dont il devient ensuite l'assistant. A Vienne, il remporte un prix au Concours « Musik des 20. Jahrhunderts » (1967) et commence une carrière de soliste. Il joue régulièrement avec Gidon Kremer et, entre 1971 et 1981, est soliste à la Philharmonie de Moscou. Il émigre à Vienne en 1981 et débute aux États-Unis deux ans plus tard. Il se produit dans le monde entier et donne des master classes à Vienne et à Berlin.

Maisky, Mischa

Violoncelliste russe naturalisé israélien, né à Riga le 10 janvier 1948.

Il commence à travailler le violoncelle dès l'âge de huit ans et, encore étudiant, il remporte le 1er prix du Concours national russe. L'année suivante, en 1966, il est lauréat du Concours Tchaïkovski et est reconnu comme le « Rostropovitch de l'avenir ». Il entre au Conservatoire de Moscou dans la classe de Rostropovitch et se produit dans son pays. En 1969, il est arrêté lorsque sa sœur émigre en Israël. Il passe près de trois ans entre la prison, les camps de travail et l'hôpital psychiatrique avant de pouvoir à son tour émigrer en Israël (1972). Il remporte le 1er prix au Concours international G. Cassadó à Florence (1973). Il débute au Carnegie Hall de New York avec l'Orchestre de Pittsburgh sous la direction de William Steinberg puis se produit avec l'Orchestre de Philadelphie. En 1974, il travaille avec Gregor Piatigorsky. Il fait ses débuts à Paris en 1976 aux côtés de Martha Argerich et d'Ivry Gitlis. Il joue également, en sonate ou en trio, avec Boris Belkin, Radu Lupu ou Malcolm Frager. Il partage sa vie entre Israël et la France où il séjourne une partie de l'année. Il joue sur un violoncelle de Montagnana. Il enseigne à l'Académie Chigiana de Sienne. Dans le domaine de la musique contemporaine, il a créé *Méditation pour violoncelle et piano* (1911) de Nikolai Roslavets.

Maison, René

Ténor belge, né à Frameries le 24 novembre 1895, mort au Monte-Dore le 15 juillet 1962.

Après avoir fait ses études à Bruxelles puis à Paris, il débute à Genève dans *La Bohème.* Il obtient des succès flatteurs, notamment à Nice et à Monte-Carlo (création de *Fay-Yen-Fah* de Crocker et Redding) et est engagé à l'Opéra-Comique où il débute en 1927 pour la première française de *Résurrection* d'Alfano (le Prince Dimitri) aux côtés de Mary Garden. Il chante Don José, Mylio, Werther, Cavaradossi, Canio et Jean Gaussin de la *Sapho* de Massenet. Il débute à l'Opéra en 1929 dans *Monna Vanna* et y reviendra régulièrement jusqu'en 1940, y chantant les deux Faust, Lohengrin, Radamès, Siegmund et Samson et y créant Eumolphe dans la *Perséphone* de Stravinski sous la direction de l'auteur (1934).

Parallèlement, il mène une très importante carrière internationale, hôte régulier de l'Opéra de Chicago (1928-40), du Colón de Buenos Aires (1934-37), du Covent Garden de Londres (1931-36) et du Metropolitan Opera de New York où il chante de 1936 à 1943 Walther des *Maîtres chanteurs*, Loge, Don José, Lohengrin, Florestan, Samson, Hoffmann, Erik, Des Grieux, Hérode, Julien, Admète (lors de la création d'Alceste sur la scène du Met).

Dès 1943, il se consacre à l'enseignement à Mexico, puis à la Juilliard School de New York et, enfin, de 1957 jusqu'à sa mort à la Chalof School de Boston.

Il avait une voix puissante et d'un timbre très prenant. Il était de plus un tragédien remarquable, ce dont un enregistrement privé du *Fidelio* du 22 février 1941 au Met, dirigé par Bruno Walter, nous a conservé un saisissant témoignage.

Maksymiuk, Jerzy

Chef d'orchestre polonais, né à Grodno le 9 avril 1936.

Il étudie le piano avec Jerzy Lefeld, la composition avec Piotr Perkowski et la direction d'orchestre avec Boguslaw Madey à la Haute École d'État de Varsovie. Lauréat des concours de composition G. Fitelberg et A. Malawski, et de piano I. J. Paderewski, il reçoit, en 1973, la « Distinction du Premier ministre polonais », pour son travail pour l'enfance et la jeunesse. Ses activités de chef d'orchestre sont à cette époque limitées aux orchestres symphoniques polonais, à l'orchestre de la Radio, pour laquelle il effectue de nombreux enregistrements, et au Grand Théâtre de Varsovie, où il dirige des opéras (1970-72). En 1972, il fonde l'Orchestre de Chambre de Pologne qui s'impose rapidement comme l'une des plus importantes formations de ce genre sur le plan international et avec lequel il se produira dans le monde entier jusqu'en 1986. En 1975, il est en outre nommé chef principal du Grand Orchestre Symphonique de la Radio-TV Polonaise à Katowice dont il assure la direction artistique en 1976-77. En 1983, il est nommé à la tête du BBC Scottish Symphony Orchestra (Glasgow), poste qu'il conserve jusqu'en 1993. En 1992, il prend la direction musicale de l'Orchestre Philharmonique de Cracovie. Il a créé des œuvres de George Benjamin (*A Mind of Winter,* 1981) Harrison Birtwistle (*Still Movement,* 1984), James MacMillan (*The Confession of Isobel Gowdie,* 1990), Krzysztof Meyer (*Symphonie n° 5,* 1979),

Paul Patterson (*Sinfonia for Strings,* 1983), Kasimierz Sikorski, Gilles Tremblay (*Katadrone,* 1988).

Malcolm, George

Claveciniste et chef d'orchestre anglais, né à Londres le 28 février 1917.

Il fait ses études à l'Université d'Oxford et au Royal College of Music de Londres. De 1947 à 1959, il est maître de musique de la cathédrale de Westminster puis, de 1962 à 1966, directeur artistique du Philomusica of London et chef associé du BBC Scottish Orchestra (1965-67). George Malcolm est l'un des plus éminents clavecinistes anglais. Il joue avec les plus grands artistes de son temps, notamment Bream, Campoli et Menuhin. Britten lui dédie sa *Missa brevis* qu'il crée en 1959. En 1965, il dirige en alternance avec lui les premières représentations du *Songe d'une nuit d'été*. Il enseigne à la Royal Academy of Music de Londres.

Malcuzýnski, Witold

Pianiste polonais, naturalisé argentin, né à Koziczyn (Vilnius) le 10 mai 1914, mort à Palma de Majorque le 17 juillet 1977.

Il étudie avec Joseph Turczyński au Conservatoire de Varsovie jusqu'en 1936 et se perfectionne avec Paderewski. En 1939, il épouse la pianiste française Colette Gaveau. Il se fixe d'abord à Paris, puis en Suisse. Son répertoire reste assez limité : Liszt, Franck et surtout Chopin dont il donne en concert l'œuvre intégral à plusieurs reprises. Ses enregistrements permettent d'apprécier diversement un style qui, malgré de réelles qualités de sensibilité, semble avoir mal vieilli.

Malfitano, Catherine

Soprano américaine, née à New York le 18 avril 1948.

Après avoir fait ses études à la Manhattan School of Music, elle débute dans Nanette à Central City (Colorado) en 1972. En 1974, elle est engagée au New York City Opera (Mimi) où elle chante régulièrement jusqu'en 1979, l'année de ses débuts au Met dans Gretel. Elle y incarne Violetta, Constance, Juliette, Micaëla, Manon (Massenet)... Elle se produit également sur la plupart des scènes lyriques américaines (Chicago, Houston, San Francisco...). En 1976, elle fait ses débuts à Salzbourg dans Servilia (*La Clémence de Titus*) et à Covent Garden dans Zerline (*Don Giovanni*). Elle chante également à Vienne (Violetta, 1982), au Mai Musical Florentin (*Suor Angelica,* 1983), à Paris (*Manon,* 1984 ; *Thaïs,* 1988), Munich (*Lulu,* 1985 ; *Daphné,* 1988), Covent Garden (*Madame Butterfly,* 1988), Genève (*Manon,* 1989).

Malgoire, Jean-Claude

Chef d'orchestre et hautboïste français, né en Avignon le 25 novembre 1940.

Il fait ses études au lycée Frédéric Mistral et au conservatoire de sa ville natale, avant d'entrer au Conservatoire de Paris, en 1956. Il y suit les classes de Pierre Bajeux, Roland Lamorlette et Étienne Baudo, et obtient son 1er prix de hautbois en 1960 ; la même année, il remporte un 1er prix de musique de chambre dans la classe de René Le Roy. En 1968, il obtient le 2e prix au Concours international de Genève. Soliste de la Société des Concerts du Conservatoire (1965-67), il entre en 1967 à l'Orchestre de Paris et y tient le pupitre de cor anglais solo pendant sept ans. Toujours en 1967, il fonde avec un groupe d'amis La Grande Écurie et la Chambre du Roy. Il acquiert le reste de sa formation en autodidacte, soit en musicologie et en direction d'orchestre. Se mettant à travailler avec passion dans le domaine de la musique ancienne, et animé du souci d'élargir le répertoire des interprètes d'aujourd'hui, il crée avec un groupe de chanteurs et d'instrumentistes le Florilegium Musicum de Paris (1970), qui se propose notamment d'aborder la musique vocale polyphonique du Moyen Age. Comme hautboïste, Malgoire a appartenu aussi à l'Ensemble 2e2m.

Depuis 1981, il est directeur de l'Atelier Lyrique de Tourcoing, et s'amorce une coopération féconde entre l'Opéra du Nord et la Grande Écurie. Ces nouvelles occupations et le souci de se spécialiser pour mieux interpréter l'ont amené à arrêter presque complètement sa recherche en direction du Moyen Age. Il est le premier Français à avoir dépoussiéré Rameau et Lully de la tradition sentimentale affadissante qui les encombrait, au bénéfice d'une vision où l'esprit chorégraphique et la vivacité, voire la bouffonnerie, trouvent leur place essentielle. Se fondant sur les mêmes données musicologiques qu'Harnoncourt ou Leonhardt, son approche concrète dans l'interprétation des œuvres baroques est marquée par son ascendance latine ; il allie la souplesse rythmique à une forte rigueur dans la recherche des grandes lignes, plus que dans la valorisation du détail – par opposition au style du chef autrichien. Le travail de franc-tireur de ce musicien qui a œuvré pendant quinze ans sans aucune aide de l'État n'a pas été peut-être toujours sans quelque imperfection reconnue par lui ; mais sa ténacité et le sérieux de l'entreprise en font aujourd'hui l'un des chefs d'orchestre français les plus en vue dans le répertoire baroque et classique européen. Il a créé des œuvres de Daniel-Lesur (*Encore un instant de bonheur*, 1994) Philippe Hersant (*Les Visites espacées*, opéra de chambre, 1982), Marc Monnet (*Chants ténus*, 1988).

ÉCRITS : « L'analyse ramiste du monologue d'Armide » in *Musique raisonnée* (1980).

Malinin, Evgeni

Pianiste russe, né à Moscou le 8 novembre 1930.

Dès l'âge de trois ans, il accompagne les mélodies que chante sa mère, la cantatrice Maria Malinina. L'année suivante, il entre à l'École centrale de musique de Moscou. Pendant la guerre, il doit interrompre ses études. Mais dès la fin des hostilités, il devient l'élève de Heinrich Neuhaus au Conservatoire de Moscou et remporte, en 1949, le 1er prix au Concours international de Budapest. Il est ensuite lauréat des concours Chopin à Varsovie et Marguerite Long-Jacques Thibaud à Paris (2e prix en 1953 exaequo avec Philippe Entremont). En 1958, il devient soliste de la Philharmonie de Moscou. A partir de 1965, il joue régulièrement en trio avec le violoniste Edouard Gratch et la violoncelliste Natalia Chakoskaia. Moins connu des publics occidentaux qu'Emil Guilels ou Svjatoslav Richter, il occupe une place très importante au sein de l'école soviétique où on le nomme volontiers le « poète du piano ». Après avoir été l'assistant de Heinrich Neuhaus (à partir de 1957), il a été nommé professeur au Conservatoire de Moscou en 1972 où il a notamment compté parmi ses élèves Ivo Pogorelich. En 1988, un Institut Malinin a été créé à Dijon qu'il anime chaque été.

Maliponte, Adriana (Adriana Macciaïoli)

Soprano italienne, née à Brescia, le 26 décembre 1938.

A l'âge de quatorze ans, elle vient en France et étudie le chant au Conservatoire de Paris, dont elle sort avec un 1er prix en 1956. Elle poursuit alors ses études avec Carmen Melis à Milan. En 1958, elle débute au Teatro Nuovo de Milan. En 1960, elle remporte le Concours international de Genève, puis le Concours de la Scala et celui de la RAI. Elle est invitée à l'Opéra de Rome, au Liceo de Barcelone, au Théâtre San Carlos de Lisbonne (1965), à l'Opéra de Paris et à la Monnaie. En 1970, elle débute à la Scala en *Manon* (Massenet). En 1971, elle commence une glorieuse carrière au Met avec Mimi (*La Bohème*). En 1972, elle remporte un triomphe tout particulier en *Luisa Miller*. Elle est invitée à Naples, Venise, Toulouse, La Nouvelle-Orléans et retourne plusieurs fois à l'Opéra de Paris.

Malko, Nicolaï

Chef d'orchestre russe, naturalisé américain (1946), né à Brailov le 4 mai 1883, mort à Roseville (Sydney) le 22 juin 1961.

Il étudie la philologie à l'Université de Saint-Pétersbourg et, au Conservatoire, la composition avec Rimski-Korsakov, Liadov et Glazounov, la direction d'orchestre avec N. Tcherepnine. Il suit ensuite les cours de Mottl à Munich. De retour à Saint-Pétersbourg, il est nommé à l'Opéra où il dirige d'abord les ballets puis le répertoire lyrique (1908-18). Il se fixe ensuite à Moscou où il est professeur au Conservatoire (1922-25) avant de revenir à Leningrad comme directeur de la Philharmonie (1926-29) et professeur au Conservatoire (1925-29). Il émigre en 1929 et se fixe au Danemark où il prend la direction de l'Orchestre Symphonique de la Radio de Copenhague (1929-32). Il enseigne la direction d'orchestre et compte parmi ses élèves le roi du Danemark. Il séjourne ensuite en Angleterre puis fait ses débuts aux États-Unis à Chicago en 1938. Il retourne à Copenhague (1938-40), enseigne au Mozarteum de Salzbourg (1940) et se fixe définitivement à Chicago la même année. Il est nommé professeur à Mills College et à la De Paul University. Il est l'invité régulier de l'Orchestre Symphonique de Boston (1941-42) puis dirige à Mexico pendant une saison (1943). De 1945 à 1954, il assure la direction du Grant Park Orchestra à Chicago. Il retourne alors en Angleterre où il est nommé à la tête de l'Orchestre Symphonique du Yorkshire, à Leeds (1954-56). A la disparition de cet orchestre, il s'installe en Australie où il dirige l'Orchestre Symphonique de Sydney (1956-61), apportant dans ce pays la tradition symphonique occidentale alors inconnue.

Il a créé la *Symphonie n° 5* de Miaskovski mais s'est fait surtout le champion de la musique de Chostakovitch dont il a dirigé la *Première* (1926) et la *Deuxième Symphonie* (1927) en première audition. Au Danemark, où il a séjourné plusieurs années, il a laissé un souvenir très vivant perpétué par le Concours international de direction d'orchestre qui porte son nom et se déroule tous les trois ans à Copenhague.

ÉCRITS : *The Conductor and his Baton* (1950), *A Certain Art*, autobiographie (1966).

Mandeal, Cristian

Chef d'orchestre roumain, né à Rupea le 18 avril 1946.

Il reçoit une formation de pianiste au Lycée musical de Braşov puis au Conservatoire de Bucarest où il étudie la direction d'orchestre avec Constantin Bugeanu ainsi que la composition (1970-75). En 1973 et 1974, il participe aux stages organisés dans le cadre du Festival de Bayreuth où il retourne en 1980 comme chef assistant. Il commence sa carrière comme chef permanent de l'Orchestre Philharmonique de Tirgu Mureş et occupe ensuite le même poste à la tête de l'Orchestre Philharmonique de Cluj-Napoca (1982-87) et à la Philharmonie Georges Enesco de Bucarest (depuis 1987). Il est nommé directeur artistique de cet orchestre en 1990. Il a créé des œuvres de Pascal Bentoiu (*Symphonie n° 6 « Culori »*, 1987), Corneliu Dan Georgescu (*Symphonie n° 3*, 1985), Ştefan Niculescu (*Sincronie II « Hommage à Enesco et Bartók »*, 1981), Tiberiu Olah (*Armonii IV*, 1981), Cornel Ţăranu (*Symphonie n° 3 « Semne »*, 1984).

Mander, Francesco

Chef d'orchestre et compositeur italien, né à Rome le 26 octobre 1915.

Il fait ses études musicales à Milan et à l'Académie Sainte-Cécile de sa ville natale (piano et composition) avant de débuter en 1942 à la Fenice. Il termine des études universitaires de lettres classiques et commence une carrière internationale. Il est à la tête de l'Orchestre de Chambre Italien puis de l'Orchestre Symphonique de Madrid (1949-51). Sa carrière de compositeur se développe parallèlement à ses activités de chef invité. Il remporte de nombreux succès mais décide un jour de cesser de composer, jugeant manquer d'imagination et d'originalité ! Pendant sept ans, il est à la tête du National Symphony Orchestra à Johannesbourg (1969-76). Les plus grands orchestres et opéras du monde l'invitent. Mais en 1978, il constate que les qualités qui faisaient défaut à sa production musicale étaient présentes dans sa prose littéraire. Il abandonne alors la direction d'orchestre et se retire pour écrire romans et contes.

Comme compositeur, on lui doit deux symphonies, un *Concerto pour violoncelle*, *Corale profano*, *Variations symphoniques*, un quatuor...

Mannino, Franco

Chef d'orchestre et compositeur italien, né à Palerme le 25 avril 1924.

A l'Académie Sainte-Cécile de Rome, il travaille le piano avec Renzo Silvestri jusqu'en 1940 et la composition avec Virgilio Mortari jusqu'en 1947. Dès 1941, il commence une carrière de pianiste et donne de nombreux concerts. Il ne vient à la direction d'orchestre qu'en 1952. Il dirige dans la plupart des théâtres lyriques italiens et est invité régulièrement à l'étranger pour conduire le répertoire rossinien et bellinien. En 1969-70, il est directeur musical du San Carlo de Naples. Depuis, il se consacre davantage à la composition. On lui doit notamment de nombreux opéras : *Vivi* (1957), *Il Diavolo in giardino* (1963), *Il Quadro delle meraviglie* (1963), *La Speranza* (1970), *Dorian Gray* (1973). En 1982, il est nommé premier chef et conseiller artistique de l'Orchestre du Centre National des Arts d'Ottawa, fonction qu'il conserve jusqu'en 1986. Il prend également la direction du Festival Opera Plus de cette même ville.

Manowarda, Josef von

Basse autrichienne, né à Cracovie le 3 juillet 1890, mort à Berlin le 24 décembre 1942.

Il étudie le chant à Graz et débute en 1911 au Stadttheater de cette ville, puis paraît à la Volksoper de Vienne (1915), à Wiesbaden (1918) et est engagé à la Staatsoper de Vienne en 1919, où il participe à la création mondiale de *La Femme sans ombre* de R. Strauss (le Messager des esprits). Nommé Kammersänger à Vienne en 1929, il enseigne à l'Académie de Vienne (1932-35). A partir de 1935, il est membre de l'Opéra de Berlin. Il paraît également au Festival de Bayreuth de 1931 à 1942 (Mark, Henri l'Oiseleur, Gurnemanz, Pogner, Daland, Hunding, Hagen, Fasolt, Fafner) et à celui de Salzbourg de 1922 à 1938 (Alfonso de *Così fan tutte*, Rocco de *Fidelio*, Chalchas d'*Iphigénie en Aulide*, Barak de *La Femme sans ombre*, Kurwenal de *Tristan et Isolde* et le Sprecher de *La Flûte enchantée*). Ses incarnations de Wotan, Sachs et Kurwenal, de Philippe II et d'Osmin paraissent également sur les scènes d'Angleterre, d'Italie et de France.

Mansourov, Fouat

Chef d'orchestre kazakhe, né à Alma-Ata en 1928.

Il fait ses études musicales au Conservatoire d'Alma-Ata (jusqu'en 1950) et y dirige l'orchestre d'instruments traditionnels kazakhes (1949-52). Lauréat du 4e Festival mondial des jeunes et des étudiants de Moscou, il remporte le 3e prix au deuxième Concours pansoviétique de direction d'orchestre. Entre 1953 et 1956, il est chef d'orchestre au Théâtre Abaïa d'Alma-Ata. En 1958, il est nommé chef permanent de l'Orchestre Symphonique d'État Kazakhe et, en 1963, chef principal du Théâtre d'Alma-Ata. En 1968, il occupe des fonctions analogues au Théâtre Djalil de Kazan. La même année, il fait ses débuts au Bolchoï dont il devient l'un des chefs permanents. Sa carrière est essentiellement consacrée à l'opéra et au ballet. Il est également professeur au Conservatoire Tchaïkovski de Moscou.

Manuguerra, Matteo

Baryton français, né à Tunis le 5 octobre 1924.

Il entre à trente-cinq ans au Conservatoire de Buenos Aires, et débute en Argentine comme ténor du *Requiem* de Mozart. En 1963, il rentre en France et appartient pendant trois ans à l'Opéra de Lyon où il chante le répertoire des barytons qu'il reprend à partir de 1966 à l'Opéra de Paris, où il apparaît dans *Faust*, *Rigoletto*, *Traviata*, *Carmen*, *Lucia*... Il chante alors à Genève, Vienne, Athènes, Santiago avant de développer une carrière internationale basée aux États-Unis : apparitions à Seattle en 1968, et au Met auquel il appartient depuis 1971.

Son répertoire comporte aussi bien les grands rôles italiens (Ashton, Nabucco...) que français.

Manzone, Jacques-Francis

Violoniste français, né à Cannes le 4 juin 1944.

Il fait ses premières études musicales au Conservatoire de Nice, dans la classe d'Henri Mazioux. En 1957, il entre au Conservatoire de Paris où il obtient, en 1961, un 1er prix de violon dans la classe de Roland Charmy et, en 1962, un 1er prix de musique de chambre, dans la classe de Jacques Février. Eugène Bigot le familiarise avec la direction d'orchestre ; Henryk Szeryng lui prodigue ses conseils. Soliste à l'ORTF et à la Société des Concerts du Conservatoire, il participe en 1966 à la création de l'Ensemble Instrumental de France dont il est le leader. Il est choisi par Charles Münch à la création de l'Orchestre de Paris (1967) comme l'un des violons solos de cette formation. Il est nommé en 1977 professeur au Conservatoire de Nice ainsi que violon solo de l'Orchestre Philharmonique de Nice. Depuis 1980, il est professeur de musique de chambre à l'Académie internationale d'été de Nice. Jacques-Francis Manzone joue sur un Maggini (école de Brescia, XVIIe siècle). Parallèlement à sa carrière de violoniste, il se consacre à la direction d'orchestre prenant, en 1984, la direction musicale de l'Orchestre de Chambre du Philharmonique de Nice.

Marchal, André

Organiste français, né à Paris le 6 février 1894, mort à Hendaye le 28 août 1980.

Aveugle dès sa toute petite enfance, André Marchal fait ses études au Conservatoire de Paris. Il y remporte le 1er prix d'orgue, dans la classe de Gigout (1913) et de contrepoint chez Caussade (1917). Dès 1913, il remplace Eugène Gigout aux claviers de Saint-Augustin, à Paris, avant de devenir organiste titulaire de Saint-Germain-des-Prés en 1915. Il reste dans cette dernière paroisse jusqu'en 1945, année où il est nommé organiste de Saint-Eustache. Il demeurera à ce poste jusqu'en 1963 et quittera volontairement la tribune de cette église, à la suite d'un différend à propos du facteur d'orgues choisi pour restaurer son instrument.

André Marchal a fait une fabuleuse carrière internationale et marqué profondément, non seulement l'enseignement de l'orgue – il fut professeur à l'Institut National des Jeunes Aveugles à Paris (1913-59) –, mais aussi la facture de l'instrument ; passionné par l'œuvre de Bach et des maîtres français des XVIIe et XVIIIe siècles, il ne voulut jamais négliger les Romantiques, dont César Franck, qu'il jouait probablement comme personne. Cet aspect de son art l'amena à défendre vigoureusement, avec Norbert Dufourcq, l'esthétique néo-classique, amenée à son plus haut niveau par le grand facteur français Victor Gonzalez, en 1932. Il avait su donner une place prépondérante à la registration, et son talent d'improvisateur le plaça parmi les maîtres de cette discipline. Il a été le créateur de la *Symphonie nº 4* (1923) de Louis Vierne.

Marchesi, Blanche

Soprano et pédagogue française, née à Paris le 4 avril 1863, morte à Londres le 15 décembre 1940.

Fille du baryton italien **Salvatore Marchesi de Castrone** et de son épouse Mathilde, mezzo-soprano et pédagogue, elle commence par étudier le violon. Elle est l'élève d'Arthur Nikisch en Allemagne et d'Édouard Colonne à Paris, puis elle se met à travailler le chant en 1881 avec sa mère. Jusqu'à son mariage avec le baron Caccamisi, elle est l'assistante de sa mère. Elle fait ses débuts en concert à Berlin en 1895. En 1896, elle reçoit un accueil si chaleureux à Londres qu'elle décide de s'y installer. Elle fait ses débuts lyriques à Prague en 1900 dans le rôle de Brünnhilde (*La Walkyrie*), puis chante dans la troupe Woody-Manners à Londres. A partir de 1902, elle interprète les grands rôles wagnériens au Covent Garden de Londres. Elle chante en Russie, en Europe centrale et aux États-Unis. Elle donne son concert d'adieux en 1938. A la fin de sa vie, elle est une pédagogue très recherchée à Londres.

ÉCRITS : *A Singer's Pilgrimage*, mémoires (Londres, 1923) ; *The Singer's Catechism* (Londres, 1932).

Marcoux, Vanni (Jean-Émile Marcoux)

Basse française, né à Turin le 12 juin 1877, mort à Paris le 22 octobre 1962.

Étudiant en droit, il est admis au barreau de sa ville natale. Mais, entre-temps, le démon du chant le guettant, il chante sous un faux nom le rôle de Sparafucile (1894). Un an plus tard, il participe à un concert aux côtés de deux géants de l'époque, Tamagno et Magini-Coletti. C'est un succès ; alors il jette la robe aux orties. Après avoir fait ses classes auprès d'excellents professeurs italiens, il débute officiellement en 1900 à Bayonne dans *Roméo et Juliette* (Frère Laurent), puis chante à Nice, Turin et La Haye avant d'être engagé à Covent Garden en 1905 comme première basse (il y reviendra toutes les saisons d'été jusqu'en 1912). Viendront ensuite la Monnaie de Bruxelles, l'Opéra de Chicago et l'Opéra de Paris, où il chantera pendant quarante ans. En 1922, il est le premier Boris Godounov français et quatre ans plus tard, à Monte-Carlo, le premier Baron Ochs français aux côtés de Gabrielle Ritter-Ciampi (la Maréchale) et Germaine Lubin (Octave). Toscanini apprécie ce tragédien-chanteur à la scrupuleuse musicalité et en fait son Boris Godounov à la Scala, le préférant à Chaliapine. Si, pour des raisons publicitaires évidentes, Raoul Gunsbourg choisit la célèbre basse russe pour la première mondiale du *Don Quichotte* de Massenet, le compositeur s'empresse de lui substituer Vanni Marcoux lorsque l'ouvrage est monté à Paris. Sa composition infiniment émouvante et subtile du héros superbe et ridicule restera l'un des plus grands moments de l'histoire de l'art lyrique. Basse chantante, il fut Hunding, Pogner, Méphisto, Arkel... mais sa voix très longue lui permit d'aborder surtout vers la fin de sa carrière des rôles de baryton tels que Scarpia, Iago, Golaud ou Gianni-Schicchi. Nommé professeur au Conservatoire de Paris, il y enseigna de 1938 à 1943.

Il a créé à l'Opéra-Comique *Lorenzaccio* d'Ernest Moret et *Polyphème* de Jean Cras, à Monte-Carlo *L'Aiglon* (Flambeau) et à l'Opéra *Monna Vanna* de Henri Février (Guido).

Après plus de quarante ans d'une carrière bien remplie, il prit la direction du Grand Théâtre de Bordeaux (1948-51) et se retira à Paris où jusqu'à ses derniers jours il prodigua ses conseils et son savoir.

Marcovici, Silvia

Violoniste roumaine, née à Bacău le 30 janvier 1952.

Elle fait ses études au Conservatoire de Bacău et de Bucarest où elle travaille avec Stefan Gheorghiu qui la suit jusqu'à l'âge de douze ans. A quinze ans, elle se produit pour la première fois en public. En 1969, elle remporte le 2e prix au Concours Marguerite Long-Jacques Thibaud, puis l'année suivante le 1er prix au Concours Enesco de Bucarest. En 1971, elle fait ses débuts à Londres au Festival Hall. En 1972, Leopold Stokowski l'invite à l'occasion du concert qu'il donne pour fêter son 90e anniversaire. Cette manifestation fait l'objet d'un disque. En 1976, elle émigre en Israël et commence une carrière internationale. Fixée en Allemagne fédérale au début des années quatre-vingt, elle enseigne à la Musikhochschule de Sarrebrück et à l'Académie de musique Tibor Varga, à Sion (Suisse).

Maréchal, Maurice

Violoncelliste français, né à Dijon le 3 octobre 1892, mort à Paris le 19 avril 1964.

Après avoir été l'élève d'Aguellet, il étudie au Conservatoire de Paris, avec Loeb (violoncelle), Lefèbvre (musique de chambre) et Paul Dukas (direction d'orchestre). Premier prix en 1911, il fait ses débuts après la guerre aux Concerts Lamoureux sous la direction de Chevillard (1919) avant d'entrer à la Société des Concerts comme violoncelle solo. Il commence alors une carrière internationale qui le mène jusqu'aux États-Unis (où il se produit, pour la première fois, en 1926 avec l'Orchestre de Philadelphie, dirigé par Stokowski), en URSS et en Chine.

Il a créé beaucoup d'œuvres importantes pour son instrument, d'André Caplet (*Épiphanie*, 1923), Robert Casadesus (*Introduction et Polonaise* pour violoncelle et orchestre, 1927), Louis Durey (*Fantaisie concertante*, 1956), Pierre-Octave Ferroud (*Sonate pour violoncelle et piano*, 1933), Jean Françaix (*Fantaisie*, 1934), Philippe Gaubert (*Poème*), Arthur Honegger (*Concerto pour violoncelle*, 1930), Jacques Ibert (*Concerto pour violoncelle*, 1925),

Darius Milhaud (*Concerto pour violoncelle nº 1*, 1935), Maurice Ravel (*Sonate pour violon et violoncelle*, 1922), Alexandre Tansman (*Sonate pour violoncelle et piano*). Considéré comme le meilleur représentant de l'école de violoncelle française de sa génération, il a joué en sonate ou en musique de chambre avec R. Casadesus, J. Thibaud, M. Long... De 1942 à 1963, il a enseigné au Conservatoire de Paris.

Mari, Jean-Baptiste

Chef d'orchestre français, né à Palestro (Algérie) le 20 janvier 1912.

Son père est violoncelliste et lui donne ses premières leçons. Puis il vient travailler au Conservatoire de Paris le violoncelle avec Paul Bazelaire. Il étudie aussi le tuba. C'est grâce à cet instrument qu'il est engagé dans l'Orchestre de Radio-Alger. En 1946, de retour à Paris, il fait partie de l'Orchestre National et de l'Orchestre de l'Opéra, toujours comme tuba. Il dirige quelques concerts (il avait eu l'occasion de faire ses débuts de chef à Alger), notamment avec l'Orchestre National, entre 1946 et 1948. Puis il cesse totalement de diriger et retourne à son instrument. En 1961, il accepte d'enregistrer quelques disques avec la Société des Concerts : l'absence de public le rassure. Il reparaît en concert avec cet orchestre avant d'être nommé chef permanent des Concerts Lamoureux (1962-69). Il effectue une tournée aux États-Unis avec l'Orchestre National puis ralentit sa carrière, espaçant de plus en plus ses apparitions en public.

Marin, Ion

Chef d'orchestre roumain, né à Bucarest le 8 juillet 1960.

Fils du chef de chœur **Marin Constantin**, il est diplômé de l'École de musique Georges Enesco et de l'Académie de musique de Bucarest. Il poursuit ses études au Mozarteum de Salzbourg, à l'Accademia Chigiana de Sienne et à l'Académie internationale de Nice. A vingt et un ans, il est nommé chef assistant de l'Orchestre Philharmonique de Transylvanie et commence une carrière de chef invité hors de Roumanie. Assistant de Claudio Abbado à l'Opéra d'État de Vienne (1987-91), il dirige un vaste répertoire allant de Mozart à Berg. En 1989, il effectue une tournée avec l'Opéra d'État de Vienne au Japon et dirige au Festival Rossini de Pesaro. En avril 1992, il débute à l'Opéra-Bastille dans *Les Contes d'Hoffmann*. En 1992, il fait ses débuts américains à l'Opéra de Dallas dans *L'elisir d'amore*, puis au Metropolitan Opera dans *Semiramide*. Sa carrière se développe principalement dans le domaine lyrique, à la scène ou au concert, où il accompagne Margaret Price, Jessye Norman, Ruggero Raimondi, Cheryl Studer, etc.

Marinuzzi, Gino (Giuseppe Marinuzzi)

Chef d'orchestre et compositeur italien, né à Palerme le 24 mars 1882, mort à Milan le 17 août 1945.

Élève de Zuelli au Conservatoire de Palerme, il commence sa carrière de chef d'orchestre à Catagne, puis dirige en Italie et en Espagne. Il fait une tournée en Amérique du Sud avec la Teatral Opera Co., puis est directeur du Liceo Musicale de Bologne (1915-18). En 1919, il dirige à Rome. Il est ensuite directeur artistique du Grand Opera de Chicago (1919-21), puis retourne en Italie, où il est premier chef à l'Opéra de Rome (1928-34) et à la Scala de Milan (1934-44). Il a composé trois opéras : *Barberina* (Palerme, 1903), *Jacquerie* (Buenos Aires, 1918) et *Palla de' Mozzi* (Scala de Milan, 1932), une symphonie et de la musique de chambre.

Marion, Alain

Flûtiste français, né à Marseille le 25 décembre 1938.

A quatorze ans, il obtient un 1er prix de flûte au conservatoire de sa ville natale où il travaillait sous la direction de Joseph Rampal. Il se rend à Paris pour continuer à suivre ses leçons. En 1961, un prix au Concours international de Genève marque le début de sa carrière de soliste. Alain Marion est nommé, en 1964, flûte solo de l'Orchestre de Chambre de l'ORTF. Membre de l'Orchestre de Paris depuis sa création (1967), il est nommé, en 1972, flûte solo de l'Orchestre National de France, et, en 1977, de l'Ensemble InterContemporain. Parallèlement à une brillante carrière de concertiste, il est professeur au Conservatoire de Paris et à l'Académie internationale d'été à Nice. En 1986, il prend la direction du Centre international de formation musicale de Nice qui succède à l'Académie internationale d'été. Il conserve ce poste jusqu'en 1993. Il a créé des œuvres d'Édith Lejet (*Concerto pour flûte*, 1980).

Markevitch, Igor

Chef d'orchestre et compositeur russe naturalisé italien (1947) puis français (1982), né à Kiev le 27 juillet 1912, mort à Antibes le 7 mars 1983.

Ses parents quittent la Russie pour la Suisse en 1912. Il reçoit une formation de pianiste et, dès l'âge de huit ans, il joue des œuvres de Chopin en public. Cortot, qui l'entend en 1926, incite ses parents à s'établir à Paris pour qu'il reçoive une formation plus complète. Il le prend comme élève dans sa classe de l'École Normale de Musique et le confie à Nadia Boulanger qui va éveiller en lui une vocation de compositeur. Il travaille l'orchestration avec Rieti et la direction d'orchestre avec Scherchen. Dès 1929, Diaghilev lui commande un ballet, l'*Habit du roi*, et l'année suivante il fait ses débuts de chef d'orchestre à la tête du Concertgebouw d'Amsterdam. Il épouse la fille de Nijinski, Kyra, et jusqu'à la guerre se consacre presque exclusivement à la composition. En 1939, les hostilités le surprennent en Italie. A la Libération, il est chargé de réorganiser le Mai Musical Florentin dont il prend la direction. Il épouse alors en secondes noces Topazia Caetani. Sa carrière de chef d'orchestre se développe très rapidement : chargé de cours de direction d'orchestre au Festival de Salzbourg (1949-56), il prend la direction musicale de l'Orchestre Symphonique de Stockholm (1952-55), de l'Orchestre des Concerts Lamoureux (1957-61) tout en dirigeant l'Orchestre Symphonique de La Havane (1957-58) et celui de Montréal (1958-61). De 1965 à 1972, il est à la tête de l'Orchestre Symphonique de la Radio-télévision Espagnole à Madrid et continue à enseigner la direction d'orchestre à Mexico puis à Saint-Jacques-de-Compostelle. En 1968, il est nommé directeur de l'Orchestre National de l'Opéra de Monte-Carlo, poste qu'il quitte cinq ans plus tard pour prendre la direction de l'Orchestre de l'Académie Sainte-Cécile de Rome (1973-75). Atteint de surdité partielle, son activité de chef d'orchestre se ralentit progressivement au profit de l'enseignement et de la rédaction d'un certain nombre d'ouvrages. Parmi ses élèves, son fils **Oleg Caetani** (né en 1956), également disciple de Ferrara et de Kondrachine.

Les œuvres les plus marquantes d'Igor Markevitch sont son *Concerto pour piano* (1929), la *Partita* pour piano et orchestre (1936), *Cantate* sur un texte de Cocteau (1930), l'oratorio *Paradis perdu* (1935) ainsi qu'une réalisation de l'*Offrande musicale* de J. S. Bach. Il a créé des œuvres de Luigi Dallapiccola (*Marsia,* ballet, 1948), Daniel-Lesur (*Ouverture pour un festival,* 1951), Alberto Ginastera (*Variations concertantes,* 1953) et Gian Francesco Malipiero (*Symphonie nº 3,* 1945).

ÉCRITS : *Introduction à la musique* (1940), *Made in Italy* (1946), *Point d'orgue* (1959), *Être ou avoir été* (1980), *Édition encyclopédique des 9 symphonies de Beethoven* (1982), *Le Testament d'Icare* (1984).

Markiz, Lev

Violoniste et chef d'orchestre russe naturalisé néerlandais, né à Moscou le 1er novembre 1930.

Il fait ses études musicales au Conservatoire Tchaïkovski et à l'Institut Gnessine de Moscou où il est l'élève d'Abram Yampolski et Yuri Jankelevitch (violon) et de Kirill Kondrachine (direction d'orchestre). En 1956, à la fondation de l'Orchestre de Chambre de Moscou, Rudolf Barshaï l'engage comme violon solo. En 1963, il fonde son propre orchestre de chambre et commence une carrière de soliste. En 1969, il constitue une seconde formation, les Solistes de Moscou. Membre du Quatuor de Géorgie, il remporte avec cet ensemble le 1er prix aux concours internationaux de Budapest et d'Evian. Il est nommé professeur aux conservatoires de Moscou et de Tiflis et remporte, avec l'orchestre du conservatoire de cette dernière ville, le 1er prix au Concours Herbert von Karajan à Berlin. En 1981, il quitte son pays natal et se fixe aux Pays-Bas où il est nommé professeur au Conservatoire Royal de La Haye. En 1988, il fonde le New Amsterdam Sinfonietta, un orchestre à cordes dont il assure la direction musicale et pour lequel il commande des partitions à des compositeurs comme Gija Kantcheli (*Abbi ne viderem*, 1992), Otto Ketting ou Theo Verbey. Il a également créé des œuvres de Goffredo Petrassi (*Inno*, 1984).

Markowski, Andrzej (Marek Andrzejwski)

Chef d'orchestre polonais, né à Lublin le 22 août 1924, mort à Varsovie le 30 octobre 1986.

Il travaille avec A. Malawski au Conservatoire de Lublin (1939-41), puis, après la guerre, au Trinity College de Londres (1946-47) et au Conservatoire de Varsovie (1947-55) avec P. Rytel, T. Szeligowski et W. Rowicki. Il débute comme chef au Théâtre de Szczecin (1949-50). Son premier poste important : chef permanent de la Philharmonie de Poznań (1954-55), puis de celle de Katowice (1955-59). Il est ensuite premier chef (1959-62) et directeur artistique (1962-65) de la Philharmonie de Cracovie, directeur artistique de l'Orchestre Philharmonique de Wrocław (1965-69) avant d'être nommé directeur artistique adjoint (1971-73) et second chef (1971-78) de la Philharmonie Nationale de Varsovie. Il sera le fondateur et l'organisateur du Festival international d'oratorios et de cantates Wratislavia Cantans à Wrocław.

Compositeur lui-même, il s'intéresse beaucoup à la musique contemporaine : il a notamment créé des œuvres de Gilbert Amy (*Triade*, 1966), Friedrich Cerha (*Spiegel I*, 1968), Henryk Mikołaj Górecki (*Épitaphe*, 1958 ; *Old Polish Music*, 1969 ; *Ad Matrem*, 1972 ; *Symphonie n° 2*, 1973), Giacomo Manzoni (*Hölderlin*, 1972 ; *Suite « Robespierre »*, 1976 ; *Masse*, 1977), Krzysztof Penderecki (*Les Psaumes de David*, 1959 ; *Strophes*, 1959 ; *Dimensions du temps et du silence*, 1re version, 1960 ; *Threnody*, 1961 ; *Polymorphia*, 1962 ; *De Natura Sonoris*, 1966 ; *Utrenja*, 1971).

Marriner, Sir Neville

Chef d'orchestre et violoniste anglais, né à Lincoln le 15 avril 1924.

Après ses études au Royal College of Music de Londres, il vient à Paris au Conservatoire dans la classe de violon de René Benedetti. Après une saison au Collège d'Eton (1947-48) on le retrouve comme second violon du Quatuor Martin. Aux côtés de Thurston Dart, il participe à la fondation du Jacobean Ensemble. Il enseigne le violon au Royal College of Music (1949-59) tout en étudiant la direction d'orchestre avec Pierre Monteux lors de ses cours d'été dans le Maine (États-Unis). A partir de 1952, il est violoniste au Philharmonia Orchestra et, de 1956 à 1968, chef d'attaque des seconds violons de l'Orchestre Symphonique de Londres. Parallèlement il fonde le Virtuose String Trio et surtout, en 1959, l'Academy of St Martin in the Fields dont il conserve la direction de la grande formation et avec laquelle il effectue un grand nombre de tournées et d'enregistrements discographiques (plus de trois cents disques en trente-cinq ans). Avec cet ensemble, il instaure un travail en profondeur, à la façon des formations de musique de chambre, et est l'un des premiers à réagir contre une certaine imprécision dans l'interprétation de la musique du XVIIIe siècle. De 1969 à 1979, il est en outre directeur musical de l'Orchestre de Chambre de Los Angeles. De 1971 à 1973, il est chef associé du Northern Sinfonia Orchestra et, de 1979 à 1986, il assure la direction musicale de l'Orchestre du Minnesota. Entre 1983 et 1989, il est chef permanent de l'Orchestre Symphonique du SDR de Stuttgart. Il a créé des œuvres de Peter Maxwell Davies (*Sinfonia concertante*, 1983), William Walton (*Sonata for Strings*, 1972).

Mars, Jacques

Basse française, né à Paris le 25 mars 1926.

Issu d'une famille modeste il est irrésistiblement attiré dès le plus jeune âge par la musique et, très tôt, travaille l'harmonium et le violon... en autodidacte. Il aborde ensuite l'étude du chant « par l'observation des constantes qui régissent cette discipline ». Sans être passé par un quelconque conservatoire et sur simple audition, il est engagé en 1955 à l'Opéra de Paris. Débutant dans le Duc de *Roméo et Juliette* il assume progressivement les emplois de basse chantante : le Commandeur, Brander Montano, Monterone, Angelotti, Zuniga, grimpant l'une après l'autre les marches de la célébrité jusqu'en 1963, où, sous la direction d'Inghelbrecht, il est Golaud (*Pelléas et Mélisande*). Dès l'année suivante, il est le Méphisto de la reprise de *La Damnation de Faust* dans la mise en scène de Maurice Béjart à l'Opéra. En 1965, il chante les quatre rôles lors de la reprise des *Contes d'Hoffmann* Salle Favart. En 1966, c'est enfin son Méphisto de Gounod, le premier d'une longue série qui dure toujours. Mais il ne faut pas oublier en 1963 la création au Palais Garnier du *Don Carlos* de Verdi dans sa version originale française : il y est Charles Quint. Plus tard, lors de reprises en français ou en italien, il sera Philippe II, puis le Grand Inquisiteur, un rôle où son grand affrontement avec le superbe Philippe II de Ghiaurov eut quelque chose d'épique. A Dijon, Jacques Mars est Boris ; à Monte-Carlo, pour le centenaire du théâtre construit par Garnier, il est Don Quichotte. Il chante aussi, *Le Château de Barbe-Bleue* de Bartók, Basile, Colline, Scarpia... Mais c'est bien au personnage de Golaud que son nom restera indissolublement lié, à l'Opéra-Comique, au Festival de Glyndebourne, à la Scala, à Florence... Autodidacte, Jacques Mars s'est passionné pour l'analyse des constantes qui conduisent à « l'élaboration d'un son perfectible » et cette recherche de l'absolu l'a conduit tout naturellement vers l'enseignement auquel, jour après jour, il sacrifie un peu plus de son temps.

Parmi les créations auxquelles il a participé, *i 330* de Bondon, *Sire Allewynn* de Semenov et, en concert, *Andrea del Sarto* de Daniel-Lesur.

Marsalis, Wynton

Trompettiste américain, né à La Nouvelle-Orléans le 18 octobre 1961.

Fils du pianiste de jazz Ellis Marsalis, frère du saxophoniste Branford Marsalis, il reçoit une formation classique et joue avec l'orchestre philharmonique de sa ville natale le concerto de Haydn dès l'âge de quatorze ans. Il étudie à la Juilliard School of Music de New York et commence également une carrière de jazzman : en 1980, il joue avec Art Blakey et les Jazz Messengers tout en appartenant au Brooklyn Philharmonic Orchestra. Rapidement, il s'impose dans les deux domaines, réalisant une synthèse de l'apport des grands trompettistes de jazz qui lui donne une étonnante virtuosité et des sonorités inhabituelles dans le domaine classique.

Marschner, Wolfgang

Violoniste allemand, né à Dresde le 23 mai 1926.

Il étudie à l'académie de sa ville natale et va ensuite se perfectionner au Mozarteum de Salzbourg. Sa carrière débute au commencement des années cinquante et, rapidement, il partage ses activités entre les concerts et l'enseignement : il est professeur à Essen (1956-57), à Cologne (1958-63) puis à Fribourg. Il compose également.

Marshall, Margaret (Anne)

Soprano écossaise, née à Sterling le 4 janvier 1949.

Elle fait ses études à la Royal Scottish Academy of Music and Drama à Glasgow. Elle travaille le chant avec Edna Mitchell et Peter Pears en Angleterre puis avec Hans Hotter à Munich. En 1974, elle remporte le 1er prix au Concours international de Munich. Elle fait ses débuts en concert à Londres en 1975 et sur scène à Florence en 1978 dans le rôle d'Euridice (*Orfeo*). Elle y chante ensuite la Comtesse des *Noces de Figaro* avant de débuter dans le même rôle au Covent Garden de Londres en 1980. En 1982, elle est invitée à la Scala de Milan (la Comtesse), au Festival de Salzbourg (Fiordiligi), à Glyndebourne (Ilia) et au Scottish Opera (Pamina, Ilia et la Comtesse dans *Capriccio*). En 1986, elle interprète pour la première fois le rôle de la Maréchale (*Le Chevalier à la rose*) à l'Opéra de Cologne. L'année suivante, elle fait ses débuts à l'Opéra de Francfort (*Così fan tutte*) et à la Staatsoper de Vienne (*Les Noces de Figaro*). En 1990, elle chante la Comtesse à Hong Kong et Donna Elvira à l'English National Opera. Elle mène une importante carrière au concert.

Marsick, Martin

Violoniste et compositeur belge, né à Jupille (Liège) le 9 mars 1848, mort à Paris le 21 octobre 1924.

Après avoir été l'élève de son père, il étudie le piano, l'orgue, le violon (avec Léonard) et la composition (avec Kufferath) aux conservatoires de Liège et de Bruxelles. Il entre ensuite au Conservatoire de Paris où il poursuit ses études de violon auprès de Massart et obtient un 1er prix en 1869. A la même époque (1868-69), il joue dans l'Orchestre de l'Opéra. Il part ensuite pour Berlin où il travaille avec Joseph Joachim entre 1870 et 1871.

A Paris, il fait sensation aux Concerts Populaires (1873) et fonde, en 1877, le Quatuor Marsick en compagnie de Rémy, Van Waefelghem et Delsart. Il forme aussi un trio en 1884, avec le pianiste Breitner et le violoncelliste Burger. Il fait des tournées qui le mènent en Russie et en Amérique. De 1892 à 1900, il enseigne au Conservatoire de Paris où il forme plusieurs violonistes qui deviendront célèbres par la suite : Carl Flesch, Georges Enesco, Jacques Thibaud...

En tant que compositeur, Marsick laisse des pièces pour violon, de la musique de chambre et un grand nombre d'arrangements pour son instrument. En tant que pédagogue, on lui doit *Euréka, j'ai trouvé* (1912) et, avant tout, *La Grammaire du violon* (1924). Saint-Saëns lui a dédié sa *Sonate pour violon et piano n° 1.*

Marteau, Henri

Violoniste français, naturalisé suédois (1915), né à Reims le 31 mars 1874, mort à Lichtenberg (Bavière) le 3 octobre 1934.

Son père est violoniste amateur et sa mère fut l'élève de Clara Schumann. Il commence l'étude du violon à cinq ans. Encouragé par Sivori, il travaille avec Bünzli et surtout Léonard à Paris jusqu'à l'âge de dix-sept ans. A la mort de son professeur, il entre dans la classe de Garcin au Conservatoire de Paris, où il obtient en un an son 1er prix. A dix ans, il se produit déjà avec la Philharmonie de Vienne, dirigée par Hans Richter, mais sa véritable carrière de soliste ne commence qu'en 1893, visitant en quelques années les États-Unis, la Scandinavie, la Russie, etc. Son premier concert à Paris a lieu en 1897 chez Lamoureux. Il est également professeur au Conservatoire de Genève (1900-07), à la Hochschule für Musik de Berlin, où il succède à Joachim (1908-15), avant de trouver refuge en Suède où il est second chef de l'Orchestre de Göteborg (1915-21), instituant une fondation pour l'interprétation de la musique suédoise et payant d'exemple par ses efforts déployés en faveur de Berwald. Professeur à l'Académie allemande de musique de Prague (1921-24), puis aux conservatoires de Leipzig (1926-28) et de Dresde (1928-34), il retourne à Stockholm donner son dernier concert en 1934. Interprète renommé de Bach, Mozart, Reger (qui lui dédie son *Concerto pour violon*, 1908), il fut également compositeur, laissant une cantate, *Les Voix de Jeanne d'Arc*, deux concertos pour violon, un opéra, *Meister Schwalbe*, etc. Il a traduit en français le *Traité de violon* de Joachim et Moser. Il possédait un Maggini (Brescia) autrefois entre les mains d'Hubert Léonard et un Guarnerius del Gesù de 1731 qui est devenu ensuite l'instrument de Gérard Poulet.

Martenot, Ginette

Ondiste française, née à Paris le 27 janvier 1902.

Elle fait ses études au Conservatoire de Paris avec Gédalge et Lazare-Lévy et à la Sorbonne. Elle entreprend, ensuite, une carrière internationale, comme pianiste d'abord, comme ondiste ensuite. Sœur du compositeur et inventeur Maurice Martenot (lequel donna son nom aux ondes Martenot) et collaboratrice de l'inventeur jusqu'à sa mort, c'est elle qui popularisa cet instrument, avant Darius Citanova et Jeanne Loriod. Elle enseigne à l'École d'Art Martenot où sont mis en pratique les principes pédagogiques de son frère. Elle a créé un nombre considérable d'œuvres écrites pour le nouvel instrument dont le *Concerto* de Jolivet (1948) et celui de Landowski (1956) qui lui est dédié.

ÉCRITS : *La Musique, l'interprétation et l'art du geste. Étude vivante du piano. Cours supérieur d'interprétation de Bach à Messiaen.*

Martin, Émile (Révérend-Père)

Chef de chœur français, né à Cendras le 7 mai 1914, mort à Lisieux le 7 novembre 1989.

Il fait des études littéraires et musicales avec son oncle, ancien maître de chapelle de la cathédrale de Nîmes. Étudiant à la Faculté des lettres de Montpellier, il poursuit ses études à Paris, à la Sorbonne pour les lettres, à l'Institut catholique pour la théologie, où on lui confie l'orgue de la chapelle des Carmes. Membre de l'Oratoire de France à partir de 1947, maître de chapelle de Saint-Eustache à Paris entre 1964 et 1988, le Révérend-Père Émile Martin, selon Émile Vuillermoz, apparaît comme « l'héritier des imagiers gothiques de la pierre, soucieux de réinventer un parfum archaïque avec des procédés modernes ». C'est dans cet esprit qu'il fonde et dirige (depuis 1947) la Société des Chanteurs de Saint-Eustache qui devient l'une des principales chorales françaises. En 1965, il fonde un Festival Bach à Mazamet. Également compositeur, il fait passer en 1950 sa propre *Messe du sacre des rois de France* pour une œuvre d'un compositeur du XVIIe siècle, Étienne Moulinié. La supercherie découverte provoque un fameux scandale. Il est également l'auteur d'un oratorio, *Le Miroir de Jeanne* (1977), du *Gloria pour notre temps* (1978), *Imploration* (1979), *Chants de la liberté* (1989).

ÉCRITS : *Essai sur les rythmes de la chanson grecque* (1953), *Trois documents de musique grecque* (1953), *Une muse en péril, essai sur la musique et le sacré* (1968).

Martin, Jean

Pianiste français, né à Lyon le 7 novembre 1927.

Il obtient à douze ans un 1er prix de piano au Conservatoire de Lyon. Il étudie ensuite au Conservatoire de Paris avec Yves Nat et Pierre Pasquier et remporte, en 1948, un 1er prix de piano. Après avoir été professeur au Conservatoire de Grenoble (1953-60) et au Conservatoire de Bobigny (1974-80), il est nommé professeur au Conservatoire de Lyon et donne des cours d'interprétation à Porto (Portugal). Directeur des programmes de concerts au Théâtre Essaïon (1974-77), il assume les mêmes fonctions au Théâtre Présent depuis cette date. En 1972, il fonde le Trio Delta, avec Flora Elphège (violon) et Claude Burgos (violoncelle). Plusieurs partitions de Claude Ballif, comme la *Sonate n° 5* pour piano, lui sont dédiées et ont été créées par lui.

Martinelli, Germaine

Soprano française, née à Paris le 30 septembre 1887, morte à Paris le 8 avril 1964.

Elle étudie avec les plus grands pédagogues français de l'époque : Jean Lasalle, Jean Bourbon, Gandubert et Albert Petit qui lui donne un enseignement dans la lignée de Garcia. Mais, contrairement aux filières traditionnelles, elle ne passe pas par le Conservatoire. Dès 1908, elle débute aux côtés de Pugno, Casals et Thibaud. Elle épouse Charles Martinelli, acteur, chanteur (créateur de *Panurge* de Massenet) ; leur fils, le comédien Jean Martinelli, sera sociétaire de la Comédie-Française pendant vingt et un ans. Pendant la Première Guerre mondiale, elle donne des concerts de bienfaisance et sa carrière ne débute véritablement qu'à la fin des hostilités : elle chante surtout le répertoire lyrique au concert, sous la direction de Pierné, Ysaÿe, Ansermet, Paray (Iphigénie, Isolde, Elisabeth et surtout Marguerite de *La Damna-*

tion de Faust, son rôle de prédilection). Son répertoire comprend les principaux oratorios et œuvres de musique religieuse. Elle se tourne vers la mélodie à partir de 1928 et se retire en 1941 pour se consacrer à l'enseignement, notamment au Conservatoire américain de Fontainebleau où elle est professeur jusqu'en 1963. Un prix spécial de l'Académie nationale du disque lyrique, consacré à la mélodie, porte son nom.

Martinelli, Giovanni

Ténor italien, né à Montagnana le 22 octobre 1885, mort à New York le 2 février 1969.

Le chef de la fanfare militaire où il fait son service militaire découvre qu'il a une fort belle voix et le décide à devenir chanteur. Après de sérieuses études avec Mandolini, il fait ses débuts au Théâtre del Verme de Milan dans la redoutable partie de ténor du *Stabat Mater* de Rossini (1910) et, moins de trois semaines après, sur la scène de ce même théâtre dans le rôle-titre d'*Ernani.* Puccini l'entend, il est immédiatement séduit et le choisit pour être son premier Dick Johnson de *La Fanciulla del West* sur le vieux continent (1911) : à Monte-Carlo, à Rome puis à la Scala. L'année suivante, il triomphe à Covent Garden dans *La Tosca.* On l'y reverra en 1913, 1914, 1919 et... 1937. Et c'est le départ vers les États-Unis, les débuts au Metropolitan Opera (1913), dont il restera pensionnaire jusqu'en 1946, y donnant 662 représentations, y chantant 37 rôles, de Radamès – qu'il y chantera 92 fois – à Otello, en passant par Faust, Don José, Raoul, Arnold, Éléazar ou Vasco de Gama... Durant cette période il ne fera que de rares et courtes apparitions en Europe, dont quelques mémorables *Otello* à l'Opéra de Paris. Il se retire en 1950 mais reviendra encore une fois sur scène pour chanter *Turandot* (l'Empereur) à Seattle à l'âge de quatre-vingt-deux ans. S'il n'eut jamais la splendeur vocale d'un Caruso ou le charme inimitable d'un Gigli, Giovanni fut sans doute, parmi les ténors de la grande époque, le musicien le plus parfait ainsi que le chanteur et l'acteur le plus noble.

Martinon, Jean

Chef d'orchestre et compositeur français, né à Lyon le 10 janvier 1910, mort à Paris le 1er mars 1976.

Au conservatoire de sa ville natale, il reçoit une formation musicale qu'il complète au Conservatoire de Paris (1923-29) où il remporte notamment un 1er prix de violon (1928). Il sera l'élève de Roussel, d'Indy, Désormière et Münch. Il fait ses débuts en dirigeant ses premières œuvres avant la guerre. Emprisonné pendant deux ans, il se consacre surtout à la composition et ce n'est qu'à la Libération que sa carrière de chef va vraiment démarrer : il obtient son premier poste à Bordeaux tout en secondant Charles Münch à la Société des Concerts (1944-46). Puis il est chef associé de l'Orchestre Philharmonique de Londres (1946-48), premier chef de l'Orchestre Symphonique de la Radio de Dublin (1947-50), président chef d'orchestre des Concerts Lamoureux (1951-58), premier chef de l'Orchestre Philharmonique d'Israël (1958-60), directeur général de la musique à Düsseldorf (1959-66), directeur artistique de l'Orchestre Symphonique de Chicago (1963-68), de l'Orchestre National (1968-74) et de l'Orchestre de la Résidence de La Haye (1974-76), professeur au Conservatoire de Paris (1975-76). Dans le monde entier, il a joué le rôle d'ambassadeur de la musique française à laquelle il a consacré l'essentiel d'une discographie abondante : il a notamment réalisé l'intégrale de l'œuvre de Ravel (avec plusieurs inédits), Debussy et Saint-Saëns (avec deux symphonies de jeunesse exhumées pour la circonstance), la plupart des œuvres de Roussel et l'intégrale des symphonies de Prokofiev. Il avait reçu en 1968 la Médaille Gustav Mahler pour ses interprétations de ce compositeur qu'il chérissait particulièrement. Dans le domaine de la musique contemporaine, en dehors de ses propres œuvres qu'il dirigeait souvent, il a créé de nombreuses partitions de Henry Barraud (*Symphonie pour cordes*, 1956), Aldo Clementi (*Cantata*, 1956), Marius Constant (*Faciebatanno 1973*), Hans Werner Henze (*Tancrède,* 1953 ; *Trois Études symphoniques*, 1956), Jacques Ibert (*Tropismes pour des amours imaginaires,* 1975), Serge Nigg

(*Musique funèbre*, 1959), Roger Sessions (*Symphonie n° 7*, 1967) et la plupart de ses propres œuvres pour orchestre.

Son œuvre comporte un opéra, *Hécube*, 4 symphonies, 2 concertos pour violon, 1 concerto pour violoncelle, 2 quatuors et le *Psaume 136* écrit en captivité (1943).

Marton, Éva (Éva Heinrich)

Soprano hongroise, née à Budapest le 18 juin 1943.

Elle suit les cours de l'Académie Musicale Franz Liszt, où elle a pour professeur Endre Rösler et Jenö Sipos. Diplômée en 1968, elle commence sa carrière à l'Opéra de Budapest (1968-72) où elle chante Butterfly, *Le Coq d'or*, Rodelinda, Tosca, la Comtesse des *Noces de Figaro*. C'est dans ce rôle qu'elle débute en 1971 en Allemagne fédérale sous la direction de Chistoph von Dohnányi. Elle entre dans la troupe de l'Opéra de Francfort (1972-77), tout en apparaissant rapidement sur les plus grandes scènes internationales : le Bolchoï (Manon Lescaut, 1971), Vienne (Tosca, 1973), Munich (Donna Anna, 1974), le Met (Eva des *Maîtres chanteurs*, 1976), San Francisco (Aida), la Scala (Leonora du *Trouvère*, 1978), Buenos Aires (Elsa, 1979) et Chicago (Maddalena d'*André Chénier*). Entre 1977 et 1980, elle appartient à la troupe de l'Opéra de Hambourg. Elle participe également à de nombreux festivals : Mai Musical Florentin (Mathilde de *Guillaume Tell*, 1972, et Tosca, 1986), Bayreuth (Elisabeth et Vénus de *Tannhäuser*, 1977-78), Munich (Donna Anna, Ariadne, Helena), Salzbourg (*Fidelio*, 1982-83), Vérone (Tosca), Macerata (Manon Lescaut, 1987). En 1986, elle reçoit le titre de *Kammersängerin* de l'Opéra de Vienne.

Martucci, Giuseppe

Chef d'orchestre, pianiste et compositeur italien, né à Capoue le 6 janvier 1856, mort à Naples le 1er juin 1909.

Élève de son père, il fait ses débuts de pianiste à l'âge de sept ans. A onze ans, il est admis au Conservatorio di San Pietro a Majella à Naples, où il travaille le piano avec B. Cesi et la composition avec P. Serrao, mais quitte cet établissement en 1871. Il commence une carrière de pianiste qui le mène dans les principaux pays d'Europe. En 1880, il est nommé professeur de piano au Conservatoire de Naples. Il dirige les concerts symphoniques créés par le prince d'Ardore et la Società del Quartetto de Naples. Entre 1886 et 1902, il est directeur du Conservatoire de Bologne. En 1902, il retourne à Naples, où il prend la direction du Conservatoire, poste qu'il occupera jusqu'à sa mort. Ses activités de chef symphonique ont largement contribué à enrichir la culture musicale italienne. Fervent admirateur de Wagner, il dirige notamment la première représentation italienne de *Tristan et Isolde* (Bologne, 2 juin 1888).

Marty, Georges

Chef d'orchestre français, né à Paris le 16 mai 1860, mort à Paris le 11 octobre 1908.

Il est l'élève, au Conservatoire de Paris, de Th. Dubois, Franck et Massenet avant de remporter, en 1882, le 1er Grand Prix de Rome. Il débute comme chef des chœurs au Théâtre Lyrique (1890). Deux ans plus tard, il est professeur au Conservatoire et, en 1893, chef de chant à l'Opéra. Il est chargé de la direction des Concerts de l'Opéra avec Paul Vidal avant d'être nommé chef d'orchestre à l'Opéra-Comique (1900). Un an plus tard, il succède à Taffanel à la tête de la Société des Concerts du Conservatoire (1901-08). Il introduira au répertoire de grandes œuvres chorales alors ignorées (Bach, Rameau, Liszt, Haydn, Saint-Saëns...).

Marty, Jean-Pierre

Pianiste et chef d'orchestre français, né à Paris le 12 octobre 1932.

Dès l'âge de dix ans, il étudie le piano et bénéficie des conseils de Marcel Ciampi, Alfred Cortot et Julius Katchen. C'est avec Pierre Fournier qu'il donne, en 1946, son premier concert. De 1947 à 1957, il travaille au Conservatoire de Paris l'harmonie, le contrepoint, la composition, et se perfectionne avec Nadia Boulanger. Parallèlement, il obtient ses diplômes à la Faculté de droit et à l'Institut d'études politiques. Un problème musculaire interrompt malheureusement sa carrière de pianiste. Il se rend aux États-Unis en 1958 et se remet à la musique comme pianiste au New York City Ballet. Son directeur musical, Robert Irving, lui permet de se familiariser avec la direction d'orchestre. En 1963, il est chef titulaire de l'American Ballet Theater. Il y restera jusqu'en 1965, date à laquelle il crée à Marseille et à Paris *Sud*, opéra de Kenton Coe. Ces premiers pas dans l'art lyrique seront déterminants pour la suite de sa carrière. En effet, de 1965 à 1973, on le voit surtout diriger des opéras, comme chef invité. De 1973 à 1980, il est responsable du service lyrique de la Radio et s'y fait remarquer par son souci d'élargir le répertoire. Depuis 1979, il a repris ses activités pianistiques. En 1987, il est nommé directeur du Conservatoire américain de Fontainebleau.

ÉCRITS : *Les Indications de tempo de Mozart* (original anglais, New Haven, 1988 ; en français, Paris, 1991).

Marx, Chico (Leonard Marx)

Pianiste américain, né à New York le 22 mars 1891, mort à Hollywood le 11 octobre 1961.

C'est le responsable des deux plus grandes innovations techniques de toute l'histoire du piano : le balancement du doigt sur la touche et la frappe index tendu et renversé des notes aiguës du clavier. Malgré la terrifiante vitesse d'exécution et le caractère extrêmement périlleux de l'exercice, les médecins, toujours présents dans la salle avec un assortiment complet d'ongles d'Amérique, affirment qu'ils n'ont jamais eu d'accident à déplorer. Certains prétendent même qu'il surmontait ces difficultés les doigts dans le nez.

Marx, Groucho (Julius Marx)

Guitariste et banjoïste américain, né à New York le 2 octobre 1895, mort (enfin, on se demande...) à Hollywood le 19 août 1977.

Frère du précédent, frère du suivant, il n'a jamais pu avoir de frère de lait vu l'importance de sa consommation de whisky, ni – à son grand regret – de frère siamois car il a toujours refusé de brider son imagination. On le voit parfois gratter avec fureur les cordes d'un banjo ou d'une guitare. Mais ce doit être davantage pour calmer une démangeaison subite que pour obéir à une pulsion existentielle fondamentale et retrouver dans l'art la fascination transcendantale du néant universel. Son véritable instrument de prédilection s'achète dans les bureaux de tabac. Il devait néanmoins lui réserver bien des déceptions. Il n'a jamais en effet réussi, malgré tous ses efforts, à jouer le *Stars and Stripes* sur un cigare de Havane.

P.S. Aucun rapport avec un homonyme prénommé Karl. Ne pas faire de confusion : c'est capital ! Groucho songe actuellement à lui intenter un procès pour concurrence déloyale.

ÉCRITS : *Les Mémoires de Groucho Marx* (1959).

Marx, Harpo (Arthur Marx)

Harpiste américain, né à New York le 23 novembre 1893, mort à Hollywood le 28 septembre 1964.

Ce harpiste (frère des deux précédents), doté d'une chevelure bouclée du plus gracieux effet, ne s'exprime habituellement que par mimiques et sifflements, ce qui est peu commode pour donner des interviews. Il affectionne les chapeaux aux formes indéfinissables et les imperméables aux vastes poches. Il passe ses nuits à l'opéra, va à l'ouest chercher des noix de coco, rend de la monnaie de singe, se gave de soupe au canard et se pare de plumes de cheval. On chuchote que l'on a découvert son talent un jour aux courses. Personne n'a jamais su s'il jouait vraiment de la harpe ou s'il l'imitait avec la bouche.

Masini, Gianfranco

Chef d'orchestre italien, né à Reggio Emilia le 26 novembre 1937, mort à Reggio Emilia le 18 juin 1993.

Après avoir fait ses études musicales aux conservatoires de Parme et de Bologne, il travaille avec Hermann Scherchen à Vienne et se consacre principalement à une carrière lyrique qui débute en 1963. Il dirige comme invité dans la plupart des théâtres italiens avant d'être nommé directeur musical du Teatro Verdi de Trieste puis des Arènes de Vérone (jusqu'en 1989). Il est invité dans les plus grands théâtres du monde (Berlin, Munich, Paris, Met, Colón, Vienne, Tōkyō, Festivals d'Aix-en-Provence, de Bregenz...). En 1987, il est nommé premier chef invité de l'Orchestre Symphonique de Berlin. En 1991, il est nommé directeur musical de l'Orchestre Philharmonique de Montpellier.

Massard, Robert

Baryton français, né à Pau le 15 août 1925.

Après avoir chanté dans sa province natale, il est engagé à l'Opéra de Paris où il débute en 1951 (le Grand Prêtre de *Samson et Dalila*). Sa carrière prend rapidement une dimension internationale : dès 1952, il chante à Aix-en-Provence (Thoas dans *Iphigénie en Tauride*), et il apparaît à la Scala, au Festival de Glyndebourne [1955] (dans les deux cas Ramiro de *L'Heure espagnole*), au Mai Florentin ou il chante Oreste, comme à Covent Garden (1960) ou au Festival d'Édimbourg (1961). Aux États-Unis, il chante à Carnegie Hall et à Chicago. Considéré comme l'un des meilleurs barytons français de son époque, il chante Escamillo et Valentin partout, mais aussi tout le répertoire français de Berlioz (Fieramosca) à Milhaud (*Orphée*) ainsi que le grand répertoire italien. Il participe à la première française de *Capriccio* de Strauss à l'Opéra-Comique en 1957 (le Comte).

Massini, Egizzio

Chef d'orchestre italien naturalisé roumain, né à Alexangrie le 26 juillet 1894, mort à Bucarest le 18 février 1966.

Fils du baryton **Enrico Massini**, directeur d'opéra fixé en Égypte, il fait ses études musicales au Conservatoire de Pesaro où il travaille notamment le violon avec Dalessio avant de s'initier à l'art du théâtre lyrique avec son père. Il étudie la direction d'orchestre avec Bonicioli et Bavagnoli et fait ses débuts à l'âge de treize ans (1907). Deux ans plus tard, il dirige au Théâtre des Petits Champs à Constantinople. Il commence une importante carrière de chef d'opéra en Grèce, Bulgarie et Russie avant de se fixer en Roumanie en 1914. En 1919, il est nommé chef permanent à l'Opéra de Bucarest où se déroulera toute sa carrière et dont il sera directeur général entre 1945 et 1949. Il a joué un rôle essentiel dans la vie musicale roumaine, dirigeant pour la première fois dans ce pays les grands chefs-d'œuvre du XIXe et du XXe siècle (41 premières auditions locales). Il a créé des opéras de Gheorghe Dumitrescu et Alfred Mendelsohn.

Masson, Diego

Chef d'orchestre français, né à Tossa (Espagne) le 21 juin 1935.

Fils du peintre André Masson, il fait ses études au Conservatoire de Paris, de 1953 à 1959 : percussion, harmonie, musique de chambre. Il travaille la fugue et le contrepoint avec René Leibowitz, de 1955 à 1959. Auprès de Bruno Maderna, en 1964, il découvre la composition, et auprès de Pierre Boulez, un an plus tard, s'initie à la direction d'orchestre. Percussionniste au Domaine Musical, il fonde, en 1966, l'Ensemble Musique Vivante qui se consacre à la découverte et à la création d'œuvres contemporaines internationales. Directeur musical de l'Opéra de Marseille (jusqu'en 1982), il s'occupe du Ballet Théâtre contemporain d'Amiens, dirige à la Maison de la Culture d'Angers, travaille avec la compagnie de danse du Sadler's Wells (1971-73). Sa carrière se développe à la tête des principaux ensembles de musique contemporaine du monde entier, notamment en Grande-Bretagne.

Il a créé des œuvres de Pierre Boulez (*Domaines*, 1970 ; *Explosante Fixe*, 1972), Earle Brown, Sylvano Bussotti (*Intégrale Sade*, 1990), Michel Decoust (*Sinfonietta*, 1983 ; *THT* 1983), Franco Donatoni (*Abyss*, 1983), Hugues Dufourt (*Le Philosophe de Rembrandt*, 1990), Morton Feldman, Vinko Globokar (*Miserere*, 1982 ; *Les Émigrés*, 1990), André Jolivet (*12 Inventions*, 1967), Jacques Lenot (*Utopia para-*

frasi, 1983), Maurice Le Roux (*Un koan*, 1974), Michèle Reverdy (*Le Précepteur*, 1990), Karlheinz Stockhausen (*Stop*, 1969, dédicataire ; « *Fais voile vers le soleil* », 1972 ; *Momente*, version de Bonn, 1972), Yoshihisa Taïra (*Ressac*, 1981).

Masterson, Valerie

Soprano anglaise, née à Birkenhead le 3 juin 1937.

Elle étudie la musique au Royal College of Music de Londres, et poursuit ses études pendant de longues années avec Eduardo Asquez qui demeure son professeur. Elle débute au Stadttheater de Salzbourg avant d'être engagée dans la D'Oyly Carte Opera Company, comme premier soprano. En 1971, elle débute au Sadler's Wells Opera comme Constance (*L'Enlèvement au sérail*). Dès 1972, elle fait partie de cette troupe. Engagée à Covent Garden, elle participe à *L'Or du Rhin* et au *Crépuscule des dieux*, elle chante *Fidelio* et crée *We Come to the River* de Henze, avant *La Traviata*. En 1975, au Festival d'Aix, elle s'impose dans *Élisabeth reine d'Angleterre* (Rossini) aux côtés de Caballé. Elle est engagée à l'Opéra de Paris où elle chante *Faust*, *Le Couronnement de Poppée*, *L'Enlèvement au sérail*. Ce rôle de Constance, elle le reprend pour ses débuts à l'Opéra de Munich. Elle chante encore *Manon* et *La Traviata* à Toulouse, Pamina (*La Flûte enchantée*) à Strasbourg, *Jules César* (Haendel) à Londres, *Rigoletto* et *Mireille* à Genève. Elle est également invitée à San Francisco, où elle débute, en 1980, avec *La Traviata*.

Mastilovic, Danica

Soprano serbe, naturalisée allemande, née à Negotin le 7 novembre 1933.

Formée à la Musikakademie de Belgrade dans la classe de Nicola Cvejić jusqu'en 1959, elle est invitée à l'Opéra de Francfort par Georg Solti et entre dans la troupe en 1959. En 1964, après avoir débuté dans de petits rôles, elle triomphe dans *Turandot*. Elle interprète ce rôle sur plusieurs scènes importantes d'Europe. En 1964, elle obtient un contrat d'invitée permanente de l'Opéra de Hambourg. Elle se produit également à l'Opéra de Düsseldorf-Duisbourg, à celui de Zagreb, de Vienne et de Munich. En 1972, elle remporte un grand succès au Colón comme Abigail (*Nabucco*). En 1973, elle chante Ortrude (*Lohengrin*) à Zürich et la même année *Elektra* à Munich. En 1972-73, elle chante à l'Opéra de Stockholm ainsi qu'au Festival de Bayreuth, où elle tient pendant quelques années le rôle d'une des Walkyries.

Masur, Kurt

Chef d'orchestre allemand, né à Brieg (Silésie) le 18 juillet 1927.

Après avoir débuté ses études musicales à Breslau (piano et violoncelle, 1942-44), il travaille à la Musikhochschule de Leipzig (1946-48) où il est l'élève de Kurt Soldan et Heinz Bongartz (direction), Siegfried Grundeis, Franz Langer et Fritz Weitzmann (piano), Arnold Matz (composition). Engagé comme répétiteur au Théâtre de Halle en 1948, il y fait ses débuts de chef d'orchestre. Puis il est premier chef à Erfurt (1951-53), au Théâtre de Leipzig (1953-55) et à la Philharmonie de Dresde (1955-58). De 1958 à 1960, il est directeur général de la musique à Schwerin et, de 1960 à 1964, à l'Opéra-Comique de Berlin où il revient régulièrement comme invité les années suivantes. On le retrouve à la tête de la Philharmonie de Dresde comme premier chef (1967-72) avant qu'il devienne directeur musical de l'Orchestre du Gewandhaus de Leipzig en 1970. En 1975, il est nommé professeur de direction d'orchestre à la Musikhochschule de Leipzig. L'année suivante, il est premier chef invité de l'Orchestre Symphonique de Dallas. En 1991, il prend en outre la direction musicale de l'Orchestre Philharmonique de New York.

Masur est l'un des chefs d'orchestre qui ont contribué à sortir la RDA de son isolement culturel en dirigeant lui-même les plus grands orchestres du monde et en pratiquant à la tête du Gewandhaus une politique de tournées et d'enregistrements qui ont ramené cet orchestre au premier plan de la scène internationale. Véritable meneur d'hommes, adepte des techniques modernes dans le domaine de la médiatisation et des relations humaines, il possède des qualités d'animateur qui lui ont permis de moderniser en profondeur les structures du Gewandhaus, l'une des plus vieilles institutions musicales européennes.

Il a créé des œuvres de Reiner Bredemeyer (*Vier Stücke für Orchester*, 1981), Bernd Franke (*Chagall-Musik*, 1988), Thomas Heyn (*Concerto grosso nº 1*, 1986), Gija Kantcheli (*Symphonie nº 6*, 1981 ; *Concerto pour orchestre*, 1985), Siegfried Matthus (*Holofernes*, 1985 ; *Die Windsbraut*, 1986 ; *Sinfonie*, dédicataire, 1993), Minoru Miki (*Sinfonie zweier Welten*, 1984), Friedrich Schenker (*Michelangelo-Sinfonie*, 1985 ; *Commedia per musica*, 1989 ; *Symphonie pour 2 orchestres à cordes et quatuor à cordes*, 1994), Alfred Schnittke (*Symphonie nº 7*, 1994), Manfred Schubert (*Symphonie nº 1*, 1983), Siegfried Thiele (*Gesänge an die Sonne*, 1981), Karl Ottomar Treibmann (*Symphonie nº 5*, 1989).

Mata, Eduardo

Chef d'orchestre mexicain, né à Mexico le 5 septembre 1942.

Il fait ses études à Mexico avec Carlos Chávez et Rodolfo Halffter (1954-65), et commence à se faire un nom en dirigeant des premières mexicaines d'œuvres contemporaines. Il se perfectionne à Tanglewood avec Schuller et Leinsdorf. Sa carrière se développe tout d'abord au Mexique : directeur musical des Ballets Mexicains (1963-64), de l'Orchestre Symphonique de Guadalajara (1964-66) et de l'Orchestre Philharmonique UNAM de Mexico (1966-72). Il exerce ensuite aux États-Unis : chef permanent de l'Orchestre Symphonique de Phoenix (1972-77) et directeur musical de l'Orchestre Symphonique de Dallas (1977-93). En 1976, il est nommé directeur technique et chef principal du Festival Pablo Casals de Mexico. Il se fait connaître en Europe à partir de 1974, date à laquelle lui sont décernés le Prix de l'Union mexicaine des musiciens et le Prix Elias Sourasky. Tout en se consacrant au grand répertoire symphonique, il se fait le défenseur ardent de la musique mexicaine. Il a créé des œuvres de Hans Werner Henze (*Allegro brillante per grande orchestra*, 1989), Włodzimierz Kotoński (*Sirocco*, 1981).

Matačić, Lovro von

Chef d'orchestre yougoslave, né à Sušak le 14 février 1899, mort à Zagreb le 4 janvier 1985.

Il fait ses études musicales à Vienne (avec Oskar Nedbal) où il fait partie des Petits Chanteurs. Engagé comme répétiteur à Cologne (1916-19), il y fait ses débuts en 1919. Après la guerre, il travaille dans son pays natal, comme chef d'orchestre à Osjek (1919-20) et à Novi Sad (1920-22). Puis il est chef d'orchestre à l'Opéra de Ljubljana (1924-26), de Belgrade (1926-31) et de Zagreb (1932-38). Il est alors nommé directeur général de la musique à l'Opéra de Belgrade (1938-42). De 1942 à 1945, il dirige à l'Opéra de Vienne. Après la guerre, il participe à la fondation des festivals de Skopje et Dubrovnik. Il succède à Konwitschny à la tête de la Staatskapelle de Dresde (1956-58) et partage avec lui la direction de la Staatsoper de Berlin à la même époque. Pendant trois ans, il mène une carrière de chef invité, revenant à l'Opéra de Vienne et débutant à la Scala en 1958, à l'Opéra de Chicago l'année suivante. Il est ensuite directeur général de la musique à l'Opéra de Francfort (1961-66). En 1970, il revient en Yougoslavie où il est directeur de la musique à la Philharmonie de Zagreb jusqu'en 1980 tout en occupant les mêmes fonctions à la tête de l'Orchestre National de l'Opéra de Monte-Carlo (1973-79).

Mathis, Edith

Soprano suisse, née à Lucerne le 11 février 1936.

Après des études aux conservatoires de Lucerne et de Zürich, elle débute au Théâtre municipal de Lucerne, en 1956. En 1959, elle est engagée à l'Opéra de Cologne. En 1963, elle chante à l'Opéra de Berlin. Elle est invitée, entre autres, au Festival de Salzbourg depuis 1960 ; en 1962, au Festival de Glyndebourne, comme à l'Opéra de Hambourg et de Munich, où elle triomphe en Mélisande dans la production de Ponnelle. Elle fait une carrière éblouissante dans toutes les capitales musicales comme interprète idéale du répertoire mozartien (Pamina, Zerline, Suzanne, Servilia de *La Clémence de Titus*, et *Ilia* d'Idoménée, mais aussi des opéras moins connus, *La Finta Giardiniera*, *La Finta Semplice*, *Il Re Pastore*... qu'elle interprète sous la direction de Leopold Hager). De 1961 à 1972, elle appartient à l'Opéra de Hambourg, où elle crée entre autres (en 1964) *Der Zerrissene* (von Einem) et (en 1968) *Hilfe ! Hilfe ! die Globolinks !* (Menotti). En 1970, elle débute au Met dans le rôle de Pamina (*La Flûte enchantée*) et à Covent Garden dans Suzanne (*Les Noces de Figaro*). Deux ans plus tard, elle incarne Zerline (*Don Giovanni*) à l'Opéra de Vienne. Elle aborde des rôles comme Marcelline (*Fidelio*) ou Sophie (*Le Chevalier à la rose*). En 1980, elle reçoit le titre de *Kammersängerin* à l'Opéra de Munich. Parallèlement au répertoire lyrique qu'elle interprète sur scène, elle s'est imposée en concert comme spécialiste fort recherchée de la musique baroque (oratorios et cantates de Bach) mais aussi des mélodies romantiques (Schubert, Schumann, Mahler, Wolf...). Ayant épousé le chef d'orchestre Bernard Klee, elle habite désormais Londres.

Sa voix, d'une limpidité et d'une musicalité sans faille, convient particulièrement bien à l'enregistrement, par sa simplicité dans l'interprétation et son efficacité totale, malgré une grande économie de moyens.

Matthay, Tobias

Pianiste anglais, né à Londres le 19 février 1858, mort à High Marley (Haslemere) le 14 décembre 1945.

Ses parents sont allemands. Il commence l'étude du piano à la Royal Academy of Music dès 1871 avec Dorrell. Puis il est l'élève de MacFarren et complète sa formation musicale avec S. Bennett, E. Prout et A. Sullivan. En 1876, il enseigne déjà à la Royal Academy of Music et ne fait ses débuts publics à Londres qu'en 1880. Sa carrière durera jusqu'en 1895. De 1880 à 1925, il est professeur titulaire à la Royal Academy et, en 1895, il ouvre sa propre école de piano où il distille un enseignement nouveau, abandonnant les données traditionnelles pour découvrir les correspondances entre le jeu et le physique de l'exécutant. Il forme ainsi tous les grands pianistes anglais du début du XXe siècle, notamment Myra Hess, Harriet Cohen, York Bowen, Moura Lympany... Comme compositeur, on lui doit de nombreuses pages dédiées à son instrument.

ÉCRITS : *The Art of Touch* (1903), *The First Principles of Pianoforte Playing* (1905), *Relaxation Studies* (1908), *Commentaries on the Teaching of Pianoforte Technique* (1911), *The Child's First Steps in Piano Playing* (1912), *The Rotation Principle* (1912), *Musical Interpretation* (1913), *On Memorizing and Playing from Memory* (1926), *The Visible and Invisible in Piano Technique* (1932), *Piano Fallacies of Today* (1939), ouvrages publiés à Londres.

Matthews, Denis

Pianiste et musicologue anglais, né à Coventry le 27 février 1919, mort (suicide) à Birmingham le 24 décembre 1988.

Entré à la Royal Academy of Music de Londres en 1935, il devient l'élève de Harold Craxton pour le piano et de William Alwyn pour l'écriture. Ses débuts londoniens ont lieu au Queen's Hall en 1939. Après avoir pris une part active à la Seconde Guerre mondiale dans les rangs de la RAF, sa carrière reprend dès la fin des hostilités. En 1950, il donne l'intégralité du *Clavier bien tempéré* au Festival Bach de Vienne. Grand interprète de musique de chambre, il joue souvent et enregistre avec Fischer. Ses partenaires habituels seront les Quatuors Griller, Aeolian et Amadeus. Denis Matthews a également souvent joué en duo avec Ralph Holmes et sa seconde femme, Brenda McDermott. Sa grande connaissance du répertoire classique le prédestinait à l'enseignement.

En 1971, il a obtenu une chaire de musique à l'Université de Newcastle upon Tyne. En 1956, il a créé le *Concerto pour piano* de Rubbra, qu'il devait également enregistrer peu après.

ÉCRITS : *In Pursuit of Music* (Londres, 1966), *Beethoven Piano Sonata* (Londres, 1967), *Brahms Piano Music* (Londres,

1978 ; trad. française de Marie-Stella Pâris, Arles, 1994).

Mattila, Karita

Soprano finlandaise, née à Somero le 5 septembre 1960.

Elle étudie le chant à l'Académie Sibelius d'Helsinki avec Liisa Linko-Malmio et Kim Borg et devient, à partir de 1984, l'élève de Vera Rozsa à Londres. Elle débute sur la scène de l'Opéra d'Helsinki en 1982 dans la Comtesse des *Noces de Figaro*. En 1983, elle remporte le concours de chant Voices of the World de Cardiff et développe rapidement une carrière internationale autant au concert que sur la scène lyrique : Monnaie de Bruxelles (la Comtesse, 1985), Staatsoper de Munich (1985), Washington (Donna Elvira, 1985) Théâtre des Champs-Élysées (Fiordiligi dans le cycle Ponnelle-Barenboïm, 1986), Covent Garden (Pamina, 1986), avant de gagner les planches de Houston, Chicago, Hambourg et Vienne. En 1990, elle fait ses débuts au Met dans Donna Elvira.

Spécialisée dans le répertoire mozartien, elle est aussi une Eva des *Maîtres chanteurs* radieuse, et une Rosalinde enjouée. L'importance de sa voix, et son caractère la destinent à long terme à prendre la succession des grands sopranos dramatiques scandinaves dans des emplois plus lourds.

Matzenauer, Margarete

Contralto, puis soprano austro-hongroise, naturalisée américaine, née à Temesvar (Roumanie) le 1er juin 1881, morte à Van Nuys (Californie) le 19 mai 1963.

Fille d'un chef d'orchestre et d'une cantatrice, elle étudie à Graz, Berlin et Munich, puis débute à Strasbourg en 1901 (Puck et Fatime dans *Obéron*). Elle demeure à Strasbourg jusqu'en 1904, passe à l'Opéra de Munich jusqu'en 1911, date à laquelle elle entre au Met (Amnéris) et en devient l'une des étoiles jusqu'en 1930. Elle chante alors fort peu sur d'autres scènes, et n'apparaît guère qu'à Bayreuth, en 1911 (Waltraute, Première Norne, Flosshilde), au Teatro Colón (1912), à Covent Garden (1914) et au Théâtre des Champs-Élysées. A partir de 1914, elle développe son répertoire de mezzo-soprano, puis de soprano dramatique et chante ainsi les grands Verdi, Brünnhilde, Isolde, Kundry... Elle se retire en 1938. Elle a épousé en 1912 le ténor **Edoardo Ferrari-Fontana** (1878-1936).

Mauceri, John

Chef d'orchestre américain, né à New York le 12 septembre 1945.

Il fait ses études à Yale University où il est directeur musical du Yale Symphony Orchestra (1968-74). En 1976, il fait ses débuts au Met en dirigeant *Fidelio*. Il est invité par la plupart des opéras américains avant de diriger régulièrement au New York City Opera (1977-82) et à l'Opéra de Washington (1979-82). En 1982, il est nommé conseiller musical au Kennedy Centre. Il dirige également des comédies musicales à Broadway et à West End, à Londres. Il fait ses débuts à la Scala en 1984. Entre 1984 et 1987, il est à la tête de l'American Symphony Orchestra à New York. Puis il est nommé directeur musical du Scottish Opera à Glasgow en 1987. En 1990, il prend la direction du Hollywood Bowl Orchestra.

Mauersberger, Erhard

Chef de chœur allemand, né à Mauersberg le 29 décembre 1903, mort à Leipzig le 11 décembre 1982.

Frère de **Rudolf Mauersberger**, il travaille avec son père puis fait partie du Thomanerchor de Leipzig (1914-20) et travaille au Conservatoire de Leipzig avec Karl Straube et Otto Weinreich (1920-25). Il est chef de chœur à Aix-la-Chapelle (Christuskirche et Annenkirche, 1925-28) et à Mayence (Christuskirche, 1928-30). Dans cette dernière ville, il est également professeur à la Hochschule für Musik. Puis il se fixe à Eisenach (1930-61) où il est directeur de la musique d'église de la Thuringe. Il est professeur à l'Académie Franz Liszt de Weimar (1932-60) avant d'être nommé cantor à Saint-Thomas de Leipzig (1961-72). Entre 1964 et 1973, il est président du comité Bach de la RDA.

Mauersberger, Rudolf

Chef de chœur et compositeur allemand, né à Mauersberg le 29 janvier 1889, mort à Dresde le 22 février 1971.

Frère aîné d'**Erhard Mauersberger**, il fait ses études musicales à Leipzig où il travaille le piano avec Robert Teichmüller, l'orgue avec Karl Straube et la théorie avec Stephan Krehl (1912-14 et 1918-19). En 1914, il remporte le Prix Nikisch de composition. Il est mobilisé entre 1915 et 1918. Après la guerre, il est chef de chœur et organiste à Aix-la-Chapelle (Annenkirche et Konzerthaus, 1919-25) et à Eisenach (1925-30) où il fonde la Bachchor. Puis il est nommé à la tête du Dresden Kreuzchor où il s'impose comme l'une des figures majeures de la direction chorale allemande et contribue aussi bien au renouveau de la musique de Schütz qu'au développement de la littérature contemporaine. Il reçoit le titre de professeur en 1938. Il a composé de nombreuses œuvres chorales, notamment un *Dresdner Requiem* (1948) pour trois chœurs a cappella à la mémoire de la ville détruite sous les bombardements alliés.

Maurane, Camille

Baryton français, né à Rouen le 29 novembre 1911.

Élève de son père qui était professeur de chant, il poursuit ses études à la Maîtrise Saint-Évode de Rouen où il entre en 1921 et où il travaille avec l'abbé Bénard. Puis il est admis au Conservatoire de Paris, dans la classe de Claire Croiza. Il débute en 1940 à l'Opéra-Comique, où il se fait connaître sous le pseudonyme de Camille Moreau. Son plus grand succès demeure *Pelléas* qu'il chante sur toutes les scènes de France et dans de nombreux opéras. Il en a enregistré trois versions intégrales. Parmi ses autres ouvrages de prédilection, *Les Contes d'Hoffmann*, *L'Enfant et les sortilèges* et l'opérette. Mais il mène surtout une carrière de concertiste. Il chante ainsi le *Requiem* de Fauré dans le monde entier et se fait une spécialité de la mélodie française. Il est l'un des premiers artisans du renouveau de la musique baroque française et a contribué à faire évoluer l'interprétation de certains ouvrages de Rameau, comme *Castor et Pollux* ou *Les Indes galantes*.

C'est le baryton français type, au timbre clair, au beau phrasé et à la diction parfaite, doté d'une grande sensibilité et d'une émouvante musicalité. Il enseigne au Conservatoire de Paris jusqu'en 1981.

Maurel, Victor

Baryton français, né à Marseille le 17 juin 1848, mort à New York le 22 octobre 1923.

Après avoir étudié avec Vauthrot et Duvernoy, il débute à Paris, Salle Le Peletier en 1868, dans le Comte di Luna, reprenant peu après le rôle de Nevers des *Huguenots*. Il ne fait guère d'impression et les directeurs et imprésarios français ne lui proposent rien d'intéressant. Il part donc pour l'étranger, où, très vite, son aptitude à apprendre les langues, sa musicalité et ses talents de comédien font de lui une vedette. Après avoir chanté à Saint-Pétersbourg, au Caire et à Venise, il débute à la Scala, y créant successivement deux opéras de Gomes, *Il Guarany* (1870), et *Fosca* (1873), puis chantant Telramund. Londres s'empare alors de lui et le retient sept saisons de suite. Il y fait les créations britanniques de Telramund et de Wolfram. Il y chante Hoël du *Pardon de Ploërmel*, Peter de *L'Étoile du Nord*, Almaviva des *Noces*, Tell, Renato, Nelusko, Valentin, Don Juan, le Hollandais... En 1879, il revient enfin au Palais Garnier pour chanter Hamlet, Don Juan, Méphisto, Alfonso de *La Favorite*. Après l'avoir entendu dans une reprise de son *Ernani*, Verdi lui confie le rôle-titre de *Simon Boccanegra* dans la version modifiée de l'ouvrage lorsqu'elle est présentée pour la première fois à la Scala (1881). Verdi se prend de la plus grande estime pour ce grand chanteur aussi parfait musicien qu'acteur accompli. C'est à lui qu'il confie le soin de créer Iago d'*Otello* à la Scala (1886), et, après que le célébrissime Mattia Battistini ait refusé d'incarner « un chevalier, certes, mais ivrogne et grossier », le soin de créer le rôle-titre de son ultime chef-d'œuvre, *Falstaff* (1893). A peu de chose près, c'est lui qui créera ces deux rôles sur toutes les grandes scènes du monde. En 1892, il est Tonio lors de la création de *Paillasse* au Teatro dal Verme à Milan. Victor Maurel continuera à chanter jusqu'au début de ce siècle, puis, après avoir quitté le chant pour l'art dramatique, il se retirera, solitaire et oublié loin du soleil de son pays natal.

ÉCRITS : *A propos de la mise en scène du drame lyrique Otello* (Paris, 1888), *Le Chant renouvelé par la science* (Paris, 1892), *Un problème d'art* (Paris, 1893), *A propos de la mise en scène de Don Juan* (Paris, 1897), *Dix ans de carrière*, mémoires (Paris, 1898), *L'Art du chant* (Paris, s.d.).

Mauti Nunziata, Elena

Soprano italienne, née à Palma Campania (Naples) le 28 juillet 1946.

Elle étudie au Conservatoire San Pietro à Maiella et travaille particulièrement avec Gina Cigna. Elle remporte le Concours international de chant de Palerme et débute ainsi au Teatro Massimo (Palerme) comme Liu (*Turandot*). Elle chante ensuite Mimi (*La Bohème*), Nedda (*Paillasse*), Elvira (*Les Puritains*) et *La Traviata*. Elle participe encore à quelques concours, celui de la RAI, celui du San Carlo de Naples et surtout elle reçoit le Prix Viotti à Vercelli. La Scala l'engage pour chanter Mimi, Liu et *Madame Butterfly*. En 1978, elle fait ses débuts en Amérique du Nord, à l'Opéra de Chicago puis à Dallas, dans *Butterfly*, *Les Puritains* et *Rigoletto*. Elle est invitée au Colón, à Caracas puis aux Arènes de Vérone et au Festival d'Aix-en-Provence où elle chante Donna Elvira (*Don Giovanni*). Elle chante également à Hambourg, Munich et Vienne.

May, Angelica (Angelica Petry-May)

Violoncelliste allemande naturalisée autrichienne, née à Stuttgart le 17 septembre 1933.

Issue d'une famille de musiciens, elle commence très tôt l'étude du violon et du piano. Élève de Ludwig Hoelscher et de Walter Reichardt à la Musikhochschule de Stuttgart, elle travaille ensuite avec Pablo Casals à Zermatt et à Prades (1954-55). Elle commence rapidement une carrière de soliste où elle se fait remarquer par un répertoire sortant délibérément des sentiers battus. Avec le pianiste Leonard Hokanson et le violoniste Kurt Guntner, elle forme l'Odeon-Trio. Après avoir enseigné à la Hochschule für Musik de Düsseldorf, elle est professeur à la Hochschule für Musik de Vienne depuis 1984. Elle a exhumé, en 1977, le *Concerto pour violoncelle*, op. 3 de Paul Hindemith qui n'avait pas été rejoué depuis sa création en 1916. Elle a créé la *Canzona* pour violoncelle et orchestre (1982) de Werner Egk. Elle joue sur un Guarnerius de 1689.

Mayr, Richard

Basse autrichienne, né à Henndorf (Salzbourg) le 18 novembre 1877, mort à Vienne le 1er décembre 1935.

Il étudie d'abord la médecine à l'Université de Vienne, tout en travaillant sa voix au Conservatoire. En 1902, il est engagé directement par Gustav Mahler et entre à l'Opéra, dont il restera membre jusqu'à sa mort. Pendant toute cette longue période (trente-trois ans de carrière), il fait partie des artistes les plus populaires de la capitale autrichienne. En 1902, il participe au Festival de Bayreuth, où il tient notamment les rôles de Hagen (*Le Crépuscule des dieux*) et de Gurnemanz (*Parsifal*). Déjà pendant les Fêtes de Mozart de 1906 et 1910 à Salzbourg, on le considère comme un interprète génial de Mozart. Aussi dès le début du Festival de Salzbourg, en 1922, on le compte parmi les chanteurs les plus éminents. On admire autant ses apparitions dans les opéras ou dans les concerts consacrés à Mozart que dans son interprétation incomparable du Baron Ochs (*Le Chevalier à la rose*). Ce dernier rôle, il l'a chanté lors de la « première » à Vienne (1911) et à Londres (1913). En 1926, il remporte un succès tout particulier à Salzbourg dans *La Serva Padrona* (Pergolèse). En 1919, il crée à l'Opéra de Vienne le rôle de Barak (*La Femme sans ombre*). En 1933, il participe à la « première » d'*Arabella*. Il est invité par les plus grandes scènes du monde et particulièrement au Met (1927-30), où il débute en Pogner des *Maîtres chanteurs*. Sa voix de basse riche et sombre convenait aussi bien aux rôles tragiques qu'au répertoire de basse-bouffe où il excellait.

Mazourok, Yuri

Baryton russe, né à Kraznik le 18 juillet 1931.

Après des études scientifiques, il entre au Conservatoire de Moscou où il étudie le chant avec Migaï et Svechnikov. Il entre au Bolchoï en 1962 où il se spécialise dans les rôles de baryton lyrique (Eugène Onéguine, Germont, Posa, le Prince Andrei de *Guerre et Paix* de Prokofiev, Eletski de *La Dame de pique*). Il est invité en Europe occidentale régulièrement : débuts à Covent Garden (1975) dans Renato d'*Un bal masqué*, à Aix-en-Provence (1976) et au Met (1978) dans Germont, à Vienne (1979) dans Escamillo.

Mazura, Franz

Baryton autrichien, né à Salzbourg le 21 avril 1924.

Élève de Frederick Husler à Detmold, il débute à Kassel en 1949. Il appartient ensuite aux troupes des opéras de Mayence, Brunswick et Mannheim avant d'entrer à la Deutsche Oper de Berlin en 1961. En 1973, il est engagé à l'Opéra de Hambourg. Sa carrière internationale se développe à Bruxelles, Nice, Strasbourg, Paris où il chante depuis 1972 (Mark, Wotan, Orest, Alberich, Gurnemanz). Bayreuth l'accueille depuis 1971 : il y chante Gunther, Alberich, Klingsor, Biterolf, Gurnemanz, rôles qu'il reprend à Buenos Aires, Vienne, Milan, San Francisco, Los Angeles, Salzbourg... En France, il est invité à Nice, Marseille, Toulouse, Strasbourg et à l'Opéra de Paris où il chante régulièrement à partir de 1972. En 1973, il fait ses débuts au Met où il chante successivement Rangoni (*Boris Godounov*), le Docteur (*Wozzeck*), Waldner (*Arabella*), Pizzaro, Gurnemanz, Klingsor, Alberich et Wotan. En 1979, il participe à la création mondiale de la version en trois actes de *Lulu* de Berg. En 1980, il reçoit le titre de *Kammersänger* de l'Opéra de Mannheim. En 1990, il reprend le rôle-titre de *Lear* d'Aribert Reimann à l'Opéra de Stuttgart.

Mdivani, Marina

Pianiste russe, née en Géorgie le 6 octobre 1936.

Elle fait ses études au Conservatoire de Moscou où elle travaille avec Émile Guillels. En 1961, elle remporte le 1er prix au Concours international Long-Thibaud devant Jean-Claude Pennetier et Bruno-Leonardo Gelber et commence une brillante carrière internationale.

Méfano, Paul

Chef d'orchestre et compositeur français, né à Bassorah (Irak) le 6 mars 1937.

Son enfance est difficile, il doit faire toutes sortes de métiers pour vivre. Lorsqu'il peut entrer au Conservatoire de Paris, il y est un élève rigoureux et brillant. Il suit les classes de fugue, d'harmonie, d'ondes Martenot et surtout d'analyse musicale (Olivier Messiaen) et de composition (Darius Milhaud) entre 1959 et 1964. Il fait ensuite ses études à la Musik Akademie de Bâle, où il rencontre Pierre Boulez. Il suit ses cours de composition et d'analyse en 1962-63, puis travaille la direction d'orchestre avec K. Stockhausen en 1964 et Henri Pousseur en 1962-64. Ouvert, sensible, passionné, disponible, tel est ce jeune compositeur qui deviendra un défenseur de la musique de tous les temps, et – comme Maderna – fera peut-être passer sa création personnelle après la révélation des autres. Primé à la Biennale de Paris, en 1962, Paul Méfano est lauréat de la Fondation de la Vocation en 1965. Invité aux États-Unis par la fondation Harkness en 1966-68, puis à Berlin sous l'égide du Berliner Künslerprogramm, pour un an, il se fixe ensuite à Paris. Prix de Composition G. Enesco (SACEM 1971), il compose *La Cérémonie* (1967-69), *Incidences*, *Madrigal*, *Paraboles*, *Interférences*, etc. Sa carrière de chef d'orchestre est essentiellement liée à l'Ensemble 2e2m (qu'il a créé en 1971) et tout entière dédiée au répertoire contemporain. En 1979, il est nommé professeur d'orchestration au Conservatoire de Paris. Il a créé des œuvres d'Alain Bancquart (*Le Grand Calcul des arbres*,

1993), Brian Ferneyhough (*Funérailles*, version I, déd., 1977 ; version II, 1980), Isang Yun (*Octuor*, 1978).

Mehta, Zubin

Chef d'orchestre indien, né à Bombay le 29 avril 1936.

Il est le fils de Melhi Mehta, un violoniste qui fonda l'Orchestre Symphonique de Bombay. Après avoir reçu une formation scientifique, il va travailler à l'Académie de Musique de Vienne (1954-60) la contrebasse, la composition et surtout la direction d'orchestre avec Hans Swarowsky. Il se perfectionne à Sienne, avec Alceo Galliera et Carlo Zecchi, et à Tanglewood, avec Eleazar de Carvalho. En 1958, il remporte le 1er prix au Concours international de Liverpool et passe un an dans cette ville comme chef assistant. Puis il fait ses débuts aux États-Unis en 1960 où il est immédiatement nommé chef associé de l'Orchestre Philharmonique de Los Angeles. L'année suivante, il est nommé directeur artistique de l'Orchestre Symphonique de Montréal (1961-67), poste qu'il va cumuler avec des fonctions analogues à Los Angeles (1962-78). Sa carrière prend un essor international : Salzbourg en 1962, le Met en 1965 (*Aïda*), la Scala en 1966. Il effectue plusieurs tournées avec l'Orchestre Philharmonique d'Israël dont il devient le conseiller musical en 1968 et le directeur musical dix ans plus tard. En 1978, il quitte Los Angeles pour prendre la succession de Pierre Boulez à la tête de la Philharmonie de New York, poste qu'il conserve jusqu'en 1991. En 1981, il devient directeur musical à vie de l'Orchestre Philharmonique d'Israël et, en 1985, il est nommé à la tête de l'Orchestre du Mai Musical Florentin.

Il a créé des œuvres de Samuel Barber (*Troisième Essai*, 1978), David Del Tredici (*Steps*, 1990), Jacob Druckman (*Athanor*, 1986 ; *Seraphic Games*, 1992), Gottfried von Einem (*Hexameron*, 1970), Karel Husa (*Concerto pour orchestre*, 1986), Krzysztof Penderecki (*Kosmogonia*, 1970 ; *Symphonie no 2*, 1980), Bernard Rands (*Canti del sole*, 1983), Steve Reich (*Tehillim*, version orchestrale, 1982), Gunther Schuller (*Concerto quaternio*, 1984), Ravi Shankar (*Concerto pour sitar no 2*, 1982), Noam Sheriff (*Vision de David*, 1986). K. Penderecki lui a dédié *De natura sonoris no 2* (1970), Luciano Berio son orchestration des *5 Frühe Lieder* de G. Mahler (1986).

Meier, Johanna

Soprano américaine, née à Chicago le 13 février 1938.

Elle fait ses études à l'Université de Miami (avec John Brownlee) et à la Manhattan School of Music à New York. En 1969, elle débute au New York City Opera dans *Capriccio* (la Comtesse). Elle y chante régulièrement jusqu'à ses débuts au Met en 1976 dans Marguerite où elle incarne également Leonore (*Fidelio*), Senta, Brünnhilde, Isolde, la Maréchale, Chrysothemis, Donna Anna... Entre 1981 et 1983, elle chante à Bayreuth où elle est la première cantatrice américaine à incarner Isolde. Elle débute à Vienne dans *Fidelio* (1983) et participe, en 1986, à la tournée japonaise de l'Opéra de Vienne.

Meier, Waltraud

Mezzo-soprano allemande, née à Würzbourg le 9 janvier 1956.

Elle travaille d'abord l'art dramatique et fait partie du chœur de l'Opéra de Würzbourg. Elle débute dans Chérubin (1976) avant d'être engagée au Nationaltheater de Mannheim (1978-80) où elle aborde le répertoire wagnérien, ainsi que les rôles de Carmen et d'Octavian (*Le Chevalier à la rose*). En 1980, elle débute au Colón de Buenos Aires dans Fricka. Entre 1980 et 1983, elle chante à l'Opéra de Dortmund : Kundry, Eboli, Santuzza... Elle incarne Kundry à Bayreuth (1984-87) puis à Covent Garden et à San Francisco (1988), débute à Paris dans Brangäne (1984), à Covent Garden dans Eboli (1984), au Met dans Fricka (1987) et à l'Opéra de Vienne dans Vénus (1988). A partir de 1986, elle chante régulièrement à l'Opéra de Stuttgart. En 1991, elle chante pour la première fois Donna Elvira (*Don Giovanni*) à Nice et débute à la Scala de Milan dans Kundry. En 1993, elle aborde Isolde au Festival de Bayreuth.

Elle s'est imposée comme l'une des figures marquantes du chant wagnérien de sa génération, alliant à ses qualités vocales un sens du théâtre et une crédibilité dramatique rares dans ce répertoire.

Melba, Dame Nellie
(Helen Mitchell)

Soprano colorature australienne, née à Richmond (Victoria) le 19 mai 1861, morte à Lilydale (Victoria), le 23 février 1931.

Elle donne son premier concert en 1884 à Melbourne (d'où elle tire par nostalgie son futur nom de scène) avant de partir en Europe en 1886, pour suivre à Paris l'enseignement de Mathilde Marchesi. En un an, celle-ci transforme ses dons vocaux en un instrument d'une rare brillance, allant du *si* au *fa*[3] en toute sécurité. Elle fait ses débuts en 1887 à la Monnaie de Bruxelles dans Gilda de *Rigoletto* ; est engagée à Covent Garden dans le rôle-titre de *Lucia di Lammermoor* (1888), à l'Opéra de Paris dans Ophélie de l'*Hamlet* d'A. Thomas (1889), puis à Saint-Pétersbourg (1890-91), à la Scala de Milan (1893) et la même année au Met, dans *Lucia* et *Paillasse*. Elle se partage entre Paris, où elle étudie les rôles de Marguerite et de Juliette avec Gounod et son partenaire, Jean De Reszké (1889-90), l'Italie (1892-94), les États-Unis (1902-10) et Londres, sa seconde patrie artistique. Elle y joue notamment *La Bohème* avec Caruso (1899) et y fait ses adieux en 1926 en présence de la reine. Elle organise les premières tournées d'opéra en Australie (1911 et 1924), où elle se retire après deux ultimes concerts à Sydney et à Melbourne (1928). Elle est devenue la plus fameuse soprano de son temps, en sachant passer des rôles les plus brillants des répertoires italiens et français (Gilda, Lakmé, Violetta) à des rôles exigeant plus de présence dramatique et plus de musicalité : Mimi, Rosine, la Reine des *Huguenots*, Nedda de *Paillasse*, etc. Utilisant au mieux les possibilités de sa voix, à part une incursion malheureuse dans le rôle de Brünnhilde, elle a pu mener une longue carrière, préservant jusqu'à la fin son timbre éclatant et pur.

Melchior, Lauritz
(Lebrecht Hommel)

Ténor danois naturalisé américain (1947), né à Copenhague le 20 mars 1890, mort à Santa Monica (Californie) le 18 mars 1973.

Très jeune, accompagnant sa sœur aveugle à l'Opéra, il découvre l'art lyrique. Il étudie à Copenhague avec Paul Bang et débute, en 1913, dans le rôle de Silvio (*Paillasse*) à l'Opéra Royal. Pendant quatre ans encore, il tient des emplois de baryton. Puis il travaille des parties de ténor, avec Vilhelm Herold et, en 1918, fait ses seconds débuts dans *Tannhäuser*. De 1921 à 1923, il se perfectionne avec Victor Beigel à Londres, Ernst Grenzebach à Berlin, Anna Mildenburg à Munich et Karl Kittel à Bayreuth. Cosima et Siegfried Wagner s'intéressent à lui et l'engagent pour le Festival de Bayreuth en 1924. Il s'y produira jusqu'en 1931. On l'entend aussi à Londres et à New York, au Met, où il est le principal ténor wagnérien de 1926 à 1950. Il incarne Tristan plus de 200 fois, Siegfried 181 fois, mais aussi Parsifal, Lohengrin sans bouder Verdi (Radamès dans *Aïda*, Otello) ou Meyerbeer (*Le Prophète*). Sa grande voix vibrante semble infatigable au temps de ses succès, et ses interprétations toujours diverses et intéressantes. Il a créé la Fondation Melchior Heldentenor, ouverte aux jeunes chanteurs particulièrement doués.

Melichar, Alois

Chef d'orchestre et compositeur autrichien, né à Vienne le 18 avril 1896, mort à Munich le 9 avril 1976.

Élève de Schreker et J. Marx (1917-23), Melichar a surtout dirigé à Berlin et à Vienne, aussi bien les grandes œuvres classiques que romantiques (dont Liszt). De 1927 à 1936, il a enregistré régulièrement avec la Philharmonie de Berlin pour la Deutsche Grammophon dont il était directeur artistique. Après la guerre, il dirige un studio de musique moderne à la Radio de Vienne (1946-49). Comme compositeur, Melichar est l'auteur de nombreuses mélodies, de musique pour ensembles de chambre et de musiques de films. Toutes ses œuvres se ressentent des nombreuses recherches qu'il a effectuées, entre 1923 et 1926, en Arménie, Géorgie, Azerbaïdjan et Turkestan.

Melik-Pachaiev, Alexandre

Chef d'orchestre russe, né à Tiflis le 23 octobre 1905, mort à Moscou le 18 juin 1964.

Au conservatoire de sa ville natale, il est l'élève de Nicolas Tcherepnine. Il travaille le piano et le violon et entre, comme répétiteur et violon solo, à l'Opéra de Tbilissi (1921) avant d'y être nommé chef d'orchestre (1924). Il décide alors de travailler sérieusement la direction avec A. Gaouk à Leningrad (1928-30). Il revient alors à Tbilissi comme premier chef et remporte, en 1938, un prix au concours fédéral de direction d'orchestre. En 1931, il a fait ses débuts au Bolchoï où va se dérouler le reste de sa carrière : il occupe les différents postes de chefs permanents avant d'être nommé premier chef (1953-62). Il a créé l'*Ouverture de fête* de Chostakovitch (1954).

Melkus, Eduard

Violoniste autrichien, né à Baden (Vienne) le 1er septembre 1928.

Élève de E. Moravec, à Vienne (1949-53), il est issu de l'école viennoise, le rattachant à K. Heissler et G. Hellmesberger. Il travaille aussi avec F. Touche et Schaichet. A l'Université de Vienne, il est l'élève d'Erich Schenk (1951-53) puis de Rybar (1958). Alto solo de l'Orchestre de la Tonhalle de Zürich (1955-56), il est aussi premier violon du Nouveau Quatuor de Zürich (1955-58). Sa formation initiale de soliste influence profondément ses recherches sur l'interprétation de la musique ancienne et baroque à laquelle il s'est consacré presque exclusivement, au sein de la Capella Academica de Vienne, ensemble créé en 1965 par ses soins pour jouer cette musique, et qui a adopté progressivement les instruments ou les copies d'instruments d'époque. Sa technique de violon diffère considérablement de celle d'Harnoncourt, en ce qui concerne l'ornementation, le vibrato, les nuances, très libres chez Melkus. Ses enregistrements de Biber, Vivaldi, Corelli et Bach ont été unanimement salués. Melkus délaisse pourtant parfois le violon baroque pour l'instrument moderne, pour jouer en formation de chambre le grand répertoire classique et romantique. En 1958, il a été nommé professeur de violon et d'alto à l'Académie de musique de Vienne. Il a aussi donné des cours dans différentes universités américaines. Il a créé une œuvre d'Egon Wellesz (*Concerto pour violon*, dédicataire, 1962).

ÉCRITS : *Le Violon*, 1972.

Melles, Carl

Chef d'orchestre hongrois naturalisé autrichien, né à Budapest le 15 juillet 1926.

Après des études à l'Académie de musique de Budapest avec János Ferencsik, il fait ses débuts en 1949 et est nommé deux ans plus tard à la tête de l'Orchestre Symphonique de la Radio Hongroise. De 1954 à 1956, il enseigne à l'Académie Franz Liszt. Il se fixe ensuite à Vienne où il dirige régulièrement l'Orchestre Symphonique de la Radio (ORF), puis l'Orchestre Symphonique de Radio Luxembourg (1958-60). Il mène depuis une carrière de chef invité qui l'a mené notamment à Bayreuth (1966) et à Salzbourg. Depuis 1980, il est l'invité régulier de l'Orchestre Symphonique de la RTBF à Bruxelles puis de l'Orchestre Symphonique de la RAI de Milan (1983-88). Il a créé des œuvres de Gilberto Bosco (*Ouverture*, 1986), Lorenzo Ferrero (*Intermezzo notturno*, 1986), Egon Wellesz (*Symphonie n° 9*, 1972).

Mellon, Agnès

Soprano française, née à Épinay-sur-Seine le 17 janvier 1958.

Elle commence ses études musicales au Conservatoire d'Orléans où elle reçoit une formation de violoncelliste. Puis elle se tourne vers le chant et travaille à Paris avec Denise Dupleix, Jean Laurens et Nicole Fallien, puis avec Lilian Loran à San Francisco. Elle entre dans le chœur de la Chapelle Royale et se voit confier de petits rôles dès 1981. A partir de 1984, elle développe une carrière individuelle dans le domaine de la musique baroque. Elle incarne l'Eurydice de Gluck en Italie puis à Montpellier (1989). Elle chante avec les Arts Florissants et participe aux productions d'*Atys* de Lully (1987) et de *Scylla et Glaucus* de Leclair. En 1991, elle débute au Festival d'Aix-en-Provence dans *Castor et Pollux*.

Mendelssohn, Vladimir

Altiste et compositeur roumain, né à Bucarest le 29 novembre 1949.

Issu d'une famille de musiciens, il fait ses études au Conservatoire de Bucarest. Fixé aux Pays-Bas, il est engagé comme alto solo de l'Orchestre de la Résidence de La Haye. Dans le domaine de la musique de chambre, il est le partenaire du Quatuor Alban Berg et du Quatuor Kodály. On le retrouve au sein du Trio Ludwig, avec le violoniste Jean-Jacques Kantorow et le violoncelliste Herre-Jan Stegenda, du Trio Mozart, toujours avec Jean-Jacques Kantorow et Mari Fujiwara, et du Trio Geringas avec David Geringas (baryton) et Emil Klein (violoncelle). En dehors de ses propres œuvres (*Nova* pour quintette à cordes, *Hommage à Vasarely* pour trio, *Traces du vent sur Nara* pour trio à cordes et bande magnétique), il a réalisé une version pour alto et orchestre à cordes de la *Sonate Arpeggione* de Schubert.

Meneses, António

Violoncelliste brésilien, né à Récife le 23 août 1957.

Son père est cor solo à l'Opéra de Rio de Janeiro. Il commence l'étude du violoncelle à l'âge de huit ans et travaille avec Antonio Janigro en Allemagne à partir de 1973. Lauréat de plusieurs concours internationaux, il a notamment remporté le 2e prix au Concours international Maria Canals de Barcelone et au Concours international de Rio de Janeiro (1976), le 1er prix au Concours international de Munich (1977) et le 1er prix au Concours Tchaïkovski à Moscou en 1982. Sa carrière prend un essor international après les concerts qu'il donne sous la direction de Herbert von Karajan à Berlin suivis d'un enregistrement du *Double Concerto* de Brahms avec Anne-Sophie Mutter, toujours sous la direction de Karajan. Il enseigne au Conservatoire de Bâle. Il a épousé la pianiste philippine **Cecile Licad** (Manille, 11 mai 1961). Après avoir joué sur un Guarnerius de 1698, il s'est vu confier l'instrument de Pablo Casals, un Matteo Goffriller sur lequel il joue depuis 1993.

Mengelberg, Willem

Chef d'orchestre néerlandais, né à Utrecht le 28 mars 1871, mort à Zuort (Suisse) le 21 mars 1951.

Dans sa ville natale, il est l'élève de Richard Hol, H. W. Petri et Anton Averkamp puis, au Conservatoire de Cologne, il travaille avec Franz Wüllner et Jensen et remporte les premiers prix de piano, composition et direction d'orchestre. Très jeune, il fait ses débuts de pianiste et prend la direction du Conservatoire et de l'Orchestre Municipal de Lucerne en 1891. Quatre ans plus tard, il est à la tête de l'Orchestre du Concertgebouw d'Amsterdam avec lequel il travaillera pendant un demi-siècle. En 1897, il prend la direction du Toonkunst d'Amsterdam, une chorale de réputation internationale qu'il associe à ses grandes réalisations, notamment en dirigeant chaque année la *Passion selon saint Matthieu* de J. S. Bach. En 1902, il rencontre Gustav Mahler : une amitié profonde unira les deux hommes et Mengelberg sera l'un de ses plus fidèles défenseurs. Entre 1907 et 1920, il est à la tête des Museumskonzerte de Francfort-sur-le-Main puis, de 1921 à 1929, il dirige le New York Philharmonic Orchestra, partageant la dernière saison avec Arturo Toscanini. Pendant cette période, le Concertgebouw est confié à plusieurs invités permanents (B. Walter, C. Muck, P. Monteux...). A la suite d'un désaccord avec Toscanini, les deux hommes dirigeant conjointement le même orchestre pendant la saison 1928-29, Mengelberg quitte New York et revient à Amsterdam. En 1933, l'Université d'Utrecht crée une chaire de musique à son intention. Ses prises de position en faveur du régime nazi sont sanctionnées en 1945 par une interdiction de diriger aux Pays-Bas. Il s'installe en Suisse où il passera les dernières années de sa vie.

Chef d'orchestre enthousiaste, parfois plus passionné que précis, Mengelberg était l'un des interprètes de prédilection de Mahler. En 1920, pour son jubilé d'argent à la tête du Concertgebouw, il dirigea l'intégrale des symphonies en neuf concerts. La musique contemporaine occupait une grande place dans ses programmes et notamment la musique française à laquelle il consacra un festival en 1922. Richard Strauss lui a dédié *Une Vie de héros* (1898) et Rachmaninov *Les Cloches* (1913). Parmi les compositeurs dont il a créé des œuvres : Henk Badings (*Symphonies n° 1*, 1930, et *n° 3*, 1935), Béla Bartók (*Concerto pour violon n° 2*, 1939, avec Zoltán Székely), Paul Hindemith (*Der Schwanendreher,* 1935, avec le compositeur ; *Concerto pour violon,* 1940), Zoltán Kodály (suite de *Háry János,* 1927 ; *Le Paon,* 1939), Darius Milhaud (*Carnaval d'Aix*, 1926), Max Reger (*Konzert im alten Stil*, 1912), Ottorino Respighi (*Concerto in modo misolidio*, 1924), Egon Wellesz (*Prosperos Beschwörungen*, cinq pièces pour orchestre, 1938).

Mentzer, Suzanne

Mezzo-soprano américaine, née à Philadelphie le 21 janvier 1957.

Elle fait ses études à la Juilliard School of Music de New York et travaille avec Norma Newton et Luciano Pavarotti. Elle débute en 1981 à l'Opéra de Houston dans le rôle d'Albina (*La donna del lago*), en 1982 au Festival de Tanglewood et chante Chérubin à l'Opéra de Cologne en 1983. Elle incarne le même personnage l'année suivante au Festival Mozart de l'Orchestre de Paris, sous la direction de Daniel Barenboïm. A Paris, elle chante également Rosine à l'Opéra-Comique. Elle se produit en outre à la Scala de Milan, à la Staatsoper de Vienne, au Covent Garden de Londres (débuts en 1985), au Metropolitan Opera de New York (débuts en 1989), à Monte-Carlo (1988), à Chicago (1990), etc.

Menuhin, Hephzibah

Pianiste américaine, née à San Francisco le 20 mai 1920, morte à Londres le 1er janvier 1981.

Elle travaille à Paris avec Marcel Ciampi et commence à jouer en sonate avec son frère Yehudi en 1934 : ils enregistrent d'abord la *Sonate pour violon et piano,* K 526 de Mozart puis donnent leur premier concert à Paris suivi de tournées dans le monde entier, formant un duo parfaitement équilibré qui restera uni jusqu'à la disparition d'Hephzibah. Hephzibah Menuhin mènera aussi une carrière de soliste en Angleterre et en Australie où elle séjournera plusieurs années. Très dévouée aux causes humanitaires, elle était, depuis 1977, présidente de la Ligue internationale des femmes pour la paix et la liberté.

Menuhin, Jeremy

Pianiste américain, né à San Francisco le 2 novembre 1951.

Fils de Yehudi Menuhin, il travaille à l'École anglaise de Florence, à Eton et en Suisse. Il reçoit parallèlement une formation musicale très complète : ses maîtres sont E. Nordi, Marcel Gazelle, Marcel Ciampi, Nadia Boulanger et Hans Swarowsky avec lequel il étudie la direction d'orchestre à l'Académie de Vienne. Il fait ses débuts à Gstaad en 1965 mais son père s'est toujours refusé à en faire un enfant prodige. Il mène une carrière individuelle tout en faisant régulièrement de la musique de chambre avec son père.

Menuhin, Yaltah

Pianiste américaine, née à San Francisco le 7 octobre 1922.

Sœur cadette de **Yehudi Menuhin**, elle a étudié à Paris avec Marcel Ciampi et à New York, à la Juilliard School, avec Carl Friedberg. Moins connue que sa sœur **Hephzibah**, elle joue aussi plus rarement avec Yehudi, préférant une carrière personnelle, en soliste ou à deux pianos avec son mari **Joël Ryce**. Tous deux se sont vu décerner le 1er prix Harriet Cohen en 1962.

Menuhin, Sir Yehudi

Violoniste et chef d'orchestre américain, suisse (1970) et anglais (1985), né à New York le 22 avril 1916.

Il est le fils de Juifs russes émigrés en Palestine puis aux États-Unis dont le véritable nom était Mnuchin. Il prend ses premières leçons à l'âge de cinq ans à San Francisco avec Sigmund Anker qui le confie bientôt à Louis Persinger, un disciple d'Ysaÿe. L'enfant, étonnamment doué, progresse à une vitesse stupéfiante et, dès 1923, il joue à San Francisco la *Symphonie espagnole* de Lalo sous la direction d'Alfred Hertz. La famille Menuhin vient à Paris en 1927 où Yehudi fait ses débuts aux Concerts Lamoureux sous la direction de Paul Paray. Il rencontre Enesco qui prendra en main sa formation musicale à partir de cette date. Cette rencontre est déterminante : l'influence d'Enesco sur le jeune garçon puis sur l'adolescent transforme le virtuose en un musicien complet, réfléchi, hors de son époque. A l'école d'Enesco, Menuhin acquiert une vision de la musique et un style intemporels : son évolution s'opérera ensuite en profondeur, mais son attitude face à la musique restera identique. A cette époque, il travaille également à Bâle pendant deux ans avec Adolf Busch. Il effectue ses premiers enregistrements en 1928 et débute à la Philharmonie de Berlin l'année suivante sous la direction de Bruno Walter en jouant les « Trois B » (Concertos de Bach, Beethoven et Brahms). Le nombre de ses concerts se multiplie : le monde entier veut entendre l'enfant prodige et, en 1935, il effectue un tour du globe en donnant 110 concerts dans 63 villes. Puis il s'arrête de jouer pendant deux ans. Pendant la guerre, il donne plus de 500 concerts pour les forces alliées et la Croix-Rouge. Après la fin des hostilités, il prend la défense de Furtwängler qui avait conservé ses fonctions à la Philharmonie de Berlin pendant le régime nazi. En 1952, Nehru l'invite en Inde : il découvre un monde nouveau pour lui, source de réflexion bénéfique qui lui permet de dominer les différentes crises qu'il traverse. En 1956, il fonde un festival à Gstaad, en Suisse, où il passe quelques mois chaque année. En 1958, il est nommé directeur artistique du Festival de Bath : il fonde le Bath Festival Orchestra (qui deviendra le Menuhin Festival Orchestra) avec lequel il commence une seconde carrière, de chef d'orchestre. Il se fixe à Londres en 1959 où il vit toujours. En 1969, il quitte le Festival de Bath pour prendre, pendant trois ans, la direction de celui de Windsor. En 1963, il avait réalisé l'un de ses vœux les plus chers, fonder en Angleterre une école de musique sur le modèle de l'École centrale de Moscou, alliant l'enseignement général à l'enseignement musical : la Yehudi Menuhin Music School est installée dans le Surrey, à Stoke d'Abernon. En 1980, il crée la Fondation Yehudi Menuhin destinée à aider les débuts de carrière des jeunes interprètes. Lui-même ne manque jamais une occasion de parrainer les débuts de jeunes artistes, soit en jouant avec eux, soit en les dirigeant. En 1981, il est nommé président du Royal Philharmonic Orchestra de Londres. En 1993, la reine Élisabeth II d'Angleterre lui accorde le titre de baron de Stoke d'Abernon. Il siège à ce titre à la Chambre des lords.

Menuhin n'a jamais hésité à s'engager pour défendre une cause humanitaire. Il a contribué aux rapprochements entre les artistes soviétiques et les artistes occidentaux au moment de la Guerre froide, il a usé de toute son influence pour faire sortir Rostropovitch d'URSS ou Estrella d'Uruguay. Les années qu'il a passées à la présidence du Conseil international de la musique de l'Unesco (1969-75) ont été marquées par de nombreuses démarches ou prises de position qui ont largement contribué à rapprocher les musiciens entre eux.

Menuhin a sollicité de nombreux compositeurs contemporains qui ont écrit pour lui ou dont il a créé les œuvres : Malcolm Arnold (*Concerto pour deux violons*, avec Alberto Lysy, 1962, commande), Béla Bartók (*Sonate pour violon seul*, 1944, commande), Lennox Berkeley (*Concerto pour violon et cordes*, 1961), Ernest Bloch (*Deux Suites pour violon seul*, 1958), Alan Hovhaness (*Ode to Freedom*, 1976), Oliver Knussen (*Symphonie n° 2*, première version, 1970), Frank Martin (*Polyptyque*, 1973), Darius Milhaud (*Duo pour deux violons*, op. 258, 1945), Andrzej Panufnik (*Concerto pour violon et orchestre de chambre*, 1972), Priaulx Rainier (*Concerto pour violon*, 1977), Toru Takemitsu (*Nostalghia*, 1987), William Walton (*Sonate pour violon et piano*, 1950). Il a exhumé le *Concerto pour violon* de Schumann et redécouvert le *Premier Concerto* de Mendelssohn (1952).

Menuhin a joué d'abord sur un Stradivarius de 1733 ayant appartenu à Josef Böhm, le maître de Joachim, le *Prince Khevenhüller*. En 1950, il a acquis un autre Stradivarius, le *Soil* (1714), qu'il a cédé à Itzhak Perlman en 1986 et dont il jouait en alternance avec un Guarnerius del Gesù de 1742, le *Lord Willford*. A certaines époques de sa carrière, il a également joué sur des instruments prêtés, notamment le Guarnerius d'Eugène Ysaÿe (1933-34) et un autre Guarnerius, le *d'Egville*, propriété d'un collectionneur allemand (1966-67).

ÉCRITS : *Six Lessons with Yehudi Menuhin* (Londres, 1971, trad. française *L'Art de jouer du violon*, 1973), *Theme and Variations* (Londres, 1972, trad. française *Variations sans thème*, 1980), *Violin : Six Lessons with Yehudi Menuhin* (Londres, 1975), *Violin and Viola* (avec William Primrose, Londres, 1975, trad. française *Violon et Alto*, 1978), *Sir Edward Elgar, my Musical Grandfather* (Londres, 1976), *My Favourite Music Stories* (Londres, 1977), *Unfinished Journey* (Londres, 1977, trad. française *Voyage inachevé*, 1976), *The Music of Man, Conservations with Yehudi Menuhin* (avec C.W. Davis, Londres, 1980) *The King, The Cat and The Fiddle* (Londres, 1983), *Life Class* (Londres, 1986), *L'Art, espoir pour l'humanité* (1987).

Mercier, Jacques

Chef d'orchestre français, né à Metz le 11 novembre 1945.

En marge d'études générales (propédeutique lettres), il travaille la percussion ; il obtient un 1er prix de percussion au Conservatoire de Paris (1970) puis un 1er prix de direction d'orchestre (classe de Manuel Rosenthal, 1972). Cette même année, il remporte le 1er prix au Concours des jeunes chefs d'orchestre à Besançon, et l'année suivante le Prix de la Fondation de la Vocation. Chef invité des principales formations françaises et européennes, il dirige le répertoire traditionnel mais aussi contemporain notamment avec les ensembles de l'Itinéraire, 2e2m et InterContemporain. Entre 1976 et 1982, il est chef associé de l'Orchestre Philharmonique de Lorraine, à Metz. En 1982, il est nommé directeur musical de l'Orchestre National d'Ile-de-France. En 1990, il est en outre nommé chef permanent de l'Orchestre Philharmonique de Turku en Finlande.

Il a créé des œuvres d'Alain Bancquart, Claude Ballif (*5e Imaginaire*, 1978), Daniel-Lesur (*La Reine morte*, 1988), Michel Decoust (*Iambe*, 1976), Pascal Dusapin (*Haro*, version de concert, 1993), Renaud Gagneux (*Requiem*, 1982), Gérard Grisey, Cristobal Halffter, Betsy Jolas (*Liring Ballade*, 1980), René Koering (*Symphonie no 1*, 1974), Aubert Lemeland (*Symphonie no 7*, 1991), Jacques Lenot (*Im fröhlichen Ton* pour 12 violoncelles, 1983 ; *Pour mémoire II*, 1983), Michael Levinas (*Strettes tournantes-migrations*, 1978), Philippe Manoury (*Pentaphone*, 1993), Marcel Mihalovici (*Follia*, 1978), Tristan Murail, Luis de Pablo (*Tinieblas del agua*, 1978 ; *Concerto pour piano*, 1980), Alfred Schnittke (*Passacaglia*, 1981), Yoshihisa Taïra (*Erosion I*, 1980 ; *Moksa, Vimoksa*, 1983 ; *Polyèdre*, 1993), Iannis Xenakis.

Merckel, Henry

Violoniste français, né à Paris le 22 décembre 1897, mort en 1969.

Élève de Guillaume Rémy au Conservatoire de Paris, il obtient un 1er prix en 1914. A la fin des hostilités, il commence une brillante carrière de soliste. Membre de l'Orchestre des Concerts Straram, il entre à l'Orchestre de l'Opéra de Paris en 1924, où il succède à Loiseau comme violon solo (1930-61). Il est également violon solo de l'Orchestre de la Société des Concerts du Conservatoire. Il occupe le même poste pendant quelque temps à la création de l'Orchestre National, en 1934. Il enseigne au Conservatoire de Paris jusqu'en 1959. Il s'intéresse aussi bien à la musique de son temps qu'à la redécouverte d'œuvres anciennes. On lui doit des premières discographiques de pièces de Couperin et Purcell, sous la direction de Roger Désormière. Il a créé des œuvres de Jean Hubeau (*Concerto pour violon*, 1939), Jean Rivier

(*Burlesque*, 1930 ; *Sonate pour violon et violoncelle*, avec Pierre Fournier, 1938 ; *Concerto pour violon*, 1950), Florent Schmitt (*Habayssée*, 1948). Il jouait sur un violon de Gagliano.

Merlet, Dominique

Pianiste et organiste français, né à Bordeaux le 18 février 1938.

Sa famille, très liée au compositeur Roger-Ducasse, lui permet de recevoir les premiers conseils de celui-ci qui guide ses premiers pas dans la musique, simultanément au piano et à l'orgue, dès l'âge de neuf ans. Après avoir remporté des premiers prix de piano et de percussion au Conservatoire de Bordeaux, il entre à l'âge de quinze ans au Conservatoire de Paris où il est l'élève de Jean Doyen et Rose Lejour (piano), Nadia Boulanger (accompagnement) et René Le Roy (musique de chambre). Il obtient un 1er prix dans chacune de ces disciplines (1956 et 1957) puis se perfectionne en Suisse avec Louis Hiltbrand avant de remporter le 1er prix au Concours international de Genève (1957). Le goût des timbres et de la différenciation des plans sonores, une vive attirance pour les musiques polyphoniques l'incitent à mener parallèlement une importante carrière d'organiste : titulaire des orgues de Notre-Dame des Blancs Manteaux à Paris (1956-90), membre de la commission technique consultative des orgues de la Ville de Paris (depuis 1980), il est l'un des rares musiciens à pouvoir mêler dans un même récital le piano et l'orgue.

Mais sa carrière internationale reste avant tout une carrière de pianiste. En dehors du répertoire romantique allemand et des classiques de la musique française du début du XXe siècle, il s'est fait le défenseur d'œuvres souvent négligées. Bruno Gillet lui a dédié *Épisodes*, Jean-Pierre Leguay, *Azur* (1991). Dans le domaine de la musique de chambre, il est le partenaire privilégié du Trio à cordes de Paris et, pour le piano à quatre mains, de Désiré N'Kaoua.

Il consacre une part importante de ses activités à la pédagogie : il est successivement professeur au Conservatoire de Strasbourg (1964-69), de Rouen (1969-74) avant d'être nommé au Conservatoire de Paris. En 1992, il se voit confier la classe de virtuosité du Conservatoire de Genève. Parmi ses élèves, Jean-Marc Luisada, Frédéric Aguessy, Philippe Cassard, Xu Zhong, Marta Zabaleta, Louise Bessette, Ricardo Castro, Dana Ciocarlie...

Merrill, Robert

Baryton américain, né à Brooklyn le 4 juin 1917.

C'est de sa propre mère, Lillian Miller-Merrill qu'il reçoit ses premières leçons de chant. Elle était elle-même une concertiste estimée. Il a ensuite pour professeur Samuel Margolis à New York. En 1944, il fait ses débuts à Trenton dans le rôle d'Amonasro. En 1945, il remporte le concours radiophonique organisé par le Metropolitan Opera et y est immédiatement engagé pour chanter le rôle de Germont père dans *La Traviata*, puis Sir Henry Ashton dans *Lucia di Lammermoor* et Escamillo dans *Carmen*. Tout de suite, avec sa belle voix et sa fière allure, il devient un pilier du Met. Le premier soir du régime du terrible Rudolf Bing, à l'ouverture de la saison 1950-51, il chante Posa avec un succès immense. Et il est congédié un an après par le même Bing sous prétexte qu'un engagement à Hollywood lui fait manquer la tournée d'été du Met. La pénitence dure un an, et l'indispensable Robert retrouva sa place, se donnant généreusement aux quelque 5 rôles dont il devient jour après jour le plus sûr titulaire. Jusqu'en 1975, il chante au Met plus de 900 représentations, à New York ou en tournée. Il chante également à l'Opéra de San Francisco, où il débute dans *La Traviata* (Germont) en 1957, à celui de Chicago (Amonasro, 1960), à la Scala (1960), à la Fenice (1961) et à Covent Garden (débuts en 1967 dans Germont). Il a été marié quelque temps à la soprano **Roberta Peters**.

ÉCRITS : *Once More from the Beginning* (New York, 1965), *Between Acts* (New York, 1977).

Merriman, Nan (Katherine-Ann Merriman)

Mezzo-soprano américaine, née à Pittsburgh le 28 avril 1920.

Après des études de chant à Los Angeles avec Alexia Bassian, elle travaille pour Hollywood et participe en 1940 à une tournée de Lawrence Olivier et de Vivian Leigh, chantant pendant les changements de décors de *Roméo et Juliette* des airs de Palestrina et de Purcell. Elle fait ses débuts lyriques en 1942 à l'Opéra d'été de Cincinnati, dans le rôle de La Cieca de *La Gioconda.* Décrochant à un concours de chant un quart d'heure d'antenne sur la NBC, elle est engagée par Toscanini, avec qui elle chante *Orfeo* de Gluck, Meg de *Falstaff*, Maddelena de *Rigoletto*, Emilia d'*Otello*, etc. Elle participe aux festivals européens d'Aix-en-Provence, dans le rôle de Dorabella (1953, 1955, 1959), d'Édimbourg dans *The Rake's Progress* de Strasvinski (1953), de Glyndebourne (1956) et à la saison de la Piccola Scala (1955-56). Elle se retire en 1965, encore en pleine possession de ses moyens.

Merritt, Chris

Ténor américain, né à Oklahoma City le 27 septembre 1952.

Il suit les cours de l'université de sa ville natale (chant, piano, danse et théâtre). Il est ensuite stagiaire à l'Opéra de Santa Fe et participe aux auditions du Metropolitan Opera en 1976. Il fait des débuts triomphaux au New York City Opéra en 1981 (Arturo dans *Les Puritains*). Après avoir appartenu aux scènes d'Augsbourg et de Kiel, il débute à l'Opéra de Paris en 1983 dans *Moïse* (Aménophis), puis en compagnie de Marylin Horne à Hambourg (Idreno de *Semiramis*) et à Covent Garden (Uberto de *La donna del lago*) pendant la saison 1984-85. A la Scala, depuis 1985 (*Le Voyage à Reims*), au Lyric Opera de Chicago (Percy d'*Anna Bolena*), à Vienne depuis 1987, au Festival de Pesaro, il est devenu dans les rôles belcantistes le ténor le plus recherché de sa génération.

Mesplé, Mady

Soprano française, née à Toulouse le 7 mars 1931.

Premier prix de piano et de chant au Conservatoire de Toulouse, elle débute en 1953 dans *Lakmé* à Liège, où elle met au point ses premiers grands rôles : Rosine du *Barbier de Séville*, Olympia des *Contes d'Hoffmann*, Gilda de *Rigoletto*, tout en se produisant à la Monnaie de Bruxelles.

Elle débute en 1956 à l'Opéra-Comique (*Lakmé*) et au Festival d'Aix-en-Provence (*Zémire et Azor* de Grétry) ; puis en 1958 à l'Opéra de Paris (Sœur Constance des *Dialogues des Carmélites*) qui la consacre définitivement en 1960 dans *Lucia di Lammermoor.* C'est le début de sa carrière internationale où elle s'illustre aussi bien dans les répertoires français (Lakmé, Philine, Olympia, Ophélie), qu'italien (Lucia, Gilda, Norina, Rosina, Amina) et allemand (la Reine de la Nuit, Zerbinetta d'*Ariane à Naxos* qu'elle aborde au Festival d'Aix-en-Provence 1966). A l'Opéra-Comique, elle chante la 1 500e représentation de *Lakmé* (1960) et crée *Le Dernier Sauvage* de Menotti (1963). En 1965, elle crée la version française d'*Élégie pour de jeunes amants* de Henze qui lui ouvre les portes de la musique contemporaine : Betsy Jolas écrit pour elle son *Quatuor II*, Charles Chaynes ses *Quatre Poèmes de Sappho.* Elle crée également *Madrigal* de Paul Mélano (1962). Pierre Boulez l'invite plusieurs fois à Londres pour chanter *L'Échelle de Jacob* de Schoenberg et *L'Enfant et les sortilèges* de Ravel. Par ailleurs, elle inaugure les récitals de mélodies à l'Opéra de Paris en 1971 et, l'année suivante, fait ses doubles débuts au Bolchoï (Rosine) et au Met (Gilda). A l'Opéra de Paris, elle chantera encore Olympia des *Contes d'Hoffmann* dans la mise en scène de Patrice Chéreau (1975). Elle enseigne à l'École Normale de Musique de Paris puis au Conservatoire de Lyon.

Parallèlement, ses nombreux passages à la télévision assurent sa popularité auprès du grand public. Elle est sans doute la cantatrice française de sa génération qui a le plus enregistré aussi bien l'opéra, l'opérette ou la mélodie que la musique d'église ou la musique contemporaine.

Messager, André

Chef d'orchestre français, né à Montluçon le 30 décembre 1853, mort à Paris le 24 février 1929.

A l'École Niedermeyer, il est l'élève de Gigout (harmonie), Loret (orgue) et Fauré (composition). Dès 1874, il est nommé organiste du chœur à Saint-Sulpice. Il gagne sa vie en dirigeant aux Folies-Bergère (1877) puis à l'Eden-Théâtre de Bruxelles (1880). L'année suivante, il est nommé organiste à Saint-Paul avant de devenir maître de chapelle à Sainte-Marie des Batignolles (1882-84). C'est à cette époque qu'il fait le voyage à Bayreuth avec Fauré (qui lui dédie son *Madrigal* en 1884) et découvre la musique de Wagner dont il sera l'un des plus grands interprètes de sa génération. Il compose ses premières œuvres, des opérettes et des mélodies. En 1886, son ballet *Les Deux Pigeons* remporte un grand succès à l'Opéra et attire l'attention sur lui. En 1894-95, il dirige les Concerts du Vaudeville avant d'être nommé directeur de la musique à l'Opéra-Comique (1898-1903). Il crée notamment *Louise* (1900) de Gustave Charpentier, *Grisélidis* (1902) de Jules Massenet et fait accepter *Pelléas et Mélisande* dont il conduira les premières représentations en 1902. Debussy lui a d'ailleurs dédié l'ouvrage. De 1901 à 1907, il est directeur artistique du Covent Garden à Londres. A son retour à Paris, il prend la direction de la Société des Concerts (1908-19) et la direction musicale de l'Opéra de Paris (1908-14). Il dirige les premières représentations de la *Tétralogie* en 1909, il crée *Macbeth* d'Ernest Bloch à l'Opéra-Comique (1910) puis effectue la première tournée importante d'un orchestre français aux États-Unis, avec la Société des Concerts en 1918. Après la guerre, il est à nouveau directeur de la musique à l'Opéra-Comique (1919-22). En 1924, il dirige aux Ballets Russes où il crée notamment *Le Train bleu* de Milhaud, mais il consacre surtout la fin de sa vie à la composition et à la critique musicale (*Musica*, *La Grande Revue*, *Le Gaulois*, *Le Figaro*). En tant que pianiste, il a participé à la création du *Trio*, op. 3 (1882) d'Ernest Chausson.

Messager s'est illustré dans le domaine de l'opérette et de la musique de ballet. Véritable successeur d'Offenbach, il a trouvé un style correspondant à son époque et le raffinement indispensable à ce genre de musique (*La Basoche*, 1890 ; *Véronique*, 1898 ; *Passionnément*, 1926 ; *Coups de roulis*, 1928 ; *Les Deux Pigeons*, ballet, 1886).

Mester, Jorge

Chef d'orchestre mexicain naturalisé américain, né à Mexico le 10 avril 1935.

D'origine hongroise, il travaille le violon et l'alto dans son pays natal puis part faire ses études aux États-Unis où, à partir de 1952, il travaille la direction d'orchestre avec Jean Morel à la Juilliard School of Music de New York (diplômé en 1958) et avec Leonard Bernstein au Berkshire Music Center de Tanglewood. Il reçoit également les conseils d'Albert Wolff aux Pays-Bas. D'abord altiste dans le Beaux-Arts Quartet, il débute à Mexico en 1955 puis est nommé chef permanent de l'Orchestre Philharmonique de Saint Louis (1959-60). Au Festival de Spoleto, il dirige *Salomé* en 1960. En 1961-62, il est à la tête de l'Orchestre Symphonique de Greenwich Village/New York. Entre 1962 et 1968, il enseigne à la Juilliard School et dirige le Juilliard Theater Orchestra. En 1965, il dirige les fameux concerts humoristiques consacrés à P.D.Q. Bach et prend la direction de l'Orchestre de Louisville (1967-79) à la tête duquel il se consacre largement à la musique contemporaine américaine. En 1969, il est nommé directeur musical du Festival d'Aspen, Colorado. Entre 1972 et 1975, il assure également les fonctions de directeur musical de l'Orchestre Philharmonique de Kansas City, tout en enseignant au conservatoire de cette même ville. Puis il réorganise le Festival Casals à Puerto Rico (1979-85) et prend la direction des études de direction d'orchestre à la Juilliard School (1980). Il assure ensuite la direction musicale du Passadena Symphony Orchestra (depuis 1984). Il a épousé la soprano **Paula Seibel** en 1972 puis la mezzo-soprano **Kimbal Wheeler** en 1985. Il a créé des œuvres de Krzysztof Penderecki (*De natura sonoris n° 2*, 1971), Ned Rorem

(*Remembering Tommy*, 1979), Peter Sculthorpe (*Earth Cry*, 1986 ; *Kakadu*, 1988 ; *Memento mori*, 1993).

Meunier, Alain

Violoncelliste français, né à Paris le 22 juin 1942.

Il fait ses études musicales au conservatoire de cette ville, où il obtient, de 1958 à 1963 des premiers prix de violoncelle, ensemble instrumental, musique de chambre (en duo avec Christian Ivaldi) et esthétique musicale. Ses maîtres sont alors : Jacques Février et Joseph Calvet pour la musique de chambre, Maurice Maréchal pour le violoncelle. A l'Accademia Chigiana de Sienne, il suit les cours de Sergio Lorenzi et de Riccardo Brengola pour la musique de chambre, et entre dans leur ensemble : le Quintetto Chigiano. Il fait avec eux de nombreuses tournées en Europe et en Amérique. Il forme un duo avec Christian Ivaldi. Ces musiciens rapprochent les œuvres classiques des œuvres contemporaines, la Renaissance de l'avant-garde. A Sienne, il forme à son tour de jeunes musiciens (dès 1979), et durant les semaines d'été joue en Toscane dans les théâtres et sur les places des villages. En 1979, il est nommé professeur au Conservatoire national supérieur de Lyon et, en 1982, il s'associe à Christian Ivaldi, Sylvie Gazeau et Gérard Caussé pour former le Quatuor Ivaldi. Il est directeur musical des Musicades de Lyon (jusqu'en 1993) et du Concours international de quatuor à cordes d'Évian. En 1989, il est nommé professeur de musique de chambre au Conservatoire de Paris. Après avoir joué sur un Guadagnini et sur un Stradivarius, son violoncelle est à présent un instrument construit pour lui par Étienne Vatelot.

Il a créé des œuvres de Nguyen-Thien Dao (*Concerto pour violoncelle*, 1983), Franco Donatoni (*Lame*, 1982), Graciane Finzi (*Processus*, 1972 ; *Concerto pour violoncelle*, 1979), Jacques Lenot (*Sonate pour violoncelle et piano*, avec Alain Planès, 1985), François-Bernard Mâche (*Iter memor*, 1985), Marcel Mihalovici (*Sonate pour violoncelle et piano*, 1980), Emmanuel Nunes (*Einspielung II*, 1980), Maurice Ohana (*L'Anneau du Tamarit*, 1977).

Meven, Peter

Basse allemande, né à Cologne le 1er octobre 1929.

Il fait ses études au conservatoire de sa ville natale et débute à l'Opéra de Mayence. Il chante successivement sur les scènes de Wiesbaden et d'Oldenbourg, où il se compose un répertoire. Depuis 1964, il appartient à l'Opéra de Düsseldorf-Duisbourg, tout en étant invité un peu partout dans le monde. L'intensité de sa voix grave et son talent de comédien lui permettent d'aborder les rôles les plus divers. Commandeur de *Don Giovanni* au Grand-Théâtre de Genève, il chante Daland du *Vaisseau fantôme* à l'Opéra de Paris (1981) alors qu'à l'Opéra de Hambourg il est Kaspar du *Freischütz* et Hunding dans *La Walkyrie.* Toujours en 1981, il est le Roi Mark de la nouvelle production de *Tristan* à Stuttgart, réalisée par Götz Friedrich. A l'Opéra de Paris, il chante également Hagen du *Crépuscule des dieux* (en version de concert) et, à Genève, il est Tirésias et le Messager d'*Œdipus Rex.* Il participe aux Festivals de Bayreuth et de Salzbourg.

Meyer, Kerstin

Mezzo-soprano suédoise, née à Stockholm le 3 avril 1928.

Sa famille est d'ascendance polonaise. Elle commence le chant à l'âge de quatorze ans ; élève de Arne Sunnegårdh et Anrejeva von Skilondz au Conservatoire Royal de Stockholm (où elle entre à l'âge de seize ans), elle se perfectionne avec Paola Novikova, Giorgio Favaretto et Erik Werba à New York. En 1952, elle débute à l'Opéra royal de Stockholm comme Azucena. En 1953, elle est invitée à l'Opéra de Rome, en 1959 au Liceo de Barcelone, aux festivals de Drottningholm et de Vancouver. En 1960, elle chante Eboli (*Don Carlos*) à la Scala. Depuis 1954, elle est invitée régulièrement à l'Opéra de Hambourg, où elle remporte de très grands succès et où elle fait ses débuts de wagnérienne. Elle est également invitée à l'Opéra de Vienne, à Covent Garden, à l'Opéra de Munich et à celui de Copenhague. Depuis 1956, elle participe au Festival de Salzbourg. En 1959, elle entreprend une importante tournée en Amérique du Nord. Son plus grand succès demeure *Carmen.* Depuis 1960, elle chante au Met et, de 1962 à 1965, à Bayreuth. Au Festival de Pâques 1974 à Salzbourg, elle tient le rôle de Magdalena (*Les Maîtres chanteurs*). La même année, elle est invitée au Festival d'Édimbourg. En 1985, elle est nommée directrice de l'École d'opéra suédoise de Stockholm.

Meyer, Marcelle

Pianiste française, née à Lille le 22 mai 1897, morte à Paris le 18 novembre 1958.

Elle est au Conservatoire l'élève d'Alfred Cortot et de Ricardo Viñes. Elle fréquente le Groupe des Six et joue les œuvres contemporaines de sa génération (Milhaud, Stravinski...) tout en réhabilitant au piano les pièces pour clavecin de Rameau, Couperin et Scarlatti. Elle enregistre l'intégrale de l'œuvre pour piano de Ravel avec lequel elle a eu l'occasion de travailler. Elle fut la femme du comédien Pierre Bertin. Elle a créé *Printemps* (1920), *L'Automne* (1932) et *Scaramouche* (1937) de Milhaud ainsi que *Noces* (1923) avec F. Poulenc, G. Auric et Hélène Ralli, et la *Partita* d'Igor Markevitch et *Sérénade* pour piano (1925) de Stravinski.

Meyer, Paul

Clarinettiste français, né à Mulhouse le 5 mars 1965.

Lauréat du Concours Young Concert Artists à New York en 1984, il remporte le 1er prix au Concours international de Toulon en 1985. Il passe quelques mois dans l'Orchestre de l'Opéra de Lyon avant d'être engagé comme soliste dans celui de l'Opéra de Paris. Il joue au sein de l'Ensemble à vent Maurice Bourgue. Claudio Abbado l'engage comme clarinette solo dans l'Orchestre des Jeunes de la Communauté Économique Européenne. Sa carrière de soliste se développe rapidement. A New York, Benny Goodman encourage ses débuts américains et lui fait découvrir le répertoire écrit à son intention. Il est le partenaire de musique de chambre de Jean-Philippe Collard, François-René Duchable, Augustin Dumay et du Quatuor Melos.

Meyer, Sabine

Clarinettiste allemande, née à Crailsheim le 30 mars 1959.

Fille du clarinettiste **Karl Meyer**, elle travaille d'abord avec lui puis avec Otto Hermann à Stuttgart et Hans Deinzer à Hanovre. Lauréate du Concours ARD à Munich, elle entre à l'Orchestre Symphonique de la Radio Bavaroise et commence une carrière de soliste. En 1983, elle est engagée comme clarinette solo au sein de l'Orchestre Philharmonique de Berlin où elle ne reste qu'un an devant la misogynie d'une partie de l'orchestre et malgré le désir de Herbert von Karajan de lui conserver sa place. Cet incident attire l'attention des médias sur elle et sa carrière prend un essor rapide (Japon, États-Unis...). Avec son frère Wolfgang et Reiner Wehle, elle a fondé en 1983 le Trio di clarone. Elle joue aussi régulièrement avec le pianiste Rudolf Buchbinder et le violoncelliste Heinrich Schiff, avec le Quatuor de Cleveland et le Quatuor Brandis.Elle a créé des œuvres d'Edison Denisov (*Octuor* à vent, 1991), Richard Strauss (*Romance* en mi bémol majeur pour clarinette et orchestre, 1991).

Micheau, Janine

Soprano française, née à Toulouse le 17 avril 1914, morte à Paris le 18 octobre 1976.

Après des études aux conservatoires de Toulouse et de Paris, elle débute à l'Opéra-Comique de Paris, en 1933, comme Chérubin (*Les Noces de Figaro*). Elle remporte ensuite de brillants succès tant à l'Opéra-Comique qu'à l'Opéra, où elle crée le rôle-titre de *Médée* de Milhaud (1938). En 1941, elle crée le rôle de Caroline (*Comme ils s'aiment* d'André Lavagne) à l'Opéra-Comique. En 1950, elle crée à l'Opéra le rôle de Manuela (*Bolivar* de Milhaud). Dès la fin de la guerre, sa carrière prend un essor international. En 1948, elle chante *L'Enfant et les sortilèges* à la Scala. Parme et d'autres villes d'Italie l'engagent pour interpréter le répertoire français, où elle est inégalable (Manon, Mélisande, Juliette, Leila des *Pêcheurs de perles...*). Elle est également invitée par les opéras de Belgique et de Hollande, ainsi qu'en Amérique du Sud. En 1955, elle participe au Festival d'Aix-en-Provence comme Eurydice (*Orphée* de Gluck), et en 1956 dans *Platée* (Rameau). Après avoir été la soprano colorature française la plus importante de sa génération, elle s'est tournée vers le professorat. Elle a enseigné tant à Paris (au Conservatoire, dès 1960) qu'au Mozarteum de Salzbourg. Milhaud a écrit plusieurs mélodies à son intention. Elle est également dédicataire du *Concerto pour soprano et orchestre* (1954) de Germaine Tailleferre.

Michel, Catherine

Harpiste française, née à Amiens le 25 juin 1948.

Elle commence ses études de piano et de harpe avec sa mère. Élève de Pierre Jamet au Conservatoire de Paris, elle obtient à quinze ans un 1er prix de harpe à l'unanimité. Sa première tournée date de 1964. L'année suivante, elle est recrutée par l'Orchestre de la Radio de Dublin et nommée professeur au Conservatoire de cette ville. Elle revient en France en 1967 et remporte le 3e prix du Concours international de l'Université d'Hartford (1969), le 2e prix du Concours international d'Israël (1970) et la médaille d'or du Concours international Marcel Tournier (1971). Harpiste à l'Orchestre National de France (1970-77), Catherine Michel poursuit néanmoins sa carrière de soliste. En 1977, elle est nommée soliste à l'Orchestre de la Norddeutscherundfunk à Hambourg et professeur au conservatoire de cette même ville. Cinq ans plus tard, elle est nommée harpe solo à l'Opéra de Paris. Elle se passionne pour la recherche de nouvelles partitions pour son instrument et réalise actuellement un catalogue de toutes les œuvres éditées pour la harpe entre 1500 et 1800. Elle a publié plusieurs méthodes de harpe ainsi que de nombreux exercices de haute virtuosité. Sa discographie illustre les noms de Villa-Lobos, Boïeldieu, mais aussi ceux de Saint-Saëns, Reinecke, Glière, Kreutzer, Dussek et Pierné.

Michel, Solange (Solange Boulesteix)

Mezzo-soprano française, née à Paris le 27 novembre 1912.

Après des études musicales à Bourges, elle entre au Conservatoire de Paris et y obtient un 2e prix de chant. Elle commence à se produire en concert et à la radio dès 1936. Mais c'est à l'Opéra-Comique et à l'Opéra qu'elle fait l'essentiel de sa carrière : pendant vingt-sept ans, elle y interprète les principaux rôles du répertoire, marquant notamment celui de Carmen qu'elle chante plus de 700 fois en France et à l'étranger. Elle est invitée à la Scala, à Covent Garden et dans les principaux théâtres allemands où elle est l'une des meilleures ambassadrices du chant français.

Michelin, Bernard

Violoncelliste français, né à Saint-Maur le 13 août 1918.

Il mène ses études au Conservatoire de Paris où il obtient, âgé de treize ans seulement, un 1er prix de violoncelle. Sa carrière internationale le conduit dans de très nombreux pays où il joue sous la direction de chefs comme Münch, Paray, E. Kleiber ou F. Busch. Nommé professeur au Conservatoire de Paris en 1963, il enseigne également à Tucuman en Argentine (1947-49), à Tōkyō (1960), à Santiago du Chili (1965-70), à l'Académie internationale d'été de Nice (depuis 1965), à Londres (1968-72) et à Varsovie (1973). Il fonde le Concours international Bernard Michelin à Santiago du Chili en 1965. Il a créé le *Concerto pour violoncelle* de Landowski en 1946.

Michelucci, Roberto

Violoniste italien, né à Livourne le 29 octobre 1922.

Il fait ses études au Conservatoire de Florence et remporte, en 1922, le 1er prix des Rassegna Concertisti à Rome. L'essentiel de sa carrière sera associé à l'Ensemble I Musici dont il est violon solo de 1967 à 1972. Il consacre une part importante de ses activités à l'enseignement.

Midori (Goto Mi Dori)

Violoniste japonaise, née à Osaka le 25 octobre 1971.

Elle commence à travailler le violon avec sa mère, Setsu Goto, dès l'âge de quatre ans. En 1980, elle obtient une bourse pour venir suivre les cours de Dorothy DeLay à l'École de musique d'Aspen aux États-Unis. Deux ans plus tard, elle entre à la Juilliard School of Music de New York dans la classe de Dorothy DeLay, tout en travaillant avec Pinchas Zukerman. Invitée par Zubin Mehta, elle débute à la Philharmonie de New York en 1982 ; elle fait une longue tournée en Asie avec cet orchestre. Un an plus tard, elle interprète les Caprices de Paganini devant le président des États-Unis dans l'émission télévisée « Christmas at Washington ». Elle poursuit ses études à la Professional Children's School de New York dont elle sort diplômée en 1990. Sa carrière se développe rapidement sur l'ensemble du continent américain, au Japon et en Europe.

Migenes, Julia

Soprano américaine, née à Manhattan en 1945.

D'origine grecque et portoricaine, elle débute dans *Madame Butterfly* à l'âge de trois ans et demi, puis apparaît dans les shows RCA et dans la banlieue new-yorkaise comme enfant prodige en compagnie de son frère et de sa sœur, comme les Migenes Kids. Elle achève ses études musicales à la High School of Music and Arts, puis à la Juilliard School of Music, tout en continuant à se produire sur scène aussi bien dans l'opéra que dans le *musical*. Elle fait ses débuts lyriques au New York City Opera dans *La Sainte de Bleecker Street* de Menotti (1965). Elle se perfectionne ensuite en Europe avec Gisela Ultmann où sa carrière commence à se développer : c'est spécialement par le canal de la télévision allemande qu'elle se crée fonde une réputation de vedette télévisuelle qui va grandissant à partir de 1980, et que marquent de nombreuses récompenses. Parallèlement, elle se produit aux opéras de San Francisco et Houston, débute au Metropolitan de New York (Nedda, Jenny) et y devient célèbre en remplaçant Teresa Stratas dans *Lulu* au printemps 1981. Depuis ses apparitions sont des événements considérables : *Salomé* à Genève mis en scène par M. Béjart, *Lulu* à Vienne sous la direction de L. Maazel, et surtout le triomphal *Carmen* filmé par Rosi (1984) mettent avant tout en valeur ses qualités de bête de scène. Elle mène une carrière où elle pratique un habile mélange des genres à mi-chemin entre le *show* à l'américaine (*De Carmen à Broadway*), et l'art lyrique. Au cinéma, elle tourne dans *L'Opéra de Quat' sous*, *La Vie parisienne* et *La Voix humaine*. Elle a aussi participé à une série télévisée américaine, *Twilight Zone*. Elle est l'une des rares cantatrices dont la statue figure au Musée Grévin.

Mihály, András

Chef d'orchestre et compositeur hongrois, né à Budapest le 6 novembre 1917, mort à Budapest le 19 septembre 1993.

A l'Académie Franz Liszt de Budapest, il étudie le violoncelle avec Adolph Schiffer, la musique de chambre avec Leo Weiner et Imre Waldbauer, et la composition avec Pal Kadosa et István Strasser (1933-38). En 1941, il rejoint la résistance communiste et anime des chœurs de travailleurs. Il est arrêté en 1944 et ne commence sa carrière qu'à la fin des hostilités. Il est d'abord violoncelle solo de l'Orchestre de l'Opéra de Budapest (1946-47), puis secrétaire général de l'Opéra (1948-49). En 1950, il est nommé professeur de musique de chambre à l'Académie de musique de Budapest, en 1959 lecteur à la Radio Hongroise dont il devient conseiller musical en 1962. En 1968, il fonde l'Ensemble de Chambre de Budapest avec lequel il se consacre à la musique du XXe siècle, donnant des concerts dans le monde entier. Invité à la tête des principaux orchestres hongrois, il est nommé chef permanent à l'Opéra de Budapest en 1973. Il en assure la direction artistique entre 1978 et 1986. Entre 1990 et 1993, il est directeur musical de l'Orchestre Symphonique de Budapest.

Mikulka, Vladimír

Guitariste tchèque naturalisé français, né à Prague le 11 décembre 1950.

Il travaille au conservatoire de sa ville natale où il est l'élève de Jiří Jirmal. En 1970, il remporte le 1er prix du Concours international de guitare de Paris. Il se fixe en France et poursuit depuis lors une carrière internationale. Son répertoire va des maîtres anciens espagnols et portugais, des maîtres baroques allemands à la musique contemporaine. Il a créé des œuvres de Jacques Bondon, Nikita Kochkine (*Les Jouets du prince*, dédicataire), Václav Kučera, Sergueï Roudnev, Antonio Ruiz-Pipo, Milan Tesař. Il exerce une importante activité pédagogique en Europe et aux États-Unis. Il dirige une collection de musique pour guitare aux Éditions Henry Lemoine. Il joue alternativement sur une guitare ancienne, due à Ignacio Fleta (que l'on surnommait le Stradivarius de la guitare) et sur une guitare japonaise de Masaru Kohno gagnée au Concours international de guitare de Paris.

Milachkina, Tamara

Soprano russe, née à Astrakhan le 13 septembre 1934.

Élève d'Elena Katulskaia, elle est engagée au Bolchoï en 1958 où elle chante rapidement les premiers rôles du répertoire slave (Tatiana, Lisa, Jaroslava...). Elle est la première cantatrice soviétique invitée à la Scala de Milan (*La Bataille de Legnano*, 1962). En 1971, elle chante Lisa (*La Dame de pique*) à l'Opéra de Vienne et, en 1974, Tosca à la Deutsche Oper de Berlin. Elle participe aux différentes tournées du Bolchoï en Europe et aux États-Unis, où elle chante au Met en 1975.

Milanov, Zinka (Zinka Kunc)

Soprano yougoslave, née à Zagreb le 17 mai 1906, morte à New York le 31 mai 1989.

Elle étudie avec Milka Ternina, Maria Kostrenčić et Jacques Stückgold, puis avec Fernando Carpi à Prague. Elle débute à Ljubljana en 1927 (Leonore du *Trouvère*) et est membre de l'Opéra de Zagreb de 1928 à 1935 : elle chante alors Sieglinde, Rachel, la Maréchale, Minnie. En 1936, elle chante à l'Opéra de Prague et, en 1937, débute au Festival de Salzbourg (*Requiem* de Verdi avec Toscanini) et au Met (Leonore) dont elle sera sous son nom d'emprunt premier soprano jusqu'en 1966, date de ses adieux. L'une des grandes verdiennes du siècle, elle apparaît aussi à Chicago, à San Francisco, à Buenos Aires et à Londres. A partir de 1977, elle enseigne au Curtis Institute de Philadelphie.

Milanová, Stoïka

Violoniste bulgare, née à Plovdiv le 5 août 1945.

Elle fait ses études avec son père Trendafil Milanov puis au Conservatoire de Moscou (1964-69) dans la classe de David Oïstrakh. Elle obtient le 2e prix au Concours Reine Élisabeth de Bruxelles (1967) puis le 1er prix au Concours international Carl Flesch de Londres (1970). Elle mène depuis une carrière internationale. Elle joue en sonate, notamment avec Radu Lupu et Malcolm Frager. Son violon est un Guarnerius del Gesù de 1737.

Mildonian, Susanna

Harpiste apatride naturalisée italienne (1961) puis belge (1966), née à Venise le 2 juillet 1940.

Ses parents, rescapés du génocide arménien de 1915, se réfugient en Italie. Son frère et ses deux sœurs ont étudié au Conservatoire de Venise où elle-même suit les cours de Margherita Cicognari. En 1959, elle y obtient un 1er prix de harpe et remporte le 1er prix du Concours international de harpe d'Israël. Elle devient alors l'élève de Pierre Jamet au Conservatoire de Paris où elle se voit décerner un 1er prix en 1962. En 1964, elle remporte le 1er prix du Concours international de Genève et, en 1971, le 1er prix au Concours international Marcel Tournier. Susanna Mildonian donne des concerts depuis l'âge de quatorze ans. Elle a fondé un duo avec le flûtiste Maxence Larrieu. Elle donne la première audition du *Concerto pour harpe no 1* de Ami Maayami (1964) et du *Concerto pour flûte et harpe* de Damase

(1976). Ses enregistrements illustrent le répertoire traditionnel de l'instrument mais comptent également des pages signées Spohr, Villa-Lobos et Ginastera. Elle enseigne au Conservatoire de Bruxelles depuis 1971 et à ceux de Rotterdam et de Tilburg (Hollande) depuis 1978. Elle donne aussi des cours d'interprétation à l'Académie Chigiana de Sienne.

Mill, Arnold Van

Voir à **Van Mill, Arnold.**

Milnes, Sherrill

Baryton américain, né à Downers Grove (Chicago) le 19 janvier 1935.

Son père, autrefois pasteur, était fermier, sa mère professeur de piano et chef de chœur. Dès le plus jeune âge, il étudie le violon, l'alto, la contrebasse, le tuba et la clarinette aussi bien que le piano et le chant à l'Université Drake de Des Moines. Il s'engage dans la chorale de l'Orchestre Symphonique de Chicago, que dirige alors Margaret Hillis. Très vite, il chante en soliste dans des concerts, donnant des leçons de musique pour assurer sa matérielle. Après une audition manquée au Met, il est engagé « pour quatre sous » dans la tournée Goldovsky, chantant quinze rôles importants entouré de réels talents qui ont fait leur chemin depuis. Après l'avoir entendu, Julius Rudel l'engage au New York City Opera, où il chantera Germont, Valentin ainsi que dans la première américaine de *L'Ange de feu* en 1964. Rudolf Bing décide de l'entendre et trouve en lui le successeur de Leonard Warren, mort en scène cinq ans plus tôt. Milnes est engagé pour deux représentations de *Faust*, deux de *La Dame de pique* et une d'*Aïda*. Il fait ses débuts en 1965 en Valentin, aux côtés d'une autre débutante au Met, Montserrat Caballé. Mais au lieu de chanter cinq fois dans trois opéras différents, il chantera dix-huit fois dans sept opéras, dont quatre lui étaient jusque-là inconnus. Départ sur les chapeaux de roues, mais pas encore le grand départ qui n'interviendra qu'un an plus tard avec *Luisa Miller* au Met puis quelques mois plus tard, sur la même scène, avec *Le Trouvère*. Sherrill Milnes est vraiment de la fameuse lignée des grands barytons – Verdi américains : John-Charles Thomas, Lawrence Tibbett, Leonard Warren, Robert Merrill... Ses vrais débuts en Europe ont lieu en 1970, à Vienne, aux côtés de Christa Ludwig et sous la direction de Karl Böhm (*Macbeth*). En 1973, il chante à Covent Garden et à Hambourg, en 1977 au Festival de Salzbourg (*Don Giovanni*) et en 1981 à Vérone.

Milstein, Nathan

Violoniste russe, naturalisé américain (1942), né à Odessa le 31 décembre 1903, mort à Londres le 21 décembre 1992.

Fils de Myron Milstein et de Maria Bluestein, Nathan commence l'étude du violon à l'âge de quatre ans, dans sa ville natale, avec Piotr Stoljarski, lequel fut aussi le professeur de David Oïstrakh. Il débute à l'âge de dix ans en jouant le *Concerto* de Glazounov, sous la direction du compositeur lui-même. Puis il part pour Saint-Pétersbourg en 1915, afin d'approfondir son art auprès de Leopold Auer, le maître de l'école russe du violon. L'influence d'Auer sur lui, comme sur ses illustres condisciples, Jascha Heifetz, Mischa Elman, Efrem Zimbalist, est considérable. Il l'a d'ailleurs écrit : « On ne peut guère dire en toute certitude de qui on a reçu ce que l'on sait. Mais Auer a eu une importance capitale dans ma vie. Il ne m'a jamais, cependant, imposé ses conceptions musicales... » En 1923, il entreprend sa première grande tournée de récitals en Union soviétique, en compagnie de son ami Vladimir Horowitz, qu'il retrouvera aux États-Unis quelques années plus tard. Violoniste somptueux, Milstein a toujours été considéré comme un « monstre sacré », en URSS, d'abord, à Paris, ensuite, où il se fixe dès 1925 – époque où il parachève sa culture avec Eugène Ysaÿe, à Bruxelles –, aux États-Unis, enfin, où il se fixe en 1929.

Le style de Milstein se situait : « entre la hauteur méditative d'un Menuhin et la fougue chaleureuse d'un Heifetz ». L'élégance, le panache ou la virtuosité ne prenaient jamais le pas sur la musicalité. Il jouait sur un Stradivarius de 1716 connu sous le nom d'*ex-Goldmann* (du nom d'un fameux collectionneur), qu'il avait rebaptisé *Marie-Thérèse* (prénoms de sa fille et de sa femme).

ÉCRITS : *De la Russie à l'Occident* (New York, 1990 ; trad. française, Paris, 1991).

Miltcheva, Alexandrina (Alexandrina Miltcheva-Nonova)

Mezzo-soprano bulgare, née à Shoumen le 27 novembre 1934.

Elle travaille avec G. Cherkin au Conservatoire de Sofia et fait ses débuts à l'Opéra de Varna dans Dorabella en 1961. Lauréate du Concours international de Toulouse (1966), elle fait partie de la troupe de l'Opéra de Sofia à partir de 1968. Elle s'affirme rapidement sur le plan international et chante à l'Opéra de Vienne, à l'Opéra de Paris, à la Monnaie de Bruxelles, à Covent Garden... Elle débute à l'Opéra de Munich en 1979, aux Arènes de Vérone en 1980 et au Festival de Salzbourg en 1983. Son répertoire couvre aussi bien des rôles comme Carmen, Adalgisa (*Norma*), Dalila ou Azucena (*Le Trouvère*) que les mezzo-coloraturas de Rossini (Cenerentola) ou le répertoire slave.

Minkowski, Marc

Chef d'orchestre français, né à Paris le 4 octobre 1962.

Il reçoit une formation de bassoniste et travaille avec André Sennedat et Amaury Wallez. Il se perfectionne avec Danny Bond au Conservatoire de La Haye où il obtient un diplôme de musique baroque. Il poursuit ses études de direction d'orchestre avec Charles Bruck à la Pierre Monteux Memorial School, dans le Maine (USA). Pendant plusieurs années, il est bassoniste à la Chapelle Royale, aux Arts Florissants et au Clemencic Consort de Vienne. En 1984, il remporte le 1er prix au Concours international de musique ancienne de Bruges. La même année, il crée l'ensemble Les Musiciens du Louvre, avec lequel il se consacre à la musique du XVIIIe siècle. Il met l'accent sur les opéras et oratorios de Haendel, les comédies-ballets de Lully... Il est invité à diriger de nombreux ensembles de musique ancienne étrangers et est aussi directeur artistique des Amsterdam Bach Solisten, un ensemble qui exécute ce répertoire sur instruments modernes. En 1993, il est nommé responsable du département de musique ancienne au Conservatoire de Toulouse et directeur du Studio Versaille Opéra, au Centre de musique baroque de Versailles.

Mintchev, Mintcho

Violoniste bulgare, né à Gabrovo le 17 septembre 1950.

En 1964, il travaille avec Émile Kamilarov et entre au Conservatoire dans sa classe en 1969. En 1967, il avait obtenu le 6e prix au Concours Wieniawski à Poznań. En 1970, il remporte un 2e prix au Concours Paganini à Gênes, en 1972, un 4e prix au Concours Carl Flesch à Londres et un 1er prix au même concours en 1974. De 1974 à 1977, il travaille avec Yehudi Menuhin. Il est actuellement soliste de la Philharmonie d'État de Sofia.

Minton, Yvonne

Mezzo-soprano australienne, née à Sydney le 4 décembre 1938.

Élève de Marjorie Walker au Conservatoire de Sydney, elle remporte la Canberra Opera Aria Competition en 1960 et le Prix Kathleen Ferrier en 1961. Elle débute en 1964 au City Literary Institute (Lucretia de Britten), chante dans la Haendel Opera Company et la New Opera Company, et débute à Covent Garden en 1965 : elle y incarne Marina, Ascanio, Orphée, Dorabella, Chérubin, Geneviève (*Pelléas*), Marfa (*Khovanchtchina*), Sextus (*La Clémence de Titus*), Waltraute, le Compositeur... Sa carrière internationale se développe à partir de 1970 par Cologne et Chicago, le Festival d'Israël (Dalila) en 1972, le Met (le Compositeur d'*Ariane à Naxos*) en 1973, Bayreuth de 1974 à 1977 (Brangäne, Waltraute), l'Opéra de Paris depuis 1976 (Octavian), Salzbourg depuis 1977. Elle participe aux créations mondiales de *The Knot Garden* de Tippett (Théa) en 1970 et de la version intégrale de *Lulu* de Berg à Paris en 1979.

Mintz, Shlomo

Violoniste et chef d'orchestre russe, naturalisé américain, né à Moscou le 30 octobre 1957.

Il fait ses études en Israël avec Ilona Feher jusqu'à ce qu'il gagne les États-Unis (1974) où, remarqué par Isaac Stern, il travaille avec Dorothy DeLay et à la Juilliard School à New York. Il fait ses débuts au Carnegie Hall en 1973 et en Europe en 1976 (Festival de Salzbourg, 1980). Il s'impose rapidement sur le plan international tout en gardant un amour particulier pour le récital (Bach ou Paganini) ou la musique de chambre (avec Yefim Bronfman ou Paul Ostrovsky). A l'occasion, il échange son violon contre un alto ou une baguette de chef d'orchestre. En 1988, il est nommé conseiller musical de l'Orchestre de Chambre d'Israël. En 1994, il devient en outre premier chef invité de l'Orchestre Symphonique de Maastricht. Après avoir joué, à partir de 1980, sur un violon de Guadagnini (1752) que lui avait donné Henryk Szeryng, il possède à présent un Michelangelo Bergonzi (1745) et un violon d'un luthier espagnol de l'école de Crémone, Giuseppe Contreras (1773). Son alto est un instrument de Giuseppe Testore (1696).

Miranda, Ana-Maria

Soprano française et argentine, née à Paris le 9 septembre 1937.

Élève de l'École Normale de Musique de Paris dont elle est licenciée (solfège, harmonie, guitare et chant), elle remporte plusieurs concours internationaux de chant. Elle débute en 1968, dans *Così fan tutte*, à Paris. Remarquée par Gian-Carlo Menotti, elle est engagée pour créer à l'Opéra de Lyon la version française de *La Sainte de Bleecker Street*, sous la direction de Jean-Pierre Marty. Elle chante ensuite cet ouvrage en Italie et en Hollande. Engagée sur les plus grandes scènes lyriques de France, elle y tient les rôles de soprano léger du répertoire français, mais également Mozart, Donizetti, Rossini et, de Verdi, Gilda (*Rigoletto*), Oscar (*Un bal masqué*) et Nanetta (*Falstaff*). Elle est invitée à la Monnaie, à la Volksoper de Vienne, au Lyric Opera de Chicago, à l'Opéra de Montréal... Parallèlement, elle conduit une carrière de concertiste, avec un très large répertoire d'oratorios (de Monteverdi à Carl Orff) ainsi qu'en récital.

Mischakoff, Mischa (Mischa Fischberg)

Violoniste russe naturalisé américain (1927), né à Proskourov le 3 avril 1985, mort à Petoskey (Michigan) le 1er février 1981.

Il fait ses études au Conservatoire de Saint-Pétersbourg avec Korguiev et en sort diplômé en 1912, l'année de ses débuts à Berlin. Il commence une carrière de soliste et de pédagogue, change son nom devant le trop grand nombre de violonistes russes homonymes, puis émigre aux États-Unis en 1921. Il est successivement premier violon solo de l'Orchestre Symphonique de New York (1924-27), de l'Orchestre de Philadelphie (1927-29), de l'Orchestre Symphonique de Chicago (1930-36), de l'Orchestre Symphonique de la NBC (1937-52) et de l'Orchestre Symphonique de Detroit (1952-68). Il termine sa carrière comme violon solo invité de l'Orchestre Symphonique de Baltimore (1968-69). Chaque été, entre 1925 et 1965, il est en outre violon solo de l'Orchestre Symphonique de Chautauqua. Il anime également son propre quatuor à cordes et enseigne à la Juilliard School of Music de New York (1940-52) puis à Waye University, à Detroit (à partir de 1952). Mischakoff a été l'un des plus extraordinaires violons solos d'orchestre du XXe siècle. Tous les grands chefs se sont arraché ses services : Damrosch, Stokowski, Stock, Toscanini, Paray.

Mitropoulos, Dimitri

Chef d'orchestre grec naturalisé américain (1946), né à Athènes le 1er mars 1896, mort à Milan le 2 novembre 1960.

A l'Odéon d'Athènes, il travaille le piano et la composition avant de compléter sa formation musicale à Bruxelles avec Paul Gilson (1920-21) puis à Berlin avec Busoni (1921-24). A la même époque, il est engagé à l'Opéra de Berlin comme chef de chant (1921-24). De retour à Athènes, il dirige l'Orchestre du Conservatoire (1927-30) et enseigne la composition à l'Odéon (1930). Sa carrière de chef d'orchestre se développe très rapidement : à Paris, il dirige l'Orchestre Symphonique (1932-36) et est invité par les plus grands orchestres européens. A la Philharmonie de Berlin, il remplace au pied levé Egon Petri dans le *Concerto pour piano nº 3* de Prokofiev qu'il joue et dirige simultanément (1930). Il réalisera la même performance à plusieurs reprises. Il fait ses débuts aux États-Unis en 1936, à Boston. L'année suivante, il est nommé à la tête de l'Orchestre Symphonique de Minneapolis (1937-49). Puis il prend la direction de l'Orchestre Philharmonique de New York : pendant deux ans, il partage le poste avec Stokowski (1949-51) avant de présider seul aux destinées de cet orchestre (1951-57). De 1954 à 1960, il dirige au Metropolitan Opera de New York. Il se passionne pour l'art lyrique et résilie ses fonctions à la Philharmonie pour se consacrer presque exclusivement au théâtre, partageant ses activités entre New York, Florence, Milan et Vienne. Il meurt en pleine gloire, à la Scala de Milan, terrassé par une crise cardiaque lors d'une répétition de la *Symphonie nº 3* de Mahler. Parmi les nombreuses créations qu'il a dirigées figurent des œuvres de Samuel Barber (*Méditation et Danse de la vengeance*, 1956 ; *Vanessa*, opéra, 1958), Robert Casadesus (*Suite pour orchestre nº 2*, 1952), Philip Clapp (*Symphonie nº 8*, 1952), David Diamond (*Symphonie nº 1*, 1941), Paul Hindemith (*Symphonie en mi bémol*, 1941), Ernst Krenek (*Concerto pour piano nº 3*, comme chef et soliste, 1946 ; *Symphonie nº 4*, 1947), Heitor Villa-Lobos (*Bacchiana Brasileira nº 2*, 1938).

Mödl, Martha

Soprano allemande, née à Nüremberg le 22 mars 1912.

Elle travaille d'abord dans une maison de commerce où elle est comptable. A l'âge de vingt-huit ans, elle commence ses études de chant au conservatoire de sa ville natale. Elle travaille ensuite avec Otto Mueller, à Milan. En 1942, elle débute au Théâtre municipal de Remscheid, comme Hänsel (*Hänsel et Gretel*). Durant les premières années de sa carrière, elle chante le répertoire de mezzo. De 1945 à 1949, elle est engagée comme mezzo à l'Opéra de Düsseldorf, c'est alors qu'elle découvre sa vraie voix de soprano dramatique. En 1949, elle est engagée à l'Opéra de Hambourg, où elle s'impose comme une grande wagnérienne. En 1951, lors du renouveau de Bayreuth, elle est Kundry (*Parsifal*) et Gutrune (*Tétralogie*). Dès lors, elle apparaît chaque année au Festival de Bayreuth, jusqu'en 1957, notamment dans Brünnhilde et dans Isolde. En 1950, sa *Carmen* à Covent Garden est un triomphe. En 1952, elle est appelée à l'Opéra de Vienne. Depuis 1953, elle appartient également à l'Opéra de Stuttgart. Elle est invitée à la Scala, où elle chante sous la direction de Karajan, à Covent Garden, à l'Opéra de Paris et sur toutes les grandes scènes allemandes. Elle participe également au Festival de Salzbourg. En 1956, elle débute au Met. Pour l'ouverture du nouvel Opéra de Vienne, elle chante le rôle-titre de *Fidelio* (1955). En 1963, elle participe à la réouverture de l'Opéra de Munich. En 1972, elle crée à la Städtische Oper de Berlin *Elisabeth Tudor* (Fortner). Elle chante également à Trèves la première de *Colloquio col Tango* (de Banfield) et ainsi, dès les années soixante-dix, aborde une seconde carrière dans les rôles de caractère, où son sens dramatique aigu et son grand talent de comédienne lui permettent de s'imposer de façon étonnante. Un de ses grands succès fut, à l'Opéra de Hambourg, le rôle de Madame Herring (*Albert Herring* de Britten).

Elle demeure pourtant inoubliable comme grande héroïne wagnérienne, mais également une admirable interprète de Richard Strauss.

Moffo, Anna

Soprano américaine, née à Wayne (Pennsylvanie) le 27 juin 1932.

Issue d'une famille d'origine italienne, elle commence ses études musicales au Curtis Institute de Philadelphie avec Euphemia Giannini-Gregory, la sœur de la célèbre Dusolina Giannini. Puis elle va travailler à Rome avec Luigi Ricci et Mercedes Llopart. La télévision italienne retient son nom pour une production de

Madame Butterfly où elle tient le rôle-titre. Elle fait ses débuts publics à Spolete (1955), chante Zerline à Aix-en-Provence (1956) et fait ses débuts américains à Chicago (1957). Elle débute à Salzbourg et à la Scala en 1957 (Nanetta). Le Metropolitan Opera de New York l'accueille, dans le rôle de Violetta, en 1959. Elle y chantera régulièrement pendant dix-sept saisons (Manon, Gilda, Juliette, Nedda, Marguerite, Mélisande...). En 1960, elle débute à San Francisco dans Amina et, en 1964, à Covent Garden dans Gilda. Elle est invitée à Vienne, Berlin, Milan, Paris... malgré une éclipse dans sa carrière au milieu des années soixante-dix. Au fil des années, sa voix de soprano lyrique prend le caractère de colorature.

Moglia, Alain

Violoniste français, né à Montargis le 22 décembre 1943.

Son père est violoniste amateur. Il prend tout d'abord des leçons particulières à Mantes-la-Jolie avec un professeur du nom d'Agamemnon... Il entre ensuite au Conservatoire de Paris en 1955 et y obtient, en 1959, son 1er prix de violon. Il participe alors à un très grand nombre de formations de musique de chambre comme les orchestres Fernand Oubradous et Paul Kuentz, l'Octuor de Paris, l'Ensemble Instrumental de France, le Quatuor Via Nova et la Grande Écurie et la Chambre du Roy. De 1966 à 1973 il appartient à l'Orchestre de l'Opéra. Il fait ensuite partie, pendant deux ans, de l'Ensemble Inter Contemporain. Entre 1978 et 1990, il partage avec Luben Yordanoff le poste de premier violon solo de l'Orchestre de Paris. En 1990, il occupe les mêmes fonctions à l'Orchestre Philharmonique de Montpellier. En 1992, il est nommé directeur musical de l'Orchestre de Chambre National de Toulouse. Parallèlement, il mène une active carrière de musicien de chambre. Il se produit ainsi beaucoup en trio avec la pianiste Daria Hovora et le violoncelliste Étienne Peclard. Alain Moglia porte un intérêt tout particulier à la musique contemporaine et son répertoire s'enrichit des noms de Berio, Xenakis, Busoni et Roslawetz.

Moguilevski, Evgeni

Pianiste russe, né à Odessa le 16 septembre 1945.

Élève de sa mère à l'École de musique Storliaski d'Odessa, il entre en 1963 dans la classe de Heinrich Neuhaus au Conservatoire de Moscou. Il travaille ensuite avec Stanislas Neuhaus et Yakov Zak jusqu'en 1971. En 1964, il remporte le 1er prix au Concours international Reine Élisabeth de Belgique et, en 1966, reçoit la Médaille Harriet Cohen (Londres). Il commence une carrière internationale et s'impose rapidement par son étonnante virtuosité. Il enseigne au Conservatoire de Moscou à partir de 1972. Entre 1980 et 1987, les autorités soviétiques lui interdisent de jouer à l'étranger. En 1987, il peut à nouveau sortir de son pays pour siéger au jury du Concours Reine Élisabeth de Belgique. Il se fixe quelque temps plus tard à Bruxelles, où il enseigne au Conservatoire.

Moiseiwitsch, Benno

Pianiste russe naturalisé anglais (1937), né à Odessa le 22 février 1890, mort à Londres le 9 avril 1963.

Après avoir suivi les cours de Dmitry Klimov à l'Académie impériale d'Odessa, il remporte le Prix Rubinstein à l'âge de neuf ans. En 1904, Moiseiwitsch est à Vienne pour suivre les cours de Leschetizky. C'est là qu'il adopte la graphie germanique de son nom. Mais il est obligé de suivre sa famille qui quitte Vienne pour Londres. En 1908, ses débuts ont lieu à Reading, puis à Londres l'année suivante. Dix ans plus tard, il remportera un très grand succès à New York. Grand ami de Rachmaninov, il possédait son jeu apparemment impassible qui faisait merveille dans le répertoire russe et romantique en général. On disait qu'il avait appris cette impassibilité en pratiquant le poker, jeu qui le passionnait.

Moldoveanu, Vassile

Ténor roumain, né à Constanza le 6 octobre 1935.

Il fait ses études musicales à Bucarest avec Constantin Badescu et y débute à l'Opéra dans Rinuccio de *Gianni Schicchi* (1966). Il s'affirme dans le répertoire italien et chante sur les principales scènes allemandes et autrichiennes : Edgard à Stuttgart (1972) où il fait partie de la troupe à partir de 1973, Rodolfo à Munich (1976), Alfredo à Vienne (1976), Don Carlos à Hambourg (1978). Il débute au Met dans Pinkerton (*Madame Butterfly*) en 1979. La même année, il chante à Covent Garden, en 1980 à Zürich (*Attila*). Il se fixe à Monte-Carlo en 1982 et chante régulièrement sur les principales scènes italiennes, allemandes et au Met.

Molinari, Bernardino

Chef d'orchestre italien, né à Rome le 11 avril 1880, mort à Rome le 25 décembre 1952.

A l'Académie Sainte-Cécile, il travaille avec Falchi et Renzi. En 1912, il est nommé à la tête de l'Orchestre de l'Augusteo de Rome, qui deviendra l'Orchestre de l'Académie Sainte-Cécile et dont il assure la direction musicale jusqu'en 1943. Il dirige dans toute l'Europe et, à partir de 1928, aux États-Unis. Il a créé la première suite des *Danses et airs antiques* (1917) et les *Pins de Rome* (1924) de Respighi et a largement diffusé la musique italienne de son temps. Il a réalisé une orchestration de *L'Isle joyeuse* de Debussy.

Molinari-Pradelli, Francesco

Chef d'orchestre italien, né à Bologne le 4 juillet 1911.

Au conservatoire de sa ville natale, il est l'élève d'Ivaldi et Nordio puis, à l'Académie Sainte-Cécile de Rome, de Bernardino Molinari (jusqu'en 1938). Il fait ses débuts à la Scala en 1946 où il dirigera régulièrement. Directeur artistique des Arènes de Vérone en 1951, il est responsable des manifestations du 50e anniversaire de la mort de Verdi à Bussetto (1951). En 1957, il débute à San Francisco, en 1959 à Vienne et, en 1966, au Met. Il continue à pratiquer le piano et accompagne souvent des récitals de mélodie.

Moll, Kurt

Basse allemande, né à Buir (Cologne) le 11 avril 1938.

Il veut d'abord devenir violoncelliste, mais bientôt se passionne pour le chant qu'il étudie également au Conservatoire de Cologne. Il débute à Aix-la-Chapelle en 1961 où il chante jusqu'en 1965 avant d'être engagé à l'Opéra de Sarrebrück et de se produire sur diverses scènes allemandes, dont l'Opéra de Cologne. Durant la saison 1969-70, il chante à l'Opéra de Hambourg et est aussitôt engagé dans la troupe comme membre permanent. Dès lors, il développe une étonnante carrière internationale. Dès 1968, il est invité au Festival de Bayreuth, et c'est comme interprète wagnérien qu'il s'impose dans le monde entier, en particulier avec le rôle du Roi Marke (*Tristan*) en 1974. En 1972, il triomphe à la Scala comme Osmin (*L'Enlèvement au sérail*). Cette même saison, il chante à l'Opéra de Paris dans *Les Noces de Figaro* et dans *Parsifal*. En 1973, il fait ses débuts à l'Opéra de Munich, puis chante au Vatican, devant le pape Paul VI, le *Magnificat* de Bach. Il est l'invité permanent dès lors des opéras de Munich, Vienne et Berlin, ainsi que du Festival de Salzbourg (1973). En 1974, il chante à l'Opéra de San Francisco, à Covent Garden, au Colón et au Liceo. Sa carrière se poursuit sur de nombreuses autres scènes, où il chante avec autant de musicalité, d'éclat, de profondeur et d'intensité Mozart (Sarastro, Osmin, le Commandeur...) que Wagner (Gurnemanz, Daland, le roi Heinrich, le roi Marke...). En 1987, il fait ses débuts au Met. Parallèlement, il mène une belle carrière de concertiste (oratorio et lieder). Il a été nommé *Kammersänger* par l'Opéra de Hambourg en 1975 et par l'Opéra de Munich en 1978.

Il a participé à la création d'œuvres de Günter Bialas (*Des gestifelte Kater*, 1975, le roi), Detlev Müller-Siemens (*Genoveva oder Die Weiße Hirschkuh*, 1978, Wilhelm II).

Moll, Philip

Pianiste américain, né à Chicago le 16 septembre 1943.

Son père, violoniste dans l'Orchestre Symphonique de Chicago, lui donne ses premières leçons de violon et de piano. Il fait des études de littérature à Havard (où il obtient son diplôme en 1966) tout en travaillant la musique avec Alexandre Tcherepnine, Claude Frank et Leonard Shure. Il s'inscrit ensuite à l'Université du Texas où il obtient le Master of Music en 1968. L'année suivante, il y exerce les fonctions d'assistant dans la classe d'opéra et obtient une bourse pour aller travailler à Munich. Entre 1970 et 1978, il est répétiteur à la Deutsche Oper de Berlin et commence à donner des concerts en Allemagne fédérale. A partir de 1975, il accompagne le flûtiste James Galway et, depuis 1978, mène une carrière de soliste et d'accompagnateur, notamment dans le domaine du lied, comme partenaire de Jessye Norman.

Monighetti, Ivan

Violoncelliste letton, né à Riga en 1948.

Il fait ses études musicales à Moscou, à l'École Gnessine, où il remporte un 1er prix dans la classe de Mstislav Rostropovitch dont il est le dernier élève en URSS. Il joue dans le Quatuor à cordes du Conservatoire de Moscou et remporte, avec cet ensemble, le Grand Prix des Jeunesses Musicales à Belgrade. En 1972, il obtient le 1er prix au Concours pansoviétique, en 1973 le 1er prix au Concours international de Bratislava et, en 1974 le 2e prix au Concours Tchaïkovski à Moscou. Il commence une carrière internationale et s'intéresse aussi bien à la musique ancienne qu'à la musique contemporaine. Il est le premier violoncelliste soviétique à jouer la musique de Schoenberg, Ligeti, Penderecki, Xenakis, Kagel... Entre 1974 et 1986, il se voit refuser l'autorisation de jouer en Occident. Dès la levée de cette interdiction, il effectue de nombreuses tournées en Europe occidentale. En 1986, il fonde le Festival international de musique ancienne de Moscou et, dans la mouvance de ce festival, la Camerata Boccherini. Il enseigne à l'Académie de musique de Bâle et au Conservatoire de Madrid. Edison Denisov (*Variations sur un thème de Haydn*), Valentin Silvestrov (*Sonate pour violoncelle et piano*), Krzysztof Meyer (*Canti amadei*), Ali-Zade (*Habil*) et Alfred Schnittke ont écrit des œuvres à son intention.

Montarsolo, Paolo

Basse italienne, né à Portici (Naples) le 16 mars 1923.

Il commence le chant à Naples avec Enrico Conti, puis à l'École de la Scala. Il débute en 1950 à Bologne dans *I quattro rusteghi* (Wolf-Ferrari). En 1954, il fait ses débuts officiels à la Scala, après avoir fait partie, un certain temps, des « cadets ». Depuis 1954, il n'y a pas de saison qu'il n'apparaisse sur la première scène d'Italie. Il s'est fait une spécialité des rôles de basse bouffe et remporte de vifs succès dans les ouvrages de Rossini, Wolf-Ferrari, Donizetti et Mozart. En 1957, il chante Mustafa (*L'Italienne à Alger*) au Festival de Glyndebourne. En 1959, il est invité au San Carlo de Naples et à l'Opéra de Rio de Janeiro. Il se produit sur toutes les scènes importantes d'Europe et d'Amérique. En 1966, il interprète *Luisa Miller* au Mai Musical de Florence. En 1974, il chante à l'Opéra de Düsseldorf-Duisbourg. A Paris, il apparaît dans *Cenerentola.*

Monteux, Pierre

Chef d'orchestre français naturalisé américain (1942), né à Paris le 4 avril 1875, mort à Hancock (Maine) le 1er juillet 1964.

Né dans une famille de musiciens, il commence le violon à six ans et entre trois ans plus tard au Conservatoire. Il y travaille le violon avec Jean-Pierre Maurin et Berthelier, la musique de chambre avec Benjamin Godard, l'écriture avec Lavignac et Lenepveu, et termine ses études, en 1896, avec un 1er prix de violon. A douze ans, il a l'occasion de diriger un orchestre pour la première fois. Parallèlement à ses études, il est aussi, de 1889 à 1892, second violon aux Folies-Bergère. En 1892, il fait partie du Quatuor Geloso. Plus tard il sera membre du Quatuor Tracol. En 1893, il est nommé premier altiste aux Concerts Colonne, poste qu'il occupera jusqu'en 1912 et où il participera à la création de *La Mer* de Debussy. Ses débuts de chef d'orchestre, il les doit à Saint-Saëns qui voulait tenir la partie de l'orgue dans une exécution de sa *Symphonie n° 3*. En 1906, il est sous-chef d'orchestre des Concerts Colonne. En 1910, il fonde les Concerts Berlioz au Casino de Paris. Il y est remarqué par Serge de Diaghilev qui l'engage comme chef d'orchestre des Ballets Russes pour la deuxième saison en remplacement de Gabriel Pierné. Après une tournée aux États-Unis (1916), il est invité, de 1917 à 1919, par le Metropolitan Opera de New York. Sa carrière américaine se poursuit à la tête de l'Orchestre Symphonique de Boston (1919 à 1924). Il retourne alors en Europe où il reprend des activités de chef invité. Il sera l'un des rares à qui Willem Mengelberg confiera le Concertgebouw d'Amsterdam. En 1929, il est à la tête de l'Orchestre Symphonique de Paris et en assumera la direction jusqu'en 1938. Concurremment, de 1935 à 1952, il fait renaître de ses cendres l'Orchestre Symphonique de San Francisco. En 1937, il prête même la main à la formation de l'Orchestre Symphonique de la NBC et en dirigera les premiers concerts avant l'arrivée de Toscanini. De 1952 à 1961, il dirige les plus illustres phalanges. En 1961, il est nommé à la tête de l'Orchestre Symphonique de Londres, poste qu'il occupera jusqu'à sa disparition. Parmi les nombreuses pages qui ont été dédiées à Pierre Monteux, on peut citer la *Symphonie n° 1* « Jean de la peur » de Landowski, la *Symphonie n° 2* de Migot et *Prélude pour les quatre-vingts ans de Pierre Monteux* de Stravinski. Mais le nom de Pierre Monteux restera dans l'histoire comme celui du créateur de quelques pages qui comptent parmi les œuvres majeures du XXe siècle : *Jeux* (1913) de Debussy, *Valses nobles et sentimentales* (1912), *Daphnis et Chloé* (1912) de Ravel, *Pétrouchka* (1911), *Le Sacre du printemps* (1913) et *Rossignol* (1914) de Stravinski, *Symphonie n° 3* (1929) de Prokofiev.

Fervent défenseur de la musique de son temps, on lui doit aussi des créations de George Antheil (*Symphonie n° 6*, 1949), Georges Auric (*Les Matelots*, suite de ballet, 1935), Paul Creston (*Dance Variations*, 1961), Daniel-Lesur (*Suite française*, 1935), Marcel Delannoy (*Symphonie n° 1*, 1933), Jean Françaix (*Symphonie*, 1932), Marcel Landowski (*Clairs obscurs*, 1938), Georges Migot (*Prélude pour un poète*, 1929), Francis Poulenc (*Concert champêtre*, avec Wanda Landowska, 1929), Jean Rivier (*Adagio pour cordes*, 1931 ; *Symphonie n° 1*, 1933), Guy Ropartz (*Concert en ré*, 1930), Roger Sessions (*Symphonie n° 2*, 1947), Germaine Tailleferre (*Ouverture*, 1932 ; *Concerto pour 2 pianos, chœur et orchestre*, 1934), Heitor Villa-Lobos (*La Découverte du Brésil*, 1937). Sa direction, sobre, élégante et d'une rare précision, ouvrit la voie aux générations suivantes qui refusèrent, comme lui, les excès du post-romantisme et de l'impressionnisme.

Montgomery, Kenneth

Chef d'orchestre irlandais, né à Belfast le 28 octobre 1943.

Il commence ses études au Royal College of Music de Londres, puis travaille la direction d'orchestre avec Sergiu Celibidache à Sienne et avec Sir Adrian Boult à Londres. Il étudie également avec John Pritchard et Hans Schmidt-Isserstedt. En 1964, il commence sa carrière au Festival de Glyndebourne et est nommé, en 1966, à l'English National Opera où il dirige pendant trois ans. Entre 1973 et 1976, il est à la tête du Bournemouth Sinfonietta avant de devenir directeur musical de la Glyndebourne Touring Compagny en 1975. Régulièrement invité aux Pays-Bas à partir de 1970, il devient chef permanent de l'Orchestre Symphonique de la Radio Néerlandaise à Hilversum (1976-81) puis du Chœur de la Radio Néerlandaise (en 1980). En 1985, il est nommé directeur musical de l'Opera Northern Ireland à Belfast.

Moore, Gerald

Pianiste anglais, né à Watford le 30 juillet 1899, mort à Penn (Buckinghamshire) le 13 mars 1987.

Son premier professeur, à l'École de musique de Watford, est Wallis Bandey. Sa famille émigre en 1913 au Canada ; il étudie le piano au Conservatoire de Toronto et pense devenir soliste. Plus tard, en Angleterre, Sir Landon Ronald lui conseille de se consacrer à l'accompagnement. Dès 1925, il est l'accompagnateur de John Coates – à qui il dit beaucoup devoir – et, un an plus tard, donne ses premiers concerts à Londres. Il accompagne Chaliapine, Frida Leider, Elisabeth Schumann, Hans Hotter et surtout Kathleen Ferrier. Plus tard : Janet Baker, Christa Ludwig, Victoria de Los Angeles, Fischer-Dieskau. Il quitte la scène en 1967 et Barenboïm le tire de sa retraite à Box Hill pour enregistrer. Moore a donné des conférences et présenté les concerts de midi à la National Gallery. Entre 1949 et 1967, il a également donné des cours d'interprétation dans le monde entier. Accompagnateur recherché par les plus grands chanteurs, il savait faire preuve à la fois de discrétion et d'une grande présence, de pudeur et d'intensité, donnant à chaque lied son climat de drame ou de poésie. Il transcendait l'art de l'accompagnement et a rendu justice à un aspect trop dédaigné du répertoire pianistique.

ÉCRITS : *The Unashamed Accompanist* (Londres, 1943 ; éd. rév., 1957), *Singer and Accompanist : The Performance of 50 Songs* (Londres, 1953), *Am I Too Loud* ? (mémoires, Londres 1962, trad. française *Faut-il jouer moins fort ?*, Paris, 1982), *The Schubert Song Cycles* (Londres, 1975), *« Farewell Recital : Further Memoirs* (Londres, 1978), *Furthermore [sic] : Interludes in an Accompanist's Life* (Londres, 1983), *Poet's Love » and Other Schumann Cycles and Songs* (Londres, 1984).

Moore, Grace

Soprano américaine, née à Nough (Tennessee) le 5 décembre 1901, morte à Copenhague dans un accident d'avion le 27 février 1947.

Elle étudie d'abord à Nashville et Washington, avant de prendre des cours à New York avec Marafiori. Elle débute en Amérique dans des opérettes et des revues. En 1926, elle vient en Europe, travaille à Antibes avec Richard Berthelémy, à Paris et à Milan, et débute à l'Opéra-Comique dans Mimi (*La Bohème*) en 1928, juste avant de se voir confier le même rôle pour ses débuts au Met. De 1928 à 1932 et de 1934 à sa mort, elle est un des membres les plus populaires du Met. Elle est invitée à Paris, à Londres, à Amsterdam, Stockholm, Berlin et Vienne. En 1930, elle entreprend une des plus brillantes carrières qu'une cantatrice ait eue au cinéma. Son film le plus important est *One Night of Love* (1935). Elle tourne également une version filmée de *Louise* de Charpentier. Ses plus grands succès, elle les doit au répertoire lyrique italien et français.

ÉCRITS : *You're Only Human Once* (1944), autobiographie.

Moraguès, Pascal

Clarinettiste français, né à Paris le 25 février 1963.

A l'âge de seize ans, il obtient un 1er prix de clarinette au Conservatoire de Paris et l'année suivante un 1er prix de musique de chambre. En 1981, il devient le plus jeune supersoliste de l'Orchestre de Paris et développe parallèlement une brillante carrière de soliste. Très actif dans le domaine de la musique de chambre, il fonde, avec ses frères, un quintette à vent reconnu comme l'un des meilleurs du genre. Il joue avec des partenaires tels qu'Élisabeth Leonskaïa, Sviatoslav Richter, Jean-François Heisser, Christian Zacharias, Christian Ivaldi, les quatuors Sine Nomine, Ysaÿe, Lindsay, Fine Arts et le Quatuor Talich.

Moralt, Rudolf

Chef d'orchestre allemand, né à Munich le 26 février 1902, mort à Vienne le 16 décembre 1958.

Il est le neveu de Richard Strauss. A Munich, il fait des études musicales et universitaires avant de débuter comme chef des chœurs à l'Opéra (1919-23). Il est ensuite chef d'orchestre à Kaiserslautern (1923-28), directeur général de la musique au Théâtre Allemand de Brno (1928-30), à Kaiserslautern à nouveau (1932-34), Brunswick (1934-36) et Graz (1937-40).

En 1937, il débute, comme invité, à l'Opéra de Vienne, où il sera premier chef de 1940 à sa mort. Chef d'orchestre peu connu et mort prématurément, Moralt était l'une des figures marquantes de sa génération et a laissé notamment des enregistrements mozartiens de très haut niveau. Il participait au Festival de Salzbourg depuis 1952. Il a créé des œuvres d'Egon Wellesz (*Symphonie nº 4*, 1956).

Moravec, Ivan

Pianiste tchèque, né à Prague le 9 novembre 1930.

Il travaille au Conservatoire de Prague dans la classe de A. Grünfeldova de 1946 à 1950. Il étudie à l'Académie des arts de Prague sous la direction de I. Stěpanová-Kurzova de 1950 à 1951. En 1957 et 1958, il suit les cours d'interprétation d'Arturo Benedetti Michelangeli. Il se produit dans son pays, débute aux États-Unis sous la direction de George Szell en 1964. Il est professeur à l'Académie des arts de Prague. Le public le découvre après le succès du film de Milós Forman, *Amadeus*, où il tenait la partie de piano.

Moreira-Lima, Arthur

Pianiste brésilien, né à Rio de Janeiro le 16 juillet 1940.

Il commence ses études avec Lucia Branco dans sa ville natale (1960-62) puis vient travailler à Paris avec Marguerite Long et Jean Doyen. Il est ensuite l'élève de R. Kehrer au Conservatoire de Moscou. En 1965, il remporte le 2e prix au Concours Chopin à Varsovie, en 1969 le 3e prix au Concours de Leeds et en 1970 le 3e prix au Concours Tchaïkovski à Moscou. Sa carrière se développe rapidement en Europe et en Amérique.

Morel, Jean

Chef d'orchestre français, né à Abbeville le 10 janvier 1903, mort à New York le 14 avril 1975.

Il travaille au Conservatoire de Paris avec I. Philipp (piano), N. Gallon, M. Emmanuel, G. Pierné et R. Hahn. Très vite, il se tourne vers l'enseignement : de 1921 à 1936, il est professeur au Conservatoire américain de Fontainebleau tout en dirigeant la plupart des orchestres parisiens. Il se produit notamment avec l'Orchestre National (1936-39) et succède à Pierre Monteux à la tête de l'Orchestre Symphonique de Paris (1938). A la déclaration de la guerre, il se fixe aux États-Unis où il enseigne d'abord au Brooklyn College (1940-43) puis à la Juilliard School de New York (1949-71). Il dirige le New York City Symphony Orchestra (1942-52), et est invité régulièrement par les opéras de Mexico (1943-48), San Francisco, New York City (1944-52), ainsi qu'au Met (1956-71). Avec l'Orchestre Philharmonique de New York, il enregistre plusieurs disques. Pédagogue éminent, il a exercé une influence importante sur toute une génération de chefs d'orchestre.

Morini, Erica (Erika Siracusano)

Violoniste autrichienne, naturalisée américaine (1943), née à Vienne le 5 janvier 1904.

Elle fait toutes ses études au Conservatoire de Vienne, en particulier, pour le violon, avec Otakar Ševčik. Ses débuts publics ont lieu, sur l'invitation d'Arthur Nikisch, en 1918, avec l'Orchestre du Gewandhaus de Leipzig, puis avec la Philharmonie de Berlin. En 1920, elle débute aux États-Unis, au Metropolitan Opera de New York, sous la direction de Bodansky, puis, en récital au Carnegie Hall. Erica Morini est considérée comme l'une des rares très grandes violonistes de réputation mondiale, au même titre qu'Ida Haendel ou que Ginette Neveu. Particularité de sa technique, elle joue sans mentonnière. Son violon est un Guadagnini ayant appartenu à Maud Powell.

Moroney, Davitt

Claveciniste anglais, né à Leicester le 23 décembre 1950.

Élève de Thurston Dart au King's College de Londres, il est en grande partie un autodidacte du clavecin, même s'il a eu l'occasion de travailler avec Kenneth Gilbert ou Gustav Leonhardt. En 1975, il reçoit une Harkness Fellowship, bourse de la Commonwealth Fund of New York qui lui permet de poursuivre ses études à l'Université de Berkeley, en Californie. Il se fixe à Paris en 1980 et commence une carrière de soliste. En 1983, il est nommé directeur musical de la Semaine de musique baroque à Monaco. A côté de la musique de J. S. Bach ou de Couperin, il exhume des manuscrits ou des éditions perdues d'œuvres anciennes auxquelles il redonne vie. Il réalise sa propre édition de *L'Art de la fugue* de J. S. Bach qu'il enregistre en 1986 avant d'adopter la même démarche avec l'*Offrande musicale* (1987). Parmi ses réalisations discographiques marquantes figurent l'enregistrement intégral des pièces pour clavecin de Louis Couperin (1983), du *Clavecin bien tempéré* de J. S. Bach (1988) et des pièces pour clavecin de William Byrd (1994).

Morris, James

Baryton-basse américain, né à Baltimore le 10 janvier 1947.

Il étudie au Conservatoire Peabody, obtient la première bourse de chant de l'Université de Maryland, devient l'élève de Rosa Ponselle et entre dans les chœurs de l'Opéra de Baltimore dont elle est la directrice. Il débute bientôt dans des rôles solistes : Crespel dans *Les Contes d'Hoffmann.* Tout en travaillant avec Nicola Moscona à la Philadelphia Academy of Vocal Arts et avec Frank Valentino, il auditionne au Met et est engagé à vingt-trois ans. De 1971 à 1975 il y chante les seconds rôles, et interprète, en 1975, Don Giovanni au pied levé, devenant à l'instant une vedette de la maison : suivront *Le Barbier de Séville*, *Carmen*, *Don Carlo*, *Gioconda*, *Luisa Miller*, *Otello*, *Peter Grimes*, *I Puritani*, *Billy Budd*, etc. Sa carrière internationale se développe alors par des villes comme Strasbourg (*Les Contes d'Hoffmann*), Florence (le Comte des *Noces de Figaro*), Glyndebourne (Banquo), Sydney (Don Giovanni), avant de s'imposer sur les plus grandes scènes mondiales : il chante Guglielmo avec Riccardo Muti à Salzbourg dès 1982, à Vienne dès 1984, puis Wotan à Munich et au Met. Il est considéré comme l'un des successeurs de Hans Hotter dans les grands rôles wagnériens.

Morris, Wyn

Chef d'orchestre gallois, né à Trlech le 14 février 1929.

Après avoir étudié à la Royal Academy of Music de Londres, il se perfectionne au Mozarteum de Salzbourg avec Igor Markevitch puis remporte le Prix Koussevitzky à Tanglewood, aux États-Unis. En 1954, il fonde l'Orchestre Symphonique Gallois qu'il dirige pendant trois ans. Puis George Szell l'invite à Cleveland comme « observer » : il y dirige un orchestre de chambre et la Chorale Orpheus tout en suivant le travail du grand chef d'orchestre (1957-60). A son retour, il est nommé à la tête de la Royal Choral Society (1968-70) puis de la Huddersfield Choral Society (1969-74). Grand spécialiste de Mahler dont il dirige l'intégrale des symphonies à Londres, il a enregistré sa *Symphonie n° 10* dans la seconde réalisation de D. Cooke. Toujours à l'affût des œuvres insolites ou inachevées, il réalise le premier enregistrement de la *Symphonie n° 10* de Beethoven dans la réalisation de Barry Cooper (1988).

Moser, Edda

Soprano allemande, née à Berlin le 27 octobre 1941.

Fille du musicologue Hans Joachim Moser, elle commence le chant avec Hermann Weissenborn et Gerty König, à Berlin. Elle fait ses débuts comme Kate Pinkerton (*Madame Butterfly*) à l'Opéra de Berlin (1962). Après avoir chanté une année comme choriste au Théâtre municipal de Würzbourg, puis des petits rôles dans de petits opéras, elle rencontre Hans-Werner Henze qui l'invite à Londres pour y chanter en concert deux de ses cantates. L'année suivante, elle chante à Salzbourg Wellgunde (*L'Or du Rhin*) sous la direction de Karajan (1968). En novembre de la même année, en tournée avec la troupe de Salzbourg, elle se produit au Met. Elle est invitée à l'Opéra de Francfort, de Hambourg, au Grand-Théâtre de Genève, à Paris... tout en s'imposant comme interprète en concert de Bach ainsi que de compositeurs contemporains. En 1970, elle chante au Met la Reine de la Nuit (*La Flûte enchantée*) qui sera son rôle mascotte pendant quelques années. Elle chante, cette même saison, à Moscou, Kiev, Odessa et Tallinn (Reval). En 1971, elle est Aspasia (*Mithridate*) au Festival de Salzbourg, Donna Anna (*Don Giovanni*) au Festival d'Aix-en-Provence et Constance (*L'Enlèvement au sérail*) à l'Opéra de Vienne. Désormais membre de l'Opéra de Vienne, elle se produit également dans les opéras de Munich et de Hambourg, où elle remporte un grand succès comme *Lucia di Lammermoor*. En 1974, elle chante au Carnegie Hall de New York et au Met.

Moser, Thomas

Ténor américain, né à Richmond (Virginie) le 27 mai 1945.

Il étudie au Curtis Institute of Music de Philadelphie et à l'Academy of the West (Santa Barbara), puis travaille avec Martial Singher, Gérard Souzay et Lotte Lehmann. Il débute à Graz en 1975 (Vladimir du *Prince Igor*), chante à Munich dès 1976 (Belmonte) et à Vienne dès 1977 ; il y incarne tous les rôles mozartiens, mais aussi Flamand (*Capriccio*), Henry Morosus (*La Femme silencieuse*), Achille (*Iphigénie en Aulide*). Il est invité au Festival de Salzbourg à partir de 1978, à la Scala de Milan en 1985 (Tamino), à l'Opéra de Paris la même année (Pylade), à Rome en 1986, à Genève en 1989 (Florestan). Il chante également au New York City Opera à partir de 1979. A partir de 1989, son répertoire se développe vers des rôles plus amples : Fidelio (Genève, 1989), *Der ferne Klang* de Schreker (Vienne, 1992), Benvenuto Cellini (Genève, 1992), l'Empereur (*La Femme sans ombre*) [Salzbourg, 1992], Lohengrin (Genève, 1993). Il fait ses débuts au Met en 1993. Il a participé à la création de *Un rè in ascolto* (1983) de Luciano Berio.

Motard, Alain

Pianiste français, né à Nice le 21 janvier 1928.

Il fait ses études au Conservatoire de Nice où il obtient en 1948 un prix d'excellence. Il remporte en 1949 le Prix triennal de Toulon. C'est à Paris qu'il poursuit ses études avec Marguerite Long et Jacques Février. Lauréat du Concours Marguerite Long-Jacques Thibaud en 1957, il est professeur au Conservatoire de Ville-d'Avray à partir de 1973 puis au Conservatoire de Bordeaux. En 1992, il assure l'intérim de la classe de Dominique Merlet au Conservatoire de Paris. Il mène par ailleurs une carrière internationale.

Mottl, Felix

Chef d'orchestre autrichien, né à Unter-Sankt-Veit (Vienne) le 24 août 1856, mort à Munich le 2 juillet 1911.

Il commence ses études musicales au Convict de Loewenburgh où étaient formés les chanteurs de la Chapelle Impériale. Puis il est l'élève de Bruckner au Conservatoire de Vienne. En 1876, Hans Richter le fait nommer assistant à Bayreuth pour la création de la *Tétralogie*. En 1880, il succède à Dessoff comme directeur général de la musique à Karlsruhe. Il y présente notamment la première exécution intégrale des *Troyens* de Berlioz, *Gwendoline* et *Le Roi malgré lui* de Chabrier, et crée le premier acte du *Roi Arthus* de Chausson (1900). A partir de 1885, il dirige régulièrement à Bayreuth. Le Covent Garden de Londres l'invite (1898-1900) pour diriger les ouvrages de Wagner. En 1903, il quitte Karlsruhe pour Munich où il est d'abord premier chef d'orchestre puis directeur général de la musique (1907-11) et directeur du conservatoire.

En dehors du répertoire wagnérien, Mottl était un fervent défenseur de Berlioz, Liszt et Chabrier qu'il fit connaître en Allemagne. Il a orchestré la *Bourrée fantasque* et les *Valses romantiques* de Chabrier, ainsi que les *Wesendonk Lieder* de Wagner. Il a créé la *Sinfonietta* (1905) de Max Reger.

Mouillère, Jean

Violoniste français, né à Angers le 31 juillet 1941.

Il travaille au Conservatoire de Paris avec Roland Charmy et Joseph Calvet. Il remporte un 1er prix de violon (1960) et un 1er prix de musique de chambre (1963). En 1962, il étudie à Tanglewood et obtient, l'année suivante, le prix spécial au Concours international de Munich. Il est l'un des fondateurs du Festival de Corse et du Festival de La Plagne. Après des débuts de soliste remarqués, il se consacre presque exclusivement à la musique de chambre. En 1968, il fonde et anime le Quatuor Via Nova, dont il est le premier violon. Il joue, en sonate ou en trio avec Jean-Bernard Pommier, Bruno Rigutto, Jean Hubeau, Georges Solchany, Michèle Boegner, Michel Beroff, Frédéric Lodéon... En 1978, il reçoit le Prix Georges Enesco de la SACEM. Très attiré par la pédagogie, il enseigne pendant deux ans à l'Académie du Languedoc puis, à partir de 1980, à l'Académie internationale d'été de Nice. En 1981, il est professeur au Conservatoire de Paris. En 1980 et 1981, il enseigne également à Pékin dans le cadre de la mission pédagogique française. Au sein d'une discographie abondante, il faut retenir sa participation aux intégrales de la musique de chambre de Fauré et de Schumann. Il a créé le *Concerto pour violon* de Graciane Finzi. Son violon est un Guadagnini de 1774.

Moyse, Marcel

Flûtiste français, né à Saint-Amour le 17 mai 1889, mort à Brattleboro (Vermont) le 1er novembre 1984.

Il étudie au Conservatoire de Paris dans les classes de Paul Taffanel, Adolphe Hennebains et Philippe Gaubert. Il obtient son 1er prix de flûte en 1906. Il débute en 1908 dans l'Orchestre Pasdeloup ainsi qu'à la Société des Concerts du Conservatoire. De 1913 à 1938, il est flûte solo à l'Opéra-Comique ainsi qu'aux Concerts Straram (1922-33). Il est nommé professeur au Conservatoire de Paris en 1932 et enseigne jusqu'en 1949. Il est membre du conseil supérieur de la Radiodiffusion française de 1936 à 1939. En 1933, il forme le Trio Moyse composé de son fils Louis Moyse et de sa belle-fille Blanche Honegger-Moyse, violoniste – trio qui se produira dans le monde entier. Il a joué sous la direction des plus grands chefs de son temps : Toscanini, Walter, Mengelberg, Klemperer, Strauss... En 1934, il a créé le *Concerto pour flûte* de Jacques Ibert. Roussel lui a dédié ses *Joueurs de flûte*.

Martinů et Milhaud ont écrit chacun un concerto pour flûte et violon qu'il a créé avec Blanche Honegger-Moyse. En 1952, il a participé à la fondation de l'École de musique du Festival de Marlboro avec Rudolf Serkin et Adolf Busch. Son influence sur les jeunes générations de flûtistes a été considérable. Il a donné des cours en Suisse, au Japon, aux États-Unis...

Mravinski, Evgeni

Chef d'orchestre russe, né à Saint-Pétersbourg le 4 juin 1903, mort à Leningrad le 20 janvier 1988.

Il travaille au conservatoire de sa ville natale jusqu'en 1931 avec Scherbachov, Gaouk et Malko tout en étant pianiste à l'École des Ballets (1921-30). En 1931, il est nommé second chef au Théâtre Kirov puis premier chef l'année suivante. Il conserve ces fonctions jusqu'en 1938, lorsqu'il remporte le Concours fédéral de direction d'orchestre de l'URSS, ce qui lui vaut d'être nommé directeur musical de la Philharmonie de Leningrad. Il enseignera également au conservatoire. Mravinski a fait de son orchestre l'une des plus belles formations du monde, capable de s'adapter à tous les répertoires. Son répertoire de prédilection tourne autour de Tchaïkovski et des grands classiques du XXe siècle (Bartók, Honegger, Debussy). Il a créé plusieurs œuvres de Prokofiev. Très lié avec Chostakovitch jusqu'à ce que les événements politiques les séparent au début des années soixante, il a reçu en dédicace sa *Symphonie nº 8* qu'il a créée en 1943. Il a également dirigé en première audition les *Symphonies nº 5* (1937), *nº 6* (1939), *nº 9* (1945) et *nº 10* (1953), *Le Chant des forêts* (1949), les *Concertos pour violon nº 1* (1955) et *pour violoncelle nº 1* (1959) de Chostakovitch, la *Symphonie nº 3* (1947) de Khatchaturian, la *Symphonie nº 6* (1944) de Prokofiev.

Muck, Carl

Chef d'orchestre allemand, né à Darmstadt le 22 octobre 1859, mort à Stuttgart le 3 mars 1940.

Il étudie à Heidelberg et à Leipzig où il est diplômé du Conservatoire et de l'Université (docteur en philosophie). Après des débuts en 1880 comme pianiste avec le Gewandhaus, il est engagé comme chef de chœur à Zürich. Il est ensuite attaché comme chef d'orchestre aux opéras de Salzbourg, Brno et Graz avant d'être nommé au Théâtre Allemand de Prague (1886-92). C'est avec cette troupe qu'il dirige pour la première fois la *Tétralogie* à Moscou et Saint-Pétersbourg en 1889. Il va ensuite passer vingt ans à Berlin, comme premier chef (1892-1908) puis directeur général de la musique à l'Opéra (1908-12). Pendant cette période, il dirige 103 ouvrages différents dont 35 contemporains ! A Bayreuth, il est invité à partir de 1901 et y dirigera *Parsifal* jusqu'en 1930, créant ainsi une solide tradition. De 1903 à 1906, il est chef associé de la Philharmonie de Vienne, pendant la direction de Mahler. Il passe une saison à la tête de l'Orchestre Symphonique de Boston (1906-07) dont il deviendra le directeur musical à l'expiration de son contrat berlinois (1912-18) : il y réalise son premier disque en 1917. Cette période se termine mal pour lui car il est emprisonné comme ennemi, au moment de la défaite allemande. Revenu en Europe, il assure la direction de la Philharmonie de Hambourg de 1922 à 1933. Grand chef d'opéra, fervent wagnérien, il avait un sens dramatique profond et pratiquait des tempos très lents que l'on retrouve dans les enregistrements qu'il a réalisés à Bayreuth. Il a créé des œuvres de Ferruccio Busoni (*Concerto pour piano*, 1904), Henry Hadley (*Salomé*, 1907).

Mühlfeld, Richard

Clarinettiste allemand, né à Salzungen le 28 février 1856, mort à Meiningen le 1er juin 1907.

Il reçoit d'abord une formation de violoniste et entre à l'Orchestre de Meiningen en 1873 où il jouera sous la direction de Hans von Bülow. Puis il se tourne vers la clarinette qu'il apprend en autodidacte et devient clarinette solo du même orchestre en 1876. En 1890, il est nommé directeur musical au Théâtre de la cour de Saxe-Meiningen. Considéré comme le plus grand clarinettiste allemand de son temps, il sera en outre clarinette solo à Bayreuth entre 1884 et 1896. Brahms a écrit à son intention les ultimes œuvres pour clarinette qu'il a créées (*Trio*, op. 114 et *Quintette*, op. 115 avec clarinette, 1891, *Sonates pour clarinette et piano*, op. 120, 1895). Reinecke a également composé à son intention. Il jouait régulièrement avec la Quatuor Joachim. A la fin de sa vie, son instrument était une clarinette à dix-huit clés modèle Bärmann.

Mule, Marcel

Saxophoniste français, né à Aube le 24 juin 1901.

Il commence ses études musicales dans une tout autre discipline, le violon, puis travaille l'harmonie avec Caussade au Conservatoire de Paris. Il aborde le saxophone à son adolescence et, épris de l'instrument, il s'y consacre totalement. On le retrouve entre 1923 et 1936 comme soliste à la Musique de la Garde Républicaine. Durant cette période, en 1928, il fonde le Quatuor de saxophones de ce groupement, lequel devient plus tard le Quatuor de saxophones de Paris. Professeur, à partir de 1942, au Conservatoire de Paris, par ailleurs, membre ou président de nombreux concours internationaux ou nationaux (Aix-les-Bains, en particulier), il a transcrit de nombreuses œuvres pour son instrument et, ainsi, favorisé l'ascension constante de celui-ci dans le domaine symphonique.

Plusieurs compositeurs ont écrit pour lui, notamment Vellones (*Concerto,* 1935), Bozza (*Concertino*), Tomasi (*Ballade*), Ibert (*Concertino da Camera*)... Avec son quatuor, il a créé le *Quatuor* de Glazounov et le *Petit Quatuor* de Françaix.

Mule, Pol

Chef d'orchestre français, né à Beaumont-le-Roger le 16 juillet 1926.

Issu d'une famille de musiciens, il travaille très tôt le solfège et le piano sur les conseils de son père Marcel Mule. Dès 1940, il étudie l'écriture musicale avec Jean Gallon, Paule Maurice, Pierre Lantier et Henri Challan. Il est admis, en 1942, au Conservatoire de Paris dans la classe de flûte de Gaston Crunelle. Il obtient en 1944 un 1er prix de flûte, premier nommé à l'unanimité. L'année suivante, il remporte un 1er prix de musique de chambre dans la classe de Fernand Oubradous. Pendant deux ans, il travaille la direction d'orchestre avec André Cluytens puis, au conservatoire, avec Louis Fourestier. Il remporte un 1er prix en 1951. De 1952 à 1962, il mène une carrière de chef invité. Il est nommé, en 1962, chef permanent de l'Orchestre de la Radio de Nice, formation à laquelle il se consacrera jusqu'en 1974. Il participe à la création du Festival du jeune soliste d'Antibes-Juan-les-Pins et dirige la classe d'orchestre du stage franco-allemand d'Annecy (1971). Depuis 1980, il est directeur adjoint du Conservatoire de Marseille.

Müller, Maria

Soprano allemande, née à Theresienstadt (Bohême) le 29 janvier 1898, morte à Bayreuth le 15 mars 1958.

Elle étudie le chant au Conservatoire de Prague, puis avec Erik Schmedes à Vienne. Elle débute en 1919 au Théâtre municipal de Linz, comme Elsa (*Lohengrin*). En 1920-21, elle chante au Théâtre municipal de Brünn, en 1921-23, au Théâtre Allemand de Prague. En 1924-25, elle est engagée à l'Opéra de Munich ; elle répond ensuite à l'appel du Met de New York, à la troupe duquel elle appartient jusqu'en 1935, avant tout comme wagnérienne. Elle y fait ses débuts comme Sieglinde (*La Walkyrie*). En 1932, elle chante Maria lors de la première de *Simon Boccanegra*. En 1926, elle est engagée à la Städtische Oper de Berlin ; en 1927, à l'Opéra de Berlin où elle remporte un immense succès. Elle est invitée régulièrement à l'Opéra de Vienne, ainsi qu'à la Scala, à l'Opéra de Paris, à Covent Garden, à Hambourg, Dresde, Bruxelles et Amsterdam. En 1930, elle chante pour la première fois à Bayreuth (Elisabeth) où elle reviendra jusqu'en 1944 (Elsa, Eva, Sieglinde, Senta, Gutrune). Elle chante également au Festival de Salzbourg. Jusqu'en 1945, elle appartient à la troupe de l'Opéra de Berlin. Après la Seconde Guerre mondiale, elle apparaît encore comme Sieglinde, Elisabeth et Ariane sur la scène de la Städtische Oper de Berlin. Elle termine sa vie à Bayreuth. Sa voix de soprano, lumineuse et claire, était soulignée par un sens très aigu et très fin de l'interprétation, ce qui lui permit d'aborder un très vaste répertoire, tant à la scène qu'en concert.

Muller, Philippe

Violoncelliste français, né à Mulhouse le 20 avril 1946.

Il est âgé de sept ans quand son professeur, Dominique Prete, lui donne ses premières leçons de violoncelle. En 1963, il se rend à Paris et suit au Conservatoire les cours d'André Navarra. Premier prix en 1967, il continue à se perfectionner au contact des plus grands interprètes, notamment Paul Tortelier et Mstislav Rostropovitch. A partir de 1976, il enseigne la musique de chambre comme assistant de Jean Hubeau au Conservatoire de Paris avant de succéder à André Navarra comme professeur de violoncelle en 1979. Parallèlement à une carrière de soliste, il joue en trio avec Jean-Jacques Kantorow et Jacques Rouvier. Il est membre de l'Ensemble InterContemporain. Son répertoire est très large, de la musique baroque aux compositions contemporaines.

Mullova, Viktoria

Violoniste russe naturalisée autrichienne, née à Moscou le 27 novembre 1959.

Elle travaille à l'École centrale de Moscou avec un élève de David Oïstrakh, Volodar Bronin (1969-78) puis au Conservatoire Tchaïkovski avec Leonid Kogan. A seize ans, elle remporte le 1er prix au Concours Wieniawski à Poznań. En 1981, elle remporte le 1er prix au Concours Sibelius à Helsinki et, l'année suivante, elle partage avec Sergueï Stadler le 1er prix au Concours Tchaïkovski à Moscou. En 1983, à l'occasion d'une tournée en Finlande, elle émigre aux États-Unis où sa carrière commence très rapidement, notamment grâce à plusieurs enregistrements et concerts avec

Seiji Ozawa, Riccardo Muti et Lorin Maazel. Elle joue sur un Stradivarius, le *Falk*, acheté dans une vente chez Sotheby's.

Münch, Charles

Chef d'orchestre français, né à Strasbourg le 26 septembre 1891, mort à Richmond (Virginie) le 6 novembre 1968.

Né dans une famille de musiciens (il est le neveu d'Albert Schweitzer), il reçoit une formation de violoniste au conservatoire de sa ville natale où son père Ernest (1859-1928) enseigne déjà l'orgue. Puis il vient se perfectionner à Paris avec Lucien Capet et à Berlin avec Carl Flesch. Enrôlé dans l'armée allemande comme sujet alsacien, il ne débute qu'après la guerre : il est professeur au Conservatoire de Strasbourg (1919-25) et violon solo à l'Orchestre Municipal. De 1925 à 1932, il est professeur au Conservatoire de Leipzig et violon solo au Gewandhaus sous la direction de Furtwängler et Bruno Walter. Il dirige même certains concerts de sa place de violoniste à la Thomaskirche. Mais ses véritables débuts de chef d'orchestre ont lieu à Paris en 1932. Il travaille avec Alfred Szendrei et, très vite, il s'impose comme l'un des chefs marquants de sa génération : il fonde l'Orchestre Philharmonique de Paris qu'il dirige de 1935 à 1938, il est professeur de violon à l'École Normale de Musique (1936), et chef permanent de la Société des Concerts du Conservatoire (1938-46). En 1939, il est nommé professeur de direction d'orchestre au Conservatoire. Après la guerre, sa carrière se développe au niveau international et il est l'invité régulier de l'Orchestre National avec lequel il part en tournée aux États-Unis en 1948. L'année suivante, il remplace Koussevitzky à la tête de l'Orchestre Symphonique de Boston (1949-62) puis à la direction du Berkshire Music Center de Tanglewood (1951-62). De 1956 à 1958, il est également président-chef d'orchestre des Concerts Colonne. En 1967, il fonde l'Orchestre de Paris dont il est le premier directeur musical. Il meurt aux États-Unis au cours d'une tournée à la tête de cet orchestre. Personnalité marquante de la musique française, Münch était l'exemple parfait de l'autodidacte en matière de direction. L'instinct occupait une place prépondérante dans ses prestations qui changeaient considérablement d'un jour à l'autre. Il possédait un magnétisme étonnant qui envoûtait les orchestres avec lesquels il avait toujours des rapports extrêmement chaleureux, voire affectueux. Bien qu'ayant eu plusieurs disciples et élèves, on ne peut pas dire qu'il ait fait école tant sa façon de diriger était originale et inimitable. A une époque où la direction d'orchestre en France s'isolait dans une esthétique trop étroite, il a su l'ouvrir aux influences et aux styles des écoles étrangères, notamment germaniques. Il était pourtant un champion de la musique française, incarnant Berlioz avec une passion débordante, faisant rayonner Debussy, Ravel, Fauré ou Roussel aussi bien que tous les jeunes compositeurs qu'il a imposés et qui ont écrit pour lui.

Parmi les créations qu'il a assurées figurent des œuvres de Louis Aubert (*Les Saisons*, 1937), Samuel Barber (*Prayers of Kierkegaard*, 1954 ; *Die Natali*, 1960), Henry Barraud (*Quatre Préludes pour orchestre à cordes*, 1938), Robert Casadesus (*Symphonie en ré majeur*, 1935), Jacques Chailley (*Jeanne devant Reims*, 1942), Aaron Copland (*Ode symphonique*, 1956), Jean-Michel Damase (*Symphonie*, 1954), Maurice Duruflé (*Andante et scherzo*, op. 8, 1940), Henri Dutilleux (*Symphonie n° 2 « le Double »*, 1959), Gottfreid von Einem (*Scènes symphoniques*, 1957), Maurice Emmanuel (*Poème du Rhône*, 1943), Pierre-Octave Ferroud (*Types*), Irving Fine (*Symphonie*, 1962), Jean Françaix (*Musique de cour* pour flûte, violon et orchestre, 1937 ; *L'Apocalypse de saint Jean*, 1942), Arthur Honegger (*Symphonies n° 3 « liturgique »*, 1946, déd. ; *n° 5 « di tre re »*, 1951, déd.), Jacques Ibert (*Ouverture de fête*, 1942 ; *Symphonie Marine*, 1963 ; *Bostoniana*, 1963), Maurice Jaubert (*Cantate pour le temps pascal*, 1938), André Jolivet (*Trois Complaintes du soldat*, pour baryton, version avec orchestre, 1943 ; *Symphonie n° 1*, 1953), Marcel Labey (*Oraison nocturne*, 1944), Marcel Landowski (*Symphonie n° 2*, 1965), Arthur Lourié (*Symphonie n° 1*, 1938), Henri Martelli (*Ouverture pour un conte de Boccace*, 1943), Jean Martinon (*Musique d'exil* [Stalag IX], op. 31, 1942 ; *Psaume 136*, op. 33, 1943), Bohuslav Martinů (*Symphonie n° 6*, 1955 ; *Paraboles*, 1959, déd.), Marcel Mihalovici (*Prélude et invention pour orchestre à cordes*, 1938 ; *Toccata* pour piano et orchestre, 1939), Darius Milhaud (*Les Amours de Ronsard*, pour quatuor vocal et orchestre, 1935 ; *Suite concertante* pour piano et orchestre, 1953 ; *Symphonie n° 6*, 1955 ; *Pacem in terris*, pour l'inauguration de l'Auditorium 104 de la Maison de la Radio, 1963), Goffredo Petrassi (*Concerto pour orchestre n° 5*, 1955), Walter Piston (*Symphonie n° 6*, 1955), Francis Poulenc (*Gloria*, 1961), Jean Rivier (*Symphonie n° 2*, 1938), Guy Ropartz (*Symphonie n° 5*, 1946), Florent Schmitt (*Oriane et le Prince d'amour*, suite d'orchestre tirée du ballet, 1937 ; *Symphonie n° 2*, 1958), William Schuman (*Symphonie n° 7*, 1960), Roger Sessions (*Symphonie n° 3*, 1957), Alexandre Tansman, Heitor Villa-Lobos (*Symphonie n° 11*, 1956).

ÉCRITS : *Je suis chef d'orchestre* (Paris, 1954).

Münch, Fritz (Ernest Frédéric Münch)

Chef de chœur français, né à Strasbourg le 2 juin 1890, mort à Niederbronn-les-Bains le 10 mars 1970.

Frère aîné de Charles Münch, il fait des études musicales et de théologie dans sa ville natale, qu'il poursuit à Berlin et à Leipzig avant de devenir pasteur. Il succède à son père Ernest à la tête des Chœurs de Saint-Guillaume de Strasbourg (1924-61). Il sera également directeur du Conservatoire de Strasbourg (1929-61), des concerts municipaux (1945-49) et de l'Institut de musicologie (1949-58). Il a créé le *Stabat Mater* de Poulenc (1951).

Münchinger, Karl

Chef d'orchestre allemand, né à Stuttgart le 29 mai 1915, mort à Stuttgart le 12 mars 1990.

Après une première formation musicale à Stuttgart, il suit à la Hochschule de cette ville l'enseignement de la direction d'orchestre dans la classe de Carl Leonhardt, tout en étudiant la composition, à laquelle il envisage un moment de se consacrer. Son culte de Bach remonte à cette époque. Il travaille à Leipzig avec Hermann Abendroth, puis avec Clemens Krauss à Salzbourg. L'appui de Furtwängler encourage ses premières prestations comme chef de l'Orchestre Symphonique de Hanovre (1941-43). Dès la fin de la guerre (1945), il crée l'Orchestre de Chambre de Stuttgart, pionnier du genre et modèle pour les futurs ensembles italiens dont il conservera la direction jusqu'en 1987. Il offre dès 1951 une interprétation exemplaire des *Concertos brandebourgeois* de Bach et la seconde version au catalogue discographique des *Quatre Saisons* de Vivaldi (avec Reinhold Barchet comme violon solo). Ses interprétations symbolisent un classicisme magistral, fait de rigueur, de clarté, d'un respect absolu des tempos. Ces conceptions caractéristiques le démarquent profondément de la fantaisie « à l'italienne » et des recherches récentes sur l'instrumentation « baroque », dont il minimise l'importance.

Dès 1957, son répertoire s'élargit aux classiques (Haydn et Mozart), et il fonde même, en 1966, un nouvel orchestre : la Klassische Philharmonie Stuttgart. Mais c'est dans le répertoire baroque qu'il reste exemplaire. De ses rares incursions dans le domaine de la musique contemporaine on retiendra la création du *Concerto breve* (1954) pour piano et cordes de Jean Rivier et celle de la *Sinfonie* (1960) de Hermann Reutter.

Munclinger, Milan

Flûtiste et chef d'orchestre tchèque, né à Košice le 3 août 1923, mort à Prague le 30 mars 1986.

Il fait ses études musicales au Conservatoire de Prague (1942-48) et à l'académie des arts de cette même ville (1946-50). Ses professeurs sont Talich, Doležil et Dědeček. Il travaille également la composition avec K. Janecěk et Krejči. Pendant la guerre, il est flûtiste à l'Orchestre du Gewandhaus de Leipzig. Il fait ses débuts de chef d'orchestre en 1948 et fonde, en 1951, l'Ensemble Ars Rediviva de Prague avec lequel il se consacre au répertoire classique et baroque. Il fait également partie du Quintette à Vent de Prague et concilie les carrières de flûtiste et de chef d'orchestre. Il a joué un rôle essentiel dans le renouveau de la musique écrite en Bohême au XVIIIe siècle. Il enseignait à l'Académie de musique de Prague.

Mund, Uwe

Chef d'orchestre autrichien, né à Vienne le 30 mars 1941.

Il reçoit une formation de pianiste et donne son premier récital à l'âge de quatorze ans. Il entre ensuite à l'Université et à l'Académie de musique de Vienne où il travaille le piano avec Hans Petermandl, la composition avec Hanns Jelinek et la direction d'orchestre avec Hans Swarowsky. Il est engagé comme chef de chœur des Wiener Sängerknaben qu'il dirige pendant deux ans. En 1963, Herbert van Karajan l'engage comme chef de chant à l'Opéra de Vienne. Il continue à travailler la direction d'orchestre à Salzbourg et à Nice et devient assistant aux festivals de Salzbourg et de Bayreuth. En 1965, il est assistant à Fribourg-en-Brisgau, puis chef de chœur et chef d'orchestre. En 1970, il est engagé comme chef permanent au Gärtnerplatz Theater de Munich. Puis il est premier chef à Kiel (1973-75) et à Francfort (1975-77) avant d'être nommé directeur musical à Gelsenkirchen. Sa carrière de chef invité se développe parallèlement. En 1987, il est nommé directeur musical au Teatro Liceo de Barcelone et, en 1990, il devient chef permanent à l'Opéra de Graz. Il a créé *Apollo trionfante* de Hans Werner Henze (1980).

Munrow, David

Flûtiste et musicologue anglais, né à Birmingham le 12 août 1942, mort à Chesham Bois le 15 juin 1976.

Il fait ses études à la King Edward's School. Très tôt, il se met à l'étude du piano, du basson et du chant, mais c'est dans le jeu de la flûte à bec qu'il acquiert une maîtrise incontestable. A dix-huit ans, il quitte l'école et part pour l'Amérique du Sud sous les auspices du British Council Overseas Voluntary Scheme. Il enseigne alors au Markham College (Pérou) et étudie surtout les traditions populaires vivantes concernant notamment les flûtes boliviennes, les instruments à vent péruviens et des douzaines d'autres instruments de toutes formes et tailles. Revenu à Cambridge, il termine ses études universitaires et se spécialise dans la recherche concernant la musique médiévale et renaissante, à l'Université de Birmingham (1965-68). Il enseigne pendant un an à l'École de Grammaire de George Dixon puis entre à la Royal Shakespeare Company Wind Band en tant que bassoniste ; mais le directeur musical, Guy Woolfenden, lui fournit bientôt l'occasion d'utiliser les ressources de la collection d'instruments anciens qu'il a réunie (cromornes, rauschpfeifen...). En 1967, il devient conférencier d'histoire de la musique à l'Université de Leicester, et fonde le Early Music Consort of London. A partir de l'automne 1971, il présente une série d'émissions à la BBC intitulées « Pied Pipper ». Elles connaissent un succès étonnant et, en mai 1976, atteignent le nombre de 655 ! En 1969, Munrow devient professeur de flûte à bec à l'Académie Royale de Musique (Londres) et sa carrière d'interprète ne cesse de grandir.

Le caractère extrêmement vivant, voire exubérant de son jeu, allié à la souplesse des voix, à la délicatesse raffinée, à la justesse instrumentale de l'ensemble, associé enfin à une connaissance musicologique en pleine mutation, confère aux interprétations qu'il a dirigées une richesse précieuse. Un accident d'automobile a privé la musique d'un de ses plus fervents et de ses plus doués défenseurs. Son influence sur la génération de cette fin de siècle continue d'être vivifiante.

ÉCRITS : *Instruments of the Middle Ages and Renaissance* (1976).

Muratore, Lucien

Ténor français, né à Marseille le 29 août 1876, mort à Paris le 16 juillet 1954.

Il étudie la musique au Conservatoire de Marseille, mais débute comme comédien à l'Odéon aux côtés de Sarah Bernhardt. Après avoir repris ses études de chant au

Conservatoire de Paris, il débute à l'Opéra-Comique en 1902 en créant *La Carmélite* de Reynaldo Hahn. En 1904, il est Werther à la Monnaie de Bruxelles. En 1905, il entre dans la troupe de l'Opéra de Paris en remplaçant, au pied levé, le ténor Affre dans le rôle de Renaud de l'*Armide*. Puis viennent les débuts officiels dans *Faust*, ouverture d'une magnifique carrière durant laquelle il crée de nombreux ouvrages : *La Catalane* (Le Borne), *Monna Vanna* (Février), *Le Miracle* (Hue), *Roma* et *Ariane* (Massenet). En 1913, il incarne Ulysse lors de la première parisienne de *Pénélope* (Fauré). Jusqu'en 1920, il chante un peu partout dans le monde : Buenos Aires, Chicago (1913-20), New York... Aux États-Unis, il tourne des films muets. En 1933, il est la vedette du film (parlant) *Le Chanteur inconnu*. C'est dans *Orphée aux enfers* d'Offenbach qu'il termine sa carrière de chanteur, assurant ensuite et pour quelques mois seulement la direction de l'Opéra-Comique tout en se consacrant à l'enseignement.

Murray, Ann

Mezzo-soprano anglaise, née à Manchester le 27 août 1949.

Elle étudie le chant avec Frederick Cox au Royal College of Music de Manchester, puis se rend à Londres afin d'y poursuivre ses études à l'Opera Center. Elle se fait connaître grâce à une émission de télévision, sous la direction de Raymond Leppard. Elle est la seule cantatrice à obtenir la bourse de la Fondation Gulbenkian, pendant trois ans. Elle débute avec le Scottish Opera, où elle chante Zerline (*Don Giovanni*), Orlofski (*La Chauve-Souris*) ainsi que le rôle-titre d'*Alceste*. Engagée à l'English National Opera, elle chante Isolier (*Le Comte Ory*), Didon (*Didon et Énée*) et le rôle-titre de *La Cenerentola*. En 1976, elle est engagée à Covent Garden où elle débute avec Chérubin (*Les Noces de Figaro*). Elle y chante ensuite Siebel (*Faust*), *Ascanio in Alba*, Tebaldo (*Don Carlos*). Au Festival de Glyndebourne, elle fait ses débuts dans le rôle de Minerve du *Retour d'Ulysse* (Monteverdi). Elle donne de nombreux concerts. En 1978, elle est invitée au Festival d'Aix-en-Provence comme Bradamante (*Alcina*). A l'Opéra de Cologne, elle chante les rôles-titres de *La Cenerentola* et de *La Périchole* ; elle est aussi Nicklausse (*Les Contes d'Hoffmann*), Chérubin et Dorabella. En 1979, à l'Opéra de Hambourg, elle chante le Compositeur (*Ariane à Naxos*). Parallèlement, elle est engagée au New York City Opera, où elle est Sextus de *La Clémence de Titus*, rôle qu'elle reprend à Zürich en 1981. Elle débute au Festival de Salzbourg en 1982 et, en 1984, à la Scala de Milan dans *Lucio Silla* de Mozart. Elle a créé l'adaptation de Hans Werner Henze du *Retour d'Ulysse dans sa patrie* de Monteverdi (1985). Elle a épousé le ténor **Philip Langridge.**

Muti, Riccardo

Chef d'orchestre italien, né à Naples le 28 juillet 1941.

Son père, médecin, facilite ses études. Très tôt, Riccardo choisit la musique, mais il mène parallèlement des études secondaires jusqu'à l'Université (philosophie). Après avoir fait du piano dans son enfance, il entre au Conservatoire de Naples (son professeur est Vincenzo Vitale, élève de Cortot). Il remplace au pied levé un camarade à la tête de l'Orchestre des jeunes du Conservatoire, et, attiré par la direction, se rend à Milan, où il travaille au Conservatoire avec Antonino Votto. Diplômé à Milan, en 1966, il remporte le 1er prix du Concours Guido Cantelli, en 1967. L'année suivante, il donne son premier concert au Mai Musical de Florence avec, en soliste, Sviatoslav Richter. Il est engagé comme chef permanent à Florence (1969-73) et deviendra directeur de la musique du Mai Musical (1973-82). Il fait ses débuts au Festival de Salzbourg en 1971. Deux ans plus tard, il succède à Klemperer à la tête du Philharmonia Orchestra (1973-82). En 1977, il est « principal guest » de l'Orchestre de Philadelphie dont il assure la direction musicale entre 1980 et 1992. A Florence, en 1972, il donne la première version intégrale de *Guillaume Tell*. Il travaille à une renaissance de l'opéra, dans cette ville de grande tradition. Il monte *Agnès de Hohenstaufen* de Spontini, *L'Africaine*, *Attila*, *I Masnadieri* et défend aussi la musique de son temps, mettant au programme de ses concerts : Britten, Dallapiccola, Hindemith, Ligeti, Petrassi et Chostakovitch (il a assuré la création italienne de sa *Symphonie nº 13* en 1970). En 1986, il succède à Claudio Abbado comme directeur de la musique à la Scala de Milan. Il a créé des œuvres de Bruno Bettinelli (*Varianti*), Giacomo Manzoni (*Il deserto cresce,* 1993).

Mutter, Anne-Sophie

Violoniste allemande, née à Rheinfelden (Bade) le 29 juin 1963.

Elle aborde, dès l'âge de cinq ans, le piano, puis le violon avec Erna Honigberger, une élève de Carl Flesch. En 1970, elle remporte le Concours fédéral Jugend musiziert (RFA) dans sa discipline avec en outre un 1er prix de piano à quatre mains en compagnie de son frère Christoph. Elle se représente en 1974 au même concours et le remporte à nouveau. A la mort de son professeur, elle est prise en charge au Conservatoire de Winterthur (Suisse) par Aïda Stucki, autre élève de Carl Flesch. Elle a treize ans quand Karajan la remarque et la fait venir à Berlin pour une audition. Il l'engage comme soliste avec la Philharmonie de Berlin en 1977. Depuis cette date, elle a joué sous la direction de nombreux chefs dont Dohnányi, Sawallisch, Mehta et Rostropovitch. A partir de 1985, elle forme un trio à cordes avec Bruno Giuranna et Mstislav Rostropovitch. En 1986, elle se voit confier une classe de violon à la Royal Academy of Music de Londres. Après avoir joué sur un instrument de Nicola Gagliano, elle possède maintenant deux Stradivarius, l'*Emiliani* (1703), qu'elle a acquis en 1979, et le *Lord Dunn-Raven* (1710). Son second frère, Andreas, est également violoniste. Elle a créé des œuvres de Norbert Moret (*En rêve,* déd., 1988) et Krzysztof Penderecki (*Concerto pour violon nº 2*, 1993).

Muzio, Claudia (Claudina Muzio)

Soprano italienne, née à Pavie le 7 février 1889, morte à Rome le 24 mai 1936.

Son père fut metteur en scène à Covent Garden puis au Met ; sa mère appartenait au chœur du Met. Elle étudie chez la Casaloni à Turin. En 1911, elle débute dans le rôle-titre de *Manon Lescaut* (Puccini) au Théâtre Petrarca, à Arezzo. L'année suivante, elle obtient un succès foudroyant au Théâtre dal Verme à Milan. En 1913-14, elle chante à la Scala Desdémone (*Otello*) et Fiora (*L'Amour des trois rois* de Montemezzi). Puis elle triomphe au San Carlo de Naples, à Covent Garden. En 1915, elle chante à l'Opéra de La Havane. L'année suivante, elle débute au Met avec *Tosca*. Elle en sera la prima donna jusqu'en 1921. En 1918, elle y crée le rôle de Giogetta (*Il Tabarro*) ; en 1920, elle y chante Tatiana lors de la première d'*Eugène Onéguine*. Elle chante ensuite à Chicago, au Colón de Buenos Aires où elle participe à la première de *Turandot* (1926), à l'Opéra de La Havane, à celui de Rio de Janeiro. A partir de 1926, elle rentre en Italie, où elle va de triomphe en triomphe. En 1934, elle retourne au Met où elle chante *La Traviata* et Santuzza (*Cavalleria Rusticana*). En 1934, elle crée à l'Opéra de Rome *Cecilia* de Licino Refice. Pour l'ouverture de l'Opéra de San Francisco, elle chante *Tosca*, en 1934. En 1935, elle entreprend une immense tournée en Amérique du Sud, mais elle tombe malade au printemps 1935, ce qui l'oblige de rentrer à Rome.

Sa qualité d'interprète, ajoutée à la musicalité exceptionnelle de son jeu, la firent appeler « la Muse du chant ».

Myrat, Alexandre

Chef d'orchestre grec naturalisé français (1977), né à Volos le 21 octobre 1950.

Après des études musicales à Athènes, il est remarqué en 1966 par Igor Markevitch dont il suit les cours à Madrid et Monte-Carlo. Il travaille également avec Nadia Boulanger (1967-69). A vingt ans, il dirige son premier concert avec l'Orchestre de Monte-Carlo. A partir de 1971, il prend une part active aux côtés de Max Deutsch au sein de l'Association des Grands Concerts de la Sorbonne consacrés, en majorité, à la musique contemporaine. A partir de 1972, il entame une carrière internationale. En 1976, il remporte un prix au Concours Marinuzzi (San Remo). De

1978 à 1980, il est professeur de direction d'orchestre au Conservatoire Royal de Mons et directeur musical de l'Orchestre des Jeunes de la Communauté Francophone de Belgique. Il a dirigé en 1976 la première audition intégrale de l'*Orestie* de Milhaud et a créé des œuvres de Wychnegradsky (*La Journée de l'Existence*), Obouhov (*Le Livre de la Vie*), Ahmed Essyad (*L'Eau*) ainsi que de Florentz, Dusapin, Baggiani, Quinet, Absil Patrice Mestral (*Rassemblements,* 1983)...

Entre 1984 et 1989, il est directeur musical de l'Orchestre régional de Picardie, le Sinfonietta d'Amiens. En 1991, il fonde à Athènes un nouvel orchestre de chambre, la Camerata Hellenica.

Myung-Wha Chung

Voir à **Chung, Myung-Wha.**

Myung-Whun Chung

Voir à **Chung, Myung-Whun.**

N

Nachéz, Tivadar
(Theodor Naschitz)

Violoniste hongrois, né à Budapest le 1er mai 1859, mort à Lausanne le 29 mai 1930.

Il étudie à Berlin avec Joachim et à Paris avec Léonard, ce qui le rattache à la fois à l'école allemande et française. Il vit très longtemps à Londres, puis part en Californie, pendant la Première Guerre mondiale. Il ne retourne en Europe qu'après la guerre, et ne reprend ses activités de concertiste qu'en 1926. Ce pur virtuose a abondamment servi le répertoire et écrit de nombreuses transcriptions d'œuvres classiques, ainsi que des pièces de violon dérivées du folklore hongrois. En 1913, il a créé deux concertos inédits de Vivaldi.

Nafé, Alicia

Mezzo-soprano argentine, née à Buenos Aires le 4 août 1947.

Elle étudie le droit puis le chant au Conservatoire municipal « Manuel de Falla », à l'Institut national des Arts du Théâtre Colón et à l'École supérieure de chant de Madrid, où elle se rend après avoir reçu une bourse. Elle est engagée au Théâtre Real de Madrid, puis au Liceo de Barcelone et chante le *Requiem* de Verdi à Tolède en 1975. Elle est ensuite engagée à l'Opéra de Sao Paolo (Brésil), au San Carlos de Lisbonne, à l'Opéra de Hong Kong, au Colón de Buenos Aires et à l'Opéra de Madrid. Elle est invitée dans plusieurs opéras d'Allemagne (Darmstadt, Francfort, Cologne) avant d'être engagée à l'Opéra de Hambourg, dont elle est pensionnaire de 1977 à 1981. Elle y chante *Carmen* avec une personnalité et un feu stupéfiants. Mais elle y brille également en Dorabella et dans le répertoire italien où un de ses meilleurs rôles est *Cenerentola* qu'elle chante également à Genève, en 1981. Elle participe au Festival Berlioz, à Lyon, en 1981, et y chante *Béatrice et Bénédict*. En 1975 et 1976, elle participe au Festival de Bayreuth. A l'Opéra-Comique (1982) puis à la Monnaie de Bruxelles (1984), elle incarne Dorabella.

Nagano, Kent

Chef d'orchestre américain, né à Morro Bay (Californie) le 22 novembre 1951.

D'ascendance japonaise (ses parents s'étaient fixés aux États-Unis), il travaille d'abord avec sa mère et apprend la koto, l'alto et la clarinette. Puis il fait ses études à Oxford, à l'Université de Californie (Santa Cruz) et à l'Université de San Fransisco. Jusqu'à l'âge de vingt et un ans, il se destine à une carrière juridique. Puis il abandonne son droit et opte pour la musique. Entre 1977 et 1979, il est l'élève d'Osbourne McConathy (direction d'orchestre et musicologie). Pendant quatre ans, il est répétiteur à l'Opéra de Boston où il commence également à diriger. Il dirige ensuite l'Opéra de Chambre de San Francisco puis l'Oakland Ballet Orchestra et le Berkeley Symphony avec lequel il donne l'intégrale de l'œuvre de Messiaen. Seiji Ozawa le prend comme assistant en 1983 lors de la création mondiale de l'Opéra de Messiaen *Saint François d'Assise*. Nagano en dirige la première exécution en Allemagne, en Hollande et en Espagne. Entre 1986 et 1989, il est principal chef invité de l'Ensemble Inter-Contemporain avant de devenir directeur musical de l'Opéra de Lyon à partir de 1989. En 1990, il est en outre nommé principal chef invité de l'Orchestre Symphonique de Londres et, en 1992, directeur musical du Hallé Orchestra de Manchester.

Il a créé des œuvres de John Adams (*The Death of Klinghoffer*, opéra, 1991), Claude Debussy (*Rodrigue et Chimène*, opéra, 1993), Jean-Louis Florentz (*Asmarâ*, 1992), Maurice Ohana (*Avoaha*, 1992), Nicolaï Roslavets (*Aux heures de la nouvelle lune*, 1991), Toru Takemitsu (*A String around Autumn*, 1989).

Nakamura, Hiroko

Pianiste japonaise, née à Tōkyō le 25 juin 1944.

A la Toho Music School de Tōkyō, elle travaille avec A. Iguchi (1948-62). Elle remporte en 1959 le 1er prix au Concours NHK-Mainichi et débute un an plus tard sous la direction de Hiroyuki Iwaki. Entre 1963 et 1966, elle se perfectionne avec Rosina Lhévinne à la Juilliard School of Music de New York, également avec Nikita Magaloff, Zbigniew Drzewiecki et Stefan Askenase. Lauréate du Concours Chopin à Varsovie (1965), elle commence une carrière internationale.

Naoumoff, Émile

Pianiste et compositeur bulgare naturalisé français, né à Sofia le 20 février 1962.

Il commence à étudier le piano à l'âge de cinq ans et demi et compose sa première œuvre un an plus tard : elle sera créée à Paris en 1972 sous la direction de Yehudi Menuhin. Entre 1971 et 1979, il travaille à Paris avec Nadia Boulanger. Il entre au Conservatoire en 1975 où il est l'élève de Pierre Sancan et remporte des premiers prix de piano et de musique de chambre (1978). Il étudie également la direction d'orchestre avec Pierre Dervaux et obtient, en 1979, la licence de concert de l'École Normale de Musique. Dès 1980, il enseigne au Conservatoire américain de Fontainebleau et commence une carrière de pianiste où il réserve une part importante à ses propres compositions et transcriptions. En 1981, les éditions Schott (Mayence) commencent à éditer ses œuvres, faisant de lui le plus jeune compositeur de ce fonds. A partir de 1984, il est professeur au Conservatoire de Paris. Il a créé la *Sonate pour piano* (1992) de Glenn Gould. Il est l'auteur d'une version des *Tableaux d'une exposition* de Moussorgski pour piano et orchestre qu'il a créée à Washington en 1994 sous la direction de Mstislav Rostropovitch.

Napier, Marita

Soprano sud-africaine, née à Johannesbourg le 16 février 1939.

Elle commence ses études en Afrique du Sud, mais vient les poursuivre en Allemagne, comme élève du Conservatoire de Detmold. En 1973-74, elle est engagée à l'Opéra de Hanovre, ainsi qu'à l'Opéra de Hambourg, où elle est invitée permanente. Elle débute au Festival de Bayreuth en 1967, dans les chœurs ; en 1973, elle obtient quelques petits rôles et l'année suivante s'impose en Sieglinde (*La Walkyrie*). Dès lors elle est invitée dans les principaux opéras d'Allemagne. En 1972-73, elle chante à l'Opéra de San Francisco Sieglinde et Freia (*Tétralogie*). Elle est également invitée au Grand-Théâtre de Genève pour la *Tétralogie*. Aux côtés des rôles wagnériens, elle possède un répertoire très étendu et se produit avec succès en concert.

Nat, Yves

Pianiste français, né à Béziers le 29 décembre 1890, mort à Paris le 31 août 1956.

C'est à Béziers qu'il reçoit ses premières leçons de piano, de solfège et d'harmonie. Il découvre Bach grâce à l'organiste de la cathédrale Saint-Nazaire qui domine la ville. A sept ans il y donne son premier récital. A onze ans il connaît par cœur le *Clavecin bien tempéré.* Fauré et Saint-Saëns le remarquent alors qu'il dirige une *Fantaisie pour orchestre* de sa composition. Ses études le conduisent à Toulouse puis à Paris où il remporte, en 1907, un 1er prix de piano dans la classe de Diémer au Conservatoire. Debussy, enthousiasmé, l'emmène à Londres. Ysaÿe se lie d'amitié avec lui. Il connaît alors l'épuisante vie des virtuoses à succès, malgré la répugnance qu'il montre pour cette existence. Il doit mettre un frein à ses activités de compositeur. En 1934 il est nommé professeur au Conservatoire de Paris. Il consacrera à la pédagogie la même énergie que celle qu'il déployait pour la défense des maîtres du romantisme allemand. Quand il disparaîtra, il laissera en héritage, outre des enregistrements qui servent encore de référence (comme l'intégrale des trente-deux sonates de Beethoven ou les grands cycles de Schumann où il joue sur ces pianos Erard qu'il affectionnait particulièrement) l'intégrale des quelques partitions trop oubliées aujourd'hui : un cahier de *Préludes*, une *Sonatine* (1920), un poème symphonique *L'Enfer* (1942) et un *Concerto pour piano* qu'il joua et enregistra lui-même (1952). Déodat de Séverac lui a dédié « En Tartane », première pièce de *Cerdaña* (1911).

ÉCRITS : *Carnets* (publiés en 1983).

Navarra, André

Violoncelliste français, né à Biarritz le 13 octobre 1911, mort à Sienne le 31 juillet 1988.

En 1920, il entre au Conservatoire de Toulouse où il obtiendra un 1er prix quatre ans plus tard. Mais dès l'âge de onze ans, il donne son premier concert. Au Conservatoire de Paris, il est l'élève de Jules Loeb et Charles Tournemire. Il remporte un 1er prix de violoncelle en 1927. Pendant plusieurs années il se consacre à la musique de chambre : il fait partie du Quatuor Krettly (1928-35). En 1931, il fait ses débuts de soliste aux Concerts Colonne, et en 1937 il remporte le 1er prix au Concours international de Vienne. C'est le début d'une carrière internationale très brillante où André Navarra s'impose comme l'un des plus grands violoncellistes français. En 1949, il est nommé professeur au Conservatoire de Paris où il enseigne jusqu'en 1979. Il donne aussi des cours à l'Académie Chigiana de Sienne (à partir de 1953), à la Hochschule de Vienne ou à Detmold (1958-86). Parmi les œuvres qui lui ont été dédiées figurent *Introït, récit et congé* de Schmitt (1951), le *Concerto n° 1* de Jolivet (1962), le *Concerto* de Tisné (1969). André Navarra a également créé le *Concerto* de Claude Pascal (1960), la *Sonate pour violoncelle et piano* de Lajtha (1961) et le *Concerto* de Tomasi (1970). Après avoir joué longtemps sur un Giuseppe Guarnerius de 1715, il a acquis un Gagliano de 1741 mais aimait également utiliser des instruments de facture moderne, notamment un Bernardel et un Miremont.

ÉCRITS : *Entretiens avec André Navarra* (par Sylvette Milliot, Béziers, 1992).

Nazareth, Daniel

Chef d'orchestre indien, né à Bombay le 8 juin 1948.

Il commence l'étude du violon à l'âge de sept ans dans sa ville natale. En 1964, il entre à l'Université de Bombay d'où il sort diplômé en commerce et économie quatre ans plus tard. Parallèlement, il étudie le piano et la théorie et complète sa formation à Londres. Il fait ses débuts de chef d'orchestre avec l'Orchestre de Chambre de Bombay. Entre 1972 et 1975, il travaille la composition et la direction d'orchestre à Vienne. En 1974, il est lauréat du Concours Nikolaï Malko à Copenhague. En 1976, il travaille avec Leonard Bernstein à Tanglewood où il est lauréat de la Fondation Koussevitzky. Un an plus tard, il fait ses débuts lyriques à Spoleto dans *Così fan tutte.* En 1978, il remporte le 2e prix du Concours international Ernest Ansermet à Genève et commence une carrière internationale à la tête des principaux orchestres européens. Entre 1982 et 1985, il est chef permanent de l'Orchestre Symphonique de Berlin (-Ouest). En 1988-89, il est directeur musical du Teatro San Carlo de Naples. Puis il est directeur musical des Arènes de Vérone en 1991. L'année suivante, il prend la direction de l'Orchestre Symphonique du Mitteldeutscherundfunk, à Leipzig. Il a créé une œuvre collective de Paul-Heinz Dittrich/Sofia Goubaïdoulina/Marek Kopelent (*Laudatio pacis*, 1993).

Neblett, Carol

Soprano américaine née à Modesto (Californie) le 1er juin 1946.

Ce phénomène du chant américain est apparu un jour de la saison 1978-79 sur la scène du Met pour chanter Senta (*Le Vaisseau fantôme*). Ce fut une révélation qui s'est aussitôt confirmée, quand elle a ouvert la saison suivante comme Minnie de *La Fille du Far West* (Puccini) à l'Opéra de Chicago. Elle est invitée en Australie à l'Opéra de Melbourne et de Sydney pour tenir ce même rôle, puis elle aborde le rôle-titre de *Turandot* avec l'Opéra de Pittsburgh, le rôle-titre de *Tosca* avec l'Edmonton Opera et Violetta de *La Traviata* avec l'Opéra de Baltimore. Parallèlement elle mène une carrière de concert. En 1980, elle est engagée au Metropolitan Opera de New York, à Covent Garden, à Chicago, San Francisco et Seattle. Son enregistrement de *Die tote Stadt* (Korngold) la rend célèbre dans le monde entier. L'Opéra de Vienne l'engage pour tenir ce rôle. Mais entre-temps, elle a fait ses débuts au Festival de Salzbourg, en Vitellia de *La Clémence de Titus*. Elle chante également le rôle-titre de *Thaïs*, auquel son physique exceptionnel et ses yeux d'or confèrent un éclat tout particulier. Poppée du *Couronnement*, Chrysothémis (*Elektra*), Ariane (*Ariane à Naxos*) lui ont permis de s'imposer dans des rôles fort différents de ceux du répertoire mozartien où elle excelle.

Neel, Boyd

Chef d'orchestre anglais, né à Blackheath le 19 juillet 1905, mort à Toronto le 30 septembre 1981.

Il reçoit une formation médicale et commence à exercer avant de se tourner vers la musique et de fonder, en 1933, l'orchestre de chambre qui porte son nom. C'est l'un des premiers orchestres à cordes qui s'attache à faire revivre le répertoire baroque tout en faisant connaître les œuvres du début du XXe siècle écrites pour leur formation. Dès l'année suivante, il dirige à Glyndebourne et, en 1937, au Festival de Salzbourg où sont créées les *Variations sur un thème de Frank Bridge* de Britten, écrites pour lui. Pendant la guerre, Boyd Neel revient à la médecine et reprend ses activités musicales en 1945 et 1946 en dirigeant au Sadler's Wells Theatre de Londres. En 1953, il s'installe au Canada où il est nommé doyen du Conservatoire de Toronto (1953-71). Il fonde le Hart House Orchestra (1960), l'homologue canadien du Boyd Neel Orchestra, et effectue de nombreuses tournées. Lorsqu'il quitte le Conservatoire de Toronto, il continue à diriger au Canada et en Afrique du Sud et prend la direction du Light Opera Festival de Sarnia (Ontario). En 1957, le Boyd Neel Orchestra est devenu le Philo Musica Orchestra de Londres.

ÉCRITS : *The Story of an Orchestra* (1950).

Nef, Isabelle

Claveciniste et pianiste suisse, née à Genève le 27 septembre 1898, morte à Bossy le 2 janvier 1976.

Elle étudie d'abord au Conservatoire de Genève avec Marie Panthès puis vient se perfectionner au Conservatoire de Paris où elle travaille avec Isidore Philipp. Elle prend des cours de composition à la Schola Cantorum avec Vincent d'Indy. En 1923, elle devient l'élève de Wanda Landowska avec laquelle elle travaille pendant une douzaine d'années. Elle se produit souvent avec elle dans les concertos à plusieurs claviers de Bach. Elle donne des concerts dans toute l'Europe ; elle est la première claveciniste à se produire en Russie et en Afrique du Sud. En 1936, elle est nommée professeur de clavecin au Conservatoire de Genève. *Dialogue no 6* et le *Concerto pour clavecin* de Malipiero ainsi que le *Concerto pour clavecin* de Frank Martin ont été écrits pour elle.

Negri, Vittorio

Chef d'orchestre italien, né à Milan le 16 octobre 1923.

Pendant huit ans, il étudie le violon, la composition et la direction d'orchestre au Conservatoire de Milan. Il débute en 1952 lorsque Bernhard Paumgartner le prend comme assistant à Salzbourg. Marqué par la démarche de ce grand chef musicologue, il se penche vers la musique vénitienne de l'époque baroque dont il devient l'un des plus éminents spécialistes. Il révèle G. Gabrieli et la musique religieuse de Vivaldi alors inconnue (il l'enregistrera par la suite intégralement). Il révèle également des opéras de Vivaldi, d'abord *Juditha Triomphans*, puis *Tito Manlio* dont il dirige la première exécution moderne à la Piccola Scala (1979). Il « recrée » de la même façon le *Requiem* de Cimarosa et étend son champ d'activités à Haydn, Mozart (*Betulia Liberata*) et Rossini dont il commence à diriger les opéras. Il est l'un des personnages les plus représentatifs de cette génération de chefs d'orchestre musicologues qui s'attachent autant à la découverte des textes qu'à leur édition ou à leur exécution. Il participe à de nombreux congrès et a fondé la Société italienne de musicologie.

Neidlinger, Gustav

Baryton-basse allemand, né à Mayence le 21 mars 1910, mort à Bad Ems le 26 décembre 1991.

Après des études à Francfort avec Otto Rottsieper, il débute à Mayence en 1931 dans les rôles de basse bouffe, puis chante à Plauen de 1934 à 1936, à Hambourg de 1936 à 1950 et depuis cette date appartient à l'Opéra de Stuttgart, dont il est fait Kammersänger en 1953. Il débute à Bayreuth en 1952 et y chante Alberich, Klingsor, Sachs, le Veilleur de nuit, Kurwenal, Telramund jusqu'en 1975 et il reprend ces rôles partout dans le monde : Paris, Londres en 1955, Vienne en 1956, Édimbourg en 1958..., New York en 1972. Outre ses interprétations wagnériennes, il excelle aussi dans Weber et reste un Pizzaro célébré.

Nejdanova, Antonina (Antonia Vasilievna Nejdanova)

Soprano russe, née à Krivaia Balka (Ukraine) le 4 juin 1873, morte à Moscou le 6 juin 1950.

D'origine russe, ukrainienne et polonaise, elle montre des dons exceptionnels pour la musique comme pour les langues. Choriste amateur dans son enfance, elle s'inscrit en 1885 à l'Académie de musique d'Odessa pour y apprendre le piano. Elle commence pourtant une carrière d'institutrice en 1891. Elle participe à des représentations d'amateurs, est remarquée par Sophie Rubinstein dont elle devient l'élève. En 1899, elle étudie le chant au Conservatoire de Moscou, avec Umberto Mazetti, ainsi que le piano. Elle en sortira avec la première médaille d'or attribuée à un chanteur. Ses apparitions à des concerts de bienfaisance la font connaître et elle débute au Bolchoï le 23 avril 1902 (Antonida d'*Ivan Soussanine*). Elle y chantera Gilda, Ludmilla (*Russlan et Ludmilla*), Juliette, Marguerite de Valois, Lakmé, Leïla, Lisa, Violetta, Rosine, Iolanta, Snegourotchka, aux côtés de Sobinov, Chaliapine, Baklanov. Au cours de la saison 1906-07, elle chante à Paris, Londres, en Italie, en Amérique et débute à Saint-Pétersbourg. En 1912, elle triomphe dans Gilda à l'Opéra de Paris, avec Ruffo et Caruso, mais refuse des invitations pour chanter en Amérique et rentre définitivement en Russie. Après la révolution bolchévique, elle effectue des tournées de propagande artistique en Europe de l'Est et en Allemagne (1920) puis participe à l'éducation des masses en chantant à Leningrad, Kiev, Odessa, Bakou. En 1927, elle devient membre du bureau artistique et politique du Bolchoï, renonce à ses rôles de colorature, accentue son répertoire de concert et de chambre. En 1933, elle fête ses trente ans d'appartenance au Bolchoï. Elle chante à la radio très fréquemment entre 1924 et 1943. De 1944 à sa mort, elle enseigne au Conservatoire de Moscou.

Nelson, John

Chef d'orchestre américain, né à San José (Costa Rica) le 6 décembre 1941.

Après avoir commencé l'étude du piano dès l'âge de sept ans au Costa Rica où ses parents étaient missionnaires, il travaille à Wheaton College et à la Juilliard School of Music de New York (avec Jean Morel, 1963-67) où il remporte le Prix Irving Berlin de direction d'orchestre. Il fait ses débuts à New York avec le New York Chamber Orchestra avant de diriger, en 1972, l'intégrale des *Troyens* de Berlioz en version de concert au Carnegie Hall. Il est invité à diriger *Carmen* au New York City Opera, puis la création américaine d'*Owen Wingrave* de Britten à l'Opéra de Santa Fe. En 1973, il débute au Met avec *Les Troyens* et devient l'un des invités réguliers de cette scène tout en dirigeant les plus grands orchestres américains. Entre 1976 et 1987, il assure la direction musicale de l'Orchestre Symphonique d'Indianapolis. En 1979-80, il est conseiller musical de l'Orchestre de Louisville. A partir de 1981, il est invité régulièrement au Festival Berlioz de Lyon et s'impose dans le monde entier comme l'un des grands spécialistes de ce compositeur français. Entre 1981 et 1991, il est directeur musical de l'Opéra de Saint Louis, dont il est ensuite principal chef invité. Il est également à la tête du Caramoor Festival.

Il a créé des œuvres de Toru Takemitsu (*I Hear the Water Dreaming*, 1987).

Nelson, Judith

Soprano américaine, née à Chicago, le 10 septembre 1939.

Elle suit l'enseignement d'Andrea von Ramm au Studio der frühen Musik à Munich, avant de se rendre en Californie pour étudier avec Martial Singher. Très vite, elle se consacre presque exclusivement aux musiques des XVIIe et XVIIIe siècles, comme soliste de nombreux orchestres de chambre, ou avec simple accompagnement de basse continue. Essayant d'accorder la priorité au style et à la technique, elle s'intègre de plus en plus aux ensembles sur instruments anciens, avec lesquels elle enregistre (Academy of Ancient Music de Christopher Hogwood, Complesso Barocco d'Alan Curtis). Mais son domaine de prédilection reste sans doute les duos vocaux, qu'elle chante avec le haute-contre René Jacobs et William Christie au clavecin, au sein du Concerto Vocale, réunissant le trio de base et divers instrumentistes. Ses interprétations d'Italiens du XVIIe (Cesti, Steffani, Monteverdi, Rossi...) et de Haendel rendent compte de sa technique témoignant d'une connaissance profonde du chant ancien.

Nelsova, Zara (Katz Nelson)

Violoncelliste canadienne naturalisée américaine, née à Winnipeg le 24 décembre 1918.

D'ascendance russe, elle étudie à Londres avec Herbert Walenn. Elle débute en 1937 sous la baguette de Malcolm Sargent. Elle constitue avec ses deux sœurs le Trio Canadien et effectue avec l'ensemble de nombreuses tournées. Elle se perfectionne à New York avec Feuermann et à Prades avec Casals. C'est alors que se développe sa carrière internationale. Depuis 1962, elle est professeur à la Juilliard School de New York. Elle joue sur un Stradivarius, *Le Marquis de Corberon* (1726). Entre 1963 et 1973, elle a été mariée au pianiste Grant Johannesen. Bloch lui a dédié ses *Suites pour violoncelle seul.*

Nelsson, Woldemar

Chef d'orchestre russe naturalisé allemand, né à Kiev le 12 août 1938.

Son père, chef d'orchestre dans sa ville natale, lui donne ses premières leçons de violon. Il achève ses études musicales au Conservatoire de Novosibirsk par une formation de chef d'orchestre. En 1971, il remporte le prix de direction au Concours National de Moscou où il fait sensation. Il est alors nommé pour trois ans assistant de Kirill Kondrachine à l'Orchestre Philharmonique de Moscou. Il travaille avec les plus grands artistes russes jusqu'en 1977, date à laquelle il quitte l'Union soviétique. Il mène à cette époque une active carrière de chef invité en Allemagne fédérale, en Angleterre, en Suisse et en Autriche. Il remporte, en 1980, la Médaille Max Reger.

Au Festival de Bayreuth, il dirige *Lohengrin* trois années de suite (1980, 1981, 1982). Entre 1980 et 1987, il est directeur général de la musique à Kassel. En 1990, il est nommé chef permanent à l'Opéra royal de Copenhague. Il a créé le ballet de Hans Werner Henze *Orpheus* (1979) et l'opéra de Krzysztof Penderecki *Die schwarze Maske* (Festival de Salzbourg, 1986).

Nespoulos, Marthe

Soprano française, née à Paris le 1er mai 1894, morte à Bordeaux le 6 août 1962.

Élève de Madame Billa-Azéma, à Paris, elle débute en 1920 à l'Opéra de Nice. En 1922, elle interprète dans une église parisienne la partie de soprano du *Requiem* de Fauré. Elle est aussitôt engagée à l'Opéra de Paris, où elle débute dans un petit rôle de *Hérodiade* (Massenet). Très vite, elle tient les têtes d'affiche de l'Opéra et de l'Opéra-Comique. Elle est souvent invitée à la Monnaie, à l'Opéra de Monte-Carlo, à Nice et à Bordeaux. Elle chante également au San Carlo de Naples, à Amsterdam, au Liceo de Barcelone, au Colón de Buenos Aires, où elle participe à la première de *Sadko* (Rimski-Korsakov). Elle compte en France parmi les principales sopranos lyriques de sa génération. Son meilleur rôle demeure celui de Mélisande. Elle tourne également un certain nombre de films. Après avoir arrêté de chanter en 1934, elle s'est consacrée au professorat, à partir de 1949, au Conservatoire de Bordeaux.

Nesterenko, Evgeni

Basse russe, né à Moscou le 8 janvier 1938.

Il étudie au Conservatoire de Leningrad avec Maria Matveieva et Vassili Loukanine et débute au Théâtre Maly (le Roi de trèfle de *L'Amour des trois oranges* de Prokofiev). Médaille d'or au Concours Tchaïkovski à Moscou, il remporte, en 1967, le Concours de chant de Sofia et entre au Théâtre Kirov, où il interprète aussi bien le répertoire russe (Varlaam de *Boris*, le Varègue de *Sadko*, Kochoubei de *Mazeppa* de Tchaïkovski, Kontchak du *Prince Igor* de Borodine) que *Faust* ou *Le Barbier de Séville.* En 1971, il entre au Bolchoï où il reprend le même répertoire, y ajoutant Boris, Igor, Philippe II, Mefistofele, Russlan. Il chante *Boris Godounov* à la Scala, au Met et au Colón, *La Khovanchtchina* au Colón et à Covent Garden... Il se consacre également au concert et au récital, chantant notamment des mélodies de Chostakovitch (*Cinq Romances*, op. 121, 1966 ; *Suite sur des poèmes de Michel Ange,* 1974) et de Sviridov qu'il a créées ou qui ont été écrites à son intention. Il a créé les *Chants et danses de la mort* de Moussorgski, dans l'orchestration d'Edison Denisov. Il est titulaire d'une chaire de chant au Conservatoire de Moscou.

ÉCRITS : *Réflexions sur son métier.*

Neuhaus, Heinrich

Pianiste russe, né à Elizabetgrad le 12 avril 1888, mort à Moscou le 10 octobre 1964.

Neveu du pianiste et compositeur Felix Blumenfeld, cousin du compositeur Karol Szymanowski, il commence à travailler le piano et la musique avec son père, Gustav, originaire de Rhénanie allemande et élève de Ferdinand Hiller. Il donne son premier concert à neuf ans et effectue ses premières tournées en Allemagne dès 1904. A Berlin, il travaille le piano avec Karl Heinrich Barth (un disciple de Hans von Bülow et de Carl Tausig), la composition avec Paul Juon et, de 1912 à 1914, le piano à Vienne avec Leopold Godowsky. Il retourne en Russie à la déclaration de la guerre. De 1918 à 1922, il est professeur au Conservatoire de Kiev. De cette date à sa mort, il sera professeur au Conservatoire de Moscou et directeur entre 1935 et 1937. Heinrich Neuhaus est surtout un pédagogue, un pédagogue d'une classe rare. Il forme plusieurs générations de pianistes – parmi lesquels il convient de citer Richter, Guilels, Malinine, Zak, Eresco, Krainev et Lupu –, définissant un style de jeu, mieux encore une école de piano. Mais dans ses rares apparitions au concert et les quelques enregistrements qu'il nous a laissés se dessinent la personnalité et la sensibilité de l'un des plus grands pianistes de ce siècle. Doté d'une sonorité irrésistiblement charmeuse, d'une sensibilité raffinée, il aborde les partitions du grand répertoire avec un souci de respiration naturelle et une liberté d'allure qui ont connu bien peu d'équivalents dans l'histoire des interprètes. Il marque l'évolution du jeu du piano par un travail approfondi des sonorités. Il est dédicataire d'œuvres de Karol Szymanowski (*Fantaisie en ut majeur*, op. 14, 1905 ; *Masque n° 2*, 1916). Son fils **Stanislas Neuhaus** (1927-80) a aussi mené une carrière importante de pianiste et de pédagogue au Conservatoire de Moscou.

ÉCRITS : *L'Art du piano, notes d'un professeur* (Moscou, 1958, trad. française, Tours, 1971), *Awtobriograzfitscheskije sapiski* (Moscou, 1974).

Neuhold, Günter

Chef d'orchestre autrichien, né à Graz le 2 novembre 1947.

Après avoir étudié à la Hochschule für Musik de sa ville natale, il est l'élève de Franco Ferrara à l'Accademia di Santa Cecilia de Rome puis de Hans Swarowsky à l'Académie de musique de Vienne. Lauréat du Concours Karl Böhm à Salzbourg, du Concours Hans Swarowsky à Vienne et du Concours Guido Cantelli à Milan, il commence à diriger dans différents opéras allemands, notamment à Hanovre et Dortmund. Il est ensuite directeur musical de l'Orchestra Sinfonica dell' Emilia Romagna « Arturo Toscanini » (Parme) (1982-85). Entre 1986 et 1991, il assure la direction de l'Orchestre Philharmonique Royal de Flandre, à Anvers. En 1989, il est en outre nommé directeur général de la musique au Badische Staatstheater de Karlsruhe. Il dirige régulièrement au Festival de Salzbourg à partir de 1978 et a effectué des tournées aux États-Unis et au Japon. Il a créé des œuvres d'Armando Gentilucci (*Voci dal silenzio*, 1982), Giacomo Manzoni (*Dedica*, 1986).

Neumann, Václav

Chef d'orchestre tchèque, né à Prague le 29 septembre 1920.

Au Conservatoire de Prague, il reçoit une formation de violoniste en travaillant avec Josef Micka. Puis il se tourne vers la direction d'orchestre qu'il étudie avec Pavel Dědeček et Metod Doležil (1940-45). Encore étudiant, il fonde le Quatuor Smetana où il tient la partie d'alto (1943-44) ; il est ensuite membre du Quatuor Tchèque. Dès 1948, il fait ses débuts de chef à la Philharmonie Tchèque où il est l'assistant de Kubelík. Puis il est nommé à la tête de l'Orchestre Symphonique de Karlovy Vary (1951-54) et de l'Orchestre Symphonique de Brno (1954-56) avant de devenir premier chef de l'Orchestre Symphonique de Prague (1956-63) et de l'Orchestre Philharmonique de Prague (1963-64). A la même époque, il dirige régulièrement à l'Opéra-Comique de Berlin (1955-64) où il est premier chef pendant deux saisons. En 1964, il prend la direction du Gewandhaus (qu'il cumulera, en 1968, avec la direction musicale de l'Opéra de Leipzig), tout en étant deuxième chef de la Philharmonie Tchèque. Il revient à Prague en 1968 pour prendre la succession de Karel Ančerl à la tête de la Philharmonie Tchèque, poste qu'il conserve jusqu'en 1990 et qu'il reprend entre 1992 et 1993. Entre 1970 et 1972, il sera en outre directeur général de la musique à l'Opéra de Stuttgart. Défenseur de la musique de son pays dans la tradition instaurée par Talich, Neumann a joué un rôle prépondérant dans la diffusion de la musique de Smetana, Dvořák (deux enregistrements de l'intégrale des symphonies), Janáček et Martinů (enregistrement de l'intégrale des symphonies). En dehors de la musique tchèque, Neumann s'est imposé comme l'un des grands chefs spécialistes de la musique de Mahler qu'il a dirigée dans le monde entier et dont son enregistrement des dix symphonies reste une référence. Il a reçu la médaille d'or de la Société Mahler de Vienne.

Il a créé des œuvres de Gottfried von Einem (*Münchner Symphonie*, 1985), Otmar Mácha (*Sinfonietta n° 2*, 1982), Ruth Zechlin (*Symphonie n° 1*, 1965).

Neumeyer, Fritz

Claveciniste allemand, né à Sarrebrück le 2 juillet 1900, mort à Fribourg le 16 janvier 1983.

Il commence ses études musicales à l'Université de Cologne (1919-21) où il travaille la musicologie, le piano avec

Lonny Epstein et la théorie avec Franz Bölsche. Puis il étudie la direction d'orchestre avec Alexander von Fielitz, la théorie avec Wilhelm Klatte, le piano avec James Kwast à Berlin (1921-24). De 1924 à 1927, il est répétiteur et chef d'orchestre au Théâtre municipal de Sarrebrück, ville où il dirige ensuite l'Association pour la musique ancienne et le clavecin (1927). Il entreprend à cette époque sa carrière de concertiste et de musicien de chambre. En particulier il joue en trio, de 1935 à 1962, avec Scheck et Wenzinger. On le retrouve de 1939 à 1944 à Berlin où il professe à la Hochschule für Musik. En 1946, et jusqu'en 1969, il devient professeur pour les instruments historiques à Fribourg-en-Brisgau. Membre de la Capella Coloniensis à partir de 1954, il joue également au sein des Wiener Solisten (1960-65). En 1968, il forme un duo à deux claviers avec Rolf Junghanns. Comme compositeur, Fritz Neumeyer est l'auteur de lieder, de chœurs et de pages pour trio à cordes.

Neveu, Ginette

Violoniste française, née à Paris le 11 août 1919, morte dans un accident d'avion au-dessus des Açores le 28 octobre 1949.

Sa mère, professeur de violon, lui donne ses premières leçons. A cinq ans et demi, cette enfant prodige donne son premier récital public. Deux ans plus tard, Salle Gaveau, elle joue le *Concerto en sol mineur* de Max Bruch. En 1928 elle obtient le 1er prix de l'École supérieure de musique de Paris et le Prix d'honneur de la Ville de Paris. Elle travaille avec Line Talluel et Georges Enesco puis entre au Conservatoire de Paris en 1930, à l'âge de onze ans, dans la classe de Jules Boucherit. Elle en sort avec un 1er prix huit mois plus tard, égalant ainsi le record établi par Wieniawski, cinquante ans plus tôt... Elle étudie la composition avec Nadia Boulanger. Carl Flesch la remarque lors du Concours international de Vienne (1931) et la prend parmi ses élèves à partir de 1933. C'est grâce à son aide financière qu'elle peut se présenter, en 1935, au Concours international Wieniawski à Varsovie. Elle y remporte le 1er prix devant David Oïstrakh. C'est le début de sa carrière internationale. Après la guerre, elle joue avec Karajan et enregistre plusieurs disques. Elle fait aussi de la musique de chambre avec son frère Jean. Poulenc lui dédie sa *Sonate pour violon et piano* (1943). Elle donne un dernier récital à Paris le 20 octobre 1949. Huit jours plus tard, elle disparaîtra avec son frère dans un accident d'avion.

Newman, Anthony

Organiste américain, né à Los Angeles le 12 mai 1941.

Après avoir terminé ses études classiques, il obtient une bourse du gouvernement français pour étudier le piano à l'École Normale de Musique. Ensuite, il étudie la composition à l'Université de Harvard, l'orgue à l'Université de Boston, ainsi qu'au Mannes College of Music de New York. Il est ainsi l'élève de Leonard Stein à Los Angeles, Leon Kirchner à Boston, Luciano Berio à New York, Alfred Cortot et Pierre Cochereau à Paris. Il enseigne l'orgue et la théorie musicale à la Juilliard School (1968-73), à l'Université de l'Indiana (1978-81), à l'Université de Californie (San Diego) et à l'Université d'État de New York (Purchase). Outre des compositions de musique de chambre et pour orgue, il a publié plusieurs études sur la musique baroque et réalisé des éditions critiques de musique d'orgue (Bach, Couperin, Liszt).

Ney, Elly

Pianiste allemande, née à Düsseldorf le 27 septembre 1882, morte à Tutzing le 31 mars 1968.

Élève de Seiss et de Böttcher à Cologne, elle remporte, en 1900, le Prix Mendelssohn. Elle va se perfectionner à Vienne avec Theodor Leschetizky (1903-04) puis Emil von Sauer qui aura une influence déterminante sur son jeu. Elle enseigne pendant trois ans au Conservatoire de Cologne (1906-08) puis commence ses tournées internationales et devient célèbre d'emblée pour sa façon d'interpréter Brahms, Chopin et Beethoven. Par la suite, le public et la critique l'identifieront complètement à Beethoven. Passionnée de musique de chambre, elle fonde en 1914 un premier trio Elly Ney avec son premier mari, le violoniste et chef d'orchestre **Willem Van Hoogstraten** et le violoncelliste Fritz Otto Reitz. Elle fait carrière aux États-Unis entre 1921 et 1930. A son retour, elle fonde un second trio en 1931 avec le violoniste Wilhelm Stroß et le violoncelliste Ludwig Hoelscher. Après la Seconde Guerre mondiale, elle se consacre entièrement à l'enseignement. Son style, qu'elle conservait intact encore à l'âge de quatre-vingts ans, était fondé sur un refus du pianisme virtuose en vogue à l'époque de ses débuts. La puissance de son jeu surprenait beaucoup. Le public n'était pas habitué à entendre Beethoven sonner de cette manière sous les doigts d'une femme. D'où les qualificatifs de jeu « masculin » qui fleurissaient alors dans la presse allemande pour définir les interprétations d'Elly Ney.

ÉCRITS : *Ein Leben für die Musik* (1952-57), autobiographie.

Nicolas, Marie-Annick

Violoniste française, née au Creusot le 2 janvier 1956.

Elle commence l'étude du violon à sept ans puis entre au Conservatoire de Lyon, où elle obtient un 1er prix en 1967. A douze ans, elle donne son premier concert avec orchestre. Elle entre au Conservatoire de Paris (classe de Pierre Nerini). L'année de son 1er prix (1969), elle joue au Théâtre des Champs-Élysées. Elle poursuit ses études en cours privés avec Nejmi Succari, disciple des maîtres russes Yuri Jankelevitch et Boris Bielinki. Elle reçoit les conseils de Francescatti à Montreux (1974). Elle est titulaire de nombreux prix : Long-Thibaud (1973), Prix Henryk Szeryng, Prix Tchaïkovski à Moscou (1974) – suivi d'un stage au Conservatoire de Moscou en 1975 sous la direction de Boris Bielinki où elle reçoit les conseils de David Oïstrakh –, 7e prix Reine Élisabeth de Belgique (1976), Prix de la Vocation (1976), Grand Prix de la Radio Belge Jacques Stehman. En 1977-78, elle fait un stage à la School of Music d'Indiana University sous la direction de Franco Gulli. En 1979, elle est lauréate du Concours international de Montréal. Elle se produit en soliste tout en assurant entre 1980 et 1986 les fonctions de violon solo au Nouvel Orchestre Philharmonique de Radio France. Elle abandonne ensuite toute activité d'orchestre pour se consacrer à sa carrière personnelle. Elle joue sur un Andrea Guarnerius de 1673.

Nicolesco, Mariana (Mariana Nicolescu)

Soprano roumaine, née à Braşov le 28 novembre 1948.

Elle travaille au Conservatoire de Cluj puis à l'Académie Sainte-Cécile de Rome avec Jolanda Magnoni. En 1972, elle fait ses débuts à l'Opéra de Cincinnati dans le rôle de Mimi (*La Bohème*). En 1977, elle débute au New York City Opera dans Violetta (*La Traviata*) et en 1978 au Metropolitan Opera de New York dans le même rôle. Sa carrière se développe sur les principales scènes d'Europe. En 1982, elle participe à la création de *Vera Storia* de Luciano Berio à la Scala de Milan. En 1990, elle aborde *Idoménée* (Elettra) à Salzbourg et à Tōkyō.

Nicolet, Aurèle

Flûtiste suisse, né à Neuchâtel le 22 janvier 1926.

Au Conservatoire de Zürich, il étudie la flûte et la musicologie avec André Jaunet et Willy Burckhard (1940-45), puis au Conservatoire de Paris il travaille avec Marcel Moyse et Yvonne Drappier (1945-47). Il obtient son 1er prix de flûte en 1947 et se voit attribuer le 1er prix du Concours international de Genève en 1948. De 1945 à 1947, Aurèle Nicolet fait partie de l'orchestre de la Tonhalle de Zürich. Puis il est flûte solo de l'Orchestre Symphonique de Winterthur (1948-50) qu'il quitte à la demande de Wilhelm Furtwängler pour occuper les mêmes fonctions à la Philharmonie de Berlin (1950-59). Dans le même temps, il professe à la Musikhochschule de Berlin (1953-65). A partir de 1965, il est professeur à la Musikhochschule de Fribourg-en-Brisgau et à l'Académie de Musique de Bâle. Il mène une importante carrière internationale de soliste et s'impose comme la figure marquante de l'école germanique de la flûte à sa génération. Sans négliger le répertoire baroque et classique, il suscite une importante littérature contemporaine pour la flûte. Parmi les compositeurs qui ont écrit pour lui ou dont il a créé des œuvres, Edison Denisov (*Double Concerto pour flûte et hautbois*, 1979 ; *Quatre Poèmes de Gérard de Nerval*, 1989), Paul-Heinz Dittrich, Graciane Finzi (*Concerto pour flûte et harpe*, avec Marielle Nordmann, 1991), Alain Fourchotte (*Concerto pour flûte*, 1982), Cristóbal Halffter (*Concerto pour flûte*, 1983), Heinz Holliger (*Scardanelli-Zyklus*, 1985 ; *Turm-Musik*, 1985), Klaus Huber, Rudolf Kelterborn, György Ligeti (*Double Concerto pour flûte, hautbois et orchestre*, 1972), Albert Moeschinger, Norbert Moret (*Triple Concerto* pour flûte, hautbois, harpe et orchestre à cordes, 1985), Virgilio Mortari (*Concerto pour flûte*, 1974), Toru Takemitsu (*Eucalypts I*, 1970 ; et *II*, 1971), Werner Thärichen (*Concerto pour flûte et cordes*, 1953), Herbert Willi (*Concerto pour flûte*, 1993), Julien-François Zbinden (*Fantaisie pour flûte*, op. 22, 1950). Il a publié, en 1967, une méthode de flûte.

Nienstedt, Gerd

Baryton-basse allemand, né à Hanovre le 10 juillet 1932.

De 1951 à 1954, il étudie à l'Akademie für Musik und Theater de sa ville natale avec Otto Köhler et débute en 1954 à Bremerhaven, puis appartient aux théâtres de Gelsenkirchen (1955-59), Wiesbaden (1959-61) et Cologne (1961-72). Depuis 1965, il est également membre des Opéras de Vienne et Francfort. Il chante au Festival de Bayreuth de 1962 à 1975 (Kothner, Donner, Günther, Klingsor, Hunding, Biterolf...). A l'Opéra de Paris, il incarne le roi Mark de *Tristan* en 1972 et participe à la création mondiale du troisième acte de *Lulu* de Berg en 1979 (l'Athlète). Intendant de l'Opéra de Hof, du Hessisches Staatstheater de Wiesbaden (1977-78) et, depuis 1983, de l'Eutiner Sommerspiele, il exerce, entre 1985 et 1987 les fonctions d'intendant de l'Opéra de Detmold.

Nigoghossian, Sonia

Mezzo-soprano française, née à Arnouville-lès-Gonesse le 3 avril 1944.

D'origine arménienne, elle est attirée très jeune par la musique, et suit les cours de Camille Maurane et de Louis Musy au Conservatoire de Paris, et de Jeanine Collard. Elle débute parallèlement en 1967 au concert, et participe dès 1970, année de l'obtention de ses prix de chant et de scène, aux concerts de Radio France, tant dans les programmes lyriques que dans les ouvrages sacrés. Son vaste répertoire, qui va de Lully et Rameau à Leibowitz, Szokolay et Berio, lui a permis de se produire à l'étranger. Elle chante ainsi *Le Rossignol* de Stravinski à l'ENO, et *La Princesse de Navarre* de Rameau à Covent Garden, *L'Enfant et les sortilèges* de Ravel au Concertgebouw d'Amsterdam, et se produit fréquemment au TMP-Châtelet de Paris (*Cendrillon*, *Le Coq d'or...*) ainsi qu'aux festivals d'Orange (*Rigoletto*) et d'Aix-en-Provence (*Tancrède*).

Nikisch, Arthur

Chef d'orchestre hongrois, né à Lébényi Szent-Miklós le 12 octobre 1855, mort à Leipzig le 23 janvier 1922.

Il fait ses études musicales au Conservatoire de Vienne où il travaille le violon avec Joseph Hellmesberger, le piano avec Schenner et la composition avec Otto Dessoff. Dès l'année 1872, il participe à l'exécution de la *Symphonie n° 9* de Beethoven à Bayreuth sous la direction de Wagner. Entre 1874 et 1877, il est premier violon à l'Opéra de Vienne : il joue sous la baguette de Brahms, Liszt, Verdi. En 1877, il est nommé chef des chœurs à l'Opéra de Leipzig. Un an plus tard, il devient deuxième chef d'orchestre puis premier chef (1882-89). Entre 1889 et 1893, il est à la tête de l'Orchestre Symphonique de Boston. De retour en Europe, on le trouve à la tête de l'Opéra de Budapest (1893-95), de l'Orchestre Philharmonique de Berlin (1895) et du Gewandhaus de Leipzig (1895), fonctions qu'il conservera jusqu'à sa mort. En 1897, il dirige les concerts de la Philharmonie de Hambourg. Il se tourne également vers la pédagogie (directeur des études au Conservatoire de Leipzig, 1902-07) et dirige pendant une saison au Stadtstheater de Leipzig (1905-06). Parallèlement, il mène une importante carrière de chef invité qui le conduit dans toute l'Europe, particulièrement en Angleterre. En 1912, il dirige la première tournée d'un orchestre européen aux États-Unis, l'Orchestre Symphonique de Londres. En 1921, il est à la tête des Concerts Symphoniques de Buenos Aires.

Nikisch est souvent considéré comme le pionnier de la direction d'orchestre moderne. En acceptant beaucoup d'invitations d'orchestres étrangers, il a créé le profil du chef itinérant et contribué à rapprocher les esthétiques des différentes écoles. Son enregistrement de la *cinquième Symphonie* de Beethoven (1913) est la première gravure intégrale d'une œuvre d'aussi longue durée et témoigne du niveau auquel il avait hissé la Philharmonie de Berlin. Arthur Nikisch a créé la *Symphonie nº 7* de Bruckner (1884) et *Le Divin Poème* de Scriabine (1905).

Nikolaieva, Tatiana

Pianiste russe, née à Bezhitza le 4 mai 1924, morte à Santa Monica (Californie) le 22 novembre 1993.

Au terme de ses études à l'École centrale de Moscou, où elle travaille le piano avec Alexandre Goldenweiser à partir de 1942 et la composition avec Evgeni Golubev, elle remporte le 1er prix du concours organisé à Moscou à l'occasion du trentième anniversaire de la mort de Scriabine (1945). Elle entre au Conservatoire Tchaïkovski en 1947 et obtient, un an plus tard, le 2e prix au Concours international de Prague. Sa carrière de soliste débute assez rapidement. Lauréate en 1950 du Concours de Leipzig, elle choisit l'enseignement au Conservatoire de Moscou en 1959, où elle sera titularisée en 1965. Son répertoire est immense ; il compte plus de cinquante concertos, de Bach à Chostakovitch, en passant par les sonates de Beethoven et le *Clavier bien tempéré.* L'Occident la découvre relativement tard (à partir des années quatre-vingt). Sa carrière est brutalement interrompue à la suite d'une rupture d'anévrisme pendant un récital à San Francisco. Elle avait également composé pour la voix, le piano et les formations de chambre. Elle a créé les *24 Préludes et fugues* de Chostakovitch (1952).

Nilsson, Birgit

Soprano suédoise, née à Västra Karup le 17 mai 1918.

Elle commence ses études de chant avec C. Blennon, puis entre au College Royal de musique de Stockholm (professeurs : J. Hislop et A. Sunnegaardh). Son premier rôle est Agathe dans *Le Freischütz*, à Stockholm (1946). Elle élargit son répertoire, avec sagesse et rigueur, et, pendant plusieurs années, s'en tient au rôle de soprano lyrique. En 1951, elle chante *Idoménée* (Elektra) à Glyndebourne puis, en 1953, Sieglinde et Elsa à l'Opéra de Vienne. A Bayreuth, la même année, elle chante dans la *Symphonie nº 9* de Beethoven. En 1954-55 elle interprète Brünnhilde et Salomé à l'Opéra de Munich. Elle touche alors son public, et, lorsqu'elle devient Isolde à Bayreuth en 1957, on la situe dans la lignée de Kirsten Flagstad. L'année suivante, Birgit Nilsson chante Turandot à la Scala. Elle fait alors une carrière internationale, qui culmine dans les années soixante lorsque son incarnation d'Isolde et de Brünnhilde tour à tour (dans les dernières mises en scène de Wieland Wagner) lui permet d'exalter la pureté d'une musique qu'elle sent et comprend parfaitement. Aux Chorégies d'Orange, à l'Opéra de Paris, à Milan, au Metropolitan de New York (où elle paraît pour la première fois en 1959), on admire la clarté de ses attaques, l'ampleur de sa voix homogène dans tous les registres, son aigu facile, éblouissant, ses pianissimos, ses demi-teintes. Elle chante aussi Mozart (Donna Anna) et Verdi (Lady Macbeth, Amelia), excelle dans *La Femme sans ombre* (la Teinturière) de R. Strauss. Son style est celui de la noblesse, de l'intelligence ; il s'accorde mieux aux grands thèmes de la *Tétralogie* qu'à la tendresse mozartienne. Dans le domaine contemporain, elle a interprété Hindemith et Liebermann. Elle cesse de chanter en 1986 pour se consacrer à l'enseignement.

Nimsgern, Siegmund

Baryton allemand, né à Sant Wendel (Sarre) le 14 janvier 1940.

Élève en privé de Jakob Stämpfli et Paul Lohmann, il étudie parallèlement la philosophie et la littérature. Il fait ses débuts à l'Opéra de Sarrebrück en 1967 (Lionel de *La Pucelle d'Orléans* de Tchaïkovski). De 1971 à 1974, il fait partie de la troupe de la Deutsche Oper am Rhein, puis commence une carrière internationale en chantant à la Scala, à Covent Garden (1973), à Montréal, à l'Opéra de Paris (Amfortas en 1974), à San Francisco, puis Munich, Genève, Chicago, Salzbourg (1976), New York (1978). A Paris il chante également le Sprecher de *La Flûte enchantée* (1977) et Créon d'*Œdipe Roi* en 1979 et 1980, Telramund et Pizarro en 1982. Aux Chorégies d'Orange, il apparaît en Telramund en 1976, Macbeth en 1978 et Amfortas en 1979. En 1983, il débute à Bayreuth dans Wotan, rôle qu'il conserve au cours des années suivantes. Il chante Wagner (le Hollandais, Alberich, Gunther), Strauss (Kunrad de *Feuersnot,* Jokanaan), mais aussi Gluck (Thoas), Chausson (*Arthus*), Offenbach (Dappertutto des *Contes d'Hoffmann*) ou Verdi (Iago, Luna). Il mène également une importante carrière au concert (lied et oratorio).

N'Kaoua, Désiré

Pianiste français, né à Constantine (Algérie) le 13 juin 1933.

Il commence ses études de piano à l'âge de quatre ans à l'école des beaux-arts puis au conservatoire de sa ville natale. En 1948, il obtient un 1er prix de piano et entre au Conservatoire de Paris dans la classe de Lazare-Lévy. C'est dans la classe de Lucette Descaves qu'il y remporte son 1er prix (1952). Puis il se perfectionne avec Marguerite Long. Sa carrière de concertiste prend alors son essor. En 1955 et 1958, il est invité par l'Orchestre Philharmonique de Berlin. Son premier récital à Paris date de 1958. En 1961, il remporte le 1er prix du Concours international de Genève. Depuis 1967, il est professeur au Conservatoire de Versailles. En février 1974, il crée le *Concerto pour piano* de Joanna Bruzdowicz dont il est le dédicataire. Sa production discographique compte, entre autres, le premier enregistrement mondial de l'œuvre pour piano de Jehan Alain et l'intégrale des Sonates pour piano et violon de Mozart avec Gérard Poulet. Désiré N'Kaoua et Dominique Merlet ont réalisé pour la radio l'enregistrement intégral de l'œuvre pour piano à 4 mains de Schubert.

Noras, Arto

Violoncelliste finlandais, né à Turku le 12 mai 1942.

Il commence ses études à l'âge de cinq ans, avec Yrjö Selin à l'Académie Sibélius, en Finlande. Entre 1962 et 1964 il vient à Paris étudier au Conservatoire dans la classe de Paul Tortelier. Il remporte un 1er prix en 1964. Deux ans plus tard, il participe au Concours Tchaïkovski et, en 1967 il est acclamé au Danemark. Depuis lors, Arto Noras se produit régulièrement en récital, en Europe comme en Amérique. En 1970, il est nommé professeur à l'Académie Sibélius. Son répertoire, non seulement de concertiste, mais de musicien de chambre est assez considérable. Il est ainsi membre du Sibelius Academy Quartet et du Trio d'Helsinki. En 1980, il fonde le Festival de Naantali (Finlande) dont il est le directeur artistique. Il a créé des œuvres de Friedrich Cerha (*Fantaisie* pour 18 instruments et violoncelle solo, 1991) et Aulis Sallinen (*Concerto pour violoncelle*, 1977, déd.).

Nordica, Lillian (Lillian Norton)

Soprano américaine, née à Farmington (Maine) le 12 décembre 1857, morte à Batavia le 10 mai 1914.

Élève de John O'Neill au Conservatoire de la Nouvelle-Angleterre (Boston), elle donne à dix-sept ans son premier concert. En 1877-78, elle effectue des tournées avec une troupe d'opéra, en Amérique du Nord, en Angleterre et sur le continent européen. Elle étudie à Milan avec Sangiovanni et débute en 1879 à la Scala, comme Donna Elvira (*Don Giovanni*). La même année, elle triomphe dans *La Traviata* à Brescia. En 1880, elle est invitée à Saint-Pétersbourg, chante en Allemagne et remporte un beau succès à l'Opéra de Paris. En 1883, elle épouse l'Américain Frederick A. Gower et abandonne le chant. Mais deux ans plus tard, son mari trouvant la mort dans un accident de ballon, elle revient à la scène. Depuis 1887, elle remporte de grands succès à Covent Garden. En 1888-89, elle fait des tournées en Amérique du Nord avec la Henry Abbey Company. En 1891, elle est appelée au Metropolitan Opera de New York, où elle débute dans Leonore (*Le Trouvère*). Jusqu'en 1909, elle demeure une des grandes prima donna du Met. En 1894, elle chante Elsa (*Lohengrin*) au Festival de Bayreuth. En 1896, elle épouse le baryton hongrois **Zoltan Döme**, dont elle divorce très vite. Chaque année, elle est invitée à Covent Garden. En 1907, elle triomphe au Manhattan Opera House de New York dans *Gioconda*, rôle qu'elle chante à Boston pour l'ouverture du nouvel Opéra. En 1909, elle épouse le banquier londonien George W. Young. En 1913, elle donne un concert à Carnegie Hall et entreprend ainsi une tournée d'adieux à travers le monde. Le navire sur lequel elle se trouvait sombre au large des côtes de Nouvelle-Guinée. Sauvée, elle est transportée dans un hôpital de Batavia (Java) où elle meurt. A l'image de Lilli Lehmann, la carrière de Lillian Nordica fut aussi universellement brillante avec un répertoire allant des rôles de colorature aux héroïnes wagnériennes.

Nordmann, Marielle

Harpiste française, née à Montpellier le 24 janvier 1941.

Elle étudie le piano puis la harpe. Sa rencontre à l'âge de dix ans avec Lily Laskine détermine son choix et sa carrière. A douze ans elle entre au Conservatoire de Paris. Quatre ans plus tard, elle obtient son 1er prix de harpe suivi d'un 1er prix de musique de chambre en 1959 dans la classe de Jean Hubeau. A sa sortie du Conservatoire, elle fonde le Trio Nordmann avec André Guilbert et Renaud Fontanarosa, ensemble avec lequel elle se produit sur le plan international (1960-78), parallèlement à une brillante carrière de soliste. Elle joue également en duo avec son célèbre professeur – dont elle est en quelque sorte la « fille spirituelle » – et avec laquelle elle grave un disque (1975). Depuis quelque temps, elle se produit également en récital avec son mari, le violoniste **Patrice Fontanarosa**. Elle a créé des œuvres de Graciane Finzi (*Concerto pour flûte et harpe*, avec Aurèle Nicolet, 1991).

Norena, Eidé (Karoline Hansen, puis Kaja Eidé)

Soprano norvégienne, née à Horten (Oslo) le 26 avril 1884, morte à Crans-sur-Sierre (Suisse) le 19 novembre 1968.

Elle étudie à Oslo, Weimar et Londres avec Raimund von Zur Mühlen, puis à Paris, et débute à Oslo dans le rôle de l'Amour d'*Orphée et Eurydice.* Elle épouse le grand acteur norvégien Egel Naess Eidé en 1909 et chante alors sous le nom de Kaja Eidé, puis interrompt sa carrière. C'est presque à la quarantaine qu'elle aborde rapidement la carrière internationale sous le nom d'Eidé Norena : Milan avec Toscanini en 1924 (Gilda), Londres (1924-37), Chicago (1926-28), le Metropolitan Opera de New York (1933-38). A Paris elle chante la Reine des *Huguenots*, Mathilde de *Guillaume Tell*, Le Coq d'or et Blondchen de *L'Enlèvement au sérail.* Mais ses rôles les plus appréciés resteront Liu, Juliette, Desdémone et Gilda où brillaient particulièrement la pureté de son timbre, la perfection de son intonation et un goût inégalé. Elle cesse de chanter en 1939. Ses disques, peu nombreux, sont des leçons particulièrement précieuses.

Norman, Jessye

Soprano américaine, née à Augusta (Géorgie) le 15 septembre 1945.

Dès sa petite enfance, elle découvre le chant en écoutant Rosa Ponselle et Marian Anderson. Elle s'immerge dans le monde du negro spiritual, apprend le piano et envisage de se consacrer à la médecine. Puis elle commence à étudier le chant avec Carolyn Grant à l'Université Howard de Washington. Elle poursuit avec Alice Duschak au Peabody Conservatory de Baltimore puis avec Elizabeth Mannion et Pierre Bernac à l'Université du Michigan.

En 1968, elle obtient le 1er prix au Concours international des radios allemandes et signe un contrat de trois ans avec l'Opéra de Berlin où elle chante, entre autres, Élisabeth (*Tannhäuser*) et la Comtesse (*Les Noces de Figaro*). L'Italie l'invite : elle interprète *Aïda* à la Scala de Milan sous la direction d'Abbado (1972) ; au Mai Musical Florentin, elle apparaît dans *L'Africaine* (Meyerbeer) et dans *Deborah* (Haendel). Elle fait ses débuts à Covent Garden, en 1972, dans le rôle de Cassandre des *Troyens* et commence ses tournées de récitals.

En France, elle chante pour la première fois en 1973 (*Aïda* en version de concert). On la retrouve dans les *Gurrelieder* de Schoenberg, au Festival d'Aix-en-Provence (*Hippolyte et Aricie* en 1983, *Ariane à Naxos* en 1985), à l'Opéra-Comique (*Didon et Énée* en 1984). Elle fait ses débuts au Met en 1983 dans Cassandre (*Les Troyens*) et y chante ensuite Didon, Sieglinde et Ariadne. On la retrouve dans *Œdipus Rex*, *Les Dialogues des Carmélites*...

Au disque, elle ressuscite des ouvrages oubliés comme *La finta giardiniera* de Mozart, *Euryanthe* de Weber, *Pénélope* de Fauré, *Un giorno di regno* ou *Le Corsaire* de Verdi. Elle consacre une part essentielle de sa carrière au lied – de Schubert à Fauré et Duparc, marquant particulièrement de sa voix sombre et chaude les *Wesendonck Lieder* de Wagner et les *Quatre Derniers Lieder* de R. Strauss. En 1989, elle chante *La Marseillaise* à Paris pour les cérémonies officielles du bicentenaire de la Révolution française. Au début des années 1990, sa voix commence à évoluer vers une tessiture de mezzo. En 1991, elle aborde le rôle de Kundry (*Parsifal*) au Met aux côtés de Placido Domingo.

Norrington, Roger

Chef d'orchestre anglais, né à Oxford le 16 mars 1934.

Il fait ses études à l'Université de Cambridge et au Royal College of Music de Londres. Il fait ses débuts en 1962 et commence une carrière de chanteur. En 1962, il prend la direction du Schütz Choir of London. Entre 1966 et 1984, il est premier chef à l'Opéra du Kent pour lequel il réalise une nouvelle édition du *Couronnement de Poppée* de Monteverdi en 1974. Il se consacre surtout à la musique du XVIIIe siècle à la tête de formations dont il assure la direction musicale : London Baroque Ensemble (à partir de 1975), London Classical Players (à partir de 1978). Entre 1985 et 1989, il est directeur musical du Bournemouth Sinfonietta. Il prend en 1990 la direction musicale de l'Orchestre de Saint Luke (New York). Il a créé des œuvres de Charles Brown (*Soliloquy*, 1977), David Matthews (*Cantiga*, op. 45, 1988). Il a entrepris de restituer le répertoire symphonique du début du XIXe siècle dans les conditions d'exécution de l'époque, spécialement les symphonies de Beethoven et la *Symphonie fantastique* de Berlioz.

Novães, Guiomar

Pianiste brésilienne, née à São João da Boã Vista le 28 février 1896, morte à São Paulo le 7 mars 1979.

Dès l'âge de huit ans, elle joue du piano. Elle obtient une bourse pour venir étudier au Conservatoire de Paris avec Isidore Philipp et y obtient un 1er prix de piano en 1911. Elle développe alors sa carrière internationale qui l'amène à faire des débuts américains en 1916. En 1922, elle épouse le compositeur Octavio Pinto.

Novitskaïa, Ekaterina

Pianiste russe naturalisée belge (1978), née à Moscou le 24 octobre 1951.

Dès l'âge de six ans elle étudie le piano à l'École centrale de Moscou, avant d'entrer dans la classe de Lev Oborine au Conservatoire. Son 1er prix au Concours Reine Élisabeth en 1968 la révèle au public international. En mai 1971, elle fait ses débuts à Paris en participant à une semaine consacrée aux jeunes solistes soviétiques, au Théâtre de la Ville. Ses grandes qualités techniques en ont fait une interprète idéale de la musique de Prokofiev. A la fin des années soixante-dix, elle se fixe en Belgique.

Novotná, Jarmila

Soprano tchèque, née à Prague le 23 septembre 1907, morte à New York le 9 février 1994.

Emmy Destinn découvre les possibilités de sa voix et la pousse à travailler avec Hilbert Wawre à Prague. En 1924, elle débute sur des scènes de province dans Rosine et Violetta. Un an plus tard, elle chante Mařenka (*La Fiancée vendue*) à l'Opéra National de Prague. Elle se perfectionne à Milan et débute à Vérone dans Gilda en 1928. En 1929 et 1933, elle chante à l'Opéra de Berlin où Max Reinhardt met en scène *La Belle Hélène* et *Les Contes d'Hoffmann* pour elle. Puis elle chante à l'Opéra de Vienne (1933-38) et à Salzbourg (1935-37) sous la direction de Bruno Walter et d'Arturo Toscanini. En 1937, elle chante Alice Ford à la Scala. En 1939, elle fait ses débuts américains à San Francisco (Butterfly) et, l'année suivante, au Met (Mimi). Elle y chantera pendant seize saisons consécutives (Violetta, Manon, Pamina, Donna Elvira, Antonia, ainsi que les principaux rôles de travestis comme Octavian, Chérubin, Orlofsky...). Elle se retire en 1957. Elle a créé le rôle-titre de *Giuditta* (1934) de Franz Lehár.

Nucci, Leo

Baryton italien, né à Castiglione dei Pepoli (Bologne) le 16 avril 1942.

Après des études à Bologne et à Milan avec Marchesini, il remporte en 1967 le Concours de chant de Spoleto et y fait ses débuts la même année dans Figaro (*Le Barbier de Séville*). Membre des chœurs de la Scala de Milan pendant sept ans, il chante ensuite, à partir de 1975, dans la plupart des grands théâtres italiens avant d'être invité à la Scala (Figaro, 1976), à Vérone (*Roméo et Juliette,* 1977), à Covent Garden (*Luisa Miller,* 1978), à l'Opéra de Munich, à la Deutsche Oper de Berlin. Son répertoire couvre l'essentiel des rôles du bel canto et du vérisme italien, notamment *La Traviata*, *Don Carlo*, *Lucia di Lammermoor*, *L'Elisir d'amore.* Il débute à l'Opéra de Paris en 1981 dans *Un bal masqué* (Renato), il chante dans *Falstaff* à Los Angeles et à Covent Garden, *Rigoletto* à Francfort, *Luisa Miller* à Hambourg et au Met, *Le Voyage à Reims* à Pesaro en 1984, *Un bal masqué* au Festival de Salzbourg en 1989. Il a épousé la soprano **Adriana Anelli.**

O

Oborin, Lev

Pianiste russe, né à Moscou le 11 septembre 1907, mort à Moscou le 5 janvier 1974.

Jusqu'en 1921, Oborin étudie le piano avec Elena Gnessina à l'École de musique Gnessine de Moscou, puis avec Konstantin Igoumnov au Conservatoire jusqu'en 1926. En 1927, il remporte le Prix Chopin du premier Concours de Varsovie. Sa technique sobre, analytique et très expressive, renforcée par un beau legato, en font un pédagogue tout trouvé. Aussi se met-il à enseigner au Conservatoire dès 1928, où il obtient une chaire en 1948. Oborin compte Vladimir Ashkenazy et Ekaterina Novitskaïa parmi ses élèves. Il a très souvent servi la musique de chambre avec David Oïstrakh et Sviatoslav Knuschevitzki. Outre ses propres compositions et des articles de presse sur des pianistes et sur la technique du piano, cet ardent défenseur de la musique soviétique a également créé le *Concerto pour piano* de Khatchaturian (1937), les deux sonates pour violon et piano de Prokofiev, avec David Oïstrakh (respectivement 1946 et 1944) et le *Trio avec piano n° 1* de Chostakovitch (1925).

Obraztsova, Elena

Mezzo-soprano russe, née à Leningrad le 7 juillet 1937.

Elle fait ses études au Conservatoire de Leningrad et dès sa deuxième année dans cette institution est engagée au Bolchoï. Médaille d'or de concours internationaux – Festival mondial de la jeunesse à Helsinki – et prix du Concours Glinka en 1962, c'est dans le rôle de Marina (*Boris Godounov*) qu'elle débute au Bolchoï. Elle chante aussitôt après *La Dame de pique* de Tchaïkovski et *Guerre et Paix* de Prokofiev. En 1967, elle se rend à Montréal avec le Bolchoï. En 1970 elle remporte les prix du Concours Tchaïkovski et du Concours Francisco Viñas à Barcelone. A la Scala (1964), à New York et à San Francisco (dans le rôle d'Azucena du *Trouvère*), à Paris, Elena Obraztsova révèle des dons dramatiques que sert une voix chaude et riche. En 1975, elle crée l'opéra de Molchanov *Les aubes sont tranquilles ici.* Elle l'interprétera encore à Washington et à New York. En dehors de ses tournées avec le Bolchoï, elle chante Azucena à San Francisco (1975), Charlotte (*Werther*) à la Scala (1976) et Amneris au Met (1976) où elle se produit régulièrement au cours des années suivantes. Parmi ses rôles de prédilection citons Marfa (*La Khovanchtchina*), la Comtesse (*La Dame de pique*), Lioubacha (*Le Prince Igor*), Carmen. En récital, elle chante, avec bonheur, les *Tonadillas* d'Enrique Granados, les *Sept Chansons populaires espagnoles* de Manuel de Falla, des mélodies et des lieder de grands auteurs russes et allemands. Elle chante le rôle d'Obéron dans *Le Songe d'une nuit d'été* de Britten.

Ochman, Wiesław

Ténor polonais, né à Varsovie le 6 février 1937.

Élève de Gustaw Serafin, Maria Szłapka et Sergiusz Nadgryzowski à Varsovie, il débute à l'Opéra de Bytom en 1959 dans *Edgardo*. Il y chante jusqu'en 1963 et, après une saison à Cracovie, est engagé à l'Opéra de Varsovie en 1964. Il remporte aussitôt de grands succès dans son pays, particulièrement dans les rôles de Jontek (*Halka* de Moniuszko), Lenski (*Eugène Onéguine*), Dimitri (*Boris Godounov*), Cavaradossi (*Tosca*), Arrigo (*Les Vêpres siciliennes*) et Hoffmann (*Les Contes d'Hoffmann*). A partir de 1966, il commence une éblouissante carrière internationale, tout en restant lié à l'Opéra de Varsovie. Il est invité au Covent Garden, à l'Opéra de Paris, de Hambourg et de Prague. Depuis la saison 1968-69, il fait partie de la troupe de Hambourg où il participe à de nombreuses premières : *Don Pasquale* (Ernesto), *Les Vêpres siciliennes* (Arrigo), *Salomé* (Narraboth), *Boris Godounov* (Dimitri)... Il remporte de grands succès, lors de tournées diverses en Amérique du Nord, non seulement sur scène (débuts au Met en 1975 dans *Les Vêpres siciliennes*), mais également en concert, où son répertoire comprend aussi bien les œuvres de musique baroque que les créations contemporaines, tout particulièrement les œuvres de son compatriote Penderecki.

Odnoposoff, Riccardo

Violoniste argentin naturalisé américain, né à Buenos Aires le 24 février 1914.

Dans sa ville natale, il étudie avec Aaron Klasse (1919-26) puis vient travailler à Berlin avec Rudolph Deman (1927-28) et surtout Carl Flesch (1928-32) dont il sera l'un des héritiers. En 1932, il remporte le 1er prix du Concours international de Vienne, et, en 1937, le 2e prix au Concours Ysaÿe, aux côtés de David Oïstrakh, et entreprend de vastes tournées. Il devient Konzertmeister de l'Orchestre Philharmonique de Vienne, puis se consacre à l'enseignement d'abord à New York (1944-56) puis, depuis 1956, à la Musikhochschule de Vienne, où, parmi ses élèves, on trouve notamment le violoniste autrichien Josef Sivó. En 1964, il est nommé professeur à la Hochschule für Musik de Stuttgart. Il est ensuite professeur au Conservatoire de Zurich (1975-84). Il donne également des cours d'interprétation à Salzbourg et à Nice. Theodor Berger lui a dédié son *Concerto pour violon*, Francisco Mignone ses *Variations sur un thème brésilien*. Il a également créé le *Concerto pour violon* de Bjarne Brustad.

Ogdon, John

Pianiste anglais, né à Mansfield Woodhouse le 27 janvier 1937, mort à Londres le 1er août 1989.

Il est d'abord étudiant au Collège Royal de Musique de Manchester en 1945 où il est l'élève de Iso Elinson, puis un an plus tard de Claude Biggs, Denis Matthews, Egon Petri, Gordon Green et Ilona Kabos. En outre, il travaille également la composition avec Richard Hall, Thomas Pitfield et, à partir de 1967, avec George Lloyd. Il attire l'attention du monde musical en remplaçant au pied levé un pianiste souffrant en « déchiffrant » le *Concerto no 2* de Brahms. Il fait ses débuts à Londres en 1958 en jouant le *Concerto* de Busoni sous la direction de Sir Henry Wood. En 1961, il obtient le Prix Liszt et, en 1962, partage avec Vladimir Ashkenazy le Prix Tchaïkowski à Moscou, début d'une carrière internationale. Son répertoire est très vaste et souvent original. Il participe au Groupe Musique Nouvelle de Manchester. Il joue des œuvres très peu connues de Liszt, Nielsen, Alkan, Stevenson. En 1960, il a épousé la pianiste **Brenda Lucas** avec laquelle il se produit en duo. Entre 1976 et 1980, il enseigne à l'Université de l'Indiana à Bloomington. Il a créé des œuvres de Harrison Birtwistle, Alexander Goehr, Alun Hoddinott (*Concerto pour piano no 3*, 1966 ; *Sonate pour piano no 5*, 1968), Peter Maxwell Davies, Gerard Schurmann (*Contrasts* pour piano, 1973 ; *Concerto pour piano*, 1973), Malcolm Williamson (*Concerto pour piano no 3*, 1964).

Ohanesian, David

Baryton roumain, né à Bucarest le 6 janvier 1927.

Il étudie au Conservatoire Astra et aux conservatoires de Bucarest et de Cluj-Napoca. Il est soliste des opéras de Cluj-Napoca et de Bucarest. Il participe en 1958 à la création roumaine de l'opéra *Œdipe* de Georges Enesco. Il se produit sur toutes les grandes scènes lyriques.

Ohlsson, Garrick

Pianiste américain, né à Bronxville le 3 avril 1948.

Il travaille au Conservatoire de Westchester avec Thomas Lishman, puis à la Juilliard School avec Sacha Gorodnitzki, Rosina Lhévinne et Olga Barabini. En 1966, il est lauréat du Concours Busoni à Bolzano et du Concours international de Montréal. Il remporte le 1er prix au Concours Chopin de Varsovie en 1970. Si l'on a pu le qualifier de « géant du piano », c'est au sens propre qu'il faut prendre l'expression : 1,94 m pour 102 kg ! Sa main droite couvre la 12e, sa main gauche la 13e... De tels moyens lui confèrent une technique fabuleuse. Il a créé le *Concerto pour piano nº 3* (1984) de Charles Wuorinen.

Oïstrakh, David

Violoniste russe, né à Odessa le 30 septembre 1908, mort à Amsterdam le 24 octobre 1974.

Fils d'un choriste de l'Opéra, David Oïstrakh est l'élève de Stoliarski (qui forma aussi, en partie, Nathan Milstein). Lauréat de sa ville natale (1926), sa renommée sera fulgurante, en Union soviétique d'abord, où son premier concert a lieu à Leningrad, en Occident ensuite, à partir de 1927. Mais, il doit sa consécration internationale au 1er prix qu'il remporte en 1937 au Concours Eugène Ysaÿe, en Belgique, après avoir obtenu un 2e prix à Varsovie, au Concours Henryk Wieniawski. Si David Oïstrakh, à l'instar de Mischa Elman naguère, excellait dans la musique russe, il savait aussi, grâce à sa prodigieuse érudition musicologique, traduire avec un art incomparable les maîtres classiques et romantiques, comme Bach, Beethoven, Brahms ou Mendelssohn. Musicien jusqu'au bout des ongles, le « Roi David » possédait au plus haut point une sincérité d'expression, une noblesse et un respect de l'écriture fort rares. Il pouvait donc tout exprimer, sachant s'élever jusqu'aux maîtres qu'il servait. La musique soviétique lui doit beaucoup. Chostakovitch a écrit pour lui ses deux *Concertos* (1955 et 1967) et sa *Sonate pour violon et piano* (1969), Prokofiev sa *Sonate pour violon et piano nº 2* (1944), Miaskovski (1939), Khatchaturian (1940) et Kabalevski (1948) leurs concertos pour violon. Il a également créé la *Sonate pour violon et piano nº 1* de Serge Prokofiev (1946) et le *Concerto pour violon* d'Ernst Hermann Meyer (1965). Il avait formé un trio avec le violoncelliste Sviatoslav Knuschevitzki et le pianiste Lev Oborine, puis un quatuor avec piano toujours avec Knuschevitzki, mais entourés du pianiste Alexandre Goldenweiser et de l'altiste Mikhaïl Terian. Ses partenaires de sonate ont été d'abord Lev Oborine et, à la fin de sa vie, Sviatoslav Richter. En dehors de sa carrière de concertiste, David Oïstrakh était titulaire d'une chaire au Conservatoire de Moscou depuis 1934. Une dizaine d'années avant sa mort, il avait déjà été sujet à des crises cardiaques qui l'avaient amené à réduire son activité et à troquer parfois son archet pour la baguette de chef. Dans cette dernière discipline, il excellait également, comme encore à l'alto : on se souvient de sa légendaire interprétation de la *Symphonie concertante* pour violon et alto de Mozart qu'il grava avec son fils Igor au violon. Il jouait sur deux Stradivarius, le *Comte de Fontana* (1702), qu'il avait acquis en 1953, et le *Marsick* (vers 1710).

Oïstrakh, Igor

Violoniste russe, né à Odessa le 27 avril 1931.

Fils de **David Oïstrakh**, il commence à jouer du violon dès son plus jeune âge, mais ne se consacre exclusivement à son instrument qu'à douze ans, avec comme professeur Piotr Stoliarski, qui avait été celui de son père. Suivent ensuite de longues années d'études, d'abord à l'École Centrale de Musique de Moscou (classe de V. Merenblum), puis au Conservatoire de Moscou où il reçoit l'enseignement de son père. Encore élève au Conservatoire, il remporte un 1er prix en 1949 à Budapest, au second World Youth Festival, puis en 1952 à Poznań, au Concours international Wieniawski. En 1958, il devient soliste de l'Orchestre Philharmonique de Moscou, et enseigne au Conservatoire de Moscou jusqu'en 1975. Il doit affronter un problème : l'obligation de se faire un prénom, en se démarquant du style et des conceptions de son père. En musique de chambre, il joue habituellement avec son épouse et partenaire, la pianiste **Natalia Zertsalova**. Leur fils, Valery, a commencé une carrière d'altiste.

Oldham, Arthur

Chef de chœur et compositeur anglais, né à Londres le 6 septembre 1926.

Il fait ses études au Royal College of Music de Londres où il travaille la composition à partir de 1942 avec Herbert Howells. Deux ans plus tard, il suit des cours privés avec Benjamin Britten et commence une carrière de compositeur, notamment dans le domaine lyrique et chorégraphique. Il est chef de chœur dans différents théâtres londoniens et directeur musical du Ballet Rambert. En 1956, il est nommé maître de chapelle de la cathédrale catholique d'Édimbourg. Il fonde en 1965 le Chœur du Festival d'Édimbourg et collabore avec les chefs les plus prestigieux (Abbado, Bernstein, Karajan, Muti, Giulini...). Entre 1966 et 1974, il est chef de chœur du Scottish Opera et, entre 1969 et 1976, du London Symphony Chorus. En 1975, Daniel Barenboïm l'invite à créer le Chœur de l'Orchestre de Paris et il se fixe en France. Quatre ans plus tard, Bernard Haitink lui demande de fonder un ensemble analogue au Concertgebouw d'Amsterdam qui fonctionne entre 1979 et 1986. Il assure simultanément la direction de ces deux chœurs. En 1986, il reprend la direction du Chœur du Festival d'Édimbourg.

Oleg, Raphaël

Violoniste français, né à Paris le 8 septembre 1959.

Fils du compositeur **Alexandre Oleg**, Raphaël commence l'étude du violon à l'âge de sept ans avec Hélène Arnitz, qui le forme jusqu'à son entrée, sur les conseils d'Henryk Szeryng, au Conservatoire de Paris, dans la classe de Gérard Jarry : il a alors douze ans. Dans le même temps, il suit les cours de Maurice Crut pour la musique de chambre. En 1976, il obtient un 1er prix à l'unanimité dans les deux disciplines. Durant l'été 1976, il suit les cours d'interprétation de Szeryng à Genève, puis les cours d'analyse musicale de Betsy Jolas. En 1977, il est lauréat du Concours international Marguerite Long-Jacques Thibaud. Il a également travaillé avec Pierre Amoyal. Depuis lors, il a commencé une carrière prometteuse et l'ensemble de la critique, comme des mélomanes, salue en lui non seulement un violoniste d'élite, mais aussi un musicien d'une intelligence peu courante. En 1984, il est nommé professeur au Conservatoire américain de Fontainebleau. En 1986, il remporte le 1er prix au Concours Tchaïkovski à Moscou et est le premier interprète français à avoir remporté cette compétition internationale. Il joue sur un violon fabriqué pour lui par le luthier lyonnais Jacques Fustier en 1987.

Olivero, Magda

Soprano italienne, née à Saluzzo (Piémont) le 25 mars 1912.

Fille d'un honorable magistrat, elle prend très jeune des leçons de danse. Tout en poursuivant ses humanités, elle s'inscrit au Conservatoire de Milan pour y étudier le piano, l'harmonie et le contrepoint sous la férule de Ghedini. Peu à peu, elle découvre sa voix. Après quelques tâtonnements, elle découvre en Luigi Gerussi et Luigi Ricci les maîtres qui lui inculquent cette technique vocale parfaite qui explique – avec la force de caractère du personnage – la grandeur et la longévité de sa carrière.

Ses grands débuts ont lieu à Turin en 1933 en Lauretta de *Gianni Schicchi.* Très vite, elle y est Gilda. Célèbre en une soirée, elle se retrouve sur les plus grandes scènes de la Péninsule. Elle incarne les héroïnes fragiles et attendrissantes, Liù, Butterfly, Mimi, Manon, Suor Angelica. Elle est aussi les deux Marguerite (Gounod et Boïto), Adrienne Lecouvreur et surtout Violetta.

En 1941, Magda Olivero se marie et décide de quitter la scène, faisant ses adieux dans cette *Adrienne Lecouvreur*, dont Cilea, le compositeur, considérait qu'elle était l'interprète idéale. Dix ans de silence. Elle ne chante que pour son plaisir. Mais des voix s'élèvent de partout. Rien n'y fait... Jusqu'au jour où, venant de Cilea, s'élève une prière à laquelle elle ne peut résister. En 1951, elle réapparaît discrètement en Mimi. Puis c'est la résurrection d'*Adrienne Lecouvreur* ; mais Cilea n'était plus là. C'est une mémorable Iris et le départ d'une carrière plus triomphale que la première. Elle est la vedette à la Scala, à Rome, mais aussi à Paris, Bruxelles, Amsterdam, Buenos Aires... et tous les grands festivals d'été.

Olof, Theo

Violoniste néerlandais, né à Bonn le 5 mai 1924.

Il débute tout d'abord avec sa mère et se produit dès l'âge de cinq ans. A partir de 1933, il travaille avec Oskar Back à Amsterdam où il donne son premier concert public en 1935. Après la guerre, il réalise des tournées en Europe, aux États-Unis et en Russie comme soliste. En 1951, il remporte le 4e prix au Concours Reine Élisabeth de Belgique. De 1951 à 1971, il occupe la place de violon solo à l'Orchestre de la Résidence de La Haye, poste qu'il partage avec Herman Krebbers avec lequel il se produit en duo. Les compositeurs Henk Badings (1954), Geza Frid (1952), Hans Kox (1964) ont écrit des concertos pour deux violons à leur intention. En 1974, il est nommé premier violon solo de l'Orchestre du Concertgebouw d'Amsterdam. Il se produit avec la pianiste Janine Dacosta et enseigne au Conservatoire de La Haye. Il a créé des œuvres de Maderna (1969), Ton de Leeuw, Henkemans, Van Vlijmen. Son violon est signé François-Louis Pique (1797).

Omachi, Yoichiro

Chef d'orchestre japonais, né à Tokyo le 22 août 1931.

Il commence ses études à Tokyo puis travaille à l'Académie de musique de Vienne avec Hans Swarowsky (1954-56). Il suit également des cours de Karl Böhm, Herbert von Karajan et Franco Ferrara. Engagé comme assistant par Karajan, il effectue différentes tournées avec l'Orchestre Philharmonique de Berlin et l'Orchestre Philharmonique de Vienne (1957-59). Entre 1961 et 1964, il est à la tête de l'Orchestre Philharmonique de Tokyo. Il participe ensuite à la fondation du Tokyo Metropolitan Symphony Orchestra dont il prend la direction (1964-66). En 1968, il est engagé à l'Opéra de Dortmund. Il mène alors une carrière de chef invité, principalement en Allemagne, en Autriche et au Japon où il dirige les principaux orchestres lors de leurs tournées internationales.

Onegin, Sigrid (Elisabeth Elfriede Sigrid Hoffmann)

Contralto suédoise, née à Stockholm le 1er juin 1889, morte à Magliaso (Suisse) le 16 juin 1943.

Elle étudie le chant à Munich avec Eugen Robert Weiß et à Milan avec De Ranieri. Puis elle travaille avec Lilli Lehmann et Margarethe Siems avant de débuter en 1912 à Stuttgart dans *Carmen*. Peu après, elle y crée le rôle de Dryade dans *Ariane à Naxos*. Elle chante sur la plupart des scènes allemandes, principalement à Munich (1919-22), puis débute au Met en 1922 dans Amneris. Elle est invitée à l'Opéra de Paris et au Covent Garden (1927). Entre 1926 et 1931, elle appartient à la troupe de la Städtische Oper de Berlin où elle s'impose notamment dans *Don Carlos*, Macbeth et *Un bal masqué*. Au Festival de Salzbourg, elle chante *Orphée et Eurydice* de Gluck (1931-32) puis, à Bayreuth, Erda, Fricka et Waltraute (1933-34).

ÉCRITS : *Alt-Rhapsodie, Sigrid Onegins Leben und Werk* (Magdebourg, 1939).

Oppitz, Gerhard

Pianiste allemand, né à Frauenau le 5 février 1953.

Il donne son premier concert à l'âge de onze ans (*Concerto pour piano en ré mineur* de Mozart) puis travaille avec Paul Buch à la Musikhochschule de Stuttgart et Hugo Steurer à celle de Munich. Mais c'est Wilhelm Kempff qui exerce une influence déterminante sur lui, lorsqu'il va suivre ses cours de perfectionnement à Positano en 1973. Il travaille également avec Claudio Arrau qui le marque par son sens de la construction. En 1977, il remporte le 1er prix au Concours international Arthur Rubinstein de Tel-Aviv. Sa carrière débute rapidement. Il forme un trio avec le violoniste Dmitry Sitkovetsky et le violoncelliste David Geringas. Il joue en sonate avec le violoniste Gil Shaham. En 1981, il se voit confier une classe de perfectionnement à la Musikhochschule de Munich. En 1982, il donne sa première intégrale en concert de trente-deux sonates pour piano de Beethoven qui va devenir l'un des chevaux de bataille de sa carrière. En 1985, il présente l'intégrale du *Clavier bien tempéré* de J. S. Bach puis il aborde l'œuvre de Brahms et celle de Schumann, qu'il présente aussi sous forme de cycles. Malgré d'évidentes affinités pour le répertoire romantique allemand, il joue volontiers la musique de son temps, de Webern à Messiaen.

Il a créé des œuvres de Helmut Lachenmann (*Allegro sostenuto* pour clarinette, violoncelle et piano, 1989), Ernest Sauter (*Concerto pour piano*, 1993), Carlos H. Veerhoff (*Concerto pour piano n° 2*, 1990).

Ormandy, Eugene
(Jenö Blau)

Chef d'orchestre hongrois naturalisé américain (1927), né à Budapest le 18 novembre 1899, mort à Philadelphie le 12 mars 1985.

Il entre à l'Académie royale de sa ville natale à l'âge de cinq ans pour y étudier le violon. C'est à sept ans qu'il donne ses premiers concerts. En 1908, il devient l'élève de Jenö Hubay. Il obtient son diplôme en 1913 et commence à enseigner le violon en 1916. En 1921 il se rend aux États-Unis et entre dans l'orchestre du Capitol Theatre de New York où il passe du dernier au premier rang. Ses débuts comme chef datent de 1924 : il dirige de la musique légère à la radio. En 1931, il remplace Toscanini au pied levé pour un concert à la tête de l'Orchestre de Philadelphie. La même année, il est à la tête de l'Orchestre Symphonique de Minneapolis. Puis il prend, avec Stokowski, la direction de l'Orchestre de Philadelphie dont il sera le seul chef de 1938 à 1979, faisant de cette phalange l'une des meilleures du monde. Il enseigne également au Curtis Institute de Philadelphie (1968-77). Il a dirigé la première tournée en Chine d'un orchestre symphonique américain (1973). Ormandy a dirigé en première exécution mondiale de nombreuses œuvres de Samuel Barber (*Concerto pour violon,* 1941), Belá Bartók (*Concerto pour piano n° 3*, 1946), Benjamin Britten (*Diversions on a Theme,* 1942), Ross Lee Finney (*Symphonie n° 2*, 1958 ; *Symphonie n° 3*, 1964), Alberto Ginastera (*Concerto pour harpe,* 1963 ; *Concerto per corde,* 1966), Howard Hanson (*Symphonie n° 5*, 1955), Roy Harris (*Symphonie n° 9*, 1963), Ernst Krenek (*Medea,* 1953), Bohuslav Martinů (*Symphonie n° 4*, 1945), Gian Carlo Menotti (*Concerto pour violon,* 1952 ; *Symphonie n° 1*, 1976), Nicolas Nabokov (*Studies in Solitude,* 1961), Vincent Persichetti (*Symphonie n° 3*, 1947 ; *Symphonie n° 4*, 1954 ; *Symphonie n° 9 « Sinfonia Janiculum »,* 1971), Walter Piston (*Symphonie n° 7*, 1961), Serge Rachmaninov (*Danses symphoniques,* 1941), George Rochberg (*Symphonie n° 1*, 1958), Ned Rorem (*Eagles,* 1959), William Schuman (*Symphonie n° 9*, 1969), Roger Sessions (*Symphonie n° 5*, 1964).

Orozco, Rafaël

Pianiste espagnol, né à Cordoue le 24 janvier 1946.

Il fait ses études au Conservatoire de Cordoue dès 1952, retrouvant parmi ses professeurs son père et son oncle. Il entre ensuite au Conservatoire de Madrid et obtient ses diplômes en 1964 après avoir remporté des prix aux Concours de Bilbao et de Jaén. Sa rencontre avec Alexis Weissenberg est importante. Il travaille avec lui à l'Académie Chigiana de Sienne et reçoit le diplôme du mérite. En 1966, il remporte le Concours de Leeds et est aussitôt engagé à Londres et dans certains festivals anglais. Il commence alors une carrière de virtuose. Son jeu est très brillant et sa technique est sûre. Il affectionne tout particulièrement les concertos de Rachmaninov. Il vit à Rome. Il a créé des œuvres de Joan Guinjoan (*Divagant*, dédicace, 1979).

Ortiz, Cristina

Pianiste brésilienne naturalisée anglaise, née à Salvador (Bahia) le 17 avril 1950.

Élève du Conservatoire de Rio de Janeiro, elle vient se perfectionner à Paris avec Magda Tagliaferro, puis va suivre les cours de Rudolf Serkin au Curtis Institute de Philadelphie. Elle travaille également avec Lili Kraus à Fort Worth et Ilona Kabos à New York. En 1965, elle obtient le 1er prix du Concours de Rio. L'année suivante, elle remporte le Concours Tagliaferro de Paris. Lauréate du Concours Enesco de Bucarest en 1969, elle obtient la même année le 1er prix au Concours Van Cliburn. Ses débuts aux États-Unis ont lieu à New York en 1971. L'essentiel de sa carrière se déroule en Grande-Bretagne, où elle vit.

Osinska, Eva

Pianiste polonaise, née à Varsovie le 22 mars 1941.

Après avoir été l'élève de Drzewiecki et de Ryszard Bakst au Conservatoire de Varsovie, elle suit les cours de Vlado Perlemuter et de Suzanne Roche à Paris. Prix d'excellence en 1972 au Conservatoire de Paris, elle remporte à Naples le Concours Casella, et en Espagne le Concours Jaén. Très proche d'Arthur Rubinstein, à la fin de sa vie, elle travaille avec lui l'ensemble de l'œuvre de Chopin dont elle réalise par la suite l'enregistrement intégral. Elle joue en sonate avec Henryk Szeryng.

Östman, Arnold

Chef d'orchestre, pianiste et organiste suédois, né à Malmö le 24 décembre 1939.

Il fait simultanément des études universitaires à Lund, de piano et d'orgue à Stockholm et à Paris. Il est organiste de la Klara Church de Stockholm puis professeur à l'École Musicale Dramatique. En 1969, il est nommé directeur artistique de l'Académie Vadstena où il effectue d'importantes recherches sur la musique baroque qui décident de la suite de sa carrière. Il se produit comme pianiste, accompagnant notamment Birgitt Nilson ou Nicolaï Gedda dans des soirées de lieder. En 1974, il fonde le Norreland Opera à Umeä dont il est intendant et directeur musical. En 1979, il est nommé directeur du musée de Drottningholm et, un an plus tard, directeur musical du Festival, poste qu'il partage avec Charles Farncombe jusqu'en 1984 avant d'en exercer seul la responsabilité jusqu'en 1992. Il y dirige chaque été les opéras de Mozart avec des instruments d'époque (ou reconstitués). Il dirige comme invité à la Fenice de Venise, au Covent Garden, à l'Opéra de Paris et dans les principaux opéras allemands (Cologne, Bonn...). Il a réalisé deux films sans dialogue (uniquement musicaux) : *Christina – Winter Queen of Sweden* (1979) et *Gustav III – The Player King* (1983) tous deux couronnés au Prix Italia.

Otaka, Tadaaki

Chef d'orchestre japonais, né à Kamakura le 8 novembre 1947.

Il fait ses études à l'École de musique Toho Gakuen de Tokyo et à la Hochschule für Musik de Vienne. Il enseigne à l'École de musique Toho Gakuen (à partir de 1970) et commence une carrière de chef d'orchestre au Japon. Il est premier chef de l'Orchestre Philharmonique de Tokyo (1974-92), de l'Orchestre Symphonique de Sapporo (à partir de 1981) et du BBC National Orchestra of Wales à Cardiff (à partir de 1987). En 1992, il prend la direction du Yomiuri Nippon Symphony Orchestra, à Tokyo. Il a créé des œuvres d'Elena Firsova (*Cassandra*, 1993), Toru

Takemitsu (*For Calls, Coming, far !*, 1980 ; *Orion and Pleiades*, 1984 ; *Gemeaux*, 1986).

Ott, Karin

Soprano suisse, née à Zurich le 13 décembre 1948.

A six ans, elle étudie le piano, puis au cours des ans, elle aborde le chant, le violon et l'orgue ! Elle termine ses études et, ayant obtenu son baccalauréat, elle s'inscrit à l'Opéra-Studio de Zurich. Elle débute au Théâtre de Bienne-Soleure et la saison suivante est invitée en Allemagne, où elle va continuer de travailler le chant et étendre son répertoire. Avec son mari, metteur en scène, elle étudie un grand nombre de nouvelles partitions. En 1970, elle remporte à Reggio nell'Emilia un prix au Concours international Achille Peri. Son exceptionnel sens musical lui permet des tours de force comme apprendre en un jour le rôle de Parassja (*La Foire de Sorotschintsi*) pour sauver la situation à l'Opéra de Brunswick et en trois jours le rôle de Tove (*Gurrelieder*) à Zurich. Elle est invitée dans toute l'Europe. En 1977, elle est engagée par l'Opéra de Paris pour être la Reine de la nuit (*La Flûte enchantée*) et la saison suivante elle fait partie des troupes de Berlin et de Stuttgart, tout en chantant régulièrement à l'Opéra de Paris, ainsi qu'à l'Opernhaus de Zurich.

Otten, Kees

Flûtiste néerlandais, né à Amsterdam le 28 novembre 1924.

Après des études au Lycée musical et au Conservatoire d'Amsterdam, dans les classes de clarinette et de flûte, il se spécialise dans la flûte à bec, qu'il fait entendre d'abord dans des cabarets, en même temps que la clarinette et le saxophone alto. Ses débuts datent de 1946. Il devient vite le premier flûtiste à bec soliste hollandais et il obtient la chaire de l'enseignement de cet instrument au Lycée musical d'Amsterdam, ensuite au Conservatoire de La Haye. En 1963, il fonde le Syntagma Musicum, et enregistre de la musique ancienne de la Renaissance, faisant œuvre révélatrice de compositeurs méconnus – ainsi dans les disques *Guillaume Dufay et son époque* et *Monuments de la musique ancienne*. Jacob de Senleches, Landini, Jacopo da Bologna, de Caserta, Arnold de Lantins..., sortent grâce à lui de l'oubli. Kees Otten est un précurseur dans la découverte du répertoire de la Renaissance interprété sur instruments anciens et selon des données historiques adéquates.

Otter, Anne-Sofie von

Alto suédoise, née à Stockholm le 9 mai 1955.

Elle fait ses études au conservatoire royal de sa ville natale puis avec Erik Werba (à Vienne), Geoffroy Parsons et Vera Rosza (à partir de 1981, à Londres). Elle appartient à la troupe de Drottningholm (1981-82) et débute à l'Opéra de Bâle en 1982 (Chérubin, Orphée, Sextus...). En 1984, elle participe au Festival d'Aix-en-Provence (*La Finta giardiniera*) et sa carrière démarre à l'échelon international : Genève, Cologne et Berlin (Dorabella), Covent Garden (Chérubin). En 1986, elle remporte le Prix de la Fondation Maria Callas et fait ses débuts à la Scala de Milan, toujours dans Chérubin, son rôle fétiche, semble-t-il. Elle chante à l'Opéra de Vienne, aux États-Unis (Chérubin au Met, Octavian à Chicago) et se produit régulièrement en concert. En 1992, elle chante pour la première fois au Festival de Salzbourg (*La Finta giardiniera* de Mozart).

Otterloo, Willem Van

Voir à **Van Otterloo, Willem.**

Otto, Lisa

Soprano allemande, née à Dresde le 14 novembre 1919.

Fille du chanteur **Karl Otto**, elle étudie le chant à Dresde avec Suzanne Steinmetz-Prée et débute à Beuthen en 1941 (Sophie du *Chevalier à la rose*). Elle appartient aux troupes des opéras de Nüremberg (1945), Dresde (1946) et Berlin depuis 1951. Spécialisée dans les rôles de soubrette, elle paraît à la Scala, à l'Opéra de Paris, à Vienne, au Festival de Salzbourg (1953-65 : Despina, Blondchen, la première Dame de la nuit, Écho dans *Ariane à Naxos*, une servante d'*Elektra*), et au Festival de Glyndebourne en 1956 (Blondchen). Elle reçoit le titre de Kammersängerin en 1963.

Ötvös, Gabor

Chef d'orchestre hongrois naturalisé allemand, né à Budapest le 21 septembre 1935.

Il fait ses études musicales à l'Académie Franz Liszt de sa ville natale. En 1956, il quitte la Hongrie et s'installe en Italie où il poursuit ses études à Venise et à Rome. Il débute comme assistant au Teatro Verdi de Trieste (1958-59) avant d'y être nommé directeur musical (1960-61). Il est ensuite chef permanent de l'Orchestre Symphonique de Hambourg (1961-67), premier chef à l'Opéra de Francfort (1967-72). Il dirige régulièrement au New York City opera (1969) et au Met (1971-73) avant d'être nommé directeur général de la musique à Augsbourg (1972-81) et chef permanent à l'Opéra Royal Danois à Copenhague (à partir de 1981). Il développe une importante carrière de chef invité, notamment dans le domaine lyrique (Berlin, Buenos Aires, New York City Opera, Met, Canadian Opera Compagny...). Il a dirigé le *Ring* à Lyon et au Teatro Colón de Buenos Aires et en a assuré une mise en scène à Augsbourg.

Oubradous, Fernand

Bassoniste et chef d'orchestre français, né à Paris le 15 février 1903, mort à Saint-Mandé le 9 janvier 1986.

Il fait ses études au Conservatoire de Paris entre 1916 et 1923. Il est d'abord élève dans la classe de Paul Rougnon (solfège), puis auditeur à la classe de piano de Isidore Philipp (1921), tout en travaillant, hors conservatoire, avec Noël Gallon, André Bloch et Philippe Gaubert (direction d'orchestre). En 1922, il s'inscrit à la classe de Bourdeau (basson). Un an après, il reçoit un 1er prix de basson. Il prend la direction de la musique de scène du Théâtre de l'Atelier (1925-30). En 1927, il crée le Trio d'anches de Paris. Il fait partie de plusieurs orchestres : Orchestre National (1934-35), Orchestre de l'Opéra de Paris (1935-1953), basson solo de la Société des Concerts du Conservatoire (1936). En 1940, il transforme la Société des Instruments à Vent, fondée par Taffanel en 1879, en Association des Concerts de Chambre de Paris, dont il est le président et qui prend, à partir de 1943, le nom de Concerts Symphoniques de Chambre de Paris. En 1942, il est chargé de la classe d'ensemble instrumental au Conservatoire de Paris et, en 1947, Oubradous est nommé directeur artistique et chef d'orchestre au Grand Théâtre de Lille ; en 1954, il est professeur au Mozarteum de Salzbourg (jusqu'en 1958) ; en 1958 il fonde l'Académie internationale d'été de Nice ; en 1961 il est nommé président de l'Association française de musique de chambre ; en 1965, il est membre du comité des programmes de l'ORTF et, en 1966, il crée une collection de musique contemporaine française aux éditions Transatlantiques.

Parmi les très nombreuses créations qu'il a dirigées, il faut citer *Amphitryon* (M. Emmanuel, 1941), *Suite élisabéthaine* (Ibert, 1943), *Suite concertante*, op. 57 (Martelli, 1944), *Concerto da camera* (Martinů, 1954), *Symphonie de chambre* (Enesco, 1955), *Images pour un poète maudit* (Barraud, 1955), *Dialoghi* (Malipiero, 1963), *2 Mouvements à la mémoire de Paul Gilson* et *The Garden's concertino* (Sauguet, 1966 et 1973) ainsi que des œuvres de R. Hahn, Damase, Daniel-Lesur, Martelli, Langlais, Tomasi, J. Charpentier...

Ousset, Cécile

Pianiste française, née à Tarbes le 23 janvier 1936.

Très jeune, elle révèle d'exceptionnelles dispositions pour la musique. Elle donne à Alger son premier concert public alors qu'elle atteint à peine cinq ans et demi. Élève de Marcel Ciampi au Conservatoire de Paris, elle obtient dans sa classe un 1er prix de piano (1950) et remporte, en 1953, le Prix Claire Pagès. Elle accumule ensuite de très nombreuses récompenses dans les concours internationaux : Marguerite Long-Jacques Thibaud (1953), Genève (1954), Viotti (1955), Reine Élisabeth de Belgique (1956), Busoni (1959), Van Cliburn (1962). Sa carrière la conduit dans de nombreux pays. Elle donne des cours au Canada. Cécile Ousset a enregistré l'intégrale des *Variations pour piano* de Beethoven.

Ozawa, Seiji

Chef d'orchestre japonais, né à Hoten (Mandchourie) le 1er septembre 1935.

Il étudie la musique à l'École Toho de Tokyo et veut d'abord devenir pianiste. Mais un accident l'en empêche et il se tourne vers la direction d'orchestre. Il vient en Europe où il remporte le Concours de Besançon (1959) et se perfectionne avec Karajan. Un an plus tard, il remporte le Concours Mitropoulos à New York : Bernstein le prend comme assistant (1961-62 et 1964-65). Sa carrière commence alors très vite : il est directeur musical du Festival de Ravinia (1964-68), de l'Orchestre Symphonique de Toronto (1965-69), de l'Orchestre Symphonique de San Francisco (1970-76) et de l'Orchestre Symphonique de Boston (depuis 1974). Il fait ses débuts lyriques au Festival de Salzbourg en dirigeant *Così fan tutte* en 1969. Malgré une carrière internationale très remplie, il conserve des attaches profondes avec son pays où il fonde le New Japan Philharmonic Orchestra qu'il dirige régulièrement. Sa direction, souple et brillante, redonne aux éléments rythmiques leur place naturelle dans un raffinement de sonorités exemplaire. Doué d'une mémoire phénoménale, son répertoire est excessivement varié et comporte de nombreuses partitions de compositeurs japonais qu'il fait connaître en Occident. Au cours de ces dernières années, il a imposé dans le monde entier la *Turangalîla-Symphonie* de Messiaen, compositeur dont il a créé l'opéra *Saint François d'Assise* au Palais Garnier (1983). En 1984, il fonde l'Orchestre International Saito Kinen qui réunit chaque été au Japon les principaux instrumentistes nippons appartenant aux orchestres occidentaux. En 1992 se déroule pour la première fois, autour de cet orchestre, le Festival de Saito Kinen dans la ville de Matsumoto, dans les montagnes japonaises.

Il a également créé des œuvres de Sándor Balassa (*Cries*, 1982), John Cage (*One Hundred and One*, 1989), Gottfried von Einem (*Concerto pour violon*, 1970), Alexander Goehr (*Colossos or Panic*, 1993), John Harbison (*Symphonie nº 1*, 1984), Hans Werner Henze (*Symphonie nº 8*, 1993), Ernst Krenek (*Perspectives*, 1968), György Ligeti (*San Francisco Polyphony*, 1975), Peter Maxwell Davies (*Symphonie nº 2*, 1981), Darius Milhaud (*Musique pour San Francisco*, 1972), Tristan Murail (*Sillages*, 1985), Toru Takemitsu (*November Steps*, 1967 ; *Crossing*, 1970 ; *Cassiopeia*, 1971 ; *Autumn*, 1973 ; *Dream/Window*, 1985 ; *From me flows what you call Time*, 1990 ; *Ceremonial. An Autumn Ode*, 1992), Iannis Xenakis (*Polla ta Dhina*, 1974).

Ozim, Igor

Violoniste slovène, né à Ljubljana le 9 mai 1931.

Il fait ses études à l'Académie de musique de Ljubljana avec Leon Pfeifer puis au Royal College of Music de Londres, avec Max Rostal (1949-51). En 1951, il remporte la médaille au Concours Carl Flesch à Londres et, en 1953, le 1er prix au Concours international des radios allemandes à Munich. De 1960 à 1963, il est professeur à l'Académie de musique de Ljubljana et, depuis 1965, à la Hochschule für Musik de Cologne. Après de nombreuses tournées dans toute l'Europe, Igor Ozim consacre désormais beaucoup de son temps à l'enseignement. Il a créé des œuvres de Devcic, Krek, Niehaus, Petric qui lui sont dédiées ainsi que le *Concerto pour violon* de Kelemen (1982). Son violon est un Montagnana de 1773.

P

Pachmann, Vladimir de

Voir à **De Pachmann, Vladimir.**

Paderewski, Ignacy Jan

Pianiste, compositeur et homme politique polonais, né à Kurylówka le 18 novembre 1860, mort à New York le 29 juin 1941.

Son père est administrateur, sa mère meurt après sa naissance. Son talent est vite remarqué, il travaille à la maison avec des tuteurs (W. Rumowski et Piotr Sowiński) et entre au Conservatoire de Varsovie en 1872 où il apprend le piano (avec J. Jonotha et R. Strobl), l'harmonie et le contrepoint avec G. Roguski. Diplômé en 1878, il est engagé l'année suivante comme professeur de piano au même conservatoire. En 1881 et 1883, il quitte Varsovie pour étudier la composition à Berlin. Il est encouragé par Moszkowski et Hugo Bock. Ce dernier publie ses œuvres : *Chants du voyageur*, Danses polonaises, et sera toujours son éditeur. A Berlin Paderewski rencontre R. Strauss, A. Rubinstein, Sarasate. Leschetizky le refuse comme élève puis finit par l'accepter. Paderewski travaille avec lui quelque temps en 1884-85 puis enseigne au Conservatoire de Strasbourg (1885-86) avant de revenir à Vienne poursuivre sa formation chez Leschetizky. Cette rencontre sera décisive bien que Paderewski ne s'inscrive pas dans la lignée des disciples de Leschetizky : il semble en avoir hérité la sonorité mais pas la technique. A Paris en 1883, il a remporté un premier succès. Il se produit ensuite en Allemagne, en Pologne et en Angleterre. En novembre 1890, il joue au Carnegie Hall puis donne cent concerts en Amérique en quatre mois. Les recettes vont souvent à des œuvres de charité. Il crée une fondation pour les jeunes compositeurs, aux États-Unis en 1896, et deux concours, à Varsovie (théâtre et composition). De 1909 à 1913, il est directeur du Conservatoire de Varsovie. Fixé en Suisse, à la Villa Riond Bosson à Morges, où il passe ses vacances d'été, dès 1889, il compose de plus en plus malgré des crises et une mauvaise santé. 1901 voit la création de son opéra *Manru* à Dresde, puis à New York. Sa *Symphonie* est jouée à Boston, en 1909.

Paderewski tient une grande place dans la vie de son pays ; homme d'État, il parle aux Polonais pour la première fois le 14 juillet 1910, pour la commémoration de la victoire polonaise contre les Chevaliers teutoniques (cinq cents ans plus tôt). A la fin de la guerre, il forme un comité d'assistance pour le peuple, réunit des fonds pour les victimes, travaille à la libération de la Pologne, devient Premier ministre et ministre des Affaires étrangères, lors de l'indépendance de son pays (1919) et signe le traité de Versailles. En 1923, il reprend ses concerts, enseigne l'été, devient le chef de la jeune école des compositeurs polonais à Paris et apparaît dans un film anglais *La Sonate au clair de lune.* A partir de 1936, il prépare une nouvelle édition des œuvres de Chopin qui ne sera publiée qu'après la guerre. Durant l'invasion nazie, il dirige une campagne aux États-Unis en faveur de son pays. Ce voyage en Amérique sera son dernier.

Figure légendaire, Paderewski était considéré comme l'un des géants du piano, à sa génération. Ses conceptions musicales, romantiques à l'excès, déroutent de nos jours mais s'inscrivaient dans un contexte où l'enthousiasme et la passion l'emportaient sur l'exactitude et l'authenticité. Il avait une présence scénique étonnante et la simple écoute de ses enregistrements ne donne qu'une idée partielle de son talent. Elgar lui a dédié son prélude symphonique *Polonia.* Il a créé le *Scottish Concerto* d'Alexander Mackenzie (1897).

ÉCRITS : *The Paderewski Memoirs* (1939).

Pagliughi, Lina

Soprano italienne d'origine américaine, née à Brooklyn le 27 mai 1907, morte à Rubicone le 2 octobre 1980.

Enfant prodige, la célèbre Luisa Tetrazzini l'entend, s'enthousiasme et la prend « sous son aile ». Lorsqu'elle a quinze ans, sa famille se transporte en Italie et elle devient l'élève de Manlio Bavagnoli à Milan. Agée d'à peine vingt ans, elle débute au Théâtre communal de Milan dans le rôle de Gilda. Son triomphe est tel que La Voce del Padrone la choisit pour graver ce rôle aux côtés du baryton Piazza – elle le regravera quelque vingt ans plus tard avec Taddei et Tagliavini. Elle épouse le ténor **Primo Montanari** (1895-1972) avec lequel elle chante notamment aux Pays-Bas au cours de la saison 1929-30. Elle fait, toujours dans le rôle de Gilda, ses débuts à la Scala durant la saison 1930-31 puis chante sur toutes les grandes scènes italiennes : Elvira des *Puritains*, Amina de *La Somnambule*, Rosine, Violetta, Fiordiligi, Constance, la Reine de la nuit... et Lucia qu'elle interprète pour ses adieux à la Scala en février 1947 aux côtés de Gigli. Elle continue de chanter pour la radio jusqu'en 1956, puis se retire en pleine possession de merveilleux moyens vocaux qu'une technique infaillible lui a permis de conserver jusqu'au bout. A partir de 1956, elle se consacre à l'enseignement à Milan.

Paik, Kun Woo

Pianiste coréen, né à Séoul le 10 mars 1946.

Après avoir remporté un prix spécial au Concours Mitropoulos en 1961, il fait ses études à la Juilliard School of Music de New York avec Rosina Lhévinne, à Londres avec Ilona Kabos et en Italie avec Wilhelm Kempff et Guido Agosti. Il remporte, en 1969, le 1er prix au Concours Busoni à Bolzano. En 1971, il obtient le 1er prix au Concours Walter Naumberg à New York. Sa carrière se développe rapidement et il s'impose notamment comme un interprète majeur de la musique française. En 1982, il attire l'attention en donnant l'intégrale de l'œuvre de Liszt à Paris (puis à Londres en 1984). Il s'attaque ensuite à l'intégrale de la musique pour piano de Scriabine. Il a créé le *Concerto pour piano* (1987) de Louis Saguer.

Paillard, Jean-François

Chef d'orchestre français, né à Vitry-le-François le 12 avril 1928.

Il fait de sérieuses études classiques et scientifiques à Dinan. En 1950, il obtient sa licence ès sciences mathématiques à la Sorbonne. En même temps il travaille l'écriture musicale, étudie avec Igor Markevitch et Édouard Lindenberg, et obtient un 1er prix d'histoire de la musique dans la classe de Norbert Dufourcq au Conservatoire de Paris (1951). Il enseigne ensuite l'éducation musicale de 1951 à 1956. Entretemps, il a fondé, pendant son service militaire, l'Ensemble Instrumental Jean-Marie Leclair (1952). Il épouse la claveciniste **Anne-Marie Beckensteiner** dont il se séparera par la suite. L'Orchestre de Chambre Jean-François Paillard, qui devait jouer un rôle déterminant pour la musique des XVIIe et XVIIIe siècles, est fondé en 1953. Il accompagne de très nombreux solistes. Parallèlement, Jean-François Paillard poursuit une active carrière de chef invité et réalise des travaux de musicologie. Il organise des stages de direction d'orchestre et dirige l'Académie d'été de musique de chambre de Valence (Drôme). Il est l'auteur de divers essais dont *La Musique française.*

Païta, Carlos

Chef d'orchestre argentin, né à Buenos Aires le 10 mars 1932.

Il suit les cours privés du compositeur Jacob Fischer, avec lequel il étudie l'harmonie, le contrepoint, la fugue, l'orchestration et la composition. Et c'est avec Jan Nuchoff, un élève de Leschetizky, qu'il complète ses études pianistiques. Il n'entrera jamais au Conservatoire, en raison d'un caractère indépendant difficilement compatible avec une discipline rigide. Son expérience de chef d'orchestre, il l'acquiert en assistant à une centaine d'ouvrages symphoniques et lyriques. Il bénéficie des conseils de Wilhelm Furtwängler qu'il rencontre plusieurs fois à Buenos Aires. Puis il étudie la direction d'orchestre avec Arthur Rodzinsky. Il donne son premier concert en 1956 au Théâtre Colón à Buenos Aires. Il est, peu après, nommé corépétiteur de ce théâtre. En 1964, il est invité par le gouvernement américain à étudier aux États-Unis. De 1966 à 1968, il dirige ses premiers concerts en Europe. En 1967, il est nommé chef permanent de l'Orchestre Symphonique de la Radio Nationale Argentine. Il obtient en 1968 un contrat d'engagement avec la firme de disques Decca. Son premier enregistrement (Wagner) obtient le Prix de l'Académie Charles Cros. C'est le début d'une carrière internationale, de chef invité exclusivement, très largement marquée par le disque (*Requiem* de Verdi, *Symphonie fantastique*...).

Intéressé par la qualité technique des disques, Carlos Païta a été l'un des premiers musiciens à utiliser l'enregistrement numérique. On fonde pour lui à Londres le Philharmonic Symphony Orchestra, destiné d'abord aux seuls enregistrements, mais qui se produit vite en public et effectue sa première tournée en 1982. Carlos Païta vit à Genève.

Pál, Tamás

Chef d'orchestre hongrois, né à Gyula le 16 septembre 1937.

A l'Académie Ferenc Liszt de Budapest, il travaille le piano avec I. Ungár, la composition avec János Viski et la direction d'orchestre avec Andreás Kórody. Entre 1960 et 1975, il est chef d'orchestre à l'Opéra de Budapest à la tête duquel il se produit notamment au Festival d'Édimbourg en 1973. En 1974, il reçoit le Prix Franz Liszt et est nommé un an plus tard directeur musical de l'Orchestre Symphonique et de l'Opéra de Szeged (1975-83). Il est ensuite chef permanent à l'Opéra de Budapest (1983-85). En 1987, il prend la direction artistique des Semaines musicales de Budapest et des théâtres en plein air. Il s'est fait connaître pour la résurrection de nombreux ouvrages lyriques oubliés (*Falstaff* de Salieri, *Don Sanche* de Liszt...).

Páleníček, Josef

Pianiste et compositeur tchèque, né à Travnik (Yougoslavie) le 19 juillet 1914, mort à Prague le 7 mars 1991.

Il fait ses études musicales (piano et composition) au Conservatoire de Prague où il est l'élève de Hoffmeister, Šín et Novák (1927-38), et les complète, peu avant la Seconde Guerre mondiale, à Paris. Il a pour professeurs Alexanian, Roussel et Cortot. En 1934, il fonde le premier Trio Smetana, qui deviendra le Trio Tchèque. C'est en 1945 que sa carrière de soliste peut enfin s'épanouir. Il n'est pas de meilleur défenseur et interprète des œuvres pour piano de Janáček, dont il révèle avec une grande sobriété l'intensité, l'expression visionnaire, les racines populaires. Páleníček a une passion pour Beethoven : il a beaucoup joué ses sonates pour piano et violon avec Alexandre Plocek. Le compositeur garde un langage communicatif, clair. Qu'il compose ou parle de Janáček, l'on sent un besoin de spiritualité, une foi dans les forces de l'homme. C'est ce que disent sa musique, son quatuor à cordes ou son oratorio *Le Chant de l'homme* (1966). Il a écrit aussi, entre autres, trois concertos pour piano, des concertos pour flûte, pour saxophone et pour violoncelle. En 1963, il a été nommé professeur à l'Académie des arts de Prague.

Palm, Siegfried

Violoncelliste allemand, né à Wuppertal le 25 avril 1927.

Il commence ses études avec son père (1933-45) et les poursuit auprès d'Enrico Mainardi à Salzbourg (1950-53). En 1945, il est nommé violoncelle solo dans l'Orchestre de Lubeck puis, deux ans plus tard, est appelé au même poste dans l'Orchestre Symphonique du NDR de Hambourg où il restera jusqu'en 1962. Dans le même temps (1951-62) il est membre du Quatuor Hamann. En 1962, il est nommé professeur à la Hochschule de Cologne dont il devient directeur (1972-76). Il professe également à Darmstadt (depuis 1962), à Stockholm (depuis 1966), à Helsinki (1971), aux États-Unis, à Darmouth (1969 et 1972) et à Marlboro (depuis 1970). Il est violoncelle solo de l'Orchestre Symphonique du WDR de Cologne (1962-68) avant de se consacrer exclusivement à sa carrière de soliste et à l'enseignement. En 1965, il forme un duo avec Aloys Kontarsky et succède à Gaspar Cassadó au sein du Trio Köln aux côtés de Max Rostal et Heinz Schröter (1967-73). De 1977 à 1981, il est intendant de la Deutsche Oper à Berlin. Puis il est élu président de la SIMC (1982-87) et de la Deutschen Gesellschaft für Neue Musik (1988). A la fin des années quatre-vingt, il constitue un nouveau trio avec le pianiste Bruno Canino et le violoniste Saschko Gawriloff. Doté d'une technique fulgurante, Siegfried Palm a élargi les possibilités de l'instrument en exécutant des œuvres contemporaines jusqu'alors considérées comme injouables. De nombreux compositeurs ont écrit pour lui et créé une littérature très abondante qui a enrichi le répertoire de l'instrument. Parmi les œuvres qu'il a suscitées ou créées : *Sonate* pour violoncelle et orchestre (1964), *Capriccio per Siegfried Palm* (1968), *Concerto* de Penderecki, *Nomos Alpha* (1966) de Xenakis, *Sonate* (1960), *Concerto en forme de pas de trois* (1966), *Canto de speranza* (1957), *4 Petites Pièces* de Zimmermann, *Concerto* (1965) de Blacher, *Concerto* (1966) de Ligeti, *Match* pour 2 celli et percussion (1964) de Kagel, *Changeant* pour violoncelle et orchestre (1968) de Kelemen, *Quasi una fantasia* (1972) de Benguerel, *Concerto* de Zillig, *Concerto* de C. Halffter, *Concerto* de Feldman, *Tombeau d'Armor III* (1978) de Sinopoli, *Nore* (1968), *Glissées* (1971) et *Concerto* (1976) de Yun, *Drammatico* (1985) de Kelemen, *Liaison* (1984) de Liebermann, *Concerto* (1984) de Medek, *Monodram* (1983) et *Trio* (1984) de Rihm, *Trio* (1985) de Kagel. Il joue sur un violoncelle de Giovanni Battista Grancino (1708) qui a appartenu à Julius Klengel.

ÉCRITS : *Pro Musica nova : Studien zum Spielen neuer Musik für Cello* (1974).

Palmer, Felicity

Soprano puis mezzo-soprano anglaise, née à Cheltenham le 6 avril 1944.

Elle étudie le chant, la mélodie, l'oratorio, mais également l'opéra à la Guildhall School of Music de Londres. Ayant débuté au concert, en Grande-Bretagne, puis sur le continent, elle obtient en 1970 le Prix Kathleen Ferrier Memorial. Elle débute aux États-Unis et sur scène, à l'Opéra du Kent (*Didon et Énée* de Purcell, 1971). Puis elle se produit à l'Opéra de Houston dans Suzanne (1973). Elle est rapidement invitée par les grandes maisons d'opéra, notamment l'English National Opera (à partir de 1975), les opéras de Zurich, Francfort... Elle débute à Covent Garden en 1985. Au Festival de Glyndebourne, elle chante Katia Kabanova et la Comtesse de *La Dame de pique* (1985 et 1988), au Festival d'Aix-en-Provence, elle paraît dans *Orlando* (1993). Tous les compositeurs anglais ont en elle une interprète privilégiée, à la sensibilité raffinée ; ce qui lui permet d'aborder avec un égal bonheur les mélodies françaises, spécialement celles de Poulenc qu'elle enregistre avec un certain abattage et une grande distinction. Parmi les compositeurs contemporains, elle a interprété les *Poèmes pour Mi* de Pierre Boulez, sous la direction du compositeur. Elle a participé à la création scénique de l'opéra de Robert Gerhard, *The Duenna* (1992).

Pampuch, Helmut

Ténor allemand, né à Grossmahlendorf (Oberschlesien) en 1940.

Il étudie le chant au Conservatoire de Nuremberg dans la classe de Willy Domgraf-Fassbänder, de 1957 à 1962. Il débute au Théâtre municipal de Ratisbonne, en 1963. Puis il chante sur diverses scènes (Brunswick, Sarrebruck, Wiesbaden) avant de faire partie de la troupe de l'Opéra de Düsseldorf-Duisbourg, en 1973. Il se fait une spécialité des rôles de composition et s'impose comme un exceptionnel Mime. Il est invité par l'Opéra de Paris, le Grand Théâtre de Genève, la Scala de Milan ; il chante sur la plupart des grandes scènes d'Allemagne, Berlin, Hambourg, Munich, Stuttgart... En 1978, il débute à Bayreuth dans des petits rôles (*Parsifal*, Lohengrin...) et surtout comme Mime (*L'Or du Rhin*). A l'Opéra de Paris, il crée la version en trois actes de *Lulu* (1979).

Panenka, Jan

Pianiste tchèque, né à Prague le 8 juillet 1922.

En 1940 il est admis dans la classe de F. Maxián au Conservatoire de Prague, puis en 1946 dans la classe de Pavel Serebriakov au Conservatoire de Leningrad. De retour à Prague pour se perfectionner auprès de F. Maxián, il remporte le Concours international du Printemps de Prague en 1951. Parallèlement à sa carrière de soliste, il fait partie du Trio Suk (1957-79) et joue souvent en duo avec Josef Suk.

Panerai, Rolando

Baryton italien, né à Campi Bisenzio le 17 octobre 1924.

Élève de Frazzi à Florence, et de Giacomo Armani et Tess à Milan, il se perfectionne au Centre lyrique du Mai Florentin. Lauréat du Concours de Spolète en 1948, il débute dans *Moïse* au San Carlo de Naples. Sa carrière devient vite importante en Italie et en Europe. On le retrouve à Bergame en 1951, à la Scala durant les deux années suivantes et à la Fenice de Venise en 1955. C'est la première exécution scénique de *L'Ange de feu* de Prokofiev où il chante Ruprecht. Le Liceo de Barcelone, l'Opéra de Vienne en 1958, le Covent Garden en 1960 accueillent cet interprète de l'opéra italien qui aime aussi la musique de son temps. Panerai participe à la première représentation italienne de *Mathis le Peintre* d'Hindemith à la Scala en 1957. Son répertoire est large et divers : Rossini (Figaro), Mozart (Guglielmo dans *Così fan tutte*), et parmi les contemporains Guido Turchi (*Le Bon Soldat Chvéïk*, 1962).

Rolando Paneraï possède une voix sombre, chaude et vibrante, une diction claire. Sa présence en scène est vive, originale. Il a chanté dans de nombreux festivals, notamment à Aix-en-Provence et Salzbourg.

Panizza, Ettore
(Héctor Panizza)

Chef d'orchestre argentin, né à Buenos Aires le 12 août 1875, mort à Milan le 28 novembre 1967.

Il voit le jour dans une famille d'origine italienne. Son père, violoncelle solo au Teatro Colón, est son premier professeur. Puis il part pour l'Italie où il étudie au Conservatoire de Milan avec Ferroni, Galli et Frugatta jusqu'en 1898. Il fait ses débuts à Rome en 1899 puis fait ses premières armes à Bologne, Palerme et Naples. Il dirige le répertoire italien à Covent Garden entre 1907 et 1914, puis en 1924, où il présente pour le première fois des œuvres de Zandonai et de Wolf-Ferrari. Nommé en 1916 à la Scala de Milan, Toscanini l'engage comme assistant (1921-29). Il y dirige notamment la *Tétralogie* en 1924. Il dirige au Colón en 1921, à Chicago de 1922 à 1924. On le retrouve à la Scala en 1930-32 puis en 1946-48, ainsi qu'au Met où il remplace Tullio Serafin (1934-42). Il fait ses débuts à la Staatsoper de Berlin en 1938. Il a notamment créé *Francesca da Rimini* (1914) de Zandonai, *Sly* (1927) de Wolf-Ferrari et *The Island God* (1942) de Menotti. Comme compositeur, il a laissé plusieurs opéras (*Aurora, Besanzo...*). Il a traduit en italien le *Traité d'orchestration* de Berlioz.

ÉCRITS : *Medio siglo de vida musical*, autobiographie (Buenos Aires, 1951).

Panzéra, Charles

Baryton français, né à Genève le 16 février 1896, mort à Paris le 6 juin 1976.

Après des études au Conservatoire de Paris, il débute à l'Opéra-Comique dans Werther (1919) ; mais c'est au concert que s'épanouissent ses dons éminents d'interprète et de musicien. A l'âge de ving-cinq ans, Fauré lui dédie son dernier cycle de mélodies *L'Horizon chimérique* et lui en confie l'interprétation. Sa personnalité et sa carrière sont marquées par l'univers de Fauré, comme par celui de Debussy, dont il incarne Pelléas à l'Opéra-Comique dès 1930. La perfection de son style, sa maîtrise en font dès lors un des plus grands chanteurs de mélodies et artistes lyriques de notre temps. Il est invité à interpréter Pelléas dans de nombreux pays étrangers. Parallèlement, il milite sans relâche pour les œuvres des musiciens français contemporains : Ravel, Caplet, Roussel, Koechlin, Honegger, Milhaud, mais aussi Poulenc, Loucheur, Messiaen, Dutilleux, tout en offrant au public les plus mémorables récitals de mélodies et de lieder du répertoire : Schubert, Schumann, Berlioz, Gounod, Duparc... Son épouse et collaboratrice de toujours, **Magdeleine Panzéra-Baillot**, l'accompagne au piano. Il crée plusieurs œuvres d'Honegger dont *Amphion* (1931) et *Cris du monde* (1932). L'extrême distinction du timbre de voix, un certain « grain » sonore d'une pénétrante nostalgie, le sens inné de la ponctuation, du phrasé, et surtout un respect absolu de la pensée de l'auteur, voilà, comme le dit Dutilleux, un ensemble de qualités qui situent l'artiste au niveau exceptionnel qui fut le sien. Professeur au Conservatoire de Paris de 1951 à 1966, il a laissé plusieurs ouvrages sur le chant.

ÉCRITS : *L'Art de chanter,* 1945 ; *L'Amour de chanter,* 1957 ; *50 Mélodies françaises, leçons de style et d'interprétation...*

Pappano, Antonio

Chef d'orchestre américain, né à Londres le 30 décembre 1959.

Son père, professeur de chant dans le Connecticut, est son premier maître. Il travaille ensuite avec Norma Verrilli et Gustav Meier avant de se perfectionner avec Arnold Franchetti, l'un des derniers disciples de Richard Strauss. Puis il est engagé comme assistant de Daniel Barenboïm pour préparer la *Tétralogie* à Bayreuth. Il est directeur musical à l'Opéra d'Oslo avant d'être nommé, en 1992, au même poste à la Monnaie de Bruxelles. Il développe rapidement une carrière internationale, principalement dans le domaine lyrique. En 1993, il fait ses débuts à l'Opéra de Vienne en dirigeant *Siegfried.*

Paraskivesco, Theodor

Pianiste roumain naturalisé francais, né à Bucarest le 11 juillet 1940.

Après des études au Conservatoire de Bucarest, il en sort avec cinq premiers prix. Lauréat du Concours international Georges Enesco en 1961, le gouvernement français lui accorde une bourse qui lui permet de venir parfaire sa formation à Paris. L'enseignement de Nadia Boulanger et d'Yvonne Lefébure sera déterminant pour son art. Ses interprétations de la musique pour piano de Debussy lui valent le Prix Claude Debussy en 1970. L'intégrale Debussy qu'il réalise sur disque est considérée comme l'une des meilleures. Grand Prix du disque en 1974, pour un enregistrement consacré à Ravel, il ne dédaigne pas pour autant la musique de Beethoven ou de Brahms, ni celle d'Enesco. Tout récemment, il s'est tourné vers la littérature pour trio en compagnie de Jean Estournet et de Michel Strauss. C'est également un remarquable accompagnateur de mélodies. En 1987, il est nommé professeur de piano et de musique de chambre au Conservatoire de Paris.

Paratore, Anthony

Pianiste américain, né à Boston le 17 juin 1946.

Paratore, Joseph

Pianiste américain, né à Boston le 19 mars 1948.

Ils font leurs études à l'Université de Boston et à la Juilliard School (avec

Rosina Lhévinne) d'où ils sortent respectivement en 1970 et 1972. Ils décident alors de constituer un duo de pianos et font leurs débuts à New York en 1973. En 1974, ils remportent le 1er prix au Concours international de Munich. Rapidement, ils s'imposent comme l'une des équipes les plus sûres de ce répertoire et sont invités par les principaux orchestres américains avant que leur carrière s'étende à l'Europe (festivals de Salzbourg, Vienne, Berlin, Spoleto...). Ils ont créé ou reçu en dédicace des œuvres de Gilbert Amy, Aribert Reimann et Wolfgang Rihm et ont créé l'adaptation pour piano à quatre mains par Berg de la *Kammersinfonie op.*, 9 de Schoenberg et de son *Quatuor*, op. 3. Ils écrivent dans différentes revues.

Paray, Paul

Chef d'orchestre et compositeur français né au Tréport le 24 mai 1886, mort à Monte-Carlo le 10 octobre 1979.

Son père, musicien amateur, dirige une musique municipale et tient l'orgue dans sa ville natale. A cinq ans, il remporte un concours de tambour à Beauvais et, à dix ans, il joue la partie de timbales d'une exécution de la *Missa Solemnis* de Beethoven à Rouen. Il fait ses études musicales à la Maîtrise de la cathédrale de Rouen et, en 1903, Henri Dallier l'entend improviser à l'orgue. Il convainc ses parents de l'envoyer à Paris. Au Conservatoire, il travaille l'harmonie avec Leroux et le contrepoint avec Caussade. Pour gagner sa vie, il joue du violoncelle dans de petits orchestres ou tient le piano dans certains cabarets où il remplace Maurice Yvain. En 1911, il obtient le 1er Grand Prix de Rome. Prisonnier pendant les quatre années de guerre à Darmstadt, il reprend ses activités en dirigeant un petit orchestre au Casino de Cauterets ; parmi ses musiciens se trouvent Joseph Calvet et quelques instrumentistes des Concerts Lamoureux qui le présentent à Chevillard. L'année suivante (1920), il devient son suppléant avant de le remplacer comme président-chef d'orchestre (1923-28). Entre 1928 et 1945, il assure la direction musicale du Casino de Monte-Carlo et dirige également à Vichy et à Marseille. Il revient à Paris en 1932 : il est président-chef d'orchestre des Concerts Colonne (1934-40) et chef d'orchestre à l'Opéra. Pendant l'Occupation, il se retire à Monte-Carlo et ne reprend ses fonctions aux Concerts Colonne qu'à la Libération (1944-56). En 1951, il est chargé de réorganiser l'Orchestre Symphonique de Detroit dont il sera le directeur musical jusqu'en 1963.

Paul Paray était un infatigable propagateur de la musique française dans le monde entier. A la tête des orchestres parisiens, il a créé entre les deux guerres un nombre important de partitions de Claude Delvincourt, Maurice Duruflé (*Requiem*, 1947), Jacques Ibert (*Escales*, 1924 ; *Concerto pour violoncelle*, 1926), Paul Le Flem, Raymond Loucher (*Défilé*, 1936), Georges Migot (*Le Paravent de laque aux cinq images*, 1923), Max d'Ollone (*Le Temple abandonné*, suite de ballet, 1934), Gabriel Pierné (*Giration*, 1934 ; *Viennoise*, 1935), Albert Roussel (*La Naissance de la lyre*, 1925), Florent Schmitt (*In memoriam*), Henri Tomasi. Son œuvre réunit deux symphonies, la *Fantaisie* pour piano et orchestre, des mélodies, un poème symphonique, *Adonis troublé* (1921) et la *Messe pour le 500e anniversaire de la mort de Jeanne d'Arc* (1931).

Pâris, Alain

Chef d'orchestre français, né à Paris le 22 novembre 1947.

Il reçoit une formation de pianiste tout en poursuivant ses études universitaires (licence en droit, Paris, 1969). A l'École Normale de Musique de Paris, il travaille la direction d'orchestre avec Pierre Dervaux et l'écriture avec Georges Dandelot (1965-68). Ayant obtenu la licence de concert en 1967, il se perfectionne avec Louis Fourestier à Nice et remporte le 1er prix au Concours international de Besancon (1968) : il est le plus jeune lauréat de cette compétition. Il commence à diriger les principaux orchestres français, notamment ceux de la radio et les Concerts Lamoureux qui l'invitent pour plusieurs séries de concerts (1970-71). Il reçoit les conseils de Paul Paray et de Georg Solti. Il dirige dans la plupart des pays d'Europe. Assistant de Michel Plasson au Capitole de

Toulouse (1976-77), il mène depuis une carrière de chef invité à la tête des principaux orchestres français et à l'étranger. En 1980, il fonde l'Ensemble à Vent de Paris avec lequel il fait revivre un répertoire totalement oublié. Entre 1983 et 1987, il est chef permanent et responsable des activités musicales à l'Opéra du Rhin (Strasbourg), et, entre 1986 et 1989, professeur de direction d'orchestre au Conservatoire de Strasbourg. Il mène parallèlement une carrière de chef invité en Allemagne, Suisse, Italie, Roumanie, Russie... Il donne également des cours d'interprétation consacrés à la musique française. Il a créé ou dirigé en première audition des œuvres de Yoshihisa Taïra, Henryk Mikołaj Górecki, Luis de Pablo, Hugues Dufourt, Tristan Murail, Bruce Mather. Sa carrière se double d'activités radiotélévisées, notamment à Radio France où il produit régulièrement des émissions musicales depuis 1975.

ÉCRITS : *Dictionnaire des interprètes et de l'interprétation musicale au XXe siècle*, Robert Laffont-Bouquins (Paris, 1982, 4e éd. 1995 ; trad. espagnole, Turner, Madrid, 1989 ; trad. allemande, Bärenreiter-dtv, Kassel-Munich, 1992), *Livrets d'opéra*, Robert Laffont-Bouquins (Paris, 1991). Contributions : *La Musique*, Retz (Paris, 1979), *Le Guide du piano*, Mazarine (Paris, 1979), *Dictionnaire encyclopédique de la musique*, Robert Laffont-Bouquins (Paris, 1988), *Tout l'opéra*, Robert Laffont-Bouquins (Paris, 1991), *Nouveau Dictionnaire des œuvres*, Robert Laffont-Bouquins (Paris, 1994), *Dictionnaire biographique des musiciens*, Robert Laffont-Bouquins (Paris, 1995).

Parisot, Aldo

Violoncelliste français et brésilien, né à Natal le 30 septembre 1920.

Dès l'âge de sept ans, il commence l'étude du violoncelle avec son beau-père, violoncelle solo de l'Orchestre de la NBC Il débute à l'âge de douze ans et poursuit sa formation au Conservatoire de Natal, puis en 1940 à Rio de Janeiro. Aux États-Unis, il travaille à l'Université de Yale. Pendant cinq ans, il est violoncelle solo de l'Orchestre Symphonique du Brésil et membre du Quatuor Jarovino. Il donne, en 1945, la première audition au Brésil du *Double Concerto* de Brahms. L'année suivante, il fait ses débuts aux États-Unis. Villa Lobos écrit pour lui son *Concerto pour violoncelle nº 2* qu'il crée avec l'Orchestre Philharmonique de New York en 1955. Professeur à l'Université de Yale, il a également créé le *Concerto pour violon, violoncelle et orchestre* (1960) de Leon Kirchner (avec Robert Gerle), *Chôro* (1962) pour violoncelle et orchestre de Camargo Guarnieri, le *Concerto pour violoncelle* (1963) et la *Sonate pour violoncelle et piano nº 3* (1964) de Claudio Santoro, le *Concerto pour violoncelle* (1971) d'Alvin Etler. Il joue sur un violoncelle de Stradivarius, le *De Munck* (1727), qui a été l'instrument d'Emanuel Feuermann.

Parnas, Leslie

Violoncelliste américain, né à Saint Louis le 11 novembre 1931.

Il débute l'étude du piano dès l'âge de cinq ans avant de se tourner vers le violoncelle. Il donne son premier concert à quatorze ans et travaille avec Piatigorsky au Curtis Institute de Philadelphie. En 1957, il remporte le Prix Pablo Casals à Paris puis, en 1962, le 2e prix au Concours Tchaïkovski à Moscou. Sa carrière débute alors très rapidement. Il est nommé professeur à l'Université de Boston puis au Conservatoire de Saint Louis (1982). Partenaire régulier de Rudolf Serkin, il est l'un des habitués du Festival de Marlboro. Il a formé un trio avec le pianiste Lee Luvisi et le violoniste James Buswell. Avec Gregor Piatigorsky, il a créé la *Suite pour deux violoncelles et piano* (1973) de Gian Carlo Menotti. Il joue sur un Matteo Goffriller, le *Rosette* (1698).

Parrott, Andrew

Claveciniste et chef d'orchestre anglais, né à Walsall le 10 mars 1947.

Il fait ses études à l'Université d'Oxf
où il commence à s'intéresser à la d
d'orchestre. Une fois diplômé
Oxford où il est nommé
musique à Merton C

permet de mener des recherches approfondies sur l'interprétation de la musique des XVIe et XVIIe siècles. A la même époque, il travaille à Londres comme assistant des plus grands chefs d'orchestre (Abbado, Boulez, Colin Davis, Marriner, Stokovski). En 1973, il fonde le Taverner Choir qu'il présente pour la première fois au Festival de Bath. Peu après, il fonde le Taverner Consort and Players. Cette dernière formation, conçue à l'origine pour accompagner les deux premières, prend rapidement une certaine autonomie et s'impose dans le monde entier. Il s'intéresse également à la musique de son temps, dirigeant aussi bien Britten que Nono ou Henze. Il est l'assistant musical de Tippett et membre d'Electric Phœnix. En 1989, il est nommé directeur musical de l'Opéra du Kent. En 1990, il est chef associé des London Mozart Players. Il dirige la création mondiale de *A Night at the Chinese Opera* de Judith Weir (1987).

Parsons, Geoffrey

Pianiste australien, né à Sydney le 15 juin 1929.

Élève de Winifred Burston au Conservatoire de Sydney dès 1941, il fait ses débuts dans sa ville natale en 1946. A sa sortie du Conservatoire en 1948, il part en tournée en Australie, accompagnant la chanteuse Essie Ackland. Au terme de ces récitals, il décide de se consacrer entièrement à l'accompagnement. En 1950, il est à Southampton en Angleterre, pour travailler avec Peter Dawson. Et cinq ans plus tard, il accompagne à Londres Hüsch dans *Le Voyage d'hiver*. L'année suivante, en 1956, il part pour Munich où il suit les cours de Friedrich Wührer. En 1961, il accompagne à Londres Elisabeth Schwarzkopf, dont il sera par la suite l'accompagnateur attitré.

Après le retrait de Gerald Moore, il devait devenir le premier accompagnateur de chanteurs reconnu comme tel. Moins dramatique et enflammée que le style de Moore, sa façon de jouer, faite d'équilibre et de force intérieure, permet aux chanteurs toutes les subtilités de nuances et de couleurs. Geoffrey Parsons a accompagné Victoria de Los Angeles, Rita Streich, Hans Hotter, Nicolaï Gedda, mais aussi Paul Tortelier et Nathan Milstein.

Partridge, Ian

Ténor anglais, né à Londres le 12 juin 1938.

Il fait ses études musicales au Royal College of Music de Londres (1956-58), puis fait partie du chœur de la cathédrale de Westminster, dirigé par George Malcolm ; en 1959, à Guildhall School, il étudie avec Norman Walter, et pendant deux ans (1963-65) avec Roy Hickman et Stefan Pollmann. Ses débuts de soliste (*Le Messie*, en 1958 à Bexhill) le font pressentir comme l'un des meilleurs ténors d'oratorio. Dans Schütz et surtout dans J. S. Bach (rôle de l'Évangéliste dans les Passions), son interprétation est fort prisée pour une musicalité naturelle de phrasé, pour la grâce et la clarté de sa diction, la fraîcheur de son timbre. Son répertoire s'étend de la musique baroque, domaine de prédilection, vers une littérature antérieure qui remonte jusqu'au Moyen Age. Il chante dans de nombreuses formations occasionnelles, mais aussi avec des ensembles réguliers, tel le Purcell Consort of Voices (1963-71). Avec sa sœur, **Jennifer Partridge**, au clavecin, il a donné plusieurs récitals et enregistré des cycles de lieder (*Die schöne Müllerin*, *Dichterliebe*). Son enregistrement des *Madrigaux* de Monteverdi (1971), avec le Chœur Monteverdi de Hambourg, dirigé par Jürgen Jürgens, a été particulièrement remarqué. Il a interprété des rôles d'opéra (Iopas dans *Les Troyens* de Berlioz au Covent Garden, 1969) et chanté *On Wenlock Edge* de Vaughan Williams.

Pasero, Tancredi

Basse italienne, né à Turin le 11 janvier 1893, mort à Milan le 17 février 1983.

Il étudie le chant à Turin avec Pessina et débute, en 1917, au Théâtre municipal de Vicenza comme Comte Rodolphe de *La Somnambule* (Bellini). Dès l'année suivante, il est engagé à la Scala qu'il ne quitte plus. En 1926, il chante Philippe II (*Don Carlos*) sous la direction de Toscanini. Jusqu'en 1953, il chante à la Scala avec un succès qui ne diminue pas. Il est invité sur toutes les grandes scènes italiennes, au Covent Garden, à l'Opéra de Paris, à Bruxelles et Barcelone. De 1929 à 1934, il remporte de grands succès au Met, où il chante entre autres, en 1929, la première de *Luisa Miller* ; en 1935, il crée à la Scala *Nerone* de Mascagni et la même saison, à Florence, il crée *Orseolo* de Pizzetti. Il participe au Festival de Vérone ainsi qu'au Mai Musical Florentin. Sa carrière a duré, jour pour jour, quarante ans. Aux côtés d'Ezio Pinza, il fut la basse italienne la plus importante de sa génération et un des interprètes les plus fêtés de Verdi.

Pasquier, Bruno

Altiste francais. né à Neuilly-sur-Seine le 10 décembre 1943.

Il travaille le violon jusqu'à onze ans puis entre au Conservatoire de Paris en 1957 où il obtient un 1er prix d'alto en 1961 dans la classe d'Étienne Ginot. Il obtient également un 1er prix de musique de chambre dans la classe de son père **Pierre Pasquier** (1963). Avec le Quatuor Bernède, auquel il appartient de 1963 à 1967, il remporte en 1965 un prix au Concours international de quatuors à cordes de Munich. Il est altiste à l'Orchestre de la Garde républicaine, alto solo des Concerts Colonne. En 1965, il entre à l'Orchestre de l'Opéra de Paris où il devient second alto (1968) puis alto solo (1972). En 1970, il fonde avec son frère Régis et le violoncelliste Roland Pidoux le Nouveau Trio Pasquier. Il poursuit parallèlement une carrière de soliste. En 1983, il est nommé professeur d'alto et de musique de chambre au Conservatoire de Paris et, l'année suivante, alto solo de l'Orchestre National de France. Il joue sur un alto de Magini (début du XVIIe siècle).

Pasquier, Régis

Violoniste français, né à Fontainebleau le 12 octobre 1945.

Après avoir obtenu des premiers prix de violon et de musique de chambre au Conservatoire de Paris (1958), à l'âge de douze ans, il commence un an plus tard une carrière d'enfant prodige avec des tournées en Belgique, en Hollande et au Luxembourg. En 1960, il se rend aux États-Unis et donne un récital à New York. Il étudie avec Isaac Stern puis enregistre avec Francescatti le *Double Concerto* de Bach. Il continue à travailler et surmonte sans difficultés le passage de la carrière d'enfant prodige à la vie d'adulte. Il retourne régulièrement aux États-Unis et joue avec les plus grandes formations européennes. En 1977, il est nommé violon solo de l'Orchestre National de France, poste qu'il conserve jusqu'en 1986 ; il fait aussi de la musique de chambre, au sein du Nouveau Trio Pasquier (avec son frère Bruno et le violoncelliste Roland Pidoux) ou en sonate avec le pianiste Jean-Claude Pennetier. Son répertoire va des grands concertos classiques à la musique du XXe siècle (de Xenakis aux *Trajectoires* de Gilbert Amy). En 1985, il est nommé professeur de violon et de musique de chambre au Conservatoire de Paris. Après avoir joué pendant plusieurs années sur un Stradivarius, il l'a vendu pour acquérir un Montagnana qu'il a cédé par la suite à Stéphane Grappelli lorsqu'il a trouvé un second instrument du même facteur sur lequel il joue à présent.

Pataky, Koloman von

Ténor hongrois, né à Alsó Neudra le 14 novembre 1896, mort à Hollywood le 28 février 1964.

Après des études à l'Académie de musique de Budapest, il débute tardivement à l'Opéra de la même ville (1921). Franz Schalk remarque sa voix au timbre exceptionnel et l'invite à chanter à la Staatsoper de Vienne *Rigoletto* et *La Bohème* au cours de l'été 1926. Il devient dès le mois de septembre membre de la troupe jusqu'en 1938. Il chantera à Vienne les grands ténors mozartiens : Belmonte, Ottavio, Ferrando, mais aussi Alvaro (*La Force du destin*), Raoul (*Les Huguenots*), Des Grieux, *Le Postillon de Longjumeau*, et nombre de rôles italiens légers tels Nemorino et Ernesto de Donizetti. Sa carrière internationale passe par Berlin, où il chante en invité *Martha* et Riccardo (*Un bal masqué*), Paris (1928), Salzbourg, où ses interprétations d'Ottavio (de 1929 à 1931) et de Florestan avec Toscanini et Lotte Lehmann (en 1936) demeurent légendaires, Glyndebourne où il est l'Ottavio de Fritz Busch (1936), préservé dans le premier enregistrement intégral de *Don Giovanni*. En 1938, il est membre de l'Opéra de Budapest. Il chante encore en Italie (1939-40), à la Scala (Huon d'*Obéron*), à Rome (Admete d'*Alceste*) et en Amérique du Sud (à partir de 1935) : Pylade et un inattendu Walther von Stolzing au Colón de Buenos Aires. A la déclaration de guerre, il choisit de demeurer sur le continent sud-américain, où il continue sa carrière jusqu'à l'amputation d'une jambe. Il achève alors son existence comme professeur à Santiago du Chili et en Californie. Il a également mené une importante carrière de concertiste, notamment dans les passions de J. S. Bach.

Patanè, Giuseppe

Chef d'orchestre italien, né à Naples le 1er janvier 1932, mort à Munich le 30 mai 1989.

Il fait ses études musicales au Conservatoire San Pietro a Majella, dans sa ville natale (piano et composition). Comme son père, le chef d'orchestre **Franco Patanè** (1908-68), la direction l'attire et il fait ses débuts en 1951, en dirigeant *La Traviata*, à Naples. Il y est second chef de 1951 à 1956. Directeur du Landestheater de Linz en 1961-62, il se rend ensuite à la Deutsche Oper de Berlin où il demeure six ans. Il y retourne encore, de façon irrégulière. En 1969 à la Scala de Milan, il dirige *Rigoletto* avec succès. Au Covent Garden, à l'Opéra de Rome (où il est un temps directeur musical) et au San Carlo de Naples, on apprécie son sens du lyrique et sa précision, dans Verdi particulièrement. Chef permanent de l'American Symphony Orchestra de New York (1982-84), il est nommé directeur musical des Arènes de Vérone en 1983. A partir de 1988, il est également chef permanent du Rundfunkorchester de Munich (Radiodiffusion bavaroise). Nommé directeur musical de l'Opéra de Rome en 1989, il meurt d'une crise cardiaque pendant une représentation du *Barbier de Séville* avant même de prendre ses nouvelles fonctions. Doté d'un répertoire considérable, il avait dirigé plus de deux cent cinquante ouvrages lyriques différents.

Patti, Adelina

Soprano coloratura italienne, née à Madrid le 27 septembre 1843, morte au château de Craig-y-Nos (pays de Galles) le 27 juillet 1919.

Chanteurs tous deux, ses parents l'emmènent très jeune encore à New York où elle chante pour la première fois en concert en 1850. Son beau-frère, M. Strakosch, lui enseigne le chant et sa sœur Carlotta (qui deviendra chanteuse) le piano. En 1859, elle débute sur scène à New York dans le rôle de Lucia. A Londres, au Covent Garden, elle incarne Amina (*La Somnambule*) en 1861. On voit en elle une nouvelle Grisi ; elle joue Zerlina, dans le dernier *Don Giovanni* chanté par la Grisi à Londres. Dès lors elle apparaît à Paris, Londres, Milan, New York et interprète une trentaine de rôles (Rossini, Bellini, Verdi, Gounod, Meyerber, Donizetti), créant *Aïda* à Londres. Émouvante Juliette, Adelina Patti est aussi remarquable dans les rôles dramatiques et lyriques (Leonora, Violetta, Marguerite, Aïda). Elle est la cantatrice la mieux payée de son époque (5 000 dollars en Amérique). Ses contrats précisent qu'elle est exempte de toute répétition et indiquent l'importance de son nom sur l'affiche. Elle se mariera trois fois, la deuxième avec le ténor **Nicolini**. Herman Klein a écrit sa biographie, *Le Règne de la Patti*. Elle laisse une trace légendaire, en son temps. Elle donne son concert d'adieux à Londres en 1906 mais chantera une dernière fois en 1914 dans un concert de charité.

Patzak, Julius

Ténor autrichien, né à Vienne le 9 avril 1898, mort à Rottach-Egern le 26 janvier 1974.

Désireux d'être chef d'orchestre, il étudie le contrepoint, la composition et la direction d'orchestre avec Franz Schmidt et Guido Adler. Après-guerre, tout en dirigeant un orchestre de danse, il apprend seul le chant et fait ses premières armes à

Reichenberg dans le rôle de Radamès, à Brno, à la Staatsoper de Vienne (1928), puis est engagé de 1928 à 1945 à l'Opéra d'État de Bavière, après y avoir chanté le rôle de Riccardo d'*Un bal masqué*. De 1945 à 1959, il fait partie de l'Opéra de Vienne, interprétant un répertoire fort étendu, des grands rôles mozartiens (il chante au Festival de Salzbourg Tamino en 1943 et Belmonte en 1945) aux rôles verdiens et pucciniens. Incomparable Évangéliste des Passions de Bach, interprète exemplaire de lieder, il est le successeur désigné de Karl Erb dans ces domaines comme le rôle de Palestrina dans l'opéra de Pfitzner. Il enseigne la mélodie et l'opéra à l'Académie de musique de Vienne (1958-59) et au Mozarteum de Salzbourg (1960-66). Modelant avec intelligence les nuances les plus intimes de son jeu, en utilisant les ressources d'une voix cristalline mais limitée et légèrement nasale, il sait créer une tension dramatique extrême même dans l'espace réduit d'un lied, sans jamais forcer. En compagnie de Kathleen Ferrier, il a participé à l'enregistrement historique du *Chant de la terre* de Mahler sous la direction de Bruno Walter.

Pau, Maria de La

Voir à **La Pau, Maria de.**

Pauer, Max von

Pianiste autrichien, né à Londres le 31 octobre 1866, mort à Jugenheim (Darmstadt) le 12 mai 1945.

Son père, le célèbre pianiste, pédagogue et éditeur **Ernst Pauer**, lui apprend le piano. De 1882 à 1885, il se perfectionne à Karlsruhe en suivant les cours de Vincenz Lachner. Ses débuts ont lieu à Londres. Peu après, en 1887, il s'installe à Cologne, où il enseigne le piano au Conservatoire. En 1897, il donne des master classes au Conservatoire de Stuttgart dont il prend la direction en 1908, succédant à De Lange. Sous son impulsion, le Conservatoire devient la Hochschule für Musik, une fois réorganisé. A la mort de Krehl en 1924, il prend la direction du Conservatoire de Leipzig qu'il réforme également. Puis ce sera le tour de la Hochschule de Mannheim en 1933. Mais dès 1934, il abandonne ses fonctions et se retire à Stuttgart. Pédagogue ingénieux, il était doué d'une technique puissante et extrêmement brillante. Il laisse de nombreuses éditions d'œuvres de Schumann et de Beethoven, ainsi que de multiples arrangements pour le piano de symphonies de Haydn et de Mozart.

ÉCRITS : *Unser seltsames Ich* (1942), autobiographie.

Pauk, György

Violoniste hongrois naturalisé anglais, né à Budapest le 26 octobre 1936.

Il commence ses études musicales dès l'âge de cinq ans puis entre à l'Académie Franz Liszt où il est l'élève de Zathureczky, Weiner et Kodály. En 1950, il se produit pour la première fois avec orchestre et, encore étudiant, il donne des concerts en Europe centrale. Il remporte des prix aux concours internationaux de Bucarest (1953), de Gênes (1956), de Munich (avec Peter Frankl, en sonate, 1957), de Paris (Long-Thibaud, 1959). Il se fixe à Londres en 1958 et fait ses débuts au Festival Hall en 1961. Il joue régulièrement en duo avec le pianiste Peter Frankl (avec qui il enregistre les sonates pour violon et piano de Mozart) et en trio avec le violoncelliste Ralph Kirshbaum. En 1964, il est nommé professeur au Royal College of Music de Manchester. Il a participé à la création du *Triple Concerto* de Tippett en 1980. Istvan Lang (1977) et William Mathias (1992) lui ont dédié chacun un concerto. Il joue sur un Stradivarius de 1714.

Paul, Tibor

Chef d'orchestre hongrois naturalisé australien (1955), né à Budapest le 29 mars 1909, mort à Sydney le 11 novembre 1973.

Au Conservatoire de Budapest, il est l'élève de Bartók et reçoit une formation de clarinettiste qui lui permettra de se produire souvent avec le Quatuor Lener. Il travaille la direction d'orchestre avec Scherchen et Weingartner et dirige le Budapest Konzertorchester de 1930 à 1940. Puis il est engagé à l'Opéra de

Budapest (1940-44). Il se réfugie en Australie après la guerre où il devient chef permanent de l'Orchestre Symphonique ABC (Radio Australienne) de 1951 à 1960. En 1954, il est premier chef à l'Opéra et professeur au Conservatoire de Sydney. Il revient en Europe en 1960 lorsqu'il est nommé chef permanent de l'Orchestre Symphonique de la Radio-Télévision Irlandaise à Dublin. Deux ans plus tard, il en devient directeur musical (1962-67). Après quelques années où il mène une carrière de chef invité, il prend la direction de l'Orchestre Symphonique de Perth en 1971 qu'il conserve jusqu'à sa mort.

Paumgartner, Bernhard

Chef d'orchestre et musicologue autrichien, né à Vienne le 14 novembre 1887, mort à Salzbourg le 27 juillet 1971.

Fils d'**Hans Paumgartner** (1843-96), critique musical et chef de chœur à la Cour d'Autriche et de la mezzo-soprano **Rosa Papier**, il travaille d'abord avec ses parents avant d'étudier le droit à l'Université de Vienne. Il est l'élève de R. Dienzl (piano), K. Stiegler (cor) et B. Walter (direction). Il débute comme chef de chant à l'Opéra de Vienne (1911-12). Puis il est à la tête du Tonkünstlerorchester (1914-17). A la même époque, il enseigne à l'Académie de Vienne (1915-17). Le reste de sa carrière se déroulera à Salzbourg, dans le cadre du Mozarteum (dont il est le directeur de 1917 à 1938 et de 1945 à 1953, puis le président de 1953 à 1959) et du Festival (dont il est l'un des fondateurs et l'un des principaux dirigeants avant d'en devenir président en 1960). Il fonde l'Orchestre du Mozarteum en 1922 et la Camerata Academica du Mozarteum en 1952. De 1938 à 1945, il dirige à Florence un institut de recherche de l'Université de Vienne sur la musique baroque. Son activité musicologique est considérable : il a réalisé de nombreuses éditions d'œuvres du XVIIIe siècle d'après les manuscrits de la Bibliothèque de Vienne. Ses travaux sur Mozart sont fondamentaux.

ÉCRITS : *Mozart* (1927), *Schubert* (1943), *Bach* (1950), *Das instrumentale Ensemble von der Antike bis zur Gegenwart* (Zurich, 1966). *Salzburg* (Salzbourg, 1966). *Das kleine Beethovenbuch* (Salzbourg, 1968), *Erinnerungen*, Mémoires (1969). L'ensemble de ses articles a été publié en recueil à Kassel (1973).

Paur, Emil

Chef d'orchestre autrichien, né à Czernowitz (Bukovine) le 29 août 1855, mort à Mistek (Tchécoslovaquie) le 7 juin 1932.

Il apprend des rudiments de musique avec son père et joue du violon et du piano en public à l'âge de huit ans. A onze ans, il entre au Conservatoire de Vienne, où il étudie le violon avec J. Hellmesberger et la composition avec Dessoff (diplôme, 1870). Il est premier chef de l'orchestre de la cour de Mannheim (1880-91), où il dirige aussi les concerts symphoniques, puis chef au Stadttheater de Leipzig (1891-93). En 1893, il est nommé à la tête de l'Orchestre Symphonique de Boston, comme successeur de Nikisch ; il occupe ce poste pendant cinq saisons. Entre 1898 et 1902, il dirige l'Orchestre Philharmonique de New York. Durant la saison 1899-1900, il dirige le répertoire wagnérien au Metropolitan Opera de New York. Entre 1899 et 1902, il est directeur du Conservatoire national de New York, où il succède à Dvořák. Entre 1902 et 1904, il dirige en Europe. En 1904, il revient aux États-Unis comme chef permanent de l'Orchestre Symphonique de Pittsburgh (jusqu'en 1910). En 1912, il retourne à Berlin où il est pendant quelque temps à la tête de l'Opéra royal de Berlin (1912). Puis il mène une carrière de chef invité en Europe. Également compositeur, il a écrit une symphonie, *In der Natur*, un concerto pour violon et de la musique de chambre.

Pavarotti, Luciano

Ténor italien, né à Modène le 12 octobre 1935.

Sa famille est musicienne, pourtant il veut être professeur. Il enseigne durant deux ans à la Scuola delle Magistralle. Il décide ensuite de se consacrer au chant et travaille avec Arrigo Pola à Modène à partir de 1956 et avec Ettore Campogalliani à Mantoue à partir de 1958.

C'est dans le rôle de Rodolphe (*La Bohème*) qu'il remporte le Concours international de chant à Reggio nell'Emilia, en 1961. Il fait ses débuts dans cette ville, obtient un succès immédiat et des engagements en Italie. En 1963, dans *Lucia di Lammermoor* (Edgardo) à Amsterdam, il touche son public par le dépouillement et la finesse de sa prestation. Invité alors à Vienne et Zurich, il remplace ensuite Di Stefano dans *La Bohème*, au Covent Garden. L'année suivante, à Glyndebourne, il chante *Idoménée* de Mozart puis il a pour partenaire Joan Sutherland (*Lucia*) en Amérique et en Australie, en 1965. Ensemble, ils interprètent *Les Puritains* de Bellini. En 1966, Pavarotti fait ses débuts à la Scala dans *Les Capulets et les Montaigus.* Au Liceo de Barcelone, à Paris, au Met (1968), à San Francisco, à Londres, il chante Donizetti, Bellini, mais aussi Verdi (*Rigoletto*, *Un bal masqué*). Avec Montserrat Caballé à Barcelone (1971), avec Ileana Cotrubas à la Scala (1974), avec Kiri Te Kanawa au Covent Garden (1976), avec Mirella Freni, Luciano Pavarotti poursuit une carrière qui, grâce aux supports de l'audiovisuel, a fait de lui l'une des vedettes les plus demandées du monde. Le Met reste le point d'ancrage principal de sa carrière. En 1981, il fonde un concours pour jeunes chanteurs à Philadelphie. Réduisant progressivement ses apparitions scéniques au profit de récitals ou de productions télévisées, il ouvre son répertoire à des rôles plus dramatiques. En 1987, il aborde Canio (*Paillasse*) à San Francisco. En 1988, il fait ses débuts de metteur en scène d'opéra à la Fenice de Venise dans *La Favorite.* En 1989, il reçoit le titre de Kammersänger de l'Opéra de Hambourg. En 1992, il aborde le rôle de Don Carlo à la Scala de Milan. Depuis quelques années, il s'adonne au récital dans de grands espaces qui lui permettent d'envouter littéralement des milliers de supporters dans une forme de spectacle qui se rapproche autant des variétés ou du sport que de l'opéra traditionnel. Ses cachets passent pour avoir dépassé tous les records existants !

ÉCRITS : *Io, Luciano Pavarotti* (1981).

Pazovski, Arii

Chef d'orchestre russe, né à Perm le 2 février 1887, mort à Moscou le 6 janvier 1953.

Il reçoit une formation de violoniste qu'il complète au Conservatoire de Saint-Pétersbourg avec P. Krasnokuski à partir de 1897 puis avec Auer (1900-04). Il débute comme violoniste et commence à diriger dans différents opéras à partir de 1905. Entre 1908 et 1910, il dirige à l'Opéra Zimin de Moscou puis à Kharkov, Odessa et Kiev. Il est alors nommé directeur musical à l'Opéra de Petrograd (1916-18). Il occupe ensuite les mêmes fonctions à Bakou, Sverdlovsk et Kharkov avant d'être nommé chef permanent au Bolchoï (1923-24 puis 1925-28). Il retourne à Kiev comme directeur musical (1926-36) puis à Leningrad comme directeur artistique du Théâtre Kirov (1936-43). Il finira sa carrière comme directeur artistique du Bolchoï (1943-48). A partir de 1948, la maladie l'empêchera de diriger. Il est considéré comme l'une des figures marquantes du monde lyrique soviétique.

ÉCRITS : son ouvrage, *Les Écrits d'un chef*, a été publié (en russe) en 1966.

Pears, Sir Peter (Neville Luard)

Ténor anglais, né à Farnham le 22 juin 1910, mort à Aldeburgh le 3 avril 1986.

Organiste temporaire à Oxford, au Hertford College en 1928-29, il obtient, après quatre années à Grange School, une bourse pour le Collège Royal de Musique de Londres (1933-34). Il entre dans les chœurs de la BBC (1934-37) et travaille avec Elena Gerhardt et Dawson Freer. C'est en 1936 qu'il rencontre Britten et donne avec lui son premier récital au profit des républicains, durant la guerre civile espagnole. En 1938, il chante dans les Chœurs de Glyndebourne et part un an plus tard avec Britten aux États-Unis où il étudie avec l'épouse de Schnabel, Therese Behr. En 1942, il revient à Londres où il débute un an plus tard dans *Les Contes d'Hoffmann* au Strand Theatre. Dans la compagnie de Sadler's Wells il chante (1943-46) Almaviva, Rodolphe,

Tamino, Ferrando, puis crée les *Sonnets de Michel-Ange* (1942), la *Sérénade* (1943) et le *Nocturne* (1958) de Britten. En 1945, dans le rôle-titre de *Peter Grimes* de Britten, il remporte un grand succès et devient l'interprète idéal du compositeur, qui ne cessera d'écrire pour lui : *Le Viol de Lucrèce* (1946), *Albert Herring* (1947), *Billy Bud* (1951), *Le Tour d'écrou* (1954), *Le Songe d'une nuit d'été* (dont il est colibrettiste, 1960), *The Curlew River* (1964), *La Fournaise ardente* (1967), *Le Fils prodigue* (1967), *Owen Wingrave* (1971), *Mort à Venise* (1973).

Directeur du Festival d'Aldeburgh qu'il a fondé en 1948, il interprète avec bonheur Schubert, Schumann, Schütz, Purcell et les Passions de J. S. Bach où il est un Évangéliste inoubliable. Il chante l'*Idoménée* de Mozart et l'*Œdipus-Rex* de Stravinski. On lui doit aussi des créations de Walton (*Troilus and Cressida*, 1954), Lutosławski (*Paroles tissées*, 1965), Thea Musgrave, Krzysztof Meyer (*Triptyque lyrique*, 1976), David Bedford, Gordon Crosse. Il a édité, en compagnie de Britten, l'œuvre complète de Purcell.

Péclard, Étienne

Violoncelliste français, né à Verrines-sous-Celles le 21 décembre 1946.

Il remporte des premiers prix de violoncelle aux conservatoires de Besançon (1962) et de Paris (1967) (classe d'André Navarra). Cette même année il obtient un 1er prix de musique de chambre (Jacques Février) et, l'année suivante, de musique de chambre professionnelle (Joseph Calvet). De 1971 à 1974, il suit le cycle de perfectionnement dans les classes de Jean Hubeau et Christian Lardé. Il est lauréat de concours internationaux à Vienne, Munich et Barcelone. De 1977 à 1980 il est violoncelle solo au Nouvel Orchestre Philharmonique de Radio France. Il occupe ensuite le même poste à l'Orchestre de Paris, qu'il quitte en 1990. Il est alors nommé professeur de violoncelle au Conservatoire de Boulogne-Billancourt. Il joue sur un Bernardel-Père de 1863.

Pederson, Monte

Baryton américain, né à Washington le 21 août 1958.

Il fait ses débuts à l'Opéra de San Francisco, où il interprète Donner, Oreste, le Hollandais, rôle de ses débuts en Europe, à Montpellier, puis à Berlin en 1988. Il chante à Brême (*Le Roi Roger*), Cologne (Jokanaan), Chicago (Claudius dans *Hamlet*), Covent Garden (Pizzaro), Zurich (Onéguine), Milan (Klingsor), Houston (Amfortas), Vienne (Oreste, Escamillo, Gunther...). En 1992, il est invité au Festival de Salzbourg (*De la Maison des morts* de Janáček). L'année suivante, il débute à l'Opéra-Bastille (le Hollandais), où il chante également Jokanaan.

Pederzini, Gianna

Mezzo-soprano italienne, née à Vò di Avio le 10 février 1903, morte à Rome le 12 mars 1988.

Elle travaille avec De Lucia à Naples et débute dans le rôle de Preziosilla en 1923 à Messine. En 1930, elle entre à la Scala de Milan, où elle chante jusqu'en 1943. Elle se produit également à Rome (1939-52), au Covent Garden de Londres (1931) et au Teatro Colón de Buenos Aires (1937-39 ; 1946-47). Elle retourne à la Scala en 1956-57, où elle crée le rôle de la Prieure dans *Les Dialogues des carmélites* de Poulenc. Interprète remarquable des opéras de Rossini, elle s'est également distinguée dans le rôle de Carmen.

Peerce, Jan
(Jacob Pincus Perelmuth)

Ténor américain, né à New York le 3 juin 1904, mort à New York le 15 décembre 1984.

Violoniste de bals, il obtient un engagement au Radio City Music Hall de 1933 à 1939. Cette dernière année il débute à l'Opéra de Baltimore (le Duc de Mantoue) puis, en 1941, à San Francisco (même rôle) et au Met (Alfredo). Il chantera sur la première scène américaine jusqu'en 1966 tous les grands rôles de ténor italiens ou français (Cavaradossi, Riccardo, Rodolfo,

Faust, Turiddu...). Dès 1938, il est le ténor attitré de Toscanini avec lequel il a réalisé plusieurs enregistrements. En dehors des États-Unis, il se produit occasionnellement en Allemagne, aux Pays-Bas et au Bolchoï de Moscou (1956). Il a également abordé la comédie musicale à Broadway (*Un violon sur le toit,* 1971) et au cinéma. A partir de 1981, il enseigne au Mannes College of Music.

Peeters, Flor

Organiste et compositeur belge, né à Tielen le 4 juillet 1903, mort à Malines le 3 juillet 1986.

Élève à l'Institut Lemmens de Malines de Julius Van Nuffel (chant grégorien et analyse), Lodewijk Mortelmans (contrepoint) et Oscar Depuydt (orgue) en 1919-23, il se perfectionne ensuite à Paris avec Charles Tournemire et Marcel Dupré. Il se consacre à l'enseignement : à Malines (1925-52), au Conservatoire de Gand (1931-48), à Tilburg, en Hollande (1935-48) et au Conservatoire d'Anvers (1948-68) qu'il dirige de 1952 à 1968. Organiste célèbre, doté d'un sens aigu de la registration, docteur honoris causa de la Catholic University of America (1962) et de l'Université de Louvain (1971), Flor Peeters est également compositeur. On lui doit des pièces pour orgue, huit messes, trente motets, des mélodies, un concerto pour piano, etc. Il a édité de nombreuses pages de musique ancienne pour orgue et est l'auteur d'une *Méthode d'orgue.* Depuis 1923, il était titulaire de l'orgue de la cathédrale de Malines.

Peinemann, Edith

Violoniste allemande, née à Mayence le 3 mars 1937.

Fille d'un musicien de Mayence, elle est l'élève de Max Rostal et Heinz Stanske et remporte à l'unanimité le prix décerné par les radios allemandes en 1956. A la suite de son prix, elle se voit félicitée par Yehudi Menuhin, qui lui prédit un bel avenir. Elle ne tarde pas à se faire applaudir en Allemagne, puis en Belgique, Angleterre, Pays-Bas, Italie, etc. En 1964, elle entreprend sa première tournée aux États-Unis. Puis elle est nommée professeur à la Musikhochschule de Francfort.

Edith Peinemann se rattache à la tradition violonistique allemande de Joseph Joachim et Carl Flesch. Si elle excelle dans les grands concertos, elle est également une merveilleuse interprète de musique de chambre : elle joue en duo, depuis 1960, avec Jörg Demus.

Pekinel, Güher et Süher

Pianistes turques, nées à Istanbul le 29 mars 1953.

Sœurs jumelles, elles commencent leurs études musicales à Ankara avec leur mère, également pianiste, et donnent leur premier concert à l'âge de six ans. Trois ans plus tard, elles jouent déjà avec orchestre. Elles vont ensuite travailler au Conservatoire de Paris, à la Hochschule für Musik de Francfort puis au Curtis Institute de Philadelphie avec Rudolf Serkin et à la Juilliard School de New York avec Adèle Marcus. Elles reçoivent également les conseils de Claudio Arrau et Leon Fleisher. Des prix remportés dans plusieurs concours internationaux leur ouvrent la porte des plus grands orchestres avant d'être engagés par Herbert von Karajan pour le Festival de Pâques à Salzbourg, en 1984. Elles ont réalisé le premier enregistrement de la version à deux pianos du *Sacre du printemps.*

Pelletier, Wilfred

Chef d'orchestre canadien, né à Montréal le 20 juin 1896, mort à New York le 9 avril 1982.

Son père, boulanger, est aussi un musicien amateur de talent qui lui enseigne les rudiments de la musique. A l'âge de quatorze ans, il joue du piano dans l'orchestre du Théâtre National de Montréal. En 1915, il remporte le Prix d'Europe et se rend à Paris, où il étudie le piano avec Isidor Philipp, la composition avec Charles-Marie Widor et le répertoire lyrique avec Camille Bellaigue. En 1917, il retourne en

Amérique et est engagé comme répétiteur au Metropolitan Opera de New York ; en 1921, il y est nommé chef assistant et en 1928 premier chef (jusqu'en 1950). Il se spécialise dans le répertoire français. En 1936, il fonde les Auditions of the Air du Metropolitan Opera. Il dirige également au Canada. Entre 1935 et 1951, il dirige la Société des Concerts Symphoniques de Montréal et, entre 1951 et 1966, l'Orchestre Symphonique de Québec. Entre 1943 et 1961, il est directeur du Conservatoire de Musique de Montréal. En 1968, il est fait compagnon de l'Ordre du Canada. Il a été marié successivement à deux sopranos : **Queena Mario** (1925-36) et **Rose Bampton** (à partir de 1937).

ÉCRITS : *Une symphonie inachevée*, esquisse biographique (Québec, 1972).

Pelliccia, Arrigo

Violoniste et altiste italien, né à Viareggio le 20 février 1912.

Élève de Arrigo Serato et de De Guarnieri à Bologne et à Rome (jusqu'en 1928) puis de Carl Flesch à Berlin, il est issu de la nouvelle école bolognaise fondée par Verdardi au XIXe siècle. Dès la fin de la Seconde Guerre mondiale, il se partage entre l'orchestre, comme violon solo des Pomeriggi Musicali de Milan, la musique de chambre, comme altiste du Trio Santoliquido, avec Ornella Santoliquido (piano) et Massimo Amphitheatrof (violoncelle), du Quatuor de Rome et du Quintette Boccherini, l'orchestre de chambre, comme soliste des Virtuosi di Roma (années 50-60), et les concerts en soliste, indifféremment au violon et à l'alto. Sa célébrité repose surtout sur ses prestations à l'alto. Sa version des duos pour violon et alto de Mozart (avec Grumiaux au violon) est exemplaire.

S'étant surtout consacré à l'enseignement ces dernières années, Pelliccia a abandonné les concerts. Sa dernière prestation date de 1979, lors du dernier concert du Trio Santoliquido, à Bruxelles. Entre 1939 et 1959, il a été professeur à Naples et enseigne depuis au Conservatoire Sainte-Cécile à Rome.

Penin, Jean-Paul

Chef d'orchestre français, né à Saint-Dizier le 31 décembre 1949.

Il commence ses études musicales au Conservatoire de Strasbourg et les poursuit, en tant que lauréat 1978 de la Fondation Fulbright, au Conservatoire de San Francisco et à l'Université de Berkeley (direction d'orchestre et composition). L'année suivante, il obtient la Médaille d'argent au Concours international de direction d'orchestre de Tokyo. Entre 1979 et 1981, il dirige l'Orchestre Philharmonique du Montana, aux États-Unis. En 1981-82, il est l'assistant d'Alain Lombard à Strasbourg puis, entre 1982 et 1985, celui de Lorin Maazel à l'Opéra de Vienne. En 1990, il est nommé chef invité permanent de l'Orchestre Philharmonique de Cracovie et prend la direction musicale de l'Opéra d'Automne de Semur-en-Auxois.

Pennario, Leonard

Pianiste américain, né à Buffalo le 9 juillet 1924.

Ses premiers professeurs sont Isabelle Vengerova et Olga Steeb ainsi que le compositeur Ernst Toch. Il fait ses débuts à l'âge de douze ans dans le *Concerto en la mineur* de Grieg avec l'Orchestre Symphonique de Dallas. En 1943, il joue au Carnegie Hall de New York le *Concerto en mi bémol* de Liszt avec Artur Rodzinski. Il réalise sa première tournée européenne en 1952, se faisant remarquer pour sa technique très brillante. Il fait de la musique de chambre avec Heifetz et Piatigorsky. Il crée le *Concerto pour piano* de Miklos Rozsa en 1966, écrit à son intention, avec l'Orchestre de Los Angeles sous la direction de Zubin Mehta. Depuis 1970, son répertoire s'est étendu à une musique souvent de caractère léger.

Pennetier, Jean-Claude

Pianiste français, né à Châtellerault le 16 mai 1942.

Dès l'enfance, il aime la musique et à l'âge de dix ans reçoit sa première médaille de solfège, de déchiffrage et d'harmonie, au Conservatoire de Paris. Il obtient des premier prix de piano, de musique de chambre et d'analyse puis le 1er prix Gabriel Fauré, le 2e prix Marguerite Long, le 1er prix au Concours international de Montréal. En 1968, à Genève, au Concours international, il est encore premier nommé. Il fait de nombreuses tournées dans le monde. Il fait aussi de la musique de chambre en duo avec R. Pasquier, en trio avec E. Krivine et F. Lodéon et du piano à quatre mains. En 1979-80, il forme un duo piano-clarinette avec Michel Portal. Il a joué dans les différents ensembles contemporains, le Domaine Musical, Musique Vivante, Ars Nova, Musique Plus, Itinéraire. Il a aussi participé aux festivals d'avant-garde (Royan, La Rochelle, etc.). Comme chef d'orchestre, il a dirigé l'Ensemble InterContemporain, l'Ensemble 2e2m et les orchestres de Radio France. Entre 1985 et 1992, il enseigne la musique de chambre au Conservatoire national supérieur de musique de Paris avant d'être nommé professeur au Conservatoire national de région de Paris chargé du département instrumental piano (1992).

Il a créé des œuvres de Philippe Hersant (*Mouvement*, 1979), Michel Merlet (*Concerto pour piano*, 1984), Tolia Nikiprowetzki (*Concerto pour piano*, 1977), Maurice Ohana (*24 Préludes pour piano*, 1973 ; *Concerto pour piano*, 1981). Il a également dirigé la première audition d'œuvres de Pascal Dusapin (*L'Aven*, 1982), Costin Miereanu (*Rosenzeit*, 1982). Il compose et, en 1977, a participé à la création collective de *Vols au-dessus de l'océan* avec son « opéra commentaire » : *Le Procès de Galilée.*

Perahia, Murray

Pianiste américain, né à New York le 19 avril 1947.

Il prend ses premières leçons de piano dès l'âge de trois ans. A six ans, il est présenté à Abran Chasins qui le fait travailler avec son assistante Jeanette Haien. Parallèlement, il fait ses classes de musique à la High School of Performing Arts. En 1964, il s'inscrit à la Mannes School of Music in Manhattan pour étudier la composition et, avec Carl Bamberger, la direction d'orchestre, discipline dans laquelle il obtient un « BS Degree ». Jusqu'à l'âge de vingt-cinq ans, il se tient éloigné des chemins habituels des jeunes concertistes : il abandonne son professeur et, si l'on excepte quelques leçons occasionnelles avec Mieczyslaw Horszowski et Artur Balsam, il travaille seul. Il se produit à cette époque essentiellement avec des orchestres de chambre. En 1967, il joue pour la première fois en compagnie de Rudolf Serkin, Alexander Schneider et Pablo Casals au Festival de Marlboro (Vermont, États-Unis). Rudolf Serkin l'appelle à devenir pour un an son assistant à l'Institut Curtis. En 1968 il fait ses débuts à Carnegie Hall sous la baguette d'Alexander Schneider. Il pratique beaucoup la musique de chambre, notamment avec les quatuors Guarneri, de Budapest et Galimir. Il est en septembre 1972 le premier pianiste américain à remporter le Concours international de Leeds qui marque le début véritable de sa carrière internationale. Bernstein, Muti, Solti, Kubelík, Abbado, Mehta, Marriner et Böhm le choisissent comme soliste.

Perahia dirige parfois l'orchestre de son clavier, surtout dans les concertos de Mozart dont il a entrepris l'enregistrement intégral. Il continue à pratiquer la musique de chambre avec Alexander Schneider, Pinchas Zukerman, Paul Tortelier et réalise des cycles de lieder avec le ténor Peter Pears. En 1982, il est nommé codirecteur du Festival d'Aldeburgh. Il a créé les *12 Variations* (1986) de Benjamin Britten.

Perdigon, Pierre

Organiste français, né à Lyon le 10 décembre 1940.

Il étudie l'écriture et l'orgue au conservatoire de sa ville natale (premiers prix en 1961, Grand Prix de la Ville de Lyon en 1963) puis, entre 1964 et 1970, travaille sous la direction de Marie-Claire Alain à Paris. En 1968, il suit les cours d'Anton Heiller et Luigi-Ferdinando Tagliavini à l'Académie d'orgue de Haarlem (Pays-Bas). En 1969, il remporte le 3e prix au Concours international de Bologne et, l'année suivante, le 1er prix au Concours international de Aarnhem (Pays-Bas). Durant cette période de formation instrumentale, il mène de front des études universitaires (doctorat d'État en physique, 1969 ; licence de musicologie). Entre 1979 et 1981, il est professeur d'orgue au Conservatoire de Marseille et, en 1982, est nommé professeur au Conservatoire de Grenoble. Il est titulaire de l'orgue de l'église de l'Immaculée-Conception à Lyon. Il enseigne également aux Académies d'été de Saint-Dié, Bayreuth, Tende et Saorge, San Sebastián. Il cherche à faire renaître la musique de la fin du XVIe et du début du XVIIe siècle, mais son répertoire comporte également de nombreuses œuvres contemporaines.

Perényi, Miklós

Violoncelliste hongrois, né à Budapest le 5 janvier 1948.

Son talent musical exceptionnel lui permet d'être admis très jeune dans la classe de violoncelle de l'Académie Franz Liszt de Budapest où il travaille avec Miklós Zsámboki et Ede Banda. Parallèlement, il participe régulièrement aux cours d'Enrico Mainardi à Lucerne ou à Salzbourg. Il obtient, en 1960, le diplôme de l'Académie Sainte Cécile à Rome. Invité par Pablo Casals, il participe en 1965 et 1966 aux cours du maître à Zermatt et à Porto Rico. Pendant quatre ans, il se rend au Festival de Marlboro où il se produit avec Pablo Casals et Rudolf Serkin. Il reçoit le Prix Liszt en 1970. Depuis 1974, il est professeur à l'Académie Franz Liszt de Budapest et effectue de très nombreuses tournées à l'étranger. Son instrument est un Gagliano de 1730. Il a créé une œuvre de György Kurtág (*Double Concerto*, 1990).

Pergamenschikov, Boris

Violoncelliste russe, né à Leningrad le 14 août 1948.

Il commence l'étude du violoncelle et de la composition dès l'âge de six ans au conservatoire de sa ville natale où il est notamment l'élève d'Emanuel Fischmann. En 1970, il remporte le premier prix au Concours national de l'Union soviétique et au Concours international de Prague. En 1974, il obtient le 1er prix au Concours Tchaïkovski à Moscou. Sa carrière se développe assez rapidement, tant dans le domaine du concerto que dans celui de la musique de chambre (il joue régulièrement à Lockenhaus avec Gidon Kremer). En 1977, il émigre en Occident. Il fait ses débuts aux États-Unis en 1982. Il enseigne à la Musikhochschule de Cologne et, à partir de 1987, à l'Académie de musique de Bâle. Depuis 1974, il joue sur un Montagnana de 1735. Il a créé des œuvres de Krzysztof Penderecki (*Concerto pour alto* transcrit pour violoncelle, 1990 ; *Quatuor pour clarinette et cordes,* 1993), Marek Stachowski (*Concerto pour violoncelle,* 1991).

Perick, Christof (Christof Prick)

Chef d'orchestre allemand, né à Hambourg le 23 octobre 1946.

Fils du violoniste **Rudolf Prick** (1908-88) qui avait été entre 1934 et 1969 Konzertmeister (premier violon solo) de l'Orchestre Philharmonique de Hambourg, il fait ses études musicales dans sa ville natale avec Wilhelm Brückner-Rüggeberg et débute comme assistant à l'Opéra. Il occupe ensuite des postes de chef permanent à Trier (1970-72), Darmstadt (1972-74) avant d'être nommé directeur général de la musique à Sarrebrück (1974-77) puis à Karlsruhe (1977-84). Il est ensuite Staatskapellmeister à la Deutsche Oper de Berlin (1977-84). En 1987, il prend la direction musicale de l'Orchestre de l'Illinois à Chicago et, en 1992, la direction musicale de l'Orchestre de Chambre de Los Angeles. En 1993, il devient directeur général de la musique à Hanovre. Il a créé l'opéra de Wolfgang Rihm *Œdipus* (1987).

Dans le pays d'expression allemande, il fait carrière sous le nom de Christof Prick.

Périer, Jean

Baryton français, né à Paris le 2 février 1869, mort à Neuilly le 3 novembre 1954.

Il fait ses études au Conservatoire de Paris de 1889 à 1892, avec Bussine et Taskin, et débute en 1892 à l'Opéra-

Comique dans le rôle de Monostatos. Comédien-né, il choisit de jouer l'opérette (créant ainsi *Véronique* et *Fortunio* de Messager en 1898 et 1907) dans différents théâtres parisiens, Menus-Plaisirs, Folies-Dramatiques, Bouffes-Parisiens, avant de revenir salle Favart, de 1900 à 1920. Il y crée notamment *Pelléas et Mélisande* (1902), *L'Heure espagnole* (1911), *Mârouf* (1914). A part de rares incursions sur la scène du Manhattan Opera, où il chante en 1908 *Pelléas*, et à Monte-Carlo, il fait entièrement carrière à Paris, dans l'opérette aussi bien qu'au théâtre et au cinéma, créant encore *Ciboulette* (Théâtre des Variétés, 1923), chantant et tournant jusqu'en 1938. Artiste complet, il masquait les ressources limitées de sa voix par l'intelligence de ses compositions.

Périsson, Jean
(Jean-Marie Périsson)

Chef d'orchestre français, né à Arcachon le 6 juillet 1924.

Il fait ses études musicales au Conservatoire et à l'École Normale de Musique de Paris (avec J. Fournet) et remporte le 1er prix au Concours international de Besançon en 1952. C'est auprès d'Igor Markevitch qu'il travaille au Mozarteum de Salzbourg. Markevitch le choisit pour diriger lors d'une tournée en Autriche et en Allemagne. Il se rend ensuite à Strasbourg où il dirige l'Orchestre de la Radio Française (1955-56). Il passe plusieurs années à Nice, directeur musical de l'Opéra et chef permanent de l'Orchestre Philharmonique (1959-65). Il donne à la ville de Nice une activité nouvelle, mettant en place un répertoire de qualité (cycles Wagner avec des interprètes de Bayreuth), cherchant aussi à faire connaître les opéras de notre temps ; c'est ainsi qu'il donne la première française de *Katerina Ismailova* de Chostakovitch (1964) et de *L'Élégie pour de jeunes amants* de Henze (1965), *Le Serment* (1963), et *Le Rossignol de Boboli* (1965) de Tansman, *C'est la guerre* (1965) de Pétrovics, *Le Joueur* (1966) de Prokofiev. En 1965, l'Opéra de Paris l'engage. Quatre ans plus tard il révèle, salle Favart, l'Opéra de Janáček *Katia Kabanova*. A Monte-Carlo, il est responsable de plusieurs premières représentations de Poulenc et de Banfield (1969-71). Après plusieurs années passées à la tête de l'Orchestre de la Présidence d'Ankara (1972-76), il dirige régulièrement les ouvrages du répertoire français à l'Opéra de San Francisco. Il a révélé à Pékin la *Carmen* de Bizet en 1982. En 1990-91, il est directeur musical de l'opéra de Nantes.

Perlea, Ionel

Chef d'orchestre roumain naturalisé américain (1960), né à Ograda le 13 décembre 1900, mort à New York le 29 juillet 1970.

Il fait ses études musicales en Allemagne, à Munich (1918-20), avec Beer-Walbrunn (composition) et Kotana (piano), puis à Leipzig avec Paul Graener, Otto Lohse et Martinsen. Ses débuts de chef d'orchestre ont lieu à Bucarest en 1919. Puis il est chef de chœur à Leipzig (1922-23) et à Rostock (1923-25), chef d'orchestre à l'Opéra de Cluj (1927-28). L'Opéra de Bucarest fait appel à lui : il y sera premier chef d'orchestre (1928-32 puis 1936-44) et directeur musical (1929-32 puis 1934-36). Il prend ensuite la direction de l'Orchestre Symphonique de la Radio de Bucarest (1936-44) et enseigne la direction d'orchestre au conservatoire de cette même ville (1941-44). Il est fait prisonnier par les Allemands (1944-45) et quitte son pays après la guerre. De 1945 à 1947, il est chef permanent à l'Opéra de Rome. Il débute au Met en 1949 et à la Scala en 1950. Puis il se fixe aux États-Unis où il prend la direction de l'Orchestre Symphonique du Connecticut (1955-70) tout en enseignant la direction d'orchestre à la Manhattan School of Music de New York (1952-59 et 1965-70). En 1957, une attaque lui paralyse le bras droit. Il reprendra néanmoins ses activités en dirigeant de la main gauche seule. Perlea a joué un rôle majeur dans le développement de la vie musicale roumaine : il a dirigé notamment les premières auditions en Roumanie de la *Symphonie n° 2* de Mahler et du *Requiem* de Verdi. Il a créé des œuvres de Paul Constantinescu (*O noapte furtunoasă,* 1935), Goffredo Petrassi (*La Follia di Orlando,* suite de ballet, 1945), Nino Rota (*Il cappello di paglio di Firenze*, opéra, 1955).

Perlemuter, Vlado (Vladislas)

Pianiste polonais naturalisé français, né le 26 mai 1904 à Kaunas.

Très jeune, il commence le piano et travaille avec Moszkowski à Paris. A quinze ans il entre dans la classe de Cortot au Conservatoire. Après l'obtention de ses premiers prix, il travaille jusqu'en 1927 l'œuvre de Ravel qu'il joue devant le compositeur. Ravel lui fera part de ses propres conceptions et de ses exigences. Cette collaboration étroite donnera naissance, chez Perlemuter, à une conception radicalement neuve du piano. Il a d'ailleurs consigné ses expériences dans un livre écrit en collaboration avec Hélène Jourdan-Morhange, *Ravel d'après Ravel* (1953). Il a également mis son art du détail et du raffinement sonore au service de Chopin, tout particulièrement dans son interprétation des *Études*, des *Ballades* et des *Mazurkas*. Grand amateur de musique de chambre, il a joué en trio avec Pierre Fournier et Gabriel Bouillon avant la guerre. Il a également joué avec Pablo Casals au Festival de Prades, puis occasionnellement avec Sándor Végh et Menuhin, entre autres. Depuis 1951 il enseigne au Conservatoire de Paris et donne des master classes à Manchester, au Japon et au Canada.

Perlman, Itzhak

Violoniste israélien et américain, né à Tel-Aviv le 31 août 1945.

A quatre ans il est frappé par la poliomyélite qui le prive de l'usage de ses jambes. Il étudie néanmoins le violon à l'Académie de musique de Tel-Aviv avec Rivkah Goldgart, elle-même formée à l'École de Saint-Pétersbourg (pendant huit ans). Isaac Stern l'entend alors qu'il atteint à peine ses dix ans et l'encourage vivement à poursuivre ses études aux États-Unis. C'est ainsi qu'il entre à la Juilliard School où il travaille avec Ivan Galamian et Dorothy DeLay. La vie n'est pas facile pour lui et il est souvent obligé de jouer dans les hôtels. Il fait de brillants débuts au Carnegie Hall de New York en 1963 et obtient, l'année suivante, le 1er prix au Concours Leventritt. C'est le point de départ d'une grande carrière internationale guidée par le fameux imprésario américain Sol Hurok : il enregistre son premier disque en 1964 (le *Concerto pour violon* de Tchaïkovski avec Alfred Wallenstein), il joue en concerto avec les plus grands chefs (Giulini, Ormandy, Leinsdorf, Mehta...), il fait de la musique de chambre avec Daniel Barenboïm, Vladimir Ashkenazy, Jorge Bolet, Lynn Harrell, Pinchas Zukerman. A partir de 1975, il se consacre également à l'enseignement, à Brooklyn College. Perlman est, avec Kremer, l'un des rares violonistes de renom international à explorer un répertoire rarement joué, il affectionne les petites pièces qui firent la gloire des violonistes du début du siècle, marchant en cela sur les traces de Jascha Heifetz auquel Perlman porte une vénération sans bornes ; il joue et enregistre les concertos de Korngold, Walton, Vieuxtemps, Sinding. Il crée des concertos de Earl Kim (1979) et Robert Starer (1981), deux compositeurs américains. Après avoir joué successivement sur un Pietro Guarnerius, sur un Giuseppe Guarnerius et, pendant plusieurs années, sur un Stradivarius, le *Sinsheimer*, il a acquis en 1986 celui de Yehudi Menuhin, le *Soil* (1714). Il possède en outre une fort belle voix qui lui a permis de participer à l'enregistrement de *La Tosca* sous la direction de James Levine.

Pernet, André

Basse française, né à Rambervillers le 6 janvier 1894, mort à Paris le 23 juin 1966.

Très jeune, il est attiré par la musique et le théâtre, mais sa famille, hostile à une telle vocation, veut faire de lui un juriste. A partir de dix-sept ans, il mène de front des études de droit et des études de chant, les premières ouvertement, les secondes clandestinement. Après la guerre, il entre au Conservatoire de Paris dans la classe d'André Gresse, pour le chant, et dans celle d'Émile Dumoutier, pour la scène. Ses études terminées, il chante six ans durant dans les petits théâtres de province : seconde basse à Nice, puis première basse à Caen. Viennent ensuite Strasbourg, Deauville, Toulouse, Genève... L'Opéra de Paris lui ouvre ses portes en 1928, avec *Faust*. D'emblée, le public adopte ce musicien parfait, ce chanteur si maître de sa voix et cet acteur dont chaque prestation était marquée du sceau du renouveau. Méphisto restera toute sa vie l'un de ses grands rôles. Viendront ensuite Athanaël, le Roi (*Aïda*), Wotan (*La Walkyrie*), Boris Godounov, le Roi Marke, Méphisto (*La Damnation de Faust*), Tonio, Gurnemanz... En 1933, il est de la prestigieuse équipe, aux côtés de Fanny Heldy, Ponzio et Villabella qui fait revenir *Le Barbier de Séville* au répertoire de l'Opéra. Sa composition de Basile défraye la chronique. En 1944, il est un éblouissant Don Juan, lors de la fameuse reprise de l'ouvrage sous la direction de Bruno Walter. Mais entre-temps il a débuté à l'Opéra-Comique (1931), reprenant le rôle de Don Quichotte, égalant, sans l'imiter, l'admirable Vanni-Marcoux. Salle Favart, il sera Basile, Scarpia, inquiétant, tour à tour sardonique, avantageux et terrifiant dans les quatre rôles des *Contes d'Hoffmann*, drôle et émouvant en Colline, débordant d'humanité dans le Père de *Louise* dont il devait être l'interprète en 1938, aux côtés de Grace Moore et de Georges Thill dans la version filmée.

Si chacune de ses prises de rôle était en soi une véritable création du personnage à incarner, on doit mentionner ses créations « ex nihilo » : *Persée et Andromède* de Jacques Ibert (rôle du Monstre), *Salamine* de Maurice Emmanuel (le Messager), *La Vision de Mona* de Louis Dumas (Jozon), *La Duchesse de Padoue* de Maurice Le Boucher (le Duc), *Vercingétorix* de Canteloube (Gobannit), *Rolande et le mauvais garçon* d'Henry Rabaud (le Prince Richard) et surtout deux événements inoubliables, *Le Marchand de Venise* (dont Reynaldo Hahn dit un jour : « Je n'aurais jamais cru que l'on pût rendre ma musique shakespearienne à ce point. Nul autre que Pernet n'est capable de jouer "Shylock" aussi parfaitement. ») et *Œdipe* de Georges Enesco, où il atteignait la grandeur d'un Mounet-Sully.

Persinger, Louis

Violoniste américain, né à Rochester le 11 février 1887, mort à New York le 31 décembre 1966.

Enfant prodige, il donne son premier concert à l'âge de douze ans. Au Conservatoire de Leipzig (1900-04), il travaille le violon avec Hans Becker, le piano avec Carl Beving et la direction d'orchestre avec Arthur Nikisch. Puis il est pendant trois ans l'élève d'Eugène Ysaÿe à Bruxelles dont il transmettra plus tard la tradition aux États-Unis. Il travaille également avec Jacques Thibaud à Paris. Il joue dans toute l'Europe et fait ses débuts aux États-Unis en 1912. En 1914-15, il est violon solo de l'Orchestre Philharmonique de Berlin puis, entre 1915 et 1917, de l'Orchestre Symphonique de San Francisco, où il est également chef assistant. Il fonde alors son propre quatuor à cordes et dirige la Chamber Music Society of San Francisco (1916-28). Il est le premier professeur important de Yehudi Menuhin et accompagne au piano ses premiers concerts. En 1925, il se fixe à New York et se consacre alors essentiellement à l'enseignement, devenant l'un des pédagogues américains les plus importants de son temps. En 1929-30, il enseigne au Cleveland Institute of Music et, à partir de 1930, à la Juilliard School of Music de New York où il succède à Leopold Auer. Il y formera notamment Isaac Stern, Ruggiero Ricci et Arnold Eidus.

Pertile, Aureliano

Ténor italien, né à Montagnana le 9 novembre 1885, mort à Milan le 11 janvier 1952.

Contralto solo de la cathédrale Santa Maria Assunta, il est, enfant, remarqué par le maître Orefice qui en fait son élève. En 1911, il débute dans le rôle de Lionel au Théâtre de Vicenza et la même année stupéfie public et critiques dans le rôle de Vinicius lors de la création italienne du *Quo Vadis* de Nouguès au Teatro dal Verme de Milan. Engagé à Turin, il chante le même opéra puis *Norma* et *Rigoletto*. En 1916, il fait ses débuts sur la scène de la Scala dans *Francesca da Rimini* de Zandonai. Débuts furtifs, car il part pour l'Amérique du Sud où, de 1917 à 1920, il devient la coqueluche du Colón de Buenos Aires et de l'Opéra de Rio de Janeiro. Il reviendra au Colón en 1923, 25, 26, et 29. Il débute au Met en 1921 dans *La Tosca*. En l'espace de deux mois il y chante *Manon Lescaut*, *Cavalleria Rusticana*, *Paillasse*, *Aïda* et *Boris Godounov*.

Curieusement, il ne sera jamais réinvité au Met. Vient la rencontre avec Toscanini, le 22 mars 1922. Il remplace au pied levé un ténor qui avait déplu au maestro. Toscanini en fera son ténor favori et, de 1922 à 1937, Pertile sera la vedette incontestée de la Scala. Il est affiché sur toutes les grandes scènes : Covent Garden (1927-31), Opéra de Vienne, Opéra de Monte-Carlo... Par contre, il ne chantera jamais à l'Opéra de Paris.

Extrêmement musicien, Pertile a créé de nombreux ouvrages. Sa création la plus célèbre fut sans doute le *Néron* de Boïto. Et c'est dans ce rôle qu'il fera ses adieux à la scène à l'Opéra de Rome en 1946, pour se consacrer jusqu'à sa mort à l'enseignement au Conservatoire de Milan. Aureliano Pertile a beaucoup enregistré pendant vingt ans (de 1923 à 1943) et notamment dans trois impérissables intégrales (*Aïda*, *Le Trouvère* et *Carmen*). L'écoute de ses disques est la plus parfaite leçon de musique et de chant qui soit. S'il y a eu des timbres plus rares ou plus flatteurs, nul n'a jamais contrôlé sa voix avec plus de science et d'art, passant avec la plus extrême souplesse des sons les plus éclatants aux nuances les plus subtiles, et ce au seul service de la musicalité et de l'expression.

Pérugia, Noémie

Soprano française, née à Nice le 7 novembre 1903, morte à Franeker (Pays-Bas) le 25 mars 1992.

D'origine italienne, elle débute à Paris en 1936 dans le *Requiem* de Verdi, puis est lauréate du Concours international Gabriel Fauré, en 1938, compositeur dont elle chante les mélodies dans le monde entier : à Paris, aux États-Unis, aux Pays-Bas notamment. A Paris, elle enseigne à l'École Normale de Musique, à l'Académie Long-Thibaud et à la Schola Cantorum. Le ministère des Affaires étrangères l'envoie maintes fois comme chargée de cours dans les conservatoires de l'étranger (Londres, Amsterdam, Rome, Buenos Aires, etc.).

Fondatrice du Concours international d'interprétation et d'accompagnement Noémie Pérugia, à Paris et aux Pays-Bas, elle est aussi fondatrice de l'Académie de chant et d'art lyrique qui porte son nom, et fondatrice du Concours Gabriel Fauré à Amsterdam. Figure marquante d'une génération de chanteurs français spécialisés dans la mélodie, elle a su prolonger sa carrière par une activité pédagogique intense. Elle a notamment créé le cycle *Saluste du Bartas* d'Honegger (1942), dont elle est dédicataire.

Pešek, Libor

Chef d'orchestre tchèque, né à Prague le 22 juin 1933.

Il fait ses études à l'Académie des arts de Prague avec Václav Smetáček et Václav Neumann (jusqu'en 1956) et débute comme répétiteur à l'Opéra de Plzeň et à celui de Prague. Fondateur de l'Harmonie de Chambre de Prague en 1959, il fait de nombreuses tournées à l'étranger avec cet ensemble et est nommé chef permanent de l'Orchestre Symphonique de la Bohême du Nord (1963-69), de l'Orchestre de Chambre d'État de Tchécoslovaquie (1969-77) et de l'Orchestre Symphonique de la Bohême de l'Est. En Hollande, il dirige le Frysk Orkest (1969-75) et l'Orchestre Philharmonique d'Overijssel (1975-79). Puis il prend la direction de la Philharmonie Slovaque à Bratislava (1981-82). A partir de 1982, il est l'un des chefs réguliers de la Philharmonie Tchèque. En 1987, il est nommé chef permanent et conseiller musical du Royal Liverpool Philharmonic Orchestra.

Peskó, Zoltán

Chef d'orchestre hongrois naturalisé italien, né à Budapest le 15 février 1937.

Après des études à l'Académie de musique Franz Liszt de Budapest, où il obtient un diplôme de composition (1962), il collabore pendant trois ans comme chef d'orchestre et compositeur à la Radiotélévision Hongroise et avec le Théâtre National. En 1963, il quitte la Hongrie et vient travailler avec Celibidache à Sienne. En 1964-65, il suit les cours de Petrassi et de Ferrara à l'Académie Sainte-Cécile de Rome puis ceux de Boulez à Bâle (1965). En 1966, il est l'assistant de Maazel à l'Opéra de Berlin où il deviendra chef permanent de 1969 à 1973. Il débute à la Scala de Milan (1969) et dirige les principaux orchestres symphoniques italiens. Entre 1969 et 1972, il est professeur à la Hochschule für Musik de Berlin. Appelé comme chef principal de l'Orchestre du Teatro Comunale de Bologne (1974-76), il est nommé chef permanent au théâtre La Fenice de Venise (1976-77). En 1978-82, il est chef permanent de l'Orchestre Symphonique de la RAI de Milan. Parmi les œuvres qu'il a créées, des partitions de Sylvano Bussotti (*Il catalogo è questo,* 1960), Azio Corghi (*Sinfonia*, 1982 ; *Blimunda*, opéra, 1990), Franco Donatoni (*Quattro estratti,* 1974 ; *Voci*, 1974 ; *In cauda*, 1982 ; *Tema*, 1985 ; *Atem*, 1985), Jacob Druckman (*Shog*, 1991), Sandro Gorli (*Viveka*, 1972), Nicolaus A. Huber (*Go Ahead*, 1989), André Jolivet (*Bogomilè*, suite, 1982), György Kurtág (*Grabstein für Stefan*, version révisée, 1993), Ivo Malec (*Ottava bassa,* 1984), Modeste Moussorgski (*Salammbô,* 1980), Wolfgang Rihm (*Dies,* 1985), Dieter Schnebel (*Jowaegerli,* 1983 ; *Fünf Geistliche Lieder von Bach,* 1985 ; *Missa,* 1988 ; *Raumklang X*, 1989 ; *Re-Visionen*, 1989 ; *Janáček-Moment*, 1992), Iannis Xenakis (*Kynia*, 1990).

Peters, Reinhard

Chef d'orchestre allemand, né à Magdebourg le 2 avril 1926.

Il étudie le piano et le violon et vient se perfectionner à Paris en 1949 où il travaille avec Enesco, Thibaud et Cortot. De 1946 à 1949, il a déjà été répétiteur à la Staatsoper de Berlin et il remporte, en 1951, le 1er prix au Concours international de Besançon. L'année suivante, il fait ses débuts de chef d'orchestre à l'Opéra de Berlin. De 1957 à 1960, il est chef permanent à l'Opéra du Rhin de Düsseldorf puis premier chef (1960-61). Il est ensuite nommé directeur général de la musique à Münster (1961-70), chef permanent à la Deutsche Oper de Berlin (1970) et directeur musical de la Philharmonia Hungarica (1975-79). Il a créé *Zwischenfälle bei einer Notlandung* (Blacher, 1966), *Mélusine* (Reimann, 1970), *Madame Bovary* (Sutermeister, 1967), *Dérives* (Grisey, 1974), *Symphonie nº 1* (Yun, 1984), *Symphonie nº 1* (Detlev Glanert, 1985).

Peters, Roberta
(Roberta Petermann)

Soprano américaine, née à New York le 4 mai 1930.

Elle travaille le chant avec William Hermann à New York. Elle débute, en 1950, au Met pour remplacer une collègue, dans Zerline (*Don Giovanni*). Le succès est si grand qu'elle est engagée dès la saison suivante et ne quittera plus cette troupe où elle triomphe dans la Reine de la Nuit (*La Flûte enchantée*). Elle est invitée à Chicago et San Francisco, ainsi que dans les plus grandes salles de concert. En 1951, elle est invitée au Covent Garden et dès 1957 sur plusieurs scènes italiennes. Elle effectue une triomphale tournée de concerts en URSS. En 1953, elle chante au Covent Garden *The Bohemian Girl* de Balfe sous la direction de Beecham. En 1963-64, elle participe au Festival de Salzbourg comme Reine de la Nuit. En dehors du Met, elle fait quelques apparitions en Europe (Bolchoï, 1972) ou dans le domaine de la comédie musicale. Elle fut mariée peu de temps avec le baryton **Robert Merrill**. Elle a créé des œuvres de Paul Creston (*Dance Variations,* 1961).

ÉCRITS : *A Debut at the Met* (New York, 1967).

Petit, Jean-Louis

Chef d'orchestre, claveciniste et compositeur français, né à Favrolles le 20 août 1937.

Il étudie auprès d'Olivier Messiaen, d'Igor Markevitch et de Pierre Boulez. Puis il fonde un orchestre à cordes avec lequel il assure la décentralisation musicale en Champagne (1958-63) et en Picardie (1964-70). Il prend ensuite la direction du Festival estival de Paris de 1972 à 1975. Il est membre fondateur (1974) du groupe de musique contemporaine Musique Plus et directeur de l'Association musicale internationale d'échange (AMIE) depuis

1978. Parallèlement à sa carrière de chef d'orchestre et de claveciniste, il s'adonne à la composition (*Au-delà du signe* pour orchestre, *De quelque part effondrée de l'homme* pour quatuor, *Continuelles discontinues* pour percussions). Il effectue par ailleurs de nombreuses réalisations de musique ancienne. Il est directeur du Conservatoire de Ville-d'Avray depuis 1973, où il a fondé l'Atelier Musique de Ville-d'Avray. Il a créé des œuvres de Gérard Condé, Didier Denis, Raymond Depraz, Jean Langlais, Francis Miroglio (*Brut millésime 1.9.8.4.*, 1984 ; *Quinconce*, 1988), Alexander Müllenbach, Michèle Reverdy (*Le Rideau bleu*, 1981), Yoshihisa Taïra (*Pénombres IV*, 1991), Ton-That Tiêt, Antoine Tisné.

Petitgirard, Laurent

Chef d'orchestre et compositeur français, né à Paris le 10 juin 1950.

Il reçoit une double formation de chef d'orchestre et de compositeur, celle-ci s'exerçant à la fois dans le domaine symphonique et cinématographique. Fondateur et directeur du Festival de Flaine, en Haute-Savoie, il fonde à Paris l'Orchestre Symphonique Français en 1989, dont il assure la direction musicale. Il mène parallèlement une carrière internationale au concert et à l'opéra. En 1993, il est élu membre correspondant de l'Académie des beaux-arts. Il a créé des œuvres de Nicolas Bacri (*Folia*, 1993), Graciane Finzi (*Sud*, 1992), Anthony Girard (*A ciel ouvert*, 1992), Maurice Ravel (*Gaspard de la nuit*, orch. Marius Constant), Antoine Tisné (*Les Voiles de la nuit*, 1992).

Petracchi, Francesco

Contrebassiste et chef d'orchestre italien, né à Pistoia le 22 septembre 1937.

Il fait ses études au Conservatoire Sainte-Cécile de Rome où il travaille la contrebasse, la direction d'orchestre et la composition. En 1961, il fait ses débuts de contrebassiste à Venise et s'engage assez rapidement dans une carrière de soliste, tout en jouant au sein de l'ensemble I Virtuosi di Roma, dirigé par Renato Fasano. En 1974, il forme un trio avec la pianiste Margaret Barton et le violoniste Angelo Stefanato. Il est professeur de contrebasse au Conservatoire de Bari et donne des master classes à Stockholm et à l'Académie Chigiana de Sienne. Il est l'un des rares contrebassistes à avoir sorti la contrebasse de son rôle d'instrument d'orchestre, en redonnant vie au répertoire soliste qu'elle avait suscité au XIXe siècle et en faisant écrire de nombreuses partitions contemporaine : il a ainsi créé des œuvres de Valentino Bucchi (*Concerto grottesco*, dédicataire, 1967), Virgilio Mortari (*Concerto per F. Petracchi*), Nino Rota (*Divertimeto concertante*).

Petri, Egon

Pianiste allemand naturalisé américain (1938), né à Hanovre le 23 mars 1881, mort à Berkeley le 27 mai 1962.

Son père **Henri Petri** (1856-1914), violoniste d'une certaine réputation à son époque, lui donne ses premières leçons. Conjointement, il travaille l'orgue, le cor, la théorie avec Draeseke et enfin le piano avec Buchmayer et Teresa Carreño. Il commence sa carrière comme violoniste d'orchestre puis quartettiste avec son père. Busoni, ami de la famille, détecte chez lui des talents de pianiste. Il le prend comme élève jouant volontiers en duo avec lui (Londres, 1921). Petri aide Busoni dans son édition des œuvres de Jean-Sébastien Bach. Il voyage en Europe, se produit en Russie en 1923. A Berlin, on le compare à Edwin Fischer et à Artur Schnabel. Il est spécialement reconnu dans la tradition de son maître Busoni comme un grand interprète de Bach et de Liszt. Il débute aux États-Unis en 1932 et s'y installe définitivement à partir de 1938. Durant toute sa vie, il exerce une grande activité de pédagogue. Il enseigne successivement à Manchester (1905-11), à Berlin (1921-26), en Pologne à Zakopane (1927), à l'Université Cornell (1940-46) et au Mills College (à partir de 1947). En 1957, il donne quelques cours en Suisse à Bâle, à John Ogdon notamment.

Petri, Michala

Flûtiste (à bec) danoise, née à Copenhague le 7 juillet 1958.

Elle commence à jouer de la flûte à l'âge de trois ans et se produit deux ans plus tard à la Radio Danoise. Elle donne son premier concert en soliste à Copenhague en 1969. Elle forme un trio avec sa mère, claveciniste, et son frère, violoncelliste. Elle travaille avec Ferdinand Conrad à la Hochschule für Musik de Hanovre (1970-76). En dehors de la musique de chambre, elle fait une importante carrière de soliste. Elle effectue ses débuts américains en 1982 et se produit pour la première fois au Japon en 1984. Elle est alors invitée dans le monde entier. Son répertoire s'étend du début de l'ère baroque à la musique contemporaine. Elle a créé une œuvre de Malcolm Arnold (*Concerto pour flûte à bec*, 1988).

Petrov, Ivan
(Hans Krause)

Basse russe, né à Irkoutsk le 23 février 1920.

Né dans une famille d'origine allemande qui se fixe à Moscou en 1930, il fait ses études à l'École Glazounov de cette ville où il est l'élève de Minejev. Il chante d'abord dans la troupe lyrique de I. S. Kozlovski, puis débute en 1943 au Bolchoï. Il devient très vite chanteur à titre permanent. Il fait de nombreuses tournées en Europe. Son répertoire est vaste : il est un excellent Don Basilio dans *Le Barbier de Séville* et il émeut dans le rôle de René de *Yolanta* (Tchaïkovski). Célèbre par sa violence et sa passion dans *Le Prince Igor*, par sa présence scénique et lyrique dans Méphisto (*Faust*) qu'il a interprété à l'Opéra de Paris en 1964, il est un grand Boris et un poignant Philippe II, dans le *Don Carlos* de Verdi.

Petrov, Nicolaï

Pianiste russe, né à Moscou le 14 avril 1943.

Issu d'une famille de musiciens, il fait ses études à l'École Centrale de Musique de Moscou avec Tatiana Kostner (jusqu'en 1961) puis au Conservatoire Tchaïkovski avec Yakov Zak (jusqu'en 1967). 2e prix au Concours Van Cliburn à Fort Worth (Texas) en 1962 et au Concours Reine Élisabeth de Belgique en 1964, Nicolaï Petrov commence une importante carrière dans son pays (où il est soliste de la Philharmonie de Moscou à partir de 1968) puis à l'étranger (Europe occidentale, Japon). Son répertoire s'étend jusqu'à la musique contemporaine. Il a notamment créé le *Concerto pour piano no 2* de Rodion Chtchedrine et le *Concerto-Rhapsodie* d'Aram Khatchaturian.

Peyer, Gervase de

Voir à **De Peyer, Gervase.**

Pfaff, Luca

Chef d'orchestre suisse, né à Olivone (Suisse) le 25 août 1944.

Il commence ses études musicales au Conservatoire de Milan puis travaille la direction d'orchestre avec Hans Swarowsky à Vienne et Franco Ferrara, à Rome et à Sienne. Entre 1978 et 1980, il est chef titulaire de l'Orchestre de Chambre de l'Académie Sainte-Cécile de Rome. A Paris, il prend la direction de l'Ensemble Alternance avec lequel il se consacre à la musique contemporaine. En 1985, il est nommé directeur musical de l'Orchestre Symphonique du Rhin à Mulhouse. Parmi les compositeurs dont il a créé des œuvres figurent Carlos Roqué Alsina (*Prima Sinfonia,* 1983), Alain Bancquart (*Tarots d'Ulysse,* 1984), André Boucourechliev (*La Chevelure de Bérénice,* 1988), Bernard Cavanna (*La Confession impudique*, 1992), Aldo Clementi, Pascal Dusapin (*La Conversation*, 1986 ; *La Melancholia*, 1992), Lorenzo Ferrero (*Parodia*, 1990), René Kœring (*La Marche de Radetzky*, opéra, 1988), Ivo Malec, Philippe Manoury (*Aleph*, 1985), Marc Monnet (*Siècle Pierre Tombeau*, 1986), Emmanuel Nunes (*Omens II*, 1982 ; *Stretti*, 1984 ; *Chessed IV*, 1992), Alfred Schnittke (*Symphonie de chambre no 4*, 1987).

Philipp, Isidore

Pianiste hongrois naturalisé français, né à Budapest le 2 septembre 1863, mort à Paris le 20 février 1958.

Sa famille se fixe à Paris alors qu'il n'a que trois ans. Au Conservatoire, il travaille avec Georges Mathias et remporte un 1er prix en 1883 avant de se perfectionner avec S. Heller, Saint-Saëns et Ritter. Il commence une brillante, mais courte carrière car, rapidement, il va se consacrer à l'enseignement. En 1890, il forme un trio avec Lœb et Berthelier et, en 1896, il est l'un des artisans du renouveau de la Société des Instruments à Vent. De 1903 à 1934, il est professeur au Conservatoire de Paris où il forme de nombreux élèves, leur donnant une technique et une esthétique héritées en droite ligne de Saint-Saëns : le rôle des doigts est poussé à l'extrême, le discours dépouillé, souvent trop sec ou froid. De 1941 à 1955, il séjourne aux États-Unis où, en dehors de ses cours, il paraît à de rares occasions en public. On lui doit de nombreuses transcriptions et ouvrages techniques. Il a collaboré à la revue *Le Ménestrel* comme critique musical. Busoni lui a dédié sa *Toccata*.

ÉCRITS : *La Technique de Liszt* (1932).

Piatigorsky, Gregor

Violoncelliste russe naturalisé américain (1942), né à Ekaterinoslav le 17 avril 1903, mort à Los Angeles le 6 août 1976.

Élève de Glehn au Conservatoire de Moscou, il se produit en concert dès l'âge de neuf ans dans son pays natal. Il est premier violoncelliste au Théâtre Impérial à l'âge de quatorze ans. De 1924 à 1929, il est violoncelle solo de l'Orchestre Philharmonique de Berlin et travaille avec Klengel. Puis commence sa carrière internationale. Il devient le partenaire préféré de Rachmaninov, Schnabel, Horowitz, Milstein, Rubinstein et Heifetz, avec lesquels il joue en duo ou en trio (Heifetz-Primrose, Horowitz-Milstein, Schnabel-Flesch, Rubinstein-Heifetz). Ses qualités d'enseignant et d'administrateur le conduisent à diriger le secteur « musique de chambre » du Berkshire Festival Music Center, une master class à l'Université de Boston (1957), l'enseignement à l'Université de Los Angeles et au Curtis Institute de Philadelphie (1942-51). Aux conservatoires de Paris et de Baltimore et à l'Université de Chicago, il participe à la fondation de bourses d'études pour son instrument et la composition. Piatigorsky a délibérément évité de se produire en France pendant vingt ans, suite à une mauvaise critique du *Figaro*. Lui ont été dédiées des compositions de Webern, Prokofiev, Milhaud, Hindemith (*Concerto*), Bloch (*Schelomo*), Walton (*Concerto*), Martinů (*Variations sur un thème de Rossini*), Copland, Castelnuovo-Tedesco, Rozsa... Avec Leslie Parnas, il a créé la *Suite pour deux violoncelles et piano* (1973) de Gian Carlo Menotti. Il possédait deux Stradivarius, le *Batto* (1714) et le *Baudiot* (1725), ainsi qu'un Nicola Amati de 1670 qu'il avait revendu à la fin de la dernière guerre et qui est ensuite devenu l'instrument du violoncelliste du Quatuor LaSalle. On lui doit de nombreux arrangements pour son instrument.

ÉCRITS : *Cellist*, autobiographie (1965).

Picavet, Bernard

Pianiste français, né à Croix (Nord) le 5 juin 1943.

Picavet, Geneviève

Pianiste française, née à Paris le 22 août 1943.

Encore élèves au Conservatoire de Paris dans les classes de Jean Doyen, Aline Van Barentzen, Georges Hugon et Claude Pascal, ils décident de constituer un duo de piano et donnent leurs premiers concerts en 1966. A côté du répertoire fondamental pour deux pianos, ils font revivre des œuvres moins connues, notamment dans le domaine de la musique française du XIXe siècle (Saint-Saëns, Lefébure-Wély, Herz). Plus récemment, ils ont abordé le répertoire pour piano à quatre mains.

Picht-Axenfeld, Edith

Pianiste et claveciniste allemande, née à Fribourg le 1er janvier 1914.

Après avoir suivi de brillantes études à Lugano, Bâle et Berlin, notamment avec Rudolf Serkin et Albert Schweitzer, elle remporte, en 1937, le Concours Chopin à Varsovie, ce qui lui ouvre les portes d'une carrière internationale, carrière qui n'a jamais manqué d'étonner le monde musical. N'ayant à aucun moment voulu ni souhaité abandonner son clavecin pour se consacrer exclusivement au piano, et réciproquement, Edith Picht-Axenfeld maîtrise un répertoire d'une richesse et d'une diversité peu communes. Aussi à l'aise au clavecin dans des œuvres de Scarlatti, Byrd ou Couperin, sans oublier Bach, qu'au piano dans un concerto de Ravel ou de Tchaïkovski, elle ne délaisse pas pour autant la musique de son siècle. Elle enseigne au Conservatoire de Fribourg depuis 1947 et joue en trio avec Nicolas Chumachenco et Alexandre Stein ou en sonate avec Heinz Holliger ou Aurèle Nicolet. Elle a créé des œuvres de Giselher Klebe (*Concerto pour clavecin,* 1972), Isang Yun (*Shao Yang Yin,* 1968).

Pidoux, Roland

Violoncelliste français, né à Paris le 29 octobre 1946.

A quatorze ans, il entre au Conservatoire de Paris dans la classe d'André Navarra où il obtient un 1er prix en 1965. La même année, il remporte un 1er prix de musique de chambre dans la classe de Jean Hubeau puis l'année suivante un 1er prix de musique de chambre professionnelle avec Joseph Calvet. Avec Jean-Claude Hartemann et Jean-Pierre Wallez, il participe en 1968 à la création de l'Ensemble Instrumental de France où il occupe la place de violoncelle solo pendant quatre années. En 1969, il entre à l'Orchestre de l'Opéra de Paris où il devient soliste en 1971. Parallèlement, il se produit au sein du Quatuor Via Nova, de 1970 à 1978. En 1972, il se joint à Régis et Bruno Pasquier pour former le Nouveau Trio Pasquier. En 1979 lui est confiée la direction de la collection « Les Musiciens » pour l'éditeur Harmonia Mundi. Entre 1979 et 1987, il est violoncelle solo à l'Orchestre National de France. En 1987, il est nommé professeur de violoncelle au Conservatoire de Paris. Il joue sur un Stradivarius de 1692.

Pierlot, Pierre

Hautboïste français, né à Paris le 26 avril 1921.

Il fait ses études au Conservatoire de Valenciennes puis au Conservatoire de Paris où il obtient un 1er prix de hautbois en 1941. La même année il entre aux Concerts Lamoureux puis en 1947 à l'Orchestre de l'Opéra-Comique. Il commence à jouer en soliste. Entre 1945 et 1968, il fait partie du Quintette à Vent Français. A partir de 1952, il est membre de l'Ensemble Baroque de Paris. En 1949, il remporte le 1er prix au Concours international de Genève. De 1969 à 1979, il est professeur au Conservatoire de Paris. En 1985, il remplace Robert Casier au sein du Quintette à Vent de Paris. Il a créé le *Concerto* de Milhaud (1958) et le *Concerto* de Martelli (1972). Son fils, **Philippe Pierlot**, est flûtiste à l'Orchestre National de France.

Pierné, Gabriel

Chef d'orchestre, organiste et compositeur français, né à Metz le 16 août 1863, mort à Ploujean le 17 juillet 1937.

Ses parents, professeurs de piano et de chant, l'orientent vers le piano. En 1871, il entre au Conservatoire de Paris où il travaille avec Lavignac (solfège), Émile Durand (harmonie), Marmontel (piano), Massenet (composition) et Franck (orgue). Il obtient des premiers prix dans toutes ces disciplines ainsi que le 1er Grand Prix de Rome en 1882. A la mort de César Franck, il succède à son maître à l'orgue de Sainte-Clotilde (1890-98). En 1903, il est chef-adjoint aux Concerts Colonne puis président-chef d'orchestre (1910-34). La radio fait aussi appel à lui comme conseiller aux émissions musicales.

De culture essentiellement classique, Gabriel Pierné se tournait plus naturellement vers le répertoire que vers les œuvres nouvelles. Il savait néanmoins détecter et imposer certains talents encore inconnus. Il a crée notamment *L'Oiseau de feu* de Stravinski, *Ibéria* et *Khamma* de Debussy, *Une barque sur l'océan* de Ravel, la deuxième suite de *Protée* de Milhaud, *Pour une fête de printemps* de Roussel, *La Ballade de la geôle de Reading* de Ibert (1922).

Sa musique, classique, élégante, aborde tous les genres. Ses grandes fresques chorales s'imposent par leur sincérité (*L'An Mil, Les Enfants à Bethléem*), mais ses pages symphoniques, ses ballets et musiques de scène révèlent une science profonde de l'orchestre (*Ramuntcho, Cydalise et le Chèvre-pied*).

Pierotti, Raquel

Mezzo-soprano uruguayenne, née à Montevideo le 17 décembre 1952.

Elle étudie le chant dans sa ville natale et fait ses débuts européens dans Rosine du *Barbier de Séville* à Barcelone au cours de la saison 1980-81. Rapidement engagée à la Scala, elle part pour le Japon avec la troupe italienne. Elle incarne également Chérubin (Scala), Sextus (*Jules César*). A la Monnaie de Bruxelles, elle chante dans *Lucio Silla* de Mozart. Puis on la retrouve dans *Falstaff* et dans *Nabucco*, toujours à la Scala de Milan, avec Riccardo Muti. Elle chante également à Vérone et consacre une part importante de ses activités au concert.

Pierre, Francis

Harpiste français, né à Amiens le 9 mars 1931.

Il suit la classe de Lily Laskine au Conservatoire de Paris et remporte un 1er prix en 1950. Il poursuit ses études avec Pierre Jamet, se prend d'un vif intérêt pour les musiques de son temps et travaille avec Pierre Boulez et Bruno Maderna entre 1960 et 1970. On lui doit de très nombreuses créations dans les divers festivals d'avant-garde (Venise, Zagreb, Royan, etc.). Parmi les compositeurs dont il a joué les œuvres en création ou en première audition figurent Bussotti, Rands, Berio (*Circles, Sequenza II, Chemins I*), Betsy Jolas (*Tranche*), Miroglio (*Réseaux*), Milhaud (*Sonate*). Harpe solo de l'Orchestre de Paris à sa formation en 1967, il joue dans des ensembles contemporains (InterContemporain) et a formé en 1972 le Trio Debussy qui se consacre au répertoire pour flûte, alto et harpe. En 1985, il est nommé professeur au Conservatoire de Paris.

Pierre, Odile

Organiste française, née à Pont-Audemer le 12 mars 1932.

Elle entend, à sept ans, un récital donné aux orgues de Saint-Ouen de Rouen par Marcel Dupré qui décide de sa carrière. Organiste et maître des chœurs de l'église de Barentin dès l'âge de quinze ans, elle entreprend ses études au Conservatoire de Rouen où elle remporte très vite trois premiers prix avant d'entrer dans la classe de Marcel Dupré au Conservatoire de Paris. Elle a vingt-trois ans quand elle remporte les premiers prix d'orgue et d'improvisation, d'harmonie (classe de Maurice Duruflé) et de fugue (classe de Noël Gallon). Pendant onze ans, elle est professeur d'orgue et d'histoire de la musique au Conservatoire de Rouen tout en développant une importante carrière internationale et sans négliger l'éducation de ses deux enfants. De 1969 à 1979, elle est titulaire des orgues de la Madeleine à Paris où elle prend la succession de Fauré et de Saint-Saëns. En 1977, elle représente la France au 3e Congrès international d'orgue à Washington et Philadelphie. Odile Pierre est membre de la Commission technique consultative pour les orgues de Paris. Elle donne des cours d'interprétation à Perugia à partir de 1991. Elle s'attache à défendre des musiciens dont le talent est moins reconnu de nos jours comme Widor ou Guilmant.

Pierri, Alvaro

Guitariste urugayen, né à Montevideo en 1953.

Il est initié à la guitare par sa tante Olga Pieni et poursuit ses études au Conservatoire de Montevideo. En 1974 lui est décerné un 1er prix au Concours international de Porto Alegre au Brésil puis, en 1976, au Concours international de guitare de Paris. Il est professeur à l'Université de Santa Maria au Brésil et, depuis 1981, à Montréal.

Piguet, Michel

Hautboïste suisse, né à Genève le 30 avril 1932.

Après ses études classiques au collège de sa ville natale, il en fréquente le conservatoire, avant de travailler au Conservatoire de Paris, notamment dans la classe d'Olivier Messiaen (analyse musicale). En 1956, il entre à l'Orchestre de la Tonhalle de Zurich dont il devient hautbois solo en 1961. Son intérêt pour le répertoire baroque l'incite à fonder, avec Christopher Schmidt, l'Ensemble Ricercare de Zurich qui se spécialise dans l'interprétation de la musique ancienne. En 1964, il quitte l'Orchestre de la Tonhalle pour enseigner le hautbois baroque à la Schola Cantorum de Bâle. Il enseigne également la flûte à bec, dont il est devenu un excellent interprète, au Conservatoire de Zurich. Parmi ses nombreux enregistrements, signalons l'intégrale des *Sonates* de Haendel pour hautbois et pour flûte à bec. Son jeu et ses restitutions de musique ancienne s'appuient sur de solides connaissances musicologiques. Il a en outre fondé un octuor à vent, *Il Divertimento.*

Pikaisen, Victor

Violoniste russe, né à Kiev le 15 novembre 1933.

Il travaille au Conservatoire de Moscou jusqu'en 1957 avec David Oïstrakh et complète son enseignement avec lui jusqu'en 1960. Il obtient des prix internationaux à Prague (1949), à Paris (1957), à Moscou (1958), à Gênes (1965). En 1960, il se produit en soliste avec l'Orchestre Philharmonique de Moscou. Depuis 1966, il est professeur au Conservatoire de Moscou et reconnu notamment comme interprète de Bach et de Paganini.

Pilarczyk, Helga

Soprano allemande, né à Schöningen le 12 mars 1925.

Elle étudie le piano et la danse à Brunswick et à Hambourg, puis le chant en 1948 avec Dziobek à Hambourg. C'est à Brunswick qu'elle débute dans *Le Forgeron armé* de Lortzing (rôle d'Irmentraud, mezzo-soprano). Elle entre à l'Opéra de Hambourg en 1953 et, très vite attirée par le répertoire du XXe siècle, travaille les grandes œuvres de son temps. Elle est alors la Femme dans *Erwartung* de Schoenberg, Marie dans *Wozzeck* (qu'elle marque d'une profonde humanité : « Nous sommes toutes Marie », dit-elle), la Mère dans *Le Prisonnier* de Dallapiccola, *Lulu* de Berg, Rénata de *L'Ange de feu*, Jocaste d'*Œdipe-Roi* de Stravinski. Elle chante à l'Opéra de Zurich (1955-58), à la Städtische Oper de Berlin (1956-60) et à la Deutsche Oper am Rhein de Düsseldorf-Duisbourg à partir de 1964. En 1959, elle chante *Salomé* à Covent Garden puis Colombine dans *L'Arlequin* de Busoni au Festival de Glyndebourne. En 1960, elle chante *Erwartung* à Berlin, Munich et Washington. Un an plus tard, elle crée le rôle-titre de l'opéra de Rolf Liebermann, *Pénélope*. Elle fait ses débuts à la Scala en 1963 et au Met en 1965 (Marie). Ses enregistrements d'*Erwartung* et du *Pierrot lunaire* ont fait date et constituent des références dans ce répertoire.

ÉCRITS : *Kann man die moderne Oper singen ?* (1964).

Pilou, Jeannette (Joanna Pilós)

Soprano grecque, née à Fayoum (Alexandrie) en juillet 1931.

Très jeune, elle vient à Milan dans l'intention d'étudier la décoration de théâtre dans une école spécialisée, mais, en même temps, elle prend des cours de chant avec Carla Castellani. Elle débute en Italie dans le rôle de Violetta (*La Traviata*), invitée successivement à Bologne, Turin, Rome et Venise, en 1963. Ses deux plus grands rôles sont Mimi (*La Bohème*) et Violetta. Elle est alors invitée à l'Opéra de Budapest, puis au San Carlos de Lisbonne. En 1965, elle est engagée par l'Opéra de Vienne. C'est le départ d'une brillante carrière internationale. Au Met, elle chante *Roméo et Juliette*, *La Traviata* et Micaëla dans *Carmen*, montée par Jean-Louis Barrault. Karajan l'invite au Festival de Salzbourg pour tenir le rôle de Zerline (*Don Giovanni*). Elle chante au Colón, à la Scala, au Covent Garden, Suzanne (*Les Noces de Figaro*) sous la direction de Böhm, Mélisande sous la direction de Cluytens. A l'Opéra de Paris, elle débute comme Eurydice (*Orphée* de Gluck), en 1973 et y reviendra souvent invitée par Rolf Liebermann.

Pinnock, Trevor

Claveciniste et chef d'orchestre anglais, né à Canterbury le 16 décembre 1946.

Il reçoit son premier enseignement musical comme choriste à la cathédrale de Canterbury et étudie ensuite l'orgue et le clavecin au Royal College of Music avec Ralph Downes et Millicent Silver (1964-67). Il obtient des premiers prix sur les deux instruments. Il fait partie du Galliard Harpsichord Trio (1966-72). Parallèlement à sa carrière d'instrumentiste, il fonde en 1973 son ensemble de musique sur instruments anciens, l'English Concert, qui fait sa première apparition à l'English Bach Festival. Il prend en outre la direction de la Classical Band de New York qu'il conserve jusqu'en 1990. En 1991, il est nommé à la tête de l'Orchestre du Centre National des Arts d'Ottawa.

Comme claveciniste, Trevor Pinnock mène une carrière internationale, se partageant entre les concerts, les récitals en Europe et aux États-Unis (où il a passé deux périodes comme « artist in residence » à l'Université Washington de Saint Louis), et les enregistrements. A son répertoire baroque primitif, il ajoute des concertos de Roberto Gerhardt et Manuel de Falla, ou la *Petite Symphonie concertante* de Frank Martin.

Pinza, Ezio (Fortunio Pinza)

Basse italienne, né à Rome le 18 mai 1892, mort à Stamford (États-Unis) le 9 mai 1957.

Il renonce à une carrière de coureur cycliste pour apprendre le chant avec Ruzza, puis avec Alessandro Vezzani au Conservatoire de Bologne. Il débute en 1914 à Soncino dans le rôle de Oroveso de *Norma*. Revenu de guerre, il chante le Roi Marke en 1920 à Rome, mais c'est à la Scala de Milan qu'il se révèle totalement (1922-24), interprétant sous la direction de Toscanini Ramphis de *Aïda*, Colline de *La Bohème*, Raimonde de *Lucia di Lammermoor*, et Tigellino lors de la création du *Nerone* de Boïto (1924). Il est engagé par le Met de 1926 à 1949, où il débute en Pontifex Maximus dans *La Vestale* de Spontini. Il y chante tous les grands rôles de basse italienne : *La Force du destin*, *Simon Boccanegra*, *Don Giovanni*, Figaro, ainsi que Boris (en italien). Bruno Walter le fait engager au Festival de Salzbourg en 1934 (Don Giovanni, Figaro, Don Basile). Il quitte le Met en 1949 pour se lancer dans une nouvelle carrière à Broadway, dans le Musical (*South Pacific*, *Fanny*, etc.). Aux qualités de la voix, expressive, chaude et souple, Pinza ajoutait un art de la scène poussé jusqu'au détail le plus infime (le maquillage par exemple qu'il mettait lui-même au point) donnant à ses incarnations une force et une authenticité incomparables, que ce soit dans le rôle de Don Giovanni (joué plus de deux cents fois) ou dans le répertoire bouffe où sa *vis comica* pouvait se donner libre cours.

ÉCRITS : *An Autobiography*, avec R. Magidoff (New York, 1958).

Piquemal, Michel

Chef de chœur et baryton français, né à Paris le 15 avril 1947.

Originaire de l'Ariège, il vient en 1958 à Paris comme élève à la Maîtrise de Radio France. Puis, il étudie le piano avec Françoise Deslogères et Denise Sternberg, l'écriture avec Roger Calmel et la direction avec Jacques Jouineau dont il devient l'assistant à la Maîtrise de 1968 à 1973. A la même époque, il est nommé professeur de chant choral au Conservatoire d'Argenteuil et fonde la Chorale Vittoria d'Argenteuil qui devient sous sa direction l'un des chœurs d'oratorio les plus importants de la région parisienne (1974-86). En 1978, il fonde l'Ensemble Vocal Michel Piquemal avec lequel il aborde un répertoire très large de la Renaissance à nos jours. Il crée avec cet ensemble des œuvres de Roger Calmel, Jacques Casterède, Jean-Louis Florentz, François Vercken. Après avoir travaillé le chant avec Elsa Ruhlmann, Marcelle Gavanier, Ré Coster, reçu les conseils de Pierre Bernac pour la mélodie française et de Susanne Anders et Paul Schilawski au Mozarteum de Salzbourg pour l'interprétation du lied, il se produit en tant que soliste. Professeur à la Maîtrise de Radio France et au Centre d'Études polyphoniques de Paris, il assure de nombreux stages de chant choral avant d'être chargé, en 1985, d'un atelier de chant choral au Conservatoire de Lille et d'être nommé, la même année, professeur de chant choral au Conservatoire de Paris. En 1987, il prend en charge la direction du nouveau Chœur Régional Vittoria d'Ile-de-France. Il a créé des œuvres de Roger Calmel (*Requiem,* 1980), Marcel Landowski (*Leçons de Ténèbres,* 1991).

Pires, Maria-João

Pianiste portugaise, née à Lisbonne le 23 juillet 1944.

Elle commence à étudier le piano dès sa plus tendre enfance et fait sa première apparition publique à l'âge de quatre ans. Entre 1953 et 1960, elle travaille le piano avec Campos Cœlho au Conservatoire de Lisbonne. Elle étudie aussi la composition, la théorie et l'histoire de la musique avec Francine Benoit. En 1953, elle remporte le 1er prix au Concours des Jeunesses Musicales Portugaises, en 1958, le 1er prix au Concours Elisa Pedroso, puis en 1960, le 2e prix au Concours international des Jeunesses Musicales à Berlin, et le 1er prix au Concours international Franz Liszt à Lisbonne. L'année suivante, elle obtient une bourse de la Fondation Gulbenkian qui lui permet d'aller travailler en Allemagne. Elle est notamment l'élève de Rosl Schmid à l'Académie de musique de Munich et de Karl Engel à Hanovre, le seul parmi ses professeurs dont elle reconnaisse l'influence profonde. Sa carrière débute véritablement en 1970 lorsqu'elle remporte à Bruxelles le 1er prix au Concours international organisé par l'UER pour le bicentenaire de la naissance de Beethoven. Elle est aussitôt engagée dans toute l'Europe et s'impose comme interprète de Mozart : elle enregistre l'intégrale de ses sonates pour piano et la plupart de ses concertos. Elle voue une particulière prédilection à ce musicien qui occupe une place de choix dans son répertoire, limité par la taille de ses mains : aussi n'aborde-t-elle pas les œuvres de haute virtuosité ou de grande envergure. Entre 1978 et 1982, elle cesse de jouer en public et semble aborder une nouvelle carrière après ces quatre années de silence, notamment au travers d'un répertoire élargi à Schubert, Schumann, Debussy et Ravel, sans négliger Mozart néanmoins, dont elle enregistre l'intégrale des sonates pour piano à l'occasion du bicentenaire de sa mort (1991). Dans le domaine de la musique de chambre, elle se produit avec des partenaires aussi différents que Viktoria Mullova, Barbara Hendricks, Michel Portal, Yuri Bashmet ou le Quatuor Emerson ; mais son partenaire principal est, depuis 1989, le violoniste Augustin Dumay. Elle partage sa vie entre le Portugal et la région parisienne.

Pischner, Hans

Claveciniste et musicologue allemand, né à Breslau le 20 février 1914.

Il fait toutes ses études dans sa ville natale, musique avec Bronislaw von Pozniak et Gertrud Wertheim (1933-39) et philosophie. Il enseigne d'abord à Weimar (1946-50). Sa carrière se déroule avant tout dans les pays de l'Est : il joue et enregistre entre autre choses les *Sonates* de Bach avec David Oïstrakh. Il est nommé en 1950 chef du département musical de la Radio de Berlin-Est. Il occupe ce poste jusqu'en 1954. Puis il devient directeur du département musical du ministère de la Culture de la RDA (1954-56) et représentant du même ministère (1956-63). De 1963 à 1984, il est intendant de la Staatsoper de Berlin. En tant que musicologue, Hans Pischner a publié plusieurs *Histoires de la musique* (*Geschichte Weimars*, 1954) ; *Musique en Chine* (Berlin, 1955) et *Étude sur Rameau* (Leipzig, 1963).

Pitz, Wilhelm

Chef de chœur allemand, né à Breinig le 25 août 1897, mort à Aix-la-Chapelle le 21 novembre 1973.

Il fut pendant vingt ans violoniste de l'Orchestre de l'Opéra d'Aix-la-Chapelle, sous la direction de chefs aussi éminents que Leo Blech et Fritz Busch. Il a à peine trente ans, quand le directeur général de la musique de l'Opéra d'Aix-la-Chapelle décèle ses talents particuliers et le nomme chef des chœurs. Il se voit ensuite offrir la responsabilité de la Société Chorale de la ville (1933-61), qui, bientôt, acquiert dans toute l'Europe une grande réputation, suite aux concerts et aux tournées effectués sous la conduite de Karajan (1934-42). Après la Seconde Guerre mondiale, son renom est tel qu'il se voit offrir la direction musicale de l'Opéra d'Aix-la-Chapelle (1946-60). Il dirige également le Chœur d'hommes de Cologne à partir de 1949. Peu après, sur la recommandation de Karajan, Wieland et Wolfgang Wagner font appel à lui pour former et diriger les chœurs du Festival de Bayreuth (1951-71). Il occupera ce poste jusqu'à la veille de sa mort, secondé par Paul-André Gaillard puis par Norbert Balatsch. Les succès remportés par les chœurs du Festival sont tels que Walter Legge l'invite à Londres, en 1957, pour créer un chœur qui soit digne du Philharmonia Orchestra et puisse l'égaler : le Philharmonia Chorus, qu'il dirige jusqu'en 1971. La musicalité, la précision et l'exigence de Wilhelm Pitz ont fait de cet ensemble (tout comme du chœur de Bayreuth) un des éléments moteurs de la vie musicale européenne sous la conduite des plus grands chefs. Mais Pitz a dirigé lui-même et avec grand succès de nombreux concerts à travers le monde.

Plançon, Pol

Basse française, né à Fumay (Ardennes) le 12 juin 1851, mort à Paris le 11 août 1914.

Il étudie à Paris avec Giovanni Sbriglia et Gilbert Duprez, et débute à Lyon en 1877 (Saint-Bris des *Huguenots*). Il chante à Paris à partir de 1880, à l'Opéra de 1883 à 1893, au Covent Garden de Londres de 1891 à 1904 et au Met de New York de 1893 à 1908. Le plus célèbre Méphisto de son temps, il chante aussi bien le répertoire français que l'italien ou l'allemand. Il participe aux créations mondiales du *Cid* de Massenet à l'Opéra en 1885 (Don Gormas) et de *La Navarraise* du même Massenet à Londres en 1894 (Garrado), ainsi que d'*Ascanio* de Saint-Saëns à Paris (François Ier).

Planès, Alain

Pianiste français, né à Lyon le 20 janvier 1948.

Il entre à l'âge de douze ans au Conservatoire de Paris et travaille avec Jacques Février avant d'y obtenir des premiers prix de piano et de musique de chambre. Puis il est l'assistant de Menahem Pressler à l'Université d'Indiana, à Bloomington (1970-74). Il travaille également avec Franco Gulli, György Sebök et William Primrose. Il enseigne à Cleveland. Entre 1977 et 1984, il fait partie de l'Ensemble InterContemporain. Il a réalisé le premier enregistrement des *Préludes* de Debussy d'après la nouvelle édition musicologique, et compte de nombreuses créations à son actif. Partenaire de musique de chambre très recherché, il a joué notamment avec János Starker, Alain Meunier, Shlomo Mintz et Robert Tear. Il a été couronné dans le cadre des « Victoires de la musique » 1986. Il a créé des œuvres d'Alain Bancquart (*Sonate pour deux pianos*, avec Jean-François Heisser, 1985), Jacques Lenot (*Sonate pour violoncelle et piano*, avec Alain Meunier, 1985).

Planté, Francis

Pianiste français, né à Orthez le 2 mars 1839, mort à Saint-Avit (Mont-de-Marsan) le 19 décembre 1934.

Enfant prodige, il débute en 1854 salle Pleyel après avoir remporté un 1er prix de piano au Conservatoire de Paris dans la classe de Marmontel en 1850. Il travaille également l'harmonie avec Bazin (2e prix en 1855). Liszt et Rossini facilitent son entrée dans la société musicale parisienne. Il joue en trio avec Alard et Franchomme. Puis, en 1861, il se retire de la scène pour ne réapparaître qu'en 1872 : plus de dix ans de silence et de travail solitaire font de l'enfant prodige l'un des plus étonnants pianistes de sa génération. Il s'impose dans le grand répertoire romantique où sa virtuosité s'épanouit naturellement. Mais il participe aussi au regain d'intérêt que rencontre alors la musique de Mozart. De 1900 à 1915, il se retire à nouveau. Sa carrière aura été une succession de telles éclipses accentuant l'attirance naturelle de tous les pianistes qui viennent chercher conseil auprès de lui. Roger-Ducasse lui a dédié une *Étude* (la bémol majeur).

Plasson, Michel

Chef d'orchestre français, né à Paris le 2 octobre 1933.

Il voit le jour dans une famille de musiciens et travaille très jeune le piano avec Lazare-Lévy. Au Conservatoire de Paris, il reçoit une formation de percussionniste et obtient un 1er prix. Puis il se tourne vers la direction d'orchestre et remporte, en 1962, le 1er prix du Concours international de Besançon. Il passe l'année suivante aux États-Unis où il travaille avec Leinsdorf, Monteux et Stokowski. Il est ensuite nommé directeur de la musique au Théâtre de Metz puis, en 1968, chef permanent au Capitole de Toulouse dont il devient vite directeur musical et directeur général (1973-82). Il suscite des productions lyriques marquantes (*Manon*, *Fidelio*, *Salomé*, *Les Maîtres chanteurs*) et fait de la Halle aux Grains de Toulouse l'un des centres musicaux les plus importants de France. Il contribue à la régionalisation de l'Orchestre du Capitole (1974), auquel il donne une vocation symphonique et une dimension internationale. Invité par les plus grands orchestres et théâtres du monde, il dirige à l'Opéra de Paris (*Faust*), au Covent Garden (*Werther*), au Met (*Les Dialogues des carmélites*) ou à Bercy (*Aïda*, 1984 ; *Turandot*, 1985 ; *Nabucco*, 1987). Il a créé des œuvres d'André Bon (*Trois Sonnets de Louise Labbé*, 1983), Charles Chaynes (*Visages mycéniens*, 1986), Daniel-Lesur (*Symphonie d'ombre et de lumière*, 1975), Xavier Darasse (*Instants passés*, 1989), Marcel Landowski (*Montségur*, 1985 ; *Quatre Préludes pour l'Opéra des Bastilles*, 1989), Aubert Lemeland (*Symphonie n° 1*, 1974), Serge Nigg (*Millions d'oiseaux d'or*, 1981). En 1987, il est nommé premier chef invité de l'Orchestre de la Tonhalle de Zurich. En 1994, il est devient directeur musical de l'Orchestre Philharmonique de Dresde.

Sa discographie est largement consacrée à des œuvres peu connues de la musique française dont il a réalisé les premiers enregistrements mondiaux (*Padmâvati* d'Albert Roussel, *Guercœur* et les symphonies d'Albéric Magnard, poèmes symphoniques d'Ernest Chausson...). Il a gravé l'intégrale des symphonies d'Arthur Honegger et de la musique pour orchestre de Gabriel Fauré.

Pletnev, Mikhaïl

Pianiste, chef d'orchestre et compositeur russe, né à Archangelsk le 14 avril 1957.

Il commence à étudier la musique dès son premier âge puis entre au Conservatoire Tchaïkovski de Moscou où il est l'élève de Yakov Fliere et Lev Vlassenko. Il travaille également la composition et la direction d'orchestre. En 1978, il remporte le 1er prix de piano au Concours Tchaïkovski à Moscou et commence une carrière internationale dès l'année suivante. Il joue dans toute l'URSS et en Europe. Il débute aux États-Unis en 1979. En 1990, il fonde à Moscou l'Orchestre National de Russie, premier orchestre russe entièrement indépendant depuis 1917, constitué des meilleurs instrumentistes des grands orchestres moscovites.

Plishka, Paul

Basse américaine, né à Old Forge (Pennsylvanie) le 28 août 1941.

Il étudie le chant au Collège Montclair (New Jersey) et fait ses débuts au sein de la troupe de l'Opéra de Patterson (1961-66). Il est engagé à partir de 1967 par le Metropolitan Opera de New York où il chante plus de cinquante rôles (Leporello, Philippe II, Varlaam, Pimène, Boris, Oroveso...). Il fait ses débuts à la Scala en 1974 dans *La Damnation de Faust*. En France il chante Philippe II (*Don Carlos*) à l'Opéra du Rhin en 1975. Sa carrière se développe rapidement : Munich, Berlin, Francfort, Hambourg, Paris.

Plowright, Rosalind

Soprano anglaise, née à Worksop (Sheffield) le 21 mai 1949.

Elle fait ses études au Royal College of Music de Manchester puis à l'Opera Centre de Londres. Elle débute à l'English National Opera en 1975. Elle remporte en 1979 le 1er prix au Concours international de Sofia et passe deux saisons dans la troupe de l'Opéra de Berne (1980-81). Elle chante Manon Lescaut au Festival de Torre del Lago, puis incarne Leonore (*Le Trouvère*), Abigaïl (*Nabucco*), Ariadne et Alceste à Berne avant de s'imposer sur les scènes de Munich et de Francfort. Elle débute aux États-Unis en 1982 dans *Le Trouvère* à San Diego et chante en concert *Danae* de R. Strauss à New York (1983). En 1984, elle chante Maddalena (*André Chénier*) et Desdémone au Covent Garden. Puis elle incarne Elsa (*Lohengrin*) au Festival d'Édimbourg et à la Scala, Donna Anna à Covent Garden avant de réaliser, en 1984, l'enregistrement du *Trouvère* sous la direction de Carlo Maria Giulini qui la révèle au monde entier et pour lequel elle obtient le prix de la Fondation Fanny Heldy en 1985. Son répertoire s'élargit à Senta (Covent Garden, 1986).

Pludermacher, Georges

Pianiste français, né à Guéret le 26 juillet 1944.

Après avoir travaillé avec Lucette Descaves, Geneviève Joy, Henriette Puig-Roget et Jacques Février au Conservatoire de Paris et suivi les cours d'été de Géza Anda à Lucerne, il remporte le 1er prix au Concours international Géza Anda à Zurich en 1979. Il avait déjà obtenu un prix international à Lisbonne en 1968 et à Leeds en 1969. Il joue ensuite avec de grands chefs : Solti, Dohnányi, Boulez... En soliste ou dans des formations diverses, avec le Domaine Musical ou Musique Vivante, il unit le passé et le présent, Mozart et Xenakis. Il fait connaître nombre de partitions contemporaines et a créé (entre autres) *Archipel I* pour piano, de Boucourechliev (1967) et *Synaphai* de Xenakis (1971). Pianiste soliste à l'Orchestre de l'Opéra de Paris, il joue en duo avec Yvonne Loriod et enseigne au Conservatoire de Paris. On le retrouve avec le Nouveau Trio Pasquier, Portal ou Ivaldi.

Pogorelich, Ivo

Pianiste serbe, né à Belgrade le 20 octobre 1958.

Il quitte sa famille à l'âge de onze ans pour aller étudier à l'École Centrale de Moscou puis au Conservatoire Tchaïkovski où il travaille avec Timakhin, Gornostaeva et Malinin. En 1977, il rencontre **Alice Kezeradze** qui lui transmet la tradition de l'école Liszt-Siloti. Il l'épousera d'ailleurs en 1980. En 1978, il remporte le Concours Casagrande à Terni (Italie) et, en 1980, le 1er prix au Concours international de Montréal. Au Concours Chopin de Varsovie (1980), Martha Argerich quitte avec éclat le jury pour protester parce qu'il n'était pas admis en finale.

Polasek, Barbara

Guitariste tchèque naturalisée allemande, née à Leberek le 8 mars 1941.

Elle travaille dans son pays puis remporte le 1er prix au 6e Concours international de guitare de Paris en 1964. Dès lors elle se produit sur le plan international. Elle épouse le violoncelliste **Ján Palacek** dont elle divorce par la suite lorsqu'elle se fixe en Allemagne fédérale. En 1970, elle est nommée professeur à la Musikhochschule de Munich. Sa carrière connaît une certaine éclipse pendant une dizaine d'années avant de reprendre au milieu des années quatre-vingt. Elle pratique aussi le luth.

Polaski, Deborah

Soprano américaine, née à Richmond Centre (Wisconsin) le 26 mai 1949.

Elle étudie successivement au Marion College, Indiana, et à l'University Conservatory de Cincinnati (Ohio) dont elle sort avec un Master of Music in Vocal Performance en 1975. Elle suivra également les cours de l'American Institute of Musical Studies de Graz (1975-84). Ses professeurs sont George London, John Alexander, Erna Thiessen, Anna Reynolds. Développant lentement sa carrière, elle chante dans la troupe des opéras de Gelsenkirchen (1976-77) – où elle débute dans le rôle de Senta –, Karlsruhe (1977-80), Ulm (1980-81), Hanovre (1981-83), Fribourg (1983-85) – où elle aborde les grands rôles de soprano dramatique : Isolde, Kundry, Fidelio, Elektra, Marie (*Wozzeck*) –, Mannheim (1985-87) et Stuttgart (1987-88). Elle apparaît comme invitée à Berlin (les trois rôles de Brünnhilde), Düsseldorf, Genève (1986), Bordeaux, Amsterdam (1987), Rouen, Milan, San Francisco, Miami, Houston (1988). En 1988, elle débute au Festival de Bayreuth dans le rôle de Brünnhilde et, quelques mois plus tard, décide d'interrompre sa carrière pour entrer au couvent. Après deux années de retraite, elle reprend sa carrière et s'impose notamment comme l'une des plus impressionnantes Elektra de son temps (Zurich, 1991). Elle chante également *La Femme sans ombre*. A Bayreuth, elle est Kundry en 1993.

Poli, Liliana

Soprano italienne, née à Florence le 1er janvier 1935.

Elle fait ses débuts aux concerts du Mai Musical Florentin, après avoir étudié dans cette ville et avoir suivi les cours de perfectionnement au Théâtre Communal. Elle chante le répertoire lyrique passé et présent, aime la musique de chambre et la musique symphonique. Connue dans le monde de l'avant-guerre pour ses interprétations de musique contemporaine, elle a créé plusieurs œuvres de Luigi Nono dont entre autres *L'Usine illuminée* et *Ne consommons pas Marx*, de Giacomo Manzoni (*Per Massimiliano Robespierre*, 1975), et de Sylvano Bussotti : *Il nudo, Torso, Rara Requiem*, après avoir interprété le répertoire viennois. Elle enseigne l'interprétation vocale (musique de chambre) au conservatoire de sa ville natale.

Pollet, Françoise

Soprano française, née à Boulogne-Billancourt le 10 septembre 1949.

Elle aborde la musique en étudiant le violon. Puis elle travaille le chant au Conservatoire de Versailles et à la Hochschule für Musik de Munich. Sa voix, mezzo à l'origine, évolue vers une tessiture de soprano. Elle appartient à la troupe de l'Opéra de Lubeck entre 1983 et 1986 où elle débute dans la Maréchale. Elle y chante aussi Donna Anna, Arabella, Elisabeth, Fiordiligi... Puis sa carrière se développe en France où elle débute en 1986 à l'Opéra de Marseille dans Agathe (*Le Freischütz*) avant d'incarner Vitellia (*La Clémence de Titus*) à l'Opéra-Comique (1987). En 1988, elle est Valentine (*Les Huguenots*) à Montpellier ; en 1990, Bérénice d'Albéric Magnard. En 1991, elle incarne le rôle-titre d'*Ariane et Barbe-Bleue* de Paul Dukas au Châtelet et débute à l'Opéra-Bastille dans la Comtesse des *Noces de Figaro*. La même année, elle est invitée pour la première fois à Covent Garden pour *Les Huguenots* de Meyerbeer et débute aux États-Unis au Festival de Ravinia. En 1992, elle participe à l'exécution intégrale de la *Tétralogie* dirigée à Paris par Marek Janowski. La même année, elle chante Leonore (*Le Trouvère*) à Orange. En 1993, elle débute au Met dans *Les Troyens* (Cassandre) ainsi qu'au Colón de Buenos Aires. Parmi ses rôles importants figurent Amelia (*Simon Boccanegra* et *Un bal masqué*), Elisabeth (*Don Carlos*), Ariane (R. Strauss), Marguerite (Berlioz). Elle mène aussi une carrière importante au concert, accordant une grande importante à la mélodie française et à des œuvres avec orchestre comme *La Voix humaine* de F. Poulenc. Elle a créé des œuvres de Philippe Boesmans (*Reigen*, opéra, 1993), Rolf Liebermann (*Médée*, en concert, 1990 ; sur scène, 1995), Richard Strauss (*Malven*, 1986).

Pollini, Maurizio

Pianiste italien, né à Milan le 5 janvier 1942.

Pendant toute son enfance, il travaille avec des professeurs particuliers, sans jamais envisager une carrière musicale. C'est Carlo Lonati qui lui enseigne les rudiments du piano, puis Carlo Vidusso au Conservatoire de Milan. Outre de timides débuts à l'âge de neuf ans, c'est en 1957 que la presse remarque son interprétation des *Études* de Chopin à Milan. En 1957 et 1958, il remporte le 2e prix au Concours international de Genève. En 1959, il obtient le 1er prix du Concours Ettore Pozzoli à Seregno, et l'année suivante le Prix Chopin de Varsovie, salué tout particulièrement par le président du jury, Arthur Rubinstein. Renonçant à tous les engagements qu'on lui propose, il se retire de la scène internationale « pour écouter » et méditer, « et pas seulement sur la musique ». Il travaille alors avec Michelangeli. Dès son retour, il triomphe un peu partout sur les scènes internationales. Profondément engagé, aux côtés de son ami Claudio Abbado, contre toutes formes d'élitisme, il va jouer Beethoven et Chopin aux ouvriers des usines, donne des concerts contre les fascismes d'Amérique latine ou la guerre américaine au Viêt-nam, et participe aux expériences *Musica-Realta* dans les quartiers ouvriers de Reggio nell'Emilia. Par ailleurs, outre le travail de recréation du répertoire romantique qu'il entreprend et dont il existe de nombreux témoignages sur disque (dernières sonates de Beethoven, *Wanderer-Fantasie* de Schubert, *Études* et *Préludes* de Chopin, sans oublier les concertos de Beethoven, Brahms et Mozart), il a mis de longue date son piano au service de la musique contemporaine, interprétant avec brio Boulez, Stockhausen et Nono. Le piano de Pollini pose de nombreuses énigmes aux amateurs de nomenclatures et de terminologies. Il est en effet assez difficile de comprendre comment on peut jouer de façon aussi lyrique et intense, en restant aussi près du texte sans rechercher l'effet. L'interprétation de Pollini est une ascèse qui ne refuse pas le brillant de la virtuosité. Perpétuel paradoxe qui ne cesse de remettre en cause les idées toutes faites de ses contemporains souvent embarrassés devant ce qu'il propose. Pollini a atteint un monde où il n'est même plus permis de parler de technique, tant chacune de ses prestations est une profonde recréation de l'œuvre, un moment unique. Ce grand démystificateur de la musique, avare de sensationnel, s'est fait un mythe de sa propre transparence. En 1982, il fait ses débuts de chef d'orchestre en dirigeant *La Donna del Lago* de Rossini à Pesaro. Pour le tricentenaire de la naissance de J. S. Bach (1985), il aborde le *Clavier bien tempéré* dont il donne l'intégrale dans les grandes capitales mondiales, se rangeant aux côtés des rares pianistes légendaires (Fischer, Kempff, Richter...) qui ont dominé cette œuvre. En 1987, il reçoit l'Anneau d'or de l'Orchestre Philharmonique de Vienne. En 1993, il termine l'enregistrement intégral des sonates pour piano de Beethoven qu'il donne en concert à Berlin.

Pommier, Jean-Bernard

Pianiste et chef d'orchestre français, né à Béziers le 17 août 1944.

Son père est organiste. Il fait ses études musicales avec Mina Kosloff (dès l'âge de quatre ans), puis avec Yves Nat et Pierre Sancan (au Conservatoire de Paris jusqu'en 1961). Il se perfectionne avec Eugene Istomin. En 1954, il donne son premier concert à Paris et devient pensionnaire de la Maîtrise Notre-Dame. Il remporte, en 1960, le 1er prix au Concours international des Jeunesses musicales (Berlin) et le prix de la Guilde des artistes solistes français. En 1962, il est lauréat du Concours Tchaïkovski à Moscou. Il est invité par Herbert von Karajan et Pablo Casals. Depuis 1980, il se produit également comme chef d'orchestre, notamment à la tête du Northern Sinfonia, du Scottish Chamber Orchestra et de l'English Chamber Orchestra. Jean-Bernard Pommier donne des master classes à Londres, Chicago et Tokyo. En 1990, il prend la direction artistique du Melbourne Summer Music Festival. Claude Bolling a écrit à son intention sa *Sonate pour deux pianistes* qu'ils créent ensemble en 1970.

Ponce, Alberto

Guitariste espagnol, né à Madrid le 13 mars 1935.

Il découvre la guitare à l'âge de sept ans ; son père est son premier initiateur. Il fait ensuite ses études au Conservatoire de Barcelone où il étudie – outre la guitare –

le piano avec Gilbert Camins, la musique de chambre avec Massiá. Il travaille l'harmonie et le contrepoint. Millet – directeur de l'Orfeó Catalá –, Camacois et Pich Santasusana sont aussi ses maîtres. A quatorze ans, un an après son entrée au Conservatoire, il rencontre Emilio Pujol, auquel il s'attachera profondément. Il devient son élève à Lisbonne, le suit à Sienne, à l'Académie Chigiana, étudie la vihuela et la musique ancienne. Il remporte le 1er prix de vihuela au Concours international Mathilde Cuervas. Puis, en 1962, il obtient le 1er prix du Concours international de guitare de l'ORTF et est nommé professeur à l'École Normale de Musique de Paris. Son enseignement est celui d'un humaniste aimant découvrir les œuvres de son temps et s'intéressant aux autres arts. Il fait dans son métier de pédagogue comme dans sa vie d'artiste une heureuse alliance entre l'expression dense et intime de son instrument et la perfection technique nécessaire au jeu. Alberto Ponce donne des cours d'été en France et à l'étranger. Jusqu'en 1994, il est professeur au Conservatoire de Paris. Son répertoire est large : toute la littérature classique pour guitare, de Fernando Sor aux jeunes d'aujourd'hui. Il a créé des œuvres de Maurice Ohana (*Si le jour paraît*, *Planh et Tiento*), de Charles Chaynes (*Visions concertantes*), de Felix Ibarondo (*Cristal y piedra*, *Amairuk*). Cet artiste très sobre a un grand rayonnement dans son temps.

Poncet, Tony (Antoine Poncé)

Ténor français, né le 23 décembre 1918 à Maria (Espagne), mort le 13 novembre 1979 à Libourne.

Il chante d'abord dans un chœur de sa région, les chanteurs de Bagnères-de-Bigorre. En 1947, il arrive à Paris et s'inscrit au Conservatoire où il étudie avec Fernand Francell et Mme Vuillermos. En 1954, il obtient le 1er prix du Concours de chant de Cannes et commence l'année suivante sa carrière de chanteur. Il obtient ses premiers succès dans les opéras de Lüttich, de Gand et à la Monnaie. Dès 1958, il est le ténor héroïque de l'Opéra et de l'Opéra-Comique de Paris. Il chante également sur toutes les scènes de province, ainsi qu'en Italie où le public lui fait partout fête. Il donne également de nombreux concerts. Sa voix puissante, aux aigus ahurissants, préfère aux nuances les éclats de la vaillance. Parmi ses principaux rôles il faut citer *Guillaume Tell* (Arnold), *Paillasse* (Canio), *La Juive* (Eleazar), *L'Africaine* (Vasco), *Carmen* (Don José), *Aïda* (Radamès), *Rigoletto* (le Duc), *Faust* et *Le Trouvère.*

Pons, Juan
(Juan Antonio Pons Alvarez)

Baryton espagnol, né à Ciudadela (Minorque) le 8 août 1946.

Il fait ses études et débute à Barcelone comme ténor jusqu'à ce que Richard Tucker lui révèle sa véritable tessiture de baryton. Il chante d'abord en Espagne puis incarne Falstaff à la Scala de Milan en 1980. C'est le début de sa carrière internationale d'abord consacrée à Barcelone dans *Hérodiade* de Massenet et à Paris dans Tonio (*Paillasse*) en 1983. Il paraît ensuite à Munich, Orange, Vérone (1984, Amonasro) et au Met (Scarpia, 1986). Il a chanté, notamment à la Scala, la plupart des rôles de Verdi et de Puccini.

Pons, Lily
(Alice-Joséphine Pons)

Soprano colorature française naturalisée américaine (1940), née à Draguignan le 12 avril 1898, morte à Dallas le 13 février 1976.

Elle étudie le piano et entre à treize ans au Conservatoire de Paris. Quelques années plus tard, elle découvre sa voix et étudie le chant avec Alberto Di Gorostiaga. Elle joue les ingénues au Théâtre des Variétés puis débute à Mulhouse dans *Lakmé* en 1928 et enregistre ses premiers disques, des duos de *La Bohème* et de *Rigoletto* avec Enrico Di Mazzei, des airs des *Noces de Figaro*, du *Barbier de Séville*, de la *Flûte enchantée*, l'air de la Reine de la nuit, bien sûr... tout cela comme « Mlle Lily Pons, chanteuse légère des Casinos de Cannes et de Deauville ». L'ayant auditionnée, Jacques Rouché lui déclare : « ... Vous n'êtes pas prête pour chanter au Palais Garnier, revenez plus tard. » Elle parcourt la province avec ses contre-fa éblouissants, qui font le bonheur des aficionados. Un soir, à Montpellier, Zenatello et sa femme, Maria Gay, l'entendent et la dépêchent par le premier paquebot à Gatti-Casazza, maître du Met qui l'engage aussitôt. Elle débute dans *Lucia di Lammermoor*, avec pour partenaires Gigli, de Luca et Pinza et pour chef Vincenzo Bellezza (1931). Elle se perfectionne avec Zenatello et Maria Gay et restera au Met jusqu'en 1959, chantant plus de deux cents fois les dix rôles les plus tendus du répertoire. Elle paraîtra aussi au Covent Garden (Rosine, 1935), à l'Opéra-Comique, au Colón et dans toute l'Amérique latine. En secondes noces, elle épousera le chef d'orchestre **André Kostelanetz**. Excellente comédienne et douée d'une plastique ravissante, elle fut une star de l'écran. Elle se retira de la scène en 1959.

Ponselle, Rosa (Rosa Ponzillo)

Soprano américaine, née à Meriden (Connecticut) le 22 janvier 1897, morte à Baltimore le 25 mai 1981.

Née de parents immigrés italiens, elle chante dès l'âge de dix ans dans les cinémas et les vaudevilles avec sa sœur Carmella. Elle étudie ensuite à New York avec William Thorner puis Romano Romani. Caruso qui a l'occasion de l'entendre la fait aussitôt engager par le directeur du Met, Gatti-Casazza : elle débute sur cette scène le 15 novembre 1918 dans Leonore de *La Force du destin* aux côtés de Caruso. Elle sera fidèle au Met puisque, jusqu'en 1937, année de ses adieux à la scène, elle ne chantera avec aucune autre compagnie américaine. Elle n'apparaît d'ailleurs en Europe qu'à Londres de 1929 à 1931 (*Norma*, *Gioconda*, Fiora de l'*Amore di tre Re* de Montemezzi, sa première Violetta, Leonore de *La Force* et *Fedra* de Romani) et au Mai Musical Florentin en 1933 (Giulia de *La Vestale*). Son répertoire au Met comprend *Norma*, *Gioconda*, *La Vestale*, que l'on remonte spécialement pour elle, ainsi que Donna Anna, Rezia (*Obéron*), Mathilde (*Guillaume Tell*), Rachel (*La Juive*), Selika (*L'Africaine*), Elvira (*Ernani*), Elisabeth (*Don Carlo*), Leonore (*Le Trouvère*), Violetta, Aïda, Rozenn (*Le Roi d'Ys*), Carmen, Santuzza. Elle se retire au sommet de sa gloire et professe à Baltimore où elle devient en 1951 directeur artistique du Civic Opera. Sa voix, d'une exceptionnelle richesse et d'une égalité absolue sur tous les registres, en fait l'une des plus grandes cantatrices de l'histoire du chant.

Sa sœur **Carmella Ponselle**, mezzo-soprano née à Schenectady le 7 juin 1888, morte à New York le 13 juin 1977, débute dans le vaudeville et le music-hall, puis aborde l'opéra dans des compagnies itinérantes avant de chanter au Met de 1925 à 1935 Amneris, Azucena, Santuzza. Elle ne paraît qu'une seule fois en compagnie de sa sœur (*Gioconda*).

Ponti, Michael

Pianiste américain, né à Fribourg-en-Brisgau le 29 octobre 1937.

Fils de diplomate, il reçoit sa formation aux États-Unis et travaille le piano avec Gilmoure MacDonald. En 1955, il retourne en Allemagne et poursuit ses études à la Hochschule für Musik de Francfort. Il remporte plusieurs prix internationaux en Europe : 2e prix à l'International Musikwettbewerb (1958), 2e prix au Concours de Genève (1959), 1er prix au Concours Ferruccio Busoni de Bolzano (1964) et 6e prix au Concours Reine Élisabeth de Belgique (1964). Sa carrière débute rapidement et il s'impose comme une véritable encyclopédie du piano, réalisant de nombreuses intégrales et exhumant toute une partie du répertoire romantique tombée dans l'oubli.

Poole, John

Organiste et chef de chœur anglais, né à Birmingham le 5 février 1934.

Il fait ses études au Collège Balliol d'Oxford et au Collège royal d'orgue. A la tête des BBC Singers qu'il dirige à partir de 1972, il se fait connaître par ses interprétations racées du répertoire baroque anglais et italien. Il a dirigé le Chœur Symphonique de la BBC de 1972 à 1976. En 1989, il abandonne son poste de directeur des BBC

Singers tout en restant Chief Guest Conductor de cette formation. En 1990, il est nommé directeur musical du Groupe Vocal de France.

Popp, Lucia

Soprano tchèque naturalisée autrichienne, née à Uhoršká Veš (Slovaquie) le 12 novembre 1939, morte à Vienne le 16 novembre 1993.

A Bratislava, elle est l'élève d'Anna Prosence-Hrusovska. Elle débute en 1963 à l'Opéra de Bratislava dans la Reine de la nuit (*La Flûte enchantée*). La même année, elle est engagée à l'Opéra de Vienne où elle chante Barberine (*Les Noces de Figaro*) et Papagena (*La Flûte enchantée*). Puis elle incarne la Première Dame avant de triompher dans la Reine de la nuit ; elle y chante ensuite Constance (*L'Enlèvement au sérail*) et Zerbinette (*Ariane à Naxos*). En même temps, l'Opéra de Cologne l'engage. Elle est invitée au Théâtre national de Prague, au Covent Garden et sur plusieurs autres scènes d'importance. En 1967, elle fait un début triomphal au Met comme Reine de la Nuit. Elle a épousé le chef d'orchestre **Georg Fischer** puis Peter Johnas, le directeur de l'English National Opera. Invitée au Festival de Salzbourg, elle s'y révèle une sensible Pamina (*La Flûte enchantée*). A Paris, elle chante Suzanne (1973), à Londres elle incarne Eva, à Zurich Elsa. Elle développe son répertoire vers les grands rôles lyriques (Arabella, Daphné...) tout en évoluant dans la tessiture des rôles mozartiens : on la voit ainsi incarner Pamina (*La Flûte enchantée*) et, à partir de 1980, la Comtesse des *Noces de Figaro* qu'elle chante à l'Opéra de Paris en 1990.

Popper, David

Violoncelliste tchèque, né à Prague le 9 décembre 1843, mort à Baden (Vienne) le 7 août 1913.

Élève de Julius Goltermann au Conservatoire de Prague, il fait, dès 1863, de nombreuses tournées de concerts en Europe. Considéré comme l'un des plus grands violoncellistes de son temps, il est nommé premier soliste à l'Opéra de Vienne, en 1868. Il y reste jusqu'en 1873, appartenant notamment au Quatuor Hellmesberger. Dénué de tous engagements, il vit dans différentes villes (Londres, Paris, Saint-Pétersbourg, Vienne) et fait partie du Quatuor Hubay. En 1896, il est nommé professeur à l'Académie nationale de musique de Budapest où il reste jusqu'à sa mort. Entre 1872 et 1886, il avait été marié à la pianiste **Sophie Menter**. David Popper a laissé plusieurs œuvres pour son instrument : quatre concertos, trois suites avec piano et un quatuor à cordes. Il avait créé le *Trio n° 3* de Brahms (1886).

Porcelijn, David

Chef d'orchestre et compositeur néerlandais, né à Achtkarspelen (Frise) le 7 janvier 1947.

Il étudie la flûte avec Frans Vester (1964-68) et la composition avec Kees Van Baaren et Jan Van Vlijmen (1966-70) au Conservatoire royal de La Haye. Il travaille ensuite la direction d'orchestre avec Stotijn, puis la direction d'orchestre et la composition avec Michel Tabachnik à Genève. Entre 1980 et 1987, il dirige le Het Gelders Orkest à Arnhem. Il est souvent invité par les ensembles qui se consacrent à la musique contemporaine. Il a créé des œuvres de Tomás Marco (*Pulsar*, 1986), Costin Miereanu (*Doppelkammerkonzert*, 1985), Luis de Pablo (*Adagio*, 1984).

Portal, Michel

Clarinettiste français, né à Bayonne le 27 novembre 1935.

Premier prix de clarinette du Conservatoire de Paris en 1959, 2e prix du Concours international de Genève et du Jubilé suisse (1963), 1er prix encore à Budapest, Michel Portal étudie la direction d'orchestre avec Pierre Dervaux et entreprend une carrière d'instrumentiste classique, tout en se passionnant pour le jazz. Il fonde un groupe free : Portal Unit. En 1969, avec C. R. Alsina, J. P. Drouet, V. Globokar, il forme le New Phonic Art. Ils improvisent et créent ensemble. Portal a aussi dirigé un atelier instrumental à Radio France, ouvert aux amateurs. Il cherche à faire tomber les barrières entre les différents genres musicaux. Soliste dans le domaine classique, il participe à tous les festivals contemporains : Donaueschingen, Berlin, Venise, Royan, La Rochelle... Il a travaillé avec Kagel, Stockhausen, Berio, Boulez, Globokar et donné beaucoup de premières auditions. Certaines œuvres lui sont dédiées, ainsi : *Rendez-Vous* d'Alsina, et *Ausstrahlungen* de Globokar (1971). Portal réalise des musiques de films et de scène. Il a joué et enregistré avec l'Ensemble Musique Vivante de Diego Masson, entre autres *Domaines* de Pierre Boulez. Selon un parcours original, Portal gagne un public qui aime tout ensemble le classique, le contemporain et le jazz.

Postnikova, Victoria

Pianiste russe, née à Moscou le 12 janvier 1944.

Issue d'une famille de musiciens, elle est admise à l'âge de six ans à l'École Centrale de Moscou, dans la classe de E. B. Musaelian (1950-62). Puis elle suit les cours de Yakov Fliere au Conservatoire de la ville (1962-65). Lauréate du Concours de Varsovie en 1965, elle obtient un 2e prix au Concours de Leeds en 1966. L'année suivante Londres lui réserve un accueil triomphal lors des Concerts-promenade, ainsi qu'au Festival Hall. En 1969, elle a épousé le chef d'orchestre **Guennadi Rojdestvenski**. Elle a créé une œuvre d'Alfred Schnittke (*Concerto pour piano à quatre mains et orchestre de chambre,* 1990).

Poulenard, Isabelle

Soprano française, née à Paris le 5 juillet 1961.

Elle fait ses études musicales à la Maîtrise de Radio France puis à l'École nationale d'art lyrique de l'Opéra de Paris. Dès ses débuts, elle se consacre essentiellement à la musique baroque et classique, chantant régulièrement avec l'Atelier lyrique de Tourcoing sous la direction de Jean-Claude Malgoire. Elle apparaît notamment dans *Così fan tutte* (Despina), *Narcisso* de Scarlatti, *Orlando Paladino* de Haydn (Festival de Carpentras), *Les Dialogues des carmélites* (Opéra du Rhin, 1986), *Hippolyte et Aricie* (Opéra-Comique). Elle consacre une partie de ses activités à la musique contemporaine et aux concerts. Elle a créé des œuvres de Philippe Hersant (*Les Visites espacées*, opéra de chambre, 1982).

Poulet, Gaston

Violoniste et chef d'orchestre français, né à Paris le 10 avril 1892, mort à Draveil le 14 avril 1974.

Élève de Lefort et J. Huré au Conservatoire de Paris, il remporte un 1er prix de violon en 1910. Pierre Monteux l'engage comme violon solo dans l'orchestre des Ballets russes : il participe à la création de tous les grands ballets de cette époque (*Pétrouchka*, *Le Sacre du printemps*, *Jeux*, *Daphnis et Chloé*...). En 1914, il fonde un quatuor avec Henri Giraud, Albert Leguillard et Louis Ruyssen qui occupe très vite une place essentielle dans la vie musicale française. Debussy lui confie la création de sa *Sonate pour violon et piano* en 1917 et, deux ans plus tard, il est nommé professeur au Conservatoire. En 1929, il fonde les Concerts Poulet et oriente ainsi sa carrière vers la direction d'orchestre. Cette formation prend le relais des orchestres de Koussevitzky et Golschmann qui viennent de disparaître. Comme eux, Poulet se tourne vers la musique de son temps : il dirige en première audition des œuvres de Prokofiev (*L'Amour des trois oranges ; Pas d'acier*), Milhaud, Schmitt ou Villa-Lobos. En 1932, il est nommé directeur du Conservatoire de Bordeaux, poste qu'il conservera jusqu'en 1944. A ce titre, il dirige les Concerts Symphoniques qu'il anime avec le même enthousiasme. Il effectue ses débuts dans le domaine lyrique à Genève et au Théâtre Colón de Buenos Aires. En 1935, les Concerts Poulet fusionnent avec les Concerts Siohan pour des raisons financières. Pendant l'Occupation, il est à la tête des Concerts Colonne, rebaptisés Concerts Pierné. Entre 1948 et 1962, il est professeur de musique de chambre au Conservatoire de Paris.

Poulet, Gérard

Violoniste français, né à Bayonne le 12 août 1938.

Dès l'âge de cinq ans, il montre pour la musique d'exceptionnelles dispositions que son père, **Gaston Poulet**, s'emploie à développer. Il donne à dix ans son premier concert privé devant des musiciens comme Georges Enesco, Arthur Honegger, Claude Devincourt, Pierre Fournier et Edwin Fischer. Il entre au Conservatoire de Paris en 1949 et obtient, en 1951, un 1er prix de violon à l'unanimité dans la classe d'André Asselin. Son premier concert parisien a lieu en 1950 sous la direction de son père. Il remporte, en 1956, le 1er prix au Concours international Paganini de Gênes, ce qui lui permet de jouer sur le Guarnerius del Gesù ayant appartenu au grand virtuose italien. Zino Francescatti, Yehudi Menuhin, Nathan Milstein et surtout Henryk Szeryng, dont il est l'un des disciples préférés, lui prodiguent leurs conseils. Depuis 1979, il est professeur au Conservatoire de Paris. Gérard Poulet joue sur un Guarnerius del Gesù de 1731 qui appartint à Henri Marteau et fait partie du Trio à cordes Stradivarius qui a la particularité d'utiliser trois instruments dus à Stradivarius.

Power-Biggs, Edward (Edward-Power Biggs)

Organiste anglais naturalisé américain (1937), né à Westcliff le 29 mars 1906, mort à Boston le 10 mars 1977.

De 1917 à 1924, il étudie au Hurstpierpoint College, puis à la Royal Academy of Music de Londres (1925-29). En 1930, il émigre aux États-Unis où il fait ses débuts publics en 1932. Il est organiste à Newport (1930-31), puis à la Christ Church de Cambridge (Massachusetts). Il dirige la Harvard Church à Brookline. Il effectue de nombreuses tournées, jouant notamment des partitions commandées à Piston, Harris, Hanson, Britten et Porter. Il crée la *Sonate pour orgue n° 3* de Paul Hindemith en 1940. Il s'attache à faire revivre le répertoire baroque alors presque inconnu aux États-Unis. A partir de 1942, il donne des concerts hebdomadaires retransmis à la radio sur l'orgue du Germanic Museum de Harvard.

Pradella, Massimo

Chef d'orchestre italien, né à Ancone le 5 décembre 1925.

Au Conservatoire Sainte-Cécile de Rome, il étudie le piano, le violon, ainsi que la composition avec Petrassi. Dès 1945, il joue dans différents orchestres, tenant des places de violoniste ou d'altiste. De 1951 à 1953, il travaille la direction d'orchestre avec B. Molinari et F. Previtali et commence à diriger en 1954. De 1959 à 1963, il est à la tête de l'Orchestre Symphonique de la RAI de Milan puis il est nommé chef permanent de l'Orchestre Alessandro Scarlatti de Naples (1964-71). Il poursuit une carrière de chef invité à la tête des principaux orchestres italiens.

Presti, Ida (Yvette Montagnon)

Guitariste française, née à Suresnes le 31 mai 1924, morte à Rochester (États-Unis) le 24 avril 1967.

Elle travaille la guitare et le piano avec son père dès l'âge de six ans. A huit ans, elle joue pour la première fois en public et à dix ans, elle se produit à Paris. Les brillants débuts de cette enfant prodige sont suivis par des musiciens comme Turina et Rodrigo. Elle adopte comme pseudonyme le nom de jeune fille de sa mère. En 1936, elle est engagée par la Société des Concerts du Conservatoire. Sa renommée internationale grandit très rapidement. En 1948, elle crée en France le *Concerto de Aranjuez* de Rodrigo. Elle rencontre, en 1950, **Alexandre Lagoya** avec qui elle se marie deux ans après. C'est alors la naissance du duo de guitare Presti-Lagoya promis à une durable célébrité. De nombreuses pages signées Daniel-Lesur (*Élégie*), Jolivet (*Sérénade*), Poulenc (*Sarabande*), Pierre-Petit (*Concerto pour 2 guitares*), Aubert, Tomasi, Wiener, Rodrigo, Castelnuovo-Tedesco (*Guitares bien tempérées*), Villa Lobos et Torroba lui sont dédiées. Auteur de plusieurs œuvres pour guitare, Ida Presti disposait d'une technique rare et d'un sens musical peu fréquent.

Preston, Simon

Organiste, claveciniste et chef de chœur anglais, né à Bournemouth le 4 août 1938.

Il étudie, d'une part au King's College de Cambridge, d'autre part à l'Académie royale de musique de Londres, avec Ch. Trevor (1956-58). Il débute comme chef au Festival Hall de Londres en 1962 avec la *Messe glagolitique* de Janáček. De 1962 à 1967, il est organiste suppléant à l'abbaye de Westminster puis devient, entre 1967 et 1968, organiste titulaire de l'abbaye de St Alban. En 1970, à Oxford, il prend les claviers d'orgue de la Christchurch et de 1971 à 1974 il dirige, en outre, le Chœur Bach d'Oxford. Organiste titulaire de l'abbaye de Westminster, depuis 1981, il a enregistré l'intégrale des *Concertos* pour orgue positif et orchestre de Haendel.

Prêtre, Georges

Chef d'orchestre français, né à Waziers le 14 août 1924.

Après des études au Conservatoire de Douai, il vient travailler à Paris, au Conservatoire, où il remporte un 1er prix de trompette en 1944. Il étudie l'harmonie avec Henri Challan et Maurice Duruflé avant de se tourner vers la direction d'orchestre : ses maîtres sont André Cluytens, Pierre Dervaux et Richard Blareau. Sous le pseudonyme de Georges Dhérain, il débute dans l'opérette puis aborde l'opéra à l'Opéra de Marseille (1946), de Lille (1948) et de Casablanca (1949-51) avant d'être engagé au Capitole de Toulouse (1951-55). Il effectue ses débuts parisiens en 1956 à l'Opéra-Comique où il reste jusqu'en 1959. Il dirige alors dans les plus grands théâtres du monde : Chicago (1959), Covent Garden (1961), Met (1964), Scala (1965), Vienne... En 1962, il est nommé chef associé du Royal Philharmonic Orchestra et, en 1970, directeur musical de l'Opéra de Paris mais démissionne un an plus tard. Sa carrière se déroule essentiellement hors de France. Entre 1986 et 1991, il est premier chef invité de l'Orchestre Symphonique de Vienne. En 1995, il prend la direction de l'Orchestre Symphonique du SDR de Stuttgart. Maria Callas et Francis Poulenc le considéraient comme leur chef préféré. Il a créé *La Voix humaine* (1959) et les *Sept Répons des ténèbres* (1963) de Francis Poulenc, la *Symphonie nº 4* (1988) de Marcel Landowski, le *Concerto pour 15 solistes et orchestre* (1990) de Jean Françaix.

Previn, André (Andreas Ludwig Priwin)

Chef d'orchestre, compositeur et pianiste allemand naturalisé américain (1943), né à Berlin le 6 avril 1929.

Il étudie d'abord aux conservatoires de Berlin et Paris. En 1939 sa famille se fixe aux États-Unis où son grand-oncle, Charles Previn, dirige la musique aux Universal Studios de Hollywood. Il se fait d'abord remarquer comme pianiste de jazz et orchestrateur pour le cinéma alors qu'il termine ses études à l'Université de Californie. En 1951, pendant son service militaire, il travaille la direction d'orchestre avec Pierre Monteux à San Francisco. Ses débuts de chef d'orchestre datent de 1963 à Saint Louis. Il prend la succession de Barbirolli à la tête de l'Orchestre Symphonique de Houston (1967-69). De 1968 à 1979, il est principal chef et directeur musical de l'Orchestre Symphonique de Londres. De 1976 à 1984, il dirige l'Orchestre Symphonique de Pittsburgh. Entre 1985 et 1991, il est chef permanent du Royal Philharmonic Orchestra de Londres. Entre 1986 et 1989, il est directeur musical de l'Orchestre Philharmonique de Los Angeles. Il entretient des relations privilégiées avec l'Orchestre Philharmonique de Vienne qui en fait l'un de ses invités réguliers. Parmi les partitions dont il est l'auteur, on peut citer une *Symphonie pour cordes* (1965), un *Concerto pour violoncelle* (1967) et un *Concerto pour guitare* (1971).

A Londres, il a joué un grand rôle pour promouvoir la musique anglaise, enregistrant notamment les neuf symphonies de Vaughan Williams. Il a aussi produit de nombreuses émissions de télévision dans le prolongement de celles de Leonard Bernstein aux États-Unis. André Previn a été marié à la comédienne Mia Farrow. Il a créé une œuvre de Gottfried von Einem (*Fraktale, Concerto philharmonico*, pour le

150e anniversaire de l'Orchestre Philharmonique de Vienne, 1992).

ÉCRITS : *Music Face to Face* (avec A. Hopkins, Londres, 1971) ; *Orchestra* (Garden City, New York, 1979) ; *André Previn's Guide to Music* (McMillan, Londres, 1983).

Previtali, Fernando

Chef d'orchestre et compositeur italien, né à Adria le 16 février 1907, mort à Rome 1er août 1985.

Il fait ses études au Conservatoire de Turin, avec S. Grossi (violoncelle), U. Matthey (orgue) et F. Alfano (composition). Dès 1928, il est violoncelliste à l'Orchestre du Teatro Regio (Turin) ; auprès du chef d'orchestre Vittorio Gui, dont il épousera la fille, il participe à la formation de l'orchestre permanent de Florence dont il devient l'un des chefs jusqu'en 1936, date à laquelle il est nommé chef permanent de l'Orchestre Symphonique de la RAI de Rome et conseiller artistique à la direction générale. Il garde cette responsabilité jusqu'en 1953 (avec un arrêt entre 1943 et 1945). En 1942-43 et 1946-48, il est chef permanent à la Scala. Puis il prend la direction de l'Orchestre de l'Académie Sainte-Cécile de Rome (1953-73). Il enseigne également la direction d'orchestre dans la fameuse académie. En 1971, il est nommé directeur musical du Teatro Regio de Turin et, l'année suivante, du Teatro San Carlo de Naples.

Parmi ses compositions, le ballet *Hallucinations*, *Élégie et fugue* pour orchestre, des quatuors et trios, la cantate *Gloria Victis* pour chœur et orchestre. On lui doit plusieurs révisions de musique ancienne et il a publié un *Guide pour l'étude de la direction d'orchestre*, des articles et des essais, spécialement sur Busoni. Il a créé des œuvres de Luigi Dallapiccola (*Vol de nuit*, 1940 ; *Job*, 1950), Giorgio Federico Ghedini (*Le Roi Hassan*, 1939 ; *Les Bacchantes*, 1948), Goffredo Petrassi (*Morte dell'aria*, opéra, 1950 ; *Quarto Concerto*, 1956), Nino Rota (*Concerto pour orchestre*, 1962 ; *La visita meravigliosa*, opéra, 1970).

Prey, Hermann

Baryton allemand, né à Berlin le 11 juillet 1929.

A dix ans, il chante dans le Chœur Mozart de sa ville natale. En 1948, il entre à l'Académie de musique et donne en 1951 son premier récital de lieder. L'année suivante, à l'Opéra de Wiesbaden, il est le 2e Prisonnier de *Fidelio*. Dès 1953, il est engagé par Günther Rennert à l'Opéra de Hambourg où il incarne plusieurs personnages mozartiens, dont le Comte Guglielmo, et le Figaro de Rossini. Depuis 1959 il participe au Festival de Salzbourg où son premier rôle est celui du Barbier dans *La Femme silencieuse* de R. Strauss. Rapidement, il marque le rôle de Papageno (*La Flûte enchantée*) de son empreinte. Il débute au Met en 1960 et y chante les principaux rôles mozartiens. Membre de l'Opéra de Munich à partir de 1962, il y est nommé Kammersänger la même année. Il chante également au Festival de Bayreuth, à la Scala de Milan ainsi qu'au Festival d'Aix-en-Provence (*Don Giovanni*, 1962). En 1973, il débute à Covent Garden dans *Le Barbier de Séville* (Figaro). Il consacre beaucoup de temps au lied – sa passion – et a enregistré de nombreux disques. Sa culture musicale étendue et sa curiosité lui permettent d'offrir un large panorama du répertoire mélodique. Il s'intéresse à certains compositeurs délaissés, comme Pfitzner et Loewe. Il ne dédaigne ni l'opéra-comique ni l'opérette allemande et a créé plusieurs partitions contemporaines : œuvres de Günter Bialas (*Preisungen*, pour baryton et orchestre, 1964) et Hans Werner Henze (*Le Prince de Hombourg*, 1960).

ÉCRITS : *Premierenfieber*, Munich, 1981.

Price, Leontyne (Mary Violet)

Soprano américaine, née à Laurel (Mississippi) le 10 février 1927.

Musicienne précoce, elle reçoit une bourse pour la Juilliard School (New York) où elle chante Mrs Ford (*Falstaff*). De 1952 à 1954, elle incarne Bess dans *Porgy and Bess*. En 1953, elle donne la première audition des *Chants de l'ermite* de S. Barber, et un an plus tard son premier récital à New York. En 1955, elle chante à la télévision *La Tosca*, *La Flûte enchantée*, *Les Dialogues des carmélites* et conquiert un grand public. Lorsqu'elle incarne *Aïda* à San Francisco, c'est une révélation. Elle débute au Met en 1961 : Leonore dans *Le Trouvère*, *Madame Butterfly*, *La Fille du Far West*, *Tosca*. Le Met lui offre ensuite les rôles les plus divers : Tatiana d'*Eugène Onéguine*, Leonora de *La Force du destin*. Elle part en tournée avec la Scala (Karajan), ouvre pour la troisième fois la saison du Met, en 1969. Soprano Verdi, elle est considérée comme la plus grande Aïda contemporaine. En 1985, elle cesse de se produire sur scène dans le domaine lyrique tout en poursuivant une carrière de concertiste. Elle a créé *Antoine et Cléopâtre* de Barber (1966).

Price, Dame Margaret

Soprano galloise, née à Tredegar (Monmoutshire, pays de Galles) le 13 avril 1941.

Après ses études au Trinity College de Londres, elle débute en 1962 avec le Welsh National Opera, comme Cherubin (*Les Noces de Figaro*). Elle remporte son premier succès quand elle remplace dans le même rôle Teresa Berganza au Covent Garden (1963). Depuis lors, elle y chante régulièrement. Au Festival de Glyndebourne, elle chante Constance (*L'Enlèvement au sérail*) et Fiordiligi (*Così fan tutte*). En 1969, elle est invitée à l'Opéra de San Francisco où elle débute comme Pamina (*La Flûte enchantée*) et Nanetta (*Falstaff*). En 1971, elle remporte un vrai triomphe comme Donna Anna (*Don Giovanni*) à l'Opéra de Cologne. Dès cet instant, elle est considérée comme une des grandes mozartiennes de sa génération. Elle est invitée à l'Opéra de Munich ; en 1972, à l'Opéra de Chicago pour chanter Fiordiligi ; en 1973, à l'Opéra de Paris pour chanter la Comtesse (*Les Noces de Figaro*) et Fiordiligi. Elle y chantera également Desdémone (*Otello* de Verdi) et accompagnera la troupe de l'Opéra, lors de sa tournée en Amérique du Nord. Elle fera ainsi ses débuts au Met dans la Comtesse. En 1973, elle participe, en Italie, à une représentation télévisée du *Freischütz* (Agathe). Pour le bicentenaire de la Scala de Milan (1978), elle incarne Élisabeth de Valois (*Don Carlos*) sous la direction de Claudio Abbado. Elle ajoute à son répertoire des rôles comme Aïda, Giovanna d'Arco et les deux Amelia (*Un bal masqué* et *Simon Boccanegra*). A Zurich et à Munich, elle est Norma. Elle chante aussi Isolde sous la direction de Carlos Kleiber et développe par ailleurs une importante carrière dans le domaine du lied. Malgré ses tournées et ses succès internationaux, elle demeure au Welsh National Opera.

Příhoda, Váša

Violoniste tchèque naturalisé turc (1950), né à Vodňany le 22 août 1900, mort à Vienne le 26 juillet 1960.

Sa carrière se concrétise à Prague où il débute en jouant les concertos de Beethoven et de Brahms. Il est alors considéré comme « enfant prodige ». Par la suite, il s'élève rapidement au rang des rares élus de réputation mondiale et on doit le placer au même niveau de perfection que Kreisler, Heifetz ou Zimbalist. A partir de 1950, il enseigne à la Musikhochschule de Vienne. Musicien racé, Příhoda était doté d'une virtuosité transcendante, dite « infaillible » (particulièrement lorsqu'il jouait Paganini), mais aussi d'une sensibilité bien réelle, bohémienne peut-être, mais nullement scandaleuse. On lui doit plusieurs arrangements d'œuvres célèbres (par exemple les *Airs bohémiens*, de Sarasate) et des enregistrements remarquables des redoutables *Variations sur le thème « Nel cor piu non mi sento »* de Paganini et du *Concerto* de Dvořák. Il a aussi écrit des cadences (pour le *Concerto* de Beethoven, entre autres). Ruggiero Ricci le considérait comme « le » violoniste dans l'absolu. Váša Příhoda jouait sur un Stradivarius de 1710, le *Camposelice*, qu'il avait vendu à l'État tchécoslovaque peu avant sa mort.

Primrose, William

Altiste écossais naturalisé américain (1955), né à Glasgow le 23 août 1903, mort à Provo (Utah) le 1er mai 1982.

Après avoir travaillé le violon avec Camillo Ritter dans sa ville natale, il se perfectionne à la Guildhall School of Music de Londres. Puis il rencontre Ysaÿe avec lequel il étudie pendant deux ans et qui le pousse à renoncer au violon au profit de l'alto (1925-27). De 1930 à 1935, il fait partie du London String Quartet avant de partir pour les États-Unis où il est l'alto solo de Toscanini à l'Orchestre de la NBC (1937-42). Dès 1939, commence pour lui une carrière de soliste. Il fonde aussi son propre quatuor. En 1944, il commande à Bartók son *Concerto pour alto* dont il assurera la création en 1949. En compagnie de Victor Babin, Szymon Goldberg et Nikolaï Graudan, il forme le Festival Quartet au sein de la Faculté du Festival d'Aspen (1954-62), puis développe une importante carrière de pédagogue commencée au Curtis Institute de Philadelphie de 1942 à 1951. De 1961 à 1965 ce sont des cours à l'Université de Californie du Sud (Los Angeles) avec Heifetz et Piatigorsky ; en 1965, il enseigne à l'Université de l'Indiana (Bloomington) ; en 1972, l'Université de Tokyo fait appel à lui et il donne aussi des cours à l'Institut Suzuki à Mutsumoto ; en 1979, il est nommé professeur à la Brigham Young University. Mais une crise cardiaque a presque totalement réduit ses activités d'instrumentiste en 1963. En dehors du *Concerto* de Bartók, Primrose est le dédicataire des concertos de Hartmann, Milhaud (n° 2) et Q. Porter, ainsi que des *Lachrymae*, op. 48 de Britten (1950). Il a créé de nombreuses œuvres de Rubbra, Fricker, Hamilton... Il a joué successivement sur un Amati de 1600, sur un Andrea Guarnerius de 1697 qu'il jouait en alternance avec deux Stradivarius, le *Gibson* (1734) et le *MacDonald* (1700).

ÉCRITS : *A Method for Violin and Viola Players* (Londres, 1960), *Technique is Memory* (1963), *Violon et alto* (avec Yehudi Menuhin, 1976), *Walk on the North Side* (1978), Mémoires.

Prin, Yves

Chef d'orchestre français, né à Sainte-Savine le 3 juin 1933.

Il débute le piano en 1940 puis poursuit ses études au Conservatoire de Paris où il remporte dans la classe d'Yves Nat un 1er prix de piano (1956) et dans la classe de Louis Fourestier un 1er prix de direction (1959). De 1966 à 1970, il est chef permanent de la Société des Concerts Populaires d'Angers puis participe à la création de l'Orchestre Philharmonique des Pays de la Loire dont il est premier chef d'orchestre (1970-74). En 1974, il est nommé directeur musical de l'Atelier Lyrique du Rhin où il assure de nombreuses créations musicales en collaboration avec l'équipe de Pierre Barrat, metteur en scène. En 1981, il est nommé producteur de la Saison Lyrique de Radio France, puis, de 1982 à 1984, directeur artistique du Nouvel Orchestre Philharmonique de Radio France avant d'être nommé responsable artistique de la production musicale contemporaine et du théâtre musical à Radio France. En 1968, il a été assistant de Bruno Maderna à l'Académie du Mozarteum de Salzbourg et en 1978 il a effectué un stage à l'IRCAM avec Pierre Boulez, « Composition et ordinateur ». En tant que chef d'orchestre il a créé *Œdipe* de Boucourechliev (Festival d'Avignon, 1978), *Histoire de loups* d'Aperghis (Festival d'Avignon, 1976), *Procès du jeune chien* de Pousseur (Nanterre, 1978), *Les Mangeurs d'ombre* de Mâche (Bordeaux, 1979), *Le Nez* de Chostakovitch (première française, Festival de Lille, 1979), *Les Liaisons dangereuses* de Prey (Aix-en-Provence, 1980), *La Conférence des oiseaux* de Michael Levinas (1985), *Mécromégas* de Paul Méfano (Karlsruhe, 1988), *Univers de lumière* de Graciane Finzi (1992). Il est en outre compositeur lui-même.

Principe, Remy

Violoniste italien, né à Venise le 25 août 1889, mort à Rome le 5 décembre 1977.

Issu de l'école de Bologne, il fait ses études dans la classe de Raffaelo De Guarnieri, héritier de la filiation Federico Sarti-Carlo Verardi. Il suit également l'enseignement de T. Kilian à Munich et de L. Capet à Paris. Prestigieux élément de l'école italienne du milieu du siècle, il mène parallèlement une carrière de concertiste, qui l'amène à participer dès 1947 à la création des premiers orchestres de chambre italiens, et de théoricien à la vaste culture. Violon solo de l'Orchestre de l'Augusteo de Rome (1928-42), il joue au sein du premier Quartetto Italiano aux côtés d'Ettore Gandini, Giuseppe Matteucci et Luigi Chiarappa. Il forme un trio avec N. Rossi et B. Mazzacurati, puis patronne les débuts d'I Virtuosi di Roma et, en 1952, d'I Musici. Sa carrière de pédagogue, commencée à Pesaro, le mène au Conservatoire Sainte-Cécile de Rome à partir de 1921, à l'Académie Chigiana de Sienne (1945-46), à Ankara (1947), à l'Académie Sainte-Cécile de Rome puis au Conservatoire de Venise à partir de 1956. Il a joué un rôle déterminant dans la formation d'une génération de violonistes italiens.

ÉCRITS : *Il violino*, avec Giulio Pasquali (Curci, Milan, 1926).

Printemps, Yvonne

Soprano française, née à Ermont-Eaubonne le 25 juillet 1894, morte à Neuilly le 18 janvier 1977.

Elle débute en 1910 au music-hall dans des rôles d'enfants et deux ans plus tard aborde la revue satirique, puis la féerie lyrique (*Contes de Perrault*). Sa voix et son jeu pouvaient la conduire à l'Opéra-Comique, mais c'est dans *La Revue* (1915) que Sacha Guitry la remarque. Grand succès dans *Il faut l'avoir écrit* (Guitry-Willemetz), puis dans *Le Poilu*. Elle entre dans la compagnie de Guitry aux Bouffes-Parisiens. Guitry (qu'elle épouse en 1919) aimera la femme, la comédienne, et suscitera des musiques pour elle. Francis Poulenc compose la musique de *Margot* (Bourdet), *A sa guitare* (Ronsard), *Les Chemins de l'amour* ; André Messager fait la musique de *Debureau* et de L'*Amour masqué*, Reynaldo Hahn celle de *Mozart* (1925) qu'elle incarne et, au cinéma, *La Dame aux camélias* ; ou encore Oscar Straus, Albert Willemetz, Maurice Yvain. Messager la disait soprano, Reynaldo Hahn falcon. Elle avait travaillé *Lakmé*, chanté Schubert, Schumann, Haendel (Pleyel, avril 1937), Debussy et Fauré. « Il me semble que je suis une mezzo qui monte et qui descend... L'habitude du théâtre m'a baissé la voix. » A partir de 1932 sa carrière et sa vie furent liées à celles de Pierre Fresnay. En 1949 elle chanta auprès de lui dans *La Valse de Paris* (Offenbach) et en 1951 dans *Le Voyage en Amérique* (Poulenc).

Prinz, Alfred

Clarinettiste autrichien, né à Vienne le 4 juin 1930.

Il fait ses études musicales à la Wiener Musikhochschule où il travaille la clarinette avec Leopold Wlach, le piano avec Bruno Seidlhofer, la théorie avec Josef Marx et Alfred Uhl, la direction d'orchestre avec Hans Swarowsky. En 1945, il entre à l'Orchestre de l'Opéra de Vienne. Un an plus tard, il est engagé comme clarinette solo à la Volksoper de Vienne. En 1955, il est clarinette solo à l'Orchestre Philharmonique de Vienne. En 1973, il est nommé professeur de clarinette à la Wiener Musikhochschule. Il est en outre compositeur. Il a créé le *Concerto pour clarinette* de Cesar Bresgen (1986).

Pritchard, Sir John

Chef d'orchestre anglais, né à Londres le 5 février 1921, mort à San Francisco le 5 décembre 1989.

Il est le fils d'un violoniste, qui lui donne ses premières leçons. Puis il travaille le piano, l'alto et la direction d'orchestre en Italie. A son retour, il dirige le Derby String Orchestra (1943-45). En 1947, il est répétiteur au Festival de Glyndebourne et, l'année suivante, chef des chœurs. En 1949, il remplace Fritz Busch pour diriger *Don Giovanni*. Désormais sa carrière restera étroitement associée au Festival de Glyndebourne. Entre 1957 et 1963 il est directeur musical du Royal Liverpool Philharmonic Orchestra. Il fonde notamment les Concerts Musica Viva destinés à faire connaître la musique contemporaine. Puis il est directeur musical de l'Orchestre Philharmonique de Londres (1962-66). Il revient à Glyndebourne comme conseiller musical (1963), puis directeur de la musique (1969-78). A la même époque, il prend la direction de la Huddersfield Choral Society (1973). Puis on le trouve directeur musical à l'Opéra de Cologne (1978-89), premier chef invité de l'Orchestre Symphonique de la BBC à Londres (1979), directeur musical du Théâtre Royal de la Monnaie de Bruxelles (1981-87), chef permanent de l'Orchestre Symphonique de la BBC (1982-89) puis directeur musical de l'Opéra de San Francisco, poste qui fut créé à son intention en 1986.

Parmi les ouvrages lyriques qu'il a créés, *Gloriana* (1953) de Benjamin Britten, *The Midsummer Marriage* (1955) et *King Priam* (1962) de Michael Tippett. Il a également dirigé la première audition anglaise de l'*Élégie pour les jeunes amants* de Hans Werner Henze au Festival de Glyndebourne. Dans le domaine symphonique, il a créé des œuvres de Jonathan Lloyd (*Symphonie n° 4*, 1988), John McCabe (*The Shadow of Light*, 1979), William Walton (*Symphonie n° 2*, 1960).

Procter, Norma

Contralto anglaise, née à Cleethorpes le 15 février 1928.

Élève de Roy Henderson, Alec Redshaw, Hans Oppenheim et Paul Hamburger, elle donne son premier concert en 1956 et remporte aussitôt de très grands succès en Angleterre. Aussi chante-t-elle rapidement et régulièrement sur le continent, en Allemagne de l'Ouest, en Belgique, en France, en Espagne et au Danemark. En 1969-70, elle participe au Festival de Hollande, ainsi qu'aux Semaines Bach à Ansbach et au Festival de Wurzbourg. Elle s'impose comme une grande interprète de Bach. Son répertoire de concert comprend, outre les mélodies, les parties de contralto dans les oratorios et la musique religieuse de Haendel, Beethoven, Mendelssohn, Haydn, Mozart et Britten. En 1960, elle débute à la scène à Covent Garden, dans le rôle-titre d'*Orphée* (Gluck). Depuis, elle a interprété ce rôle sur de nombreuses scènes. Elle compte parmi les cantatrices les plus importantes de sa génération en Angleterre.

Prohaska, Felix

Chef d'orchestre autrichien, né à Vienne le 16 mai 1912, mort à Vienne le 29 mars 1987.

Il est le fils du compositeur **Karl Prohaska** et reçoit une très solide formation musicale : piano (avec Fr. Wührer et Eduard Steuermann), violon (avec Gottfried Feist et Oskar Fitz) et écriture (avec Egon Kornauth, Hanns Gál, Joseph Polnauer, Felix Salzer et Oswald Jonas). Nommé professeur au Conservatoire de Graz (1936-39), il débute comme corépétiteur à l'Opéra de cette ville. Il est ensuite nommé chef d'orchestre à l'Opéra de Duisbourg (1939-41) puis à l'Opéra de Strasbourg (1941-43). Dans cette dernière ville, il dirige également la classe d'opéra au Conservatoire. De 1943 à 1945, il est chef d'orchestre à l'Opéra allemand de Prague, puis professeur à l'Académie de musique de Vienne (1945-46) et chef d'orchestre à l'Opéra de Vienne (1945-56). Il enseigne également la direction d'orchestre au Conservatoire de Vienne (1947-50). De 1955 à 1964, il dirige à l'Opéra de Francfort puis revient à l'Opéra de Vienne (1964-67) avant d'être nommé à celui de Hanovre (1965-74) où il dirige également la Musikhochschule (1961-69).

Prohaska, Jaro
(Jaroslav Prohaska)

Baryton-basse autrichien, né à Vienne le 24 janvier 1891, mort à Munich le 28 septembre 1965.

De 1898 à 1906, il est membre des Wienersängerknaben, puis, en 1907, il devient organiste, chef de chœurs et d'orchestre à Sainte-Thekla à Vienne. Après la guerre, il suit des cours avec Otto Mueller au Conservatoire de Vienne et à l'Académie. Il débute en concert en 1920 et à la scène en 1922, à Lübeck, où il demeure attaché au Théâtre jusqu'en 1925. Il appartient ensuite aux théâtres de Nuremberg (1925-31) et de Berlin (1931-52). Il apparaît à Bayreuth de 1933 à 1944 et y chante Sachs, Wotan, Gunther, Telramund, Amfortas, le Hollandais, Donner. Il apparaît également à Salzbourg en 1949 (Ochs). En 1947, il enseigne à la Musikhochschule de Berlin-Ouest et en 1952 est directeur de l'École d'opéra du même établissement ; il se retire en 1959. Parmi ses élèves on trouve Hermann Prey.

Pugno, Raoul

Pianiste et compositeur français, né à Montrouge le 23 juin 1852, mort à Moscou le 3 janvier 1914.

Il se produit comme pianiste dès l'âge de six ans. Grâce à l'intervention du prince Poniatowski, il entre comme élève à l'École Niedermeyer. Au Conservatoire de Paris (1866-69), il remporte successivement des prix de piano (1866), d'harmonie et de solfège (1867), d'orgue (1869). Il est nommé organiste et maître de chapelle de l'église Saint-Eugène à Paris (1871-92) puis chef de chœur au Théâtre Ventadour en 1874. Enfin, il est nommé professeur au Conservatoire où il assure les classes d'harmonie (1892-96) et de piano (1896-1901). Parallèlement, il se produit comme pianiste en récital ou à partir de 1896 en duo avec Eugène Ysaÿe, avec lequel il crée notamment les sonates pour violon et piano d'Albéric Magnard (1902) et de Louis Vierne (1908). On possède quelques témoignages de son jeu sur des rouleaux enregistrés en 1903. On lui doit plusieurs ouvrages lyriques, dont le dernier, d'après *La Ville morte* de D'Annunzio, a été terminé par Nadia Boulanger.

Puig-Roget, Henriette

Pianiste, organiste et compositeur français, née à Bastia le 9 janvier 1910, morte à Paris le 24 novembre 1994.

Elle entre au Conservatoire de Paris en 1919 où elle travaille le piano avec Sophie Chéné puis en classe supérieure avec Isidore Philipp chez lequel elle obtient un 1er prix en 1926. Elle obtient également des premiers prix d'harmonie (Jean Gallon), d'histoire de la musique (Maurice Emmanuel), d'accompagnement (Estyle) en 1927, de musique de chambre (Charles Tournemire), de fugue (Noël Gallon) en 1928, d'orgue (Marcel Dupré) en 1930. En 1933, elle remporte le premier 2e Grand Prix de Rome. L'année suivante, elle est nommée titulaire de l'orgue de l'Oratoire du Louvre (jusqu'en 1979) et de l'orgue de la Grande Synagogue (jusqu'en 1951). Dès 1935, elle joue à la Radio. Jusqu'en 1975, elle est pianiste, organiste, membre du Comité de lecture à la Radio. De 1937 à 1940 elle est chef de chant à l'Opéra de Paris. Elle reprend cette fonction de 1946 à 1957, année où elle est nommée professeur d'accompagnement au Conservatoire de Paris. Elle quitte ce poste en 1979. Elle enseigne depuis à l'Université nationale de Tokyo. Elle a créé les *Préludes* de Messiaen (1930) et joué dans le cadre d'émissions radiophoniques (Émile Vuillermoz : *Initiation à la musique*, Jacques Mamy : *Clarté dans la nuit,* Denise Mégevand : *Hors gravure*) un grand nombre de compositeurs mal connus : d'Indy, Pierné, Grovlez, Le Flem, Emmanuel, Roger-Ducasse, Ladmirault, Koechlin (intégrale de son œuvre pour piano), Tournemire, Sauveplane, Hue, Cras, Martelli, Rosenthal, Barraud, Lemeland, Vierne...

Pujol, Emilio

Guitariste et compositeur espagnol, né à Granadella le 7 avril 1886, mort à Barcelone le 15 novembre 1980.

Il fait ses études musicales à Barcelone et, en 1902, devient l'élève de Tarrega. Il se produit alors sur le plan international et est remarqué également pour ses ouvrages pédagogiques sur la guitare : *Escuela razonada de la guitarra* (1932-33). Il publie également l'article sur la guitare dans l'Encyclopédie Lavignac ainsi que *La Bibliothèque de la musique ancienne et moderne pour guitare* (1926). A partir de 1936, il restitue l'usage de la vihuela et édite dans le cadre de l'Institut espagnol de musique les ouvrages du XVIe siècle consacrés à cet instrument (Narvaez 1945, Mudarra 1949). En tant que pédagogue, il joue un grand rôle ayant enseigné à Lisbonne, Sienne (1955-62) et Barcelone. Il a créé l'*Hommage à Debussy* de Manuel de Falla (1922).

Putnam, Ashley

Soprano américaine, née à New York le 10 août 1952.

Elle travaille avec Elizabeth Mosher et Willis Patterson à l'Université du Michigan où elle reçoit également une formation de flûtiste avant de débuter dans Lucia à l'Opéra de Virginie (Norfolk) en 1976. Elle chante à Houston, San Diego et Miami. En 1978, elle est invitée à Glyndebourne pour chanter Musette (*La Bohème*) et elle fait ses débuts au New York City Opera dans *La Traviata.* En 1983, elle est engagée au Met pour chanter Lucia lors de la tournée américaine. La même année, elle débute à Aix-en-Provence dans *Mitridate* de Mozart. A Santa Fe, elle chante Danae de R. Strauss (1985). Dès lors, elle s'impose dans les principaux rôles mozartiens : la Reine de la nuit, Donna Elvira (Bruxelles), Fiordiligi. Elle incarne également Gilda, Violetta, la Maréchale, Arabella (Glyndebourne).

Puyana, Rafaël

Claveciniste colombien, né à Bogotá le 14 octobre 1931.

Il commence ses études musicales à six ans et les poursuit au Conservatoire de Boston. En 1951, à Lakeville, il travaille avec Wanda Landowska, s'initiant à la musique ancienne. A son tour Rafaël Puyana se consacre à l'enseignement, tout en donnant de nombreux concerts dont le premier remonte à 1957, à New York. En 1961, il dirige les cours d'été de Saint-Jacques-de-Compostelle, puis enseigne en Angleterre (Darlington Hall), à Fontainebleau (Conservatoire américain), enfin il se consacre au cours Manuel de Falla à Grenade. Il a fondé le Forum du clavecin du Festival estival de Paris. Rafaël Puyana réside en France où il est, depuis 1960, attaché culturel de Colombie auprès de l'UNESCO. Plusieurs compositeurs contemporains ont écrit pour lui : Montsalvatge (*Concerto del Albayzin*, 1978), McCabe, Mompou, Evett, Orbon... Il possède cinq instruments différents.

Py, Gilbert

Ténor français, né à Sète le 9 décembre 1933.

Il voit le jour dans la roulotte de ses parents, artistes forains. Son père fait de lui un saltimbanque. Mais des dons chorégraphiques exceptionnels font de lui à quatorze ans un danseur demi-caractère à l'Opéra de Montpellier où il débute dans les *Danses polovtsiennes* du *Prince Igor.* La fièvre du chant le prend. Il imite Luis Mariano, son idole, puis prenant conscience de la force de sa voix, il prend çà et là, au hasard des tournées, quelques leçons de chant. A vingt-deux ans, il s'établit à Nice. Las ! il y tombe sur un professeur qui, prématurément, veut en faire un heldentenor wagnérien. Résultat : il perd ses aigus et sort du Conservatoire sans le moindre accessit. Il se remet au travail et en 1964 il débute en Belgique – à Verviers – dans le rôle de Pinkerton, bientôt suivi à Tourcoing d'un Mario Cavaradossi retentissant. La Belgique et le nord de la France en font leur ténor de choc : en Canio, Turridu, Don José, Samson, Otello..., il subjugue les foules par sa voix puissante, son physique d'athlète, sa force dramatique quasi animale. S'il continue à chanter *Fidelio*, *Hérodiade* et *Otello* à Liège, ainsi qu'*Ernani* et *Faust* à Gand, il crée à Nice le rôle-titre de *Raskolnikoff* de Sutermeister. Cette même année 1969, il débute à l'Opéra-Comique dans *Les Contes d'Hoffmann* et y chante Werther et Canio. A l'Opéra, il paraît en Don José, Faust (*La Damnation*) et Cavaradossi. En 1970, il participe à Toulouse à la reprise de *La Reine de Saba* de Gounod. Puis il chante outre-Rhin *Aïda*, *Le Trouvère* et *Carmen.* Après deux échappées outre-Atlantique, il débute en Italie, à Palerme, où il est successivement Samson, Don José puis Calaf. En 1973, il chante son premier Lohengrin à Turin.

Q

Queffélec, Anne

Pianiste française, née à Paris le 17 janvier 1948.

Fille de l'écrivain Henri Queffélec, elle reçoit sa première formation musicale à l'École Normale de Musique de Paris. En 1964 elle entre au Conservatoire dans la classe de Lélia Gousseau. L'année suivante elle obtient un 1er prix de piano ainsi que son baccalauréat de philosophie. En 1966, dans la classe de Jean Hubeau, elle remporte un 1er prix de musique de chambre. Elle travaille avec Alfred Brendel, Jörg Demus et Paul Badura-Skoda. Les récompenses ne se font pas attendre : 1er prix à l'unanimité à Munich (1968), prix à Leeds (1969). Jusqu'en 1984, elle est professeur au Conservatoire de Nice. Passionnée de musique de chambre, elle joue avec les violonistes Régis Pasquier, Augustin Dumay, Pierre Amoyal, Patrice Fontanarosa... Elle a participé à la bande du film de Milos Forman *Amadeus*. En 1990, elle a été couronnée aux Victoires de la musique meilleure interprète française de l'année.

Queler, Eve (Eve Rabin)

Chef d'orchestre américaine, née à New York le 1er janvier 1936.

Elle commence l'étude du piano dès l'âge de cinq ans puis travaille avec Isabelle Vengerova. Elle est l'élève de la High School of Music and Art puis de la Mannes School of Music de New York où elle suit aussi des cours d'écriture et de direction d'orchestre, notamment avec Joseph Rosenstock. Elle débute comme répétitrice, puis assistante au New York City Opera. Puis elle est nommée au Met. En 1967 elle fonde le Concert Opera Orchestra de New York, composé d'étudiants et de professeurs de musique, destiné à faire connaître, en version de concert, des ouvrages lyriques connus ou oubliés. Elle débute ainsi en 1969 avec *Don Giovanni*. Le succès est tel qu'on enregistre certains ouvrages qu'elle produit : *Le Cid* (Massenet), *Gemma di Vergy* (Donizetti), *Aroldo* (Verdi)... En 1970-71, elle est chef associée de l'Orchestre Philharmonique de Fort Wayne, mais c'est surtout dans le domaine lyrique qu'elle s'impose. En 1982, elle crée à l'Université du Maryland le National Opera Orchestra Workshop, un atelier d'orchestre consacré au répertoire lyrique.

Quilico, Gino

Baryton canadien, né à Flushing (New York) le 29 avril 1955.

Fils de **Louis Quilico**, il commence à travailler le chant avec son père, puis il suit les cours de la Faculté de musique de Toronto. Encore étudiant, il chante Figaro (*Le Barbier de Séville*) et *Don Giovanni*. Il débute avec la Canadian Opera Company dans *Le Medium* de Menotti (M. Gobineau) et chante également le Comte (*Les Noces de Figaro*), Escamillo (*Carmen*) et Paolo (*Simon Boccanegra*) aux côtés de son père. Finaliste au Concours Opera America (1978), il est engagé à Milwaukee où il chante Papageno (*La Flûte enchantée*), puis à Vancouver où il est Silvio (*Paillasse*) et à Calgary où il est Schaunard (*La Bohème*). En 1979, il vient en Europe comme élève de l'École d'art lyrique de l'Opéra de Paris, puis comme membre de la troupe. Il chante Morris Townsend (*L'Héritière*), à l'Opéra-Comique en 1980, puis Florestan (*Véronique*). A l'Opéra de Paris, il chante Ned Keene (*Peter Grimes*), Oreste (*Iphigénie*) et Albert (*Werther*). En 1985, il participe à la création mondiale de l'opéra de Marcel Landowski, *Montségur*, à la Halle aux Grains de Toulouse. En 1987, il fait ses débuts au Met dans *Manon*, aux côtés de son père. C'était la première fois qu'un père et un fils chantaient ensemble sur la première scène lyrique américaine. Un an plus tard, il est nommé « artiste de l'année » par le Conseil canadien de la musique. Il débute au Festival de Salzbourg dans *Cenerentola* de Rossini en 1989. En 1991, il participe à la création de l'opéra de John Corigliano *The Ghosts of Versailles* au Met.

Quilico, Louis

Baryton canadien, né à Montréal le 14 janvier 1929.

Il étudie le chant à Québec, New York et Rome. En 1952, il remporte le Concours national de chant du Canada et, en 1955, le Concours du Met « Auditions of the Air ». La même année, il fait ses débuts à la scène, au New York City Opera, comme Germont père (*La Traviata*). En 1959, il vient en Europe et fait ses débuts au Festival de Spolète dans *Il Duca d'Alba* (Donizetti). Il remporte un très grand succès au Covent Garden, en 1962, comme *Rigoletto*. Il est invité au Bolchoï de Moscou et à l'Opéra de Paris. Il chante également sur de nombreuses scènes (Opéra-Comique de Paris, Lisbonne, Buenos Aires, Vancouver, etc.). De retour en Amérique du Nord, il est engagé au Met où il chante, entre autres, Golaud lors de la première américaine de *Pelléas et Mélisande* en 1962.

Quinet, Fernand

Chef d'orchestre belge, né à Charleroi le 29 janvier 1898, mort à Liège le 24 octobre 1971.

Il commence ses études à Charleroi. Il les poursuit au Conservatoire de Bruxelles avec Edouard Jacobs pour le violoncelle et Léo Dubois pour la composition. Il est directeur du Conservatoire de Charleroi (1924-38) puis du Conservatoire de Liège (1938-63). Il a occupé les fonctions de premier chef de l'Orchestre Symphonique de Liège de 1960 à 1964.

Quivar, Florence

Mezzo-soprano américaine, née à Philadelphie le 3 mars 1944.

Elle fait ses études à l'Académie de musique de Philadelphie et à la Juilliard School de New York où elle fait partie du Juilliard Opera Center. En 1977, elle fait ses débuts au Met dans Marina et y chante dès lors régulièrement : Suzuki, Serena, Isabella (*L'Italienne à Alger*), Fidès (*Le Prophète*). En Europe, elle chante à la Staatsoper de Berlin (*Orfeo* en 1982), à Florence (Eboli en 1984)... Elle mène également une importante carrière dans le domaine du concert, débutant à Londres en 1982. A Paris, elle participe à la réouverture du Théâtre des Champs-Élysées en 1987 (*Benvenuto Cellini* en version de concert). En 1989, elle chante *Nabucco* à Orange et *Un bal masqué* (Ulrica) à Salzbourg.

R

Rabin, Michael

Violoniste américain, né à New York le 2 mai 1936, mort à New York le 19 janvier 1972.

Fils de **George Rabin**, membre du New York Philharmonic, et d'une mère pianiste, Michael Rabin travaille avec Ivan Galamian à la Juilliard School de New York. Il fait sa première apparition en public en 1947, et ses débuts au Carnegie Hall datent de 1950. Il y obtient un succès extraordinaire, et acquiert rapidement une réputation internationale. On le place d'emblée parmi les plus grands violonistes aux côtés d'Elman ou d'Heifetz. Rabin joua, au cours de sa trop brève existence, non seulement aux États-Unis, mais en Europe et en Israël, terre à laquelle il était très attaché, comme beaucoup de musiciens juifs.

Doté d'une technique invraisemblable par sa perfection, d'une sonorité ample et chaleureuse, et d'un sens vif de la valeur des choses, Michael Rabin serait peut-être aujourd'hui au sommet de son art. Malheureusement, frappé de dépression nerveuse, il se laissa littéralement mourir, alors qu'il n'avait que trente-six ans. Il avait reçu en dédicace le *Deuxième Concerto* de Creston (1960).

Rachlin, Julian

Violoniste lituanien, né à Vilnius le 24 décembre 1974.

Issu d'une famille de musiciens, il suit ses parents à Vienne en 1978 où il commence à étudier le violon à l'âge de six ans. En 1983, il entre au Conservatoire de Vienne où il travaille avec Boris Kurschnir qui l'élève dans la tradition de l'école de violon soviétique de Leningrad. Il donne son premier concert public un an plus tard et commence une carrière d'enfant prodige. En 1985, il remporte le premier prix « Jugend musiziert » à Leoben, en 1987 celui du Concours international des jeunes artistes de Stresa. En 1988, il remporte le Concours Concertino Praga et le Concours eurovision pour jeunes artistes. Il joue en soliste avec les principaux orchestres européens, à Vienne, Paris, Londres avec Zubin Mehta, Lorin Maazel, Bernard Haitink... Son violon est un Guarnerius del Gesù, l'*ex-Carrodus* (Crémone, 1741).

Rachmaninov, Serge

Pianiste, chef d'orchestre et compositeur russe, né à Oneg le 20 mars 1873, mort à Beverley Hills le 28 mars 1943.

Il fait ses études au Conservatoire de Saint-Pétersbourg, puis à celui de Moscou où il entre en 1888 : il y est l'élève de Taneiev, Arenski et, pour le piano, de Siloti. Ses premières œuvres sont bien accueillies : *Concerto n° 1*, *Prélude en ut dièse* et *Aleko* qui triomphe au Bolchoï en 1893. Il met ses talents de pianiste au service de sa musique et s'oriente vers la direction d'orchestre malgré l'échec de sa *Symphonie n° 1* (1897) : il est second chef à l'Opéra privé de Mamontov (1897-98) puis chef permanent au Bolchoï (1904-08). Il effectue de nombreuses tournées à l'étranger qui réduisent le temps consacré à la composition. En 1917, il quitte son pays pour la France puis la Suisse. Pendant plusieurs années, il mène une vie itinérante au hasard des tournées. A la suite de violentes prises de position contre le régime soviétique, il est banni de son pays en 1933 et décide de se fixer aux États-Unis (1935).

Rachmaninov comptait certainement parmi les pianistes légendaires de son siècle. Sa technique sans faille était servie par sa propre musique, mais il jouait surtout Chopin, Schumann et les innombrables petites pièces qui fleurissaient dans les récitals de l'époque. Ses conceptions de la musique semblent davantage tournées vers le romantisme que vers le XXe siècle. Il possédait une indépendance des doigts qui donnait à son jeu une clarté polyphonique rarement égalée. Son toucher pouvait être d'une délicatesse infinie. Les libertés qu'il prenait avec les textes étaient toujours réfléchies et s'inscrivaient dans le cadre de certaines limites : il se refusait à des excès analogues à ceux de Paderewski et si ses conceptions musicales semblent aujourd'hui difficiles à suivre, il est certain qu'il a ouvert des portes à l'interprétation moderne ; il suffit d'écouter comment il jouait ses propres œuvres : avec une réserve presque pudique qui le place aux antipodes du titan qu'en a fait la légende.

Radulescu, Michael

Organiste roumain naturalisé autrichien, né à Bucarest le 19 juin 1943.

Il est initié à la musique par ses parents, tous deux musiciens. A Bucarest, il commence des études de composition avec Mihail Jora, et d'orgue avec Victor Bickerich ; il part en Autriche à l'Académie de musique de Salzbourg (clavecin et orgue), puis étudie avec Anton Heiller (orgue), Hans Swarowsky (direction d'orchestre) à l'Académie de musique de Vienne. Lauréat de divers concours internationaux de composition (Vienne, 1968 ; Nuremberg, 1971 ; Vienne, 1981) et d'orgue (Pise, 1966 ; Nuremberg, 1967), il obtient le prix de composition de la ville de Stuttgart en 1970. Commence dès lors une intense activité d'interprète, surtout comme organiste ; il parcourt l'Europe, les États-Unis, le Canada. Depuis 1968, il est professeur d'orgue à l'Académie de musique de Vienne. Depuis 1971, il assure les cours d'été pour orgue à Vaduz (Liechtenstein), et depuis 1977 à l'Académie de musique ancienne d'Innsbruck. Au centre de ses activités d'interprète et de pédagogue figure l'œuvre organistique de J. S. Bach. Il reconnaît l'influence de maîtres tels que Anton Heiller, Pierre Boulez, en matière d'interprétation, et comme compositeur, de Paul Hindemith, d'Arnold Schoenberg, d'Olivier Messiaen, à quoi s'ajoute la musique modale du Moyen Age. Il a composé de la musique pour orgue, de la musique de chambre, de la musique spirituelle pour chœur (messes, motets, etc.), de la musique symphonique. Enfin, il édite de la musique ancienne d'orgue (œuvres de Paul Hofhaimer, l'*Apparatus Musico-Organisticus* de Georg Muffat, de la musique antérieure à 1453).

Raës, Alain

Pianiste français, né à Roubaix le 26 mars 1947.

Ses parents, professeurs de musique, lui font aborder le solfège, le violon et le piano. A quinze ans, il obtient un 1er prix de piano et un 2e prix de violon au Conservatoire de Roubaix. Après avoir passé son baccalauréat, il entre au Conservatoire de Paris où il remporte des premiers prix de piano (dans la classe de Lélia Gousseau, 1970) et de musique de chambre (dans la classe de Maurice Crut, 1972). Il se perfectionne auprès de José Iturbi, Paul Badura-Skoda et Gyorgy Sebök avant d'enlever un 2e prix au Concours international de Genève (1973). De 1975 à 1978, il suit les cours d'analyse musicale de Jacques Castérède. Passionné de musique de chambre, il fait partie du Trio Alpha (créé en 1977 avec Bernard Wacheux, violon, et Philippe Bary, violoncelle), s'associe avec Claude Faucomprez (depuis 1980) pour constituer un duo piano-clarinette et fonde un duo de piano avec B. Lerouge (1981). Parmi ses enregistrements, il faut citer deux premières discographiques : l'intégrale de l'œuvre pour piano d'Arthur Honegger et d'Albert Roussel. Depuis 1975, il est professeur aux conservatoires de Lille et de Roubaix.

Ragossnig, Konrad

Guitariste autrichien, né à Klagenfurt le 6 mai 1932.

Il commence la musique par l'étude du violoncelle au Conservatoire puis travaille la guitare à l'Académie de musique de Vienne avec Karl Scheit. Entre 1960 et 1964, il est professeur à l'Académie de musique de Vienne. En 1961, il remporte le 1er prix au Concours international de guitare de Paris. Depuis, il enseigne à l'Académie de musique de Bâle. Il est le maître de Walter Feybli. Sa carrière se développe sur le plan international et de nombreux compositeurs écrivent pour lui, notamment Hans Erich Apostel, Jacques Bondon, Mario Castelnuovo-Tedesco, Gottfried von Einem (*Trois Études pour guitare*, op. 34, 1970 ; *Leib-und Seelensongs*, op. 53, 1980), Armin Schibler, Piere Wissmer.

Rahbari, Alexander (Ali Rahbari)

Chef d'orchestre iranien naturalisé autrichien, né à Varamin le 26 mai 1948.

Il étudie le violon au Conservatoire de Téhéran puis la direction d'orchestre et la composition à l'Académie de Vienne avec Hans Swarowsky, Karl Österreicher et Gottfried von Einem. Il débute comme violoniste à Radio-Téhéran en 1962 et l'année suivante comme chef d'orchestre, d'abord à l'Opéra de Téhéran puis à la Radio de Vienne. En 1977, il quitte son pays natal et se fixe en Autriche. La même année, il remporte le 1er prix au Concours international de Besançon. En 1978, il obtient la Médaille d'argent au Concours de Genève et fait ses débuts avec l'Orchestre Philharmonique de Berlin en 1979. En 1989, il est nommé chef permanent de l'Orchestre Philharmonique de la BRT (Bruxelles). Il a créé *Solarium* (1982) de Girolamo Arrigo.

Raimondi, Ruggero

Baryton-basse italien, né à Bologne le 3 octobre 1941.

Fils d'un grand amateur d'art lyrique, il fait ses études musicales à l'Académie Sainte-Cécile de Rome avec Maria Teresa Pediconi, Antonio Piervenanzi et Edwige Ghibaudo. Il débute dans *La Bohème* à Spolète où il a remporté le concours en 1964. La même année il chante Procida des *Vêpres siciliennes* à Rome : il remplace Nicolas Rossi-Lemeni. Mario Labroca l'entend et l'engage à la Fenice : il chantera à Venise tous les rôles du répertoire, peu à peu. Ceux qui écoutent cette jeune basse chantante sont aussitôt frappés par la couleur, la vitalité, la somptuosité de cette voix, par son ambivalence. Raimondi cependant semble avoir peur de la scène : il affronte des rôles écrasants mais ses gestes sont d'abord maladroits alors que sa voix est si déployée et libre. A vingt-cinq ans, découragé, il rencontre Piero Faggioni, metteur en scène qui l'aide à travailler son jeu. Raimondi apparaît bientôt sur les grandes scènes italiennes, apprenant vite, pratiquant son métier avec ardeur : entre 1964 et 1969, il chante des rôles comme Méphisto (Gounod) et Figaro (Mozart) à la Fenice de Venise puis débute en 1968 à la Scala dans *Turandot* (Timur). En 1970, il fait ses débuts au Met dans *Ernani*. Sa carrière internationale prend alors son envol : Vérone, l'Opéra de Munich et Covent Garden (1972), l'Opéra de Hambourg (1976), celui de Paris (1979), celui de Genève (1983), le Festival de Pesaro (1984)... Il s'impose dans *Don Giovanni*, qu'il avait abordé à Glyndebourne en 1969, et qu'il chante sous la direction de metteurs en scène aussi différents que Franco Enriquez, Crivelli, Rennert, Béjart et, au cinéma, Joseph Losey (1979). Karajan le dirige vers un travail vocal où le lyrisme et la couleur prendront le pas sur l'énergie et la puissance. Il s'impose comme la basse chantante italienne la plus importante de sa génération dans des rôles comme Don Carlos, Zaccaria (*Nabucco*), Basilio (*Le Barbier de Séville*), Arkel (*Pelléas et Mélisande*), Oroveso (*Norma*), Sparafucile, Banquo (*Macbeth*), Don Quichotte, Escamillo (qu'il incarne dans le film de Rosi en 1984). Sa conception tourmentée de Boris Godounov est une révélation (Scala de Milan et Opéra de Paris, 1983, puis film d'Andrzej Zulawski, 1989). Il participe à la résurrection des opéras oubliés de Rossini, à Pesaro à la Scala ou à Paris (*Moïse*, *Le Voyage à Reims*). En 1986, il aborde la mise en scène avec *Don Giovanni* (Nancy) et incarne pour la première fois Falstaff à Genève.

Raïtchev, Russlan

Chef d'orchestre bulgare, né à Milan le 5 mai 1924.

Fils du chanteur **Petre Raïtchev**, il travaille d'abord le piano à Milan avec Carlo Onati puis poursuit ses études à Vienne avec Leopold Reichwein, Emil Sauer et Karl Böhm (jusqu'en 1944). Il commence sa carrière comme assistant à l'Opéra de Vienne (1942-43). Il est ensuite premier chef à l'Opéra de Königsberg (1943-44). De retour en Bulgarie, il est nommé premier chef à l'Opéra de Varna (1946-48). Puis il est nommé en 1948 à l'Opéra de Sofia où il est successivement chef d'orchestre, premier chef et directeur général artistique (1978-81). En 1968, il est en outre nommé à la tête de la Philharmonie d'État de Plovdiv et, entre 1974 et 1978, il est directeur général de la musique de l'Opéra du Schleswig-Holstein. Entre 1981 et 1989, il est directeur musical de l'Opéra de Sofia et se consacre à une carrière internationale qui lui permet notamment de diriger régulièrement à l'Opéra de Paris, à la Scala de Milan, à l'Opéra de Vienne... Entre 1990 et 1992, il est directeur général de la musique de la Mecklenburgische Staatskapelle de Schwerin. En 1992, il reprend la direction artistique de l'Opéra de Sofia. En 1993, il est nommé à la tête de l'Orchestre Symphonique National de la Radio Bulgare. Il possède à son répertoire plus de soixante-dix ouvrages lyriques.

Rakhlin, Nathan

Chef d'orchestre ukrainien, né à Snovsk (district de Tchernigov) le 10 janvier 1906.

Il étudie d'abord la trompette puis le violon au Conservatoire de Kiev (1923-27). Il travaille la direction d'orchestre à l'École de Musique Lysenko avec Valerian Bierdiajev et Alexandre Orlov puis à Leningrad avec Maximilian Steinberg (1930-32). Il est nommé à la tête de l'Orchestre Symphonique de la Radio de Kharkov (1932-34), puis chef permanent à Donetzk (1934-37). Il dirige ensuite l'Orchestre Symphonique d'État de l'Ukraine à Kiev (1937-41). En 1939, il commence à enseigner la direction d'orchestre au Conservatoire de Kiev où il deviendra professeur en 1947. Entre 1941 et 1945, il est à la tête de l'Orchestre Symphonique d'État de l'URSS. Puis il reprend la direction de l'Orchestre Symphonique d'État de l'Ukraine (1946-62). En 1966, à la fondation de l'Orchestre Philharmonique de Kazan, il en prend la direction et est nommé professeur au conservatoire de cette même ville. Il a créé la *Symphonie n°11* de Dimitri Chostakovitch (1957) et la *Symphonie n°1* de Rodion Chtchedrine (1958). Personnalité majeure de la direction d'orchestre en URSS, il ne s'est pourtant jamais vu confier de poste véritablement important.

Ramey, Samuel

Basse américaine, né à Colby (Kansas) le 28 mars 1942.

Après ses études à l'Université de Wichita (Kansas), avec Arthur Newman, il se perfectionne à New York avec Armen Boyajian et débute dans *Carmen* au New York City Opera (1973), où il fera essentiellement sa carrière dans les rôles italiens et mozartiens qui n'exigent pas une couleur sombre particulière, bien qu'il débute dans *Don Giovanni* avec le rôle du Commandeur ; puis il aborde Masetto et enfin s'impose de façon magistrale dans le rôle-titre auquel il confère un aspect gitan très intelligemment composé. Il chante sur les scènes les plus importantes des États-Unis (Philadelphie, Houston, Boston...). En Europe, il débute au Mai Musical Florentin. Il participe également au Festival de Glyndebourne (Figaro, 1976 ; Nick Shadow, 1977). Il débute à Hambourg dans Arkel (*Pelléas et Mélisande*, 1978), à Aix-en-Provence dans *Semiramide* (1980), à la Scala, à Vienne (1981) et à Covent Garden (1982) dans Figaro, à Paris dans *Moïse*

(1983). Pour ses débuts au Met en 1984, il incarne Argante (*Rinaldo*, Haendel). Il devient l'un des habitués du Festival Rossini de Pesaro. Pour le bicentenaire de la création de l'ouvrage, il chante le rôle-titre de *Don Giovanni* à Salzbourg en 1987 sous la direction de Karajan, rôle qu'il reprend en 1990 au Met et à Florence puis, en 1991, à Salzbourg. Son répertoire va de Haendel à Bernstein, avec une prédilection pour Mozart et Rossini. Il mène parallèlement une importante carrière au concert.

Ramin, Günther

Organiste, chef de chœur et chef d'orchestre allemand, né à Karlsruhe le 15 octobre 1898, mort à Leipzig le 27 février 1956.

A six ans il chante et joue du piano. L'orgue le fascine déjà. A dix ans, il a la révélation de Bach, avec la *Passion selon saint Matthieu* que dirige à Leipzig Karl Straube. Il est admis parmi les Petits Chanteurs de Saint-Thomas (1910-14). Il travaille l'orgue avec Straube et le piano avec Teichmüller. Rapidement il devient l'assistant du premier. Günther Ramin pratique tout le répertoire de l'orgue, devient l'un des meilleurs interprètes de Reger et se révèle un prodigieux improvisateur. Après avoir participé à la Première Guerre mondiale, il est désigné à l'unanimité organiste de Saint-Thomas (1918), organiste du Gewandhaus de Leipzig et professeur au Conservatoire de cette ville (1921). Il donne alors de très nombreux concerts dans toute l'Allemagne. L'écrivain Hans Henny Jahnn lui fait découvrir la facture et la technique baroques de l'orgue sur l'instrument de la Jacobikirche de Hambourg, l'un des plus beaux Schnitger. Cette découverte modifie radicalement sa conception de l'interprétation de l'œuvre de Bach. Ses cours d'interprétation attirent de nombreux jeunes organistes comme Helmut Walcha. Peu à peu il étend ses découvertes au clavecin et au clavicorde. Comme chef de chœur, il est à la tête du Dresdner Lehrergesangsverein (1925-35), du Chœur du Gewandhaus de Leipzig (1933-34 et 1945-51), du Chœur Philharmonique de Berlin (1935-43). En 1938, il vient à Paris donner avec le Chœur de Saint-Thomas l'*Oratorio de Noël* de Bach. En 1939, Karl Straube, en opposition avec les autorités nazies, quitte son poste de Cantor de Saint-Thomas. Günther Ramin accepte de le remplacer, ce qui mettra fin à leur longue amitié. Lui-même pourtant rencontrera des difficultés du même ordre avec ceux qui gouvernent son pays. Il ne cessera cependant d'interpréter Bach jusqu'en 1945, même sous les bombardements qui s'abattent sur Leipzig. Après la guerre, il restaure le Chœur de Saint-Thomas dans sa splendeur passée et donne une intégrale radiodiffusée des cantates de Bach. Pour le bicentenaire du Cantor (1950), il dirige la moitié des concerts prévus. En 1952 il donne pour la première fois la version originale du *Magnificat* et de la *Passion selon saint Jean* de Bach. Parmi ses très nombreux élèves et disciples, on peut citer Karl Richter. Il a créé un œuvre de Rudolf Wagner-Régeny (*Cantica Davidi Regis*, 1955).

ÉCRITS : *Gedanken zur Klärung des Orgelproblems*, Kassel, 1929.

Rampal, Jean-Pierre

Flûtiste français, né à Marseille le 7 janvier 1922.

Son père est professeur de flûte au Conservatoire de Marseille et il mène parallèlement des études musicales et médicales. Il opte pour la musique et entre au Conservatoire de Paris dans la classe de Gaston Crunelle où il remporte un premier prix. Dès 1955, il est nommé flûte solo à l'Orchestre de l'Opéra de Paris. Ses dons, son intelligence musicale et son goût pour la musique baroque, qui connaît alors une renaissance, le font aussitôt estimer et aimer du public. Il réussit vite, passe chaque année un trimestre aux États-Unis, sillonne l'Europe, se rend au Japon. Il joue seul ou en duo avec Robert Veyron-Lacroix. Il fonde l'Ensemble Baroque de Paris et le Quintette à Vent Français, formations au sein desquelles il fait revivre le répertoire ancien destiné aux instruments à vent. Grâce à lui, la flûte regagne des lettres de noblesse qu'elle avait perdues depuis près de deux siècles : elle sort de l'orchestre et est considérée comme un véritable instrument soliste. Son enthousiasme et son rayonnement font des émules dans le monde entier où il fait autorité. Entre 1969 et 1980, il est nommé professeur au Conservatoire de Paris et il donne chaque été à Nice des cours à l'Académie internationale.

Sa flûte, en or, a appartenu au comte de Rémusat ; c'est un instrument très pur dont il ne se sépare pas. Depuis quelques années, il se tourne vers la direction d'orchestre et conduit régulièrement le Scottish Chamber Orchestra à partir de 1981.

Son répertoire est immense, de l'époque baroque à nos jours. Sa discographie, gigantesque, inclut les classiques de la flûte et bon nombre d'œuvres qu'il a redécouvertes : concertos de Benda, Blavet, Devienne, Galuppi, Gianella, Mercadante, Nielsen, Reinecke, pièces de J. Alain, Geminiani, F. Martin ou Schubert, sans oublier tous les concertos pour flûte de Vivaldi qu'il a gravés avec Claudio Scimone. De nombreux compositeurs ont écrit pour lui : Henry Barraud (*Concerto pour flûte*, 1964), Charles Chaynes (*Illuminations pour la flûte de Jade*, 1960), Jean Françaix (*Concerto pour flûte*, 1967), Alan Hovhaness (*Symphonie n° 36* pour flûte et orchestre, 1979), André Jolivet (*Concerto pour flûte*, 1950 ; *Suite en concert*, 1966), Jean Martinon (*Concerto pour flûte*, 1971), Serge Nigg (*Concerto pour flûte*, 1961), Maurice Ohana (*4 Improvisations*, 1962), Francis Poulenc (*Sonate pour flûte et piano*, 1957), Krzysztof Penderecki (*Concerto pour flûte*, 1993), Jean Rivier (*Concerto pour flûte*, 1956), Antoine Tisné (*Concerto pour flûte*, 1965). Il a également créé des œuvres de Jacques Ibert (*2 Interludes*, 1949), André Jolivet (*Sonate pour flûte et clavecin*, 1950), Xavier Montsalvatge (*Serenata a Lydia de Cadaqués*, 1971), Germaine Tailleferre (*Concertino pour flûte, piano et orchestre de chambre*, 1953), Henri Tomasi (*Concertino de printemps*, 1966).

ÉCRITS : *La Flûte* (1978).

Randova, Eva

Mezzo-soprano tchèque, née à Kolin le 31 décembre 1936.

Après des études scientifiques à Ústi, elle y étudie le chant avec J. Svobová puis entre au Conservatoire de Prague. Elle débute à Ostrava où elle chante les grands mezzo (Eboli, Ortrud, Octavian, Carmen, Amneris, Azucena, Venus, la Sorcière et la Princesse de *Russalka*). A partir de 1969, elle chante à Prague, puis Nuremberg, Stuttgart (dont elle devient membre de la troupe en 1971 et Kammersängerin en 1976), Berlin, Vienne, Hambourg, Munich, Londres... Elle chante à Bayreuth depuis 1973 (Kundry, Fricka, Gutrune, Waltraute) et à Salzbourg depuis 1973 (Flosshilde, Eboli, Amneris), au Met depuis 1980. A Paris, elle chante Kundry en 1975, Ortrud en 1982 et Vénus en 1984.

Ránki, Dezsö

Pianiste hongrois, né à Budapest le 8 septembre 1951.

Il commence la musique à huit ans et entre au Conservatoire Béla Bartók à treize ans. Lauréat de trois concours internationaux (1965-67-69), il est admis à l'Académie de musique Franz Liszt de Budapest et travaille avec Pál Kadosa et Ferenc Rados. En 1969, le 1er prix au concours Robert Schumann de Zwickau (RDA) marque le début de sa carrière. Reconnu par la critique et les musiciens, il suit les cours de Géza Anda à Zurich (1971). Il remplace au pied levé Rubinstein à Milan et Benedetti Michelangeli à Menton, et joue en soliste avec les plus grands orchestres. En 1973, il est nommé assistant de Pál Kadosa et trois ans plus tard devient professeur de piano à l'Académie de musique Franz Liszt. En 1978, il reçoit le prix Kossuth après s'être vu décerné le prix Liszt en 1973. Son répertoire va de Bach à Bartók. Il a créé le *Concerto pour piano* (1984) de Durkó.

Raphanel, Ghylaine

Soprano française, née à Bühl (Baden, Allemagne) le 19 avril 1952.

Après avoir commencé ses études musicales au Conservatoire de Rouen, elle entre au Conservatoire de Paris dans la classe de Janine Micheau puis dans celle d'Andréa Guiot et obtient un premier prix de chant. A l'École d'art lyrique de l'Opéra de Paris, elle travaille avec Elisabeth Grümmer. En

1981, elle entre dans la troupe de l'Opéra de Bâle où elle chante notamment Gilda (*Rigoletto*), Constance, Juliette et Manon. Elle incarne Zerbinette (*Ariane à Naxos*) à l'Opéra-Comique (1985) et à Aix-en- Provence (1985-86), Constance (*L'Enlèvement au sérail*) à la Volksoper de Vienne (1985), la Reine de la nuit (*La Flûte enchantée*) à Hambourg (1985). Elle est ensuite Manon à Munich (1986) et à Toulouse (1987), Marguerite de Valois (*Les Huguenots*) à Montpellier (1988).

Rattle, Sir Simon

Chef d'orchestre anglais, né à Liverpool le 19 janvier 1955.

Il étudie la percussion à la Royal Academy of Music de 1971 à 1974. Il est membre du Royal Liverpool Philharmonic Orchestra. Il fonde et dirige le Liverpool Sinfonia (1970-72). En 1973, il remporte le 1er prix au Concours international John Player. Pendant les deux années qui suivent, il est chef assistant de l'Orchestre Symphonique de Bournemouth et du Bournemouth Sinfonietta. Il fait ses débuts à Glyndebourne avec le « Tour » en 1975 et est invité par le Festival en 1977. Chef assistant du BBC Scottish Orchestra et du Royal Liverpool Philharmonic Orchestra en 1977, il devient, en 1980, premier chef du City of Birmingham Symphony Orchestra. De 1981 à 1983, il est directeur artistique du Festival « South Bank Summer Music » de Londres. Il a créé des œuvres de George Benjamin (*At first Light,* 1982), Alexander Goehr (*Eve Dreams in Paradise,* 1989), H. K. Gruber (*Charivari*, 1983), Sofia Goubaïdoulina (*Alleluja*, 1990), Robin Holloway (*The Spacious Firmament*, 1992), Oliver Knussen (*Coursing*, 1979), Jonathan Lloyd (*Symphonie nº 1*, 1989), David Matthews (*Symphonie nº 2*, 1982), Nicholas Maw (*Odyssey*, 1990), Peter Maxwell Davies (*Symphonie nº 1*, 1978), Dominic Muldowney (*Music at Chartres*, 1975 ; *Thre-Part Motet*, 1977), Detlev Müller-Siemens (*Under Neonlight I*, 1981), Toru Takemitsu (*Through the Rainbow,* 1984 ; *Riverrun,* 1985 ; *My Way of Life*, 1990), Mark Anthony Turnage (*Three Screaming Popes*, 1989 ; *Momentum*, 1991).

Il a épousé la cantatrice **Elise Ross**.

Raucheisen, Michael

Pianiste allemand, né à Rain am Lech (Bavière) le 10 février 1889, mort à Beatenberg (Suisse) le 27 mai 1984.

Il reçoit d'abord une formation d'instrumentiste à cordes et commence à travailler à Munich comme violoniste et comme altiste (1906-11). Puis il complète sa formation musicale à l'Académie de musique de cette même ville en étudiant le piano, l'orgue, le contrepoint et la direction d'orchestre avec Bußmeyer, Felix Mottl et Thuille. Dès 1908, il est organiste suppléant à la Michaels-Hofkirche. Puis il est nommé directeur des Musikalischen Morgenaufführungen au Volkstheater de Munich (1912-20). Il se consacre alors exclusivement au piano, plus particulièrement à la musique de chambre et à l'accompagnement de chanteurs, domaine dans lequel il excelle. Il sera notamment le partenaire de Fritz Kreisler et d'innombrables chanteurs comme Julius Patzak, Hans Hotter, Peter Anders, Elisabeth Schwarzkopf, Erna Berger, Tiana Lemnitz, Maria Müller, Rudolf Bockelmann et **Maria Ivogün** qu'il épouse en 1933. Entre 1940 et 1945, il est responsable de la musique de chambre et du chant à la Radio de Berlin. Après une éclipse au lendemain de la guerre, il reprendra sa carrière de pianiste dans les années cinquante.

Ravier, Charles

Chef d'orchestre, chef de chœur et compositeur français, né à Savigny-sur-Grosne, le 5 juin 1924, mort à Paris le 6 mars 1984.

Il travaille le violon puis entre au Conservatoire de Lyon où il reçoit des prix (alto, harmonie, fugue, contrepoint). Il continue seul ses études, passionné par la polyphonie, le langage du XVIIe siècle, début de l'aventure musicale de l'Occident. C'est l'origine de ses travaux sur l'Antiquité musicale d'Occident. Il crée l'Ensemble Polyphonique, qui se consacre au répertoire de la Renaissance et du Moyen Age, et interprète Gesualdo, G. de Machaut, Pierre de La Rue, J. Ockeghem et *El Cancionero* (école espagnole des XVe et XVIe siècles), sans négliger la musique du XXe siècle : il dirige la création d'*Orden*

(Arrigo), des *Antiennes à la Vierge* (Ballif), du *Requiem* (Bussotti). Parmi ses compositions, citons : *Les Chemins de l'imaginaire* ; *Les Espaces oubliés* ; *L'Apocalypse d'Angers.*

Reach, Pierre

Pianiste français, né à Neuilly le 14 janvier 1948.

Il fait ses études au Conservatoire de Paris et les prolonge ensuite avec le cycle de perfectionnement. Parmi ses professeurs on peut citer Marcel Beaufils, Germaine Devèze, Yvonne Lefébure, Yvonne Loriod, Jacques Février et Jean Hubeau. Il obtient de nombreuses distinctions et notamment, en 1971, le 1er prix Olivier Messiaen à Royan. Pierre Reach poursuit sa formation avec Maria Curcio Diamand, une disciple d'Artur Schnabel. Sa carrière de soliste et de concertiste ne l'empêche pas de se pencher sur des œuvres oubliées comme la *Grande Sonate*, op. 33 de Charles-Valentin Alkan, qu'il fait redécouvrir aux mélomanes. Il est professeur au Conservatoire national de région de Paris.

Redel, Kurt

Chef d'orchestre et flûtiste allemand, né à Breslau le 8 octobre 1918.

Au Conservatoire de Breslau, il étudie la direction d'orchestre, la flûte, le violon, la composition et l'histoire de la musique. A l'âge de vingt ans, il est nommé professeur au Mozarteum de Salzbourg, puis à l'Académie de musique de Detmold (1943). Il collabore à de nombreux cours internationaux de musiques anciennes et contemporaines. En 1952 il fonde l'Orchestre Pro Arte de Munich avec lequel il ne cesse de se produire à travers le monde comme chef et flûtiste. Fondateur et directeur artistique du Festival de Pâques à Lourdes, il préside également aux destinées des Nuits Musicales de Châteauneuf-du-Pape. Kurt Redel a réalisé de nombreuses orchestrations et se livre par ailleurs à la composition. Il a créé des œuvres de Günter Bialas (*Concerto pour flûte,* 1947), Ruth Zechlin (*Reflexionen,* 1979). Son fils, le compositeur et percussionniste **Martin Christoph Redel** (Detmold, 30 janvier 1947), a fondé à Detmold en 1974 l'ensemble de musique contemporaine Kontraste.

Rehfuss, Heinz

Baryton allemand, naturalisé suisse puis américain, né à Francfort le 25 mai 1917, mort à Buffalo le 27 juin 1988.

Son père, **Carl Rehfuss** (1885-1946) était baryton lyrique, concertiste et pédagogue ; sa mère, **Florentine Rehfuss-Peichert**, a donné de nombreux concerts comme alto. Il passe sa jeunesse à Neuchâtel où son père enseigne au Conservatoire avant de fonder sa propre école de chant. Entièrement formé par son père, il débute, en 1938, au Théâtre municipal de Bienne-Soleure comme baryton et comme décorateur ! L'année suivante, il est engagé au Théâtre municipal de Lucerne et en 1940 à l'Opéra de Zurich. Il y chante tout le répertoire, à peu près quatre-vingts rôles. Dès 1952, il est invité sur toutes les scènes les plus importantes d'Europe, la Scala, l'Opéra de Paris, celui de Vienne, de Munich, de Monte-Carlo, le Liceo, le Mai Musical Florentin, le Festival d'Édimbourg, la Biennale de Venise et à l'Opéra de Chicago. En 1961, il crée à la Fenice *Intolleranza 60* (Luigi Nono). Il participe aux plus grands festivals, en oratorio ou en récital, et s'impose comme interprète de Bach. Il crée un grand nombre d'œuvres contemporaines, mais il demeure avant tout un interprète idéal de *Don Giovanni* et de *Boris Godounov.* Il habite Zurich, à partir de 1940 ; il s'y consacre très tôt au professorat ; il donne aussi des cours magistraux à l'Académie d'été de Dartington, à celle de Darmstadt, au Canada et à l'Eastman School of Music de Rochester.

Rehkemper, Heinrich

Baryton allemand, né à Schwerte le 23 mai 1894, mort à Munich le 30 décembre 1949.

Il fait ses études au Conservatoire de Hagen, puis à Düsseldorf et à l'Académie de musique de Munich. Ses débuts au Landestheater de Coburg en 1919 précèdent ses engagements à la Staatsoper de Stuttgart (1924-26) et à celle de Munich (à partir de 1926). Ce baryton lyrique fut un interprète raffiné et vaillant des grands rôles mozartiens (Don Giovanni, Figaro, Papageno, Guglielmo), mais également de Wolfram de *Tannhäuser* et d'Amfortas de *Parsifal.* Il eut pour partenaires fidèles les plus grands chefs, Richard Strauss, Furtwängler, Klemperer, Walter, Knappertsbusch, et se révéla également, malgré le handicap d'une voix très charnue, un mélodiste intelligent et sensible. Il a enseigné au Mozarteum de Salzbourg, de 1940 à 1945.

Reichert, Manfred

Chef d'orchestre allemand, né à Karlsruhe le 5 mai 1942.

Il fait ses études musicales à la Hochschule de Karlsruhe (1961-65) puis travaille la musicologie à l'Université de Fribourg-en-Brisgau (1966-67). Entre 1967 et 1983, il est rédacteur au département musical du SWF de Baden-Baden. En 1973, il fonde l'Ensemble 13 dont il assure la direction et avec lequel il se consacre à un répertoire – ancien et contemporain – intermédiaire entre la musique de chambre et l'orchestre. En 1980 et 1983, il fonde autour de cet ensemble les festivals *Wintermusik* et *Musik auf dem 49ten* à Karlsruhe dont il est le directeur artistique des « Europäischen Kulturtage Karlsruhe » (1983-87). A partir de 1984, il enseigne à la Hochschule für Musik de Karlsruhe. Il a créé des œuvres de Hans-Jürgen von Bose (*Variationen für Streicher,* 1981), Detlev Müller-Siemens (*Konzert für 19 Instrumentalisten,* 1976 ; *Variationen über einen Ländler von Schubert,* 1978), Wolfgang Rihm (*Chiffre-Zyklus,* 1988 ; *Gejagte Form,* 1989).

Reinberger, Jiří

Organiste et compositeur tchèque, né à Brno le 14 avril 1914, mort à Prague le 28 mai 1977.

Il fait ses études musicales au Conservatoire de Brno dans la classe d'orgue d'Edouard Trägler (diplôme en 1932) et de composition de V. Petrželka (diplôme en 1938). Au Conservatoire de Prague, il travaille la composition avec V. Novák (1938-40). Il prend également des cours particuliers avec B. Wiedermann à Brno puis travaille avec Günther Ramin et Karl Straube à Leipzig. Il commence une carrière de soliste doublée d'une importante carrière pédagogique : professeur d'orgue au Conservatoire de Prague (1945-51), maître-assistant puis professeur à l'Académie des arts de Prague (1951-77). Il s'attache à faire revivre la musique des compositeurs tchèques anciens et contemporains (création d'œuvres d'Aloys Hába, J. Hanuš, Miroslav Kabeláč, M. Sokola). Dans le domaine de la facture d'orgue, il a été appelé comme conseiller à Moscou, Leningrad, Budapest, Bucarest... Il a composé des pages symphoniques et pour orgue et orchestre.

Reinemann, Udo

Baryton allemand, né à Labbeck le 6 août 1942.

C'est d'abord au dessin industriel qu'il se destine (1957-62) tout en commençant le piano et le chant avec Geiger-Lindner à Krefeld. Il se perfectionne ensuite à l'Académie de musique de Vienne et au Mozarteum de Salzbourg avec, notamment, E. Werba et W. Steinbrück (1962-67). En 1967, il obtient un 1er prix à Vienne et donne son premier récital à Bordeaux. Il remporte en 1970 le prix de la Fondation Sacha Schneider (Paris) et une médaille au Concours international de Genève. Il achève sa formation à Paris avec Germaine Lubin et Ré Koster, ainsi qu'à Londres avec Otakar Kraus. Sa carrière se développe alors tant dans le domaine du lied que dans celui de l'oratorio et de l'opéra. Il fonde, en 1975, un quatuor vocal avec Ana-Maria Miranda, Clara Wirtz et Jean-Claude Orliac, le Lieder Quartett, avec lequel il enregistrera, en première mondiale, l'intégrale des trios et quatuors vocaux de Haydn. Il participe en 1978 à la création de *Nietzsche*, opéra d'Adrienne Clostre, et, en 1979, à celle de *My Chau Trong Thuy*, opéra de Dao. Il réalise de très nombreuses premières auditions de mélodies signées Sauguet, Darasse ou Victory. Il effectue le premier enregistrement mondial des lieder posthumes de Wolf et des lieder de Clara Schumann. En 1987, il fonde l'ensemble « Solistes vocaux d'Utrecht ».

Reiner, Fritz

Chef d'orchestre hongrois naturalisé américain (1928), né à Budapest le 19 décembre 1888, mort à New York le 15 novembre 1963.

C'est en Hongrie qu'il étudie le droit et la musique. A treize ans il fait sa première apparition publique comme pianiste. A seize ans il obtient son diplôme au Conservatoire de Budapest. Il est nommé en 1909 chef d'orchestre assistant à l'Opéra-Comique de Budapest. En 1910, il est chef au Théâtre national de Ljubljana (Yougoslavie). Il est engagé à l'Opéra royal de Dresde, comme chef d'orchestre puis comme directeur (1914-22). Il s'expatrie aux États-Unis en 1922 où il dirige l'Orchestre Symphonique de Cincinnati (1922-31). Il animera ensuite le département orchestre et opéra du Curtis Institute de Philadelphie (1931-41). De 1938 à 1948 il est directeur de l'Orchestre Symphonique de Pittsburgh. Il dirige au Met (1949-53) avant d'être nommé chef permanent de l'Orchestre Symphonique de Chicago (1953-63). Connu pour son caractère tyrannique, il marquait une prédilection particulière pour Strauss, Bartók et Wagner. Il a dirigé la création d'œuvres de Béla Bartók (*Concerto pour deux pianos et orchestre*, 1943), Arthur Bliss (*Hymn to Apollo*, 1927, dédicataire), Paul Creston (*Threnody*, 1938), Gian Carlo Menotti (*Amélie va au bal*, opéra, 1937), Ottorino Respighi (*Danses et airs antiques*, suite n° 2, 1924).

Reinhardt, Rolf

Chef d'orchestre allemand, né à Heidelberg le 3 février 1927.

Dans sa ville natale, il est l'élève de Wolfgang Fortner. Il débute comme chef à l'Opéra de Stuttgart en 1945. Il dirige ensuite à Darmstadt et est invité régulièrement au Festival de Bayreuth (1954-57). En 1958, il est nommé directeur général de la musique au Pfalztheater de Kaiserslautern et, de 1959 à 1968, au Théâtre de Trier. Il enseigne également à la Hochschule für Musik de Francfort. Il a participé à la fondation du Collegium Aureum qu'il a dirigé à ses débuts.

Reinhart, Gregory

Basse américaine, né à Pavilion (New York) le 18 juin 1951.

Il fait ses études au New England Conservatory de Boston puis vient se perfectionner à Paris. Sa carrière commence en France (*Le Roi Théodore à Venise* de Paisiello, à Tourcoing). Il se fait connaître dans l'opéra baroque avec *Les Indes galantes* (Châtelet, 1983). Invité à l'Opéra-Comique dans *La Chatte anglaise* de Henze (1984) et *Le Mariage secret* de Cimarosa, il chante également au Théâtre des Champs-Élysées dans *Ariodante* de Haendel (1984). Puis c'est le Festival d'Aix-en-Provence qui l'engage pour *Tancrède* de Campra (1986). Il y revient pour chanter *L'Amour des trois oranges* de Prokofiev (1989). A l'Opéra-Bastille, il chante Narbal dans *Les Troyens* (1990). Il incarne Seneca dans *Le Couronnement de Poppée* au Châtelet (1989), Sarastro à Nice (1991), le Commandeur à Santa Fe (1992), le Roi Marke à nouveau à Nice (1993).

Reining, Maria

Soprano autrichienne, née à Vienne le 7 août 1903, morte à Deggendorf le 11 mars 1991.

Employée de banque se destinant à l'architecture, elle ne vient au chant qu'à vingt ans passés, entreprenant des études à l'Académie de musique de Vienne de 1928 à 1930. Elle débute à la Staatsoper dans des rôles de soubrette (1930-31), est engagée à Darmstadt (1933-35), puis à la Staatsoper de Munich (1935-36) avant de faire partie, de 1937 à 1958, de la troupe de la Staatsoper de Vienne. Au Festival de Salzbourg, de 1937 à 1941, elle incarne Eva (sous la direction de Toscanini), Euryanthe, Elisabeth, la Comtesse et Pamina. Elle est Elsa au Covent Garden (1938), Ariadne au Met, mais son plus grand rôle reste celui de la Maréchale du *Chevalier à la rose*, qu'elle chante avec une grande prestance. La sûreté et la stabilité de sa voix lui permettent de prolonger jusqu'en 1958 une carrière qui trouve son aboutissement naturel dans l'enseignement, prodigué à partir de 1962 au Mozarteum de Salzbourg. Elle a consacré une part importante de sa carrière au lied, accompagnée souvent par Richard Strauss. Bruno Walter l'avait surnommée l'« Hélène du bel canto ».

Remoortel, Edouard Van

Voir à **Van Remoortel, Edouard.**

Renaud, Maurice (Maurice Cronéan)

Baryton français, né à Bordeaux le 24 juillet 1861, mort à Paris le 16 octobre 1933.

Il étudie aux conservatoires de Paris et Bruxelles, débute au Théâtre Royal de la Monnaie en 1883, et reste membre de la troupe jusqu'en 1890 : il participe ainsi aux premières de *Sigurd* en 1884 (le Grand Prêtre) et de *Salammbô* de Reyer en 1890 (Hamilcar). En 1890 il entre à l'Opéra-Comique et en 1891 à l'Opéra dont il reste membre jusqu'en 1902 : il sera ainsi le premier Telramund, Alberich, Beckmesser et Chorèbe (*Les Troyens*) français. Il chante à la Scala, au Covent Garden de 1897 à 1904, à Monte-Carlo de 1891 à 1907 (il y crée Boniface du *Jongleur de Notre-Dame* en 1902, et *Chérubin* de Massenet en 1905), au Manhattan Opera de New York de 1906 à 1910, puis au Met de 1910 à 1912. Il chante également à Saint-Pétersbourg en 1889, à la Scala, à Berlin, à Chicago et Boston, et est le premier Athanael (*Thaïs*) en Amérique. Il rentre en France en 1912 et se consacre à l'enseignement. Don Giovanni fameux, il est aussi célèbre pour ses interprétations du grand répertoire français que pour ses incarnations de Rigoletto, William Rance, Wolfram...

Rendall, David

Ténor anglais, né à Londres le 11 octobre 1948.

Il fait ses études à la Royal Academy of Music et à Salzbourg avant de débuter au Covent Garden en 1974 dans *Le Chevalier à la rose* puis dans *Don Giovanni* (Don Ottavio). Il y chante régulièrement par la suite, Almaviva, Rodolfo, Des Grieux... En 1975, il fait ses débuts à Glyndebourne (tournée d'automne) dans Ferrando et à l'English National Opera où il chante Alfredo, Tamino, Pinkerton, le duc de Mantoue. Au New York City Opera, il chante Rodolfo (1978) et il débute au Met dans *Don Pasquale* (Ernesto) en 1980. Il y revient régulièrement au cours des années suivantes (Ottavio, Belmonte, Lenski, Ferrando, Idomeneo, Tito...). Les plus grandes scènes font appel à lui : Scala de Milan, Vienne, Munich, Hambourg, Lyon (Faust de Berlioz, 1983), Colón, Paris, Aix-en-Provence (Tito)... Il a participé à la création scénique de l'opéra de Robert Gerhard, *The Duenna* (1992).

Renié, Henriette

Harpiste française, née à Paris le 18 novembre 1875, morte à Paris le 1er mars 1956.

Elle étudie avec A. Hasselmans au Conservatoire de Paris où elle obtient un 1er prix de harpe en 1887. Elle fait ses débuts aux Concerts Lamoureux en 1901. Elle travaille les écritures et la composition avec Lenepveu et Dubois. Elle incite nombre de compositeurs à écrire pour la harpe (Fauré, Debussy, Ravel). Elle-même écrit beaucoup pour son instrument (*Contemplation*, *Ballade fantastique*, *Légende*, *Concerto*, *Trio pour harpe, violon et violoncelle*). Sa carrière de virtuose lui permet d'imposer la harpe soliste dans les grands concerts symphoniques. Comme professeur, elle fonde une école de harpe réputée dans le monde entier.

Renzetti, Donato

Chef d'orchestre italien, né à Milan le 30 janvier 1950.

Au Conservatoire G. Verdi de Milan, il travaille la composition et la direction d'orchestre. En 1976, il reçoit le 2e prix au Concours international Gino Marinuzzi et suit les cours de Franco Ferrara à Sienne. En 1978, il obtient la médaille de bronze au Concours Ernest Ansermet à Genève. Assistant de Claudio Abbado à la Scala, il remporte, en 1980, le prix Guido Cantelli à Milan. Il débute à Salzbourg dans le *Requiem* de Verdi et, en 1981, à Vérone, dans *Rigoletto*. La plupart des théâtres lyriques italiens font appel à lui. A Paris, il dirige *Macbeth* au Théâtre Musical de Paris. Entre 1986 et 1992, il est chef permanent de l'Orchestre Régional de Toscane, à Florence. Il a créé des œuvres de Bruno Bettinelli (*Contrastes*, 1982), Azio Corghi (*Gargantua*, opéra, 1986), Salvatore Sciarrino (*Cadenzario*, 1991).

Repin, Vadim

Violoniste russe, né à Novosibirsk (Sibérie) le 31 août 1971.

Il fait ses études musicales dans sa ville natale où il est l'élève d'un ancien lauréat du Concours Reine Élisabeth, Zakhar Bron. A l'âge de onze ans, il remporte le Concours Wieniawski à Poznań (Pologne). Il donne ses premiers concerts en Allemagne et au Japon. En 1988, il remporte le 1er prix au Concours international Tibor Varga à Sion et, en 1989, le 1er prix au Concours Reine Élisabeth de Belgique. Sa carrière prend vite un essor international. Il se fixe en Allemagne.

Rescigno, Nicola

Chef d'orchestre italien, né à Manhattan (New York) le 28 mai 1916.

Il fait des études juridiques en Italie, travaille avec Pizzetti, Giannini et Polacco et commence sa carrière de chef d'orchestre à l'Académie de musique de Brooklyn, à New York, en 1943, à l'occasion d'une tournée aux États-Unis du Teatro San Carlo de Naples. Il participe à la fondation du Lyric Opera de Chicago dont il est directeur musical (1954-56). Il dirige notamment les débuts américains de Maria Callas dont il sera l'un des chefs préférés. Puis il est directeur musical au Dallas Civic Opera (1957-75) avant d'en devenir directeur général jusqu'en 1989. Il dirige pour la première fois au Met en 1978. Il est invité régulièrement en Europe, notamment pour diriger le répertoire lyrique italien. Il a dirigé pour la première fois sur scène aux États-Unis de nombreux opéras baroques (*Alcina*, *Samson* et *Jules César* de Haendel, *Le Couronnement de Poppée* de Monteverdi, *Orlando furioso* de Vivaldi...). Il a créé des œuvres de Dominick Argento (*The Aspern Papers*, 1988), Virgil Thomson (*Fantasy in Homage to an Earlier England*, 1966).

Resnik, Regina

Alto américaine, née à New York le 30 août 1922.

Elle étudie la musique à l'Université de Harvard où elle a comme maître, entre autres, Fritz Busch. Elle parachève ses études avec Giuseppe Danise. En 1942, elle débute au New York City Opera comme soprano dans Santuzza (*Cavalleria Rusticana*). En 1943, elle est invitée à l'Opéra de Mexico. En 1945, elle débute au Met où elle chante la première américaine de *Peter Grimes* de Britten (Ellen Orford) en 1948. Elle est invitée à Chicago, San Francisco, Londres et Paris. En 1953, elle chante Sieglinde au Festival de Bayreuth (*La Walkyrie*). C'est l'époque où elle décide de modifier sa voix. Après un assidu travail avec Giuseppe Danise, elle débute comme alto au Met en 1956 dans le rôle de Marina (*Boris Godounov*). L'année suivante, elle remporte de grands succès au Covent Garden. Et dès 1958, elle est l'invitée permanente de l'Opéra de Vienne. En 1960, elle bouleverse le Festival de Salzbourg par son interprétation de la Princesse Eboli (*Don Carlos*) et le Festival de Bayreuth en interprétant Fricka dans *La Tétralogie*. Elle est invitée au Colón de Buenos Aires et sur toutes les grandes scènes italiennes. La couleur sombre de sa voix, son abattage scénique et son autorité lui ont permis de perdurer, au Met par exemple, où elle apparaît dans *La Fille du régiment*. Elle a participé à la création de *Vanessa* de Barber (la Baronne) en 1958.

Reszké, Édouard de

Voir à **De Reszké, Édouard.**

Reszké, Jean de

Voir à **De Reszké, Jean.**

Rethberg, Elisabeth (Lisbeth Sättler)

Soprano allemande naturalisée américaine, née à Schwarzenberg (Dresde) le 22 septembre 1894, morte à Yorktown Heights (New York) le 6 juin 1976.

Après des études à Dresde, elle débute grâce à Fritz Reiner en 1915 à l'Opéra local (Arsena du *Baron tzigane*) et en reste membre jusqu'en 1922. Elle débute alors au Metropolitan Opera de New York (*Aïda*) dont elle sera l'une des étoiles jusqu'en 1942, date de son retrait de la scène. Possédant une voix de soprano lyrico-dramatique exceptionnelle, et considérée comme une des plus grandes Aïda du siècle – on l'appelait la nouvelle Destinn –, elle reste encore célèbre pour ses interprétations du répertoire verdien (Desdémone, Amelia de *Simon Boccanegra*) ou wagnérien (Sieglinde, Eva, Elisabeth ou Elsa) comme du répertoire mozartien (Donna Anna à Salzbourg de 1937 à 1939) ou straussien : elle crée le rôle-titre d'*Hélène d'Égypte* à Dresde en 1928. Elle est aussi la même année la créatrice de Rautendelein dans *La Campana Sommersa* de Respighi au Met. En 1956, elle avait épousé le baryton russe **George Cehanovsky** (Saint-Pétersbourg, 14 avril 1892 ; Yorktown Heights, New York, 25 mars 1986).

Réti, József

Ténor hongrois, né à Ploësti (Roumanie) le 8 juillet 1925, mort à Budapest le 7 novembre 1973.

Après avoir étudié le piano et la composition au conservatoire de sa ville natale, il décide en 1948 de travailler sa voix. En 1953, il est engagé à l'Opéra national de Budapest dont il sera un des membres les plus éminents, jusqu'à sa mort, prématurée. En même temps, il fait ses débuts en concert, et remporte un égal succès, en oratorio et en récital de mélodies. Très vite, il est invité dans tous les grands centres de musique d'Europe où il se fait un nom et une solide réputation. Dès 1964, à côté de son activité sur scène et en concert, il se consacre à l'enseignement et il est nommé professeur à l'Académie Franz Liszt de Budapest. Il s'est surtout fait un nom comme interprète des rôles lyriques de Mozart, Donizetti, Rossini et Puccini.

Reuter, Rolf

Chef d'orchestre allemand, né à Dresde le 7 octobre 1926.

Fils du compositeur et musicologue **Fritz Reuter** (1896-1963), il travaille d'abord avec son père puis, à l'Académie de musique de Dresde, entre 1948 et 1951, avec Ernst Hintze (direction d'orchestre), K. Schütte (clarinette), T. Other (piano), F.F. Finke (composition) et H. Viecenz (contrepoint). A la même époque, il obtient un poste de pianiste à la Palucca-Schule de Dresde. Entre 1951 et 1955, il est répétiteur et chef d'orchestre à Eisenach, puis directeur musical à Meiningen (1955-61). En 1962, il est nommé chef permanent à l'Opéra de Leipzig où il devient directeur général de la musique (1963-76). Entre 1966 et 1979, il enseigne la direction d'orchestre et dirige l'orchestre de la Musikhochschule de Leipzig. Il est nommé professeur en 1976. Il est ensuite directeur musical à Weimar (1979-80) où il enseigne également la direction d'orchestre. En 1981, il est nommé directeur de la musique à la Komische Oper de Berlin-Est et professeur de direction d'orchestre à la Hochschule für Musik Hanns Eisler. Il mène une importante carrière internationale de chef invité. Parmi les nombreuses créations qu'il a dirigées figurent des œuvres d'Alan Bush (*Guyana Johnny*, 1966), Siegfried Matthus (*Judith*, 1985), Ernst Hermann Meyer (*Berliner Divertimento*, 1982), Erhard Ragwitz (*Symphonie nº 1*, 1981).

Revoil, Fanely

Soprano française, née à Marseille le 25 septembre 1910.

Après ses études au conservatoire de sa ville natale, elle « monte » à Paris où elle est engagée au Théâtre des Champs-

Élysées. L'essentiel de sa carrière se déroulera au Châtelet et à l'Opéra-Comique où sa voix légère et cristalline s'adapte merveilleusement au répertoire de l'opérette. Sur la première scène, elle crée *Madame Sans-Gêne* et incarne *Rose-Marie*. Elle est aussi une merveilleuse interprète de *Véronique* de Messager. A l'Opéra-Comique, elle crée *Ciboulette* (R. Hahn) et *Fragonard* (Pierné). Hors de France, elle a notamment chanté à Londres. Professeur d'art lyrique au Conservatoire de Versailles à partir de 1958, elle enseignera l'opérette au Conservatoire de Paris entre 1964 et 1976.

Rhené-Bâton (René Bâton)

Chef d'orchestre français, né à Courseulles-sur-Mer le 5 septembre 1879, mort au Mans le 23 septembre 1940.

Après des études au Conservatoire de Paris avec Ch. W. de Bériot (piano) et Gédalge (écritures), il débute comme chef de chant à l'Opéra-Comique en 1907. Puis il est à la tête des concerts de la Société Sainte-Cécile de Bordeaux et de la Société des Concerts Populaires d'Angers (1910-12). En 1910, il dirige à Munich le premier festival de musique française donné en Allemagne. Diaghilev l'appelle aux Ballets russes qu'il conduit à Londres et en Amérique du Sud (1912-13) puis, pendant la guerre, il est à la tête de l'Opéra Royal Hollandais (1916-18) et des concerts d'été de l'Orchestre de la Résidence de La Haye à Scheveningen (1914-19). A son retour en France, Serge Sandberg lui confie la direction des Concerts Pasdeloup qu'il vient de faire renaître. Si Sandberg a été l'artisan matériel de cette résurrection, Rhené-Bâton en est l'âme : il reconstitue l'orchestre et lui redonne une homogénéité. Il n'hésite pas à inscrire des œuvres de Wagner à ses programmes ni à les faire chanter en allemand, ce qui provoque certaines réactions. Il restera à la tête des Concerts Pasdeloup jusqu'en 1932 et continuera à diriger cet orchestre en tant qu'invité jusqu'à la fin de ses jours. On lui doit de nombreuses créations : la *Habanera* de Louis Aubert (1919), *Printemps* de Debussy (1913), *Les Agrestides* et la *Symphonie avec orgue* de Migot, les *Évocations* de Roussel (1912), l'*Alborada del gracioso* (1919) et *Le Tombeau de Couperin* de Ravel (1920), le *Requiem* de Guy Ropartz (1939) ainsi que la première audition en France des *Fonderies d'acier* de Mossolov (1931). Roussel lui a dédié sa *Symphonie nº 2* (1922) et Honegger *Le Chant de Nigamon* (1918).

Rhodes, Jane

Soprano française, née à Paris le 13 mars 1929.

Elle débute en 1953 à l'Opéra de Nancy, dans *La Damnation de Faust*. L'année suivante, elle crée le rôle de Renata (*L'Ange de feu* de Prokofiev) dans une version de concert au Théâtre des Champs-Élysées. Puis elle participe à la création de plusieurs opéras de Marcel Landowski à l'Opéra-Comique (*Le Fou*, 1956 ; *Les Adieux*, dont elle est dédicataire, 1960). Elle appartient à la troupe de l'Opéra et de l'Opéra-Comique, mais ce n'est qu'en 1959 qu'elle s'impose mondialement en interprétant *Carmen*, dans la production de Raymond Rouleau et sous la direction de celui qui deviendra son mari, en 1966, **Roberto Benzi**. Depuis, sa carrière devient flamboyante. Elle demeure attachée à l'Opéra de Paris où elle chante *Tosca* et *Salomé*. En 1962, elle débute au Met avec *Salomé*. Elle participe au Festival d'Aix-en-Provence où elle chante *Le Couronnement de Poppée* (Monteverdi, 1961). Parallèlement, elle aborde l'opérette (*La Belle Hélène*, *La Grande Duchesse de Gérolstein*, *La Périchole*...) et également le récital où elle excelle dans les mélodies françaises.

Ricci, Ruggiero (Rich Wilson)

Violoniste américain d'origine italienne, né à San Francisco le 24 juillet 1918.

Il commence l'étude du violon à l'âge de cinq ans avec Louis Persinger et débute dans sa ville natale à dix ans. En 1929, il se présente au Carnegie Hall de New York, avec le *Concerto* de Mendelssohn. Fritz Kreisler l'entend et lui prédit un grand avenir. Il travaille avec Kulenkampff, puis avec Paul Stassevitch (1933-37). Sa première apparition en Europe se situe en 1932 : il joue alors sous la direction de chefs tels Molinari, George Szell ou Paul Paray et acquiert vite une réputation internationale, surtout par ses ahurissantes interprétations d'œuvres de Paganini, dans lesquelles il semble s'amuser des difficultés et des pièges qui s'y trouvent. Mais il joue aussi Saint-Saëns, Tchaïkovski, Brahms. Après une interruption due à la Seconde Guerre mondiale, Ricci se produit à nouveau au Carnegie Hall, en 1946, et il y récolte un immense succès, confirmé par une nouvelle tournée en Europe (dont en Allemagne, en 1949). Il enseigne à l'Université de l'Indiana (1970-73) puis à la Juilliard School (depuis 1975). Ruggiero Ricci a fait plusieurs fois le tour du monde. Il a créé les concertos d'Alexander Goehr (1962), Benjamin Lees (1963), Alberto Ginastera (1963) et Gottfried von Einem (1970) ainsi que la *Sonate pour violon et piano nº 1* (1969) d'Alun Hoddinott. Il joue sur un Guarnerius del Gesù de 1734 qui appartint naguère à Bronislaw Hubermann.

Ricciarelli, Katia

Soprano italienne, née à Rovigo le 18 janvier 1946.

Elle a une enfance difficile ; son père mort, elle doit chanter dans un cirque puis parvient à gagner de quoi payer ses cours de chant. Élève d'Iris Adami Corradetti, elle obtient ses diplômes au Conservatoire de Venise. En 1969, lauréate du Concours Aslico à Milan, elle chante *Mimi* dans *La Bohème* à Mantoue. Un an plus tard, à Parme, elle remporte le prix international Verdi. Invitée à la Fenice, à la Scala (*Requiem* de Verdi), à Munich, elle s'attache surtout au répertoire verdien. En 1971, elle remporte le Concours des jeunes chanteurs verdiens organisé par la RAI. Elle fait aussitôt ses débuts à l'Opéra de Rome dans le rôle-titre de *Jeanne d'Arc* de Verdi. Un an plus tard, elle chante pour la première fois en Amérique (Lucrezia dans *I due Foscari*, à Chicago). En 1973, elle débute à la Monnaie de Bruxelles, aux Arènes de Vérone, ainsi qu'à l'Opéra de Vienne dans Liù (*Turandot*), l'année suivante au Covent Garden dans Mimi (*La Bohème*) rôle de ses débuts, l'année suivante, au Met et à l'Opéra de Paris où elle chante également Amelia et Élisabeth de Valois. Au Met, elle incarne ensuite Micaëla, Desdémone, Luisa Miller et Amelia. On la retrouve au Bolchoï de Moscou, au Festival Rossini de Pesaro, dont elle devient une habituée, à la Deutsche Oper Berlin... Elle enregistre les grands rôles du répertoire italien sous la direction d'Herbert von Karajan et de Claudio Abbado et tire de l'oubli de nombreux ouvrages de Rossini (*Tancrède*, *Le Voyage à Reims*, *Bianco e Falliero*), Donizetti (*Caterina Cornaro*, *Maria de Rohan*), Bellini (*Lucrezia Borgia*), Cherubini, Verdi) (*I due Foscari*, *Le Corsaire*, *La Bataille de Legnano*). Au cinéma, elle est Desdémone dans *Otello* réalisé par Franco Zeffirelli (1986). La même année, elle épouse l'animateur de télévision italien Pippo Baudo. En 1989, elle chante *André Chénier* à Versailles pour les représentations commémoratives du bicentenaire de la Révolution française.

Richter, Hans (Janos Richter)

Chef d'orchestre austro-hongrois, né à Györ le 4 avril 1843, mort à Bayreuth le 5 décembre 1916.

Son père est maître de chapelle à la cathédrale de sa ville natale (qui s'appelle alors Raab), sa mère est la cantatrice **Josephine Csarinsky**. Il fait ses études musicales au Löwenburg-Konvikt de Vienne et chante pendant quatre ans, comme choriste, à la chapelle impériale. Puis il travaille au Conservatoire de Vienne le violon avec Heissler, le cor avec Kleinecke et la théorie avec Sechter. Entre 1862 et 1866, il est corniste au Kärtnertor-Theater. Il rencontre alors Wagner qui l'emmène à Lucerne comme copiste pour préparer l'édition des *Maîtres chanteurs* (1866-67). Bülow l'engage comme chef de chœurs à l'Opéra de Munich où il devient chef d'orchestre en 1868-69. En 1870, il est à Bruxelles pour diriger *Lohengrin* puis revient à Triebschen pour assister de nouveau Wagner. Il joue notamment la partie de trompette (et non de cor) lors de la création de *Siegfried Idyll.* De 1871 à 1875, il est chef d'orchestre au Théâtre national de Pest et à la Philharmonie : il y présente *Christus* de Liszt en 1873 lors de l'unification des villes de Buda et de Pest. En 1875, il est appelé à Vienne où il demeurera jusqu'en 1898. Mais l'apogée de sa carrière se situe en 1876, lorsqu'il dirige la création complète de *La Tétralogie* lors de l'ouverture du Théâtre de Bayreuth, créant *Siegfried* et *Le Crépuscule des dieux*. Il restera l'un des chefs réguliers de cette maison. Ses activités viennoises se développent : il est à la tête de la Société des amis de la musique (1880-90), deuxième chef (1878), premier chef (1893), puis directeur musical à l'Opéra (1893-97). Il dirige également les Concerts Philharmoniques (1875-98). A la même période, il entreprend une carrière active en Angleterre, dirigeant les Orchestral Estival Concerts à Londres (1879-97), le Festival de Birmingham (1885-1909), le Hallé Orchestra de Manchester (1899-1911) et l'Orchestre Symphonique de Londres dont il est le premier chef permanent (1904-11). Il assure également la direction de tous les opéras allemands au Covent Garden. Sa dernière apparition a lieu en 1912 dans *Les Maîtres chanteurs.*

Richter a été, aux côtés de von Bülow, l'un des permiers chefs d'orchestre modernes. Sa personnalité intransigeante lui permettait d'obtenir un travail approfondi et de servir la musique de son temps en toutes circonstances. Il excellait dans les répertoires allemand et autrichien, se faisant aussi bien le champion de Wagner que de Brahms et, plus tard, de Bruckner (après bien des réticences). Ses seules incursions en dehors du répertoire germanique concernaient la musique hongroise (notamment le jeune Bartók), Dvořák et Elgar. Quant à la musique française, il considérait qu'elle n'existait pas ! Il a créé notamment les *Symphonies nos 2* et *3* de Brahms (1877 à 1883), les *Symphonies nos 4* et *8* de Bruckner (1888 et 1892), *Enigma Variations* (1899) et *Le Rêve de Gerontius* (1900) d'Elgar. Elgar lui a dédié sa *Symphonie no 1* qu'il a créée en 1908.

Richter, Karl

Chef de chœur, chef d'orchestre, organiste et claveciniste allemand, né à Plauen le 15 octobre 1926, mort à Munich le 15 février 1981.

Fils d'un pasteur de l'Erzgebirge, Karl Richter étudie d'abord à la Kreuzschule de Dresde, puis à Leipzig. Il y travaille avec Rudolf Mauersberger et, pour l'orgue et l'improvisation, avec le professeur Kobler. Il rencontre à cette époque des maîtres tels que Karl Straube et Günther Ramin qui lui transmettent la grande tradition allemande de l'interprétation des œuvres de Bach. A vingt ans, il obtient la direction du chœur de l'église du Christ à Leipzig. De 1949 à 1950, il est organiste à Saint-Thomas. Il est alors appelé (1951) à devenir le Cantor de l'église Saint-Marc à Munich. Il sera, en 1956, le plus jeune professeur de l'École supérieure de musique de cette même ville. Il fonde le Chœur (1951) et l'Orchestre Bach de Munich (1953), formations composées de professeurs et de solistes de la ville et destinées à assurer le commentaire instrumental et vocal des cantates de Bach. Leur célébrité devient vite mondiale et, si leur répertoire s'élargit quelque peu, les œuvres du Cantor de Leipzig restent leur domaine d'élection. On verra même Karl Richter diriger, en 1968, la *Passion selon saint Jean* et *la Messe en si* à Moscou et Leningrad. Les révolutions musicologiques n'atteindront pas ce grand chef d'orchestre qui restera jusqu'au bout fidèle aux instruments modernes et recherchera toujours ce supplément d'âme que réclame la musique de Bach dans la grandeur de la tradition germanique.

Richter, Sviatoslav

Pianiste russe, né à Jitomir (Ukraine) le 20 mars 1915.

Issu d'une famille d'origine germano-slave, il est le fils d'un compositeur et organiste. Sa première passion est l'opéra et il débute comme accompagnateur. A vingt-deux ans il devient l'élève de H. Neuhaus qui découvre aussitôt sa nature. Doué d'une incroyable facilité de déchiffrage, il a déjà été répétiteur (1930) et chef assistant à l'Opéra d'Odessa (1933). Richter travaille sept ans dans la célèbre classe de Neuhaus, avec pour compagnon Emil Guilels. Il devient aussi l'ami de Rostropovitch et de Prokofiev. Son incroyable mémoire lui permet de préparer dix à quinze programmes par saison. Il dit : « Généralement je travaille en suivant les voies de l'intuition et du cœur. J'entends quelque chose, cela me fascine, je m'en empare. Parfois un compositeur me paralyse un peu. J'ai mis longtemps à aborder Mozart, alors que j'étais à l'aise avec Haydn et Bach. Chopin fut le déclic de mon enfance. C'est en entendant mon père jouer le *Nocturne nº 5* que je fus frappé, ému et que je choisis la musique. » A huit ans, Richter composait. A vingt ans il s'arrête. Il dit aussi avoir été influencé par la peinture : Robert Falk, Mondrian, Malévitch. Richter est peintre. Artiste complet, sensible, intelligent, il ne cesse depuis son 1er prix au Concours de piano de l'URSS à Moscou (1945) de jouer partout où il peut servir la musique, salles de concert, conservatoires, lieux de travail dans son pays.

En 1960, il joue pour la première fois en Amérique, en 1961 en Angleterre et en France, puis en Autriche. Il est à l'origine de la fondation du Festival de la Grange-de-Meslay en Touraine (1964) où il vient jouer chaque année. Son répertoire est immense et recouvre aussi bien les œuvres les plus connues que des partitions qu'il fait découvrir : il a joué notamment l'intégrale du *Clavier bien tempéré* de J. S. Bach, mais aussi les *Préludes et fugues* de Chostakovitch. Chaque interprétation est une recréation de l'œuvre. Richter ne cesse de chercher la perfection, l'absolu. Il a le trac, il est tout ensemble angoissé et serein. Acharnement au travail, insatisfaction toujours, passion cachée sous la pudeur. On voit en lui un monstre sacré. Pour lui les problèmes de l'interprétation – sous cette sonorité claire, cette vision parfaite de l'œuvre, chaque détail éclairé, chaque pensée approfondie – se résument dans la sincérité. « On doit retrouver intacte la pensée, le cœur, la vérité nue de l'auteur qui créa cette œuvre. Il faut la méditer, la sentir, mettre sa technique au service de cet ancien ami. » Il pratique la musique de chambre avec D. Oïstrakh, Rostropovitch ou Kagan, et accompagne Schwarzkopf, Fischer-Dieskau, ou sa femme **Nina Dorliac**. A partir de 1983, il s'essaie à la mise en scène lyrique, notamment avec des œuvres de Benjamin Britten, jamais représentées en URSS auparavant. Il a créé plusieurs œuvres de Serge Prokofiev, les *Sonates pour piano nº 6* (1942), *nºs 7* et *9* (celle-ci lui étant dédiée, 1951), la *Sonate pour flûte et piano* (avec Kharkovski, 1943), la *Sonate pour violoncelle et piano* (avec Mstislav Rostropovitch, 1950), et, comme chef d'orchestre – sa dernière apparition au pupitre –, la *Symphonie concertante* pour violoncelle et orchestre, toujours avec Rostropovitch (1952). Il a également créé la *Sonate pour violon et piano,* op. 134 (1969) de Dmitri Chostakovitch avec David Oïstrakh.

ÉCRITS : *S. S. Prokofiev*, Moscou (1961).

Richter-Haaser, Hans

Pianiste allemand né à Dresde le 6 janvier 1912, mort à Bielefeld le 13 décembre 1980.

Ses parents pianistes lui apprennent les rudiments de l'instrument, et tout particulièrement l'art des doigtés et de la construction musicale. Admis au Conservatoire de Dresde à l'âge de treize ans, il est l'élève de Hans Schneider, recevant également un enseignement de violon et de direction d'orchestre. En 1930, il obtient le prix Bechstein, après avoir fait ses débuts deux ans plus tôt avec la *Wanderer-Fantaisie* de Schubert à Dresde. Sa carrière, interrompue par la guerre, ne reprend qu'en 1946 où il dirige l'Orchestre Symphonique de Detmold. L'année suivante il enseigne le piano, l'accompagnement et la musique de chambre à la Nordwestdeutsche Musikakademie (1947-63) récemment créée. Sa carrière prend une dimension réellement internationale en 1953, lors d'un concert en Hollande sous la direction de Paul Van Kempen. Il compte alors parmi les « grands » du piano allemand et ses interprétations de Beethoven sont reconnues pour leur puissance et leur sobriété.

Rickenbacher, Karl Anton

Chef d'orchestre suisse, né à Bâle le 20 mai 1940.

Il fait ses études musicales à Berlin et reçoit les conseils de Herbert von Karajan et de Pierre Boulez. Il fait ses débuts au RIAS avant d'être nommé chef assistant à l'Opéra de Zurich (1966-69). Il est ensuite premier chef à l'Opéra de Fribourg (1969-74) avant d'être nommé directeur musical de l'Orchestre Symphonique de Westphalie à Recklinghausen (1976-85). Entre 1978 et

1980, il est chef permanent du BBC Scottish Symphony Orchestra à Glasgow. Puis il est nommé premier chef invité de l'Orchestre Philharmonique de la BRT à Bruxelles (1987). Il a créé des œuvres de Werner Egk (*Ouvertüre*, 1980), Jean Françaix (*Ouverture anacréontique*, 1981), Roger Tessier.

Ridderbusch, Karl

Basse allemande, né à Recklinghausen le 29 mai 1932.

Il commence ses études au Conservatoire de Duisbourg en 1955 puis travaille avec Clemens Kaiser-Breme à la Folkwanschule d'Essen (1957-61). Découvert par Rudolf Schock, il trouve en lui un précieux guide qui l'aide à franchir les premières étapes de sa carrière : il débute en 1961 à Munster (Philippe II, le Commandeur, Mathis) et chante ensuite à Essen et Düsseldorf (Sparafucile, Boris, Hunding). Le départ de sa carrière internationale correspond à ses débuts à Bayreuth en 1967. Il y chante jusqu'en 1977 Henry l'Oiseleur, Fasolt, Pogner, Hunding, Fafner, Sachs, Daland, Titurel, Hagen et Mark, rôle dans lequel il débute à l'Opéra de Paris en 1967, où il chante également Ochs en 1978. En 1968, il participe au Festival de Pâques de Salzbourg, où il chante Wagner et Beethoven, et paraît depuis à Vienne, à la Scala, au Met, à Munich, Berlin, Hambourg...

Riefling, Robert

Pianiste norvégien, né à Oslo le 17 septembre 1911.

Après avoir travaillé à Oslo avec Nils Larsen, il poursuit ses études musicales à Hanovre (avec Karl Leimer) et à Berlin (avec Edwin Fischer). Il se perfectionne ensuite à la Hochschule für Musik de Stuttgart avec Wilhelm Kempff. Il fait ses débuts à Oslo dès 1925, mais sa carrière ne débute véritablement qu'en 1938 lorsqu'il remporte le 6e prix au Concours Eugène Ysaÿe (Bruxelles). Riefling se révélera un ardent défenseur de la musique scandinave contemporaine. De 1967 à 1973, il enseigne au Conservatoire de Copenhague, puis dès 1973 au Conservatoire d'Oslo. Il a créé des œuvres de Klaus Egge, de Rivertz et de Saeverud.

Riegel, Kenneth

Ténor américain, né à Womelsdorf (Pennsylvanie) le 29 avril 1938.

Il débute à l'Opéra de Santa Fe, en 1965, dans *Le Roi Cerf* (Henze) et trois ans plus tard, à New York, dans *L'Heure espagnole* (Ravel). Peu à peu, toutes les grandes scènes des États-Unis font appel à lui, dans le répertoire le plus large puisqu'il interprète aussi bien Alfredo (*La Traviata*), Ferrando (*Così fan tutte*), le rôle-titre du *Jeune Lord* (Henze) que plusieurs parties de ténor dans l'œuvre de Berlioz. Il débute au Met précisément dans *Les Troyens* (Berlioz) et chante désormais dans cette troupe. En 1978, il débute à l'Opéra de Paris dans *Les Contes d'Hoffmann*, puis tourne le film de *Don Giovanni* dans la réalisation de Losey (Don Ottavio). L'année suivante, il crée le rôle d'Alwa dans la version en trois actes de *Lulu* sous la direction de Pierre Boulez. Il participe à la nouvelle production d'*Œdipus Rex* à l'Opéra de Paris, sous la direction d'Ozawa, avec lequel il donne *La Damnation de Faust* (Berlioz) à Tanglewood, Salzbourg et Berlin. Au Palais Garnier, il participe à la création de l'opéra de Messiaen *Saint François d'Assise* (1983).

Rieger, Fritz

Chef d'orchestre allemand, né à Oberaltstadt (Bohême) le 28 juin 1910, mort à Bonn le 30 septembre 1978.

Au Conservatoire de Prague, il travaille avec F. Finke et G. Szell. Il commence très tôt une carrière de pianiste interrompue lorsqu'il est nommé chef d'orchestre au Théâtre allemand de Prague (1931-38). Puis il dirige à Aussig (1939-41), Brême (1941-45) et au Théâtre de Mannheim (1947-50). Pendant la guerre, il a repris ses activités de pianiste et fondé un trio. Il succède à Rosbaud à la direction musicale de l'Orchestre Philharmonique de Munich (1949-67), puis il prend la tête de l'Orchestre Symphonique de Melbourne (1968-71).

Rigutto, Bruno

Pianiste français, né à Charenton le 12 août 1945.

Il fait ses études au Conservatoire de Paris où il travaille dans la classe de Lucette Descaves. Il obtient des premiers prix de piano (1962) et de musique de chambre (1963). Parallèlement, il suit des cours avec Marguerite Long et reçoit des conseils de Samson François. En 1965, il obtient un 1er prix au Concours Marguerite Long-Jacques Thibaud et en 1966 un prix au Concours Tchaïkovski. Il se produit alors un peu partout, en récital ou dans le cadre de la musique de chambre avec Jean-Pierre Wallez, Pierre Amoyal, Augustin Dumay, Arto Noras... En 1989, il est nommé professeur au Conservatoire de Paris. Il a composé de nombreuses partitions pour la télévision et le cinéma (*Faustine ou le Bel Été* de Nina Companeez).

Rilling, Helmuth

Chef d'orchestre, chef de chœur et organiste allemand, né à Stuttgart le 29 mai 1933.

Il naît dans une famille de musiciens. Il travaille l'orgue avec Karl Gerock, la composition avec Johann Nepomuk David, la direction chorale avec Hans Grischkat de 1952 à 1955 à la Musikhoschschule de Stuttgart. Il poursuit sa formation d'organiste à Rome auprès de Fernando Germani et à l'Académie Chigiana de Sienne. Encore étudiant, en 1954, il fonde un premier chœur de quarante voix, le Gächinger Kantorei, avec lequel il se produit sur le plan international. A partir de 1957, il cumule les fonctions d'organiste et de chef de chœur à la Gedächtniskirche. De 1963 à 1966, il reconstitue le Spandauer Kantorei à Berlin tout en enseignant la direction chorale et l'orgue à la Spandauer Kirchenmusikschule. En 1969, il prend la succession de Kurt Thomas à la direction des Frankfurter Kantorei (jusqu'en 1981) et professe à la Frankfurt Musikhochschule (jusqu'en 1986). Depuis 1965, il anime le Bach Collegium de Stuttgart, ensemble d'instrumentistes qui se produit régulièrement avec le Gächinger Kantorei. A la tête de ces deux ensembles, il se produit dans le monde entier. A partir de 1972, il entreprend l'enregistrement complet des cantates de Jean-Sébastien Bach. En 1978, il est nommé vice-président de la Neue Bachgesellschaft (Leipzig). En 1981, il fonde la Bachakademie de Stuttgart qu'il dirige lui-même et qui trouve écho dans différents pays sous forme d'académies Bach qu'il organise lui-même (Japon, depuis 1983, Argentine, Pologne, Tchécoslovaquie, URSS, Hongrie...). Il a créé, en 1988, la *Messa per Rossini*, écrite par treize compositeurs italiens (notamment Verdi) en hommage à Rossini, pour être exécutée lors du premier anniversaire de sa mort et qui dormait dans les archives des Éditions Ricordi.

Ringart, Anna

Mezzo-soprano française, née à Paris le 15 janvier 1937.

Elle oriente sa formation dans plusieurs directions : piano avec Marcel Ciampi, comédie au cours Charles Dullin, chant avec Irène Joachim et Marguerite Liszt (à Paris), puis avec Giorgina Delvigo (à Milan). En 1966, elle part pour l'Allemagne et travaille à l'École supérieure de Hambourg avec la femme de Peter Anders. Sa carrière démarre assez tardivement sur des scènes allemandes (Lubeck, Coblence, Düsseldorf, Hambourg). Depuis 1973, elle est membre de la troupe permanente de l'Opéra de Paris et chante sous la direction de Solti, Ozawa, Böhm, Boulez... Son répertoire s'étend de Mozart à Schoenberg. Elle participe à de nombreux festivals de musique contemporaine. Avec cinq autres musiciens, elle fonde le groupe de musique de chambre Contrastes.

Ringeissen, Bernard

Pianiste français, né à Paris le 15 mai 1934.

A dix ans il commence le piano avec Georges de Lausnay et entre ensuite dans sa classe au Conservatoire de Paris en 1947. Quatre ans plus tard, il obtient un 1er prix et commence à donner des concerts en France et en Europe, tout en suivant les cours d'interprétation de Marguerite Long. Il se perfectionne aussi auprès de Jacques Février. Il a la sagesse d'interrompre ses concerts et ses tournées pour préparer des concours internationaux. Il remporte de nombreux prix : Concours international de Genève en 1954, Concours Long-Thibaud en 1955. Sa technique sert sa sensibilité et vise à la simplicité. Son répertoire comprend de nombreuses pages rarement jouées. Il a enregistré l'intégrale de l'œuvre pianistique de Saint-Saëns, celle de Stravinski, ainsi que des pièces d'Alkan, R. Hahn, C. Cui, Balakirev...

Risler, Édouard

Pianiste français, né à Baden-Baden le 23 février 1873, mort à Paris le 22 juillet 1929.

Son père est alsacien, sa mère allemande. Il travaille au Conservatoire de Paris avec Diémer et Dubois de 1883 à 1890. Puis il se perfectionne en Allemagne avec Klindworth, D'Albert et Stavenhagen. En 1896 et 1897, il est le répétiteur de Mottl à Bayreuth. Son second et son successeur sera Alfred Cortot sur lequel il aura une influence considérable. Il s'impose très vite comme l'un des grands du piano français, ouvert à la musique de son temps comme à l'héritage romantique allemand. Il est le pianiste des grands cycles, présentant en concert les 32 sonates de Beethoven (pour la première fois à Paris, mais aussi dans d'autres capitales), l'œuvre intégrale de Chopin ou le *Clavier bien tempéré* de J. S. Bach. Dès 1906, il se consacre aussi à l'enseignement et sera nommé professeur au Conservatoire de Paris en 1923. Chabrier lui a dédié sa *Bourrée fantasque*, Granados *Coloquio en la reja*, extrait des *Goyescas*. Il a créé des œuvres d'Ernest Chausson (*Quelques Danses*, 1897), Paul Dukas (*Sonate pour piano*, 1901 ; *Variations, interlude et finale sur un thème de Rameau*, 1903), Georges Enesco (*Variations pour 2 pianos*, avec Alfred Cortot, 1899), Gabriel Fauré (*Barcarolle nº 6*, déd., 1897 ; *Dolly*, avec Alfred Cortot, 1898 ; *Impromptu nº 4*, 1907 ; *Barcarolle nº 8*, 1907), Reynaldo Hahn, Gustave Samazeuilh.

Ristenpart, Karl

Chef d'orchestre allemand, né à Kiel le 26 janvier 1900, mort à Lisbonne le 24 décembre 1967.

Son père, astronome connu, l'emmène avec lui au Chili où il s'installe et demeure plusieurs années. En 1913, après la mort du père, la famille Ristenpart revient se fixer en Allemagne. Le jeune Karl vit à Berlin et bénéficie des conseils de son beau-père, Hermann Scherchen. Il fait ses études musicales à l'Université Humbold de Berlin. Il travaille la direction d'orchestre au Conservatoire Stern avec Alexander von Fielitz (1924-28) et la composition à Vienne avec Hugo Kauder (1928-29). En 1930 il épouse une claveciniste et fonde son premier orchestre de chambre en 1932. Ristenpart traverse une période difficile sous le régime hitlérien. En 1946, les autorités d'occupation américaines lui confient la création d'un orchestre de chambre et d'un chœur pour l'émetteur RIAS de Berlin. Il en assurera l'animation pendant près de sept ans, se consacrant largement à l'œuvre de Bach. Il enregistre nombre de cantates avec un jeune baryton encore inconnu : Dietrich Fischer-Dieskau. En 1953, il accepte de constituer l'Orchestre de Chambre de la Sarre qui deviendra plus tard l'Orchestre de Chambre de la Radio Sarroise. Se consacrant essentiellement à cette formation, Ristenpart illustrera surtout les périodes baroque et classique, jouant notamment avec de très nombreux solistes français. Il jouera un rôle essentiel dans le renouveau de l'interprétation de la musique de J. S. Bach après la guerre.

Ritter-Ciampi, Gabrielle

Soprano française, née à Paris le 2 novembre 1886, morte à Paimpol le 18 juillet 1974.

Fille de **Cécile Ritter**, soprano vedette du Trianon-Lyrique, et du baryton **Ezio Ciampi** qui avait été l'un des partenaires favoris de la Patti, mais aussi nièce du pianiste **Théodore Ritter**, elle débute à seize ans comme pianiste. C'est pourtant au chant qu'elle se destine. En 1917, elle débute au Trianon-Lyrique dans *Paul et Virginie* que sa propre mère avait créé sur cette même scène quarante ans plus tôt. Elle chante *Le Pré aux clercs*, *Le Barbier de Séville*, *La Traviata* et se fait remarquer dans une reprise de l'*Impresario* de Mozart par Albert Carré qui s'empresse de lui faire chanter la Comtesse des *Noces de Figaro* en 1919. C'est une révélation. Elle est engagée à l'Opéra-Comique et y chante Rosine, Philine, les trois rôles des *Contes d'Hoffmann*, Louise, Manon et Eurydice. Elle y crée les versions françaises de *Così fan tutte* (Fleurdelyse) sous la direction d'André Messager et de *L'Enlèvement au sérail* (Constance) sous la direction de Reynaldo Hahn qui compose pour elle le rôle de Dona Irène de son *Oui des Jeunes Filles.* Après l'avoir testée lors de deux mémorables *Rigoletto* aux côtés de Battistini, Jacques Rouché l'engage à l'Opéra où elle ne tarde pas à s'illustrer dans des rôles aussi variés que Marguerite, Thaïs, Mathilde, Esclarmonde, Elvire ou la Reine des *Huguenots* et celle du *Coq d'or.* Elle sera la première Pamina du Palais Garnier. Les nombreux disques qu'elle a gravés nous laissent autant de témoignages d'un art du chant parfait, d'un style raffiné, d'un timbre plein de charme.

Rivoli, Gianfranco

Chef d'orchestre italien, naturalisé français, né à Milan le 6 juin 1921.

Il fait ses études musicales au Conservatoire de Milan et remporte, en 1937, le Concours national de composition pour piano, à Bologne. Entre 1938 et 1940 il devient responsable de l'Orchestre universitaire de Milan. Très vite, il est engagé pour diriger le répertoire italien (lyrique et symphonique), aussi bien en Italie que dans les plus grands théâtres internationaux. Il dirige les ballets à la Scala de Milan (1948-50). Entre 1968 et 1971, il est directeur artistique de l'Orchestre de la Fondation Gulbenkian de Lisbonne. A la même époque, il dirige régulièrement au Théâtre San Carlos de Lisbonne. Il est également chef permanent à la Deutsche Oper am Rhein de Düsseldorf-Duisbourg. Il participe à de nombreux festivals, dont celui de Lisbonne, auquel il prend une part active. A la radio, à la télévision (tant en Amérique qu'en Europe) et en concert, il fait montre d'un goût certain pour le répertoire contemporain et crée un grand nombre d'œuvres de Luciano Chailly, Riccardo Malipiero (*Nykteghersia*, 1962 ; *Battono alla porta*, opéra, 1963 ; *Cadencias*, 1965), Bruno Bettinelli, etc. Il s'intéresse également au répertoire baroque et classique et assure la direction musicale de l'Orchestre de l'Angelicum de Milan (1976-77). Il est venu souvent diriger à l'Opéra de Paris. A Aix-en-Provence, il participe au Festival et dirige *Le Couronnement de Poppée* de Monteverdi. A Carnegie Hall, il dirige en version de concert plusieurs ouvrages de Bellini. En 1982, il est chargé de mission auprès de l'Opéra d'Avignon pour préparer la régionalisation de l'orchestre. Mais il quitte ses fonctions après quelques mois tout en continuant à diriger régulièrement en France. Entre 1983 et 1987, il enseigne la direction d'orchestre au Conservatoire de Paris.

Rizzi, Carlo

Chef d'orchestre italien, né à Milan 19 juillet 1960.

Il fait ses études musicales au Conservatoire Verdi de Milan (composition, piano et direction d'orchestre) et débute à la tête de l'Orchestre de l'Angelicum en 1982. Il se perfectionne avec Vladimir Delman à Bologne et Franco Ferrara à l'Académie Chigiana de Sienne (1983-84). En 1985, il remporte le 1er prix au Concours international Arturo Toscanini de Parme. Il commence alors une carrière internationale au concert et à l'opéra : Pays-Bas, Australie (Opéra de Sydney), Angleterre (Covent Garden), Allemagne, Japon, États-Unis. En Italie, il dirige le spectacle de réouverture de l'Opéra de Gênes (1991). L'année suivante, il débute au Festival de Pesaro et est nommé directeur musical du Welsh National Opera de Cardiff.

Robert, Georges

Organiste français, né à Saint-Paul-de-Léon le 12 avril 1928.

Fils de l'organiste de la cathédrale de Saint-Paul-de-Léon, Georges Robert entreprend ses études musicales tout d'abord sous la direction de son père, puis, en octobre 1941, se rend à Paris où il est l'élève de Gaston Litaize et de Gaston Régulier à l'Institut national des jeunes aveugles. Dans ce même institut, en 1943, il entre à la classe d'orgue d'André Marchal. En 1946, il est admis au Conservatoire de Paris où il est l'élève d'Yves Nat. Il remporte des premiers prix de piano (1950), contrepoint (1951), fugue (classe de Simone Plé-Caussade) et orgue (classe de Marcel Dupré, 1953). En 1954, il est nommé professeur de piano puis d'orgue à l'Institut national des jeunes aveugles. Il est organiste titulaire du grand orgue de Notre-Dame de Versailles depuis 1948 et professeur au conservatoire de cette ville.

Robert, Guy

Luthiste français, né à Tarbes le 22 mars 1943.

C'est un parfait autodidacte qui travaille la guitare puis le luth en liaison avec les musicologues de la Société de musique d'autrefois (Antoine Geoffroy Dechaume et B. de Chambure). Il est lauréat de la Fondation de la vocation (1967). Il se produit avec des chanteurs mais également comme soliste. En 1974, il fonde avec Jean Belliard l'Ensemble Guillaume de Machaut. Il a participé à des créations d'Aperghis, Guézec, Couroupos... et est l'auteur de la musique du film *Perceval le Gallois* d'Eric Rohmer (1978).

Robertson, David

Chef d'orchestre américain, né à Santa Monica (Californie) le 19 juillet 1958.

Il commence très jeune des études musicales diversifiées (cor, alto, composition et direction d'orchestre) avant d'entrer en 1976 à la Royal Academy of Music de Londres. Il se perfectionne ensuite avec Kirill Kondrachine, Edward Downes, Michel Tabachnik et Rafael Kubelík. En 1980, il remporte le 2e prix au Concours international Nicolaï Malko, à Copenhague. L'année suivante, il est engagé comme chef-assistant à la Deutsche Oper am Rhein, à Düsseldorf. Puis il est l'assistant de Janos Fürst à l'Académie royale de Dublin (1983-86) et assistant de l'Orchestre Symphonique de Jérusalem (1985-87). Il commence une carrière de chef invité largement centrée sur l'opéra et la musique contemporaine. En 1992, il est nommé directeur musical de l'Ensemble InterContemporain.

Il a créé des œuvres d'Edison Denisov (*Sur la nappe d'un étang glacé*, 1992), Ahmed Essyad (*Tifounacine*, 1992), Gérard Grisey (*Le Temps et l'Écume*, 1989), Philippe Hersant (*Le Château des Carpathes*, opéra, 1992), Michael Jarrell (*Cassandre*, 1994), Philippe Manoury (*Aleph* ; prélude de *La Nuit du sortilège*, 1992).

Robeson, Paul

Basse américaine, né à Princeton le 9 avril 1898, mort à Philadelphie le 23 janvier 1976.

Fils d'un pasteur méthodiste noir, rapidement en butte au racisme quotidien, il abandonne le droit, après des études à l'Université Rutgers et à Columbia, pour faire du théâtre en amateur. Le dramaturge O'Neill lui fait jouer le rôle-titre de *The Emperor Jones* en 1923. Trouvant dans le negro-spiritual l'arme idéale pour le combat civique des Noirs, il donne son premier concert en 1925 à New York. Une seule chanson, *Ol' Man River*, qu'il interprète dans la comédie musicale *Show Boat* en 1928, suffit à faire connaître dans le monde entier cette voix authentique de basse aux accents pleinement émouvants. Que ce soit à Carnegie Hall ou à Londres, il chante devant des salles combles. Il incarne l'Othello de Shakespeare et paraît dans plusieurs films avant de se voir écarté de toute activité artistique dans les années cinquante, du fait de son adhésion au parti communiste et de son dévouement à la cause de la paix et des Noirs.

Robillard, Louis

Organiste français, né à Beyrouth le 10 décembre 1939.

Après ses études secondaires et une année de droit, Louis Robillard, fils d'organiste, entre à la Schola Cantorum puis au Conservatoire de Paris. Il y obtient des premiers prix d'harmonie, d'orgue et d'improvisation à l'unanimité en 1967. La même année, il se voit confier la classe d'orgue au Conservatoire de Lyon et entreprend une brillante carrière de virtuose et d'improvisateur, invité par les grands festivals français et étrangers. Ses enregistrements de pièces pour orgue de Liszt et de Max Reger sont considérés comme des références. Il est titulaire de l'orgue de Saint-François-de-Sales à Lyon.

Robin, Jacqueline

Pianiste française, née à Saint-Ashen le 11 décembre 1917.

A l'âge de dix ans, elle entre au Conservatoire de Paris où elle travaille avec Henri Rabaud, Jean et Noël Gallon, le piano avec Lazare-Lévy. Elle y obtient cinq premiers prix. Elle forme dès 1945 un duo de piano avec Geneviève Joy. Interprète privilégiée de Gabriel Fauré, elle assure la création de nombreuses œuvres de compositeurs français. Elle est professeur au Conservatoire de Paris (1966-86). Elle a enregistré de nombreux disques dont deux consacrés à Boëly.

Robin, Mado

Soprano colorature française, née à Yzeures-sur-Creuse le 29 décembre 1918, morte à Paris le 10 décembre 1960.

Elle n'a pas encore treize ans lorsque l'on se rend compte qu'elle a une voix ravissante. Titta Ruffo, l'ayant entendue lors d'une audition amicale, aurait perçu le premier l'étendue de ses dons. Ses parents la confient aux soins éclairés de Madame Fourestier. A dix-neuf ans, elle est lauréate du concours de sopranos de l'Opéra de Paris. La guerre remet à plus tard un engagement qui s'imposait. Loin de se décourager la jeune fille travaille sa voix avec Mario Podestà. Au cours d'exercices de plus en plus aigus, le maître découvre que son élève peut chanter sans effort le contre-contre-ut (ut6), note jamais atteinte par un gosier humain. Il s'attache à construire des bases larges et solides à ce phénomène de la stratosphère vocale et y parvient au point de pouvoir présenter son élève salle Gaveau en 1942. Le public, médusé, n'en croit pas ses oreilles et tout le monde parle de cette cantatrice si étrangement douée et, au demeurant, si charmante de timbre et sympathique de maintien. En 1945, elle est engagée à l'Opéra où elle est affichée dans *Rigoletto*, *Castor et Pollux*, *La Flûte enchantée* et *L'Enlèvement au sérail*. Engagée un an plus tard à l'Opéra-Comique, elle en devient rapidement la coqueluche, y chantant Leïla, Olympia, Lakmé et surtout Rosine. Toutes les scènes de province se l'arrachent et sa première Lucia à Marseille – avec le ténor Giuseppe Traverso – restera l'un des grands moments de l'Opéra phocéen. Elle fait ses débuts américains à San Francisco en 1954 dans les rôles de Gilda et de Lucia. Elle est invitée sur toutes les grandes scènes européennes et en 1959 fait une tournée triomphale en URSS. Elle paraît pour la dernière fois sur scène dans *Lakmé* à Vichy durant l'été 1960. Surnaturellement douée, Mado Robin était la femme la plus simple et la moins « star ».

Robles, Marisa

Harpiste espagnole naturalisée anglaise, née à Madrid le 4 mai 1937.

Elle suit ses études musicales au Conservatoire de Madrid où elle remporte des prix de harpe, d'écriture et de composition (1953). Elle se produit en 1954 avec l'Orchestre National d'Espagne. Après avoir enseigné brièvement la harpe au Conservatoire de Madrid, elle s'établit en Angleterre (1959). Elle fait ses débuts à Londres en 1963. Depuis 1971, elle enseigne son instrument au Royal College of Music de Londres.

Elle pratique la musique de chambre en duo avec son mari le flûtiste **Christopher Hyde-Smith** ou encore avec le Trio Robles ou l'ensemble Robles-Delmé.

Rodde, Anne-Marie

Soprano française, née à Clermont-Ferrand le 21 novembre 1943.

Dans sa ville natale, elle fait ses études à la faculté des lettres. Dès sa plus tendre enfance, elle voulait être chanteuse d'opéra.

Elle entre donc, dès ses quinze ans révolus, au Conservatoire local, où elle est confiée à Madame Passani. Nantie des premiers prix de chant et d'opéra, elle entre au Conservatoire de Paris, dans la classe d'Irène Joachim et de Louis Noguéra. Elle en sort aussi avec des premiers prix de chant et d'opéra. Sa silhouette fine et sa jolie voix lui valent de faire ses premiers pas sur scène dans des rôles travestis : l'Amour dans *Orphée*, Yniold et le Premier Génie dans *La Flûte enchantée* du Festival d'Aix-en-Provence en 1971. Son premier rôle féminin sera la Barberine des *Noces de Figaro* à Grenoble, à Angers, puis à Aix (1972). La même année, elle se fait remarquer à Paris dans la *Cantate nuptiale* de Darius Milhaud et surtout dans *Le Rossignol* de Stravinski. A Londres, elle participe à la création des *Boréades*, le dernier opéra de Rameau. A Rome, elle incarne Mélisande (1982), à Montréal, Suzanne (1984). Au Théâtre Musical de Paris, elle chante *Cendrillon* de Massenet et *Les Indes galantes*, puis, au Palais Garnier (1984), Sophie (*Le Chevalier à la rose*). L'année suivante, elle tient le rôle-titre de *La Finta giardiniera* de Mozart à l'Opéra du Rhin. Elle possède un répertoire considérable, qui va du *Messie* de Haendel à *L'Enfant et les sortilèges*, en passant par Zerbinette, Oscar, Nanetta ou Pamina.

Rodgers, Joan

Soprano anglaise, née à Cumbria en 1960.

Elle suit les cours de chant du Royal College of Music de Manchester puis travaille avec Elisabeth Schwarzkopf, Galina Vichnievskaia, Hugues Cuenod et Sir Peter Pears. En 1981, elle obtient une bourse de la Fondation Kathleen Ferrier et remporte le Concours international d'Ostende. Un an plus tard, elle fait ses débuts au Festival d'Aix-en-Provence dans Pamina (*La Flûte enchantée*). Elle y revient les années suivantes pour *La Finta giardiniera* et *Mithridate*. Au Festival Mozart de l'Orchestre de Paris, elle chante Zerline (*Don Giovanni*) et Despina (*Così fan tutte*). A Covent Garden, elle débute dans *L'Enfant et les sortilèges* (1983), à Glyndebourne (1989) et à l'Opéra de Paris (1990) dans Suzanne. A côté des grands rôles mozartiens, elle incarne Mimi (*La Bohème*), Tatiana (*Eugène Onéguine*), Gilda (*Rigoletto*) et Mélisandc. Elle chante régulièrement à l'Opéra de Vienne, à celui de Munich, au Regio de Turin...

Rodzinski, Artur

Chef d'orchestre polonais naturalisé américain (1933), né à Split (Dalmatie) le 1er janvier 1892, mort à Boston le 27 novembre 1958.

Il fait ses études musicales et juridiques à Lvóv, puis à Vienne, où il travaille la composition avec Marx et Schreker, la direction avec Schalk et le piano avec Sauer et Lalewicz. Il revient à Lvóv où il est engagé comme chef de chœur à l'Opéra. Il y fait ses débuts de chef d'orchestre et, de 1921 à 1925, il se fixe à Varsovie où il dirige à l'Opéra et à la Philharmonie. Puis il quitte son pays pour les États-Unis : il est chef assistant de l'Orchestre de Philadelphie auprès de Stokowski (1926-29) tout en s'occupant du département opéra et orchestre du Curtis Institute. Il est ensuite nommé à la tête de l'Orchestre Philharmonique de Los Angeles (1929-33) puis de l'Orchestre de Cleveland (1933-43). La nouveauté de ses programmes est très remarquée : il dirige pour la première fois aux États-Unis *Lady Macbeth de Mtsensk* de Chostakovitch en 1935. Il est invité à Salzbourg et à Vienne et dirige régulièrement la Philharmonie de New York. En 1937, il est chargé de recruter et de préparer l'Orchestre Symphonique de la NBC pour Toscanini. En 1942, il prend la direction de l'Orchestre Philharmonique de New York qu'il remanie profondément. Mais il est amené à démissionner en 1947 à la suite d'un désaccord avec le manager. Il prend alors la direction de l'Orchestre Symphonique de Chicago (1947-48) et mènera une carrière de chef invité jusqu'à la fin de sa vie. Rodzinski a laissé le souvenir d'un homme au caractère difficile, travaillant souvent dans un contexte conflictuel avec les orchestres. Leonard Bernstein a même écrit dans l'un de ses livres qu'il se promenait toujours armé d'un pistolet... dont il ne semble pas avoir fait usage sur les musiciens.

Rodzinski était considéré comme un grand constructeur d'orchestres, qui a joué un rôle important dans l'histoire des formations qu'il a dirigées. C'est lui qui a conduit pour la première fois hors d'URSS *Guerre et Paix* de Prokofiev (Florence, 1953). On lui doit la création d'œuvres de Samuel Barber (*Symphonie nº 1*, 1937), Aaron Copland (*Appalachian Spring*, suite de ballet, 1945), Paul Creston (*Symphonie nº 2*, 1945), Paul Hindemith (*Métamorphoses symphoniques*, 1934), Bohuslav Martinů (*Memorial to Lidice*, 1943), Arnold Schoenberg (*Ode à Napoléon*, 1944), William Schuman (*Symphonie nº 4*, 1942).

Roesgen-Champion, Marguerite

Claveciniste et compositeur suisse née à Genève le 25 janvier 1894, morte à Genève le 30 juin 1976.

Élève d'Ernest Bloch et de Jaques-Dalcroze au Conservatoire de Genève, elle se spécialise dans le clavecin et donne de nombreux récitals, tout particulièrement à Paris. Entre 1915 et 1926, elle est professeur au Conservatoire de Genève. Elle a créé de nombreuses œuvres de sa composition dont le *Concerto moderne* pour clavecin et orchestre, à Paris en 1931.

Rogé, Pascal

Pianiste français, né à Paris le 6 avril 1951.

Avec lui, sa famille compte trois générations de musiciens : son grand-père est violoniste, sa mère organiste. C'est cette dernière qui lui donne ses premières leçons de piano alors qu'il atteint à peine ses quatre ans. Il donne son premier concert avec orchestre à dix ans et entre, la même année, au Conservatoire de Paris. Il en sort, en 1966, nanti d'un 1er prix de piano (classe de Lucette Descaves) et de musique de chambre (classe de Pierre Pasquier). Il devient alors, et ce pendant trois ans, l'élève de Julius Katchen. Il remporte, en 1967, le 5e prix Enesco au Concours international de Bucarest. En 1971, il est le premier Français, depuis 1951, à enlever le 1er Grand Prix Marguerite Long-Jacques Thibaud. Sa carrière se développe alors tant en France qu'à l'étranger. Il enregistre notamment l'œuvre pour piano de Ravel et celle de Debussy.

Rogg, Lionel

Organiste et claveciniste suisse, né à Genève le 21 avril 1936.

Il suit au Conservatoire de Genève les classes d'harmonie, de contrepoint, de composition (Charles Chaix), d'orgue (Pierre Segond, avec un 1er prix de virtuosité en 1956), de piano (André Perret, Nikita Magaloff, 1er prix de virtuosité en 1957). Il se perfectionne auprès d'André Marchal (Paris), et obtient des prix aux concours internationaux de Munich (1959) et de Gand (1963). En 1961, il donne au Victoria Hall de Genève l'intégrale de l'œuvre pour orgue de J. S. Bach, qu'il enregistrera par trois fois. Tous les grands festivals l'ont accueilli. Il a surtout enregistré Bach, Buxtehude (intégrale), F. Couperin, Grigny, Haendel, Liszt, Mozart (*Sonates d'église*). Il est professeur de contrepoint et de fugue au Conservatoire de Genève (1960-72), de formes et de styles (1971-79), d'orgue (depuis 1965). Il assure des cours d'interprétation à Cambridge, Oxford, Harthwestern University, Colorado State University...

Comme claveciniste, il a surtout donné l'intégrale du *Clavier bien tempéré* (Genève) et s'est produit avec de nombreux artistes (Michel Debost, Danielle Borst, Bernard Schenkel...), ou assuré le continuo sous la direction de Michel Corboz, Horst Stein... Son répertoire, sans exclusive, s'étend de Sweelinck, Scheidt et Frescobaldi, à J. Alain, Hindemith et Ligeti. De même, il aime l'extrême variété de la facture d'orgue, la qualité intrinsèque d'un instrument lui important plus que son esthétique théorique ; mais il désapprouvre la transmission électrique. Il a développé un style personnel, se perfectionnant en autodidacte, alliant la recherche sur la manière de jouer des instruments anciens à un rapport plus spontané à la musique qu'il interprète ou improvise.

Rohan, Jindřich

Chef d'orchestre tchèque, né à Brno le 14 mai 1919, mort à Prague le 14 février 1978.

Il fait ses études au Conservatoire et à l'Académie des arts musicaux de Prague. Puis il entre dans la vie musicale en dirigeant l'Orchestre Symphonique de l'armée. En 1954, il est chef assistant de l'Orchestre Symphonique de Prague dont il deviendra l'un des chefs permanents. En 1960, il est nommé assistant-professeur à l'Académie de Prague. Fervent défenseur de la musique contemporaine de son pays, il a créé ou imposé des œuvres de Tausinger, Havelka, Železný...

Rojdestvenski, Guennadi

Chef d'orchestre russe, né à Moscou le 4 mai 1931.

Il est le fils du chef d'orchestre **Nicolai Anosov** (1900-62) et de la cantatrice **Natalya Rojdestvenskaia** dont il garde le nom. Il étudie le piano avec Lev Oborin et la direction d'orchestre avec son père, au Conservatoire de Moscou. Il débute à vingt ans au Bolchoï en dirigeant *Casse-Noisette*. Pendant dix ans, il y sera l'assistant de Iouri Faïev et dirigera les ballets. Puis il est nommé directeur artistique de l'Orchestre Symphonique de la Radio de l'URSS (1961-74) avant de revenir au Bolchoï, comme directeur de la musique (1964-70). Il prend ensuite la direction musicale de l'Opéra de Chambre de Moscou (1972), avant d'être nommé directeur artistique de l'Orchestre Philharmonique de Stockholm (1974-77). De 1978 à 1981, il est le chef permanent de l'Orchestre Symphonique de la BBC (Londres). De 1981 à 1983, il est à la tête de l'Orchestre Symphonique de Vienne et enseigne la direction d'orchestre au Conservatoire de la capitale autrichienne. Entre 1982 et 1991, il est directeur du nouvel Orchestre Symphonique du ministère de la Culture de Moscou. A partir de 1987, il enseigne la direction d'orchestre à l'Académie Chigiana de Sienne. Rojdestvenski s'est imposé comme l'un des plus grands interprètes de la musique russe. Il a enregistré l'intégrale des symphonies de Prokofiev et est devenu le champion de la musique soviétique contemporaine. En 1992, il reprend la direction musicale de l'Orchestre Philharmonique de Stockholm. Il a épousé la pianiste **Victoria Postnikova**.

Il est le dédicataire de la *Symphonie pour deux orchestres à cordes et percussion* (1962) d'Edison Denisov. Il a également créé des œuvres de Daniel Börtz (*Symphonie n° 9*, 1992), Juri Buzko (*Les Nuits blanches*, 1970), Dimitri Chostakovitch (*Le Joueur*, 1978), Rodion Chtchedrine (*Symphonie n° 2*, 1965 ; *Carmen-Suite*, 1967 ; *Poetoria*, 1968 ; *Cantique*, 1989), Edison Denisov (*Symphonie*, 1989), Roberto Gerhard (*Don Quixote*, version de concert, 1989), Sofia Goubaïdoulina (*Symphonie « Stimmen... Verstummen »*, déd. 1986 ; *Antwort ohne Frage*, 1989, Vassil Kazandjiev (*Hymnes symphoniques*, 1967), Alfred Schnittke (*In Memoriam*, 1979 ; *Symphonie n° 2 « Saint-Florian »*, 1980 ; *« Seid nüchtern und wachet »*, 1983 ; *Peer Gynt*, ballet, 1989).

ÉCRITS : *Technique de la direction d'ochestre* (Leningrad, 1974), *Réflexions sur la musique* (Moscou, 1975, *Préambules* (Moscou, 1988).

Rolfe Johnson, Anthony

Ténor anglais, né à Tackley (Oxfordshire) le 5 novembre 1940.

Il fait ses études musicales à la Guildhall School of Music de Londres et obtient la bourse de la fondation Eva Turner (1972). Il débute à l'English Opera Group en 1973 puis à Glyndebourne (1974-76). En 1977, il remporte le prix John Christie. Il commence une carrière de concert (oratorios de Haendel, cantates et passions de Bach) avant de chanter régulièrement à l'English National Opera et au Welsh National Opera. En 1983, il chante *La Finta semplice* aux Mozartwochen de Salzbourg. L'année suivante, il chante *La Finta giardiniera* à Aix-en-Provence et débute à la Scala de Milan dans *Lucio Silla* de Mozart (rôle-titre). Il y retourne en 1986 pour *La Clémence de Titus*. Il s'affirme aussi bien dans le bel canto que comme ténor mozartien sur les principales scènes européennes. Son répertoire s'élargit à Britten (*Mort à Venise*, *Gloriana*), Tchaïkovski (*Eugène*

Onéguine), Verdi (*Falstaff*, *Otello*). Il incarne Pelléas à la Monnaie de Bruxelles, Ulysse de Monteverdi à l'English National Opera de Londres. Il mène une importante carrière au concert.

Rollez, Jean-Marc

Contrebassiste français, né à Croix le 7 juillet 1931.

Il étudie tout d'abord le piano, mais éprouvant une véritable passion pour la contrebasse, il en commence l'étude au Conservatoire de Roubaix où il obtient un 1er prix deux ans plus tard, développant déjà des dons naturels peu communs. Admis au Conservatoire de Paris, il obtient également au bout de deux ans un 1er prix. Il fait partie successivement de l'Orchestre National de l'Opéra de Monte-Carlo, de l'Orchestre Philharmonique de l'ORTF, des Concerts Lamoureux, Pasdeloup (contrebasse solo), du Théâtre National de l'Opéra-Comique, de l'Opéra de Paris (contrebasse solo) et est nommé professeur à l'Institut des Hautes Études Musicales à Montreux. Parallèlement à son travail d'orchestre, il acquiert une renommée de soliste, en apportant à ce géant des instruments à cordes ses lettres de noblesse. Ses premiers concerts ont lieu à Paris. La beauté des sonorités qu'il tire de la contrebasse, sa dextérité et sa musicalité lui apportent bientôt une célébrité internationale, couronnée par des enregistrements qui font revivre notamment des partitions oubliées de Bottesini. En 1978, il est nommé professeur de contrebasse au Conservatoire de Paris.

Romero, Pepe

Guitariste espagnol naturalisé américain, né à Málaga le 8 mars 1944.

Il travaille son instrument avec son père, **Celedonio Romero** (Málaga, 2 mars 1918), professeur et concertiste, et fait sa première apparition en public avec lui au Teatro Lope de Vega à Séville. Il se fait d'abord connaître au sein du célèbre quatuor de guitares Los Romeros, réunissant son père, Pepe et ses deux frères **Celin Romero** (Málaga, 23 novembre 1940) et **Angel Romero** (Málaga, 17 août 1946), fondé vers 1968 et fixé maintenant aux États-Unis. où on l'a surnommé « la famille royale de la guitare ». Pepe Romero poursuit parallèlement une carrière de soliste, alternant dans ses récitals les œuvres classiques et le répertoire flamenco qu'il a travaillé avant de quitter l'Espagne pour la côte Ouest des États-Unis, et des activités d'enseignement. Il est titulaire de la classe de guitare de l'Université de Californie du Sud.

Parmi les nombreuses œuvres composées spécialement pour Los Romeros, on trouve, en 1967, le *Concerto andalou* de Rodrigo et, en 1976, le *Concerto iberico* de Moreno Torroba. Pepe Romero a créé le *Concierto para una Fiesta* de Rodrigo (1983).

Ronald, Sir Landon (Landon Ronald Russell)

Chef d'orchestre et compositeur anglais, né à Londres le 7 juin 1873, mort à Londres le 14 août 1938.

Il est le fils du compositeur **Henry Russell** (1812-1900). Au Royal College of Music, il reçoit une formation de pianiste et de compositeur (1884-91) qui lui permet d'être engagé par Mancinelli comme répétiteur à Covent Garden en 1891. Il y débutera dans *Faust* en 1896. Auparavant, il dirige les tournées de l'Augustus Harris Opera Company et est engagé au Théâtre de Drury Lane. En 1894, il effectue une tournée aux États-Unis comme accompagnateur de Nellie Melba. De 1898 à 1902, il dirige des opérettes à Londres. Puis il est l'invité régulier de l'Orchestre Symphonique de Londres (1904-07), dirige la Philharmonie de Berlin, celle de Vienne, à Paris... Il est chef permanent de l'Orchestre du Royal Albert Hall (1909-14) et de l'Orchestre National d'Écosse (1919-23). Par la suite, il mènera une carrière de chef invité, accompagnant les plus grands solistes, notamment Kreisler et Cortot. Il se consacre également à l'enseignement et sera « Principal » de la Guildhall School of Music de 1918 à 1938. Elgar lui a dédié son poème symphonique *Falstaff*. Comme compositeur, on lui doit surtout des opérettes et des mélodies qui ont connu un succès considérable au début du siècle.

ÉCRITS : *Variations on a Personal Theme* (1922), *Myself and Others* (1931).

Rooley, Antony

Luthiste anglais, né à Leeds le 10 juin 1944.

Il étudie la guitare à la Royal Academy of Music de Londres avec Hector Quine (1965-68), avant d'y être nommé professeur l'année suivante (jusqu'en 1971). Comme nombre de ses contemporains qui découvrent les instruments anciens renaissants et baroques, c'est en autodidacte qu'il apprend le luth. Avec James Tyler, il fonde en 1969 le Consort of Musicke, un groupe de dimension variable qui comprend essentiellement des violes et des instruments à cordes pincées. La musique de la Renaissance est devenue « une seconde nature », a-t-on pu dire, des interprètes engagés par le Consort de Rooley, qu'il dirige seul depuis 1972. Il est alors le premier luthiste anglais de la jeune génération des années soixante-dix, spécialisé dans la musique de la Renaissance. Il forme de nombreux élèves et a publié notamment les œuvres complètes de Dowland. En 1976, il prend la direction du Early Music Centre de Londres.

Rooy, Anton Van

Voir à **Van Rooy, Anton.**

Rosand, Aaron

Violoniste américain, né à Hammond (Indiana) le 15 mars 1927.

Attiré très jeune par le violon, ses parents l'envoient travailler avec Leon Sametini, un disciple d'Eugène Ysaÿe, puis au Curtis Institute de Philadelphie où il devient le disciple d'Efrem Zimbalist. Il travaille aussi avec William Primrose. Zimbalist s'attache au jeune artiste, de la même manière qu'un peu plus tard Antoine Ysaÿe qui le considérait comme son « fils spirituel ». Bien que donnant récitals et concerts aux États-Unis depuis de longues années, l'Europe ne découvre réellement Aaron Rosand qu'en 1963, notamment à l'occasion d'une tournée en Allemagne fédérale. Il enseigne à l'Académie internationale d'été de Nice (à partir de 1971), au Peabody Conservatory de Baltimore, à la Mannes School of Music et, depuis 1981, au Curtis Institute de Philadelphie. Il joue sur le Guarnerius de Kochanski (1741) qui, fait très rare, n'a jamais été restauré. Rosand, qui excelle dans les musiciens romantiques (Sibelius, Mendelssohn, etc.), a su échapper, parfois mieux que certains de ses rivaux ou aînés, au *presto agitato* cher aux virtuoses d'outre-Atlantique.

Rosbaud, Hans

Chef d'orchestre autrichien, né à Graz le 22 juillet 1895, mort à Lugano le 29 décembre 1962.

A la Hochschule de Francfort, il est l'élève d'Alfred Hoehn (piano) et Bernhard Sekles (composition). Il occupe ses premières fonctions à Mayence où il est à la tête de la Städtische Musikschule tout en assurant la direction des concerts symphoniques (1921-30). Il s'enthousiasme pour la musique contemporaine. De 1929 à 1937, il est directeur musical à la Radio de Francfort et dirige ses premières créations importantes (Schoenberg, Bartók). Puis il est nommé directeur général de la musique à Münster (1937-41), Strasbourg (1941-44) et à la Philharmonie de Munich (1945-48). En 1948, il prend la direction de l'Orchestre du SWF de Baden-Baden, qui vient d'être formé, et le dirigera jusqu'à sa mort, en en faisant l'un des plus précieux outils au service de la musique contemporaine. Il apparaît régulièrement au Festival de Donaueschingen et contribue largement à la réussite du Festival d'Aix-en-Provence auquel il est associé dès sa fondation. Il prend aussi la tête de l'Orchestre de la Tonhalle de Zurich (1950) dont il devient directeur musical en 1958.

Rosbaud a joué un rôle essentiel en faveur de la musique de son temps, mais il n'est pas resté enfermé dans ce répertoire : ses interprétations mozartiennes à Aix ont marqué une génération. Sa direction était très intellectuelle et contrastait fortement avec celle de ses aînés, dominée par l'instinct. La liste des créations qu'il a dirigées est impressionnante et révèle, par sa diversité, la curiosité et l'ouverture intellectuelle qui étaient les siennes : œuvres de Béla Bartók (*Concerto pour piano n° 2,* 1933), Conrad Beck (*Suite concertante,* 1961), Pierre Boulez (*Polyphonie,* 1951 ; *2 Improvisations sur Mallarmé,* 1958), Luigi Dallapiccola (*Tartiniana,* 1951 ; *An Mathilde,* 1955), Wolfgang Fortner (*Fantaisie sur BACH,* 1950 ; *Impromptus,* 1957), Roberto Gerhard (*Symphonie n° 1,* 1955), Karl Amadeus Hartmann (*Symphonie n° 2,* 1950 ; *Symphonie n° 4,* 1948), Hans Werner Henze (*Symphonie n° 3,* 1951), Arthur Honegger (*Monopartita,* 1951), André Jolivet (*Concerto pour harpe,* 1952), Olivier Messiaen (*Le Réveil des oiseaux,* 1953 ; *Chronochromie,* 1960), Marcel Mihalovici (*Sinfonia partita,* 1951), Goffredo Petrassi (*Récréation concertante,* 1953), Arnold Schoenberg (*4 Chants,* op. 22, 1932 ; *Moïse et Aaron,* 1954), Iannis Xenakis (*Metastasis,* 1955). P. Boulez lui a dédié *Le Marteau sans maître,* B. A. Zimmermann son opéra *Die Soldaten.*

Rosé, Arnold
(Arnold Josef Rosenbaum)

Violoniste autrichien, né à Iaşi (Roumanie) le 24 octobre 1863, mort à Londres le 25 août 1946.

A la Gesellschaft der Musikfreunde de Vienne, il travaille avec Karl Heissler (1874-77) et donne son premier concert en 1879, avec l'Orchestre du Gewandhaus de Leipzig. Il devient, en 1881, violon solo de l'Orchestre de l'Opéra de Vienne. Il occupe le même poste à la Philharmonie de Vienne pendant cinquante-sept ans (1881-1938) et régulièrement à Bayreuth à partir de 1888. De 1893 à 1918, il enseigne à la Musikhochschule de Vienne. En 1902, il épouse Justine, la sœur de Mahler, dont il devient l'un des proches collaborateurs à l'Opéra de Vienne. Rosé reste avant tout connu par le quatuor portant son nom, qu'il fonde en 1882 et qui se fait entendre, pour la première fois, à Vienne, l'année suivante. Le Quatuor Rosé fut considéré comme le successeur des Quatuors Joachim et Hellmesberger. Lors de l'annexion de l'Autriche par le Reich allemand, Rosé s'expatrie en Angleterre (1938) où il continue à jouer jusqu'en 1945. De retour à Vienne à la fin des hostilités, il réintègre la Philharmonie dont il restera membre jusqu'à sa mort. Il a publié des éditions des sonates de Bach et de Beethoven, ainsi que des quatuors op. 18 de ce dernier. Reger lui a dédié sa *Suite dans le style ancien* pour violon et piano.

Rose, Leonard

Violoncelliste américain, né à Washington le 27 juillet 1918, mort à Cronton-on-Hudson (N.Y.) le 16 novembre 1984.

Après des études au Conservatoire de Miami et à New York, il est l'élève, au Curtis Institute de Philadelphie (1934-38), de Felix Salmond. Il est engagé comme second soliste à l'Orchestre de la NBC (1938), puis devient violoncelle solo de l'Orchestre de Cleveland (1939-43) et de l'Orchestre Philharmonique de New York (1943-51). Sa carrière de soliste débute en 1944 à New York et ne cesse de croître. Il forme par la suite un trio avec Isaac Stern et Eugene Istomin. On l'entend aussi en sonate avec Gary Graffman. Il consacre une part importante de ses activités à l'enseignement et peut être considéré comme le chef de file de l'école de violoncelle américaine. Il a été professeur à l'Institut de Cleveland, au Curtis Institute (1936-63) et enseignait depuis 1948 à la Juilliard School. Son instrument était un violoncelle de Nicola Amati de 1662. Il a créé des œuvres de Peter Mennin (*Concerto pour violoncelle,* 1956), William Schuman (*Un chant d'Orphée,* 1962).

Rösel, Peter

Pianiste allemand, né à Dresde le 2 février 1945.

Il fait ses études à la Hochschule für Musik Carl-Maria-von-Weber de sa ville natale avec Ingeborg Finke-Siegmund (1960-64) et au Conservatoire Tchaïkovski de Moscou avec Dmitri Bachkirov et Lev Oborin (1964-69). En 1963, il remporte le 2e prix au Concours international Robert Schumann de Zwickau ; puis il est lauréat du Concours Tchaïkovski à Moscou (1966) et remporte le 2e prix au Concours de Montréal (1968). Il s'impose rapidement dans le monde entier comme la figure marquante du piano en RDA, notamment dans le répertoire romantique. En 1976, il devient soliste du Gewandhaus de Leipzig avant d'être nommé professeur en 1985.

Rosen, Albert

Chef d'orchestre tchèque, né à Vienne le 14 février 1924.

Il fait ses études musicales à Vienne et à Prague où il débute. De 1949 à 1956, il est assistant et chef des chœurs à l'Opéra de Plzeň. Puis il est nommé à l'Opéra National de Prague (1960-71) avant de devenir, de 1965 à 1967, premier chef au Théâtre Smetana, dans cette même ville. En 1968, après de nombreux succès comme chef invité à la tête des orchestres britanniques, il est nommé chef permanent de l'Orchestre Symphonique de la Radiotélévision Irlandaise à Dublin, fonction qu'il occupe jusqu'en 1980. Parallèlement, il dirige à l'Opéra de Dublin où il introduit le répertoire tchèque. En 1981, il débute à l'Opéra de San Francisco dans *Jenůfa.* La même année, il devient principal chef invité du Western Australian Symphony Orchestra (Perth). Il revient à Dublin en 1989 comme premier chef invité du National Symphony Orchestra of Ireland.

Rosen, Charles

Pianiste américain, né à New York le 5 mai 1927.

Il commence le piano à quatre ans puis, de 1934 à 1938, travaille à la Juilliard School. De 1938 à 1944, il est l'élève de Moriz Rosenthal puis de Hedwig Kanner-Rosenthal (jusqu'en 1952). Il est étudiant à l'Université de Princeton où il est bachelor of arts (1947), master of arts (1949) et docteur en philosophie (1951). Il étudie également les mathématiques. Après Princeton et un bref séjour à Paris, il enseigne les langues modernes au Massachusetts Institute of Technology (1953-55). L'année de son doctorat (1951) marque ses débuts de pianiste. Il enregistre les *Préludes* de Debussy. Il se produit alors aux États-Unis et en Europe. Il enseigne depuis 1971 à l'Université d'État de New York à Stony Brook. Il s'impose surtout dans les œuvres d'un caractère « intellectuel » (Bach, dernières sonates de Beethoven, Schoenberg, Boulez...). En 1961, il crée le *Concerto pour piano* et le *Concerto pour piano et clavecin* (avec Ralph Kirkpatrick) d'Elliott Carter.

ÉCRITS : *The Classical Style : Haydn, Mozart, Beethoven* (Viking Press, New York, 1971 ; trad. française, *Le Style classique*, Paris, Gallimard, 1978), *Arnold Schoenberg* (New York, 1975), *Sonata Forms* (Norton, New York, 1980, rév. 1988 ; trad. française de Marie-Stella et Alain Pâris, *Formes sonate*, Actes Sud, Arles, 1993).

Rosenfeld, Edmond

Pianiste et chef d'orchestre français, né à Paris le 27 juin 1938.

Il aborde l'étude du piano à Agen avec Pierino Lunghi et la poursuit au Conservatoire de Paris avec Marcel Ciampi, Jacques Février, Aline Van Barentzen et Nadia Boulanger. Julius Katchen l'encourage à se lancer dans une carrière de soliste. Il donne son premier récital parisien en 1959. Il crée en France *L'Age d'anxiété* de Leonard Bernstein (1967). Après avoir effectué de nombreuses tournées aux États-Unis, il est chargé, en 1972, de la programmation musicale de la Maison de la Culture d'Amiens. Il fonde l'ensemble de solistes Pupitre 14 qu'il dirige jusqu'en 1983. Depuis 1959, il est marié à Isabelle Aboulker, compositeur lyrique, nièce de Jacques Février.

Rosenstock, Joseph

Chef d'orchestre polonais naturalisé américain (1949), né à Cracovie le 27 janvier 1895, mort à New York le 17 octobre 1985.

Il fait ses études aux conservatoires de Cracovie et de Vienne (jusqu'en 1920) et travaille avec Franz Schreker. Nommé professeur à l'Académie de musique de Berlin, il y rencontre Fritz Busch qui l'incite à se consacrer à la direction d'orchestre et l'engage comme assistant à Stuttgart. Il est ensuite engagé comme chef d'orchestre (1922-25) puis comme directeur général de la musique (1925-27) à l'Opéra de Darmstadt et à celui de Wiesbaden (1927-29). En 1929, il est invité à diriger le répertoire allemand au Met mais résilie un an plus tard à la suite d'une dépression nerveuse. De retour en Allemagne, il est nommé directeur général de la musique à Mannheim (1930-33). Entre 1933 et 1936, il est directeur musical du Jüdischer Kulturbund. Puis il quitte l'Allemagne pour le Japon en 1936 où il est à la tête de l'Orchestre Symphonique de la NHK (1936-41 et 1945-46) et directeur musical de la Radio Japonaise. Il se fixe ensuite aux États-Unis, dirige au New York City Opera (1948-55) où il est directeur musical (1952-56). Entre 1949 et 1953, il est directeur musical du Festival d'Aspen (Colorado). En 1956-57, il reprend la direction de l'Orchestre Symphonique de la NHK puis revient en Allemagne comme directeur général de la musique à l'Opéra de Cologne (1958-61) avant de terminer sa carrière aux États-Unis, principalement comme invité au Met (1961-68) et à l'Opéra de San Francisco. En 1965, il s'était fixé à Salt Lake City (Utah) où il dirigeait parfois.

Rosenthal, Manuel

Chef d'orchestre et compositeur français, né à Paris le 18 juin 1904.

Dès l'âge de neuf ans, il commence l'étude du violon. La mort de son père l'oblige à faire vivre sa famille et il abandonne ses études générales pour la musique. Tout en continuant de travailler le violon avec Alterman, il joue dans un orchestre de cinéma. Il entre au Conservatoire en 1918 où il est l'élève de Jules Boucherit. Il fait partie des orchestres Pasdeloup et Lamoureux avant d'entrer à l'Orchestre Symphonique de Paris. Il se tourne à cette époque vers la composition. Ravel entend ses premières œuvres, jouées à la SMI, et décide de lui faire travailler la composition tandis que Jean Huré lui enseigne le contrepoint et la fugue. Il sera l'un des très rares élèves de Ravel. En 1928, il fait ses débuts de chef d'orchestre aux Concerts Pasdeloup. A la fondation de l'Orchestre National, en 1934, il est quatrième percussionniste. Mais très vite Inghelbrecht le remarque et en fait son adjoint. Après la guerre, il est directeur musical de cet orchestre (1944-47), puis chef permanent de l'Orchestre Symphonique de Seattle aux États-Unis (1948-51). Il mène alors une carrière de chef invité avant d'être nommé professeur de direction d'orchestre au Conservatoire de Paris (1962-74) et directeur musical de l'Orchestre Symphonique de Liège (1964-67).

La liste des œuvres qu'il a créées est considérable : partitions d'Henry Barraud (*Offrande à une ombre,* 1944 ; *Le Mystère des saints Innocents,* 1947 ; *Pange lingua,* 1964), Jacques Bondon (*Lumières et formes animées,* 1970), Charles Chaynes (*Symphonie,* 1955), Daniel-Lesur (*Le Bal du destin,* 1957), Jean Françaix (*Les Bosquets de Cythère,* 1947), Pierre Hasquenoph (*Symphonie n° 4,* 1961), Jacques Ibert (*Suite élisabéthaine,* 1942), Maurice Jaubert (*Géographies,* suite pour orchestre et chœur mixte, déd., 1938), André Jolivet (*Symphonie pour cordes,* 1962), Charles Koechlin, Laszlo Lajtha (*Symphonies n° 5,* 1954 ; *n° 8,* 1961), Jean Langlais (*La Passion,* 1958), Raymond Loucheur (*Symphonies n° 2,* 1945 ; *n° 3,* 1972 ; *Rapsodie malgache,* 1945), Jean Martinon (*Ambohimanga ou la cité bleue*, opéra-ballet, 1947), Marcel Mihalovici (*L'Intransigeant Pluton*, opéra, 1939 ; *Symphonies pour le temps présent,* 1944 ; *Variations pour cuivres et cordes,* 1947 ; *Esercizio per archi,* 1960), Darius Milhaud (*Esther de Carpentras*, version de concert, 1937 ; *Carnaval de Londres,* 1939 ; *La Sagesse,* 1947), Jean Rivier (*Vénitienne*, opéra bouffe, 1937 ; *Psaume LVI,* 1944 ; *Ballade des amants désespérés,* 1947 ; *Symphonies n° 6,* 1959 ; *n° 7 « les Contrastes »,* 1962), Pierre Wissmer (*Léonidas ou La Cruauté mentale*, opéra bouffe, 1958). Il a aussi dirigé pour la première fois en France des œuvres de Bartók (*Divertimento, Le Prince de bois, Concerto pour violon n° 2*), Stravinski (*Symphonie en ut*), R. Strauss (*Métamorphoses*), Prokofiev (*Symphonie n° 2*) et Britten (*Interludes de Peter Grimes*). L'œuvre de Manuel Rosenthal est très abondant et varié : des pages symphoniques, des mélodies et surtout des ouvrages lyriques qui ont connu un grand succès (*Rayon de soieries,* 1928, *La Poule noire,* 1937, *Hop Signor,* 1961). Son ballet, *Gaîté parisienne* (1938), sur des thèmes d'Offenbach, a fait le tour du monde.

ÉCRITS : *Manuel Rosenthal, une vie* (par Dominique Saudinos), Paris, 1992 ; *Musique adorable*, Paris, 1994.

Rosenthal, Moriz

Pianiste polonais, né à Lvóv le 17 décembre 1862, mort à New York le 3 septembre 1946.

Il étudie au Conservatoire de Lvóv avec Karol Mikuli qui sera son partenaire pour le premier concert qu'il donne à l'âge de dix ans. Il se rend à Vienne en 1875 et suit les cours de Joseffy. Liszt lui prodigue ses conseils à Weimar et à Rome (1876-78). Il étudie la philosophie à Vienne (1880-86). En 1884, il reprend les tournées de concert. Il se fixe aux États-Unis en 1938 où il est nommé professeur au Curtis Institute.

ÉCRITS : *Schule des höheren Klavierspiels* (1892).

Ros Marbá, Antoni

Chef d'orchestre espagnol, né à Barcelone le 2 avril 1937.

Il fait ses études musicales au conservatoire de sa ville natale avec Eduardo Toldrà avant d'aller travailler à Sienne avec Celibidache et à Düsseldorf avec Martinon. En 1965, il est l'un des chefs permanents de l'Orchestre Symphonique de la Radiotélévision Espagnole. Entre 1967 et 1977, il prend la direction de l'Orchestre de Barcelone. Sa carrière se développe hors d'Espagne. Au Mexique, il est pendant deux ans premier chef invité de l'Orchestre National de Mexico. De 1978 à 1981, il est directeur musical de l'Orchestre National d'Espagne et, en 1979, il est nommé à la tête de l'Orchestre de Chambre Néerlandais. Entre 1981 et 1986, il retrouve la direction de l'Orchestre de Barcelone. En 1990, il est nommé à la tête de l'Orchestre Symphonique de Madrid « Arbós ».

Il a créé des œuvres de Xavier Benguerel (*Sinfonia per a un festival,* 1966), Robert Gerhard (*L'Alta Naixença del Rei en Jaume*, cantate, version intégrale, 1984 ; *The Duenna*, création scénique, 1992), Joan Guinjoan (*Ab origine,* 1974), Xavier Montsalvatge (*Viatge a la lluna,* 1966), Joseph Soler (*La Transfiguració,* 1975).

Ross, Elise

Soprano américaine, née à New York le 28 avril 1947.

Sa carrière commence en 1970 : elle interprète des œuvres de Berio avec le Juilliard Ensemble et l'Orchestre Philharmonique de Los Angeles. Elle vient ensuite en Europe, en tournée avec le London Sinfonietta. Dans l'opéra de Berio, *Passagio* (1962-63), elle chante le rôle principal « Elle », à Rome et enregistre la musique de chambre du compositeur italien, avec le London Sinfonietta. Au Festival de Royan, en France, à Bath, à Venise, à Varsovie, elle crée des œuvres contemporaines, interprète intelligente de théâtre musical (*Passion selon Sade* de Bussotti). En 1981, en création mondiale, elle est *Phèdre* dans *Le Racine* de Bussotti, à la Piccola Scala. Elle sait aussi se constituer un répertoire très personnel, chantant des œuvres écrites entre 1900 et 1933, selon la seconde école viennoise et le cabaret berlinois. Elle est une excellente actrice, possédant charme et ironie, étrangeté, sens dramatique. Elle travaille souvent avec l'Ensemble InterContemporain. Les lieder de Berg, de Webern, les mélodies de Debussy et Ravel, mais aussi en remontant le temps Strauss, Schumann, Mozart prouvent qu'elle n'est pas seulement cantatrice de l'avant-garde. Elle a épousé le chef d'orchestre **Simon Rattle**.

Ross, Scott

Claveciniste et organiste américain, né à Pittsburgh le 1er mars 1951, mort à Assas le 14 juin 1989.

A l'âge de quatorze ans, il se fixe en France et étudie au Conservatoire de Nice (1965-68) : classes d'orgue (René Saorgin), de clavecin (Huguette Grémy-Chauliac, 1er prix en 1968). Puis il travaille au Conservatoire de Paris (1969-71) : classe de clavecin (Robert Veyron-Lacroix) et de basse chiffrée (Laurence Boulay). A Anvers

– classe de clavecin (Kenneth Gilbert) – il remporte le diplôme supérieur (Speciaal Hoger Diploma, 1972). Au Concours international de Bruges, il obtient le 1er prix en 1971. Occasionnellement il suit les cours de Michel Chapuis (orgue). Son répertoire l'ouvre pour l'instant essentiellement aux compositeurs du XVIIIe siècle (Bach, Couperin, Scarlatti, Rameau), mais il se spécialise plus particulièrement dans la musique française des XVIIe et XVIIIe siècles. Professeur à l'Université Laval à Québec (Canada) depuis 1973, il est professeur invité à l'Académie de musique ancienne en Occitanie (1974-80), à l'Académie de musique ancienne de Bourgogne (Semur-en-Auxois, 1980). En collaboration avec K. Gilbert, il a édité des *Pièces de clavecin* de J.H. d'Anglebert, et les œuvres complètes de Scarlatti (en cours de parution). Sa facture préférée, tant pour le clavecin que pour l'orgue, est celle des XVIIe et XVIIIe siècles. Profondément influencée par la pensée philosophique du XVIIIe siècle français, son approche de l'interprétation se veut à la fois très rigoureuse, fondée sur les travaux musicologiques concernant les techniques anciennes, et la plus vivante qui soit, recherchant à communiquer par leur musique ce que se proposaient de faire les compositeurs eux-mêmes. Après avoir gravé l'œuvre de Rameau (1975) et de F. Couperin (1978), il a réalisé l'enregistrement intégral des sonates de D. Scarlatti (34 compact-discs) pour le bicentenaire de la naissance du compositeur (1985).

Rössel-Majdan, Hildegard

Alto autrichienne, née le 21 janvier 1921 à Moosbierbaum.

Elle étudie le chant à l'Académie de musique de Vienne. Ses apparitions en concert et en oratorio ont fait plus pour sa renommée que ses prestations lyriques à la Staatsoper de Vienne où elle fait partie de la troupe depuis 1951. Chantant sous la direction de Karajan, Scherchen, Klemperer, elle se révèle une interprète sensible des cantates de Bach comme des symphonies de Mahler. Nommée Kammersängerin en 1962, elle enseigne jusqu'en 1972 à l'Académie de Graz, puis à la Hochschule für Musik de Vienne.

Rossi, Mario

Chef d'orchestre italien, né à Rome le 29 mars 1902, mort à Rome le 29 juin 1992.

Il fait ses études musicales au Conservatoire Sainte-Cécile de sa ville natale, travaillant notamment avec Respighi et G. Setaccioli jusqu'en 1925. De 1926 à 1936, il est second chef à l'Augusteo de Rome que dirige alors Bernardino Molinari. Il enseigne la direction d'orchestre au Conservatoire Sainte-Cécile de 1931 à 1936. Puis il prend la direction musicale du Mai Florentin (1936-44), avant d'être nommé à la tête de l'Orchestre Symphonique de la RAI de Turin (1946-69). Il enseigne également au conservatoire de cette ville. Il a remporté le Prix Schoenberg pour son action en faveur de la musique contemporaine. Parmi les œuvres qu'il a créées figurent des pages de Gian Francesco Malipiero (*Antonio e Cleopatra,* 1938 ; *I Capricci di Callot,* 1942 ; *Vergilii Aeneis,* version de concert, 1946), Goffredo Petrassi (*Tre Cori,* 1932 ; *Noche oscura,* 1951), Nino Rota (*Symphonie n° 1*, 1940).

Rossi-Lemeni, Nicola

Basse italienne, né à Istanbul le 6 novembre 1920, mort à Bloomington (Indiana) le 12 mars 1991.

Son père est italien et sa mère, Xenia Lemeni-Macedon, professeur au Conservatoire d'Odessa. Il est élevé en Italie où il étudie le droit. Sans formation particulière, il débute à la Fenice comme Varlam (*Boris Godounov*). En 1946, il s'impose à l'Opéra de Trieste comme Philippe II (*Don Carlos*). Sa carrière est marquée par la personnalité de Tullio Serafin dont il épouse la fille Vittoria, en 1949. Habitué du Festival de Vérone, depuis 1946, il débute à la Scala en 1950, ainsi qu'à l'Opéra de Rome. Il sera régulièrement invité par ces deux théâtres. En 1951, il débute en Amérique du Nord, d'abord à San Francisco, où il triomphe en *Boris Godounov*. En 1953, il est appelé au Met où sa carrière est éblouissante. En 1956, il chante à l'Opéra de Chicago. En 1958, il crée à la Scala *Meurtre dans la cathédrale* de Pizzetti, dans le rôle de Thomas Becket. En 1958, il épouse en secondes noces la cantatrice **Virginia Zeani**.

Sa carrière mondiale se dessine très brillante, autant sur scène qu'en concert. Il s'impose également comme poète, publie deux volumes de vers (*Impeti*, *Le Orme*) et collabore à plusieurs revues littéraires. Il a enseigné à l'Université de l'Indiana, à Bloomington.

Rössler, Almut

Organiste et chef de chœur allemande, née à Beveringen le 12 juin 1932.

Elle étudie l'orgue avec Michael Schneider à Detmold et Gaston Litaize à Paris, le piano avec Hans Richter-Haaser et la direction chorale avec Kurt Thomas. Sa carrière internationale se développe rapidement et elle s'impose notamment dans le domaine de la musique contemporaine. Elle est chef de chœur (Kantor) à la Johanneskirche de Düsseldorf et professeur d'orgue à l'Institut Robert Schumann de cette même ville. Elle a fondé et dirige les Johannes-Kantorei, ensemble choral qui se consacre à la musique a cappella comme aux grands oratorios de Bach à Frank Martin. Elle est considérée comme l'une des plus éminentes spécialistes de la musique de Messiaen auquel elle a consacré de nombreuses études. Elle a également assuré la direction artistique de quatre festivals Messiaen à Düsseldorf (1968, 1972, 1979 et 1986). Elle donne des master classes au Japon et aux États-Unis (Yale, Michigan) où elle a été consacrée « organiste de l'année 1986 ». Elle a créé des œuvres de Jürg Baur (*Orgel-Suite,* 1990), Johann Nepomuk David, André Jolivet, Giselher Klebe (*Concerto pour orgue,* 1980), Kondo, Leitner, Olivier Messiaen (*Le Mystère de la sainte Trinité,* 1972 ; *Le Livre du saint Sacrement,* 1986).

Rostal, Max

Violoniste autrichien naturalisé anglais, né à Teschen le 7 août 1905, mort à Berne le 6 août 1991.

Max Rostal étudie à Vienne avec Arnold Rosé, puis à Berlin avec Carl Flesch. Sa première apparition publique se situe à l'âge de six ans. Dans le même temps, il étudie la composition à la Hochschule für Musik de Berlin, avec Emil Bohnke et Matyas Seibel. En 1927, il est violon solo de l'Orchestre Philharmonique d'Oslo. Puis Carl Flesch le prend comme assistant à la Musikhochschule de Berlin (1928-30) avant qu'il soit nommé professeur dans la même école (1930-33). Peu après 1933, Rostal quitte l'Allemagne et s'installe à Londres où il est professeur à la Guildhall School of Music (1944-58) ; il y a notamment comme élèves les membres de l'Amadeus Quartet. En 1957, il se fixe à Berne où il enseigne au Conservatoire ainsi qu'à la Hochschule für Musik de Cologne (1957-82). Entre 1960 et 1973, il forme un trio avec le pianiste Heinz Schröter et le violoncelliste Gaspar Cassadó, remplacé après sa mort par Siegfried Palm. Max Rostal, qui a énormément influencé toute une génération de violonistes, a révélé au public anglais le *Concerto* de Khatchaturian et le *Second Concerto* de Bartók. Il a créé plusieurs œuvres du compositeur anglais Benjamin Frankel (*Concerto pour violon*, déd., 1956 ; *Serenata concertante* pour trio avec piano et orchestre, 1961 ; *Sonates pour violon seul nº 1*, 1944 ; *nº 2*, 1962). Il possédait un Stradivarius de 1698 et un Guarnerius del Gesù de 1733, le *Charles Reade.*

ÉCRITS : *Beethoven, die Sonaten für Klavier und Violine* (1981).

Rostropovitch, Mstislav

Violoncelliste, chef d'orchestre et pianiste russe, naturalisé suisse (1982), né à Bakou le 27 mars 1927.

Fils et petit-fils de violoncellistes, il apprend le piano avec sa mère à l'âge de quatre ans. A huit ans, son père le fait entrer à l'École Centrale puis au Conservatoire de Moscou (1937-48) : il étudie le piano, le violoncelle, la direction et la composition. Il a pour professeurs V. Chebaline, Kozoloupov et D. Chostakovitch. En 1942, il donne son premier concert. En 1945, il obtient le 1er prix au Concours général de Moscou et, en 1947 et 1949, est lauréat des concours internationaux de Prague et de Budapest. Un an plus tard, encore à Prague, il partage son 1er prix avec un autre violoncelliste soviétique, D. Shafran. Il enseigne au Conservatoire de Leningrad. Ce n'est qu'en 1964 que commence sa carrière internationale, grâce à un concert en Allemagne fédérale ; cependant, son activité a déjà été très importante dans son pays : chargé de cours au Conservatoire de Moscou en 1948, puis nommé six ans plus tard professeur de violoncelle et de contrebasse. En 1955, il épouse Galina Vichnievskaia, soprano au Bolchoï. L'opéra l'attire et, en 1967, il dirige *Eugène Onéguine* au Bolchoï. Sa nature de chef ne demandait qu'à s'exprimer et, déjà lorsqu'il jouait en soliste avec un orchestre, on sentait sa passion. Très vite, il dirige régulièrement au Bolchoï.

Sa vie est liée totalement à son art ; Rostropovitch poursuit à travers la voix solo du violoncelle, l'accompagnement au piano de mélodies russes ou de lieder et la direction, le même idéal passionné, courageux, celui-là même qui le fait prendre parti pour Soljenitsyne, pour la liberté d'expression, pour l'art sans frontière. Ceux qui l'ont vu jouer n'oublient pas son visage qui reflète chaque émotion, ses mains grandes et fines, son ardeur. Rostropovitch est aussi un excellent professeur. Après avoir enseigné à ses élèves la technique du violoncelle, il leur donne le sens de l'interprétation au piano, afin de ne pas les influencer. Les compositeurs d'aujourd'hui qui l'écoutent et le voient vivre désirent écrire pour lui. Il a suscité plus d'une soixantaine d'œuvres : *Concertos n° 1 et 2*, *Sonate pour violoncelle et piano* (Chostakovitch), *Concerto n° 2* (Jolivet), *Symphonie concertante*, *Sonate pour violoncelle et piano* (Prokofiev), *Concerto* (Khrennikov), *Symphonie concertante*, *Sonate pour violoncelle et piano*, les *3 suites* (Britten), *Sonate* (Ohana), *Concerto* (Bliss), *Tout un monde lointain* (Dutilleux), *Concerto* (Lutosławski), *Sonate* (J. Wiéner), *Mélodie concertante* (Sauguet), *Variations* pour violoncelle et orchestre (Piston), *Concerto per Mstislav Rostropovitch* (Mortari), *Concerto* (Titchenko), *Hommage à Paul Sacher*, 12 pièces écrites pour les soixante-dix ans du grand chef suisse par Beck, Berio, Britten, Boulez, Dutilleux, Fortner, Ginastera, Halffter, Henze, Holliger, Huber et Lutosławski, *Passacaglia* (Walton), *Concerto n° 2* (Cristóbal Halffter, 1986), *Concerto pour violoncelle* (Norbert Moret, 1988), *Noctis equi*, scène pour violoncelle et orchestre (Alun Hoddinott, 1989), *Concerto pour violoncelle n° 2* (Alfred Schnittke, 1990), *Romanza* pour violoncelle et orchestre de chambre (David Matthews, 1990), *Concerto « In Dark and Blue »* (Maurice Ohana, 1991), *Concerto pour violoncelle* (Andrzej Panufnik, 1992), *Triptyque* pour violoncelle et orchestre (Renaud Gagneux, 1993), *Concerto pour violoncelle* (Rodion Chtchedrine, 1994). Chostakovitch a écrit : « Quoi que joue Rostropovitch, Bach ou Hindemith, c'est toujours l'expression intense de notre temps que nous entendons, claire, puissante. C'est toujours l'interprétation d'un homme d'aujourd'hui. »

Merveilleux partenaire de musique de chambre, il a longtemps joué en trio avec Guilels et Kogan, en sonate avec Richter. Ses partenaires sont maintenant Horowitz, Menuhin ou Argerich. En 1974, il quitte l'URSS et sera déchu de la nationalité soviétique en 1978 « pour actes portant systématiquement préjudice au prestige de l'Union soviétique ». Il commence courageusement une nouvelle carrière et prend, en 1977, la succession d'Antal Dorati à la tête de l'Orchestre National de Washington, poste qu'il conserve jusqu'en 1994. Toujours en 1977, il est nommé directeur artistique du Festival d'Aldeburgh, fondé et dirigé jusqu'à sa mort par Britten. En 1983, il fonde le Rostropovitch Festival à Snape. En 1988, il est élu à l'Institut de France, membre associé étranger de l'Académie des Beaux-Arts. En 1990, réintégré dans sa nationalité d'origine, il réapparaît sur les scènes de son pays natal à la tête du National Symphony Orchestra de Washington. Le chef d'orchestre a aussi un nombre impressionnant de créations à son actif : *Symphonie n° 2* (1965), *Carmen-Suite* (1967) de Chtchedrine, *Trois Méditations* (1977) de Bernstein, *Un enfant appelle* (1979) et *La Prison*, pour soprano, violoncelle et orchestre (1983) de Landowski, *Timbre, espace, mouvement* (1979) de Dutilleux, *Novelette* (1980) de Lutosławski, *Symphonie n° 9* (1982) de Mennin, *Prologue et fantaisie* (1982) de Walton, *Vox humana* 1983) de Druckman, *Requiem polonais* (1984) de Penderecki,

Praise we great Men (1985) de Britten, *Go* (1992) de Dusapin, *Memorial* (1993) de Colin Matthews, *La Vie avec un idiot,* opéra (1992) et *Symphonie nº 6* (1993) de Schnittke. Son violoncelle, un Stradivarius de 1711, a appartenu à Duport (dont il porte le nom) et à Franchomme.

Roswaenge, Helge

Ténor danois, né à Copenhague le 29 août 1897, mort à Munich le 19 juin 1972.

Diplômé de l'École Polytechnique de Copenhague pour la fabrication d'un succédané du café, il s'oriente vers la carrière de chanteur après avoir travaillé avec différents professeurs danois et allemands. Il est engagé successivement à Neustrelitz (1921-22), Altenburg (1922-24), Bâle (1924-26), Cologne (1926-29) et à la Staatsoper de Berlin en 1929. Mais c'est à la Staatsoper de Vienne qu'il accomplit l'essentiel de sa carrière, de 1930 à la fin des années cinquante, y chantant aussi bien les grands rôles mozartiens que l'*Opéra de Quat'Sous*. Il débute en 1932 au Festival de Salzbourg où il est un incomparable Tamino (notamment en 1937 sous la direction de Toscanini), et en 1934 à Bayreuth dans le rôle de Parsifal. Il a également servi la cause du lied, contribuant à faire redécouvrir ceux de Wolf et des compositeurs scandinaves.

ÉCRITS : *Skratta Pajazzo*, autobiographie (Copenhague, 1945), *Mach es besser, mein Sohn*, autobiographie (Leipzig, 1962), *Letfaden für Gesangsbeflissene* (Munich, 1964).

Roth, Daniel

Organiste français, né à Mulhouse le 31 octobre 1942.

Il commence l'étude de l'orgue par admiration pour Albert Schweitzer. Après ses études au conservatoire de sa ville natale, il entre en 1960 au Conservatoire de Paris où il obtient des premiers prix d'harmonie (classe de Maurice Duruflé, 1962), contrepoint et fugue (Marcel Bitsch, 1963), orgue et improvisation (Rolande Falcinelli, 1963), accompagnement (Henriette Puig-Roget, 1970). Il travaille également la musique ancienne et son interprétation avec Marie-Claire Alain. Lauréat de plusieurs prix internationaux, prix SACEM de composition pour orgue (Nice, 1964), prix d'interprétation de Arnhem (1964), prix d'exécution et d'improvisation des Amis de l'Orgue (Paris, 1966), il remporte, en 1971, le 1er prix du Concours international de Chartres.

Membre de la Commission des orgues de la Ville de Paris et organiste titulaire du Cavaillé-Coll de la basilique du Sacré-Cœur (1973-83), où il fut le suppléant de Rolande Falcinelli de 1963 à 1973, Daniel Roth est aussi pédagogue. Il est professeur d'orgue au Conservatoire de Marseille de 1973 à 1979, puis au Conservatoire de Strasbourg. Il professe régulièrement à l'Académie d'été de Haarlem (Hollande). De 1974 à 1976, il est professeur à l'Université catholique d'Amérique et artiste résident au National Shrine à Washington. En 1983, il succède à J.-J. Grünenwald comme organiste titulaire à Saint-Sulpice. En 1988, il est nommé professeur à la Musikhochschule de Sarrebruck. Il a créé des œuvres de Graciane Finzi (*Orchestra*, 1987).

Rothenberger, Anneliese

Soprano allemande, née à Mannheim le 19 juin 1919.

Elle étudie le chant au Conservatoire de Mannheim puis avec, entre autres, Erika Müller. Elle débute au Théâtre Municipal de Coblence en 1943, où elle doit également tenir les emplois de comédienne. Puis elle est engagée à l'Opéra de Hambourg, en 1946, et appartient à cette troupe jusqu'en 1956. Avec ce théâtre, elle remporte un grand succès au Festival d'Édimbourg, en 1953. Durant sa période hambourgeoise, elle apparaît fréquemment dans des émissions de radio. En 1956, elle est engagée à l'Opéra de Düsseldorf-Duisbourg. Mais, dès 1953, elle est fréquemment invitée à l'Opéra de Vienne dont elle devient pensionnaire dès 1958. Depuis 1954, elle participe chaque année au Festival de Salzbourg où elle tient le rôle d'Agnès lors de la première européenne de *L'École des femmes* (Liebermann), en 1957. En 1960, elle triomphe à la Scala et peu après au Met, en Zdenka (*Arabella*). Elle est invitée dans toutes les grandes capitales d'Europe, d'Amérique du Nord et du Sud. Très populaire, elle tourne en Allemagne et en Autriche plusieurs films musicaux. En Grande-Bretagne, elle tourne en anglais le film d'opérette *Fledermaus 1955*. En 1967, elle crée à l'Opéra de Zurich le rôle-titre de *Madame Bovary* de Sutermeister. En 1970, elle entreprend une tournée triomphale en Russie. Elle est une des sopranos les plus ravissantes de notre époque, autant par son colorature que par son charme et son aisance dans les rôles lyriques.

ÉCRITS : *Melodie meines Lebens*, autobiographie (Munich, 1972).

Rother, Artur

Chef d'orchestre allemand, né à Stettin le 12 octobre 1885, mort à Aschau le 22 septembre 1972.

Il travaille d'abord avec son père puis avec Hugo Kaun à Berlin. En 1905, il débute comme pianiste. L'année suivante, il est répétiteur à Wiesbaden puis chef des chœurs. De 1907 à 1914, il est assistant à Bayreuth. Après avoir dirigé dans différents théâtres allemands, il est nommé directeur général de la musique à Dessau (1927-34) puis à la Städtische Oper de Berlin (1935-43 et 1953-58), devenue après la guerre la Deutsche Oper. Il dirige également l'Orchestre Symphonique de la Radio de Berlin-Est de 1946 à 1949.

Rotzsch, Hans-Joachim

Ténor et chef de chœur allemand, né à Leipzig le 25 avril 1929.

Il fait ses études au Kirchenmusikalischen Institut et à la Musikhochschule de Leipzig avec Günther Ramin, Amadeus Webersinke et Johannes Weyrauch (1949-53). Il travaille également le chant avec Fritz Polster. Puis il commence une carrière de chanteur et se produit notamment avec le Thomanerchor de Leipzig, chantant dans les passions, oratorios et cantates de Bach. A partir de 1953, il est membre des Leipziger Bachsolisten. En 1961, il commence à enseigner à la Hochschule für Musik de Leipzig et il prend, en 1965, la direction du Chœur de l'Université de cette même ville. En 1972, il reçoit le titre de professeur et est nommé cantor à Saint-Thomas de Leipzig, poste qu'il conserve jusqu'en 1991.

Rouits, Dominique

Chef d'orchestre français, né au Mans le 5 avril 1949.

Il fait simultanément des études musicales et de mathématiques et commence une carrière dans l'enseignement et la recherche scientifique. Il étudie la direction d'orchestre avec Pierre Dervaux, à l'École Normale de Musique, où il obtient la licence de concert en 1977. Il devient l'assistant de Pierre Dervaux dans cette même classe et lui succède en 1982. Parallèlement, il est l'assistant de Marc Soustrot à l'Orchestre Philharmonique des Pays de la Loire, de Jean-Claude Casadesus à l'Orchestre National de Lille et de Peter Eötvös à l'Ensemble InterContemporain. Il mène une carrière de chef invité et accorde une grande place à la pédagogie. Entre 1987 et 1991, il est chargé de mission auprès du directeur du Conservatoire de Paris, dans le cadre du cycle de perfectionnement. Il est directeur musical de l'Orchestre Symphonique et Lyrique de Massy. Il a créé des œuvres de Peter Eötvös, Michaël Levinas, Alain Louvier.

Rouleau, Joseph

Basse canadienne, né à Matane (Québec) le 28 février 1929.

Il commence très jeune à donner une série de récitals pour les Jeunesses musicales, durant ses études au Conservatoire de la Province de Québec. Ayant obtenu plusieurs prix, au sortir du Conservatoire, il peut, grâce à une bourse du gouvernement provincial, poursuivre ses études à Milan et à Rome (1952-55). Aux États-Unis, il est le lauréat du Concours « New Orleans Experimental Theatre of Opera », ce qui lui permet de débuter, en 1956, avec le New Orleans Opera Co. Puis il est engagé sur audition au Covent Garden où, la première saison, il tient sept rôles et participe à trente-cinq spectacles avec, entre autres, Maria Callas, Joan Sutherland et Marilyn Horne. Il chante également avec le Scottish Opera. Il est invité à l'Opéra de Paris, à la Monnaie, en Hollande et en Allemagne. Il chante également au Liceo et au Théâtre Colón. De retour en Amérique du Nord, il est invité par le New York City Opera, ainsi que par le Canadian Opera Co. et par l'Opéra du Québec. Il a effectué trois tournées importantes en URSS, où la critique l'a comparé à Chaliapine.

Sa haute stature et sa voix profonde lui ont permis de s'imposer avec force dans tout le répertoire russe et italien, mais également dans les œuvres de Berlioz, Charpentier, Debussy, Offenbach, Delibes...

Roussel, Jacques

Chef d'orchestre français, né à Paris le 12 novembre 1911.

Il fait ses études musicales, d'abord en France, avec Marc de Rance et Eugène Bigot, à Paris, et avec Hans Swarowsky, à Nice ; puis en Autriche, avec Fritz Weidlich, au Conservatoire d'Innsbrück. En 1961, il crée l'ensemble Antiqua Musica de Paris, dont il est le directeur depuis cette date : plus de mille concerts en France et à l'étranger, avec les plus grands solistes. De 1966 à 1974, Jacques Roussel est animateur musical, délégué du ministère des Affaires culturelles. En 1968, il fonde le Festival « Les heures musicales du Mont-Saint-Michel » dont il est le directeur artistique. Il a également fondé, au sein de ce festival, une session d'orchestre de jeunes (orchestre symphonique), en 1977, et un Concours international de trio à cordes.

Rousset, Christophe

Claveciniste et chef d'orchestre français, né en Avignon le 12 avril 1961.

Il se passionne dès l'âge de treize ans pour le clavecin ; il travaille avec André Raynaud et Huguette Dreyfus à la Schola Cantorum de Paris puis avec Kenneth Gilbert. En 1980, il part étudier au Conservatoire Royal de La Haye, avec Bob Van Asperen pour le clavecin, les frères Kuijken et Lucy Van Dael pour la musique de chambre. Il suit parallèlement les cours d'interprétation de Gustav Leonhardt. En 1983, alors qu'il vient d'obtenir son diplôme de soliste à La Haye, il remporte le premier prix au Concours international de clavecin de Bruges. Il est par ailleurs boursier de la Fondation de la vocation, parrainée par le prince Rainier de Monaco. Il compte dès lors parmi les interprètes les plus recherchés de sa génération. Il est depuis 1991 professeur au Conservatoire de Paris. Il se tourne vers la direction d'orchestre avec des ensembles comme Les Arts Florissants ou Il Seminario musicale. En 1991, il crée son propre ensemble, les Talens lyriques.

Rouvier, Jacques

Pianiste français, né à Marseille le 18 janvier 1947.

Après avoir étudié au Conservatoire de Paris, avec Aline Van Barentzen et Jean Hubeau, il obtient des premiers prix de piano (1965) et de musique de chambre (1967). Il entre ensuite chez Vlado Perlemuter et Pierre Sancan, en cycle de perfectionnement, et travaille plus tard avec Jean Fassina. Les prix se succèdent : 1er prix du Concours Viotti à Vercelli et du Concours de Barcelone (1967), 1er prix du Concours Marguerite Long-Jacques Thibaud (1971), prix Ravel de l'Union Européenne de Radio. J. Rouvier est aussi lauréat de la Fondation de la Vocation. En 1970, il fonde un trio avec Jean-Jacques Kantorow et Philippe Muller. Parmi ses réalisations discographiques, l'intégrale de l'œuvre pour piano de Ravel ainsi que les sonates pour violon et piano de Debussy et Ravel (avec Kantorow), couronnées par un Grand Prix du disque. Il assure des master classes au Canada et à l'Académie Ravel de Saint-Jean-de-Luz et est professeur au Conservatoire de Paris depuis 1979.

Rowicki, Witold

Chef d'orchestre polonais, né à Taganrog (Russie) le 26 février 1914, mort à Varsovie le 1er octobre 1989.

Il étudie le violon avec A. Malawski et la composition avec M. J. Piotrowski et B. Wallek-Walewski au Conservatoire de Cracovie. Il obtient son diplôme de violon en 1938 mais il a déjà fait ses débuts de chef d'orchestre cinq ans plus tôt. Jusqu'en 1945, il mène une carrière d'instrumentiste, fait beaucoup de musique de chambre et travaille avec le frère de Paul Hindemith, Rudolf (1942-44). Puis il est chargé de faire renaître l'Orchestre Symphonique de la Radio Polonaise qui avait disparu pendant la guerre (1945-50). Il prend ensuite la direction artistique de la Philharmonie Nationale de Varsovie (1950-55 puis 1958-77). En même temps, il enseigne à l'École Supérieure de Musique de Varsovie (1952-54) et est premier chef à la Philharmonie de Cracovie (1957-59). De 1965 à 1970, il est directeur du Théâtre Wielki. Il mène une carrière internationale qui l'a amené à diriger et à enregistrer avec les plus grands orchestres. Entre 1983 et 1985, il est à la tête de l'Orchestre Symphonique de Bamberg. Il a créé des œuvres de Grażyna Bacewicz, Tadeusz Baird (la plupart de ses œuvres, notamment *Cassation,* 1956 ; *4 Essais,* 1958), Niccolò Castiglioni (*Synchromie,* 1963), Witold Lutosławski (*Jeux vénitiens,* 1961), François-Bernard Mâche (*La Peau du silence,* 1969), Krzysztof Penderecki (*Cantata in honorem Almae Matris Universitatis Iagellonicae,* 1964). Lutosławski lui a dédié son *Concerto pour orchestre* (1954), Baird ses *4 Essais* (1958).

Rubinstein, Arthur

Pianiste polonais naturalisé américain (1946), né à Łódź le 28 janvier 1887, mort à Genève le 20 décembre 1982.

C'est un enfant prodige qui donne son premier concert à cinq ans. Il étudie à Varsovie avec A. Rózycki et a l'occasion de travailler avec Paderewski. Il se rend ensuite à Berlin où il se perfectionne avec Heinrich Barth, Robert Kahn et Max Bruch. Pour son premier concert important, il joue un concerto de Mozart sous la baguette de Joachim (1897). Il effectue une tournée en Russie avec Koussevitzky, fait ses débuts américains en 1906 et se fixe à Paris. Pendant la guerre de 1914-1918, il vit en Angleterre où il travaille comme interprète (il parlait huit langues : polonais, français, anglais, allemand, russe, italien, espagnol et portugais). Puis il donne une importante série de concerts pour les Alliés avec Eugène Ysaÿe. En 1916, il effectue une grande tournée en Espagne (plus de cent vingt concerts) : de cette époque datent les relations privilégiées qu'il a toujours entretenues avec la musique ibérique. Puis il découvre l'Amérique du Sud. En 1932, il épouse la fille du chef d'orchestre polonais **Emil Mlynarski** (1870-1935), Aniela. Sa consécration internationale date de 1937 lorsqu'il retourne aux États-Unis. Il s'installe à Hollywood en 1946 où ses partenaires de musique de chambre sont d'abord Jascha Heifetz et Emanuel Feuermann, puis Gregor Piatigorsky, plus tard les membres du Quatuor Guarneri, Henryk Szeryng et Pierre Fournier. Il se fixe à nouveau à Paris en 1954 et se consacre à des cycles de concerts « marathoniens » couvrant l'essentiel de la littérature pianistique avec orchestre, qu'il donne à Londres et à Paris (1955) puis à New York (1956). Il refait une expérience analogue à Carnegie Hall en 1961 (dix programmes différents en quarante jours). Il s'illustre dans le grand répertoire traditionnel, notamment dans Chopin qui lui vaut ses succès les plus mérités. Souvent plus heureux au concert qu'au disque, il est l'un des rares pianistes à être connu des non-mélomanes. A l'approche de son 90e anniversaire, il donnait encore des récitals, donnant l'image d'une vitalité rare. Stravinski a transcrit pour lui trois danses de *Petrouchka* et écrit à son intention *Piano Rag Music* (1919). Il a reçu en dédicace des œuvres de Carlos Chávez (*Estudio a Rubinstein, en secondes mineures,* 1974), Henri Dutilleux (*2 Préludes pour piano,* 1974), Federico Mompou (*Cancion y danza nº 6,* 1954), Karol Szymanowski (*Variations en si bémol mineur*, op. 3, 1903 ; *Masque nº 3*, 1916 ; *Mazurkas*, op. 50, nos 1 à 4, 1925 ; *Symphonie concertante* pour piano et orchestre, 1932), Heitor Villa-Lobos, Germaine Tailleferre (*Quatuor à cordes nº 2*, 1917), et, surtout, la *Fantasia Baetica* (1920) de Manuel de Falla.

ÉCRITS : *Mes longues années* (1973-80).

Rubio, Consuelo

Soprano espagnole, née à Madrid le 15 mars 1927, morte à Madrid le 1er mars 1981.

Elle étudie au Conservatoire de Madrid dont elle sort en 1948 avec un 1er prix. Elle débute la même année à Madrid et remporte un certain succès en Espagne, tant au Festival de Grenade qu'au Liceo de Barcelone. En 1953, elle obtient le 1er prix du Concours international de Genève. L'année suivante, elle remporte au Colón un immense succès comme Mimi (*La Bohème*) et Eva (*Les Maîtres chanteurs*). Sa carrière n'est qu'une suite de succès, invitée – soit sur scène, soit en concerts – dans toute l'Europe. Elle chante à l'Opéra de Paris et au Festival d'Aix-en-Provence (Donna Elvira de *Don Giovanni*, en 1958). Elle élargit son répertoire et aborde les grands rôles dramatiques. Ainsi en 1957, au Festival de Glyndebourne, elle chante *Alceste* (Gluck) et, en 1959, elle triomphe au Teatro Massimo de Palerme dans le rôle-titre de *Beatrice di Tenda* (Bellini) et en Rosario de *Goyescas* (Granados). En 1960-61, elle chante à l'Opéra de Vienne ; en 1962, à l'Opéra de Chicago. En décembre 1962, elle chante Eboli (*Don Carlos*) pour la réouverture du Grand Théâtre de Genève. Elle s'impose également comme interprète de mélodies, spécialement de mélodies espagnoles (de Falla) et comme spécialiste de zarzuela.

Rübsam, Wolfgang

Organiste allemand, né à Gießen le 16 octobre 1946.

Élève de Helmut Walcha à Francfort, Robert Anderson à la Southern Methodist University de Dallas (jusqu'en 1971) et Marie-Claire Alain à Paris (1971-74), il remporte le grand prix d'interprétation à Chartres en 1973. Il s'impose rapidement par des enregistrements marquants : intégrale de l'œuvre de J. S. Bach (1977), Buxtehude, Franck, Widor, Messiaen. Il est professeur de musique d'église et d'orgue à la Northwestern University d'Evanston (Illinois).

Rudel, Julius

Chef d'orchestre autrichien naturalisé américain (1944), né à Vienne le 6 mars 1921.

Il commence ses études à l'Académie de musique de Vienne puis émigre aux États-Unis en 1938. Il est étudiant à la Mannes School of Music de New York. En 1943, il est pianiste répétiteur au New York City Opera. Il y fait ses débuts comme chef d'orchestre dans *Le Baron tzigane* de Johann Strauss en 1944. De 1957 à 1979, il est directeur artistique de la Compagnie et lui donnera une grande renommée en produisant un répertoire très large de Monteverdi à Janáček. Il en reste le premier chef après 1979. Il est également remarqué comme directeur musical du Caramoor Festival (État de New York), comme conseiller musical du Wolf Trap Farm Park for the Performing Arts (district de Columbia) et enfin comme directeur du Kennedy Center à Washington (1974-78).

Il se produit dans tous les États-Unis, en Israël et dans les capitales européennes. De 1980 à 1983, il dirige l'Orchestre Philharmonique de Buffalo. Il a créé de nombreux opéras de compositeurs américains et *Bomarzo* (1967) d'Alberto Ginastera.

Rudolf, Max

Chef d'orchestre allemand naturalisé américain (1946), né à Francfort le 15 juin 1902.

Au Hoch Konservatorium de Francfort, il travaille le piano avec Eduard Jung et la composition avec Bernhard Sekles (1914-22) avant de débuter comme chef des chœurs à Fribourg. Il est ensuite nommé à l'Opéra de Darmstadt où il devient premier chef (1927-29). On le trouve ensuite à l'Opéra Allemand de Prague (1929-35), invité régulier de l'Orchestre Symphonique de Göteborg (1935-40) et de l'Orchestre Symphonique de la Radio Suédoise. En 1940, il se fixe aux États-Unis où sa carrière sera liée au Metropolitan Opera de New York : il y dirige de 1945 à 1958 et y est conseiller artistique de 1950 à 1958. Il prend ensuite la direction de l'Orchestre Symphonique de Cincinnati (1958-70) et dirige le Mai Musical de cette ville (1963-70). Fixé à Philadelphie, il enseigne au Curtis Institute (1970-73 et à partir de 1983) avant de prendre la direction de l'Orchestre Symphonique de Dallas (1973-74). Il revient au Met comme invité (1973-

75) et est nommé conseiller musical de l'Orchestre Symphonique de New Jersey (1976).

ÉCRITS : *The Grammar of Conducting* (1950).

Rudy, Mikhail

Pianiste russe, naturalisé français, né à Tachkent le 3 avril 1953.

Il commence la musique à l'âge de cinq ans et entre au Conservatoire de Moscou en 1969 dans la classe Yakov Fliere. Lauréat du Concours Bach à Leipzig (1971), il termine ses études en 1975 et reçoit, la même année, le 1er Grand Prix Marguerite Long à Paris. En 1975-76, Mikhail Rudy donne plus de cent concerts dans les grandes villes d'URSS et d'Europe orientale. En 1977, à l'occasion d'une tournée en France, il choisit de ne pas retourner en Union soviétique et se fixe à Paris. Sa carrière se développe rapidement : il joue le *Triple Concerto* de Beethoven avec Isaac Stern et Mstislav Rostropovitch pour le 90e anniversaire de Marc Chagall, il fait ses débuts aux États-Unis avec Lorin Maazel, Herbert von Karajan l'invite au 20e Festival de Pâques à Salzbourg (1988)... En 1989, son retour en URSS à l'occasion d'un *Grand Échiquier* de Jacques Chancel marque une étape importante dans sa vie autant que dans sa carrière. Son répertoire, très vaste, va jusqu'à Messiaen. Il a enregistré, entre autres, l'intégrale de l'œuvre de Scriabine.

Ruffo, Titta
(Ruffo Cafiero Titta)

Baryton italien, né à Pise le 9 juin 1877, mort à Florence le 5 juillet 1953.

A l'Académie Sainte-Cécile de Rome, il travaille avec Persichini puis, à Milan, avec Sparapani et Casini. En 1898, il fait ses débuts à Rome dans *Lohengrin* (le Héraut). Après avoir chanté dans différents théâtres italiens, il passe plusieurs années en Amérique du Sud d'où il revient auréolé : en 1903, il débute à la Scala dans *Rigoletto.* La même année, il chante Enrico et Figaro (*Le Barbier de Séville*) au Covent Garden. Il est invité à Paris et à Vienne. De 1908 à 1931, il sera l'hôte régulier du Colón tout en chantant à Philadelphie (*Rigoletto,* 1912), Chicago (1912-14 puis 1919-21), New York (au Met où il débute dans Figaro en 1922 et où il paraît jusqu'en 1929). De retour à Rome, il s'impose comme l'un des plus grands interprètes de Verdi. En 1937, il est arrêté pendant quelque temps pour ses activités antifascistes. A sa libération, il se fixera à Florence et se consacrera surtout à l'enseignement. Parmi ses élèves figure Mado Robin. Il laisse le souvenir d'un inoubliable Scarpia (*La Tosca*).

ÉCRITS : *La mia parabola* (1937).

Ruhland, Konrad

Chef de chœur et musicologue allemand, né à Landau-sur-l'Isar.

Il a ses premières impressions musicales comme choriste à la cathédrale de Passau. Après des études classiques, il étudie la musicologie à l'Université de Munich où il est l'élève de Georgiades et Göllner. Il approfondit les problèmes de la notation musicale dans la monodie et la polyphonie du Moyen Age et s'intéresse aux questions de morphologie musicale et de pratiques d'exécution de la même époque. Son étude sérieuse du bas latin, de la théologie, de l'histoire et de l'évolution des rites liturgiques participe étroitement à sa recherche proprement musicologique, et se trouve en prise directe sur les interprétations qu'il propose, non seulement en participant à de multiples colloques, séminaires, cours internationaux (académies estivales à l'Université de Philadelphie, par exemple), mais en tant que chef de chœur. Il est le fondateur et le directeur de la Cappella Antiqua de Munich (1956). Le répertoire de cet ensemble vocal et instrumental aborde une vaste période, s'étendant des monodies religieuses (grégoriennes et assimilées) aux madrigaux du premier Baroque, avec une prédilection marquée pour la musique du Moyen Age et de la Renaissance dont il renouvelle l'approche stylistique.

Rühlmann, François

Chef d'orchestre belge, né à Bruxelles le 11 janvier 1868, mort à Paris le 8 juin 1948.

Au Conservatoire de Bruxelles, il reçoit une formation de hautboïste et travaille la direction d'orchestre avec Joseph Dupont. Pendant sept ans, il fait partie de l'Orchestre du Théâtre Royal de la Monnaie. En 1892, il fait ses débuts de chef d'orchestre à Rouen et, trois ans plus tard, il est nommé chef d'orchestre au Grand Théâtre de Liège. En 1896, il occupe les mêmes fonctions à Anvers puis, de 1898 à 1904, à la Monnaie. En 1905, il vient à Paris où il est premier chef à l'Opéra-Comique. L'année suivante, il est nommé directeur musical (1906-08, puis 1910-13). A la veille de la guerre, André Caplet l'appelle à l'Opéra où il n'aura pas le loisir d'exercer longtemps. En 1920, il revient en Belgique où il est nommé directeur musical à la Monnaie. Il prend également en charge les Concerts populaires de Bruxelles. En 1923, il est à nouveau premier chef d'orchestre à l'Opéra-Comique. C'est lui qui dirigea la création d'*Ariane et Barbe-Bleue* de Dukas (1907), de *L'Heure espagnole* de Ravel (1911), de *Mârouf* de Rabaud (1914) et, à l'Opéra, de *La Légende de saint Christophe* de d'Indy (1920), de *Guercœur* de Magnard (1931) et de *Maximilien* de Milhaud (1932).

Ruiz-Pipo, Antonio

Pianiste, compositeur et musicologue espagnol naturalisé français en 1979, né à Grenade le 7 avril 1934.

Il fait, de 1948 à 1950, ses études musicales à Barcelone (chant grégorien, orgue, harmonie, musique de chambre) et travaille le piano avec Alicia de Larrocha. Parallèlement, il aborde la composition avec Blancafort, Montsalvage et Ohana. A cette époque, il est membre du Cercle Manuel de Falla qui regroupe, à Barcelone, des jeunes compositeurs. Il se fixe en France en 1951. Il y rencontre Yves Nat et se perfectionne avec Alfred Cortot (1952). Ses travaux de musicologie lui permettent d'asseoir sa carrière de soliste sur le XVIIIe et le romantisme espagnol. Il réalise le premier enregistrement de l'intégrale de l'œuvre pour piano de Georges Bizet. Fondateur et directeur musical du Festival des Nuits Musicales de Bonaguil (Lot) de 1962 à 1974, il obtient, en 1976, le Prix international de composition Zaragoza, ainsi que le Prix national Padre Soler. Professeur de piano et d'esthétique musicale à l'École Normale de Musique de Paris, il donne des cours d'interprétation de musique espagnole à Vienne (Autriche). Producteur d'émissions musicales à Radio France et à la Radio Nationale de Madrid, il collabore également à Radio Canada. Parmi les nombreuses partitions qu'il écrit pour la guitare, la harpe, le piano, la voix, le quatuor et l'orchestre, on peut citer : une musique de scène pour Jean-Louis Barrault, *Tablas* pour guitare et orchestre, créé en 1975 par Narciso Yepes, le concertino *Tres en Raya* pour guitare et orchestre (1979) et *Le Livre du lointain* pour orchestre.

Runnicles, Donald

Chef d'orchestre écossais, né à Édimbourg le 16 novembre 1954.

Il fait ses études à l'Université d'Édimbourg et à celle de Cambridge puis entre au London Opera Centre en 1977. L'année suivante, il est nommé répétiteur à l'Opéra de Mannheim où il fait ses débuts en 1980 en dirigeant *Les Contes d'Hoffmann*. Il y est nommé premier chef d'orchestre en 1984. En 1982, il est engagé comme assistant au Festival de Bayreuth où il travaille avec James Levine. En 1987, il est nommé premier chef à l'Opéra de Hanovre. L'année suivante, il débute au Met dans *Lulu*. En 1989, il est directeur général de la musique à Fribourg-en-Brisgau. En 1990, il dirige la *Tétralogie* à l'Opéra de San Francisco dont il devient directeur musical en 1992. Il dirige également à Glyndebourne et à l'Opéra de Vienne (débuts en 1991).

Rupp, Franz

Pianiste allemand naturalisé américain, né à Schongau le 24 février 1901, mort à New York le 27 mai 1992.

Il entre à l'Académie de musique de Munich en 1915 où il travaille le piano avec

August Schmid-Lindner. Il donne son premier concert trois ans plus tard et commence une carrière marquée par l'accompagnement et la musique de chambre : il est le partenaire de Lotte Lehmann, Elisabeth Schumann, Heinrich Schlusnus, Kulenkampff, Casals, Kreisler (avec qui il enregistre la première intégrale des dix sonates pour violon et piano de Beethoven en 1935-36). En 1938, il quitte l'Allemagne et se fixe à New York où il sera l'accompagnateur de Marian Anderson pendant vingt-cinq ans. Il enseigne au Curtis Institute de Philadelphie, titulaire d'une classe de lieder et de musique de chambre.

Russell Davies, Dennis

Chef d'orchestre américain, né à Toledo (Ohio) le 16 avril 1944.

A la Juilliard School, il travaille le piano avec Robert Goldsand, Lonny Epstein et Sascha Gorodnitzki, la direction d'orchestre avec Jorge Mester et Jean Morel. Il fait ses débuts de pianiste en 1961 et enseigne à la Juilliard School de 1968 à 1971. En 1968, il fonde avec Luciano Berio The Ensemble in New York avec lequel il se consacre à la musique de son temps. Entre 1971 et 1980, il est directeur musical de l'Orchestre de Chambre de Saint-Paul (Minnesota). En 1974, il prend la direction du Festival de Cabrillo et, en 1975, du White Mountain Festival of the Arts. Simultanément, il dirige l'Orchestre Symphonique de Norwalk (1968-72) et le Juilliard Ensemble (1968-74). En 1974, il fait ses débuts lyriques en Europe. En 1976, à la fondation de l'American Composers Orchestra (New York), il prend la direction de cette nouvelle phalange créée pour assurer la promotion de la musique des compositeurs américains. Régulièrement invité à l'Opéra de Stuttgart, il en prend la direction musicale en 1978. La même année, il dirige *Le Vaisseau fantôme* à Bayreuth. En 1987, il quitte Stuttgart pour occuper les mêmes fonctions à l'Opéra de Bonn (1987-90) ; il est également à la tête de l'Orchestre de la Beethovenhalle (1987-92). En 1990, il est nommé directeur musical de l'Opéra et de l'Orchestre Philharmonique de Brooklyn (New York). En 1995, il prend la direction musicale de l'Orchestre de Chambre de Stuttgart et, en 1996, il devient premier chef de l'Orchestre Symphonique de la Radio Autrichienne, à Vienne.

Il a créé des œuvres de Luciano Berio (*Opera,* 1970), John Cage, Elliott Carter, Michael Denhoff (*Traumbuch eines Gefangenen,* 1989), Morton Feldman, Allain Gaussin (*Eclipse,* 1979), Hans Werner Henze (*La Chatte anglaise,* 1983), Mauricio Kagel (*Musik für Tasteninstrumente und Orchester,* 1989), Bruno Maderna, Marc Monnet (*La Scène,* 1982), Michael Obst (*Poèmes,* 1993), Arvo Pärt (*Te Deum,* 1985), Joan Tower (*Sequoia,* 1981), Manfred Trojahn (*Enrico,* opéra, 1991 ; *L'Autunno,* 1993).

Růžičková, Zuzana

Claveciniste tchèque, née à Plzeň le 14 janvier 1927.

Entre 1947 et 1951, elle étudie le piano en compagnie de A. Šín et František Rauch, et le clavecin avec O. Kredba, à l'Académie des arts de Prague. En 1956, sa carrière internationale débute par son prix obtenu au Concours de Munich. Deux ans plus tard, elle vient travailler à Paris avec Marguerite Roesgen-Champion. Elle donne ses premiers concerts sous la direction de Jean Witold. En 1961, elle fonde avec Václav Neumann l'Ensemble des Solistes de Prague. Son répertoire baroque (Couperin, Purcell et Bach) lui permet de jouer avec Josef Suk, Janós Starker, Pierre Fournier et Jean-Pierre Rampal. En dix ans, elle enregistre l'intégrale de l'œuvre pour clavecin de J. S. Bach. Mais elle ne dédaigne pas pour autant Bartók, Martinů et Poulenc. Depuis 1951 elle enseigne le clavecin à l'Académie des arts de Prague, ainsi qu'à l'École Supérieure de Musique de Bratislava. Elle dirige les cours d'études supérieures à Prague et à Zurich. Son mari, le compositeur **Viktor Kalabis**, lui a dédié ses *Six Inventions canoniques pour 2 voix* en 1963, ainsi que son *Concerto pour clavecin.* Elle est aussi dédicataire des *Hommaggi gravicembalistici* de J. Rychlik (1960). Elle a gravé une nouvelle intégrale de l'œuvre de J. S. Bach, enregistrement numérique réalisé au Japon.

Rydl, Kurt

Basse autrichienne, né à Vienne le 9 octobre 1947.

Il entreprend des études de zoologie tout en suivant des cours de chant au Conservatoire de Vienne. Il obtient une bourse pour l'Académie de musique de Moscou et remporte des prix aux concours de chant de Paris et de Barcelone. Il débute alors en 1972 au Landestheater de Linz, puis chante à l'Opéra de Stuttgart où il apparaît pour la première fois en 1973 dans Daland. Dès 1975, il est invité au Festival de Bayreuth et, à partir de l'année suivante, à l'Opéra de Vienne dont il fait partie de la troupe à partir de 1977. Il y chante notamment Rocco, Zaccaria, Méphisto (Gounod), Mark et le Landgrave. Il se produit parallèlement à San Francisco, Tokyo, Paris, Munich... En 1985, il débute à Salzbourg dans *Le Retour d'Ulysse* de Monteverdi-Henze. Il y chante ensuite Osmin (1987-89) et Rocco (1990), rôle de ses débuts à la Scala de Milan, toujours en 1990.

Rysanek, Leonie

Soprano puis mezzo-soprano autrichienne, née à Vienne le 14 novembre 1926.

Elle étudie avec Alfred Jerger et **Rudolf Grossmann** qui sera son premier mari. Elle débute à Innsbruck en 1949 (Agathe) et appartient à l'Opéra de Sarrebruck de 1950 à 1952. Son incarnation de Sieglinde lors de la réouverture du Festival de Bayreuth en 1951 la rend célèbre et lui ouvre les portes des Opéras de Munich (1952) et Vienne (1954). Elle paraît au Covent Garden depuis 1953, à San Francisco depuis 1957, au Met depuis 1959. Wagnérienne célèbre (à Bayreuth, elle a chanté Elsa, Elisabeth, Senta et la Kundry du centenaire de *Parsifal* en 1982), elle est aussi une Leonore (*Fidelio*) intense, une grande verdienne (Amelia, Élisabeth de Valois, Lady Macbeth, Desdemona) et une interprète idéale de Richard Strauss : elle a ainsi chanté l'Impératrice de *La Femme sans ombre* (notamment à l'Opéra de Paris en 1972), Hélène l'Égyptienne, Danae, Chrisothémis, la Maréchale, Ariane, plus récemment Salomé (en particulier à Orange en 1974) et le rôle-titre d'*Elektra* (notamment au cinéma, sous la direction de Karl Böhm, en 1981). Au milieu des années quatre-vingt, elle abandonne les rôles de soprano pour incarner triomphalement quelques grands mezzos : Clytemnestre (Marseille, 1988), Marfa, Kostelnička, Hérodias, la Comtesse de *La Dame de pique.*

Sa sœur **Lotte Rysanek**, née le 18 mars 1928, est soprano lyrique à l'Opéra de Vienne.

S

Sabata, Victor de

Voir à **De Sabata, Victor.**

Sabran, Gersende de

Pianiste française, née à Ansouis le 29 juillet 1942.

Issue d'une famille de musiciens, elle reçoit un enseignement musical dès l'âge de six ans. Élève d'Yvonne Lefébure au Conservatoire de Paris, elle obtient des premiers prix de musique de chambre et de piano. Très tôt, elle éprouve une grande affinité avec la musique de Mozart, qu'elle donne assez souvent en concert. Elle a épousé le duc d'Orléans, fils du comte de Paris.

Sacher, Paul

Chef d'orchestre suisse, né à Bâle le 28 avril 1906.

Il travaille la direction d'orchestre avec Weingartner au Conservatoire de Bâle et la musicologie avec Karl Nef à l'Université. En 1926, il fonde l'Orchestre de Chambre de Bâle, avec lequel il fait revivre des partitions anciennes. Deux ans plus tard, il lui adjoint le Chœur de Chambre de Bâle et, en 1933, il fonde la Schola Cantorum Basiliensis qui associe les recherches musicologiques à des exécutions toujours plus fidèles de la musique ancienne. Il commence déjà à s'intéresser à la musique contemporaine dont il sera l'un des plus fervents défenseurs. En 1931, il est membre du Comité de l'Association des musiciens suisses (dont il sera le président de 1946 à 1955). Entre 1935 et 1946, il préside la section suisse de la SIMC. En 1941, il fonde le Collegium Musicum de Zurich, un nouvel orchestre de chambre qui complète les activités de l'Orchestre de Bâle. En 1954, il réunit la Schola Cantorum Basiliensis, le Conservatoire et la Musikschule de Bâle en un seul organisme, la Musikakademie der Stadt Basel dont il est le directeur jusqu'en 1969.

Paul Sacher a consacré une part très importante de sa carrière à la musique de son temps, commandant des partitions à des compositeurs d'esthétiques très diverses et les imposant au public. Il a une centaine de commandes à son actif et plus de 200 créations. Parmi ses commandes, les plus marquantes sont signées Bartók (*Musique pour cordes, percussion et célesta*, 1937, *Sonate pour deux pianos et percussion*, 1938, *Divertimento*, 1940), Honegger (*Danse des morts*, 1940, *Symphonies nos 2* et *4*, 1942 et 47, *Une cantate de Noël*, 1953), Stravinski (*Concerto pour cordes*, 1947, *A Sermon, a Narrative and a Prayer*, 1962), R. Strauss (*Métamorphoses*, 1946), Martinů (*Double Concerto*, 1940, *Concerto de camera*, 1942, *Toccata e due canzoni*, 1947), Hindemith (*Symphonie Harmonie du monde*, 1952), F. Martin (*Der Cornet*, 1945, *Petite Symphonie concertante*, 1946, *Concerto pour violon no 1*, 1952, *Études pour cordes*, 1956, *Concerto pour violoncelle*, 1967), Petrassi (*Concerto pour orchestre n° 2*, 1952), Ibert (*Symphonie concertante pour hautbois*, 1951), Malipiero (*Symphonie n° 6*, 1949), Mihalovici (*Sinfonia giocosa*, 1951), Fortner (*Prismen*, 1975, *Variations pour orchestre de chambre*, 1980), Holliger (*Quatuor*, 1973, *Atembogen*, 1975), Henze (*Sonata per archi*, 1958, *Cantata della fiaba estrema*, 1965, *Double Concerto pour hautbois et harpe*, 1966, *Concerto pour violon n° 2*, 1972), Berio (*Corale*, 1982), Lutosławski (*Double Concerto pour hautbois et harpe*, 1980), Beck (*Lichter und Schatten*, 1982), Rihm (*Gebild*, 1984), Takemitsu (*Eucalypts I*, 1970), Moret (*Hymnes de silence*, 1978, *Double Concerto pour violon, violoncelle et orchestre de chambre*, 1982, *Visitations*, opéra, 1983, *Two Love Poems*, 1984, *Triple Concerto* pour flûte, hautbois, harpe et orchestre à cordes, 1985, *Concerto pour violoncelle*, 1988), Dutilleux (*Mystère de l'instant*, 1989), Blacher, Bennett, Burkhard, Casella, Křenek, Liebermann, Marescotti, Tippett... Paul Sacher a également dirigé la première audition de *Jeanne au bûcher* (Honegger, 1938), *La Passion grecque* (Martinů, 1961) et la *Cantata academica* (Britten, 1960). A l'occasion de son 70e anniversaire, 12 compositeurs lui ont offert des pièces pour violoncelle seul commandées par Rostropovitch (Beck, Berio, Boulez, Britten, Dutilleux, Fortner, Ginastera, C. Halffter, Henze, Holliger, Huber et Lutosławski).

ÉCRITS : *Adolf Hamm (1882-1938), Organist am Münster zu Basel* (Bâle, 1942).

Sack, Erna (Erna Weber)

Soprano colorature allemande, née à Berlin-Spandau le 6 février 1898, morte à Wiesbaden le 2 mars 1972.

Elle étudie le chant à Prague et à Berlin. En 1928, elle est engagée à l'Opéra de Berlin en qualité d'élève pour un petit rôle d'alto. En 1930, elle entre au Théâtre municipal de Bielefeld où elle change de registre et devient soprano colorature. En 1932, elle est reçue dans la troupe du Théâtre d'État de Wiesbaden, puis elle passe en 1934 à l'Opéra de Breslau et en 1935, à celui de Dresde. Là, elle crée le rôle d'Isotta dans *La Femme silencieuse* de Richard Strauss. Depuis 1933, elle est invitée par l'Opéra de Berlin, où elle remporte de grands succès. On la fête à Milan, à Londres, à Paris et à Vienne, à Hambourg et à Munich, ainsi qu'au Festival de Salzbourg. En 1936, elle entreprend une tournée triomphale en Amérique du Nord. Pendant la guerre, elle se produit surtout en Suède, en Suisse et en Turquie. En 1947, elle commence, au Brésil, une tournée mondiale de cinq ans qui la conduit à travers l'Amérique du Sud, le Canada, l'Afrique du Sud et l'Australie. En 1954-55, elle donne deux grandes séries de concerts à travers l'Amérique du Nord. Depuis 1953, elle retourne chaque année, à nouveau, en Allemagne car, depuis la guerre, elle habite la Californie. Puis en 1956, elle s'installe à Murnau (Haute-Bavière). Elle a tourné dans plusieurs films. Sa voix de colorature passait pour un phénomène, puisqu'elle avait une tessiture de quatre octaves. On l'appelait « le rossignol allemand ». Aucun rôle ne comprenant tant de notes, c'est dans les chansons et les mélodies coloratures qu'elle pouvait donner la pleine mesure de ses possibilités. L'histoire du chant ne compte qu'un seul phénomène semblable, la soprano Lucrezia Agujari (1743-83). Une ville des États-Unis porte son nom.

Sádlo, Miloš (Miloš Zàtvrzskỳ)

Violoncelliste tchèque, né à Prague le 13 avril 1912.

Il étudie le violon puis le violoncelle avec P. Sádlo (1928-30), pédagogue éminent dont il adopte le nom par reconnaissance (1929). Il entre dans sa classe au Conservatoire dix ans plus tard (1938-41). Il suivra les cours de Pablo Casals à Prades (1955). Sa carrière commence dans le domaine de la musique de chambre : il est membre du Quatuor de Prague (1931-33), puis il fonde le Trio Tchèque (avec Plocek et Páleníček), auquel il appartient de 1944 à 1954. Il fait ensuite partie du Trio Suk (1956-60) et du Trio de Prague (1966-73) avant de revenir au Trio Tchèque en 1973. De 1949 à 1953, il est violoncelle solo de la Philharmonie Tchèque et, depuis 1950, professeur à l'Académie des arts musicaux de Prague. Il mène en outre une carrière de soliste qui lui a permis de révéler de nombreuses œuvres du répertoire tchèque ancien et romantique, dont le *Concerto en la majeur*, œuvre de jeunesse de Dvořák. Il a été le premier interprète moderne du *Concerto en ut* de J. Haydn (1962). Khatchatourian lui a dédié son *Concerto pour violoncelle* (1947). V. Dobiáš, J. Kalaš, V. Sommer, V. Kalabis, E. Axman et I. Řezáč ont également composé pour lui. Il a créé en outre le *Concerto pour violoncelle* de Martinů (troisième version, 1956), la *Fantaisie de concert*, op. 35 (1949) de Pantcho Vladiguerov et le *Concerto pour violoncelle* de Grażyna Bacewicz. Il joue sur un Gagliano de 1750.

Safonov, Vassili

Pianiste et chef d'orchestre russe, né à Irkoustk (Staniza Ischerskaia) le 6 février 1852, mort à Kislovodsk le 27 février 1918.

Au Conservatoire de Saint-Pétersbourg, il travaille le piano avec Leschetizky et Brassin ainsi que les écritures et la composition avec N. Zaremba et Sieke, jusqu'en 1880. Il fait alors ses débuts de pianiste et effectue plusieurs tournées avec le violoncelliste Davidov. De 1881 à 1885, il enseigne au Conservatoire de Saint-Pétersbourg avant d'être nommé au Conservatoire de Moscou (1885-1905), où il succède à Taneiev comme directeur (1889-1905). Parmi ses élèves, on compte Lhévinne, Scriabine et Medtner. A cette époque, il se tourne vers la direction d'orchestre et dirige les concerts de la Société Impériale Russe à Moscou (1890-1905). Il est l'un des fervents défenseurs de la musique de Tchaïkovski qu'il impose chez lui comme à l'étranger : au début du siècle, il effectue ses premières tournées de chef d'orchestre et devient chef permanent de la Philharmonie de New York (1906-09). Il dirige simultanément le Conservatoire national de New York. De retour dans son pays, il dirige les concerts de la Société Impériale de Musique Russe à Saint-Pétersbourg. Il a été l'un des premiers chefs d'orchestre à abandonner la baguette.

ÉCRITS : *A New Formula for the Piano Teacher and Piano Student* (1916).

Sage, Joseph

Haute-contre français, né à Paris le 10 juin 1935.

Il possède une étendue vocale de plus de trois octaves, d'où la largeur de son répertoire, qui va des polyphonies anciennes à la musique contemporaine. Il a travaillé avec Charles Ravier, à qui il dit « tout devoir ». Depuis 1959, il est haute-contre titulaire de l'Ensemble Polyphonique de Paris. Il a participé aux plus importants festivals de musique ancienne en Europe. Il a aussi créé des opéras modernes, *Orden* et *Addio Garibaldi* de G. Arrigo, *Le Diable dans la bouteille* de Sutermeister, ainsi que des drames liturgiques revus par Ravier. Il a fondé avec Michel Sanvoisin l'ensemble Ars Antiqua de Paris (plus de 2 000 concerts) et a enregistré (télévision) le rôle de Chérubin à l'octave réelle.

Saint-Martin, Léonce de

Organiste et compositeur français, né à Albi le 31 octobre 1886, mort à Paris le 10 juin 1954.

Après des études de solfège et de piano, à partir de l'âge de cinq ans, il devient, à quatorze ans, le suppléant de l'organiste de l'église Sainte-Cécile de sa ville natale. Après des études de droit, il revient à la musique et est l'élève, pour l'orgue, d'Adolphe Marty, professeur à l'Institution Nationale des Jeunes Aveugles et organiste à Saint-François-Xavier à Paris. Après la guerre de 1914-18, durant laquelle il est mobilisé, il travaille avec Vierne, pour l'orgue, et Berdelin pour la composition. Dès 1920, il est intérimaire à Notre-Dame de Paris et c'est en 1924 qu'il est officiellement nommé organiste suppléant de Louis Vierne aux claviers du grand Cavaillé-Coll de la cathédrale. A la mort de Vierne (1937), Léonce de Saint-Martin est nommé titulaire de la tribune de Notre-Dame. Il y demeure jusqu'à sa mort. Organiste connu surtout grâce à son poste à Notre-Dame, il donne également de nombreux concerts en France et à l'étranger. Pour la France, il se fait entendre particulièrement sur les ondes de la Radio nationale, où il donne 50 auditions entre janvier 1936 et avril 1937. Interprète des maîtres anciens, tels Bach, Mendelssohn, Liszt et Franck, Léonce de Saint-Martin a composé de nombreuses pièces pour son instrument, dont *Suite cyclique, Offertoire pour la fête simple de la Vierge* (1930), *Passacaille* (1940), *Pastorale* (1942) – et aussi des pages pour voix et orgue, clavecin, orchestre et orgue (*Poème symphonique*, 1940), pour chœurs, etc. Il a créé des œuvres de Georges Migot (*Premier Livre d'orgue*, 1939).

Saint-Saëns, Camille

Pianiste, organiste et compositeur français, né à Paris le 9 octobre 1835, mort à Alger le 16 décembre 1921.

Enfant prodige, il travaille le piano avec Stamaty puis, à sept ans, commence l'étude de la composition avec Pierre Maleden et de l'orgue avec Alexandre Boëly. En 1846, il donne son premier concert salle Pleyel où il joue des concertos de Mozart et de Beethoven. Il poursuit ses études générales en faisant preuve de la même précocité. En 1848, il entre au Conservatoire où il est l'élève de François Benoist (orgue) et d'Halévy (composition). Dès 1853, il est nommé organiste à Saint-Séverin, où il ne reste que quelques mois, puis à Saint-Merri. Quatre ans plus tard, il s'installe derrière l'orgue de la Madeleine où il restera près de vingt ans (1857-76). Liszt l'entend improviser sur cet instrument et le considère comme le plus grand organiste du monde. De 1861 à 1865, il enseigne le piano à l'École Niedermeyer où il a notamment comme élèves Fauré et Messager. En 1871, il fonde avec Romain Bussine la Société Nationale de Musique, qu'il dirige jusqu'en 1886.

Saint-Saëns possédait une technique pianistique peu commune qu'il garda jusqu'à la fin de sa vie ; certains enregistrements en conservent le souvenir. Son jeu était très dépouillé et contrastait, par sa sobriété un peu sèche, avec la générosité parfois excessive des pianistes romantiques. Proust appréciait particulièrement la grâce avec laquelle il jouait Mozart. Il fit revivre Bach et Mozart ainsi que plusieurs musiciens français du XVIIIe siècle : il fut l'un des premiers à jouer l'intégrale des concertos de Mozart et on lui doit une édition de l'œuvre pour clavecin de Rameau (17 volumes publiés entre 1895 et 1914). Son répertoire était aussi ouvert à certaines nouveautés, comme les œuvres de Schumann, dont il se fit le champion, ou celles de Liszt. Saint-Saëns a reçu en dédicace le *Concerto pour piano*, op. 12 d'Alexis de Castillon (qu'il a créé en 1871), le *Quintette* pour piano et cordes (qu'il a créé en 1879) et *Prélude, choral et fugue* (1884) de César Franck, *Méphisto-Valse nº 2* (1881) de Franz Liszt, la *Sonate pour piano* (1901) de Paul Dukas, *Le Bal de Béatrice d'Este* (1905) de Reynaldo Hahn, *Pénélope* (1913) de Gabriel Fauré, compositeur dont il a par ailleurs créé les *Impromptus nº 2 et 3* (1885)

ÉCRITS : *Harmonie et mélodie* (Paris, 1885), *Charles Gounod et le "Don Juan" de Mozart* (Paris, 1893), *Portraits et Souvenirs* (Paris, 1909), *Au courant de la vie* (Paris, 1916), *Divagations sérieuses* (Paris, 1922).

Sainz de la Maza, Regino

Guitariste espagnol, né à Burgos le 7 septembre 1896, mort le 26 novembre 1981.

Après avoir commencé ses études musicales dans sa ville natale, il travaille à l'Académie des Beaux-Arts de San Sebastián (piano avec Germán Cendoya, harmonie avec Pagola). Un peu plus tard, il va à Madrid étudier la guitare au Conservatoire avec Fortea. Grâce à Tomás Bretón et Emilio Serrano, il obtient une bourse qui lui permet de poursuivre ses études à Barcelone. Sa carrière commence véritablement en 1919. En 1925, il joue à Paris puis dans toute l'Europe. Il est nommé professeur au Conservatoire Royal de Madrid en 1931. Il effectue sa première tournée en Amérique du Nord en 1937. En 1940, il crée à Madrid le *Concerto de Aranjuez* de Rodrigo, écrit à son intention. Avec cette œuvre, il fera le tour du monde. En 1956, il est élu membre de l'Académie royale espagnole des Beaux-Arts de San Fernando.

Salminen, Matti

Basse finlandaise, né à Turku le 7 juillet 1945.

Il étudie le chant à l'Académie Sibelius de Helsinki, à Rome et en Allemagne. Il débute en 1969 à l'Opéra national finlandais (Philippe II de *Don Carlos*), et appartient à la troupe de l'Opéra de Cologne de 1972 à 1976. En 1973, il débute à la Scala (Fafner), en 1976 à Bayreuth (où il chante Fasolt, Hunding, Daland, Mark...). Il chante Seneca dans *Le Couronnement de Poppée* du célèbre cycle monteverdien de Zurich, Fasolt et Hunding à l'Opéra de Paris en 1977-78, et apparaît à Hambourg, Munich, Savonlinna, Wexford, Vienne... Il fait ses débuts au Met en 1981 dans le roi Marke. Il y revient au cours des saisons suivantes pour incarner Sarastro, Rocco et le Landgraf. En 1984, il chante Boris à Zurich.

Salmond, Felix

Violoncelliste anglais, né à Londres le 19 novembre 1888, mort à New York le 19 février 1952.

Il étudie au Royal College of Music de Londres avec W.E. Whitehouse et à Bruxelles avec Edouard Jacobs. Il joue occasionnellement avec le Quatuor à cordes de Londres et crée avec cette formation le *Quatuor en mi mineur* et le *Quintette* d'Elgar (1919) avant d'être le premier interprète de son *Concerto pour violoncelle* la même année. Il mènera parallèlement une carrière de soliste et de musicien de chambre. Fixé aux États-Unis en 1922, il fonde, en 1937, le Trio de New York avec Carl Friedberg et Daniil Karpilovsky. Il mène également une grande carrière pédagogique au Curtis Institute (1925-42) et à la Juilliard School (1924-52).

Salonen, Esa-Pekka

Chef d'orchestre finlandais, né à Helsinki le 30 juin 1958.

Il reçoit une formation de corniste à l'Académie Sibelius de sa ville natale (1973-77) avant de se tourner vers la composition, qu'il étudie avec Einojuhani Rautavaara, et la direction d'orchestre avec Jorma Panula. En Italie, il suit les cours de Franco Donatoni et de Niccolò Castiglioni avant de faire ses débuts de chef d'orchestre en 1979. Il dirige la plupart des orchestres scandinaves et aborde le théâtre lyrique avec *Wozzeck*, à l'Opéra de Stockholm. En 1985, il est nommé à la tête de l'Orchestre Symphonique de la Radio de Stockholm. Il commence alors une carrière internationale, notamment comme principal chef invité du Philharmonia Orchestra de Londres. Il est également principal chef invité de l'Orchestre Philharmonique d'Oslo, conseiller artistique du New Stockholm Chamber Orchestra et dirige régulièrement le London Sinfonietta. En 1991, il est nommé directeur artistique de la Biennale d'Helsinki. En 1992, il prend la direction musicale de l'Orchestre Philharmonique de Los Angeles.

Il a créé des œuvres de Pär Lindgren (*Slagverkskonsert,* 1991 ; *Oaijé : Lines and Figurations,* 1993), Kaija Saariaho (*Grammaire des rêves,* 1989), Jan Sandström (*Små klanger ; en röst,* 1991), Robert Saxton (*The Circles of Light,* 1986).

Salzédo, Carlos

Harpiste et compositeur français naturalisé américain (1923), né à Arcachon le 6 avril 1885, mort à Waterville (Maine) le 17 août 1961.

Il fait ses études musicales au Conservatoire de Bordeaux (1891-94) puis à celui de Paris, où il est l'élève de A.J. Hasselmans pour la harpe et Ch.W. de Bériot pour le piano (1ers prix en 1901). En 1909, il se fixe à New York où il est engagé comme harpe solo au Met (1909-13). En 1913, il forme avec le flûtiste Georges Barrère et le violoncelliste Paul Kéfer le Trio de Lutèce. Il mène une importante carrière de soliste et de pédagogue, transportant outre-Atlantique la tradition française de la harpe. Il se fait l'apôtre de la musique nouvelle. En 1920, il fonde la *Eolian Review*, et, un an plus tard, la Guilde des compositeurs avec Edgar Varèse. En 1924, il est nommé professeur au Curtis Institute de Philadelphie. Il enseignera par la suite à la Juilliard School of Music de New York. En 1931, il fonde la Salzedo Harp Colony à Camden, dans le Maine. Comme compositeur, on lui doit essentiellement de la musique pour harpe, notamment deux concertos et différentes pièces.

ÉCRITS : *The Art of Modulating*, avec Lucile Lawrence (New York, 1950).

Sammons, Albert

Violoniste anglais, né à Londres le 23 février 1886, mort à Londres le 24 août 1957.

Il travaille avec son père et se perfectionne avec divers professeurs, notamment un élève d'Eugène Ysaÿe, Ferdinand Weist-Hill. Mais sa formation est plutôt celle d'un autodidacte. Il fait ses débuts de soliste à Londres en 1906. Puis il participe à la fondation du London String Quartet dont il est premier violon entre 1908 et 1917. A la même époque, il est le *leader* de l'orchestre qui se produit au Waldorf Hotel de Londres, où Sir Thomas Beecham l'entend et lui fait rejouer le mouvement lent du *Concerto en mi mineur* de Mendelssohn. Beecham l'engage aussitôt comme violon solo de son orchestre. A ce titre, il participe aux saisons londoniennes des Ballets russes de Diaghilev. En 1913, il est violon solo du Philharmonic Society Orchestra tout en menant déjà une importante carrière de soliste. Delius lui dédie son concerto, qu'il crée en 1919. Après la Première Guerre mondiale, il s'oriente davantage vers la pédagogie, tout en restant le violon solo de Beecham lorsqu'il fonde l'Orchestre Philharmonique de Londres. Il enseigne au Royal College of Music de Londres (1939-56). Il a d'abord joué sur un Guadagnini, puis sur un Stradivarius avant d'adopter un Goffriller de 1696.

Samossoud, Samuel

Chef d'orchestre russe, né à Tbilissi le 14 mai 1884, mort à Moscou le 6 novembre 1964.

Au Conservatoire de sa ville natale, il travaille le violoncelle avec V. Dobroholov et la composition avec Z. Paliasjvili. Il est diplômé en 1906 et se perfectionne à Prague puis à Paris. Il commence à jouer dans différents orchestres et débute à l'Opéra de Saint-Pétersbourg (1910). De 1917 à 1919, il est chef d'orchestre au Théâtre Mariinski de Petrograd ; puis il devient directeur artistique au Théâtre Maly de cette même ville, qui s'appelle alors Leningrad (1918-36). Il s'impose dès cette époque comme l'un des plus grands chefs d'opéra de son pays. Il est nommé directeur artistique et premier chef au Bolchoï (1936-43) puis au Théâtre Stanislavski-Nemirovitch-Danchenko de Moscou (1943-50). Il se tourne alors vers le domaine symphonique : de 1953 à 1957, il est à la tête de la Philharmonie de Moscou puis premier chef à la Radio. Sa carrière se double d'une activité pédagogique importante, notamment à Leningrad entre 1929 et 1936. Paralysé à la fin de sa vie, il cesse de diriger. Il a formé la plupart des chefs d'orchestre soviétiques de la génération suivante. Ardent défenseur de la musique de son temps, il a créé *Le Nez* (1930), *Lady Macbeth de Mtsensk* (1934) et la *Symphonie n° 7* (1942) de Chostakovitch, *La Famille de Taras* (1947) de Kabalevski, les huit premières scènes de *Guerre et Paix* (1944) et la *Symphonie n° 7* (1952) de Prokofiev.

Sancan, Pierre

Pianiste français, né à Mazamet le 24 octobre 1916.

Il commence le piano à l'École de musique de Meknès (Maroc). A quinze ans – alors qu'il est champion du Maroc de basket-ball... – il obtient un 1er prix de piano. Il travaille ensuite au Conservatoire de Toulouse (1932-34). En 1934, il entre au Conservatoire de Paris, où il étudie le piano avec Yves Nat, la fugue avec Noël Gallon, la composition avec Henri Büsser et la direction d'orchestre avec Charles Münch – qui lui proposera en 1943 de devenir son assistant à la Société des Concerts – et Roger Désormière. Il obtient une moisson de premiers prix : piano (1937), harmonie (1938), fugue (1938), accompagnement (1939), composition (1939). En 1943 il remporte le 1er Grand Prix de Rome. Outre ses activités de soliste, il se produit en duo avec Raymond Gallois-Montbrun et succède à Yves Nat, en 1956, au Conservatoire de Paris, où il enseigne jusqu'en 1985. Parmi les pianistes qu'il forme, on peut retenir les noms de Jean-Bernard Pommier, Michel Beroff, Jean-Philippe Collard, Jacques Rouvier, Daniel Varsano, Olivier Gardon. Il est l'auteur d'un opéra (*Ondine*), de plusieurs ballets (*Reflets, Commedia dell'Arte, Les Fourmis*), d'une *Symphonie pour cordes* et de nombreuses pages pour piano.

Sanderling, Kurt

Chef d'orchestre allemand naturalisé soviétique (1940), né à Arys le 19 septembre 1912.

Il fait ses études musicales à Königsberg et à Berlin (1922-31), où il devient répétiteur à la Städtische Oper (1931-33) puis au Jüdischen Kulturbund (1933-36). En 1936, il quitte l'Allemagne pour Moscou où il est l'assistant de Georges Sébastian à la Radio (1936-39). Il y fait ses débuts de chef d'orchestre en 1937. Puis il est chef permanent de la Philharmonie de Karkov (1939-42) avant d'être nommé à la tête de l'Orchestre Philharmonique de Leningrad conjointement avec Mravinski (1942-60). Il enseigne également au Conservatoire de Leningrad (1945-47). Il revient alors en RDA pour prendre la direction de l'Orchestre Symphonique de Berlin (1960-77) et, de 1964 à 1967, celle de la Staatskapelle de Dresde. Depuis 1977, il mène une carrière internationale de chef invité, notamment comme chef honoraire du Yomiuri Nippon Symphony Orchestra de Tokyo (à partir de 1979). Sa seconde femme, **Barbara**, est contrebasse solo de l'Orchestre Symphonique de Berlin. Son fils **Thomas** est également chef d'orchestre. Il a créé plusieurs partitions de compositeurs est-allemands, Günther Kochan (*Divertimento für Orchester,* 1965 ; *Symphonie nº 2,* 1969), Siegfried Matthus, Ernst Hermann Meyer (*Serenata pensierosa,* 1965), Rudolf Wagner-Régeny (*Einleitung und Ode,* 1967), Ruth Zechlin (*Thema mit 5 Veränderungen für großes Orchester,* 1971). Moïse Wainberg lui a dédié sa *Symphonie nº 2* (1946).

Sanderling, Thomas

Chef d'orchestre allemand, né à Novossibirsk le 2 octobre 1942.

Fils de **Kurt Sanderling**, il commence ses études musicales au Conservatoire de Leningrad, où il étudie le violon. En 1960, il entre à la Hochschule für Musik Hanns Eisler de Berlin-Est et fait ses débuts de chef d'orchestre deux ans plus tard. Il occupe des postes de chef d'orchestre à Sondershausen (1963-64) et Reichenbach (1964-66). En 1966, il est invité à Leningrad puis à Moscou où il rencontre Dimitri Chostakovitch. En 1966, il est nommé directeur musical à Halle où il s'impose notamment dans les ouvrages lyriques de Haendel. En 1978, Thomas Sanderling devient chef permanent à la Staatsoper de Berlin et fait ses débuts à l'Opéra de Vienne en dirigeant *La Flûte enchantée.* Sa carrière se développe alors rapidement en Europe occidentale et il se fixe en Allemagne fédérale en 1983. Il est nommé directeur artistique de l'Orchestre Philharmonique d'Amsterdam (1984-86) tout en menant une importante carrière de chef invité dans le domaine lyrique (Opéras de Francfort/Main, Munich, Berlin, la Fenice...) et symphonique (États-Unis, Japon...). En 1987, il se fixe à Londres.

Sanderson, Sibyl (Swift Sanderson)

Soprano américaine, née à Sacramento le 7 décembre 1865, morte à Paris le 15 mai 1903.

Elle fait ses études au Conservatoire de Paris, où Massenet l'entend. Enthousiasmé, il décide aussitôt d'écrire le rôle d'Esclarmonde à sa mesure. Il révise même Manon à son intention, pour ses premiers pas sur scène, à La Haye, en 1888, sous le nom d'Ada Palmer. Le 15 mai 1889, en pleine Exposition universelle, c'est la première d'*Esclarmonde* à l'Opéra-Comique. Sanderson chantera la centième, le 6 février 1890, et reprendra le rôle à Bruxelles fin, 1890. En 1890-91, elle parfait sa technique avec Blanche Marchesi et entre dans la troupe de l'Opéra-Comique en octobre 1891, où elle crée *Phryné* de Saint-Saëns. Elle passe ensuite à l'Opéra, et y crée *Thaïs* en 1894. Elle paraît à Covent Garden en 1891 (Manon), et au Met en 1895 (Manon, Juliette) sans remporter le même succès qu'à Paris. Elle quitte la scène en 1897 après son mariage, mais bientôt veuve, elle tente en vain un retour en 1901-02 à New York. Elle meurt d'une pneumonie. Massenet la considérait comme la Manon idéale et l'Esclarmonde absolue, tant pour sa beauté que pour l'étendue de sa voix, qui couvrait trois octaves.

Sándor, György

Pianiste hongrois naturalisé américain, né à Budapest le 21 septembre 1912.

Il travaille le piano avec Béla Bartók et la composition avec Zoltán Kodály au Conservatoire Liszt de Budapest. Il fait ses débuts dans sa ville natale en 1930, joue au Wigmore Hall à Londres en 1937 et s'installe aux États-Unis où il fait ses débuts en 1939. Il se produit également en Amérique du Sud, en Australie (1950). En 1946, il crée le *Concerto pour piano n° 3* de Bartók avec l'Orchestre de Philadelphie sous la direction d'Eugene Ormandy et donne la première exécution publique de la *Suite de danses* dans sa version pour piano au Carnegie Hall de New York. Il a enregistré l'intégrale de l'œuvre pour piano de Prokofiev (1967), de Bartók (Grand Prix du disque 1965) et de Kodály. Il a également édité des œuvres de Prokofiev, de Khatchatourian et une transcription très brillante de *L'Apprenti sorcier* de Dukas. Il enseigne à la Southern Methodist University (1956-61), à l'Université du Michigan, où il dirige le département des études pianistiques (1961-81) et à la Juilliard School of Music de New York (depuis 1982). Il donne des masters classes aux États-Unis, au Conservatoire de Paris, au Mozarteum de Salzbourg, à Assise, à Jérusalem et siège dans de nombreux jurys de concours internationaux.

ÉCRITS ; *On Piano Playing* (Schirmer, New York, 1981).

Santi, Nello

Chef d'orchestre italien, né à Adria le 22 novembre 1931.

Il fait ses études de composition au Lycée musical de Padoue avec Coltro et Pedrollo. Très vite attiré par le théâtre lyrique, il travaille les œuvres du répertoire et débute en 1951 avec *Rigoletto*, au Théâtre Verdi de Padoue. Il se rend en Espagne avec B. Gigli en 1956, puis dirige à Covent Garden en 1960. Chef invité à Vienne, dès 1960, il dirige (Verdi toujours) *La Traviata* et, à Salzbourg, la même année, *Don Carlos*. De 1962 à 1964, Nello Santi dirige au Met, et donne des concerts dans le monde. A Paris, il vient avec *Les Vêpres siciliennes*. De 1958 à 1969, il est directeur musical de l'Opéra de Zurich. En 1986, il prend la direction de l'Orchestre Symphonique de la Radio de Bâle. Spécialisé dans les ouvrages de Verdi, il est l'un des rares chefs d'orchestre d'opéra à pouvoir en chanter tous les rôles : il est vrai qu'il avait commencé une carrière de chanteur. Il dirige la plupart de ses répétitions sans partition. Il a créé une œuvre de Ruggero Leoncavallo (*La Nuit de mai,* 1990).

Santos, Turibio

Guitariste brésilien, né à São Luis, Maranhão le 7 mars 1943.

C'est à l'âge de dix ans qu'il est attiré par la guitare. Il travaille alors avec Antonio Rebello et Oscar Caceres. Son premier récital (à Rio de Janeiro) date de 1962. L'année suivante, il joue les *Douze Études* pour guitare de Villa-Lobos – dont il réalisera le premier enregistrement mondial – et crée son *Sextuor mystique*. En 1964, il fonde un duo de guitare avec Oscar Caceres. Il se fixe en Europe en 1965 et gagne, la même année, le 1er prix au Concours international de guitare de l'ORTF. Il poursuit alors sa formation avec Andrès Segovia et Julian Bream. Une intense activité de concertiste ne l'empêche pas de se consacrer avec énergie au renouvellement du répertoire de son instrument. Parmi les compositeurs qui ont écrit pour lui : Nobre, Krieger, Brouwer, Migot et Jolivet, dont il a créé les *2 Études de concert* (1970).

Sanvoisin, Michel

Flûtiste français, né à Sartrouville le 28 octobre 1943.

Il étudie la flûte à bec et la musique ancienne avec Jean Henry, Carl Dolmetsch et Antoine Geoffroy Dechaume. Il donne ses premiers concerts dès 1960 et effectue de nombreuses transcriptions pour son instrument. A la demande de Charles Ravier, il devient membre de l'Ensemble Polyphonique de la Radio. En 1965, il crée, avec Joseph Sage et Guy Robert, l'Ensemble Ars Antiqua de Paris, avec lequel il effectue de nombreuses tournées et réalise des enregistrements. Il publie plusieurs volumes de flûte à bec. Il est l'auteur de la musique de scène de *Peines de cœur d'une chatte anglaise* d'après Balzac (1975) et de la musique du film *The Nightingale*. Michel Sanvoisin a été professeur au Conservatoire de Rouen pendant deux ans.

Sanzogno, Nino

Chef d'orchestre et compositeur italien, né à Venise le 13 avril 1911, mort à Milan le 4 mai 1983.

Il fait ses études au Lycée musical de Venise avec F. De Guarnieri et M. Agostini, puis se perfectionne auprès de Scherchen et Malipiero. Il est violoniste dans le Quatuor Guarniri puis dirige le Groupe Instrumental Italien, devient chef permanent à la Fenice et aux Après-Midi musicaux de Milan. Dès 1939, il dirige à la Scala où il sera directeur musical de 1962 à 1965. Il dirige les tournées à Vienne (1955), Johannesburg (1956), Édimbourg (1957), Bruxelles (1958), Moscou (1964). En 1955, il inaugure la Piccola Scala avec *Le Mariage secret* de Cimarosa. Il défend avec finesse et intelligence la musique contemporaine, créant des œuvres de Giorgio Federico Ghedini (*Re Hassan*, 1939), Riccardo Malipiero (*Battono alla porta*, version télévisée, 1962 ; *Requiem*, 1976), Bohuslav Martinů (*Trois Ricercari*, 1939) ; plus tard, à la Biennale de Venise ou à la Scala de Milan, il dirige de nombreuses créations : *Le Cordouan* (Petrassi, 1949), *La Joyeuse Bande* (Malipiero, 1950), *David* (Milhaud, version scénique, 1955), *Variations pour orchestre de chambre* (Berio, 1955), *L'Ange de feu* (Prokofiev, première représentation en 1955), *Symphonie n° 1* (Hartmann, 1957), *Les Dialogues des carmélites* (Poulenc, 1957). Parmi ses compositions, citons : *Les Quatre Cavaliers de l'Apocalypse* (1930), *Concerto pour alto* (1935), *Introduction pour 10 instruments* (1936) et *Octuor* pour cordes et vents (1934).

Saorgin, René

Organiste français, né à Cannes le 31 octobre 1928.

Il effectue ses études musicales au Conservatoire de Nice puis au Conservatoire de Paris, où il étudie l'harmonie dans la classe de Maurice Duruflé et obtient un 1er prix de contrepoint et de fugue dans la classe de Noël Gallon. Durant le même temps, il perfectionne son jeu à l'orgue avec Maurice Duruflé et Gaston Litaize, puis avec Fernando Germani à l'Académie de Sienne. Au Concours international d'orgue de Gand, il remporte le 1er prix J. S. Bach (1958). De 1951 à 1954, il est organiste à Saint-Pierre-de-Montmartre (Paris) puis assure les cours d'orgue au Conservatoire de Nice. Depuis 1954 encore, il est titulaire du grand orgue de l'église Saint-Jean-Baptiste (Nice). De 1969 à 1971, il dirige le Conservatoire d'Ajaccio. En ce qui concerne la connaissance de son instrument et l'interprétation du répertoire classique, il est en grande partie un autodidacte qui a su tirer profit, comme bien des organistes de sa génération, du mouvement de rénovation et du retour aux sources qu'a connus l'interprétation à l'orgue à partir des années 1955-60. Il est l'un des rares organistes français à s'être intéressé de manière approfondie à l'orgue italien et à sa musique. C'est notamment ce que révèlent ses premiers disques (orgues de Bastia et de Brescia, 1963) consacrés à l'œuvre de Frescobaldi et d'auteurs italiens classiques. Avec le disque enregistré à Tende en 1973, il est à l'origine de l'intérêt nouveau pour les instruments et la musique insolite du XIXe siècle. Son intégrale de l'œuvre d'orgue de Buxtehude enre-
gistrée sur les orgues de Alkmaar et Zwolle (Hollande), Altenbruch (Allemagne), Arlesheim (Suisse) est citée en référence (1966-73). Il est l'un des premiers organistes français à avoir révélé les étonnantes *Toccatas* de Georg Muffat (*Apparatus musico-organisticus*) sur l'orgue italianisant de Malaucène (1974). Président-fondateur de l'Association des amis de l'orgue de Nice et de la Côte d'Azur, il est membre fondateur de l'Académie internationale d'orgue de Saint-Maximin-du-Var, qu'il anima pendant plusieurs années. Il est membre de la Commission supérieure des Monuments historiques (section orgue) auprès du ministère de la culture. En 1984, il est nommé organiste de la cathédrale de Monaco.

ÉCRITS : *Les Orgues historiques du comté de Nice* (1980).

Sarabia, Guillermo

Baryton mexicain, né à Mazatlán en 1937, mort à Amsterdam le 19 septembre 1985.

Il vient étudier le chant en Europe et est admis à l'Opéra-studio de Zurich, où il est l'élève de Herbert Graf et de Dusolina Giannini. Il travaille également avec Ria Ginster et débute en 1965 à Detmold dans *Doktor Faust* de Busoni. Il chante à Hambourg, Cologne, Munich et Stuttgart avant d'être engagé dans la troupe de l'Opéra du Rhin allemand (Düsseldorf-Duisbourg) en 1967. Il débute au Met en 1973 dans *Aïda* (Amonasro) et chante sur les principales scènes lyriques des États-Unis. En 1979, il débute à la Scala dans le rôle-titre de *Wozzeck* et à Paris dans Iago (*Otello*). Il chante ensuite à Barcelone, Glasgow et au Festival d'Édimbourg (1983). Il meurt subitement pendant une représentation à Amsterdam. Sa voix sombre et profonde convenait aussi bien à Verdi qu'à Wagner (Telramund, le Hollandais) ou R. Strauss (Jokanaan). Il a également chanté Escamillo, Pizarro (*Fidelio*) et Don Giovanni ainsi que de nombreux ouvrages oubliés qu'il a contribué à faire revivre : *L'Africaine* (Meyerbeer), *Les Pêcheurs de perles*, version originale (Bizet), *Florentinische Tragödie* (Zemlinsky).

Sarasate, Pablo de (Pablo Martín Melitón Sarasate y Navascuez)

Violoniste et compositeur espagnol, né à Pampelune le 10 mars 1844, mort à Biarritz le 20 septembre 1908.

Il commence l'étude du violon à l'âge de cinq ans et donne ses premiers concerts à huit ans. Une bourse lui permet d'aller travailler à Madrid avec M.R. Sáez et M. Rodriguez. Puis la reine Isabelle l'aide à poursuivre ses études au Conservatoire de Paris, où il est l'élève, à partir de 1856, de Delphin Alard pour le violon et d'Henri Reber pour l'harmonie. Après avoir obtenu un 1er prix de violon en 1857, il effectue des tournées dans toute l'Europe et, à deux reprises, en Amérique (1867-71 et 1889-90). Il s'impose par une technique fabuleuse et un style nouveau : son vibrato est beaucoup plus large que celui de ses prédécesseurs, il recherche un son très pur et est souvent critiqué pour son manque de sensibilité. Mais ses possibilités techniques enthousiasment les compositeurs qui écrivent à son intention : Saint-Saëns (*Concertos nº 1* et *3*, *Introduction et Rondo Capriccioso*), Bruch (*Concerto nº 2*, *Fantaisie écossaise*), Lalo (*Symphonie espagnole*, *Concerto en fa min.*), Wieniawski (*Concerto nº 2*), Joachim (*Variations pour violon et orchestre*), Dvořák (*Mazurek*, op. 49), Alexander Mackenzie (*Pibroch Suite*, 1889). Toutes ces œuvres témoignent des possibilités techniques de Sarasate, très en avance sur son temps. En marge de sa carrière de soliste, Sarasate avait formé un quatuor avec Turban (puis A. Parent), L. Van Waefelghem et J. Delsart. Ils jouèrent notamment les quatuors de Brahms, compositeur dont Sarasate refusa toujours de jouer le *Concerto*.

Comme compositeur, il laisse des pièces pour violon dans le style espagnol qui réclament une haute virtuosité (*Fantaisie sur Carmen*, *Jota aragonaise*, *Airs bohémiens...*). Il possédait deux Stradivarius dont un lui avait été offert par la reine Isabelle : *le Boissier* (1713) et celui sur lequel il jouait régulièrement, daté de 1724 et conservé maintenant au Musée instrumental du Conservatoire de Paris. Il jouait également sur un Guarnerius del Gesù de 1742 ayant appartenu à Ferdinand David et qu'a possédé ensuite Jascha Heifetz.

Saraste, Jukka-Pekka

Chef d'orchestre finlandais, né à Helsinki le 22 avril 1956.

A l'Académie Sibelius d'Helsinki, il travaille le violon et la direction d'orchestre. Il fait ses débuts à la tête de l'Orchestre Philharmonique d'Helsinki en 1980, qu'il dirige lors de sa tournée américaine en 1983. Principal chef invité de l'Orchestre Symphonique de la Radio Finlandaise à partir de 1985, il en devient chef permanent en 1987. La même année, il est nommé chef permanent du Scottish Chamber Orchestra, poste qu'il conserve jusqu'en 1991. En 1994, il prend la direction de l'Orchestre Symphonique de Toronto. Il a créé des œuvres de Sylvano Bussotti (*Nuit du faune,* 1991), Toru Takemitsu (*How Slow the Wind,* 1991).

Sargent, Sir Malcolm

Chef d'orchestre anglais, né à Ashford le 29 avril 1895, mort à Londres le 3 octobre 1967.

Son père est organiste et chef de chœur amateur. Il travaille le piano, l'orgue, et il chante dans les chœurs. A seize ans, il est organiste à la cathédrale de Peterborough puis, de 1914 à 1924, à l'église de Melton Mowbray. Il poursuit en même temps ses études universitaires et reçoit le titre de docteur en musique à Durham en 1919. Il travaille alors le piano avec Benno Moïseiwitch (1919-21) avant que Sir Henry Wood l'invite à diriger son orchestre à Leicester et aux Proms. Il se tourne définitivement vers la direction d'orchestre. En 1923, il est professeur au Royal College of Music de Londres, en 1927-28, chef assistant aux Ballets russes de Londres et, de 1929 à 1940, directeur musical des Courtauld-Sargent Concerts. Une maladie interrompt sa carrière, qu'il reprend avec quelques concerts à la tête de l'Orchestre Philharmonique de Londres. Il est successivement à la tête du Hallé Orchestra de Manchester (1939-42), du Royal Liverpool Philharmonic Orchestra (1942-48) et de l'Orchestre Symphonique de la BBC (1950-57). De 1948 à sa mort, il animera les fameux Proms de Londres. Il est aussi un chef de chœur très recherché et dirige, de 1928 à 1967, la Royal Choral Society. Il sera aussi à la tête de la Huddersfield Choral Society (à partir de 1932), de la Liverpool Welsh Choral Union (à partir de 1941) et de la Leeds Philharmonic Society (à partir de 1947).

Véritable ambassadeur de la musique anglaise, il a un nombre impressionnant de créations à son actif. Parmi elles, *Hugh the Drover* (1924), *Sir John in Love* (1929), *Riders to the Sea* (1937) et la *Symphonie nº 9* (1958) de Vaughan Williams, *Belshazar's Feast* (1931) et *Troïlus and Cressida* (1954) de Walton, *At the Boar's Head* (1925) de Holst.

ÉCRITS : *The Outline of Music,* avec M. Cooper (Londres, 1962).

Sarroca, Suzanne

Soprano française, née à Carcassonne le 21 avril 1927.

C'est en voyant le film de Sacha Guitry *La Malibran* qu'à l'âge de quinze ans elle prend la décision de devenir chanteuse. En 1946, elle entre au Conservatoire de Toulouse et en sort deux ans plus tard avec deux premiers prix. En 1949, elle fait ses débuts au théâtre de sa ville natale dans le rôle de Charlotte, reprenant peu après ce rôle au Capitole de Toulouse avant d'être Carmen à la Monnaie de Bruxelles. Engagée à la RTLN en 1952, elle débute à l'Opéra-Comique dans *La Tosca* et à l'Opéra dans *Les Indes galantes.* Très vite, on lui confie les premiers rôles où sa grande voix et son physique splendide lui valent la faveur du public : Marina, Senta, Rézia, Aïda, Kerkeb, Marguerite de *La Damnation de Faust*... Mais c'est un incident peu banal qui jette sur elle les feux des projecteurs. Depuis deux ans, à cause des événements du canal de Suez, *Aïda* avait été retiré de l'affiche lorsque l'ouvrage est repris en 1958. Par hasard Suzanne est dans la salle, simple spectatrice. A la fin du premier acte, l'Aïda de service se trouve mal. Mandée d'urgence, Suzanne est sur scène un quart d'heure plus tard et obtient un triomphe. Le lendemain, elle est lancée. La révélation de son Octavian du *Chevalier à la rose* et un triomphal remplacement « au pied levé » de Renata Tebaldi dans *Aïda* achèvent de faire d'elle une vedette à part entière. C'est la carrière internationale : Genève, New York, Londres, Vienne, Hambourg, Lisbonne, Rio de Janeiro... lui font fête dans des rôles dont la liste ne cesse de s'allonger. Elle n'en abandonne pas pour autant Paris, Marseille, Toulouse ou l'Opéra du Rhin, ajoutant récemment à son impressionnant répertoire la Maréchale du *Chevalier à la rose, La Voix humaine* et *Erwartung.* Entre 1983 et 1985, elle assure la direction du Centre d'insertion professionnelle d'art lyrique de Strasbourg.

Sass, Sylvia

Soprano hongroise, née à Budapest le 21 juillet 1951.

Diplômée de l'Académie de musique F. Liszt, où elle étudie avec Olga Revghegyi, elle est engagée à l'Opéra d'État de Budapest (Frasquita dans *Carmen*) et, en 1971, obtient six prix au Concours international de Vienne. Un an plus tard, elle partage avec Ilona Tokody le Grand Prix du Concours Kodály. La liste de ses prix est étonnante. Médaille d'argent au Concours de Moscou, elle est invitée ensuite dans les grands Opéras du monde : à Covent Garden (*Les Lombards*, 1976), au Met de New York (*Tosca*, 1977)... Elle rencontre Maria Callas qui la fait travailler. Son répertoire va de Bach à Messiaen, de Bellini à Bartók. On l'entend – dans le lied, l'oratorio, le théâtre lyrique – dans les Festivals internationaux, Salzbourg, Prague, Aix-en-Provence où elle incarne Violetta dans *La Traviata* en 1976.

Satanowski, Robert

Chef d'orchestre polonais, né à Łodź le 20 juin 1918.

Après avoir obtenu son diplôme à l'Université technique de Varsovie (1935-39), il fait des études de direction d'orchestre à l'Académie de musique de Varsovie avec Bohdan Wodiczko jusqu'en 1951 et est engagé comme chef d'orchestre à la Philharmonie Nationale de Lublin (1951-54). Il est ensuite directeur artistique de la Philharmonie de Poméranie à Bydgoszcz (1954-58). Entre 1958 et 1960, il travaille la mise en scène lyrique à la Komische Oper de Berlin avec Felsenstein tout en se perfectionnant auprès de Herbert von Karajan. Il est nommé directeur de la musique à l'Opéra de Karl-Marx-Stadt (1960-62) et, en 1961, directeur de la Philharmonie Nationale de Poznań où il crée l'Orchestre de Chambre de Poznań, qu'il dirige entre 1962 et 1969. Il est également directeur musical de l'Opéra de Poznań (1963-69). Entre 1969 et 1976, il est directeur général de la musique à Krefeld (RFA). Puis il revient en Pologne comme directeur musical au Théâtre Musical de Cracovie (1975-77) et à l'Opéra de Wrocław (1977-82). Entre 1981 et 1991, il est directeur général et artistique de l'Opéra de Varsovie. En 1991-92, il est chef d'orchestre permanent à l'Opéra d'Aix-la-Chapelle. Président de l'Association des Musiciens Polonais à plusieurs reprises, il a créé des œuvres de Witold Rudzínski (*Les Mannequins,* opéra de chambre, 1981), Edward Bogusławski (*Sonate de Belzebuth,* 1977) et Zbigniew Bargielski (*W małym dworku,* 1981).

Sauer, Emil von

Pianiste allemand, né à Hambourg le 8 octobre 1862, mort à Vienne le 27 avril 1942.

En 1879, il travaille avec Nikolaï Rubinstein à Moscou (1879-81), puis devient l'élève de Deppe et de Franz Liszt à Weimar (1884-85). C'est là qu'il acquiert la puissance de son jeu. Dès 1882 commencent ses innombrables tournées de virtuose adulé par les foules, qui ne devaient s'interrompre qu'en 1936. En 1901, il est nommé à la tête de la Meisterschule für Klavierspiel de l'Académie impériale à Vienne. Il restera à ce poste jusqu'en 1907. Après de nombreuses tournées, il reprendra ses fonctions en 1915, pour les interrompre à nouveau en 1921. Entre-temps, il s'est installé à Dresde, sans jamais cesser de jouer ni de donner des cours. Son admirable technique et son jeu éblouissant attirent de nombreux jeunes pianistes vers le maître de Vienne auréolé du nom de Franz Liszt. Parmi ses élèves, Elly Ney, Stefan Askenaze et Jorge Bolét. En 1930, il reprend son poste à Vienne et le conservera jusqu'à sa mort. Les enregistrements que nous possédons d'Emil von Sauer ne sont qu'un pâle reflet de son art. Le disque est venu trop tard. Le maître, déjà âgé, ne possédait plus sa virtuosité d'antan. Il a laissé une édition de l'œuvre pour piano de Brahms, ainsi que de quelques pièces de Chopin. Il a édité également des œuvres pédagogiques de Kullak, de Pischna et de Plaidy. Granados lui a dédié *Los Requiebros* dans ses *Goyescas.*

ÉCRITS : *Meine Welt* (1901).

Savall, Jordi

Gambiste espagnol, né à Igualada (Barcelone) le 1er août 1941.

Après avoir étudié le violoncelle au Conservatoire de Barcelone, jusqu'en 1966, il se tourne vers la musique ancienne et la viole de gambe et va travailler avec Wieland Kuijken à Bruxelles et August Wenzinger à la Schola Cantorum Basiliensis (1966-70). En 1973, il est nommé professeur de viole de gambe et de musique d'ensemble à la Schola Cantorum Basiliensis, dans le cadre de laquelle il fonde l'ensemble Hespèrion XX (1974). Avec cette formation et avec son épouse, la soprano **Montserrat Figueras**, il se consacre à la musique ancienne espagnole et apporte un renouveau essentiel dans l'interprétation de ce répertoire. Il sort rapidement du cadre de l'Espagne pour aborder la musique française et même celle de J. S. Bach, dont il donne la première mondiale de *L'Art de la fugue* sur instruments d'époque (1985). En 1987 et 1988 respectivement, il fonde deux autres ensembles de musique ancienne, la Capella Reial à Barcelone et le Deutsche Barock Collegium à Heidelberg, constitué d'une quinzaine de chanteurs originaires des deux Allemagnes. En 1989, il fonde le Concert des nations, orchestre baroque et classique qui regroupe autour de lui les meilleurs spécialistes des pays d'Europe latine de l'exécution sur instruments d'époque. En 1991, il interprète et dirige la musique du film d'Alain Corneau, *Tous les matins du monde* (césar de la meilleur bande sonore), qui provoque un engouement sans précédent pour la musique baroque. Il joue sur une basse de viole de Barak Norman (Londres, 1697).

Sawallisch, Wolfgang

Chef d'orchestre allemand, né à Munich le 26 août 1923.

A l'Académie de musique de sa ville natale, il étudie le piano, la théorie (avec Hans Sachsse et Wolfgang Ruoff) et la composition (avec Josef Haas). En 1947, il est nommé répétiteur à Augsbourg où il fait rapidement ses débuts et devient premier chef d'orchestre. En 1949, il remporte, au Concours international de Genève, le 2e prix de sonate avec le violoniste Gerhard Seitz. En 1951, il est l'élève de Markevitch au Festival de Salzbourg, puis son assistant en 1952 et 1953. Il débute à la Philharmonie de Berlin en 1952. L'année suivante, il quitte Augsbourg pour Aix-la-Chapelle où il est nommé directeur général de la musique (1953-58). Il occupe ensuite les mêmes fonctions à Wiesbaden (1958-60) et Cologne (1960-63). Dans cette dernière ville, il enseigne également à la Musikhochschule. Les frères Wagner l'appellent à Bayreuth en 1957 pour diriger *Tristan*. Il y retourne régulièrement jusqu'en 1962. De 1960 à 1970, il est premier chef de l'Orchestre Symphonique de Vienne et, de 1961 à 1972, directeur musical de la Philharmonie de Hambourg, ce qui ne l'empêche pas d'accepter, en 1963, le poste de conseiller musical à la Deutsche Oper de Berlin, où il dirige plusieurs opéras chaque saison. Au début des années soixante-dix, il quitte Vienne et Hambourg pour Genève et Munich : on le retrouve directeur musical de l'Orchestre de la Suisse Romande (1970-80), puis directeur général de la musique (1971-92) et *Staatsoperndirektor* (1982-92) de l'Opéra de Munich. En 1993, il prend la direction de l'Orchestre de Philadelphie. Sawallisch est un chef doué d'une puissance de travail considérable. Sa vision de la musique est avant tout rigoureuse, prolongée par des recherches musicologiques, comme celles qu'il a effectuées sur les symphonies de Schubert pour en réaliser une nouvelle édition. Sa discographie, très abondante, est dominée par ses intégrales des symphonies de Schubert, Mendelssohn et Schumann, et les enregistrements réalisés sur le vif à Bayreuth de *Tannhäuser* et du *Vaisseau fantôme*. On lui doit également la révélation de la musique religieuse de Schubert. Il aime à accompagner les chanteurs au piano (Elisabeth Schwarzkopf, Margaret Price, Dietrich Fischer-Dieskau, Peter Schreier, Hermann Prey) et pratique la musique de chambre, notamment avec les membres du Residenz Quintett de Munich. Il a dirigé en création mondiale des œuvres de Günter Bialas (*Neuf Bagatelles,* 1985), Gottfried von Einem (*Zer Zerrissene,* 1964 ; *Ludi Leopoldini,* 1980), Lorenzo Ferrero, Wolfgang Fortner (*In seinem Garten liebt Don Perlimplín Belisa,* 1962), Wilhelm Killmayer (*Hölderlin-Lieder,* 1986), Akira Miyoshi (*Kaikyou no Hu*, 1991), Heinrich Sutermeister (*Le Roi Bérenger,* 1985), Richard Wagner (*Symphonie nº 2 en Mi,* 1988), Gerhard Wimberger (*Concerto pour piano nº 2,* 1984), Ysang Yun.

ÉCRITS : *Stationen eines Dirigenten, Wolfgang Sawallisch* (Bruckmann, Munich, 1983), *Im Interesse der Deutlichkeit. Mein Leben mit der Musik* (Hoffmann und Campe, Hambourg, 1988).

Sayão, Bidú (Balduina de Oliveira)

Soprano brésilienne, née à Niterói (Rio de Janeiro) le 11 mai 1902.

Elle fait ses premières études musicales à Rio de Janeiro puis à Bucarest avec Elena Theodorini et commence sa carrière en Roumanie en 1920. Elle travaille ensuite à Vichy et à Nice avec Jean De Reszké (1923-25). De retour dans son pays natal, elle chante Rosine (*Le Barbier de Séville*) à Rio de Janeiro en 1926, puis fait ses débuts italiens dans le même rôle au Teatro Costanzi de Rome (1928). Elle est aussitôt engagée sur les principales scènes de la péninsule pour chanter Gilda (*Rigoletto*), Caroline (*Le Mariage secret*), Lucia ou Norina (*Don Pasquale*). Elle chante pour la première fois à la Scala en 1930 (Rosine), à l'Opéra de Paris en 1931 (Juliette). Elle fait une importante carrière en Amérique du Sud avant de faire ses débuts au Met en 1937 (Manon). Elle devient rapidement l'une des têtes d'affiche de la première scène américaine, où elle incarne douze rôles différents en treize saisons (Violetta, Mimi, Suzanne, Zerline, Mélisande, Gilda, Rosine...). Elle chante en outre régulièrement à l'Opéra de San Francisco entre 1946 et 1952. Elle fait ses adieux à la scène en 1954 mais continue à donner des concerts jusqu'en 1958. Dotée d'une voix au timbre joli et frais, elle possédait une présence attrayante et un vrai tempérament dramatique. Elle a été mariée à l'imprésario Walter Mocchi puis au baryton **Giuseppe Danise**. Heitor Villa-Lobos lui a dédié sa *Bachianas Brasileiras nº 5.*

Schaer, Hanna

Mezzo-soprano suisse et française, née à Olten le 15 mars 1944.

Elle fait ses études au Conservatoire de Bâle avec Joseph Cron, puis à Genève avec Heidi Raymond. Débutant dans le domaine de l'oratorio, elle s'impose rapidement dans un répertoire allant de Monteverdi et M. A. Charpentier à Mahler et à Saint-Saëns. Abordant l'opéra, elle chante à Bâle en 1974 puis à Rouen, Strasbourg (le Prince Orlofsky dans *La Chauve-Souris,* 1983, puis Dorabella dans *Così fan tutte,* 1986), Bordeaux... À l'Opéra de Paris, elle incarne Annina dans *Le Chevalier à la rose* (1984). À Orange, elle chante dans *La Tétralogie* (1988), *La Flûte enchantée* 1989), au Châtelet dans *Arabella* (1988), *Les Maîtres chanteurs* (1988), *Les Contes d'Hoffmann* et *Ariane et Barbe-Bleue* (1991). Elle a créé les *Leçons de ténèbres* (1991) de Marcel Landowski. Elle a épousé le critique musical Clym.

Schalk, Franz

Chef d'orchestre autrichien, né à Vienne le 27 mai 1863, mort à Edlach le 3 septembre 1931.

Au Conservatoire de Vienne, il travaille avec Heissler, Hellmesberger (père), Epstein et Bruckner (1875-81). Il fait ses débuts à Czernowitz. Puis il est nommé chef d'orchestre à Reichenberg (1888), Graz (1890-95) et Prague (1895-98). Pendant une saison, il dirige au Met (1898-99). On le trouve ensuite à l'Opéra de Berlin (1899-1900) et enfin à l'Opéra de Vienne, où il est chef d'orchestre sous la direction de Mahler (1900-18). Il est invité régulier à la Philharmonie et prend la direction de la Société des Amis de la Musique (1904-21). De 1909 à 1919, il enseigne à la Staatsakademie et, de 1918 à 1929, il est directeur musical à l'Opéra, poste qu'il partage avec R. Strauss de 1919 à 1924. Il participe à la fondation du Festival de Salzbourg, où il dirigera jusqu'à sa mort. Il a créé *Ariane à Naxos* (2e version, 1916) et *La Femme sans ombre* (1919) de R. Strauss ainsi que la *Symphonie nº 5* de Bruckner (1894). Il s'est tristement rendu célèbre par les coupures et réinstrumentations qu'il a pratiquées dans les *Symphonies nº 3, 4* et *5* de ce musicien dont il aimait sincèrement la musique et qu'il a contribué à faire connaître. Il a également terminé, avec

Schreker, l'orchestration des deux seuls mouvements complètement écrits de la *Symphonie nº 10* de Mahler.

ÉCRITS : *Briefe und Betrachtungen* (1935).

Scheit, Karl

Guitariste autrichien, né à Schönbrunn (Silésie) le 21 avril 1909, mort à Vienne le 22 novembre 1993.

Fils d'un chef de musique militaire, il commence ses études musicales à Linz où il pratique le violon, la clarinette et le basson. Il se tourne ensuite vers la guitare, qu'il étudie à Vienne. Il se perfectionne avec Miguel Llobet et Andrés Segovia. Il complète sa formation musicale générale avec J. N. David. Il travaille avec un chœur de chambre et découvre la musique des maîtres du XVIe siècle. Il devient l'un des spécialistes les plus recherchés du continuo à la guitare. En 1933, il est nommé professeur à l'Académie de musique de Vienne, où, jusqu'en 1984, il formera plusieurs générations de guitaristes, notamment Konrad Ragossnig. Entre 1932 et 1938, il est professeur au Bundeserziehungsanstalt de Vienne puis, de 1938 à 1958, au Conservatoire de Vienne, postes qu'il cumule avec sa classe à l'Académie. En 1957, il prend la direction d'une collection de musique pour guitare aux Editions Doblinger qui publiera plus de 170 titres. Il a aussi fait paraître une méthode et de nombreux ouvrages pédagogiques pour la guitare, ainsi que des transcriptions d'œuvres méconnues. Parmi les compositeurs qui ont écrit pour lui figurent Hans Erich Apostel, Johann Nepomuk David, Thomas Christian David, Frank Martin, et d'autres.

Schenneberg, Eliette (Eliette Pondevaux)

Mezzo-soprano française, née à Dôle le 13 février 1908, morte à Paris le 3 novembre 1948.

Fille d'aubergistes, elle commence à étudier le piano avec une ancienne élève d'Alfred Cortot mais se tourne rapidement vers le chant, qu'elle étudie au Conservatoire de Dijon avec Amélie Bossy (1er prix en 1930). Elle est admise au Conservatoire de Paris, où elle est l'élève de Mme Cesbron-Visseur et d'Eugène Sizes et remporte des premiers prix d'opéra-comique et d'opéra en 1934. Elle débute la même année à l'Opéra de Paris dans *L'Etranger.* Elle ne quittera plus cette scène pendant quatorze ans, y tenant trente-huit rôles, dont sept premières. Elle s'impose particulièrement dans *Samson et Dalila, Werther, L'Enfant et les sortilèges, Le Roi d'Ys* (Margared), *Padmâvati* ou *Ariane et Barbe-Bleue.* Mais elle est aussi Fricka (*La Walkyrie*), Hérodias (*Salomé*) ou Amnéris (*Aïda*). Elle chante également à Covent Garden, au Festival de Glyndebourne (*Macbeth*), à la Scala de Milan. Au concert, elle élabore des programmes éclectiques dans lesquelles elle remet à l'honneur la musique ancienne. Mais elle est aussi l'une des interprètes favorites des jeunes compositeurs de son temps, notamment Arthur Honegger et Francis Poulenc qui apprécient sa sûreté vocale et son sens musical irréprochable. Reynaldo Hahn parlait de « sa voix chaude et mate à la fois, de sa diction incisive et de son jeu sobre », Darius Milhaud, d'« un accent dramatique d'une rare noblesse ». Elle meurt brutalement d'un cancer du sein au retour de la Biennale de Venise, où elle venait de chanter *La Damoiselle élue* et *Le Martyre de saint Sébastien* de Claude Debussy.

Scherbaum, Adolf

Trompettiste autrichien naturalisé allemand, né à Eger le 23 août 1909.

Il fait ses études au Conservatoire de Prague de 1923 à 1929 et obtient un poste dans un orchestre de Moravie. Il est nommé trompette solo de l'Orchestre de l'Opéra de Brno (1929-39), de la Philharmonie Tchèque (1939-41), de la Philharmonie de Berlin (1941-45), de la Philharmonie Slovaque de Bratislava (1946-51) et de l'Orchestre du NDR de Hambourg (1951-67). Sa carrière de soliste débute après la Seconde Guerre mondiale. Il s'attache à accroître les possibilités de jeu dans les registres aigus, ce qui lui permet de jouer avec aisance Bach et tout le répertoire baroque. Il compte parmi les principaux artisans du renouveau de la musique ancienne. Il est le premier à utiliser la trompette piccolo en si bémol pour les parties de trompette en ré. Il fonde un ensemble baroque et joue le *Concerto brandebourgeois n° 2* plus de 400 fois ! Par ailleurs, il s'intéresse à la facture instrumentale et fonde l'entreprise Scherbaum und Göttner, qui poursuivra ses activités jusqu'en 1971. Il y fabrique notamment une trompette à pavillon détachable comportant une embouchure en trois parties. Il est professeur à la Musikhochschule de Sarrebrück. Il a créé le *Concerto pour trompette* de Bernd Alois Zimmermann (1955).

Scherchen, Hermann

Chef d'orchestre allemand, né à Berlin le 21 juin 1891, mort à Florence le 12 juin 1966.

Sa formation et sa carrière sont celles d'un autodidacte. Il joue de l'alto dans l'Orchestre Blüthner à Berlin et participe parfois aux concerts de la Philharmonie (1907-10). Puis il travaille avec Schoenberg (1910-12) qui lui fait faire ses débuts de chef d'orchestre dans *Le Pierrot lunaire* (1912) peu après sa création. En 1914, il est nommé à la tête de l'Orchestre Symphonique de Riga. Mais il est fait prisonnier par les Russes (1914-18). A sa libération, il revient à Berlin pour fonder la Neue Musikgesellschaft et un Quatuor à cordes qui porte son nom (1918). L'année suivante, il fonde la revue *Melos,* destinée à la musique contemporaine et, un an plus tard, il est lecteur à la Musikhochschule. En 1921, on le trouve à Leipzig à la tête de l'Orchestre du Konzertverein puis, de 1922 à 1924, à Francfort où il remplace Furtwängler à la tête des Museumskonzerten. Il noue alors des liens très étroits avec la ville de Winterthur où il viendra diriger régulièrement jusqu'en 1947, prenant même un moment la direction du Collegium Musicum. En 1923, il participe à la fondation de la SIMC, dont il va diriger régulièrement les concerts. En 1928, il se fixe à Königsberg où il est directeur général de la musique (jusqu'en 1931) et chef de l'Östfunks Orchester (jusqu'en 1933). Il quitte l'Allemagne en 1933 et va mener une carrière itinérante pendant quelques années. A Bruxelles, à Vienne, en Suisse, il fonde des orchestres et des revues destinés à promouvoir la musique nouvelle et qui portent tous le nom de Musica Viva ou Ars Viva. Il commence également à enseigner en Suisse où il se fixe. Il dirige l'Orchestre de la Radio de Zurich (qui devient Radio-Beromünster), dont il sera le directeur musical de 1944 à 1950. Après la guerre, il donne des cours à la Biennale de Venise et à Darmstadt. En 1950, il fonde les éditions Ars Viva à Zurich (reprises par Schott en 1953) destinées à faire connaître des œuvres anciennes et modernes oubliées. Il s'intéresse aux recherches électroacoustiques : c'est la création, en 1954, du studio de Gravesano (en Suisse), grâce au concours de l'Unesco. Il prend enfin la direction de la Nordwestdeutsche Philharmonie (1959-60).

Curieux et enthousiaste, Scherchen a certainement compté parmi les figures essentielles de la musique du XXe siècle. Il avait le don pour découvrir les talents nouveaux mais surtout une parfaite connaissance de la musique et de toutes les recherches auxquelles se livraient les compositeurs. Animateur infatigable, il était ouvert à toute nouveauté sans jamais couper les racines qui l'unissaient à la tradition. Ses interprétations de Mozart et des romantiques déroutaient car l'homme était avant tout passionné et sincère. Il dirigeait sans baguette. La liste des créations qu'il a dirigées est considérable. On peut retenir : des œuvres de Claude Ballif (*A cor et à cri,* 1962), Alban Berg (3 fragments de *Wozzeck,* 1924 ; *Le Vin,* 1930 ; *Concerto « à la mémoire d'un ange »,* 1936), Günter Bialas (*Invocations,* 1957), Boris Blacher (*Opéra abstrait n° 1,* 1957), Luigi Dallapiccola (*Le Prisonnier,* 1950 ; *Chants de libération,* 1955), Paul Dessau (*La Condamnation de Lucullus,* 1951), Wolfgang Fortner (*Corinna,* 1958), Aloys Hába (*Matka,* 1930), Karl Amadeus Hartmann (*Miserae,* 1934 ; *Symphonisches Ouvertüre,* 1947), Hans Werner Henze (*Le Roi Cerf,* 1956), Albert Roussel (*Aeneas,* 1935), Arnold Schoenberg (*Symphonie de chambre n° 1,* 1911), Karlheinz Stockhausen (*Kontrapunkte n° 1,* 1953), Richard Strauss (*Symphonie pour 13 instruments à vent,* 1946), Edgar Varèse (*Déserts,* 1954), Anton

Webern (*Variations,* op. 30, 1943), Iannis Xenakis (*Pithopratka,* 1957 ; *Achorripsis,* 1958 ; *Terretektorh,* 1966).

ÉCRITS : *Mes deux vies,* Ed. Tahra (Bezons, 1992). *Lehrbuch des Dirigierens* (1929, trad. française 1986), *Das moderne Musikempfinden* (1946), *Musik für jedermann* (1950), *Vom Wesen der Musik* (1955), *Alles hörbach machen* (lettres, 1976).

Schic, Anna-Stella

Pianiste brésilienne, née à Campinas le 30 juin 1925.

Elle étudie au Brésil avec Jose Kliass, lui-même élève de Martin Kraus, l'un des disciples de Liszt les plus connus. Elle se perfectionne ensuite avec Marguerite Long à Paris. Elle avait donné son premier récital à six ans dans sa ville natale. Michel Philippot, Villa-Lobos, Camargo Guarnieri, Garcia Morillo, Claudio Santoro et Almeida Prado lui dédient des partitions. Elle crée sous la direction du compositeur le *Concerto n° 2* et *Momo precoce* de Villa-Lobos et donne la première audition hors de l'URSS du *Concerto pour piano n° 3* de Kabalevski (1955). Une active carrière internationale lui donne l'occasion de réaliser de nombreuses premières locales dans les pays qui l'accueillent. Elle enseigne à l'Université musicale internationale de Paris, et à l'Université de l'État de São Paulo (1976-79), puis devient professeur d'interprétation et d'esthétique musicales à l'Université fédérale de Rio de Janeiro (1980). Elle a enregistré notamment l'intégrale de l'œuvre pour piano de Villa-Lobos. Anna-Stella Schic a épousé le compositeur Michel Philippot.

Schiff, András

Pianiste hongrois naturalisé autrichien (1987), né à Budapest le 21 décembre 1953.

Il commence très tôt ses études musicales et travaille simultanément à Budapest et à Londres, où une partie de sa famille s'était réfugiée en 1956. Il reçoit notamment les conseils de George Malcolm qui joue un rôle décisif sur le profil de sa carrière en lui faisant découvrir le répertoire baroque et classique. En 1968, il remporte le 1er prix au Concours des Jeunes Talents de la Télévision hongroise. Il travaille alors avec Pál Kadosa et Ferenc Rados à l'Académie Franz Liszt de Budapest (1968-75). Lauréat du Concours Tchaïkovski à Moscou (1974) et du Concours international de Leeds (1975), il commence une carrière internationale et est nommé professeur assistant à l'Académie de Budapest. En 1979, il quitte son pays natal pour l'Autriche et s'installe à Salzbourg. Il participe régulièrement aux Schubertiades de Hohenems avant de fonder son propre festival, les Musiktage de Mondsee. Il accompagne régulièrement Dietrich Fischer-Dieskau et Peter Schreier. Il s'investit beaucoup dans la musique de Mozart, Schubert et Bartók, découvre Janáček et Debussy, mais écarte Liszt. A l'occasion, il ne dédaigne pas le pianoforte et il est l'un des rares pianistes de la fin du XXe siècle à consacrer une large part de son répertoire à Jean-Sébastien Bach, qu'il joue sur instruments modernes. Il a créé des œuvres d'Elliott Carter (*Quintette pour piano et vents,* 1992), Iván Eröd (*Brahms-Variationen*, 1990), Heinz Holliger (*Quintette pour piano et vents,* 1990), Klaus Huber (*Kammerkonzert* pour piano et petit orchestre, 1994).

Schiff, Heinrich

Violoncelliste et chef d'orchestre autrichien, né à Gmunden le 18 novembre 1952.

Élève de la Hochschule de Vienne, il se perfectionne auprès de Kuhne et de Navarra, avant de faire ses débuts de concertiste en 1972. Familier des Festivals de Salzbourg, Édimbourg, Berlin, il joue et enregistre les grandes pages du répertoire (Haydn, Lalo, Saint-Saëns), mais également des œuvres contemporaines, par exemple le *Concerto pour violoncelle et instruments à vent* de Friedrich Gulda. Il a créé des œuvres de Xavier Benguerel (*Concerto pour violoncelle,* 1979), Richard Rodney Bennett (*Sonnets of Orpheus,* 1979), Günter Bialas (*Concerto pour violoncelle,* 1993), Christoph Casken (*Concerto pour violoncelle,* 1991), Helmut Eder (« *...wo die Trompete das Thema beginnt* », 1981), Hans Werner Henze

(*Capriccio,* 1983 ; *Sieben Liebeslieder,* 1986), Wilhelm Killmayer (*Sostenuto,* 1984 ; *Phantasien* pour violoncelle et piano, 1989 ; *Cinq Romances pour violoncelle et piano,* 1989 ; *Onze Bagatelles pour violoncelle et piano,* 1991), Peter Maxwell Davies (*Strathclyde-Concerto n° 2,* 1989), Rudi Spring (*Concerto pour violoncelle,* 1992), Ilja Zeljenka (*Entretiens* pour violoncelle et orchestre, 1985). Il se consacre également à la direction d'orchestre comme premier chef invité de la Deutsche Kammerphilharmonie (jusqu'en 1994) et à la tête du Northern Sinfonia (Newcastle). En tant que chef d'orchestre, il a dirigé la création d'œuvres de John Casken (*Darting the Skiff,* 1993). Il joue sur un Stradivarius de 1698.

Schillings, Max von

Chef d'orchestre et compositeur allemand, né à Düren le 19 avril 1868, mort à Berlin le 24 juillet 1933.

Il commence ses études musicales à Bonn avec Karl Joseph Brambach et Otto von Königslöw puis il fait ses études universitaires à Munich (droit, philosophie et histoire de l'art). Sur les conseils de Richard Strauss, il opte pour la musique et est engagé à Bayreuth comme régisseur (1892) puis comme chef des chœurs (1902). Dès 1903, il est professeur à la Hochschule de Munich, où il compte parmi ses élèves Furtwängler et Heger. Engagé à l'Opéra de Stuttgart comme assistant de l'intendant, il y devient chef permanent puis directeur général de la musique (1908-18). En 1912, il est anobli par le roi de Wurtemberg. Pendant les dix années de sa direction à Stuttgart, on y donne pas moins de quarante-cinq créations. De 1919 à 1925, il est intendant de l'Opéra de Berlin. Puis il dirige à plusieurs reprises aux États-Unis, entre 1924 et 1931, avec la Compagnie d'Opéra Allemand. Il est ensuite directeur de la Zoppoter Waldoper (1926-33) et intendant général de la Städtische Oper de Berlin (1933). Figure dominante du monde lyrique allemand, il était également président de la Société des compositeurs depuis 1932. A la fin de sa vie, il réalisa de nombreux enregistrements d'extraits d'opéras. Sa femme était la soprano **Barbara Kemp** (1881-1959). Plus connu comme compositeur, on lui doit 4 opéras, dont *Mona Lisa* (1915), des musiques de scène, un *Concerto pour violon*, un *Quatuor* et de nombreuses mélodies et chœurs.

Schiøtz, Aksel

Ténor danois, né à Roskilde le 1er septembre 1906, mort à Copenhague le 19 avril 1975.

Étudiant en langues, il entre dans l'enseignement en 1929, avant d'obéir à une vocation tardive, préparée par son passage dans la Chorale Universitaire de Copenhague et dans la Chorale Palestrina (1931), dirigée par Mogens Wöldike, qui l'initie aux beautés du chant. Il suit également l'enseignement d'Agnete Zacharian et de Waldemar Lincke, impressionnés par sa voix. Il se produit à la Radio danoise de 1936 à 1938, où il est remarqué par des responsables de la Voix de son maître, et part pour Stockholm travailler avec John Forsell (le professeur de Jussi Björling). Pour ses débuts, il chante le rôle de Ferrando de *Così fan tutte* à l'Opéra royal de Copenhague, et la partie de ténor des *Saisons* de Haydn, sous la direction de F. Busch. Il fait son premier séjour américain à l'occasion de l'Exposition universelle de 1939. Dans le Danemark occupé, chacune de ses apparitions, le plus souvent dans un programme de mélodies danoises, prend valeur de symbole, est une démonstration de résistance, et lui vaut de devenir un véritable héros national. Il enregistre en 1945 pour EMI une centaine de disques (dont *La Belle Meunière* avec Gerald Moore) avant d'être victime d'une tumeur du nerf acoustique, qui lui laisse une moitié de visage paralysée. Après deux années de rééducation, il chante de nouveau, en 1948, à Copenhague et à New York. La paralysie progressant, il devient baryton. Continuant à donner des récitals de lieder, il enseigne aux États-Unis et au Canada à partir de 1955.

ÉCRITS : *The Singer and His Art* (1969).

Schipa, Tito (Raffaele Schipa)

Ténor italien, né à Lecce le 2 janvier 1889, mort à New York le 16 décembre 1965.

Il compose différentes pièces pour piano et pour voix avant de faire ses débuts de chanteur en 1911, à Vercelli, dans le rôle d'Alfred de *La Traviata*. Il fait la majeure partie de sa carrière aux États-Unis, au Civic Opera de Chicago (1920-32), puis au Met (1932-35 et 1940-41). De retour en Italie en 1941, il chante encore à la Scala de Milan et à Rome jusqu'en 1950. Il a donné des cours de chant en Italie, aux États-Unis et à Budapest. Ténor lyrique, il compte parmi ses meilleures créations Cavaradossi de *Tosca*, Edgar de *Lucia di Lammermoor*, le Duc de Mantoue de *Rigoletto*.

Schippers, Thomas

Chef d'orchestre américain, né à Kalamazoo (Michigan) le 9 mars 1930, mort à New York le 16 décembre 1977.

Il travaille au Curtis Institute de Philadelphie (1944-45), à l'Université Yale, à la Juilliard School et avec Olga Samaroff (1946-47). En 1947, il est répétiteur au Met et, l'année suivante, remporte le 2e prix à un concours de chefs d'orchestre à Philadelphie. Il fait alors ses débuts dans la Lemonade Opera Company. En 1950, Menotti lui confie la direction du *Consul* pour la tournée européenne effectuée après la création. De 1951 à 1954, il est chef d'orchestre au New York City Opera. En 1955, il débute à la Philharmonie de New York, au Met et à la Scala, où il va revenir régulièrement, notamment pour diriger *Médée* avec Maria Callas (1962). A Spolete, il participe à la fondation du Festival des Deux Mondes avec Menotti qui le nomme directeur musical (1958-76). En 1963, il débute à Bayreuth dans *Les Maîtres chanteurs*. Il est l'un des chefs permanents au Met lorsqu'il est choisi pour diriger la création d'*Antoine et Cléopâtre* de Barber, pour l'inauguration du Lincoln Center (1966). Puis il se tourne davantage vers le concert, acceptant la direction musicale de l'Orchestre Symphonique de Cincinnati (1970-77). A partir de 1972, il enseigne au College Conservatory of Music de cette même ville. Sa carrière est interrompue prématurément par la maladie. On lui doit la création d'*Amahl et les visiteurs du soir* (1951), *La Sainte de Bleecker Street* (1954) et *La Mort de l'évêque de Brindisi* (1963) de Menotti, *The Tender Land* (1954) de Copland, *Andromache's Farewell* (1963) de Barber et *L'Atlantide* de M. de Falla (Scala, 1962).

Schlusnus, Heinrich

Baryton allemand, né à Braubach le 6 août 1888, mort à Francfort le 18 juin 1952.

Il se destine d'abord à une carrière au sein de la poste et passe, en 1909, le concours d'inspecteur. Puis il étude le chant à Francfort-sur-le-Main avec Alexander Wellig, puis à Berlin avec Louis Bachner et fait des débuts tardifs d'abord en concert à Francfort (1912), puis, après avoir été blessé en août 1914, sur scène à Hambourg, où il est le Héraut de *Lohengrin* (1915). Membre de l'Opéra de Nuremberg (1915-17) et surtout de la Staatsoper de Berlin (1917-45), il y devient rapidement le principal baryton-Verdi. Parallèlement à une carrière lyrique qui le fait inviter à Amsterdam (1919), Barcelone (1922), Chicago (1927), Bayreuth (1933), Paris (1937), il donne à partir de 1918 des récitals de lieder. Une voix radieuse à l'aigu facile et une grande sobriété font oublier certaines libertés expressives pratiquées à l'époque. Après guerre, Schlusnus se fera encore entendre jusqu'en 1949, notamment en Amérique du Sud.

Schmidt, Andreas

Baryton allemand, né à Düsseldorf le 30 juillet 1960.

Fils du chef de chœur **Hartmut Schmidt**, il étudie le piano, le chant et la direction d'orchestre. Il travaille à Düsseldorf avec Ingeborg Reichelt et à Berlin avec Dietrich Fischer-Dieskau. Il chante dans le Chœur du Musikverein de Düsseldorf, que dirige précisément son père. En 1979, à Orange, il remplace au pied levé Ruggero Raimondi pour une répétition du *Requiem* de Verdi. C'est ce qui décide de sa carrière de chanteur. En 1983, il remporte le premier prix du Deutscher Musikwettbewerb. En 1984, il fait ses débuts à la Deutsche Oper de Berlin dans le rôle de Malatesta (*Don Pasquale*). A Covent Garden, il chante Valentin (*Faust*) en 1986. A Berlin, il participe à la création d'*Œdipus* de

Wolfgang Rihm et de *Das verratene Meer* de Henze en mai 1990. Il débute au Festival d'Aix-en-Provence en 1991 dans le rôle du Comte (*Les Noces de Figaro*). A Berlin, il incarne Don Giovanni. La même année, il fait ses débuts au Met où il chante *La Flûte enchantée, Fidelio, Les Noces de Figaro* et *Tannhäuser.* Il mène aussi une importante carrière au concert, tant dans le domaine du lied que dans celui de l'oratorio.

Schmidt, Annerose

Pianiste allemande, née à Wittenberg le 5 octobre 1936.

Elle étudie d'abord avec son père, directeur de la Hochschule de Wittenberg, puis avec Hugo Steurer, à la Hochschule de Leipzig (1956-59). Sa carrière se développe, à compter de 1959, essentiellement en Allemagne de l'Est mais aussi à l'étranger. Diplômée du Concours international Chopin de Varsovie (1955), elle a remporté en 1956 le 1er prix du Concours Robert Schumann de Berlin. Le Kunstpreis de la République démocratique allemande, le Prix Schumann de la Ville de Zwickau et le Prix national de son pays lui sont décernés en 1961, 1964 et 1965. Elle donne la première audition de concertos signés Siegfried Thiele et Siegfried Matthus (1971), compositeurs est-allemands, ainsi que celui de Wolfgang Rihm (1988). Elle a également créé, en 1989, la *Sonate pour piano en sol mineur* de Clara Schumann, composée en 1841 et exhumée un siècle et demi plus tard.

Schmidt, Trudeliese

Mezzo-soprano allemande, née à Sarrebrück le 7 novembre 1941.

Ayant entrepris un apprentissage de vendeuse, elle ne peut travailler le chant que pendant ses heures de liberté. En 1965, elle fait ses débuts au Théâtre de Sarrebrück. Après avoir chanté à l'Opéra de Wiesbaden, elle est engagée à l'Opéra de Düsseldorf-Duisbourg. Alors commence pour elle une brillante carrière internationale. Les Opéras de Hambourg et de Munich l'engagent dans leurs troupes respectives. Sa spécialité est le travesti (Octavian du *Chevalier à la rose*, Chérubin des *Noces de Figaro*, Hänsel de *Hänsel und Gretel*, le Compositeur d'*Ariane à Naxos*...). En 1972, elle est invitée régulièrement à l'Opéra de Francfort. En 1974, elle participe au Festival de Hollande et, en 1975, au Festival de Bayreuth. Elle chante avec un très grand succès à Moscou et Leningrad, puis en 1974, avec la troupe de l'Opéra de Munich, elle effectue une importante tournée au Japon. Le grave naturel de sa voix et son apparence de jeune adolescent la rendent crédible dans tous les travestis, mais elle est encore plus ravissante en femme, exquise Dorabella (*Cosi fan tutte*), Colombina (*Arlequino* de Busoni) et le rôle-titre de *La Petite Renarde rusée* de Janáček.

Schmidt-Gaden, Gerhard

Chef de chœur allemand, né à Carlsbad le 19 juin 1937.

Il fait ses études musicales à Munich puis avec Kurt Thomas à Leipzig (1956-59). Il étudie le chant avec Helge Roswaenge (Munich), Otto Iro (Vienne) et Mario Tonelli (Florence). Il fonde son premier chœur dès l'âge de dix-huit ans et travaille en étroite liaison avec Carl Orff. En 1956, il fonde le Tölzer Knabenchor qui devient, sous sa direction, l'une des chorales d'enfants les plus prestigieuses et les plus demandées dans le monde entier et à laquelle il consacre l'essentiel de ses activités en compagnie de sa femme, Helga. Il est également professeur invité de direction et de chant choral au Mozarteum de Salzbourg (depuis 1966) et donne des cours en Suisse, au Japon, aux Pays-Bas... A partir de 1975, il collabore régulièrement avec Nikolaus Harnoncourt, notamment à l'enregistrement intégral des cantates de J. S. Bach. Entre 1984 et 1989, il dirige le Coro di voci bianche à la Scala de Milan.

Schmidt-Isserstedt, Hans

Chef d'orchestre allemand, né à Berlin le 5 mai 1900, mort à Holm bei Hamburg le 28 mai 1973.

Il commence ses études musicales à Heidelberg puis les poursuit à Münster et à la Musikhochschule de Berlin où il travaille avec Schreker. Il suit en même temps les cours de l'Université et soutient une thèse sur l'influence italienne dans l'orchestration des premiers opéras de Mozart. En 1923, il est répétiteur à Wuppertal. Puis il est nommé chef d'orchestre à l'Opéra de Rostock (1928-31) et à l'Opéra de Darmstadt (1931-33). En 1935, il est premier chef à l'Opéra de Hambourg, poste qu'il quitte en 1943 pour prendre la direction artistique de la Deutsche Oper à Berlin. Un an plus tard, il en est le directeur général de la musique. En 1945, il retourne à Hambourg pour fonder l'Orchestre Symphonique du NDR (Radio) dont il fera l'une des meilleures formations allemandes. Il restera à la tête de son orchestre jusqu'en 1971. Parallèlement, il dirige l'Orchestre Philharmonique de Stockholm de 1955 à 1964. Sa carrière de chef invité est tout aussi brillante : plus de 120 orchestres ont joué sous sa direction.

Grand interprète du répertoire romantique allemand, il accordait aussi une grande importance à la musique contemporaine. Il a créé des œuvres de Gottfried von Einem (*Das Stundenlied,* 1959), Karl Amadeus Hartmann (*Symphonie n° 7,* 1959), André Jolivet (*Symphonie n° 2,* 1959).

Schnabel, Artur

Pianiste autrichien, naturalisé américain en 1944, né à Lipnik le 17 avril 1882, mort à Morschach (Suisse) le 15 août 1951.

A Vienne, il est l'élève de Leschetizky (piano) et de Mandyczewski (théorie) de 1891 à 1897. Celui-ci le présente à Brahms. Très vite, il refuse les œuvres dominées par la seule virtuosité pour chercher la musique seule. Son répertoire s'enrichit de pages peu jouées comme les *Sonates* de Schubert ou les *Bagatelles* et *Variations* de Beethoven. Le piano est pour lui un moyen et non un but. En 1900, il s'installe à Berlin où il vivra jusqu'en 1933. Il épouse la contralto **Therese Behr** (1876-1959), avec laquelle il donne de nombreux concerts. Il forme un trio avec Carl Flesch et Jean Gérardy, remplacé par Hugo Becker puis par Gregor Piatigorsky. Il joue également avec Casals, Feuermann, Fournier, Hindemith, Hubermann, Szigeti, Primrose et, surtout, le Quatuor Pro Arte avec lequel il a gravé quelques disques mémorables (*Quintette* de Schumann, *Quatuors avec piano* de Mozart). Il participe à la première exécution du *Pierrot lunaire* de Schoenberg. Entre 1925 et 1930, il enseigne à la Hochschule für Musik de Berlin et compte notamment Clifford Curzon parmi ses élèves. A l'occasion du centenaire de la mort de Beethoven, en 1927, il donne l'intégrale des 32 sonates à Berlin. Il les rejouera en 1932 puis en 1934 à Londres et en 1936 à New York. C'est au cours des années trente qu'il commence à enregistrer : Beethoven (la première intégrale des sonates et des concertos au disque), Schubert, Schumann, Mozart... En 1933, il quitte l'Allemagne et se fixe en Angleterre. Il donne des cours d'interprétation l'été à Tremezzo, sur les bords du lac de Côme. En 1939, il émigre aux États-Unis où il enseigne à l'Université du Michigan, à Ann Arbour (1940-45). Mais il a moins de succès qu'en Europe car il refuse d'adapter son répertoire aux goûts de l'époque. Après la guerre, il se fixe en Suisse et continuera à jouer et enregistrer jusqu'à la fin de sa vie. Son fils, **Karl-Ulrich Schnabel** (1909) est également pianiste et mène sa carrière essentiellement aux États-Unis où il enseigne. Comme compositeur Artur Schnabel a laissé des pièces pour piano, des symphonies et un concerto pour piano.

ÉCRITS : *Reflections on Music* (1933), *Music and the Line of Most Resistance* (1942), *My Life and Music* (1961).

Schnaut, Gabriele

Soprano allemande, née à Mannheim le 24 février 1951.

Elle étudie le violon à Mayence puis travaille le chant à la Musikhochschule de Francfort-sur-le-Main. Elle débute comme mezzo-soprano à l'Opéra de Stuttgart. En 1977, elle est invitée au Festival de Bayreuth pour chanter Waltraute, dans *La Walkyrie.* Elle y revient régulièrement jusqu'en 1980 puis entre 1985 et 1990, sa voix évoluant progressivement vers des rôles de soprano (Sieglinde, Vénus, Ortrud, Troisième Norne). Pendant huit ans, elle chante à l'Opéra de Mannheim (Octavian, le Compositeur, Brangäne, Dorabella, Sextus, Kundry, Marie) avant d'être invitée sur les plus grandes scènes internationales (Genève, 1985 ; Paris, 1988 ; Covent Garden, 1989). En 1985, elle aborde Isolde à Dortmund et reprend ce rôle à l'Opéra de Hambourg en 1988, à Tokyo en 1990 et, pour ses débuts américains, à l'Opéra de San Francisco, en 1991. Elle se produit dans le rôle-titre d'*Elektra* à l'Opéra Bastille en 1992. Elle chante Brünnhilde (*La Walkyrie, Siegfried* et *Le Crépuscule des dieux*) pour la première fois à l'Opéra de Cologne et reprend ces rôles au Châtelet, à Paris, en 1994. Elle a créé des œuvres de Wolfgang Rihm (*Hamlet Machine,* 1987).

Schneeberger, Hansheinz

Violoniste suisse, né à Berne le 16 octobre 1926.

Dès l'âge de six ans, il joue du violon. Il entre à l'École de musique de Berne, puis au Conservatoire de sa ville natale, où il obtient son diplôme en 1944. Il se perfectionne avec L. Balmer, avec Carl Flesch à Lucerne, puis de 1946 à 1947 à Paris avec Boris Kamensky. Il est nommé professeur à Biel (1948-58). C'est à cette époque qu'il fonde son propre quatuor, dont la vie s'étendra sur sept années (1952-59). Il est successivement professeur au Conservatoire de Berne (1952-58) puis violon solo à l'Orchestre de la NDR à Hambourg. Depuis 1961, il est professeur à l'Académie de musique de Bâle. Au cours d'une carrière bien remplie, il a été le créateur de pages importantes, comme le *Concerto n° 1 pour violon* de Bartók (1958) et le *Concerto pour violon* de Frank Martin (1952).

Schnéevoigt, Georg

Chef d'orchestre et violoncelliste finlandais, né à Viipuri (actuellement Vyborg en Russie) le 8 novembre 1872, mort à Malmö le 28 novembre 1947.

Élève de Schröder à Sondershausen, de Klengel à Leipzig, de Robert Fuchs à Vienne, il occupe le poste de violoncelle solo à l'Orchestre Philharmonique d'Helsinki de 1895 à 1903 et enseigne le violoncelle au Collège Musical. Il fait ses débuts de chef d'orchestre à Riga en 1901 et se produit régulièrement comme tel à l'Orchestre Kaim à Munich (1905-08) et à l'Orchestre Symphonique de Kiev (1908-09). Il fonde l'Orchestre Symphonique de Riga qu'il dirige de 1909 à 1914 et celui d'Helsinki (1912-14), qu'il associe à l'Orchestre Philharmonique fondé par Kajanus pour former l'orchestre de la ville d'Helsinki. Il dirige cette formation, conjointement avec Kajanus, jusqu'en 1941. De 1915 à 1924 il est également le chef principal de l'Orchestre Symphonique de Stockholm. Il fonde l'Orchestre Philharmonique d'Oslo en 1918 et le dirige jusqu'en 1927. Il occupe également des fonctions à Düsseldorf (1924-26), Los Angeles (1927-29) et Malmö (1930-47). En 1907, il avait épousé la pianiste **Sigrid Ingeborg Sungren** (1878-1953) qui fut professeur au Collège Musical d'Helsinki à partir de 1910.

Schneider, Alexander

Violoniste russe naturalisé américain, né à Vilnius le 21 octobre 1908, mort à New York le 2 février 1993.

Il fait ses études musicales au Conservatoire de Vilnius, à partir de l'âge de dix ans, puis au Conservatoire de Francfort, avec Adolph Rebner et à Berlin avec Carl Flesch. Il devient violon solo du Museumsorchester de Francfort (1925-33). Après avoir joué à Sarrebrück et à Hambourg, il rejoint le Quatuor de Budapest, où il est second violon (1933-44). En 1938, il se fixe aux États-Unis. En 1944, il devient membre de l'Albeneri Trio, auquel collaborent Benar Heifetz et Erich Itor Kahn, puis du New York Quartet, avec Horszowski, Katims et Frank Miller. Dans le même temps, il joue en sonate avec Ralph Kirkpatrick ou avec Eugene Istomin. En 1950, il participe à la commémoration du bicentenaire de la mort de Jean-Sébastien Bach au Festival de Prades, avec Pablo Casals, avec lequel il poursuivra une intime collaboration, non seulement à Prades, mais aux festivals de Perpignan, de Marlboro, d'Israël et à Porto Rico, où il organise le Festival Casals en 1957. Il rejoint une nouvelle fois le Quatuor de Budapest en 1955, avec lequel il donne des concerts jusqu'en 1967, tout en poursuivant son activité de soliste. En 1972, il a fondé l'ensemble de chambre « Brandenburg Players ». Il a créé la *Sonate pour violon et clavecin* de Milhaud (1946).

Schneider, Michael

Organiste et chef de chœur allemand, né à Weimar le 4 mars 1909.

Il fait ses études musicales (piano, orgue, composition) à la Musikhochschule de sa ville natale avec Bruno Hinze-Reinhold, Friedrich Martin et Richard Wetz (1927-30). Puis il travaille avec Karl Straube, Kurt Thomas et Robert Teichmüller à Leipzig (1930-31). Après la guerre, il viendra également étudier à Paris avec Marcel Dupré. Dès le fin de ses études, il est nommé organiste à Weimar où il enseigne également à la Musikhochschule (1931-34). Puis il est organiste et cantor à Munich (église Saint-Matthieu) entre 1934 et 1936. Il reçoit le titre de professeur en 1936 et est nommé titulaire de la classe d'orgue et responsable du département de musique liturgique évangélique à la Musikhochschule de Cologne, tout en dirigeant la Kölner Bachverein (1936-41). On le trouve ensuite à Berlin où il dirige les Berliner Kantorei (1942-44) et le Berliner Bruckner Chor (1944-45). A Munich, il est nommé organiste et cantor à Saint-Marc (1945-51). Il est également directeur de la Musikhochschule à partir de 1948. Il est ensuite professeur d'orgue et responsable du département de musique liturgique évangélique à l'Académie de musique de Detmold (1953-57) tout en assurant la direction de la Musikverein der Stadt Bielefeld (1951-59). De retour à Berlin, il est professeur à la Musikhochschule (1958-65) et simultanément organiste à Heilbronn. En 1965, il est nommé professeur d'orgue et responsable du département de musique liturgique évangélique à la Musikhochschule de Cologne et organiste au Gürzenich. En 1975, il abandonne ses principales fonctions pédagogiques et ne conserve qu'une classe d'orgue.

En marge de ses activités pédagogiques, il se produit dans le monde entier et s'impose comme l'un des représentants les plus importants en Allemagne de l'orgue néoclassique. Il a également créé de nombreuses œuvres contemporaines (Johann Nepomuk David, Karl Höller, Frank Michael Beyer...)

ÉCRITS : *Die Orgelspieltechnik des frühen 19. Jh. in Deutschand, dargestellt an den Orgelschulen der Zeit* (thèse soutenue à Cologne en 1940, publiée à Ratisbonne, 1941).

Schneider, Peter

Chef d'orchestre autrichien, né à Vienne le 26 mars 1939.

Membre des Petits Chanteurs de Vienne, il fait le tour du monde avec cette chorale. Puis il poursuit ses études musicales à l'Académie de Vienne jusqu'en 1959, où il travaille la direction d'orchestre avec Hans Swarowsky et la composition avec Schiske. Il enseigne à Salzbourg et à Heidelberg, où il est nommé premier chef en 1961. En 1968, il occupe le même poste à la Deutsche Oper am Rhein (Düsseldorf-Duisbourg) et commence alors une carrière de chef invité dans le domaine lyrique. Il est ensuite directeur général de la musique à Brême (1978-85). En 1981, il débute à Bayreuth avec *Le Vaisseau fantôme* et, en 1983, il y reprend *La Tétralogie* à la suite de Sir Georg Solti. Il est invité régulièrement dans les grands Opéras allemands et, à partir de 1985, à l'Opéra de Vienne, avec lequel il effectue une tournée au Japon en 1986. Entre 1985 et 1987, il est directeur général de la musique à Mannheim. En 1993, il succède à Wolfgang Sawallisch comme directeur musical de l'Opéra de Munich. Parmi les œuvres qu'il a créées, citons *Nachtmusik-Trauermusik-Finalmusik* (1989) de Gerhard Wimberger.

Schneider, Urs

Chef d'orchestre suisse, né à Saint-Gall le 16 mai 1939.

Il commence l'étude du violon dès l'âge de six ans et, à quinze ans, fonde son propre orchestre, le Pro Musica Orchestra qui ne compte pas moins de 70 instrumentistes, avec lequel il donne des concerts en Suisse jusqu'en 1963. Après avoir obtenu son diplôme de violon à la Musikhochschule de Zurich en 1961, il étudie la direction d'orchestre avec Rafael Kubelík à Lucerne, Igor Markevitch à Madrid, Otto Klemperer à Londres et à Zurich. En 1962, il fonde l'Ostschweizer Kammerorchester-Camerata Helvetica, qu'il dirige jusqu'en 1984. Il commence une importante carrière de chef invité, prend la direction musicale de la Camerata Stuttgart (1967-83) et dirige l'Orchestre Symphonique et l'Opéra de Shreveport aux États-Unis (1967-68). Entre 1971 et 1973, il succède à Bernhard Paumgartner à la tête de la Camerata Academica du Mozarteum de Salzbourg. Entre 1982 et 1986, il est directeur musical de l'Orchestre Symphonique d'Haïfa (Israël). En 1991, il est nommé chef permanent de l'Orchestre National de Taiwan.

Schneiderhan, Wolfgang

Violoniste autrichien, né à Vienne le 28 mai 1915.

Enfant prodige, il fait ses études avec Julius Winkler et, surtout, avec Ottokar Ševčik, considéré comme le fondateur de l'École tchéco-viennoise. A dix-sept ans, il est premier violon de l'Orchestre Symphonique de Vienne (1933-37), puis de l'Orchestre Philharmonique de la même ville, poste qu'il occupe de 1937 à 1950. A la même époque, il se consacre beaucoup à la musique de chambre, aussi bien au sein du quatuor qu'il fonde, et qui porte son nom (1937-51), qu'au sein du trio qu'il forme avec Edwin Fischer et Enrico Mainardi (1949-56). Il joue également en duo, avec Carl Seeman, Wilhelm Kempff et, ces dernières années, avec Walter Klien. Interprète par excellence de Mozart – dont il grave pour le disque l'intégrale des concertos pour violon, à la fois comme soliste et comme chef –, Wolfgang Schneiderhan participe, en 1955, à la fondation du Festival Strings de Lucerne, en Suisse, ville où il réside. L'enseignement occupe une place importante tout au long de sa carrière : au Mozarteum de Salzbourg (1936-56), à l'Académie de Vienne (1939-51), au Conservatoire de Lucerne (depuis 1949) ou à Stockholm (1964). Marié à la cantatrice Irmgard Seefried (1948), plusieurs compositeurs ont écrit à leur intention : Henze (*Ariosi*, 1964), F. Martin (*Maria Triptychon*, 1968)...

Schneidt, Hanns-Martin

Chef d'orchestre allemand, né à Kitzingen am Main le 6 décembre 1930.

Membre du Thomaner Chor de Leipzig dès l'âge de dix ans, il travaille le piano et la théorie avec Günther Ramin puis, entre 1949 et 1952, avec Karl Höller, Fr. Högner, Kurt Eichhorn, Li Stadelmann, M. Landes-Hindemith à la Hochschule et à l'Université de Munich. Il suit également les cours de musicologie de Rudolf von Ficker à partir de 1952. Il est alors nommé cantor et organiste de la Erlöserkirche à Munich-Schwabing. En 1952, il remporte le Prix Richard Strauss à Munich et, en 1955, est nommé directeur de l'École de musique sacrée de Berlin. Il fonde et dirige le Berlin Bach Collegium et le Bach Chor à la nouvelle Kaiser Wilhelm Gedächtniskirche. Puis il est chef permanent à Wuppertal (1963) où il devient directeur général de la musique (1975-86). Entre 1971 et 1978, il est professeur de direction d'orchestre à la Hochschule de Hambourg. Il travaille régulièrement avec les Regensburger Domspatzen. En 1985, il est nommé professeur de direction d'orchestre et de musique sacrée à la Hochschule für Musik de Munich. Il prend la même année la direction du Chœur Bach de Munich et dirige régulièrement comme chef invité à l'Opéra de Munich. Il a créé des œuvres de Volker David Kirchner (*Die fünf Minuten des Isaak Babel,* 1980).

Schnitzler, Claude

Chef d'orchestre et organiste français, né à Eckbolsheim (Strasbourg) le 3 septembre 1949.

Au Conservatoire de Strasbourg, il étudie l'orgue, le clavecin, l'écriture et la direction d'orchestre, discipline dans laquelle il se perfectionne au Mozarteum de Salzbourg avec Bruno Maderna. En 1971, il est nommé organiste titulaire des grandes orgues de la cathédrale de Strasbourg et commence une carrière d'instrumentiste.

L'année suivante, il devient chef de chant à l'Opéra du Rhin puis, de 1975 à 1979, chef assistant d'Alain Lombard. De 1980 à 1982, il est chef d'orchestre à l'Opéra du Rhin avant de diriger régulièrement à l'Opéra de Paris et à l'Opéra-Comique. Il a créé l'opéra de Hasquenoph *Comme il vous plaira* (1981) et celui de Prodromidès *H. H. Ulysse* (1984). Il est directeur de l'Orchestre de Rennes (1986-88), chef permanent à l'Opéra du Rhin (1988-89), et revient à Rennes comme directeur de l'Orchestre de Bretagne (1989).

Schock, Rudolf

Ténor allemand, né à Duisbourg le 4 septembre 1915, mort à Düren-Gürzenich le 13 novembre 1986.

Après des études musicales à Cologne et à Hanovre, il est engagé dans les chœurs de l'Opéra de Duisbourg (1933-37), chante ses premiers rôles au Théâtre de Brunswick (1937-40), puis à la Deutsches Opernhaus Charlottenburg (Berlin, 1943-44), à l'Opéra de Hanovre (1945-46), et à la Staatsoper de Berlin (1946-48). Il est également invité à Vienne, Hambourg, Munich, Londres, et participe aux festivals de Salzbourg (à partir de 1948), Édimbourg (1952), Bayreuth (1959). Après 1953, il fait partie de la Staatsoper de Vienne, dont il est Kammersänger. Ses incursions au cinéma (on tourne même un film sur sa vie) et dans l'opérette lui ont valu une popularité supplémentaire.

ÉCRITS : *« Ach, ich hab in meinem Herzen... »*, Erinnerungen (Herbig, Munich, 1985).

Schöffler, Paul

Baryton autrichien, né à Dresde le 15 septembre 1897, mort à Amersham (Angleterre) le 21 novembre 1977.

Après avoir fait des études musicales au Conservatoire de Dresde, il étudie le chant avec Staegemann à Dresde, Grenzebach à Berlin et Sammarco à Milan. Il fait partie de la troupe de la Staatsoper de Dresde (1925-37), puis de celle de la Staatsoper de Vienne jusqu'à la fin de sa carrière. Son répertoire comprend les rôles de Hans Sachs (pour ses débuts à Bayreuth en 1943-44), Kurwenal, le Hollandais (son dernier rôle à Bayreuth en 1956), Scarpia, Figaro, Don Giovanni, Wotan (quatre parmi ses interprétations à Covent Garden où, pour ses débuts en 1934, il chante *Schwanda* de Weinberger et Donner de *L'Or du Rhin*), *Cardillac* (qu'il crée en 1926 à Dresde, dir. F. Busch) et *Mathis le peintre* de Hindemith, *La Mort de Danton* de von Einem (création au Festival de Salzbourg 1947, dir. F. Fricsay), Jokanaan de *Salomé* (pour ses débuts au Met en 1950), Jupiter dans *L'Amour de Danae* (création à Salzbourg en 1952), Günther du *Crépuscule des dieux* (à l'Opéra de Paris notamment, en 1950 et 1955), Barak de *La Femme sans ombre*, etc. Jusque dans les petits rôles qu'il chante encore dans les années soixante-dix, Schöffler fait preuve d'une musicalité et d'une présence scénique étonnantes, n'utilisant une voix chaude et richement timbrée qu'en vue de l'expression. Cet idéal esthétique en a fait un chanteur de lieder accompli.

Schöne, Lotte (Charlotte Bodenstein)

Soprano autrichienne naturalisée française, née à Vienne le 15 décembre 1891, morte à Paris le 22 décembre 1978.

Elle étudie à Vienne avec Johannes Ress, Luise Ress et Maria Brossement, et débute à la Volksoper en 1912 en demoiselle d'honneur du *Freischütz*. Elle y reste attachée jusqu'en 1925 tout en paraissant également à la Hofoper à partir de 1917. Tandis que Salzbourg la voit triompher en Zerline, Blondchen et Despina de 1922 à 1934, Bruno Walter l'appelle en 1927 à la Städtlicher Oper de Berlin, qu'elle quitte en 1933 pour l'exil en France où sa carrière à l'Opéra et à l'Opéra-Comique (Mélisande, Zerline, Suzanne) est interrompue par la guerre. En 1945, elle reprend une carrière de concertiste et revient même à Berlin en 1948. A partir de 1953, elle se consacre à l'enseignement. A son répertoire, on trouve aussi Liu, Marcelline, Oskar, Olympia, Micaëla, Sophie, Gilda, Pamina, Mimi...

Schöne, Wolfgang

Baryton-basse allemand, né à Bad Gandersheim (Harz) le 9 février 1940.

Il fait ses études à la Musikhochschule de Hanovre à partir de 1964 et travaille avec Naan Pöld à Hambourg où il obtient son diplôme en 1969. Lauréat des concours internationaux de Berlin, Bordeaux, 's-Hertogenbosch et Rio de Janeiro, il fait ses débuts lyriques en 1970 : Wolfram *(Tannhäuser)* et Guglielmo *(Così fan tutte)* à Stuttgart, Hambourg et Vienne. En 1973, il entre dans la troupe de l'Opéra de Stuttgart et reçoit le titre de Kammersänger en 1978. Tout en menant une carrière de concertiste (lied et oratorio – plus de cinquante cantates ainsi que les passions de Bach figurent à son répertoire), il s'impose rapidement sur les grandes scènes internationales dans une cinquantaine de rôles (Golaud à Berlin, Don Giovanni à Stuttgart, Festival de Salzbourg, Opéra de Vienne...). Il a créé *Hamlet* (rôle-titre, 1980) de Hermann Reutter et *La Chatte anglaise* (1983) de Hans Werner Henze.

Schønwandt, Michael

Chef d'orchestre danois, né à Copenhague le 10 septembre 1953.

Il commence l'étude du piano dès l'âge de six ans. Il travaille ensuite la composition, la musicologie et la direction d'orchestre et reçoit une bourse du British Council pour poursuivre ses études à la Royal Academy of Music de Londres (1975-77). En 1979, il est nommé chef permanent à l'Opéra Royal Danois (Copenhague) et, en 1981, il prend la direction du Collegium Musicum de Copenhague. Entre 1984 et 1987, il est principalement chef invité à la Monnaie de Bruxelles. Il débute à Covent Garden et à l'Opéra de Paris en 1985 et au Festival de Bayreuth en 1987 avec *Les Maîtres chanteurs*. En 1988, il est nommé premier chef invité de l'Orchestre Philharmonique de Nice. En 1992, il prend la direction musicale du Berliner Sinfonie-Orchester.

Schoonbroodt, Hubert

Organiste et chef de chœur belge, né à Eupen le 8 août 1941, mort à Eupen le 5 février 1992.

Il fait ses études musicales au Conservatoire de Verviers puis à celui de Paris, où il travaille également à l'Institut supérieur de musique sacrée (Institut Lemmens) et à la Schola Cantorum. Auprès de Pierre Froidebise, à Liège, et d'Antoine Geoffroy-Dechaume, à Paris, il approfondit l'interprétation des musiques anciennes. En 1962, il succède à Pierre Froidebise comme maître de chapelle et organiste du Grand Séminaire de Liège. En 1969, il est nommé professeur d'orgue au Conservatoire royal de Liège et, en 1982, à celui de Bruxelles. Entre 1974 et 1988, il est directeur musical de l'Ensemble vocal national Willy Mommer (Königliches Männerquartett Eupen). En 1975, il crée la Camerata Leodiensis ; en 1977, il est nommé directeur musical de la Chorale Universitaire de Liège ; en 1982, il fonde la Schola Academica Leodiensis (chœur de chambre). Il contribue largement à la redécouverte du patrimoine national belge, exhumant ou créant des œuvres de Lambert Chaumont, Henri Dumont, Jean-Noël Hamal, Antoine Mahaut, Pierre Van Maldere... Il consacre une part importante de ses activités à la facture d'orgue et a contribué à la restauration ou à la construction de nombreux instruments.

Schorr, Friedrich

Basse hongroise naturalisé américain, né à Nagyvárad le 2 septembre 1888, mort à Farmington (Connecticut) le 14 août 1953.

Il étudie à Vienne avec Adolf Robinson, et débute à Graz en 1911 (Wotan de *La Walkyrie*). Il chante à Prague (1916-18), à Cologne (1918-23) et à Berlin (1923-31). Il débute à New York en 1923, au Metropolitan Opera en 1924 et y chante jusqu'en 1943 ; il y apparaît comme le plus grand Wotan de l'époque, rôle qu'il chante également à Bayreuth de 1925 à 1931. Célèbre Sachs et Hollandais, il chante également à Covent Garden entre 1924 et 1933, et se retire en 1943 pour s'adonner à la mise en scène et au professorat.

Schreier, Peter

Ténor lyrique allemand, né à Gauernitz (Meißen, Saxe) le 29 juillet 1935.

Son père, instituteur, dirige une chorale et reconnaît très vite ses dons. Dès la fin de la guerre, Peter Schreier entre au Kreuzchor de Dresde, où il étudie durant huit ans. Rudolf Mauersberger le pousse vers une carrière de soliste. Il travaille au Conservatoire avec H. Winkler (1956-59) et, dès 1959, est engagé par l'Opéra-Studio de Dresde, où il débute deux ans plus tard dans le rôle du premier prisonnier de *Fidelio*. En 1963, il signe un contrat avec la Staatsoper de Berlin. En 1966, on l'entend à Bayreuth dans un rôle effacé : le marin de *Tristan*. Le timbre clair de sa voix de ténor lyrique le prédestinait au répertoire mozartien ; sa formation au Kreuzchor – fidélité à la tradition de Bach – fait de lui un chanteur d'oratorios. On l'entend pour la première fois en Europe occidentale dans la *Passion selon saint Matthieu* (l'Évangéliste) à Perugia. Depuis 1967, il participe au Festival de Salzbourg où il a tenu tous les grands rôles de ténor mozartiens. Il y a aussi chanté David (*Les Maîtres chanteurs*, sous la direction de Karajan) et Loge. En 1967, il débute au Met dans Tamino (*La Flûte enchantée*), où il incarne par la suite Don Ottavio et Almaviva. À partir de la même année, il est invité régulièrement à l'Opéra de Vienne. En 1968, il débute à la Scala de Milan (Idamante – *Idoménée* de Mozart) et au Colón de Buenos Aires. À partir de 1969, il se consacre parallèlement à la direction d'orchestre. En 1973, il participe à la création de *De Temporum fine comoedia* de Carl Orff (Salzbourg) et, l'année suivante, à celle de *Einstein* de Paul Dessau (Staatsoper de Berlin). Il consacre aussi une grande partie de sa carrière au lied, domaine dans lequel il excelle. Il a créé des œuvres de Gottfried von Einem (*Liebes- und Abendlieder* op. 48, 1978 ; *Leib-und Seelensongs* op. 53, 1980), Wilhelm Killmayer (*Hölderlin-Lieder,* 1er cycle, 1986 ; 2e cycle, 1987), Heinrich Sutermeister (*Consolatio philosophiae,* 1979).

ÉCRITS : *Aus meiner Sicht* (Zsolnay, Wiesbaden, 1983).

Schröder, Jaap

Violoniste néerlandais, né à Amsterdam le 31 décembre 1925.

Il fait ses études au Conservatoire de sa ville natale puis à Paris où il travaille avec Jacques Thibaud (1948). Il travaille également la musicologie à la Sorbonne et à l'Université d'Amsterdam. Il commence sa carrière comme violon solo de l'Orchestre de Chambre de la Radio Néerlandaise (1950-63) et second violon du Quatuor à cordes néerlandais (1952-69). Puis il fonde différents ensembles de musique de chambre, qu'il dirige de sa place de leader, Quadro Amsterdam (1960-66), Concerto Amsterdam (1961-70) et le Quatuor Esterházy (1973-81). Il enseigne au Conservatoire d'Amsterdam (depuis 1963), à la Schola Cantorum Basiliensis, à l'Université Yale (depuis 1982), à la Juilliard School de New York et à l'Académie d'été du Mozarteum de Salzbourg. En 1982, il fonde un nouveau Quatuor à Washington, le Quatuor Smithson, qui prolonge l'activité du Quatuor Esterházy dans le cadre de la Smithsonian Institution. Il est également invité à diriger régulièrement différents orchestres de chambre. Il joue sur un violon de Jacobus Stainer (1665).

Schröder-Feinen, Ursula

Soprano allemande, née à Gelsenkirchen le 21 juillet 1936.

Elle travaille avec Maria Helm à Gelsenkirchen puis à la Folkwang Schule d'Essen. Engagée dans les chœurs de l'Opéra de sa ville natale, elle y fait ses débuts en 1961 dans *L'Oiseleur* de Zeller avant d'y chanter le rôle-titre d'*Aïda*. Elle reste dans la même ville jusqu'en 1968, où elle entre dans la troupe de la Deutsche Oper am Rhein de Düsseldorf-Duisbourg (1968-72). Elle se produit à Berlin, Hambourg, Munich et débute au Met en 1970 dans Chrysothémis (*Elektra* de R. Strauss). Elle s'impose dans les grands rôles wagnériens et straussiens à Vienne, Prague et Salzbourg (la Teinturière, 1974-75). À Bayreuth, entre 1971 et 1975, elle incarne Senta, Ortrud, Brünnhilde (*Siegfried*) et Kundry. En 1973, elle est Salomé à Montréal pour la première représentation au

Canada de l'opéra de R. Strauss. Elle débute à l'Opéra de Paris en 1975 dans Elektra. Depuis, on la retrouve dans ce répertoire sur les plus grandes scènes internationales : Scala de Milan, Chicago, San Francisco, Los Angeles... À son répertoire figurent aussi Tosca, Turandot, Jenůfa, Isolde, Leonore (*Fidelio*), Alceste (Gluck)...

Schuch, Ernst von

Chef d'orchestre autrichien, né à Graz le 23 novembre 1846, mort à Kötzschenbroda (Dresde) le 10 mai 1914.

Il mène de front des études juridiques et musicales, à Graz où il étudie le violon et le piano, notamment avec Eduard Stolz, et à Vienne où il travaille avec Otto Dessoff. Il dirige à Breslau (1867-68), Wurzbourg (1868-70), Graz (1870-71), Bâle (1871-72) avant d'être nommé à Dresde où se déroulera la majeure partie de sa carrière : en 1872, il est chef d'orchestre, l'année suivante chef permanent (en même temps que Rietz, jusqu'en 1879, et Wüllner, jusqu'en 1882), puis directeur général de la musique (1889-1914). Il dirige également les concerts de la Chapelle royale (l'actuelle Staatskapelle) à partir de 1877. Figure marquante de sa génération, il a créé plusieurs ouvrages de Richard Strauss (*Feuersnot*, 1901, *Salomé*, 1905, *Elektra*, 1909, *Le Chevalier à la rose*, 1911). Pendant sa direction, l'Opéra de Dresde a donné 51 ouvrages en première audition. Il a aussi joué un rôle essentiel pour faire connaître la musique française contemporaine en Allemagne. Il a été anobli en 1898. Il avait épousé en 1875 la soprano colorature **Clementine Schuch-Proska** (1850-1932), qui a chanté à l'Opéra de Dresde entre 1873 et 1904. Leur fille, **Liesel von Schuch** (1891-1990) a tenu les rôles de colorature sur la même scène entre 1914 et 1935.

Schüchter, Wilhelm

Chef d'orchestre allemand, né à Bonn le 15 décembre 1911, mort à Dortmund le 27 mai 1974.

Il fait ses études musicales à Cologne avec Abendroth et Jarnach avant de débuter à Coburg en 1937. Il est aussitôt engagé à l'Opéra de Würzburg (1937-40) puis succède à Karajan comme directeur général de la musique à Aix-la-Chapelle (1940-42). Il est ensuite chef permanent à la Städtische Oper de Berlin (1942-43), adjoint de Schmidt-Isserstedt à Hambourg (NDR) à partir de 1947, chef permanent de l'Orchestre Symphonique de la Radio de Cologne (WDR), directeur artistique de l'Orchestre Symphonique de la NHK à Tokyo (1959-62), directeur général de la musique (1962), puis directeur artistique de l'Opéra de Dortmund (1965-74). Dans cette dernière période de sa vie, il contribue à faire de l'Opéra de Dortmund l'un des meilleurs opéras d'Allemagne.

Schumann, Elisabeth

Soprano allemande, naturalisée américaine (1944), née à Merseburg sur la Saale le 13 juin 1888, morte à New York le 23 avril 1952.

Son père, organiste, lui inculque ses premières notions de musique. Elle manifeste dès son plus jeune âge des dons naturels disciplinés par son travail avec Natalie Hänisch à Dresde, Marie Dietrich à Berlin et surtout Alma Schadow à Hambourg. Elle débute à l'Opéra de Hambourg dans le rôle du Berger de *Tannhäuser* (1909), qui la fait engager de façon permanente (1909-19). Son incarnation de Sophie dans *Le Chevalier à la rose* lui ouvre les portes de la renommée : elle le chante pour ses débuts au Met (1914-15) et à Covent Garden (1924, avec Lotte Lehmann et Richard Mayr, dir. Bruno Walter) ; Richard Strauss, dans son admiration, lui demande de venir rejoindre la troupe de l'Opéra de Vienne (où elle se produit de 1919 à 1938) et l'accompagne dans une tournée américaine de récitals (1921). Mozartienne ineffable, elle participe au premier Festival de Salzbourg, chantant Despina, Suzanne et Blonde (1922). En 1930, à Londres, elle personnifie Adèle dans une représentation historique de *La Chauve-Souris*, une première pour Covent Garden, réunissant Maria Olszewska, Gerhard Hüsch et Bruno Walter. Forcée de quitter l'Autriche en 1938, elle part vivre aux États-Unis et enseigne au Curtis Institute de Philadelphie ; plus tard à l'Académie d'été de Bryanston. Elle participe encore au premier Festival d'Édimbourg (1947) et chante et enregistre, à soixante ans passés, avec une voix qui semble insensible au temps. De petites dimensions, mais remarquablement placée, avec un aigu cristallin et une souplesse constante, elle ne fut jamais une fin en soi, mais un moyen de transmettre le message musical de la façon la plus humaine possible. Le phrasé, émouvant jusque dans les plus infimes pianissimos, la respiration naturelle du chant était accordée au pouvoir d'identification de l'interprète avec la musique, toujours « dans un sourire » (dixit Gerald Moore). Cette faculté d'enthousiasme a trouvé dans le lied un terrain d'élection, particulièrement chez Schubert, Strauss, Wolf et Robert Franz.

ÉCRITS : *German Song* (1948).

Schumann-Heink, Ernestine (Ernestine Rössler)

Contralto tchèque, naturalisée américaine (1908), née à Lieben le 15 juin 1861, morte à Hollywood le 17 novembre 1936.

Fille d'un officier autrichien et d'une chanteuse amateur italienne, elle reçoit une éducation générale à Prague avant d'étudier le chant avec Marietta von Leclair à Graz. Elle y fait ses débuts en 1876 dans la *Neuvième Symphonie* de Beethoven. A Dresde, elle travaille avec Karl Krebs et Franz Wüllner. Elle est aussi l'élève de Giovanni Baptista Lamperti. Elle débute à l'Opéra de Dresde en 1878 (Azucena) et entre aussitôt dans la troupe (1878-82). Elle appartient ensuite à la Kroll Oper de Berlin (1882-83) et à l'Opéra de Hambourg (1883-98) où sa tessiture de près de trois octaves lui permet d'aborder un répertoire considérable : Ulrica, Amneris, Orphée (Gluck), Mrs Quickly (pour la première représentation en Allemagne de *Falstaff*). Elle fait ses débuts à Covent Garden en 1892 sous la direction de Gustav Mahler (Fricka, Erda et Waltraute dans la *Tétralogie*). En 1898, elle rompt un contrat signé avec l'Opéra de Berlin pour pouvoir se produire librement en Amérique, d'abord à Chicago (1898) et ensuite au Met (1899-1932). A Bayreuth, elle chante Erda, Waltraute, Magdalena, Mary entre 1896 et 1914. Son répertoire (plus de 150 rôles) et son tempérament dramatique en font l'une des plus grandes cantatrices de son époque. Elle est la créatrice de Clytemnestre dans l'*Elektra* de Strauss à Dresde en 1909 et la dédicataire des *3 Gesänge*, op. 43 du même musicien (1899).

Schunk, Robert

Ténor allemand, né à Neu-Isenburg (Francfort) en 1948.

De 1966 à 1973, il étudie au Conservatoire de Francfort, dans la classe de Martin Gründler, et obtient son premier engagement à l'Opéra de Karlsruhe, dès la fin de ses études. En 1975, à l'Opéra de Bonn, il chante Hoffmann des *Contes d'Hoffmann*, l'Empereur de *La Femme sans ombre* et Florestan de *Fidelio*. De 1977 à 1979, il appartient à la troupe de l'Opéra de Dortmund où il aborde le grand répertoire wagnérien (*Parsifal*, le Pilote du *Vaisseau fantôme*, Melot de *Tristan*, Walther de *Tannhäuser*). Il chante également Max du *Freischütz* et Don José de *Carmen*. Dès 1979, il est invité sur toutes les grandes scènes d'Europe. Il participe au Festival de Bayreuth depuis 1977, où il incarne successivement Walther de *Tannhäuser*, Siegmund de la *Walkyrie* dans la production du centenaire (Boulez-Chéreau) et Erik dans le *Vaisseau fantôme* mis en scène par Harry Kupfer.

Schuricht, Carl

Chef d'orchestre allemand, né à Dantzig le 3 juillet 1880, mort à Corseaux-sur-Vevey (Suisse) le 7 janvier 1967.

Il voit le jour dans une famille de musiciens : son père est facteur d'orgues, sa mère, la cantatrice Amanda Wusinowska. Dès l'âge de onze ans, il commence à composer. Ses parents lui donnent une formation de pianiste avant de l'envoyer à Berlin où il étudie la composition avec Humperdinck et le piano avec E. Rudorff à la Hochschule für Musik (1901-03). Puis il travaille à Leipzig avec Reger. C'est Franz Mannstädt qui l'initie à la direction d'orchestre à Wiesbaden. Il débute comme répétiteur à l'Opéra de Mayence, puis suit la carrière traditionnelle des chefs de théâtre allemands : Kapellmeister à Mayence, il passe successivement par Dortmund, Goslar et Zwickau avant d'être nommé à la tête de la Rühl'schen Gesangverein de Francfort en 1909. Trois ans plus tard, il est chef d'orchestre au Théâtre de Wiesbaden dont il sera directeur musical entre 1922 et 1944. Pendant la même période, il dirige les concerts symphoniques d'été à Scheveningen (1930-39) et le chœur de la Philharmonie de Berlin (1933-34). De 1937 à 1944, il est également premier chef invité de l'Orchestre Symphonique de la Radio de Francfort et, en 1943-44, directeur de l'Orchestre Philharmonique de Dresde. En 1944, il quitte l'Allemagne pour des raisons politiques et s'installe en Suisse, où Ansermet l'accueille très chaleureusement. Il mène alors une carrière de chef invité jusqu'à la fin de sa vie, dirigeant notamment, en 1956, la première tournée américaine de l'Orchestre Philharmonique de Vienne, au côté d'André Cluytens. En 1957-58, il enregistre la première intégrale des symphonies de Beethoven gravée par un orchestre français, la Société des Concerts du Conservatoire. Il dirige son dernier concert, consacré à Mozart, en 1965 au Festival de Salzbourg.

Schwalbé, Michel

Violoniste français, né à Radom (Pologne) le 27 octobre 1919.

Élève de Moritz Frenkel, il fait partie du petit nombre d'héritiers de l'école d'Auer. Il fait ses études à l'Académie de musique de Varsovie et les poursuit à Paris avec Georges Enesco et Pierre Monteux. Il donne son premier concert à l'âge de dix ans. Il travaille ensuite avec Jules Boucherit (école franco-belge), et réunit ainsi les qualités des deux grandes écoles de violon. Sa formation s'achève en 1938 avec de nombreux prix, mais la guerre ne permet qu'un épanouissement tardif de ses dons et de sa carrière. Alors qu'il était premier violon solo de l'Orchestre de la Suisse Romande (1944-46), il remporte le Concours de Scheveningen. Il fonde le Quatuor Schwalbé à Zurich (1946-48), puis est nommé professeur au Conservatoire de Genève comme successeur de Joseph Szigeti (1948-57). Il se produit en soliste avec de nombreux orchestres. En 1957, Karajan l'appelle au poste de premier violon solo de l'Orchestre Philharmonique de Berlin, poste qu'il conservera jusqu'en 1984. Depuis 1960, il donne des cours à l'Académie d'été du Mozarteum de Salzbourg et, entre 1963 et 1984, il est professeur à la Hochschule für Musik de Berlin. Son instrument est le Stradivarius *King Maximilian* de 1709.

Schwarz, Gerard (Ralph)

Chef d'orchestre américain, né à Weehawken (New Jersey) le 19 août 1947.

Il commence ses études musicales à l'âge de cinq ans et prend des leçons de trompette dès l'âge de huit ans. Il poursuit sa formation au National Music Camp d'Interlochen (étés 1958-60), à la High School of Performing Arts de New York, au Interlochen National Music Camp et à la Juilliard School of Music de New York (diplômé en 1972). Il travaille la trompette avec William Vacchiano entre 1962 et 1968. Il fait partie de l'American Brass Quintet (1965-73). Entre 1966 et 1972, il est trompettiste à l'American Symphony Orchestra (New York). Il fait ses débuts de chef d'orchestre en 1966 comme directeur musical de la compagnie de danse Erick Hawkins. En 1972, il est nommé directeur musical de la compagnie Eliot Feld. Entre 1972 et 1975, il est trompette cosoliste de l'Orchestre Philharmonique de New York. En 1975, il devient directeur musical du Waterloo Festival de Stanhope (New Jersey) et, un an plus tard, il prend la direction du New York Chamber Symphony (1977-86). En 1978, il succède à Sir Neville Marriner comme directeur musical de l'Orchestre de Chambre de Los Angeles, poste qu'il conserve jusqu'en 1986. En 1982, il crée une série de concerts de musique contemporaine « Music Today » au Merkin Concert Hall de New York. Un an plus tard, il est nommé conseiller musical et premier chef du Mostly Mozart Festival au Lincoln Center, dont il devient directeur musical en 1986. Il est directeur musical (1983-85) et premier chef (à partir de 1985) de l'Orchestre Symphonique de Seattle. En 1989, il reçoit l'Alice M. Ditson Award. Il a créé des œuvres de Barbara Kolb (*Yet That Things Go Round,* 1987), Ernst Krenek (*Arc of Life,* 1982), Andrzej Panufnik (*Arbor cosmica,* 1984).

Schwarz, Hanna

Mezzo-soprano allemande, née à Hambourg le 15 août 1943.

Elle étudie à Essen et débute en 1970 à Hanovre (Maddalena de *Rigoletto*). Elle chante au Festival d'Eutin en 1972, et devient membre de l'Opéra de Hambourg en 1973 ; elle y chante Chérubin, Dulcinée, Cenerentola, Dorabella, Mrs. Quickly, Marfa (*Khovanchtchina*) et Octavian. Elle débute à Bayreuth en 1975 dans des petits rôles et y chante dès 1976 Erda, puis Fricka et Brangäne. En 1976, elle débute à l'Opéra de Paris (Preziosilla de *La Force du destin*) et participe en 1979 à la création de l'intégrale de *Lulu* de Berg. Elle chante à San Francisco depuis 1977 (Fricka), à Berlin depuis 1978 (Chérubin), Washington, Stuttgart, Londres...

Schwarz, Rudolf

Chef d'orchestre autrichien naturalisé anglais (1952), né à Vienne le 29 avril 1905, mort à Londres le 30 janvier 1994.

Après des études musicales dans sa ville natale, il est altiste à l'Orchestre Philharmonique de Vienne. A dix-huit ans, il débute comme répétiteur à l'Opéra de Düsseldorf où, un an plus tard, il est nommé chef d'orchestre. Entre 1927 et 1933, il dirige à l'Opéra de Karlsruhe alors conduit par Josef Krips. Le régime nazi interrompt sa carrière : en 1936, il est directeur musical de l'Organisation culturelle juive de Berlin puis il est interné dans un camp de travail à Belsen (1943-45). Il se fixe ensuite en Angleterre où il est nommé à la tête de l'Orchestre Symphonique de Bournemouth, qu'il réorganise (1947-51). Il prend la direction musicale du City of Birmingham Symphony Orchestra (1951-57) avant d'être nommé chef permanent de l'Orchestre Symphonique de la BBC (1957-62). A partir de 1964, il est l'invité régulier de l'Orchestre Symphonique de Bergen (Norvège), et est nommé chef d'orchestre permanent puis directeur musical (1967-74) du Northern Sinfonia à Newcastle. Il a créé des œuvres de Roberto Gerhard (*Symphonie nº 2,* 1959).

Schwarzkopf, Elisabeth

Soprano allemande naturalisée anglaise, née à Jarotschin (Poźnan) le 9 décembre 1915.

Son père instituteur... Une enfance disciplinée et sage... Elisabeth fait ses études musicales à la Hochschule de Berlin où elle travaille avec Lula Mysz-Gmeiner, chanteuse de lieder. Elle apprend aussi le piano, l'harmonie, le contrepoint. Quelques années plus tard, le docteur Egenolf lui signe un premier engagement à l'Opéra d'État de Berlin. Elle débute alors dans le rôle d'une fille-fleur de *Parsifal* en 1938, puis chante le premier garçon de *La Flûte enchantée*, l'Oiseau des bois de *Siegfried* et Valencienne de *La Veuve joyeuse*. Dès 1941, on lui offre des rôles plus importants : Oscar dans *Un bal masqué*, Zerbinette dans *Ariane à Naxos*. Maria Ivogün la remarque et la fait travailler. Elle l'initie à l'art du lied et de la musique de chambre. En 1942 à Vienne, dans un récital, elle touche un autre public. La pureté de sa voix, son intimisme frappent la critique. Cependant, alors que Karl Böhm l'invite à l'Opéra de Vienne, elle tombe malade et doit se reposer dans un sanatorium des monts Tatras. C'est en 1944 qu'elle fait ses débuts véritables à Vienne, comme soprano colorature. Elle chante Rosine, Blonde, Zerbinette. Walter Legge révèle dans la période de l'après-guerre ses talents musicaux. Il est à l'origine de ses premiers enregistrements et il l'épousera. En 1947, elle fait des tournées en Angleterre, et obtient un grand succès – auprès de Seefried – dans *Don Giovanni*. Engagée régulièrement à Covent Garden, elle s'y produit jusqu'en 1951. C'est en 1947 aussi qu'elle apparaît à Salzbourg dans Suzanne des *Noces de Figaro*. Karajan, chef d'orchestre et producteur, l'entraîne à la Scala de Milan où elle chante Pamina, Fiordiligi, Elsa, Elvira, Mélisande, Elisabeth (*Tannhäuser*), Marguerite, Alice Ford, la Maréchale... En 1950, sous la direction de Furtwängler, elle chante Marceline dans *Fidelio*.

En 1951, à la demande de Stravinski, elle crée à Venise Anne Trulove du *Rake's Progress*. Pour le cinquantenaire de la mort de Verdi elle chante le *Requiem* sous la baguette de V. De Sabata. En 1955, c'est *Le Chevalier à la rose* à San Francisco. Elle ne chante au Met qu'en 1964, sa carrière étant plus lente en Amérique qu'en Europe. A quarante-cinq ans, Elisabeth Schwarzkopf se dépouille et choisit les rôles qu'elle aime par-dessus tout, refusant les autres : Elvira, la Comtesse, Fiordiligi, la Maréchale... A partir de 1971, elle ne chante plus qu'en récital et elle fait ses adieux à la scène à la mort de son mari (1979). Elle donne alors une grande part d'elle-même à l'enseignement et aborde la mise en scène (*Le Chevalier à la rose* à la Monnaie, 1981). Maîtrise parfaite qui jamais ne nie l'émotion, élégance qui demeure chaude, ligne pure de la mélodie, elle laisse une longue trace dans son temps. Elle a créé des œuvres de Conrad Beck (*La Mort à Bâle,* 1952), Gian Carlo Menotti (*Canti della lontananza,* 1967), Carl Orff (*Le Triomphe d'Aphrodite,* 1953), Igor Stravinski (*The Rake's Progress,* 1951).

ÉCRITS : *La Voix de mon maître, Walter Legge* (1982).

Schweitzer, Albert

Organiste, musicologue, philosophe, pasteur, théologien et médecin français, né à Kaysersberg le 14 janvier 1875, mort à Lambaréné (Gabon) le 4 septembre 1965.

Hors sa carrière de pasteur, de philosophe et de médecin, Albert Schweitzer est à Paris l'élève de Charles-Marie Widor (1893-98), avec lequel il collabore pour l'édition de l'œuvre d'orgue de Bach.

Organiste passionné, malgré une technique qu'on a pu juger « rudimentaire », Schweitzer a une influence considérable, en son temps, sur la facture de l'instrument : c'est ainsi qu'il prône, avant beaucoup d'autres, le retour à la facture polyphonique, opposée à la facture symphonique (caractérisée par Aristide Cavaillé-Coll), tout en souhaitant conserver à l'orgue le grand clavier de Récit expressif, précisément instauré par Cavaillé-Coll. En cela, Albert Schweitzer encouragea des organiers tels Victor Gonzalez ou Edmond-Alexandre Rœthinger. Comme organiste, il ne fut certainement pas un maître, dans le sens actuel du terme, mais il reste un « initiateur » dont les écrits, les dires, aussi bien sur l'art d'interpréter Bach que sur l'art de la facture de l'orgue, demeurent une incontestable bible.

ÉCRITS : *Eugène Münch* (Mulhouse, 1898) ; *J. S. Bach, le musicien-poète* (Paris, 1905) ; *Deutsche und französische Orgelbaukunst und Orgelkunst* (Leipzig, 1906) ; *Aus meiner Kindheit und Jugendzeit,* autobiographie (Berne, 1924) ; *Aus meinem Leben und Denken,* autobiographie (Hambourg, 1931, trad. française *Ma vie et ma pensée,* Paris, 1960) ; *Aufsätze zur Musik* (Kassel, 1988).

Scimone, Claudio

Chef d'orchestre italien, né à Padoue le 23 décembre 1934.

Il étudie avec Zecchi, Mitropoulos et Ferrara. De 1952 à 1957, il est critique dans la Gazzetta del Veneto. Il fonde, en 1959, l'ensemble I Solisti Veneti dont il est, depuis l'origine, le chef permanent. Professeur au Conservatoire de Venise (1961-67), puis professeur de musique de chambre au Conservatoire de Vérone (1967-74), il est, de 1974 à 1983, directeur du Conservatoire de Padoue. Il se livre à d'actives recherches pour étendre le répertoire habituel des orchestres de chambre. Il s'intéresse, bien sûr, particulièrement au XVIIIe siècle – en liaison avec le musicologue Pietro Spada – mais aussi aux partitions symphoniques italiennes du XIXe siècle. C'est ainsi qu'il joue fréquemment des ouvertures de Cherubini, Puccini ou Bellini et enregistre, en première mondiale, l'intégrale des symphonies de Clementi. Il se fait par ailleurs un ardent défenseur de Tartini et restitue *Orlando furioso* de Vivaldi. Parallèlement, à la direction des Solisti Veneti, il mène une active carrière de chef invité. Entre 1979 et 1986, il est à la tête de l'Orchestre de la Fondation Gulbenkian de Lisbonne. Ses recherches musicologiques l'amènent à tirer de l'oubli de nombreux ouvrages lyriques : *Orlando furioso* de Vivaldi (Vérone, 1979 ; Aix-en-Provence, 1981), *Moïse en Égypte* de Rossini (Lisbonne, 1981). Il collabore à l'édition intégrale des œuvres de Rossini publiée sous les auspices de la Fondation Rossini de Pesaro. Toujours en 1981, il fait ses débuts à Covent Garden en dirigeant *L'Elisir d'amore* de Donizetti. L'importance même de sa discographie témoigne d'une curiosité toujours en éveil. Il manifeste un goût constant pour la musique contemporaine. Il a créé ou reçu en dédicace des œuvres de Georges Aperghis (*Ascoltare stanca,* 1972), Xavier Benguerel (*Musica riservata,* 1969), André Bon (*Concertare,* 1976), Sylvano Bussotti (*Marbre pour cordes,* 1967), Philippe Capdenat (*Tahar,* 1975), Luciano Chailly, Charles Chaynes (*Visions concertantes,* 1976), Marius Constant (*Strings,* 1972 ; *Traits « Cadavres exquis »,* 1976), Franco Donatoni, Sandro Gorli, Guaccero, Jacques Lenot, Riccardo Malipiero (*Cassazione II,* 1967), Giacomo Manzoni (*Spiel,* 1969), Gérard Masson (*Bleu loin,* 1973), Costin Miereanu (*Sempre azzuro,* 1975), Luis de Pablo (*Dejame hablar*), Paolo Renosto, Sturzenegger.

ÉCRITS : *Segno, significato, interpretazione* (Padoue, 1970).

Sciutti, Graziella

Soprano italienne, née à Turin le 17 avril 1932.

Elle fait ses études à Rome. A Aix-en-Provence, en 1951, on la découvre dans *Le Téléphone* de Menotti. Spécialisée dans le répertoire mozartien et la musique du XVIIIe siècle, elle chante aussi avec bonheur Rossini et Donizetti. Dès 1955, elle chante à la Scala et à la Piccola Scala (très remarquée dans *Le Mariage secret*), à l'Opéra de Vienne, à Covent Garden et au Met. Elle est invitée souvent aux Festivals de Salzbourg, Glyndebourne (1954-59), Édimbourg, Hollande. Sa technique parfaite et sa grâce particulière en scène en font une excellente interprète de certains opéras contemporains tels *Les Caprices de Marianne* de Sauguet (Aix-en-Provence, 1954), *La Donna è mobile* de R. Malipiero (Piccola Scala, 1957) et *L'École des femmes* de Mortari (1959). Elle excelle dans les rôles de soubrettes.

Scotti, Antonio

Baryton italien, né à Naples le 25 janvier 1866, mort à Naples le 26 février 1936.

Il étudie à Naples avec Triffani Paganini et débute à Malte en 1889 (Amonasro de *Aïda*). Il chante en Italie, en Espagne et en Amérique du Sud, puis débute à la Scala en 1899 (*Don Giovanni*) et la même année au Met où il chantera jusqu'en 1933. A son répertoire Iago, Falstaff, Scarpia, Scharpless... De 1919 à 1922, il dirigea la Scotti Grand Opera Compagny aux États-Unis.

Scotto, Renata

Soprano italienne, née à Savone le 24 février 1933.

Enfant, sa jolie voix lui vaut de chanter à l'église dans un chœur ou en solo. Ayant vu Tito Gobbi dans *Rigoletto*, elle décide qu'elle sera cantatrice. Elle n'a que onze ans mais veut déjà passer une audition. A l'âge de quinze ans, elle affronte le public avec le terrible « Stride la vampa » d'Azucena dans *Le Trouvère* : elle se croyait contralto ! Le jour de ses seize ans, elle arrache à ses parents l'autorisation d'aller étudier le chant à Milan. Elle a pour professeurs Ghirardini, Merlini et surtout la grande soprano espagnole Mercedes Llopart. A dix-neuf ans, elle remporte un 1er prix au Conservatoire de Milan et chante une mémorable *Traviata* au Teatro Nuovo. En décembre 1954, elle paraît pour la première fois sur la scène de la Scala dans le rôle travesti de Walter de *La Wally* de Catalani, sous la direction de Giulini, avec pour partenaires principaux Tebaldi et Del Monaco. Très vite, elle est engagée dans tous les théâtres de la péninsule. C'est pourtant hors d'Italie, à Édimbourg, le 3 septembre 1957, que vient la gloire : elle remplace Maria Callas, souffrante, pour la dernière d'une série de représentations de *La Somnambule*. La Scotto devient une grande vedette internationale, chantant à Chicago (Mimi, 1960), à Covent Garden

(Butterfly, 1962), au Met (Butterfly, 1965). Sur cette scène, elle réalise une carrière triomphale jusqu'en 1987, incarnant Lucia, Gilda, Violetta, Amina, Vitellia... Elle y fera ses débuts de metteur en scène en 1986 avec *Madame Butterfly*.

Elle pourrait se contenter de ce répertoire brillant, mais elle veut aller plus loin : l'évolution de sa voix et l'affirmation de son tempérament dramatique la portent vers des rôles plus lourds qu'elle aborde avec un succès total : Leonora du *Trouvère*, Maria Boccanegra, Desdémone, Marguerite de *Faust*, Norma, Abigaïl, Manon Lescaut, Elena des *Vêpres siciliennes*. Dans ces rôles plus lourds comme dans des remakes de ses premiers succès, elle redevient la star du disque, ajoutant à son répertoire Nedda, Santuzza et Tosca.

Sébastian, Georges
(György Sebestyén)

Chef d'orchestre hongrois naturalisé français, né à Budapest le 17 août 1903, mort à La Hauteville (Yvelines) le 12 avril 1989.

Dans sa ville natale, il étudie le piano et le violon avant de se tourner vers la composition. Il travaille alors avec Leó Weiner, Zoltán Kodály et Béla Bartók. En 1921, il est engagé comme chef de chant à l'Opéra de Munich. Bruno Walter l'initie à l'art de la direction d'orchestre, et, l'année suivante, il est nommé chef assistant. Après avoir quitté Munich en 1923, il passe une saison au Metropolitan Opera de New York (1923-24). Puis on le retrouve à Hambourg, à Leipzig, où il est premier chef, et à l'Opéra de Berlin où l'appelle Bruno Walter (1927-30). Puis il passe six ans à Moscou (1931-37) comme directeur musical de la Radio et de l'Orchestre Philharmonique. En 1935, il y dirige pour la première fois *Boris Godounov* dans la version originale. En 1938, il retourne en Amérique où il passe les années de guerre, se partageant entre l'Opéra de San Francisco, la responsabilité d'un programme musical à CBS et le Théâtre Municipal de Rio de Janeiro. Parallèlement, il assure la direction de l'Orchestre Philharmonique de Scranton (1940-45). Il revient en Europe après la guerre et effectue ses débuts à l'Opéra de Paris en 1947 : invité régulier au palais Garnier, il dirige notamment les débuts parisiens de Maria Callas et de Renata Tebaldi. A la Radio, il fait entendre pour la première fois en France l'intégrale des *Symphonies* de Bruckner et de Mahler. Georges Sébastian s'est imposé comme spécialiste du répertoire wagnérien et du postromantisme allemand. Il avait épousé la soprano **Delia Reinhardt** (1892-1974).

Sebastiani, Pia

Pianiste et compositeur argentine, née à Buenos Aires le 27 février 1925.

Son père, le harpiste et pédagogue d'origine italienne Augusto Sebastiani, lui enseigne le piano avant de lui faire suivre les cours de Lalewicz au Conservatoire de Buenos Aires. A Paris, Pia Sebastiani vient étudier la composition, avec Messiaen et Gilardi. Par la suite, elle travaillera aux États-Unis avec Copland et Milhaud, au Berkshire Music Center de Tanglewood. Après ses débuts de pianiste au Teatro Colón de Buenos Aires, elle triomphe au Carnegie Hall de New York. Elle vient alors travailler, enseigner en privé et composer à Paris, durant quelques années. Elle a écrit de nombreuses œuvres pour orchestre, de la musique de chambre, des lieder, ainsi que des pièces pour piano, dont une *Canción de cuna para Bibí*.

Sebestyén, János

Organiste et claveciniste hongrois, né à Budapest le 2 mars 1931.

Il étudie l'orgue et le clavecin à l'Académie Franz Liszt de Budapest où il obtient ses diplômes en 1955. Dans le dessein d'adapter la musique moderne au clavecin, il transcrit de nombreuses œuvres pianistiques pour son instrument. Parallèlement, plusieurs compositeurs hongrois écrivent des œuvres pour clavecin à son intention. En 1971, il est nommé professeur de clavecin à l'Académie Franz Liszt de Budapest, classe qu'il crée pour lui. On lui doit la première édition complète des œuvres pour orgue de Liszt. Il a reçu le Prix Liszt et le Prix Erkel.

Sebök, György

Pianiste hongrois naturalisé américain (1970), né à Szeged le 2 novembre 1922.

Il étudie avec György Sándor, Arnold Székely, Leó Weiner, Zoltán Kodály et Paul Weingartner. Il donne son premier concert public à l'âge de quatorze ans avec Ferenc Fricsay. En 1942, il obtient son diplôme de pédagogie à l'Académie Franz Liszt de Budapest. Il donne son premier concert à l'étranger avec Georges Enesco en 1946. En 1951, il remporte le 1er prix au Concours international de Berlin et le Prix Liszt. Sa carrière internationale se développe alors très rapidement. Il donne notamment de nombreux concerts de musique de chambre avec Arthur Grumiaux et János Starker. Professeur au Conservatoire Béla Bartók de 1948 à 1956, il est, depuis 1962, professeur à l'Université de l'Indiana (États-Unis). Il donne de nombreux cours d'interprétation dans le monde entier et dirige un festival de musique de chambre à Ernen, en Suisse.

Seefried, Irmgard

Soprano allemande, née à Köngetried le 9 octobre 1919, morte à Vienne le 24 novembre 1988.

Elle fait des études de chant à Augsbourg et Munich et est engagée par Karajan pour chanter la prêtresse d'*Aïda* à Aix-la-Chapelle, en 1938. En 1943, elle chante le rôle d'Eva (*Les Maîtres chanteurs*) à l'Opéra de Vienne (direction K. Böhm). Richard Strauss la choisit pour incarner le Compositeur (*Ariane à Naxos* en 1944). Il fête ses quatre-vingts ans...

Irmgard Seefried émerveille le public de Salzbourg, dès 1946, dans Suzanne, Pamina, Zerline : charme, beauté de sa voix, sens mozartien très vif. Elle se rend au Met de New York en 1953. Elle élargit ensuite son répertoire, découvre Haendel (*Jules César*), Purcell (*Didon et Enée*). Dans le monde contemporain elle chante Poulenc (*Dialogues des carmélites*) et vient, très tard, à Berg (Marie de *Wozzeck*, Stuttgart, 1966). Au milieu des années soixante, elle se retire de la scène pour se consacrer au lied et à l'enseignement, donnant notamment des cours d'interprétation à Royaumont. Elle possédait une voix d'une rare limpidité capable de revêtir des couleurs très diverses selon les répertoires qu'elle abordait. Elle était la femme du violoniste **Wolfgang Schneiderhan**. Hans Werner Henze a écrit pour eux *Ariosi* (1964) et Frank Martin *Maria Triptychon* (1968). Elle a également créé les *Motets no 2, 8 et 11* (1951) de Paul Hindemith et *Von der Liebe*, op. 30 (1961) de Gottfried von Einem.

Seemann, Carl

Pianiste allemand, né à Brême le 8 mai 1910, mort à Flensburg le 26 novembre 1983.

Après avoir été l'élève de Ramin, de Martienssen et de Thomas au Kirchenmusikalischen Institut du Conservatoire de Leipzig, il tient les orgues de l'église Saint-Nicolas de Flensburg puis de la cathédrale de Verden an der Aller. Ce n'est qu'en 1936 qu'on reconnaît son talent de grand pianiste. A partir de cette date, il enseigne le piano à Kiel. En 1942, il est nommé directeur de la section de piano de la Landesmusikschule de Strasbourg. En 1946, il occupe la même fonction à la Musikhochschule de Fribourg-en-Brisgau, en même temps qu'ii y enseigne. Il a souvent joué avec la pianiste Edith Picht-Axenfeld et le violoniste Wolfgang Schneiderhan. Vice-président du Deutsche Musikrate en 1972, il enseigne à Fribourg jusqu'en 1974, tout en assurant la direction de la Musikhochschule (1964-74).

Segal, Uri

Chef d'orchestre israélien, né à Jérusalem le 7 mars 1944.

Il commence l'étude du violon à l'âge de sept ans puis travaille à la Rubin Academy of Music de Jérusalem, où Mendi Rodan l'initie à la direction d'orchestre. Il se perfectionne à la Guildhall School of Music de Londres et à Sienne avant de remporter, en 1969, le Prix Mitropoulos à New York. Pendant un an, il assiste Leonard Bernstein et George Szell à la Philharmonie (1969-70). La saison suivante, il fait ses débuts avec les plus grands orchestres du monde

(Berlin, Chicago, Amsterdam, Israël). Il mène pendant plusieurs années une carrière de chef invité et dirige pour la première fois dans la fosse à l'Opéra de Santa Fe (*Le Vaisseau fantôme*, 1973). De 1979 à 1985, il est premier chef de la Philharmonia Hungarica et, de 1979 à 1982, premier chef de l'Orchestre Symphonique de Bournemouth. Entre 1982 et 1983, il est directeur musical de l'Orchestre de Chambre d'Israël. En 1989, il est nommé à la tête du nouvel Orchestre de la Préfecture d'Osaka (Century Orchestra Osaka) et, en 1990, directeur musical de l'Orchestre Symphonique de Chautauqua (New York). Il a créé des œuvres de Jean Françaix (*La Ville mystérieuse,* 1974).

Segerstam, Leif

Chef d'orchestre et compositeur finlandais, né à Vaasa le 2 mars 1944.

A l'Académie Sibelius d'Helsinki, il travaille le violon, le piano, la direction d'orchestre et la composition, notamment avec Englund et Kokkonen (1952-63). Il poursuit ses études à la Juilliard School de New York (1963-65) avec Overton et Persichetti. Dès 1965, il est chef d'orchestre à l'Opéra Finlandais où il reste trois ans. Puis il est nommé à l'Opéra Royal de Stockholm (1968-71) dont il devient le directeur musical (1971-72). Il est ensuite premier chef à l'Opéra de Berlin (1972-73) avant de revenir à Helsinki comme directeur général de la musique à l'Opéra (1973-74). De 1975 à 1982, il est chef permanent de l'Orchestre Symphonique de la Radio Autrichienne à Vienne (ORF) et, entre 1977 et 1987, premier chef de l'Orchestre Symphonique de la Radio d'Helsinki. Invité régulièrement au Festival de Salzbourg depuis 1972, il prend la direction de la Philharmonie du Palatinat à Ludwigshafen (1983-89) puis de l'Orchestre Symphonique de la Radio Danoise à Copenhague (à partir de 1989). Il a créé des partitions de Helmut Eder (*Symphonie n° 5,* 1980), Mikael Edlund (*Ajar,* 1992), Anders Eliasson (*Symphonie n° 2,* 1990), Vinko Globokar (*Hallo ? Do You Hear Me ?,* 1987), Giselher Klebe (*Lied,* 1985), Emmanuel Nunes (*Tif'Ereth* 1985), Wolfgang Rihm (*Missa non est,* 1989), Manfred Trojahn (*Processions,* 1987), Gerhard Wimberger (*Memento vivere,* 1975). Son œuvre comprend un concerto pour violon, quatre quatuors, un essai pour orchestre, *Pandora,* et des mélodies.

Segovia, Andrés

Guitariste espagnol, né à Linarès le 21 février 1893, mort à Madrid le 2 juin 1987.

Son oncle, qui l'élève, lui fait étudier la musique à l'Institut de Grenade, à l'âge de dix ans. Il apprend la guitare avec des maîtres privés. Encouragé par un élève d'Eugen D'Albert, Rafael de Montis, il donne son premier récital au Centre artistique de Grenade en 1909. En 1916, il joue à Barcelone et à Madrid. Il a très vite conscience de la nécessité d'un nouveau répertoire pour son instrument. Il approfondit seul son art, s'imposant des exercices à partir desquels il improvise. Lorsqu'il découvre les manuscrits de Tárrega – l'un des premiers guitaristes qui transcrivit des œuvres du répertoire classique – Segovia travaille sur des pièces de Bach, des mazurkas de Chopin, de Schumann et de Mendelssohn. Il fait des tournées en Amérique latine ; en 1924, il obtient un grand succès à Paris, et depuis lors donne des concerts et enseigne (notamment à Sienne à l'Académie Chigiana de 1950 à 1964) et transcrit des œuvres qu'il aime.

Segovia a sorti la guitare de ses limites et a montré qu'elle peut voisiner avec la guitare flamenca, harmonieusement. A Séville, à Madrid, il se heurte d'abord à l'incompréhension. Le luthier Ramirez lui offre un instrument rare. Il joue au fameux Café du Levante, se rend à Valence, est critiqué par les disciples de Tárrega. Toutes ses innovations (la guitare pincée avec les ongles entre autres) sont mal jugées. On lui reproche ses visions nouvelles. Mais il devient l'ami de Miguel Llobet, disciple de Tárrega. Llobet a connu Albéniz, Granados, Debussy. Il fait ensuite la connaissance de Gaspar Cassadó. Leur amitié renforce cet esprit de découverte ; puis il rencontre **Paquita Madriguera**, pianiste élève de Granados, qu'il épouse.

La guitare est un instrument intime. Pourtant Segovia donne des récitals dans de grandes salles, dans le silence : des milliers de spectateurs comprennent. Il s'attache ensuite au répertoire, demande à Torroba d'écrire pour lui. Il compose lui aussi *Hommage à Turina*, *Sévillane*. Il suscite des œuvres nouvelles dans le monde entier : Roussel (*Segovia*), Villa-Lobos (*Douze études*, *Concerto*), Ponce (*Concerto du Sud*, *Six Préludes*, *Suite en la mineur*, *Trois Sonates*, *Variations sur la Folia*), Castelnuovo-Tedesco (*Concertos nº 1 et 2*, *Variations plaisantes*), F. Martin (*Guitare*), Migot (*Hommage à Claude Debussy*, 1924), Mompou (*Suite compostelana*, 1962), Milhaud (*Segoviana*), Jolivet (*Le Tombeau de Robert de Visée*), Tansman (*Variations sur un thème de Scriabine*), Rodrigo (*Tres piezas españolas*, *Fantaisie pour un gentilhomme*), Falla, Turina...

La guerre civile espagnole l'oblige à quitter sa maison de Barcelone en juillet 1938. Résidant à Genève, il ne cesse de voyager confirmant ce renouveau de la guitare dont il est le principal artisan. A travers tout cela Segovia est resté andalou.

ÉCRITS : *An Autobiography of the Years 1893-1920* (1977).

Seidel, Toscha

Violoniste russe naturalisé américain (1924), né à Odessa le 17 novembre 1899, mort à Rosemead (Californie) le 15 novembre 1962.

Il commence très tôt l'étude du violon, d'abord à Odessa, avec Max Fiedelmann, puis à Berlin, au Conservatoire Stern, et à Saint-Pétersbourg avec Leopold Auer (jusqu'en 1912). Il fait ses débuts en Norvège en 1914 et se produit la même année aux États-Unis où il se fixe en 1918 à l'occasion d'une importante tournée. En 1930, il cesse de jouer en public et devient directeur musical de la CBS. A partir de 1938, il travaille régulièrement à Hollywood où il collabore à différents films. Après la guerre, il enseigne au Conservatoire de Los Angeles. C'est – au même titre que Heifetz ou Milstein – l'un des plus grands représentants de l'école russe de violon. Sa carrière a été, hélas ! prématurément interrompue par une maladie mentale. C'est interné qu'il finira sa vie.

Seifert, Gerd (Gerd-Heinrich)

Corniste allemand né à Hambourg le 17 octobre 1931.

Il fait ses études à la Hochschule für Musik de Hambourg (1944-49) et travaille le cor avec Albert Döscher. Il est engagé comme cosoliste à l'Orchestre Philharmonique de Hambourg (1947-49) puis il est cor solo de l'Orchestre Symphonique de Düsseldorf (1949-64). En 1956, il remporte le 1er prix au Concours international de Munich. A partir de 1961, il tient régulièrement la partie de cor dans *Siegfried* au Festival de Bayreuth. En 1964, il est engagé comme cor solo à l'Orchestre Philharmonique de Berlin et joue au sein des formations de musique de chambre de cet orchestre (Octuor Philharmonique de Berlin, 13 Bläser). Il mène parallèlement une carrière de soliste et pédagogique (Hochschule für Musik de Düsseldorf, 1954-64, Hochschule für Musik de Berlin depuis 1964).

Seinemeyer, Meta

Soprano allemande, née à Berlin le 5 septembre 1895, morte à Dresde le 19 août 1929.

Elle étudie à Berlin au Conservatoire Stern et avec Ernst Grenzebach, et débute à la Deutsche Opernhaus en 1918. Elle paraît à New York avec la troupe allemande du Met dès 1923 (Eva), chante à Vienne à partir de 1927 (Tosca et Aïda), à Dresde de 1924 à sa mort (Marguerite et les grands Verdi) et à Londres en 1929 (Sieglinde, Elsa et Eva), juste avant de mourir d'une leucémie. Considérée comme l'une des plus belles voix de soprano lyrique de son temps, elle marquera les rôles de Leonore (Verdi), d'Aïda, d'Élisabeth de Valois et jouera un rôle considérable pour le renouveau de Verdi en Allemagne, tout en participant à la renaissance wagnérienne de l'époque. Elle a participé à la création mondiale du *Doktor Faust* de Busoni à Dresde en 1925 (la Duchesse de Parme). Elle était la femme du chef d'orchestre **Frieder Weißmann** (1893-1984) qu'elle avait épousé quelques mois avant sa mort.

Šejna, Karel

Chef d'orchestre tchèque, né à Zálezly le 1er novembre 1896, mort à Prague le 17 décembre 1982.

Au Conservatoire, il reçoit une formation de contrebassiste et travaille avec F. Černý de 1914 à 1920. Il étudie séparément la composition avec K. B. Jirák. En 1921, il est contrebasse solo de la Philharmonie Tchèque et fait ses débuts de chef d'orchestre l'année suivante. De 1929 à 1936, il dirige le Chœur Hlahol. A partir de 1935, il monte occasionnellement au pupitre de la Philharmonie Tchèque. Dès 1937, il en est le deuxième chef et, en 1949, le directeur artistique intérimaire. De 1950 à 1965, il reste deuxième chef de cet orchestre sous la direction artistique de Karel Ančerl.

Selva, Blanche

Pianiste française, née à Brive le 29 janvier 1884, morte à Saint-Amand-Tallende le 3 décembre 1942.

Elle travaille le piano au Conservatoire de Paris, qu'elle quitte en 1895. Puis elle donne son premier concert à l'âge de treize ans et s'impose comme enfant prodige. Elle travaille la composition avec Vincent d'Indy à la Schola Cantorum : l'auteur de *Fervaal* aura une influence déterminante sur la suite de sa carrière et elle sera sa principale interprète. En 1904, elle joue à Paris l'intégrale de l'œuvre pour clavecin de J.S. Bach (au piano) en dix-sept concerts : c'est une révélation ! Puis elle partage son temps entre les concerts et l'enseignement, à la Schola Cantorum, de 1901 à 1922, puis à Strasbourg, à Prague et à Barcelone, où elle fonde sa propre académie. Dévouée à la cause de la musique de son temps, elle impose la jeune musique aussi bien que J.-S. Bach et participe à la plupart des concerts de la Société Nationale. D'Indy lui a dédié sa *Sonate pour piano* (créée en 1908) et *Thème varié, Fugue et Chanson* (créé en 1926), Roger-Ducasse ses *Rythmes*. Elle a également créé des œuvres d'Isaac Albéniz (*Iberia,* 1er cahier 1906, 2e cahier, déd., 1907, 3e cahier 1909), Gabriel Fauré (*Barcarolle no 13,* 1923 ; *Nocturne no 13,* 1923), Vincent d'Indy (*Quintette,* 1925), Albert Roussel (*Rustiques,* op. 5, 1906 ; *Suite pour piano,* op. 14, 1911), Georges-Martin Witkowsky (*Mon lac,* 1921) et de nombreuses pièces de Déodat de Séverac dont elle a été la fidèle interprète.

ÉCRITS : *La Sonate* (1913), *L'Enseignement musical de la technique de piano* (1922), *Las Sonatas de Beethoven* (1927), *Déodat de Séverac* (1930).

Semkov, Jerzy

Chef d'orchestre polonais, né à Radomsko le 12 octobre 1928.

Au Conservatoire de Cracovie, il travaille avec Artur Malawski (1946-51) avant de partir pour Leningrad où il est l'élève de Boris Khaïkin au Conservatoire (1951-53). Mravinski le prend comme assistant (1954-56). A la même époque, il complète sa formation avec Erich Kleiber, à Prague, et avec Bruno Walter. De 1956 à 1958, il est chef d'orchestre au Bolchoï puis il revient à Varsovie où il prend la direction artistique de l'Opéra National Polonais (1959-61). Sa carrière se développe sur le plan international, et, de 1966 à 1975, il est chef d'orchestre permanent à l'Opéra de Copenhague. On le trouve ensuite à la Fenice (Venise). Il dirige dans les grands festivals, notamment à Aix-en-Provence, avant de prendre la direction de l'Orchestre Symphonique de Saint Louis aux États-Unis (1975-79). Il est ensuite directeur de l'Orchestre Symphonique de la RAI à Rome (1979-82) puis directeur musical de l'Orchestre Philharmonique de Rochester (1985-89). Il a créé des œuvres de Robert Simpson (*Symphonie no 8,* 1982), Pierre Wissmer (*Triptyque romand,* 1973).

Sénéchal, Michel

Ténor français, né à Paris le 11 février 1927.

Dès l'enfance, il chante, avec une voix d'alto dans la chorale d'un collège des maristes puis dans celle de l'église de

Taverny. A la mue, l'alto devient un ténor à la voix claire et bien timbrée. Au Conservatoire de Paris, il est l'élève de Gabriel Paulet. En 1950, il obtient un 1er prix dans la Cavatine de *Faust*. Le directeur de la Monnaie de Bruxelles, présent au concours, l'engage immédiatement pour chanter les jeunes premiers. Deux ans plus tard, la Monnaie doit fermer ses portes. Michel rentre en France et cherche des emplois en province. Il se présente au Concours de Genève et obtient, à la seconde reprise, le 1er prix, décerné pour la première fois à un chanteur français (1952). Il est engagé au Festival d'Aix, dont il sera vingt-trois années durant le pensionnaire le plus fidèle et sans doute le plus fêté, notamment lorsque Gabriel Dussurget lui confia le rôle-titre de *Platée* de Rameau (1956). Il ne faut pas oublier qu'au temps de la RTLN, il remplit avec succès maints emplois, dont un désopilant et séduisant Almaviva du *Barbier de Séville* ou un inimitable Comte Ory, ainsi qu'un Vincent, merveilleux de fraîcheur. Et puis c'est Salzbourg où Karajan ne peut plus se passer de lui. C'est l'Opéra de Liebermann, où il est de toutes les créations et reprises. Puis, tout en poursuivant sa carrière de chanteur d'opéra et de concert, c'est l'enseignement, la direction de l'École de chant de l'Opéra qu'il conserve jusqu'en 1992. Il chante au Met (où il débute dans *Les Contes d'Hoffmann* en 1982), à San Francisco, au Châtelet, à l'Opéra Bastille. Il a participé à la création en France de la plupart des opéras de Benjamin Britten, reprenant ainsi les rôles écrits pour Peter Pears.

Sennedat, André

Bassoniste français, né à Ligny-le-Ribault le 2 août 1929.

Il étudie au Conservatoire du Mans (1940-47) puis au Conservatoire de Paris (1947-51) où il travaille avec G. Dhérin et F. Oubradous. Il y obtient un 1er prix de basson (1949) et un 1er prix de musique de chambre (1951). Avec le Trio d'anches français – où il joue en compagnie de Gaston Maugras (hautbois) et de Claude Desurmont (clarinette) – il obtient en 1956 un 1er prix d'interprétation Mozart à l'occasion du bicentenaire de la naissance du compositeur. Avec cette formation, il crée les trios de Denise Roger et de Claude Ballif. Basson solo des Concerts de chambre de Fernand Oubradous (années 1950), des Concerts Lamoureux (années 1960), il est soliste de l'Orchestre de l'Opéra de Paris (1954-67). Depuis la création de l'Orchestre de Paris (1967) il y occupe les fonctions de basson solo. Il est professeur à l'École normale de musique de Paris et au Conservatoire américain de Fontainebleau. Il a été, en 1970, le premier à jouer dans un orchestre français le basson « Système Heckel » (*Fagott*).

Serafin, Tullio

Chef d'orchestre italien, né à Rottanova di Carvazere le 1er septembre 1878, mort à Rome le 2 février 1968.

Il étudie à Milan et joue comme violoniste dans l'Orchestre de la Scala ; puis il débute à Ferrare en 1900, dirige à Turin en 1903 et à la Scala à partir de 1909. En 1913, il inaugure le Festival de Vérone. Dès lors, il suscite une renaissance de l'opéra italien et révèle au monde de grands interprètes : Beniamino Gigli, Rosa Ponselle, entre les deux guerres, puis Maria Callas. C'est à Vérone qu'il entend celle-ci pour la première fois et lui assure aussitôt des engagements. Il fait d'elle « la Callas ». Plus tard, il aidera Joan Sutherland à Palerme. De 1934 à 1943, puis à partir de 1962, il est chef permanent et directeur artistique de l'Opéra de Rome. Durant l'occupation allemande, il y donne une saison d'opéras contemporains (*Wozzeck*, *Vol de nuit*). Il dirige régulièrement au Met de 1924 à 1934 et à l'Opéra de Chicago de 1956 à 1958. Sous l'impulsion de Walter Legge, il enregistre une grande partie du répertoire italien : Bellini, Donizetti, Leoncavallo, Mascagni, Puccini, Verdi, avec les plus grands chanteurs du moment : Maria Callas, Victoria de Los Angeles, Christa Ludwig, Elisabeth Schwarzkopf, Franco Corelli, Tito Gobbi. A Covent Garden à Londres, il dirige *Lucia di Lammermoor* avec Joan Sutherland. Au Met, il assure plusieurs créations mondiales et les premières américaines de *Turandot* et de *La Vie brève*. Au Mai Musical Florentin, il dirige d'importantes reprises d'ouvrages de Rossini (*Moïse en Égypte, Sémiramis, Armida, La Donna del lago*).

Il a créé des opéras de Franco Alfano (*Risurrezione,* 1904 ; *Cyrano de Bergerac,* 1936), Louis Gruenberg (*Empereur Jones,* 1933), Howard Hanson (*Merry Mount,* 1934), Gian Francesco Malipiero (*Ecuba,* 1941 ; *Vergilii Aeneis,* version scénique, 1958), Italo Montemezzi (*L'Amore di tre re,* 1913), Ildebrando Pizzetti (*Orsèolo,* 1935), Deems Taylor (*The King's Henchman,* 1927 ; *Peter Ibbetson,* 1931). Dans le domaine symphonique, des œuvres d'Alexandre Tansman (*Sinfonietta,* 1931). Sa femme, la soprano d'origine polonaise **Elena Rakowska** (1876-1964), a fait carrière à la Scala et au Met.

ÉCRITS : *Stile, tradizioni e convenzioni del melo dramma italiano del Settecento e dell'Ottocento,* avec A. Toni, Milan (1958-64).

Serebrier, José

Chef d'orchestre et compositeur uruguayen naturalisé américain, né à Montevideo le 3 décembre 1938.

Il travaille d'abord le violon avec Juan Fabbri puis étudie au Conservatoire de Montevideo avec Santórsola et Estrada. En 1949, il fait ses études de chef d'orchestre dans sa ville natale qu'il quitte pour les États-Unis en 1956. Il travaille au Curtis Institute de Philadelphie avec Vittorio Giannini (composition) de 1956 à 1958. Puis il suit les cours d'Antal Dorati à l'Université du Minnesota (1958-60) et devient son assistant. Il se perfectionne avec Pierre Monteux, dans le Maine, puis, pendant quatre ans, à Tanglewood où il travaille avec Copland. De 1962 à 1966, il est chef assistant de l'American Symphony Orchestra à New York. Simultanément, il est directeur musical de l'American Shakespeare Festival (1962-64). Il débute en public à New York en 1965. Il enseigne ensuite à l'Université du Michigan-Est (1966-68) puis est nommé compositeur-résident de l'Orchestre de Cleveland (1968-70), ce qui lui permet de diriger régulièrement le célèbre orchestre. En 1982, il est nommé principal chef invité de l'Orchestre Symphonique d'Adélaïde (Australie). En 1984, il fonde l'International Festival of the Americas dont il assure la direction artistique. Il a épousé en 1969 la soprano américaine **Carole Farley**.

Serkin, Peter

Pianiste américain, né à New York le 24 juillet 1947.

Fils du pianiste **Rudolf Serkin**, il fait sa première apparition publique à douze ans, au Festival de Marlboro, suivie d'un premier concert à New York (1959). Pendant six ans, il étudie au Curtis Institute de Philadelphie avec son père, Lee Luvisi et Mieczyslaw Horszowski. Son premier concert avec l'Orchestre de Philadelphie date de 1961. Il joue ensuite avec Ozawa, Ormandy et les Quatuors Guarneri, Galimir et de Budapest, sans pour autant oublier la musique de chambre avec son père. Il crée, en 1971, une œuvre écrite par Berio pour piano et clavecin électriques. En compagnie du clarinettiste Richard Stoltzman, de la violoniste Ida Kavafian et du violoncelliste Fred Sherry, il a fondé le groupe Tashi pour lequel plusieurs compositeurs ont déjà écrit. Il a créé des œuvres de Hans Werner Henze (*Quintette avec piano,* avec le Quatuor Guarneri, 1993), Oliver Knussen (*Variations pour piano,* op. 24, 1989), Peter Lieberson (*Concerto pour piano,* 1983), Toru Takemitsu (*Arc Part I et II,* seconde version, 1977 ; *Riverrun,* 1985 ; *Les Yeux clos II,* 1989 ; *Quotation of Dream* pour deux pianos et orchestre, 1991 ; *Between Tides,* 1993). Il enseigne à la Juilliard School de New York depuis 1987.

Serkin, Rudolf

Pianiste autrichien naturalisé américain (1939), né à Eger (Bohême) le 28 mars 1903, mort à Guilford (Vermont) le 9 mai 1991.

Élève à Vienne, il travaille très jeune le piano avec Richard Robert. Dès l'âge de cinq ans, c'est un enfant prodige qui stupéfie son entourage par l'évidence de ses dons. Plus tard, il travaille la composition avec Arnold Schoenberg. Il fait ses débuts avec l'Orchestre Philharmonique de Vienne, en 1915. Le grand violoniste Adolf

Busch le rencontre alors qu'il atteint sa dix-septième année. L'entente et l'admiration réciproques sont immédiates. Rudolf Serkin s'installe dans la famille Busch. Il multiplie les récitals avec Adolf et Hermann Busch. En 1933, Serkin et les Busch se fixent en Suisse. C'est cette année-là qu'il fait ses débuts en Amérique. Arturo Toscanini le retient comme soliste en 1934, puis en 1936. Il épouse, en 1935, Irène, fille aînée d'Adolf Busch. En 1939, il s'établit aux États-Unis dont il adoptera la nationalité. Pablo Casals l'engage, en 1950, au premier Festival de Prades. A la même époque, en compagnie d'Adolf Busch, il crée et dirige le Festival et l'École de musique de Marlboro (Vermont, États-Unis). Dès 1939, il enseigne au Curtis Institute de Philadelphie dont il sera directeur de 1968 à 1977. Rudolf Serkin compte certainement parmi les plus grands poètes de l'histoire du piano. Son jeu, d'une lumineuse simplicité que l'on a souvent qualifiée de solaire, faisait merveille de Bach aux grandes pages du romantisme allemand. La virtuosité pure ne l'intéressait pas et l'exclusion presque totale de la musique de Liszt de son répertoire correspond à une conception superficielle que l'on se faisait alors de ce musicien. Par contre, il n'hésitait pas à mettre à son répertoire des œuvres difficiles et rarement jouées comme les concertos de McDowell ou de Reger. Jusqu'à la fin d'une carrière qu'il n'a interrompue qu'à l'âge de quatre-vingt-cinq ans, il est resté fidèle à la cause de la musique de chambre. Parmi les innombrables élèves qui ont travaillé avec lui, seul Murray Perahia fait figure de disciple. Serkin était le dédicataire de la *Sonate pour piano* de Bohuslav Martinů qu'il a créée en 1957.

Sermet, Huseyin

Pianiste turc, né à Istanbul le 15 septembre 1955.

Il commence à étudier le piano dès l'âge de sept ans. En 1965, il entre au Conservatoire d'Ankara où il est l'élève de Ferhunde Erkin, Ulvi Cemal Erkin et Adna Saygun, jusqu'en 1968. Il entre ensuite au Conservatoire de Paris où il travaille avec Geneviève Joy, Maurice Crut, Jacques Castérède (analyse), Olivier Messiaen (composition) et Pierre Sancan (1er prix de piano en 1973). Il travaille également avec Thierry de Brunhoff à l'École Normale de musique et obtient une licence de concert en 1974. La même année, il est lauréat du Concours international de Munich. En 1975, il remporte le 3e prix au concours Maurice Ravel, à Paris. Il est également lauréat des concours de Santander (1976), F. Busoni à Bolzano (1980), Jaen (1981), José Iturbi à Valence (1981), Reine Élisabeth de Belgique (1983). En 1985, il obtient le 1er prix au Concours Géza Anda à Zurich. Il commence une carrière internationale tout en se perfectionnant à Londres avec Maria Curcio. Entre 1980 et 1988, il est professeur de piano à l'Académie de musique Prince Rainier III à Monaco.

Serov, Edouard

Chef d'orchestre russe, né à Moscou le 9 septembre 1937.

Il commence à étudier le violon et le piano dès l'âge de six ans et chante dans le Chœur d'enfants de A. Sveschnikov. Il travaille ensuite la direction d'orchestre à l'Institut Gnessine de Moscou avant d'être engagé comme chef d'orchestre à l'École de ballet de Kiev. Il se perfectionne au Conservatoire avec le professeur Kaperstein. Il dirige régulièrement l'Orchestre Symphonique de la Radio Ukrainienne et est engagé comme assistant d'Evgeni Mravinski à la Philharmonie de Leningrad. Lauréat du Concours Herbert von Karajan à Berlin (1969), il est nommé à la tête de la Philharmonie d'Oulianovsk tout en dirigeant l'Orchestre de Chambre fondé au sein de la Philharmonie de Leningrad, avec lequel il se consacre à la musique ancienne et contemporaine. En 1992, il est nommé à la tête de l'Orchestre Symphonique d'Odense, au Danemark.

Setrak

Pianiste turc naturalisé français en 1967 sous le nom d'Yves Petit, né à Istanbul le 17 mars 1931.

Après avoir fait ses études à Istanbul, il vient à Paris en 1946 où il travaille à l'École normale de musique avec Alfred Cortot puis au Conservatoire avec Marguerite Long. Il obtient en 1953 un 1er prix de piano dans la classe d'Yvonne Lefébure, puis se perfectionne avec Georges de Launay. Il remporte également un 1er prix de direction d'orchestre dans la classe d'Eugène Bigot. Dès lors, il entame une carrière internationale à la recherche d'œuvres peu jouées du répertoire. Il tire de l'oubli en 1981 au Festival de Lyon la *Fantaisie sur des thèmes de Lelio* de Liszt d'après Berlioz. Il dispose d'un très vaste répertoire et a le souci de recourir aux textes originaux.

Ševčik, Otakar

Violoniste tchèque, né à Horaždowitz le 22 mars 1852, mort à Pisek le 18 janvier 1934.

Il étudie d'abord avec son père, puis avec Anton Bennewitz au Conservatoire de Prague (1866-70). Il est violon solo au Mozarteum de Salzbourg (1870-73) puis au Théâtre An der Wien. Ses débuts à Vienne datent de 1873. Ses tournées établissent sa réputation de grand violoniste. Il mène parallèlement une importante carrière de pédagogue au Conservatoire de Kiev (1875-92), au Conservatoire de Prague (1892-1906), à l'Académie de Vienne (1908-18), à nouveau au Conservatoire de Prague (1919-24). Avec son quatuor à cordes il crée le *Quatuor nº 1* de Bohuslav Martinů en 1927. Considéré comme le père de l'école tchèque du violon, il a formé des élèves aussi prestigieux que Jan Kubelík, Kolisch, Zimbalist, Marie Hall et Erica Morini.

Sgouros, Dimitri

Pianiste grec, né à Athènes le 30 août 1969.

À l'âge de sept ans, il fait ses débuts en public au Pirée. En 1977, il entre au Conservatoire d'Athènes, où il trouve un mentor en la personne de Maria Herogiorgiou-Sigara (premier prix et Médaille d'or). À douze ans, il joue le *Concerto pour piano nº 3* de Rachmaninov avec Rostropovitch et le National Symphony Orchestra au Carnegie Hall de New York. Puis il travaille avec Stewart Gordon à Baltimore et avec Guy Johnson à la Royal Academy of Music de Londres. Il étudie ensuite les mathématiques à l'Université d'Athènes. Il remporte le Concours de l'Unicef en 1980. Sa carrière se développe alors dans le monde entier.

Sgrizzi, Luciano

Claveciniste italien, né à Bologne le 30 octobre 1910, mort à Monte-Carlo le 11 septembre 1994.

Son oncle, musicien autodidacte, lui donne ses premières leçons de musique. D'abord destiné au violon, il se tourne dès ses sept ans vers le piano. Ses progrès sont si rapides qu'à douze ans il obtient son diplôme à l'Accademia Filarmonica de Bologne. Au Conservatoire de Bologne, il travaille le piano et l'harmonie (1920-21), puis l'orgue et la composition. Ses études se déroulent de manière assez désordonnée, Luciano Sgrizzi héritant d'un goût familial pour le travail en autodidacte. Il donne beaucoup de récitals en Italie mais aussi en Amérique latine, et continue à se livrer à la composition qu'il pratique depuis l'âge de neuf ans. Entre 1927 et 1931, il étudie l'orgue et la composition avec Luigi Ferrari-Trecate au Conservatoire de Parme, où il obtient une nouvelle fois un prix de piano (1931). Mais, dégoûté de la vie de musicien d'estrade, rebelle au climat fasciste qui règne alors en Italie, il accepte, pour faire face à des difficultés financières croissantes, un engagement en Suisse. Suit une longue période d'activités assez mélangées où le piano et la composition se mêlent à la littérature et à l'histoire. Pendant trois hivers (1934-37), il vient étudier à Paris avec Albert Bertelin. Il rencontre alors Léonce de Saint-Martin, organiste à Notre-Dame, et Georges Migot. Ses œuvres commencent à être jouées (un *Concerto pour piano*, une ouverture). Luciano Sgrizzi passe toute la guerre en Suisse et semble perdre le goût de la musique. En 1947, il arrive à la Radio de Lugano pour y faire des chroniques littéraires, des présentations musicales et des feuilletons. Il reprend alors ses activités de compositeur et d'interprète et donne de nombreuses premières auditions de pages suisses et italiennes. En 1948, il joue pour la première fois sur un clavecin et commence rapidement à donner des récitals. En 1958-60, il effectue pour Edwin Loehrer et la Società Cameristica di Lugano des réalisations de musique ancienne qui lui ouvrent les portes des maisons de disques. Malgré le succès de ses premiers enregistrements, il restera fidèle à la Radio de Lugano jusqu'en 1974. Depuis 1965, il pratique également le pianoforte. En 1970, il perd l'usage d'un œil, ce qui ne l'empêche pas de poursuivre ses recherches musicologiques et de tirer de l'oubli de nombreux compositeurs italiens et français. Luciano Sgrizzi a entrepris l'enregistrement de la monumentale intégrale des sonates pour clavecin de Domenico Scarlatti. Il a édité les sonates de Marcello et *Ercole amante* de Cavalli.

Shaffer, Elaine

Flûtiste américaine, née à Altoona (Pennsylvanie) en 1925, morte à Londres en 1973.

Elle fait ses études à l'Institut Curtis de Philadelphie puis est nommée flûte solo à l'Orchestre Symphonique de Houston. Parallèlement, elle se produit en soliste, notamment au Festival de Bath avec Yehudi Menuhin. Ernest Bloch écrit pour elle sa *Suite modale* pour flûte et orchestre à cordes. Elle avait épousé le chef d'orchestre **Efrem Kurtz** en 1955.

Shafran, Daniil

Violoncelliste russe, né à Leningrad le 13 janvier 1923.

Il étudie d'abord avec son père, Boris Shafran, violoncelle solo de l'Orchestre Philharmonique de Leningrad, puis avec Alexandre Strimer. Il fait ses débuts publics à l'âge de dix ans avec l'Orchestre Philharmonique de Leningrad sous la direction d'Albert Coates. Il remporte le 1er prix aux Concours de Moscou (1937) et Prague (1950). Il est le dédicataire du *Concerto pour violoncelle* de Kabalevski, qu'il crée en 1949. Celui qui demeure l'un des plus importants violoncellistes russes est pratiquement inconnu en France malgré une intense carrière internationale. Il joue sur un Amati de 1630. Il a épousé la pianiste **Nina Musinian** qui est sa partenaire habituelle.

Shaham, Gil

Violoniste américain, né dans l'Illinois le 19 février 1971.

Fils d'un astrophysicien et d'une généticienne, sa famille se fixe en Israël alors qu'il n'a que deux ans et il commence l'étude du violon à sept ans avec Samuel Bernstein à la Rubin Academy of Music de Jérusalem. Il est ensuite l'élève de Chaïm Taub puis va travailler aux États-Unis avec Dorothy DeLay et Jens Ellerman dans le Colorado (1980-81) puis à la Juilliard School of Music de New York (à partir de 1982). Il fait des débuts très brillants à Jérusalem en 1981. Sa carrière commence à prendre un essor international lorsqu'il joue avec l'Orchestre Symphonique de Londres, avec l'Orchestre de Paris et à l'Orchestre Philharmonique de Berlin (1988-89). En 1989, il entreprend également des études à la Columbia University de New York. Il joue en sonate avec le pianiste Gerhard Oppitz. Son instrument est un Stradivarius de 1699.

Shallon, David

Chef d'orchestre israélien, né à Tel-Aviv le 15 octobre 1950.

Il étudie le violon et le cor, jouant au sein de différentes formations orchestrales. Il travaille la composition et la direction avec Noam Sheriff puis à Vienne avec Hans Swarowsky, où il reçoit son diplôme après deux années d'études. Il est l'assistant de Leonard Bernstein (1974-79) avant de faire ses véritables débuts à Vienne en dirigeant la *Troisième Symphonie* de Gustav Mahler. En 1979, il dirige *Fidelio* à la Staatsoper de Vienne et commence à être invité régulièrement par la plupart des grands orchestres allemands et autrichiens. En 1980, il fait ses débuts aux États-Unis. A partir de 1983, il collabore régulièrement avec la Jungen Deutschen Philharmonie. Entre 1987 et 1993, il est chef permanent de l'Orchestre Symphonique de Düsseldorf. En 1992, il prend la direction musicale de l'Orchestre Symphonique de Jérusalem. Il a créé l'opéra de Gottfried von Einem *Jesu Hochzeit* (1980).

Shaw, Robert

Chef d'orchestre américain, né à Red Bluff (Californie) le 30 avril 1916.

Fils d'un ministre, il fait des études de littérature, de philosophie et de théologie à Pomona College (Claremont). Il est amené à remplacer le chef d'orchestre du Glee Club, malade, ce qui décide de son orientation vers la musique. En 1941, il fonde la Collegiate Chorale à New York qu'il dirige jusqu'en 1954 et, en 1948, la Chorale Robert Shaw qui devient l'un des chœurs américains les plus importants et collabore notamment avec Arturo Toscanini et Fritz Reiner. Elle fonctionnera jusqu'en 1966. Il dirige le chœur du Berkshire Music Center (1942-45) et de la Juilliard School of Music (1946-50). Pour sa chorale, il commande à Hindemith son *Requiem « When Lilacs Last in the Dooryard Bloom'd »*. En 1944, il prend également la direction de la RCA Victor Chorale. En 1946, il fonde avec Julius Herford le Festival de musique d'Anchorage, en Alaska. Il se tourne parallèlement vers la direction d'orchestre : entre 1953 et 1957, il est directeur musical de l'Orchestre Symphonique de San Diego. Puis il est chef associé de l'Orchestre de Cleveland où il travaille en étroite collaboration avec George Szell, dirigeant également le Cleveland Orchestra Chorus (1956-67) avant de devenir directeur musical de l'Orchestre Symphonique d'Atlanta (1966-88). A l'initiative du président Jimmy Carter, il a été nommé membre du National Council of Arts. Créations : œuvres de Samuel Barber, Leonard Bernstein (*Missa brevis,* 1988), Benjamin Britten, Aaron Copland, Barbara Kolb (*The Enchanted Loom,* 1990), Darius Milhaud, Ned Rorem (*Symphonie pour cordes,* 1986).

Shicoff, Neil

Ténor américain, né à New York le 2 juin 1949.

Après des études de chant avec L. Richie à Delaware et Jenny Tourel à la Juilliard School, il fait ses débuts professionnels en 1975 au Kennedy Center de Washington, dans *Salomé* (Narraboth). En 1976, il débute au Met (Rinuccio de *Gianni Schicchi*) où il chante, depuis, *Rigoletto*, *La Bohème*, le Chanteur italien du *Chevalier à la rose* et Werther, rôle qui contribue à sa réputation internationale et qu'il chante également à Aix-en-Provence (1979), Munich et Paris (1984). Il apparaît sur les scènes de Covent Garden depuis 1977 (*Madame Butterfly*, *La Bohème*, *Macbeth*), de Vienne (*Rigoletto*), de San Francisco (*Lucia*). Ses débuts à l'Opéra de Paris ont lieu en 1982 (*Roméo et Juliette*). Il chante également Hoffmann, aussi bien dans la version Choudens (Hambourg, Toronto), que dans la version Oeser dont il assure la première exécution intégrale à Florence en 1979. En 1986, il débute à la Scala de Milan dans Lenski et chante le rôle-titre de *Don Carlos* à l'Opéra de Paris. Puis on le retrouve à Bercy dans Don José en 1989.

Shirai, Mitsuko

Contralto japonaise, née en 1952.

Elle fait ses études à Stuttgart à partir de 1972 avec Konrad Richter, Utta Kutter et Jehanne Secretan. Elle travaille également avec Elisabeth Schwarzkopf et commence une carrière de concertiste. Elle remporte le Prix Hugo Wolf à Vienne en 1973, le Prix Robert Schumann à Zwickau en 1974 et triomphe aux concours internationaux d'Athènes et de 's-Hertogenbosch en 1976. Son répertoire, centré sur les lieder romantiques allemands, s'étend de Scarlatti et des maîtres baroques à Webern et Carillo. Elle fait ses débuts scéniques à Francfort en 1987 dans le rôle de Despina (*Così fan tutte*). Elle a épousé le pianiste **Hartmut Höll.**

Shirley-Quirk, John

Baryton anglais, né à Liverpool le 28 août 1931.

Il étudie avec Roy Henderson et débute au Festival de Glyndebourne en 1961 (le Docteur de *Pelléas*). Il chante au Scottish Opera, puis appartient à l'English Opera Group de 1964 à 1976, apparaît à Covent Garden à partir de 1973, et entame alors une carrière internationale. Il participe aux créations des *Church Parables*, d'*Owen Wingrave* (Coyle), ainsi que de divers rôles de *Death in Venice* de Britten et de *The Ice*

Break de Tippett (Lev). Son répertoire comporte aussi bien Alfonso et Don Giovanni qu'Onéguine, Pimen ou Arkel. Il a également créé des œuvres d'Antal Dorati (*Herbst,* 1990), Iván Eröd (*Vox Lucis,* 1989).

Shumsky, Oscar

Violoniste américain, né à Philadelphie le 23 mars 1917.

Après avoir débuté comme enfant prodige à l'âge de huit ans avec l'Orchestre de Philadelphie sous la direction de Leopold Stokowski, il travaille avec Leopold Auer et Efrem Zimbalist au Curtis Institute de sa ville natale où il obtient son diplôme en 1938. Il a déjà fait ses débuts en Europe (Vienne, 1936). Il joue dans l'Orchestre Symphonique de la NBC sous la direction d'Arturo Toscanini (1939-42) et est premier violon du Quatuor Primrose. Après la guerre, il se consacre à une double carrière de concertiste et de pédagogue. Il enseigne au Peabody Conservatory de Baltimore puis est nommé professeur à la Juilliard School of Music de New York en 1953. Il enseignera également au Curtis Institute de Philadelphie (1961-65) et à la Yale School of Music (à partir de 1975). Moins connu en Europe qu'aux États-Unis, il est considéré dans son pays natal comme l'un des violonistes les plus importants de sa génération. Il pratique à l'occasion la direction d'orchestre (à partir de 1959) ou l'alto. Entre 1959 et 1967, il est directeur musical du Canadian Stratford Festival. Quincy Porter lui a dédié des pièces pour violon et piano. Il joue sur un Stradivarius de 1715 qui a appartenu autrefois à Pierre Rode, le *Duc de Cambridge*.

Siepi, Cesare

Basse italienne, né à Milan le 10 février 1923.

Autodidacte, il aime dans son adolescence la boxe et le chant grégorien. Il débute à Schio, près de Venise, dans le rôle de Sparafucile (*Rigoletto*). En 1944, antifasciste, il est interné en Suisse. Il chante dans son camp et, plus tard, travaille sa voix à Lugano. On l'entend à Venise, puis à la Scala, en 1946, sous la direction de Tullio Serafin. En 1948, il participe à l'hommage rendu à Boïto par Toscanini. En 1950, il est Pistol (*Falstaff*) à Covent Garden. Les grandes scènes du monde le réclament. Il chante au Met (1950) et à Salzbourg (1953 à 58) Mozart et Verdi. Il est un étonnant Philippe II, un profond Don Giovanni, qu'il chante à plusieurs reprises avec Furtwängler. Il aborde plus tard Wagner au Met. Il est considéré comme l'une des plus grandes basses italiennes depuis Pinza.

Siki, Béla

Pianiste hongrois, naturalisé suisse, né à Budapest le 21 février 1923.

Il travaille à l'Académie de musique de Budapest avec Dohnányi et Weiner, puis au Conservatoire de Genève avec Dinu Lipatti. Il obtient le Prix Franz Liszt en 1943 et le 2e prix au Concours de Genève en 1948. Il fait ses débuts à Budapest en 1945. En 1965, il est nommé professeur à l'Université de l'État de Washington à Seattle. Il passe pour un grand spécialiste de l'œuvre de Bartók et de Liszt.

ÉCRITS : *A Guide to Piano Repertoire* (Schirmer, New York, 1981).

Silja, Anja (Anja Silja Regina Langwagen)

Soprano allemande, née à Berlin le 17 avril 1935.

Ses parents étant comédiens, c'est son grand-père qui découvre les possibilités de sa voix. A huit ans, elle prend ses premières leçons et à dix ans elle donne son premier concert au Titania-Palast, suivi d'un deuxième à Hambourg. A quinze ans, elle donne son premier récital de mélodies. En 1956, elle fait des débuts remarqués au Théâtre d'État de Brunswick comme Rosine (*Le Barbier de Séville*). Après un passage à la Städtische Oper de Berlin, elle est engagée en 1958 à l'Opéra de Stuttgart et l'année suivante à l'Opéra de Francfort. La même année, elle chante la Reine de la Nuit (*La Flûte enchantée*) au Festival d'Aix-en-Provence. En 1960-61, elle fait sensation à Bayreuth comme Senta (*Le

Vaisseau fantôme) ; depuis, elle participe à chaque festival jusqu'à la mort de Wieland Wagner, qui crée ses mises en scène autour de sa personnalité et en fait l'héroïne wagnérienne type. Elle chante ensuite Elisabeth (*Tannhäuser*), Eva (*Les Maîtres chanteurs*), Elsa (*Lohengrin*), ainsi que Freia (*L'Or du Rhin*) qu'elle interprète pour la dernière fois en 1967 à Bayreuth. Cette même année, elle chante Brünnhilde (*La Walkyrie*) à l'Opéra de Paris et au Grand-Théâtre de Genève. A partir de 1962, elle appartient à la troupe de l'Opéra de Stuttgart où elle interprète d'autres mises en scène de Wieland Wagner : *Salomé*, qu'elle chante également à Vienne, à Bruxelles, à Paris ; puis, sur la scène de Francfort, c'est *Lulu* (Alban Berg), rôle dans lequel elle triomphe, en 1966, au Festival d'Édimbourg. Elle chante également à la Monnaie de Bruxelles et sur d'autres scènes importantes. Engagée dans la troupe de l'Opéra de Francfort, elle en suivra le directeur – le chef d'orchestre **Christoph von Dohnányi** – quand celui-ci, dont elle est désormais l'épouse, deviendra intendant général de l'Opéra de Hambourg. Sur cette scène, elle reprend *Lulu*, *Salomé*, et d'autres rôles de grand soprano dramatique (Marie, Médée, Renata dans *L'Ange de feu*...). Elle a créé des œuvres de Wilhelm Killmayer (*Sappho*, 1961). En 1990, elle aborde la mise en scène d'opéra avec une production de *Lohengrin* à la Monnaie de Bruxelles.

Sills, Beverly
(Belle Silbermann)

Soprano colorature américaine, née à New York le 25 mai 1929.

On découvre très tôt sa voix, et à dix-sept ans elle chante Micaëla dans un spectacle d'élèves. Elle étudie le chant avec Estelle Liebling à New York, mais elle se tourne vers la radio et chante avec succès des opérettes et des comédies musicales. Elle débute en 1948 à l'Opéra de Philadelphie (Frasquita de *Carmen*). Puis elle est engagée par la Charles Wagner Company pour chanter *La Traviata* en tournée aux États-Unis. Elle est engagée à l'Opéra de San Francisco (Elena de *Mefistofele* en 1953) et débute au New York City Opera en 1955 dans Rosalinde (*La Chauve-Souris*). Depuis, avec cette compagnie, elle remporte de très grands succès, comme Reine Elisabeth dans *Roberto Devereux* et Reinc Marie dans *Maria Stuarda*, ainsi que dans le rôle-titre d'*Anna Bolena*, de *Lucia di Lammermoor*, de *Norma* et dans la Reine du *Coq d'or*. Invitée par tous les opéras importants d'Amérique du Nord, elle se rend en Europe où elle débute en 1967 comme Reine de la Nuit à l'Opéra de Vienne. En 1969, elle triomphe à la Scala dans un ouvrage oublié de Rossini, *Le Siège de Corinthe*. En 1971, elle chante à l'Opéra de Boston. Elle est considérée comme une des grandes coloratures de ce siècle. En 1974, le Met l'appelle et remontera peu à peu pour elle plusieurs opéras, dont *Thaïs* (Massenet). Peu après, elle se retire de la scène et prend la direction du New York City Opera (1979-89). Ayant chanté sur toutes les scènes importantes du monde, elle a ainsi des liens qui lui ont permis de rendre à son ensemble une place toute particulière sur la scène lyrique internationale. Elle a créé de nombreuses œuvres contemporaines et fondé un concours d'opéras en un acte, réalisant chaque saison les œuvres primées.

ÉCRITS : *Bubbles : A Self-portrait,* autobiographie (New York, 1976, révisé en 1981 sous le titre *Bubbles : An Encore*).

Siloti, Alexandre

Pianiste et chef d'orchestre russe, né près de Kharkov le 9 octobre 1863, mort à New York le 8 décembre 1945.

Il fait ses études au Conservatoire de Moscou (1876-81) avec Zverev et N. Rubinstein (piano) et Tchaïkovski (écriture). En 1880, il débute à Moscou puis travaille avec Liszt à Weimar (1883-86). De retour à Moscou, il y est nommé professeur au Conservatoire (1888-91) : l'un de ses plus illustres élèves sera Rachmaninov. Suit une période de tournées et de brefs séjours dans différentes capitales européennes : Francfort, Anvers, Leipzig (1897). En 1901-02, il prend la direction des concerts de la Philharmonie de Moscou puis, en 1903, il fonde à Saint-Pétersbourg son propre orchestre qui fonctionnera jusqu'à la révolution, donnant de nombreux concerts populaires et diffusant la musique en dehors de la cour. En 1919, il quitte son pays natal et, après un court séjour à Londres, se fixe à New York en 1922. Il se consacre alors essentiellement à la pédagogie, enseignant à la Juilliard School de 1925 à 1942. Il a transcrit de nombreuses pages de Bach et Vivaldi. Il a créé la *Suite pour deux pianos n° 2* de Serge Rachmaninov (1901) en compagnie du compositeur. Il a également dirigé la création d'œuvres d'Anatole Liadov (*Kikimora,* 1909 ; *Légende de l'Apocalypse,* 1912), et Igor Stravinski (*Scherzo fantastique* op. 3, 1909).

ÉCRITS : *Meine Erinnerungen an Franz Liszt* (1912). *Wospominanija i pisma,* mémoires et lettres, Leningrad (1963).

Silvestri, Constantin

Chef d'orchestre et compositeur roumain naturalisé anglais (1967), né à Bucarest le 31 mai 1913, mort à Londres le 23 février 1969.

Il fait ses études musicales à Bucarest jusqu'en 1935 où il travaille le piano avec Fiorica Muzicescu et la composition avec Mihail Jora et Constantin Brailoiu. De 1935 à 1946, il commence une carrière de pianiste et devient répétiteur puis chef d'orchestre à l'Opéra de Bucarest (1939-44). Après la guerre, il prend la direction artistique de la Philharmonie de Bucarest (1947-53) et enseigne au Conservatoire (1948-59). Il revient à l'Opéra comme directeur artistique (1955-57) avant d'être nommé premier chef de l'Orchestre Symphonique de la Radio Roumaine (1958-59). Il quitte alors la Roumanie pour Paris. Il mène une carrière de chef invité et enregistre à cette époque la plupart des disques qu'il nous a laissés. De 1961 à sa mort, il est à la tête de l'Orchestre Symphonique de Bournemouth. Son œuvre comporte notamment une *Toccata* pour orchestre, trois Quatuors et des sonates. Parmi les pages qu'il a créées figurent des œuvres de Paul Constantinescu (*Naşterea Domnului,* oratorio, 1947 ; *Concerto pour orchestre à cordes,* 1956), Ion Dumitrescu (*Concerto pour orchestre à cordes,* 1956), Georges Migot (*Symphonie n° 2,* 1961), Marcel Mihalovici (*Ouverture tragique,* 1958), Anatol Vieru (*Concerto pour orchestre n° 1,* 1956).

Simionato, Giulietta

Mezzo-soprano italienne, née à Forli le 12 mai 1910.

Ses dons vocaux sont très vite reconnus par son entourage. Elle étudie le chant avec Ettore Lucatello à Rovigo et avec Guido Palumbo à Padoue. Elle chante Lola (*Cavalleria Rusticana*) à Montagnana en 1928. En 1935, elle obtient, devant 385 concurrents, le 1er prix du concours de chant organisé par le Théâtre communal de Florence, théâtre qui l'engage immédiatement pour la création de l'*Orsèolo* de Pizzetti : grand succès, pourtant suivi d'une longue période d'attente. Stignani, Elmo et Barbieri monopolisaient les classiques et les romantiques et Pederzini les coloratures, et il n'y avait pas de place pour une téméraire concurrente. Seul le déclin de Gianna Pederzini lui permet d'accéder aux premiers rôles, et c'est la mémorable soirée du 2 octobre 1947 à la Scala où son interprétation de Mignon lui gagne la célébrité. Elle s'impose dans tous les rôles de mezzo colorature que Rossini avait écrits pour Isabelle Colbran : Rosine, Isabelle de *L'Italienne à Alger*, Isolier du *Comte Ory*, Tancrède et surtout Cendrillon. Progressivement, elle reprend les grands rôles de ses illustres devancières : Charlotte, Amnéris, Azucena, Dalila, Carmen (un rôle qu'elle a chanté plus de 200 fois), Adalgisa, Santuzza, Jane Seymour d'*Anna Bolena*, et cette extraordinaire Valentine des *Huguenots*, dont la reprise en 1962, avec Joan Sutherland et Franco Corelli, restera l'un des grands moments de la Scala. En dehors de la Scala, où elle chante régulièrement entre 1939 et 1966, elle débute à Covent Garden en 1953, se produit à Chicago (1954-61), au Festival de Salzbourg (1957-63) et au Met (1959-62). Elle quitte la scène en 1966 après une représentation de *La Clémence de Titus* à la Piccola Scala. Des nerfs d'acier, une musicalité sans faille, une technique vocale à toute épreuve et une voix puissante et très étendue, tels étaient les atouts de cette remarquable cantatrice, par ailleurs douée d'une vis comica et d'une vis dramatica également convaincantes.

Simon, Abbey

Pianiste américain, né à New York le 8 janvier 1922.

Au Curtis Institute de Philadelphie, il travaille avec David Saperton et Joseph Hofmann. Puis il prend des leçons de Leopold Godowsky à New York, avant de débuter en 1940. Pianiste à la virtuosité étonnante, il enseigne à la Juilliard School depuis 1977.

Simon, Albert

Chef d'orchestre hongrois, né à Makó le 18 août 1926.

Il travaille à l'Académie de musique Franz Liszt de Budapest avec János Ferencsik et László Somogyi, puis au Conservatoire de Bucarest avec Georges Georgescu et Constantin Silvestri. De 1953 à 1955, il est chef d'orchestre à Szeged, de 1955 à 1958 à l'Opéra National de Budapest puis, de 1959 à 1969, il dirige un orchestre de jeunes à Budapest. En 1969, il est nommé professeur titulaire de la classe de musique symphonique à l'Académie Franz Liszt et chef de l'Orchestre de Chambre de l'Académie de Budapest. Parallèlement, il fonde le Uj Zenei Stúdio, ensemble de musique nouvelle grâce auquel il popularise la musique contemporaine hongroise et les classiques du XXe siècle.

Simoneau, Léopold

Ténor canadien, né à Québec le 3 mai 1918.

Il fait ses études au Levis College de sa ville natale. Puis il chante dans le chœur de la cathédrale Saint Patrick de Montréal. Il travaille le chant avec Salvator Issaurel et Emile La Rochelle. Il débute aux Variétés Lyriques de Montréal en 1941 dans *Lakmé.* En 1945, il va se perfectionner à New York avec Paul Althouse. Il chante sur différentes scènes américaines à partir de 1945 (Central City Opera, Colorado ; Philadelphie ; La Nouvelle-Orléans) avant de débuter à Paris en 1949, à l'Opéra-Comique, dans *Mireille* (Vincent) et à l'Opéra dans *La Flûte enchantée* (Tamino). Il chante régulièrement sur ces deux scènes jusqu'en 1955 et participe à la première française du *Rake's Progress* de Stravinski (Opéra-Comique, 1953). Dès 1950, il est l'une des vedettes du Festival d'Aix-en-Provence (Pylade dans *Iphigénie en Tauride* sous la direction de Carlo Maria Giulini, Ottavio, Ferrando, Apollo dans l'*Orfeo* de Monteverdi) et, l'année suivante, il débute à Glyndebourne (Idamante d'*Idoménée,* sous la direction de Fritz Busch). On le retrouve ensuite à la Scala de Milan (1952), à l'Opéra de Munich (1953), à celui de Chicago (1954-61), au Festival de Salzbourg (Don Ottavio et Tamino, 1956), à l'Opéra de Vienne (1957), au Met (1963), s'imposant particulièrement dans le répertoire mozartien et dans l'*Orphée* de Gluck, mais aussi dans Alfredo (*La Traviata*) ou Nadir (*Les Pêcheurs de perles*). Il se retire en 1971 lorsqu'il prend, pour une courte période, la direction de l'Opéra du Québec. Il se consacre ensuite à l'enseignement à San Francisco. Il a épousé en 1947 la soprano colorature **Pierrette Alarie**, avec laquelle il s'est souvent produit dans les mêmes spectacles.

Simonov, Yuri

Chef d'orchestre russe, né à Saratov le 4 mars 1941.

Fils d'un chanteur d'opéra, il travaille au Conservatoire de Leningrad avec N. Rabinovitch et Kramarov (1956-68), recevant une formation d'altiste et de chef d'orchestre. En 1966, il remporte le 1er prix au Concours national des chefs d'orchestre de l'URSS et, deux ans plus tard, au Concours international de l'Académie Sainte-Cécile de Rome. Il débute comme chef permanent de l'Orchestre Philharmonique de Kislovodsk (1967-69) tout en étant l'assistant de Mravinski à Leningrad (1968-69). Puis il est nommé au Bolchoï où il dirige d'abord les ballets (1969-70) avant de devenir premier chef (1970-85). En 1975, il est nommé professeur de direction d'orchestre au

Conservatoire Tchaïkovski de Moscou. En 1986, il fonde le Nouvel Orchestre philharmonique de Moscou dont il assure la direction jusqu'en 1989. Au début des années 90, il s'installe à Londres. En 1994, il est nommé directeur musical de l'Orchestre National de Belgique. Il a créé une œuvre de Rodion Chtchedrine (*Anna Karenina,* 1972).

Sinaïski, Vasili

Chef d'orchestre russe, né à Leningrad le 20 avril 1947.

Il fait ses études au Conservatoire de Leningrad où il reçoit une formation de pianiste avant d'entrer dans la classe de direction d'orchestre d'Ilia Musin. Il travaille également la composition. En 1974, il remporte le 1er prix au Concours international Herbert von Karajan à Berlin. Il commence sa carrière avec un orchestre d'amateurs à Leningrad et travaille avec l'Orchestre Symphonique de Novossibirsk, comme assistant d'Arnold Kats. Il suit également les masters classes de Kirill Kondrachine à la Philharmonie de Moscou. Puis il est nommé directeur artistique de l'Orchestre Symphonique de Lettonie à Riga (1975-89). Il réorganise entièrement cet ensemble qui était resté pendant de longues années sans chef permanent et le hisse au niveau des meilleurs orchestres soviétiques. En 1987, il est nommé chef d'orchestre permanent au Bolchoï de Moscou, où il dirige d'abord les ballets avant d'y faire ses débuts lyriques dans *Tosca.* Sa carrière se développe hors de son pays natal, notamment aux États-Unis, en Italie et en Allemagne où il est régulièrement invité comme chef lyrique et chorégraphique. En 1989, il prend la succession de Yuri Simonov à la tête du Petit Orchestre Symphonique de Moscou et, en 1990, il est nommé directeur musical de l'Orchestre Philharmonique de Moscou. En 1991, il est en outre nommé directeur général de la musique à Hagen (Allemagne) et directeur musical de l'Orchestre Philharmonique de Belgrade. À partir de 1993, il est premier chef invité de l'Orchestre Philharmonique Néerlandais.

Singher, Martial

Baryton français, né à Oloron-Sainte-Marie le 14 août 1904, mort à Santa Barbara (Californie) le 10 mars 1990.

Il étudie d'abord la philologie puis il travaille le chant au Conservatoire de Paris dans la classe d'André Gresse. Il débute en 1930, à l'Opéra d'Amsterdam, avec la troupe de l'Opéra de Paris, et chante Oreste d'*Iphigénie en Tauride* (Gluck). Jusqu'en 1940, il est un des barytons les plus populaires de l'Opéra de Paris. Depuis 1937, il appartient à la troupe de l'Opéra-Comique. Il a créé le cycle de mélodies *Don Quichotte à Dulcinée* de Ravel en 1934. En 1937, il participe au Festival de Glyndebourne et chante à Covent Garden. L'année suivante, il est l'invité du Mai Musical Florentin. Il chante au Pays-Bas, en Belgique, en Suisse, Suède, Portugal et dans les deux Amériques. De 1936 à 1940, il est invité au Colón chaque année. En 1940, il épouse Margareta Rut Busch, la fille du chef d'orchestre Fritz Busch, et crée à Bâle la *Danse des morts* d'Arthur Honegger. Pendant l'occupation de la France par les Allemands, il préfère gagner l'Amérique du Nord. Bien qu'il ait été aussitôt engagé au Met, il ne reçoit son permis de travail qu'en 1943. Il obtient aussitôt, tant en concert que sur scène, d'inestimables succès. Il vit à Scarsdale, près de New York, et enseigne au Mannes College de New York (1951-55) ainsi qu'au Curtis Institute de Philadelphie (1954-68). En 1962, il prend la direction du département lyrique à l'Université de Santa Barbara. qu'il conserve jusqu'en 1981, formant notamment Jeannine Altmeyer, Judith Blegen, Benita Valente, James King...

Sinopoli, Giuseppe

Chef d'orchestre et compositeur italien, né à Venise le 2 novembre 1946.

Il étudie au Conservatoire de Venise et mène de front des études médicales à l'Université de Padoue (1971) : thèse en anthropologie criminelle et en psychiatrie, recherche sur la physiologie de l'appareil acoustico-mental. Déçu par ses études musicales à Venise (1965-67), il gagne Darmstadt (1968) où il travaille avec Maderna et Stockhausen. De 1969 à 1973 il est élève de Donatoni puis son collaborateur aux cours d'été de Sienne. A partir de 1972, il suit les cours de direction d'orchestre de Hans Swarowsky à Vienne – où il réside désormais – tout en enseignant la composition et la musique contemporaine au Conservatoire B. Marcello à Venise. En 1975, il fonde l'Ensemble Bruno Maderna. Il poursuit désormais une double carrière de chef et de compositeur. Il est nommé chef permanent de l'Orchestre de l'Académie Sainte-Cécile à Rome (1983) et de l'Orchestre Philharmonia (1984). En 1985, il fait ses débuts au Met en dirigeant *Tosca* et à Bayreuth avec *Tannhäuser.* Nommé chef permanent à la Deutsche Oper Berlin en 1990, il démissionne aussitôt de ses fonctions pour prendre, à partir de 1992, la direction musicale de la Staatskapelle de Dresde. En 1990, il est également nommé directeur musical du Festival de Taormina.

Il a créé des œuvres de Frank Michael Beyer (*Streicherfantasien,* 1980), Lorenzo Ferrero (*Arioso,* 2e version, 1981), Goffredo Petrassi (*Poema,* 1981), Peter Ruzicka (*Tallis, Einstrahlungen für Orchester,* 1993), Ivan Vandor (*Offrande,* 1993).

Siohan, Robert

Chef d'orchestre, compositeur et critique musical français, né à Paris le 27 février 1894, mort à Paris le 16 juillet 1985.

Il fait ses études musicales au Conservatoire de Paris (1909-22) et reçoit les Prix Halphen et Blumenthal. Il débute comme altiste à la Société des Concerts et se tourne vers la direction d'orchestre. Il donne la première audition parisienne du *Roi David* d'Honegger (1924) puis fonde, en 1929, son propre orchestre : les Concerts Siohan seront l'une des formations les plus dynamiques de la capitale, ouverts à la musique moderne et aux jeunes interprètes. En 1935, ils fusionnent avec les Concerts Poulet pour faire face à des difficultés financières avant de disparaître l'année suivante. C'est notamment aux Concerts Siohan qu'est créée, en 1934, *L'Ascension* de Messiaen. De 1932 à 1946, il est chef des chœurs à l'Opéra de Paris, puis professeur de déchiffrage au Conservatoire (1948-62) et inspecteur général de la musique (1962). Comme compositeur, on lui doit un *Quatuor*, une *Symphonie*, des concertos pour piano, violon, violoncelle, un opéra, *Le Baladin de satin cramoisi*, et un ballet, *Hypérion*. Auteur de nombreux écrits, il a été pendant plusieurs années critique musical au journal *Le Monde* et à *Combat.* En 1954, il a soutenu une thèse : *Les Théories nouvelles de l'harmonie.*

ÉCRITS : *La Musique étrangère contemporaine* (1954-84), *Évolution actuelle de l'art musical* (1956), *Stravinski* (1959), *Histoire du public musical* (1967).

Sitkovetsky, Dmitry

Violoniste russe naturalisé américain, né à Bakou le 27 septembre 1954.

Fils de la pianiste **Bella Davidovich** et du violoniste **Julian Sitkovetsky**, 2e prix au Concours Reine Elisabeth de Belgique 1955, mort quelques mois après le concours. De sept à dix-huit ans, il étudie à l'École centrale de Moscou avec Jankelevitch. Il remporte le 1er prix au Concours de Prague. A partir de 1972, il travaille au Conservatoire de Moscou, toujours avec Jankelevitch, mais aussi avec Besrodny. Il étudie en outre la composition et la philosophie avec Josef Andrassian. En 1977, il émigre aux États-Unis. Il se perfectionne avec Ivan Galamian à la Juilliard School (1977-79). En 1979, il obtient le 1er prix au Concours Kreisler de Vienne. Sa carrière se développe rapidement : il débute avec l'Orchestre Philharmonique de Berlin en 1980, puis à Chicago en 1983. En 1984, il prend la direction artistique du Korsholm Music Festival à Vaasa (Finlande). Il joue en sonate avec sa mère ou avec Bruno Canino et en trio avec le pianiste Gerhard Oppitz et le violoncelliste David Geringas. En 1990, il fonde le New European Strings, un orchestre à cordes d'une vingtaine d'instrumentistes venus de différents pays d'Europe, qu'il réunit à Vaasa et qu'il dirige lui-même.

Skowron, Julien

Chanteur et instrumentiste français spécialisé dans la musique médiévale et Renaissance, né à Rethel (Ardennes) le 11 février 1940.

Après des études musicales au Conservatoire de Reims (prix de violon et d'harmonie en 1959), il prépare le professorat d'éducation musicale (lycée La Fontaine, 1960-63) et passe avec succès le CAEM (1963) ainsi qu'un mémoire de maîtrise en musicologie à la Sorbonne. Il enseigne dans plusieurs lycées (1963-76) et se spécialise dans le jeu sur instruments à archet du monde médiéval (Crwth gallois, rebecs, rubèbe, kamançé turc, vièles à archet, violes, maurache, citole, ravanastron, guitare mauresque) et fait partie de plusieurs ensembles français : Les Ménestriers (1969-77), l'Ensemble Guillaume de Machaut (1974-80), le Florilegium Musicum de Paris (1977-79). En 1978, il fonde la Maurache, équipe de musiciens-jongleurs (ménestrels) qui a sillonné la France et la Suisse. Il organise des stages avec la FNAMU (Fédération nationale d'activités musicales). Il enseigne depuis 1980 la musique ancienne au Centre Musical Edgar Varèse (Conservatoire de Gennevilliers). Outre sa thèse, *Instruments à archets du Moyen Age*, il est l'auteur de *L'Art du Viellateur*. Compositeur de musiques de films, il a participé également à de nombreuses émissions de radio et de télévision. Il s'intéresse en outre à la musique contemporaine (créations de Kagel).

Skrowaczewski, Stanislaw

Chef d'orchestre et compositeur polonais naturalisé américain (1966), né à Lvóv le 3 octobre 1923.

Il fait ses études musicales à l'Académie de sa ville natale et au Conservatoire de Cracovie avant de venir à Paris où il travaille avec Nadia Boulanger, Honegger et Klecki (1947-49). Sa carrière de chef d'orchestre a déjà commencé en 1946 lorsqu'il a pris la direction de l'Orchestre Philharmonique de Wroclaw (Breslau). A son retour en Pologne, il est à la tête de l'Orchestre Philharmonique de Katowice (1949-54) puis de l'Orchestre Philharmonique de Cracovie (1955-57). En 1956, il remporte le 1er prix au Concours international de l'Académie Sainte-Cécile de Rome, ce qui lui permet d'être, pendant deux ans, l'un des principaux chefs de la Philharmonie nationale de Varsovie (1957-59). Il quitte alors la Pologne et prend, en 1960, la succession d'Antal Dorati à la tête de l'Orchestre de Minneapolis (qui deviendra Orchestre du Minnesota). Il conserve ce poste jusqu'en 1979, puis il se retire pour mener une carrière de chef invité et se consacrer à la composition. En 1984, il reprend un poste permanent à la tête du Hallé Orchestra de Manchester, qu'il conserve jusqu'en 1991. En 1987-88, il exerce également les fonctions de directeur musical de l'Orchestre de Chambre de Saint Paul (Minnesota).

Il a créé des œuvres de Jacob Druckman (*Incenters,* 1973), Gottfried von Einem (*Wiener Symphonie,* 1977), Krzysztof Penderecki (*Als Jakob erwachte,* 1974).

Il est l'auteur de quatre symphonies, d'un quatuor, d'un concerto pour cor anglais, de mélodies et de musiques de film.

Slătinaru, Maria (Nistor)

Soprano roumaine, née à Iaşi le 25 mai 1938.

Elle étudie au Conservatoire de Bucarest avec Arta Florescu et Aurel Alexandrescu, et débute en 1969 à l'Opéra de Bucarest (Elisabeth de Valois). Lauréate des Concours Tchaïkovski (Moscou, 1966), Georges Enesco (Bucarest, 1967), de Toulouse (1968) et de San Francisco (1969), elle chante sur de nombreuses scènes allemandes, à Zurich, à Liège et en France à Toulouse (Leonore) en 1977 et à l'Opéra de Paris où elle débute en 1982 dans *Il Tabarro* avant d'y chanter *Tosca.*

Son répertoire comprend les grands rôles de spinto italiens, mais aussi Elsa, Sieglinde et Elisabeth de Wagner, et c'est sur les grandes scènes internationales qu'elle le présente enfin : Vienne, Munich, Hambourg, Venise et, en 1983, San Francisco (*La Gioconda* puis *Tosca* et *La Force du destin*). En 1986, elle fait ses débuts au Met dans Tosca.

Slatkin, Leonard

Chef d'orchestre américain, né à Los Angeles le 1er septembre 1944.

Fils du violoniste et chef d'orchestre **Felix Slatkin** (1915-63) et de la violoncelliste **Eleanor Aller**, il étudie à Los Angeles le piano et le violon dès l'âge de trois ans. Il travaille la direction d'orchestre avec son père, puis avec Walter Süsskind, directeur de l'Aspen Festival. Il entre à la Juilliard School où il se perfectionnera jusqu'en 1968 avec Jean Morel et, pour la composition, Castelnuovo-Tedesco. Il fait ses débuts au Carnegie Hall. A vingt-trois ans, il devient chef assistant à l'Orchestre Symphonique de Saint Louis. En 1974, il remplace au pied levé Riccardo Muti à la tête de l'Orchestre Philharmonique de New York. Sa carrière à l'Orchestre Symphonique de Saint Louis se poursuit : chef titulaire (1971), chef permanent (1974), principal chef invité (1975). Il est nommé directeur musical de l'Orchestre Philharmonique de La Nouvelle-Orléans (1977-79), dont il est ensuite conseiller musical (1979-80). Puis il dirige les saisons d'été de l'Orchestre Symphonique du Minnesota et prend la direction musicale de l'Orchestre Symphonique de Saint Louis (1979-96). En 1990, il devient également directeur musical du festival de Blossom. Il est ensuite directeur musical du National Symphony Orchestra de Washington (à partir de 1996). Il enseigne à la Juilliard School of Music de New York.

Il a créé des œuvres de John Adams, Dominick Argento, Daniel Börtz (*Collaudamus,* 1991), Jacob Druckman (*Mirage,* 1976), Alberto Ginastera (*Symphonie n° 2,* 1983 ; *Popol Vuh,* 1989), Steve Reich (*Three Movements,* 1986), Joseph Schwantner, Michael Torke (*Run,* 1993), Joan Tower (*Silver Ladders,* 1987). Son frère fait une carrière de violoncelliste sous le nom de **Fred Zlotkin.**

Slezak, Leo

Ténor autrichien, né à Mährisch-Schönberg (Moravie) le 18 août 1873, mort à Rottach-Egern le 1er juin 1946.

Découvert par le baryton Adolf Robinson, avec qui il fait de brèves études, il débute en 1896 à Brno dans *Lohengrin*. Cantonné dans des rôles secondaires à la Hofoper de Berlin (1898-99), il est engagé par le Théâtre de Breslau (1899) où il fait la connaissance de sa future femme, l'actrice Elsa Wertheim. Ses débuts à Covent Garden en 1900, toujours dans *Lohengrin*, passent inaperçus en pleine guerre des Boers. En 1901, appelé par Mahler à l'Opéra de Vienne, il y commence une longue et brillante carrière de Heldentenor. Il éprouve le besoin de venir à Paris en 1907 parfaire auprès de Jean De Reszké une technique parfois aléatoire. Il revient à Londres en triomphateur dans *Othello* (1909), rôle de ses débuts au Met la même année, où, pendant quatre saisons, sous la direction de Toscanini et de Mahler, il chante *Tannhäuser*, *Lohengrin*, Walther des *Maîtres chanteurs*, Manrico, Radamès, Hermann de *La Dame de pique*, etc. Il se produit avec cette troupe du Met à Paris en 1910. Pour ses adieux à la scène en 1933, il chante Paillasse à Vienne. La vaillance et la chaleur de la voix, la beauté de l'articulation en ont fait un excellent diseur de lieder, malgré une sensiblerie certaine, qu'il exploitera dans sa seconde carrière, au cinéma et dans les grands comiques. Ses nombreux livres de Mémoires témoignent de ce dernier trait de sa personnalité, comme le célèbre « A quelle heure le prochain cygne ? » qu'il aurait lancé un soir sur scène, dans *Lohengrin.*

ÉCRITS : *Meine sämtlichen Werke,* Berlin (1922) ; *Der Wortbruch,* Berlin (1928) ; *Der Rückfall,* Berlin (1930), *Mein Lebensmärchen,* Munich (1948) ; *Wann geht der nächste Schwan,* Munich (1970).

Slobodianik, Alexandre

Pianiste russe, né à Kiev le 5 septembre 1941.

Il travaille au Conservatoire de Moscou sous la direction de Gornostaeva et de Heinrich Neuhaus. Encore étudiant, il remporte un prix au Concours Chopin de Varsovie (1960). En 1964, il obtient son diplôme et l'Organisation anglaise des prix internationaux de musique, présidée à l'époque par Zoltán Kodály, lui décerne un prix spécial pour récompenser ses brillants débuts. En 1966, il est lauréat du Concours Tchaïkovski à Moscou. Son répertoire illustre essentiellement les œuvres de Chopin, Scriabine et Prokofiev.

Slovák, Ladislav

Chef d'orchestre slovaque, né à Bratislava le 10 septembre 1919.

Il travaille avec Alexander Albrecht puis, au Conservatoire de sa ville natale, avec A. Ledvina et Štefan Németh. Il reçoit son diplôme d'organiste en 1942 et étudie ensuite la direction d'orchestre avec K. Schimpl (diplôme en 1945). Il est engagé comme producteur d'émissions musicales à la Radio de Bratislava (1946-61) et prend la direction du Chœur de la Radio (1948-55). Il se perfectionne avec Václav Talich (1949-53) et devient l'assistant d'Evgeni Mravinski à la Philharmonie de Leningrad (1954-55). Il est nommé à la tête de l'Orchestre Symphonique de la Radio de Bratislava (1955-61), puis de la Philharmonie Slovaque (1961-81) qui devient, sous sa direction, l'une des principales phalanges d'Europe centrale. Il prend également la direction de l'Orchestre Symphonique de Prague FOK (1972-75). Invité régulièrement à l'étranger, il est principal chef invité du South Australian Symphony Orchestra à Adélaïde en 1966 et 1972-73. Il a créé de nombreuses œuvres de compositeurs slovaques (Alexander Moyzes, Eugen Suchoň...)

Smetáček, Václav

Chef d'orchestre tchèque, né à Brno le 30 septembre 1906, mort à Prague le 18 février 1986.

Au Conservatoire de Prague, il étudie le hautbois, la composition et la direction d'orchestre avec L. Skuhrovský, J. Křička, M. Doležil et P. Dědeček (1922-30). Il travaille également la musicologie à l'Université de Prague où il obtient un doctorat (1933). En 1928, il fonde le Quintette à vent de Prague dont il fera partie jusqu'en 1955. De 1930 à 1933, il fait partie de l'Orchestre Philharmonique Tchèque avant d'être nommé à la tête de l'Orchestre de la Radio de Prague (1934-43) et du Chœur Hlahol (1934-46). En 1942, il est premier chef de l'Orchestre FOK de Prague, qui deviendra l'Orchestre Symphonique de Prague en 1952, et conserve ce poste jusqu'en 1972. De 1945 à 1966, il enseigne au Conservatoire de Prague. Figure majeure de la vie musicale tchécoslovaque, il s'est largement consacré à la diffusion de la musique de son pays. Il a créé des œuvres de Xavier Benguerel (*Sinfonia per a gran orquestra*, 1968), Miroslav Kabeláč, Jiři Pauer, Vladimir Sommer. Il a réalisé une orchestration de *La Jeunesse* de Smetana.

Smith, Hopkinson

Luthiste américain, né à New York le 7 décembre 1946.

Après avoir terminé ses études à l'Université Harvard en 1972, il se perfectionne dans la connaissance de la musique ancienne et de l'esthétique auprès d'Emilio Pujol et d'Alfred Deller, et suit les leçons d'Eugen M. Dombois à la Schola Cantorum de Bâle (1973-75). Ses activités de soliste le conduisent partout en Europe et en Amérique en compagnie de différents ensembles. Il participe à plus de 30 enregistrements de musique ancienne, avec notamment l'intégrale des œuvres pour luth de J.S. Bach et une série consacrée aux luthistes français. Il joue sur différents instruments anciens à cordes pincées. Depuis 1976, il enseigne à la Schola Cantorum de Bâle la technique du luth, la basse continue, l'improvisation et l'interprétation.

Sobinov, Leonid

Ténor russe, né à Yaroslav le 7 juin 1872, mort à Riga le 14 octobre 1934.

Issu d'une famille bourgeoise d'origine paysanne (son grand-père était un serf émancipé), il fait son droit à l'Université de Moscou, où il chante dans un chœur d'étudiants. En 1892, il commence à travailler le chant avec Dodonov et se produit avec une troupe lyrique italienne itinérante à Moscou sans interrompre pour autant ses études universitaires (1893-94). Il obtient son diplôme de droit en 1894 et est nommé avocat assistant chez un juriste moscovite.

Il opte alors pour le chant et fait ses débuts au Bolchoï en 1897 dans Sinodal (*Le Démon*). Il restera lié à ce théâtre jusqu'à la fin de sa carrière. En 1901, il entre également au Théâtre Mariinski de Saint-Pétersbourg, où il débute dans Lenski (*Eugène Onéguine*), puis triomphe sur les scènes européennes : à la Scala de Milan (1904-06), à Monte-Carlo (dès 1907) et, à partir de 1909, à Londres, Paris et Berlin. Il s'impose dans les rôles d'Alfredo (*La Traviata*), Des Grieux (*Manon*) et Faust de Gounod. Son interprétation de Lenski (*Eugène Onéguine*) reste un modèle inégalé de lyrisme russe. Dans ses récitals, il se distingue dans les mélodies de Tchaïkovski et est idolâtré par le public russe. Il est directeur du Bolchoï en 1917-18, puis en 1921. Il quitte la scène en 1924.

Södergren, Inger

Pianiste suédoise, née à Köping le 25 janvier 1947.

Après avoir commencé le piano en Suède, elle vient se perfectionner à Paris où elle suit d'abord les cours de Nadia Boulanger, puis d'Yvonne Lefébure. Révélée au grand public par le Printemps Musical 1977, c'est essentiellement au disque qu'elle triomphe en 1979, grâce à une interprétation tout à fait remarquable du *Carnaval* de Schumann. Pianiste au jeu inégal, qui se situe dans la lignée d'un Gould, elle peut s'enflammer pour le premier mouvement d'une sonate de Beethoven, ou pour quelques mesures de Berg, et s'absenter pour le restant de l'œuvre. Inger Södergren, de ce fait, se situe radicalement en marge de toute la génération de pianistes à laquelle elle appartient.

Söderström, Elisabeth

Soprano suédoise, née à Stockholm le 7 mai 1927.

Elle fait ses études à l'Académie royale suédoise de musique et débute à Stockholm en 1947 dans *Bastien et Bastienne*, avant d'entrer en 1950 à l'Opéra royal. Elle y chante *Mathis le peintre* d'Hindemith (Regina). En 1955, elle est à Salzbourg et deux ans plus tard à Glyndebourne où elle chante régulièrement : Mozart (Suzanne), Strauss (le Compositeur d'*Ariane à Naxos*, Octavian, la Comtesse de *Capriccio*). En 1959, elle débute au Metropolitan Opera de New York. Très vite attirée par la musique de son temps, elle émeut dans *L'Élégie pour de jeunes amants* de Henze ou dans *Le Tour d'écrou* de Britten. A Covent Garden, elle sera une bouleversante Mélisande, sous la direction de Pierre Boulez (1969). Sa voix est limpide, souple, sa nature la porte aux rôles dramatiques. Elle sert la musique de Leoš Janáček (*L'Affaire Makropoulos, Katya Kabanova, Jenůfa*) et celle de Berg (*Wozzeck*). Tout cela ne l'écarte pas d'un répertoire ancien, Beethoven (*Missa solemnis*), Monteverdi (*Le Couronnement de Poppée*, sous la direction de Harnoncourt) ou Mozart (elle incarnait la Comtesse dans l'enregistrement des *Noces de Figaro* dirigé par Klemperer). Elle débute à l'Opéra de Paris en 1984 dans *Le Chevalier à la rose*. En 1988, elle crée à Dallas l'opéra de Dominick Argento *Aspern Papers*. En 1992, elle fait de discrets adieux à la scène dans *La Voix humaine* au Festival d'Édimbourg. La même année, elle prend la direction musicale du Théâtre du château de Drottningholm.

Sofronitski, Vladimir

Pianiste russe, né à Saint-Pétersbourg le 8 mai 1901, mort à Moscou le 29 août 1961.

Sa famille se fixe à Varsovie en 1903, où il passe son enfance jusqu'en 1913. Il commence à étudier le piano avec une élève d'Anton Rubinstein, Anna Vassislievna Getsevitch. En, 1914, il entre au Conservatoire de Saint-Pétersbourg où il devient l'élève de Leonid V. Nilolaieva et d'Alexandre Glazounov. Il a comme condisciples Maria Yudina et Dimitri Chostakovitch. Il obtient son diplôme en 1921. Il épouse la fille d'Alexandre Scriabine, dont il sera l'un des meilleurs interprètes. Il manifeste son opposition aux directives officielles en matière de musique, ce qui explique peut-être qu'il se soit fort peu produit en Occident (en France entre les deux guerres). Il mène une active carrière professorale au Conservatoire de Leningrad (1936-42) puis au Conservatoire de Moscou (1942-61). Cette figure marquante du piano en URSS, morte d'un usage abusif de la drogue et de l'alcool, demeure, hélas ! pratiquement inconnue en Europe occidentale. Heinrich Neuhaus considérait Sofronitski comme « un pur génie ».

Sokholov, Grigory

Pianiste russe, né à Leningrad le 18 avril 1950.

Il commence l'étude du piano dès l'âge de cinq ans. Au Conservatoire de Leningrad où il entre en 1957, il est l'élève de Leah Zelikhman, avec qui il travaille pendant onze ans. Il donne son premier concert à l'âge de douze ans. Avant même la fin de ses études, il remporte le 1er prix au Concours international Tchaïkovski à Moscou (1966). Il devient ensuite l'élève de Moiseï Khaifin et commence une brillante carrière internationale, notamment aux États-Unis. À partir de 1975, il enseigne au Conservatoire de Leningrad. Il donne son premier concert en France en 1990. L'éventail de son répertoire, la souplesse et la densité de son jeu le placent à bien des égards dans la lignée d'Emil Guilels.

Solchany, Georges

Pianiste hongrois naturalisé français (1967), né à Budapest le 13 septembre 1922, mort à Paris le 27 juillet 1988.

Il effectue ses études musicales, jusqu'en 1940, au Conservatoire de sa ville natale. Il suit ensuite la Meister-Klasse de piano de Ernst von Dohnányi à l'Académie Franz Liszt (1941-43) et remporte, en 1942, le Grand Prix Liszt. C'est à Paris qu'il se fixe en novembre 1946 et commence une brillante carrière internationale. En 1951, il remporte le 2e prix au Concours international de Genève et, l'année suivante, le 1er Grand Prix au Concours international Alfredo Casella. Se consacrant tout particulièrement à la musique de chambre, Georges Solchany a été le partenaire de David Oïstrakh, Leonid Kogan, du Quatuor Végh et du Quatuor Hongrois. Il a été le pianiste du Trio Hongrois.

Solomon (Solomon Cutner)

Pianiste anglais, né à Londres le 9 août 1902, mort à Londres le 2 février 1988.

Fréquentant très tôt le concert en compagnie de son père, celui-ci le fait entrer à la Royal Academy of Music, où il aura comme professeur une élève de Clara Schumann, Mathilde Verne. C'est elle qui imprimera le plus profondément sa marque sur le jeune pianiste de huit ans qui donne son premier concert au Queen's Hall, à Londres, en 1910, en jouant le *1er Concerto* de Tchaïkovski. Il commence dès lors une carrière d'enfant prodige très chargée.

En 1917, ses parents décident d'interrompre cette carrière un peu trop brillante, afin de permettre à Solomon d'approfondir ses connaissances. Ils l'envoient travailler à Paris avec Lazare-Lévy et Marcel Dupré. Au terme de cinq ans d'études, Solomon (qui a fait de son prénom un pseudonyme) éprouve une forme de répulsion pour le piano : résultat logique d'un travail trop intense. Son ami, Henry Wood, lui conseille de se retirer pendant quelque temps. Dès son retour, il reconquiert son public enthousiaste et enregistre son premier disque en 1928. Pendant la guerre, il transforme ses tournées de concerts en concerts de charité, et va jouer pour les troupes alliées sur tous les fronts. En 1955, il forme avec Francescatti et Fournier un magnifique trio à l'occasion du Festival d'Édimbourg. Très affecté par la mort de son père, il est frappé d'hémiplégie en 1956 et cesse de jouer en public. Ce pianiste fut salué par les plus grands comme un modèle de clarté et de pudeur, et Serkin a souvent proclamé qu'il voyait en lui un très grand maître de ce siècle. Lorsque Solomon jouait, il donnait l'impression de ne rien ajouter à ce qui était écrit, préférant l'humilité de l'interprète à la recherche de l'effet et au calcul trop voyant. Il se disait « pianiste classique », refusant toute exhibition virtuose. Il a marqué de son raffinement et de son enthousiasme les concertos de Beethoven, mais surtout ceux de Mozart et de Brahms, dont il nous reste des souvenirs au disque. En 1939, il a créé le *Concerto* de Bliss, qui lui est dédié, comme la *Sonate pour alto et piano* du même compositeur.

Soltesz, Stefan

Chef d'orchestre hongrois naturalisé autrichien, né à Nyiregyhaza le 6 janvier 1949.

Sa famille se fixe à Vienne dès son enfance et il commence à étudier le piano à l'âge de quatre ans. Il fait partie des Petits Chanteurs de Vienne (1959-63) et poursuit ses études à l'Académie de musique de Vienne : composition avec Alfred Uhl, piano avec Dieter Weber, direction d'orchestre avec Hans Swarowsky, Reinhold Schmidt et Friedrich Cerha (1963-72). Il est ensuite nommé répétiteur puis chef d'orchestre à l'Opéra de Vienne (1971-83). A la même époque, il est assistant de Karl Böhm et de Herbert von Karajan au Festival de Salzbourg (1978-83). Chef permanent à l'Opéra de Graz (1979-82), à l'Opéra de Hambourg (1983-85) et à la Deutsche Oper de Berlin (1985-88), il est nommé directeur général de la musique du Staatstheater de Brunswick en 1988, poste qu'il conserve jusqu'en 1993. En 1992, il prend la direction musicale de l'Opéra des Flandres, à Anvers.

Il a créé une œuvre d'Isang Yun (*Concerto pour orchestre,* 1990).

Solti, Sir Georg (Georg Stein)

Chef d'orchestre hongrois naturalisé anglais (1972), né à Budapest le 21 octobre 1912.

A l'Académie Franz Liszt de Budapest, il travaille le piano et la composition avec Dohnányi, Kodály et Bartók. Il donne son premier concert à l'âge de douze ans. En 1930, il est assistant à l'Opéra de Budapest puis chef d'orchestre entre 1934 et 1939. Deux années consécutives (1936-37), il est l'assistant de Toscanini au Festival de Salzbourg. Cette rencontre sera décisive et marquera profondément le jeune musicien. La guerre l'oblige à se réfugier en Suisse : il s'installe à Zurich en 1939 et reprend une activité de pianiste. En 1942, il remporte le 1er prix au Concours international de Genève.

La carrière de Georg Solti ne commence effectivement qu'après les hostilités. Pendant vingt-cinq ans, il dirige presque exclusivement au théâtre : directeur général de la musique à Munich (1947-51) et à Francfort (1952-61), il occupe ensuite les fonctions de directeur musical à Covent Garden (1961-71), où il donne à ce théâtre un essor nouveau. En 1951, il fait ses débuts à Salzbourg en dirigeant *Idoménée*. A la fin des années cinquante et au début des années soixante, il réalise le premier enregistrement en studio de *La Tétralogie* de Richard Wagner avec l'Orchestre Philharmonique de Vienne. Nommé directeur musical de l'Orchestre Philharmonique de Los Angeles en 1961, il résilie son contrat avant d'entrer en fonction car l'orchestre avait engagé un assistant sans le consulter : il s'agissait de Zubin Mehta ! En 1969, Solti accepte la direction musicale de l'Orchestre Symphonique de Chicago : c'est le début d'une nouvelle période de sa carrière, qui sera tournée vers le concert. Il conservera ce poste jusqu'en 1991. Entre 1972 et 1975, il est également directeur de l'Orchestre de Paris ; en 1973, Rolf Liebermann le nomme conseiller musical à l'Opéra de Paris et, de 1979 à 1983, il est directeur de l'Orchestre Philharmonique de Londres. En 1983, il dirige à Bayreuth la *Tétralogie* pour le centenaire de la mort de Wagner, prestation dans laquelle il ne se montre pas à la hauteur de lui-même et qui reste sans lendemain. Entre 1990 et 1993, il assure la direction artistique du Festival de Pâques à Salzbourg où il succède à Herbert von Karajan. Spécialiste du post-romantisme allemand et autrichien, Solti a enregistré l'intégrale des symphonies de Beethoven, Brahms et Mahler. Ses interprétations de la musique hongroise contemporaine (Bartók, Kodály) sont considérées comme des références.

Parmi les œuvres dont il a dirigé la création figurent des partitions de Gilbert Amy (*D'un espace déployé,* 1973), Boris Blacher (*Requiem,* 1959 ; *Collage für Orchester,* 1968), David Del Tredici (*Final Alice,* 1976), Gottfried von Einem (*Philadelphia Symphony,* 1961), Hans Werner Henze (*Heliogabalus Imperator,* 1972), Rolf Liebermann (*L'École des femmes,* seconde version, 1957), Witold Lutosławski (*Symphonie nº 3,* 1983), Andrzej Panufnik (*Symphonie nº 10,* 1990), George Rochberg (*Symphonie nº 5,* 1986), Michael Tippett (*Byzantium,* 1991), Iannis Xenakis (*Noomena,* 1976).

Somogyi, László

Chef d'orchestre hongrois, né à Budapest le 25 juin 1907, mort à Genève le 20 mai 1988.

A l'Académie Franz Liszt de sa ville natale, il travaille notamment avec Kodály et Leo Weiner, avant de devenir lui-même professeur de direction d'orchestre. Il dirige la plupart des orchestres de son pays mais c'est surtout après la guerre que commence sa carrière : il est l'un des artisans de la reconstruction musicale de la Hongrie. De 1945 à 1950, il est à la tête de la Philharmonie Nationale Hongroise puis, de 1951 à 1956, premier chef de l'Orchestre Symphonique de Budapest (Radio). En même temps, il dirige régulièrement à l'Opéra et forme, à l'Académie Franz Liszt, la jeune génération des chefs d'orchestre hongrois. En 1956, il quitte définitivement son pays et mène une carrière de chef invité en Europe. Il fait ses débuts aux États-Unis en 1961 et prend, peu après, la direction de l'Orchestre Philharmonique de Rochester (1964-69). Il se fixe ensuite à Genève et exerce une carrière de chef invité et de pédagogue.

Sondeckis, Saulius

Chef d'orchestre lituanien, né à Sianliai le 11 octobre 1928.

Il reçoit une formation de violoniste au Conservatoire d'État de Vilnius jusqu'en 1952, puis au Conservatoire de Moscou (1952-57). En 1955, il est nommé à la tête de l'Orchestre à cordes de l'École de musique Konstantin Čurlionis de Vilnius et, en 1963, il fonde, avec d'anciens élèves, l'Orchestre de Chambre de Lituanie, avec lequel il se consacre au répertoire baroque et classique. Il suit par aillleurs les cours de perfectionnement d'Igor Markevitch à Moscou. En 1968, il est nommé professeur de direction d'orchestre au Conservatoire de Leningrad. Il fonde parallèlement un orchestre de chambre avec les meilleurs étudiants de cet établissement, qu'il spécialise dans le répertoire classique. Il enseigne également au Conservatoire d'État de Vilnius, où il devient chef de chaire des instruments à cordes. En 1976, il obtient, avec l'Orchestre de Chambre de Lituanie, la médaille d'or du Concours Herbert von Karajan à Berlin. Il mène par ailleurs une carrière internationale qui ne se limite pas au répertoire de l'orchestre de chambre et siège dans de nombreux jurys internationaux. En 1991, l'orchestre de chambre qu'il avait fondé au Conservatoire de Leningrad devient un ensemble indépendant sous le nom de Camerata de Saint-Pétersbourg. Il a également enrichi le répertoire de son orchestre de nombreuses partitions contemporaines qu'il a commandées ou créées : œuvres de Feliksas Bajors *(Suite de verbes),* Vytantas Barkanskas *(Composition intimiste),* Arvo Pärt *(Tabula Rasa),* Bronius Kutavitchius *(Variations de Dzukija).*

Soriano, Denise

Violoniste française, née au Caire le 15 janvier 1916.

Elève et disciple de **Jules Boucherit** (dont elle deviendra plus tard l'épouse), elle obtient un premier prix de violon au Conservatoire de Paris en 1932. La toute jeune Académie Charles Cros lui décerne en 1934 un Grand Prix du disque pour son enregistrement de la *Sonate pour violon et piano nº 1* de Gabriel Fauré, qu'elle grave avec la pianiste Magda Tagliaffero. En dehors de nombreuses tournées en France et à l'étranger, elle joue souvent avec les Concerts Poulet, les Concerts Colonne (alors dirigés par Paul Paray), les Concerts Pasdeloup et Lamoureux. Plus tard professeur au Conservatoire de Lausanne et au Conservatoire de Paris, elle devient soliste à la Radio-Télévision française. Elle possède un Guarnerius del Gesù, qui date très probablement des années 1740-42.

Soriano, Gonzalo

Pianiste espagnol, né à Alicante le 14 mars 1913, mort à Madrid le 14 avril 1972.

Après avoir pratiqué la peinture et la sculpture, il opte pour la musique. Il travaille à Madrid avec José Cubiles et au Conservatoire de Paris avec Alfred Cortot puis avec Wanda Landowska. Il fait ses débuts à Alicante en 1929 mais sa carrière est interrompue par la guerre civile en

1939. Il se produit en soliste mais aussi comme accompagnateur de Victoria de Los Angeles. Il est spécialisé dans le répertoire espagnol. De nombreux compositeurs ont écrit à son intention : Esplà, Rodrigo, Mompou, E. Halffter, Xavier Montsalvatge (*Sonatine,* 1963).

Sotin, Hans

Basse allemande, né à Dortmund le 10 septembre 1939.

Il fait d'abord des études de chimie puis s'oriente vers le chant. Il débute à Essen et à Eutin, est engagé à l'Opéra d'État de Hambourg où il interprète les principaux rôles de basse du répertoire. A Glyndebourne, en 1970, il chante Sarastro dans *La Flûte enchantée* et, l'année suivante, à Chicago, incarne le Grand Inquisiteur (*Don Carlos*). Wolfgang Wagner l'invite à Bayreuth où il est tour à tour Fafner dans *L'Or du Rhin* et le Landgrave de *Tannhäuser* en 1972. En 1973, il chante à Vienne (Le Roi Mark), en 1976, à la Scala (le Baron Ochs). A Bayreuth, son répertoire s'étend à Titurel, Gurnemanz, Wotan... rôles qu'il interprète régulièrement à Covent Garden et au Met. Il incarne également Sarastro ou Ochs et se produit régulièrement au concert, notamment dans les passions de Bach. Il a créé des œuvres de Milko Kelemen et Giselher Klebe.

Soudant, Hubert

Chef d'orchestre néerlandais, né à Maestricht le 16 mars 1946.

Il étudie le cor puis décide de se consacrer à la direction d'orchestre. A vingt et un ans, il est nommé chef assistant des orchestres de la Radio Hollandaise (1967-70). Parallèlement, il achève sa formation auprès de Franco Ferrara en Italie et de Spaanderman aux Pays-Bas. Plusieurs prix internationaux (Besançon 1971, Concours Karajan 1973, Prix Cantelli 1975) lui valent des engagements aux Pays-Bas, Angleterre, Allemagne, Belgique, Italie, Scandinavie, Afrique du Sud et Japon. Il enregistre quelques disques avec l'Orchestre Philharmonique de Londres. Il dirige à plusieurs reprises les orchestres de Radio France et donne, avec le Nouvel Orchestre Philharmonique, la première audition intégrale en France de la *Symphonie n° 10* de Mahler au Festival de Strasbourg en 1979. Entre 1981 et 1983, il est premier chef du Nouvel Orchestre Philharmonique de Radio France, puis il prend la direction de l'Orchestre Symphonique d'Utrecht en 1982. Entre 1988 et 1991, il est directeur musical de l'Orchestre Symphonique d'Émilie-Romagne « Arturo Toscanini » à Parme. En 1994, il prend la direction de l'Orchestre Philharmonique des Pays de la Loire (Angers-Nantes) et, en 1995, la direction musicale de l'Opéra et de l'Orchestre du Mozarteum de Salzbourg. Il a créé l'opéra de René Kœring *Elseneur* (1980) ainsi que des œuvres de Frank Michael Beyer (*Notre-Dame-Musik,* 1984), Philippe Capdenat (*Simple-double-triple,* 1980), Marius Constant (*Nana-Symphonie,* 1980), Ivan Fedele (*Epos,* 1989), Betsy Jolas, Gérard Masson, Francis Miroglio, Michel Philippot (*Composition n° 4,* 1982).

Soukupová, Věra

Mezzo-soprano tchèque, née à Prague le 12 avril 1932.

Elle est l'élève de l'École supérieure pédagogique de musique de Prague, puis travaille le chant avec L. Kadeřábek et A. Mustanová-Linková. Elle passe l'examen d'État de chant en 1956. Lauréate du Concours international de Toulouse en 1958, elle remporte le 1er prix au Concours international de Rio de Janeiro en 1963. Elle chante au Théâtre J. K. Tyl de Plzeň (1957-60), puis à l'Opéra de Prague (1960-63). Sa carrière s'oriente davantage vers le concert et elle est sollicitée par les plus grandes scènes européennes. En 1966, elle chante à Bayreuth. A partir de 1968, elle est invitée permanente de l'Opéra de Hambourg. Au début de sa carrière, elle chante Dalila, Aïda, Amneris, Carmen. Puis ce sont la *Messe glagolithique* de Janáček, *Œdipus Rex*, les œuvres de Dvořák et de Mahler. Elle se consacre très largement à la musique du XXe siècle et fait connaître des œuvres de compositeurs de son pays (Křička, Kaláb, Eben, Suchoň).

Soustrot, Bernard

Trompettiste français, né à Lyon le 3 septembre 1954.

Frère de **Marc Soustrot**, il entre au Conservatoire de sa ville natale à neuf ans. En 1970, il est élève au Conservatoire de Paris dans la classe de Maurice André. Avant d'obtenir un 1er prix au Conservatoire (1975), il remporte un 1er prix au Concours international de Prague (1974). En 1975, il obtient également un prix d'interprétation au Concours de Genève. L'année suivante, il remporte un 1er prix au Concours du Festival des jeunes solistes à Paris (Concours Maurice André). En 1975 et 1976, il est super-soliste à l'Orchestre Radio Symphonique de Stuttgart puis, de 1976 à 1981, au Nouvel Orchestre Philharmonique de Radio France. Dès lors, il se produit sur le plan international et enregistre de nombreux disques. Il a créé en 1977 l'œuvre de Landowski *Au bout du chagrin une fenêtre ouverte.*

Soustrot, Marc

Chef d'orchestre français, né à Lyon le 15 avril 1949.

Issu d'une famille de musiciens – son frère, **Bernard**, est trompettiste –, il fait ses premières études musicales au Conservatoire de Lyon (1962-69). Il y travaille le piano, le trombone et la musique de chambre. Il les poursuit ensuite au Conservatoire de Paris (1969-76) avec Paul Bernard (trombone), Christian Lardé (musique de chambre), Claude Ballif (analyse musicale), Manuel Rosenthal et Georges Tzipine (direction d'orchestre). Il obtient le 1er prix au Concours international de Londres (1974) puis au Concours international de Besançon (1975). De 1974 à 1976, il est l'assistant d'André Previn à l'Orchestre Symphonique de Londres. De retour en France, il est nommé second chef (1976) puis directeur musical (1978) de l'Orchestre Philharmonique des Pays de la Loire (1978-94). Entre 1986 et 1990, il assure également la direction artistique de l'Opéra de Nantes. En 1995, il est nommé directeur général de la musique à Bonn.

Il a créé des œuvres de Claude Ballif (*Fantasio grandioso,* 1977), Adrienne Clostre (*Scènes de la vie italienne,* 1983), Alain Louvier (*Concerto pour orchestre,* 1987), Maurice Ohana (*Concerto pour piano n° 1,* 1981).

Souzay, Gérard (Gérard Tisserand)

Baryton français, né à Angers le 8 décembre 1918.

Élève de Claire Croiza et de Vanni-Marcoux au Conservatoire de Paris, il travaille également avec Pierre Bernac qui lui fait découvrir l'univers de la mélodie française. Il fait en 1945 des débuts de concertiste. Mélodiste, il chante aussi bien le lied (comme en témoignent ses enregistrements de Schubert, et la version des *Amours du Poète* réalisée avec Alfred Cortot en 1956) que les poèmes de Ravel, Poulenc, Fauré, avec intelligence et sensualité. En oratorio, il a interprété *La Danse des morts* de Honegger (à Boston sous la direction de Münch), le Christ des Passions de Bach, et créé le *Canticum Sacrum* de Stravinski, sous la direction du compositeur (1956). Sur scène, il fait ses débuts en 1947 au Festival d'Aix-en-Provence dans *Le Mariage secret* de Cimarosa. Ses grands rôles sont l'Orphée de Gluck et l'Orfeo de Monteverdi (chanté à New York sous la direction de Stokowski, en 1960), Golaud (joué notamment à l'Opéra de Rome et à l'Opéra-Comique, en 1962, pour le premier centenaire de la naissance de Debussy), Don Giovanni (Opéra de Paris, 1963), le Comte Almaviva (rôle de ses débuts au Met en 1965), Wolfram de *Tannhäuser*, Méphisto de *La Damnation de Faust*, Pollux de Rameau (enregistré avec Harnoncourt), etc. Il donne des cours d'interprétation, notamment au Mannes College de New York et à l'Université de l'Indiana où il enseigne jusqu'en 1985. Il pratique également la peinture et a exposé ses toiles à Paris, New York, Tokyo...

Soyer, Roger

Basse française, né à Paris le 1er janvier 1939.

Il fait ses études avec G. Daum, puis entre au Conservatoire de Paris à dix-neuf ans dans les classes de G. Jouatte et L. Musy. Il obtient des premiers prix de chant et d'opéra-comique (1962) puis d'opéra (1963). Il avait remporté le prix du Palmarès de la Chanson à l'ORTF dans un extrait de l'*Opéra d'Aran* de Gilbert Bécaud. C'est dans *Les Mamelles de Tirésias* de Poulenc qu'il débute à la Piccola Scala de Milan, en 1962. On lui confie des rôles mineurs mais il travaille auprès de Maria Callas (Sciarrone) dans *Tosca* et apprend beaucoup d'elle. En 1964, il chante Pluton dans l'*Orfeo* à Aix-en-Provence, et la même année paraît dans *Hippolyte et Aricie* sous la direction de Boulez, à Paris. Il revient plusieurs fois au Festival d'Aix, interprétant Arkel dans *Pelléas et Mélisande*, Don Giovanni (qui deviendra l'un de ses rôles préférés), Basilio. En 1968, il fait ses débuts au Wexford Festival dans le rôle de Balph de *La Jolie Fille de Perth* de Bizet. Puis il se rend à Miami, chante le Frère Laurent de *Roméo et Juliette*. En 1973, à Édimbourg, c'est le retour à Mozart : *Don Giovanni*. A l'Opéra, durant la direction de Liebermann, il chante Ferrando (*Le Trouvère*), Procida (*Les Vêpres siciliennes*), Méphisto... En 1972, à l'Opéra de Paris, il crée l'opéra de Stanton Coe, *Sud*.

Špaček, Jozef

Basse slovaque, né à Ždarná le 14 septembre 1935..

Il se destinait d'abord à l'architecture tout en étudiant le chant à l'Académie de Musique de Bratislava avec A. Korínska (1961-66). Il commence sa carrière dans la troupe de l'Opéra de Bratislava puis dans celle de l'Opéra de Prague (1969-75). Rapidement sa carrière s'étend à l'étranger dans ses rôles favoris : Leporello, Figaro (Mozart), Don Pasquale, Pimen *(Boris Godounov)* ainsi que le répertoire tchèque *(Russalka, La Passion grecque...)*.

Spalding, Albert

Violoniste américain, né à Chicago le 15 août 1888, mort à New York le 26 mai 1953.

Il commence l'étude du violon à Florence avec Ulpiato Chiti. Il travaille ensuite à New York avec Juan Buitrago et à Paris avec Augustin Lefort. A Florence, il est aussi l'élève d'Antonio Scontrino pour la composition. Il débute dans la capitale française en 1905 et à New York en 1908. Son style discret, sobre et sensible lui vaut de réaliser une grande carrière entre les deux guerres. Il a créé le *Concerto* de Barber en 1941. Il jouait sur un Stradivarius de 1732 ayant appartenu auparavant à Joseph Joachim.

ÉCRITS : *Rise to Follow*, autobiographie (1943) ; *A Fiddle, a Sword and a Lady*, biographie romancée de Tartini (1953).

Spencer, Robert

Luthiste, guitariste et baryton anglais, né à Ilford le 9 mai 1932.

Après une courte carrière de bibliothécaire, il commence l'étude du luth en 1955 (avec Walter Gerwig et Julian Bream) et le chant à la Guildhall School of Music de Londres. Il se perfectionne pendant trois années à la Dartington School of Music. En 1960, il se joint au Julian Bream Consort comme luthiste et se produit parallèlement en soliste en Europe et aux États-Unis. La même année, il épouse la mezzo-soprano **Jill Nott-Bower** avec laquelle il se produit désormais en concert. Il est également le partenaire de James Bowman et enregistre régulièrement avec l'Early Music Consort de Londres au théorbe ou à la chitaronne. Il possède de nombreux instruments anciens et a écrit de nombreux articles sur le luth dans des revues spécialisées. Alan Ribout a écrit pour lui et sa femme un cycle de mélodies.

Spering, Christoph

Chef de chœur et chef d'orchestre allemand, né à Simmern le 30 juin 1959.

Il reçoit une formation d'organiste et de chef de chœur. Il perfectionne ses connaissances dans le domaine de la musique ancienne auprès de Hugo Ruf. En 1985, il participe à la fondation de l'ensemble Concerto Köln. Puis il fonde le Chorus Musicus de Cologne, chœur qui se consacre au répertoire baroque et préclassique.

Sa lecture dynamique de la musique ancienne s'enrichit de la recherche de la plus grande pureté stylistique. De Bach au romantisme, il explore tout le répertoire historique avec la même passion et la même volonté d'authenticité resplendissante.

Spiess, Ludovic

Ténor roumain, né à Cluj le 13 mai 1938.

Il fait ses études musicales à l'École populaire d'art de Braşov puis se perfectionne au Conservatoire de Bucarest et à Milan avec Antonio Narducci. Il commence sa carrière au Théâtre musical de Braşov avant d'être engagé à l'Opéra de Bucarest en 1964, où il débute dans le rôle de Cavaradossi. Il chante au Festival de Salzbourg en 1967 (Dimitri dans *Boris Godounov*), à la Staatsoper de Vienne à partir de 1968, aux Arènes de Vérone en 1969 (Calaf dans *Turandot*), à Covent Garden à Londres à partir de 1973 (débuts dans Radamès), au Festival de Bregenz en 1974 (Don José). Il se produit en outre au Metropolitan Opera et à Hambourg, Houston, Buenos Aires, San Francisco, Naples et Berlin. En 1990, il prend la direction du Festival Georges Enesco de Bucarest avant d'être nommé ministre de la Culture (1991-92).

Spivakov, Vladimir

Violoniste russe, né à Oufa le 12 septembre 1944.

Né dans une famille de musiciens, il commence l'étude du violon à l'âge de sept ans au Conservatoire de Leningrad, avec L. Sigal, un élève de Leopold Auer. En 1957, il remporte le 1er prix au Concours Noptile albe de Leningrad. La même année, il entre au Conservatoire Tchaïkovski de Moscou dans la classe de perfectionnement de Jankelevitch. Les concours internationaux lui sont ouverts : 3e prix au Concours Marguerite Long-Jacques Thibaud en 1965 ; prix d'interprétation à Montréal en 1968 ; 2e prix au Concours Paganini en 1969 ; 2e prix au Concours Tchaïkovski de Moscou en 1970. Une première tournée au États-Unis, en 1975, assure sa notoriété en Occident. Doté d'une technique prodigieusement maîtrisée, il s'impose comme l'un des représentants majeurs de la nouvelle génération des violonistes soviétiques. En 1979, il fait ses débuts de chef d'orchestre à la tête de l'Orchestre Symphonique de Chicago et conçoit l'idée de fonder son propre orchestre de chambre, à Moscou : les Virtuoses de Moscou, un ensemble de vingt-quatre cordes qu'il dirige de sa place de violon solo et avec lequel il fait le tour du monde. En 1989, il succède à Karl Münchinger comme directeur artistique du Festival international de Colmar. En 1990, il se fixe avec les Virtuoses de Moscou à Oviedo (Espagne), à l'invitation de la Fondation "Prince des Asturies" et du ministère espagnol de la Culture ; il participe à la fondation d'un conservatoire international à Madrid où il enseigne. Il a créé des œuvres d'Arvo Pärt. Il joue sur un violon du XVIIIe siècle signé Francesco Gobetti.

Spivakovsky, Tossy

Violoniste russe naturalisé américain, né à Odessa le 4 février 1907.

Il étudie à la Hochschule de Berlin avec Arrigo Serato et Willy Hess. Il donne son premier concert d'enfant prodige en 1917. Il multiplie les tournées entre 1920 et 1933. En 1926-27, il est violon solo de l'Orchestre Philharmonique de Berlin, que dirige Wilhelm Furtwängler. Il le restera jusqu'en 1933, date à laquelle il reprend ses tournées. A la même époque, il forme un trio avec son frère **Jascha** (piano) et Edmond Kurtz (violoncelle). De 1933 à 1939, il est professeur au Conservatoire de Melbourne. En 1940, il se fixe aux États-Unis et devient violon solo de l'Orchestre de Cleveland (1942-45). En 1943, il donne à Cleveland la première américaine du *Concerto pour violon no 2* de Bartók, seule exécution entendue par Bartók lui-même. Il crée des pages de Bernstein, Frank Martin, Menotti, Nielsen, William Schuman, Rózsa, Sessions, Kirchner... Il est professeur à l'Université Fairfield et, depuis 1974, à la Juilliard School.

Spoorenberg, Erna

Soprano néerlandaise, né à Djokjakarta (Java) le 11 avril 1925.

Elle étudie le chant avec Aaltje Noordewier-Reddingius, à Hilversum, et Berthe Seroen, à Amsterdam. Elle travaille également le violon au Conservatoire d'Amsterdam. En 1947, elle débute avec le motet *Exultate Jubilate* (Mozart), lors d'un concert radiodiffusé. Deux ans plus tard, elle fait ses débuts sur scène, à l'Opéra de Vienne. Elle remporte à Vienne d'importants succès, aussi bien à l'Opéra qu'en concert. Elle est invitée sur toutes les scènes autrichiennes, en Allemagne et dans les pays scandinaves, mais elle revient toujours à l'Opéra de Vienne. En 1958, elle est engagée à l'Opéra d'Amsterdam. En 1961, elle triomphe à l'Opéra de Hambourg dans Mélisande, sous la direction d'Ernest Ansermet.

Stabile, Mariano

Baryton italien, né à Palerme le 12 mai 1888, mort à Milan le 11 janvier 1968.

Après des études à Rome avec Cotogni, il débute à Palerme en 1909 (Amonasro dans *Aïda*). Il chante à la Scala à partir de 1922, à Covent Garden de 1926 à 1931, à Salzbourg de 1935 à 1939. Son répertoire de plus de soixante rôles culmine dans Falstaff dont il est l'un des plus grands interprètes. Il crée le rôle-titre du *Belfagor* de Respighi (1923).

Stade, Frederica von
Voir **Von Stade, Frederica.**

Stader, Maria

Soprano suisse, née à Budapest le 5 novembre 1911.

Elle arrive à l'âge de quatre ans en Suisse. De 1933 à 1939, elle étudie le chant à Karlsruhe avec H. Keller, puis à Zurich avec Ilona Durigo, à Milan avec Lombardi et à New York avec Therese Schnabel Behr. En 1939, elle remporte le 1er prix du Concours international de Genève mais la guerre met un frein à sa carrière. Sur scène, elle n'a fait que d'épisodiques apparitions, telle sa Reine de la Nuit à Covent Garden (1949-50) ; mais toute sa carrière s'est déroulée en concerts et en récitals. Elle est invitée dans tous les grands centres européens de musique et entreprend plusieurs tournées aux États-Unis et au Canada. Parmi ses plus grands succès, il faut citer ses concerts au Festival de Salzbourg. En 1950, la ville de Salzbourg lui remet la Médaille Lilli Lehmann. Si elle n'a pas beaucoup chanté sur scène, elle a en revanche enregistré, soit à la radio, soit sur disque, un grand nombre d'airs et d'extraits d'opéras. On la considère à juste titre comme l'une des meilleures interprètes de Mozart. Elle enseigne le chant à la Musikakademie de Zurich (jusqu'en 1951) puis à l'Opernstudio de cette même ville. Elle a épousé le chef d'orchestre **Hans Erismann**.

Stadler, Sergueï

Violoniste russe, né à Leningrad le 20 mai 1962.

Il travaille d'abord avec son père avant d'entrer au Conservatoire de Leningrad en 1969, où il est l'élève de Boris Sergueiev, Mikhaïl Waiman et Boris Goutnikov. Il travaille également avec Leonid Kogan. Il joue pour la première fois avec orchestre à l'âge de douze ans et remporte, en 1977, le 1er prix au Concours international de Prague « Concertino Praha ». Il suit les cours de perfectionnement de Viktor Tretiakov au Conservatoire de Moscou. En 1979, il obtient le 2e prix au Concours international Marguerite Long-Jacques Thibaud à Paris et, en 1980, la même distinction au Concours international Jean Sibelius à Helsinki. En 1982, il partage avec Viktoria Mullova le 1er prix au Concours Tchaïkovski à Moscou. Il s'impose rapidement comme l'une des figures marquantes de la nouvelle génération de violonistes soviétiques. A côté d'un répertoire de virtuosité traditionnel (il joue souvent en concert les *24 Caprices* de Paganini), il s'attache à défendre des œuvres moins connues de la musique russe. Sergueï Slonimski lui a dédié son *Concerto de printemps* qu'il a créé en 1984. Il joue sur un

Stradivarius de 1712 qui a été pendant seize ans l'un des instruments préférés de David Oïstrakh.

Stadlmair, Hans

Chef d'orchestre et compositeur autrichien, né à Neuhofen le 3 mai 1929.

Élève d'Alfred Uhl, pour la composition, et de Clemens Krauss, pour la direction d'orchestre, il dirige le Chœur de Stuttgart avant de devenir, en 1956, chef de l'Orchestre de Chambre de Munich, créé par Christoph Stepp en 1950. Il se produit à la tête de son ensemble presque partout dans le monde. On lui doit une réalisation pour cordes de l'*Adagio* de la *Symphonie nº 10* de Mahler, qu'il a enregistrée. En tant que compositeur, on lui doit un *Concerto profane pour violon et violoncelle,* écrit sur le thème de « O Du lieber Augustin ». Il a créé des œuvres de Günter Bialas (*Musique pour onze cordes,* 1970), Helmut Eder (*Vertraute Räume,* op. 98).

Staier, Andreas

Claveciniste allemand, né à Göttingen le 13 septembre 1955.

A la Hochschule für Musik de Hanovre, il étudie le piano, le clavecin (avec Gustav Leonhardt) et le basson. Lauréat des Concours du Musikrat en 1979 et 1981, il obtient une bourse pour travailler avec Ton Koopman au Conservatoire d'Amsterdam où il obtient un prix à l'unanimité en 1982. Entre 1983 et 1986, il est membre de Musica Antiqua Köln et commence une carrière de soliste, tant au clavecin qu'au pianoforte, qui le mène dans le monde entier.

En 1986, il participe à la fondation de l'ensemble Les Adieux (musique de chambre du XVIIIe siècle sur instruments anciens). En 1987, il est nommé professeur de pianoforte à la Schola Cantorum Basiliensis.

Stapp, Olivia

Soprano américaine, née à New York le 31 mai 1940.

Ses professeurs sont Ettore Campogalliani, Rodolfo Ricci et Oren Brown. Elle débute au Festival de Spolete en 1960 (Beppe de l'*Amico Fritz*), et appartient au New York City Opera à partir de 1972 avant de développer une carrière internationale qui la conduit sur toutes les grandes scènes mondiales. Son répertoire, très varié, s'oriente par la suite vers les grands sopranos dramatiques verdiens : elle a été notamment une Lady Macbeth très remarquée au Théâtre Musical de Paris en 1982. La même année, elle débute au Metropolitan Opera de New York dans le même rôle. En 1983, ce sont ses débuts à la Scala dans *Turandot,* qu'elle reprend à Bercy en 1985.

Elle a créé des œuvres de John Eaton (*Héraclès,* 1971, rôle de Dejarine), Jean Prodromidès (*La noche triste,* 1989), Wolfgang Rihm (*Die Eroberung von Mexico,* 1989).

Starker, János

Violoncelliste hongrois naturalisé américain (1954), né à Budapest le 5 juillet 1924.

Il commence à étudier la musique à l'âge de six ans, à Budapest. Ses deux frères aînés jouant du violon, il opte pour le violoncelle. En 1930, il rencontre Adolf Schiffer, qui avait succédé à David Popper à l'Académie de musique de Budapest, et entre dans sa classe. Il travaille également la musique de chambre avec Imre Waldbauer et Dezsö Rados. Il donne son premier concert en public en 1932. Il est pendant deux ans violoncelle solo de l'Opéra de Budapest et de l'Orchestre Philharmonique de cette ville (1945-46). Il quitte la Hongrie en 1946 pour s'établir à Paris où il réalise le premier enregistrement mondial de la *Sonate pour violoncelle seul* de Zoltán Kodály. Ce disque le révèle au monde musical et, après de nombreux concerts et récitals dans les principales villes européennes, il se fixe en 1948 aux États-Unis, où il est violoncelle solo de l'Orchestre Symphonique de Dallas (1948-49), au Met (1949-53) et à l'Orchestre Symphonique de Chicago (1953-58). Il fait également partie du Quatuor Roth avec Feri Roth, Nicholas Harsanyi et Jenö Antal. Il mène ensuite une carrière de soliste et enseigne à l'Université de l'Indiana depuis 1958 tout en assumant les fonctions de conseiller artistique de nombreuses formations symphoniques américaines. Il enseigne également au Festival de Lucerne à partir de 1973. A l'aise dans le concerto comme dans la musique de chambre, il s'intéresse à toute la littérature du violoncelle, de Vivaldi à Bartók, mais il s'est particulièrement consacré à faire connaître la musique des compositeurs magyars, notamment Bartók et Kodály. Il a créé le *Concerto pour violoncelle* de Miklós Rósza (1969) ainsi que des œuvres de David Baker, Antal Dorati, David Diamond, Jean Martinon et Robert Starer. Il a également inventé un chevalet de forme spéciale (percé de trous coniques) qui améliore le son et la qualité des harmoniques. Mais la fabrication en a été interrompue après quelques années. Il est reconnaissable au S qui remplace la fleur de lis traditionnelle.

Parmi les pianistes avec lesquels il a fait équipe, il faut retenir les noms de Julius Katchen et de György Sebök. Il possède un Matteo Goffriller (1705, env.) et un Guarnerius, le *Nova* (1707).

Steber, Eleanor

Soprano américaine, née à Wheeling (Virginie) le 17 juillet 1914, morte à Langhorne (Pennsylvanie) le 3 octobre 1990.

Elle étudie le chant avec sa mère, puis au New England Conservatory of Music de Boston, avec William Whitney, et à New York, avec Paul Althouse. Elle remporte les Auditions of the Air du Metropolitan Opera en 1940 et y débute la même année dans Sophie (*Le Chevalier à la rose*) ; elle reste dans la troupe jusqu'en 1962 et chante trente-trois rôles, le plus souvent mozartiens. Parmi eux, Donna Anna (*Don Giovanni*), Pamina (*La Flûte enchantée*), la Comtesse (*Les Noces de Figaro*), Constance (*L'Enlèvement au sérail*), Violetta, Desdémone, Marguerite, Manon, Mimi, Tosca, Eva (*Les Maîtres chanteurs*), Elsa (*Lohengrin*) et Marie (*Wozzeck*). Elle tient le rôle-titre à la création de l'opéra de Samuel Barber, *Vanessa,* (1958). Elle est aussi la première Arabella et Marie sur la scène du Met. Après plusieurs années d'absence du Met, elle participe à la dernière représentation de gala dans l'ancienne salle, le 16 avril 1966. En Europe, elle se produit à Édimbourg (la Comtesse, 1947), Vienne (1953), au Festival de Bayreuth (Elsa, 1953), au Mai Musical Florentin (Minnie, 1954) et au Festival de Salzbourg (Vanessa, 1958). Après une semi-retraite en 1962, elle prend la tête du département vocal de l'Institut de Musique de Cleveland (1963-72) ; elle enseigne à la Juilliard School de New York et au New England Conservatory of Music (à partir de 1971), ainsi qu'à l'American Institute of Music Studies de Graz (1978-80 et 1988). Elle fonde l'Eleanor Steber Music Foundation en 1975. Elle a créé des œuvres de Samuel Barber (*Knoxville : Summer of 1915,* 1948 ; *Vanessa,* 1958).

ÉCRITS : *Mozart Operatic Arias* (avec R. Beatie, New York, 1988).

Stefanov, Vassil

Chef d'orchestre bulgare, né à Choumène le 24 avril 1913.

Il étudie le violon avec Sacha Popov à l'Académie de musique de Sofia (1929-33), et travaille la direction d'orchestre à Prague avec Václav Talich (1947). Après des débuts de violoniste, il est nommé second chef de la Philharmonie de Sofia (1946-54). En 1948, il fonde l'Orchestre Symphonique de la Radio Bulgare, dont il est le premier chef jusqu'en 1980. Il fonde également l'Orchestre Symphonique de Choumène en 1954 et prend la direction de l'Orchestre à cordes féminin du Conservatoire de Sofia en 1957. En 1961, il devient directeur du Chœur masculin de Sofia. Depuis 1981, il assume aussi la direction artistique de la Philharmonie de Bourgas. Il a créé des œuvres de Dimiter Hristov (*Sinfonietta* op. 4, 1957), Simeon Pironkov (*Symphonie pour orchestre à cordes,* 1960).

Stefańska-Łukowicz, Elzbieta

Claveciniste et pianiste polonaise, née à Cracovie le 7 septembre 1943.

Elle travaille avec sa mère, **Halina Czerny-Stefańska**, à l'École supérieure de musique de Cracovie. Elle fait ses débuts à l'âge de onze ans. Sa carrière se développe assez rapidement, en soliste ou en duo avec sa mère. En 1965, elle remporte le 2e prix au Concours international de Genève. En 1973, elle remporte le prix de la ville de Cracovie. Elle est professeur à l'Académie de musique de Cracovie et joue au sein du Trio baroque de Varsovie. Elle a épousé le pianiste **Jerzy Łukowicz** (Cracovie, 1er avril 1936).

Stein, Horst

Chef d'orchestre allemand, né à Elberfeld le 2 mai 1928.

Il fait ses études musicales aux Conservatoires de Francfort et de Cologne où il est notamment l'élève de Kurt Thomas (1940-47). En 1947, il débute comme chef d'orchestre au Théâtre de Wuppertal. Puis il est nommé à l'Opéra de Hambourg (1951-55). L'été, il est assistant à Bayreuth (1952-54). Il passe ensuite six ans à la Staatsoper de Berlin (1955-61) avant de revenir à Hambourg (1961-64) et d'être nommé directeur général de la musique à Mannheim (1963-70). En 1969, il dirige *Parsifal* et, l'année suivante, son premier *Ring* à Bayreuth et devient premier chef à l'Opéra de Vienne (1970-72). Puis il retourne à Hambourg, comme directeur général de la musique (1972-77). A partir de 1975, il est le conseiller musical de Wolfgang Wagner à Bayreuth. De 1980 à 1985, il est directeur musical de l'Orchestre de la Suisse Romande. Puis il prend la direction de l'Orchestre Symphonique de Bamberg (depuis 1985) et celle de l'Orchestre Symphonique de Bâle (1987-94). Il a créé des œuvres de Victor Bruns (*Concerto pour orchestre,* 1993), Helmuth Eder (*Choral-Sinfonie,* 1977), Gottfried von Einem (*La Visite de la vieille dame,* 1971), Rudolf Kelterborn (*Symphonie,* 1987 ; *Lux et tenebrae,* 1989), Bohuslav Martinů (*Le Mariage,* version scénique, 1954), Norbert Moret (*Tragiques,* 1983), Alfred Prinz (*Musique pour orchestre,* 1971), Hans Vogt (*Aprèslude,* 1991).

Steinbach, Fritz

Chef d'orchestre allemand, né à Grünsfeld le 17 juin 1855, mort à Munich le 13 août 1916.

Il fait ses études musicales au Conservatoire de Leipzig avant de se perfectionner avec Vincenz Lachner à Karlsruhe et Gustav Nottebohm à Vienne. Nommé second chef à Mayence (1880-86), il enseigne simultanément à Francfort (1883-86). Puis il prend la tête de l'Orchestre de Meiningen où il remplace Hans von Bülow et Richard Strauss (1886-1902) : il emmène notamment son orchestre à Londres en 1902 où il donne l'œuvre symphonique de Brahms. L'année suivante, il succède à Franz Wüllner à la tête de l'Orchestre du Gürzenich de Cologne (1903-14). Il prend aussi la direction du Conservatoire où il compte Fritz Busch parmi ses élèves. Fervent défenseur de Brahms, il dirige le premier festival qui lui est consacré, en 1909, à Munich. Reger lui a dédié les *Variations sur un thème de Hiller,* qu'il a créées en 1907.

Steinberg, Pinchas

Chef d'orchestre israélien naturalisé américain, né à New York le 12 février 1945.

Il commence très tôt l'étude du violon et se perfectionne à New York. En 1964, il participe au Festival de Tanglewood et est ensuite professeur-assistant à l'Université d'Indiana. En 1967, il est nommé chef associé à l'Opéra de Chicago, où il fait ses débuts dans le domaine lyrique en remplaçant Ferdinand Leitner, victime d'une défaillance pendant une représentation de *Don Giovanni*. En 1971, il s'installe à Berlin pour travailler la composition avec Boris Blacher. L'année suivante, il remporte le Concours international de Florence et est rapidement invité à diriger les principaux orchestres européens. En 1979, il fait ses débuts lyriques européens à l'Opéra de Francfort et dirige dès lors régulièrement à Stuttgart, Hambourg et Berlin. Il est invité à Covent Garden, à l'Opéra de Paris, à San Francisco... Entre 1985 et 1989, il est directeur général de la musique à Brême. Entre 1989 et 1996, il est premier chef de l'Orchestre Symphonique de la Radio Autrichienne, à Vienne. Il a créé des œuvres de Herbert Willi (*Aurora-Giove,* 1989).

Steinberg, William (Hans Wilhelm)

Chef d'orchestre allemand naturalisé américain, né à Cologne le 1er août 1899, mort à New York le 16 mai 1978.

Après avoir étudié le piano et le violon, il travaille la direction d'orchestre avec

Abendroth au Conservatoire de Cologne. En 1924, il est l'assistant de Klemperer à l'Opéra de Cologne. L'année suivante, il dirige à l'Opéra allemand de Prague puis, de 1929 à 1933, il est directeur de la musique à Francfort. Il dirige en première audition *Von heute auf morgen* de Schoenberg (1930). A la même époque, il est invité régulièrement à la Staatsoper de Berlin. Le régime nazi réduit ses activités, qui se limitent à des concerts pour les juifs dans le cadre de la Ligue culturelle israélienne. Il quitte l'Allemagne et fonde, en 1936, l'Orchestre Symphonique de Palestine avec Bronislav Hubermann. Pendant deux ans, il en est le premier chef ; puis Toscanini l'appelle à New York comme chef associé de l'Orchestre de la NBC (1938-41). De 1944 à 1948, il est invité régulièrement à l'Opéra de San Francisco. Puis on le trouve à la tête de l'Orchestre Philharmonique de Buffalo (1945-53), de l'Orchestre Symphonique de Pittsburgh (1952-76) et de l'Orchestre Philharmonique de Londres (1958-60) ; de 1964 à 1968, il est senior guest conductor de l'Orchestre Philharmonique de New York et, de 1969 à 1972, directeur musical de l'Orchestre Symphonique de Boston. Parmi les œuvres qu'il a créées figurent des pages d'Aaron Copland (suite du ballet *Billy the Kid,* 1940), Lukas Foss (*Symphony of Chorales,* 1958), Paul Hindemith (*Pittsburgh Symphony,* 1959), Roger Sessions (*Symphonie n° 8,* 1968).

Stern, Isaac

Violoniste américain, né à Kremenets (Ukraine) le 21 juillet 1920.

Il a un an lorsque sa famille s'installe en Amérique. Il commence le piano à l'âge de sept ans, puis le violon avec N. Blinder et L. Persinger. A onze ans, il donne son premier concert avec l'Orchestre Symphonique de San Francisco. Deux ans plus tard, il débute à New York, sous la direction de Pierre Monteux. En 1937, au Carnegie Hall, il conquiert son public. Pendant deux ans, ensuite, il se consacre au perfectionnement de sa technique, puis en 1939, il joue à nouveau à New York. Ses curiosités vont de Vivaldi à Stravinski. Il s'attache de plus en plus à la vie musicale de son temps. Responsable de la musique au Conseil national des Arts, il crée le Comité de Sauvegarde de Carnegie Hall et soutient les jeunes musiciens, compositeurs et interprètes. Il devient un merveilleux interprète de musique de chambre. On l'écoute aux festivals de Prades (1950-52) et de Porto Rico (1953-67) avec Pablo Casals. Il forme ensuite (1961) un trio, avec Eugene Istomin et Leonard Rose qui marque profondément cette forme de répertoire en plus d'une vingtaine d'années d'activité. Après la mort de Leonard Rose, en 1984, Stern continue à pratiquer la musique de chambre avec les partenaires les plus divers et illustres, mais il ne reconstitue un trio qu'en 1987, en compagnie de deux jeunes musiciens, Emanuel Ax et Yo-Yo Ma, auxquels vient s'adjoindre occasionnellement le violoniste Jaime Laredo, altiste pour la circonstance dans le répertoire pour quatuor avec piano. Les fils d'Isaac Stern, **Michael** et **David** ont tous deux embrassé des carrières de musiciens, en se consacrant à la direction d'orchestre.

Il a créé plusieurs œuvres écrites à son intention par William Schuman (*Concerto,* 1950), Leonard Bernstein (*Sérénade,* 1954), George Rochberg (*Concerto,* 1975), Krzysztof Penderecki (*Concerto,* 1977), Henri Dutilleux (*Concerto,* 1985), Peter Maxwell Davies (*Concerto,* 1986). Au cinéma, il incarne Eugène Ysaÿe dans *Tonight We Sing* (1953) et enregistre les solos d'*Un violon sur le toit* (1971). Un film a été tourné autour de son voyage en Chine, *De Mao à Mozart* (1981).

Il possède deux Guarnerius del Gesù, le *Vicomte de Panette* (1737), et celui d'Eugène Ysaÿe (1740).

Sternefeld, Daniel

Chef d'orchestre belge, né à Anvers le 27 novembre 1905, mort à Uccle (Bruxelles) le 2 juin 1986.

Il travaille au Conservatoire d'Anvers. Il se perfectionne ensuite à Bruxelles avec Paul Gilson, puis au Mozarteum de Salzbourg avec Paumgartner, Krauss et Karajan. Il débute à l'Opéra d'Anvers. Il y est nommé premier chef en 1935. On le retrouve second chef à l'Orchestre Symphonique de la Radio Télévision Belge (RTB) – de 1947 à 1958 – puis premier chef

(1958-70). Il a été professeur au Conservatoire d'Anvers de 1949 à 1971. Il a créé de nombreuses œuvres de compositeurs belges et de Bernd Alois Zimmermann (*Symphonie en un mouvement,* 1953).

Steuermann, Edward (Eduard)

Pianiste et compositeur polonais naturalisé américain, né à Sambor (Lvóv) le 18 juin 1892, mort à New York le 11 novembre 1964.

Élève de Ferruccio Busoni (1911-12), d'Engelbert Humperdinck et d'Arnold Schoenberg (1912-14) à Berlin, il commence sa carrière dans son pays natal comme professeur à l'École Paderewski de Lvóv et au Conservatoire juif de Cracovie (1932-36). Il se fixe aux Étas-Unis en 1936 où il est nommé professeur au Conservatoire de Philadelphie (1948-63) puis à la Juilliard School of Music de New York (1952-64). Il donne des cours d'interprétation dans le monde entier (Salzbourg, Darmstadt, Israël). Il joue un rôle considérable dans la connaissance de la musique de l'École de Vienne et est considéré comme un maillon essentiel dans la transmission de l'héritage de Busoni en matière pianistique. Il a notamment formé Alfred Brendel, Joseph Kalichstein, Moura Lympany, Lili Kraus, Lorin Hollander... Dès 1912, il participait à la création du *Pierrot lunaire* d'Arnold Schoenberg. Du même compositeur il a également créé la *Suite pour piano* op. 25 (1923), le *Septuor,* op. 29 (1927), l'*Ode à Napoléon,* op. 41 (1944) et le *Concerto pour piano* (1944), ainsi que le *Kammerkonzert* d'Alban Berg avec le violoniste Rudolf Kolisch (1927).

Stevens, Denis

Musicologue et chef de chœur anglais, né à High Wycombe le 2 mars 1922.

Il fait ses études musicales au Jesus College d'Oxford avec R.O. Morris (1940-42), Egon Wellesz (1946-49) et Hugh Allen (chez qui il obtient ses grades de maîtrise en 1947). Violoniste et altiste (il joue au Philharmonia Orchestra de Londres, 1946-49), il fait aussi de la musique de chambre et produit des émissions de radio (BBC, 1949-54), surtout sur la musique de la fin du Moyen Age, de la Renaissance et de l'époque Baroque. Il collabore à la réédition du *Dictionnary of Music and Musicians* de Grove, puis, en 1962, est professeur invité à l'Université Berkeley de Californie et, en 1963-64, à l'Université d'État de Pennsylvanie. Devenu professeur de musicologie à l'Université Columbia (1964-74), il donne des cours en 1974 à l'Université de Santa Barbara, en Californie, puis à Seattle en 1976 et 1977, où il enseigne l'histoire de la musique. Il est cofondateur des Ambrosians Singers (qu'il dirige de 1956 à 1960), président et directeur artistique de l'Accademia Monteverdiana. Il travaille avec des groupes tels que la Schola Cantorum de Londres (Adam de La Halle), le Jaye Consorts of Viols (Gesualdo, Pièces instrumentales), et bien sûr les ensembles qu'il a fondés. Son influence est considérable, surtout aux États-Unis, où il fut un véritable pionnier de la redécouverte de la musique ancienne. Il a écrit de nombreuses études musicologiques, publié des éditions critiques de Machaut et de Monteverdi ; il dirige les collections musicales *The Mulliner Book* et *Early Tudor Organ Music.* Il est membre de la Plainsong and Mediaeval Music Society, et membre honoraire de la Royal Academy of Music de Londres (depuis 1961).

Stevens, Risë (Risë Steenberg)

Mezzo-soprano américaine, née à New York le 11 juin 1913.

Elle étudie le chant avec Orry Prado. Elle chante dans les chœurs de la Brooklyn Little Theater Company de New York, puis travaille avec Anna Schoen-René à la Juilliard School of Music. Elle va ensuite étudier à Salzbourg avec Marie Gutheil-Schoder au Mozarteum, puis entre dans la classe de direction scénique de Herbert Graf. En 1936, elle est engagée par George Szell, comme contralto, à l'Opéra de Prague où elle reste jusqu'en 1938 (Mignon, Orphée, Octavian...). Elle chante au Caire, puis au Teatro Colón de Buenos Aires et fait ses débuts américains dans le rôle d'Octavian (*Le Chevalier à la rose*) avec le Metropolitan Opera, à Philadelphie (1938). Elle aborde alors le répertoire wagnérien. En 1939, elle épouse à New York l'acteur tchèque Walter Surovy, qui devient son imprésario. La même année, elle chante au Festival de Glyndebourne (Chérubin et Dorabella). Un an plus tard, elle débute à San Francisco. En 1941, avec Nelson Eddy, elle tourne dans une production cinématographique de l'opérette *The Chocolate Soldier* et, en 1944, elle joue dans le film *Going My Way*, où elle chante la "Habanera" de *Carmen*. En 1945, elle aborde, au Metropolitan Opera, Carmen qui devient son rôle le plus célèbre (75 fois au Met jusqu'en 1961). En 1949, elle chante Octavian à l'Opéra de Paris. En 1954, elle se produit pour la première fois à la Scala de Milan pour la création de *La figlia del diavolo* de Virgilio Mortari. L'année suivante, elle revient à Glyndebourne. Elle quitte la scène en 1964. En 1975, elle commence à enseigner à la Juilliard School of Music de New York. Elle préside également le Mannes College of Music de New York (1975-78).

Stewart, Thomas

Baryton-basse américain, né à San Saba (Texas) le 29 août 1926.

Il fait ses études à la Baylor University puis à la Juilliard School (avec Mack Harrell) où il débute dans *Capriccio* (Laroche). Il entre au New York City Opera et obtient une bourse Fulbright qui lui permet de se rendre en Europe où il chante à l'Opéra de Berlin en 1958 (Escamillo) et incarne notamment Don Giovanni. Il débute en 1960 à Covent Garden (Escamillo) ainsi qu'à Bayreuth (Amfortas) où il chante Donner, Wotan, le Hollandais, Günther, Wolfram, le Héraut jusqu'en 1975. Sa carrière désormais internationale l'amène entre autres à l'Opéra de Paris en 1967 (Wotan), au Festival de Pâques à Salzbourg (Wotan, Günther) de 1967 à 1973, au Met, où il chante Kurwenal et Sachs, aux Chorégies d'Orange (Jokhanaan en 1974, le Hollandais en 1980). Il se consacre également au concert et à l'oratorio. Il est l'époux de la cantatrice Evelyn Lear.

Stich-Randall, Teresa

Soprano américaine, née à West Hartfort (Connecticut) le 24 décembre 1927.

Elle a onze ans lorsqu'elle entre à l'École musicale de Hartford, quinze ans lorsqu'elle chante *Aïda*. Sa carrière de soliste commence dans les églises de sa ville natale. En 1945, elle fait ses études à l'Université Columbia de New York. Elle prend part à la création de *Notre mère à tous* de Thomson, *Evangelina* de Luening et *Macbeth* de Bloch. Toscanini l'engage à la NBC pour chanter dans *Aïda* et *Falstaff* (1946), puis elle obtient une bourse Fulbright. En 1951, Teresa Stich-Randall est lauréate au Concours de chant de Lausanne et à celui de Genève. La même année, elle chante à Florence (*Obéron*). En 1952, elle participe au Festival de Salzbourg, puis débute à l'Opéra de Vienne dans *La Traviata* et se voit engagée pour huit opéras dans la même saison. On la découvre au Festival d'Aix-en-Provence en 1953 : elle y chantera la plupart des rôles mozartiens avec un égal bonheur. En 1955, elle débute à l'Opéra de Chicago et, en 1961, au Met (dans Fiordiligi). Elle chante volontiers Schubert et R. Strauss. Elle a reçu, en 1962, le titre de Kammersängerin.

Stiedry, Fritz

Chef d'orchestre autrichien naturalisé américain, né à Vienne le 11 octobre 1883, mort à Zurich le 9 août 1968.

A Vienne, il étudie le droit et, à l'Académie de musique, l'écriture et la composition avec Mandyczewski. Mahler le recommande à Ernst von Schuch, qui l'engage comme assistant à l'Opéra de Dresde (1907-08). Il occupe ensuite des postes à Teplice, Poznań et Prague. En 1913, il est second chef à l'Opéra de Kassel, l'année suivante premier chef à l'Opéra Royal de Berlin (1914-23). Il succède ensuite à Weingartner à la direction artistique de la Volksoper de Vienne (1924-25) avant de revenir à Berlin, mais à la Städtische Oper, comme premier chef (1928-33). Les événements politiques l'amènent à quitter l'Allemagne : il se fixe d'abord à Leningrad où il est directeur artistique de la Philharmonie (1933-37) avant de partir pour les États-Unis en 1938. Il dirige à la New Opera Company de New York (1941), à l'Opéra de Chicago (1945-46) et surtout au Met (1946-58), où il conduit tout le répertoire wagnérien et les principaux ouvrages de Verdi. Il revient occasionnellement en Europe, notamment à Glyndebourne en 1947, pour un inoubliable *Orphée et Eurydice* de Gluck avec Kathleen Ferrier. Il crée *Die Bürgschaft* de Kurt Weill (1932), *La Main heureuse* (1924), la *Symphonie de chambre n° 2* (1940) de Schoenberg et le *Concerto pour piano et trompette* de Chostakovitch (1933).

Stignani, Ebe

Mezzo-soprano italienne, née à Naples le 11 juillet 1903, morte à Imola le 5 octobre 1974.

Elle étudie le chant au Conservatoire San Pietro a Majella de Naples avec Agostino Roche. L'ayant entendue à un concert d'élèves, le directeur du Théâtre San Carlo l'engage immédiatement et la fait débuter en 1925 dans le rôle d'Amnéris. Son triomphe est tel que les échos en parviennent aux oreilles de Toscanini qui l'appelle à la Scala, après lui avoir fait chanter Meg lors d'une représentation donnée en septembre 1926 à Bussetto en l'honneur de Verdi. Elle débute donc à la Scala en décembre 1926 dans le rôle d'Eboli. Après « O don fatale », la représentation est stoppée pour de longues minutes. Le public est médusé. Elle sera le mezzo vedette de la Scala jusqu'en 1953. Si la Scala reste donc son point d'ancrage, elle chante sur toutes les grandes scènes de l'Ancien et du Nouveau Monde. Son répertoire comporte plus de soixante rôles allant des vocalises d'Arsace aux élans dramatiques de Santuzza. Les Parisiens qui l'ont entendue en 1951 dans le rôle d'Ulrica, lors d'une représentation *d'Un bal masqué* donnée par la troupe du San Carlo de Naples, ne sont pas près d'oublier l'impression que leur firent la splendeur et l'immensité de sa voix.

Stilwell, Richard

Baryton américain, né à Saint Louis, le 6 mai 1942.

Il étudie le chant à l'Université de l'Indiana, à Bloomington, puis à New York, avec Daniel Ferro. Dès qu'il a terminé son service militaire, il débute au New York City Opera, qui lui propose *Pelléas,* en 1970. Il est invité à Covent Garden pour y tenir le même rôle sous la direction de Colin Davis. Il chante ensuite à l'Opéra de Houston *La Bohème* et revient en Europe pour le Festival de Glyndebourne où il chante en russe le rôle-titre d'*Eugène Onéguine.* Invité à l'Opéra de San Francisco pour *Le Couronnement de Poppée* sous la direction de Raymond Leppard, il débute au Met dans *Così fan tutte* dans la production de John Dexter. En 1976, le NYCO lui propose *Il Ritorno d'Ulisse in Patria* de Monteverdi, puis, la même année, il crée à l'Opéra de Baltimore le principal rôle masculin d'*Ines de Castro* de Pasatieri. Jean-Pierre Ponnelle le fait revenir à Glyndebourne pour y tenir de façon nouvelle, car très jeune, le rôle de Ford dans un mémorable *Falstaff.* C'est enfin le Festival d'Aix-en-Provence qui lui offre son premier *Don Giovanni.* Il chante également à la Scala, au Grand-Théâtre de Genève, à la Fenice et sur plusieurs autres scènes importantes, européennes et américaines. En 1988, il crée à Dallas l'opéra de Dominick Argento *Aspern Papers.*

Stilz, Manfred

Violoncelliste et flûtiste allemand, né à Sarrebrück le 13 septembre 1946.

Son père occupe les fonctions de directeur de l'École de musique de sa ville natale. De brillantes études universitaires en Allemagne sont sanctionnées par le Prix Scheffel de littérature allemande. Il commence à étudier la flûte puis le violoncelle. Dans ces deux disciplines, il obtient plusieurs premiers prix aux Concours JMF. En 1966, il remporte le 1er prix international de flûte à bec de RFA. En 1970, il reçoit des premiers prix de violoncelle et de musique de chambre au Conservatoire de Paris où il a été l'élève d'André Navarra. C'est l'époque à laquelle il fonde le Trio Ravel, avec lequel il remportera le Concours de Belgrade (1972) et se produit à travers le monde entier. Cela ne l'empêche pas de poursuivre sa double carrière de soliste qui l'amènera, notamment, au Carnegie Hall (1981). Parallèlement, il est professeur de flûte à bec à l'École normale de musique de Paris et professeur de violoncelle aux conservatoires de Moulin, Boulogne, Châteauroux et Rouen. Enfin, il est membre de l'Ensemble Instrumental de France et de l'Ensemble Orchestral de Paris. Manfred Stilz a même réussi à jouer simultanément du violoncelle et de la flûte à bec au cours d'une soirée organisée par France Musique... Il joue sur un violoncelle Lorenzo Ventapane (Naples, 1810) et des flûtes à bec Dolmetsch, Coolsma et von Hueue.

Stock, Frederick

Chef d'orchestre allemand naturalisé américain (1919), né à Jülich le 11 novembre 1872, mort à Chicago le 20 octobre 1942.

Il travaille au Conservatoire de Cologne le violon et la composition avec Humperdinck et Franz Wüllner. De 1891 à 1895, il est violoniste à Cologne puis à Chicago, où il devient chef-assistant assurant tous les concerts hors de Chicago à partir de 1903. A la suite de Theodor Thomas, il devient en 1905 chef de l'Orchestre Symphonique de Chicago, fonction qu'il occupe jusqu'à sa mort. Il interprète la musique de son temps, Debussy, Ravel, Mahler, Hindemith, Prokofiev, dont il crée le *Concerto nº 3* à Chicago avec le compositeur au piano (1921). Il ne dédaigne pas pour autant la recherche d'un plus large public, instituant des concerts pour enfants. Il fut également compositeur, notamment d'un *Concerto pour violon* créé par Efrem Zimbalist en 1915. Busoni lui a dédié son *Rondino arlechinesco.* A Chicago, il a créé de nombreuses œuvres de compositeurs américains et commandé, pour le 50e anniversaire de l'orchestre, des partitions à Milhaud, Stravinski, Kodály, Walton, Glière, Casella, Harris et Miaskovski.

Stokowski, Leopold

Chef d'orchestre anglais naturalisé américain (1915), né à Londres le 18 avril 1882, mort à Nether Wallop (Hampshire) le 13 septembre 1977.

Son père est polonais, sa mère irlandaise. Il fait ses études à l'Université d'Oxford puis au Royal College of Music de Londres, où il travaille avec Parry et Stanford. Il se perfectionne ensuite à Paris et à Munich. Il débute comme organiste en 1900 lorsqu'il est nommé titulaire à l'église St James de Londres. Puis il part pour New York où il est organiste à Saint Bartholomew (1905-08). Sa carrière se tourne assez rapidement vers la direction d'orchestre, à Paris d'abord, où il remplace un chef malade, à Londres, où il dirige quelques concerts, et à Cincinnati où il est nommé à la tête de l'Orchestre Symphonique (1909-12). Il prend ensuite la direction de l'Orchestre de Philadelphie (1912-38) dont il va faire l'une des plus prestigieuses formations américaines, créant notamment cette sonorité spectaculaire qui sera l'apanage des orchestres outre-Atlantique. Il s'intéresse aux recherches acoustiques et améliore considérablement les conditions dans lesquelles jouent les orchestres. A la même époque (1924-27), il enseigne également au Curtis Institute. Très ouvert à la musique de son temps, il dirige pour la première fois aux États-Unis *Le Sacre du printemps* et *Œdipus-Rex* (Stravinski), les *Gurrelieder* (Schoenberg), *Wozzeck* (Berg) ou la *Symphonie des mille* (Mahler). Il s'intéresse également au cinéma et participe au film de Walt Disney *Fantasia* (1940). Il fonde et dirige l'All American Youth Orchestra (1939-41), l'un des tout premiers orchestres de jeunes créés au monde. Toscanini l'invite régulièrement à la NBC de 1941 à 1944, puis il fonde et dirige le New York City Symphony Orchestra (1944-45). On le trouve ensuite à la tête du Hollywood Bowl Symphony Orchestra (1945-47). Il est guest conductor de la Philharmonie de New York (1946-50) avant de prendre la direction de l'Orchestre Symphonique de Houston (1955-61) puis de l'American Symphony Orchestra de New York (1962-72). Il revient en Angleterre en 1972 où il réalise encore de nombreux disques. Entre 1911 et 1923, il a été marié à la pianiste **Olga Samaroff** (1882-1948), l'une des plus éminentes pédagogues du clavier outre-Atlantique.

Personnalité complexe, Stokowski s'est surtout imposé par son enthousiasme à faire connaître la musique. Le chef d'orchestre se permettait de grandes libertés à l'égard des partitions qu'il dirigeait, justifiables dans le contexte de ses débuts, mais beaucoup plus critiquées à la fin de sa carrière. Il a réalisé plusieurs transcriptions d'œuvres de Bach pour orchestre symphonique. Pionnier dans de nombreux domaines, il a signé son premier disque en 1917. Au cours de sa carrière, il a dirigé plus de deux mille créations ou premières auditions américaines. Il a notamment révélé l'œuvre de Charles Ives dont il a dirigé la première audition intégrale de la *Symphonie n° 4* (1965). Parmi ses créations importantes figurent également des œuvres de George Antheil (*Symphonie n° 4,* 1944), Julián Carrillo (*Concertino en micro-intervalles,* 1927 ; *Horizontes,* 1951), Aaron Copland (*A Dance Symphony,* 1930), Henry Cowell (*Pastoral & Fiddler's Delight,* 1949), Charles Griffes (*The White Peacock,* 1919), Hans Werner Henze (*Quattro poemi,* 1955), Alan Hovhaness (*Symphonie n° 2,* 1955), Arthur Lourié (*Symphonie n° 1,* 1931), Gian Carlo Menotti (*Triplo concerto a tre,* 1970), Andrzej Panufnik (*Sinfonia elegiaca,* 1957 ; *Universal Prayer,* 1970), Serge Rachmaninov (*Rhapsodie sur un thème de Paganini,* 1934 ; *Symphonie n° 3,* 1936), Arnold Schoenberg (*Concerto pour violon,* 1940), Edgar Varèse (*Intégrales,* 1925 ; *Amériques,* 1926 ; *Arcana,* 1927), Charles-Marie Widor (*Symphonie n° 6,* 1919).

ÉCRITS : *Music for All of Us* (1943).

Stoliarski, Piotr

Violoniste et pédagogue russe, né à Lipovets (Ukraine) le 30 novembre 1871, mort à Sverdlovsk le 24 avril 1944.

Il étudie d'abord le violon avec son père puis à Varsovie avec Stanislav Barcewicsz et à Odessa avec Emil Młynarski et Josef Karbulka. Il joue dans l'Orchestre de l'Opéra d'Odessa (1898-1919). A cette époque se développe son penchant pour l'enseignement qui va s'épanouir à partir de 1911 lorsqu'il fonde sa première école de violon à Odessa. Au début des années vingt, il commence à enseigner au Conservatoire d'Odessa où il est nommé professeur en 1923. En 1933, il fonde l'école spéciale de violon pour enfants qui porte son nom. Évacué pendant la guerre à Sverdlovsk, il y retrouve son ancien disciple David Oïstrakh qui lui confie la formation de son propre fils, Igor. Sans avoir fait de véritable carrière d'instrumentiste, Stoliarski constitue un maillon essentiel dans l'enseignement du violon en Union soviétique : héritier de l'École de Prague (son maître Josef Karbulka était un élève d'Otokar Ševčik), il a transmis cette approche du violon à David Oïstrakh, qui a lui-même formé Viktor Pikaisen, Gidon Kremer, Oleg Kagan... Stoliarski a également formé Nathan Milstein et Elisabeth Guilels, la femme de Leonid Kogan.

Stolz, Robert

Chef d'orchestre et compositeur autrichien, né à Graz le 25 août 1880, mort à Berlin le 27 juin 1975.

C'est de son père, **Jacob Stolz** (chef d'orchestre et élève de Bruckner), et de sa mère, la pianiste **Ida Bondy**, qu'il reçoit les bases de sa formation musicale. Il donne son premier récital à sept ans devant Brahms. Il travaille ensuite au Conservatoire de Vienne avec Fuchs et à celui de Berlin avec Humperdinck. En 1897, il est répétiteur à Graz et, en 1898, second chef à Marburg an der Drau, en Autriche. Il rencontre à cette époque (1899) Johann Strauss qui le pousse à écrire de la musique légère. Robert Stolz se consacrera à défendre la musique de ce compositeur dont il possédait la baguette cerclée d'argent. Cette même année il publie sa première opérette. En 1902, il devient premier chef au Théâtre de Salzbourg et épouse **Grete Holm**, étoile du Théâtre de Brno, dont il prend la direction en 1903. A partir de 1907, il est chef d'orchestre au Theater an der Wien où il reprend la première série de représentations de *La Veuve joyeuse* et crée *Le Comte de Luxembourg* (1909) de Franz Lehár. C'est l'âge d'or de l'opérette viennoise. Il continue à composer, s'intéresse à la chanson populaire et compte parmi les premiers compositeurs de musique de film. Après un grave revers de fortune, il s'installe à Berlin qui accueille ses nouveaux ouvrages. *L'Auberge du cheval blanc,* créée en 1930, contient deux mélodies dues à sa plume. Il remporte le Prix de la Biennale de Venise pour la musique de film *Parade de printemps* et produit, en 1936, *Rise and Shine* avec Fred

Astaire. Il fuit Hitler à Vienne, à Paris puis aux États-Unis (1940) où il remplace Bruno Walter au pied levé. En 1946, il écrit la musique de *C'est arrivé demain,* film de René Clair. Il retourne à Vienne en 1946. Il reprend alors la plume et la baguette malgré son âge avancé.

Stolze, Gerhard

Ténor allemand, né à Dessau le 1er octobre 1926, mort à Garmisch-Partenkirchen le 11 mars 1979.

Après avoir été soldat durant la Seconde Guerre mondiale, il veut tout d'abord être comédien. Il est engagé au Théâtre municipal de Bautzen, à la Comédie de Dresde et dans une troupe itinérante. C'est alors qu'il travaille sa voix avec Willy Bader et Rudolf Dittrich à Dresde. En 1949, il débute à l'Opéra de Dresde comme un des *Maîtres chanteurs.* Mais ses premiers grands succès, il les remporte à Bayreuth où il participe au Festival dès la réouverture de 1951. Pendant quelque dix années, il s'est révélé comme Mime *(Tétralogie)* et David *(Les Maîtres chanteurs).* Pensionnaire de l'Opéra de Dresde jusqu'en 1953, il est ensuite engagé à l'Opéra de Berlin, de 1953 à 1961. Dès 1956, il est invité régulièrement par les Opéras de Vienne et de Stuttgart. Il participe à la création de plusieurs opéras ou oratorios contemporains : *Der Revisor* (1957) de Werner Egk, *Julietta* (1959) de Heimo Erbse, *Le Mystère de la Nativité* (1960) de Frank Martin, *Jacobowsky und der Oberst* (1965) de Giselher Klebe. Depuis 1959, il participe régulièrement au Festival de Salzbourg et, depuis 1961, il est pensionnaire de l'Opéra de Vienne. Il a chanté sur toutes les grandes scènes d'Allemagne, d'Europe et d'Amérique du Nord (débuts au Met en 1968). Son grand talent de comédien et la mobilité de sa voix l'ont prédisposé pour les rôles de ténor bouffe, où il excellait.

Stolzman, Richard (Leslie)

Clarinettiste américain, né à Omaha le 12 juillet 1942.

Il commence à étudier la clarinette à l'âge de huit ans et joue dans des ensembles de jazz locaux. Il étudie ensuite les mathématiques et la musique à l'Université de l'Ohio (jusqu'en 1964) puis la clarinette avec Robert Marcellus. Il entre à Yale University et complète ses études de clarinette avec Harold Wright à l'École de musique de Marlboro et avec Kalman Opperman à New York. Il entre ensuite au Teachers College de Columbia University (1967-70). Il donne beaucoup de concerts à Marlboro et fonde le groupe Tashi (« bonne fortune » en tibétain) avec le pianiste Peter Serkin, la violoniste Ida Kavafian et le violoncelliste Fred Sherry en 1973. Il enseigne en outre au Californian Institute of the Arts (1970-75). Il donne son premier récital à New York en 1974 et reçoit le Prix Avery Fisher en 1977. Il mène ensuite une carrière internationale. En 1982, il est le premier clarinettiste à donner un récital au Carnegie Hall de New York. En 1986, il reçoit l'Avery Fisher Artist Award. Il possède un répertoire considérable, des classiques à l'avant-garde, y compris la musique de variétés. Il commande en outre des partitions à des compositeurs contemporains et fait ses propres transcriptions. Il a créé des œuvres de Steve Reich (*New York Counterpoint,* 1986), Toru Takemitsu (*Fantasma/Cantos* pour clarinette et orchestre, 1991), Joan Tower (*Fantasy... Harbor Lights,* 1983).

Stoutz, Edmond de

Chef d'orchestre suisse, né à Zurich le 18 décembre 1920.

A l'âge de trois ans, il prend ses premières leçons de piano, avec Amie Münch à Niederbronn (Alsace). Plus tard, il étudie également le hautbois, le violoncelle et la percussion. Pendant sa scolarité, il dirige l'Orchestre du Gymnase, à Zurich. Il étudie ensuite pendant deux ans le droit, mais opte définitivement pour la musique, s'inscrit au Conservatoire de Zurich où il obtient un diplôme d'enseignement du violoncelle et de théorie. Il poursuit ses études de chef d'orchestre à Lausanne, Salzbourg et Vienne. En 1946, il fonde un orchestre de chambre privé qui, en 1954, prend le nom d'Orchestre de Chambre de Zürich. Avec son orchestre, il se produit en Suisse, enregistre des disques et participe à de très nombreuses émissions de radio et de télévision. Très vite il est invité dans le monde entier. En 1962, il fonde également un chœur mixte à Zurich. Il a créé un certain nombre d'œuvres contemporaines : Walter Gieseler (*Concerto pour orchestre à cordes,* 1958), Paul Huber (*Divertimento pour cordes,* 1959), Peter Mieg (*Concerto da camera per archi, pianoforte e percussione*, 1953 ; *Concerto pour clavecin,* 1954 ; *Concerto Veneziano,* 1955 ; *Mit Nacht und Nacht*, 1962), Norbert Moret (*Suite à l'image du temps,* 1980), Paul Müller (*Sinfonia en ré,* op. 53, 1953), Giovanni Ugolini (*Concerto pour orchestre à cordes,* 1961), Wladimir Vogel (*Goethe-Aphorismen* pour soprano et cordes, 1955), Ernst Widmer (*Hommages,* 1961) et Mario Zafred (*Sinfonia breve per archi,* 1955).

Stracciari, Riccardo

Baryton italien, né à Casalecchio di Reno (Bologne) le 26 juin 1875, mort à Rome le 10 octobre 1955.

Après ses études au Conservatoire de Bologne, il débute avec succès dans sa ville natale en interprétant l'oratorio *La Résurrection du Christ* de Perosi, en 1899. L'année suivante, il débute sur scène dans le rôle de Marcel (*La Bohème*). Aussitôt il est invité par d'autres théâtres italiens, ainsi qu'au San Carlos de Lisbonne, en Égypte et au Chili. Depuis 1904, il chante fréquemment à la Scala. De 1906 à 1908, il appartient à la troupe du Met, où il débute dans le rôle de Germont père (*La Traviata*). Il y chante tous les grands rôles du répertoire de baryton. Toutefois les grands moments de sa carrière se sont déroulés à la Scala ainsi qu'au Théâtre Costanzi à Rome. A la Scala, il chante en 1906, la première de *La Dame de pique* de Tchaïkovski. Il était très aimé en Amérique du Sud où il se produisait régulièrement sur les plus grandes scènes, particulièrement au Colón. De 1917 à 1919, il appartient à la troupe de l'Opéra de Chicago. Il ne cessera de chanter qu'en 1944 pour se consacrer à la pédagogie. Il fut le professeur de Boris Christoff et d'Alexander Svéd.

Straram, Walther (Walter Marrast)

Chef d'orchestre français, né à Londres le 9 juillet 1876, mort à Paris le 24 novembre 1933.

Il reçoit une formation de violoniste qui lui permet de se faire engager dans l'orchestre de Charles Lamoureux en 1892. En 1896, il est chef des chœurs à l'Opéra de Lyon, puis il revient à Paris comme chef de chant à l'Opéra-Comique et à l'Opéra. Caplet l'emmène à Boston où il est son assistant à l'Opéra (1909-13). A son retour, c'est lui qui crée les *Inscriptions champêtres* de Caplet (1914). Après la guerre, il dirige au Théâtre des Champs-Élysées et au Vieux-Colombier, où il crée *Le Dit des jeux du monde* d'Honegger (1918). Puis il fonde, en 1925, son propre orchestre. Pendant huit ans, il va réunir autour de lui l'élite des instrumentistes parisiens et servir la musique nouvelle. Son orchestre est alors considéré comme l'un des meilleurs de la capitale, et Toscanini le choisit pour y faire ses débuts à Paris. En 1929, Straram prend la direction du Théâtre des Champs-Élysées puis il remporte, en 1931, le 1er prix de l'histoire du disque, le Prix Candide, pour son enregistrement du *Prélude à l'après-midi d'un faune* de Debussy. La partie de flûte était tenue par Marcel Moyse.

Parmi les créations figurant à l'actif de Straram, des œuvres d'Honegger (*Prélude pour la Tempête*, 1923), Milhaud (*Agamemnon*, 1927), Roussel (*Concert*, op. 34, 1927 et *Petite Suite*, 1930), Delvincourt (*Le Bal vénitien*, 1930), Ropartz (*Prélude, marine et chanson*, 1931), Messiaen (*Offrandes oubliées*, 1931, et *Hymne*, 1933), Rivier, Beck, Casella, Dupré... Il a dirigé la première audition en France du *Kammerkonzert* de Berg (1927), de la *Passacaille* (1923) et des *5 Pièces*, op. 10 de Webern (1929), de la *Kammermusik pour piano et orchestre* (1929) et du *Concerto pour orgue*, op. 46 nº 2 de Hindemith (1930). A l'Opéra, il a dirigé la création du *Boléro* de Ravel (1928).

Stratas, Teresa
(Anastasia Strataki)

Soprano canadienne, née à Toronto le 26 mai 1938.

D'origine grecque et américaine, elle étudie le chant au Conservatoire de Toronto, ainsi qu'avec Herman Geiger-Torel. En 1958, elle débute à Toronto et l'année suivante remporte le concours du Met « Auditions of the Air ». Elle obtient ainsi un engagement au Met pour la saison 1960-61. Elle remporte aussitôt de grands succès. En 1961, elle participe au Festival d'Athènes, au Théâtre d'Hérode-Atticus. L'année suivante, elle participe à la création scénique de *L'Atlantide* de Manuel de Falla à la Scala de Milan. En 1963, elle chante au Bolchoï de Moscou ; en 1966, à l'Opéra de Berlin comme Traviata. Cette même année, elle chante à l'Opéra de Paris et, en 1967, au San Carlos de Lisbonne. En 1966, elle chante avec l'American Opera Society le rôle-titre de *Giovanna d'Arco* (Verdi). Invitée, elle remporte d'incontestables succès à Covent Garden, à l'Opéra de Munich et, en 1974, à l'Opéra de Hambourg. De cette époque date la place privilégiée que le Met et toutes les grandes scènes ainsi que les salles de concert d'Amérique du Nord lui octroient : véritable star de l'univers lyrique nord-américain, elle chante aussi bien l'opéra que l'opérette. Mais sa carrière atteindra son apogée avec son incroyable création du rôle-titre de *Lulu* à l'Opéra de Paris (version intégrale), sous la direction de Pierre Boulez et dans la production de Patrice Chéreau (1979). En 1982, elle incarne Violetta dans le film de Zeffirelli, *La Traviata*. L'année suivante, elle décide d'interrompre sa carrière pour se consacrer à l'aide humanitaire, notamment à Calcutta aux côtés de Mère Teresa. En 1986, elle revient à la scène à Broadway, dans une comédie musicale, *Rags*. En 1991, elle participe à la création de l'opéra de John Corigliano *The Ghosts of Versailles* au Met.

Straube, Karl

Organiste et chef de chœur allemand, né à Berlin le 6 janvier 1873, mort à Leipzig le 27 avril 1950.

Son père, **Johann Straube**, était organiste à la Heilige Kreuzkirche de Berlin et facteur d'orgue. Il commence des études dans sa ville natale avec Otto Dienel mais sera surtout un autodidacte. En 1895, il est nommé organiste suppléant à la Kaiser-Wilhelm Gedächtniskirche de Berlin. Deux ans plus tard, il se voit confier l'orgue de la cathédrale de Wesel. Il rencontre Max Reger, qui sera l'un de ses plus fidèles amis. En 1902, il est nommé organiste à Saint-Thomas de Leipzig ; un an plus tard, il dirige la Bach-Verein et devient l'organiste du Gewandhaus. En 1904, il organise dans la ville natale du *Cantor* le premier des six Festivals Bach, qui marqueront sa carrière et se dérouleront jusqu'à 1923. En 1917, il devient professeur d'orgue au Conservatoire de Leipzig puis il est nommé cantor à Saint-Thomas en 1918. L'année suivante, il fonde le Kirchenmusikalische Institut der Evangelisch-Lutherischen Landeskirche Sachsen au sein du Conservatoire de Leipzig. En 1920, il fusionne le Chœur Bach et le Chœur du Gewandhaus à la tête desquels il reste jusqu'en 1932. Entre 1931 et 1937, il dirige les concerts dominicaux consacrés aux cantates de Bach avec le Thomanerchor et l'Orchestre du Gewandhaus, véritables événements dans la vie musicale de Leipzig.

Il a joué un rôle essentiel dans le renouveau de la musique de Bach et orienté son interprétation vers un style plus authentique dont découleront toutes les conceptions musicologiques de la seconde moitié du XXe siècle. On lui doit de nombreuses éditions de musique d'orgue et chorale. Max Reger lui a dédié sa *Fantaisie sur « Wachet auf, ruft uns die Stimme »* (1900).

ÉCRITS : *Briefe eines Thomaskantors* (Stuttgart, 1952).

Strauss, Paul

Chef d'orchestre américain, né à Chicago le 29 juin 1922.

Il reçoit d'abord une formation de violoniste qu'il complète en étudiant le piano et l'alto. Il travaille l'écriture, la composition et la direction d'orchestre à la North Western University et devient assistant à cette université de 1939 à 1941. Il est l'élève de Frederick Stock pour la direction d'orchestre. De 1946 à 1948, il est l'assistant de Mitropoulos à Minneapolis puis il est nommé directeur musical de l'American Ballet Theatre (1953). Il vient en Europe où il dirige pendant deux ans à la Radio de Zurich (1954-56). Il est invité dans les principaux centres musicaux et dirige notamment pour la première fois en Italie *Katerina Ismaïlova* de Chostakovitch à Florence. De 1967 à 1977, il est directeur musical de l'Orchestre Symphonique de Liège. Puis il reprend ses activités de chef invité.

Strauss, Richard

Chef d'orchestre et compositeur allemand, né à Munich le 11 juin 1864, mort à Garmisch-Partenkirchen le 8 septembre 1949.

Fils d'un corniste à la cour de Munich, il étudie simultanément le piano avec A. Tombo, le violon avec Benno Walter, puis l'écriture et la composition avec F.W. Meyer. Sa rencontre avec Hans von Bülow jouera un rôle décisif dans sa carrière : il est son assistant puis son successeur à Meiningen (1885-86). Il revient à Munich comme troisième chef d'orchestre à l'Opéra (1886-89). Hermann Levi le prend alors comme assistant au Festival de Bayreuth en 1889. Puis il est troisième chef à l'Opéra de Weimar. A Munich, où on le retrouve en 1894, il remplace Levi comme premier chef d'orchestre à l'Opéra. Simultanément, il dirige la Philharmonie de Berlin (1893-95) et fait ses débuts à Bayreuth dans *Tannhäuser* (1894). Il n'y reviendra qu'en 1933 et 1934 pour diriger *Parsifal*. En 1898, il succède à Weingartner comme premier chef d'orchestre à l'Opéra Royal de Berlin dont il devient directeur général de la musique (1908-18). Il enseigne à la Hochschule de Berlin (1917-20) puis s'installe à Vienne où il est directeur musical de l'Opéra entre 1919 et 1924. Après cette date, il se consacre à une carrière de chef invité. Les nazis le nomment président du Reichsmusikkammer (1933-35), mais il est vite évincé à cause de sa collaboration avec Stefan Zweig (*La Femme silencieuse*). Après, sa présence sera tolérée en Allemagne, sous étroite surveillance car sa belle-fille était juive. Il passera les dernières années de sa vie en Suisse (1945-49) et ne reviendra en Allemagne que quelques mois avant sa mort.

Le chef d'orchestre Richard Strauss servait surtout sa propre musique (il a enregistré la plupart de ses poèmes symphoniques) et le répertoire romantique allemand. Grand interprète de Mozart et de Beethoven, il donnait à leurs œuvres un souffle et une vitalité qui allaient à l'encontre de la tradition germanique, plus calme et réfléchie. Il a dirigé en première audition le *Concerto pour violon* de Sibelius et l'opéra de Humperdinck, *Hänsel et Gretel*.

Streich, Rita

Soprano colorature allemande, née à Barnaul (Sibérie) le 18 décembre 1920, morte à Vienne le 20 mars 1987.

Son père, prisonnier de guerre, était interné en Sibérie. Enfant, elle arrive en Allemagne et étudie le chant avec Willy Domgraf-Fassbänder, Maria Ivogün et Erna Berger à Berlin. Elle débute en 1943 au Théâtre municipal d'Aussig. En 1946, elle est engagée à l'Opéra de Berlin où elle remporte ses premiers succès avec Olympia (*Les Contes d'Hoffmann*) et Blondchen (*L'Enlèvement au sérail*). Jusqu'en 1950, elle chante à l'Opéra de Berlin, puis elle passe à la Städtische Oper où elle reste jusqu'en 1953. En 1952, elle participe au Festival de Bayreuth. Et en 1953, elle est engagée comme pensionnaire de l'Opéra de Vienne. A partir de la saison suivante, elle participera chaque année au festival de Salzbourg. En 1954, elle est invitée à l'Opéra de Rome pour chanter Sophie (*Le Chevalier à la rose*). La Scala, Covent Garden, l'Opéra de Chicago, les festivals d'Aix-en-Provence et de Glyndebourne consacrent son grand talent de soprano colorature, son aisance et son abattage de soubrette ; en 1957, elle effectue une importante tournée en Amérique du Nord, où elle se produit sur toutes les grandes scènes. Parallèlement, elle se révèle une sensible interprète des mélodies, en récitals et en concerts. Son humour ajoute une touche d'impertinence qui lui est très particulière et colore ses interprétations. A partir de 1974, elle enseigne au Conservatoire d'Essen (Folkwangschule). Elle donne également des cours au Mozarteum, durant le Festival de Salzbourg. En 1983, elle avait pris la direction du Centre de perfectionnement d'art lyrique de Nice.

Streicher, Ludwig

Contrebassiste autrichien, né à Vienne le 26 juin 1920.

Après ses études à l'Académie de musique de Vienne (1934-40), il débute comme contrebasse solo (1940-43) puis comme violoncelle solo (1943-44) au Staatstheater de Cracovie. En 1945, il entre à l'Orchestre Philharmonique de Vienne dont il fera partie jusqu'en 1973. En 1958, il est en outre membre de la Wiener Hofmusikkapelle. En 1966, il commence à enseigner à la Hochschule für Musik de Vienne où il est nommé professeur en 1973. Sa carrière de soliste commence véritablement à cette époque et il contribue à sortir la contrebasse de son isolement. Il a réalisé de nombreuses éditions d'œuvres pour contrebassse jusqu'alors inédites. Il joue sur une contrebasse de Gabriel Lemböck, luthier viennois du XIXe siècle. Il a créé des œuvres de Paul Angerer, Gottfried von Einem (*Sonata enigmatica*, 1988), Marcel Rubin, Erich Urbanner. Son fils **Wolfgang** (1958) mène une carrière de violoniste, notamment comme Konzertmeister de l'Orchestre de Chambre de Stuttgart.

Struckmann, Falk

Baryton allemand, né à Heilbronn le 23 janvier 1958.

Il débute en 1985 à l'Opéra de Kiel, où il se construit un répertoire jusqu'en 1989. Il appartient ensuite à la troupe de l'Opéra de Bâle (1989-91). En 1992, il chante à Vienne (Pizarro, Oreste, Wozzeck), à l'Opéra des Flandres (Amfortas, Scarpia), à Montpellier (Amonasro), à Radio France (Gunther). En 1993, il débute au Festival de Bayreuth (Kurwenal), puis à la Staatsoper de Berlin, où il aborde le rôle de Wotan.

Stryja, Karol

Chef d'orchestre polonais, né à Cieszyn le 2 février 1915.

Il reçoit une formation d'altiste au Conservatoire de Katowice et joue dans l'Orchestre Symphonique de la Radio de Katowice sous la direction de Grzegorz Fitelberg (1947-51) avec lequel il travaille la direction d'orchestre. En 1951, il est nommé second chef et, deux ans plus tard, directeur musical de la Philharmonie Nationale de Silésie à Katowice, orchestre à la tête duquel il effectue toute sa carrière. Il quitte ce poste en 1990. Entre 1968 et 1983, il dirige également l'Orchestre Symphonique d'Odense au Danemark. Professeur de direction d'orchestre à l'Académie de musique de Katowice, il est l'initiateur du Concours international Grzegorz Fitelberg, qui s'y déroule tous les quatre ans depuis 1979, et du Concours international de violon Carl Nielsen à Odense (fondé en 1980). Il a créé des œuvres de Henryk Mikołaj Górecki (*Genesis II,* 1962 ; *Choros I,* op. 20, 1964).

Studer, Cheryl

Soprano américaine, née à Midland (Michigan) le 24 octobre 1955.

Elle travaille d'abord aux États-Unis (Conservatoire de l'Ohio, Université du Tennessee). Elle remporte en 1978 le 1er prix des auditions du Metropolitan Opera de New York, puis poursuit ses études à la Hochschule für Musik de Vienne et avec Hans Hotter. Elle fait ses débuts sur scène à l'Opéra de Munich en 1980 (Première Dame de *La Flûte enchantée*) et y reste en troupe deux ans. En 1983-85, elle fait partie de l'Opéra de Darmstadt, où elle chante, outre la plupart des rôles mozartiens, ceux de Micaëla *(Carmen)*, Desdémone *(Otello)*, Tatiana *(Eugène Onéguine)*, Eva *(Les Maîtres chanteurs)*... Elle débute aux États-Unis à Chicago, en 1984, dans Micaëla. Elle appartient à la troupe de la Deutsche Oper Berlin entre 1984 et 1986. En 1985, elle débute à Bayreuth dans Elisabeth *(Tannhäuser)*, rôle qu'elle conserve les années suivantes avant d'incarner Elsa en 1988. A l'Opéra de Paris, elle débute dans Pamina *(La Flûte enchantée)* en 1986 et y chante Chrysothemis *(Elektra)* un an plus tard. A la Scala, on la retrouve dans Donna Anna (*Don Giovanni*, 1987) et Mathilde (*Guillaume Tell*, 1988). En 1988, elle débute au Met dans Micaëla et, un an plus tard, à l'Opéra de Vienne et au Festival de Salzbourg dans Chrysothemis, sous la direction de Claudio Abbado. Elle aborde Marguerite (*Faust*), Salomé, Lucia... Elle s'est affirmée comme l'un des sopranos lyriques les plus importants de son époque, particulièrement dans le grand répertoire wagnérien et straussien.

Stutzmann, Nathalie

Contralto française, née à Suresnes le 6 mai 1965.

Fille de la soprano **Christiane Stutzmann** (1939), elle étudie le piano, le basson, la musique de chambre, le chant et l'art lyrique au Conservatoire de Nancy où elle remporte un premier prix dans chacune de ces disciplines. Lauréate du Concours international de chant de Bruxelles en 1983, elle entre à l'École d'art lyrique de l'Opéra de Paris où elle travaille notamment avec Hans Hotter, Christa Ludwig et Daniel Ferro. Le timbre très rare de sa voix attire rapidement l'attention et elle débute à l'Opéra de Paris en 1986 dans *Didon et Enée*. Elle commence à se faire connaître au concert, soit avec orchestre (sous la direction de Seiji Ozawa, Mstislav Rostropovitch, Michel Plasson, Michel Corboz...) soit dans le domaine de la mélodie (avec Christian Ivaldi, Michel Dalberto, Noël Lee ou Catherine Collard). Elle mène sa carrière avec prudence et refuse de chanter prématurément des œuvres pour lesquelles elle ne se sent pas prête. Ainsi, elle n'aborde la *Rhapsodie pour alto* de Brahms qu'en 1992. Dans le domaine lyrique, ses activités s'élargissent et elle chante notamment dans *Faust* et dans *Boris Godounov*.

Suitner, Otmar

Chef d'orchestre autrichien, né à Innsbruck le 16 mai 1922.

Il fait ses études musicales au Conservatoire de sa ville natale puis au Mozarteum de Salzbourg, où il travaille notamment avec Clemens Krauss (1940-42). Il fait ses débuts au Landestheater d'Innsbruck où il dirige de 1942 à 1944. Puis il mène une carrière de pianiste avant d'être nommé directeur de la musique à Remscheid, en Allemagne de l'Ouest (1952). Il est ensuite directeur général de la musique à Ludwigshafen (Orchestre du Palatinat) de 1957 à 1960. Puis il prend les mêmes fonctions à Dresde où il dirige la fameuse Staatskapelle (1960-64). Entre 1964 et 1990, il est directeur général de la musique à la Staatsoper de Berlin. Il dirige à Bayreuth *Le Vaisseau fantôme* et *La Tétralogie* de 1965 à 1967. Il enseigne la direction d'orchestre à l'Académie de musique de Vienne jusqu'en 1988. Il a créé des œuvres de Ján Cikker (*Palette,* 1981), Paul Dessau (*Puntila,* 1966 ; *Einstein,* 1974 ; *Leonce und Lena,* 1979), Siegfried Kurz (*Symphonie nº 2,* 1960), Ernst Hermann Meyer (*Symphonie en si bémol,* 1969).

Suk, Josef

Violoniste tchèque, né à Prague le 8 août 1929.

Né dans une célèbre famille de musiciens, il est arrière-petit-fils de Dvořák et petit-fils du compositeur Josef Suk. Il prend des leçons particulières de violon avec J. Kocian jusqu'en 1950. Il suit des études de violon au Conservatoire de Prague, dans la classe de N. Kubát et K. Šneberg (1945-51) et à l'Académie des Arts de Prague, sous la direction de M. Hlouňová et A. Plocek (1951-53). Premier violon du Quatuor de Prague (1950-51), du Trio Suk (à partir de 1951), il poursuit, depuis 1954, une carrière internationale de concertiste, au violon comme à l'alto. Jusqu'en 1968, il joue régulièrement en sonate avec Julius Katchen. En 1974, il fonde l'Orchestre de Chambre Suk de Prague, composé de douze cordes, dont il assure la direction artistique. Son répertoire couvre la musique classique et romantique, et la musique tchèque. Ses violons ont été successivement un Guarnerius del Gesù (*Prince d'Orange*), un Andrea Stradivarius ayant appartenu à Jan Kubelík, le *Libon* (1729), et le Stradivarius de Váša Příhoda, le *Camposelice* (1710). Il a créé le *Concerto pour violon nº 1* de Martinů en 1973.

Suliotis, Elena

Soprano grecque, née à Athènes le 28 mai 1943.

Elle étudie à Buenos Aires et à Milan avant de faire ses débuts en 1964 au Théâtre San Carlo de Naples dans *Cavalleria Rusticana.* Viennent ensuite *Un bal masqué* à Trieste, *Nabucco* à la Scala, Lady Macbeth à Covent Garden, etc. Actrice consommée, à la forte personnalité, sa voix a été prématurément fragilisée par l'abus de rôles trop lourds pour une jeune cantatrice.

Supervia, Conchita

Mezzo-soprano colorature espagnole, née à Barcelone le 8 décembre 1895, morte à Londres le 30 mars 1936.

Après avoir étudié à Barcelone, elle fait ses débuts en 1910 à Buenos Aires dans *Los Amantes de Teruel* de Bretón. Elle est en cette même ville l'Octavian du premier *Chevalier à la rose.* Après avoir beaucoup chanté aux États-Unis elle conquiert Milan (1924) et toute l'Italie, s'imposant dans *Le Chevalier à la rose, L'Italienne à Alger, Cenerentola, Le Barbier de Séville* et *Carmen.* Puis c'est Paris, dont elle devient la véritable coqueluche. Sa pétulante Carmen est parfois discutée (à tort), mais jamais ses personnages rossiniens, qu'elle chante dans leur tessiture originale avec un extraordinaire abattage. Son talent d'actrice, son tempérament passionné, son timbre très personnel et sa gentillesse ont fait d'elle l'une des cantatrices les plus attachantes de son époque.

Süsskind, Walter

Chef d'orchestre et pianiste tchécoslovaque naturalisé anglais, né à Prague le 1er mai 1913, mort à Berkeley le 25 mars 1980.

Il fait ses études musicales à l'Académie de Prague avec Suk et Hába, puis il travaille la direction d'orchestre à Berlin avec George Szell. De 1934 à 1938, il dirige au Théâtre allemand de Prague où il est d'abord l'assistant de Szell. Il se fixe ensuite à Londres où il mène surtout une carrière de pianiste au sein du Trio Tchèque de Londres (1938-42). De 1943 à 1945, il est premier chef de la Carl Rosa Opera Company ; puis il dirige simultanément au Sadler's Wells Theater de Londres (1946-54) et à Glasgow, où il est chef permanent du Scottish National Orchestra (1946-52). On le trouve ensuite en Australie, à la tête de l'Orchestre Symphonique de Melbourne (1953-55), au Canada, directeur musical de l'Orchestre Symphonique de Toronto (1956-65), et aux États-Unis, directeur musical de l'Orchestre Symphonique de Saint Louis (1968-75), directeur du Festival d'Aspen (1962-68), du Festival du Mississippi (1969) et de l'Orchestre Symphonique de Cincinnati (1978-80). Au Canada, il a dirigé en première audition la plupart des symphonies de Bruckner et Mahler alors inconnues dans ce pays.

Suthaus, Ludwig

Ténor allemand, né à Cologne le 12 décembre 1906, mort à Berlin le 7 septembre 1971.

De 1922 à 1928, il étudie au Conservatoire de Cologne, et débute au Théâtre municipal d'Aix-la-Chapelle comme Walther (*Les Maîtres chanteurs*). Il reste à Aix-la-Chapelle jusqu'en 1931 puis, de 1932 à 1941, chante à l'Opéra de Stuttgart. En 1941, il est appelé à l'Opéra de Berlin dont il est pensionnaire jusqu'en 1948. C'est là qu'il chante la première allemande de *Sadko* (Rimski-Korsakov). Depuis 1948, il appartient à la troupe de la Städtische Oper et, à partir de 1958, à celle de l'Opéra de Vienne. En 1955, il effectue une tournée triomphale en Russie, durant laquelle il chante à Moscou Florestan (*Fidelio*), Loge (*L'Or du Rhin*) et Walther (*Les Maîtres chanteurs*). En 1950, il participe au Festival de Glyndebourne, comme Bacchus (*Ariane à Naxos*), rôle qu'il chante ensuite à l'Opéra de San Francisco. Ténor wagnérien par excellence, il fut invité à de nombreuses reprises à Covent Garden, à l'Opéra de Paris, à la Scala de Milan, aux Opéras de Munich et de Hambourg. Il demeure le grand Siegmund du Festival de Bayreuth.

Sutherland, Dame Joan

Soprano australienne, née à Point Piper (Sydney) le 7 novembre 1926.

Elle étudie le chant avec John et Aïda Dickens, à Sydney, où elle débute dans le rôle-titre de *Didon et Enée* en 1947. En 1950, elle chante *Judith* (Eugene Goossens) ; l'année suivante elle vient à Londres où elle étudie avec Clive Carey. En 1952, elle débute à Covent Garden comme Première Dame (*La Flûte enchantée*). En 1953, elle chante Clothilde dans *Norma* au côté de Callas. Peu à peu, elle s'impose comme Aïda, Amelia (*Un bal masqué*), Agathe (*Le Freischütz*) et Eva (*Les Maîtres chanteurs*). En 1958-59, elle développe sa voix et aborde les rôles de colorature : *Lucia di Lammermoor*, Amina (*Sonnambula*) et *Traviata.* En 1959, elle est invitée à l'Opéra de Vienne et, la même année, interprète *Giulio Cesare* (Haendel) à l'Opéra de Hambourg. En 1960, elle chante à Gênes, Palerme et Venise. En 1961, elle triomphe à la Scala dans *Lucia di Lammermoor* et comme *Beatrice di Tenda* (Bellini). Le succès s'amplifie, elle chante à l'Opéra de Paris, au Festival de Glyndebourne, à celui d'Édimbourg, à l'Opéra de Cologne, à celui de Barcelone et à celui de San Francisco. Elle s'impose comme un des plus grands sopranos de ce siècle. En 1961, elle est appelée au Met où elle débute dans *Lucia di Lammermoor.* Elle a épousé le chef d'orchestre **Richard Bonynge**, avec lequel elle enregistre désormais un grand nombre de disques où alternent les œuvres du répertoire et les œuvres inconnues (*Montezuma* de Carl Heinrich Graun, *Griselda* de Bononcini, etc.), dans lesquelles on peut admirer la perfection de sa technique de l'ornement et la virtuosité de ses vocalises, ce qui fait oublier que le matériau n'est pas uniformément beau et que les notes hautes de cette tessiture particulièrement étendue souffrent d'un rien d'acidité. Cette réserve minime ne doit pas celer l'extraordinaire curiosité de cette cantatrice qui ne cesse de faire remonter pour elle des ouvrages inconnus ou oubliés. En 1990, avec une représentation des *Huguenots* à Sydney, elle met fin à l'une des plus longues carrières de l'histoire du théâtre lyrique (trente-deux ans). Elle continue encore à se produire au concert pendant quelque temps. Elle a créé des œuvres d'Arthur Bliss (*A Song of Welcome,* 1954) et Michael Tippett (*The Midsummer Marriage,* 1955).

Suzuki, Shin'ichi

Violoniste et pédagogue japonais, né à Nagoya le 17 octobre 1898.

Fils d'un facteur d'instruments japonais qui devint le plus grand fabricant de violons du pays (Masakichi Suzuki), il fait des études commerciales dans sa ville natale jusqu'en 1915 tout en étudiant le violon avec un disciple de Joachim, Ko Ando. Puis il se fixe à Berlin de 1921 à 1929 où il travaille avec Karl Klinger, un autre disciple de Joachim. A son retour au Japon, il fonde, en 1929, le Quatuor Suzuki avec trois de ses frères. En 1930, il est nommé président de l'École de musique Teikoku, puis il fonde l'Orchestre à cordes de Tokyo qu'il dirige lui-même, révélant au public japonais la musique occidentale classique et baroque. Il commence à enseigner en 1933. Après la guerre, il fonde le Yoji Kyoiku Doshirai (Groupe pour l'éducation des enfants) à Matsumoto. Puis, en 1950, il fonde le Saino Kyoiku Kenkyu-Kai : il enseigne le violon à des classes de soixante enfants en basant son enseignement sur le principe de l'imitation collective appliqué dans l'enseignement des langues. Le succès de sa méthode est considérable ; elle s'applique vite au violoncelle, à la flûte, au piano et à d'autres instruments. A partir de 1964, il effectue des tournées en Occident pour faire connaître sa méthode pédagogique.

Svanholm, Set

Ténor suédois, né à Västeräs le 2 septembre 1904, mort à Saltsjö-Duvnäs (Stockholm) le 4 octobre 1964.

Après avoir été organiste à Tillberga (1922) et Säby (1924), il entreprend des études de chant à Stockholm en 1927, qu'il complète avec John Forsell en 1929-30. Il débute comme baryton à l'Opéra royal de Stockholm en 1930 (Silvio de *Paillasse*), et chante Figaro de Rossini. Après quelques années, il reprend ses études et débute comme ténor en 1936 (Radames). En 1937, il aborde le répertoire wagnérien qui le rend vite célèbre. Il apparaît à Salzbourg en 1938 *(Tannhäuser)*, à Vienne la même année, puis à Berlin, Budapest, Milan, et enfin à Bayreuth en 1942 (Siegfried, Erik). Il chante au Met de 1946 à 1956, à Rio, San Francisco, à Covent Garden de 1948 à 1957. De 1956 à 1963, il est directeur de l'Opéra Royal de Stockholm et enseigne le chant. Outre tous les grands rôles wagnériens, il chante aussi Otello, Radames et Peter Grimes.

Svetlanov, Evgeni

Chef d'orchestre et compositeur soviétique, né à Moscou le 6 septembre 1928.

Il reçoit sa formation musicale dans la capitale soviétique, à l'École Gnessine (jusqu'en 1951) puis au Conservatoire (jusqu'en 1955), où il travaille notamment avec A. Gaouk et Y. Chaporine. Il effectue ses débuts de chef d'orchestre à la Radio en 1953 où il reste pendant deux ans. En 1955, il est nommé assistant au Théâtre Bolchoï et gravit progressivement les différents échelons pour devenir premier chef (1962-65). Depuis 1965, il est le chef permanent de l'Orchestre Symphonique d'État de l'URSS (aujourd'hui de Russie). Champion du répertoire romantique russe, il a présenté un visage dépouillé de l'œuvre de Tchaïkovski qui fut une révélation en Occident. Compositeur fécond, on lui doit des poèmes symphoniques, une *Fantaisie sibérienne*, une *Rhapsodie*, cinq sonates, cinq sonatines et des mélodies. En 1992, il est nommé à la tête de l'Orchestre de la Résidence de La Haye. Il a créé des œuvres de Rodion Chtchedrine (plusieurs partitions, notamment *Not For Love Alone*, opéra, 1961). Il a épousé la mezzo-soprano russe **Larissa Avdeieva** (Moscou, 21 juin 1925).

Swarowsky, Hans

Chef d'orchestre autrichien, né à Budapest le 16 septembre 1899, mort à Salzbourg le 10 septembre 1975.

Il vient à Vienne pour y faire ses études musicales avec R. Strauss, Schoenberg et Webern (1920-27). Puis il dirige à l'Opéra de Stuttgart, Hambourg (1932), Berlin (1935) et Zurich (1937). De 1940 à 1944, il est dramaturge au Festival de Salzbourg, puis il passe une saison à la tête de la Philharmonie de Cracovie (1944-45) avant de diriger régulièrement l'Orchestre Symphonique de Vienne (1945-47). De 1946 à 1949, il est directeur musical de l'Opéra de Graz. En 1949, il est nommé professeur de direction d'orchestre à la Hochschule de Vienne : pédagogue remarquable, il attirera l'élite des jeunes chefs d'orchestre du monde entier qui viendront travailler avec lui. Abbado, Mehta et Weikert comptent parmi ses élèves. De 1957 à 1959, il est à la tête du Scottish National Orchestra, mais la fin de sa vie est surtout consacrée à l'enseignement et à la réalisation de nombreuses éditions de partitions anciennes. Il a créé la *Grande Suite du Chevalier à la rose* de R. Strauss (1946).

ÉCRITS : *Wahrung der Gestalt* (1979).

Swierczewski, Michel

Chef d'orchestre français, né à Paris le 27 juillet 1955.

Parallèlement à des études mathématiques à l'Université, il mène des études musicales avec Jean-Claude Hartemann à Paris et avec Charles Mackerras à la Hochschule für Musik de Vienne (1979-81). Il fait ses débuts en 1976. Il est finaliste du Concours international de chefs d'orchestre de Tanglewood en 1984 et obtient le Prix « Villa Médicis hors les murs » en 1986. Après avoir présidé aux destinées de l'ensemble Musique Oblique entre 1981 et 1985, il est chef assistant de Pierre Boulez et Peter Eötvös à l'Ensemble InterContemporain (1983-85), de Claudio Abbado à la Scala de Milan (1985-86) et de Georges Prêtre à l'Opéra de Paris (1986). Passionné par la musique du XXe siècle, il dirige la plupart des ensembles spécialisés (Ensemble Inter Contemporain, L'Itinéraire, Musique Oblique, Antidogma, New Music Ensemble). Dans le répertoire classique et romantique, tant symphonique que lyrique, il mène actuellement une carrière de chef d'orchestre invité, en France et à l'étranger. Il entretient une collaboration régulière avec l'Orchestre Gulbenkian depuis 1987.

Székely, Zoltán

Violoniste hongrois naturalisé néerlandais puis américain (1960), né à Kocs le 8 décembre 1903.

Élève de J. Hubay et de Kodály à l'Académie de Budapest, jusqu'en 1921, il est choisi par Bartók dès l'âge de dix-huit ans, comme partenaire. Leur première apparition en duo a lieu à Budapest en 1923. Ils jouent ensemble pendant quinze ans, créant notamment en Hongrie la *Sonate pour violon et piano* de Debussy. Quelques mois après la fondation du Quatuor Hongrois, Székely remplace Végh comme premier violon (1935-70). Il se fixe, avec le Quatuor, aux Pays-Bas à la fin des années trente. L'occupation des Pays-Bas met fin à sa carrière de soliste, marquée par la création de la *Rhapsodie n° 2* (1932) et du *Concerto pour violon n° 2* (1939) de Bartók, œuvres qui lui sont dédiées. Pendant trente ans, il se consacre à la musique de chambre, haussant le Quatuor Hongrois au rang des plus grands quatuors du siècle créant un nouvel idéal stylistique dans la musique de Beethoven et Bartók. Le Quatuor est dissous d'un commun accord en 1970. Il joue alors de nouveau les grandes œuvres pour violon de Bartók et enregistre les 2 *Rhapsodies* (1974). Son violon est un Stradivarius de 1718, le *Michelangelo.* Comme compositeur, on lui doit une *Sonate pour violon seul*, un *Quatuor*, un *Duo pour violon et violoncelle* et un arrangement des *Danses populaires roumaines* de Bartók.

Szell, George

Chef d'orchestre hongrois naturalisé américain (1946), né à Budapest le 7 juin 1897, mort à Cleveland le 30 juillet 1970.

Il fait ses études musicales à Vienne avec Richard Robert, Mandyczewski et Prohaska, puis à Leipzig avec Reger. Dès l'âge de dix ans, il fait ses débuts de pianiste avec l'Orchestre Symphonique de Vienne et, à dix-sept ans, il dirige l'une de ses œuvres à la Philharmonie de Berlin. R. Strauss l'encourage dans cette voie et le prend comme répétiteur à l'Opéra de Berlin (1915-17). Il est ensuite nommé à l'Opéra de Strasbourg où il remplace Klemperer (1917-19), puis au Théâtre allemand de Prague (1919-21), à Darmstadt (1921-22) et à Düsseldorf (1922-24). De 1924 à 1929, il est premier chef à la Staatsoper de Berlin. Il dirige également l'Orchestre Symphonique de la Radio et enseigne à la Musikhochschule (1927-30). Puis il retourne à Prague, comme directeur général de la musique (1930-36). A Glasgow, il dirige le Scottish National Orchestra (1936-39) et est l'invité régulier de l'Orchestre de la Résidence de La Haye (1937-39). Après un séjour aux États-Unis où il enseigne à la Mannes School (1939), il se trouve bloqué à New York par la déclaration de guerre et s'y installe en 1941. Il dirige au Met de 1942 à 1946 avant de prendre la direction de l'Orchestre de Cleveland (1946-70). Pendant près d'un quart de siècle, il le forgera à son image et en fera l'un des meilleurs orchestres du monde. Après la guerre, il est invité régulièrement au Festival de Salzbourg où il crée notamment *Pénélope* (1954) et *L'École des femmes* (1957) de Liebermann, ainsi que *Irische Legende* (1955) de Egk. En 1958, il est premier chef invité du Concertgebouw d'Amsterdam et, en 1969, conseiller artistique et premier chef invité de la Philharmonie de New York.

Szell était un chef très exigeant, avec lui-même comme avec ses musiciens. Sa nature très autoritaire était parfois mal acceptée des orchestres mais conduisait à des résultats exceptionnels. Il a créé des œuvres de Samuel Barber (*Night Flight,* 1964), Boris Blacher (*Music for Cleveland,* 1957), Paul Creston, Henri Dutilleux (*Métaboles,* 1965), Gottfried von Einem (*Ballade* op. 23, 1958), Bohuslav Martinů, Peter Mennin (*Symphonie n° 7,* 1964), Walter Piston (*Symphonic Prelude,* 1961), George Rochberg (*Symphonie n° 2,* 1959), William Walton (*Partita,* 1958).

Szeryng, Henryk

Violoniste polonais naturalisé mexicain (1946), né à Zelazowa Wola le 22 septembre 1918, mort à Kassel le 3 mars 1988.

L'enfant préfère très vite le violon au piano, dont sa mère lui donne les premiers rudiments. Hubermann l'entend et insiste pour qu'on l'envoie étudier à Berlin auprès de Carl Flesch (1928-32). Ses premiers récitals datent de 1933. En 1935, il joue à Varsovie, sous la direction de Bruno Walter, le *Concerto* de Beethoven. Il poursuit ses études au Conservatoire de Paris avec Gabriel Bouillon et Nadia Boulanger avant d'obtenir, en 1937, un 1er prix. A la déclaration de la guerre, il est volontaire dans l'armée polonaise en France et occupe les fonctions d'officier de liaison et d'interprète (il parle huit langues) auprès du Premier ministre, le général Sikorski. Il joue de nombreuses fois pour les unités combattantes alliées et se consacre avec ardeur à des œuvres de bienfaisance. Enchanté de l'accueil généreux que réserve le Mexique aux réfugiés polonais, il prend la nationalité mexicaine (1946) et dirige l'enseignement du violon à l'Université de Mexico. Nommé en 1956 « Ambassadeur de bonne volonté » du Mexique, Henryk Szeryng voyage muni d'un passeport diplomatique. Après sa rencontre avec Arthur Rubinstein (1954), sa carrière internationale a pris un essor qui ne s'est jamais démenti. Outre le grand répertoire où il s'illustre à travers le monde, il crée en 1971 le *Troisième Concerto* de Paganini après la découverte de la partition. Il fait connaître de nombreuses œuvres nouvelles, souvent écrites à son intention, signées Ponce, R. Halffter, Martinon, Chavez, Carillo, Haubenstock-Ramati, Maderna, Montsalvatge (*Poema concertante,* 1948) et Penderecki. Il possédait une étonnante collection d'instruments. A la fin de sa vie, il jouait sur un Guarnerius del Gesù de 1743, *Le Duc,* et sur un Stradivarius. Il avait acquis le Stradivarius de Charles Münch, rebaptisé *Kinor David,* dont il avait fait don à l'État d'Israël en 1972. Il avait également donné un Guarnerius de 1685, le *Sanctae Thereseiae,* à l'État mexicain en 1974 pour qu'il serve aux *Konzertmeister* de l'Orchestre National du Mexique, ainsi qu'un Guadagnini à Shlomo Mintz.

Szidon, Roberto

Pianiste brésilien, né à Porto Alegre le 21 septembre 1941.

Ses parents sont d'origine hongroise. Il se fait remarquer très jeune pour ses dons musicaux mais évite la carrière d'enfant prodige. Il suit des études classiques qui le conduisent au grade de médecin-lieutenant dans l'armée brésilienne. Toutefois, contre la volonté de ses parents, il décide de se consacrer à la carrière musicale. Il étudie la composition avec Karl Faust, le piano à New York avec Claudio Arrau et Ilona Kabos, reçoit des conseils d'Artur Rubinstein. Le Prix « Cidade de Sao Sebastiao de Rio de Janeiro », qu'il obtient en 1965, marque le début de sa carrière internationale dans les deux Amériques et en Europe. Il est représentant culturel officiel de son pays et réside alternativement au Brésil et en Allemagne. Il a créé la *Sonatine pour violon et piano* (1980) de Hans Werner Henze.

Szigeti, Joseph (Joseph Singer)

Violoniste hongrois naturalisé français (1938) et américain (1951), né à Budapest le 5 septembre 1892, mort à Lucerne le 19 février 1973.

A l'Académie de musique de Budapest, il est l'élève de Jenö Hubay. Il tire son pseudonyme du nom de la ville hongroise où vivaient ses grands-parents : Maramos-Sziget. Il fait ses débuts en 1905 à Berlin mais refuse de travailler avec Joachim lorsque celui-ci le lui propose. Il se fixe en Angleterre entre 1907 et 1913, où il enregistre ses premiers disques en 1908 : il crée notamment le *Concerto pour violon* de Harty (1909) et joue en sonate avec Myra Hess et Busoni. Celui-ci exerce une grande influence sur le jeune musicien. Il s'installe ensuite en Suisse où il enseigne au Conservatoire de Genève (1917-24). Sa carrière prend alors un essor considérable. En 1924, il donne la première audition en Russie du *Concerto pour violon nº 1* de Prokofiev. Il joue avec les plus grands musiciens de l'époque, dont Egon Petri et Horszowski, avec lesquels il réalise plusieurs disques. En 1938, il crée le *Concerto pour violon* d'Ernest Bloch à Cleveland, œuvre qui lui est dédiée. Deux ans plus tard, il se fixe définitivement aux États-Unis où il passait, depuis plusieurs années, la majeure partie de son temps. Il participe en 1940 au concert mémorable de Washington avec Béla Bartók et donne la première audition des *Contrastes* avec Benny Goodman (1939). Après la guerre, il retourne en

Europe pour participer notamment au Festival de Prades (1950) avec Pablo Casals. Ses partenaires de sonate sont les pianistes **Nikita Magaloff**, son gendre, et Claudio Arrau, avec lequel il enregistre les dix sonates de Beethoven. En 1952, il crée le *Concerto pour violon* de Frank Martin. A la fin de sa vie, il consacre une partie de ses activités à l'enseignement, acceptant quelques élèves seulement (Kyung-Wha Chung, Arnold Steinhardt, Nell Gotkovsky...) et présidant de nombreux jurys de concours. En 1960, il se fixe en Suisse. Bartók lui a dédié sa *Rhapsodie n° 1* et les *Contrastes*, Bloch son *Concerto* et *La Nuit exotique*, Prokofiev la *Mélodie* op. 35 n° 5, Rawsthorne sa *Sonate*, Ysaÿe sa *Sonate* op. 27 n° 1, Casella et Harty leur concerto. Son répertoire était très ouvert à la musique du XXe siècle : il jouait volontiers le concerto de Busoni, ceux de Berg, Milhaud, les œuvres de Roussel, Stravinski ou Prokofiev. On lui doit aussi la résurrection de l'œuvre de Berlioz, *Rêverie et Caprice.* Au cinéma, il a tourné dans le film *Hollywood Canteen* (1944) où on le voyait jouer du violon. Il avait conservé tout au long de sa vie une tenue d'archet ancienne, le coude près du corps. Szigeti jouait sur un Guarnerius qui avait appartenu à Henri Petri.

ÉCRITS : *With Strings attached,* autobiographie (1947). *A Violinist's Notebook* (1964). *Szigeti on the Violin* (1969).

Szostek-Radkowa, Krystina

Mezzo-soprano polonaise, née à Katowice le 14 mars 1933.

Après des études au Conservatoire de sa ville natale, elle est lauréate des Concours internationaux de chant de Toulouse, (1958), Genève (1959), Vercelli (1960) et Sofia (1961). Engagée en 1962 à l'Opéra de Varsovie, elle acquiert aussitôt une réputation internationale et est invitée à Vienne, à Moscou, à Leningrad, à Hambourg, Budapest et Bucarest. Engagée comme soliste par l'Orchestre de Chambre de la Philharmonie de Varsovie, elle effectue de nombreuses tournées (Amérique du Sud, France...). Elle participe également à un grand nombre de festivals internationaux (Montreux, Rome, Zagreb ainsi qu'au Festival d'Automne de Varsovie). Elle a chanté en récital à Paris, à la Monnaie (Eboli de *Don Carlos*, Ortrud de *Lohengrin*, Amnéris d'*Aïda*) ainsi qu'à l'Opéra de Lyon (Kundry de *Parsifal*, Preziosilla de *La Force du destin*...). En 1981, elle chante Ulrica d'*Un bal masqué* à l'Opéra de Paris.

T

Tabachnik, Michel

Chef d'orchestre et compositeur suisse, né à Genève le 10 novembre 1942.

Il étudie la théorie musicale et la direction d'orchestre au Conservatoire de Genève et suit les cours d'été de Darmstadt en 1964, puis en 1965 entre dans la classe de Pierre Boulez à Bâle. Boulez prend aussitôt une grande importance dans son univers musical. Il devient son assistant jusqu'en 1971 ; ses premières compositions (*Supernovae* ou *Frise*) portent la marque boulézienne. Puissamment attiré par le métier de chef, ayant la lucidité, l'autorité et le goût de la découverte, il se spécialise vite dans le répertoire contemporain et la création d'œuvres nouvelles. Il dirige *Gruppen* de Stockhausen avec Boulez. En 1970, à Royan c'est la création de son œuvre *Fresque.* La même année, il compose *Mondes* pour deux orchestres, s'attachant au mouvement des sons dans l'espace. En 1973-75, il dirige l'Orchestre de la Fondation Gulbenkian à Lisbonne, puis en 1976-77 l'Ensemble InterContemporain (Paris), et, de 1975 à 1981, l'Orchestre Philharmonique de Lorraine, à Metz. A partir de 1983, il dirige régulièrement à l'Opéra National du Canada et prend en outre la direction musicale de l'Orchestre des Jeunes du Québec et de l'Orchestre Symphonique de l'Université de Toronto. Parmi les œuvres qu'il a dirigées en création mondiale, celles de Iannis Xenakis occupent une place particulièrement importante : *Synaphai* (1971), *Eridanos* (1973), *Antikhton* (1974), *Cendrées* (1974), *Erikhton* (1974), *Empreintes* (1975), *Phlegra* (1976), *Jonchaies* (1977), *Aïs* (1981), *Nekuia* (1982). Il a également créé des œuvres de Carlos Roqué Alsina (*Approach*, 1973 ; *Señales*, 1977), André Boucourechliev (*Concerto pour piano,* 1975), Pierre Boulez (*Messagesesquisses,* 1977), Didier Denis (*Urbicande Symphonie,* 1988), Allain Gaussin (*Années-lumière,* 1993), Gérard Grisey (*Modulations,* 1978 ; *Jour, Contrejour,* 1989), Paul Méfano (*Madrigal,* 1962 ; *Signe-oubli,* 1972), Ştefan Niculescu (*Ison I,* 1973), Emmanuel Nunes (*Dawn Wo,* 1973 ; *Fermata,* 1974), Luis de Pablo (*Éléphants ivres,* 1974), Manfred Christoph Redel (*Bruckner-Essay,* 1983), Michèle Reverdy (*Le Cercle du vent,* 1989).

Parmi ses œuvres citons encore *Movimenti* (1973), *Éclipses* pour piano (1974), *Les Perseides* (1976).

Tacchino, Gabriel

Pianiste français, né à Cannes le 4 avril 1934.

Il étudie au Conservatoire de Nice et se perfectionne au Conservatoire de Paris de 1947 à 1953. Il travaille avec Jean Batalla, Jacques Février, Marguerite Long et Francis Poulenc. Il remporte de nombreux prix : Concours Viotti à Vercelli (1953), Concours Busoni (1954), Concours de Genève (ex aequo avec Malcolm Frager, en 1955), Concours Casella à Naples (1956). Karajan l'entend et l'engage à la Philharmonie de Berlin. C'est le début de sa carrière internationale qui le voit jouer avec Monteux et Cluytens. Il pratique la musique de chambre, notamment avec Jean-Pierre Wallez. Professeur au Conservatoire de Paris depuis 1975, il donne des cours à l'Académie d'été de Nice. Conseiller musical de la ville de Cannes, il y a fondé deux festivals dont il assure la direction artistique : les Nuits musicales du Suquet (1975) et le Festival international de musique classique (1992). Dans son répertoire, l'œuvre de Poulenc occupe une place particulière ; il en a réalisé le premier enregistrement intégral, échelonné sur une vingtaine d'années et achevé en 1986.

Tachezi, Herbert

Organiste autrichien, né à Wiener Neustadt (Vienne) le 12 février 1930.

Il étudie l'orgue, le piano, la composition et la pédagogie musicale au Conservatoire de Vienne. En même temps, il fait des études de philologie allemande à l'Université. Par la suite, il étudie le clavecin à Fribourg chez Fritz Neumeyer. Il est lauréat des Concours internationaux d'orgue à Genève (1955), Innsbruck (1958) et Vienne (1963, 1965). Distingué par Nikolaus Harnoncourt, il entre au Concentus Musicus de Vienne où il assure régulièrement la partie de *continuo* soit au clavecin, soit à l'orgue. Il commence une carrière de soliste et enregistre l'intégrale des *Concertos pour orgue* de Haendel (1975). Nombre de prix discographiques récompensent sa manière de renouveler l'approche des œuvres de la Renaissance, baroques, rococos et classiques (ainsi l'intégrale de l'œuvre pour orgue de Carl-Philip-Emanuel Bach ou *L'Art de la fugue* de J. S. Bach). Il est professeur d'orgue, de théorie musicale et d'improvisation au Conservatoire de Vienne. En outre, il est organiste de la Hofmusikkapelle et a composé des œuvres pour orgue, pour piano et de la musique de chambre.

Taddei, Giuseppe

Baryton italien, né à Gênes le 26 juin 1916.

Il fait ses études aux conservatoires de Gênes et de Rome, où il débute à l'Opéra en 1936. Ses débuts de carrière sont interrompus par la guerre (il participait à la résistance dans les Alpes et a été emprisonné par les Allemands en 1942). Il ne recommence à chanter qu'en 1945. Entre 1946 et 1948, il appartient à la troupe de l'Opéra de Vienne où il incarne notamment les deux Figaro (Mozart et Rossini), Rigoletto et Amonasro. Il débute à Londres en 1947 (Cambridge Theatre dans Scarpia). Au Festival de Salzbourg, il chante *Les Noces de Figaro* en 1948 puis est engagé à la Scala de Milan dont il devient l'un des habitués (1948-51 puis 1955-61). En 1955, il débute aux Arènes de Vérone et au Mai Musical Florentin. Il chante pour la première fois aux États-Unis en 1957 (Macbeth à l'Opéra de San Francisco). A Covent Garden, il se produit régulièrement entre 1960 et 1967. On le retrouve également à Paris, Buenos Aires, Rio de Janeiro... Aussi à l'aise dans les rôles comiques que dans les compositions dramatiques, il acquiert un très vaste répertoire (soixante-dix rôles) qui va de Mozart (Papageno, Figaro et Leporello) à Puccini (un étonnant Scarpia) en passant par les principaux personnages de Verdi. Considéré comme l'un des meilleurs Falstaff de son époque, il a été choisi par Karajan pour sa production de Salzbourg en 1981. C'est dans ce rôle qu'il a fait ses débuts au Met en 1985.

Taddei, Jacques

Organiste français, né à Nice le 5 juin 1946.

Il reçoit une formation de pianiste au Conservatoire de Paris où il obtient en 1967 des premiers prix de piano et de musique de chambre. Lauréat du Concours Casella à Naples, il remporte en 1973 le Grand Prix du Concours international d'improvisation de Lyon et le 1er prix au Concours Marguerite Long-Jacques Thibaud. Il travaille l'orgue avec Pierre Cochereau et s'oriente dans cette nouvelle voie. En 1980, il remporte le 1er prix au Concours international de Chartres. Sa carrière de soliste le mène en Amérique et en Extrême-Orient. Directeur du Conservatoire de Rueil-Malmaison dès 1973, il est en outre chargé de la préfiguration du Conservatoire national de région de Paris (1987), dont il assure la direction à partir de 1989. En 1988, il succède à Jean Langlais comme organiste titulaire de la basilique Sainte-Clotilde à Paris. En 1994, il prend la direction du Festival d'art sacré de la Ville de Paris et de l'Académie de musique d'été de Nice. Il a créé des œuvres de Marcel Landowski (*Leçons de ténèbres,* 1991 ; *Symphonie concertante* pour orgue et orchestre, 1993).

Taffanel, Paul

Flûtiste et chef d'orchestre français, né à Bordeaux le 16 septembre 1844, mort à Paris le 22 novembre 1908.

Venu à Paris étudier au Conservatoire, il travaille avec Dorus et Reber. En 1860, il obtient un 1er prix de flûte suivi des premiers prix d'harmonie (1862) et de fugue (1865). De 1862 à 1864, il joue dans l'Orchestre de l'Opéra-Comique. Puis, en 1864, il est deuxième flûte à l'Opéra. Il passera soliste en 1870 et restera dans cet orchestre jusqu'en 1890. Il est également deuxième flûte (1865) puis flûte solo à la Société des Concerts (1869-92) et mène une carrière de soliste dans toute l'Europe. En 1879, il fonde la Société de Musique de Chambre pour Instruments à Vent, ensemble d'une dizaine d'instrumentistes qui met à l'honneur tout un répertoire ignoré et l'enrichit de nouvelles œuvres qu'écrivent pour lui Gounod (*Petite Symphonie pour instruments à vent*), d'Indy (*Chansons et danses*), Lazzari ou Th. Dubois.

La carrière de chef d'orchestre de Taffanel commence en 1890 lorsqu'il est nommé troisième chef à l'Opéra. De 1892 à 1901, il est à la tête de la Société des Concerts du Conservatoire et, de 1893 à 1905, il remplace Colonne comme directeur de la musique à l'Opéra. La même année, il est nommé professeur de flûte au Conservatoire. Taffanel est considéré comme le père de l'école française moderne de flûte. Il a donné à l'instrument ses lettres de noblesse en se penchant notamment sur les problèmes de sonorité, et il a été l'un des premiers flûtistes à mener une carrière de soliste, avant lui la flûte étant cantonnée dans les limites de l'orchestre. Il a été notamment le professeur de Gaubert. Il est le dédicataire d'œuvres de Georges Enesco, Gabriel Fauré (*Fantaisie,* op. 79, 1898), Benjamin Godard, Camille Saint-Saëns, Charles-Marie Widor (*Suite,* op. 34, 1898). Il a créé le *Requiem* de Charles Gounod (1894) et les trois dernières *Pièces sacrées* de Verdi (1898).

Tagliaferro, Magda

Pianiste française et brésilienne, née à Petropolis (Brésil) le 19 janvier 1893, morte à Rio de Janeiro le 9 septembre 1986.

Son père lui apprend le piano dès l'âge de cinq ans. Enfant prodige, elle devient l'élève d'Antonin Marmontel au Conservatoire de Paris. Après ses débuts triomphaux, salle Erard, et un 1er prix obtenu en 1907, elle devient l'élève d'Alfred Cortot « pour le restant de ses jours ». Elle est la plus ancienne de ses élèves. Adoptée par Cortot, Thibaud et Casals, elle part en tournée avec Gabriel Fauré. Elle joue également avec le Quatuor Capet. Entre 1937 et 1939, elle est professeur au Conservatoire de Paris. Envoyée aux États-Unis par le gouvernement français en 1940, pour faire de la propagande pour la musique française, elle passera les années de la guerre à Rio de Janeiro, donnant d'innombrables cours et concerts de musique française. Cette période est appelée par les musiciens brésiliens « la révolution Tagliaferro ». Revenue en France, elle donne des cours publics à partir de 1956. Elle attend trente-neuf ans une nouvelle invitation aux États-Unis, qu'elle doit à un article du critique new-yorkais Harold Schoenberg, paru dans le *New York Times* en mai 1979. Son concert au Carnegie Hall lui vaut un triomphe digne d'Horowitz. Reynaldo Hahn lui a dédié son *Concerto*, Villa-Lobos, *Mômo precoce* et Migot, une pièce extraite du *Zodiaque.*

Tagliavini, Luigi-Ferdinando

Organiste, claveciniste et musicologue italien, né à Bologne le 7 octobre 1929.

Il étudie la musique aux conservatoires de Bologne puis de Paris (1947-52), travaillant avec Ireneo Fuser et Marcel Dupré (orgue), Napoleone Fanti (piano) et Riccardo Nielsen (composition). A l'Université de Padoue, il devient docteur en philosophie (1951) avec une thèse portant sur les textes des cantates de Bach. De 1952 à 1954, il enseigne l'orgue au Conservatoire Martini à Bologne et est bibliothécaire de cet établissement de 1953 à 1960. Il est professeur d'orgue au Conservatoire Monteverdi de Bolzano de 1954 à 1964 puis au Conservatoire Boito de Parme. A partir de 1959, il enseigne régulièrement l'orgue l'été à Haarlem et l'histoire de la musique à l'Université de Bologne. Il est invité comme professeur à l'Université de Cornell (1963) et à l'Université de l'État de New York à Buffalo (1969). A partir de 1965, il enseigne également l'histoire de la musique à l'Université de Fribourg. Il partage désormais son temps entre Fribourg et Bologne, où il a réuni une belle collection d'instruments anciens. Il contribue à l'édition de trois volumes de la Neue Mozart Ausgabe (*Ascanio in Alba* 1956, *Betulia liberata* 1960, *Mitridate re di Ponto* 1966) et est éditeur du *Monumenti di Musica Italiana* et de l'*Organo*, qu'il fonde en 1960 avec R. Lunelli. Il s'est produit à deux orgues avec Marie-Claire Alain. Il a reçu en dédicace une œuvre de Norbert Moret (*Gastlosen*, 1975).

Taillon, Jocelyne

Mezzo-soprano française, née à Doudeville le 19 mai 1941.

En 1966, elle remporte le 1er prix de chant du Concours de Monte-Carlo et se fait aussitôt connaître comme concertiste. En 1968, elle fait des débuts prometteurs dans *Ariane et Barbe-Bleue* à l'Opéra de Bordeaux. Elle chante avec grand succès *Macbeth* d'Ernest Bloch à Genève, puis elle est engagée à Nantes, Marseille, ainsi qu'à l'Opéra de Paris. En 1970, elle participe au Festival de Hollande, en 1971, au Festival de Glyndebourne (Geneviève de *Pelléas et Mélisande*). Cette même année, elle est engagée à la Monnaie de Bruxelles pour tenir le même rôle, qu'elle interprète encore au Met, à Göteborg et à Genève. A l'Opéra de Paris, elle chante dans *Le Trouvère, Parsifal, Elektra, Faust* (Dame Marthe), *Moïse et Aaron, La Forza del destino, Ariane et Barbe-Bleue, Madame Butterfly*... A l'Opéra-Comique, elle chante *Le Comte Ory, Rake's Progress, Le Médecin malgré lui*. Sa voix grave et chaleureuse, sa belle intensité dramatique lui permettent de s'imposer dans des rôles qui ne sont pas toujours de premier plan, et de leur conférer une couleur très intéressante. Elle chante Mrs Quickly (*Falstaff*) au Colón, à l'Opéra de Paris. Elle chante Erda (*L'Or du Rhin*) à Marseille, au Met (où elle avait débuté en 1979 dans *La Gioconda*), à San Francisco. Elle participe au Festival de Salzbourg (*Les Contes d'Hoffmann* et *Sant'Alessio*). Elle fait l'ouverture du Met (1983) comme Anna des *Troyens*. Au Châtelet, elle chante *Le Couronnement de Poppée, L'Enfant et les sortilèges*. A Lyon, elle participe à la création de *Quatre-vingt-treize* (1989) d'Antoine Duhamel. A Nantes, elle fait revivre plusieurs ouvrages français oubliés (*Pénélope, Le roi l'a dit*).

Tajo, Italo

Basse italienne, né à Pinerolo (Piémont) le 25 avril 1915, mort à Cincinnati le 29 mars 1993.

Il fait ses études vocales à Milan et avec Nilde Stinchi Bertozzi à Turin. Il débute dans Fafner de *L'Or du Rhin* sous la direction de Fritz Busch au Teatro Regio de Turin, en 1935. La même année, il chante de petits rôles à Glyndebourne. Il entre ensuite à l'Opéra de Rome (1939-48) et à la Scala de Milan (1940-41 et 1946-56). Il chante au Mai Musical Florentin. En 1942, il participe à la première italienne de *Wozzeck* de Berg (le Docteur). En 1946, il chante à Chicago, l'année suivante au Festival d'Édimbourg. En 1948, il débute au Met dans le rôle de Don Basilio (*Le Barbier de Séville*) et y reste jusqu'en 1950. Il chante également à l'Opéra de San Francisco (1948-50, 1952-53 et 1956). Il débute à Paris en 1951, lors d'une tournée du San Carlo de Naples. En 1960, il chante *Don Giovanni* à l'Opéra de Vienne. Puis il mène surtout une carrière américaine, centrée sur les comédies musicales et les opéras filmés. En 1966, il est nommé professeur au College-Conservatory de l'Université de Cincinnati. En 1976, il retourne au Met, après plus d'un quart de siècle d'absence ; il y fait ses adieux dans le rôle du Sacristain (*Tosca*) en 1991. Il a chanté les rôles dramatiques (Boris, Philippe II, Mefistofele) et les rôles bouffes (Schicci, Don Basile, Figaro) du répertoire. Il s'est également illustré dans des opéras contemporains de Milhaud, Malipiero, Pizzetti et même Nono. Il a créé des œuvres de Darius Milhaud (*Le Déluge universel,* 1955).

Talich, Václav

Chef d'orchestre tchèque, né à Kroměříž (Moravie) le 28 mai 1883, mort à Beroun le 16 mars 1961.

Au Conservatoire de Prague, où il étudie avec O. Ševčík et J. Mařák, il reçoit une formation de violoniste (1897-1903). Puis il va travailler la direction d'orchestre et la composition à Leipzig avec Nikisch et Reger. Dès 1903, il est violon solo à la Philharmonie de Berlin. Un an plus tard, il occupe le même poste à Odessa. En 1905, il est nommé professeur de violon au Conservatoire de Tiflis puis retourne à Prague où il exerce diverses activités musicales entre 1906 et 1908, donnant notamment son premier concert à la tête de la Philharmonie Tchèque en 1908. La même année, il est nommé chef d'orchestre de la Philharmonie Slovène de Ljubljana ainsi, en 1911, qu'à l'Opéra de cette même ville. Il quitte ces fonctions en 1912 pour l'Opéra de Plzeň où il dirige jusqu'en 1915. En 1919, il prend la direction de la Philharmonie Tchèque de Prague qu'il conservera jusqu'en 1941, faisant de cet orchestre l'une des plus prestigieuses formations du monde. A la même époque, il est aussi à la tête de l'Orchestre Philharmonique de Stockholm (1926-36). De 1935 à 1945, il est administrateur-directeur artistique de l'Opéra National de Prague. Congédié en 1945, il revient en 1947-48. Puis, en 1949, il fonde la Philharmonie Slovaque de Bratislava qu'il dirige pendant trois ans. Il revient à Prague en 1952 comme conseiller artistique de l'Orchestre de la Radio et de la Philharmonie Tchèque (1952-54).

Václav Talich a consacré une part importante de sa carrière à l'enseignement de la direction d'orchestre : aux conservatoires de Prague (1932-45) et de Bratislava, à l'Académie de musique de Prague (1946-48), il a formé la nouvelle génération des chefs tchécoslovaques. Parmi ses élèves figurent K. Ančerl, L. Slovák et Ch. Mackerras. Talich a également réorchestré certaines parties d'opéras de Janáček. Joseph Suk lui a dédié *Épilogues,* Bohuslav Martinů son opéra *Julietta*, qu'il a créé en 1938, ainsi que *Le Passage de minuit* (1923), la *Partita pour cordes* (1932) et *Mirandolina* (1959).

Talmi, Yoav

Chef d'orchestre israélien, né à Kibbutz-Merhavia le 28 avril 1943.

Il étudie à l'Académie Rubin de Tel-Aviv avec Gary Bertini, puis à la Juilliard School of Music de New York avant de se perfectionner à Tanglewood et à Salzbourg. Directeur musical de l'Orchestre de Chambre du Kentucky, il est ensuite, de 1968 à 1970, chef associé de l'Orchestre de Louisville puis, de 1970 à 1972, de l'Orchestre de Chambre d'Israël. En 1969, il remporte le Prix Koussevitzky à Tanglewood et, en 1973, il est lauréat du Concours de la Fondation Rupert à Londres. De 1974 à 1980, il est directeur artistique du Gelders Orkester à Arnhem (Pays-Bas). Il est alors l'invité des principaux orchestres néerlandais et, en 1979-80, premier chef invité et conseiller artistique de l'Orchestre Philharmonique de Munich. Entre 1983 et 1988, il assure la direction de l'Orchestre de Chambre d'Israël. En 1990, il est nommé directeur musical de l'Orchestre Symphonique de San Diego (États-Unis).

Talvela, Martti

Basse finlandaise, né à Hiitola le 4 février 1935, mort à Juva le 22 juillet 1990.

Après ses études avec C.M. Oehmann à Stockholm, il débute à l'Opéra Royal de Stockholm en 1961 (Sparafucile) et est remarqué par Wieland Wagner qui l'engage pour Bayreuth où il chante de 1962 à 1970 Titurel, Hunding, Mark, Daland, le Landgrave, Fasolt... En 1963, il débute à la Scala, en 1967, au Festival de Pâques de Salzbourg (Hunding, Fasolt) et au Festival d'été en 1968 (Le Commandeur, Sarastro, Osmin...). Il chante au Met depuis 1968, à Covent Garden depuis 1970 (Hunding, Hagen, Dosifey, Gurnemanz), à l'Opéra de Paris depuis 1974 (Gurnemanz, Padre

Guardiano de *La Force du destin*, Sarastro). De 1973 à 1979, il est directeur du Festival de Savonlinna, en Finlande, où il chante Boris et Paavo des *Last Temptations* de J. Kokkonen qu'il a créées à Helsinki en 1975. Doté d'une stature peu commune (deux mètres pour cent trente-six kilos), il a marqué le rôle de Boris. Peu avant sa disparition tragique lors du mariage de sa fille, il venait d'être nommé directeur artistique de l'Opéra National Finlandais, fonction qu'il devait exercer à partir de 1992.

Tamagno, Francesco

Ténor italien, né à Turin le 28 décembre 1850, mort à Varese le 31 août 1905.

Il étudie à Turin avec Pedrotti, à Milan avec Vannuccini et débute à Palerme en 1869. Sa renommée commence là, en 1874, avec son interprétation de Riccardo d'*Un bal masqué.* Il débute alors à la Scala (1877), où il chantera jusqu'en 1901 ; il y crée Azael dans *Le Fils prodigue* de Ponchielli (1880), Adorno dans la version remaniée de *Simon Boccanegra* de Verdi (1881), Didier dans *Marion Delorme* de Ponchielli (1885) et *Otello* de Verdi en 1887. Il chante à Londres de 1889 à 1901, à New York de 1891 à 1895, à Monte-Carlo de 1894 à 1903. Il est aussi célèbre dans Samson, Ernani, don Carlos, Radamès, Faust, Arnold... et est considéré comme le plus grand *tenor di forza* de l'histoire.

Tamayo, Arturo
(Arturo Tamayo Ballesteros)

Chef d'orchestre espagnol, né à Madrid le 3 août 1946.

Au Conservatoire Royal de Madrid, il est l'élève de A. Barrera (harmonie), Francisco Calés et Gerardo Gombau (composition) et obtient un prix d'honneur de composition tout en faisant son droit (jusqu'en 1964). Il commence à donner ses premiers concerts en Espagne à partir de 1967 et prend, jusqu'en 1971, la direction du Grupo Koan. En 1970, il suit les cours de direction d'orchestre de Pierre Boulez à Bâle et obtient une bourse pour aller se perfectionner à la Musikhochschule de Fribourg-en-Brisgau. Entre 1971 et 1976, il travaille la direction d'orchestre avec Francis Travis et la composition avec Wolfgang Fortner et Klaus Huber. Puis il suit les cours de Witold Rowicki à Vienne. A partir de 1974, il est l'assistant de Klaus Huber à Fribourg. A la tête de l'Ensemble des Instituts für neue Musik, il fait un travail considérable en faveur de la musique contemporaine, domaine dans lequel il s'affirme rapidement. Depuis 1979, il est titulaire d'une classe d'interprétation de la musique du XXe siècle à Fribourg où il réside. A partir de 1982, il dirige régulièrement à la Deutsche Oper de Berlin. Il a créé des œuvres d'André Boucourechliev (*Miroir,* 1988), Sylvano Bussotti (*Nuovo scenario a Lorenzaccio,* 1993), John Cage (*103* pour orchestre, 1992), Niccolò Castiglioni (*Perigordino,* 1991), Franco Donatoni (*In cauda I-III,* 1991), Bryan Ferneyhough (*Carceri d'Invenzione III,* 1986), Joan Guinjoan (*Diferencias,* 1983), Rudolf Kelterborn (*Ophelia,* opéra, Festival de Schwetzingen, 1984), Michael Levinas (*La Cloche fêlée,* 1990), Philippe Manoury (*Numéro huit,* seconde version, 1990), Emmanuel Nunes (*Tif'Ereth,* 1985), Maurice Ohana (*La Célestine,* opéra, Paris, 1988), Luis de Pablo (*Impromptus* pour orchestre, 1990), Jean Prodromidès (*La noche triste,* opéra, 1989), Wolfgang Rihm (*Tutuguri,* ballet, Berlin, 1983 ; *Unbenannt III,* 1990), Iannis Xenakis (*Krinoïdi,* 1992).

Tan, Melvyn

Pianiste et claveciniste originaire de Singapour, né à Singapour le 13 octobre 1956.

Il fait ses études musicales à l'École Yehudi Menuhin, dans le Surrey, à partir de 1968. Il travaille notamment avec Vlado Perlemuter et Nadia Boulanger. Puis il entre au Royal College of Music de Londres en 1978. Il commence une carrière de pianiste et se tourne, à partir de 1980, vers le clavecin et le pianoforte. Il s'attache à faire revivre les œuvres de la fin du XVIIIe et du début du XIXe siècle dans des conditions d'exécution aussi proches que possible de celles qu'elles avaient connues lors de leur création. Il présente notamment un cycle Beethoven à Londres (1987) qui bouleverse les données établies.

Tang, Muhai

Chef d'orchestre chinois, né à Shanghai le 10 juillet 1949.

Il fait ses études à l'Académie de musique de Shanghai puis à la Musikhochschule de Munich. Encore étudiant dans son pays natal, il a l'occasion de diriger des orchestres pour des productions radiodiffusées et télévisées. En 1982, il auditionne devant Herbert von Karajan qui l'invite à diriger l'Orchestre Philharmonique de Berlin. Sa carrière démarre rapidement en Allemagne. Il travaille à Tanglewood avec Seiji Ozawa. En 1987, il dirige la tournée européenne de l'Orchestre Symphonique de la Jeunesse Chinoise. Un an plus tard, il fait ses débuts américains à San Francisco. Il est nommé chef permanent de l'Orchestre Central Philharmonique de Pékin et de l'Orchestre de la Fondation Gulbenkian de Lisbonne (en 1988). Entre 1991 et 1994, il est directeur musical de l'Orchestre Philharmonique de Flandre à Anvers, dont il reste ensuite principal chef invité. Il est également chef permanent de l'Orchestre Symphonique du Queensland à Brisbane (Australie). Il a créé une œuvre de Michael Tippett (*New Year Suite,* 1990).

Tappy, Éric

Ténor suisse, né à Lausanne le 19 mai 1931.

Après des études pédagogiques et l'obtention d'un brevet d'enseignement primaire, il entre au Conservatoire de Genève (classe de Fernando Capri) dont il sort en 1958 avec un 1er prix (virtuosité). Il poursuit ses études avec Ernst Reichert au Mozarteum de Salzbourg et Eva Liebenberg à Hilversum. En concert, il débute sous la direction de Fritz Münch à Strasbourg, comme Évangéliste dans *La Passion selon saint Jean.* La même année, il participe à la création, à Genève, du *Mystère de la Nativité* de Frank Martin, sous la direction d'Ernest Ansermet. En 1964, il débute à l'Opéra-Comique de Paris dans le rôle-titre de *Zoroastre* (Rameau). En 1972, il est engagé à l'Opéra de Cologne, où il chante Tamino (*La Flûte enchantée*). En 1973-74, il interprète la *Clémence de Titus* à Covent Garden, rôle qu'il tient également au Festival d'Aix-en-Provence. En 1975-76, il fait ses débuts en Amérique, dans le rôle de Néron (*Le Couronnement de Poppée*) à l'Opéra de San Francisco. L'année suivante, il chante pour la première fois au Festival de Salzbourg où, désormais, il sera invité chaque année pour interpréter *Le Martyre de Sant' Elessio*, puis *La Flûte enchantée* (Tamino), dans la production de Ponnelle. En 1977-78, il chante *Idomeneo* à San Francisco et Chicago puis l'*Ormindo* (Cavalli) à Lyon et *Iphigénie en Tauride* à Genève. C'est au Grand-Théâtre de cette ville qu'il s'est fait à la grande tradition viennoise avec Herbert Graf qui, après ses débuts en Siébel (*Faust*), lui confie Pelléas, Lenski (*Onéguine*), Belmonte (*L'Enlèvement au sérail*), Ferrando (*Così fan tutte*), Don Ottavio (*Don Giovanni*) qu'il interprétera également dans la production de Béjart, en 1980, ainsi que quelques opérettes avec Teresa Stich-Randall, dont *La Veuve joyeuse, La Chauve-Souris,* etc. En 1980, il tourne à Rome *La Clémence de Titus,* sous la direction de Jean-Pierre Ponnelle.

Ayant travaillé le répertoire baroque avec Hugues Cuenod, il possède pour le concert l'un des répertoires les plus étendus qui soient, allant de Monteverdi aux chefs de file de l'avant-garde suisse. L'été 1981, il décide, au faîte de sa carrière, de cesser de chanter et de ne se consacrer désormais qu'à la mise en scène et à la pédagogie, à la tête de l'Atelier lyrique de Lyon, qu'il dirige jusqu'en 1990.

Il a créé des œuvres de Klaus Huber (*Soliloquia,* 1962) et Frank Martin (*Le Mystère de la Nativité,* 1959 ; *Monsieur de Pourceaugnac,* 1963 ; *Pilate,* 1966).

Tarr, Edward

Trompettiste et musicologue américain, né à Norwich le 15 juin 1936.

Il travaille la trompette avec Roger Voisin à Boston (1953), puis avec Adolph Herseth à l'Université de Chicago de 1957 à 1959. Il quitte alors les États-Unis et se rend à Bâle où il entreprend des études de musicologie avec Leo Schrade (1959-64). Dans le même temps, il fait partie de la Schola Cantorum Basiliensis. Son répertoire va de la musique baroque à la musique contemporaine (Kagel, Berio, Stockhausen). En 1967, il crée l'Edward Tarr Brass Ensemble qui se consacre à la musique baroque et de la Renaissance, avec utilisation d'instruments anciens. Entre 1968 et 1970, il est professeur à la Rheinische Musikschule de Cologne. Pendant quelque temps (à partir de 1969), il est trompette solo à l'Orchestre Symphonique de la RAI de Rome avant de se consacrer exclusivement à sa carrière de soliste et à la pédagogie. En 1972, il est nommé professeur à la Schola Cantorum Basiliensis et, un an plus tard, à la Musikhochschule de Fribourg-en-Brisgau. A partir de 1985, il est conservateur du musée de la Trompette à Bad Säckingen (Allemagne). Mauricio Kagel lui a dédié *Atem* et *Morceau de concours.*

ÉCRITS : *La Trompette* (1977).

Tarrega, Francisco (Francisco Agustín Tarrego y Eixea)

Guitariste et compositeur espagnol, né à Villarreal (Castellón) le 29 novembre 1854, mort à Barcelone le 15 décembre 1909.

Très jeune, il commence à étudier la guitare avec Manuel González. Puis il va travailler le piano à Valence avant d'entrer au Conservatoire de Madrid (piano et harmonie). Il continue à travailler la guitare en autodidacte. Il donne son premier concert à Barcelone en 1878 et se produit à Paris en 1881. Il est alors invité dans toute l'Europe et est considéré comme l'un des artisans du renouveau de cet instrument pour lequel il effectue de nombreuses transcriptions. Comme professeur, il a formé de nombreux élèves, notamment Emilio Pujol et Miguel Llobet Soles.

Tate, Jeffrey

Chef d'orchestre anglais, né à Salisbury le 28 avril 1943.

Médecin de formation, il participe aux cours du London Opera Center (1970-71) et opte pour la musique. De 1971 à 1977, il est chef de chant, puis chef-assistant à Covent Garden, travaillant avec Georg Solti, Colin Davis, Rudolf Kempe et John Pritchard. Assistant de Karajan à Salzbourg, de Levine au Met, de Boulez à Bayreuth (pour la *Tétralogie*, 1976-80) et à Paris (pour *Lulu*, 1979), de Pritchard à Cologne (pour le cycle Mozart), il se voit confier plusieurs productions importantes : *Don Giovanni* au Met (1983), *Parsifal* à Nice et *Ariane à Naxos* à Paris (1984), ouvrage qu'il reprend à Covent Garden l'année suivante, ainsi que la création du *Retour d'Ulysse* de Monteverdi/Henze au Festival de Salzbourg (1985). Élu chef d'orchestre principal de l'English Chamber Orchestra, il en devient le chef permanent en 1985. Il est le premier chef à avoir occupé une telle fonction à la tête de cet orchestre avec lequel il a entrepris l'enregistrement intégral des symphonies de Mozart. Entre 1986 et 1991, il est également chef principal à Covent Garden et, entre 1989 et 1993, directeur musical de l'Orchestre Philharmonique de Rotterdam, tout en étant premier chef invité de l'Orchestre National de France. En 1990, il prend la direction de l'Orchestre des Jeunes de la CEE. Il a créé l'opéra de Liebermann, *La Forêt* (1987). Handicapé par les séquelles d'une poliomyélite, il dirige assis.

Tátrai, Vilmos

Violoniste hongrois, né à Kispest le 10 juillet 1912.

Il fait ses études avec Vilmos Kladivko (violon) et László Lajtha (musique de chambre) puis avec Imre Waldbauer et Dezsö Rados. Il joue dans différents orchestres de théâtre (1931-33), dans l'Orchestre Municipal de Budapest (1933-36), dans l'Orchestre de la Radio de Budapest (1936-37) avant d'être violon solo de l'Orchestre Municipal de Budapest qui devient après la guerre l'Orchestre Symphonique de l'État Hongrois (1938-78). Pendant un an (1945-46), il est second violon du Quatuor Waldbauer-Kerpely avant de fonder, en 1946, le Quatuor Tátrai, dont il est le premier violon et avec lequel il se produit dans le monde entier. Entre 1947 et 1954, il est professeur de violon et de musique de chambre au Conservatoire Béla Bartók ainsi qu'à l'Académie Franz Liszt (à partir de 1965). En 1957, il fonde l'Orchestre de Chambre Hongrois, un ensemble de onze cordes qu'il dirige de sa place de violon solo. Il a créé le *Concerto pour violon n° 2* de Helmut Eder (1967).

Tauber, Richard (Ernst Seiffert)

Ténor autrichien naturalisé anglais (1940), né à Linz le 16 mai 1891, mort à Londres le 8 janvier 1948.

Fils d'une cantatrice et d'un acteur, il se destine à la direction d'orchestre et fait des études musicales à Francfort avant d'aborder le chant avec Carl Beines à Fribourg. Il dirige son premier orchestre en 1910 et trois ans plus tard débute à l'Opéra de Chemnitz dans le rôle de Tamino, qui va lui apporter la consécration internationale et un engagement de cinq ans à l'Opéra de Dresde. Pour ses débuts à l'Opéra de Berlin, il chante Bacchus dans *Ariane à Naxos.* Richard Strauss l'engage pour incarner Don Ottavio au premier Festival de Salzbourg en 1922. Il y chante également Belmonte et récidive en 1926. Habitué des Opéras de Munich et de Vienne (où il est en 1926 Calaf dans la première locale de *Turandot*), il connaît une popularité grandissante, alimentée par de fréquentes apparitions dans le répertoire de l'opérette viennoise, à partir de 1925 (avec *Paganini*). Lehar écrit pour lui *Le Tsarevitch* (Berlin, 1927), *Frédérique* (Berlin, 1928), *Le Pays du sourire* (Berlin, 1929), qu'il chantera plus de sept cents fois !, *Le monde est beau* (Berlin, 1930), *Judith* (Vienne, 1934). Succès à double tranchant puisqu'il lui ferme les portes de Covent Garden où il ne réapparaît qu'en 1938-39 et pour ses adieux à l'Opéra en 1947 (dans Don Ottavio), et par l'effet néfaste sur la voix d'une activité si disparate. Car Tauber enregistre énormément (plus de quatre cents disques) et fait du cinéma (en particulier *Paillasse* et une *Vie de Schubert*) et se produit en récital (d'admirables enregistrements de Schumann et de Schubert datant de 1922 et de 1927 témoignent du raffinement de son art). Avec son éternel monocle et sa rondeur, une voix subtile et chaleureuse, il a personnifié le Viennois, à la fois bonhomme et aristocrate, enjoué dans sa mélancolie.

Tchakarov, Emil

Chef d'orchestre bulgare, né à Burgas le 29 juin 1948, mort à Paris le 4 août 1991.

Il fait ses études au Conservatoire de Sofia et dirige l'Orchestre des jeunes du Conservatoire de 1965 à 1972. De 1968 à 1970, il prend la direction de l'Orchestre de Chambre de la Radio-Télévision. Après avoir remporté le 1er prix au Concours Karajan à Berlin en 1971, il travaille avec Karajan, l'assiste au Festival de Salzbourg et dans les tournées de l'Orchestre Philharmonique de Berlin. En 1972, il travaille avec Ferrara et en 1974 avec Jochum, tout en entamant une carrière internationale. Chef permanent de la Philharmonie d'État de Plovdiv, il prend en 1985-86 la direction musicale de l'Orchestre Philharmonique de Flandre (Anvers). En 1986, il fonde l'Orchestre du Festival de Sofia avec lequel il s'impose notamment comme l'un des grands interprètes du répertoire lyrique russe. Il mène une carrière de chef invité dans les principales maisons d'opéra (Covent Garden, San Carlo, Fenice, Met...). En 1989, il est nommé chef invité permanent de l'Orchestre Philharmonique de Leningrad.

Il a créé des œuvres de Michel Decoust (*Hommage à Maurice Ravel,* 1987).

Tear, Robert

Ténor gallois, né à Barry, Glamorgan, le 8 mars 1939.

Il appartient pendant trois ans au chœur du King's College de Cambridge (1957-60) et, tout en poursuivant ses études, pendant presque deux ans au chœur de la cathédrale Saint Paul de Londres. C'est alors qu'il commence une carrière de concertiste, tenant les parties de ténor dans les oratorios. Comme tel, il remporte un certain succès en Angleterre. En 1968, il entreprend une tournée en Amérique du Nord (États-Unis et Canada), durant laquelle il se produit surtout comme soliste dans *L'Enfance du Christ* (Berlioz). Il parcourt ensuite le Japon et l'Extrême-Orient. Cette même année, il participe pour la première fois au Festival d'Édimbourg. Bientôt il développe une carrière tout aussi éblouissante à l'Opéra et chante surtout à Covent Garden. Il travaille également avec l'English Opera Group qu'a fondé Benjamin Britten (à partir de 1964). Spectacles et concerts le conduisent en France, Belgique, Italie, mais avant tout en Allemagne de l'Ouest. En 1974, il participe au Festival de Hollande. En 1975, il entreprend une importante tournée en Allemagne. Il a créé des œuvres d'Alban Berg (version intégrale de *Lulu,* 1979), Krzysztof Penderecki (*Ubu Rex,* 1991), Michael Tippett (*The Knot Garden,* 1970).

Tebaldi, Renata

Soprano italienne, née à Pesaro le 1er février 1922.

Elle étudie au Conservatoire de Parme avec Brancucci et Campogalliani, puis avec Carmen Melis, à Pesaro. Elle débute à Rovigo, en 1944, dans le rôle d'Elena (*Mefistofele*) et, la même année, chante à Parme et à Trieste (*Otello*). Toscanini la choisit pour chanter lors de la réouverture de la Scala en 1946. Elle y apparaîtra régulièrement de 1949 à 1954, puis en 1959. Très vite elle enrichit son répertoire (Puccini, Giordano, Spontini, Wagner, Boïto, Verdi), devient une extraordinaire Violetta, une émouvante Elisabeth (*Don Carlos*). A Lisbonne, en 1949, dans *Don Giovanni,* à Covent Garden en 1950, à Paris, au Colón de Buenos Aires, au Met de New York en 1955, elle remporte des triomphes. Lyrique, élégiaque, musicienne parfaite (elle ne songeait pas à la scène en ses débuts et avait étudié le piano), on l'oppose à la Callas. Elle se retire un temps, revient en 1959 et s'impose à nouveau par la beauté de son phrasé et la profondeur de ses interprétations. « La Tebaldi » a chanté avec les plus grands chefs de son temps, Solti, De Sabata, Toscanini, Karajan. Une rose portant son nom a été créée en 1986 par Delbard.

Te Kanawa, Dame Kiri

Soprano néo-zélandaise, née à Gisborne le 6 mars 1944.

Elle commence ses études musicales à Auckland où elle demeure jusqu'en 1966. Dès l'âge de quinze ans, elle participe à nombre de concours de chant, dans un répertoire de mezzo ! Elle obtient un 1er prix à Melbourne et une bourse pour aller étudier au London Opera Center. Véra Rosza, l'un des plus grands artisans de la voix, la prend en charge et lui donne ce surcroît de perfection vocale qui marque les plus grands. Elle débute à Covent Garden en 1971 dans l'une des filles-fleurs de *Parsifal* et y chante la même année la Comtesse des *Noces de Figaro :* sa carrière internationale débute aussitôt. Elle chante le même rôle à Lyon et à San Francisco (1972) puis à Glyndebourne (1973-74). En 1974, elle débute au Met dans Desdémone, où elle revient l'année suivante incarner Donna Elvire puis la Comtesse. A l'Opéra de Paris, elle triomphe dans Donna Elvire sous la direction de Solti (1975). Puis c'est le troisième grand rôle mozartien : Fiordiligi, autre triomphe, suivi de Pamina. Et viennent les grands Verdi : Amelia (*Simon Boccanegra,* rôle de ses débuts à la Scala en 1978), Violetta, Desdémone (dans lequel elle débute à Vienne en 1980). Elle chante également Puccini (Mimi, Tosca à Paris en 1982), R. Strauss (La Maréchale, Arabella) et le répertoire français (Marguerite, Micaëla). Au cinéma, elle incarne Donna Elvire dans le *Don Giovanni* de Joseph Losey (1978).

A partir de 1982, elle se consacre également au concert et produit son propre concert de Noël à la Télévision britannique. Un film sur sa vie a été tourné. Elle a créé une œuvre de Paul McCartney (*Liverpool Oratorio,* 1991).

Temirkanov, Yuri

Chef d'orchestre russe, né à Zaragej le 10 décembre 1938.

Il commence à étudier le violon et entre au Conservatoire de Leningrad en 1953, où il travaille également l'alto et la direction d'orchestre avec Ilia Moussine et Nikolai Rabinovitch. Il obtient son diplôme de violon en 1962 et de direction d'orchestre en 1965. Il commence à diriger à l'Opéra de Leningrad et remporte, en 1966, le 1er prix au deuxième concours soviétique de chefs d'orchestre, qui ne s'était pas déroulé depuis trente ans. Il est invité à diriger la plupart des orchestres soviétiques et est nommé chef permament à l'Opéra de Leningrad. Puis il devient l'adjoint de Mravinski à la Philharmonie de Leningrad, chargé de la direction musicale de l'Orchestre Symphonique de Leningrad (1968-77). Il sc fait rapidement connaître à l'étranger et devient directeur artistique et chef permanent au Théâtre Kirov (Opéra de Leningrad, 1977-88). Il commence à diriger en Angleterre en 1977, pays avec lequel il noue des relations privilégiées : il est principal chef invité du Royal Philharmonic Orchestra en 1979-80, puis en 1985, il dirige régulièrement à Birmingham et à Bournemouth et il emmène l'Orchestre Symphonique de la BBC en tournée. En 1988, il succède à Mravinski comme directeur artistique de la Philharmonie de Leningrad. Il a créé des œuvres de Rodion Chtchedrine (plusieurs partitions, notamment *Dead Souls,* opéra, 1977).

Tennstedt, Klaus

Chef d'orchestre allemand, né à Merseburg le 6 juin 1926.

Au Conservatoire de Leipzig, il reçoit une formation de violoniste avec Davisson et travaille aussi le piano avec A. Rhoden. En 1948, il est violon solo de l'Orchestre de Halle dont il devient premier chef en 1952. Il est ensuite nommé premier chef à l'Opéra de Karl-Marx-Stadt (1954-57), directeur général de la musique de la Landesoper de Dresde (1958-62) et de l'Orchestre d'État de Schwerin (1962-71). Il quitte alors l'Allemagne de l'Est pour la Scandinavie. Il dirige à l'Opéra de Göteborg et à la Radio Suédoise avant de se fixer en Allemagne Fédérale où il est nommé directeur général de la musique à Kiel (1972). De 1979 à 1981, il est chef permanent de l'Orchestre Symphonique du NDR de Hambourg. Spécialiste de Mahler, dont il a enregistré l'intégrale des *Symphonies*, sa carrière bénéficie soudain d'un essor international à la fin des années soixante-dix : il devient premier chef invité de l'Orchestre Philharmonique de Londres et de l'Orchestre du Minnesota. Entre 1983 et 1987, il est chef permanent de l'Orchestre Philharmonique de Londres, fonctions auxquelles il renonce pour raison de santé.

Tertis, Lionel

Altiste anglais, né à West Hartlepool le 29 décembre 1876, mort à Wimbledon le 22 février 1975.

Fils d'un père russe et d'une mère polonaise naturalisés anglais, il fait ses premières études au Trinity College de Londres, où il travaille le piano, puis le violon avec Carrodus. Il étudie ensuite au Conservatoire de Leipzig et à la Royal Academy of Music de Londres avec Alexander Mackenzie. A dix-neuf ans, il se tourne vers l'alto pour faire du quatuor. Il est alto solo de l'Orchestre du Queen's Hall (1900-04) puis l'alto solo de Sir Thomas Beecham à partir de 1909. Dès 1901, il est professeur d'alto à la Royal Academy of Music de Londres où il formera plusieurs générations d'altistes anglais. De 1924 à 1929, il est responsable de la classe d'ensemble dans la même école. Il joue un rôle essentiel pour donner à l'alto ses lettres de noblesse. De nombreux compositeurs écrivent pour lui : Arnold Bax (*Sonate pour alto et piano,* 1924), Arthur Bliss, Frank Bridge, Gustav Holst (*Lyric Movement,* 1934), Ralph Vaughan Williams (*Suite pour alto et orchestre,* 1934), William Walton (*Concerto pour alto,* 1930). Partisan d'un instrument de grande taille, il joue d'abord sur un Montagnana avant de faire réaliser un modèle spécial sur ses propres indications, le « Modèle Tertis », d'environ 43 cm de long. Il est l'auteur de nombreux arrangements pour alto.

ÉCRITS : *Beauty of Tone in String Playing* (1938). *Cinderella No More* (1953). *My Viola and I* (1974).

Teyte, Dame Maggie (Margaret Tate)

Soprano anglaise, née à Wolverhampton le 17 avril 1888, morte à Londres le 26 mai 1976.

Issue d'un milieu musical, elle étudie le chant au Royal College of Music de Londres et à Paris, auprès de Jean De Reszké et de Reynaldo Hahn (1903-07). C'est dans le rôle de Zerline qu'elle débute, en 1905, en concert à Paris, puis à l'Opéra de Monte-Carlo en 1907. Engagée par l'Opéra-Comique de 1908 à 1910, elle y joue les utilités jusqu'à ce qu'elle soit choisie et préparée par Debussy pour succéder à Mary Garden, la créatrice du rôle de Mélisande, en 1908, rôle qu'elle reprend à Londres en 1910 sous la direction de Beecham. Après avoir créé *Circé* de Hillemacher (Opéra-Comique, 1907) et *Le Secret de Suzanne* de Wolf-Ferrari (Munich, 1909, dir. F. Mottl), elle débute à Philadelphie en 1911 dans le rôle de Chérubin et fait partie, de 1912 à 1914, de la troupe de l'Opéra de Chicago. Elle chante également en 1915-16 à l'Opéra de Boston. Dans l'immédiat après-guerre, elle se consacre essentiellement à la mélodie française, en particulier celle de Debussy en Europe comme en Amérique (Alfred Cortot puis Gerald Moore l'accompagnent fréquemment). Après une brillante saison (1922-23) à Covent Garden, chantant *Madame Butterfly, Haensel et Gretel*, Chérubin, et créant *The Perfect Fool* de Holst, elle se marie et se retire presque complètement. Plus que les quelques tentatives de retour à Londres en 1930 et 1937, aux États-Unis en 1938-39, ce sont ses disques de mélodies françaises qui rétablissent sa renommée. Par ailleurs, son comportement exemplaire durant la Seconde Guerre mondiale – chantant pour les troupes alliées, donnant un concert pour célébrer en 1944 la libération de la France – lui vaut un surcroît d'admiration et la Croix de Lorraine. A soixante ans passés, elle triomphe encore à New York, dans le rôle de ses débuts, Mélisande (City Opera, 1948), et chante, pour sa dernière apparition lyrique, *Didon et Énée* à Londres avec Flagstad (1951, Mermaid Theater). Elle donne encore quelques concerts jusqu'en 1954 en Angleterre et en Amérique du Nord. On a pu dire d'elle qu'elle comprenait mieux la musique française que celle de son propre terroir, devant la perfection de ses interprétations, révélant de sa voix limpide et prenante toute l'émotion suggérée par les mots. Canteloube et Enesco lui ont dédié des mélodies.

ÉCRITS : *Star on the Door* (1958), Mémoires.

Thibaud, Jacques

Violoniste français, né à Bordeaux le 27 septembre 1880, mort dans un accident d'avion près de Barcelonnette le 1er septembre 1953.

Il est l'élève de Marsick au Conservatoire de Paris, où il remporte son 1er prix en 1896. Après avoir été violoniste dans l'Orchestre du Châtelet, il est bientôt engagé par Edouard Colonne dans son orchestre. C'est à la faveur d'une circonstance providentielle qu'il devient violon solo : Rémy, alors titulaire du poste, se trouvant souffrant, Thibaud doit le remplacer au pied levé dans le prélude du *Déluge* de Saint-Saëns. Il obtient un triomphe et c'est alors le départ de sa prodigieuse carrière. Après Paris et Berlin (où il joue sous la baguette d'Arthur Nikisch), toutes les grandes capitales veulent entendre le violoniste français, dont les qualités majeures sont la pureté du style, le jeu racé et la sonorité enchanteresse, quoique peu puissante. Très lié avec Ysaÿe, il reçoit ses conseils pendant de nombreuses années et peut être considéré comme l'un de ses héritiers. Son tempérament libre le tourne naturellement vers la musique française, Mozart et les petites pièces qu'il transcende. Jacques Thibaud est aussi un inoubliable musicien de chambre : il forme, en 1905, un trio avec Alfred Cortot et Pablo Casals qui compte parmi les formations majeures de la première moitié du XXe siècle. En 1943, il fonde, avec Marguerite Long, le fameux concours d'exécution musicale (violon et piano) qui porte leur nom. Thibaud consacre aussi une part importante de son temps à l'enseignement, à l'École Normale de Musique de Paris ou à l'occasion de cours d'interprétation à l'Académie Chighiana de Sienne (1951-52).

Plusieurs compositeurs ont écrit à son intention des œuvres qu'il a créées : les sonates pour violon et piano de Georges Enesco (*no 2,* 1899), Enrique Granados, Gabriel Pierné (1901), Albert Roussel (*no 1,* 1910), Germaine Tailleferre (*no 1,* 1922), la *Sonate pour violon seul no 2* (1924) d'Eugène Ysaÿe, la *Rhapsodie pour violon et piano* (1922) de Silvio Lazzari, la *Fantaisie basque* pour violon et orchestre (1927) de Gabriel Pierné et une danse espagnole originale de Granados. Jacques

Thibaud a créé, en 1925, le *Quatuor à cordes* de Fauré avec Krettly, Vieux et A. Hekking. Son instrument, un Stradivarius de 1709 ayant appartenu à Baillot, a été détruit dans l'accident où il a trouvé la mort.

ÉCRITS : *Un violon parle,* souvenirs recueillis par Jean-Pierre Dorian (1953).

Thibaud, Pierre

Trompettiste français, né à Proissans le 22 juin 1929.

Il commence ses études au Conservatoire de Bordeaux où il remporte un 1er prix de violon et un 1er prix de trompette. Il travaille ensuite au Conservatoire de Paris dans la classe d'Eugène Foveau, où il enlève un 1er prix de cornet à l'unanimité. Puis il est successivement trompette solo de l'Orchestre de l'Opéra de Paris, de l'Ensemble Ars Nova, du Domaine Musical, de l'Ensemble Musique vivante, de l'Ensemble Itinéraire, de l'Ensemble Musique Plus, de l'Orchestre de chambre Fernand Oubradous, des Concerts Lamoureux, des Concerts Colonne, de la Musique de la Garde républicaine. Fondateur du Brass Quintet Ars Nova, il a fait partie de la Société des Concerts du Conservatoire, et a été soliste à l'IRCAM. En marge de sa vie de musicien d'orchestre, il mène une active carrière de soliste, invité par les plus grands orchestres européens. Sa discographie illustre le répertoire traditionnel de l'instrument mais aussi la musique contemporaine puisque l'on y retrouve les noms d'Enesco, Constant, Tisné, Xenakis, Messiaen, Varèse, Berio et Honegger. Entre 1975 et 1994, il est professeur de trompette au Conservatoire de Paris.

Thibaudet, Jean-Yves

Pianiste français, né à Lyon le 7 septembre 1961.

Il commence très jeune ses premières études de piano et, dès sept ans, joue en public. Prix européen à quatorze ans, 1er prix du Conservatoire de Paris un an plus tard, il remporte en 1978 le 2e prix au Conservatoire Viotti à Vercelli et au Concours Robert Casadesus à Cleveland. A dix-neuf ans, il se classe premier au Concours international de Tōkyō et gagne les « Young Concert Artists International Auditions » à New York. Il commence alors une carrière internationale qui le mène rapidement sur les cinq continents.

Thill, Georges

Ténor français, né à Paris le 14 décembre 1897, mort à Lorgues (Var) le 16 octobre 1984.

Après deux années passées au Conservatoire de Paris, il étudie à Naples avec Fernando De Lucia (1921-23) afin d'éliminer le point faible d'une voix à l'aigu insolent, son manque de stabilité dans le grave. Ses deux premiers rôles à l'Opéra de Paris, Nicias de *Thaïs* et surtout le Duc de Mantoue de *Rigoletto* lui apportent en 1924 la consécration. Au long des seize années de sa carrière sur la scène nationale, il aborde des rôles de plus en plus lourds : Admetus d'*Alceste*, Aeneas, Parsifal, Tannhäuser, Samson. Il chante à la Scala (1929), à Vérone (1928), au Colón de Buenos Aires (1929 : le même rôle sur ces trois scènes : Calaf de *Turandot*), au Met (1931-32 : Roméo, Lakmé), à Covent Garden (1928 : Samson), etc. En tout cinquante rôles de premier plan, essentiellement des répertoires français et italien. Il a créé *Naïla* de Gaubert (1927), *Le Miracle* de Hue (1927), *La Tour de feu* de Lazzari (1928), *Satan* de Guinsbourg (Monte-Carlo, 1930), *Vercingétorix* de Canteloube (1933) et *Rolande* de Rabaud (1934). Pour ses adieux à l'Opéra en 1953, il chante *Paillasse*. Enregistrant près de cent cinquante pages, tournant plusieurs films (dont une *Louise* avec Abel Gance), le plus grand ténor français du XXe siècle laisse le souvenir d'une voix lumineuse, à l'articulation et au phrasé exemplaires, égale sur toute son étendue, mise au service d'un art élégant et nuancé.

Thiollier, François-Joël

Pianiste français et américain, né à Paris le 12 novembre 1943.

Sa famille compte plusieurs générations de musiciens. Sa mère, pianiste, guide ses premiers pas musicaux. A cinq ans, il donne son premier concert à New York. De 1951 à 1953, il travaille au Conservatoire de Paris, notamment avec Robert Casadesus. Il entre ensuite à la Juilliard School (1953-62) où il étudie avec Sascha Gorodnitzki et dont il sort à dix-huit ans muni de toutes les distinctions. Il remporte un grand nombre de prix internationaux : Casella, Viotti et le 1er Prix Busoni en 1964, Milan et Montréal en 1965, Tchaïkovski (premier lauréat non soviétique) en 1966, Reine Élisabeth de Belgique en 1968. Il joue avec le violoniste Augustin Dumay et a participé à certaines productions de l'IRCAM. Il a enregistré la première intégrale de l'œuvre pour piano seul de Rachmaninov, ainsi que l'œuvre pour piano de Gershwin.

Thiry, Louis

Organiste français, né à Fléville (Nancy) le 15 février 1935.

Il obtient un 1er prix d'orgue au Conservatoire de Nancy (1952) puis vient se perfectionner à Paris avec André Marchal. Il travaille la fugue et le contrepoint avec Simone Plé-Caussade au Conservatoire de Paris où il obtient un 2e prix dans les deux disciplines. De 1956 à 1958, il est élève de Rolande Falcinelli et remporte un 1er prix d'orgue et d'improvisation. Organiste titulaire de Saint-Martin de Metz (1951-72), il est, depuis 1971, professeur d'orgue au Conservatoire de Rouen. Louis Thiry a enregistré l'essentiel de l'œuvre pour orgue d'Olivier Messiaen, après avoir travaillé les partitions avec le compositeur. Il ne dédaigne pas pour autant le répertoire traditionnel de l'instrument, qu'il aborde parfois avec une originalité certaine, témoin cette intégrale du *Clavier bien tempéré* qu'il a enregistrée à l'orgue.

Thomas, Bernard

Chef d'orchestre français, né à Limoges le 24 février 1937.

Diplômé de l'École supérieure de notariat d'Angers, Bernard Thomas mène de front jusqu'en 1967 carrière juridique et formation musicale. Il étudie pendant cette période le piano et le trombone ; il se perfectionne dans la direction d'orchestre avec Eugène Bigot. 1967 est l'année de la fondation de l'orchestre à qui il donne son nom et auquel il se consacrera entièrement. Essentiellement centré sur la musique baroque et la musique sacrée, le répertoire de Bernard Thomas s'étend parfois à la musique contemporaine. On relèvera en effet la création de plusieurs œuvres de Roger Calmel (*Requiem*, *Symphonie des lumières, Sinfonia sur le Cantique des Cantiques, Passion selon le livre de Jean*).

Thomas, Jess Floyd

Ténor américain, né à Hot Springs (South Dakota) le 4 août 1927, mort à San Francisco le 11 octobre 1993.

Il fait des études de psychologie à l'Université du Nebraska et à Stanford (Californie). Puis il se consacre au chant, qu'il travaille avec Otto Schulman et débute en 1957 à l'Opéra de San Francisco dans le rôle du Majordome (*Le Chevalier à la rose*). En 1958, il vient en Europe pour se perfectionner avec Emmy Seiberlich et entre dans la troupe de l'Opéra de Karlsruhe où il reste jusqu'en 1961, année de ses débuts au Festival de Bayreuth dans le rôle-titre de Parsifal sous la direction de Hans Knappertsbusch. Il y chante ensuite Lohengrin, Walther von Stolzing, Tannhäuser et Siegfried jusqu'en 1969, puis en 1976 pour le centenaire de la création de *La Tétralogie.* Toujours en 1961, il est invité à la Deutsche Oper de Berlin (Radamès dans la production d'*Aïda* réalisée par Wieland Wagner). Il débute au Met en 1962 (Stolzing) et y chante régulièrement au cours des douze saisons suivantes (quatre-vingt-dix-sept représentations autour de quinze rôles). En 1963, il est engagé à l'Opéra de Munich (L'Empereur dans *La Femme sans ombre* de R. Strauss) qui lui décernera le titre de Kammersänger. L'année suivante, il chante pour la première fois à l'Opéra de Vienne (l'Empereur) et au Festival de Salzbourg (Bacchus dans *Ariane à Naxos*). Il participe à l'inauguration de la nouvelle salle du Met au Lincoln Center en 1966 (création d'*Antony and Cleopatra* de Samuel Barber). L'Opéra de Paris l'accueille en 1967 (Siegmund) et en 1972 (Tristan), Covent Garden en 1969 et 1971. Il incarne Siegfried dans la production de *La Tétralogie* réalisée par Herbert von Karajan au Festival de Pâques de Salzbourg (1969-70). A partir de 1975, il chante à l'Opéra de Zurich. Il fait ses adieux à la scène en 1982. En dehors de Florestan et de Samson, il s'est rarement aventuré hors des répertoires wagnérien et straussien qu'il a dominés pendant les années soixante et le début des années soixante-dix.

ÉCRITS : *Kein Schwert verhieß mit der Vater. Das Opernbuch meine Lebens* (Paul Neff, Vienne, 1986).

Thomas, Kurt

Chef de chœur et compositeur allemand, né à Tönning le 25 mai 1904, mort à Bad Oeynhausen le 31 mars 1973.

Il étudie la musique d'église à Leipzig sous la direction de Straube, Grabner, Hochkofler, ainsi que la composition à Darmstadt avec Arnold Mendelssohn. En 1925, il donne des cours (théorie et composition) au Conservatoire de Leipzig. Il remporte le Prix Beethoven en 1927. En 1928, il dirige le Chœur de l'Institut de Musique d'église de Leipzig. Il occupe successivement les postes de professeur à la Musikhochschule de Berlin (à partir de 1934), de directeur du Musische Gymnasium de Francfort (1939-45), de cantor à la Dreikönigskirche de Francfort (1945-46), de professeur à la Nordwestdeutsche Musikakademie de Detmold (1947-55) et enfin de cantor à Saint-Thomas de Leipzig (1957-60). Il quitte ensuite l'Allemagne de l'Est et prend la direction de la Bachverein de Cologne (1961-65) et, entre 1960 et 1969, des Frankfurter Kantorei. A partir de 1965, il est professeur de direction chorale à l'Académie de musique du Schleswig-Holstein (Lübeck). Il a publié *Lehrbuch der Chorleitung* (Leipzig 1935-rév. 1948) ainsi que de nombreuses compositions.

Thomson, César

Violoniste belge, né à Liège le 18 mars 1857, mort à Bissone (Lugano) le 22 août 1931.

Il commence ses études au Conservatoire de Liège (1864-68) puis travaille avec Henri Vieuxtemps, Henryk Wieniawski, Hubert Léonard et Lambert-Joseph Massart. Il fait ses débuts professionnels à Lugano où le baron von Dervies l'engage pour ses concerts de musique de chambre. Il effectue plusieurs tournées en Italie. En 1879, Bilse l'engage comme Konzertmeister de son orchestre à Berlin et il devient le premier Konzertmeister de la Philharmonie lors de sa fondation en 1882. Il est nommé professeur au Conservatoire de Liège (1882-98) puis succède à Eugène Ysaÿe au Conservatoire de Bruxelles. Il fonde un quatuor à cordes avec Charles Lamoureux, Léon Van Hout et Joseph Jacob. Il est ensuite nommé professeur au Conservatoire de Paris (1914-24). Entre 1924 et 1927, il réside aux États-Unis, où il enseigne notamment à la Juilliard School of Music de New York, propageant la technique franco-belge du violon outre-Atlantique. Après la Première Guerre mondiale, il a plus marqué son temps comme pédagogue que comme concertiste.

Thorborg, Kerstin

Mezzo-soprano suédoise, née à Venjan le 19 mai 1896, morte à Hedemora le 12 avril 1970.

Elle fait ses études au Conservatoire royal de Stockholm et débute, en 1924, à l'Opéra royal de Stockholm comme Ortrude (*Lohengrin*). Elle y reste jusqu'en 1930. De 1932 à 1933, elle chante à l'Opéra de Prague, de 1933 à 1935, à la Städtische Oper de Berlin, puis elle est invitée à l'Opéra de Vienne, au Festival de Salzbourg où elle chante, en 1935, Brangäne (*Tristan*) ; en 1936, *Orphée* (Gluck) et Magdalena (*Les Maîtres chanteurs*) ; en 1937, Églantine (*Euryanthe*). Jusqu'en 1938, elle est pensionnaire de l'Opéra de Vienne. De 1936 à 1950, elle appartient au Met où elle débute avec Fricka (*La Walkyrie*). Elle est invitée à Covent Garden, à Paris, Bruxelles, Berlin, Munich et partout elle remporte de grands succès. Elle entreprend une grande tournée de concerts en Europe, aux États-Unis et au Canada. A partir de 1950, elle se consacre à la pédagogie, à Stockholm. La beauté de son timbre et l'expression puissante de son chant font merveille dans les rôles wagnériens, ainsi que dans certains cycles de mélodies de Mahler comme *Le Chant de la terre* qu'elle a enregistré avec Bruno Walter.

Tibbett, Lawrence

Baryton américain, né à Bakersfield le 16 novembre 1896, mort à New York le 15 juillet 1960.

Après avoir étudié le chant avec Frank La Forge et Basil Ruysdael, il obtient une première audition au Metropolitan Opera, qui est un échec, puis une seconde, qui lui vaut un contrat pour la saison 1923-24. Il débute dans le rôle de Lovitsky (! !) de *Boris Godounov*, Chaliapine chantant ce soir-là le rôle-titre, mais six jours après il est Valentin (aux côtés de Frances Alda, Martinelli et Chaliapine). Il reste une seconde saison au Met au même salaire pour jouer les « utilités », la reprise de *Falstaff* en 1925 où, dans le rôle de Ford, il reçoit une mémorable ovation : en une soirée, c'est une star. Il chantera au Met sans interruption jusqu'en 1950 : 50 rôles différents en 396 représentations. Il y créera, en 1927, *The King's Henchman* de Taylor (rôle d'Edgar), en 1931, *Peter Ibbetson* du même Taylor (rôle-titre), en 1933 *The Emperor Jones* de Gruenberg et, en 1934, *Merry Mount* de Hanson (Wrestling Bradford).

Célèbre pour sa voix immense au timbre superbe et ses dons d'acteur, il chante sur toutes les scènes du monde, notamment à Paris en 1937 (Iago et Rigoletto). Extrêmement doué, il apprenait très vite mais souvent superficiellement. Se fiant seulement à son instinct, il frôla plus d'une fois le désastre, surtout dans les dix dernières années de sa carrière où il compromit trop souvent son talent dans des émissions des et productions d'un goût douteux.

Tietjen, Heinz

Chef d'orchestre allemand, né à Tanger le 24 juin 1881, mort à Baden-Baden le 30 novembre 1967.

Dès ses débuts, il s'intéresse autant à la direction lyrique qu'à la mise en scène. Il exerce ces deux fonctions simultanément au Théâtre de Trier (1904-07) dont il devient ensuite l'intendant (1907-19). Il poursuit sa carrière de directeur de théâtres lyriques à Sarrebrück (1919-22) et Breslau (1922-24) avant d'être nommé intendant à la Deutsche Oper de Berlin (1925-30) puis à la Staatsoper (jusqu'en 1945). A la mort de Siegfried Wagner, il devient directeur artistique du Festival de Bayreuth (1931-44) : il est l'unique metteur en scène et dirige plusieurs ouvrages chaque année. Après la guerre, il retrouve ses fonctions d'intendant à la Städtische Oper de Berlin (1948-54) puis à l'Opéra de Hambourg (1956-59). Tietjen a été l'un des rares chefs d'orchestre capables de concilier leur carrière avec celle de directeur d'opéra. R. Strauss lui a dédié *L'Amour de Danaé*.

Tilney, Colin

Claveciniste anglais, né à Londres le 31 octobre 1933.

Il étudie d'abord le piano puis les langues modernes et la musique au King's College de Cambridge. Là, il commence l'étude du clavecin avec Mary Potts puis plus tard avec Gustav Leonhardt à Amsterdam. Depuis 1960, il se produit comme soliste. Il débute aux États-Unis en 1971. Il enregistre pour le disque l'œuvre complet de Matthew Locke, les suites de Purcell et de Haendel. Par ailleurs, il édite la musique de clavecin d'Antoine Forqueray.

Tilson Thomas, Michael (Michael Tomashevsky)

Chef d'orchestre et pianiste américain, né à Hollywood le 21 décembre 1944.

A l'Université de Californie du Sud, il étudie la composition avec Ingolf Dahl, le piano avec John Crown et le clavecin avec Alice Ehlers. Il travaille la direction d'orchestre à Bayreuth (1966) et au Berkshire Music Center de Tanglewood, où il remporte le Prix Koussevitzky en 1968. Il y dirige l'Orchestre des Jeunes en 1968 et 1969 avant d'être nommé chef-assistant de l'Orchestre Symphonique de Boston (1969-70). La saison suivante, il devient chef associé, et « principal guest » à partir de 1972. En 1971, il est nommé directeur musical de l'Orchestre Philharmonique de Buffalo, poste qu'il conserve jusqu'en 1980, assurant dans cette même ville l'enseignement de la direction d'orchestre. Considéré comme l'étoile montante de la direction d'orchestre américaine, Tilson Thomas s'intéresse à des musiques très variées, du chant grégorien au jazz, en passant par toutes les formes de musique classique ou contemporaine. Ses programmes font une large place à la musique de son pays. Remarquable pianiste, il a fait partie des Boston Symphony Chamber Players en 1969-70. Entre 1988 et 1995, il est chef permanent et directeur musical de l'Orchestre Symphonique de Londres. En 1995, il est nommé directeur musical de l'Orchestre Symphonique de San Francisco.

Il a créé des œuvres d'Oliver Knussen (*Symphonie n° 3,* 1979 ; *Flourish with Fireworks,* 1988 ; *The Way to Castle Younder,* version définitive, 1991), Colin Matthews (*Quatrains,* 1989 ; *Machines and Dreams,* 1991), Steve Reich (*The Four Sections,* 1987), Toru Takemitsu (*Quotation of Dream* pour deux pianos et orchestre, 1991), Antoine Tisné (*Célébration,* 1981).

Tipo, Maria (Maria Luisa Tipo)

Pianiste italienne, née à Naples le 23 décembre 1931.

Sa mère, la pianiste **Ersilla Cavallo**, lui apprend le piano. Ses débuts ont lieu à Naples, en public, alors qu'elle n'a que quatre ans. Après s'être perfectionnée avec Casella et Agosti, elle remporte le Concours de Genève en 1949. Découverte par Artur Rubinstein au Concours Reine Élisabeth de Belgique, en 1952 (où elle remporte le 3e prix), elle voit s'ouvrir grâce à lui les premières portes de sa carrière, notamment aux États-Unis où elle se produit chaque année pendant douze ans. Elle décide alors de limiter le nombre de ses concerts et, parallèlement à ses activités de concertiste, elle se consacre à l'enseignement, d'abord au Conservatoire de Bolzano, puis à ceux de Florence et de Genève, où elle prend en charge, en 1984, une classe de perfectionnement et de virtuosité. Sa carrière prend son véritable essor international au début des années quatre-vingt. Elle s'impose dans le répertoire traditionnel tout en défendant la littérature italienne du clavier, notamment D. Scarlatti et M. Clementi, dont elle enregisrc la première intégrale des 67 sonates. En 1988, elle est nommée membre de l'Académie Sainte Cécile de Rome. Elle a été mariée au pianiste **Alessandro Specchi.**

Toczyska, Stefania

Mezzo-soprano polonaise, née à Grudziadz le 19 février 1943.

Élève de Romuald Toczyski au Conservatoire de Gdansk, elle est lauréate des Concours internationaux de Toulouse (1972), Paris (1973) et s'-Hertogenbosch (1974). Elle fait ses débuts dans Carmen à Gdansk en 1973 et chante à l'Opéra de Varsovie. Sa carrière se développe à l'étranger : Carmen à Vérone (1980), à Munich (1983) et à Orange (1984), Azucena *(Le Trouvère)* et Amneris *(Aïda)* à Covent Garden (1983 et 1984), Vénus *(Tannhäuser)* à Bâle (1983), *L'Italienne à Alger* à Genève (1984), *Anna Bolena* à Chicago (1986), Carmen à Bercy (1989). Elle mène aussi une importante carrière au concert dans un répertoire allant des passions de Bach à Penderecki.

Toldrá, Eduardo

Chef d'orchestre espagnol, né à Villanueva y Geltrú le 7 avril 1895, mort à Barcelone le 31 mai 1962.

Au Conservatoire de Barcelone, il étudie le violon et la composition avec Morera. Il débute comme instrumentiste dans un orchestre et entame une carrière de soliste dès 1912. A la même époque, il forme le Quatuor Renaixement (avec le violoniste L. Recasens, l'altiste L. Sánchez et le violoncelliste A. Planás) qui fonctionnera jusqu'en 1921. Il fait ses débuts de chef d'orchestre en 1916 et est nommé professeur de violon au Conservatoire de Barcelone en 1921. De 1924 à 1935, il dirige l'Orchestre Symphonique des Étudiants de Barcelone. Sa carrière internationale ne se développe qu'à partir de 1944, lorsqu'il est nommé chef permanent de l'Orchestre

Municipal de Barcelone. En 1961, il dirige pour la première fois, en version de concert, l'œuvre ultime de M. de Falla, *L'Atlantide.* Il a créé des œuvres de Manuel Blancafort (plusieurs partitions dont la *Simfonia en tres temps,* 1951), Xavier Montsalvatge (*Partita,* 1959).

Tomlison, John

Basse anglaise, né à Accrington (Lancashire) le 22 septembre 1943.

Il fait des études d'ingénierie à l'Université de Manchester puis obtient une bourse pour travailler au Royal Manchester College of Music (1967) où il reçoit sa formation musicale. Il débute au Festival de Glyndebourne dont il effectue la tournée d'automne, puis chante au Kent Opera avant d'être engagé à l'English National Opera (1974-81). Il y acquiert un solide répertoire, chantant aussi bien les basses wagnériennes (Fasolt, Hunding, Hagen, Mark) que Figaro, Leporello, Sarastro, Boris ou Ramphis. A partir de 1976, il chante régulièrement à Covent Garden (Ferrando, Leporello, Colline, Don Basilio...). Sa carrière se développe hors des îles Britanniques : San Francisco, Genève, Paris, Stuttgart, Vienne, Orange, Aix-en-Provence. En 1987-88, il chante Hunding, Hagen et Rocco avec la Deutsche Oper en tournée au Japon, Pimène à l'Opéra de Paris. En 1988, il débute à Bayreuth dans Wotan, à Salzbourg dans Rocco et Bartolo (Mozart). Il a créé une œuvre de Harrison Birtwistle (*Sir Gawain and the Green Knight,* 1991).

Tomova-Sintow, Anna

Soprano bulgare, née à Stara Zagara le 22 septembre 1941.

Elle fait ses études au Conservatoire de Sofia et débute, en 1967, à l'Opéra de Leipzig. En 1972, elle est engagée à l'Opéra de Berlin et y chante pour la première fois la Comtesse *(Les Noces de Figaro)*. De Mozart, dans le répertoire duquel elle s'impose par la musicalité et l'élégant lyrisme de son chant, elle interprète encore Donna Anna, Fiordiligi. Mais Elsa *(Lohengrin)* ainsi que quelques rôles de Richard Strauss conviennent admirablement à la couleur de sa voix (*Arabella,* la Maréchale, *Ariane*). Dans le répertoire italien, elle s'est imposée comme une fière Aïda, une émouvante Desdémone *(Otello)* et une superbe Tosca. En 1973, Karajan l'engage pour la création mondiale de *De temporum fine comedia* de Carl Orff au Festival de Salzbourg. L'année suivante, elle chante le *Requiem* de Verdi à Paris. Elle débute alors à l'Opéra de Munich en Donna Anna et dans ce même rôle fait ses débuts aux États-Unis, à San Francisco. En 1975, elle chante *Così fan tutte* à Covent Garden, et à la Scala les *4 Derniers Lieder* de R. Strauss qu'elle interprète également au Festival de Pâques 1982 à Salzbourg. En 1977, elle débute à l'Opéra de Vienne dans la Comtesse (*Les Noces de Figaro*) et au Met, en 1978, dans Donna Anna. Berlin puis le Met lui confient ses premières apparitions en Maréchale, alors qu'elle aborde *Aïda* à Munich et *Don Carlos* à San Francisco. A l'Opéra de Paris, elle est une émouvante Leonore *(La Force du destin)* et une très belle Elsa, rôle qu'elle a chanté également à la Scala, sous la direction de Claudio Abbado. En 1984, toujours à la Scala, elle incarne Elisabeth (Tannhäuser). En 1988, elle reçoit le titre de *Wiener Kammersängerin.*

Töpper, Herta

Alto autrichienne, né à Graz le 19 avril 1924.

Elle fait ses études au Conservatoire de Graz. En 1945, elle débute au Théâtre municipal de sa ville natale, auquel elle appartient jusqu'en 1951. Dès 1952, elle est engagée à l'Opéra de Munich où elle créera *Harmonie du monde* (Hindemith) en 1957. En 1951-52, elle participe au Festival de Bayreuth comme Brangäne *(Tristan)* et tient plusieurs parties d'alto dans *La Tétralogie.* Elle participe également au Festival de Salzbourg. Elle est liée à l'Opéra de Vienne par un contrat d'artiste invitée. Mais elle est également invitée à la Scala, à Covent Garden, à la Monnaie, à Amsterdam, Rome et Zurich, où elle remporte partout de très grands succès. En 1960, elle chante Octavian *(Le Chevalier à la rose)* à l'Opéra de San Francisco. L'année suivante, elle est engagée au Met. Depuis

1949, elle est l'épouse du compositeur Franz Mixa. A côté de sa brillante carrière sur scène, elle s'est imposée comme une admirable interprète de Bach et d'autres compositeurs d'oratorios. Parmi ses rôles préférés, il faut citer Carmen, et Judith dans *Le Château de Barbe-Bleue* (Bartók).

Torkanowsky, Werner

Chef d'orchestre allemand naturalisé américain, né à Berlin le 30 mars 1926, mort à Bar Harbor (Maine) le 2 octobre 1992.

Il n'a que six ans lorsque sa famille émigre en Israël. Il travaille le piano avec sa mère puis le violon avec des musiciens de l'Orchestre Symphonique de Palestine, récemment fondé. Fixé à New York en 1948, il continue l'étude du violon avec Raphaël Bronstein, un membre de l'Orchestre Symphonique de Pittsburgh, puis travaille la direction d'orchestre avec Pierre Monteux (1954-59). Il débute en 1960 et, dès 1963, prend la direction de l'Orchestre Philharmonique de La Nouvelle-Orléans qu'il conserve jusqu'en 1977. En 1982, il est nommé professeur à Carnegie-Mellon University. Il prend également la direction de l'Orchestre Symphonique de Bangor (Maine). Il a créé une œuvre de Lleonard Balada (*Guernica,* 1967).

Tortelier, Maud (Maud Martin)

Violoncelliste française, née à Paris le 26 septembre 1926.

A douze ans, elle entre au Conservatoire de Paris où elle reçoit l'enseignement de Pierre Fournier et Maurice Maréchal pour le violoncelle et celui de Joseph Calvet pour la musique de chambre. En 1945, elle obtient son 1er prix dans les deux disciplines et commence sa carrière. C'est en 1946 qu'elle épouse le grand violoncelliste **Paul Tortelier**. Elle remporte en 1947 le Prix Victor Lyon (attribué tous les six ans lors d'un concours auquel seuls participent les lauréats du Conservatoire de Paris). Au cours d'une carrière qui l'a amenée dans de nombreux pays, elle joue le *Concerto* de Khatchaturian sous la direction du compositeur (1964) et se montre une partenaire remarquée de Paul Tortelier dans les concerts qui réclament deux violoncelles. Elle a enseigné au Conservatoire de Paris (1956-69). De son mariage sont nés plusieurs enfants qui se consacrent à la musique : **Yan-Pascal, Maria (de La Pau)** et **Pomone** (née le 4 février 1959), qui a obtenu en 1981 son prix de flûte au Conservatoire de Paris dans la classe de Jean-Pierre Rampal avant de se tourner vers le chant (mezzo-soprano) au sein du Groupe Vocal de France.

Tortelier, Paul

Violoncelliste et chef d'orchestre français, né à Paris le 21 mars 1914, mort à Villarceaux (Val d'Oise) le 18 décembre 1990.

Il joue du violoncelle depuis l'âge de six ans. Au Conservatoire de Paris, il travaille le violoncelle avec Feuillard et Gérard Hekking, l'harmonie avec Jean Gallon et le contrepoint avec Noël Gallon et remporte des premiers prix de violoncelle (1930) et d'harmonie (1935). Il occupe d'abord des postes dans les orchestres : premier violoncelle solo à l'Orchestre de Monte-Carlo (1935-37), troisième violoncelle solo à l'Orchestre Symphonique de Boston (1937-40), premier violoncelle solo à la Société des Concerts du Conservatoire (1945-47). Il épouse, en 1946, une violoncelliste, **Maud Martin**. Sa carrière de soliste débute véritablement à cette époque. Il joue avec les plus grands et forme un trio avec Artur Rubinstein et Isaac Stern. Il se produit fréquemment avec sa femme et ses enfants. Il enseigne au Conservatoire de Paris (1957-69), à l'École supérieure de Musique Folkwang de Essen (1972-75), au Conservatoire de Nice (1978-80). En 1980, il est nommé professeur honoraire au Conservatoire central de Pékin. Il donne des cours d'interprétation dans le monde entier, notamment à Villarceaux, près de Paris. Parmi les nombreux élèves qu'il a formés figurent Jacqueline Du Pré et Arto Noras. Parallèlement, il développe ses activités de chef invité. Il est le dédicataire et le créateur des concertos de Hartmann (joués sous la direction de Koussevitzky), Jean Hubeau (1942), Émile Passani et Andé Lavagne. Comme chef d'orchestre, on lui doit la création d'œuvres d'Alun Hoddinott (*French Suite for Small Orchester,* 1977). Sa méthode de violoncelle, *How I play, How I teach* (1973), fait autorité. Il écrit de nombreuses pièces pour un et deux violoncelles mais aussi une symphonie, des mélodies et des concertos pour piano et pour violoncelle. Il est l'inventeur d'une pique spéciale pour violoncelle dont l'angle permet de tenir l'instrument beaucoup plus incliné.

ÉCRITS : *Autoportrait,* conversation avec David Blum (1986).

Tortelier, Yan-Pascal

Chef d'orchestre et violoniste français, né à Paris le 19 avril 1947.

Fils du violoncelliste **Paul Tortelier**, il entreprend ses études musicales dès l'âge de quatre ans, travaillant simultanément le piano et le violon, puis l'harmonie, la fugue et le contrepoint avec Henri Challan et Nadia Boulanger. Il se perfectionne plus particulièrement dans le violon avec André Proffit, Line Talluel et Dominique Hoppenot. En 1961, il obtient un 1er prix de violon dans la classe de René Benedetti. Il étudie la direction d'orchestre avec Franco Ferrara à l'Académie Chigiana de Sienne et remporte en 1970 le C.D. Jackson Prize (Tanglewood, États-Unis). Il est, en 1972, lauréat du Concours international Tibor Varga. Depuis, il mène une triple carrière de violoniste, de chef d'orchestre et de membre du Trio Tortelier. Comme chef invité, il se produit notamment en Angleterre. De 1974 à 1982, il est violon solo puis chef associé à l'Orchestre National du Capitole de Toulouse. Il donne, avec le Trio Tortelier, la première audition mondiale du *Trio en do mineur* de Grieg (Festival de Lucerne, 1977). Yan-Pascal Tortelier joue sur un violon de Carlo Bergonzi (Crémone, 1727). En 1988, il est nommé directeur musical de l'Ulster Orchestra, à Belfast. En 1991, il devient chef permanent du BBC Philharmonic Orchestra de Manchester. Il a créé des œuvres de David Matthews (*A Vision and a Journey,* 1993).

Toscanini, Arturo

Chef d'orchestre italien, né à Parme le 25 mars 1867, mort à Riverdale (États-Unis) le 16 janvier 1957.

Il naît dans une famille modeste nourrie d'idéal républicain, et entre au Conservatoire de sa ville natale (1876) où il étudie le violoncelle avec Leandro Carini et la composition avec Giusto Dacci. Il se produit pour la première fois en public comme violoncelliste, chef et compositeur, en 1884. Répétiteur d'harmonie (1884-85), il obtient son diplôme de sortie du Conservatoire en 1885 et est engagé comme répétiteur par une troupe lyrique pour une tournée au Brésil. Le 30 juin 1886, après la défaillance de plusieurs chefs, il prend la baguette et dirige *Aïda* de mémoire. Devant le triomphe obtenu, l'imprésario lui confie les onze autres opéras représentés jusqu'à la fin de la tournée. De retour en Italie, il dirige au Teatro Regio de Turin (1886) et se fait engager comme second violoncelle à la Scala de Milan pour participer à la création d'*Otello* de Verdi. Pendant les années qui suivent, il dirige en Italie tous les opéras du répertoire avec des troupes et des orchestres médiocres. C'est à cette dure école qu'il fortifie sa volonté de ne jamais transiger avec le respect de l'œuvre. Au cours de la saison 1890-91, il est chef adjoint au Teatro Liceo de Barcelone. En 1892, il crée *Paillasse* de Leoncavallo à Milan. Il joue de plus en plus à Turin, y donne son premier concert symphonique (1896), y dirige, la même année, la création mondiale de *La Bohème* de Puccini et, en 1898, dans le cadre de l'Exposition universelle, la première audition en Italie de trois des *Quatre Pièces sacrées* de Verdi, compositeur qu'il a la joie de rencontrer. Il est directeur de la Scala de Milan (1898-1903) où il donne de nombreuses œuvres pour la première fois en Italie (*Les Maîtres chanteurs,* 1898, *Siegfried,* 1899, *Eugène Onéguine,* 1900, *Euryanthe,* 1902, *Pelléas et Mélisande,* 1908). Il crée *Zaza* (1900) de Ruggero Leoncavallo et *Germania* (1902) d'Alberto Franchetti. Il dirige les débuts de Caruso et de Chaliapine. Les inimitiés que lui vaut son intransigeance artistique lui font abandonner ce poste qu'il retrouve en 1906-08. Il quitte cette scène lyrique après l'avoir portée au plus haut niveau pour prendre la direction artistique du Metropolitan Opera de New York (1908-15). Les créations mondiales – *La Fanciulla del West* de Puccini (1910), *Madame Sans-Gêne* de Giordano (1915) – et les premières américaines – *Ariane et Barbe-Bleue* de Dukas (1911), *Boris Godounov* de Moussorgski (1913), *L'Amore dei tre re* de Montemezzi (1914) – se multiplient. A la suite de différends inexpliqués, il démissionne et retourne en Europe. Il dirige au front et, malgré l'hostilité du public italien, maintient les œuvres allemandes à ses programmes. Il reprend ses fonctions de directeur de la Scala (1920-29) où il assure la création mondiale de *Debora e Jaele* (1922) et de *Fra Gherardo* (1928) d'Ildebrando Pizzetti, de *Nerone* (1924) d'Arrigo Boito, de *La cena delle beffe* (1924) de Umberto Giordano, de *I cavalieri di Ekebù* (1925) de Riccardo Zandonai, de *Turandot* (1926) que Giacomo Puccini avait laissé inachevé. Son premier enregistrement date de 1920. Son hostilité au fascisme l'amène à diriger de plus en plus à l'étranger. Il est nommé directeur de l'Orchestre Philharmonique de New York (1928-36) et donne son premier concert radiodiffusé en 1927. Il fait ses débuts à Bayreuth (1929), triomphe à Paris, Vienne et Berlin (1930). Il crée les *Fêtes romaines* de Respighi (1929). En protestation devant les persécutions raciales, il refuse de retourner à Bayreuth. Il se produit pendant trois ans au Festival de Salzbourg, jusqu'à l'Anschluss. En 1937, il se brouille avec Furtwängler, qu'il soupçonne d'indulgence envers le nouveau régime allemand, et va diriger l'Orchestre Symphonique de Palestine. La NBC décide alors de recruter pour lui un orchestre. Artur Rodzinski et Pierre Monteux en assurent les premières séances de travail. Le soir de Noël 1937 a lieu, sous sa direction, le premier concert diffusé de la nouvelle formation. Pendant dix-sept ans, au rythme d'une émission par semaine, Toscanini va offrir aux foyers américains toute l'étendue de son répertoire (117 opéras de 53 compositeurs, 480 œuvres symphoniques de 175 compositeurs...). Il encourage les jeunes compositeurs : il crée des œuvres de Samuel Barber (*Premier Essai,* 1938 ; *Adagio pour cordes,* 1938), Paul Creston (*Two Choric Dances,* 1942), Morton Gould (*A Lincoln Legend,* 1941), il dirige la première audition américaine de la *Symphonie n° 7* de Chostakovitch en 1942). Il revient en Italie, donne un concert pour la réouverture de la Scala (1946), est nommé sénateur à vie par la République italienne (1948) et encourage les débuts du jeune chef Guido Cantelli. Il dirige son dernier concert le 4 avril 1954. On ne parle pas de Toscanini en termes ordinaires. Ses colères sont passées à la postérité, mais aussi la rigueur et la passion de sa direction. Incomparable chef lyrique, notamment pour les opéras de Verdi, il demeure un des tout premiers chefs symphoniques de notre temps. Busoni lui a dédié son opéra *Turandot*, Kodály sa *Symphonie « in memoriam »* et la seconde version de *Soir d'été,* écrite à sa demande.

Tourel, Jennie
(Jennie Davidovitch)

Mezzo-soprano russe naturalisée américaine (1946), née à Saint-Pétersbourg le 22 juin 1900, morte à New York le 23 novembre 1973.

Montrant des dons précoces, elle apprend à six ans la flûte et à huit le piano, qu'elle envisage de continuer professionnellement, avant la révélation de ses dons vocaux. De 1926 à 1928, elle suit à Paris l'enseignement d'Anna El-Tour, et débute en 1931 avec l'Opéra Russe de Paris. Engagée à l'Opéra-Comique de 1933 à 1940, elle y chante *Carmen* et *Mignon,* rôle de ses débuts au Met en 1937. Réfugiée aux États-Unis, elle trouve difficilement des engagements à l'Opéra de Montréal, à la New Opera Company et au New York City Opera, avant de chanter *Roméo et Juliette* avec Toscanini (1942) et Koussevitzky et *Alexandre Nevski* avec Stokowski. Des débuts brillants en concerts au Town Hall de New York lui ouvrent enfin les portes du Met (1944) où elle chante *Carmen, Mignon,* Adalgisa de *Norma* et Rosine (1945, première mezzo à oser le chanter au Met, conformément au souhait de Rossini). Elle chante à Londres (1947), en Israël (1949), à Venise (1951, pour la création de *Rake's Progress* de Stravinski), crée également la *Jeremiah Symphony* de Bernstein (qui l'accompagne souvent en récital) et la nouvelle version de *Das Marienleben* de Hindemith. Elle joint à une voix d'une qualité et d'une étendue remarquables (du sol grave au contre-ut) une musicalité profonde. Elle a enseigné à la Juilliard School et, à partir de 1969, à la Ruben Academy of Music de Jérusalem. Elle a également créé des œuvres de Samuel Barber (*4 Songs,* op. 13).

Tournemire, Charles

Organiste et compositeur français, né à Bordeaux le 22 janvier 1870, mort à Arcachon le 3 novembre 1939.

Il est l'élève de Bériot pour le piano, de Taudou pour l'harmonie, de Franck et de Widor pour l'orgue (1er prix au Conservatoire en 1891). Après un rapide passage à la tribune de Saint-Nicolas-du-Chardonnet, il succède à Gabriel Pierné à Sainte-Clotilde, en 1898 ; il y restera jusqu'à sa mort. A partir de 1919, il enseigne au Conservatoire de Paris dans une classe de musique d'ensemble. Imprégné de la souple beauté des monodies grégoriennes, qu'il aime aller méditer à l'abbaye de Solesmes, il veut doter l'orgue catholique d'un corpus musical liturgique : c'est ainsi que naît, de 1927 à 1932, *L'Orgue Mystique,* divisé en cinquante et un offices pour les dimanches de l'année et les fêtes essentielles. En paraphrases libres, tantôt majestueuses, tantôt douces et recueillies, toujours d'un coloris harmonique varié, où l'influence debussyste tempère ce qu'aurait de plus sévère celle d'un Widor ou d'un Vincent d'Indy, cette œuvre donne une idée juste de ce qu'a pu être le talent d'improvisateur de Tournemire. Esthétique de la séduction, du flamboiement, de l'orgue symphonique devenu vitrail, tel est sans doute ce qui a marqué l'apport essentiel de l'art de Tournemire et que deux de ses disciples, Daniel-Lesur (qui fut son suppléant à Sainte-Clotilde) et surtout Olivier Messiaen ont reconnu.

Tournier, Marcel

Harpiste français, né à Paris le 5 juin 1879, mort à Paris le 12 mai 1951.

Il travaille au Conservatoire de Paris avec R. Martenot et A. Hasselmans et y remporte un 1er prix de harpe en 1899. Élève de Caussade et de Lenepveu, il obtient le 2e grand prix de Rome avec sa cantate *La Roussalka* (1909) et le prix Rossini pour une autre cantate, *Laure et Pétrarque*. Il est nommé professeur de harpe au Conservatoire de Paris (1912-48) et forme pratiquement tous les harpistes contemporains. Il a considérablement augmenté les possibilités de l'instrument (accords glissés, glissés de pédale, combinaisons d'homophones, d'harmoniques). On lui doit également la simplification de l'écriture des glissandos. Il nous laisse un important catalogue d'œuvres pour la harpe (*Étude de concert*, *Vers la source dans le bois*, 2 *Sonatines*, *Jazz Band*, 12 *Images*, *Féerie* avec quatuor à cordes) mais aussi pour le piano, le violon, le violoncelle et les voix.

Touvron Guy

Trompettiste français, né à Vichy le 15 février 1950.

Élève, à partir de l'âge de seize ans, de Maurice André au Conservatoire de Paris, il voit ses études sanctionnées par deux premiers prix : cornet en 1968 et trompette en 1969. Il obtient ensuite trois grands prix internationaux : 1971 à Munich, 1974 à Prague et 1975 à Genève. Successivement, il occupe les fonctions de trompette solo à l'Opéra de Lyon (1969-72), à l'Orchestre Philharmonique de Radio France (1972-75), et à l'Orchestre de Lyon, depuis 1975. En 1974, il est nommé professeur au Conservatoire de Lyon et fonde, la même année, le quintette de cuivres qui porte son nom. Il mène par ailleurs une importante carrière de soliste. Il enseigne à l'Académie de musique Tibor Varga de Sion (Suisse). Il a créé une œuvre de Tolia Nikiprowetzky (*Concerto pour trompette,* 1988).

Traubel, Helen

Soprano américaine, née à Saint Louis le 20 juin 1899, morte à Santa Monica (Californie) le 28 juillet 1972.

Elle travaille le chant avec Vetta Karst et débute en concert en 1925 avec l'Orchestre Symphonique de Saint Louis. Ses débuts sur scène ne datent que de 1937, lors de la création de l'opéra de Walter Damrosch, *The Man without a Country*, au Met. Deux ans plus tard, elle chante Sieglinde à Chicago. Après le départ de Flagstad du Met, elle devient la première soprano wagnérienne de la compagnie (1941-53). C'est surtout dans ce répertoire qu'elle s'impose. En 1950, elle aborde le rôle de la Maréchale dans *Le Chevalier à la rose*. Elle chante également à Chicago, San Francisco, Philadelphie et au Colón de Buenos Aires. En Europe, elle ne se produit qu'en concert, après la guerre. À partir de 1953, elle chante dans des cabarets, ce qui provoque une rupture avec Rudolf Bing. Elle quitte le Met et se consacre à la comédie musicale et au cinéma. En 1955, elle triomphe à Broadway dans *Pipe Dream* de Richard Rodgers. A l'écran, elle tourne notamment dans *Au fond de mon cœur* (1954) et *Le Tombeur de ces dames* (1961).

ÉCRITS : *Saint Louis Woman* (1959), autobiographie, et de nombreux romans policiers, dont *Meurtre au Met* qui remporte un certain succès.

Traxel, Josef

Ténor allemand, né à Mayence le 29 septembre 1916, mort à Stuttgart le 8 octobre 1975.

Il fait des études de composition et de direction d'orchestre à la Hochschule für Musik de Darmstadt. Mobilisé, il est blessé pendant la guerre et débute à l'improviste, en 1942, sans formation préalable, dans Don Ottavio à l'Opéra de Mayence, ville où il était hospitalisé. Il reprend les combats, est fait prisonnier et dirige un orchestre dans son camp. Il s'installe à Nuremberg, où il débute comme ténor lyrique en 1946. A partir de 1952, il fait partie de l'Opéra de Stuttgart, puis il enseigne à la Hochschule für Musik de cette ville. Il chante à Salzbourg (débuts en 1952 pour la création de *L'Amour de Danaé* de R. Strauss), Bayreuth (Froh, Steuermann, Stolzing, Erik, Walther, 1954-58), Paris (1957-59), Berlin, Vienne et Munich. Son répertoire lyrique, essentiellement allemand, s'étend de Mozart à Wagner mais il chante aussi *La Traviata, Carmen, La Dame blanche* ou *Le Postillon de Longjumeau.* A partir de 1963, il enseigne à la Musikhochschule de Stuttgart. Il se produit également en concert, notamment dans les oratorios et les passions de Bach : il reste l'un des plus grands évangélistes de son temps. Il a créé des œuvres de Paul Hindemith (*Mainzer Umzug,* cantate) et Richard Strauss (*L'Amour de Danaé,* rôle de Mercure, Salzbourg, 1952).

Tretiakov, Victor

Violoniste russe, né à Krasnoiarsk le 17 octobre 1946.

Sa mère lui donne ses premières leçons de musique. A partir de six ans, il travaille à l'École de musique d'Irkoutsk. Son professeur de violon est Y. Gordin. Celui-ci l'envoie à Moscou à l'École centrale de musique un an plus tard (1953). Il travaille avec Yuri Jankelevitch dans cette école puis au Conservatoire de Moscou. Il remporte un 1er prix au Concours Tchaïkovski (1966), puis entame une carrière internationale. En 1983, il est nommé à la tête de l'Orchestre de Chambre d'État de l'URSS (ancien Orchestre de Chambre de Moscou).

Trillat, Ennemond

Pianiste et compositeur français, né à Lyon le 5 décembre 1890, mort à Lyon le 10 juillet 1980.

Élève de Philipp, Risler et Vierne, professeur de piano pendant vingt ans au Conservatoire de Lyon, il devait en devenir le directeur en 1941. Connu comme concertiste – encore qu'il ne quittât guère sa cité natale –, Ennemond Trillat fut aussi un musicologue éminent. Il s'attacha, en particulier, à la réalisation d'œuvres françaises et italiennes, dont celles de Jean-Marie Leclair et d'Alessandro Scarlatti. Il a créé *Menuet sur le nom de Haydn* de Ravel et *Hommage à Haydn* de Debussy (1911). Comme compositeur, Trillat laisse quelques mélodies, des œuvres chorales et des pièces pour piano et pour orgue.

Trouard, Raymond

Pianiste français, né à Étampes le 9 août 1916.

Il entre au Conservatoire de Paris en 1929 où il obtient un 1er prix de piano en 1933 et un 2e prix de direction d'orchestre en 1937. Ses professeurs sont André Bloch, Joseph Mozpain, Victor Staub, Émil Sauer, Marcel Dupré, Paul Dukas, Philippe Gaubert et Bruno Walter. Il bénéficie des conseils d'Yves Nat, de Serge Rachmaninov, de Manuel Infante et de Maurice Ravel. Son premier récital date de 1935. En 1939, il remporte le 1er Grand Prix Louis Diémer. Il joue à ses débuts sous la direction de Philippe Gaubert et de Pierre Monteux. En 1969, il est nommé professeur au Conservatoire de Paris. Il s'illustre dans le répertoire traditionnel de l'instrument au cours d'une brillante carrière internationale.

Troyanos, Tatiana

Mezzo-soprano américaine, née à New York le 12 septembre 1938, morte à New York le 21 août 1993.

Son père est d'origine grecque, sa mère allemande. Elle reçoit sa formation à la Juilliard School of Music de New York où elle travaille avec Hans Heinz. En 1963, elle débute au New York City Opera dans Hippolyta du *Songe d'une nuit d'été* de Britten et y chante régulièrement pendant deux ans (Carmen, Chérubin, Marina, Jocaste). Puis Rolf Liebermann l'engage à l'Opéra de Hambourg où elle devient l'une des cantatrices les plus fêtées (1965-75). Son premier rôle est celui de Preziosilla (*La Force du destin*) en 1965. Un an plus tard, elle débute au festival d'Aix-en-Provence dans le Compositeur (*Ariane à Naxos* de R. Strauss). En 1967, elle triomphe à l'Opéra de Montréal, à l'occasion de l'Exposition universelle. L'année suivante, elle incarne la Marguerite de Berlioz (*La Damnation de Faust*) à l'Opéra de Marseille. En 1969, elle participe à la création des *Diables de Loudun*, de Penderecki, à Hambourg (rôle de Jeanne la prieure). Sur cette scène, elle chante des rôles aussi divers que Dorabella, la Vieille Gouvernante d'*Albert Herring* de Britten, Vénus, Amneris, Marguerite. En 1969, elle débute à Covent Garden à Londres et au Festival de Salzbourg dans *Le Chevalier à la rose* (Octavian) ; en 1971, au Lyric Opera de Chicago, dans *Werther* (Charlotte) et à l'Opéra de Washington dans *Ariodante* de Haendel (pour l'inauguration du Kennedy Center) ; en 1976 au Metropolitan Opera de New York (Octavian) ; en 1977 à l'Opéra de Paris (Octavian) et à la Scala de Milan dans *La Norma* (Adalgisa). A Salzbourg, elle chante également Chérubin et Sextus (*La Clémence de Titus*), à Covent Garden, Carmen et le Compositeur, à Paris, Charlotte en 1984. La même année, elle crée le rôle-titre de *Monna Vanna* de Rachmaninov à Saratoga (version de concert). Au Met, elle participe à environ deux cents représentations jusqu'au début des années quatre-vingt-dix, et chante la plupart des rôles de son immense répertoire : Carmen, Santuzza, Amneris, Eboli, Poppée, Vénus, la comtesse Geschwitz (*Lulu*), Orlofsky (*La Chauve-Souris*), Cassandre (*Les Troyens,* 1983), Brangäne (1984), Kundry, Giulietta (*Les Contes d'Hoffmann,* 1987), Dorabella (1990), etc. En 1992, elle participe à la création de *The Voyage* de Phil Glass au Met. Elle a marqué son époque dans *Carmen,* véritable événement scénique et musical.

Tucker, Richard
(Reuben Ticker)

Ténor américain, né à Brooklyn le 28 août 1913, mort à Kalamazoo le 8 janvier 1975.

Fils d'un émigrant roumain, il prend ses premières leçons de chant avec le cantor d'une synagogue de New York où il chante depuis l'âge de six ans. Il entre dans le commerce des vêtements et épouse la sœur du ténor **Jan Peerce**. Les succès de son beau-frère le poussent et il se met sérieusement à l'étude du chant avec Martino, Borghetti et Paul Althouse. A deux reprises il auditionne au Met, où il finit par se faire engager et débute le 25 janvier 1945 dans *La Gioconda*. Il restera jusqu'à sa mort le plus solide pilier de cette institution, participant durant ces trente ans à plus de six cents représentations dans plus de trente rôles différents. Ses débuts italiens datent de 1947 ; il est alors Enzo dans *La Gioconda*, pour les débuts italiens de Maria

Callas (Vérone). Il chante également à Chicago (1946-64), San Fancisco (1954-55), à Covent Garden (1957-58), à Vienne (1958), au Colón de Buenos Aires (à partir de 1960), à la Scala (1969).

Toute sa vie Richard Tucker a été un juif très dévot, ne chantant pas le jour du sabbat et officiant comme cantor lors des grandes fêtes religieuses. Parmi ses très nombreux disques se distinguent les intégrales d'*Aïda* dirigée par Toscanini, d'*Aïda* et de *La Force du destin* au côté de Maria Callas.

Tuckwell, Barry

Corniste et chef d'orchestre australien, né à Melbourne le 5 mars 1931.

Il débute à l'âge de quinze ans à Melbourne et à Sydney, alors même qu'il étudie au Conservatoire de cette dernière ville avec Alan Mann. Il fait partie de l'Orchestre Symphonique de Sydney (1947-50). En 1950, il se rend en Angleterre où il profite des conseils de Dennis Brain. Il fait partie du Hallé Orchestra de Manchester (1951-53), du Scottish National Orchestra (1953-54) avant d'être cor solo à l'Orchestre Symphonique de Bournemouth (1954-55) et à l'Orchestre Symphonique de Londres (1955-68). Il fonde en 1948 le Tuckwell Wind Quintet. De 1963 à 1974, il enseigne à la Royal Academy of Music de Londres avant de se consacrer totalement à une carrière de soliste particulièrement brillante. Il est considéré comme l'un des meilleurs représentants actuels de l'École de cor anglaise, dans la tradition de Dennis Brain. Invité comme chef d'orchestre en Australie, il y dirige l'Orchestre Symphonique de Tasmanie (1981). En 1982, il est nommé directeur musical du Maryland Symphony, aux États-Unis. Il a créé des œuvres de Don Banks (*Concerto pour cor*), Richard Rodney Bennett (*Acteon,* 1977), Iain Hamilton (*Sonata notturna* et *Voyage*), Alun Hoddinott (*Sonate pour cor et piano,* 1971), Robin Holloway (*Concerto pour cor*), Thea Musgrave (*Concerto pour cor,* 1971), Herbert Willi (*Trio avec cor,* 1992).

ÉCRITS : *Playing the Horn* (1978). *Horn* (1983).

Turban, Ingolf

Violoniste allemand, né à Munich le 17 mars 1964.

Issu d'une famille de médecins, il commence à étudier le violon dès l'âge de cinq ans. Tout en poursuivant ses études secondaires, il est l'élève de Gerhart Hetzel à la Musikhochschule de Munich à partir de 1976. En 1980, il remporte le 1er prix au concours Jugend musiziert. Il se perfectionne ensuite aux États-Unis, à Aspen (Colorado), avec Jens Ellerman et Dorothy DeLay. Diplômé de la Musikhoschschule de Munich en 1985, il est aussitôt engagé comme Konzertmeister de l'Orchestre Philharmonique de Munich (1985-88), poste qu'il abandonne pour se consacrer exclusivement à une carrière de soliste.

Tureck, Rosalyn

Pianiste américaine, née à Chicago le 14 décembre 1914.

Elle fait ses débuts à neuf ans. Elle étudie avec Sophia Brilliant Liven (1925-29), Jan Chiapusso (1929-31) et Gavin Williamson (1931-32). Elle entre à la Juilliard School de New York et s'y perfectionne avec Olga Samaroff (1932-35). Sa carrière est essentiellement consacrée à Bach qu'elle joue surtout au piano mais aussi au clavecin, à l'orgue électronique et même au synthétiseur ! Elle occupe de nombreuses fonctions professorales : Conservatoire de Philadelphie (1935-42), Mannes School de New York (1940-43), Juilliard School (1943-55 puis à partir de 1972), Université de Californie (1966-72). Elle fonde en 1966 l'International Bach Society.

ÉCRITS : *An Introduction to the Performance of Bach* (1959-60).

Turkovíc, Milan

Bassoniste croate naturalisé autrichien, né à Zagreb le 14 septembre 1939.

Il fait ses études musicales à Vienne et est engagé au sein de l'Orchestre du Mozarteum de Salzbourg. Puis il séjourne en RFA de 1961 à 1967, d'abord au sein de la Philharmonia Hungarica à Marl, puis comme basson solo de l'Orchestre Symphonique de Bamberg et membre du Quintette à vent de Bamberg. En 1967, il est nommé basson solo de l'Orchestre Symphonique de Vienne, poste qu'il conserve jusqu'en 1984 lorsqu'il se consacre uniquement à une carrière de soliste et à l'enseignement au Mozarteum de Salzbourg. Il joue également dans le Concentus Musicus de Vienne avec Nikolaus Harnoncourt et forme, en 1968, le Trio de Vienne avec le pianiste Helmut et le flûtiste Wolfgang Schulz. Il fait partie de l'Ensemble Wien-Berlin avec les principaux solistes des Philharmonies de ces deux villes. Il a créé le *Concerto pour basson* de Helmut Eder (1968).

Turner, Dame Eva

Soprano anglaise, née à Oldham le 10 mars 1892, morte à Londres le 16 juin 1990.

Elle étudie à la Royal Academy of Music de Londres et entre dans les chœurs de Carl Rosa en 1916. Elle débute à la scène dans *Tannhäuser* (un page). Elle étudie ensuite avec Richard Broad le répertoire de soprano dramatique, et est auditionnée par Toscanini qui l'engage pour la Scala en 1924 (Freia de *L'Or du Rhin*). Elle chante à Covent Garden de 1928 à 1948, à Chicago, Buenos Aires, Lisbonne... A son répertoire, on trouve essentiellement Wagner et Verdi, et elle est aussi l'une des plus grandes Turandot de l'histoire. Elle enseigne à l'Université d'Oklahoma de 1950 à 1959 et à la Royal Academy of Music à partir de 1959. Elle a participé à la création de la *Sérénade à la musique* de Vaughan Williams en 1938.

Turnovský, Martin

Chef d'orchestre tchèque, né à Prague le 28 septembre 1928.

A l'Académie de musique de Prague, il étudie le piano avec Robert Brock et la direction d'orchestre avec Karel Ančerl (1948-52). Par la suite, il recevra les conseils de George Szell (1956). Il débute en 1952 à la tête de l'Orchestre Symphonique de Prague et remporte, en 1958, le 1er prix au Concours international de Besançon. De 1960 à 1963, il est à la tête de l'Orchestre Philharmonique de Brno, puis il est nommé directeur musical de l'Orchestre Symphonique de la Radio de Plzeň (1963-67). A la même époque (1965-68), il effectue de nombreuses tournées à l'étranger avec les orchestres pragois. De 1966 à 1968, il dirige à l'Opéra de Dresde et est nommé directeur musical de la Staatskapelle de cette ville (1967-68). Il quitte son pays natal en 1968 et se fixe en Autriche où il mène une carrière de chef invité. Entre 1975 et 1980, il est premier chef à l'Opéra d'Oslo puis chef permanent à l'Opéra de Bonn (1978-83, puis 1985-86). En 1992, il prend la direction de l'Orchestre Symphonique de Prague, « FOK ».

U

Uchida, Mitsuko

Pianiste japonaise, née à Tōkyō le 20 décembre 1948.

Fille d'ambassadeur, elle quitte Tōkyō en 1961 pour s'installer à Vienne où elle fait ses études musicales à la Hochschule für Musik avec Richard Hauser (1961-68) et remporte le Concours Beethoven en 1969. Elle se perfectionne avec Wilhelm Kempff et Stefan Askenase et obtient le 2e prix au Concours international Frédéric Chopin à Varsovie (1970) ainsi qu'au Concours de Leeds (1975). Elle commence rapidement une carrière internationale, notamment à Londres, où elle réside à partir de 1972, et à Tōkyō, où elle donne en concert l'intégrale des sonates pour piano de Mozart (1982) avant d'en réaliser l'enregistrement à Londres (1983-87). Elle débute avec l'Orchestre Philharmonique de Berlin en 1984 puis présente à Londres l'intégrale des concertos de Mozart avec l'English Chamber Orchestra (1985-86) qu'elle grave sous la direction de Jeffrey Tate (1985-89). Ces deux cycles assurent sa réputation en quelques années. En dehors de Mozart, son répertoire s'étend de Beethoven à Britten et à Schoenberg.

Ughi, Uto

Violoniste italien né à Busto Arsizio (Varese) le 21 janvier 1944.

Il étudie le violon dès son plus jeune âge, en Italie du Nord, encouragé par ses parents. Il rencontre Enesco à l'Accademia Chigiana de Sienne, et reçoit son enseignement à Paris pendant deux ans, dès l'âge de douze ans. Il donne son premier concert à quatorze ans. Il étudie ensuite au Conservatoire de Genève, avec un élève de Carl Flesch, principalement sa technique, puis complète sa formation de musique de chambre à Vienne où il pratique en particulier la discipline du quatuor. Désirant, selon le conseil d'Enesco, ne pas commencer une carrière trop tôt, Ughi se consacre alors aux tournées de concerts, le menant aux États-Unis, en Amérique du Sud et en Afrique du Sud, souvent accompagné par le pianiste Lamar Crowson. Sa renommée internationale est désormais assurée. Entre 1987 et 1992, il dirige l'Orchestre de Chambre de l'Académie Sainte-Cécile de Rome. Élite de la jeune génération italienne, il participe depuis 1979 à l'organisation d'un festival de musique à Venise. Il possède deux Stradivarius, l'un daté de 1701, le *Kreutzer*, l'autre de 1714 qu'il a acheté à Itzhak Perlman au début des années quatre-vingt-dix.

Ugorski, Anatol

Pianiste russe, né à Leningrad le 28 septembre 1942.

Issu d'une famille modeste, il pratique le xylophone et chante dans son enfance avant d'être admis à l'École de musique du Conservatoire de Leningrad à l'âge de six ans. D'emblée, il est accepté dans les classes de piano et il poursuit ses études au Conservatoire de Leningrad avec Najda Gouloubovskaia (1960-65). Dès 1962, il commence à donner des récitals dans lesquels la musique contemporaine occupe une place prépondérante : création d'œuvres soviétiques et première audition en URSS de pages de Berg, Schoenberg, Messiaen et Boulez. Sa carrière ne suit pas le cursus traditionnel des pianistes soviétiques, avec passage obligé par les concours internationaux. Il se fait rapidement connaître par l'originalité de ses programmes et une approche du clavier hors norme. Il ne se reconnaît aucune influence, en dehors peut-être de Glenn Gould, l'un des rares pianistes occidentaux qu'il a l'occasion d'entendre à Leningrad et qui le marque profondément. Lors du premier séjour de Pierre Boulez en URSS, il applaudit trop chaleureusement. Convoqué devant le rectorat, il doit répondre de cet enthousiasme excessif et se voit traiter d'élément perturbateur. Il est relégué au rang d'accompagnateur des jeunes pionniers. Mais, malgré ce purgatoire, sa renommée ne cesse de croître. Sous la pression, la bureaucratie s'incline et lui donne une classe de piano au Conservatoire de Leningrad en 1982. Harcelé par le mouvement antisioniste, il quitte la Russie au printemps de 1990 pour se réfugier en Allemagne. Après quelques mois passés dans un camp de réfugiés, il parvient à se faire connaître et c'est la révélation dans le monde musical occidental. Pianiste complètement atypique, il avoue : « J'ai besoin de la provocation et j'aime bien jouer comme pour lancer un défi au public par la musique et ma manière de jouer. »

Uhde, Hermann

Baryton allemand, né à Brême le 20 juillet 1914, mort à Copenhague le 10 octobre 1965.

Après des études dans sa ville natale avec Philip Kraus, il y débute en 1936 (Titurel) et chante d'abord les rôles de basse à Brême (1936-38), à Fribourg (1938-40) et à Munich (1940-42). De 1942 à 1944, il entame sa carrière de baryton (Figaro, Scarpia, Escamillo, Don Giovanni) aux Pays-Bas. Enrôlé et capturé par les Alliés, il est libéré en 1947 et reprend sa carrière à Hanovre, appartenant successivement aux opéras de Hambourg (1948-50), Vienne (1950-51) et Munich (1951-60). Bayreuth l'invite de 1951 à 1960. Il y chante Gunther, Kurwenal, Telramund, le Hollandais, Klingsor et le Wotan de *L'Or du Rhin*. Il participe également au Festival de Salzbourg de 1949 à 1961 et y crée le rôle de Creon dans l'*Antigone* de Carl Orff (1949) et celui d'Elis Fröbom dans *Das Bergwerk zu Falun* de Rudolf Wagner-Régeny. Il est invité régulièrement au Met de New York (1955-60) et au Covent Garden (1953-60). Son répertoire comprend, outre les rôles wagnériens (il chante le Wanderer de *Siegfried* à l'Opéra de Paris en 1959), Pizzaro, Wozzeck, le Grand Inquisiteur... Il meurt en scène pendant une représentation de *Faust III* de Bentzon au Théâtre royal de Copenhague.

Uhl, Fritz

Ténor autrichien, né à Vienne-Matzleinsdorf, le 2 avril 1928.

En 1947, il commence l'étude du chant avec Elisabeth Rado à Vienne. Pendant ses études, il entreprend une tournée d'opérettes en Hollande. En 1950, il fait ses vrais débuts au Théâtre municipal de Graz. Après ce premier succès, il est engagé au Théâtre municipal de Lucerne, en 1952, et l'année suivante au Théâtre municipal d'Oberhausen. C'est alors qu'il commence à aborder les rôles de fort-ténor et se fait connaître comme interprète de Wagner. En 1957, il est engagé à l'Opéra de Munich, tout en chantant épisodiquement, mais avec grand succès, à l'Opéra de Vienne et à l'Opéra de Stuttgart. En tant que grand ténor wagnérien, il est appelé au Festival de Bayreuth, en 1958, où il s'impose en Erik (*Le Vaisseau fantôme*) et comme Loge puis Siegmund (*Tétralogie*). Il participe également au Festival de Salzbourg de 1968 à 1985.

Unger, Gerhard

Ténor allemand, né à Bad Salzungen, le 26 novembre 1916.

Il étudie au Conservatoire de Berlin, mais ses débuts sont retardés à cause de la guerre. Dès 1945, il s'impose comme concertiste et spécialiste d'oratorios. En 1947, il débute au Théâtre national de Weimar où il reste cinq ans. En 1949, il est appelé à l'Opéra de Berlin où il remporte un succès aussi populaire comme ténor bouffe que comme ténor lyrique. Il est invité à l'Opéra de Vienne, à l'Opéra de Dresde et dans plusieurs autres importantes maisons européennes. En 1951-52, on l'admire au Festival de Bayreuth dans un de ses meilleurs rôles, David (*Les Maîtres chanteurs*). Il participe également au Festival de Salzbourg. Il entreprend alors une grande carrière de concertiste à travers l'Europe, tout particulièrement dans les œuvres de Bach. En 1961, il est engagé comme pensionnaire de l'Opéra de Stuttgart, tout en étant invité permanent de l'Opéra de Hambourg.

Uninsky, Alexandre

Pianiste russe naturalisé américain, né à Kiev le 2 février 1910, mort à Dallas le 19 décembre 1972.

Il fait ses études musicales aux conservatoires de Kiev et de Moscou, puis à Paris. En 1932, il remporte le 1er prix au Concours international Frédéric Chopin de Varsovie et commence une carrière internationale marquée par sa prédilection pour ce compositeur. Il se fixe aux États-Unis en 1943. En 1955, il est nommé professeur au Conservatoire de Toronto puis à l'Université de Dallas.

Upshaw, Dawn

Soprano américaine, née à Nashville (Tennessee) le 17 juillet 1960.

Elle fait ses études à la Wesleyan University dans l'Illinois (jusqu'en 1982), puis travaille le chant avec Ellen Faull à la Manhattan School of Music de New York (1982-84). Elle suit également les cours de Jan DeGaetani à l'École de musique d'Aspen (Colorado). En 1984, elle remporte les Young Concert Artists International Auditions et entre dans le programme de développement des jeunes artistes du Metropolitan Opera. Elle est colauréate du Concours international Naumburg de New York en 1985. Après avoir interprété de petits rôles au Met, elle aborde des rôles importants comme Anina de Donizetti et Despina de Mozart en 1988, puis Suzanne, Pamina, Ilia... Elle est invitée au Festival d'Aix-en-Provence (*The Rake's Progress*, 1992), à celui de Salzbourg (Barberine en 1986 puis l'Ange de *Saint-François d'Assise* de Messiaen en 1992) et reprend ce dernier rôle la même année à l'Opéra Bastille. En 1993, elle chante Pamina au Met. Elle mène en outre une carrière de soliste et donne des récitals. Son répertoire de concert s'étend de la musique ancienne aux partitions d'avant-garde. Elle a créé des œuvres de John Harbison (*Simple Daylight,* mélodies), Stephen Mackey (*Among the Visiting).*

Ursuleac, Viorica

Soprano roumaine, née à Czernowitz le 26 mars 1894, morte à Ehrwald (Autriche) le 22 octobre 1985.

Elle étudie à Vienne auprès de Philip Forsten et de Franz Steiner, et reçoit plus tard des conseils de Lilli Lehmann. Elle fait ses débuts en 1922 à Agram dans le rôle de Charlotte. Elle se produit successivement à Czernowitz (1923-24), à la Volksoper de Vienne (1924-26, avec Weingartner), à l'Opéra de Francfort (1926-30) avec **Clemens Krauss**, qu'elle épouse, à l'Opéra de Vienne (1930-35), à la Staatsoper de Berlin (1935-37) et enfin à l'Opéra de Munich (1937-44) où elle se dévoue avec son mari à la cause de leur ami Richard Strauss. Elle crée ainsi *Arabella* (Dresde, 1933), *Jour de paix* (1938), *Capriccio* (1942), *L'Amour de Danae* (1944, au cours d'une « couturière », avant la fermeture des théâtres par les nazis) et chante également *Elektra, Le Chevalier à la rose, La Femme sans ombre, Ariane à Naxos, Hélène l'Égyptienne.* Strauss lui dédie en remerciement *Jour de paix* et plusieurs lieder. Elle chante également Wagner (Senta et Sieglinde), Puccini (Tosca et Turandot), Verdi (Elisabeth de Valois), crée des opéras de Sekles, Krenek, D'Albert, en tout plus de quatre-vingts rôles chantés presque exclusivement en Allemagne et en Autriche (elle participe notamment au Festival de Salzbourg de 1930 à 1934, en 1942 et 1943), avec de rares apparitions à Covent Garden (1934) et au Colón de Buenos Aires (1948). Portée aux nues par Richard Strauss, Ursuleac eut la chance de voir ses rivales virtuelles éliminées à l'avènement du nazisme. Son art, sacrifiant toute exigence dramatique et musicale à la réalisation de belles sonorités, semble d'un autre temps.

V

Vaduva, Leontina

Soprano roumaine, née à Roşiile le 1er décembre 1960.

Elle commence ses études avec sa mère puis entre au Conservatoire de Bucarest. Elle remporte le Concours international de chant de Toulouse en 1986, le Concours de 's-Hertogenbosch aux Pays-Bas en 1987 et obtient le Prix Laurence Olivier à Londres en 1989. Elle fait ses débuts à Toulouse en 1987 dans le rôle de Manon, sous la direction de Michel Plasson. Elle se produit dans le rôle de Ninetta (*La Pie voleuse*) au Théâtre des Champs-Elysées en 1988, puis dans celui de Manon à Covent Garden. Elle revient à Londres dans une production de *Rigoletto* et interprète le rôle de Drusilla au Châtelet et au Grand-Théâtre de Genève. En 1990, elle se produit dans *Les Pêcheurs de perles* et dans *L'Elisir d'amore* à Toulouse ; elle interprète Manon à Montpellier, Bordeaux, Avignon, Paris (Opéra-Comique) et Vienne, Gilda à Londres (1989) et à Bonn (1990), Micaëla à Covent Garden. Elle chante *Les Contes d'Hoffmann* à Paris (Châtelet, 1991) et à Londres.

Vajnar, František

Chef d'orchestre tchèque, né à Strašice u Rokycan le 15 septembre 1930.

Il reçoit une formation de violoniste au Conservatoire de Prague où il travaille également la direction d'orchestre. Il entre dans l'Orchestre du Théâtre National de Prague (1950-53) puis prend la direction de l'Opéra des Forces armées tchécoslovaques à Prague (1953-55). Il est ensuite nommé au Théâtre d'État de Karlina à Prague (1955-60) et à l'Opéra d'Ostrava (1960-62). Entre 1962 et 1973, il est directeur du Théâtre Nejedly à Ústi nam Labem. Il est ensuite chef permanent au Théâtre National de Prague (1973-79) et chef permanent de l'Orchestre Symphonique de la Radio Tchécoslovaque (1979-85). A la même époque, il est l'un des invités permanents de la Philharmonie Tchèque et dirige régulièrement en Suède. Il enseigne à l'Académie des Arts de Prague. Entre 1985 et 1990, il est directeur artistique du Théâtre National de Prague dont il reste ensuite chef d'orchestre permanent.

Valdes, Maximiano

Chef d'orchestre chilien, né à Santiago le 17 juin 1949.

Il commence ses études musicales au conservatoire de sa ville natale (piano, violon et histoire de la musique). Puis, à partir de 1971, il travaille en outre la composition et la direction d'orchestre au Conservatoire Santa Cecilia de Rome. Après l'obtention d'un prix de piano en 1973, il se consacre exclusivement à la direction d'orchestre, suivant les cours de Franco Ferrara à Bologne, Sienne et Venise. De 1976 à 1980, il est assistant à la

Fenice. En 1977, il travaille à Tanglewood avec Bernstein et Ozawa. L'année suivante, il est lauréat du Concours de la Fondation Rupert à Londres et, en 1980, il remporte le 1er prix au Concours Malko de Copenhague et au Concours Vittorio Gui de Florence. Il est invité en Angleterre et en Scandinavie. En France, il dirige à l'Opéra de Paris. En 1984, il est nommé premier chef invité de l'Orchestre National d'Espagne. En 1986-87, il est également directeur de l'Orchestre Symphonique d'Euskadi (San Sebastian). En 1989, il est nommé directeur musical de l'Orchestre Philharmonique de Buffalo (États-Unis). Il a créé une œuvre de Renaud Gagneux (*Te Deum,* 1989).

Valente, Benita

Soprano américaine, née à Delano (Californie) le 19 octobre 1939.

Élève de Lotte Lehmann et de Martial Singher à Santa Barbara, elle travaille ensuite au Curtis Institute de Philadelphie, où elle obtient son diplôme en 1960. Elle débute au Festival de Marlboro en 1959 puis commence à chanter en Allemagne à partir de 1962. En 1963, elle débute au Met dans Pamina *(La Flûte enchantée)*, où elle est régulièrement réinvitée à partir de 1974 pour chanter Gilda *(Rigoletto)*, Violetta *(La Traviata)*, Orfeo et surtout Almirena (*Rinaldo* de Haendel, 1984) et Ilia (*Idoménée*, 1986). En Europe, elle chante à Dortmund, Zurich, Strasbourg, Amsterdam, Spoleto...

Valentini-Terrani, Lucia

Mezzo-soprano italienne, née à Padoue le 29 août 1946.

C'est à Padoue qu'elle fait ses études générales avant d'entreprendre des études musicales. Bardée de diplômes et ceinte de lauriers, elle fait ses débuts en 1969 au Teatro Grande de Brescia dans le rôle-titre de *La Cenerentola* de Rossini. En 1972, elle obtient le 1er prix du Concours Rossini organisé par la RAI. En 1973, elle est appelée à interpréter *La Cenerentola* à la Scala dans la nouvelle production de Jean-Pierre Ponnelle et Claudio Abbado. Elle y obtient un triomphe. A partir de là, elle chante dans les plus grands théâtres lyriques du monde.

En 1974, elle est Isabelle de *L'Italienne à Alger* au Met puis à la Scala. Ensuite, elle ajoute à son répertoire Rosine du *Barbier de Séville* et Charlotte de *Werther.* En 1979, à Los Angeles, elle chante pour la première fois le *Requiem* de Verdi, sous la direction de Carlo Maria Giulini. Par la suite, elle fait l'ouverture de la saison 1979-80 de la Scala dans le rôle de Marina, dans la nouvelle production de *Boris Godounov*, sous la direction de Claudio Abbado. Parallèlement, elle poursuit une brillante carrière de concertiste. En 1982, elle incarne Mrs Quickly (*Falstaff*) à Los Angeles sous la direction de Giulini. Elle possède une virtuosité vocale qui n'est pas sans rappeller celle d'Isabelle Colbran et la puissance dramatique d'une Marie Delna.

Valletti, Cesare

Ténor italien, né à Rome le 18 décembre 1921.

Il commence ses études à Rome et les poursuit avec Tito Schipa. Il débute en 1946 et sa carrière est très rapide, sur les plus grandes scènes italiennes, particulièrement dans le répertoire mozartien, ainsi que dans les rôles de la littérature bel canto classique. Après avoir remporté de très grands succès à la Scala (à partir de 1950) et à l'Opéra de Rome, il est invité à Covent Garden, à l'Opéra de Vienne, au Colón, à Paris et à Amsterdam, à San Francisco, Chicago et Rio de Janeiro. En 1953, il est appelé par le Met où il débute comme Don Ottavio (*Don Giovanni*). Il y chante jusqu'en 1962. Il participe triomphalement aux festivals de Glyndebourne, Aix-en-Provence et Vérone. En 1960, il se présente pour la première fois au Festival de Salzbourg dans un récital de mélodies allemandes, où il remporte un succès sans précédent. En 1967, il décide d'arrêter de chanter mais se produit une fois encore, l'année suivante, au Carramoor Festival dans *Le Couronnement de Poppée.*

Vallin, Ninon
(Eugénie Vallin-Pardo)

Soprano française, née à Montalieu le 8 septembre 1886, morte à Lyon le 22 novembre 1961.

Fille d'un père notaire, elle est élevée dans un milieu provincial où la stricte obédience était de règle. Elle apprend le chant « chez les sœurs ». Elle chante à l'église. Sa voix est si jolie que, courageusement, ses parents l'exilent à Lyon où elle entre au Conservatoire. Gédalge, en inspection à Lyon, l'entend et l'encourage à poursuivre ses études musicales à Paris. Nouvel exil, mais combien fructueux ! Gabriel Pierné, alors directeur des Concerts Colonne, l'engage « à l'essai ». Elle est une fille-fleur dans un *Parsifal*, où Felia Litvinne est Kundry. On la remarque. Elle hérite de quelques phrases dans le *Faust* de Schumann ou dans les grands oratorios de Bach. On lui donne Plamondon pour professeur ; le meilleur et le plus attentif qui soit. Elle chante dans quelques concerts en province. Et puis, c'est la chance : on cherche sept Coryphées pour la création du *Martyre de saint Sébastien* au Châtelet. Elle se présente devant un jury impressionnant qui l'engage. Le matin même de la création, elle apprend que Debussy exige qu'elle chante tous les soli. En un soir, elle est célèbre. Albert Carré l'engage à l'Opéra-Comique. Elle y débute en 1912 dans le rôle de Micaëla auprès de Marthe Chenal et de Léon Beyle, puis y chante avec un franc succès Mignon puis Mimi. Mais Albert Carré meurt. Il est remplacé par Gheusi. Elle ne s'entend pas avec lui et va chanter au Colón de Buenos Aires. C'est le départ d'une fulgurante carrière internationale qui conduira la petite et charmante provinciale française de Montevideo à New York, en passant par l'Europe entière. De loin en loin, les Parisiens l'applaudissent salle Favart dans *Manon, Werther, Les Noces de Figaro, Le Roi d'Ys, Paillasse* ou *La Vie brève.* Elle y crée les *Cadeaux de Noël* de Xavier Leroux (Clara), *Marie l'Égyptienne* de Respighi (Marie) et *La Sorcière* de Camille Erlanger (Manuella). A l'Opéra, où elle fit sa première apparition en 1920, on ne l'applaudit que dans *Thaïs* et dans *La Damnation de Faust* et puis, en 1935, dans un mémorable *Requiem* de Fauré. Elle a créé les *3 Poèmes de Mallarmé* de Debussy (1914), le *Sonnet « Doux fut le trait »* (1924) de Caplet et le premier des *Deux Poèmes de Ronsard* (1924) de Roussel, dont elle est dédicataire.

Van Asperen, Bob

Claveciniste néerlandais, né à Amsterdam le 8 octobre 1947.

Il commence ses études musicales à l'âge de sept ans. Puis il entre au Conservatoire d'Amsterdam où il suit les cours de Gustav Leonhardt (clavecin) et de S.C. Jansen (orgue). Il obtient son diplôme en 1971. Parallèlement, il étudie la musicologie à l'université. Il commence une carrière internationale en jouant régulièrement avec La Petite Bande et la Quadro Hotteterre. Il enseigne au Conservatoire Royal de La Haye (1973-88) puis au Conservatoire Sweelinck d'Amsterdam. En 1981, pour le troisième centenaire de la naissance de Telemann, il fonde l'ensemble Melante 81, qui joue sur instruments d'époque et qu'il dirige du clavecin. En 1987, il donne des cours à la Hochschule für Musik de Berlin.

Van Barentzen, Aline

Pianiste américaine naturalisée française, né à Somerville (États-Unis) le 7 juillet 1897, morte à Paris le 30 octobre 1981.

Enfant prodige, elle est admise au Conservatoire de Paris à l'âge de neuf ans, dans la classe de Marguerite Long et de Delaborde. A sa sortie, après un 1er prix, elle part se perfectionner avec Dohnányi à l'Académie impériale de Berlin, puis avec Leschetizky à Vienne. De retour aux États-Unis, elle enseigne à Philadelphie au Conservatoire, avant d'être nommée professeur de virtuosité au Conservatoire de Buenos Aires. Installée en France, après de multiples tournées internationales, elle est nommée professeur au Conservatoire de Paris en 1954. Villa-Lobos lui a dédié *A Prole do Bébé nº 2.* Elle a créé des œuvres d'Henri Martelli (*Fantaisie sur un thème malgache,* 1946) et de Florent Schmitt (*Hasards,* 1943).

Van Beinum, Eduard

Chef d'orchestre néerlandais, né à Arnhem le 3 septembre 1900, mort à Amsterdam le 13 avril 1959.

Il étudie le violon, l'alto au Conservatoire d'Amsterdam, ainsi que le piano avec J. B. De Pauw. Il est engagé en 1917 comme violoniste dans l'Orchestre d'Arnhem et fait ses débuts de pianiste avec l'Orchestre de Concertgebouw d'Amsterdam en 1920. Il reçoit des cours de composition de Sem Dresden. Il devient chef d'orchestre à Schiedam, à Zutphen, puis en 1927 se fixe à Haarlem où il défend notamment la jeune musique néerlandaise. En 1931, il est nommé second chef du Concertgebouw d'Amsterdam, en 1938 chef associé puis il succède à Mengelberg (1945-59). Il se produit alors fréquemment en tournée à l'étranger et enregistre de nombreux disques. En 1946, il remplace Albert Coates à la tête de l'Orchestre Philharmonique de Londres au Théâtre Stoll. Cela lui vaut plusieurs engagements à la tête de cet orchestre dont il est finalement nommé premier chef (1948-50) tout en restant étroitement associé au Concertgebouw. Il fait ses débuts aux États-Unis à la tête de l'Orchestre de Philadelphie en 1954. En 1956, il est nommé directeur musical de l'Orchestre Philharmonique de Los Angeles. Une fondation E. Van Beinum est établie après sa mort. Elle organise un Centre international de rencontres de musiciens à Brenkelen. Les compositeurs néerlandais Andriessen, Badings, Henkemans, Van der Horst, Orthel, Pijper, Vermeulen, ont entendu leurs œuvres créées par Beinum. De même, en Angleterre, Arnold et Britten (*Spring Symphony*, 1949).

Van Cliburn (Harvey Lavan Jr.)

Pianiste américain, né à Shreveport (Louisiane) le 12 juillet 1934.

Sa mère lui enseigne le piano jusqu'à l'âge de dix-sept ans. Elle était l'élève de Friedheim. Ses débuts ont lieu alors qu'il est âgé de quatre ans, et il remporte un concours local au Texas à l'âge de treize ans. L'année suivante, il obtient le 1er prix au National Musical Festival à Carnegie Hall. Désormais célèbre, il suit les cours de Rosina Lhévinne à la Juilliard School dès 1951. A partir de cette date, il collectionne les prix, qui lui procurent une célébrité tout à fait moyenne, ce faisant. C'est son 1er prix au Concours Tchaïkovski de Moscou qui lui assure un triomphe. En pleine guerre froide, peu de temps après le succès soviétique du Spoutnik, le public américain a accueilli ce prix comme une victoire nationale. Van Cliburn eut droit à un triomphe new-yorkais digne de Lindberg après sa traversée de l'Atlantique, lors de la traditionnelle « ticker-tape parade ». Curieusement, à partir du milieu des années soixante, le style parfaitement maîtrisé du pianiste a perdu ses couleurs et sa grandeur, tandis que son répertoire s'amenuisait considérablement. Là où l'on admirait la richesse sonore du phrasé de Van Cliburn, on ne trouvait plus qu'affectation et emphase un peu ridicule. C'est à cette époque que chacun de ses récitals commençait par l'hymne au drapeau américain. Après s'être essayé sans succès à la direction d'orchestre, Van Cliburn s'est retiré en 1978, non sans avoir fondé auparavant le Concours de Fort Worth au Texas qui porte son nom et qui a couronné des pianistes comme Nicolaï Petrov, Radu Lupu, Cristina Ortiz, Christian Zacharias... En 1989, il reprend le chemin de la scène avec un concert à Philadelphie, point de départ d'une nouvelle carrière.

Van Dam, José (Joseph Van Damme)

Baryton belge, né à Bruxelles le 25 août 1940.

Il étudie au conservatoire de sa ville natale avec Frederic Anspach, et sitôt sa sortie, en 1960, est engagé dans la troupe de l'Opéra de Paris, où il chante des petits rôles puis Escamillo en 1965. De 1965 à 1967, il est en troupe à Genève, puis de 1967 à 1973 à la Deutsche Oper de Berlin, où entre autres rôles il chante Figaro et Leporello. En 1968, il débute au Festival de Salzbourg (Tempo dans la *Rappresentazione di Anima e di Corpo* d'Emilio de Cavalieri) ; il y chante depuis régulièrement, aussi bien l'été (Jokanaan de *Salomé*, Figaro, le Sprecher de *La Flûte enchantée*, les quatre rôles de baryton des *Contes d'Hoffmann...*) qu'à Pâques (Rocco, Don Fernando de *Fidelio,* Ferrando du *Trouvère,* Amfortas, le Hollandais...). A partir de 1970, sa carrière devient internationale, avec ses débuts à la Scala et à Covent Garden, chaque fois dans Escamillo, comme encore au Met en 1975. Il chante également à Vienne depuis 1970 (Leporello), à San Francisco, et en concert à Chicago, Boston, Los Angeles, Tōkyō...

Il revient à l'Opéra de Paris à partir de 1973 pour y chanter cette fois les premiers rôles : Colline (de *La Bohème*), Méphisto, les quatre rôles des *Contes,* Leporello, Figaro, Isménor de *Dardanus* de Rameau et *Le Vaisseau fantôme.* Son répertoire comprend également Athanael, Golaud, Wozzeck, Philippe II. En 1983, il a créé l'opéra de Messiaen, *Saint François d'Assise,* au Palais Garnier. Au cinéma, il a tenu le rôle principal dans *Le Maître de musique* (1988). Il a créé une œuvre de Luigi Dallapiccola (*Ulisse,* 1968).

Vandernoot, André

Chef d'orchestre belge, né à Watermael-Boitsfort (Bruxelles) le 2 juin 1927, mort à Bruxelles le 6 novembre 1991.

Il effectue ses études musicales au Conservatoire de Bruxelles. Lauréat du Concours international de Besançon (1951), il part se perfectionner à Vienne, à l'Académie de musique. De 1954 à 1960, il dirige régulièrement l'Orchestre National de Belgique. Puis il est chef permanent à la Monnaie et au Koninklijke Vlaamse Opera avant de prendre la direction de l'Orchestre National de Belgique (1973-75) puis de l'Orchestre Symphonique de Haarlem, aux Pays-Bas. De 1977 à 1983, il est premier chef invité de la Philharmonie d'Anvers et, entre 1987 et 1991, il est à la tête de l'Orchestre Symphonique de la RTBF à Bruxelles.

Vandeville, Jacques

Hautboïste français, né à Paris le 16 octobre 1930.

Jacques Vandeville n'a pas commencé le hautbois dans son enfance, n'a pas étudié au Conservatoire de Paris, n'a obtenu aucun 1er prix dans la classe d'un illustre professeur. Il commence par faire des études supérieures comptables... Simultanément, depuis 1949, il apprend le hautbois tout seul et, en quelques années, se retrouve au niveau des plus grands. En 1954, il tente sa chance au Concours international de Munich où il remporte un 2e prix. En 1957, il obtient le Prix et la Médaille d'argent au Concours international de Moscou. En 1959, il triomphe en s'emparant de trois premiers prix aux Concours internationaux de Prague, Vienne et Genève. Soliste du Nouvel Orchestre Philharmonique de Radio France, il se passionne aussi pour la musique de chambre et fait partie de l'Ensemble à vent de Paris. Jacques Vandeville a créé un duo hautbois-luth avec Daniel Fournier et s'intéresse tout particulièrement aux œuvres du XVIIIe siècle. Il se fait également remarquer dans le domaine de la musique contemporaine par des créations françaises (*Concerto nº 3* de Maderna, *Capriccio* de Penderecki) et des premières mondiales de partitions dont il est le dédicataire, de Claude Ballif (*Solfegietto*), Philippe Capdenat (*Palindrome,* 1982), Jacques Charpentier (*Concerto pour hautbois,* 1974), Adrienne Clostre (*Dialogues* pour hautbois et orchestre de chambre, 1973), Maurice Ohana (*Sarc*), François Serrette (*Dora*), Antoine Tisné (*Dinos*), Pierre Wissmer (*Concerto pour hautbois,* 1968).

Van de Wiele, Aimée

Claveciniste belge, née à Bruxelles le 8 mars 1907, morte à Paris le 2 novembre 1991.

Après des études musicales faites au conservatoire de sa ville natale, elle vient à Paris étudier le clavecin auprès de Wanda Landowska et la musicologie avec André Pirro. Elle compose également des pièces pour son instrument où se retrouve son goût des registrations colorées et de la précision rythmique. Elle créa le *Concerto pour clavecin* de Migot (1967).

Van Dyck, Ernest

Ténor belge, né à Anvers le 2 avril 1861, mort à Berlaer-lez-Lierre le 31 août 1923.

Il s'essaie d'abord au droit et au journalisme, puis étudie le chant avec Saint-

Yves Bax et débute en 1884 à Anvers (*Lohengrin*). En 1887, il participe à la célèbre première française de *Lohengrin* à l'Eden Théâtre à Paris. Il se perfectionne alors auprès de Felix Mottl et débute triomphalement à Bayreuth en 1888 dans *Parsifal,* qu'il chante jusqu'en 1912 (son seul autre rôle sur la « colline verte » est Lohengrin en 1894). Il est attaché à l'Opéra de Vienne à partir de 1888 et y reste célèbre plus encore comme Werther ou Des Grieux que comme Tristan, Tannhäuser, Stolzing ou Loge, qu'il chante entre autres rôles à Londres de 1891 à 1907 et à New York de 1898 à 1902. Il se retire en 1914. Il a participé à la création de *Werther* en 1892.

Van Egmond, Max

Baryton-basse néerlandais, né à Semarang (Java) le 1er février 1936.

Rentré aux Pays-Bas, il hésite entre plusieurs disciplines, étudie la sociologie et la psychologie, puis il est présentateur à Radio Hilversum. Pendant ce temps, il étudie le chant avec Tine Van Willingen et, dès 1959, décide de se consacrer totalement à la musique. Cette même année, il remporte le Concours de chant de 's-Hertogenbosch ; en 1962, celui de Bruxelles ; en 1964, il remporte un prix à celui de Munich. Entre-temps, il a commencé une brillante carrière au concert (comme interprète d'oratorios) ce qui peu à peu l'entraîne dans le monde entier. Il se rend plusieurs fois aux États-Unis et au Canada. Il est fort apprécié comme interprète de Bach ; quant à son répertoire d'oratorios, il comprend aussi bien les œuvres baroques que les créations contemporaines. Il se spécialise également dans la mélodie. A quelques occasions particulières, il apparaît sur la scène d'un opéra, particulièrement dans des œuvres classiques.

Vaness, Carol

Soprano américaine, née à Los Angeles le 27 juillet 1952.

Elle fait ses études à l'Université Polytechnique et à l'Université d'État de Californie (Northridge) avec D. Scott. En 1977, elle débute à San Francisco dans Vitellia *(La Clémence de Titus)* et, deux ans plus tard, au New York City Opera (même rôle). Elle y chante régulièrement (Mimi, Leila...). Elle fait ses débuts européens à Bordeaux en 1981. En 1982, elle chante Donna Anna au Festival de Glyndebourne et Mimi au Covent Garden. Elle est invitée sur les plus grandes scènes européennes (Paris, Munich, Berlin, Vienne) et débute au Met en 1984 dans *Rinaldo* (Armida). Au cours des années suivantes, elle y chante les principaux rôles mozartiens (Fiordiligi, Vitellia, la Comtesse). Elle fait ses débuts à l'Australian Opera en 1985 où elle chante le répertoire verdien (Violetta, Amelia d'*Un bal masqué*). Elle incarne également Blanche de La Force *(Dialogues des Carmélites)*, Manon (Massenet) et Ariane (R. Strauss). A Salzbourg, elle reprend Vitellia sous la direction de Riccardo Muti qu'elle retrouve en 1990 à la Scala de Milan pour Elettra (*Idoménée*). En 1991, elle aborde *Anna Bolena* de Donizetti à Seattle et, en 1992, Elisabeth de Valois (*Don Carlos*) à San Francisco.

Van Immerseel, Jos

Claveciniste belge, né à Anvers le 9 novembre 1945.

Au Conservatoire Royal d'Anvers, il reçoit une formation très complète. Il est le premier musicien belge à obtenir un 1er prix pour trois instruments : piano (1963), orgue (1967), clavecin (1971). Ses professeurs sont : Eugène Traey (piano), Flor Peeters (orgue) et Kenneth Gilbert (clavecin). Il est lauréat de plusieurs concours internationaux : Munich (lecture à vue, 1963), Anvers (Prix Mortelmans de composition, 1966, Prix Annie Rutzky d'orgue, 1967). Par goût, il s'intéresse de plus en plus à la musique ancienne et il se perfectionne dans la classe de clavecin de K. Gilbert où il obtient le diplôme supérieur (1973).

Jos Van Immerseel est professeur au Conservatoire Royal d'Anvers (basse continue et clavecin) depuis 1972. En 1973, il remporte le 1er prix au Concours international de clavecin de Paris. Il développe rapidement une carrière de soliste à l'échelon international. A partir de 1982, il donne des master classes à l'Académie internationale du Musée Vleeshuis à Anvers et, entre 1981 et 1985, il est directeur artistique du Conservatoire Sweelinck d'Amsterdam. En 1985, il fonde l'orchestre baroque Anima Eterna dans le dessein d'exécuter les concertos pour clavecin de J. S. Bach mais dont le répertoire s'est rapidement élargi au fil des années pour devenir un orchestre classique. En 1992, il est nommé professeur de pianoforte au Conservatoire national supérieur de musique de Paris.

Van Kempen, Paul

Chef d'orchestre néerlandais, né à Zoeterwoude (Leiden) le 16 mai 1893, mort à Amsterdam le 8 décembre 1955.

Il reçoit une formation de violoniste et commence une carrière d'instrumentiste : à dix-sept ans, il fait partie du Concertgebouw d'Amsterdam dont il sera le violon solo. Il occupe auparavant (à partir de 1916) les mêmes fonctions à Posen et à Bad Nauheim. En 1932, se tournant vers la direction d'orchestre, il est nommé directeur musical à Oberhausen. Il enseigne également à Dortmund. Il est ensuite à la tête de la Philharmonie de Dresde (1934-42) avant de succéder à Karajan comme directeur général de la musique à Aix-la-Chapelle (1942-44). De 1949 à 1955, en marge d'une carrière de chef invité très intense, il enseigne la direction d'orchestre à l'Académie Chigiana de Sienne. De 1949 à 1955, il dirige l'Orchestre Philharmonique de la Radio d'Hilversum et, de 1953 à 1955, il est également directeur musical à Brême. Considéré comme l'un des successeurs de Mengelberg, Van Kempen est mort trop tôt pour voir sa renommée confirmée sur le plan international. Ses enregistrements sont rares mais témoignent d'un sens musical profond, comme l'intégrale des concertos pour piano de Beethoven où il accompagne Wilhelm Kempff.

Van Keulen, Isabelle

Violoniste néerlandaise, née à Amsterdam le 16 décembre 1966.

Elle commence l'étude du violon dès l'âge de six ans et donne son premier concert à dix ans. Puis elle travaille au Conservatoire Sweelinck d'Amsterdam avec Davina Van Wely. Lauréate du Concours de La Haye (1980) et du Concours Yehudi Menuhin à Folkestone (1983), elle travaille avec Boris Goutnikov et Vladimir Spivakov à l'Académie d'été de Tours (1983-84) sans interrompre ses études générales. En 1984, elle remporte à Genève le 1er prix au Concours de l'Eurovision « Jeunes musiciens de l'année ». Sa carrière démarre aussitôt au niveau international et discographique. Elle joue sur un Pietro Guarnerius (1702).

Van Mill, Arnold

Basse néerlandaise, né à Schiedam le 26 mars 1921.

Il suit les cours des conservatoires de Rotterdam et de La Haye puis termine sa formation avec de Beyl. Il débute en 1946, à la Monnaie. Il est ensuite invité aux Pays-Bas et en Belgique avant d'être engagé à l'Opéra d'Anvers, en 1950. Il appartiendra de 1951 à 1953 à la troupe de l'Opéra de Wiesbaden, mais dès 1952 il remporte son premier grand succès à l'Opéra de Berlin comme Zaccaria (*Nabucco*). En 1953, il chante au Mai Musical Florentin dans *Agnese di Hohenstaufen* (Spontini). En 1958, il chante au Colón de Buenos Aires. A partir de 1951, il participe au Festival de Bayreuth où il tient les divers emplois de basse profonde. Depuis 1953, il appartient à la troupe de l'Opéra de Hambourg, où il remporte de grands succès, et participe à de nombreuses créations dont *Les Diables de Loudun*. Il est invité fréquemment par l'Opéra de Vienne, l'Opéra de Paris, le San Carlos de Lisbonne, l'Opéra de Rio de Janeiro... Il participe également aux festivals de Hollande et d'Édimbourg, où il interprète, entre autres rôles, en 1956, Abul Hassan (*Le Barbier de Bagdad* de Cornelius). Sa voix puissante et grave, à l'expression intense d'intériorité, lui permet d'enregistrer avec autant de bonheur le roi Marke (*Tristan*), Ramphis (*Aïda*), Osmin (*L'Enlèvement au sérail*) et le Commandeur (*Don Giovanni*), autant de rôles qu'il a chantés dans le monde entier.

Van Otterloo, Willem

Chef d'orchestre néerlandais, né à Winterwijk le 27 décembre 1907, mort à Melbourne le 28 juillet 1978.

Il s'oriente d'abord vers la médecine qu'il étudie à Utrecht, puis il reçoit une formation de violoncelliste et de compositeur à Amsterdam avec Dresden (1928-32). Il débute comme violoncelliste dans l'Orchestre d'Utrecht dont il devient chef-assistant en 1933, puis premier chef en 1937. Sa carrière prend son véritable essor après la guerre lorsqu'il est nommé à la tête de l'Orchestre de la Résidence (Philharmonique) de La Haye (1949-73). De 1952 à 1955, il dirige également l'Orchestre Philharmonique de la Radio d'Hilversum. A partir de 1967, sa carrière se partage entre les deux hémisphères : il prend la direction de l'Orchestre Symphonique de Melbourne (1967-68) puis de l'Orchestre Symphonique de Sydney tout en conservant ses fonctions à La Haye puis à Düsseldorf, où il est directeur général de la musique (1974-77). Le chef d'orchestre se doublait d'un compositeur qui a surtout écrit pour l'orchestre et pour son instrument de prédilection, le violoncelle.

Van Remoortel, Edouard

Chef d'orchestre belge, né à Bruxelles le 30 mai 1926, mort à Paris le 16 mai 1977.

Au Conservatoire de Bruxelles il travaille l'harmonie, le violoncelle et la musique de chambre (1945-49). Il est notamment l'élève de Gaspar Cassadó et d'Alceo Galliera. Puis il étudie la direction d'orchestre au Conservatoire de Genève et travaille en privé avec Josef Krips. Il fait ses débuts à Genève et, dès 1951, il dirige au Festival de Salzbourg et effectue des tournées avec l'Orchestre du Mozarteum. De 1958 à 1962, il est directeur musical de l'Orchestre Symphonique de Saint Louis puis, de 1964 à 1970, conseiller musical de l'Orchestre National de l'Opéra de Monte-Carlo. A partir de 1974, il est chef invité permanent de l'Orchestre Symphonique National de Mexico.

Van Rooy, Anton (Antonius Maria Josephus Van Rooy)

Baryton-basse néerlandais, né à Rotterdam le 1er janvier 1870, mort à Munich le 28 novembre 1932.

Il travaille avec Julius Stockhausen à Francfort et débute à Bayreuth en 1897 dans les trois rôles de Wotan. Un an plus tard, il débute à l'Opéra de Berlin et au Covent Garden où il tient la majeure partie des rôles wagnériens jusqu'en 1908, puis en 1912-13. A Bayreuth, en dehors de Wotan qu'il chante jusqu'en 1902, il incarne aussi Hans Sachs (1899) et le Hollandais (1901-02). L'année 1898 marque également ses débuts au Met où il chantera jusqu'en 1907. En dehors du répertoire wagnérien, il incarne Escamillo, Jokanaan et Valentin. Il participe à la première représentation de *Parsifal* en dehors de Bayreuth (Met, 1903), qui se déroule sans l'autorisation de la famille Wagner. Il est alors proscrit de Bayreuth. Il chantera encore à Francfort à partir de 1909 et se retirera de la scène en 1914 après avoir chanté une dernière fois Hans Sachs à Paris. Considéré comme l'un des plus grands Wotan du début du siècle, il s'est également illustré dans le domaine du lied.

Vanzo, Alain

Ténor français, né à Monaco le 2 avril 1928.

Il chante comme soprano-enfant dans sa paroisse. A dix-huit ans, il fonde un petit orchestre, « le Bastringue ». Il s'intègre ensuite dans l'orchestre Vinitzky, y passe d'un instrument à l'autre, y chante des airs « à voix » et de l'opérette. S'il gagne ainsi sa vie, il a d'autres ambitions et travaille le chant d'arrache-pied. Il sert de doublure à Luis Mariano au Châtelet dans *Le Chanteur de Mexico.* Vient le fameux concours de chant organisé à Cannes en 1954 par Mario Podesta, un concours qui vaudra à nos scènes lyriques la révélation de cinq ténors d'un seul coup ! Alain Vanzo en est lauréat « cum laude ». Il est aussitôt engagé à la RTLN, se rodant dans de petits rôles. Il devient vite le plus suave, le plus sensible, le plus persuasif des Nadir, des Duc de Mantoue, des Ottavio, des Gérald, des Rodolphe de *La Traviata* ou de *La*

Bohème. Toutes les scènes francophones se disputent ce nouveau Schipa. Peu à peu, sa voix se corsant, il aborde des rôles plus lourds avec un égal succès : Des Grieux, Edgardo, Turiddu, Mylio, Roméo, Werther, Don José et Faust. A l'étranger, il chante notamment à Covent Garden (1961-63), à Wexford... En 1976, il chante Faust lors de la tournée de l'Opéra de Paris aux États-Unis. On le retrouve en 1985 au Palais Garnier dans *Robert le Diable*. Compositeur de talent, on lui doit nombre de chansons et mélodies, une opérette *Le Pêcheur d'étoiles*, (Lille, 1972), et un opéra *Les Chouans* (Avignon, 1982).

Varady, Julia

Soprano roumaine naturalisée allemande, née à Oradea le 1er septembre 1941.

Elle étudie le violon à l'âge de six ans et suit les cours du Conservatoire de Cluj. A quatorze ans, elle découvre le chant et travaille sa voix ainsi que la pédagogie musicale au Conservatoire Gheorghe Dima de Cluj pendant six ans. Elle débute comme alto à l'Opéra de Cluj (chante *Orphée* de Gluck puis Fiordiligi de *Così fan tutte*). En 1970, elle est engagée à l'Opéra de Francfort et remporte l'année suivante au Festival de Munich un succès déterminant pour sa carrière comme Vitellia de *La Clémence de Titus*. Elle est aussitôt engagée à l'Opéra de Munich et dès lors se produit presque exclusivement en Allemagne fédérale, ainsi qu'au Met, à Covent Garden, au Colón, à l'Opéra de Paris... Elle appartient également à la troupe de l'Opéra de Berlin-Ouest. Son répertoire mozartien est des plus étendus (Fiordiligi, Dona Elvira, la Comtesse, Vitellia, Elektra d'*Idoménée*, Cecilio – rôle de castrat – de *Lucio Silla*...). Elle a enregistré la plupart de ces rôles avec Karl Böhm. Elle s'est également imposée dans le répertoire italien comme *Madame Butterfly*, Liu (*Turandot*), Leonore (*Le Trouvère et La Force du destin*), Elisabeth (*Don Carlos*). Elle interprète également avec bonheur les rôles-titres d'*Arabella* et *Ariane à Naxos* de R. Strauss, Sieglinde et Tatiana d'*Eugène Onéguine*. En 1977, elle a épousé **Dietrich Fischer-Dieskau**. Elle a créé des œuvres de Gottfried von Einem (*An die Nachgeborenen*, cantate op. 42, 1975) et Aribert Reimann (*Lear*, rôle de Cordelia, 1978 ; *Requiem*, 1982).

Varga, Tibor

Violoniste hongrois naturalisé anglais, né à Györ le 4 juillet 1921.

Il fait ses études à l'Académie Liszt de Budapest, entre 1931 et 1938, avec Hubay, et à Berlin avec Carl Flesch. Il débute sa carrière de concertiste à travers le monde alors qu'il n'a que douze ans. Puis il étudie la philosophie à Budapest (1939-43). Son répertoire, fort vaste, va des classiques aux romantiques, sans négliger les musiciens contemporains, en particulier Schoenberg, Bartók et Alban Berg. En 1954, Tibor Varga fonde à Detmold (Allemagne) un orchestre de chambre qui porte son nom et dont il conserve la direction jusqu'en 1988. En 1964, il fonde le Festival Tibor Varga, qui a lieu chaque année en Suisse, à Sion, et se double d'une académie d'été. Entre 1989 et 1993, il est directeur musical de l'Orchestre des Pays de Savoie à Chambéry. Il joue sur un Guarnerius datant de 1733. Il a créé des œuvres de Conrad Beck (*Kammerkonzert*, 1951) et Boris Blacher (*Concerto pour violon*, 1950).

Son fils, **Gilbert Varga**, a commencé une carrière de chef d'orchestre, à la tête de l'Orchestre Symphonique de Hof puis de la Philharmonia Hungarica.

Varnay, Astrid

Soprano puis mezzo-soprano suédoise naturalisée américaine, née à Stockholm le 25 avril 1918.

Son père, **Alexandre Varnay** (1889-1924), était un ténor hongrois, devenu metteur en scène à Stockholm et Oslo ; sa mère, **Maria Yavor-Varnay**, était une grande soprano colorature. Elle a deux ans quand ses parents se rendent aux États-Unis. Elle étudie le chant d'abord avec sa mère, puis avec **Hermann Weigert** (1890-1955) qu'elle épouse en 1944. En 1941, elle débute au Met pour remplacer Lotte Lehmann, malade, dans Sieglinde (*La Walkyrie*). Aussitôt, elle s'impose comme une des grandes wagnériennes de notre temps, une des plus incroyables sopranos dramatiques du XXe siècle. Au Met, année après année, son succès va grandissant. En 1948, elle vient en Europe où elle se produit d'abord à Covent Garden puis au Mai Musical Florentin. Dès 1951, lors de la réouverture de Bayreuth, elle appartient à la troupe et, pendant près de vingt ans, tiendra chaque année les rôles principaux : Brünnhilde, Isolde, Ortrude... Elle est l'une des chanteuses privilégiées de Wieland Wagner dont elle interprète les mises en scène un peu partout dans le monde. Elle est invitée à la Scala, à Covent Garden, à l'Opéra de Vienne, à Buenos Aires, à Chicago, à San Francisco et sur d'autres scènes importantes où partout elle triomphe. En 1951, elle chante Lady Macbeth au Mai Musical Florentin. Elle participe également au Festival de Salzbourg où elle chante une incroyable *Elektra*. Plus tard, elle tient le rôle de Clytemnestre avec la même puissance dramatique (Opéra de Paris, 1976). Parmi ses dernières créations, il faut citer Claire, lors de la première suisse à l'Opéra de Zurich de *La Visite de la vieille dame* (von Einem).

Varsano, Daniel

Pianiste français, né à Paris le 7 avril 1954, mort à Paris le 9 mars 1988.

Il travaille à l'Académie Marguerite Long (1963) puis part pour les États-Unis en 1969 et se fixe à Los Angeles. En 1973, il obtient son diplôme de concertiste et de musicologie à l'Université de Californie du Sud. De 1972 à 1976, il étudie avec Pierre Sancan et Magda Tagliaferro à Paris, et Rosalyn Tureck aux États-Unis. Ses débuts parisiens datent de 1974. Daniel Varsano jouait également du clavecin et du synthétiseur. Ses chevaux de bataille demeurent les *Variations Goldberg* de Bach et les *Variations Diabelli* de Beethoven ainsi que la musique d'Erik Satie.

Varsi, Dinorah

Pianiste uruguayenne, née à Montevideo le 15 novembre 1939.

Au terme de ses études de piano au conservatoire de sa ville natale, elle vient se perfectionner à l'École Normale de Musique de Paris, puis en Suisse auprès de Geza Anda. En 1962, elle remporte le Concours de Barcelone et en 1967 elle obtient le 1er prix du Concours Clara Haskil de Lucerne.

Varviso, Silvio

Chef d'orchestre suisse, né à Zurich le 26 février 1924.

Fils d'un chanteur, il fait ses études à l'université de sa ville natale et travaille, au Conservatoire, le piano avec W. Frey et la direction d'orchestre avec H. Rogner. Il se perfectionne ensuite à Vienne avec Clemens Krauss. Il fait ses débuts au Théâtre de Saint-Gall en 1944, où il est nommé chef d'orchestre deux ans plus tard. Il est ensuite assistant à l'Opéra de Bâle, théâtre où il est premier chef de 1950 à 1956, puis directeur musical de 1956 à 1962. Sa carrière prend alors un essor international ; il est l'invité des principaux opéras du monde : Berlin (1958-61), Met (1962-83), Paris, Covent Garden. Il est premier chef à l'Opéra de Stockholm (1965-71). De 1969 à 1974, il dirige régulièrement à Bayreuth. En 1972, il est nommé directeur général de la musique à Stuttgart, poste qu'il abandonne en 1980 lorsque Bernard Lefort l'appelle à l'Opéra de Paris comme directeur musical. Mais les difficultés inhérentes à cet établissement l'amènent à résilier son contrat l'année suivante. En 1990, il est nommé premier chef invité de l'Opéra des Flandres à Anvers.

Vásáry, Tamás

Pianiste et chef d'orchestre hongrois, né à Debrecen le 11 août 1933.

Il appartient à une famille de notables : son père est sénateur au Parlement, son oncle, bourgmestre. Dès l'âge de huit ans il se produit en public. Ernst von Dohnányi se déclare prêt à l'admettre en classe de maîtrise à l'Académie de musique de Budapest et à s'occuper personnellement de sa formation, mais les circonstances ne permettront pas de réaliser la première partie de ce programme. A la fin de la guerre, la famille se fixe à Budapest : son père est nommé secrétaire d'État et son oncle ministre. Tamás Vásáry travaille avec Kodály et Dohnányi. En 1948, il remporte le 1er prix au Concours Liszt de Budapest. La même année, son père et son oncle sont démis de leurs fonctions. Tamás Vásáry doit désormais subvenir aux besoins de sa famille qui sera bientôt (1951) assignée à résidence. Il joue alors dans des cabarets, se produit dans les formations de jazz et accompagne des chanteurs d'opérette. Kodály obtient qu'on lui confie une classe à l'Académie de musique et, avec un grand désintéressement, lui cède la moitié de ses élèves. Il réussit néanmoins à remporter de nombreuses distinctions : Varsovie et Paris (1955), Bruxelles (1956), Rio de Janeiro (1957). Mais, après le soulèvement hongrois de 1956, sa famille et lui-même s'expatrient. Il se fixe en Suisse en 1958.

Malgré les encouragements de Clara Haskil, sa carrière semble tourner court et il est bien près d'abandonner la musique. Annie Fischer le présente alors à Ferenc Fricsay. La Deutsche Grammophon lui accorde une bourse. Il fait de seconds débuts très remarqués à Londres en 1961, puis à New York sous la baguette de George Szell. Une seconde carrière s'ouvre devant lui, largement consacrée aux œuvres de Chopin et Liszt. Entre 1979 et 1982, il est directeur musical du Northern Sinfonia. En 1989, il est nommé chef permanent du Bournemouth Sinfonietta. En 1993, il prend la direction musicale de l'Orchestre Symphonique de Budapest.

Vaucher, Jean-François

Organiste suisse, né à Berne le 8 septembre 1946.

Après avoir commencé l'étude du piano à l'âge de six ans, il se perfectionne avec Inger Wikström et travaille l'orgue avec François Riat et François Demierre (un disciple de Louis Vierne). Au Conservatoire de Genève, il est l'élève de Pierre Segond, dans la classe duquel il obtient un 1er prix de virtuosité. Il poursuit sa formation auprès de Luigi Ferdinando Tagliavini, Xavier Darasse, Bernard Lagacé et Jean Guillou. En 1971, il est nommé organiste titulaire du temple des Eaux-Vives à Genève et, en 1972, professeur à l'Académie de l'orgue de Saint-Dié, dans les Vosges, où il enseigne un an sur deux. En 1975, il devient titulaire du grand orgue de Saint-François à Lausanne où il est nommé professeur au Conservatoire en 1985 (titulaire d'un cours d'enseignement supérieur en 1987). Il forme un duo orgue et piano avec le pianiste Christian Favre.

Vaurabourg, Andrée

Pianiste et compositeur française, née à Toulouse le 8 septembre 1894, morte à Paris le 18 juillet 1980.

Elle fait ses études au Conservatoire local puis à Paris, de 1908 à 1913, auprès de Raoul Pugno (piano) et, au Conservatoire, avec Gédalge. Dans sa classe de contrepoint, elle rencontre **Arthur Honegger,** qu'elle épouse en 1926, interrompant son œuvre propre (des lieder, des pièces pour chant et quatuor, ou pour piano et quatuor, des pages pour orchestre, *Intérieur, Prélude*, etc.) pour se consacrer à celle de son mari. Elle crée ainsi *Toccata et Variations* pour piano (1916), *7 Pièces brèves* (1920), *Le Cahier romand* (1924), *Chanson de Fagus* (1926), *Rapsodie* pour deux flûtes, clarinette et piano (1917), les deux sonates pour piano et violon (1918 à 1920), celle pour violoncelle et piano (1921), le *Concertino* pour piano et orchestre, qui lui est dédié (1925, dir. Koussevitzky), etc. Elle a enseigné la fugue et le contrepoint au Conservatoire de Paris, notamment à Pierre Boulez, et créé, en 1971, un Prix Arthur Honegger destiné à récompenser une ou l'ensemble de l'œuvre d'un compositeur.

Veasey, Josephine

Mezzo-soprano anglaise, née à Peckham le 10 juillet 1930.

Elle fait ses études musicales avec Audrey Langford et en 1949 devient choriste à Covent Garden. En 1955, elle débute dans le rôle du jeune berger de *Tannhäuser.* Plus tard, elle chante *La Force du destin* (Preziosilla) et incarne Carmen avec un pouvoir dramatique déjà affirmé. Lorsque Solti l'entend, en 1960, il l'encourage à aborder le répertoire wagnérien. En 1963, elle est Waltraute, en 1964, Fricka (*L'Or du*

Rhin et *La Walkyrie*). Dans la juste maîtrise de sa voix, qui est riche et chaleureuse, flexible et expressive, elle se sent à l'aise dans Dorabella (qu'elle chantera aussi au Festival d'Aix-en-Provence) ; tour à tour Princesse Eboli (*Don Carlos*), Iphigénie (*Iphigénie en Tauride*) puis Octavian, Marina, Brangäne, sous la direction de Solti à Covent Garden, elle élargit son répertoire. Invitée au Festival de Glyndebourne en 1969, elle y chante dans *Werther* ; puis au Festival de Salzbourg redevient Fricka, cette fois sous la direction de Karajan. En 1968, elle chante au Met. Lorsque Colin Davis devient directeur musical de Covent Garden, elle chante en alternance les rôles de Didon et Cassandre dans *Les Troyens* (1972). L'année suivante, elle est Kundry à l'Opéra de Paris (où elle fit ses débuts en 1969 dans Didon). Elle paraît peu dans la recherche contemporaine mais crée *King Priam* de Tippett (1962) et incarne l'Empereur dans *We Come to the River* de Henze (1976). En concert, elle chante le *Requiem* de Verdi, *La Damnation de Faust* (Marguerite), *L'Enfance du Christ, Les Nuits d'été*, semblant aimer particulièrement Berlioz. Elle se retire en 1982.

Vecsey, Franz von

Violoniste hongrois, né à Budapest le 23 mars 1893, mort à Rome le 6 avril 1935.

Élève de Jenö Hubay, il est héritier de la filiation Joachim-Boehm-Rode-Viotti. Virtuose du violon au talent précoce, il connaît un succès prodigieux à l'âge de dix ans, et gagne l'amitié de Joachim, sous la direction duquel il joue en 1904 le *Concerto pour violon* de Beethoven. Pur virtuose à la technique parfaite, il connaît dès lors un succès qui le conduit comme soliste sur les principales scènes mondiales du siècle naissant. Une mort prématurée, à quarante-deux ans, brise une carrière parvenue à son faîte. Sibelius lui a dédié son *Concerto pour violon.*

Vedernikov, Alexandre

Basse russe, né à Mokino le 23 décembre 1927.

Diplômé de l'École des Mines, il entre au Conservatoire de Moscou en 1949 et étudie avec R. Alpert-Khassina ; il est engagé au Théâtre Kirov de Leningrad en 1956, puis en 1958 au Bolchoï où il débute dans le rôle d'Ivan Soussanine.

Il se spécialise dans les répertoires russe et italien (qu'il étudie à la Scala), et est un remarquable interprète de mélodies et d'oratorios.

Végh, Sándor

Violoniste hongrois, naturalisé français (1953), né à Kolozsvár (Cluj-Napoca) le 17 mai 1912.

Il prend ses premières leçons de piano à six ans puis entre en 1924 au Conservatoire de Budapest où il travaille avec Zsolt, Waldbauer et Weiner. Dès 1926, il étudie le violon avec Jenö Hubay et la composition avec Zoltán Kodály. Il donne, en 1927, un concert Strauss sous la direction du compositeur. La même année, il remporte le 1er Prix Hubay et le 1er Prix Reményi. A la fin de ses études (1930), il se lance, jusqu'en 1934, dans une carrière de soliste. De 1931 à 1933, il participe au Trio Hongrois en compagnie de Ilonka Krauss et Lászlo Vincze. Il est l'un des membres fondateurs (premier puis second violon) du Quatuor Hongrois (1935). En 1940, il fonde son propre quatuor, le Quatuor Végh. De 1941 à 1946, il est professeur à l'Académie de musique de Budapest. En 1946, le quatuor obtient le 1er prix à l'unanimité du concours de Genève et Sándor Végh émigre en France. Il rencontre Pablo Casals en 1952. Sous son patronage, il donne des cours d'été à Zermatt (1952-62) et collabore au Festival de Prades (1953-69). Parallèlement à ses activités de leader de quatuor, il mène une carrière professorale bien remplie qui le conduit aux conservatoires de Bâle (1953-63), Fribourg (1954-62), Düsseldorf (1962-1979) et, depuis 1971, au Mozarteum de Salzbourg. Sa carrière se confond très largement avec celle de son quatuor. Il ne faut pas cependant négliger ses activités de soliste, pour lesquelles il a eu comme partenaires des musiciens comme Dohnányi, Richard Strauss, Mengelberg, Fricsay, Krips, Kertész, Kempff, Serkin, Casals, etc. Il aborde également la direction d'orchestre à la tête de l'Orchestre de Chambre Sándor Végh

(1968-71), de l'Orchestre du Festival de Marlboro (1974-77) et, depuis 1978, de la Camerata Academica du Mozarteum de Salzbourg. Il fonde enfin le Festival de musique de chambre de Cervo (Italie) en 1962 et le Séminaire international des musiciens à Prussia Cove (Angleterre) en 1971. Sándor Végh joue sur un Antonio Stradivarius de 1724 nommé *Paganini* car il a appartenu au grand violoniste.

Veilhan, Jean-Claude

Flûtiste et clarinettiste français, né à Nice le 9 février 1940.

Après un 1er prix de clarinette et un 1er prix d'excellence au Conservatoire de Versailles (1960), il obtient la licence de concert de musique de chambre à l'École Normale de Musique (classe de Jean Françaix, 1961). Attiré par la musique ancienne et désirant jouer d'un instrument qui lui corresponde, il étudie la flûte en autodidacte, tout en lisant les traités d'époque. A partir de 1970, il fait partie de l'Ensemble polyphonique de Charles Ravier et entre à la Société de Musique Ancienne créée par la comtesse de Chambure ; il joue à la Grande Écurie et la Chambre du Roy (J.C. Malgoire). En outre, comme flûtiste (flûte à bec), il fait plusieurs tournées en Europe et en Amérique. Il grave l'opus 10 de Vivaldi (6 concertos), premier enregistrement en France sur instruments anciens, ainsi que des disques de musique française de chambre (R. de Visée, Marin Marais, Hotteterre). Avec des instruments anciens, il participe à la création d'œuvres contemporaines (Domaine Musical, Ars Nova). Il remet en honneur dans le même esprit la clarinette ancienne de l'époque mozartienne. Outre des éditions critiques de musique ancienne pour flûte, il a écrit *Les Règles de l'interprétation musicale à l'époque baroque* (1977) ainsi qu'une méthode : *La Flûte à bec.*

Vejzovic, Dunja

Soprano croate, née à Zagreb le 20 octobre 1943.

Diplômée de l'Académie des Beaux-Arts de Zagreb comme graphiste, elle suit les cours de l'Académie de musique et opte finalement pour le chant. Elle parachève ses études au Conservatoire de Stuttgart, au Mozarteum de Salzbourg et à Weimar. Elle débute au Théâtre national de Zagreb. Elle est ensuite engagée à l'Opéra de Nüremberg puis, en 1978-79, à l'Opéra de Francfort. Cette même année, elle débute au Festival de Bayreuth comme Kundry, rôle qu'elle chantera également sous la direction de Karajan, au Festival de Pâques à Salzbourg. Elle retourne, comme invitée, à l'Opéra de Zagreb et se produit également à Hambourg, Düsseldorf, Stuttgart, au Mai Musical Florentin et à l'Opéra de Vienne. Elle aborde le rôle de Médée à l'Opéra de Paris en 1986.

Veltri, Michelangelo

Chef d'orchestre argentin, né à Buenos Aires le 16 août 1940.

Il reçoit une formation de pianiste et aborde sa carrière comme répétiteur dans les principaux théâtres lyriques argentins avant de commencer à diriger. A Milan, il travaille avec Ettore Panizza et fait ses débuts en Europe en 1965. En 1966, il est nommé directeur musical du Liceo de Barcelone. En 1970, il débute à la Scala de Milan *(Don Carlos),* puis à l'Opéra de Vienne et, l'année suivante, au Metropolitan Opera de New York *(Rigoletto),* où il dirige régulièrement le répertoire italien jusqu'en 1983, à New York ou dans le cadre des tournées américaines. En 1984, il débute à Covent Garden et est nommé conseiller musical à l'Opéra d'Avignon, avant de prendre la direction artistique de ce théâtre (1986-87).

Vengerov, Maxim

Violoniste russe, né à Novossibirsk le 20 août 1974.

Il commence à étudier le violon à l'âge de cinq ans avec Galina Turchaninova, dans sa ville natale. En 1981, il suit son professeur, nommée au Conservatoire de Moscou. De retour à Novossibirsk, il travaille avec Zakhar Bron. En 1985, il remporte le 1er prix au Concours polonais junior de Lublin. En 1986, il joue hors concours lors du concert inaugural du Concours Tchaïkovski de Moscou, car il n'a pas encore atteint l'âge minimal pour y participer. L'année suivante, il donne son premier concert en Allemagne avec le violoniste Vadim Repin et le pianiste Evgeni Kissin au Festival du Schleswig-Holstein. Il fait aussi ses débuts en Angleterre au Festival de Lichfield. En 1989, il s'installe à Lübeck où Zakhar Bron est nommé professeur à la Musikhochschule. Il reçoit la même année le Prix Davidoff dans le cadre du Festival de Schleswig-Holstein. En 1990, il remporte le Concours Carl Flesh à Londres.

Outre les prix pour la meilleure interprétation de Bach, Mozart et Beethoven, il reçoit les prix de la presse et du public. Il s'installe en Israël où émigrent ses parents. Plusieurs concerts et enregistrements avec Carlo Maria Giulini, Zubin Mehta et Claudio Abbabo le propulsent sur le devant de la scène internationale. En 1993, la firme LVMH sponsorise ses débuts en mettant à sa disposition un Stradivarius, le *Reynier* (1727). En 1994, le biographe et ami intime de Jascha Heifetz, Herbert Axelrod, lui lègue un archet qu'il avait reçu des mains du grand violoniste.

Venzago, Mario

Chef d'orchestre suisse, né à Zurich le 1er juillet 1948.

Il commence ses études musicales au Conservatoire de sa ville natale (piano, musique de chambre et direction d'orchestre) puis travaille à la Musikhochschule de Vienne avec Hans Swarowsky. En 1977, il reçoit le premier prix de l'Union des compositeurs suisses. En 1979, il est nommé à la tête du Collegium Musicum de Winterthur. Il participe à la fondation d'un orchestre de jeunes en Suisse, la Philharmonischen Wekstatt, qu'il dirige régulièrement. En 1986, il devient directeur général de la musique à Heidelberg. Il est ensuite nommé chef permanent de l'Orchestre Philharmonique de Graz. Il a créé une œuvre de York Höller (*Margaritas Traum,* 1991).

Verdière, René

Ténor français, né à Tournehem le 26 juillet 1899, mort à Paris le 6 mai 1981.

Après avoir suivi des études destinées à faire de lui un technicien, il s'engage en 1917. A son retour du front, il entreprend des études à l'École de musique de Calais, qu'il quitte pour entrer au Conservatoire de Paris. Il obtient en 1926 trois premiers prix : chant, opéra et opéra-comique. La même année, il débute à l'Opéra de Paris dans le rôle de Max lors de la reprise du *Freischütz.* Son succès immédiat lui vaut de participer à la reprise de *Padmavâti* de Roussel et de chanter ensuite Samson et Siegmund. En 1930, il est engagé à l'Opéra-Comique, dont il devient très vite l'une des vedettes d'un public, à l'époque, fort connaisseur. Il y chante *Carmen, Werther, Louise, Paillasse, Cavalleria Rusticana, Tosca,...* Il y crée *Gargantua* de Mariotte, *« 93 »* de Silver et participe à la reprise de *Quand la cloche sonnera* de Bachelet. Mobilisé en 1940, il ne reviendra à l'Opéra-Comique qu'en 1945. Puis ce sera de nouveau le grand vaisseau de l'Opéra qui rayonnera des nobles accents de sa grande voix. Il reprendra *Les Maîtres chanteurs, Le Vaisseau fantôme, Boris Godounov, Hérodiade, Lohengrin, Samson et Dalila, La Damnation de Faust, Les Indes galantes* et *Tannhäuser.*

Sans les deux guerres, René Verdière, avec son timbre héroïque, sa superbe ligne de chant et son maintien sur scène à la fois plein de noblesse et de fougue, aurait fait une très grande carrière internationale.

Verlet, Blandine

Claveciniste française, née à Paris le 27 février 1942.

Elle suit les classes d'écriture, d'esthétique (Marcel Beaufils), d'histoire de la musique (Norbert Dufourcq) et de clavecin (Marcelle Delacour) au Conservatoire de Paris. En 1963, elle obtient un 1er prix de clavecin et le Prix spécial du concours international de Munich. De 1962 à 1964, elle suit les cours d'Huguette Dreyfus à l'Académie d'été de Saint-Maximin-la-Sainte-Baume. Elle rencontre aussi Michel Chapuis, qui y enseigne l'orgue. De 1958 à

1968, elle fréquente l'Académie Chigiana de Sienne (cours de Ruggero Gerlin) ; elle profite également des leçons de direction qu'y donne Sergiù Celibidache. En 1968-69, elle travaille à l'Université Yale (États-Unis) avec Ralph Kirkpatrick. Depuis 1963, elle poursuit une carrière de soliste à travers l'Europe et l'Amérique. Depuis 1970, elle a enregistré une cinquantaine de disques, dont les intégrales de F. Couperin et de Rameau. Son répertoire s'étend du XVIe siècle anglais à des compositions contemporaines (Ligeti, Boucourechliev). En outre, elle se produit épisodiquement avec des ensembles de musique de chambre (chanteurs, instrumentistes) qu'elle dirige du clavier (*Leçons de ténèbres* de Charpentier ou de Delalande). Depuis 1972, elle enseigne à l'Académie de musique ancienne de Semur-en-Auxois (clavecin, musique de chambre). Elle est ensuite nommée professeur au Conservatoire de Bordeaux. Elle étend son répertoire et son jeu au pianoforte. Un de ses soucis majeurs reste la recherche de l'authenticité pour une lecture moderne des œuvres, de manière à servir la musique, en restant le moins possible enfermée dans le seul champ du clavecin.

Verrett, Shirley

Mezzo-soprano américaine, née à La Nouvelle-Orléans le 31 mai 1931.

Elle passe sa jeunesse en Californie et commence, en 1955, à prendre des cours de chant avec Anna Fitziu, à Chicago, puis à la Juilliard School de New York avec Marion Székely-Fresski. Ayant obtenu le Prix Marian Anderson, réservé aux chanteurs de couleur, elle débute au Festival de Spoleto, dans *Carmen* (1962). En 1963, elle est invitée à l'Opéra de Kiev, ainsi qu'au Bolchoï de Moscou, où elle remporte un triomphe exceptionnel. En même temps, elle commence une éblouissante carrière de concertiste et d'interprète de mélodies dans son pays et en Europe. En 1964, elle chante à la Scala et à Covent Garden. En 1972, elle interprète le rôle de Selika (*L'Africaine*) à l'Opéra de San Francisco. Elle appartient à la troupe du Met depuis une mémorable *Carmen* de 1968. Son incroyable voix de mezzo lui permet d'aborder aussi bien les *Dialogues des carmélites*, que Preziosilla (*La Force du destin*), Federica (*Luisa Miller*), Orsini (*Lucrezia Borgia*), Eboli (*Don Carlos*)... A l'Opéra de Paris, elle chante *Le Trouvère* avant de revenir, en 1984, pour *Iphigénie en Tauride*. Elle a enregistré de nombreux disques, au début de sa carrière sous le nom de Shirley Verrett-Carter.

Verrot, Pascal

Chef d'orchestre français, né à Lyon le 9 janvier 1959.

Il est diplômé de la Sorbonne et du Conservatoire de Paris, où il étudie avec Jean-Sébastien Béreau. En 1985, il remporte un prix au Concours de direction d'orchestre de Tōkyō, où il se fait remarquer par Seiji Ozawa, qui l'invite peu après à devenir son assistant à l'Orchestre Symphonique de Boston. A ce titre, Pascal Verrot dirige la célèbre formation à plusieurs occasions, notamment au Symphony Hall de Boston et au Festival de Tanglewood. Il dirige également la formation de chambre attachée à cet orchestre, tant à Boston qu'en tournée. En 1991, il est nommé directeur musical de l'Orchestre Symphonique de Québec. Parallèlement, il mène une carrière de chef invité au Japon, en Amérique du Nord et en France.

Veyron-Lacroix, Robert

Claveciniste français, né à Paris le 13 décembre 1922, mort à Garches (Hauts-de-Seine) le 2 avril 1991.

Il fait au Conservatoire de Paris des études (avec Samuel Rousseau et Yves Nat) couronnées par des premiers prix de piano, de clavecin et de théorie. Depuis son premier concert en 1949 à la radio française, il se produit en soliste ou en musique de chambre, principalement avec Jean-Pierre Rampal. Il a enseigné à la Schola Cantorum (1956), à l'Académie internationale d'été de Nice (1959) avant d'être nommé professeur au Conservatoire de Paris (1967-88). Il a publié un ouvrage intitulé *Recherche de musique ancienne* (Paris, 1955). Il interprète également les classiques du XXe siècle (Falla, Poulenc) avec un art consommé du rythme et de la couleur. Il a créé le *Concerto pour clavecin* de Jean Françaix (1960), ceux de Jean-Michel Damase (1966) et de Darius Milhaud (1969), la *Sonate pour flûte et piano* (1958) d'André Jolivet, *Carillons* (1961) de Maurice Ohana, ainsi que des pièces de Jacques Charpentier et Tony Aubin.

Vezzani, César

Ténor français, né à Bastia le 8 août 1886, mort à Marseille le 11 novembre 1951.

Après avoir fait ses premières armes vocales à vingt ans, il débute, avant d'avoir terminé ses études au Conservatoire, en 1911 à l'Opéra-Comique, dans le rôle-titre de *Richard Cœur de Lion* de Grétry. Jusqu'à la déclaration de guerre, il est en Don José, Turiddu, Canio, Des Grieux et Cavaradossi la grande vedette de la deuxième scène parisienne. De retour du front, il reparaît sur scène à Marseille. A partir de là, c'est, de la Belgique aux grandes villes d'Afrique du Nord en passant par toutes les scènes de la métropole, à l'exception de l'Opéra de Paris où il ne sera jamais engagé, une ronde sans fin. Il chante *Manon, Faust, Werther, Hérodiade, Carmen...* jouant peu ou mal mais bissant, trissant tous les grands airs et régalant de sérénades impromptues ses admirateurs à la sortie de ses spectacles. Mais, à vrai dire, son vrai bonheur, il le trouve dans les rôles où il peut donner libre court à la vaillance inépuisable de sa voix d'airain : Eléazar, Vasco de Gama, Arnold, Lohengrin, Siegmund, Siegfried et Sigurd, son rôle favori. C'est à Toulon, au cours d'une répétition de cet opéra, qu'il est terrassé par une attaque faisant taire à jamais une voix que plus de quarante ans d'une carrière sans repos ni répit n'avaient en rien altérée.

Vianna da Motta, José

Pianiste, chef d'orchestre et compositeur portugais, né à San Tomé le 22 avril 1868, mort à Lisbonne le 31 mai 1948.

Après ses études au Conservatoire de Lisbonne, il travaille à Berlin où il prend des leçons avec Xaver Scharwenka pour le piano et Philippe Scharwenka pour la composition. Il travaille avec Liszt à Weimar (1885), Schäffer à Berlin (1886) et von Bülow à Francfort (1887). A partir de 1902, il joue en Europe et en Amérique du Sud. Il se produit avec Pablo de Sarasate, Eugène Ysaÿe, Marcella Sembrich. De 1915 à 1917, il remplace Stavenhagen comme directeur du Conservatoire de Genève. Il est l'ami de Busoni. D'une grande culture, il est un interprète privilégié de Bach et de Beethoven dont il interprète les 32 sonates à Lisbonne à l'occasion du centenaire de la mort du compositeur (1927). De 1919 à 1938, il est directeur du Conservatoire de Lisbonne. Comme chef, il a dirigé les Concerts Symphoniques de Lisbonne. Il a édité l'œuvre pour piano de Liszt et des transcriptions d'œuvres d'Alkan. Un important concours international porte son nom à Lisbonne.

ÉCRITS : *Zur Einführung in Richard Wagners Bühnenweihfestspiel Parsifal* (Bayreuth, 1897) ; *Música e Músicos Alemães* (Coimbra, 1941) ; *Vida de Liszt* (Porto, 1945).

Viardot, Pauline
(Pauline Garcia)

Mezzo-soprano française, née à Paris le 18 juillet 1821, morte à Paris le 18 mai 1910.

Fille du ténor espagnol **Manuel Garcia**, sœur de **la Malibran**, Pauline semble elle-même parée de tous les dons dès le plus jeune âge. Elle étudie le chant avec son père, le piano avec Meysenberg et Liszt, et la composition avec Reicha. Quelques concerts à Bruxelles (1837) et à Paris (1838) précèdent ses débuts lyriques, en Desdémone dans l'*Otello* de Rossini (1839, Londres et Paris, au Théâtre-Italien). Elle y fait la conquête des écrivains et des artistes de son temps, qu'elle accueillera dans son salon, une fois mariée avec Louis Viardot en 1840. Trois ans plus tard, elle fait un premier séjour en Russie, au cours duquel elle noue des relations privilégiées avec le monde musical et artistique qu'elle fait connaître en France (en particulier Tourgueniev). Meyerbeer compose pour elle *Le Prophète* et le personnage de Fides, qu'elle crée en 1849 à l'Opéra. En 1859, Berlioz adapte à sa voix l'*Orphée* de Gluck, son plus beau rôle, où elle se révèle une tragédienne de haute lignée. Elle crée encore *Sapho* de Gounod (1851), chante *Sémiramis, Norma, Lucia di Lammermoor, Don Pasquale, La Juive, Don Giovanni* (Zerline et Donna Anna), *Iphigénie en Tauride,* etc., quitte la scène en 1861 après avoir encore interprété *Alceste, La Favorite, Le Trouvère* et *Fidelio.* Mélodiste raffinée s'accompagnant elle-même au piano, elle a chanté Marcello, Paisiello, Schubert, Tchaïkovski, etc. Elle se retire en 1863 à Baden-Baden, vit à partir de 1871 à Paris et à Bougival, où elle compose, enseigne et encourage les jeunes talents, notamment Massenet et Fauré, qui lui dédie ses premières mélodies. Comme compositeur, elle a laissé plusieurs opérettes (la plus célèbre, *Cendrillon*, a été reprise en 1971 à Newport), des mélodies et des arrangements vocaux de mazurkas que Chopin ne méprisait pas. Ses élèves les plus célèbres sont Désiré Artôt, Aglaja Orgeni, Marianne Brandt et Antoinette Sterling. Plus que la qualité de la voix, naturellement étendue du do au fa ^{3}, mais trop sollicitée à différentes époques vers les registres extrêmes pour ne pas révéler des faiblesses, ce sont les dons de tragédienne qui ont fait le renom de la Viardot. Moins brillante que sa sœur, la Malibran, inégale dans le répertoire italien, elle possédait, comme le dit Alfred de Musset « le grand secret des artistes : avant d'exprimer, elle sent ». Saint-Saëns lui a dédié *Samson et Dalila* et plusieurs mélodies (dont *La Cloche*), Schumann les lieder sur des poèmes de Heine op. 24, Fauré *La Chanson du pêcheur* et *Barcarolle,* op. 2 nº 3, Franck *Souvenance.* Elle a créé la *Rhapsodie pour alto* de Brahms en 1870 et *Marie Magdeleine* de Massenet en 1873.

Vichnievskaia, Galina

Soprano russe, naturalisée suisse (1982), née à Leningrad le 25 octobre 1926.

Ses parents meurent durant le siège de Leningrad. Élevée par sa grand-mère, elle se passionne pour l'opéra, apprend le chant et l'art de la scène en jouant l'opérette (Zeller ou Sterlnikov), puis elle a enfin pour professeur la cantatrice Vera Garina. Elle passe une audition au Bolchoï en 1953 et obtient un engagement immédiat ; elle chante de petits rôles mais un jour incarne cette Tatiana dont elle rêvait depuis longtemps. Son succès est grand ; elle devient vite célèbre et chante Butterfly, Chérubin, Leonore, Aïda, Marguerite. En 1962, elle se rend à la Scala. En 1963-64 à Covent Garden, elle paraît aux côtés de J. Vickers et de Simoniato. Pendant vingt ans, au Bolchoï, elle fait revivre le grand répertoire russe, italien, français, allemand. Elle a le sens de la tradition, de la rigueur, un pouvoir dramatique très sûr, elle est lyrique. Merveilleuse dans *Eugène Onéguine,* tragique dans *Katerina Ismaïlova* (dont elle a fait un film), elle a aussi créé *Guerre et Paix* de Prokofiev. Des compositeurs écrivent pour elle (Britten : *L'Écho du Poète*, Chostakovitch : *Satires*, op. 109 et *Sept Romances* sur des poèmes d'A. Block). Elle a épousé **Rostropovitch**, qui l'accompagne au piano dans ses récitals de mélodies. Elle crée en 1963 à Londres le *Requiem de guerre* de Britten (la partie de soprano est écrite pour elle). L'amitié avec Soljenitsyne mettra une ombre définitive sur sa carrière en URSS.

En 1974, elle s'exile. Elle chante en récital, paraît à Édimbourg en 1976 (*Katerina Ismaïlova*) puis à Paris (*Tosca*) en concert sous la direction de Rostropovitch. Elle fait ses adieux à la scène à l'Opéra de Paris en 1982, dans *Eugène Onéguine*. Elle a créé la *Symphonie nº 14* de Chostakovitch (1969), *Un enfant appelle* (1979) et *La Prison* (1983) de Landowski, *Requiem polonais* (1984) de Penderecki. Déchue de la nationalité soviétique pour « propagande antisoviétique » en 1978, elle ne la recouvre qu'en 1990 dans le nouveau contexte de la perestroïka.

ÉCRITS : *Galina* (1985).

Vickers, Jon (Jonathan Stewart)

Ténor canadien, né à Prince Albert le 29 octobre 1926.

Il chante en amateur, tout en se lançant dans les affaires. La musique l'emporte vite, il entre au Conservatoire de Toronto et travaille avec George Lambert. Dans les années cinquante il chante au Canada. En 1955, il passe une audition à Londres et, en

1956, débute à Covent Garden dans *Un bal masqué*, puis est remarqué dans son interprétation d'Énée (*Les Troyens* de Berlioz). Il fait très vite une carrière internationale, chante Siegmund à Bayreuth en 1958, débute l'année suivante à Vienne et à la Scala et, en 1960, au Met de New York. Il est ensuite invité à l'Opéra de Paris, y interprète Parsifal, Otello et Néron dans *Le Couronnement de Poppée.* Au Festival d'Orange, il impressionne le public dans les rôles d'Hérode (*Salomé*), Tristan, Florestan, Pollione (*Norma*), Otello. Il n'a participé que deux fois au Festival de Bayreuth (1958 et 1964) et n'a incarné que trois héros wagnériens (Siegmund, Parsifal et Tristan). Hostile au culte de la personnalité, la musique et la spiritualité pour lui ne font qu'un, aussi est-il intransigeant dans ses choix. Beethoven, Verdi, Berlioz, Puccini, Britten (*Peter Grimes*) font partie de son univers. Il donne la plus grande part à l'émotion profonde, à l'expressivité, ayant un sens dramatique inné et une prédilection pour les personnages tourmentés, inquiets, qui correspondent à sa propre recherche. Sa voix, au timbre très particulier, n'a pas le brio des ténors italiens ; elle est convaincante, venue des profondeurs, chargée de passion.

Vidal, Pierre

Organiste français, né à Clichy le 7 avril 1927.

Bien qu'attiré par l'orgue dès l'âge de six ans, ce n'est qu'à seize qu'il peut suivre les leçons de Marcel Dupré (piano et orgue, pendant quatre ans). A vingt ans, il suit les cours d'harmonie au Conservatoire de Paris (classe d'Henri Challan). Pour l'essentiel cependant, il est un autodidacte dont l'orientation fut éclairée notamment par la lecture de la littérature d'orgue, celle de J.S. Bach au premier chef, introduit à son style par les textes de Schweitzer (repris de Spitta) et de Boris de Schloezer. Il analyse les interprétations de Furtwängler, Mengelberg, Landowska, et du premier Münchinger. A l'orgue, les récitals d'André Marchal au Palais de Chaillot, après la Seconde Guerre mondiale, lui ouvrent des perspectives de mobilité, mais la révélation de l'orgue baroque lui vient des premiers enregistrements monophoniques d'Helmut Walcha, dont la science du toucher permet un approfondissement de la technique organistique. Michel Chapuis l'emmène à Strasbourg où l'une des quatre classes d'orgue du Conservatoire lui est confiée (1967), poste qu'il occupe depuis lors. Il est titulaire de l'orgue de Saint-Jean-Baptiste de Belleville (1956-70). Ses trop rares enregistrements (Buxtehude, Bach, Frescobaldi, Scheidt et Lübeck), sur des instruments encore peu révélés (Marienthal, Saint-Andreas d'Hildesheim, N.-D.-des-Blancs-Manteaux) illustrent ses principes d'interprétation, tels qu'il les a fondés dans deux ouvrages : *Bach et la machine orgue* (1973) et *Bach, les Psaumes ; Passions, images et structures dans l'œuvre d'orgue* (1977). Ses compositions (*Magnificat, Pièces pour orgue*) illustrent son art personnel qui va droit à l'essentiel, par des chemins non officiels, qui renouvellent profondément l'approche organistique, dont on a pu dire qu'elle « subordonne impitoyablement le détail à l'ensemble et parvient, par une mobilité calculée des tempos et une grande diversité d'attaques, à rendre éloquent le moins sensible des instruments » (D. Merlet). Toutes les œuvres que Vidal aborde semblent retrouver une nouvelle jeunesse et laissent rarement l'auditeur insensible.

Viderø, Finn

Organiste danois, né à Fuglebjerg le 15 août 1906, mort à Copenhague le 13 mars 1987.

Il apprend l'orgue et la composition au Conservatoire de Copenhague qu'il quitte avec les plus hautes récompenses en 1926. Il est titulaire de plusieurs tribunes de Copenhague : 1928-39 à l'église réformée franco-allemande ; 1940-46, à la Jaegersborg ; 1947-70, à l'église de la Trinité ; depuis 1971, à l'église Saint-André. Docteur en musicologie de l'Université de Copenhague (1929), il enseigne la théorie de la musique (1935-45), fait de nombreuses conférences sur la musique d'orgue et de clavecin (1949-74) à l'université et est fréquemment invité à enseigner l'orgue à l'Université Yale (États-Unis) où il est également organiste (1959-60), ainsi qu'à l'Université d'État du Nord Texas (1967-

68). Depuis 1968, il enseigne au Conservatoire Royal de Copenhague. C'est sans nul doute l'organiste danois le plus célèbre de son temps. En 1961, il a reçu la Médaille Bach Harriet Cohen, le Prix Buxtehude en 1964, le Prix du Memorial Ludwig Schytte en 1970, le Prix Gramex en 1973. En 1964, il a été déclaré docteur honoraire en théologie de l'Académie de Turku (Finlande). Ayant étudié le chant grégorien, il en publie des adaptations, sur des textes danois (*Det Danske Antifonale*, 1971-77). On lui doit plusieurs articles sur l'interprétation de la musique aux XVIe et XVIIe siècles, ainsi que des éditions de musique ancienne pour orgue. Parmi ses compositions, citons deux cantates (*Den Ømskindede brudgom*, 1937 ; *Kom Hedningers Frelsermand*, 1938), et pour orgue, sa *Passacaglia* (1946), *Trois chorals-partitas* (1952), des *Préludes de Choral* (1946, 1966). Le style organistique de Viderø serait à rapprocher de celui d'un André Marchal : limpidité, clarté, noblesse, au service d'un instrument de type néoclassique.

Vierne, Louis

Organiste et compositeur français, né à Poitiers le 8 octobre 1870, mort à Paris le 2 juin 1937.

Il est initié à la musique par son oncle, **Charles Collin,** organiste à Saint-Denis-du-Saint-Sacrement. Il entre à l'Institution Nationale des Jeunes Aveugles, suit l'enseignement de Louis Lebel et d'Adolphe Marty. C'est là qu'il rencontre César Franck dont il va suivre la classe au Conservatoire ; il restera toujours profondément attaché au style de ce maître. Après la mort de ce dernier, il parachève sa formation avec Charles-Marie Widor et obtient son 1er prix en 1894. Widor reconnaît son talent et lui offre de le suppléer à la tribune de Saint-Sulpice ; il le fait nommer également suppléant à la classe d'orgue du Conservatoire, poste où il s'illustre jusqu'en 1911. En 1900, il est nommé aux claviers de Notre-Dame de Paris. Pendant quelques années, il est aussi titulaire de la classe supérieure d'orgue à la Schola Cantorum. Ainsi nombre d'organistes français de renom auront-ils subi son influence esthétique. Sa célébrité comme exécutant et comme improvisateur dépasse rapidement les frontières françaises : il commence des tournées internationales (1920-30). Parmi ses nombreux élèves, citons Joseph Bonnet, Marcel Dupré, Maurice Duruflé, Albert Schweitzer, Nadia Boulanger, Edouard Souberbielle, André Fleury, Bernard Gavoty. Son style lyrique, empreint d'un romantisme parfois tragique, toujours coulé dans une écriture ferme et variée, dont l'éclat mélodique est nettement reconnaissable, demeure un témoin distingué de l'esprit organistique du premier tiers de ce siècle. De sa production importante comme compositeur, on retiendra les six symphonies, les *24 Pièces de fantaisie*, et, destinées à de plus jeunes exécutants, les *24 Pièces en style libre.*

Vieux, Maurice

Altiste français, né à Valenciennes le 14 avril 1884, mort à Paris le 28 avril 1951.

Il commence ses études musicales sous la direction de son père. Élève, ensuite, de Leport et Laforge, il est admis au Conservatoire de Paris où il obtient, en 1902, un 1er prix d'alto à l'unanimité. En 1907, il entre à l'Orchestre de l'Opéra de Paris, où il devient soliste l'année suivante. Il reste au Palais Garnier jusqu'en 1949. En outre, il est alto solo à la Société des Concerts du Conservatoire et joue aussi aux Concerts Pasdeloup, Colonne, Walther Straram et à l'Orchestre Radio-Symphonique, tout en faisant partie du Quatuor Firmin Touche. En 1918, il succède à son professeur, Laforge, à la classe d'alto du Conservatoire de Paris. Il forme dans cette maison une pléiade de grands altistes. Maurice Vieux fait aussi une carrière internationale, et ses tournées le font considérer comme l'un des plus grands spécialistes de l'instrument. Il joue avec Fritz Kreisler, Eugène Ysaÿe, Pablo de Sarasate, Marguerite Long, George Enesco, Pablo Casals, Jacques Thibaud, etc.

Artiste exceptionnellement doué, virtuose sans égal, Maurice Vieux fait de l'alto un instrument de premier plan, alors qu'avant lui on considérait ce « violon baryton » comme le parent pauvre d'un trio ou d'un quatuor. Grâce à lui la littérature de l'alto s'enrichit : Saint-Saëns,

Fauré (*Quintette pour piano et cordes n° 2*, 1921), Schmitt (*Légende* pour alto et orchestre, op. 66, 1918), Debussy, Milhaud, Samazeuilh, Françaix écrivent pour lui. En tant que compositeur, Maurice Vieux, qui a transcrit des concertos de Tartini et Hoffmeister, laisse 20 *Études* pour alto, 10 *Études* sur des traits d'orchestre, 10 *Études* sur les intervalles, un *Scherzo* pour alto et piano, etc.

Villabella, Miguel

Ténor espagnol, né à Bilbao le 20 décembre 1892, mort à Paris le 28 juin 1954.

Son père, baryton d'opéra réputé, lui fait faire de solides études, mais pas de chant. Il part pour la France où il fera toute sa carrière et deviendra le plus français des ténors.

Pour payer ses études, il est « calicot », rue des Jeûneurs. Parallèlement, il s'adonne aux joies sportives du patin à roulettes, spécialité dans laquelle il devient recordman du monde, parcourant 28,767 km dans l'heure. Vient la guerre, il repart pour l'Espagne et travaille avec Lucien Fugère. Après six mois de dur labeur, il se présente au public de San Sebastian dans une sélection de *Rigoletto.* Revenu en France en 1917, il chante dans les hôpitaux et dans les ambulances du front. A Paris, il travaille avec Isnardon et fait ses débuts en 1918 à Poitiers dans le rôle de Mario Cavaradossi. C'est aussi dans *Tosca* qu'il débute à l'Opéra-Comique en 1920, mais dans le rôle de Spoletta. La même année, il est Fortunio lors d'une reprise de la comédie musicale de Messager. En une soirée il devient la coqueluche de la salle Favart. On se bat pour l'entendre dans *Lakmé*, *La Bohème*, *Manon*, *Le Roi d'Ys*, *Le Barbier de Séville*, *Mignon*, *Tosca*, *La Traviata*, *Mireille* et cette *Dame Blanche* où il incarne George Brown. Sur cette scène, il crée Tacimon dans *Les Indes galantes* et Mezzetin dans *Les Uns et les Autres* de Max d'Ollone. En 1928, il débute à l'Opéra en chantant *Madame Butterfly* lors d'une soirée de gala. Il y chantera Faust, Rodolphe d'Orbel, le Duc de Mantoue, Roméo, Castor et Ottavio lors de la mémorable reprise de *Don Giovanni*, en 1934, sous la direction de Bruno Walter. Il y créera *Persée et Andromède* d'Ibert, *Virginie* de Bruneau et *L'Illustre Frégona* de Laparra.

Vilma, Michèle

Mezzo-soprano française, née à Rouen le 23 février 1932.

D'ascendance espagnole, elle fait ses études musicales au conservatoire de sa ville natale. Ayant obtenu ses premiers prix elle débute à Verviers (Leonore de *La Favorite*) et à Rouen (Dalila et Amnéris). Invitée dans plusieurs villes du nord de la France et de Belgique, elle se constitue un répertoire important (Charlotte de *Werther*, *Carmen*, *Hérodiade*, Dulcinée de *Don Quichotte*, Azucena du *Trouvère*...). Ces rôles, elle les reprend peu à peu dans toute l'Europe. A Nice, elle chante Dalila avec Mario Del Monaco ; elle chante *Carmen* dans plusieurs villes d'Allemagne. En 1970, elle est engagée à l'Opéra de Paris comme Eboli (*Don Carlos*). A Marseille, Bernard Lefort lui fait chanter Laura de *La Gioconda*, au côté de R. Crespin, qu'elle retrouve à l'Opéra de Paris dans *La Walkyrie* (Fricka). Elle chante également Mère Marie de l'Incarnation dans *Dialogues des carmélites.* Elle est invitée au Festival de Bayreuth (*La Walkyrie*), au Met (*Tristan*). A Toulouse, elle chante pour la première fois Klytemnestra (*Elektra*) et à Lyon, puis à Paris la Küsterin (*Jenůfa*). Mezzo à l'intensité remarquable, elle dévore de passion des rôles parfois de second plan mais qui avec elle prennent une densité et une personnalité émouvantes.

Vinay, Ramón

Ténor chilien d'origine franco-italienne, né à Chillán le 31 août 1912.

Après de solides études secondaires menées parallèlement à de non moins solides études musicales et à l'apprentissage du violon, il découvre presque par hasard qu'il possède une voix... de baryton. Ayant gagné un concours d'amateurs, il fait ses débuts à l'Opéra de Mexico dans le Comte di Luna (1938). Peu après, il s'aperçoit que sa voix est celle d'un ténor. Après de nouvelles études, il fait ses seconds débuts en Don José (1943). Si sa voix solide et bien conduite n'était pas d'un timbre exceptionnel, son infaillible musicalité, sa naturelle dignité, sa présence, son extraordinaire intelligence dramatique ont fait de lui pendant plus de vingt ans l'interprète le plus fêté d'Otello (il le chanta plus de 250 fois), Tristan, Canio ou Samson. Il chante au Met de New York (1946-61), à la Scala de Milan (1947-48), à Covent Garden (1953-60) et, de 1952 à 1962, au Festival de Bayreuth, notamment Parsifal, Siegmund, Tristan et Telramund. A la fin de sa carrière, il revient aux rôles de baryton, s'illustrant particulièrement en Telramund, Bartholo ou Iago. Il a enregistré le rôle-titre dans la fameuse intégrale d'*Otello* dirigée par Arturo Toscanini.

Vincent, Jo (Johanna Marie Van Ijzer-Vincent)

Soprano néerlandaise, née à Amsterdam le 6 mars 1898.

Fille de Jacobus Vincent, carillonneur du Palais Royal, elle étudie le chant avec Catherina Van Rennes et Cornélie Van Zanten, débute en 1921 et devient rapidement la soprano de concert la plus réputée de son pays. Sa seule apparition sur scène aura lieu en 1939, à Scheveningen, dans le rôle de la Comtesse des *Noces de Figaro*. Son répertoire, centré autour de Bach, Beethoven et Mahler, la fit connaître aussi en Grande-Bretagne. Elle a créé la *Spring Symphony* (1949) de Benjamin Britten.

Elle se retire en 1953 pour se consacrer au professorat.

Viñes, Ricardo

Pianiste espagnol, né à Lérida le 5 février 1875, mort à Barcelone le 29 avril 1943.

Son père est avocat, sa mère musicienne. Dès 1882, il commence l'étude du solfège et du piano avec un organiste de Lérida, Joaquin Terraza. Puis il entre au Conservatoire de Barcelone (1885) où il remporte un 1er prix de piano dans la classe de Juan Pujol (1887). Il vient alors à Paris où il travaille au Conservatoire le piano avec Charles de Bériot (1er prix en 1894), la musique de chambre avec Godard et les écritures avec Lavignac. Il y fait ses débuts en 1895. C'est dans cette ville que va se dérouler l'essentiel de sa carrière. En 1888, il avait rencontré Maurice Ravel qui restera l'un de ses meilleurs amis. Il se lie avec tous les jeunes compositeurs du moment dont il deviendra l'un des meilleurs et plus fervents interprètes. En 1905, il donne quatre concerts historiques couvrant l'évolution de la musique pour piano de Cabezón à Debussy. L'année suivante, il est membre du conseil supérieur du Conservatoire de Paris. De 1930 à 1935, il vivra en Amérique du Sud. De retour à Paris, il créera les œuvres du jeune Messiaen avant de se retirer à Barcelone.

Parmi les œuvres qu'il a reçues en dédicace : *Pièces froides* (Satie), *Nuits dans les jardins d'Espagne* (Falla), *Menuet antique* (création en 1898) et *Oiseaux tristes* (création en 1906) (Ravel), *Poissons d'or* (création en 1908) (Debussy), *El Fandango de Candill*, extrait des *Goyescas* (Granados), *Rigaudon* (Delannoy), *Eau courante* et *Romance sans paroles* op. 21 (Durey), *Ballade pour piano et orchestre* (Tailleferre, 1923), *Vers le mas en fête* et *Loin du cimetière au printemps*, extraits de *En Languedoc* (Séverac). Il a également créé *Pour le piano* (1902), *Estampes* (1904), *Masques* et l'*Isle joyeuse* (1905), *Images I* (1906) et *II* (1908), *3 Préludes* du 1er livre (1911) et *3 Préludes* du 2e livre (1913) de Debussy, quatre des 8 *Pièces brèves*, op. 84 de Gabriel Fauré (1903), *Sites auriculaires* (1898), *Pavane pour une infante défunte* et *Jeux d'eau* (1902), *Miroirs* (1906) et *Gaspard de la nuit* (1909) de Ravel, *4 Pièces espagnoles* (1909) de M. de Falla, *3 Valses nocturnes*, op. 31 (1918) de Florent Schmitt, *Jeux de plein air* (1918) et *Image pour 8 instruments* (1919) de Germaine Tailleferre ainsi que plusieurs pages d'Albéniz et Sauguet.

ÉCRITS : *Journal inédit* (1980).

Vinogradow, Boris de

Chef d'orchestre français, né à Meknès le 7 août 1929.

Il fait des études de violon puis de piano au Conservatoire de Paris où il obtient ses 1ers prix de musicologie (classe de

N. Dufourcq) et de percussion (F. Passeronne), tout en poursuivant des études de contrepoint et de fugue dans la classe de S. Pré-Caussade, et de direction d'orchestre avec E. Bigot. En 1959, il est lauréat du Concours international de Besançon. Il entre alors dans la classe de L. Fourestier au Conservatoire, travaille à Bâle avec Pierre Boulez et à Sienne avec B. Rigacci. Grand Prix de Rome, passionné par la musique du XXe siècle, mais refusant la spécialisation, il se penche sur les différents courants de son époque, des indépendants aux postsériels. Il suit les cours de composition de Darmstadt (Maderna et Boulez). Dès 1966, il dirige parallèlement la musique classique et la musique d'avant-garde. En 1973, Boris de Vinogradow quitte son poste de chef d'orchestre titulaire à l'Opéra de Paris pour fonder l'ensemble de l'Itinéraire. Il joue alors un rôle actif dans la vie musicale contemporaine, assurant une centaine de créations et de premières auditions : *Well met* de Betsy Jolas, *Partiel* de Grisey, *Rimbaud* de Ferrero (1978), *Kamakala* de J.C. Eloy, *L'Office des Oracles* de Ohana, et des œuvres de Globokar, C. R. Alsina, C. Halffter, F. B. Mâche, D. Schnebel, etc. Chef d'orchestre au Théâtre Populaire des Flandres, il a monté *La Mère* (Brecht-Eisler) et écrit une musique pour *Le roi se meurt* de Ionesco. Il a aussi travaillé avec des cinéastes (Clouzot, Rivette), des hommes de théâtre (Pintillie, Bourseiller), des chorégraphes (Cunningham).

Vintschger, Jürg von

Pianiste suisse, né à Saint-Gall le 23 mai 1934.

De 1952 à 1954, il étudie à l'Académie de musique de Vienne où il est l'élève de Seidlhofer pour le piano, de Ratz et Schiske pour la théorie ainsi qu'avec Carlo Zecchi à Rome. Il fait ses débuts à Vienne en 1954, aux États-Unis. en 1963, et en Amérique du Sud en 1969. Il s'attache à faire connaître des répertoire peu connus et impose la musique pour piano des compositeurs suisses, notamment Honegger et Frank Martin.

Vinzing, Ute

Soprano allemande, née à Wuppertal le 9 septembre 1936.

Après des études musicales dans sa ville natale et de chant à Düsseldorf, elle remporte le Concours de chant de Berlin en 1966 et débute à Lübeck (Marie dans *La Fiancée vendue*), où elle chante ses premières héroïnes wagnériennes (Senta, Elisabeth). En 1971, elle aborde le répertoire dramatique à Wuppertal : Brünnhilde, Kundry, et débute à partir de 1972 à Hambourg, Munich, Berlin, Vienne, Genève, Buenos Aires, Seattle, Bolchoï... A l'Opéra de Paris, elle chante Brünnhilde lors d'une représentation de *La Walkyrie* en 1977 et Isolde en 1985. Elle débute au Met en 1984, dans *Elektra*.

Viotti, Marcello

Chef d'orchestre italien, né Gressy (Vaud) le 29 juin 1954.

Descendant du compositeur Giovanni Battista Viotti, il fait des études de piano, chant et violon aux conservatoires de Lausanne et de Genève. Sa rencontre avec Wolfgang Sawallisch joue un rôle déterminant dans l'orientation de sa carrière. Il fait ses débuts de chef d'orchestre en fondant un ensemble d'instruments à vent puis l'Orchestre international des Jeunesses Musicales d'Italie (1979). En 1981, il remporte le 1er prix au Concours international Gino Marinuzzi de San Remo. Il dirige en Suisse et en Italie, notamment à Turin où il est invité régulièrement pendant trois ans au Teatro regio (1986-89). Il est nommé directeur musical de l'Opéra de Lucerne (1987-91) puis directeur général de la musique à Brême (à partir de 1990). Sa carrière prend un essor international lorsqu'il est appelé à remplacer au pied levé Riccardo Muti à la Philharmonie de Berlin en 1990. L'année suivante, il prend la direction musicale de l'Orchestre Radio-Symphonique de Sarrebrück. A partir de 1992, il est en outre invité permanent à l'Opéra de Vienne.

Virssaladze, Elisso

Pianiste géorgienne, née à Tbilissi le 14 septembre 1942.

Elle commence ses études pianistiques avec sa grand-mère, la pianiste Anastasia Virssaladze, professeur à l'Académie de musique de Tbilissi. Avant même d'avoir terminé ses études dans cet établissement, elle remporte le Concours de la république de Géorgie puis le 1er prix au Concours pansoviétique d'interprétation (1961). L'année suivante, elle obtient une médaille de bronze au Concours Tchaïkovski. Elle entre alors au Conservatoire Tchaïkovski de Moscou dans les classes de Heinrich Neuhaus et Yakov Zak. En 1966, elle remporte le 2e prix au Concours international Robert Schumann à Leipzig. Elle commence alors une carrière internationale, notamment en Grande-Bretagne, où elle débute en 1981 et qui devient pratiquement une seconde patrie, au Japon et aux États-Unis. Elle est professeur au Conservatoire Tchaïkovski de Moscou.

Vischer, Antoinette

Claveciniste suisse, née à Bâle le 13 février 1909, morte à Bâle le 28 décembre 1973.

Ses dons musicaux sont encouragés de très bonne heure. Elle travaille le solfège et la théorie, se constituant une solide formation musicale. Elle se perfectionne, pour le piano, avec Melle Schradeck, et rencontre même Egon Petri. Elle donne son premier concert en 1929 sous la baguette de Paul Sacher. Dès 1931, sous l'influence de Wanda Landowska dont elle deviendra l'élève, elle se tourne vers le clavecin. Antoinette Vischer ne mènera en réalité qu'une carrière de soliste très épisodique. Si l'histoire retient son nom, c'est moins pour son talent d'amateur éclairé que pour les œuvres qu'elle aura su susciter.

Menant une vie mondaine très active, ouvrant ses salons avec un goût particulier à la musique de son temps, elle offre l'occasion aux compositeurs marquants de son temps de consacrer au clavecin de nombreuses partitions, et la moisson est abondante : *Musique pour clavecin* (Liebermann, 1952), *Sonate pour clavecin et 2 Impromptus* (Martinů, 1958 et 1959), *Carillons pour les heures du jour et de la nuit* (Ohana, 1960), *Dialogues* (Malec, 1961), *6 Absences* (Henze, 1961), « *La Chace* » (Huber, 1963), *Rounds* (Berio, 1964), *Babaï* (Donatoni, 1964), *Étude* (Blacher, 1964), *A Single Petal of a Rose* (Duke Ellington, 1965), *9 Rare Bits* (E. Brown, 1965), *Petite pièce pour piano, clavecin et contrebasse* (Solal, 1966), *Siu Yang Yin* (Yun, 1966), *Suite,* op. 100 (A. Tcherepnine, 1966), *Imaginario I* (de Pablo, 1967), *Continuum* (Ligeti, 1968), *Mutações* (Santoro, 1968), *Labyrinthos* (Aperghis, 1968), *Catch* (Haubenstock-Ramati, 1968), *Morsicat(h)y* (Berberian, 1969), *HPSCHD* (Cage, 1969), *2 Caprices* (von Einem, 1969), *Recitativarie* (Kagel, 1973).

Vito, Gioconda de

Voir à **De Vito, Gioconda.**

Vix, Geneviève

Soprano française, née à Nantes le 31 décembre 1879, morte à Paris le 25 août 1939.

Elle obtient en 1904 au Conservatoire de Paris un 1er prix d'opéra et un 2e prix d'opéra-comique (1908). Elle débute salle Favart dans *Louise* (1906). Elle y crée *L'Heure espagnole* (1911) et *Francesca da Rimini* de Leoni (1913). Elle se produit en Espagne pendant la guerre, à l'Opéra de Chicago en 1917 où elle chante *Manon, Monna Vanna, Thaïs* (et épouse en 1918 le prince Narychkine). En 1921, elle crée *Les Demoiselles de Saint-Cyr* de Chapuis à Monte-Carlo, où elle interprète en 1923 *Paillasse* et *La Navarraise,* en 1925 Mélisande, qu'elle chante également à Rio de Janeiro. De retour à Paris, elle chante à l'Opéra-Comique *Gismonda* et *Angelo,* et, à l'Opéra, *Salomé* (1926, dir. Ph. Gaubert) et Catarina de *La Mégère apprivoisée* de Goetz.

Vlassenko, Lev

Pianiste russe, né à Tbilissi le 24 décembre 1928.

Sa mère est son premier professeur jusqu'à son entrée au Conservatoire de Moscou dans la classe de Yakov Fliere. En

1956, il est lauréat du Concours international Franz Liszt à Budapest et, deux ans plus tard, obtient le 2e prix au Concours Tchaïkovski à Moscou. Sa carrière, déjà largement engagée dans son pays, s'ouvre au monde occidental pendant un temps assez limité. Nommé professeur au Conservatoire de Moscou, il ne se produit guère plus hors de l'URSS.

Vlatkovíc, Radovan

Corniste croate, né à Zagreb le 29 janvier 1962.

Il fait ses études à l'Académie de musique de Zagreb avec Prerad Detiček et à Detmold avec Michael Höltzel. Lauréat des concours internationaux d'Ancône (1979) et de Liège (1981), il est engagé comme cor solo à l'Orchestre Radio-Symphonique de Berlin (1982-90). En 1983, il remporte le 1er prix au Concours international de Munich et commence une carrière de soliste. En 1992, il devient professeur à la Musikhochschule de Stuttgart. Il joue régulièrement avec Gidon Kremer, notamment au Festival de Lockenhaus, avec Heinz Holliger, András Schiff, Vladimir Ashkenazy et Aurèle Nicolet. Il a créé une œuvre d'Elliott Carter (*Quintette pour piano et vents,* 1992).

Vogel, Siegfried

Basse allemande, né à Chemnitz le 6 mars 1937.

Il a dix-huit ans quand on découvre sa voix. Il prend des cours privés à Dresde (1955-56) et postule au Conservatoire de Dresde pour entrer dans la classe de chœur, mais il est aussitôt admis dans la classe de chant ! Il parachève sa formation à l'Opéra-Studio de l'Opéra de Dresde, où il commence sa carrière en 1961. Avant tout, il s'impose comme interprète mozartien. En 1965, il est engagé à l'Opéra de Berlin-Est pour tenir les rôles de Figaro (*Les Noces de Figaro*), Leporello (*Don Giovanni*), Don Alfonso (*Così fan tutte*), mais aussi Hunding (*La Walkyrie*), Don Basile (*Le Barbier de Séville*) et Escamillo (*Carmen*). Avec la troupe de l'Opéra de Berlin-Est, il fait de nombreuses tournées en Europe, tout particulièrement à Paris où il remporte un grand succès. Peu à peu, il est invité en Europe occidentale, à la Monnaie de Bruxelles où il est Don Giovanni dans la production de Béjart en 1980. Il se signale également comme un brillant interprète en concert, oratorios et cantates, tout particulièrement de J. S. Bach.

Voicu, Ion

Violoniste roumain, né à Bucarest le 8 octobre 1925.

A partir de 1938, il fait ses études musicales au Conservatoire de Bucarest avec Georges Enacovici. Il débute à Bucarest aux Concerts de la Radio en 1940. Puis il étudie, de 1955 à 1957, au Conservatoire de Moscou avec Abram Yampolski et David Oïstrakh. Il devient soliste de l'Orchestre Philharmonique de Bucarest à partir de 1949 et se produit en tournées avec orchestre. Il débute en Angleterre en 1963. Nommé directeur artistique de la Philharmonie Georges Enesco en 1973, il a déjà fondé l'Orchestre de Chambre de Bucarest en 1969. Pendant plusieurs années, il a joué sur un violon d'Antonio Stradivarius. Il a composé pour son instrument des pièces de virtuosité.

Völker, Franz

Ténor allemand, né à Neu-Isenburg le 31 mars 1899, mort à Darmstadt le 4 décembre 1965.

D'abord caissier dans une banque, il remporte un concours de chant local et suit alors un an et demi de formation de chant. Clemens Krauss l'auditionne et l'engage immédiatement à l'Opéra de Francfort où il débute en 1926 (Florestan). En 1931, Krauss quitte Francfort pour Vienne, Völker l'y suit et demeure attaché à l'Opéra jusqu'en 1935, date à laquelle il devient membre de l'Opéra de Berlin. Il débute au Festival de Salzbourg en 1931 et y chante jusqu'en 1939 Florestan, Belmonte, Huon de Bordeaux (*Obéron*), Max (*Freischütz*), l'Empereur (*La Femme sans ombre*), Ménélas (*Hélène d'Égypte*). A Bayreuth, il assure les rôles de Siegmund, Lohengrin, Parsifal et Erik de 1933 à 1942. Il reste considéré comme le plus grand interprète de l'histoire de Lohengrin, qu'il présente sur toutes les grandes scènes internationales (Scala, Covent Garden, Opéra de Paris...). En 1942, il quitte Berlin pour Munich, où il reste pensionnaire jusqu'en 1952. Il donne ensuite des cours et devient, en 1958, titulaire d'une chaire à la Musikhochschule de Stuttgart. Parmi ses grands rôles, on peut encore citer Otello, Radamès et Don Carlos, Alvaro et Manrico, Don José, Bacchus et Dalibor.

Volondat, Pierre-Alain

Pianiste français, né à Vouzon le 28 juillet 1962.

Il fait ses études musicales aux conservatoires d'Orléans et de Paris, où il remporte trois premiers prix avant de travailler avec Vera Moore, une disciple de Borwick, lui-même élève de Clara Schumann, qui le forme dans la tradition des grands maîtres du XIXe siècle. En 1983, il remporte le 1er prix au Concours Reine Élisabeth de Belgique et commence une carrière internationale qui se développe aux États-Unis et au Japon, principalement autour du répertoire romantique.

Vonk, Hans

Chef d'orchestre néerlandais, né à Amsterdam le 18 juin 1942.

Il mène de front des études juridiques et musicales. Au Conservatoire d'Amsterdam, il travaille le piano et la direction d'orchestre et obtient ses diplômes en 1964. Il se perfectionne ensuite avec Scherchen et suit les cours internationaux de Sienne, Salzbourg et Hilversum. De 1966 à 1969, il est chef d'orchestre du Ballet National Néerlandais. Puis Bernard Haitink l'engage comme assistant au Concertgebouw (1969-73). Il est l'invité des différents orchestres de son pays et prend la tête de l'Orchestre Philharmonique de la Radio d'Hilversum (1973-79). En 1976, il est nommé directeur musical de l'Opéra Néerlandais et chef associé du Royal Philharmonic Orchestra. En 1980, il fait ses débuts à la Scala de Milan en dirigeant *The Rake's Progress* de Stravinski. Entre 1980 et 1992, il est à la tête de l'Orchestre de la Résidence de La Haye. Puis, entre 1985 et 1990, il est directeur musical de la Staatskapelle et de la Staatsoper de Dresde. En 1991, il est nommé chef permanent de l'Orchestre Symphonique du WDR de Cologne. A partir de 1996, il assure également la direction musicale de l'Orchestre Symphonique de Saint Louis.

Il a créé des œuvres de Howard Blake (*Toccata,* 1976), Vinko Globokar (*Labour,* 1993), Karl-Rudi Griesbach (*Kontemplationen für Orchester,* 1986).

Von Stade, Frederica

Mezzo-soprano colorature américaine, née à Somerville (New Jersey) le 1er juin 1945.

A vingt ans, elle décide de chanter et travaille avec Sebastian Engelberg, Paul Berl et Otto Guth à New York. Engagée au Met par Rudolf Bing, elle incarne un des génies de *La Flûte enchantée* et, durant trois ans, avant de venir en Europe, elle chante une vingtaine de rôles. Chérubin, à l'Opéra de Paris (*Les Noces de Figaro,* mise en scène de Strehler), la consacre en 1973. Elle interprète le rôle à Glyndebourne, puis à Salzbourg avec Karajan. En 1975, elle débute à Covent Garden (Rosine), chante Octavian au Hollande-Festival en 1976 et revient à Paris, pour la *Cenerentola.* Elle est Mélisande, dans la mise en scène de Lavelli à l'Opéra, et l'enregistre avec Karajan. Sa voix est légère et elle peut aborder des rôles de soprano ; elle est à l'aise dans Mozart et Rossini. Elle s'intéresse à la renaissance d'une certaine musique française, Massenet surtout (Charlotte, Cendrillon). En 1985, elle incarne Mélisande à la Scala. En 1988, elle crée à Dallas l'opéra de Dominick Argento *Aspern Papers.*

Votto, Antonino

Chef d'orchestre italien, né à Plaisance le 30 octobre 1896, mort à Milan le 9 septembre 1985.

A Naples, il travaille le piano avec A. Longo et la composition avec C. De Nardis. Il débute comme pianiste à Trieste (1919) où il est professeur au Conservatoire. Puis il est nommé au Conservatoire de Milan (1919-21). Il devient le répétiteur de Toscanini à la Scala et y fait ses débuts de chef d'orchestre en 1923 en dirigeant *Manon Lescaut* de Puccini. De 1925 à 1929, il est second chef dans l'illustre maison. Sa carrière s'étend vite hors des frontières italiennes : dès 1924, il est invité à Covent Garden. Rapidement, les plus grandes scènes lyriques d'Europe font appel à lui pour diriger le répertoire italien. En 1928, il est nommé chef permanent à Trieste. De 1941 à 1967, il enseigne au Conservatoire de Milan, formant notamment Claudio Abbado et Riccardo Muti et, à partir de 1948, il est chef permanent à la Scala. Il accompagne régulièrement Maria Callas au début de sa carrière. Il fait ses débuts américains à Chicago en 1960.

Vronsky, Vitya (Victoria Vronsky)

Pianiste russe naturalisée américaine, née à Ievpatoria (Crimée) le 22 août 1909, morte à Cleveland le 28 juin 1992.

Elle étudie le piano à Berlin avec Egon Petri et Artur Schnabel, et la composition avec Franz Schreker. Ensuite elle vient suivre à Paris l'enseignement d'Alfred Cortot. Elle épouse le pianiste **Victor Babin,** avec qui elle joue à partir de 1933, formant avec lui l'un des plus fameux duos pianistiques du milieu du XXe siècle.

W

Waart, Edo de

Voir à **De Waart, Edo.**

Waechter, Eberhard

Baryton autrichien, né à Vienne le 9 juillet 1929, mort à Vienne le 29 mars 1992.

Après son baccalauréat, en 1947, il étudie le piano et la théorie au Conservatoire de Vienne où soudain, en 1950, il opte pour le chant qu'il étudie avec Elisabeth Rado. Il débute à la Volksoper de Vienne, en 1953, dans Silvio *(Paillasse).* En 1955, il est engagé à l'Opéra de Vienne et aborde dès lors une brillante carrière internationale. Il est invité à la Scala, à Covent Garden, aux opéras de Munich, Stuttgart, Rome, Berlin et Bruxelles. Chaque année, il participe au Festival de Salzbourg où on le considère comme un des grands interprètes mozartiens. Depuis 1958, il s'impose à Bayreuth comme un exceptionnel Amfortas *(Parsifal)* et comme Wolfram (*Tannhäuser*). Il est invité également par les festivals d'Édimbourg et de Glyndebourne. En 1956, il crée à l'Opéra de Vienne *La Tempête* de Frank Martin. En 1960, il est appelé au Met. En 1971, il crée à l'Opéra de Vienne *La Visite de la vieille dame* (von Einem). Remarquable interprète de Richard Strauss (*Salomé, Arabella, Capriccio*... etc.), il s'est également distingué dans quelques grandes opérettes, tout particulièrement *La Chauve-Souris,* qu'il a enregistrée avec Karajan. Il devient intendant de la Volksoper de Vienne en 1987 et de l'Opéra de Vienne en 1991.

Wagner, Robert

Chef d'orchestre autrichien, né à Vienne le 20 avril 1915.

Après avoir fait ses études à Vienne sanctionnées par une thèse sur la création musicale de Franz Schmidt, il est nommé directeur général de la musique à Münster jusqu'en 1961, puis à Innsbruck de 1960 à 1966. Il est président du Mozarteum de Salzbourg de 1965 à 1970. Il dirige comme chef invité en Autriche et à l'étranger.

Wagner, Roger

Chef de chœur américain, né au Puy (France) le 16 janvier 1914, mort à Dijon le 17 septembre 1992.

Son père est compositeur et organiste de la cathédrale de Dijon. En 1921, il émigre avec sa famille aux États-Unis, à New York puis à Los Angeles où son père est organiste et directeur de la chorale de l'église Saint-Brendan. Il revient en France en 1932, où il poursuit ses études musicales à Montmorency et avec Marcel Dupré. De retour aux États-Unis en 1937, il est membre de la chorale de la Metro Goldwyn Mayer puis chef de chant à l'église Saint-Joseph à Los Angeles, poste qu'il occupe pendant plus de vingt ans. En 1946, il crée la

Chorale Roger Wagner, appelée à se produire dans tous les États-Unis et avec les plus grands orchestres. Des chanteurs tels que Marilyn Horne, Caroll Neblett, Karan Armstrong, Theodore Uppman ont appartenu à sa chorale. En 1953, il dirige au Festival Hall les festivités du couronnement de la reine Elizabeth. En 1956, il effectue sa première tournée dans les États-Unis avec sa chorale puis en 1959 en Amérique centrale, en Amérique du Sud et au Mexique, en 1965 au Japon. Cette même année, il fonde la chorale de l'Orchestre Symphonique de Los Angeles. En 1973, il dirige le concert d'inauguration du Kennedy Center de Washington. De 1977 à 1979, il vient régulièrement diriger les chœurs de Radio France. Outre ses activités musicales, il a été un grand sportif et avait participé au décathlon des jeux Olympiques de 1936.

Wagner, Siegfried

Chef d'orchestre et compositeur allemand, né à Tribschen (Lucerne) le 6 juin 1869, mort à Bayreuth le 4 août 1930.

Siegfried est le seul fils de Richard Wagner et de Cosima. Par sa mère, il est le petit-fils de Liszt. Sa naissance est généralement associée à la composition de *Siegfried-Idyll,* qui vit en réalité le jour pour l'anniversaire de Cosima un an plus tard. Il se destine d'abord à l'architecture et à la peinture qu'il étudie à Berlin. Puis il effectue un voyage en Asie. Ce n'est qu'en 1892 qu'il vient à la musique. Il travaille avec Julius Kniese à Bayreuth, Humperdinck à Francfort et Mottl à Karlsruhe. Il reçoit aussi les conseils d'Hans Richter, l'un des chefs préférés de son père. En 1894, il est chef adjoint à Bayreuth où il dirige *La Tétralogie* en 1896, comme doublure de Richter. Ses premières mises en scène datent de 1901 et, en 1906, il remplace sa mère à la direction artistique du Festival. En 1915, il épouse Winifred Williams-Klindworth qui dirigera le Festival de 1930 à 1944. Après elle, ses deux fils Wieland et Wolfgang poursuivront la tradition familiale. Siegfried Wagner a été un chef souvent contesté. Élevé dans le sérail, il était surtout le détenteur de traditions familiales que seuls ses fils parviendront à écarter. Le metteur en scène a apporté de grandes innovations à la scénographie de l'époque, notamment la troisième dimension et des recherches de couleurs dans les décors. Il a su attirer à Bayreuth l'élite musicale de son temps.

ÉCRITS : *Erinnerungen,* mémoires (Stuttgart, 1923) ; *Reisetagebuch* (Bayreuth, 1935).

Wakasugi, Hiroshi

Chef d'orchestre japonais, né à Tōkyō le 31 mai 1935.

Il effectue ses études musicales dans sa ville natale avec Noboru Kaneko et Hideo Saitô. Il est chef permanent du Yomiuri Nippon Symphony Orchestra de Tōkyō (1965-75), du Japan Choir, de la Bach Guild et du Kyoto City Municipal Symphony Orchestra (1975-77) avant de se fixer en Allemagne où se déroule la suite de sa carrière : il prend la direction de l'Orchestre Symphonique de la Radio de Cologne (WDR) (1977-83), et assure la direction musicale de la Deutsche Oper am Rhein (Düsseldorf-Duisbourg) de 1982 à 1986. Puis il est nommé directeur musical de l'Orchestre de la Tonhalle de Zurich (1987-91) et du Tokyo Metropolitan Symphony Orchestra (depuis 1987). Il a créé des œuvres d'Alexander Goehr (*Sehet die Sonne,* 1985), Shin-Ichiro Ikebe (*Construction,* 1966 ; *The Death Goddess,* opéra, 1971 ; *Quadrants,* 1974), Wilhelm Killmayer (*Im Freien,* 1981), Volker David Kirchner (*Belshazar,* opéra, 1986), Rainer Lischka (*Akzente,* 1984), Toru Takemitsu (*Winter,* 1971 ; *Spirit Garden,* 1994), Gerhard Wimberger (*Programm,* 1978), Isang Yun (*Exemplum in memoriam Kwangju,* 1981).

Walcha, Helmut

Organiste et claveciniste allemand, né à Leipzig le 27 octobre 1907, mort à Francfort-sur-le-Main le 11 août 1991.

Fils d'un fonctionnaire des postes, il perd la vue à l'âge de seize ans à la suite d'une vaccination défectueuse. Il abandonne le piano et le violon, dont il avait commencé l'étude dès l'âge de douze ans, pour se tourner vers l'orgue qu'il travaille au Conservatoire de Leipzig (1922-27) avec Günther Ramin, le successeur de Bach à Saint-Thomas. Ramin lui révèle la musique du Cantor et l'élève dans sa plus pure tradition d'interprétation. Il donne son premier concert en 1924 et devient son assistant (1926-29). En 1929, il est nommé organiste de la Friedenskirche (église de la Paix) à Francfort-sur-le-Main où il donne des soirées commentées de musique d'orgue (Frankfurter Bachstunden), pratique alors inconnue dans cette ville. En 1933, il commence à enseigner au Conservatoire de Francfort avant d'être nommé, en 1938, professeur à la Musikhochschule de Francfort. Il y fonde, en 1945, un institut pour la musique d'église et continuera à enseigner jusqu'en 1972. En 1946, il quitte la Friedenskirche pour la Dreikönigskirche (église des Trois Rois), dont il restera titulaire de l'orgue jusqu'en 1981. Il est l'un des premiers organistes qui choisissent de jouer la musique de Bach, sur des instruments baroques. Il est aussi l'un des premiers organistes à faire découvrir la musique des prédécesseurs de Bach, comme Buxtehude, G. Boehm, Bruhns, Lübeck, Tunder ou Scheidt. Dès 1947, il commence à enregistrer la première de ses deux intégrales de la musique de J. S. Bach sur les principales orgues baroques d'Allemagne du Nord dont la Deutsche Grammophon souhaite conserver le son. Plusieurs disques sont réalisés à Strasbourg et à Alkmaar, aux Pays-Bas. Il développe rapidement une importante carrière internationale : premier concert à Londres en 1955 ; à Paris, il joue souvent à Saint-Séverin. Outre la musique d'orgue de Bach, dont il achève sa seconde intégrale en 1971, il enregistre le *Clavecin bien tempéré* et ses principales suites pour clavecin ainsi que les *Sonates pour violon et clavecin* avec Henryk Szeryng. Il donne son dernier concert en 1981.

On doit à Helmut Walcha, en dehors de rééditions de partitions de Bach et de Haendel (les *12 Concertos pour orgue*), des compositions propres, dont 3 livres de *Choralvorspiele* et des ouvrages musicologiques sur l'orgue et les organistes, notamment une étude sur Max Reger (1952).

Waldbauer, Imre

Violoniste hongrois, né à Budapest le 13 avril 1892, mort à Iowa City le 3 décembre 1953.

Il est d'abord l'élève de son père, **Joseph Waldbauer**, pédagogue autrichien de grand renom et membre du Quatuor Hubay. Il travaille ensuite avec Jenö Hubay à l'Académie de musique de Budapest. En 1909, il fonde le Quatuor Waldbauer-Kerpely, qui fonctionnera jusqu'en 1940 et sera pendant de longues années le principal quatuor hongrois, créant les quatre premiers quatuors de Bartók (le deuxième est dédié au Quatuor), ceux de Kodály, Lajtha, Leo Weiner et imposant dans le monde entier le répertoire contemporain de l'époque. En 1918, il est nommé professeur de violon et de musique de chambre à l'Académie de musique de Budapest. Après la Seconde Guerre mondiale, il se fixe aux États-Unis où il est nommé professeur à l'Université de l'Iowa. Il compte parmi les pédagogues les plus importants de son temps.

Waldhans, Jiři

Chef d'orchestre tchèque, né à Brno le 17 avril 1923.

Il étudie la direction d'orchestre avec B. Liška au Conservatoire de Brno jusqu'en 1948. Il est engagé comme répétiteur et chef de chœur à l'Opéra d'Ostrava (1949-51). Entre 1951 et 1954, il dirige l'Orchestre Symphonique de Brno. Il travaille ensuite avec Igor Markevitch au Mozarteum de Salzbourg (1956). Entre 1955 et 1962, il est chef permanent de l'Orchestre Symphonique d'Ostrava puis, entre 1962 et 1980, chef permanent de l'Orchestre Philharmonique de Brno. Il enseigne à l'Académie Janáček de Brno.

Walevska, Christine

Violoncelliste américaine, née à Los Angeles le 8 mars 1948.

Sa mère lui donne ses premières leçons et son père, expert en instruments anciens, lui offre son premier violoncelle (un Bernardel de 1842). Elle travaille d'abord avec Piatigorsky avant de venir au Conservatoire de

Paris étudier dans la classe de Maurice Maréchal. En 1962, elle obtient un 1er prix de violoncelle et un 1er prix de musique de chambre. Commence alors une carrière qui la mène tant en Europe, qu'en Orient et en Amérique. Depuis 1972, elle vit aux États-Unis. Elle crée en Europe la *Fantaisie pour violoncelle et orchestre* de William Schuman sous la direction de Schmidt-Isserstedt (1968) et des œuvres de Jesse Erlich (1970), L. Almeida (1969) et Khatchaturian (*Pièce pour violoncelle seul,* 1975, qui lui est dédiée). Elle a enregistré l'intégrale de l'œuvre pour violoncelle de Saint-Saëns. Son instrument est un Carlo Bergonzi de 1740.

Wallat, Hans

Chef d'orchestre allemand, né à Berlin le 18 octobre 1929.

Il fait ses études musicales au Conservatoire de Schwerin puis est nommé premier chef à Stendal (1950-51), à Meiningen (1951-52), au Théâtre de Schwerin (1953-56) avant de prendre la direction musicale du Théâtre de Cottbus (1956-58). Il est ensuite premier chef à l'Opéra de Leipzig (1958-61), à celui de Stuttgart (1961-64) puis à la Deutsche Oper de Berlin (1964-65). De 1965 à 1970, il est directeur général de la musique à Brême et, de 1970 à 1980, à Mannheim. Invité régulier à l'Opéra de Vienne dès 1968, il débute à Bayreuth en 1970 et au Met en 1971. Il s'impose surtout dans le répertoire lyrique allemand. Directeur général de la musique à Dortmund (1979-85), il est ensuite chef permanent à l'Opéra de Hambourg puis directeur général de la musique à la Deutsche Oper am Rheim, Düsseldorf-Duisbourg (depuis 1986). Il a créé des œuvres de Giselher Klebe (*Der jüngste Tag,* opéra, 1980).

Wallberg, Heinz

Chef d'orchestre allemand, né à Herringen le 16 mars 1923.

Après des études musicales effectuées à Dortmund et à Cologne, il débute comme instrumentiste (violon et trompette solo) dans des orchestres de Cologne et de Darmstadt. Puis il occupe différentes fonctions de chef d'orchestre à Münster, Trier et Hagen. En 1954, il est directeur de la musique à Augsburg, l'année suivante directeur général de la musique à Brême, puis, de 1960 à 1974, à Wiesbaden et, à partir de 1975, à Essen. En même temps, il est à la tête du Niederösterreichisches Tonkünstlerorchester de Vienne (1964-75) et chef invité à l'Opéra de cette ville. De 1975 à 1982, il dirige l'Orchestre de la Radio de Munich tout en assurant la direction de l'Orchestre Philharmonique d'Essen (1975-91).

Il a créé des opéras de Werner Egk (*La Tentation de saint Antoine,* seconde version, 1976), Rudolf Wagner-Régeny (*Das Bergwerk zu Falun,* 1961) ainsi que la première version de *Voyage autour de mon oreille* (1959) de Claude Ballif.

Wallenstein, Alfred

Chef d'orchestre américain, né à Chicago le 7 octobre 1898, mort à New York le 8 février 1983.

Il reçoit une formation de violoncelliste et débute à Los Angeles en 1912. Quatre ans plus tard, il fait partie de l'Orchestre Symphonique de San Francisco et, en 1919, de l'Orchestre Philharmonique de Los Angeles. Il effectue un séjour à Leipzig pour faire des études musicales, mais surtout pour travailler avec Julius Klengel. Rapidement, il s'impose comme l'un des plus grands violoncellistes américains de son époque : il est nommé violoncelle solo de l'Orchestre Symphonique de Chicago (1922-29), puis de l'Orchestre Philharmonique de New York (1929-36), où il joue sous la direction de Toscanini. C'est seulement à cette époque qu'il s'oriente vers la direction d'orchestre : il est engagé à la Radio, puis il prend la direction de l'Orchestre Philharmonique de Los Angeles (1943-56) et de l'Orchestre Symphonique de l'Air (1961-63). A la fin de sa vie, il se tourne vers l'enseignement et sera notamment professeur à la Juilliard School.

Wallez, Jean-Pierre

Violoniste et chef d'orchestre français, né à Lille le 18 mars 1939.

Né dans une famille de musiciens, il obtient à douze ans un 1er prix de violon au Conservatoire de Lille. Il entre au Conservatoire de Paris, où il étudie avec Gabriel Bouillon, Jacques Février et Joseph Calvet. Il en sort en 1956 nanti de premiers prix de violon et de musique de chambre. Il travaille également avec Léon Nauwinck et reçoit les conseils d'Henryk Szeryng et de Yehudi Menuhin. Lauréat du Concours Marguerite Long-Jacques Thibaud (1957) et du Concours international de Genève (1958), il remporte le 1er prix au Concours Paganini de Gênes (1960). Membre de la Société des Concerts du Conservatoire (1961-63), puis de l'Orchestre de l'Opéra-Comique et de l'Opéra de Paris (1962-74), il occupe les fonctions de premier violon solo à l'Orchestre de Paris (1975-77). Fondateur de l'Ensemble Instrumental de France (qu'il dirige de 1968 à 1983), directeur du Festival d'Albi, depuis son origine (1974-91), il crée, en 1978, l'Ensemble Orchestral de Paris dont il assure la direction jusqu'en 1986. Il est par ailleurs directeur de l'Académie d'été d'Albi, où il enseigne, ainsi que dans divers pays. Grâce à lui et aux ensembles qu'il dirige de nombreuses pages de Rameau, Dauvergne, Monsigny, Philidor, Aubert et Gossec sortent de l'oubli. Parmi les premières discographiques qu'il réalise, on peut citer le *Concerto no 2* de Viotti, et le *Concerto en fa* de Lalo. Il a créé des œuvres de Jacques Bondon (*Concerto de Molines,* 1968 ; *Le Chemin de croix,* oratorio, 1989) et Tolia Nikiprowetzki (*Concerto pour violon,* 1982).

Avec l'Ensemble instrumental de France, il a créé des œuvres de Martinů (*Suite enchaînée*), Jolivet (*Yin-Yang*) et Bon. Avec l'Ensemble Orchestral de Paris, des œuvres de Florentz (*Magnificat*), Capdenat, Sciortino, Landowski (*Un enfant appelle*), Louvier, Guillou, Finzi et Bolling. En 1985, il est nommé professeur au Conservatoire de Toulouse et, l'année suivante, premier chef invité de l'Orchestre Symphonique de Jutland du Sud (Danemark). En 1987, il est professeur au Conservatoire de Genève et premier chef invité de l'Orchestre de Chambre de Wallonie (Belgique).

Walter, Bertrand

Violoniste français, né à Metz le 17 mars 1962.

Après des études musicales au Conservatoire de Metz puis au Conservatoire de Paris, où il travaille l'instrument dans la classe de Michèle Auclair et la musique de chambre dans celle de Geneviève Joy, il obtient en 1979 un 1er prix de violon et, en 1981, un 1er prix de musique de chambre. Lauréat de plusieurs fondations et du Concours international Paganini à Gênes en 1980, il suit les cours de Franco Gulli à l'Université d'Indiana, aux États-Unis (1985-86). Il revient ensuite en France se perfectionner avec Pierre Doukan au Conservatoire de Paris. En 1990, il est engagé comme premier violon solo à l'Orchestre National de France, poste qu'il partage avec Luc Héry. Outre son activité de chef de pupitre, il fonde le Trio BWV en compagnie de l'altiste Laurent Verney et du violoncelliste Dominique de Williencourt.

Walter, Bruno
(Bruno Schlesinger)

Chef d'orchestre allemand, naturalisé autrichien (1911), français (1938) et américain (1946), né à Berlin le 15 septembre 1876, mort à Beverly Hills le 17 février 1962.

Il fait ses études musicales au Conservatoire Stern à Berlin, où il reçoit une formation de pianiste. Dès l'âge de neuf ans, il se produit en public. Mais en 1889, il entend Hans von Bülow et décide de devenir chef d'orchestre. Il est répétiteur à Cologne (1893) où il fait ses débuts à l'Opéra. L'année suivante, il est engagé à l'Opéra de Hambourg, où il rencontre Mahler, alors directeur musical dans le même théâtre. Les deux hommes se lient d'une amitié profonde et c'est Mahler qui lui suggère de changer de nom. Malgré la réussite de leur collaboration, Bruno Walter refuse de le suivre à l'Opéra de Vienne. Il effectue une saison à Breslau comme second chef (1896), puis il est premier chef à Presbourg (1897), Temesvar – aujourd'hui Timişoara – (1898) et Riga (1898) avant d'être nommé à Berlin en 1900. Finalement, devant l'insistance de Mahler, il cède et accepte un poste de chef d'orchestre à l'Opéra de Vienne (1901-13). Il est associé à toutes les grandes réalisations de l'époque et participe au renouveau du théâtre lyrique prôné par Mahler. A la mort de son ami, en 1911, il crée ses deux œuvres posthumes : *Le Chant de la terre* (1911) et la *Symphonie nº 9* (1912). Puis il prend la direction musicale de l'Opéra de Munich (1913-22) : il est enfin son propre maître et c'est à cette époque que commence à se révéler sa véritable personnalité, dégagée de la tutelle artistique de Mahler. Il élargit considérablement le répertoire, tant vers la musique contemporaine (il crée *Violanta* et *Polykrates* de Korngold en 1916 puis *Palestrina* de Pfitzner en 1917) qu'au-delà des frontières du monde germanique. En 1923, il effectue sa première tournée aux États-Unis. A partir de 1919, il est l'invité régulier de l'Orchestre Philharmonique de Berlin, qu'il dirige chaque saison pour un cycle de concerts jusqu'en 1933. C'est au cours de l'un d'eux qu'il présente Yehudi Menuhin au public allemand. L'Angleterre fait appel à lui : de 1924 à 1931, il dirige le répertoire germanique à Covent Garden. En 1925, il est directeur musical de la Städtische Oper de Berlin où il réalise aussi quelques mises en scène. Il participe à la fondation du Festival de Salzbourg, où il dirigera régulièrement jusqu'à ce que le régime nazi le force à quitter l'Europe. En 1928, les Parisiens découvrent les opéras de Mozart sous sa direction. L'année suivante, il quitte Berlin pour prendre la succession de Furtwängler au Gewandhaus de Leipzig (1929-33). En 1933, il doit se réfugier en Autriche. Il est chef associé de l'Orchestre du Concertgebouw d'Amsterdam (1934-39), chef invité (1935) puis conseiller artistique (1936) de l'Opéra de Vienne. En 1938, il doit quitter l'Autriche pour la France puis, l'année suivante, pour les États-Unis. Il ouvre son répertoire à la jeune musique américaine, créant notamment le *2ᵉ Essai* (1942) de Barber. Il crée aussi la *Symphonie nº 2* de K. Weill au Concertgebouw (1934) et *Prosperos Beschwörungen,* cinq pièces pour orchestre d'Egon Wellesz (1938). Erich Korngold lui dédie son *Quatuor à cordes nº 3* (1945).

De 1947 à 1949, il sera conseiller artistique de l'Orchestre Philharmonique de New York ; mais il mène surtout une carrière de chef invité au Met, à la NBC, à Philadelphie ou à Los Angeles. En Europe, il revient diriger régulièrement à Paris, à Vienne et à Salzbourg. A la fin de sa vie, on forme spécialement pour lui à Los Angeles un orchestre d'élite, le Columbia Symphony Orchestra, avec lequel il réenregistre en stéréophonie l'essentiel de son répertoire.

Bruno Walter a été souvent considéré comme la figure intermédiaire d'une grande trilogie de chefs d'orchestre, entre Furtwängler et Toscanini. Son sens de la mesure le situait peut-être à mi-chemin de ses deux aînés mais rien dans son tempérament ne le rapprochait d'eux. La musique reste avec lui profondément humaine. Il disait de certains mouvements rapides de Mozart qu'il cherchait à les rendre si gais qu'on en ait envie de pleurer. En le dégageant de la tutelle des interprétations romantiques, il a rendu justice à Mozart et ouvert la voie à la rigueur actuelle. Il a également joué un rôle essentiel en faveur de la musique de Mahler, qu'il a imposée tout au long de sa vie malgré l'incompréhension générale.

ÉCRITS : *Von den moralischen Kräften der Musik* (Vienne, 1935, trad. française *Les Forces morales de la musique,* Mercure de France), *Gustav Mahler* (Vienne, 1936, trad. française, Hachette, Paris, 1979), *Theme and Variations* (New York, 1944, trad. française *Thème et Variations,* Foetisch, Lausane, 1952), *Von der Musik und vom Musizieren* (Fischer, Francfort-sur-le-Main, 1957), *Briefe 1894-1962,* publiées par L. Lindt (Francfort-sur-le-Main, 1969).

Wand, Günter

Chef d'orchestre allemand, né à Elberfeld le 7 janvier 1912.

Il commence ses études à Wuppertal puis vient à Cologne où il travaille à l'Université et à la Hochschule avec Jarnach, von

Hoesslin et P. Baumgartner. Il est répétiteur puis chef d'orchestre à Wuppertal et Allenstein, premier chef à Detmold, chef permanent puis premier chef à l'Opéra de Cologne (1939-44). En 1944-45, il dirige l'Orchestre du Mozarteum de Salzbourg puis est nommé directeur général de la musique à Cologne (1945-75), assurant les concerts du Gürzenich dès 1946. Il reconstitue l'Opéra et l'Orchestre de Cologne, qu'il hisse au niveau des meilleurs ensembles allemands. Il est même nommé chef à vie mais se retire lorsqu'il devient premier chef invité de l'Orchestre Symphonique de Berne (1974). En 1982, il prend la direction de l'Orchestre Symphonique du NDR de Hambourg, qu'il conserve jusqu'en 1991, avant d'être nommé chef honoraire. Chef de grande stature, discret, ennemi de toute publicité, il est loin d'être reconnu à sa juste valeur car sa carrière de chef invité l'a rarement mené hors d'Allemagne. Il a dirigé assez régulièrement en France et a été le premier chef allemand invité à diriger les principaux orchestres soviétiques après la Seconde Guerre mondiale. Il n'a fait ses débuts aux États-Unis qu'en 1989, à Chicago. Grand interprète de Bruckner, il a enregistré avec l'Orchestre Radio-Symphonique de Cologne (1974-81) une intégrale de ses symphonies qui fait autorité et a entrepris un second cycle à Hambourg en 1987. Il a joué un rôle essentiel dans la diffusion de la musique de son temps, programmant régulièrement des œuvres de Wolfgang Fortner, György Ligeti ou Bernd Aloys Zimmermann. Il a créé les *Noces de Sang* (1957) de Wolfgang Fortner et *Pandora* (1949) de Hermann Reutter.

Warren, Leonard
(Leonard Varenov)

Baryton américain, né à New York le 21 avril 1911, mort à New York le 4 mars 1960.

Fils d'un émigré russe, il est destiné à reprendre le magasin de fourrures de son père. A l'âge de vingt-quatre ans, il découvre qu'il a une voix : il auditionne au Radio City Music Hall et est admis dans les chœurs. Parallèlement, il suit des cours à la Greenwich House Music School. Il se présente en 1937 à une audition du Met et est engagé sur-le-champ. Mais il n'a aucun répertoire. Il va travailler à Rome avec Giuseppe Païs et à Milan avec Riccardo Picozzi avant de débuter sur la scène du Met en 1939 dans le rôle de Paolo Albiani de *Simon Boccanegra.* La gloire lui vient en 1943 lorsqu'il remplace au pied levé Tibbett et chante pour la première fois Rigoletto, rôle dans lequel il n'a jamais été égalé. En vingt et une saisons au Met, il ne chante que vingt-cinq rôles, dont les mieux adaptés à sa voix et à son tempérament sont, outre le bouffon, Amonasro, Falstaff, Boccanegra, Scarpia, Tonio, Barnaba et cet inoubliable Macbeth dont il assure une reprise éclatante en 1959, véritable couronnement de sa carrière. Le 4 mars 1960, il chante Don Carlo de *La Force du destin.* Après l'air « Urna fatale », il s'abat, foudroyé.

Sa voix immense et longue (du sol grave au si bémol aigu) s'enregistrait bien, et il nous reste d'inestimables échos de son art dont les intégrales de *Rigoletto* et *Macbeth.*

Watanabe, Akeo

Chef d'orchestre japonais, né à Tōkyō le 5 juin 1919, mort à Tōkyō le 22 juin 1990.

Il commence ses études à l'Académie de musique de Tōkyō, où il travaille avec Hideo Saito, puis les complète à la Juilliard School de New York (1950-52) avec E. Moguilevski, J. Rosenstock, Manfred Gurlitt, Helmut Fellmer et Jean Morel. Ses débuts de chef d'orchestre remontent à 1945-46 à la tête de l'Orchestre Symphonique de Tōkyō.

De 1947 à 1954, il est à la tête de l'Orchestre Philharmonique de Tōkyō. Puis il fonde le Japan Philharmonic Symphony Orchestra qu'il dirige de 1956 à 1968 avant d'être nommé directeur musical de l'Orchestre Symphonique de Kyōto (1970-72), du Tokyo Metropolitan Symphony Orchestra (1972), puis du Japan Philharmonic Symphony Orchestra et de l'Orchestre Symphonique d'Hiroshima.

Akeo Watanabe est l'un des fondateurs de l'école de direction d'orchestre japonaise. Il consacre une part importante de son temps à la pédagogie, enseignant d'abord le violon puis la direction d'orchestre à l'Université des Arts de Tōkyō (1962-

67). Il a créé des œuvres de Shin-Ichiro Ikebe (*Symphonie n° 2,* 1979).

Watkinson, Carolyn

Mezzo-soprano anglaise, née à Preston le 19 mars 1949.

Elle fait ses études au Royal Manchester College of Music, puis au Muzieklyceum et au Conservatoire de La Haye. Concertiste spécialisée dans la musique baroque, elle apparaît dans l'ensemble Syntagma Musicum, et le Gächinger Kantorei de Helmuth Rilling, ainsi qu'avec la Grande Écurie et la Chambre du Roi de J.C. Malgoire. A la scène, elle paraît dans Phèdre d'*Hippolyte et Aricie* de Rameau à Covent Garden, et au Festival de Versailles (1978), au Netherlands Opera, à la Monnaie de Bruxelles (Neron du *Couronnement de Poppée*, repris à Spolète, 1979), Rosine à Stuttgart et Chérubin au Festival de Ludwigsburg (1980) et à Glyndebourne (1984), Ariodante de Haendel à la Scala en 1981.

Watson, Claire

Soprano américaine, née à New York le 3 février 1927, morte à Utting am Ammersee le 16 juillet 1986.

Elle prend ses premières leçons de chant avec Elisabeth Schumann à New York et travaille au Conservatoire d'Amsterdam, avec Eduard Lichtenstein. En 1951, elle fait ses débuts au Théâtre municipal de Graz, auquel elle appartient jusqu'en 1956. De 1956 à 1958, elle chante à l'Opéra de Francfort. En 1958, elle est appelée à l'Opéra de Munich, auquel elle restera attachée jusqu'à la fin de sa carrière. Elle est invitée dans le monde entier : à l'Opéra de Vienne, à Covent Garden, à la Monnaie, aux Opéras de Hambourg et de Stuttgart. Elle se fait apprécier aussi bien dans le répertoire mozartien que dans le répertoire wagnérien, où elle tient avec charme les rôles d'Eva, d'Elsa... Mais elle excelle surtout dans les œuvres de Richard Strauss, tout particulièrement dans *Capriccio,* où elle interprète une comtesse subtile et raffinée. En 1964, elle est invitée au Met. Elle cessera pratiquement de paraître sur scène à partir de 1976. Elle avait épousé le ténor américain **David Thaw.**

Watts, André

Pianiste américain, né à Nuremberg (Allemagne) le 20 juin 1946.

Fils d'une mère hongroise et d'un père noir américain, il fait ses études à l'Institut Peabody de Baltimore avec Leon Fleisher et à Philadelphie. Il donne son premier concert à neuf ans et fait ses débuts en 1963 sous la baguette de Leonard Bernstein. Sa carrière le conduit en Europe à partir de 1966.

Watts, Helen

Contralto anglaise, née à Milford Haven le 7 décembre 1927.

Elle étudie le chant à la Royal Academy of Music de Londres auprès de Caroline Hatchard et de Frederick Jacobson. Elle chante pour la BBC *Orphée et Eurydice* de Gluck en 1953. Dès ses débuts en 1955 dans le cadre des Concerts Promenades, elle se montre remarquable interprète de Bach et de l'oratorio en général. Membre de la Haendel Opera Society, elle chante le rôle de Didyme dans *Theodora* (1958), *Semele* (1959) et *Rinaldo* (1961). Elle est l'interprète du *Viol de Lucrèce* en 1964 en Union soviétique, sous la direction de Britten. Elle aborde le répertoire wagnérien à Covent Garden, chantant la Première Norne (1965-66), puis Erda (1967 à 1971). En 1966, elle chante à New York *A Mass of Life* de Delius. Elle se révèle également interprète de lieder lors de ses débuts au Carnegie Hall en 1970, chantant les *Kindertotenlieder* de Mahler, sous la direction de Solti. Elle possède une voix pure, menée avec fermeté.

Wayenberg, Daniel

Pianiste néerlandais, né à Paris le 11 octobre 1929.

Son père était journaliste et sa mère, russe de naissance, avait étudié le violon avec Leopold Auer au Conservatoire de Saint-Pétersbourg. Il commence ses études de piano dès l'âge de cinq ans. Il travaille à La Haye avec Ary Verhaar et, à partir de 1947, à Paris avec Marguerite Long. Sa carrière débute en 1949, lorsqu'il remporte le 2e prix au Concours Marguerite Long-

Jacques Thibaud. En 1951, il donne en première audition le *Concerto pour piano* de Stallaert sous la direction de Kubelík au Festival de Besançon. Ses débuts américains datent de 1953.

Daniel Wayenberg se livre à la composition. Parmi ses œuvres, on peut retenir le *Concerto pour instruments à vent et piano*, le *Concerto pour 3 pianos*, la *Symphonie « Capella »* et le ballet *Solstice.* Dans une discographie largement consacrée au grand répertoire, il faut distinguer l'enregistrement des deux *Sonates* de Jolivet et la *Sonate pour violon et piano* de Janáček.

Weber, Ludwig

Basse autrichienne, né à Vienne le 29 juillet 1899, mort à Vienne le 9 décembre 1974.

Il étudie à Vienne avec Alfred Roller la technique théâtrale et avec Alfred Boruttau le chant, tout en appartenant aux Chœurs de la Société d'Oratorio de Vienne. Il débute à la Volksoper en 1920 et y demeure cinq ans avant d'appartenir aux Opéras de Wuppertal (1925-27), Düsseldorf (1927-32) et Cologne (1932-33). Après avoir chanté au Festival Wagner de Munich en 1931, il est membre de la troupe de la Bayerischer Staatsoper de 1933 à 1945, et achève sa carrière à Vienne.

Wagnérien célèbre (il apparaît à Paris dans ce répertoire au Théâtre des Champs-Élysées dès 1930), il chante à Bayreuth de 1951 à 1961 (Gurnemanz, Fasolt, Hagen, Mark, Pogner, König Heinrich, Daland, Titurel, Kothner), ainsi qu'à la Scala, à Covent Garden, au Colón de Buenos Aires, au Mai Musical Florentin... Mais il est aussi un immense mozartien, qui paraît à Salzbourg de 1939 à 1947 dans le Commandeur, Sarastro et Osmin, et un célèbre récitaliste et chanteur d'oratorios. A partir de 1961, il se consacre au professorat au Mozarteum de Salzbourg. Il a participé à la création de *Friedenstag* de R. Strauss en 1938 (Holsteiner).

Weber, Margrit

Pianiste suisse, née à Ebnat-Kappel (Saint-Gall) le 24 février 1924.

Elle commence par étudier l'orgue à Zurich avec Heinrich Funk puis le piano avec Max Egger et Walter Lang. Elle commence une brillante carrière européenne qui s'étend à l'Amérique à partir de 1956. La musique contemporaine occupe une place importante dans ses programmes. Martinů lui dédie sa *Fantaisie concertante* (1958) et Stravinski ses *Mouvements pour piano et orchestre* (1965). Elle crée également des œuvres de Wolfgang Fortner (*Épigrammes,* 1964), Harald Genzmer (*Concerto pour piano nº 2,* 1966), Albert Moeschinger (*Concerto pour piano,* 1962), Armin Schibler (*Ballade,* op. 78, 1963), Alexandre Tcherepnine (*Concerto pour piano nº 6,* 1965). En 1971, elle est nommée professeur à la Hochschule de Zurich.

Weikert, Ralf

Chef d'orchestre autrichien, né à Saint-Florian le 10 novembre 1940.

Au Conservatoire de Linz, il travaille le piano et la direction d'orchestre avant de venir à Vienne en 1960, où il étudie, à l'Académie de musique, la direction avec Swarowsky et la composition avec Jelinek. En 1965, il remporte le 1er prix au Concours international Nicolaï Malko de Copenhague. L'année suivante, il est nommé premier chef d'orchestre à Bonn où il devient chef permanent en 1968. A partir de 1972, il dirige régulièrement à l'Opéra de Copenhague. En 1975, il reçoit le Prix Karl Böhm à Vienne et, de 1977 à 1981, il est premier chef à l'Opéra de Francfort. Entre 1981 et 1984, il est directeur musical de l'Orchestre du Mozarteum et de l'Opéra de Salzbourg. Entre 1983 et 1992, il occupe les mêmes fonctions à l'Opéra de Zurich.

L'essentiel de sa carrière se déroule dans le domaine lyrique mais il consacre une place plus importante au concert depuis sa nomination à Salzbourg. Il s'est fait une réputation de chef mozartien. Il a créé l'opéra de Rudolf Kelterborn, *Der Kischgarten* (1985).

Weikl, Bernd

Baryton allemand, né à Vienne le 29 juillet 1942.

Après des études d'économie politique, il entre au Conservatoire de Mayence, puis en

1965 à celui de Hanovre. En 1968, il est lauréat du Concours de chant de Berlin et entre dans la troupe de l'Opéra de Hanovre. Entre 1970 et 1973, il chante à la Deutsche Oper am Rhein (Düsseldorf-Duisbourg). Suivent diverses activités de concert et de disques, que couronnent ses engagements en 1972 au Festival de Pâques à Salzbourg (Melot dans *Tristan*), au Festival de Bayreuth (Amfortas dans *Parsifal,* 1975-80, Wolfram dans *Tannhäuser,* 1977-78, et Hans Sachs dans *Les Maîtres chanteurs,* 1981-86) et aux Opéras de Vienne et de Prague. Il paraît à Hambourg depuis 1974, à Munich, au Met depuis 1977. Son répertoire comprend essentiellement les grands barytons wagnériens (Amfortas, Sachs, le Hérault).

Weingartner, Felix
(Felix Edler von Münzberg)

Chef d'orchestre autrichien naturalisé suisse (1933), né à Zara (Dalmatie) le 2 juin 1863, mort à Winterthur le 7 mai 1942.

A la mort de son père, en 1868, Felix Weingartner et toute sa famille viennent s'établir à Graz (Autriche). Son premier professeur est le Dr Wilhelm Mayer-Remy. Il effectue sa scolarité (philosophie et musique) à Leipzig et rédige ses premières compositions. Il rencontre Richard Wagner à la première de *Parsifal* à Bayreuth (1882). L'année suivante il devient l'élève et ami de Franz Liszt à Weimar. C'est dans cette ville qu'a lieu la création de son premier opéra *Sakuntala* (1884). La même année, il est nommé chef en second de l'Opéra de Königsberg. Il obtient pendant cette période des engagements dans plusieurs villes d'Allemagne.

De 1891 à 1898, il occupe les fonctions de Hofkapellmeister à l'Opéra de Berlin. Il est alors appelé à diriger l'Orchestre Kaim de Munich (1898-1905). En 1902, au Festival de Mayence, il dirige l'intégrale des symphonies de Beethoven. Avec ce dernier, Berlioz est très certainement l'un de ses compositeurs favoris : il collabore à l'édition de l'œuvre complète de Berlioz – comme il le fera aussi pour celle de Haydn – et se rend en 1903 à Grenoble où il dirige l'Orchestre du Festival à l'occasion du centenaire de la naissance de Berlioz. En 1904, il est invité en Amérique. En 1908, il succède à Gustav Mahler à la tête de l'Opéra de Vienne ; il conservera ce poste jusqu'en 1911. De 1908 à 1928, il est chef principal de l'Orchestre Philharmonique de Vienne. De 1912 à 1914, il mène une active carrière de chef invité. De 1914 à 1919, il est directeur général de la musique à Darmstadt. Il se fixe à cette époque en Suisse et continue de se livrer à la composition. De 1919 à 1924, il assume la direction de la Volksoper de Vienne. Il est professeur à l'Académie Franz Liszt de Budapest. La Russie soviétique l'invite. Il est nommé, en 1927, directeur de l'Orchestre Municipal de Bâle et, en 1933, directeur de son École de musique où il anime un cours de direction d'orchestre. Il crée, en 1935, la *Symphonie* de Bizet récemment redécouverte. En 1935, il est nommé directeur de la Staatsoper de Vienne mais abandonne ces fonctions en 1936 pour se retirer à Lausanne.

En 1941, il bâtit un opéra *Schneewitchen* sur une musique de scène inconnue de Schubert et un texte du critique Otto Mag. Il doit à la création passer la baguette à son disciple Alexander Krannhals (il avait donné son dernier concert public à Londres en 1940). Il nous laisse une œuvre abondante : plusieurs opéras dont un *Oreste*, plusieurs poèmes symphoniques dont *Le Séjour des bienheureux* d'après Böcklin, 7 symphonies, une *Sinfonietta* ainsi que de nombreux lieder, concertos, ouvertures et pages de musique de chambre. Il a réalisé par ailleurs plusieurs orchestrations dont celle de la *Sonate Hammerklavier* et de la *Grande Fugue* de Beethoven. Il est l'auteur de plusieurs ouvrages : *Sur l'art de diriger, La Symphonie après Beethoven* et nombreux autres non traduits.

Weir, Gillian

Organiste et claveciniste néo-zélandaise, née à Martinborough le 17 janvier 1941.

Elle est l'élève de Ralph Downes au Royal College of Music de Londres, avant de travailler avec Anton Heiller (Vienne) et Marie-Claire Alain (Paris). En 1964, elle obtient le 1er prix au Concours international d'orgue de Saint-Albans et joue, l'année suivante, le *Concerto pour orgue* de Poulenc au Royal Festival Hall de Londres. Sa carrière la conduit alors en Europe, aux États-Unis, en Australie et en Nouvelle-Zélande, où elle interprète de nombreuses œuvres de musique contemporaine. En 1973, elle crée en Grande-Bretagne les *Méditations sur le mystère de la Trinité* d'Olivier Messiaen. Depuis cette même année, elle enseigne à l'Université de Cambridge. Son jeu de haute virtuosité s'accompagne d'une compréhension intelligente des œuvres qu'elle sert. Elle a créé le *Concerto pour orgue* (1987) de Michael Berkeley. Elle pratique aussi le clavecin et a joué notamment l'intégrale de la *Klavierübung* de J. S. Bach en concert public.

Elle est l'une des premières organistes à défendre sa préférence pour les orgues à transmission mécanique, dans les pays de tradition anglo-saxonne, jusqu'ici fortement attachés aux transmissions modernes électriques et électropneumatiques.

Weise, Klaus

Chef d'orchestre allemand, né à Kölpin (Pologne) le 30 janvier 1936.

Il fait ses études à Leipzig, Dresde et Berlin et occupe ses premiers postes permanents à Trèves et à Wuppertal. Il est ensuite premier chef à l'Opéra d'Essen, où il est également professeur de direction d'orchestre à la Folkwang Musikschule. Entre 1978 et 1981, il est directeur général de la musique à l'Opéra de Fribourg-en-Brisgau. Puis il occupe le même poste à Kiel (1981-85) et à Dortmund (1985-90). En 1990, il prend la direction musicale de l'Opéra et de l'Orchestre Philharmonique de Nice.

Weissenberg, Alexis

Pianiste bulgare naturalisé français (1956), né à Sofia le 29 juillet 1929.

Éveillé à la musique par sa mère, il étudie d'abord le piano et la composition avec Pantcho Wladigerow. En 1943, il entre au Conservatoire de Jérusalem, où il travaille avec le professeur Schröder, élève de Schnabel. En 1946 et 1947, il se perfectionne à la Juilliard School de New York avec Olga Samarov et bénéficie des conseils d'Artur Schnabel et de Wanda Landowska. La même année (1947), il remporte le Prix Leventritt, le 1er prix du Youth Competition de l'Orchestre de Philadelphie et fait ses débuts au Carnegie Hall de New York sous la baguette de George Szell. Ses premiers concerts européens datent de 1950. Il se produit ensuite au Festival de Salzbourg (1968) après avoir été choisi comme soliste par Herbert von Karajan et l'Orchestre Philharmonique de Berlin (1967).

En quelques années, il s'est imposé parmi les quelques pianistes les plus demandés dans le monde entier, cultivant une approche du clavier très dépouillée et d'une rigueur qui enthousiasme ou déconcerte. A une époque où la recherche systématique de l'authenticité domine le monde de l'interprétation, il n'hésite pas à jouer et à enregistrer les grandes œuvres pour clavier de J. S. Bach au piano. Il enseigne à Harvard, à Tanglewood, à Ravina et à l'Académie Chigiana de Sienne. Il a composé deux comédies musicales, *La Fugue* (1979) et *Nostalgie* (1992), et une sonate pour piano.

Welitsch, Ljuba (Ljuba Velichkova)

Soprano bulgare, née à Borisovo le 10 juillet 1913.

Elle étudie le chant à Sofia avec Zlateff, et débute en 1934 à l'Opéra de cette ville. Elle se perfectionne auprès de Lierhammer à Vienne, et débute à Graz en 1936 (Nedda, Musette). Sa carrière passe alors par Hambourg (1940-43), Dresde, Berlin, Munich (1943-46), où elle travaille avec Clemens Krauss. Elle s'installe ensuite définitivement à Vienne, chante à la Volksoper dès 1945, et à la Staatsoper dès 1946. Elle paraît à Salzbourg de 1946 à 1950 (Donna Anna), à Covent Garden de 1947 à 1952, notamment dans la célèbre production de *Salomé* due à P. Brook et S. Dali, à Glyndebourne en 1948-49 et au Met de 1949 à 1952. Tosca, Aïda, Amelia très originale, elle reste surtout connue comme la plus grande interprète de Salomé qu'elle chante pour la première fois en 1944 lors d'une représentation spéciale dirigée par Strauss lui-même.

Elle se retire tôt de la scène, pour se consacrer à une intense activité cinématographique et télévisuelle.

Weller, Walter

Chef d'orchestre et violoniste autrichien, né à Vienne le 30 novembre 1939.

Il fait ses études musicales à la Hochschule de sa ville natale où il est l'élève de Moravec et Samohyl pour le violon. Puis il se tourne vers la direction d'orchestre qu'il travaille avec Böhm et Stein ; il recevra également les conseils de Krips et Szell. Dès 1956, il entre à l'Orchestre Philharmonique de Vienne dont il devient violon solo (1961-69). Il fonde en 1959 le Quatuor Weller dont l'activité est importante sur le plan international jusqu'en 1971. Il enseigne la musique de chambre à l'Académie de musique de Vienne (1964-66). Ses débuts de chef d'orchestre datent de 1968, à la tête de la Philharmonie de Vienne. L'année suivante, il est engagé à l'Opéra et à la Volksoper de Vienne. En 1971, il est directeur général de la musique à Duisbourg puis, de 1975 à 1978, directeur artistique du Niederösterreichisches Tonkünstlerorchester de Vienne. Parallèlement, sa carrière se développe en Angleterre où il est nommé à la tête du Royal Liverpool Philharmonic Orchestra (1977-80) puis du Royal Philharmonic Orchestra de Londres (1980-85). En 1991, il est nommé directeur musical du Royal Scottish Orchestra, à Glasgow, poste qu'il cumule avec la direction musicale de l'Orchestre Symphonique de Bâle et de l'Opéra de Bâle (depuis 1994). En 1988, il a dirigé à Londres la première exécution de l'unique mouvement de la *Symphonie nº 10* de Beethoven, reconstitué par Barry Douglas.

Welser-Möst, Franz

Chef d'orchestre autrichien, né à Linz le 16 août 1960.

Après avoir travaillé avec Balduin Sulzer, il fait ses débuts au Festival de Salzbourg 1985 et est nommé à la tête de l'Orchestre Autrichien des Jeunes. L'année suivante, il est nommé chef permanent de l'Orchestre de Norrköping (Suède) et, en 1987, du Collegium Musicum de Winterthur. Il développe une carrière de chef invité très brillante (Orchestre Philharmonique de Berlin, Concertgebouw d'Amsterdam, London Philharmonic). Dans le domaine lyrique, il fait ses débuts à l'Opéra de Vienne en 1987 et à Covent Garden en 1990. La même année, il devient chef permanent de l'Orchestre Philharmonique de Londres. En 1991, il est nommé directeur musical de la Staatsphilharmonie Rheinland-Pfalz (Ludwigshafen) mais rompt son contrat avant d'entrer en fonctions. En 1995, il devient directeur musical de l'Opéra de Zurich.

Wenkel, Ortrun

Contralto allemande, née à Buttstädt le 25 octobre 1942.

Elle étudie à la Franz Liszt Hochschule de Weimar et à la Staatlichen Hochschule für Musik de Francfort avec P. Lohmann ; elle débute comme concertiste et participe à partir de 1964 à de nombreuses exécutions de musique ancienne (English Bach Festival, Festival des Flandres, Festival du Marais, Amsterdam, Berlin, Buenos Aires, Hambourg, Londres, New York). En 1971, elle suit des cours d'opéra avec Elsa Cavelti, et chante *Orphée* de Gluck à Heidelberg. En 1975, elle chante à la Staatsoper de Munich et à Bayreuth (Schwertleite, Erda, Première Norne). Son répertoire comprend *Le Retour d'Ulysse* de Monteverdi, *Daphné* de Strauss, *Xerxès* de Haendel...

Wenzinger, August

Violoncelliste et gambiste suisse, né à Bâle le 14 novembre 1905.

Il suit à l'Université de Bâle des cours de philologie classique, de philosophie et de musicologie. C'est comme violoncelliste qu'il entre, en 1915, au conservatoire de sa ville natale. Il en sortira en 1927 après s'être familiarisé avec la viole de gambe. De 1927 à 1929, il étudie à la Musikhochschule de Cologne avec Paul Grümmer et Philipp Jarnach, puis à Berlin avec Emanuel Feuermann. On le retrouve, de 1929 à 1934, premier violoncelliste de l'Orchestre Municipal de Brême. Pendant cette période, il se fait connaître comme spécialiste de la viole de gambe grâce au Cercle de musique de chambre Scheck-Wenzinger, premier ensemble voué à la musique baroque sur instruments anciens. Il dirige également à cette époque l'ensemble Kabeler Kammermusik à Hagen (Westphalie). En 1934, la Schola Cantorum Basiliensis (Bâle) l'appelle comme professeur, chef de l'ensemble instrumental et animateur du quatuor de violes de gambe. Il devient, en 1936, violoncelle solo de l'Allgemeine Musikgesellschaft, professeur de violoncelle à l'Académie de Bâle et membre du Quatuor de Bâle. Il visite les États-Unis (1953-1954) pour des conférences et des concerts de musique ancienne. De 1954 à 1958, il dirige à la Radio de Cologne la Cappella Coloniensis, toujours spécialisé dans la musique ancienne sur instruments d'époque. Depuis, il organise des représentations d'opéras baroques à Hanovre et dirige l'Orchestre de Chambre de Hambourg. Auteur d'une méthode de viole de gambe, il écrit de nombreuses pages pour le violoncelle.

Werba, Erik

Pianiste et compositeur autrichien, né à Baden (Vienne) le 23 mai 1918, mort à Hinterbrühl (Vienne) le 9 avril 1992.

Élève à l'Académie de musique de Vienne, de Oskar Dachs (piano) et de Josef Marx (composition), et à l'Université de Robert Lach, Egon Wellesz et Erich Schenk (y soutenant en 1940 un mémoire sur le rôle du chantre chez Homère, Hésiode et Pindare), il mène de front, entre 1949 et 1990, une carrière d'enseignant du lied et de l'oratorio à la Musikakademie de Vienne (et à celle de Graz, de 1964 à 1971), de critique musical de 1945 à 1965 (dans *Musikerziehung* en 1950, dans la *Österreischiche Musikzeitung* en 1953), s'attachant particulièrement à Mozart, Wolf, Marx et Mahler, et d'accompagnateur (en particulier d'Irmgard Seefried, Christa Ludwig, Walter Berry, Peter Schreier et Nicolaï Gedda), discipline qu'il a également enseignée à Salzbourg, Gand, Stockholm, Tokyo et Helsinki. Le compositeur a écrit essentiellement pour la voix, notamment un Singspiel, *Trauben für die Kaiserin* (1949).

ÉCRITS : *Hugo Wolf und seine Lieder* (Vienne, 1984).

Werner, Fritz

Chef d'orchestre et chef de chœur allemand, né à Berlin le 15 décembre 1898, mort à Heilbronn le 22 décembre 1977.

Issu d'une famille de musiciens, il étudie à compter de 1920 le piano, l'orgue, le violon et l'histoire de la musique au Conservatoire de Berlin notamment avec Egidi, Heitmann et K. Schubert. Il approfondira la composition, de 1932 à 1935, avec G.A. Schumann. De 1936 à 1940, il est organiste et maître de chapelle à Saint-Nicolas de Potsdam. Puis il occupe les fonctions de directeur musical à la Radio en France occupée. De 1946 à 1964, il est organiste à l'église Saint-Kilian de Heilbronn. En 1947, il fonde la Chorale Heinrich Schütz avec laquelle il enregistrera, à partir de 1956, l'essentiel de l'œuvre chorale de J. S. Bach. Dans ce domaine, il fait alors figure de novateur et ressuscite de nombreuses pages oubliées. Il œuvre aussi beaucoup en faveur d'Heinrich Schütz. Ses conceptions de l'interprétation allaient dans le sens d'une reconstitution du contexte historique tout en conservant la vie de la grande tradition chorale allemande. Il se retire en 1973.

Comme compositeur, on lui doit plusieurs œuvres, dont une *Suite concertante* pour trompette écrite à l'intention de Maurice André.

Werthen, Rudolf

Violoniste et chef d'orchestre belge, né à Malines le 16 juillet 1946.

Il commence ses études musicales au Conservatoire de Gand, où il est l'élève de Robert Hosselet. Puis il vient à Bruxelles où il travaille, au Conservatoire, avec André Gertler. En 1968, il est lauréat de la Chapelle de la reine Élisabeth. Il reçoit les conseils d'Henryk Szeryng et remporte plusieurs prix dans des concours internationaux (Bruxelles, Amsterdam, Vienne...). Il est lauréat de la Tribune internationale des jeunes interprètes à Bratislava. Rudolf Werthen a réalisé le premier enregistrement mondial du *Concerto pour violon nº 7* de Vieuxtemps et du *Concerto russe* de Lalo. Après avoir été premier violon solo de l'Orchestre Symphonique du NDR de Hambourg, il est professeur à l'Institut Robert Schumann de Detmold. Il se tourne ensuite vers la direction d'orchestre comme directeur musical – violon solo de l'Orchestre de Chambre I Fiamminghi (depuis 1977) et comme directeur musical de l'Opéra des Flandres, à Anvers (jusqu'en 1992).

Wich, Günter

Chef d'orchestre allemand, né à Bamberg le 23 mai 1928.

Après avoir étudié la flûte avec Gustav Scheck à Fribourg de 1948 à 1952, il s'oriente vers la direction d'orchestre. Il fait ses débuts au Théâtre de Fribourg, où il occupe la place de chef permanent jusqu'en 1959. Entre 1959 et 1961, il est directeur musical à l'Opéra de Graz. Il est ensuite directeur général de la musique à Hanovre (1961-65) et à la Deutsche Oper am Rhein de Düsseldorf-Duisbourg (1965-80). Par ailleurs, il assure la classe de direction à la Folkwang Hochschule à Essen de 1969 à 1973. Son activité à Düsseldorf est particulièrement marquée par la création ou la reprise de nombreux opéras contemporains, notamment celle de *Die Soldaten* de Bernd Aloys Zimmermann (reprise en 1971). Il en assure la première française à la tête du Nouvel Orchestre Philharmonique de Radio France en 1979. Son répertoire est très vaste, couvrant également la musique ancienne à la tête de l'ensemble Cappella Coloniensis.

Widor, Charles-Marie

Organiste et compositeur français, né à Lyon le 21 février 1844, mort à Paris le 12 mars 1937.

Fils d'organiste, il remplace son père à l'âge de douze ans avant de devenir titulaire de sa tribune à Saint-François (Lyon). D'origine hongroise, son grand-père était facteur d'orgue en Alsace. Grâce à Cavaillé-Coll, Ch.-M. Widor part à Bruxelles étudier auprès de Fétis et de Lemmens, puis à Paris où il succède à Lefébure-Wély à Saint-Sulpice (1869) ; il y restera pendant soixante-quatre ans. Au Conservatoire de Paris, il succède à C. Franck (classe d'orgue, 1890-96) et à Th. Dubois (classe de contrepoint et de fugue, 1896-04) ; il enseigne la composition à partir de 1905. Entré à l'Académie des Beaux-Arts en 1910, il en est nommé secrétaire perpétuel en 1914.

L'influence de Charles-Marie Widor fut considérable sur l'art de l'improvisation et de l'interprétation à l'orgue, dans la tradition franckiste ; avec lui l'orgue symphonique atteint l'un de ses sommets. Parmi ses élèves, retenons les noms de Ch. Tournemire, L. Vierne, M. Dupré (son successeur à Saint-Sulpice). Il se voulait héritier de la tradition de Bach à travers Lemmens, élève de Hesse, lui-même disciple de Forkel qui avait travaillé avec J.S. Bach. L'histoire critique n'a guère retenu la validité de cette tradition.

ÉCRITS : « La Musique grecque et les chants de l'Église latine » (in *Revue des deux Mondes*, 1895). *La Technique de l'orchestre moderne* (1904). *Initiation musicale* (1923). Préface au *Bach* d'A. Schweitzer, édition de l'œuvre d'orgue de Bach (5 vol., en collaboration avec A. Schweitzer).

Wieder-Atherton, Sonia

Violoncelliste française, née à San Francisco le 15 juin 1961.

Très jeune, elle rencontre Mstislav Rostropovitch qui lui prodigue des conseils alors qu'elle est l'élève de Maurice Gendron, Philippe Muller et Jean Hubeau au Conservatoire de Paris. Elle y obtient des premiers prix de musique de chambre (1980) et de violoncelle (1981). Elle passe deux ans à Moscou (1981-83) pour travailler avec Natalia Chapovskaïa au Conservatoire Tchaïkovski. De retour à Paris, elle effectue un troisième cycle de musique de chambre au Conservatoire, dans la classe de Jean Hubeau : elle forme alors équipe avec le pianiste Laurent Cabasso. Lauréate du Concours Rostropovitch en 1986, elle reçoit l'Étoile de la meilleure interprète féminine de l'année 1987 au Salon international de la musique. Elle se passionne pour la musique de son temps et crée des œuvres de Pascal Dusapin (*Incisa*) et de Betsy Jolas (*Épisode cinquième*).

Wiele, Aimée Van de

Voir à **Van de Wiele, Aimée.**

Wiéner, Jean

Pianiste et compositeur français, né à Paris le 19 mars 1896, mort à Paris le 7 juin 1982.

A quinze ans, il fait la connaissance de Darius Milhaud qui sera son guide et son ami toute sa vie. En 1913, il entre au Conservatoire de Paris dans la classe de Gédalge. Il découvre le jazz et, dès 1920, tente de le faire connaître. Il fonde les Concerts Wiéner (premier concert le 6 décembre 1921). Il compose (en 1921, la *Sonatine syncopée* pour piano) ; son écriture est marquée par le jazz. En 1922, c'est la première audition intégrale du *Pierrot lunaire* de Schoenberg aux Concerts Wiéner (direction Milhaud, au piano Wiéner). La même année, il commence à jouer en duo avec Clément Doucet. Le duo, dès 1925, présente des œuvres classiques et du jazz (plus de deux mille concerts avant 1939). En 1928, il joue pour la première fois en France *Rhapsody in blue* de Gershwin. En 1933, Wiener compose pour le cinéma et, en 1943, il signe la cantate *Lamento pour les enfants assassinés.* Après les musiques de scène pour les *Mystères de Paris* (Vidalie), l'*Épouse injustement soupçonnée* (Cocteau), l'opéra bouffe *La Belle rombière* (Hanoteau, créé à la Huchette en 1952), Wiéner ne cesse d'écrire dans des styles très divers. En 1958 : *Mort de Lénine* ; en 1961 : *Concerto pour accordéon et orchestre* ; en 1963 : *Printemps 1871* d'Adamov. Poésie, verve, pudeur, humour... Il a soixante-quatorze ans lorsque Mstislav Rostropovitch donne la première audition de son *Concert pour violoncelle et piano.* Parmi les musiques de films, citons *Le Crime de M. Lange* de J. Renoir, *Touchez pas au Grisbi* de Becker, *Notre-Dame de Paris* de Franju.

L'extraordinaire toucher de Wiéner, son sens inné de l'improvisation (qui remonte à sa petite enfance), son imagination intarissable étonnent les plus grands pianistes d'aujourd'hui. Son nom reste lié au *Bœuf sur le toit*, ce cabaret ouvert avec Cocteau en 1923 : Wiéner y jouait avec le saxophoniste noir Vance Lowry.

ÉCRITS : *Allegro appassionato* (1978).

Wiens, Edith

Soprano canadienne, née à Suskatoon (Canada) en juin 1950.

Elle commence sa carrière sous le signe du lied et de l'oratorio, qu'elle chante sous la direction des plus grands chefs (Colin Davis, Bernard Haitink, Nikolaus Harnoncourt, Seiji Ozawa...). Puis elle se tourne vers la scène : Donna Anna à Glyndebourne et à Amsterdam, la Comtesse des *Noces de Figaro* à Santa Fé et au Colón de Buenos Aires.

Wilhelmj, August

Violoniste allemand, né à Usingen le 21 septembre 1845, mort à Londres le 22 janvier 1908.

Élève de Ferdinand David, Moritz Hauptmann et Ernst Friedrich Richter au Conservatoire de Leipzig (1861-64), il avait déjà derrière lui une solide carrière d'enfant prodige commencée à l'âge de huit ans alors qu'il travaillait avec Konrad Fischer à Wiesbaden et parrainée par Liszt. Il commence à effectuer des tournées dans l'ensemble de l'Europe en 1865 et s'impose comme l'un des plus étonnants violonistes de son temps. Wagner l'engage comme Konzertmeister à Bayreuth en 1876 pour la première représentation de la *Tétralogie.* Entre 1878 et 1882, il effectue un tour du monde et fonde, à son retour en Allemagne, une académie de violon à Biebrich-am-

Rhein. En 1885, le sultan de Turquie l'invite à jouer devant les femmes de son harem, honneur qui n'avait été accordé à aucun autre musicien auparavant. A partir de 1886, il cesse de se produire en public pour se consacrer à l'enseignement : il se fixe à Blasewitz, près de Dresde, puis à Londres en 1894, où il enseigne à la Guildhall School of Music. En 1895, il épouse en secondes noces la pianiste **Mariella Mausch**. Véritable virtuose dans le sens romantique du terme, il a réalisé à son propre usage de nombreuses transcriptions ou adaptations qui sont longtemps restées au répertoire, notamment une version en un seul mouvement du *Concerto nº 1* de Paganini et l'*Air sur la corde de sol* d'après l'*Air* de la *Suite pour orchestre nº 3* de J. S. Bach. Il jouait sur un Stradivarius de 1725.

Wiłkomirska, Wanda

Violoniste polonaise, née à Varsovie le 11 janvier 1929.

Née dans un milieu musical, elle prend ses premières leçons de violon avec son père à cinq ans et fait ses débuts deux ans plus tard. Elle se forme avec Eugenia Umińska, Irena Dubiska et Tadeusz Wroński. Après avoir remporté un diplôme d'honneur à l'École supérieure de musique de Łódź, elle se perfectionne à Budapest avec Ede Zathureczky et à Paris avec Henryk Szeryng. Elle est lauréate aux concours de Genève (1947), Budapest (1949), Leipzig (1950) et au Concours Wieniawski, de Poznań (1952). A partir de 1945, elle fait revivre le Trio Wilkomirski, qui existait dans sa famille depuis 1915, avec d'abord Marie W. (piano), Micha (violon) et Kazimierz (violoncelle), puis, à partir de 1945, avec Maria (piano), Wanda (violon) et Kazimierz (violoncelle).

Elle consacre une part importante de son répertoire à la musique contemporaine : elle a notamment créé les *Expressioni Varianti* (1958) de Tadeusz Baird, le *Capriccio* (1967) de Krzysztof Penderecki et la *Sonate pour violon et piano* (1986) de Hans Vogt. Elle joue de nombreuses pages de Karol Szymanowski. Son instrument est un Gagliano de 1747.

Willcocks, Sir David

Chef d'orchestre, chef de chœur et organiste anglais, né à Newquay le 30 décembre 1919.

D'abord choriste à Westminster Abbey (1929-33), il fréquente ensuite le Clifton College puis le Royal College of Music et enfin le King's College à Cambridge comme étudiant organiste. Après son service militaire, il retourne au King's College (1945-47) puis devient organiste de la cathédrale de Salisbury (1947-50) et de la cathédrale de Worcester (1950-57). A trois reprises, il conduit le Three Festival Choirs (1951-54-57). Il dirige pour la première fois en Angleterre le *Requiem* de Duruflé (1952) et crée le *Requiem* de Julius Harrison. Parallèlement, il est chef du Chœur de la ville de Birmingham (1950-57) et de la Bradford Festival Choral Society (1956-74). En 1957, il retourne à Cambridge où il succède comme organiste à Boris Ord ; il prend aussi la direction du Chœur du King's College (1957-73). Il se produit avec cet ensemble aux États-Unis, au Canada, en Afrique. En 1960, il prend la direction des Chœurs Bach de Londres et donne les premières exécutions d'œuvres de Fricker Matthias, Hamilton et Kelly. Il dirige aussi le *War Requiem* de Britten à Milan (Scala, 1963) et au Japon (1965). De 1966 à 1968, il a été président du Royal College of Organists et, de 1974 à 1984, il est directeur du Royal College of Music.

Williams, John

Guitariste australien, né à Melbourne le 24 avril 1942

A sept ans, son père, professeur de guitare, commence à lui apprendre l'instrument. En 1952, sa famille vient à Londres. Il rencontre Andrés Segovia qui lui donne des leçons. En 1954, il remporte un prix à l'Académie Chigiana de Sienne. De 1956 à 1959, il étudie le piano, l'harmonie et l'histoire de la musique au Royal College of Music de Londres. Il donne son premier récital en 1958 à Wigmore Hall. Sa carrière internationale prend alors très vite son essor. De 1960 à 1973, il est professeur au Royal College of Music. En 1984-85, il est directeur artistique du South Bank Summer Music Festival à Londres et, en 1987, il est nommé aux mêmes fonctions à la tête du Melbourne Arts Festival. Il forme volontiers des ensembles insolites avec d'autres instrumentistes comme Julian Bream, Rafael Puyana ou au sein du Trio Paganini (violon, violoncelle et guitare). Il a fondé l'ensemble The Height Below, avec lequel il joue aussi bien du jazz et de la musique pop que le répertoire classique. Il a créé ou reçu en dédicace des œuvres de Lleonard Balada, Leo Brouwer (*Concerto pour guitare n° 4,* déd., 1987), Stephen Dogson, Duarte, André Previn, Federico Moreno Torroba, Peter Sculthorpe (*Nourlangie* pour guitare et orchestre, déd., 1989), Toru Takemitsu (*Concerto pour guitare et hautbois d'amour,* déd., 1984).

Williencourt, Dominique de

Violoncelliste français, né à Lille le 11 décembre 1959.

Élève d'André Navarra et de Philippe Muller au Conservatoire de Paris, il obtient en 1981 deux premiers prix de violoncelle et de musique de chambre. Il travaille également (cycle de perfectionnement) avec Jean Hubeau. Lauréat du Concours Mstislav Rostropovitch en 1981, il travaille avec le grand violoncelliste russe entre 1984 et 1986 puis commence une carrière internationale où la musique de chambre et la pédagogie occupent une place importante. En 1984, il est nommé assistant au Conservatoire de Paris. Il fonde avec le violoniste Bertrand Walter et l'altiste Laurent Verney le Trio BWV, dont le nom correspond à leurs initiales. Artiste pour qui la musique n'a pas de frontière, il assure la direction musicale des concerts des Petits Frères des pauvres. Au cinéma, il tourne dans *Un cœur en hiver* (1992), de Claude Sautet.

Winbergh, Gösta

Ténor suédois, né à Stockholm le 30 décembre 1943.

A l'académie de musique de sa ville natale, il travaille avec Martin Oehman, Hjördis Schymberg et Erik Saedén puis entre à l'École d'opéra de l'Opéra de Stockholm. Un an plus tard (1971), il débute à Götebog dans *La Bohème* (Rodolfo). Entre 1973 et 1980, il appartient à la troupe de l'Opéra Royal de Stockholm et chante au Festival de Drottningholm (Ferrando et David). A partir de 1981, il est lié par un contrat de longue durée avec l'Opéra de Zurich. On le trouve dès lors sur les plus grandes scènes internationales : Glyndebourne (Belmonte, 1980), Stuttgart, Genève (Narraboth, 1983), Munich, Hambourg, Paris, Covent Garden, Salzbourg (Tamino, 1984), Scala (Tamino, 1985)... A côté des rôles mozartiens qui l'ont révélé, il chante également Des Grieux, Lenski, Almaviva ou Alfredo et consacre une part importante de sa carrière au concert : en 1985, il a chanté la *Messe en ut mineur* de Mozart à Saint-Pierre de Rome devant le Pape Jean-Paul II. En 1990, il aborde le rôle-titre d'Idoménée (Mozart) à la Scala de Milan et, en 1991, celui de Lohengrin à Zurich.

Windgassen, Wolfgang

Ténor allemand, né à Annemasse le 26 juin 1914, mort à Stuttgart le 8 septembre 1974.

Il étudie avec son père, le ténor **Fritz Windgassen**, puis avec Maria Ranzow et Alfons Fischer. Après ses débuts à Pforzheim en 1941 (Alvaro de *La Force du destin*), il devient en 1945 membre de l'Opéra de Stuttgart, où il chante régulièrement les rôles de ténors héroïques et dont il sera nommé directeur en 1972. Il débute à Bayreuth en 1951, devient l'un des piliers du Neues Bayreuth, et y chante jusqu'en 1970 tous les rôles de ténor wagnérien, à l'exception de Rienzi, qu'il interprète toutefois à Stuttgart. Pratiquement le seul Heldenténor de son époque, il chante Siegfried, Tristan et Tannhäuser partout dans le monde : au Met (1954), à Covent Garden (1955), à Vienne, Milan, Paris (Tristan en 1966-68). A son répertoire wagnérien, il ajoute notamment Otello, Don José, l'Empereur de *La Femme sans ombre*, Eisenstein de *La Chauve-Souris*, Florestan. Au cours des dernières années de son existence, il s'essaie à la mise en scène, notamment lorsqu'il était Operndirektor de l'Opéra de Stuttgart (1972-74).

Winkelmann, Hermann (Hermann Winckelmann)

Ténor allemand, né à Brunswick le 8 mars 1849, mort à Mauer bei Wien le 18 janvier 1912.

Fabricant de pianos, il étudie le chant à Hanovre et débute à Sondershausen en 1875 (Manrico du *Trouvère*). Il est ensuite engagé à Altenburg, Darmstadt et Hambourg, où il participe à la création du *Nero* d'Anton Rubinstein en 1879. Il débute à Vienne en 1882. Ce sont ses interprétations des rôles-titres de Lohengrin et de Tannhäuser qui le font recommander à Richard Wagner par Hans Richter. Il créera ainsi Parsifal à Bayreuth le 26 juillet 1882 et participera au Festival jusqu'en 1891, y chantant aussi Walther *(Les Maîtres chanteurs)* et Tannhäuser. Il sera de ces interprètes qui feront découvrir Wagner au monde entier, notamment à Londres (à partir de 1882), où il chantera Tristan et Walther pour la première fois, et aux États-Unis à partir de 1884. Il chantera à l'Opéra de Vienne jusqu'en 1906, où il sera Tristan et le premier Otello de cette illustre scène.

Winschermann, Helmut

Hautboïste et chef d'orchestre allemand, né à Mülheim an der Ruhr le 22 mars 1920.

Il travaille à Essen puis à Paris. Il est nommé hautboïste à l'Orchestre d'Oberhausen en 1939 puis hautbois solo de l'Orchestre de la Radio de Francfort (1945-51). En 1948, il commence à enseigner à l'Académie de musique de Detmold comme assistant (1951) puis comme professeur (1956). Il fonde le Collegium Pro Arte avec Kurt Redel et Konrad Lechner, ensemble qui prend en 1954 le nom de Collegium Instrumental de Detmold. Il joue au sein de la Capella Coloniensis, de l'Orchestre de Chambre de la Sarre et de l'Orchestre de Chambre de Stuttgart. En 1960, il fonde les Deutsche Bachsolisten, orchestre de chambre, avec lequel il se produit en Allemagne et à l'étranger. Il a créé des œuvres de Giselher Klebe (*La tomba di Igor Stravinsky,* 1979).

Wisłocki, Stanisław

Chef d'orchestre polonais, né à Rzeszów le 7 juillet 1921.

Il fait ses études musicales au Conservatoire de Lvóv avec Seweryn Barbag, puis en Roumanie (1939-45) avec Georges Simonis et F. Mihail, avant de se perfectionner avec Georges Enesco (1942-45). A cette époque, il est déjà connu à Bucarest comme pianiste et comme chef d'orchestre, y ayant débuté en 1940. De retour en Pologne en 1945, il organise l'Orchestre de Chambre de Varsovie. En 1947, il fonde l'Orchestre Philharmonique de Poznań dont il reste directeur artistique jusqu'en 1958. A la même époque, il enseigne à Poznań (1948), puis au Conservatoire de Varsovie (1955-58). Sa carrière se développe sur le plan international et il est nommé second chef de la Philharmonie Nationale de Varsovie (1960-68) puis directeur artistique de l'Orchestre Symphonique de la Radio Polonaise à Katowice (1978-81). Il dirige ensuite l'Orchestre Philharmonique de Buenos Aires.

Wit, Antoni

Chef d'orchestre polonais, né à Cracovie le 7 février 1944.

A l'École supérieure de musique de sa ville natale, il travaille la direction d'orchestre avec Henryk Czyź et la composition avec Penderecki, jusqu'en 1967. Puis il vient à Paris où il est l'élève de Nadia Boulanger et de Pierre Dervaux. Parallèlement, il poursuit des études juridiques à l'Université Jagiellonien jusqu'en 1969. En 1964, il débute à Cracovie. De 1967 à 1969, il est assistant à la Philharmonie Nationale de Varsovie. Puis il est nommé chef permanent de la Philharmonie de Poznań (1970-72). A la même époque, il dirige régulièrement au Grand Théâtre de Varsovie. En 1971, il remporte le 2e prix au Concours Karajan à Berlin. En 1973, il séjourne aux États-Unis, à Tanglewood, où il se perfectionne avec Skrowaczewski et Ozawa. De 1974 à 1977, il est directeur artistique de la Philharmonie de Poméranie à Bydgoszcz. Il prend ensuite la direction artistique de l'Orchestre Symphonique de la Radio-Télévision de Cracovie (1977-83) puis celle du Grand Orchestre Symphonique de la Radio-Télévision Polonaise à Katowice (à partir de 1983). Il compte à son actif de nombreuses créations de jeunes compositeurs polonais ainsi que des œuvres de Rolf Liebermann (*Cosmopolitan Greetings,* 1989), Krzysztof Meyer (*Carillon,* 1993), Krzysztof Penderecki (*Lacrimosa,* 1980).

Wittgenstein, Paul

Pianiste autrichien naturalisé américain (1946), né à Vienne le 5 novembre 1887, mort à Manhasset (États-Unis) le 3 mars 1961.

Après avoir été l'élève de Th. Leschetizky et Joseph Labor, il fait ses débuts à Vienne en 1913. Il est le petit-neveu de Joseph Joachim. Au début de la guerre, il est envoyé sur le front russe, où il perd le bras droit ; mais il refuse d'abandonner le piano : il développe sa technique de la main gauche, utilisant le maigre répertoire existant et suscitant de nouvelles œuvres. Dès l'hiver 1916-17, il joue avec orchestre à Vienne. Ravel compose à son intention le *Concerto pour la main gauche,* Richard Strauss lui dédie *Parergon sur la Symphonie domestique*, op. 73 et *Panathenäenzug*, op. 74, Franz Schmidt ses *Variations concertantes pour piano et orchestre sur un thème de Beethoven,* Britten ses *Diversions on a theme.* Prokofiev écrit aussi son *Concerto nº 4* à l'intention de Wittgenstein mais celui-ci refuse de le jouer tout en conservant le manuscrit. Par la suite, Prokofiev récrira son concerto dont il existe donc deux versions. Hindemith et Korngold composeront aussi pour lui. Entre 1931 et 1938, il enseigne au Neue Konservatorium de Vienne. Après une première tournée aux États-Unis en 1934-35, il se fixe à New York en 1938 et fonde l'École pour la main gauche. Il est également professeur au Manhattanvill College of Sacred Heart.

Il publie trois volumes destinés à son enseignement, regroupant des exercices, études et transcriptions.

Wittrisch, Marcel

Ténor allemand, né à Anvers le 1er octobre 1901, mort à Stuttgart le 3 juin 1955.

Après des études à Munich et Leipzig, il débute à Halle en 1925 (Konrad dans *Hans Heiling*). Il fait ensuite partie des opéras de Brünswick (1927-29), Berlin (1929-44) et Stuttgart (1950-55). Il paraît régulièrement sur les scènes de Londres, Vienne, Milan, Buenos Aires, Rio, et chante Lohengrin à Bayreuth en 1937. Il tourne de nombreux films autour des opérettes viennoises qui sont à son répertoire, mais est aussi connu comme un grand Tamino, Parsifal et Siegmund.

Wixell, Ingvar

Baryton suédois, né à Luleå le 7 mai 1931

A l'Académie de musique de Stockohlm, il est l'élève de Dagmar Gustafsson et débute en 1952 à Gävle. D'abord attiré par le concert, il ne vient à la scène qu'en 1955, dans Papageno, au Rikstheater de Stockholm. Dès l'année suivante, il appartient à la troupe de l'Opéra Royal de Stockholm. Il débute à l'Opéra de Berlin en 1967, année où il chante Belcore (*L'Élixir d'amour*) à Chicago. Dès lors, il est invité à la Scala de Milan, à Covent Garden, au Festival de Salzbourg (1966-69), où il incarne un étonnant Pizarro. Il débute à Bayreuth en 1971, chante Scarpia et Rigoletto à Hambourg, Rigoletto au Met (1973), *Parsifal* à Covent Garden (1988). Il enregistre *Don Giovanni* et *Les Noces de Figaro* (Almaviva) avec Colin Davis.

Wlach, Leopold

Clarinettiste autrichien, né à Vienne le 9 septembre 1902, mort à Vienne le 7 mai 1956.

Il fait ses études à la Musikhochschule de sa ville natale et obtient son diplôme en 1923. Trois ans plus tard, il fait le tour du monde avec un ensemble instrumental. En 1928, il entre à l'Opéra et à la Philharmonie de Vienne, dont il devient rapidement clarinette solo. Il est l'un des membres les plus actifs de l'Ensemble à vent de l'Orchestre Philharmonique de Vienne et enseigne à l'Académie de musique de Vienne jusqu'à sa mort. Il y formera notamment Alfred Boskovsky et Alfred Prinz, ses successeurs à la Philharmonie, respectivement en 1941 et 1955. Il donne également des cours dans le monde entier. Les grands moments de sa carrière se situent dans les années trente et quarante. Il a notamment fait équipe avec le pianiste Jörg Demus.

Wohlfahrt, Erwin

Ténor allemand, né à Nuremberg le 13 janvier 1931, mort à Hambourg le 28 novembre 1968.

Il fait ses études au Conservatoire de sa ville natale avec W. Domgraf-Fassbaender, et débute à Aix-la-Chapelle en 1956 (Adam dans le *Vogelhändler* de Zeller). Il chante à Berlin-Est, Moscou, Paris et, en 1960-61, paraît au Festival de Salzbourg (*La Finta semplice, L'Enlèvement au sérail*). Il entre alors dans la troupe de l'Opéra de Hambourg et chante à Vienne, Milan, Londres... De 1963 à 1967, il chante David, Mime, le Berger et des petits rôles à Bayreuth. Son plus grand rôle reste Mime, qu'il chante aussi au Festival de Pâques à Salzbourg en 1968.

Wolff, Albert

Chef d'orchestre français, né à Paris le 19 janvier 1884, mort à Paris le 21 février 1970.

Après des études au Conservatoire de Paris, où il remporte un 1er prix d'harmonie et un 1er prix d'accompagnement, il débute comme pianiste aux Concerts-Rouge. Puis il est nommé organiste à Saint-Thomas-d'Aquin (1907-11) avant d'être engagé comme chef de chant à l'Opéra-Comique en 1908. Trois ans plus tard, il y est nommé chef d'orchestre et effectue la grande tournée en Argentine. La guerre interrompt ses activités et, en 1919, il part pour New York où il dirige les ouvrages français au Met pendant deux saisons. A son retour à Paris, il remplace Messager comme directeur de la musique à l'Opéra-Comique (1922-24). Puis sa carrière s'oriente vers le concert : second chef aux Concerts Pasdeloup (1925-28), président-chef d'orchestre des Concerts Lamoureux (1928-34), président-chef d'orchestre des Concerts Pasdeloup (1934-70). La guerre le surprend en Argentine où il reste jusqu'en 1945, dirigeant régulièrement au Théâtre Colón de Buenos Aires. A son retour, il est directeur de l'Opéra-Comique, mais n'y reste qu'une saison (1945-46). En 1949, il effectue ses débuts à l'Opéra de Paris, où il sera régulièrement invité.

Albert Wolff a joué un rôle essentiel en faveur de la musique française de son temps : à New York, il avait assuré la création américaine de vingt-deux ouvrages français. A Paris, il a dirigé en première audition le *Psaume LXXX* (1929) et la *Symphonie n° 4* (dont il est dédicataire, 1935) de Roussel, *La Brebis égarée* de Milhaud (1923), *Le Roi d'Yvetot* d'Ibert (1930), *Psaume CL* de Ginastera (1938), *Les Mamelles de Tirésias* de Poulenc (1947), *Madame Bovary* de Bondeville (1951), la *Symphonie n° 1* de Landowski (1949), et des œuvres de Schmitt, Rivier, Tomasi, Aubert, Coppola, Rabaud...

Comme compositeur Wolff a laissé une production non négligeable : un ouvrage lyrique, *L'Oiseau bleu*, un *Requiem*, un *Concerto pour flûte* et de nombreuses œuvres symphoniques.

Wolff, Fritz

Ténor allemand, né à Munich le 28 octobre 1894, mort à Munich le 18 janvier 1957.

Il étudie avec H. König à Wurzbourg et débute au Festival de Bayreuth en 1925 dans le rôle de Loge dont il restera l'unique titulaire jusqu'en 1941. Il chante ensuite à Hagen (1925) et entre dans la troupe de l'Opéra de Berlin (1928-43). Ses grands rôles sont alors Parsifal, Stolzing, Melot (tous chantés à Bayreuth) et Lohengrin.

Prisonnier en URSS en 1945, il revient presque aveugle et se consacre à l'enseignement de 1946 à sa mort.

Wolff, Hugh

Chef d'orchestre américain, né à Paris le 21 octobre 1953.

Il passe son enfance en France avant de se fixer aux États-Unis, où sa famille revient en 1963. Il reçoit une formation de pianiste, travaille avec Leon Fleisher et Leonard Shure puis étudie la composition avec George Crumb et Leon Kirchner à

Harvard jusqu'en 1975. Il se perfectionne avec Pierre Sancan et Olivier Messiaen au Conservatoire de Paris et travaille la direction d'orchestre avec Charles Bruck. Puis il retourne aux États-Unis et se perfectionne avec Leon Fleisher au Peabody Institute de Baltimore (diplômes en 1977 et 1978). Il est nommé chef associé du National Symphony Orchestra de Washington (1982-85) tout en occupant le poste de directeur musical du Northeastern Pennsylvania Philharmonic (1981-86). En 1985, il reçoit, ex aequo avec Kent Nagano, l'Affiliated Artist's Seaver Conducting Award. Entre 1985 et 1992, il est directeur musical de l'Orchestre Symphonique du New Jersey à Newark. En 1988, il est nommé chef permanent de l'Orchestre de Chambre de Saint Paul avant d'en devenir directeur musical en 1991.

Wood, Sir Henry

Chef d'orchestre anglais, né à Londres le 3 mars 1869, mort à Hitchin le 19 août 1944.

Sa mère est son premier professeur. A l'âge de dix ans, il joue de l'orgue à l'église Sainte-Mary. Trois ans plus tard, il est organiste adjoint à Holborne et, en 1887, il est titulaire de l'orgue de l'église Saint-John à Fulham. Il étudie à la Royal Academy of Music de Londres dès 1886 avec Prout et Garcia. En 1888, il effectue une tournée avec l'Arthur Ronsbey Opera Compagny. Il est ensuite nommé assistant au Savoy Theatre puis dirige les opéras au Cristal Palace. Il rencontre Mottl en 1894 à l'occasion des représentations wagnériennes au Queen's Hall qu'il supervise. L'année suivante, il est engagé pour diriger les nouveaux Promenade-Concerts. L'essentiel de sa carrière (jusqu'en 1944) se déroulera autour de ces concerts estivaux auxquels il donnera la renommée qu'ils possèdent à présent.

En 1899, il fonde le Nottingham City Orchestra. L'année suivante, il est à la tête de la Wolverhampton Festival Choral Society. En 1901 et 1902, il dirige l'Orchestre du Queen's Hall. Puis, de 1902 à 1911, il est à la tête du Festival de Sheffield. En 1908, il forme un orchestre à Birmingham. Il joue ainsi un rôle considérable dans la vie musicale anglaise au début du siècle, fondant puis formant les principales institutions de son pays. A partir de 1923, il enseigne à la Royal Academy of Music. Il initie le public britannique à la nouvelle musique européenne, imposant Debussy, Ravel, Schoenberg. Il est aussi l'apôtre de la musique britannique. Il a dirigé pour la première fois en Angleterre les *Symphonies nos 1, 4, 7* et *8* de Mahler ainsi que *Le Chant de la terre*. Il a créé la version originale des *5 Pièces*, op. 16 de Schoenberg (1912) et, parmi de nombreuses œuvres de compositeurs britanniques, la *Symphonie no 3* de Bax (1930), le *Concerto pour piano* de Britten (1938) et la *Sérénade à la musique* de Vaughan Williams (1938), qui lui est dédiée. Il avait épousé la soprano russe **Olga Urusova**.

ÉCRITS : *The Gentle Art of Singing* (1927-28). *Handbook of Miniature Orchestral and Chamber Music Scores* (1937). *My Life of Music* (1938). *About Conducting* (1945).

Woodward, Roger

Pianiste australien, né à Sydney le 20 décembre 1944.

Il effectue ses études au Conservatoire de Sydney ainsi qu'à l'Académie de Varsovie avec Alexander Sverjenski, un élève de Rachmaninov, et Zbigniew Drzewiecki. C'est un pianiste qui se consacre essentiellement à la musique contemporaine. Il remporte, en 1970, le Concours international Gaudeamus pour la musique contemporaine (Pays-Bas). Il travaille avec de nombreux compositeurs parmi lesquels on peut citer Boulez, Barraqué, Cage, Xenakis, Penderecki, Bussotti et Stockhausen. Son éclectisme lui permet de se consacrer aussi bien aux *Préludes et fugues* de Chostakovitch, dont il a été le premier pianiste occidental à enregistrer l'intégrale, ou à l'œuvre de Chopin qu'il a donnée pour la première fois dans sa totalité à Sydney en 1985. En 1988, il fonde un orchestre de chambre en Australie, Alpha Centauri, et un an plus tard, il inaugure son propre festival à Sydney, consacré à la musique et aux arts picturaux. Plusieurs compositeurs lui ont dédié des œuvres : Morton Feldman (*Piano and Orchestra,* 1975 ; *Piano,* 1977 ; *Triadic Memories,* 1981), Iannis Xenakis (*Mists,* 1981 ; *Keqrops,* 1986). Il a également créé des pages de Luis de Pablo (*Eros*, 1994), Alessandro Solbiati (*By My Window*, 1994).

Wöss, Kurt

Chef d'orchestre autrichien, né à Linz le 2 mai 1914, mort à Dresde le 4 décembre 1987.

A Vienne, il travaille avec Weingartner et étudie la musicologie à l'Université avec Haas, Wellesz, Orel et Lach jusqu'en 1938. Il est alors nommé professeur à l'Académie de Vienne (1938-48). Sa carrière de chef d'orchestre débute assez tard : il dirige le Niederösterreichisches Tonkünstlerorchester de Vienne (1948-51), l'Orchestre Symphonique de la NHK à Tōkyō (1951-54), l'Orchestre Symphonique de Melbourne et l'Opéra National Australien (1956-60). Revenu dans son pays natal en 1961, il dirige à l'Opéra de Linz puis est nommé directeur musical de l'Orchestre Bruckner de cette même ville (1966-75). Il repart alors au Japon comme directeur musical du Fumiwara Opera et de l'Orchestre Philharmonique de Tōkyō (1974). Il meurt au cours d'une répétition d'une symphonie de Bruckner avec l'Orchestre Philharmonique de Dresde. Grand interprète de la musique de Bruckner, il a créé une œuvre de Gottfried von Einem en hommage à ce compositeur, *Bruckner Dialog* (1974).

ÉCRITS : *Ratschläge zur Aufführung der Symphonien Anton Bruckner* (1974).

Wührer, Friedrich

Pianiste autrichien, né à Vienne le 29 juin 1900, mort à Mannheim le 27 décembre 1975.

Pendant cinq ans (1915-20), il étudie le piano avec Franz Schmidt, la théorie avec Joseph Marx et la direction d'orchestre avec Ferdinand Löwe à l'Académie de musique de Vienne. Parallèlement, il étudie le droit et la musicologie à l'université de la ville jusqu'en 1923. A cette date commence sa carrière de concertiste. Il devient presque aussitôt un professeur très recherché, à l'Académie de Vienne, puis en 1934 à la Musikhochschule de Mannheim, en 1936 à Kiel, au Mozarteum de Salzbourg, et enfin en 1955 à Munich, après être retourné enseigner à Vienne et à Mannheim. Il forme notamment des pédagogues recherchés, tel Erich Werba.

Membre de nombreuses associations, telles la Société Max Reger, l'Association Hans Pfitzner, la Société Franz Schmidt, directeur artistique du Wiener Akademischer Richard-Wagner-Verein, il est aussi conférencier attitré de multiples instituts musicaux, comme le Mannheimer Mozart-Verein. Passionné par la musique viennoise (il a enregistré la première intégrale des sonates de Schubert), et le post-romantisme, il a joué de nombreuses œuvres de Schoenberg, Webern, Berg, Hindemith, Bartók et Stravinski. Il a également arrangé les œuvres que Franz Schmidt avait écrites pour le pianiste manchot Paul Wittgenstein. Il laisse des cadences pour certains concertos de Mozart, quelques quatuors à cordes et des lieder. Friedrich Wührer est le dédicataire des *Six Études*, op. 51 de Pfitzner.

ÉCRITS : *Meisterwerke der Klaviermusik* (1965).

Wüllner, Franz

Chef d'orchestre allemand, né à Münster le 28 janvier 1832, mort à Braunfels le 7 septembre 1902.

Il travaille le piano et la composition avec Carl Arnold et A. Schindler, puis avec Kessler, Dehn, Rungenhagen et Grell. Il reçoit aussi les conseils de Brahms et de Joachim. Il fait ses débuts en 1852. De 1856 à 1858, il est professeur au Conservatoire de Munich. Puis il est nommé directeur musical à Aix-la-Chapelle (1858-64) et chef d'orchestre à la cour de Munich (1864). Dans cette ville, il réorganise la Hochschule (1867) avant de prendre la succession de Bülow à la tête de l'Opéra (1869) : il y dirige la création de *L'Or du Rhin* (1869) et de *La Walkyrie* (1870). En 1877, il est nommé à Dresde chef permanent et directeur du Conservatoire. En 1882, il devient en outre directeur musical de l'Opéra. En 1883-84, il dirige plusieurs concerts à la tête du jeune Orchestre Philharmonique de

Berlin et, en 1884, il prend la direction du Conservatoire de Cologne et de l'Orchestre du Gürzenich. Il y crée *Till Eulenspiegel* (1895) et *Don Quichotte* (1898) de R. Strauss. Son fils, le baryton **Ludwig Wüllner** (1858-1938), a fait une carrière en Allemagne.

Wunderlich, Fritz

Ténor allemand, né à Kusel le 26 septembre 1930, mort à Heidelberg le 17 septembre 1966.

Fils d'un chef d'orchestre et d'une violoniste, il se destine d'abord au cor et dirige un orchestre de danse (comme Patzak) pour payer ses études à la Musikhochschule de Fribourg-en-Brisgau avec Margarete von Wintenfeldt (1950-55). Sa brève carrière est marquée par ses incarnations de Tamino, qu'il chante pour ses débuts, à l'Opéra de Stuttgart (1955), et pour sa dernière apparition, au Festival d'Édimbourg (1966) avec la même troupe. Il est invité par l'Opéra de Francfort (1958), par le Festival de Salzbourg, où il chante Henri de *La Femme silencieuse* (1959) et Tamino (1960), et fait partie de la troupe de l'Opéra de Munich à partir de 1960. Il y aborde le répertoire italien avec un brio qui lui vaut de recevoir dès 1962 le titre de Kammersänger. A partir de ce jour, il se produit régulièrement à l'Opéra de Vienne, à Covent Garden et à la Städtische Oper de Berlin. Il chante au Festival d'Aix-en-Provence, à Florence, à Ansbach (l'Évangéliste de *La Passion selon saint Matthieu*), crée le rôle de Tirésias dans *Œdipe le tyran* de Orff (Stuttgart, 1960), le rôle de Christophe dans *Les Noces de Saint-Domingue* d'Egk (Munich, 1965) et reprend celui de *Palestrina* de Pfitzner, rôle illustré par ses grands aînés, Erb et Patzak.

Malgré la brièveté de sa carrière, Wunderlich s'était imposé comme le meilleur ténor lyrique léger allemand de sa génération, par l'ampleur de la voix et l'intensité de l'expression, restituant aux héros mozartiens une vitalité et un enthousiasme trop souvent édulcorés.

Y

Yakar, Rachel

Soprano française, née à Lyon le 3 mars 1936.

Elle étudie au Conservatoire de Paris et est quatre ans durant élève de Germaine Lubin. Elle débute en 1963 à Strasbourg et entre dans la troupe de l'Opéra du Rhin à Düsseldorf en 1964, où elle se spécialise d'abord dans le répertoire baroque (Cavalli, Cavalieri, Lully, Purcell, Monteverdi, Haendel, Bach). Mais elle chante aussi Freia et Gerhilde à Bayreuth en 1976, Mélisande à Düsseldorf et à Strasbourg en 1978, la Maréchale à Glyndebourne ou Jenůfa à l'Opéra de Paris en 1981. A son répertoire, on trouve également Mozart, qu'elle chante à Munich (Elvire en 1974), à Glyndebourne (Elvire en 1977), à Salzbourg (Première Dame de *La Flûte enchantée* en 1978) ainsi qu'à Zurich où, après avoir participé au célèbre cycle Monteverdi de J.-P. Ponnelle et N. Harnoncourt (Poppée), elle chante Constance dans leur cycle Mozart (Ilia, Celia dans *Lucio Silla* et Constance). Elle se produit à Bayreuth en 1975 et 1976, débute à Glyndebourne en 1977 et retourne à Salzbourg en 1985. A Aix-en-Provence, en 1983, elle chante *Hippolyte et Aricie.*

Yamada, Kazuo

Chef d'orchestre japonais, né à Tōkyō le 19 octobre 1912, mort à Yokohama les 13 août 1991.

Il fait ses études musicales à l'Université des arts et au conservatoire de sa ville natale, où il travaille la composition avec K. Pringsheim et le piano avec L. Sirota et P. Weingarten (1930-34). Il suit des cours privés de direction d'orchestre avec Joseph Rosenstock (1936). Il est engagé par l'Orchestre Symphonique de la NHK de Tōkyō comme chef-assistant (1937-38), puis comme chef permanent (1938-51) et y dirigera notamment les premières auditions au Japon du *Sacre du printemps,* de la *Symphonie des mille* de Mahler ainsi que d'œuvres de Berg, Webern, Nono ou Jolivet. Il dirige régulièrement l'Orchestre Symphonique et l'Orchestre Philharmonique de Tōkyō. Entre 1960 et 1972, il est professeur de direction d'orchestre à l'Université des arts de Tōkyō (où il a notamment comme élève Ken-Ichiro Kobayashi). Entre 1972 et 1976, il est directeur musical de l'Orchestre Symphonique de Kyōto, dont il devient ensuite conseiller musical. Il occupe une place essentielle dans la vie musicale de son pays et a joué un rôle important dans la constitution des nouveaux orchestres japonais qui ont vu le jour depuis la dernière guerre. Il est président de la Société Mahler au Japon.

Yankoff, Ventsislav

Pianiste bulgare naturalisé français, né à Sofia le 24 mars 1926.

Il travaille au conservatoire de sa ville natale jusqu'à l'âge de onze ans. C'est à Berlin qu'il poursuit ses études avec Martienssen. Il y obtient son diplôme final en

1942. Il se perfectionne ensuite avec Wilhelm Kempff, Marguerite Long et Edwin Fischer. En 1946, il se fixe à Paris. En 1949, il remporte le 1er prix Marguerite Long-Jacques Thibaud. Sa carrière se développe surtout à l'intérieur du grand répertoire traditionnel, cela tant au disque qu'au concert. En 1977, il est nommé professeur au Conservatoire de Paris.

Yasunaga, Toru

Violoniste japonais, né à Fukuoka le 14 novembre 1951.

Il commence l'étude du violon à l'âge de sept ans. A partir de 1963, il travaille avec Toshiya Eto. Diplômé à l'Académie de Musique Toho, il remporte en 1971 le 1er prix de violon et le prix Leu Cadia au 40e All Japan Music Concours et commence une carrière de soliste. En 1975, il vient travailler à la Hochschule de Berlin avec Michel Schwalbé et entre, en 1977, à l'Orchestre Philharmonique de Berlin, dont il devient par la suite premier Konzertmeister.

Yepes, Narciso

Guitariste espagnol, né à Lorca (Murcie) le 14 novembre 1927.

Il a quatre ans quand son père lui achète, dans une foire, une guitare. En 1933, il prend ses premières leçons et reçoit sa première « vraie » guitare. Il entre en 1940 au Conservatoire de Valence. En 1943, il étudie avec le pianiste Vicente Asencio. Le chef Ataulfo Argenta le remarque et l'invite, en 1946, à venir à Madrid. L'année suivante, sous sa direction, c'est le premier concert public du jeune guitariste. Il vient à Paris où il travaille avec Georges Enesco et Walter Gieseking (1950). Il compose, en 1952, la musique du film *Jeux interdits* de René Clément. En 1955, il réalise le premier enregistrement du *Concerto d'Aranjuez* de Rodrigo.

Il met au point, en 1964, une guitare à dix cordes, qu'il adopte désormais pour tous ses concerts. Il réalise en 1973 le premier enregistrement de l'intégrale de l'œuvre pour luth de J. S. Bach en deux versions (luth et guitare). Narciso Yepes se livre à la composition et contribue à tirer de l'oubli de nombreuses partitions. Parmi les compositeurs qui ont écrit à son intention, Salvador Bacarisse (*Concertino pour guitare,* 1953), Lleonard Balada (*Suite no 1,* 1965 ; *Concerto pour guitare,* 1967 ; *Sinfonia concertante pour guitare et orchestre,* 1987), Jean Françaix (*Concerto pour guitare,* 1984), Ernesto Halffter (*Symphonie concertante*), Federico Moreno Torroba (*Hommage à la Séguédille*), Maurice Ohana (*Tiento,* 1961 ; *Concerto pour guitare,* 1962). Il a également créé des œuvres de Federico Mompou (*Canción y danza no 13,* 1972), Xavier Montsalvatge (*Habanera,* 1959 ; *Metamorfosi de concerto,* 1980 ; *Fantasia* pour guitare et harpe, avec Nicanor Zabaleta, 1984).

Yordanoff, Luben

Violoniste bulgare naturalisé monégasque, né à Sofia le 6 décembre 1926.

C'est dans son pays natal qu'il commence ses études musicales. Il arrive en France en 1946 et obtient au Conservatoire de Paris des premiers prix de violon (classe de René Benedetti) et de musique de chambre (classe de Pierre Pasquier). A deux reprises, il est lauréat du Concours international Reine Élisabeth de Belgique (1951 et 1955). Il entreprend alors une carrière de soliste qui le conduit dans le monde entier. De 1958 à 1967, il occupe le poste de premier violon solo de l'Orchestre National de l'Opéra de Monte-Carlo. Depuis la création de l'Orchestre de Paris (1967), il y remplit les mêmes fonctions jusqu'en 1991. Dès l'origine, il a fait partie du Domaine Musical. En 1978, il a été nommé professeur intérimaire de musique de chambre au Conservatoire de Paris. Au cinéma, il a tourné dans le film de Claude Sautet *Un cœur en hiver* (1992). Il a crée des œuvres d'André Jolivet (*Concerto pour violon,* 1973).

Yourlov, Alexandre

Chef de chœur russe, né à Leningrad le 11 juillet 1927, mort à Moscou le 2 février 1973.

Il fait ses études musicales à Leningrad puis au Conservatoire de Moscou avant de travailler avec Alexandre Svechnikov dont il devient l'assistant (1949-54) au Chœur Académique de l'URSS. Professeur au Conservatoire de Bakou (1954-56) puis à celui de Leningrad (1956-57), il enseigne ensuite à l'Institut Gnessine de Moscou. En 1958, il prend la direction du Chœur Académique Russe de l'URSS, dont il fait la principale formation chorale de son pays. Sviridov a écrit à sa mémoire un *Concerto pour soprano*.

Yo-Yo Ma

Voir à **Ma, Yo-Yo.**

Ysaÿe, Eugène

Violoniste, chef d'orchestre et compositeur belge, né à Liège le 16 juillet 1858, mort à Bruxelles le 12 mai 1931.

Fils d'un violoniste au Théâtre Royal de Liège, il prend ses premières leçons au conservatoire de sa ville natale avec Massard. Puis il est l'élève de Wieniawski (1873) avant de venir travailler à Paris avec Vieuxtemps (1876-79). Engagé comme violon solo dans l'orchestre de la brasserie Bilse à Berlin, il passe trois ans dans cette ville où il rencontre l'élite musicale du moment (1879-82). Anton Rubinstein l'emmène en tournée en Scandinavie et en Russie : cette rencontre joue un grand rôle dans la formation musicale d'Ysaÿe. A son retour en 1883, il se fixe à Paris où il se lie d'amitié avec tous les grands compositeurs français du moment (Franck, d'Indy, Chausson, Fauré...). A Bruxelles, il est nommé professeur au Conservatoire (1886-98) et fonde le Quatuor Ysaÿe avec Crickboom, Van Hout et Joseph Jacob (1886). Il joue en sonate avec Raoul Pugno et impose toute une nouvelle littérature pour le violon qu'écrivent pour lui les plus grands compositeurs français. Plus tard, il se produira souvent avec Ferruccio Busoni, et tous deux inaugureront la fameuse salle du Wigmore Hall à Londres en 1901.

En 1894, il effectue une première tournée aux États-Unis et refuse la direction de l'Orchestre Philharmonique de New York, qu'on lui propose. A son retour, il fonde l'Orchestre des Concerts Ysaÿe à Bruxelles (1895), qui va devenir la plaque tournante de la vie musicale belge. Ses tournées se multiplient et la direction d'orchestre occupe une place sans cesse croissante dans ses activités. En 1918, il prend la direction de l'Orchestre Symphonique de Cincinnati et enseigne au Conservatoire de cette ville. A son retour en Europe, en 1922, il est nommé maître de la chapelle royale et conseiller musical de la reine Élisabeth de Belgique. Une douleur dans la main droite et l'amputation d'une jambe en 1924 mettent fin à sa carrière de concertiste. Seul Casals obtiendra qu'il reparaisse en public en 1927 pour le centenaire de la mort de Beethoven. Il se consacre désormais à la composition et à l'enseignement. Héritier d'une grande tradition instrumentale, il a su l'adapter aux impératifs de son époque et faire évoluer la technique du violon en rompant avec les excès du romantisme. Ses élèves se sont dispersés dans le monde entier, virtuoses ou pédagogues, et ont transmis aux générations actuelles cet apport inestimable : Louis Persinger, le premier professeur de Menuhin, Mathieu Crickboom, Gabriel Bouillon, Joseph Gingold. Sans avoir été véritablement ses élèves, Thibaud, Milstein, Kreisler et Primrose ont été profondément marqués par son influence.

Ysaÿe s'est vu dédier quantité de partitions importantes qu'il a créées et imposées : les sonates pour violon et piano de César Franck (1886), Guillaume Lekeu (1892), Silvio Lazzari (1894), Albéric Magnard (1902), Guy Ropartz (n° 1, 1907) et Louis Vierne (1908), les quatuors à cordes de César Franck (1889), Vincent d'Indy (n° 1, 1890) et de Claude Debussy (1893), le *Quintette pour piano et cordes n° 1* (1906) de Gabriel Fauré, le *Concert* pour violon, piano et quatuor à cordes (1892) et le *Poème* (1896) d'Ernest Chausson, *Istar* (1897) de Vincent d'Indy, *Recitativo et Scherzo-Caprice* pour violon seul de Fritz Kreisler ainsi que des œuvres de Charles Bordes, Ferruccio Busoni, Théodore Dubois, Joseph Jongen, Gustave Samazeuilh, Henri Vieuxtemps. Il a créé *La Muse et le Poète* (1910) de Camille Saint-Saëns.

Il a écrit 6 sonates pour violon seul (1923), plusieurs poèmes pour violon et orchestre et un opéra wallon, *Pier li Houyeû* (*Pierre le mineur*, 1929).

Après avoir joué sur un Guadagnini, Ysaÿe avait acquis un Guarnerius del Gesù de 1740, qui appartient maintenant à Isaac Stern, et un Stradivarius de 1732, l'*Hercule*, qui lui fut volé à Saint-Pétersbourg en 1908 et qu'on n'a jamais retrouvé.

Yudina, Maria

Pianiste russe, née à Nevel (Biélorussie) le 9 septembre 1899, morte à Moscou le 19 novembre 1970.

Élève à Vitebsk d'une disciple d'Anton Rubinstein, Frida Teitelbaum-Levinson, elle travaille ensuite au Conservatoire de Saint-Pétersbourg (à partir de 1912) avec Anna Essipova, Vladimir Drosdov et Felix Blumenfeld (en 1916-17) pour le piano, Maximilian Steinberg, Nicolas Tcherepnine et Emil Cooper pour la théorie et l'écriture. Elle étudie également la philosophie et l'histoire à l'Université de Saint-Pétersbourg et obtient ses diplômes en 1917. A la suite d'un accès de névrite, elle cesse le piano pendant deux ans (1918-20). Elle reprend ensuite ses études avec Leonid Nikolaiev et a comme condisciples Dimitri Chostakovitch et Vladimir Sofronitski. En 1921, elle remporte le Prix Rubinstein et commence à enseigner au Conservatoire de Leningrad, où elle est nommée professeur en 1923 ; mais elle abandonne son poste en 1930 pour se consacrer totalement à sa carrière. Elle reprend rapidement une classe au Conservatoire de Tiflis, en Géorgie (1932-34) avant d'être nommée à celui de Moscou en 1936 (dont elle est renvoyée en 1951) et à l'Institut Gnessine (1944-60). Sa carrière s'est déroulée en Union Soviétique avec seulement deux tournées à l'étranger : à Leipzig (1950) et en Pologne (1954). Maria Yudina possédait une personnalité puissante et enthousiaste qui la conduisait à des lectures très subjectives du répertoire classique et romantique, aux antipodes des canons traditionnels ou de la froide perfection technique des jeunes générations. A partir du début des années soixante, elle se passionne pour toutes les formes de musique nouvelle et est l'une des premières à introduire en URSS la musique des « classiques » du XXe siècle : Schoenberg, Berg, Webern, Stravinski (sous la direction duquel elle a joué à Moscou), Bartók... Elle a créé la *Sonate pour piano n° 2* (1942) de Chostakovitch. Malgré d'abondants problèmes avec le régime stanilien, elle passe pour avoir été la seule pianiste que supportait Staline qui l'aurait convoquée en pleine nuit au Kremlin avec un orchestre pour jouer le *Concerto*, K 488 de Mozart. Maria Yudina possédait une très vaste culture qui lui permettait de s'exprimer ou d'écrire dans plusieurs langues. Elle a donné de nombreuses conférences et laisse beaucoup de témoignages écrits.

Z

Zabaleta, Nicanor

Harpiste espagnol, né à San Sebastian le 7 janvier 1907, mort à Porto Rico le 1er avril 1993.

Son père, le peintre Pedro Zabaleta, lui fait cadeau, quand il atteint ses sept ans, d'une petite harpe. Il fréquente successivement le conservatoire de sa ville natale, puis celui de Madrid et celui de Paris, où il arrive en 1923. Protégé par Marcel Tournier, il y étudie également la composition et la direction d'orchestre. Après avoir passé plusieurs années comme harpiste à Bilbao, il entreprend, en 1933, des tournées aux États-Unis et en Amérique latine, qui font reconnaître par le grand public son talent et son insolite instrument. Soliste de renommée mondiale, il dirige entre 1959 et 1962 un cours de maîtrise à l'Académie Chigiana de Sienne. L'influence de ce grand virtuose est considérable sur le répertoire de l'instrument : il redécouvre des œuvres originales des XVIe et XVIIe siècles espagnols, compose des arrangements, suscite de nombreuses œuvres nouvelles. Parmi ces dernières, on peut retenir les sonates de Glanville-Hicks (1951), Tailleferre (1953), Hovhaness (1955) et Krenek (1958), la *Partita* de Bacarisse (1954), les concertos de Damase (1951), Milhaud (1954), Villa-Lobos (1954), Rodrigo (1955) et Ginastera (1965) ainsi que le *Capriccio pour harpe et orchestre à cordes* (1963) de Piston, le *Concertino « Autumn »* (1964) de Virgil Thomson et le *Concerto capriccio* (1975) et la *Fantasia* pour guitare et harpe (avec Narciso Yepes, 1984) de Xavier Montsalvatge. Il jouait sur une harpe fabriquée à son intention par le facteur Joseph Obermayer.

Zacharias, Christian

Pianiste allemand, né à Jamshedpur (Inde) le 27 avril 1950.

Il commence le piano à l'âge de sept ans. De 1960 à 1969, Irène Slavin, pianiste russe exilée, lui dispense son enseignement à la Hochschule de Karlsruhe. En 1969, il obtient un 2e prix au Concours international de Genève. L'année suivante, il est à Paris et travaille pendant trois ans avec Vlado Perlemuter en privé. Lauréat du Concours Van Cliburn en 1973, il remporte également un prix spécial de musique de chambre. Deux ans plus tard il remporte le Concours Maurice Ravel à Paris. Sa carrière se développe très rapidement, tant en soliste qu'en musique de chambre où il a comme partenaire de trio le violoniste Ulf Hoelscher et le violoncelliste Heinrich Schiff. Il s'impose notamment dans le répertoire mozartien, où son enregistrement de l'intégrale des concertos pour piano marque son époque. En dehors de sa carrière de pianiste, l'homme est un amateur de jardinage et un œnologue averti.

Zacher, Gerd

Organiste allemand, né à Meppen le 6 juillet 1929.

Il fait ses études à Detmold avec Günter Bialas, Hans Heintze, Michael Schneider et

K. Thomas. Élève de Theodor Kaufmann pour le piano et la composition à Hambourg, il suit les cours d'Olivier Messiaen à Darmstadt.

Maître de chapelle et organiste de l'église évangéliste allemande de Santiago du Chili, il fait ses débuts dans cette ville comme pianiste et chef d'orchestre. Il retourne en Allemagne et demeure maître de chapelle et organiste de l'église luthérienne de Hambourg Wellingsbüttel (1957-70). Il dirige ensuite l'Institut évangéliste de musique d'église à la Hochschule d'Essen et tient l'orgue de l'Immanuel Kirche à Wuppertal. Interprète incomparable des œuvres contemporaines il suscite de nombreuses partitions pour son instrument. Il crée des œuvres diverses, depuis les journées Pro Musica Nova de Brême (1962) où furent révélées *Volumina* de Ligeti, *Improvisation ajoutée* de Kagel, *Interferenzen* de Hambraüs. Les compositeurs cherchent des sonorités nouvelles, libérées de la structure thématique et contrapuntique d'abord, de la structure sérielle ensuite. Là se confirme le rôle de l'interprète dans le mouvement de la création. Il a créé des œuvres de John Cage (*Variations III,* 1963), Englert (*Vagas animula,* 1969), Morton Feldman (*Intersection 3,* 1953), Mauricio Kagel (*Phantasie für Orgel,* 1967), György Ligeti (*2 Études,* 1967 et 1969), Dieter Schnebel (*Choralvorspiele I/II,* 1970), Isang Yun (*Tuyaux sonores,* 1967 ; *Fragment,* 1975).

Le répertoire de Gerd Zacher comprend aussi des musiques rares du XIVe siècle, Cabezon, Frescobaldi, et aussi Bach, Liszt, Brahms, Ives, Schoenberg et Messiaen.

Il compose pour l'orgue dans la tradition sérielle. Il est l'un des premiers à rallier à la musique contemporaine un public nombreux, non spécialisé, en jouant ces pièces souvent, dans sa paroisse, les plaçant dans des contextes différents, les rapprochant du passé.

Zagrosek, Lothar

Chef d'orchestre autrichien, né à Waging (Allemagne) le 13 novembre 1942.

Né dans une famille de musicien, il entre dans le Chœur des Petits Chanteurs de Ratisbonne. En 1955 et 1956, Georg Solti l'engage dans *La Flûte enchantée* à Salzbourg. Il travaille la direction d'orchestre à Vienne avec Swarowsky puis à Munich et à Salzbourg. En 1972, il est nommé directeur général de la musique à Solingen. Depuis six ans déjà, il a été assistant à l'Opéra de Salzbourg, à ceux de Kiel et de Darmstadt et a remporté des prix aux Concours internationaux de Rome, Milan et Copenhague. En 1977, il est nommé directeur général de la musique à Krefeld/Mönchen-Gladbach où, pendant cinq ans, il dirige notamment un cycle Mozart et un cycle Wagner. Entre 1982 et 1987, il est chef permanent de l'Orchestre Symphonique de la Radio Autrichienne à Vienne (ORF). Entre 1986 et 1989, il est directeur de la musique à l'Opéra de Paris. Il consacre une part importante de ses activités à la musique contemporaine, notamment à la tête du London Sinfonietta dont il est l'un des invités réguliers. Entre 1990 et 1992, il est directeur général de la musique à l'Opéra de Leipzig.

Il a créé des œuvres de Frank Michael Beyer (*« Geburt des Tanzes »,* 1989), Sylvano Bussotti (*Phèdre nº 4,* prélude de l'acte II, 1990), Morton Feldman (*Elemental Procedures,* 1976), Jonathan Harvey (*Lightness and Weight,* 1987), Josef Matthias Hauer (*Salammbô,* 1983), York Höller (*Der Meister und Margarita,* 1989), Wilhelm Killmayer (*Überstehen und Hoffen,* 1978), Ernst Krenek (*Symeon der Stylit,* 1988), Jonathan Lloyd (*Symphonie nº 2,* 1988), Wolfgang Rihm (*Dies,* 1986 ; *Die Eroberung von Mexico,* 1989), Robert Schollum (*Markus Passion,* 1983), Roger Tessier (*Urjammer,* 1990), Manfred Trojahn (*Lieder auf der Flucht,* 1989), Erich Urbanner (*Requiem,* 1985), Isang Yun (*Muak,* 1978 ; *Kammersinfonie II,* 1989).

Zak, Yakov

Pianiste russe, né à Odessa le 20 novembre 1913, mort à Moscou le 28 juin 1976.

Il commence ses études musicales au conservatoire de sa ville natale, où il est l'élève de Starkhova (diplôme, 1932), avant de venir travailler avec Heinrich Neuhaus à Moscou (diplôme, 1935). En 1937, il remporte le 1er prix au Concours Frédéric Chopin à Varsovie et commence une double carrière de soliste et de pédagogue. Il enseigne au Conservatoire Tchaïkovski de Moscou à partir de 1947 avec d'y être nommé professeur en 1965. Il y formera notamment Ivan Petrov, Evgueni Moguilevski et L. Timofeeva. Il fait des tournées dans toute l'Europe et aux États-Unis (1965 et 1967). Il a créé des œuvres de Viktor Biely (*Sonate pour piano nº 3*), Eugeni Golubiev (*Concerto pour piano*), Dmitri Kabalevski (*Sonate pour piano nº 3*), Yuri Levitine (*Concerto pour piano*).

Zanelli, Renato (Renato Morales)

Baryton puis ténor chilien, né à Valparaiso (Chili) le 1er avril 1892, mort à Santiago du Chili le 25 mars 1935.

Son plus jeune frère a fait, sous le nom de **Carlo Morelli**, une belle carrière de baryton. Il est élève dans des internats en Suisse et en Italie. En 1915, il commence ses études de chant avec Angelo Querez à Santiago du Chili et débute comme baryton, en 1916, à l'Opéra de Santiago dans le rôle de Valentin de *Faust*. Après ses premiers succès sur cette scène, puis sur celle de Montevideo, il arrive en 1918 en Amérique du Nord où il est découvert par Andrea De Segurola. En 1919, il débute au Met avec Amonasro (*Aïda*). Il reste au Met jusqu'en 1923, tout en se produisant à l'Opéra d'été de Ravinia, près de Chicago ainsi qu'avec la Scotti Opera Company, en 1922. Il reprend ses études à Milan, avec Lari et Tanara et débute au San Carlo de Naples, comme ténor héroïque, dans le rôle de Raoul (*Les Huguenots*). Dans cet emploi, il remporte aussitôt un grand succès et voit une carrière brillante s'ouvrir devant lui, avant tout comme interprète du rôle-titre d'*Otello* (Verdi). En 1927, il chante *Lohengrin* à Parme (Teatro Regio). En 1928, il chante *Otello* à Covent Garden. Dès lors, il est invité régulièrement à la Scala, au Teatro Costanzi de Rome ainsi qu'au Colón. Chaque année, il est également invité à l'Opéra de Santiago. En 1934, malgré une grave maladie, il donne une tournée de concerts en Amérique du Nord. L'année suivante, il se produit encore sur la scène de l'Opéra de Santiago du Chili et meurt quelques semaines plus tard. C'est un cas car il a passé à la fois pour une des plus belles voix de baryton de son époque puis pour le plus grand ténor héroïque de son temps.

Zanetti, Miguel (Miguel Zanetti Sasot)

Pianiste espagnol, né à Madrid le 27 décembre 1935.

Il fait ses études musicales au Conservatoire royal de Madrid, où il obtient des premiers prix de piano, d'esthétique et d'histoire de la musique (1954), de virtuosité et d'harmonie (1958). Ses professeurs sont Cubiles, Gombau et Sopeña. Rapidement, il se tourne vers l'accompagnement et la musique de chambre. Il travaille avec Erik Werba en Autriche et avec Jean Laforge à Paris. Il devient l'accompagnateur privilégié de Teresa Berganza, Montserrat Caballé, Alfredo Kraus ou Pilar Lorengar. Il est aussi le partenaire d'instrumentistes comme André Navarra ou Ruggiero Ricci. Licencié d'histoire de la Faculté des lettres de Madrid, il est professeur d'esthétique du répertoire vocal à l'École supérieure de chant de Madrid.

Zecchi, Carlo

Pianiste et chef d'orchestre italien, né à Rome le 8 juillet 1903, mort à Salzbourg le 1er septembre 1984.

Après avoir suivi les cours de Francesco Bajardi pour le piano, de Settacioli, de Bustini et de Licinio Refice pour la composition, il va se perfectionner en 1923 avec Busoni et Schnabel à Berlin. Or, il était déjà célèbre à cette époque pour ses interprétations des sonates de Scarlatti, des concertos de Mozart, et d'œuvres de Chopin, Schumann, Liszt et Debussy. En 1938, il se met à travailler la direction d'orchestre avec Hans Münch et Guarnieri et délaisse un peu le piano, avant d'abandonner complètement sa carrière concertiste. Parallèlement à son activité de chef, il joue en sonate avec le violoncelliste Mainardi et avec l'Orchestre de Chambre de Vienne, dont il est le chef permanent (1964-76). Chaque été, il donne des master classes à l'Académie Sainte-Cécile de

Rome et à l'Académie d'été de Salzbourg à partir de 1948. Il a également édité de nombreuses œuvres de Scarlatti et de Schumann.

Zedda, Alberto

Chef d'orchestre italien, né à Milan le 2 janvier 1928.

Au conservatoire de sa ville natale, il étudie l'orgue avec A. Galliera, la composition avec R. Faït et la direction d'orchestre avec A. Votto et Giulini. Il suit également les cours de l'École de paléographie musicale de Crémone. Ses débuts datent de 1956. De 1957 à 1959, il dirige l'Orchestre Symphonique d'Oberlin College à Cincinnati, où il enseigne. Puis il est chef permanent à la Deutsche Oper de Berlin (1961-63). Il mène ensuite une carrière de chef invité, dans les principaux théâtres lyriques italiens et américains, notamment au New York City Opera. Dès le milieu des années soixante, il se consacre à des recherches musicologiques et entreprend une édition intégrale des opéras de Rossini d'après les textes originaux (Ricordi). Abbado enregistre aussitôt les nouvelles versions du *Barbier de Séville* (publiée en 1969) et de la *Cenerentola*. Il est directeur musical de l'Orchestre Symphonique de San Remo jusqu'en 1980. Fondateur du Festival Rossini à Pesaro, dans la ville natale du compositeur, il en assure la direction artistique jusqu'en 1992, lorsqu'il est nommé directeur artistique de la Scala de Milan (1992-93). Il conserve la coordination de l'Académie Rossini de Pesaro.

Zednik, Heinz

Ténor bouffe autrichien, né à Vienne le 21 février 1940.

Il étudie le chant avec Maria Wissmann et au Conservatoire de Vienne avec Klein et Hudez, et débute en 1964 au Théâtre de Graz (Trabucco dans *La Force du destin*). Il appartient depuis à l'Opéra de Vienne, et paraît sur les plus grandes scènes internationales. Il chante à Bayreuth à partir de 1970 (David, un berger et d'autres petits rôles) et y devient vite le plus grand Mime de notre époque, ainsi qu'un remarquable Loge. Il débute au Met en 1981 puis au Festival de Salzbourg en 1983 (Valzacchi dans *Le Chevalier à la rose*). Il a participé à la création de *Kabale und Liebe* (Vienne, 1976) de Gottfried von Einem et de *Un Rè in ascolto* (Salzbourg, 1984) de Luciano Berio. Ses dons de comédien lui assurent de grands succès dans tous les rôles de composition. Il est également animateur à la télévision autrichienne. L'Opéra de Vienne l'a nommé Kammersänger en 1980.

Zehetmair, Thomas

Violoniste autrichien, né à Salzbourg le 23 novembre 1961.

Ses parents sont tous deux violonistes et lui donnent ses premières leçons dès l'âge de cinq ans. Au Mozarteum de Salzbourg, il travaille avec son père (Helmut Zehetmair) et Franz Samohyl et étudie également la composition tout en commençant une carrière d'enfant prodige. Il se perfectionne avec Max Rostal, Nathan Milstein et Nikolaus Harnoncourt (à partir de 1981). En 1975, il remporte le concours « Jugend musiziert » et, en 1978, le 1er prix du Concours international Mozart. L'année suivante, il débute au Wiener Musikverein et enregistre son premier disque. Sa carrière internationale se développe rapidement. Il se produit régulièrement au Festival de Salzbourg et joue, tout en dirigeant, les concertos de Haydn (Josef et Michael) et de Mozart, pour lesquels il a écrit ses propres cadences. A partir de 1993, il partage avec la violoniste **Ana Chumachenko** la direction musicale de la Camerata Bern. Il joue sur un violon de Joannes Baptista Guadagnini (1751).

Il a créé des œuvres de Karl Amadeus Hartmann (*Sonates pour violon seul nos 1 et 2,* 1987), Heinz Holliger (*Lieder ohne worte II* pour violon et piano, 1993), Wilhelm Killmayer (*Fantaisie pour violon et piano,* 1992), Dieter Schnebel (*Vier Stücke für Violine und Klavier,* 1991), Valentin Silvestrov (*Post Scriptum, sonate pour violon et piano,* 1991), Isang Yun (*Sonate pour violon et piano nº 1,* 1991).

Zeitlin, Zvi

Violoniste russe naturalisé américain, né à Dubrovna le 21 février 1923.

Il étudie à la Juilliard School de New York et à l'Université de Jérusalem. A New York, il travaille avec Jacobson, Persinger et Galamian. Il fait ses débuts en 1939 avec l'Orchestre Symphonique de Palestine. Son premier concert américain date de 1951 (New York). Il est professeur à l'Eastman School of Music de Rochester, à l'Académie de Santa Barbara, à l'Université de Rochester (depuis 1975). Le *Concerto pour violon* de Ben Haïm, qu'il a créé en 1962, lui est dédié. Il aborde fréquemment un répertoire rarement joué : les concertos de Rochberg, Schoenberg, de Nardini (dont il a édité 6 concertos pour violon). Il joue sur un Stradivarius de 1734, le *Comte Doria*. Il a constitué un trio avec le pianiste Barry Snyder et le violoncelliste Robert Sylvester, l'Eastman Trio.

Zeltser, Mark

Pianiste russe, né à Kischiniev (Moldavie) le 3 avril 1947.

Issu d'une famille de musiciens (son grand-père, violoniste et chef d'orchestre, ami de Heifetz, dirigeait Chaliapine à Paris et à Berlin), sa mère, pianiste et chanteuse, professeur au Conservatoire de Kischiniev, lui apprend le piano. Après ses débuts remarqués dans sa ville natale à l'âge de neuf ans, Yakov Fliere le fait venir au Conservatoire de Moscou, où il enseigne. Il remporte, entre autres, les Concours Marguerite Long et Busoni, puis quitte le Conservatoire en 1971 et part en tournée. En 1976, il s'installe avec toute sa famille aux États-Unis, après avoir obtenu un visa d'émigration des autorités soviétiques. En 1977, il remplace Martha Argerich au Festival de Salzbourg, sous la baguette de Karajan. En 1979, il est à Berlin où l'a invité Karajan pour toute la saison d'abonnements. L'année suivante, il débute à New York avec l'Orchestre Philharmonique.

Zenatello, Giovanni

Ténor italien, né à Vérone le 22 février 1876, mort à New York le 11 février 1949.

Après de solides études dans sa ville natale, il fait ses débuts comme baryton à Naples dans le rôle de Tonio de *Paillasse*. Appelé peu après à chanter Canio, il devient très vite l'un des ténors les plus fêtés des scènes sud-américaines et italiennes (il fait ses débuts à la Scala en 1903 dans *La Damnation de Faust*). Pendant vingt ans, il est l'une des principales vedettes internationales. Son rôle le plus fameux est Otello, qu'il chante plus de cinq cents fois, et il s'illustre dans *Carmen*, *Un bal masqué*, *Les Huguenots*, *André Chénier* et *Aïda*. Il est le Pinkerton de la création de *Madame Butterfly* à la Scala le 17 février 1904 et participe de même aux créations de *La Figlia di jorio* de Franchetti, de *Siberia* de Giordano et de *Gloria* de Cilea. La maladie l'ayant obligé à une retraite prématurée, il consacre la fin de sa vie à l'enseignement du chant. Bien que baryton d'origine, Zenatello n'avait pas un timbre de « baryton monté » mais bien de ténor héroïque à la quinte aiguë triomphante. Dès l'aube du phonographe il fit de très nombreuses gravures, raretés particulièrement recherchées des amateurs de beau chant. Il avait épousé en 1913 la contralto espagnole **Maria Gay.**

Zender, Hans

Chef d'orchestre et compositeur allemand, né à Wiesbaden le 22 novembre 1936.

Il effectue ses études musicales à la Hochschule de Francfort (1956-59) puis à celle de Fribourg (1959-63), où il travaille le piano, la composition et la direction d'orchestre, notamment avec Edith Picht-Axenfeld et Wolfgang Fortner. En 1959, il est engagé comme chef-assistant au Théâtre de Fribourg. Pendant deux ans, il travaille à Rome avec B. A. Zimmermann (1963-64). Puis, on le trouve à Bonn où il est premier chef (1964-68), à Kiel où il est directeur général de la musique (1969-72) et à Sarrebruck où il est chef permanent de l'Orchestre Symphonique de la Radio Sarroise (1972-84). Il est ensuite directeur général de la musique à Hambourg (1984-

86) puis chef permanent de l'Orchestre de Chambre de la Radio Néerlandaise (Hilversum) (1987-94). Sa carrière se développe sur le plan international et les plus grands orchestres font appel à lui, notamment pour des programmes de musique nouvelle dont il est l'un des plus éminents spécialistes en Allemagne. Il dirige régulièrement à l'Opéra de Hambourg à partir de 1976 et conduit *Parsifal* au Festival de Bayreuth en 1975. Son œuvre, marquée par l'influence de Boulez, touche à tous les domaines. En 1988, il est nommé professeur de composition à la Musikhochschule de Francfort/Main.

Il a créé des œuvres de Carlos Roqué Alsina (*Suite indirecte,* 1989), Gilbert Amy (*Refrains,* 1972), Hans-Jürgen von Bose (*Die Leiden des jungen Werthers,* 1986), Earle Brown (*Time Spans,* 1972), Aldo Clementi (*Elegia,* 1981), Franco Donatoni (*To Earle Two*), Lorenzo Ferrero (*Ellipse IV,* 1977), Wolfgang Fortner (*Machaut Balladen,* 1973), York Höller (*Magische Klanggestalt,* 1986 ; *Pensées : Requiem,* 1993), Heinz Holliger (*Der Magische Tänzer,* 1970), Klaus Huber (*Die Enge des Marketes-Implosion-Stäubchen von Licht,* 1986), Mauricio Kagel (*Ein Brief,* 1986), Giselher Klebe (*Das Märchen von der schönen Lilie,* opéra, 1969), Henri Pousseur (*Nacht der Nächte,* 1985), Aribert Reimann (*Wolkenloses Christfest,* 1974), Wolfgang Rihm (*Elegia ; Abgesangsszene,* 1983 ; *Sinfonie-Stücke,* 1985), Dieter Schnebel (*Compositio,* 1971 ; *Webern-Variationen,* 1973), Toru Takemistsu (*Gémeaux,* 1972), Isang Yun (*Ouvertüre,* 1973 ; *Geisterliebe,* 1971 ; *Symphonie n° 5,* 1987 ; *Impression pour petit orchestre,* 1987).

ÉCRITS : *Happy New Ears, das Abenteuer Musik zu hören* (Fribourg-en-Brisgau, 1992).

Ziegler, Delores

Mezzo-soprano américaine, née à Atlanta le 4 septembre 1951.

Elle fait ses études à l'Université du Tennessee et débute en concert, puis à l'Opéra en 1978 à Oxfield (Tennessee) [Flora dans *La Traviata*]. Elle chante ensuite à Saint Louis (1979) et Bonn (1981). En 1982, elle entre dans la troupe de l'Opéra de Cologne, où elle chante Chérubin, Octavian (*Le Chevalier à la rose*) et Orlofsky (*La Chauve-Souris*). Elle débute à la Scala de Milan et à Glyndebourne (Dorabella) en 1984, au Festival de Salzbourg (Sextus dans *La Clémence de Titus*) en 1988, au Mai Musical Florentin (Idamante dans *Idoménée*) et au Met (Siebel) en 1989.

Zilberstein, Lilya

Pianiste russe, née à Moscou le 19 avril 1965.

Elle commence l'étude du piano à l'âge de cinq ans. En 1971, elle est admise à l'École Gnessine de Moscou, où elle est l'élève d'Ada Traub. Diplômée en 1983, elle se perfectionne avec Alexandre Satz à l'Institut pédagogique Gnessine jusqu'en 1988. En 1985, elle remporte le 1er prix au Concours des Républiques soviétiques et au Concours Pansoviétique de Riga, mais ne peut se présenter au Concours Tchaïkovski, n'étant pas élève de l'élitaire Conservatoire de Moscou. En 1987, elle remporte le 1er prix au Concours International Ferruccio Busoni de Bolzano. En mai 1988, elle entreprend sa première longue tournée en Occident. Sans être reconnue dans son pays, sa carrière se développe rapidement à l'échelon international et elle se fixe à Hambourg en 1990. Dès l'année suivante, elle joue avec Claudio Abbado et l'Orchestre Philharmonique de Berlin, ainsi qu'avec l'Orchestre du Concertgebouw d'Amsterdam.

Zimbalist, Efrem

Violoniste et compositeur russe naturalisé américain, né à Rostov le 21 avril 1889, mort à Reno (Nevada) le 22 février 1985.

A partir de 1901, il commence ses études musicales, de violon tout spécialement, au Conservatoire de Saint-Pétersbourg avec Leopold Auer. Premier prix Rubinstein en 1907, il débute une carrière internationale la même année, à Berlin, en jouant le *Concerto* de Beethoven, puis à Londres. En 1910, il joue sous la direction d'Arthur

Nikisch, au Gewandhaus de Leipzig, le *Concerto en ré majeur* de Tchaïkovski, puis, un an plus tard, il émigre aux États-Unis où il joue pour la première fois à Boston le *Concerto* de Glazounov. En 1928, il est nommé professeur de violon au Curtis Institute de Philadelphie, dont il devient le directeur de 1941 à 1968. Considéré, avec Jascha Heifetz et Mischa Elman, comme le plus éminent représentant de l'école russe de Leopold Auer, il donne son concert « d'adieux » à New York en 1949. Toutefois, il se produira encore deux fois : en 1952, pour créer le *Concerto pour violon* de Menotti, qui lui est dédié, et en 1955 à Philadelphie, avec le *Concerto pour violon* de Beethoven. D'abord marié à la soprano d'origine roumaine **Alma Gluck** (1884-1938), dont il aura un fils, l'acteur Efrem Zimbalist, Jr., il épousera par la suite Mary Louise Curtis Bok, la fondatrice du Curtis Institute de Philadelphie.

En tant que compositeur, Efrem Zimbalist est l'auteur d'un opéra, *Landara* (1962), d'une *Rapsodie américaine* (1936-43), d'un *Concerto pour violon* (1947), de *Trois Danses* pour violon et orchestre (1911) et de pages de musique de chambre.

Possesseur d'une collection d'instruments illustres, il avait acquis notamment le dernier violon de Stradivarius, *Le Cygne* (1735).

Zimerman, Krystian

Pianiste polonais, né à Zabrze le 7 décembre 1956.

Il commence le piano dès l'âge de cinq ans. A Katowice, il devient l'élève de son seul et unique professeur, Andrej Jasinski. Révélé au grand public par sa participation au Concours Beethoven de Vienne, il obtient le 1er prix au Concours Chopin de Varsovie la même année (1975). Il se retire de la scène internationale pendant un an, afin d'élargir son répertoire alors uniquement consacré à Chopin, à quelques exceptions près. Dès son retour, il triomphe à Stuttgart, à Munich et à Berlin. Il rencontre Artur Rubinstein à Paris en 1976. Au terme d'une année de concentration et de travail à Londres en 1980, il donne de nombreux concerts, notamment avec Karajan, et s'impose comme l'un des grands du piano de la fin du siècle. Il s'impose périodiquement des années sabatiques pour remettre en question et enrichir son répertoire. Il a créé le *Concerto pour piano* de Witold Lutosławski (1988).

Zimmermann, Erich

Ténor allemand, né à Meissen le 29 novembre 1892, mort à Berlin le 24 février 1968.

D'abord peintre sur porcelaine, il devient élève à l'Opéra de Dresde et y débute en 1918. Après des séjours à Dortmund, Brunswick et Leipzig, il appartient aux compagnies des Opéras de Munich (1925-31), de Vienne (1931-34) et de Berlin (1934-44), dont il devient le premier ténor bouffe en 1936. Bayreuth, où il paraît de 1925 à 1944, le consacre le plus grand Mime et le plus grand David de son temps. Il y chante également Loge et le Pilote du *Vaisseau fantôme*. Il revient à Dresde après la guerre (1946-50) puis à Berlin où il ne cesse pratiquement ses activités que peu avant sa mort.

Outre ses rôles wagnériens, on trouve à son répertoire Mozart (Monostatos, Pedrillo), Beethoven (Jaquino), Strauss (Valzacchi)...

Zimmermann, Frank Peter

Violoniste allemand, né à Duisbourg le 27 février 1965.

Il commence le violon à l'âge de cinq ans et travaille avec Waleri Gradow à la Musikhochschule d'Essen puis avec Saschko Gawriloff à celle de Berlin. Il suit aussi les cours de Herman Krebbers à Amsterdam. En 1976, il remporte le premier prix au Concours «Jugend musiziert». En 1981, une émission du RIAS le révèle aux radios du monde entier. Il est engagé en Angleterre, en France, aux États-Unis et au Japon, où il joue notamment avec Lorin Maazel et Daniel Barenboïm. En 1983, il fait ses débuts au Festival de Salzbourg avec l'Orchestre Philharmonique de Vienne. Ses premiers enregistrements ont été consacrés à l'intégrale des *24 Caprices* de Paganini (1985) et des concertos de Mozart. Il joue sur un Stradivarius, le *Hilton*.

Zimmermann, Margarita

Mezzo-soprano argentine, née à Buenos Aires le 3 octobre 1942.

Elle fait ses débuts au Teatro Colón de sa ville natale en récital (1976). Elle travaille à la même époque avec Gérard Souzay à Aix-en-Provence et à Genève. Puis elle fait ses débuts en Europe au cours de la saison 1977-78 dans Chérubin à la Monnaie de Bruxelles et Idamante *(Idoménée)* à Lyon. Au Colón, elle chante *Didon et Énée* et *Così fan tutte.* Elle débute à Covent Garden dans Chérubin (1980) puis chante Didon des *Troyens* au Festival Berlioz de Lyon. En 1981, elle se fixe à Venise et paraît régulièrement à la Fenice : *Agrippine* de Haendel, *Idoménée, Orphée et Eurydice, Don Quichotte...* Sa carrière se développe rapidement : Rosine à San Francisco, Carmen à l'Opéra de Paris, Poppée à Lyon, Charlotte à Philadelphie, Calbo *(Maometto II)* au Châtelet, en 1986. Elle consacre également une part importante de ses activités à l'oratorio et à la mélodie. En 1989, elle chante Carmen à Berlin et à Bercy.

Zimmermann, Tabea

Altiste allemande, née à Lahr le 8 octobre 1966.

Elle commence à étudier l'alto à l'âge de trois ans et le piano deux ans plus tard. Élève d'Ulrich Koch, elle termine ses études à la Musikhochschule de Sarrebrück en 1985 avant de se perfectionner avec Sándor Végh au Mozarteum de Salzbourg à partir de 1986. Lauréate des Concours internationaux de Genève (1982), Paris (Maurice Vieux, 1983) et Budapest (1984), elle commence rapidement une carrière de soliste qui l'a menée aux États-Unis (Marlboro), en Australie et dans la plupart des pays d'Europe. Elle joue régulièrement aux festivals de Salzbourg et de Lockenhaus. Elle enseigne à la Musikhochschule de Sarrebrück (1987-89). Elle joue sur un alto d'Etienne Vatelot (1980), gagné au Concours Maurice Vieux à Paris en 1983. Elle a créé des œuvres de Wilhelm Killmayer (*Die Schönheit des Morgens,* 1994), Volker David Kirchner (*Schibboleth,* poème concertant pour alto et orchestre, 1990), Mark Kopytman (*Cantus V* pour alto et orchestre, 1990), György Ligeti (*Sonate pour alto solo,* déd., 1994).

Zinman, David

Chef d'orchestre américain, né à New York le 9 juillet 1936.

Il travaille à l'Oberlin Conservatory jusqu'en 1958 et y reçoit une formation de violoniste, puis à l'Université du Minnesota (jusqu'en 1963), où il suit les classes d'écriture. Il étudie la direction d'orchestre avec Pierre Monteux (1958-62) et devient son assistant (1961-64). De 1964 à 1969, il est chef permanent de l'Orchestre de Chambre des Pays-Bas. Il mène une carrière de chef invité et prend la direction musicale de l'Orchestre Philharmonique de Rochester (1974-85), qu'il cumule, entre 1979 et 1982, avec celle de l'Orchestre Philharmonique de Rotterdam. En 1985, il est nommé directeur musical de l'Orchestre Symphonique de Baltimore. En 1995, il devient chef permanent de l'Orchestre de la Tonhalle de Zurich.

Zöller, Karlheinz

Flûtiste allemand, né à Höhr-Grenzhausen le 24 août 1928.

Il travaille à la Musikhochschule de Francfort et à Detmold. Encore étudiant, il remporte un 1er prix dans un concours organisé par la Radio de Francfort. A partir de 1950, il commence à se produire comme soliste et musicien de chambre. De 1960 à 1969, il est flûte solo à l'Orchestre Philharmonique de Berlin et devient membres des Solistes de la Philharmonie de Berlin. Il enseigne également à la Hochschule de Berlin. En 1969, il quitte l'Orchestre Philharmonique et devient professeur à la Musikhochschule à Hambourg. Il poursuit dès lors une carrière de soliste puis revient à la Philharmonie de Berlin, où il est à nouveau flûte solo. Il enseigne à la Hochschule für Musik de Berlin. Il a créé le *Double Concerto* pour flûte et hautbois de Ligeti (1972), le *Concerto pour flûte* de Yun (1977) et celui de Trojahn (1983).

Zukerman, Pinchas

Violoniste, altiste et chef d'orchestre israélien, né à Tel-Aviv le 16 juillet 1948.

Sa famille est rescapée du ghetto de Varsovie et du camp de concentration d'Auschwitz. Il fréquente, dès l'âge de huit ans, le Conservatoire d'Israël et peut poursuivre ses études, grâce à l'aide de la Fondation America-Israël, à l'Académie de musique de Tel-Aviv. Il travaille le violon, notamment avec Ilona Feher. A l'occasion du premier Festival d'Israël (1961), il rencontre Pablo Casals et Isaac Stern. Sur leurs conseils, il s'inscrit en 1962 à Juilliard School. Il s'y perfectionne, grâce à une bourse de la Fondation Rubinstein, avec Ivan Galamian puis Isaac Stern lui-même. Ses débuts publics ont lieu en 1966 au Festival des Deux Mondes. En 1967, il remporte le Prix Leventritt. Il participe au Festival Pablo Casals de Porto Rico et fait ses débuts européens en 1969. Il se consacre désormais à une brillante carrière internationale de violoniste, d'altiste mais aussi de chef d'orchestre, notamment avec l'English Chamber Orchestra, avec lequel il entretient une étroite collaboration depuis 1971, et avec l'Orchestre de Chambre de Saint Paul (États-Unis), dont il assure la direction musicale de 1980 à 1987.

En 1968, il épouse la flûtiste **Eugenia Rich-Zukerman** (Cambridge, Mass., 25 septembre 1944), dont il divorce en 1985. En dehors de ses tournées, il réside à Londres. Amateur de musique de chambre, il joue souvent avec Daniel Barenboïm, et tous deux formaient un trio avec la violoncelliste Jacqueline Du Pré. Il joue alternativement sur un Stradivarius et sur un Guarnerius del Gesù daté 1739 qui était l'instrument de Samuel Dushkin. Son alto est un Stradivarius de 1690, le *Toscana,* qui a appartenu pendant plus de trente ans à l'altiste du Quatuor de Budapest. Claude Bolling a écrit pour lui sa *Suite pour violon et piano jazz,* qu'ils ont créée ensemble en 1978.

Zylis-Gara, Teresa

Soprano polonaise, née à Landvarov (Vilnius) le 23 janvier 1935.

Elle suit pendant neuf ans les cours du Conservatoire de Łódź, où elle est l'élève d'Olga Ogina. En 1954, elle remporte le 1er prix du Concours de chant de Varsovie, ce qui la fait engager à la Radio polonaise et à la Philharmonie de Cracovie. En 1956, elle débute à l'Opéra de Cracovie comme *Madame Butterfly*. En 1958, elle est lauréate du Concours de Toulouse, puis, en 1960, elle remporte le 1er prix du Concours de chant de la Radio Bavaroise, à Munich. Elle décide désormais de se fixer en Allemagne. Elle est engagée à Oberhausen, puis en 1962 à Dortmund, et en 1965 à l'Opéra de Düsseldorf. Elle est dès lors invitée par les Opéras de Francfort, Hambourg, Cologne, Hanovre, Munich et Vienne, où elle remporte de grands succès. Elle chante également en concert, où son soprano délicat et mélodieux fait merveille, tant dans les œuvres de Bach que de Haendel, Mozart ou Brahms. A l'opéra, son répertoire comprend aussi bien les œuvres de Mozart que les véristes italiens, Richard Strauss et Tchaïkovski. En 1967, elle remporte un véritable triomphe au Festival de Glyndebourne, dans le rôle de Donna Elvira (*Don Giovanni*). En 1967-68, elle chante à Covent Garden ainsi qu'au Colón. En 1970, elle est invitée au Met. En 1973-74, elle se produit au Liceo de Barcelone. En 1979, elle chante Liù (*Turandot*) aux Chorégies d'Orange et donne un récital de mélodies de Chopin. Elle reste en effet très liée à son pays d'origine, où elle retourne fort souvent, tout particulièrement à l'Opéra de Varsovie. Dans le répertoire wagnérien, elle chante Elisabeth (*Tannhäuser*) et aborde Sieglinde en 1986.

TROISIÈME PARTIE

Ensembles

(classés par ordre alphabétique
de pays et de villes)

Orchestres Symphoniques

Orchestres de Chambre et ensembles spécialisés

Opéras

Chœurs

Formations de musique de chambre

(classées par ordre alphabétique)

ORCHESTRES SYMPHONIQUES*

ALLEMAGNE

Orchestre Symphonique du SWF de Baden-Baden
(Sinfonieorchester des Südwestfunks Baden-Baden)

Fondé en 1946 par Heinrich Strobel.

Chefs permanents : Gotthold Ephraim Lessing (1946-48), Hans Rosbaud (1948-62), Ernest Bour (1964-79), Kazimierz Kord (1980-86), Michael Gielen (à partir de 1986). L'un des plus ardents défenseurs de la musique contemporaine. Il participe au Festival de Donaueschingen.

COMMANDES (du SWF pour l'orchestre) : œuvres de Carlos Roqué Alsina (*Überwindung,* 1970), Gilbert Amy (*Chant,* 1968), Luciano Berio (*Quaderni,* 1960 ; *Epifanie,* 1961 ; *Chemins,* 1965), Boris Blacher (*Orchester-Ornament*, op. 44, 1953), Pierre Boulez (*Poésie pour pouvoir,* 1955 ; *Pli selon pli – Portrait de Mallarmé,* 1960 ; *Figures-Doubles-Prismes,* 1964), Sylvano Bussotti (*Opus Cygne,* 1979), Luigi Dallapiccola (*An Mathilde,* 1955), Paul-Heinz Dittrich (*Areae sonantes,* 1973), Brian Ferneyhough (*Carceri d'Invenzioni III,* 1986), Wolfgang Fortner (*An die Nachgeborenen,* 1948 ; *Fantaisie sur BACH,* 1950 ; *Mouvements,* 1954 ; *Impromptus,* 1957), Vinko Globokar (*Mosaik,* 1979), Jean-Pierre Guézec (*Assemblages,* 1967), Cristóbal Halffter (*Sinfonia para tres grupos instrumentales,* 1962 ; *Líneas y puntos,* 1967 ; *Planto por las víctimas de la violencia,* 1971 ; *Elegien auf den Tod dreier spanischer Dichter,* 1975 ; *Variationen über den Nachhall eines Schreis,* 1977 ; *Concerto pour violoncelle n° 2,* 1986), Roman Haubenstock-Ramati (*Petite musique de nuit pour orchestre,* 1959 ; *Vermutungen über ein dunkles Haus,* 1964), Hans Werner Henze (*Concerto pour piano n° 1,* 1947 ; *Symphonie n° 3,* 1951 ; *Nachtstücke und Arien,* 1957), Heinz Holliger (*Pneuma,* 1970 ; *Scardanelli-Zyklus,* 1985), Betsy Jolas (*Musique d'hiver,* 1971), André Jolivet (*Concerto pour harpe,* 1952), Giselher Klebe (*Sinfonie*, op. 16, 1953), Marek Kopelent (*Plauderstündchen* pour saxophone alto et orchestre, 1975 ; *Il canto de li Augei,* 1980), Zygmunt Krauze (*Concerto pour piano,* 1976), Helmut Lachenmann (*Schwankungen am Rand,* 1975 ; *Tanzsuite mit Deutschlandlied,* 1978), Rolf Liebermann (*Concerto pour jazzband et orchestre,* 1954), György Ligeti (*Atmosphères,* 1961 ; *Lontano,* 1967), Gian Francesco Malipiero (*Elegia-Capriccio,* 1953), Olivier Messiaen (*Le Réveil des oiseaux,* 1953 ; *Chronochromie,* 1960), Luigi Nono (*Due espressioni,* 1953 ; *Incontri,* 1955 ; *Varianti,* 1957), Luis de Pablo (*Iniciativas,* 1966 ; *Heterogeneo,* 1970), Krzysztof Penderecki (*Anaklasis,* 1960 ; *Fluorescences,* 1962 ; *Sonate pour violoncelle et orchestre,* 1964 ; *Capriccio pour violon et orchestre,* 1967), Goffredo Petrassi (*Récréation concertante,* 1953), Wolfgang Rihm (*Morphonie,* 1973 ; *Sub-Kontur,*

* Le classement est fait par ordre alphabétique de pays et de ville.

1975 ; *Klangbeschreibung I-III,* 1986), Peter Ruzicka (*Feed back,* 1972), Henri Sauguet (*Concerto d'Orphée pour violon et orchestre,* 1953), Dieter Schnebel (*Diapason,* 1977 ; *Jowaegerli,* 1983 ; *Sinfonie X,* 1992), Alfred Schnittke (*Passacaglia,* 1981), Salvatore Sciarrino (*Un' immagine di Arpocrate* pour piano, chœur et orchestre, 1978), Kazimierz Serocki (*Segmenti,* 1962 ; *Sinfonische Fresken,* 1964 ; *Fantasia elegiaca* pour orgue et orchestre, 1972 ; *Pianophonie,* 1978), Giuseppe Sinopoli (*Tombeau d'Armor I,* 1975 ; *Tombeau d'Armor III,* 1978), Karlheinz Stockhausen (*Spiel,* 1952 ; *Punkte,* 1963 ; *Trans,* 1971), Manfred Trojahn (*Symphonie n° 2,* 1978), Robert Wittinger (*Symphonie n° 2,* 1979), Iannis Xenakis (*ATA,* 1985), Isang Yun (*Réak,* 1966), Bernd Alois Zimmermann (*Concerto pour violon,* 1950 ; *Concerto pour hautbois,* 1952).

CRÉATIONS : œuvres de Pierre Boulez (*Le Marteau sans maître,* 1953), Werner Egk (*La Tentation de saint Antoine,* 1947 ; *Abraxas,* 1948 ; *Sonate pour orchestre,* 1948 ; *Allegria,* 1952), Jean-Claude Eloy (*Étude III*, 1962), Wolfgang Fortner (*Symphonie,* 1948 ; *Die weiße Rose,* ballet, 1950), Friedrich Goldmann (*Klangszenen,* 1991), Karl Amadeus Hartmann (*Symphonie n° 2,* 1950), Roman Haubenstock-Ramati (*Recitativo ed Aria* pour clavecin et orchestre, 1955), Paul Hindemith (*Concerto pour cor,* 1949), Giselher Klebe (*Die Zwitschermaschine,* 1950), Jonathan Lloyd (*Symphonie n° 2,* 1988), Marcel Mihalovici (*Sinfonia partita,* 1951), Detlev Müller-Siemens (*Concerto pour piano,* 1981), Wolfgang Rihm (*Dies,* 1985), Mathias Spahlinger (*Passage/Paysage,* 1990), Iannis Xenakis (*Metastasis,* 1954), Bernd Alois Zimmermann (*Canti di speranza,* 1958 ; *Concerto pour violoncelle en forme de pas de trois,* 1968).

Orchestre Symphonique de Bamberg
(Bamberger Symphoniker)

Fondé en 1946.

Il prend la suite de l'ancien Orchestre Philharmonique Allemand de Prague (1939-45) dirigé, entre 1940 et 1945, par Joseph Keilberth.

Chefs permanents : Herbert Albert (1947-48), Georg-Ludwig Jochum (1948-50), Joseph Keilberth (1950-68), Eugen Jochum (1968-73), James Loughran (1978-83), Witold Rowicki (1983-85), Horst Stein (depuis 1985).

CRÉATIONS : œuvres de Hans-Jürgen von Bose (*Werther-Szenen,* ballet, 1989), Gottfried von Einem (*Nachtstück,* 1962), Rudolf Kelterborn (*Symphonie n° 4*, 1987), Horst Lohse (*Bamberg Symphonie,* commande, 1986).

Orchestre du Festival de Bayreuth
(Orchester der Festspiele Bayreuth)

Orchestre réuni pendant l'été à l'occasion des représentations wagnériennes de Bayreuth et composé d'instrumentistes des principaux orchestres allemands (à l'exception de ceux de la Philharmonie de Berlin dont les dates de vacances ne coïncident pas avec le Festival).

Berliner Sinfonie-Orchester

Fondé en 1952, ancien Orchestre Symphonique de Berlin-Est.

Chefs permanents : Hermann Hildebrandt (1952-59), Gerhard Hergert (1959-60), Kurt Sanderling (1960-77), Günther Herbig (également directeur artistique, 1977-83), Claus Peter Flor (1984-92), Michael Schønwandt (depuis 1992).

Václav Smetáček a été premier chef invité en 1959-60.

CRÉATIONS : œuvres de Reiner Bredemeyer (*Fünf Lieder nach Texten von Karl Mickel*, 1982 ; *Das Alltägliche*, 1982), Max Butting (*Serenade*, 1963), Johann Čilensek (*Concerto pour orgue*, 1984), Paul Dessau (*In memoriam Bertolt Brecht*, 1957), Fritz Geißler (*Concerto pour flûte*, 1978), Georg

Katzer (*Sonate nº 1*, 1978), Günter Kochan (*Divertimento für Orchester*, 1965 ; *Symphonie nº 2*, 1969 ; *Musik für Orchester « In memoriam »*, 1984 ; *Symphonie nº 5*, 1987), Wilfried Krätzschmar (*Symphonies nº 2*, 1978 ; *nº 3*, 1982), Siegfried Kurz (*Orchestervariationen*, op. 33, 1968), Siegfried Mathus (*Orchester-Serenade*, 1974 ; *Hyperion-Fragmente* pour basse et orchestre, 1980), Ernst Hermann Meyer (*Serenata pensiorosa*, 1965 ; *Sinfonischer Prolog*, 1984), Manfred Schubert (*Orchestermusik 1966*, 1967), Mikis Theodorakis (*Sadduzäer Passions*, 1983), Siegfried Thiele (*Introduktion und Tokkata*, 1969), Rudolf Wagner-Régeny (*Einleitung und Ode*, 1969), Ruth Zechlin (*Thema mit fünf Veränderungen*, 1971 ; *Musik für Orchester 1980*, 1981).

L'orchestre compte plusieurs sous-formations, constituées de musiciens de ses rangs : *Berlin Sinfonietta*, *Berliner Oktett* (fondé en 1964), *Sinfonische Blechbläser*, *Brandenburgisches Streichquartett*, *Mozart Trio*, *Oboen-Trio*, *Duo Concertant*. Depuis 1984, il réside dans la salle rénovée de la Schauspielhaus de Berlin, Platz der Akademie.

Berliner Symphoniker

Fondé en 1966, ancien Orchestre Symphonique de Berlin-Ouest, il porte jusqu'en 1991 le nom allemand de Symphonisches Orchester Berlin (S0B) avant d'adopter son nouveau nom à l'occasion de son 25e anniversaire.

Chefs permanents : Carl A. Bünte (1966-73), Theodor Bloomfield (1973-82), Daniel Nazareth (1982-85), Alun Francis (depuis 1989).

CRÉATIONS : œuvres de Gerald Humel (*Portrait in Schwarz-Weiß*, 1984), Clemens August Kiel (*Concerto pour flûte*, 1989), Jürgen Kratzenberg (*Romantische Erzählung*, 1993), Friedrich Metzler (*Concerto pour violoncelle*, 1984), Fasil Say (*Die Reflektierugen*, 1991), Hans Steinke (*Schizzi Siciliani*, 1992), Leo Zeyen (*Orchestersuite « Medea »*, 1987).

Deutsches Symphonie-Orchester Berlin

Fondé en 1946.

Chefs permanents : Ferenc Fricsay (1948-54 puis 1959-63), Lorin Maazel (1964-75), Riccardo Chailly (1982-89), Vladimir Ashkenazy (depuis 1989).

Il porte, jusqu'en 1956, le nom de la station de radio berlinoise RIAS, avant de devenir l'Orchestre Radio-Symphonique de Berlin (Radio-Symphonie-Orchester Berlin). Il adopte son nom actuel en 1993. A partir de 1994, il est l'un des ensembles constituant la société des Rundfunkorchester und -Chöre de Berlin.

CRÉATIONS : œuvres de Carlos Roqué Alsina (*Approach*, 1973), Frank Michael Beyer (*Rondeau imaginaire*, 1972 ; *Mysteriensonate*, 1987 ; *« Geburt des Tanzes »*, 1989), Boris Blacher (*Concerto pour orchestre*, 1950 ; *Concerto pour piano nº 3*, 1961), Hans Jürgen von Bose (*Labyrinth I*, 1987), Luciano Chailly (*Es Konzert*, 1984), Werner Egk (*Suite française*, 1950), Friedrich Goldmann (*Sinfonie 4 für Orchester*, 1989), Hans Werner Henze (*Scènes de ballet*, 1950), Paul Hindemith (*Lustige Sinfonietta*, 1980), György Ligeti (*Ramifications*, première version, 1969), Gustav Mahler (*Symphonisches Präludium*, 1981), Allan Pettersson (*Concerto pour alto*, 1988), Aribert Reimann (*Lieder auf der Flucht*, 1960 ; *Ein apokalyptisches Fragment*, 1987), Wolfgang Rihm (*Abgesangsszenen*, 1983 ; *Roter und schwarzer Tanz*, 1985 ; *Umriß*, 1986), Arnold Schoenberg (*Frühlings Tod*, 1984), Erwin Schulhoff (*Flammen*, version complétée, 1994), Wolfgang von Schweinitz (*Messe*, op. 21, 1984), Valentin Silvestrov (*« Widmung » -Konzert* pour violon et orchestre, 1991 ; *Metamusik*, 1993), Karlheinz Stockhausen (*Luzifer's Tanz*, 1987), Manfred Trojahn (*Erstes Seebild*, 1980 ; *Symphonie nº 3*, commande, 1985 ; *5 Épigraphes*, 1987), Peteris Vasks (*Concerto pour violoncelle*, 1994), Isang Yun (*Bara*, 1962 ; *Fluktuationen*, 1964 ; *Namo*, 1971 ; *Symphonie nº 2*, 1984), Bernd Alois Zimmermann (*Antiphonen*, 1962 ; *Musique pour le souper du roi Ubu*, 1968).

Orchestre Philharmonique de Berlin
(Berliner Philharmonisches Orchester)

Fondé en 1882.

Chefs permanents : Franz Wüllner (1883-84), Karl Klindworth, Hans von Bülow (1887-93), Richard Strauss (1893-95), Arthur Nikisch (1895-1922), Wilhelm Furtwängler (1922-45, puis 1948-54), Leo Borchard (1945), Sergiù Celibidache (1945-48), Herbert von Karajan (1955-89), Claudio Abbado (depuis 1989).

CRÉATIONS : œuvres d'Eugen D'Albert (*Concerto pour piano nº 1*, 1884 ; *Ouverture Esther,* 1887), Kurt Atterberg (*Symphonie funèbre,* 1923 ; *Concerto pour piano,* 1936), Mili Balakirev (*Concerto pour piano,* 1911), Samuel Barber (*Symphonie nº 2*, seconde version, 1947), Alban Berg (*Kammerkonzert,* 1927 ; trois pièces extraites de la *Suite lyrique,* 1929), Frank Michael Beyer (*« Versi »,* 1968 ; *Griechenland,* 1982), Boris Blacher (*Concertante Musik,* 1937 ; *Hamlet,* 1940 ; *Concerto pour piano*, op. 42, 1952), Leo Brouwer (*Exaedros II*, 1970), Max Bruch (*Double Concerto pour alto et clarinette,* 1940), Ferruccio Busoni (*Concerto pour piano,* 1904 ; *Turandot-Suite,* 1905 ; *Nocturne symphonique,* 1914 ; *Fantaisie indienne,* 1914 ; *Zigeunerlied,* 1923), Frederick Delius (*Lebenstanz,* 1912), Gottfried von Einem (*Capriccio,* 1943), Wolfgang Fortner (*Sinfonia concertante,* 1936), Jean Françaix (*Concerto pour piano nº 2*, 1936), Wilhelm Furtwängler (*Symphonie nº 2*, 1948 ; *Symphonie nº 3*, 1956), Detlev Glanert (*Symphonie nº 1*, 1985 ; *Mitternachtstanz,* 1988, pour le 150e anniversaire de la fondation des Éditions Bote & Bock), Sofia Goubaïdoulina (*Alleluja*, 1990), Alois Hába (*Frühlingsouvertüre*, 1920), Henry Hadley (*Symphonie nº 3*, 1907), Cristóbal Halffter (*Tres Poemas de la Lírica Española*, 1986), Hans Werner Henze (*Antifone*, 1962 ; *Symphonies nº 1*, seconde version, 1964 ; *nº 4*, 1963 ; *Fantasia per orchestra*, 1967 ; *Telemanniana*, 1967), Paul Hindemith (*Sonate*, op. 25, nº 1, 1922 ; *Mathis le Peintre*, 1934), Karl Höller (*Concerto pour violon*, 1938 ; *Concerto pour violoncelle*, 1941), Mieczysław Karłowicz (*Rhapsodie lituanienne*, 1921), Volker David Kirchner (*Concerto pour violon*, 1984), Giselher Klebe (*Concerto pour violoncelle*, 1990), Zoltán Kodály (*Soir d'été*, 1931), Ernst Krenek (*Symphonie*, op. 7, 1922), György Kurtág (*Grabstein für Stefan*, version révisée, 1993), György Ligeti (*Concerto pour flûte et hautbois,* 1972), Witold Lutosławski (*Les Espaces du sommeil,* 1978), Gustav Mahler (*Symphonie nº 2*, 1895), Frank Martin (*Passacaille,* nouvelle version, 1963), Jean Martinon (*Concerto pour flûte,* 1971), Bohuslav Martinů (*Fantaisie concertante pour piano et orchestre,* 1959), Luigi Nono (*Epitaph auf Federico García Lorca,* 1957), Ernst Pepping (*Symphonie nº 3,* 1948 ; *Sérénade,* 1948 ; *Concerto pour piano,* 1951), Hans Pfitzner (*Kleine Symphonie*, op. 44, 1939), Max Reger (*Variations sur un thème de Beethoven,* 1917), Aribert Reimann (*Concerto pour violoncelle,* 1961 ; *Ein Totentanz,* 1961 ; *Concerto pour piano nº 1,* 1962), Ottorino Respighi (*Concerto gregoriano,* 1922), Wolfgang Rihm (*Symphonie nº 3*, 1979), Peter Ruzicka (*Fünf Bruchstücke*, 1988), Alfred Schnittke (*Concerto pour violon nº 4*, 1984), Arnold Schoenberg (*Variations*, op. 31, 1928), Gunther Schuller (*Concerto pour 2 pianos*, 1968), Robert Schumann (*Concerto pour violon*, 1937), Jan Sibelius (*La Fille de Pohjola*, 1908), Josef Tal (*Symphonie nº 5*, 1992), Manfred Trojahn (*L'Autunno*, 1993), Vlachopoulos (*Symposion*, 1984), Anton Webern (*Passacaille*, 1923), Egon Wellesz (*Symphonie nº 1*, 1948), Isang Yun (*Ouverture pour grand orchestre,* 1973 ; *Double Concerto pour hautbois et harpe,* 1977 ; *Symphonie nº 5*, 1987, pour le 750e anniversaire de la ville de Berlin).

Commandes pour le 50e anniversaire de l'orchestre : *Philharmonisches Konzert* (Paul Hindemith, 1932), *Concerto pour piano nº 5* (Serge Prokofiev, 1932), *Mouvement symphonique nº 3* (Arthur Honegger, 1933).

Commandes pour le 100e anniversaire de l'orchestre : *Drei Lieder nach Gedichten von Edgar Allan Poe* (Aribert Reimann, 1982), *Pax Questosa* (Udo Zimmermann, 1982), *Concerto pour violoncelle nº 2* (Krzysztof Penderecki, 1983), *Concerto pour trom-*

pette, timbales et orchestre (Siegfried Matthus, 1983), *Concerto pour violon et violoncelle* (Alfred Schnittke, 1983), *Idyllen* (Hans-Jürgen von Bose, 1983), *Concerto pour flûte* (Manfred Trojahn, 1983), *Symphonie n°1* (Isang Yun, 1984), *Concerto pour orchestre* (Gunther Schuller, 1984), *Concerto pour alto* (Detlev Müller-Siemens, 1984), *Symphonie n° 7* (Hans Werner Henze, 1984).

L'ancienne salle de la Bernburger Straße, siège de l'orchestre depuis l'origine, a été détruite dans les bombardements de 1944. Elle a été remplacée par la salle actuelle, inaugurée le 15 octobre 1963. La nouvelle salle de musique de chambre de la Philharmonie a ouvert ses portes le 28 octobre 1987.

Sous-formations : 23 ensembles de musique de chambre se sont constitués au sein de l'orchestre : *Bläser der Berliner Philharmoniker* (Instruments à vent de l'Orchestre Philharmonique de Berlin), *12 Violoncelles de l'Orchestre Philharmonique de Berlin* (qui ont suscité des œuvres de Boris Blacher, Wolfgang Fortner, Helmut Eder, Werner Thärichen, Jean Françaix, Marcel Rubin, Iannis Xenakis...), *Solistes de l'Orchestre Philharmonique de Berlin*, *Scharoun-Ensemble*, *Octuor Philharmonique de Berlin*, *Blechbläser-Ensemble der Berliner Philharmoniker* (Cuivres de l'Orchestre Philharmonique de Berlin), *Philharmonischen Streichersolisten* (Solistes à cordes de l'Orchestre Philharmonique de Berlin), *Quintette de cuivres de l'Orchestre Philharmonique de Berlin*, *Philharmonia-Quartett*, *Philharmonische Klavierquartett*, *Divertimento Berlin* (7 musiciens) et *Philharmonisches Ensemble* (du duo au quintette). Le *Quatuor Westphal* (fondé en 1958) et le *Quatuor Brandis* (fondé en 1976) se composent de musiciens qui faisaient partie de l'orchestre lors de sa fondation. L'*Ensemble Wien-Berlin* réunit des musiciens de l'Orchestre Philharmonique de Berlin et de l'Orchestre Philharmonique de Vienne.

Parmi les *Konzertmeister* (violons solos), l'histoire a retenu les noms de César Thomson (1882), Enrique Fernandez Arbós (1886-87), Bram Eldering (1891-94), Louis Persinger (1914-15), Licco Amar (1916-20). A l'époque de Furtwängler, Tossy Spivakovsky (1926-27), Szymon Goldberg (1930-34), Siegfried Borries (1933-40 et 1945-61), Saschko Gawriloff (1948-49) et Gerhard Taschner (1941-50). Les trois *Konzertmeister* de Karajan ont été Michel Schwalbé (1957-84), Thomas Brandis (1962-83) et Leon Spierer (1963-93), remplacés par Toru Yasunaga, Daniel Stabrawa (depuis 1988). A l'époque d'Abbado, ils ont été rejoints par Kolja Blacher (depuis 1993) et Rainer Kussmaul (depuis 1993).

Parmi les instrumentistes qui ont occupé des places de solistes, on relève les noms des flûtistes Aurèle Nicolet (1950-59) et James Galway (1969-75), des violoncellistes Gregor Piatigorsky (1924-29) et Wolfgang Boettcher (1958-76), du trompettiste Adolf Scherbaum (1943-45).

L'orchestre n'a accueilli pour la première fois une femme dans ses rangs qu'en 1982 : une violoniste suisse de vingt-six ans, Madeleine Caruzzo, suivie, peu après, de la clarinettiste Sabine Meyer qui est restée un an clarinette-solo. En 1994, l'orchestre compte cinq femmes dans ses rangs.

Orchestre Symphonique de la Radio de Berlin
(Rundfunk-Sinfonieorchester Berlin)

Fondé en 1925, il porte jusqu'à la fin de la Seconde Guerre mondiale le nom de Berliner Funk-Orchester. Il est ensuite l'Orchestre Symphonique de la Radio de Berlin-Est. A partir de 1994, il est l'un des ensembles constituant la société des Rundfunkorchester und -Chöre de Berlin.

Chefs permanents : Wilhelm Buschkötter (1925-26), Bruno Seidler-Winkler (1925-32), Eugen Jochum (1932-34), Otto Frickhöffer (1934-45), Artur Rother (1946-49), Hermann Abendroth (1953-56), Rolf Kleinert (1956-73), Heinz Rögner (1973-93), Rafael Frühbeck de Burgos (depuis 1994).

CRÉATIONS : œuvres de Frank Michael Beyer (*Musik der Frühe* pour violon et orchestre, 1993), Max Butting (*Radiomusik*, 1930), Friedrich Goldmann (*Spannung eingegrentz*, 1989), Karl-Rudi Griesbach (*Trink Mut des reinen Lebens,* 1982), Georg Katzer (*Orchestermusik nº 2*, 1985 ; *nº 3*, 1990), Bohuslav Martinů (*Concerto pour violoncelle nº 1*, 1931), Igor Stravinski (*Concerto pour violon*, 1931).

Staatskapelle de Berlin
(Berliner Staatskapelle)

Fondée en 1570, elle assure les services lyriques à la Deutsche Staatsoper Berlin et les concerts symphoniques. Au cours de son histoire, les concerts symphoniques n'ont pas toujours été dirigés par le directeur général de la musique ou les chefs permanents dans le domaine lyrique. Plusieurs chefs permanents se sont partagés certaines saisons.

Chefs permanents : Johannes Wesalius (1572-82), Johann Eccard (1608-11), Nikolaus Zangius (1612-19), William Brade (1619-20). Pendant plus d'un siècle, pas de Kapellmeister connus. Carl Heinrich Graun (1741-59), Johann Friedrich Agricola (1759-74), Johann Friedrich Reichardt (1775-94), Vincenzo Righini (1793-1812), Bernard Anselm Weber (1811-21), Gaspard Spontini (directeur général de la musique, 1820-41), Carl Wilhelm Henning (1840-48), Gottfried Wilhelm Taubert (1842-83), Giacomo Meyerbeer (directeur général de la musique, 1842-46), Felix Mendelssohn (1842-44), Robert Radecke (1871-87), Felix Weingartner (1898-1908), Carl Muck (1892-1912, directeur général de la musique à partir de 1908), Richard Strauss (1898-1918, directeur général de la musique à partir de 1908), Leo Blech (1906-23), Max von Schillings (directeur général de la musique, 1920-25), Wilhelm Furtwängler (1920-22 et 1933-34), Hermann Abendroth (1922-23), Bruno Walter (1923-24), Erich Kleiber (directeur général de la musique, 1923-35), Otto Klemperer (directeur général de la musique, 1931-33), Robert Heger (1933-45), Clemens Krauss (directeur général de la musique, 1935-36), Johannes Schüler (1936-49), Joseph Keilberth (directeur général de la musique, 1948-51), Franz Konwitschny (directeur général de la musique, 1955-62), Lovro von Matačić (1956-58), Horst Stein (1955-61), Helmut Seydelmann (1962-64), Otmar Suitner (directeur général de la musique, 1964-89), Daniel Barenboïm (depuis 1992).

CRÉATIONS : œuvres de Andreas Aigmüller (*Giuramento*, 1984), Boris Blacher (*Symphonie*, 1939 ; *Partita pour cordes et percussion*, 1946), Reiner Bredemeyer (*Auftakte*, 1979 ; *Das große Karthagos*, 1982), Victor Bruns (*Symphonie nº 4*, 1971 ; *Concerto pour orchestre*, 1993), Alfredo Casella (*Concerto pour piano, violon, violoncelle et orchestre*, 1933), Ján Cikker (*Palette*, 1981), Paul Dessau (*Orchestermusik 1955*, 1956 ; *Symphonie nº 2*, 1962 ; *Meer der Stürme, musique pour orchestre nº 2*, 1967 ; *Lénine, musique pour orchestre nº 3*, 1970), Anton Dvořák (*Rhapsodie slave nº 3*, 1879), Gottfried von Einem (*Concerto pour orchestre*, 1944), Hanns Eisler (*Deutsche Sinfonie*, 1959 ; *Gesang des Abgeschiedenen*, 1979), Paul Hindemith (*Kammermusik nº 5*, pour alto, 1927), Günter Kochan (*Variations sur un thème de Mendelssohn* pour piano et orchestre, 1972 ; *Concerto pour violon*, 1982), Siegfried Kurtz (*Symphonie nº 1*, 1979), Ernst Hermann Meyer (*Concerto pour violon*, 1964 ; *Symphonie en si*, 1969), Ferdinand Ries (*Dramatische Ouvertüre*, 1879), Christian Sinding (*Symphonie nº 2*, 1907), Johannes Paul Thilmann, Rudolf Wagner-Régeny (*Mythologische Figurinen*, 1952 ; *Drei Orchestersätze*, 2ᵉ version, 1953 ; *Acht Kommentare zu einer Weise des Guillaume de Machaut*, 1968), Ruth Zechlin (*Symphonie nº 3*, 1972 ; *Reflexionen*, 1979).

Sous-formations : Berliner Streichquartett, Erben-Quartett, Löwe-Quartett.

Orchestre Symphonique de Bochum
(Bochumer Symphoniker)

Fondé en 1919.

Directeurs musicaux : Leopold Reichwein (1926-38), Hermann Meissner, Franz Paul Decker (1956-64), Yvon Baarspul (1964-70), Othmar Maga (1971-82), Gabriel Chmura (1982-88), Eberhard Kloke (1988-94), Steven Sloane (depuis 1994).

CRÉATIONS : œuvres de Jean Françaix (*Thème et variations*, 1974), Paul Hindemith (*Kammermusik nº 3* pour violoncelle et orchestre, 1925), Giselher Klebe (*Symphonie nº 4*, 1972), Bruno Liberda (*Concerto pour six pianos et orchestre*, 1990), Detlev Müller-Siemens (*Quatre Passages*, 1988 ; *Concerto pour cor et orchestre*, 1990).

Orchestre de la Beethovenhalle de Bonn
(Orchester der Beethovenhalle Bonn)

Fondé en 1907 sous le nom de Städtisches Orchester, il adopte son nom actuel en 1945. L'ancienne Beethovenhalle, détruite dans les bombardements d'octobre 1944, a été remplacée par un nouveau bâtiment inauguré en 1959.

Directeurs musicaux : Heinrich Sauer (1907-), Hugo Grüters (jusqu'à 1922), Max Anton (1922-30), Hermann Abendroth (1930-33), Gustav Classens (1933-49), Otto Volkmann (1949-57), Volker Wangenheim (1957-79), Jan Krenz (1979-82), Gustav Kuhn (1983-85), Dennis Russell Davies (1987-94), Marc Soustrot (à partir de 1995).

CRÉATIONS : œuvres de Michael Denhoff (*Traumbuch eines Gefangenen*, 1989), Giselher Klebe (*Weihnachtsoratorium*, 1989), Michael Obst (*Poèmes*, 1993), Charles Wuorinen (*Concerto pour quatuor de saxophones*, 1994), Isang Yun (*Concerto pour hautbois*, 1991).

Orchestre Philharmonique du Gürzenich de Cologne
(Gürzenich-Orchester Kölner Philharmoniker)

Fondé en 1857 à l'occasion de la création de la salle du Gürzenich. Succède à la Musikalische Gesellschaft (1812) qui avait fusionné en 1827 avec le Singverein pour former la Konzertgesellschaft. En 1888, il devient l'orchestre de la ville de Cologne. Le bâtiment du Gürzenich a été détruit pendant la dernière guerre et reconstruit en 1955. La nouvelle salle de la Philharmonie de Cologne a été inaugurée en septembre 1986. Jusqu'en 1992, l'orchestre porte le nom de Gürzenich-Orchester avant d'adopter son intitulé actuel. Il assure la saison symphonique et les services de l'Opéra de Cologne.

Directeurs musicaux : Konradin Kreutzer (1840-42), Heinrich Dorn (1843-49), Ferdinand Hiller (1850-84), Franz Wüllner (1884-1902), Fritz Steinbach (1902-14), Hermann Abendroth (1915-34), Eugen Papst (1936-44), Günter Wand (1946-75), Yuri Ahronovitch (1975-86), Marek Janowski (1986-90), James Conlon (depuis 1990).

CRÉATIONS : œuvres de Johannes Brahms (*Double Concerto pour violon et violoncelle*, 1887), Ernst Krenek (*Concerto pour piano nº 4*, 1951). Gustav Mahler (*Symphonie nº 5*, 1904), Max Reger (*Variations sur un thème de Hiller*, 1907), Hermann Reutter (*Pandora*, 1949), Richard Strauss (*Till Eulenspiegel*, 1985 ; *Don Juan*, 1898), Bernd Alois Zimmermann (*Sinfonia prosodica*, 1946).

Orchestre Symphonique du WDR de Cologne
(Kölner Rundfunk-Sinfonie Orchester)

Fondé en 1945.

Il prend la succession de l'Orchestre du Reichssender constitué en 1926 et dirigé par Wilhelm Buschkötter (1926-36).

Chefs permanents : Wilhelm Schüchter, Christoph von Dohnányi (1964-69), Zdeněk Mácal (1970-74), Hiroshi Wakasugi (1977-83), Gary Bertini (1983-91), Hans Vonk (depuis 1991).

COMMANDES : œuvres de Luciano Berio (*Coro*, 1976), Boris Blacher (*Concerto pour violoncelle*, 1965), John Cage (*103* pour orchestre, 1992), Edison Denisov (*Double Concerto pour flûte et hautbois*, 1979 ; *Concerto pour hautbois*, 1988), Morton Feldman (*Elemental Procedures*, 1976), Wolfgang Fortner (*Aulodie*, première version, 1960), Hans Werner Henze (*Concerto pour violoncelle*, 1982), Heinz Holliger (*Gesänger der Frühe*, 1988), Mauricio

Kagel (*Liturgien*, 1990), György Ligeti (*Concerto pour violon*, 1990), Luigi Nono (*Il canto sospeso*, 1956), Krysztof Penderecki (*Passion selon saint Luc*, 1966), Karlheinz Stockhausen (*Gruppen* pour 3 orchestres, 1958).

CRÉATIONS : œuvres de Pierre Boulez (*Visage nuptial*, 1957), Niccolò Castiglioni (*Perigordino*, 1991), Luigi Dallapiccola (*Canti di libezarione*, 1955), Franco Donatoni (*In cauda I-III*, 1991), Gottfried von Einem (*Orchestermusik*, op. 9, 1947), Vinko Globokar (*Miserere*, 1982 ; *Labour*, 1993), Karl Amadeus Hartmann (*Symphonie n° 8*, 1963), Hans Werner Henze (*Sieben Liebeslieder*, 1986), York Höller (*Pensées : Requiem*, 1993), Nicolaus A. Huber (*Go Ahead*, 1989), Giselher Klebe (*Symphonie n° 3*, 1967), György Ligeti (*Concerto pour piano*, 1980), Arvo Pärt (*Te Deum*, 1985), Steve Reich (*Tehillim*, première version, 1981 ; *The Desert Music*, 1984), Wolfgang Rihm (*Unbennant III*, 1990), Peter Ruzicka (*Metamorphosen über ein Klangbild von Joseph Haydn*, 1990), Dieter Schnebel (*Fünf Geistliche Lieder von Bach*, 1985 ; *Raumklang X*, 1989), Arnold Schoenberg (*Modern Psalm*, op. 50 c, 1956), Gerhard Wimberger (*Programm*, 1978), Iannis Xenakis (*Antikhton*, 1974), Isang Yun (*Exemplum*, 1981), Ruth Zechlin (*Kristallisation*, 1989).

Orchestre Philharmonique de Dortmund
(Philharmonisches Orchester Dortmund)

Fondé en 1887.

Directeurs musicaux : Georg Hüttner (1887-1919), Wilhelm Sieben (1920-51), Rolf Agop (1952-62), Wilhelm Schüchter (1962-74), Marek Janowski (1975-79), Hans Wallat (1979-85), Klaus Weise (1985-90), Moshe Atzmon (depuis 1991).

COMMANDES : pour le 100e anniversaire de l'orchestre, œuvres de Jürg Baur (*Symphonie n° 2*, 1988), Wilfried Maria Danner (*Meditationen über Kirchenfenster von Marc Chagall*, 1987), Cristóbal Halffter (*Dortmunder Variationen*, 1987).

L'orchestre assure plusieurs séries de concerts ainsi que les services lyriques et chorégraphiques de l'Opéra de Dortmund (Städtische Bühnen Dortmund).

Orchestre Philharmonique de Dresde
(Dresdner Philharmonie)

Fondé le 29 novembre 1870, il porte d'abord le nom de Stadtmusikcorps (1870-71), puis de Mannsfeldtsche Kapelle (1871-85) avant de devenir l'Orchestre du Gewerbhaus de Dresde (1885-1915).

Chefs permanents : Moritz Erdmann Puffholdt (1870-71), Hermann Gustav Mannsfeldt (1871-85), Michael Zimmerman (1885-86), Ernst Stahl (1886-90), August Trenkler (1890-1903), Henry Willy Olsen (1903-15), Edwin Lindner (1915-23), Joseph Gustav Mraczek (1923-24), Eduard Mörike (1924-29), Paul Scheinpflug (1929-32), Werner Ladwig (1932-34), Paul Van Kempen (1934-42), Carl Schuricht (1er chef invité, 1942-44), Gerhart Wiesenhütter (1945-46), Heinz Bongartz (1947-64), Horst Förster (1964-67), Kurt Masur (1967-72), Günther Herbig (1972-77), Herbert Kegel (1977-85), Jörg-Peter Weigle (1986-94), Michel Plasson (depuis 1994).

COMMANDES : œuvres de Tadeusz Baird (*Goethe-Briefe*, 1971), Johann Čilensek (*Konzertstück pour violon*, 1975 ; *Konzertstück pour cor*, 1984), Edison Denisov (*Concerto pour flûte*, 1976), Paul-Heinz Dittrich (*Hymnischer Entwurf*, 1989), Siegfried Köhler (*Concerto pour clavecin*, 1977 ; *Festliche Inventionen*, 1981 ; *Symphonie n° 5 « Pro Pace »*, 1984), Rainer Kunad (*Concerto pour piano*, 1971 ; *Concerto pour orgue*, 1971 ; *Salomonische Stimmen*, 1984), Ernst Hermann Meyer (*Sinfonietta 1967*, 1977), Wolfgang Strauß (*Symphonie n° 5*, 1987), Rudolf Wagner-Régeny (*An die Sonne*, cantate, 1970), Udo Zimmermann (*Mutazioni*, 1973).

CRÉATIONS : œuvres de Johann Nepomuk David (*Spiegelkabinett*, op. 55, 1960), Fritz Geißler (*Symphonie n° 5*, 1970), Günther Kochan (*Sinfonietta*, 1960), Rainer Lischka (*Begegnungen*, 1988), Siegfried Matthus (*Concerto pour violon*, 1969),

Ernst Hermann Meyer (*Konzertante Sinfonie* pour piano et orchestre, 1962 ; *Lied vom großen Anderswerden*, 1981 ; *Concerto pour violoncelle*, 1989), Friedrich Schenker (*Sinfonie in memoriam Martin Luther King*, 1972), Mikis Theodorakis (*Frühlingssinfonie*, 1984), Johannes Paul Thilman (*Symphonie n° 4*, 1955 ; *Sinfonie in einem Satz*, 1961 ; *Ode*, 1970), Pancho Vladiguerov (*Suite scandinave*, 1926), Udo Zimmermann (*L'Homme*, 1972).

Staatskapelle de Dresde (Sächsische Staatskapelle Dresdnen)

Sa fondation remonte à 1548 sous la forme des Hofkantorei (Chanteurs de la Cour). Le premier maître de chapelle est Johann Walter (1548-54), suivi de Mattheus le Maistre (1554-68), Antonio Scandello (1568-80), Giovanni Battista Pinelli (1580-86) – les instruments à vent apparaissent alors dans l'effectif de la chapelle –, Georg Forster (1586-87), Rogier Michal (1587-1615), Michael Praetorius (1615-17), Heinrich Schütz (1617-55), G. A. Bontempi, Carlo Pallavicino, C. C. Dedekind (1666-72), M.G. Peranda (1672-75), Sebastiano Cherici (1675), Vincenzo Albrici (1675-80), Bernhard (1681-92), Strungk (1692-97), Jan Zelenka, Ristori, Antonio Lotti (1717-19), Johann David, Heinichen, Johann Hasse (1731-63), Johann Georg Schürer, Johann Gottlieb Naumann (1776-1801), Schuster, Seydelmann, Ferdinando Paer (1802-06), Francesco Morlacchi (1810-17), Carl Maria von Weber (1817-24), Heinrich Marschner (1824-26), Karl Gottlieb Reissiger (1826-59, secondé par Richard Wagner, 1843-49, et Karl August Krebs, 1850-72).

Directeurs musicaux : Julius Rietz (1874-77), 1er chef dès 1860, Franz Wüllner (1877-84), Ernest von Schuch (1884-1914), Fritz Reiner (1914-21), Fritz Busch (1922-33), Karl Böhm (1934-42), Karl Elmendorff (1943-44), Joseph Keilberth (1945-50), Rudolf Kempe (1950-53), Franz Konwitschny (1953-55), Lovro von Matáčić (1956-58), Otmar Suitner (1960-64), Kurt Sanderling (1964-67), Martin Turnovský (1967-68), Herbert Blomstedt (1975-85), Hans Vonk (1985-90), Giuseppe Sinopoli (depuis 1992).

PRINCIPALES CRÉATIONS : œuvres de Henk Badings (*Variations symphoniques*, 1937), Anton Bruckner (*Symphonie n° 3*, version originale de 1873, 1946), Paul Dessau (*Sinfonischer Marsch*, 1954 ; *Orchestermusik n° 4*, 1973), Paul-Heinz Dittrich (*Concert avec plusieurs instruments n° 3*, 1979), Fidelio F. Finke (*Suite n° 2*, 1948 ; *Suite n° 8*, 1962), Jean Françaix (*Jeu poétique*, 1972), Fritz Geißler (*Symphonie n° 7*, 1973), Friedrich Goldmann (*Inclinatio temporum*, 1981), Karl-Rudi Griesbach (*Kontemplationen für Orchester*, 1986), Karl Höller (*Concerto pour violon*, op. 47, 1949), Rainer Hrasky (*Symphonie n° 2 « In terra pax – pax hominibus »*, 1983), Siegfried Köhler (*Concerto pour violon*, 1982), Rainer Kunad (*Klopstock-Ode*, 1982), Siegfried Kurz (*Concerto pour trompette*, 1957 ; *Symphonie n° 2*, 1960 ; *Concerto pour piano*, 1964), Rainer Lischka (*Akzente*, 1984), Siegfried Matthus (*Kleines Orchesterkonzert*, 1964 ; *Dresdner Sinfonie*, 1969), Ernst Hermann Meyer (*Concerto pour harpe*, 1969), Ernst Pepping (*Symphonie n° 1*, 1939), Hans Pfitzner (*Concerto pour piano*, 1923), Max Reger (*Suite romantique*, 1912), Richard Strauss (*Symphonie alpestre*, 1915 ; *Suite de danses d'après Couperin*, version de concert, 1923 ; *Parergon à la Sinfonia domestica*, 1925 ; *Sonate pour seize instruments à vent*, 1944), Kurt Striegler (*Requiem*, 1956), Heinrich Sutermeister (*Concerto pour piano n° 1*, 1944), Johannes Paul Thilmann (*Dresdner Kantate*, 1951 ; *Ornamente*, 1973), Rudolf Wagner-Régeny (*Orchestermusik mit Klavier*, 1936), Manfred Weiss (*Symphonie n° 3*, 1984).

L'orchestre assure les services symphoniques et ceux de l'Opéra de Dresde (Semperoper).

Orchestre Symphonique de Duisbourg (Duisburger Sinfoniker)

Fondé en 1877.

Directeurs musicaux : Hermann Brandt (1877-93), Walter Josephson (1899-1920),

Paul Scheinpflug (1920-28), Eugen Jochum (1930-32), Otto Volkmann (1933-45), Richard Hillenbrand (1945-46), Georg Ludwig Jochum (1946-70), Walter Weller (1971-72), Miltiades Caridis (1975-81), Lawrence Foster (1982-86), Alexandre Lazarev (1988-94), Bruno Weil (depuis 1994).

Il assure une saison symphonique à Duisbourg ainsi qu'une partie des services lyriques et chorégraphiques de la Deutsche Oper am Rhein.

CRÉATIONS : œuvres de Jürg Baur (*Musik für Orchester*, 1954 ; *Piccolo mondo*, 1963 ; *Duisburg-Sinfonie « Pathetica »*, 1983), Benjamin Britten (*Rotschilds Geige*, opéra d'après Tchekhov complété et orchestré par Dmitri Chostakovitch, 1984), Wilfried Maria Danner (*Les Couleurs de la nuit*, 1985), Diether de la Motte (*Echo-Konzert* pour violoncelle et orchestre, 1976 ; *Concerto pour orchestre n° 2*, 1980), Harald Genzmer (*Der Zauberspiegel*, suite de ballet, 1966), Paul Hindemith (*Konzert für Orchester*, op. 38, 1925), Karl Höller (*Petite Symphonie*, 1966 ; *Concerto grosso pour deux violons et orchestre*, 1966 ; *Sonate für Orchester*, 1967), Giselher Klebe (*Symphonie n° 5*, pour le centenaire de l'orchestre, 1977 ; *Concerto pour orgue*, 1980), Gunther Raphael (*Sinfonia breve*, 1950), Wolfgang Rihm (*Concerto pour piano*, 1991), Richard Strauss (*« Das Tal »*, 1903).

Orchestre Symphonique de Düsseldorf
(Düsseldorfer Symphoniker)

Fondé en 1864.

Il remplace alors la Société de concerts privée qu'avaient dirigée Mendelssohn à partir de 1833, puis Schumann à partir de 1850.

Chefs permanents : Julius Tausch (1864-90), Julius Buths (1890-1908), Karl Panzner (1908-24), Georg Schnéevoigt (1924-26), Hans Weisbach (1926-33), Hugo Balzer (1933-45), Heinrich Hollreiser (1945-51), Eugen Szenkar (1951-59), Jean Martinon (1959-66), Rafael Frühbeck de Burgos (1966-71), Henryk Czyż (1971-74), Willem Van Otterloo (1974-77), Bernhard Klee (1977-87), David Shallon (1987-93), Salvador Mas Conde (depuis 1993).

CRÉATION : œuvre de Manfred Trojahn (*Abschied...*, 1978).

Museumsorchester (Francfort)

Fondé en 1808.

Il tire son nom de la Museumsgesellschaft, une fondation culturelle du XVIIIe siècle. Après la disparition de cette institution, les activités musicales se poursuivent, indépendantes des autres arts, avec les musiciens de l'orchestre de l'Opéra. Parmi les principaux chefs d'orchestre au XIXe siècle figurent Louis Spohr (1818-19) et Carl Guhr (1821-48). En 1924, Clemens Krauss rétablit le lien d'origine entre le musée, où ont lieu les concerts, et le théâtre. L'orchestre a donc une double vocation, symphonique et lyrique. Son chef permanent est, depuis 1924, le directeur général de la musique de l'Opéra de Francfort : Kogel (1891-1903), Siegmund von Hausegger (1903-06), Willem Mengelberg (1907-20), Wilhelm Furtwängler (1920-22), Hermann Scherchen (1922-24), Clemens Krauss (1924-29), Georg-Ludwig Jochum (1934-37), Franz Konwitschny (1937-45), Bruno Vondenhoff, Sir Georg Solti (1952-61), Lovro von Matačić (1961-66), Theodore Bloomfield (1966-68), Christoph von Dohnányi (1968-75), Michael Gielen (1975-87), Gary Bertini (1987-90), Sylvain Cambreling (depuis 1993).

CRÉATIONS : œuvres de Hans Werner Henze (*La selva incantata*, 1991), Richard Strauss (*Ainsi parla Zarathoustra*, 1896 ; *Une vie de héros*, 1899).

Orchestre Radio-Symphonique de Francfort
(Radio-Sinfonie-Orchester Frankfurt)

Fondé en 1929.

Chefs permanents : Hans Rosbaud (1929-37), Otto Frickhoeffer (1937-45), Kurt Schröder (1946-53), Otto Matzerath (1955-61), Dean Dixon (1961-74), Eliahu Inbal (1974-90), Dmitri Kitajenko (depuis 1990).

Carl Schuricht a été l'un de ses principaux chefs invités. Sous la direction d'Eliahu Inbal, le répertoire de l'orchestre s'est concentré sur les symphonies de Mahler et Bruckner et sur l'œuvre de Berlioz. Mais il s'est aussi toujours largement consacré à la musique contemporaine, notamment grâce à une politique de commande très dynamique du Hessische Rundfunk.

COMMANDES : œuvres de Conrad Beck (*Concertino pour clarinette, basson et orchestre,* 1954), Boris Blacher (*Abstrakte Oper n° 1,* 1953), Lorenzo Ferrero (*Arioso,* 1977), Wolfgang Fortner (*Der Wald,* 1953), Karl Amadeus Hartmann (*Gesangsszene* pour baryton et orchestre, 1964), Hans Werner Henze (*Cinq Chants napolitains,* 1956), Giselher Klebe (*Concerto pour violon, violoncelle et orchestre*, 1954 ; *Cantate,* 1960), Helmut Lachenmann (*Air,* musique pour grand orchestre, 1969), Marcel Mihalovici (*Le Retour,* 1954), Luigi Nono (*Diario polacco 1958*, 1959), Henri Pousseur (*Réponse pour sept musiciens,* 1960), Steve Reich (*Octuor,* 1979), Hermann Reutter (*Die Brücke von San Louis Rey,* 1954), Dieter Schnebel (*Schubert-Phantasie,* 1979 ; *Schumann-Moment,* 1989 ; *Verdi-Moment,* 1989), Wladimir Vogel (*Spiegelungen für Orchester,* 1953), Isang Yun (*Concerto pour violon n° 1*, 1982), Hans Zender (*Schachspiel,* 1970), Bernd Alois Zimmermann (*Présence,* 1961).

CRÉATIONS : œuvres de Béla Bartók (*Concerto pour piano n° 2*, 1933), Xavier Benguerel (*Concerto pour percussion,* 1977), Boris Blacher (*Studie im Pianissimo,* 1954), Niccolò Castiglioni (*A Solemn Music II*, 1966), Claude Debussy (*La Chute de la maison Usher,* 1977), Andreï Echpaï (*Concerto pour violon,* 1977), Morton Feldman (*Violin and Orchestra,* 1984), Jean Françaix (*Concerto pour contrebasse,* 1974), Paul Hindemith (*Drei Orchesterlieder*, op. 9, 1974), Klaus Huber (*Kontrafaktur nach Perotin,* 1973 ; *Turnus 73/74,* 1974), Charles Kœchlin (*Offrande musicale sur le nom de Bach,* 1973), Darius Milhaud (*Concerto pour alto n° 1,* 1930), Detlev Müller-Siemens (*Symphonie n° 1,* 1981), Carl Orff (*Carmina Burana,* 1937), Hermann Reutter (*Concerto pour piano,* 1929), Dieter Schnebel (*Re-Visionen,* 1989), Arnold Schoenberg (*Musique d'accompagnement pour un spectacle de cinéma,* 1930 ; *Quatre Lieder*, op. 22, 1932), Franz Schubert (*Six Danses allemandes* orchestrées par Anton Webern, 1932), Kazimierz Serocki (*Concerto alla cadenza per flauto a becco e orchestra,* 1975), Richard Strauss (*Kampf und Sieg,* 1930), Isang Yun (*Symphonische Szene,* 1961).

Orchestre Philharmonique de Hambourg
(Philharmonisches Staatsorchester Hamburg)

Fondé en 1828.

Directeurs musicaux et chefs permanents : Friedrich Wilhelm Grund (1828-63), Julius Stockhausen (1863-67), Julius von Bernuth (1867-95), Richard Barth (1895-1904), Max Fiedler (1904-08), José Eibenschütz (1908-10), Siegmund von Hausegger (1910-20), Gerhard von Keussler (1920-22), Eugen Papst et Carl Muck (1922-33), Eugen Jochum (1934-49), Joseph Keilberth (1950-59), Wolfgang Sawallisch (1961-72), Aldo Ceccato (1972-83), Hans Zender (1984-86), Gerd Albrecht (depuis 1988).

Il porte à l'origine le nom de Philharmonische Konzertgesellschaft. En 1934, après la fusion avec l'orchestre de l'Opéra, il devient Philharmonie d'État. De 1886 à 1910, il se livre à une rude concurrence avec les concerts organisés par l'agence Wolff de Berlin, dirigés par von Bülow et R. Strauss avec l'orchestre de l'Opéra puis avec la Philharmonie de Berlin. Composé actuellement de 134 musiciens, il assure la vie symphonique et lyrique.

CRÉATIONS : œuvres de Harrison Birtwistle (*Machaut à ma manière*, 1990), Hans-Jürgen von Bose (*Love after Love*, commande, 1991), Johannes Brahms (*Sérénade n° 2*, 1860), Walter Braunfels, Paul Hindemith (*Konzertmusik*, op. 48, pour alto et orchestre, 1930), Karl Höller, York Höller (*Magische Klanggestalt*, 1986), Klaus Huber, Mauricio Kagel (*Ein Brief*,

1986), Volker David Kirchner (*Requiem – Messa di pace*, 1990), Helmut Lachenmann (*Tableau*, 1989), Rolf Liebermann (*Freispuch für Medea*, commande, 1990), Krzysztof Meyer (*Symphonie n° 2*, 1982), Luigi Nono (*A Carlo Scarpa architetto – ai suoi infiniti possibili*, 1985), Henri Pousseur (*Nacht der Nächte*, commande, 1985), Aribert Reimann (*Sieben Fragmente*, 1988), Peter Ruzicka, Dieter Schnebel (*Sinfonie-Stücke*, 1985), Heinrich Sutermeister, Manfred Trojahn (*Symphonie n° 4*, 1992), Isang Yun, Ruth Zechlin (*Stufen*, 1993), Hermann Zilcher, Udo Zimmermann (*Nouveau Divertissement*, 1988).

Orchestre Symphonique du NDR de Hambourg (NDR-Sinfonieorchester, Hamburg)

Fondé en 1945.

Chefs permanents : Hans Schmidt-Isserstedt (1945-70), Moshe Atzmon (1972-75), Klaus Tennstedt (1979-81), Günter Wand (1982-91), John Eliot Gardiner (depuis 1991).

PRINCIPALE COMMANDE : Igor Stravinski (*Threni*, 1958).

CRÉATIONS : œuvres de Jean-Guy Bailly (*Aubrac Symphonie*, 1993), Boris Blacher (*Concerto pour piano n° 1*, 1952), Karl-Birger Blomdahl (*Im Saale der Spiegel*, 1955), Pierre Boulez (*Deux Improvisations sur Mallarmé*, 1958), Sylvano Bussotti (*Bergkristall*, 1973), Edison Denisov (*Requiem*, 1980), Gottfried von Einem (*Das Stundenlied*, op. 26, 1959), Wolfgang Fortner (*Chant de naissance*, 1959), Cristóbal Halffter (*Anillos*, 1968 ; *Tiento*, 1982), Karl Amadeus Hartmann (*Symphonie n° 7*, 1959), Hans Werner Henze (*Ein Landarzt*, 1951 ; *La Fin d'un monde*, 1953 ; *Tancrède*, 1953 ; *Trois Études symphoniques*, 1956 ; *Le Radeau de la Méduse*, 1968), André Jolivet (*Symphonie n° 2*, 1959), Mauricio Kagel (*Variationen ohne Fuge*, 1973), Giselher Klebe (*Sinfonie*, op. 12, 1953), Ernst Krenek (*Sinfonie Pallas Athene*, 1954 ; *Quaestio temporis*, 1960), Helmut Lachenmann (*Klangschatten*, 1972), György Ligeti (*Apparitions*, 1960), Bruno Maderna (*Composizione in tre tempi*, 1954), Luigi Nono (*Composizione per orchestra*, 1951 ; *La terra e la compagna*, 1958), Per Nørgård (*Symphonie n° 4*, 1982), Maurice Ohana (*Cantigas*, 1957), Krzysztof Penderecki (*Polymorphia*, 1962), Goffredo Petrassi (*Concerto pour flûte*, 1961), Dieter Schnebel (*Janáček-Moment*, 1992), Arnold Schoenberg (*Moïse et Aaron*, 1954), Kazimierz Serocki (*Ad libitum*, 1977), Giuseppe Sinopoli (*Concerto pour piano*, 1976), Karlheinz Stockhausen (*Carré*, 1960 ; *Mixtur*, 1964), Igor Stravinski (*Mouvements* pour piano et orchestre, 1960), Heinrich Sutermeister (*Concerto pour piano n° 2*, 1954), Jürg Wyttenbach (*Divisions*, 1966), Isang Yun (*Colloïdes sonores*, 1961 ; *Figures concertantes*, 1973).

Radio-Philharmonie Hannover (Hanovre)

Fondé en 1950, il dépend du Norddeutsche Rundfunk et porte, jusqu'en 1992, le nom d'Orchestre de la Radio du NDR de Hanovre (Rundfunkorchester Hannover des NDR).

Chefs permanents : Willy Steiner (1950-75), Bernhard Klee (1976-79), Zdeněk Maćal (1980-83), Aldo Ceccato (1985-89), Bernhard Klee (depuis 1991).

CRÉATIONS : œuvres de Berthold Goldschmidt (*Chronica*, version rév., 1993), Rudolf Kelterborn, Volker David Kirchner (*Symphonie n° 1 « Totentanz »*, 1982), Giselher Klebe, Martin Christoph Redel (*Bruckner-Essay*, 1983), Isang Yun.

Nordwestdeutsche Philharmonie (Herdford)

Fondée en 1950.

Directeurs musicaux et chefs permanents : Rolf Agop (1950-52), Eugen Papst (1952-53), Wilhelm Schüchter (1953-56), Hermann Scherchen et Kurt Brass (1956-61), Hermann Hildebrand (1961-63), Richard Kraus (1963-69), Werner Andreas Albert (1969-71), Erich Bergel (1971-74), János Kulka (1975-87), Alun Francis (1987-92), Michail Jurowski (depuis 1992).

Orchestre à vocation régionale (Land Nordrhein-Westfalen) qui a également connu une activité discographique intense.

CRÉATION : œuvre de Giselher Klebe (*Orchesterstücke*, 1983).

Orchestre du Gewandhaus de Leipzig (Gewandhausorchester)

Fondé en 1781, date de la construction de la salle du Gewandhaus dans la partie supérieure de la halle aux tissus. Il existait déjà depuis 1743 une société des Grands Concerts. Effectif initial : 27 musiciens dirigés par le violon solo (Konzertmeister).

Konzertmeister : Johann Adam Hiller (1781-85), Johann Gottfried Schicht (1785-1810), Johann Philipp Schulz (1810-27), Christian August Pohlenz (1827-35).

Chefs permanents : Felix Mendelssohn-Bartholdy (1835-47), Julius Rietz (1848-52), Niels Gade et Ferdinand David (1852-53), Ferdinand David (1853-54), Julius Rietz (1854-60), Carl Reinecke (1860-95), Arthur Nikisch (1895-1922), Wilhelm Furtwängler (1922-28), Bruno Walter (1929-33), Hermann Abendroth (1934-45), Herbert Albert (1946-48), Franz Konwitschny (1949-62), Václav Neumann (1964-68), Kurt Masur (depuis 1970).

Effectif : environ 200 musiciens qui assurent les concerts symphoniques, les concerts spirituels (à Saint-Thomas) et l'opéra. La création des sous-formations remonte au début du XIXe siècle lorsque Heinrich August Matthäi fonde le *Gewandhausquartett* (1809). En 1896, à l'incitation d'Arthur Nikisch, le hautboïste Alfred Gleißberg fonde le *Gewandhaus-Bläserquintett* (quintette à vent du Gewandhaus). Le *Bach Collegium*, fondé en 1963, réunit des musiciens de l'Orchestre du Gewandhaus sous la direction de l'un des *Konzertmeister* : Gerhard Bosse (1963-87), Christian Funke (depuis 1987). Autre ensemble constitué d'instrumentistes de l'Orchestre du Gewandhaus, le *Neue Bach Collegium Musicum Leipzig* a été fondé en 1979 et dirigé par Max Pommer (1979-88) puis par Burkhard Glaetzner (depuis 1988). Parmi les principaux *Konzertmeister* (violons solos) de l'orchestre on relève les noms de Johann Georg Häser (1763-95), Bartolomeo Campagnoli (1797-1816), Heinrich August Matthäi (1817-35), Ferdinand David (1836-73), Engelberg Röntgen (1873-97), Felix Berber (1898-1903), Edgar Wollgandt (1903-47), Kurt Striehler (1933-35), Gerhard Bosse (1955-87), Manfred Scherzer (1973-75), Karl Suske (depuis 1976), Christian Funke (depuis 1979), Frank Michael Erben (depuis 1987).

L'ancienne salle du Gewandhaus, construite entre 1881 et 1884, a été détruite dans le bombardement du 20 février 1944. Elle a été remplacée par un nouvel édifice inauguré le 8 octobre 1981 pour le bicentenaire de l'orchestre.

CRÉATIONS : œuvres de Ludwig Van Beethoven (*Concerto pour piano n° 5*, 1811), Boris Blacher (*Variations sur un thème de Paganini,* 1947), Johannes Brahms (*Concerto pour violon,* 1879), Anton Bruckner (*Symphonie n° 7*, 1884), Ferruccio Busoni (*Konzertstück pour piano,* 1890), Bernd Franke (*Chagall-Musik,* 1988), Fritz Geißler (*Symphonie n° 4 « Streichersinfonie »*, 1968), Sofia Goubaïdoulina (*Medea-Landschaften*, ballet, 1992), Thomas Heyn (*Concerto grosso n° 1*, 1986), Gija Kantcheli (*Lichte Trauer*, 1985), Augustinus Franz Kropfreiter (*Leipziger Konzert* pour orgue et orchestre, 1984), Siegfried Matthus (*Concerto pour flûte*, 1979 ; *Sinfonie « Unser Mund soll von Weisheit reden... »*, 1993), Felix Mendelssohn (*Symphonies n° 1*, 1827, *n° 2*, 1840 et *n° 3*, 1842 ; *Concerto pour piano n° 2*, 1837 ; *Ruy Blas, ouverture,* 1839 ; *Concerto pour violon n° 2*, 1845), Max Reger (*Concerto pour violon,* 1908 ; *Concerto pour piano,* 1910), Friedrich Schenker (*Pezzi concertanti*, 1979 ; *Commedia per musica*, 1989 ; *Symphonie pour 2 orchestres à cordes et quatuor à cordes*, 1994), Alfred Schnittke (*Symphonie n° 3*, 1981), Arnold Schoenberg (*Cinq Pièces pour orchestre*, op. 16, 2e version, 1922), Franz Schubert (*Symphonie n° 9*, 1839), Manfred Schubert (*Symphonie n° 1*, 1983), Robert Schumann (*Symphonies n° 1*, 1841 ; *n° 2*, 1846 ; n° 4, 1841 ; *Concerto pour piano*, 1846), Ludwig Spohr (*Symphonie n° 1*, 1811), Siegfried Thiele (*Sinfonietta alla ciacona*, 1975 ; *Erdengesänge*, 1993), Karl Ottomar Treibmann (*Symphonie n° 5*, 1989), Richard

Wagner (ouvertures de *Christophe Colomb,* 1835 ; et des *Maîtres chanteurs,* 1868).

COMMANDES : pour le 200e anniversaire (1981), œuvres de Siegfried Thiele (*Gesänge an die Sonne,* création en 1981), Reiner Bredemeyer (*Vier Stücke für Orchester*, création en 1981), Gija Kantcheli (*Symphonie nº 6*, création en 1981), Minoru Miki (*Sinfonie für zwei Welten,* création en 1984), Siegfried Matthus (*Holofernes,* création en 1981), Friedrich Schenker (*Symphonie « Michelangelo »,* création en 1985).

Orchestre Symphonique du Mitteldeutscher Rundfunk (Leipzig)
(Sinfonieorchester des Mitteldeutschen Rundfunks)

Fondé en 1924, il prend la succession de l'Orchestre du Konzertverein, formé en 1915 et dirigé en 1921-22 par Hermann Scherchen. Il est dissous en 1941 puis reconstitué en 1945. Il porte jusqu'au 1er janvier 1992 le nom d'Orchestre Symphonique de la Radio de Leipzig (Rundfunk-Sinfonieorchester, Leipzig).

Chefs permanents : Alfred Szendrei (1924-32), Carl Schuricht (1931-33), Hans Weisbach (1934-39), Reinhold Merten (1939-44), Fritz Schröder (1945-46), Gerhart Wiesenhütter (1946-48), Hermann Abendroth et Gerhard Pflüger (1946-56), Herbert Kegel (1960-78), Wolf-Dieter Hauschild (1978-85), Max Pommer (1987-91), Daniel Nazareth (depuis 1992).

CRÉATIONS : œuvres de Theo Brandmüller (*Concerto pour orgue*, 1991), Edison Denisov (*Concerto pour piano*), Paul-Heinz Dittrich (*Etym*, 1984), Paul-Heinz Dittrich/Sofia Goubaïdoulina/Marek Kopelent (*Laudatio pacis*, 1993), Peter Hermann (*Symphonie nº 3 « Größe und Elend »*, 1986), Wilfried Krätzschmar (*Heine-Szenen*, 1983), Luca Lombardi (*Symphonie nº 2*, 1983), Krzysztof Penderecki (*Concerto pour violon nº 2*, commande, 1995), Friedrich Schenker (*Fanal Spanien 1936*, 1981), Karl Ottomar Treibmann (*Symphonie nº 4*, 1989), Udo Zimmermann (*L'Homme*, 1972).

Orchestre Philharmonique du Palatinat
(Staatsphilharmonie Rheinland-Pfalz, Ludwigshafen)

Fondé le 14 septembre 1919 à Ludwigshafen.

Chefs permanents : Ludwig Rüth (1919-20), Ernst Boehe (1920-38), Karl Friederich (1939-43), Franz Konwitschny (1943-44), Heinz Bongartz (1944-45), Bernhard Conz (1947-51), Karl Rucht (1951-57), Otmar Suitner (1957-60), Christoph Stepp (1960-78), Christoph Eschenbach (1979-83), Leif Segerstam (1983-89), Franz Welser-Möst (1991), Bernhard Klee (depuis 1992).

En dehors des concerts symphoniques donnés à Ludwigshafen, l'orchestre se produit régulièrement dans l'État du Palatinat et dans la plupart des grandes métropoles allemandes, avec des tournées à l'étranger. Il a également une activité lyrique et chorégraphique occasionnelle.

CRÉATIONS : œuvres de Theo Brandmüller (*Dramma per musica,* 1982), Werner Egk (*Sonate für Orchester nº 2*, 1969 ; *Spiegelzeit,* 1979), Volker David Kirchner (*Bildnisse II*, 1984 ; *Symphonie nº 2 « Mythen »*, 1992), Giselher Klebe (*Lied*, 1985), Wolfgang Ludewig, Wolfgang Rihm (*Missa non est*, 1989), Leif Segerstam, Manfred Trojahn (*Processions*, 1987), Robert Wittinger (*Concerto pour violon*), Udo Zimmermann.

Philharmonia Hungarica (Marl)

Fondée en mai 1957.

Chefs permanents : Zoltán Rozsnyai (1957-60), Miltiades Caridis (1960-67), Alois Springer (1968-74), Reinhard Peters (1975-79), Uri Segal (1979-85), Gilbert Varga (1985-91), George Alexander Albrecht (depuis 1992).

Son financement est assuré par l'État, le Land Nordrhein-Westphalen et la ville de Marl. La Philharmonia Hungarica a été fondée par des musiciens hongrois réfugiés à Vienne après les événements de 1956.

Pendant deux ans, elle donne ses concerts à Vienne avant de se fixer, en 1959, à Marl. Son activité discographique est très importante (entre autres, l'intégrale des symphonies de J. Haydn avec Antal Dorati).

CRÉATIONS : œuvres de Gottfried von Einem (*Hunyady Lázsló,* 1982, pour le 25e anniversaire de l'orchestre), Giselher Klebe (*Concerto pour clarinette,* 1986), Krzysztof Meyer (*Concerto pour piano,* 1992).

Orchestre de Meiningen
(Meininger Orchester)

Orchestre de la cour de Meiningen, il disparaît sous cette forme en 1918 pour renaître en 1922 comme Meiningen Landeskapelle. En 1945, il devient Orchester des Meininger Theaters.

Directeurs musicaux et chefs permanents : Georg Caspar Schürmann (1702-07), Johann Ludwig Bach (1711-31), Johann Matthäus Feiler (1778-), Eduard Grund (1829-57), Jean-Joseph Bott (1857-66), Adolf Büchner (1866-80), Hans von Bülow (1880-85), Richard Strauss (1885-86), Fritz Steinbach (1886-1902), Wilhelm Berger (1903-11), Max Reger (1911-14), Fritz Stein (1914-18), Peter Schmitz (1922-26), Heinz Bongartz (1926-30), Gustav Schlemm (1931-33), Gerhard Pflüger (1940-44), Robert Hanell, Rolf Reuter (1955-61), Olaf Koch (1961-67), Wolfgang Hocke (depuis 1967).

CRÉATIONS : œuvres de Johannes Brahms (*Symphonie n° 4,* 1885), Siegfried Geissler (*Symphonie n° 7,* 1984), Richard Strauss (*Concerto pour cor n° 1,* 1885).

Orchestre d'État de Bavière (Munich)
(Bayerisches Staatsorchester)

Voir **Opéra de Munich.**

Orchestre Philharmonique de Munich
(Münchner Philharmoniker)

Fondé en 1893 par Franz Kaim, il porte alors le titre de Kaim-Orchester, du nom de la salle où il donne ses concerts, construite en 1895. En 1908, il devient Orchester des Münchner Konzertvereins. En 1924, à l'occasion d'une profonde refonte de son fonctionnement, il adopte son nom actuel. Depuis 1985, il dispose de sa propre salle, la Philharmonie am Gasteig.

Chefs permanents : Hans Winderstein (1893-95), Herman Zumpe (1895-97), Ferdinand Löwe (1897-98), Felix Weingartner (1898-1905), Georg Schnéevoigt (1905-08), Ferdinand Löwe et Paul Prill (1908-14), Hans Pfitzner (1919-20), Siegmund von Hausegger (1920-38), Oswald Kabasta (1938-45), Hans Rosbaud (1945-48), Fritz Rieger (1949-67), Rudolf Kempe (1967-76), Sergiu Celibidache (depuis 1979).

CRÉATIONS : œuvres de Günter Bialas (*Concerto pour violon*, 1949 ; *Preisungen,* 1964 ; *Lamento di Orlando,* 1986), Hans Jürgen von Bose (*Symbolum,* 1988), Walter Braunfels, Cesar Bresgen (*Totentanz,* 1958), Anton Bruckner (*Symphonies n° 5,* 1935 ; *n° 6* et *n° 9,* 1932, versions originales), Johann Nepomuk David (*Variations symphoniques sur un thème de Heinrich Schütz,* 1943), Werner Egk (*Vier italienische Lieder,* 1932 ; *Columbus,* 1934), Gottfried von Einem (*Münchner Symphonie,* 1985), Harald Genzmer (*Symphonie n° 3,* 1986), Friedrich Gulda (*Paradise Island,* 1990), Joseph Haas, Peter Michael Hamel (*Die Lichtung*, 1988), Karl Amadeus Hartmann (*Scherzo* pour percussion, 1990), Wilfried Hiller (*Chagall-Zyklus,* 1993), Karl Höller (*Hymnen für Orchester*, 1934 ; *Sweelinck-Variationen*, op. 56, 1951), Rudolf Kelterborn (*Symphonie n° 2*, 1970), Wilhelm Killmayer (*Concerto pour piano*, 1956), Nikolaï Korndorf (*Sempre tutti,* 1987), Witold Lutosławski (*Interludium,* 1990), Gustav Mahler (*Symphonies n° 4,* 1901 et *n° 8,* 1910 ; *Le Chant de la terre,* 1911), Joseph Marx, Siegfried Matthus (*Die Windsbraut,* 1986), Luigi Nono (*Caminantes... Ayacucho,* 1987), Hans Pfitzner (*Symphonie*, op. 36 a, 1933), Max Reger

(*Symphonische Rhapsodie*, op. 147 pour violon et orchestre, 1932), Wolfgang Rihm (*Unbenannt,* 1986), Armin Schibler (*Concerto pour piano,* 1970), Alfred Schnittke (*Concerto pour violoncelle,* 1986), Ferit Tüzün, Hugo Wolf (*Scherzo et finale,* 1940), Ermanno Wolf-Ferrari (*Concerto pour violon,* 1944).

Orchestre de la Radio de Munich (Münchner Rundfunkorchester)

Fondé en 1952 à Munich, il est le second orchestre de la Radiodiffusion Bavaroise. Effectif : 72 instrumentistes.

Chefs permanents : Werner Schmidt-Boelcke (1952-67), Kurt Eichhorn (1967-75), Heinz Wallberg (1975-81), Lamberto Gardelli (1982-85), Giuseppe Patanè (1988-89), Roberto Abbado (depuis 1992).

Orchestre Symphonique de la Radio Bavaroise (Munich) (Sinfonieorchester des Bayerischen Rundfunks)

Fondé en 1949.

Chefs permanents : Eugen Jochum (1949-60), Rafael Kubelík (1961-79), Sir Colin Davis (1983-92), Lorin Maazel (depuis 1992).

Principal orchestre de la Radiodiffusion Bavaroise, il siège à Munich. Son effectif atteint 115 instrumentistes. Le *Quatuor Koeckert* et le *Nonetto de Munich* sont issus de ses rangs.

CRÉATIONS : œuvres de Günter Bialas (*Ländler-Fantasien,* 1989), Hans-Jürgen von Bose (*Symphonie n° 1*, 1978), Gottfried von Einem (*Tanz-Rondo*, op. 27, 1959), Brian Ferneyhough (*Epicycle,* 1974), Cristóbal Halffter (*Concerto pour piano,* 1988), Karl Amadeus Hartmann (*Symphonies n° 3*, 1948 ; *n° 4*, 1948 ; *n° 6*, 1953 ; *Symphonische Hymnen,* 1975 ; *Sinfonia tragica*, 1989), Wilhelm Killmayer (*Quatre Poèmes symphoniques*, 1981), Ernst Krenek (*Der Zauberspiegel*, 1968), Detlev Müller-Siemens (*Quatre Passages pour orchestre*, 1989), Carl Orff (*De temporum fine comoedia*, nouvelle version, 1980), Arvo Pärt (*Passion selon saint Jean*, 1982), Peter Ruzicka (*« ... das Gesegnete, das Verfluchte*, 1992), Gunther Schuller (*Concerto pour piano*, 1981), Manfred Trojahn (*Variationen für Orchester*, 1987), Oliver Trötschel (*Symphonie n° 1*, 1990), Egon Wellesz (*Symphonie n° 6*, 1966), Herbert Willi (*Räume*, 1992), Heinz Windbeck (*Symphonie n° 3 « Grodek »,* 1988), Iannis Xenakis (*Pièce OOO* pour baryton, percussion et orgue, 1980 ; *AIS* pour baryton, percussion et orgue, 1981), Isang Yun (*Concerto pour clarinette,* 1982).

Orchestre Radio Symphonique de Sarrebruck (Rundfunk-Sinfonieorchester Saarbrücken)

Fondé en 1937. Reconstitué en 1946.

Chefs permanents : Rudolf Michl (1946-71), Hans Zender (1971-84), Myung-Whun Chung (1984-90), Marcello Viotti (depuis 1991).

COMMANDES : œuvres de Frank Michael Beyer (*Notre-Dame Musik,* 1984), Earl Brown (*Sounder Rounds*, 1983), John Cage (*Twenty-Six, Twenty-Nine, Twenty-Eight*, 1992), Morton Feldman (*Flute and Orchestra*, 1978), York Höller (*Umbra*, 1980), Nicolaus A. Huber (*Vier Stücke für Orchester*, 1988), Mauricio Kagel (*Opus 1.991, Konzertstück für Orchester*, 1991), Gija Kantcheli (*Flügellos*, 1993), Helmut Lachenmann (*Harmonica* pour tuba et orchestre, 1983 ; *Staub,* 1987), Aribert Reimann (*Loqui,* 1969), Wolfgang Rihm (*Tutuguri IV*, 1982 ; *Monodramme* pour violoncelle et orchestre, 1983 ; *Spur,* 1985), Tona Scherchen (*L'Illégitime,* 1986), Salvatore Sciarrino (*Variations pour violoncelle et orchestre,* 1974), Isang Yun (*Symphonie n° 3*, 1985), Hans Zender (*Lo-Shu V* pour flûte et orchestre, 1987).

CRÉATIONS : œuvres de Georges Aperghis (*Déclamations*, 1990), Boris Blacher (*Musica giocosa*, 1959), William Bolcom (*Concerto pour violon*, 1984), Hans-Jürgen von Bose (*Deux Études pour orchestre*, 1989), Theo Brandmüller (*Si j'étais Domenico*, 1986), Niccolò Castiglioni (*Concerto pour clavecin « Couplets »*, 1969), Helmut Eder (*Doppelkonzert* pour violoncelle, contrebasse et orchestre, 1979), Morton Feldman (*Cello and Orchestra*, 1972), Michael Gielen (*Mibestimmungsmodell*), Jonathan Harvey (*Timepieces*, 1988), Mauricio Kagel (*Quodlibet*, 1988), Milko Kelemen (*Concerto pour violon*, 1982), Helmut Lachenmann (*Accanto*, 1976), Michael Levinas (*La Voix des voix*, 1984), Wolfgang Rihm (*Chiffre*, 1983), Roger Tessier (*Urjammer*, 1990), Isang Yun (*Concerto pour flûte*, 1992), Hans Zender (*Lo-Shu III*, 1983).

Orchestre Philharmonique de Stuttgart
(Stuttgarter Philharmoniker)

Fondé en 1924.

Chefs permanents : Leo Blech (1924-29), Efrem Kurz et Emil Kahn (1929-33), Albert Hitzig (1933-38), Gerhard Maasz (1938-44), Willy Steffen et Hermann Hildebrandt (1946-49), Willem Van Hoogstraten (1949-54), Hans Hörner (1954-63), Antonio de Almeida (1963-64), Alexander Paulmüller (1964-70), Hans Zanotelli (1971-85), Wolf-Dieter Hauschild (1985-91), Carlo Kalmar (1991-1995), Jörg-Peter Weigl (à partir de 1995).

CRÉATIONS : œuvres de Bernhard Krol (*Sinfonische Etüde*, op. 109, 1990), Hans Georg Pflüger (*Concerto pour cor*, commande, 1983), Isang Yun (*Concerto pour violon n° 2*, 1987).

Orchestre Symphonique du SDR de Stuttgart
(Radio-Sinfonieorchester Stuttgart)

Fondé en 1945.

Chefs permanents : Hans Müller-Kray (1948-69), chefs invités (1969-83) dont Sergiu Celibidache et Michael Gielen, Neville Marriner (1983-89), Gianluigi Gelmetti (1989-95), Georges Prêtre (à partir de 1995).

L'orchestre est financé par la Radio de Stuttgart (Süddeutsche Rundfunk). Il participe au Festival de Schwetzingen où il a donné plusieurs créations lyriques et chorégraphiques en coproduction avec les différents Opéras allemands (Stuttgart, Cologne, Berlin, Deutsche Oper am Rhein...).

CRÉATIONS : œuvres de Hans-Jürgen von Bose (*Die Leiden des jungen Werthers*, 1986), John Cage (*One[8] and 108* pour violoncelle et orchestre, 1991), Edison Denisov (*Concerto pour guitare*, 1991), Friedrich Cerha (*Nachtgesang*, 1986), Werner Egk (*Der Revisor*, opéra, 1957), Febel (*Variations pour orchestre*, 1980), Wolfgang Fortner (*In seinem Garten liebt Don Perlimplín Belisa*, 1962), Karl Amadeus Hartmann (*Symphonie n° 5*, 1951), Hans Werner Henze (*Symphonie n° 2*, 1949 ; *Ondine*, 1959), Helmut Lachenmann (*Consolation I-IV*), Rolf Liebermann (*Liaison*, 1984), Krzysztof Meyer (*Concerto pour saxophone alto et orchestre à cordes*, commande, 1994), Krzysztof Penderecki (*Requiem polonais*, 1984), Hans Georg Pflüger (*Concerto pour violon, violoncelle et orchestre*, 1990), Aribert Reimann (*Melusine*, 1971), Hermann Reutter (*Figurationen zu Hofmannsthals Jedermann*, 1972), Wolfgang Rihm (*Dis Kontur*, 1974 ; *Magma*, 1987), Giuseppe Sinopoli (*Kammerkonzert*, 1979).

Orchestre Symphonique de Wuppertal
(Sinfonieorchester Wuppertal)

Fondé en 1862, il porte à l'origine le nom d'Elberfelder Kapelle. En 1886, il devient Städtische Orchester. En 1919, il fusionne avec le Städtische Orchester de Barmen et prend alors les dimensions d'un orchestre symphonique.

Directeurs musicaux : Richard Schulz (1862-65), Willy Gutkind (1865-83), Julius Buths (1883-1901), Hans Haym (1901-), Otto Klemperer (1913-14), Erich Kleiber (1919-21), Hermann von Schmeidel (1921-24), Hans Weisbach, Franz von Hoesslin (premier directeur général de la musique de l'histoire de l'orchestre, 1926-32), Hellmut Schnackenburg (1932-37), Fritz Lehmann (1938-46), Hans Weisbach (1947-55), Hans-Georg Ratjen (1955-59), Martin Stephani (1959-63), Hanns-Martin Schneidt (1963-86), Peter Gülke (depuis 1986).

CRÉATIONS : œuvres de Dieter Acker (*Texturae I*, 1972 ; *Texturae II*, 1974 ; *Tiraden II*, 1976), Wolfgang Fortner (*Suite für Orchester*, 1930), Fritz Christian Gerhard (*Sinfonische Konzert*, 1962 ; *Symphonie nº 1*, 1976 ; *Symphonie nº 3*, 1981), Konrad Hupfer (*Modulation für Orchester*, 1976), Wilhelm Killmayer (*Nachtgedanken*, 1974), Allan Pettersson (*Symphonie nº 17*, 1993), Reinard Schwarz-Schilling (*Symphonie en ut*, 1964), Johannes Wallmann (*Axial*, 1988), Gerhard Wimberger (*Motus*, 1978).

AUSTRALIE

Orchestre Symphonique de Melbourne

Fondé en 1888.

Chefs permanents : Marshall Hall, Alberto Zelman (1906-27), Fritz Hart (1927-32), Sir Bernard Heinze (1933-49), Alceo Galliera (1950-51), Juan José Castro (1951-53), Walter Süsskind (1953-55), Kurt Wöss (1956-60), Georges Tzipine (1960-65), Willem Van Otterloo (1967-68), Fritz Rieger (1968-71), Hiroyuki Iwaki (depuis 1974). Depuis 1932, la radio australienne (ABC) a pris en main les destinées de cet orchestre.

CRÉATIONS : œuvres de Peter Schulthorpe (*Sun Music IV*, 1967), Malcolm Williamson (*Elevamini Symphony*, 1963).

Orchestre Symphonique de Sydney

Fondé en 1946.

Chefs permanents : Sir Eugene Goossens (1947-56), Nicolai Malko (1956-61), Dean Dixon (1964-67), Moshe Atzmon (1969-72), Willem Van Otterloo (1972-78), Louis Frémaux (1979-82), Sir Charles Mackerras (1982-85), Zdeněk Maćal (1986-88), Stuart Challender (1988-91), Edo De Waart (depuis 1993).

CRÉATIONS : œuvres de Ross Edwards, Graham Hair, Alfred Hill, Richard Meale (*Symphonie*, 1992), Arne Mellnäs (*Passages*, 1990), Peter Sculthorpe (*Sun Mucic II*, 1969 ; *Mangrove*, 1979 ; *Quiros*, opéra télévisé, 1982 ; *Little Nourlangie*, 1990), Malcolm Williamson.

AUTRICHE

Orchestre Bruckner de Linz
(Bruckner-Orchester Linz)

Fondé en 1903, il porte le nom d'Orchester des Landestheater Linz jusqu'en 1967. Il assure la saison symphonique à la Brucknerhaus de Linz et en Haute-Autriche et la saison lyrique du Landestheater de Linz.

Directeurs musicaux et chefs permanents : aucun chef permanent avant 1961 ; parmi les invités qui reviennent le plus régulièrement : Hans Knappertsbusch, Georg-Ludwig Jochum et Carlo Zecchi, Kurt Wöss (1961-75, directeur musical à partir de 1966), Theodor Guschlbauer (1975-83), Roman Zeilinger (1983-85), Manfred Mayrhofer (1985-92), Martin Sieghart (depuis 1992).

CRÉATIONS : œuvres d'Anton Bruckner (*Symphonie nº 1*, 1868), Fridolin Dallinger (*Lamento*, 1989), Helmut Eder (*Tanzreihen*, suite, 1956 ; *Concerto pour violoncelle*, 1981), Gottfried von Einem (*Bruckner Dialog*, 1974), Augustinus Franz Kropfreiter, Balduin Sulzer.

Orchestre du Mozarteum de Salzbourg
(Mozarteum-Orchester)

Fondé en 1922 par Bernhard Paumgartner.

Directeurs artistiques : Bernhard Paumgartner (1922-38 et 1945-69), Willem Van Hoogstraten (1939-44), Günter Wand (1944-45), Leopold Hager (1969-81), Ralph Weikert (1981-84), Hans Graf (1984-94), Hubert Soudant (depuis 1994). A l'origine, il comporte une quarantaine de musiciens. En 1938, il absorbe l'Orchestre du Domverein (fondé en 1841) et s'élargit aux dimensions d'un orchestre symphonique. Il assure la saison symphonique et lyrique.

CRÉATIONS : œuvres de Cesar Bresgen (*« Lumen », oratorium von Blinden*, 1989), Helmut Eder (*Metamorphosen,* 1971 ; *Divertimento pour soprano coloratura,* 1976 ; *Sérénade*, op. 69 n° 1, 1977 ; *Concertino pour orchestre,* 1986), Jean Françaix (*Cassation,* 1975), Wilhelm Killmayer (*Nachtgedanken,* 1973), Siegfried Matthus (*Divertimento* et *Triangel Konzert,* 1985), Gerhard Wimberger (*Multiplay,* 1974).

Niederösterreichisches Tonkünstlerorchester (Vienne)

Fondé en 1945.

Chefs permanents : Kurt Wöss (1948-51), Gustav Koslik (1952-63), Heinz Wallberg (1964-75), Walter Weller (1975-79), Miltiades Caridis (1979-85), Isaac Karabtchevsky (à partir de 1988).

CRÉATIONS : œuvres de Marcel Rubin (*Symphonie n° 9,* 1985), Ernst Vogel (*« Aller Orten, alle Zeit »*, oratorio, 1990).

Orchestre Philharmonique de Vienne
(Wiener Philharmoniker)

Fondé en 1842.

Chefs permanents : Otto Nicolaï (1842-48). Entre 1848 et 1860, l'orchestre connaît de graves difficultés et se produit occasionnellement sous la direction de Carl Eckert (1854-57). Les Concerts philharmoniques sont créés en 1860, dirigés par Otto Dessoff (1860-75), Hans Richter (1875-82), Wilhelm Jahn (1882-83), Hans Richter (1883-98), Gustav Mahler (1898-1901), Joseph Hellmesberger Jr. (1901-03), chefs invités (1903-08), Felix Weingartner (1908-27), Wilhelm Furtwängler (1927-30), Clemens Krauss (1930-33). Depuis cette date, l'orchestre n'a plus de chef permanent et travaille avec des invités réguliers : Bruno Walter (1933-38), Arturo Toscanini (1933-37), Josef Krips (1945-47), Wilhelm Furtwängler (1947-54), Erich Kleiber, Hans Knappertsbusch, Clemens Krauss, Dimitri Mitropoulos, Carl Schuricht, George Szell, etc. Richard Strauss a été l'un des chefs les plus régulièrement sollicités entre 1906 et 1944. Deux noms dominent la vie de l'orchestre au milieu du XXe siècle, Herbert von Karajan et Karl Böhm, qui sont les deux seuls à avoir reçu le titre de chef honoraire ; Leonard Bernstein reçoit le titre de membre honoraire. A la génération suivante, l'orchestre fait appel régulièrement à Claudio Abbado (à partir de 1971), Lorin Maazel, Carlos Kleiber, Zubin Mehta, Christoph von Donhanyi, James Levine, Seiji Ozawa, Riccardo Muti et André Previn.

Le premier déplacement à l'étranger a eu lieu en 1900, pour l'Exposition universelle de Paris. En 1922, l'orchestre effectuait sa première tournée importante, en Amérique du Sud, sous la direction de Felix Weingartner.

L'orchestre fonctionne en autogestion depuis 1908 et assure aussi les services de l'Opéra de Vienne (140 musiciens). Il participe au Festival de Salzbourg depuis 1925. Hans Richter (cor), Arthur Nikisch (violon) et Franz Schmidt (violoncelle) ont appartenu à la Philharmonie. Parmi les *Konzertmeister* (violons solos) de cet orchestre, on retrouve les noms d'Arnold Rosé (1881-1938), Karl Prill (1897-1925), Wolfgang Schneiderhan (1937-50), Willi Boskovsky (1939-71), Riccardo Odnoposoff, Walter Weller (1961-69), Josef Sivó (1964-71), Gerhart Hetzel (1969-92). Actuellement, les *Konzertmeister* sont Rainer Küchl (depuis 1971), Erich Binder (depuis 1974) et Werner Hink (depuis 1974).

COMMANDES : pour le 100e anniversaire de l'orchestre (1942), œuvres de Henk Badings (*Festlicher Prolog*, 1942), Alfredo Casella (*Paganiniana*, 1942) et Joseph-Marx (*Alt-Wiener Serenaden*, 1942) ; pour le 150e anniversaire de l'orchestre (1992), œuvres de Friedrich Cerha, Gottfried von Einem (*Fraktale, Concerto philharmonico*, 1992) et Herbert Willi.

CRÉATIONS : œuvres de Béla Bartók (*Suite pour orchestre n° 1*, 1905), Theodor Berger (*Jahreszeiten*, 1960), Luciano Berio (*Un rè in ascolto*, opéra, 1984), Boris Blacher (*Collage für Orchester*, 1968), Arthur Bliss (*Music for Strings*, 1935), Johannes Brahms (*Variations sur un thème de Haydn*, 1873 ; *Symphonies n° 2*, 1877 ; *n° 3*, 1883 ; *Ouverture tragique*, 1880), Anton Bruckner (*Messe en fa mineur*, 1872 ; *Symphonies n° 2*, 1873 ; *n° 3*, 1877 ; *n° 4*, 1888 ; *n° 6*, 1899 ; *n° 8*, 1892 ; *Helgoland*, 1893 ; *Adagio* de la *Symphonie n° 3*, seconde version, 1980), Max Bruch *Leonidas*, 1893), Friedrich Cerha (*Baal*, opéra, 1981), Anton Dvořák (*Heldenlied*, 1898), Helmut Eder (*Symphonie n° 4 « Choral-Sinfonie »*, 1977), Gottfried von Einem (*Symphonische Szenen*, 1958 ; *Philadelphia Symphony*, 1961 ; *Nachtstück*, 1963 ; *Concerto pour violon*, 1970), Wilhelm Killmayer (*Capriccio pour piano et orchestre*, 1988), Giselher Klebe (*Notturno*, 1988), Erich Wolfgang Korngold (*Sinfonietta*, 1913 ; *Symphonische Serenade*, 1950), Fritz Leitermeyer (*Rhapsodische Skizzen*, 1963), Gustav Mahler (*Das klagende Lied*, 1901 ; *Kindertotenlieder*, 1902, *Symphonie n° 9*, 1912), Bohuslav Martinů (*Fresques de Piero della Francesca*, 1956), Krzysztof Penderecki (*Die schwarze Maske*, opéra, 1986), Alfred Prinz (*Musique pour orchestre*, 1951), Wolfgang Rihm (*Départ*, 1988), Ned Rorem (*Symphonie n° 1*, 1951), Marcel Rubin (*Symphonie n° 6*, 1975), Franz Salmhofer (*Concerto pour violon*, 1953), Franz Schmidt (*Notre-Dame*, entracte, 1903 ; *Variations sur un chant de hussards*, 1931 ; *Chaconne en ut dièse mineur*, 1933 ; *Concerto pour piano n° 2*, 1935), Arnold Schoenberg (*Symphonie de chambre*, op. 9, 1907), Johann Strauss (*Sang viennois*, valse, 1873), Richard Strauss (*Le Bourgeois gentilhomme*, suite, 1920 ; *Panathenäenzug*, 1928 ; *Kampf und Sieg*, 1931 ; *Divertimento*, op. 86, 1943 ; *Concerto pour cor n° 2*, 1943 ; *L'Amour de Danaé*, opéra, 1944), Piotr Illitch Tchaïkovski (*Concerto pour violon*, 1881), Ernst Toch (*Symphonie n° 1*, 1950), Alfred Uhl (*Sonata graziosa*, 1947), Pancho Vladiguerov (*Légende*, op. 8, 1921), Egon Wellesz (*Prosperos Beschwörungen*, cinq pièces pour orchestre, 1938), Gerhard Wimberger (*Nachtmusik-Trauermusik-Finalmusik*, 1989).

Orchestre Symphonique de la Radio Autrichienne (Vienne) (ORF – Sinfonieorchester)

Fondé à Vienne en 1969.

Il prend la suite du Grand Orchestre Symphonique de la Radio de Vienne (fondé en 1945).

Chefs permanents : Max Schönherr (1945-69), Milan Horvat (1969-75), Leif Segerstam (1975-81), Lothar Zagrosek (1982-87), Pinchas Steinberg (1989-96), Dennis Russell Davies (à partir de 1996).

CRÉATIONS : œuvres de Sylvano Bussotti (*Nuovo scenario a Lorenzaccio*, 1993), Friedrich Cerha (*Spiegel*, 1972 ; *Requiem für Hollensteiner*, 1984 ; *Monumentum für Karl Prantl*, 1989), Helmut Eder (*Symphonie n° 2*, 1962 ; *Syntagma*, 1967 ; *Non sum qualis eram*, 1976 ; *Symphonie n° 5*, 1980 ; *Concerto pour violon n° 3*, 1983 ; *« ... Missa est »*, 1986), Hans Werner Henze (*Il vitalino Raddoppiato*, 1978), Karl Höller (*Margaritas Traum*, 1991), André Jolivet (*Concerto pour ondes Martenot*, 1948), Ernst Krenek (*Opus sine nomine*, op. 238, 1990), György Ligeti (*Clocks and Clouds*, 1973), Frank Martin (*Ballade pour alto et orchestre*, 1973), Krzysztof Penderecki (*Magnificat*, 1974), Wolfgang Rihm (*Dies*, 1986 ; *Mein Tod. Requiem in memoriam Jane S.*, 1990), Alfred Schnittke (*(K)ein Sommernachtstraum*, 1985), Robert Schollum (*Markus

Passion, 1983), Erich Urbanner (*Concerto Wolfgang Amadeus*, 1973), Egon Wellesz (*Vorfrühling*, 1930 ; *Concerto pour piano*, 1961 ; *Canticum sapientiae*, 1969 ; *Vision*, op. 99, 1972), Hans Zender (*Animula*, 1989).

Orchestre Symphonique de Vienne
(Wiener Symphoniker)

Fondé en 1900.
Il porte le nom d'Orchestre du Konzertverein. De 1914 à 1919, il fusionne avec le Verein Wiener Tonkünstler Orchester. En 1919, chaque société reprenant son indépendance, le Konzertverein adopte le nom d'Orcheste Symphonique de Vienne. En 1922, les deux orchestres fusionnent définitivement, mais les deux sociétés gardent leur indépendance pour l'organisation des concerts.

Chefs permanents : Ferdinand Löwe (1900-25, Konzertverein), Wilhelm Furtwängler (1919-20, Tonkünstler), Clemens Krauss (1923-24, Tonk.), Rudolf Nilius et Leopold Reichwein (1927-28), Oswald Kabasta, Hans Weisbach, Hans Swarowsky (1946-47), Herbert von Karajan (1948-49), chefs invités (1950-60), Wolfgang Sawallisch (1960-70), Josef Krips (1970-73), Carlo Maria Giulini (1973-76), chefs invités (1976-81), Guennadi Rojdestvenski (1981-83), Georges Prêtre (1er chef invité, 1986-91), Rafael Frühbeck de Burgos (depuis 1991).

CRÉATIONS : œuvres de Boris Blacher (*Poème,* 1976 ; *Prélude und Konzertarie,* 1985), Anton Bruckner (*Symphonie nº 9,* 1903), Helmut Eder (*Concerto A.B.,* 1984), Werner Egk (*Furchtlosigkeit und Wohlwollen,* 1959), Gottfried von Einem (*An die Nachgeborenen*, cantate, op. 42, 1975 ; *Ludi Leopoldini*, 1980), Jean Françaix (*Concerto pour 15 solistes et orchestre,* 1990), Berthold Goldschmidt (*Ciaccona sinfonica*, 1960), Karl Amadeus Hartmann (*Symphonie nº 1,* 1957), Roman Haubenstock-Ramati (*Imaginaire*, 1989), Ernst Krenek (*Ausgerechnet und verspielt*, opéra, 1962), Maurice Ravel (*Concerto pour la main gauche*, 1932), Marcel Rubin (*Symphonie nº 10 « Hommage à Chartres »*, 1990), Arnold Schoenberg (*Pelléas et Mélisande*, 1905 ; *Gurrelieder*, 1913), Kurt Schwertsik (*Irdische Klänge*, 1992), Richard Strauss (*Grande suite de valses du Chevalier à la rose*, 1946), Egon Wellesz (*Symphonies nº 8*, 1971 ; *nº 9*, 1972 ; *Musik für Streichorchester*, 1986), Herbert Willi (*Der Froschmäusekrieg*, 1989 ; *Aurora-Giove*, 1989).

BELGIQUE

Orchestre Philharmonique Royal de Flandre (Anvers)
(Koninklijk Filharmonisch Orkest van Vlaanderen)

Fondé en 1955, il porte jusqu'en 1983 le nom d'Orchestre Philharmonique d'Anvers.

Chefs permanents : Steven Candael (1956-59), Eduard Flipse (1959-70), Enrique Jordá (1970-75), Valère-Xavier Lenaerts (1975-77), André Vandernoot (1er chef invité, 1977-83), Emil Tchakarov (1985-86), Günter Neuhold (1986-91), Muhai Tang (1991-94), Grant Llewellyn (à partir de 1995).

CRÉATIONS : œuvres de George Benjamin (*Upon Silence*, 1992), Luc Brewaeys (*Symphonies nº 2* et *nº 5*), Frits Célis (*Élégie pour orchestre*, 1967 ; *Preludio e narrazione* pour soprano et orchestre, 1983), Albert Delvaux (*Mouvement symphonique*, 1966), Rafaël D'Haene (*Praeludia* pour orchestre), Jacqueline Fontyn (*In the green Shade*, 1988), François Glorieux (*Manhattan* pour piano et orchestre, 1974), Gija

Kantcheli (*Concerto pour violoncelle*), Willem Kersters (*Laudes*, op. 67, 1973 ; *Symphonie nº 4 « Apocalypsys »*, 1979), Jef Maes (*Concertante ouverture*, 1961 ; *Tu auras nom... Tristan*, suite, 1964 ; *Symphonies nº 2*, 1965 et *nº 3*, 1975), Louis Marischal (*Kerstsymfonie*), Renaat Vermans (*Symphonie nº 3*).

Orchestre National de Belgique (Bruxelles)

Fondé en 1936.

Chefs permanents : Erich Kleiber (1936-39, seulement pour les concerts de la Société Philharmonique de Bruxelles), Désiré Defauw (1937), de la fin de la guerre jusqu'en 1960, chefs invités (notamment Edouard Van Remoortel et André Vandernott), André Cluytens (1960-67), Michael Gielen (1969-72), André Vandernoot (1973-75), Georges Octors (1975-83), Mendi Rodan (1983-89), Ronald Zollman (1989-93), Yuri Simonov (depuis 1994).

CRÉATIONS : œuvres de Jacqueline Fontyn (*Quatre Sites*, 1981), Henri Pousseur (*L'Effacement du prince Igor*, 1971), Frédéric Van Rossum (*Der blaue Reiter*, 1971 ; *Polyptyque*, 1986).

Orchestre Philharmonique de la BRT (Bruxelles)
(BRT Filharmonisch Orkest)

Fondé en 1978, il réunit les musiciens flamands du Grand Orchestre Symphonique de la RTB-BRT et ceux de l'Orchestre de Chambre de la BRT, formations qui disparaissent à cette date.

Chefs permanents : Fernand Terby (1978-88), Karl Anton Rickenbacher (1er chef invité, 1987-88), Alexander Rahbari (depuis 1989).

CRÉATIONS : œuvres de Karel Goeyvaerts (*Litanies*), Francisco Guerrero (*Datura fastuosa*), André Laporte (*Transit*), Frédéric Van Rossum (*Threni*, 1969), M. Weddington (*Fire in the Lake*).

Orchestre Symphonique de la RTBF (Bruxelles)

Fondé en 1935, dissous en 1991.

Il succède à l'Orchestre de l'INR fondé lui-même en 1923. Jusqu'en 1960, il porte le nom de l'INR puis devient le Grand Orchestre Symphonique de la RTB-BRT. En 1978, le Grand Orchestre Symphonique est scindé en deux formations distinctes, l'une wallonne, l'autre flamande, à partir desquelles sont reconstitués deux orchestres symphoniques après intégration des orchestres de chambre de la RTBF et de la BRT : le Nouvel Orchestre Symphonique de la RTBF et l'Orchestre Philharmonique de la BRT. Le Nouvel Orchestre Symphonique de la RTBF adopte son nom actuel en 1985.

Chefs permanents : Franz André (1935-58), Daniel Sternefeld (1958-70), Irwin Hoffman (1973-76), Edgard Doneux (1978-84), Alfred Walter (1984-87), André Vandernoot (1987-91).

CRÉATIONS : œuvres de Jean-Yves Bosseur (*In extremis*, 1975), Pierre Boulez (*Domaines*, 1968), Raymond Chevreuille (*Symphonie nº 4*, 1954), André Jolivet (*Psyché*, 1947 ; *Concerto pour percussion*, 1959), Charles Koechlin (*Le Livre de la jungle*, 1946 ; *Symphonie nº 1*, 1946 ; *Le Docteur Fabricius*, 1949 ; *Le Buisson ardent*, 1957), Laszlo Lajtha (*Symphonie nº 6*, 1960), Gian Francesco Malipiero (*La Festa de la sensa*, 1954), Darius Milhaud (*Les Euménides*, 1949 ; *Symponie nº 7*, 1955), Akira Miyoshi (*Concerto pour piano à quatre mains*, 1989), Henri Sauguet (*Concerto pour piano nº 1*, 1935 ; *Les Ombres du jardin*, cantate, 1943 ; *Symphonies nº 1 « Expiatoire »*, 1947 ; *nº 3 « INR »*, 1955 ; *Le Cornette*, 1951), Alexandre Tansman (*Concerto pour alto*, 1935) ; *Concerto pour orchestre*, 1954), Frédéric Van Rossum (*Douze Miniatures pour orchestre*, 1968), Bernd Alois Zimmermann (*Symphonie en un mouvement*, 1953), ainsi que de nombreuses partitions de compositeurs belges.

Orchestre Philharmonique de Liège

Fondé en 1960.

D'abord appelé Orchestre de Liège, il prend sa dénomination actuelle en 1980. Philharmonietta Nova, ensemble de 10 musiciens, est issu de ses rangs.

Chefs permanents : Fernand Quinet (1960-64), Manuel Rosenthal (1964-67), Paul Strauss (1967-77), Pierre Bartholomée (depuis 1977).

CRÉATIONS : œuvres de Pierre Bartholomée (*Polytophonie,* 1985), Luciano Berio (*Cena,* 1979), Philippe Boesmans (*Concerto pour violon,* 1980), André Bon (*D'un chant perdu*, 1985), Karel Goeyvaerts (*Aquarius*, 1993), Joan Guinjoan (*Concerto pour violon*, 1986), York Höller (*Traumspiel*, 1983), Michael Jarrell (*From the Leaves of the Shadow*, 1992), Francis Miroglio (*Deltas*, 1987), Ennio Morricone (*Cantata per l'Europa*, 1989), Tristan Murail (*Time and Again*, 1987), Luis de Pablo (*Viatges y flors*, 1985), Roman Palester (*La Mort de Don Juan*, opéra, 1965), Henri Pousseur (*La Passion selon Guignol*, 1983 ; *Déclarations d'orages*, 1989), Guy Reibel (*Musaïque,* 1987), Franz Schubert (*Symphonie n° 10,* 1983), Toru Takemitsu (*To the Edge of Dream,* 1983), Mikis Theodorakis (*Concerto pour soprano, guitare et orchestre,* 1987), Charles Tournemire (*Symphonie n° 7*, 1992), Frédéric Van Rossum (*Divertimento pour cordes*, 1967 ; *Concerto pour violon n° 2*, 1993), Iannis Xenakis (*Lichens I*, 1984).

BULGARIE

Orchestre Philharmonique de Sofia

Fondé en 1928.

Chefs permanents : Sacha Popov (1928-56), Constantin Iliev, Vladi Simeonov, Dobrin Petkov et Dimitar Manolov (1956-87), Emil Tabakov (depuis 1987).

La formation, de 70 musiciens à l'origine, prend le nom (de 1928 à 1935) d'Orchestre Symphonique Académique, puis, de 1936 à 1944, d'Orchestre Symphonique Royal Militaire. Depuis 1944, il est orchestre d'État. Son effectif atteint actuellement 110 membres.

CRÉATIONS : œuvres de Marin Goleminov (*Symphonies n° 1*, 1963 ; *n° 2*, 1968), Dimiter Hristov (*Symphonie en deux parties*, op. 7, 1959 ; *Symphonie n° 2*, 1966), Constantin Iliev (*Symphonie n° 3*, 1967 ; *Fragments*, 1968), Simeon Pironkov (*Musique nocturne*, 1968), Pancho Vladiguerov (*Poème juif*, 1952 ; *Poème dramatique*, 1956).

Orchestre Symphonique National de la Radio Bulgare (Sofia)

Fondé en 1948, il porte jusqu'en 1992 le nom d'Orchestre Symphonique de la Radio Bulgare.

Chefs permanents : Vassil Stefanov (1948-80), Vassil Kazandjiev (1980-93), Russlan Raïtchev (depuis 1993).

CRÉATIONS : œuvres de Marin Goleminov (*Symphonie n° 3*, 1970), Vassil Lolov (*Suite n° 5 « Deburska »*, 1968), Pancho Vladiguerov (*Aquarelles*, op. 37, 1942).

CANADA

Orchestre Symphonique de Montréal

Fondé en 1934.

Fondé sous le nom de Société des Concerts Symphoniques de Montréal, il ne prend son nom actuel qu'en 1953. Dès 1937 est créé le Concours OSM.

Chefs permanents : Wilfred Pelletier (1935-40), Désiré Defauw (1940-48), Igor Markevitch (1958-1961), Zubin Mehta (1961-67), Franz-Paul Decker (1967-75), Rafaël Frühbeck de Burgos (1975-77), Charles Dutoit (depuis 1977).

CRÉATIONS : œuvres de Malcolm Forsyth (*Concerto pour trompettes*, 1988), Harry Freedman (*Tangents*, 1987 ; *Royal Flush*, 1982), Serge Garant (*Phrases II*, 1979), Jacques Hétu (*Passacaille*, 1971) ; *Images de la Révolution*, 1989), Michel Longtin (*La Route des pèlerins reclus*, 1985), Bruce Mather (*Ombres*, 1968), Roger Matton (*Mouvement symphonique nº 2*, 1962), Pierre Mercure (*Lignes et points*, 1965), Oskar Morawetz (*Carnival Overture*, 1947 ; *Concerto pour piano nº 1*, 1963 ; *Sinfonietta pour vents et percussions*, 1966), François Morel (*Esquisse*, 1947 ; *Rituel de l'espace*, 1960 ; *Boréal*, 1960 ; *L'Étoile noire*, 1962 ; *Trajectoire*, 1967 ; *Aux couleurs du ciel*, 1988), R. Murray Schafer (*Son of Heldenleben*, 1968), Jean Papineau-Couture (*Pièce concertante nº 3*, 1959 ; *Clair-Obscur*, 1986), Clermont Pépin (*Symphonies nº 2*, 1957 ; *nº 3 « Quasars »*, 1967 ; *Poèmes et cristaux*, 1974 ; *Symphonie nº 5 « Implosions »*, 1983), André Prévost (*Fantasmes*, 1964), Harry Somers (*Fantasy for Orchestra*, 1958), Gilles Tremblay (*Fleuves*, 1977 ; *Wampum symphonique*, commande pour le 350e anniversaire de la Ville de Montréal, 1992), Robert Turner (*Concerto pour alto*, 1988), Claude Vivier (*Orion*, 1980).

Orchestre du Centre National des Arts d'Ottawa
(National Arts Centre Orchestra, Ottawa)

Fondé en 1969.

Chefs permanents : Mario Bernardi (1969-82), Franco Mannino (1982-86), Gabriel Chmura (1987-90), Trevor Pinnock (depuis 1991).

Effectif de l'orchestre : 46 musiciens.

COMMANDES : œuvres de Murray Adaskin (*Diversion for Orchestra*, 1969), Tadeusz Baird (*Élégie pour le 500e anniversaire de la mort de Copernic*, 1973), Linda Bouchard (*Exquisite Fires*, 1993), Jacques Hétu (*Antinomie*, op. 23, 1977 ; *Concerto pour flûte*, 1982), R. Murray Schafer (*East*, 1973 ; *Cortège*, 1977 ; *Gitanjali*, 1982), André Prévost (*Evanescence*, 1970), Harry Somers (*Those Silent, Awe-filled Spaces*, 1978).

CRÉATIONS : œuvres de Franco Mannino (*Symphonie nº 5 « Rideau Lake »*, 1986), Bruce Mather, Gilles Tremblay.

Orchestre Symphonique de Québec

Fondé en 1902, à l'occasion du 50e anniversaire de l'Université Laval, il est le plus ancien orchestre symphonique du Canada. Il se dote d'une constitution officielle le 3 février 1903 et porte le nom de Société Symphonique de Québec. En 1942, il prend son nom actuel à la suite de la fusion avec le Cercle Philharmonique de Québec. Le Palais Montcalm, salle officielle de l'orchestre jusqu'en 1971, est inauguré en 1932. Depuis 1971, l'orchestre joue à la Salle Louis-Fréchette du Grand Théâtre de Québec.

Directeurs musicaux : Joseph Vézina (1902-24), Jean-Roger Talbot (1924-42), Edwin Bélaer (1942-51), Wilfried Pelletier (1951-66), Françoys Bernier (1966-68), Pierre Dervaux (1968-75), James DePreist (1976-83), Simon Streatfeild (1983-91), Pascal Verrot (depuis 1991).

CRÉATIONS : œuvres de Claude Champagne, Jean Françaix (*Concerto pour violon nº 1*, 1970), Serge Garant, Jacques Hétu (*Concerto pour piano*, commande, 1970), Roger Matton (*Mouvement symphonique nº 1*, 1960 ; *Te Deum*, commande, 1967 ; *Mouvement symphonique nº 3*, 1974), François Morel, Serge Nigg (*Poème symphonique*, 1990), Clermont Pépin (*Guernica*, 1952 ; *La Messe sur le monde*, 1993), André Prévost (*Chorégraphie II*, commande, 1976), Gilles Tremblay.

Orchestre Symphonique de Toronto
(Toronto Symphony)

Fondé en 1922.

Chefs permanents : Luigi von Kunits (1923-31), Sir Ernest MacMillan (1931-56), Walter Süsskind (1956-65), Seiji Ozawa (1965-69), Karel Ančerl (1969-73), Victor Feldbrill (1973-74), Andrew Davis (1975-88), Günther Herbig (conseiller artistique, 1988-89, directeur musical, 1990-94), Jukka-Pekka Saraste (depuis 1994).

COMMANDES : œuvres de John Beckwith (*Place of Meeting*, 1967), Harry Freedman (*Graphic I*, 1971 ; *Concerto pour orchestre*, 1982), Lothar Klein (*Musica Antiqua*, 1976), R. Murray Schafer (*No Longer than Ten Minutes*, 1971 ; *Concerto pour harpe*, 1988 ; *Concerto pour guitare*, 1989 ; *The Darkly Splendid Earth*, 1991), Luigi Nono (*Per Bastiana Tai-Yang Cheng*, 1967), Harry Somers (*Stereophony*, 1963 ; *Elegy, Transformation, Jubilation*, 1981).

CRÉATIONS : œuvres de Michael Colgrass (*Chaconne pour alto et orchestre*, 1984), Paul Creston (*Frontiers*, 1943), Andrew Davis (*La Serenissima*, 1981 ; *Chansons innocentes*, 1984), Georges Fiala (*Symphonie nº 4 « Ukrainienne »*, 1982), Serge Garant (*Offrande II*, 1970), Jacques Hétu (*Apocalypse*, op. 14, 1967), Peter Lieberson (*Concerto pour alto*, 1993), Bruce Mather (*Ode symphonique*, 1965), Oskar Morawetz (*Symphonie nº 1*, 1956 ; *Passacaille on a Bach Chorale*, 1964), R. Murray Schafer (*Concerto pour accordéon*, 1993), Barbara Pentland (*Symphonie nº 2*, 1953).

CROATIE

Orchestre Philharmonique de Zagreb
(Zagrebačka Filharmonija)

Fondé en 1919, il reprend une activité symphonique remontant à 1871.

Chefs permanents : chefs invités jusqu'en 1956, Milan Horvat (1956-70), Lovro von Matačić (1970-80), Pavle Dešpalj (1980-88), Pavel Kogan (également directeur musical, 1988-90), Kazushi Ohno (1990-93).

CRÉATION : œuvre d'Ivo Malec (*Sigma*, 1963).

DANEMARK

Orchestre Symphonique de la Radio Danoise (Copenhague)
(Danmarks Radios Symfoniorkester)

Fondé en 1925.

Chefs permanents : Launy Grøndahl (1925-55), Erik Tuxen (1936-41), Nicolai Malko (1929-32), Fritz Busch, Thomas Jensen, Lamberto Gardelli (1955-61), Miltiades Caridis (1962-66), Jan Krenz (1966-68), Herbert Blomstedt (1968-78), Lamberto Gardelli (1986-89), Leif Segerstam (1989-95), Ulf Schirmer (à partir de 1995).

CRÉATIONS : œuvres de Niels Viggo Bentzon, Marius Constant (*Cyrano de Ber-*

gerac, 1988), Peter Maxwell Davies (*Salomé*, 1978), Pelle Gudmundsen-Holmgreen (*Symphonie n° 1*, 1968), Finn Høffding (*Vår-Host*, 1946 ; *The Arsenal of Springfield*, 1955 ; *Fantasia concertante*, 1965), Vagn Holmboe, Axel Borup Jørgensen, Rued Langgaard (*Symphonies n° 2 « Vaarbrud »*, 1948 ; *n° 3 « Ungdomsbrus »*, 1934 ; *n° 6 « Det Himmelrivende »*, 1935 ; *n° 7 « Ved Tordenskjold i Holmens Kirke »*, 1955 ; *n°10 « Hin Tordenbolig »*, 1947 ; *n° 12 « Hélsingeborg »*, 1977 ; *n° 13 « Undertro »*, 1970 ; *n° 15 « Søstormen »*, 1976 ; *n° 16 « Syndflod af Sol »*, 1966 ; *Concerto pour violon*, 1968), Erik Norby (*Regnbueslangen*, 1975 ; *Edvard Munch Triptych* pour chœur et orchestre, 1979), Per Nørgård (*Symphonies n° 1 « Austera »*, 1958 ; *n° 3*, 1976 ; *Luna*, 4 phases, 1958), Robert Simpson (*Symphonie n° 8*, 1982).

ESPAGNE

Orquestra de la Ciutat de Barcelona

Fondé en 1944 sous le nom d'Orchestre Municipal de Barcelone, il prend la suite de l'Orchestre Symphonique de Barcelone fondé en 1910 et dirigé par Juan Lamote de Grignon jusqu'en 1924. Il adopte son nom actuel en 1968.

Directeurs musicaux : Eduardo Toldrà (1944-62), Rafael Ferrer (1962-68), Antoni Ros-Marbà (1968-78), Salvador Mas (1978-81), Antoni Ros Marbà (1981-86), Franz Paul Decker (1986-91), García Navarro (depuis 1991).

CRÉATIONS : œuvres de Lleonard Balada (*Sinfonia en negro*, 1969), Xavier Benguerel (*Sinfonia per a un festival*, 1966 ; *Arbor*, 1972 ; *Spleen*, 1984), Manuel Blancafort (*Simfonia en tres temps*, 1951), Roberto Gerhard (*L'Alta Naixença del Rei en Jaume*, cantate, version intégrale, 1984), Joan Guinjoan (*Ab origine*, 1974 ; *La Rosa dels vents*, 1979 ; *Musique pour violoncelle et orchestre*, deuxième version, 1980 ; *Concerto pour piano*, 1984 ; *Concerto pour guitare*, 1990), Xavier Montsalvatge (*Partita*, 1959 ; *Tres danses concertants*, 1962 ; *Viatge a la lluna*, 1966), Joseph Soler (*Apuntava l'Alba*, 1975 ; *Orpheus*, 1984).

Orchestre National d'Espagne (Madrid)
(Orquesta Nacional de España)

Fondé en 1940, il remplace l'Orchestre National de Concerts constitué pendant la guerre civile à Barcelone (1938) et que dirigeait Bartolomé Pérez Casas.

Chefs permanents : Bartolomé Pérez Casas (1940-47), Ataulfo Argenta (1947-58), Rafael Frühbeck de Burgos (1962-77), Antoni Ros-Marbà (1977-81), Jesús López Cobos (chef associé, 1981-83, directeur musical 1984-89), Aldo Ceccato (depuis 1991).

L'orchestre, qui jouait au Teatro Real depuis 1966, dispose d'une nouvelle salle de concerts, l'Auditorio Nacional, inauguré le 21 octobre 1988 avec une exécution de *L'Atlantide* de Manuel de Falla.

CRÉATIONS : œuvres de Juan Crisóstomo Arriaga (*Symphonie en ré majeur*, version originale, 1992), Lleonard Balada (*Auroris*, 1974 ; *Symphonie concertante pour guitare et orchestre*, 1987), Xavier Benguerel (*Destruction*, 1973 ; *Obertura Episódica*, 1991), Roberto Gerhard (*Don Quixote*, version de concert, 1989), Joan Guinjoan (*Tzakol*, 1978 ; *Ambient nüm I*, troisième version, 1982 ; *Trencadís*, 1992), Luis Iturrizaga (*Concerto pour hautbois*, 1989), Tomás Marco (*Symphonie n° 4*, 1988), Luis de Pablo (*Éléphants ivres*, première partie, 1973), Claudio Prieto (*Concerto pour violoncelle*, 1988), Pierre Wissmer (*Symphonie n° 3*, 1956).

Orchestre Symphonique de Madrid « Arbós »
(Orquesta Sinfónica de Madrid-Orquesta Arbós)

Fondé en 1903 par Enrique Fernández Arbós.

Concerto grosso in the Old Style, 1930), Henri Lazarof (*Piccola Serenata*, 1959), Benjamin Lees (*Concerto pour violon*, 1963 ; *Concerto pour piano n° 2*, 1968), Nicolaï Lopatnikoff (*Symphonie n° 2*, 1939 ; *Concerto pour violon*, 1942 ; *Concertino pour orchestre*, 1945), Arthur Lourié (*Kormtschaya, symphonie n° 2*, 1941), Edward MacDowell (*Lancelot and Elaine*, 1890 ; *Suite n° 2 « Indian Suite »*, 1895 ; *Lamia*, 1908), Gian Francesco Malipiero (*Symphonie n° 4*, 1948), Henri Martelli (*Bas-Reliefs assyriens*, 1930 ; *Concerto pour orchestre*, 1932), Bohuslav Martinů (*La Bagarre*, 1927 ; *Rhapsodie*, 1928 ; *Concerto grosso*, 1941 ; *Symphonies n° 1*, 1942 ; *n°3*, 1945 ; *Paraboles*, 1959), Darius Milhaud (*Symphonie n° 2*, 1946 ; *Concerto pour piano n° 4*, 1950 ; *Un Français à New York*, 1963), Ignaz Paderewski (*Symphonie en si mineur*, 1909), Goffredo Petrassi (*Concerto pour orchestre n° 5*, 1955), Walter Piston (*Symphonies n° 1*, 1938 ; *n° 3*, 1948 ; *n° 8*, 1965), Francis Poulenc (*Gloria*, 1961), Guy Ropartz (*Symphonie n° 4*, 1910), Albert Roussel (*Suite en fa*, 1927), William Schuman (*Symphonies n° 3*, 1941 ; *n° 5*, 1943), Roger Sessions (*Symphonie n° 3*, 1957), Igor Stravinski (*Ode*, 1943), Germaine Tailleferre (*Concerto pour harpe*, 1927), Toru Takemitsu (*From me flows what you call Time*, 1990), Alexandre Tcherepnine (*Symphonie n° 4*, 1958), William Walton (*Concerto pour violoncelle*, 1957).

Le Symphony Hall, où joue l'orchestre, a été inauguré en 1900. L'orchestre assure la saison d'été au Festival de Tanglewood. Ses principaux solistes enseignent au Berkshire Music Center à cette occasion. Sont issus de ses rangs le Boston Pops Orchestra qui donne des concerts de musique légère (dirigé de 1929 à 1979 par Arthur Fiedler puis par John Williams), et les Boston Symphony Chamber Players. Le premier disque de l'orchestre a été enregistré en 1917, sous la direction de Carl Muck.

Orchestre Philharmonique de Buffalo

Fondé en 1937, il suspend ses activités en 1993.

Chefs permanents : Franco Autori (1937-45), William Steinberg (1945-53), Josef Krips (1954-63), Lukas Foss (1963-70), Michael Tilson Thomas (1971-78), Julius Rudel (1980-85), Semyon Bychkov (1985-89), Maximiano Valdes (1989-93).

CRÉATIONS : œuvres de Morton Feldman (*String Quartet and Orchestra*, 1973), Lukas Foss (*Renaissance Concert* pour flûte et orchestre, 1986), Ferd Grofé (*Niagara Falls Suite*, 1961), George Rochberg (*Time-Span II*, 1964), Ralph Shapey (*Ontogeny*, 1965).

Orchestre Symphonique de Chicago

Fondé en 1891 par Theodore Thomas.

Chefs permanents et directeurs musicaux : Theodore Thomas (1891-1905), Frederick Stock (1905-42), Désiré Defauw (1943-47), Artur Rodzinski (1947-48), Rafael Kubelík (1950-53), Fritz Reiner (1953-63), Jean Martinon (1963-68), Sir Georg Solti (1969-91), Daniel Barenboïm (depuis 1991).

A l'origine, il porte le nom d'Orchestre de Chicago puis, en 1906, d'Orchestre Theodore Thomas. Il n'adopte son nom actuel qu'en 1912. L'Orchestra Hall où il se produit, une salle de 2 600 places, est inauguré en 1904.

COMMANDES : pour le 50e anniversaire de l'orchestre : œuvres de John Alden Carpenter (*Symphonie n° 1*, 1940), Alfredo Casella (*Symphonie n° 3*, 1941), Reinhold Glière (*La Fête ferganaise, ouverture*, 1941), Roy Harris (*American Creed*, 1940), Nicolas Miaskovski (*Symphonie n° 21 « Symphonie fantaisie »*, 1940), Darius Milhaud (*Symphonie n° 1*, 1940), Igor Stravinski (*Symphonie en Ut*, 1940), William Walton (*Scapino*, ouverture, 1941).

Pour le 75e anniversaire de l'orchestre : œuvres de Jean Martinon (*Symphonie n° 4 « Altitudes »*, 1965), Gunther Schuller (*Concerto pour orchestre*, d'abord intitulé *Gala Music*, 1966).

Pour le 100e anniversaire de l'orchestre : œuvre de Easley Blackwood (*Symphonie n° 5*, 1992), Rodion Chtchedrine (*Old Russian Circus Music*, 1990).

AUTRES COMMANDES : œuvres de Easley Blackwood (*Symphonie nº 4*, 1979), Pierre Boulez (*Notations V-VIII*, 1994), David Del Tredici (*Final Alice*, 1977 ; *March to tonality*, 1985), Donald Erb (*Concerto pour cuivres et orchestre*, 1987), William Ferris (*Acclamations*, 1982), Morton Gould (*Concerto pour flûte*, 1985), Hans Werner Henze (*Heliogabalus Imperator*, 1972), Karel Husa (*Concerto pour trompette*, 1988), Loretta Jankowski (*Lustrations*, 1979), Witold Lutosławski (*Symphonie nº 3*, 1983), Bruno Maderna (*Aura*, 1971), Richard Manners (*Concerto pour violon*, 1980), Andrzej Panufnik (*Symphonie nº 10*, 1990), Goffredo Petrassi (*Ottavo Concerto*, 1972), George Rochberg (*Symphonie nº 5*, 1985), Gunther Schuller (*Concerto pour flûte*, 1989), William Schuman (*On Freedom's Ground*, 1988), Alan Stout (*Passion*, 1975), Ellen Zwilich (*Concerto pour trombone*, 1989), Michael Tippett (*Symphonie nº 4*, 1978).

CRÉATIONS : œuvres de Benjamin Britten (*Occasional Overture*, 1983 ; *Quatre Chansons françaises*, 1983), Elliott Carter (*Partita*, 1994), John Corigliano (*Campane di Ravello*, 1988 ; *Symphonie nº 1*, 1990), Jacob Druckman (*Windows*, 1972), George Flynn (*Symphonie nº 2*, 1980), Henry Hadley (*The Culprit Fay*, 1909), Roy Harris (*Symphonie nº 7*, 1952), Hans Werner Henze (*Concerto pour contrebasse*, 1967 ; *Arien des Orpheus*, 1982), York Höller (*Aura*, 1992), Ernst Krenek (*Perspectives*, 1968), Rafael Kubelík (*A Symphonic Peripeteia* pour orgue et orchestre, 1985), Ezra Laderman (*A Mass for Cain*, 1984), George Lloyd (*Symphonie nº 7*, 1989), Edward MacDowell (*Concerto pour piano nº 1*, 1888), Donald Martino (*Mosaic for Grand Orchestra*, 1967), Darius Milhaud (*Concerto pour piano nº 2*, 1941), Dominic Muldowney (*Concerto pour piano*, 1985), Serge Prokofiev (*Concerto pour piano nº 3*, 1921), Wolfgang Rihm (*Tutuguri II, Musik nach Artaud*, 1982), Wilhelm Stenhammar (*Symphonie nº 1*, 1986), Toru Takemitsu (*Cassiopeia*, 1971 ; *Visions for Orchestra*, 1990), Alexandre Tansman (*Symphonie nº 4*, 1941), Michael Tippett (*Byzantium*, 1991), Siegfried Wagner (*Sehnsucht*, première audition depuis sa création, 1986).

Orchestre Symphonique de Cincinnati

Fondé en 1895.

Chefs permanents : Anton Seidl et Henry Schradieck (1895-96), Frank Van der Stucken (1896-1907). L'orchestre est dissous entre 1907 et 1909. Leopold Stokowski (1909-12), Ernst Kunwald (1912-17), Eugène Ysaÿe (1918-22), Fritz Reiner (1922-31), Sir Eugene Goossens (1931-47), Thor Johnson (1947-58), Max Rudolf (1958-70), Thomas Schippers (1970-77), Walter Süsskind (1978-80), Michael Gielen (1980-87), Jesús López-Cobos (depuis 1987).

CRÉATIONS : œuvres d'Isaac Albéniz (*Rhapsodie espagnole*, orch. José Iturbi, 1957), Arthur Bliss (*Hymn to Apollo*, 1927), Ernest Bloch (*America*, 1928), Benjamin Britten (*Scottish Ballad*, 1941), Elliott Carter (*Remembrance*, 1989), Robert Casadesus (*Symphonie nº 2*, 1940), Aaron Copland (*Lincoln Portrait*, 1942), Henry Cowell (*Variations for Orchestra*, 1956), George Crumb (*Variazioni*, 1965), Norman Dello Joio (*Fantasy and Variations* pour piano et orchestre, 1962), Camargo Guarnieri (*Trois Danses brésiliennes*, 1948), Gene Gutschë (*Perseus and Andromeda XX*, 1976), Roy Harris (*Cumberland Concerto*, 1951), Hans Werner Henze (*Moralities*, 1968), Donald Martino (*Concerto pour violoncelle*, 1973), Peter Mennin (*Pied Piper of Hamelin*, 1969), Ottorino Respighi (*Danses et airs antiques*, suite nº 2, 1924), Vittorio Rieti (*Concerto pour deux pianos*, 1952), Ned Rorem (*Air Music*, 1976, commande pour le bicentenaire des États-Unis ; *Double Concerto in 10 Movements* pour violoncelle, piano et orchestre, 1981), Gunther Schuller (*Concerto pour cor*, 1945 ; *Concerto pour piano*, 1962), William Schuman (*Credendum*, 1955), Jaromir Weinberger (*Lincoln Symphony*, 1941).

Orchestre de Cleveland

Fondé en 1918.

Directeurs musicaux : Nikolai Sokoloff (1918-33), Artur Rodzinski (1933-43),

Erich Leinsdorf (1943-46), George Szell (1946-70), Lorin Maazel (1972-82), Christoph von Dohnányi (à partir de 1984).

COMMANDES : pour le 40e anniversaire de l'orchestre, œuvres de Boris Blacher (*Music for Cleveland,* 1957), Paul Creston (*Toccata*, op. 68, 1957), Henri Dutilleux (*Métaboles,* 1965), Gottfried von Einem, Alvin Etler, Howard Hanson (*Mosaics,* 1958), Bohuslav Martinů (*Le Rocher,* 1958), Peter Mennin (*Concerto pour piano,* 1958), Robert Moevs.

Pour le 50e anniversaire : œuvre de Donald Erb (*Christmas Music,* 1967).

AUTRES COMMANDES : œuvres de Jacob Druckman, Dennis Eberhard (*The Bells of Elsinore*, 1988), Philip Glass (*The Light*, 1987), Roy Harris, Gerald Humel, Alvin Singleton (*Durch Alles*, 1982), Manfred Trojahn (*Variations pour orchestre*, 1987), George Walker, Herbert Willi (*Concerto pour orchestre*, 1992), Charles Wuorinen (*Movers and Shakers*, 1985).

CRÉATIONS : œuvres d'Ernest Bloch (*Concerto pour violon*, 1938), Jacob Druckman (*Chiaroscuro*, 1977), Morton Gould (*Concerto pour orchestre*, 1945 ; *Burchfield Gallery*, 1981), Howard Hanson (*Mosaics*, 1958 ; *Bold Island Suite*, 1962), Roy Harris (*Symphonie n° 4 « Folksong Symphony »*, 1940), Paul Hindemith (*Concerto pour piano*, 1947), Nicolaï Lopatnikoff (*Opus sinfonicum*, 1943), Bohuslav Martinů (*Symphonie n° 2*, 1943 ; *Rhapsodie concertante pour alto et orchestre*, 1953), Peter Mennin (*Concerto pour piano*, 1958 ; *Symphonie n° 7 « Variation-Symphony »*, 1964), Walter Piston (*Symphonic Prelude*, 1961), Quincy Porter (*Poem and Danse*, 1932), Raymond Premru (*Symphonie n° 2*, 1988), Jean Rivier (*Ouverture pour un Don Quichotte*, 1929), George Rochberg (*Symphonie n° 2*, 1959), William Schuman (*Symphonie n° 4*, 1942), William Walton (*Concerto pour violon*, 1939).

Orchestre Symphonique de Dallas

Fondé en 1900.

Chefs permanents : Hans Kreisig (1900-05), Walter Fried (1905-11 et 1918-24), Carl Venth (1911-14), Paul Van Katwijk (1925-38), Jacques Singer (1938-42). L'orchestre, qui comptait alors une quarantaine de membres, est réorganisé à partir de 1945 en formation symphonique, dirigé par Antal Dorati (1945-49), Walter Hendl (1949-58), Paul Kletzki (1958-61), Sir Georg Solti (1961-62), Donald Johanos (1962-70), Anshel Brusilow (1970-73), Max Rudolf (1973-74). Pendant une saison, il cesse ses activités puis reprend sous la direction de Louis Lane (1975-77), Eduardo Mata (1977-93), Andrew Litton (depuis 1994).

La salle du Morton H. Meyerson Symphony Center, nouveau centre d'activités de l'orchestre, a été inaugurée le 8 septembre 1989.

COMMANDES : œuvres de Peter Mennin (*Symphonie n° 5*, 1950), Darius Milhaud (*Symphonie n° 11*, 1960).

CRÉATIONS : œuvres de George Antheil (*Concerto pour violon*, 1947), Luciano Berio (*Festum*, 1989), Donald Erb (*The Seventh Trumpet*, 1969), Morton Feldman (*In Search and the Instrumental Factor*, 1971), Ross Lee Finney (*Concerto pour violon n° 2*, 1976), Morton Gould (*Symphonie n° 3*, 1947), Hans Werner Henze (*Allegro brillante per grande orchestra*, 1989), Paul Hindemith (*Sinfonia serena*, 1947), Włodzimierz Kotoński (*Sirocco*, 1981), Ezra Laderman (*Symphonie n° 7*, 1989), Benjamin Lees (*Variations pour piano et orchestre*, 1976 ; *Concerto pour cuivres et orchestre*, 1983 ; *Symphonie n° 4 « Memorial Candles »*, 1985), Bohuslav Martinů (*Concerto pour piano n° 3*, 1949 ; *Concerto pour 2 violons*, 1951), Peter Mennin (*Symphonie n° 5*, 1950), Walter Piston (*Suite n° 2*, 1948), Miklos Rosza (*Concerto pour violon*, 1956), Gunther Schuller (*Symphonie n° 1*, 1965), William Schuman (*Symphonie n° 6*, 1949), Pierre Wissmer (*L'Enfant et la rose,* 1961).

Orchestre Symphonique de Denver

Fondé en 1921 sous le nom de Civic Symphony Orchestra. Dissous en 1990.

Chefs permanents et directeurs musicaux : Raffaelo Cavallo (1903-11), Horace

E. Tureman (1921-44), Saul Aston (1944-64), Vladimir Golschmann (1964-74), Brian Prestman (1970-78), Gaetano Delogu (1979-86), Philippe Entremont (1986-89).

CRÉATION : œuvre d'Ezra Laderman (*Sonore*, 1983).

Orchestre Symphonique de Detroit

Fondé en 1914.

Jusqu'en 1942 il a été géré par la Detroit Symphony Society. Il connaît une période difficile pendant les années quarante. Il est restauré en 1951 sous l'impulsion de l'industriel John B. Ford Jr. La salle de l'orchestre, le Detroit Symphony Orchestra Hall, construite en 1919 à la demande d'Ossip Gabrilowitch et qui tombait en ruine depuis les années soixante, a été restaurée et accueille à nouveau l'orchestre depuis 1989.

Chefs permanents et directeurs musicaux : Weston Gales (1914-17), Ossip Gabrilowitch (1919-36), Franco Ghione (1936-40), Victor Kolar (1940-42), Karl Krueger (1943-49), Paul Paray (1951-63), Sixten Ehrling (1963-73), Aldo Ceccato (1973-77), Antal Dorati (1977-81), Gary Bertini (1981-84), Günther Herbig (1984-89), Neeme Järvi (depuis 1990).

CRÉATIONS : œuvres de Luciano Berio (*Oria*, 1971), Paul Creston (*Chthonic Ode*, 1967), Klaus Egge (*Sinfonia seriale sopra BACH-EGGE*, 1968), Donald Erb (*Klangfarbenfunk I*, 1970), William Flanagan (*Narrative for Orchestra*, 1964), Morton Gould (*Symphony of Spirituals*, 1976), Gene Gutschë (*Epimetheus USA*, 1969), Vagn Holmboe (*Symphonie n° 10*, 1972), Alan Hovhaness (*Fra Angelico*, 1968), Ulysses Simpson Kay, Ernst Krenek (*Horizon Circled*, 1967), Benjamin Lees (*Concerto pour quintette à vent et orchestre*, 1976), Nicolaï Lopatnikoff (*Festival Overture*, 1960), William Piston (*Three New England Sketches*, 1959), Ned Rorem (*Lions*, 1965), Carlos Surinach, Jaromir Weinberger (*A Bird's Opera*, 1961), Eugene Zádor (*Studies for Orchestra*, 1970).

Orchestre Symphonique de Houston

Fondé en 1913.

Chefs permanents : Julian Paul Blitz (1913-16), Paul Berge (1916-18). Réorganisation en 1930. Uriel Nespoli (1931-33), Frank Saint-Leger (1933-35), Ernst Hoffmann (1936-47), Efrem Kurtz (1948-54), Ferenc Fricsay (1954), Sir Thomas Beecham (1954-55), Leopold Stokowski (1955-61), Sir John Barbirolli (1961-67), André Previn (1967-69), Lawrence Foster (1971-78), Sergiu Comissiona (1980-88), Christoph Eschenbach (depuis 1988).

CRÉATIONS : œuvres de John Adams (*Tromba lontana*, 1986), Eliott Carter (*A Celebration of Some 100 X 150 Notes*, 1987), Carlos Chávez (*Clio*, ode symphonique, 1970), Marius Constant (*Texas Twilight*, 1987), Aaron Copland (*Children's Suite*, 1948), Henry Cowell (*Symphonies n° 5*, 1955 ; *n° 12*, 1960), Jacob Druckman (*Paean*, 1987), Carlisle Floyd (*Flourishes*, 1987), Henryk Mikolaj Górecki (*Concerto pour flûte*, 1992), Alan Hovhaness (*Symphonie n° 2*, 1955 ; *Ad Lyram*, 1957 ; *Ode to the Temple of Sound*, 1980), Aram Khatchaturian (*Festive Poem*, 1955), Ezra Laderman (*Symphonie n° 6*, 1985), Henri Lazarof (*Icarus*, concerto pour orchestre, 1986), Benjamin Lees (*Études pour piano et orchestre*, 1974), Jacques Offenbach-Manuel Rosenthal (*Offenbachiana*, 1952), Andrzej Panufnik (*Sinfonia elegiaca*, 1957), George Perle (*Dance Overture*, 1987), André Previn (*Concerto pour violoncelle*, 1967), Aribert Reimann (*Nine Pieces for Orchestra*, 1994), Heitor Villa-Lobos (*Concerto pour guitare*, 1956).

Orchestre Symphonique d'Indianapolis

Fondé en 1930.

Chefs permanents : Ferdinand Schaeffer (1930-37), Fabien Sevitzky (1937-55), Izler Solomon (1956-75), John Nelson (1976-87), Raymond Leppard (depuis 1987).

CRÉATIONS : œuvres de Leon Kirchner (*Music for Flute and Orchestra*, 1978),

Gerald Levinson (*Sea Changes*, commande), Darius Milhaud (*Musique pour l'Indiana*, 1967), Anthony Newman (*Concerto pour violon*, pour le 50e anniversaire de l'orchestre, 1980), Vittorio Rieti (*Scenes Seen*, 1976 ; *A Sylvan Dream*, 1982 ; *Indiana*, 1985 ; *Kaléidoscope*, 1988), Robert X. Rodriguez (*A Colorful Symphony*, commande), William Schuman (*A Song of Orpheus*, 1962), Arthur Sheperd (*Fantasy on Down East Spirituals* (1946), Toru Takemitsu (*I Hear the Water Dreaming*, 1987), Alexandre Tcherepnine (*Symphonie n° 3*, 1955), Ellen Zwillich (*Celebrations*, 1984).

Orchestre Symphonique de Kansas City

Fondé en 1934 sous le nom d'Orchestre Philharmonique de Kansas City, il est dissous en 1982 et remplacé par l'actuel Kansas City Symphony.

Chefs permanents : Karl Krueger (1934-43), Efrem Kurtz (1943-48), Hans Schwieger (1948-71), Jorge Mester (1971-74), Maurice Peress (1974-80), Russel Patterson (1982-86), William McGlaughlin (depuis 1986).

COMMANDES : œuvres de Anthony Davis (*Concerto pour violon « Maps »*, 1987), David Ott (*Vertical Shrines*, 1988).

CRÉATIONS : œuvres de Christopher Lacy (*Requiem*, 1988), Vincent Persichetti (*Introït for Strings*, 1965), Lalo Schifrin (*Danses concertantes* pour clarinette et orchestre, 1989), Virgil Thomson (*The Seine at Night*, 1948 ; *Fantasy in Homage to an Earlier England*, 1966).

Orchestre Philharmonique de Los Angeles

Fondé en 1919 par William Andrew Clark Jr. Il remplace l'Orchestre Symphonique de Los Angeles fondé lui-même en 1898 par Harley Hamilton.

Directeurs musicaux : Walter Henry Rothwell (1919-27), Georg Schnéevoigt (1927-29), Artur Rodzinski (1929-33), Otto Klemperer (1933-39), Alfred Wallenstein (1943-56), Eduard Van Beinum (1956-59), Zubin Mehta (1962-77), Carlo Maria Giulini (1978-84), André Previn (1986-89), Esa-Pekka Salonen (depuis 1992).

Après le départ d'Otto Klemperer en 1939, puis après la mort d'Eduard Van Beinum en 1959 et la démission de Carlo Maria Giulini en 1984, l'orchestre a travaillé avec des chefs invités.

L'orchestre est surtout connu grâce à sa saison d'hiver au Dorothy Chandler Pavillion (qui comporte une série de concerts de musique de chambre) et pour sa saison d'été au Hollywood Bowl, le fameux amphithéâtre en plein air, qui comporte des concerts classiques, populaires et de jazz. Cette série a été fondée en 1922 par Alfred Hertz.

Depuis 1969, sous l'impulsion d'Ernest Fleischmann, l'orchestre donne de nombreux concerts de musique contemporaine et entretient une étroite collaboration dans ce domaine avec Pierre Boulez.

CRÉATIONS : John Adams (*El Dorado*, 1991), Paul Chihara (*Symphonie n° 2*, 1982), Paul Creston (*Concerto pour violon n° 2*, 1960), Jacob Druckman (*Seraphic Games*, 1992), Gottfried von Einem (*Hexameron*, 1970), Howard Hanson (*Symphonic Rhapsody*, 1921), Ezra Ladermann (*Symphonie n° 4*, 1981), Otto Luening (*A Poem in Cycles and Bells*, 1954), Krzysztof Penderecki (*Kosmogonia*, 1970), Arnold Schoenberg (*Suite pour cordes*, 1935), Toru Takemitsu (*Riverrun*, 1985).

Orchestre Philharmonique de Louisiane (La Nouvelle-Orléans)

Fondé en 1936.

Connu à l'origine sous le nom de New Orleans Civic Symphony Orchestra, il prend en 1940 l'appellation de New Orleans Symphony Association puis, en 1951, devient New Orleans Philharmonic Symphony avant d'adopter le titre de New Orleans Symphony au milieu des années quatre-vingt. En 1992, une réorganisation donne lieu au nouveau label de Louisiana Philharmonic.

Chefs permanents et directeurs musicaux : Arthur Zack (1936-39), Ole Windingstad (1939-44), Massimo Freccia (1944-52), Alexander Hillsberg (1952-61), Werner Torkanowsky (1962-77), Leonard Slatkin (1977-80), Philippe Entremont (1980-86), Maxime Chostakovitch (1986-91).

CRÉATIONS : œuvres de Lleonard Balada (*Guernica*, 1967), Howard Hanson (*Summer Seascape*, 1959), Alan Hovhaness (*Symphonie nº 11*, 1970), Darius Milhaud (*Musique pour La Nouvelle-Orléans*, 1968), Gunther Schuller (*American Triptych*, 1965).

Orchestre de Louisville

Fondé en 1937.

Directeurs musicaux : Robert Whitney (1937-66), Jorge Mester (1967-79), Akira Endo (1980-82), Lawrence Leighton Smith (1982-94).

CRÉATIONS : l'Orchestre de Louisville est l'un des orchestres américains qui joue le plus grand rôle en faveur de la musique contemporaine par une politique de commandes et d'enregistrements très intense. Parmi elles des œuvres de Boris Blacher (*Study in pianissimo*, 1954), Elliott Carter (*Variations pour orchestre*, 1956), Carlos Chávez (*Symphonie nº 4*, 1953, Aaron Copland (*Variations pour orchestre*, 1958), Henry Cowell (*Symphonies nº 11*, 1954 ; *nº 15*, 1961 ; *Ongaku*, 1958), Luigi Dallapiccola (*Variations pour orchestre*, 1954), Klaus Egge (*Symphonie nº 3*, 1959), Gottfried von Einem (*Méditations*, 1954), Alberto Ginastera (*Pampeana nº 3*, 1954), Sofia Goubaïdoulina (*Pro et Contra*, 1989), Camargo Guarnieri (*Suite IV Centenário*, 1955), Roy Harris (*Kentucky Spring*, 1949 ; *Concerto pour piano*, 1953), Paul Hindemith (*Sinfonietta*, 1950), Arthur Honegger (*Suite archaïque*, 1951), Alain Hovhaness (*Concerto pour orchestre nº 4*, 1954), Jacques Ibert (*Louisville-Concert*, 1953), André Jolivet (*Suite transocéane*, 1955), Gal Kubik (*Symphonie nº 2*, 1956), Benjamin Lees (*Symphonie nº 2*, 1958), Nicolaï Lopatnikoff (*Music for Orchestra*, 1959), Otto Luening (*Kentucky Concerto*, 1951 ; *Rhapsodic Variations*, 1954), Gian Francesco Malipiero (*Symphonie nº 3*, 1949 ; *Fantasie di ogni giorni*, 1954), Bohuslav Martinů (*Intermezzo*, 1950 ; *Trois Estampes*, 1958), Peter Mennin (*Symphonie nº 6*, 1953), Darius Milhaud (*Kentuckiana*, 1949 ; *Ouverture méditerranéenne*, 1954), Vincent Persichetti (*Symphonie nº 5 pour cordes*, 1954), Walter Piston (*Serenata*, 1956), Quincy Porter (*Dance in Free Time*, 1937 ; *Concerto concertante* pour 2 pianos, 1954 ; *Symphonie nº 2*, 1964), William Schuman (*Judith*, ballet, 1950), Heitor Villa-Lobos (*Erosion*, 1950).

Orchestre du Minnesota (Minneapolis)

Fondé en 1903 par Emil Oberhoffer sous le nom d'Orchestre Symphonique de Minneapolis qu'il conserve jusqu'en 1968.

Chefs permanents et directeurs musicaux : Emil Oberhoffer (1903-22), Henri Verbrugghen (1923-31), Eugene Ormandy (1931-36), Dimitri Mitropoulos (1937-49), Antal Dorati (1949-60), Stanislaw Skrowaczewski (1960-79), Neville Marriner (1979-86), Edo De Waart (1986-95), Eiji Oue (à partir de 1995).

CRÉATIONS : œuvres de John Adams (*Concerto pour violon*, 1994), Dominick Argento (*Casa Guidi*, 1986 ; *Valentino Dances*, 1994), Béla Bartók (*Concerto pour alto*, 1949), David Diamond (*Rounds*, 1942), Jacob Druckman (*Incenters*, 1973), Gottfried von Einem (*Wiener Symphonie*, 1977), Iván Eröd (*Minnesota Sinfonietta*, 1986), Paul Fetler (*Symphonie nº 3*, 1955 ; *Contrasts*, 1958 ; *Soundings*, 1962), Ross Lee Finney (*Variations pour orchestre*, 1965), Gene Gutschë (*Symphonie nº 1*, 1950 ; *Concerto pour piano*, 1956 ; *Gengis Khan*, 1963 ; *Gemini*, 1966), Paul Hindemith (*Symphonie en mi bémol*, 1941), Alan Hovhaness (*Symphonie nº 29*, 1977), Ernst Krenek (*Concerto pour piano nº 3*, 1946), Ezra Laderman (*Concerto pour orchestre*, 1968), Peter Mennin (*Symphonic Movements*, 1971), Roman Palester (*Symphonie nº 4*, première version, 1961 ; seconde version, 1973), Walter Piston (*Symphonie nº 4*, 1951), Gunther Schuller (*Sept Études sur des thèmes de Paul Klee*, 1959), Roger

Sessions (*Symphonie n° 4*, 1960), Sándor Veress (*Sinfonia minneapolitana*, 1953).

American Symphony Orchestra (New York)

Fondé en 1962 par Leopold Stokowski, il est réorganisé en 1973 sous forme de coopérative.

Chefs permanents : Leopold Stokowski (1962-72), Kazuyoshi Akiyama (1973-78), Sergiu Comissiona (1978-82), Moshe Atzmon et Giuseppe Patanè (1982-84), John Mauceri (1984-87), Catherine Comet (depuis 1990).

CRÉATIONS : œuvres de Gian Carlo Menotti (*Triplo Concerto a tre*, 1970), Virgil Thomson (*Symphonie n° 3*, 1976).

Orchestre Philharmonique de New York

Fondé en 1842, il porte le nom de Société Philharmonique de New York jusqu'en 1892. Parmi les chefs qui se succèdent à sa tête, Carl Bergmann (1855-66), Carl Bergmann et Theodor Eislfeld (1856-66), Carl Bergmann (1866-76).

En 1928, Il fusionne avec l'Orchestre Symphonique de New York et porte le nom d'Orchestre Philharmonique Symphonique de New York jusqu'au début des années cinquante.

Chefs permanents et directeurs musicaux : Anton Seidl (1892-98), Emil Paur (1898-1902), Walter Damrosch (1902-03). Chefs invités pendant trois ans (notamment Sir Henry Wood, Felix Weingartner, Richard Strauss et Fritz Steinbach). Vassili Safonov (1906-09), Gustav Mahler (1909-11), Josef Stransky (1911-23), Willem Mengelberg (1923-29), Arturo Toscanini (1928-36), Sir John Barbirolli (1936-42), Artur Rodzinski (1943-47), Bruno Walter (1947-49), Leopold Stokowski et Dimitri Mitropoulos (1949-51), Dimitri Mitropoulos (1951-57), Leonard Bernstein (1958-69), George Szell (conseiller, 1969-70), Pierre Boulez (1971-77), Zubin Mehta (1978-91), Kurt Masur (depuis 1991).

CRÉATIONS : œuvres de Samuel Barber (*Deuxième Essai*, 1942 ; *Troisième Essai*, 1978), Béla Bartók (*Concerto pour deux pianos*, 1943), Leonard Bernstein (*Candide Overture*, 1957 ; *Symphonic Dances*, 1961 ; *Chichester Psalms*, 1965), Arthur Bliss (*Concerto pour piano*, 1939), Ernest Bloch (*America*, 1928), Benjamin Britten (*Concerto pour violon*, 1940 ; *Sinfonia da Requiem*, 1951), Robert Casadesus (*Suite pour orchestre n° 2*, 1952 ; *Concerto pour trois pianos*, 1965), Mario Castelnuovo-Tedesco (*Concerto pour violon n° 2*, 1933), Carlos Chávez (*Concerto pour piano n° 1*, 1942 ; *Symphonie n° 6*, 1964 ; *Concerto pour violon*, 1965), Philip Clapp (*Symphonie n° 8*, 1952), Aaron Copland (*Appalachian Spring*, suite, 1945), Paul Creston (*Symphonie n° 2*, 1945), George Crumb (*A Haunted Landscape*, 1984), David Del Tredici (*Steps*, 1990), David Diamond (*Symphonies n° 1*, 1941 ; *n° 5*, 1966 ; *n° 8*, 1960 ; *n° 9*, 1985), Claude Debussy (*Children's Corner*, orch. d'André Caplet, 1910), Jacob Druckman (*Lamia, deuxième version*, 1975 ; *Concerto pour alto*, 1978 ; *Aureole*, 1979 ; *Athanor*, 1986), Antonín Dvořák (*Symphonie n° 9 « du Nouveau Monde »*, 1893), Georges Enesco (*Suite n° 3 « Villageoise »*, 1939), Morton Feldman (*Coptic Light*, 1986), Morton Gould (*Festive Music*, 1965 ; *Concerto grosso*, 1988), Ferde Grofé (*World's Fair Suite*, 1964), Louis Gruenberg (*The Hill of dreams*, 1921), Henry Hadley (*Symphonies n° 1*, 1897 ; *n° 2*, 1902), Roy Harris (*Symphonie n° 11*, 1968), Bernard Herrmann (*Symphonie n° 1*, 1942), Paul Hindemith (*Métamorphoses symphoniques*, 1944), Alan Hovhaness (*Symphonies n° 3*, 1956 ; *n° 9*, 1951 ; n° 15 *« Silver Pilgrimage »*, 1963 ; *n° 19 « Vishnu »*, 1967 ; *Arevakal*, concerto pour orchestre n° 1, 1952 ; *Meditation on Zeami*, 1954 ; *And God Created Great Whales*, 1970), Karel Husa (*Concerto pour orchestre*, 1986 ; *Concerto pour violon*, 1993), Andrew Imbrie (*Concerto pour flûte*, 1977), Charles Ives (*Symphonie n° 2*, 1951), Leon Kirchner (*Music for Orchestra*, 1960), Zoltán Kodály (*Háry Janos*, suite, 1927), Barbara Kolb (*Soundings*, 1975), Ernst Krenek (*Symphonie n° 4*, 1947 ; *Concerto pour deux pianos*, 1953), Otto Luening (*Symphonic Fantasia II*, 1957 ;

III, 1982 ; *IV*, 1984 ; *Concerted Piece*, 1960 ; *Music for Orchestra*, 1978), Edward MacDowell (*Concerto pour piano n° 2*, 1889), Bohuslav Martinů (*Mémorial à Lidice*, 1943 ; *Concerto pour piano n° 4*, 1956), Peter Mennin (*Symphonic Allegro*, 1945 ; *Symphonies n° 3*, 1947 ; *n° 4 « The Cycle »*, 1949 ; *n° 8*, 1974 ; *Fantasia* pour cordes, 1948 ; *Concerto pour flûte*, 1988), Gian Carlo Menotti (*Concerto pour violoncelle*, 1983), Olivier Messiaen (*Hymne*, 1947), Darius Milhaud (*Carnaval d'Aix*, 1926 ; *Concerto pour violoncelle n° 2*, 1945 ; *Le Bal martiquinais*, 1945), Krzysztof Penderecki (*Symphonie n° 2*, 1980), Walter Piston (*Symphonies n° 2*, 1944 ; *n° 5*, 1956), Bernard Rands (*Canti del sole*, 1983), Steve Reich (*Tehillim*, version pour orchestre, 1982), Ottorino Respighi (*Concerto pour piano*, 1925 ; *Fêtes romaines*, 1929), George Rochberg (*Night Music*, 1953 ; *Concerto pour hautbois*, 1984), Ned Rorem (*Symphonie n° 3*, 1959 ; *Concerto pour cor anglais*, 1994), Alfred Schnittke (*Symphonie n° 7*, 1994), Arnold Schoenberg (*Ode à Napoléon*, 1944), Gunther Schuller (*Concerto quaternio*, 1984), William Schuman (*Symphonies n° 1*, 1936 ; *n° 2*, 1938 ; *n° 8*, 1962 ; *A Song of Orpheus*, 1962 ; *In Praise of Shahn*, 1969 ; *Three Colloquies*, 1980), Roger Sessions (*Symphonie n° 8*, 1968), Ravi Shankar (*Concerto pour sitar n° 2*, 1982), Richard Strauss (*Symphonie*, op. 12, 1884), Igor Stravinski (*Symphonie en trois mouvements*, 1946), Toru Takemitsu (*Arc Part I et II*, seconde version, 1977), Piotr Ilitch Tchaïkovski (*Concerto pour piano n° 2*, 1881), Michael Torke (*Run*, 1993), Heitor Villa-Lobos (*Concerto pour violoncelle n° 2*, 1954), William Walton (*Façade* suite n° 2, 1938).

COMMANDES pour l'inauguration du Lincoln Center (1962) : *Connotations* (Aaron Copland), *Concerto pour violon* (Alberto Ginastera), *Symphonie n° 8* (William Schuman), *Andromache's Farewell* (Samuel Barber), *Concerto pour orgue n° 3* (Paul Hindemith), *Ouverture Philharmonique* (Darius Milhaud), *Symphonie n° 5* (Hans Werner Henze), *Sept Répons des Ténèbres* (Francis Poulenc).

COMMANDES pour le 125e anniversaire de l'orchestre (1967) : *Symphonie n° 4* (Roberto Gerhard), *Concerto pour orchestre* (Elliott Carter), *Inscape* (Aaron Copland), *Capriccio burlesco* (William Walton), *Promenade Concert* (Darius Milhaud), *Concerto pour orchestre n° 2* (Rodion Chtchedrine), *November Steps* (Toru Takemitsu), *Symphonie n° 6* (Howard Hanson, 1968).

COMMANDE pour le bicentenaire des États-Unis (1976) : *Symphonie pour trois orchestres* (Elliott Carter).

COMMANDES pour le 150e anniversaire de l'orchestre (1992) : *Concerto pour clarinette* (William Bolcom, 1992), *Symphonie n° 11* (David Diamond, 1992), *Concerto pour violon* (Karel Husa, 1993), *All in Good Time* (Barbara Kolb, 1994), *Transience* (Oliver Knussen, 1993), *Éclairs de l'au-delà* (Olivier Messiaen, 1992), *Concerto pour cor* (Ramey, 1993), *Concerto pour trombone* (Rouse, 1992), *Bright Sambas* (Street, 1993), *Symphonie n° 3* (Ellen Zwilich, 1993).

Orchestre Symphonique de la NBC (New York)

Fondé en 1937 par la National Broadcasting Corporation (la principale radio américaine) à l'intention d'Arturo Toscanini qui en assure la direction jusqu'en 1954. A son départ, l'orchestre est dissous mais les musiciens se constituent en coopérative sous le nom d'Orchestre Symphonique de l'Air, formation qui donnera des concerts pendant une dizaine d'années et dont Léon Barzin prendra la direction musicale en 1956.

CRÉATIONS : œuvres de George Antheil (*Symphonie n° 4*, 1944), Samuel Barber (*Adagio pour cordes*, 1938 ; *Premier Essai pour orchestre*, 1938), Aaron Copland (*Billy the Kid*, suite, 1940 ; *Concerto pour clarinette*, 1950), Paul Creston (*Two Choric Dances*, 1942), Morton Gould (*A Lincoln Legend*, 1941), Howard Hanson (*Symphonie n° 3*, 1938), Benjamin Lees (*Profile*, 1954), Oscar Levant (*Concerto pour piano*, 1942), Arnold Schoenberg (*Concerto pour piano*, 1944).

Orchestre Symphonique de New York

Fondé en 1878 par Leopold Damrosch sous le nom de New York Symphony Society.

Chefs permanents : Leopold Damrosch (1878-85), Walter Damrosch (1885-94, puis 1902-28). En 1928, cet orchestre fusionne avec l'Orchestre Philharmonique de New York.

CRÉATIONS : œuvres de Max Bruch (*Symphonie n° 3*, 1882), George Gershwin (*Concerto pour piano en fa*, 1924 ; *Un Américain à Paris*, 1928), Vincent d'Indy (*Poème des rivages*, 1921), Serge Rachmaninov (*Concerto pour piano n° 3*, 1909), Jean Sibelius (*Tapolia*, 1926).

Orchestre de Philadelphie

Fondé en 1900 par Fritz Scheel.

Directeurs : Fritz Scheel (1900-07), Carl Pohlig (1907-12), Leopold Stokowski (1912-38), Eugene Ormandy (1936-80), Riccardo Muti (1980-92), Wolfgang Sawallisch (depuis 1992).

L'orchestre a enregistré son premier disque en 1917 sous la direction de Leopold Stokowski (une danse hongroise de Brahms). Le premier enregistrement électrique dans le domaine symphonique a été réalisé avec l'Orchestre de Philadelphie (1925). Il a également donné le premier concert symphonique radiodiffusé (NBC, 1927) et a été le premier orchestre américain à offrir des contrats annuels à ses musiciens (1963).

CRÉATIONS : œuvres de Samuel Barber (*Concerto pour violon*, 1941 ; *Symphonie n° 1*, version révisée, 1944 ; *Médée*, suite, 1947), Béla Bartók (*Concerto pour piano n° 3*, 1946), Ernest Bloch (*Suite symphonique*, 1945), Benjamin Britten (*Diversions on a Theme*, 1942), Julián Carrillo (*Concertino en micro-intervalles*, 1927), George Chadwick (*Suite symphonique*, 1911), Marius Constant (*Chaconne et Marche militaire*, 1968), Paul Creston (*Symphonie n° 3*, 1950), Norman Dello Joio (*Songs of Remembrance*, 1977), David Del Tredici (*All in the Golden Afternoon*, 1981), Gottfried von Einem (*Philadelphia Symphony*, 1962), Ross Lee Finney (*Symphonie n° 2*, 1958 ; *Symphonie n° 3*, 1964), Jean Françaix (*L'Horloge de Flore*, 1961), Henry Gilbert (*Nocturne*, 1928), Alberto Ginastera (*Concerto pour harpe*, 1965 ; *Concerto per corde*, 1966), Morton Gould (*Showpiece*, 1954), Alexandre Gretchaninov (*Symphonie n° 5*, 1939), Charles Griffes (*The White Peacock*, 1919), Howard Hanson (*Symphonie n° 5 « Sinfonia sacra »*, 1955 ; *Song of Democracy*, 1957), Roy Harris (*Symphonies n° 3*, 1963 ; *n° 9*, 1983), Paul Hindemith (*Concerto pour clarinette*, 1950), Ezra Laderman (*Concerto pour violon*, 1980 ; *Concerto pour flûte et basson*, 1983), Arthur Lourié (*Symphonie n° 1*, 1931), Bohuslav Martinů (*Concerto pour deux pianos*, 1943 ; *Symphonie n° 4*, 1945), Gian Carlo Menotti (*Apocalypse*, 1952 ; *Concerto pour violon*, 1952 ; *Symphonie n° 1*, 1976 ; *A Song of Hope*, 1980), Darius Milhaud (*Suite pour violon et orchestre*, 1945), Nicolas Nabokov (*Studies in Solitude*, 1961), Vincent Persichetti (*Symphonies n° 3*, 1947 ; *n° 4*, 1954 ; *n° 9 « Sinfonia Janiculum »*, 1971 ; *The Sibyl*, 1985), Walter Piston (*Symphonie n° 7*, 1960 ; *Lincoln Center Festival Overture*, 1962), André Previn (*Reflections*, 1981), Serge Rachmaninov (*Concerto pour piano n° 4*, 1927 ; *Symphonie n° 3*, 1936 ; *Danses symphoniques*, 1941), George Rochberg (*Symphonie n° 1*, 1958), Ned Rorem (*Eagles*, 1959 ; *Sunday Morning*, 1978), Arnold Schoenberg (*Concerto pour violon*, 1940), William Schuman (*Symphonie n° 9*, 1969), Roger Sessions (*Symphonie n° 5*, 1964), Stanislaw Skrowaczewski (*Concerto pour violon*, 1985), Germaine Tailleferre (*Concerto pour piano*, 1925), Virgil Thomson (*Concerto pour violoncelle*, 1950), Edgar Varèse (*Amériques*, 1926 ; *Arcana*, 1927), Anton Webern (*Trois Pièces pour orchestre posthumes*, 1967), Charles-Marie Widor (*Symphonie n° 6*, 1919).

Pour le bicentenaire de la Constitution américaine, l'orchestre et Riccardo Muti ont commandé des partitions à Christopher Rouse (*Phaeton*, 1987), Stanley Walden (*Invisible Cities*, 1987), Ralph Shapey (*Symphonie concertante*, 1987), Milton Babbitt (*Transfigured Notes*), Steven

Stucky (*Concerto pour orchestre,* 1988) et Nicholas Thorne (*Revelations,* 1987).

Orchestre Symphonique de Pittsburgh

Fondé en 1895.

Chefs permanents : Frederic Archer (1895-98), Victor Herbert (1898-1904), Emil Paur (1904-10), dissous de 1910 à 1926, Antonio Modarelli (1930-37), Otto Klemperer (1937-38), Fritz Reiner (1938-48), William Steinberg (1952-76), André Previn (1976-84), Lorin Maazel (conseiller musical, 1984-88, directeur musical depuis 1988).

CRÉATIONS : œuvres de Lleonard Balada (*Lament from the Cradle of the Hearth*, pour hautbois et orchestre, 1993), Leonard Bernstein (*Jeremiah Symphony*, 1944 ; *Fancy Free Suite*, 1945), Rodion Chtchedrine (*Concerto pour trompette*, 1994), Paul Creston (*Threnody*, 1938), Lukas Foss (*Symphonie en sol*, 1945 ; *Symphony of Chorales*, 1958), Morton Gould (*Stephen Foster Gallery*, 1940 ; *Symphonie n° 1*, 1943 ; *Classical Variations on Colonial Themes*, 1986), John Harbison (*Ulysses' Bow*, 1984), Karl Amadeus Hartmann (*Klagegesang*, 1990), Paul Hindemith (*Pittsburgh Symphony*, 1959), Benjamin Lees (*Concerto pour cor*, 1922), Nicolaï Lopatnikoff (*Symphonies n° 3*, 1954 ; *n° 4*, 1972 ; *Concerto pour orchestre*, 1964), Lorin Maazel (*Tannhäuser Withour Words*, 1991), Gian Carlo Menotti (*Apocalypse*, 1951), Darius Milhaud (*Concerto pour 2 pianos*, 1942), Marc Neikrug (*Concerto pour flûte*, 1989), George Rochberg (*Symphonie n° 6*, 1986), Ellen Zwillich (*Concerto pour basson*, 1993).

Orchestre Philharmonique de Rochester

Fondé en 1922 par George Eastman, il succède à l'Orchestre Symphonique de Rochester constitué un an plus tôt.

Directeurs musicaux et chefs permanents : Arthur Alexander (1923), Albert Coates (1923-25), Sir Eugene Goossens (1925-31), José Iturbi (1936-44), Erich Leinsdorf (1947-56), Theodore Bloomfield (1958-63), Lázslo Sómógyi (1964-69), Samuel Jones (1969-72), Walter Hendl (1972-74), David Zinman (1974-85), Jerzy Semkov (1985-89), Mark Elder (depuis 1989).

CRÉATIONS : œuvres de Leonard Bernstein (*Facsimile,* 1947), Elliott Carter (*Symphonie n° 1*, 1944), David Diamond (*Psalm,* 1937 ; *Variations on an Original Theme,* 1940 ; *Concerto pour violoncelle,* 1942), Donald Erb (*Concerto pour violoncelle,* 1976), Paul Fetler (*Symphonie n° 2*, 1951), Ross Lee Finney (*Overture for a Drama*, 1941), Gene Gutschë (*Bi-Centurion*, 1976), Howard Hanson (*Concerto pour orgue*, 1927), Alan Hovhaness (*Artik*, concerto pour cor et orchestre, 1954), Otto Luening (*Symphonic Fantasia I*, 1925), Peter Mennin (*Symphonie n° 2*, 1945 ; *Sinfonia* pour orchestre de chambre, 1947), Joaquín Nin-Culmell (*Concerto pour piano*, 1946), Vincent Persichetti (*Symphonie n° 1*, 1947), Quincy Porter (*Ukrainian Suite*, 1925), Gunther Schuller (*Concerto da camera*, 1972), Ellen Zwilich (*Concerto pour cor*, 1993).

Orchestre Symphonique de Saint Louis

Fondé le 24 mars 1881.

Chefs permanents : Joseph Otten (1881-94), Alfred Ernst (1894-1907), Max Zach (1907-21), Rudolph Ganz (1921-27), divers chefs invités (1927-31), Vladimir Golschmann (1931-58), Edouard Van Remoortel (1958-62), divers chefs invités (1962-63), Eleazar de Carvalho (1963-68), Walter Süsskind (1968-75), Jerzy Semkov (1975-79), Leonard Slatkin (1979-96), Hans Vonk (à partir de 1996). Il occupe le second rang dans l'ancienneté des orchestres américains. Les chefs les plus fréquemment invités ont été Erich Leinsdorf, Erich Bergel, Max Rudolf et Raymond Leppard. En 1978, il a été « orchestre in residence » au Festival d'Athènes. Depuis 1968, l'orchestre est installé dans le Powell Symphony Hall, une ancienne salle de cinéma spécialement aménagée pour le concert et réputée pour la qualité de son acoustique.

COMMANDES : œuvres de David Del Tredici (*In Memory of a Summer Day,* 1982), Alberto Ginastera, William Schuman, Robert Wykes.

CRÉATIONS : œuvres de David Amram (*Concerto pour violon,* 1982), Jacob Druckman (*Mirage,* 1976), Donald Erb (*Prismatic Variations,* 1984), Alberto Ginastera (*Symphonie nº 2,* 1983 ; *Popol Vuh,* 1989), Gene Gutschë (*Akhenaten,* 1983), Bohuslav Martinů (*Suite concertante pour violon et orchestre,* 1945 ; *Intermezzo,* 1950, dédié à l'orchestre), Darius Milhaud (*Introduction et allegro sur un thème de Couperin,* 1941 ; *Concerto pour marimba, vibraphone et orchestre,* 1949), Vincent Persichetti (*Symphonies nº 6,* 1956 ; *nº 7 « liturgical »,* 1959), Steve Reich (*Three Movements,* 1986), Joseph Schwanter (*Concerto pour piano,* 1988), Alexandre Tansman (*Rapsodie polonaise,* 1941 ; *Symphonie nº 7,* 1947 ; *Ricercari,* 1949), John Williams (*Concerto pour violon,* 1982).

Orchestre Symphonique de l'Utah (Salt Lake City)

Fondé en 1940 à Salt Lake City.

Chefs permanents : Hans Heniot (1940-45), Werner Janssen (1946-47), Maurice de Abravanel (1947-79), Varujan Kojian (1980-83), Joseph Silverstein (depuis 1983).

Orchestre Symphonique de San Diego

Fondé en 1902.

Chefs permanents : R.E. Trognitz (1902-10), Richard Schliewen (1910-11), Lionel Gittelson (1911-12), Buren Roscoe Schryock (1912-20), Nino Marcelli (1927-36), Nicolai Sokoloff (1938-41), personne jusqu'en 1952, Werner Janssen (1952-54), Robert Shaw (1954-58), Earl Bernard Murray (1959-66), Zoltán Rozsnyai (1967-70), Peter Erös (1972-80), David Atherton (1981-87), Lynn Harrell (conseiller musical, 1987-90), Yoav Talmi (depuis 1990).

CRÉATIONS : œuvres de Robert Kurka (*Symphonie nº 2,* 1958 ; *Julius Caesar,* 1955), Bernard Rands (*Hiraeth* pour violoncelle et orchestre, 1987).

Orchestre Symphonique de San Francisco

Fondé en 1911.

Chefs permanents : Henry Hadley (1911-15), Alfred Hertz (1915-29), Basil Cameron et Issaïe Dobrowen (1929-31), Issaïe Dobrowen (1931-34), Pierre Monteux (1935-52), Enrique Jordá (1954-63), Josef Krips (1963-70), Seiji Ozawa (1970-76), Edo De Waart (1976-85), Herbert Blomstedt (1985-95), Michael Tilson Thomas (à partir de 1995).

CRÉATIONS : œuvres de John Adams (*Harmonium,* 1981 ; *Harmonielehre,* 1985 ; *El Dorado,* commande, 1992), Louis Andriessen (*De Snelheid* [« Vélocité »], 1984), George Antheil (*Symphonie nº 6,* 1949), Charles Boone (*First Landscape,* commande pour le 60e anniversaire de l'orchestre, 1971), Elliott Carter (*Concerto pour violon,* commande, 1990), Ferde Grofé (*San Francisco Suite,* 1960), Howard Hanson (*Exultation,* 1920 ; *The Winter's Tale,* 1979), John Harbison (*Symphonie nº 2,* 1987), Roy Harris (*Symphonie nº 8,* 1962), Andrew Imbrie (*Concerto pour violon,* 1958 ; *Légende,* 1959 ; *Symphonie nº 1,* 1966), Leon Kirchner (*Toccata,* 1956), Peter Lieberson (*World's Turning,* commande, 1991), György Ligeti (*San Francisco Polyphony,* 1975), Darius Milhaud (*Musique pour San Francisco,* 1972), George Perle (*Concerto pour piano,* commande, 1991 ; *Sinfonietta II,* commande, 1991), Wayne Peterson (*The Face of the Night, The Heart of the Dark,* commande, 1992), Steve Reich (*Winds, Strings and Keyboards,* 1980 ; *Four Sections,* 1987), Roger Sessions (*Symphonie nº 2,* 1947), Toru Takemitsu (*A Flock Descends in the Pentagonal Garden,* 1977), Michael Tippett (*New Year Suite,* 1990), Heitor Villa-Lobos (*La Découverte du Brésil,* 1937), William Walton (*Improvisation sur un impromptu de Benjamin Britten,* 1970), Charles Wuorinen (*Genesis,* commande, 1992).

Orchestre Symphonique de Seattle

Fondé en 1903, il connaît des débuts difficiles avant d'être réorganisé en 1926 par Karl Krueger.

Chefs permanents : Henry Hadley (1909-11), John Spargur (1919-21), Basil Cameron (1932-38), Nicolai Sokoloff (1938-40), Francis Arányi (1940-41), Sir Thomas Beecham (1941-44), Manuel Rosenthal (1949-51), Milton Katims (1954-75), Reiner Miedl (1976-83), Gerard Schwarz (depuis 1984),

CRÉATIONS : œuvres de Leon Kirchner (*Concerto pour piano nº 2*, 1963), Henri Lazarof (*Poema*, 1986), Benjamin Lees (*Visions of Poets*, cantate, 1962), Gian Francesco Malipiero (*Symphonie nº 2*, 1937), George Rochberg (*Symphonie nº 4*, 1976), Virgil Thomson (*Symphonie nº 2*, 1941).

Orchestre Symphonique National (Washington)

Fondé en 1931.

Chefs permanents : Hans Kindler (fondateur, 1931-49), Howard Mitchell (1949-69), Antal Dorati (1970-77), Mstislav Rostropovitch (1977-94), Leonard Slatkin (à partir de 1996).

CRÉATIONS : œuvres de Stephen Albert (*Symphony « RiverRun »*, 1985), Viacheslav Artiomov (*Symphonie « On the Threshold of a Bright New World »*, 1990), Richard Rodney Bennett (*Zodiac*, 1976), Leonard Bernstein (*Slava, a Political Overture*, 1977 ; *Songfest*, 1977 ; *Trois Méditations* pour violoncelle et orchestre, 1977), Henry Cowell (*Symphonies nº 5*, 1949 ; *nº 14*, 1961), Paul Creston, *Symphonies nº 4*, 1952 ; *nº 5*, 1956 ; *nº 6*, 1982), Jacob Druckman (*Vox Humana*, 1983), Henri Dutilleux (*Timbres, espace, mouvement*, 1978), Georges Enesco (*Ouverture de concert*, 1949), Harry Freedman (*Symphonie nº 1*, 1961), Alberto Ginastera (*Concerto pour violoncelle nº 1*, version rév. 1978), Howard Hanson (*The Song of Human Rights*, 1963), Roy Harris (*Canticle to the Sun*, 1961 ; *Symphonie nº 13 « Bicentennial Symphony 1976 »*, 1976), Alan Hovhaness (*Symphonie nº 36* pour flûte et orchestre, 1979), Ezra Laderman (*Symphonie nº 5 « Isaiah »*, 1983), Marcel Landowski (*Un enfant appelle, loin, très loin*, concerto pour soprano, violoncelle et orchestre, 1979), Benjamin Lees (*Passacaglia* pour orchestre, 1976), Witold Lutosławski (*Novelette*, 1980), Peter Mennin (*Symphonie nº 9 « Sinfonia Capricciosa »*, 1981), Krzysztof Penderecki (*Lux Aeterna*, 1983), Aulis Sallinen (*Shadows*, 1982 ; *Symphonie nº 5 « Washington's Mosaics »*, 1985), Alfred Schnittke (*Symphonie nº 6*, 1993), Gunther Schuller (*Concerto pour orchestre nº 2*, 1976 ; *Concerto pour basson*, 1985), William Schuman (*Symphonie nº 10*, 1976), Alexandre Tansman (*Symphonie nº 5*, 1943), William Walton (*Prologo e fantasia*, 1982).

FINLANDE

Orchestre Philharmonique d'Helsinki
(Helsingin Kaupunginorkesteri)

Fondé en 1882.

Chefs permanents : Robert Kajanus (1882-1932), Georg Schnéevoigt (1914-16 puis 1932-41), Armas Järnefelt (1941-45), Martti Similä (1944-50), Tauno Hannikainen (1951-65), Jorma Panula (1965-72), Paavo Berglund (1975-79), Ulf Söderblom (1978-79), Okko Kamu (1981 - 88), Sergiu Comissiona (1990-93), János Fürst et James DePreist (principaux chefs invités depuis 1993).

La musique finlandaise occupe un quart des programmes de cet orchestre. Son financement est assuré à 98 % par la ville d'Helsinki. Il a porté successivement les noms de Société Orchestrale, Société Philharmonique (1895), Orchestre National (1912) et a adopté son intitulé actuel à la suite de la fusion avec l'Orchestre Symphonique d'Helsinki (1919). Jusqu'en 1963, il assurait également les services de l'Opéra National Finlandais qui est depuis doté de son propre orchestre.

COMMANDES : œuvres de Einar Englund (*Concerto pour 12 violoncelles*, 1981), Joonas Kokkonen (*Requiem*, 1981), Pehr Henrik Nordgren (*Concerto pour alto*, 1979).

CRÉATIONS : œuvres de Marius Constant (*Hämeenlinna*, 1991), Sofia Goubaïdoulina (*Concerto pour violoncelle*, 1991), Aulis Sallinen (*Symphonie nº 1*, 1971), Jean Sibelius (*Symphonies nº 1*, 1899 ; *nº 2*, 1902 ; *nº 6*, 1923).

Orchestre Symphonique de la Radio Finlandaise (Helsinki)
(Radion Sinfoniaorkesterin)

Fondé en 1927 comme orchestre de studio, il donne ses premiers concerts publics en 1929.

Chefs permanents : Erkki Linko (1927-29), Toivo Haapanen (1929-50), Nils-Eric Fougstedt (1950-61), Paavo Berglund (1962-71), Okko Kamu (1971-77), Leif Segerstam (1977-87), Jukka-Pekka Saraste (depuis 1987).

CRÉATIONS : œuvres de Kalevi Aho (*Symphonies nº 2*, 1973 ; *nº 4*, 1974 ; *nº 5*, 1977 ; *nº 7 « Insect Symphony »*, 1988), Kurt Atterberg (*Symphonie nº 9*, 1957), Toivo Elovaara (*Symphonie*, 1949), Einar Englund (*Valsuralia*, 1951 ; *Concerto pour violoncelle*, 1955 ; *Concerto pour piano nº 2*, 1975 ; *Symphonie nº 4*, 1976), Nils-Eric Fougstedt (*Pezzo Sinfonico*, 1934 ; *Symphonie nº 2*, 1950), Vinko Globokar (*Hallo ? Do You Hear Me ?*, 1987), Paavo Heininen (*Symphonies nº 1*, 1959 ; *nº 3*, 1969), Bengt Johansson (*Missa sacra*, 1962 ; *Requiem*, 1967), Joonas Kokkonen (*Symphonies nº 1*, 1960 ; *nº 2*, 1961 ; *nº 3*, 1967 ; *nº 4*, 1971 ; *Opus Sonorum*, 1965), Magnus Lindberg (*Trois Sculptures*, 1989), Pehr Henrik Nordgren (*Autumnal Concerto*, 1974 ; *Concerto pour piano*, 1975), Andrzej Panufnik (*Heroic Overture*, pour les jeux Olympiques d'Helsinki, 1952), Aulis Sallinen (*Concerto pour orchestre de chambre*, 1960 ; *Chorali*, 1970 ; *Symphonie nº 3*, 1975).

FRANCE

Orchestre Philharmonique des Pays de la Loire (Angers-Nantes)

Fondé en 1971.
Directeurs : Pierre Dervaux (1971-78), Marc Soustrot (1978-94), Hubert Soudant (depuis 1994).
Chefs permanents et associés : Jean-Claude Casadesus (1971-75), Yves Prin (1971-73), André Girard (1976-78), Marc Soustrot (1976-78), Patrick Juzeau (1978-80), François Bilger (1978-90).

Partagé entre les villes d'Angers et de Nantes, l'orchestre se produit en grande formation (100 musiciens) ou en deux formations distinctes de 60 musiciens. Il assure les saisons symphoniques et lyriques des deux villes et joue dans toute la région. Il a succédé à la Société des Concerts Populaires d'Angers.

CRÉATIONS : Pierre Ancelin (*Symphonie nº 6*, 1992), Philippe Capdenat (*Symphonèmes*, 1973), Jacques Castérède (*Concerto pour guitare nº 1*, 1979), Adrienne Clostre (*Scènes de la vie italienne*, 1983), Marius Constant, Pascal Dusapin (*La Rivière*, 1983), Jean Guillou (*Concerto héroïque pour orgue et orchestre*, 1989), Alain Louvier (*Concerto pour orchestre*, 1987), Patrick Marcland (*Failles*, 1978), Costin Miereanu (*Espace dernier*, 1973), Maurice Ohana (*Concerto pour piano*, 1981), Luis de Pablo (*Je mange, tu manges*, 1973), Giacinto Scelsi (*Hymnos,* 1983), Roger Tessier, Antoine Tisné, Pierre Wissmer (*Variations sur un Noël imaginaire,* 1977), Isang Yun (*Concerto pour violoncelle,* 1976).

Orchestre National de Bordeaux-Aquitaine

Fondé en 1974.

Directeurs musicaux : Roberto Benzi (1974-87), Alain Lombard (depuis 1988).

Lors de sa régionalisation, l'orchestre a repris une très ancienne tradition de concerts symphoniques qui étaient donnés par l'Orchestre des Concerts du Conservatoire de cette ville. Composé de 126 musiciens, il assure également les services lyriques au Grand Théâtre et les concerts décentralisés en région Aquitaine.

CRÉATIONS : œuvres de Philippe Capdenat (*Palindrome en chaconne 2,* 1982), Marius Constant (*103 Regards dans l'eau,* 1982), Ezequiel Izcovich (*Pièges,* 1989).

Orchestre Régional de Cannes Provence-Alpes-Côte d'Azur

Fondé en 1975 à Nice sous le nom d'Orchestre de Provence-Côte d'Azur, il succède à l'Orchestre de Chambre Nice-Côte d'Azur de l'ORTF Fixé à Cannes depuis 1980. Effectif : 40 musiciens.

Chef permanent : Philippe Bender depuis 1975.

CRÉATIONS : œuvres de Carlos Roqué Alsina (*Concerto pour clarinette,* 1990), Claude Ballif (*Ivre moi immobile,* 1977), Jacques Charpentier (*Concerto pour trompette,* 1977 ; *Concert n° 9 pour violoncelle et cordes,* 1984 ; *Le Miroir de Marie-Madeleine,* 1988), Charles Chaynes (*Concerto pour clarinette,* 1979), Marius Constant (*Concerto pour orgue de Barbarie et orchestre,* 1988 ; *Konzertstück pour hautbois et orchestre,* 1990), Vladimir Cosma (*Concerto pour trompette,* 1987), Michel Decoust (*Onyx,* 1991), Graciane Finzi (*Concerto pour flûte et harpe,* 1991), Alain Fourchotte (*Tissures pour cordes,* 1977 ; *Médée,* opéra de chambre, 1984 ; *Ondes,* 1984 ; *Concerto pour piano,* 1994), Renaud Gagneux (*Concerto pour trombone,* 1989 ; *Concerto pour cor,* 1991), Marcel Landowski (*Symphonie concertante* pour orgue et orchestre, 1993), Jacques Lenot (*Nuit d'été,* 1984), Jean-Étienne Marie (*Gravures polymorphiques,* 1979), Gian Carlo Menotti (*Le garçon qui a grandi trop vite,* 1984), Michel Philippot (*Carré magique,* 1984), Mario Vittoria (*Trois Récits pour orchestre,* 1978).

Orchestre National de Lille

Fondé en 1975, il succède à l'Orchestre Radio-Symphonique de Lille, constitué en 1928, et qui avait été dirigé par Henri Hestel, Maurice Soret, Victor Clovez (1953-), Jean Giardino et Maurice Suzan (1968-73). Jusqu'en 1982, il porte le nom d'Orchestre Philharmonique de Lille.

Directeur : Jean-Claude Casadesus depuis 1975.

CRÉATIONS : œuvres de Pierre Ancelin (*Filius Hominis,* 1989), Alain Bancquart (*Simple,* 1977), Georges Bizet (*Clovis et Clotilde,* 1988), André Bon (*Ode,* 1979), Eugène Bozza, Philippe Capdenat (*Sinfonia sui cenci,* 1982), Nguyen Thien Dao (*1789, L'Aurore,* concerto pour sextuor à cordes et orchestre, 1990), Renaud Gagneux (*L'Ombre du souvenir,* 1984), Betsy Jolas (*Liring Ballade,* 1980), Milko Kelemen (*Mageïa,* 1979), Marcel Landowski (*La Prison,* 1983), Jacques Lenot, Ivo Malec (*Arco 22,* 1977), Kazimierz Serocki (*Forte et piano,* 1978), Yoshihisa Taïra (*Erosion 1*), Ton That-Tiet, François Vercken (*Facettes,* 1986), Iannis Xenakis (*Pithopratka,* 1984 ; *Tracées,* 1987), Michel Zbar (*Cérémonial nocturne*).

L'orchestre assure la saison symphonique de Lille et de la région Nord/Pas-de-Calais et a visité une vingtaine de pays étrangers dans quatre continents.

Orchestre National de Lyon

Fondé en 1969 sous le nom d'Orchestre Philharmonique Rhône-Alpes, il succède à l'Orchestre de la Société des Grands Concerts de Lyon fondé en 1905 par Georges M. Witkowski qui en assure la direction jusqu'à sa mort en 1944. La salle Rameau, siège de l'orchestre, est inaugurée le 8 novembre 1908. Dans les années trente, un second orchestre d'une trentaine de musiciens voit le jour, le *Trigintuor*, mais tous deux fusionnent en 1938 sous le nom d'Association Philharmonique. Jean Witkowski succède à son père (1944-53). La direction artistique est ensuite assurée par Robert Proton de la Chapelle jusqu'à la régionalisation de l'orchestre en 1968.

Directeurs musicaux : Louis Frémaux (1969-71), Serge Baudo (1971-87), Emmanuel Krivine (depuis 1987).

Chefs permanents et associés : Jacques Houtmann (1969-71), Sylvain Cambreling (1975-81), Claude Gaultier (1981-82), Emmanuel Krivine (1er chef invité, 1983-85), Claude Bardon (2e chef, 1985-86).

Orchestre régional, il assure la saison symphonique à Lyon et, jusqu'en 1983, participait aux spectacles lyriques de l'Opéra de Lyon. Il est aussi le principal protagoniste du Festival Berlioz de Lyon. En 1984, il prend le nom d'Orchestre National de Lyon. Il effectue de nombreuses tournées à l'étranger, notamment en Chine et en Extrême-Orient (1979), en Allemagne (1982 et 1983), aux États-Unis (1986). La salle de l'orchestre, l'Auditorium Maurice Ravel, a été inaugurée en 1975. Depuis 1991, l'orchestre offre un poste de compositeur en résidence, d'abord occupé par Michael Jarrell (1991-93) puis par Pascal Dusapin (depuis 1993).

CRÉATIONS : œuvres de Jean-Guy Bailly (*La Perle*, 1984), Michael Jarrell (*Des nuages et des brouillards*, 1992 ; *Passages*, 1993), René Koering (*Concerto pour violon « Allegria Kochansky »*, 1992), Michel Legrand (*Concertoratorio*, 1989, commande pour le bicentenaire de la Révolution), Serge Nigg (*Fastes pour l'imaginaire*, 1974), Maurice Ohana (*Autodafé*, 1972 ; *Le Livre des prodiges*, 1979), Georges-Martin Witkowsky (*Le Poème de la maison*, 1919 ; *Mon lac*, 1921), Ellen Zwillich (*Concerto pour piano*, 1987).

Philharmonie de Lorraine (Metz)

Orchestre symphonique régional **fondé en 1986**, il succède à l'Orchestre Philharmonique de Lorraine, fondé en 1975 et dissous en 1984, qui résultait de la fusion entre l'Orchestre Radio-Symphonique de Strasbourg et l'Orchestre Municipal de Metz et avait été dirigé par Michel Tabachnik (1975-81), Emmanuel Krivine (1981-83) et Gérard Akoka (1983-84). Chargé de mission dès 1984, Jacques Houtmann a assuré la transition entre les deux formations.

Directeur artistique : Jacques Houtmann (depuis 1986).

CRÉATIONS : œuvres de Carlos Roqué Alsina (*Prima Sinfonia*, 1983), Gilbert Amy (*Stretto*, 1977), Juan Allende Blin (*Transformations*), John Cage (*Trente Pièces pour cinq orchestres*, 1981), André Casanova (*Ein Musikalisches Opfer* ; *Ephemeris*, 1991), Charles Chaynes (*Litanies*, 1989), Pascal Dusapin (*La Rivière*, 1979 ; *L'Aveu*, 1982), Allain Gaussin (*Irisation-Rituel*, 1980), Joan Guinjoan (*Música per a violoncel i orquestra*, 1978), Heinz Holliger (*Trema*, 1981), Michael Levinas (*Ouverture pour une fête étrange*, 1979), Costin Miereanu (*Rosenzeit*, 1982), Luis de Pablo (*Figura en el mar*, 1990), Griffith Rose (*Messe de saint Antoine)*, Iannis Xenakis (*A Colone*, 1977).

Orchestre Philharmonique de Montpellier

Fondé en 1979.

Constitué à l'origine comme un orchestre Mozart (40 musiciens), cet ensemble regroupe maintenant 82 instrumentistes. La programmation accorde une large part aux œuvres mal connues ou injustement oubliées. Il assure la saison symphonique et lyrique de Montpellier ainsi que la décentralisation dans la région Languedoc-Roussillon.

Directeurs musicaux : Louis Bertholon (1979-83), Cyril Diederich (1984-89), Gianfranco Masini (1991-93), Friedemann Layer (depuis 1994).

CRÉATIONS : œuvres de Charles Chaynes (*Noces de sang*, opéra, 1988), Ornette

Coleman (*Skies of America*, 1985), Michel Decoust (*Hommage à Maurice Ravel*, 1987), Pascal Dusapin (*Haro*, 1986 ; *Roméo et Juliette*, opéra, 1989), Lorenzo Ferrero (*La Nouvelle Espagne*, 1992), Henry Fourès (*Coda*, 1982), Renaud Gagneux (*Triptyque* pour violoncelle et orchestre, 1993), Philippe Hersant (*Le Château des Carpathes*, opéra, 1992), René Koering (*Trois Grands Lieder*, 1992 ; *Marie de Montpellier*, opéra, 1994), Gérard Masson (*Bud*, 1992, commande), Iannis Xenakis (*Kyania*, 1990).

Orchestre Symphonique de Mulhouse

Fondé en 1972, il succède à l'Orchestre Municipal et porte jusqu'en 1979 le nom d'Orchestre Régional de Mulhouse, et, entre 1979 et 1991, le nom d'Orchestre Symphonique du Rhin. Il assure une saison symphonique, les concerts de décentralisation et participe aux spectacles de l'Opéra du Rhin. Effectif : 56 musiciens.

Directeurs : Serge Zehnacker (1972-75), Paul Capolongo (1975-85), Luca Pfaff (depuis 1985).

CRÉATION : œuvre de Graciane Finzi (*Édifice* pour violon et orchestre, 1976).

Orchestre Philharmonique de Nice

Fondé en 1945, il fait l'objet en 1982, à l'initiative de Jacques Charpentier, directeur général de la musique de la ville de Nice, et sous la direction artistique de Pierre Médecin, d'une restructuration complète qui porte son effectif à 120 musiciens. Il assure la saison symphonique et la saison lyrique de l'Opéra de Nice et se produit également en formations restreintes sous la direction de son violon solo Jacques-Francis Manzone ou du clarinettiste Claude Crousier.

Chefs permanents et directeurs musicaux : Georges Lauweryns (1945-46), Charles Boissard (1946-48), Marcel Dorssers (1948-50), Georges Lauweryns (1950-56), Richard Blareau (1956-59), Jean Périsson (1959-65), Paul Jamin (1965-76), Antonio de Almeida (1976-78), Pierre Dervaux (1978-82), Berislav Klobucar (1982-88), Spiros Argiris (1988), Klaus Weise (depuis 1990).

CRÉATION : œuvre de Jacques Charpentier (*Symphonie nº 7 « Acropolis »*, 1985).

Nouvel Orchestre Philharmonique de Radio France

Voir à **Orchestre Philharmonique de Radio France.**

Orchestre des Champs-Élysées (Paris)

Voir à **La Chapelle Royale** (orchestres de chambre et ensembles spécialisés).

Orchestre Colonne (Paris)

Fondé à Paris en mars 1873 par Édouard Colonne et Georges Hartmann sous le nom de Concert National, devient l'Association Artistique en novembre 1873, l'Orchestre des Concerts Colonne en 1910 et l'Orchestre Colonne en 1979.

Présidents-chefs d'orchestre : Édouard Colonne (1873-1910), Gabriel Pierné (1910-34), Paul Paray (1934-40), Gaston Poulet (1940-44), Paul Paray (1944-56), Charles Münch (1956-58), Pierre Dervaux (1958-92).

Directeurs musicaux : Philippe Entremont (1988-90), Antonello Allemandi (depuis 1992).

CRÉATIONS : œuvres d'Alain Bancquart (*Baroques*, 1974), Emmanuel Bondeville (*Symphonie chorégraphique*, 1965), André Caplet (*Le Miroir de Jésus*, 1923), Ernest Chausson (*Soir de fête*, 1898), Claude Debussy (*Danses pour harpe*, 1904 ; *Khamma*, 1924), Claude Delvincourt, Maurice Duruflé (*Trois Danses*, 1936), Maurice Emmanuel (*Symphonie nº 2*, 1935), Georges Enesco (*Poème roumain*,

1898 ; *Symphonie n° 1*, 1906 ; *Symphonie concertante pour violoncelle*, 1909), Jacques Ibert (*Ballade de la geôle de Reading*, 1922 ; *Féérique*, 1925 ; *Le Chevalier errant*, 1952), Vincent d'Indy (*Jour d'été à la montagne*, 1906), André Jolivet (*Guignol et Pandore*, 1949), Marcel Landowski (*Edina*, 1946), Marcel Mihalovici (*Capriccio roumain*, 1937), Darius Milhaud (*Protée*, suite n° 2, 1920 ; *Suite pour harmonica et orchestre*, 1920), Maurice Ohana (*L'Anneau du Tamarit*, 1977), Paul Paray, Henri Rabaud (*La Procession nocturne*, 1899), Maurice Ravel (*Une barque sur l'océan*, 1907, *Rapsodie espagnole*, 1908 ; *Tzigane*, 1924), Albert Roussel (*Pour une fête de printemps*, 1921), Camille Saint-Saëns (*Concerto pour piano n° 4*, 1875 ; *Danse macabre*, 1875 ; *Suite algérienne*, 1886), Gustave Samazeuilh, Florent Schmitt (*In memoriam*, 1935), Alexandre Tcherepnine (*Symphonie n° 1*, 1927).

L'orchestre fonctionne en autogestion et participe à certains spectacles lyriques et chorégraphiques du Châtelet à partir de 1980. Il s'est doté d'un chœur dirigé d'abord par Michel Corboz puis Michel Lasserre de Rozel (1989-93), Patrick Marco (depuis 1993).

Orchestre des Concerts Lamoureux (Paris)

Fondé en 1881 par Charles Lamoureux.

Chefs permanents : Charles Lamoureux (1881-97), Camille Chevillard (1897-1923), Paul Paray (1923-28), Albert Wolff (1928-34), Eugène Bigot (1935-51), Jean Martinon (1951-57), Igor Markevitch (1957-62), Jean-Baptiste Mari (1962-69). Chefs invités entre 1969 et 1975. Jean-Pierre Jacquillat (1975-77), Jean-Claude Bernède (conseiller artistique, 1979-83, président-chef d'orchestre, 1983-91), Valentin Kojin (chef principal, 1992), Yutaka Sado (chef invité privilégié, depuis 1993).

CRÉATIONS : œuvres de Gilbert Amy (*Refrains*, 1972), Henry Barraud (*Symphonie pour cordes*, 1956 ; *Une saison en enfer*, 1969), Lili Boulanger (*Deux Psaumes*, 1923), Pierre Boulez (*Doubles*, 1958), Joseph Canteloube (*Chants d'Auvergne*, 1924), Pierre Capdevielle (*Épaves retrouvées*, 1956), André Caplet (*Prières*, 1922), Emmanuel Chabrier (*España*, 1883 ; *La Sulamite*, 1885 ; *Joyeuse Marche*, 1890 ; *Briséïs*, 1897 ; *Bourrée fantasque*, 1898), Ernest Chausson (*Viviane*, 1888), Charles Chaynes (*Peintures noires*, 1975), Claude Debussy (*Trois Nocturnes*, 1901 ; *La Mer*, 1905 ; *L'Enfant prodigue*, 1908), Maurice Duruflé (*Messe cum jubilo*, 1966), Gabriel Fauré (*Pavane*, 1888 ; *Dolly*, orch. Rabaud, 1907), Jean Françaix, César Franck (*Les Éolides*, 1882), Ernest Guiraud (*La Chasse fantastique*, 1887), Jacques Ibert (*Escales*, 1924 ; *Concerto pour violoncelle*, 1926 ; *Symphonie Marine*, 1963), Vincent d'Indy (*Saugefleurie*, 1885 ; *Le Chant de la cloche*, 1886 ; *Symphonie sur un chant montagnard français*, 1887 ; *Wallenstein*, 1888 ; *La Forêt enchantée*, 1891 ; *Symphonie n° 2*, 1904), Albéric Magnard (*Hymne à Vénus*, 1906), Marcel Mihalovici (*Esercizio per archi*, 1962), Gabriel Pierné (*Paysages franciscains*, 1924), Francis Poulenc, Maurice Ravel (*Valses nobles et sentimentales*, 1912 ; *La Valse*, 1920 ; *Menuet antique*, 1930 ; *Concerto pour piano en sol majeur*, 1932), Jean Rivier, Albert Roussel (*Psaume LXXX*, 1929), Florent Schmitt (*Le Palais hanté*, 1905 ; *Musique en plein air*, 1906 ; *Rhapsodie viennoise*, 1911 ; *Rêves*, 1918 ; *Antoine et Cléopâtre*, suites, 1920), William Sheller (*Concerto pour trompette*, 1993 ; *Symphonie n° 2*, 1994), Henri Tomasi, Charles Tournemire (*Symphonie n° 4*, 1914).

A ses débuts, l'orchestre a joué un rôle essentiel en faveur de la musique de Wagner dont il a présenté de nombreuses pages en première audition française. Il fonctionne en autogestion.

Orchestre des Concerts Straram (Paris)

Fondé en 1925 par Walther Straram qui le dirige jusqu'à sa mort en 1933. L'orchestre est alors dissous. Composé des meilleurs instrumentistes des autres orchestres parisiens, il se consacre essentiellement à la musique de son temps et réalise de nombreuses créations (*cf.* article Walther Straram). Il fonctionnait uniquement à l'aide du mécénat privé. Toscanini l'a choisi pour diriger son premier concert parisien et Stravinski a réalisé avec lui le premier enregistrement du *Sacre du printemps.*

Orchestre Lyrique de l'ORTF

Fondé en 1941, dissous en 1975.

Chefs permanents : Jules Gressier (1941-58), Pierre-Michel Le Conte (1960-73). Composé d'une soixantaine de musiciens, l'Orchestre Lyrique a eu pour buts la reprise d'ouvrages négligés, la création d'œuvres inédites, l'exécution de commandes passées par la radio. Il porte successivement le nom d'Orchestre Radio-Lyrique, d'Orchestre Lyrique de la RTF, de l'ORTF, avant d'être refondu dans le Nouvel Orchestre Philharmonique de Radio France.

CRÉATIONS : œuvres de Girolamo Arrigo (*Nel fuggi del tempio*, 1975), Tony Aubin (*Goya*, 1973), Jacques Bondon (*La Nuit foudroyée*, 1964 ; *Mélusine au rocher*, 1969 ; *Ana et l'Albatros*, 1972), Henri Büsser (*Le Carrosse du saint Sacrement*, 1959 ; *La Vénus d'Ille*, 1962), Pierre Capdevielle (*La Fille de l'Homme*, 1967), Marc Carles (*Métaphonies*, 1969), André Casanova (*Le Livre de la Foi jurée*, 1966), Michel Decoust (*Et, ée*, 1973), Yvonne Desportes (*Le Rossignol et l'orvet*, 1959), Louis Ganne (*Rhodope*, 1962), Désiré-Émile Inghelbrecht (*De l'autre côté du miroir*, 1968), Manfred Kelkel (*La Mandragore*, 1965), Paul Le Flem (*La Maudite*, 1967), Ivo Malec (*Un contre tous*, 1971), Henri Martelli (*La Chanson de Roland*, 1967), Claude Prey (*Jonas*, 1966 ; *La Noirceur du lait*, 1975), Henri Sauguet (*Chant pour une ville meurtrie*, 1968), Patrice Sciortino (*Atsmoek*, 1968), Henri Tomasi (*Princesse Pauline*, 1962 ; *Le Silence de la mer*, 1963 ; *L'Elixir du révérend Père Gaucher*, 1969), Gerard Victory (*Chatterton*, 1970).

Orchestre National de France

Fondé le 18 février 1934.

Chefs permanents : Désiré-Émile Inghelbrecht (1934-44), Manuel Rosenthal (1944-47), Roger Désormière (1947-51).

Directeurs musicaux : Maurice Le Roux (1961-67), Jean Martinon (1968-73), Serge Blanc (1973-75), Alain Bancquart (1975-76), Alain Moëne (1977-83), Lorin Maazel (1er chef invité à partir de 1977, directeur musical 1988-90), Jeffrey Tate (1er chef invité depuis 1989), Charles Dutoit (directeur musical depuis 1991).

Fondé à l'initiative du ministre des postes Jean Mistler, l'Orchestre National (80 musiciens) donne son premier concert le 13 mars 1934, salle de l'Ancien Conservatoire. Dès 1935, Toscanini le dirige à deux reprises à l'Opéra. Durant la guerre, l'Orchestre se replie à Rennes puis à Marseille. Il regagne Paris en 1943. Dès lors, il se produit régulièrement une fois par semaine au Théâtre des Champs-Élysées sous la direction des plus grands chefs, notamment Charles Münch qui deviendra son président d'honneur et André Cluytens. Depuis sa création, l'Orchestre National a une vocation double à la fois comme orchestre de radio et comme orchestre de prestige représentant la musique française à l'étranger, d'où sa participation à de nombreux festivals internationaux et de fréquentes tournées. Entre 1973 et 1976, Sergiù Celibidache a dirigé de nombreux concerts et, en mai-juin 1980, Isaac Stern a donné une importante série. Il comprend actuellement 116 musiciens. Parmi les violons solos, on relève les noms d'Henry Merckel (1934), Henri Bronschwak (jusqu'en 1975), Patrice Fontanarosa (1976-85), Régis Pasquier (1977-86), Bertrand Walter (depuis 1988), Maxime Tholance (1988-90), Luc Héry (depuis 1992).

CRÉATIONS : œuvres de Carlos Roque Alsina (*Concerto pour piano*, 1985), Gilbert Amy (*Antiphonies*, 1965), Girolamo Arrigo (*Thamos*, 1966 ; *Solarium*, 1982), Claude Ballif (*A cor et à cri*, 1965), Alain Bancquart (*Symphonie*, 1981), Henry Barraud (*Offrande à une ombre*, 1944 ; *Le Mystère des saints innocents*, 1947), Luciano Berio (*Formazioni*, version définitive, 1987), André Bon (*Trois Sonnets de Louise Labé*, 1983), Pierre Boulez (*Le Soleil des eaux*, 1950), Earl Brown (*Modul 1 et 2*, 1967), Philippe Capdenat (*Nadira*, 1984), Jacques Charpentier (*Concerto pour ondes Martenot*, 1964 ; *Symphonie nº 6*, 1979), Charles Chaynes (*Concerto pour *violon*, 1961), Marius Constant (*24 Préludes*, 1959 ; *Les Chants de Maldoror*, 1964), Jean-Michel Damase (*Symphonie*, 1954), Daniel-Lesur (*Le Bal du destin*, 1957), Nguyen-Thien Dao (*Symphonie pour pouvoir*, 1989), Xavier Darasse (*Instants passés*, 1989), Marcel Delannoy (*Abraham et l'ange*, 1960), Jacob Druckman (*Shog*, 1991), Pascal Dusapin (*Tre scalini*, 1983), Henri Dutilleux (*Symphonie n° 1*, 1951 ; *L'Arbre des songes*, concerto pour violon, 1985), Jean-Claude Eloy (*Kamakala*, 1971), Luc Ferrari (*Histoire du plaisir et de la désolation*, 1982), Jean Françaix (*La Dame dans la lune*, 1960), Renaud Gagneux (*Concerto pour tuba, piano et orchestre*, 1984), Jean-Pierre Guézec (*Suite pour Mondrian*, 1965), Cristóbal Halffter (*Officium defunctorum*, 1979 ; *Parafrasis*, 1985), Pierre Hasquenoph (*Symphonie n° 4*, 1961), Georges Hugon (*Concerto pour piano*, 1962), André Jolivet (*Concerto pour ondes Martenot*, 1949 ; *Symphonie n° 1*, 1954 ; *Symphonie pour cordes*, 1962 ; *Concerto pour violoncelle n° 1*, 1962), Charles Koechlin (*La Cité nouvelle*, 1962), György Kurtág (*Concerto pour flûte*, 1987), Lazslo Lajtha (*Symphonie n° 8*, 1961), Marcel Landowski (*Symphonies n° 2*, 1965 ; *n° 4*, 1988 ; *Concerto pour trompette*, 1977), Paul Le Flem (*Symphonie n° 2*, 1958), Michael Levinas (*La Cloche fêlée*, 1990), Raymond Loucheur (*Symphonie n° 2*, 1945), Ivo Malec (*Sygma*, 1964 ; *Ottava bassa*, 1984), Jean-Louis Martinet (*Mouvements symphoniques n° 3*, 1956 ; *n° 4*, 1961 ; *n° 5*, 1961 ; *n° 6*, 1963 ; *Symphonie*, 1964), Gérard Masson (*Concerto pour piano*, 1978 ; *Hymnopsie*, 1974), Paul Méfano (*La Cérémonie*, 1970), Marcel Mihalovici (*Symphonies pour le temps présent*, 1944 ; *Variations pour cuivres et cordes*, 1947 ; *Sinfonia variata*, 1962 ; *Sinfonia cantata*, 1965), Darius Milhaud (*Symphonies n° 3*, 1947, *n° 4*, 1948 ; *Pacem in terris*, 1963 ; *Hommage à Comenius*, 1966), Marc Monnet (*Pouf !*, 1984), Serge Nigg (*Concerto pour piano n° 2*, 1973), Emmanuel Nunes (*Tif'Ereth*, 1985), Maurice Ohana (*Trois Graphiques*, 1964), Krzysztof Penderecki (*Adagio pour orchestre*, 1989), Francis Poulenc (*Concerto pour piano*, 1949), Jean Rivier (*Psaume LVI*, 1944 ; *Symphonies n° 5*, 1951 ; *n° 6*, 1958 ; *n° 7*, 1962), Guy Ropartz (*Symphonie n° 5*, 1946), Manuel Rosenthal (*2 Études en camaïeu*, 1972), Yoshihisa Taïra (*Méditations*, 1978), Alexandre Tansman (*Le Faux Messie*, 1961), Roger Tessier (*Coalescence*, 1988), Antoine Tisné (*Mouvements symphoniques*, 1965), Henri Tomasi (*Concerto pour violon*, 1964), Gilles Tremblay (*Fleuves*, 1980), Edgar Varèse (*Déserts*, 1954), Iannis Xenakis (*S-T-48*, 1968 ; *Jonchaies*, 1977).

Orchestre National d'Ile-de-France

Fondé en 1974.

Directeurs : Jean Fournet (1974-82), Jacques Mercier (depuis 1982). Orchestre régional chargé d'assurer la saison symphonique dans les sept départements de la région Ile-de-France. Il participe à des spectacles lyriques (depuis 1983), chorégraphiques, et à des productions cinématographiques (depuis 1986). Les violons solos sont Gérard Jarry et Michel Benedetto.

CRÉATIONS : œuvres de Thérèse Brenet (*Hapax*, 1978), Daniel-Lesur (*La Reine morte*, 1988), Pascal Dusapin (*Haro*, version de concert, 1993). Michel Fusté-Lambezat (*Espaces éphémères*, 1979), Renaud Gagneux (*Ricercare I*, 1992, commande), Aubert Lemeland (*Symphonie n° 7*, 1991), Philippe Manoury (*Pentaphone*, 1993), Michel Merlet (*Moirures*, 1978), Luis de Pablo (*Une couleur...*, 1989), Michèle Reverdy (*Le Cercle du vent*, 1991), Patrice Sciortino (*Cercile*, 1983), Yoshihisa Taïra (*Polyèdre*, 1993), Éric Tanguy (*Jubilate*, 1994), Alexandre Tansman (*Les Dix Commandements*, 1981).

Orchestre de Paris

Fondé en 1967, il remplace l'Orchestre de la Société des Concerts du Conservatoire.

Directeurs : Charles Münch (1967-68), Herbert von Karajan (conseiller musical,

1969-71), Sir Georg Solti (1972-75), Daniel Barenboïm (1975-89), Semyon Bychkov (à partir de 1989).

Serge Baudo a été 1er chef de 1967 à 1971, Jean-Pierre Jacquillat assistant de 1967 à 1970, Claude Bardon, chef associé en 1984-85.

COMMANDES : œuvres de Marcel Landowski (*Messe de l'aurore,* pour le dixième anniversaire de l'orchestre, 1977), Pierre Boulez (*Notations I,* 1980), Hugues Dufourt (*Surgir,* 1985), Hans Werner Henze (*Fandango,* 1986), Edison Denisov (*Symphonie,* 1988), Luciano Berio (*Concerto II Echoing Curves,* 1988).

CRÉATIONS : œuvres de Gilbert Amy (*D'un espace déployé,* 1973, *Rissa cum jubilo,* 1988), Georges Barboteu (*Limites,* 1971), Luciano Berio (*Bewegung III,* 1983), Jacques Bondon (*Concerto solaire,* 1976), Philippe Capdenat (*Wahazzin,* 1972), Marius Constant (*Par le feu,* 1969), George Crumb (*Starchild,* 1977), Daniel-Lesur (*D'ombre et de lumière,* 1975), Jacques Delécluse (*Kalei,* 1983), Henri Dutilleux (*Tout un monde lointain,* 1971), Jean-Claude Eloy (*Fluctuante immuable,* 1977), Jean-Louis Florentz (*Le songe de Lluc Alacri pour violoncelle et orchestre,* 1994), Allain Gaussin (*Années-lumière,* 1993), Georges Hugon (*Symphonie n° 3,* 1981), André Jolivet (*Concerto pour violon,* 1973), Jacques Lenot (*Pour mémoire III,* 1983), Jan Maresz (*Parmi les étoiles fixes,* 1991), Olivier Messiaen (*La Transfiguration,* 1969), Claude Pichaureau (*La Grande Menace,* 1974), Pierre-Petit (*Storia,* 1971), Carlos Roqué Alsina (*Symphonie n° 2,* 1992), Toru Takemitsu (*A String around Autumn*, 1989), Richard Wagner (*La Descente de la courtille,* 1983), Iannis Xenakis (*Noomena,* 1974).

La saison symphonique, qui s'est déroulée successivement au Théâtre des Champs-Élysées et au Palais des Congrès, se tient maintenant à la Salle Pleyel, avec des concerts et représentations lyriques au Châtelet. Premiers violons solos : Luben Yordanoff (1967-92), Jacques-Francis Manzone (1967-76), Jean-Jacques Kantorow (1976-78), Alain Moglia (1978-90), Philippe Aïche (depuis 1990).

Orchestre Pasdeloup (Paris)

Fondé en 1861 par Jules Pasdeloup sous le nom de Concerts Populaires, il fonctionne jusqu'en 1884 et renaît en 1919 sous l'impulsion de Serge Sandberg, portant son nom actuel.

Chefs permanents : Jules Pasdeloup (1861-84), Rhené-Bâton (1919-33), Albert Wolff (1934-70), Gérard Devos (1970-90). André Caplet a été 2e chef de 1922 à 1925, Albert Wolff de 1925 à 1928, D.-E. Inghelbrecht de 1928 à 1932 et Gérard Devos de 1963 à 1970. Depuis 1990, l'orchestre n'a plus de chef permanent et est régi par un comité présidé par Jean Gagnon.

CRÉATIONS : œuvres de Louis Aubert (*Habanera*, 1919), Georges Bizet (*Symphonie « Roma »*, 1869 ; *L'Arlésienne*, suites nos 1 et 2, 1872 ; *Patrie*, ouverture, 1874), Pierre Capdevielle (*Incantation pour la mort d'un jeune Spartiate*, 1933), Jacques Charpentier (*Symphonie n° 5*, 1977), Henri Duparc (*Léonore*, 1877), Édouard Lalo (*Symphonie espagnole*, 1875 ; *Le Roi d'Ys*, ouverture, 1876), Marcel Landowski (*Rythmes du monde*, 1941 ; *Concerto pour piano n° 1*, 1942 ; *Symphonie n° 1*, 1949 ; *Les Noces de la nuit*, 1962), Raymond Loucheur (*Symphonie n° 1*, 1935), Jean Martinon (*Symphonie n° 2*, 1945), Georges Migot (*Symphonie n° 1*, 1922 ; *La Jungle*, 1932), Darius Milhaud (*Les Choéphores*, version de concert, 1927 ; *Concerto pour piano n° 1*, 1931), Maurice Ravel (*Alborada del gracioso*, 1919 ; *Le Tombeau de Couperin*, 1929), Albert Roussel (*Symphonie n° 2*, 1922 ; *Symphonie n° 4*, 1935), Camille Saint-Saëns (*Le Rouet d'Omphale*, 1872), Henri Sauguet (*Symphonie n° 4*, 1971), Henri Tomasi (*Chant pour le Viêt-Nam*, 1969).

Orchestre Philharmonique de Paris

Fondé en 1935, dissous en 1938.

Chef permanent : Charles Münch (1935-38).

CRÉATIONS : œuvres de Louis Aubert (*Les Saisons*, 1937), Henry Barraud (*Qua-

tre Préludes pour orchestre à cordes, 1938), Robert Casadesus (*Symphonie* en ré majeur, 1935), Jean Françaix (*Musique de cour*, pour flûte, violon et orchestre, 1937), Maurice Jaubert (*Cantate pour le temps pascal*, op. 47, 1938), Arthur Lourié (*Symphonie n° 1*, 1938), Marcel Mihalovici (*Prélude et invention* pour orchestre à cordes, 1938), Darius Milhaud (*Les Amours de Ronsard*, pour quatuor vocal et orchestre, 1935 ; *Introduction et Marche funèbre*, 1936), Jean Rivier (*Symphonie n° 2*, 1938), Florent Schmitt (*Oriane et le Prince d'amour*, suite d'orchestre, 1937).

Orchestre Philharmonique de l'ORTF

Fondé en 1937, intégré au Nouvel Orchestre Philharmonique de Radio France en 1976.

Chefs permanents : Eugène Bigot (1945-65), Charles Bruck (1965-70). Baptisé successivement Orchestre Radio-Symphonique (1937-55), Orchestre Radio-Symphonique de Paris (1955-59), Orchestre Philharmonique de la RTF (1960-63) puis de l'ORTF (1964-75), cette formation se joindra aux autres ensembles de Radio France pour former le Nouvel Orchestre Philharmonique à partir du 1er janvier 1976.

Il a eu une activité considérable dans le domaine de la musique contemporaine et compte à son actif un nombre impressionnant de créations mondiales ou de premières auditions en France.

CRÉATIONS : œuvres d'Alain Abbott (*Nombres invisibles*, 1973), Jorge Antuñes (*Catastrophe ultra-violette*, 1974), Georges Aperghis (*Libretto*, 1969), Claude Ballif (*Voyage de mon oreille*, 1968), Henry Barraud (*Symphonie concertante pour trompette et orchestre*, 1966 ; *Trois Études*, 1969, *Ouverture pour un opéra interdit*, 1972), Jacques Bondon (*Concerto pour violon*, 1964 ; *Lumières et formes animées*, 1970), John Cage (*The Seasons*, 1971), André Casanova (*Symphonie n° 3*, 1973), Charles Chaynes (*Concerto pour orchestre n°2*, 1964 ; *Concerto pour orgue*, 1970), Adrienne Clostre (*De Patribus deserti*, 1962), Nguyen-Thien Dao (*Koskom*, 1972), Michel Decoust (*Si... et si... seulement*, 1972), Michel Drogoz (*Soleil*, 1968 ; *Antinomies II*, 1970), Jacob Druckman (*Windows*, 1974), Morton Feldman (*My Viola is My Life*, 1971), Jean-Pierre Guézec (*Formes*, 1967), Jean Guillou (*Judith-Symphonie*, 1971), Désiré-Émile Inghelbrecht (*Les Heures claires*, 1964), André Jolivet (*Le Cœur de la matière*, 1965 ; *Songe à nouveau rêvé*, 1971), René Koering (*Vocero*, 1973), Janos Komives (*Concerto pour quatuor à cordes et orchestre*, 1970), Marcel Landowski (*Concerto pour piano n° 2*, 1963), Paul Le Flem (*Symphonie n° 3*), Raymond Loucheur (*Symphonie n° 3*, 1972), Ivo Malec (*Séquences*, 1963 ; *Oral*, 1967), Henri Martelli (*Suite symphonique n° 3*, 1972), Jean-Louis Martinet (*Les Amours*, 1962), Paul Méfano (*Incidences*, 1967), Patrice Mestral (*Dimensions-insertions*, 1973), Georges Migot (*Suite en cinq parties*, 1962), Darius Milhaud (*Invocation à l'Ange Raphaël*, 1962), Alain Moëne (*Chroniques*, 1972), Serge Nigg (*Le Chant du dépossédé*, 1965 ; *Visages d'Axel*, 1967 ; *Fulgur*, 1969), Tolia Nikiprowetzky (*Hommage à Antonio Gaudi*, 1967), Luis de Pablo (*Éléphants ivres III et IV*, 1974), Jean Rivier (*Christus Rex*, 1968), Louis Saguer (*Suite sefardi*, 1963), Michel Tabachnik (*Mondes*, 1973 ; *Movimenti*, 1974), Alexandre Tansman (*Psaumes*, 1963), Alexandre Tcherepnine (*Concerto pour piano n° 5*, 1964), Ton That Tiet (*Ngu Hanh II*, 1974), Antoine Tisné (*Concerto pour piano*, 1964 ; *Symphonie n° 2*, 1966 ; *Concerto pour violoncelle*, 1969), Anatol Vieru (*Écran*, 1971), Pierre Wismer (*Symphonies n° 4*, 1965 ; *n° 5*, 1971), Iannis Xenakis (*Terretektorh*, 1966 ; *Nomos Gamma*, 1969 ; *Erikhton*, 1974).

Orchestre Philharmonique de Radio France

Fondé le 1er janvier 1976 sous le nom de Nouvel Orchestre Philharmonique de Radio France (NOP), il adopte son nom actuel en 1989.

Directeurs musicaux : Gilbert Amy (1976-81), Yves Prin (1982-83), Marek Janowski (depuis 1988).

Premiers chefs : Gilbert Amy (1976-81), Hubert Soudant (1981-83), Marek Janowski (depuis 1983).

Chef associé : Emmanuel Krivine (1981-83).

Formation de 137 musiciens pouvant se démultiplier afin d'assurer simultanément des programmes musicaux de genres et d'effectifs très divers, cet orchestre a été constitué à la suite de la fusion entre l'Orchestre Philharmonique, l'Orchestre Lyrique et l'Orchestre de Chambre de l'ORTF. Il assure une saison symphonique, une saison lyrique (opéras en version de concert), des concerts de musique sacrée et de musique contemporaine et participe à de nombreux festivals. Les violons solos sont Élisabeth Balmas, Guy Comentale et Jacques Prat.

CRÉATIONS : œuvres de Gilbert Amy (*Choros*, 1989), Alain Bancquart (*Tarots d'Ulysse,* 1984), André Bon (*Fresques,* 1988), André Boucourechliev (*Miroir,* 1988), Charles Chaynes (*Pour un monde noir,* 1978), Marius Constant (*Nana-Symphonie,* 1980 ; *Concerto pour orgue,* 1987), Daniel-Lesur (*Dialogues dans la nuit,* 1988), Didier Denis (*Urbicande Symphonie,* 1988), Hugues Dufourt (*La Mort de Procris,* 1986), Pascal Dusapin (*Khôra*, 1995), Ahmed Essyad (*Symphonie en deux mouvements*, 1989), Ivan Fedele (*Concerto pour piano*, 1994), Graciane Finzi (*Trames*), Jean-Louis Florentz (*Requiem de la Vierge*, 1988), Renaud Gagneux (*Te Deum*, 1989), Gérard Grisey (*Jour, Contre-jour*, 1989), Betsy Jolas (*Frauenleben* pour alto et orchestre, 1993), Manfred Kelkel (*Symphonie n° 1*, 1985), René Koering (*Elseneur*, opéra, 1980 ; *La Messe d'Avila*, 1984), Barbara Kolb (*Voyants*, 1991), Zygmund Krauze (*Arabesque*, 1984), François-Bernard Mâche (*Andromède*, 1980 ; *L'Estuaire du temps*, 1993), Jean-Étienne Marie (*Marana Tha*, 1988), Olivier Messiaen (*Un sourire*, 1991), Patrice Mestral (*Aigues vives*, 1984 ; *Concerto pour violon*, 1987), Costin Miereanu (*Symphonie n° 1 « Un temps sans mémoire »*, 1992), Francis Miroglio (*Magnétiques*, 1982), Serge Nigg (*Mirrors for William Blake*, 1979 ; *Du clair au sombre*, 1987), Tolia Nikiprowetzky (*Ode funèbre*, 1988), Luis de Pablo (*Com un Epilog*, 1989), Louis Saguer (*Concerto pour piano*, 1987), Martial Solal (*Concerto pour piano*, 1981), Akira Tamba (*Chréode*, 1979), Ton That Tiet (*Kiem Ai*, 1982).

Orchestre de la Société des Concerts du Conservatoire (Paris)

Fondé en 1828, dissous en 1967, remplacé par l'Orchestre de Paris.

Chefs permanents : François Habeneck (1828-49), Narcisse Girard (1849-60), Alexandre Tilmant (1860-63), Georges Hainl (1864-72), Edouard Deldevez (1872-85), Jules Garcin (1885-92), Paul Taffanel (1895-1901), Georges Marty (1901-08), André Messager (1908-18), Philippe Gaubert (1918-38), Charles Münch (1938-46), André Cluytens (1949-67).

CRÉATIONS : œuvres de Tony Aubin, Emmanuel Bondeville (*Gaultier-Garguille*, 1952), Emmanuel Chabrier (*Ode à la musique*, 1893), Jacques Chailley (*Jeanne devant Reims*, 1942), Maurice Duruflé (*Scherzo*, op. 2, 1940), Maurice Emmanuel (*Poème du Rhône*, 1943), Gabriel Fauré (*Masques et bergamasques*, 1919), Jean Françaix (*L'Apocalypse*, 1942), César Franck (*Symphonie en ré mineur*, 1889), Philippe Gaubert, Charles Gounod (*Requiem*, 1894), Jacques Ibert (*Concerto pour flûte*, 1934 ; *Ouverture de fête*, 1942), Vincent d'Indy (*Diptyque méditerranéen*, 1926), André Jolivet (*Trois Complaintes du soldat*, 1943 ; *Poèmes intimes*, 1944 ; *Danses rituelles*, 1944), Marcel Landowski, Henri Martelli (*Ouverture pour un Conte de Boccace*, 1943), Jean Martinon (*Musique d'exil* [Stalag IX], op. 31, 1942 ; *Psaume 136*, op. 33, 1943 ; *Concerto lyrique* pour quatuor à cordes et orchestre, 1951), Olivier Messiaen (*Trois petites liturgies de la Présence Divine*, 1945 ; *Trois Tâlâ*, 1948 ; *Et expecto resurrectionem mortuorum*, 1965), Marcel Mihalovici (*Toccata* pour piano et orchestre, 1939), Max d'Ollone (*La Vision de Dante*, 1899), Jean Rivier, Guy Ropartz, Camille Saint-Saëns (*Concerto pour violoncelle n° 1*, 1873), Alexandre Tansman (*Sinfonia piccola*, 1952).

L'orchestre fonctionnait en autogestion. Il a participé au Festival d'Aix-en-Provence de 1949 à 1967, où il assurait les spectacles lyriques et les concerts symphoniques.

Orchestre Symphonique Français (Paris)

Fondé en 1989 par Laurent Petitgirard, son financement est entièrement privé.

Directeur musical : Laurent Petitgirard.

COMMANDES : œuvres de Nicolas Bacri (*Folia*, 1993), Graciane Finzi (*Sud*, 1992), Anthony Girard (*A ciel ouvert*, 1992), Marian Kouzan (*Svoboda*, 1992), Ennio Morricone (*Terzo Concerto* pour guitare, marimba et cordes, 1992), Laurent Petitgirard (*Le Marathon*, 1992), Antoine Tisné (*Les Voiles de la nuit*, 1992), Demis Visvikis (*Orama*, 1992).

Orchestre Symphonique de la Garde Républicaine (Paris)

Fondé en 1948 par adjonction d'instruments à cordes à la Musique de la Garde Républicaine formée elle-même en 1848.

Chefs permanents : Jean Paulus (1848-73), Adolphe Sellenick (1873-84), Gustave Wettge (1884-93), Gabriel Parès (1893-1910), Guillaume Balay (1911-27), Pierre Dupont (1927-45), François-Julien Brun (1945-69), Raymond Richard (1969-72), Roger Boutry (depuis 1973).

Outre l'Orchestre Symphonique, les orchestres de la Garde Républicaine comportent un orchestre d'harmonie de 77 musiciens, un orchestre à cordes de 13 ou 24 musiciens, un orchestre « Mozart » de 40 musiciens, un quatuor à cordes et un quintette de saxophones.

Orchestre Symphonique de Paris

Fondé en 1928 par la princesse Edmond de Polignac et Gabrielle Chanel, dissous en 1938. Fonctionne grâce au mécénat privé.

Chefs permanents : Alfred Cortot, Ernest Ansermet et Louis Fourestier (1928-29), Pierre Monteux (1929-38), Jean Morel (1938).

CRÉATIONS : œuvres de Georges Auric (*Les Matelots*, suite de ballet, 1935), Daniel-Lesur (*Suite française*, 1935), Marcel Delannoy (*Symphonie nº 1*, 1934), Pierre-Octave Ferroud (*Symphonie en la*, 1931), Jean Françaix (*Fantaisie pour violoncelle et orchestre*, 1935), Arthur Honegger (*Rugby*, 1928), Jacques Ibert (*Divertissement*, 1930), Charles Koechlin (*La Course de printemps*, 1932), Marcel Landowski (*Clairs obscurs*, 1938), Igor Markevitch (*Concerto grosso*, 1930), Henri Martelli, Georges Migot (*Prélude pour un poète*, 1929), Nicolas Nabokov (*Symphonie lyrique*, 1930), Francis Poulenc (*Concert champêtre*, 1929), Serge Prokofiev (*Symphonies nº 2*, 1930 ; *nº 3*, 1929), Jean Rivier (*Adagio pour cordes*, 1931 ; *Symphonie nº 1*, 1933), Manuel Rosenthal, Henri Sauguet, Florent Schmitt, Igor Stravinski (*Capriccio pour piano et orchestre*, 1929), Germaine Tailleferre (*Six Chansons françaises*, 1930 ; *Ouverture*, 1932 ; *Concerto pour 2 pianos, chœur et orchestre*, 1934 ; *Concerto pour violon*, 1936).

Orchestre de Bretagne (Rennes)

Fondé en 1989 en tant qu'orchestre régional, il succède à l'Orchestre de la Ville de Rennes qui avait été restructuré en 1981 et en 1986 (dirigé par Jean-Claude Bernède de 1981 à 1985, puis par Claude Schnitzler). Son effectif de base compte une quarantaine d'instrumentistes et peut atteindre soixante en fonction du répertoire. Il participe à la vie symphonique des principales villes bretonnes et à la vie lyrique de Rennes.

Directeur musical : Claude Schnitzler (à partir de 1989, déjà directeur musical de l'Orchestre de la Ville de Rennes dès 1986).

Orchestre Philharmonique de Strasbourg

Fondé en 1972, il succède à l'Orchestre Municipal (fondé en 1855) qu'avaient dirigé notamment Joseph Hasselmans (1855-), Franz Stockhausen (1875-1907), Robert Heger (1907-08), Hans Pfitzner (1908-14), Otto Klemperer (1914-17), George Szell (1917-19), Guy Ropartz (1919-29), Paul Bastide (1929-40), Hans Rosbaud (1941-44), Fritz Münch (1945-49), Ernest Bour (1950-64), Alceo Galliera (1964-72).

Directeurs musicaux : Alain Lombard (1972-1983), Theodor Guschlbauer (à partir de 1983).

L'orchestre assure la saison symphonique et lyrique (dans le cadre de l'Opéra du Rhin) ainsi que les concerts de décentralisation. Depuis 1988, le violon solo de l'orchestre joue sur un Guadagnini de 1754 mis à disposition par la Banque Populaire.

CRÉATIONS : œuvres de Francis Poulenc (*Stabat Mater*, 1951), Yoshihisa Taïra (*Tourbillons*, 1984).

Orchestre Radio-Symphonique de Strasbourg

Fondé en 1930, il est dispersé en 1939 et reconstitué par étapes après la guerre. A la disparition de l'ORTF, en 1975, il fusionne avec l'Orchestre Municipal de Metz pour former l'Orchestre Philharmonique de Lorraine.

Chefs permanents : René Montfeuillard, Maurice Devillers, Ernest Bour. Après la guerre : Victor Clovez, Louis Martin, Jean Périsson (1955-56), Jacques Pernoo (1956-57), Charles Bruck (1957-66), Roger Albin (1966-73).

CRÉATIONS : œuvres de Henry Barraud (*Rapsodie dionysienne*, 1962), Jacques Bondon (*Musique pour un autre monde*, 1962), André Boucourechliev (*Faces*, 1972), André Casanova (*Notturno*, 1960 ; *Concerto pour violon*, 1965 ; *Anamorphoses*, 1969 ; *Prélude pour cordes*, 1970), Charles Chaynes (*Expressions contrastées*, 1966), Daniel-Lesur (*Concerto da camera* pour piano et orchestre, 1954), Pierre-Max Dubois (*Symphonie n° 1*, 1960), Betsy Jolas (*Trois Rencontres* pour trio à cordes et orchestre, 1974), André Jolivet (*Concerto pour piano*, 1951), Charles Koechlin (*Symphonie n° 2*, 1958), Janos Komives (*Catéchisme de nuit*, 1971 ; *Rallye*, 1974), Marcel Landowski (*Symphonie n° 3*, 1965), François-Bernard Mâche (*La Peau du silence*, troisième version, 1971), Georges Migot (*Mystère orphique*, 1964), Marcel Mihalovici (*Esercizio per archi*, 1960), Serge Nigg (*Jérôme-Bosch-Symphonie*, 1960 ; *Concerto pour piano n° 2*, 1971), Tolia Nikiprowetzky (*Symphonie « Logos 5 »*, 1965), Jean Rivier (*Concerto pour flûte*, 1956 ; *Concerto pour cuivres, timbales et cordes*, 1963), Antoine Tisné (*Impacts* pour ondes Martenot et deux orchestres, 1972).

Orchestre National du Capitole de Toulouse

Fondé en 1974 comme orchestre régional, il existait à Toulouse un orchestre qui assurait les saisons d'opéras du Capitole depuis le début du XIXe siècle. Il s'affirme comme orchestre symphonique à partir de 1945, notamment sous la direction d'André Cluytens et de Georges Prêtre. Il a acquis le titre d'orchestre national en 1980.

L'orchestre assure la saison symphonique (à la Halle aux Grains, entièrement rénovée en 1988) et lyrique (au Capitole) et participe à de nombreux festivals (Aix-en-Provence, Bordeaux, Nîmes, Montreux...). Chaque saison, il effectue une ou plusieurs tournées à l'étranger (États-Unis, Allemagne, Autriche, Italie...).

Directeur musical : Michel Plasson (depuis 1974).

CRÉATIONS : œuvres de Marc Bleuse (*Concerto pour violoncelle*, 1993), Jacques Bondon (*La Résurrection*, 1975), Charles Chaynes (*Visages mycéniens*, 1986), Xavier Darasse (*Instants éclatés*, 1983), Marcel Landowski (*Montségur*, 1985 ; *Quatre Préludes pour l'Opéra des Bastilles*, 1989), Aubert Lemeland (*Symphonie n° 1*, 1975 ; *Time Landscape*, 8 mélodies pour soprano et orchestre, 1993), Serge Nigg (*Millions d'oiseaux d'or*, 1981), Antoine Tisné (*Cosmogonie*, 1978).

GRANDE-BRETAGNE

Ulster Orchestra (Belfast)

Fondé en 1966.
Directeurs musicaux : Maurice Miles (1966-67), Sergiu Comissiona (1967-68), Bryden Thomson (1977-85), Vernon Handley (1985-88), Yan-Pascal Tortelier (1988-92), En Shao (depuis 1993).

City of Birmingham Symphony Orchestra

Fondé en 1920.
Chefs permanents : Appleby Matthews (1920-24), Sir Adrian Boult (1924-30), Leslie Heward (1930-43), George Weldon (1944-51), Rudolf Schwarz (1951-57), Andrzej Panufnik (1957-59), Sir Adrian Boult (1959-60), Hugo Rignold (1960-68), Louis Frémaux (1969-78), Simon Rattle (depuis 1980).

COMMANDES : œuvres de Don Banks (*Divisions for Orchestra,* 1965), Richard Rodney Bennett (*Concerto pour piano,* 1968 ; *Concerto pour violon,* 1976), Lennox Berkeley (*Symphonie n° 2*, 1959), Arthur Bliss (*Meditations on a Theme of John Blow,* 1955), Peter Racine Fricker (*Symphonie n° 4,* 1967), Alexander Goehr (*Eve Dreams in Paradise,* 1989), Alun Hoddinott (*Concerto pour violon,* 1961), Robin Holloway (*Seascape and Harvest,* 1986), John McCabe (*Symphonie n° 2*, 1971), Roger Marsh (*Still,* 1981, pour le 60ᵉ anniversaire de l'orchestre), Tristan Murail (*Time and again,* 1986), Thea Musgrave (*Concerto pour orchestre,* 1968), Andrzej Panufnik (*Concerto pour piano,* 1952), Alan Rawsthorne (*Symphonie n° 2*, 1959), Edmund Rubbra (*Symphonie n° 7*, 1957), Humphrey Searle (*Symphonie n° 4*, 1962 ; *Labyrinth,* 1971), John Tavener (*Palintropos,* 1979), Michael Tippett (*Concerto pour piano,* 1956), Marc Anthony Turnage (*Three Screaming Popes*, 1989 ; *Momentum*, 1991 ; *Leaving*, 1992 ; *Drowned Out*, 1993).

CRÉATIONS : œuvres de Benjamin Britten (*Suite « Gloriana »*, 1954 ; *War Requiem*, 1962 ; *An American Overture*, 1983), Hans Gál (*Symphonie n° 3*, 1952), Anthony Gilbert (*Certain Lights Reflecting*, 1989), Alexander Goehr (*Eve Dreams in Paradise*, 1989), Robin Holloway (*Clarissa Symphony*, 1982 ; *Rhe Spacious Firmament*, 1992), Gordon Jacob (*Sinfonietta,* 1942), Nicola LeFanu (*Columbia Falls,* 1975), Jonathan Lloyd (*Symphonie n° 1*, 1989), John McCabe (*Notturni ed Alba,* 1970 ; *Symphonie n° 2*, 1971), Toru Takemitsu (*Vers l'arc-en-ciel, Palma,* 1984 ; *My Way of Life,* 1990), Egon Wellesz (*Symphonie n° 7*, 1968).

Orchestre Symphonique de Bournemouth (Bournemouth Symphony Orchestra)

Fondé en 1893 par Dan Godfrey.
Chefs permanents : Dan Godfrey (1893-1934), Richard Austin (1934-38), Rudolf Schwarz (1947-51), Sir Charles Groves (1951-61), Constantin Silvestri (1962-69), George Hurst (1969-71), Paavo Berglund (1972-79), Uri Segal (1980-82), Rudolf Barshaï (1982-88), Andrew Litton (depuis 1988).

COMMANDE : œuvre de Malcolm Williamson (*Symphonie n° 2*, pour le 75ᵉ anniversaire de l'orchestre, 1969).

CRÉATIONS : œuvres de Carl Davis (*A Duck's Diary*, 1990 ; *The Town Fox*, 1990), Jonathan Harvey (*Lightness and Weight*, 1987), Robert Simpson (*Symphonie n° 9*, 1987).

BBC National Orchestra of Wales (Cardiff)

Fondé en 1935, il porte jusqu'en 1974 le nom de BBC Welsh Orchestra et jusqu'en

1993 celui de BBC Welsh Symphony Orchestra.

Directeurs musicaux et chefs permanents : John Carewe (1966-71), Boris Brott (1972-79), Bryden Thomson (1979-84), Erich Bergel (1984-87), Tadaaki Otaka (depuis 1987).

CRÉATIONS : œuvres d'Elena Firsova (*Cassandra*, 1993), Edward Harper (*Concerto pour clarinette*, 1982), Alun Hoddinott (*Landscapes*, 1976 ; *Lanterne des morts*, 1981), William Mathias (*Invocation and Dance*, 1962 ; *Holiday Overture*, 1971 ; *Vistas*, 1975 ; *Symphonie n°3*, 1991), Thea Musgrave (*Night Music*, 1969), Toru Takemitsu (*Fantasma/Cantos* pour clarinette et orchestre, 1991).

BBC Scottish Symphony Orchestra (Glasgow)

Fondé en 1935, il porte jusqu'en 1980 le nom de BBC Scottish Orchestra.

Chefs permanents : Guy Warrack (1935-46), Ian Whyte (1946-60), Norman Del Mar (1960-65), James Loughran (1965-71), Christopher Seaman (1971-77), Karl Anton Rickenbacher (1978-80), Jerzy Maksymiuk (1983-93).

COMMANDES : œuvres de Martin Dalby (*Waltz Overture*, 1965 ; *Cradle Song*, 1985), Berthold Goldschmidt (*Concerto pour violoncelle*, 1954 ; *Concerto pour violon*, 1954 ; *Concerto pour clarinette*, 1955), Iain Hamilton (*Amphion : Concerto pour violon n° 2*, 1972), Alun Hoddinott (*Fioriture*, 1968), Robin Holloway (*Concerto pour alto*, 1985), Kenneth Leighton (*Symphonie n° 3*, 1984), James MacMillan (*The Confession of Isobel Gowdie*, 1990), Elizabeth Maconchy (*Variazioni concertanti*, 1965 ; *Concerto pour clarinette et petit orchestre*, 1985), Thea Musgrave (*The Phœnix and The Turtle*, 1962 ; *Memento vitae*, 1970), Robin Orr (*Sinfonia Helvetica*, 1986), Gilles Tremblay (*Katadrone*, 1988).

CRÉATIONS : œuvres de Malcolm Arnold (*Symphonic Study « Machines »*, 1984), Kenneth Leighton (*Concerto pour piano n° 1*, 1958), Jonathan Lloyd (*Everything Returns*, 1979), John McCabe (*Concerto funebre* pour alto et orchestre, 1971), Thea Musgrave (*Obliques*, 1959), Phyllis Tate (*Serenade to Christmas*, 1972), Malcolm Williamson (*Sinfonia concertante*, 1964).

Royal Scottish National Orchestra (Glasgow)

Fondé en 1890 à Glasgow sous le nom de Scottish Orchestra. Il prend en 1950 le nom de Scottish National Orchestra et arbore sa qualité royale depuis 1991, transition qui soulève certains remous dans les milieux nationalistes écossais.

Chefs permanents et directeurs musicaux : Sir Georg Henschel (1893-95), Willem Kes (1895-98), Wilhelm Bruch (1898-1900), Sir Frederic Cowen (1900-10), Emil Młynarski (1910-16). Interruption de 1916 à 1919. Sir Landon Ronald (1919-23), Václav Talich (1926), Sir John Barbirolli (1933-36), George Szell (1936-39), Aylmer Buesst (1939-40), Warwick Braithwaite (1940-45), Walter Süsskind (1946-52), Karl Rankl (1952-57), Hans Swarowsky (1957-59), Sir Alexander Gibson (1959-84), Neeme Järvi (1984-88), Bryden Thomson (1988-91), Walter Weller (depuis 1991). Il participe à quelques spectacles de l'Opéra Écossais (fondé en 1962). En 1960, Gibson crée les concerts Musica Nova où sont présentées de nombreuses œuvres contemporaines. L'orchestre a joué pour la première fois en Grande-Bretagne plusieurs œuvres de Henze et *Gruppen* de Stockhausen.

COMMANDES : œuvres de Luciano Berio (*Bewegung*, 1971), Harrison Birtwistle (*Melencolia I*, 1976), Brian Ferneyhough (*La Terre est un homme*, 1979), Alexander Goehr (*Deux Études*, 1981), Iain Hamilton (*Concerto pour piano*, 1961 ; *Alastor*, 1971 ; *Aurora*, 1975 ; *Symphonie n° 4*, 1983), Edward Harper (*Symphony*, 1979), Robin Holloway (*Concerto pour orchestre n° 2*, 1979), Gordon Jacob (*Fantasia on Scottish Tunes*, 1961), Colin Matthews (*Fourth Sonata*, 1975), Peter Maxwell Davies (*Stone Litany*, 1973), Thea Musgrave (*Concerto pour cor*, 1971), Per Nørgard (*Illumination*, 1984), Mark Anthony Turnage (*Gross Intrusion*, 1987).

CRÉATIONS : œuvres de Anthony Burgess (*A Glasgow Overture*, 1981), Martin Dalby (*Symphonie nº 1*, 1970 ; *The Mary Bean*, 1991), Morton Feldman (*Orchestra*, 1976), Iain Hamilton (*Variations for Strings*, 1951 ; *Symphonie nº 1*, 1952), Jonathan Harvey (*Whom Ye Adore*, 1981, Alun Hoddinott (*Passagio*, 1977), Kenneth Leighton (*Symphonie nº 2 « Sinfonia mistica »*, 1977), Colin Matthews (*Fourth Sonata*, 1976), Thea Musgrave (*Festival Overture*, 1965 ; *Concerto pour alto*, 1973 ; *Rainbow*, 1990), Toru Takemitsu (*Night Signal*, 1987), Mark-Anthony Turnage (*Gross Intrusion*, 1987).

Royal Liverpool Philharmonic Orchestra

Fondé en 1840.
Chefs permanents : John Russell (1840-44), Zeugheer Herrman (1844-65), Alfred Melon (1865-1867), Julius Benedict (1867-1880), Max Bruch (1880-83), Sir Charles Hallé (1883-95), Sir Frederic Cowen (1895-1913), Sir Henry Wood et Sir Thomas Beecham (chefs invités de 1913 à 1942), Sir Malcolm Sargent (1942-48), Hugo Rignold (1948-54), Paul Kletzki (1954-55), Efrem Kurtz (1955-57), John Pritchard (1957-63), Sir Charles Groves (1963-77), Walter Weller (1977-80), David Atherton (1980-83), Marek Janowski (1983-87), Libor Pešek (depuis 1987).

COMMANDES : œuvres d'Edward Cowie (*Concerto pour orchestre,* 1982 ; *Symphonie nº 1*, 1984 ; *Atlas, suite*, 1986), Robert Simpson (*Symphonie nº 10,* 1991), Michael Tippett (*Symphonie nº 1*, 1945), William Walton (*Symphonie nº 2*, 1960).

COMMANDES de la Royal Liverpool Philharmonic Society pour son 150e anniversaire (1990) : œuvres de Paul McCartney (*Liverpool Oratorio*, 1991), Dominic Muldowney (*Concerto pour violon*, 1992).

CRÉATIONS : œuvres de David Bedford (*Symphonie nº 1*, 1985), Ludwig Van Beethoven (*Symphonie nº 10,* inachevée, 1988), Benjamin Britten (*Variations et fugue sur un thème de Purcell,* 1946), Edward Cowie (*American Symphony,* 1984), Edward Elgar (*Pomp and Circumstance nº 1*, 1901), Peter Racine Fricker (*Symphonie nº 2*, 1951), Alun Hoddinott (*Sinfonia Fidei*, 1977), Gerard Schurmann (*Concerto pour violon*, 1978), Robert Simpson (*Symphonie nº 7*, 1984), Giles Swayne (*Orlando's Music*, 1976), William Walton (*Gloria*, 1961).

City of London Sinfonia

Fondé en 1971, il est devenu l'orchestre de chambre de la City of London.
Directeur musical : Richard Hickox (depuis 1971).

COMMANDES : œuvres de Geoffrey Burgon (*Canciones del Alma*, 1975), Robin Holloway (*Idyll*, 1979), Colin Matthews (*Chiaroscuro*, 1990), Nigel Osborne (*Concerto pour flûte*, 1980 ; *Esquisse II*, 1988).

CRÉATIONS : œuvres de Richard Rodney Bennett (*Concerto pour basson*, 1995), Michael Berkeley (*Songs of Awakening Love*, 1986), Howard Blake (*The Snowman*, 1983), Geoffrey Burgon (*Concerto pour trompette*, 1993), Robin Holloway (*Suite for Orchestra*, 1994), William Mathias (*Worldes Fire*, 1989), Thea Musgrave (*Concerto pour clarinette-basse*, 1994), Nigel Osborne (*Concerto pour hautbois*, 1995).

English Symphony Orchestra

Voir à **English String Orchestra.**

Orchestre Philharmonique de Londres (London Philharmonic Orchestra)

Fondé le 7 octobre 1932 par Sir Thomas Beecham.
Chefs permanents : Sir Thomas Beecham (1932-39), Eduard Van Beinum (1948-50), Sir Adrian Boult (1951-57), William Steinberg (1958-60), John Pritchard (1962-66),

Bernard Haitink (1967-79), Sir Georg Solti (1979-83), Klaus Tennstedt (1983-87), Franz Welser-Möst (depuis 1990). L'orchestre est autogéré par les musiciens depuis 1939. Il assure les représentations de Covent Garden de 1933 à 1939 et, depuis 1964, celles du Festival de Glyndebourne.

COMMANDES : œuvres de Malcolm Arnold (*Philharmonic Concerto,* 1976), David Bedford (*Star Clusters, Nebulae and Places in Devon,* 1972), Peter Maxwell Davies (*Second Fantasia on John Taverner's « In Nomine »,* 1965), Peter Racine Fricker (*Symphonie n° 3,* 1960), Alexander Goehr (*Metamorphosis/Dance,* 1974), Iain Hamilton (*Concerto pour orchestre,* 1973), John McCabe (*Concerto pour orchestre,* 1983), Robert Simpson (*Symphonie n° 6,* 1980).

CRÉATIONS : œuvres de Malcolm Arnold (*English Dances,* 1952), Arthur Benjamin (*Cascade*, 1990), George Benjamin (*Sudden Time*, 1993), Benjamin Britten (*Our Hunting Fathers*, 1936), Raffaello De Banfield (*Ophelia*, 1977), Witold Lutosławski (*Paroles tissées*, 1975), Jean Martinon (*Ouverture pour une tragédie grecque*, 1954), Bohuslav Martinů (*Concerto pour quatuor à cordes et orchestre*, 1932), Nicholas Maw (*The Rising of the Moon*, suite, 1972), Nicolaï Roslavets (*Aux heures de la nouvelle lune*, 1991), Michael Tippett (*A Child of our Time,* 1944), Ralph Vaughan Williams (*Symphonie pastorale,* 1922 ; *Symphonie n° 5,* 1943).

Orchestre Symphonique de la BBC
(BBC Symphony Orchestra, Londres)

Fondé en 1930.

Chefs permanents : Sir Adrian Boult (1930-50), Sir Malcolm Sargent (1950-57), Rudolf Schwarz (1957-63), Antal Dorati (1963-67), Sir Colin Davis (1967-71), Pierre Boulez (1971-75), Rudolf Kempe (1975-76), Guennadi Rojdestvenski (1978-81), John Pritchard (1982-89), Andrew Davis (à partir de 1989).

CRÉATIONS : œuvres de Jean Barraqué (*Concerto pour clarinette,* 1968), Béla Bartók (*Cantate profane,* 1934), George Benjamin (*Ringed by the Flat Horizon,* 1980), Harrison Birtwistle (*Earth Dances,* 1986), Boris Blacher (*Orchester-Fantasie,* 1956), Ernest Bloch (*Sinfonia breve* et *Concerto grosso n° 2,* 1953), Pierre Boulez (*Livre,* version pour orchestre à cordes, 1968 ; *Éclat-Multiples,* 1970 ; *Rituel*, 1975), Benjamin Britten (*Concerto pour piano*, 1938 ; *Nocturne pour ténor*, 1958), Martin Butler (*O Rio*, 1991), Elliott Carter (*Three Occasions*, 1989), Gordon Crosse (*Celebration*, 1972), Roberto Gerhard (*Symphonie n° 2*, 1959 ; *Collages*, 1961 ; *Concerto pour orchestre*, 1965), Gérard Grisey (*Épilogue*, 1985), Jonathan Harvey (*Madonna of Winter and Spring*, 1986 ; *Concerto pour violoncelle*, 1990), York Höller (*Concerto pour piano*, 1985), Alan Hovhaness (*Symphonie n° 1*, 1939), Herbert Howells (*Concerto pour cordes*, 1938), Jacques Ibert (*Bacchanale*, 1956), Charles Koechlin (*Seven Stars Symphony*, 1966), Oliver Knussen (*Symphonie n° 3*, 1987 ; *Whitman Settings*, 1992), Jonathan Lloyd (*Symphonie n° 4*, 1988), Gérard Masson (*Dans le deuil des vagues II*, 1968), Colin Matthews (*Sonata n° 5 « Landscape »*, 1983 ; *Broken Symmetry*, 1992), David Matthews (*In the Dark Time*, 1985), Nicholas Maw (*Odyssey*, 1987), Peter Maxwell Davies (*Blind Man's Buff*, 1972), Olivier Messiaen (*La Ville d'En-Haut*, 1989), Dominic Muldowney (*Three Pieces for Orchestra*, 1991), Tristan Murail (*Les Sept Paroles du Christ en Croix*, 1989), Andrzej Panufnik (*Ouverture tragique*, version révisée, 1955 ; *Rhapsody*, 1957 ; *Polonia*, 1959 ; *Symphonie n° 9*, 1987), Anthony Payne (*Time's Arrow*, 1990), Francis Poulenc (*Sinfonietta*, 1948), Alfred Schnittke (*Symphonie n° 2*, 1980), John Tavener (*The Protecting Veil*, 1989), Michael Tippett (*Fantaisie concertante*, 1953), Mark-Anthony Turnage (*Your Rockaby* pour saxophone soprano et orchestre, 1994), Ralph Vaughan Williams (*Symphonie n° 4*, 1935), William Walton (*Symphonie n° 1*, 1935), Anton Webern (orchestration du *Ricercare* de l'*Offrande musicale* de J. S. Bach, 1935), Iannis Xenakis (*Dow-Orkh* pour violon et orchestre, 1991).

Orchestre Symphonique de Londres
(London Symphony Orchestra)

Fondé en 1904.

Chefs d'orchestre permanents : Hans Richter (1904-11). Pas de chef permanent jusqu'en 1950, Edward Elgar, Albert Coates et Sir Hamilton Harty dirigeant la plupart des concerts. Josef Krips (1950-54), Pierre Monteux (1961-64), István Kertész (1965-68), André Previn (1968-79), Claudio Abbado (directeur musical et chef permanent, 1979-88 ; directeur musical, 1988-89), Michael Tilson Thomas (1988-95), Sir Colin Davis (à partir de 1995).

L'orchestre a été fondé par des musiciens qui quittèrent celui du Queen's Hall, en désaccord avec son chef, Sir Henry Wood. D'emblée, le système de l'autogestion a été pratiqué. En 1912, l'Orchestre Symphonique de Londres a été le premier orchestre européen à effectuer une tournée aux États-Unis, sous la direction d'Arthur Nikisch. Une autre tournée faillit marquer cruellement l'histoire de l'orchestre, les musiciens devant voyager sur le *Titanic* pour se rendre aux États-Unis. Un changement de date de dernière minute leur évita le naufrage. De tous les orchestres du monde entier, le LSO est celui qui a effectué le plus grand nombre d'enregistrements. En 1982, il a quitté le Royal Festival Hall pour s'installer dans la nouvelle salle du Barbican Centre. Le financement est assuré pour 70 % par les recettes, 20 % par des subventions gouvernementales et 10 % par le mécénat privé.

CRÉATIONS : œuvres d'Arthur Bliss (*Metamorphic Variations,* 1973), Aaron Copland (*Music for a Great City,* 1964), Rodion Chtchedrine (*Concerto pour violoncelle*, 1994), Gordon Crosse (*Epiphany Concerto*, 1976), Carl Davis (*Overture on Australian Themes,* 1981), Edward Elgar (*Concerto pour violoncelle*, 1919), Hans Werner Henze (*Ariosi*, 1964 ; *Tristan*, 1974), Alun Hoddinott (*Noctis equi*, scène pour violoncelle et orchestre, 1989), Oliver Knussen (*Concerto pour orchestre*, op. 5, 1970 ; *Flourish with Fireworks*, 1988), Colin Matthews (*Quatrains*, 1989 ; *Machines and Dreams*, 1991 ; *Memorial*, 1993, commande), Andrzej Panufnik (*Sinfonia di sfere*, 1976 ; *Concerto festivo*, 1979 ; *Concertino*, 1980 ; *Concerto pour violoncelle*, 1992), Krzysztof Penderecki (*Symphonie n° 1*, 1973), Toru Takemitsu (*Quotation of Dream* pour deux pianos et orchestre, 1991), Michael Tippett (*Triple Concerto,* 1980), William Walton (*Belshazzar's Feast,* 1931 ; *Symphonie n° 1*, 1934 ; *Varii Capricci,* 1976).

The Philharmonia (Londres)

Fondé en 1945 par Walter Legge, cet orchestre avait, à l'origine, pour seule mission d'enregistrer des disques, réunissant les meilleurs instrumentistes des orchestres londoniens. Il travaille sous la direction de Toscanini, Furtwängler, Giulini, Cantelli... Ses chefs permanents sont Herbert von Karajan (jusqu'en 1959), Otto Klemperer (1955-73), Riccardo Muti (1973-82, directeur musical à partir de 1979), Giuseppe Sinopoli (chef permanent depuis 1984, directeur musical, 1987-95). Lorin Maazel a été chef associé entre 1971 et 1973.

En 1964, l'orchestre prend le nom de New Philharmonia Orchestra et commence à se produire en public. En 1977, il retrouve son nom d'origine, Philharmonia Orchestra. En 1988, il devient « The Philharmonia ».

COMMANDES : œuvres de Harrison Birtwistle (*Antiphonies*, 1993), Howard Blake (*Concerto pour piano*, 1991), Witold Lutosławski (*Concerto pour clarinette*, 1992), Nigel Osborne (*Hommage à Monteverdi et Gabrieli, lumières de Venise*, 1991).

CRÉATIONS : œuvres de Howard Blake (*Granpa*, 1989), Benjamin Britten (*Praise we Great Men*, 1985), Roberto Gerhard (*Symphonie « Homenaje a Pedrell »*, 1972), Robin Holloway (*Panorama*, 1989), David Matthews (*Symphonie n° 2*, 1982), Peter Maxwell Davies (*Symphonies n° 1*, 1978 ; *n° 5*, 1994), Serge Prokofiev (*Cantate pour le 20e anniversaire de la révolution d'Octo-*

bre, 1992), Peter Ruzicka (*Tallis, Einstrahlungen für Orchester*, 1993), Richard Strauss (Suite de valses du *Chevalier à la rose*, 1946 ; *Quatre derniers Lieder*, 1950).

Royal Philharmonic Orchestra (Londres)

Fondé à Londres en 1946 par Sir Thomas Beecham.

Chefs permanents : Sir Thomas Beecham (1946-61), Rudolf Kempe (1961-63, puis directeur 1964-75), Antal Dorati (1975-78), Walter Weller (1980-85), André Previn (1985-91), Vladimir Ashkenazy (directeur musical, 1987-94) et Daniele Gatti (depuis 1995).

Entre 1947 et 1963, l'orchestre a participé aux spectacles lyriques du Festival de Glyndebourne.

COMMANDES : œuvres de Howard Blake (*Toccata*, 1976), Harrison Birtwistle (*The Triumph of Time*, 1972), Gordon Crosse (*Symphonie nº 2*, 1975), John McCabe (*Symphonie nº 3*, 1978 ; *The Shadow of Light*, 1979), Thea Musgrave (*Peripeteia*, 1981).

CRÉATIONS : œuvres de Malcolm Arnold (*Concerto pour violoncelle*, 1989), Howard Blake (*Toccata*, 1976), Jonathan Harvey (*Persephone Dream*, 1972), Alun Hoddinott (*Variants*, 1966 ; *Investiture Dances*, 1969 ; *Symphonie nº 5*, 1973), Laszlo Lajtha (*Symphonie nº 3*, 1958), Peter Maxwell Davies (*Concerto pour violon*, 1986), Paul Patterson (*Fusions*, 1974 ; *Missa Maria*, 1983), Josep Soler (*La Transfiguració*, 1975), Ralph Vaughan Williams (*Symphonie nº 9*, 1958), William Walton (*Variations sur un thème de Hindemith*, 1963).

BBC Philharmonic Orchestra (Manchester)

Fondé en 1934 à Manchester sous le nom de BBC Northern Orchestra, il porte ensuite le nom de BBC Northern Symphony Orchestra et adopte son intitulé actuel en 1980.

Chefs permanents : T.H. Morrison (1934-44), Charles Groves (1944-54), John Hopkins (1954-57), George Hurst (1957-68), Bryden Thomson (1968-73), Raymond Leppard (1973-80), Edward Downes (1980-91), Yan-Pascal Tortelier (depuis 1992).

CRÉATIONS : œuvres de Stephen Dogson (*Essay nº 4*), Berthold Goldschmidt (*Greek Suite*, 1946), Robin Holloway (*Concerto pour violon*, 1992 ; *Serenade for Strings*, 1993), Kenneth Leighton (*Concerto pour piano nº 2*, 1962), John McCabe (*Fire at Durilgai*, commande), David Matthews (*Chaconne*, op. 43, 1988 ; *A Vision and a Journey*, 1993), Peter Maxwell Davies (*Symphonie nº 3*, pour le 50e anniversaire de l'orchestre, 1984 ; *Caroline Mathilde*, 1991), Paul Patterson (*Symphonic Study II*, 1971), Serge Prokofiev (*Maddalena*, opéra, 1978), Giles Swayne (*Pentecost-Music*, 1981).

Hallé Orchestra (Manchester)

Fondé en 1858 par Sir Charles Hallé, c'est le plus ancien orchestre britannique.

Chefs permanents : Sir Charles Hallé (1858-95), Sir Frederic Cowen (1896-99), Hans Richter (1899-1911), Michael Belling (1912-14), Sir Thomas Beecham (1914-20), Sir Hamilton Harty (1921-33), Sir Thomas Beecham et Sir Malcolm Sargent (1933-39), Sir Malcolm Sargent (1939-42), Sir John Barbirolli (1943-70), James Loughran (1970-83), Stanislaw Skrowaczewski (1984-91), Kent Nagano (depuis 1992).

CRÉATIONS : œuvres de Malcolm Arnold (*Symphonies nº 1*, 1951 ; *nº 5*, 1961), Arnold Bax (*November Woods*, 1920 ; *Concerto pour la main gauche*, 1950), Richard Rodney Bennett (*Sonnets of Orpheus* pour violoncelle et orchestre, 1979), John Casken (*Cor d'œuvre*, 1993), Gordon Crosse (*Play Ground*, 1978), Edward Elgar (*In the South*, 1904 ; *Symphonie nº 1*, 1908), Peter Racine Fricker (*Symphonie nº 1*, 1950 ; *Litany*, 1956), Iain Hamilton (*Symphonie nº 2*, 1953 ; *Symphonic Variations*, 1956), Alun Hoddinott (*Symphonie nº 3*, 1968 ; *Symphonie nº 4*, 1969), Herbert Howells (*Concerto pour cordes*, 2e version, 1974), Constant Lambert (*Le Rio Grande*, première exécution publique, 1929), John McCabe (*Variations sur un thème de Hartmann*, 1965 ; *Symphony n° 1 « Elegy »*, 1966 ; *The Chagall Windows*, 1975), William Mathias (*Concerto pour violon*, 1992), David Mathews (*Symphonie n° 3*, 1985), Humphrey Searle (*Symphonie n° 5*, 1964), Ralph Vaughan Williams (*Dona Nobis Pacem*, cantate, 1936 ; *Symphonie n° 7 « Antartica »*, 1953 ; *Symphonie n° 8*, 1956).

HONGRIE

Orchestre du Festival de Budapest
(Budapesti Fesztiválzenekar)

Fondé en 1983 à l'initiative du pianiste Zoltán Kocsis et du chef d'orchestre Ivan Fischer. Ensemble à géométrie variable qui peut s'adapter aux répertoires allant de l'orchestre de chambre à la formation symphonique. Il se compose d'instrumentistes issus des trois principaux orchestres permanents de Budapest, de musiciens de chambre et d'élèves de l'Académie de musique Franz-Liszt. Il se réunit trois fois par an, à l'occasion du Printemps de Budapest, pour une série de concerts d'été et pendant les fêtes de Noël.

Directeur musical : Ivan Fischer.

Orchestre de la Philharmonie Nationale Hongroise (Budapest)
(Magyar Állami Hanversenyzenekar)

Fondé en 1923, il est réorganisé après la guerre par Ferenc Fricsay et László Somogyi et devient orchestre d'État en 1949.

Directeurs musicaux : László Somogyi (1945-52), János Ferencsik (1952-84), Ken-Ichiro Kobayashi (depuis 1987).

CRÉATION : œuvre de Gottfried von Einem (*Symphonie n° 4*, 1988).

Orchestre Philharmonique de Budapest
(A Budapesti Filharmóniai Társaság Zenekara)

Fondé en 1853.

Chefs permanents : Ferenc Erkel (1853-71), Hans Richter (1871-75), Sándor Erkel (1875-1900), István Kerner (1900-18), Ernst von Dohnányi (1919-44), Otto Klemperer (1947-50), János Ferencsik (1960-68), András Kóródi (1968-86), Erich Bergel (depuis 1988). Dès la fondation de l'Opéra de Budapest en 1884, l'orchestre participe à ses spectacles. Nikisch, Colonne, Richter, Löwe, Muck, Mottl et Mahler dirigent régulièrement à la fin du XIXe siècle.

CRÉATIONS : œuvres de Béla Bartók (*Kossuth*, 1904 ; *Suite n° 2*, 1909 ; *Images*, 1913 ; *4 Pièces*, op. 12, 1922 ; *Suite de danses*, 1923 ; *Le Mandarin merveilleux*, suite, 1928 ; *Le Prince de bois*, suite, 1931 ; *Images hongroises*, 1932), Johannes Brahms (*Concerto pour piano n° 2*, 1881), Zoltán Kódaly (*Psalmus hongaricus*, 1923 ; *Danses de Galantha*, pour le 80e anniversaire de l'orchestre, 1933), Gustav Mahler (*Symphonie n° 1*, 1889).

Orchestre Symphonique de Budapest
(A Magyar Rádió és Televizió Szimfónikus Zenekara)

Fondé en 1947.

Directeurs musicaux : János Ferencsík (1947-51), László Somogyi (1951-56), György Lehel (1962-89), András Mihály (1990-93), Tamás Vásáry (depuis 1993).

CRÉATIONS : œuvres de Pál Kadosa (*Symphonies n° 5*, 1961 ; *n° 6*, 1966 ; *n° 8*, 1968), Laszlo Lajtha (*Symphonie n° 7*, 1958).

IRLANDE

Orchestre National d'Irlande (National Symphony Orchestra of Ireland, Dublin)

Fondé en 1946 comme Orchestre Symphonique de la Radio Irlandaise (Radio Telefis Eireann Symphony Orchestra), il adopte son nom actuel en 1989 tout en procédant à une importante réforme qui en élargit l'effectif et les activités. En dehors de la saison symphonique, il participe également à la saison lyrique de Dublin et au Festival de Wexford.

Chefs permanents : Michel Bowles (1946-47), Jean Martinon (1947-50), Milan Horvat (1952-60), Tibor Paul (1961-67), Albert Rosen (1968-80), Colman Pearce (1979-84), Bryden Thomson (1984-87), Janos Furst (1987-89), George Hurst (1989-92), Kess Bakels (1992-94), Kasper De Roo (depuis 1994).

CRÉATIONS ET COMMANDES : œuvres de Seoirse Bodley, Brian Boydell (*Mors et Vita*), John Kinsella (*Montage 2*), Sean O'Riada (*Nomos nº 2*), Gerard Schurmannn (*Seven Studies of Francis Bacon*, 1969), Gerard Victory (*Symphonies nº 2*, 1977 ; *nº 4*, 1991).

ISRAËL

Orchestre Symphonique de Jérusalem

Fondé en 1936 comme Orchestre de Chambre de Radio Palestine. En 1938, il est élargi et réorganisé par Crawford McNair et Karel Salmon. En 1948, il devient le Kol Israel Orchestra avant de prendre son titre actuel. C'est l'orchestre de la Radio Israélienne. Il joue beaucoup de musique contemporaine et fait surtout appel à des chefs et solistes locaux.

Chefs permanents : Michael Taube, Georg Singer, Heinz Freudenthal, Shalom Ronly-Riklis, Mendi Rodan (1963-72), Lukas Foss (1972-75), Gary Bertini (1977-86), Lawrence Foster (1989-90), David Shallon (depuis 1992).

CRÉATIONS : œuvres de Luigi Dallapiccola (*Exhortatio*, 1971), Ezra Laderman (*Symphonie nº 3 « Jerusalem »*, 1976), Darius Milhaud (*David*, 1954), Emmanuel Nunes (*Chessed I*, 1979), Oedoen Partos (*Sinfonia concertante* pour alto et orchestre, 1963), Igor Stravinski (*Abraham et Isaac*, 1964).

Orchestre Philharmonique d'Israël (Tel-Aviv)

Fondé à Tel-Aviv en 1936 par Bronislaw Hubermann sous le titre d'Orchestre Symphonique de Palestine. Toscanini dirige le premier concert. En 1946, il devient Orchestre Philharmonique de Palestine avant d'adopter son nom actuel en 1948. Aucun chef permanent avant 1969. Certains chefs sont engagés pour de longues séries de concerts ou des tournées comme Dean Dixon (1950-51), Jean Martinon (1958-60), Carlo Maria Giulini, Josef Krips et Gary Bertini (à l'occasion d'un tour du monde, 1960). William Steinberg (1936-38), Leonard Bernstein (1947-49), Bernardino Molinari, Jean Martinon (1958-60), Zubin Mehta (1968-77) sont conseillers musicaux. Mehta est le premier chef permanent de l'histoire de cet orchestre dont il devient directeur musical en 1977, fonction qui lui est conférée à vie en 1981. En 1988, Leonard Bernstein est nommé *laureate conductor*. En 1992, Kurt Masur est nommé chef invité honoraire.

A l'origine, l'orchestre était constitué de musiciens émigrés, principalement d'Allemagne et d'Europe Centrale. Au fil des années, ils ont été remplacés par des instrumentistes formés en Israël qui occupent plus de la moitié de l'effectif. Depuis l'éclatement de l'URSS, une nouvelle génération d'émigrés des anciennes républiques soviétiques est venue renforcer l'effectif. La formation s'effectue dans le cadre du Junior Philharmonic Orchestra. Les membres du *New Israel Quartet* (fondé en 1959) font partie de l'orchestre.

CRÉATIONS : œuvres de Paul Ben-Haïm (*The Sweet Psalmist of Israël,* 1956), Leonard Bernstein (*Sérénade,* 1954 ; *Symphonie n° 3*, 1963 ; *Ode pour Jérusalem,* 1973 ; *Musical Toastet-Halif,* 1982 ; *Concerto pour orchestre,* 1989), Jean Martinon (*Le Lis de Sharon*, 1952), Oedoen Partos (*Chants de louanges*, concerto pour alto n° 1, 1949), Ivan Vandor (*Offrande*, 1993).

Commandes pour le 50e anniversaire de l'orchestre (1986) : *Jubilee Games* de Leonard Bernstein, *Vision de David* de Noam Sheriff.

ITALIE

Orchestre du Mai Musical Florentin
(Orchestra del Maggio Musicale Fiorentino)

Fondé en 1929 par Vittorio Gui sous le nom d'Orchestra Stabile de Florence. Il ne prend son nom actuel qu'en 1933.

Chefs permanents : Vittorio Gui (1929-36), Mario Rossi (1936-44), Igor Markevitch (1944-46), Bruno Bartoletti (1957-64), Riccardo Muti (1973-82), Zubin Mehta (à partir de 1985). Saison symphonique et saison lyrique, en dehors du Mai Musical proprement dit.

CRÉATIONS : œuvres de Gian Francesco Malipiero (*Symphonie n° 3 « Della campane »*, 1945), Riccardo Malipiero (*Requiem* pour orchestre, 1976), Franco Mannino (*Sinfonia americana*, 1956).

Orchestre de Toscane (Florence)
(Orchestra della Toscana)

Fondé en 1981, il donne ses concerts à Florence et dans l'ensemble de la région Toscane. L'effectif de base comporte une quarantaine d'instrumentistes.

Chefs permanents : Donato Renzetti (1986-92), Lü Jia (depuis 1993).

COMMANDES : œuvres de Lorenzo Ferrero (*Zaubermarsch*, 1991), Salvatore Sciarrino (*Cadenzario*, 1991).

CRÉATIONS : œuvres d'Ivan Fedele (*Carme II*, 1993), Fabio Vacchi (*Girotondo*, opéra, 1982).

Orchestre de l'Angelicum de Milan
(Orchestra stabile dell'Angelicum)

Fondé en 1941 par le Padre Enrico Zucca, dissous en 1992.

Directeurs artistiques : Ennio Gerelli (1941-50), Umberto Cattini (1950-59), Riccardo Allorto (1959-67), Bruno Martinotti (1967-72), Luciano Chailly (1973-76), Gianfranco Rivoli (1976-77), Riccardo Allorto (1977-88), Guido Turchi (1988-90), Marc Andreae (1990-92).

Chefs permanents : Carlo Felice Cillario (1959-64), Antonio Janigro (1965-67), Bruno Martinotti (1967-72), Gianfranco Rivoli (1976-77), Angelo Ephrikian (1977-82), Vittorio Parisi (1984-87), Marc Andreae (1990-92).

CRÉATIONS : œuvres de Jorge Antuñes (*Isomerism*, 1971), Gilberto Bosco (*Poema*, 1990), Paolo Castaldi (*Doktor Faust*, 1970), Niccolò Castiglioni (*Elegia*, 1957 ; *Sinfonietta*, 1982), Aldo Clementi (*Sinfonia da camera*, 1974), Vittorio Fellagara (*Variazoni*, 1961), Armando Gentilucci (*Movimenti sinfonici*, 1964 ; *Fantasia n° 2*, 1969), Giorgio Federico Ghedini (*Lectio Jeremiae*

Prophetae, 1962), Gian Francesco Malipiero (*Concerto grosso*, 1948), Riccardo Malipiero (*Carnet de notes*, 1968 ; *Muttermusik*, 1966 ; *Canti* pour alto et orchestre, 1982), Giacomo Manzoni (*Fantasia, recitativo e finale*, 1957), Goffredo Petrassi (*Due Inni Sacri*, 1947), Alessandro Sbordoni (*Le Geste et le Symbole*, 1982), Flavio Testi (*Cantata seconda*, 1973 ; *Cantata terza*, 1974).

Orchestre Philharmonique de la Scala (Milan)
(Orchestra Filarmonica della Scala)

Fondé en 1982 et dirigé par Claudio Abbado (1982-86) puis par Riccardo Muti (depuis 1986), cet orchestre regroupe essentiellement des instrumentistes de la Scala. Son financement est autonome et il ne dépend pas du théâtre. Il a été constitué pour compléter l'activité des musiciens de l'illustre opéra et prolonger la saison symphonique de la Scala.

CRÉATION : œuvre de Giacomo Manzoni (*Il deserto cresce*, 1993).

Orchestre Symphonique de la RAI de Milan
(Orchestra sinfonica di Milano della RAI)

Fondé en 1950, dissous en 1994.

Chefs permanents : Carlo Maria Giulini (1950-51), Nino Sanzogno, Massimo Pradella (1959-63), Franco Caracciolo (1964-71), Bruno Maderna (1971-73), Zoltán Pesko (1978-82), Carl Melles (1983-88), Vladimir Delman (1989-94).

CRÉATIONS : œuvres de Davide Anzaghi (*Concerto pour piano*, 1989), Bruno Bettinelli (*Symphonie n° 5*, 1965 ; *Contrastes*, 1982 ; *Terza Cantata*, 1985 ; *Quarto Concerto* pour orchestre, 1990), Sylvano Bussotti (*Il catalogo è questo*, version complète, 1980 ; *Phèdre n. 4*, prélude de l'acte II, 1990), Alfredo Casella (*Symphonie n° 2*, 1991), Niccolò Castiglioni (*Le favole d'Esopo*, 1980), Aldo Clementi (*Interludi, musica per il mito di Eco e Naciso*, 1993), Pascal Dusapin (*Assaï*, 1985), Bryan Ferneyhough (*Carceri d'Invenzione IIa*, 1985), Gian Francesco Malipiero (*Sogno d'un tramonto d'autunno*, opéra, 1963), Riccardo Malipiero (*Mirages*, 1970), Giacomo Manzoni (*Finale e aria*, 1992), Goffredo Petrassi (*Frammento*, 1991), Wolfgang Rihm (*Unfassung*, 1991).

COMMANDES : œuvres de Edison Denisov (*Concerto pour basson, violoncelle et orchestre*, 1984), Franco Donatoni (*In cauda*, 1983), Giacomo Manzoni (*Ode per orchestra*, 1983), Zoltán Pesko (orchestration de *Salammbô* de Moussorgski, 1980), Giampaolo Testoni (*Sinfonia*, 1984).

Orchestre Symphonique d'Émilie-Romagne « Arturo Toscanini » (Parme)
(Orchestra sinfonica dell'Emilia-Romagna Arturo Toscanini)

Fondé en 1975, il a le statut d'orchestre régional.

Directeurs musicaux : Piero Bellugi (1980-81), Günter Neuhold (1982-85), Vladimir Delman (1986-88), Hubert Soudant (1988-91), Gianandrea Gavazzeni (depuis 1992).

CRÉATIONS : œuvres de Luciano Berio (orchestration des *Sechs frühe Lieder*, 1987), Niccolò Castiglioni (*Sinfonia con rosignolo* pour soprano et orchestre, 1991), Azio Corghi (*Amorsacro/Amorprofane*, 1994), Franco Donatoni (*Concerto grosso*, 1992), Ivan Fedele (*Epos*, 1989 ; *Carme*, 1993), Armando Gentilucci (*Voci dal silenzio*, 1981 ; *Il chiarore dell'utopia* pour soprano et orchestre, 1985), Barbara Kolb (*The Enchanted Loom*, 1992), Riccardo Malipiero (*Meridiana* pour soprano et 17 instruments, 1990), Giacomo Manzoni (*Dedica*, 1986 ; *Poesie dell'assenza*, 1993), Yoritsuné Matsudaira (*Shun-o-den*, 1993), Tristan Murail (*La Dynamique des fluides*, 1991), Emmanuel Nunes (*Chessed IV* pour quatuor et orchestre, 1992), Luis de Pablo (*Sueños* pour orchestre et piano, 1992), Wolfgang Rihm (*Ins Offene...*,1992), Salvatore Sciarrino (*Frammento e adagio* pour flûte et orchestre, 1992), Sergueï Slonimski (*Apollon et Mars*, 1992), Fabio Vacchi (*Poemetto « Sull'ali dei vivi pensieri »*, 1985 ; *Danae*, 1989), Roman Vlad (*Amore e morte*, 1990), Iannis Xenakis (*Krinòïdi*, 1992).

Orchestre de l'Académie Sainte-Cécile de Rome
(Orchestra dell'Accademia Nazionale di S. Cecilia)

Fondé en 1908.

L'orchestre, qui existait depuis 1895, devient une formation permanente en 1908 sous la présidence du comte Enrico di San Martino. Il porte jusqu'en 1936 le nom d'Orchestre de l'Augusteo, par référence au Théâtre de l'Augusteo où il se produit jusqu'à sa démolition, en 1936. Il joue ensuite au Théâtre Adriano (1936-46), au Théâtre Argentina (1946-58) et à l'Auditorium della Conciliazione.

Chefs permanents : Bernardino Molinari (1912-44), Fernando Previtali (1953-73), Igor Markevitch (1973-75), Giuseppe Sinopoli (1983-87), Uto Ughi (1987-92), Daniele Gatti (depuis 1992).

CRÉATIONS : œuvres de Samuel Barber (*Symphonie nº 1*, première version, 1936), Bruno Bettinelli (*Symphonie nº 6*, 1977), Franco Donatoni (*Voci*, 1974), Ada Gentile (*Concertante*, 1990), Giorgio Federico Ghedini (*Marinesca e baccanale*, 1936 ; *Ouverture pour un concert*, 1965), Gian Francesco Malipiero (*Pause del silenzio*, première partie, 1918 ; *7 Invenzioni*, 1935 ; *Concerto pour piano nº 1*, 1935 ; *Missa pro mortuis*, 1938 ; *Santa Eufrosina*, 1942), Riccardo Malipiero (*Loneliness*, 1989), Goffredo Petrassi (*Concerto pour piano*, 1939 ; *Magnificat*, 1941 ; *Propos d'Alain*, 1961), Ildebrando Pizzetti (*Preludio a un altro giorno*, 1952), Ottorino Respighi (*Les Fontaines de Rome*, 1917 ; *Danses et Airs antiques*, suite nº 2, 1917 ; *Les Pins de Rome*, 1924), Nino Rota (*Symlphonie nº 1*, 1940 ; *Concerto per orchestra*, 1962), Salvatore Sciarrino (*L'estate impossibile*, 1994).

Orchestre Symphonique de la RAI de Rome
(Orchestra sinfonica di Roma della RAI)

Orchestre de studio dans un premier temps, il ne se produit en public que depuis 1958. En 1992, à la disparition de l'Orchestre Alessandro Scarlatti de la RAI (Naples), il absorbe les musiciens encore en activité de cet orchestre et mène une politique décentralisée en donnant la plupart de ses concerts à Rome et à Naples. Il est dissous en 1994.

Chefs permanents : Fernando Previtali (1936-53), Ferrucio Scaglia, Massimo Freccia (1959-65), Armando La Rosa-Parodi (1965-77), Thomas Schippers (1977), Peter Maag (1978-79), Jerzy Semkov (directeur général, 1979-82), Gianluigi Gelmetti (directeur artistique, 1982-84), Gabriele Ferro (1988-90), Paolo Olmi (également conseiller artistique, 1991-94).

CRÉATIONS : œuvres de Claudio Ambrosini (*Doppio concerto grosso*, 1988), Bruno Bartolozzi (*Concerto pour orchestre*, 1956), Luciano Berio (*Allelujah II*, 1958), Gilberto Bosco (*Concerto pour violon*, 1992, Sylvano Bussotti (*I semi di Gramsci*, 1972), Niccolò Castiglioni (*Sinfonia in do*, 1971 ; *Sacro concerto*, 1982), Aldo Clementi (*Cent sospirs*, 1983), Luigi Dallapiccola (*Job*, 1950), Lorenzo Ferrero (*Prima sinfonia*, 1984), Giorgio Federico Ghedini (*Concerto dell'albatro*, 1945), Barbara Kolb (*Crosswinds*, 1970), Giacomo Manzoni (*Malinamusik*, 1991), Peter Maxwell Davies (*Prolation*, 1959), Tristan Murail (*Au-delà du mur du son*, 1972), Goffredo Petrassi (*Quarto Concerto*, 1956 ; *Orationes Christi*, 1975), Nino Rota (*Concerto pour piano*, 1988), Alexandre Tansman (*Partita* pour piano et petit orchestre, 1947), Guido Turchi (*Rhapsodia « Intonazioni sull'inno Il di Novalis »*, 1970), Marco Tutino (*Black Beauty*, 1989 ; *Friedrichslieder*, 1992), Ivan Vandor (*Offrande II*, 1993).

Orchestre Symphonique National de la RAI (Turin)
(Orchestra sinfonica nazionale della RAI)

Fondé en 1932.

Chefs permanents : Attilio Parelli et Arrigo Pedrollo (1932-34), Armando La Rosa-Parodi (1934-44), Alberto Erede (1945-46), Mario Rossi (1946-69), Piero Bellugi (1969-72). Wilfried Boettcher est 1er chef invité et conseiller artistique (1974-76). Aucun chef permanent jusqu'en 1987. Ferdinand Leitner (principal chef invité, 1987-90), Aldo Ceccato (1990-92), Frank Shipway (depuis 1993).

CRÉATIONS : œuvres d'Alberto Bruni Tedeschi (*Concerto per il principe Eugenio,* 1951 ; *Concerto primo,* 1960 ; *Secondo Concerto,* 1963), Niccolò Castiglioni (*Sinfonia con giardino,* 1979), Luciano Chailly (*Kinder Requiem,* 1979), Luigi Dallapiccola (*Cinque frammenti di Saffo,* 1947 ; *Le Prisonnier,* version de concert, 1949 ; *Tartiniana seconda,* 1957), Nguyen Thien Dao (*Concerto pour violoncelle,* 1983), Pascal Dusapin (*Assai*, 1984), Vittorio Fellagara (*Requiem di Madrid*, 1959), Lorenzo Ferrero (*Arioso*, 2e version, 1981 ; *Balletto*, 1981 ; *Dance Music*, 1984), Bruno Maderna (*Composizione n° 1*, 1950), Gian Francesco Malipiero (*Mondi celesti e infernali*, opéra, 1950 ; *Concerto pour piano n° 4*, 1951), Giacomo Manzoni (*Suite Robespierre*, 1976), Marcel Mihalovici (*Interlude de Phèdre*, 1951), Darius Milhaud (*Symphonie n° 5*, 1953), Ildebrando Pizzetti (*Ifigenia*, opéra, 1950), Wolfgang Rihm (*Zeichen*, 1986), Salvatore Sciarrino (*Paradiso di Dante*, 1993), Roman Vlad (*Le ciel est vide*, 1954), Mario Zafred (*Terza Sinfonia « Canto del carso »*, 1950).

JAPON

Orchestre Symphonique de Kyoto
(Kyoto-shi Kokyogakudan)

Fondé en avril 1956.

Chefs permanents : Carl Caelius (1956-61), Hans Joachim Kauffmann (1961-63), Tadashi Mori (1963-66), Yuzo Toyama (1967-70), Akeo Watanabe (1970-72), Kazuo Yamada (1972-76, puis conseiller musical), Niklaus Wyss (1976-78), Stewart Kershaw (1978-80), Fulvio Vernizzi (1982-84), Ken-Ichiro Kobayashi (1985-90), Michiyoshi Inoue (depuis 1990).

CRÉATIONS : œuvres de Tristan Murail (*Sillages*, 1985), Toru Takemitsu (*Dream/Window*, 1985).

Orchestre Philharmonique d'Osaka
(Osaka Filamoni Kokyogakudan)

Fondé en 1960, il remplace l'Orchestre Symphonique de Kansaï.

Directeur musical : Takashi Asahina (depuis 1960).

CRÉATION : œuvre de Shin-Ichiro Ikebe (*Concerto pour piano n° 2 « Tu m'... »*, 1987).

New Japan Philharmonic Orchestra (Tokyo)
(Shin Nihon Filamoni Kokyogakudan)

Fondé en 1972.

Directeurs musicaux : Kazuhiro Koïzumi (1975-80), Michiyoshi Inoue (1983-88), Szymon Goldberg (1990-93).

Seiji Ozawa a été principal chef invité entre 1972 et 1991. Depuis cette date, il est directeur artistique honoraire.

CRÉATIONS : œuvres de Shin-Ichiro Ikebe (*Symphonies n° 2*, 1979, *n° 3 « Ego Phano »*, 1984 ; *Concerto pour violon*, 1981), Maki Ishii (*Search in Grey I*, 1979), Toru Takemitsu (*Autumn*, 1973 ; *Gémeaux* pour deux orchestres, 1986), Isang Yun (*Dialog-Schmetterling und Atombombe*, 1983).

Orchestre Philharmonique de Tokyo
(Tokyo Filamoni Kokyogakudan)

Fondé en 1940, il s'appelle d'abord Central Symphony Orchestra, puis Orchestre Symphonique de Tokyo (1941), il est dissous en 1945 et adopte son nom actuel lors de sa reconstitution en 1947.

Chefs permanents et directeurs musicaux : Akeo Watanabe (1947-54), Nicola Rucci (1954-58), Alberto Lerone (1959-60), Yoichiro Omachi (1961-73), Kurt Wöss (1974), Tadaaki Otaka (1974-91), Kazushi Ono (depuis 1992).

CRÉATIONS : œuvres de Shin-Ichiro Ikebe (*Construction*, 1966 ; *Energeia*, 1973 ; *Creatures*, 1975 ; *The Window*, 1986 ; *Overture for the Coming of the New Spring*, 1986 ; *Time, You are Beautiful*, 1991), Toshi Ichiyanagi (*Symphonie « Berlin Renshi »*, 1988), Toru Takemitsu (*Orion and Pleiades*, 1984 ; *Gémeaux* pour deux orchestres, 1986).

Orchestre Symphonique de la NHK (Tokyo)
(NHK Kokyogakudan)

Fondé en 1926.

Chefs permanents : Joseph König (1927-29), Hidemaro Konoe (1926-35), Nicolai Schifferblatt (1929-35), Joseph Rosenstock (1936-46), Kazuo Yamada et Hisatada Otaka (1942-51), Kurt Wöss (1951-54), Niklaus Aeschbacher (1954-56), Joseph Rosenstock (1956-57), Wilhelm Loibner (1957-59), Wilhelm Schüchter (1959-62), Alexander Rumpf (1964-65), Hiroyuki Iwaki (directeur musical à vie, depuis 1969).

Fondé par Hidemaro Konoe sous le nom de Nouvel Orchestre Symphonique. En 1927, il devient l'orchestre de la radio. En 1942, il prend le nom d'Orchestre Symphonique Japonais avant de retenir, en 1951, sa dénomination actuelle.

CRÉATIONS : œuvres de Hans Werner Henze (*Drei geistliche Konzerte* pour trompette et orchestre, 1992), Toshio Hosokawa (*Landscape III* pour violon et orchestre, 1993), Shin-Ichiro Ikebe (*Petite Symphonie*, première version, 1969 ; *The Death Goddess*, opéra, 1971 ; *Dimorphism* pour orgue et orchestre, 1974 ; *The Silence*, 1977 ; *« Haru-no-umi »*, 1981 ; *Ouverture pour l'arrivée du nouveau printemps*, 1986 ; *Mandorin mandriale*, 1986 ; *Esquisse symphonique « River/Shout »*, 1988 ; *Symphonie nº 4*, 1990 ; *Esquisse symphonique « Hokkai Swells »*, 1992), François-Bernard Mâche (*La Peau du silence*, première version, 1986), Akira Miyoshi (*Kaikyou no Hu*, 1991 ; *Rentou-Fuji*, 1991), Krzysztof Penderecki (*Adagietto* du « Paradis perdu », 1979), Toru Takemitsu (*Arc part I*, 1963 ; *Arc part II*, 1964 ; *Marginalia*, 1976).

Orchestre Symphonique de Tokyo
(Tokyo Kokyogakudan)

Fondé en 1946, il s'intitule à l'origine Tôhô Symphony Orchestra et ne prend son nom actuel qu'en 1951.

Directeurs musicaux : Kazuyoshi Akiyama (depuis 1964).

CRÉATIONS : œuvres de Rodion Chtchedrine (*Khorovody*, 1989), Tan Dun (*Orchestral II : Re*, 1993), Toru Ichiyanagi (*Luminous Space*, 1991), Shin-Ichiro Ikebe (*Spontaneous Ignition*, 1989), Akira Nishimura (*Mantra of the Light*, 1993), Luis de Pablo (*Senderos del aire* [« Chemins du vent »], 1988), Arvo Pärt (*Festina lente*, version révisée, 1991), Toru Takemitsu (*Requiem*, 1957), Karen Tanaka (*Initium*, 1993).

Tokyo Metropolitan Symphony Orchestra
(Tokyo-to Kokyogakudan)

Fondé en 1964 à l'occasion des jeux Olympiques de Tokyo, il compte 150 instrumentistes qui travaillent en différentes formations à géométrie variable.

Directeurs musicaux et chefs permanents : Yoichiro Omachi (1964-66), Akeo Watanabe (1972-), Moshe Atzmon, Ken-Ichiro Kobayashi, Kazuhiro Koizumi (1984-87), Hiroshi Wakasugi (depuis 1987).

CRÉATIONS : œuvres de Shin-Ichiro Ikebe (*Symphonie n° 5 « Simplex »*, 1990), Oliver Knussen, Toru Takemitsu (*Spirit Garden*, 1994), Isang Yun (*Symphonie n° 4*, 1986).

Yomiuri Nippon Symphony Orchestra (Tokyo)
(Yomiuri Nippon Kokyogakudan)

Fondé en 1962 par le journal *Yomiuri*.
Chefs permanents : Willis Page (1962-63), Otto Matzerath (1963), Hiroshi Wakasugi (1965-75), Rafael Frühbeck de Burgos (1980-83), Heinz Rögner (1984-89), Tadaaki Otaka (depuis 1992).

L'orchestre travaille régulièrement avec Kurt Masur et Kurt Sanderling qui ont le titre de chefs honoraires. Il a donné en première audition au Japon plusieurs œuvres majeures du XXe siècle, notamment les *Gurrelieder* de Schoenberg, le *War Requiem* de Britten et la *Passion selon saint Luc* de Penderecki.

COMMANDES : œuvres de Akira Miyoshi (*En soi lointain*, pour le 20e anniversaire de l'orchestre, 1982), Toru Takemitsu (*Twill by Twilight*, pour le 25e anniversaire de l'orchestre, créé en 1988), Akira Nishimura (*Hoshi-Mandala*, pour le 30e anniversaire de l'orchestre, 1992).

CRÉATIONS : œuvres de Shin-Ichiro Ikebe (*Quadrants*, 1974), Toru Takemitsu (*Winter*, 1971).

LETTONIE

Orchestre Symphonique National de Lettonie (Riga)
(Nationalais simfoniskais orkestris)

Fondé en 1925, il prend la suite d'un orchestre fondé en 1909 par Georg Schnéevoigt et dirigé par lui jusqu'en 1914. Il assure à la fois les services de la Radio-Télévision Lettonne et de l'Opéra de Riga.

Chefs permanents : Janis Medinš (1928-44), Arvid Jansons (1944-52), sans chef pendant longtemps avant Vassili Sinaïski (1975-89), Nazim Oroudjev, Paul Mägi (depuis 1990).

LUXEMBOURG

Orchestre Symphonique de Radio-Télé Luxembourg (RTL)

Fondé en 1933, il se compose d'abord d'une quarantaine de musiciens assurant les besoins musicaux de l'antenne. Actuellement, il atteint un effectif de 75 instrumentistes et partage ses activités entre les concerts publics, l'enregistrement de disques et la production d'émissions radio-télévisées.

Chefs permanents : Henri Pensis (1933-58), Louis de Froment (1958-80), Leopold Hager (depuis 1980).

CRÉATIONS : œuvres d'Alain Bancquart (*Symphonie en trois mouvements*, 1965), Henry Barraud (*Concerto da camera*, 1935), Jacques Bondon (*Mélusine au rocher*, 1968), Raymond Loucheur (*Concerto pour violoncelle*, 1968), Henri Martelli (*Suite sur un thème corse*, 1937), Clermont Pépin (*Le Rite du soleil noir*, 1955), Michel Tabachnik (*Le Pacte des Onze*, 1986).

MEXIQUE

Orchestre Philharmonique de Mexico
(Filarmonica de la Ciudad de México)

Fondé en 1978.

Créé à l'initiative de Carmen Romano de López Portillo, épouse du président de la République mexicaine de l'époque, il est entièrement subventionné par le gouvernement mexicain entre 1978 et 1989. Depuis 1990, il reçoit également les subsides d'un groupe de mécènes privés.

Directeurs musicaux : Fernando Lozano (1978-83), Enrique Bátiz (1983-89), Herrera de la Fuente (depuis 1990).

Orchestre Symphonique National de Mexico
(Orquesta Sinfónica Nacional de México)

Fondé en 1825 sous la forme de l'Academia Filarmónica Mexicana, son activité est intermittente jusqu'en 1882. A cette date, il devient Orchestre du Conservatoire. En 1916, il prend le nom d'Orchestre Symphonique National. Il se disperse entre 1925 et 1928 avant d'être reconstitué sur de nouvelles bases en 1928. Il porte alors jusqu'en 1949 le nom de Sinfónica de México. Il redevient alors Orchestre Symphonique National en fusionnant avec un nouvel Orchestre du Conservatoire qui avait été fondé deux ans plus tôt. Il adopte son nom actuel en 1990.

Directeurs musicaux : José Mariano Elizaga (1825-vers 1850), José Antonio Gómez (1882-1910), Jesús M. Acuña (1914-18), Manuel M. Ponce (1918-20), Julián Carrillo (1920-25), Silvestre Revueltas (1925-28), Carlos Chávez (1928-49), José Pablo Moncayo (1949-54), Luis Herrera (1954-71), entre 1972 et 1979, quatre chefs invités principaux (Eduard Van Remoortel, Antoni Ros-Marbá, Eduardo Mata, Charles Dutoit), Sergio Cárdenas (1979-84), José Guadalupe Flores (1984-85), Francisco Savín (1985-89), Luis Herrera (1989-90), Enrique Arturo Diemecke (depuis 1990).

COMMANDES : œuvres de Carlos Chávez (*La hija de Cólquide*, suite), Salvador Contreras (*Corridos*), Blas Galindo (*Concerto pour piano n° 1*, 1942), José Pablo Moncayo (*Huapango*, 1941), Luis Sandi (*Norte*, 1941).

CRÉATIONS : œuvres de Carlos Chávez (*Sinfonia de Antigona*, 1933 ; *Sinfonía proletaria*, 1934 ; *Caballos de fuerza* ; *concerto pour violon*, 1952), Aaron Copland (*Short Symphony*, 1934 ; *El Salón Mexico*, 1937), Rodolfo Halffter (*Concerto pour violon*, 1942), Federico Ibarra (*Symphonie n° 1*), José Pablo Moncayo (*Tierra de temporal*, 1949), Manuel Ponce (*Concerto pour violon*, 1943), Silvestre Revueltas (*Ventanas*, 1932 ; *Cuauhnáhuac*, 1933 ; *Janitzio*, 1933 ; *Esquinas*, 1933 ; *Caminos*, 1934).

MONACO

Orchestre Philharmonique de Monte-Carlo

Fondé en 1856 par Alexandre Hermann, il prend son véritable essor en 1863 sous la direction d'Eusèbe Lucas et porte le nom d'Orchestre National de l'Opéra de Monte-Carlo jusqu'en 1980. Il participe aux spectacles lyriques et chorégraphiques tout en assurant une saison symphonique et discographique importante. Son histoire est étroitement associée aux Ballets russes de Diaghilev puis à ceux de René Blum.

Chefs permanents : Alexandre Hermann (1856-59), Carlo Allegri (1860), Eusèbe Lucas (1861-76), Roméo Accursi (1877-85), Arthur Steck (1886-94), Léon Jehin (1895-1928), Paul Paray (1929-45), Henri Tomasi (1946-53), Louis Frémaux (1956-65), Edouard Van Remoortel (1966-68), Igor Markevitch (1968-73), Lovro von Matačić (1973-79), Lawrence Foster (1979-89), Gianluigi Gelmetti (1990-92), Lawrence Foster (1992-94), James DePreist (à partir de 1994).

CRÉATIONS : œuvres de Claude Arrieu (*Partita en fa*, 1938), Charles Brown (*Soliloquy*, 1977), John Casken (*Still Mine*, pour baryton et orchestre, 1994), Charles Chaynes (*Concerto pour orchestre n° 2*, 1962 ; *Via ercolensi*, pour flûte et orchestre, 1991), Thierry Escaich (*Symphonie n° 1 « Kyrie d'une messe imaginaire »*, 1993), Gabriel Fauré (*Pénélope*, opéra, 1913 ; *Masques et bergamasques*, 1919), Arthur Honegger et Jacques Ibert (*L'Aiglon*, opéra, 1937), Henri Lazarof (*Concerto pour alto*, 1962), Jules Massenet (*Le Jongleur de Notre-Dame*, 1902 ; *Chérubin*, 1905 ; *Thérèse*, 1907 ; *Don Quichotte*, 1910), Lovro von Matačić (*Confrontations*, 1978), Marcel Mihalovici (*Chant premier*, pour saxophone et orchestre, 1974), Virgilio Mortari (*Concerto pour flûte*, 1974), Andrzej Panufnik (*Sinfonia sacra*, 1964), Krzysztof Penderecki (*Le Songe de Jacob*, 1974), Maurice Ravel (*L'Enfant et les sortilèges*, 1925), Roberto Rosselini (*La Reine morte*, opéra, 1973 ; *Prière de saint François d'Assise*, 1975), Daniele Zanettovich (*Concerto pour flûte*, 1973).

NORVÈGE

Orchestre Philharmonique de Bergen (Bergen Filharmonische Orkester)

Fondé en 1765, il porte d'abord le nom de Musikselkapet Harmonien.

Directeurs musicaux : Samuel Lind (176 ?-69), Benjamin Ohle (1769-70), Niels Haslund (1770-85), Ole Pedersen Rødder (1785-1805), J. Hindrich Paulsen (1805-06 et 1809-20), C.M. Lundholm (1820-27), Ferdinand Giovanni Schediwy (1827-44), Ferdinand August Rojahn (1856-59), August Christian Johannes Fries (1859-62), Amadeus Wolfgang Maczewsky (1862-64), August Christian Johannes Fries (1864-73), Richard Henneberg (1873-75), Adolf Blomberg (1875-78), Herman Levy (1870-80), Edvard Grieg (1880-82), Iver Holter (1882-84 et 1885-85), Per Winge (1886-88), Georg Washington Magnus (1892-93), Johan Halvorsen (1893-99), Christian Danning (1899-1901 et 1902-05), Harald Heide (1907-48), Olav Kielland (1948-50), Sverre Jordan (1950-52), Carl von Garaguly (1952-58), Arvid Fladmoe (1958-61), Sverre Bergh (1961-64), Karsten Andersen (1964-85), Aldo Ceccato (1985-90), Dmitri Kitajenko (depuis 1990).

L'orchestre dispose d'une salle de 1 500 places, le Grieg Hall, inaugurée en 1978.

CRÉATIONS : œuvres d'Edvard Grieg (*Symphonie en ut*, première exécution moderne, 1981), Maurice Karkoff (*Symphonie n° 1*, 1956), Fin Mortensen (*Symphonie*, 1963), Arne Nordheim (*Canzona per orchestra*, 1961), Sparre Olsen (*Draumkvedet*, 1937 ; *Symphonik fantasia n° 3*, 1974), Allan Pettersson (*Symphonie n° 13*, 1978), Alfred Schnittke (*Hommage à Grieg*, 1993).

Orchestre Philharmonique d'Oslo (Oslo Filharmoniske Orkester)

Fondé en septembre 1919.

Chefs permanents : Georg Schnéevoigt (1919-21), Johan Halvorsen (1919-20),

Ignaz Neumark (1919-21), Jose Eibenschütz (1921-27), Issaï Dobrowen (1927-1931), Odd Grüner-Hegge (1931-33), Olav Kielland (1933-1945), Odd Grüner-Hegge (1945-62), Øivin Fjeldstad (1962-69), Herbert Blomstedt (1962-68), Miltiades Caridis (1969-76), Okko Kamu (1976-79), Mariss Jansons (depuis 1979).

PAYS-BAS

Orchestre Royal du Concertgebouw d'Amsterdam
(Royal Concertgebouworkest)

Fondé en 1888.

Directeurs : Willem Kes (1888-95), Willem Mengelberg (1895-1945), Eduard Van Beinum (1945-59), Bernard Haitink (1961-88), Riccardo Chailly (depuis 1988).

Chefs associés et premiers chefs : Carl Muck (1921-25), Pierre Monteux (1925-34), Bruno Walter (1934-39), Eduard Van Beinum (1939-45). Eugen Jochum a été 1er chef de 1961 à 1964, Kirill Kondrachine de 1979 à 1981.

L'orchestre porte le nom de la salle où il donne ses concerts, inaugurée le 3 novembre 1888.

COMMANDES : pour le 50e anniversaire de l'orchestre : œuvres de Henk Badings (*Variations symphoniques*, 1938), Béla Bartók (*Concerto pour violon nº 2*, 1939), Alfredo Casella (*Concerto pour orchestre*, 1938), Zoltán Kodály (*Variations sur une chanson populaire hongroise*, 1939), Ernst Krenek (*Concerto pour piano nº 2*, 1938), Darius Milhaud (*Cantate nuptiale*, 1938).

60e anniversaire de l'orchestre : œuvres de Henk Badings (*Symphonie nº 5*, 1948), Benjamin Britten (*Spring Symphony*, 1949).

100e anniversaire de l'orchestre : œuvres de Luciano Berio (*Rendering*, 1989), Ton De Leeuw, Rudolf Escher, Robert Heppener (*Boog*, 1988), Tristan Keuris, Wim Laman, Chiel Meijering, Arne Nordheim (*Magam*, 1988), Alfred Schnittke (*Concerto grosso nº 4-Symphonie nº 5*, 1988), Paul Termos, Geert Van Keulen (*Armonia*, 1988).

CRÉATIONS : œuvres de Henk Badings (*Symphonies nº 1*, 1930 ; *nº 2*, 1932 ; *nº 3*, 1935), Luciano Bertio (*Formazioni*, 1987), David Del Tredici (*Tattoo*, 1986), Marius Flothuis (*Symphonic Music*, 1957), Paul Hindemith (*Concerto pour alto*, 1935 ; *Concerto pour violon*, 1940), Guus Janssen (*Keer*, 1990), Guillaume Landré (*Symphonie nº 3*, 1951 ; *Variazioni senza tema*, 1968), Witold Lutosławski (*Mi-Parti*, 1976), Darius Milhaud (*Concerto pour alto nº 1*, 1929), Gabriel Pierné (*Les Enfants à Bethléem*, 1907), Willem Pijper (*Symphonies nº 1*, 1918 ; *nº 2*, 1922 ; *nº 3*, 1926), Alfred Schnittke (*Concerto pour alto*, 1986), Charles Tournemire (*Symphonie nº 3 « Moscou »*, 1913), Matthijs Vermeulen (*Symphonies nº 2*, 1956 ; *nº 3*, 1939 ; *nº 5*, 1949 ; *nº 7*, 1967).

Orchestre Philharmonique d'Amsterdam
(Amsterdams Philharmonisch Orkest)

Fondé en 1953, dissous en 1986 pour être intégré dans l'Orchestre Philharmonique Néerlandais.

Chefs permanents : Anton Kersjes, Ken-Ichiro Kobayashi, Thomas Sanderling (1984-86).

Orchestre Philharmonique Néerlandais (Amsterdam)
(Nederlands Philharmonisch Orkest)

Fondé en 1986, Il résulte de la fusion de l'Orchestre Philharmonique d'Amsterdam, de l'Orchestre de Chambre des Pays-Bas et de l'Orchestre Symphonique d'Utrecht. Il compte un effectif de 170 musiciens qui se consacrent au concert et aux services lyriques de l'Opéra Néerlandais. **L'Orchestre de Chambre Néerlandais**, composé de membres de l'Orchestre Philharmonique, a une activité autonome dans le cadre de l'Orchestre Philharmonique.

Chef permanent : Hartmut Haenchen (depuis 1986).

Orchestre Philharmonique de la Radio Néerlandaise
(Radio Filharmonisch Orkest, Hilversum)

Fondé en 1945.

Chefs permanents : Albert Van Raalte (1945-52), Paul Van Kempen et Willem Van Otterloo (1952-55), Bernard Haitink (1957-61), Jean Fournet (1961-73), Hans Vonk (1973-79), Sergiu Comissiona (1982-87), Edo De Waart (depuis 1989).

CRÉATIONS : œuvres de Nguyen-Thien Dao (*Mau va hoa*, 1977), Ed De Boer (*Symphonie n° 1*, 1989), Morton Feldman (*Oboe and Orchestra*, 1976), Henryk Mikołaj Górecki (*Concerto pour flûte*, 1992), Bruno Maderna (*Concerto pour hautbois*, 1973), Luis de Pablo (*Adagio*, 1984), Karlheinz Stockhausen (*Festival*, 1980), Iannis Xenakis (*Empreintes*, 1975 ; *Anemoessa*, 1979), Isang Yun (*Concerto pour violon n° 3*, 1992).

Orchestre de la Résidence de La Haye
(Het Residentie-Orkest)

Fondé en 1904 ; appelé parfois Orchestre Philharmonique de La Haye.

Chefs permanents : Henri Viotta (1904-17), Peter Van Anrooy (1917-35), George Szell (invité, 1937-38), Frits Schuurman (1938-49), Willem Van Otterloo (1949-73), Jean Martinon (1974-76), Ferdinand Leitner (1976-80), Hans Vonk (1980-92), Evgeni Svetlanov (depuis 1992).

Les concerts d'été de Scheveningen, assurés par l'orchestre, ont été dirigés notamment par Rhené-Baton (1915-19) et Carl Schuricht (1924-39). Theo Olof et Herman Krebers ont été violon solo de cet orchestre. Jaring Walta et Zino Vinnikov leur ont succédé. La nouvelle salle de concerts, la Dr Anton Philipszaal à La Haye, a été inaugurée en 1987. L'orchestre a lui-même réuni les fonds nécessaires à sa construction et en assure la gestion.

CRÉATIONS : œuvres de Jean Martinon (*Concerto pour quatuor de saxophones et orchestre*, 1976), Charles Tournemire (*Symphonie n° 5*, 1920).

Orchestre Philharmonique de Rotterdam
(Rotterdams Philharmonisch Orkest)

Fondé le 10 juin 1918 sur l'initiative de Jules Zagwijn.

Chefs d'orchestre permanents : Willem Feltzer (1918-28), Alexander Schmuller (1928-30), Eduard Flipse (1930-62), Franz-Paul Decker (1962-68), Jean Fournet (1968-73), Edo De Waart (1973-79), David Zinman (1979-82), James Conlon (1983-89), Jeffrey Tate (1989-93), Valery Gergiev (à partir de 1995).

Le bombardement allemand du 14 mai 1940 détruit sa salle de concert, sa bibliothèque ainsi qu'une bonne partie de ses instruments. Il dispose actuellement d'une salle nommée « de Doelen ». L'orchestre (110 musiciens) donne plus d'une centaine de concerts par an à Rotterdam et dans les autres villes hollandaises. Il effectue de nombreuses tournées dans le monde entier et est subventionné à 85 % par l'État et la ville de Rotterdam.

COMMANDES : *Sinfonia breve* de Baird (1968), *Erasmi Monumentum* de Frank Martin (1968), *Le Tombeau d'Erasme* de Tansman (1970), *Chemins IIc* (1974), et *Encore* (1978) de Berio, *Twilight* de Per Nørgård (1977), ainsi que de nombreuses pages hollandaises.

CRÉATIONS : œuvres de Louis Andriessen (*Anachronie I*, 1968), Michael Haydn (*Missa hispanica*, 1966), Leoš Janáček (*Sumařovo dítě*, 1930 ; *Souvenirs de la maison des morts*, suite, 1933), Léon Orthel (*Symphonie n° 2 « Piccola sinfonia »*, 1941), Alfred Schnittke (*La Vie avec l'idiot*, opéra, 1992), Toru Takemitsu (*Gitimalya*, 1974).

POLOGNE

Orchestre de la Philharmonie de Cracovie
(Państwowa Filharmonia im. Karola Szymanowskiego)

Fondé en 1945.

Directeurs artistiques : Zygmunt Latoszewski (1945), Jan Maklakiewicz (1945-47), Walerian Bierdiajew (1947-49), Piotr Perkowski (1949-51), Bogdan Wodiczko (1951-55), Bronisław Rutkowski (1955-56), Jerzy Gert (1957-62), Andrzej Markowski (1962-65), Henryk Czyż (1965-68), Jerzy Katlewicz (1968-80), Tadeusz Strugała (1981-86), Krzysztof Penderecki (1988-90), Jerzy Maksymiuk (depuis 1992).

Premiers chefs : Zygmunt Latoszewski (1945), Walerian Bierdiajew (1945-49), Witold Krzemieński (1949-51), Bohdan Wodiczko (1951-55), Stanisław Skrowaczewski (1955-57), Witold Rowicki (1957-59), Andrzej Markowski (1959-65), Henryk Czyż (1965-68), Jerzy Katlewicz (1968-80), Tadeusz Strugała (1981-86), Gilbert Levine (1988-91), Roland Bader (1991-93), Jean-Paul Penin (premier chef invité, depuis 1990), Marek Pijarowski (depuis 1993).

CRÉATIONS : œuvres de Grażyna Bacewicz (*Symphonie nº 1*, 1948 ; *Concerto pour violon nº 4*, 1952 ; *Symphonies nº 3* et *4*, 1952 et 1954 ; *Pensieri notturni*, 1957), Henryk Mikołaj Górecki (*Beatus Vir*, 1979), Witold Lutosławski (*Jeux vénitiens*, 1961), Krzysztof Meyer (*Symphonie nº 1*, 1964), Tristan Murail (*Gondwana*, 1980), Andrzej Panufnik (*Divertimento*, 1948 ; *Sinfonia rustica*, 1949 ; *Concerto in modo antico*, 1951), Krzysztof Penderecki (*Epitafium Artur Malawski in memoriam*, 1958 ; *Psaumes de David*, 1959 ; *Dimensions du temps et du silence*, première version, 1960 ; *Threnody*, 1961 ; *Fonogramy*, 1961 ; *Dies Irae*, 1967), Dieter Schnebel (*Thanatos-Eros*, 1982).

Orchestre de la Philharmonie de Silésie (Katowice)
(Państwowa Filharmonia Ślaska)

Fondé en 1945.

Directeurs musicaux : Jan Niwiński (1945), Witold Krzemieński (1945-49), Stanisław Skrowaczewski (1949-53), Karol Stryja (1953-90), Jerzy Swoboda (depuis 1990).

La Philharmonie de Silésie comporte en outre un chœur de 70 voix, fondé en 1974 et dirigé par Jan Wojtacha (depuis 1974) et l'**Orchestre de Chambre de Silésie** (15 musiciens), fondé en 1981 et dirigé par Aureli Błaszczok (1981) puis par Jan Wincenty Hawel (depuis 1981).

CRÉATIONS : œuvres de Grażyna Bacewicz (Ouverture concertante, 1945), Tadeusz Baird (*Suite lyrique*, 1953), Augustyn Bloch (*Ajelet*, 1968 ; *Gilgamesz*, 1969 ; *Enfiando*, 1971), Paul-Heinz Dittrich (*Concert avec plusieurs instruments nº 4* pour piano et orchestre, 1984), Franco Donatoni (*Per orchestra*, 1963), Henryk Mikołaj Górecki (*Epitafium*, op. 12, 1958 ; *Genesis II*, 1962 ; *Choros I*, op. 20, 1964), Miroslav Kabelač (*Eufomias Mysterion*, 1965), Wojciech Kilar (*Herbsstag*, 1961 ; *Riff 62*, 1962 ; *Générique*, 1963 ; *Upstairs Downstairs*, 1971), Włodzimierz Kotoński (*Musique de chambre*, 1958), Krzysztof Meyer (*Carillon*, 1993), Krzysztof Penderecki (*Strophes*, 1959), Ignaz Jan Paderewski (*Symphonie nº 1*, 1990), Bogusław Schäffer (*Missa sinfonica*, 1986), Kazimierz Sikorski (*Symphonie nº 5*, 1980).

Grand Orchestre Symphonique de la Radio-Télévision Polonaise (Katowice)
(Wielka Orkiestra Symfoniczna Radia i Telewizji Polskiej)

Fondé à Varsovie en 1935 par Grzegorz Fitelberg.

Chefs permanents et directeurs : Grzegorz Fitelberg (1935-39). Dissous de 1939 à 1945. Réorganisé à Katowice : Witold Rowicki (1945-47), Grzegorz Fitelberg (1947-53), Jan Krenz (1953-68), Bohdan Wodiczko (1968-69), Kazimierz Kord (1969-73), Tadeusz Strugała (1975-76), Jerzy Maksymiuk (1976-77), Stanisław Wislocki (1978-81), Jacek Kasprzyk (1981-82), Antoni Wit (depuis 1983).

CRÉATIONS : œuvres de Grażyna Bacewicz (*Variations symphoniques,* 1958 ; *Musique pour cordes,* 1959), Tadeusz Baird (*Concerto pour hautbois,* 1973), Henryk Mikołaj Górecki (*Symphonie « 1959 »* ; Scontri, 1960 ; *Refrain,* 1966), Klaus Huber (*Tenebrae,* 1968), Wojciech Kilar (*Ode in memoriam Béla Bartók,* 1958 ; *Exodus,* 1981 ; *Angelus,* 1984), Włodzimierz Kotoński (*Prélude et Passacaille*), Zygmunt Krauze (*Folk Music*, 1972 ; *Fête galante et Pastorale*, 1975), Jan Krenz (*Danse symphonique*, 1951 ; *Concertino pour piano*, 1952), Rolf Liebermann (*Cosmopolitan Greetings*, 1989), Witold Lutosławski (*Symphonie n° 1*, 1947 ; *Petite Suite,* 1951 ; *Musique funèbre,* 1958 ; *Symphonie n° 2*, 1967), Krzysztof Meyer (*Symphonie n° 4*, 1975 ; *Carillon*, 1993), Roman Palester (*Concertino pour piano*, 1947 ; *Symphonie n° 2*, 1948 ; *Variations pour orchestre*, 1958 ; *Symphonie n° 5*, 1988), Krzysztof Penderecki (*Canon*, 1962 ; *Concerto pour violoncelle*, 1972), Bogusław Schäffer (*Monosonata*, 1959 ; *Musica Ipsa*, 1962), Kazimierz Serocki (*Symphonie n° 1*, 1952 ; *Sinfonietta,* 1956 ; *Fresques symphoniques,* 1964).

Orchestre de la Philharmonie Nationale de Varsovie
(Filharmonia Narodova)

Fondé en 1901, il devient orchestre d'État en 1948.

Directeurs artistiques : Jan Maklakiewicz (1947), Wladyslaw Raczkowski et Zdzislaw Górzynski (1948-50), Witold Rowicki (1950-55), Bohdan Wodiczko (1955-58), Witold Rowicki (1958-77), Kazimierz Kord (depuis 1977).

Chefs permanents : Emil Młynarski (1901-07), Grzegorz Fitelberg (1907-11 puis 1924-34), Mieczysław Mierzejewski (1947-50), Tadeusz Wilczak (1947-50), Witold Rowicki (1950-55), Arnold Rezler (1955-57), Stanisław Skrowaczewski (1957-59), Witold Rowicki (1958-77), Stanisław Wislocki (2e chef, 1960-68), Andrzej Markowski (2e chef, 1971-78), Kazimierz Kord (depuis 1977).

CRÉATIONS : œuvres de Tadeusz Baird (*Cassation,* 1956 ; *Quatre Essais,* 1958 ; *Expressions,* 1959 ; *Exhortation,* 1960 ; *Symphonie n° 3*, 1968), Grażyna Bacewicz (*Concerto pour orchestra,* 1962), Friedrich Cerha (*Spiegel I,* 1968), Henryk Mikołaj Górecki (*Symphonie n° 2*, 1973), Mieczysław Karłowicz (*Les Vagues revenantes,* 1904), *Rhapsodie lituanienne*, 1909 ; *Une triste histoire*, 1908), François-Bernard Mâche (*La Peau du silence*, 1969), Ştefan Niculescu (*Cantata II*, 1963), Andrzej Panufnik (*Ouverture tragique*, 1943 ; *Suite polonaise ancienne*, 1951), Krzysztof Penderecki (*Cantata in honorem Almae Matris Universisatis Iagellonicae*, 1964).

Philharmonie de Chambre Polonaise (Varsovie)
(Polska Filharmonia Kameralna)

Orchestre de chambre **fondé en 1980** et dirigé depuis cette date par Wojciech Rajski. Composé d'un ensemble de solistes, cet orchestre s'est imposé en quelques années comme le meilleur orchestre de chambre polonais.

PORTUGAL

Orchestre de la Fondation Gulbenkian (Lisbonne)
(Orquesta Gulbenkian)

Fondé en 1962.

Chefs permanents : Lamberto Baldi (1962-63), Urs Voegelin (1963-64), Renato Ruotolo (1964-65), Trajan Popesco (1965), Adrian Sunshine (1966-67), Gianfranco Rivoli (1968-71), Werner Andreas Albert (1971-73), Michel Tabachnik (1973-75), Juan Pablo Izquierdo (1976-77), Claudio Scimone (1979-86), Muhai Tang (depuis 1988).

Constitué au départ de onze cordes et un clavecin, il comporte dès 1971 une soixantaine d'instrumentistes.

CRÉATIONS : œuvres d'André Boucourechliev *Concerto pour piano*, 1975), Joan Guinjoan (*Ambient núm I*, 2e version, 1988), Emmanuel Nunes (*Machina Mundi*, 1992), Iannis Xenakis (*Cendrées*, 1974).

COMMANDES : œuvres d'Attila Bozay (*Variations pour orchestre*, 1977), Joly Braga-Santos, Zygmunt Krauze (*Concerto pour violon*, 1980), Darius Milhaud (*Musique pour Lisbonne*, 1968), Emmanuel Nunes (*Purlieu*, 1971 ; *Dan Wo*, 1973 ; *Fermata*, 1974 ; *Es webt*, 1975 ; *Ruf*, 1977 ; *Sequencias*, 1981 ; *Omens II*, 1982 ; *Stretti* pour deux orchestres, 1983 ; *Quodlibet*, 1991 ; *Machina mundi*, 1992), Jorge Peixinho, Krzysztof Penderecki (*Canticum Canticorum Salomonis*, 1973), Michèle Reverdy (*Le Cercle du vent*, 1989).

RÉPUBLIQUE TCHÈQUE

Orchestre Philharmonique de Brno
(Státní Filharmonie Brno)

Fondé en 1956.

Chefs permanents : Břetislav Bakala (1956-58), Jaroslav Vogel (1959-61), Jiří Waldhans (1961-78), Františec Jílek (1978-83), Petr Vronský (1983-91), Leoš Svárovský (depuis 1991).

CRÉATION : œuvre de Heimo Erbse (*Symphonie n° 3*, 1992).

Orchestre de la Philharmonie Tchèque (Prague)
(Česká Filharmonie)

Fondé en 1894 dans le cadre de l'Orchestre du Théâtre National. Son premier concert officiel a lieu le 4 janvier 1896 sous la baguette de Dvořák. Depuis 1945, il est orchestre d'État.

Chefs permanents : Ludvík Vítězslav Čelanský (1901-02), Vilém Zemánek (1903-18), Oskar Nedbal et Karel Kovarovic (1918-19), Václav Talich (1919-41), Rafael Kubelík (1942-48), Karel Sejna (directeur intérimaire en 1949), Karel Ančerl (1950-68, Václav Talich étant conseiller de 1952 à 1954), Václav Neumann (1968-90), Jiři Bělohlávek (1990-92), Václav Neumann (1992-93), Gerd Albrecht (depuis 1994).

CRÉATIONS : œuvres de Xavier Benguerel (*Sinfonia per a grand orquestra*, 1968), Leoš Janáček (*Le Fils du violoneux*, 1917 ; *Sinfonietta*, 1926), Otmar Mácha (*Sinfonietta n° 2*, 1982), Gustav Mahler (*Symphonie n° 7*, 1908), Bohuslav Martinů (*Le Passage de minuit*, 1923 ; *Concerto pour piano n° 1*, 1926 ; *Partita pour cordes*, 1932 ; *Concerto pour piano n° 2*, 1934 ; *Messe de campagne*, 1946 ; *Symphonie n° 5*, 1947 ; *Concerto pour violoncelle*, 1949), Serge Nigg (*Pour un poète captif*, 1951), Pancho Vladiguerov (*Vardar*, rhapsodie bulgare, 1928).

Orchestre Symphonique de Prague « FOK »
(Symphonický Orchestr hl. m. Prahy, FOK)

Fondé en 1934.
36 musiciens au chômage créent l'Association libre des musiciens sans travail. C'est d'abord un orchestre de salon. Puis il se spécialise dans la musique de film et les opéras, prenant en 1938 le nom d'Association Film Radio Concert, d'où le sigle « FOK » qu'il porte encore. Au cours de ses huit premières années, il enregistre la musique de plus de 800 films. Malgré la concurrence sévère de deux grandes formations symphoniques à Prague, il se développe, prenant en 1946 le titre d'Orchestre Symphonique FOK. Depuis 1952 il est orchestre d'État.

Chefs permanents : Rudolf Pekárek (1934-48), Václav Smetáček (1942-72), Ladislav Slovák (1972-76), Jindřich Rohan (1976-77), Jiří Bělohlávek (1977-90), Petr Altrichter (1990-92), Martin Turnovský (depuis 1992).

CRÉATIONS : œuvres de Jiří Dvořáček (*Symfonietta*, 1971), Petr Eben (*Vox Clamantis*, 1970), Jan Fischer (*Les Musiques*), Sofia Goubaïdoulina (*Stufen*, 1989), Ivan Řezáč (*Vivace*, 1977), E. Zámečník (*Preludio deciso*).

Orchestre Symphonique de la Radio de Prague
(Symphonický Orchestr rozhlásu Praha)

Fondé en 1926.
Il était à l'origine l'Orchestre du Radio-Journal. Son nom a été plusieurs fois modifié. Jusqu'en 1992, il s'intitulait Orchestre Symphonique de la Radio Tchécoslovaque de Prague. A ses débuts, il comptait 22 musiciens ; actuellement son effectif s'élève à 105.

Chefs permanents : Otakar Jeremiáš (1929-47), Karel Ančerl (1947-50), Aloïs Klíma (1952-72), Jaroslav Krombholc (1973-77), František Vajnar (1979-85), Vladimír Válek (depuis 1985).

COMMANDES : œuvres de Bohuslav Martinů (*La Comédie sur le pont*, 1937), Georgi Mintchev (*Musique de concert*, commande pour le 50e anniversaire de l'orchestre, 1976), Sokola (*Triptyque symphonique*, commande pour le 50e anniversaire de l'orchestre, 1976).

CRÉATIONS : œuvres de František Bartôs (*Musique radiophonique*, 1936), Jaroslav Doubrava (*Symphonie nº 2 « Stalingrad »*, 1944), Dimitri Chostakovitch (suite de l'opéra *Lady Macbeth de Mzensk*, 1935), Ilja Hurník (*Concerto pour orchestre*, 1956), Jiři Jaroch (*Le Vieil Homme et la mer*, 1961), Viktor Kalabis (*Symphonies nº 3*, 1972 ; *nº 5*, 1977), Zdeněk Šesták (*Symphonie nº 2*, 1970), Anatol Vieru (*Sinfonietta*, 1977).

ROUMANIE

Philharmonie Gheorghe Dima de Braşov
(Filarmonica « Gheorghe Dima » din Braşov)

Fondée le 6 mai 1878 sous le nom de Kronstädter Philharmonische Gesellschaft, elle reprend la suite d'une tradition de concerts qui existait dans cette ville depuis 1756 (fondation d'un Collegium Musicum auquel a succédé en 1818 la Capelei orăşeneşti). Franz Lehar, alors lieutenant de cavalerie dans la garnison de Kronstadt, y a fait ses débuts de chef d'orchestre. Toutes les grandes œuvres avec chœur du répertoire symphonique ont été jouées pour la première fois en Roumanie à Braşov qui possède depuis le XIXe siècle une importante chorale étroitement associée aux activités de l'orchestre. L'orchestre a adopté le nom d'un compositeur originaire de Braşov, Gheorghe Dima, et a été étatisé le 1er janvier 1948.

Directeur musical : Emanuel Elenescu (depuis 1992).

Chefs permanents : Anton Brandner (1878-87), Rudolf Lassel (1887-1918), Paul Richter (1918-35), Dinu Niculescu (1946-63), Ilarion Ionescu-Galaţi (1963-92), Rázvan Cernat (depuis 1984).

CRÉATIONS : œuvres de Paul Constantinescu (*Concerto pour violon*, 1958), Corneliu Dan Georgescu (*Jocuri III*, 1971), Myriam Marbe (*Serenadá*, 1974 ; *Concerto pour violon*, 1977), Paul Richter (*Symphonie n° 3*, 1926).

Philharmonie Georges Enesco de Bucarest
(Filarmonica « George Enescu » din Bucureşti)

Fondée en 1868 sous le nom de Société Philharmonique Roumaine. De 1906 à 1920, il devient Orchestre du Ministère de l'Instruction publique, de 1920 à 1945, Orchestre Philharmonique de Bucarest, de 1945 à 1955, Philharmonie d'État de Bucarest et, depuis 1955, il porte son titre actuel.

Directeurs musicaux : Georges Cocea (1944-45), Emanoil Ciomac (1945-47), Constantin Silvestri (1947-53), Georges Georgesco (1954-64), Mircea Basarab (1964-68), Dumitru Capoianu (1968-73), Ion Voicu (1973-82), Mihaï Brediceanu (1982-90), Dan Grigore (1990), Cristian Mandeal (depuis 1990).

Chefs permanents : Eduard Wachmann (1868-1906), Dimitri Dinicu (1906-20), Georges Georgesco (1920-44), Constantin Silvestri (1947-53), Theodor Rogalski (1950-54), Mircea Basarab (1954-86), Mihaï Brediceanu (1982-90), Mircea Cristescu, Cristian Mandeal (depuis 1987), Horia Andreescu (directeur-adjoint, 1987-90).

L'Orchestre de chambre de la Philharmonie Georges Enesco de Bucarest, qui réunit des instrumentistes de cet orchestre, a été successivement dirigé par Mircea Cristescu (son fondateur), Nicolae Iliescu (violon solo de la Philharmonie jusqu'en 1990) et Cristian Mandeal. La Philharmonie comporte également un chœur fondé en 1953 et diverses formations de musique de chambre comme le **Trio Pro Arte** (Nicolae Licaret, piano ; Anda Petrovici, violon ; Marin Cazacu, violoncelle).

Enesco a dirigé cet orchestre régulièrement tout au long de sa vie, mais plus particulièrement pendant les deux guerres mondiales. En 1917-18, il fonde, avec les musiciens de l'orchestre réfugiés à Iaşi, l'Orchestre Symphonique de Iaşi. De 1926 à 1928, Hermann Scherchen a dirigé 22 concerts.

CRÉATIONS : œuvres de Mihail Andricu (*Poème pour piano et orchestre*, 1924 ; *Suite pour orchestre*, op. 2, 1925 ; *Sinfonia da cameră*, 1927 ; *Sinfonietta n° 3*, 1948 ; *Symphonies n° 1*, 1946 ; *n° 5*, 1957 ; *n° 6*, 1957 ; *n° 9*, 1961 ; *n° 10*, 1969), Nicolas Bacri (*Concerto pour violoncelle*, 1993), Alain Bancquart (*Symphonie n° 4*, 1987), Pascal Bentoiu (*Symphonie*, op. 16, 1966 ; *Hamlet*, opéra, 1971 ; *Symphonie n° 8*, 1990), Wilhelm Berger (*Symphonies n° 2 « Epica »*, 1964 ; *n° 3 « Dramatica »*, 1965 ; *n° 4 « Tragica »*, 1965 ; *n° 5 « Muzică Solennă »*, 1968 ; *n° 6*, 1969), Alfonso Castaldi (*Marsyas*, 1908), Eduard Caudella (Uvertura « Moldova », 1914), Paul Constantinescu (*Symphonie n° 1*, 1947 ; *Patimile şi Invierea Domnului*, oratorio de Pâques, 1946 ; *Naşterea Domnului*, oratorio de Noël, 1947 ; *Rhapsodie n° 2*, 1956), Dimitrie Cuclin (*Symphonies n° 13*, 1962 ; n° 17, 1966 ; *n° 18*, 1969), Ion Dumitrescu (*Suite n° 3*, 1945 ; *Symphonie n° 1*, 1949 ; *Concerto pour orchestre à cordes*, 1956 ; *Sinfonietta*, 1957), Georges Enesco (*Rhapsodies roumaines nos 1 et 2*, 1903 ; *Suite n° 1*, 1903 ; *Intermezzos pour cordes*, 1903 ; *Symphonies n° 2*, 1915 ; *n° 3*, 1919), Ludovic Feldman (*Symphonie en do*, 1947 ; *Suite n° 2*, 1949 ; *Variations symphoniques*, 1967), Corneliu Dan Georgescu (*Partita pour orchestre*, 1968 ; *Symphonie n° 3*, 1985), Theodor Grigoriu (*Hommage à Enesco*, 1960 ; *Sinfonia cantabile*, 1968), Mihail Jora (*Symphonie en Ut*, 1937), Dinu Lipatti (*Concertino dans le style classique*, 1939), Marcel Mihalovici (*Notturno*, 1925), Şerban Nichifor (*Symphonie n° 2 « Via Lucis »*, 1988), Ştefan Niculescu (*Fragments I*, 1976), Tiberiu Olah (*Symphonie n° 2*, 1988), Aurel Stroe (*Monumentum*,

1964), Zeno Vancea (*Simfonieta n° 1*, 1949 ; *Simfonieta n° 2*, 1967), Anatol Vieru (*Simfonia concertantă* pour violoncelle et orchestre, 1989).

Orchestre National de la Radio Roumaine (Bucarest) (Orchestra Naţională Radio)

Fondé en 1928 comme orchestre de studio, il donne son premier concert public en 1932 et porte jusqu'en 1991 le nom d'Orchestre Symphonique de la Radio-Télévision Roumaine (Orchestra Sinfonică a Radioteleviziunii Române).

Chefs permanents (l'orchestre a toujours disposé simultanément de plusieurs chefs permanents) : Mihail Jora (1928-33), Theodor Rogalski (1930-51), Alfred Alessandrescu (1933-59), Constantin Bobescu (1935-72), Ionel Perlea (1936-44), Emanuel Elenescu (1946-71), Mendi Rodan (1953-58), Constantin Silvestri (1958-59), Iosif Conta (depuis 1954), Paul Popescu (depuis 1979), Ludovic Bács, Cristian Brâncuşi, Horia Andreescu (directeur musical depuis 1992).

CRÉATIONS : œuvres de Liana Alexandra (*Symphonies n° 2*, 1978 ; *n° 3*, 1982), Pascal Bentoiu (*Luceafărul*, 1958 ; *Imagini bucureştene*, 1959 ; *Ouverture de concert*, 1964 ; *Symphonies n° 2*, 1975 ; *n° 4*, 1979 ; *n° 5*, 1980), Wilhelm Berger (*Variations symphoniques*, 1965 ; *Variations pour orchestre de chambre*, 1968), Theo Brandmüller (*Antigone*, 1990), Paul Constantinescu (*Sinfonietta*, 1938 ; *Concerto pour orchestre à cordes*, 1956), Dimitrie Cuclin (*Symphonies n° 16*, 1963 ; *n° 11*, 1967), Ion Dumitrescu (*Suite n° 1*, 1938 ; *Suite n° 2*, 1940), Georges Enesco (*Vox Maris*, 1964), Corneliu Dan Georgescu (*Symphonie n° 2*, 1982), Ludovic Feldman (*Ode symphonique*, 1968), Theodor Grigoriu (*Vis Cosmic*, 1965), Mihail Jora (*Hanul Dulcineea*, ballet, 1967), Marcel Mihalovici (*Ouverture tragique*, 1958 ; *Symphonie n° 5*, 1971), Ştefan Niculescu (*Scènes*, 1965), Tiberiu Olah (*La Colonne infinie*, 1965), Aurel Stroe (*Laude I*, 1966 ; *Concerto pour clarinette*, 1975 ; *Agamemnon*, 1983), Sigismund Toduţă (*Symphonie n° 1*, 1955), Zeno Vancea (*Concerto pour orchestre*, 1962), Anatol Vieru (*Concerto pour orchestre n° 1*, 1956 ; *Ode au silence*, 1968 ; *Clepsidră II*, oratorio, 1972 ; *Symphonies n° 3*, 1979 ; *n° 5*, 1986).

Philharmonie de Cluj-Napoca (Filarmonica din Cluj-Napoca)

Fondée en 1955, elle prolonge une ancienne tradition symphonique de la capitale de la Transylvanie illustrée notamment par l'Orchestre Symphonique Ardealul (1935-40).

Chefs permanents : Antonin Ciolan (1955-70), Erich Bergel (1959-72), Emil Simon (depuis 1960), Cristian Mandeal (1982-88).

La Philharmonie de Cluj-Napoca dispose d'un chœur académique, d'un orchestre de chambre (fondé en 1966 par Mircea Cristescu et le violoniste Ştefan Ruha, violon solo de la Philharmonie), d'un quatuor à cordes (le **Quatuor Napoca**, fondé en 1964), d'un ensemble à vent, d'un ensemble de musique ancienne (**Collegium Musicum Academicum de Cluj-Napoca**, fondé en 1967 à l'initiative du flûtiste Gavril Costea) et d'un ensemble de musique contemporaine, **Ars Nova**. Fondé en 1968 et dirigé par le compositeur Cornel Ţăranu, cet ensemble compte à son actif plus d'une centaine de créations mondiales de compositeurs roumains (Tiberiu Olah, Anatol Vieru, Aurel Stroe, Ştefan Niculescu, Mihai Moldovan, Cornel Ţăranu...) ainsi que la première audition en Roumanie des œuvres majeures de la littérature contemporaine internationale (John Cage, Pierre Boulez, Edgar Varèse, Luciano Berio, Karlheinz Stockhausen...).

CRÉATIONS : œuvres de Pascal Bentoiu (*Symphonie n° 6 « Culori »*, 1987), Ludovic Feldman (*Sinfonietta*, 1963 ; *Symphonie concertante pour violoncelle et orchestre*, 1965), Liviu Glodeanu (*Ricercare*, 1971), Mihai Moldovan (*Vitralii*, 1968), Ştefan Niculescu (*Scène*, 1965 ; *Sincronie II « Hommage à Enesco et Bartók »*, 1981), Tiberiu Olah (*Symphonie n° 1*, 1962 ; *Armonii IV*, 1981), Aurel Stroe (*Muzică de concert*, 1966), Sigismund Toduţă (*Symphonies n° 2*, 1956 ; n° 3, 1959), Cornel

Ţăranu (*Sinfonia brevis*, 1962 ; *Incantaţii*, 1966 ; *Symphonie n° 3 « Semne »*, 1984), Anatol Vieru (*Concerto pour orchestre n° 2*, 1961 ; *Sinfonia da camera*, 1966 ; *Symphonie n° 4*, 1983).

Philharmonie Moldave de Iaşi
(Filarmonica « Moldova » din Iaşi)

Fondée en 1942 comme orchestre d'État, elle prend la succession de différentes expériences symphoniques réalisées dans la capitale moldave depuis 1893 sous la direction d'Eduard Caudella, Antonin Ciolan et, en 1917, de Georges Enesco qui y fonda un orchestre symphonique avec les musiciens de la Philharmonie de Bucarest réfugiés dans cette ville.

Directeurs musicaux et chefs permanents : Georges Enesco (1942), Antonin Ciolan, George Pavel, Carol Nosek (1942-44), Emanuel Elenescu (1945-46), Achim Stoia (1948-61), George Vintilá (1960-86), Ion Baciu (1962-87), Gheorghe Costin (depuis 1988).

CRÉATIONS : œuvres de Pascal Bentoiu (*L'Amour médecin*, opéra, 1983), Wilhelm Berger (*Symphonie n° 1 « lirica »*, 1966 ; *n° 2 « Alliages »*, 1973 ; *n° 21*, 1990), Eduard Caudella (*Concerto pour violon n° 1*, 1915), Paul Constantinescu (*La Nuit orageuse*, opéra, 1988), Ludovic Feldman (*Symphonie pour 16 instrumentistes*, 1971), Valentin Gheorghiu (*Concerto pour piano*, 1950), Mihail Jora (*Suite n° 2*, 1918), Anatol Vieru (*Concerto pour clarinette*, 1978).

Philharmonie Banatul de Timişoara
(Filarmonica « Banatul » din Timişoara)

Fondée en 1871 dans la ville qui portait alors le nom de Temeswar, elle a joué un rôle essentiel dans la vie musicale de cette région située à l'ouest de la Roumanie. Brahms, Bartók, Sarasate et Kreisler l'ont dirigé où se sont produits en soliste avec cet orchestre. Bruno Walter y a fait ses débuts et y a été attaché pendant deux ans. Il a été étatisé le 17 avril 1947.

Chefs permanents : George Pavel (1947-48), Mircea Popa (1947-64), Nicolae Bohoc (1959-85), Remus Georgescu (depuis 1968), Peter Oschanitzky (1983-93).

CRÉATIONS : œuvres de Liana Alexandra (*Symphonie n° 4*, 1984), Pascal Bentoiu (*Symphonie n° 7 « Volume »*, 1986), Paul Constantinescu (*Concerto pour piano*, 1953), Georges Enesco (*Voix de la nature*, 1980 ; *Suite châtelaine*, 1982), Remus Georgescu (*Symphonie à la mémoire d'Igor Stravinski*, 1972), Marţian Negrea (*Simfonia primăverii*, 1957), Ştefan Niculescu (*Symphonie n° 2 « Opus dacicum »*, 1980 ; *Symphonie concertante pour saxophone et orchestre « Cantos »*, 1984), Adrian Raţiu (*Symphonies n° 1*, 1962 ; *n° 2*, 1977), Aurel Stroe (*Monumentum*, 1962 ; *Canto I*, 1970).

RUSSIE

Grand Orchestre Symphonique de la Radio-Télévision Russe (Moscou)

Fondé en 1930.

Directeurs artistiques : Alexandre Orlov (1930-37), Nicolaï Golovanov (1937-53), Alexandre Gaouk (1953-61), Guennadi Rojdestvenski (1961-74), Vladimir Fedosseiev (depuis 1974). Parmi les chefs permanents attachés à la Radio Russe figurent Alexandre Gaouk (1933-36), Kurt Sanderling (1936-41), Konstantin Ivanov (1941-46), Samuel Samossoud (1943-50), Yuri Ahronovitch (1964-72) et Maxime Chostakovitch (1971-81).

CRÉATIONS : œuvres de Arno Babadjanian, Boutsko, Dimitri Chostakovitch (*La*

Jeune Garde, suite, 1953 ; *Symphone n° 15*, 1972 ; *Suite sur des poèmes de Michel-Ange*, 1975), Rodion Chtchedrine (*Symphonie n° 2*, 1965), Philippe Hersant (*Stances 92*, 1993), Vassil Kazandjiev (*Hymnes symphoniques*, 1967), Aram Khatchaturian (*Spartacus*, suite de concert, 1955), Nicolas Miaskovski (*Symphonie n° 27*, 1950), Serge Prokofiev (*Symphonie n° 7*, 1952), Boris Tchaïkovski, Otar Taktakichvili, Kaspar Toeplitz (*Lhow*, 1991).

Nouvel Orchestre Philharmonique de Moscou

Fondé en 1986.

Directeurs musicaux : Yuri Simonov (1986-89), Vladimir Ponkin (depuis 1990).

Orchestre National de Russie (Moscou)

Fondé en 1990 par Mikhaïl Pletnev, c'est le premier orchestre russe entièrement indépendant depuis 1917.

Directeur musical : Mikhaïl Pletnev.

Orchestre Philharmonique de Moscou

Fondé en 1926.

Chefs permanents : Nicolaï Golovanov (1926-29), Samuel Samossoud (1953-57), Eugen Szenkar (1934-37), Abram Stasevitch (1937), Kirill Kondrachine (1957-60, puis directeur artistique, 1960-76), Dmitri Kitajenko (1976-90), Vassili Sinaïski (depuis 1990).

CRÉATIONS : œuvres de Viacheslav Artiomov (*Requiem*, 1991), Dimitri Chostakovitch (*Le Nez*, suite, 1928 ; *Symphonies n° 4*, 1961 ; *n°13*, 1962 ; *Stepan Razine*, 1964 ; *Concerto pour violon n° 2*, 1962 ; *Concerto pour violoncelle n° 2*, 1966), Rodion Chtchedrine (*Symphonie n° 1*, 1958 ; *Concerto pour orchestre n° 1*, 1963), Dimitri Kabalevski (*Symphonie n° 2*, 1934), Nicolas Miaskovski (*Symphonie n° 21*, 1940), Serge Prokofiev (*Ivan le Terrible* ; *Alexandre Nevski*, 1939), Alfred Schnittke (*In Memoriam*, 1979), Moïse Wainberg (*Symphonie n° 4*, 1963).

Orchestre Symphonique de la Capella d'État Russe

Fondé en 1982 sous le nom d'Orchestre Symphonique du Ministère de la Culture de l'URSS, il se consacre d'abord essentiellement à l'enregistrement sous forme de grands cycles (intégrale des symphonies de Chostakovitch, Bruckner et Sibelius). Puis il commence à donner des concerts et effectue sa première tournée à l'étranger en Finlande en 1984. En 1991, il adopte son nom actuel.

Directeurs musicaux : Guennadi Rojdestvenski (1982-91), Valeri Polianski (depuis 1991).

CRÉATIONS : œuvres de Rodion Chtchedrine (*Cantique*, 1989), Edison Denisov (*Symphonie*, 1989), Sofia Goubaïdoulina (*Antwort ohne Frage*, 1989).

Orchestre Symphonique d'État de Russie (Moscou)

Fondé en 1936.

Chefs permanents : Erich Kleiber (1936), Alexandre Gaouk (1936-41), Nathan Rakhlin (1941-45), Konstantin Ivanov (1946-65), Evgeni Svetlanov (depuis 1965).

CRÉATIONS : œuvres de Dimitri Chostakovitch (*Symphonies n° 8*, 1943 ; *n° 11 « 1905 »*, 1957 ; *Concerto pour piano n° 2*, 1957 ; *Ouverture sur des thèmes russes et kirghizes*, 1963 ; *Octobre*, 1967), Franco Mannino (*Symphonie n° 6*, 1988), Henri Sauguet (*Mélodie concertante* pour violoncelle et orchestre, 1964), Alfred Schnittke (*Concerto pour violon n° 3*, 1980).

Orchestre Symphonique du Ministère de la Culture de Russie (Moscou)

Voir à **Orchestre Symphonique de la Capella d'État Russe (Moscou)**

Orchestre Symphonique de Moscou

Fondé en 1943, il comporte à l'origine 25 musiciens avant d'être élargi aux dimensions symphoniques.

Chefs permanents : Leo Steinberg, Nikolaï Anosov, Leo Guinzbourg, Veronika Dudarova (1960-89), Pavel Kogan (depuis 1989).

Persimfans (Moscou)

Perviÿ Simfonicheskiy Ansamble Dirizhora. Orchestre symphonique jouant sans chef (1922-32). Les plus grands solistes de l'époque ont participé à ses concerts qui réclamaient énormément de répétitions.

Orchestre Philharmonique de Saint-Pétersbourg

Fondé en 1921, il succède à l'orchestre de la cour, formé en 1882, et dirigé par Gugo Varlikh. De 1917 à 1920, il est Orchestre Symphonique d'État et dirigé par Serge Koussevitzky. Il porte jusqu'en 1991 le nom d'Orchestre Philharmonique de Leningrad.

Chefs permanents : Emil Cooper (1921-23), Nikolaï Malko (1926-29), Alexandre Gaouk (1930-33), Fritz Stiedry (1933-37), Evgeni Mravinski (1938-88), Kurt Sanderling (1941-60), Yuri Temirkanov (depuis 1988). Depuis 1953, la Philharmonie de Saint-Pétersbourg regroupe deux orchestres symphoniques (l'**Orchestre Philharmonique**, dirigé pendant cinquante ans par E. Mravinski, et l'**Orchestre Symphonique**, dirigé par Arvid Jansons, Yuri Temirkanov (1968-76) puis Alexandre Dmitriev), l'**Orchestre de Chambre de Saint-Pétersbourg** (dirigé par Edouard Serov), et le **Quatuor Taneiev** (qui a créé le *Quatuor n° 15* de Dimitri Chostakovitch en 1974).

CRÉATIONS : œuvres de Vissarion Chebaline (*Symphonie n° 1*, 1926 ; *Concerto pour violon*, 1940), Dimitri Chostakovitch (*Symphonies n° 1*, 1926 ; *n° 2*, 1927 ; *n° 3*, 1930 ; *n° 5*, 1937 ; *n° 6*, 1945 ; *n° 9*, 1945 ; *n° 10*, 1953 ; *n° 12 « 1917 »*, 1961 ; *L'Age d'or*, suite, 1930 ; *Le Boulon*, suite, 1933 ; *Concerto pour piano n° 1*, 1933 ; *Le Chant des forêts*, 1949 ; *Concerto pour violon n° 1*, 1955 ; *Concerto pour violoncelle n° 1*, 1959 ; *Cinq Fragments pour orchestre*, op. 42, 1965 ; *Scherzo*, op. 7, 1981), Vladimir Chtcherbatchev (*Symphonies n° 3*, 1932 ; *n° 5*, 1948), Alexandre Lokchine (*Attends-moi*, poème symphonique, 1943), Nicolas Miaskovski (*Concerto pour violon*, 1938), Serge Prokofiev (*Symphonie n° 6*, 1944), Sergueï Slonimski (*Symphonies n° 1*, 1962 ; *n° 2*, 1979 ; *n° 3*, 1982 ; *n° 6*, 1986 ; *n° 7*, 1986 ; *n° 9*, 1989 ; *Concerto buffo*, 1966 ; *Quiet Music*, 1982).

Orchestre Symphonique de la Capella de Saint-Pétersbourg

Fondé en 1882, il donne son premier concert le jour de Noël de la même année dans le Palais Gatchina sous la direction de Hermann Fligué (2e chef jusqu'en 1907). En 1917, il devient orchestre symphonique d'État et, en 1921, est intégré dans la Philharmonie de Leningrad. Il renaît officiellement le 1er novembre 1991.

Chefs permanents : Martin Frank (1882-88), Iogan-Christian (Gugo) Varlikh (1888-1918), Serge Koussevitzky (1917-20), Vladislav Tchernouchenko (directeur musical, depuis 1991), Alexandre Tchernouchenko (1er chef, depuis 1991).

Orchestre Symphonique de Saint-Pétersbourg

Voir à **Orchestre Philharmonique de Saint-Pétersbourg**

SERBIE

Orchestre Philharmonique de Belgrade
(Filharmonski Orchestar Beograda)

Fondé en 1923. L'ensemble devient orchestre d'État en 1951.

Chefs permanents : Stefan Hristić (1923-38), Josef Krips (1938-39), Krešimir Baranović (1951-61), Živojin Zdravković (1961-77), Angel Šurev (1977-84), Jovan Šajnović (1984-89), Vassili Sinaïski (depuis 1991).

CRÉATIONS : œuvres de Ionel Petroï (*Dildi*, 1982), Vlastimir Trajković (*Tempora Retenta*, étude symphonique, 1973), Pancho Vladiguerov (*Symphonie n° 1*, 1940).

SLOVAQUIE

Orchestre de la Philharmonie Slovaque (Bratislava)
(Slovenská Filharmónia)

Fondé en 1949 par Václav Talich.

Chefs permanents : Václav Talich (1949-52), Tibor Frešo (1952-53), L'udovít Rajter (1953-61), Ladislav Slovák (1961-81), Libor Pešek (1981-82), Vladimir Verbitski (1982-84), Bystrík Režucha (1984-90), Aldo Ceccato (1990-91), Ondrej Lenárd (depuis 1991).

Sous-formations : **Quatuor Slovaque** (fondé en 1957). L'**Orchestre de Chambre Slovaque** (fondé en 1960) était constitué de membres de cet orchestre jusqu'en 1966 où il a acquis son autonomie. **Quatuor Moyzes**. L'Ensemble de musique ancienne **Musica Aeterna** est dirigé par Peter Zajiček. Le **Chœur de la Philharmonie Slovaque** (80 membres) est dirigé par Ján Rozehnal.

CRÉATIONS : œuvres de Charles Chaynes (*Concerto pour orgue*, 1969), Ján Cikker (*Souvenirs*, 1947), Vladimir Godár (*Le Jardin de Dariačanga*, 1988), Victor Jara (*Symphonie n° 2 « Victor »*, 1988), Dezider Kardoš (*Concerto pour orchestre*, 1957 ; *Ballade héroïque*, 1959), Siegfried Matthus (*Die Liebesqualen des Catull*, cantate, 1986), Alexander Moyzes (*Symphonie n° 10*, 1978), Eugen Suchoň (*Métamorphoses*, 1952 ; *Sinfonietta rustica*, 1956), Ernst Vogel (*« Allerorten, allerzeit »*, oratorio, 1990).

Orchestre Symphonique de la Radio Slovaque (Bratislava)
(Symphonický Orchestr Slovensko rozhlásu)

Fondé en 1928 à l'initiative d'Oskár Nedbal et de Miloš Rippeldt, il commence à fonctionner régulièrement l'année suivante.

Chefs permanents : František Dyk (1929-39), Kornel Schimpl (1939), František Babušek (1942-43), Krešimír Baranovič (1943-46), L'udovít Rajter (1946-49), Richard Týnský (1949-55), Ladislav Slovák (1955-61), Václav Jiráček (1961-62), Otakar Trhlík (1962-68), L'udovít Rajter (1968-77), Ondrej Leňard (1977-90), Adrian Leaper (1990-91), Bystrík Režucha (1991-92), Robert Stankovský (depuis 1992).

CRÉATIONS : œuvres de Ján Cikker, Alexander Moyzes, Eugen Suchŏn.

SUÈDE

Orchestre Symphonique de Göteborg
(Göteborgs Symfoniker)

Fondé en 1905, il existait déjà dans cette ville une très ancienne société symphonique que Smetana avait dirigée entre 1856 et 1861.

Directeurs musicaux : Wilhelm Stenhammar (1905-22), Tor Mann (1922-39), Issaï Dobrowen (1941-53), Dean Dixon (1953-60), pas de chef permanent mais Alberto Erede (1961-67) et Othmar Maga (1963-67), sont invités régulièrement, Sergiu Comissiona (1967-73, avec Norman Del Mar comme invité permanent, 1968-73), Sixten Ehrling (1974-76), Charles Dutoit (1976-79), Neeme Järvi (depuis 1982).

CRÉATIONS : œuvres de Hilding Hallnäs (*Symphonies n° 1 « Sinfonia pastorale »*, 1945 ; *n° 2 « Sinfonia notturna »*, 1948 ; *n° 3 « Petite Symphonie »*, 1948 ; *n° 4 « Metamorfose sinfonische »*, 1952 ; *n° 5 « Sinfonia aforistica »*, 1963), Sven-Eric Johanson (*Symphonie : Chez nous*, 1991), Gösta Nystroem (*Symphonies n° 1 « Sinfonia breve »*, 1932 ; *n° 2 « Sinfonia espressiva »*, 1937 ; *n° 4 « Sinfonia Shakespeareana »*, 1952), Wilhelm Peterson Berger (*Symphonie n° 2 « Sunnanfärd »*, 1911), Allan Pettersson (*Symphonies n° 3*, 1956 ; *n° 9*, 1971), Hilding Rosenberg (*3 Fantasistycken*, 1919 ; *Symphonie n° 1*, 1921 ; *Symphonie concertante*, 1936 ; *Concerto pour piano*, 1951), Eduard Tubin (*Symphonie n° 11*, 1989).

Orchestre Philharmonique Royal de Stockholm
(Kungliga Filharmoniska Orkestern i Stockholm)

Fondé le 27 mai 1902.

Chefs d'orchestre permanents : Tor Aulin (1902-09), Erich Ochs (1914-15), Georg Schnéevoigt (1915-24), Wilhelm Sieben (1925-26), Václav Talich (1926-36), Adolf Wiklund (1936-37), Fritz Busch (1937-40), Carl von Garaguly (principal chef invité de 1940 à 1942, puis chef permanent de 1942 à 1955), Hans Schmidt-Isserstedt (1955-64), Sergiu Comissiona (principal chef invité de 1964 à 1966), Antal Dorati (1966-74), Guennadi Rojdestvenski (1974-77), Yuri Ahronovitch (1982-87), Paavo Berglund (1987-92), Guennadi Rojdestvenski (depuis 1992).

Le financement de l'orchestre est assuré à 65 % par la municipalité et à 35 % par l'autofinancement et le mécénat.

COMMANDES : œuvres de Daniel Börtz (*Symphonies n° 4*, 1977 ; *n° 9*, 1992), Gunnar Bucht (*Symphonie n° 9*, 1990), Hans Holewa (*Symphonie n° 6*, 1988), Ingvar Lidholm (*Poesis*, 1964 ; *Kontakion*, 1979), Jan W. Mårtensson (*Concerto pour orgue*, 1982), Krzysztof Penderecki (*Sanctus*, extrait du *Requiem polonais*, 1993), Allan Pettersson (*Symphonie n° 14*, 1982), Lars Erik Rosell (*Concerto pour orgue*, 1982), Jan Sandström (*Indri*, 1989), Sven-David Sandström (*Concerto pour flûte*, 1981 ; *Rêves*, cantate, 1988), Karl-Erick Welin (*Un requiem suédois*, 1977).

CRÉATIONS : œuvres de Hugo Alfvén, Franz Berwald (*Sinfonie « Singulière »*, 1905), Karl-Birger Blomdahl (*Symphonie n° 1*, 1945 ; *Concerto pour violon*, 1947 ; *Sisyphos*, 1954 ; *Anabase*, 1956 ; *Fioriture*, 1961), Daniel Börtz (*Collaudamus*, 1991), Gunnar Bucht (*Au-delà*, 1979 ; *Concerto pour violon*, 1980), Gunnar De Frumerie (*Concerto pour clarinette*, 1958), Mikael Edlund (*Ajar*, 1992), Anders Eliasson (*Symphonie n° 2*, 1990), Lars-Erik Larsson (*Divertimento*, 1937 ; *Symphonies n° 2*, 1937 ; *n° 3*, 1946 ; *Musik för orkester*, 1948), Bo Nilsson (*Concerto pour orgue*, 1992), Arne Nordheim, Gösta Nystroem (*Sinfonia seria*, 1963), Moses Pergament, Wilhelm Peterson-Berger (*Symphonies n° 1*, 1904 ; *n° 4*, 1930 ; *n° 5*, 1934 ; *Concerto pour violon*, 1929), Allan Pettersson (*Symphonies n° 7*, 1968 ; *n° 8*, 1972 ; *n° 12*, 1977 ;

n°16, 1983), Hilding Rosenberg (*Variationer och passacaglia över eget trema*, 1924 ; *Kammarsymfoni*, 1924 ; *Sinfonia da chiesa*, 1926 ; *Concerto pour violon n° 1*, 1927 ; *Concerto pour trompette*, 1929 ; *Concerto pour piano*, 1951 ; *Symfoniskametamorfoser*, 1967), Lars Sandberg (*Dendron*, 1989), Sven-David Sandström, Jan Sibelius (*Symphonie n° 7*, 1924).

Orchestre Symphonique de la Radio Suédoise (Stockholm)
(Sveriges Radios Symfoniorkester)

Fondé en 1936.
Composé à l'origine de 20 musiciens, il s'élargit rapidement aux dimensions d'un orchestre symphonique.

Chefs permanents : Nels Grevilius, Stig Westerberg (1957-62), Sergiú Celibidache (1962-71), Herbert Blomstedt (1977-82), Esa-Pekka Salonen (1er chef invité depuis 1984). La salle permanente de l'orchestre, Berwaldhallen, a été inaugurée en 1979.

CRÉATIONS : œuvres de Daniel Börtz (*Parodos*, 1989 ; *Symphonie n° 9*, 1992), Anders Eliasson (*Symphonie n° 1*, 1987), Hans Holewa (*Komposition*, 1966 ; *Concertos pour piano n° 1*, 1973 ; *n° 2*, 1983 ; *n° 3*, 1987), Maurice Karkoff (*Symphonie n° 2*, 1959), Lars-Erik Larsson (*Musica permutatio*, 1982), Pär Lindgren (*Slagverkskonsert*, 1991 ; *Oaijé : Lines and Figurations*, 1993), György Ligeti (*Requiem*, 1965), Tobjörn Iwan Lundquist (*Symphonie n° 7*, 1991), Jan Sandström (*Små klanger ; en röst*, 1991), Sven-David Sandström (*Concerto pour violoncelle*, 1990), Allan Pettersson (*Concerto n° 1* pour orchestre à cordes, 1952 ; *Symphonies n° 2*, 1954 ; *n° 5*, 1963 ; *n° 6*, 1968 ; *n° 10*, 1973 ; *n° 13*, 1976 ; *Concerto pour violon n° 2*, 1980 ; *Symphonie n° 15*, 1982), Hilding Rosenberg (*Concerto pour piano*, 1992).

SUISSE

Orchestre Radio-Symphonique de Bâle
(Radio-Sinfonieorchester Basel)

Fondé en 1938 sous le nom de Schweizer Radioorchester, il devient en 1945 l'Orchestre de Radio-Beromünster (Radioorchester Beromünster) et réside à Zurich jusqu'au transfert à Bâle de la radio de la Suisse alémanique en 1970. Il adopte alors son nom actuel.

Chefs permanents : Hans Haug (1938-44), Hermann Scherchen (1945-50), Paul Burkhard (1950-57), Erich Schmid (1957-70), Jean-Marie Auberson (1971-74), Matthias Bamert (1977-83), Nello Santi (depuis 1986).

CRÉATIONS : œuvres de Gottfried von Einem (*Turandot*, quatre épisodes pour orchestre, 1954), Michael Levinas (*Ouverture pour une fête étrange*, 1979), Norbert Moret (*Mendiant du ciel bleu*, 1981).

Orchestre Symphonique de Bâle
(Basler Sinfonie-Orchester)

Il existait à Bâle un orchestre symphonique depuis le début du XIXe siècle qui se constitue en société en 1921 (Basler Orchester Gesellschaft, BOG). Il assure la saison symphonique et les services lyriques à l'Opéra de Bâle.

Directeurs musicaux : Ernst Reiter (1839-46), August Walter (1846-96), Alfred Volkland (1896-1902), Hermann Suter (1902-26), Felix Weingartner (1927-35), Hans Münch (1935-47), Walter Müller von Kulm (1947-), Leopold Ludwig (conseiller musical, 1969-70), Moshe Atzmon (1972-77), Horst Stein (1987-94), Walter Weller (depuis 1994).

CRÉATIONS : œuvres de Conrad Beck (*Nachklänge*, 1986), Georges Bizet (*Symphonie en ut majeur*, 1935), Heinz Holliger (*Elis – Drei Nachtstücke*, 1973 ; *Turm-Musik*, 1985 ; *Zwei Liszt-Transkriptionen*, 1987), Hans Huber (*Symphonies nº 1*, 1881 ; *nº 3 « Heroische »*, 1917 ; *nº 4 « Akademische »*, 1909 ; *nº 5 « Romantische »*, 1906 ; *nº 6*, 1911 ; *nº 7 « Swiss »*, 1917 ; *nº 8*, 1921), Rudolf Kelterborn (*Lux et tenebrae*, 1989), Norbert Moret (*Hymnes de silence*, 1978 ; *Two Love Poems*, 1984 ; *Symphonie nº 1 « Symphonies pour une fête académique »*, 1990), Krzysztof Penderecki (*Concerto pour violon*, 1977), Robert Suter (*Der abwesende Gott*, 1988), Heinrich Sutermeister (*Missa da Requiem*, première exécution publique, 1954), Hans Vogt (*Aprèslude*, 1991).

Orchestre Symphonique de Berne (Berner Symphonieorchester)

Fondé en 1877.
Avant d'adopter le titre de Berner Symphonieorchester, il portait jusqu'en 1965 le nom de Berner Stadtorchester. Il assure la saison symphonique et les services lyriques de l'Opéra de Berne.

Directeurs musicaux : Adolf Reichel (1877-84), Carl Munzinger (1884-1909), Fritz Brun (1909-41), Luc Balmer (1941-64), Paul Kletzki (1965-68), Charles Dutoit (1968-78), Gustav Kuhn (1979-82), Peter Maag (1984-91), Dimitri Kitajenko (depuis 1991).

CRÉATIONS : œuvres de Ross Lee Finney (*Concerto pour piano nº 1*, 1951), Rudolf Kelterborn (*Erinnerungen an Orpheus*, 1979), Charles Kœchlin (*Silhouettes de comédie*, concerto pour basson, 1993), Ernst Krenek (*Die Nachtigall*, 1931), Frank Martin (*Concerto pour sept instruments à vent*, 1949), Armin Schibler (*Dialogues concertants*, 1987), Heinrich Sutermeister (*Die Alpen*, 1948 ; *Marche fantasque*, 1950 ; *Quadrifoglio*, 1977 ; *Concerto pour piano nº 3*, 1990), Sándor Veress (*Tromboniade*, concerto pour 2 trombones, 1991), Pierre Wissmer (*Symphonie nº 4*, 1964).

Orchestre de la Suisse Romande (Genève)

Fondé en 1918 par Ernest Ansermet.
Chefs permanents : Ernest Ansermet (1918-67), Paul Kletzki (1967-70), Wolfgang Sawallisch (1970-80), Horst Stein (1980-85), Armin Jordan (à partir de 1985). Composé de 115 musiciens, l'OSR assure ses concerts d'abonnement à Genève et Lausanne, les concerts symphoniques de la Ville de Genève et de la Radio-Télévision Suisse Romande, ainsi que les représentations lyriques au Grand Théâtre de Genève.

CRÉATIONS : œuvres de Pierre Ancelin (*Le Journal d'un fou*, 1969), Conrad Beck (*Innominata*, 1932), Benjamin Britten (*Cantat misericordia*, 1963), Pierre Capdevielle (*Symphonie nº 3 « da camera »*, 1954), Marius Constant (*Candide*, 1971), Henri Gagnebin (*Ouverture française*, 1920 ; *Symphonie en fa*, 1922 ; *Saint François d'Assise*, 1935 ; *Requiem des vanités du monde*, 1940), Heinz Holliger (*Tonscherben*, 1985 ; *Chants sur des textes de Georg Trakl*, 1993), Arthur Honegger (*Horace victorieux*, 1921 ; *Chant de joie*, 1923), Frank Martin (*Concerto pour piano nº 1*, 1936 ; *Symphonie*, 1938 ; *In Terra Pax*, 1945 ; *Golgotha*, 1948 ; *Le Mystère de la Nativité*, 1959 ; *Les Quatre Éléments*, 1964), Darius Milhaud (*Concerto pour violon et flûte*, 1940), Norbert Moret (*Tragiques*, 1983 ; *Diotimas Liebeslieder*, 1988 ; *Divertimento pour violoncelle, hautbois, cor et percussion*, 1993), Heinrich Sutermeister (*Concerto pour violoncelle nº 2*, 1974 ; *Ecclesia*, 1975 ; *Concerto pour clarinette*, 1979 ; *Consolatio Philosophiae*, 1980), Alexandre Tansman (*Symphonie nº 7*, 1947), Anatol Vieru (*Concerto pour violoncelle*, 1963), Pierre Wissmer (*Concerto pour violon nº 1*, 1944 ; *Symphonie nº 2*, 1963 ; *Triptyque romand*, 1973).

Orchestre du Festival de Lucerne (Schweizerisches Festspielorchester Luzern)

Orchestre réuni à l'occasion du Festival et composé d'instrumentistes des principaux orchestres suisses. A l'origine, cet orchestre avait été constitué en 1943 par Ernest Ansermet pour procurer du travail aux instrumentistes en dehors de la saison d'hiver : ceux-ci étant alors rémunérés au cachet trouvaient ainsi un précieux complément d'activités.

CRÉATIONS : œuvres commandées pour le 50e anniversaire de la fondation du Festival (1988) à Krzysztof Penderecki (*Passacaille et Rondo*), Rafael Kubelík (*Invokation*), Rudolf Kelterborn (*Gesänge der Liebe*).

AUTRES CRÉATIONS : œuvres de Heinz Holliger (*(S)irato*, 1993).

Orchestre de la Suisse Italienne (Lugano)
(Orchestra della Svizzera Italiana)

Fondé en 1933, il porte jusqu'en 1991 le nom d'Orchestre de la Radiotélévision Suisse Italienne. A partir de 1991, il est géré par une fondation qui lui donne un statut d'orchestre régional, la radio n'intervenant plus que pour la moitié de ses activités. Son effectif varie de 41 à 60 instrumentistes.

Chefs permanents : Leopoldo Casella (1933-67), Otmar Nussio (1938-69), Marc Andreae (1969-91), Nicholas Carthy (depuis 1993).

COMMANDES ET CRÉATIONS : œuvres de Conrad Beck, Sylvano Bussotti (*Il catalogo è questo III*, commande, 1984), Morton Feldman (*The Turfan Fragments*, 1981), Giorgio Federico Ghedini (*Contrappunti*, 1962), Vinko Globokar (*Der Käfig*, 1980), Francesco Hoch (*Sette bagatelle d'oltre tomba*, 1991), Heinz Holliger (*Ostinato funebre*, 1991), Rudolf Kelterborn, Ernst Krenek, Ruggero Leoncavallo (*La Nuit de mai*, 1990), Norbert Moret (*En rêve*, 1988), Salvatore Sciarrino (*Autoritratto della notte,* commande, 1983), Richard Strauss (*Duett Concertino pour clarinette et basson,* 1948), Wladimir Vogel, Gerhard Wimberger (*Concertino per orchestra,* 1982).

Orchestre de la Tonhalle de Zurich
(Tonhalle-Orchester Zürich)

Fondé en 1868.

Chefs permanents : Friedrich Hegar (1868-1906), Volkmar Andreae (1906-49), Erich Schmid (1949-57), Hans Rosbaud (1950-62), Rudolf Kempe (1965-72), Gerd Albrecht (1975-80), Christoph Eschenbach (1982-86), Hiroshi Wakasugi (1987-91), Claus Peter Flor (1er chef invité, 1991-95), David Zinman (à partir de 1995).

COMMANDES : œuvres de Tadeusz Baird (*Canzona,* 1982), Luciano Berio (*Eindrücke*, 1974), Willy Burkhard (*Fantasia Mattutina,* 1950), Cristóbal Hallfter (*Versus para orquesta,* 1985), Haselbach (*Nocturne,* 1984), Hans Werner Henze (*Barcarola,* 1980), Arthur Honegger (*Monopartita,* 1951), Aribert Reimann (*Variations pour orchestre,* 1976), Armin Schibler (*Concerto 77*, 1978), Robert Suter (*Marcia funebre,* 1982), Wladimir Vogel (*Modigliani Kantate,* 1966).

PRINCIPALES CRÉATIONS (entre 1908 et 1994, 125 œuvres pour orchestre et 42 œuvres de musique de chambre) : œuvres de Conrad Beck (*Suite concertante*, 1961), Ferruccio Busoni (*Concertino pour clarinette*, 1918 ; *Sarabande et cortège*, 1919), Geneviève Calame (*Le Chant des sables*, 1992), Jindřich Feld (*Concertino pour flûte, piano et orchestre*, 1994), Karl Amadeus Hartmann (*Kammerkonzert,* 1969), Arthur Honegger (*Symphonie no 3 « liturgique »*, 1946), Marcel Mihalovici (*Sinfonia variata,* 1962), Aribert Reimann (*Lear Symphonie,* 1980), Camille Saint-Saëns (*Symphonie de jeunesse en la,* 1974), Othmar Schoeck (*Concerto pour violoncelle,* 1948), Richard Strauss (*Concerto pour hautbois,* 1946), Heinrich Sutermeister (*Concerto pour violoncelle no 1*, 1956 ; *Te Deum,* 1975), Michel Tabachnik (*Le Cri de Mohim*, 1988), William Walton (*Portsmouth Point Overture*, 1926).

ORCHESTRES DE CHAMBRE ET ENSEMBLES SPÉCIALISÉS*

ALLEMAGNE

Orchestre de Chambre de Berlin (Berliner Kammerorchester)

Fondé en 1945 à Berlin-Est.
Chef permanent : Helmut Koch (1945-75). Joue sans chef depuis 1975.

CRÉATION : œuvre de Ruth Zechlin (*Concertino pour hautbois et orchestre de chambre*, 1969).

Deutsche Bachsolisten (Bonn)

Orchestre de chambre **fondé en 1960** et dirigé par Helmut Winschermann. Répertoire : musique du XVIIIe siècle.

Camerata Köln (Cologne)

Ensemble de musique baroque **fondé en 1979.** Il se compose de sept instrumentistes qui se réunissent en diverses formations selon les programmes : Michael Schneider (flûtes), Karl Kaiser (flûte traversière), Hans-Peter Westermann (hautbois), Mary Utiger (violon), Rainer Zipperling (violoncelle et viole de gambe), Sabine Bauer (clavecin). Leur approche cherche à concilier une démarche historique (respect des données fondamentales) et une attitude artistique moderne (étude des sources, assimilation des techniques et de la virtuosité d'époque). Ils jouent sur instruments anciens. Tous sont professeurs dans divers conservatoires (Francfort, Vienne, Stuttgart).

Cappella Coloniensis (Cologne)

Fondée en 1954.
Ensemble de 40 musiciens financé par la Radio de Cologne (WDR) et qui se consacre à la musique du XVIIIe siècle.
Principaux chefs : August Wenzinger (1954-58), Eigel Kruttge, Marcel Couraud, Ferdinand Leitner, Hanns-Martin Schneidt, John Eliot Gardiner, Gabriele Ferro, William Christie, Joshua Rifkin...

Collegium Aureum (Cologne)

Fondé en 1964 par Harmonia Mundi et Franzjosef Maier qui en est le violon solo.
Répertoire classique et baroque qu'il joue sur des instruments anciens (l'un des pionniers en la matière). Souvent associé au Deller Consort, aux frères Kuijken, Gustav Leonhardt, Paul Badura-Skoda et Jörg Demus... Depuis 1976, s'oriente vers le répertoire du XIXe siècle qu'il joue sur des instruments modernes, mais dans un style ancien.

* Le classement est fait par ordre alphabétique de pays et de ville.

Concerto Köln (Cologne)

Orchestre de chambre baroque et classique **fondé en 1985.** Le noyau de base se compose de quatorze cordes, sept vents et un clavecin qui jouent sous la direction du violon solo Werner Ehrhardt. Les instrumentistes, très jeunes (moins de vingt-cinq ans de moyenne d'âge lors de la fondation), viennent de divers pays (Allemagne, France, Italie, États-Unis, Suède...) et sont tous des spécialistes des instruments anciens. Concerto Köln travaille régulièrement avec René Jacobs.

Au sein de l'ensemble s'est formé le **Quartetto Köln** constitué des chefs de pupitre de Concerto Köln, Werner Ehrhardt, Andrea Keller, Christine Angot et Werner Matzke. Ils jouent tous sur des instruments originaux.

Musica Antiqua de Cologne (Musica Antiqua Köln)

Ensemble de musique ancienne fondé en 1973 et dirigé par le violoniste Reinhard Goebel. Il se consacre à la restitution des répertoires baroque et classique sur des instruments originaux. Le noyau de l'ensemble comporte un quatuor à cordes, un clavecin et parfois une flûte traversière, auxquels viennent s'ajouter d'autres instruments pour constituer des formations élargies. Depuis 1983, l'effectif peut atteindre celui d'un orchestre de chambre.

Orchestre de Chambre de Cologne (Kölner Kammerorchester)

Fondé en 1964 par Helmut Müller-Brühl qui en assure depuis la direction, il porte le nom, dans un premier temps, d'Orchester der Brühler Schloßkonzerte. Son activité s'est progressivement étendue au-delà de la série de concerts du château de Brühl pour devenir l'un des orchestres de chambre allemands qui ont le plus voyagé et enregistré. Son répertoire est essentiellement baroque et classique, sur instruments modernes. Le même ensemble, lorsqu'il joue sur instruments anciens, se produit sous le nom de Capella Clementina. Un premier Orchestre de Chambre de Cologne avait été fondé en 1920 par Hermann Abendroth. Effectif : de 18 à 40 musiciens.

Ensemble Modern (Francfort)

Fondé en 1980, réside à Francfort-sur-le-Main depuis 1985. Ensemble d'une vingtaine d'instrumentistes qui fonctionne en autogestion et se consacre à la musique du XXe siècle. Le répertoire englobe des œuvres dont la nomenclature varie du duo à l'orchestre de chambre. Pour une partie de ce répertoire, il travaille avec des chefs comme Ernest Bour, Hans Zender, Peter Eötvös, Heinz Holliger, Friedrich Cerha, Elgar Howarth, Lothar Zagrosek. Depuis 1988, l'Ensemble Modern a sa propre saison de concerts en abonnement à l'ancien Opéra de Francfort.

CRÉATIONS : œuvres de Hans-Jürgen von Bose (*63 Dream Palace*, 1990), John Cage (*Sixty-Eight*, 1992), Michael Gielen (*Pflicht und Neigung*, 1989), Heiner Goebbels, Hans Werner Henze (*Requiem*, 2e version, 1993), Nicolaus A. Huber, Mauricio Kagel (*« ... den 24.XII.1931 »*, 1991 ; *Südosten*, 1992), Ernst Krenek, György Kurtág (*Double Concerto pour piano, violoncelle et orchestre*, 1990), Emmanuel Nunes (*Wandlungen*, 1986 ; *Musik der Frühe*, 2e version, 1987 ; *Duktus*, 1987 ; *Quodlibet*, 1991), Steve Reich, Aribert Reimann (orchestration des *Gedichte der Maria Stuart*, op. 135 de Schumann, 1988), Michèle Reverdy (*Le Précepteur*, 1990), Mark-Anthony Turnage (*Greek*, opéra, 1988 ; *Greeek Suite*, 1989), Isang Yun (*Mugung-Dong*, 1986 ; *Impression für Kleines Orchester*, 1987 ; *Kammersinfonie II*, 1989), Frank Zappa (*The Yellow Shark*, 1992), Hans Zender (*Furin no Kuo*, 1989).

La Stagione (Francfort)

Orchestre de chambre **fondé en 1988** autour des membres de la Camerata Köln et dirigé par le flûtiste Michael Schneider. Il joue le répertoire baroque et classique sur instruments d'époque.

Consortium Classicum (Fribourg-en-Brisgau)

Ensemble fondé à Detmold en 1966, par le clarinettiste Dieter Klöcker pour faire revivre le répertoire de musique de chambre pour instruments à vent, avec ou sans cordes, de la fin du XVIIIe et du XIXe siècle. L'effectif varie selon les œuvres, mais la formation de base tourne autour de l'octuor à vent (deux hautbois, deux clarinettes, deux bassons et deux cors). Les cordes et autres instruments à vent viennent s'adjoindre selon les besoins. Des années de recherche dans les bibliothèques et chez les marchands de musique ont permis de découvrir un répertoire d'une étonnante richesse. A partir de 1976, le Consortium Classicum travaille régulièrement avec l'Académie de St Martin-in-the-Fields, notamment dans le domaine de la symphonie concertante. Depuis 1976 également, les membres de l'ensemble sont professeurs à la Musikhochschule de Fribourg-en-Brisgau. Le répertoire s'est élargi à la musique contemporaine avec des œuvres écrites spécialement pour le Consortium Classicum par Albrecht Gürsching, Harald Heilmann, Manfred Niehaus et Helge Jörns.

Ensemble 13 (Karlsruhe)

Fondé en 1973 à Baden-Baden et dirigé par Manfred Reichert, il réunit un groupe de solistes dont l'effectif varie en fonction des œuvres jouées. Son répertoire touche toute la littérature dont la nomenclature se situe entre la musique de chambre et l'orchestre de chambre. Il participe à de nombreux ateliers autour de compositeurs contemporains (Wolfgang Rihm, Luigi Nono, Iannis Xenakis) dans le cadre de « Wintermusik » (Karlsruhe) et a fondé le cycle de concerts « Musik auf dem 49ter » à Karlsruhe en 1983.

CRÉATIONS : œuvres de Hans Jürgen von Bose (*Variationen für Streicher,* 1981), Jean Françaix (*Concerto pour guitare,* 1984), Detlev Müller-Siemens (*Variationen über einen Ländler von Schubert,* 1978), Wolfgang Rihm (*Chiffre-Zyklus,* 1988 ; *Gejagte Form,* 1989).

Bach Collegium (Leipzig)

Voir à **Orchestre du Gewandhaus de Leipzig** (orchestres symphoniques).

Neue Bach Collegium Musicum Leipzig

Voir à **Orchestre du Gewandhaus de Leipzig.**

Cappella Antiqua de Munich

Ensemble vocal et instrumental, fondé en 1956 et dirigé par Konrad Ruhland. Le nombre des choristes et celui des instrumentistes peut varier, en fonction des œuvres à interpréter, allant par exemple de 12 choristes/solistes pour le grégorien (et monodies assimilées) à 16 instrumentistes (madrigaux italiens). Dans leur approche des Hymnes, Séquences, Répons ; ils refusent radicalement l'« égalitarisme » de l'interprétation solesmienne. Tout en reconnaissant qu'il ne s'agit pas de la seule manière possible dans l'approche si vivement controversée de cette musique, l'adoption de la rythmique modale de la fin du Moyen Age semble aller de soi dans le chant des formes lyriques (hymnes, séquences...).

Orchestre de Chambre de Munich (Münchener Kammerorchester)

Fondé en 1950.

Chefs permanents : Christoph Stepp (1950-56), Hans Stadlmair (1956-1995), Christoph Poppen (depuis 1995).

CRÉATIONS : œuvres de Günter Bialas (*Musique pour onze cordes*, 1970), Helmut Eder (*Concerto pour violon nº 1*, 1964 ; *Memento*, 1971 ; *Vertraute Räume*, op. 98), Ada Gentile (*La liberazione di Ruggiero dall' isola d'alcina*, opéra, 1994), Wilhelm Killmayer (*Fin al punto*, 1971), Hans Stadlmair (*Capriccio* pour flûte et cordes, 1992).

Studio der frühen Musik (Munich)

Fondé à Munich en 1960, dissous en 1977. Dirigé à l'origine par Thomas Binkley, luthiste pour l'essentiel, et Sterling Jones, interprète de plusieurs instruments à cordes anciens, ayant tous deux étudié la musicologie à l'Université d'État de l'Illinois (Urbana), cet ensemble vocal et instrumental a acquis une renommée considérable dans le domaine de l'interprétation de la musique du Moyen Age. Th. Binkley et St. Jones participèrent au Collegium Musicum de George Hunter et enregistrèrent avec lui Guillaume de Machaut. Thomas Binkley développa son jeu sur instruments à cordes pincées et instruments à vent (luths, vihuela da mano, guitare sarrasine, flûtes, cromornes, sacqueboutes, douçaines...). Il est responsable de l'aspect historique et musicologique des programmes ainsi que des transcriptions. Sterling Jones, sur la lyre, la vielle, le rebec, la viole, mais aussi les cromornes ou les douçaines, paracheva sa formation auprès de Nadia Boulanger à Paris, à l'École Normale, ainsi qu'à Heidelberg. A Munich, la rencontre d'Andrea von Ramm (d'origine estonienne), mezzo-soprano ayant étudié à Fribourg, Milan et Munich, fut déterminante lors de la fondation de ce quatuor. Elle s'est spécialisée dans l'interprétation de la musique du Moyen Age et de la Renaissance à ses débuts ; sa technique vocale virtuose est alliée à un timbre de voix particulièrement original. Elle tenait à l'occasion un clavier d'orgue portatif (organetto) et jouait également du cromorne ou de la douçaine. Le quatrième partenaire a été successivement Nigel Rogers (1960-64), Willard Cobb (1964-70), puis Richard Lewitt (depuis 1970), tous trois ténors, capables de chanter en voix d'altus (haute-contre). Partout dans le monde, après avoir été parrainé par le Goethe-Institut, cet ensemble a présenté un répertoire allant des chansons de troubadours jusqu'à John Dowland, en passant par Machaut, Landini, Abélard, Ciconia, Dufay... A l'occasion, il a joué avec la Schola Cantorum Basiliensis entre 1972 et 1977. A cette époque l'ensemble a cessé ses activités. Le style d'interprétation de la musique moyenâgeuse était fondé sur ses liens supposés avec les traditions proche-orientales arabes, venues chez nous par l'Andalousie. La liberté d'expression était grande, chacun des membres jouant de mémoire, ce qui permettait d'improviser et accentuait d'autant l'impression de fluidité et de vie qu'on se plaît à reconnaître à leur style de jeu.

Orchestre de Chambre de Pforzheim (Südwestdeutsches Kammerorchester)

Fondé en 1950 par Friedrich Tilegant, il se compose de 14 instruments à cordes.

Chefs permanents : Friedrich Tilegant (1950-68), György Terebesi (1968-69), Räto Tschupp (1969-71), Paul Angerer (1971-82), Vladislav Czarnecki (depuis 1986).

CRÉATIONS : œuvres de Frank Michael Beyer (*Concertino a tre*, 1974), Günter Bialas (*Kammerkonzert pour clavecin et 13 cordes*, 1973), Boris Blacher (*Divertimento pour cordes*, 1977), Manuel Hidalgo (*Musik für Streichorchester*, 1990), Wilhelm Killmayer (*Französisches Liederbuch*, 1980), Martin Christoph Redel (*Traumtanz*, op. 30, 1982).

Barockorchester Stuttgart

Voir à **Kammerchor Stuttgart** (Chœurs et ensembles vocaux).

Orchestre de Chambre de la Sarre (Kammerorchester des Saarländische Rundfunks)

Fondé en 1954, dissous en 1971.

Chefs permanents : Karl Ristenpart (1954-67), Antonio Janigro (1968-71). En1960, il prend le nom d'Orchestre de Chambre de la Radiodiffusion Sarroise. Son premier violon, Georg-Friedrich Hendel, a fait une carrière de soliste. La formation fusionne en 1971 avec l'Orchestre Symphonique de la Radio Sarroise.

CRÉATION : *Ramifications* (2e version, 1969) de Ligeti.

Orchestre de Chambre de Stuttgart (Stuttgarter Kammerorchester)

Fondé en 1947.

Pendant quarante ans, il s'identifie à son fondateur, Karl Münchinger, et au renouveau de l'interprétation de la musique de Bach qu'il opère dans les années cinquante. Entre 1987 et 1990, l'orchestre modifie profondément son mode de travail et joue sous la direction de chefs invités. Il entretient aussi une étroite collaboration avec l'Internationale Bachakademie de Stuttgart et son directeur Helmuth Rilling. Après une période essentiellement consacrée à la musique baroque (l'enregistrement des *Concertos brandebourgeois* de J. S. Bach a longtemps marqué la discographie de ces œuvres), le répertoire s'est élargi, notamment vers la musique de notre temps. Le financement est assuré par la ville de Stuttgart et le Land de Bade-Würtemberg.

Directeurs musicaux : Karl Münchinger (1947-87), Martin Sieghart (1990-95), Dennis Russell Davies (à partir de 1995).

CRÉATIONS : œuvres de Hermann Reutter (*Concertino pour piano*, op. 69, 1947 ; *Sinfonie für Streichorchester,* 1960).

AUTRICHE

Camerata Academica du Mozarteum de Salzbourg

Fondé en 1952 par Bernhard Paumgartner, cet orchestre de chambre réunit des membres du Mozarteum et des élèves.

Chefs permanents : Bernhard Paumgartner (1952-69), Sándor Végh (depuis 1978).

Capella Academica de Vienne

Fondée en 1965 par Eduard Melkus. Cette formation de chambre se consacre à la musique du XVIIIe siècle qu'elle joue, sans chef, sous la conduite de son violon solo, sur des instruments d'époque et dans un style qui cherche à reconstituer celui du XVIIIe siècle. La Capella ne se limite pas au répertoire de concert : elle participe à de nombreuses représentations et enregistrements lyriques et a été l'une des premières formations à faire revivre le répertoire d'opéra du XVIIIe siècle sur instruments d'époque.

Clemencic Consort (Vienne)

Fondé en 1968 par René Clemencic.

L'ensemble se consacre à la musique médiévale, à la musique de la Renaissance, baroque et contemporaine. Cet ensemble comprend des chanteurs (Zeger Vandersteene et Hans Breitschopf, contre-ténors ; Pedro Liendo et Gustav Bauer, barytons ; Pilar Figueras, soprano ; Franz Händlos, basse) dont le nombre peut varier, et des musiciens jouant des instruments anciens : René Clemencic, flûtes ; Walter Schiefer, tympanon, percussions ; René Zosso, vielle à roue ; Michael Dietrich, vièle ;

Andrés Kecskes, guitare mauresque, etc. Le nombre de musiciens et de chanteurs varie entre 6 et 45 selon les œuvres. Lorsqu'il participe à des représentations d'opéras ou d'oratorios baroques, le Clemencic Consort se présente en effectif renforcé sous le nom de « Barockorchester des Clemencic Consort ».

Le Clemencic Consort a donné la première audition moderne de nombreuses œuvres ; au concert, *La Púrpura de la Rosa* (Torrejón) ; à la scène, *L'Éternité assujettie au temps* (Draghi), *Il lutti dell'universo* (Leopold I), *L'Orfeo* (Sartorio), *L'Assalone punito* (Ziani), *Il trionfo della religione* (Caldara), *Testoride Argonauta* (Carvalho). Il a également révélé les *Carmina Burana, Le Jeu de Daniel, Le Roman de Fauvel,* de nombreuses messes médiévales (Machaut, Dufay) et cantates d'église.

Concentus Musicus de Vienne

Ensemble orchestral **fondé en 1953** par Nikolaus Harnoncourt à Vienne à partir d'éléments appartenant à l'Orchestre Symphonique de cette ville et se donnant pour but de retrouver un contact plus vivant avec la musique ancienne, de la fin du Moyen Age à l'époque baroque. Pour ce faire, il redonne vie à des instruments anciens ou copies d'anciens. Pendant quatre années, les musiciens travaillent sur ces bases nouvelles et ne donnent leurs premiers concerts qu'en 1957. Les tournées ne commenceront qu'à partir de 1960. L'enregistrement des *Concertos brandebourgeois* de J. S. Bach (1962) assure le premier véritable succès international de cet ensemble, devenu l'une des formations les plus célèbres pour l'interprétation de la musique baroque. D'autres interprètes, animés d'un souci analogue, tel Gustav Leonhardt, se sont associés à Nikolaus Harnoncourt dans ses recherches. Tous deux ont entrepris l'enregistrement intégral des *Cantates* de Bach et Haendel. A côté de ces deux grands classiques, leur répertoire comporte aussi des œuvres de Monteverdi, Rameau, Couperin, Purcell, Fux, Biber ou Mozart.

Ensemble die Reihe (Vienne)

Fondé en 1958 à Vienne par Friedrich Cerha et Kurt Schwertsik, il se consacre exclusivement à la musique contemporaine avec un effectif qui peut varier jusqu'à une quarantaine de musiciens.

Directeurs musicaux : Friedrich Cerha (1958-88), Heinz Karl Gruber (depuis 1988).

CRÉATIONS : très nombreuses créations, notamment des œuvres de Luc Ferrari (*Visage II*, 1961), HK Gruber (*Concerto pour violon*, 1979 ; *Frankenstein !,* 1979), György Ligeti (*Aventures*, 1963 ; *Kammerkonzert*, 1970), Krzysztof Penderecki (*Dimensions du temps et du silence*, seconde version, 1961).

Musica Antiqua de Vienne

Ensemble de musique ancienne **fondé en 1959**, réunissant une vingtaine d'instrumentistes et chanteurs. Répertoire : musique du Moyen Age au prébaroque jouée sur des instruments d'époque ou des copies.

Directeurs artistiques : Bernhard Klebel, Thomas Schmoegner.

Orchestre de Chambre de Vienne (Wiener Kammerorchester)

Fondé en 1946.

Chefs permanents : Franz Litschauer (1946-52), Heinrich Hollreiser (1952-56), Paul Angerer (1956-63), Carlo Zecchi (1964-76), Philippe Entremont (depuis 1976).

Effectif : de 22 à 36 musiciens (cordes et vents).

BELGIQUE

Orchestre de Chambre de la RTB (Bruxelles)

Fondé en 1932 sous le nom d'Orchestre Radio.

Chefs permanents : Franz André, Paul Gason, André Souris, André Joassin, Georges Béthume, Edgard Doneux (1949-77). Cesse ses activités à la fin de 1977 lorsque ses membres sont intégrés au Nouvel Orchestre Symphonique de la RTBF.

La Petite Bande (Bruxelles)

Orchestre baroque **fondé en 1972** et dirigé par Sigiswald Kuijken, et auquel participent ses frères, ainsi que des artistes comme G. Leonhardt. Le souci de faire revivre la musique dans l'authenticité baroque retrouvée anime cet ensemble. A l'origine, le style français (Lully, Campra, Muffat dans sa manière « à la française ») était la caractéristique principale de sa démarche artistique. Mais, après quelques années, le style italien (Corelli, Vivaldi, Muffat « à l'italienne ») a été également adopté et a contribué à enrichir le répertoire qui comporte aussi bien des opéras de Rameau que les œuvres de J. S. Bach, Haendel, Haydn ou Vivaldi.

BULGARIE

Orchestre de Chambre de Sofia

Fondé en 1962, il porte aussi le nom de Solistes de Sofia.

Chefs permanents : Dobrin Petkov, Michaïl Anguélov, Vassil Kazandjiev (1963-79), Emil Tabakov depuis 1979. Effectif : 15 cordes et 1 clavecin.

CRÉATIONS : plus de 200 exhumations baroques ou classiques et plus de 60 partitions contemporaines, notamment des œuvres de Marin Goleminov, Vassil Kazandjiev (*Variations pour cordes*, 1966 ; *Symphonie de timbres*, 1968 ; *Tableaux de Bulgarie*, 1970), Lazar Nikolov (*Symphonie pour 13 cordes*, 1965), Simeon Pironkov (*Requiem pour un jeune inconnu*, 1968), Alexandre Raïtchev (*Symphonie n° 4*, 1969), Pancho Vladiguerov (*4 Pièces pour orchestre à cordes*, 1970).

CANADA

I Musici de Montréal

Fondé en 1984 et dirigé par Yuli Turovsky, ancien violoncelliste du Quatuor et du Trio Borodine. L'effectif comporte une vingtaine d'instrumentistes à cordes auxquels viennent s'adjoindre les instruments à vent en fonction des nécessités du répertoire. Le violon solo est la femme de Yuli Turovsky, Eleonora. En 1987, I Musici de Montréal a reçu le titre d'« Ensemble de l'année » décerné par le Canadian Music Council.

CROATIE

Solistes de Zagreb (Zagrebački Solisti)

Fondé le 6 janvier 1954.
Fondateur et chef permanent : Antonio Janigro (1954-68). Depuis 1968 l'orchestre joue sans chef sous la direction du violon solo Dragutin Hrdjok (1968-74), Tonko Ninič (depuis 1974). Effectif : 14 cordes et 1 clavecin.

CRÉATIONS : œuvres (écrites pour l'ensemble) de Xavier Benguerel (*Consort Music*, 1971), Gottfried von Einem (*Concerto carintico*, 1989), Stanko Horvat (*Concerto rustico*, 1958 ; *Perpetuum mobile*, 1971), Milko Kelemen (*Koncertantne improvizacje*, 1955 ; *Surprise*, 1967), Ivo Malec, Frano Parać, Vlastimir Peričić (*Sifonietta pour cordes*, 1957), Stjepan Šulek.

ESPAGNE

Diabolus in Música (Barcelone)

Ensemble de chambre à effectif variable **fondé en 1965** à Barcelone par Joan Guinjoan et Juli Panyella, dirigé depuis sa fondation par Joan Guinjoan, dissous à la fin des années quatre-vingt. Le répertoire est consacré aux œuvres du XXe siècle, créations ou partitions de référence.

CRÉATIONS : plus de 70 partitions de Ramón Barce (*Musica funebre*), Francisco Cano (*Quinteto Hedonista*), Joan Guinjoan (*Magma*), Carlos Guinovart (*Discantus*), Joaquim Homs (*Nonet*), Tomás Marco (*Arbor*), Xavier Montsalvatge (*Sum Vermis*), Josep Soler (*La Morte de Savonarola*).

Hespèrion XX (Barcelone)

Ensemble de musique ancienne **fondé en 1974** par Jordi Savall (instruments à archet), Montserrat Figueras (chant), Lorenzo Alpert (instruments à vent et à percussion) et Hopkinson Smith (instruments à cordes pincées) en marge de leurs activités au sein de la Schola Cantorum Basiliensis. Le répertoire est principalement centré sur la musique hispanique antérieure à 1800 et comporte de nombreuses œuvres jusqu'alors inédites. L'effectif varie selon les programmes. Hespèrion XX a présenté en 1985 la première réalisation mondiale de l'*Art de la fugue* de J. S. Bach sur instruments anciens (sans clavecin). Le répertoire s'élargit à la musique ancienne anglaise, italienne et allemande. Depuis 1987, l'ensemble réside à Barcelone. Il tire son nom du grec *hesperio*, qui signifie originaire de la péninsule Ibérique ou de la péninsule italique, mais qui pouvait aussi désigner la planète Vénus lorsqu'elle apparaît, le soir, à l'Occident.

Atrium Musicae de Madrid

Fondé en 1964, dirigé par Gregorio Paniagua. Répertoire : musique du Moyen Age et de la Renaissance jouée sur des instruments d'époque ou reconstitués. Les interprètes eux-mêmes effectuent ces reconstitutions d'après des miniatures polychromes de manuscrits anciens, des bas-reliefs, des sculptures romanes ou gothiques et l'organographie existante. Depuis 1971, un quatuor s'est fondé au sein de l'ensemble, le **Quatuor Paniagua.**

Grupo Koan (Madrid)

Ensemble de musique contemporaine.

Directeurs artistiques : Arturo Tamayo (1967-71), José Ramón Encinar (depuis 1973).

CRÉATIONS : œuvres d'Alfredo Aracil, David Del Puerto, Francesco Guerrero, Joan Guinjoan (*Koan 77*, 1977), Cristóbal Halffter, José Manuel López, Tomás Marco, Costin Miereanu (*Dans la nuit des temps*, 1969), Mihaï Mitrea-Celarianu (*Convergences IV*, 1969), Luis de Pablo (*Invitación a la memoria*, 1978 ; *El Manantial*, 1982), Michèle Reverdy (*Cante jondo*, 1981 ; *El corro infrangible*, 1985).

ÉTATS-UNIS

Camerata de Boston

Fondée en 1954 par Narcissa Williamson. Pendant plusieurs années, elle est le prolongement de la collection d'instruments anciens du Musée des Beaux-Arts de Boston. Dirigée par Joel Cohen depuis 1968, elle prend son essor comme entité autonome : son répertoire s'ouvre au Moyen Age et à la Renaissance et devient rapidement l'ensemble de musique ancienne le plus important des États-Unis. La Camerata tient ses quartiers d'hiver au Conservatoire de la Nouvelle-Angleterre (Boston) et vient en Europe chaque été depuis 1975. L'effectif, instrumental et vocal, varie de 6 à 12 instruments et peut atteindre 16 voix. Parmi ses enregistrements majeurs : *Didon et Enée* (Purcell), *Messe de Minuit* (M.A. Charpentier), *Tristan et Iseult*, *L'Homme armé.*

Orchestre de Chambre de Los Angeles

Fondé en 1969.

Chefs permanents : Neville Marriner (1969-79), Gerard Schwarz (1979-86), Iona Brown (1987-92), Christof Perick (depuis 1992).

Effectif : 40 musiciens.

CRÉATIONS : œuvres de Paul Creston (*Sâdhanâ*, commande, 1981), Jacob Druckman (*Nor Spell Nor charm*, commande jointe avec l'Orpheus Chamber Orchestra et l'Orchestre de Chambre de Saint Paul, 1992), Ernst Krenek (*Arc of Life*, 1982), Joseph Schwanter (*Distant Runes and Incantations*, 1983).

Orpheus Chamber Orchestra (New York)

Orchestre de chambre américain de 26 musiciens qui joue sans chef. Fondé à New York en 1972 par le violoncelliste Julian Fifer, il commence par se produire régulièrement à Carnegie Hall avant d'effectuer des tournées dans le monde entier. Les répétitions sont le fruit d'un travail collectif, chacun des membres de l'orchestre s'étant par ailleurs affirmé en soliste.

Orchestre de Chambre de Saint Paul

Fondé en 1959, il est le seul orchestre de chambre professionnel américain employant ses musiciens à plein temps.

Directeurs musicaux : Leopold Sipe (1959-71), Dennis Russell Davies (1971-80), Pinchas Zukerman (1980-87), Stanislaw Skrowaczewski (1987-88), Christopher Hogwood (1988-93), Hugh Wolff (depuis 1992).

COMMANDES : œuvres de John Adams (*The Wound-Dresser*, 1989), John Cage (*Quartets for 24 Musicians*, 1978), John Corigliano (*Troubadours*, variations pour guitare et orchestre de chambre, 1993), Jacob Druckman (*Nor Spell Nor charm*, commande jointe avec l'Orpheus Chamber Orchestra et l'Orchestre de Chambre de Los Angeles, 1992), Paul Fetler (*Nothing But Nature*, 1961), Hans Werner Henze (*Aria de la Follia Española*, 1977), Aaron Jay Kernis (*Symphony in Waves*, 1989), Witold Lutosławski (*Partita*, 1985), Tod Machover (*Forever and Ever*, pour hyper-violon et orchestre de chambre, 1993), Marc Neikrug (*Chetro Ketl*, 1986 ; *Concerto pour quatuor à cordes*, 1987), Per Nørgård (*Remembering Child*, concerto pour alto, 1986), George Perle (*Sinfonietta*, 1988), Joseph Schwantner (*Dreamcaller*, 1984), Toru Takemitsu (*Fantasma/Cantos II*, 1994), Michael Torke (*Ash*, 1989).

CRÉATIONS : œuvres de Dominick Argento (*Casanova's Homecoming*, opéra, 1985), William Bolcom (*Roethke Cycle*, 1975 ; *Symphonie pour orchestre de chambre*, 1979), Jacob Druckman (*Lamia*, troisième version, 1986), Paul Fetler (*Concerto pour violon*, 1971), Ezra Laderman (*Concerto pour alto*, 1978), David Lang (*Spud*, 1986), Tona Scherchen (*Lo*, 1980), George Walker (*Poème* pour violon et orchestre, 1991).

Philharmonia Baroque Orchestra (San Francisco)

Fondé en 1985 et dirigé par Nicholas McGegan. Ensemble à géométrie variable (20 à 30 instrumentistes) qui se consacre au répertoire baroque et classique.

FRANCE

Le Sinfonietta (Amiens)

Fondé en 1972 à Amiens, il porte le nom de Pupitre 14 jusqu'en 1984 avant de devenir l'Ensemble Instrumental de Picardie. Il adopte son nom actuel en 1985. Composé à l'origine de 14 musiciens, il a pris les structures d'un orchestre de chambre de 30 instrumentistes et a obtenu le statut d'orchestre régional en 1974. Parmi les compositeurs qui ont écrit pour lui : Chaynes, Hasquenoph et Tansman.

Directeurs musicaux : Edmond Rosenfeld (1972-83), Alexandre Myrat (1984-89), Patrick Fournillier (1989-92), Louis Langrée (depuis 1993).

Les Arts Florissants (Caen)

Ensemble vocal et instrumental de musique baroque et classique, **fondé en 1979** et dirigé par William Christie. Le style de son interprétation se fonde sur les caractères de la rhétorique déclamatoire telle que les auteurs anciens en décrivent les principes. Le nom de l'ensemble est celui d'une œuvre de M.A. Charpentier créée précisément trois siècles avant la fondation des Arts Florissants. Basé à Paris jusqu'en 1990, l'ensemble a fait de la ville de Caen sa résidence privilégiée depuis cette date.

Le répertoire de l'ensemble est formé en grande partie d'œuvres inédites des XVIIe et XVIIIe siècles puisées notamment dans les collections de la Bibliothèque nationale. Dans le domaine lyrique, principales réalisations : *Actéon* de M. A. Charpentier (Chambord, 1981), *Les Arts florissants* de Charpentier (Versailles, 1982, pour le sommet des sept pays les plus industrialisés), *Pygmalion* de Rameau (Paris, 1983), *Médée* de Charpentier (Paris, 1984), *Atys* de Lully (Paris, 1987), *The Fairy Queen* de Purcell (Festival d'Aix-en-Provence, 1989), *Le Malade imaginaire* de Molière et M.-A. Charpentier (Paris, 1990), *Les Indes galantes* de Rameau (Aix-en-Provence, 1990), *Castor et Pollux* de Rameau (Aix-en-Provence, 1991), *Orlando* de Haendel (Aix-en-Provence, 1993), *Médée* de M.-A. Charpentier (Caen-Paris, 1993).

Orchestre d'Auvergne (Clermont-Ferrand)

Fondé en 1981, il donne ses premiers concerts au mois de mai 1982. Il possède le statut d'orchestre régional et se compose d'une vingtaine d'instruments à cordes.

Directeurs musicaux : Jean-Louis Barbier (1981-84), Detlef Kieffer (1984-85), Jean-Jacques Kantorow (1985-93), Arie Van Beek (depuis 1994).

Ensemble Instrumental de Grenoble

Fondé en 1972, il se compose de 16 cordes et d'1 clavecin. Doté du statut d'orchestre régional, il participe aussi à la vie symphonique et lyrique grenobloise renforcé par des professeurs du Conservatoire national de région.

Directeurs musicaux : Stéphane Cardon (1972-84), Alain Dubois (1984-85), Marc Tardue (1985-95).

CRÉATIONS : œuvres de Philippe Capdenat (*Palindrome en chaconne VI* pour cordes, 1986), Graciane Finzi (*De la terre à la vie*, 1979), Renaud Gagneux (*Qamar*, 1988), Ida Gotkovsky (*Concerto lyrique pour clarinette*, 1979), Édith Lejet (*Harmonie du soir*, 1977), Aubert Lemeland (*L'Hiver qui vient*, cantate, 1989 ; *Concerto pour alto*, 1990), Michel Merlet (*Psalmos*, 1979 ; *Concerto pour piano*, 1984), Jean-Louis Petit (*La Naissance du malentendu* pour trompette et cordes, 1982).

Ars Nova (La Rochelle)

Fondé à Paris en 1963 par Marius Constant, il se consacre à la musique contemporaine, d'abord dans le cadre de l'ORTF. Il mène une politique d'initiation très active et devient l'un des pivots de la musique de notre temps en France. En 1988, Ars Nova est complètement restructuré, sous la direction musicale de Philippe Nahon, longtemps l'assistant de Marius Constant. Il s'installe alors à La Rochelle. L'effectif comporte un noyau de 15 musiciens, élargi en fonction du répertoire.

CRÉATIONS : œuvres de Jorge Antunes, Claude Ballif (*Premier Imaginaire*, 1966), Henry Barraud (*Variations à treize*, 1970), Sylvano Bussotti (*Pièce de chair II*, 1970 ; *Rara Requiem*, 2e version, 1970), Philippe Capdenat (*Concerto italien*, 1971), Charles Chaynes (*3 Études linéaires*, 1963 ; *Séquences pour l'Apocalypse*, 1972), Marius Constant (*Éloge de la folie*, 1966 ; *Winds*, 1968 ; *Septentrion*, 1975 ; *Strcss*, 1982), Nguyen-Thien Dao (*The 19*, 1970 ; *Nho*, 1970 ; *My-chau Trong-thuy*, opéra, 1978 ; *Hoang-Hon*, 1980), Xavier Darasse (*Organum VIII, in memorian Jean-Pierre Guézec,* 1973), Franco Donatoni (*Souvenir*, 1972), Pascal Dusapin (*Comoedia*, 1993), Jean-Claude Éloy (*Faisceaux-Diffractions*, 1971), André Jolivet (*Suite en concert* pour flûte et 4 percussions, 1965 ; *12 Inventions*, 1967), György Ligeti (*Ramifications*, 1969, *Concerto pour violoncelle*, 1970), François-Bernard Mâche (*Rituel d'oubli*, 1970), Ivo Malec (*Lumina*, 1969), Costin Miereanu (*Couleurs du temps*, 1969 ; *Polymorphies 5 x 7 (B)*, 1970 ; *Source de juin*, 1972), Darius Milhaud (*Musique pour Ars Nova*, 1970, déd.), Mihaï Mitrea-Celarianu (*Seth*, 1970), Maurice Ohana (*Signes*, 1965 ; *Chiffres*, 1971), Luis de Pablo (*Parafrasis*, 1969), Claude Prey (*Le Rouge et le Noir*, 1989), Michèle Reverdy (*Météores*, 1978), Yoshihisa Taïra (*Maya*, 1973), Iannis Xenakis (*Polytope*, 1968).

Ensemble Baroque de Limoges

Fondé en 1984, il propose une relecture, sur instruments anciens, des œuvres baroques qui tient compte de la diversité des styles et des moyens instrumentaux de l'époque. Le noyau de base se compose d'une dizaine de musiciens, effectif modulable en fonction du répertoire.

Directeurs musicaux : Jean-Michel Hassler (1984-91), Christophe Coin (depuis 1991).

Antiqua Musica de Paris

Fondé en 1962 par Jacques Roussel, cet ensemble est dirigé depuis lors par son fondateur. Il réunit 12 cordes et 1 clavecin, et se consacre à la musique des XVIIe et XVIIIe siècles, plus particulièrement au répertoire français. Depuis l'origine, la partie de clavecin est tenu par Huguette Grémy-Chauliac.

Ars Antiqua de Paris

Fondé en 1965.

Les effectifs peuvent varier entre 3 et 10 personnes. Il est actuellement composé de Michel Sanvoisin, cofondateur (instruments à vent), de Joseph Sage, cofondateur (contre-ténor et percussions), Raymond Cousté (luth) et Elisabeth Matiffa (famille des violes). Marielle Nordmann, harpe (1968-69), Jean et Mireille Reculard, violes (1968-74), Jean-Patrice Brosse, clavecin (1974), Philippe Matharel, instruments à vent (1974-75), Kléber Besson, luth (1972-77), Lucie Valentin, violes (1975-76) et Jean-Pierre Nicolas, instruments à vent (1975-76), ont fait partie d'Ars Antiqua de Paris. La formation marie les voix (jusqu'au quatuor) aux instruments anciens (flûtes à bec, cromornes, musettes, cervelas, hautbois du Poitou, luth, psaltérion, violes, percussions, etc.) dans un répertoire qui s'étend des airs de troubadours aux pièces instrumentales des XVIIe et XVIIIe siècles. L'ensemble a fêté son 3 500e concert en 1993.

Ars Rediviva (Paris)

Ensemble de musique ancienne fondé en 1935 par Claude Crussard (1893-1947). A l'origine, il comporte 6 instrumentistes (3 violons, 1 alto, 1 violoncelle et 1 piano). Claude Crussard assure le continuo du piano, plus tard du clavecin, Dominique Blot (1912-47) est le violon solo. L'effectif s'élargit par la suite. Ars Rediviva est l'un des premiers ensembles qui se soient consacrés au renouveau de la musique des XVIIe et XVIIIe siècles. De nombreux inédits, copiés par les musiciens eux-mêmes d'après les manuscrits, ont été ainsi révélés (Leclair, Campra, Telemann, Lully, Vivaldi, Pergolèse...). Parmi les solistes qui ont joué régulièrement avec Ars Rediviva : René Le Roy, Isabelle Nef, Irène Joachim, Fernand Caratgé, Germaine Cernay. Tous les membres de l'ensemble sont morts dans un accident d'avion au-dessus de Cintra (Portugal) le 1er février 1957.

La Chapelle Royale (Paris)

Ensemble vocal et instrumental fondé à Paris en 1977 par Philippe Herreweghe qui en assure également la direction artistique. Il s'est révélé en 1980 avec une exécution de la *Passion selon saint Matthieu* qui remettait en cause toutes les traditions établies d'interprétation de cette musique. L'effectif, qui varie selon les œuvres, comporte de 16 à 30 chanteurs et de 2 à 30 instrumentistes. Le répertoire concerne essentiellement la musique de la Renaissance, baroque et classique. Au milieu des années quatre-vingt, il s'ouvre à la musique contemporaine. Pour compléter les activités de La Chapelle Royale avec des ensembles appropriés, Philippe Herreweghe a fondé en 1988 l'**Ensemble Vocal Européen** (une quinzaine de jeunes solistes de la CEE) et, en 1991, l'**Orchestre des Champs-Élysées** (répertoire préromantique et romantique joué sur instruments d'époque).

CRÉATIONS : œuvres de Nicholas Bannan (*Magnificat*, 1986), Maurice Delaistier, Pascal Dusapin (*Medeamaterial*, 1992), Sandro Gorli (*Requiem*, 1989), Klaus Huber, Jacques Lenot (*Le Tombeau de Henri Ledroit*, 1990).

Collectif Musical 2e2m

Fondé en 1971 à Champigny.

Directeur musical : Paul Méfano. Ensemble à effectif variable qui se consacre essentiellement à la musique contemporaine. Il tire son titre des initiales d'une phrase qui lui sert de programme : Étude et Expression des Modes Musicaux.

CRÉATIONS : œuvres de Carlos Roqué Alsina (*Undici*, 1987), Gilbert Amy (*Seven Sites*, 1975), Georges Auric (*Imaginées III*, 1981), Claude Ballif (*Cinquième Imaginaire*, 1979), Luciano Berio (*O King*, 1974), Charles Chaynes (*Caractères illisibles*, 1980), Aldo Clementi (*Concerto 2e2m*, 1983), Adrienne Clostre (*Peinture en liberté*, 1989), Xavier Darasse (*Romanesque*, 1980 ; *Organum IV*, 1981), Edison Denisov (*Quintette*, 1980), Paul-Heinz Dittrich (*Die anonyme Stimme*, 1974 ; *Concerto pour hautbois*, 1976 ; *Kammer-*

musik IV, 1981), Franco Donatoni (*Diario*, 1978 ; *Le Ruisseau sur l'escalier*, 1981 ; *Small*, 1982 ; *Hot*, 1989), Henri Dutilleux (*Ainsi la nuit*, 1977), Brian Ferneyhough (*Funérailles I* et *II*, 1977 et 1980), Alain Féron (*Liturgie des morts*, 1989), Renaud François (*Automne*, 1989), Vinko Globokar (*Limites*, 1976), Klaus Huber (*Senfkorn*, 1982), Ivo Malec (*Vox vocis F*, 1979), Paul Méfano (*Éventails*, 1977 ; *Madrigal*, 1977 ; *A Bruno Maderna*, 1980 ; *Traits suspendus*, 1980 ; *Voyager*, 1989 ; *Scintillante*, 1991), Emmanuel Nunes (*Nachtmusik I*, 1991), Luis de Pablo (*Cinco Meditaciones*, 1984), Alfred Schnittke (*Dialogue*, 1980 ; *Kammersymphonie nº 4*, 1987), Giuseppe Sinopoli (*Concerto pour piano*, 1978), Aurel Stroe (*Concerto pour violon*, 1991), Yoshihisa Taïra (*Éveil*, 1974), Manfred Trojahn (*Nachtwandlung*, 1985), Iannis Xenakis (*Komboï*, 1981), Isang Yun (*Octuor*, 1978).

Au sein du Collectif s'est créé en 1975 un quatuor à cordes, le **Quatuor Français 2e2m** (Daniel Rémy et Alain Chomarat, violons ; Jean-François Benatar, alto ; David Simpson, violoncelle).

CRÉATIONS : œuvres de Cristóbal Halffter (*Quatuor nº 3*, 1979), Claude Lefebvre, Paul Méfano (*Mouvement calme*), Anthony Payne.

Le Concert Spirituel (Paris)

Ensemble vocal et instrumental **fondé en 1988** par Hervé Niquet, qui en assure la direction musicale. Il reprend le nom de la fameuse institution de concerts fondée en 1725 par Philidor et dont les concerts ont constitué l'un des passages obligés de la vie musicale parisienne jusqu'en 1790. L'ensemble réunit un orchestre baroque, un ensemble de solistes et un chœur. Le répertoire est centré sur la musique française du XVIIIe siècle.

Domaine Musical (Paris)

Fondé en 1954, dissous en 1973.

Directeurs : Pierre Boulez (1954-67), Gilbert Amy (1967-73). Orchestre dont l'effectif variait selon les besoins et qui s'est consacré à la diffusion de la musique du XXe siècle, des classiques (École de Vienne, Varèse...) à l'avant-garde.

CRÉATIONS : œuvres de Carlos Roqué Alsina (*Textes*, 1968), Gilbert Amy (*Jeux et formes*, 1972), Girolamo Arrigo (*La cantata Hurbinek*, 1970), Sylvano Bussotti (*Rara Requiem*, 1969), Jean-Claude Eloy (*Étude III*, 1962, *Équivalences*, 1963 ; *Polychromies*, 1964), Betsy Jolas (*JDE*, 1966 ; *D'un opéra de voyage*, 1967 ; *Lassus ricercare*, 1971), Paul Méfano (*Paraboles*, 1965), Olivier Messiaen (*Oiseaux exotiques*, 1956 ; *Catalogues d'oiseaux*, 1959 ; *Sept Hai-Kai*, 1966), Patrice Mestral (*Unité*, 1970), Iannis Xenakis (*Eonta*, 1964).

Ensemble Baroque de Paris

Fondé en 1952.

Flûte : Jean-Pierre Rampal, puis Maxence Larrieu.
Clavecin : Robert Veyron-Lacroix.
Hautbois : Pierre Pierlot.
Violon : Robert Gendre.
Basson : Paul Hongne.
Répertoire : musique du XVIIIe et du début du XIXe siècle.

Ensemble Erwartung (Paris)

Fondé en 1985 et dirigé par Bernard Desgraupes, il se compose de jeunes instrumentistes et se consacre presque exclusivement à la musique du XXe siècle, toutes esthétiques confondues. La musique française occupe une place privilégiée. Effectif à géométrie variable. Son nom fait référence à l'œuvre fameuse de Schoenberg.

COMMANDES : œuvres de Jean-Christophe Marchand (*La Jeune Captive*), Antoine Tisné (*4 Poèmes de Rilke*).

CRÉATIONS : œuvres de Jean-Yves Bosseur (*Pour Rimbaud*), André Casanova (*Septuor*), Jacques Castérède (*Visage d'oubli*), Yvonne Desportes (*Fantaisie médiévale*), Louis Durey (*Éloges* de Saint-John Perse), Henri Sauguet (*La Reine aux cheveux d'or*, cantate), Patrice Sciortino (*Calamus*, concerto pour clarinette basse), Fernand Vandenbogaerde (*Quatuor de trios*).

Ensemble Guillaume Dufay (Paris)

Ensemble vocal et instrumental français, fondé en 1973 par Arsène Bedois, maître de chapelle et organiste du grand orgue de l'église Saint-Thomas-d'Aquin à Paris ; il est spécialisé dans le répertoire du Moyen Age et de la Renaissance et se compose de 6 chanteurs (2 contre-ténors, 2 ténors, 2 barytons) et d'un nombre variable d'instrumentistes suivant les œuvres à interpréter, soit un musicien pour vièle et archet et luth, un deuxième pour flûtes, cromornes, chalémies, ou même l'ensemble d'instruments anciens Les Saqueboutiers de Toulouse (2 cornets, 2 sacqueboutes).

Ensemble Guillaume de Machaut (Paris)

Ensemble vocal et instrumental. **Fondé en 1973** et dirigé par Jean Belliard.

Son effectif varie, selon les programmes, de 5 à 9 musiciens (2 saqueboutes, 2 cornets à bouquin, bombarde, vièles...) qui accompagnent la voix de haute-contre de Jean Belliard. Le répertoire va du chant grégorien à la musique de Guillaume Dufay en passant par l'Ars antiqua et l'Ars nova.

Ensemble Instrumental de France (Paris)

Fondé en 1968.

Effectif : 11 cordes et 1 clavecin dirigés par le violon solo. Il a servi de base à l'Ensemble Orchestral de Paris tout en conservant sa propre activité et son autonomie.

Directeurs musicaux : Jean-Pierre Wallez (1968-83), Philip Bride (depuis 1983).

CRÉATIONS : œuvres d'André Bon (*Concertare*, 1976), Xavier Darasse (*Psaume XXXII « Exultate »*, 1985), André Jolivet (*Yin-Yang*, 1975), Jean Martinon (*Suite enchaînée*).

Ensemble InterContemporain (Paris)

Fondé en 1976.

Directeur musical : Michel Tabachnik (1976-77), Peter Eötvös (1979-92), David Robertson (depuis 1992).

Fondé à l'initiative de Pierre Boulez (président du Conseil d'administration) et de Jean Maheu (directeur de la musique) l'Ensemble InterContemporain (31 musiciens) a pour mission la recherche de nouvelles formes de manifestations musicales, l'information du public sur les techniques instrumentales et le travail d'orchestre propres au répertoire contemporain, l'aide à la formation des jeunes instrumentistes, l'exploration des nouvelles techniques de jeu instrumental, en relation étroite avec l'IRCAM.

CRÉATIONS : plus de 250, notamment des œuvres de Gilbert Amy (*La Variation ajoutée*, 1984), Georges Aperghis (*Je vous dis que je suis mort*, 1979 ; *Pièce pour douze*, 1991), George Benjamin (*Antara*, 1987), Luciano Berio (*Chemins V*, 1980 ; *Novissimum Testamentum*, 1989), Pierre Boulez (*Répons*, 1981 ; *... Explosante/fixe...*, 1989), Elliott Carter (*Penthode*, 1985), Edison Denisov (*Hommage à Pierre*, 1985 ; *Sur la nappe d'un étang glacé*, 1992), Paul-Heinz Dittrich (*Concert avec plusieurs instruments n° 6*, 1986), Franco Donatoni (*Tema*, 1982 ; *Cadeau*, 1985), Jacob Druckman (*Animus IV*, 1977), Hugues Dufourt (*Antiphysis*, 1978 ; *L'Heure des traces*, 1986), Pascal Dusapin (*Hop*, 1985), Peter Eötvös (*Chinese Opera*, 1986), Philippe Fénelon (*Le Chevalier imaginaire*, opéra, 1992), Brian Ferneyhough (*Carceri d'invenzione II*, 1985), Lorenzo Ferrero (*Ombres*, 1984), Phil Glass (*Music in Similar Motion*, 1981), Gérard Grisey (*Modulations*, 1988), Jonathan Harvey (*Bhakti*, 1982), York Höller (*Arcus*, 1978 ; *Improvisation sur le nom de Pierre Boulez*, 1985 ; *Fanal*, 1991), Michael Jarrell (*Cassandre*, 1994), Betsy Jolas (*Onze Lieder*, 1977), Mauricio Kagel (*Les Idées fixes*,

1989), György Kurtág (*Double Concerto pour piano, violoncelle et orchestre*, 1990), Helmut Lachenmann (*Mouvement-Vor der Erstarrung*, 1984), Jacques Lenot (*« Celui qui est couronné »*, 1989), Michael Levinas (*La Voix des voix*, 1984 ; *Préfixes*, 1991), Philippe Manoury (*Zeitlauf*, 1983 ; *La Partition du ciel et de l'enfer*, 1989), Colin Matthews (*Quintette à vent*, 1990), Olivier Messiaen (*Un vitrail et des oiseaux*, 1988), Tristan Murail (*Désintégrations*, 1983), Luis de Pablo (*Tornasol*, 1982), Michèle Reverdy (*Concerto pour orchestre*, 1994), Wolfgang Rihm (*Chiffres V*, 1984), Karlheinz Stockhausen (*Michaels Reise um die Erde*, 1978 ; *Kathinkas Gesang*, 1985), Michel Tabachnik (*Concerto pour piano*, 1990), Ton-That Tiet (*Chu Ky V*, 1983), Iannis Xenakis (*Jalons*, 1987), Frank Zappa (*The Perfect Stranger – Naval Aviation – Dupree's Paradise*, 1984).

Formations issues de l'ensemble : **Quatuor InterContemporain** (fondé en 1979 : Jacques Ghestem et Sylvie Gazeau, violons, Gérard Caussé, alto, Philippe Muller, violoncelle – depuis 1986, Jacques Ghestem, Jeanne-Marie Conquer, Garth Knox et Chrichan Larson – depuis 1992, Jacques Ghestem, Jeanne-Marie Conquer, Christophe Desjardins et Jean-Quihen Quiyras ; création : Franco Donatoni (*La Souris sans sourire*, commande, 1989), **Trio InterContemporain** (fondé en 1980 : Maryvonne Le Dizès-Richard, violon, Jean Sulem, alto, Pierre Strauch, violoncelle, créations de Devillers et Kanach), **Sextuor Schoenberg** (fondé en 1981 : Maryvonne Le Dizès-Richard et Marie-Josèphe Calvi, violons, Davia Binder et Michel Pons, altos, Pierre Strauch et Dominique Mougin, violoncelles).

Ensemble Mosaïques (Paris)

Fondé en 1984, dissous en 1991, il réunissait une vingtaine de musiciens qui jouaient sur instruments anciens en cherchant à concilier les apports de la recherche musicologique et organologique avec l'acquis technique et musical de la pratique sur instruments modernes. L'ensemble jouait sans chef, dans un esprit de musique de chambre, seulement entraîné par le violoncelle solo Christophe Coin. Le répertoire était axé sur la musique baroque et classique. Le **Quatuor Mosaïques,** qui s'est constitué au sein de l'ensemble, se compose des chefs de pupitre des cordes : Erich Hoebarth et Andrea Bischof (violons), Anita Mitterer (alto), Christophe Coin (violoncelle).

Directeur musical : Christophe Coin.

Directeur artistique : Nicolas Bomsel.

Ensemble Musique Vivante (Paris)

Fondé en 1966 par Diego Masson, qui en est le chef permanent, dissous en 1989. Il se consacre à la musique contemporaine. Sa composition n'est pas fixe mais fait appel aux instrumentistes les plus compétents en fonction des programmes. Au fil des années, un noyau de base relativement régulier s'est constitué avec notamment Carlos Roqué Alsina, Vinko Globokar, Jean-Pierre Drouet, Sylvie Gazeau, Jean-François Jenny Clark, Michel Portal, Pierre Thibaud.

CRÉATIONS : œuvres de Luciano Berio (*Laborintus II*, 1982), Pierre Boulez (*Domaines*, 1970), Sylvano Bussotti (*Intégrale Sade*, 1990), Hugues Dufourt (*Le Philosophe de Rembrandt*, 1990), Vinko Globokar (*Fluide* ; *Les Émigrés*, 1990), Karlheinz Stockhausen (*Stop*, 1969 ; *Momente*, 1972).

Ensemble Orchestral de Paris

Fondé en 1978.

Directeurs artistiques et chefs permanents : Jean-Pierre Wallez (1978-86), Armin Jordan (chef invité privilégié, 1986-93), Jean-Jacques Kantorow (depuis 1994).

CRÉATIONS : œuvres de Gilbert Amy (*D'après « Écrits sur toile »*, 1984), Girolamo Arrigo (*« O notte, o dolce tempo »*, 1989), Claude Bolling (*Suite pour orchestre de chambre et piano-jazz-trio*, 1981), Philippe Capdenat (*Cassation*, 1979), Daniel-Lesur (*Encore un instant de bonheur*,

1994), Graciane Finzi (*Concerto pour deux violons*, 1981), Jean-Louis Florentz (*Ténéré*, 1979 ; *Magnificat*, 1980), Jean Guillou (*Concerto grosso*, 1981), Philippe Hersant (*Missa brevis*, 1986), Michel Merlet (*Concerto pour deux pianos*, 1994), Tolia Nikiprowetzky (*Concerto pour violon*, 1982 ; *Concerto pour trompette*, 1988), Patrice Sciortino (*Kaléïdoscope*, 1979), Susumu Yoshida (*Fantasia* pour orchestre à cordes, 1993).

Ensemble « Per Cantar e Sonar » (Paris)

Fondé en 1978.

Directeur : Stéphane Caillat. Ensemble de 5 à 10 solistes professionnels (chanteurs et instrumentistes) dont le répertoire est consacré aux œuvres de la Renaissance.

Florilegium Musicum de Paris

Ensemble vocal et instrumental **fondé à Paris en 1970** par Jean-Claude Malgoire, dans le but d'aborder principalement mais non exclusivement le répertoire polyphonique du Moyen Age et de la Renaissance. Il a participé à la création mondiale de la *Messe des voleurs* de Paul Méfano (Festival de Royan, 1972).

La Grande Écurie et la Chambre du Roy (Paris)

Ensemble instrumental fondé en 1967 à Paris par Jean-Claude Malgoire, du nom d'un ensemble réputé du temps de Louis XIV. Son répertoire esssentiel concerne la musique baroque. Peu à peu, les violons baroques ont remplacé les instruments modernes et l'évolution du style d'interprétation s'est poursuivie parallèlement. Premier prix national des Arts du Japon (1974) pour *Les Indes galantes* de Rameau, Deutschschallplattenpreis (1978) pour *Les Leçons de Ténèbres* de Marc-Antoine Charpentier, son but est de parvenir à enregistrer une discographie caractéristique des compositeurs des XVIIe et XVIIIe siècles. On remarquera, à ce jour, la place importante qu'occupe Haendel dans sa production enregistrée.

L'Itinéraire (Paris)

Ensemble de musique contemporaine **fondé en 1973** par un groupe de compositeurs et d'instrumentistes. Il rassemble trois formations : un ensemble « classique » d'une vingtaine de musiciens, un ensemble d'instruments électroniques, un groupe de musique de chambre. La direction est assurée par Michaël Levinas, Roger Tessier, Pierre-Albert Castanet, Jean-Max Dussert et Eric Daubresse.

CRÉATIONS : environ 250 partitions, notamment des œuvres de Gilbert Amy (*Écrits sur toile,* 1983), Alain Bancquart (*L'Amant déserté,* 1978), François Bousch, Michel Decoust (*Je, qui d'autre,* 1987), Hugues Dufourt (*Saturne,* 1979), Pascal Dusapin, Peter Eötvös (*Intervalles intérieurs,* 1982), Jean-Louis Florentz (*Tindé,* 1977), Gérard Grisey (*Périodes,* 1974 ; *Partiels,* 1976 ; *Jour-contrejour,* 1979 ; *Accord perdu,* 1987), Jonathan Harvey (*Valley of Aosta,* 1989), Betsy Jolas (*D'un opéra de poupée,* 1982), Claude Lefebvre, Michaël Levinas (*Appels,* 1974 ; *Les Voix dans un vaisseau d'airain,* 1978 ; *Concerto pour un piano espace nº 2,* 1980 ; *La Conférence des oiseaux,* 1985 ; *Arcade III et la montée des oiseaux,* 1987), François-Bernard Mâche (*Tempora,* 1989), Ivo Malec, Costin Miereanu (*Labyrinthe d'Adrien,* 1981 ; *Sept minutes autour de moi,* 1982), Tristan Murail (*Les Treize Couleurs du soleil couchant,* 1978 ; *Ethers,* 1979 ; *Mémoire-érosion,* 1979 ; *Random access memory,* 1984), François Nicolas (*Deutschland,* 1989), Luis de Pablo, Yoshihisa Taïra, Roger Tessier (*Clair obscur,* 1978 ; *Diffraction,* 1982 ; *Motition,* 1984), Claude Vivier (*Trois airs pour un opéra imaginaire,* 1983).

La Maurache (Paris)

Ensemble instrumental et vocal de musique médiévale et Renaissance **fondé en**

1978 par Julien Skowron. Il réunit Laurence Orlowski (soprano), Anne-Carole Denés (mezzo-soprano), Hervé Barreau (bombardes, chalemies, flûtes à bec, cornemuse, percussion, voix), Kléber Besson (luth médiéval, Renaissance et baroque, guitare maurache, oud, quitra), Julien Skowron (vièles à archet, rebecs, violes de gambe, crwth gallois, voix).

Les Ménestriers (Paris)

Ensemble de musique ancienne **constitué en 1970** à l'occasion du 7e centenaire de la mort de Saint Louis, **dissous en 1982.** Répertoire : musiques du XIIe au XVe siècle.

Effectif : 5 musiciens (Bernard Pierrot, luth, baryton, Yves Audard, flûtes à bec, cromornes, cervelas, ténor, Jean-Pierre Batt, basse de viole, cromornes, guimbarde, Julien Skowron, dessus de viole, vièle, rebec, haute-contre, Daniel Dossmann, pandore, cistre, percussions, baryton). Ils jouaient sur des copies d'instruments d'époque. Ils ont réalisé la partie musicale du film de Bertrand Tavernier *Que la fête commence.*

New Phonic Art (Paris)

En 1969, 4 musiciens, Carlos Roqué Alsina (piano), Vinko Globokar (trombone), Jean-Pierre Drouet (percussions) et Michel Portal (clarinette), fondent cet ensemble qui donne son premier concert le 18 avril 1969 à l'Akademie der Künste de Berlin. Depuis il se produit en Europe et en Amérique du Nord et du Sud. Les programmes du New Phonic Art sont composés d'œuvres écrites pour l'ensemble ou pour solistes – souvent par les deux compositeurs du groupe : Alsina et Globokar – et d'improvisations. Les musiciens portent leurs efforts sur l'improvisation : s'ils jouent des œuvres écrites, ils font un choix parmi leur répertoire peu de temps avant le concert selon le public venu les écouter. Divers compositeurs ont écrit pour le *New Phonic Art,* Kagel, Kessler, Globokar (*Correspondances pour quatre solistes,* 1969), Alsina (*Étude pour Zarb solo*). A leur répertoire, Stravinski, Berg, Berio, Stockhausen, Reibel, Zonn...

Orchestre de Chambre Bernard Thomas (Paris)

Fondé en 1967 à Paris par Bernard Thomas. Orchestre à cordes auquel s'adjoignent des instruments à vent en fonction des besoins. Répertoire centré sur la musique du XVIIIe siècle et les classiques du XXe siècle, mais qui s'élargit parfois à des œuvres réclamant un effectif plus important, notamment dans le domaine choral (Berlioz, Puccini...).

CRÉATIONS : œuvres de Roger Calmel (*Sinfonia sur le Cantique des cantiques,* 1978 ; *Requiem à la mémoire de la reine Marie-Antoinette,* 1993).

Orchestre de Chambre Jean-François Paillard (Paris)

Fondé en 1953.

Chef permanent et fondateur : Jean-François Paillard. L'ensemble compte 13 musiciens. Se reporter à l'article Jean-François Paillard.

CRÉATIONS : œuvres de Charles Chaynes (*Irradiations,* 1969), Francis Miroglio, Tristan Murail, Michel Zbar.

Orchestre de Chambre de l'ORTF (Paris)

Fondé en 1952 par Pierre Capdevielle, il reprend l'effectif des 24 violons du Roi (24 cordes). Il joue un rôle essentiel dans la promotion de la musique contemporaine. A la disparition de l'ORTF il prend le nom d'Orchestre de Chambre de Radio France (1975) avant d'être intégré au Nouvel Orchestre Philharmonique de Radio France (1976).

Chefs permanents : Pierre Capdevielle (1952-64), André Girard (1964-73).

Orchestre de Chambre Paul Kuentz (Paris)

Fondé en 1951.

Effectif : 11 cordes et 1 clavecin. Répertoire centré sur la musique du XVIIIe siècle et les œuvres pour orchestre à cordes du XXe siècle. Depuis 1972, travaille en liaison avec la Chorale Paul Kuentz.

Lors de sa nomination à la tête du Conservatoire de Brest, Paul Kuentz a reconstitué en Bretagne un orchestre de chambre avec certains musiciens de son ancienne équipe et des instrumentistes locaux.

CRÉATIONS : œuvres de Jacques Castérède, Jacques Charpentier (*Sinfonia sacra « pour le jour de Pâques »*, 1965 ; *Prélude pour la Genèse*, 1968), Charles Chaynes (*Mazapan*, 1974), Pierre-Max Dubois, Georges Hugon, François Serrette, Michel Zbar.

Il Seminario Musicale (Paris)

Fondé en 1985 par Gérard Lesne qui en assure la direction musicale. Ensemble de musique ancienne constitué de trois chanteurs et d'un continuo (théorbe, clavecin, orgue, contrebasse, violoncelle). La partie instrumentale peut s'augmenter d'un quatuor à cordes ou d'autres instruments selon le répertoire (opéras de chambre, cantates, etc.). Le répertoire est centré sur la musique française et italienne des XVIIe et XVIIIe siècles. Depuis 1990, l'ensemble réside à la Fondation Royaumont, près de Paris.

Ensemble Orchestral de Haute-Normandie (Rouen)

Fondé en 1984, il remplace l'Orchestre de Chambre de Rouen dont la constitution remonte à 1963.

Chefs permanents : Albert Beaucamp (1963-67), Jean-Sébastien Béreau (1967-73), Jean-Claude Bernède (1973-81), Jean-Pierre Berlingen (depuis 1982).

Percussions de Strasbourg

Fondées en 1961.

Directeur général : Georges Van Gucht (fondateur).

Directeur musical : Christian Hamouy.

Directeur du secteur pédagogique : Gabriel Bouchet (fondateur).

L'ensemble regroupe six percussionnistes, Christian Hamouy, Keiko Nakamura, Jean-Paul Bernard, Bernard Lesage, Olaf Tzschoppe et Claude Ferrier. Ils jouent sur environ 700 instruments (poids 8 tonnes) appartenant à quatre familles principales : les peaux, les bois, les métaux et les instruments anciens folkloriques ou religieux. Le groupe s'est formé sur les conseils de Pierre Boulez alors qu'aucun répertoire n'existait pour lui. Mais très rapidement de nombreux compositeurs écrivent des pages pour percussions (seules ou associées à d'autres instruments) qui sont autant de créations mondiales et qui constituent actuellement un répertoire de 170 partitions. Parmi eux, Carlos Roqué Alsina (*Éloignements*, 1990), Georges Aperghis, Claude Ballif (*Cendres*, 1972), Jean Barraqué (*Chant après chant*, 1966), Francis Bayer, Pierre Boulez, André Boucourechliev, John Cage, Hugues Dufourt, Jean-Claude Eloy, Gérard Grisey (*Le Noir de l'étoile*, 1991), Betsy Jolas, André Jolivet (*Cérémonial*, 1969), Michael Levinas, François-Bernard Mâche, Ivo Malec, Philippe Manoury, Olivier Messiaen (*Sept Haï-Kaï*, 1963 ; *Couleurs de la cité céleste*, 1963 ; *Et expecto resurrectionem mortuorum*, 1965), Serge Nigg, Maurice Ohana (*Études chorégraphiques*, 1963), Emmanuel Nunes (*Clivages I*, 1987 ; *Clivages II*, 1988 ; *Quodlibet*, 1991), Luis de Pablo (*Vielleicht*, 1975), Krzysztof Penderecki, Wolfgang Rihm, Kazimierz Serocki, Tona Scherchen, Karlheinz Stockhausen, Yoshihisa Taïra, Iannis Xenakis (*Pléiades*, 1969). Varèse les autorise personnellement à jouer à six *Ionisation,* alors que la partition exige 13 percussionnistes. En 1965, le groupe réalise le premier récital de percussions de l'histoire du concert. Xenakis imagine pour eux un ensemble instrumental de 109 sons métalliques (le Si-Xen). En outre, les membres du groupe diffusent une méthode d'initiation musicale (Percustra). Les Percussions de Strasbourg ont également créé leur propre école de percussion.

Orchestre de Chambre National de Toulouse

Fondé en 1953 par Louis Auriacombe, il se compose de 11 instruments à cordes et 1 clavecin. Répertoire baroque et du XXe siècle. Premier orchestre occidental invité en Chine (1976).

Directeurs musicaux : Louis Auriacombe (1953-71), Georges Armand (1971-86), Bojidar Bratoev (1986-88), Augustin Dumay (1988-91), Alain Moglia (depuis 1992).

CRÉATIONS : œuvres d'André Boucourechliev (*Ombres*, 1970), Charles Chaynes (*Onze visages... ou l'antifugue*, 1980), Jean-Pierre Guézec (*Successif-simultané*, 1968), Janos Komives (*Tache sur tache*, 1982), Aubert Lemeland (*Hommage à Jean Rivier*, 1991), Jean-Louis Petit (*4 Pièces pour cordes*, 1986).

Les Saqueboutiers de Toulouse

Ensemble de cuivres anciens issu de l'Ensemble de cuivres de Toulouse **fondé en 1974.**

Effectif : 2 cornets ou 3 saqueboutes, 1 orgue positif (Jan Willem Jansen) auxquels viennent s'adjoindre un ou plusieurs chanteurs selon les œuvres. Répertoire : musique ancienne (du Moyen Age au XVIIe siècle) jouée sur des copies d'instruments anciens originaux.

Direction musicale : Jean-Pierre Mathieu et Jean-Pierre Canihac (depuis 1974).

Atelier Musique de Ville-d'Avray

Fondé en 1972 et dirigé par Jean-Louis Petit, il se compose d'un noyau de cinq musiciens (Marie-Christine Millière, violon ; Patrice Bocquillon, flûte ; Jacques Di Donato, clarinette ; Alain Motard, piano ; Jacques Wiederker, violoncelle) qui s'élargit en fonction du répertoire. Il se consacre principalement à la musique contemporaine, tout en honorant le répertoire des siècles précédents. Il participe régulièrement au Festival de musique française de Ville-d'Avray qui exhume chaque année des partitions méconnues de compositeurs français.

CRÉATIONS : œuvres de Gérard Condé, Didier Denis, Raymond Depraz, Jean Langlais, Francis Miroglio (*Brut millésime 1.9.8.4.*, 1984 ; *Quinconce*, 1988), Alexander Müllenbach, Michèle Reverdy (*Le Rideau bleu*, 1981), Yoshihisa Taïra (*Pénombres IV*, 1991), Ton-That Tiêt, Antoine Tisné.

GRANDE-BRETAGNE

The Deller Consort (Ashford, Kent)

Fondé en 1950 par Alfred Deller.

Direction musicale : Alfred Deller (1950-79), Mark Deller (depuis 1979).

Composition : 5 à 6 chanteurs, un luth. Tracey Chadwell, Elisabeth Priday, Mark Deller, John Mark Ainsley, Maurice Bevan et Robert Spencer placés sous la direction de Mark Deller. Le Deller Consort a vu, avec le temps, ses membres changés, mais le style et le répertoire se sont enrichis. Cet ensemble défend un répertoire de qualité qui va de la musique élisabéthaine à la musique d'aujourd'hui, de Monteverdi à Britten. Mark Deller continue à approfondir la musique médiévale et baroque et porte une attention toute particulière au répertoire du madrigal des XVIe et XVIIe siècles. Le Deller Consort est fixé dans le Kent, à Ashford.

Bournemouth Sinfonietta

Fondé en 1968.

Directeurs musicaux : George Hurst (1968-71), Maurice Gendron (1971-73), Kenneth Montgomery (1973-76), Volker Wangenheim (1977-80), Ronald Thomas (1980-83), Norman Del Mar (1983-85), Roger Norrington (1985-89), Tamás Vásary (depuis 1989).

Il se compose d'une trentaine de musiciens qui ne sont pas membres de l'Orchestre Symphonique de Bournemouth. Le Bournemouth Sinfonietta a participé entre 1974 et 1987 à la tournée d'automne du Festival de Glyndebourne. Il a une activité régionale (dans le sud et l'ouest de l'Angleterre), nationale (Londres) et internationale.

CRÉATIONS : œuvres de John Adams, HK Gruber, Jonathan Harvey, Robin Holloway (*Ballad*, 1985), David Matthews (*Cantiga*, op. 45, 1988), Dominic Muldowney (*Concerto pour percussion*, 1991), Joaquin Rodrigo (*Cántico de San Francisco Asis*, 1986), Aulis Sallinen.

The Hanover Band (Brighton)

Fondé en 1980.

Orchestre jouant sur instruments d'époque qui se consacre au répertoire de la fin du XVIIIe et du début du XIXe siècle. On lui doit le premier enregistrement intégral de symphonies de Beethoven et des symphonies de Schubert sur instruments d'époque.

Directeur musical : Roy Goodman (depuis 1986).

The Academy of Ancient Music (Cambridge)

Fondée en 1973 par Christopher Hogwood, elle reprend le nom d'une institution du XIXe siècle dont le but était de jouer la musique ancienne. Elle se consacre à la musique baroque et classique. Les instrumentistes sont des spécialistes de la musique des XVIIe et XVIIIe siècles et ils jouent sur des instruments d'époque. L'effectif varie en fonction des œuvres. Les musiciens sont dirigés, selon la tradition de l'époque, par le claveciniste Christopher Hogwood.

The Cambridge Buskers

Duo humoristique britannique réunissant un flûtiste (Michael Copley), qui joue de 33 flûtes différentes, et un accordéoniste, Dag (David) Ingram. Tous deux se sont rencontrés à Cambridge où Michael Copley étudiait la musique et Dag Ingram le français et le russe (1975). Leur carrière commence un soir sur le quai de la gare de King's Cross, à Londres : ils n'avaient pas un sou en poche pour regagner Cambridge. Jouant des arrangements des grands airs du répertoire classique, ils se forgent un répertoire qu'ils présentent dans les rues, le métro, les salles de sports, clubs ou – plus tard – salles de concerts. Leur carrière ne se déroule pas sans mésaventure, puisque leur première apparition en France se termina au commissariat ! Sollicités dans le monde entier, ils ont à leur actif plusieurs enregistrements. Ils effectuent eux-mêmes leurs transcriptions à l'exception de celle que leur a dédiée Stockhausen, rencontré par hasard dans un centre commercial à Cologne. A leur répertoire, l'intégrale des symphonies de Beethoven en 45 secondes, la musique que Louis XIV commanda à M.A. Charpentier pour l'Eurovision, les *Concertos brandebourgeois...*

Scottish Chamber Orchestra (Edimbourg)

Fondé en 1974.

Directeurs artistiques et chefs permanents : Roderick Brydon (1974-83), Raymond Leppard (1er chef invité), Jukka-Pekka Saraste (1987-91).

Effectif : 37 musiciens.

COMMANDES : œuvres de Richard Rodney Bennett (*Concerto pour percussion*, 1990), Michael Berkeley (*Symphonie n° 1*, 1980), James MacMillan (*Tryst*, 1989 ;

Visitatio Sepulchri, 1993), Peter Maxwell Davies (*Into the Labyrinth*, 1983 ; *Symphonie n° 4*, 1986 ; *Strathclyde Concerto n° 1* pour hautbois et orchestre, 1987 ; *Strathclyde Concerto n° 2* pour violoncelle et orchestre, 1989 ; *n° 3* pour trompette, cor et orchestre, 1990 ; *n° 5* pour violon, alto et orchestre, 1992 ; *n° 6* pour flûte et orchestre, 1992 ; *n° 7* pour contrebasse et orchestre, 1993 ; *n° 8* pour basson et orchestre, 1993), Nigel Osborne (*Concerto pour violon*, 1990 ; *Art of Fugue*, 1993), Toru Takemitsu (« *How Slow the Wind* », 1991).

CRÉATIONS : œuvres de George Benjamin (*A Mind of Winter*, 1981), Gordon Crosse (*Symphonie n° 1*, 1976 ; *Dreamsongs*, 1979), Carl Davis (*Glenlivet Fireworks Music*, 1987), Iain Hamilton, Edward Harper (*Fern Hill*, 1977 ; *Fantasia V*, 1985 ; *Homage to Thomas Hardy*, 1990), James MacMillan (*Veni, Veni, Emmanuel*, concerto pour percussion, 1992), Peter Maxwell Davies (*Sinfonietta accademica*, 1983 ; *Concerto pour hautbois*, 1988 ; *MacDonald Dances*, 1993), Robert Saxton (*Concerto pour alto*, 1986), Toru Takemitsu (*Nostalghia*, 1987).

The Academy of St Martin in the Fields (Londres)

Fondée en 1956.

Chefs permanents : Neville Marriner (grande formation, depuis 1956), Iona Brown et Kenneth Sillito (violons solos en alternance de la petite formation, depuis respectivement 1974 et 1980). Cet orchestre de chambre a été fondé à Londres pour donner des concerts à l'heure du déjeuner en l'église St Martin in the Fields. La grande formation compte 40 à 50 musiciens, la petite 16 cordes. Depuis 1975, l'Académie s'est adjointe un chœur dirigé par Laszlo Heltay.

CRÉATIONS : œuvres de Richard Rodney Bennett (*Music for Strings*, 1977, commande ; *Métamorphoses*, 1980), Peter Maxwell Davies (*Sinfonia concertante*, 1983), William Walton (*Sonata for Strings*, 1972).

The Consort of Musicke (Londres)

Ensemble de musique ancienne **fondé en 1969** par Anthony Rooley et James Tyler.

A partir de 1972, Rooley en assure seul la direction. L'effectif – vocal et instrumental – varie autour d'un noyau fixe d'une demi-douzaine de chanteurs qui s'est lui-même modifié au fil des années en fonction des carrières individuelles. L'équipe actuelle comporte Emma Kirkby et Evelyn Tubb (sopranos), Mary Nichols (alto), Andrew King et Joseph Cornwell (ténors), Simon Grant (basse).

The Dufay Collective (Londres)

Fondé en 1987, il se compose de six musiciens qui jouent sans chef et pratiquent tous plusieurs instruments pour explorer le répertoire du XIIIe au XVIIe siècle : Giles Lewin (vièle, rebec, cornemuse, hautbois, galoubet), Paul Bevin (pipeau, trompette à coulisse, darbouka, galoubet), Raphael Mizraki (oud, vièle, bendir, darbouka, dulcimer, gittern, percussion), Peter Skuce (orgue, harpe, percussion), William Lyons (hautbois, flûte à bec, cornemuse, vielle à roue, bendir, galoubet), Susanna Pell (vièle, percussion).

The Early Music Consort of London

Fondé en 1967.

Ensemble de musique ancienne fondé par David Munrow, comprenant cinq interprètes dont James Bowman et Oliver Brookes (violes), Christopher Hogwood (clavecin), puis, à partir de 1969, James Tyler (luth), D. Munrow jouant des instruments à vent. Un public enthousiaste accueillit ses interprétations de musique médiévale et de la Renaissance, dont il reste plusieurs enregistrements célèbres. L'ensemble s'est aussi intéressé à la musique contemporaine, créant des œuvres de Peter Dickinson, Elizabeth Lutyens et Peter Maxwell Davies.

English Chamber Orchestra (Londres)

Fondé en 1948 par Arnold Goldsbrough, Lawrence Leonard et Quintin Ballardie, il ne prend son nom actuel qu'en 1960. C'est le seul orchestre de chambre permanent de Londres. Jusqu'en 1985, il n'a eu aucun chef permanent mais certains sont des invités privilégiés comme Britten, Barenboïm, Perahia, Leppard ou Ashkenazy. Depuis 1961, il joue régulièrement au Festival d'Aldeburgh. Depuis sa fondation, il n'a connu que quatre violons solos : Emanuel Hurwitz, Kenneth Sillito, José Luis Garcia et Paul Barritt (depuis 1994). En 1985, pour la première fois de son histoire, il a commencé à travailler avec un chef permanent, Jeffrey Tate.

CRÉATIONS : œuvres de Malcolm Arnold (*Concerto for 28 Players*, 1970), Richard Rodney Bennett (*Concerto pour contrebasse,* 1978), Harrison Birtwistle, Howard Blake (*Concerto pour clarinette,* 1984), Benjamin Britten (*Le Songe d'une nuit d'été,* 1960 ; *Church Paraboles,* 1964, 1966 et 1968 ; *Symphonie concertante pour violoncelle et orchestre,* 1964 ; *Owen Wingrave,* 1971 ; *Mort à Venise*, 1973 ; *Company of Heaven*, 1989 ; *Johnson over Jordan*, suite pour orchestre, 1990 ; *Temporal Variations*, 1994), Alexander Goehr (*Sinfonia,* 1980), Hans Werner Henze, Alun Hoddinott (*Concerto grosso n° 1*, 1965), Robin Holloway (*Ode,* 1980 ; *Second Idyll,* 1983), Gustav Holst (*Capriccio,* 1968), Gordon Jacob (*Concerto pour alto n° 2*, 1981), Jonathan Lloyd (*Cantique,* 1970), David Matthews (*Sérénade,* 1984 ; *Variations for Strings,* 1987 ; *Symphonie n° 4*, commande, 1991), Nicholas Maw, Peter Maxwell Davies (*Sinfonia,* 1962), Andrzej Panufnik (*Landscape,* 1965),Giles Swayne (*Symphonie,* 1984), John Tavener.

English Concert (Londres)

Fondé en 1973 et dirigé par Trevor Pinnock. Initialement constitué de 7 musiciens (5 cordes, 1 flûte et 1 clavecin), l'ensemble s'est progressivement étoffé pour devenir un orchestre de chambre. Répertoire : musiques des XVIIe et XVIIIe siècles dirigées, du clavecin, par Trevor Pinnock. Entre 1978 et 1985, il a enregistré l'intégrale de l'œuvre pour orchestre de J. S. Bach et de Haendel, achevée pour le tricentenaire de la naissance de ces deux musiciens. Le chœur de l'English Concert a été fondé en 1983 pour la première exécution moderne d'*Acante et Céphise* de Rameau. Les deux formations se produisent régulièrement ensemble.

English String Orchestra (Londres)

Fondé en 1980.

Directeur musical : William Boughton.

L'ossature de l'ensemble, constituée d'une trentaine de cordes, se consacre principalement au répertoire romantique anglais, avec adjonction d'instruments à vent supplémentaires. Depuis 1987, Yehudi Menuhin en est le principal chef invité. Pour les œuvres de plus grande importance, William Boughton a fondé en 1989 l'**English Symphony Orchestra**, l'homologue symphonique de l'English String Orchestra.

The King's Consort (Londres)

Fondé en 1980 et dirigé par Robert King, il se produit sous forme d'ensemble de chambre (de 4 à 15 exécutants) ou d'orchestre de chambre (de 16 à 45 exécutants). Pour les œuvres vocales, il s'associe au Choir of The King's Consort (22 voix). Le répertoire accorde une large part à la musique de Purcell (dont il a enregistré l'intégrale de la musique religieuse) et aux oratorios de Haendel. Il participe également à des représentations lyriques.

London Early Music Group

Fondé en 1976 par James Tyler (directeur artistique). Répertoire : musique de la Renaissance et du baroque pour cordes et voix solistes. La formation de base réunit

James Tyler, Duncan Druce, Nancy Roth, Penelope Veryard, Peter Vel et Barry Mason, auxquels s'ajoutent éventuellement quelques instrumentistes et 1 à 3 chanteurs.

London Mozart Players

Fondés en 1949.

Directeurs musicaux : Harry Blech (1949-84), Jane Glover (1984-91), Howard Shelley (1991-93), Matthias Bamert (depuis 1993). L'effectif de l'ensemble se situe entre 19 et 45 instrumentistes selon les programmes. Le répertoire va des classiques à la musique contemporaine, avec une attirance particulière pour Haydn et Mozart.

CRÉATIONS : œuvres d'Alun Hoddinott (*Divertimento for Orchestra*, 1969 ; *French Suite for Small Orchester*, 1977), Gordon Jacob, William Mathias, Paul Patterson, Alan Rawsthorne, Gerhard Schurmann (*Variants*, 1971), Malcolm Williamson.

London Sinfonietta

Orchestre de 16 musiciens dont l'effectif varie en fonction des programmes, **fondé en 1968** par David Atherton et Nicholas Snowman pour jouer le répertoire contemporain.

Directeurs artistiques : David Atherton (1968-73), Michael Vyner (1973-88), Michael Vyner et Paul Crossley (1988-89), Paul Crossley (1989-94), Markus Stenz (depuis 1994).

Le London Sinfonietta n'a pas de chef permanent mais il travaille régulièrement sous la direction de David Atherton, Elgar Howarth, Diego Masson, Simon Rattle, Esa-Pekka Salonen et Lothar Zagrosek ainsi qu'avec plusieurs compositeurs-chefs d'orchestre comme Luciano Berio, Oliver Knussen, Witold Lutosławski ou Hans Werner Henze.

Le London Sinfonietta pratique une politique de commande et de création d'œuvres nouvelles particulièrement intense : en vingt-cinq ans, plus de 200 créations, dont une centaine de commandes dans les genres les plus divers. Son répertoire s'ouvre par ailleurs à la musique des siècles passés. Il possède également un ensemble vocal (le **London Sinfonietta Voices**, fondé en 1979 et dirigé par Terry Edwards) et un chœur. Depuis 1981, il consacre une part importante de ses activités à des concerts éducatifs et, depuis 1984, il assure une programmation spécifique à l'Opera Factory de David Freeman. Il participe à de nombreux spectacles lyriques à Covent Garden et assure, depuis 1987, la tournée d'automne du Festival de Glyndebourne. Il réside dans le campus de Kingston Polytechnic.

PRINCIPALES COMMANDES : œuvres de Gilbert Amy (*Seven Sites*, 1975), Don Banks (*Meeting Place*, 1970), David Bedford (*The Garden of Love*, 1970), Richard Rodney Bennett (*Jazz Pastoral*, 1970 ; *Dream Dancing*, 1986), Harrison Birtwistle (*Verses for Ensembles*, 1969 ; *Meridian*, 1971 ; *Secret Theatre*, 1984), Hans-Jürgen von Bose (*Scene*, 1991), Earle Brown (*Centering*, 1973), Elliott Carter (*In Sleep in Thunder*, 1982), Martin Dalby, Edison Denisov, Brian Ferneyhough (*Carceri d'invenzione I*, 1982), Michael Finnissy, Elena Firsova (*Chamber Concerto nº 4*, 1989), Hans Werner Henze (*Le Miracle de la rose*, 1982 ; *Requiem*, 1991), Alun Hoddinott, Robin Holloway (*Concertino nº 3*, 1976 ; *Aria*, 1980 ; *Double Concerto pour clarinette et saxophone*, 1988), Oliver Knussen (*Coursing*, 1979), György Kurtág, Elizabeth Lutyens, James MacMillan (*Sinfonietta*, 1992), Nicholas Maw (*Shahnama*, 1992), Peter Maxwell Davies, Detlev Müller-Siemens (*Under Neon-Light I*, 1981 ; *Tom-a-Bedlam*, 1991), Thea Musgrave, Nigel Osborne, Paul Patterson (*Cracowian Counterpoints*, 1977), Steve Reich, Aribert Reimann (*Invenzioni for 12 Players*, 1979), Robert Saxton (*The Circles of Light*, 1986 ; *Psalm – A Song of Ascents*, 1993), Alfred Schnittke, Toru Takemitsu (*Rain Coming*, 1982), John Tavener (*A Celtic Requiem*, 1969), Iannis Xenakis (*Phlegra*, 1976 ; *Thallein*, 1985 ; *Waarg*, 1988).

PRINCIPALES CRÉATIONS : œuvres de John Adams (*Eros Piano*, 1989), George

Benjamin (*Tribute*, 1993), Richard Rodney Bennett (*Commedia I, Sonnet Sequence*), Luciano Berio (*E Vó*, 1972 ; *Recital I*, 1972), Harrison Birtwistle (*Songs by Myself*, 1984), Pierre Boulez (*Explosante-fixe*, 1974 ; *Dérive*, 1984), Martin Butler (*Jazz Machines*, 1990), Michel Decoust (*Sinfonietta*, 1983), Edison Denisov (*Canon*), Franco Donatoni (*Abyss*, 1983), Roberto Gerhard (*Sardana nº 1*), HK Gruber (*Charivari*, 1983), Hans Werner Henze (*Voices*, 1974 ; *We Come to the River*, 1976 ; *Der Idiot*, 1991), Oliver Knussen (*Songlines*, 1989), Jonathan Lloyd (*Concerto pour alto*, 1981), Witold Lutosławski (*Chain I*, 1983), John MacMillan (*Sinfonietta*, 1992), Dominic Muldowney (*Lonely Hearts*, 1990), Karlheinz Stockhausen (*Ylem*, 1973), Igor Stravinski (*Song without Name*), Toru Takemitsu (*Tree Line*, 1988 ; *Archipelago S.*, 1993), John Tavener (*Chamber Concerto*, 1968), Michael Tippett (*Songs for Dov*).

Musica Reservata (Londres)

Ensemble de musique ancienne **fondé au milieu des années cinquante** par le musicologue Michael Morrow qui en est le directeur artistique. John Beckett dirige du clavecin un ensemble à effectif variable où l'on retrouve John Sothcott (flûte à bec) et Grayston Burgess (haute-contre).

Orchestre de Chambre d'Europe (Londres-Berlin)

Fondé en 1981, il se compose de 45 musiciens issus de l'Orchestre des Jeunes de la Communauté Européenne, essentiellement de nationalité anglaise, allemande et des pays scandinaves. Encouragés à l'origine par James Judd, ils ne disposent d'aucune subvention publique et vivent de mécénat et des royalties de leurs disques. La Ville de Berlin a mis à leur disposition la salle de musique de chambre de la Philharmonie dans laquelle ils travaillent par sessions mensuelles d'une dizaine de jours. Le fonctionnement interne repose sur l'autogestion. Cet orchestre ne dispose d'aucun chef permanent et travaille notamment avec Claudio Abbado, Nikolaus Harnoncourt, Sir Georg Solti, Rudolf Barshaï...

Pro Cantione Antiqua (Londres)

Fondé en 1968 par Mark Brown, Paul Esswood et James Griffett. Ensemble vocal et instrumental. La partie vocale est uniquement masculine (hautes-contres, ténors et basses). Les parties instrumentales sont jouées sur instruments d'époque.

Effectif : de 4 à 15 participants. Répertoire : musique religieuse et profane du IXᵉ siècle à l'époque baroque. Joue sous la direction des plus grands spécialistes de musique ancienne, mais travaille surtout avec Bruno Turner, conseiller musical entre 1969 et 1977, puis avec Mark Brown qui exerce les mêmes fonctions depuis 1977. Bruno Turner continue à collaborer régulièrement avec l'ensemble, au même titre que des chefs invités comme Roger Norrington, Jean-Claude Malgoire, Stephen Cleobury ou George Malcolm.

Taverner Players (Londres)

Voir à **Taverner Choir and Players** (chœurs).

Gabrieli Consort and Players (Manchester)

Ensemble vocal et orchestre d'instruments anciens **fondé en 1982** par Paul McCreesh. Il se consacre à un répertoire couvrant la période de la Renaissance à l'ère baroque, en se spécialisant dans la reconstitution d'événements musicaux importants de cette époque.

Directeur musical : Paul McCreesh.

HONGRIE

Orchestre de Chambre Franz Liszt (Budapest)
(Liszt Ferenc Kamarazenekar)

Fondé en 1963.

Directeurs artistiques : Frigyes Sándor (1963-79), János Rolla (depuis 1979). 16 cordes et 1 clavecin, à l'origine des étudiants de l'Académie Franz Liszt de Budapest. Plus tard, l'orchestre devient indépendant. Il joue sans chef, entraîné par son violon solo, János Rolla.

Orchestre de Chambre Hongrois (Budapest)
(Magyar Kamarazenekar)

Fondé en 1957 par Vilmos Tátrai. 11 cordes sans chef.

Capella Savaria (Szombathely)

Fondée en 1981.
Orchestre de chambre (instruments anciens) dont le répertoire s'étend de Monteverdi à Mozart. Depuis 1984, la Capella Savaria reçoit le support financier des Amis de la musique ancienne du Musée Savaria.

Directeur musical : Pál Németh.

ISRAËL

Orchestre de Chambre d'Israël

Fondé en 1965 à Tel-Aviv.
Directeurs musicaux : Gary Bertini (1965-75), Luciano Berio (1975-77), Rudolf Barshaï (1977-81), Uri Segal (1982-83), Yoav Talmi (1983-89), Shlomo Mintz (depuis 1989).

Un premier Orchestre de Chambre d'Israël avait été fondé en 1933 à Jérusalem par Karel Salmon.

ITALIE

Orchestre de Chambre de Padoue-Vénétie (Padoue)
(Orchestra da camera di Padova e del Veneto)

Fondé en 1965 par Piero Toso, violon solo à l'origine. Il a le statut d'orchestre régional.

Directeur artistique : Bruno Giuranna (1983-92), Guido Turchi (depuis 1992).

Chefs permanents : Bruno Giuranna (1983-92), Peter Maag (depuis 1992).

I Solisti Veneti (Padoue)

Fondé à Padoue en 1959 par Claudio Scimone qui en assure la direction musicale. Ensemble constitué d'une quinzaine d'instruments à cordes et d'1 clavecin, auxquels s'ajoutent 2 mandolines et des instruments à vent en fonction des nomenclatures. Le répertoire, d'abord centré sur Vivaldi et les maîtres vénitiens, s'élargit par la suite à Mozart, Rossini et au répertoire préromantique. La musique contemporaine occupe aussi une part importante.

CRÉATIONS : œuvres de Georges Aperghis (*Ascoltare stanca,* 1972), Xavier Benguerel (*Musica riservata,* 1969), Sylvano Bussotti (*Marbre pour cordes,* 1967), Philippe Capdenat (*Tahar,* 1975), Luciano Chailly, Charles Chaynes (*Visions concertantes,* 1976), Marius Constant (*Strings,* 1972 ; *Traits « Cadavres exquis »,* 1976), Franco Donatoni (*Asar,* 1967 ; *Solo,* 1969), Sandro Gorli (*Serenata,* 1975), Jacques Lenot (*Versants-Traces,* 1972), Riccardo Malipiero (*Cassazione II*, 1967), Giacomo Manzoni (*Spiel,* 1969), Gérard Masson (*Bleu loin,* 1973), Costin Miereanu (*Sempre azzuro,* 1975), Luis de Pablo (*Déjame hablar,* 1975).

Accademia bizantina (Ravenne)

Ensemble instrumental **fondé en 1984.** Dans un premier temps, il s'agit d'un ensemble à cordes qui fonctionne selon les principes de l'autogestion. Le répertoire va de la musique ancienne, exécutée sur des instruments originaux, à la musique contemporaine, notamment celle de Luciano Berio qui est président d'honneur de l'accademia depuis 1990. L'effectif varie du quatuor à cordes à l'orchestre de chambre en fonction du répertoire.

Directeur musical : Carlo Chiarappa (depuis 1986).

I Musici (Rome)

Ensemble de 11 instruments à cordes et 1 clavecin, **fondé en 1952** par des étudiants de l'Académie Sainte-Cécile de Rome sous les auspices de leur professeur, Remy Principe. Ils jouent sans chef, sous la conduite de leur violon solo : Felix Ayo (1952-67), Roberto Michelucci (1967-72), Salvatore Accardo (1972-77), Pina Carmirelli (1977-86), Federico Agostini (depuis 1986). Jusqu'en 1977, la formation est restée stable, ancrée par la basse continue (Lucio Buccarella, contrebasse, et sa femme, Maria-Teresa Garatti, clavecin). Depuis 1977, les différents pupitres se sont progressivement renouvelés.

D'emblée, ils apportent un visage nouveau à l'exécution de la musique italienne baroque, en pleine découverte. Leur répertoire s'étend aussi à la musique du XXᵉ siècle. Ils possèdent une collection précieuse d'instruments anciens de Stradivarius, Guarnerius...

I Solisti Italiani (Rome)

Fondé en 1981 par quelques membres des Virtuosi di Roma, après la dissolution de cet ensemble. L'effectif se compose de 11 cordes et 1 clavecin qui jouent sans chef. Le répertoire est centré sur la musique de Vivaldi et de ses contemporains ; également les grandes œuvres pour cordes du XXᵉ siècle.

I Virtuosi di Roma (Rome)

Fondé en 1947, dissous en 1980.

Renato Fasano créa cet ensemble avec des instrumentistes de la Scuola Veneziana (le premier ensemble à cordes italien formé peu auparavant par Angelo Ephrikian).

Contrairement à l'Ensemble I Musici, ils jouaient avec un chef, Renato Fasano (jusqu'à sa mort, en 1980). Ils s'opposaient aux conceptions « à l'allemande » de la musique baroque illustrées par Münchinger. Luigi Ferro, maître de la plupart des instrumentistes de l'ensemble, est resté violon solo jusqu'au début des années soixante. Il a été remplacé par Ferarresi et Mozzatto. Dès la fin des années soixante, l'ensemble stagne et semble vivre sur son passé au cours des années suivantes.

En 1980, il se scinde en deux formations : **I nuovi Virtuosi di Roma**, qui joue sans chef, et l'**Ensemble Boccherini** dirigé par un chef roumain, Octavian Anghel. Cette seconde formation a rapidement changé de nom, devenant **I Solisti Italiani,** dont neuf des douze membres sont des anciens de l'équipe de Fasano, avec Giovanni Guglielmo comme violon solo.

JAPON

Solistes de Tokyo

Fondé en 1963 par Yasushi Akamatsu qui en est le directeur musical. Effectif : 11 cordes et 1 clavecin. L'ensemble joue en principe sans chef mais accueille parfois des chefs invités et donne une centaine de concerts chaque année. Le répertoire s'étend de la période baroque à la musique contemporaine.

LITUANIE

Orchestre de Chambre de Lituanie (Vilnius)

Fondé en 1960 et dirigé depuis l'origine par Saulius Sondeckis, il réunit de jeunes musiciens qui entrent dans cet orchestre après avoir obtenu leur diplôme du Conservatoire d'État de Lituanie. Premier orchestre à donner en URSS l'intégrale des concertos pour clavier de J. S. Bach (avec Tatiana Nikolaieva), il a également donné et enregistré l'intégrale des symphonies et des concertos pour piano de Mozart avec Vladimir Krainev.

CRÉATIONS : plus de 150 partitions, notamment des œuvres d'Edison Denisov, Romuald Kalsons, Raimo Kangro, Onute Narbutaite (*Concerto de chambre*, 1992), Alfred Schnittke (*Concerto grosso nº 1* ; Concerto grosso nº 3, 1985), Sergueï Slonimski.

PAYS-BAS

Nieuw Ensemble (Amsterdam)

Fondé en 1980, il se compose à l'origine de 5 instruments (clarinette basse, violon, mandoline, guitare et percussion). Au fil des années, l'ensemble s'est élargi à 12 instruments (flûte, hautbois, clarinette, mandoline, guitare, harpe, piano, percussion, violon, alto, violoncelle et contrebasse) dirigés par Ed Spanjaard (depuis 1982). Une grande partie de son répertoire se compose d'œuvres écrites à son intention par des compositeurs contemporains.

Directeur artistique : Joël Bons.

CRÉATION : œuvre de Theo Loevendie (*Vénus et Adonis*, 1980).

COMMANDES : pour le 10e anniversaire de l'ensemble : œuvres de Gerard Brophy, Huig Emmer (*Mélodies*), Franco Donatoni, Brian Ferneyhough, Ştefan Niculescu (*Octoplum*, 1985), Luis de Pablo (*Libro de imagenes*, 1991), Richard Rijnvos (*Quad*, pour contralto et 4 groupes instrumentaux).

Orchestre de Chambre Néerlandais (Amsterdam) (Het Nederlands Kamerorkest)

Fondé en juin 1955, intégré dans l'Orchestre Philharmonique Néerlandais en 1985. Il a conservé une activité autonome au sein de ce nouvel ensemble.

Chefs permanents : Szymon Goldberg (1955-79), Antoni Ros-Marbá (1979-85).

Principaux chefs invités : David Zinman (1964-69) et Kees Bakels.

PRINCIPALES COMMANDES : œuvres de Juriaan Andriessen (*Omaggio a Sweelinck,* 1968), André Douw (*Styx*), Hans Kox (*Six One-Fact Plays*, 1971).

Orchestre de Chambre de la Radio Néerlandaise (Hilversum) (Radio Kamerorkest)

Fondé en 1945, il se compose de 38 instrumentistes.

Chefs permanents : André Rieu (1946-49), Maurits Van den Berg (1949-63), Roelof Krol (1963-72), Ernest Bour (1er chef invité, 1976-87), Hans Zender (1987-94), Ton Koopman (depuis 1994).

CRÉATIONS : œuvres de Carlos Roqué Alsina (*Suite indirecte*, 1989), Ernst Krenek (*Kitharaulos*, 1972), Tomás Marco (*Pulsar*, 1986), Costin Miereanu (*Doppelkammerkonzert*, 1985), Luis de Pablo (*Adagio*, 1984), Geert Van Keulen (*Terze*, 1989).

Schönberg Ensemble (Amsterdam)

Fondé en 1974, ensemble de musique contemporaine composé de 13 instrumentistes.

Directeur musical : Reinbert De Leeuw.

CRÉATIONS : œuvres de John Adams (*Chamber Symphony*, 1992), Andriessen (*Overture to Rosa*, 1993), Morton Feldman (*For Samuel Beckett*, 1987), Henryk Mikołaj Górecki (*Kleines Requiem für eine Polka*, 1993), Mauricio Kagel (*Süden*, 1990), Isang Yun (*Kammerkonzert I*, 1990).

POLOGNE

Cappella Cracoviensis

Fondé en 1970 par son directeur musical Stanisław Gałoński. Elle réunit un orches-tre de chambre d'une vingtaine d'instrumentistes et un chœur madrigal d'une dizaine de chanteurs qui se produisent ensemble ou séparément. Les musiciens jouent sur des instruments anciens ou sur des copies montées à l'ancienne. Répertoire : de la musique médiévale à la musique contemporaine. Deux festivals (Stary Sacz et Cracovie) sont organisés autour de la Cappella Cracoviensis.

Orchestre de Chambre de Silésie (Katowice) (Śląska Orkiestra Kameralna)

Voir à **Orchestre de la Philharmonie de Silésie** (Orchestres Symphoniques).

Fistulatores et Tubicinatores Varsovienses

Fondé à Varsovie en 1964 par Kazi-mierz Piwkowski, dissous au milieu des années quatre-vingt. Répertoire : musique médiévale, renaissance et baroque jouée sur des copies d'instruments anciens réalisées par Piwkowski lui-même d'après les originaux et les traités de Virdung (1510) et Praetorius (1619). L'ensemble (vocal et instrumental) jouait en costume d'époque.

Orchestre de Chambre de Pologne (Varsovie) (Warszawska Orkiestra Kameralna)

Fondé en 1972 par Jerzy Maksymiuk qui en assure la direction. **Dissous en 1986,** il se produit alors sous le nom de **Sinfonia Varsovia,** souvent dans des formations pouvant atteindre 35 musiciens, et joue avec chefs invités. En dehors de ses concerts, il assurait les spectacles de l'Opéra de Chambre de Varsovie.

CRÉATIONS : Birtwistle (*Still Movement,* 1984), A. Bloch, Matsudaira, Sikorski (*Strings in the Earth,* 1981), Bujarski, Patterson (*Sinfonia for Strings,* 1983), K. Meyer (*Symphonie nº 5,* 1978), ...

RÉPUBLIQUE TCHÈQUE

Ars Rediviva (Prague)

Fondé en 1951 par Milan Munclinger qui en est le directeur artistique jusqu'à sa mort en 1986. Depuis cette date, l'ensemble est dirigé par le violoncelliste et gambiste František Sláma. Répertoire baroque et classique, du trio à l'orchestre de chambre. Une très large part est faite aux compositeurs tchèques (Mysliveček, Benda, Rössler, Stamitz...).

Madrigalistes de Prague (Pražský Madrigalisté)

Fondé en 1956.

Directeurs : Miroslav Venhoda (1956-81), Svatopluk Jányš (1981-87), Pavel Baxa (depuis 1987). Depuis 1977, les Madrigalistes de Prague constituent l'ensemble de musique de chambre de la Philharmonie Tchèque. Ils sont composés de 8 chanteurs et instrumentistes jouant sur des instruments anciens et modernes. C'est un ensemble professionnel dont le répertoire s'étend de la musique ancienne à la musique contemporaine. Des compositeurs tels que J. Rychlík, L. Vycpálek, V. Kučera, L. Fišer, P. Eben, Bořkovec ont écrit à leur intention.

Orchestre de Chambre de Prague (Pražský Komorní Orchestr)

Fondé en 1951 dans le cadre de l'Orchestre Symphonique de la Radio Tchécoslovaque. L'orchestre se produit sans chef. Il collabore occasionnellement avec des chefs invités notamment pour certains enregistrements. En 1965, il devient formation indépendante et orchestre d'État. A ses débuts, il se consacre surtout à la musique tchécoslovaque du XVIIIe siècle, jouant ainsi un rôle considérable dans le renouveau de la musique ancienne locale. Son répertoire s'ouvre rapidement à la musique du XXe siècle.

COMMANDES : œuvres de Jan Zdeněk Bartoš (*Symphonie nº 2 « da camera »*, 1956), Joseph Čeremuga (*Concerto da camera*, 1971), Flosman (*Partita*), Ivo Jirásek (*Mozartiana*, 1978), Miroslav Kabelač (*Symphonie nº 4 « Camerata »*, 1958), Kurz (*Musique d'été*), Zdeněk Lukáš (*Concerto grosso* pour quatuor à cordes et orchestre à cordes, 1964), Karel Reiner (*Discours*), Dalibor Vačkář (*Furiant*).

Orchestre de Chambre Tchécoslovaque (Prague)
(Československý Komorní Orchestr)

Fondé en 1957 par Otokar Stejskal. Regroupe 15 instrumentistes à cordes issus des classes de violon et de musique de chambre d'Otokar Stejskal au Conservatoire de Prague. Depuis la mort du fondateur, en 1991, la direction artistique est assurée par le violon solo, Eva Lustigová. Les compositeurs Bartoš, Kalach et Fišer ont écrit des œuvres dédiées à cet orchestre.

Orchestre de Chambre Tchèque
(Český Komorní Orchestr)

Fondé en 1946 par Václav Talich.

Pendant la maladie de Václav Talich, l'orchestre cesse ses activités. Ses membres fondent alors l'ensemble Ars Rediviva et les quatuors Vlach, Smetana, Czapari et Kocia. En 1957, il se reconstitue autour de Joseph Vlach. Il est actuellement dirigé par Jana Vlachová et le chef d'orchestre Ondřej Kukal. Il comporte actuellement 24 cordes.

ROUMANIE

Orchestre de Chambre de Bucarest
(Orchestra de Cameră Bucureşti)

Fondé en 1969 par Ion Voicu, qui en assure la direction artistique. Le chef permanent est son propre fils, Madalin Voicu. Il réunit une trentaine d'instrumentistes des principaux orchestres symphoniques de Bucarest et fonctionne indépendamment de la Philharmonie Georges Enesco.

Orchestre de Chambre de la Radio Roumaine (Bucarest)
(Orchestra de Cămera a radiodifuziunii)

Fondé en 1957 par Ludovic Bács, il porte le nom d'Orchestre-Studio. Dissous au cours des années quatre-vingt, il reprend ses activités en 1991. Effectif : orchestre Mozart élargi.

Chefs permanents : Ludovic Bács (depuis 1957), Christian Brâncuşi (2e chef depuis 1983).

RUSSIE

Orchestre de Chambre de Moscou

Fondé en 1956.

Chefs permanents : Rudolf Barshaï (1956-77), Igor Besrodny (1977-83), Victor Tretiakov (1983-), Andreï Korsakov, Constantin Orbelian (depuis 1991).

PRINCIPALES CRÉATIONS : œuvres de Dimitri Chostakovitch (*Symphonie nº 14*, 1969), Edison Denisov (*Variations sur un thème de Haydn,* 1982), Alfred Schnittke, Evgeni Sviridov, Boris Tchaïkovski, Moïse Wainberg (*Symphonies nº 7* et *nº 10*).

Camerata de Saint-Pétersbourg

Fondée en 1988 et dirigé par Saulius Sondeckis, elle se compose des meilleurs étudiants du Conservatoire de Saint-Pétersbourg. Avant d'adopter son nom actuel, elle s'intitule d'abord Orchestre de Chambre de Conservatoire de Leningrad puis Orchestre de Chambre de l'Ermitage.

Orchestre de Chambre de Saint-Pétersbourg

Voir à **Orchestre Philharmonique de Saint-Pétersbourg** (Orchestres Symphoniques).

SLOVAQUIE

Musica Aeterna Bratislava

Fondé en 1973 sur l'initiative de Ján Albrecht sous la forme d'un ensemble vocal et instrumental, il s'est transformé progressivement en orchestre de chambre. Ses activités s'inscrivent dans le cadre de celles de la Philharmonie Slovaque. Le répertoire est centré sur la musique européenne des XVIIe et XVIIIe siècles, avec un intérêt particulier pour les compositeurs slovaques. Depuis 1989, les musiciens jouent sur instruments d'époque.

Directeur artistique : Peter Zajíček.

Orchestre de Chambre Slovaque (Bratislava)
(Slovenský Komorní Orchestr)

Fondé en 1960 dans le cadre de la Philharmonie Slovaque. Formation indépendante depuis 1966. 11 cordes jouant sans chef.

Directeur artistique et violon solo : Bohdan Warchal.

CRÉATIONS : œuvres de Viktor Kalabis (*Tristium,* 1986).

SUÈDE

Ensemble de Musique Baroque de Drottningholm

Fondé en 1971, il tient son nom du château de Drottningholm, non loin de Stockholm, résidence de la famille royale de Suède et qui possède un théâtre du XVIIIe siècle dans un état exceptionnel de conservation.

L'effectif de base se compose d'un quintette à cordes et d'un clavecin ; il peut s'élargir jusqu'à 35 musiciens en fonction des besoins.

Directeur artistique : Lars Brolin.

Orchestre de Chambre de Stockholm

Fondé en 1981, il porte d'abord le nom de New Stockholm Chamber Orchestra. Il fonctionne en autogestion. Effectif : 24 cordes, vents et percussions en fonction du répertoire.

Conseiller artistique : Esa-Pekka Salonen.

CRÉATION : œuvre de Pär Lindgren (*Bowijaw*, 1984).

SUISSE

Linde Consort (Bâle)

Ensemble de musique ancienne fondé et dirigé par le flûtiste Hans Martin Linde dans le cadre de la Schola Cantorum Basiliensis. Il se consacre essentiellement au répertoire baroque et classique.

Orchestre de Chambre de Bâle

Fondé en 1926 et dirigé par Paul Sacher jusqu'à sa dissolution en 1987. Composé d'une trentaine de musiciens, son effectif peut atteindre celui d'un orchestre symphonique. Son répertoire comporte aussi bien de la musique du XVIIIe siècle que des œuvres contemporaines. Dans ce domaine, il joue un rôle essentiel, et le nombre de créations figurant à son actif est considérable : Bartók (*Musique pour cordes, percussions et célesta,* 1937 ; *Divertimento,* 1940 ; *Concerto pour violon n° 1*, 1958), Beck (*Symphonie n° 5*, 1930 ; *Hommages,* 1966 ; *Suite n° 2*, 1946...), Blacher (*Dialog,* 1951), Boulez (*Figures, Doubles, Prismes,* extrait, 1964), Britten (*Cantata academica,* 1960), Fortner (*Triplum,* 1966 ; *Prismen,* 1975, *La Création,* 1955...), C. Halffter (*Double Concerto pour violon et alto,* 1986), Henze (*Concerto pour violon n° 2*, 1972 ; *Compases para preguntas ensimismadas,* 1971), Hindemith (*Symphonie « Harmonie du monde »,* 1952), Holliger (*Atembogen,* 1975), Honegger (*Symphonie n° 4*, 1947 ; *Jeanne d'Arc au bûcher*, 1938 ; *La Danse des morts*, 1940 ; *Une cantate de Noël*, 1953), Ibert (*Symphonie concertante pour hautbois,* 1951), Malipiero (*Symphonie n° 6*, 1949), F. Martin (*Études pour cordes,* 1956 ; *Concerto pour violon n° 1*, 1952 ; *Concerto pour violoncelle,* 1967 ; *Der Cornet,* 1945), Bohuslav Martinů (*Toccata e due canzoni,* 1947 ; *Double concerto,* 1940 ; *Symphonie concertante,* 1950 ; *Concerto da camera pour violon,* 1942 ; *L'Épopée de Gilgamesch,* 1958), Meale (*Évocations pour hautbois,* 1975), Mihalovici (*Sinfonia giocosa,* 1951), Petrassi (*Concerto pour orchestre n° 2*, 1952), Stravinski (*Concerto pour cordes,* 1947 ; *A Sermon, a Narrative and a Prayer,* 1962), Tippett (*Ritual Dances,* 1953), Veress (*Deux Essais,* 1986).

Schola Cantorum Basiliensis

Fondée en 1933 par Paul Sacher, cette institution est une académie de musique ancienne à laquelle viennent s'adjoindre différentes formations musicales. En 1954 elle a fusionné avec l'École de Musique et le Conservatoire de Bâle pour former la « Musik-Akademie der Stadt Basel ».

Pendant de longues années c'est la « Konzertgruppe » qui présentait au public le travail de l'Institut. August Wenzinger puis Hans-Martin Linde ont été à la tête de cette formation.

A partir des années 1970, en raison d'une spécialisation toujours plus poussée, plusieurs ensembles succèdent à ce premier groupe : l'**Ensemble du Moyen Age, l'Ensemble à cordes** et beaucoup d'autres. Plusieurs professeurs de la Schola Cantorum Basiliensis dirigent leur propre ensemble comme Hans-Martin Linde (**Linde-Consort**), Michel Piguet (**Ensemble Ricercare, Senfl-Ensemble**), Edward Tarr (**Edward Tarr Brass Ensemble**), Jaap Schröder (**Smithson String Quartet**), Chiara Banchini (**Ensemble 415**), Paolo Pandolfo (**Ensemble Labyrinthe**), René Jacobs (**Concerto Vocale**), Bruce Dickey (**Concerto Palatino**), Christophe Coin, Andreas Staier, Conrad Steinmann, Dominique Vellard, Bob Young...

Depuis 1980, une série d'enregistrements ont été publiés sous le titre « Schola Cantorum Basiliensis – Documenta ». Chaque année paraît, depuis 1977, le

« Basler Jahrbuch für historische Musikpraxis ».

Camerata de Berne

Fondée en 1962, cette formation réunit une quinzaine d'instrumentistes à cordes et 1 clavecin dirigés par leur violon solo. Le répertoire couvre l'ensemble de la littérature pour orchestre à cordes du baroque à nos jours.

Directeurs musicaux : Alexandre Van Wijnkoop (1962-78), Thomas Füri (1979-92), Ana Chumachenko et Thomas Zehetmair (depuis 1993).

CRÉATIONS : œuvres de Thomas Demenga (*Stimmen*, capriccio pour violon, cordes et clavecin synthétisé, 1993), Edison Denisov (*Variations sur le choral de Bach « Es ist genug »*, 1989), Isang Yun (*Gong-Hu*, 1975).

Ensemble 415 (Genève)

Fondé en 1981 par la violoniste Chiara Banchini qui en assure la direction musicale. Cet ensemble, spécialisé dans la musique du XVIIIe siècle, joue sur instruments anciens ou copies d'instruments anciens. Il tire son nom du diapason qu'il adopte, à 415 Hz. Il se présente soit en quatuor à cordes, soit en ensemble instrumental dont l'effectif de base se compose de 13 instruments à cordes enrichis, en fonction des besoins, de quelques instruments à vent.

Camerata Lysy de Gstaad

Fondée en 1977.
Ensemble de 18 instrumentistes dont le répertoire varie des œuvres en duo aux œuvres pour orchestre de chambre.

Directeur musical : Alberto Lysy.

CRÉATIONS : œuvres de Silvano Picchi (*Sinfonia breve*), André Prévost (*Cantata for Strings*), Antonio Taoriello (*Musica por violon, piano y cuerdas*, commande).

Orchestre de Chambre de Lausanne

Fondé en 1942.

Chefs permanents : Victor Desarzens (1942-73), Armin Jordan (1973-85), Lawrence Foster (1985-90), Jesús López Cobos (à partir de 1990).

Concerts d'abonnement, prestations pour la ville de Lausanne, le canton de Vaud, l'Opéra-Théâtre de Lausanne... Lié par convention à la Radio Suisse Romande.

Effectif : 35-38 musiciens.

CRÉATIONS : œuvres de Raffaele d'Alessandro (*Triptyque*, op. 35, 1945 ; *Sinfonietta*, op. 51, 1946 ; *Concerto grosso*, 1947 ; *Divertissement*, op. 65, déd.), Jean Binet (*Pétrarque*, 1972), Ferenc Farkas (*Psaumes de fête*, 1981), Aloÿs Fornerod (*Concerto pour piano*, op. 29, 1944 ; *Deuxième Concert* pour orchestre de chambre, 1950 ; *Geneviève*, opéra-comique, 1954 ; *Te Deum*, 1955), Henri Gagnebin (*Les Vanités du monde*, oratorio, 1966 ; *Symphonie nº 4*, 1973), Hans Haug (*Concertino pour hautbois, alto et orchestre*, 1953 ; *Cantate gastronomique*, 1956 ; *Michelangelo*, 1960 ; *Le Souper de Venise*, opéra, 1966), Frank Martin (*Sonata da chiesa* pour flûte et cordes, 1938), Robert Mermoud (*Le Chant de la Broye*, cantate profane, 1957), Peter Mieg (*Concerto pour deux pianos*, 1949 ; *Concerto pour piano nº 2*, 1962), Norbert Moret (*Mille et Un Soleils de joie*, 1986 ; *Trois Pièces* pour orchestre de chambre, 1988), Jean Perrin (*Concerto grosso*, 1952 ; *Symphonie nº 3*, 1966 ; *Ouverture pour un jour de fête*, pour le 50e anniversaire de la Radio Suisse Romande, 1972), Constantin Regamey (*Musique pour cordes*, 1953 ; *5 Études* pour voix de femme et orchestre, 1956), Armin Schibler (*Concerto 1959*, 1959 ; *L'Homme dans la Création*, 1987), Heinrich Sutermeister (*Le Théâtre du monde*, 1956 ; *Divertissement nº 2*, 1960 ; *Croire et créer*, cantate, 1964), Julien-François Zbinden (*Concertino pour trompette, cordes et tambour*, op. 6, 1946 ; *Fantaisie pour flûte*, op. 22, 1950 ; *Esperanto*, op. 34, 1961 ; *Concerto breve* pour violoncelle, op. 36, 1963 ; *Éthiopiques*, op. 49, 1973 ; *Phosphora*, op. 61, 1979 ;

Hommage à Arthur Honegger, op. 68, 1983 ; *La Solitude*, op. 71, 1985.

COMMANDES : œuvres de Luciano Berio (*Requies*, 1984), Éric Gaudibert (*Année*, 1971), Julien-François Zbinden (*Symphonie n° 1*, op. 18, 1953 ; *Concerto pour orchestre*, op. 57, 1977 ; *Élégie*, op. 76, 1987).

20e anniversaire de l'orchestre : œuvres de Gian-Francesco Malipiero (*Hommage à l'OCL*, 1963), Constantin Regamey (*Autographe*, 1963), Julien-François Zbinden (*Orchalau Concerto*, 1963).

50e anniversaire de l'orchestre : œuvres de Lleonard Balada (*Symphonie n° 4*, 1992), Norbert Moret (*Mendiant du ciel bleu*, version définitive, 1992), Krzysztof Penderecki (*Concerto pour flûte*, 1993), Julien-François Zbinden (*Symphonie n° 4*, op. 82, 1992).

Festival Strings Lucerne

Fondé en 1955.

Chef permanent et cofondateur : Rudolf Baumgartner. L'ensemble se compose de 13 cordes et 1 clavecin. Depuis 1986, les Festival Strings Lucerne sont une fondation, soutenue par la ville et le canton de Lucerne.

CRÉATIONS (pour la plupart, dédiées à Rudolf Baumgartner) : œuvres de Conrad Beck (*Die Sonnenfinsternis*, cantate, 1967), Edison Denisov (*Crescendo et Diminuendo*, 1968 ; *Concert pour flûte, vibraphone, clavecin et cordes*, 1993), Jean Françaix (*Six Préludes pour orchestre à cordes*, 1964), Alexander Goeh (*Little Music*, 1963), Klaus Huber (*Alveare vernat*, pour flûte et cordes, 1965), Milko Kelemen (*Fünf Essays für Streicher*, 1961), Rudolf Kelterborn (*Variations pour hautbois et cordes*, 1961 ; *Musique pour clarinette et cordes*, 1961), Joonas Kokkonen (*Sinfonia da camera*, 1962 ; *Métamorphoses*, 1977), Ernst Krenek (*Adagio et fugue*, 1966), Rafael Kubelík (*Quattro forme per archi*, 1966), Ivo Malec ([illegible]*umina*, 1968), Frank Martin (*Et la vie* [illegible]*orta*, cantate de chambre, 1975), [illegible]av Martinů (*Concert pour trio avec* [illegible]*rchestre à cordes*, 1963), Marcel [illegible] (*Musique nocturne pour clarinette et orchestre de chambre*, 1963), Maurice Ohana (*Silenciaire* pour percussions et cordes, avec les Percussions de Strasbourg, 1969), Krzysztof Penderecki (*Capriccio pour hautbois et cordes*, 1965), Kazimierz Serocki (*Sinfonietta* pour double orchestre à cordes, 1971), Heinrich Sutermeister (*Poème funèbre*, 1965), Alexandre Tcherepnine (*Vom Spass un vom Ernst*, cantate, 1964), Iannis Xenakis (*Avrovra*, 1977).

Collegium Musicum de Zurich

Fondé en 1941.

Cet orchestre à cordes d'une vingtaine de membres a été constitué par Paul Sacher, qui le dirige depuis l'origine pour compléter les activités de l'Orchestre de Chambre de Bâle, destiné aux œuvres de plus grande envergure. Comme lui, le Collegium Musicum joue aussi bien la musique classique et baroque que la musique contemporaine.

CRÉATIONS : œuvres de Conrad Beck (*Lichter und Schatten*, 1982), Harrison Birtwistle (*Endless Parade*, 1987), Luciano Berio (*Corale*, 1982), Willi Burkhard (*Piccola Sinfonia giocosa*, 1949 ; *Concerto pour hautbois, concertino et orchestre*, 1988), Henri Dutilleux (*Mystère de l'instant*, 1989), Wolfgang Fortner (*Ballet blanc*, 1958), Hans Werner Henze (*Sonata per archi*, 1958 ; *Concerto pour hautbois, harpe et orchestre*, 1966 ; *Cantata della fiaba estrema*, 1965), Arthur Honegger (*Symphonie n° 2*, 1942 ; *Concerto da camera*, 1949), Rudolf Kelterborn (*4 Nachtstücke*, 1963), Witold Lutosławski (*Double Concerto pour hautbois, harpe et orchestre*, 1980 ; *Chain II* pour violon et orchestre, 1986), Frank Martin (*Petite Symphonie concertante*, 1946 ; *Ballade pour violoncelle*, 1950 ; *3 Danses*, 1970), Norbert Moret (*Double Concerto pour violon, violoncelle et orchestre de chambre*, 1982 ; *Triple Concerto* pour flûte, hautbois, harpe et orchestre à cordes, 1985 ; *Concerto pour violoncelle*, 1988), Richard Strauss (*Métamorphoses*, 1946), Toru Takemitsu (*Eucalyptus*, 1970), Michael Tippett (*Divertimento « Sellinger's Round »*, 1954), Wladimir Vogel (*Traumgesicht 1982*, 1985).

Ensemble Ricercare de Zurich

Voir à **Schola Cantorum Basiliensis.**

Orchestre de Chambre de Zurich (Zürcher Kammerorchester)

Fondé en 1954 par Edmond de Stoutz qui en est le directeur musical, il existait déjà depuis 1946 sous forme d'orchestre privé.
Effectif : 24 cordes.

CRÉATIONS : œuvres de Rudolf Kelterborn (*Kammersinfonie II*, 1964), Ersnt Krenek (*Static and ecstatic*, 1973), Frank Martin (*Polyptyque*, dédicace, 1973), Peter Mieg (*Concerto da camera* pour cordes, piano et timbales, 1952 ; *Concerto pour clavecin*, 1953 ; *Concerto veneziano*, 1955 ; *Meilener Ballette*), Albert Moeschinger, Norbert Moret (*Suite à l'image du temps*, 1980), Paul Müller-Zürich, Krzysztof Penderecki (*Intermezzo*, 1973), Constantin Regamey (*Musique pour cordes*, 1953), Alexandre Tcherepnine (*Sérénade pour cordes*, op. 95, 1964), Wladimir Vogel, Mario Zafred (*Sinfonia breve* pour cordes, 1955).

OPÉRAS*

ALLEMAGNE

Deutsche Oper Berlin

L'histoire de cette scène commence en 1912 lorsque est inaugurée la Deutsches Opernhaus à Charlottenburg, alors en dehors de Berlin. En 1925, elle devient Städtische Oper lors du rattachement de Charlottenburg à la capitale. En 1933, la scène de Charlottenburg reprend son nom d'origine, Deutsches Opernhaus, protégée par Goebbels, alors que la Staatsoper bénéficie des attentions de Goering. Le bâtiment est détruit dans les bombardements de 1943 ; les représentations ont lieu à l'Admiralspalast jusqu'en 1945, puis au Theater des Westens. Le nouveau régime de Berlin en fait l'opéra de Berlin-Ouest qui prend le nom de Deutsche Oper en 1961 lors de l'inauguration du nouveau bâtiment sur les lieux mêmes du premier théâtre de Charlottenburg.

Intendants : Georg Hartmann (1912-23), Leo Blech (1923-24), Heinz Tietjen (1925-30), Carl Ebert (1931-33), Max von Schillings (1933), Wilhelm Rode (1934-44), Michael Bohnen (1945-47), von Hamm, Kelch et Heger (1947), Paproth (1948), Heinz Tietjen (1948-54), Carl Ebert (1954-61), Gustav Rudolf Sellner (1961-72), Egon Seefehlner (1972-76), Siegfried Palm (1976-81), Götz Friedrich (depuis 1981).

Directeurs généraux de la musique : Bruno Walter (1925-29), Artur Rother (1935-43 et 1953-58), Karl Dammer (1937-43), Ferenc Fricsay (1949-52), Richard Kraus (1954-61), Lorin Maazel (1965-71), Jesús López Cobos (1981-90), Rafael Frühbeck de Burgos (depuis 1992).

Directeurs musicaux (musikalische Oberleitung) : Rudolf Krasselt, Eduard Möricke et Ignatz Waghalter (1912-23), Leo Blech (1923-24), Max von Schillings (1933), Hans Schmidt-Isserstedt (1943-45), Robert Heger (1945-46), Gerd Albrecht (1972-74).

Chefs permanents (Chefdirigent) : Fritz Stiedry (1928-33), Heinrich Hollreiser (1961-65), Wolfgang Sawallisch (conseiller musical, 1963-65), Giuseppe Sinopoli (1990-91).

CRÉATIONS : œuvres de Frank Michael Beyer (*Orpheus-Stationen,* ballet, 1988), Boris Blacher (*Preussisches Märchen,* 1952 ; *Rosamunde Floris,* 1960 ; *Tristan,* ballet, 1965 ; *200 000 Taler,* 1969 ; *Habemeajaja,* 1987), Hans-Jürgen von Bose (*Die Nacht aus Blei,* ballet, 1981), Marius Constant (*Der blaue Engel,* ballet, 1985), Luigi Dallapiccola (*Ulysse,* 1968), Claude Debussy (*La Chute de la maison Usher,* version scénique, 1979), Werner Egk (*Circe,* 1948), Wolfgang Fortner (*Die weiße Rose,* ballet, 1951 ; *Corinna,* 1958 ; *Elisabeth Tudor,* 1972), Roman Haubenstock-Ramati (*Amerika,* 1966), Hans Werner Henze (*Le Roi Cerf,* 1956 ; *Le Jeune Lord,*

* Le classement est fait par ordre alphabétique de pays et de ville.

1965 ; *Einhorn,* ballet, 1986 ; *Das verratene Meer,* 1990, commande), Arthur Honegger (*La Danse des morts,* version scénique, 1949), Klaus Huber (*Jot,* 1973), Mauricio Kagel (*Aus Deutschland,* 1981), Rudolf Kelterborn (*Ophelia,* 1984), Giselher Klebe (*Alkmene,* 1961), Darius Milhaud (*Fiesta,* 1958 ; *L'Orestie,* intégrale, 1963), Marc Neikrug (*Los Alamos,* commande, 1988), Luigi Nono (*Der rote Mantel,* ballet, 1954 ; *Memento,* ballet, 1969), Aribert Reimann (*Melusine,* 1971 ; *Die Gespenstersonate,* 1984 ; *Das Schloß,* 1992, commande), Wolfgang Rihm (*Tutuguri,* ballet, 1982 ; *Œdipus,* 1987), Franz Schreker (*Der Schmied von Gent,* 1932), Humphrey Searle (*Tagebuch eines Irren,* 1958), Roger Sessions (*Montemuzza,* 1964), Kurt Weill (*Die Bürgschaft,* 1923).

Opéra-Comique de Berlin (Komische Oper Berlin)

Fondé en 1905 par Hans Gregor, il ferme ses portes en 1911 non sans avoir présenté la première allemande de *Pelléas et Mélisande* de Debussy (1908) et la création de *Roméo et Juliette au village* de Delius (1907). Il rouvre en 1913 sous le nom de Kurfürstenoper et est dirigé par Maximilian Moris. Le véritable essor de cette scène date de l'après-guerre : entre 1947 et 1989 elle se trouve en secteur est-allemand.

Intendants : Walter Felsenstein (1947-75), Joachim Herz (1975-81), Werner Rackwicz (1981-93), Albert Kost (depuis 1994).

Directeurs musicaux : Meinhard von Zallinger (1953-56), Václav Neumann (1956-60), Kurt Masur (1960-64), Zdeněk Kŏsler (1967-71), Rolf Reuter (1981-93), Yakov Kreizberg (depuis 1994).

Cette troupe pratique un travail approfondi, les ouvrages étant rodés pendant plusieurs mois avant d'être présentés au public. Sous l'impulsion de Harry Kupfer (metteur en scène principal depuis 1981, puis Operndirektor), elle est devenue un véritable laboratoire de la dramaturgie lyrique.

CRÉATION : œuvre de Siegfried Matthus (*Judith*, 1985).

Kroll Oper (Berlin)

Fondé en 1844, dissous en 1931.

Fondé par le restaurateur Joseph Kroll, il se consacre d'abord aux marionnettes et aux concerts populaires. Puis il étend ses activités au domaine lyrique tout en restant en marge du répertoire de la Staatsoper : opéras-comiques et opérettes principalement. Offenbach et Lortzing y dirigent leurs œuvres. En 1886, il est acquis par les théâtres de la Cour et prend le nom de Neues Königlisches Opernhaus. Bruno Walter y est chef permanent en 1900-01. Le répertoire est orienté vers le répertoire lyrique rarement joué et la musique contemporaine. Le théâtre est détruit en 1914 puis reconstruit après la Première Guerre mondiale. Il rouvre ses portes le 1er janvier 1924 comme annexe de la Staatsoper (Staatsoper am Platz der Republik).

Il reprend son autonomie en 1927 sous le nom de Kroll Oper avec la nomination d'Otto Klemperer à la direction, qui s'entoure d'Alexander von Zemlinsky et de Fritz Zweig comme chefs d'orchestre permanents, d'Ernst Legal, Gustav Gründgens et Hans Curjel comme metteurs en scène, d'Ewald Dülberg, László Moholy-Nagy, Teo Otto et Oskar Schlemmer comme décorateurs. Cette nouvelle équipe joue un rôle déterminant dans la vie musicale berlinoise en proposant un renouveau des conceptions scéniques de l'opéra. Le répertoire couvre une période allant du XVIIIe siècle aux contemporains et les ouvrages de fond y prennent un nouveau visage (premières berlinoises ou allemandes de *Cardillac* (1928), et *Neues vom Tage* (1929) de Paul Hindemith, d'*Œdipus-Rex* (1928) et de *Mavra* (1930) d'Igor Stravinski et de *De la maison des morts* (1931) de Leoš Janáček. Mais l'expérience cessera rapidement à la fois pour des raisons économiques (conséquence de la crise de 1929) et politiques (opposition farouche de la droite).

Staatsoper Unter den Linden (Opéra d'État de Berlin)

L'Opéra Royal « unter den Linden » est inauguré en 1742 avec *Cléopâtre et César* de Graun. Le bâtiment restera le même pendant plus de deux siècles. En 1919, l'Opéra Royal devient Opéra d'État (Staatsoper). Un premier bombardement détruit partiellement le théâtre en 1941, mais il rouvre quelques mois plus tard. En 1945, c'est la destruction complète. Le nouvel opéra sera inauguré en 1955. Pendant ces dix ans, les représentations ont lieu à l'Admiralspalast. La séparation en plusieurs zones de la ville de Berlin fait de la Staatsoper l'Opéra de Berlin-Est, lors de la fondation de la RDA en 1949. Jusqu'en 1992, il porte le nom de Deutsche Staatsoper Berlin. En 1992, il fait l'objet d'une profonde restructuration et adopte son nom actuel, qui évoque la célèbre avenue berlinoise où il siège.

Directeurs généraux et intendants : Baron von Weerts (1742-57), Freiherr von Pöllnitz (1764-71), Graf von Zirotin-Lilgenau (1771-75), Baron von Arnim (1776-78), Freiherr von der Reck (1788-1806), August Wilhelm Iffland (1811-14), Graf von Brühl (1815-28), Graf von Redern (1828-42), Karl Theodor von Küstner (1842-51), Botho von Hülsen (1851-56), Bolko Graf von Hochberg (1886-1902), Georg Graf von Hülsen-Häseler (1903-18), Richard Strauss (1918), Max von Schillings (1919-25), Heinz Tietjen (1925-45), Ernst Legal (1945-52), Heinrich Allmeroth (1952-54), Max Burghardt (1954-62), Hans Pischner (1963-84), Günter Rimkus (1984-91), Georg Quander (depuis 1991).

Directeurs de la musique et chefs permanents : Carl Heinrich Graun (1742-59), Johann Friedrich Agricola (1759-74), Karl Friedrich Christian Fasch (1775-76), Johann Friedrich Reichardt (1775-94), Felice Alessandri (1789-93), Bernhard Anselm Weber (1792-1821), Vincenzo Righini (1793-1806 et 1811-12), Friedrich Heinrich Himmel (1795-1806 et 1811-14), Gasparo Spontini (directeur général de la musique, 1820-41), Friedrich Ludwig Seidel (1822-29), Georg Abraham Schneider (1825-38), Carl Wilhelm Henning (1840-48), Giacomo Meyerbeer (directeur général de la musique, 1842-46), Felix Mendelssohn (1842-43), Gottfried Wilhelm Taubert (1842-69), Otto Nicolai (1848-49), Heinrich Dorn (1849-69), Karl Eckert (1869-79), Robert Radecke (1871-87), Heinrich Kahl (1881-92), Joseph Sucher (1888-99), Felix Weingartner (1891-1908), Carl Muck (1892-1912, directeur général de la musique à partir de 1908), Richard Strauss (1898-1918, directeur général de la musique à partir de 1908), Franz Schalk (1899-1900), Bruno Walter (1900-01), Edmund von Strauss (1902-18), Leo Blech (1906-23 et 1926-37, directeur général de la musique à partir de 1913), Fritz Stiedry (1914-24), Max von Schillings (directeur général de la musique, 1919-25), Wilhelm Furtwängler (1922-23, Operndirektor, 1933-34), Erich Kleiber (directeur général de la musique, 1923-35), George Szell (1923-27), Otto Klemperer (directeur général de la musique, 1927-33), Alexander von Zemlinsky (1927-33), Fritz Zweig (1927-33), Robert Heger (1933-45), Clemens Krauss (directeur général de la musique, 1935-36), Werner Egk (1935-38 et 1940-41), Hans Swarowsky (1935-36), Johannes Schüler (1936-49), Karl Elmendorff (1938-42), Herbert von Karajan (1939-45), Paul Van Kempen (1940-42), Karl Schmidt (1945-46), Joseph Keilberth (directeur général de la musique, 1948-51), Leopold Ludwig (directeur général de la musique, 1948-51), Hans Löwlein (1950-61), Franz Konwitschny (directeur général de la musique, 1955-62), Horst Stein (1955-61), Lovro von Matačić (1956-58), Heinz Fricke (1961-92), Heinz Rögner (1961-73), Helmut Seydelmann (directeur général de la musique, 1961-62), Otmar Suitner (directeur général de la musique, 1964-90), Siegfried Kurz (depuis 1983), Daniel Barenboïm (directeur général de la musique, depuis 1992).

CRÉATIONS : œuvres de Alban Berg (*Wozzeck*, 1925), Paul Dessau (*Die Verurteilung des Lukullus*, 1951 ; *Puntila*, 1956 ; *Einstein*, 1974 ; *Leonce und Lena*, 1979), Paul-Heinz Dittrich (*Die Verwandlung*, 1984), Werner Egk (*Peer Gynt*, 1938), Paul Graener (*Der Prinz von Homburg*, 1935), Pail von Klenau (*Rembrandt Van Rijn*, 1937), Ernst Krenek (*Zwingburg*, 1924), Ruggero Leoncavallo (*Der Roland von Berlin*, 1904), Heinrich Marschner (*Hans Heiling*, 1833), Siegfried Matthus (*Graf Mirabeau*, 1989), Giacomo Meyerbeer (*Ein Feldlager in Schlesien*, 1844), Darius Milhaud (*Christophe Colomb*, 1930), Mossolov (*Der Held*, 1990), Otto Nicolai (*Les Joyeu-*

ses Commères de Windsor, 1849), Hans Pfitzner (*Das Herz*, 1931), Schenker (*Büchner*, 1987), Otmar Schoeck (*Schloß Dürande*, 1943), Franz Schreker (*Der singende Teufel*, 1928), Rudolf Wagner-Régeny (*Die Bürger von Calais*, 1939), Carl Maria von Weber (*Le Freischütz*, 1821), Kurt Weill (*Royal Palace / Der neue Orpheus*, 1927).

Opéra de Bonn
(Oper der Stadt Bonn)

Bonn a eu une activité lyrique intermittante, accueillant des troupes itinérantes depuis le début du XVIIIe siècle. En 1965, la construction du Stadttheater lui a donné un nouveau cadre amplifié en 1982 avec une nouvelle politique tendant à hisser cet opéra au niveau des meilleurs théâtres lyriques allemands.

Intendants : Karl Pempelfort (1965-70), Hans Joachim Heyse (1970-80), Jean-Claude Riber (1980-92), Gian Carlo Del Monaco (depuis 1992).

Directeurs généraux de la musique : Peter Maag (1955-59), Ulrich Weder (1962-65), Ralf Weikert (1968-77), Jan Krenz (1979-82), Gustav Kuhn (1982-85), Dennis Russell Davies (1987-95), Marc Soustrot (à partir de 1995).

Opéra de Cologne
(Oper der Stadt Köln)

Le premier théâtre lyrique permanent de Cologne remonte à 1822. Il est dirigé par Sobald Ringelhardt (1822-32) et surtout par Hiller (1850-84). En 1872 est construit le Theater in der Glockengasse auquel succède le Theater am Habsburger Ring en 1902 (Opernhaus am Rudolfplatz), inauguré avec le 3e acte des *Maîtres chanteurs*. Détruit dans les bombardements le 14 mai 1944, il est remplacé par le bâtiment actuel de l'Offenbachplatz inauguré le 18 mai 1957 avec *Obéron*. Pendant la reconstruction, les représentations ont lieu à l'Université et dans la Kammerspiele.

Intendants : Otto Purschian (1903-05), Max Martersteig (1905-11), Fritz Rémond (1911-28), Max Hofmüller (1928-33), Alexander Spring (1933-44), Karl Pempelfort (1945-47), Herbert Maisch (1947-59), Oscar Fritz Schuh (1959-65), Arno Assmann (1965-70), Claus Helmut Drese (1970-75), Michael Hampe (depuis 1975).

Directeurs musicaux : Otto Lohse (1904-11), Gustav Brecher (1911-16), Otto Klemperer (1917-24), Fritz Zaun (1929-39), Günter Wand (1939-44), Richard Kraus (1948-53), Otto Ackermann (1953-58), Joseph Rosenstock (1958-60), Wolfgang Sawallisch (1960-63), István Kertész (1964-73), Sir John Pritchard (1977-89), James Conlon (à partir de 1989).

CRÉATIONS : œuvres de Wolfgang Fortner (*Noces de sang*, 1957), Karl Amadeus Hartmann (*Simplicius simplicissimus*, 1949), Mauricio Kagel (*Camara obscura, Kantrimiusik*, 1978), Erich Wolfgang Korngold (*La Ville morte*, 1920), Nicolas Nabokov (*La Mort de Raspoutine*, 1959), Franz Schreker (*Irrelohe*, 1924), Alexandre Zemlinsky (*Der Zwerg*, 1921), Bernd Aloïs Zimmermann (*Les Soldats*, 1965).

En 1962 et 1963, Wieland Wagner produit le cycle complet de la *Tétralogie*, et, de 1969 à 1975, Jean-Pierre Ponnelle assure un cycle Mozart repris en de nombreuses occasions.

La troupe a compté des chanteurs comme Peter Anders, Edith Mathis, Lucia Popp, Gerard Hüsch, Margaret Price, Friedrich Schorr ou Ludwig Weber.

Opéra de Dresde
(Semper Oper)

Les premières représentations lyriques remontent à 1627 mais l'Opéra Royal, œuvre de l'architecte Gottfried Semper (1803-79), n'est construit qu'en 1841. Détruit dans un incendie en 1869, il est reconstruit à l'identique en 1878. Victime des bombardements de 1945, seuls subsistent les murs de l'édifice. Les représentations reprennent en 1948 dans un bâtiment provisoire et il faudra attendre 1985 pour que l'Opéra de Semper rouvre ses portes, entièrement modernisé.

Intendants : Erich Ponto (1945-46), Richard Henneberg (1947), Martin Hellberg (1950-51), Karl Görs (1951-52), Heinrich Allmeroth (1954-61), Gerd Michael Henneberg (1962-66), Hans Dieter Mäde (1966-72), Fred Larondelle (1972-79), Horst Seeger (1979-83), Siegfried Köhler (1984), Gerd Schönfelder (1984-90), Christoph Albrecht (depuis 1991).

Directeurs musicaux : Ernest von Schuch (1899-1914 ; 1er chef dès 1872), Fritz Reiner (1914-21), Fritz Busch (1922-23), Karl Böhm (1934-43), Karl Elmendorff (1943-44), Joseph Keilberth (1945-50), Rudolf Kempe (1950-53), Franz Konwitschny (1953-55), Rudolf Neuhaus (1955-60, avec Lovro von Matačić comme 1er chef, 1956-58), Otmar Suitner (1960-64), Kurt Sanderling (1964-67), Martin Turnovský (1967-68), Siegfried Kurz (1971-75), Herbert Blomstedt (1975-85), Hans Vonk (1985-89), Giuseppe Sinopoli (depuis 1991).

CRÉATIONS : œuvres de Juri Buzko (*Les Nuit blanches,* 1973), Ferruccio Busoni (*Doktor Faust,* 1925), Ernö Dohnányi (*Tante Simona,* 1913), Joseph Haas (*Les Noces de Job,* 1944), Paul Hindemith (*Cardillac,* 1926), Rainer Kunad (*Maître Pathelin* ou *Die Hammelkomödie,* 1969 ; *Vincent,* 1979), Siegfried Matthus (*Die Weise von Liebe und Tode des Cornets Christoph Rilke,* 1985), Ferdinand Paër (*Sargino* ou *L'allievo dell' amore,* 1803 ; *Léonore* ou *L'Amour conjugal,* 1804), Anton Rubinstein (*Feramors* ou *Lalla Roukh,* 1863), Max von Schillings (*Moloch,* 1906), Othmar Schoeck (*Penthésilée,* 1927), Franz Schubert (*Die vierjährige Posten,* 1869), Richard Strauss (*Feuersnot,* 1901 ; *Salomé,* 1905 ; *Elektra,* 1909 ; *Le Chevalier à la rose,* 1911 ; *Intermezzo,* 1924 ; *Hélène d'Égypte,* 1928 ; *Arabella,* 1933 ; *La Femme silencieuse,* 1935 ; *Daphné,* 1938), Heinrich Sutermeister (*Roméo et Juliette,* 1940), Richard Wagner (*Rienzi,* 1842 ; *Le Vaisseau fantôme,* 1843 ; *Tannhäuser,* 1845), Kurt Weill (*Le Protagoniste,* 1926), Ermanno Wolf-Ferrari (*L'amore medico,* 1913), Udo Zimmermann (*Levins Mühle,* 1973 ; *Der Schuhu und die fliegende Prinzessin,* 1976).

Opéra du Rhin allemand (Deutsche Oper am Rhein, Düsseldorf-Duisbourg)

L'Opéra du Rhin allemand (Deutsche Oper am Rhein), **fondé en 1956,** réunit les deux scènes lyriques voisines de Düsseldorf et Duisbourg, la première surtout comptant une tradition importante. L'Opéra de Düsseldorf a été construit en 1875, transformé en 1906, détruit dans les bombardements de 1944 et reconstruit en 1956.

Intendants : Karl Scherbarth (1873-76), Karl Erdmann (1876-77), Albert Schirmer (1877-80), Karl Simons (1881-89), Frau Simons et Rainer Simons (1889-90), Eugen Staegemann (1891-98), Frau Staegemann (1898-1900), Heinrich Gottinger (1900-03), Ludwig Zimmermann (1903-20), Willi Becker (1920-25), Heinz Hille (1925-27), Walter Bruno Iltz (1927-36), Otto Krauss (1937-44), Wolfgang Langhoff (1945-46), Gustaf Gründgens (1947-51), Walter Bruno Iltz (1951-55), Eugen Szenkar, Walter Schoppmann, Fritz Landsittel (1955-56), Hermann Juch (1956-64), Grischa Barfuss (1964-85), Kurt Horres (depuis 1985).

Directeurs musicaux : Heinrich Hollreiser (1942-45), Eugen Szenkar, Alberto Erede (1958-62), Günter Wich (1965-80), Hiroshi Wakasugi (1982-86), Hans Wallat (depuis 1986).

Plusieurs cycles importants ont été présentés (opéras de Janáček, Mozart, Wagner, une série consacrée à la création lyrique du XXe siècle : Schoenberg, Berg, Hindemith, Dallapiccola, Brecht-Weill, Stravinski, B.A. Zimmermann et un cycle d'inspiration religieuse : Rossini, Puccini, R. Strauss).

CRÉATIONS : œuvres d'Alexander Goehr (*Schet die Sonne*, commande pour le 25e anniversaire de la Deutsche Oper am Rhein, 1985), Giselher Klebe (*Die Räuber*, 1957 ; *Die tödlichen Wünsche*, 1959 ; *Das Märchen von der schönen Lilie*, 1969), Peter Ronnefeld (*Die Ameise*, 1961).

Opéra de Francfort
(Städtische Bühnen Frankfurt am Main)

Les premières représentations lyriques à Francfort remontent à 1698. Mais durant le XVIIe siècle, l'activité lyrique se limite à des spectacles de passage car Francfort n'a pas de théâtre de cour. La Städtisches Comödenhaus ouvre ses portes en 1782 : on y joue surtout Mozart. Sous la direction de Cannabich, le théâtre prend un certain essor ; on y découvre des spectacles somptueusement décorés par Giorgio Fuentes. Le répertoire s'étend à Weber, puis à Meyerbeer, Halévy, Wagner et Verdi. La salle de l'*Alte Oper* est inaugurée en 1880 en présence de Guillaume 1er. Pendant les premières années du XXe siècle, l'Opéra de Francfort est l'une des scènes les plus ouvertes à la musique contemporaine ; on y donne notamment pour la première fois en Allemagne *Pelléas et Mélisande* et *Louise*. Après la destruction de la salle de l'*Alte Oper* dans les bombardements en 1944, les représentations se déroulent à la Bourse avant la réouverture, en 1951, du Schauspielhaus spécialement aménagé. L'ancienne salle, reconstruite, a été inaugurée à nouveau le 28 août 1981. C'est un complexe de trois salles principalement destinées au concert.

Intendants : Emil Claar (1880-1900), Paul Jensen (1900-11), Robert Volkner (1912-17), Karl Zeiss (1917-20), Ernst Lert (1920-23), Clemens Krauss (1924-29), Josef Turnau (1929-33), Hans Meissner (1933-44), Harry Buckwitz (1951-68), Christoph von Dohnányi (1968-77), Michael Gielen (1977-87), Gary Bertini (1987-90), Martin Steinhoff (1992-93), Sylvain Cambreling (depuis 1993).

Directeurs généraux de la musique : Otto Dessoff (1881-92), Ludwig Rottenberg (1893-1924), Clemens Krauss (1924-29, également intendant), William Steinberg (1929-33), Bertil Wetzelsberger (1933-37), Franz Konwitschny (1937-45), Bruno Vondenhoff (1945-51), Sir Georg Solti (1952-61), Lovro von Matačić (1961-66), Theodore Bloomfield (1966-68), Christoph von Dohnányi (1968-77), Michael Gielen (1977-87), Gary Bertini (1987-90), Sylvain Cambreling (depuis 1993).

CRÉATIONS : œuvres de John Cage (*Europeras I und II*, 1987), Werner Egk (*Die Zaubergeige*, 1935 ; *Columbus*, 1942), Friedrich von Flotow (*Rübezahl*, 1853), Hans Werner Henze (*Das Ende einer Welt*, 1965 ; *Ein Landarzt*, 1965), Paul Hindemith (*Sancta Susanna*, 1922), Heinz Holliger (*What where*, 1989), Gustav Albert Lortzing (*Die Opernprobe*, 1851), Carl Orff (*Carmina Burana*, 1937 ; *Die Kluge*, 1943), Hermann Reutter (*Doktor Johannes Faustus*, 1937 ; *Odysseus*, 1942), Arnold Schoenberg (*Von heute auf morgen*, 1930), Franz Schreker (*Der Schatzgräber*, 1920), Louis Spohr (*Zemire und Azor*, 1819), Carl Maria von Weber (*Silvana*, 1810), Egon Wellesz (*Die Prinzessin Girnara*, 1921), Hans Zender (*Stephen Climax*, 1986).

Opéra de Hambourg
(Hamburgische Staatsoper)

Fondé en 1677 au Marché aux oies (Theater auf dem Gänsemarkt), il est inauguré le 2 janvier 1678 sous la direction de Gerhard Schott, Peter Lütjens et Johann Adam Reinken avec *Adam und Eva oder Der Erschaffene, Gefallene und Wiederaufgerichtete Mensch* de Johann Theile. Entre 1684 et 1687, le clergé de la ville cherche à s'opposer à son maintien. Reinhard Keiser en est l'un des premiers directeurs notoires (il compose 116 opéras pour Hambourg) avant que les personnalités de Mattheson (qui y chante entre 1697 et 1705), Haendel (1703-05) et Telemann (1722-38) dominent la vie de l'établissement : on donne chaque année une de leurs œuvres jusqu'en 1738. Des troupes italiennes se succèdent ensuite, notamment celle de Pietro Mingotti. En 1767, Gotthold Ephraim Lessing prend la direction du théâtre, remplacé en 1771 par Friedrich Ludwig Schröder : tous deux contribuent à jeter les bases d'un théâtre lyrique allemand. Le théâtre devient municipal (Hamburgisches Stadt-Theater) en 1809 avec une nouvelle salle construite sur les plans de Carl Friedrich Schinkel inaugurée le 3 mai 1827 à la Dammtorstraße. En 1851, le théâtre devient Große Oper. Une nouvelle salle (Stadttheater-Gesellschaft) voit le jour en 1874 qui sera exclusivement consacrée à l'opéra à partir de 1920. L'opéra est restructuré en 1933 et devient Staatstheater. Après le bombardement de 1943, les spectacles se déroulent au Thalia-Theater et l'Opéra rouvre ses portes le 9 janvier 1946. Il est agrandi en 1949 avant de céder la place à la salle actuelle, due à Gerhard Weber, inaugurée le 15 octobre 1955.

Intendants : Martin Haller (jusqu'en 1873), Bernhard Pollini (1873-97), Max Bachur et Franz Bittong (1898-1912), Hans Loewenfeld (1912-21), Leopold Sachse (1921-31), Albert Ruch (1931-33), Heinrich K. Strohm (1933-40), Alfred Noller (1940-45), Albert Ruch (1945-46), Günther Rennert (1946-56), Heinz Tietjen (1956-59), Rold Liebermann (1959-73), August Everding (1973-77), Christoph von Dohnányi (1977-84), Kurt Horres (1984-85), Rolf Liebermann (1985-88), Peter Ruzicka (depuis 1988).

Directeurs généraux de la musique : Hans von Bülow (1887-91), Gustav Mahler (1891-97), Felix Weingartner (1912-14), Egon Pollak (1917-31), Karl Böhm (1931-33), Eugen Jochum (1933-34), Arthur Grüber (1946-51), Leopold Ludwig (1951-71), Horst Stein (1971-77), Christoph von Dohnányi (1977-84), Hans Zender (1984-86), Gerd Albrecht (depuis 1988).

CRÉATIONS : œuvres de Günter Bialas (*Der gestiefelte Kater oder Wie man das Spiel spielt*, commande, 1975), Antonio Bibalo (*Das Lächeln am Fuße der Leiter* [« Le Sourire au pied de l'échelle »], commande, 1965 ; *Pinocchio*, ballet, commande, 1969), Boris Blacher (*Zwischenfälle bei einer Notlandung* [« Incidents lors d'un atterrissage forcé »], commande, 1966), Paul Burkhard (*Ein Stern geht auf aus Jaakob*, commande, 1970), Marius Constant (*Candide*, ballet, commande, 1971), Gottfried von Einem (*Der Zerrissene*, 1964), Friedrich von Flotow (*Alessandro Stradella*, 1844 ; *Die Matrosen* [« Les Matelots »], 1845), Alexander Goehr (*Arden muß sterben* [« Arden doit mourir »], commande, 1967), Georg Friedrich Haendel (*Almira*, 1705 ; *Nero*, 1705), Pierre Henry (*Kyldex I*, 1973), Hans Werner Henze (*Le Prince de Hombourg*, 1960), Mauricio Kagel (*Staatstheater*, commande, 1971), Reinhard Keiser (*Adonis*, 1697 ; *Nebucadnezar*, 1704 ; *Octavia*, 1705 ; *Croesus*, 1711 ; *Achilles*, 1716 ; *Circe*, 1734), Milko Kelemen (*Der Belagerungszustand*, [« L'État de siège »], commande, 1970), Giselher Klebe (*Figaro läßt sich scheiden* [« Figaro divorce »], commande, 1963 ; *Jacobowsky und der Oberst* [« Jacobowsky et le colonel »], commande, 1965), Erich Wolfgang Korngold (*Die tote Stadt* [« La Ville morte »], 1920 ; *Le Miracle de Héliane*, 1927), Ernst Krenek (*Pallas Athene weint* [« Pallas Athénée pleure »], 1955 ; *Die goldene Bock* [« Le Bélier d'or »], commande, 1964 ; *Das kommt davon oder Wenn Sardakai auf Reisen geth* [« Sardakai »], commande, 1970), Helmut Lachenmann (*Das Mädchen mit den Schwefelhölzer*, 1991), Johann Mattheson (*Die Plejaden*, 1699 ; *Der edelmüthige Porsenna*, 1702 ; *Die unglückselige Cleopatra*, 1704 ; *Boris Goudenow*, 1710 ; *Enrico IV*, 1711), Gian Carlo Menotti (*Hilfe, Hilfe, die Globolinks*, commande, 1968), Diether de la Motte (*So oder so* [« D'une façon ou d'une autre »], commande, 1975), Jan Müller-Wieland (*Kain*, 1992), Krzysztof Penderecki (*Les Diables de Loudun*, commande, 1969), Henri Pousseur (*Nacht der Nächte*, commande, 1985), Hermann Reutter (*Saul*, 1947), Wolfgang Rihm (*Die Eroberung von Mexico*, 1922), Alfred Schnittke (*Peer Gynt*, ballet, 1989), Gunther Schuller (*The Visitation*, commande, 1966), Humphrey Searle (*Hamlet*, commande, 1968), Igor Stravinski (*Le Déluge*, première représentation scénique, 1963), Josef Tal (*Aschmedai*, commande, 1971), Georg Philipp Telemann (*Der gedultige Socrates*, 1721 ; *Ulysses*, 1721 ; *Belsazar*, 1723 ; *Pimpinone*, 1725 ; *Calypso*, 1727 ; *Aesopus*, 1729 ; *Die Flucht des Aeneas*, 1731), Udo Zimmermann (*Die weiße Rose*, 1984).

Opéra de Karlsruhe (Badisches Staatstheater Karlsruhe)

En 1787 est construit le Markgräflich-Badischen Hoftheater, mais Karlsruhe possède déjà une tradition lyrique de près d'un siècle. L'Opéra de la cour fonctionne jusqu'en 1790 sous ce nom avant de devenir le Grossherzoglich-Badischen Hoftheater. En 1919, il prend le nom de Badisches Landestheater et, en 1933, de Badisches Staatstheater. Ces différents titres correspondent à la construction de nouvelles salles, la principale, due à Hübsch, datait de 1853. Elle fut détruite dans les bombardements de 1944. La salle actuelle, un complexe ultra-moderne, a été inaugurée en 1975.

Intendants : Georg Ludwig Freiherr von Edelsheim (1787-96), Karl Baron von Geusau (1796-1808), Eberhard Freiherr von Stetten (1808-10), Karl Ludwig Freiherr von Stockhorn-Starein (1810-12), Karl Wilhelm Adolf Baron von Ende (1812-16), Karl Freiherr von Hacke (1816-17), Franz Xaver Chevalier du Boys de Gresse (1817-19), Karl Freiherr von Gayling-Altheim (1819-22), Hoftheatercomité présidé par Freiherr Josef von Auffenberg (1822-31), Josef Freiherr von Auffenberg (1831-33), August Graf zu Leiningen-Neudenau (1833-39), Wilhelm Ludwig Freiherr von Gemmingen-Michelfeld (1839-43), Josef Freiherr von Auffenberg (1843-49), Johann Baron von Tschudy (1849-51), Eduard Devrient (1852-70), Wilhelm Kaiser (1870-72), Georg Köberle (1872-73), Gustav Gans Edler Herr zu Putlitz (1873-89), Albert Büklin (1889-1904), August Bassermann (1904-19), Stanislaus Fuchs (1919-20), Hans Bartings (1920-21), Robert Volkner (1921-26), Hans Waag (1926-33), Karl Asal (1933), Thur Himmighoffen (1933-44), Hans Herbert Michels (1945-46), Erich Weidner (1946), Erwin Hahn (1946-47), Otto Matzerath (1946-48), Hanns Schulz-Dornburg (1948), Heinrich Köhler-Helffrich (1948-49), Heinz Wolfgang Wolff (1949-53), Paul Rose (1953-62), Waldemar Leitgeb (1962-63), Hans-George Rudolph (1963-77), Günter Könemann (depuis 1977).

Directeurs généraux de la musique : Johann Brandl (1810-24), Ferdinand Simon Gassner (1830-51), Wilhelm Kalliwoda (1853-75), Felix Mottl (1880-1903), Fritz Cortolezis (1913-25), Ferdinand Wagner (1925-26), Josef Krips (1926-33), Klaus Nettstraetter (1933-35), Joseph Keilberth (1935-40, chef d'orchestre dès 1931), Otto Matzerath (1940-55), Alexandre Krannhals (1955-61), Arthur Grüber (1962-76), Héctor Urbón (1976-77), Christof Prick (1977-84), José María Collado (1984-89), Günter Neuhold (depuis 1989).

Parmi *les chefs permanents,* on compte Johann Melchior Molter (1722-33 et 1743-65), Franz Danzi (1812-24), Hermann Levi (1863-72), Otto Dessoff (1875-80) et Rudolf Schwarz (1927-33).

CRÉATIONS : œuvres d'Hector Berlioz (*La Prise de Troie*, 1890), Eugen D'Albert (*Der Rubin*, 1893), Karl-Heinz Füssl (*Celestina*, 1976), Jacques Fromenthal Halévy (*Noah*, 1885), Rudolf Kelterborn (*Kaiser Jovian*, 1967), Rainer Kunad (*Meister und Margarita*, 1986), Siegfried Matthus (*Graf Mirabeau*, 1989), Paul Méfano (*Micromégas*, 1988), Carl Orff (*Tanz der Spröden*, 1925), Nikolaus Reznicek (*Till Eulenspiegel*, 1902), Max von Schillings (*Ingwelde*, 1894), Franz Schubert (*Fierabras*, 1897), Robert Schumann (*Der Corsar*, fragments, 1981), Siegfried Wagner (*Banadietrich*, 1910 ; *Schwarzschwanenreich*, 1918 ; *Der Friedensengel*, 1926).

Opéra de Kassel
(Staatstheater Kassel)

La tradition lyrique à Kassel remonte aux environs de 1700. Il existait une tradition de théâtre dramatique depuis 1594 et la vie musicale (sous forme de concerts) était active depuis 1502. Les premières représentations lyriques sont données dans l'Ottoneum, qui avait été construit au début du XVIIe siècle. Le prince Maximilien se fait construire un nouvel opéra dans son palais qui est inauguré en 1764. Puis le Hoftheater sera inauguré en février 1814, tournant une page de répertoire italien prédominant pour voir l'opéra allemand s'imposer progressivement. Après la destruction de cette salle dans les bombardements de 1943, l'opéra sera hébergé à la Stadthalle jusqu'à l'inauguration du bâtiment actuel en septembre 1959.

Directeurs et intendants : Karl Feige (1815-48), Josias von Heeringen (1848-66),

Adolph Freiherr von und zu Gilsa (1875-1906), Graf v. Byland-Rheydt (1909-19), Walter Sieg (1919-25), Paul Bekker (1925-27), Ernst Legal (1927-28), Max Berg-Ehlert (1929-32), Edgar Klitsch (1932-33), Baron von Holthoff-Faßmann (1933-35), Franz Ulbrich (1935-45), Hans Carl Müller (1945-50), Paul Rose (1950-51), Edgar Klitsch (1951-53), Hermann Schaffner (1953-62), Günter Skopnik (1962-66), Ulrich Brecht (1966-72), Peter Läffler (1972-75), Peter Mertz (1975-80), Gian Carlo Del Monaco (1980-82), Tobias Richter (1982-83), Manfred Beilharz (1983-91), Michael Leinert (depuis 1991).

Directeurs généraux de la musique : Ruggiero Fedeli (1701-21), Fortunatus Chelleri (1725-57), Ignatio Fiorillo (1763-80), Joh. C. Friedrich Reichardt (1807), Felice Blangini (1809-13), Carl Wilhelm Guhr (1814-21), Louis Spohr (1822-57), Carl Reiss (1857-81), Wilhelm Treiber (1881-83), Gustav Mahler (1883-85), Franz Beier, Richard Laugs (1913-35, continue à diriger jusqu'en 1941), Robert Heger (1935-44), Richard Kolz (1945-48), Karl Elmendorff (1948-51), Paul Schmitz (1951-63, continue à diriger jusqu'en 1966), Christoph von Dohnányi (1963-66), Gerd Albrecht (1966-72), James Lockhart (1972-80), Woldemar Nelsson (1980-87), Adam Fischer (1987-82), Georg Schmöhe (depuis 1992).

CRÉATIONS : œuvres de Joseph Haas (*Tobias Wunderlich*, 1937), Peter Michael Hamel (*Menschentraum*, 1981), Walter Haupt (*Marat*, 1984), Hans Werner Henze (*Le Roi Cerf*, seconde version, 1963 ; *Der heiße Ofen*, 1989), Ernst Krenek (*Orpheus*, 1926), Hermann Reutter (*Dr Johannes Faust*, 1947), Wolfgang von Schweinitz (*Patmos*, 1990), Ludwig Spohr (*Jessonda*, 1823 ; *Die Kreuzfahrer*, 1845), Rudolf Wagner-Régeny (*Prometheus*, 1959, pour l'inauguration du nouvel opéra).

Opéra de Leipzig (Opernhaus Leipzig)

Un premier opéra, le Theater am Brühl, fonctionne entre 1693 et 1720 avec une compagnie régulière sous la direction de Nikolaus Adam Strungk (1693-1700) et de Georg Philipp Telemann (1704-20) qui compose une vingtaine d'opéras pour Leipzig. Au XVIIIe siècle, les spectacles lyriques sont essentiellement assurés par des troupes italiennes de passage, notamment celles d'Angelo et de Pietro Mingotti ; mais le singspiel s'affirme. Avec la construction du Theater auf der Rannischen Bastei (1766) puis du Städtisches Theater (1817), la ville de Leipzig élargit ses prétentions dans le domaine lyrique, notamment sous la direction d'E. T. A. Hoffmann. On y donne la première en Allemagne d'*Obéron* (1826), aussitôt après sa création à Londres. Angelo Neumann forge l'une des principales troupes wagnériennes de la fin du XIXe siècle qui est invitée par les plus grandes scènes du monde (Covent Garden, Fenice, Monnaie...). Cette tradition se maintient jusqu'à la Seconde Guerre mondiale avec un répertoire qui s'enrichit de nombreuses créations : le côté novateur de l'Opéra de Leipzig semble s'opposer au traditionnalisme du Gewandhaus. En 1867 avait été inauguré un nouveau bâtiment construit par C. F. Langhans, le Theater am Augustusplatz (aujourd'hui Karl-Marx-Platz), détruit dans le bombardement du 3 février 1943. Entre 1945 et 1960, les spectacles se déroulent au Théâtre de Dreilinden pendant la construction, sur le site de l'ancien, du nouvel opéra de K. Nierade inauguré le 9 octobre 1960 avec *Les Maîtres chanteurs*. Les services d'orchestre sont assurés depuis 1840 par les musiciens de l'Orchestre du Gewandhaus qui jouent dans la fosse sous le nom d'Orchestre de l'Opéra de Leipzig.

Operndirektoren et intendants : Angelo Neumann (1876-82), Max Staegemann (1882-1905), Gustav Brecher (1924-33), Joachim Herz (1960-76), Gert Bahner (1976-86), Une Wand (1986-90), Udo Zimmermann (depuis 1990).

Directeurs généraux de la musique et premiers chefs : Friedrich Schneider (1810-21), Heinrich Alois Präger (1821-28), Heinrich Dorn (1829-31), Albert Lortzing (1844-49), Julius Rietz (1847-54), A. F. Riccius (1854-64), Gustav Schmidt (1865-76), Josef Sucher (1876-78), Arthur Nikisch (1878-89), Anton Seidl (premier chef, 1879-82), Gustav Mahler (1886-88),

Emil Paur (1891-93), Karl Panzner (1893-99), Arthur Gorter (1899-1902), Richard Hagel (1902-10), Egon Pollack (1910-12), Otto Lohse (1912-23), Alfred Szendrei (1er chef, 1918-24), Gustav Brecher (1924-33), Paul Schmitz (1933-51 et 1964-73), Rudolf Kempe (1936-42), Helmut Seydelmann (1952-62), Hans Wallat (1958-61), Rolf Reuter (1962-79), Vacláv Neumann (1964-67), Gert Bahner (1974-87), André Rieu (1er chef, 1981-83), Johannes Winkler (1985-89), Lothar Zagrosek (1990-92), Volker Rohde (1992-93), Jiří Kout (depuis 1993).

CRÉATIONS : œuvres de Boris Blacher (*Die Nachtschwalbe*, 1948), Alan Bush (*Guyana Johnny*, 1966), Fritz Geissler (*Der zerbrochene Krug*, 1971 ; *Der Schatten*, 1975), Ernst Krenek (*Jonny spielt auf*, 1927 ; *Leben des Orest*, 1930), Franz Lehár (*Kukuška*, 1896), Albert Lortzing (*Tsar et charpentier*, 1837 ; *Der Wildschütz*, 1842), Carl Orff (*Catulli Carmina*, 1943), Robert Schumann (*Genoveva*, 1850), Karl Ottomar Treibmann (*Der Idiot*, 1988), Kurt Weill (*Aufstieg und Fall der Stadt Mahagonny*, 1930), Felix Weingartner (*Orestes*, 1902).

Opéra de Munich (Bayerische Staatsoper)

Les premières représentations lyriques ont lieu en 1651 dans une halle aux grains transformée. Le Théâtre Cuvilliés (Théâtre de la Résidence), construit en 1753, accueille les représentations jusqu'à l'ouverture du Théâtre de la Cour en 1818. Détruit dans un incendie en 1823, il est reconstruit en 1852. Il sera bombardé en 1943 et le bâtiment actuel verra le jour en 1963. De 1945 à 1963, les représentations auront lieu au Prinzregentheater.

Au XIXe siècle, Franz Lachner, directeur musical de 1852 à 1867, donne une impulsion profonde à ce théâtre qui devient l'une des principales scènes lyriques allemandes. Hans von Bülow (1867-69) et Franz Wüllner (1869-71) prolongent son action. On y crée *Tristan et Isolde* (1865), *Les Maîtres chanteurs* (1868), *L'Or du Rhin* et *La Walkyrie* (1870). En 1872, Hermann Levi est nommé 1er chef. Il deviendra directeur général de la musique en 1894, assurant effectivement ses fonctions jusqu'en 1896 (il conserve le titre jusqu'à sa mort en 1900). R. Strauss est chef permanent de 1886 à 1889 puis de 1894 à 1898. Munich est le haut lieu de l'art wagnérien. Depuis, les directeurs musicaux ont été : Felix Mottl (1907-11, 1er chef dès 1903), Bruno Walter (1913-22), Hans Knappertsbusch (1922-36), Clemens Krauss (1937-43), Ferdinand Leitner (1944-46), Georg Solti (1947-51), Rudolf Kempe (1952-54), Ferenc Fricsay (1955-59), Joseph Keilberth (1959-68, 1er chef dès 1951), Wolfgang Sawallisch (1971-92), Peter Schneider (depuis 1993).

Intendants : Rudolf Hartman (1852-67), Günther Rennert (1967-77), August Everding (intendant général) et Wolfgang Sawallisch (Operndirektor) (1982-92), Peter Jonas (depuis 1993).

CRÉATIONS : œuvres de Werner Egk (*Die Verlobung in San Domingo,* 1963), Lorenzo Ferrero (*Night,* commande, 1986), Hans Werner Henze (*Élégie pour de jeunes amants,* 1961), Paul Hindemith (*Die Harmonie der Welt,* 1957), Volker David Kirchner (*Belshazar,* 1986), Erich Wolfgang Korngold (*Der Ring des Polykrates,* 1916 ; *Violanta,* 1916), Wolfgang Amadeus Mozart (*La Finta Giardiniera,* 1775 ; *Idoménée,* 1781), Carl Orff (*Der Mond,* 1939), Krzysztof Penderecki (*Ubu Rex*, 1991), Hans Pfitzner (*Palestrina,* 1917), Aribert Reimann (*Lear,* 1978 ; *Troades,* 1986, commande), Richard Strauss (*Friedenstag,* 1938 ; *Capriccio,* 1942), Heinrich Sutermeister (*Le Roi Bérenger,* 1985), Henri Tomasi (*Miguel Mañara,* 1965), Richard Wagner (*Tristan et Isolde,* 1865 ; *Les Maîtres chanteurs de Nüremberg,* 1868 ; *L'Or du Rhin,* 1869 ; *La Walkyrie,* 1870), Carl Maria von Weber (*Abu Hassan,* 1811), Ermanno Wolf-Ferrari (*Le Donne curiose,* 1903 ; *I quattro rusteghi,* 1906 ; *Le Secret de Suzanne,* 1909), Isang Yun (*Sim Tjong,* 1972), Alexander von Zemlinsky (*Sarema,* 1897).

Bruno Walter avait ressuscité le répertoire mozartien, assisté de Karl Böhm. Clemens Krauss introduisit les ouvrages de R. Strauss et une tradition dans ce domaine qui subsiste toujours.

Staatstheater am Gärtnerplatz (Munich)

Fondé en 1865, il constitue la seconde scène lyrique de la capitale bavaroise et est essentiellement consacré à l'opérette et à des ouvrages lyriques étrangers donnés en allemand.

Intendants : Curth Hurrle (1946-52), Rudolf Hartmann (1952-55), Willy Duvoisin (1955-58), Arno Assmann (1959-63), Kurt Pscherer (1964-83), Hellmuth Matiasek (depuis 1983).

Directeurs musicaux : Kurt Eichhorn (1956-67), Ulrich Weder (chef permanent, 1968-71 ; directeur musical, 1971-73), Franz Allers (1973-76), Wolfgang Bothe (jusqu'en 1988), Reinhard Schwarz (depuis 1988).

CRÉATIONS : œuvres de Hans Jürgen von Bose (*Werther Szenen*), Wilfried Hiller (*Der Goggolori,* 1985 ; *Die Jagd nach dem Schlarg*), Volker David Kirchner (*Das kalte Herz,* 1988).

Opéra de Sarrebruck (Saarländisches Staatstheater Saarbrücken)

Fondé en 1938, il reprend une tradition lyrique qui remontait au XVIIIe siècle. A partir de 1897, avec l'inauguration du Neues Theater, une activité lyrique permanente commence à voir le jour, marquée principalement par la direction de Heinz Tietjen (1920-22). Le bâtiment du Gau-Theater, détruit en 1945, a été reconstruit en 1947.

Intendants : Bruno von Niessen (1938-44), Willy Schüller (1950-52), Günther Stark (1954-60), Hermann Wedekind (1961-76), Günther Pentzoldt (1977-80), Lothar Trautmann (1981-87), Martin Peleikis (1988-91), Kurt Josef Schildknecht (depuis 1991).

Directeurs de la musique : Bruno von Niessen (1938-47), Philipp Wüst (1947-64), Siegfried Köhler (1964-74), Christof Prick (1974-77), Matthias Kuntzsch (1977-86), Jiří Kout (1986-92), Jun Märkl (chef permanent, 1991-92 ; directeur général de la musique, 1992-94), Laurent Wagner (depuis 1994).

Opéra de Stuttgart (Staatstheater Stuttgart)

Au XVIe siècle, on y donne les premières représentations d'opéra au Neues Lusthaus. De 1753 à 1771, le duc de Wurtemberg engage comme Kapellmeister Jommelli. Entre 1812 et 1815, on édifie un Hoftheater, détruit par un incendie en 1902. L'actuel théâtre est inauguré en 1912 et cette même année y est créée la première version d'*Ariane à Naxos* (Strauss). Dès la fin des hostilités, la troupe est à nouveau mise sur pied et, en décembre 1946, c'est la « première » en Allemagne de *Mathis le Peintre* (Hindemith). Parmi les metteurs en scène qui font le renom de la maison, il faut citer Wieland Wagner et Günther Rennert.

Intendants: Joachim Gans Edler zu Putlitz (1892-1918), Victor Stephany (1918-20), Albert Kehm (1920-33), Otto Krau (1933-37), Gustav Deharde (1937-44), Albert Kehm (1945-46), Bertil Wetzelsberger (1946-50), Walter Erich Schäfer (1950-72), Hans Peter Doll (1972-85), Wolfgang Gönnenwein (1985-93).

Directeurs généraux de la musique : Max von Schillings (1908-18), Fritz Busch (1918-22), Carl Leonhardt (1922-37), Herbert Albert (1937-44), Philipp Wüst (1944-45), Bertil Wetzelsberger (1946-49), Ferdinand Leitner (1949-69), Václav Neumann (1970-73), Silvio Varviso (1972-80), Dennis Russell Davies (1980-87), Luis García Navarro (1987-92), Gabriele Ferro (depuis 1992).

CRÉATIONS : œuvres de Francis Burt (*Valpone,* 1960), Werner Egk (*Die Zaubergeiger,* seconde version, 1954 ; *Der Revisor,* 1957 ; *17 jours et 4 minutes,* 1963), Philip Glass (*Akhnaten,* 1984), Hans Werner Henze (*La Chatte anglaise,* 1983), Paul Hindemith (*Mörder, Hoffnung der Frauen,* 1921 ; *Das Nusch-Nuschi,* 1921), Leoš Janáček (*Osud, première scénique,* 1958), Mauricio Kagel (*Die Eschöpfung der Welt,* 1980), Giselher Klebe (*Das Mädchen aus Domrémy,* 1976), György Ligeti (*Rondeau,* 1977), Albert Lorzing (*Hans Sachs,* 1934),

Marcel Mihalovici (*Phèdre,* 1951 ; *Krapp,* 1960), Carl Orff (*Die Bernauerin,* 1947 ; *Comœdia de Christi resurrectione,* 1957 ; *Œdipe le Tyran,* 1959 ; *Ludus de nato infante mirificus,* 1960 ; *Ein Sommernachtstraum,* 1964 ; *Prométhée,* 1968), Hermann Reutter (*Der verlorene Sohn,* 1929 ; *Don Juan und Faust,* 1950 ; *Hamlet,* 1980), Max von Schillings (*Mona Lisa,* 1915), Salvatore Sciarrino (*Perseo e Andromedea,* 1991), Franz Schreker (*Das Spielwerk und die Prinzessin,* 1912), Richard Strauss (*Ariane à Naxos,* première version, 1912), Egon Wellesz (*Scherz, List und Rache,* 1928), Alexander von Zemlinsky (*Eine florentinische Tragödie,* 1917), Hans Zender (*Don Quijote de la Mancha,* 1993).

Opéra de Wiesbaden (Hessisches Staatstheater)

Fondé en 1894, il existait une tradition d'opéra à Wiesbaden remontant à 1765. L'actuel Grand Théâtre a été précédé du Herzoglich-Nassauisches Hoftheater qui avait pris le nom de Königliches Hoftheater en 1866. Le bâtiment comporte trois salles : la Grosses Haus, la Kleine Haus (1950, réservée au théâtre dramatique et à certains spectacles de ballet) et le Studio souterrain (1963). Chaque année depuis 1896, au mois de mai, le Festival international de Wiesbaden accueille des troupes lyriques, chorégraphiques et dramatiques du monde entier.

Intendants : Georg von Hülsen (1894-1903), Kurt von Mutzenbecher (1903-18), Ernst Legal (1918-20), Carl Hagemann (1920-26), Paul Bekker (1926-32), Max Berg-Ehlert (1932-33), Carl von Schirach (1933-43), Max Spilcker (1943-44), Carl Hagemann (1945), Otto Heuning (1946-49), Heinrich Köhler-Helffrich (1949-53), Friedrich Schramm (1953-62), Claus Helmut Drese (1962-68), Alfred Erich Sistig (1968-75), Peter Ebert (1975-77), Werner Böntgen et Gerd Nienstedt (1977-78), Christoph Groszer (1978-86), Claus Leininger (depuis 1986).

Directeurs généraux de la musique : Franz Mannstaedt (1894-1924), Otto Klemperer (1924-27), Josef Rosenstock (1927-29), Erich Böhlke (1929-31), Karl Rankl (1931-32), Karl Elmendorff (1932-36), Ljubomir Romansky (1946-47), Karl Elmendorff (1951-55), Arthur Apelt (1955-58), Wolfgang Sawallisch (1958-60), Heinz Wallberg (1960-73), Siegfried Köhler (1974-88), Ulf Schirmer (1988-92), Oleg Caetani (depuis 1992).

CRÉATIONS : œuvres de Herbert Baumann (*Alice im Wunderland*), Ferdinand Hiller (*Dier Katakomben,* 1862), Volker David Kirchner (*Die Trauung,* 1975 ; *Passion,* ballet, 1984 ; *Euphorion,* 1988), Ernst Krenek (*Schwergewicht, Der Diktator* et *Das geheime Königreich,* 1928), Gerd Kühr (*Stallerhof*), Darius Milhaud (*L'Abandon d'Ariane* et *La Délivrance de Thésée,* 1928), György Ránki (*Der Wundertrank oder Der Streit der Fischer*), Hermann Reutter (*Topsy,* ballet, 1950).

ARGENTINE

Teatro Colón (Buenos Aires)

L'ancien Colón, construit en 1857, fonctionne jusqu'en 1888, date de sa démolition. Il est remplacé par le théâtre actuel, plus vaste (4 000 places) et plus moderne, inauguré le 25 mai 1908 avec *Aïda.* Le système de la *stagione* est en vigueur depuis cette date, le Colón faisant appel aux plus grands artistes européens et nord-américains pour participer à une saison qui dure, dans un premier temps, de mai à août. Depuis 1936, elle s'est étendue d'avril à novembre, complétée par une saison d'été hors les murs du théâtre (février-mars). Cette extension de la saison correspond à la création de corps permanents dans le théâtre : un orchestre de 98 musiciens, un chœur de 100 voix et un corps de ballet (1925). L'orchestre participe aussi à une saison symphonique ; jusqu'en 1948, il était le seul orchestre de Buenos Aires. Erich Kleiber et Fritz Busch sont les deux chefs qui y ont dirigé le plus grand nombre de concerts. Jusqu'en 1930, la salle est louée à des imprésarios qui font venir des troupes européennes. Une tentative d'administration municipale (1925) se solde par un échec. Le théâtre devient autonome en 1931, engageant directement les artistes et produisant lui-même ses spectacles. En 1967 a été créé l'Opéra de Chambre du Théâtre Colón. La saison comporte environ 90 spectacles lyriques, 30 ballets et 80 concerts.

Directeurs : Cesar Ciacchi (1908-13), Leopoldo Longinotti (1914), Walter Mocchi et Faustino Da Rosa (1915-18 puis 1922-24), Camillo Bonetti (1919-21), Ottavio Scotto (1926-28), Faustino Da Rosa (1929), Emilio Ferone (1930), Max Hofmüler (1931), Juan José Castro (1933), Athos Palma (1934-36), Floro M. Ugarte (1937-43 puis 1946), Ferruccio Calusio (1944), Luis V. Ochaa (1945), Cirilo Grass Díaz (1946-49), Horacio Caillet Bois (1949-50), Julio C. Traversa (1950-51), Ferruccio Calusio (1952), Pedro Valenti Costa (1952-54), Arturo López (1954), Eduardo Castillo (1954-55), Floro M. Ugarte (1956), Jorge d'Urbano (1956-1957), Orlando Tarrió (1958), Ernesto S. Goldenstein (1958), Juan P. Montero (1958-66), Enzo Valenti Ferro (1967-72), Félix Pérez Costanzó (1973), Bruno C. Jacovella (1973), Elvio H. Romeo (1973-74), Enrique Sivieri (1974-75), Pedro I. Calderón (1976-78), Guillermo Gallacher (1978-82), Leandro Vivet (1982-83), Alberto B. Alonso (1983), Cecilio Madanes (1984-86), Ricardo Szwarcer (1986-88), Sergio Renan (depuis 1988).

Directeurs artistiques (les directeurs généraux ont souvent cumulé les deux fonctions ; seuls sont indiqués les noms des directeurs artistiques qui n'ont pas été directeurs généraux simultanément) : Emile A. Napolitano (1946-48), Ferruccio Calusio (1948-49), Pedro Valenti Costa (1949), Carlos Suffern (1949-50), Juan Emilio Martini (1955), Rafael González (1956-57), Roberto Caamaño (1961-63), Robert Kinsky (1964), Ferruccio Calusio (1965-1966), Carlos Suffren (1970-72), Antonio Pini (1973), Luis Zubillaga (1973), Carlos Malloyer (1973), Claudio Guidi-Drei (1976), Juan Emilio Martini (1976-77), Enzo Valenti Ferro (1978-82), Renato Cesari (1982-83), Antonio Pini (1984-85), Juan Carlos Montero (1986-87), Pedro Ignacio Calderón (1987-88), Juan Pedro Franze (1988-93), Sergio Renan (depuis 1993).

Directeur musical : Reinaldo Censabella (depuis 1986).

Premiers chefs : le système de la *stagione* est complété par l'engagement de chefs à la saison, assurant chacun une partie du répertoire et complétant l'activité des directeurs artistiques. Les principaux sont Luigi Mancinelli (1908-09 et 1913), Edoardo Vitale (1910-11), Arturo Toscanini (1912), Tullio Serafin (1914-51 de façon irrégulière), Felix Weingartner (1922), Fritz Reiner (1926), Emil Cooper, Grzegorz Fitelberg (1929 et 1948), George Sébastian (1931 et 1964-65), Ernest Ansermet (1931), Fritz Busch (1933-45), Erich Kleiber (1937-49), Albert Wolff (1938-46), Karl Böhm (1950-53), Alberto Erede (1953-56), Carlo-Felice Cillario (1954-62), Sir Thomas Beecham (1958), Ferdinand Leitner (1958-67), Fernando Previtali (1960-67), Jean Fournet (1961-66), Bruno Bartoletti (depuis 1963), István Kertesz, John Pritchard, Georges Prêtre... Les principaux chefs argentins sont Ferruccio Calusio, Paolantonio, Héctor Panizza, Robert Kinsky, Juan Emilio Martini, Juan José Castro, Mario Benzecry, Miguel Angel Veltri, Jorge Caraciofolo (depuis 1988).

Chefs de chœur : Achille Consoli et César A. Stiattesi, Rafael Terragnolo (1926-57), Tullio Buni (1951-67), Romano Gandolfi (1968-70), Tulio Boni (1971-73), Alberto Balzanelli (1974-82), Andrés Maspero (1983-), Julio Fainguersch (1986-88), Natalia Biflis (depuis 1988).

CRÉATIONS : œuvres de Felipe Boero (*Tucumán*, 1918 ; *Ariana y Dionisios*, 1920 ; *Raquela*, 1923 ; *El Matreto*, 1929 ; *Siripo*, 1937), Carlos López Buchardo (*El sueño del Alma*, 1914), Juan José Castro (*Proserpina y el extranjero*, 1951), Raúl Espoile (*La Ciudad roja*, 1936), Alberto Ginastera (*Don Rodrigo*, 1964), Athos Palma (*Nazdah*, 1924), Héctor Panizza (*Aurora*, 1908 ; *Bisanzio*, 1939), Pascual de Rogatis (*Huemac*, 1916 ; *La novia del hereje*, 1935), Alfredo Schiuma (*Amy Robsart*, 1920 ; *Tabaré*, 1925).

AUSTRALIE

Opéra d'Australie (Sydney)

Fondé en 1954 sous le nom d'Elizabethan Trust Opera Company, il résulte de la fusion entre le New South Wales National Opera de Sydney (fondé en 1951 par Clarice Lorenz) et la National Opera Theatre Company de Melbourne, qui avaient été les deux premières compagnies lyriques permanentes d'Australie au lendemain de la Seconde Guerre mondiale. En 1967, il se dote d'un orchestre permanent. En 1969, le Trust laisse la place à l'Australian Opera Company, qui donne des représentations dans la plupart des grandes villes du pays, notamment à Melbourne entre mars et mai. A Sydney, les spectacles ont lieu au Her Majesty's Theatre (qui brûle en 1970) et à l'Elizabethan Theatre. Le bâtiment actuel est inauguré le 28 septembre 1973 avec une représentation de *Guerre et Paix* de Prokofiev ; c'est l'œuvre de l'architecte danois Jørn Utzon. Il comporte une grande salle de concert de 2 500 places (initialement prévue pour l'opéra) et une salle de 1 500 places qui a été affectée aux représentations lyriques.

Directeurs : Hugh Hunt, Peter Hemmings (1977-79), Donald McDonald.

Directeurs musicaux : Warwick Braithwaite (1954-55), Joseph Post, Karl Rankl (1958-60), Carlo Felice Cillario (1969-71), Edward Downes (1972-76), Richard Bonynge (1976-84 ; 1er chef invité, 1984-86), Carlo Felice Cillario (1er chef invité, depuis 1988).

CRÉATIONS : œuvres de Richard Meale (*Voss*, 1986 ; *Mer de glace*, 1991), James Penberthy (*Dalgerie*, commande pour la saison inaugurale, 1973), Larry Sitsky (*The Fall of the House of Usher*, commande pour la saison inaugurale, 1973 ; *Lenz*, 1974 ; *Fiery Tales*, 1976), Felix Werder (*The Affair*, 1974).

AUTRICHE

Opéra de Graz
(Vereinigte Bühnen Graz)

Fondé en 1899.

Intendants : Otto Purschian (1899-1903), Alfred Cavar (1903-08), Heinrich Hagin (1908-11), Julius Grevenberg (1911-23), Theo Modes (1923-26), Karl Lustig-Prean (1926-28), Josef Geissel (1928-30), Felix Knüpfer (1930-32), Helmuth Ebbs (1932-33), Herbert Furreg (1933-36), Viktor Pruschka (1936-38), Willi Hanke (1938-39), Rudolf Meyer (1939-44), Aloys Stadlmayer et Bernhard Michl (1945), Harry Schürmann (1945-46), Helmuth Ebbs (1946-49), Alfred Huttig (1949-50), Viktor Pruschka (1950-53), Fritz Zaun (1953-54), André Diehl (1954-65), Karl Heinz Haberland (1965-68), Reinhold Schubert (1968-72), Carl Nemeth (1972-90).

Direction musicale : Oswald Kabasta (1926-31), Rudolf Moralt (1937-40 et 1945-46), Hans Swarowsky (1948-49), Meinhard von Zallinger (1949-50), Herbert Albert (1950-52), Fritz Zaun (1953-54), André Diehl (1954-59), Günther Wich (1959-61), Berislav Klobucar (1961-73), aucun directeur musical jusqu'en 1981, Niksa Bareza (1981-90), Uwe Mund (depuis 1990).

La troupe comporte 35 chanteurs permanents auxquels viennent s'ajouter une vingtaine d'invités. Le chœur se compose de 41 choristes.

CRÉATIONS : Waldemar Bloch (*Das Kätchen von Heilbronn*, 1958), Friedrich Cerha (*Der Rattenfänger*, 1987), Ivan Eröd

(*Orpheus ex Machina*, 1978), Darius Milhaud (*Christophe Colomb*, nouvelle version, 1968), György Ligeti (*Aventures et nouvelles aventures*, 1970), Serge Prokofiev (*Maddalena*, 1981).

Opéra de Linz
(Landestheater Linz)

Fondé en 1803, reconstruit en 1958.

Intendants : Kurt Wöss (Operndirektor, 1964-67), Alfred Stögmüller (1969-86), Roman Zeilinger (depuis 1986).

Directeurs généraux de la musique : Georg-Ludwig Jochum (1940-45), Kurt Wöss (1961-69), Peter Lacovich (1969-74), Theodor Guschlbauer (1975-83), Roman Zeilinger (1983-85), Manfred Mayrhofer (1985-92), Martin Sieghart (depuis 1992).

CRÉATIONS : œuvres de Kurt Atterberg (*Hervarths Heimkehr*, 1952), Fridolin Dallinger (*Die goldenen Zwanziger*, 1989), Helmut Eder (*Odipus*, 1960 ; *Anamorphose*, ballet, 1963 ; *Der Kardinal*, 1965 ; *Der Aufstand*, 1976 ; *Georges Dandin*, 1979), Heinrich Gattermeyer (*Kirbisch*, 1987), Felix Petyrek (*Der Garten des Paradieses*, 1959), Hans Striehl (*Pfalzer Musikanten*, 1956), Helmut Zillig (*Das Verlobnis*, 1963).

Opéra de Salzbourg
(Salzburger Landestheater)

Fondé le 16 novembre 1775, il existait déjà une tradition d'opéra à Salzbourg depuis 1618 (représentation d'*Andromède* de Caneggi), essentiellement en plein air qui s'institutionnalise avec la construction du Landestheater. Il abritera les premiers festivals Mozart, à partir de 1877, ainsi que le Festival de Salzbourg, de sa fondation en 1922 à l'inauguration de la Großes Festpielhaus en 1960. L'orchestre est celui du Mozarteum de Salzbourg. La troupe compte une quinzaine de chanteurs engagés à l'année.

Directeurs et intendants : Karl Wahr (1775-76), Wolfgang Rössl (1776), Pietro Rosa (1776), fermé en 1776-77, André Schopf (1777), fermé en 1777-78, Franz Xaver Heigel (1778-79), Johann Heinrich Böhm (1779-80), Emanuel Schikaneder (1780-81), Franz Heinrich Bulla (1781-82), Johann Nepomuk Perchtold (1782-83), Alexandre Pochet (carnaval 1783), Felix Berner (juin 1783), Ernst Kühne (1783-84), Ludwig Schmidt (1784-85), troupe invitée (1785-86), Emanuel Schikaneder (1786), Franz Xaver Felder (1786-87), fermé en 1787-89, Friedrich Häusler (1789-90), Julius Konstantin Thym (1791), Alois Fürchtegott Hofmann (1791-93), Friederike Voltolini (1793-94), Franz Xaver Glöggl (1794-95), troupe de Franz Anton et Edmund von Weber (1795-96), Lorenz Hübner et Josef Tomaselli (1796-98), Gottfried Edler von Tönniges (1798-1800), Vincenz Heuberger (1801-03), Carl Freiherr von Mandl (1803-04), Anton Ferrari (1804-22), Carl Christl (1822-23), Katharina Hain (1823-30), Joseph Glöggl (1830-37), Katharina Hain (1837-46), Katharina Hain et Joseph Boulet (1846-47), Joseph Boulet (1847-48), Wenzel Bielczizky (1848-51), Gottfried Denemy et Karl Clement (1851-53), Gottfried Denemy (1853-57), Anton Zöllner (1857-60), Josef M. Kotzky (1860-72), Heinrich Jenke (1872-79), Leopold Müller (1879-86), Julius Laska (1886-87), Albert Sigismund Rosenthal (1887-90), Heinrich Jenke (1890), Anton C. Lechner (1890-99), Toni Petzer (1898-99), Anton C. Lechner (1899-1902), Toni Petzer (1902-03), Paul Blasel (1903-06), Karl Weiss (1906-09), Karl Astner (1909-20), Franz Müller (1920-22), Paul Blasel (1922-32), Alexandre Strial, Paul Blasel et Hermann Wlach (1932-33), Franz Wettig, Richard Feits et Heinrich Froschhauser (1933-36), Franz Wettig (commissaire général, 1936-37), Herbert Furreg (1937-42), Erwin Kerber (1942-43), Peter Stanchina (1943-44), fermé en 1944-45, Johannes van Hamme (1945-46), Alfred Bernau (1946-47), Johannes van Hamme (1947-49), Otto Emmerich Groh (1949-50), Hanns Schulz-Dornburg (1950), Peter Stanchina (1951-57), Fritz Klingenbeck (1957-62), Helmuth Matiasek (1962-64), Fritz Herterich (1964-67), Gandolf Bushbeck (1967-74), Karlheinz Haberland (1974-81), Federik Mirdita (1981-86), Lutz Hochstraate (depuis 1986).

Directeurs musicaux et premiers chefs : Henry Krips (1934-35), Meinhard von

Zallinger (1947-49), Paul Walter (1945-54), Mladen Bašić (1959-68), Theodor Guschlbauer (1966-68), Paul Angerer (1967-72), Leopold Hager (1969-81), Ralf Weikert (1981-84), Hans Graf (1984-93), Wolfgang Rot (1994), Hubert Soudant (à partir de 1995).

CRÉATIONS : œuvres de Matthias Braun (*Alles Gute, Georg Trakl*, 1984), Helmut Eder (*Mozart in New York*, 1991), Jean Françaix (*Pierrot ou les Secrets de la nuit*, ballet, 1988), Franz Hummel (*König Übü*, 1984), Michael Jarrell (*Der Schatten, das Band, das uns an die Erde bindet*, ballet, 1989), Gerhard Schedl (*Triptychon*, 1990 ; *Glaude Liebe-Hoffnung*, 1993), Gerhard Wimberger (*Wolf Dietrich-Fürst von Salzburg*, 1987).

Opéra de Vienne
(Wiener Staatsoper)

Les premières représentations lyriques ont lieu en 1627 à la Cour. En 1668, s'achève la construction du Theater an der Cortina inauguré avec *Il Pomo d'Oro* de Cesti. En 1748 est inauguré le Théâtre du Hofburg (Burgtheater). Dès la fin du XVIIIe siècle, les représentations lyriques en italien sont données au Kärntnertortheater (Kaiserliches Hofoperntheater nächst dem Kärntnertor) qui avait été construit en 1708, alors que les singspiels émigrent dans les faubourgs, au Theater auf der Wieden (inauguré en 1787). Schikaneder ramène ces spectacles dans l'enceinte de la vieille ville avec la construction du Theater an der Wien (1801) où est notamment créé *Fidelio* (1805). Le nouvel opéra, l'Oper am Ring, œuvre des architectes August von Siccardsburg et Eduard van der Nüll, est inauguré le 25 mai 1869 avec une représentation de *Don Giovanni*. Il fonctionne sans interruption jusqu'à l'automne 1944 lorsque le pouvoir nazi fait cesser les représentations pour participer à l'effort de guerre. L'Opéra est bombardé le 12 mars 1945, puis reconstruit et inauguré à nouveau le 5 novembre 1955 avec *Fidelio*. Pendant ces dix années, les représentations ont lieu à la Volksoper et au Theater an der Wien.

Directeurs : Karl Eckert (premier chef permanent de l'histoire de l'Opéra de Vienne, directeur en 1857-60), Matteo Salvi (1861-67), Franz von Dingelstedt (1867-70 qui fait appel à Johann von Herbeck comme directeur de la musique en 1869-70), Johann von Herbeck (1870-75), Franz Jauner (1875-80), Wilhelm Jahn (1881-97, avec Hans Richter comme directeur de la musique, 1893-97), Gustav Mahler (1897-1907), Felix Weingartner (1908-11), Hans Gregor (1911-18), Franz Schalk (1918-29) qui partage son poste avec Richard Strauss (1919-24), Clemens Krauss (1929-34), Felix Weingartner (1935-36), Erwin Kerber (1936-40, avec Bruno Walter comme conseiller musical, 1936-38), Heinrich Karl Strohm (1940-41), Ernst August Schneider (1941-43), Karl Böhm (1943-45), Franz Salmhofer (1945-54), Karl Böhm (1954-56), Herbert von Karajan (1956-64, qui partage ses fonctions avec Walter Erich Schäfer, 1962-63, puis avec Egon Hilbert, 1963-64), Egon Hilbert (1964-68), Heinrich Reif-Gintl (1968-72), Rudolf Gamsjäger (1972-76), Egon Seefehlner (1976-82), Lorin Maazel (1982-84), Egon Seefehlner (1984-86), Claus-Helmut Drese (intendant, 1986-91) et Claudio Abbado (directeur général de la musique, 1986-91), Eberhard Waechter (intendant, 1991-92), Joan Holender (intendant, depuis 1992).

Parmi les chefs permanents qui ont été attachés à l'Opéra de Vienne, on relève les noms de Wilhelm Jahn, Hans Richter, Gustav Mahler, Hans Knappertsbusch, Robert Heger, Josef Krips, Wilhelm Loibner, Rudolf Moralt, Lovro von Matačić, Leopold Ludwig, János Ferencsik, Clemens Krauss, Heinrich Hollreiser, Berislav Klobucar, Ernst Märzendorfer, Horst Stein, Theodor Guschlbauer, Miguel-Angel Gómez Martínez, Stefan Soltesz.

CRÉATIONS : œuvres de Friedrich Cerha (*Baal*, 1981), Gottfried von Einem (*Medusa*, ballet, 1957 ; *La Visite de la vieille dame*, 1971 ; *Kabale und Liebe*, 1976), Karl Goldmark (*La Reine de Saba*, 1875), Franz Martin (*La Tempête*, pour la réouverture de l'Opéra, 1956), Jules Massenet (*Werther*, 1892), Jacques Offenbach (*Les Fées du Rhin*, 1862), Franz Schmidt (*Notre-Dame*, 1914), Franz Schreker (*Das Spielwerk und die Prinzessin*, 1912), Richard Strauss (*Ariane à Naxos*, seconde version, 1916 ; *La Femme sans ombre*, 1919), Rudolf Wagner-Régeny (*Johanna Balk*, 1941), Egon Wellesz (*Die Bakchantinnen*, 1931).

La troupe, qui compte environ 230 chanteurs, est l'une des plus prestigieuses du monde. Les plus grands noms de l'art lyrique y ont figuré ou y figurent encore, chantant parfois jusqu'à un âge avancé. Mahler a apporté de profonds bouleversements au fonctionnement de l'Opéra de Vienne, renouvelant les conceptions scéniques et exigeant une préparation approfondie du travail musical. Il a notamment imposé de plonger la salle dans l'obscurité pendant les représentations, ce qui a provoqué une certaine hostilité à l'époque, une part importante du public venant autant à l'opéra pour s'y montrer que pour assister au spectacle. C'est également lui qui a fixé la place actuelle du pupitre du chef d'orchestre (auparavant situé en bordure de la rampe de scène). Plus tard, Karajan (notamment par une série de coproductions avec la Scala de Milan), Maazel et Abbado ont cherché à renouveler le style et la qualité des représentations en luttant contre une certaine routine de la tradition.

Au cours des ces dernières années, le chœur a été dirigé par Norbert Balatsch (1978-84), Walter Hagen-Groll (1984-88) et Helmut Froschauer (1988-91), Peter Burian (depuis 1991).

Les Wiener Philharmoniker sont issus de l'Orchestre de l'Opéra de Vienne. La saison comporte environ 300 représentations ; son organisation s'apparente essentiellement au système du « répertoire ».

Volksoper de Vienne (Wiener Volksoper)

Fondé en 1898 pour le 50e anniversaire de François-Joseph, il s'appelle alors Kaiserjubiläums-Stadttheater.

Directeurs : Adam Müller-Guttenbrunn (1898-1903), Rainer Simons (1903-17 : le théâtre se consacre à l'art lyrique), Raoul Mader (1917-19), Felix Weingartner (1919-24), August Markowsky et Fritz Stiedry (dir. artistique) (1924-25), Hugo Gruder-Guntram (1925), Hermann Frischler (1925-28), fermeture du théâtre (1928-29), Otto Ludwig (1929-31 : le théâtre est rebaptisé Neues Wiener Schauspielhaus et se consacre au répertoire dramatique), Leo Kraus (1931-34 : retour à l'opéra), Karl Lustig-Prean et Jean Ernest (1934-38). En 1938, la municipalité reprend le théâtre qui devient la Städtische Volksoper, *Directeur* : Anton Baumann (1938-41). En 1941, la Volksoper devient Opernhaus der Stadt Wien (directeur Oskar Jölli, 1941-45) pour concurrencer la Staatsoper. En 1945, la Staatsoper s'installe, après les bombardements, dans les murs de la Volksoper sous la direction de Alfred Jerger (1945), Franz Salmhofer (1945-46) et Hermann Juch (1946-55). En 1955, la Staatsoper reconstruite abrite à nouveau l'Opéra de Vienne et la Volksoper reprend son autonomie sous la direction de Franz Salmhofer (1955-63), Albert Moser (1963-73), Karl Dönch (1973-87), Eberhard Waechter (1987-92), Joan Holender (depuis 1992).

La Volksoper a vu les débuts de nombreux chanteurs de renom (von Manowarda, Jeritza, Slezak, Bahr-Mildenburg, Tauber, List, Welitsch...). Plusieurs ouvrages majeurs y ont été joués pour la première fois à Vienne (*Tosca*, 1907 ; *Salomé*, 1910...). Le théâtre a été entièrement rénové en 1957 et en 1973.

BELGIQUE

La Monnaie (Bruxelles)

En 1700, construction de la première salle de la Monnaie, ainsi nommée d'après l'atelier monétaire qui occupait le site au XVIIe siècle. L'inauguration a lieu en présence du roi, par une représentation d'*Atys* (Lully) que l'on appelle « l'opéra du roi ». En 1830, la Monnaie est le théâtre de la Révolution belge, suite à une représentation de *La Muette de Portici.* La Monnaie brûle en 1855. L'actuel Théâtre de la Monnaie date de 1856. C'est la troisième salle du nom. Dès la fin du siècle, on y crée la plupart des ouvrages lyriques du répertoire français, avant qu'ils ne soient représentés à Paris. *Carmen* obtient un triomphe immédiatement après l'accueil dédaigneux que lui avait réservé le public de l'Opéra-Comique. Après la Première Guerre mondiale, la Monnaie est dominée par la figure du pianiste et chef d'orchestre Corneil de Thoran qui fait partie de l'équipe directoriale jusqu'à sa mort, en 1953. Nouvelle période de création très florissante avec également de nombreuses premières en langue française d'ouvrages étrangers (*Le Coq d'or, Le Prince Igor, Turandot, Ariane à Naxos, Wozzeck, Le Viol de Lucrèce, Albert Herring, The Rake's Progress, Le Consul...*). Sous la direction du ténor Joseph Rogatchevsky se forme une troupe à laquelle appartiennent notamment Rita Gorr, Gabriel Bacquier et Michel Trempont. Maurice Huisman fera venir Maurice Béjart qui fonde le Ballet du XXe siècle, troupe chorégraphique attachée à la Monnaie jusqu'en 1987. Avec Gérard Mortier, une politique de renouveau s'affirme, basée sur une refonte de l'orchestre, des chœurs (sous la direction de Gunther Wagner), un travail en profondeur et le refus du vedettariat. Après le départ de Maurice Béjart, Marc Morris forme un nouveau corps de ballet.

Directeurs : Auguste Nourrit (1847-48), A. Quélus (1849-50), Ch.L. Hanssens (le jeune, 1850-52), Théodore Letellier (1852-58), J.B. Quélus (1858-61), Théodore Letellier (1861-69), Jules Henry Vachot (1869-72), François-Hippolyte Avrillon (1872-73), A.-D. Campocasso (1873-75), Oscar Stoumon et Edouard Calabresi (1875-85), Verdhurt (1885-86), Joseph Dupont et Lapissida (1886-89), Oscar Stoumon et Edouard Calabresi (1889-1900), Maurice Kufferath et Guillaume Guidé (1900-14), théâtre occupé par les Allemands entre 1914 et 1918, Maurice Kufferath, Corneil de Thoran et Jean Van Glabbeke (1918-19), Corneil de Thoran et Jean Van Glabbeke (1919-21), Corneil de Thoran, Jean Van Glabbeke et Paul Spaak (1921-36), Corneil de Thoran et Jean Van Glabbeke (1936-43), Corneil de Thoran (1943-53), Georges Dalman (1953), Joseph Rogatchevsky (1953-59), Maurice Huisman (1959-81), Gérard Mortier (1981-91), Bernard Foccroule (depuis 1992).

Directeurs musicaux et premiers chefs d'orchestre : Joseph Dupont (1er chef, 1872-88), Sylvain Dupuis (1er chef, 1900-11), Maurice Basdin (1er chef, 1919-46 et 1949-59), René Defossez (1er chef, 1952-59), André Vandernoot (1er chef, 1959-73), Sir John Pritchard (directeur musical, 1981-87), Sylvain Cambreling (chef permanent, 1981-87 ; puis directeur musical, 1987-91), Antonio Pappano (depuis 1992).

CRÉATIONS : œuvres de John Adams (*La Mort de Klinghoffer*, 1991), Philippe Boesmans (*Passion de Gilles de Rais*, 1983 ; *Reigen*, 1993), Emmanuel Chabrier (*Gwendoline*, 1886), Ernest Chausson (*Le Roi Arthus*, 1903), Pascal Dusapin (*Medeamaterial*, 1992), Benjamin Godard (*Jocelyn*, 1888), Arthur Honegger (*Antigone*, 1927), Vincent d'Indy (*Fervaal*, 1897 ; *L'Étranger*, 1903), André Laporte (*Das Schloss*, 1986), Jules Massenet (*Hérodiade*, 1881), Darius Milhaud (*Les Malheurs d'Orphée*, 1926), Serge Prokofiev (*Le Joueur*, 1929), Ernest Reyer (*Sigurd*, 1884 ; *Salammbô*, 1890), Alexandre Tansman (*Le Serment*, 1955).

BULGARIE

Opéra de Sofia

Fondé en 1891, il cesse son fonctionnement l'année suivante pour n'ouvrir véritablement qu'en 1907. Il entretient une troupe permanente dont sont issus des chanteurs comme Ghiaurov, Ghiuzelev, Christoff... A côté du répertoire, chanté en bulgare, de nombreux ouvrages de compositeurs nationaux sont représentés (Manolov, Pipkov, Goleminov, Iliev, Vladiguerov, Chadjiev, Stoianioff).

Directeurs généraux et artistiques : Dragomir Kazakov, Petko Stainov (1941-44), Lubomir Pipkov (1944-47), Constantin Iliev (1949-52), Dimiter Uzunov, Dimiter Petkov (1954-62), Marin Goleminov (1965-67), Ivan Marinov (1967-75), Dimiter Petkov (1975-78), Russlan Raitchev (1978-81), Svetozar Donev (1981-90), Mihail Anguelev (1990-92), Russlan Raïtchev (depuis 1992).

Directeurs musicaux : Georgi Atanasov (1919-23), Angel Bukurestliev, Issaï Dobrowen (1927-28), Constantin Iliev (1949-52), Russlan Raïtchev (1981-89).

CRÉATIONS : œuvres de Georgi Atanasov (*Borislav*, 1911 ; *Gergana*, 1917 ; *Tsveta* [« La Fleur »], 1925 ; *Altsek*, 1930), Marin Goleminov (*Nestinarka*, ballet, 1942 ; *Ivailo*, 1959 ; *L'Oiseau d'or*, 1961 ; *Zahari, le peintre d'icônes*, 1972 ; *La Fille de Kaloyan*, ballet, 1973), Constantin Iliev (*Le Maître de Boyana*, 1962), Parachkev Khadjiev (*Il était une fois...*, 1957 ; *Le Millionnaire*, 1965 ; *Les Trois Frères et la pomme d'or*, 1971), Vesselin Stoianov (*Le Royaume des femmes*, 1935 ; *Salammbô*, 1940 ; *La Papesse Jeanne*, ballet, 1968), Pantcho Vladiguerov (*Tsar Kaloyan*, 1936 ; *La Légende du lac*, ballet, 1962).

CANADA

Opéra de Toronto
(Canadian Opera Company of Toronto)

Fondé en 1959. Les premières représentations d'opéra à Toronto remontent à 1853 (*Norma* au Royal Lyceum). Le Royal Lyceum Theater et le Grand Opera House accueillent des troupes itinérantes pendant toute la seconde moitié du XIXe siècle. Entre 1934 et 1941, l'Opera Guild of Toronto donne un certain nombre de représentations sans continuité véritable. Il faut attendre 1946 pour assister aux débuts d'une action en profondeur et permanente avec la fondation du Royal Conservatory Opera dont la première saison régulière a lieu en 1950. Le succès de l'entreprise conduira à la création de la Canadian Opera Company, distincte du Conservatoire, en 1959. Depuis 1961, il dispose de la salle de l'O'Keefe Centre. La Canadian Opera Company comporte une troupe permanente qui effectue des tournées dans l'ensemble du pays.

Directeurs artistiques : Herman Geiger-Torel (1959-76), Lofti Mansouri (1976-88), Brian Dickie (depuis 1988).

Chef permanent : Richard Bradshaw (depuis 1989).

CRÉATIONS : œuvres de Harry Somers (*Louis Riel*, 1967 ; *Mario and the Magician*, 1992), Healy Willan (*Deirdre*, 1966), Charles Wilson (*Héloïse and Abelard*, 1972).

ESPAGNE

Opéra de Barcelone
(Gran Teatro del Liceo)

Inauguré le 4 avril 1847, il prend le relais du Teatro de Santa Cruz et Teatro de la Ciudad, à l'instigation de la reine Isabel II. Il est détruit dans un incendie en 1861 puis reconstruit en 1861-62, considérablement aggrandi (2 958 places).

Directeurs : Juan Antonio Pamias (1947-80). Le théâtre est depuis lors dirigé par une fondation, le Consortium, qui réunit des représentants de la Generalitat de Catalogne, de la municipalité de Barcelone, du ministère de la Culture, du Conseil général de la province de Barcelone et de la société du Grand Théâtre (les associés propriétaires). En 1994, le théâtre est totalement détruit dans un incendie.

Directeur administratif : Luis Andreu (jusqu'en 1990), Albin Hänseroth (depuis 1990).

Chefs d'orchestre permanents : Josep Sabater Sust (1913-53), Carlos Suriñach (1944-47), Michelangelo Veltri (1966-) Uwe Mund (depuis 1987).

Chef de chœur : Romano Gandolfi (depuis 1982).

CRÉATIONS : œuvres de Lleonard Balada (*Cristóbal Colón*, 1989), Manuel de Falla (*L'Atlantide*, version de concert, 1961), Juan Lamote de Grignon (*Hesperia*, 1970), Xavier Montsalvatge (*El Gato con botas*, 1948 ; *Una voz en off*, 1968), Jaime Pahissa (*La presó de Lleida*, 1906 ; *Gala Plácida*, 1913 ; *Marinela*, 1923), Felipe Pedrell (*I Pirenei*, 1902), Joseph Soler (*Édip i Jocasta*, 1986).

Teatro Lírico Nacional (Madrid)

L'entité juridique Teatro Lírico Nacional a été créée en 1985 pour que les murs du Théâtre National de la Zarzuela abritent les représentations d'opéras madrilènes en attendant la réouverture du Teatro Real en tant que salle d'opéra en 1996.

Le **Teatro Real** ouvre ses portes le 19 novembre 1850 sur l'emplacement de l'ancien théâtre lyrique de los Caños del Peral en présence de la reine Isabel II, protectrice enthousiaste du bel canto (*La Favorite* de Donizetti avec Marietta Alboni). Jusqu'en 1925, le Teatro Real compte parmi les plus prestigieux théâtres d'Europe : Verdi y dirige les répétitions de *La Force du destin* en 1863. Les représentations de ballet sont données par des troupes invitées. L'orchestre, sans chef permanent, se compose de 90 à 100 instrumentistes. Le Teatro Real ferme ses portes le 5 avril 1925 pour raison de sécurité après une représentation de *La Bohème*. Après quarante ans d'incertitude, il rouvre ses portes le 13 octobre 1966, rénové en salle de concert. Mais il n'est pas en mesure d'accueillir une compagnie d'opéra. Il faudra attendre 1985 pour que le ministre de la Culture décide de le rendre à sa destination première. L'inauguration est prévue pour 1996. Le Ballet National d'Espagne s'est déjà fixé au Teatro Real (direction Ray Barra et Maia Plissetskaïa).

CRÉATIONS : œuvres de Tomás Bretón (*Los Amantes de Teruel,* 1889 ; *Tabaré,* 1913), Ruperto Chapí y Lorente (*Margarita la Ternera,* 1909), Juan Lamotte de Grignon (*Hesperia,* 1909), Joaquín Turina (*Jardín de Oriente,* 1923), Federico Moreno Torroba (*La Virgen de Mayo,* 1925).

Le **Teatro nacional de « la Zarzuela »,** inauguré le 10 octobre 1856, est durement endommagé par un incendie en 1909 avant d'être réformé en 1910, de rouvrir ses portes en 1913 et de devenir propriété de la Société espagnole des auteurs en 1954. Il est remodelé en 1956, pour le centenaire de sa fondation, puis acheté par l'Association madrilène des amis de l'opéra (1966) avant de devenir propriété de l'État (1974). Il est alors modernisé pour devenir la salle madrilène qui présente l'opéra, la zarzuela et le ballet. En 1987, il prend le nom de Teatro Lírico Nacional la Zarzuela.

CRÉATIONS : opéras de Roberto Gerhard (*The Duenna*, création scénique, 1992), Federico Moreno Torroba (*El Poeta*, 1980), Luis de Pablo (*Kiu*, 1983 ; *El Viajero indiscreto*, 1990), zarzuelas de Francisco Asenjo Barbieri (*Pan y toros*, 1864 ; *El Barberillo de Lavapiés*, 1874), Ruperto Chapí y Lorente (*La Tempestad*, 1882 ; *La Bruja*, 1887 ; *El Rey que rabió*, 1891), Jerónimo Giménez (*El baile de Luis Alonso*, 1896 ; *La boda de Luis Alonso*, 1897 ; *La Tempranica*, 1900).

Surintendant : José Antonio Campos (jusqu'en 1990), Emilio Sagi (depuis 1990).

Directeur musical : Miguel Angel Gómez Martínez (1985-90), Antoni Ros Marbá (depuis 1990).

Chef permanent : Miguel Roa.

Chef des chœurs : José Perera.

L'orchestre titulaire du Teatro Lírico Nacional est l'Orchestre Symphonique de Madrid « Arbos ». Il compte 104 instrumentistes.

ÉTATS-UNIS

Opéra de Chicago
(Lyric Opera of Chicago)

Fondé en 1910 par Andreas Dippel, il prend le nom de Civic Opera Company de 1922 à 1932. Le nouveau bâtiment est inauguré en 1929, mais la crise économique contraint l'Opéra à cesser ses activités en 1932. Pendant une vingtaine d'années, seules se produisent des compagnies itinérantes. En 1954, Carol Fox forme le Lyric Opera of Chicago qui s'impose rapidement comme l'un des principaux théâtres lyriques américains.

Directeurs : Andreas Dippel (1910-21), Mary Garden (1921-22), Samuel Insull (1922-32), Fausto Cleva (1944-46), Carol Fox (1954-81), Ardis Krainik (depuis 1981).

Directeurs musicaux : Cleofonte Campanini (1910-19), Gino Marinuzzi (1919-20), Giorgio Polacco (1920-30), Nicola Rescigno (1954-56), Bruno Bartoletti (1er chef, 1964-85, directeur artistique depuis 1985).

CRÉATIONS : œuvres de William Bolcom (*McTeague*, 1992), Ruggero Leoncavallo (*Edipo rè*, 1920), Krzysztof Penderecki (*Le Paradis perdu*, 1978), Serge Prokofiev (*L'Amour des trois oranges*, 1921).

Opéra de Dallas
(Dallas Civic Opera)

Fondé en 1957, il reprend une tradition remontant à 1883 (inauguration du Dallas Opera House, avec *Yolanta* de Tchaïkovski). Pendant la première moitié du XXe siècle, Dallas accueille des troupes invitées, essentiellement celles du Lyric Opera de Chicago et du Met. Les représentations ont lieu au Fair Park Music Hall. Zeffirelli y a signé de nombreuses mises en scène, notamment avec Maria Callas.

Directeurs généraux : Lawrence Kelly (1957-74), Plato S. Karayanis.

Directeur musical : Nicola Rescigno (1957-89), Graeme Jenkins (depuis 1994).

CRÉATION : Dominick Argento (*Aspern Papers*, 1988).

Opéra de Houston
(Houston Grand Opera)

Fondé en 1955, les spectacles ont lieu entre 1966 et 1987 dans une salle de concert, le Jones Hall, avant la construction du nouveau bâtiment, le Wortham Center, du nom de l'assureur Gus S. Wortham (1891-1976), l'un des mécènes les plus importants de l'opéra. Édifié grâce à des fonds privés, il comporte deux salles et a été inauguré en octobre 1987. Pour la circonstance, le Grand Opera de Houston a commandé un opéra à John Adams, *Nixon en Chine*, qui a été créé le lendemain de l'inauguration.

Directeurs généraux : Walter Herbert (1955-72), R. David Gockley (depuis 1973).

Directeurs musicaux : John DeMain (1979-94), Vjekoslav Šutej (depuis 1994).

CRÉATIONS : œuvres de John Adams (*Nixon en Chine*, 1987), Leonard Bernstein (*A Quiet Place*, 1983), Carlisle Floyd (*Bilby's Doll*, 1976 ; *Willie Stark*, 1981), Philip Glass (*Planet 8*, 1988), Michael Tippett (*New Year*, 1989).

Metropolitan Opera de New York

L'ancienne salle avait été inaugurée le 22 octobre 1883 avec *Faust.* Depuis septembre 1966, le Met dispose d'une nouvelle salle au Lincoln Center d'une capacité de 3 800 places.

Directeurs : Henry Abbey (1883-84), Leopold Damrosch (1884-85), Edmond C. Stanton (1885-91), Henry Abbey (1891-92), John B. Schoeffel et Maurice Grau (1892-97), Maurice Grau (1898-1903), Heinrich Conried (1903-08), Andreas Dippel (1908-10) et Giulio Gatti-Casazza (1908-35), Herbert Witherspoon (1935), Edward Johnson (1935-50), Rudolf Bing (1950-72), Göran Gentele (1972, mort avant de prendre effectivement ses fonctions), Schuyler Chapin (1972-75), Anthony A. Bliss (1975-85), Bruce Crawford (1986-89), Joseph Volpe (depuis 1990).

Chefs d'orchestre : Leopold Damrosch (1884-85), Anton Seidl (1885-91), Walter Damrosch (1885-96 puis 1900-03), Felix Mottl (1904), Gustav Mahler (1907-08), Arturo Toscanini (1908-15), Artur Bodanzky (1915-39), Pierre Monteux (1917-19), Albert Wolff (1919-21), Tullio Serafin (1924-34), Sir Thomas Beecham (1941-44), Bruno Walter (1941-46 puis 1955-59), Max Rudolf (conseiller artistique, 1950-58), George Szell (1942-45), Fritz Stiedry (1946-58), Fritz Busch (1945-50), Fritz Reiner (1949-53), , Dimitri Mitropoulos (1954-60), Leonard Bernstein (1963-64, 1969-70, 1972-73, 1983-84), Sir Georg Solti (1960-64).

Directeurs musicaux : Rafael Kubelík est le premier titulaire de ce nouveau poste mais il démissionne aussitôt (1973-74). James Levine lui succède en 1975 et devient directeur artistique en 1986.

COMMANDES : pour le centenaire du Met (1983), œuvres de John Corigliano (*La Mère coupable*) et Jacob Druckman (*Medea*).

Pour le cinquième centenaire de la découverte de l'Amérique, *Le Voyage* de Philip Glass (1992).

CRÉATIONS : œuvres de Samuel Barber (*Vanessa*, 1938 ; *Antoine et Cléopâtre*, pour l'inauguration du Lincoln Center, 1966), John Corigliano (*The Ghosts of Versailles*, 1991), Walter Damrosch (*The Man without a Country*, 1937), Umberto Giordano (*Madame Sans-Gêne*, 1915), Enrique Granados (*Goyescas*, 1916), Louis Gruenberg (*Emperor Jones*, 1933), Howard Hanson (*Merry Mount*, 1934), Engelbert Humperdinck (*Die Königskinder*, 1910), Martin David Levy (*Mourning becomes Electra*, 1967), Gian Carlo Menotti (*The Island God*, 1942), Giacomo Puccini (*La Fille du Far West*, 1910 ; *Le Triptyque*, 1918). Première représentation de *Parsifal* de Richard Wagner en dehors de Bayreuth (1896).

Considéré comme la première scène lyrique américaine, il présente, au cours de sa première saison, des ouvrages uniquement chantés en italien. Puis les saisons allemandes (1884-91) permettent de découvrir le répertoire germanique en langue originale avec les plus grandes voix du moment, ainsi que des ouvrages français et italiens chantés en allemand. A partir de 1891, l'italien ou la langue originale dominent. Ainsi, Meyerbeer est alors chanté en italien. Caruso fait ses débuts au Met en 1903. Gatti-Casazza et Toscanini font venir les nouvelles vedettes du chant européen (Emmy Destinn, Luisa Tetrazzini, Lucrezia Bori, Giovanni Martinelli, Claudia Muzio, Beniamino Gigli...) qui côtoient les Américains Lawrence Tibbett, Rosa Ponselle, Rose Bampton... Avec Edward Johnson, le Met parvient à un véritable équilibre entre les ressources spécifiquement américaines et les fruits de l'exode européen. Rudolf Bing lui donne une dimension nouvelle, imposant des conditions de travail qui cassent la routine et renouvellent les conceptions théâtrales. La saison new-yorkaise est allongée et passe à trente semaines (de septembre à avril). La tournée annuelle qu'effectuait le Met dans l'ensemble des États-Unis a été supprimée en 1986, mais les tournées internationales se font moins rares.

New York City Opera

Fondé en 1944, il est installé au Lincoln Center depuis 1966. Cette deuxième scène lyrique new-yorkaise se consacre plus particulièrement aux ouvrages rarement joués et au répertoire contemporain, présentant régulièrement depuis plusieurs saisons des opéras américains.

Directeurs artistiques : László Halász (1944-51), Joseph Rosenstock (1951-55), Erich Leinsdorf (1956), Julius Rudel (1957-79), Beverly Sills (1979-89), Christopher Keene (depuis 1989).

Directeurs musicaux : Julius Rudel (1979-83), Christopher Keene (1983-86), Sergiu Comissiona (depuis 1987).

CRÉATIONS : œuvres d'Aaron Copland (*The Tender Land,* 1954), Anthony Davis (*X, The Life and Times of Malcolm X,* 1986), Carlisle Floyd (*Susannah,* 1958 ; *The Passion of Jonathan Wade,* 1962), Leon Kirchner (*Lily,* 1977), Gian Carlo Menotti (*The Most Important Man,* 1971), David Tamkin (*The Dybbuk,* 1951), Hugo Weisgall (*Six Personnages en quête d'auteur,* 1959 ; *Esther,* 1993).

Premières représentations américaines du *Château de Barbe-Bleue* (Béla Bartók), de *La Femme silencieuse* (Richard Strauss), de *L'Ange de feu* (Serge Prokofiev), de *La Tempête* (Frank Martin), du *Procès* et de *La Mort de Danton* (Gottfried von Einem) et de *La Lune* (Carl Orff).

Opéra de San Francisco
(San Francisco Opera Company)

Fondé en 1923 par Gaetano Merola. Le bâtiment actuel, le War Memorial Opera House, a été inauguré en 1932. L'Opéra de San Francisco a accueilli ou fait débuter les plus grandes voix européennes et américaines (Muzio, Gigli, Pons, Pinza, Tebaldi, Flagstad, Schorr, Melchior).

Directeurs : Gaetano Merola (1923-53), Kurt Herbert Adler (1953-81), Terence McEwen (1982-88), Lofti Mansouri (depuis 1989).

Directeurs musicaux (poste créé en 1986) : Sir John Pritchard (1986-89), Donald Runnicles (depuis 1992).

CRÉATIONS : œuvres de Norman Dello Joio (*Blood Moon*, 1961), Andrew Imbrie (*Angle of Repose*, 1976), Kirke Mechem (*Tartuffe*, 1980), Conrad Susa (*The Dangerous Liaisons*, 1994). L'Opéra de San Francisco a donné pour la première fois aux États-Unis *L'Affaire Makropoulos* de Janáček (1966), *Les Dialogues des carmélites* de Poulenc (1957), *Katerina Ismailova* de Chostakovitch (1964), *La Femme sans ombre* de R. Strauss (1959), *Lear* de Reimann (1981), *The Midsummer Marriage* de Tippett (1983), *Hamlet-Sinfonie* de Reutter (1983).

Opéra de Washington

Fondé en 1956, il prend la suite de plusieurs compagnies qui avaient eu une activité éphémère dans la capitale fédérale : The Washington National Opera Association, dans les années vingt, et The National Negro Opera Company (1943-62). Il porte d'abord le nom d'Opera Society of Washington. Les représentations se déroulent d'abord au Lisner Auditorium de l'Université George-Washington puis, à partir de 1971, au Kennedy Center. Il adopte son intitulé actuel en 1977.

Directeurs artistiques : Day Thorpe (1956-60), Bliss Hebert (1961-63), Paul Callaway (également directeur musical, 1963-67), Richard R. Pearman (1968-70), Frank Marchlenski (1970-72), Ian Strasfogel (1972-75), George London (1976-79, avec Gary Fifield et Francis Rizzo, 1977-79), Martin Feinstein (1980-96), Placido Domingo (à partir de 1996).

CRÉATIONS : œuvres de Dominick Argento (*The Dream of Valentino*, commande, 1994), Alberto Ginastera (*Bomarzo*, 1967 ; *Beatrix Cenci*, commande pour l'inauguration du Kennedy Center, 1971), Paul Hindemith (*Le Démon*, ballet), Gian Carlo Menotti (*Maria Golovin*, 1958 ; *Goya*, commande, 1986).

FRANCE

Opéra de Lyon

Fondé le 17 septembre 1687 lorsque les héritiers de Lully accordent à la ville de Lyon le droit de représenter des œuvres lyriques. Le premier ouvrage est donné le 3 ou le 7 janvier 1688 (*Phaëton* de Lully) dans la salle du Jeu de Paume. Après la destruction de cette première salle dans un incendie, Nicolas Levasseur obtient un nouveau privilège et donne les spectacles dans les écuries de l'Hôtel de Chaponay. Un premier théâtre est construit par Soufflot (1754-56) et l'actuel bâtiment, dû à Chenavart et Pollet, entre 1826 et 1831. On l'a baptisé « le berceau du wagnérisme français » car c'est là que furent donnés pour la première fois en France *Les Maîtres chanteurs* (1896) et *La Tétralogie* (1904). De nombreux ouvrages importants y sont représentés avant Paris : *Sigurd* (Reyer, 1885), *Gwendoline* (Chabrier, 1893), *André Chénier* (Giordano, 1897), *Boris Godounov* (version française, 1913). Le théâtre passe en régie municipale en 1942 avant de revenir au système de la concession en 1945. Sous la direction de Paul Camerlo, un renouveau s'amorce, refaisant de l'Opéra de Lyon un grand centre du wagnérisme mais aussi tourné vers la création contemporaine (créations françaises d'*Erwartung* de Schoenberg, 1967, et du *Prince de Hombourg* de Henze, 1967). Avec Louis Erlo, cette politique s'accentue ; le système du répertoire est abandonné au profit de celui de la *stagione*, limitant ainsi le trop grand nombre de spectacles pour donner davantage de représentations d'une même œuvre. On y donne les premières françaises de *Opera* et de *Passagio* de Luciano Berio (1979), de *La Femme silencieuse* de Richard Strauss (1981), d'*Au grand soleil d'amour chargé* de Luigi Nono (1982) et des *Soldats* de Bernd Alois Zimmermann (1983). En 1983, l'Opéra de Lyon est doté de son propre orchestre qui se substitue alors à l'Orchestre National de Lyon. Après six ans de fermeture, l'Opéra de Lyon rouvre ses portes le 14 mai 1993 avec la création de *Rodrigue et Chimène* de Claude Debussy (orchestration d'Edison Denisov) dans un bâtiment entièrement reconstruit par l'architecte Jean Nouvel dans les murs évidés de l'ancienne salle.

Directeurs : Alexis Singier, Tournié (1898-1902), Mondaud (1902-03), Broussman (1903-06), Flon et Landouzy (1906-09), Valcourt (1909-12) Beyle (1912-20), Moncharmont (1920-24), Moncharmont et Valcourt (1924-27), Valcourt (1927-33), Maurice Carrié (1933-39), Camille Boucoiran (1939-41), Billet (1941), Charles Romette (1941-42), Roger Lalande (1942-44), Maurice Carrié (1945-46), Maurice Carrié fils et Deloger (1946-47), Camille Boucoiran (1947-49), Paul Camerlo (1949-69), Louis Erlo (depuis 1969, codirection avec Louis Aster puis, à partir de 1980, avec Jean-Pierre Brossmann).

Directeurs musicaux et chefs permanents : Joseph Hainl (1835-39), François Hainl (1841-63), Joseph Luigini (1863-71), Mangin (1871-72), Joseph Luigini (1873-75), Alexandre Luigini (1877-97), Bovy, Ryder, A. Amalou, André Cluytens (1942-44), Georges Lauweryns, Pierre Cruchon, Otto Ackermann, Edmond Carrière, Alain Lombard (1961-65), Serge Baudo (1969-71), Theodor Guschlbauer (1971-75), John Eliot Gardiner (1983-88), Kent Nagano (depuis 1988).

CRÉATIONS : œuvres de Georges Aperghis (*Jacques le Fataliste et son maître*, 1974 ; *L'Écharpe rouge*, 1984), Richard Gavin Bryars (*Medea*, 1984), Arthur Coquard (*Jahel*, 1900), Claude Debussy (*Rodrigue et Chimène*, 1993), Antoine Duhamel (*Les Oiseaux*, 1971 ; *Gambara*, 1978 ; *Les Travaux d'Hercule*, 1981 ; *Quatre-vingt-treize*, 1989), André Jolivet (*Dolorès*, 1960), Joseph Kosma (*Les Kanuts*, 1964 ; *Les Hussards*, 1969), Alexandre Luigini (*Le Rêve de Nicette*, 1870 ; *Ballet égyptien*, 1875 ; *Les Caprices de Margot*, 1877 ; *La Reine des fleurs*, 1878), Antoine Mariotte (*Salomé*, 1908 ; *Le Vieux Roi*, 1911), Bohuslav Martinů (*Trois Souhaits*, 1973), Maurice Ohana (*Autodafé*, 1972), Claude Prey (*Jonas*, 1969 ; *Young Libertad*, 1976), Jean Prodromidès (*Passion selon nos doutes*, 1971), Fabio Vacchi (*La Station thermale*, 1993).

Opéra de Marseille

Le 26 janvier 1685, on inaugure le théâtre de la rue Pavillon auquel Lully donne le privilège de chanter l'opéra à Marseille. Il est détruit dans un incendie en 1692 et Pierre Gautier ouvre un autre théâtre rue Saint-Ferréol. En 1738, une troisième salle voit le jour à l'emplacement des futures halles Delacroix, qui ont aujourd'hui disparu. Le Grand Théâtre est inauguré le 31 octobre 1787 avec *La Mélomanie*, opéra bouffe de Champein et Grenier. Marseille est ainsi la seconde ville de France, après Bordeaux, à avoir son opéra. Il est subventionné par la ville dès 1813. Un incendie détruit entièrement le bâtiment le 13 novembre 1919 dont il ne subsiste que les colonnes du Péristyle et certains murs maîtres. Reconstruit sur le même emplacement, le nouvel opéra municipal est inauguré en 1924. Il sera administré en concession jusqu'en 1945, puis en régie municipale directe.

Directeurs : André Beaussier (1787-1806), Laurent Garet (1789-91), Philippe Brulo (1806-07), Prat (1810-15), Armand Verteuil (1815-18), Langle (1818-20), Chapus (1820-28), Bernardy (1828-30), Cauderet (1830-31), Éléonor Rey (1831-37), Auguste Bremens (1837-41), Clevisseau (1841-42), Provini (1842-47), Adolphe Allemand (1847), Chabrillat et Tronchet (1847-59), Letellier (1859-60), Montelli (1860-61), Halandier (1861-64), M. Husson (1864-71), Pilot (1871-72), M. Husson (1874-76), M. Campocasso (1876-81), Bernard (1881-84), Elbert (1884-85), M. Campocasso (1885-86), Rondil (1886-88), Stoumon-Calabresi (1888-89), M. Campocasso (1889-92), Dufour (1892-93), Lestellier (1893-94), Mobisson (1894-97), Charley (1897-98), Lan (1898-1900), Lan et d'Albert (1900-01), Vizentini et Joël Fabre (1901-03), Henri Valcourt (1903-08), Amédée Saugey (1908-14), artistes en société (1914-19), Victor Audisio (1919-20) – fermé après l'incendie –, Raoul Audier et Maurice Durand (1924-25), Daniel Prunet (1925-33), Bienvenu Molinetti (1933-36), Maurice Carrié (1936-40), Romette et Dubos (1940-41), Paul Bastide (1941-45), Jean Marny (1945-49), Michel Leduc (1949-61), Louis Ducreux (1961-65), Bernard Lefort (1965-68), Louis Ducreux (1968-72), Reynald Giovaninetti (1972-75), Jacques Karpo (1975-91), Elie Bankhalter (depuis 1991).

Chefs permanents et directeurs musicaux : Henri Tomasi (1940-44), Jean Triq, Victor Reinshagen (1963-68), Reynald Giovaninetti (chef permanent, 1968-72, directeur musical, 1972-75), Diego Masson (1975-82), Janós Furst (1982-90), Andrea Giorgi (depuis 1990).

CRÉATIONS : œuvres de Claude Arrieu (*Cadet Roussel,* 1953), Paul Bastide (*L'Idylle à l'étoile,* 1899), Pascal Bentoiu (*Hamlet,* 1974), Kenton Coe (*Sud,* 1965), Daniel-Lesur (*Andréa del Sarto,* 1969), Xavier Leroux (*Theodora,* 1909), Ernest Reyer (*Erostrate,* 1899), Louis Saguer (*Mariana Pineda,* 1970). L'Opéra de Marseille a présenté pour la première fois en France de nombreux ouvrages lyriques comme *Aïda* (Verdi), *Don Quichotte* (Massenet), *Lulu* (Berg), *Le Tour d'écrou* (Britten), *Les Diables de Loudun* (Penderecki), *Russalka* (Dvořák).

Opéra de Nice

Ses origines remontent au XVIIIe siècle sous la forme d'un théâtre en bois (Théâtre Maccarani). Vendu en 1787 à certaines familles nobles (la « Société des Quarante »), il est, après bien des tribulations, acheté par la Ville de Nice qui le fait reconstruire sur le modèle du San Carlo de Naples. Royal, puis impérial – Napoléon III y ouvre un bal que dirige Johann Strauss –, il garde depuis 1870 le statut de théâtre municipal. Détruit par un incendie le 23 mars 1881, il est reconstruit au même endroit par l'architecte François Aune qui s'entoure, semble-t-il, des conseils de Charles Garnier. L'inauguration a lieu le

7 février 1885. L'activité lyrique s'est toujours située à un niveau élevé avec la venue de troupes étrangères et la première en France de nombreux ouvrages majeurs du répertoire (*Une vie pour le tsar, Eugène Onéguine, La Gioconda, Manon Lescaut, Katerina Ismaïlova, Élégie pour de jeunes amants...*).

Directeurs artistiques : E. Sonzogno (1887-88), Raoul Gunsbourg (1889-91), T. Salignac (1913-14), Ferdinand Aymé (1950-82), Pierre Médecin (1982-94), Jean-Albert Cartier (depuis 1994).

Directeurs de la musique : Cleofonte Campanini (1885-87), Leopoldo Mugnone (1887-88), Alexandre Luigini (1888-89), Bromet (1889-90), Warnots (1890-91), Romeo Accursi (1891-92), Auguste Vianesi (1892-93), Frantz Barwolf (1893-94), Rolland (1894-95), Domergue de La Chaussée (1895-97), Alexandre Luigini (1897-98), Ferdinand Rey (1898-1902), Ernest Dobbelaër (1902-12), Philippe Flon (1912-14), Koderic (1919), T. A. Brunetti (1919-21), S. Bovy (1921-27), Felix Hesse (1927-30), Albert Wolff (1930-32), Georges Lauweryns (1932-34), Albert Wolff (1934-37), Jacques Spaanderman (1937-39), Théodore Mathieu (1944-45), Georges Lauweryns (1945-46), Charles Boissard (1946-48), Marcel Dorssers (1948-50), Georges Lauweryns (1950-56), Richard Blareau (1956-59), Jean Périsson (1959-65), Paul Jamin (1965-76), Antonio de Almeida (1976-78), Pierre Dervaux (1978-82), Berislav Klobučar (1982-88), Spiros Argiris (1988), Klaus Weise (depuis 1990).

CRÉATIONS : œuvres de Hector Berlioz (*La Prise de Troie,* première en français, 1890), Alberto Bruni-Tedeschi (*Secondatto,* 1987), Gabriel Dupont (*La Glu,* 1910), Vincent d'Indy (*Le Chant de la cloche,* première scénique, 1931), Xavier Leroux (*William Ratcliff,* 1905), Jules Massenet (*Marie-Magdeleine,* version scénique, 1903), Albert Wolff (*Le Marchand de masques,* 1914 ; *Sœur Béatrice,* 1948).

Opéra de Paris

Fondation, en 1661, de l'*Académie royale de Danse* et, en 1669, de l'*Académie royale de Musique.* En 1672, Lully prend possession de l'*Académie royale de Musique et de Danse.* Dès 1673, la grande salle du Palais-Royal abrite les productions de l'*Académie royale de Musique* (Opéra) ; 1791, prend le nom de Théâtre de l'Opéra ; 1794, Théâtre des Arts ; 1804, Académie impériale de Musique ; 1814, Académie royale de Musique (sauf durant les Cent Jours). Mais dès les réformes de Napoléon Ier, en 1807, les deux principaux théâtres lyriques de Paris prennent les noms d'Opéra et d'Opéra-Comique. Dans plusieurs langues, on continue d'appeler l'Opéra de Paris le Grand Opéra, pour le différencier des autres scènes lyriques. En 1989, la construction de l'Opéra-Bastille met fin aux activités lyriques du Palais Garnier qui est consacré au ballet.

L'Opéra de Paris a changé plusieurs fois d'adresse : dès 1781, il occupe le Théâtre de la Porte-Saint-Martin, puis en 1794, il occupe le Théâtre Montansier, durant les années 1820-21, la première salle Favart et le Théâtre Louvois ; à partir du 16 août 1821, la salle de la rue Le Peletier, où en 1822 on introduit le gaz. Il brûle le 29 octobre 1873 et le Palais Garnier sera inauguré le 5 janvier 1875. En 1939 est créée la Réunion des Théâtres Lyriques Nationaux (RTLN) regroupant l'Opéra et l'Opéra-Comique sous une même administration. La salle de la place de la Bastille est inaugurée le 13 juillet 1989, pour le bicentenaire de la Révolution. Le Palais Garnier et l'Opéra-Bastille sont alors réunis dans l'Association des théâtres de l'Opéra de Paris (ATOP) avec un président et un directeur général commun. La salle de la Bastille est essentiellement destinée à l'Opéra, le Palais Garnier à la danse, certaines permutations venant infléchir ce principe de base. En 1994, l'ensemble des deux salles prend le nom d'Opéra national de Paris.

Directeurs : Halanzier (1875-79), Vaucorbeil (1879-84), Ritt et Pedro Gailhard (1885-91), Bertrand (1892-93), Bertrand et Pedro Gailhard (1893-98), Pedro Gailhard (1898-1906), P.B. Gheusi et Pedro Gailhard (1907), Broussan et André Messager (1908-14), Jacques Rouché (1915-39).

Administrateurs : Jacques Rouché (1940-44), Maurice Lehmann (1945-46), Georges Hirsch (1946-51), Maurice Lehmann (1951-55), Jacques Ibert (1955-56), Georges Hirsch (1956-59), A.M. Julien (1959-62), Georges Auric (1962-68), André Chabaud (1968-69), René Nicoly (1969-71), Daniel-Lesur (1971-72), Rolf Liebermann (1973-80), Bernard Lefort (1980-82), Paul Puaux, Jean-Pierre Leclerc, Alain Lombard et Georges-François Hirsch (1982-83), Massimo Bogianckino (1983-85), Jean-Louis Martinoty (1986-89).

Directeurs artistiques : Philippe Gaubert (1940-41), Marcel Samuel-Rousseau (1942-44), Reynaldo Hahn (1945-46), Henri Büsser (1946-51), Emmanuel Bondeville (1951-59), Bernard Lefort (1971-72).

Directeurs de la musique : Louis Loiseau de Persuis (1816-17), Rodolphe Kreutzer (1824-27), Narcisse Girard (1855-56), François-Auguste Gevaert (1867-70), Georges Hainl (1872-73), Édouard Deldevez (1875-76), Charles Lamoureux (1877-78), Ernest Altes (1878-87), Auguste Vianesi (1887-91), Édouard Colonne (1892-93), Paul Taffanel (1893-1905), Paul Vidal (1906-14), Camille Chevillard (1915-23), Philippe Gaubert (1924-39), François Rühlmann (1940-46), Henri Büsser (1947-51), personne jusqu'en 1959, Emmanuel Bondeville (1959-70), Sir Georg Solti (conseiller musical, 1973-74), personne jusqu'en 1980, Silvio Varviso (1980-81), Alain Lombard (1981-83), Lothar Zagrosek (1986-89).

Chefs de chœur : Pierre-Louis Dietsch (1840-60), Victor Massé (1860-70), Léo Delibes (1870-71), Victor Massé (1871-75), Hustache (1875-), Jules Cohen (1878-), Antoine-Émile-Louis Marmontel (2e chef, 1878-89), Paul Vidal (2e chef, 1889-91), Léon Lepot-Delahaye, Gabriel Roy, Augustin Savard (1891-93), Claudius Blanc (1894-1900), Eugène-Henri Mestres (2e chef, 1898-), Paul Curet, dit Puget (1900-), Jean Gallon (1909-14), Félix Leroux (1908-), Alexis Chadeigne (1909-15), Carpentier, André Lepitre, Omer Letorey, Eugène Picheran, Robert Siohan (1932-46), René Duclos (1946-64), Jean Laforge (1964-87), Andrea Giorgi (1987-90), Gunter Wagner (1991-92), Denis Dubois (depuis 1992).

ASSOCIATION DES THÉÂTRES DE L'OPÉRA DE PARIS :

Président : Pierre Bergé (1988-94).

Directeur de la musique : Myung-Whun Chung (1989-94).

Directeurs généraux : Dominique Meyer (1989-90), Philippe Bélaval (1990-92), Jean-Paul Cluzel (1992-94).

Administrateurs généraux et responsables artistiques : Georges-François Hirsch (Bastille, 1989-91) et Jean-Albert Cartier (Garnier, 1989-91), Georges-François Hirsch (Bastille et Garnier, 1991-92), Jean-Marie Blanchard (responsable artistique Bastille, 1992-94), Brigitte Lefèvre (responsable artistique Garnier, 1992-94).

OPÉRA NATIONAL DE PARIS :

Directeur : Jean-Paul Cluzel (1994-95), Hugues Gall (à partir de 1995).

CRÉATIONS (OPÉRAS) : œuvres de Daniel François Esprit Auber (*La Muette de Portici*, 1828), Jean-Chrétien Bach (*Amadis de Gaule*, 1779), Henry Barraud (*Numance*, 1955), Alban Berg (*Lulu*, version en 3 actes complétée par Friedrich Cerha, 1979), Hector Berlioz (*Benvenuto Cellini*, 1838), Konrad Boehmer (*Docteur Faustus*, 1985), Alfred Bruneau (*Messidor*, 1897), André Campra (*L'Europe galante*, 1697 ; *Les Fêtes vénitiennes*, 1710), Charles Chaynes (*Erzsebet*, 1983), Luigi Cherubini (*Démophoon*, 1788), Daniel-Lesur (*Ondine*, 1982), Edison Denisov (*L'Écume des jours*, 1986), Gaetano Donizetti (*La Favorite*, 1840), Gabriel Dupont (*Antar*, 1921), Maurice Emmanuel (*Salamine*, 1929), Georges Enesco (*Œdipe*, 1936), Christoph Willibald Gluck (*Iphigénie en Aulide*, 1774 ; *Armide*, 1777 ; *Iphigénie en Tauride*, 1779), Charles Gounod (*La Reine de Saba*, 1862 ; *Polyeucte*, 1878), Reynaldo Hahn (*Le Marchand de Venise*, 1935), Jacques Fromental Halévy (*La Juive*, 1835), York Höller (*Le Maître et Marguerite*, 1989), Vincent d'Indy (*La Légende de saint Christophe*, 1920), Franz Liszt (*Don Sanche*, 1825), Jean-Baptiste Lully (*Les Festes de l'amour et de Bacchus*, 1672 ; *Cadmus et Hermione*, 1673 ; *Alceste*, 1674 ; *Amadis*, 1684 ; *Armide*, 1686), Albéric Magnard (*Guercœur*, 1931), Jules Massenet (*Le Roi de Lahore*, 1877 ; *Le Cid*, 1885 ; *Thaïs*, 1894), Olivier Messiaen (*Saint François d'Assise*, 1983), Giacomo Meyerbeer (*Robert le diable*, 1831 ; *Les Huguenots*, 1836 ; *Le Prophète*, 1849 ; *L'Africaine*, 1865), Darius Milhaud (*Maximilien*, 1932 ; *Bolivar*, 1950), Jean-Joseph Mouret (*Les Festes de Thalie*, 1714 ; *Les Amours des dieux*, 1727), Maurice Ohana (*La Célestine*, 1988), Jean-Philippe Rameau (*Hippolyte et Aricie*, 1733 ; *Les Indes galantes*, 1735 ; *Castor et Pollux*, 1737 ; *Les Fêtes d'Hébé*, 1739 ; *Dardanus*, 1739), Gioacchino Rossini (*Le Comte Ory*, 1828 ; *Guillaume Tell*, 1829), Albert Roussel (*Padmâvati*, 1923 ; *La Naissance de la lyre*, 1925), Camille Saint-Saëns (*Henri VIII*, 1883 ; *Ascanio*, 1890), Henri Sauguet (*La Chartreuse de Parme*, 1939), Gasparo Spontini (*La Vestale*, 1807 ; *Fernand Cortez*, 1809), Igor Stravinski (*Rossignol*, 1914 ; *Mavra*, 1922 ; *Perséphone*, 1934), Ambroise Thomas (*Hamlet*, 1868), Giuseppe Verdi (*Les Vêpres siciliennes*, 1855 ; *Don Carlos*, 1867), Richard Wagner (*Tannhäuser*, version de Paris, 1861).

CRÉATIONS (BALLETS) : œuvres d'Adolphe Adam (*Giselle*, 1841), Leo Delibes (*Coppélia*, 1870 ; *Sylvia*, 1876), Jacques Ibert (*Le Chevalier errant*, 1950), André Jolivet (*Guignol et Pandore*, 1944), Édouard Lalo (*Namouna*, 1882), Raymond Loucheur (*Hop Frog*, 1953), André Messager (*Les Deux Pigeons*, 1886), Jacques Offenbach (*Le Papillon*, 1860), Gabriel Pierné (*Cydalise et le chèvrepied*, 1923), Francis Poulenc (*Les Animaux modèles*, 1942), Maurice Ravel (*Boléro*, 1928), Albert Roussel (*Bacchus et Ariane*, 1931 ; *Aeneas*, 1938), Florent Schmitt (*Oriane et le prince d'amour*, 1938), Richard Strauss (*La Légende de Joseph*, 1914), Igor Stravinski (*L'Oiseau de feu*, 1910 ; *Pulcinella*, 1920 ; *Renard*, 1922).

Opéra-Comique (Paris)

Fondé en 1715, il rencontre d'emblée un succès considérable. Fermé de 1745 à 1752, il reparaît à Saint-Germain avant de fusionner avec la Comédie Italienne en 1762. Il s'installe rue Favart en 1783, d'où son nom. La salle Favart ayant brûlé le 25 mai 1887, les spectacles se donnent au Théâtre Sarah-Bernhardt (1887-98) puis au Théâtre du Château-d'Eau (1898) en attendant l'inauguration de la nouvelle salle Favart le 7 décembre 1898.

Directeurs : Charles Guilbert de Pixérécourt (1824-27), Éric Bernard (1827-28), Michel Ambroise Gimel (1828), Paul-Auguste Ducis (1828-30), Alexandre Singier (1830-31), Émile Lubbert (1831-32), Émile Laurent (1832), Paul Dutreich (1832-34), François-Louis Crosnier (1834-45), Alexandre Basset (1845-48), Émile Perrin (1848-57), Nestor Roqueplan (1857-60), Alfred Beaumont (1860-62), Émile Perrin (1862), Adolphe de Leuven (1862-74), Camille Du Locle (1874-76), Émile Perrin (1876), Léon Carvalho (1876-87 et 1891-98), Albert Carré (1898-1913), P.B. Gheusi, Emile et Vincent Isola (1914-18), Albert Carré et les frères Isola (1919-25), Louis Masson et Georges Ricou (1925-31), Louis Masson (1931-32), P.B. Gheusi (1932-36), comité de 14 membres présidé par Antoine Mariotte (1936-39), Henri Büsser (1939-40). L'Opéra-Comique fait alors partie de la RTLN et dépend du même administrateur que l'Opéra de Paris, tout en gardant un directeur propre : Max d'Ollone (1941-44), Lucien Muratore (1944), Roger Désormière, Pierre Jamin, Louis Musy et Émile Rousseau (1944), Albert Wolff (1945-46), Henry Malherbe (1946-48), Emmanuel Bondeville (1948-51), Louis Beydts (1952-53), Maurice Defers (1953), François Agostini (1954-59), Marcel Lamy (1959-62), Hervé Dugardin (1962-65), Eugène Germain (1965-68), Jean Giraudeau (1968-71), Bernard Lefort (1971-72).

Directeurs de la musique : André Messager (1898-1904), Alexandre Luigini (1904-06), François Rühlmann (1906-08 puis 1910-13), Gustave Doret (1909), Paul Vidal (1914-19), André Messager (1919-22), Albert Wolff (1922-24), D.E. Inghelbrecht (1924-25 puis 1932-33), Maurice Frigara (1925-32), Paul Bastide (1932-36), Eugène Bigot (1936-44), André Cluytens (1947-53), Jean Fournet (1953-57), poste vacant (1957-68), Jean-Claude Hartemann (1968-72).

Premiers chefs d'orchestre : Frédérick Kreubé (1818-28), Pierre Crémont (1828-32), Henry Valentino (1832-36), Narcisse

Girard (1836-47), Théodore Labarre (1847-49), Théophile Tilmant (1849-68), Adolphe Deloffre (1868-75).

En 1972, le ministère des Affaires culturelles décide de fermer l'Opéra-Comique. Sous l'appellation de salle Favart, il abritera pendant quelques saisons l'Opéra Studio dirigé par Louis Erlo puis, sous l'administration de Liebermann, il servira d'annexe au Palais Garnier, présentant quelques spectacles d'ouvrages français oubliés, des créations et du théâtre musical. En 1982, il reprend une activité régulière sous la responsabilité artistique d'Alain Lombard et de ses successeurs au Palais Garnier avant de connaître une nouvelle réduction d'activité conduisant à la fermeture, en tant que salle d'opéra, en 1989. Dotée d'une autonomie de programmation par rapport à l'Opéra-Bastille, la salle Favart ouvre à nouveau ses portes en 1990 sous la direction de Thierry Fouquet (1990-94), Pierre Médecin (depuis 1994).

CRÉATIONS : œuvres d'Adolphe Adam (*Le Chalet*, 1834 ; *Le Postillon de Longjumeau*, 1836), Georges Aperghis (*Je vous dis que je suis mort* (1979), Daniel-François-Esprit Auber (*Fiorella*, 1826 ; *La Fiancée*, 1829 ; *Fra Diavolo*, 1830 ; *Le Cheval de bronze*, 1835 ; *Le Domino noir*, 1837 ; *Les Diamants de la couronne*, 1841 ; *Marco Spada*, 1852 ; *Manon Lescaut*, 1856), Henry Barraud (*La Farce de Maître Pathelin*, 1948), Hector Berlioz (*La Damnation de Faust*, en concert, 1846), Georges Bizet (*Djamileh*, 1872 ; *Carmen*, 1875), Ernest Bloch (*Macbeth*, 1910), François-Adrien Boïeldieu (*Jean de Paris*, 1912 ; *La Dame blanche*, 1825), Emmanuel Bondeville (*L'École des maris*, 1935 ; *Madame Bovary*, 1951), Alfred Bruneau (*Le Rêve*, 1891 ; *L'Attaque du moulin*, 1893), Emmanuel Chabrier (*Le Roi malgré lui*, 1887), Gustave Charpentier (*Louise*, 1900), Nguyen-Thien Dao (*My Chau Trong Thuy*, 1978), Ferdinand David (*Lalla-Roukh*, 1862), Claude Debussy (*Pelléas et Mélisande*, 1902), Léo Delibes (*Le Roi l'a dit*, 1873 ; *Lakmé*, 1883), Gaetano Donizetti (*La Fille du régiment*, 1840), Paul Dukas (*Ariane et Barbe-Bleue*, 1907), Camille Erlanger (*Le Juif polonais*, 1900), César Franck (*Stradella*, 1985), Charles Gounod (*Cinq-Mars*, 1877), Ludovic Halévy (*Les Mousquetaires de la reine*, 1846), Pierre Henry (*Les Noces chymiques*, 1980), Louis-Ferdinand Hérold (*Le Muletier*, 1823 ; *Zampa*, 1831 ; *Le Pré aux clercs*, 1832), Jacques Ibert (*Persée et Andromède*, 1929), Édouard Lalo (*Le Roi d'Ys*, 1888), Raoul Laparra (*La Habanera*, 1908), Silvio Lazzari (*La Lépreuse*, 1912), Xavier Leroux (*Le Chemineau*, 1907), Albéric Magnard (*Bérénice*, 1911), Antoine Mariotte (*Gargantua*, 1935), Victor Massé (*Galatée*, 1852 ; *Les Noces de Jeannette*, 1853), Jules Massenet (*Manon*, 1884 ; *Esclarmonde*, 1889 ; *Sapho*, 1897 ; *Cendrillon*, 1899 ; *Grisélidis*, 1901), Étienne Méhul (*Les Deux Aveugles de Tolède*, 1806 ; *Joseph*, 1807), Gian Carlo Menotti (*Le Dernier Sauvage*, 1963), André Messager (*La Basoche*, 1890 ; *Fortunio*, 1907), Giacomo Meyerbeer (*L'Étoile du nord*, 1854 ; *Dinorah ou le Pardon de Ploërmel*, 1859), Darius Milhaud (*La Brebis égarée*, 1923 ; *Le Pauvre Matelot*, 1927 ; *Esther de Carpentras*, 1938), Jacques Offenbach (*Barkouf*, 1860 ; *Robinson Crusoé*, 1867 ; *Vert-Vert*, 1869 ; *Fantasio*, 1872 ; *Les Contes d'Hoffmann*, 1881), Ferdinando Paër (*Le Maître de chapelle*, 1821), Francis Poulenc (*Les Mamelles de Tirésias*, 1947 ; *La Voix humaine*, 1959), Claude Prey (*Mots croisés*, 1978), Henri Rabaud (*La Fille de Roland*, 1904 ; *Mârouf*, 1914), Maurice Ravel (*L'Heure espagnole*, 1911), Camille Saint-Saëns (*La Princesse jaune*, 1872 ; *Phryné*, 1893), Ambroise Thomas (*Le Caïd*, 1849 ; *Le Songe d'une nuit d'été*, 1850 ; *Raymond*, 1851 ; *Mignon*, 1866).

Opéra du Rhin (Strasbourg)

En 1603, est édifié le premier théâtre de Strasbourg, le « Zimmerhof », alors que l'on donnait déjà des représentations lyriques depuis le milieu du XVIe siècle. Différents établissements se succèdent jusqu'à la construction (1805-21) du théâtre, place de Broglie. L'inauguration a lieu le 23 mai 1821. Incendié le 10 septembre 1870 pendant le siège de Strasbourg, seuls restent les murs. Le bâtiment est reconstruit au même endroit d'après d'anciens plans et la décoration exactement reconstituée (1872-73). La réouverture a lieu le 4 septembre 1873.

Le théâtre est exploité en concession à partir de 1876 et en régie directe à partir de 1886. En 1888, la façade arrière est modifiée. En 1972, le Théâtre de Strasbourg devient l'Opéra du Rhin, subventionné par l'État, par les villes de Strasbourg, de Mulhouse et de Colmar qu'il dessert également (à Mulhouse est sis le Ballet du Rhin et à Colmar l'Atelier lyrique voué à la création), par le Conseil régional d'Alsace et les Conseils généraux du Bas et du Haut-Rhin.

Directeurs : Alexandre Hessler (1873-81 et 1886-90), Alois Prasch (1890-92), Franz Krükl (1892-99), Joseph Engel (1899-1903), Maximilian Wilhelmi (1903-13), Anton Otto (1913-16), Paul Legband (1916-19), Henri Villefranck (1919-26), André Calmettes (1927-32), Albert Pfrimmer (1932-34), Paul Bastide (1934-39). Le théâtre est fermé en 1939-40, puis passe sous une direction allemande (1940-44) avant d'être à nouveau fermé en 1944-45. Paul Bastide (1945-48), Roger Lalande (1948-53), Pierre Deloger (1953-55), Frédéric Adam et Ernest Bour (1955-60), Frédéric Adam (1960-72), Pierre Barrat (1972-74), Alain Lombard (1974-80), René Terrasson (1980-91), Laurent Spielmann (depuis 1991).

Directeurs musicaux et chefs d'orchestre : Otto Lohse (1897-1904), Wilhelm Furtwängler (1910-11), Hans Pfitzner (1908-19), Ernest Münch (1910-14), Otto Klemperer (1914-17), George Szell (1917-19), Paul Bastide (1919-39), Josef Krips (1932-33), Hermann Scherchen (1933-34), Hans Rosbaud (1942-43), Paul Bastide (1945-48), Ernest Bour (1955-60), Frédéric Adam (1960-72), Alain Lombard (1972-82), Theodor Guschlbauer (directeur musical, 1983-89), Alain Pâris (chef permanent, 1983-87), Claude Schnitzler (chef permanent, 1987-89), Friedrich Haider (depuis 1991).

CRÉATIONS : œuvres de Georges Aperghis (*Liebestod*, 1982), Claude Arrieu (*Noé*, 1949), Girolamo Arrigo (*Addio Garibaldi*, 1972), Marcel Delannoy (*Puck*, 1949), Georges Delerue (*Medis et Alyssio*, 1975), Graciane Finzi (*Pauvre assassin*, 1992), Renaud Gagneux (*Orphée*, 1989), Pierre Hasquenoph (*Comme il vous plaira*, 1982), René Koering (*La Marche de Radetzky*, 1988), Marcel Landowski (*Le Fou*, 1956), Jean Martinon (*Hécube*, 1956), Claude Prey (*Les Liaisons dangereuses*, 1973), Jean Prodromidès (*H. H. Ulysse*, 1984), Henri Rabaud (*Martine*, 1947), Wolfgang Rihm (*Le Mal de lune*, 1993 ; *Lenz*, 1993), Henri Tomasi (*Les Noces de cendre*, 1954).

Théâtre du Capitole (Toulouse)

Fondé en 1736.

Le bâtiment est reconstruit en 1880. Il brûle en 1917. Seule la façade est sauvée. Une rénovation complète intervient en 1974. L'une des plus illustres scènes de France qui a vu débuter la plupart des grandes voix françaises.

Directeurs : Maurice Carrier (1924-32), Campo-Casso (1933-34), Henri Combaux et Jean Cadayé (1935-37), Jean Cadayé (1937-41), Jeanne Bourguignon et Valentin Marquety (1942-44), Jean Boyer (1944-45), Claudine Rougenet (1945-47), Louis Izar (1947-67), Gabriel Couret (1967-71), Auguste Rivière, Gérard Serkoyan et Michel Plasson (1971-73), Michel Plasson (1973-82), Jacques Doucet (1982-90), Nicolas Joël (à partir de 1990).

Parmi les *chefs permanents* qui ont dirigé depuis 1945 : Jean Triq, Georges Prêtre, Roger Albin, Paul Ethuin, Henri Gallois.

CRÉATIONS : œuvres de André Casanova (*Le Bonheur dans le crime*, 1973), Antoine Duhamel (*Gambara*, 1980), Marcel Landowski (*Montségur*, 1985), Tolia Nikiprowetzki (*Les Noces d'ombre*, 1974), Manuel Rosenthal (*Hop, Signor*, 1962), Henri Tomasi (*L'Élixir du révérend père Gaucher*, 1962 ; *Le Silence de la mer*, 1964).

GRANDE-BRETAGNE

Welsh National Opera (Cardiff)

Fondé en 1946, il succède à la Welsh National Opera Company, qui avait eu une activité importante à la fin du XIXe siècle, et à la Cardiff Grand Opera Society (1924-34). Il possède son propre orchestre à partir de 1970. Il a le statut d'opéra régional et donne des représentations dans l'ensemble du pays de Galles et le sud de l'Angleterre.

Directeurs généraux : Albert Francis (1968-75), Brian Mc Master (1976-91), Matthew Epstein (depuis 1991).

Directeurs musicaux : Idloes Owen (1946-52), Vilem Tausky (1955-56), Warwick Braithwaite (1956-61), Charles Groves (1961-63), Bryan Balkwill (1963-67), James Lockhart (1968-73), Richard Armstrong (1973-86), Charles Mackerras (1987-92), Carlo Rizzi (depuis 1992).

CRÉATION : œuvre d'Alun Hoddinott (*The Beach of Falesa,* 1974). Première britannique de *Lulu* (Berg, 1971).

Scottish Opera (Glasgow)

Fondé en 1962, il a le statut d'opéra régional. A partir de 1967, il participe au Festival d'Édimbourg. Depuis 1976, il a son siège au King's Theatre de Glasgow (inauguré en 1867 et entièrement restauré). En dehors de la saison à Glasgow, le Scottish Opera Go Round donne chaque année une cinquantaine de représentations en Écosse, en Irlande du Nord et au pays de Galles.

Directeurs : Peter Hemmings (1962-77), Peter Ebert (1977-80), John Cox (1981-84), Richard Mantle, Richard Jarman.

Directeurs de la musique : Sir Alexander Gibson (1962-87), John Mauceri (1987-93), Richard Armstrong (depuis 1993).

COMMANDE : œuvres de Judith Weir (*The Vanishing Bridegroom*, 1990).

CRÉATIONS : œuvres de Iain Hamilton (*The Catiline Conspiracy*, 1974), Edward Harper (*Hedda Gabler*, 1985), Thea Musgrave (*Mary, Queen of Scots*, 1977), Robin Orr (*Full Circle*, 1968, *Hermiston*, 1975 ; *On the Razzle*, 1988).

Festival de Glyndebourne

Fondé en 1934 par John Christie et sa femme, Audrey Mildmay. Les représentations ont lieu dans un petit théâtre (de 300 places à l'origine, 800 places par la suite) situé au cœur même de la propriété du fondateur. En 1992, ce bâtiment est démoli et remplacé par un théâtre plus vaste (1 200 places) conçu par l'architecte Michael Hopkins. L'inauguration a lieu le 28 mai 1994 avec *Les Noces de Figaro*, soixante ans jour pour jour après la première représentation donnée à Glyndebourne. A l'origine consacré aux opéras de Mozart, le répertoire s'élargit progressivement jusqu'aux ouvrages contemporains, cinq ou six productions différentes étant présentées chaque année. Après l'interruption de la guerre, les représentations reprennent en 1946 et 1947, cessent à nouveau, et ne retrouvent leur rythme véritable qu'en 1950, lorsque les problèmes de financement sont résolus. Le Festival fonctionne grâce au mécénat privé et au mécénat d'entreprises. Depuis 1968, les treize semaines de la saison (mai-août) sont prolongées par le Glyndebourne Touring Opera qui effectue une tournée en Grande-Bretagne à l'automne. Le Festival fait appel à de jeunes chanteurs dont la plupart sont devenus illustres, tels Kathleen Ferrier, Janet Baker, Thomas Allen. Jusqu'en 1964, le Royal Philharmonic Orchestra assurait les services d'orchestre. Il a été remplacé par l'Orchestre Philharmonique de Londres. La tournée d'automne (Glyndebourne Touring Opera) a été assurée successivement par le Northern Sinfonia (1968-73), le Bournemouth Sinfonietta (1974-87) et le London Sinfonietta. Le Glyndebourne Touring Opera dispose aujourd'hui de son propre orchestre.

Directeurs artistiques : Carl Ebert (1934-59), Günther Rennert (1960-67), Franco Enriquez (1968-69), John Cox (1970-81), Sir Peter Hall (1983-90).

Directeurs musicaux : Fritz Busch (1934-51), Vittorio Gui (1951-60), Sir John Pritchard (1960-77), Bernard Haitink (1977-88), Andrew Davis (depuis 1988).

Administrateurs : Alfred Nightingale (1934-35), Rudolf Bing (1935-49), Moran Caplat (1949-81), Brian Dickie (1981-88), Anthony Witworth-Jones (depuis 1989).

CRÉATIONS : œuvres de Harrison Birtwistle (*The Second Mrs Kong*, 1994), Benjamin Britten (*Le Viol de Lucrèce,* 1946 ; *Albert Herring,* 1947), Oliver Knussen (*Where the Wild Things are,* 1984), Nicholas Maw (*The Rising of the Moon,* 1970), Nigel Osborne (*The Electrification of the Soviet Union,* 1987), Michael Tippett (*New Year,* 1990).

Royal Opera House, Covent Garden (Londres)

Construit en 1858, au même emplacement que ses deux prédécesseurs. Depuis 1946, il est la résidence de l'Opéra royal (jusqu'en 1968, Covent Garden Opera) et du Ballet royal (jusqu'en 1956, Sadler's Wells Ballet). Le 7 décembre 1732 fut construit le premier théâtre, où furent créées plusieurs œuvres de Haendel (*Ariodante*, *Alcina*, *Atalante*, *Bérénice...*) et la première londonienne du *Messie*, en 1743. Le 18 septembre 1809 fut inauguré le second théâtre (le premier ayant brûlé le 19 septembre 1808) où fut créé *Obéron*, le 12 avril 1826, et qui est devenu le Théâtre Italien en 1847. Le 5 mars 1856, le théâtre brûle et rouvre le 15 mai 1858 avec *Les Huguenots.* De 1896 à 1924, le Syndicat du Grand Opéra contrôle le théâtre, sous la direction de plusieurs imprésarios et directeurs musicaux. De 1897 à 1900, Maurice Grau dirige Covent Garden et le Met ; de 1901 à 1904, André Messager dirige Covent Garden et l'Opéra-Comique ; il continue trois ans comme imprésario, avec comme directeur, successivement, Neil Forsythe, Hans Richter et Percy Pitt. Ces deux derniers, chefs d'orchestre, élaborent le plan d'un opéra anglais, concrétisé par une représentation historique de la *Tétralogie*, en janvier 1908, sous la direction de Richter. En 1910, Thomas Beecham inaugure une série de saisons de printemps et d'automne, où il crée en Angleterre les opéras de Richard Strauss, ainsi que *Roméo et Juliette au Village* (Delius) et *The Wreckers* (Ethel Smyth). Fermé pendant la Première Guerre mondiale, il rouvre avec Beecham, qui avait pendant les hostilités fondé la Beecham Opera Company. Suite à des difficultés financières, la British National Opera Company prend possession de Covent Garden de 1922 à 1924. On crée alors *The Perfect Fool* de Holst (1923). On décide alors de revenir à l'ancienne idée de l'opéra international. De 1924 à 1931, Bruno Walter compose des brillantes saisons d'opéras allemands avec Lotte Lehmann, Elisabeth Schumann, Melchior, Schorr, Mayr... Entre 1929 et 1931, l'opéra italien est également très bien représenté avec Rosa Ponselle, Gigli, Pertile, Stabile et Pinza. A la suite de la dépression, Beecham revient et dirige en 1932 une saison Wagner. De 1933 à 1939, la direction est assurée par Beecham et Geoffrey Toye. Mozart et Wagner sont dirigés par Furtwängler, Weingartner, Reiner et Beecham.

Durant la Seconde Guerre mondiale, Covent Garden devient une salle de bal. Entre 1945 et 1975, il dispose d'une troupe de chanteurs anglais qui, selon le système de la *stagione*, donnent plus de 4 000 spectacles : Joan Sutherland, Josephine Veasey, Gwyneth Jones, Yvonne Minton, Jon Vickers, Geraint Evans... s'imposent à l'échelon international.

Directeurs généraux : Sir David Webster (1946-71), Sir John Tooley (1971-88), Jeremy Isaacs (depuis 1988).

Directeurs de la musique : Karl Rankl (1946-51), Rafael Kubelík (1955-58), Sir Georg Solti (1961-71), Sir Colin Davis (1971-86), Bernard Haitink (depuis 1987).

CRÉATIONS : œuvres de Richard Rodney Bennett (*Victory,* 1970), Harrison Birtwistle (*Sir Gawain and the Green Knight,* 1991), Arthur Bliss (*The Olympians,* 1949), Benjamin Britten (*Billy Budd,* 1951 ; *Gloriana,* 1953, pour le couronnement d'Elisabeth II), Hans Werner Henze (*We Come to the River,* 1976), Gustav Holst (*The

Perfect Fool, 1923), Jules Massenet (*La Navarraise,* 1894), Nicholas Maw (*The World in the Evening,* 1988), Peter Maxwell Davies (*Taverner,* 1972), Michael Tippett (*The Midsummer Marriage,* 1955 ; *King Priam,* 1962 ; *The Knot Garden,* 1970 ; *The Ice-Break,* 1977), Ralph Vaughan Williams (*The Pilgrim's Progress,* 1951), William Walton (*Troïlus and Cressida,* 1954), Carl Maria von Weber (*Obéron,* 1826).

Œuvres symphoniques commandées pour l'Orchestre de Covent Garden : Robin Holloway (*Wagner Nights*, 1990), Colin Matthews (*Cortège*, 1989), Mark Anthony Turnage (*Some Days*, 1991).

English National Opera (Londres)

Le Théâtre de Sadler's Wells a été construit en 1765. Restauré en 1925, il devient une scène lyrique en 1931 et fusionne avec l'Old Vic Opera. Il s'impose comme le deuxième théâtre lyrique anglais, orientant ses activités vers la production de spectacles en langue anglaise, la présentation d'œuvres contemporaines et les tournées en province qui en font un opéra itinérant. En 1968, il s'installe dans la salle du London Coliseum et prend en 1974 le nom d'English National Opera.

Directeurs : Lilian Baylis (1931-37), Tyrone Guthrie, Joan Cross (1943-45), Clive Carey (1946-47), Norman Tucker (1948-66), avec James Robertson et Michael Mudie (1953) et James Robertson (1953-54), Stephen Arlen (1966-72), comte de Harewood (1972-85), Peter Jonas (1985-93), Dennis Mark (depuis 1993).

Directeurs musicaux : Charles Corri (1er chef, 1931-35), Warwick Braithwaite (1er chef, 1932-40), Lawrance Collingwood (1er chef, 1940-47), James Robertson (1946-54), Sir Alexander Gibson (1957-59), Sir Colin Davis (1961-65), Bryan Balkwill (1966-69), Sir Charles Mackerras (1970-78), Sir Charles Groves (1978-79), Mark Elder (1979-93), Sian Edwards (depuis 1993).

CRÉATIONS : œuvres de Richard Rodney Bennett (*The Mines of Sulfur*, 1965), Lennox Berkeley (*Nelson*, 1953), Harrison Birtwistle (*The Mask of Orpheus*, 1986), Benjamin Britten (*Peter Grimes*, 1945), John Buller (*Bakxai*, 1992, commande), Jonathan Harvey (*Inquest of Love*, commande, 1993), Robin Holloway (*Clarissa*, 1990), Judith Weir (*Blond Eckbert*, commande, 1994).

Des cycles d'opéras de Janáček et la *Tétralogie*, dirigée par Goodall en anglais, en 1973, comptent parmi les dates marquantes de ce théâtre.

HONGRIE

Opéra de Budapest
(Magyar Állami Operaház)

Fondé en 1837.

Il donne ses représentations au Théâtre National jusqu'en 1884, date de la construction de l'Opéra Royal Hongrois devenu Opéra National.

Directeurs : Pál Komáromi (1945-46), Aladár Tóth (1946-56), Imre Palló (1957-58), Kálmán Nádasdy (1959-66), Miklós Lukács (1967-78), András Mihály (1978-86), Emil Petrovics (depuis 1986).

Directeurs musicaux et chefs permanents : Ferenc Erkel (1834-74), Hans Richter (1871-75), Sándor Erkel (1876-86, 1er chef de 1874 à 1900), Gustav Mahler (1888-91), Arthur Nikisch (1893-95), Kerner (1895-1929, directeur de l'Opéra en 1919-20, directeur de la musique en 1927-29), Egisto Tango (1913-19), Sergio Failoni (1928-48), Issaï Dobrowen (1936-39), Otto Klemperer (directeur de la musique, 1947-50), János Ferencsik (directeur de la musique, 1950-73 et 1978-84), István Kertész (1955-58), András Kórody

(1946-73, 1er chef, 1973-86), Ervin Lukács (directeur musical depuis 1987), János Kovacs (1er chef depuis 1986).

CRÉATIONS : œuvres de Sándor Balassa (*The Man outside,* 1978), Béla Bartók (*Le Château de Barbe-Bleue,* 1918), Attila Bozay (*Csongor et Tünde,* 1986), Ernö Dohnányi (*Le Ténor,* 1929), Zsolt Durkó (*Moïse,* 1977), Ferenc Erkel (*Sarolta,* 1862 ; *István Király,* 1885), Jenö Hubay (*Anna Karenina,* 1932), Zoltán Kodály (*Hary János,* 1926), István Láng (*Mario et le magicien,* 1964), Emil Petrovics (*C'est la guerre,* 1966 ; *Crime et Châtiment,* 1969), Sándor Szokolay (*Les Noces sanglantes,* 1964 ; *Hamlet,* 1968 ; *Samson,* 1973 ; *Ecce Homo,* 1987).

ITALIE

Teatro comunale (Bologne)

Construit entre 1756 et 1763 par Antonio Bibiena, inauguré en 1763 avec *Il trionfi di Clelia* de Gluck. On y représente pour la première fois un ouvrage de Wagner en Italie (*Lohengrin*, 1987 ; puis *Tannhäuser*, 1872 ; *Le Vaisseau fantôme*, 1877 ; *Tristan et Isolde*, 1888 ; *Parsifal,* 1914).

Surintendants : Carlo Alberto Cappelli, Carlo Maria Badini, Giorgio Festi (jusqu'en 1984), Carlo Fontana (1984-90), Sergio Escobar (depuis 1990).

Directeurs artistiques : Angelo Mariani (1860-73), Riccardo Nielsen (1946-50), Valentino Bucchi (1963-65), Guido Turchi (1968-70), Pietro Rattalino, Maria Francesca Siciliani (jusqu'en 1985), Gianni Tangucci (1985-87), Luciano Chailly, Luigi Ferrari (1987-91), Gioacchino Lanza Tomasi (depuis 1991).

Chefs permanents : Luigi Mancinelli (1881-86), Zoltán Peskó (1974-76), Peter Maag (1984), Riccardo Chailly (1986-89).

CRÉATIONS : œuvres d'Arrigo Boito (*Mefistofele*, version définitive, 1875), Luciano Chailly (*Il canto del cigno*, 1957), Luigi Mancinelli (*Paolo e Francesca*, 1907), Giacomo Manzoni (*Per Massimiliano Robespierre*, 1975), Saverio Mercadante (*Maria Stuarda regina di Scozia*, 1821), Giacomo Orefice (*L'Oasi*, 1885 ; *Consuelo*, 1985), Fabio Vacchi (*Il viaggio*, 1990), Giuseppe Verdi (*Don Carlo*, version italienne, 1867).

Mai Musical Florentin et Teatro Comunale

Fondé en 1933 par Vittorio Gui, il vient compléter la saison du Teatro Comunale fondé en 1864 sous le nom de Teatro Politeama Fiorentino Vittorio Emanuele. Florence est l'une des villes où la tradition lyrique y est la plus ancienne puisqu'on y a créé le premier opéra de l'histoire, *Dafne* de Peri en 1597. Au siècle suivant, les représentations se déroulent sur la scène des théâtres des cours. Le Teatro della Pergola ouvre ses portes en 1656 qui accueillera la création de *Parisina* (1833) et *Rosmonda d'Inghilterra* (1834) de Donizetti et *Macbeth* (1847) de Verdi.

Surintendants : Mario Labroca (1936-44), Pariso Votto (1944-64), Remigio Paone (1965-70), Nicola Pinto (1970-74), Massimo Bogianckino (1976-82), Francesco Romano (1982-86), Giorgio Vidusso (1986-90), Massimo Bogianckino (depuis 1990).

Directeurs artistiques : Vittorio Gui (1933-36), Francesco Siciliani (1948-57), Roman Vlad (1963-64), Luciano Alberti (1966-75), Flavio Testi (1976-77), Luciano Alberti (1978-84), Bruno Bartoletti (1988-91), Cesare Mazzonis (depuis 1992).

Chefs d'orchestre permanents : Vittorio Gui (1933-36), Mario Rossi (1937-44), Ettore Gracis (1948-50), Bruno Bartoletti (1957-64), Riccardo Muti (1969-81), Zubin Mehta (depuis 1985).

CRÉATIONS : œuvres de Henk Badings (*Orestes*, 1954), Valentino Bucchi (*Il contrabbasso,* 1954), Sylvano Bussotti (*L'Ispirazione,* 1988), Alfredo Casella (*Il deserto tentato,* 1937), Mario Castelnuovo-Tedesco (*Aucassin et Nicolette,* spectacle de marionnettes, 1952 ; *Il mercanto di Venezia,* 1961), Luigi Dallapiccola (*Vol de nuit,* 1940 ; *Le Prisonnier,* 1950), Vito Frazzi (*Re Lear,* 1939 ; *Don Chisciotte,* 1952), Gian Francesco Malipiero (*Antonio e Cleopatra,* 1968 ; *Le Fils prodigue,* 1957), Luigi Nono (*Das atmende Klarsein*, 1981), Marcello Panni (*Hanjo*, 1994), Ildebrando Pizzetti (*Orsèolo*, 1935 ; *Vanna Lupa*, 1949 ; *Ifigenia*, 1951), Salvatore Sciarrino (*Aspern*, 1978), Fabio Vacchi (*Girotondo*, commande, 1982).

Teatro Carlo Felice (Gênes)

Fondé en 1828, la soirée inaugurale du 7 avril 1828 est consacrée à *Bianca e Fernando* de Bellini. Le théâtre, construit à l'initiative du roi Carlo Felice par l'architecte Carlo Barabino entre 1821 et 1828, comporte une salle de 2 500 places. Détruit par les bombardements de 1943, il a été partiellement restauré pour rouvrir ses portes en 1962. En 1987, l'ensemble du théâtre, à l'exception de la façade, a été abattu pour laisser la place à un nouveau bâtiment inauguré en 1992 pour le cinquième centenaire de la découverte de l'Amérique par Christophe Colomb.

Surintendants : Celeste Gandolfo Lanfranco (1945-72), Giovanni Ugo (1973-77), Gelasio Adamoli (1977-78), Franco Ragazzi (1978-87), Giulio Terracini (1987-91), Francesco Ernani (depuis 1991).

Directeurs artistiques : Angelo Mariani (1852-73), Giovanni Rossi (1873-79), Luciano Cortese (1969), Felice Quaranta (1970), Bruno Martinotti (1972-74), Fernando Previtali (1975), Aladar Janes (1976-77), Pietro Rattalino (1977-80), Aldo Rocchi (1981), Luciano Chailly (1983-85), Luciano Alberti (1985-87), Gianni Tangucci (commissaire extraordinaire, 1987), Alberto Zedda (1992), Niccolò Parente (1992-94), Roman Vlad (depuis 1994).

Chefs permanents : Alceo Galliera (1957-60), Daniel Oren (1986-89).

CRÉATIONS : œuvres de Franco Alfano (*Il principe Zilah*, 1909), Luciano Chailly (*Vassiliev*, 1967), Luigi Cortese (*La notte veneziana*, 1972), Gaetano Donizetti (*La regina di Golconda*, 1828), Alberto Franchetti (*Cristoforo Colombo*, 1892), Sofia Goubaïdoulina (*Orazione per l'era di Acquario*, 1991), Gian Francesco Malipiero (*Giulio Cesare*, 1936), Riccardo Malipiero (*Battono alla porta*, 1963), Giacomo Orefice (*Mosè*, 1905), Marco Tutino (*Pinocchio*, 1985).

Scala de Milan

Fondé en 1778, le Teatro alla Scala remplace le théâtre ducal qui avait brûlé deux ans plus tôt. L'inauguration a lieu le 3 août 1778 avec *Europa riconosciuta* de Salieri. Le bâtiment, de style néoclassique, est construit sur l'emplacement de l'ancienne église S. Maria alla Scala d'où provient le nom du théâtre. Au cours du XIXe siècle, le théâtre est essentiellement dirigé par des imprésarios : Balocchino et Crivelli, auxquels succède la direction des Théâtres impériaux et royaux ; le théâtre connaît ensuite une série de directeurs – Domenico Barbaja (1826-32), Bartolomeo Merelli (1836-50) – avant de revenir au système de l'exploitation de la salle par des imprésarios, notamment Merelli (1860-63). La Scala connaîtra le premier grand directeur de son histoire en la personne de Giulio Gatti-Casazza (1897-1908) qui en bouleverse le fonctionnement et ouvre les portes au XXe siècle. L'édifice restera intact jusqu'au bombardement d'août 1943 mais sera reconstruit à l'identique et inauguré à nouveau en 1946. Depuis 1921, la Scala est administrée par une Ente Autonomo qui regroupe les différents organismes qui la subventionnent. En 1955 a été ouverte la Piccola Scala, théâtre réservé aux opéras de chambre. La personnalité d'Arturo Toscanini a marqué profondément la Scala pendant un demi-siècle. Il y est chef permanent de 1898 à 1903, puis de 1906 à 1908 avant de revenir comme directeur artistique au sein d'un triumvirat regroupant également Emilio Caldara et Luigi Albertini (1921-29).

Surintendants : Erardo Trentinaglia (1931-35), Jenner Mataloni (1935-41), Carlo Gatti (1941-44), Gino Marinuzzi

(1944-45, 1er chef en 1934-35), Antonio Ghiringhelli (1948-72, commissaire extraordinaire de 1945 à 1948), Paolo Grassi (1972-77), Carlo Maria Badini (1977-90), Carlo Fontana (depuis 1990).

Directeurs artistiques : Mario Rossi (1945), Tullio Serafin (1946-47), Mario Labroca (1947-49), Francesco Siciliani (1957-66), Victor De Sabata (surintendant artistique, 1953-57 ; conseiller artistique, 1957-63), Gianandrea Gavazzeni (1966-68), Luciano Chailly (1968-71), Massimo Bogianckino (1972-75), Francesco Siciliani (conseiller artistique, 1975-76), Claudio Abbado (1977-79), Francesco Siciliani (1980-83), Cesare Mazzonis (1983-92), Alberto Zedda (1992-93).

Directeurs de la musique : Franco Capuana (1949-51), Carlo Maria Giulini (1951-56), Guido Cantelli (1956), Nino Sanzogno (1962-65), Claudio Abbado (1968-86), Riccardo Muti (depuis 1986).

Parmi les chefs permanents qui ont fait l'essentiel de leur carrière à la Scala, Tullio Serafin (de 1910 à 1947, directeur musical 1910-13), Franco Ghione, Antonio Guarnieri (1929-50), Franco Capuana (1937-40 puis 1946-52), Fernando Previtali (1942-43, puis 1946-48), Francesco Molinari-Pradelli (depuis 1946), Antonino Votto (depuis 1948), Nello Santi, Alberto Erede...

CRÉATIONS : œuvres de Vincenzo Bellini (*Le Pirate*, 1827 ; *Norma*, 1831), Luciano Berio (*Passagio*, 1963 ; *La vera storia*, 1982 ; *Un rè in ascolto*, 1986), Arrigo Boito (*Mefistofele*, 1868 ; *Nerone*, 1924), Sylvano Bussotti (*Le Racine*, 1980 ; *Cristallo di rocca*, 1983), Luciano Chailly (*Era proibito*, 1961), Azio Corghi (*Blimunda*, 1990), Franco Donatoni (*Atem*, 1985), Gaetano Donizetti (*Lucrèce Borgia*, 1833 ; *Gemma di Vergy*, 1834), Manuel de Falla (*L'Atlantide*, 1962), Giorgio Federico Ghedini (*Les bacchantes*, 1948), Gian Francesco Malipiero (*L'allegra brigata*, 1950), Giacomo Manzoni (*Dr Faustus*, 1989), Pietro Mascagni (*Nerone*, 1935), Darius Milhaud (*David*, 1954), Luigi Nono (*Au grand soleil d'amour chargé*, 1975 ; *Prométhée*, 1985), Carl Orff (*Le Triomphe d'Aphrodite*, 1953), Goffredo Petrassi (*Il cordovano*, 1949), Ildebrando Pizzetti (*Phèdre*, 1915 ; *Deborah et Jahel*, 1922 ; *L'Oro*, 1947 ; *Meurtre dans la cathédrale*, 1958 ; *Il calzare d'argento*, 1961), Amilcare Ponchielli (*La Gioconda*, 1876), Francis Poulenc (*Dialogues des carmélites*, 1957), Giacomo Puccini (*Edgar*, 1889 ; *Madame Butterfly*, 1904 ; *Turandot*, 1926), Ottorino Respighi (*Belfagor*, 1923), Gioacchino Rossini (*Le Turc en Italie*, 1814 ; *La Pie voleuse*, 1817), Nino Rota (*La notte di un nevrastenico*, 1960), Karlheinz Stockhausen (*Samstag aus Licht*, 1984 ; *Montag aus Licht*, 1988), Flavio Testi (*Riccardo III*, 1987), Giuseppe Verdi (*Oberto*, 1839 ; *Un jour de règne*, 1840 ; *Nabucco*, 1842 ; *Les Lombards*, 1843 ; *Otello*, 1887 ; *Falstaff*, 1893).

La saison, qui commence le 7 décembre, comporte une centaine de représentations et est suivie d'une saison symphonique (automne). L'orchestre se compose de 137 instrumentistes. Le chœur (105 membres), dirigé par Vittore Veneziani à l'époque de Toscanini (1921-54), a été ensuite confié à Norberto Mola (1954-63), Roberto Benaglio (1963-71), Romano Gandolfi (1971-83), Giulio Bertola (1983-92), Roberto Gabbiani (depuis 1992).

San Carlo (Naples)

Le théâtre est inauguré en 1737. Il brûle en 1816 mais, rebâti en six mois, est remplacé par l'édifice actuel modernisé en 1844 et 1929.

Surintendants : Pasquale Di Costanzo (1946-75), Carlo Lessona (commissaire extraordinaire), Francesco Canessa (1983-87), Renzo Giacchieri (1988-90), Francesco Canessa (depuis 1990).

Directeurs artistiques : Francesco Siciliani (1941-43 et 1948-49), Ugo Rapalo (1946-47), Guido Pannain, Carlo Jachino (1961-69), Lucio Parisi, Elio Boncompagni, Roberto De Simone (1983-88), Niccolò Parente (1988-92), Filipp Zigante (depuis 1992).

Chefs permanents et directeurs musicaux : Vittorio Gui (1912-15), Franco Capuana (1930-37), Francesco Molinari-Pradelli, Franco Mannino (1969-70), Fernando Previtali (1972-), Elio Boncompagni, Daniel Oren (1984-85), Daniel Nazareth (1989-90), Daniel Oren (1990-93), Salvatore Accardo (depuis 1993).

CRÉATIONS : œuvres de Vincenzo Bellino (*Bianca e Fernando*, 1826), Gaetano Donizetti (*L'esule di Roma*, 1828 ; *Il castello di Kenilworth*, 1829 ; *Pazzi per progetto*, 1830 ; *Fausta*, 1832 ; *Marie Stuart*, 1834 ; *Lucia di Lammermoor*, 1835 ; *Roberto Devereux*, 1837 ; *Poliuto*, 1848), Gian Francesco Malipiero (*La vita è sogno*, 1943 ; *Il Capitan Spavento*, 1963 ; *Don Giovanni*, 1963), Franco Mannino (*Vivi*, 1957), Saverio Mercadante (*Elena da Feltre*, 1838 ; *La Vestale*, 1840 ; *Gli Orazi ed i Curiazi*, 1846 ; *Virginia*, 1866), Modeste Moussorgski (*Salammbô*, version scénique, 1983), Giuseppe Mulè (*Liolà*, 1935), Giovanni Pacini (*L'ultimo giorno di Pompei*, 1825 ; *Saffo*, 1840 ; *La fidanzata corsa*, 1842), Giovanni Paisiello (*Pirro*, 1787), Renzo Rossellini (*La guerra*, 1956), Gioacchino Rossini (*Elisabeth, reine d'Angleterre*, 1815 ; *Armida*, 1817 ; *Moïse en Égypte*, 1818 ; *La donna del lago*, 1819 ; *Mahomet II*, 1820 ; *Zelmira*, 1822), Nino Rota (*Fantasia tricromatica*, ballet, 1961 ; *Aladino e la lampada magica*, 1968), Giuseppe Verdi (*Alzira*, 1845 ; *Luisa Miller*, 1849).

Teatro dell'Opera (Rome)

Les premières représentations d'opéra se déroulent à Rome dans les premières années du XVIIe siècle : on y joue *Eumelio* d'Agazzari en 1606. En 1670 est inauguré le Teatro Torre di Nona. Il ferme entre 1674 et 1690, puis est démoli en 1697, reconstruit en 1733 avant de brûler en 1781, d'être reconstruit en 1787. En 1795, il subit d'importantes modifications et rouvre sous le nom de Teatro Apollo. Il est démoli en 1888. L'opéra se joue alors au Teatro Costanzi, œuvre de l'architecte Achille Sfondini, inauguré le 27 novembre 1880 avec *Sémiramis* de Rossini. A nouveau modifié en 1928, il prend le nom de Teatro reale dell'Opera avant de devenir le Teatro dell'Opera en 1946.

Surintendants : Carlo Latini, Roman Vlad (1980-82), Alberto Antignani (1983-89), Ferdinando Pinto (commissaire à la surintendance, 1989-91), Gian Paolo Cresci (1991-94), Giorgio Vidusso (depuis 1994).

Directeurs artistiques : Edoardo Sonzogno (1888-), Giuseppe Lamperti, Pietro Mascagni et Emma Carelli (1911-26), Gino Marinuzzi (1928-34), Tullio Serafin (1934-43), Oliviero De Fabritiis (1943-44), Gabriele Santini (1944-47), Riccardo Vitale, Tullio Serafin (conseiller artistique 1962-63), Massimo Bogianckino (1963-68), Mario Zafred (1968-74), Gioacchino Lanza Tomasi (jusqu'en 1984), Bruno Cagli (1984-1990), Gian Carlo Menotti (1992-94).

Chefs permanents : Luigi Mancinelli (1875-81), Edoardo Mascheroni (1884-87), Leopoldo Mugnone (1888-), Egisto Tango (1911-19), Gino Marinuzzi (1928-34), Oliviero De Fabritiis (1934-61), Bruno Bartoletti (1965-73), Guanluigi Gelmetti (1984-86), Gustav Kuhn (1986-).

CRÉATIONS : œuvres de Sylvano Bussotti (*Phèdre*, 1988), Alfredo Casella (*La donna serpente*, 1932), Luciano Chailly (*L'Idiota*, 1970), Gaetano Donizetti (*Zoraïde*, 1822), Morton Feldman (*Neither*, 1977), Lorenzo Ferrero (*Salvatore Giuliano*, 1986 ; *Charlotte Corday*, 1989), Adriano Lualdi (*Le nozze di Haura*, 1943 ; *La luna dei Caraibi*, 1953), Gian Francesco Malipiero (*I capricci di Callot*, 1942), Franco Mannino (*La stirpe di Davide*, 1962 ; *Il quadro delle meraviglie*, 1963), Pietro Mascagni (*Cavalleria rusticana*, 1890 ; *L'Ami Fritz*, 1891 ; *Iris*, 1898 ; *Lodoletta*, 1917 ; *Il piccolo Marat*, 1921), Virgilio Mortari (*Il contratto*, 1964), Giuseppe Mulè (*Dafni*, 1928), Ildebrando Pizzetti (*Lo straniero*, 1930), Giacomo Puccini (*Tosca*, 1900), Ottorino Respighi (*La fiamma*, 1934), Gioacchino Rossini (*Le Barbier de Séville*, 1816 ; *Mathilde de Sabran*, 1821), Giuseppe Verdi (*I due Foscari*, 1844 ; *La Battaglia de Legnano*, 1840 ; *Le Trouvère*, 1853 ; *Un bal masqué*, 1859), Ermanno Wolf-Ferrari (*La vedova scaltra*, 1931), Riccardo Zandonai (*Giulietta e Romeo*, 1922 ; *La farsa amorosa*, 1933).

Teatro Regio (Turin)

Inauguré le 26 décembre 1740 avec l'*Arsace* de Francesco Feo, il change souvent de nom au cours de son histoire : Teatro nazionale (1799), Teatro delle Arti (1801), Teatro imperiale (1805-14). La gestion est assurée par la Società dei

Cavalieri, sauf entre 1798 et 1824, où elle est confiée à des imprésarios privés. Puis le théâtre passe en régie à partir de 1833 avant de devenir municipal en 1870. On y donne la première représentation italienne de la *Tétralogie* de Wagner (1883) et de *Salomé* de R. Strauss (1906). Arturo Toscanini y dirige pour la première fois en 1895. D'importants travaux de restauration nécessitent la fermeture du théâtre entre 1902 et 1905. En 1936, un incendie entraîne une nouvelle fermeture. Mais les travaux sont retardés à cause de la guerre. Ce n'est finalement qu'en 1963 que sera posée la première pierre du nouveau projet, l'édifice restauré étant inauguré le 13 avril 1973 avec *Les Vêpres siciliennes* dans une mise en scène de Maria Callas et Giuseppe Di Stefano. Pendant la durée des travaux, les représentations se déroulent dans divers théâtres : Teatro Vittorio Emanuele, Teatro Carignano, Teatro della Moda, Teatro Alfieri, Teatro nuovo (1960-73). En 1945, le Teatro regio devient Ente municipale lirica e concerti puis Ente autonomo.

Surintendants : Ferruccio Negrelli (1945-60), Alberto Tedeschi (1960-71), Giuseppe Erba (1971-86), Ezio Zefferi (1986-90), Elda Tessore (commissaire à la surintendance, depuis 1990).

Directeurs artistiques : Guido M. Gatti, Gaetano De Napoli (1960-62), Maurizio Vico (1963-68), Giorgio Ferrari (1969-71), Fulvio Vernizzi (1971-72), Luciano Chailly (1972-74), Peter Maag (1974-76), Gianpiero Taverna (1976-79), Piero Rattalino (1981-91), Carlo Mayer (depuis 1991).

Chefs permanents : Carlo Pedrotti (1868-82), Edoardo Mascheroni, Giovanni Bolzoni (1884-89), Arturo Toscanini (1895-98 et 1905-06), Vittorio Gui (1925-27), Fernando Previtali (1971), Bruno Campanella.

CRÉATIONS : œuvres de Franco Alfano (*Risurrezione*, 1906), Giovanni Bottesini (*Ero e Leandro*, 1879), Mario Castelnuovo-Tedesco (*La Mandragola*, 1926), Alfredo Catalani (*Elda*, 1880 ; *Loreley*, 1890), Luigi Cherubini (*Ifigenia in Aulide*, 1788), Azio Corghi (*Gargantua*, 1984), Saverio Mercadante (*Didone abbandonata*, 1823 ; *Nitocri*, 1824 ; *I Normanni a Parigi*, 1832 ; *Francesco Donato*, 1835 ; *Il Regente*, 1843), Italo Montemezzi (*Hellera*, 1909), Otto Nicolai (*Il templario*, 1840), Giacomo Orefice (*Mariska*, 1889), Giovanni Pacini (*La regina di Cipro*, 1846), Giacomo Puccini (*Manon Lescaut*, 1893 ; *La Bohème*, 1896), Gaetano Pugnani (*Issea*, 1771 ; *Aurora*, 1775 ; *Achille in Scirio*, 1785 ; *Demofoonte*, 1787 ; *Demetrio a Rodi*, 1789), Riccardo Zandonai (*Francesca da Rimini*, 1914).

Théâtre de la Fenice (Venise)

Inauguré le 16 mai 1792 avec *I Giuochi d'Agrigento* de Paisiello, il brûle en 1836, est reconstruit l'année suivante, modernisé et restauré en 1854 et 1938. Depuis 1936, il fonctionne comme Ente autonomo. Sa saison est courte (environ trois mois), complétée par des concerts symphoniques et la Biennale de Venise. La tradition lyrique était solidement implantée à Venise depuis près de deux siècles au moment de la construction de la Fenice. L'actuel théâtre a remplacé l'ancien Théâtre San Benedetto, détruit en 1774, où avaient lieu les représentations d'opéra.

En 1936, le théâtre passe entre les mains de la Ville de Venise qui crée un Ente autonomo sur le modèle de celui qui régit la Scala de Milan depuis 1921.

Surintendants : Goffredo Petrassi (1937-40), Virgilio Mortari (1946-47), Erardo Trentinaglia (1947-), Virgilio Mortari (1959-73), Floris Luigi Ammannati, Lamberto Trezzini (jusqu'en 1986), Giuseppe La Monaca (1986-88), Lorenzo Jorio (1989-93), Gian Franco Pontel (depuis 1993).

Directeurs artistiques : Ernino Fontanta (1936-), Mario Labroca (1946-47), Virgilio Mortari (1955-59), Mario Labroca (1959-73), Floris Luigi Ammannati, Sylvano Bussotti (1976-77), Italo Gomez (jusqu'en 1987), Gianni Tangucci (1987-91), John Fisher (1991-92), Mario Messinis (1992-93), Francesco Siciliani (depuis 1993).

Chefs permanents : Nino Sanzogno (1937-39), Oliviero De Fabritiis, Giacomo Morelli, Ettore Gracis 1959-70), Jesús López Cobos (1970-71), Zoltán Peskó (1976-78), Eliahu Inbal (1985-88), Vjekoslav Šutej (depuis 1990).

CRÉATIONS : œuvres de Vincenzo Bellini (*Capulets et Montaigus*, 1830 ; *Béatrice de*

Tende, 1833), Luciano Berio (*Allez-Hop,* 1959), Benjamin Britten (*Le Trou d'écrou,* 1954), Sylvano Bussotti (*Lorenzaccio,* 1973), Niccolò Castiglioni (*The Fair Prince,* 1981), Domenico Cimarosa (*Les Horace et les Curiace,* 1796 ; *Artemisia,* 1801), Luigi Dallapiccola (*Marsia,* 1948), Gaetano Donizetti (*Anna Bolena,* 1830 ; *Belisario,* 1836 ; *Maria di Rudenz,* 1838), Giorgio Federico Ghedini (*Re Hassan,* 1939), Hans Werner Henze (*Élégie pour de jeunes amants,* version révisée, 1988), Ruggero Leoncavallo (*La Bohème,* 1897), Adriano Lualdi (*La granceola,* 1932), Bruno Maderna (*Hyperion,* 1964), Gian Francesco Malipiero (*Le metamorfosi di Bonaventura,* 1966 ; *Don Tartuffo bacchettone,* 1970), Pietro Mascagni (*Le Maschere,* 1901), Giacomo Meyerbeer (*Il crociato in Egitto,* 1824), Luigi Nono (*Intolleranza,* 1960), Giacomo Orefice (*Il pane d'altrui,* 1907), Serge Prokofiev (*L'Ange de feu,* 1955), Gioacchino Rossini (*Tancrède,* 1813 ; *Sériramis,* 1823), Igor Stravinski (*The Rake's Progress,* 1951), Camillo Togni (*Blaubart,* 1975), Giuseppe Verdi (*Ernani,* 1844) ; *Attila,* 1846 ; *Rigoletto,* 1851 ; *La Traviata,* 1853 ; *Simon Boccanegra,* 1857), Ermanno Wolf-Ferrari (*Cenerentola,* 1900 ; *Gli amanti sposi,* 1925).

PAYS-BAS

Opéra Néerlandais (Amsterdam)
(De Nederlandse Opera)

Fondé en 1964, il remplace le Nederlandse Opera Stichting fondé en 1903 (qui ne disposait d'aucun bâtiment propre), qui lui-même avait succédé au Hollandsche Opera. En 1986, l'inauguration du nouveau bâtiment du Muziektheater s'accompagne d'une réforme profonde avec, notamment, la création de l'Orchestre Philharmonique Néerlandais, qui résulte de la fusion entre l'Orchestre Philharmonique d'Amsterdam, l'Orchestre de Chambre Néerlandais et l'Orchestre Symphonique d'Utrecht.

Directeurs artistiques : Maurice Huisman (1964-70), Hans De Roo (1971-86), Jan Van Vlijmen (1986-88), Pierre Audi (depuis 1988).

Directeurs musicaux : Michael Gielen (1973-76), Hans Vonk (1976-86), Hartmut Haenchen (depuis 1986).

CRÉATIONS : œuvres de Louis Andriessen et Robert Wilson (*De Materie,* 1989), Jean Françaix (*L'Apostrophe*, 1951), Philip Glass (*Satyagraha,* 1980), Otto Ketting (*Dummies,* 1974), Hans Kox (*Dorian Gray,* 1974), Theo Loevendie (*Naima,* 1985), Bruno Maderna (*Satyricon,* 1973), Peter Schat (*Houdini,* 1977 ; *Aap verslaat de knekelgeest,* 1980), Alfred Schnittke (*La Vie avec un idiot*, 1992), Joop Stokkermans (*De engel van Amsterdam,* 1975), Viktor Ullmann (*De Kaiser von Atlantis,* 1975).

POLOGNE

Opéra de Varsovie
(Wielki Theatre)

La tradition lyrique dans la capitale polonaise remonte à la fin du XVIIIe siècle. A partir de 1833, les représentations ont lieu au Théâtre Wielki, construit par l'architecte Corazzi et inauguré le 24 septembre de la même année avec une représentation du *Barbier de Séville* en polonais. Cette salle brûle en 1939 avant d'être bombardée en 1945. L'Opéra émigre alors dans la Salle Roma, rebaptisée Opéra National en 1948, jusqu'à l'inauguration de l'actuel bâtiment, le 18 novembre 1965.

Directeurs artistiques : Joseph Elsner (1799-1824), Karol Kurpiński (1824-40),

Tomasz Nidecki (1840-52), Ignacy Dobrzyński (1852-53), Stanisław Moniuszko (1858-72), Ján Krenz (1968-73), Antoni Wicherek (1973-81), Robert Satanowski (1981-90), Sławomir Pietras (depuis 1991).

Directeurs musicaux : Jan Quattrini (1853-74), Cesare Trombini (1874-81), Adam Minchejmer (1882-90), Emil Młynarski (1898-1903), Zygmunt Noskowski (1907-08), Henryk Opieński (1908-12), Emil Młynarski (1919-29 et 1932-33), Jerzy Semkov (1959-61), Bohdan Wodiczko (1961-64), Zdzislaw Górynski (1966-68), Ján Krenz (1968-73), Antoni Wicherek (1973-81), Robert Satanowski (1981-90).

CRÉATIONS : œuvres de Tadeusz Baird (*Jutro* [« Demain »], 1966), Zbigniew Bargielski (*Le Petit Prince,* 1970), Augustyn Bloch (*Très Belle au bois dormant,* 1974), Joanna Bruzdowicz (*Les Portes du Paradis,* 1988), Henryk Czyż (*Białowłosa* 1962 ; *Inge Bartsch,* 1982), Ignacy Dobrzyński (*Monbar ou les Flibustiers,* 1863), Josef Elsner (*Le Roi Wladislaw,* 1818), Tadeusz Joteyko (*Le Joueur,* 1919 ; *Zygmunt August,* 1925 ; *La Reine Jadwiga,* 1928), Karol Kazimierz Kurpiński (*Jadwiga, reine de Pologne,* 1815 ; *Le Château de Czorsztyn ou Bogumir et Wanda,* 1819), Stanisław Moniuszko (*Flis,* 1858 ; *Hrabina,* 1860 ; *Verbum nobile,* 1861 ; *Le Manoir hanté,* 1865 ; *Paria,* 1869 ; *Beata,* 1872), Piotr Perkowski (*Guirlandes,* 1962), Ludomir Różycki (*Meduza,* 1912 ; *Casanova,* 1923 ; *Beatrice Cenci,* 1927), Tadeusz Szeligowski (*Les Paysans,* 1974), Karol Szymanowski (*Mandragora,* ballet, 1920 ; *Hagit,* 1922 ; *Le Roi Roger,* 1926), Adam Wieniawski (*Megaië,* 1912).

RÉPUBLIQUE TCHÈQUE

Théâtre National de Prague (Opera Národního divadla v Praze)

Fondé en 1881, le Théâtre National de Prague succède à une longue tradition lyrique : *Don Giovanni* et *La Clémence de Titus* de Mozart avaient été créés dans cette ville, sur la scène du Théâtre Tyl (construit en 1783 et encore utilisé), Weber et Smetana y avaient été directeurs musicaux. Le Théâtre allemand, construit en 1887, fonctionna jusqu'en 1945 sous la direction d'Angelo Neumann (1887-1910) et d'Alexander von Zemlinsky (1911-27) avec des chefs comme Anton Seidl, Gustav Mahler, Otto Klemperer, William Steinberg, George Szell, Joseph Keilberth. Depuis, il est devenu le Théâtre Smetana et sert de seconde salle à l'Opéra de Prague.

Directeurs artistiques : František Šubert (1883-1900), Karel Kovařovic (1900-20), Otakar Ostrčil (1921-35), Václav Talich (1935-44), Otakar Jeremiáš (1945-47), Václav Talich (1947-48), Otakar Jeremiáš (1948-49), Ladislav Boháč (1950), Jaroslav Vogel (1950-51), V. Kašlík, M. Budíková, O. Kozák (1951), Jiří Pauer (1952-53), Ladislav Boháč (1953-55), Jiří Pauer (1956-58), Jaroslav Vogel (1958-64), Jan Seidel, Hanuš Thein (1964-65), Jiří Pauer (1965-67), Hanuš Thein (1967-68), Jaroslav Krombholc (1968-71), Václav Holzknecht (1971-73), Ladislav Šín (1973-76), Miloš Konvalinka (1976-79), Zdeněk Košler (1980-85), František Vajnar (1985-87), Václav Riedelbauch (1987-89), Dalibor Jedlička (1989-91), Eva Herrmannová (depuis 1991).

Directeur musical : Olivier Dohnányi (depuis 1993).

CRÉATIONS : œuvres de Pavel Bořkovec, Ján Cikker (*Résurrection,* 1962 ; *Coriolan,* 1974), Antonin Dvořák (*Le Jacobin,* 1889 ; *Le Diable et Katia,* 1899 ; *Russalka,* 1901 ; *Armida,* 1904 ; *Husitská*, ouverture, op. 67, pour l'inauguration du Théâtre National, le 18 novembre 1883), Zdeněk Fibich (*La Fiancée de Messine,* 1884 ; *Hippodamia,* 1890 ; *La Tempête,* 1895 ; *Šárka,* 1898), Leoš Janáček (*Les Voyages de Monsieur Brouček,* 1920), Jaroslav Křička (*Le Gros

Aïeul, les brigands et les détectives, 1932 ; *Crèche tchèque,* 1949), Bohuslav Martinů (*Istar,* ballet, 1924 ; *Julietta,* 1938 ; *Mirandolina,* 1959), Jiří Pauer (*Zuzana Vojířová,* 1959), Bedřich Smetana (*Libuše,* pour l'inauguration du Théâtre National, 1881 ; *Le Mur du diable,* 1882), Eugen Suchoň (*Krútňava,* 1953), Zbynek Vostřák, Jaromir Weinberger (*Schwanda, le joueur de cornemuse,* 1927).

COMMANDES (pour le centenaire du Théâtre National) : œuvres de Jan Fischer (*Copernicus,* 1984), Ivo Jirásek (*Maître Jérôme,* 1984), Josef Páleníček (*Bouquet,* ballet, 1984), Václav Riedlbauch (*Macbeth,* ballet, 1984).

RUSSIE

Bolchoï (Moscou)

En 1776, Catherine II fonde une troupe d'artistes, chanteurs et comédiens, qui reçoivent un théâtre, le Petrovsky (premier théâtre public de Moscou) en 1780. Il est construit par un Anglais, Maddox. Précédemment, l'opéra était donné à la Cour. En 1805, un incendie détruit le théâtre et c'est en 1825 qu'est inauguré le Bolchoï Petrovsky. En 1853, un nouvel incendie détruit la salle qui est restaurée par Cavos et réouverte au public en 1856. Si la salle comprend près de 2 000 places, la scène en revanche est d'une grandeur impressionnante. Après la révolution de 1917, l'opéra rouvre le 8 avril 1918. On joint au Bolchoï le Théâtre Filial où travaillait la Compagnie d'Opéra Russe (fondée en 1880), ainsi que l'Opéra Zimin, entreprise expérimentale et coopérative qui dure jusqu'en 1924. Parmi les grands directeurs qui ont fait la réputation du Bolchoï, il faut citer Mamontov qui a réussi à supprimer le style pompier et officiel et à inviter de grands artistes internationaux. Parmi ses successeurs, Stanislas Louchine, Boris Pokrovski (1952-61), G. A. Orvid (1961-), Mikhaïl Tchoulaki, secondé par Joseph Toumanov (directeur artistique), Boris Pokrovski (1967-83). Puis la direction est assurée par un collège artistique réunissant les principaux chanteurs, chefs d'orchestre, chefs de chœur et quelques personnalités. Depuis 1988, la direction est confiée à Vladimir Kokonine.

En 1960, le Filial est reconstruit. Quatre ans plus tard, le Bolchoï fait sa première tournée européenne et se présente à la Scala. La compagnie de ballet est plus importante que la troupe lyrique. A partir de 1961, les spectacles sont aussi donnés à la Kramlevskoh Dvortze, une salle de 6 000 places et à la Piatijrousnia (2 155 places).

Directeurs musicaux : Hyppolite Altani (1882-1906), Váša Suk (1906-19), Nicolaï Golovanov (1919-28), Váša Suk (1928-32), Samuel Samossoud (1936-43), Arii Pazovski (1943-48), Nicolaï Golovanov (1948-53), Alexandre Melik-Pachaiev (1953-62), Guennadi Rojdestvenski (1964-70), Yuri Simonov (1970-85), Alexandre Lazarev (depuis 1987).

Principaux chefs permanents : Nikolaï Klenovski (1883-93), Váša Suk (1881-84 et 1906-33), Serge Rachmaninov (1904-06), Issaï Dobrowen (1919-23), Arii Pazovski (1923-24 et 1925-28), Mikhaïl Ippolitov-Ivanov (1925-35), Boris Khaïkin (1954-78), Evgeni Svetlanov (1954-62), Mark Ermler (depuis 1957), Algis Djiuraïtis (depuis 1960), Alexandre Kopilov, Fouat Mansourov (depuis 1968), Alexandre Lazarev (depuis 1973).

Chefs de chœur : Nicolaï Golovanov (1918-28), O. Aoranek, A. Stepanov, M. Chorine, Alexandre Rybnov, A. Khazanov, I. Agafonnikov, Stanislas Lykov (depuis 1988).

CRÉATIONS : œuvres de Yuri Chaporine (*Les Décembristes,* 1953), Rodion Chtchedrine (*Les Ames mortes,* 1977), Cesar Cui (*Angelo,* seconde version, 1901 ; *Mateo Falcone,* 1907), Alexandre Dargomijski (*Esmeralda,* 1847), Tikhon Krennikov (*La Mère,* 1957), Serge Rachmaninov (*Aleko,* 1893 ; *Francesca da Rimini,* 1906 ; *Le*

Chevalier avare, 1906), Anton Rubinstein (*Dmitri Donskoï,* 1852), Alexandre Spendiarov (*Almast,* 1930), Piotr Illitch Tchaïkovski (*Le Voïvode,* 1869 ; *Mazeppa,* 1884 ; *Les Souliers de la reine,* seconde version, 1887). Dans le domaine chorégraphique, *Le Lac des cygnes* (1877) de Tchaïkovski.

Opéra de Chambre de Moscou

Fondé en 1972.

Directeur artistique : Boris Pokrovski (depuis 1972).

Chef permanent : Guennadi Rojdestvenski, Lev Osouski.

Cette compagnie s'est particulièrement fait connaître avec des représentations du *Nez* de Chostakovitch.

CRÉATIONS : œuvres de Dimitri Chostakovitch (*Les Joueurs,* 1978), Alexandre Kholminov (*Van'ka* ; *Noces*), Tikhon Khrennikov (*Much Ado about... Hearts,* 1976).

Théâtre Maly, Opéra National Moussorgski (Saint-Pétersbourg)

A l'origine voué au théâtre dramatique, le Théâtre Mikhaïlovski est construit en 1833 par Alexander Brioullov sur un plan de Karl Rossi. Reconstruit en 1859, il accueille surtout les troupes italiennes et françaises. Il est transformé en opéra le 6 mars 1918 et adopte le nom de Théâtre académique Maly (Petit Théâtre). Chaliapine s'y produit régulièrement avant de quitter définitivement l'URSS en 1921. D'abord consacré à l'opéra-comique, il devient un théâtre expérimental où sont présentés des ouvrages occidentaux remaniés pour les mettre en conformité avec les doctrines officielles. Véritable laboratoire lyrique, le Théâtre Maly se consacre aujourd'hui autant à la musique contemporaine qu'à des présentations soignées du répertoire russe qui contrastent avec la routine des autres théâtres russes. En 1989, il prend le nom d'Opéra National Moussorgski.

Directeurs artistiques : Samuel Samossoud (1918-36), Boris Khaïkin (1936-43), Valerian Bogdanov-Beresovski (1951-62), Nicolaï Boiarchikov, Stanislas Gaoudasinski.

CRÉATIONS : œuvres de Dimitri Chostakovitch (*Le Nez,* 1930 ; *Lady Macbeth de Mzensk,* 1934 ; *Le Pope et son domestique Balda,* 1980), Ivan Djersinski (*Le Don paisible,* 1935 ; *La Moisson des terres incultes,* 1937), Dimitri Kabalevski (*Colas Breugnon*, première version, 1938, seconde version, 1970), Andreï Petrov (*Pierre Ier*, 1975), Serge Prokofiev (*Guerre et Paix,* 1946 ; *Les Fiançailles au couvent,* 1946), Sergueï Slonimski (*Virineia,* 1967).

Théâtre Mariinski (Saint-Pétersbourg)

Le Théâtre Mariinski est **fondé à Saint-Pétersbourg en 1757.** Il est l'un des artisans de la création d'un répertoire lyrique russe dès la fin du XVIIIe siècle. Le bâtiment actuel est construit en 1860. En 1917, il devient théâtre d'État et est rebaptisé Théâtre Kirov en 1935. Il retrouve son nom d'origine en 1991. Le corps de ballet est l'un des plus illustres, sa notoriété remontant au XIXe siècle lorsque Marius Petipa était directeur de la danse.

Directeur artistique : M. E. Krastin, Anatoli Malkov.

Directeurs de la musique : Konstantin Liadov (jusqu'en 1869), Eduard Napravnik (1869-1916), Vladimir Dranichnikov (1916-30), Daniil Pokhitonov, Arii Pazovski (1936-43), Boris Khaïkin (1943-54), Serguei Eltsine (1954-56), Eduard Grikourov (1956-60), Serguei Eltsine (1960-61), Konstantin Simeonov (1966-75), F. Fedotov (1975-76), Yuri Temirkanov (1976-88), Valery Gergiev (depuis 1988). Parmi les *chefs permanents,* on compte Nicolaï Malko (1908-18), Albert Coates (1911-18), Grzegorz Fitelberg (1914-21), Alexandre Gaouk (1923-31), Evgeni Mravinski (1932-38).

CRÉATIONS : œuvres d'Alexandre Borodine (*Le Prince Igor,* 1890), César Cui (*William Ratcliff,* 1869 ; *Angelo,* première version ; *Le Prisonnier du Caucase,* 1883 ;

Le Sarrazin, 1899 ; *La Fille du capitaine,* 1911), Alexandre Dargomijski (*Russalka,* 1856 ; *Le Convive de pierre,* 1872), Mikhaïl Glinka (*Une vie pour le tsar,* 1836 ; *Russlan et Ludmilla,* 1842), Modeste Moussorgski (*Boris Goudounov,* deuxième version, 1874 ; *La Khovanchtchina,* 1886), Edouard Napravnik (*Harold,* 1886 ; *Dubrowski,* 1895 ; *Francesca da Rimini,* 1902), Andreï Petrov (*Pierre Ier,* 1975), Serge Prokofiev (*La Duègne,* 1946), Nicolas Rimski-Korsakov (*La Pscovitaine,* 1873 ; *La Nuit de mai,* 1880 ; *Snegourotchka,* 1882 ; *Mlada,* 1892 ; *La Nuit de Noël,* 1895 ; *Servilia,* 1902 ; *Kitège,* 1907), Anton Rubinstein (*Le Démon,* 1875 ; *Kalachnikov,* 1880 ; *Goriouchka,* 1889), Alexandre Serov (*Judith,* 1863 ; *Rogneda,* 1865 ; *Le Pouvoir hostile,* 1871), Serge Taneiev (*L'Orestie,* 1895), Piotr Illitch Tchaïkovski (*Opritchnik,* 1874 ; *Vakoula le forgeron,* 1876 ; *La Pucelle d'Orléans,* 1881 ; *L'Enchanteresse,* 1887 ; *La Dame de pique,* 1890 ; *Yolantha,* 1892), Giuseppe Verdi (*La Force du destin,* 1862).

Dans le domaine chorégraphique, plusieurs partitions importantes ont été créées au Théâtre Mariinski/Kirov : *La Belle au bois dormant* (1890) et *Casse-Noisette* (1892) de Tchaïkovski, *L'Age d'or* (1930), *Le Boulon* (1931), *Le Clair Ruisseau* (1935) de Dimitri Chostakovitch, *Roméo et Juliette* (1940) de Serge Prokofiev, *Gayaneh* (1942) et *Spartacus* (1953) d'Aram Khatchaturian.

SUISSE

Opéra de Bâle
(Theater Basel)

Le Theater auf dem Blömlein, construit par Mechior Berri, est inauguré le 4 octobre 1834 avec une représentation de *Die Krone von Cypern* d'Eduard von Schenk. Il ferme le 7 avril 1873. L'opéra est alors représenté au nouveau Theater am Steinenberg, dû à l'architecte J. J. Stehlin-Burckhardt et inauguré le 4 octobre 1875 avec *Don Giovanni.* En 1892, la Gesellschaft der Theateraktionäre prend la direction. Devant l'importance accrue prise par les spectacles lyriques et l'incendie du théâtre, dans la nuit du 6 au 7 octobre 1904, la Ville de Bâle décide la construction d'un nouveau bâtiment qui ouvre ses portes le 20 septembre 1909 avec une représentation de *Tannhäuser.* Pour la première fois, Bâle comporte une troupe lyrique permanente. A partir de 1921, la direction est assurée par la Genossenschaft des Basler Stadttheaters. L'actuel Stadttheater, dû aux architectes Felix Schwarz et Rolf Gutmann, date de 1975.

Intendants : Leo Melitz (1899-19), Ernst Lert (1919-20), Otto Henning (1921-25), Oskar Wälterlin (1925-32), Egon Neudegg (1932-42), Oskar Wälterlin (1942-44), Egon Neudegg (1944-49), Gottfried Becker (1949-50), Friedrich Schramm (1950-52), Albert Wiesner (1953-54), Hermann Wedekind (1954-60), Adolf Zogg (1960-62), Friedrich Schramm (1962-68), Werner Düggelin (1968-75), Hans Hollmann (1975-78), Horst Statkus (1978-88), Frank Baumbauer (1988-93), Wolfgang Zörner (depuis 1993).

Directeurs musicaux : Ernst von Schuch (1871-72), Adolf Prümers (1903-10), Gottfried Becker (1909-50), Alexander Krannhals (1950-53), Hans Münch (1953-56), Silvio Varviso (1956-62), Paul Jamin (1962-64), Hans Löwlein (1er chef, 1964-72), Armin Jordan (1973-88), Michael Boder (1989-93), Walter Weller (depuis 1993).

CRÉATIONS : œuvres de Paul Burkhard (*Bunbury,* 1966 ; *Regenbogen,* 1978), Hans Haug (*Tartuffe,* 1936), Heinz Holliger (*Der magische Tänzer,* 1970), Arthur Honegger (*Jeanne d'Arc au bûcher*, en concert, 1938), Hans Huber (*Weltfrühling,* 1894 ; *Kudrun,* 1896 ; *Der Simplicius,* 1912 ; *Frutta di mare,* 1918), Klaus Huber (*Tenebrae,* ballet, 1970), Rolf Liebermann (*Leonore 40/45,* 1952), Luca Lombardi (*Faust, un travestimento,* 1991), Detlev Müller-

Siemens (*Die Menschen,* 1993), Heinrich Sutermeister (*Roméo et Juliette,* 1940 ; *Titus Feuerfuchs,* 1958).

Grand Théâtre de Genève

Inauguré le 2 octobre 1879 avec *Guillaume Tell,* il remplace l'ancien théâtre construit en 1782-83. Il passe en administration municipale en 1889-91 puis en régie municipale de 1926 à 1934 avant d'être contrôlé par la Société Romande de Spectacles (1934-62). Le 1er mai 1951, le Grand Théâtre est détruit dans un incendie. Il ne rouvre ses portes qu'en décembre 1962. Pendant cette période les spectacles sont donnés au Grand Casino.

Directeurs : Louis Bernard (1879-81), Tancrède Gravière (1881-82), Louis Bellier (1882-83), Olive Lafon (1883-84), Tancrède Gravière (1884-85), Louis Bernard (1885-86), J. Gally, puis artistes en société (1886-87), F. Eyrin-Ducastel (1887-89), administration municipale de la ville de Genève dirigée par François Dauphin (1889-91), François Dauphin (1891-96), Marius Poncet (1896-1901), Émile Huguet et Sabin-Bressy (1901-04), Émile Huguet (1904-08), Constantin Bruni (1908-17), Michel Chabance (1917-20), société genevoise dirigée par Émile Huguet (1920-21), Louis Barras (1921-25), Constantin Bruni (1925-26), régie municipale de la ville de Genève dirigée par Guy Beckmans Charles Denizot et Albert Paychère (1926-32), régie municipale par Victor Andréossi, Henri Peillex, Oreste Tempia (1932-34). Société Romande de Spectacles, présidents : Philippe Albert (1935-41, puis 1944-54), Édouard Naville (1941-43), Marius Bertherat (1943-1944). Grand Casino, direction : Gilbert Burnand (1954-62), Marcel Lamy (1962-65), Herbert Graf (1965-73), Jean-Claude Riber (1973-80), Hugues Gall (1980-95), Renée Auphan (à partir de 1995).

CRÉATIONS : œuvres de Girolamo Arrigo (*Le Retour de Casanova,* 1985), Rolf Liebermann (*La Forêt,* 1987), Frank Martin (*Monsieur de Pourceaugnac,* 1963), Darius Milhaud (*La Mère coupable,* 1966), Heinrich Sutermeister (*Raskolnikov,* 1962).

Le théâtre fonctionne selon le système de la *stagione* (représentations en série d'un même ouvrage). Il n'y a pas de troupe lyrique permanente mais une troupe chorégraphique. La saison regroupe environ 75 représentations. L'Orchestre de la Suisse Romande assure l'essentiel des spectacles.

Opéra de Zurich
(Opernhaus Zürich)

Fondé en 1833, il ne s'installe dans l'actuel théâtre qu'en 1891.

Directeurs : Paul Schroetter (1891-96), Alfred Reucker (1901-21), Paul Trede (1921-32), Karl Schmid-Bloss (1932-47), Hans Zimmermann (1947-56), Karl-Heinz Krahl (1956-60), Herbert Graf (1960-62), Hermann Juch (1964-75), Claus-Helmut Drese (1975-86), Christoph Groszer (1983-92), Alexander Pereira (depuis 1991).

Directeurs musicaux : Max Conrad (chef permanent), Victor Reinshagen (chef permanent), F. Widmer, Robert Denzler (1934-47, chef permanent en 1915-27), Hans Swarowsky (1937-40), Otto Ackermann (1948-53), Hans Rosbaud (1955-58), Christian Vöchting, Ferdinand Leitner (1969-83), Ralf Weikert (1986-91), Manfred Honeck (1er chef depuis 1991), Franz Welser-Möst (à partir de 1995).

CRÉATIONS : œuvres de Alban Berg (*Lulu,* 1937), Ferruccio Busoni (*Arlequin,* 1917 ; *Turandot,* 1917), Paul Hindemith (*Mathis le Peintre,* 1938 ; *Cardillac,* seconde version, 1952), Arthur Honegger (*Jeanne d'Arc au bûcher,* création scénique, 1942), Rudolf Kelterborn (*Die Errettung Thebens,* 1963 ; *Ein Engel kommt nach Babylon,* 1977 ; *Der Kirschgarten,* 1984), Giselher Klebe (*Ein wahrer Held,* 1975), Bohuslav Martinů (*La Passion grecque,* 1961), Arnold Schoenberg (*Moïse et Aaron,* 1957), Heinrich Sutermeister (*Niobe,* 1946 ; *Madame Bovary,* 1947). Première représentation européenne de *Porgy and Bess* (1945) de George Gershwin.

Ces dernières années ont été marquées par le cycle d'opéras de Monteverdi et de Mozart réalisés par Jean-Pierre Ponnelle sous la direction de Nikolaus Harnoncourt.

UKRAINE

Opéra de Kiev

Fondé en 1867, il existait auparavant une tradition lyrique dans la capitale ukrainienne qui accueillait essentiellement des compagnies itinérantes venues d'Italie. Le 25 octobre 1867, le théâtre actuel est inauguré avec *Le Tombeau d'Ascold* d'Alexis Werstovski. La plupart des ouvrages de Tchaïkovski y sont représentés immédiatement après leur création à Moscou. La salle est agrandie en 1901 pour accueillir 1 600 spectateurs. Le ballet y fait son apparition en 1926, sous la direction de Leonid Joukov, et contribue au rayonnement de la première scène ukrainienne.

Directeurs : M. P. Kompaniets (1945), Nicolaï Smolitch (1945-46), M. P. Kompaniets (1947-48), V. Perlov (1949-50), M. Pastchine (1950-52), S. Chevtchenko (1952-54), Viktor Gontar (1954-65), Boris Ponomarenko (1965-68), Vladimir Kolesnik (1968-72), Vladimir Koulakov (1972-78), Jaroslav Vitochinski (1978-79), Dmitri Gnatouk (1979-80), Anatoli Kotko (1980-86), Lev Veneditkov (1986-91), Anatoli Mokrenko (depuis 1991).

Directeurs musicaux : Arii Pazovski (1926-36), Vladimir Dranichnikov (1936-39), Samuel Stolerman (1944-49), Vladimir Piradov (1950-54), Alexandre Klimov (1954-61), Konstantin Simeonov (1961-66), Stephan Tourtchak (1967-73), Konstantin Simeonov (1975-76), Stephan Tourtchak (1977-88), Vladimir Kojoukhar (depuis 1989).

CHŒURS ET ENSEMBLES VOCAUX*

ALLEMAGNE

Chœur de la cathédrale Sainte-Hedwige de Berlin (Chor der St. Hedwigs-Kathedrale Berlin)

Fondé en 1800, ce chœur est exclusivement masculin jusqu'en 1933. En 1930, il devient le chœur officiel de la cathédrale Sainte-Hedwige. Après la guerre de 1939-45, la cathédrale se trouve à l'Est et le chœur s'attache à la basilique Saint-Jean tout en conservant son nom. Il est le partenaire privilégié des grands orchestres berlinois et donne ses propres concerts en abonnement dans la salle de la Philharmonie. Le chœur mixte comporte 140 chanteurs et le chœur d'enfants une soixantaine.

Chefs de chœur : Gerth (avant 1830), Karl Adam Bader (1845-67), Wecker (1867-1914), Pius Kalt (1915-29), Pabel (1929-33), Karl Forster (1933-63), Anton Lippe (1964-74), Roland Bader (1974-91), Alois Koch (depuis 1992).

Chœur Philharmonique de Berlin (Philharmonischer Chor Berlin)

Fondé le 5 décembre 1882, il constitue l'un des principaux chœurs d'oratorios allemands. Il organise sa propre saison de concerts et fonctionne indépendamment de l'Orchestre Philharmonique de Berlin avec lequel il se produit toutefois régulièrement, comme avec les autres orchestres berlinois. Il regroupe environ 130 choristes amateurs.

Directeurs artistiques : Siegfried Ochs (1882-1929), Otto Klemperer (1929-33), Carl Schuricht (1933-34), Günther Ramin (1935-43), Hans Chemin-Petit (1943-81), Uwe Gronostay (depuis 1982).

CRÉATIONS : œuvres de Max Bruch (*Heldenfeier,* 1915), Hans Chemin-Petit (*Psaume 98,* 1962), Paul Hindemith (*Das Unaufhörliche,* 1931), Hugo Wolf (*Elfenlied* et *Der Feuerreiter,* 1894).

COMMANDES : œuvres de Hans Chemin-Petit (*Kassandra,* 1982), Heinz Werner Zimmermann (*The Hebrew Children's Hallelu,* 1986).

Chœur de la Radio de Berlin (Rundfunkchor Berlin)

Ancien chœur de la Radio de Berlin-Est, il résulte de la fusion, en 1973, de deux ensembles : le Solistenvereinigung des Deutschlandsenders, fondé en 1945 par Helmut Koch, et le Große Chor des Berliner Rundfunks, fondé en 1948.

Chefs de chœur : Helmut Koch (1945-75), Heinz Rögner (1975-82), Dietrich Knothe (1982-94), Robin Gritton (depuis 1994).

---

* Le classement est fait par ordre alphabétique de pays et de ville.

CRÉATIONS : œuvres de Reiner Bredemeyer (*Das große Karthagos,* 1982), Paul Dessau (*Deutsches Miserere,* 1966), Fritz Geißler (*Schöpfer Mensch,* 1973), Günter Kochan (*Das Friedensfest,* 1979), Siegfried Köhler (*Poem « Das Reich des Menschen »,* 1966 ; *Symphonie n° 5 « Pro Pace »,* 1984), Siegfried Matthus (*Laudate Pacem,* 1976), Ernst Hermann Meyer (*Lied vom großen Anderswerden,* 1981), Mikis Theodorakis (*Symphonie n° 3,* 1982 ; *Sadduzäer Passion,* 1983 ; *Symphonie n° 7 « Frühlingssinfonie »,* 1984).

RIAS-Kammerchor (Berlin)

Chœur mixte professionnel de 35 chanteurs **fondé en 1948** par la radio de Berlin.

Chefs de chœur : Herbert Froitzheim (1948-54), Günther Arndt (1954-72), Uwe Gronostay (1972-87), Marcus Creed (depuis 1987).

CRÉATIONS : œuvres de Xavier Benguerel (*Cantata d'amic e amat,* 1960), Boris Blacher (*Requiem,* 1960), Hans Werner Henze (*Chorfantasie,* 1964 ; *Cantata della fiaba estrema,* 1967), Mauricio Kagel (*Sankt-Bach-Passion,* 1985), Ernst Krenek (*Sechs Motetten,* op. 169, 1959), Darius Milhaud (*Huit Poèmes de Jorge Guitlen,* 1958), Carl Orff (*De temporum fine comœdia,* 1973), Krzysztof Penderecki (*Dimensionen der Zeit und der Stille,* seconde version, 1961), Aribert Reimann (*Verrà la morte,* 1967 ; *Requiem,* 1982), Dieter Schnebel (*Missa,* 1988), Wolfgang von Schweinitz (*Messe,* op. 21, 1984), Werner Thärichen (*Der allmächtige Vater,* 1968), Otto M. Zykan (*Nach-Richten,* 1994).

COMMANDES : œuvres d'Arvo Pärt (*Sieben Magnificat-Antiphonen,* 1988), Aribert Reimann (*Nunc Dimittis,* 1984).

Singakademie zu Berlin

Fondée le 24 mai 1791 par C.F. Fasch, elle se produit d'abord à l'église Sainte-Marie puis, à partir de 1793, à l'Akademie der Künste. En 1829, elle s'installe dans le nouveau bâtiment de la Singakademie qui sera son siège jusqu'à la fin de la Seconde Guerre mondiale. Elle jouera un rôle essentiel dans la redécouverte de l'œuvre chorale de J. S. Bach en donnant les premières exécutions depuis la mort du Cantor du motet *Komm, Jesu, Komm* BWV 229 (sous la direction de Fasch) puis des passions (*Saint Matthieu,* 1829 ; *Saint Jean,* 1833), de la *Messe en si* (1834) et de l'*Oratorio de Noël* (1857), les premières sous la direction de Mendelssohn. Depuis la fondation de l'Orchestre Philharmonique de Berlin, elle se produit régulièrement avec lui.

Directeurs artistiques : Christian Friedrich Carl Fasch (1791-1800), Carl Friedrich Zelter (1800-32), Carl Friedrich Rungenhagen (1833-51), Eduard Grell (1853-76), Martin Blumner (1876-1900), Georg Schumann (1900-50), Matthieu Lange (1950-73), Hans Hilsdorf.

CRÉATION : œuvre de Hans Werner Henze (*Musen Siziliens,* 1966).

Chœur de l'abbaye Saint-Martin de Beuron

Chœur des moines bénédictins allemands, dirigé par Dom Maurus Pfaff, et dont le répertoire essentiel est grégorien. Une certaine tradition rythmique, plus souple que celle née en France à l'initiative de Solesmes, anime les interprétations de cette abbaye.

Kölner Kammerchor

Fondé en 1970 par Peter Neumann, il se compose de 20 à 45 chanteurs et se consacre essentiellement à la musique des XVIIe et XVIIIe siècles avec quelques incursions dans le domaine de la musique chorale de chambre romantique. En 1982, il a remporté le premier prix au 30e Concorso Polifonica Internazionale « Guido D'Arezzo ». Il se produit régulièrement avec le Collegium Cartusianum, ensemble instrumental fondé par P. Neumann pour être son partenaire privilégié.

Chef de chœur : Peter Neumann.

Chœur de la Radio de Cologne (Kölner Rundfunkchor)

Fondé en 1955, lorsque le NWDR est scindé en NDR et WDR. Chœur professionnel d'une cinquantaine de membres. Il se consacre dans un premier temps à la musique contemporaine puis élargit son répertoire à la musique des siècles antérieurs, y compris le chœur a cappella, sous la direction d'Herbert Schernus. Effectif : 48 membres.

Chefs de chœur : Bernard Zimmermann, Herbert Schernus (1962-89), Norbert Brochhagen (chef invité, 1989-92), Helmut Froschauer (depuis 1992).

CRÉATIONS : œuvres de Pierre Boulez (*Le Visage nuptial,* 1957), Paul-Heinz Dittrich (*« Hohes Lied »,* 1984), Franco Donatoni (*In cauda I-III,* 1991), Wolfgang Fortner (*Die Pfingstgeschichte,* 1964), Vinko Globokar (*Kolo,* 1988), Karl Amadeus Hartmann (*Ghetto,* 1966 ; *Friede Anno 48*, 1968), Hans Werner Henze (*Novae de Infinito Laudes,* 1963), Heinz Holliger (*Gesänge der Frühe,* 1988), Mauricio Kagel (*Liturgien,* 1990), Krzysztof Penderecki (*Passion selon saint Luc,* 1966 ; *Utrenja I*, 1970 ; *Utrenja II*, 1971), Steve Reich (*The Desert Music,* 1984 ; *Tehillim,* version complète, 1981), Arnold Schoenberg (*Modern Psalm,* 1956 ; *Die Jacobsleiter,* 1962), Bernd Alois Zimmermann (*Requiem für einen jungen Dichter,* 1969).

Dresdner Kreuzchor

La fondation de la Kreuzkirche (St Nikolaï) dans le quartier du marché hollandais de Dresde et de la Kreuzschule est antérieure à 1216. On sait peu de chose de la période antérieure à la Réforme. Les personnalités majeures de cette époque étant les recteurs Cunradus et Petrus Dresdensis (1409-12).

Chefs de chœur (cantor) : Sebaldus Baumann (1540-53), Johannes Selner (1553-60), Andreas Lando (1560-61), Andreas Petermann (1561-86), Caspar Füger (1586), Basilius Köhler (1586-89), Bartholomäus Petermann (1589-1606), Christoph Lisberger (1606-12), Samuel Rüling (1612-15), Christoph Neander (1615-25), Michael Lohr (1625-54), Jacob Beutel (1654-94), Basilius Petriz (1694-1715), Johann Zacharias Grundig (1715-20), Theodor Christlieb Reinhold (1720-55), Gottfried August Homilius (1755-85), Christian Ehregott Weinlig (1785-1813), Gottlob August Krill (1813), Christian Theodor Weinlig (1814-17), Friedrich Christian Hermann (1818-22), Friedrich Wilhelm Agthe (1822-28), Ernst Julius Otto (1828-75), Friedrich Oscar Wermann (1875-1906), Otto Richter (1906-30), Rudolf Mauersberger (1930-71), Martin Flämig (1971-91), Gothart Stier (depuis 1991).

CRÉATIONS : œuvres de Wolfgang Fortner (*Drei geistliche Gesänge,* 1934 ; *Eine deutsche Liedmesse,* 1935), Siegfried Köhler (*Symphonie n° 5 « Pro Pace »,* 1984), Paul Kurzbach (*Serenade für Kammerchor a cappella,* 1982), Mikis Theodorakis (*Den Kindern, getötet in Kriegen,* 1983).

Chœur du Musikverein de Düsseldorf (Städtischer Musikverein zu Düsseldorf)

Fondé en 1818.
Chorale d'amateurs de 200 choristes qui constitue l'un des piliers de la vie musicale de Düsseldorf. Elle participe à la création ou inscrit à son répertoire dès leur création les œuvres chorales majeures du XXe siècle qu'elle chante dans le monde entier aussi bien que les grands oratorios et passions : *Symphonie des mille* (Gustav Mahler), *Gurrelieder* (Arnold Schoenberg), *La Transfiguration* (Olivier Messiaen), *Te Deum* (Krzysztof Penderecki). Jusqu'en 1924, le chœur travaille sous la direction du directeur musical du Städtische Musikverein zu Düsseldorf (qui englobe également l'Orchestre Symphonique de Düsseldorf à partir de 1864) : Johann August Friedrich Burgmüller (1818-24), Ferdinand Ries (1824-33), Felix Mendelssohn (1833-35), Julius Rietz (1835-47), Ferdinand Hiller (1847-50), Robert Schumann (1850-54), Julius Tausch (1854-90), Julius Buths

(1890-1908), Karl Panzner (1908-23). A partir de 1924, le chœur dispose de son propre chef de chœur.

Chefs de chœur : Josef Neyses (1924-25), Michel Rühl (1929-51), Reinhard Zilcher (1951-53), Michel Rühl (1953-61), Bernhard Zimmermann (1962-64), Hartmut Schmidt (depuis 1964).

Chor des Cäcilienvereins (Francfort-sur-le-Main)

Chœur amateur de 150 chanteurs **fondé en 1818**. Bismarck a chanté dans ses rangs avant d'entrer dans la carrière politique. En 1828, il participe à la seconde exécution allemande de la *Passion selon saint Matthieu* de J. S. Bach.

Chefs de chœur : Johann Nepomuk Schelbel (1818-36), Carl Voigt (1836), Felix Mendelssohn-Bartholdy (1836), Ferdinand Hiller (1836-37), Ferdinand Ries (1837-38), Carl Voigt (1838), Carl Guhr (1838-39), Ferdinand Hiller (1840), Franz Josef Messer (1840-60), Franz Friedrich (1860), Christian Carl Müller (1860-93), August Grüters (1893-1909), Willem Mengelberg (1909-20, secondé par Carl Lembke puis, à partir de 1911, par Ferdinand Bischof), Stefan Temesvary (1921-26), Klaus Nettstraeter (1926-31), Hermann von Schmeidel (1931-34), Paul Belker (1934-37), Hugo Holle (1937-40), Kurt Thomas (1940-44), Ljubomir Romansky (1945), Bruno Vondenhoff (1945-50), Kurt Thomas (1950-56), Martin Stephani (1957-59), Theodor Egel (1960-80), Enoch von Guttenberg (1980-87), Christian Kabitz (depuis 1988).

COMMANDE : œuvre de Felix Mendelssohn (*Paulus,* 1836).

Frankfurter Kantorei

Chorale mixte dirigée par Kurt Thomas jusqu'en 1969 puis par Helmuth Rilling (1969-81).

Frankfurter Singakademie

Chœur de 160 chanteurs amateurs **fondé en 1922** à Francfort-sur-le-Main par Fritz Gambke. D'emblée, il s'est attaché à présenter, en plus du répertoire classique et romantique, les grandes œuvres chorales-symphoniques contemporaines (Schoenberg, Stravinski, Janáček, Hindemith et surtout Carl Orff dont il a été l'un des plus fervents propagateurs de la musique). Il est le partenaire des principaux orchestres allemands et est souvent invité à l'étranger.

Chefs de chœur : Fritz Gambke (1922-46), Ljubomir Romansky (1946-85), Karl Rarichs (depuis 1985).

CRÉATIONS : œuvres d'Anton Bruckner (*Sinfonischer Chor,* réal. Fritz Oeser, 1953), Willy Burkhardt (*Psalmenkantate,* 1953), Johannes Driessler (*Gaudia Mundana,* 1953), Fritz Geißler (*Hymne auf Karl Marx,* 1983), Harald Genzmer (*Messe in E,* 1953), Gottfried Glöckner (*Pacem cantamus,* 1983), Hans Werner Henze (*Cinq Madrigaux,* 1947), Paul Hindemith (*Eine lichte Mitternacht, Über das Frühjahr,* 1930), Otto Jochum (*Der jüngste Tag,* oratorio, 1932), Carl Orff (*Carmina Burana,* 1936), Gabriel Pierné (*Saint François d'Assise,* 1927).

Chœur Monteverdi de Hambourg

Fondé en 1955 et dirigé par Jürgen Jürgens. A l'origine, il s'agissait d'un chœur de répertoire italien, centré sur l'œuvre de Monteverdi, dont les interprétations étaient le fruit des recherches musicologiques de son chef. En 1961 lorsque Jürgen Jürgens est nommé directeur de la musique à l'Université de Hambourg, le chœur organise l'Akademische Musikpflege dans le cadre de cette université qui a donné naissance au chœur et à l'orchestre universitaire, ainsi qu'à la Camerata Academica de Hambourg, partenaire instrumental privilégié du Chœur Monteverdi, fondée en 1969 et qui joue sur des instruments anciens depuis 1977. Le répertoire s'est élargi du Moyen Age à l'avant-garde. Les choristes sont toujours des amateurs.

CRÉATIONS : œuvres de Hans Poser (*Requiem,* 1968 ; *Galgenlieder,* 1970).

Chœur de la Radio de Hambourg (Chor des Norddeutschen Rundfunks)

Fondé en 1946, il porte le nom de Chor des Nordwestdeutschen Rundfunks jusqu'en 1955 (date à laquelle le NWDR est scindé entre NDR et WDR).

Directeurs du chœur : Max Thurn (1946-66), Helmut Franz (1966-78), Alexander Sumski (1978-80), Laszló Heltay, Roland Bader (1983-86), Heribert Beissel et Horst Neumann (chefs invités permanents, 1986-91), Horst Neumann (depuis 1991).

Chœur professionnel de 45 chanteurs attaché au NDR (Radio de Hambourg). Son répertoire comporte aussi bien la musique ancienne a cappella que les oratorios baroques et classiques, les grandes partitions chorales symphoniques ou la musique contemporaine, domaine dans lequel il s'est imposé comme une formation majeure de notre temps (plusieurs compositeurs ont écrit à son intention). Il se produit occasionnellement à l'opéra (pour la première fois en 1972 à la Fenice de Venise dans *Lorenzaccio* de Sylvano Bussotti). En 1981 a été inauguré le cycle de concerts « NDR Motette » donnés à la Michaeliskirche de Hambourg qui permet au chœur de se produire sous la direction des principaux chefs de chœur du monde entier.

CRÉATIONS : œuvres de Hans Jürgen von Bose, Gottfried von Einem (*Das Stundenlied,* 1959), Ulrich Engelmann (*Commedia burana,* 1973), Hans Werner Henze (*Le Radeau de la méduse,* 1968), Wilhelm Killmayer (*Cantetto,* 1971), Volker David Kirchner (*Babel-Requiem,* 1980), Maurice Ohana (*Cantigas,* 1957), Luis de Pablo (*Retratos de la Conquista,* 1980), Krzysztof Penderecki (*Utrenja I et II,* 1970 et 1971 ; *Auferstehung,* 1971 ; *Kosmogonia,* seconde version, 1971), Max Reger (*Dies Irae,* 1979), Arnold Schoenberg (*Moïse et Aaron,* 1954 ; *Die Jacobsleiter,* 1962), Karlheinz Stockhausen (*Atmen,* 1975), Igor Stravinski (*Threni,* 1958), Isang Yun.

Chœur de la Radio de Leipzig (Chor des Mitteldeutschen Rundfunks)

Fondé en 1946, il porte jusqu'en 1992 le nom de Rundfunkchor Leipzig. Effectif : 73 chanteurs.

Chefs permanents : Heinrich Werle (1946), Karl Hessel (1947-48), Herbert Kegel (1949-78), Wolf-Dieter Hauschild (1978-80), Jörg-Peter Weigle (1980-87), Gert Frischmuth (depuis 1987). Ce chœur professionnel mixte, né du Chœur de chambre de la Radio de Leipzig, compte 62 membres.

CRÉATIONS : œuvres de Boris Blacher, Paul Dessau, Paul-Heinz Dittrich/Sofia Goubaïdoulina/Marek Kopelent (*Laudatio pacis,* 1993), Hanns Eisler, Wilfried Krätzschmar (*Heine-Szenen,* 1983).

Thomanerchor Leipzig

Fondé en 1212.

Le 20 mars 1212 est fondé ce chœur en liaison avec une école pour 12 garçons. En 1519, le conseil de la ville prend la direction de l'École et du Chœur de Saint-Thomas. La liste des cantors de Saint-Thomas de Leipzig peut être établie à compter du XVe siècle : Ludwig Götze (1470 ?-1505 ?), Johannes Scharnagel (1505 ?-1515 ?), Georg Rhau (1519-1520), Johannes Hermann (1531-36), Wolfgang Jünger (1536-39), Johann Bruckner (vers 1540), Ulrich Lange (1540-49), Wolfgang Figulus (1549-51), Melchior Heger (1553-64), Valentin Otto (1564-94), Sethus Calvisius (1594-1615), Johann Hermann Schein (1616-30), Tobias Michael (1631-57), Sebastian Knüpfer (1657-76), Johann Schelle (1677-1701), Johann Kuhnau (1701-22), Johann Sebastian Bach (1723-50), Gottlob Harrer (1750-55), Johann Friedrich Doles (1756-89), Johann Adam Hiller (1789-1800), August Eberhard Müller (1801-10), Johann Gottfried Schicht (1810-23), Christian Theodor Weinlig (1823-42), Moritz Hauptmann (1842-68), Ernst Friedrich Richter (1868-79), Friedrich Wilhelm Rust (1880-92), Gustav Schreck (1892-1918), Karl Straube (1918-39), Günther Ramin (1940-56), Kurt

Thomas (1957-60), Erhard Mauersberger (1961-72), Hans-Joachim Rotzsch (1972-91), Georg Christoph Biller (depuis 1992). Constitué exclusivement de voix de jeunes garçons, il a maintenu à travers les siècles une grande tradition d'interprétation, notamment pour la musique religieuse.

Chœur Bach de Munich (Münchener Bach-Chor)

Fondé en 1951 par Karl Richter, il adopte son nom définitif en 1954. Il s'inscrit dans la lignée de la tradition chorale de Leipzig et son répertoire est centré sur les passions, oratorios et cantates de J. S. Bach. Il se consacre également à la musique de Schütz, Haendel, Haydn, Mozart... Il regroupe environ 120 choristes amateurs et travaille principalement avec l'Orchestre Bach de Munich, fondé par Karl Richter en 1953.

Chefs de chœur : Karl Richter (1951-81), Ekkehard Tietze (commissaire général, 1981-84), Hanns-Martin Schneidt (depuis 1985).

Chœur Philharmonique de Munich (Philharmonischer Chor München)

Fondé en 1946, il réunit environ 150 choristes amateurs et se consacre à la musique symphonique chorale, comme partenaire privilégié de l'Orchestre Philharmonique de Munich.

Chefs de chœur : Rudolf Lamy (1946-62), Rudolf Zöbeley (1962-80), Josef Schmidhuber (1980-90), Joshard Daus (1990-93), Michael Gläser (1993-94), Roderich Kreile (depuis 1994).

Chœur de la Radio Bavaroise (Chor des Bayerischen Rundfunks)

Fondé en 1946 à Munich.

Chefs de chœur : Robert Seiler (1946-49), Josef Kluger (1949-58), Kurt Prestel (1958-63), Wolfgang Schubert (1963-69), Heinz Mende et Joseph Schmidhuber (1969-81), Gordon Kembes (1981-84), Hans-Peter Rauscher (1986-92), Michael Gläser (depuis 1992).

Chœur professionnel de 48 chanteurs.

CRÉATIONS : œuvres de Günter Bialas (*Eichendorff-Liederbuch,* 1966), Adriana Hölszky (*Auf der Flucht,* 1990), Wilhelm Killmayer (*Canti amorosi,* 1955 ; *Romantische Chorlieder,* 1966 ; *Stil in Luft,* 1990), Rafael Kubelík (*Messe* pour soprano et chœur de chambre, 1979 ; *Kantate ohne Worte,* 1981), Hans Pfitzner (*Urworthe orphische,* 1952).

Petits Chanteurs de Ratisbonne (Regensburger Domspatzen)

Chœur de garçons **fondé en 975** dont le nom se traduit littéralement par « Moineaux de la cathédrale de Ratisbonne ». A l'origine, il reprenait une tradition établie par Bonifacius, fondateur d'une manécanterie à Ratisbonne en 739. Aujourd'hui, il se compose d'environ 300 chanteurs regroupés en 3 ensembles différents. Ils participent avec le Domchor aux offices de la cathédrale St Peter et sont dirigés par le Domkapellmeister. L'éducation des enfants est totalement prise en charge par la manécanterie, tant sur le plan général que musical (externat ou internat). Le programme d'enseignement est établi en fonction des tournées de concerts et enregistrements.

Chefs de chœur : Joseph Schrems, Franz Xaver Engelhart (jusqu'en 1924), Theobald Schrems (1924-63), Georg Ratzinger (depuis 1964).

Gächinger Kantorei (Stuttgart)

Fondé en 1954.

Chef de chœur : Helmuth Rilling. Chorale mixte d'une centaine de chanteurs amateurs dont le répertoire couvre l'ensemble de la production chorale. Elle se produit le plus souvent accompagnée par le Bach-Collegium Stuttgart fondé en 1965 par Helmuth Rilling. Le répertoire, qui était centré à l'origine sur la littérature a cappella des XVIe-XVIIe siècles et la musique moderne, s'élargit aux oratorios du XVIIIe et de l'époque romantique. Les Gächinger Kantorei ont été la première chorale allemande invitée en Israël (1976). Ils ont réalisé l'enregistrement intégral des cantates et oratorios de Bach.

Kammerchor Stuttgart

Fondé en 1968, il se consacre à l'ensemble de la littérature pour chœur de chambre, de Schütz aux contemporains. Pour le répertoire baroque et classique, il se produit régulièrement avec le Barockorchester Stuttgart, fondé en 1982 par Frieder Bernius.

Directeur artistique : Frieder Bernius.

CRÉATIONS : œuvres de G. Benett (*Kinnah*), Arthur Dangel (*Eve, Orpheus*), Augustinus Kropfreiter (*Stabat Mater, Magnificat*).

Schola Cantorum de Stuttgart

Fondée en 1960, dissoute en 1990. Elle est dirigée par son fondateur Clytus Gottwald. Chœur dont le répertoire s'étend de la polyphonie des XVe et XVIe siècles aux œuvres d'avant-garde.

CRÉATIONS : œuvres d'Alban Berg (*Chöre aus dem Nachlaß*, 1982), Pierre Boulez (*Cummings ist der Dichter,* 1970), Sylvano Bussotti (*Rara Requiem,* 1971), John Cage (*Song Books I-II,* 1972), Friedrich Cerha (*Verzeichnis,* 1970), Paul-Heinz Dittrich, Jean-Claude Eloy (*Kamakala,* 1975), Morton Feldman, Vinko Globokar, Gérard Grisey (*Les Chants de l'Amour,* 1985), Roman Haubenstock-Ramati (*Chorographie,* 1971), Heinz Holliger (*Dona nobis pacem,* 1971 ; *Psalm,* 1972 ; *Scardanelli Zyklus,* 1985), Klaus Huber, Mauricio Kagel (*Hallelujah,* 1969), Helmut Lachenmann (*Consolation I,* 1968 ; *Consolation II,* 1969), György Ligeti (*Lux æterna,* 1966 ; *Páiné,* 1983), Tomas Marco (*Transfiguracion,* 1980), Krzysztof Penderecki (*Canticum canticorum Salomonis,* 1974 ; *Magnificat,* 1974), Steve Reich, Peter Ruzicka, Dieter Schnebel (*Missa est,* 1968 ; *Maulwerke,* 1974 ; *Contrapunctus XI,* 1976), Karlheinz Stockhausen, Hans Zender (*Canto IV,* 1971 ; *Canto V,* 1974).

Petits Chanteurs de Tölz (Tölzer Knabenchor)

Chœur d'enfant **fondé en 1956** à Bad Tölz (RFA) par Gerhard Schmidt-Gaden. Le chœur regroupe entre 100 et 150 enfants enrôlés dès l'âge de six ans et formés dans trois centres, à Munich, Benediktbeuern et Bad Tölz. Le chœur de chambre, qui se produit et enregistre dans le monde entier, est composé de 20 solistes de cet ensemble. Les voix d'hommes sont tenues par d'anciens solistes du chœur. Les recettes des concerts, les engagements dans divers théâtres lyriques et les royalties des disques permettent de couvrir l'essentiel des frais que nécessite la formation musicale des enfants, assurée par 6 professeurs de chant et chefs de chœur. Le Tölzer Knabenchor s'est vu décerner le Prix Ernst von Siemens pour la musique en 1981.

Directeur musical : Gerhard Schmidt-Gaden (depuis 1956).

CRÉATIONS : œuvres de Tilo Medek (*So ein Stuwwelpeter,* 1983), Claudio Monteverdi/Hans Werner Henze (*Le Retour d'Ulysse dans sa patrie,* 1985), Krzysztof Penderecki (*Passion selon saint Luc,* 1966 ; *Utrenja,* 1970 ; *Auferstehung,* 1971).

Petits Chanteurs de Windsbach (Windsbacher Knabenchor)

Chorale d'enfants **fondée à Windsbach (RFA) en 1946.** Elle réunit 80 chanteurs.

Direction : Hans Thamm (1946-77), Karl-Friedrich Beringer (depuis 1978).

AUTRICHE

Chœur des Amis de la Musique de Vienne (Wiener Singverein)

Fondé en avril 1858.
Ce chœur mixte amateur compte 240 membres.

Directeurs : Johann von Herbeck (1858, 1860-70), Josef Hellmesberger (1859, 1870-71), Anton Rubinstein (1871-72), Johannes Brahms (1872-75), Johann von Herbeck (1876-77), Eduard Kremser (1878-80), Wilhelm Gericke (1880-84), Hans Richter (1884-90), Wilhelm Gericke (1890-95), Richard von Perger (1895-1900), Ferdinand Loewe (1900-04), Franz Schalk (1904-21), Wilhelm Furtwängler (1921-30), Robert Heger (1927-33), Oswald Kabasta (1933-38), Wilhelm Furtwängler (1938-50), Herbert von Karajan (1950-89).

Chefs de chœur : Leopold Reichwein (1921-27), Ferdinand Grossmann (1927-39), Reinhold Schmid (1939-45), Ferdinand Grossmann (1945-53), Reinhold Schmid (1953-66), Helmut Froschauer (1966-91), Johannes Prinz (depuis 1991).

PRINCIPALES CRÉATIONS : *Requiem allemand* (trois premières parties, 1867), *Rhapsodie pour alto*, *Schicksalslied* de Brahms, *Messe en la* de Schubert, *Te Deum* et *Psaume 150* de Bruckner, *Symphonie n° 8* de Mahler (sous la direction du compositeur), *Le Livre des 7 sceaux* de Franz Schmidt, *Gilgamesch* et *Wer einsam ist, der hat es gut* de Uhl.

Petits Chanteurs de Vienne (Wiener Sängerknaben)

Fondés en 1924.

Ensemble créé dans sa forme actuelle en 1924 par Josef Schnitt mais il se réfère à près de 500 ans d'une tradition conservée par la Chapelle impériale (née en 1498). Le nombre de ses directeurs atteindrait plusieurs centaines. Il est composé de 4 chœurs d'enfants de dix à quatorze ans (chaque chœur a 24 membres) qui poursuivent parallèlement leurs études. Cette formation n'est pas subventionnée.

Directeurs artistiques : Ferdinand Grossmann, Hans Gillesberger, Uwe Christian Harrer (1982-91), Peter Marschik (depuis 1991).

Wiener Singakademie

Fondée en 1858.
Chœur mixte de 120 membres.

Chefs de chœur : Ferdinand Stegmayer (1858-63), Johannes Brahms (1863-64), Rudolf Weinwurm (1865-78), Hermann Grädener (1892-96), Ferdinand Loewe (1896-98), Bruno Walter (1911-13), Ferdinand Loewe (1916-20), Bruno Walter (1921-22), Paul von Klenau (1922-31), Anton Konrath (1933-45), Hans Gillesberger (1953-68), Thomas Christian David (1982-83), Agnes Grossmann (1983-86), Walter Hagen-Groll (1987-89), Herbert Böck (depuis 1989).

PRINCIPALES CRÉATIONS : *Das Klagende Lied* de Gustav Mahler, *Vom Tode* de Karl Schiske, *Hymnus* de Gottfried von Einem, *Psalmenkantate* de Anton Heiller, *Furchtlosigkeit und Wohlwollen* de Werner Egk, *Requiem* de Boris Blacher.

BELGIQUE

Collegium Vocale de Gand

Fondé en 1969 par Philippe Herreweghe qui en assure la direction, il est l'un des premiers ensembles vocaux à avoir bouleversé l'approche de la musique baroque au début des années soixante-dix. Il travaille régulièrement avec la Chapelle Royale. Son répertoire est essentiellement consacré à la musique baroque.

Manécanterie Concinite de Louvain

Fondée en 1972.

Chefs de chœur : Karel Aerts (1972-86), Florian Heyerick (depuis 1987). Chorale d'enfants fondée pour assurer la partie musicale des services religieux de l'église Saint-Quentin de Louvain. A partir de 1974, elle étend son activité au concert.

BULGARIE

Chœur National Bulgare « Svetoslav Obretenov » (Sofia)

Fondé en 1944 à l'initiative d'un compositeur bulgare, Svetoslav Obretenov, dont il porte le nom depuis 1955.

Effectif : 150 choristes professionnels dirigés, depuis 1966, par Gueorgi Robev.

DANEMARK

Chœur de la Radio Danoise (Copenhague)

Fondé en 1932.

Chefs de chœur : Frits Mahler (1932-36), Caï Wendelboe-Jensen (1936-37), Martellius Lundquist (1937-45), John Frandsen (1945-47), Svend S. Schultz (1949-83), Per Enevold (1985-88), Stefan Parkman (depuis 1989).

Chœur d'oratorio professionnel qui a toujours travaillé régulièrement avec des chefs invités comme Eric Ericson, John Alldis, Helmuth Rilling, Frieder Bernius, Michel Corboz ou Uwe Gronostay. Depuis 1937, il existe en outre au sein de la Radio Danoise un chœur de chambre qui se consacre plus spécialement au madrigal, le Radiokammeroret.

COMMANDES : œuvres de Per Nørgård (*Symphonie n° 3*, 1976), Bent Lorentzen (*Genesis*, 1993), Niels Rosing-Show (*Symphonie*, 1995), Sven-David Sandström.

CRÉATIONS : œuvres de Vagn Holmboe (*Symphonie n° 4*, 1944), Herman D. Koppel (*Moses*, 1964), Rund Lauggaard (*Symphonie n° 14*, 1948), Sven-David Sandström (*7 Poèmes*, 1992).

ESPAGNE

Orfeò Catalá (Barcelone)

Chœur de 100 à 125 membres (amateurs) **fondé à Barcelone en 1891** par Lluís Millet et Amadeu Vives.

Chefs de chœur : Lluís Millet Pagès (1891-1941), Francesc Pujol (1941-45), Lluís Maria Millet (1946-77), Lluís Millet Loras (1977-81), Simon Johnson (1981-83), Salvador Mas (1983-85), Simon Johnson (1986-88), Jordi Casas (depuis 1988).

Répertoire : a cappella et oratorio (première audition en Espagne d'*Elias* de Mendelssohn et du *Stabat Mater* de Poulenc).

CRÉATIONS : œuvres de Manuel Blancafort (*Cantata Virgo Maria,* 1968), Pablo Casals (*El Pesebre*), Xavier Montsalvatge (*Cant espiritual*).

Schola du monastère de Montserrat (Escolanía del Monasterio de Montserrat)

Ensemble choral de voix masculines qui exécute le répertoire grégorien soit traditionnel, soit plus spécifiquement ibérique, placé sous la direction du père Gregori Estrada. La célèbre abbaye catalane possède en outre une Escolania composée de jeunes enfants, à laquelle peuvent s'adjoindre des instrumentistes recrutés ou non parmi les moines musiciens, et qui, sous la direction de Don Ireneu Segarra, exécutent le répertoire de musique sacrée de toutes les époques, et en particulier celui qui fut composé tout particulièrement pour l'abbaye elle-même. Sa renommée est internationale.

Chorale de Pampelune (Agrupación coral de cámara de Pamplona)

Fondée en 1946.

Chef de chœur : Luis Morondo. Ensemble mixte de 18 chanteurs amateurs dont le répertoire est particulièrement consacré à la musique ancienne avec cependant quelques œuvres contemporaines (Arrano Beltza). Il se produit dans toute l'Europe et a obtenu de nombreux prix de chant choral.

CRÉATION : œuvre de Lleonard Balada (*Las Moradas,* 1970).

Orfeò Donostiarra (San Sebastián)

Chœur mixte amateur fondé en 1897 à San Sebastián. A l'origine, ensemble vocal masculin. Il est transformé en chœur mixte en 1909. Ce chœur amateur compte aujourd'hui 150 choristes. En 1983, a été fondé un atelier de musique pour enfants de quatre à neuf ans et, en 1985, une école de chant pour adultes dépendant tous deux de l'Orfeò Donostiarra.

Chefs de chœur : Luzuriaga et Oñate (1897-1902), Secundino Esnaola (1902-29), Juan Gorostidi (1929-68), Antxon Ayestaran (1968-86), Jose Antonio Sainz (depuis 1987).

Chœur de l'abbaye de Santo Domingo de Silos (Coro de la Abadia de Santo Domingo de Silos)

Chœur des moines espagnols dont le répertoire vocal, outre celui de la liturgie romaine traditionnelle, comporte les pièces du vieux fonds ibérique, caractéristique d'un style haut en couleur. Ce chœur est aujourd'hui dirigé par Dom Ismael Fernández de La Cuesta.

ÉTATS-UNIS

Chœur Roger Wagner (Los Angeles)

Fondé en 1946 et dirigé par Roger Wagner.

Chœur mixte d'une centaine de chanteurs professionnels, connu également comme Chœur de Los Angeles, dont le répertoire s'ouvre à la musique américaine moderne et fait une large part à la musique française de la Renaissance et du XXe siècle.

Oratorio Society of New York

Fondée en 1873 par Leopold Damrosch.

Chefs de chœur : Leopold Damrosch (1873-85), Walter Damrosch (1885-98), Frank Damrosch (1898-1912), Louis Koemmenich (1912-17), Walter Damrosch (1917-21), Alfred Stroessel (1921-43), Alfred Greenfield (1943-55), William Strickland (1955-59), T. Charles Lee (1959-72), Lyndon Woodside (depuis 1972).

La chorale a participé aux premières exécutions américaines des plus grands oratorios et de certaines œuvres lyriques : *Requiem allemand* de Brahms, *Requiem*, *La Damnation de Faust*, *Te Deum* et *Roméo et Juliette* de Berlioz, *Christus* de Liszt, *Samson et Dalila* de Saint-Saëns, *Eugène Onéguine* de Tchaïkovski, *Parsifal* de Wagner. L'effectif a atteint 600 choristes à certaines époques de son histoire. En 1977, la société a fondé un concours pour encourager l'art du chant en oratorio.

COMMANDES : œuvres de Henry Cowell (*If He Please,* 1956), Ivan Tcherepnine (*And So It Came To Pass,* 1991).

CRÉATIONS : œuvres de Vivian Fine (*Meeting for Equal Rights,* 1976), Gian Francesco Malipiero (*Princess Ulazia,* 1927), Rolf Urs Ringger (*A Moment of Sunrise,* 1992), Alexandre Tcherepnine (*Vivre d'amour,* 1989).

Mormon Tabernacle Choir (Salt Lake City)

Chœur fondé en 1847.

Chefs de chœur : John Parry (1849-54), Stephen Goddard (1854-56), James Smithies (1856-62), Charles John Thomas (1862-65), Robert Sands (1865-69), George Careless (1869-80), Ebenezer Beesley (1880-89), Even Stephens (1889-1916), Anthony C. Lund (1916-35), J. Spencer Cornwall (1935-57), Richard P. Condie (1957-74), Jay E. Welch (1974), Jerold D. Ottley (depuis 1975).

Composé de 320 choristes, il a réalisé plus de 150 enregistrements et s'est produit dans une vingtaine de pays différents.

Les Cosaques du Don

Fondé en 1920 en Russie par Serge Jaroff, un ancien officier cosaque (1896-1985), ce chœur fut recruté parmi les Cosaques, restés fidèles à la cause du tsar et de la contre-révolution. Des tournées en Europe et aux États-Unis (où il émigre en 1939) font connaître ces voix à l'âpre beauté. Après guerre, leur style a tendance à s'édulcorer, au fur et à mesure de la disparition des éléments authentiquement russes.

FRANCE

Chœur de l'abbaye Notre-Dame d'Argentan

Chœur de moniales bénédictines, dont le répertoire liturgique est le grégorien romain traditionnel et qui obéit à l'influence solesmienne. Dom Gajard a souvent dirigé ce chœur ; mais plusieurs disques laissent dans l'ignorance de l'anonymat la direction effective.

Chœur de l'abbaye de Kergonan

Chœur des moines bénédictins qui suivent l'école de Solesmes pour l'interprétation du répertoire de chant grégorien. Quelques enregistrements illustrent la manière de ce chœur aux voix moins apprêtées que celles de Solesmes.

Chœur de l'abbaye de Ligugé

Chœur des moines de l'abbaye bénédictine qui, à l'instar de celui de Solesmes, interprète le répertoire grégorien traditionnel, aujourd'hui sous la direction d'Olivier Bossard.

Chœur de Lyon

Fondé en 1979.

Il obtient en 1981 le statut de chœur régional et porte jusqu'en 1993 le nom de Chœur de l'Orchestre National de Lyon. Son chef permanent est depuis l'origine Bernard Tétu. Il se compose d'un chœur de chambre de 30 membres et d'un chœur d'oratorio dont les effectifs pourront aller jusqu'à 90 choristes amateurs.

Ensemble Vocal de Lyon

Fondé en 1962.

Chef de chœur : Guy Cornut. Ensemble mixte de 60 choristes amateurs qui se produit a cappella ou avec orchestre de chambre.

Maîtrise Gabriel Fauré (Marseille)

Fondée en 1963.

Chef de chœur : Thérèse Farré-Fizio. Maîtrise de 25 jeunes filles non professionnelles se produisant sur le plan international (États-Unis, 1968-76-80-86-87, URSS, 1971-72, Afrique du Sud, 1970, Japon, 1981). Le répertoire s'étend du XVIe siècle à nos jours (Messiaen, Migot, Poulenc, Milhaud...).

A Sei Voci (Paris)

Fondé en 1978. Ensemble vocal de 6 chanteurs (2 hautes-contres, 2 ténors et 2 basses) qui se consacre à restituer le répertoire polyphonique du Moyen Age à nos jours à la manière d'un groupe de musique de chambre. La direction artistique, collégiale, est coordonnée par Rachid Safir. Parmi les restitutions et recréations de musique ancienne, des œuvres de Cristobál de Morales (*Lamentations*), Marco Antonio Ingegneri (*Office des ténèbres de la Semaine sainte*), Giovanni Battista Croce (*Triaca musicale*), Guillaume Costeley (*Musicque*).

CRÉATIONS : œuvres d'Alain Bancquart (*Suite au dieu lune,* 1988), Bernard Cavanna (*Io,* 1981), Laurent Cuniot (*L'Exil au miroir,* 1984), Hugues Dufourt (*Noche oscura,* 1991), Marc Monnet (*Musik ohne Renaissance,* 1989), Gérard Geay, Ton de Leeuw (*Chimères,* 1985 ; *Les*

Chants de Kabir, 1986), Robert Pascal, Guy Reibel, Christian Villeneuve.

Chœur national (Paris)

Fondé en 1967.

Chœur mixte d'amateurs de 60 à 70 membres. Il est né de la volonté d'anciens choristes de la célèbre chorale d'étudiants « La Faluche » de continuer à chanter après leur entrée dans la vie professionnelle. Dirigé depuis sa fondation par Jacques Grimbert, il se compose de choristes amateurs confirmés. Il collabore avec les plus grands orchestres français, entre 1971 et 1976 avec l'Orchestre de Paris, et depuis avec l'Ensemble Orchestral de Paris, La Grande Écurie et la Chambre du Roi, l'Orchestre de Chambre de Lausanne...

PRINCIPALES CRÉATIONS : *Canto general* (1975) de Mikis Theodorakis, *Misa para un Mondo nuevo* (1977) de Maldonado, *Te Deum* (1978) de Jacques Charpentier.

Chœur de l'Orchestre de Paris

Fondé en 1975.

Chef de chœur : Arthur Oldham.

Chœur mixte de 220 chanteurs amateurs dont le financement est assuré par l'Orchestre de Paris. Il a créé la *Messe de l'aurore* de Landowski (1980) et participé au Festival d'Orange 1980 (Saint-Saëns : *Samson et Dalila*). Il est dirigé le plus souvent par Daniel Barenboïm, chef permanent de l'orchestre mais aussi par Abbado, Boulez, Giulini, Mehta, Ozawa...

Chœur Régional Vittoria d'Ile-de-France (Paris)

Fondé en 1987, il donne ses premiers concerts l'année suivante.

Effectif : 90 chanteurs amateurs. Ce chœur a le statut régional et se produit en oratorio avec la plupart des formations symphoniques parisiennes.

Directeur musical : Michel Piquemal.

CRÉATION : œuvre de Kamillo Lendvay (*Stabat Mater,* 1991).

Chœur de Radio France

Fondé en 1947.

Chefs de chœur : René Alix (1947-66), Marcel Couraud (1967-75), Jacques Jouineau (1977-86), Michel Tranchant (1986-91), François Polgar (depuis 1991). Ensemble de 120 chanteurs professionnels recrutés sur concours, consacrant ses activités aux concerts organisés par Radio France. De nombreux chefs ont dirigé cet ensemble sans avoir de fonction officielle : Yvonne Gouverné, Jean Gitton, Jean-Paul Kreder, Stéphane Caillat... Les chœurs se produisent avec toutes les formations de Radio France assurant une quarantaine de concerts par saison.

CRÉATIONS : œuvres de Gilbert Amy (*Récitatif, air et variations,* 1972), Girolamo Arrigo (*Allusioni alla morte di Cecchino Bracci,* 1980 ; *Le Retour de Casanova,* 1986), Claude Ballif (*Un coup de dés,* 1981), Henry Barraud (*Pange lingua,* 1964 ; *Enfance à Combourg,* 1976), Marcel Delannoy (*Abraham et l'ange,* 1960), Ton De Leeuw (*Car nos vignes sont en fleur,* 1981), Alfred Desenclos (*Requiem,* 1965), Ahmed Essyad (*L'Eau,* 1985), Jean-Louis Florentz (*Requiem de la Vierge,* 1988), Renaud Gagneux (*Messe,* 1976 ; *Requiem,* 1982 ; *Te Deum,* 1989), André Jolivet (*Le Cœur de la matière,* 1965), René Koering (*Elseneur,* 1980), Jean Langlais (*La Passion,* 1958), Georges Migot (*La Passion,* 1957), Darius Milhaud (*Pacem in terris,* 1963), Maurice Ohana (*Messe,* 1977), Jean-Claude Pennetier (*Messe,* 1980), Jean Prodromidès (*Les Perses,* 1961), Michèle Reverdy (*3 Fantaisies de Gaspard de la nuit,* 1987), Jean Rivier (*Christus Rex,* 1968), Michel Tabachnik (*La Légende de Haïsha,* 1989), Alexandre Tansman (*Le Faux Messie,* 1961 ; *Psaumes,* 1963), Antoine Tisné (*Célébration,* 1981), Ton-That Tiet (*Kiem Ai,* 1984 ; *Chu Ky VI,* 1994), Michel Zbar (*Retour,* 1980). Les **Solistes de chœurs de l'ORTF**, ensemble fondé en 1967 par Marcel Couraud qu'il a dirigé jusqu'en 1975, ont assuré quelques créations majeures de Jean-Claude Éloy

(*Kamakala,* 1965), Jean-Pierre Guézec (*Reliefs polychromes,* 1969), Betsy Jolas (*Sonate à XII*, 1971), François-Bernard Mâche (*Danae,* 1970), Ivo Malec (*Dodécaméron,* 1971), Maurice Ohana (*Cris,* 1969), Luis de Pablo (*Yolovi,* 1970), Guy Reibel (*Ode à Villon,* 1972), Iannis Xenakis (*Nuits,* 1968).

Chorale Philippe Caillard (Paris)

Fondée en 1944, elle se fait connaître, de 1955 à 1970, par les nombreuses premières discographiques qu'elle réalise avec l'Orchestre Jean-François Paillard, dans le domaine de la musique de la Renaissance et du pré-Baroque français, couronnées par plusieurs prix du disque (pour la Messe *Pange Lingua* de Josquin des Prés notamment). Le chœur est refondu en 1977, devenant l'Ensemble Jean Bridier.

Chorale Vittoria d'Argenteuil

Fondée en 1974.

Chef de chœur : Michel Piquemal (1974-86), Olivier Opdebeeck (depuis 1990). Chœur mixte de 180 chanteurs amateurs formé par Michel Piquemal dans le cadre de son activité à l'École de Musique d'Argenteuil, il se compose aujourd'hui de 70 choristes, d'une maîtrise et d'un ensemble vocal.

Ensemble Organum (Paris)

Fondé en 1982 à l'abbaye de Sénanque et dirigé par Marcel Pérès, ensemble vocal qui se consacre à la musique du Moyen Age. Son répertoire s'étend des premières sources connues (chant gallican, carolingien, ancien chant de l'Église de Rome), au XVe siècle, en cherchant à appréhender la continuité des phénomènes musicaux du passé. Il tient régulièrement des sessions de recherche qui permettent d'élaborer ce répertoire. Il porte une attention particulière aux traditions orales encore existantes. Il réside à la Fondation Royaumont, près de Paris, depuis 1984.

Ensemble Vocal Européen

Voir à **La Chapelle Royale** (Orchestres de Chambre et ensembles spécialisés).

Ensemble Vocal Michel Piquemal (Paris)

Fondé en 1978.

Chef de chœur : Michel Piquemal. Ensemble mixte composé de 16 à 20 chanteurs. La formation est professionnelle depuis 1982. Son répertoire s'étend de la Renaissance aux œuvres romantiques avec piano et à la musique contemporaine. Son répertoire s'étend de la Renaissance aux œuvres romantiques avec piano et aux œuvres contemporaines.

CRÉATIONS : œuvres de Roger Calmel (*Cantate des chemins retrouvés ; Passion selon le livre de Jean),* Jacques Castérède (*Liturgie de la vie et de la mort),* Xavier Darasse (*Psaume XXXII « Exultate »,* 1985), Jean-Louis Florentz (*Magnificat,* 1980), François Vercken (*Six Instants poétiques).*

Ensemble Vocal Stéphane Caillat (Paris)

Fondé en 1954.

Chef de chœur : Stéphane Caillat. Chœur mixte composé actuellement de 25 chanteurs amateurs. L'effectif a varié de 20 à 120 voix. Le répertoire s'étend du XVe au XXe siècle.

CRÉATIONS : œuvres de François Bayle, André Bon, Maurice Duruflé (*Quatre Motets sur des thèmes grégoriens*, 1961 ; *Messe « cum jubilo »,* 1966), Renaud Gagneux (*Ave Verum Corpus*, 1993), Guy Reibel, Michel Zbar.

Groupe Vocal de France

Fondé en 1976 par le ministère de la Culture et la Ville de Paris, dissous en 1994.

Chefs de chœur : Marcel Couraud (1976-78), John Alldis (1978-83), Michel Tranchant (1983-86), Marie-Claude Vallin,

Guy Reibel, Boris de Vinogradow et Henri Farge (1986-87), Guy Reibel (1987-90), John Poole (1990-94).

Effectif : 12 chanteurs permanents et 4 chanteurs complémentaires.

Le Groupe Vocal de France a un large répertoire qui va de Joaquin des Prés à Xenakis.

CRÉATIONS : œuvres de Carlos Roqué Alsina, Girolamo Arrigo (*O notte, o dolce tempo,* 1989), Alain Bancquart (*Voix,* 1981), Jean Barraqué (*Le Temps restitué,* 1987), Marc Bleuse, André Bon (*Les Vallées du cinéma,* 1991), Ernest Chausson (*Ballata,* 1993), Daniel-Lesur (*Encore un instant de bonheur,* 1994), Michel Decoust (*Dodici voci,* 1989), Didier Denis, Edison Denisov (*Légende des eaux souterraines,* 1995), Franco Donatoni, Hugues Dufourt (*La Mort de Procris,* 1986), Pascal Dusapin (*Niobé,* 1984), José Evangelista (*Noche Oscura,* 1994), Michael Finissy (*Ngano*), Jean Guillou (*Andromeda,* 1994), Philippe Hersant (*Missa brevis,* 1986 ; *Landschaft mit Argonauten,* 1991 ; *L'Infinito,* 1994), Betsy Jolas, Charles Koechlin (*Quinze Motets de style archaïque,* 1988), Jacques Lenot, Michael Levinas (*Les Réciproques,* 1986), Philippe Manoury (*Zeitlauf,* 1983), Patrick Marcland (*Paroles,* 1982), Paul Méfano, Francis Miroglio (*Habeas Corpus,* 1985), Emmanuel Nunes (*Minnesang,* 1981), Luis de Pablo (*Como Moïses es el iejo,* 1985 ; *Ocho Eprigrammas,* 1987 ; *Tarde de poetas,* 1989), Ştefan Niculescu, Wolfgang Rihm (*Chiffre V,* 1984), Giacinto Scelsi (*Sauh III,* 1985), Martial Solal (*Fantaisie pour 24 oreilles,* 1992), Antoine Tisné.

Maîtrise de Radio France

Fondée le 19 avril 1946.

Directeurs : Jacques Besson, Marcel Couraud, Jacques Jouineau, Henri Farge (1979-84), Michel Lasserre de Rozel (1984-89), Marie-Claude Vallin (1989), Denis Dupays (depuis 1989).

Fondée à l'initiative de Henry Barraud et Maurice David, la Maîtrise prodigue un enseignement général et un enseignement musical approfondi. La Maîtrise se produit seule, sous la direction de son directeur, ou avec les autres formations musicales permanentes de Radio France.

CRÉATIONS : œuvres de Gilbert Amy (*Une saison en enfer,* 1980), Henry Barraud (*La Fée aux miettes,* 1968 ; *Enfance à Combourg,* 1977), Mauricio Kagel (*Vom Hörenzagen,* 1977), Janos Komives (*Nikita,* 1970), Matsumoto (*Tô-i-Koé,* 1976), Marc Monnet (*Musik ohne Renaissance,* 1989), Claude Prey (*Le Cœur révélateur,* 1964 ; *Ionas,* 1966), Guy Reibel (*Oracle et empreinte,* 1975), Louis Saguer (*L'Ombre d'un froid,* 1969), Iannis Xenakis (*Pu Wijnuej We Fyp,* 1992).

Petits Chanteurs à la Croix de Bois

Manécanterie fondée en 1907 par des étudiants parisiens. Dirigée par Mgr Maillet depuis 1924, elle est devenue l'une des chorales d'enfants les plus célèbres du monde. A sa mort, la direction a été assurée par l'abbé Delsinne (1963-78) puis par Bernard Houdy (1978-92) et, actuellement, par d'anciens chanteurs. Répertoire religieux et profane (particulièrement folklore français et étranger recueilli au cours de leurs voyages dans les cinq continents).

En 1947, Mgr Maillet avait fondé la Fédération internationale des « Pueri Cantores » qui regroupe aujourd'hui plus de 100 000 petits chanteurs du monde entier.

Société des Chanteurs de Saint-Eustache (Paris)

Fondée en 1944.

Chœur amateur d'une centaine de membres fondé par le R.P. Émile Martin et subventionné depuis 1980 par la Ville de Paris.

Directeurs musicaux : R.P. Émile Martin (1944-89), Michel Plockyn (1989-92), Jean-Sébastien Béreau (depuis 1992).

PRINCIPALES CRÉATIONS : *Psaume 41* de Lavagne (1968), *La Résurrection* de Bondon (1975) et une centaine d'œuvres du R.P. Émile Martin.

Chœur de l'abbaye de Solesmes

Chœur des moines dont le répertoire se compose uniquement de chant grégorien. C'est l'école de cette abbaye qui, dès la fin du XIXe siècle, sous l'impulsion de Dom Pothier (1835-1923), de Dom Mocquereau (1849-1930), Dom Gajard (1885-1972) et aujourd'hui de Dom Claire, à la fois comme théoriciens et chefs de chœur, a redonné son importance à ces mélodies liturgiques du Haut Moyen Age. Depuis 1930, plusieurs dizaines d'enregistrements ont assuré la renommée internationale de l'interprétation de ce chœur. On peut entendre l'ensemble de la communauté monastique qui se différencie d'un petit chœur de voix choisies pour assurer les chants mélismatiques. L'école de Solesmes est le chef de file des chœurs monastiques répandus dans le monde chrétien.

Chorale Élisabeth Brasseur (Versailles)

Fondée en 1920.

Chefs de chœur : Élisabeth Brasseur (1920-72), Catherine Brilli (1972-82), Michel Aunay (depuis 1982). É. Brasseur fonde la Chorale féminine de l'église Sainte-Jeanne-d'Arc de Versailles dont elle est organiste. Elle donne un premier concert hors de l'église en 1934. En 1943 la chorale devient mixte et prend son nom définitif.

PRINCIPALES CRÉATIONS : Alix (*2 Motets,* 1967), Bécaud (*Cantate de l'Enfant à l'étoile,* 1962), J. Charpentier (*4 psaumes de Toukaram,* 1967), Jolivet (*La Vérité de Jeanne,* 1959), Milhaud (*Symphonie n° 3,* 1953), Petridis (*Oratorio byzantin,* 1964), Schmitt (*A contre-voix,* 1947). Créations françaises du *Requiem canticles* de Stravinski (1967) et de *La Licorne, la Gorgone et la Manticorne* de Menotti (1974).

Maîtrise Nationale de Versailles

Fondée en 1989. Chœur masculin (24 garçons et 16 hommes) qui travaille sous la direction de son directeur musical avec une équipe de conseillers : Edward Higginbottom (conseiller artistique), Eric Ericson (direction chorale), Vera Rozsa (formation vocale).

Directeurs musicaux : Michel-Marc Gervais (1989-92), Olivier Schneebeli (depuis 1992).

GRANDE-BRETAGNE

Chœur du King's College (Cambridge)

Fondé au XVe siècle par le roi Henry VI, il comporte actuellement 30 choristes, 16 enfants qui assurent les parties de soprano et 14 adultes. Tous font leurs études au collège et reçoivent des bourses. Ils ont remplacé progressivement au début du siècle les ecclésiastiques qui chantaient les parties masculines. Le dernier d'entre eux a quitté l'ensemble en 1928. Le principe même du recrutement au sein du collège assure un renouvellement permanent, les enfants chantant en moyenne pendant quatre ou cinq ans, avant la mue, les étudiants pendant trois ans. L'âge maximum est vingt-trois ans.

Chefs de chœur : A.H. Mann (1876-1929), Boris Ord (1929-57), Sir David Willcocks (1957-73), Philip Ledger (1973-82), Stephen Cleobury (depuis 1982).

Chœur du Saint John's College (Cambridge)

Fondé vers 1511, ce chœur réunit des voix masculines (actuellement 20 garçons assurant les parties soprano, 4 hautes-contre, 4 ténors et 6 basses). Tous ses membres sont élèves ou étudiants au Saint John's College dont ils reçoivent une bourse. Le chœur est lui-même subventionné par le collège.

Chefs de chœur : Lusmere (vers 1661-81), Hawkins (1681-82), Thomas Williams (1682-1729), Bernard Turner (1729-77), William Tireman (1777), Jonathan Sharpe (1777-99), John Clarke-Whitfeld (1799-1820), William Beale (1820-21), Samuel Matthews (1821-32), Thomas Attwood Walmisley (1832-56), Alfred Bennet Jr (1856-57), George Mursell Garrett (1857-97), Edward Thomas Sweeting (1897-1901), Cyril Bradley Rootham (1901-38), Robin Orr (1938-51), George Guest (1951-91), Christopher Robinson (depuis 1991).

CRÉATIONS : *3 Motets* (Berkeley), *Magnificat et nunc dimittis* (Tippett), *A sequence for Saint Michael* (Howells), *Solomon ! where is thy throne* (McCabe), *Anthems* de Robin Orr, William Mathias, Alun Hoddinott.

Le répertoire du chœur comporte un millier d'œuvres du XVe siècle à nos jours, dont une soixantaine de messes.

Ambrosian Singers (Londres)

Fondé en 1952.

Chef de chœur : John McCarthy. Chœur mixte de 150 chanteurs professionnels. Il débute en 1952 pour l'illustration d'une série radiophonique *The History of Western Music* avec Denis Stevens. Limité d'abord à la musique ancienne, le répertoire s'enrichit progressivement et couvre tout le répertoire jusqu'à la musique moderne, réalisant de nombreux enregistrements pour la télévision, la radio, le disque, ainsi que de fréquentes tournées de concerts. Suivant sa formation, l'ensemble a pris pour nom Ambrosian Opera Chorus, Ambrosian Consort, John McCarthy Singers... Au total, il s'est produit sous 69 noms différents. Il compte à son actif plus de 110 enregistrements d'opéras, 17 productions d'opéras télévisées et plusieurs films. Janet Baker, Heather Harper, Margaret Price, Gwyneth Jones, Helen Watts, Robert Tear, John Shirley-Quirk... ont appartenu aux Ambrosian Singers.

CRÉATIONS : œuvres de Peter Maxwell Davies (*Five Motets*, 1965), Thea Musgrave (*The Phoenix and the Turtle*, 1962), Giles Swayne (*Three Shakespeare Songs*, 1971), Egon Wellesz (*Laus Nocturna*, 1963).

BBC Singers (Londres)

Fondé en 1924.

Chefs permanents : Stanford Robinson (1924-32), Cyril Dalmaine (1932-34), Leslie Woodgate (1934-61), Peter Gellhorn (1961-72), John Poole (1972-89), Simon Joly (depuis 1989).

Chœur professionnel de 24 membres. Fondé sous le nom de Wireless Chorus, il s'intitule BBC Chorus en 1935 et adopte son nom actuel en 1973.

CRÉATIONS : œuvres de Benjamin Britten (*Hymne à sainte Cécile*, 1942), Pascal Dusapin (*La Melancholia*, 1992), Michael Finnissy (*Seven Sacred Motets*, 1991), Hans Werner Henze (*Orpheus behind the Wire*, 1985 ; *Der Idiot*, 1991), Oliver Knussen (*Frammenti da « Chiara »*, 1986), Jonathan Lloyd (*Missa Brevis*, 1989), Gerhard Shurmann (*The Double Heart*, 1977), Giles Swayne (*Cry*, 1980), Phyllis Tate (*To Words by Joseph Beaumont*, 1973).

BBC Symphony Chorus (Londres)

Fondé en 1928.

Chefs permanents : Stanford Robinson (1928-32), Cyril Dalmaine (1932-34), Leslie Woodgate (1934-61), Peter Gellhorn (1961-72), John Poole (1972-76), Brian Wright (1976-85), Gareth Morrell (1985-89), Stephen Jackson (depuis 1989).

Il réalise au cours de son premier concert, le 23 novembre 1928, la création de *The Pilgrim's Progress* de Sir Granville Bantock sous la direction du compositeur. Il porte alors le nom de Chœur National. Il choisit de s'appeler Chœur de la BBC (1932), Société Chorale de la BBC (1935) et Chœur Symphonique de la BBC (1977). Son effectif atteint 170 membres amateurs.

CRÉATIONS : œuvres de Granville Bantock (*The Pilgrim's Progress,* 1928), Béla Bartók (*Cantate profane,* 1934), Roberto Gerhard (*The Plague,* 1964), Olivier Messiaen (*La Ville d'En-Haut,* 1989), Tristan Murail (*Les Sept Paroles du Christ en Croix,* 1989).

Chœur de l'abbaye de Westminster (Londres)

Fondé en 1065.

On trouve la première trace d'un chef de chœur en 1479 lors de la nomination de William Cornyshe. A la dissolution du monastère par Henry VIII en 1540, le chœur est reconstitué sur de nouvelles bases (26 garçons et 10 à 18 hommes) qui n'ont pas changé depuis. Il assure les services quotidiens de l'abbaye. La Westminster Abbey Choir School est chargée de la formation musicale des enfants qui chantent dans le chœur, et leur apprend en outre la pratique de deux instruments. En raison de sa participation régulière aux services de l'abbaye, le chœur se produit rarement à l'étranger. Il est davantage connu par ses enregistrements.

Chef de chœur : Martin Neary (depuis 1988).

Chœur Bach de Londres (The Bach Choir)

Fondé en 1876.

Chefs de chœur : Otto Goldschmidt, Charles Villiers Stanford, Walford Davies, Hugh Allen, Raph Vaughan Williams (1920-28), Sir Adrian Boult (1929-31), Reginald Jacques (1932-60) et, depuis 1960, Sir David Willcocks.

Chœur mixte d'environ 270 choristes amateurs qui se consacre surtout à la musique de J. S. Bach (une exécution de la *Passion selon saint Matthieu* chaque année) et aux grands oratorios dans la tradition anglaise du chant choral. Il a donné la première audition anglaise de la *Messe en si* de J. S. Bach, d'où son nom. Le répertoire s'étend aux grandes œuvres chorales-symphoniques du XIXe et du XXe siècle.

COMMANDES : œuvres de Herbert Howells (*Stabat Mater,* 1965), William Mathias (*The Worlde's Joie, A Royal Garland,* pour le Jubilé d'argent de la reine Elisabeth II, 1977), Paul Patterson (*Magnificat,* 1994).

Chœur John Alldis (Londres)

Fondé en 1962 par John Alldis.

Chef de chœur : John Alldis (depuis 1962).

Effectif : 16 choristes.

Son répertoire est vaste, notamment en musique contemporaine. Il a enregistré l'intégrale des œuvres pour chœur de Webern sous la direction de Pierre Boulez. Schoenberg, Ligeti, Stravinski, Bussotti, Varèse, mais aussi de plus jeunes comme Bedford ou Finnissy, sont au programme des concerts à Londres et Paris. Le Chœur John Alldis vient souvent à l'IRCAM.

Chœur Pro Musica de Londres

Fondé en 1981 par Germaine et Charles Spencer, il se compose de 150 choristes amateurs, pour la plupart encore étudiants des écoles et académies de musique de Londres. En dehors de ses activités londonniennes, il est invité, dès 1982, au Festival Berlioz à Lyon où il se produit régulièrement ainsi que dans les plus grands centres internationaux, tant en oratorio qu'à l'opéra.

Directeur artistique : John McCarthy (depuis 1981).

Hilliard Ensemble (Londres)

Fondé en 1976. Ensemble vocal de 4 chanteurs composé de David James, Roger Covey-Crump, John Potter et Paul Hillier. Son répertoire est principalement consacré à la musique antérieure au XVIIe siècle. Mais il s'intéresse également à la musique baroque et contemporaine.

CRÉATIONS : œuvres de John Casken (*Sharp Thorne,* 1992), Heinz Holliger

(*Variazioni su nulla*, 1988), Arvo Pärt (*Berliner Messe*, 1990).

King's Singers (Londres)

Ensemble vocal masculin **fondé en 1968.**

Contre-ténors : Nigel Perrin, Alastair Hume.

Ténor : Alastair Thompson (jusqu'en 1978) puis Bill Ives.

Barytons : Anthony Holt et Simon Carrington.

Basse : Brian Kay.

Les membres sont issus du King's College de Cambridge sauf Anthony Holt qui vient de la Christ Church d'Oxford. Le répertoire porte sur les œuvres de la Renaissance mais aussi sur la période contemporaine.

CRÉATIONS : œuvres de Richard Rodney Bennett, Luciano Berio (*Cries of London*, dédicataires, 1974), Peter Dickinson, Nicola LeFanu (*Verses from Psalm 90*, 1978), György Ligeti (*Nonsense Madrigals nº 5*, 1989, et *nº 6*, 1993), William Mathias (*Riddles*, 1991), Paul Patterson (*Time-Piece*, 1973), Krzysztof Penderecki (*Ecologa VIII*, 1972), András Szöllösy (*Fabuli Phaedri*), Toru Takemitsu (*Handmade Proverbs*, 1987), Malcolm Williamson.

Monteverdi Choir (Londres)

Fondé en 1964.

Chef de chœur : John Eliot Gardiner. Chœur mixte d'une trentaine de chanteurs semi-professionnels réuni à l'occasion d'une exécution des *Vêpres* de Monteverdi au King's College de Cambridge et qui depuis n'a cessé de se produire dans un répertoire qui va de Monteverdi à Lutosławski, Reimann ou Messiaen. Il n'a cessé d'exhumer des partitions tombées dans l'oubli, de Gabrieli à Leclair ou de Schütz à Campra. Depuis la fondation des English Baroque Soloists en 1978, il se produit régulièrement avec cet ensemble instrumental. Son répertoire s'élargit aux grandes œuvres chorales-symphoniques du XIXe et du XXe siècle.

CRÉATIONS : œuvres de Frank Michael Beyer (*Canticum Mose et Agni*, 1977), Alexander Goehr (*The Death of Moses*, 1992), Aribert Reimann (*John III, 16*, 1976), John Taverner.

Philharmonia Chorus (Londres)

Fondé en 1957 par Walter Legge.

Chefs de chœur : Wilhelm Pitz (1957-71), Walter Hagen Groll (1971-74), Norbert Balatsch (1974-79), Heinz Mende (1979-84), Horst Neumann (depuis 1984).

Chœur mixte de 200 chanteurs réuni à l'origine pour les enregistrements du Philharmonia Orchestra. Entre 1964 et 1977, il porte le nom de New Philharmonia Chorus et commence à se produire en public pour toutes sortes de concerts en Angleterre et à l'étranger. Il reprend ensuite son nom d'origine.

Royal Choral Society (Londres)

Fondée en 1871.

Chefs permanents : Charles Gounod (1871-73), Joseph Barnby (1873-96), Frank Bridge (1896-1922), Sir Malcolm Sargent (1928-67), Wyn Morris (1968-69), Meredith Davies (1973-1984), Laszlo Heltay (depuis 1984).

Son premier concert en 1873 regroupait 1 000 choristes dirigés par Gounod. Appelé à l'origine Royal Albert Hall Choral Society, elle prend sa dénomination actuelle en 1888. Elle donne la première audition anglaise du *Requiem* de Verdi (sous la direction du compositeur) et de *Parsifal*. De nombreuses commandes sont passées auprès de compositeurs anglais. Son effectif atteint 200 choristes.

The Tallis Scholars (Londres)

Ensemble vocal **fondé en 1978** par Peter Philipps (né en 1953) avec d'anciens étudiants qui avaient chanté dans les chœurs de Cambridge et d'Oxford. Il se consacre au répertoire de la Renaissance française et italienne et à la musique anglaise ancienne.

Directeur musical : Peter Philipps.

Taverner Choir, Consort and Players (Londres)

Le Taverner Choir a été **fondé en 1973** par Andrew Parrott. Peu après, a suivi la fondation du Taverner Consort puis des Taverner Players, cette dernière formation (instruments anciens) ayant à l'origine pour mission d'accompagner les deux premières. Mais elle a acquis depuis quelques années une certaine autonomie.

Chef de chœur : Les trois ensembles sont dirigés par Andrew Parrott.

Répertoire : il va de la Renaissance aux œuvres de Haendel et de J. S. Bach.

Chœur du New College d'Oxford
(New College Choir Oxford)

Fondé en 1379, il se compose d'une trentaine de choristes, 16 garçons et 14 adultes (hautes-contre, ténors et basses). Depuis sa formation, le chœur chante les offices liturgiques à la chapelle médiévale du collège, qui fait partie de l'ensemble de l'Université d'Oxford. Son répertoire est très éclectique, mais il se consacre essentiellement à la musique des XVIe-XVIIIe siècles, avec quelques incursions dans le domaine contemporain.

Chefs de chœur : Sir David Lumsden (1958-76), Edward Higginbottom (depuis 1976).

HONGRIE

Chœur de Budapest
(Budapesti Kórus)

Fondé en 1941 par Lájos Bardos.

Il est né de la réunion du Chœur Palestrina (créé en 1916) et du Chœur Cecilia (créé en 1921). En 1948 il est rejoint par la Société Chorale de Budapest (créée en 1918).

Chefs de chœur : Lájos Bardos (1941-47), Miklós Forrai (1948-78), Sándor Margittay (1978-83), Mátyás Antal (depuis 1983).

Chœur de la Radio-Télévision Hongroise (Budapest)
(A Magyar Rádió és Televizió Énekkara)

Fondé en 1950.

Chœur professionnel de 75 membres.

Chef de chœur : Depuis 1958 son directeur est Ferenc Spaszon.

LETTONIE

Chœur Ave Sol de Riga

Fondé en 1969 à l'initiative du directeur du Conservatoire de Riga, Imants Kokars. Il doit son nom au chant du compositeur letton Alfreds Kalninš sur un poème de Janis Rainis. Son répertoire s'étend de la musique traditionnelle a cappella aux oratorios du XIXe siècle et à la musique contemporaine. Effectif : 35 voix.

Directeur musical : Imants Kokars.

CRÉATIONS : œuvres de Paul Dambis (*Chants de la mer* ; *Voix des bergers*), Janis Ivanovs (*Vocalises*), Adolfs Skulte (*Quasi-una Sonata*).

PAYS-BAS

Ensemble Vocal Néerlandais (Amsterdam)
(Nederlands Kamerkoor)

Fondé en 1937 par Felix De Nobel, il se consacre d'abord aux cantates de J. S. Bach avant de se tourner vers le répertoire a cappella. Depuis 1947, il se compose de 24 chanteurs professionnels. En dehors du répertoire a cappella, il se produit régulièrement avec le Schönberg Ensemble, l'Orchestre Royal du Concertgebouw d'Amsterdam, l'Orchestre du XVIIIe siècle ou l'Amsterdam Baroque Orchestra.

Direction artistique : Felix De Nobel (1937-73), aucun directeur permanent entre 1980 et 1988, Uwe Gronostay (depuis 1988).

CRÉATIONS : œuvres de Henk Badings (*Trois Chansons bretonnes* ; *Mariacyclus*), Rudolf Escher, Alexander Goehr (*Psaume 39*, 1993), Frank Martin (*Ariel*), Francis Poulenc (*Quatre Motets pour un temps de Noël*), Alexandre Tansman, Anthon Van der Horst (*La Nuit*).

POLOGNE

Cappella Cracoviensis

Voir **Orchestres de Chambre et formations spécialisées.**

Chœur Philharmonique national de Varsovie
(Chór Filharmonii Narodowej)

Fondé en 1952 par Zbigniew Soja.

Directeurs musicaux : Zbigniew Soja (1952-55), Roman Kuklewicz (1955-71), Józef Bok (1971-74), Antoni Szalínski (1974-78), Henryk Wojnarowski (depuis 1978).

CRÉATIONS : œuvres de Krzysztof Penderecki (*Stabat Mater,* 1962 ; *Cantata in honorem Almae Matris Universitatis Iagellonicae,* 1964).

PORTUGAL

Chœur de la Fondation Gulbenkian (Lisbonne)

Fondé en 1964.

Il comporte une centaine de choristes.

Répertoire : de la musique polyphonique a cappella aux œuvres contemporaines.

Directeurs artistiques : Olga Violante (1964-69), Michel Corboz (depuis 1969).

CRÉATIONS : œuvres d'Olivier Messiaen (*La Transfiguration,* 1969), Emmanuel Nunes (*Vislumbre,* 1986 ; *Machina mundi,* 1992), Michel Tabachnik (*Le Pacte des Onze,* 1986), Iannis Xenakis (*Cendrées,* 1974).

RÉPUBLIQUE TCHÈQUE

Chœur des Instituteurs Moraves (Brno)
(Pěvecké Sdružení moravských učitelů)

Fondé en 1903.

Chefs de chœur : Ferdinand Vach (1903-36), Jan Šoupal (1936-64), Antonín Tucăpský (1964-72), Oldřich Halma (1972-84), Lubomír Mátl (depuis 1975).

Chœur amateur composé de 70 voix d'hommes, financé par le comité tchèque du Syndicat des enseignants scientifiques. Outre des œuvres vocales de Smetana, Janáček, Dvořák, Suk, Foerster, Novák, son répertoire s'étend à des partitions de compositeurs tchèques et étrangers contemporains.

CRÉATION : œuvre de Bohuslav Martinů (*Chants des brigands,* 1957-58, dédicataire).

Chœur Philharmonique de Prague
(Pražský Filharmonický sbor)

Fondé en 1935.

Chefs de chœur : Jan Kühn (1935-58), Joseph Veselka (1958-81), Lubomír Mátl (1981-90), Pavel Kühn (depuis 1990).

Chœur mixte de 80 chanteurs professionnels dont le répertoire porte surtout sur les grandes œuvres vocales avec orchestre (oratorios, cantates, opéras...). Ce chœur, issu du Chœur de la Radio Tchèque, s'en est détaché en 1951 et fait partie de la Philharmonie Tchèque jusqu'en 1991.

Chœur de la Radio Tchèque de Prague
(Pěvecký sbor Českéhorozhlasu)

Fondé en 1935.

Chefs de chœur : Jan Kühn (1935-45), Jiří Pinkas (1945-56), Jan Kasal (1957-59), Václav Jiráček (1960-61), Jan Tausinger (1962), Milan Malý (1963-86) assisté de Ladislav Cerny, Pavel Kühn (1986-90), Stanislas Bogunia (depuis 1990).

Chœur mixte de 80 chanteurs professionnels travaillant pour la Radio de Prague. Il s'est produit sous l'autorité des plus grands chefs d'orchestre tchèques et étrangers.

ROUMANIE

Chœur Madrigal de Bucarest

Fondé en 1963 par Marin Constantin.

Il est né dans le cadre du Conservatoire de Bucarest. Il est actuellement dirigé par son fondateur et contribue, depuis la chute du régime communiste, à faire connaître le répertoire religieux ancien de l'Église roumaine, auparavant interdit. Il accorde également une place essentielle à la musique contemporaine.

CRÉATIONS : œuvres de Miriam Marbe, Ştefan Niculescu (*Aphorismes d'Héraclite,* 1969), Tiberiu Olah, Anatol Vieru.

RUSSIE

Chœur Académique de Chambre de Moscou

Fondé en 1972.

Directeur : Vladimir Minin.

PRINCIPALES CRÉATIONS : œuvres de Sviridov, Gavrilin, Rubin, Ledenev...

Chœur Alexandre Yourlov (Moscou)

Fondé en 1919.

Chefs de chœur : Alexandre Svechnikov (1941-58), Alexandre Yourlov (1958-73), Youri Oukhov (1973-81), Stanislas Gousev (depuis 1981).

Chœur mixte d'une centaine de chanteurs amateurs, il porte successivement le nom de Chœur Glinka (jusqu'en 1942) et jusqu'à la mort de Yourlov en 1973 le nom de Chœur Académique Russe de l'URSS.

CRÉATIONS : œuvres de Sviridov (*Oratorio Pathétique*), Palacio, Chtchedrine, Chostakovitch, Khrennikov, Echpaï...

Chœur de Chambre du Ministère de la Culture de l'URSS (Moscou)

Fondé en 1971 sous le nom de Chœur de Chambre du Conservatoire de Moscou, il réunit une quarantaine de choristes et a largement contribué à la redécouverte de la musique russe chorale et liturgique du XVIIIe siècle.

Chef de chœur : Valeri Polianski.

CRÉATIONS : œuvres de Bronner, Edison Denisov, Alfred Schnittke (*Requiem*, 1975 ; *Choral Concerto*, 1987 ; *L'Histoire du Dr Johann Faustus*), Nicolaï Sidelnikov.

Madrigal Ensemble de Moscou

Fondé en 1965, il est l'un des premiers ensembles à participer à la redécouverte de la musique ancienne en URSS. Il se compose d'une douzaine de chanteurs et d'instrumentistes (pour le répertoire accompagné). Le répertoire va de la musique médiévale byzantine à la musique de notre temps. Depuis 1974, il donne des concerts réguliers dans la grande salle du Conservatoire Tchaïkovski de Moscou.

Directeurs artistiques : Andrei Volkonski (1965-73), Lydia Davidova (1973-83), Oleg Yanchenko (depuis 1983).

Capella de Saint-Pétersbourg

Fondée en 1479 à Moscou par Ivan II comme chœur des chantres du tsar, elle est le seul moyen d'expression musicale de l'Église orthodoxe, qui interdit les instruments en son sein. Les chanteurs recrutés reçoivent une instruction très poussée, apprenant à lire et à écrire et se voient parfois confier des missions diplomatiques. Le tsar dirige parfois le chœur lui-même avec son sceptre. On sait peu de chose de la période moscovite du chœur, sauf qu'il a été dirigé par deux chefs remarquables amenés de Novgorod à Moscou par Ivan le Terrible, Féodor le Paysan et Ivan le Nez. Lorsque Pierre le Grand érige Saint-Pétersbourg en capitale, le chœur s'y installe (début du XVIIIe siècle). Le 21 septembre 1738, l'impératrice Anne signe l'ordonnance de fondation à Gloukhov d'une école de chantres dont sortiront la plupart des membres de la Chapelle impériale. Le chœur compte alors 48 adultes et 52 enfants, dont la formation est assurée par des maîtres italiens. A partir de 1802, date de la fondation de la Société Philharmonique, le chœur participe régulièrement à des oratorios : il donne pour la première fois en Russie les oratorios de Haydn, les messes de Mozart, la *Missa Solemnis* de Beethoven (1823), le *Requiem* de Berlioz, etc. Liszt, Schumann, Berlioz dirigent le chœur lors de leurs tournées. L'enseignement instrumental apparaît en 1858. En 1882, la Capella s'enrichit d'un orchestre (voir **Orchestre Philharmonique de Saint-Pétersbourg et Orchestre Symphonique de la Capella de Saint-Pétersbourg**). En 1917, il prend le nom d'Académie Chorale du Peuple puis de Chœur Académique d'État Glinka de Leningrad. En 1990, il revient à son intitulé d'origine.

Directeurs musicaux et chefs de chœur : Marc Poltoratski, Baldassare Galuppi (1755-68), Tommaso Traetta (1768-75), Giovanni Paisiello (1775-84), Giuseppe Sarti (1784-87), Dmitri Bortnianski (1796-1829), Fedor Lvov (1829-37), Alexei Lvov (1837-61), Mikhaïl Glinka (chef de chœur, 1837-), Nicolaï Bachmetev (1861-83), Mily Balakirev (1883-94), Krestianin, Kalenda, Bavikine, Nicolaï Titov, Stephan Smolenski, Mikhaïl Klimov (chef de chœur, 1913-35, également directeur musical, 1922-30), Pallady Bogdanov, Gueorgi Dmitrievski, Elizaveta Kudriavtseva, Vladislav Tchernouchenko (depuis 1974).

SLOVAQUIE

Chœur de la Phillharmonie Slovaque (Bratislava) (Slovenský Filharmonický sbor)

Fondé en 1946 comme chœur de la Radio de Bratislava, il devient le chœur de la Philharmonie en 1957.

Chefs de chœur : Ladislav Slovák (1946-55), Ján Maria Dobrodinský (1955-75), Valentin Iljin (1976-78), Lubomír Mátl (1978-81), Pavol Baxa (1981-82), Štefan Klimo (1982-85), Pavol Procházka (1985-89), Marian Vach (1989-90), Ján Rozehnal (depuis 1990).

SUÈDE

Chœur de la Radio Suédoise (Stockholm) (Radiokören)

Fondé en 1925, il se compose d'une quarantaine de chanteurs professionnels. Son premier concert hors de Suède, donné à Berlin en 1965 dans le cadre du Festival Heinrich Schütz, le révèle comme l'une des formations chorales les plus importantes de l'époque, aussi à l'aise dans la musique ancienne que dans le répertoire contemporain. Il a de nombreuses créations à son actifs.

Chefs de chœur : G. Malm, A. Nylander, Einar Rals (jusqu'en 1951), Eric Ericson (1951-84), Andrers Öhrwall (depuis 1984).

CRÉATIONS : œuvres de Sofia Goubaïdoulina (*Hommage à Marina Zvetajeva,* 1989), Vinko Globokar (*Hallo ? Do You Hear Me ?,* 1987), György Ligeti (*Requiem,* 1965 ; *Drei Phantasien nach Friedrich Hölderlin,* 1983).

Chœur Orphei Drängar d'Uppsala

Fondé le 30 octobre 1853.

Chefs de chœur : J. A. Josephson (1853-80), J. E. Hedenblad (1880-1909), Hugo Alfvén (1910-47), Carl Godin (1947-51), Eric Ericson (1951-91), Robert Sund (depuis 1985).

Chœur d'hommes amateurs (10 à 20 % de professionnels) de 80 membres. Son nom se traduit par « les serviteurs d'Orphée ». Il a remporté deux années de suite le 1er prix toutes catégories du Concours international « Let the people sing » de la BBC. De nombreuses commandes ont été passées à des compositeurs suédois.

SUISSE

Chœur du monastère Maria Einsiedeln

Chœur des moines bénédictins, placé sous la direction du père Roman Bannwart et consacré au répertoire liturgique grégorien. La tradition d'interprétation d'Einsiedeln diffère sur plusieurs points, notamment rythmiques, de celle de Solesmes. Cette recherche actuelle tend à privilégier plus qu'ailleurs la participation de solistes entraînés, et chantant à voix pleine.

ENSEMBLES DE MUSIQUE DE CHAMBRE *

TRIOS

Beaux-Arts Trio (USA)

Fondé en 1954.

Violon : Daniel Guilet (1955-68), Isidore Cohen (1968-92), Ida Kavafian (depuis 1992).

Violoncelle : Bernard Greenhouse (1955-87), Peter Wiley (depuis 1987).

Piano : Menahem Pressler (depuis 1955).

Menahem Pressler (Magdebourg, 16 décembre 1923) est un ancien élève d'Egon Petri. Bernard Greenhouse (Newark, 3 janvier 1916) a travaillé avec Pablo Casals et jouait sur un Stradivarius de 1707. Isidore Cohen (New York, 16 décembre 1922) a appartenu au Quatuor Juilliard de 1958 à 1966. Le Trio a enregistré à partir de 1970 l'intégrale des trios de Haydn.

CRÉATIONS : œuvres de George Rochberg (*Summer 90*, 1990), Ned Rorem (*Spring Music,* 1991).

Clementi-Trio (Cologne)

Fondé en 1979.

Violon : Konstantin Gockel (1979-85), Daniel Spektor (depuis 1985).

Violoncelle : Manuel Gerstner.

Piano : Deborah Richards.

Cet ensemble a pris le nom de Muzio Clementi, l'un des compositeurs les plus prolifiques dans le domaine du trio avec piano. Son répertoire couvre trois siècles de musique avec de nombreuses œuvres écrites à son intention : Morton Feldman (*Trio,* 1980), Dieter Schnebel (*Lieder ohne Worte,* 1980/82/86), Lorenzo Ferrero (*My Blues,* 1984), Aldo Clementi (*Trio,* 1988), Clarence Barlow, Doris Hays, Kevin Volans, Manfred Stahnke...

Daniel Spektor joue sur un violon de Giovanni Florentinus Guidante (Bologne, 1752) et Manuel Gerstner sur un violoncelle de Raffaele Fiorini (Bologne, 1891).

Deutsches Streichtrio

Fondé en 1972.

Violon : Hans Kalafusz.

Alto : Christian Hedrich (1972-88), Jürgen Weber (depuis 1988).

Violoncelle : Reiner Ginzel.

Hans Kalafusz joue sur un violon de Pietro Guarnerius (Mantoue, 1699), Jürgen Weber sur un alto de Lorenzo Storioni (Crémone, 1780), Reiner Ginzel sur

* Les ensembles de musique de chambre sont classés par ordre alphabétique dans chacune de leur catégorie.

un violoncelle de Giovanni Grancino (Milan, 1690).

CRÉATIONS : œuvres de Nikolaus Brass (*Morgenlob*), Arthur Dangel (*Trios à cordes n° 1* et *n° 2*), Adriana Hölszky (*Innere Welten*), Milko Kelemen (*Memorys*), Joachim Krebs (*Trio à cordes n° 1*), Hans-Peter Jahn (*Kammermusiktheater*, op. 21), Krzysztof Penderecki (*Trio à cordes*, deuxième version, 1991), Anton Ruppert (*Streichtrio*), Ernst Sauter (*Essay*), Alessandro Solbiati (*Trio d'archi*), Carlos Veerhoff (*Trios à cordes*, op. 56 et op. 67).

Trio Altenberg (Vienne)

Fondé en 1993 par le pianiste et le violoncelliste du Trio Schubert de Vienne, auquel s'est adjoint le violoniste du Trio Chostakovitch. Les deux instrumentistes à cordes jouent sur des instruments de Guadagnini (violon de 1754 et violoncelle *ex-Van Zweygberg* de 1743).

Violon : Amiram Ganz.
Violoncelle : Martin Hornstein.
Piano : Claus-Christian Schuster.

Trio d'Anches Ozi (Paris)

Fondé en 1975, il est lauréat du Concours international de musique de chambre de Martigny, en Suisse (1978). Ses membres ont réalisé d'importants travaux musicologiques sur le compositeur Étienne Ozi (1754-1813) dont ils ont tiré plusieurs œuvres de l'oubli. Le trio se consacre largement à la musique de chambre française pour instruments à vent.

Hautbois : Claude Villevieille.
Clarinette : Lucien Aubert.
Basson : Alexandre Ouzounoff.

Nouveau Trio Pasquier

Fondé en 1970.

Violon : Régis Pasquier.
Alto : Bruno Pasquier.
Violoncelle : Roland Pidoux.

Il donne ses premiers concerts à partir de 1972 et se produit régulièrement en France puis à l'étranger. Il s'associe couramment au pianiste Jean-Claude Pennetier.

Trio de Bolzano

Fondé en 1941, dissous en 1974.

Violon : Giannino Carpi (1941-74).
Violoncelle : Antonio Valisi (1941-53), Sante Amadori (1953-74).
Piano : Nunzio Montanari (1941-74).

Trio Borodine

Fondé en 1976.

Violon : Rostislav Dubinski.
Violoncelle : Yuli Turovski (1976-93), Laszló Varga (depuis 1993).
Piano : Luba Edina.

Rostislav Dubinski, ancien premier violon du Quatuor Borodine, avait quitté l'URSS pour se fixer à Londres, puis aux États-Unis. Luba Edina est la femme de Dubinski. Tous deux sont citoyens américains.

Trio à Cordes Français (Paris)

Fondé en 1959, dissous en 1994.

Violon : Gérard Jarry.
Alto : Serge Collot.
Violoncelle : Michel Tournus.

En trente-cinq ans d'activité, ce trio a donné plus de 1 500 concerts, participant notamment aux concerts du Domaine musical et jouant avec Mady Mesplé, Jean-Pierre Rampal, Aurèle Nicolet, Michel Debost, Heinz Holliger, etc.

CRÉATIONS : œuvres de Pierre Ancelin (*Stèle à la mémoire de Béla Bartók*, 1966), Girolamo Arrigo (*Trio à cordes*, 1960), Alain Bancquart (*Une et désunie* pour 2 trios à cordes, avec le Trio à Cordes de Paris, 1970), André Casanova (*Trio à cordes*, 1968), Charles Chaynes (*4 Poèmes de Sappho*, 1968), Edison Denisov (*Quintette « Musique romantique »*, 1969), Jean-Pierre Guézec (*Trio à cordes*, 1968), Pierre Hasquenoph (*Trio à cordes*, 1965), Betsy Jolas (*Quatuor II* pour soprano et trio à cordes, 1966 ; *Trois Rencontres* pour trio à cordes et orchestre, 1974), Jacques Lenot

(*Per tre,* 1969), Henri Martelli (*Trio à cordes,* op. 106, 1975), Gérard Massias (*Trio à cordes,* 1965), Roman Palester (*Trio à cordes,* 1961), Marcello Panni (*Après tout* pour trio à cordes et orchestre, 1969), Anton Webern (*Pièce posthume,* 1961), Iannis Xenakis (*Ikhoor,* 1978).

Trio à Cordes de Paris

Fondé en 1966.

Violon : Charles Frey (depuis 1966).

Alto : Davia Binder (1966-71), Jean Verdier (1971-82), Michel Michalakakos (1982-93), Téodor Coman (depuis 1993).

Violoncelle : Bernard Escavi (1966-68), Jean Grout (depuis 1968).

Le trio constitue le noyau de formations variables qui peuvent aller jusqu'au quintette notamment avec le flûtiste Patrick Gallois ou le pianiste Dominique Merlet. Dans les concerts qu'il donne dans les grands festivals ou dans les villages les plus reculés, le trio a toujours soin de jouer une œuvre contemporaine.

CRÉATIONS ET COMMANDES : œuvres de Georges Aperghis, Claude Ballif (*Trio,* op. 28, 1968 ; *Trio,* op. 43 n° 2, 1969 ; *Quatuor avec percussion,* 1977), Alain Bancquart (*Thrène I,* 1968 ; *Jeux pour lumière* pour trio à cordes et orchestre, 1969 ; *Écorces III,* 1969 ; *Une et désunie* pour 2 trios à cordes, avec le Trio à Cordes Français, 1970 ; *Thrène II,* 1977 ; *Cérémonial,* 1985), Aldo Clementi, Gérard Condé (*Trios nos 1 et 2,* 1982 et 1988), Xavier Darasse (*Trio à cordes,* 1982), Edison Denisov (*Quatuor avec soprano,* 1980), Pascal Dusapin (*Musique fugitive,* 1980), Suzanne Giraud, Joan Guinjoan (*Trio à cordes,* 1984), Felix Ibarrondo, Betsy Jolas (*Les Heures,* 1991), Eugene Kurtz (*Time and Again,* 1985), Thierry Lancino, Gérard Massias, Emmanuel Nunes, Maurice Ohana (*Stream* pour trio à cordes et basse, 1971), Yoshihisa Taïra (*Diaptase,* 1974), Roger Tessier, Ton That Tiêt.

Charles Frey est dédicataire et créateur d'œuvres de Claude Ballif (*Cahier de violon,* 1980), Emmanuel Nunes (*Einspielung*), Ton That Tiêt (*Métal, Terre, Eau*).

En 1983, ce trio a été en France la première formation permanente se consacrant exclusivement à la musique de chambre, grâce à un accord entre Radio France et le ministère de la Culture. Charles Frey joue sur un violon de Nicolas Gagliano (1736), Michel Michalakakos sur un alto de Gasparo Da Salo (1560) et Jean Grout sur un violoncelle de Bernardel (1839).

Trio à Cordes de Vienne (Wiener Streichtrio)

Fondé en 1972, il réunit des solistes de l'Orchestre Symphonique de Vienne.

Violon : Thomas Kakuska (1972-81), Jan Pospichal (depuis 1981)

Alto : Tomislav Sestak (1972-81), Wolfgang Klos (depuis 1981).

Violoncelle : Wilfried Rehm.

Les membres du trio à cordes de Vienne jouent respectivement sur un violon de A. et R. Gagliano (1802), un alto de G. B. Ceruti (1978), et un violoncelle de F. Garimberti (1925).

CRÉATIONS : œuvres de Rainer Bischof (*Trio à cordes,* op. 26, 1991), Friedward Blume (*Trio,* op. 21, 1985), Adolf Busch (*Trio,* op. 24, 1988), Gottfried von Einem (*Trio,* op. 74, 1985), Kurt Rapf (*Trio,* 1976 ; *Quatuor avec piano,* 1987), Wilhelm Stärk (*Trio,* op. 73, 1982), Richard Strauss (*Variations pour trio à cordes,* 1986), Egon Wellesz (*Trio à cordes,* 1962), Leopold von Zenetti (*Trio,* 1980).

Trio Deslogères

Fondé en 1968.

Ondes Martenot : Françoise Deslogères.

Piano : Anne-Marie Lavilléon, Claude Bonneton, Guy Teston, Gilles Bérard.

Percussions : Alain Jacquet, Michel Gastaud.

L'originalité de la formation créée par Françoise Deslogères a suscité l'imagination créatrice de nombreux compositeurs.

CRÉATIONS : œuvres de Pierre Ancelin (*Ombres et Silhouettes,* 1977), Sylvano

Bussotti (*Brève,* 1969), Roger Calmel (*Stabat Mater,* 1972), Philippe Capdenat (*Simple, Double, Triple,* avec orchestre, 1980), Marc Carles (*Triptyque pour un songe,* 1979), Charles Chaynes (*Tarquinia,* 1973), Raymond Depraz (*Trio,* 1968), Jean-Paul Holstein (*Suite en bleu,* 1974), Georges Hugon (*Labyrinthes,* 1979), Nicole Lachartre (*Résonance et Paradoxe,* 1972), Marcel Landowski (*Concerto en trio,* 1976), Alain Louvier (*Houles,* 1971), Tomàs Marco (*Algaïda,* 1978), Pierrette Mari (*Les Travaux d'Hercule,* 1973), Guy Morançon (*Messe de Verlaine,* 1977), Jean-Louis Petit (*Fragment IV,* 1988), Claude Pichaureau (*Nepenthèse,* 1972), Roger Tessier (*Cheliak,* 1977), Antoine Tisné (*Visions des temps immémoriaux,* 1967 ; *Ragas,* 1979), Alain Weber (*Syllepse,* 1970). L'adjonction au trio de la voix humaine et de percussions supplémentaires élargit ses perspectives futures.

Trio Fontenay (Hambourg)

Fondé en 1980, il adopte le nom d'une rue située à côté de la Musikhochschule de Hambourg, où il donne son premier concert. Il travaille avec l'Amadeus Quartet à Cologne et les Beaux Arts Trio à Lucerne. Lauréat du Concours Jugend musiziert (1982), il remporte le Prix Felix Mendelssohn-Bartholdy décerné par la Fondation des Biens Culturels Prussiens à Berlin (1983) et le 1er prix au Concours de Bonn (1985).

Violon : Michael Mücke.
Violoncelle : Niklas Schmidt.
Piano : Wolf Harden.

Trio Hongrois

Fondé en 1930, dissous en 1950, il renaît avec une nouvelle équipe après 1956 autour de Vilmos Palotaï, lorsque celui-ci quitte le Quatuor Hongrois.

Violon : Walter Kägi, Arpad Gerecz.
Violoncelle : Richard Stützenegger, Vilmos Palotaï.
Piano : Tibor Harsanyi, Georges Solchany.

CRÉATION : *Concertino pour piano, violon, violoncelle et orchestre* (1936, dédicataire) de Bohuslav Martinů.

Trio InterContemporain (Paris)

Voir à **Ensemble InterContemporain** (Orchestres de Chambre et ensembles spécialisés).

Trio Italiano d'Archi (Rome)

Fondé en 1958.

Violon : Franco Gulli (depuis 1958).
Alto : Bruno Giuranna (depuis 1958).
Violoncelle : Amedeo Baldovino (1958-62), Giacinto Caramia (depuis 1962).

L'un des rares trios à cordes qui se soit imposé sur le plan international, notamment avec l'intégrale des trios de Beethoven qu'il a enregistrée.

Trio de Mannheim

Fondé au début des années soixante.

Violon : Dieter Vorholz.
Violoncelle : Reinhold Johannes Buhl.
Piano : Günter Ludwig.

Trio di Milano

Fondé en 1968.

Violon : Cesare Ferraresi, Angelo Stefanato, Mariana Sirbu (depuis 1981).
Violoncelle : Rocco Filippini.
Piano : Bruno Canino.

Mariana Sirbu joue sur un Stradivarius de 1703, le *Fontana*, qui a appartenu à David Oïstrakh, Rocco Filippini sur un Stradivarius de 1710, le *Gore Booth*.

CRÉATION : œuvre de Flavio Testi (*Musica da concerto n° 5* pour piano, violon, violoncelle et orchestre, 1970).

Trio Pasquier

Fondé en 1927, dissous en 1974.

Violon : Jean Pasquier.

Alto : Pierre Pasquier.
Violoncelle : Étienne Pasquier.
Formé sur l'initiative de Pierre Pasquier, il se consacre surtout à la défense de la musique française.
Occupant une place essentielle dans la vie musicale française, il a joué avec de nombreux partenaires, notamment Marguerite Long et Jean-Pierre Rampal.

CRÉATIONS : œuvres de Jean Françaix (*Trio à cordes,* 1934), André Jolivet (*Suite* pour trio à cordes, 1938), Jean Martinon (*Trio à cordes*, op. 32 nº 2, 1944), Bohuslav Martinů (*Trio à cordes nº 2,* dédicataire, 1935), Darius Milhaud (*Trio à cordes,* 1947), Jean Rivier (*Trio à cordes,* 1934), Florent Schmitt (*Hasards,* 1943 ; *Trio à cordes,* 1948). Gabriel Pierné a écrit son *Opus 90* sur les noms de Jean-Pierre-Étienne Pasquier.

Trio Ravel (Paris)

Fondé en 1969.
Violon : Christian Crenne.
Violoncelle : Manfred Stilz.
Piano : Chantal de Buchy.
Pendant deux ans, le trio parachève sa formation avec Maurice Crut, Mstislav Rostropovitch, Yehudi Menuhin, János Starker, Josef Gingold et György Sebök. En 1972, il remporte un grand prix au Concours international de Belgrade.

Trio Schubert de Vienne (Wiener Schubert Trio)

Fondé en 1985, dissous en 1993 lorsque le pianiste et le violoncelliste ont fondé le Trio Altenberg, il a travaillé avec le Beaux-Arts Trio et a remporté le 1er prix au Concours international Sergio Lorenzi de Trieste (1985).
Violon : Boris Kuschnir.
Violoncelle : Martin Hornstein.
Piano : Claus-Christian Schuster.

CRÉATIONS : œuvres de Paul Kont (*En rose et noir*, 1990), Erich Urbanner (*Trio avec piano*, 1991).

Trio Suk (Prague)

Fondé en 1951.
Violon : Josef Suk.
Violoncelle : Saša Večtomov (1951-52), Josef Chuchro (1952-56), Miloš Sádlo (1956-60), Josef Chuchro (depuis 1960).
Piano : Jiří Hubička (1951-52), Josef Hála (1952-56), František Maxián (1956-57), Jan Panenka (1957-79), Josef Hála (depuis 1979).

Trio Tchèque (Prague)

Fondé en 1934 sous le nom de Trio Smetana, il adopte le nom de Trio Tchèque en 1945. **Dissous en 1991**.
Violon : Alexandre Plocek (1934-67), Ivan Štraus (1967-79), Jiří Tomášek (1979-91).
Violoncelle : František Smetana (1934-44), Miloš Sádlo (1944-54), Saša Večtomov (1954-77), Marek Jerie (1977-79), Saša Večtomov (1979-89), Miloš Sádlo (1989-91).
Piano : Josef Páleníček (1934-91).

Trio de Trieste

Fondé en 1933.
Violon : Renato Zanettovich (depuis 1933).
Violoncelle : Libero Lana (1933-62), Amadeo Baldovino (depuis 1962).
Piano : Dario De Rosa (depuis 1933).
Constitué par trois étudiants du Conservatoire de Trieste, le trio donne ses premiers concerts en 1937 et s'affirme rapidement en Europe puis, en 1948, aux États-Unis et en Extrême-Orient, défendant surtout le répertoire romantique, Haydn et Mozart. En cinquante-cinq ans d'activités, il avait déjà donné plus de 3 000 concerts dans le monde entier. Ses membres enseignent à l'Académie Chigiana de Sienne depuis 1981. Renato Zanettovich joue sur un Guarnerius del Gesù. Amadeo Baldovino sur un Stradivarius de 1711, le *Mara.*

Trio Yuval (Tel-Aviv)

Fondé en 1969.

Violon : Uri Pianka.

Violoncelle : Simca Heled.

Piano : Jonathan Zak.

Trio israélien qui a emprunté son nom à celui du premier musicien de l'histoire, dans la Bible. Uri Pianka est également violon solo de l'Orchestre Symphonique de Houston.

Wiener Schubert Trio

Voir à **Trio Schubert de Vienne.**

Wiener Streich Trio

Voir à **Trio à cordes de Vienne.**

QUATUORS

Amadeus Quartet

Voir à **Quatuor Amadeus.**

American String Quartet

Fondé en 1974 par quatre étudiants de la Juilliard School of Music de New York. L'année même de sa fondation, il remporte le Concours Coleman.

1er Violon : Martin Foster (1974-80), Mitchell Stern (1980-), Peter Winograd.

2e Violon : Laurie Carney.

Alto : Robert Becker (1974-76), Daniel Avshalomov (depuis 1976).

Violoncelle : David Geber.

CRÉATIONS : œuvres de Claus Adam (*Quatuor no 2*, 1979), Lester Trimble (*Quatuor no 3*, 1980).

Fine Arts Quartet (Chicago)

Fondé en 1946.

1er Violon : Leonard Sorkin (1946-82), Ralph Evans (depuis 1982).

2e Violon : Joseph Stepansky (1946-54), Abram Loft (1954-79), Laurence Shapiro (1979-83), Yefim Boico (depuis 1983).

Alto : Shepard Lenhoff (1946-52), Irving Ilmer (1952-63), Gerald Stanick (1963-68), Bernard Zaslav (1968-80), Jerry Horner (depuis 1980).

Violoncelle : George Sopkin (1946-79), Wolfgang Laufer (depuis 1979).

Entre 1946 et 1954, le quatuor dépend de l'American Broadcasting Company (ABC) de Chicago. A partir de 1965, il est quatuor en résidence à l'Université du Wisconsin (Milwaukee). Evans joue sur un G. B. Guadagnini (1778), Boico sur un Amati (1583), Horner sur un Goffriller (1730) et Laufer sur un Ruggeri (1696).

CRÉATIONS : œuvres de Milton Babbitt, Karel Husa, Jean Martinon (*Quatuor no 2*, 1967), Seymour Shifrin, Egon Wellesz (*Quintette avec clarinette*, 1959), Charles Wuorinen.

Giovane Quartetto Italiano

Fondé en 1982, il a reçu des membres du Quartetto Italiano l'autorisation de reprendre le même nom. Une bourse du gouvernement italien a permis à chacun des quatre instrumentistes d'abandonner leurs activités pédagogiques pour se consacrer uniquement au quatuor.

1er Violon : Alessandro Simoncini.

2e Violon : Luigi Mazza.

Alto : Demetrio Comuzzi.

Violoncelle : Luca Simoncini.

New World String Quartet

Fondé en 1977, il remporte en 1979 le Naumburg Chamber Music Award. En 1984, il devient quatuor en résidence à Harvard University. Après avoir acquis une solide notoriété aux États-Unis, il effectue sa première tournée en Europe au cours de la saison 1989-90.

1er Violon : Curtis Macomber.
2e Violon : Vahn Armstrong.
Alto : Benjamin Simon.
Violoncelle : Ross Harbaugh.

Nouveau Quatuor de Budapest

Fondé en 1971. Lauréat des concours internationaux Haydn de Vienne (3e prix, 1971), Carlo Jaquino de Rome (2e prix, 1971) et Leo Weiner de Budapest (3e prix, 1973). En 1972, il suit les cours du Quatuor Hongrois à Waterville (États-Unis). Ses membres font partie des principaux orchestres de Budapest.

1er Violon : András Kiss.
2e Violon : Pál Andrassy (1971-85), Ferenc Balogh (depuis 1985).
Alto : László Bársony.
Violoncelle : Tibor Párkányi (1972-85), Károly Botvay (depuis 1985).

Nouveau Quatuor Dimov de la Radio Nationale Bulgare (Sofia)

Fondé en 1993 par Dimo Dimov, il prend la suite des deux principaux quatuors bulgares, le Quatuor Dimov et celui de la Radiodiffusion Bulgare.

1er Violon : Dimo Dimov.
2e Violon : Nikolaï Gagov.
Alto : Valentin Guerov.
Violoncelle : Nicolaï Bespalov.

Nouveau Quatuor Hongrois

Fondé en 1976, dissous en 1984.

1er Violon : Andor Toth.
2e Violon : Richard Young.
Alto : Dénes Koromzay.
Violoncelle : Andor Toth (Junior).

Constitué par D. Koromzay qui fut alto du Quatuor Hongrois de 1935 à sa dissolution en 1970. Quatuor-résident de l'Université d'Oberlin aux États-Unis.

Nouveau Quatuor de Prague

Voir à **Quatuor de Prague.**

Quartetto Italiano

Fondé en 1945, dissous en 1981.

1er Violon : Paolo Borciani.
2e Violon : Elisa Pegreffi.
Alto : Lionello Forzanti (1945-46), Piero Farulli (1946-79), Dino Asciolla (1979-81).
Violoncelle : Franco Rossi.

A sa fondation, il porte le nom de Nuovo Quartetto Italiano pour se distinguer du premier Quartetto Italiano (Remy Principe, Ettore Gardini, Giuseppe Matteucci et Luigi Chiarappa). Il n'adopte son nom définitif qu'en 1951.

CRÉATIONS : œuvres de Ghedini, Bucchi, Bussotti (*I Semi di Gramsci*, version solo et version avec orchestre, 1972 et 1974).

ÉCRIT : P. Borciani : *Le Quatuor*, 1973.

Quartetto Köln

Voir à **Concerto Köln.**

Quatuor Aeolian (Londres)

Fondé en 1927, dissous en 1981.

1er Violon : George Stratton (1927-44), Max Salpeter (1944-46), Alfred Cave (1946-52), Sydney Humphreys (1952-70), Emanuel Hurwitz (1970-81).
2e Violon : William Manuel (1927-31), David Carl Taylor (1932-41), Teddy Virgo (1941-43), Irene Richards (1943-44), Colin Sauer (1944-46 et 1952-53), Leonard Dight (1946-52), Trevor Williams (1953-61), Robert Cooper (1961-62), Raymond Keenlyside (1962-81).
Alto : Lawrence Leonard (1927-32), Watson Forbes (1932-64), Margaret Major (1964-81).
Violoncelle : John Moore (1927-56), Derek Simpson (1956-81).

Fondé sous le nom de Quatuor Stratton, il a pris son nom définitif en 1944. A partir de 1976, le Quatuor Aeolian a enregistré l'intégrale des quatuors de Joseph Haydn. Il était quatuor-résident à l'Université de Newcastle upon Tyne. Emanuel Hurwitz jouait sur un violon des frères Amati qui fut aussi joué, avant lui, par Alfred Cave ; Raymond Keenlyside jouait sur un Pietro Guarnerius, Margaret Major sur un Amati et Derek Simpson sur un Andrea Guarnerius. Parmi les créations, on peut retenir celle du *Quatuor n° 1* (1976) d'Andrzej Panufnik.

Quatuor Alban Berg (Vienne)

Fondé en 1970.

1er Violon : Günter Pichler (depuis 1970).

2e Violon : Klaus Mätzl (1970-78), Gerhard Schulz (depuis 1978).

Alto : Hatto Beyerle (1970-81), Thomas Kakuska (depuis 1981).

Violoncelle : Valentin Erben (depuis 1970).

Le nom retenu par ce quatuor illustre sa volonté d'affirmer ses racines viennoises, que ce soit dans le répertoire des XVIIIe et XIXe siècles ou dans les œuvres contemporaines. Jusqu'en juin 1971 il achève sa formation avec le Quatuor LaSalle à Cincinnati (USA). Il donne son premier concert à Vienne en 1971. Très vite le Quatuor se place parmi les plus marquants de sa génération, à la fois dans le répertoire traditionnel (Haydn, Mozart, Beethoven, Dvořák, Janáček et dans la musique de l'École de Vienne. En outre, il se consacre largement à la défense de partitions récentes. Les quatre instrumentistes jouent respectivement sur des Stradivarius de 1710 et 1719 (violons), un Lorenzo Storioni de 1780 (alto) et un Matteo Goffriller de 1722 qui a appartenu auparavant à Pierre Fournier et Yo-Yo Ma (violoncelle).

CRÉATIONS : œuvres d'Alban Berg (*Variations sur un thème original,* 1985), Luciano Berio (*Quatuor n° 1,* 1988 ; *Quatuor n° 3 « Notturno »,* 1994), Gottfried von Einem (*Quatuor n° 1,* 1976), Roman Haubenstock-Ramati (*Quatuors n° 1,* 1974 ; *n° 2,* 1978), Fritz Leitermeyer (*Quatuor n° 3,* 1974), Wolfgang Rihm (*Quatuor n° 4,* 1983), Alfred Schnittke (*Quatuor n° 4,* 1989), Erich Urbanner (*Quatuor n° 3,* déd., 1973), Gerhard Wimberger (*Quatuor,* 1980).

Quatuor Allegri (Londres)

Fondé en 1953.

1er Violon : Eli Goren (1953-68), Hugh Maguire (1968-77), Peter Carter (depuis 1977).

2e Violon : James Barton (1953-63), Peter Thomas (1963-68), David Roth (depuis 1968).

Alto : Patrick Ireland (1953-77), Prunella Pacey (1977-), Keith Lovell, Patrick Ireland (depuis 1988).

Violoncelle : William Pleeth (1953-68), Bruno Schrecker depuis 1968.

Il donne des concerts et des cours sous l'égide du Radcliffe Trust et commande des œuvres à des compositeurs tels que Robert Sherlaw-Johnson (*Elegy,* 1988), Elizabeth Maconchy, Peter Sculthorpe, Martin Dalby (*Quintette à cordes,* 1972), Nicola LeFanu. En 1975, il joue l'intégrale des quatuors de Beethoven au Cheltenham Festival.

CRÉATIONS : œuvres de Malcolm Arnold (*Quatuor n° 2,* 1976), Nicola LeFanu (*Quintette pour clarinette et cordes,* avec Alan Hacker, 1971), John MacMillan (*Tuireadh,* 1991).

Quatuor Amadeus (Londres)

Fondé en 1947, dissous en 1987.

1er Violon : Norbert Brainin.

2e Violon : Siegmund Nissel.

Alto : Peter Schidlof.

Violoncelle : Martin Lovett.

En mars 1938, trois jeunes Viennois émigrent en Angleterre. Ils rencontrent un jeune violoncelliste anglais et forment alors un quatuor auquel ils donnent un nom qui témoigne à la fois de leur origine et de leur amour de Mozart. L'essor du quatuor, après son premier concert en 1948, est très rapide. A partir de 1952, il se produit dans le monde entier. Il enregistre et donne en concert l'intégrale des quatuors de Beethoven. En 1967, il est quatuor-résident de l'Université d'York. Le répertoire de l'ensemble est essentiellement centré sur la musique des XVIIIe et XIXe siècles. Il s'associe à des musiciens comme Cecil Aronowitz, William Pleeth, Hephzibah

Menuhin, Christoph Eschenbach ou Emil Guilels pour explorer plus largement le domaine de la musique de chambre. Chaque membre du quatuor joue sur un instrument précieux (trois Stradivarius et un Guarnerius). Leurs *Mémoires* ont paru en 1981. Le Quatuor Amadeus compte parmi les formations majeures de l'après-guerre. Britten lui a dédié son *Quatuor nº 3* (1975). A la mort de Peter Schidlof, en 1987, les trois membres survivants cessent toute activité de quatuor après quarante ans de vie commune sans la moindre modification dans la constitution de l'ensemble. Mais ils reprennent une activité en trio, soit sous le nom d'Amadeus Ensemble soit avec le pianiste Georges Pludermacher sous le nom d'Amadeus Klaviertrio.

Quatuor Amar (Francfort)

Fondé en 1921, dissous en 1929.

1er Violon : Licco Amar.
2e Violon : Walter Kaspar.
Alto : Paul Hindemith.
Violoncelle : Rudolf Hindemith (1921-22), Maurits Frank (1922-29).

Réuni pour une simple exécution du *Deuxième Quatuor* de Hindemith, cet ensemble est devenu l'un des plus illustres des années vingt, se spécialisant surtout dans la musique du début du XXe siècle. Il s'est fréquemment produit à Donaueschingen où Amar donnait lui-même des cours d'interprétation.

CRÉATIONS : œuvres de Paul Hindemith (*Quatuors nº 2*, 1921 ; *nº 3*, 1922 ; *nº 6*, 1923 ; *Minimax*, 1923 ; *Quintette pour clarinette et cordes*, 1923), Anton Webern (*Six Bagatelles*, op. 9, 1924).

Quatuor Anton (Moscou)

Fondé en 1986 par trois lauréats de l'École Centrale de Moscou et un étudiant au Conservatoire Tchaïkovski, il a travaillé avec Dmitri Berlinski. En 1988, il remporte le 2e prix au Concours international du Printemps de Prague et, en 1989, le 1er prix au Concours international d'Évian.

1er Violon : Anton Matalaïev.
2e Violon : Elena Yakovleva.
Alto : Dmitri Khlebtzevitch.
Violoncelle : Igor Kiritchenko.

CRÉATIONS : œuvres de Jean-Guy Bailly (*Quatuor nº 8*, 1991), Renaud Gagneux (*Quatuor nº 3*, 1991).

Quatuor Arcana (Paris)

Fondé en 1975.

1er Violon : Dominique Barbier (depuis 1975).
2e Violon : Hubert Chachereau (depuis 1975).
Alto : Serge Soufflard (depuis 1975).
Violoncelle : Willie Guillaume (1975-82), Michel Poulet (1982-86), François Holl (1986-91), Paul Boufil (depuis 1991).

Lauréat de la Fondation Menuhin, il est primé au Concours international Carlo Jachino à Rome (1976). Le quatuor développe un très large répertoire témoignant d'un goût très vif pour la musique française et les partitions contemporaines. Il a participé au premier enregistrement intégral des quatuors de Darius Milhaud et a créé le *Quatuor nº 4* de Marcel Mihalovici (1983).

Quatuor Arditti (Londres)

Fondé en 1974 par quatre jeunes étudiants à la Royal Academy of Music de Londres, ce quatuor s'est imposé rapidement comme l'une des formations majeures dans le domaine de la musique contemporaine, travaillant en étroite liaison avec les compositeurs qu'il joue ou qui écrivent pour lui, parmi ces derniers Brian Ferneyhough, Jonathan Harvey, Klaus Huber, Luis de Pablo, Wolfgang Rihm, Salvatore Sciarrino, Iannis Xenakis, Isang Yun. Ses membres donnent des cours d'interprétation consacrés à la musique de chambre contemporaine et aux nouvelles techniques instrumentales à Darmstadt depuis 1982. Ils jouent respectivement sur des instruments de Landolphi et Testori (violons),

Mantegazza (alto) et Andrea Guarnerius (violoncelle).

1er Violon : Irvine Arditti.

2e Violon : Alexander Mackenzie (1974-83), Alexander Balenescu (1983-85), David Alberman (depuis 1985).

Alto : Levine Andrade (1974-90), Garth Knox (depuis 1990).

Violoncelle : Rohan de Saram.

CRÉATIONS : œuvres de Georges Aperghis (*10 Pièces*, 1985), Claude Ballif (*Quatuor n° 4*, 1990), Alain Bancquart (*Mémoire*, 1985), Zbigniew Bargielski (*Quatuor n° 3 « Stilleben mit Geschrei »*, 1985), Luciano Berio (*Divertimento* pour trio, 1987), Philippe Boesmans (*Quatuor*, 1989), Hans-Jürgen von Bose (*Quatuor n° 3*, 1989), Benjamin Britten (*Quartettino*, 1983), Gavin Bryars (*Between the National & the Bristol*, 1985), Sylvano Bussotti (*Andante favorito (portrait)*, 1988), John Cage (*Music for 4*, 1988), Aldo Clementi (*Quatuor*, 1988), Peter Maxwell Davies (*Quartet Movement*, 1983), Paul Heinz Dittrich (*Quatuor n° 1*, 1986 ; *Quatuor n° 2*, 1989), Pascal Dusapin (*Quatuor n° 1*, 1983 ; *Quatuor n° 2*, 1989 ; *Quatuor n° 3*, 1993), Peter Eotvös (*Korrespondence*, 1993), Ahmed Essyad (*Never More*, 1987), Morton Feldman (*Violin and String Quartet*, 1990), Philippe Fénelon (*Quatuor*, 1991), Brian Ferneyhough (*Quatuors n° 2*, 1980 ; *n° 3*, 1987 ; *n° 4*, 1989), Philip Glass (*Quatuor n° 2 « Mishima »*, 1985), Alexander Goehr (*Quatuor n° 4*, 1990), Sofia Goubaïdoulina (*Quatuor n° 3*, 1987), Cristóbal Halffter (*Con bravura e sentimento*, 1991), Jonathan Harvey (*Quatuor n° 2*, 1979 ; *Quatuor n° 3*, 1989), Paul Hindemith (*Quatuor 1915*, 1986), Klaus Huber (*Quatuor n° 3 « Dialektische Fantasie »*, 1984), Mauricio Kagel (*Quatuor à cordes*, 3e partie, 1987), György Kurtag (*Aus den Ferne III*, 1991), Helmut Lachenmann (*Quatuor n° 2*, 1989), François-Bernard Mâche (*Quatuor « Eridan »*, 1987), Colon Nancarrow (*Quatuor n° 3*, 1988), Emmanuel Nunes (*Esquisses*, 1983 ; *Chessed III* et *IV*, 1992), Maurice Ohana (*Quatuor n° 2*, 1982), Luis de Pablo (*Fragmento*, 1986 ; *Quatuor*, 1988 ; *Metaforas* pour piano et quatuor, 1990), Arvo Pärt (*Psalom*, 1991), Henri Pousseur (*Chroniques berlinoises*, 1977 ; *Quatuor n° 2*, 1989), Horatiu Radulescu (*Quatuor*, 1987), Wolfgang Rihm (*Quatuor n° 5 « Ohne Titel »*, 1983 ; *Quatuor n° 6 « Blaubuch »*, 1986 ; *Quatuor n° 8*, 1989), Nicolaï Roslavets (*Music for String Quartet*, 1991), Peter Ruzicka (*Quatuor n° 3 « ... über ein Verschwinden »*, 1993), Sven-David Sandstrøm (*Farewell*, 1987), Giacinto Scelsi (*Quatuor n° 5*, 1985 ; *Trio à cordes*, 1986), Salvatore Sciarrino (*Codex Purpureus* pour trio à cordes, 1983), Bent Sorensen (*Quatuor*, 1988), Ivan Wyschnegradsky (*Quatuor n° 3*, 1987), Iannis Xenakis (*Tetras*, 1983 ; *Akea*, quintette avec piano, 1986 ; *Tetora*, 1991), Isang Yun (*Quintette pour flûte et cordes*, 1987).

Quatuor Artis (Vienne)

Fondé en 1980 par de jeunes instrumentistes encore étudiants à l'Académie de musique de Vienne. Lauréat des concours internationaux de Cambridge/EBU (1983) et Évian (1984), il travaille avec le Quatuor LaSalle (1984-85) grâce à une bourse Friedlander. Sa carrière internationale se développe à partir de 1985. En 1988, il inaugure son propre cycle de concerts à la salle Brahms du Musikverein de Vienne.

1er Violon : Peter Schuhmayer.

2e Violon : Johannes Meissl.

Alto : Herbert Kefer.

Violoncelle : Othmar Müller.

CRÉATIONS : œuvres de Helmut Eder (*Quatuor n° 4*, 1991), Thomas Larcher (*Streichquartett*, 1990).

Quatuor Athenaeum Enesco (Paris)

Fondé en 1978 par quatre instrumentistes roumains réfugiés en France, il porte d'abord le nom de Quatuor Athenaeum. Disciple de Sándor Végh, il a remporté le 1er Grand Prix au Concours international de musique de chambre de Paris en 1981. En 1989, il retrouve sa constitution et son nom d'origine, celui de la principale salle de concert de Bucarest, l'Athénée roumain.

1er Violon : Constantin Bogdanas.

2e Violon : Florin Szigeti.
Alto : Liviu Stanese (1978-89), Dan Jarca (depuis 1989).
Violoncelle : Dorel Fodoreanu.

CRÉATIONS : œuvres de Pierre-Max Dubois (*Quartetuccio*, 1992, dédicataire), Jésus Guridi (*Quatuor no 2*, 1985), Philippe Hersant (*Quatuor no 2*, 1988), Serge Nigg (*Quatuor*, 1983), Henri Sauguet (*Méditation*, 1983), Nicolas Zourabichvéli (*Quatuor*, 1984).

Quatuor Auryn (Cologne)

Fondé en 1981 par quatre jeunes instrumentistes qui faisaient alors partie de l'Orchestre des Jeunes de la Communauté Européenne. Il travaille avec l'Amadeus Quartett à la Musikhochschule de Cologne et avec le Quatuor Guarneri à l'Université du Maryland (1986-87). Lauréat des concours internationaux de Portsmouth et de Munich (1982) ainsi que de la Tribune des Jeunes Interprètes de Bratislava (1987). Il tire son nom du roman *Die unendliche Geschichte* (« L'Histoire infinie ») de Michael Ende (Auryn est une amulette qui procure à son porteur de l'imagination et l'aide à réaliser ses rêves).
1er Violon : Mattias Lingenfelder.
2e Violon : Jens Oppermann.
Alto : Steuart Eaton.
Violoncelle : Andreas Arndt.

CRÉATIONS : œuvres de Günter Bialas (*Quatuor no 5*, 1992), Hans-Jürgen von Bose, Berthold Goldschmidt (*Quatuor no 3*, 1989), Wolfgang Rihm, Manfred Trojahn (*Fragmente für Antigone*, 1988 ; *Soleares*, 1990).

Quatuor Barchet

Fondé en 1952, dissous en 1962.
1er Violon : Reinhold Barchet.
2e Violon : Will Beh.
Alto : Herman Hirschfelder.
Violoncelle : Helmut Reiman.
Ce quatuor a notamment enregistré l'intégrale des quatuors à cordes de Mozart à la fin des années cinquante.

Quatuor Bartholdy (Karlsruhe)

Fondé en 1968.
1er Violon : Joshua Epstein, Antonio Perez.
2e Violon : Max Speermann.
Alto : Jörg-Wolfgang Jahn.
Violoncelle : Anne-Marie Dengler.
Ses membres enseignent aux conservatoires de Wurzbourg et Karlsruhe, ville où ils animent ensemble une classe de quatuor. Un goût particulier pour les quatuors de Mendelssohn – dont ils ont enregistré une intégrale – les amène à baptiser leur quatuor du nom de Bartholdy. Ils jouent respectivement sur un J. F. Guidantus (Bologne, 1738), un J. B. Guadagnini (Turin, 1779), un J. B. Ceruti (Crémone, 1798), et un J. B. Guadagnini (Parme, 1762).

CRÉATION : *Quatuor no 2* (1982) de Wolfgang Rihm.

Quatuor Bartók (Budapest)

Fondé en 1957.
1er Violon : Péter Komlós.
2e Violon : Sándor Devich (1957-82), Béla Banfalvy (1982-85), Géza Hargitai (depuis 1985).
Alto : Géza Németh.
Violoncelle : Károly Botvay (1957-77), László Mezö (depuis 1977).
Formé par quatre étudiants de Leo Weiner à l'Académie Franz Liszt de Budapest, il se nomme Quatuor Komlos avant d'obtenir en 1963 de la veuve de Bartók l'autorisation de porter son nom. Il remporte en 1964 le Concours international de Liège. Depuis, il se consacre à la défense de l'École contemporaine hongroise, Durkó, Bozay, Kadosa, Soproni, Farkas, Szabó, Láng, etc., et donne dans le monde entier l'intégrale des quatuors de Bartók et de Beethoven. En 1981, il remporte le prix de l'Unesco. Les instruments sont signés Guarnerius del Gesù (1736), Guadagnini (1774), Storioni (1787) et Montagnana (1730).

Quatuor Barylli

Fondé en 1951 par des instrumentistes de l'Orchestre Philharmonique de Vienne, il porte parfois le nom de Musikvereinsquartet, du nom de la fameuse salle viennoise où la Philharmonie donne ses concerts. **Dissous en 1960** lorsque Walter Barylli cesse de jouer, les autres instrumentistes fondent, avec Willi Boskovsky, le Quatuor Philharmonique de Vienne.

1er Violon : Walter Barylli (1951-60).

2e Violon : Otto Strasser (1951-60).

Alto : Rudolf Streng (1951-60).

Violoncelle : Richard Krotschak (1951-54), Emanuel Brabec (1954-59), Robert Scheiwein (1959-60).

CRÉATION : œuvre d'Egon Wellesz (*Quatuor nº 7,* 1953).

Quatuor Beethoven (Moscou)

Fondé en 1923, dissous en 1975.

1er Violon : Dmitri Tzïganov (1923-75).

2e Violon : Vasili Chirinski (1923-60), Nicolas Zabaknikov (1960-75).

Alto : Vadim Borisovski (1923-60), Fedor Druyinin (1960-75).

Violoncelle : Sergueï Chirinski (1923-75).

Créé comme Quatuor à cordes du Conservatoire de Moscou, il n'adopte son nom actuel qu'à partir de 1931. En 1927 il avait donné une intégrale des quatuors de Beethoven pour le centenaire de la mort du compositeur. Il a créé presque toutes les œuvres de Chostakovich, le *Quintette* (1940) et le *Trio nº 2* (1944) avec le compositeur au piano (1940), les *Quatuors nº 2* (1944), *nº 3* (1946), *nos 4 et 5* (1953), *nº 6* (1956), *nos 7 et 8* (1960), *nos 9 et 10* (1964), *nº 11* (1966), *nº 12* (1968), *nº 13* (1970), *nº 14* (1973). Le Quatuor est dédicataire des *Quatuors nos 3 et 5*, Borisovski du *Quatuor nº 13*, Vasili Chirinski du *Quatuor nº 11*, Tziganov du *Quatuor nº 12*, Sergueï Chirinski des *Quatuors nos 14 et 15*.

En 1980 a été formé un Nouveau Quatuor Beethoven autour de l'altiste Fedor Druyinin.

Quatuor de Berne

Fondé en 1971 par la Bernische Musikgesellschaft, il a maintenant une activité autonome.

1er Violon : Alexander Van Wijnkoop.

2e Violon : Eva Zurbrügg (1971-79), Christine Ragaz (depuis 1979).

Alto : Heinrich Forster (1971-77), Henrik Crafoord (depuis 1977).

Violoncelle : Walter Grimmer (1971-85), Angela Schwarz (depuis 1985).

Ce quatuor s'est imposé rapidement par l'étendue de son répertoire : de *L'Art de la fugue* à la musique contemporaine. Mais c'est surtout dans ce dernier domaine qu'il s'est affirmé par un travail étroit avec les compositeurs dont il crée les œuvres – tout en conservant une place importante aux quatuors classiques et romantiques.

CRÉATIONS : œuvres de Daniel Glaus (*Quatuor « Vom Abgrund nämlich... »,* 1987), Heinz Holliger (*Quatuor,* 1973), Klaus Huber (*Quatuor nº 2*, 1985), Brian Ferneyhough (*Quatuor nº 1 « Sonates »,* 1975), Helmut Lachenmann (*Tanzsuite mit Deutschlandlied* pour quatuor et orchestre, 1980), Jacques Lenot (*Sept Fragments,* 1977), Fritz Vaegelin (*In memoriam F.Z.,* 1985).

Un précédent quatuor de Berne, fondé en 1915, réunissait Alphonse Brun (violon I), Walter Garraux puis Théo Hug (violon II), Hans Blume puis Walter Kaegi (alto), Lorenz Lehr puis Richard Stützenegger (violoncelle). Il a joué un rôle très important dans la diffusion de la musique contemporaine de son temps (créations de Conrad Beck, Hans Haug, Otmar Schoek).

Quatuor Bernède (Paris)

Fondé en 1963, dissous en 1991.

1er Violon : Jean-Claude Bernède (1963-91).

2e Violon : Jacques Prat (1963-67), Gérard Montmayeur (1967-70), Marcel Charpentier (1970-91).

Alto : Bruno Pasquier (1963-67), Guy Chêne (1967-70), Michel Laléouse (1970-89), Serge Collot (1990-91).

Violoncelle : Paul Boufil (1963-76), Jean-Claude Ribéra (1976-79), Pierre Pénassou (1979-91).

CRÉATIONS : œuvres de Claude Ballif (*Quatuor nº 3*, 1970), Michel Philippot (*Quatuor nº 2*, 1983), Iannis Xenakis.

Quatuor Bohémien (Prague)

Voir à **Quatuor Tchèque.**

Quatuor Borodine (Moscou)

Fondé en 1946.

1er Violon : Rostislav Dubinski (1946-76), Mikhaïl Kopelman (depuis 1976).

2e Violon : Iaroslav Alexandrov (1946-74), Andreï Abramenkov (depuis 1974).

Alto : Dmitri Chebaline.

Violoncelle : Valentin Berlinski.

Il se produit jusqu'en 1955 sous le nom de Quatuor Philharmonique de Moscou. Il a enregistré l'intégrale des quatuors de Chostakovitch. Alfred Schnittke, Lev Knipper, Moïse Wainberg, Vissarion Chebaline, Anatoly Alexandrov ont écrit à son intention. Il joue ou a joué fréquemment avec Svjatoslav Richter, Emil Guilels, Leonid Kogan, David Oïstrakh ou Heinrich Neuhaus.

Quatuor Brahms (Hambourg)

Fondé en 1974.

1er Violon : Uwe-Martin Haisberg.

2e Violon : Günther Marx, Alexander Troester (depuis 1986).

Alto : Rainer Johannes Kimstedt.

Violoncelle : Dieter Götl.

Lauréat du Deutschen Musikwettbewerb à Bonn en 1977, il travaille avec le Quatuor LaSalle à Bâle et à Cincinnati. A l'origine spécialisé dans le répertoire romantique, il élargit son champ d'action à l'École de Vienne et à la musique contemporaine. En 1983, il fonde son propre cycle de concerts à Hambourg, « die Reihe », en collaboration avec le NDR. Ses membres sont professeurs à la Musikhochschule de Lubeck (Haiberg) et de Berlin (Kimstedt) ou solistes des principaux orchestres de Hambourg (Troester à la Philharmonie, Götl au NDR).

CRÉATIONS : œuvres de Ulrich Leyendecker (*Quatuor no 2,* 1990), Wolfgang Ludewig (*Quatuor no 3,* 1981), Arnold Schoenberg (*3 Mouvements de quatuor inédits,* 1984), Manfred Trojahn (*Quatuor no 2,* 1981).

Quatuor Brandis (Berlin)

Fondé en 1976, il réunit des solistes de l'Orchestre Philharmonique de Berlin. Depuis, Thomas Brandis et Wolfgang Boettcher ont quitté cet orchestre respectivement en 1983 et 1976 pour se consacrer à l'enseignement (à la Musikhochschule de Berlin) et au quatuor.

1er Violon : Thomas Brandis.

2e Violon : Peter Brehm.

Alto : Wilfried Strehle.

Violoncelle : Wolfgang Boettcher.

CRÉATIONS : œuvres de Frank Michael Beyer (*Streichfantasie zu einem Motiv von J. S. Bach,* 1978), Helmut Eder (*Quintette avec clarinette,* 1984), Gottfried von Einem (*Quatuor no 3,* 1981), Giselher Klebe (*Quatuor no 3,* 1983).

Quatuor Brodsky (Manchester)

Fondé en 1972, il est le premier quatuor invité à résider à l'Université de Cambridge. Il est ensuite résident au Royal Northern College de Manchester, puis à Middlesex University et au Welsh College of Music and Drama. C'est l'un des rares quatuors contemporains à avoir présenté en concert et enregistré l'intégrale des quatuors de Chostakovitch (Londres 1988).

1er Violon : Michael Thomas.

2e Violon : Ian Belton.

3e Alto : Paul Cassidy.

Violoncelle : Jacqueline Thomas.

CRÉATIONS : œuvres de Martin Butler (*Quatuor à cordes,* 1984), Elvis Costello (*The Juliet Letters,* 1992), Morton Feldman (*Clarinet and String Quartet,* 1983), David Matthews (*Quatuor no 5,* 1984 ; *Adagio for String Quartet,* 1994), Peter Sculthorpe (*Lament for String Sextet,* 1993 ; *Little Suite for String Quartet,* 1994).

Quatuor de Budapest

Fondé en 1917, dissous en 1967.

1er Violon : Emil Hauser (1917-32), Joseph Roïsman (1932-67).

2e Violon : Alfred Indig (1917), Imre Pogányi (1917-27), Joseph Roïsman (1927-32), Jac Gorodetzky (1932-33), Alexander Schneider (1933-44), Edgar Ortensky (1944-), Jac Gorodetzky (jusqu'en 1955), Alexandre Schneider (1955-67).

Alto : István Ipolyi (1917-36), Boris Kroyt (1936-67).

Violoncelle : Hary Són (1917-30), Mischa Schneider (1930-67).

Formé à l'origine de musiciens de l'Orchestre de l'Opéra de Budapest, il garde son nom malgré l'arrivée dans les années trente de musiciens russes. Installé aux États-Unis depuis 1938, il est quatuor-résident de la Library of Congress de Washington (1940-62), où il a le privilège de jouer sur les Stradivarius de la Collection Whittall (*Betts* de 1704, *Castelbarco* de 1699 et 1697, *Cassavetti* de 1727). De 1962 à 1967, il est quatuor-résident de l'Université de Buffalo, où ses membres enseignent également. Dans ses meilleures interprétations, beethoveniennes notamment, l'intensité expressive trouve sa source dans une virtuosité rayonnante.

CRÉATIONS : œuvres de Paul Hindemith (*Quatuor nº 6*, 1946), Darius Milhaud (*Quatuors nº 4*, 1942 ; *nº 12*, 1945 ; *nº 13*, 1947 ; *nº 14*, 1948 ; *nº 17*, 1951), Alexandre Tansman (*Quatuor nº 5*, 1941).

DÉDICACES : *Quatuor nº 5* (Bartók), *Quatuor nº 5* (Hindemith, 1945).

Quatuor Bulgare

Voir à **Quatuor Dimov.**

Quatuor Busch

Fondé en 1913, dissous en 1952.

1er Violon : Adolf Busch (1913-52).

2e Violon : Fritz Rothschild (1913), Karl Reitz (1919-21), Gösta Andreasson (1921-45), Ernest Drucker (1946), Bruno Straumann (1946-52).

Alto : Karl Doktor (1913), Emil Bohnke (1919-21), Karl Doktor (1921-45), Hugo Gottesmann (1946-52).

Violoncelle : Paul Grümmer (1913-30), Hermann Busch (1930-52).

L'ensemble prend d'abord le nom de Quatuor du Konzertverein car tous ses membres appartiennent au Wiener Konzertverein Orchester dont le chef, Ferdinand Löwe, a été à l'origine de la formation du quatuor. Dissous au début de la guerre de 1914-18, il est reformé en 1919 sous le nom de Quatuor Busch. Au début de la Seconde Guerre mondiale, Adolf Busch et son frère Hermann émigrent aux États-Unis, bientôt rejoints par les autres membres du quatuor. La maladie de Karl Doktor et le travail excessif qu'accepte Gösta Andreasson amènent sa dissolution en 1945. Il sera recréé en 1946 et ne disparaîtra qu'à la mort d'Adolf Busch en 1952. Digne successeur du légendaire Quatuor Joachim, le Quatuor Busch est sans nul doute l'un des plus grands quatuors de la première moitié de ce siècle. Il connaît son âge d'or au cours des années 1920-30 et se fait par sa sensibilité et la qualité de son inspiration collective le quasi inégalable défenseur du grand répertoire romantique allemand (Beethoven, Schubert, Brahms, Reger, etc.). Rudolf Serkin s'associe souvent à lui pour de mémorables séances de musique de chambre.

Quatuor Calvet (Paris)

Fondé en 1919, dissous en 1950.

1er Violon : Joseph Calvet (1919-50).

2e Violon : Léon Pascal (1919-40), Jean Champeil (1944-50).

Alto : Daniel Guilevitch (1919-40), Maurice Husson (1944-50).

Violoncelle : Paul Mas (1919-40), Manuel Recasens (1944-50).

Sur l'initiative de Nadia Boulanger le quatuor donne en 1928 deux intégrales des quatuors de Beethoven en France. Il est également l'un des champions de la musique française de son époque. Après l'interruption de la guerre, il reprend une brève activité après 1945.

CRÉATIONS : œuvres de Marcel Delannoy, Jean Françaix (*Quatuor*, 1937), Guy-

Ropartz (*Quatuors nº 3*, 1925 ; *nº 4*, 1935), Reynaldo Hahn, Vincent d'Indy (*Sextuor*, 1929 ; *Quatuor nº 3*, dédicataire, 1930), Jean Martinon (*Concerto lyrique* pour quatuor à cordes et orchestre, op. 38, 1946), Henri Sauguet (*Quatuor nº 2*, 1949), Florent Schmitt (*Quatuor*, dédicataire, 1948).

Quatuor Capet (Paris)

Fondé en 1893, dissous en 1928.

1er Violon : Lucien Capet (1893-1928).

2e Violon : Giron (1893-99), Firmin Touche (1903), André Touret (1903-09), Maurice Hewitt (1909-28).

Alto : Henri Casadesus (1893-99, 1903-05 et 1909-14), Édouard Nadaud (1903), Louis Bailly (1906-09), Henri Benoit (1918-28).

Violoncelle : Charles-Joseph Furet (1893-99), Cros Saint-Ange (1903), Louis Hasselmans (1903-09), Marcel Casadesus (1909-14), Camille Delobelle (1918-28).

Lucien Capet forme son quatuor personnel dès qu'il obtient son 1er prix au Conservatoire (1893). Celui-ci se produira dès lors sous quatre formations. La première (1893-99) est interrompue lorsque Capet est nommé professeur à Bordeaux. A son retour à Paris (1903) le quatuor se produit avec Touche, Nadaud et Saint-Ange, formation éphémère qui devait aboutir à la troisième formation (1903-09). En 1909 Touret part pour le Quatuor Marsick, Bailly pour le Quatuor Boucherit-Hekking tandis que Hasselmans se consacre à la direction d'orchestre. La quatrième formation (1909-14) est dissoute par la guerre où Marcel Casadesus trouve la mort. La cinquième formation est la plus célèbre (1918-28). On peut encore l'entendre grâce à quelques enregistrements gravés à Londres entre 1925 et 28. Le Quatuor Capet s'est rendu célèbre par ses interprétations des quatuors de Beethoven dont il a assuré très régulièrement l'intégrale y compris la *Grande Fugue*. Henri Benoit a consigné dans son carnet de bord 1 069 exécutions d'un quatuor de Beethoven de 1918 à 1928.

Quatuor Carl Nielsen (Odense)

Fondé en 1963.

1er Violon : Peder Elbæk.

2e Violon : Jørgen Larsen.

Alto : Verner Skovlund.

Violoncelle : Folmer Bisgaard (1963-78), Svend Winsløv (depuis 1978).

Quatuor Carmina (Zurich)

Fondé en 1984, il travaille avec Sandór Végh, Nikolaus Harnoncourt, les membres du Quatuor Juilliard et de l'Amadeus Quartet notamment à l'Université de l'Indiana et à l'Académie Yehudi Menuhin et Gstaad. Lauréat des concours internationaux de Portsmouth, Munich, Paris, Zurich, il remporte en 1987 le 2e prix au Concours Paolo Borciani, en Italie, qui consacre ses débuts internationaux. Il est quatuor en résidence au Conservatoire de Winterthur.

1er Violon : Matthias Enderle.

2e Violon : Karin Heeg (1984-87), Susanne Frank (depuis 1987).

Alto : Wendy Champney.

Violoncelle : Stephan Goerner.

CRÉATIONS : œuvres de Gottfried von Einem (*Quatuor avec flûte*, op. 85, 1990), Ernst Krenek (*Trio à cordes*, 1987), Peter Mieg (*Trio à cordes*, 1985), Peter Wettstein (*Trio à cordes*, 1985 ; *Quatuor à cordes*, 1987).

Quatuor Cherubini (Düsseldorf)

Fondé en 1978, il a reçu les conseils de Kurt Schäffer, Sándor Végh et des membres de l'Amadeus Quartet. Entre autres distinctions, il a remporté le 1er prix au Concours international Karl Klinger de Hanovre (1979) et à celui d'Évian (1981). Le violoncelliste est le troisième fils de Dietrich Fischer-Dieskau et d'Irmgard Poppen.

1er Violon : Christoph Poppen.

2e Violon : Harald Schoneweg.

Alto : Hariolf Schlichtig.

Violoncelle : Klaus Kämper (1978-89), Manuel Fischer-Dieskau (depuis 1989).

CRÉATIONS : œuvres de Claude Ballif (*Quatuor n° 5*, 1991), Michel Merlet (*Trio à cordes*, 1991).

Quatuor Chilingirian (Londres)

Fondé en 1971.

1er Violon : Levon Chilingirian.
2e Violon : Mark Butler.
Alto : Csaba Erlelyi (1971-87), Louise Williams (depuis 1987).
Violoncelle : Philip De Groote.

Après avoir suivi les cours d'interprétation de Siegmund Nissel du Quatuor Amadeus et reçu les conseils du musicologue H. Keller, il devient quatuor-résident de l'Université de Liverpool (1973-76). En 1976, il revient à Londres. La même année, il remporte à New York le Concours international des jeunes artistes de concerts. Il donne régulièrement des cours d'interprétation dans le cadre de l'Université du Sussex avant d'être nommé quatuor-résident du Royal College of Music de Londres en 1986.

Chilingirian joue sur un Stradivarius de 1727, Butler sur un Pressenda de 1846, Louise Williams sur un Martin Hilsden de 1986 et De Groote sur un Cappa de 1697.

CRÉATIONS : œuvres de Jacques Castérède (*Quartettsatz,* 1989), Alain Daniel (*Mouvement pour quatuor,* 1988), Bruno Ducol (*Quatuor n° 1*, 1989), Korelis (*Anakréon,* 1989), Tigran Mansurian (*Cello Quintet,* 1990), Frédéric Martin (*Closer,* 1988).

Quatuor de Cleveland

Fondé en 1969, dissous en 1995.

1er Violon : Donald Weilerstein.
2e Violon : Peter Salaff.
Alto : Martha Strongin-Katz (1969-80), Atar Arad, James Dunham.
Violoncelle : Paul Katz.

De 1969 à 1971, le quatuor est artiste-résident à l'Institut de musique de Cleveland, d'où son nom. Ses premiers récitals datent de la saison 1971-72. Le quatuor accepte, en 1971, de remplacer le Nouveau Quatuor de Budapest comme ensemble-résident à l'Université d'État de New York à Buffalo. Son répertoire se partage entre les partitions traditionnelles des XVIIIe et XIXe siècles et les œuvres de musiciens plus contemporains (Ives, Barber, Slonimsky). Les membres du Quatuor de Cleveland jouent sur quatre Stradivarius prêtés par la Galerie Corcoran de Washington. Ces instruments, réunis au XIXe siècle par Paganini, ont été rassemblés par E. Hermann pour le Quatuor Paganini qui les a utilisés entre 1946 et 1966. Ils ont été acquis par cette galerie à la condition expresse de n'être jamais séparés. Le Quatuor de Cleveland a enregistré l'ensemble des quatuors de Beethoven et de Brahms. Martha Strongin-Katz est l'épouse de Paul Katz. William Preucil, ancien violon solo de l'Orchestre de Cleveland, est le gendre de János Starker. Un premier Quatuor de Cleveland avait été fondé par Maurice Hewitt (1930-34).

CRÉATIONS : œuvres de Morton Feldman (*String Quartet and Orchestra,* 1973), John Harbison (*Quatuor n° 1*, 1985), Toru Takemitsu (*Entre-temps* pour hautbois et quatuor à cordes, 1986).

Quatuor Concord (New York)

Fondé en 1971, dissous en 1988.

1er Violon : Mark Sokol.
2e Violon : Andrew Jennings.
Alto : Joan Kochanowski.
Violoncelle : Norman Fischer.

Quatuor-résident à Darmouth College, dans le New Hampshire, à partir de 1974, son répertoire est essentiellement tourné vers la musique contemporaine.

CRÉATIONS : œuvres de Jacob Druckman (*Quatuor n° 3*, 1981), Lukas Foss (*Quatuor n° 3*, 1977), Hans Werner Henze (*Quatuors n° 3, 4 et 5*, 1976), Betsy Jolas (*Quatuor III*, 1974), Ezra Laderman (*Double Quartet,* 1986, avec le Quatuor Juilliard), George Rochberg (*Quintette avec piano,* 1975 ; *Quatuors n° 4*, 1977 ;

nº 5, 1978 ; *nº 6*, 1978 ; *nº 7*, 1979 ; *Quintette à cordes*, 1982).

Quatuor à Cordes de Londres (London String Quartet)

Voir à **Quatuor de Londres.**

Quatuor à Cordes de Vienne (Wiener Streichquartett)

Fondé en 1964.

1er Violon : Werner Hink.

2e Violon : Anton Straka (1964-65), Helmuth Puffler (1965-75), Hubert Kroisamer (depuis 1975).

Alto : Klaus Peisteiner.

Violoncelle : Reinhard Repp (1964-85), Fritz Dolezal (depuis 1985).

Ses membres sont tous des solistes de l'Orchestre Philharmonique de Vienne.

Quatuor Danois (Copenhague)

Fondé en 1949, il joue d'abord sous le nom de Nouveau Quatuor Danois pour se différencier d'un premier Quatuor Danois (flûte, violon, violoncelle, piano qui réunissait Holger-Gilbert Jespersen, Erling Bloch, A. et L. Christiansen). **Dissous en 1983.**

1er Violon : Arne Svendsen (1949-83).

2e Violon : Reidar Knudsen (1949-54), Hans Nielsen (1954-59), Palle Heichelmann (1959-77), Wladimir Marschwinski (1977-83).

Alto : Knud Frederiksen (1949-83).

Violoncelle : Jørgen Jensen (1949-59), Pierre-René Honnens (1959-77), Gert von Bülow (1977-79), Niels Ullner (1979-83).

Un nouveau quatuor portant le même nom a été constitué en 1985 autour du fils de Knud Frederiksen avec des solistes de l'Orchestre Symphonique de la Radio Danoise et de l'Orchestre de l'Opéra Royal Danois.

1er Violon : Tim Frederiksen.

2e Violon : Arne Balk Møller

Alto : Claus Myrup.

Violoncelle : Nils Sylvest Jeppesen (1985-88), Henrik Brendstrup (depuis 1988).

COMMANDE : Svend Westergaard (*Quatuor*, op. 26, 1966).

Quatuor Dimov (Sofia)

Fondé en 1956, dissous en 1993.

1er Violon : Dimo Dimov.

2e Violon : Alexandre Tomov (1956-78), Nanko Dimitrov (1978-93).

Alto : Dimiter Tchilikov.

Violoncelle : Dimiter Kozev.

Appelé aussi **Quatuor Bulgare.** Quatuor d'État depuis 1964. Il a remporté le 2e prix du Concours Leo Weiner à Budapest en 1963, le 2e prix à Liège en 1964, le 1er prix à Munich en 1965.

A partir de 1972, les quatre membres du quatuor enseignent également à l'Académie de musique de Sofia. Ils comptent l'une des plus impressionnantes discographies de l'histoire du quatuor à cordes (plus de 70 enregistrements). Dimo Dimov a été ministre de la Culture du gouvernement bulgare en 1990-91. Il a fondé en 1993 le Nouveau Quatuor Dimov de la Radio Nationale Bulgare.

Quatuor Doležal (Prague)

Fondé en 1972.

1er Violon : Milan Puklický (1972-80), Bohuslav Matoušek (1980-85), Boris Monoszon (1985-90), Jiří Fišer (depuis 1990).

2e Violon : Josef Kekula (1972-85), Jiří Fišer (1985-90), Vladimir Kučera (depuis 1990).

Alto : Karel Doležal.

Violoncelle : Vladimir Leixner (1972-85), Bohuslav Pavlas (1985-86), Petr Hejný (depuis 1986).

Lauréat du Concours international du Printemps de Prague (1975), du Concours international de Bordeaux (1977) et du Concours Young Concert Artists (New York, 1980), il a travaillé avec les membres du Quatuor Smetana et avec l'altiste du Quatuor Juilliard, Rafael Hillyer. Boris Monoszon, formé au Conservatoire de Moscou, était auparavant premier violon du Quatuor Slovaque à Bratislava. Les trois membres qui se sont retirés en 1985 ont formé le Quatuor Stamic.

CRÉATIONS : œuvres d'Oldřich Flosman, Václav Lídl, Jiří Pauer, Klement Slavický.

Quatuor Drolc (Berlin)

Fondé en 1947, dissous en 1973.

1er Violon : Eduard-Josef Drolc.

2e Violon : Heinz Böttger, Jürgen Paarmann, Walter Peschke.

Alto : Siegbert Ueberschaer, Stefano Passagio.

Violoncelle : Heinrich Majowski, Georg Donderer.

CRÉATIONS : œuvres de Bruno Maderna (*Quatuor,* 1955), Werner Thärichen (*Quatuor nº 2,* 1956).

Quatuor Éder (Budapest)

Fondé en 1972.

1er Violon : Pál Éder (1972-86), János Salmeczi (depuis 1986).

2e Violon : Ildikó Hegyi (1972-77), Erika Tóth (1977-86), Ildikó Hegyi (depuis 1986).

Alto : Zoltán Tóth (1972-84), Sándor Papp (depuis 1984).

Violoncelle : György Éder.

Ce quatuor réunit quatre élèves d'András Mihály à l'Académie Franz Liszt de Budapest. Il a obtenu le 1er prix au Concours international d'Évian (1976) et le 2e prix au Concours international de Munich (1977). En 1978, les quatre musiciens ont suivi les cours de Raphael Hillyer et du Quatuor de Tokyo à l'Université de Yale. Le Quatuor Éder a enregistré les 6 quatuors de Bartók.

CRÉATION : *Quatuor nº 2* (Crìstóbal Halffter, 1979).

Quatuor Emerson (New York)

Fondé en 1976.

Violons : Eugene Drucker et Philippe Setzer.

Alto : Lawrence Dutton.

Violoncelle : David Finckel.

Ses quatre membres se sont rencontrés à la Juilliard School de New York et au Festival de Marlboro, où ils étudiaient ensemble. Lauréats de la Naumburg Foundation Award for Chamber Music, ils ont donné à leur quatuor le nom de Waldo Emerson, le père du transcendantalisme. Les deux violonistes tiennent alternativement la place de premier et de second violon, ce qui est un cas rarissime dans l'histoire du quatuor à cordes. En 1985, le Quatuor Emerson a été nommé quatuor-résident au Lincoln Center de New York. Ses membres jouent respectivement sur un Stradivarius de 1686 et un Sanctus Seraphin de 1734 (violons), sur un Pietro Giovanni Mantegazza de 1796 (alto), et sur un Guadagnini de 1754 (violoncelle).

CRÉATIONS : *Quatuor nº 4* (1980) de Mario Davidovsky, *Quatuor nº 2* (1987) de John Harbison, *Quatuor* (1984) de George Tsoutakis, *Quatuor* (1983) de Maurice Wright.

Quatuor Endellion (Londres)

Fondé en 1979, il est quatuor-résident à l'Université du Surrey, dans le Sud-Est de l'Angleterre.

1er Violon : Andrew Watkinson.

2e Violon : Ralph De Souza.

Alto : Garfield Jackson.

Violoncelle : David Waterman.

CRÉATIONS : œuvres de Colin Matthews (*Quatuor nº 2,* 1990), David Matthews (*Quatuor nº 4,* 1981).

Quatuor Enesco

Voir à **Quatuor Athenaeum-Enesco.**

Quatuor Esterházy (Amsterdam)

Fondé en 1973, dissous en 1981.

1er Violon : Jaap Schröder.

2e Violon : Alda Stuurop.
Alto : Wiel Peeters (1973-77), Linda Ashworth (1977-81).
Violoncelle : Wouter Möller.

Ce quatuor s'est donné comme tâche de retrouver le style d'interprétation et la sonorité de l'époque classique en se basant sur les idées esthétiques de cette période et en utilisant des instruments particulièrement précieux montés à l'ancienne : violons de Januarius Gagliano (Naples, 1730), Francesco Gobetti (Venise, 1710), Antonio Stradivarius (Crémone, 1709), Domenico Montagnana (Venise, 1730), altos de Joseph Klotz (1780), Joannes Tononi (Bologne, 1699), violoncelle de Joannes Franciscus Celoniatus (Turin, 1742). Jaap Schröder, fondateur du quatuor, a fait des études de musicologie à Paris (Sorbonne) et à Amsterdam. Il enseigne à la Schola Cantorum Basiliensis de Bâle.

Quatuor Fitzwilliam (York)

Fondé en 1971, dissous en 1988.
1er Violon : Christopher Rowland.
2e Violon : Jonathan Sparey.
Alto : Alan George.
Violoncelle : Ion Davies.

Cet ensemble anglais, nommé quatuor-résident de l'Université de York dès sa fondation en 1971, se spécialise rapidement dans la musique de Chostakovitch dont il devient l'interprète de référence en Occident. Le compositeur lui envoie les parties de ses trois derniers quatuors sitôt terminés pour qu'il en donne la première audition en Grande-Bretagne. Il en réalise l'enregistrement intégral. Le quatuor est ensuite ensemble-résident de l'Université de Warwick (1974) puis retrouve son poste à York (1977).

CRÉATION : *Quatuor n° 3* (1980) de David Matthews.

Quatuor Flonzaley

Fondé en 1902, dissous en 1928.
1er Violon : Adolfo Betti (1902-28).
2e Violon : Alfred Pochon (1902-28).
Alto : Ugo Ara (1902-17), Louis Bailly (1917-24), Félicien d'Archambeau (1924-28).
Violoncelle : Iwan d'Archambeau (1902-24), N. Moldavan (1924-28).

Formé par un banquier américain, Edward J. de Coppet, pour des exécutions à son usage privé ; le nom du quatuor est celui de la résidence suisse du banquier, près de Lausanne. Dès 1904, il effectue ses premières tournées en Europe et fera l'essentiel de sa carrière aux États-Unis, enregistrant notamment avec Harold Bauer et Ossip Gabrilovitch. Enesco lui a dédié son *Quatuor n° 1* qu'il a créé en 1921. Il a également créé des œuvres d'Ernest Bloch (*Quatuor n° 1*, 1916) et Igor Stravinski (*Trois Pièces pour quatuor à cordes*, 1915 ; *Concertino pour quatuor à cordes*, 1920).

Quatuor Français 2e2m

Voir à **Collectif Musical 2e2m** (Orchestres de Chambre et ensembles spécialisés).

Quatuor Franz Schubert (Vienne)

Fondé en 1974.
1er Violon : Florian Zwlauer.
2e Violon : Erich Schogerl (1974-78), Michael Gebauer (1978-83), Harvey Thurmer (1983-89), Helge Rosenkranz (depuis 1989).
Alto : Thomas Riebl (1974-79), Hartmut Pascher (depuis 1979).
Violoncelle : Rudolf Leopold (1974-83), Vincent Stadlmair (depuis 1983).

Il remporte le 1er prix au Concours international des radios européennes en 1974 et, en 1975, le 1er prix de la Société Mozart pour son interprétation des quatuors de Mozart. Depuis 1978, il participe régulièrement aux Schubertiades Hohenems.

CRÉATION : *Quatuor n° 4* (1982) de Gottfried von Einem.

Quatuor Gabrieli (Londres)

Fondé en 1966.

1er Violon : Kenneth Sillito (1966-87), John Georgiadis (depuis 1987).
2e Violon : Claire Simpson (1966-69), Brendan O'Reilly (1969).
Alto : Ian Jewel.
Violoncelle : Keith Harvey.

Il débute en 1967 à Londres et est nommé, en 1971, quatuor-résident de l'Université d'Essex. Il se consacre à la musique du XXe siècle, avec le soutien de la Fondation Gulbenkian.

CRÉATIONS : œuvres de William Alwyn, Benjamin Britten, Alan Bush, Daniel Jones, Gordon Crosse (*Studies for String Quartet, set I*, 1973), Nicholas Maw (*Quatuor no 2*, 1983), John McCabe (*Quatuor no 3*, 1979), Andrzej Panufnik (*Quatuor no 2*, 1980).

Quatuor Glinka (Amsterdam)

Fondé en 1980, dissous en 1990.

1er Violon : Zino Vinnikov.
2e Violon : Kees Hülsmann (1980-87), Ilja Warenberg (1987-90).
Alto : Misha Geller (1980-84), Rainer Moog (1984-90).
Violoncelle : Dimitri Ferschtman.

Zino Vinnikov, ancien violon solo de l'Orchestre Philharmonique de Leningrad et Dimitri Ferschtman appartenaient au quatuor du même nom à Leningrad (fondé en 1966 comme Quatuor de l'Union des compositeurs de l'URSS) jusqu'à ce qu'ils émigrent aux Pays-Bas, respectivement en 1979 et 1978. Zino Vinnikov a été violon solo de l'Orchestre de la Résidence de La Haye, Rainer Mooz alto solo de l'Orchestre Philharmonique de Berlin (1974-78) et Dimitri Ferschtman violoncelle solo de l'Orchestre Symphonique de la Radio Néerlandaise à Hilversum.

CRÉATION : *Quatuor* de Herbert Willy (1988).

Quatuor Griller (Londres/ Berkeley)

Fondé en 1928, dissous en 1961. Les quatre instrumentistes étaient encore élèves de Lionel Tertis à la Royal Academy of Music de Londres lorsqu'ils commencèrent à jouer ensemble, alors âgés de dix-sept à vingt ans, respectivement. La formation resta inchangée jusqu'à la mort de Burton qui entraîna la dissolution du quatuor. Entre 1949 et 1961, il a été quatuor résident à l'Université de Californie, à Berkeley. Ils ont joué souvent avec l'altiste William Primrose.

1er Violon : Sidney Griller.
2e Violon : Jack O'Brien.
Alto : Philip Burton.
Violoncelle : Colin Hampton.

CRÉATIONS : œuvres d'Ernest Bloch, Darius Milhaud (*Quintette no 3*, 1953, commande), Roger Sessions.

Quatuor Guarneri (New York)

Fondé en 1964.

1er Violon : Arnold Steinhardt.
2e Violon : John Dalley.
Alto : Michael Tree.
Violoncelle : David Soyer.

Ce quatuor s'est réuni à l'initiative de son 1er violon lors du Festival de Marlboro 1964. Steinhardt était violon solo de l'Orchestre du Cleveland, Dalley venait du Quatuor Oberlin, Tree du New Music Quartet, Soyer du New Music Quartet et du Marlboro Trio. Le quatuor s'est souvent produit avec Arthur Rubinstein. En 1975, ils inaugurent leur série de concerts annuels à New York, « Guarneri and Friends ». En 1982, ils reçoivent des mains du maire de New York le Sceau de Reconnaissance de la Ville. Ils enseignent au Curtis Institute de Philadelphie, à l'Université de Floride du Sud et à celle du Maryland. Steinhardt a joué successivement sur des instruments de Pressenda, Seraphin, Guadagnini, Guarnerius « del Gesù » et Storioni (violon qui a été la propriété des premiers violons du Quatuor de Budapest Emil Hauser et Joseph Roïsman), Dalley sur un violon de Nicolas Lupot (1810),

Tree sur un alto de Domenico Busan daté de 1780 (qui avait appartenu à l'altiste du Quatuor Hongrois) puis sur un Deconet, Soyer sur un violoncelle de Montagnana puis sur un Andrea Guarnerius de 1669.

CRÉATIONS : œuvres de Hans Werner Henze (*Quintette avec piano,* avec Peter Serkin, 1993), Ned Rorem (*Quatuor n° 3*, 1991).

Quatuor Hagen (Salzbourg)

1er Violon : Lukas Hagen.
2e Violon : Angelica Hagen, Annette Bik (1981-87), Rainer Schmidt (depuis 1987).
Alto : Veronika Hagen.
Violoncelle : Clemens Hagen.

Il fut fondé, dans leur enfance, par quatre frères et sœurs salzbourgeois élèves de Helmut Zehetmair et Wilfried Tachezi au Mozarteum de Salzbourg. Lauréat des prix Henryk Szeryng et Christina Richter-Steiner, il remporte le 1er prix aux concours internationaux de Portsmouth (1982) et d'Évian (1983). Il joue régulièrement à Lockenhaus avec Gidon Kremer depuis 1981.

Quatuor de Hollywood

Fondé en 1948, dissous en 1961.

1er Violon : Felix Slatkin (1948-61).
2e Violon : Paul Shure (1948-61).
Alto : Paul Robyn (1948-54), Alvin Dinkler (1954-61).
Violoncelle : Eleanor Aller (1948-61).

Après avoir joué dans l'Orchestre Symphonique de Saint Louis, Felix Slatkin (1915-63), le fondateur du quatuor, a dirigé l'Orchestre de studio de la 20th Century Fox. Tous les membres de la formation sont d'ailleurs issus des principaux orchestres de studio d'Hollywood. La violoncelliste du quatuor était l'épouse du 1er violon.

Quatuor Hongrois

Fondé en 1935, dissous en 1970.

1er Violon : Sándor Végh (1935), Zoltán Székely (1935-70).
2e Violon : Péter Szervánsky (1935), Sándor Végh (1935-40), Alexandre Moskowsky (1940-59), Michael Kuttner (1959-70).
Alto : Dénes Koromzay (1935-70).
Violoncelle : Vilmos Palotaï (1935-56), Gabriel Magyar (1956-70).

Dès sa fondation à Budapest, le Quatuor Hongrois s'illustre en défendant la musique contemporaine, notamment celle de Béla Bartók dont il donne la première audition hongroise du *Quatuor n° 5* au cours de sa première saison. En 1936 et 1937, il participe au Festival de la SIMC. Il réside en Hollande à partir de 1937, puis aux États-Unis dès 1950 où il devient quatuor-résident de l'Université de Californie du Sud.

Le répertoire du Quatuor Hongrois va des classiques au XXe siècle. Ses interprétations de la musique de Bartók font autorité. Il n'a abordé les quatuors de Beethoven qu'en 1944-45 et les a enregistrés à deux reprises, en 1953 et 1966. Székely jouait sur un Stradivarius de 1718, le *Michelangelo*, Kuttner sur un P. Guarnerius de 1704, le *Santa Theresa*, Koromzay sur un Michele Deconet de 1766 et Magyar sur un Alessandro Gagliano de 1706.

Un premier Quatuor Hongrois avait été fondé en 1910 à la demande de Bartók et de Kodály avec Imre Waldbauer et János Temesvary (violons), Antal Molnar puis, de 1912 à 1923, Egon Kenton (alto), Janö Kerpely (violoncelle).

CRÉATIONS : œuvres de Mario Castelnuovo-Tedesco, Karl Amadeus Hartmann (*Quatuor n° 1*, 1936), André Jolivet (*Quatuor*, 1936), Darius Milhaud (*Quintette avec piano n° 1*, 1952, avec Egon Petri), Willem Pijper, William Schuman (*Quatuor n° 4*, 1950), Endre Szervánsky, Bernard Van Dieren, Sándor Veress (*Quatuors n° 1*, 1935 ; *n° 2*, 1937).

Quatuor InterContemporain (Paris)

Voir à **Ensemble InterContemporain** (Orchestres de Chambre et ensembles spécialisés).

Quatuor Janáček (Brno)

Fondé en 1947.

1er Violon : Jiři Trávníček (1947-73), Bohumil Smejkal (1973-93), Jiři Novotný (depuis 1993).

2e Violon : Miroslav Matyás (1947-52), Adolf Sýkora (1952-93), Vítězslav Zavadilík (depuis 1994).

Alto : Jiři Kratochvíl (1947-89), Ladislav Kyselák (depuis 1989).

Violoncelle : Karel Krafka (1947-84), Břetyslav Vybíral (depuis 1984).

Les quatuors de Janáček apparaissent très fréquemment dans ses programmes. Depuis 1956, il est l'ensemble de musique de chambre de l'Orchestre Philharmonique de Brno.

Quatuor Joachim

Joseph Joachim a fondé quatre quatuors portant son nom, à Weimar (1851-52), Hanovre (1852-66), Londres (1859-97) et Berlin (1869-1907). A Londres, bien que Joachim n'y séjourne que six semaines par an, le quatuor a une activité régulière avec Franz Ries (2e violon, 1859-97), Ludwig Straus (alto, 1871-93), Johann Kruse (alto, 1893-97) et Alfredo Piatti (violoncelle, 1859-97). Pendant l'absence de Joachim, la partie de 1er violon est tenue par Wilma Norman-Neruda. La principale formation est celle de Berlin :

1er Violon : Joseph Joachim (1869-1907).

2e Violon : Ernst Schiever (1869-70), Heinrich De Ahna (1871-92), Johann Kruse (1892-97), Karol Haliř (1897-1907).

Alto : Heinrich De Ahna (1869-70), Eduard Rappoldi (1871-77), Emmanuel Wirth (1877-1906), Karl Klinger (1906-07).

Violoncelle : Wilhelm Müller (1869-79), Robert Hausmann (1879-1907).

Avec ses différents quatuors, Joachim a donné à plusieurs reprises l'intégrale des quatuors de Beethoven. Il a créé des œuvres de Brahms (*Quatuor no 2*, 1873 ; *Quatuor no 3*, 1876 ; *Quintette avec clarinette*, 1891), Cherubini, D'Albert, Dohnányi, Dvořák (*Quatuor no 10*, 1879) et Gade.

Quatuor Keller (Budapest)

Fondé en 1986, il réunit de jeunes instrumentistes, alors membres de la Philharmonie Nationale Hongroise et de l'Orchestre du Festival de Budapest. Ils travaillent avec le chef d'orchestre András Mihaly, le compositeur György Kurtag et le violoniste Sándor Devich avant de trouver leur véritable maître à penser en la personne de Sándor Végh. En 1990, ils remportent le 1er prix au Concours international d'Évian et au Concours Paolo Borciano de Reggio Emilia.

1er Violon : András Keller.

2e Violon : János Pilz (1986-90), György Ács (1990-91), János Pilz (depuis 1991).

Alto : Zoltán Gál.

Violoncelle : Ottó Kertész.

Quatuor Juilliard (New York)

Fondé en 1946.

1er Violon : Robert Mann (depuis 1946).

2e Violon : Robert Koff (1946-58), Isidore Cohen (1958-66), Earl Carlyss (1966-86), Joel Smirnoff (depuis 1986).

Alto : Rafaël Hillyer (1946-69), Samuel Rhodes (depuis 1969).

Violoncelle : Arthur Winograd (1946-55), Claus Adam (1955-74), Joel Krosnick (depuis 1974).

Fondé, sous l'impulsion de William Schuman, par Robert Mann, le quatuor est exclusivement composé de professeurs de la Juilliard School de New York. Le premier concert a lieu le 10 octobre 1946 devant Yehudi Menuhin et Zoltán Kodály. Le premier récital public enthousiasme Artur Schnabel. Dès ces manifestations on remarque dans le programme la présence de partitions contemporaines et d'œuvres des musiciens américains. Cette tendance ne se démentira plus. Sa renommée dépasse très vite les limites du continent américain. En 1961 il est le premier quatuor américain à effectuer une tournée en URSS. Depuis 1962, il est le quatuor de la Library of Congress à Washington, ce qui lui donne le privilège envié de jouer sur les prestigieux Stradivarius donnés aux États-Unis en 1936 par Gertrude Clark Whittall. De nombreux musiciens comme Myra Hess,

Leonard Bernstein, Claudio Arrau, Rudolf Firkusny, Dietrich Fischer-Dieskau, Jean-Pierre Rampal, Benny Goodman, Artie Shaw ou Albert Einstein ont réclamé son concours. De nombreux jeunes quatuors se sont mis à son école. Le répertoire du Quatuor Juilliard compte plus de 400 œuvres.

CRÉATIONS : œuvres de Easley Blackwood (*Quatuor n° 2*, 1960), Elliott Carter (*Quatuor n° 2*, 1960), Henry Dixon Cowell (*Quatuor n° 5*, 1956), Jacob Druckman (*Quatuor n° 2*, 1966), Irving Fine (*Quatuor*, 1953), Frohne (*Quatuor*, 1969), Alberto Ginastera (*Quatuor n° 2*, 1959), Ezra Laderman (*Double Quartet*, 1986, avec le Quatuor Concord), Peter Mennin (*Quatuor n° 2*, 1952), Seymour Shifrin (*Quatuor n° 3*, 1967).

Quatuor Kneisel (Boston - New York)

Fondé à Boston en 1885, dissous en 1917.

1er Violon : Franz Kneisel (1885-1917).

2e Violon : Emanuel Fiedler (1885-87), Otto Roth (1887-99), Karl Ondříček (1899-1902), Julius Theodorowicz (1902-07), Julius Roentgen (1907-12), Hans Letz (1912-17).

Alto : Louis Svečenski (1885-1917).

Violoncelle : Fritz Giese (1885-89), Anton Hekking (1889-91), Alwin Schroeder (1891-1907), Willem Willeke (1907-1917).

Constitué au départ de membres de l'Orchestre Symphonique de Boston, ils s'en détachent en 1903 et se fixent à New York en 1905 où leur activité connaît un rayonnement encore plus important. Le Quatuor Kneisel a joué un rôle considérable pour faire connaître la musique de chambre aux États-Unis. Il a créé une œuvre d'Antonín Dvořák (*Quatuor n° 12 « Américain »*, 1895).

Quatuor Kocian (Prague)

Fondé en 1972 sous le nom de Nouveau Quatuor à cordes, il réunit des disciples d'Antonín Kohout, le violoncelliste du Quatuor Smetana. Un an plus tard, il est lauréat du Concours international de Budapest. Il ne prend son nom définitif qu'en 1975. En 1987, il devient l'un des ensembles de chambre de la Philharmonie Tchèque.

1er Violon : Pravoslav Kohout (1972-75), Pavel Hůla (depuis 1975).

2e Violon : Jan Odstrčil.

Alto : Jiří Najnar, Zbyněk Pad'ourek.

Violoncelle : Václav Bernášek.

Quatuor Kodály (Budapest)

Fondé en 1966.

1er Violon : Attila Falvay (1966-70), Károly Duska (1970-75), Mihály Barta (1975-79), Attila Falvay (depuis 1979).

2e Violon : Tamás Szabó.

Alto : Gábor Fias.

Violoncelle : János Devich.

Tous les quatre sont diplômés de l'Académie Franz Liszt de Budapest. Szabó, Fias et Devich ont reçu le prix spécial du jury du Concours international de Genève en 1966 comme membres du Quatuor Sebestyen. En 1968, ils remportent le 1er prix du concours Leo Weiner de Budapest. En 1970, ils adoptent alors le nom de Quatuor Kodály.

Quatuor Koeckert (Munich)

Fondé en 1939.

1er Violon : Rudolf Koeckert (1939-82), Rudolf Joachim Koeckert (depuis 1982).

2e Violon : Willi Buchner (1939-65), Rudolf Joachim Koeckert (1965-82), Antonio Spiller (depuis 1982).

Alto : Oskar Riedl (1939-75), Franz Schessl (depuis 1975).

Violoncelle : Josef Merz (1939-76), Hermar Stiehler (depuis 1976).

La formation s'appelle d'abord Sudetendeutsches Quartett ou Quatuor Allemand de Prague et, à partir de 1947, Quatuor Koeckert. Il a créé des œuvres de Bialas, Ginastera, Hindemith, Karl Höller (*Quatuors n° 2*, 1947 ; *n° 3*, 1948 ; *n° 4*, 1948 ;

n° 5, 1949 ; *Quintette avec clarinette*, 1948), Krenek, Zillig. R. Koeckert a édité en 1956 le *Quatuor en ut mineur* de Bruckner, découvert à Bamberg en 1950. Rudolf Joachim Koeckert est son fils. Les membres de ce Quatuor sont des solistes de l'Orchestre Symphonique de la Radiodiffusion bavaroise et de l'Orchestre Philharmonique de Munich.

Quatuor Kolisch (Vienne-USA)

Fondé en 1922, dissous en 1942.

1er Violon : Rudolf Kolisch (1922-42).

2e Violon : Franz Rothschild (1922-25), Felix Khuner (1925-42).

Alto : Marcel Dick (1922-27), Eugene Lehner (1927-39), Stefan Auber (1939-42).

Violoncelle : Joachim Stutschewsky (1922-27), Benar Heifetz (1927-39), Jascha Veissi (1939-42).

Connu jusqu'en 1927 sous le nom de **Wiener Streichquartett,** il s'est installé aux États-Unis en 1935.

CRÉATIONS : œuvres de Béla Bartók (*Quatuors n° 5*, 1935 ; *n° 6*, 1941), Alban Berg (*Suite lyrique*, 1927), Darius Milhaud (*La Création du monde*, version pour piano et quatuor à cordes), Arnold Schoenberg (*Quatuors n° 3*, 1927 ; *n° 4*, 1937 ; *Concerto pour quatuor à cordes et orchestre*, d'après Haendel), Alexandre Tansman (*Quatuor n° 4*, déd.).

Quatuor Krettly (Paris)

1er Violon : Robert Krettly.

2e Violon : René Costard, Max Bigot.

Alto : François Broos, G. Taine, M. Quattrocchi, Roger Metchen.

Violoncelle : André Navarra (1928-35), Jules Lemaire, Jacques Neilz.

Ce quatuor défendit beaucoup la musique française d'après la Première Guerre mondiale : Honegger, Milhaud. Il enregistra notamment le *Quatuor* de Fauré en décembre 1928, œuvre dont Robert Krettly avait assuré la création. Il a également créé le *Quatuor n° 3* de Charles Koechlin (1925), le *Quatuor n° 3* d'Alexandre Tansman (1927), le *Quatuor n° 1* de Virgil Thomson (1931) et le *Quatuor* de Marcel Delannoy (1931).

Quatuor Kreuzberger (Berlin)

Fondé en 1970.

1er Violon : Friedegund Riehm (1970-80), Winfried Rüssman (1980-82), Ilan Gronich (depuis 1982).

2e Violon : Rainer Johannes Kimstedt (1970-80), Friedegund Riehm (depuis 1980).

Alto : Hans Joachim Greiner.

Violoncelle : Barbara Brauckmann (1970-76), Peter Gerschwitz (1976-83), Dietmar Schwalke (depuis 1983).

Tirant son nom d'un quartier de Berlin, le quatuor travaille avec Johannes Bastian à Berlin, Dusan Pandula à Prague, Raphael Hillyer et Sándor Végh à l'Université de Yale et obtient un 1er prix en 1974 au Concours international de Genève. A son répertoire figurent des œuvres de compositeurs contemporains tels que Kopelent, Gehlhaar, Heider, Henze.

CRÉATIONS : œuvres de Boris Blacher (*Trio à cordes*, 1993), Heider (*Quatuor*, 1978), Volker David Kirchner (*Quatuor*, 1984), Krzysztof Penderecki (*Der unterbrochene Gedanke*, 1988), Aribert Reimann (*Unrevealed*, 1981).

Quatuor Kronos (San Francisco)

Fondé à Seattle en 1973, il est basé à San Francisco depuis 1977. En 1982, il devient quatuor-résident de l'Université de Californie du Sud. Son répertoire est essentiellement tourné vers la musique contemporaine avec près de 200 créations à son actif qui cherchent à élargir au maximum l'univers du quatuor à cordes en mêlant genres et écoles les plus divers. Il doit son nom au dieu Kronos, fils d'Uranus, qui pour régner sur l'univers tua son père, épousa sa sœur et mangea cinq de ses six enfants (seul Zeus en réchappa).

1er Violon : David Harrington.

2e Violon : James Shaellenberger (1973-75), Roy Lewis (1975-77), Ella Gray (1977-78), John Sherba (depuis 1978).

Alto : Tim Kilian (1973-76), Michael Jones (1976-77), Hawle Dutt (depuis 1977).

Violoncelle : Walter Gray (1973-78), Joan Dutcher Jeanrenaud (depuis 1978).

CRÉATIONS : œuvres de John Cage, Hamza El Din (*Escalay,* 1989, déd.), Morton Feldman (*String Quartet II,* 1983 ; *Piano and String Quartet,* 1985), Henryk Mikołaj Górecki (*Quatuor nº 1 « Already it is Dusk »,* 1994), Sofia Goubaïdoulina (*Quatuor nº 4,* 1994), István Márta (*Quatuor,* 1989), Steve Reich (*Different Trains,* 1988, déd.), Aulis Sallinen (*Quatuor nº 5 « Pieces of Mosaic »,* 1984), Peter Sculthorpe (*Quatuor nº 10,* 1983 ; *Quatuor nº 11 « Jabiru Dreaming,* 1990 ; *Irkanda IV,* version pour quatuor à cordes, 1991), Terry Riley, John Zorn (*The Dead Man,* 1990, déd.).

Quatuor LaSalle (Cincinnati)

Fondé en 1946, dissous en 1988.

1er Violon : Walter Levin.
2e Violon : Henry Meyer.
Alto : Peter Kamnitzer.
Violoncelle : Richard Kapuscinski (1946-55), Jack Kirstein (1955-75), Lee Fiser (1975-88).

Élèves de la Juilliard School of Music, ils forment le premier quatuor obtenant le diplôme supérieur de quatuor qui fut créé à leur demande. Quatuor-résident du Colorado College (1949-53), puis de l'Université de Cincinnati, ils y enseignent la musique de chambre (au futur Quatuor Alban Berg par exemple). L'Europe découvre en 1969, au cours du Festival de Vienne, leurs interprétations dépouillées et intérieures de Schoenberg et de son école.

Ils ont suscité et créé un nombre important d'œuvres pour quatuor à cordes de Hans Erich Apostel, Earle Brown, Herbert Brün, Giuseppe Giorgio Englert, Franco Evangelisti, Gottfried Michael Koenig, György Ligeti (*Quatuor nº 2,* 1969), Witold Lutosławski (*Quatuor nº 1,* 1965), Luigi Nono (*Fragmente-Stille, an Diotima,* 1980), Krzysztof Penderecki (*Quatuor nº 1,* 1962), Henri Pousseur, Hilding Rosenberg, Guido Turchi (*Quatuor nº 1,* 1947).

Depuis 1958, ils jouaient sur quatre instruments d'Amati (1648, 1682, 1619 et 1670).

Quatuor Léner (Budapest)

Fondé en 1918, dissous en 1948.

1er Violon : Jenö Léner.
2e Violon : Joseph Smilvitz.
Alto : Sándor Roth.
Violoncelle : Imre Hartman.

Tous les membres de ce quatuor sont d'origine hongroise et tous sont nés en 1894 ou 1895. Ils étudient à l'Académie de musique de Budapest avec Jenö Hubay pour Léner, Smilvitz et Roth, avec David Popper pour Hartman. Ils deviennent ensuite membres de l'Orchestre de l'Opéra de Budapest puis se consacrent enfin au quatuor. Ils débutent à Vienne en 1920 puis se produisent en Europe et en Amérique.

Ils ont enregistré le *Quatuor avec hautbois* de Mozart (avec Leon Goossens, 1er mars 1933), et le *Quintette avec clarinette* de Mozart (avec Charles Draper, 2 novembre 1928). La pianiste Olga Hoeser-Léner s'est souvent jointe à eux.

Quatuor Lenox (Berkshire Music Center)

Fondé en 1958. Il a été quatuor en résidence de Grinnel College (Iowa) et d'Ithaka College (N.Y.).

1er Violon : Peter Marsh (1958-80), Paul Kantor (1980-).
2e Violon : Theodora Mantz (1958-78) en alternance avec Delmar Pettys (1965-77), Warwick Lister (1978-).
Alto : Scott Nickrenz (1958-61), Paul Hersh (1962-74), Toby Appel (1975-77), Patricia McCarthy (1978-80), Darrell Barnes (1980-).
Violoncelle : Donald McCall (1958-77), Einar Holm (1978-).

CRÉATIONS : œuvres de Luciano Berio (*Sincronie,* 1965), John Cooper (*Ratalis,* 1983), Ezra Sim (*Quatuor nº 3,* 1965).

Quatuor Lindsay (Londres)

Fondé en 1966.

1er Violon : Peter Cropper.
2e Violon : Michael Adamson (1966-72), Ronald Birks (depuis 1972).

Alto : Roger Bigley (1966-85), Robin Ireland (depuis 1985).

Violoncelle : Bernard Gregor-Smith.

Ses quatre membres d'origine étaient étudiants de la Royal Academy of Music de Londres où ils travaillaient avec Sidney Griller. Par la suite, ils ont poursuivi leurs études avec Sándor Végh à l'Université de Keele (-1967), Alexandre Moskowsky qui fut second violon du Quatuor Hongrois et Vilmos Tatraï (à Budapest). Le quatuor ne commence à jouer sous son nom actuel qu'après son séjour à l'Université de Keele et adopte celui du fondateur de cette université, Lord Lindsay. Lauréat du Concours international de Liège en 1969, le Quatuor Lindsay devient en 1974 quatuor-résident de l'Université de Sheffield, puis en 1979 quatuor-résident de l'Université de Manchester. En 1984, il fonde le Festival de Sheffield, centré chaque année sur un compositeur, et qui se déroule à Londres depuis 1987.

Les quatre membres du quatuor jouent sur des instruments anciens prêtés par la Royal Academy of Music de Londres ou par des particuliers : Peter Cropper sur un Stradivarius de 1718, le *Maurin,* Ronald Birks sur un Stradivarius de 1694, *l'ex-Campo-Selice*, Robin Ireland sur un Stradivarius de 1696, sur un Stradivarius de 1696 puis sur un Mori Costa de 1810, *L'Archinto*, et Bernard Gregor-Smith sur un Ruggieri de 1694.

CRÉATIONS : œuvres de John Casken (*Quatuor n° 2*, 1994), Jean Françaix (*Quintette pour clarinette et cordes,* 1978), Anthony Powers (*Quatuor n° 2*, 1992), Michael Tippett (*Quatuor n° 4*, 1979 ; *Quatuor n° 5*, 1992).

Quatuor Loewenguth (Paris)

Fondé en 1929, dissous en 1983.

1er Violon : Alfred Loewenguth (1929-83).

2e Violon : Alfred Fueri (1929-58), Jacques Gotkovski (1958-68), Jean-Pierre Sabouret (1968-76), Philippe Langlois (1976-83).

Alto : Jack Georges (1929-41), Roger Roche (1941-74), Jean-Claude Dewaele (1974-79), Jacques Borsarello (1979-83).

Violoncelle : Jacques Neilz (1929-32), Pierre Basseux (1932-59), Roger Loewenguth (1959-83).

Il s'est consacré pendant plus d'un demi-siècle à la défense de l'école française du quatuor, de Debussy à Martinon.

CRÉATIONS : œuvres de Georges Delerue (*Quatuor,* 1950), Jean Martinon (*Quatuor n° 1*, 1954), Georges Migot (*Quatuor n° 2*, 1959), Darius Milhaud (*Quatuor n° 3,* 1956), Roger-Ducasse (*Quatuor n° 2*, 1953), Paul Tortelier (*Offrande,* 1970), Egon Wellesz (*Quatuor n° 6*, 1948).

Quatuor de Londres (London String Quartet)

Fondé en 1908, dissous en 1935.

1er Violon : Albert Sammons (1908-17), James Levey (1917-27), John Pennington (1927-35).

2e Violon : Thomas W. Petre (1908-14), H. Wynn Reeves, Herbert Kinsey, Edwin Virgo, Thomas W. Petre (1919-35).

Alto : H. Waldo-Warner (1908-29), Philip Sainton (1929-30), William Primrose (1930-35).

Violoncelle : C. Warwick-Evans (1908-35).

Formé par C. Warwick-Evans, il donne son premier concert en 1910 après deux ans de travail et porte alors le nom de New String Quartet. Un an plus tard, il prend sa dénomination définitive. Dès 1917, il grave le premier enregistrement du *Quatuor* de Ravel. A partir de 1920, il effectue une tournée annuelle en Amérique du Nord. Champion de la musique anglaise, il a créé des quatuors de Delius et Howells et présenté pour la première fois en Angleterre le *2e Quatuor* de Schoenberg.

Entre 1958 et 1961, un nouveau quatuor portant le même nom a été formé par Erich Gruenberg, Lionel Bentley, Keith Cummings et Douglas Cameron ; il s'était fait connaître de 1950 à 1956 sous le nom de Nouveau Quatuor de Londres.

Quatuor de Manhattan

Fondé en 1970, il s'est imposé en Europe au milieu des années quatre-vingt, notamment après une importante tournée en URSS au cours de laquelle il a présenté l'intégrale des quinze quatuors de Chostakovitch. En 1986, il devient quatuor en résidence de l'Université du Connecticut et du Festival de musique de chambre Music Mountain.

1er Violon : Eric Lewis.
2e Violon : Roy Lewis.
Alto : John Dexter.
Violoncelle : Judith Glyde.

CRÉATIONS : œuvres de Jean-Pierre Leguay (*Quatuor,* 1990), Alice Parker (*Songs of Eve*), Louis Saguer (*Brano di un pezzo,* 1990), Antoine Tisné (*Quatuor,* 1990), Sukhan Tsintsadze, François Vercken (*Quatuor,* 1990), Nicolas Zourabichvili (*Quatuor nº 2*, 1990).

Quatuor Margand (Paris)

Fondé en 1958.

1er Violon : Michèle Margand.
2e Violon : Anka Moravek (1958-64), Thérèse Rémy (1964-80), Marie-Christine Desmonts (1980-84), Brigitte Roth (1984-89), Marie-Laure Sogno (depuis 1989).
Alto : Nicole Gendreau (1958-68), Françoise Douchet (1968-83), Sylvie Vesterman (1983-88), Dominique Praquin (depuis 1988).
Violoncelle : Claudine Lasserre.

Ce quatuor (féminin) remporte au Conservatoire de Paris un 1er prix de musique de chambre dans la classe de Joseph Calvet (1958) puis un 1er prix au Concours Viotti à Vercelli (1960). Il crée et interprète de nombreuses œuvres de compositeurs français (Chaynes, Bailly, Bancquart, Lemeland...).

Quatuor Medici (Londres)

Fondé en 1971.

1er Violon : Paul Robertson.
2e Violon : David Matthews, Colin Callow, Cathy Thompson (depuis 1994).
Alto : Ivo-Jan Van der Werff.
Violoncelle : Anthony Lewis.

Ses membres sont artistes-résidents à Kingston University et à Lancaster University. Paul Robertson joue sur un Domenico Montagnana (Crémone, 1736), Cathy Thompson sur un Franciscus Celoniatus (Turin, 1722), Ivo-Jan Van der Werff sur un Antonio Pazarini (Gênes, 1730) et Anthony Lewis sur un Matteo Goffriller (Venise, 1695) ; Colin Callow jouait sur un David Tecchler (Rome, 1724).

CRÉATIONS : œuvres de Richard Rodney Bennett, Alan Bush, John Dankworth, Wilfred Josephs, George Martin, William Mathias (*Quatuor nº 3*, 1986), David Matthews (*Quatuor nº 2*, 1982), Peter Maxwell Davies (*Little Quartet nº 1*, 1982), Dudley Moore, John Tavener (*The Hidden Treasure,* 1989).

Quatuor Melos (Stuttgart)

Fondé en 1965.

1er Violon : Wilhelm Melcher.
2e Violon : Gerhard Ernst Voss (1965-93), Ida Bieler (depuis 1993).
Alto : Hermann Voss.
Violoncelle : Peter Buck.

A peine formé, le quatuor remporte le 2e prix au Concours de Genève 1966 après s'être distingué au Concours Villa Lobos de Rio de Janeiro, et représente l'Allemagne à Paris au Congrès mondial des Jeunesses musicales.

En 1970, il remporte le 1er prix de la Stiftung Streichquartett. En 1975, ses quatre membres sont nommé professeurs à la Hochschule für Musik de Stuttgart. Le nom « Melos » est un collage entre la première syllabe du nom du premier violon et les dernières lettres du nom des frères Voss.

Leurs instruments sont des violons de Carlo Totoni (Melcher), Domenico Montagnana, 1731 (G. Voss), Jean-Baptiste Vuillaume, l'*ex-Grumiaux*, 1846 (Bieler), un alto de Landolfi (H. Voss) et un violoncelle de Ruggeri, 1682 (Buck).

CRÉATIONS : œuvres de Wolfgang Fortner (*Quatuor nº 4*, 1977), Hans-Jürgen von Bose (*Quatuor nº 2*, 1978), Hans Georg Pflüger (*Quatuor,* 1985).

Quatuor Mosaïques (Paris)

Voir à **Ensemble Mosaïques** (Orchestres de Chambre et ensembles spécialisés).

Quatuor Muir (Boston)

Fondé en 1979.

1er Violon : Joseph Genualdi (1979-85), Lucy Stolzman (1985-87), Peter Zazofsky (depuis 1987).

2e Violon : Bayla Keyes.

Alto : Steven Ansell.

Violoncelle : Michael Reynolds.

Ses membres se sont connus au Curtis Institute de Philadelphie où ils travaillaient avec le Quatuor de Budapest et le Quatuor Guarneri. Ils ont choisi le nom de Muir en hommage au célèbre naturaliste créateur des parcs nationaux aux États-Unis et à cause de leur amour commun pour le sport, l'alpinisme et la nature. En 1980, ils remportent le 1er prix au Concours international d'Évian et, l'année suivante, le Grand Prix de la Fondation Naumburg à New York. Consacré « quatuor de l'année 1983 » par la télévision américaine, le Quatuor Muir est quatuor-résident de l'Université de Boston.

Quatuor du Musikverein de Vienne (Quatuor Küchl)

Fondé en 1973.

1er Violon : Rainer Küchl.

2e Violon : Peter Wächter (1973-80), Eckhard Seifert (depuis 1980).

Alto : Peter Götzel (1973-87), Heinz Koll (depuis 1987).

Violoncelle : Franz Bartolomey (1973-91), Gerhard Iberer (depuis 1991).

Fondé par R. Küchl, konzertmeister de l'Orchestre Philharmonique de Vienne, ce quatuor travaille deux années avant de se produire en remportant de grands succès aux festivals de Vienne et de Salzbourg. Ses quatre membres font partie de la Philharmonie de Vienne. En 1978, ils ont reçu la Médaille Mozart de la Mozartgemeinde de Vienne. Parmi les solistes qui se produisent avec eux figurent André Previn, Lynn Harrell, Paul Badura-Skoda...

CRÉATIONS : œuvres de Gottfried von Einem (*Quatuor nº 2*, 1978), Uwe Theimer (*Nonett für Vier,* 1990).

Quatuor Néerlandais

Fondé en 1952, dissous en 1969.

1er Violon : Nap de Klÿn.

2e Violon : Jaap Schröder.

Alto : Paul Godwin.

Violoncelle : Carel Van Leeuwen Boomkamp (1952-66), Michel Roche (1966-69).

Il a créé de nombreuses partitions néerlandaises contemporaines et obtenu la médaille Elisabeth Sprague Coolidge en 1960. Un Nouveau Quatuor Néerlandais s'est constitué depuis avec Kees Hülsmann (ancien second violon du Quatuor Glinka), Mieke Biesta, Gerrit Oldeman et Marien Van Staalen.

Quatuor Ondříček (Prague)

Fondé en 1921, dissous en 1956. Il se produit d'abord sous le nom de Quatuor à cordes artistique puis change de nom après une exécution d'un quatuor d'Ondříček en présence du compositeur qui donne son approbation. Entre 1947 et 1954, le quatuor est attaché à la Radio Tchécoslovaque.

1er Violon : Jaroslav Pekelský (1921-32), Richard Zika (1932-47), Joseph Holub (1947-56).

2e Violon : Kamil Vyskočil (1921-32), Jaroslav Pekelský (1932-56).

Alto : Vincenc Zahradník (1921-56).

Violoncelle : Bedřich Jaroš (1921-56).

CRÉATION : œuvre de Bohuslav Martinů (*Trio à cordes nº 1*, 1925).

Quatuor Orford (Toronto)

Fondé en 1965, dissous en 1992.

1er Violon : Andrew Dawes.

2e Violon : Kenneth Perkins.

Alto : Terence Helmer (1965-86), Robert Levine (1986-87), Sophie Renshaw (1987-92).

Violoncelle : Marcel Saint Cyr (1965-80), Denis Brott (1980-88), Desmond Hœbig (1988-92).

Après avoir remporté le 1er prix au Concours international de Stockholm, il s'impose rapidement comme le principal quatuor canadien et est nommé quatuor-résident de l'Université de Toronto.

CRÉATION : œuvre de Jacques Hétu (*Quatuor*, op. 19, 1972).

Quatuor Orlando (Amsterdam)

Fondé en 1975.

1er Violon : Istvan Parkanyi, John Harding.

2e Violon : Heinz Oberdorfer.

Alto : Ferdinand Erblich.

Violoncelle : Stefan Metz.

Créé à l'intiative du Roumain Stefan Metz, il rassemble deux Allemands et un Hongrois et réside en Hollande. En 1976, il remporte le 1er prix au Concours international Carlo Jachino de Rome. Il travaille avec Zoltán Szekély, Sándor Végh et Joseph Calvet. Il remporte à Helsinki en 1978 le 1er prix de l'Union européenne de radiodiffusion. A partir de 1982, il organise chaque été une académie et un festival à l'abbaye romane de Kerkrade dans le Limbourg hollandais.

CRÉATIONS : œuvres de Marius Constant (*Die Trennung,* 1990), Alfred Schnittke (*Quatuor nº 3*, 1984), Isang Yun (*Quatuor nº 5*, 1991).

Quatuor de l'ORTF (Paris)

Fondé en 1941, dissous en 1973.

1er Violon : Jacques Dumont (1941-73).

2e Violon : Maurice Crut (1941-57), Louis Perlemuter (1957-67), Jacques Dejean (1967-73).

Alto : Léon Pascal (1941-70), Serge Collot (1970), Marc Carles (1970-73).

Violoncelle : Robert Salles (1941-67), Jean-Claude Ribeira (1967-73).

Ce quatuor formé par Léon Pascal à Marseille se produit d'abord sous le nom de Quatuor Pascal puis de Quatuor Pascal de la RTF puis de Quatuor de l'ORTF. Il exerce une grande activité au sein de la radio française où il enregistre plus de 138 quatuors. Pour le disque, il enregistre notamment l'intégrale des *Quatuors* de Mozart et de Beethoven.

CRÉATIONS : œuvres de Pierre Capdevielle, Georges Dandelot, Pierre Hasquenoph, Charles Koechlin (*Quatuor nº 1*, 1921), Serge Lancen, Henri Martelli, Jacques Murgier, Jean Rivier, Henri Sauguet.

Quatuor Panocha (Prague)

Fondé en 1968.

1er Violon : Jiří Panocha.

2e Violon : Pavel Zejfart.

Alto : Miroslav Sehnoutka.

Violoncelle : Jaroslav Kuhlan.

Ses membres se recrutent dans l'Orchestre de Chambre du Conservatoire de Prague sous l'influence de J. Micka. En 1971 il obtient le 3e prix au Concours de Kroměříž (Tchécoslovaquie). Après avoir fait des stages à Weimar, il remporte en 1974 le 1er prix au même concours. En 1975 il enlève le 2e prix au Concours international de Prague et en 1976, la médaille d'or du Festival des jeunes musiciens à Bordeaux. Il a enregistré l'intégrale des quatuors de Martinů.

Quatuor Parent (Paris)

Fondé en 1892, dissous en 1913.

1er Violon : Armand Parent.

2e Violon : Fernand Luquin (1901), Émile Loiseau (1903-13).

Alto : Charles Baretti (1897-1903), Maurice Vieux (1904-06).

Violoncelle : Frédéric Denayer (1897-1901), Louis Fournier (1904-13).

CRÉATIONS : œuvres d'Ernest Chausson (*Quatuor pour piano et cordes*, op. 30, avec Auguste Pierret, 1898 ; *Quatuor à cordes,* op. 35, 1900).

Quatuor Parisii (Paris)

Fondé en 1984 par de jeunes instrumentistes lauréats du Conservatoire de Paris, il travaille avec Maurice Crut puis avec le Quatuor Melos et l'Amadeus Quartet. En 1986, il remporte le Grand Prix Radio-Canada au concours de Banff (Alberta) et, en 1987, est lauréat des concours internationaux de Colmar, Évian et Munich.

1er Violon : Thierry Brodard.
2e Violon : Jean-Michel Berrette.
Alto : Dominique Lobet.
Violoncelle : Jean-Philippe Martignoni.

CRÉATION : œuvre de Gilbert Amy (*Quatuor no 1*, 1992).

Quatuor Parrenin (Paris)

Fondé en 1944.

1er Violon : Jacques Parrenin (depuis 1944).
2e Violon : Marcel Charpentier (1944-70), Jacques Ghestem (1970-80), John Cohen (depuis 1980).
Alto : Serge Collot (1944-57), Michel Walès (1957-64), Denes Marton (1964-70), Gérard Caussé (1970-80), Jean-Claude Dewaele (depuis 1980).
Violoncelle : Pierre Penassou (1944-80), René Benedetti (depuis 1980).

Les fondateurs sont tous issus de la classe de musique de chambre de Joseph Calvet. De 1944 à 1949, il est le quatuor à cordes de Radio Luxembourg. Au rythme d'un concert diffusé par semaine, il passe en revue tout le répertoire classique, romantique et contemporain. Il est très vite le seul quatuor français à avoir à son répertoire l'intégrale des quatuors de l'École de Vienne et de Bartók. Plusieurs accidents de voiture ainsi que la création de l'IRCAM imposent de fréquentes reconstitutions à un quatuor qui en est à sa cinquième formation. Il a été membre du Domaine musical ainsi que de l'Ensemble international de musique contemporaine de Darmstadt.

CRÉATIONS : plus de 150 partitions, notamment des œuvres de Grazyna Bacewicz (*Quatuor no 6*, 1960), Claude Ballif (*Quatuor no 1*, 1973), François Bayle, Luciano Berio, André Boucourechliev (*Archipel II*, 1969), Pierre Boulez, Charles Chaynes (*Quatuor*, 1971), Claude Delvincourt, Cristóbal Halffter, Betsy Jolas, René Koering (*Quatuor*, 1977), Roberto Gerhard (*Quatuor no 1*, 1955), Hans Werner Henze (*Quatuor no 2*, 1952), Jean Martinon, Paul Méfano, Francis Miroglio (*Projections*, 1968), Maurice Ohana (*5 Séquences*, 1964), Krzysztof Penderecki (*Quatuor no 2*, 1968), Goffredo Petrassi (*Quatuor*, 1958), Jean Rivier, Iannis Xenakis.

Quatuor Pascal (Paris)

Voir à **Quatuor de l'ORTF.**

Quatuor Philharmonia (Berlin)

Fondé en 1985 autour de l'un des Konzertmeister de l'Orchestre Philharmonique de Berlin.

1er Violon : Daniel Stabrawa.
2e Violon : Christian Stadelman.
Alto : Neithard Resa.
Violoncelle : Jan Diesselhorst.

Quatuor Philharmonique de Vienne (Wiener Philharmonisches Streichquartet)

Fondé en 1960, il prend la succession du Quatuor Barylli lorsque Walter Barylli cesse de jouer. **Dissous en 1975.**

1er Violon : Willi Boskovsky (1960-75).
2e Violon : Otto Strasser (1960-75).
Alto : Rudolf Streng (1960-75).
Violoncelle : Robert Scheiwein (1960-75).

Quatuor de Prague

Fondé en 1956.

1er Violon : Břetislav Novotný (depuis 1956).
2e Violon : Miroslav Richter (1956-57), Karel Přibyl (depuis 1957).
Alto : Hubert Šimáček (1956-61), Jaroslav Karlovský (1961-68), Lubomír Malý (depuis 1968).
Violoncelle : Zdeněk Koniček (1956-68), Jan Širc (1968-84), Saša Večtomov (1984-89), Jan Širc (depuis 1989).

Vainqueur en 1958 du Concours de Liège, il est nommé en 1961 Ensemble de musique de chambre de l'Orchestre Symphonique de Prague, et défend tout le répertoire tchèque, particulièrement Dvořák dont il a enregistré tous les quatuors. L'altiste et le violoncelliste d'origine ont créé en Allemagne fédérale un **Nouveau Quatuor de Prague,** aux côtés des violonistes Czapary et Adolphe Mandeau.

Un premier **Quatuor de Prague** (fondé en 1919) réunissait les violonistes Richard Zika et Karel Sancin (puis Herbert Berger, à partir de 1923), l'altiste Ladislav Černý et le violoncelliste Ladislav Zika (puis Miloš Sádlo).

Quatuor Pro Arte (Bruxelles-USA)

Fondé en 1912, dissous en 1944.

1er Violon : Alphonse Onnou (1912-40), Antonio Brosa (1940-44).

2e Violon : Laurent Halleux.

Alto : Germain Prévost.

Violoncelle : Robert Maas.

Fondé à Bruxelles, il débute en 1913 mais doit interrompre ses activités pendant la guerre. A partir de 1921, il donne les Concerts Pro Arte dans la capitale belge grâce à l'appui de Paul Collaer et Arthur Prévost. La musique contemporaine occupe une place prépondérante dans ses programmes. En 1923, il participe au Festival de la SIMC à Salzbourg. Elisabeth Sprague-Coolidge commande à son intention des œuvres à Milhaud, Honegger, Casella, Martinů... En 1932, il devient quatuor de la Cour de Belgique avant d'émigrer aux États-Unis en 1940 où il devient quatuor-résident de l'Université du Wisconsin. Entre 1944 et 1967, Kolisch forme à l'Université du Madison un nouveau quatuor portant le même nom.

A ses débuts, le Quatuor Pro Arte avait une réputation de spécialiste de la musique contemporaine qui s'est modifiée au fil des années, surtout après les enregistrements de quatuors et quintettes de Mozart et Schumann réalisés avec Artur Schnabel. Son style, précis et raffiné, était opposé à la chaleur romantique des Quatuors Busch ou Léner.

CRÉATIONS : œuvres de Béla Bartók (*Quatuor nº 4*, déd., 1928), Arthur Honegger (*Pâques à New York,* 1924 ; *Quatuors nº 2*, déd., 1936 ; *nº 3*, 1937) ; Bohuslav Martinů (*Quintette,* 1928 ; *Concerto pour quatuor à cordes et orchestre*, déd., 1932 ; *Quatuor nº 5*, déd., 1938) ; Darius Milhaud (*Quatuors nº 6*, 1923 ; *nº 7*, 1925 ; *nº 8*, 1933 ; *nº 9*, 1935) ; Albert Roussel (*Quatuor,* 1932) ; Alexandre Tansman (*Quatuor nº 2*, 1924).

Quatuor Pro Arte de Salzbourg (Pro-Arte-Quartett Salzburg)

Fondé en 1973.

1er Violon : Harald Herzl.

2e Violon : Brigitte Schmid.

Alto : Peter Langgartner.

Violoncelle : Barbara Lübke.

CRÉATION : *Quatuor nº 6* de Rafael Kubelík.

Quatuor de la Radiodiffusion Bulgare (Sofia)

Fondé en 1973, il devient en 1993 le Nouveau Quatuor Dimov de la Radio Nationale Bulgare.

1er Violon : Gueorgui Tilev, Vassil Valtchev.

2e Violon : Vladimir Lazov, Peter Monouilov.

Alto : Svetoslav Marinov, Dimiter Penkov, Dragomir Sakariev.

Violoncelle : Iontcho Bairov.

En 1978, il obtient un 2e prix au Concours international de quatuor à cordes de Colmar ainsi que le prix de l'Union des compositeurs bulgares. Des œuvres de Marin Goléminov, Jules Levy, Pentcho Stoyanov, Dimiter Sagaev, Mikhail Pekov lui sont dédiées.

Quatuor Rosamonde

Fondé en 1981 par quatre étudiants de Jacques Parrenin et Roland Pidoux au Conservatoire de Paris. Il se perfectionne à l'Université de Yale (1982) puis avec le violoncelliste Aldo Parisot et les membres des quatuors de Tokyo, Juilliard et Kolisch. Lauréat de la Fondation Menuhin (1982) et du Concours international d'Évian (1983), il remporte le 2e prix au Concours international de l'Union Européenne de Radiodiffusion à Salzbourg en 1986.

1er Violon : Agnès Sulem.
2e Violon : Thomas Tercieux.
Alto : Jean Sulem.
Violoncelle : Xavier Gagnepain.

CRÉATION : œuvre de Michèle Reverdy (*L'Intranquillité*, 1992).

Quatuor Rosé (Vienne-Londres)

Fondé en 1882, dissous en 1945.

1er Violon : Arnold Rosé (1882-1945).

2e Violon : Julius Eggard (1882-84), Anton Loh (1884-90), August Siebert (1890-97), Siegmund Bachrirch (1897-1905), Paul Fischer (1905-38).

Alto : Anton Loh (1882-84), Siegmund Bachrich (1884-95), Hugo von Steiner (1895-1901), Anton Ruzitska (1901-30), Max Handl (1930-38).

Violoncelle : Eduard Rosé (1882-84), Reimhold Hummer (1884-1901), Friedrich Buxbaum (1901-21), Anton Walter (1921-30), Friedrich Buxbaum (1930-45).

Ce quatuor joue un rôle prédominant en faveur de la nouvelle musique à Vienne, tout en créant des œuvres de Brahms, Pfitzner ou Reger. En 1938, Rosé et Buxbaum se fixent à Londres et reconstituent le quatuor qui fonctionnera jusqu'en 1945. Rosé jouait sur un Guadagnini de 1773, Fischer sur un Balestrieri, Ruzitska sur un Testore et Buxbaum sur un Ruggeri.

CRÉATIONS : œuvres de Johannes Brahms (*Quintette à cordes no 2*, 1890), Erich Korngold (*Quatuor en la majeur*, op. 16, 1924), Hans Pfitzner (*Quintette avec piano*, 1909), Arnold Schoenberg (*La Nuit transfigurée*, 1903 ; *Quatuor no 1*, op. 7, 1907, avec la soprano Marie Gutheil-Schoder ; *Symphonie de chambre no 1*, op. 9, 1907 ; *Quatuor no 2*, op. 10, 1908), Anton Webern (*Cinq Mouvements*, op. 5, 1910), Alexandre Zemlinsky (*Quatuor no 2*, 1924).

Quatuor Salomon (Londres)

Fondé en 1982.

1er Violon : Simon Standage.
2e Violon : Micaela Comberti.
Alto : Trevor Jones.
Violoncelle : Jennifer Ward Clarke.

Ses membres jouent sur des violons et un alto copies de Stradivarius réalisées respectivement par David Rubio (1984 et 1986) et Rowland Ross (1984). Le violoncelle est signé Forster (1791).

Quatuor Sine Nomine (Lausanne)

Fondé en 1975, il a travaillé avec Rose Dumur-Hemmerling à Lausanne et avec les membres du Quatuor Melos à Stuttgart. Il a remporté le premier prix au Concours international d'Évian (1985) et le prix de la presse au Concours Paolo Borciani, en Italie (1987).

1er Violon : Patrick Genet.

2e Violon : Nicolas Pache (1975-82), François Gottraux (depuis 1982).

Alto : Jean-Christophe Jaermann (1975-82), Nicolas Pache (depuis 1982).

Violoncelle : Marc Jaermann.

CRÉATIONS : œuvres de Jean Balissat, William Blank, Toshio Hosokawa (*Landscape II* pour harpe et quatuor à cordes, 1993), Jean Perrin (*Quatuor*, 1989), Henri Scolari.

Quatuor Smetana (Prague)

Fondé en 1940 (sous le nom de Quatuor du Conservatoire de Prague) **et 1945** (Quatuor Smetana). **Dissous en 1989.**

1er Violon : Václav Neumann (1940-43), Jaroslav Rybenský (1943-46), Jiří Novák (1947-89).

2e Violon : Joseph Vlach (1940-43), Lubomir Kostecký (1943-89).

Alto : Jiří Neumann (1940-43), Václav Neumann (1943-46), Jaroslav Rybenský (1946-55), Milan Škampa (1956-89).

Violoncelle : Antonín Kohout (1940-89).

3e prix au Concours de Genève 1946, 1er prix au Concours de Prague 1951, il est nommé la même année Ensemble de musique de chambre de la Philharmonie tchèque. Son répertoire comprend, outre Smetana qu'il interprète avec une virtuosité enthousiasmante, les œuvres de Dvořák, Janáček, Martinů, Sommer, Pauer, Prokofiev, Chostakovitch, etc. Jouant jusqu'en 1972 sur des instruments tchèques (dont l'alto Homolka de Dvořák, 1859), il s'est vu prêter par l'État des instruments italiens, Stradivarius de 1729 (le *Libon*), Ruggieri de 1694, alto de 1680, violoncelle de Grancino (1710). En 1967, les quatre membres du Quatuor Smetana ont été nommés professeurs à l'Académie des Arts de Prague. Entre 1945 et 1989, ils ont donné plus de 4 000 concerts.

CRÉATION : œuvre de Petr Eben (*Quatuor,* 1982).

Quatuor Smithson (Washington)

Fondé en 1982.

1er Violon : Jaap Schröder.
2e Violon : Marilyn Mc Donald.
Alto : Judson Griffin.
Violoncelle : Kenneth Slowik.

Formé après la dissolution du Quatuor Esterházy, il poursuit dans le même esprit son travail d'exploitation stylistique sous l'égide de la Smithsonian Institution de Washington. Il est quatuor en résidence de ce musée et se produit régulièrement aux États-Unis et en Europe. Ses membres jouent sur des violons de Gioffredo Cappa (1684) et de Jacobus Stainer (1665), un alto de J. Michael Alban (vers 1710) et un violoncelle de Paul François Grosset (1748) ainsi que sur quatre Stradivarius de la collection du musée Smithsonian.

Quatuor Sonare (Francfort)

Fondé en 1980.

1er Violon : Laurentin Dinka (1980-84), Yumiko Noda (1984-85), Jacek Klimkiewicz (depuis 1985).
2e Violon : Laurentius Bonitz.
Alto : Frowald Eppinger, Reiner Schmidt, Hideko Kobayashi (depuis 1988).
Violoncelle : Eric Plumettaz (1980-87), Emil Klein (depuis 1987).

Lauréat du Concours international d'Évian en 1982, il s'est fait une place à part dans le monde du quatuor à cordes en optant pour un répertoire peu connu, notamment les quatuors de Louis Spohr, Michael Haydn et Ernst Křenek (dont il a réalisé le premier enregistrement intégral). Ses membres jouent sur des violons de Januarius Gagliano (Naples, 1770) et Carlo Giuseppe Testore (Milan, 1705), un alto de Vicenzo Panormo (Londres, 1790) et un violoncelle de Matteo Goffriller (Venise, 1690).

CRÉATION : œuvre de F. K. Wanek (*Quatuor,* 1989).

Quatuor Stamic (Prague)

Fondé en 1985.

1er Violon : Bohuslav Matoušek.
2e Violon : Josef Kekula.
Alto : Jan Pěruška.
Violoncelle : Vladimír Leixner.

Constitué de quatre instrumentistes de la Philharmonie Tchèque formés à l'école du Quatuor Smetana, il remporte en 1986 le 1er prix au Concours international de Salzbourg. Les deux violonistes et le violoncelliste appartenaient auparavant au Quatuor Doležal. Bohuslav Matoušek, élève d'Arthur Grumiaux, Nathan Milstein et Wolfgang Schneiderhan, a été violon solo de l'Orchestre Symphonique de Tokyo en 1977-78.

CRÉATION : œuvre de Helmut Eder (*Quatuor nº 3*, 1986).

Quatuor Suk (Prague)

Fondé en 1968.

1er Violon : Antonín Novák (1968-79), Ivan Štraus (depuis 1979).
2e Violon : Vojtěch Jouza (1968-91), Ludvék Hašek (depuis 1991).
Alto : Karel Rehák.
Violoncelle : Jan Štros.

Il enregistre l'intégrale des quatuors de Josef Suk et se consacre beaucoup aux compositeurs contemporains tchèques comme Martinů, Hába, Foerster, Bárta,

Klusák, Slavický. Il a également créé le *Quatuor* de Renaud Gagneux (1987).

Quatuor Takács (Budapest-Boulder)

Fondé en 1975 par quatre élèves d'András Mihály à l'Académie Franz Liszt de Budapest, il remporte en 1977 le 1er prix au Concours international d'Évian. Il travaille avec les membres du Quatuor Amadeus et remporte le 1er prix au Concours international de Portsmouth (1979). Il travaille ensuite au Canada avec Zoltán Székely, le premier violon du Quatuor Hongrois, avant d'être nommé quatuor-résident de l'Université du Colorado (1986). A partir de 1988, ses quatre membres enseignent en outre à la Guildhall School of Music de Londres. Ils jouent sur quatre instruments d'Amati, le second violon ayant été fabriqué pour Louis XIV.

1er Violon : Gábor Takács-Nagy.

2e Violon : Károly Schranz.

Alto : Gábor Ormai.

Violoncelle : András Fejér.

Quatuor Talich (Prague)

Fondé en 1962.

1er Violon : Jan Talich (1964-75), Petr Messiereur (depuis 1975).

2e Violon : Jan Kvapil (1962-93), Vladimir Bukač (depuis 1993).

Alto : Karel Doležal (1964-75), Jan Talich (depuis 1975).

Violoncelle : Evžen Rattay (depuis 1962).

Le quatuor est fondé au Conservatoire de Prague sous la direction de Josef Micka qui avait été à l'origine du Quatuor Smetana. Jan Talich est le neveu de Václav Talich. Leurs instruments sont un Peter Guarnerius de 1703 et un Francisco Ruger de 1694 (violons), un Laurentius Guadagnini de 1742 (alto) et un Stradivarius des années 1690 (violoncelle).

CRÉATIONS : œuvres de Luboš Fišer, Philippe Hersant, Viktor Kalabis, Maurice Ohana (*Quatuor nº 3*, 1990), Luboš Sluka.

Quatuor Taneiev (Leningrad)

Voir à **Orchestre Philharmonique de Leningrad.**

Quatuor Tátrai (Budapest)

Fondé en 1946.

1er Violon : Vilmos Tátrai.

2e Violon : Albert Rényi (1946-55), Mihály Szücs (1955-68), István Várkonyi (depuis 1968).

Alto : Jószef Iványi (1946-59), György Konrád (depuis 1959).

Violoncelle : Vera Dénes (1946-52), Ede Banda (depuis 1952).

Fondé par quatre solistes de l'Orchestre Municipal de Budapest, il remporte en 1948 le Concours Bartók. Ardent propagandiste de la musique hongroise contemporaine (plus de 70 œuvres à son répertoire), il a entrepris l'enregistrement intégral des quatuors de Haydn.

Quatuor Tchèque (Prague)

Fondé en 1892, dissous en 1934, il était parfois appelé Quatuor Bohémien.

1er Violon : Karel Hoffmann.

2e Violon : Josef Suk (1892-1933), Stanislav Novák (1933-34).

Alto : Oskar Nedbal (1892-1906), Jiří Herold (1902-34).

Violoncelle : Otto Berger (1892-97), Hanuš Wihan (1897-1913), Ladislav Zelenka (1913-34).

Créé par quatre élèves de Hanuš Wihan au Conservatoire de Prague, il acquiert une réputation internationale par ses interprétations de musique tchèque, notamment du *2e Quatuor* de Smetana, qu'il popularise. Il se produit en France en 1896, donne son millième concert en 1902 et se sépare en 1934. Ses quatre membres étaient depuis 1922 professeurs au Conservatoire de Prague.

CRÉATIONS : œuvres d'Antonín Dvořák (*Quatuors nº 13* et *14*, 1896), Leoš Janáček (*Quatuor nº 1*, déd., 1924).

Quatuor de Tel-Aviv

Fondé en 1959.

1er Violon : Chaim Taub.

2e Violon : Uri Pianka (1959-63), Menahem Brener (1963-71), Yefim Boico (1971-83), Lazar Schuster (depuis 1983).

Alto : Daniel Benyamini.

Violoncelle : Uzi Wiesel.

Le Quatuor de Tel-Aviv occupe rapidement une place importante dans la vie musicale israélienne et commence à se produire dans le monde entier à partir de 1962. Ses membres sont solistes de l'Orchestre Philharmonique d'Israël et professeurs au Conservatoire de Tel-Aviv. Il se produit régulièrement avec Daniel Barenboïm, Radu Lupu et Christoph Eschenbach.

CRÉATIONS : *Quatuor nº 1* de Josef Tal, *Ricercar*, *Élégie* et *Quatuor nº 1* de Mordecai Seter, ainsi que des œuvres de Tzvi Avni, Zeev Steinberg, Yardena Alotin.

Quatuor de Tokyo

Fondé en 1969.

1er Violon : Koichiro Harada (1969-81), Peter Oundjian (depuis 1981).

2e Violon : Yoshiko Nakura (1969-74), Kikuei Ikeda (depuis 1974).

Alto : Kazuhide Isomura.

Violoncelle : Sadao Harada.

Fondé par quatre étudiants de l'Académie Toho de musique ayant achevé leur formation auprès de Robert Mann et de Raphael Hillyer (membres du Quatuor Juilliard), il remporte en 1970 les premiers prix des concours Coleman de Paradena et de celui de Munich. Quatuor-résident de l'Université de Yale depuis 1978, il joue sur quatre Amati prêtés par la Corcoran Gallery de Washington (respectivement de 1656, 1662, 1663 et 1677). Le premier violon est une pièce unique destinée à la cour de Louis XIV, rehaussée de rubis et d'émeraudes.

CRÉATION : œuvre de Susumu Yoshida (*Quatuor*, 1988).

COMMANDES : pour le 10e anniversaire de sa fondation, œuvres de Toru Takemitsu (*Quatuor nº 1 « a way a done »*, 1981), Tod Machover (*Quatuor*, 1982), Krzysztof Penderecki et Benjamin Lees.

Quatuor de Varsovie

Fondé en 1976 par deux anciens instrumentistes du Quatuor Wilanów (l'altiste et le violoncelliste). Il travaille notamment avec Rafaël Hillyer, ancien altiste du Quatuor Juilliard, à Norfolk (États-Unis).

1er Violon : Bogusław Bruczkowski.

2e Violon : Krzysztof Bruczkowski.

Alto : Artur Paciorkiewicz.

Violoncelle : Wojciech Wałasek.

CRÉATIONS : œuvres de Tadeusz Baird (*Quatuor nº 3*, 1979), Joanna Bruzdowicz (*Quatuor nº 1*, 1983 ; *Quatuor nº 3 « Cantus aeternus »*, déd., 1988).

Quatuor Végh

Fondé en 1940, dissous en 1980.

1er Violon : Sándor Végh (1940-80).

2e Violon : Sándor Zöldy (1940-78), Philip Naegele (1978-80).

Alto : Georges Janzer (1940-78), Bruno Giuranna (1978-80).

Violoncelle : Paul Szabó (1940-80).

Dès 1946 le quatuor remporte le 1er prix à l'unanimité du Concours de Genève. Dans sa discographie, on retiendra deux intégrales successives des quatuors de Mozart, Schubert et Brahms. Le Quatuor Végh compte parmi les grandes formations de musique de chambre de sa génération.

En 1978, la NASA a envoyé dans l'espace un de ses enregistrements à destination des autres systèmes solaires.

CRÉATIONS : œuvres de Karl Amadeus Hartmann (*Quatuor nº 2*, 1949), Sándor Veress (*Concerto pour quatuor à cordes et orchestre*, 1962), Pierre Wissmer (*Quatuor nº 2*, 1949).

Quatuor Vermeer (Chicago)

Fondé en 1969 par Shmuel Ashkenazi au Festival de Marlboro, ses membres sont professeurs à l'Université du North Illinois à DeKalb. Il donne ses premiers concerts en Europe dès 1973.

1er Violon : Shmuel Ashkenazi.

2e Violon : Pierre Ménard.
Alto : Nobuko Imai (1969-78), Jerry Horner (1978-80), Bernard Zaslav (1980-85), Richard Young (depuis 1985).
Violoncelle : Marc Johnson.

Quatuor Via Nova (Paris)

Fondé en 1968.
1er Violon : Jean Mouillère (depuis 1968).
2e Violon : Jean-Pierre Sabouret (1968), Hervé Le Floch (1968-71), Alain Moglia (1971-75), Jean-Pierre Sabouret (depuis 1975).
Alto : René Jeannerey (1968-69), Gérard Caussé (1969-71), Claude Naveau (1971-89), Pierre Franck (1982-92), Liviu Stanese (depuis 1992).
Violoncelle : René Benedetti (1968-71), Roland Pidoux (1971-78), Jean-Marie Gamard (depuis 1978).

C'est au Festival de Cyrnearte que se réunissent pendant près de quatre ans de jeunes musiciens qui décident de former un quatuor. Cette formation prendra d'abord le nom du Festival avant de se baptiser, en 1968, Quatuor Via Nova. Il est subventionné par le ministère de la Culture à partir de 1976. Outre le répertoire traditionnel dans lequel il s'illustre, il choisit de défendre des partitions peu jouées (Chausson, Roussel, Caplet). La musique contemporaine occupe une grande place dans ses programmes.

CRÉATIONS : œuvres d'André Boucourechliev (*Quatuor no 2*, 1991), André Casanova (*Quatuor no 3*, 1989), Jacques Castérède (*Pro tempore passionis*, 1989), Yves Claoué, Marius Constant, Graciane Finzi (*4 Études pour quatuor à cordes*, 1976), Jean-Paul Holstein, Alain Moëne (*Fluides*, 1969), Antoine Tisné.

Quatuor Vlach (Prague)

Fondé en 1949, dissous en 1975.
1er Violon : Josef Vlach.
2e Violon : Václav Snítil (1949-70), Jiří Hanzl (1970-75).
Alto : Soběslav Soukup (1949-53), Josef Koďousek (1953-75).
Violoncelle : Viktor Moučka.

Lauréat du Concours international de Liège en 1955, il est ensemble officiel de musique de chambre de la Radio Tchécoslovaque entre 1957 et 1967. Un Nouveau Quatuor Vlach a été fondé à Prague en 1982, qui réunit Jana Vlachová, Ondřej Kukal, Petr Verner et Mikael Ericsson.

CRÉATIONS : œuvres de Lubor Bárta (*Quatuor no 1*, 1950), Pavel Bořkovec (*Quatuors no 1 à 4*), Jindřich Feld (*Quatuor no 4*, 1965), Viktor Kalabis (*Quatuor no 2*, 1962), Iša Krejčí (*Quatuors nos 2, 4 et 5*), Jan Rychlík (*Suite de chambre*, 1954).

Quatuor Voces (Bucarest)

Fondé en 1969.
Il prend son nom actuel en 1973.

1er Violon : Bujor Prelipceanu.
2e Violon : Anton Diaconu.
Alto : Gheorghe Haag (1973-86), Gheorghe Stanciu (depuis 1986).
Violoncelle : Dan Prelipceanu.

Il réside jusqu'en 1992 à Iaşi, dans le nord de la Roumanie. Il a reçu les conseils de Wilhelm Berger, Vilmós Tátraï, Uri Wiesel et des membres de l'Amadeus Quartet. En 1992, il se fixe à Bucarest et dépend de la Radio-Télévision Roumaine. Il a remporté le 1er prix au Concours international de Colmar (1974) et le 2e prix au Concours Karl Klinger de Hanovre (1979). Plusieurs compositeurs roumains ont écrit des œuvres à son intention (Bughici, Păutza, Spătărelu). Il a enregistré l'intégrale de la musique de chambre d'Enesco.

Quatuor Vogler (Berlin)

Fondé en 1984 à Berlin-Est par quatre étudiants de la Hochschule für Musik « Hanns Eisler », il a remporté le 1er prix au Concours international d'Évian (1986).
1er Violon : Tim Vogler.
2e Violon : Franz Reinecke.
Alto : Stefan Fehlandt.
Violoncelle : Stephan Forck.

Quatuor Walden (Cleveland)

Fondé en 1934, dissous en 1979.

1er Violon : Homer C. Schmitt (1934-79).

2e Violon : Bernard M. Goodman (1934-74), Maria Lloyd (1947-79).

Alto : LeRoy Collins (1934-), cinq altistes différents, John C. Garvey (1948-71), William Magers (1971-72), Guillermo Perick (1972-79).

Violoncelle : Robert H. Swenson (1934-79).

CRÉATIONS : plus d'une centaine d'œuvres de compositeurs américains, notamment d'Elliott Carter (*Quatuor n° 1*, 1951, déd.), Paul Creston, Charles Ives, Irving Fine (*Fantasia for String Trio*, 1957), Walter Piston, Quincy Porter.

Quatuor Weller (Vienne)

Fondé en 1959, dissous en 1971. Il réunissait des membres de l'Orchestre Philharmonique de Vienne auxquels venait souvent s'adjoindre le violoncelliste Dietfried Gurtler pour les quintettes.

1er Violon : Walter Weller (1959-71).

2e Violon : Josef Kondor (1959-61), Alfred Staar (1961-71).

Alto : Helmut Weiss (1959-71).

Violoncelle : Werner Resel (1959-62), Ludwig Beinl (1962-68), Robert Scheiwein (1968-71).

Quatuor Westphal (Berlin)

Fondé en 1958.

1er Violon : Hanns Joachim Westphal.

2e Violon : Heinz Ortleb.

Alto : Dieter Gerhardt.

Violoncelle : Wolfgang Boettcher (1958-63), Jörg Baumann (depuis 1966).

Ses membres sont tous des solistes de l'Orchestre Philharmonique de Berlin.

Quatuor du Wiener Konzerthaus

Fondé en 1934, dissous en 1962.

Il réunissait des membres de l'Orchestre Philharmonique de Vienne et donnait ses concerts dans la salle du Konzerthaus à laquelle il a emprunté son nom après s'être produit au début sous le nom de Quatuor Kamper-Kvarda, ses deux fondateurs.

1er Violon : Anton Kamper.

2e Violon : Karl Maria Titze.

Alto : Erich Weiss.

Violoncelle : Franz Kvarda (1934-56), Ludwig Beinl (1956-62).

Le violoniste Walter Weller et l'altiste Fritz Händschke se sont souvent joints à l'ensemble ou ont remplacé occasionnellement K. M. Titze et E. Weiss.

Quatuor Wilanów (Varsovie)

Fondé en 1967 sous le nom de Quatuor Beethoven, il adopte son nom actuel en 1969 à la suite d'un concert donné dans l'ancienne résidence du roi Jan Sobieski III, le Palais de Wilanów. Il a remporté des prix aux concours internationaux de Vienne (1971), Bordeaux (1972) et Munich (1973). A partir de 1979, il est soutenu par la Société de musique de Varsovie.

1er Violon : Tadeusz Gadzina (depuis 1967).

2e Violon : Paweł Łosakiewicz (depuis 1967).

Alto : Artur Paciorkiewicz (1967-76), Ryszard Duż (depuis 1977).

Violoncelle : Wojciech Wałasek (1967-76), Marian Wasiołka (depuis 1977).

CRÉATIONS : œuvres d'Augustyn Bloch (*Musica per clarinetto e quattro archi*, 1985), Krzysztof Meyer (*Quatuor n° 9*, 1991 ; *Quintette avec piano*, 1992).

Quatuor Ysaÿe (Bruxelles)

Fondé à Bruxelles en 1886, dissous dans les premières années du XXe siècle.

1er Violon : Eugène Ysaÿe.

2e Violon : Mathieu Crickboom.

Alto : Lucien Van Hout.

Violoncelle : Joseph Jacob.

Il joue un rôle essentiel dans la vie musicale belge et parisienne, créant le *Quatuor* de Debussy (1893), le *Concert* de Chausson (1893), le *1er Quatuor* de d'Indy (1891), le *1er Quatuor* de Ropartz. Il a été reconstitué en 1906 pour la création du *1er Quintette* avec piano de Fauré, Edouard Dern ayant remplacé Mathieu Crickboom.

Quatuor Ysaÿe (Paris)

Fondé en 1984, il travaille avec Jean Hubeau et Jean-Claude Pennetier au Conservatoire de Paris avant de se perfectionner avec les membres des quatuors Amadeus et Alban Berg. Lauréat des concours internationaux de Portsmouth (2e prix, 1988) et d'Évian (1er prix, 1988).

1er Violon : Christophe Giovaninetti.
2e Violon : Tommasini (1984-85), Luc-Marie Aguera (1985).
Alto : Miguel Da Silva.
Violoncelle : Carlos Dourthe (1984-86), Michel Poulet (depuis 1986).

CRÉATIONS : œuvres d'André Boucourechliev (*Quatuor Miroir II*, 1992), Pascal Dusapin (*Quatuor n° 3*, 1993).

Tashi (New York)

Fondé en 1973, le nom de l'ensemble est un mot tibétain qui signifie bonne fortune. Il se consacre essentiellement à la musique contemporaine.

Violon : Ida Kavafian.
Violoncelle : Fred Sherry.
Piano : Peter Serkin.
Clarinette : Richard Stolzman.

QUINTETTES

Ensemble Wien-Berlin

Fondé en 1983.
Quintette à vent composé des principaux solistes de l'orchestre Philharmonique de Vienne et de l'Orchestre Philharmonique de Berlin.

Flûte : Wolfgang Schulz.
Hautbois : Hansjörg Schellenberger.
Clarinette : Karl Leister.
Cor : Günter Högner.
Basson : Milan Turković.

CRÉATIONS : œuvres de Helmut Eder (*Begegnung,* quintette à vent n° 3, 1989), Iván Eröd (*Quintette à vent*, op. 58, 1992).

Quintette Albert Schweitzer (Hambourg)

Fondé en 1978, il obtient la même année le prix du concours « Jugend musiziert ». Lauréat des concours internationaux de Belgrade (1982) et Munich (1985), il s'impose rapidement comme l'une des principales formations de ce genre en Allemagne. En 1987, il entreprend l'enregistrement intégral des 25 quintettes d'Anton Reicha.

Flûte : Angela Tetzlaff.
Hautbois : Christiane Dimigen.
Clarinette : Diemut Schneider.
Cor : Silke Schurak.
Basson : Eckart Hübner.

CRÉATION : œuvre d'Isang Yun (*Quintette à vent I/II*, 1991).

Quintette de cuivres Ars Nova (Paris)

Fondé en 1964, issu de l'Ensemble Ars Nova.

Trompettes : Pierre Thibaud puis Jacques Lecouintre et Bernard Jeannouteau.
Cor : Georges Barboteu.
Trombone : Camille Verdier.
Tuba : Élie Reynaud.
Une grande partie de l'activité du quintette est consacrée à l'animation musicale, à la meilleure connaissance des œuvres classiques, du XVIIe siècle à aujourd'hui.

CRÉATIONS : œuvres de Claude Ballif, Georges Barboteu, René Koering, Raymond Loucheur, Alain Weber.

Quintette Marie-Claire Jamet (Paris)

Fondé en 1959, il succède au Quintette Pierre Jamet et **cesse ses activités en 1976.**

Violon : Henri Roses, José Sanchez, Hervé Le Floch (1970).
Alto : Colette Lequien.
Violoncelle : Pierre Degenne.
Flûte : Christian Lardé.
Harpe : Marie-Claire Jamet.

CRÉATIONS : Malipiero, Damase, Castérède, Giovaninetti, Ferrari...

Quintette Musica Nova de Bucarest

Formation à effectif variable **fondée en 1965** par la pianiste Hilda Jerea avec les principaux solistes de la Philharmonie Georges Enesco de Bucarest, notamment le clarinettiste Aurelian-Octav Popa (généralement, piano, violon, alto, violoncelle et clarinette ou saxophone). A la mort d'Hilda Jerea, en 1980, le violoniste Mircea Opreanu en a repris la direction. **Dissous en 1985.**

Le quintette compte à son actif plus d'une centaine de créations mondiales, principalement de compositeurs roumains (Georges Enesco, Ludovic Feldman, Tiberiu Olah, Aurel Stroe, Myriam Marbe, Ştefan Niculescu... qui ont généralement mentionné le nom de « Musica Nova » dans le titre de leurs œuvres) ainsi que des premières auditions roumaines d'œuvres d'Olivier Messiaen, Charles Ives, Aaron Copland, Witold Lutosławski...

Quintette Pierre Jamet (Paris)

Fondé en 1922, par Pierre Jamet, **dissous en 1958.** Il porte le nom de Quintette Instrumental de Paris, jusqu'en 1940.

Violon : René Bas (1922-58).
Alto : Pierre Grout (1922-40), Georges Blanpain, Étienne Ginot, Pierre Ladhuie.
Violoncelle : Roger Boulmé (1922-40), Marcel Flécheville, Robert Krapansky.
Flûte : René Le Roy (1922-40), Gaston Crunelle (1945-58).
Harpe : Pierre Jamet (1922-58).

CRÉATIONS : œuvres de Jean Cras (*Quintette,* 1928), Jean Françaix (*Quintette,* 1935), Vincent d'Indy (*Suite en parties,* 1925), André Jolivet (*Chant de Linos,* 1945), Charles Koechlin (*Primavera,* 1945), Gian Francesco Malipiero (*Sonata a cinque,* 1934), Gabriel Pierné (*Variations libres et final,* 1926 ; *Voyage au pays du tendre,* 1926), Guy Ropartz (*Prélude, marine et chansons,* 1928), Albert Roussel (*Sérénades,* 1925), Florent Schmitt (*Suite en rocaille,* 1937).

Quintette à Vent Français (Paris)

Fondé en 1945, cesse ses activités régulières en 1968.

Flûte : Jean-Pierre Rampal (1945-65), Maxence Larrieu (1965-68).
Hautbois : Pierre Pierlot (1945-68).
Clarinette : Jacques Lancelot (1945-68).
Cor : Manem (1945-48), Gilbert Coursier (1948-68).
Basson : Maurice Allard (1945-48), Paul Hongne (1948-68).

CRÉATIONS : œuvres de Claude Arrieu (*Quintette en ut,* 1953), Marcel Bitsch, Jean-Michel Damase, Georges Migot.

Quintette à Vent de Paris

Fondé en 1944.

Flûte : Jacques Castagner.
Hautbois : Robert Casier (1944-85), Pierre Pierlot (depuis 1985).
Clarinette : André Boutard.
Cor : Michel Bergès (1944-85), Pascal Proust (depuis 1985).
Basson : Gérard Faisandier (1944-69), Paul Hongne (1969-82), André Rabot (1982-91), Robert Dalmasso (depuis 1991).

La formation porte à l'origine le nom d'Ensemble Instrumental à Vent de Paris. Il existait en effet à cette époque un autre Quintette à Vent de Paris, fondé en 1929, qui regroupait Roger Cortet (flûte), Louis Grommer (hautbois), André Vacellier (clarinette), René Reumont (cor) et Gabriel Grandmaison (basson). A sa dissolution (1964), il offre son nom à l'ensemble actuel. Outre les partitions du répertoire traditionnel de cette formation instrumentale, le quintette s'intéresse de près à la musique de son temps et donne la première audition de pages signées Rivier, Desportes, Chaynes et Boutry. Il a remporté le prix de la critique instrumentale de Buenos Aires (1951) et le prix du Concours international de Genève (1954).

Quintette à Vent Taffanel (Paris)

Fondé en 1970.

Flûte : Jean-François Blondeau (1970-83), Maurice Pruvot (1983-), Hervé Le Liepvre, Jemma Rooyakkers.

Hautbois : Jean-Claude Jaboulay.

Clarinette : Richard Vieille.

Cor : Jacques Adnet.

Basson : François Carry.

Cet ensemble a remporté un 1er prix de musique de chambre au Conservatoire de Paris, le 1er prix du Concours de musique de chambre de Colmar (1973) et du Concours international de Belgrade (1974).

CRÉATION : œuvre de Michèle Reverdy (*Quintette à vent,* 1983).

Quintette à Vent de Stuttgart (Stuttgarter Bläserquintett)

Fondé en 1960, lauréat du Concours international de Colmar (1970). Il se produit en formations élargies pour aborder un plus vaste répertoire : Nonet de Stuttgart (fondé en 1974) et Philharmonique Bläservereinigung (fondé en 1978).

Flûte : Willy Freivogel.

Hautbois : Klaus Ebrach (1960-62), Sigurd Michael (depuis 1962).

Clarinette : Karl Singer (1960-70), Rainer Schumacher (depuis 1970).

Cor : Willi Rütten (1960-62), Friedhelm Pütz (depuis 1962).

Basson : Hermann Herder.

Il compte plus de 135 créations mondiales à son actif dont une quarantaine de commandes et se produit souvent avec Dennis Russell Davies au piano. Il a réalisé la première intégrale discographique des quintettes à vent de Franz Danzi (1982-83).

Residenz-Quintett München (Munich)

Fondé en 1969 par Olaf Klamand, il se compose d'instrumentistes chefs de pupitres des principaux orchestres de Munich (Radiodiffusion Bavaroise, Philharmonique, Opéra).

Flûte : Bernhard Walter (1969-77), Hermann Klemeyer (depuis 1977).

Hautbois : Hagen Wangenheim.

Clarinette : Rupert Kreipl (1969-78), Hans Schöneberger (depuis 1979).

Cor : Olaf Klamand.

Basson : Josef Peters.

CRÉATIONS : œuvres de Werner Egk (*5 Stücke für Bläserquintett,* 1975), H. L. Hirsch, Heino Hübl, Meinrad Schmitt (*Herbstmusik für Bläserquintett,* 1985), Karl Sternberg (*Bläserquintett,* 1978).

OCTUORS

Octuor de Berlin (Berliner Oktett)

Voir à **Berliner Sinfonie-Orchester** (orchestres symphoniques).

Octuor de Paris

Fondé en 1965, dissous en 1982.

1er Violon : Jean Leber (1965-82).

2e Violon : Alain Moglia (1965-70), Jean Verdier (1970-74), Gérard Klam (1974-82).

Alto : Michel Valès (1965-69), Jean-Louis Bonafous (1969-82).

Violoncelle : Michel Renard (1965-70), Michel Tournus (1970-75), Philippe Muller (1975-78), Paul Boufil (1978-82).

Contrebasse : Jacques Cazauran (1965-68), Gabin Lauridon (1968-82).

Clarinette : Guy Deplus (1965-82).

Cor : Daniel Bourgue (1965-82).

Basson : Jean-Pierre Laroque (1965-82).

L'Octuor de Paris a été le premier ensemble français à associer de manière permanente – à l'image des grandes formations berlinoises et viennoises – cordes et vents. Son répertoire s'étendait du quatuor à l'octuor et recouvre des œuvres d'une grande diversité. Cet ensemble, constitué de musiciens appartenant, pour la plupart, à l'Orchestre de l'Opéra, a été subventionné dès l'origine par le ministère de la Culture. Le XVIIIe et le XIXe siècles avaient une part de choix dans les programmes, mais ce n'est pas au détriment de la musique contemporaine.

CRÉATIONS : œuvres de Claude Ballif (*Imaginaire IV*, 1968), Alain Bancquart, André Casanova (*Quintette*, 1971), Marius Constant, Betsy Jolas (*How Now*, 1974), François-Bernard Mâche, Jean Martinon (*Octuor varens*, op. 57, dédicataire, non créé, 1969), Michel Philippot, Patrice Sciortino, Iannis Xenakis (*Anaktoria*, 1969).

Octuor Philharmonique de Berlin

Voir à **Orchestre Philharmonique de Berlin.**

Octuor de Vienne

Fondé en 1947 par Willi et Alfred Boskovsky, il réunit des membres de l'Orchestre Philharmonique de Vienne. L'effectif correspond à celui de l'*Octuor* de Schubert et du *Septuor* de Beethoven. Le répertoire de l'ensemble s'est vite enrichi d'œuvres de musique de chambre à nomenclature variable, de Mozart à Hindemith, Britten ou Wellesz (*Octuor*, créé en 1949). L'Octuor de Vienne a ainsi fonctionné jusqu'au début des années soixante-dix.

1er Violon : Willi Boskovsky.

2e Violon : Philipp Mattheis, Wilhelm Hübner.

Alto : Günther Breitenbach.

Violoncelle : Nikolaus Hübner.

Contrebasse : Johann Krump.

Clarinette : Alfred Boskovsky.

Cor : Josef Veleba.

Basson : Rudolf Hanzl.

Un **Nouvel Octuor de Vienne** s'est constitué en 1973, d'abord sous le nom de Wiener Kammervirtuosen, puis il a adopté son nom actuel après la dissolution du premier Octuor de Vienne. Il se compose également de solistes de la Philharmonie de Vienne, notamment des membres du Wiener Streichquartett, du clarinettiste Peter Schmidt et du bassoniste Stepan Turnovsky.

NONETS

Nonet Tchèque (Prague)
(České Noneto)

Fondé en 1923 au sein du Conservatoire de Prague par le violoniste Emil Leichner, il se compose d'un quatuor à cordes avec contrebasse et d'un quintette à vent (flûte, hautbois, clarinette, cor, basson). Entre 1924 et 1928, il a résidé à Laipeda, en Lituanie, où ses membres étaient professeurs au Conservatoire. En 1951, il devient ensemble de musique de chambre de la Philharmonie Tchèque. Il a suscité plus de 200 partitions originales, écrites à son intention.

Violon : Petr Vaněk (1967-), Václav Snítil, Jiří Hnyk, Vítězslav Černoch.

Alto : Milan Heřmánek (1967-), Jiří Rajniš.

Violoncelle : Rudolf Lojda (1956-), Marie Hixová, Jiří Hošek.

Contrebasse : Václav Fuka (1966-), Radomir Žalud, Michal Rychlý.

Flûte : Jiří Válek (1965-), Jiří Boušek, Jiři Skuhra.

Hautbois : Karel Lang (1965-), Jiří Krejčí.

Clarinette : Václav Kyzivát (depuis 1966).

Basson : Jaroslav Řezáč (1956-), Ondřej Roskovec, Daniel Hrinda.

Cor : Arnošt Charvát (1956-), Vladimíra Klánská.

CRÉATIONS : œuvres de Pavel Bořkovec (*Nonetto,* 1942), Václav Dobiáš (*Říkadla,* 1938), Jindřich Feld (*Suite de chambre,* 1961), Josef Bohuslav Foerster (*Nonetto,* 1931), Aloys Hába (4 nonets, 1931, 1932, 1953, 1963), Otakar Jeremiáš (*Fantaisie sur de vieux chorals tchèques,* 1938), Viktor Kalabis (*Nonet classique,* 1956 ; *Hommage à la nature,* 1975), Jan Kapr (*Nonet,* 1943), Bohuslav Martinů (*Nonet,* 1959), Karel Odstrčil (*Silhouettes,* musique pour nonet, 1959), Jiří Pauer (*Divertimento* pour nonet, 1961 ; *Nonet n° 2,* 1989), Karel Reiner (*Concerto,* 1933 ; *Préambule,* 1974), Jaroslav Řídký (2 nonets, 1934 et 1943).

Melos Ensemble

Fondé en 1950 autour de l'altiste Cecil Aronowitz et du clarinettiste Gervase De Peyer, il se compose d'un effectif à géométrie variable qui évolue entre quatre et douze instrumentistes. En 1972, le départ de quatre musiciens conduit à une cessation d'activité jusqu'en 1976, où l'ensemble se reconstitue sous forme d'octuor.

1er violon : Emanuel Hurwitz (1956-72), Hugh Maguire (depuis 1976).

2e violon : Ivor McMahon (1950-72).

Alto : Cecil Aronowitz (1950-78).

Violoncelle : Terence Weil.

Contrebasse : Adrian Beers.

Clarinette : Gervase De Peyer, Thea King (depuis 1976).

Cor : Neil Sanders.

Basson : William Waterhouse (depuis 1959).

Harpe : Osian Ellis.

Piano : Lamar Crowson.

CRÉATIONS : œuvres de Harrison Birtwistle (*Tragœdia,* 1965), Benjamin Britten (*War Requiem,* parties solistes, 1962), Alun Hoddinott (*Sextuor,* 1960), Peter Maxwell Davies (*Seven in nomine,* 1965).

Nash Ensemble (Londres)

Fondé en 1964. Ensemble de musique de chambre à géométrie variable dont le noyau est constitué d'un quatuor à cordes et d'un quintette à vent. Il peut se produire sous diverses combinaisons. Il consacre une part importante de son répertoire à la musique contemporaine.

Directeur artistique : Amelia Freedman.

CRÉATIONS : œuvres de Richard Rodney Bennett (*Commedia III,* 1973 ; *Oboe Quartet,* 1976), John Buller (*The Cave,* 1970), John Casken (*Infanta Marina,* 1994), Gordon Crosse (*World Within,* 1977 ; *Wildboy,* 1978 ; *Quintette pour hautbois et cordes,* 1988), Edison Denisov (*Dédicace,* 1992), Zoltán Durkó (*Three English Verses,* 1991), Petr Eben (*Klavierquintett,* 1992), Jonathan Harvey (*Tendril,* 1987 ; *Lotuses for Flute Quartet,* 1992), Robin Holloway (*Concertino n° 5 : Summer Music,* 1991), Oliver Knussen (*Cantata,* op. 15, 1977), Colin Matthews (*Piano Quartet,* 1990), David Matthews (*Quintette avec clarinette*, op. 35, 1984, commande ; *The Great Journey,* 1988 ; *The Sleeping Lord,* 1992), Nicholas Maw (*Roman Canticle,* 1989), Peter Maxwell Davies (*Mishkenot,* 1988), Detlev Müller-Siemens (*Pavane pour 9 instruments,* 1986 ; *Sextuor,* commande, 1994), Tristan Murail (*Vues aériennes,* 1988), Mark-Anthony Turnage (*Beating About the Bush,* commande, 1987 ; *Three Farewells,* 1990 ; *Her Anxiety,* 1992 ; *At Close of Day* pour violon, cor et piano, 1993).

Pour les vingt-cinq ans de l'ensemble, cinq commandes ont été passées, notamment à Colin Matthews (*Three Part Chaconne,* 1990), David Matthews (*Trio à cordes*, op. 48, 1989).

INDEX

Le classement est fait par discipline instrumentale et vocale.

ACCORDÉON

ALTO

BASSON

CHANT : Sopranos

CHANT :
Mezzo-sopranos

CHANT : Altos

CHANT : Contraltos

CHANT : Hautes-contre

CHANT : Ténors

CHANT : Barytons

CHANT : Barytons-basses

CHANT :
Basses

CHEFS DE CHŒUR

CHEFS D'ORCHESTRE

CLARINETTE

CLAVECIN

CONTREBASSE

COR

CYMBALUM

FLÛTE

GUITARE

HARMONICA

HARPE

HAUTBOIS

LUTH

ONDES MARTENOT

ORGUE

PERCUSSION

PIANO

SAXOPHONE

TROMBONE

TROMPETTE

TUBA

VIELLE

VIOLE DE GAMBE

VIOLON

VIOLONCELLE

Table des matières

DEUXIÈME PARTIE

TROISIÈME PARTIE

Ensembles

DÉPÔT LÉGAL : JUIN 1995

Nº D'ÉDITEUR : L 08064